权威性 科学性 准确性 实用性

2018年（第十三卷）

长三角年鉴

Yangtze River Delta Yearbook（2018）

孙克强／主编

长三角与长江经济带研究中心
长三角城市经济协调会办公室
长　江　经　济　网
长　三　角　智　库
协办

河海大学出版社

Hohai University Press

长三角城市经济协调会

长江三角洲城市经济协调会的前身是1992年建立的长江三角洲15个城市协作部门主任联席会议制度。为推动和加强长江三角洲地区经济联合与协作，促进长江三角洲地区的可持续发展，由区域内的上海、无锡、宁波、舟山、苏州、扬州、杭州、绍兴、南京、南通、泰州、常州、湖州、嘉兴、镇江（按城市笔画为序）等15个城市，经过沟通协商，于1997年升格为长江三角洲城市经济协调会。在2003年8月第四次会议上，台州市被接纳为正式成员。2010年3月26日，第十次会议正式吸收合肥、盐城、马鞍山、金华、淮安、衢州为会员。2013年4月13日，第十三次市长联席会议正式吸收芜湖、连云港、徐州、滁州、淮南、丽水、宿迁、温州等8个城市为会员。常务主席方是上海市，常设联络处设在上海市人民政府合作交流办公室。

长江经济网：WWW.yangtze.org.cn

长江经济网由长三角联合网升格而成，主要面向长江经济带地区的政府部门、高等院校、研究机构、金融机构、企业集团、产业园区及海内外关心长江经济带发展的各类机构，为他们提供关于长江经济带地区专业的、一线的、动态的经济信息、形势分析、统计数据、文献资料等。

长江经济网，具有五大功能：（1）长江经济带地区最具权威的专业门户网站；（2）覆盖上海、江苏、浙江、安徽、江西、湖南、湖北、贵州、云南、四川、重庆沿江区域；（3）聚焦长江沿岸地区的经济发展与最新动向；（4）定期发布长三角地区和长江经济带的经济形势分析与预测报告；（5）建立大容量的长江文献统计数据库。

《长三角年鉴》编辑部

《长三角年鉴》编纂指导委员会

（排名不分先后）

建设大花园，迈入新时代

——协同打造绿色美丽长三角

2018年4月12日—13日，以“建设大花园，迈入新时代——协同打造绿色美丽长三角”为主题的长三角城市经济协调会第十八次市长联席会议在衢州召开。上海、南京、杭州、合肥等30个成员城市政府领导出席会议，共同签署了《长江三角洲地区城市合作（衢州）协议》。

国家发改委地区经济司副巡视员黄微波，国家发改委地区经济司干部李华，浙江省人民政府副秘书长徐纪平，上海市人民政府副秘书长宋依佳，市领导徐文光、汤飞帆、居亚平等出席会议。

徐纪平代表省政府向大会的召开表示祝贺。他说，长三角地区是我国自然禀赋最好、经济规模最大、开放程度最高、创新活力最强的区域之一，是“一带一路”和长江经济带的交汇点。浙江，作为长三角地区的重要成员，多年来省委省政府坚持支持长三角城市群在规划对接、改革联动、创新协同、设施互通、公共服务、市场开放方面上聚焦合作联动的加强。大花园是自然生态与人文环境的综合体，现代都市与田园乡村的融合体，历史文化与现代文明的交汇体，彰显生态之美、产业绿色之美、人文韵味之美、生活幸福之美和创新活力之美；大湾区是现代化浙江的底色和浙江大地的普遍形态，要加快全省绿色产业化、产业绿色化，提升公民生态文明素养，改善城乡人居环境，建设美丽乡村、美丽田园美丽河湖、美丽城市、美丽园区、国家公园，加快形成一户处景，一村一幅画，建设现代版的“诗化浙江”。衢州是浙江大花园建设的两大核心区之中“诗化浙江”的样板，衢州很美，是钱江之源，全国12个具有国际意义的生物多样性分布中心之一。相信通过本次大会，“大花园建设”将成为一条有机的纽带，进一步增强长三角地区城市间的了解，密切长三角地区城市间的联系；相信通过本次大会，“大花园建设”将会成为一个

市长合影

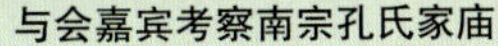
与会嘉宾考察南宗孔氏家庙

专家论坛

市长联席会议
全体会议

共同的愿景，进一步深化长三角地区城市对美的思考、丰富长三角城市密切协作的内容，为美丽中国、乡村振兴战略、城乡一体化发展贡献更多的长三角元素、长三角素材和长三角方案。

衢州市委书记徐文光在致辞中说，建设绿色美丽长三角是三十个城市共同的目标，为了这一目标，衢州主动融入大局，全力服务大局，在长三角发展的潮流中发展，为长三角一体化发展作出衢州的努力，贡献衢州的力量。长三角地区生态好、山水形态美，建成中国大花园。衢州就此突出大花园加大平台，重大交通基础设施加重大公共服务配套设施，以大花园建设为统领，加快构筑"国家公园""美丽城市""美丽乡村""美丽田园"空间形态，打造自然的花园、成长的花园、心灵的花园。

会议审议通过了长三角协调会2017年度工作报告、经费决算报告和2018年经费预算报告，发布了长三角城市旅游合作成果和首届中国长三角（上海）品牌博览会筹备工作情况。同时，为进一步推动长三角一体化进程，会议审议通过了关于吸纳铜陵、安庆、池州、宣城等4城市加入长三角协调会的相关提案。

会议提出要继续深入贯彻落实国家"一带一路"和长江经济带战略，努力按照长三角地区主要领导座谈会的决策部署，围绕"建设大花园，迈入新时代——协同打造绿色美丽长三角"主题，大力实施区域协调发展战略，加快建设长三角城市群，加快构建现代化经济体系，持续在创新引领、绿色发展、项目建设、机制完善等方面深化合作。

在专家论坛上，联合国世界旅游组织专家贾云峰，上海财经大学城市与区域科学学院副院长张学良，南京大学长江产经研究院教授陈柳，比亚迪云轨事业部总经理李慧，时任衢州市委副书记、市长汤飞帆等嘉宾，围绕"建设大花园，迈向新时代——协同打造绿色美丽长三角"这一会议主题分别发表了自己的见解看法。

会上，30个城市共同发出"衢州倡议"——《做文明有礼先行者 共建美丽大花园》，倡议遵循自然之礼、遵从秩序之礼、尊承人文之礼，让长三角区域成为"一个最有礼的地方"，让长三角"大花园"更美丽、更气质，让群众更满意、更幸福。

会议决定，长江三角洲城市经济协调会第十九次市长联席会议于2019年在安徽省芜湖市召开。

江苏省南京市

南京简称宁，江苏省省会，是东部地区重要的中心城市，国家历史文化名城，全国重要的科研教育基地和综合交通枢纽，也是长三角城市群中唯一的特大城市和长三角辐射带动中西部地区发展的重要门户城市。全市行政区域总面积6587平方公里，辖11个区，常住人口833.5万人。

南京积极抢抓"一带一路"、长江经济带等国家战略深入实施，南京市城市总体规划和江北新区获批等重大机遇，经济社会快速发展，取得了"十三五"发展的良好开局。2017年实现地区生产总值11715.10亿元，比上年增长8.1%。当前，南京正聚力创新名城，建设美丽古都，不断提升省会城市功能和首位度。

古城。南京有着近2500年的建城史和约450年建都史，素有"六朝古都""十朝都会"之称。南京悠久的历史与灿烂的文化相得益彰，拥有全国重点文物保护单位49处，拥有世界文化遗产明孝陵和人类非物质文化遗产云锦织造技艺、金陵刻经印刷技艺、南京剪纸、金陵琴派，目前正积极参与"中国明清城墙"和"海上丝绸之路"两个联合申遗项目。南京明城墙现完整保存25.1公里，是世界现存规模最大、保存原真性最好和最长的古代城市城墙。南京出土的佛顶骨是世界上发现的唯一一枚佛顶真骨，为此建设的牛首山文化旅游区、金陵大报恩寺遗址公园已开放运营。颐和路、梅园新村入选全国首批历史文化街区，高淳淳溪镇入选国家历史文化名镇。南京是王羲之、顾恺之、李白、汤显祖、曹雪芹等文学艺术家生活与创作的地方，向中国乃至世界贡献了一批又一批传世名著、不朽名作。

绿城。南京位于长江下游，属亚热带季风气候，雨量充沛，四季分明，地形以低山丘陵为主。南京自然生态优美，巍巍钟山矗立城中，滚滚长江穿城而过，与秦淮河、玄武湖、莫愁湖、古城墙交相辉映，山水城林融为一体，郁郁葱葱的城市森林和星罗棋布的街心公园点缀其间。南京建成区绿化覆盖率达44.75%，被称为"绿城"，梧桐树是南京的一张绿色名片。南京是全国优秀旅游城市、国家森林城市、国家生态城市、全国文明城市，连续9年入选中国"最具幸福感城市"。曾获联合国人居奖特别荣誉奖、"国际花园城市"金奖等荣誉。

科教城。南京自古以来崇文重教、名人辈出，享有"天下文枢""东南第一学"的美誉。中国文学史上的巅峰之作《红楼梦》原型在南京，传唱世界的民歌《茉莉花》发源地在南京，首次将圆周率精确到小数点后7位的数学家祖冲之出生在南京。如今，南京也是全国重要的科研教育基地，科教综合实力仅次于北京、上海，居全国第三位。全市拥有普通高等院校53所，国家级工程技术研究中心17家，国家级重点实验室31家，"双一流"建设高校数量和国家重点学科数量均居大陆第三。南京人才资源丰厚，拥有84万在校大学生和在学研究生，81位两院"院士"、40多万科研人员。每万人在校大学生数量、研究生数量均居全国第二，高端人才集聚度名列全国城市前茅。

枢纽城。南京是全国重要的综合交通枢纽城市，建立了全方位、立体化、大运量的交通运输网络，航空、水运、铁路、公路、管道多种运输方式齐全，是长三角辐射带动中西部地区发展的重要门户。高速公路网密度居全省第一，轨道交通运营总里程居全国第四。南京是全国铁路干线重要交汇点，南京南站汇集了京沪高铁、宁杭城际、沪汉蓉城际、宁安城际等4条国家和区域铁路干线，是连接南方与北方、东部与中西部的现代化综合性客运交通枢纽。南京是中国第五个开通直达欧、澳、美三大洲定期客运航线的城市。南京禄口国际机场拥有4F级飞行区，航线通达国内84个城市及33个国家和地区城市。南京是长江航运物流中心，南京港是全国重要的江海转运主枢纽港，也是万吨级以上大型海轮进长江的终点港。

产业城。南京作为全国唯一的科技体制综合改革试点城市，国家创新型城市试点城市之一，正在建设具有全球影响力的创新名城，部署实施"121"战略，即具有全球影响力的创新名城；打造两个中心，即综合性国家科学中心和科技产业创新中心；构建一流创新生态体系，把南京建成最鼓励创新、最适合创新、最具创新创业活力的城市。南京江北新区是国务院批准的国家级新区，规划面积788平方公里，战略定位是打造自主创新先导区、新型城镇化示范区、长三角地区现代产业集聚区和长江经济带对外开放合作重要平台。南京三次产业增加值比例为2.3:38:59.7，第三产业增加值占全市地区生产总值的比重较上年提高1.3个百分点。正在重点构建"4+4+1"主导产业体系，即新型电子信息、绿色智能汽车、高端智能装备、生物医药与节能环保新材料四大先进制造业产业，软件和信息服务、金融和科技服务、文旅健康、现代物流和高端商务商贸四大现代服务业产业，人工智能、未来网络等一批未来产业。

浙江省杭州市

2017 年，杭州市委、市政府认真学习贯彻习近平新时代中国特色社会主义思想，紧紧依靠全市人民，按照“秉持浙江精神，干在实处、走在前列、勇立潮头”的要求，统筹谋划抓开局，求真务实抓落实，全市经济社会保持了健康发展的好势头。

经济质效持续提升。全市生产总值达到 12603.36 亿元，比上年（指 2016 年，下同）增长 8.1%。其中：第一产业增加值 311.08 亿元，第二产业增加值 4362.48 亿元，第三产业增加值 7929.80 亿元，分别增长 1.8%、4.8% 和 10.5%。三次产业结构为 2.5 ∶ 36.6 ∶ 62.9。财政总收入 2921.30 亿元，增长 14.2%；其中，一般公共预算收入 1567.42 亿元，增长 17.4%。社会消费品零售总额 5717 亿元，增长 10.5%。全社会固定资产投资完成 5856.65 亿元，增长 1.4%，其中民间投资 3301 亿元，增长 10.4%。货物进出口总额 5085 亿元，增长 13.3%。其中：进口 1629 亿元，增长 38.8%；出口 3456 亿元，增长 4.3%。杭州跨境电子商务综合试验区进出口额 99.36 亿美元，比上年增长 22.5%。其中：出口 70.22 亿美元，增长 15.9%；进口 29.14 亿美元，增长 42.0%。10 月 26 日，eWTP 杭州实验区建设启动。信息经济产业实现增加值 3216 亿元，增长 21.8%，对经济增长贡献率超过 50%。规模以上工业企业和服务业企业利润分别增长 7.7% 和 26.3%，经济运行质量进一步提高。

重点改革进展明显。全市“最多跑一次”改革实现事项 9593 项，其中市本级 771 项，实现比例 97.1%；累计归集数据 230.52 亿条。商事登记改革率先在全国推出“1+N”+X 多证合一、证照联办和“商事登记一网通”措施；启动投资项目在线审批监管平台 2.0 版，并在模拟审批、施工图联审、涉审中介治理等关键环节取得突破。办理多证合一营业执照 3.99 万户，办事企业累计少跑 8 万次。公民个人事项“简化办、网上办、就近办”扎实推进，实施便民服务事项办理双休日开放。296 项公民个人办事事项实现仅凭身份证即可办理。坚持“无条件归集、有条件使用”的原则，累计归集 59 个部门、289.13 亿条政务数据。整合设立市数据资源管理、投资促进、外事侨务、行政复议等机构；萧山、余杭、富阳与杭州主城区社保一体化正式运行，临安撤市设区。

创新动力有效增强。杭州市以建设国家自主创新示范区、国家小微企

2017 年 9 月 3 日，第十三届全国学生运动会在杭州黄龙体育馆开幕（李忠 摄）

2017 年 8 月 18 日，杭州互联网法院正式成立。图为法官宪法宣誓仪式（杭报集团 供稿）

2017 年 10 月 11—14 日，以“飞天·智能”为主题的杭州·云栖大会在云栖小镇国际会展中心举办（杭报集团 供稿）

业创业创新基地城市示范为动力，推进体制机制改革，优化科技创新环境，打造创新活力之城。财政一般公共预算支出中科技支出92.32亿元，增长23.2%。规模以上工业科技活动经费支出总额297亿元，增长24.3%。全社会研发经费支出与地区生产总值之比为3.2%。有国家双创基地5个，国家级众创空间55个，国家级孵化器32个。发明专利申请量、授权量分别为25578件和9872件，有效发明专利拥有量43840件。杭州市企事业单位获国家科技奖励11项，其中获国家技术发明一等奖1项、二等奖2项、国家科学进步奖二等奖8项。新入选国家"千人计划"人才16名、"国家高层次人才特殊支持计划"人才18名、浙江省"千人计划"人才51名。引进外籍人才6150名、海归人才4068名。接收应届高校毕业生7.93万名。其中，研究生以上学历1万名，增长20.9%。新增国家重点扶持高新技术企业589个、境内外上市企业28个、"新三板"挂牌企业34个。新设各类市场主体20.02万户。

城市建设成效显著。全年城市基础设施建设投资1597亿元，占全市固定资产投资的27.3%。交通基础建设快速推进，快速路网建设完成182千米。全年境内公路总里程16424千米，其中高速公路632千米。地铁2号线钱江路站—良渚站、4号线近江站—浦沿站建成运营，新增运营里程35.8千米，通车总里程117.6千米。建成并启用运河水陆交通集散服务中心。城市快速路开工64.8千米、续建35.1千米。城中村改造规模大、进度快、质量好，69个村完成整村征迁。小城镇环境综合整治完成52个乡镇。

环境质量持续改善。全市9个县控以上劣Ⅴ类水断面、1256个劣Ⅴ类水体如期完成"剿劣"任务。市控以上断面达到或优于Ⅲ类水标准的比例上升3.8个百分点，提高到88.5%。市区空气日优良天数累计271天，增加11天，优良率74.2%。PM2.5平均浓度为每立方米44.6微克，下降8.6%。全年规模以上工业单位增加值能耗下降4.1%，单位GDP能耗下降3.4%。淘汰落后和过剩产能170个（项），实施"低小散"块状行业整治提升3753个。削减挥发性有机物排放量9974吨。全年城区新增绿地487.3万平方米，建成4000平方米以上的公园绿地38处。市区建成区园林绿地21428公顷，市区人均公园绿地面积13.4平方米，建成区绿化覆盖率40.1%。杭州市获国家生态园林城市、全国"2017美丽山水城市"等称号。

民生事业不断发展。城镇居民人均可支配收入56276元，增长7.8%；农村居民人均可支配收入30397元，增长8.9%。新增城镇就业29.71万人，失业人员再就业11.04万人。城镇登记失业率1.70%。至年末，职工基本养老保险参保人数、职工基本医疗保险参保人数分别为628.32万人和580.50万人，比上年末增加52.34万人和51.18万人；失业、生育保险参保人数分别为416万人和390.73万人，增加42万人和41.4万人。主城区居民最低生活保障标准由每人每月819元调整为917元，增长12.0%，其余区县（市）最低生活保障标准同步提高。全市最低生活保障对象12.27万人，全年发放低保金7.49亿元。开工安置房项目51个，建筑面积693万平方米；竣工50个，面积582万平方米。完成城镇危旧房治理改造18.1万平方米、农村困难家庭危房改造1796户，地质灾害隐患点消除397个。获得全国文明城市"三连冠"，蝉联"中国最具幸福感城市"称号。

2017年12月30日，紫金港互通立交工程新增西向北、西向南两个方向匝道及其连接主线开通运行（李忠摄）

杭州市推出"1+N"+X多证合一、证照联办和"商事登记一网通"措施（杭报集团 供稿）

安徽省合肥市

合肥，位于中国中部，地处长江、淮河之间，是全国唯一环抱五大淡水湖之一——巢湖的省会城市。因东淝河、南淝河由此交汇而得名，隋唐明清时为庐州路、郡、府治所在地，别称"庐州"，1952 年成为安徽省省会。现辖肥东、肥西、长丰、庐江 4 个县，1 个县级巢湖市，瑶海、庐阳、蜀山、包河 4 个区和 3 个国家级开发区、14 个省级开发区，市域总面积 1.14 万平方公里，常住人口 796 万人。

合肥历史悠久，自秦置县，至今有 2200 多年历史，素有"江南唇齿，淮右襟喉"和"江淮首郡、吴楚要冲"之称。2011 年行政区划调整后，源远流长的中华人文始祖之一有巢氏文化，又将合肥文化历史拉长至 5000 年。合肥人才辈出，底蕴深厚，先后诞生三国名将周瑜、宋代名臣包拯、晚清重臣李鸿章、首任台湾巡抚刘铭传、著名将军冯玉祥、爱国将领张治中、隐蔽战线卓越领导者李克农、诺贝尔物理学奖获得者杨振宁。

合肥拥有半汤、汤池得天独厚的温泉旅游资源，铁、硫铁、铅、锌、白云岩、石灰石等矿产资源储量丰富，已探明各类矿产达 37 种，其中明矾石矿位居全国第二。

合肥海尔工业园 2012 年产值突破 400 亿元

蔚来江淮合作 ES8 新能源汽车上市

桃花镇企业美的冰洗厂流水线作业

上海正阳通航项目

上海视涯硅基 OLED 微型显示器项目基地

2017 年，生产总值 7213.4 亿元、增长 8.5%；规模以上工业增加值增长 9% 以上；固定资产投资 6350 亿元、增长 5%；财政收入 1251.1 亿元、增长 12.3%，其中地方财政收入 655.9 亿元、增长 6.7%；社会消费品零售总额 2730 亿元、增长 11.8%；进出口总额 238 亿美元、增长 27%；居民人均可支配收入 31800 元、增长 9.2%。

江淮新能源汽车生产线

晶弘电器智能化生产线

合肥锻压

合肥区位优越，承东启西、连南接北，是全国性综合交通枢纽，现有 6 条铁路、7 条高速公路在此交汇，未来将有 7 条高速铁路、4 条电气化铁路在此交汇，已实现 1 个小时内到南京、2 个小时到武汉、上海、杭州，4 个小时到北京；年吞吐能力 1200 万人次的 4E 级新桥国际机场，有直达港澳台、韩国、新加坡、日本、德国的航班，到北京、广州、重庆等城市航程均不超过 1 个半小时；合肥水运通过巢湖直通长江，江淮运河即将启动建设，合肥新港 1500 吨级货轮可通江达海，合肥海关已与长三角地区实行区域一体化通关。市内交通便捷，先后建成 9 大高架，地铁 1、2 号线分别在 2016 年底和 2017 年上半年实现通车，3 号线开工建设，4、5 号线前期工作加快推进，到 2020 年，合肥将建成 5 条轨道交通线，在建 3 条轨道交通线，全市轨道交通网框架基本形成。

惠而浦公司中国总部

普华永道合肥分所项目

IE 果园孵化高技术服务企业 42 家（平台创新）

浙江省衢州市

衢州市位于浙江省西部、钱塘江源头、浙闽赣皖四省边际，市域面积8844平方公里，辖柯城、衢江2个区，龙游、常山、开化3个县和江山市，人口258万。

这是一座历史文化名城。有6000多年的文明史、1800多年的建城史，1994年被命名为国家历史文化名城。这里人杰地灵、儒风浩荡，是圣人孔子后裔的世居地和第二故乡、伟人毛泽东的祖居地、围棋文化的发源地，弥足珍贵的历史遗产和薪火相传的历史文脉，让衢州别具韵味。

这是一座生态山水美城。全市森林覆盖率71.5%，水环境功能区达标率100%，全市出境水水质保持Ⅱ类以上，省控以上考核断面水质达标率100%，连续4年夺得浙江省治水最高荣誉“大禹鼎”。拥有2个5A级景区、14个4A级景区，是中国优秀旅游城市、首个国家休闲区试点，正积极创建国家全域旅游示范区、开展“全球免费游衢州”活动、打造“诗画浙江”中国最佳旅游目的地和世界一流生态旅游目的地。

这是一座开放大气之城。素有“四省通衢、五路总头”之称，是浙闽赣皖四省边际交通枢纽和物资集散地。境内航空、铁路、公路、水运齐全，民航直达北京、深圳、昆明、青岛、重庆、济南、海口，断航60年的钱塘江中上游航道全线通航，杭金衢、杭新景高速和黄衢南、龙丽温高速形成“两横两纵”路网框架，浙赣铁路、杭长高铁、衢九铁路横贯全境，衢宁铁路加快推进，逐步形成“米”字型铁路枢纽，是全省首个县县通高铁（动车）、高速公路的地级市。衢州坚持借势借力、开放开发，着力打开有形、无形两个大通道。有形大通道就是由高铁、高速、航空、航运等构成的现代综合交通网络体系，其中杭衢高铁2018年9月底先行项目开工，计划2022年建成通车，届时衢州与杭州的时空距离将缩短至40分钟左右，实现枢纽接枢纽、西站通西站、高地到高地、通达变通勤。无形大通道就是杭衢创新合作机制，打造杭衢山海协作升级版，全面融入杭州都市圈、创新生态圈，加速杭衢同城化、一体化，

2018年全省山海协作工程推进会在衢召开

衢州加快发展数字经济暨东南数字经济发展研究院成立大会

2018年10月25日正式加入杭州都市圈。

这是一座创新活力之城。2018年，全市实现生产总值1470.6亿元、增长7.2%，GDP增幅五年来首次超过全省平均增幅；一般公共预算收入128.1亿元、增长15.1%，固定资产投资增长4.3%，社会消费品零售总额717.5亿元、增长9.2%，出口总额232.1亿元；城镇居民人均可支配收入43126元、增长9%，农村居民人均可支配收入22255元、增长10%，增幅均列全省第2；平安建设实现十二连冠"夺金鼎"，连续7年被评为省社会治安综合治理优秀市。将"最多跑一次"改革向纵深推进，努力打造中国营商环境最优城市，在2018年全国营商环境22个试评价城市中排名第4，在全国参评地级市中排名首位。以党建统领基层治理，努力打造中国基层治理最优城市，"雪亮工程"成为全国标杆，城市数据大脑2.0让城市更智慧，基层治理体系和治理能力现代化水平不断提升。谋划推进"三城记"——核心圈层·城市阳台、高铁新城·未来社区、南孔古城·历史街区规划建设，努力打造古城新市、交相辉映，产城人文、融合发展的历史之城、现代之城、未来之城。以美丽经济幸福产业、数字经济智慧产业两大战略产业打造，探出产业发展新路，阿里、中兴、网易、安恒、智网科技等互联网领军企业纷至沓来，携手浙江大学共建浙大工程师学院衢州分院、浙大衢州研究院，创新驱动生态体系日益健全。

进入新时代，衢州发展迎来了前所未有的重大机遇，站上了属于自己的强劲风口。衢州将高举习近平新时代中国特色社会主义思想伟大旗帜，牢记总书记对衢州发展的殷殷嘱托，按照省委"八八战略"再深化、改革开放再出发的要求，聚焦聚力高质量、竞争力、现代化，坚定不移沿着"八八战略"指引的路子走下去，坚定不移把"绿水青山就是金山银山"理念践行下去，以"大花园"建设为统领，以全国"两山"实践示范区、全国绿色金融改革创新试验区为支撑，聚焦交通先导、城市赋能、产业创新、乡村振兴，队伍建设、基层治理、营商环境、城市文明"八大任务"，加快建设"活力新衢州、美丽大花园"，打造大湾区的战略节点、大花园的核心景区、大通道的浙西门户、大都市区的绿色卫城，努力成为全省经济发展新的增长点和新的特色亮点，与全省同步实现"两个高水平"。

衢州海创园二期开园仪式

衢州有礼

衢时代创新大厦

江苏省淮安市

淮安地处长江三角洲北部，是一代伟人周恩来的故乡，总面积1.003万平方公里，户籍人口567.56万人，现辖三县四区以及淮安经济技术开发区、淮安工业园区、淮安生态文旅区、苏淮高新区，拥有国家历史文化名城、国家卫生城市、国家园林城市、国家环保模范城市、中国优秀旅游城市、中国淮扬菜之乡、中国运河之都等称号。

淮安集中体现了"南北兼容"的鲜明特征。处于中国南北地理的分割线。地处中国秦岭淮河一线，千里淮河穿境而过。岩盐探明储量居世界前列，凹凸棒土储量占全球50%，芒硝储量为华东之最。处于中国南北气候的过渡带。兼有南北气候特征，四季分明、风光旖旎，水系发达、生态优良，京杭大运河、古淮河、盐河、里运河等四河穿过主城区，洪泽湖、白马湖、高邮湖、宝应湖、里下河湖区等五湖镶嵌境内，湿地资源在全国名列前茅，空气环境质量年均优良天数占比保持在85%以上，是全国著名的商品粮基地。处于中国南北文化的融合区。历史上曾是"南船北马"、"九省通衢"的"运河之都"，兼具南方细腻含蓄与北方粗犷豪放

江苏省委书记娄勤俭在淮安调研

2018年9月9日，江苏省委副书记、省长吴政隆在淮安调研

第十八届中国·盱眙（金诚）国际龙虾节龙虾开捕仪式

淮安“水上立交”——亚洲规模最大的水上立交工程

淮安白马湖森林公园

的特征，是典型的以兼容并蓄、开放包容为特质的运河文化。新中国开国总理周恩来、千古名将韩信、小说大家吴承恩等众多名人以及《西游记》、《老残游记》等历史巨著均诞生于此，还是中国四大传统菜系之一淮扬菜的主要发源地。

近年来，淮安认真落实习近平总书记“把周总理的家乡建设好，很有象征意义”嘱托要求，大力弘扬“包容天下，崛起江淮”新时期淮安精神，聚力推进高水平全面建成小康社会和建设苏北重要中心城市“两大目标”，经济社会保持健康较快发展势头，取得了电子信息和食品产业产值先后突破千亿元大关、三次产业占比实现从“二三一”到“三二一”历史性跨越、淮安高新区获批国家级、成为大陆唯一国家级台资集聚示范区并获省级专门政策支持、“高铁梦”开启、在苏北率先通过国家生态市考核验收等诸多突破性成果，综合实力不断迈上新的台阶。当前，全市上下正以学习贯彻党的十九大精神和习近平总书记视察江苏重要讲话以及对淮安嘱托要求为动力，以习近平新时代中国特色社会主义思想为引领，紧扣“五位一体”总体布局和“四个全面”战略布局，认真落实“两聚一高”，扎实推进“两大目标”，扎实推进江淮生态经济区、淮河生态经济带、大运河文化带“一区两带”建设，全力打造淮河生态经济带航空货运枢纽，奋力谱写好实现中国梦和建设新江苏的淮安精彩篇章。

淮安清江浦夜景

淮安生态文旅区

全球最大的人造草坪生产基地——江苏共创人造草坪有限公司

浙江省宁波市

宁波简称“甬”,历史文化底蕴深厚,“书藏古今,港通天下”是城市形象主题口号。宁波是中国东南沿海重要的港口城市,长江三角洲南翼经济中心,国家历史文化名城。市境陆域总面积9816.23平方千米(按国家85高程基准0米等深线起算),其中市区面积3730.1平方千米。经初步测量,全市海域总面积8355.8平方千米。辖6区2县级市2个县,下设69个街道办事处、75个镇、10个乡,有725个居民委员会、2518个村民委员会。2017年末,全市户籍人口596.93万人,其中市区289.63万人。

2017年,宁波市成为首批全国通用航空产业综合示范区、首批全国城市设计试点城市、第二批全国“生态修复、城市修补”试点城市、第二批全国海洋经济创新发展示范城市,获浙江省政府批复同意设立宁波“一带一路”建设综合试验区,获评第五届全国文明城市,实现全国文明城市“五连冠”,还获得“2017中国最具幸福感城市”“中国旅游休闲示范城市”等荣誉。

宁波市实现地区生产总值9846.94亿元,按可比价计算,比上年增长7.8%。其中,第一产业314.11亿元,增长2.4%;第二产业5105.48亿元,增长7.9%;第三产业4427.35亿元,增长8.1%。三次产业之比为3.2:51.8:45.0。按常住人口计算,全市人均地区生产总值124017元(按年平均汇率折合18368美元)。完成财政总收入2415.83亿元,增长12.4%。完成一般公共预算收入1245.29亿元,增长10.9%;其中税收收入1043.95亿元,增长12.4%,占一般公共预算收入83.8%。其中教育、文化体育与传媒、社会保障和就业、医疗卫生、节能环保、城乡社区事务、农林水、交通运输、住房保障等9大类支出占一般公共预算支出66.0%。完成固定资产投资5009.58亿元,增长3.5%,其中民间投资2298.17亿元,增长11.9%。总额中,基础设施投资1720.46亿元,工业投资1356.48亿元。

全市规模以上工业实现增加值3266.7亿元,增长9.6%;35个行业大类中,有12个行业增加值超过100亿元,其中汽车制造业实现增加值493.5亿元,增长18.3%;计算机、通信和其他电子设备制造业增长15.6%,专用设备制造业增长13.8%。战略性新兴产业、高新技术产业、装备制造业增加值分别为872.2亿元、1337.5亿元、1585.5亿元,分别增长15.7%、10.4%和14.1%。战略性新兴产业中,新能源汽车、新一代信息技术、海洋新兴产业和高端装备制造业增加值分别增长24.8%、20.4%、17.8%、17.0%。实现销售产值15493.5亿元,增长18.4%,其中出口交货值2980.3亿元,增长10.1%;主营业务收入15218.33亿元,增长19.4%;实现利税2097.85亿元,其中利润1264.14亿元,分别增长22.5%、30.9%。规上工业科技活动经费支出248.1亿元,增长21.7%。新产品产值5144.1亿元,增长19.7%,新产品产值率32.4%。

完成口岸进出口总额13839.55亿元,增长18.5%。外贸自营进出口总额7600.13亿元,增长21.3%。其中,出口4984.15亿元,增长14.3%;进口2615.98亿元,增长37.3%。机电产品出口额占出口总额55.5%,高新技术产品出口额占6.7%。对“一带一路”沿线64国进出口额1984.2亿元,增长21.0%,其中对中东欧16国进出口额197.9亿元,增长26.8%。新批外商投资项目555个,

吉利—沃尔沃合资公司、领克汽车合资公司签约仪式

宁波舟山港穿山港区（北）4个码头8个泊位扩大开放

增加97个。合同利用外资62.11亿美元，实际利用外资40.30亿美元，累计实际利用外资500.1亿美元，宁波成为全国第九个累计实际利用外资超500亿美元的城市。新批境外投资企业和机构220家，核准中方投资额39.10亿美元。承接服务外包执行额290.8亿元，其中承接离岸服务外包执行额135.6亿元。国内招商引资实际到位资金1040.7亿元，增长13.9%，其中"浙商回归"实到资金825.6亿元。

宁波舟山港完成货物吞吐量突破10亿吨，为10.09亿吨，增长9.1%，连续9年居世界港口首位；完成集装箱吞吐量2464万标准箱，居世界第四位。宁波舟山港海铁联运业务量突破40万标准箱，为40.05万标准箱，增长59.9%。宁波机场旅客吞吐量939.07万人次，其中国际和地区旅客114.86万人次，货邮吞吐量12.04万吨，航班起降7.3万架次，航点累计86个，航线累计125条。新增（更新）新能源公交车辆665辆，新辟微循环公交线路7条。完成轨道交通建设投资119亿元，2号线二期、3号线一期、4号线、5号线一期以及宁波至奉化城际铁路在建。

城市建设推进"三江六岸"滨江休闲带工程，沿江15千米总面积101公顷的休闲滨水空间基本形成。中山路综合整治工程全面完成。推进城市路网建设，世纪大道一期高架主线通车，机场路南延南段开工建设。新增公交专用道10千米，主城区新增停车位2.4万个，改造老小区停车位1680个。智慧城管基础地理信息已覆盖全市，网格覆盖面积扩大至516.6平方千米，单元网格6010个。中心城区空气质量优良天数比率为85.2%，提高0.5个百分点；PM2.5浓度为37微克/立方米，下降5.1%。审批排污权交易89笔，交易金额2635.7万元，新增有偿使用535笔，金额2.2亿元。地表水环境质量优良率71.3%，新划定生态保护红线面积1687.4平方千米，县控以上劣Ⅴ类水质断面全面消除，劣Ⅴ类小微水体基本消除，45个乡镇（街道）、功能区基本建成"污水零直排区"。创建国家生态文明建设示范县1个。

全市居民人均可支配收入48233元，增长8.0%。其中，城镇居民人均可支配收入55656元，实际增长6.0%；农村居民人均可支配收入30871元，实际增长6.1%。至年底累计5.8万名困难残疾人享受生活补贴，7.5万名重度残疾人享受护理补贴，11.7万名有康复服务需求的残疾人全部得到康复服务。慈善机构累计募集60.4亿元，累计救助支出46.3亿元，受助377.5万人次。

宁波市继续推动和参与长三角区域合作和城市间合作交往。组织参加长三角城市经济协调会第17次市长联席会议，会上宁波市物联网智能技术应用协会、文化产业促进会、文商旅产业文化促进会、南京宁波商会分别加入长三角协调会物联网专业委员会、文化产业发展联盟和企业服务联盟。8月24日承办长三角城市经济协调会办公室第47次工作会议，长三角协调会办公室成员、杭州都市圈、合肥都市圈、南京都市圈、浙东经济合作区市长联席会议办公室相关负责人等80余人参会。组织召开2017宁波·上海资本与企业对接会，宁波市政府、上海市宁波商会、部分区县（市）、园区和有关市级部门领导及企业家代表200余人参会，上海市资本投资、智能制造、物联网等方面企业与宁波相应行业企业开展专题对接。

（宁波市人民政府地方志办公室）

2017（第三届）国际港口管理机构圆桌会议

2017中国（宁波）特色文化产业博览会

2017中国宁波青年大学生创业大赛

江苏省常州市

2017年，常州市深入贯彻习近平新时代中国特色社会主义思想，扎实推进"两聚一高"新实践，全力增创发展新优势、种好常州幸福树，全市综合实力不断增强，结构调整步伐加快，质量效益稳步提升，社会事业持续发展，民生福祉不断改善。全年地区生产总值6622.3亿元，按可比价计算增长8.1%；一般公共预算收入518.8亿元，增长8%；固定资产投资3896.3亿元，增长8.1%；社会消费品零售总额2444亿元，增长11%；城乡居民人均可支配收入41879元，增长9%。

大力振兴实体经济，经济发展量质齐升。扎实开展"重大项目提升年"活动，重大项目建设取得新突破，省重大项目开工数全省第一，省市重点项目开工率双双实现100%，全年新增重大签约项目23个，其中时代上汽先进动力电池及系统化等5个项目超百亿元或十亿美元；同方威视制造基地、常州检验检测认证产业园一期等41个省市重点项目竣工投用。企业上市创历史最好成绩，新增上市公司12家，总数达55家；新增新三板挂牌企业30家，总数达124家。

深入实施转型创新，新旧动能加快转换。扎实推进苏南国家自主创新示范区和"中国制造2025"苏南城市群试点示范建设，出台科技创新"1+3"新政。成功承办世界石墨烯创新大会。常州科教城连续4年位列中国最佳创业园区第二名，获评省优秀科技园区和省知识产权服务集聚区。全市新增省级以上企业研发机构50家、省级以上众创空间23家，新增31家国家两化融合管理体系贯标评定企业、数量全省第一。国家工业强基工程项目累计达10个、列全国地级市第二。深入实施"三位一体"工业转型升级战略，十大产业链产值增长15%左右，高新技术产业产值占规模以上工业比重达45%左右，服务业增加值增长10%左右，占地区生产总值比重达51%左右。

全面深化改革开放，发展活力明显增强。深入推进供给侧结构性改革，“地条钢”整治工作通过国家验收，压减水泥产能120万吨，降低企业成本160亿元左右。不断深化产城融合综合改革，19个市级试点区域建设取得新进展。深入推进农村改革，完成农村土地承包经营权确权登记颁证工作，武进区农村土地制度“三项改革”试点在全国实现“七个率先”，雷利电机成为全国首家以农村集体建设用地入市的上市公司。不断提升对外开放水平，新增世界500强投资项目6个、跨国公司地区总部和功能性机构4家。大力推进功能载体建设，常州高新区、武进高新区在全国国家高新区综合排名分别上升8位、3位，2家单位被列为省级军民结合产业示范基地；孟河镇入选全国特色小镇，石墨烯小镇、智能传感小镇、殷村职教小镇入选省首批特色小镇。

加快建设美丽常州，城乡面貌持续优化。启动新一轮城市总体规划修编。加快重大交通设施建设，溧高高速、常宜高速开工建设，233国道金坛段、360省道溧阳段等工程有序推进，长虹西路快速化改造基本完成。不断完善城市路网，建成飞龙西路西延、惠国路、芦墅路等城市道路。美丽乡村示范项目建设全面展开，7个村镇被评为全国文明村镇，竹箦镇陶庄村入选全国改善农村人居环境示范村，5个村入围首批省特色田园乡村试点，溧阳1号旅游公路成为省首批旅游风景道。加大城市环境综合整治力度，国家餐厨废弃物资源化利用试点城市通过验收。扎实开展“263”专项行动，累计关停化工企业315家、关闭搬迁畜禽养殖场2583家，市区空气质量优良率达68.2%，市区PM2.5平均浓度下降7.9%，大力推进生态绿城和森林城市建设，建成皇粮浜湿地公园、30个社区体育公园等项目，成片造林1.7万亩，成为国家低碳试点城市。

更加聚焦富民惠民，民生福祉不断改善。坚持民生优先，制定实施富民增收“1+3+3”文件，民生支出占一般公共预算支出的比例达80%，全市低保标准提高至760元/月，住房保障全覆盖工程获中国人居环境范例奖。深入推进教育教学改革，24所新建、改扩建学校竣工，学生、社会对学校满意度等5项调查均列全省第一。全面启动“健康常州”建设，建成多种类型医联体120多个，常州市、金坛区获全省家庭医生签约服务十大创新举措奖。深入实施幸福康养示范工程，成为国家康复辅助器具产业综合创新试点区。不断完善公共文化服务体系，建成330个基层综合性文化服务中心，建成天宁区、钟楼区全民健身中心，常州运动员在第十三届全运会上取得历史最好成绩。大力提升文明城市建设水平，溧阳获评全国文明城市，常州成为全国首批全域文明城市。扎实开展平安常州建设，获评全国社会治安综合治理优秀市，在全省设区市中唯一蝉联“长安杯”。防震减灾、应急管理、质监食药监、海关国检、海事边防工作水平不断提升。社会大局保持和谐稳定。

江苏省丹阳市

2017年该市实现地区生产总值1260亿元，增长7.3%；完成工业应税销售1286亿元，增长14%；工业用电62.16亿千瓦时，增长11.66%；工业固定资产抵扣5.3亿元，增长21.4%；进出口27.7亿美元，增长9%，服务业增加值占GDP比重45.5%，城乡居民人均可支配收入45193元、23594元，分别增长8.5%、8.7%；一般公共预算收入61亿元；规模以上固定资产投资535亿元；主要污染物排放量削减率完成年度目标。

镇江市委书记惠建林在开发区现场观摩重大产业项目

金融生态明显改善，政银企互信合作增强，金融加大支持实体经济力度，本外币贷款余额1016亿元，比年初增加46亿元。银行不良率控制实现预期目标，降至2.7%。重拳打击恶意逃废债和非法集资行为，金融领域非法活动得到有效遏制。

南师大中北学院丹阳校区正式启用

该市以江苏第一、全国第二的优异成绩，创成首届全国县级文明城市；工业竞争实力两年提升13个位次，居全国工业百强县(市)第15位；行

吴塘水库

江苏中科四象激光科技有限公司荣获2017年度国家科学技术发明奖

政审批制度改革取得突破性进展，实现三证照“3550”改革目标；北二环及下穿立交工程当年拆迁、当年开工、当年贯通，创造丹阳城建史上新速度；南师大中北学院丹阳校区正式启用，首批1981名大学生顺利入学；2017年新增国家高新技术企业32家，建成1个院士工作站、2个“千人计划”工作站、4家省级工程技术中心，新认定省级科技企业孵化器2个，设立2.5亿元规模的丹阳市军民结合产业发展基金。全力推进“法治型、服务型、效能型、廉洁型”政府、建设，坚持把行政审批制度改革作为政府职能转变的重要抓手，抓好“放管服”各项工作。“e办事”服务平台上线运行，83%的政务服务事项实现“不见面”审批。全年办结各类审批服务事项24.2万件，成功发放全国第一份建设施工许可电子证书。以铁腕治污、不留退路的勇气和决心推进“263”专项行动，取缔“小散乱污”企业382家，治理挥发性有机物企业97家。关闭拆除畜禽养殖场608家，规范治理767家。拆除10蒸吨及以下燃煤锅炉45台。完成年度“减化”任务，47家涂料化工生产企业签订停产协议。全年空气质量稳定达标，PM2.5、优良天数比例两项指标均位居镇江前列。

2017年丹北镇获《中国制造2025》制造创新示范小镇

爱国主义教育基地新四军江南指挥部旧址

界牌新村

江苏省句容市

在江苏省会南京的东郊，坐落着一座小城，这便是被誉为石头城边的一块“美玉”——句容。不同于相毗邻的宏伟繁华的金陵，这里绿水环抱青山，苍松掩映古寺，远离尘嚣，古老安宁。

句容自西汉置县至今，已有2100余年，岁月的积淀赋予了这座城市厚重的文化底蕴，时光的变迁雕琢着这座城市绝美的自然风光。“第一福地，第八洞天”——茅山，宛如一条巨龙，守护着这片土地上的生灵；“律宗第一名山”——宝华山，与茅山佛道相望，掩映在国家森林公园中的千年古刹隆昌寺肃穆静谧，承载着香客虔诚的期盼；“江南九寨沟”——九龙山，苏南的最后一片净土，峰峦奇秀，古木参天；“候鸟的天堂”——赤山湖，碧波千里，形似腾飞的凤凰，与茅山相配，“龙凤呈祥”更添福气……目前句容拥有国家5A级景区1家、4A级景区2家，全国休闲农业与乡村旅游五星级园区2家，省级旅游度假区1个，江苏省三星级乡村旅游点35家，荣膺全国“最佳旅游目的地城市”称号，入选国家首批“全域旅游示范区创建单位”。

如果您厌倦了城市的“水泥山林”和霓虹闪烁，请到句容来看看著名画家陈逸飞先生眼中的“中国最美乡村”，品尝“春有草莓夏有桃，秋有葡萄冬有枣”的四季鲜果。远离世俗纷扰，漫步绿道花海，吹晚风，听虫鸣，逐萤火，在点点繁星下回归心灵的平静。句容是您牧心的沃壤，润肺的旷野，醒脑的净土，养生的福地！

葛洪故里 秦淮源头 福地句容欢迎您。

天王樱花

伏热花海

茅山景区

宝华山国家森林公园

岩藤农场

千华古村

绿道骑行

赤山湖国家湿地公园

江苏省泰兴经济开发区

【概况】2017年，园区实现工业国税开票销售1060.2亿元，同比增长20.3%；工商税收收入40.7亿元，同比增长18%；实现外贸自营进出口29亿美元，同比增长31.8%，完成实际利用外资3.46亿美元，同比增长19.3%。新增规上企业9家、高新技术企业5家；1家企业新三板挂牌上市、1家企业创业板成功报会；济川药业集团、新浦化学税收收入分别突破10亿元、5亿元大关。园区跻身全国专业化工园区20强第7名、列全省省级开发区科学发展综合考评第7位。创成国家级新型工业化产业示范基地、国家级绿色园区、国家外贸转型升级基地。

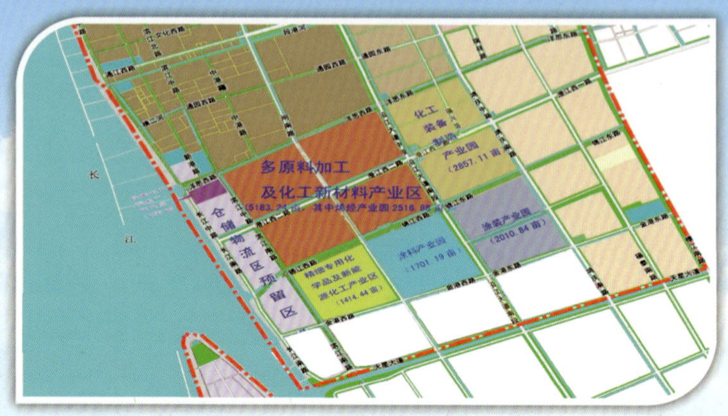

园区产业片区分布图

园区产业创新中心效果图

【招商选资】2017年，园区致力招商选资，项目建设持续突破。承办“2017第四届中国石化行业供应链发展大会”，开展荷兰、德国、日本、北京、上海、深圳等招商活动。全年实施亿元以上重大产业项目102个（1亿美元或10亿元人民币以上23个），总投资593.6亿元，其中新材料项目31个、高端精细化学品项目12个、服务业项目22个。全年新开工亿元以上项目24个、新竣工亿元以上项目18个。

【创新转型】"一企一策"助推企业转型升级，对区内76家化工生产企业"把脉问诊"，实施企业技改项目62个，总投资40.6亿元；100家企业参与两化融合对标评估，济川药业创成江苏省两化融合创新示范企业，汤臣压克力产业集群获批省级产业创新示范项目；实施循环化改造重点支撑项目8个，化工产业精细化率达40%、产业关联度达60%；完成精细化工产业研究院注册，建成园区知识产权服务平台和精细化工产业知识产权联盟，累计完成发明专利授权172件，建成省级研究生工作站7个、省级企业技术中心9个、离岸孵化基地9家，引进各类高层次人才400余名。

【绿色发展】园区应急指挥中心建成运行，化工园区封闭管理体系初步建成，过船特勤消防站完成主体工程施工，天津大学—泰兴节能环保产业研究中心挂牌运行；关停拆除生产工艺设备落后、安全环保隐患较多的低效小化工企业18家，腾出建设用地228亩，全年用煤量同比减少6.12万吨；完成14家重点企业挥发性有机物废气深度治理、58家企业首轮泄漏检测与修复；联泰固废一期工程、爱科固废处置项目投入运行，福昌固废升级改造项目建成，苏伊士固废综合处置项目开工建设；园区整体通过ISO14000环境管理、ISO9000安全管理、OHSAS18000职业健康安全管理体系认证。

【基础设施建设】完成科创中心、商务中心、人才公寓、济川健康小镇规划，并启动实施；中港路等8条道路竣工通车；完成动迁签约1376户、拆除1373户，20万m^2安置房建成交付；启动马甸集镇综合改造工程建设，投入3352万元用于农田水利、农村路道等基础设施建设。

泰州市委书记曲福田调研园区发展

党的十九大精神宣讲进企业

园区重大项目集中开工

推进园区环保基础设施建设

江苏泰兴黄桥经济开发区

【各项经济指标】

2017年，江苏泰兴黄桥经济开发区完成工业国税开票销售120亿元，同比增长19.2%；完成工商税收收入9.8亿元，同比增长29.1%，高于全市平均增幅10.5个百分点，获泰兴市财政收入二等奖。开放型经济方面，全年实际利用外资995万美元，实现自营进出口8051万美元，同比增长5.8%，入选泰州市开放型经济工作目标考核先进开发园区。企业规模方面，全年工业国税开票销售超亿元企业8家，工商税收超千万元工业企业4家，其中：江苏九天光电科技有限公司2017年工业国税开票首次超7亿元，创区镇工业企业历史新高。

2017年4月26日省委书记李强来黄桥调研

【项目开发建设】

2017年，开发区新签约亿元以上工业项目39个；新开工亿元以上项目24个，其中：10亿元以上项目2个，5亿元以上项目2个；新竣工亿元以上项目16个，新增国税开票3亿元，形成了新的经济增长极。江苏九天光电科技有限公司与上市公司镇江东方电热科技股份有限公司通过股权合作成立江苏东方九天新能源材料有限公司，项目总投资10亿元；江苏三杰新能源有限公司与四川长虹电子控股集团有限公司兼并重组，二期项目总投资5亿元。全年开发区项目开发建设工作获泰兴市"项目大突破"开发质效一等奖，"项目大突破"综合二等奖。

2017年7月6日省长吴政隆来黄桥经济开区调研

【跨区合作共赢】

开发区抢抓南北共建机遇，推进跨区合作，促进共建园发展，先后培育了惠尔信机械（泰兴）有限公司、江苏九天光电科技有限公司、江苏三杰新能源有限公司等一批骨干企业。2017年，开发区

2017年8月30日省委副书记、常务副省长黄莉新调研黄桥经济开发区南北共建情况

继续加快承接苏南产业转移转型，全年新增江苏东方九天新能源材料有限公司、蓝帕控制阀门（江苏）有限公司等 8 个苏南项目落户共建园，总投资 35.7 亿元，入驻企业数量也上升到 44 家。在跨区域合作上，开发区立足上海金桥集团黄桥产业园，不断深化跨区域合作领域，寻求新的合作契合点，进一步拓宽合作范围，全年新落户合作企业 3 家。

【科技创新驱动】

通过扶持企业上项目、创品牌、提档次，开发区在成果转化、技术改造、总量突破上成效显著，获批中国产学研合作创新示范基地。2017 年黄桥工业企业共新增点焊、码垛等工业机器人 31 台套。泰兴市东圣生物科技有限公司科技成果转化项目入选省科技厅目录，成为 2017 年度泰兴市独家获批企业。江苏九天光电科技有限公司持续加大科技投入，获国家级冶金科学技术奖，入选泰州市十佳专精特新企业。惠尔信机械（泰兴）有限公司、江苏华诚自动化设备有限公司等企业增强自主知识产权意识，共获授权发明专利 18 件，受理 PCT 国际专利 3 件。江苏三杰新能源有限公司重视智能化、信息化改造，获批江苏省示范智能车间和“企企通”建设试点企业。江苏友诚数控科技有限公司获泰州市发明专利十强企业。

【基础设施建设】

2017 年，开发区按照省级经济开发区建设要求，编制总体规划，加大基础设施建设力度。全年新建西河路南延、姬马路等 4 条道路，启动顾何安置二期、韩庄安置三期、吴韩四期等安置区建设，启动工业污水处理厂建设，新增道路及绿化面积约 5 万㎡。完善开发区 18 平方公里范围内的配套设施，新便民服务中心、消防中队的正式投入运行，加快建设新市二院、新汽车客运站，为园区产业发展、产业集聚筑牢基石。

巨烨投资集团与黄桥经济开发区签署合作项目

黄桥经济开发区二季度重大项目集中开工

黄桥经济开发区在上海召开投资环境说明会

全省重大项目集中开工现场推进会泰兴分会场在黄桥经济开发区召开

苏州伟益新材料科技有限公司“金刚石切割线制造”项目签约仪式

品牌梦工厂电商产业园项目落户黄桥经济开发区

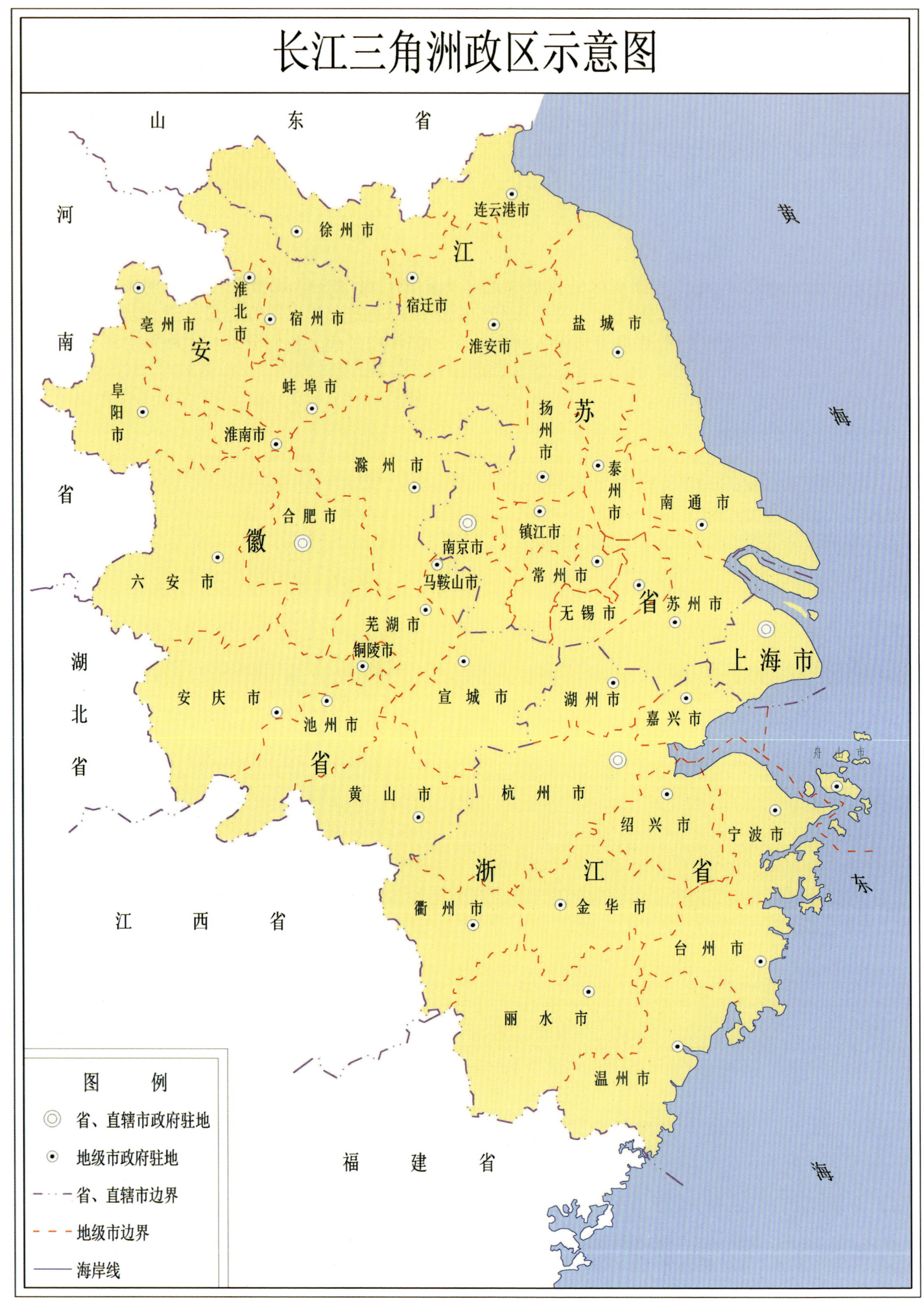
长江三角洲政区示意图
山东省
河南省
湖北省
江西省
福建省
黄海
东海
江苏省
安徽省
浙江省
上海市
连云港市
徐州市
宿迁市
淮北市
亳州市
宿州市
盐城市
淮安市
蚌埠市
阜阳市
扬州市
淮南市
泰州市
滁州市
南通市
合肥市
镇江市
南京市
六安市
常州市
马鞍山市
苏州市
无锡市
芜湖市
铜陵市
安庆市
宣城市
湖州市
嘉兴市
池州市
舟山市
黄山市
杭州市
绍兴市
宁波市
衢州市
金华市
台州市
丽水市
温州市
图例
省、直辖市政府驻地
地级市政府驻地
省、直辖市边界
地级市边界
海岸线

编写说明

近年来，长江三角洲地区的发展引起了人们的广泛关注，以长江三角洲的发展为对象的研究活动正在迅速兴起。为组织和协调区域内的重要学术研究力量，进一步加强对长江三角洲地区的跟踪报道与深入研究，从2005年12月起，我们分别与上海社会科学院、江苏省社会科学院、浙江省社会科学院和安徽省社会科学院的部分研究人员决定共同研究长三角地区经济、社会、文化与生态等方面的问题，并从2006年开始，共同组织编写与出版《长三角年鉴》。

在对长三角地区的定义上，学术界与实际工作部门的同志曾经有多种不同的解释。一种观点认为，“长三角”主要是指上海市全境与江苏省的苏南及苏中8市，以及浙江省的7个城市，共16个城市。这被称为“小长三角”。一种观点认为，“长三角”主要是指上海市与江苏省、浙江省三个省市区的全部行政区域。这被称为“长三角”。一种观点认为，“长三角”主要是指上海市、江苏省、浙江省与安徽省等省市。这被称为“大长三角”。

本年鉴中使用的“长江三角洲地区”原来主要是指上海市、江苏省、浙江省三个省市行政区域，后来又加上安徽省的全部行政区域，即使用的是“大长三角”的概念。

《长三角年鉴》重点分析长三角地区年度经济社会发展的基本情况与基本成就。但在年鉴的部分内容中也使用了前几年的发展数据，主要用于说明事情发展变化的过程，便于使用者从历史变化的角度对长三角地区的发展有一个整体认识。部分数据使用了相关地区的政府工作报告和年度统计公报中的材料。

《长三角年鉴》主要开设以下栏目：长三角区域概况，重点介绍和分析本区域的自然条件与自然状况、气候与行政区划等方面的基本情况；长三角地区经济社会发展总报告，介绍和分析长三角地区总体发展情况，长三角地区三次产业结构和市县发展情况，同时对一年中上海市、江苏省、浙江省和安徽省及各省辖市经济社会发展的主要进展与主要成就进行分析和研究；长三角地区区域经济社会发展报告，重点分析和研究一年来上海市、江苏省、浙江省和安徽省及各省辖市经济社会发展基本情况；长三角地区经济社会发展专题报告，重点是从长三角整体的角度对区域内年度经济与社会发展的主要方面进行分析和总结；长三角地区经济社会发展重要指标，用经济发展数据和社会发展数据介绍、分析和研究长三角地区总体和各市县综合实力，居民收入，经济国际化水平，社会财富等；重要文献，主要介绍一年中上海市、江苏省、浙江省和安徽省政府制定和实施的重要文件；大事记。

《长三角年鉴》采用篇章编纂法编写，篇下设章，篇和章的标题分别使用不同字体和字号以示区别，篇目标明于页眉，以便于检索。

编　者

2018 年 12 月

目　录
Content

长三角年鉴(2018)

Yangtze River Delta Yearbook 2018

特 载

长江三角洲城市群发展规划

2016 年 6 月

长江三角洲城市群(以下简称长三角城市群)是我国经济最具活力、开放程度最高、创新能力最强、吸纳外来人口最多的区域之一,是“一带一路”与长江经济带的重要交汇地带,在国家现代化建设大局和全方位开放格局中具有举足轻重的战略地位。为优化提升长三角城市群,在更高层次参与国际合作和竞争,进一步发挥对全国经济社会发展的重要支撑和引领作用,依据《国家新型城镇化规划(2014－2020年)》《长江经济带发展规划纲要》《全国主体功能区规划》《全国海洋主体功能区规划》,特制定本规划,作为长三角城市群一体化发展的指导性、约束性文件。

长三角城市群在上海市、江苏省、浙江省、安徽省范围内,由以上海为核心、联系紧密的多个城市组成,主要分布于国家“两横三纵”城市化格局的优化开发和重点开发区域。规划范围包括:上海市,江苏省的南京、无锡、常州、苏州、南通、盐城、扬州、镇江、泰州,浙江省的杭州、宁波、嘉兴、湖州、绍兴、金华、舟山、台州,安徽省的合肥、芜湖、马鞍山、铜陵、安庆、滁州、池州、宣城等 26 市,国土面积 21.17 万平方公里,2014 年地区生产总值 12.67 万亿元,总人口 1.5 亿人,分别约占全国的 2.2%、18.5%、11.0%。

规划期为 2016－2020 年,远期展望到 2030 年。

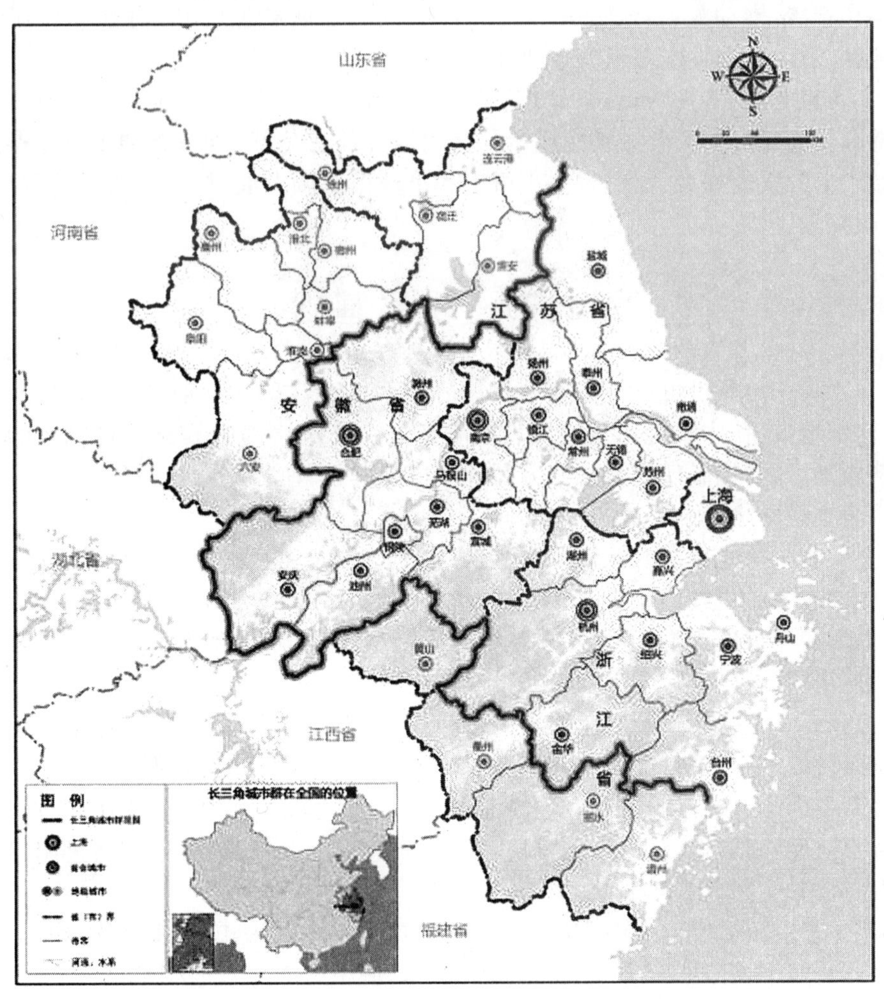

图 1　长三角城市群范围图

第一章 规划背景

长三角城市群正处于转型提升、创新发展的关键阶段，必须立足现有基础，针对突出矛盾和问题，紧紧抓住重大机遇，妥善应对风险挑战，实现更大跨越，成为我国经济社会发展的战略支撑。

第一节 重大意义

以改革创新推动长三角城市群协调发展，有利于促进产业升级，推进以人为核心的新型城镇化，加快农业现代化，辐射带动周边区域和中西部地区发展，增强国家竞争力。

优化提升长三角城市群，是加快形成国际竞争新优势的必由之路。长三角城市群是我国参与国际竞争的重要平台。优化提升长三角城市群，全面提高开放水平，集聚创新要素，形成与国际通行规则相适应的投资、贸易制度，培育具有全球影响力的科技创新高地，有利于提升国际国内要素配置能力和效率，带动国家竞争力的全面增强。

优化提升长三角城市群，是促进区域协调发展的重要途径。长三角城市群是我国经济社会发展的重要引擎，是长江经济带的引领发展区。优化提升长三角城市群，有利于促进经济增长和市场空间由东向西、由南向北梯次拓展，推动人口经济布局更加合理、区域发展更加协调，对推动长江经济带创新发展，辐射中西部地区，带动全国发展都具有重要作用。

优化提升长三角城市群，是提高城镇化质量的重要举措。长三角城市群是我国城镇化基础最好的地区之一，有条件在更高起点上提升城镇化质量。优化提升长三角城市群，有利于有序推进农业转移人口市民化，优化城市群的空间格局，促进大中小城市和小城镇协调发展，提升城市品质和居民生活质量，为我国新型城镇化探索经验。

第二节 发展基础

区位优势突出。长三角城市群处于东亚地理中心和西太平洋的东亚航线要冲，是“一带一路”与长江经济带的重要交汇地带，在国家现代化建设大局和全方位开放格局中具有举足轻重的战略地位。交通条件便利，经济腹地广阔，拥有现代化江海港口群和机场群，高速公路网比较健全，公铁交通干线密度全国领先，立体综合交通网络基本形成。

自然禀赋优良。长三角城市群滨江临海，环境容量大，自净能力强。气候温和，物产丰富，突发性恶性自然灾害发生频率较低，人居环境优良。平原为主，土地开发难度小，可利用的水资源充沛，水系发达，航道条件基础好，产业发展、城镇建设受自然条件限制和约束小，是我国不可多得的工业化、信息化、城镇化、农业现代化协同并进区域。

综合经济实力强。长三角城市群产业体系完备，配套能力强，产业集群优势明显。科教与创新资源丰富，拥有普通高等院校300多所，国家工程研究中心和工程实验室等创新平台近300家，人力人才资源丰富，年研发经费支出和有效发明专利数均约占全国30%。国际化程度高，中国(上海)自由贸易试验区等对外开放平台建设不断取得突破，国际贸易、航运、金融等功能日臻完善，货物进出口总额和实际利用外资总额分别占全国的32%和55%。

城镇体系完备。长三角城市群大中小城市齐全，拥有1座超大城市、1座特大城市、13座大城市、9座中等城市和42座小城市，各具特色的小城镇星罗棋布，城镇分布密度达到每万平方公里80多个，是全国平均水平的4倍左右，常住人口城镇化率达到68%。城镇间联系密切，区域一体化进程较快，省市多层级、宽领域的对话平台和协商沟通比较通畅。

表 1　长三角城市群各城市规模等级

<table>
<tr><th colspan="2">规模等级</th><th>划分标准
（城区常住人口）</th><th>城　　市</th></tr>
<tr><td colspan="2">超大城市</td><td>1000 万人以上</td><td>上海市</td></tr>
<tr><td colspan="2">特大城市</td><td>500 万—1000 万人</td><td>南京市</td></tr>
<tr><td rowspan="2">大城市</td><td>Ⅰ型大城市</td><td>300 万—500 万人</td><td>杭州市、合肥市、苏州市</td></tr>
<tr><td>Ⅱ型大城市</td><td>100 万—300 万人</td><td>无锡市、宁波市、南通市、常州市、绍兴市、芜湖市、盐城市、扬州市、泰州市、台州市</td></tr>
<tr><td colspan="2">中等城市</td><td>50 万—100 万人</td><td>镇江市、湖州市、嘉兴市、马鞍山市、安庆市、金华市、舟山市、义乌市、慈溪市</td></tr>
<tr><td rowspan="2">小城市</td><td>Ⅰ型小城市</td><td>20 万—50 万人</td><td>铜陵市、滁州市、宣城市、池州市、宜兴市、余姚市、常熟市、昆山市、东阳市、张家港市、江阴市、丹阳市、诸暨市、奉化市、巢湖市、如皋市、东台市、临海市、海门市、嵊州市、温岭市、临安市、泰兴市、兰溪市、桐乡市、太仓市、靖江市、永康市、高邮市、海宁市、启东市、仪征市、兴化市、溧阳市</td></tr>
<tr><td>Ⅱ型小城市</td><td>20 万人以下</td><td>天长市、宁国市、桐城市、平湖市、扬中市、句容市、明光市、建德市</td></tr>
</table>

第三节　突出矛盾

上海全球城市功能相对较弱，中心城区人口压力大。与纽约、东京、伦敦等全球城市相比，上海城市国际竞争力和国际化程度不够，落户上海的世界 500 强企业总部仅为纽约 10%，外国人口占常住人口比重仅 0.9%。一般性加工制造和服务业比重过高，国际经济、金融、贸易和航运中心功能建设滞后。公共资源过度集中，人口过度向中心城区集聚，带来了交通拥堵、环境恶化、城市运营成本过高等“大城市病”问题。

城市群发展质量不高，国际竞争力不强。制造业附加值不高，高技术和服务经济发展相对滞后，高品质的城市创业宜居和商务商业环境亟需营造。城市间分工协作不够，低水平同质化竞争严重，城市群一体化发展的体制机制有待进一步完善。人均地区生产总值、地均生产总值等反映效率和效益的指标，与其他世界级城市群相比存在明显差距。

表 2　长三角城市群与其他世界级城市群比较

城市群	中国长三角城市群	美国东北部大西洋沿岸城市群	北美五大湖城市群	日本太平洋沿岸城市群	欧洲西北部城市群	英国中南部城市群
面积（万平方公里）	21.2	13.8	24.5	3.5	14.5	4.5
人口（万人）	15033	6500	5000	7000	4600	3650
GDP（亿美元）	20652	40320	33600	33820	21000	20186
人均 GDP（美元/人）	13737	62030	67200	48315	45652	55305
地均 GDP（万美元/平方公里）	974	2920	1370	9662	1448	4485

注：① 长三角城市群数据为 2014 年统计数据。② 美国东北部大西洋沿岸城市群包括波士顿、纽约、费城、巴尔的摩、华盛顿等城市及其周边市镇。北美五大湖城市群包括芝加哥、底特律、克利夫兰、匹兹堡、多伦多、蒙特利尔等城市及其周边市镇。日本太平洋沿岸城市群包括东京、横滨、静冈、名古屋、大阪、神户、长崎等城市及其周边市镇。欧洲西北部城市群包括巴黎、阿姆斯特丹、鹿特丹、海牙、安特卫普、布鲁塞尔、科隆等城市及其周边市镇。英国中南部城市群包括伦敦、伯明翰、利物浦、曼彻斯特、利兹等城市及其周边市镇。相关数据来源于中科院南京地理与湖泊研究所研究报告。

城市包容性不足，外来人口市民化滞后。长三角城市群是我国外来人口最大的集聚地，也是外来人口落户门槛最高的区域之一。城市群内约有2500万人未在常住城市落户，未能在教育、就业、医疗、养老、保障性住房等方面均等化享受城镇居民基本公共服务。城市内部二元矛盾突出，给经济社会发展带来诸多风险隐患。

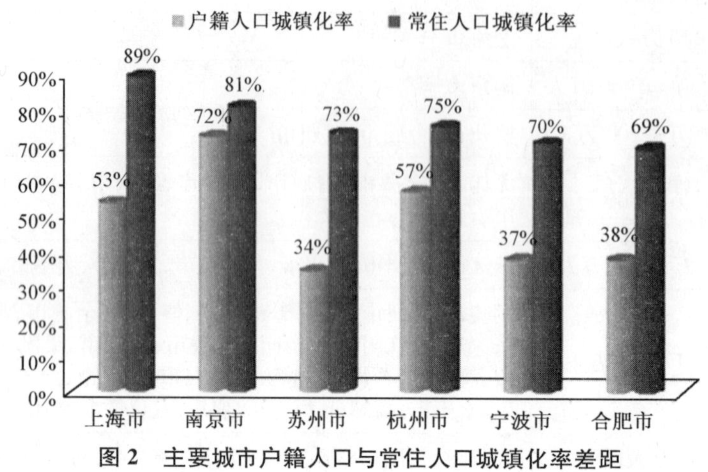

图2　主要城市户籍人口与常住人口城镇化率差距

城市建设无序蔓延，空间利用效率不高。2013年长三角城市群建设用地总规模达到36153平方公里，国土开发强度达到17.1%，高于日本太平洋沿岸城市群15%的水平，后续建设空间潜力不足。上海开发强度高达36%，远超过法国大巴黎地区的21%、英国大伦敦地区的24%。粗放式、无节制的过度开发，新城新区、开发区和工业园区占地过大，导致基本农田和绿色生态空间减少过快过多，严重影响到区域国土空间的整体结构和利用效率。

生态系统功能退化，环境质量趋于恶化。生态空间被大量蚕食，区域碳收支平衡能力日益下降。湿地破坏严重，外来有害生物威胁加剧，太湖、巢湖等主要湖泊富营养化问题严峻，内陆河湖水质恶化，约半数河流监测断面水质低于III类标准；近岸海域水质呈下降趋势，海域水体呈中度富营养化状态。区域性灰霾天气日益严重，江浙沪地区全年空气质量达标天数少于250天。城市生活垃圾和工业固体废弃物急剧增加，土壤复合污染加剧，部分农田土壤多环芳烃或重金属污染严重。

第四节　重大机遇

国家"一带一路"和长江经济带战略的实施，为长三角城市群充分发挥区位优势和开放优势，更高层次更高水平参与国际合作和竞争带来了新空间。国家新型城镇化战略实施，提出把城市群作为推进新型城镇化的主体形态，为创新长三角城市群空间管理模式和提升城镇化质量提供了新动力。全面深化改革进入新阶段，市场在资源配置中起决定性作用和更好发挥政府作用，为创新长三角城市群发展模式、建立健全一体化发展体制机制注入了新活力。我国发展进入新常态，要求经济增长更多依靠科技进步、劳动者素质提升和管理创新，为长三角更好发挥科教创新优势，推动创新发展、转型升级带来了新契机。生态文明理念和绿色城镇化要求，为推进长三角城市群绿色转型，促进生态环境步入良性循环轨道指明了新路径。

第二章　建设具有全球影响力的世界级城市群

深入推进长三角城市群建设，必须坚持世界标准、瞄准国际标杆，充分发挥要素集聚和空间集中效应，补齐短板、消除瓶颈，全面提升国际竞争力和可持续发展能力。

第一节　指导思想

全面贯彻党的十八大和十八届三中、四中、五中全会以及中央城镇化工作会议、中央城市工作会议精神，按照“五位一体”总体布局和“四个全面”战略布局，牢固树立和贯彻落实创新、协调、绿色、开放、共享的新发展理念，着力加强供给侧结构性改革，加快培育新的发展动能，以上海建设全球城市为引领，以共建全球科技创新集群为支撑，以共守生态安全为前提，以健全包容共享的体制机制为保障，构建网络化、开放型、一体化发展格局，持续在制度创新、科技进步、产业升级、城乡统筹、全方位开放、绿色发展等方面走在全国前列，联手打造具有全球影响力的世界级城市群，加快形成国际竞争新优势，更好服务于“一带一路”建设和长江经济带发展战略，充分发挥对全国经济社会发展的重要支撑和引领作用。

第二节　基本原则

——*统筹规划，合理布局*。根据资源环境承载能力、现有基础和发展潜力，优化国土空间开发格局，科学确定城市群边界、最小生态安全距离和空间结构，统筹经济社会发展、人口空间分布、陆海资源利用、生态建设和环境保护、基础设施建设和对内对外开放，形成引领全国在更高层面参与国际合作和竞争的强大引擎。

——*分工协作，协同发展*。从提升区域整体竞争力出发，发挥各地比较优势，协调处理好上海与其他城市、沿海沿江城市与腹地城市、中心城市与中小城市的关系，明确城市功能定位，强化错位发展，协同推进城乡发展一体化和农业现代化，形成优势互补、各具特色的协同发展格局。

——*改革引领，创新驱动*。坚持科技创新和制度创新并进，整合科技创新资源，强化科技成果转化，共建技术创新链和区域协同创新体系，率先实现经济转型升级。加快制度创新和先行先试，率先接轨国际经贸规则，率先建立一体化体制机制，当好改革开放排头兵、科学发展先行者。

——*生态文明，绿色发展*。将绿色城镇化理念全面融入城市群建设，尊重自然格局，依托现有山水脉络等优化城市空间布局形态，构建形成绿色化的生产生活方式和城市建设运营模式，推进生态共保环境共治，加快走出一条经济发展和生态文明建设相辅相成、相得益彰的新路子。

——*市场主导，政府引导*。遵循城市群演进的客观规律，充分发挥市场配置资源的决定性作用，增强城市群转型升级的内生动力，更好发挥政府在空间开发管制、基础设施布局、公共服务供给、体制机制建设等方面的作用，有效提升城市群发展质量。

第三节　战略定位

总体定位。顺应时代潮流，服务国家现代化建设大局，从战略高度优化提升长三角城市群，打造改革新高地、争当开放新尖兵、带头发展新经济、构筑生态环境新支撑、创造联动发展新模式，建设面向全球、辐射亚太、引领全国的世界级城市群。

围绕总体定位，加快在以下发展定位上实现突破：

——*最具经济活力的资源配置中心*。围绕上海国际经济、金融、贸易、航运中心建设以及中国（上海）自由贸易试验区建设，加快制度创新和先行先试，成为资源配置效率高、辐射带动能力强、国际化市场化法制化制度体系完善的资源配置中心。

——*具有全球影响力的科技创新高地*。瞄准世界科技前沿领域和顶级水平，建立健全符合科技进步规律的体制机制和政策法规，最大程度激发创新主体、创业人才的动力、活力和能力，成为全球创新网络的重要枢纽，以及国际性重大科学发展、原创技术发明和高新科技产业培育的重要策源地。

——全球重要的现代服务业和先进制造业中心。加快推进产业跨界融合，重点发展高附加值产业、高增值环节和总部经济，加快培育以技术、品牌、质量、服务为核心的竞争新优势，打造若干规模和水平居国际前列的先进制造产业集群，形成服务经济主导、智能制造支撑的现代产业体系。

——亚太地区重要国际门户。服务国家“一带一路”战略，提高开放型经济发展水平，打造在亚太乃至全球有重要影响力的国际金融服务体系、国际商务服务体系、国际物流网络体系，在更高层次参与国际合作和竞争。

——全国新一轮改革开放排头兵。加快推进简政放权、放管结合、优化服务改革，统筹综合配套改革试点和开放平台建设，复制推广自由贸易试验区、自主创新示范区等成熟改革经验，在政府职能转变、要素市场一体化建设、公共服务和社会事业合作、体制机制创新等方面先行先试。在提升利用外资质量和水平、扩大服务业对外开放、集聚国际化人才、探索建立自由贸易港区等方面率先突破，加快探索形成可复制可推广的新经验新模式，形成引领经济发展新常态的体制机制和发展方式。

——美丽中国建设示范区。牢固树立并率先践行生态文明理念，依托江河湖海丰富多彩的生态本底，发挥历史文化遗产众多、风景资源独特、水乡聚落点多面广等优势，优化国土空间开发格局，共同建设美丽城镇和乡村，共同打造充满人文魅力和水乡特色的国际休闲消费中心，形成青山常在、绿水常流、空气常新的生态型城市群。

第四节 发展目标

中期目标。到2020年，基本形成经济充满活力、高端人才汇聚、创新能力跃升、空间利用集约高效的世界级城市群框架，人口和经济密度进一步提高，在全国2.2%的国土空间上集聚11.8%的人口和21%的地区生产总值。

——集约紧凑、疏密有致的空间格局基本形成。空间开发管制和环境分区控制制度全面建立，建设用地蔓延趋势得到有效遏制，开发强度得到有效控制，划入生态保护红线的区域面积占比稳定在15%以上，基本形成与资源环境承载能力相适应的总体格局。城市开发边界、永久基本农田和生态保护红线制度得到有效实施，特大城市和大城市建设用地实现由增量扩张向存量挖潜转变，上海建设用地规模实现减量化。

——高附加值现代产业体系和区域协同创新体系全面形成。服务经济为主导、智能制造为支撑的现代产业体系更加健全，优势制造领域竞争力进一步增强，形成一批具有较强国际竞争力的跨国公司和产业集群。区域协同创新体系更加完善，科技创新能力显著增强，引领和支撑国家创新驱动发展的核心作用进一步凸显。

——保障有力的支撑体系和生态格局全面建立。枢纽型、功能性、网络化的基础设施体系全面建成，省际基础设施共建共享、互联互通水平显著提升。生态环境质量总体改善，区域突出环境问题得到有效治理，一体化、多层次、功能复合的区域生态网络基本形成，江河湖海、丘陵山地等多元化生态要素得到有效保护，江南水乡、皖南古村、滨海渔庄的历史文脉得到有效保护和传承。

——城市群一体化发展的体制机制更加健全。阻碍生产要素自由流动的行政壁垒和体制机制障碍基本消除，统一市场基本形成，户籍人口城镇化率稳步提高，公共服务共建共享、生态环境联防联治的机制不断健全，城市群成本分担和利益共享机制不断创新，省际毗邻重点地区一体化步伐加快，多元化主体参与、多种治理模式并存的城市群治理机制建设取得突破。

远期目标。到2030年，长三角城市群配置全球资源的枢纽作用更加凸显，服务全国、辐射亚太的门户地位更加巩固，在全球价值链和产业分工体系中的位置大幅跃升，国际竞争力和影响力显著增强，全面建成全球一流品质的世界级城市群。

第三章　构建适应资源环境承载能力的空间格局

依据资源环境承载能力，优化提升核心地区，培育发展潜力地区，促进国土集约高效开发，形成“一核五圈四带”网络化空间格局。

第一节　强化主体功能分区的基底作用

依据主体功能区规划，按照国土开发强度、发展方向以及人口集聚和城乡建设的适宜程度，将国土空间划分为优化开发区域、重点开发区域、限制开发区域三种类型。优化开发区域，是指资源环境承载能力出现阶段性饱和的地区，主要分布在上海、苏南、环杭州湾等地区。要率先转变空间开发模式，严格控制新增建设用地规模和开发强度，适度扩大农业和生态空间。

重点开发区域，是指资源环境承载能力还具有较大潜力的地区，主要分布在苏中、浙中、皖江、沿海部分地区。要强化产业和人口集聚能力，适度扩大产业和城镇空间，优化农村生活空间，严格保护绿色

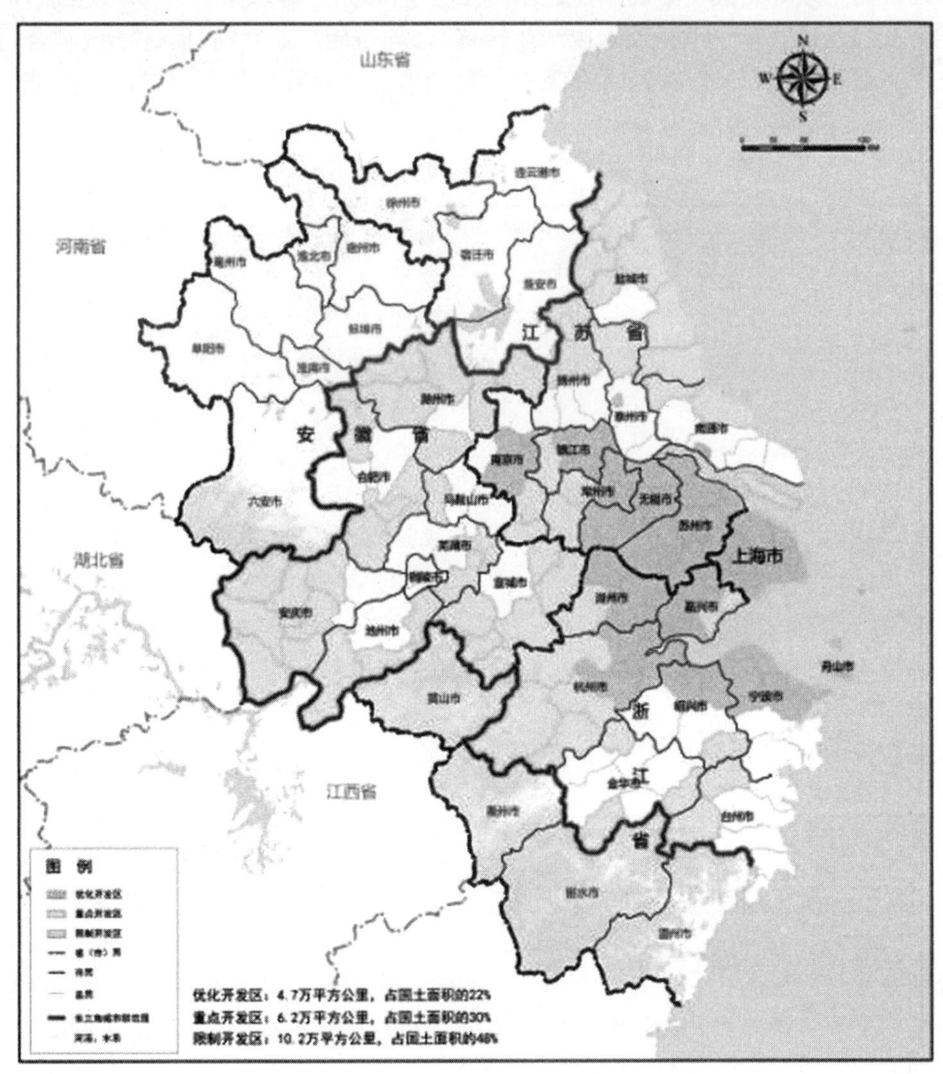

图3　长三角城市群主体功能区示意图

生态空间。

限制开发区域，是指生态敏感性较强、资源环境承载能力较低的地区，主要分布在苏北、皖西、浙西等的部分地区。要严格控制新增建设用地规模，实施城镇点状集聚开发，加强水资源保护、生态修复与建设，维护生态系统结构和功能稳定。

第二节　推动人口区域平衡发展

严格控制上海中心城区人口规模。合理确定全市特别是中心城区人口规模调控目标，坚持政府引导与市场机制相结合，推动以产业升级调整人口存量、以功能疏解调控人口增量。优化公共服务资源配置，引导人口向郊区、重点小城镇和临沪城市合理分布。采取积分制等方式设置阶梯式落户通道调控落户规模和节奏。探索建立户籍人口有进有出、双向流动的新机制。

适度控制其他优化开发区域人口过快增长。特大城市中心城区等其他优化开发区域，采取完善卫星城配套功能、强化与周边中小城市联动发展等措施，推动人口合理分布；通过产业升级和功能疏解等方式，有效控制人口过快集聚。

引导人口加快向重点开发区域集聚。合肥、南通、扬州、泰州、宁波、绍兴、台州、芜湖、马鞍山、滁州、宣城等城市，要积极发展特色产业，有效承接产业转移，合理布局产业空间，促进产城融合，提升公共产品和公共服务水平，营造宜居环境，提高人口吸引集聚能力。全面放开芜湖、马鞍山、盐城、泰州等城市落户限制，有效降低合肥等城市落户门槛。

表3　各市市域常住人口预测　　单位：万人

城市	2014年	2020年预期	2030年预测	城市	2014年	2020年预期	2030年预测
上海	2426	2500	2500	湖州	292	297	307
南京	822	950	1060	绍兴	496	534	551
苏州	1059	1100	1150	台州	602	625	660
无锡	650	720	850	舟山	115	150	200
常州	470	570	650	金华	544	554	565
南通	730	870	910	合肥	770	860	1000
扬州	447	560	570	芜湖	362	430	530
镇江	317	360	400	马鞍山	223	260	330
泰州	464	560	580	滁州	399	460	560
盐城	722	755	800	宣城	257	290	340
杭州	889	940	950	铜陵	74	100	130
宁波	768	820	900	池州	143	160	180
嘉兴	457	590	690	安庆	538	570	630

第三节　构建“一核五圈四带”的网络化空间格局

促进形成网络化空间格局。发挥上海龙头带动的核心作用和区域中心城市的辐射带动作用，依托交通运输网络培育形成多级多类发展轴线，推动南京都市圈、杭州都市圈、合肥都市圈、苏锡常都市圈、宁波都市圈的同城化发展，强化沿海发展带、沿江发展带、沪宁合杭甬发展带、沪杭金发展带的聚合发展，构建“一核五圈四带”的网络化空间格局。

提升上海全球城市功能。按照打造世界级城市群核心城市的要求，加快提升上海核心竞争力和综合服务功能，加快建设具有全球影响力的科技创新中心，发挥浦东新区引领作用，推动非核心功能疏解，推进与苏州、无锡、南通、宁波、嘉兴、舟山等周边城市协同发展，引领长三角城市群一体化发展，提升服务长江经济带和“一带一路”等国家战略的能力。

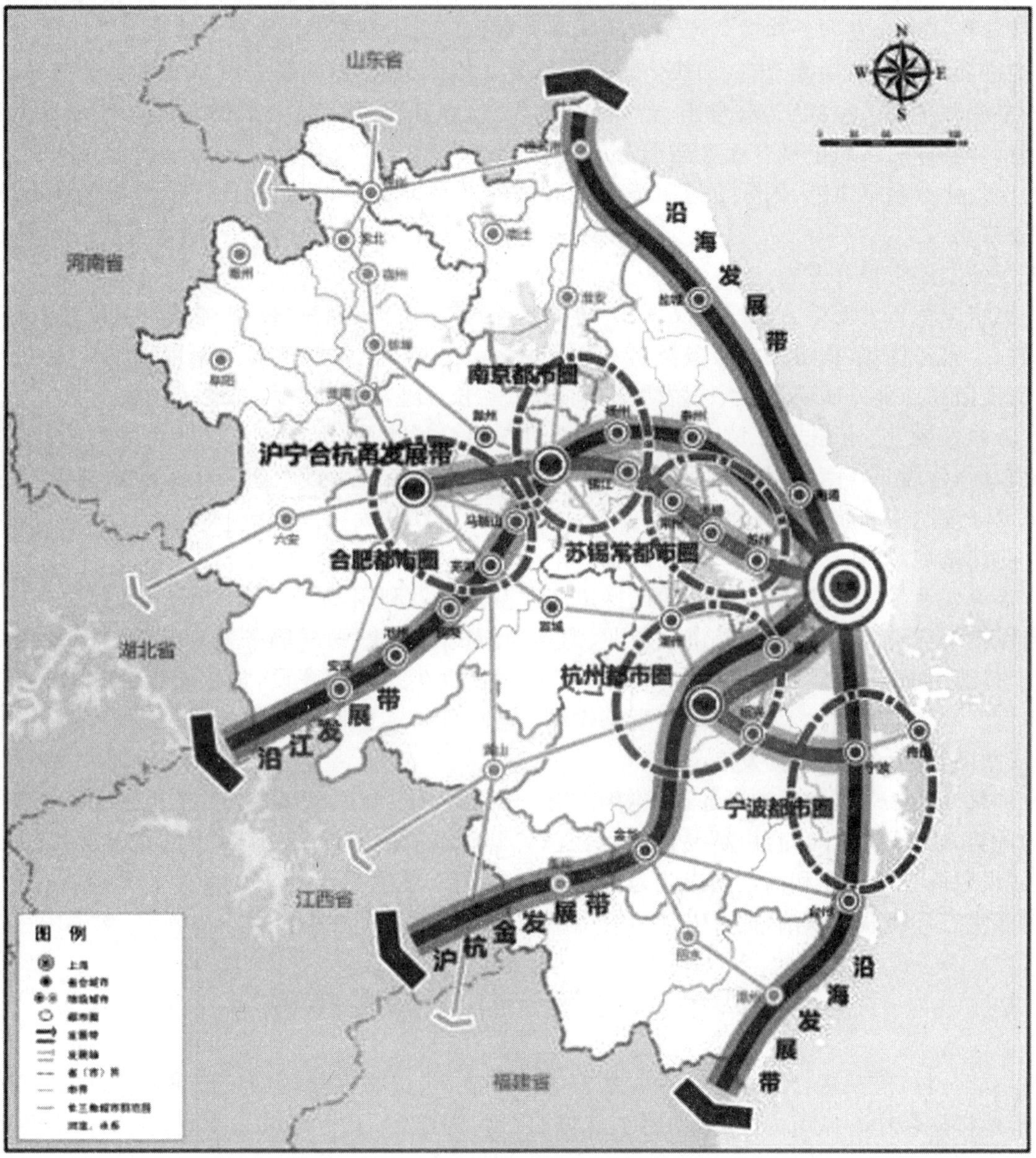

图 4　长三角城市群空间格局示意图

促进五个都市圈同城化发展。

——南京都市圈。包括南京、镇江、扬州三市。提升南京中心城市功能，加快建设南京江北新区，加快产业和人口集聚，辐射带动淮安等市发展，促进与合肥都市圈融合发展，打造成为区域性创新创业高地和金融商务服务集聚区。

——杭州都市圈。包括杭州、嘉兴、湖州、绍兴四市。发挥创业创新优势，培育发展信息经济等新业态新引擎，加快建设杭州国家自主创新示范区和跨境电子商务综合试验区、湖州国家生态文明先行示范区，建设全国经济转型升级和改革创新的先行区。

——*合肥都市圈*。包括合肥、芜湖、马鞍山三市。发挥在推进长江经济带建设中承东启西的区位优势和创新资源富集优势，加快建设承接产业转移示范区，推动创新链和产业链融合发展，提升合肥辐射带动功能，打造区域增长新引擎。

——*苏锡常都市圈*。包括苏州、无锡、常州三市。全面强化与上海的功能对接与互动，加快推进沪苏通、锡常泰跨江融合发展。建设苏州工业园国家开放创新综合试验区，发展先进制造业和现代服务业集聚区，推进开发区城市功能改造，加快生态空间修复和城镇空间重塑，提升区域发展品质和形象。

——*宁波都市圈*。包括宁波、舟山、台州三市。高起点建设浙江舟山群岛新区和江海联运服务中心、宁波港口经济圈、台州小微企业金融服务改革创新试验区。高效整合三地海港资源和平台，打造全球一流的现代化综合枢纽港、国际航运服务基地和国际贸易物流中心，形成长江经济带龙头龙眼和"一带一路"战略支点。

促进四条发展带聚合发展。

——*沪宁合杭甬发展带*。依托沪汉蓉、沪杭甬通道，发挥上海、南京、杭州、合肥、宁波等中心城市要素集聚和综合服务优势，积极发展服务经济和创新经济，成为长三角城市群吸聚最高端要素、汇集最优秀人才、实现最高产业发展质量的中枢发展带，辐射带动长江经济带和中西部地区发展。

——*沿江发展带*。依托长江黄金水道，打造沿江综合交通走廊，促进长江岸线有序利用和江海联运港口优化布局，建设长江南京以下江海联运港区，推进皖江城市带承接产业转移示范区建设，打造引领长江经济带临港制造和航运物流业发展的龙头地区，推动跨江联动和港产城一体化发展，建设科技成果转化和产业化基地，增强对长江中游地区的辐射带动作用。

——*沿海发展带*。坚持陆海统筹，协调推进海洋空间开发利用、陆源污染防治与海洋生态保护。合理开发与保护海洋资源，积极培育临港制造业、海洋高新技术产业、海洋服务业和特色农渔业，推进江海联运建设，打造港航物流、重化工和能源基地，有序推进滨海生态城镇建设，加快建设浙江海洋经济示范区和通州湾江海联动开发示范区，打造与生态建设和环境保护相协调的海洋经济发展带，辐射带动苏皖北部、浙江西南部地区经济全面发展。

——*沪杭金发展带*。依托沪昆通道，连接上海、嘉兴、杭州、金华等城市，发挥开放程度高和民营经济发达的优势，以中国(上海)自由贸易试验区、义乌国际贸易综合改革试验区为重点，打造海陆双向开放高地，建设以高技术产业和商贸物流业为主的综合发展带，统筹环杭州湾地区产业布局，加强与衢州、丽水等地区生态环境联防联治，提升对江西等中部地区的辐射带动能力。

第四节　打造一体化城乡体系

构筑功能一体、空间融合的城乡体系。培育区域性生产、贸易、高端服务、交通运输、创新、旅游等特色职能，形成以区域中心城市为核心、功能节点城市(镇)为纽带、乡村地域为支撑，生态空间开敞、城乡风貌各异，紧凑型、网络化的一体化城乡体系。推进市域城乡一体化发展。以市域空间为整体推进规划和建设，严格划定城市开发边界、永久基本农田和生态保护红线，统筹城镇建设、基础设施布局、农田保护、产业集聚、村落分布、生态涵养，推进农村一二三产业融合发展，加强"菜篮子"工程建设。

强化特大镇对城乡体系的支撑作用。要加快推进特大镇行政管理体制改革，开展特大镇功能设置试点和设市模式改革创新试点，在降低行政成本和提升行政效率的基础上不断拓展特大镇功能，充分发挥长三角城市群数量众多的特大镇作为区域生产网络重要节点的作用。

第四章　创新驱动经济转型升级

实施创新驱动发展战略，营造大众创业万众创新良好生态，立足区域高校科研院所密集、科技人才资源丰富优势，面向国际国内聚合创新资源，健全协同创新机制，构建协同创新共同体，培育壮大新动能，加快发展新经济，支撑引领经济转型升级，增强经济发展内生动力和活力。

第一节　共建内聚外合的开放型

创新网络构建协同创新格局。建设以上海为中心、宁杭合为支点、其他城市为节点的网络化创新体系。强化上海创新思想策源、知识创造、要素集散等功能，加快张江国家自主创新示范区建设，重点提升原始创新和技术服务能力。挖掘苏浙皖创新资源，加快苏南国家自主创新示范区、杭州国家自主创新示范区、合芜蚌自主创新综合试验区建设，集中打造南京、杭州、合肥、宁波等创新节点，重点提升应用研究和科技成果转化能力。

培育壮大创新主体。建立健全企业主导产业技术研发创新的体制机制，促进创新要素向企业集聚。鼓励大型企业发挥创新骨干作用，加快培育科技型中小企业和创新型企业，支持企业整合利用国内外创新资源。深化科研院所改革，推动企业、高校和科研机构加强产学研合作，探索建立具有国际一流水平的创新实验室和创新中心，加快区域科技成果转化。

共建共享创业创新平台。大力推进大众创业万众创新，加快“双创”示范基地建设，完善创业培育服务，打造创业服务与创业投资结合、线上与线下结合的开放式服务载体。积极融入全球创新网络，依托丰富科教资源，加快推进创新平台建设。打通学科间、院校间、机构间的界限，建设世界级大科学设施集群，打造以基础性和原创性研究为主的协同创新平台。研究建立长三角城市群技术交易中心和专利信息资源库，加强科技资源交流共享。联合组建技术转移服务机构，加快推进国家技术转移东部中心建设，打通高校、科研机构和企业间科技成果转移转化通道，打造主要面向市场和应用的成果转化平台。加强检验检测公共技术服务平台建设。构建军民融合服务创新平台，推动先进技术双向转移转化。

第二节　推进创新链产业链深度融合

强化主导产业链关键领域创新。以产业转型升级需求为导向，聚焦电子信息、装备制造、钢铁、石化、汽车、纺织服装等产业集群发展和产业链关键环节创新，改造提升传统产业，大力发展金融、商贸、物流、文化创意等现代服务业，加强科技创新、组织创新和商业模式创新，提升主导产业核心竞争力。

依托优势创新链培育新兴产业。积极利用创新资源和创新成果培育发展新兴产业，加强个性服务、增值内容、解决方案等商业模式创新，积极稳妥发展互联网金融、跨境电子商务、供应链物流等新业态，推动创新优势加快转化为产业优势和竞争优势。

第三节　营造创新驱动发展良好生态

优化专业服务体系。鼓励共建创新服务联盟，培育协同创新服务机构，强化技术扩散、成果转化、科技评估和检测认证等专业化服务。发展“孵化＋创投”模式，建设创客空间，集成提供创业辅导、市场开拓、融资担保等链式孵化服务。在充分利用现有科技资源、统筹考虑现有科研布局的基础上，支持科研院所、科技中介按程序设立异地分支机构，提供专利挖掘、申请、维护和管理等服务。加强中小企业公共服务平台网络建设，增加知识产权、教育培训、投融资等一站式服务。有条件的地方继续探索通过创新券、创业券等新模式，加强对创新企业在人才培训、管理咨询、检验检测、质量品牌等方面的公共服务。

健全协同创新机制。加强区域创新资源整合，集合优质资源与优势平台，加快形成科教资源共建共享的机制，推进人才联合培养和科技协同攻关。优化区域创新组织方式，设立长三角城市群协同创新中心，深化区域创新研发、集成应用、成果转化协作。深入实施知识产权战略行动计划，完善统一的知识产权价值评估机制，健全长三角城市群知识产权审判体系。鼓励社会资本投资知识产权运营领域，创新知识产权投融资产品，探索知识产权证券化，完善知识产权信用担保机制。充分利用国家科技成果转化引导基金，通过股权投入、风险补偿等形式，支持科技研发与成果转化。

营造有利于创新人才脱颖而出的环境。实施更加积极的人才政策，加强区域联动，加大引进具有世界水平的科学家、科技领军人才、工程师和高水平创新团队力度。探索构建创新型人才培养模式，积极培养高技能人才、职业经理人和中层管理人员。完善人才激励机制，健全科研人才双向流动机制，充分激发人才活力。

第五章　健全互联互通的基础设施网络

统筹推进交通、信息、能源、水利等基础设施建设，推进军地资源优化配置、功能兼容、合理共享，构建布局合理、设施配套、功能完善、安全高效的现代基础设施网络，提升基础设施互联互通和服务水平。

第一节　构筑以轨道交通为主的综合交通网络

完善城际综合交通网络。依托国家综合运输大通道，以上海为核心，南京、杭州、合肥为副中心，以高速铁路、城际铁路、高速公路和长江黄金水道为主通道的多层次综合交通网络。增强京沪高铁、沪宁城际、沪杭客专、宁杭客专等既有铁路城际客货运功能。推进沪宁合、沪杭、合杭甬、宁杭、合安、宁芜安等主要骨干城际通道建设。规划建设上海—南通—泰州—南京—合肥、南通—苏州—嘉兴、上海—苏州—湖州、上海—嘉兴—宁波、安庆—黄山等铁路（含城际铁路），以及上海—南通跨江通道等城际通道建设，提高城际铁路对5万以上人口城镇、高等级公路对城镇的覆盖水平。

优化区域高速公路布局，健全区域协作机制，加强高速公路管理设施与安全防护设施建设，提升沪宁合、宁杭、合芜等高速公路的通行能力、应急保障能力和安全防护水平。发挥长三角高等级航道作用，提升城际货运能力。提升综合交通枢纽辐射能力。着力打造上海国际性综合交通枢纽，加快建设南京、杭州、合肥、宁波等全国性综合交通枢纽，以及南通、芜湖、金华等区域性综合交通枢纽，提升辐射能力与水平。按照“零距离换乘，无缝化衔接”的要求，着力打造集铁路、公路、民航、城市交通于一体的综合客运枢纽，大力推进综合货运枢纽和物流园区建设。以上海国际航运中心为核心，优化整合沿海沿江港口，形成分工合理、协同发展、军民融合的长三角现代化港口群。构建以上海为核心、分工协作、差异化发展的多层级机场体系。拓展上海浦东国际机场国际辐射功能，提升上海虹桥、杭州、南京等枢纽机场能力，强化合肥、宁波、无锡等干线机场能力，建设芜湖、蚌埠、滁州等支线机场，推进军民合用机场建设。大力发展通用航空，合理布局通用机场建设。实现长三角城市群航线网络覆盖全球各大区域的主要国家和城市，连通国内省会城市、重要枢纽及干支线民用运输机场。深化机场群与综合交通运输体系的融合。推进以枢纽机场为核心的临空经济区发展。

加快打造都市圈交通网。加快上海城市轨道交通网建设，提升中心城区地铁、轻轨网络化水平，建设连通中心城区和郊区城镇的市域（郊）铁路，适时研究延伸至苏州、南通、嘉兴等临沪地区。加快构建各都市圈同城化交通网，强化南京、杭州、合肥、苏州、宁波城市轨道交通网，推进无锡、常州等城市轨道

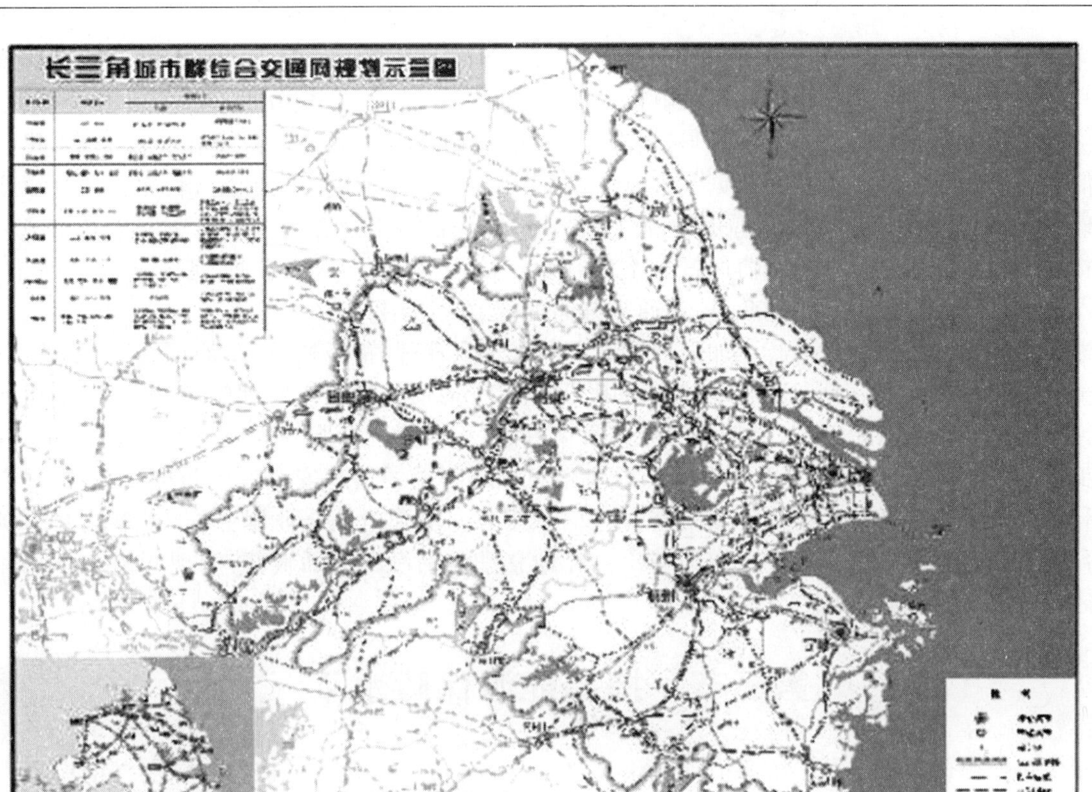

图 5　长三角城市群综合交通网规划示意图

交通主骨架建设，加快都市圈城际铁路(市域铁路)建设，形成中心城市与周边重要城镇间以轨道交通为骨干、公路交通为基础的交通网络。

畅通对外综合运输通道。统筹协调长三角城市群对外通道建设，打造长江黄金水道及长三角高等级航道网，规划建设沿江高速铁路，构筑与长江中游、成渝以及滇中、黔中城市群间的大能力、高速化运输通道。建设沿海铁路，强化与海峡西岸、山东半岛等地区间的联系。打通跨区域高速公路主通道、普通国省干线通道的"断头路"。

提升运输服务能力与水平。强化中心城市之间点对点高速客运服务、中心城市与节点城市及节点城市之间快速客运服务、中心城区与郊区之间通勤客运服务。推进城市群内客运交通公交化运营，提供同城化交通服务，推行不同客运方式客票一体联程和不同城市一卡互通。加快发展铁水、公铁、空铁和江河海联运，加快船型标准化改造，发展精益物流、共同配送等多样化专业化城际货运服务。强化信息资源整合，实现城市群交通信息互通共享。

第二节　构建泛在普惠的信息网络

实现高速网络普遍覆盖。加快建设覆盖区域、辐射周边、服务全国、联系亚太、面向世界的下一代信息基础设施。完善区域网络布局，加快通信枢纽和骨干网建设，推进网间互联宽带扩容，优化主要城市的通信网络结构，提升网络质量。积极发挥上海亚太信息通信枢纽和南京等国家级互联网骨干直联点作用，实施新跨太平洋国际海底光缆工程，加快互联网国际出入口带宽扩容，全面提升流量转接能力。促进骨干网、城域网、数据中心和支撑系统 IPv6 升级改造。加快实现无线局域网在热点区域和重点线路全覆盖，率先实现城市固网宽带全部光纤接入。

*率先建成智慧城市群。*推动电子政务平台跨部门跨城市横向对接和数据共享，建立城市群政务信息共享和业务协同机制。加强政府与基础电信企业及互联网企业合作，充分整合政府和社会数据，提升城市间协同运用大数据水平。积极推进城市群内地理信息高精度数据全域覆盖和交换共享，建立统一的地理信息公共服务平台。推广大数据、云计算和物联网应用，加快建设上海、杭州、无锡云计算示范城市，上海、浙江、江苏国家物联网重大应用示范工程区域试点省市，以及无锡国家传感网创新示范区和盐城国家物联网技术应用推广基地。协同推进上海、南京、杭州、合肥、苏州、宁波、芜湖等智慧城市建设，统一建设标准，开放数据接口，推动政务、交通等方面的智慧化应用。

*促进跨区域信息安全联防联控。*加强智慧城市网络安全管理，积极建设"京沪干线"量子通信工程，推动量子通信技术在上海、合肥、芜湖等城市使用，促进量子通信技术在政府部门、军队和金融机构等应用。完善跨网络、跨行业、跨部门、跨省市的应急联动机制，积极建设合肥等异地数据灾备中心。在城市群内同步规划、同步设计、同步建设、同步运行基础信息网络和重要信息安全保密防护设施，加强要害信息设施和信息资源安全防护。稳步降费完善普惠信息服务。增强电信企业服务能力，多措并举实现电信资费合理下降。鼓励电信企业逐步取消城市群异地移动电话漫游通话资费，实现通信一体化和电信市场一体化，降低信息沟通成本。

第三节　提高能源保障水平

*调整优化能源结构和布局。*统筹推进液化天然气（LNG）接收站建设，积极利用浙江沿海深水岸线和港口资源，布局大型 LNG 接收、储运及贸易基地，谋划建设国家级 LNG 储运基地。加强油气输送通道建设，积极利用国内国际资源，促进油源、气源多元化。优化天然气使用方式，新增天然气应优先用于替代燃煤，鼓励发展天然气分布式能源等高效利用项目，限制发展天然气化工项目，有序发展天然气调峰电站。按照"炼化储一体化"原则，优化炼油产业结构和布局，统筹新炼厂建设与既有炼厂升级改造，集约化发展炼油加工产业。推进苏北沿海、浙江沿海、安徽南部核电规划建设。积极开发利用清洁能源，大力发展陆上、浅近海风电和光伏发电，推动沿海地区发展海洋能发电，稳步拓展生物质能利用方式，科学利用地热能。除在建项目外，原则上不再新建单纯扩大产能的煤矿项目，加快淘汰煤矿落后低效产能，严格控制煤炭产能增长。按照安全优先、区别对待、按需消纳、互惠互利的原则，积极稳妥利用区外来电。结合区域内电力电量平衡情况，按照国家小火电关停和煤炭等量替代等相关要求，适度建设清洁高效煤电。全面实施燃煤电厂节能改造。

*推进能源基础设施互联互通。*完善长三角主干网架结构，加快皖电东送、浙江沿海东电西送、江苏北电南送电力输送通道建设，与"西电东送"、"北电南送"主通道实现互联互通。加快区际区内石油管网建设，推进宁波、舟山等原油储备基地建设，创建国家级石油储备中心，构建清洁快速便捷的油品供应体系。完善天然气主干管网布局，配套建设天然气门站和大型 LNG 调峰站，加快天然气管网互联互通，增加主干线管道双向输送功能。推动完善沿长江清洁能源供应通道建设。加快建设长三角大型煤炭储配基地，重点在沿海沿江地区建设一批煤炭物流园区。完善煤炭应急储备体系建设。

*加快能源利用方式变革。*降低能源消费强度，加强能源消费总量控制。建立健全用能权初始分配制度，培育发展交易市场。推动建筑用能绿色化发展，提高建筑节能设计标准，推进建筑节能改造，推广被动式超低能耗建筑，新建的政府投资公共建筑、大型公共建筑应当至少利用一种可再生能源，加快节能产品推广。强化工业领域节能，力争主要工业领域单位产品能耗达到并优于世界先进水平。推进交通运输节能，加快提升车用燃油品质，加快发展 LNG 车辆、船舶，积极发展纯电动汽车和插电式混合动力汽车。

第四节　强化水资源安全保障

提升水资源保障能力。按照“节水优先”的要求，大力推进灌区改造、雨洪资源利用等节约水、涵养水的工程。充分发挥丰富的地表水资源优势，以解决水质性缺水和保障饮水安全为重点，强化重大引提调水工程建设。加强青草沙水库等重要水源地保护，加强长江口咸潮倒灌控制，加快太湖流域水环境综合治理骨干引排工程、舟山大陆引水等工程建设，推进引江济淮工程前期工作。强化饮用水水源地保护，加大应急备用水源工程建设力度，实施管网互联互通工程，建立江河水、水库水和海水淡化互济的供水保障体系。扩大海水淡化和中水回用规模，在新增工业园区推行海水利用。实行最严格水资源管理制度，加快划定用水总量、用水效率和水功能区限制纳污红线。建立水资源水环境监测预警机制，促进经济社会发展与水资源环境承载能力相协调。

完善防洪防潮减灾综合体系。加强防灾减灾综合能力建设，提高应对各种灾害和突发事件的能力。实施长江干流、钱塘江干流、太湖环湖大堤及骨干出入湖河道、长江主要支流、主要入海河流等综合治理工程，提高防洪防潮能力。加强沿海、沿江、环湖、沿河城市堤防和沿海平原骨干排涝工程建设。统筹流域、区域、城市水利治理标准与布局，依托流域和区域治理，强化城市内部排水系统和蓄水能力建设，有效解决城市内涝问题。推进病险水库和大中型病险水闸除险加固，全面消除安全隐患。加强河道洲滩的管理与控制利用，统筹协调主要江河上下游和重点海堤防洪减灾，建设山洪、台风灾害防治区监测预警系统，加强工程调度，提高防洪防潮减灾应急能力。在山洪灾害重点区域构建非工程措施与工程措施相结合的山洪灾害综合防御体系。

第六章　推动生态共建环境共治

长三角地区既是经济发达和人口密集地区，也是生态退化和环境污染严重地区。优化提升长三角城市群，必须坚持在保护中发展、在发展中保护，把生态环境建设放在突出重要位置，紧紧抓住治理水污染、大气污染、土壤污染等关键领域，溯源倒逼、系统治理，带动区域生态环境质量全面改善，在治理污染、修复生态、建设宜居环境方面走在全国前列，为长三角率先发展提供新支撑。

第一节　共守生态安全格局

外联内通共筑生态屏障。强化省际统筹，推动城市群内外生态建设联动，建设长江生态廊道，依托黄海、东海、淮河—洪泽湖共筑东部和北部蓝色生态屏障，依托江淮丘陵、大别山、黄山—天目山—武夷山、四明山—雁荡山共筑西部和南部绿色生态屏障。

严格保护重要生态空间。贯彻落实国家主体功能区制度，划定生态保护红线，加强生态红线区域保护，确保面积不减少、性质不改变、生态功能不降低。加强自然保护区、水产种质资源保护区的生态建设和修复，维护生物多样性。严格保护沿江、湖泊、山区水库等饮用水水源保护区和清水通道，研究建立太湖流域生态保护补偿机制，保障饮用水安全。全面加强森林公园、重要湿地、天然林保护，提升水源涵养和水土保持功能。加强风景名胜区、地质遗迹保护区管控力度，维护自然和文化遗产原真性和完整性。严格控制蓄滞洪区及其他生态敏感区域人工景观建设。严格保护重要滨海湿地、重要河口、重要砂质岸线及沙源保护海域、特殊保护海岛及重要渔业海域。严格控制特大城市和大城市的建设用地规模，发挥永久基本农田作为城市实体开发边界作用。

实施生态建设与修复工程。实施湿地修复工程，推进外来有害生物除治，恢复湿地景观，完善湿地

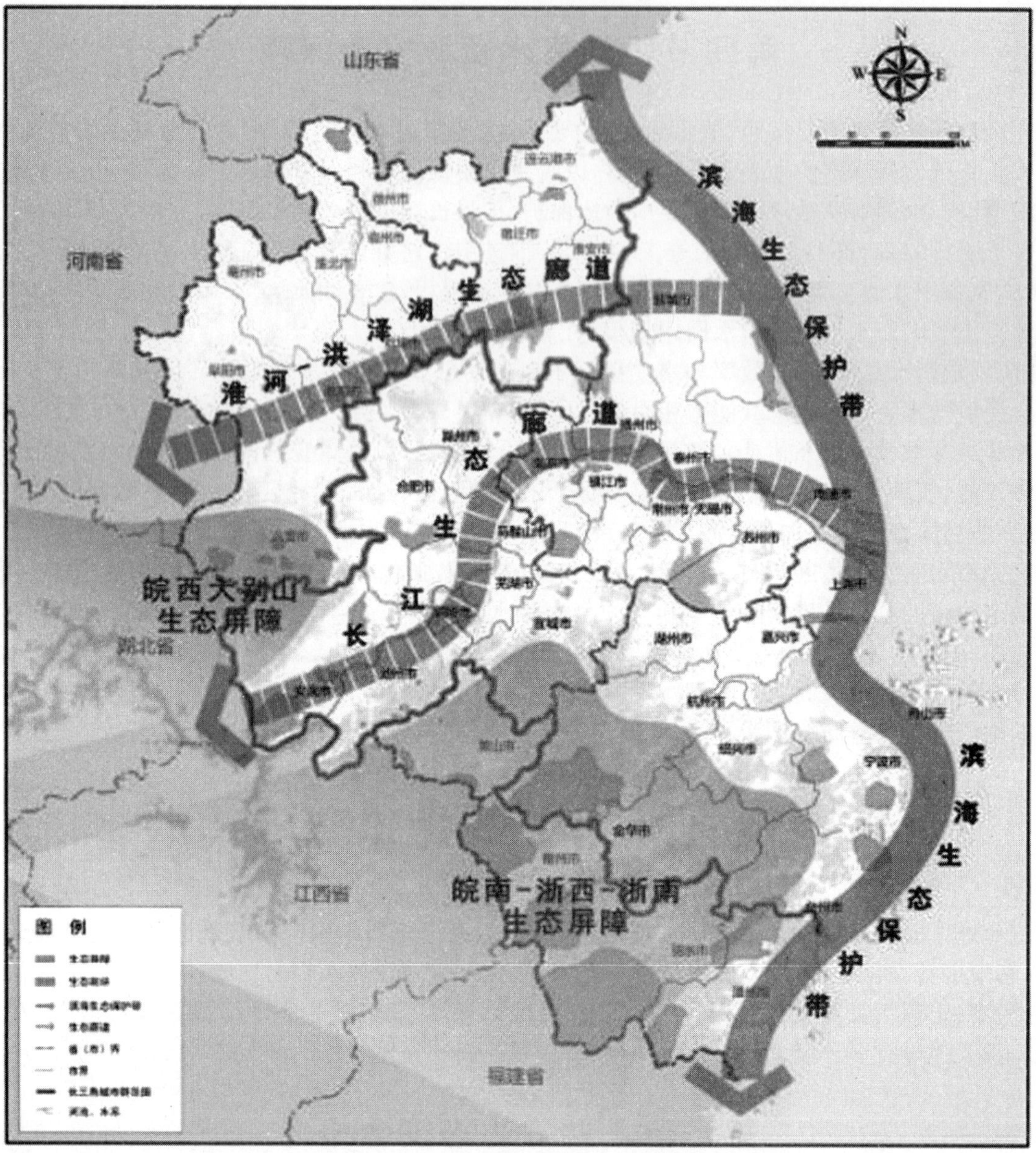

图 6　长三角城市群生态屏障示意图

生态功能。实施退耕还林和防护林建设工程,深入推进水土保持林、水源涵养林建设,维持和改善物种栖息地生态环境。实施小流域水土流失治理工程,综合采用水土保持耕作、林草种植与工程性措施,保护小流域水土资源。实施矿山恢复治理工程,综合整治关停宕口,推进山体复绿,加大河口和海湾典型生态系统保护力度。实施海洋生态整治修复工程,有效恢复受损的湿地、岸滩、海湾、海岛、河口、珊瑚礁等典型海洋生态系统。

第二节　推动环境联防联治

深化跨区域水污染联防联治。以改善水质、保护水系为目标,建立水污染防治倒逼机制。在江河源头、饮用水水源保护区及其上游严禁发展高风险、高污染产业。加大农业面源污染治理力度,实施化肥、农药零增长行动,进一步优化畜禽养殖布局和合理控制养殖规模,大力推进畜禽养殖污染治理和资源化

利用工程建设。对造纸、印刷、农副产品加工、农药等重点行业实施清洁化改造，加强长江、钱塘江、京杭大运河、太湖、巢湖等的水环境综合治理，完善区域水污染防治联动协作机制。实施跨界河流断面达标保障金制度。整治长江口、杭州湾污染，全面清理非法和设置不合理的入海排污口，入海河流基本消除劣Ⅴ类水体，沿海地级及以上城市实施总氮、总磷、重金属污染物排放总量控制，强化陆源污染和船舶污染防治。实施秦淮河、苕溪、滁河等山区小流域以及苏南、杭嘉湖、里下河、入海河流等平原河网水环境综合整治工程。

*联手打好大气污染防治攻坚战。*完善长三角区域大气污染防治协作机制，统筹协调解决大气环境问题。优化区域能源消费结构，积极有序发展清洁能源，新增特高压输电，建立煤炭消费减量化硬目标，全面推进煤炭清洁利用，到 2017 年上海、江苏、浙江实现煤炭消费总量负增长。上海、江苏、浙江新建项目禁止配套建设自备燃煤电站；耗煤项目要实行煤炭减量替代；除热电联产外，禁止审批新建燃煤发电项目；现有多台燃煤机组装机容量合计达到 30 万千瓦以上的，可按照煤炭等量替代的原则建设大容量燃煤机组。长三角城市群加快现有工业企业燃煤设施天然气替代步伐，到 2017 年基本完成燃煤锅炉、工业窑炉、自备燃煤电站的天然气替代改造任务。限制高硫石油焦的进口。加快产业布局结构优化调整，提升区域落后产能淘汰标准，推进重点行业产业升级换代。严格执行统一的大气污染物特别排放限制，加快推进煤电机组超低排放改造，到 2017 年上海、江苏、浙江 10 万千瓦及以上煤电机组全部完成超低排放改造。到 2018 年安徽省 30 万千瓦及以上煤电机组全部完成超低排放改造。加快钢铁、水泥、平板玻璃等重点行业及燃煤锅炉脱硫、脱硝、除尘改造，确保达标排放。推进石化、涂装、包装印刷、涂料生产等重点行业挥发性有机物污染治理。加大黄标车和老旧车辆淘汰力度，推进港口船舶、非道路移动机械大气污染防治，加强对区域超标排放船舶的监管执法力度，确保到 2030 年城市空气质量全面达标。

*全面开展土壤污染防治。*坚持以防为主，点治片控面防相结合，加快治理场地污染和耕地污染。制定长三角土壤环境质量标准体系，建立污染土地管控治理清单。搬迁关停工业企业改造过程中应当防范二次污染和次生突发环境事件。搬迁关停工业企业应当开展场地环境调查和风险评估，未进行场地环境调查及风险评估、未明确治理修复责任主体的，禁止土地出让流转。集中力量治理耕地污染和大中城市周边、重污染工矿企业、集中污染治理设施周边、重金属污染防治重点区域、集中式饮用水源地周边、废弃物堆存场地的土壤污染。对水、大气、土壤实行协同污染治理，防止产生新的土壤污染。加强规划管控，严格产业项目、矿产资源开发的环境准入，从源头上解决产业项目和矿产资源开发导致的土壤环境污染问题。

*严格防范区域环境风险。*坚持人民利益至上，牢固树立安全发展理念，强化重点行业安全治理，加强危险化学品监管，建立管控清单，重点针对排放重金属、危险废物、持久性有机污染物和生产使用危险化学品的企业和地区开展突发环境事件风险评估，深入排查安全隐患特别是危险化学品和高毒产品在生产、管理、储运等各环节的风险源，健全完善责任体系，提高环境安全监管、风险预警和应急处理能力，跨区域集中统筹配置危险品处置中心。加快淘汰高毒、高残留、对环境和人口健康危害严重物质的生产、销售、储存和使用，推广有毒有害原料（产品）替代品。强化沿江、沿海、沿湾化工园区和油品港口码头的环境监管与风险防范，建设安全城市群。加强城镇公用设施使用安全管理，健全城市抗震、防洪、排涝、消防、应对地质灾害应急指挥体系，完善城市生命通道系统，加强城市防灾避难场所建设，增强抵御自然灾害、处置突发事件和危机管理能力。进一步落实企业主体责任、部门监管责任、党委和政府领导责任，加快健全隐患排查治理体系、风险预防控制体系和社会共治体系，依法严惩安全生产领域失职渎职行为，确保人民群众生命财产安全。

第三节　全面推进绿色城市建设

*推进城市建设绿色化。*严格城市“三区四线”规划管理，合理安排城市生态用地，适度扩大城市生态

空间，修复城市河网水系，保护江南水乡特色，让人们看得到风景、记得住乡愁。统筹规划地下地上空间开发，推进城市地下综合管廊建设，建立健全包括消防、人防、防洪、防震和防地质灾害等在内的城市综合防灾体系。推广低冲击开发模式，加快建设海绵城市、森林城市和绿色低碳生态城区。发展绿色能源，推广绿色建筑和绿色建材，构建绿色交通体系。

节约集约利用资源。以节地、节水和节能为重点，强化优化开发区域的城市重要资源总量利用控制，优化重点开发区域的城市资源利用结构和增速控制，加快推动资源循环利用，建设城市静脉产业基地，提升城市群资源利用总体效率。

推进产业园区循环化和生态化。严格控制高耗能、高排放行业发展，支持形成循环链接的产业体系。以国家级和省级产业园区为重点，推进循环化改造和生态化升级，实现土地集约利用、废弃物交换利用、能量梯级利用、废水循环利用和污染物集中处理。深入推进园区循环化改造试点和生态工业示范园区建设。倡导生活方式低碳化。培育生态文化，引导绿色消费，鼓励低碳出行，倡导简约适度、绿色低碳、文明节约的生活方式。推行“个人低碳计划”，开展“低碳家庭”行动，推进低碳社区建设。

第四节　加强环境影响评价

密切跟踪本规划实施对区域生态系统、环境、人民群众健康产生的影响，重点对资源占用、生态影响、污染排放等方面可能产生的不良影响进行监测评估。对纳入规划的重大基础设施建设项目依法履行环评审批程序，严格土地、环保准入，合理开展项目选址或线路走向设计。建立统一、高效的环境监测体系和跨行政区环境污染与生态破坏联合防治协调机制。把环境影响问题作为规划中期评估的重要内容，视中期评估结果对规划相关内容作相应完善。

第七章　深度融入全球经济体系

放眼全球，接轨世界，深化开放，全面提升国际化水平和全球资源配置能力。

第一节　提升对外开放层次

提高利用外资质量和水平。积极有效引进境外资金、先进技术和管理运营模式，鼓励外资更多投向先进制造、高新技术、节能环保、现代服务业。鼓励外资通过并购等方式参与产业链整合，参与公共基础设施等领域建设。鼓励和支持外资机构将总部、研发中心、运营中心设在长三角地区。

有序扩大服务业对外开放。扩大银行、保险、证券、养老等市场准入，引导外资更多地投向服务业领域。鼓励外资企业设立生产性服务业企业，以及各类功能性、区域性总部和分支机构等。发挥中国（上海）自由贸易试验区在服务业领域先行先试的作用。推进江苏昆山与台湾地区的服务业合作试点。

营造国际化营商环境。完善法治化、国际化、便利化营商环境，率先建立同国际贸易投资规则相适应的体制机制。积极探索实行准入前国民待遇加负面清单管理模式，促进内外资企业一视同仁、公平竞争。建立便利跨境电子商务等新型贸易方式的体制，健全服务贸易促进体系。推进大通关建设，加快建设单一窗口，全面推进通关一体化。加强技术性贸易壁垒的预警、研判和应对，不断完善技术性贸易措施体系，有效破解贸易壁垒和化解贸易磨擦。加快建立社会信用体系，健全市场主体的信用信息数据库和信用信息共享机制，充分发挥企业信用信息公示系统等信用信息平台的作用。

第二节　建设高标准开放平台

加快各类海关特殊监管区域整合优化和开放平台创新升级。从类型、功能、政策和管理四方面推进海关特殊监管区域整合，逐步将各类海关特殊监管区域整合为综合保税区。促进海关特殊监管区域发展保税加工、保税物流和保税服务等多元化业务。规范完善海关特殊监管区域税收政策，促进区内企业参与国际市场竞争。优化结转监管，提升管理效能，促进区域内外生产加工、物流和相关服务业的深度融合，打造高水平对外开放平台。加快建设一批新的双边多边开放合作平台，加快金砖国家新开发银行及亚太示范电子口岸网络运营中心建设，高起点推进中德合作（安徽）智慧产业园、中澳现代产业园（舟山）、中意宁波生态园等的建设。

推进自由贸易试验区建设并加快推广可复制经验。瞄准国际标杆，深化自由贸易试验区改革开放，加快转变政府职能，探索体制机制创新，在建立以负面清单为核心的外商投资管理制度，以贸易便利化为重点的贸易监管制度、以资本项目可兑换和金融服务业开放为目标的金融创新制度、以政府职能转变为核心的事中事后监管制度等方面，不断探索形成可复制、可推广的试点经验，率先在长三角城市群实现全覆盖。

探索建立自由贸易港区。依托舟山港综合保税区和舟山江海联运服务中心建设，探索建立舟山自由贸易港区，率先建立与国际自由贸易港区接轨的通行制度。

第三节　加速集聚国际化人才

大力引进国际英才。建立紧缺国际人才清单和移民职业清单制度，重点招揽最有价值的科技、投资、营销、创意等人才。建立海外高层次人才储备库和留学回国人员数据库，定期发布紧缺人才需求报告，拓宽国际人才招揽渠道。在制定外籍高层次人才认定标准基础上，全面放开科技创新创业人才、一线科研骨干、紧缺急需专业人才的永久居留政策，放宽其他国际人才长期居留许可的申请条件。放宽紧缺领域国际移民的准入限制，在上海率先探索放宽特殊人才国籍管理。完善外籍人员就医和子女教育政策，塑造开放包容、多元融合的社会氛围。

加快推进国际化人才培育。充分利用国际国内优质教育资源，采取合作办学、国（境）外培训、岗位实践等方式，加快培养具有国际视野、通晓国际规则和拥有跨文化交流与沟通能力的本土国际化人才。建立和完善市场导向的国际化人才培养模式，支持企业成为国际化人才开发的主体。鼓励与促进人才国际交流合作，推进职业资格国际互认。

深化人文交流。在科教文卫、旅游体育等领域广泛开展人文交流合作，支持中外合作办学，推进“中以常州创新园”等的建设。构建官民并举、多方参与的人文交流机制，鼓励丰富多样的民间文化交往，提升区域和国家软实力。

第四节　培育本土跨国公司

培育壮大跨国经营市场主体。支持有条件的企业通过直接投资、收购参股等方式，在境外建设技术研发中心、品牌营销网络等，培育形成一批规模大、效益好、竞争力和带动力强的本土跨国公司，深度融入全球产业链、价值链、物流链，加快培育国际竞争新优势。促进外贸稳定发展和转型升级，引导劳动密集型企业和加工贸易向中西部和东北地区梯度转移。

健全企业境外投资服务保障体系。健全企业“走出去”政策咨询、风险评估、信息和融资服务等中介服务体系，研究建立企业境外投资“一站式”综合服务平台。建立健全境外投资风险防范机制，鼓励对外投资企业在境内投保出口信用保险、劳务保险等避险工具。健全境外融资担保机制与外汇管理制度，拓宽企业融资渠道。完善境外法律支援体系，健全知识产权境外维权和应对机制。简化境外设立企业和投资项目核准手续，简化境外投资企业人员出国（境）审批手续。研究将上海金融市场交易系统功能拓展至“一带一路”沿线国家（地区），推动人民币跨境结算，促进相关交易以人民币计价。

第八章　创新一体化发展体制机制

创新联动发展机制，遵循市场发展规律，以建设统一大市场为重点，加快推进简政放权、放管结合、优化服务改革，推动市场体系统一开放、基础设施共建共享、公共服务统筹协调、生态环境联防共治，创建城市群一体化发展的“长三角模式”。

第一节　推动要素市场一体化建设

建设产权交易共同市场。依托三省一市产权交易市场，逐步实现联网交易、统一信息发布和披露。探索将交易种类拓展至国有企业实物资产、知识产权、农村产权、环境产权等各类权属交易，实现交易凭证互认。推进水、矿产、森林等资源使用权跨省交易。加强碳排放管理合作，依托上海碳排放交易平台，率先在长三角城市群开展碳排放交易，推进长三角区域内排污权交易工作。

提高金融市场一体化程度。在城市群范围积极推广自贸试验区金融改革可复制试点经验。切实发挥长三角金融协调发展工作联席会议等平台的作用，加快推进金融信息、支付清算、票据流通、信用体系、外汇管理一体化，提升金融服务实体经济能力。强化金融监管合作和风险联防联控，合力打击区域内非法集资，建立金融风险联合处置机制。做实“信用长三角”合作机制，推动征信体系互联互通。

建立土地（海域）高效配置机制。坚持最严格的耕地保护制度和最严格的节约用地制度，强化土地利用总体规划实施管理，严格控制新增建设用地占用耕地。完善城乡建设用地增减挂钩政策，实行城镇建设用地增量供给与存量挖潜相结合，探索实行城镇建设用地增加规模与吸纳农业转移人口落户数量挂钩机制。实行长期租赁、先租后让、租让结合、弹性出让等多种方式相结合的工业用地供应制度，建立健全城镇低效用地再开发激励约束机制和存量建设用地退出激励机制。依托现有基础探索建立城乡统一的建设用地交易市场，优化建设用地配置依法科学配置海域资源，严格围填海项目审查，优先保障国家重大战略项目用海需求，推进海域资源市场化配置。

推动资源市场一体化。创新和完善长三角人口服务和管理制度，加快实施户籍制度改革和居住证制度，统筹推进本地人口和外来人口市民化，加快消除城乡区域间户籍壁垒，促进人口有序流动、合理分布和社会融合。统筹规划、联合共建一批重要资源储备基地，完善安全风险防范机制。健全跨区域资源基础设施网络共享机制，鼓励第三方公平使用，提高网络资源配置效率。推进长三角城市群数据信息交易，促进数据信息基础设施互联互通，建立安全可信、公正透明的隐私保护与定价交易规则，推动数据信息交易有序开展。

第二节　建立基本公共服务一体化发展机制

推进社会保障一体化。运用信息化手段提高养老保险待遇资格协助认证效率，便利异地居住人员享受养老保险待遇，加快推进城市群内养老保险关系转移接续。鼓励联建或跨市共建养老服务设施。加快推进省际医疗保险合作，实现退休异地安置人员就医医疗费用联网实时结算。健全工伤保险合作机制。探索在享受基本社会服务方面率先打破户籍限制，并建立相应的财政支出统筹分担机制。

提高教育发展质量和共享水平。加快完善现代教育体系，全面提高教育质量，推进多种形式的教育合作，率先实现教育现代化。加快基本公共教育均衡发展，加强教师队伍特别是乡村教师队伍建设，推进城乡义务教育公办学校标准化建设。完善现代职业教育体系，加强职业教育基础能力建设，推进职业教育产教融合。率先推行高等教育改革创新试点，提升大学创新人才培养能力，推进世界一流大学和一流学科建设。

推进医疗合作机制建设。推进医改综合试点，加快建立药品出厂价格信息可追溯机制，全域推广"两票制"，鼓励"一票制"。全面建立分级诊疗制度，以提高基层医疗服务能力为重点，完善服务网络、运行机制和激励机制，提升区域基层医疗服务能力。加强区域医疗卫生人才联合培养，鼓励发展医联体或跨区办医，促进医疗卫生信息互联互通，扩大远程医疗合作平台联结服务的城市和医疗机构范围。推进并完善重大疾病联防联控和应对突发公共卫生事件联动机制，构建共同应对突发公共卫生事件的机制，建立应急物资跨省调配机制和重大灾害事件紧急医疗救援联动机制。

加快构建现代公共文化服务体系。以需求为导向，扩大社会力量参与，加强多层次文化供给。推动区域公共文化服务协同发展，深入实施基本公共文化服务标准化、均等化工程，提高公共文化服务社会化、专业化水平，建设全面覆盖、互联互通的公共文化设施网络体系。继续推进公共文化设施免费开放。加强重点文艺院校和重大文化设施建设。深度挖掘丰富的文化资源，实施地方戏曲振兴、传统工艺传承、当代文学提升、影视精品打造、网络文艺发展、基层文艺繁荣等文化工程。加强历史文化名城、名镇、名村和历史文化街区保护，联合建设非物质文化遗产保护体系。

加强劳动保障监察合作机制建设。完善劳动保障监察委托协查制度、劳动者工资支付异地救济制度、同一单位异地用工情况通报制度、跨地区劳动派遣用工协查和信息通报制度，统一政策执行标准、条件、程序，切实保障跨地区就业劳动者权益，探索跨行政区劳动保障监察执法联动机制。加强劳动人事争议调解仲裁机构交流协作，提高跨地区争议案件处理效能。推动公共事务协同治理。推动社会治理由单个城市向城市群协同治理转变，形成全覆盖的社会管理和服务网络。加强城市群应急管理合作，共建食品安全、旅游安全、灾害防治和安全生产等保障体系。协同加强流动人口管理和服务。建立社会治安综合治理联动机制，消除公共安全盲区。按照统一规划、统一标准、统一监测、统一执法、统一评估的要求，统筹城市群生态环境质量管理。探索多个城市联合资助第三方开展跨区域环境治理的新模式。

第三节　健全成本共担利益共享机制

研究设立长三角城市群一体化发展投资基金。在相关城市自愿协商的基础上，研究设立长三角城市群一体化发展投资基金。分期确定基金规模，采用直接投资与参股设立子基金相结合的运作模式，鼓励社会资本参与基金设立和运营，重点投向跨区域重大基础设施互联互通、生态环境联防共治、创新体系共建、公共服务和信息系统共享、园区合作等领域。完善基金治理结构，构建基金支出监督和绩效评估机制，确保基金合理高效利用。

建立地区间横向生态保护补偿机制。推广新安江流域水环境补偿试点经验，界定流域生态保护区和生态服务受益区，合理确定转移支付标准，严格监督转移支付资金使用，促进生态补偿横向转移支付常态化、制度化。加强跨省（市）界环境污染纠纷协调，建立环境污染赔偿机制，制定具体赔付补偿办法。探索建立区域生态建设投入激励机制。

建立合理的税收利益共享和征管协调机制。在充分尊重各方意愿的基础上，研究探索产业转移税收利益共享机制。按照统一税制、公平税负、促进公平竞争的原则，加强区域税收优惠政策的规范管理，减少税收政策洼地，促进要素自由流动。建立省际互认的征收管理制度，构建税收信息沟通与常态化交流机制，实现税源、政策和稽查等信息共享，建立区域税收利益争端处理和稽查协作机制。

第九章　规划实施

本规划由上海市、江苏省、浙江省、安徽省人民政府和国务院有关部门共同组织实施。相关地区和部门要高度重视、开拓创新、协同配合、攻坚克难，确保规划目标和任务如期完成。

第一节　加强组织领导

健全长三角三省一市政府层面的“三级运作”机制，强化议事决策功能，充分发挥长三角地区合作与发展联席会议的组织协调功能。有关部门要切实履行职能，研究制定支持长三角城市群发展的具体措施，在有关规划编制、体制创新、政策措施、项目安排、重点领域改革试点等方面给予积极支持。发展改革委、住房城乡建设部要加强对规划实施情况的跟踪分析和督促检查，适时组织开展规划实施情况评估。

第二节　推动重点工作

三省一市人民政府要依据本规划的总体部署，共同研究制定三年行动计划和年度工作计划，协同推进重点任务落实。抓紧编制出台交通基础设施、生态建设和环境保护、基本公共服务体系等专项规划。建立交通、资源环境、信息、市场、公共服务、产业等专项合作机制，分领域策划和推进具体合作事项及项目。完善激励约束机制，督促各地区采取共同行动策略，保障合作的持续稳定开展。深化“放管服”改革，继续大力削减行政审批事项，加强监管创新和优化服务，增强政府执行力和公信力，建设廉洁高效、人民满意的政府。

第三节　营造良好舆论环境

加强舆论引导，突出宣传推进长三角城市群一体化发展的重要意义和重大举措，准确解读规划和相关配套政策。及时公布一体化发展进展情况，增强公众对城市群一体化发展的认同感，引导各类市场主体积极参与城市群一体化建设，畅通公众意见反馈渠道，形成全社会关心、支持和主动参与长三角城市群发展的良好氛围。

第一篇

概　况

长江三角洲是长江入海之前的冲积平原，中国第一大经济区，中央政府定位的中国综合实力最强的经济中心、亚太地区重要的国际门户、全球重要的先进制造业基地、中国率先跻身世界级城市群的地区。

长江三角洲基底为扬子准地台的一部分。喜马拉雅构造运动中断沉降。第四长江三角洲范围图纪新构造运动中，地壳和海平面频繁升降，最后一次大海侵结束后，长江携带的泥沙不断沉积，开始在江口发育三角洲。

由于科氏力的作用，主江流不断右偏，使江口沙群依次并入北岸。红桥期、黄桥期、金沙期、海门期、北沙期等形成的沙坝、沙洲群，形成今天长江北岸最大的冲积平原城市盐城，以及仪征、邗江、泰兴、靖江、如皋、如东、南通、海门、启东诸县地。江口附近的崇明、长兴、横沙等沙岛，也将按此规律并入北岸。江口沙嘴也同步延伸。北岸沙嘴延伸为今三角洲北界，地面高 6—8 米。南岸沙嘴经江阴、太仓、外冈、马桥一线向东延伸，地面高程 4.5—6 米左右，与钱塘江北岸相连后达杭州湾，包括上海市全部，江苏省南部和浙江省的杭嘉湖平原。沙嘴内侧的浅水海湾被淤封成为古太湖的前身。此后浅水海湾不断淤浅，逐渐演变为湖荡罗布、河道交错的低平原。南岸沙嘴外侧滨海地区不断淤积成滨海平原。

长江入海的地方，由于河水所含的泥沙不断淤积而形成的低平的大致成三角形的陆地。万里长江由西向东奔向大海，江水滔滔直下，所携带的泥沙在入海口不断淤积，沧海桑田，历经千万年，终于形成坦荡、宽阔的三角形的陆地。

根据国务院 2010 年批准的《长江三角洲地区区域规划》，长江三角洲包括上海市、江苏省和浙江省，区域面积 21.07 万平方公里，占国土面积的 2.19%。其中陆地面积 186802.8 平方公里、水面面积 23937.2 平方公里。2014 年。安徽省正式加入长三角区域整体协调发展之中。至此，长三角地区的面积达到了 35.03 万平方公里。

第一章　上海市概况

上海位于北纬 3114，东经 12129；地处太平洋西岸，亚洲大陆东沿，长江三角洲前缘；东濒东海，南临杭州湾，西接江苏、浙江两省，北界长江入海口，长江与东海在此连接。

上海位于中国南北海岸线中部，交通便利，腹地广阔，是一个良好的江海港口。

上海属北亚热带季风性气候，四季分明，日照充分，雨量充沛。上海气候温和湿润，春秋较短，冬夏较长。2017 年，全市平均气温 17.7℃，日照 1809.2 小时，无霜期 259 天，降水量 1388.8 毫米。全年 81%以上的雨量集中在 4 月至 10 月。

2017 年末，上海全市土地面积为 6340.5 平方千米，占全国总面积的 0.06%。境内辖有崇明、长兴、横沙三个岛屿，其中崇明岛是中国的第三大岛。

上海河网大多属黄浦江水系，主要有黄浦江及其支流苏州河、川杨河、淀浦河等。黄浦江流经市区，终年不冻，是上海的水上交通要道。淀山湖是上海最大的湖泊。

上海境内除西南部有少数丘陵山脉外，整体地势为坦荡低平的平原，是长江三角洲冲积平原的一部分，平均海拔 4 米左右。上海陆地地势总体由东向西略微倾斜。大金山为上海境内最高点，海拔 103.4 米。

根据上海市野外调查，结合上海的历史记录，证实上海地区有丰富的野生动物资源。上海现存鸟类 400 多种和亚种，兽类 20 多种，蛇、蛙类等两栖爬行动物 20 多种，鱼类 100 多种，甲壳类和底栖软体动物种类数量众多。其中国家重点保护动物有大天鹅、小天鹅、鸳鸯等雁鸭类；白头鹤、灰鹤等鹤类；黑脸琵鹭、黄嘴白鹭等鹳形目鸟类；苍鹰、游隼等各种猛禽；小灵猫、水獭、白鳍豚等兽类；虎纹蛙等两栖类；中华鲟、白鲟等鱼类以及上海市地方重点保护动物等等。

分布在上海地域内的种子植物约有 1600 余种，但是野生植物只有 200 多种，只占全国种数的 0.4%。其中全国重点保护植物为野生香樟、天竺桂和舟山新木姜子。蕨类植物有 5 种，苔藓植物有 150 多种，地衣植物有 70 多种。主要有亚热带常绿阔叶林、竹林、盐生植被和沼生植被四种植被类型。

上海由于受地质环境和成矿赋存条件的限制，矿产资源相当贫乏。目前共查明矿产资源4类13种，其中能源矿产2种：浅层天然气、地下水含水层储能（非传统矿产资源）；金属矿产6种：铜、银、锌、金、铁、镉（金山铜矿主、伴生矿）；非金属矿产3种：安山岩、石英砂、贝壳砂、粘土；水气矿产：地下水、矿泉水。

上海市黄浦、徐汇、长宁、静安、普陀、虹口、杨浦、闵行、宝山、嘉定、浦东、金山、松江、青浦、奉贤、崇明16个市辖区，106个街道、107个镇、2个乡（合计215个乡级行政单位）。市政府驻黄浦区人民大道200号。

第一、市辖区：黄浦区、徐汇区、长宁区、静安区、普陀区、虹口区、杨浦区、宝山区、闵行区、嘉定区、浦东新区 、松江区、金山区、青浦区、奉贤区、崇明区

第二、各行政区概况

中心城区	面积	人口	邮政编码	区人民政府驻址	行政区划代码
黄浦区	20平方千米	67.8670万	200001	延安东路300号	310101
徐汇区	55平方千米	108.5130万	200030	漕溪北路336号	310104
长宁区	38平方千米	69.0571万	200050	长宁路599号	310105
静安区	37平方千米	107.7164万	200040	常德路370号	310106
普陀区	55平方千米	128.8881万	200333	大渡河路1668号	310107
虹口区	23平方千米	85.2476万	200080	飞虹路518号	310109
杨浦区	61平方千米	131.3222万	200082	江浦路549号	310110
闵行区	372平方千米	242.9383万	201100	沪闵路6258号	310112
宝山区	300平方千米	190.4886万	201900	密山路5号	310113
嘉定区	459平方千米	147.1261万	201899	博乐南路111号	310114
浦东新区	1210平方千米	504.4430万	200135	世纪大道2001号	310115
金山区	586平方千米	73.2410万	200540	金山大道2000号	310116
松江区	605平方千米	158.2377万	201699	园中路1号	310117
青浦区	676平方千米	108.1022万	201799	公园路100号	310118
奉贤区	687平方千米	108.3463万	201499	解放东路120号	310120
崇明区	1185平方千米	70.3722万	202150	城桥镇人民路68号	310151

第三、各行政区

区县	数量			街道、镇、乡名称
	街道	镇	乡	
黄浦	10			外滩街道、南京东路街道、半淞园路街道、小东门街道、老西门街道、豫园街道、打浦桥街道、淮海中路街道、瑞金二路街道、五里桥街道

续表

区县	数量			街道、镇、乡名称
	街道	镇	乡	
徐汇	12	1		湖南路街道、天平路街道、枫林路街道、徐家汇街道、斜土路街道、长桥街道、漕河泾街道、康健新村街道、虹梅路街道、田林街道、凌云路街道、龙华街道、华泾镇
长宁	9	1		华阳路街道、新华路街道、江苏路街道、天山路街道、周家桥街道、虹桥街道、仙霞新村街道、程家桥街道、北新泾街道、新泾镇
静安	13	1		江宁路街道、静安寺街道、南京西路街道、曹家渡街道、石门二路街道、天目西路街道、北站街道、宝山路街道、芷江西路街道、共和新路街道、大宁路街道、彭浦新村街道、临汾路街道、彭浦镇
普陀	8	2		长寿路街道、曹杨新村街道、长风新村街道、宜川路街道、甘泉路街道、石泉路街道、真如镇街道、万里街道、长征镇、桃浦镇
虹口	8			四川北路街道、北外滩街道、欧阳路街道、广中路街道、凉城新村街道、嘉兴路街道、曲阳路街道、江湾镇街道
杨浦	11	1		定海路街道、大桥街道、平凉路街道、江浦路街道、控江路街道、殷行街道、长白新村街道、延吉新村街道、五角场街道、四平路街道、新江湾城街道、五角场镇
闵行	4	9		江川路街道、古美街道、新虹街道、浦锦街道、莘庄镇、七宝镇、浦江镇、梅陇镇、虹桥镇、马桥镇、吴泾镇、华漕镇、颛桥镇
宝山	3	9		吴淞街道、张庙街道、友谊路街道、庙行镇、罗店镇、大场镇、顾村镇、罗泾镇、杨行镇、月浦镇、淞南镇、高境镇
嘉定	3	7		嘉定镇街道、新成路街道、真新街道、马陆镇、南翔镇、江桥镇、安亭镇、外冈镇、徐行镇、华亭镇
浦东	12	24		潍坊新村街道、陆家嘴街道、塘桥街道、周家渡街道、东明路街道、洋泾街道、上钢新村街道、沪东新村街道、金杨新村街道、浦兴路街道、南码头路街道、花木街道、川沙新镇、合庆镇、曹路镇、高东镇、高桥镇、高行镇、金桥镇、张江镇、唐镇、北蔡镇、三林镇、惠南镇、新场镇、大团镇、周浦镇、航头镇、康桥镇、宣桥镇、祝桥镇、泥城镇、书院镇、万祥镇、老港镇、南汇新城镇
金山	1	9		石化街道、枫泾镇、朱泾镇、亭林镇、漕泾镇、山阳镇、金山卫镇、张堰镇、廊下镇、吕巷镇
松江	6	11		岳阳街道、中山街道、永丰街道、方松街道、广富林街道、九里亭街道、九亭镇、泗泾镇、泖港镇、车墩镇、洞泾镇、叶榭镇、新桥镇、石湖荡镇、新浜镇、佘山镇、小昆山镇
青浦	3	8		夏阳街道、盈浦街道、香花桥街道、赵巷镇、徐泾镇、华新镇、重固镇、白鹤镇、朱家角镇、练塘镇、金泽镇
奉贤	2	8		西渡街道 、奉浦街道 、南桥镇、庄行镇、金汇镇、柘林镇、青村镇、奉城镇、四团镇、海湾镇
崇明		16	2	城桥镇、堡镇、庙镇、中兴镇、新河镇、三星镇、向化镇、绿华镇、建设镇、陈家镇、竖新镇、港西镇、港沿镇、新海镇、东平镇、长兴镇、新村乡、横沙乡
合计	105	107	2	

第二章　江苏省概况

江苏，简称“苏”，位于中国大陆东部沿海，介于东经116°18′—121°57′，北纬30°45′—35°20′之间。公元1667年因江南布政使司东西分置而建省。省名为“江南江淮扬徐海通等处承宣布政使司”与“江南苏松常镇太等处承宣布政使司”合称之简称。江苏辖江临海，扼淮控湖，经济繁荣，教育发达，文化昌盛。地跨长江、淮河南北，拥有吴、金陵、淮扬、中原四大多元文化及地域特征。江苏地处中国东部，地理上跨越南北，气候、植被也同样同时具有南方和北方的特征。江苏省东临黄海，与上海市、浙江省、安徽省、山东省接壤。江苏与上海、浙江共同构成的长江三角洲城市群已成为六大世界级城市群之一。江苏人均GDP、地区发展与民生指数(DLI)均居全国省域第一，已步入“中上等”发达国家水平。

江苏位于我国大陆东部沿海中心、长江下游，东濒黄海，东南与浙江和上海毗邻，西接安徽，北接山东。省际陆地边界线3383公里，面积10.72万平方公里，占全国的1.12%。

江苏跨江滨海，湖泊众多，水网密布，海陆相邻。长江横穿东西433公里，大运河纵贯南北718公里，海岸线957公里。全省有乡级以上河道2万余条、县级河道2000多条。根据《江苏省湖泊保护名录》，全省0.5平方公里以上、位于城市城区内、作为城市饮用水源地的湖泊湖荡共有137个。面积超过1000平方公里的是太湖、洪泽湖，分别为全国第三、第四大淡水湖。平原、水域面积分别占69%和17%，比例之高居全国首位。低山丘陵面积占14%，集中分布在西南和北部。连云港云台山玉女峰是全省最高峰，海拔625米。

江苏省位于亚洲大陆东岸中纬度地带，属东亚季风气候区，处在亚热带和暖温带的气候过渡地带。江苏省地势平坦，一般以淮河、苏北灌溉总渠一线为界，以北地区属暖温带湿润、半湿润季风气候；以南地区属亚热带湿润季风气候。江苏气候呈现四季分明、季风显著、冬冷夏热、春温多变、秋高气爽、雨热同季、雨量充沛、降水集中、梅雨显著、光热充沛、气象灾害多发等特点。

全省耕地面积6870万亩，人均占有耕地0.86亩。全省海域面积3.75万平方公里，共26个海岛。沿海滩涂面积超过5000平方公里，约占全国滩涂总面积的1/4，居全国首位。长江、淮河、大运河穿境而过。全国五大淡水湖，江苏得其二。

江苏地处南北气候过渡地带，生态类型多样，农业生产条件得天独厚，素有“鱼米之乡”的美誉。作为全国13个粮食主产省之一，是南方最大的粳稻生产省份，也是全国优质弱筋小麦生产优势区，玉米、花生、油菜及多种杂粮杂豆等特色粮经作物遍布全省，棉花、蚕桑生产稳定，野生中草药材超千余种。园艺蔬菜是全省第一大经济作物。地方畜禽种质资源丰富，拥有畜禽遗传资源保护名录品种30个，其中15个被列入国家级畜禽遗传资源保护名录，国家级保种单位数量全国第一。品牌农产品叫响全国，“三品一标”有效数达17095个。水资源：江苏地处江、淮、沂沭泗流域下游和南北气候过渡带，河湖众多，水系复杂，特殊的地理位置和水系特点，给江苏带来丰富的水资源。江苏省本地水资源量321亿立方米，过境水量9492亿立方米，其中长江径流占95%以上。

矿产资源：本省地跨华北地台和扬子地台两大地质构造单元，有色金属类、建材类、膏盐类、特种非金属类矿产是江苏矿产资源的特色和优势。目前已发现的矿产品种有133种，探明资源储量的有68种，其中铌钽矿、含钾砂页岩、泥灰岩、凹凸棒石粘土、二氧化碳气等矿产查明资源储量居全国前列。

生物资源：本省野生动物资源为数较少，鸟类主要是野鸡、野鸭，沿海有丹顶鹤、白鹤、天鹅等珍稀飞禽，沿海地区还建有世界上第一个野生麋鹿保护区。植物资源非常丰富，约有850多种，尚有可利用和开发前途的野生植物资源600多种。全省渔业资源丰富，仅鱼类就有500多种。江苏近岸海域是黄海和东海渔业资源的重要产卵场，沿海有吕四、海州湾、长江口和大沙四大渔场，盛产黄鱼、带鱼、鲳鱼、虾类、蟹类和贝藻类等水产品。有久负盛名“太湖三白”白鱼、白虾、银鱼，有号称“长江三鲜”的刀鱼、鮰鱼、河鲀等。

森林资源：我省森林面积和林木覆盖率持续快速增长，2017年森林面积达2340万亩，活立木总蓄积

达 9609 万立方米，林木覆盖率达 22.9%。

湿地资源：江苏湿地资源丰富，全省湿地面积为 282.19 万公顷，其中自然湿地 195.32 万公顷，人工湿地 86.87 万公顷。

江苏全省共有 13 个设区市，96 个县(市、区)(其中县 19 个、县级市 22 个、市辖区 55 个)，767 个乡镇(其中乡 44 个、镇 723 个)，491 个街道办事处。昆山市、泰兴市、沭阳县为省直管试点市(县)。

设区的市	区、县、市
南京市(11 区)	玄武区、秦淮区、建邺区、鼓楼区、浦口区、栖霞区
	雨花台区、江宁区、六合区、溧水区、高淳区
无锡市(5 区 2 市)	锡山区、惠山区、滨湖区、梁溪区、新吴区
	江阴市、宜兴市
徐州市(5 区 3 县 2 市)	鼓楼区、云龙区、贾汪区、泉山区、铜山区
	丰县、沛县、睢宁县
	新沂市、邳州市
常州市(5 区 1 市)	天宁区、钟楼区、新北区、武进区、金坛区
	溧阳市
苏州市(5 区 4 市)	虎丘区、吴中区、相城区、姑苏区、吴江区
	常熟市、张家港市、昆山市＊、太仓市
南通市(3 区 1 县 4 市)	崇川区、港闸区、通州区
	如东县
	海安市、启东市、如皋市、海门市
连云港市(3 区 3 县)	连云区、海州区、赣榆区
	东海县、灌云县、灌南县
淮安市(4 区 3 县)	淮安区、淮阴区、清江浦区、洪泽区
	涟水县、盱眙县、金湖县
盐城市(3 区 5 县 1 市)	亭湖区、盐都区、大丰区
	响水县、滨海县、阜宁县、射阳县、建湖县
	东台市
扬州市(3 区 1 县 2 市)	广陵区、邗江区、江都区
	宝应县
	仪征市、高邮市
镇江市(3 区 3 市)	京口区、润州区、丹徒区
	丹阳市、扬中市、句容市
泰州市(3 区 3 市)	海陵区、高港区、姜堰区
	兴化市、靖江市、泰兴市＊
宿迁市(2 区 3 县)	宿城区、宿豫区
	沭阳县＊、泗阳县、泗洪县

注：带“＊”号的为省直管试点县(市)。

第三章 浙江省概况

浙江省地处中国东南沿海长江三角洲南翼，东临东海，南接福建，西与江西、安徽相连，北与上海、江苏接壤。境内最大的河流钱塘江，因江流曲折，称之江，又称浙江，省以江名，简称“浙”。省会杭州。

浙江地势由西南向东北倾斜，地形复杂。山脉自西南向东北成大致平行的三支。西北支从浙赣交界的怀玉山伸展成天目山、千里岗山等；中支从浙闽交界的仙霞岭延伸成四明山、会稽山、天台山，入海成舟山群岛；东南支从浙闽交界的洞宫山延伸成大洋山、括苍山、雁荡山。龙泉市境内海拔1929米的黄茅尖为浙江最高峰。水系主要有钱塘江、瓯江、灵江、苕溪、甬江、飞云江、鳌江、曹娥江八大水系和京杭大运河浙江段。钱塘江是浙江省内第一大江，有南、北两源，北源从源头至河口入海处全长668公里，其中在浙江省境内425公里；南源从源头至河口入海处全长612公里，均在浙江省境内。湖泊主要有杭州西湖、绍兴东湖、嘉兴南湖、宁波东钱湖四大名湖，以及新安江水电站建成后形成的全省最大人工湖泊千岛湖等。地形大致可分为浙北平原、浙西中山丘陵、浙东丘陵、中部金衢盆地、浙南山地、东南沿海平原及海滨岛屿6个地形区。

浙江陆域面积10.55万平方公里，占全国陆域面积的1.1%，是中国面积较小的省份之一。东西和南北的直线距离均为450公里左右。全省陆域面积中，山地占74.63%，水面占5.05%，平坦地占20.32%，故有“七山一水两分田”之说。浙江海域面积26万平方公里。面积大于500平方米的海岛有3061个，是全国岛屿最多的省份，其中面积495.4平方公里的舟山岛为我国第四大岛。海岸线总长6486.24公里，居全国首位，其中大陆海岸线2200公里，居全国第5位。岸长水深，可建万吨级以上泊位的深水岸线290.4公里，占全国的1/3以上，10万吨级以上泊位的深水岸线105.8公里。东海大陆架盆地有着良好的石油和天然气开发前景。

浙江地处亚热带中部，属季风性湿润气候，气温适中，四季分明，光照充足，雨量充沛。年平均气温在15℃—18℃之间，年日照时数在1100—2200小时之间，年均降水量在1100—2000毫米之间。1月、7月分别为全年气温最低和最高的月份，5月、6月为集中降雨期。因受海洋影响，温、湿条件比同纬度的内陆季风区优越，是我国自然条件较优越的地区之一。

浙江属于亚热带季风气候，气温适中，四季分明，光照充足，雨量充沛。全省多年平均水资源总量为937亿立方米，按单位面积计算居全国第4位，但人均水资源拥有量仅2004立方米，低于全国人均水平。

浙江是我国高产综合性农业区，茶叶、蚕丝、水产品、柑橘、竹制品等在全国占有重要地位。森林覆盖率达59.4%，居全国前列。树种资源丰富，素有“东南植物宝库”之称。野生动物种类繁多，有123种动物被列入国家重点保护野生动物名录。

浙江矿产资源以非金属矿产为主。石煤、明矾石、叶蜡石、水泥用凝灰岩、建筑用凝灰岩等储量居全国首位，萤石居全国第2位。

浙江旅游资源非常丰富，素有“鱼米之乡、丝茶之府、文物之邦、旅游胜地”之称。全省有重要地貌景观800多处、水域景观200多处、生物景观100多处。人文景观100多处，自然风光与人文景观交相辉映，特色明显，知名度高。

行政区基本情况

2017 年浙江省行政区划统计表

市区县	乡	镇	街道	市区县	乡	镇	街道	市区县	乡	镇	街道	市区县	乡	镇	街道
杭州市	23	75	92	温州市	26	93	66	绍兴市	15	67	36	舟山市	5	17	14
上城区			6	鹿城区		2	12	越城区		5	12	定海区		3	10
下城区			8	龙湾区			10	柯桥区		8	8	普陀区		5	4
江干区			10	瓯海区		1	12	上虞区	3	12	6	岱山县	1	6	
拱墅区			10	洞头区	1	1	5	诸暨市	1	23	3	嵊泗县	4	3	
西湖区		2	10	瑞安市	2	9	12	嵊州市	6	11	4	台州市	24	61	44
滨江区			3	乐清市	3	14	8	新昌县	5	8	3	椒江区		1	8
萧山区		12	14	永嘉县	4	11	7	金华市	36	76	40	黄岩区	6	5	8
余杭区		6	14	平阳县	2	14		婺城区	9	9	9	路桥区		4	6
富阳区	6	13	5	苍南县	2	17		金东区	1	8	2	温岭市		11	5
临安区		13	5	文成县	5	12		兰溪市	3	7	6	临海市		14	5
建德市	1	12	3	泰顺县	7	12		义乌市		6	8	玉环市	2	6	3
桐庐县	4	6	4	嘉兴市		42	30	东阳市	1	11	6	三门县	1	6	3
淳安县	12	11		南湖区		4	9	永康市		11	3	天台县	5	7	3
宁波市	10	75	69	秀洲区		5	4	武义县	7	8	3	仙居县	10	7	3
海曙区	1	7	9	海宁市		8	4	浦江县	5	7	3	丽水市	90	53	30
江北区		1	7	平湖市		6	3	磐安县	10	9		莲都区	5	4	6
北仑区			11	桐乡市		8	3	衢州市	39	43	18	龙泉市	7	8	4
镇海区		2	5	嘉善县		6	3	柯城区	8	2	8	青田县	20	9	3
鄞州区		10	14	海盐县		5	4	衢江区	8	10	2	缙云县	8	7	3
奉化区		6	5	湖州市	6	39	24	江山市	5	11	3	遂昌县	11	7	2
余姚市	1	14	6	吴兴区	1	5	12	常山县	5	6	3	松阳县	11	5	3
慈溪市		14	5	南浔区		9		开化县	6	8		云和县	3	3	4
象山县	5	10	3	德清县		8	4	龙游县	7	6	2	庆元县	10	6	3
宁海县	3	11	4	长兴县	2	9	4					景宁畲族自治县	15	4	2
				安吉县	3	8	4								
目前全省共有(个):地级市 11 市辖区 37 县级市 19 县 33(其中自治县 1) 乡 274 镇 641 街道 463															

行政区划调整:据浙江省民政厅统计,2017 年底全省共有 11 个地级市、37 个市辖区、19 个县级市、33 个县(其中 1 个自治县)、274 个乡、641 个镇以及 463 个街道。

1. 县以上调整:玉环县行政区划调整。经国务院批准,同意撤销玉环县,设立县级玉环市,以原玉环县的行政区域为玉环市的行政区域。玉环市人民政府驻玉城街道东城路 6 号。玉环市由浙江省直辖,

台州市代管。(2017 年 4 月 9 日 民函 [2017]70 号批复)

2. 杭州市部分行政区划调整。同意撤销县级临安市,设立杭州市临安区,以原临安市的行政区域为临安区的行政区域,临安区人民政府驻锦城街道衣锦街 398 号。(2017 年 7 月 18 日 国函[2017]102 号批复)

3. 县以下调整:

(1) 舟山市定海区部分行政区划调整。同意将临城街道析分为两个街道。千岛街道驻海天大道 1555 号,临城街道驻海景道 528 号。 (2017 年 7 月 17 日 舟政函[2017]40 号批复)

(2) 绍兴市柯桥区部分行政区划调整。同意撤销齐贤镇、安昌镇、福全镇、兰亭镇建制,其行政区域改由柯桥区政府直辖。(2017 年 7 月 23 日 浙政函[2017]76 号批复)设立齐贤街道、安昌街道、福全街道、兰亭街道。 (2017 年 8 月 7 日 绍政函[2017]38 号批复)

(3) 绍兴市越城区部分行政区划调整。同意撤销灵芝镇、东湖镇、东浦镇、斗门镇、鉴湖镇建制,其行政区域改由越城区政府直辖。(2017 年 7 月 23 日 浙政函[2017]77 号批复)设立灵芝街道、东湖街道、东浦街道、斗门街道、鉴湖街道。 (2017 年 8 月 7 日 绍政函[2017]37 号批复)

(4) 绍兴市上虞区部分行政区划调整。同意撤销道墟镇、小越镇、梁湖镇建制,其行政区域改由上虞区政府直辖。(2017 年 7 月 23 日 浙政函[2017]78 号批复)设立道墟街道、小越街道、梁湖街道。

(2017 年 8 月 7 日 绍政函[2017]39 号批复)

(5) 东阳市部分行政区划调整。同意将南市街道环龙村、柳塘村、渼陂下村划归南马镇管辖。调整后,南市街道辖 25 个行政村,办事处驻朝龙路 8 号;南马镇辖 33 个行政村,镇政府驻泉府村定安路 59 号。 (2017 年 8 月 8 日 浙政函[2017]88 号批复)

(6) 桐乡市部分行政区划调整。同意撤销龙翔街道建制,将原龙翔街道管辖的区域和濮院镇西浜村划归乌镇镇管辖。调整后,乌镇镇辖 4 个社区、26 个行政村,镇政府驻地不变(昭明路 1 号);濮院镇辖 5 个社区、13 个行政村,镇政府驻地不变(广场路 1 号)。同意撤销高桥镇建制,其行政区域改由桐乡市政府直辖,并在此区域内设立高桥街道。调整后,高桥街道辖 1 个社区、15 个行政村,街道办事处驻高架路 68 号(原高桥镇政府驻地)。 (2017 年 8 月 21 日 浙政[2017]90 号批复)

(7) 江山市部分行政区划调整。同意撤销清湖镇建制,其行政区域改由江山市政府直辖,并在此区域内设立清湖街道。调整后,清湖街道辖 26 个行政村,街道办事处驻航山路 1 号。同意将上余镇迎宾村、陶村村、大夫第村划归江山市双塔街道管辖。调整后,上余镇辖 18 个行政村,镇政府驻地不变(兴余路 105 号);双塔街道辖 5 个社区、23 个行政村,街道办事处驻地不变(江滨路 54 号)。同意将碗窑乡双龙村、桑淤村、协里村划归江山市虎山街道管辖。调整后,碗窑乡辖 9 个行政村,乡政府驻地不变(淤头基 1 号);虎山街道辖 8 个社区、14 个行政村,街道办事处驻地不变(通达路 1 号)。

(2017 年 9 月 28 日 浙政函[2017]107 号批复)

(8) 平湖市部分行政区划调整。同意将独山港镇赵家桥村划归平湖市新仓镇管辖。调整后,独山港镇辖 6 个社区、12 个行政村,镇政府驻翁金线星华段 388 号;新仓镇辖 1 个社区、9 个行政村,镇政府驻仓东路 688 号。

第四章　安徽省概况

安徽居中靠东，沿江通海，是长三角的重要组成部分，处于全国经济发展的战略要冲和国内几大经济板块的对接地带，经济、文化和长江三角洲其他地区有着历史和天然的联系。特别是延绵八百里的沿江城市群和皖江经济带，内拥长江黄金水道，外承沿海地区经济辐射，具有得天独厚的发展条件。

安徽省地形地貌呈现多样性，中国两条重要的河流——长江和淮河自西向东横贯全境，把全省分为三个自然区域：(1) 淮河以北是一望无际的大平原，土地平坦肥沃。(2) 长江淮河之间丘陵起伏，河湖纵横。(3) 长江以南的皖南地区山峦起伏，以黄山、九华山为代表的山岳风光秀甲天下。安徽主要山脉有大别山、黄山、九华山、天柱山，最高山峰为黄山莲花峰，海拔 1864 米。长江流经安徽中南部，境内全长 416 公里；淮河流经安徽北部，境内全长 430 公里；新安江为钱塘江正源，境内干流长 240 公里。长江水系湖泊众多，较大的有巢湖、龙感湖、南漪湖，其中巢湖面积近 800 平方公里，为中国五大淡水湖之一。

安徽地处暖温带与亚热带过渡地区。淮河是中国南北气候的分界线，淮河以北属暖温带半湿润季风气候，淮河以南为亚热带湿润季风气候。全省年平均气温在 14—17℃之间，平均日照 1800—2500 小时，平均无霜期 200—250 天，平均降水量 800—1800 毫米。四季分明，雨量充沛，气候宜人。

安徽自然资源丰富。这里气候温暖，雨量充沛，土地肥沃，适宜多种动植物生长，生物资源繁多，生态环境良好。世界特有的野生动物扬子鳄和白鳍豚就产在安徽中部的长江流域。

全省县级以上已建成自然保护区 104 个，其中国家级 8 个、省级 30 个。2018 年人工造林面积 55.7 千公顷了，年末森林面积 3958.5 千公顷，活立木总蓄积量 26145.1 万立方米，森林蓄积量 22186.6 万立方米。

它的粮、棉、油产量均居全国前列，是全国重要的无公害农产品和绿色食品生产基地，农业产业化前景广阔。2018 年粮食产量 4007.3 万吨，油料产量 158 万吨，棉花产量 8.9 万吨。此外，在发展茶叶、烟草、中药材和蔬菜、水果等特色农业、高效农业方面也具有比较优势。

安徽还是全国矿种较全、储量较多的省份之一。全省已发现矿种 128 种，查明资源储量的有 125 种，2017 年新增查明资源储量的大中型矿产地 30 处。依托资源优势，安徽已发展成为全国重要的能源、原材料和加工制造业基地。

安徽省辖 16 个地级市，44 个市辖区、6 个县级市、55 个县(合计 105 个县级行政区划单位)，245 个街道、946 个镇、294 个乡、9 个民族乡(合计 1494 个乡级行政单位)，3299 个居委会、14688 个村委会。

1. 合肥市(蜀山区)辖 4 个市辖区、4 个县，代管 1 个县级市

瑶海区(明光路街道)　庐阳区(亳州路街道)　蜀山区(三里庵街道)　包河区(骆岗街道)　长丰县(水湖镇)　肥东县(店埠镇)　肥西县(上派镇)　庐江县(庐城镇)　巢湖市(半汤街道)

2. 芜湖市(鸠江区)辖 4 个市辖区、4 个县

镜湖区(张家山社区)　弋江区(利民路街道)　鸠江区(官陡街道)　三山区(龙湖街道)　芜湖县(湾沚镇)　繁昌县(繁阳镇)　南陵县(籍山镇)　无为县(无城镇)

3. 蚌埠市(蚌山区)辖 4 个市辖区、3 个县

龙子湖区(东升街道)　蚌山区(天桥街道)　禹会区(金域社区)　淮上区(小蚌埠镇)　怀远县(城关镇)　五河县(城关镇)　固镇县(城关镇)

4. 淮南市(田家庵区)辖 5 个市辖区、2 个县

大通区(大通街道)　田家庵区(公园街道)　谢家集区(平山街道)　八公山区(新庄孜街道)　潘集区(田集街道)　凤台县(城关镇)　寿县(寿春镇)

5. 马鞍山市(雨山区)辖 3 个市辖区、3 个县

花山区(解放路街道)　雨山区(雨山街道)　博望区(博望镇)　当涂县(姑孰镇)　含山县(环峰镇)　和县(历阳镇)

6. 淮北市(相山区)辖 3 个市辖区、1 个县

杜集区(高岳街道)　相山区(相南街道)　烈山区(杨庄街道)　濉溪县(濉溪镇)

7. 铜陵市(铜官区)辖 3 个市辖区、1 个县

铜官区(乌木山社区)　郊区(桥南街道)　义安区(五松镇)　枞阳县(枞阳镇)

8. 安庆市(宜秀区)辖 3 个市辖区、6 个县,代管 1 个县级市

迎江区(龙狮桥乡)　大观区(十里铺乡)　宜秀区(大龙山镇)　桐城市(文昌街道)　怀宁县(高河镇)　潜山县(梅城镇)　太湖县(晋熙镇)　宿松县(孚玉镇)　望江县(华阳镇)　岳西县(天堂镇)

9. 黄山市(屯溪区)辖 3 个市辖区、4 个县

屯溪区(阳湖镇)　黄山区(甘棠镇)　徽州区(徽州街道)　歙县(徽城镇)　休宁县(海阳镇)　黟县(碧阳镇)　祁门县(祁山镇)　滁州市(南谯区)辖 2 个市辖区、4 个县,代管 2 个县级市　琅琊区(清流街道)　南谯区(乌衣镇)

10. 天长市(天长街道)　明光市(明光街道)　来安县(新安镇)　全椒县(襄河镇)　定远县(定城镇)　凤阳县(府城镇)　阜阳市(颍州区)辖 3 个市辖区、4 个县,代管 1 个县级市　颍州区(清河街道)　颍东区(河东街道)　颍泉区(中市街道)　界首市(东城街道)　临泉县(城关街道)　太和县(城关镇)　阜南县(鹿城镇)　颍上县(慎城镇)

11. 宿州市(埇桥区)辖 1 个市辖区、4 个县

埇桥区(埇桥街道)　砀山县(砀城镇)　萧县(龙城镇)　灵璧县(灵城镇)　泗县(泗城镇)

12. 六安市(金安区)辖 3 个市辖区、4 个县

金安区(望城街道)　裕安区(平桥乡)　叶集区(叶集镇)　霍邱县(城关镇)　舒城县(城关镇)　金寨 县(梅山镇)　霍山县(衡山镇)

13. 亳州市(谯城区)辖 1 个市辖区、3 个县

谯城区(花戏楼街道)　涡阳县(城关街道)　蒙城县(城关街道)　利辛县(城关镇)

14. 池州市(贵池区)辖 1 个市辖区、3 个县

贵池区(清风街道)　东至县(尧渡镇)　石台县(仁里镇)　青阳县(蓉城镇)

15. 宣城市(宣州区)辖 1 个市辖区、5 个县,代管 1 个县级市

宣州区(鳌峰街道)　宁国市(西津街道)　郎溪县(建平镇)　广德县(桃州镇)　泾县(泾川镇)　绩溪 县(华阳镇)　旌德县(旌阳镇)

第二篇

长三角地区经济社会发展总报告

第一章 长三角地区生产总值

2017 年,全球经济温和增长,国内经济稳中有进。长三角地区三省一市坚持稳中求进的工作总基调,以供给侧结构性改革为主线,全力推进稳增长、促改革、惠民生、防风险各项工作,区域经济发展平稳较快,产业结构、动力结构转换明显,经济增长的质量效益继续提升。

一 长三角地区生产总值总体情况

2017 年,长江三角洲三省一市实现地区生产总值 195320.20 亿元,占 2017 年国内生产总值的 23.6%,实现年净增 18379.15 亿元,名义增长率 10.3%。其中,第一产业增加值 8703.62 亿元,下降 0.24%;第二产业增加值 83055.88,名义增长 9.5%;第三产业增加值 103560.69 亿元,名义增长 12.1%。

2012—2017 年长三角地区生产总值趋势图

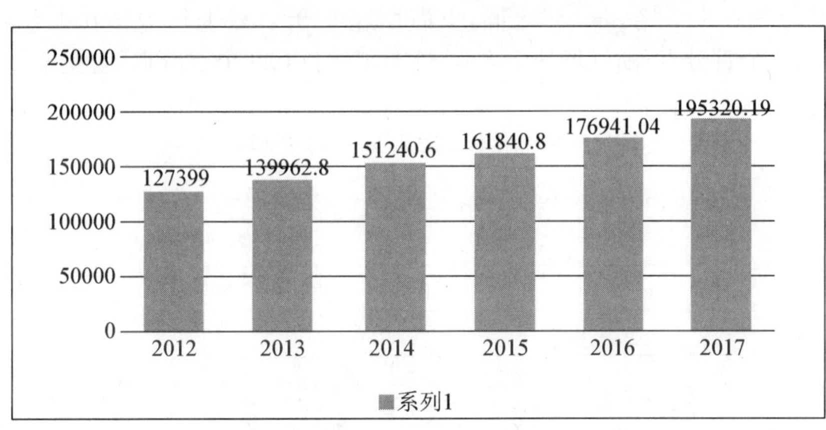

图 1 2012—2017 年长三角地区生产总值总体情况(单位:亿元)

二 上海市、江苏省、浙江省和安徽省地区生产总值情况

2017 年,从长三角地区经济规模来看,GDP 总量的排序依次是江苏(85900.94 亿元)、浙江(51768.26 亿元)、上海(30632.99 亿元)、安徽(27018.00 亿元)。

2017 年,上海市经济运行总体平稳、稳中向好、好于预期,创新驱动发展、经济转型升级成效进一步显现。全年全市生产总值完成 30632.99 亿元,按可比价格计算,比上年增长 6.9%。

江苏省经济运行稳中有进、稳中向好,发展的稳定性协调性明显增强。全年全省实现生产总值 85900.94 亿元,按可比价格计算,比上年增长 7.2%。

浙江省经济运行持续稳中向好,稳的基础更加巩固、进的动力更加强劲、好的势头更加明显、各项经济指标更加匹配,形成动力转换、结构优化、质量提升的良好局面。全年全省完成生产总值 51768.26 亿元,按可比价格计算,比上年增长 7.8%。

安徽省经济运行走势稳健、质态良好。农业生产形势较好,工业生产稳中加快,固定资产投资较快增长。全年全省实现生产总值 27018 亿元,比上年增长 8.5%。

2012—2017 年长三角三省一市地区生产总值(亿元)

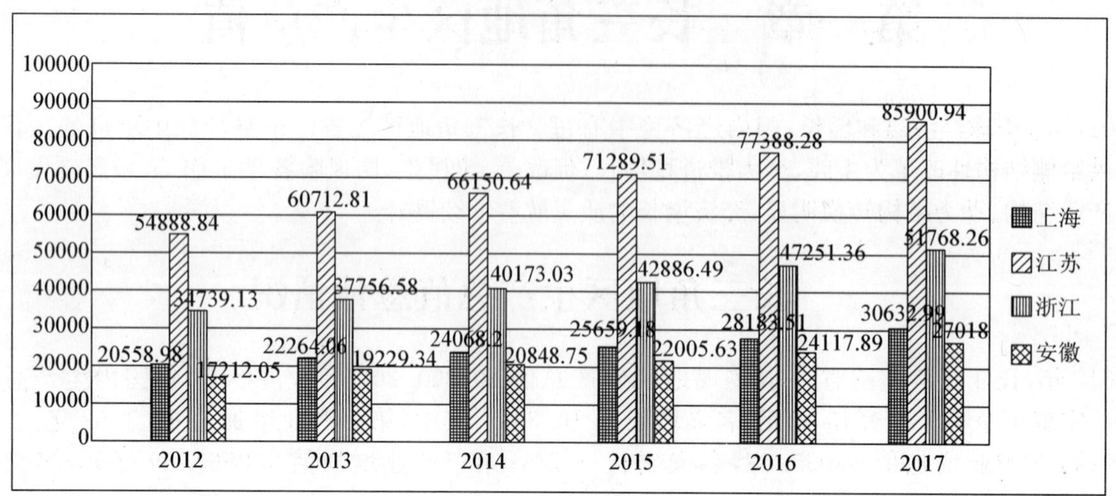

图 2　2012—2017 年上海、江苏、浙江和安徽地区生产总值情况(单位:亿元)

三省一市 GDP 增速在 6.9%—8.5%之间,上海增速 6.9%,较上年增长 0.1 个百分点;江苏增速 7.2%,较上年回落 1.4 个百分点;浙江增速 7.8%,较上年增长 0.3 个百分点;安徽增速 8.5%,较上年回落 0.2 个百分点。

2012—2017 年长三角三省一市 GDP 增速

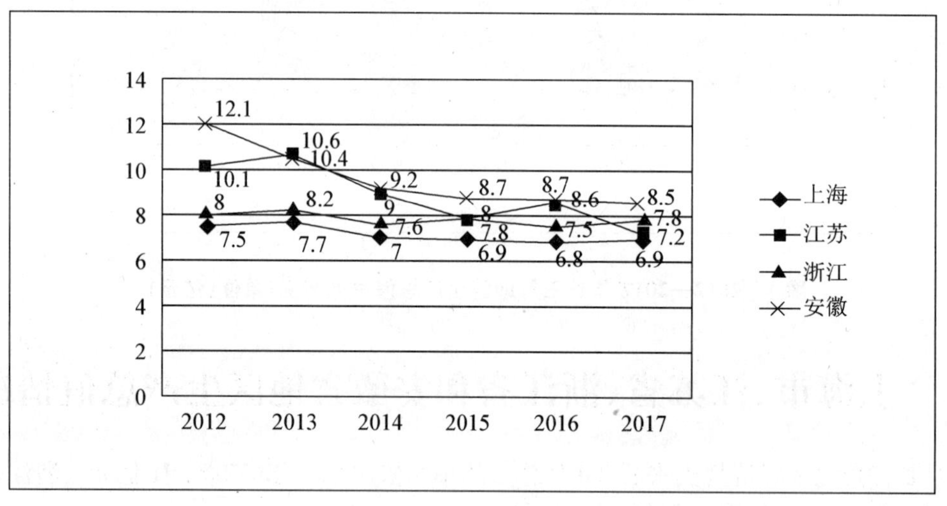

图 3　2012—2017 年上海、江苏、浙江和安徽 GDP 增速情况(单位:%)

三　长三角地区各省辖市地区生产总值情况

2017 年,长三角 40 个地级市地区生产总值前五名排次与上年相同,在前十名排序中,常州市略超徐州市升级一个位次。前五名依次是苏州市(17319.51 亿元)、杭州市(12603.36 亿元)、南京市(11715.10 亿元)、无锡市(10511.80 亿元)和宁波市(9842.06 亿元)。

表 1　2017 年长三角地区各省辖市地区生产总值情况　　单位:亿元

地　区	总　值	排　名	地　区	总　值	排　名
苏州市	17319.51	1	连云港市	2640.31	21
杭州市	12603.36	2	宿迁市	2610.94	22
南京市	11715.10	3	湖州市	2476.13	23
无锡市	10511.80	4	马鞍山市	1710.09	24
宁波市	9842.06	5	安庆市	1708.83	25
南通市	7734.64	6	滁州市	1604.39	26
合肥市	7003.05	7	阜阳市	1571.12	27
常州市	6618.42	8	蚌埠市	1550.66	28
徐州市	6605.95	9	宿州市	1466.45	29
温州市	5411.59	10	衢州市	1331.27	30
盐城市	5082.69	11	丽水市	1250.92	31
绍兴市	5078.37	12	舟山市	1219.78	32
扬州市	5064.92	13	宣城市	1185.56	33
泰州市	4744.53	14	六安市	1168.05	34
台州市	4388.22	15	亳州市	1149.79	35
嘉兴市	4380.52	16	铜陵市	1122.10	36
镇江市	4010.36	17	淮南市	1060.18	37
金华市	3848.62	18	淮北市	924.01	38
淮安市	3328.88	19	池州市	624.35	39
芜湖市	2963.26	20	黄山市	611.32	40

四　长三角地区各县(市)地区生产总值情况

2017 年,长三角地区各县(市)地区生产总值前十名与去年相同,排序诸暨市超过义乌上升一位。各县(市)地区生产总值较去年均有不同幅度的增长,其中,江阴市、泰兴市、海宁市较上年增幅较大。

表 2　2017 年长三角地区各县(市)地区生产总值情况　　单位:亿元

地区	总值	排名	地区	总值	排名	地区	总值	排名
昆山市	3520.35	1	德清县	471.16	53	仙居县	211.13	105
江阴市	3488.27	2	海盐县	460.26	54	三门县	210.49	106
张家港市	2606.05	3	丰县	456.94	55	缙云县	208.12	107
常熟市	2279.55	4	泗阳县	447.75	56	灵璧县	204.37	108
宜兴市	1558.25	5	阜宁县	447.00	57	五河县	199.04	109
慈溪市	1532.57	6	长丰县	446.69	58	岱山县	196.97	110

续表

地区	总值	排名	地区	总值	排名	地区	总值	排名
太仓市	1240.96	7	泗洪县	446.61	59	砀山县	194.17	111
丹阳市	1233.27	8	滨海县	442.53	60	舒城县	192.89	112
诸暨市	1165.38	9	涟水县	429.38	61	泗县	191.22	113
义乌市	1155.18	10	无为县	417.89	62	临泉县	190.85	114
海门市	1135.90	11	平阳县	410.46	63	界首市	189.35	115
如皋市	1025.80	12	盱眙县	395.68	64	凤阳县	186.26	116
余姚市	1007.86	13	新昌县	393.12	65	定远县	183.38	117
温岭市	990.36	14	桐庐县	383.13	66	宿松县	180.57	118
启东市	989.50	15	永嘉县	373.34	67	和县	171.56	119
泰兴市	964.07	16	灌云县	366.44	68	霍山县	167.57	120
乐清市	947.26	17	安吉县	363.52	69	寿县	163.74	121
靖江市	923.35	18	天长市	361.36	70	阜南县	161.77	122
邳州市	917.65	19	建德市	358.50	71	来安县	159.42	123
海安县	868.30	20	兰溪市	342.88	72	歙县	158.92	124
海宁市	866.32	21	灌南县	342.21	73	东至县	157.33	125
兴化市	862.30	22	当涂县	341.69	74	含山县	154.30	126
瑞安市	861.69	23	巢湖市	333.65	75	潜山县	151.94	127
溧阳市	858.04	24	响水县	319.91	76	全椒县	144.02	128
如东县	852.50	25	濉溪县	296.80	77	明光市	140.35	129
东台市	812.81	26	怀远县	291.83	78	郎溪县	134.42	130
桐乡市	802.51	27	宁国市	290.28	79	常山县	127.40	131
沭阳县	770.14	28	庐江县	284.91	80	龙泉市	119.57	132
沛县	756.32	29	涡阳县	276.86	81	开化县	118.84	133
肥西县	685.45	30	桐城市	272.97	82	太湖县	117.58	134
新沂市	644.26	31	蒙城县	271.71	83	望江县	117.24	135
仪征市	628.36	32	萧县	269.97	84	金寨县	107.94	136
平湖市	613.40	33	繁昌县	269.67	85	嵊泗县	104.67	137
高邮市	608.41	34	江山市	269.33	86	遂昌县	103.69	138
临海市	600.25	35	金湖县	267.87	87	泾县	99.47	139
肥东县	596.14	36	凤台县	267.11	88	松阳县	98.52	140
宝应县	574.93	37	颍上县	249.21	89	青阳县	95.47	141
睢宁县	560.07	38	太和县	242.82	90	岳西县	92.60	142
长兴县	554.13	39	芜湖县	241.70	91	泰顺县	91.75	143
东阳市	543.16	40	枞阳县	240.76	92	磐安县	88.49	144

续表

地区	总值	排名	地区	总值	排名	地区	总值	排名
宁海县	540.73	41	淳安县	240.28	93	文成县	88.45	145
扬中市	536.20	42	霍邱县	234.12	94	休宁县	87.44	146
句容市	530.20	43	武义县	233.36	95	绩溪县	67.84	147
玉环市	529.83	44	南陵县	231.58	96	庆元县	66.23	148
永康市	528.60	45	广德县	230.18	97	祁门县	64.50	149
嵊州市	525.30	46	天台县	227.71	98	云和县	63.61	150
建湖县	523.10	47	龙游县	219.80	99	景宁自治县	53.81	151
嘉善县	518.12	48	怀宁县	218.86	100	旌德县	39.54	152
苍南县	515.49	49	浦江县	215.55	101	黟县	31.53	153
射阳县	500.02	50	固镇县	215.19	102	石台县	26.20	154
东海县	483.82	51	利辛县	215.07	103			
象山县	478.22	52	青田县	213.80	104			

第二章　长三角地区第一产业发展情况

一　长三角地区第一产业发展总体情况

2017 年，长三角地区第一产业产值较上年略有下降，第一产业产值为 8703.62 亿元，较上年名义下降 0.24%。

2012—2017 年长三角地区第一产业产值柱形图

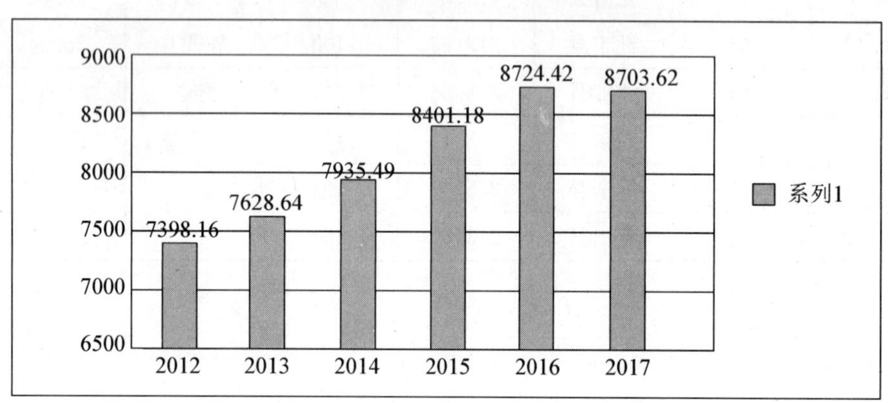

图 4　2012—2017 年长三角地区第一产业产值情况（单位：亿元）

二　上海市、江苏省、浙江省和安徽省第一产业发展情况

2017 年，长三角三省一市第一产业增加值分别为，江苏 4076.65 亿元，按可比价格计算，比上年增长 2.2%；安徽 2582.27 亿元，比上年增长 4.0%；浙江 1933.92 亿元，比上年增长 2.8%；上海 110.78 亿元，比上年下降 9.5%。

2012—2017 年长三角地区三省一市第一产业产值曲线

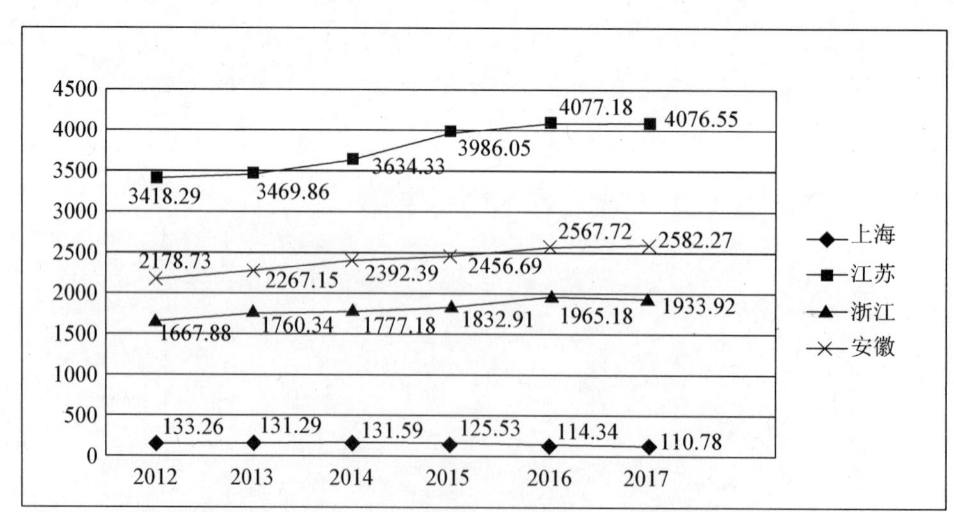

图 5　2012—2017 年上海市、江苏、浙江和安徽第一产业产值情况（单位：亿元）

三　长三角地区各省辖市第一产业发展情况

2017年，长三角三省一市农业生产保持稳定，绿色农业、智慧农业、订单农业加快发展，40个地市的第一产业产值大都保持稳定增长。排在前五位的是：盐城市（516.53亿元）、徐州市（504.76亿元）、南通市（354.90亿元）、淮安市（307.67亿元）和杭州市（287.95亿元）。

表3　2017年长三角地区各省辖市第一产业产值情况　　单位：亿元

地　区	总　值	排　名	地　区	总　值	排　名
徐州市	600.55	1	安庆市	193.99	21
盐城市	564.18	2	六安市	190.61	22
南通市	382.69	3	常州市	157.10	23
淮安市	339.44	4	金华市	145.62	24
连云港市	313.42	5	温州市	144.35	25
杭州市	311.08	6	镇江市	142.43	26
阜阳市	310.67	7	舟山市	140.48	27
宁波市	305.81	8	嘉兴市	135.55	28
宿迁市	292.14	9	无锡市	135.18	29
合肥市	272.75	10	宣城市	130.99	30
台州市	268.26	11	芜湖市	129.67	31
泰州市	264.08	12	湖州市	129.12	32
南京市	263.01	13	淮南市	121.20	33
扬州市	262.02	14	丽水市	99.44	34
宿州市	258.45	15	衢州市	87.40	35
滁州市	226.79	16	马鞍山市	85.16	36
苏州市	221.98	17	池州市	72.73	37
亳州市	209.41	18	淮北市	64.02	38
绍兴市	207.54	19	黄山市	57.34	39
蚌埠市	205.33	20	铜陵市	49.14	40

四　长三角地区各县（市）第一产业发展情况

2017年长三角地区各县（市）第一产业产值情况见下表，大部分县（市）产值总量上升，排名前十位的依次是邳州市、兴化市、沛县、东台市、沭阳县、睢宁县、射阳县、丰县、温岭市、高邮市。

表4　2017年长三角地区各县(市)地区第一产业产值情况　　单位:亿元

地　区	总　值	排　名	地　区	总　值	排　名	地　区	总　值	排　名
邳州市	122.35	1	临海市	46.55	53	嘉善县	22.00	105
兴化市	116.71	2	寿县	45.01	54	江山市	21.96	106
沛县	99.64	3	句容市	44.94	55	义乌市	21.94	107
东台市	97.33	4	余姚市	44.77	56	潜山县	21.93	108
沭阳县	94.39	5	涡阳县	43.73	57	德清县	21.90	109
睢宁县	91.28	6	宁海县	42.96	58	来安县	21.85	110
射阳县	86.08	7	濉溪县	42.58	59	海宁市	21.76	111
丰县	82.60	8	无为县	42.44	60	乐清市	21.32	112
温岭市	76.34	9	响水县	42.36	61	海盐县	20.45	113
高邮市	74.09	10	常熟市	42.07	62	怀宁县	20.01	114
临泉县	72.01	11	江阴市	41.64	63	芜湖县	19.75	115
如东县	71.37	12	宿松县	40.23	64	含山县	19.74	116
新沂市	71.08	13	砀山县	40.09	65	金寨县	19.64	117
象山县	70.72	14	岱山县	39.84	66	东阳市	18.47	118
东海县	69.80	15	嵊州市	39.01	67	泾县	18.08	119
启东市	69.13	16	凤阳县	37.52	68	歙县	17.04	120
宝应县	68.77	17	淳安县	36.25	69	岳西县	16.85	121
怀远县	67.85	18	太仓市	36.04	70	平阳县	16.80	122
泗洪县	67.02	19	金湖县	35.07	71	武义县	15.90	123
灌云县	66.13	20	建德市	34.68	72	郎溪县	15.61	124
如皋市	66.05	21	玉环市	34.39	73	仙居县	15.47	125
肥东县	65.39	22	苍南县	34.39	74	平湖市	15.30	126
滨海县	62.11	23	长兴县	33.98	75	霍山县	15.06	127
长丰县	60.59	24	枞阳县	33.92	76	永嘉县	14.93	128
涟水县	59.35	25	明光市	33.77	77	松阳县	14.71	129
海安县	58.83	26	凤台县	33.65	78	龙泉市	14.31	130
泗阳县	58.71	27	天长市	32.31	79	龙游县	14.06	131
阜宁县	57.89	28	张家港市	31.22	80	扬中市	13.91	132
泰兴市	57.16	29	巢湖市	30.78	81	天台县	13.73	133
固镇县	57.06	30	昆山市	30.75	82	休宁县	13.02	134
定远县	56.26	31	南陵县	30.57	83	开化县	12.68	135
盱眙县	56.05	32	嵊泗县	30.39	84	遂昌县	11.64	136
海门市	56.01	33	舒城县	30.00	85	磐安县	11.61	137
五河县	54.74	34	三门县	29.77	86	缙云县	11.10	138

续表

地　区	总　值	排　名	地　区	总　值	排　名	地　区	总　值	排　名
灌南县	54.02	35	当涂县	28.48	87	青阳县	10.94	139
丹阳市	53.66	36	桐城市	28.41	88	浦江县	10.28	140
萧县	53.43	37	望江县	27.05	89	繁昌县	9.55	141
慈溪市	53.03	38	东至县	26.48	90	绩溪县	8.87	142
肥西县	52.96	39	桐乡市	26.36	91	文成县	8.87	143
蒙城县	52.82	40	安吉县	25.99	92	青田县	8.66	144
灵璧县	51.39	41	兰溪市	25.64	93	常山县	8.38	145
诸暨市	51.30	42	太湖县	25.55	94	永康市	8.25	146
太和县	51.04	43	界首市	25.42	95	庆元县	8.13	147
溧阳市	50.65	44	桐庐县	25.16	96	泰顺县	8.06	148
颍上县	49.44	45	全椒县	25.14	97	景宁自治县	7.20	149
霍邱县	49.30	46	和县	24.38	98	旌德县	6.30	150
阜南县	49.24	47	靖江市	23.69	99	祁门县	6.05	151
建湖县	49.22	48	仪征市	23.28	100	云和县	4.72	152
宜兴市	49.14	49	瑞安市	22.60	101	石台县	4.39	153
泗县	48.11	50	新昌县	22.49	102	黟县	3.75	154
庐江县	47.99	51	广德县	22.25	103			
利辛县	47.16	52	宁国市	22.03	104			

第三章　长三角地区第二产业发展情况

一　长三角地区第二产业发展总体情况

2017 年，长三角地区实体经济增势良好，工业产销提速，第二产业产值达到 83055.88 亿元，名义增长 9.5%。

2012—2017 年长三角地区第二产业产值柱形图

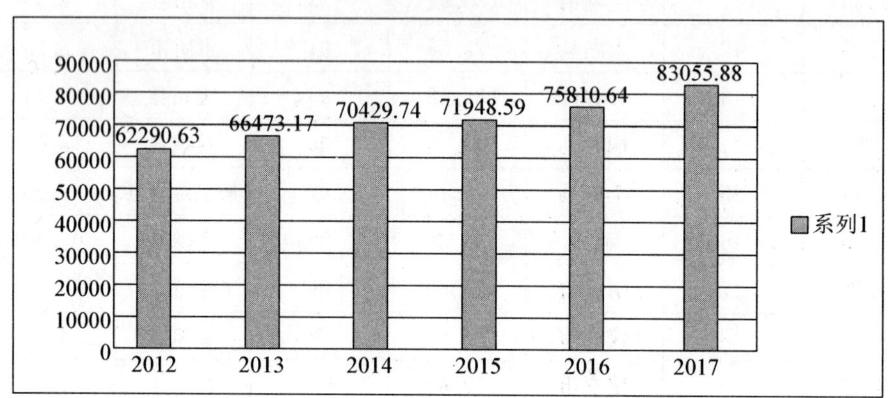

图 6　2012—2017 年长三角地区第二产业产值情况（单位：亿元）

二　上海市、江苏省、浙江省和安徽省第二产业发展情况

2017 年，长三角三省一市第二产业增加值分别为，江苏 38654.85 亿元，按可比价格计算，比上年增长 6.6%；安徽 12838.28 亿元，比上年增长 8.5%；浙江 22232.08 亿元，比上年增长 7.0%；上海 9330.67 亿元，比上年增长 5.8%。

2012—2017 年长三角地区三省一市第二产业产值曲线

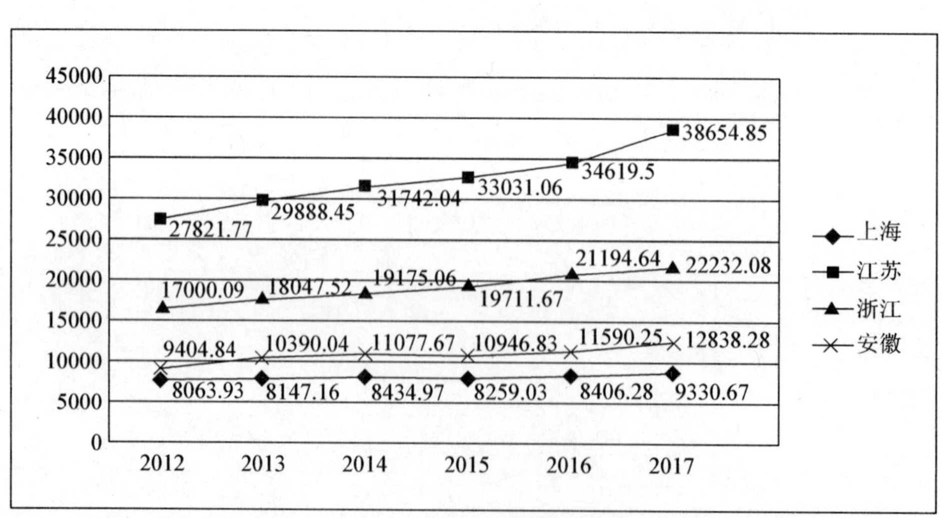

图 7　2012—2017 年上海市、江苏、浙江和安徽第二产业产值情况（单位：亿元）

三　长三角地区各省辖市第二产业发展情况

2017 年，长三角三省一市工业生产较快增长，企业效益明显改善。40 个地市的第二产业产值稳健增长，排在前五位的依次是：苏州市(8235.88 亿元)、宁波市(5119.45 亿元)、无锡市(4964.44 亿元)、南京市(4454.87 亿元)和杭州市(4362.48 亿元)。

表 5　2017 年长三角地区各省辖市第二产业产值情况　　单位：亿元

地　区	总　值	排　名	地　区	总　值	排　名
苏州市	8235.88	1	宿迁市	1253.49	21
宁波市	5119.45	2	连云港市	1179.86	22
无锡市	4964.44	3	湖州市	1171.75	23
南京市	4454.87	4	马鞍山市	961.42	24
杭州市	4362.48	5	安庆市	828.47	25
南通市	3639.81	6	滁州市	815.91	26
合肥市	3432.67	7	铜陵市	691.45	27
常州市	3098.62	8	蚌埠市	681.30	28
徐州市	2884.32	9	阜阳市	643.87	29
扬州市	2475.88	10	衢州市	587.02	30
绍兴市	2472.50	11	宣城市	568.45	31
嘉兴市	2317.92	12	宿州市	538.29	32
盐城市	2256.72	13	淮北市	523.18	33
泰州市	2238.13	14	丽水市	507.50	34
温州市	2149.91	15	淮南市	501.64	35
镇江市	1978.01	16	六安市	493.06	36
台州市	1938.37	17	亳州市	440.11	37
金华市	1626.63	18	舟山市	402.85	38
芜湖市	1623.40	19	池州市	267.50	39
淮安市	1406.39	20	黄山市	221.79	40

四　长三角地区各县(市)第二产业发展情况

2017 年长三角地区各县(市)第二产业产值情况见下表，总量较上年均有不同程度的上升，排名前十位的依次是昆山市、江阴市、张家港市、常熟市、慈溪市、宜兴市、太仓市、丹阳市、余姚市和诸暨市。

表 6　2017 年长三角地区各县(市)第二产业产值情况　　单位：亿元

地　区	总　值	排　名	地　区	总　值	排　名	地　区	总　值	排　名
昆山市	1916.89	1	天长市	223.30	53	天台县	94.80	105

续表

地 区	总 值	排 名	地 区	总 值	排 名	地 区	总 值	排 名
江阴市	1897.84	2	当涂县	222.84	54	舒城县	89.13	106
张家港市	1365.64	3	东海县	211.63	55	仙居县	89.02	107
常熟市	1165.76	4	无为县	209.78	56	砀山县	87.94	108
慈溪市	933.72	5	象山县	203.96	57	潜山县	83.60	109
宜兴市	807.83	6	桐庐县	198.60	58	含山县	80.59	110
太仓市	627.88	7	丰县	196.10	59	歙县	80.16	111
丹阳市	618.84	8	阜宁县	194.50	60	固镇县	80.01	112
余姚市	589.33	9	新昌县	190.32	61	来安县	79.94	113
诸暨市	579.18	10	泗洪县	190.30	62	淳安县	79.01	114
海门市	563.06	11	苍南县	189.44	63	三门县	77.22	115
如皋市	492.30	12	繁昌县	187.28	64	郎溪县	76.21	116
海宁市	480.82	13	射阳县	181.94	65	岱山县	75.58	117
启东市	475.10	14	滨海县	179.67	66	宿松县	74.21	118
肥西县	457.97	15	建德市	179.01	67	凤阳县	72.58	119
泰兴市	450.86	16	巢湖市	178.59	68	灵璧县	71.08	120
靖江市	448.44	17	兰溪市	176.24	69	利辛县	65.66	121
溧阳市	417.06	18	宁国市	172.41	70	东至县	64.27	122
乐清市	416.88	19	桐城市	170.77	71	泗县	62.71	123
海安县	412.45	20	涟水县	166.08	72	五河县	62.16	124
温岭市	409.31	21	灌南县	163.19	73	全椒县	61.15	125
桐乡市	407.84	22	凤台县	163.18	74	定远县	55.69	126
邳州市	403.81	23	安吉县	162.77	75	寿县	54.23	127
如东县	391.21	24	灌云县	162.15	76	常山县	53.67	128
肥东县	389.58	25	平阳县	160.48	77	阜南县	52.65	129
义乌市	371.62	26	永嘉县	158.60	78	太湖县	52.52	130
平湖市	362.52	27	濉溪县	158.15	79	望江县	51.63	131
沛县	359.36	28	盱眙县	157.45	80	临泉县	49.37	132
瑞安市	352.87	29	响水县	156.35	81	岳西县	48.77	133
沭阳县	352.48	30	芜湖县	146.64	82	青阳县	48.25	134
兴化市	331.23	31	怀宁县	140.32	83	金寨县	43.88	135
东台市	329.29	32	枞阳县	130.29	84	明光市	42.06	136
仪征市	328.81	33	庐江县	128.98	85	龙泉市	41.65	137
永康市	298.06	34	颍上县	126.76	86	泾县	40.44	138
玉环市	282.69	35	江山市	124.18	87	磐安县	39.54	139

续表

地　区	总　值	排　名	地　区	总　值	排　名	地　区	总　值	排　名
长丰县	282.57	36	涡阳县	122.44	88	开化县	39.50	140
嘉善县	282.38	37	怀远县	121.35	89	松阳县	38.89	141
扬中市	281.04	38	武义县	117.73	90	休宁县	37.12	142
宁海县	280.41	39	界首市	116.04	91	遂昌县	36.49	143
长兴县	275.17	40	广德县	114.92	92	绩溪县	31.56	144
临海市	270.72	41	浦江县	112.07	93	云和县	29.94	145
海盐县	269.64	42	南陵县	110.96	94	泰顺县	26.25	146
新沂市	269.30	43	太和县	110.53	95	庆元县	25.38	147
高邮市	267.85	44	蒙城县	106.55	96	祁门县	25.12	148
嵊州市	259.50	45	萧县	106.47	97	文成县	20.70	149
宝应县	257.42	46	青田县	103.75	98	旌德县	17.33	150
东阳市	255.65	47	金湖县	101.32	99	景宁自治县	15.23	151
句容市	248.10	48	缙云县	101.08	100	嵊泗县	14.82	152
德清县	244.80	49	霍邱县	98.68	101	黟县	13.62	153
睢宁县	238.06	50	霍山县	96.20	102	石台县	9.11	154
建湖县	223.83	51	和县	95.95	103			
泗阳县	223.78	52	龙游县	95.52	104			

第四章　长三角地区第三产业发展情况

一　长三角地区第三产业发展总体情况

2017年，长三角地区服务业保持较快增长，消费增速加快，第三产业产值占比持续升高，第三产业产值达到103560.69亿元，名义增长12.1%。

2012—2017年长三角地区第三产业产值柱形图

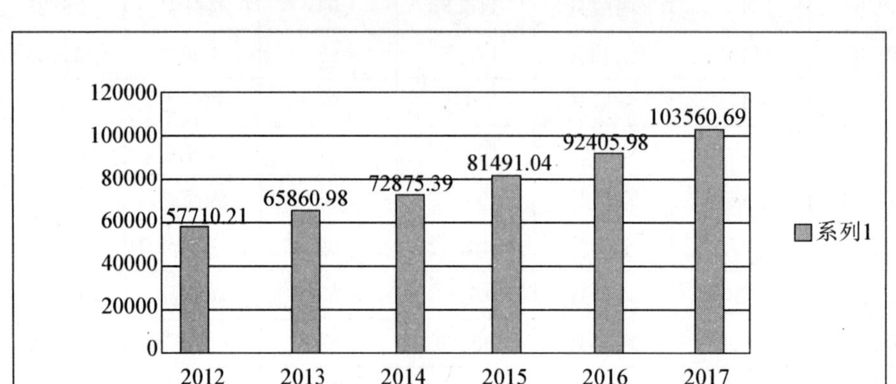

图8　2012—2017年长三角地区第三产业产值情况(单位:亿元)

二　上海市、江苏省、浙江省和安徽省第三产业发展情况

2017年，长三角三省一市第三产业增加值分别为，江苏43169.44亿元，按可比价格计算，比上年增长8.2%；安徽11597.45亿元，比上年增长9.7%；浙江27602.26亿元，比上年增长8.8%；上海21191.54亿元，比上年增长7.5%。

2012—2017年长三角地区三省一市第三产业产值曲线

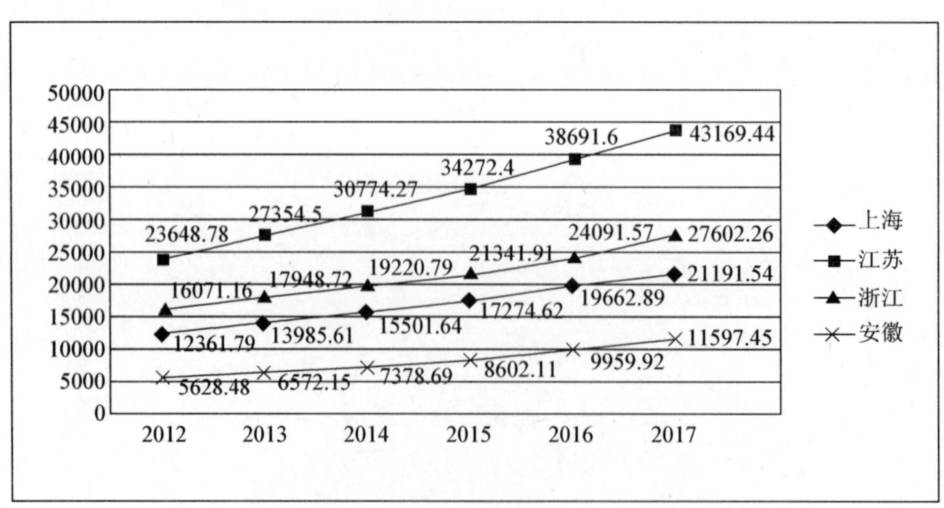

图9　2012—2017年上海、江苏、浙江和安徽第三产业产值情况(单位:亿元)

三　长三角地区各省辖市第三产业发展情况

2017 年，长三角地区二三产业协同发展，40 个地级市第三产业产值持续增长，排序前五名的依次是：苏州市（8861.65 亿元）、杭州市（7929.80 亿元）、南京市（6997.22 亿元）、无锡市（5412.18 亿元）、宁波市（4416.80 亿元）。

表 7　2017 年长三角地区各省辖市第三产业产值情况　　单位：亿元

地　区	总　值	排　名	地　区	总　值	排　名
苏州市	8861.65	1	湖州市	1175.26	21
杭州市	7929.80	2	连云港市	1147.03	22
南京市	6997.22	3	宿迁市	1065.31	23
无锡市	5412.18	4	安庆市	686.37	24
宁波市	4416.80	5	舟山市	676.44	25
南通市	3712.14	6	宿州市	669.71	26
常州市	3362.70	7	蚌埠市	664.03	27
合肥市	3297.63	8	马鞍山市	663.51	28
徐州市	3121.08	9	衢州市	656.84	29
温州市	3117.34	10	丽水市	643.98	30
绍兴市	2398.33	11	阜阳市	616.59	31
扬州市	2327.02	12	滁州市	561.69	32
盐城市	2261.78	13	亳州市	500.27	33
泰州市	2242.32	14	宣城市	486.11	34
台州市	2181.59	15	六安市	484.38	35
金华市	2076.37	16	淮南市	437.33	36
嘉兴市	1927.05	17	铜陵市	381.51	37
镇江市	1889.92	18	淮北市	336.81	38
淮安市	1583.05	19	黄山市	332.19	39
芜湖市	1210.19	20	池州市	284.12	40

四　长三角地区各县（市）第三产业发展情况

2017 年，长三角地区各县（市）第三产业产值情况见下表，排名前十的次序较上年略有变动，慈溪市较上年上升 2 位，排名前十的次序依次是：昆山市、江阴市、张家港市、常熟市、义乌市、宜兴市、太仓市、丹阳市、慈溪市和诸暨市。

表 8 2017 年长三角地区各县(市)第三产业产值情况

单位:亿元

地区	总值	排名	地区	总值	排名	地区	总值	排名
昆山市	1572.71	1	东海县	202.39	53	枞阳县	76.55	105
江阴市	1548.79	2	滨海县	200.75	54	凤阳县	76.16	106
张家港市	1209.19	3	永嘉县	199.81	55	芜湖县	75.31	107
常熟市	1071.72	4	阜宁县	194.61	56	桐城市	73.78	108
义乌市	761.63	5	泗洪县	189.29	57	舒城县	73.77	109
宜兴市	701.28	6	盱眙县	182.18	58	颍上县	73.02	110
太仓市	577.04	7	新昌县	180.31	59	繁昌县	72.85	111
丹阳市	560.77	8	丰县	178.24	60	定远县	71.42	112
慈溪市	545.82	9	安吉县	174.76	61	凤台县	70.28	113
诸暨市	534.90	10	肥西县	174.52	62	临泉县	69.48	114
海门市	516.83	11	海盐县	170.17	63	开化县	66.66	115
乐清市	509.06	12	无为县	165.67	64	东至县	66.57	116
温岭市	504.71	13	泗阳县	165.26	65	砀山县	66.14	117
瑞安市	486.22	14	桐庐县	159.37	66	宿松县	66.13	118
如皋市	467.45	15	建德市	144.81	67	常山县	65.35	119
泰兴市	456.05	16	肥东县	141.17	68	明光市	64.53	120
靖江市	451.22	17	兰溪市	141.01	69	寿县	64.50	121
启东市	445.28	18	灌云县	138.16	70	龙泉市	63.61	122
兴化市	414.36	19	金湖县	131.48	71	歙县	61.72	123
海安县	397.02	20	淳安县	125.02	72	阜南县	59.88	124
邳州市	391.49	21	灌南县	125.00	73	嵊泗县	59.47	125
溧阳市	390.33	22	巢湖市	124.28	74	文成县	58.88	126
如东县	389.92	23	江山市	123.19	75	怀宁县	58.53	127
东台市	386.20	24	响水县	121.20	76	全椒县	57.73	128
余姚市	373.76	25	天台县	119.18	77	来安县	57.62	129
桐乡市	368.31	26	蒙城县	112.34	78	泰顺县	57.44	130
海宁市	363.75	27	涡阳县	110.69	79	霍山县	56.31	131
沭阳县	323.27	28	龙游县	110.22	80	遂昌县	55.56	132
新沂市	303.88	29	萧县	110.07	81	含山县	53.97	133
沛县	297.32	30	庐江县	107.94	82	和县	51.24	134
苍南县	291.66	31	仙居县	106.64	83	界首市	47.88	135
临海市	282.98	32	天长市	105.74	84	潜山县	46.41	136
仪征市	276.27	33	长丰县	103.53	85	松阳县	44.93	137
东阳市	269.04	34	三门县	103.50	86	金寨县	44.41	138

续表

地　区	总　值	排　名	地　区	总　值	排　名	地　区	总　值	排　名
高邮市	266.47	35	怀远县	102.64	87	郎溪县	42.60	139
建湖县	250.05	36	利辛县	102.26	88	泾县	40.96	140
宝应县	248.74	37	青田县	101.38	89	太湖县	39.51	141
长兴县	244.98	38	武义县	99.73	90	望江县	38.56	142
扬中市	241.25	39	濉溪县	96.07	91	磐安县	37.35	143
句容市	237.16	40	缙云县	95.94	92	休宁县	37.30	144
平湖市	235.58	41	宁国市	95.84	93	青阳县	36.28	145
平阳县	233.18	42	浦江县	93.20	94	祁门县	33.33	146
射阳县	232.00	43	广德县	93.01	95	庆元县	32.72	147
睢宁县	230.73	44	当涂县	90.36	96	景宁自治县	31.38	148
嵊州市	226.79	45	南陵县	90.06	97	云和县	28.95	149
永康市	222.28	46	霍邱县	86.14	98	绩溪县	27.40	150
宁海县	217.36	47	五河县	82.14	99	岳西县	26.98	151
嘉善县	213.75	48	灵璧县	81.91	100	旌德县	15.91	152
玉环市	212.75	49	岱山县	81.55	101	黟县	14.16	153
德清县	204.46	50	太和县	81.26	102	石台县	12.70	154
涟水县	203.95	51	泗县	80.40	103			
象山县	203.54	52	固镇县	78.12	104			

第五章　长三角地区财政收入情况

一　长三角地区财政预算收入情况

2017 年，长三角地区一般财政预算收入稳定增长，三省一市合计达 23430.6 亿元。

2012—2017 年长三角地区一般财政预算收入柱形图

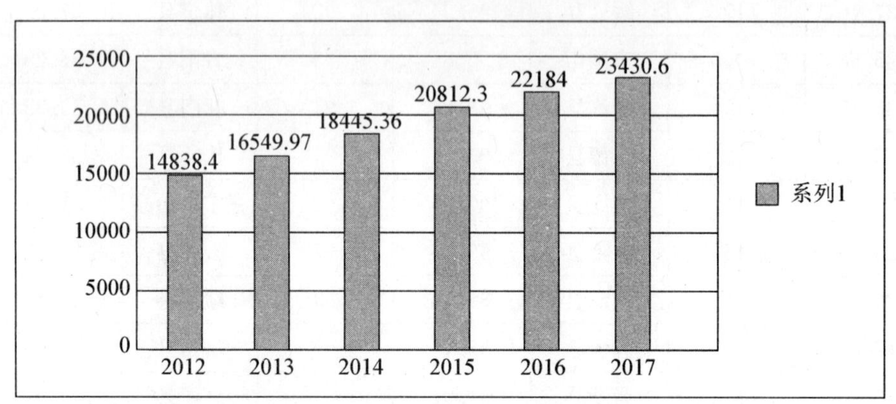

图 10　2012—2017 年长三角地区财政预算收入情况（单位：亿元）

二　上海市、江苏省、浙江省和安徽省财政收入情况

2017 年，江苏完成一般公共预算收入 8171.5 亿元，同口径增长 4.6%。其中，税收收入 6484.3 亿元，同口径增长 4.7%；上海完成一般公共预算收入 6642.26 亿元，比上年增长 9.1%。其中，增值税 2460.39 亿元，增长 15.2%；企业所得税 1402.30 亿元，增长 4.9%；个人所得税 692.46 亿元，增长 16.8%；契税 271.55 亿元，下降 21.5%。浙江实现一般公共预算收入 5804.38 亿元，比上年增长 10.3%。其中，税收收入 4940 亿元，增长 11.5%；安徽完成一般公共预算收入 2812.45 亿元，其中，税收收入 1970.68 亿元，占比由上年 69.5%提高到 70.1%。

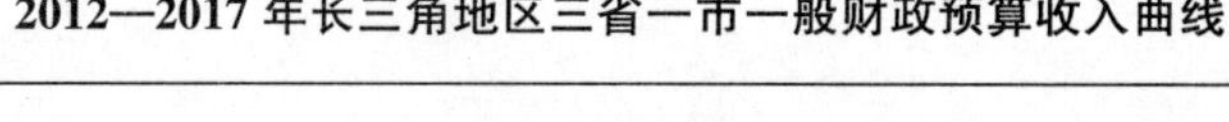

2012—2017 年长三角地区三省一市一般财政预算收入曲线

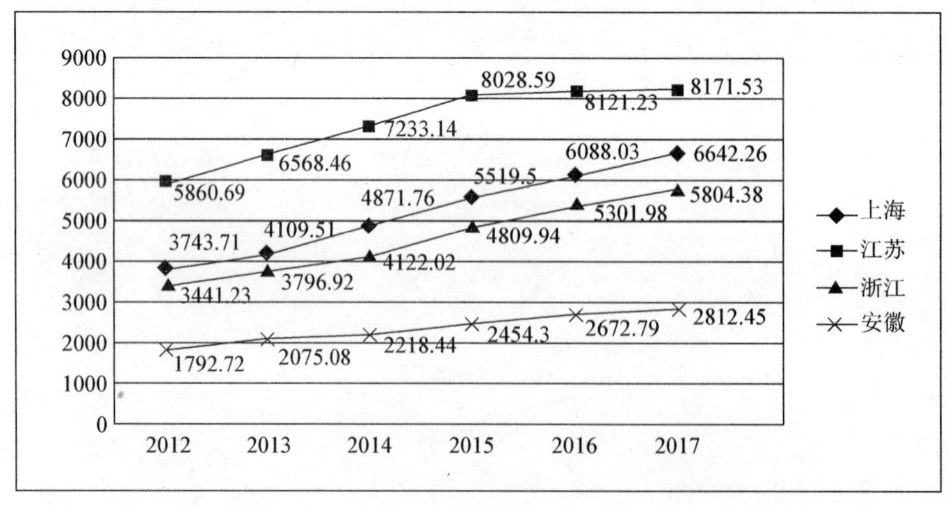

图 11　2012—2017 年上海、江苏、浙江和安徽一般财政预算收入情况（单位：亿元）

三　长三角地区各省辖市地方财政收入情况

2017 年，长三角地区各省辖市一般财政预算收入平稳增长，排名前五的依次为：苏州市（1908. 10 亿元）、杭州市（1567. 42 亿元）、南京市（1271. 91 亿元）、宁波市（1245. 29 亿元）、无锡市（930. 00 亿元）。

表 9　2017 年长三角地区各省辖市财政收入情况　　单位：亿元

地　区	总　值	排　名	地　区	总　值	排　名
苏州市	1908. 10	1	淮安市	230. 61	21
杭州市	1567. 42	2	连云港市	214. 85	22
南京市	1271. 91	3	宿迁市	200. 58	23
宁波市	1245. 29	4	滁州市	182. 51	24
无锡市	930. 00	5	阜阳市	157. 62	25
合肥市	655. 90	6	宣城市	142. 97	26
南通市	590. 60	7	蚌埠市	141. 07	27
常州市	518. 81	8	马鞍山市	138. 36	28
徐州市	501. 64	9	舟山市	125. 76	29
温州市	465. 35	10	安庆市	121. 02	30
嘉兴市	443. 79	11	丽水市	112. 91	31
绍兴市	431. 36	12	六安市	112. 79	32
台州市	382. 25	13	衢州市	111. 28	33
盐城市	360. 02	14	淮南市	101. 32	34
金华市	357. 71	15	宿州市	100. 12	35
泰州市	335. 52	16	亳州市	94. 55	36
扬州市	320. 18	17	铜陵市	77. 34	37
芜湖市	311. 23	18	黄山市	75. 19	38
镇江市	284. 34	19	池州市	65. 19	39
湖州市	237. 43	20	淮北市	60. 54	40

四　长三角地区各县(市)地方财政收入情况

2017 年，长三角地区各县（市）一般财政预算收入情况见下表，大部分县（市）较上年有所增长，排在前十位的依次为：昆山市（352. 51 亿元）、江阴市（235. 16 亿元）、张家港市（210. 01 亿元）、常熟市（191. 81 亿元）、慈溪市（157. 31 亿元）、太仓市（140. 86 亿元）、宜兴市（111. 15 亿元）、余姚市（90. 65 亿元）、义乌市（85. 00 亿元）、乐清市（79. 4 亿元）。

表10　2017年长三角地区各县(市)财政收入情况

单位:亿元

地　区	总　值	排　名	地　区	总　值	排　名	地　区	总　值	排名
昆山市	352.51	1	高邮市	32.63	53	岱山县	15.52	105
江阴市	235.16	2	扬中市	32.00	54	桐城市	15.14	106
张家港市	210.01	3	繁昌县	31.75	55	龙游县	14.82	107
常熟市	191.81	4	永嘉县	31.60	56	定远县	14.69	108
慈溪市	157.31	5	平阳县	29.80	57	霍邱县	13.57	109
太仓市	140.86	6	宁国市	28.86	58	舒城县	13.54	110
宜兴市	111.15	7	当涂县	28.36	59	缙云县	13.05	111
余姚市	90.65	8	桐庐县	27.83	60	泾县	13.02	112
义乌市	85.00	9	宝应县	27.59	61	涡阳县	12.72	113
乐清市	79.40	10	滨海县	27.30	62	临泉县	12.36	114
海宁市	77.72	11	芜湖县	27.26	63	利辛县	12.13	115
诸暨市	77.01	12	泗洪县	26.34	64	歙县	12.04	116
海门市	72.54	13	建湖县	26.32	65	怀宁县	11.81	117
如皋市	71.31	14	泗阳县	26.21	66	明光市	11.79	118
启东市	71.13	15	阜宁县	26.14	67	五河县	11.56	119
平湖市	68.87	16	凤台县	26.05	68	固镇县	11.42	120
温岭市	68.09	17	丰县	25.00	69	含山县	10.80	121
瑞安市	63.47	18	太和县	24.96	70	寿县	10.39	122
泰兴市	63.11	19	建德市	24.40	71	常山县	9.88	123
桐乡市	61.69	20	武义县	24.28	72	青阳县	9.64	124
溧阳市	61.38	21	射阳县	24.18	73	泗县	9.34	125
丹阳市	61.05	22	兰溪市	24.18	74	阜南县	9.10	126
靖江市	60.09	23	响水县	23.90	75	金寨县	9.09	127
邳州市	60.05	24	无为县	23.69	76	东至县	9.08	128
海安县	60.01	25	广德县	23.42	77	霍山县	9.05	129
东阳市	58.58	26	灌南县	21.88	78	砀山县	8.97	130
如东县	55.56	27	东海县	21.12	79	磐安县	8.91	131
宁海县	55.48	28	灌云县	20.57	80	枞阳县	8.72	132
沛县	54.46	29	金湖县	20.18	81	龙泉市	8.50	133
临海市	54.29	30	南陵县	20.10	82	开化县	8.44	134
东台市	54.01	31	天台县	19.21	83	灵璧县	8.43	135
永康市	52.36	32	涟水县	19.20	84	遂昌县	8.37	136
嘉善县	51.72	33	凤阳县	18.98	85	文成县	8.25	137
长兴县	49.50	34	仙居县	18.53	86	休宁县	8.23	138

续表

地　区	总　值	排　名	地　区	总　值	排　名	地　区	总　值	排　名
德清县	48.66	35	巢湖市	18.33	87	泰顺县	7.91	139
玉环市	48.49	36	盱眙县	18.30	88	绩溪县	7.59	140
沭阳县	48.00	37	浦江县	17.79	89	潜山县	7.57	141
仪征市	47.79	38	庐江县	17.62	90	宿松县	7.35	142
新沂市	47.46	39	和县	17.59	91	景宁自治县	7.01	143
肥西县	46.68	40	郎溪县	17.30	92	涞泗县	6.67	144
句容市	44.00	41	淳安县	17.27	93	松阳县	6.31	145
海盐县	40.65	42	颍上县	17.22	94	祁门县	5.74	146
睢宁县	39.92	43	全椒县	17.09	95	旌德县	5.63	147
安吉县	39.52	44	青田县	16.84	96	望江县	5.28	148
象山县	39.27	45	三门县	16.78	97	云和县	5.18	149
嵊州市	38.02	46	蒙城县	16.77	98	太湖县	4.73	150
新昌县	36.36	47	萧县	16.76	99	岳西县	4.52	151
兴化市	36.06	48	濉溪县	16.67	100	庆元县	4.20	152
肥东县	35.65	49	江山市	16.67	101	黟县	3.70	153
长丰县	35.11	50	怀远县	16.62	102	石台县	1.76	154
苍南县	33.72	51	界首市	16.34	103			
天长市	33.02	52	来安县	16.27	104			

第六章　长三角地区城镇居民可支配收入情况

一　上海市、江苏省、浙江省和安徽省城镇居民可支配收入情况

2017 年，长三角地区城镇居民人均可支配收入稳步上升，上海市城镇居民可支配收入突破 6 万元，达 62596 元，位列地区第一，增长 8.5%，扣除价格因素，实际增长 6.7%；其次是浙江省，城镇居民人均可支配收入 51261 元，增长 8.5%，扣除价格因素，实际增长 6.3%；江苏第三，城镇居民人均可支配收入 43622 元，增长 8.6%；安徽省城镇居民人均可支配收入 31640 元，增长 8.5%，扣除价格因素，实际增长 7.1%。

2012—2017 年长三角地区三省一市城镇居民可支配收入曲线

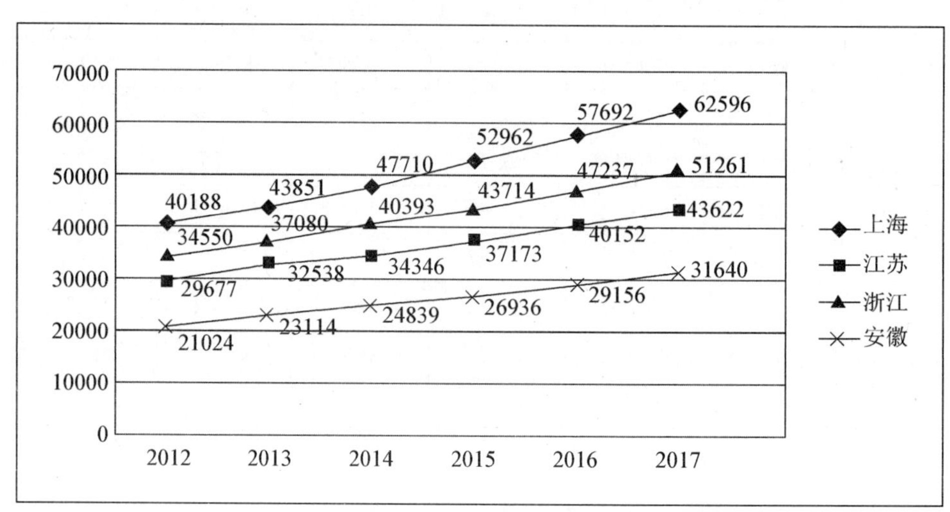

图 12　2012—2017 年上海、江苏、浙江和安徽城镇居民人均可支配收入情况（单位：元）

二　长三角地区各省辖市城镇居民可支配收入情况

2017 年，长三角地区各省辖市城镇居民人均可支配收入情况见下表，排名前五位的分别是：苏州市（58806 元）、杭州市（56276 元）、宁波市（55656 元）、南京市（54538 元）、绍兴市（54445 元）。

表 11　2017 年长三角地区各省辖市城镇居民可支配收入情况　（单位：元）

地　区	总　值	排　名	地　区	总　值	排　名
苏州市	58806	1	合肥市	37972	21
杭州市	56276	2	芜湖市	35175	22
宁波市	55656	3	宣城市	33548	23
南京市	54538	4	铜陵市	33283	24
绍兴市	54445	5	盐城市	33115	25
嘉兴市	53057	6	淮安市	32976	26

续表

地　区	总　值	排　名	地　区	总　值	排　名
无锡市	52659	7	蚌埠市	31160	27
舟山市	52516	8	徐州市	30987	28
温州市	51866	9	黄山市	30821	29
台州市	51374	10	淮南市	30405	30
金华市	50653	11	连云港市	30293	31
常州市	49955	12	淮北市	29578	32
湖州市	49934	13	安庆市	28675	33
镇江市	45386	14	滁州市	28612	34
南通市	42756	15	池州市	28394	35
马鞍山市	41403	16	阜阳市	27713	36
泰州市	40059	17	宿州市	27703	37
衢州市	39577	18	亳州市	27246	38
丽水市	38996	19	六安市	26731	39
扬州市	38828	20	宿迁市	26118	40

三　长三角地区各县(市)城镇居民可支配收入情况

2017 年，长三角地区各县(市)城镇居民人均可支配收入见下表，排名前十位的依次为：义乌市、玉环市、张家港市、昆山市、江阴市、常熟市、太仓市、诸暨市、海宁市和瑞安市。

表 12　2017 年长三角地区各县(市)城镇居民可支配收入情况　(单位:元)

地　区	总　值	排　名	地　区	总　值	排　名	地　区	总　值	排　名
义乌市	66081	1	青田县	40214	53	溧阳市	22448	105
玉环市	61057	2	如皋市	39918	54	庐江县	22279	106
张家港市	59200	3	泰兴市	39749	55	长丰县	22169	107
昆山市	59191	4	仪征市	39686	56	含山县	21991	108
江阴市	59165	5	缙云县	38229	57	郎溪县	21278	109
常熟市	59015	6	兰溪市	38225	58	霍山县	21103	110
太仓市	58458	7	仙居县	37127	59	青阳县	20946	111
诸暨市	57844	8	云和县	36691	60	桐城市	20184	112
海宁市	56139	9	兴化市	36485	61	怀宁县	20122	113
瑞安市	55127	10	武义县	35986	62	绩溪县	20121	114
慈溪市	54894	11	文成县	35730	63	东至县	19825	115
海盐县	54633	12	磐安县	35417	64	凤台县	19780	116

续表

地区	总值	排名	地区	总值	排名	地区	总值	排名
乐清市	54504	13	东台市	35380	65	五河县	19634	117
嘉善县	54138	14	高邮市	34230	66	固镇县	19427	118
平湖市	53654	15	泰顺县	34175	67	全椒县	19134	119
温岭市	53178	16	松阳县	34063	68	黟县	19029	120
余姚市	52982	17	庆元县	33805	69	泾县	18951	121
桐乡市	52056	18	景宁自治县	33618	70	休宁县	18906	122
嵊州市	52039	19	常山县	33539	71	界首市	18858	123
宁海县	51804	20	金湖县	33509	72	来安县	18803	124
新昌县	51223	21	盱眙县	33406	73	祁门县	18802	125
象山县	50677	22	建湖县	32171	74	歙县	18787	126
德清县	50450	23	开化县	31798	75	怀远县	18561	127
永康市	50395	24	邳州市	31189	76	砀山县	18314	128
长兴县	50286	25	沛县	29776	77	明光市	17509	129
宜兴市	49826	26	东海县	29758	78	舒城县	17228	130
扬中市	49764	27	宁国市	29472	79	太和县	17191	131
东阳市	48645	28	宝应县	29284	80	潜山县	17150	132
安吉县	48237	29	滨海县	28867	81	蒙城县	16877	133
临海市	47309	30	射阳县	28816	82	旌德县	16835	134
嵊泗县	46928	31	当涂县	28143	83	濉溪县	16487	135
岱山县	46553	32	响水县	27832	84	颍上县	16237	136
桐庐县	46108	33	阜宁县	27754	85	望江县	16060	137
丹阳市	45151	34	涟水县	27423	86	定远县	15603	138
建德市	45061	35	新沂市	27261	87	利辛县	15414	139
海门市	44138	36	灌南县	26635	88	太湖县	15245	140
句容市	44015	37	繁昌县	26122	89	涡阳县	15122	141
苍南县	43457	38	广德县	26102	90	宿松县	15060	142
平阳县	43305	39	沭阳县	25871	91	石台县	14889	143
靖江市	43152	40	芜湖县	25775	92	凤阳县	14865	144
天台县	41928	41	睢宁县	25540	93	寿县	14836	145
永嘉县	41760	42	泗阳县	25536	94	岳西县	14819	146
浦江县	41655	43	肥西县	25427	95	金寨县	14660	147
江山市	41545	44	丰县	25117	96	枞阳县	14646	148
三门县	41156	45	灌云县	25034	97	灵璧县	14572	149
启东市	40759	46	巢湖市	24991	98	阜南县	14555	150

续表

地　区	总　值	排　名	地　区	总　值	排　名	地　区	总　值	排　名
龙游县	40694	47	泗洪县	24973	99	临泉县	14044	151
海安县	40656	48	南陵县	24802	100	萧县	14028	152
龙泉市	40548	49	天长市	24257	101	霍邱县	13805	153
如东县	40416	50	肥东县	24253	102	泗县	13500	154
遂昌县	40355	51	和县	23428	103			
淳安县	40269	52	无为县	22908	104			

注:安徽省数据为网络排名全体居民人均收入预估值。

第七章　长三角地区农村居民可支配收入情况

一　上海市、江苏省、浙江省和安徽省农村居民人均可支配收入情况

2017 年，长三角地区农村居民人均可支配收入逐年提高，上海市农村居民可支配收入 27825 元，位列第一，增长 9.0%，扣除价格因素，实际增长 7.2%；其次是浙江省，农村居民人均可支配收入 24956 元，增长 9.1%，扣除价格因素，实际增长 7.0%；江苏第三，农村居民人均可支配收入 19158 元，增长 8.8%；安徽省农村居民人均可支配收入 12758 元，增长 8.9%，扣除价格因素，实际增长 7.7%。

2012—2017 年长三角地区三省一市农村居民人均可支配收入曲线

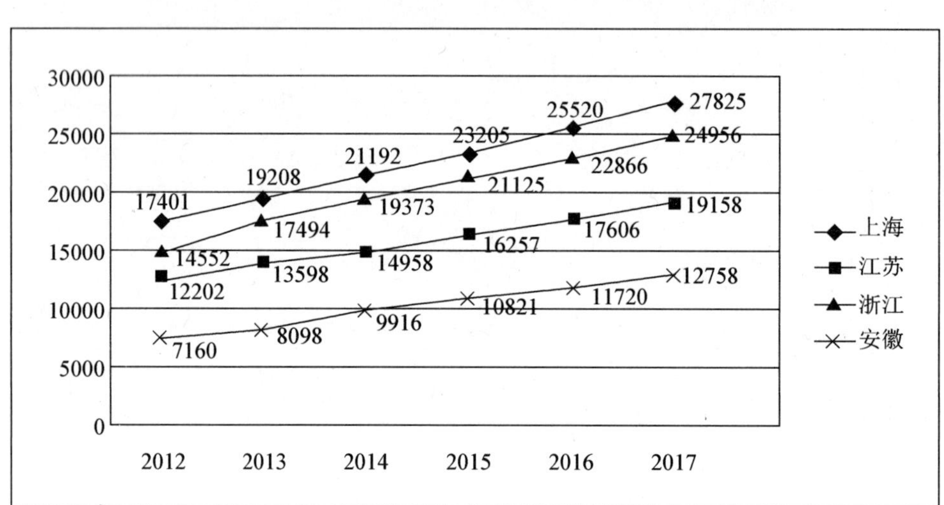

图 13　2012—2017 年上海、江苏、浙江和安徽农村居民人均可支配收入情况（单位：元）

二　长三角地区各省辖市农村居民可支配收入情况

2017 年，长三角地区各省辖市农村居民人均可支配收入情况见下表，排名前五位的均是浙江省辖市，分别是：嘉兴市（31436 元）、宁波市（30871 元）、舟山市（30791 元）、杭州市（30397 元）、绍兴市（30331 元）。

表 13　2017 年长三角地区各省辖市农村居民可支配收入情况　（单位：元）

地　区	总　值	排　名	地　区	总　值	排　名
嘉兴市	31436	1	盐城市	18711	21
宁波市	30871	2	合肥市	18594	22
舟山市	30791	3	丽水市	18072	23
杭州市	30397	4	徐州市	16697	24
绍兴市	30331	5	淮安市	15601	25
苏州市	29977	6	连云港市	15273	26
湖州市	28999	7	宿迁市	15268	27

续表

地　区	总　值	排　名	地　区	总　值	排　名
无锡市	28358	8	宣城市	14590	28
常州市	25835	9	黄山市	14034	29
台州市	25369	10	蚌埠市	13769	30
温州市	25154	11	池州市	13476	31
金华市	23922	12	铜陵市	13145	32
南京市	23133	13	滁州市	11947	33
镇江市	22724	14	淮南市	11841	34
南通市	20472	15	安庆市	11814	35
衢州市	20225	16	淮北市	11611	36
扬州市	19694	17	亳州市	11591	37
泰州市	19494	18	宿州市	10859	38
马鞍山市	19358	19	六安市	10857	39
芜湖市	18830	20	阜阳市	10748	40

三　长三角地区各县(市)农村居民可支配收入情况

2017年,长三角地区各县(市)农村居民人均可支配收入见下表,排名前十位的均为浙江县(市),依次为:义乌市、诸暨市、海宁市、海盐县、慈溪市、桐乡市、嘉善县、平湖市、余姚市和岱山县。

表14　2017年长三角地区各县(市)农村居民可支配收入情况　(单位:元)

地　区	总　值	排　名	地　区	总　值	排　名	地　区	总　值	排名
义乌市	33393	1	永嘉县	20271	53	泗洪县	14941	105
诸暨市	33073	2	肥东县	19769	54	涟水县	14561	106
海宁市	32661	3	海安县	19640	55	灌云县	14231	107
海盐县	32177	4	浦江县	19611	56	青阳县	14185	108
慈溪市	32088	5	泰兴市	19476	57	郎溪县	14181	109
桐乡市	31984	6	长丰县	19410	58	黟县	14082	110
嘉善县	31976	7	龙泉市	19282	59	固镇县	13959	111
平湖市	31479	8	仙居县	19129	60	怀远县	13949	112
余姚市	31019	9	仪征市	19033	61	歙县	13935	113
岱山县	30851	10	如东县	18683	62	桐城市	13918	114
江阴市	30532	11	建湖县	18576	63	祁门县	13856	115
昆山市	30489	12	高邮市	18494	64	休宁县	13855	116
常熟市	30288	13	兴化市	18465	65	五河县	13845	117

续表

地 区	总 值	排 名	地 区	总 值	排 名	地 区	总 值	排名
张家港市	30188	14	如皋市	18463	66	灌南县	13639	118
太仓市	30026	15	宝应县	18447	67	东至县	13483	119
玉环市	29996	16	常山县	18317	68	怀宁县	13456	120
德清县	29842	17	巢湖市	18302	69	泾县	13056	121
嵊泗县	29749	18	兰溪市	18243	70	寿县	12797	122
乐清市	29423	19	庐江县	18162	71	全椒县	12199	123
长兴县	29341	20	射阳县	18064	72	霍山县	12164	124
温岭市	28412	21	淳安县	17721	73	绩溪县	12013	125
宁海县	28410	22	缙云县	17711	74	蒙城县	11901	126
象山县	28385	23	沛县	17269	75	来安县	11804	127
安吉县	27904	24	肥西县	17204	76	界首市	11726	128
瑞安市	27903	25	和县	17140	77	旌德县	11711	129
嵊州市	26944	26	金湖县	17126	78	濉溪县	11570	130
东阳市	26939	27	遂昌县	17100	79	定远县	11149	131
桐庐县	26785	28	含山县	17035	80	枞阳县	11114	132
扬中市	25895	29	云和县	16900	81	砀山县	11096	133
新昌县	25841	30	阜宁县	16850	82	明光市	11068	134
永康市	25793	31	邳州市	16725	83	太和县	11006	135
宜兴市	25654	32	无为县	16708	84	舒城县	10916	136
临海市	25052	33	天长市	16668	85	灵璧县	10910	137
建德市	23998	34	广德县	16509	86	涡阳县	10850	138
溧阳市	23835	35	景宁自治县	16503	87	颍上县	10824	139
丹阳市	23603	36	宁国市	16402	88	潜山县	10812	140
海门市	22515	37	滨海县	16280	89	萧县	10789	141
三门县	22241	38	武义县	16261	90	利辛县	10740	142
江山市	21932	39	磐安县	16160	91	望江县	10604	143
当涂县	21873	40	松阳县	15908	92	岳西县	10553	144
启东市	21691	41	新沂市	15886	93	凤阳县	10491	145
东台市	21431	42	东海县	15882	94	宿松县	10490	146
靖江市	21361	43	文成县	15859	95	太湖县	10412	147
平阳县	20725	44	盱眙县	15762	96	泗县	10399	148
青田县	20713	45	开化县	15736	97	临泉县	10292	149
天台县	20697	46	庆元县	15626	98	阜南县	10256	150
芜湖县	20586	47	响水县	15586	99	霍邱县	10162	151

续表

地　区	总　值	排　名	地　区	总　值	排　名	地　区	总　值	排名
句容市	20527	48	泰顺县	15532	100	金寨县	10098	152
龙游县	20502	49	沭阳县	15484	101	凤台县	10062	153
繁昌县	20432	50	丰县	15335	102	石台县	9543	154
南陵县	20411	51	泗阳县	15260	103			
苍南县	20286	52	睢宁县	15130	104			

第三篇

长三角地区区域经济社会发展报告

第一章　上海市 2017 年经济社会发展报告

2017 年，在以习近平同志为核心的党中央坚强领导下，全市全面贯彻落实党的十八大、十八届历次全会和十九大精神，认真学习贯彻习近平新时代中国特色社会主义思想，坚决贯彻落实党中央、国务院和中共上海市委的决策部署，按照当好全国改革开放排头兵、创新发展先行者的要求，坚持稳中求进工作总基调，积极践行新发展理念，以供给侧结构性改革为主线，全力以赴抓推进、抓落实、补短板，全市经济运行总体平稳、稳中向好、好于预期，创新驱动发展、经济转型升级成效进一步显现，民生保障持续加强。

一　上海市 2017 年经济发展概况

（一）综合经济

1. 经济总量

全年实现上海市生产总值(GDP)30632.99 亿元，比上年增长 6.9%，增速与上年持平。其中，第一产业增加值 110.78 亿元，下降 0.8%；第二产业增加值 9330.67 亿元，增长 5.8%；第三产业增加值 21191.54 亿元，增长 7.5%。第三产业增加值占上海市生产总值的比重为 69.0%。按常住人口计算的上海市人均生产总值为 12.46 万元。全市三次产业增加值比例为 0.3：30.5：69.2。

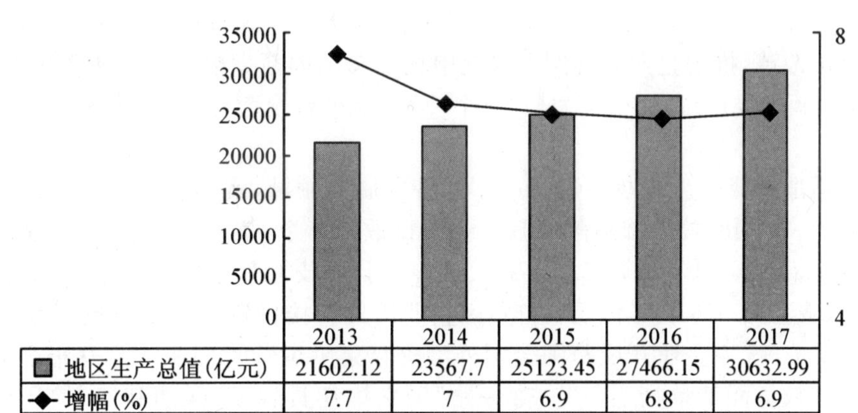

图 1　2013—2017 年上海市生产总值及增长速度

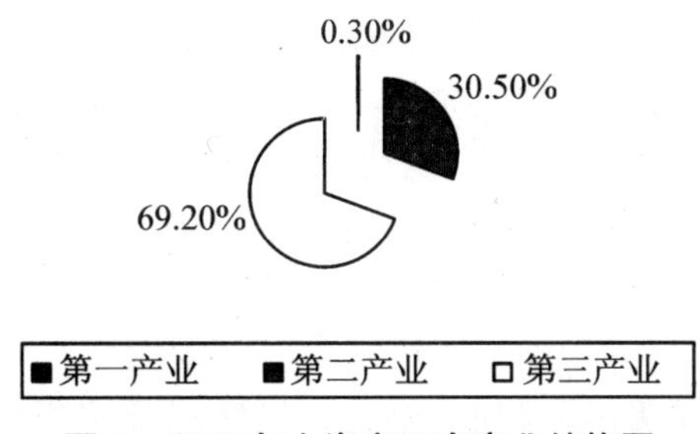

图 2　2017 年上海市三次产业结构图

在上海市生产总值中，公有制经济增加值 14660.12 亿元，比上年增长 7.0%；非公有制经济增加值 15473.74 亿元，增长 6.8%。非公有制经济增加值占上海市生产总值的比重为 51.4%。

全年战略性新兴产业增加值 4943.51 亿元，比上年增长 8.7%。其中，制造业增加值 2262.64 亿元，增长 8.1%；服务业增加值 2680.87 亿元，增长 9.2%。战略性新兴产业增加值占上海市生产总值的比重为 16.4%，比上年提高 1.2 个百分点。

2. 财政收支

全年地方一般公共预算收入 6642.26 亿元，比上年增长 9.1%；非税收入占全市一般公共预算收入比重为 11.7%。地方一般公共预算支出 7547.62 亿元，增长 9.1%。全年税务部门组织的税收收入完成 12839.92 亿元(不含关税及海关代征税)，增长 8.4%。

3. 物价指数

以上年价格为 100，全年居民消费价格指数为 101.7。其中，食品烟酒类价格指数为 101.2，居住类价格指数为 101.7，医疗保健类价格指数为 106.6；固定资产投资价格指数为 106.7；工业生产者出厂价格指数为 103.5，工业生产者购进价格指数为 108.9。

以上年 12 月价格为 100，新建商品住宅销售价格指数为 100.2，其中，二手住宅价格指数为 100.3；以上年价格为 100，全年新建商品住宅销售价格指数为 110.2，二手住宅销售价格指数为 109.6。

4. 固定资产投资

全年完成全社会固定资产投资总额 7246.60 亿元，比上年增长 7.3%。其中，第三产业投资占全社会固定资产投资总额的比重为 85.7%；非国有经济投资占全社会固定资产投资总额的比重为 69.7%。

5. 自由贸易区建设

加快推进中国(上海)自由贸易试验区“三区一堡”建设。进一步激发市场活力，区内新注册企业累计超过 5 万户，全年实到外资、外贸进出口额占全市比重均超过 40%。

投资贸易便利化程度继续提高。深化投资管理体制改革，2017 版外商投资负面清单减少到 95 条；市场准入负面清单制度试点工作方案及市场准入负面清单涉及的区级行政审批事项目录发布试行；率先实施企业名称登记改革，推出企业名称网上自主申报等 6 项创新举措。进一步促进贸易便利化，国际贸易“单一窗口”3.0 版上线运行，保税区关检“三个一”查验平台全面建成运行，货物状态分类监管试点企业扩大至 39 家。

开放型经济发展取得成效。不断探索开放型经济发展新领域，实施更为充分的压力测试。服务业扩大开放取得新成效，54 项开放措施新落地服务业项目数 412 个，累计达 2404 个。金融开放创新和金融风险防范同步推进，共开立 FT 账户 7.02 万个，当年累计收支总额 7.65 万亿元。跨境双向人民币资金池累计 769 家，收支总额 9761.50 亿元。自贸区企业境外直接投资中方协议投资额累计达到 694.00 亿美元。自贸区内共有 95 家企业开展跨国公司外汇资金集中运营管理业务。发布全国首张自贸试验区金融服务业对外开放负面清单指引。“一带一路”国别馆初具规模，保加利亚、匈牙利等 7 馆投入运营。先后与以色列、俄罗斯、新加坡等“一带一路”沿线国家联合建立跨国孵化器，搭建跨境项目交流平台。完善自贸试验区境外投资服务平台，设立“一带一路”技术贸易措施企业服务中心。

政府治理能力先行区加快建设。形成了提升政府治理能力先行区总体方案。深化“证照分离”改革试点，第一批 116 项改革事项已复制推广到其他自贸试验区。加强事中事后监管体系建设，着力完善“四位一体”的监管体系，探索构建了“六个双”监管机制，已实现 21 家监管部门全覆盖，108 个监管行业、领域全覆盖。“三全工程”全面推进，104 项企业准入区权事项全部实现“全网通办、一次办成”，74 项实现“网上全程办理”，“单窗通办”模式于 2017 年 11 月 6 日启动运营；188 项个人社区事务已实现“全区通办”；政府政务信息“全域共享”加快推进，海关特殊监管区实现与口岸、金融等监管部门的信息共享，与 80 个国家、市、区部门对接。优化完善区镇职能，率先开展统筹核心发展权和下沉区域管理权改革。建立“统一规则、整体开发、总体平衡”的区域开发机制。

(二) 农业经济

全年全市实现农业总产值 260.02 亿元，比上年下降 9.1%。其中，种植业 140.42 亿元，下降 3.7%；

林业15.02亿元，增长13.2%；牧业39.87亿元，下降26.2%；渔业53.53亿元，下降10.2%；农林牧渔服务业11.18亿元，增长4.7%。上海域外市属农场实现农业总产值30.08亿元，下降6.5%。

全年全市农作物播种面积28.09万公顷，比上年减少5.2%。其中，粮食播种面积11.87万公顷，减少15.3%。粮食产量89.16万吨，比上年下降9.5%；生牛奶产量21.30万吨，下降18.2%；水产品产量25.74万吨，下降1.3%。

至年末，全市有1680家企业、6743个产品获得"三品一标"农产品认证。其中，绿色食品证书使用企业207家，绿色食品299个；无公害农产品证书使用企业1463家，无公害农产品6420个。

至年末，全市累计建成设施粮田面积86.53千公顷，市级蔬菜标准园150家，标准化畜禽养殖场279家，标准化水产养殖场317家。至年末，全市有农业产业化龙头企业380家，农民专业合作社2813家，经农业主管部门认定的家庭农场4516个。

（三）工业和建筑业

全年实现工业增加值8303.54亿元，比上年增长6.4%。全年完成工业总产值36094.36亿元，增长6.5%。其中，规模以上工业总产值33989.36亿元，增长6.8%。在规模以上工业总产值中，国有控股企业总产值12902.80亿元，增长8.7%。

全年节能环保、新一代信息技术、生物医药、高端装备、新能源、新能源汽车、新材料等战略性新兴产业制造业完成工业总产值10465.92亿元，比上年增长5.7%，占全市规模以上工业总产值比重达到30.8%。

全年六个重点工业行业完成工业总产值23405.50亿元，比上年增长9.0%，占全市规模以上工业总产值的比重为68.9%。

全年规模以上工业产品销售率为99.9%。全年原油加工量2489.49万吨，比上年增长0.8%；工业机器人产量5.88万套，增长89.7%；智能手机产量4508.20万台，增长2.1%；汽车产量291.32万辆，增长11.2%。

全年规模以上工业企业实现利润总额3200.10亿元，比上年增长10.5%，实现税金总额2087.36亿元，增长6.7%。规模以上工业企业亏损面为20.9%。

全年实现建筑业总产值6426.42亿元，比上年增长6.3%；房屋建筑施工面积41197.49万平方米，增长14.4%；竣工面积8066.54万平方米，增长7.8%。

（四）服务业

1. 国内贸易

全年实现批发和零售业增加值4393.36亿元，比上年增长6.7%。

全年实现商品销售总额11.31万亿元，比上年增长12.0%。其中，批发销售额10.24万亿元，增长12.4%。

全年实现社会消费品零售总额11830.27亿元，比上年增长8.1%。其中，无店铺零售额1814.29亿元，增长9.4%。网上商店零售额1437.49亿元，增长9.6%，占社会消费品零售总额的比重为12.2%，比上年提高0.8个百分点。

至年末，全市已开业城市商业综合体达225家。其中，商场商业建筑面积10万平方米以上的有53家。全年全市城市商业综合体实现营业额达1516.00亿元，比上年增长11.5%。

2. 交通运输和邮电

全年实现交通运输、仓储和邮政业增加值1344.24亿元，比上年增长12.0%。

全年各种运输方式完成货物运输量97257.26万吨，比上年增长9.7%。旅客发送量20855.61万人次，增长6.6%。

全年上海港口货物吞吐量达到75050.79万吨，比上年增长6.9%；集装箱吞吐量4023.31万国际标准箱，增长8.3%。集装箱水水中转比例为46.7%，国际中转比例为7.7%。上海浦东、虹桥两大国际机场全年共起降航班76.04万架次，增长2.5%；进出港旅客达到11188.52万人次，增长5.1%。其中，国内航线进出港旅客7394.18万人次，增长5.7%；国际及地区航线进出港旅客3794.34万人次，增长4.0%。

全年上海港接待邮轮靠泊512艘次。其中，以上海为母港的邮轮482艘次。邮轮旅客吞吐量297.29万人次，比上年增长2.7%。

年内轨道交通17号线、9号线三期开通。至年末，全市轨道交通运营线路达到16条。全年优化调整公交线路264条，其中新辟64条。至年末，公交运营车辆达1.75万辆。其中，国Ⅴ及以上标准和零排放车辆9885辆，占全部公交运营车辆的56.6%；运营出租车4.64万辆。全年市内公共交通客运量65.47亿人次，比上年下降2.4%。其中，轨道交通客运量35.38亿人次，增长4.0%；公共汽电车客运量22.01亿人次，下降8.0%。

至年末，全市拥有各类民用汽车361.02万辆，比上年增长11.8%。其中，私人汽车274.41万辆，增长13.1%。

全年完成邮政业务总量711.87亿元，比上年增长26.2%；电信业务总量694.71亿元，增长40.3%。邮政业全年完成邮政函件业务6.74亿件、包裹业务245.92万件、快递业务31.15亿件；快递业务收入868.89亿元。

3. 旅游业

全年实现旅游产业增加值1888.24亿元，比上年增长9.1%。

至年末，全市已有星级宾馆229家，旅行社1578家，A级旅游景区(点)99个，红色旅游基地34个。

全年接待国际旅游入境者873.01万人次，比上年增长2.2%。其中，入境外国人671.21万人次，增长1.7%；港、澳、台同胞201.80万人次，增长3.7%。在国际旅游入境者中，过夜旅游者719.33万人次，增长4.2%。全年接待国内旅游者31845.27万人次，增长7.5%。其中，外省市来沪旅游者15523.29万人次，增长5.7%。全年入境旅游外汇收入68.10亿美元，增长4.3%；国内旅游收入4025.13亿元，增长16.9%。

4. 金融、证券和保险

全年实现金融业增加值5330.54亿元，比上年增长11.8%。

至年末，全市各类金融单位达到1491家。其中，货币金融服务单位623家；资本市场服务单位403家；保险业单位389家。至年末，全市各类金融单位中，在沪经营性外资金融单位达到251家。

至年末，全市中外资金融机构本外币各项存款余额112461.74亿元，比年初增加1950.76亿元；贷款余额67182.01亿元，比年初增加7199.76亿元。

全年金融市场交易总额达到1428.44万亿元，比上年增长5.3%。上海证券交易所总成交金额306.39万亿元，增长7.9%。其中，债券成交额247.34万亿元，增长10.1%；股票成交金额51.12万亿元，增长1.9%。全年通过上海证券市场股票筹资7578.06亿元，比上年减少5.9%；发行公司债14937.99亿元，减少41.5%。至年末，上海证券市场上市证券12219只，比上年末增加2572只。其中，股票1440只，增加214只。

全年上海期货交易所总成交金额89.93万亿元，增长5.8%。中国金融期货交易所总成交金额24.59万亿元，增长35.0%。银行间市场总成交金额997.77万亿元，增长3.9%。上海黄金交易所总成交金额9.76万亿元，增长11.9%。

全年保险公司原保险保费收入1587.10亿元，比上年增长3.8%。其中，财产险公司原保险保费收入482.67亿元，增长17.5%；人身险公司原保险保费收入1104.43亿元，下降1.3%。全年保险赔付支出548.93亿元，增长3.8%。其中，财产险赔款支出233.81亿元，增长5.1%；寿险给付237.08亿元，减少3.6%；健康险赔款给付62.86亿元，增长25.8%；意外险赔款支出15.17亿元，增长45.8%。

5. 房地产业

全年完成房地产开发投资3856.53亿元，比上年增长4.0%。其中，住宅投资2152.40亿元，增长

9.5%；办公楼投资642.20亿元，下降7.7%；商业营业用房投资506.71亿元，下降2.4%。商品房施工面积15362.25万平方米，增长1.7%；竣工面积3387.56万平方米，增长32.8%。商品房销售面积1691.60万平方米，下降37.5%。其中，住宅销售面积1341.62万平方米，下降33.6%。全年商品房销售额4026.67亿元，下降39.9%。其中，住宅销售额3336.09亿元，下降36.3%。全年存量房买卖登记面积1563.53万平方米，下降54.0%。

全年新增供应各类保障性住房8万套，完成中心城区二级旧里以下房屋改造49万平方米、受益居民2.4万户。全年供应租赁住房用地80公顷，可形成租赁住房供应能力近3万套。

6. 城市信息化

全年实现信息产业增加值3274.78亿元，比上年增长12.1%。其中，信息服务业增加值2179.02亿元，增长15.0%。

推动新型城域物联专网试点建设，至年末，实现物联网全市覆盖。全市千兆光纤到户覆盖总量达405万户，比上年末增加375万户。家庭光纤用户数达到579万户，比上年末增加64万户。家庭宽带用户平均接入带宽超过100 M，固定宽带用户平均可用下载速率达20.52 M。第四代移动通信网络（4G）用户数达到2388万户，比上年末增加515万户。同步开展5G关键技术研究和外场试验。开展i-Shanghai服务优化升级，完成原有1400处场所从2 M到10 M的普遍提速，按新标准新增600处场所，累计开通2000处。城域网出口带宽11312 GB，比上年末增加2680 GB，互联网国际出口带宽2017 GB，比上年末增加822 GB。IPTV用户数达317万户，比上年末增加87万户。加快推广智慧城市应用服务，“市民云”用户数达到763万个。

全年完成电子商务交易额24263.60亿元，比上年增长21.0%。其中，B2B交易额16923.40亿元，增长17.2%，占电子商务交易额的69.7%；网络购物交易额7340.20亿元，增长31.0%，占30.3%。

至年末，口岸税费电子支付系统入网企业累计11300家，比上年增长23.0%。税单支付2020万笔，同比增长12.0%，实现电子支付金额16862亿元，增长24.0%。至年末，已有11.3万家单位持有有效“一证通”33万张。

至年末，“市民信箱”累计注册用户769万人，比上年增长32.6%。

发布实施全国首部地方综合性信用法规《上海市社会信用条例》，推进市公共信用信息平台建设，信用联合奖惩子系统上线运行。至年末，市信用平台累计对外提供查询3906万次。其中，法人信用信息被查询1253万次；自然人信用信息被查询2653万次。99家单位确认向市信用平台提供45933项信息事项。其中，涉及法人信息事项27185项，涉及自然人信息事项18748项。平台可查询数据3.18亿条，法人数据1094万条，自然人数据3.07亿条。

至年末，市信用平台已建23个子平台，在建子平台1个。除市信用平台服务大厅外，已设立17家服务窗口。

（五）开放型经济

1. 对外贸易

全年上海口岸货物进出口总额79211.40亿元，比上年增长15.1%。其中，进口33445.10亿元，增长18.9%；出口45766.30亿元，增长12.5%。全年上海关区货物进出口总额59690.24亿元，比上年增长14.0%。其中，进口24684.20亿元，增长19.3%；出口35006.04亿元，增长10.6%。

全年上海市货物进出口总额32237.82亿元，比上年增长12.5%。其中，进口19117.51亿元，增长15.4%；出口13120.31亿元，增长8.4%。高新技术产品出口占全市比重超过40%。按市场分，对欧盟进口4488.51亿元，增长20.3%；出口2327.78亿元，增长16.9%；对美国进口2072.56亿元，增长15.6%；出口3147.10亿元，增长6.1%；对东盟进口2642.73亿元，增长27.7%；出口1595.16亿元，增长10.3%；对日本进口2224.75亿元，增长14.6%；出口1308.98亿元，增长3.3%。

2017年上海市进出口总额及其增长速度

指　标	绝对值(亿元)	比上年增长(%)
上海市货物进出口总额	32237.82	12.5
上海市货物进口总额	19117.51	15.4
#国有企业	3059.5	1.2
外商投资企业	12725.57	18.4
私营企业	3220.07	23
#一般贸易	10554.56	19
加工贸易	2143.3	5.4
#机电产品	9275.07	13.9
#高新技术产品	5715.01	11.3
上海市货物出口总额	13120.31	8.4
#国有企业	1548.37	4.7
外商投资企业	8755.24	7.3
私营企业	2717.55	15.5
#一般贸易	5776.44	9.9
加工贸易	5360.26	10.6
#机电产品	9289.44	9.2
#高新技术产品	5696.83	9.2

2. 对外合作

全年新设外商直接投资项目3950项，比上年下降23.4%；合同金额401.94亿美元，下降21.2%；全年外商直接投资实际到位金额170.08亿美元，下降8.1%。全年第三产业外商直接投资实际到位金额161.53亿美元，下降1.1%，占全市实际利用外资的比重为95.0%。至年末，在上海投资的国家和地区达175个，在上海落户的跨国公司地区总部累计达到625家。其中，亚太区总部70家；投资性公司345家；外资研发中心426家。年内新增跨国公司地区总部45家。其中，亚太区总部14家；投资性公司15家；外资研发中心15家。与"一带一路"沿线国家和重要节点城市建立经贸合作伙伴关系，货物贸易额占全市比重达到五分之一。

全年备案和核准对外直接投资项目608项，比上年下降57.3%；对外直接投资中方投资额110.8亿美元，下降70.3%。签订对外承包工程合同金额108.5亿美元，下降8.4%；实际完成营业额99.3亿美元，增长49.2%；派出人员13902人次，增长114.0%。对外劳务合作派出人员18935人次，增长23.8%。

全年举办各类展览会项目1020个，总展出面积1769.86万平方米，比上年增长10.1%。其中，国际展览会项目293个，展出面积1329.16万平方米，增长12.9%；国内展览会项目727个，展出面积440.70万平方米，增长2.6%。

二　上海市2017年社会发展概况

(一) 人口、人民生活

至年末，全市常住人口总数为2418.33万人。其中，户籍常住人口1445.65万人，外来常住人口

972.68 万人。全年常住人口出生 19.70 万人，出生率为 8.1‰；死亡 12.90 万人，死亡率为 5.3‰；常住人口自然增长率为 2.8‰。全年户籍常住人口出生 11.20 万人，出生率为 7.8‰；死亡 12.15 万人，死亡率为 8.4‰；户籍常住人口自然增长率为−0.6‰。

全市户籍人口平均期望寿命达到 83.37 岁。其中，男性 80.98 岁，女性 85.85 岁。

至年末，城镇居民人均住房建筑面积 36.7 平方米，居民住宅成套率达 97.3%。

全年全市居民人均可支配收入 58988 元，比上年增长 8.6%，扣除价格因素，实际增长 6.8%。其中，城镇常住居民人均可支配收入 62596 元，增长 8.5%，扣除价格因素，实际增长 6.7%；农村常住居民人均可支配收入 27825 元，增长 9.0%，扣除价格因素，实际增长 7.2%。全市居民人均消费支出 39792 元，比上年增长 6.2%。其中，城镇常住居民人均消费支出 42304 元，增长 6.1%；农村常住居民人均消费支出 18090 元，增长 6.0%。

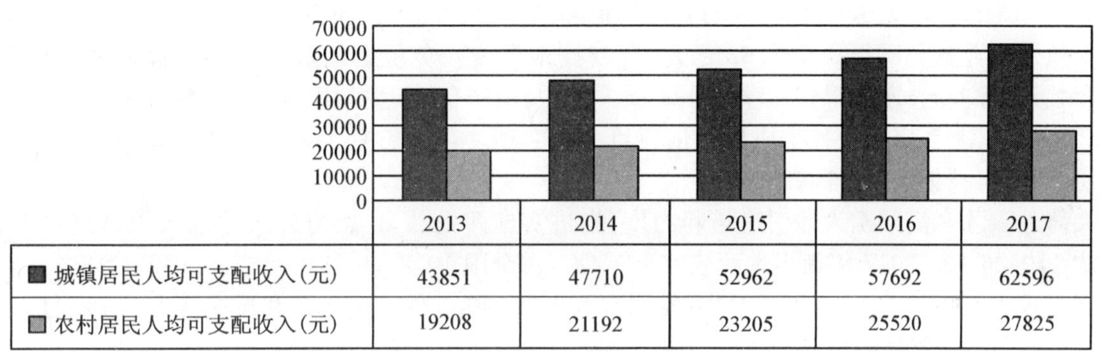

图 3　2013—2017 年上海市城市和农村居民家庭人均可支配收入对比

（二）就业、社会保障

全年新增就业岗位 57.90 万个。全年新安置就业困难人员 50503 人，新消除零就业家庭 289 户。全年帮扶引领成功创业 12628 人，其中，青年大学生 7440 人；帮助 8684 名长期失业青年实现就业创业。全年共完成职业培训 106.84 万人。其中，农民工职业培训 49.56 万人。至年末，累计有 1011 人入选国家“千人计划”，798 人入选上海“千人计划”。高技能人才占技能劳动者比例达到 32%。成功申办 2021 年第 46 届世界技能大赛，在第 44 届世界技能大赛中取得优异成绩。至年末，全市城镇登记失业人员 22.06 万人，城镇登记失业率为 3.9%。

至年末，全市共有 1548.22 万人（包括离退休人员）参加城镇职工基本养老保险，有 78.83 万人参加城乡居民基本养老保险。最低生活保障标准从上年的每人每月 880 元提高到 970 元，增长 10.2%。月最低工资标准从 2190 元提高到 2300 元，小时最低工资标准从 19 元提高到 20 元。

至年末，全市共有 1496.78 万人（包括离退休人员）参加职工基本医疗保险，有 344.63 万人参加城乡居民基本医疗保险。

至年末，全市民政部门共有各类提供住宿的收养性社会服务机构 781 个，床位 14.41 万张。其中，养老机构 703 家，床位 13.83 万张。在全市养老机构中，由社会投资开办的有 363 家，床位 7 万张。全市建有社区老年人日间服务中心 560 家，社区老年人助餐服务点 707 家。

全年各级政府支出城镇居民最低生活保障金 16.30 亿元、农村居民最低生活保障金 2.72 亿元、特困供养金 0.42 亿元、粮油帮困 0.83 亿元、医疗救助金 3.83 亿元。

（三）教育与科技创新

1. 教育

至 2017 学年末，全市共有普通高等学校 64 所，普通中等学校 900 所，普通小学 741 所，特殊教育学校30所。普通高等学校在校生和毕业生数均有所增加，中等职业学校的在校生和毕业生数有所减少。全市共有49家机构培养研究生，全年招收全日制研究生5.00万人，在校全日制研究生15.15万人，毕业全日制研究生4.10万人。九年义务教育入学率保持在99.9%以上，高中阶段新生入学率达99.7%。

至2017学年末，全市共有民办普通高校20所，在校学生10.82万人；民办普通中学129所，在校学生8.05万人；民办小学139所，在校学生11.23万人。全市共有成人中高等学历教育学校20所，成人职业技术培训机构689所，老年教育机构292所。全市共有校外教育机构23所。其中，青少年活动中心(含少年宫)19所，少年科技站3所，少年之家1所。

2. 科技创新

全年用于研究与试验发展(R&D)经费支出相当于上海市生产总值的比例为3.78%左右。

全市科技小巨人和科技小巨人培育企业共1798家，技术先进型服务企业274家。年内共认定高新技术企业3247家，全市2015—2017年有效期内高新技术企业总数达到7642家，净增长704家。全年共落实高新技术企业减免所得税141.62亿元，高新技术企业减免税金额及户均减免税金额均在全国领先。全年共认定高新技术成果转化项目493项。其中，电子信息、生物医药、新材料等重点领域项目占87.4%。至年末，共认定高新技术成果转化项目11462项。累计已有172家科技创新企业在上海股权托管交易中心"科技创新板"挂牌。

加大海外人才和高层次人才引进培养力度，推进实施两批共22条海外人才出入境试点政策，引进海外人才110426人。2017年新当选两院院士13人，占全国10.2%。

全年受理专利申请131746件。其中，发明专利申请54633件。全年专利授权量为70464件。其中，发明专利授权量为20681件。全年PCT国际专利受理量为2100件，比上年增长34.6%。至年末，全市有效发明专利达100433件，每万人口发明专利拥有量达41.5件，比上年增长17.9%。全年经认定登记的各类技术交易合同21559件，比上年增长1.7%；合同金额867.53亿元，增长5.4%。

(四) 文化、卫生和体育

1. 文化事业

年内成功举办第三十四届"上海之春"国际音乐节、第十九届中国上海国际艺术节、第二届上海艾萨克×斯特恩国际小提琴比赛、上海国际电影电视节、上海世博会博物馆开馆、第五届市民文化节等重大文化活动。全年市民参与文化活动人数近3000万人次。继续实施新一轮公共文化从业人员"三年万人培训"项目，年内参训7216人次。大世界非遗中心、世博会博物馆、上海交响音乐博物馆对外开放。至年末，全市有市、区级文化馆、群众艺术馆25个，艺术表演团体210个，市、区级公共图书馆24个，档案馆49个，博物馆125个。全市共有公共广播节目22套，公共电视节目25套。有线电视用户765.43万户，有线数字电视用户697.18万户。全年生产电视剧40部，共1760集；动画电视8160分钟。全年共出版报纸9.13亿份、各类期刊0.94亿册、图书4.23亿册；摄制完成82部影片。

2. 卫生事业

至年末，全市共有医疗卫生机构5144所，卫生技术人员18.80万人。全年全市医疗机构共完成诊疗人次2.73亿人次；户籍人口期望寿命达到83.37岁；上海地区婴儿死亡率3.71‰；孕产妇死亡率3.01/10万，其中户籍人口孕产妇死亡率1.01/10万；全市常住人口出生性别比为10∶7。

常住居民家庭医生签约率30%以上，重点人群签约率60%以上。所有社区卫生服务中心启动"1+1+1"签约服务，签约居民超过340万，其中60岁以上老人256万。签约医疗机构组合内就诊率74%，签约社区就诊率53%，开具延伸处方累计94万张。

向6.75万计划生育特殊对象发放特别扶助金5.30亿元，25.13万人领取了农村计划生育家庭奖励扶助金3.84亿元。21.94万人领取了年老退休时一次性计划生育奖励费，共计11.22亿元。继续推进"60岁以上老人接种肺炎疫苗"项目，累计接种131万余剂次；继续实施"社区居民大肠癌筛查"项目，完成初筛47万余人，初筛阳性率18.9%，发现癌前期病变3065人，并给予进一步就医指导。

新增儿科床位406张，启动建设28个标准化示范儿科门急诊项目。新增公办养老床位7088张、长者照护之家54家、老年人日间服务中心81家。推进护理站参与居家护理工作，全市执业护理站达108家。继续推进“新建医疗急救分站”市政府实事项目，建成急救分站156个，平均服务半径达到约3.6公里。

3. 体育事业

年内成功举办国际国内重大体育比赛共41个项目162次。其中，国际性赛事61次，全国性赛事101次。成功举办首届城市业余联赛，包括10个项目联赛、11个品牌特色赛事活动和35个项目系列赛，共举办各级各类赛事活动1528个，参与人次超百万。上海体育健儿在第十三届全国运动会竞技体育项目上共获得29枚金牌、33枚银牌、24枚铜牌，2人2次打破2项全国纪录。年内全市共新建、改建市民益智健身苑点210个、市民健身步道75条、市民球场65个。

（五）城市基础建设

全年完成城市基础设施建设投资1705.22亿元，比上年增长9.9%。其中，交通运输投资903.62亿元；邮电通信投资92.48亿元；公用事业投资97.68亿元；市政建设投资473.60亿元。

至年末，全市轨道交通运营线路长度达到666.40公里，公交专用道路达到350公里（不含有轨电车长度）。黄浦江两岸45公里岸线公共空间实现全线贯通开放。建成中心城区5个排水系统，打通11条区区对接道路。

全市自来水供水能力为1184万立方米/日，比上年增加32万立方米/日。全年供水总量为31.01亿立方米，下降3.2%；售水总量为24.52亿立方米，下降2.8%。其中，工业用水量、生活用水量分别为4.53亿立方米、19.99亿立方米，分别比上年下降6.1%和2.1%。全年全市用电量1526.77亿千瓦时，增长2.7%。至年末，全市家庭液化气用户281.40万户，比上年下降15.4%；家庭天然气用户700.60万户，增长3.7%。

（六）环境保护和绿地建设

全年全社会用于环境保护的资金投入923.53亿元，相当于上海市生产总值的比例为3.1%。

全年环境空气质量（AQI）优良率为75.3%，比上年下降0.1个百分点。二氧化硫年日均值12微克/立方米，比上年下降20.0%；可吸入颗粒物（PM10）年日均值55微克/立方米，下降6.8%；细颗粒物（PM2.5）年日均值39微克/立方米，下降13.3%；二氧化氮年日均值44微克/立方米，上升2.3%；一氧化碳年日均值0.76毫克/立方米，下降3.8%；臭氧日最大8小时滑动平均值达标率85.5%，下降3.8个百分点。全市平均区域降尘量4.1吨/平方公里·月，比上年下降8.9%。

至年末，城市污水处理厂日处理能力达831.70万立方米，比上年末增长2.4%。全市生活垃圾末端处理能力达24650吨/日，其中焚烧13300吨/日。全年清运生活垃圾899.50万吨，生活垃圾无害化处理率达100%。完善生活垃圾全程分类体系，绿色账户新增覆盖210万户，全市已累计覆盖400余万户。嘉定再生能源利用中心点火运行。

全年完成新造林6.5万亩，新建绿地1358.5公顷，其中公园绿地830.8公顷；完成绿道224公里，立体绿化40.9万平方米，全市森林覆盖率达16.2%。至年末，人均公园绿地面积达到8.02平方米，湿地保有量46.46万公顷。外环生态专项、东滩生态修复项目主体工程顺利完成。全市6个郊野公园（一期）建成运行，城市公园总数达到243座。

（七）安全生产和食品药品安全

全年共发生生产安全事故448起、死亡436人，分别比上年下降3.9%和7.2%。其中，工矿商贸事故202起，造成死亡192人，分别下降10.6%和12.3%；生产经营性道路交通事故224起，造成死亡217

人，分别上升 4.7%和下降 0.9%；生产经营性火灾事故 7 起，造成死亡 8 人，分别下降 12.5%和 11.1%；水上交通事故 11 起、死亡 13 人，分别下降 21.4%和 13.3%；铁路事故 1 起、死亡 1 人，均与上年持平；农业机械事故 1 起、死亡 1 人，均下降 50%；燃气事故 1 起、死亡 3 人；渔业船舶事故 1 起、死亡 1 人。全年亿元生产总值生产安全事故死亡人数为 0.014 人，工矿商贸企业从业人员 10 万人死亡率为 1.454/10 万，道路交通事故万车死亡率为 1.73 人/万车。

全市食品安全风险监测总体合格率为 97.5%，同比提高 0.2 个百分点。全年共报告发生 10 人以上集体性食物中毒 3 起，中毒人数 142 人（无死亡），中毒发生率为 0.59 例/10 万人。全年共立案查处食品药品安全违法案件 7569 件，罚没金额逾 2.74 亿元；移送食品药品涉嫌犯罪案件 148 起，侦破食品药品的犯罪案件 384 起，抓获犯罪嫌疑人 750 人。促进食品安全社会共治，受理并办理市民食品安全投诉、举报、咨询信息 14.03 万件。

三　上海市在泛长三角地区经济发展中的地位

2017 年，在以习近平同志为核心的党中央坚强领导下，上海市全面贯彻落实党的十八大、十八届历次全会和十九大精神，认真学习贯彻习近平新时代中国特色社会主义思想，坚决贯彻落实党中央、国务院和中共上海市委的决策部署，按照当好全国改革开放排头兵、创新发展先行者的要求，坚持稳中求进工作总基调，主动适应经济发展新常态，积极践行新发展理念，攻坚克难，砥砺奋进，按照高质量发展的要求，加快建设“五个中心”，全力打响“四个品牌”。胜利完成“十二五”规划，顺利实施“十三五”规划，全面完成本届政府工作目标和任务。2017 年，国际环境中不稳定不确定因素较多，上海市按照当好全国改革开放排头兵、创新发展先行者的要求，面向全球、面向未来，着力构筑新时代上海发展的战略优势，着力提升城市能级和核心竞争力，努力实现高质量发展、创造高品质生活，加快建设卓越的全球城市和具有世界影响力的社会主义现代化国际大都市。

（一）地区生产总值

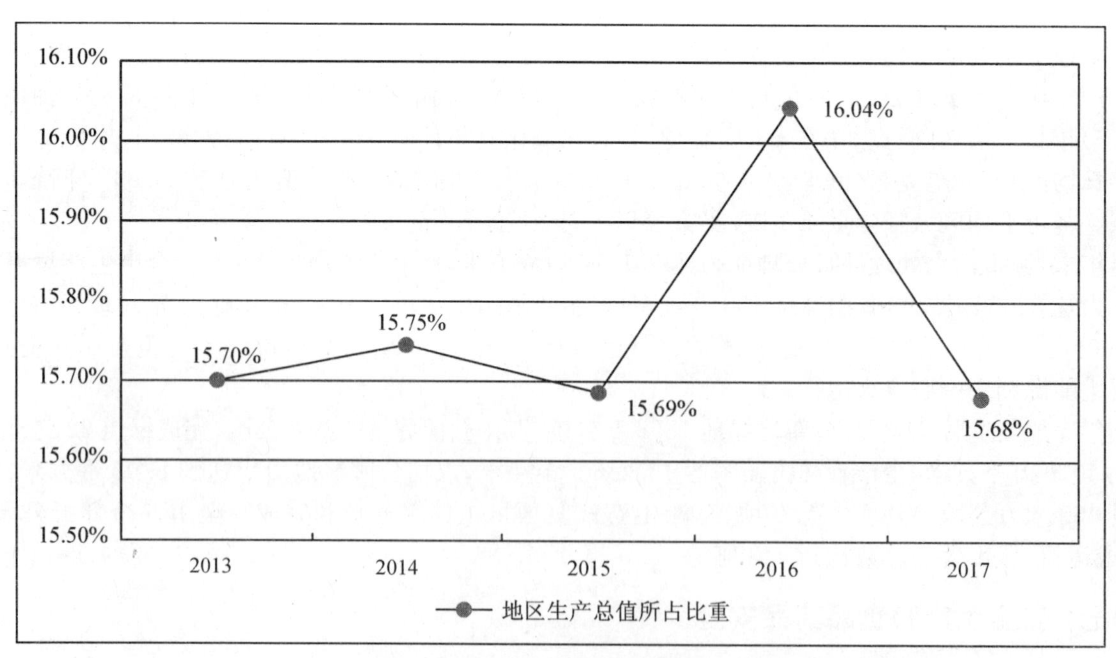

图 4　2013—2017 年上海市地区生产总值在泛长三角（江苏、浙江和安徽三省及上海市三省一市，下同）所占比重的变化趋势

2013—2017年上海市地区生产总值所占比重分别为：15.70%、15.75%、15.69%、16.04%和15.68%，除2016年逆势大幅上扬外，其余年份占比平稳。2017年较上年减少了0.36个百分点。5年间，占比累计减少了0.02个百分点，与2013年基本持平。在泛长三角中排名为第3位，在泛长三角41市（苏浙两省24个地级市、上海市和安徽省16市，下同）排名为第1位。

2017年，全年实现工业增加值8303.54亿元，比上年增长6.4%。全年完成工业总产值36094.36亿元，增长6.5%。全年全市规模以上工业总产值33989.36亿元，比上年增长6.8%，增速同比提高6.0个百分点。规模以上工业出口交货值7764.59亿元，增长6.6%。分行业看，六个重点行业工业总产值23405.50亿元，比上年增长9.0%。其中，电子信息产品制造业增长7.6%，汽车制造业增长19.1%，石油化工及精细化工制造业增长1.8%，精品钢材制造业增长2.0%，成套设备制造业增长4.2%，生物医药制造业增长6.9%。全年战略性新兴产业制造业总产值10465.92亿元，比上年增长5.7%，增速同比提高4.2个百分点。其中，新能源汽车增长42.6%，新一代信息技术增长7.3%，生物医药增长6.9%，节能环保增长7.4%，高端装备增长3.1%，新材料增长3.2%，新能源增长2.9%。1—11月，全市规模以上工业企业主营业务收入比上年同期增长11.0%，而上年同期为下降0.3%。规模以上工业企业实现利润增长10.2%，增速同比提高1.4个百分点。

（二）地方财政一般预算收入

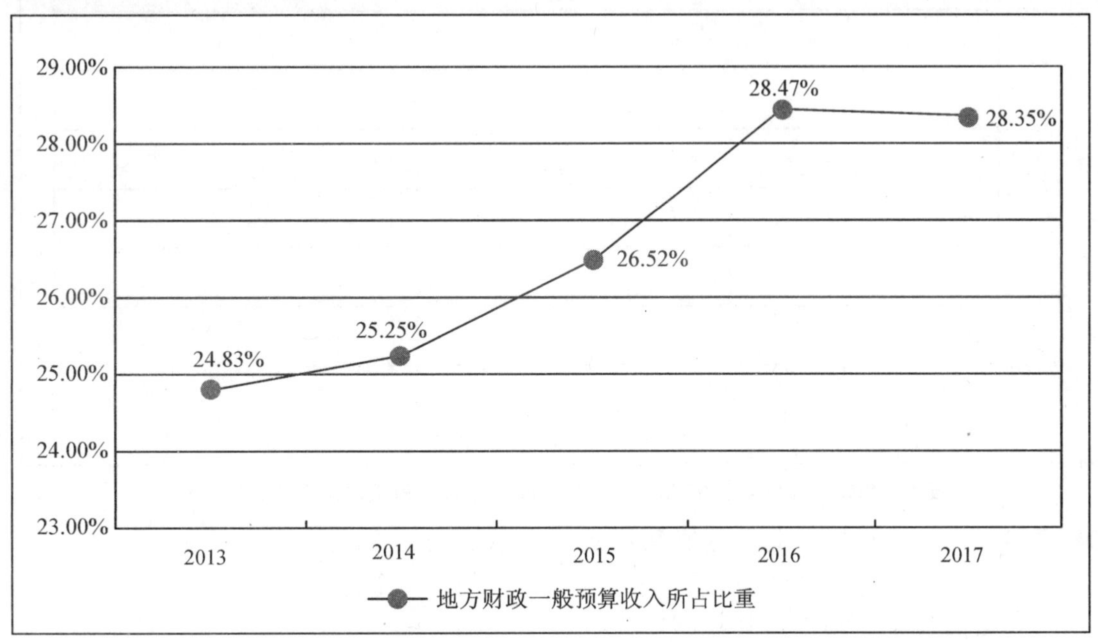

图5　2013—2017年上海市地方财政一般预算收入在泛长三角所占比重变化趋势

2013—2017年上海市地方财政一般预算收入在泛长三角所占比重为：24.83%、25.25%、26.52%、28.47%和28.35%，整体呈持续增加态势，2017年轻微下跌，五年时间累计增幅为3.52个百分点。在泛长三角三省一市中排第2位，在泛长三角41市排名为第1位。

2017年，全市一般公共预算收入6642.3亿元，为调整预算的102.6%，比2016年（下同）增长9.1%（需要说明的是，全市财政收入继续实现较快增长，主要得益于供给侧结构性改革深入推进，创新驱动发展战略有效实施，科技和实体经济的支撑作用不断增强。特别是，工业、商业财政收入贡献全市收入增量逾九成；税费结构较为合理，非税占比全国最低；财政收入对房地产业依赖度逐步降低；区级收入增幅高于市级，郊区收入增长快于中心城区）。加上中央财政税收返还和补助收入779.5亿元，上年结转收入、调入资金、动用预算稳定调节基金等981.3亿元，以及地方政府一般债务收入273.9亿元，收入总量为 8677 亿元。全市一般公共预算支出 7547.6 亿元，完成调整预算的 99.9%，增长 9.1%。加上上解中央财政支出 195.3 亿元、地方政府一般债务还本支出 128.1 亿元、补充预算稳定调节基金 653.6 亿元、结转下年支出 152.4 亿元，支出总量为 8677 亿元。全市一般公共预算收支执行平衡。市级一般公共预算收入 3156.8 亿元，为调整预算的 101.4%，增长 7.1%。加上中央财政税收返还和补助收入 779.5 亿元，上年结转收入、区级上解收入、调入资金、动用预算稳定调节基金等 415.2 亿元，以及地方政府一般债务收入 273.9 亿元，收入总量为 4625.4 亿元。市级一般公共预算支出 2211.8 亿元，完成调整预算的 98.4%，下降 7.1%。加上上解中央财政支出 195.3 亿元、市对区税收返还和转移支付支出 1645.5 亿元、地方政府一般债务还本支出 14.5 亿元、地方政府一般债务转贷支出 273.9 亿元、补充预算稳定调节基金 245.5 亿元、结转下年支出 38.9 亿元，支出总量为 4625.4 亿元。市级一般公共预算收支执行平衡。

（三）工业生产总值

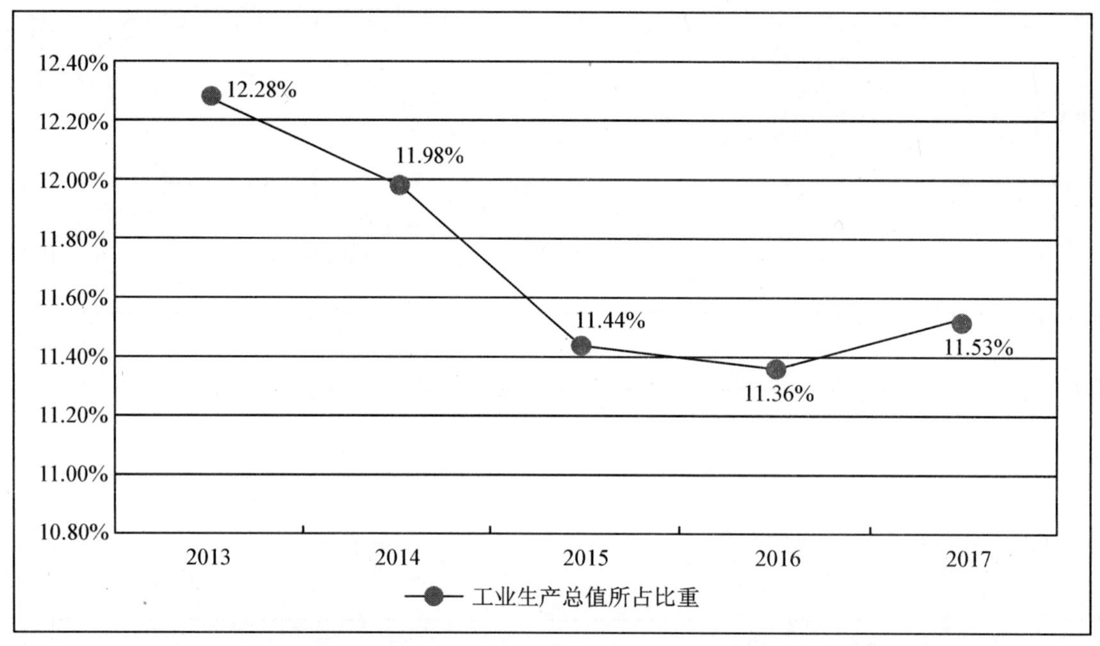

图 6　2013—2017 年上海市工业生产总值在泛长三角所占比重的变化趋势

2013—2017 年上海市工业生产总值在泛长三角的占比分别为：12.28%、11.98%、11.44%、11.36% 和 11.53%，五年时间总体呈下滑态势，累计减少了 0.85 个百分点。在泛长三角三省一市中排名为第 4 位，在泛长三角 41 市排名为第 1 位。

2017 年上海全年规模以上工业增加值增长 6.8%，工业总产值、利润等指标均创七年新高。全年全市规模以上工业总产值 33989.36 亿元，比上年增长 6.8%，增速同比提高 6.0 个百分点。规模以上工业出口交货值 7764.59 亿元，增长 6.6%。分行业看，六个重点行业工业总产值 23405.50 亿元，比上年增长 9.0%。其中，电子信息产品制造业增长 7.6%，汽车制造业增长 19.1%，石油化工及精细化工制造业增长 1.8%，精品钢材制造业增长 2.0%，成套设备制造业增长 4.2%，生物医药制造业增长 6.9%。全年战略性新兴产业制造业总产值 10465.92 亿元，比上年增长 5.7%，增速同比提高 4.2 个百分点。其中，新能源汽车增长 42.6%，新一代信息技术增长 7.3%，生物医药增长 6.9%，节能环保增长 7.4%，高端装备增长 3.1%，新材料增长 3.2%，新能源增长 2.9%。

1—11 月，全市规模以上工业企业主营业务收入 34151.42 亿元，比上年同期增长 11.0%，而上年同期为下降 0.3%。规模以上工业企业实现利润总额 2896.42 亿元，增长 10.2%，增速同比提高 1.4 个百分点。

（四）进出口总额

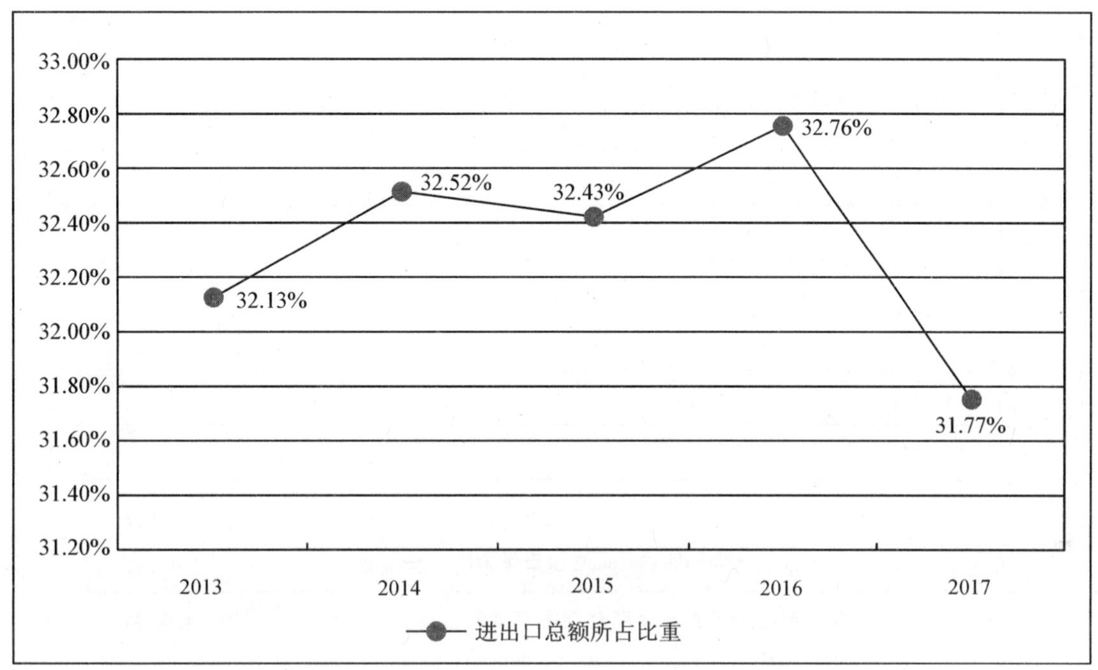

图 7　2013—2017 年上海市进出口总额在泛长三角所占比重的变化趋势

2013—2017 年上海市进出口总额在泛长三角的占比分别为：33.13%、32.52%、32.43%、32.76%和 31.77%，2017 年大幅下降，五年时间减少了 0.75 个百分点。在泛长三角三省一市中排第 2 位，在泛长三角 41 市排名为第 1 位。

2016 年，在全国进出口总值比 2015 年（下同）下降 0.9%的背景下，上海市累计实现进出口总值 2.87 万亿元人民币，增长 2.7%。其中，进口 1.66 万亿元，增长 5.2%，比全国增幅（0.6%）高 4.6 个百分点；出口 1.21 万亿元，下降 0.5%，比全国降幅（2%）低 1.5 个百分点。由于进出口形势明显好于全国，上海市外贸进出口占全国比重由 2015 年的 11.4%上升至 11.8%。

全年上海口岸货物进出口总额 79211.40 亿元，比上年增长 15.1%。其中，进口 33445.10 亿元，增长 18.9%；出口 45766.30 亿元，增长 12.5%。全年上海关区货物进出口总额 59690.24 亿元，比上年增长 14.0%。其中，进口 24684.20 亿元，增长 19.3%；出口 35006.04 亿元，增长 10.6%。

全年上海市货物进出口总额 32237.82 亿元，比上年增长 12.5%。其中，进口 19117.51 亿元，增长 15.4%；出口 13120.31 亿元，增长 8.4%（见表 12）。高新技术产品出口占全市比重超过 40%。按市场分，对欧盟进口 4488.51 亿元，增长 20.3%；出口 2327.78 亿元，增长 16.9%；对美国进口 2072.56 亿元，增长 15.6%；出口 3147.10 亿元，增长 6.1%；对东盟进口 2642.73 亿元，增长 27.7%；出口 1595.16 亿元，增长 10.3%；对日本进口 2224.75 亿元，增长 14.6%；出口 1308.98 亿元，增长 3.3%。

（五）实际外商直接投资金额

2013—2017 年上海市实际外商直接投资金额在泛长三角地区所占比重分别为 22.41%、24.39%、25.18%、24.55%和 22.40%，五年时间整体呈倒 U 形态势，五年累计下降了 0.01 个百分点。在泛长三角三省一市中排第 3 位，较 2016 年下降一位，在泛长三角 41 市排名为第 1 位。

2017 年，全年全市外商直接投资实际到位金额 170.08 亿美元，虽然仍比上年下降 8.1%，但降幅正在持续收窄。

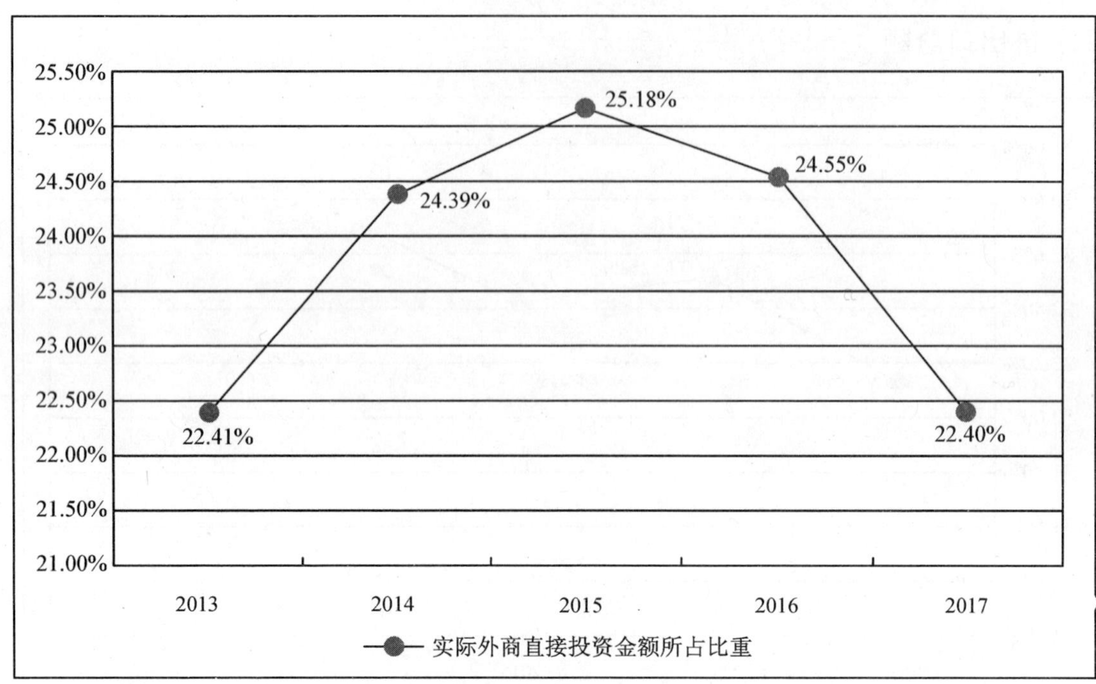

图 8　2013—2017 年上海市实际外商直接投资金额在泛长三角所占比重的变化趋势

随着经济的发展，上海利用外资实现跨越式发展，加快向高附加值领域转型升级。其中，以总部经济项目为主的商务服务业和以互联网＋为主的信息服务业继续实现正增长。2017 年，上海新设外资项目 3950 个，合同外资 401.94 亿美元，实到外资 170.08 亿美元，完成了 170 亿美元的年初目标。

商务服务业成为上海利用外资的稳定增长极。统计数据显示，全年上海新增跨国公司地区总部 45 家，其中雅玛多、沃尔沃等 14 家跨国公司设立了亚太区总部。截至 2017 年底，地区总部数量达到 625 家，上海继续保持中国内地跨国公司地区总部最多的城市。

地区总部在加快集聚的同时，能级不断提升，亚太区总部达到 70 家。以总部项目为主的商务服务业继续成为本市引进外资第一大领域，实到外资近 50 亿美元，同比增长 5.1%，占全市外资的比重进一步提高至 29.4%。

高能级新兴服务业利用外资也在快速增长。以信息服务、专业技术服务、研发设计为主的高技术服务业引进外资快速增长，实到外资 28.41 亿美元，增速达到 30%，占比为 16.7%。

第二章　江苏省及各市2017年经济社会发展报告

一　江苏省2017年经济社会发展报告

2017年，全省上下以习近平新时代中国特色社会主义思想为指引，自觉践行新发展理念，坚持稳中求进工作总基调，以供给侧结构性改革为主线，全力推进稳增长、促改革、调结构、惠民生、防风险各项工作，经济社会发展的稳定性协调性明显增强。全省经济发展迈上新台阶，改革创新展现新活力，转型升级取得新成效，发展质量得到新提升，民生福祉获得新改善，社会事业实现新进步。

一、江苏省2017年经济发展概况

（一）综合经济

1. 经济总量

经济发展总体平稳、稳中有进、稳中向好。全年实现地区生产总值85900.94亿元，比上年增长7.2%。其中，第一产业增加值4076.65亿元，增长2.2%；第二产业增加值38654.85亿元，增长6.6%；第三产业增加值43169.44亿元，增长8.2%。全省人均地区生产总值107189元，比上年增长6.8%。全员劳动生产率持续提高，全年平均每位从业人员创造的增加值达180578元，比上年增加17907元。产业结构加快调整。全年三次产业增加值比例调整为4.7∶45.0∶50.3，服务业增加值占GDP比重比上年提高0.3个百分点。全年高新技术产业产值比上年增长14.4%，总量占规上工业总产值比重达42.7%，比上年提高1.2个百分点。战略性新兴产业产值增长13.6%，总量占规上工业总产值比重达31.0%，比上年提高0.8个百分点。经济活力持续增强，全年非公有制经济实现增加值58326.7亿元，比上年增长7.5%，占GDP比重达67.9%。私营个体经济增加值占GDP比重为44.1%，民营经济增加值占GDP比重达55.4%。年末全省工商部门登记的私营企业258.6万户，全年新增49万户，注册资本128648亿元，比上年增长31.2%；个体户510.4万户，全年新增99.1万户。新型城镇化建设加快推进。年末城镇化率达68.8%，比上年提高1.1个百分点。区域发展更趋协调。扬子江城市群对全省经济增长的贡献率达77.7%，沿海经济带对全省经济增长的贡献率达17.1%。

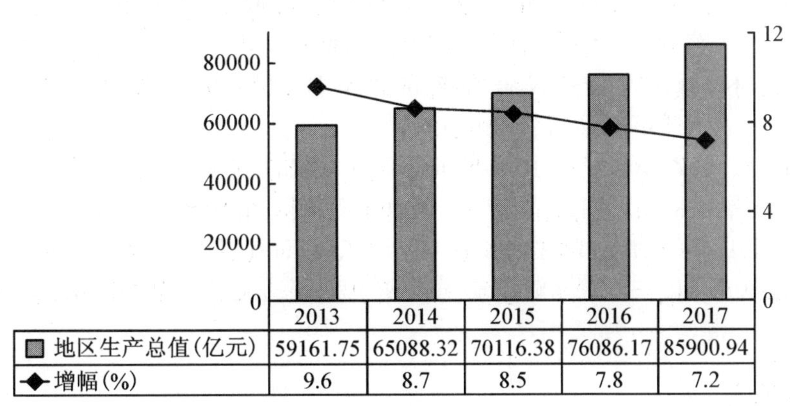

	2013	2014	2015	2016	2017
地区生产总值（亿元）	59161.75	65088.32	70116.38	76086.17	85900.94
增幅（%）	9.6	8.7	8.5	7.8	7.2

图1　2013—2017年江苏省地区生产总值及增长速度

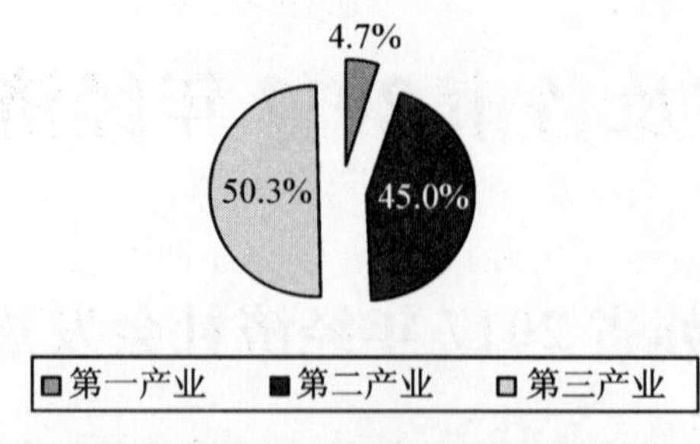

图 2 2017 年江苏省三次产业结构图

2. 财政收支

财政收入稳定增长。全年完成一般公共预算收入 8171.5 亿元,同口径增长 4.6%;上划中央四税 5779.8 亿元,比上年增长 9.1%。

财政支出结构优化。全年一般公共预算支出 10621.4 亿元,比上年增长 6.4%。一般公共预算支出中,教育支出 2003.7 亿元,比上年增长 8.7%;公共安全支出 716.6 亿元,增长 12.9%;医疗卫生支出 797 亿元,增长 11.8%;社会保障和就业支出 1047.2 亿元,增长 16.6%;住房保障支出 326.3 亿元,增长 21.1%。

3. 物价指数

消费价格温和上涨。全年居民消费价格比上年上涨 1.7%,其中城市上涨 1.8%,农村上涨 1.5%。分类别看,食品烟酒类上涨 0.4%,衣着类上涨 2.3%,居住类上涨 2.8%,生活用品及服务类上涨 3.1%,交通和通信类上涨 1.8%,教育文化和娱乐类上涨 2.0%,医疗保健类上涨 1.5%,其他用品和服务类上涨 2.4%。食品价格中,粮食上涨 1.5%,食用油上涨 0.4%,水产品上涨 3.0%,鲜菜下跌 7.0%,畜肉类下跌 3.7%,蛋类下跌 4.6%。工业生产者价格继续回升。全年工业生产者出厂价格比上年上涨 4.8%,涨幅比上年扩大 6.7 个百分点;工业生产者购进价格上涨 9.7%,涨幅扩大 11.7 个百分点。

4. 固定资产投资

固定资产投资平稳增长。全年完成固定资产投资 53000.2 亿元,比上年增长 7.5%。其中,国有及国有经济控股投资 11030.2 亿元,增长 5.6%;港澳台及外商投资 4484.5 亿元,下降 4.4%。投资中,民间投资 37485.5 亿元,增长 9.5%,占固定资产投资比重达 70.7%。分类型看,完成项目投资 43371.1 亿元,比上年增长 7.3%;房地产开发投资 9629.1 亿元,增长 7.5%。全年商品房销售面积 14211.1 万平方米,增长 1.8%。其中,住宅销售面积 12486.7 万平方米,下降 1.4%。

投资结构持续调优。第一产业投资 343.4 亿元,比上年增长 17.2%;第二产业投资 26412.4 亿元,增长 7.0%;第三产业投资 26244.4 亿元,增长 7.5%。第二产业投资中,工业投资 26180.8 亿元,增长 6.7%,其中制造业投资 24418.1 亿元,增长 6.8%。工业技术改造投资 15167.9 亿元,增长 11.5%,占工业投资比重达 57.9%。高新技术产业投资 7748.2 亿元,增长 8.1%。第三产业投资中,科学研究和技术服务业增长 20.2%,水利、环境和公共设施管理业增长 18.3%,居民服务、修理和其他服务业增长 17.7%,教育增长 14.8%,卫生和社会工作增长 19.7%。

重点项目扎实推进。全省 200 个民生领域补短板重大项目顺利实施,完成投资 4100 亿元。交通、水利等一批重大基础设施项目相继启动或建成。南京禄口国际机场 T1 航站楼改扩建工程顺利启动,连徐高铁全线建设陆续开工,全国最大的内河水运工程长江南京以下 12.5 米深水航道二期基建疏浚工程开工,宁和城际轨道交通一期、宁高城际轨道交通二期工程开通运营,连盐铁路全线铺架及新建站房工程圆满完成。

(二) 农林牧渔业

种植业结构继续调整。全年粮食播种面积 540.6 万公顷,比上年减少 2.6 万公顷;棉花种植面积

4.2万公顷，减少2.2万公顷；油料种植面积41.2万公顷，减少2.7万公顷；蔬菜种植面积140.8万公顷，减少2.2万公顷。全年粮食总产量3539.8万吨，比上年增产73.8万吨，增长2.1%。其中，夏粮1260.6万吨，增长3.6%；秋粮2279.2万吨，增长1.3%。

林牧渔业总体稳定。全年造林面积3.6万公顷，比上年增长33.5%。全年猪牛羊禽肉产量335.4万吨，比上年下降3.0%；禽蛋产量186.1万吨，下降6.3%；牛奶总产量59.9万吨，增长1.6%。水产品总产量520.1万吨，下降0.6%，其中淡水产品370.6万吨，海水产品149.5万吨，分别下降0.8%和0.1%。

现代农业加快推进。绿色农业、智慧农业、订单农业等现代农业加快发展。全省有效灌溉面积达413.2万公顷，新增有效灌溉面积6.4万公顷，新增节水灌溉面积17.7万公顷；新增设施农业面积3.4万公顷；年末农业机械总动力4991.4万千瓦，比上年增长1.7%。

（三）工业和建筑业

工业生产平稳运行。全年规模以上工业增加值比上年增长7.5%，其中轻工业增长8.6%，重工业增长6.9%。分经济类型看，国有工业增长7.8%，集体工业增长2.0%，股份制工业增长8.0%，外商港澳台投资工业增长6.6%。在规模以上工业中，国有控股工业增长6.7%，私营工业增长8.0%。

工业企业效益较快增长。全年规模以上工业企业实现主营业务收入15.5万亿元，比上年增长10.9%；利润总额10359.7亿元，比上年增长12.4%。企业亏损面11.6%，比上年下降0.7个百分点。规模以上工业企业总资产贡献率、主营业务收入利润率和成本费用利润率分别为15.0%、6.7%和7.2%。

先进制造业加快发展。全年规模以上工业中，医药制造业增加值比上年增长12.9%，专用设备制造业增加值增长15.1%，电气机械及器材制造业增加值增长11.7%，通用设备制造业增加值增长11.4%，计算机、通信和其他电子设备制造业增加值增长11.9%。代表智能制造、新型材料、新型交通运输设备和高端电子信息产品的新产品产量实现较快增长。全年工业机器人产量增长99.6%，3D打印设备增长77.8%，新能源汽车增长56.6%，服务器增长54.2%，光纤增长42.4%，智能手机增长26.4%，太阳能电池增长25.9%。

建筑业稳定发展。全年实现建筑业总产值27955.9亿元，比上年增长8.4%；竣工产值21542.9亿元，增长1.3%；竣工率达77.1%。全省建筑业企业实现利税总额1870.2亿元，增长3.0%。建筑业劳动生产率为31.2万元/人，增长2.4%。建筑业企业房屋建筑施工面积232034.2万平方米，增长4.8%；竣工面积75454.3万平方米，增长0.6%，其中住宅竣工面积54752万平方米，增长0.4%。

（四）服务业

1. 国内贸易

消费品市场增势稳定。全年实现社会消费品零售总额31737.4亿元，比上年增长10.6%。按经营单位所在地分，城镇消费品零售额28385.3亿元，增长10.2%；乡村消费品零售额3352.1亿元，增长14.1%。按消费类型分，商品零售额28660.8亿元，增长10.5%；餐饮收入额3076.6亿元，增长11.4%。在限额以上企业商品零售额中，粮油、食品类增长10.4%，饮料类增长9.2%，烟酒类增长6.5%，服装、鞋帽、针纺织品类增长10.2%，金银珠宝类增长12.9%，日用品类增长8.7%，五金、电料类增长7.7%，书报杂志类增长17.4%，家用电器和音像器材类增长14.9%，中西药品类增长14.4%，通讯器材类增长18.6%，文化办公用品类增长7.3%，家具类增长12.8%，石油及制品类增长8.3%，建筑及装潢材料类增长9.9%，汽车类增长6.7%。网上零售保持较快增长，限额以上批发和零售业网上零售额增长49.8%。

2. 交通运输、邮电

交通运输基本平稳。全年旅客运输量比上年下降 4.9%，货物运输量增长 9.4%，旅客周转量、货物周转量分别增长 4.2%和 24.4%。全省机场飞机起降 46.3 万架次，比上年增长 18.1%；旅客吞吐量 4446.3 万人次，增长 19.6%；货邮吞吐量 57.1 万吨，增长 10.6%。完成规模以上港口货物吞吐量 25.7 亿吨，比上年增长 6.4%，其中外贸货物吞吐量 4.9 亿吨，增长 8.7%；集装箱吞吐量 1724 万标准集装箱，增长 5.9%。年末全省公路里程 15.8 万公里。其中，高速公路里程 4692 公里，新增 35 公里。铁路营业里程 2770.9 公里，铁路正线延展长度 4735.9 公里。年末民用汽车保有量 1619.5 万辆，增长 12.9%；净增 184.9 万辆。年末私人汽车保有量 1408.2 万辆，增长 12.5%；净增 156 万辆。其中，私人轿车保有量 987.6 万辆，增长 10.7%；净增 95.5 万辆。

邮政电信快速发展。全年邮政行业业务总量 880.9 亿元，比上年增长 32.7%；电信业务总量 2067.7 亿元，增长 73.0%。邮政行业业务收入 560.7 亿元，比上年增长 21.0%；电信业务收入 915.2 亿元，增长 8.6%。年末局用交换机总容量 168.2 万门。年末固定电话用户 1512.1 万户；其中城市固定电话用户 1003.2 万户，乡村固定电话用户 508.9 万户。年末移动电话用户 8807.7 万户，比上年末增加 608.9 万户。年末电话普及率达 129 部/百人。长途光缆线路总长度 4.3 万公里，新增 4027.3 公里。年末互联网宽带接入用户 3106.2 万户，新增 420.9 万户。

3. 旅游业

旅游业较快增长。全年接待境内外游客 74657.4 万人次，比上年增长 9.6%；实现旅游业总收入 11662.2 亿元，增长 13.6%。接待入境过夜游客 370.1 万人次，增长 12.2%。其中，外国人 241.8 万人次，增长 10.9%；港澳台同胞 128.4 万人次，增长 14.8%。旅游外汇收入 42 亿美元，增长 10.3%。接待国内游客 74287.3 万人次，增长 9.6%，实现国内旅游收入 11307.5 亿元，增长 13.6%。

4. 金融、证券和保险业

金融信贷规模扩大。年末全省金融机构人民币存款余额 129942.9 亿元，比年初增加 8836.3 亿元。其中，住户存款比年初增加 2183.9 亿元，非金融企业存款比年初增加 1953.7 亿元。年末金融机构人民币贷款余额 102113.3 亿元，比年初增加 11005.7 亿元。其中，中长期贷款比年初增加 10230.9 亿元，短期贷款比年初增加 2265.3 亿元。

证券交易市场保持稳定。年末全省境内上市公司 382 家，省内上市公司通过首发、配股、增发、可转债、公司债在上海、深圳证券交易所筹集资金 2115.8 亿元。江苏企业境内上市公司总股本 3258.1 亿股，比上年增长 14.8%；市价总值 40676 亿元，比上年增长 9.4%。年末全省共有证券公司 6 家，证券营业部 887 家；期货公司 9 家，期货营业部 157 家；证券投资咨询机构 3 家。全年证券市场完成交易额 30 万亿元。分类型看，证券经营机构股票交易额 17.3 万亿元，比上年下降 12.1%；期货经营机构代理交易额 12.7 万亿元，下降 14.9%。

保险行业快速发展。全年保费收入 3449.5 亿元，比上年增长 28.2%。分类型看，财产险收入 814 亿元，增长 11.0%；寿险收入 2211.3 亿元，增长 46.7%；健康险和意外伤害险收入 424.2 亿元，下降5.7%。全年赔付额 983.6 亿元，比上年增长 7.5%。其中，财产险赔付455.6 亿元，增长 4.1%；寿险赔付 433.2 亿元，增长 7.2%；健康险和意外伤害险赔付 94.8 亿元，增长 29.0%。

（五）开放型经济

1. 对外贸易

对外贸易保持较快增长。全年货物进出口总额 40022.1 亿元，比上年增长 19.0%。其中，出口总额 24607.2 亿元，比上年增长 16.9%；进口总额 15414.9 亿元，比上年增长 22.6%。

江苏省 2017 年进出口贸易主要分类情况

指　　标	绝对数(亿元)	比上年增长(%)
出口总额	24607.2	16.9
#一般贸易	11900.6	16.0
加工贸易	10248.9	11.8
#工业制成品	23112.6	13.9
初级产品	374.6	10.6
#机电产品	16200.5	18.1
#高新技术产品	9337.7	21.2
#国有企业	2539.1	34.2
外商投资企业	14318.5	16.3
私营企业	7345.4	13.6
进口总额	15414.9	22.6
#一般贸易	7348.1	25.6
加工贸易	6226.9	22.3
#工业制成品	12512.5	19.0
初级产品	2031.4	31.8
#机电产品	9161.1	21.2
#高新技术产品	6426.1	23.6
#国有企业	1087.3	31.0
外商投资企业	11189.3	21.5
私营企业	2904.4	23.9

2. 境外投资较快增长

利用外资保持稳定。全年新批外商投资企业 3254 家，比上年增长 13.9%；新批协议注册外资 554.3 亿美元，增长 28.5%；实际使用外资 251.4 亿美元，增长 2.4%。新批及净增资 9000 万美元以上的外商投资大项目 347 个，比上年增长 19.7%。全年新批境外投资项目 631 个，中方协议投资额 92.7 亿美元。

二、江苏省 2017 年社会发展概况

（一）人口、人民生活

人口总量保持增长。年末全省常住人口 8029.3 万人，比上年末增加 30.7 万人，增长 0.38%。在常住人口中，男性人口 4041.1 万人，女性人口 3988.3 万人；0—14 岁人口 1099.4 万人，15—64 岁人口 5856.7 万人，65 岁及以上人口 1073.2 万人。全年人口出生率 9.71‰，比上年下降 0.05 个千分点；人口死亡率 7.03‰，与上年持平；人口自然增长率 2.68‰，比上年下降 0.05 个千分点。

居民收入持续增加。根据城乡一体化住户抽样调查，全年全省居民人均可支配收入 35024 元，较上年增长 9.2%。其中，工资性收入 20399 元，增长 9.3%；经营净收入 4994 元，增长 5.7%；财产净收入 3239 元，增长 12.4%；转移净收入 6392 元，增长 10.2%。按常住地分，城镇居民人均可支配收入 43622 元，增长 8.6%；农村居民人均可支配收入 19158 元，增长 8.8%。全省居民人均可支配收入中位数

30182 元，增长 10.0%。全省居民人均可支配收入中，按五等份分组，低收入组人均可支配收入 9975 元，中等偏下收入组人均可支配收入 19928 元，中等收入组人均可支配收入 30169 元，中等偏上收入组人均可支配收入 44122 元，高收入组人均可支配收入 79953 元。全省居民人均生活消费支出 23469 元，比上年增加 1339 元。

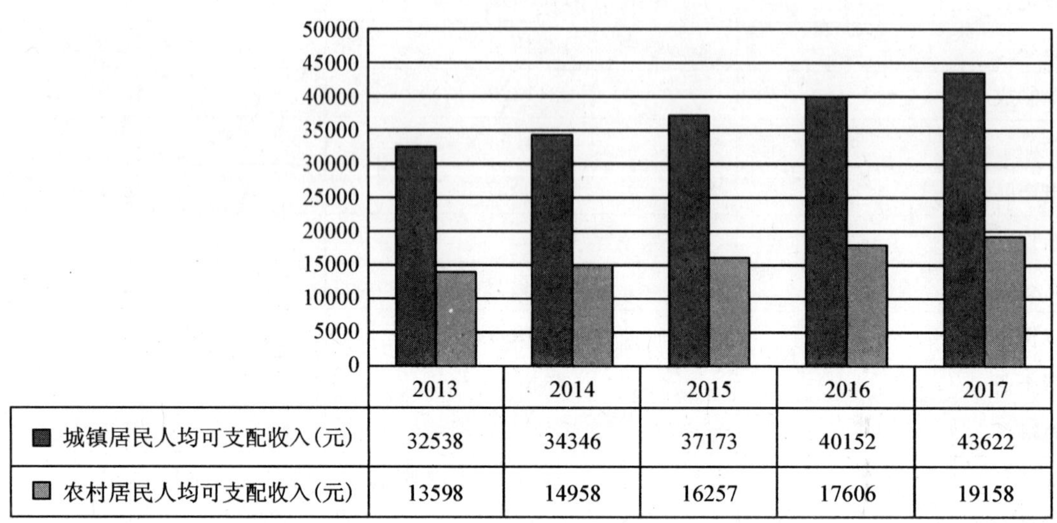

	2013	2014	2015	2016	2017
城镇居民人均可支配收入（元）	32538	34346	37173	40152	43622
农村居民人均可支配收入（元）	13598	14958	16257	17606	19158

图 3　2013—2017 年江苏省城乡居民收入对比一览

（二）　就业和社会保障

1. 就业形势趋向稳定

就业形势保持平稳。年末全省就业人口 4757.8 万人，第一产业就业人口 799.3 万人，第二产业就业人口 2041.1 万人，第三产业就业人口 1917.4 万人。城镇就业人口 3179.4 万人，城镇新增就业 148.6 万人，城镇登记失业率 2.98%。新增转移农村劳动力 26.3 万人。促进失业人员再就业 80.6 万人，其中就业困难人员就业 14.4 万人。"去产能"企业职工得到妥善分流安置。

2. 社保体系逐步完善

社会保障体系加快完善。稳步实施全民参保计划，参保覆盖面持续扩大。年末全省企业职工基本养老、城镇职工基本医疗、失业、工伤、生育保险参保人数分别为 2097.5 万人、2600.7 万人、1583 万人、1689.4 万人和 1521.3 万人，分别比上年末增加 51 万人、110.2 万人、44.7 万人、55.5 万人和 70.1 万人。城乡居民基本养老保险参保人数 1268.4 万人，领取基础养老金人数 1051.7 万人。城乡居民基本医疗保险参保人数 5019.6 万人。调整退休人员基本养老金，全省人均增幅不低于 5.5%，惠及 760 多万退休人员。城乡居民基本养老保险基础养老金最低标准由每人每月 115 元提高到 125 元。城乡居民医保人均财政补助最低标准提高到每人每年 470 元。

（三）教育和科学技术

1. 教育事业

教育事业全面发展。全省共有普通高校 142 所。普通高等教育本专科招生 53.4 万人，在校生 176.8 万人，毕业生 49 万人；研究生教育招生 6.5 万人，在校生 17.7 万人，毕业生 4.6 万人。高等教育毛入学率达 56.7%，比上年提高 2.0 个百分点。全省中等职业教育在校生 65.2 万人（不含技工学校）。九年义务教育巩固率 100%，高中阶段教育毛入学率 99.3%。特殊教育招生 0.4 万人，在校生 2.8 万人。全省共有幼儿园 6982 所，比上年增加 115 所；在园幼儿 260.5 万人，比上年增加 3.3 万人。学前三年教

育毛入园率达98%。

2. 科技与创新

科技创新能力稳步提升。全省科技进步贡献率达62.0%，比上年提高1.0个百分点。全省专利申请量、授权量分别达51.4万件、22.7万件，其中发明专利申请量18.7万件，比上年增长15.1%；发明专利授权量4.2万件，增长1.4%；PCT专利申请量达4590件，增长42.9%；万人发明专利拥有量达22.5件，增长22.2%。全省企业共申请专利36万件。全年共签订各类技术合同3.7万项，技术合同成交额达872.9亿元，比上年增长19.7%。省级以上众创空间达607家。2017年，江苏共有54个项目获国家科技奖，获奖总数位列全国各省第一。

高新技术产业加快发展。组织实施省重大科技成果转化专项资金项目138项，省资助资金投入9.7亿元，新增总投入93.4亿元。全省按国家新标准认定高新技术企业累计达1.3万家。新认定省级高新技术产品10359项，已建国家级高新技术特色产业基地162个。

科研投入力度逐步增强。全社会研究与发展(R&D)活动经费占地区生产总值比重达2.7%左右(原可比口径)。全省从事科技活动人员122万人，其中研究与发展(R&D)人员80万人。全省拥有中国科学院和中国工程院院士100人。全省各类科学研究与技术开发机构中，政府部门属独立研究与开发机构达450个。全省已建国家和省级重点实验室168个，科技服务平台294个，工程技术研究中心3263个，企业院士工作站359个，经国家认定的技术中心110家。

(四) 文化、卫生和体育

1. 文化事业

公共文化服务水平提升。城乡公共文化服务体系不断完善。年末全省共有文化馆、群众艺术馆113个，公共图书馆114个，博物馆317个，美术馆27个，综合档案馆113个，向社会开放档案69.1万件。共有广播电台8座，中短波广播发射台和转播台21座，电视台8座，广播综合人口覆盖率和电视综合人口覆盖率均达100%。有线电视用户1997.7万户。生产故事影剧片41部。报纸出版22.7亿份，杂志出版1.3亿册，图书出版6亿册。

2. 卫生事业

卫生事业快速发展。年末全省共有各类卫生机构32200个。其中，医院1734个，疾病预防控制中心116个，妇幼卫生保健机构111个。各类卫生机构拥有病床46.5万张，其中医院拥有病床37.6万张。共有卫生技术人员54.2万人，其中执业医师、执业助理医师20.9万人，注册护士23.4万人，疾病预防控制中心卫生技术人员0.6万人，妇幼卫生保健机构卫生技术人员1.1万人。

3. 体育事业

体育事业稳定发展。江苏体育健儿在第十三届全国运动会取得优异成绩。在重大比赛中获世界冠军39项，获金牌180人次，获银牌113人次，获铜牌153人次。

(五) 生态建设和节能减排

生态保护有力推进。年末全省自然保护区增至31个，其中国家级自然保护区3个，面积达53.63万公顷；自然湿地保护率达到48.2%；林木覆盖率提高到22.9%。全面推行河长制和断面长制，确保太湖流域实现安全供水、不发生大面积湖泛，长江、淮河等重点流域以及近岸海域污染治理深入推进。城乡环境综合整治成效显著，建成国家生态市(县、区)45个，国家生态园林城市16个，国家生态工业园区21个，国家生态文明建设示范市县5个。

节能减排成效显著。紧扣生态环境突出短板，深入实施“263”专项行动，全年全省煤炭消费量减少1000万吨以上。压减钢铁产能634万吨、煤炭产能18万吨、水泥产能510万吨、平板玻璃产能330万重量箱，顺利完成年度目标。万元地区生产总值能耗降低率及化学需氧量、二氧化硫、氨氮、氮氧化物排放量继续下降，均超额完成目标任务。

（六）安全生产

安全生产形势稳定。事故起数和死亡人数实现"双下降"，全年发生各类生产安全事故 7295 起，死亡 4410 人，按可比口径计算，分别下降 17.54%和 9.94%。亿元 GDP 生产安全事故死亡率为 0.05，比上年下降 19.05%。

三、江苏省在泛长三角地区经济发展中的地位

2017 年江苏省紧紧围绕迎接党的十九大胜利召开和学习宣传贯彻党的十九大精神这条主线，把习近平总书记对江苏工作的重要指示要求作为行动指南，统筹做好改革发展稳定各项工作，积极展现新气象新作为。全省经济运行总体平稳、稳中有进、稳中向好。经济运行总体平稳、稳中有进、稳中向好，江苏 GDP 总量突破 8 万亿，达 8.59 万亿元，增长 7.2%。2017 年，江苏和广东 GDP 相差 4000 亿元，差距较上年有所扩大。过去五年江苏省地区生产总值连跨三个万亿元级台阶，将研发支出计入 GDP 后，2014 年江苏 GDP 总量突破 7 万亿，2017 年突破 8 万亿，达到 8.59 万亿元。2017 年江苏经济依旧保持全国第二。

过去的五年，是极不平凡的五年。面对错综复杂的国内外形势，以习近平同志为核心的党中央以巨大的政治勇气和强烈的使命担当，提出了一系列新理念新思想新战略，解决了许多长期想解决而没有解决的难题，办成了许多过去想办而没有办成的大事，推动党和国家事业取得了历史性成就、发生了历史性变革，中国特色社会主义进入了新时代。五年来，紧紧围绕党中央、国务院大政方针和中共江苏省委决策部署，主动适应经济发展新常态，自觉践行新发展理念，扎实抓好供给侧结构性改革，大力推动"两聚一高"新实践、加快建设"强富美高"新江苏，"十二五"规划胜利完成，"十三五"规划顺利推进。

（一）地区生产总值

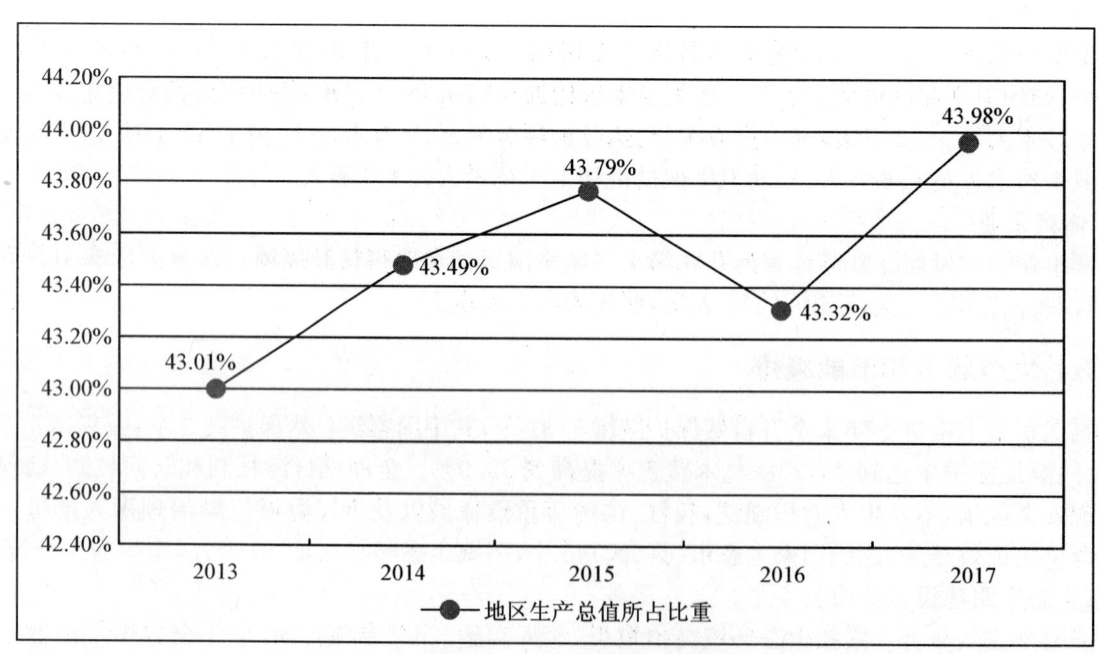

图 4　2013—2017 年江苏省地区生产总值在泛长三角（江苏、浙江、安徽和上海市三省一市，下同）所占比重的变化趋势

近年来，江苏省地区生产总值在泛长三角地区稳居第一位，所占比重总体呈现增加趋势。2013—2017年，江苏省地区生产总值在长三角所占比重分别为43.01%、43.49%、43.79%、43.32%和43.98%，五年时间仅2016年首次出现下跌，累计增幅高达0.97个百分点。

2017年，在泛长三角地区41市（苏浙两省24个地级市、安徽省16个地级市和上海市，下同）地区生产总值所占比重排名的前十位中，江苏省13个地级市占据6席，与去年相持平。

江苏坚持把发展作为第一要务，着力提升发展质量和效益，推动经济持续健康发展。地区生产总值连跨三个万亿元级台阶，2017年达到8.59万亿元，年均增长8.4%；人均地区生产总值达10.7万元，年均增长8.1%。按可比价格计算，比上年增长7.2%。分产业看，第一产业增加值4076.7亿元，增长2.2%；第二产业增加值38654.9亿元，增长6.6%；第三产业增加值43169.4亿元，增长8.2%。

（二）地方财政一般预算收入

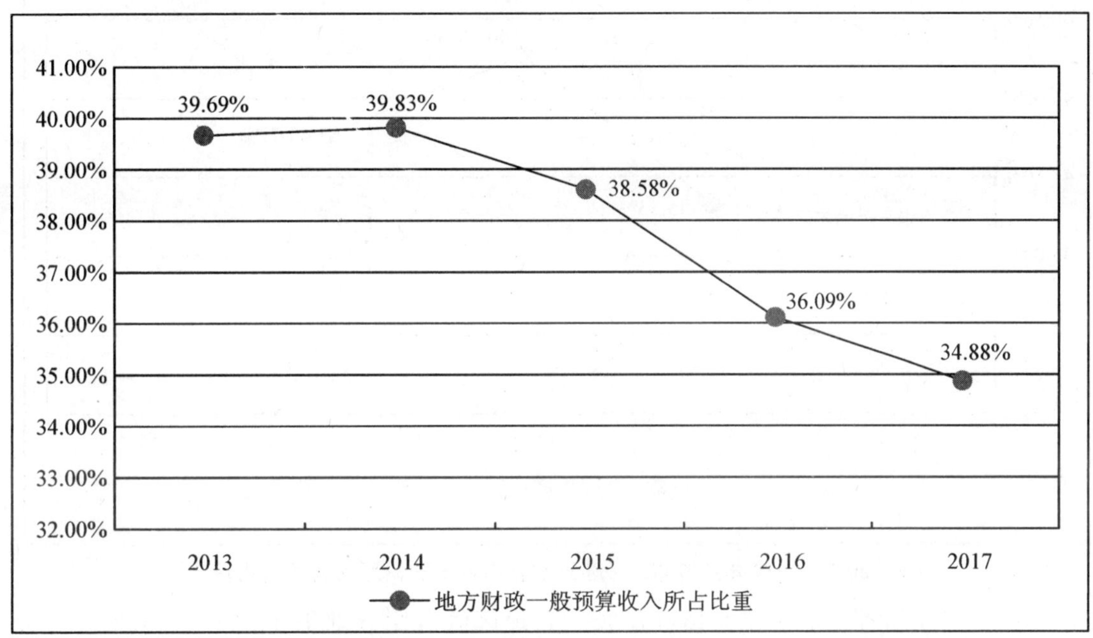

图5　2013—2017年江苏省地方财政一般预算收入在泛长三角所占比重的变化趋势

2013—2017年，江苏省地方财政一般预算收入在泛长三角地区的占比分别是39.69%、39.83%、38.58%、36.09%和34.88%，五年整体下跌4.81个百分点，总体持续出现下跌。但在泛长三角地区稳居第一位。2017年，在泛长三角地区41市地方财政一般预算收入所占比重排名的前十位中，江苏省13个地级市占据6席，较去年持平。

2017年，全省一般公共预算收入8171.53亿元，同口径增长4.6%。其中，税收收入6484.33亿元，同口径增长4.7%，占一般公共预算收入的79.4%。全省一般公共预算支出10622.18亿元，增加640.22亿元，增长6.4%。当年全省一般公共预算收入，加中央税收返还及转移支付收入、地方政府一般债务收入及上年结转收入等，收入共计13116.7亿元。当年一般公共预算支出，加上解中央支出、地方政府一般债务还本支出、补充预算稳定调节基金等，当年支出共计12381.85亿元。收支相抵，预计结转下年支出734.85亿元。省级一般公共预算收入504.39亿元，同口径增长2.4%。省级一般公共预算支出933.81亿元，下降3.3%。省级一般公共预算收入，加中央税收返还和转移支付收入、地方政府一般债务收入、下级上解收入及上年结转收入等，收入共计5138.57亿元。省级一般公共预算支出，加上解中央支出、对市县税收返还及转移支付支出、地方政府一般债务转贷支出、地方政府一般债务还本支出、补充预算稳定调节基金等。

2017 年全省和省级预算执行与管理主要体现了以下重点：（一）统筹运用财政政策工具，促进经济平稳发展。（二）切实增进民生福祉，促进区域协调发展。（三）全面深化财税改革，提升财政管理效能。同时，当前财政工作中还存在一些问题和不足：财政收入增长动力不强，区域收入走势分化，收支矛盾较为突出；预算执行刚性约束有待增强，财政资源配置效率有待提升；一些项目推进力度不强，实施进度偏慢，造成资金沉淀；个别地方政府债务风险不容忽视等。对这些问题，我们将高度重视，努力加以研究解决。

（三）工业生产总值

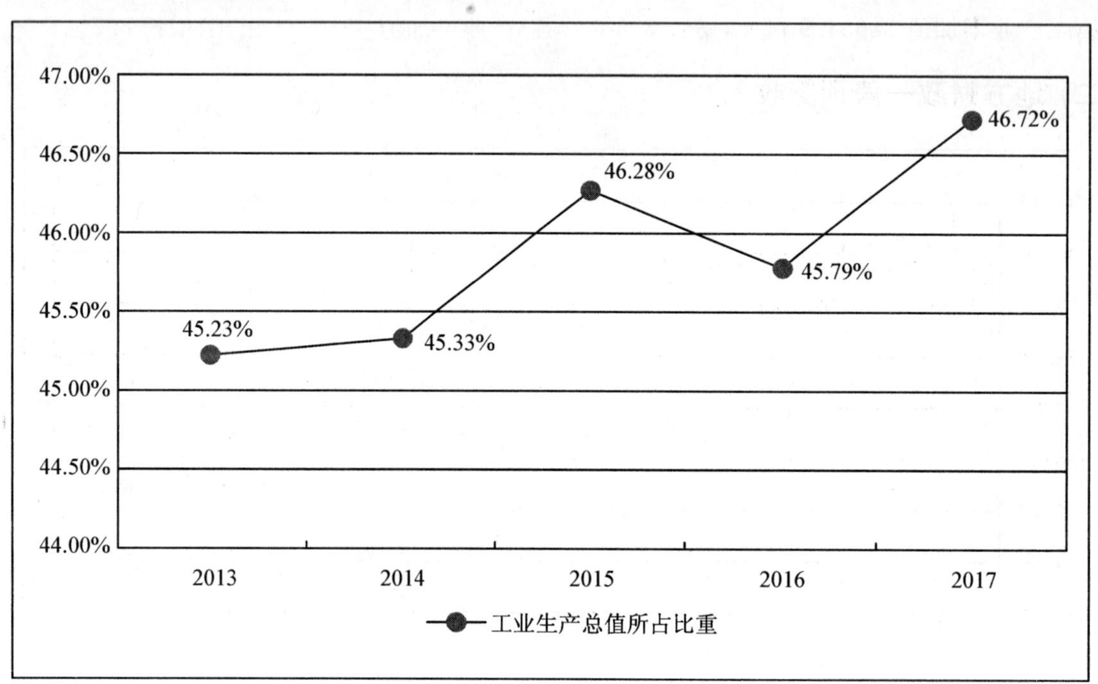

图 6　2013—2017 年江苏省工业生产总值在泛长三角所占比重变化趋势

2013—2017 年，江苏省工业生产总值在泛长三角地区的占比分别是 45.23%、45.33%、46.28%、45.79%和 46.72%，整体呈持续增长的态势，累计增幅高达 1.49 个百分点。

2017 年，在泛长三角地区 41 市工业生产总值所占比重排名的前十位中，江苏省 13 个地级市占据 6 席。

2017 年，全年全省规模以上工业增加值比上年增长 7.5%。分经济类型看，国有企业增加值增长 7.8%，股份制企业增加值增长 8%，民营企业增加值增长 8%，私营工业企业增加值增长 8%。分轻重工业看，轻工业增加值增长 8.6%，比重工业高出 1.7 个百分点。高技术行业、装备制造业增加值分别增长 11.8%、9.5%，增速分别比规模以上工业高出 4.3 个、2 个百分点。全年全省高新技术产业产值比上年增长 14.4%，占规模以上工业总产值的比重达 42.7%。列统的 40 个工业大类行业中有 36 个行业产值比上年有不同程度增长，其中仪器仪表制造业增长 15.7%，专用设备制造业增长 15.3%，计算机、通信和其他电子设备制造业增长 14.9%，医药制造业增长 14.6%，电气机械和器材制造业增长 14.1%，通用设备制造业增长 14%。全年工业机器人产量增长 99.6%，3D 打印设备增长 77.8%，新能源汽车增长 59%，服务器增长 54.2%，光纤增长 42.4%，智能手机增长 26.4%，太阳能电池增长 25.9%。全年规模以上工业企业产销率达 98.8%。企业经济效益较快增长。2017 年，全省规模以上工业企业实现主营业务收入 15.5 万亿元、利润总额 10359.7 亿元，分别增长 10.9%、12.4%；主营业务收入利润率为 6.69%。

（四）进出口总额

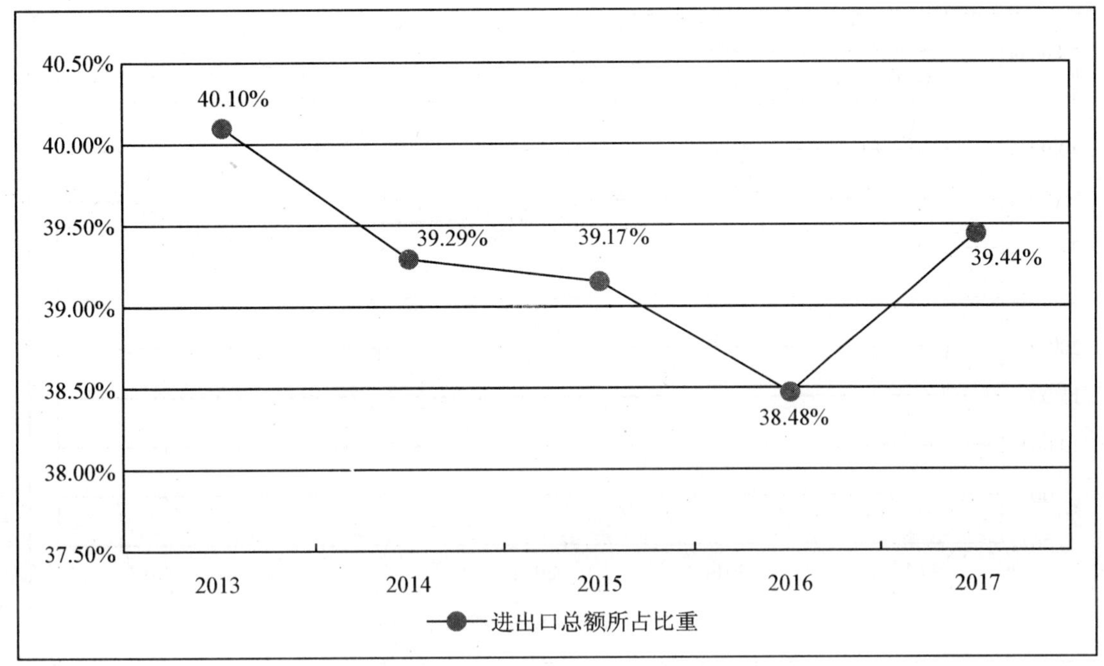

图7　2013—2017年江苏省进出口总额在泛长三角所占比重的变化趋势

2013—2017年，江苏省进出口总额在泛长三角地区的占比分别是40.10%、39.29%、39.17%、38.48%和39.44%，止跌上扬趋势，五年降幅达0.66个百分点，但始终保持着泛长三角地区三省一市第一的位置。2017年，在泛长三角地区41市进出口总额所占比重排名的前十位中，江苏省13个地级市占据5席，较去年增加一席。

江苏省进出口规模多年保持全国第二。2017年，江苏实现外贸进出口40022.1亿元，比上年同期增长19.1%，占我国进出口总值的14.4%，较上年同期提升0.6个百分点。其中，出口24607.2亿元，增长16.9%；进口15414.9亿元，增长22.6%。

2017年江苏省以一般贸易方式进出口19248.7亿元，增长19.5%，占同期江苏省进出口总值的48.1%；以加工贸易方式进出口16475.7亿元，增长15.5%，占进出口总值的41.2%。出口商品方面，占江苏省出口总值65.8%的机电产品态势良好，2017年实现出口16200.5亿元，增长18.1%，为江苏省出口保持高速增长发挥了积极作用。其中，手机、平板电脑和便携式电脑分别出口906.2亿元、448.7亿元和1366.8亿元，仅此3项商品对出口增长的影响度就达到18.1%。

2017年，全省外贸月度进出口值保持回稳向好、稳中有升，季度进出口规模逐季扩大，第一季度8843.2亿元，第四季度增至10686.6亿元。全省62414家企业有进出口实绩，比上年增加8.2%。江苏省外贸19.1%的增幅，高于全国增速4.9个百分点，增速为沿海主要外贸省市最高。出口、进口同比增幅也分别高出全国6.1个和3.9个百分点的全国平均增速。2017年江苏省外贸进出口增速高于全国平均水平4.9个百分点，在沿海主要外贸省市中增速最高。规模增长的同时，江苏省外贸质量和效益也获得了显著提升。呈现三方面特点：传统市场比较稳固，新兴市场的开拓取得实质性进展，全省跟一带一路沿线部分国家的进出口实现了高速增长。第二方面的亮点是市场主体的活力增强，同时龙头企业的规模优势也发挥得特别好。第三方面的亮点体现在优进优出方面出现了积极的变化，外贸的转型升级取得了实效。

（五）实际外商直接投资金额

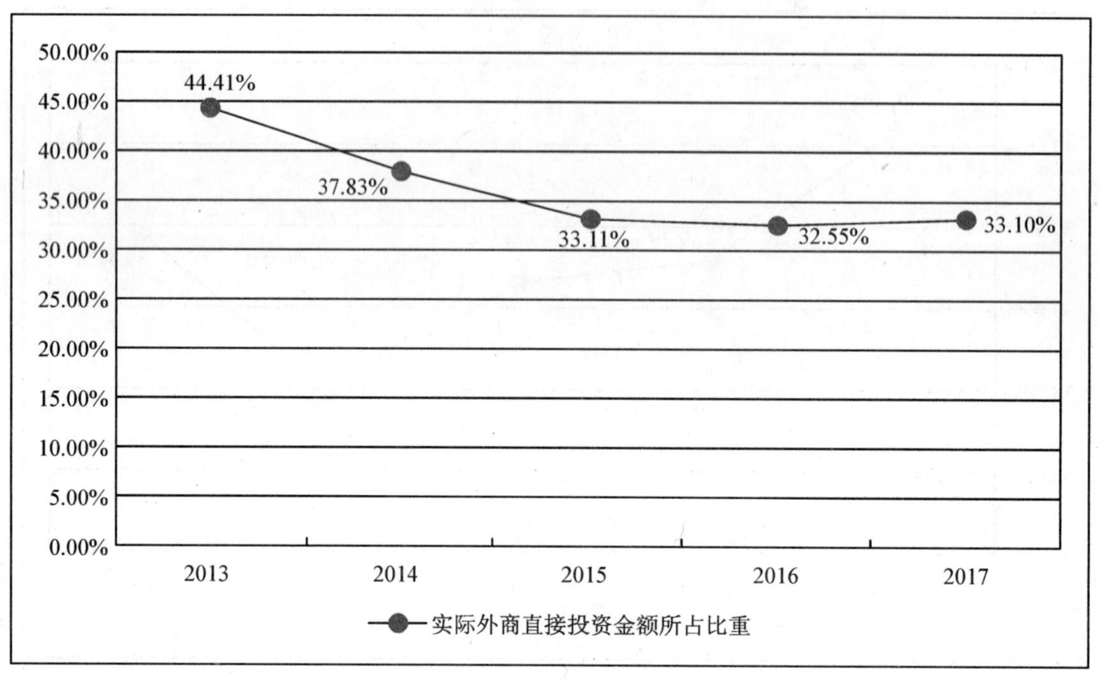

图8 2013—2017年江苏省实际外商直接投资金额在泛长三角所占比重的变化趋势

2013—2017年，江苏省实际外商直接投资金额在泛长三角地区的占比分别是44.41%、37.83%、33.11%、32.55%和33.10%，2017年止跌上扬，2017年较上年增加了0.55个百分点，较2013年减少了11.31个百分比。

2017年，在泛长三角地区41市实际外商直接投资金额所占比重排名的前十位中，江苏省13个地级市占据4席，与去年相持平。

长期以来，利用外资是江苏开放型经济发展的重要特色。2017年，利用外资保持稳定。全年新批外商投资企业3254家，比上年增长13.9%；新批协议注册外资554.3亿美元，增长28.5%；实际使用外资251.4亿美元，增长2.4%。新批及净增资9000万美元以上的外商投资大项目347个，比上年增长19.7%。全年新批境外投资项目631个，中方协议投资额92.7亿美元。

2017年以来，江苏省顶住外部环境的巨大压力，进一步加强综合性政策支持，减少准入限制简化设立程序，改善优化营商环境，加大招商引资力度，利用外资呈现新特点。

先进制造业、现代服务业"双轮驱动"成效显著。1—9月江苏省制造业实际使用外资88.5亿美元，同比增长10.7%，占江苏省实际使用外资的45.4%。以先进制造业为主的十大战略性新兴产业实际使用外资84.2亿美元，同比增长13.2%；其中新能源汽车、海洋工程装备产业、智能电网产业实际使用外资分别增长73.5%、72%和49.1%。德淮半导体有限公司是我国第一家专注影像传感器及应用的一体化制造的集成电路芯片公司，总投资3900万美元，2月扩大投资规模后总投资、协议外资分别增至17.5亿美元、7.3亿美元。2017年以来，苹果苏州研发中心、英诺赛科（苏州）科技有限公司、江苏恩耐斯特科技有限公司等一批高端外资研发机构落户江苏省。江苏省利用外资转型升级，外资企业增资踊跃，相比新的绿地投资项目，更有利于土地等资源的集约节约利用、见效更快。其中1—9月江苏省外资企业增资扩股项目1000个，比去年同期增加76个；协议外资增资133.3亿美元，同比增长41.6%，占江苏省协议外资总额的34.8%。1—9月江苏省新增合同外资382.7亿美元，同比增长36.8%；新设立外商投资企业2323家，同比增长10.1%。这表明外商投资江苏省的信心明显增强。

二　南京市 2017 年经济社会发展报告

2017 年南京市经济呈现稳中有进、稳中向好的发展态势，开启高质量发展时代新征程。全年实现地区生产总值 11715.10 亿元，比上年增长 8.1%，增速比上年提升 0.1 个百分点。南京市常住人口 833.50 万人，比上年末增加 6.5 万人，增长 0.79%。

一、南京市 2017 年经济发展概况

（一）综合经济

1. 经济总量

经济运行稳中有进。全年实现地区生产总值 11715.10 亿元，比上年增长 8.1%，增速比上年提升 0.1 个百分点。其中，第一产业增加值 263.01 亿元，增长 1.2%；第二产业增加值 4454.87 亿元，增长 5.1%，其中工业增加值 3853.39 亿元，增长 6%；第三产业增加值 6997.22 亿元，增长 10.3%。按常住人口计算的人均地区生产总值为 141103 元，按国家公布的年平均汇率折算，为 20899 美元。结构调整扎实推进，三次产业结构调整为 2.3∶38.0∶59.7，第三产业增加值占地区生产总值比重比上年提高 1.3 个百分点。高新技术产业产值占规模以上工业比重为 45.89%，比上年提升 0.58 个百分点。

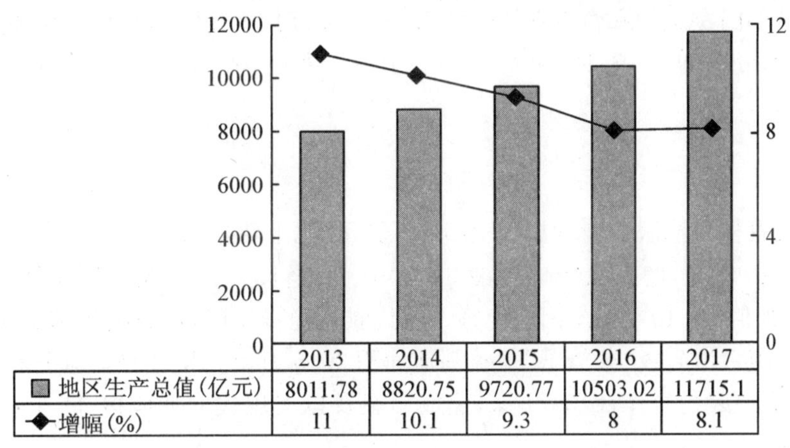

图 1　2013—2017 年南京市地区生产总值及增长速度

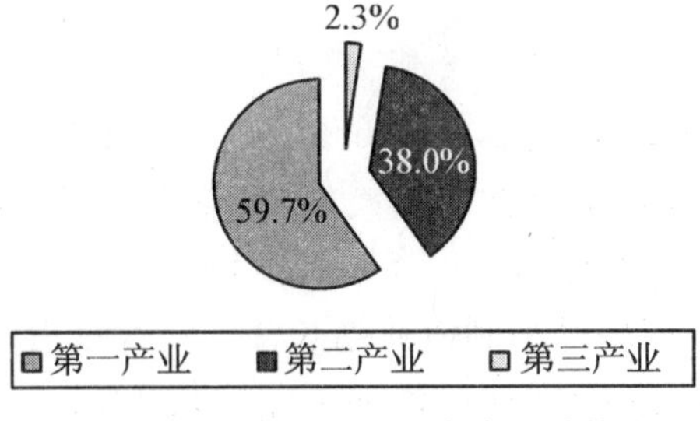

图 2　2017 年南京市三次产业结构图

2. 财政收支

全年完成一般公共预算收入 1271.91 亿元，比上年同口径增长 11.9%。其中税收收入 1044.61 亿元，增长 13.2%，税收占比 82.1%。全年一般公共预算支出 1353.96 亿元，比上年增长 15.3%，其中城乡社区、社会保障和就业、住房保障、农林水事务支出分别增长 19.3%、27.4%、27.7%和 27.5%。财政

一般公共预算支出中民生支出占比达 78%，连续 9 年入选中国“最具幸福感城市”。

3. 物价指数

居民消费价格温和上涨。全年城市居民消费价格比上年上涨 1.9%。其中食品烟酒类上涨 2.2%，衣着类上涨 1.1%，居住类上涨 2.4%，生活用品及服务类上涨 2.4%，交通和通信类上涨 1.1%，教育文化和娱乐类上涨 2.3%，医疗保健类上涨 0.5%，其他用品及服务类上涨 1.8%。

4. 固定资产投资

全年完成全社会固定资产投资 6215.20 亿元，比上年增长 12.3%。其中国有及国有经济控股投资 2631.95 亿元，增长 31.0%；外商及港澳台投资 805.71 亿元，增长 33.5%。分产业看，第一产业投资 22.64 亿元，下降 44.5%；第二产业投资 1789.58 亿元，增长 0.3%，其中工业投资 1778.79 亿元，增长 1.0%；第三产业投资 4402.98 亿元，增长 18.7%。三次产业投资比例为 0.4∶28.8∶70.8。工业技改投资增长 13.3%，占工业投资比重 64.2%。六大高耗能行业投资 220.62 亿元，下降 19.6%。基础设施类投资 1357.2 亿元，增长 42.6%，占全社会投资比重为 21.8%。

全年城市建设完成投资 1042.04 亿元，增长 55.9%。重点项目扎实推进，扬子江隧道北接线、纬七路东进二期、苜蓿园大街南延、龙西立交二期等项目建成通车，地铁 4 号线、宁和线一期等轨道交通线路建成运营，南京市路网、轨道交通进一步完善。

5. 民营经济

全年民营经济实现增加值 5376.40 亿元，占地区生产总值比重为 45.9%，比上年提升 1.1 个百分点。年末南京市工商部门登记的私营企业 54.99 万户，全年新增 8.47 万户；注册资本 19049.97 亿元，全年新增 4168.38 亿元，分别增长 45.4%和 45.9%。个体工商户 52.17 万户，全年新增 10.89 万户，分别增长 19.2%和 51.1%。

（二）农业

全年农林牧渔及农林牧渔服务业增加值 276.65 亿元，比上年增长 1.5%。其中农业 170.59 亿元，增长 1.2%；林业 15.23 亿元，增长 7.0%；渔业 61.10 亿元，增长 4.9%；农林牧渔服务业 13.64 亿元，增长 6.1%。畜牧业增加值 16.10 亿元，下降 13%。现代农业稳步发展，据农委等部门统计，全年新增高标准农田 11.65 万亩。南京市省级“菜篮子”蔬菜基地面积 20.5 万亩。累计登记家庭农场 3000 多家，成立农民专业合作社（含农地股份合作社）3871 家，建成市级及以上现代农业园区 41 个，市级农业科技园区 13 家。农业机械化水平 86%。

（三）工业和建筑业

1. 工业

全年规模以上工业增加值 3166.63 亿元，增长 6%。分经济类型看，国有控股企业增长 3%，股份制企业增长 5.1%，外商及港澳台投资企业增长 5.5%。分行业看，全年规模以上工业中，汽车制造业增加值比上年增长 7.1%，计算机、通信和其他电子设备制造业增长 4.3%，医药制造业比上年增长 5.8%，电气机械和器材制造业增长 14.9%，通用设备制造业增长 14.1%，专用设备制造业增长 8%，化学原料和化学制品制造业增长 4.8%，黑色金属冶炼和压延加工业增长 14.7%。符合工业转型升级方向的工业产品快速增长，运动型多用途乘用车（SUV）产量增长 204.9%，新能源汽车增长 171.8%，工业机器人增长 78.9%，智能手机增长 78.3%。

2. 建筑业

全年具有资质等级的总承包和专业承包建筑业企业完成建筑业总产值 3263.70 亿元，比上年增长 12.2%，其中本市建筑企业在外省完成建筑业总产值 1064.08 亿元，增长 12.6%。

(四) 服务业

1. 国内贸易

全年实现社会消费品零售总额5604.66亿元,比上年增长10.2%。分行业看,批发业和零售业零售额5074.69亿元,增长9.4%;住宿和餐饮业零售额529.97亿元,增长17.8%。全年限额以上企业(单位)实现社会消费品零售总额3454亿元,增长8.2%。

在限额以上企业(单位)批发零售贸易业零售额中,粮油、食品类增长12.0%,服装、鞋帽、针纺织品类增长6.4%,金银珠宝类增长12.7%,日用品类增长13.3%,体育、娱乐用品类增长37.6%,家用电器和音像器材类增长25.6%,中西药品类增长9.6%,文化办公用品类增长7.6%,通讯器材类增长36.5%,石油及制品类增长6%,汽车类增长0.3%。网上零售较快增长,限额以上批发和零售业通过公共网络实现商品零售额增长50%。

2. 交通运输和邮电

全年货物运输总量35462.05万吨,比上年增长12.4%。货物运输周转量3331.53亿吨公里,比上年增长34.1%。全年港口货物吞吐量24215万吨,比上年增长6.4%,其中外贸货物吞吐量2454万吨,增长3.5%。港口货物吞吐量中,集装箱吞吐量317万标箱,增长2.7%。

全年旅客运输总量16416.92万人次,比上年增长0.7%。旅客运输周转量474.09亿人公里,比上年增长8.4%。

年末机动车保有量257.93万辆,比上年末增加18.06万辆,增长7.5%。民用汽车239.20万辆,新增17.51万辆,增长7.9%,其中本年新注册26.44万辆。私人汽车201.56万辆,新增8.85万辆,增长4.6%;私人汽车中轿车145.73万辆,新增4.83万辆,增长3.4%,其中本年新注册15.18万辆。

全年新增、更新公交车2132辆,新辟公交线路7条,优化调整线路6条。城市公共汽车运营线路网长度11111.8公里;全年公共汽车客运总量8.98亿人次,比上年下降4.9%。有轨交通运营车辆1517辆3658标台,全年地铁承担客运人数97741.37万人次,比上年增长17.7%。轨道交通线路运营总里程达到348公里。出租车总数14057辆。创成首批"国家公交都市示范城市"。

全年完成邮电业务总量(按2010年价格计算)334.66亿元,比上年增长32.5%。其中,邮政业务总量139.26亿元,增长35.3%;电信业务总量195.40亿元,增长30.5%。全年完成邮电业务收入(按现价计算)224.74亿元,增长10.6%。其中,邮政业务收入96.31亿元,增长22.2%;电信业务收入128.43亿元,增长3.3%。全年完成快递业务量63415.67万件,增长34.3%;快递业务收入73.86亿元,增长21.9%。年末移动电话用户1159.85万户,增长4.8%,其中4G移动电话用户858.93万户,增长21.5%;固定电话用户237.93万户;住宅电话用户88.63万户;互联网宽带接入用户401.58万户,增长18.4%。

3. 旅游业

全年实现旅游总收入2168.90亿元,比上年增长13.6%。接待海内外旅游者12293万人次,增长9.7%。其中接待国内旅游者12221.20万人次,增长9.7%;接待入境旅游者71.8万人次,增长12.5%。全年实现国际旅游创汇收入7.6亿美元,增长12.8%。年末共有等级旅游景区53家,其中4A级以上高等级景区23家;国家、省市级旅游度假区7家。拥有星级宾馆饭店83家,其中五星级以上酒店21家。拥有各类旅行社624家,其中具有组织出境游资质的旅行社52家。

4. 金融和保险

全年金融业实现增加值1355.05亿元,比上年增长7.5%,占南京市地区生产总值比重为11.6%。年末金融机构本外币各项存款余额30764.63亿元,比年初增加2408.74亿元,比上年末增长8.5%。其中住户存款6202.95亿元,比年初增加107.14亿元;非银行业金融机构存款3643.49亿元,比年初增加510.00亿元。年末金融机构本外币各项贷款余额25159.48亿元,比年初增加2890.54亿元,比上年末增长13.0%。其中住户贷款7704.23亿元,比年初增加1170.48亿元;非金融企业及机关团体贷款

17293.63 亿元，比年初增加 1690.30 亿元。全年新增上市企业 17 家，募集资金 82.09 亿元，共有境内外上市企业 102 家。新增备案创投企业 306 家，累计备案创投企业(含省级在宁企业)872 家。共有 236 家企业挂牌或者获准挂牌新“三板”，证券营业部 181 家。

全年实现保费收入 697.95 亿元，比上年增长 43.7%。分类型看，财产险收入 145.89 亿元，增长 14.5%；寿险收入 471.65 亿元，增长 86.8%。

5. 房地产业

全年完成房地产开发投资 2170.21 亿元，比上年增长 17.6%。其中住宅投资 1569.52 亿元，增长 12.7%；商业用房投资 263.08 亿元，增长 34.9%。全年新开工各类保障性住房 442 万平方米，竣工 377 万平方米。

(五) 开放型经济

1. 对外贸易

全年货物进出口总额 611.87 亿美元，比上年增长 21.7%。其中，出口总额 344.15 亿美元，增长 16.1%；进口总额 267.73 亿美元，增长 29.8%。

从进出口商品市场看，全年对欧盟、美国、日本、韩国和东盟等传统市场进出口额 413.69 亿美元，增长 21.7%，占南京市进出口总额比重为 67.6%。其中出口 223.82 亿美元，增长 17.8%，占南京市 65.0%；进口 189.86 亿美元，增长 26.7%，占南京市 70.9%。

从进出口商品构成看，全年高新技术产品出口 101.88 亿美元，增长 39.5%，进口 95.65 亿美元，增长 40.7%。机电产品出口 186.51 亿美元，增长 22.2%，进口 164.31 亿美元，增长 33.7%。

2. 利用外资

全年吸收外商直接投资新设立企业 395 家，比上年增长 14.2%。新批外商投资地区总部等功能性机构 17 家。新增合同利用外资 60.87 亿美元，比上年增长 7.6%。全年实际使用外资 36.73 亿美元，比上年增长 5.6%。分产业看，第一产业使用外资 0.01 亿美元，下降 98.4%；第二产业使用外资 17.40 亿美元，增长 49.3%，其中制造业使用外资增长 15.4%，占南京市 28.1%；第三产业使用外资 19.32 亿美元，下降 15.3%。全年开发区合同利用外资 43.80 亿美元，占南京市比重 72%；开发区实际使用外资 28.54 亿美元，比上年增长 14.2%，占南京市比重 77.7%。

3. 对外经济

南京市境外投资新批项目 112 个，中方协议投资额 18.1 亿美元(含增资)。境外投资中方实际投资额 15.8 亿美元。全年对外承包工程完成营业额 39.8 亿美元，增长 7.3%；新签合同额 61.5 亿美元，增长 100%。南京市企业赴“一带一路”沿线 27 国家或地区新签合同额 36.4 亿美元，同比增长 188%；完成营业额 26.3 亿美元，增长 39%。

二、南京市 2017 年社会发展概况

(一) 人口、人民生活

年末南京市常住人口 833.50 万人，比上年末增加 6.5 万人，增长 0.79%。其中城镇常住人口 685.89 万人，占总人口比重(常住人口城镇化率)82.29%，比上年提高 0.29 个百分点。在常住人口中，0—14 岁人口为 90.4 万人，占比 10.85%；15—64 岁人口 644.09 万人，占比 77.27%；65 岁及以上人口 99.01 万人，占比 11.88%。全年常住人口出生率 8.75‰，较上年下降 0.8 个千分点；人口死亡率 5.05‰，较上年下降 0.95 个千分点；人口自然增长率 3.70‰，较上年提高 0.15 个千分点。年末南京市户籍总人口为 680.67 万人，比上年末增加 17.88 万人，增长 2.7%。

根据城乡一体化住户抽样调查，全年全体居民人均可支配收入 48104 元，比上年增长 9.3%。其中工资性收入 30067 元，增长 8.8%；经营净收入 5422 元，增长 9.4%；财产净收入 4982 元，增长 12.3%；

转移净收入 7633 元，增长 9.2%。按常住地分，城镇居民人均可支配收入 54538 元，增长 9.1%；农村居民人均可支配收入 23133 元，增长 9.3%。全体居民人均生活消费支出 28470 元，比上年增长 6.2%。按常住地分，城镇居民人均生活消费支出为 31385 元，增长 5.4%；农村居民人均生活消费支出为 17155 元，增长 8.8%。全体居民人均生活消费支出中，食品烟酒支出占比为 25.8%，比上年下降 0.4 个百分点，其中城镇为 25.3%，农村为 29.1%，比上年分别下降 0.3 个和 0.9 个百分点。

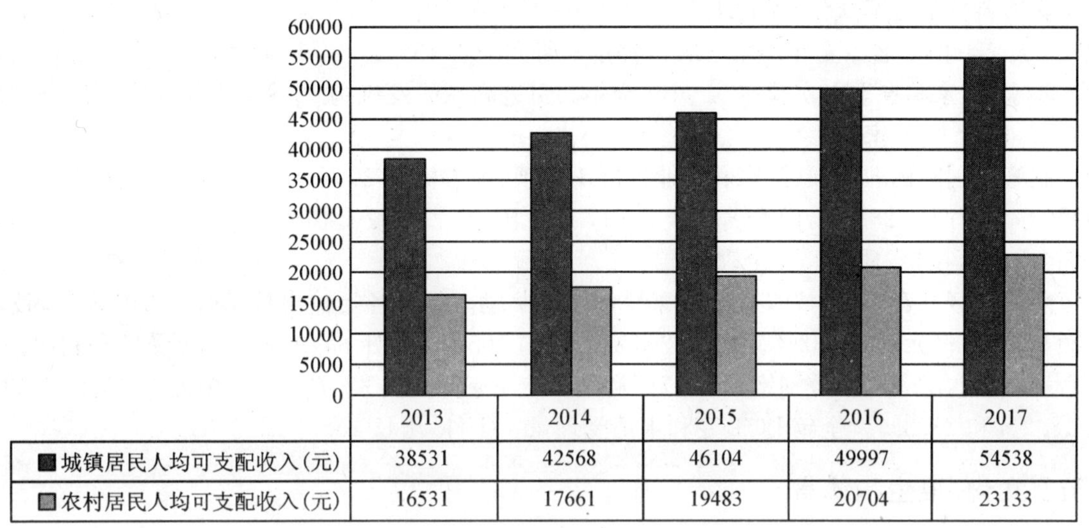

	2013	2014	2015	2016	2017
■城镇居民人均可支配收入(元)	38531	42568	46104	49997	54538
■农村居民人均可支配收入(元)	16531	17661	19483	20704	23133

图 3　2013—2017 年南京市城乡居民收入对比一览

(二) 就业

全年城镇新增就业 22.54 万人，城镇登记失业率为 1.82%，比上年末下降 0.06 个百分点。新培育自主创业者 3.52 万人，其中大学生创业 6367 人。实现再就业 10.85 万人，援助困难人员就业 1.49 万人，农村劳动力转移 3.98 万人次。开展各类职业技能培训 40.33 万人次。

(三) 社会保障

年末南京市城镇职工社会保险五大险种累计参保人数为 1513.26 万人次，其中企业职工基本养老保险参保人数 309.10 万人、城镇职工基本医疗保险参保人数 408.10 万人、失业保险参保人数 267.85 万人、工伤保险参保人数 271.11 万人、生育保险参保人数 257.10 万人。低保标准提高到每月 810 元，新型农村合作医疗人均筹资标准超过 920 元。城乡基本养老保险和城乡基本医疗保险参保率均达到 98%以上。南京市城乡居民享受最低生活保障 8.14 万人，享受国家抚恤、补助等各类优抚人员 2.13 万人。

年末南京市福利收养单位拥有床位 4.85 万张，收养人员 2.40 万人，其中社会福利院拥有床位 7025 张，收养人员 4483 人。南京市建立城镇各类社区服务设施 11415 处，区、街镇社区服务中心 1494 个。建成社区居家养老服务中心 1255 个，其中由专业社会组织运营，具备“助餐、助医、助急”等养老服务能力的市 3A 级社区居家养老服务中心达 317 个。社区养老服务设施配建达标率 100%。南京市现有养老机构 269 家，机构床位数 4.55 万张，其中当年新增养老机构床位 3626 张。每千名老人拥有养老床位数 36 张。

(四) 教育和科学技术

1. 教育事业

南京市在宁普通高等学校 53 所(不含部队院校)，在校学生(不含研究生)72.15 万人，比上年增加 0.41 万人。在宁高校及研究生培养机构在学研究生 11.92 万人，增加 0.88 万人。普通中学 232 所，在校学生23.42万人，增加0.97万人；中等职业学校（含成人中专，不包括技工学校）24所，在校学生6.64万人，减少0.21万人。小学349所，在校学生39.31万人，增加1.77万人；幼儿园907所，在园儿童23.57万人，增加1.2万人。新改扩建达省优质园建设标准幼儿园25所。小学全面实施“弹性离校”。南京市义务教育优质资源覆盖率达92.24%。

2. 科学技术和创新

全年新增科技部备案众创空间24家，累计210家。在宁中国科学院院士、中国工程院院士分别为46人和36人，合计82名。全年净增各级工程技术研究中心159家，累计967家。拥有省市科技公共服务平台134家，国家和省重点实验室91家。全年共引进高端研发机构10家，累计41家。新增高新技术企业150家，累计1850家。

全年制修订国际标准4项、国家和行业标准137项、地方标准20项。共有国家、省、市名牌产品905个，其中江苏名牌产品288个，南京名牌产品617个。国家、省质量奖获奖企业累计6个，其中中国质量奖（提名奖）2个，江苏省质量奖4个。

全年南京地区共有24项成果获得国家科学技术奖励。签订各类输出技术合同21036项，技术合同成交总额284.75亿元，增长32%。新增技术贸易机构105家，累计6440家。全年受理专利申请75406件，其中发明专利37286件，分别增长15.7%和18.2%；专利授权32073件，其中发明专利10723件，分别增长18.2%和23.3%。全年PCT专利申请受理量481件，增长25.3%。

（五）文化、卫生和体育

1. 文化事业

南京市共有文化馆14个，公共图书馆15个，文化站100个，博物馆60个，市级以上文物保护单位516处，国家级历史文化街区2个，省级历史文化街区7个，国家级历史文化名镇（村）3个。有线电视用户305.68万户（不含电信等非广电有线系统的电视用户）。全年市级层面组织开展公益演出1500场；放映公益电影8134场，送戏1147场；为农村和基层送书20.84万册，更新200家书屋出版物，创建42家星级示范农家书屋，新增全民阅读新空间25个，居民综合阅读率达到94.76%。达到省级标准的社区综合性文化服务中心733个。每万人拥有公共文化设施面积2100平方米。

2. 卫生事业

南京市拥有各类医疗卫生机构2340个，其中医院、卫生院及社区卫生服务中心358个，疾病预防控制中心17个，妇幼卫生保健机构14个。各类卫生机构拥有病床5.22万张，其中医院、卫生院床位数4.74万张，分别比上年增加0.24万张、0.23万张。各类卫生机构共有卫生技术人员7.61万人，其中执业医师及执业助理医师2.81万人，注册护士3.44万人，分别比上年增加0.54万人、0.28万人、0.23万人。累计建成社区卫生服务中心（卫生院）138个、社区卫生服务站（村卫生室）667个。社区卫生服务城市人口覆盖率达100%。

3. 体育事业

巩固提升城市社区“10分钟体育健身圈”，开展各类群众性体育竞赛和活动2058项次。精心筹办（申办）重大国际赛事，成功举办2017年世界全项目轮滑锦标赛、世界女排大奖赛总决赛、第十六届南京都市圈国际体育舞蹈公开赛和南京马拉松暨全国马拉松锦标赛等多项品牌赛事，有序推进2019年国际篮联篮球世界杯亚洲区预选赛（南京赛区），积极开展2020年世界室内田径锦标赛申办工作并申办成功，进一步塑造城市国际化形象，提升南京城市国际知名度和美誉度。

（六）节能减排和生态环境

四大片区工业布局调整积极推进，煤炭消耗总量得到有效控制。全社会用电量556.96亿千瓦时，比上年增长6.1%。其中工业用电量318.14亿千瓦时，增长2.4%。规模以上工业综合能源消费量

3784.38 万吨标准煤，下降 1.2%，低于工业增加值增速 7.2 个百分点。规模以上工业万元增加值能耗下降 6.79%。从消耗的主要能源品种看：原煤 2667.09 万吨，下降 4.3%；原油 2771.33 万吨，下降 5.1%；天然气 26.15 亿立方米，增长 10.7%。全面推进“河长制”和“断面长制”，加强工业集聚区工业废水处理，完成南钢、南化等一批企业工业废水治理项目。基本清除建成区 109 条河道黑臭水体。城镇污水处理率达 94.5%，主要集中式饮用水水源地水质达标率保持 100%。深化大气污染防治，全年 PM2.5 平均浓度比上年下降 14.0%，空气质量达到国家二级标准天数为 264 天，达标率为 72.3%，比上年提升 6.2 个百分点。推进特色田园乡村和美丽乡村建设，建成 180 个美丽乡村示范村。

三、南京市在泛长三角地区经济发展中的地位

2017 年，在党中央国务院、省委省政府和市委坚强领导下，认真贯彻党的十八大、十八届三中、四中、五中、六中全会和十九大精神，以习近平新时代中国特色社会主义思想为指导，主动适应经济发展新常态，坚持稳中求进工作总基调，以供给侧结构性改革为主线，统筹推进稳增长、促改革、调结构、惠民生、防风险各项工作，加快建设“强富美高”新南京，圆满完成“十二五”规划和本届政府任期各项目标任务，实现“十三五”良好开局，各项工作开创了新局面。

（一）地区生产总值

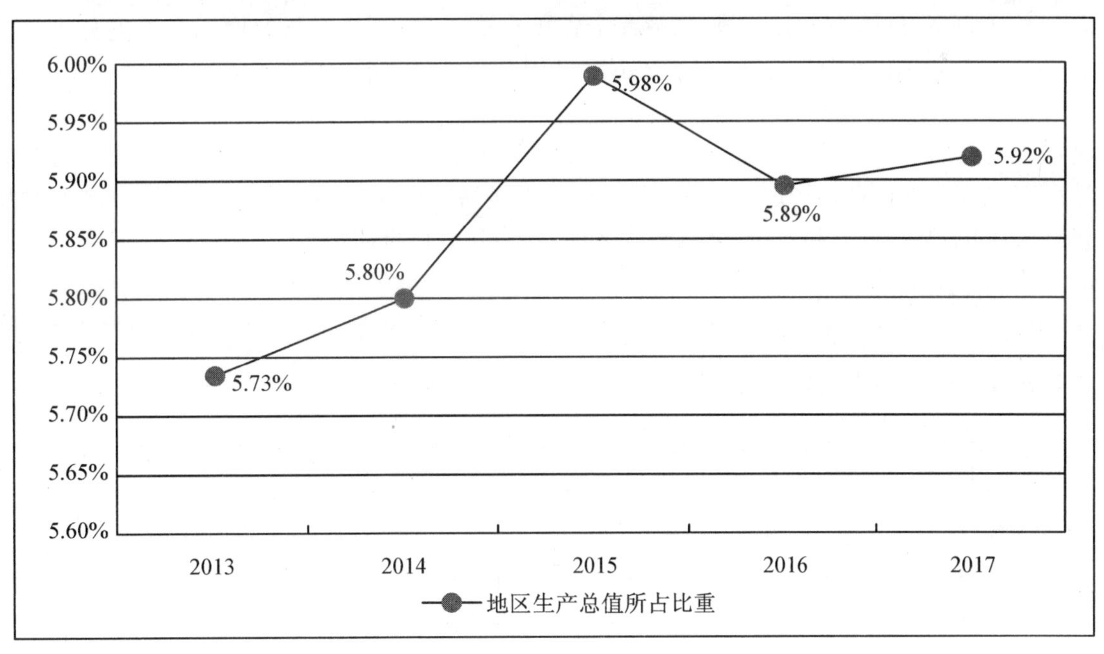

图 4　2013—2017 年南京市地区生产总值在泛长三角
（江浙 24 个地级市、安徽省 16 个地级市和上海市 41 市）所占比重的变化趋势

2013—2017 年南京市地区生产总值在泛长三角所占比重分别为 5.73%、5.80%、5.98%、5.89%和 5.92%，五年整体上呈增加态势，2017 年出现轻微上扬。2017 所占比重比 2013 年增加了 0.03 个百分点。2017 年南京市地区生产总值在泛长三角地区 41 个市排名第 4 位，与去年排名相一致。

2017 年，全市完成地区生产总值（GDP）总量 11715.10 亿元，按可比价计算，比上年增长 8.1%，较上年同期提高了 0.1 个百分点。其中第一产业实现增加值为 263.01 亿元，可比增长 1.2%；第二产业实现增加值为 4454.87 亿元，可比增长 5.1%；第三产业实现增加值为 6997.22 亿元，可比增长 10.3%。2017 年一季度、上半年、前三季度、全年全市 GDP 可比价增长速度分别为 7.7%、8.0%、8.1%、8.1%，经济运行总体呈稳步上扬趋势。

2017 年，南京市经济运行总体良好，供给侧结构性调整加快，经济运行质量不断提高。区域经济产业聚集特征明显，城区现代服务业增长较快，郊区工业增长较好，民营经济稳步增长。2017 年，南京市完成地区生产总值(GDP)总量 11715.10 亿元，按可比价计算，比上年增长 8.1%。2017 年一季度、上半年、前三季度、全年南京市 GDP 可比价增长速度分别为 7.7%、8.0%、8.1%、8.1%，经济运行总体呈稳步上扬趋势。

2017 年南京市服务业实现增加值 6997.22 亿元，可比增长 10.3%，快于南京市 GDP 增长速度 2.2 个百分点，比第二产业高出 5.2 个百分点。今年一季度、上半年、前三季度和全年服务业增长速度分别高于南京市平均水平 2.6 个、2.2 个、2.6 个和 2.2 个百分点，服务业的持续较快增长，推动南京市产业结构持续优化。2017 年南京市服务业增加值占 GDP 的比重创历史新高，达 59.7%，较上年同期提升 1.3 个百分点。2017 年南京市经济共有 8.1 个百分点的增长，其中有 6.0 个百分点来自于服务业的拉动。2017 年南京市净增生产总值 1052.82 亿元，其中第一产业净增增加值 10.47 亿元，第二产业净增增加值 263.58 亿元，第三产业净增增加值 778.77 亿元，服务业净增量占南京市净增总量的 74.0%，也就是说，2017 年南京市经济净增量中超七成来自于服务业。

五年来，在优化结构中做大总量，在提升效益中加快发展，规模总量和质量效益实现"双提升"。经济保持中高速增长。全市地区生产总值连跨 4 个千亿台阶，2017 年达到 11715 亿元，成为全国第 11 个突破万亿规模的城市，年均增长 9.3%。人均地区生产总值突破 2 万美元，保持全国前列。

经济增长速度居省内市第 2 位。2017 年南京市 GDP 总量四个季度占全省 GDP 的比重分别为12.3%、13.4%、13.9%、13.6%，总体为上升态势，总量在全省排在第二位；GDP 增长速度四个季度分别为 7.7%、8.0%、8.1%、8.1%，分别排在全省的第 6、2、1、2 位，是近几年增速度在省内排名最好时期，第三产业增加值增长速度前三季度和全年均排在第 1 位，2017 年第三产业增加值占 GDP 比重为 59.7%，省内居第 1 位。

经济增长速度居十五个副省级城市第 2 位。2017 年南京市 GDP 同比增长 8.1%，在十五个副省级中增长速度与成都并列排在第二位；总量在十五个副省级城市中排在第 6 位。其中第三产业增加值增长速度排在第 1 位，总量排在第 5 位，第三产业增加值占 GDP 比重居第 5 位。

经济增长速度居 GDP 万亿俱乐部城市第 3 位。2017 年，南京市 GDP 在万亿城市中排在第 11 位，增长速度排在第 3 位，第三产业增加值总量排在第 11 位，增长速度排在第 1 位，第三产业增加值占 GDP 比重居第 5 位。

（二）地方财政一般预算收入

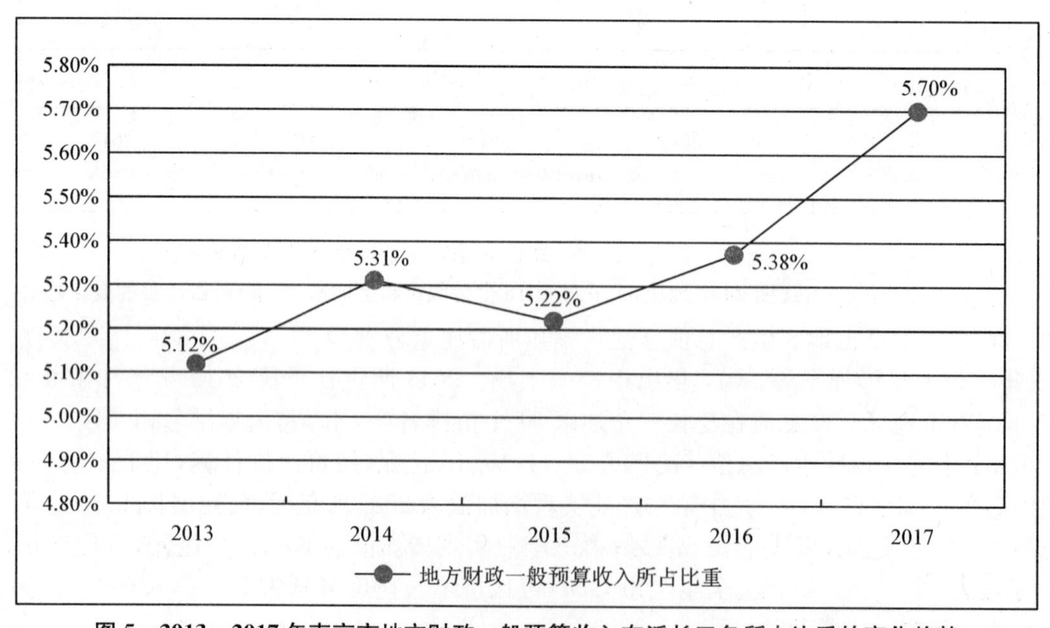

图 5 2013—2017 年南京市地方财政一般预算收入在泛长三角所占比重的变化趋势

2013—2017年南京市地方财政一般预算收入在泛长三角所占比重分别为5.12%、5.31%、5.22%、5.38%和5.70%，呈振荡上升态势，2017年较上年增加了0.32个百分点。2017年南京市地方财政一般预算收入在泛长三角地区41个市中排名第4位，与去年保持一致。

2017年全市财政金融运行总体平稳，发展状况良好。一般公共预算收入迈上新台阶，支出更加合理，金融机构存贷款余额保持稳定增长。2017年，全市一般公共预算收入以18.9%的较高增速开局，随后逐月走低，在5月份触底后回升，全年直比增长11.3%，整体略低于上年同期，增速呈L形走势。全年累计实现财政总收入2439.23亿元，同比增长10.9%，其中，实现一般公共预算收入1271.91亿元，与上年同期相比，增长11.3%。一般公共预算支出1353.96亿元，同比增长15.3%，财政收支总体增长平稳。

与省内市比，一般公共预算收入增速连续两年领先。2017年，一般公共预算收入同口径增长11.9%，超过全省平均水平7.3个百分点，居全省设区市首位，2016年南京市以12.0%增幅居省内设区市首位，超过全省平均水平10.8个百分点，增长连续两年领先。从收入规模看，南京市一般公共预算收入总量依旧居省内市第2位，占全省的比重为15.6%，比苏州市低7.8个百分点。

与上年同期比，财政收入稳定增长。2017年，财政总收入累计增长10.9%，高于上年同期1.5个百分点，其中，上划中央收入增速高于上年同期3.8个百分点，一般公共预算收入同口径增幅略低于上年同期0.1个百分点，收入增长水平总体稳定。

2011年以来，一般公共预算收入逐年上台阶。2017年，新一轮税制改革进入攻坚阶段，"营改增"全面施行，在有效减税降负的同时，南京市财政收入仍实现了平稳增长，总量规模持续攀升。2011年全市实现一般公共预算收入635.0亿元，2017年1271.91亿元，总量实现了翻番，2012—2017年年均增长12.4%。2012年、2013年、2014年、2015年、2016年、2017年一般公共预算收入总量相继突破了700亿元、800亿元、900亿元、1000亿元、1100亿元和1200亿元大关。

（三）工业生产总值

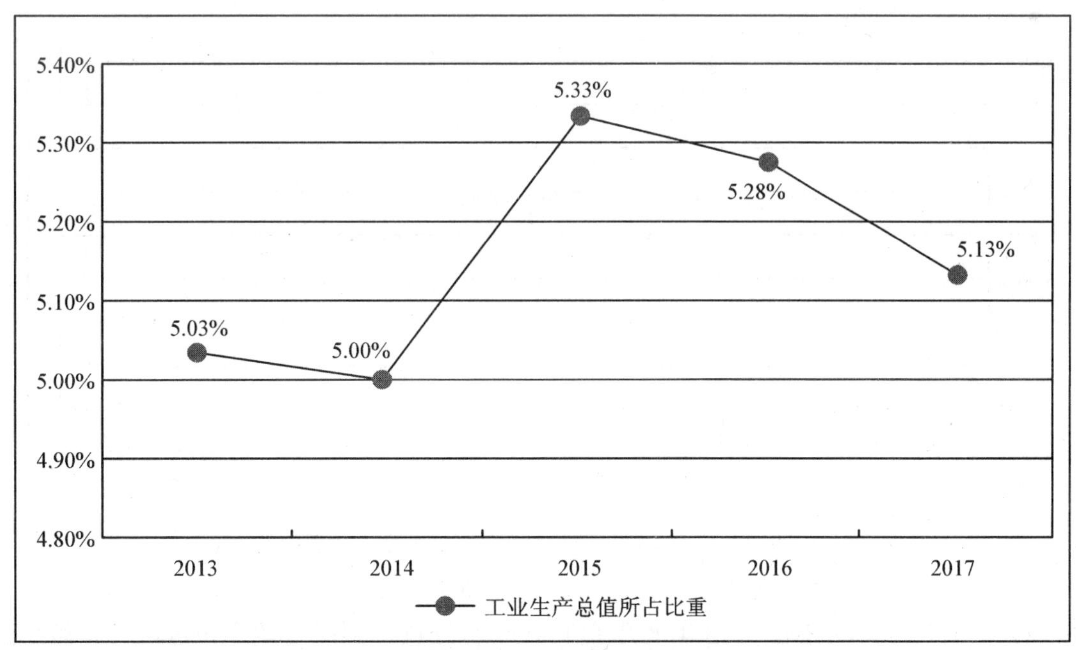

图6　2013—2017年南京市工业生产总值在泛长三角所占比重的变化趋势

2013—2017年南京市工业生产总值在泛长三角所占比重分别为5.03%、5.00%、5.33%、5.28%和5.13%，2017年比上年下降了0.15个百分点，五年时间累积增加了0.13个百分点。2017年南京市工业生产总值在泛长三角地区41个市中排名第6位。

全年规模以上工业实现总产值 13026.90 亿元，比上年增长 1.0%，增幅比 1—3 季度提升 1 个百分点，比上年同期提升 2.6 个百分点。从年内走势看，工业增速呈现“先抑后扬”的发展态势，尤其是四季度以来，受工业生产价格指数较快提升等因素的影响，工业生产连续 3 个月保持回升。四大优势产业贡献突出，电子、石化、钢铁、汽车产业实现产值占比达 65%，增长 2.1%，快于全市工业平均增速 1.1 个百分点。企业集聚度进一步提高，六大工业区实现产值占比达 79.6%，增长 2.6%，快于全市工业增速 1.6 个百分点。

高技术、新产品发展势头好。规模以上工业中高技术行业实现产值 3063.39 亿元，增长 2.9%，快于全市工业平均增速 1.9 个百分点。规模以上工业实现新产品产值 1582.77 亿元，增长 14.2%，快于全市工业 13.2 个百分点。列入国家“三新”统计的新产品产量中，工业机器人、智能手机、光缆、智能电视产量分别增长 226.4%、121.7%、11.8%和 7.8%。

企业效益有所改善。降本增效成效初显，落实降成本“双二十条”意见，规模以上工业企业每百元主营业务收入中成本下降 0.7 元，企业财务费用下降 10.7%，主营业务税金及附加下降 1%。全年规模以上工业企业盈余相抵后实现利润总额 941.81 亿元，增长 12.8%，快于销售、利税增速 11.5 个、5.9 个百分点，增幅比上年提升 3.9 个百分点；亏损企业亏损额 68.47 亿元，比上年下降 24.3%。

节能减排提质量。全年实施 100 个重点节能项目，预计万元 GDP 能耗比上年下降 3.9%左右。规模以上工业综合能源消费量增长 3.95%，低于工业增加值可比增速 0.85 个百分点。能源利用效率有所提高，规模以上工业万元增加值能耗下降 0.81%。燃煤消耗下降率实现年度目标。工业主要污染物中，二氧化硫排放量、废水中化学需氧量排放量分别下降 4%、2%，氨氮削减率和氮氧化物削减率分别达到 2%和 4%。

（四）进出口总额

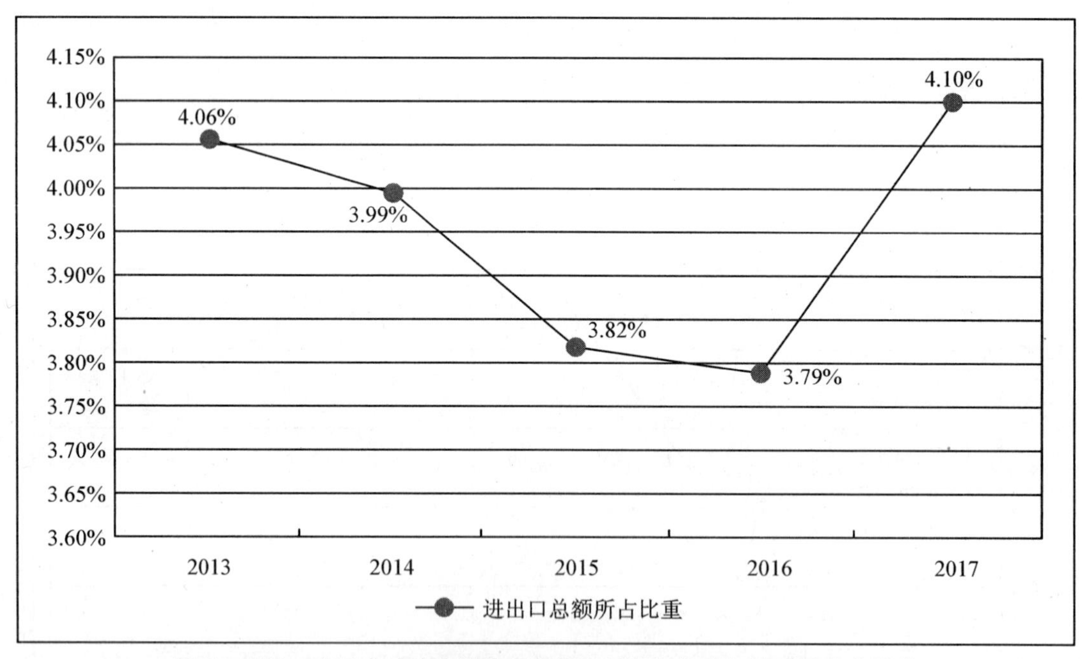

图 7　2013—2017 年南京市进出口总额在泛长三角所占比重的变化趋势

2013—2017 年南京市进出口总额在泛长三角所占比重分别为 4.06%、3.99%、3.82%、3.79%和 4.10%，出现大幅上升。2017 年较 2013 年上升了 0.31 个百分点。2017 年南京市进出口总额在泛长三角地区 41 个市中排名第 6 位，与去年排名保持一致。

2017 年全年，南京市外贸进出口总值 4143 亿元，比 2016 年同期增长了 24.8%。全市进出口增幅高于全国、全省 10.6 和 5.8 个百分点。在省内“苏锡宁常通”等外贸规模较大的城市中，南京进出口、出口和进口增幅均位列第一；在长三角“沪宁杭甬苏锡”等外贸主要城市中，南京进出口、出口和进口增幅也

均位列第一；在全国14个万亿元GDP俱乐部城市中，南京外贸增幅也位居前列。南京市外贸商品结构进一步升级，技术含量和附加值高的机电产品出口超过了半壁江山。对“一带一路”沿线国家进出口快速增长，成为南京市外贸发展的新引擎。

从贸易方式来看，全年一般贸易进出口总值，已经占到同期全市进出口总值的66.8%，一般贸易占比高于全省平均水平。一般贸易占明显主导，说明南京市对外贸易方式的结构更加优化，外贸自主发展能力突出。

从贸易伙伴来看，“老朋友”们步伐依旧稳健，而且阔步向前。对第一大贸易伙伴欧盟进出口增长超过三成；对美国进出口增长也接近三成；对日韩、拉美等主要贸易伙伴进出口均实现显著增长。美欧日韩等经济体明显复苏。主要出口市场需求增长，带动了出口增加。

从出口产品来看，外贸商品结构进一步升级。2017年，技术含量和附加值高的机电产品出口合计1264.3亿元，增长25.5%，占同期南京市出口总值54.2%。

（五）实际外商直接投资金额

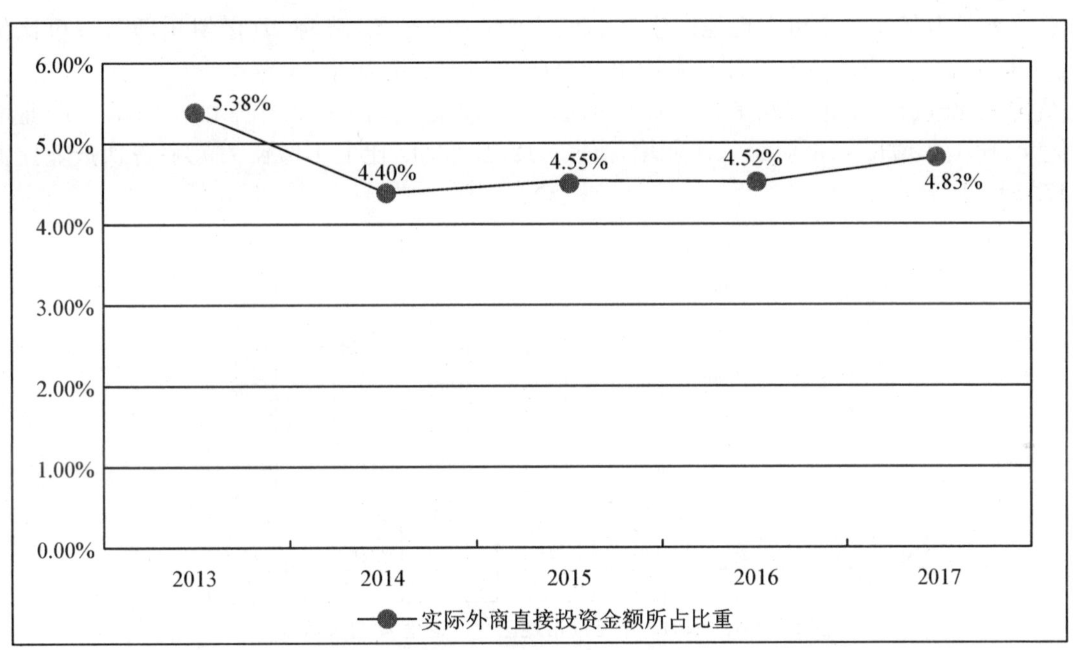

图8　2013—2017年南京市实际外商直接投资金额在泛长三角所占比重的变化趋势

2013—2017年南京市实际外商直接投资金额在泛长三角所占比重分别分5.38%、4.40%、4.55%、4.52%和4.83%，2017年较2013年下降了0.55个百分点。2017年南京市实际外商直接投资金额在泛长三角地区41个市中排名第5位，与去年排名保持一致。

2017年，南京市围绕“扩大开放”和“转型升级”两根主线，稳步推进利用外资工作，外商投资呈现“量质并举、稳中有升”的良好发展态势，全年圆满完成“稳增长、保位次”的目标任务。2017年，全市新增实际使用外资36.73亿美元，完成序时进度102%，同比增长5.6%，增速高于全省3.2个百分比，规模占全省比重14.6%，比上年提高0.4个百分点，连续7年位居全省第二。2017年，全市新批准外资项目578个（新设395个，增资183个），同比增长13.1%；新增合同利用外资60.87亿美元，同比增长7.6%；新批准外商投资功能性机构17家，其中，区域总部1家、投资性公司3家、研发中心9家，其他4家。

分行业看，通信设备、计算机及其他电子设备制造业、专用设备制造业利用外资分别增长10.6%和21%；科学技术服务业、信息传输、计算机服务和软件业、文化、体育和娱乐业利用外资分别增长26%、43.6%和80.7%。全年新增跨国公司地区总部、投资性公司等外资功能性机构16家，年末累计达184家。“走出去”战略积极稳妥推进，全年完成对外承包劳务营业额39.1亿美元。

三　无锡市 2017 年经济社会发展报告

2017 年是党的十九大胜利召开之年，也是高水平全面建成小康社会的攻坚之年，一年来，全市上下深入学习习近平新时代中国特色社会主义思想，牢牢把握稳中求进工作总基调，坚定不移贯彻新发展理念，大力实施六大发展战略，促进多重目标、多种政策、多项改革的平衡协调，聚力创新，聚焦富民，“强富美高”新无锡建设迈上新征程。

一、无锡市 2017 年经济发展概况

（一）综合经济

1. 经济总量

经济总量突破万亿元。全市实现地区生产总值 10511.80 亿元，跻身“万亿俱乐部”，按可比价格计算，比上年增长 7.4%。按常住人口计算人均生产总值达到 16.07 万元。

产业结构优化升级。全市实现第一产业增加值 135.18 亿元，比上年增长 0.8%；第二产业增加值 4964.44 亿元，比上年增长 7.3%；第三产业增加值 5412.18 亿元，比上年增长 7.7%；三次产业比例调整为 1.3∶47.2∶51.5。

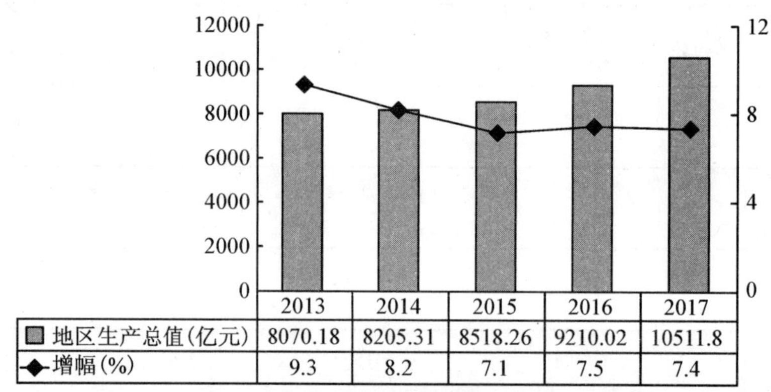

	2013	2014	2015	2016	2017
地区生产总值(亿元)	8070.18	8205.31	8518.26	9210.02	10511.8
增幅(%)	9.3	8.2	7.1	7.5	7.4

图 1　2013—2017 年无锡市地区生产总值及增长速度

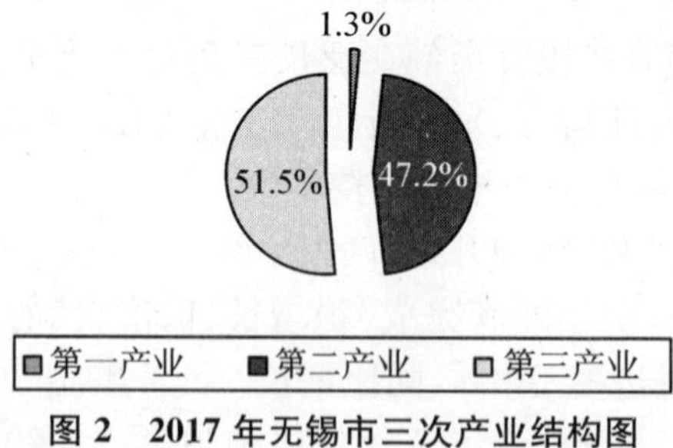

图 2　2017 年无锡市三次产业结构图

2. 财政收支

财政收入增长稳定。全市一般公共预算收入 930.00 亿元，比上年增长 6.3%。财政支出结构继续调整，一般公共预算支出 989.35 亿元，比上年增长 14.1%。

3. 物价水平

消费品价格涨幅平稳。全年市区居民消费价格指数(CPI)为 101.9，比上年下降 0.4 个百分点。其中服务项目价格指数为 102.6，消费品价格指数为 101.5，商品零售价格指数为 102.0。

4. 固定资产投资

固定资产投资小幅增长。全年固定资产投资完成4967.51亿元，比上年增长4.7%。分产业投向：第一产业投资10.26亿元，比上年增长44.5%，第二产业投资2089.73亿元，比上年增长5.7%，第三产业投资2867.52亿元，比上年增长4.1%。

（二）农业

粮食生产小幅下降。全年粮食总产量55.15万吨，比上年下降6.8%。预计油料总产量7854吨，比上年下降2.7%，其中油菜籽6781吨，比上年增长4.6%；茶叶总产量6412吨，比上年下降1.5%；水果总产量18.66万吨，比上年增长5.9%。全年水产品产量13.56万吨，比上年增长7.0%。

种植业结构继续调整。全年粮食种植面积为86.59千公顷，比上年减少7.47千公顷；油料种植面积为3.54千公顷，比上年减少0.11千公顷；蔬菜种植面积45.75千公顷，比上年减少0.14千公顷；水果种植面积15.57千公顷，比上年减少0.77千公顷。

牧渔业生产一降一增。主要畜产品中，预计肉类总产量6.06万吨，比上年下降17.6%，其中猪牛羊肉4.61万吨，比上年下降11.5%；禽蛋(鸡鸭鹅)总产量2.90万吨，比上年增长7.4%。奶牛存栏0.36万头，比上年下降29.4%。全年水产品产量13.56万吨，比上年增长7.0%。

（三）工业和建筑业

工业生产稳步向好。全市规模以上工业企业实现增加值3382.77亿元，比上年增长8.6%。分经济类型看，内资企业总产值增长17.0%，港澳台商投资企业总产值增长19.0%，外商投资企业总产值增长15.2%。全市统计的278只主要工业产品中，产品产量比上年增长的有164只，占全市统计产品数的59.0%。在全市跟踪统计的30种重点产品中，有23种产品的产量实现增长。

工业效益稳定改善。全市规模以上工业实现主营业务收入15753.74亿元，比上年增长15.8%；工业产销率98.8%，比上年提高0.1个百分点；实现利润总额1040.43亿元，比上年增长13.7%。

建筑业发展保持稳定。全年建筑业完成增加值411.85亿元，比上年增长0.1%；实现建筑业总产值742.62亿元，比上年增长17.2%。施工房屋建筑面积3194.19万平方米。3个建设工程项目获得鲁班奖，38个建设工程项目获江苏省优质工程奖“扬子杯”(房屋建筑工程)，100个建设工程项目获无锡市“太湖杯”优质工程奖。

（四）服务业

1. 国内贸易

消费市场稳步提升。全年实现社会消费品零售总额3458.04亿元，比上年增长10.9%。其中，批发和零售业零售额3193.32亿元，比上年增长10.8%，住宿和餐饮业零售额264.72亿元，比上年增长10.9%。按经营地统计，城镇社会消费品零售总额2962.88亿元，比上年增长10.9%；乡村社会消费品零售总额495.16亿元，比上年增长10.6%。在限额以上批发和零售业零售额中，汽车类增长6.4%；粮油、食品类增长5.5%；石油及制品类增长13.8%；中西药品类增长35.4%；化妆品类增长16.0%；书报杂志类增长8.0%。

2. 交通、邮电业

交通运输能力稳步提升。年末公路总里程7748.63公里，其中高速公路273.88公里。年末全社会拥有车辆187.87万辆，比上年增长6.2%。其中汽车176.45万辆，比上年增长11.4%。私人汽车拥有量年末达到148.92万辆，比上年增长11.3%。年末城市轨道交通运营线路总长55公里，全年运营总里程523.48万列公里，线网客流总量9233.58万人次。市区新辟公交线路4条，年末营运线路291条，线路总长5774公里，全年公交运客总量40008.38万人次。年末市区营运出租汽车4040辆。

客货运量小幅增长。全年完成客运量 8799.70 万人次，比上年增长 1.9%；完成货运量 17384.56 万吨，比上年增长 9.8%。港口吞吐量 21366.83 万吨，比上年增长 13.6%。空港旅客吞吐量 668.30 万人次，比上年增长 20.2%。

邮政通讯快速发展。全年邮电业务总量 222.19 亿元，发送函件 3428.31 万件。全年规模以上快递服务企业业务量完成 4.51 亿件，比上年增长 29.7%。率先建成国内高标准全光网城市，覆盖用户超过 775.5 万户，城域网出口带宽 4.82T。建设 4G 基站累计达到 27682 个。年末移动电话用户 879.90 万户，其中 4G 手机用户达到 651.87 万户。固定互联网宽带接入用户 298.21 万户，移动互联网宽带接入用户 779.08 万户。

3. 旅游业

旅游市场有序发展。全年共接待国内游客 9179.34 万人次，比上年增长 6.9%；接待旅游、参观、访问及从事各项活动的入境过夜旅游者 49.54 万人次，比上年增长 12.8%。旅游总收入达 1743.00 亿元，比上年增长 12.1%。全市拥有年接待游客 10 万人以上的景区 50 个，国家 5A 级景区 3 家，国家 4A 级景区 27 家，3A 级景区 14 家，2A 级景区 15 家。省星级乡村旅游区(点)110 个。年末全市星级宾馆已达 42 家，其中五星级宾馆 13 家，四星级宾馆 11 家。全市拥有旅行社 202 家，其中出境游组团社 24 家。

4. 金融、保险业和证券

金融存贷持续增加。年末金融机构各项本外币存款余额达 15141.30 亿元，比上年增长 3.6%；各项本外币贷款余额 11232.63 亿元，比上年增长 6.8%。存款中，非金融企业存款余额 6658.47 亿元，比上年增长 3.6%；住户存款余额 5143.49 亿元，比上年增长 3.8%。贷款中，非金融企业及机关团体贷款 8835.44 亿元，比上年增长 4.3%；住户贷款 2382.61 亿元，比上年增长 16.6%。全年现金净投放 235.45 亿元。

保险收入快速增长。全年实现保费收入 407.43 亿元，比上年增长 28.7%。其中财产险收入 92.99 亿元，比上年增长 8.1%；人寿险收入 315.74 亿元，比上年增长 36.9%。保险赔款支出 59.58 亿元，比上年增长 7.6%。保险给付支出 32.66 亿元，比上年增长 31.0%。

证券市场规模扩大。全年证券市场完成交易额 3.17 万亿元，比上年下降 41.9%。本年新增上市公司 18 家，累计 129 家；全市证券交易开户总数 146.14 万户，托管市值 2643.22 亿元，下降 9.9%。年末全市共有证券公司 2 家，证券营业部 137 家。全年新三板企业挂牌 50 家，累计挂牌 259 家。

5. 房地产业

房地产业平稳发展。全年房地产业实现增加值 530.72 亿元，比上年略降 0.5%。完成房地产开发投资 1201.89 亿元，比上年增长 16.3%，商品房施工面积为 5736.51 万平方米，比上年下降 4.2%，竣工面积 1129.90 万平方米，比上年下降 14.7%。全年商品房销售面积 1182.09 万平方米，比上年下降 7.4%，商品房销售额 1253.93 亿元，比上年增长 13.2%。

（五）开放型经济

1. 对外贸易

按美元计，全年实现对外贸易进出口总额 812.53 亿美元，比上年增长 16.4%。其中，进口总额 317.34 亿美元，比上年增长 18.0%；出口总额 495.19 亿美元，比上年增长 15.4%。一般贸易实现出口额 253.02 亿美元，总量占比达 51.1%。按人民币计，全年实现对外贸易进出口总额 5502.46 亿元，比上年增长 19.4%。其中，进口总额 2147.84 亿元，比上年增长 20.8%；出口总额 3354.62 亿元，比上年增长 18.4%。

2. 利用外资

利用外资层次提升。全年批准外资项目 408 个，协议注册外资 68.03 亿美元，增长 38.0%。到位注册外资 36.75 亿美元，增长 7.7%。制造业利用外资占到位注册外资比重达到 65.6%，全年完成协议注册外资超 3000 万美元的重大外资项目 55 个。至年底全球财富 500 强企业中有 100 家在无锡市投资兴办了 192 家外资企业。

3. 服务外包产业

服务外包发展良好。全市服务外包产业接包合同总额 145.03 亿美元，比上年增长 18.5%，执行金额 120.75 亿美元，比上年增长 17.4%；离岸合同总额 94.76 亿美元，比上年增长 17.1%，离岸执行金额 74.97 亿美元，比上年增长 15.2%。

4. 对外经济合作势头良好

对外经济合作出现下降。全年备案投资项目 84 个，中方协议投资额 12.05 亿美元，比上年下降 42.5%，其中 1000 万美元以上项目 14 个。

二、无锡市 2017 年社会发展概况

（一）人口、人民生活

人口规模平稳增长。年末全市户籍人口 493.05 万人，比上年增长 1.41%。全年出生人口 49809 人，出生率 10.17‰；死亡人口 39277 人，死亡率 8.02‰，人口自然增长率为 2.15‰。户籍人口城镇化率 75.03%。年末全市常住人口 655.30 万人，比上年增长 0.37%，其中城镇常住人口 498.03 万人，比上年增长 0.63%，常住人口城镇化率 76.0%。

居民收入稳步提高。全体居民人均可支配收入 46453 元，比上年增长 8.6%。城镇常住居民人均可支配收入 52659 元，比上年增长 8.3%。农村常住居民人均可支配收入 28358 元，比上年增长 8.4%。全体居民人均消费支出 29659 元，比上年增长 6.2%，城镇常住居民人均消费支出 32972 元，比上年增长 4.9%，农村常住居民人均生活消费支出 19998 元，比上年增长 8.3%。

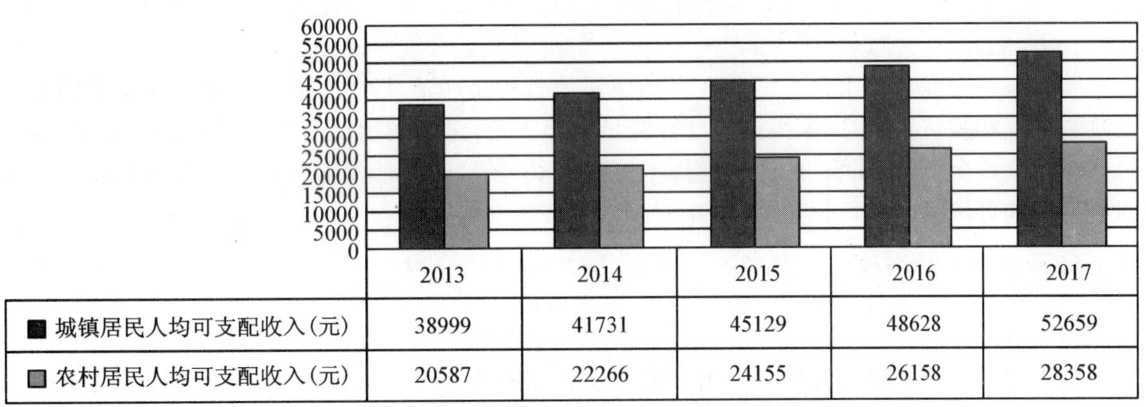

	2013	2014	2015	2016	2017
■ 城镇居民人均可支配收入（元）	38999	41731	45129	48628	52659
■ 农村居民人均可支配收入（元）	20587	22266	24155	26158	28358

图 3　2013—2017 年无锡市城乡居民收入对比一览

（二）就业与社会保障、福利

1. 就业

全年城镇新增就业 15.37 万人，其中：各类城镇下岗失业人员实现就业再就业 5.93 万人，援助就业困难人员再就业 2.67 万人。全市城镇登记失业率为 1.82%。

2. 社会保障

社会保障日益完善。全市企业职工基本养老保险人数达到 245.77 万人，扩面 7.47 万人。全市参加城镇职工基本医疗保险人数达到 326.29 万人，扩面 7.00 万人。全市参加失业保险职工人数为 210.64 万人，扩面 5.91 万人。全市参加工伤保险人数 204.14 万人，扩面 3.90 万人。全市参加生育保险人数 204.08 万人，扩面 2.10 万人。市区月低保标准提高至 820 元。年末在领失业保险金人数为3.67 万人。

社会福利事业扎实推进。城乡居民最低生活保障对象 25099 人；全年共发放低保金 1.62 亿元。实

施城乡医疗救助31.49万人次，支付救助金8978.39万元；实施临时救助33889人次，发放救助金4235.72万元。全市享受国家抚恤、生活补助的优抚对象17852人。保障性安居工程建设有序推进，全市新开工保障性住房11648套，基本建成11290套。

食品安全监管力度加大。全年抽检各类食品3.71万批次，每千人抽检率达5.69批次，动态合格率为98.63%。

（三）教育和科学技术

1. 教育事业

教育事业蓬勃发展。全市共有普通高校12所。普通高等教育本专科招生3.22万人，在校生10.55万人，毕业生3.20万人；研究生教育招生0.26万人，在校生0.72万人，毕业生0.19万人。全市中等职业教育在校生达6.69万人。九年义务教育巩固率100%，高中阶段教育毛入学率100%，普及高中阶段教育。特殊教育招生146人，在校生1199人。全市共有幼儿园403所，比上年增加20所；在园幼儿19.07万人，比上年增加0.87万人。

2. 科学技术

科技人才集聚加速。全市共有国家级工程技术研究中心6家，省级以上重点实验室9家，省级以上企业重点实验室6家，国家级国际合作基地10家，省级国际技术转移中心8家。当年自主培育"千人计划"专家4人，累计培育国家"千人计划"专家88人，年末在锡创新创业"千人计划"专家245人。

科技产出质量提升。全市高新技术产业产值占规模以上工业总产值比重达到42.3%，高新技术产业产值同比增长17.3%。新认定省级高新技术产品1165个。

科技创新继续推进。全市发明专利申请量达20122件，比上年下降38.3%；发明专利授权量达4826件，比上年下降13.6%。全市获国家、省科技计划到位经费4.53亿元，比上年下降29.8%，其中获国家科技经费0.18亿元。

质检能力显著增强。全市共有国家级产品质量监督检查中心12个，国家级型式评价实验室1个，国家级检测重点实验室8个，国家级产业计算测试中心1个，全年省级监督抽查该市产品1372批次，强制性产品认证获证企业1174家，法定计量技术机构3家，强制检定计量器具66.75万台(件)，全年新增主导和参与制修订国际、国家、行业标准60项。

（四）文化、卫生和体育

1. 文化事业

文化事业和文化产业繁荣发展。年末共有艺术表演团体64个，文化馆8个，公共图书馆8个，文化站82个，博物(纪念)馆58个。全市人民广播电台节目8套，电视台节目10套，无锡有线电视总用户已达152.14万户。电视人口总覆盖率和广播人口覆盖率均达100%。全市档案馆8个，已向社会开放档案58.14万卷(件、册)。

2. 卫生事业

卫生事业持续健康发展。全市拥有卫生医疗机构2350个，其中综合医院80家，社区卫生服务中心(卫生院)102家，社区卫生服务站(村卫生室)707家，护理院22家，疗养院7家。年末全市共有卫生技术人员5.04万人，其中执业(助理)医师1.88万人；拥有医疗床位4.21万张，其中医院、社区卫生服务中心(卫生院)4.10万张。全市各级医疗机构全年完成诊疗5604.74万人次，比上年增长9.6%。

3. 体育事业

体育事业稳步发展。全市新增公共体育设施面积13.02万平方米，新增各级社会体育指导员3000人。成功举办无锡国际马拉松赛、环太湖国际公路自行车赛、亚洲击剑锦标赛等一批大型国际赛事。全年无锡籍运动员在全国以上各级各类比赛中共取得50个冠军，其中1人获2项世界冠军。全市体育彩票销售达到29.06亿元，增长11.4%。

（五）资源、环境和绿化

土地资源配置优化。全年全市国有建设用地供应总量 2270.16 公顷，比上年增长 8.5%，其中，工矿仓储用地 764.05 公顷，房地产用地 564.34 公顷，基础设施等其他用地 941.77 公顷。

电力消耗小幅增长。全年全社会用电量 686.67 亿千瓦时，比上年增长 7.5%。其中工业用电量 524.68 亿千瓦时，增长 6.3%；城乡居民生活用电 66.79 亿千瓦时，增长 10.6%。

水资源高效利用。年末全市水资源总量 29.1 亿立方米，比上年减少 52.6%，全年总用水量 26.77 亿立方米，比上年增长 0.8%。

环境保护效果明显。全市 PM2.5 年均浓度较上年下降 14.6%。环境空气质量优良天数比例为 67.7%，集中式饮用水源地水质达标率 100%，全市功能区昼间和夜间噪声达标率分别为 93%和 75%。

城市绿化水平提升。年内市区新增绿地面积 205 公顷，人均公园绿地面积 14.91 平方米，建成区绿化覆盖率达到 42.98%。

（六）生产安全

安全生产形势平稳。全年发生各类事故 732 起，死亡 380 人。亿元 GDP 生产安全事故死亡率0.036 人/亿元。

三、无锡市在泛长三角地区经济发展中的地位

2017 年是党的十九大胜利召开之年，也是全面落实省、市第十三次党代会决策部署的开局之年和本届政府依法履职的第一年。面对复杂多变的宏观经济形势，在中共无锡市委的坚强领导下，在市人大、市政协的监督和支持下，市政府认真学习宣传贯彻党的十九大精神，以习近平新时代中国特色社会主义思想为指导，紧紧依靠全市广大人民，牢牢把握稳中求进工作总基调，坚定不移贯彻新发展理念，深入开展“两聚一高”新实践，大力实施六大发展战略，全力推进“强富美高”新无锡建设，圆满完成市委十三届二次全会和市十六届人大一次会议确定的目标任务，为无锡新时代实现新跨越打下了坚实基础。

（一）地区生产总值

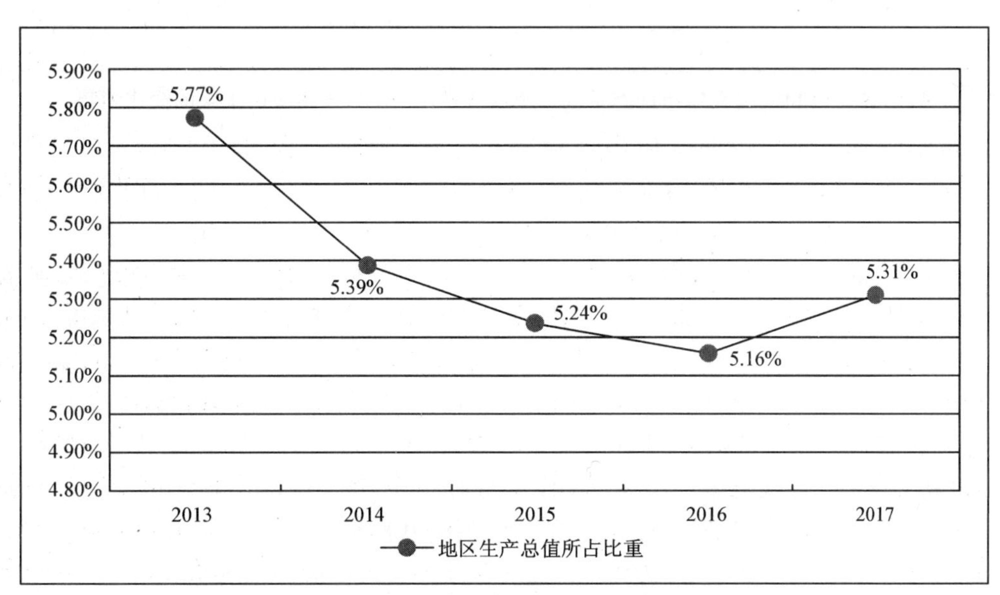

图 4　2013—2017 年无锡市地区生产总值在泛长三角
（苏浙两省 24 个地级市、安徽 16 个地级市和上海市，下同）所占比重的变化趋势

2013—2017 年无锡市地区生产总值在泛长三角所占比重为 5.77%、5.39%、5.24%、5.16%和 5.31%，逆势上扬。2017 年所占比重较 2016 年上升了 0.15 个百分点，较 2013 年下降了 0.46 个百分点。2017 年无锡市地区生产总值在泛长三角地区 41 个市中排名第 5 位，与去年保持一致。

2017 年无锡经济运行平稳有进，全市实现地区生产总值 10511.80 亿元，增长 7.4%，人均生产总值 16.07 万元，生产总值全江苏省排第 3 位。无锡各县市区，江阴市交出 3488.27 亿元，以领先其他县市区两个半身位的高调姿态夺得头名，新吴区、宜兴市、梁溪区等过千亿关口的县市区虽然成绩也不差，但在江阴市面前只能屈身无锡市第二梯队，剩下的县市区为第三梯队。

人均 GDP 方面，无锡各县市区均超过江苏省人均 GDP 水平，新吴区、江阴市分别以人均 GDP 28.70 万元、21.19 万元的好成绩夺得头两位，剩下的县市区虽热低于全市平均水平，但人均 GDP 均超江苏省 10.74 万元的人均 GDP 水平，成绩可圈可点。

（二）地方财政一般预算收入

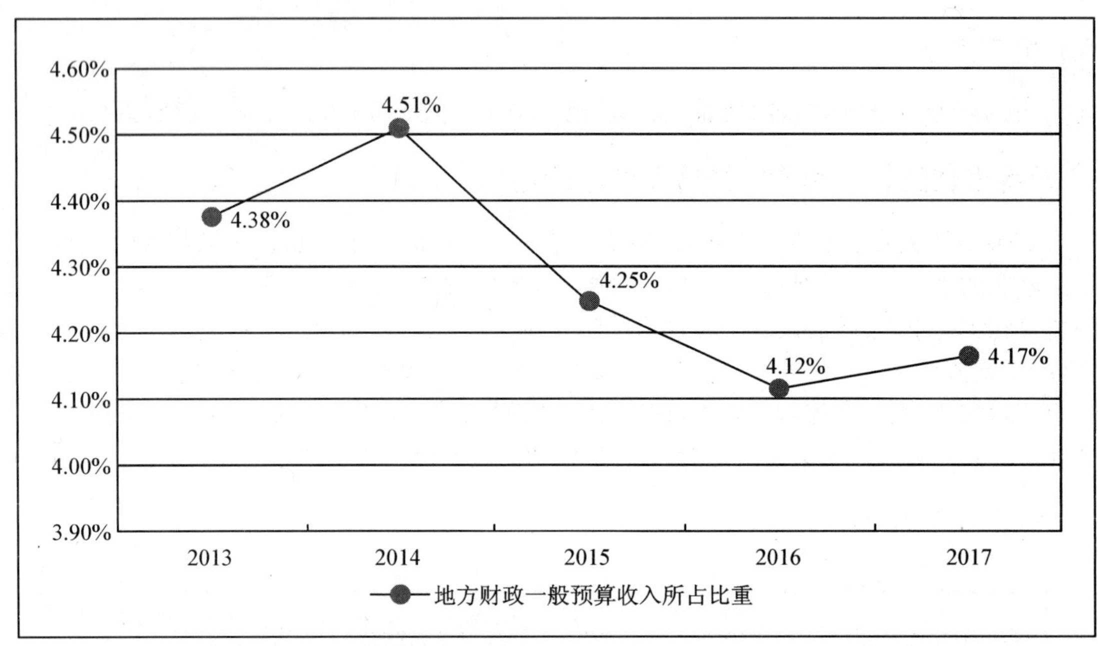

图 5　2013—2017 年无锡市地方财政一般预算收入在泛长三角所占比重的变化趋势

2013—2017 年无锡市地方财政一般预算收入在泛长三角所占比重为 4.38%、4.51%、4.25%、4.12% 和 4.17%，2017 年较 2013 年减少了 0.21 个百分点。2016 年无锡市地方财政一般预算收入在泛长三角地区 41 个市中排名第 6 位，与去年持平。

2017 年，在市委、市政府的正确领导下，在市人大、市政协的监督支持下，全市各级财政部门全面落实省、市第十三次党代会和市委十三届二次、四次全会决策部署，按照市十六届人大一次会议的有关决议精神，牢牢把握稳中求进工作总基调，坚定不移贯彻新发展理念，深入开展"两聚一高"新实践，加快落实稳增长、促改革、调结构、惠民生、优生态、防风险各项工作，努力促进全市经济社会持续、健康、稳定发展。2017 年全市财政运行总体平稳，财政收入组织扎实有效，重点领域支出保障有力，财税体制改革稳步推进，较好完成了市十六届人大第一次会议确定的预算工作目标。2017 年全市一般公共预算收入完成 930 亿元，增长 6.3%，完成年度预算的 101.2%。其中：税收收入 752.4 亿元，增长 6.6%，占一般公共预算收入的比重为 80.9%。2017 年市本级一般公共预算收入完成 101.8 亿元，加上中央和省税收返还及转移支付收入、县区上解收入、上年结转收入、一般债券资金收入、预算稳定调节基金收入和调入资金收入等 292.3 亿元，收入共计 394.1 亿元，完成年度调整预算的 102.2%。

（三）工业生产总值

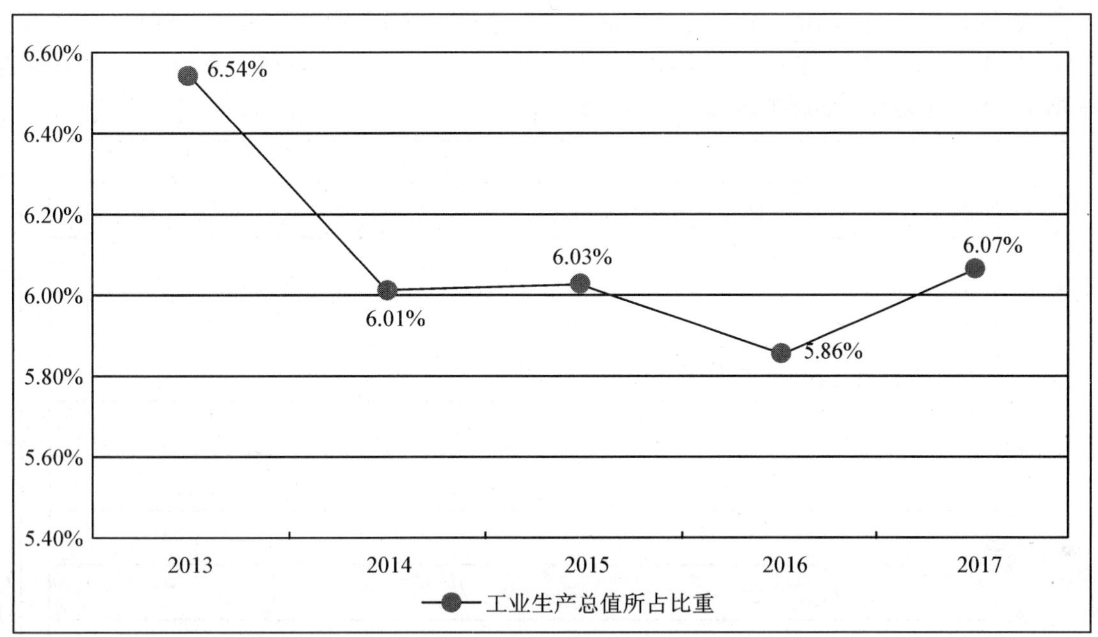

图 6　2013—2017 年无锡市工业生产总值在泛长三角所占比重的变化趋势

2013—2017 年无锡市工业生产总值在泛长三角所占比重为 6.54%、6.01%、6.03%、5.86%和6.07%，总体呈现下降的趋势，累计降幅为 0.47 个百分点。2017 年无锡市工业生产总值在泛长三角地区 41 个市中排名第 4 位。

2017 年 1—12 月全市规模以上工业企业完成总产值 15861.19 亿元，同比增长 16.8%，比上年同期提高 13.0 个百分点。分行业看，1—12 月，全市 32 个行业大类中，31 个实现同比增长，1 个同比下降。全市十大行业的工业总产值同比增长情况：电气机械业增长 14.8%、通信电子业增长 18.1%、化学原料业增长 13.7%、有色金属业增长 23.4%、黑色金属业增长 43.2%、通用设备业增长 24.8%、汽车制造业增长 18.3%、金属制品业增长 12.7%、纺织业增长 3.4%、专用设备制造业增长 12.4%。分单位规模看，1—12 月，大型企业完成工业总产值 7153.29 亿元，占全市规模工业总产值的 45.1%，增速达到了 19.1%，高于全市平均水平 2.3 个百分点；中型、小型的工业总产值占全市的比重分别达到了 22.2%、32.3%，累计增速分别为 12.8%和 16.0%。分企业类型看，1—12 月，内资企业和港澳台商投资企业产值同比增速分别为 17.0%和 19.0%，分别高于全市平均水平 0.2 和 2.2 个百分点；外商投资企业产值同比增长 15.2%，低于全市平均水平 1.6 个百分点。

（四）进出口总额

2013—2017 年无锡市进出口总额在泛长三角所占比重为 5.12%、5.17%、4.91%、5.27%和 5.44%，2016 年以来逆势大幅上扬，2017 年上年增加了 0.17 个百分点。2017 年无锡市进出口总额在泛长三角地区 41 个市中排名第 4 位，与上年保持一致，排名较靠前。

2017 年，经受住国内外各种严峻复杂形势考验，无锡外贸实现历史性跨越。对外贸易进出口总额首次突破 800 亿美元大关，达 812.5 亿美元，同比增长 16.4%，高于全国平均水平 5 个百分点、高于全省平均水平 0.3 个百分点，增速创 6 年来新高。外贸进出口实现恢复性增长的背后，是通过转变外贸发展方式，增强了内生动力，过去的几年受外需低迷、价格下跌、要素成本快速上升等多种因素叠加影响，无锡有两年一度出现了外贸负增长，到现在实现两位数增长，可谓一大飞跃。

据无锡海关统计，2017 年全市完成的 812.5 亿美元进出口总额中，出口和进口双双增长，分别达

495.2 亿美元和 317.3 亿美元，增幅达 15.4%和 18.0%。业内人士分析认为是诸多因素的共同作用。世界经济复苏好于预期，需求增长。无锡的外贸出口阵地也从传统欧美、日本市场扩展到东南亚、大洋洲、拉美、非洲，新兴市场开拓不断加大。同时，国内经济稳中向好，企业所需生产性资料、大宗商品这两块需求增大，加上铁矿石、化工原料等大宗商品价格大涨，都提升了进口货值。实体经济经营改善带动进口需求增加，无锡本地市场同步顺应了这一趋势。

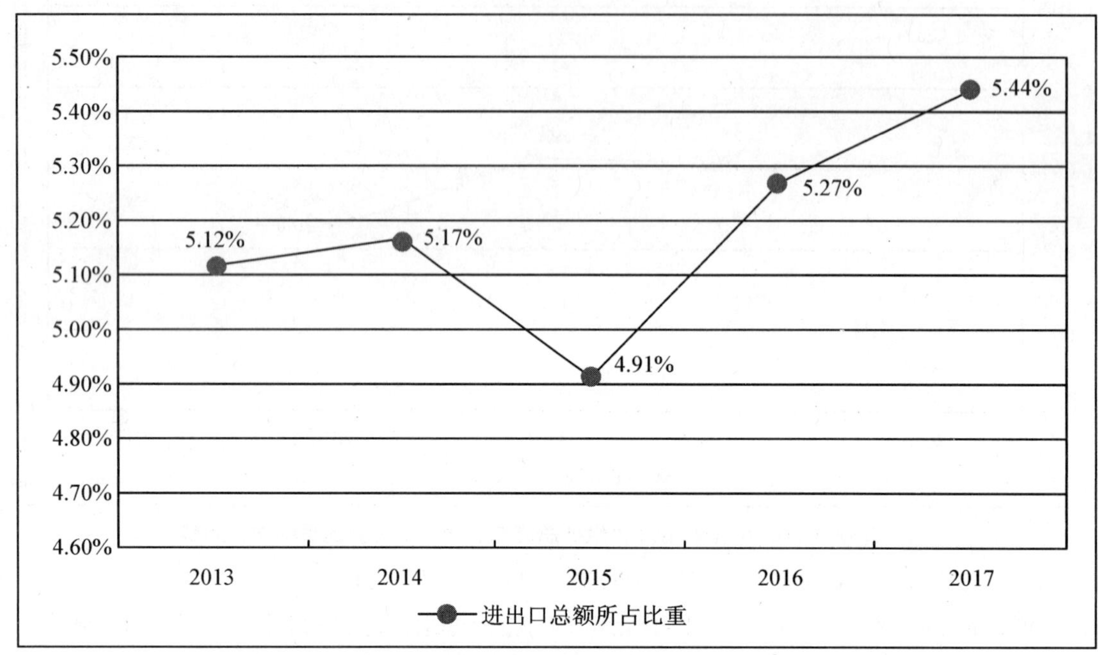

图 7　2013—2017 年无锡市进出口总额在泛长三角所占比重的变化趋势

进出口快速增长的同时，无锡更致力于外贸结构的调优，巩固“无锡制造”、力推“无锡创造”，无锡军团的“外贸价值”得以更明显地体现。据悉，近年来无锡不断培育自主品牌企业，“品牌决定市场占有率”的理念正成为共识。在 2017 年省级国际知名品牌的评选中，无锡企业入围数量达到 79 家，位居全省第一；在省内 39 家国际知名自主品牌领军企业中，长电科技、红豆、双良、云蝠等无锡企业共占了 9 席。产业链长、附加值高、拥有境外自主品牌的一般贸易占外贸出口比重达到 51.1%，超过加工贸易比重 11.7 个百分点。

无锡产业转型成效也在外贸进出口产品的占比变化中得以体现。2017 年主要进出口商品中，高新技术产品比重继续提升，其中出口 183.4 亿美元，同比增长 29.3%；进口 125.3 亿美元，增长 23.2%；均高于全市平均水平。无锡多年前就预见性地将集成电路产业作为支柱产业之一，这个高附加值产业 2017 年表现尤为突出，同比增长 35.1%。在培育龙头企业的同时，无锡也鼓励更多的中小微企业做大做强。市商务局于去年 4 月联合财政、金融办等部门，设立 1 亿元的信贷风险补偿资金池，出台外贸信贷风险补偿机制，和中国银行、宁波银行合作推出了外贸小微贷政策，到去年底共放出 5.4 亿元人民币的贷款，惠及 130 家外贸中小微企业。另外，已建立两家省级外贸综合服务平台，共入驻企业 2300 多家，这些企业在两家平台实现年通关总额达到近 3 亿美元，同比增长 2.8 倍。

（五）实际外商直接投资金额

2013—2017 年无锡市实际外商直接投资金额在泛长三角所占比重为 4.46%、3.89%、4.36%、4.43% 和 4.82%，2015 年以来止跌上扬，2017 年与上年比增加了 0.39 个百分点，较 2013 年增加了 0.36 个百分点。2017 年无锡市实际外商直接投资金额在泛长三角地区 41 个市中排名第 6 位。

2017 年，发展潜力巨大的无锡，依旧是外资企业投资最青睐的城市之一。2017 年，无锡市共新设立登记外商投资企业 491 户，同比增长 19.76%。其中，全年 166.30 亿美元的投资总额，更是傲视周边各大主要城市。

2017 年最青睐到无锡投资的国家或地区，分列前两位的是香港和韩国。在 2017 年新设的外商投资法人企业，投资来源地为香港的企业有 85 户；排在第二位的是韩资企业，全年新设户数为 36 户。它们占全年全市新设外资企业投资额的八成。2017 年在无锡投资增长幅度最高的国家或地区，则是中国台湾省，共设立 31 户外资企业，投资规模同比增长了 273.35%。

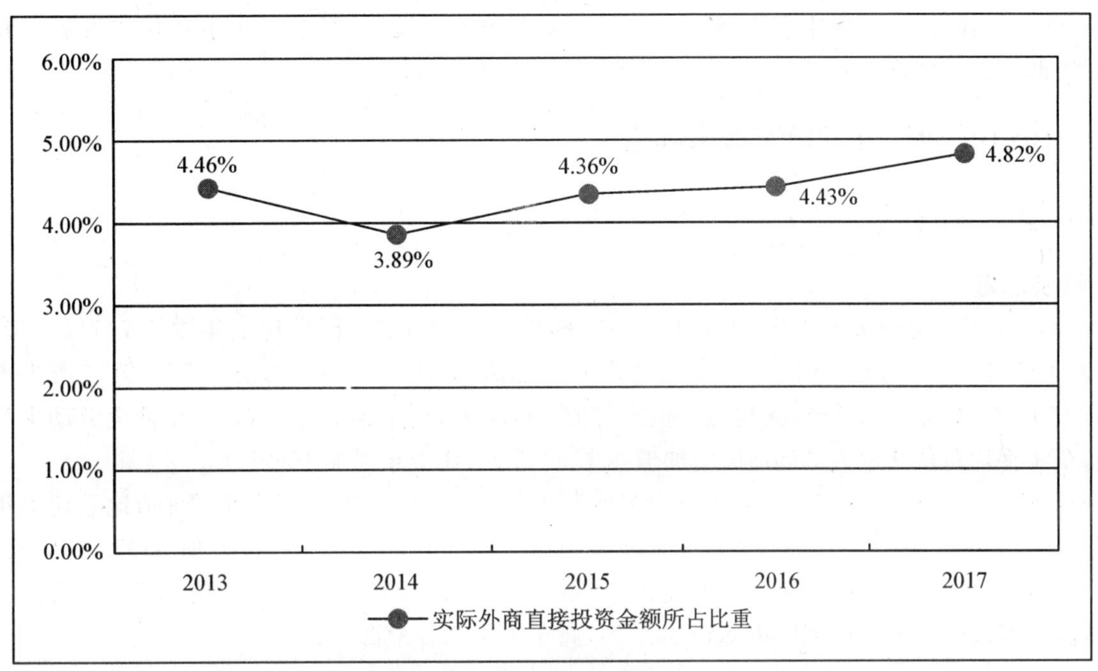

图 8　2013—2017 年无锡市实际外商直接投资金额在泛长三角所占比重的变化趋势

2017 年重大外资项目则更加青睐于江阴、宜兴和锡山三个区域。2017 年投资总额超过 1000 万美元的重大投资项目共 80 户，其中江阴和宜兴各 16 户、锡山 15 户，超过了外资引入的“半壁江山”。

综合全市 2017 年各行业新设外资企业数据，可以看出 2017 年不同行业获得资本的青睐程度分化程度较高，投资比重较高的五个行业分别为：科技研发业、制造业、房地产业、商务服务业、金融业。排名前五的五个行业吸引了全市 91.13%的资金，构成了 2017 年的外资主要投资领域。

根据“波士顿矩阵分析法”对 2017 年外商投资分析以后发现，外资房地产业虽然处于支柱行业象限，但其资本活跃度接近 15%，趋近于优势行业；制造业虽然资本活跃度较低，但其资本占比较高，资本占比达 54.45%，充分体现了外资制造业在无锡市外资企业中的主导支柱地位。

四　徐州市 2017 年经济社会发展报告

2017 年，面对错综复杂的宏观经济形势，全市上下积极践行新发展理念，坚持稳中求进工作总基调，以供给侧结构性改革为主线，以建设淮海经济区区域中心城市为重点，坚定不移走产业强市之路，积极培育发展新动能，经济运行稳中有进、稳中向好，转型升级成效明显，社会民生事业加快发展，“五位一体”发展协调性持续增强。

一、徐州市 2017 年经济发展概况

（一）综合经济

1. 经济总量

2017 年，全市实现地区生产总值（GDP）6605.95 亿元，按可比价计算，比上年增长 7.7%。其中，第一产业增加值 600.54 亿元，增长 2.5%；第二产业增加值 2884.00 亿元，增长 7.7%；第三产业增加值 3121.41 亿元，增长 8.6%。全市人均地区生产总值 75611 元，比上年增长 7.1%。全社会劳动生产率持续提高，全年平均每位从业人员创造的增加值达 136755 元，比上年增加 16595 元。

产业结构持续优化。全市三次产业结构调整为 9.1∶43.6∶47.3，第三产业增加值比重比上年提高 0.1 个百分点，超过二产 3.7 个百分点。全市规模以上工业实现高新技术产业产值 5305.98 亿元，比上年增长 15.0%，占规模以上工业总产值比重为 36.5%；六大战略新兴产业产值 4879.29 亿元，增长 28.9%，占规模以上工业总产值比重达到 33.5%，高于上年 3.0 个百分点。

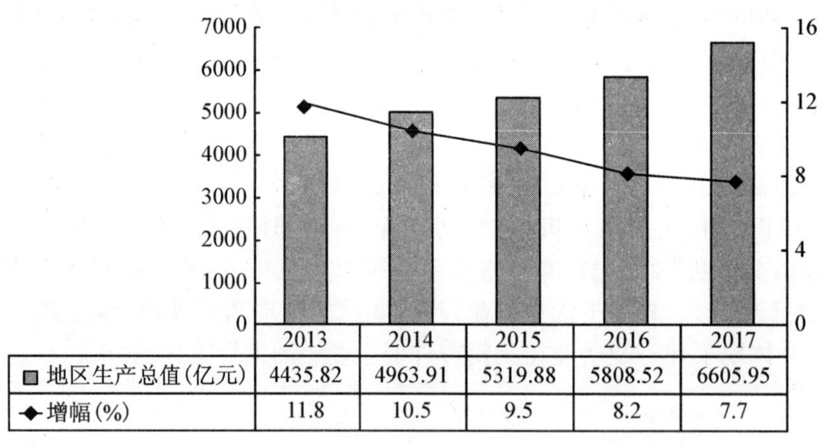

	2013	2014	2015	2016	2017
地区生产总值（亿元）	4435.82	4963.91	5319.88	5808.52	6605.95
增幅（%）	11.8	10.5	9.5	8.2	7.7

图 1　2013—2017 年徐州市地区生产总值及增长速度

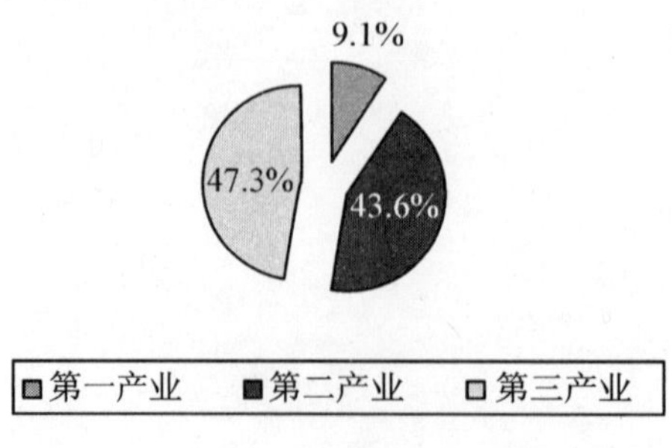

图 2　2017 年徐州市三次产业结构图

2. 财政收支

财税收入稳步回升。全市实现一般公共预算收入 501.64 亿元，同口径比上年增长 5.0%。国税、地税和财政部门分别实现一般公共预算收入 163.79 亿元、224.66 亿元和 113.19 亿元。完成税收收入 365.23 亿元，占一般公共预算收入比重为 72.8%；主体税种增势良好，增值税（含营业税）、企业所得税、城市维护建设税和契税分别完成 141.19 亿元、33.99 亿元、28.63 亿元和 35.60 亿元。

财政支出结构不断优化。全年一般公共预算支出 827.12 亿元，比上年增长 3.5%。其中，一般公共服务支出 70.84 亿元，增长 12.6%；教育支出 176.04 亿元，增长 9.0%；科学技术支出 22.33 亿元，增长 7.8%；社会保障和就业支出 95.25 亿元，增长 8.2%；医疗卫生与计划生育支出 67.58 亿元，增长 11.9%；城乡社区事务支出 131.40 亿元，增长 4.9%。

3. 物价指数

价格指数平稳上涨。全年城市居民消费价格比上年上涨 1.7%。分类别看，食品烟酒类上涨0.2%，衣着类上涨 3.8%，居住类上涨 2.8%，生活用品及服务类上涨 4.0%，交通和通信类上涨 1.9%，教育文化和娱乐类上涨 1.5%，医疗保健类上涨 0.3%，其他用品和服务类上涨 1.5%。全市工业生产者出厂价格总指数上涨 5.4%，涨幅比上年提高 5.3 个百分点；工业品购进价格上涨 12.6%，涨幅比上年扩大11.2 个百分点。

4. 固定资产投资

固定资产投资平稳增长。全年完成固定资产投资 5277.03 亿元，比上年增长 10.0%。其中项目投资 4738.40 亿元，增长 11.5%。在项目投资中，国有及国有经济控股投资 897.68 亿元，增长 10.9%；外商及港澳台商投资 72.30 亿元，下降 57.4%；民间投资 3802.99 亿元，增长 14.0%，占固定资产投资比重为 72.1%，其中私营企业投资 3327.38 亿元，增长 23.2%。基础设施投资 900.51 亿元，增长 6.6%。全市在建项目 6995 个，比去年增加 2086 个，投资完成额增长 11.5%。在建 5 亿元以上项目 214 个，比上年增加 45 个。

投资结构继续优化。第一产业投资 60.89 亿元，比上年增长 50.8%；第二产业投资 2884.19 亿元，增长 8.1%；第三产业投资 2331.95 亿元，增长 11.7%，占全部固定资产投资比重为 44.2%，比上年提升 0.7 个百分点。第二产业投资中，工业投资 2857.60 亿元，增长 7.2%，其中，制造业投资 2627.95 亿元，增长 8.8%；工业技改投资 1273.78 亿元，增长 74.9%，占工业投资比重为 44.6%。电子及通讯设备制造业、仪器仪表制造业、智能装备制造业等高新技术产业投资分别为 89.91 亿元、36.88 亿元和 211.36 亿元，分别增长 101.2%、38.5%和 0.2%。

（二）农业和农村建设

农业生产保持稳定。全年实现农林牧渔业总产值 1150.01 亿元，比上年增长 9.9%。全年粮食总产量 482.72 万吨，增长 2.9%，粮食亩产 433 公斤，增加 9 公斤；其中夏粮产量 204.24 万吨，增长 0.5%；秋粮产量 278.49 万吨，增长 4.7%。棉花总产量 1.89 万吨，下降 8.7%；油料产量 12.85 万吨，下降4.5%；水果（含瓜果类）产量 242.87 万吨，增长 1.5%；蚕茧产量 4676 吨，增长 27.3%。全年成片造林面积3.62 千公顷，增长 6.5%。全年猪牛羊禽肉产量 78.06 万吨，下降 7.0%；禽蛋产量 33.76 万吨，下降 34.9%。水产品产量 17.32 万吨，下降 8.3%。

现代农业加快推进。全年新增设施农业面积 6.93 千公顷，设施农业面积累计达 148.74 千公顷，比上年增长 4.9%；新增设施渔业面积 0.26 千公顷，累计达 6.91 千公顷，增长 3.9%；新建高标准农田 22 千公顷，累计建成 334.15 千公顷，占耕地面积比重提升到 54.9%，比上年提高 3.6 个百分点。新增有效灌溉面积 5.97 千公顷，累计达 527.27 千公顷；新增节水灌溉面积 23.58 千公顷，累计达 342.94 千公顷；

年末农业机械总动力 735 万千瓦，比上年增加 23 万千瓦，农业生产机械化水平达 82.0%，比上年提高 1.0 个百分点。

农业产业化水平不断提升。全市共有国家级农业龙头企业 6 家；省级农业龙头企业 65 家，净增 5 家；市级农业龙头企业 282 家，净增 8 家。创建省级农产品出口示范基地 22 个，省级以上农产品出口示范区 7 个。全年秸秆还田面积达 758.78 万亩；累计建设秸秆收储中心和临时堆放点 1200 处，年收储能力达 120 万吨。全市土地承包经营权流转面积达 370 万亩；家庭农场、农民合作社分别达到 10856 家和 1.65 万个，分别比上年增长 109.6%和 4.8%。

（三）工业和建筑业

工业生产总体平稳。全年规模以上工业增加值比上年增长 9.0%，其中轻工业增长 8.8%，重工业增长 9.1%。分经济类型看，股份制工业增长 9.3%；外商及港澳台投资工业增长 11.3%；国有控股工业增长 9.0%，民营工业增长 8.1%。重点培育的六大优势产业实现产值 13332.97 亿元，增长 17.2%，占规模以上工业总产值比重为 91.6%。其中，装备制造业、能源业、食品与农副食品加工业、煤盐化工业、冶金业和建材业分别增长 24.3%、19.1%、11.6%、19.0%、12.6%和 17.0%。

产业结构向中高端攀升。规模以上工业中，先进制造业产值保持较快增长。其中，医药制造业实现产值 668.18 亿元，比上年增长 29.2%；仪器仪表制造业 565.48 亿元，增长 24.7%；计算机、通信和其他电子设备制造业 366.83 亿元，增长 16.3%；专用设备制造业 528.06 亿元，增长 21.4%；电气机械和器材制造业 1033.20 亿元，增长 23.1%；汽车制造业 120.76 亿元，增长 55.2%。工业机器人产量增长 58.8%，多晶硅产量增长 7.9%。

企业效益较快增长。全年规模以上工业实现主营业务收入 13816.12 亿元，比上年增长 13.5%；利税 1839.17 亿元，增长 7.3%；利润 1049.28 亿元，增长 12.8%；规模以上工业企业营业收入利润率为 7.6%，比上年提高 0.1 个百分点。

建筑业稳定发展。年末，全市资质以上建筑业企业 507 家，比上年净增 71 家；全年实现建筑业总产值 1493.03 亿元，比上年增长 7.6%。全年房屋建筑施工面积 11642.81 万平方米，其中新开工面积 5036.01 万平方米。全年建筑业竣工产值 1191.82 亿元，增长 2.4%。

（四）服务业

1. 国内贸易

消费品市场平稳增长。全年实现社会消费品零售总额 2977.20 亿元，比上年增长 12.0%。按经营单位所在地分，城镇消费品零售额 2449.56 亿元，增长 11.7%；农村消费品零售总额 527.63 亿元，增长 13.1%。按消费形态分，批发业实现零售额 482.70 亿元，增长 12.7%；零售业零售额 2245.86 亿元，增长 12.0%；住宿业 45.15 亿元，增长 7.2%；餐饮业 203.50 亿元，增长 10.7%。在限额以上单位中，粮油食品类、饮料类、服装鞋帽针纺织品类和日用品类商品分别实现零售额 276.84 亿元、30.15 亿元、188.03 亿元和 102.23 亿元，分别增长 12.6%、13.4%、15.3%和 21.0%；五金电料类、家具类和建筑及装潢材料类商品分别实现零售额 119.39 亿元、51.31 亿元和 233.41 亿元，分别增长 17.5%、20.7%和 17.2%；文化办公类、体育娱乐用品类分别实现零售额 39.45 亿元和 8.68 亿元，分别增长 14.6%和 17.0%；石油及制品类、汽车类分别实现零售额 78.90 亿元和 413.11 亿元，分别增长 2.0%和 16.1%。

2. 交通、邮电

综合交通网络更加完善。全年交通运输、仓储和邮政业增加值 452.22 亿元，按可比价计算，比上年增长 8.2%。全市年末公路总里程 16350.91 公里，其中高速公路 463.96 公里。完成公路货运量 19485

万吨，比上年增长10.8%。水运货运量6287万吨，增长8.4%。分别完成公路、水运货物周转量497.79亿吨公里和231.28亿吨公里，分别增长11.8%和8.9%。完成公路旅客运输量1.10亿人次，公路旅客周转量68.3亿人公里，分别下降16.7%和13.1%。完成港口吞吐量7419.58万吨，下降18.6%，徐州港集装箱吞吐量1.52万TEU。年末输油管道7193公里，管道货物运输量13781万吨，管道货物周转量673.76亿吨公里。观音机场航空旅客运输量191.65万人次，增长28.9%；航空货物运输量9232吨，增长1.6%。年末铁路营业里程797.3公里，其中高铁234.9公里。铁路正线延展长度1584.75公里，全年完成铁路客运发送量2457.33万人，其中徐州站发送2206.83万人，货运发送量597.8万吨。年末民用汽车保有量120.25万辆，比上年末增长18.4%；年末私人汽车保有量110.29万辆，增长19.1%，其中，私人轿车保有量66.57万辆，增长18.3%。

邮政电信快速发展。全年邮政业务总量、业务收入分别为53.12亿元和29.13亿元，分别比上年增长35.2%和22.5%。其中，规模以上快递业完成业务量、业务收入分别增长22.9%和21.2%，其中，国际及港澳台业务量和业务收入分别增长145.9%和96.8%。电信业务总量155.65亿元，增长76.5%；电信业务收入63.17亿元，增长10%。年末固定电话103.5万户，比上年末减少12.29万户；移动电话用户811.09万户，比上年末增加49.08万户。年末互联网宽带接入用户268.59万户，新增41.55万户。

3. 旅游业

旅游业全面快速增长。全市共有国家A级景区70家，省级旅游度假区3家，星级酒店52家，旅行社206家，乡村旅游示范点61家。共接待国内外游客5101.8万人次，比上年增长12.9%，旅游总收入666.64亿元，增长16.4%。接待入境过夜旅游者3.99万人次，增长16.9%；其中，外国人3.13万人次，增长23.5%。旅游外汇收入4963.14万美元，增长26.0%。接待国内游客5097.77万人次，增长12.9%；实现国内旅游收入658.92亿元，增长16.4%。

4. 金融、证券和保险

金融市场运行稳健。全年实现金融业增加值324.77亿元，按可比价计算，比上年增长11.0%，占地区生产总值的比重达4.9%。年末全市金融机构人民币存款余额6396.38亿元，比上年增长16.4%，增速比上年提高0.6个百分点。其中，住户存款3349.45亿元，增长8.4%。年末金融机构人民币贷款余额4173.20亿元，比上年增长15.3%。按贷款期限分，中长期贷款2437.18亿元，增长30.8%；短期贷款1395.40亿元，增长1.8%。

证券交易市场保持稳定。年末全市共有证券公司3家；证券营业部34家，比上年增加5家；期货经纪公司1家；期货营业部5家，比上年减少1家。全市A股证券账户数137.32万户，比上年末增长24.8%；资金账户数77.58万户，增长26.6%。全年累计证券交易额为10373.02亿元，指定与托管市值667.32亿元，期货经营机构累计交易金额达到11468.73亿元。

资本市场稳步发展。年末全市共有上市公司12家，其中境内11家、境外1家，新增创业板上市公司1家，澳交所备案1家；“新三板”挂牌企业24家、新增挂牌企业4家；区域股权交易市场挂牌企业727家、新增456家。新发企业债券规模66.9亿元，累计发行453.5亿元；新发行银行间各类债务融资工具280.5亿元，比上年多发60.5亿元。

保险业务增势良好。新增保险机构2家，年末保险机构达61家，各类分支机构168家。全年总保费收入209.34亿元，比上年增长25.8%。其中寿险保费收入151.20亿元，增长30.0%，产险保费收入58.14亿元，增长17.5%。全年累计赔付和给付支出58.16亿元，增长10.4%；其中赔付额32.86亿元，增长17.1%。在赔付额中，财产险赔付27.77亿元，增长13.6%；寿险赔付5.09亿元，增长40.6%；保险深度和保险密度分别为3.2%和2389元/人。

5. 房地产业

房地产市场健康发展。全年房地产开发投资538.62亿元，比上年下降1.9%。其中，住宅开发投资421.81亿元，增长1.6%；商业营业用房投资74.00亿元，下降12.7%；办公楼投资22.05亿元，下降13.6%。全年商品房施工面积4690.59万平方米，增长9.3%；新开工面积1266.47万平方米，下降3.3%；竣工面积520.53万平方米，下降13.5%。全年商品房销售面积1183.80万平方米，增长10.5%，其中住宅1077.78万平方米，增长17.4%；商品房销售额742.00亿元，增长26.2%，其中住宅646.39亿元，增长38.4%。

（五）开放型经济

1. 对外贸易

外贸进出口发展向好。全年实现进出口总额527.15亿元，比上年增长27.4%；其中出口总额428.14亿元，增长23.0%。按美元计价的进出口总额实现78.01亿美元，增长24.8%。服务贸易进出口总额4.71亿美元，占对外贸易比重为5.7%。出口结构有所优化，一般贸易出口额382.6亿元，增长26.1%，占出口总额比重为89.4%，比上年提高2.2个百分点；加工贸易出口额44.4亿元，增长0.7%。机电产品出口额171.7亿元，增长26.6%，高新技术产品出口额15.8亿元，增长4.0%。分出口市场看，对东南亚国家联盟出口76.8亿元，下降0.5%；对欧盟出口57.3亿元，增长23.2%；对美国出口74.2亿元，增长31.6%；对拉丁美洲出口27.9亿元，增长25.6%；对日本出口14.5亿元，增长9.4%；对非洲出口29.8亿元，增长8.6%。

2. 对外经济

对外经济合作发展良好。全年实际使用外资16.6亿美元，比上年增长10.2%。新批外商投资企业188个，增加22个；新批协议外资42.58亿美元，增长21.2%；新批及净增资3000万美元以上的项目97个，增加42个，其中1亿美元以上的项目14个，增加3个。新签对外承包工程合同额、新签对外承包工程完成营业额分别为3.41亿美元和1.0亿美元；新批境外投资项目22个，境外投资中方协议外资3.92亿美元。

3. 开发区建设

开发区经济稳定发展。全市共有省级以上开发园区13个，其中国家级开发区2个。全年开发区业务总收入1.53万亿元，比上年增长8.0%；一般公共预算收入255.01亿元，增长1.0%。全市开发区实现进出口总额434.42亿元，占全市总量的82.4%；其中，出口总额336.18亿元，占全市总量的78.5%；实际到账注册外资13.49亿美元，增长12.2%，占全市总量的81.3%。

二、徐州市2017年社会发展概况

（一）人口、人民生活

常住人口总量继续回升。年末，全市常住人口876.35万人，比上年末增加5.35万人，增长0.6%；其中城镇人口558.76万人，增长2.7%。在常住人口中，0—14岁人口175.30万人，15—64岁人口597.70万人，65岁及以上人口103.35万人。全年人口出生率13.71‰，比上年提高0.78个千分点；人口死亡率7.87‰，提高0.6个千分点；人口自然增长率5.84‰，提高0.18个千分点。年末全市户籍人口1039.42万人；其中男性人口538.04万人，女性人口501.38万人；户籍人口出生率为15.5‰，死亡率为14.1‰。

居民收入持续增长。全年全市居民人均可支配收入24535元，比上年增长9.8%。城镇居民人均可

支配收入 30987 元，增长 9.0%；农村居民人均可支配收入 16697 元，增长 9.3%。城乡收入比由上年的 1.861∶1 调整为 1.856∶1，收入差距进一步缩小。全市居民人均生活消费支出 15436 元，增长 7.8%，其中，城镇居民人均生活消费支出 18234 元，增长 5.7%；农村居民人均生活消费支出 12038 元，增长 8.8%。

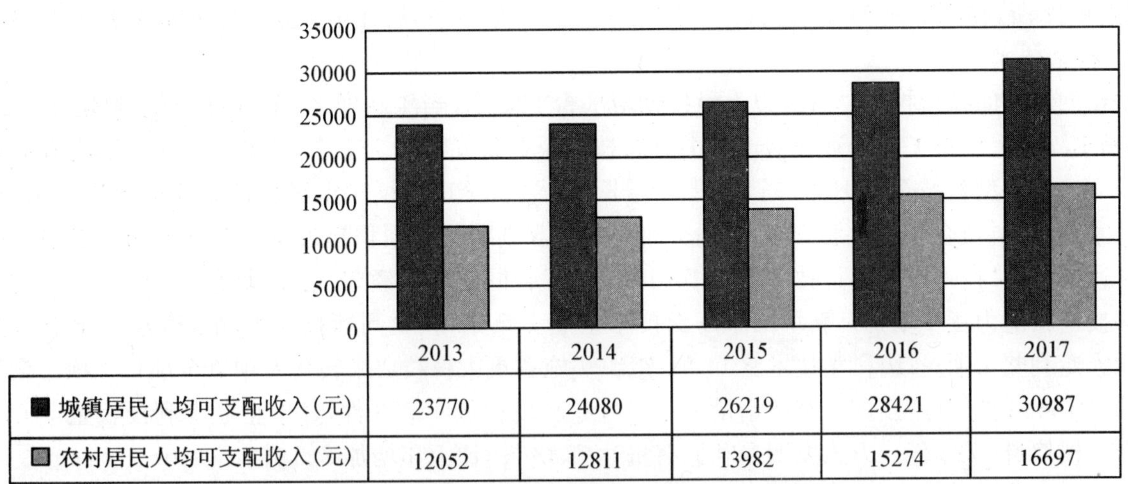

	2013	2014	2015	2016	2017
■ 城镇居民人均可支配收入(元)	23770	24080	26219	28421	30987
■ 农村居民人均可支配收入(元)	12052	12811	13982	15274	16697

图 3　2013—2017 年徐州城乡居民收入对比一览

(二) 就业和社会保障

就业情况总体稳定。年末，全市就业人口 482.7 万人，其中，第一产业 135.0 万人，第二产业 162.8 万人，第三产业 184.9 万人。全年城镇新增就业 12.69 万人，比上年增长 6.3%；失业人员再就业 10.05 万人，其中就业困难人员就业 1.17 万人；新增农村劳动力转移 5.5 万人。年末城镇登记失业率为 1.82%，比上年下降 0.03 个百分点。新增大学生创业人数 3446 人，增长 118.4%，创业人数累计达到 11213 人。全年城乡劳动者职业技能培训 6.88 万人。规模以上企业劳动合同签订率达 99.93%，已建工会企业集体合同签订率达 97.0%。

社会保障体系不断完善。年末职工养老保险、城乡居民养老保险(含离退休人员)参保人数分别达 180.67 万人和 322.54 万人，比上年分别增长 9.4%和 0.2%，城乡基本养老保险覆盖率达 97.1%；城镇居民医疗保险、职工医疗保险参保人数分别达 781.22 万人和 156.23 万人，城镇基本医疗保险覆盖率达 98.0%。全市城镇和农村低保标准分别达到每人每月 586 元和 490 元，比上年分别增长 5.0%和 14.0%，最低生活保障救济人数 16.51 万人；全年实施直接医疗救助 19.69 万人次，支出救助金 2.64 亿元。年末各类养老机构达 252 家，养老床位 6.18 万张，千名老人拥有机构养老床位 40.1 张，比上年增加 0.9 张。

保障性住房建设有序推进。全年基本建成公共租赁住房 1000 套，完成省定目标任务。全市共实施棚户区改造 1610 万平方米，其中市区 1008.39 万平方米。安置房建设加快推进，市区续建 310.81 万平方米安置房；完成项目竣工验收为 67.17 万平方米。

(三) 教育与科技创新

1. 教育事业

教育事业全面发展。年末，全市拥有各级各类学校 2248 所，在校学生 191.68 万人，毕业生 39.39 万人，专任教师 10.88 万人。其中普通高等院校 10 所，全日制本专科招生 3.52 万人，在校学生 12.93 万人，毕业生 3.35 万人；成人高等学校在校学生 3.67 万人，毕业生 1.87 万人。研究生教育招生 0.50 万人，在校生 1.34 万人，毕业生 0.35 万人。中等职业教育在校生 8.07 万人，毕业生 2.85 万人。普通高中在校生 11.25 万人，毕业生 5.56 万人。全市共有初中 258 所，在校学生 28.66 万人，比上年增长18.4%；小学 937 所，在校学生 94.24 万人，比上年增长 4.1%；特殊教育学校 12 所，在校学生 0.25 万人；幼儿园(含民办)932 所，在园幼儿 31.54 万人。学龄儿童入学率为 97.9%，九年义务教育巩固率达到 99.9%。

2. 科学技术

科技创新空间持续扩大。省级以上科技创新平台 221 个，当年新增 25 个；科技企业孵化器达到 50 个，新增 15 个；大中型工业企业及规模以上高新技术企业研发机构 757 个，新增 265 个。国有独立科研机构 21 个；民营型科技企业 10279 个，比上年增长 4.0%。全市新增国家级科技企业孵化器 2 家、众创空间 3 家，省级科技企业孵化器 5 家、众创空间 34 家，双创孵化总面积超过 150 万平方米。省级众创空间总数达 50 家。技术市场签订技术合同 1061 个，技术合同成交金额 33 亿元，增长 36.4%。

科技创新能力逐步增强。新增国家高新技术企业 137 家，获批高新技术产品 350 项。全市科技成果获国家专利奖 4 项；省级科学技术奖 14 项；组织实施省重大科技成果转化专项资金项目 4 项。全市专利申请量 18548 件，其中发明专利申请量 7874 件；专利授权量 10523 件，其中企业专利授权量 5765 件、发明专利授权量 1792 件。万人发明专利拥有量达 7.32 件，比上年增加 2.3 件。

质量强市建设深入推进。全市共有质量检验机构 166 家、国家级产品质量监督检验中心 3 个、国家公证实验室 3 个、省级产品质量监督检验中心 6 个。全年监督抽查产品 115 种 991 批次。企业获批强制性产品认证证书 1627 张，比上年增长 20.8%。共有法定计量技术机构 7 家，其中省级计量中心 1 个，强制检定计量器具 14.7 万台件。制修订国家标准和行业标准 75 项、地方标准 7 项。全市质量管理体系证书达 2860 张。全市新增 51 个江苏名牌产品、4 个市长质量奖、1 个市长质量奖提名奖、22 个市质量奖、125 个徐州名牌产品。

(四) 文化、卫生和体育

1. 文化事业

公共文化服务水平稳步提高。年末，全市共有艺术表演团体 9 个、文化馆 11 个、博物馆 21 个、美术馆 1 个，共有公共图书馆 8 个，公共图书馆总藏量 372.52 万册、电子图书藏量 666.03 万册。综合档案馆 11 个，向社会开放档案 12.84 万卷。共有电影放映单位 46 家、广播电台 7 座、中短波广播发射台和转播台 2 座、电视台 8 座，广播和电视综合人口覆盖率均为 100%。有线电视用户 236.89 万户，有线电视入户率 91.6%。全市现有市级以上文物保护单位 260 处，其中全国重点文物保护单位 8 处，省级 29 处。拥有 9 个国家级、58 个省级非物质文化遗产名录项目和 8 位国家级、28 位省级非遗代表性传承人。

2. 卫生事业

医疗卫生服务能力持续增强。年末，全市共有各类卫生机构 4509 个，其中，医院、卫生院 296 个，卫生防疫防治机构 11 个，妇幼保健机构 13 个。各类卫生机构拥有病床 5.56 万张，其中，医院、卫生院床位 5.14 万张，每千人拥有医疗机构床位数 6.3 张，比上年增加 0.3 张。共有各类卫生技术人员 5.75 万人，其中，执业(助理)医师 2.29 万人，注册护士 2.53 万人，每千人拥有执业(助理)医师数和注册护士数分别为 2.61 人和 2.89 人，均比上年提高 0.1 人。卫生防疫防治机构卫生技术人员 412 人，妇幼卫生保健机构卫生技术人员 1154 人。城乡基本卫生服务网络更加健全，乡镇卫生院 161 个，床位 1.16 万张，卫生技术人员 1.16 万人，乡村医生和卫生员 6468 人。全市三级医院 16 家，其中三级甲等医院 7 家。

3. 体育事业

体育事业蓬勃发展。年末，全市共有 21 名一级运动员、198 名二级运动员，参加省级注册运动员

2721名，向省优秀运动队输送30人。全市社会体育指导员3万余人，其中国家级206人，一级787人；国际级裁判8人，国家级裁判员40人。市属体育社会组织达146个，晨晚练健身站点达5151个。承办5项省级竞赛，举办20大项市级青少年竞赛。全市127名运动员在第十三届全国运动会取得12金9银14铜，共计35枚奖牌。体育彩票全年销售额12.33亿元，增长30.2%。

（五）城乡建设

城建重点工程进展顺利。134项工程开工建设，开工率90%；人才家园街坊中心、潇湘路九年制学校、三胞广场、沈孟路西段改线、幸福家园小学等52项工程竣工。轨道交通1、2、3号线一期工程顺利推进，迎宾大道高架、黄河路贯通开工建设；观音机场二期扩建、市立医院迁建、一中新校区建设等工程进展顺利。荣获2016年度中国人居环境奖。

村镇建设水平持续提升。开展国家及省试点示范项目创建，邳州市铁富镇被评为第二批中国特色小镇，邳州市官湖镇、炮车镇四王村被评为国家级美丽宜居小镇和美丽宜居村庄，睢宁县姚集镇高党村获批国家级2017年改善农村人居环境示范村；新沂市新店镇十墩村等14个村庄获批江苏省美丽宜居乡村建设示范项目；沛县安国镇、铜山区棠张镇入选省重点及特色镇保护发展项目，铜山区大彭镇闸口村王楼等5个村庄入选省传统村落保护项目。铜山区伊庄镇倪园村、邳州市港上镇授贤村被评为第一批省特色田园乡村示范村。深入开展农村危房改造工作，获批农村危房改造指标3441户，争取国家和省改造资金6734万元。

（六）环境保护和节能减排

生态环境建设稳步推进。年末，全市拥有自然保护区6个，面积3.66万公顷。全市林木覆盖率为30.1%。大气污染治理工程扎实开展，市区PM2.5浓度较基准年2013年下降14.3%。空气质量二级以上优良天数为176天，优良率48.3%。地表水国考断面优于Ⅲ类水质的比例为77.8%，省考以上地表水断面水质优良（达到或优于Ⅲ类）比例为79.2%，区域水环境全面达标。城市和城镇生活垃圾收运覆盖率和生活垃圾无害化处理率均达到100%。

节能减排成效明显。全年规模以上工业企业综合能源消费量2277.40万吨标准煤，比上年下降7.6%，降幅比上年扩大7.5个百分点。全市单位GDP能耗下降12.2%，超额完成省定目标。关闭燃煤小锅炉2798台。

（七）安全生产

安全生产形势良好。全年发生各类生产安全事故664起，死亡359人，按可比口径计算，比上年分别下降27.5%和12.0%，事故总量和死亡人数继续实现“双下降”。

三、徐州市在泛长三角地区经济发展中的地位

2017年，是徐州发展进程中极不平凡的一年，也是各项工作取得重大突破的一年。一是较好完成了十六届人大一次会议确定的目标任务。在省委省政府和市委的坚强领导下，全市上下认真贯彻落实习近平新时代中国特色社会主义思想，聚焦打造淮海经济区中心城市，凝心聚力、开拓奋进，切实推进各项重点工作落实，经济社会发展保持了稳中有进、稳中向好的态势。经过全市上下的共同努力，年初徐州市荣获中国人居环境奖，11月跻身全国文明城市行列，12月成为“中国最具幸福感城市”之一，为城市发展再添一批高含金量的靓丽名片。取得了一批开创性的丰硕成果。首次成功举办国际服务外包大会、国际物流大会等国际性会议；全国“城市双修”工作现场会、城市管理工作现场会、商务综合行政执法体

制改革现场会等重要会议先后在徐州市召开；徐州综合保税区通过审批，国际邮件互换局兼交换站开工建设，国际互联网数据专用通道开通，这些工作对当前和长远发展都将产生深远而积极的影响。

（一）地区生产总值

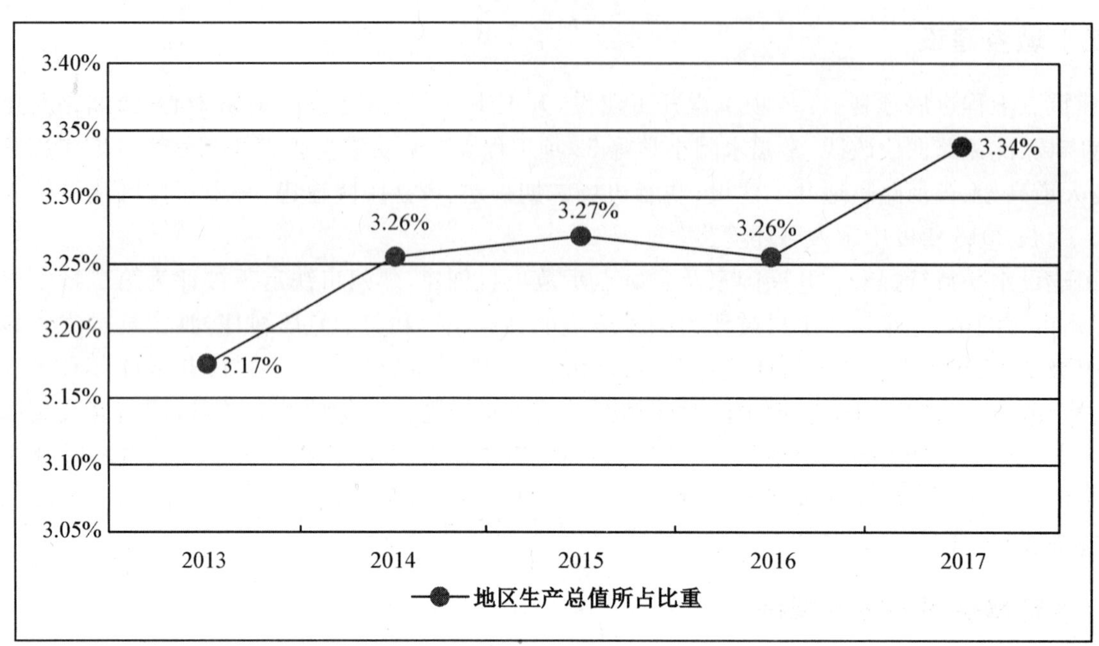

图 4　2013—2017 年徐州市地区生产总值在泛长三角
（苏浙两省 24 个地级市、安徽 16 个地级市和上海市，下同）所占比重的变化趋势

2013—2017 年徐州市地区生产总值在泛长三角所占比重分别为 3.17%、3.26%、3.27%、3.26%和 3.34%，整体上呈增加态势，其中 2017 年比上年占比增加了 0.08 个百分点，五年累计增加了 0.17 个百分点。2017 年徐州市地区生产总值在泛长三角地区 41 个市所占比重中与上年比下降了一位，排名第 10 位。

2017 年，实现地区生产总值 6605.95 亿元，按可比价计算，同比增长 7.7%，增速分别快于全国、全省 0.8 和 0.5 个百分点。其中第一产业增加值增长 2.5%、第二产业增加值增长 7.7%、第三产业增加值增长 8.6%。人均 GDP 按年平均汇率折算达到 1.12 万美元，增长 7.2%。只有 11 个省会的经济总量超过徐州，排在徐州前面的省会是福州、济南、合肥，排在徐州之后的省会有哈尔滨、沈阳、长春、石家庄等。

产业转型升级步伐加快。工业经济在狠抓传统产业改造提升的基础上，加快培育新兴主导产业，出台装备与智能制造、新能源、集成电路与 ICT、生物医药四大新兴主导产业实施方案，制定特色产业基地发展实施意见，建立部省安全产业共建培育机制。规上工业增加值增长 9%左右，增幅居全省前列；新兴产业产值占比达到 33%，较上年提升 3.6 个百分点；高新技术产业产值增长 15%左右，占比达到 37%。服务业重点发展现代物流、服务外包、金融服务等业态，服务业增加值增速高于 GDP 增速 0.5 个百分点、占比提升至 47.3%，实现社会消费品零售总额 2970 亿元、增长 12%。粮食生产实现“十四连丰”，高效设施农业规模、占比继续保持全省第一，建成上海蔬菜外延基地 9 家；徐州市获批全国首批农业可持续发展试验示范区。黄河故道综合开发取得显著成效，当年实施项目 82 个，完成投资 48 亿元。

重大产业项目进展良好。全年实施产业项目 4656 个，比上年增加 1359 个。鑫华半导体级多晶硅、东方金钰智能机器人等项目建成投产，台湾正崴高端手机配套链、茂迪太阳能电池、深圳正威新材料、协鑫大晶圆及配套、招商局集团投资建设徐州金融集聚区、中国电子集团信息产业基地、林安物流

园等一批投资百亿级项目签约落地。固定资产投资完成5275亿元，增长10%，其中二三产业投资增长10.1%。

经济运行质量稳步提高。规上工业企业利润总额增长18%，工业、服务业应税销售收入分别增长24.7%和35.8%。工商新登记企业4.31万家，增长16.1%。金融机构新增存款近1000亿元，新增贷款超过500亿元，增速均居全省前列。

(二) 地方财政一般预算收入

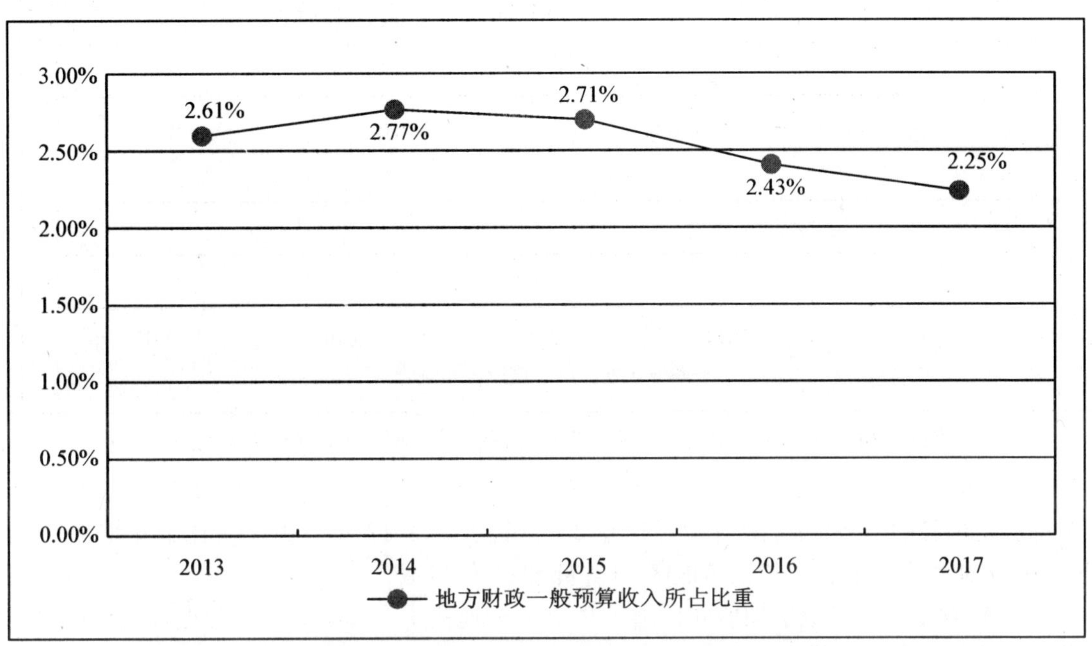

图5 2013—2017年徐州市地方财政一般预算收入在泛长三角所占比重的变化趋势

2013—2017年徐州市地方财政一般预算收入在泛长三角所占比重分别为2.61%、2.77%、2.71%、2.43%和2.25%，整体呈振荡下降趋势。2017年比上年减少0.18个百分点，五年累计减少了0.36个百分点。2017年徐州市地方财政一般预算收入在泛长三角地区41个市中排第10位，较上年持平。

2017年，面对经济发展新常态和财政改革发展任务，在市委正确领导下，在市人大及其常委会的监督指导下，全市各级财政部门全面、深入贯彻落实党的十八大及历次全会、党的十九大精神，坚持新发展理念，以推进供给侧结构性改革为主线，实施积极财政政策，不断推动财政改革创新，努力化解经济增长乏力、营改增结构性减税和去产能等因素对财政增收的影响，为高水平全面建成小康社会、建设“强富美高”新徐州、打造淮海经济区中心城市提供有力的财政支撑，圆满完成了市十六届人大第一次会议确定的目标任务。

全市一般公共预算收入501.6亿元，同口径增长5%其中：税收收入365.2亿元，同口径增长3.700；非税收入136.4亿元，增长8.5%。市本级一般公共预算收入114.6亿元(含徐州经济技术开发区44.7亿元，以下简称“开发区”)，增长1.1%；加上上级税收返还及转移支付收入、下级上解收入、地方政府债券收入及上年结转收入等，收入合计356.5亿元。市本级一般公共预算支出183.1亿元(含开发区25.1亿元)，增长12.400，支出进度91.900，较上年提高6.5个百分点；加上上解上级支出、补助下级支出、地方政府一般债务转贷支出等，支出合计340.3亿元。收支相抵，结转下年支出16.2亿元。

（三）工业生产总值

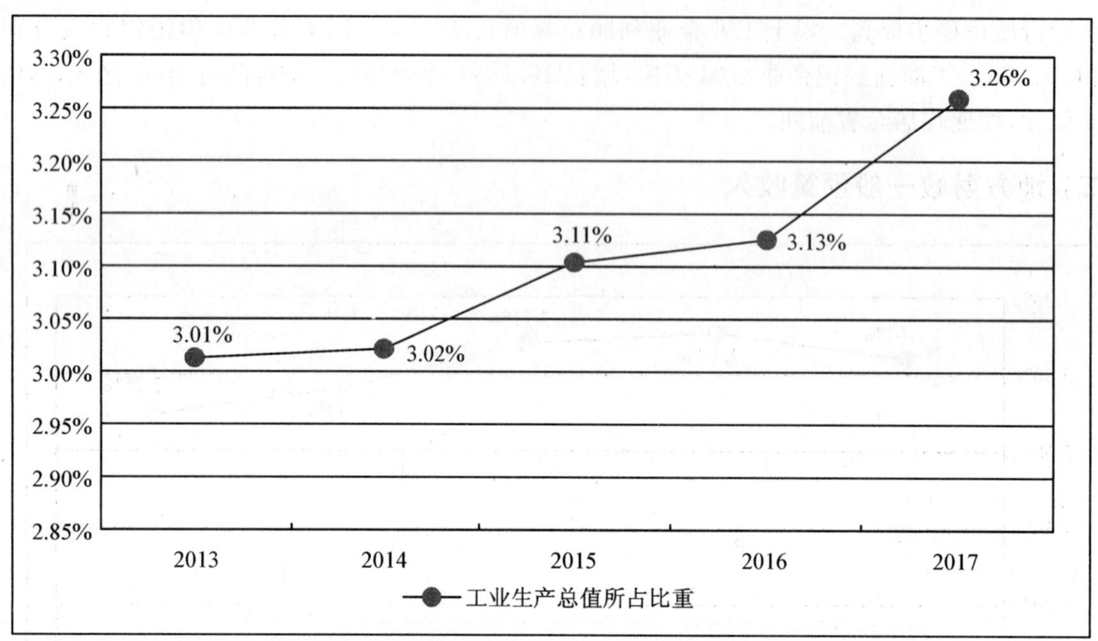

图 6 2013—2017 年徐州市工业生产总值在泛长三角所占比重的变化趋势

2013—2017 年徐州市工业生产总值在泛长三角所占比重分别为 3.01%、3.02%、3.11%、3.13%和 3.26%，保持稳定增长的态势，五年累计增幅达 0.25 个百分点，2017 年所占比重比上年增加 0.13 个百分点。2017 年工业生产总值在泛长三角地区 41 个市中排第 10 位。

2017 年，全市规模以上工业增加值同比增长 9.0%，增速快于全省 1.5 个百分点，居全省第 2 位。分产业看，六大传统优势产业产值增长 17.2%，增速较上年回升 2.1 个百分点，占规模以上工业产值比重达 91.6%；分行业看，37 个工业行业大类中有 32 个行业同比正增长，行业增长面达 86.5%，18 个行业增速同比回升。前十大行业产值累计增长 19.3%，增速较上年加快 2.3 个百分点，其中，通用设备、医药、电气机械和器材制造业分别增长 38.3%、29.2%和 23.1%，增速较上年分别加快 29.9、18.5 和 4.7 个百分点。

（四）进出口总额

2013—2017 年徐州市进出口总额在泛长三角所占比重分别为 0.46%、0.42%、0.38%、0.47%和 0.52%，2016 年以来止跌上扬，2017 年较去年增加了 0.05 个百分点；2017 年较 2013 年增加了 0.06 个百分点。2017 年徐州市进出口总额在泛长三角地区 41 个市排名第 22 位，较上年持平。

2017 年，徐州市实现外贸进出口 527.1 亿元人民币，居全省第 11 位，在苏北五市中优于淮安和宿迁。与去年同期相比增长 27.4%，占全省外贸总值的 1.3%。其中出口 428.1 亿元，增长 23%，进口 99 亿元，增长 50.7%，贸易顺差 329.1 亿元。

2017 年徐州市外贸主要有三大亮点：第一大亮点是全市外贸总值排名全省第十一位。虽然总值依然有些落后，但进出口增幅一直遥遥领先。第二大亮点是美国超过东盟跃居第一大外贸市场，对香港出口剧增也同样较为抢眼。第三大亮点是 2017 年外贸持续增长，主要是徐州市第一大外贸商品机电产品（的进出口总额）大幅增长。作为我国工程机械重要生产基地之一，2017 年，徐州市企业进出口机电产品 255.9 亿元，增长 43%，其中出口 194.5 亿元，增长 30.8%，进口 61.4 亿元，增长 1 倍，增长明显。机电产品进出口占同期徐州市进出口总值的 48.5%，为第一大外贸产品。

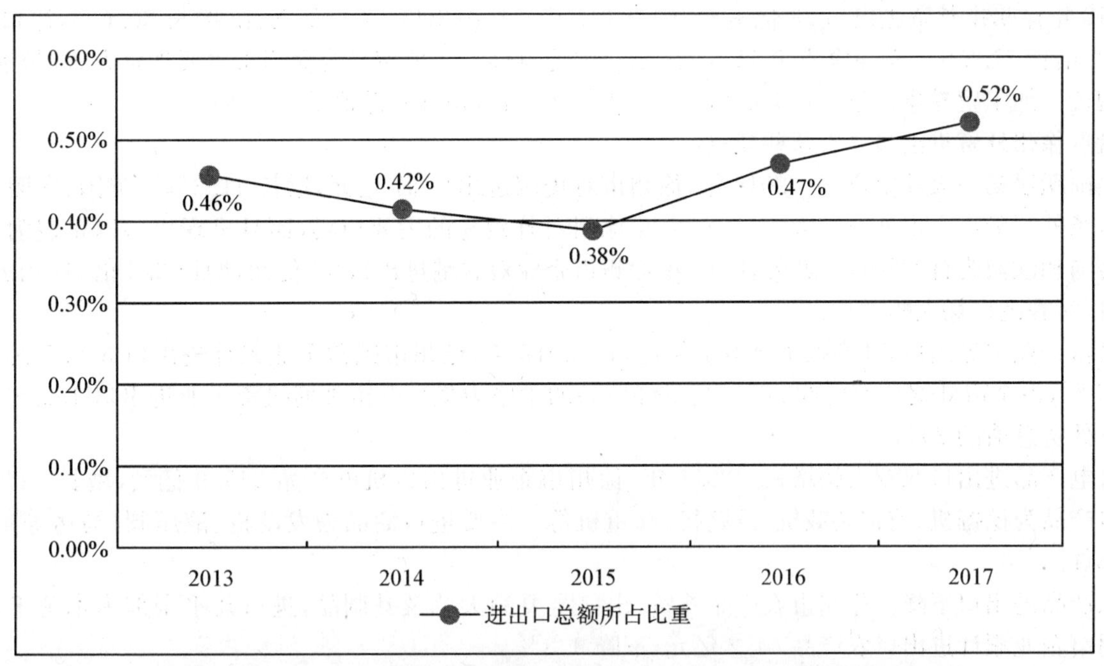

图 7　2013—2017 年徐州市进出口总额在泛长三角所占比重的变化趋势

（五）实际外商直接投资金额

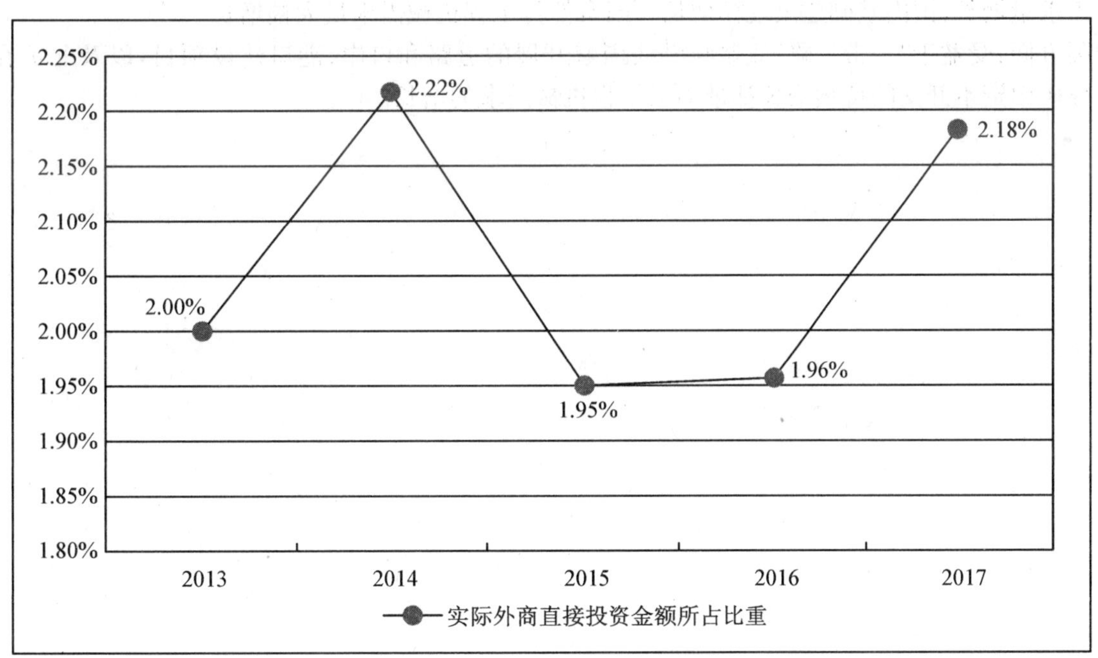

图 8　2013—2017 年徐州市实际外商直接投资金额在泛长三角所占比重的变化趋势

2013—2017 年徐州市实际外商直接投资金额在泛长三角所占比重分别为 2.00%、2.22%、1.95%、1.96%和 2.18%，五年整体增加了 0.18 个百分点。2017 年徐州市实际外商直接投资金额在泛长三角地区 41 个市中排第 13 位，与去年持平。

2017 年，徐州市外贸进出口 527.1 亿元人民币，与去年同期相比（下同）增长 27.4%，占全省外贸总值的 1.3%。出口 428.1 亿元，增长 23%，进口 99 亿元，增长 50.7%，贸易顺差 329.1 亿元。以美元值计，2017 年徐州市外贸进出口 78 亿美元，增长 24.9%，其中出口 63.3 亿美元，增长 20.6%，进口 14.7 亿美元，增长 47.5%。总值全省第 11 位，进出口增速靠前。一般贸易为徐州市主要外贸方式，带动全市外贸增长。加工贸易累计进出口 53.9 亿元，增长 2%，占全市外贸总值的 10.2%。

盘点徐州外贸进出口具有这些亮点：

美国跃居第一大外贸市场。2017 年，徐州市对美国进出口 97 亿元，增长 41.3%。美国、东盟、欧盟三大市场外贸额占全市外贸总额的 49.6%，是徐州对外贸易的主要市场，而且呈现出口以东盟为首，进口以美国和欧盟为首的特点。此外，2017 年徐州市企业对香港进出口 43 亿元，增长 2.2 倍，且几乎全部为出口，对香港市场大幅增长。

民营企业主导出口，外商投资企业引领进口。2017 年，徐州市民营企业累计进出口 319.5 亿元，增长 19.5%，占全市外贸总额的 60.6%，是对外贸易的中坚力量。全市外商投资企业进出口 152.8 亿元，占全市外贸总值的 29%。

机电产品进出口双双大幅增长。2017 年，徐州市企业进出口机电产品 255.9 亿元，增长 43%。主要出口产品为挖掘机、前铲装载机、压路机、起重机等。主要进口商品为发动机、液压阀、马达等工程机械零部件。

农产品进出口下降。徐州市农产品外贸，出口主要为大蒜及其制品，进口几乎全部为木薯干，2017 年徐州市企业累计进出口农产品 44.2 亿元，下降 9.3%。

高新技术产品进出口大幅增长。2017 年，徐州市进出口高新技术产品 38.3 亿元，增长 40.2%。高新技术产品外贸持续发力，成为全市外贸增长的一大新兴增长点。

工程机械行业复苏促进机电产品进出口。2017 年国内方面：矿产品价格出现回升；矿山开采对大型挖掘机需求量增长；国内基础建设规模增长等因素使得工程机械需求量大幅增长。

国际方面：受益于“一带一路”战略与沿线国家开展的道路和口岸、港口建设项目，以及北美在岸油气和全球矿山资本开支的持续增长都带动了工程机械需求的增长。

五　常州市 2017 年经济社会发展报告

2017 年，面对复杂多变的宏观经济环境和艰巨繁重的改革发展任务，全市各级各部门在市委、市政府的正确领导下，增创发展新优势、种好常州幸福树，扎实开展“重大项目提升年”活动，全市综合实力不断增强，结构调整步伐加快，质量效益稳步提升，社会事业持续发展，民生福祉不断改善。

一、常州市 2017 年经济发展概况

（一）综合经济

1. 经济总量

经济运行总体平稳。全年实现地区生产总值 6618.42 亿元，按可比价计算增长 8.1%。全市地区生产总值再上一个千亿台阶，总量由全省第 6 位升至第 5 位，增速全省并列第二。其中，第一产业增加值 157.1 亿元，增长 1%；第二产业增加值 3098.62 亿元，增长 6.7%；第三产业增加值 3362.7 亿元，增长 9.8%。全市按常住人口计算的人均生产总值达 140435 元，按平均汇率折算突破 2 万美元，达 20812 美元。全市三次产业增加值比例调整为 2.4∶46.8∶50.8，全年服务业增加值占 GDP 比重提高 0.5 个百分点。民营经济完成增加值 4464.1 亿元，按可比价计算增长 8.3%，占地区生产总值的比重达到 67.4%。

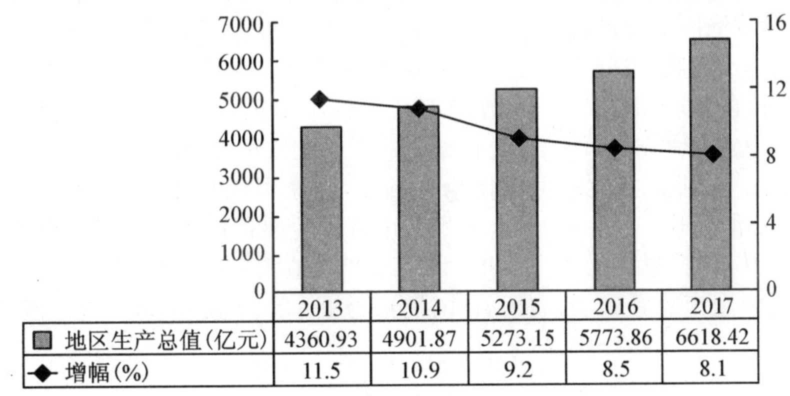

	2013	2014	2015	2016	2017
地区生产总值(亿元)	4360.93	4901.87	5273.15	5773.86	6618.42
增幅(%)	11.5	10.9	9.2	8.5	8.1

图 1　2013—2017 年常州市地区生产总值及增长速度

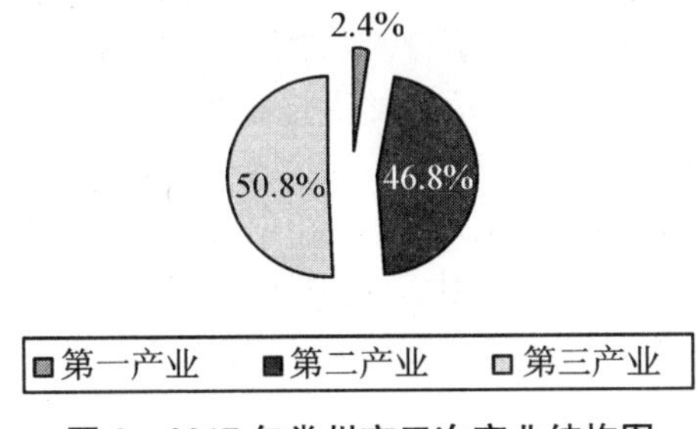

图 2　2017 年常州市三次产业结构图

2. 财政收支

财政收入稳定增长。全年完成一般公共预算收入 518.8 亿元，增长 8%，总量排位回升至全省第 5 位。其中税收收入 431.4 亿元，增长 12.6%，增速列全省第 1 位；税收占比 83.1%，居全省第 2 位。主要税种中，增值税(50%)完成 199.9 亿元，增长 33.9%；企业所得税完成 65.2 亿元，增长 27.2%；个人所得税完成 27.5 亿元，增长 0.1%。全年一般公共预算支出 551.7 亿元，增长 8.6%。民生领域支出增长较快，教育支出 98 亿元，增长 17.2%，社会保障和就业支出 61.1 亿元，增长 12%，住房保障支出 26.5 亿

元,增长32.4%。

3. 物价水平

居民消费价格温和上涨。全年居民消费价格总指数为101.9。八大类商品均有所上涨,其中食品烟酒类涨1%,衣着类涨1%,居住类涨2%,生活用品及服务类涨3.4%,交通和通信类涨3.3%,教育文化和娱乐类涨1.7%,医疗保健类涨2.6%,其他用品和服务上涨1.5%。

4. 固定资产投资

固定资产投资稳步增长。全年完成固定资产投资3896.3亿元,增长8.1%,其中工业投资2079.7亿元,增长8.4%,服务业投资1812.2亿元,增长7.8%。全年高新技术产业投资851.9亿元,比上年增长10.5%,占工业投资完成额的比重达到41%。民间投资完成2860.4亿,增长10.8%,占全市固定资产投资比重达到73.4%。全年新增重大签约项目23个,5个项目超100亿元或10亿美元,其中省重大项目开工数、产业类项目总数全省第一。

房地产市场平稳发展。全年房地产开发完成投资479.1亿元,增长7.3%,其中住宅投资339亿元,增长7.1%。商品房销售面积1030.3万平方米,增长10.4%,其中住宅销售面积829.3万平方米,增长2.3%;年末商品房待售面积423.7万平方米,下降20.8%,其中住宅待售面积115.8万平方米,下降40.8%。

(二)农业与农村经济

农业生产保持平稳。全市完成农林牧渔业现价总产值293.6亿元,增长3.4%。其中,农业产值158.9亿元,增长4.2%;林业产值2.1亿元,增长5%;牧业产值35.3亿元,下降10.4%;渔业产值78.3亿元,增长7.3%;农林牧渔服务业产值19亿元,增长10.8%。全年粮食播种面积169.3万亩,比上年下降15%;粮食总产量81.4万吨,下降13.2%,其中夏粮、秋粮总产分别为19.4万吨、62万吨,分别下降22.3%和9.9%,全市粮食亩产480.7公斤,增长2.1%,其中水稻亩产619.7公斤,增长0.4%;小麦亩产307.3公斤,与上年基本持平。

现代农业加快推进。农业现代化水平保持全省领先,国家现代农业示范区建设水平位居全国地级市首位。全市新建高标准农田5.5万亩,累计面积占全市耕地面积比重达64%;新增高效设施农业1.3万亩、高效设施渔业0.9万亩,累计面积占耕地面积、水产养殖面积比重分别达到22.6%和38%。积极培育新型农业经营主体,全市家庭农场、农民合作社分别达到2704家和3401个。全市农业综合机械化水平达到87%。

(三)工业、建筑业

工业经济稳中有进。按省统一口径计算,全市规模以上工业增加值按可比价计算增长7.8%。七大工业行业产值全面增长,机械行业产值同比增长17%、冶金行业增长20.4%、电子行业增长17.5%、化工行业增长14%、生物医药行业增长6.2%、纺织服装行业增长6.3%、建材行业增长6.8%。企业效益稳定增长,全年规模以上工业企业实现利润761.1亿元,增长17.8%。

十大产业链发展加快。全年规模以上工业十大产业链企业产值增长15.8%,对全市产值增长的贡献率达38.6%。各产业链均保持增长态势,其中新能源汽车及汽车核心零部件产业链增长22.9%、智能电网产业链增长22.2%、新材料产业链增长20.6%、智能制造装备产业链增长18.9%、新医药及生物技术产业链增长15.4%。

建筑行业平稳增长。建筑企业全年完成施工产值1390.4亿元,比上年增长9.2%;房屋施工面积9572.7万平方米,增长3.6%;房屋竣工面积3441.8万平方米,增长3.7%。建筑业按施工产值计算的全员劳动生产率为29.5万元/人,比上年增长6.5%。

(四)服务业

1. 国内贸易

消费品市场稳步增长。全年实现社会消费品零售总额2444亿元,增长11%。从消费形态看,批发

业实现零售额306.1亿元，增长10%；零售业实现零售额1922.8亿元，增长10.7%；住宿业实现零售额20.6亿元，增长19.8%；餐饮业实现零售额194.6亿元，增长14.8%。从城乡消费市场看，城镇消费品零售额2275亿元，增长10.4%；农村消费品零售额169.1亿元，增长18.5%。

2. 交通运输和邮电

交通运输业总体平稳。年末全市公路总里程9200公里，其中高速公路306公里。全年营业性客运量6398.3万人，比上年下降11.2%，货运量14669.4万吨，比上年增长9.5%。公路客运量4519万人，比上年下降16.7%，公路旅客周转量32.3亿人公里，下降13.1%；公路货运量1.2亿吨，增长9.7%，公路货物周转量135.1亿吨公里，增长10.7%。铁路客运量1463万人，增长2.0%；铁路货运量119.2万吨，增长9.4%。民用航空旅客吞吐量251.1万人次，增长28.4%，货物邮吞吐量1.9万吨，增长20.3%。港口货物吞吐量10428.1万吨，其中常州长江港货物吞吐量4714.4万吨，分别增长11.1%和17%。年末全市民用汽车拥有量122.8万辆，其中个人汽车104.8万辆。

邮政通信业快速发展。全年邮政业务总量52.2亿元，比上年增长28.5%；全年邮政业务总收入40亿元，增长18.2%，其中快递业务收入28.7亿元，增长16.9%。邮政业全年发送特快专递1.9亿件，增长15.1%。全年通信业务收入56.7亿元，增长13.3%。年末全市固定电话用户113.9万户，移动电话用户609.1万户，其中4G用户达到455.9万户。年末互联网用户226.7万户，其中宽带网用户223.9万户。

3. 金融、保险和证券

金融市场运行稳健。年末全市金融机构本外币存款迈上万亿元台阶，达到10191.9亿元，比年初新增1341.9亿元，增长15.2%，其中住户存款3578.5亿元，增长4.8%；全市金融机构本外币贷款余额6718亿元，比年初新增636.6亿元，增长10.5%。

保险行业快速发展。年末全市保险公司共72家，其中产险公司28家，寿险公司44家。全年保费总收入280亿元，比上年增长24.5%，其中人寿险221亿元，增长30.5%，财产险59亿元，增长6.3%。全年保险赔(结)款支出69.5亿元，比上年增长3.1%，其中人寿险34.3亿元，增长3.3%，财产险35.2亿元，增长3%。

证券交易趋缓。年末全市证券营业部54个，资金账户总数109.9万户。证券市场全年各类证券交易总额14625.9亿元，比上年下降24.8%。其中A股交易额9092.2亿元，下降45.5%；B股交易额570.2亿元，增长77.6%；基金成交额1760.8亿元，增长426.5%；债券成交额3202.7亿元，增长52.5%。上市企业创历史最高水平，全年新增上市公司12家，年末总数达55家，新增新三板挂牌企业30家，年末总数达124家。

4. 旅游业

旅游业快速增长。全年实现旅游总收入953.7亿元，比上年增长14.4%；旅游接待总人数6600.4万人次，增长9.9%，接待国内游客6582.7万人次，国内旅游收入936.8亿元，分别增长9.9%和14.2%；接待入境过夜旅游者17.7万人次，旅游外汇收入1.5亿美元，分别增长21.4%和17.7%。全市拥有国家A级旅游景区31家，其中5A级3家，数量位居全省第二，4A级9家，省工业旅游示范点4家，省三星级以上旅游乡村区(点)45家。

(五)开放型经济

1. 对外贸易稳中向好

对外贸易稳中转型。全年完成外贸进出口2117.6亿元，增长16.4%。其中出口1554.8亿元，增长13.1%，进口562.8亿元，增长26.4%。大力开拓新兴市场，全年对“一带一路”国家和地区出口513.1亿元，增长14.3%，占全市出口总额的33%。外贸结构不断优化，全年一般贸易出口1243.6亿元，占比80%；高新技术产品出口308.2亿元，占比19.8%。

2. 利用外资提质增效

全年协议注册外资项目372个，累计新增协议注册外资46.1亿美元。其中，3000万美元以上项目57个，比上年增加14个，超亿美元项目36个，比上年增加12个。十大产业链全年新增项目137个，新

增协议注册外资 18.6 亿美元，增长 84.8%。全市实际到账注册外资 25.5 亿美元。新增 6 家世界 500 强投资项目；新增跨国公司地区总部和功能性机构 4 家。

3. 开放开发水平提升

"走出去"发展稳步推进，全年新增境外投资项目 67 个，中方协议投资额 8.3 亿美元，大力推进境外产业园区和重点项目建设，总投资 1 亿美元的天合光能越南项目顺利实施。服务外包快速发展，全年完成服务外包合同额 6.5 亿美元，服务外包执行额 5.6 亿美元，分别增长 32.9%、36.2%，其中离岸服务外包合同额 2.2 亿美元，离岸服务外包执行额 1.9 亿美元，分别增长 40.2%和 33.3%。口岸开放功能进一步提升，常州机场新开辟柬埔寨暹粒、越南芽庄、泰国普吉岛、澳门等 4 条境外航线。

4. 开发区提档升级

开发区发展提速，常州高新区综合排名位居全省国家高新区第 4 位，武进高新区跃居全国县区国家高新区第 1 位。全市开发区新批协议注册外资 34.6 亿美元，实际到账外资 21 亿美元。全年新增总投资超 10 亿元内资和协议外资超 3000 万美元外资产业类项目 39 个，其中内资项目 20 个，新增总投资 666.1 亿元；外资项目 19 个，新增协议外资 15.5 亿美元。引进了铁牛集团汽车核心系统、时代上汽电池、信维通讯、康得新能源汽车碳纤维部件、瑞智科技等一批重大产业类项目。

5. 外事活动保持活跃

全年接待外宾 190 批 1639 人次，其中外国驻华使领馆团组 21 批 129 人次，外国友好城市团组 35 批 346 人次，外国来访记者 6 批 62 人次。

二、常州市 2017 年社会发展概况

（一）人口、人民生活

人口规模保持稳定。年末全市常住人口 471.7 万人，其中城镇人口 338.7 万人，城镇化率达到 71.8%。全市户籍总人口 378.8 万人，增长 1.1%。其中，男性 186.6 万人，增长 0.8%；女性 192.2 万人，增长 1.3%。户籍人口出生率 9.5‰，死亡率 9.1‰，人口自然增长率 0.4‰。

居民收入稳步增长。全市居民人均可支配收入 41879 元，增长 9%，其中城镇居民人均可支配收入 49955 元，增长 8.5%，农村居民人均可支配收入 25835 元，增长 8.6%，城乡居民收入比为 1.93∶1。全市居民人均生活消费支出 25496 元，增长 6.3%，其中城镇居民人均生活消费支出 28445 元，增长 5%，农村居民人均生活消费支出 17849 元，增长 7.7%。城镇居民恩格尔系数 26.8%，农村居民恩格尔系数 30.3%，均较上年下降 0.5 个百分点。

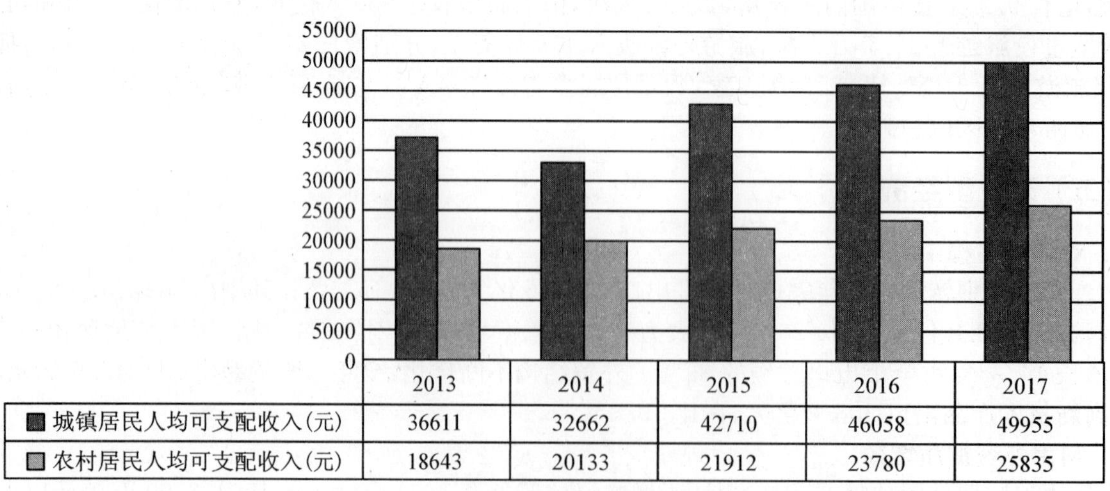

	2013	2014	2015	2016	2017
城镇居民人均可支配收入(元)	36611	32662	42710	46058	49955
农村居民人均可支配收入(元)	18643	20133	21912	23780	25835

图 3 2013—2017 年常州市城乡居民收入对比一览

（二）就业与社会保障

1. 就业工作积极推进

就业创业工作不断推进。全年城镇新增就业 13.55 万人，失业人员实现再就业 5.62 万人，扶持创业 1.78 万人，援助困难群体再就业 1.14 万人，年末城镇登记失业率为 1.8%。

2. 住房保障力度加大

住房保障力度加大。全年新开工各类保障房 25757 套，基本建成 22904 套。全年新增公共租赁住房家庭 1209 户，其中实物配租家庭 613 户，租金补贴家庭 596 户。住房保障全覆盖工程获中国人居环境范例奖。

3. 社会保障水平稳步提升

社保水平不断提高。年末全市企业职工基本养老保险参保人数 143.4 万人，比上年增长 4.7%；城镇职工基本医疗保险参保人数 201.1 万人，增长 4.2%；城镇失业保险参保人数 116.4 万人，增长 4.3%。养老、医疗、失业三大保险综合覆盖率达 98.5%。

4. 社会福利事业持续推进

全市城乡低保标准统一调整到 760 元/月，实现大市范围内城乡低保标准一体化。年末全市 17617 户、28074 人享受低保，其中城镇低保对象 5886 户、8852 人，农村低保对象 11731 户、19222 人，累计发放保障金 1.8 亿元。全市医疗直接救助 35.2 万人次，医疗直接救助金额 7949 万元。年末全市拥有各类养老机构 108 个，养老机构床位数 24867 张，收养人数 13968 人。全年发行福利彩票 11.3 亿元。

（三）教育和科学技术

1. 教育事业

教育事业全面发展。年末，全市拥有各级各类学校 718 所，在校学生 84.2 万人，教职工 6.1 万人。其中普通高等学校 10 所，普通本专科在校学生 12.3 万人；中等职业学校（含技工学校）19 所，在校学生 6.4 万人；普通中学 161 所，在校学生 17.1 万人；小学 211 所，在校学生 29.1 万人；幼儿园 312 所，在校学生 13.8 万人。全市九年义务教育巩固率 100%，高中阶段毛入学率 100%，教育现代化建设综合得分 89.94 分，连续 4 年位列苏南地区第一方阵。办学条件不断提升，全市实施教育重点建设项目 81 个，24 所学校竣工，新增学位 22595 个。各级各类教育协调发展，新增省优质园 10 所、市优质园 13 所，市特色幼儿园 7 所；创建义务教育“新优质学校”15 所，评出 6 个“新优质学校”高品质项目；职业教育获评教育部示范专业 3 个、省级中职现代化专业群 3 个、五年制高职现代化专业群 2 个，6 个专业入选省现代学徒制试点，各项指标均位居全省前列；在全省率先开展数字化学习示范社区、社区教育集团建设和社区教育游学项目实验工作。

2. 科技创新

创新能力不断提高。全年完成专利申请 33973 件，其中发明专利 11556 件；专利授权 16423 件，其中发明专利授权 2830 件；万人发明专利拥有量 28.6 件。全年新增高新技术企业 178 家，累计 1234 家；规模以上高新技术产业产值占规模以上工业总产值的比重达到 46.6%。全年争取省级以上科技项目 279 项，新增产学研合作项目 1250 项。科技进步监测位居全省第 4 名。不断加强高技能人才队伍建设，年末全市拥有高技能人才总量达 29.65 万人，每万劳动者中高技能人才数达 1053 人。

创新平台加快建设。全年新增省级以上企业研发机构 71 家，累计建成“三站三中心”1448 家，其中省级以上 730 家。新增孵化器 15 家，累计 136 家；孵化面积累计达 890 多万平方米；培育科技企业 6800 多家。新增 31 家国家两化融合管理体系贯标评定企业、数量全省第一。

高新园区建设加快推进。科教城连续四年位列中国最佳产业园区第二名；江苏中关村科技园入选中国十大最具投资价值锂电产业园；江苏省金坛经济开发区获批国家知识产权试点园区；常州经开区智能微电机特色产业基地列入第二批国家火炬特色产业基地；中以常州创新园目前已落户项目 16 个，累计 66 家以资及中以合资合作企业。

（四）文化、卫生和体育

1. 文化事业

文化服务水平提升。年末全市共有艺术表演团体11个，群众艺术馆、文化馆7个，博物馆27个；公共图书馆6个，图书总藏量500万册，全年总流通246.9万人次；自办广播节目7套，电视台节目7套，有线电视、数字电视用户分别为121.5万户、114万户。公共文化服务体系不断完善，常州文化广场项目扎实推进，建成330个基层综合性文化服务中心。艺术精品创作成绩斐然，大型原创锡剧《卿卿如晤》作为全省唯一剧目受邀参加广州国际艺术节，大型原创锡剧《夕照青果巷》代表江苏参加“全国地方戏曲南方会演”，大型锡剧《玉兰花开》荣获文华大奖。文化保护与传承不断加强，大运河记忆馆顺利开馆，完成黄仲则故居修缮布展开放工作，唐荆川、周有光、张太雷等名人纪念馆项目加快建设。文化惠民不断深入，成功举办第四届“文化100”大型惠民行动，推出九大系列、306项文化活动。

2. 卫生事业

卫生事业快速发展。年末全市共有各级各类医疗卫生机构1326个，拥有总床位2.6万张，卫生技术人员3.3万人，其中执业（助理）医师1.3万人、注册护士1.4万人，全市每千人拥有执业（助理）医师2.8人。综合医改稳步推进，建成医联体、专科联盟、“院府合作”等多种类型合作体近150个，组建家庭医生签约团队839个，重点人群签约率达到75%，常州市、金坛区获省家庭医生签约服务十大创新举措奖。全市人均基本公共服务经费提高到70元。继续实施妇女“两癌”筛查、儿童口腔筛查、窝沟封闭等公共卫生服务项目。全国艾滋病综合防控示范区建设核心指标省内领先。预防接种门诊规范化达标率100%。获国家自然基金立项24项，取得省级以上高层次项目数量、等次、经费三个历史最好成绩。新建省健康镇（街道）、健康村（社区）、健康单位数量列全省第一。全市出生人口总数总体平稳，二孩占比达43%。

3. 体育事业

馆30个。年内新增公共体育设施面积51.1万平方米。年内承办国际级比赛9项、国家级比赛26项、省级比赛35项。在第十三届全运会上，常州运动员取得了13金、5银、6铜的历史最好成绩。

（五）城乡建设和公用事业

基础设施建设不断推进。溧高高速、常宜高速开工建设，233国道金坛段、360省道溧阳段等工程有序推进，长虹西路快速化改造基本完成。惠国路锦绣路、飞龙西路西延、芦墅路等城市道路基本建成，地铁1、2号线工程加快实施。农村路网建设加快，年内新建、改建农村公路183.5公里。完成各类水利建设土方4619.6万立方米，恢复治理水土流失面积20平方公里。新沟河、新孟河延伸拓浚工程进展顺利。

公共交通不断完善。年末全市公交线路335条，公交营运车辆3087辆，营运出租汽车3680辆。城市居民公共交通出行分担率27%，镇村公交开通率100%。

公共服务能力提升。全年全社会用电量455亿千瓦时，比上年增长5.8%，其中城乡居民生活用电44.8亿千瓦时，增长7.2%。全年实现城市供水3.5亿立方米，供气11.2亿立方米，污水处理2.8亿立方米。全年生活垃圾清运量176.9万吨，生活垃圾无害化处理率100%。

（六）生态环境与城市绿化

生态建设稳步推进。建成区绿地总面积10386.5公顷，比上年增长1.7%。建成区绿化覆盖率达43.1%，林木覆盖率达26.2%。大力推进生态绿城和森林城市建设，建成皇粮浜湿地公园和一批社区体育公园等项目。延政西路绿化提升工程等3项工程被评为省优质工程奖。全面展开美丽乡村示范项目建设，溧阳市陶庄村荣获全国改善农村人居环境美丽宜居示范村称号。

环境保护力度加大。扎实开展“263”专项行动，累计关停化工企业315家、关闭搬迁畜禽养殖场2583家。全年完成大气污染防治项目716项、水环境整治项目664项。市区空气质量优良率为68.2%，

细颗粒物平均浓度 49 微克/立方米。饮用水水源地水质稳定达标，地表水省考以上断面好于Ⅲ类水质比例为 63.6%。主要污染物化学需氧量、氨氮、二氧化硫、氮氧化物排放量分别比上年削减 4.88%、5.98%、6.12%、4.01%。2017 年获批国家低碳试点城市。

三、常州市在泛长三角地区经济发展中的地位

2017 年，面对严峻复杂的宏观形势和艰巨繁重的改革发展任务，全市各级各部门在市委、市政府坚强领导下，深化增创发展新优势、种好常州幸福树“六大行动”，积极投身“两聚一高”新实践，扎实开展“重大项目推进年”活动，结构调整步伐加快，质量效益稳步提升，经济增长新动力、新亮点持续积聚，全市经济发展实现了稳中有进、稳中向好。

(一) 地区生产总值

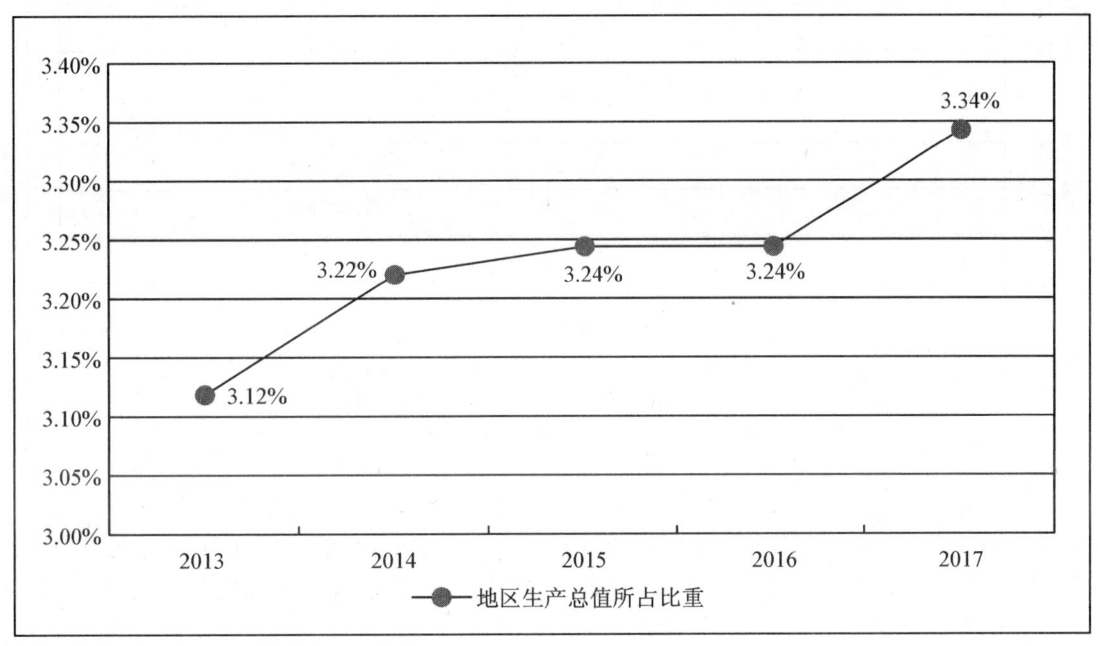

图 4　2013—2017 年常州市地区生产总值在泛长三角
(苏浙两省 24 个地级市、安徽省 16 个地级市和上海市，下同)所占比重的变化趋势

2013—2017 年，常州市地区生产总值在泛长三角所占比重分别为 3.12%、3.22%、3.24%、3.24%和 3.34%，呈现逐年增长的态势，五年累计增幅为 0.22 个百分点，其中，2017 年所占比重较上年增加了 0.10 个百分点。2017 年常州市地区生产总值在长三角地区 41 个市中排名第 9 位，较上年上升一位。

2017 年常州市实现地区生产总值 6622.3 亿元，按可比价格计算，比上年增长 8.1%，其中第一产业增加值 157.1 亿元，增长 1%；第二产业增加值 3081.2 亿元，增长 6.7%，其中工业增加值 2800.2 亿元，增长 7.6%；第三产业增加值 3384 亿元，增长 9.8%。2017 年全市按常住人口计算的人均生产总值达 14.1 万元，按平均汇率折算达 2.1 万美元。

经济发展主要表现在：一是地区生产总值迈上新台阶。2017 年，常州实现地区生产总值 6622.3 亿元，又跨越一个千亿台阶。人均地区生产总值在 2011 年突破 1 万美元后，2017 年突破 2 万美元，达到 2.1 万美元，位居全国地级市前列。二是新增两个万亿级指标。2017 年工业申报销售、金融机构本外币存款双双迈上万亿元台阶。同时，对外贸易取得新进展，全市外贸进出口总额突破 300 亿美元。三是重大项目建设突破发展。省重大项目开工数、产业类项目总数全省第一，省、市重点项目开工率双双实现 100%，全年新增重大签约项目 23 个，其中 5 个项目超 100 亿元或 10 亿美元。

位次创新高。2017 年，常州主要经济指标中有 10 个指标增速超全省平均水平，与 2016 年相比，在省内位次明显前移，创近年来新高。从总量排位看，地区生产总值、一般公共预算收入两个指标总量排位均由全省第 6 位上升至第 5 位。从增速排位看，有 10 个指标增速排位较上年有提升（3 个指标与上年持平），其中 GDP 增长 8.1%，与南京并列全省第二；一般公共预算收入增长 8%，列全省第三。

（二）地方财政一般预算收入

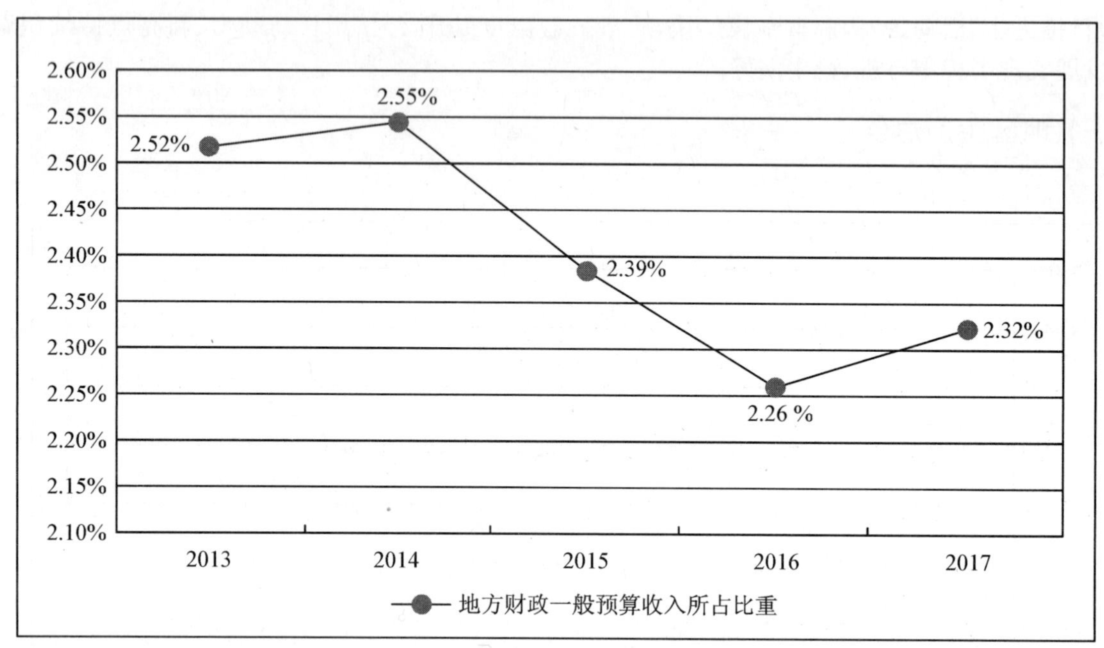

图 5 2013—2017 年常州市地方财政一般预算收入在泛长三角所占比重的变化趋势

2013—2017 年，常州市地方财政一般预算收入在泛长三角所占比重分别为 2.52%、2.55%、2.39%、2.26%和 2.32%，整体呈持续下滑态势，2017 年轻微上扬，2017 年较上年增加了 0.06 个百分比，较 2013 年下降了 0.20 个百分点。2017 年常州市地方财政一般预算收入在泛长三角地区 41 个市中排名第 9 位，较去年上升了一位。

2017 年预算执行情况良好，全市财政实现收支平衡。2018 年，全市各级财政部门将继续贯彻落实好十九大精神，在市委、市政府的坚强领导下，以供给侧结构性改革为主线，以“重大项目增效年”活动为抓手，统筹推进稳增长、促改革、调结构、惠民生、防风险各项工作，不断创新财政服务经济、惠及民生的各项举措，向实体经济聚力发力，增创发展新优势，种好常州幸福树。

全市一般公共预算收入完成 518.8 亿元，较上年增长 8.0%，增收 38.52 亿元，增幅列全省第三位。其中税收完成 431.36 亿元，增长 12.6%，增收 48.17 亿元，税收比重为 83.1%。市级一般公共预算收入完成 40.07 亿元。

全市一般公共预算收入加上预计上级补助收入、地方政府债券收入、上年结转、调入预算稳定调节基金和调入资金，减去全市一般公共预算支出、上缴上级支出、地方政府债券支出等收支相抵后，年终结转 36.95 亿元。市级一般公共预算收入加上预计上级补助收入、下级上缴收入、地方政府债券收入、上年结转、调入预算稳定调节基金和调入资金等，总收入合计 384.61 亿元，减去一般公共预算支出、上缴上级支出、补助下级支出、地方政府债券转贷下级、调出资金等支出合计 371.01 亿元，年终结转 13.6 亿元。2017 年全市财政实现收支平衡。

（三）工业生产总值

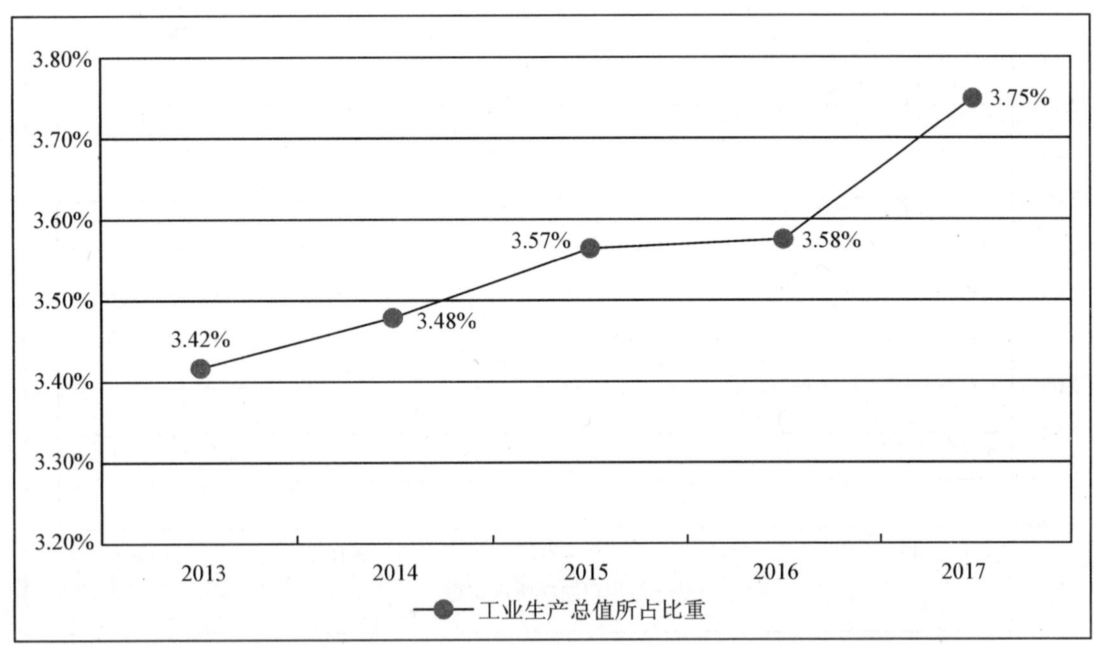

图 6　2013—2017 年常州市工业生产总值在泛长三角所占比重的变化趋势

2013—2017 年，常州市工业生产总值在泛长三角所占比重分别为 3.42%、3.48%、3.57%、3.58% 和 3.75%，整体呈上扬态势，2017 年所占比重较 2013 年上升了 0.33 个百分点。2017 年常州市工业生产总值在泛长三角地区 41 个市中排名第 8 位。

2017 年，全市规模以上工业企业工业增加值按可比价计算增长 7.8%，增幅列苏南第 2 位，高于全省增速 0.3 个百分点。全市规模以上工业企业完成工业总产值同比增长 14.9%，超上年同期 6.4 个百分点。全市完成工业投资 2079.7 亿元，同比增长 8.4%，总量列全省第六、苏南第二；增幅列全省第六、苏南第一。2017 年，全市 200 个工业经济新增长点项目，共实现产值 3615.7 亿元，同比增长 18.3%。其中，新增产值超亿元的企业达 99 家，占比接近 50%；新增产值超 10 亿元企业 14 家，其中同泰高导、东方润安和新阳科技 3 家企业新增产值超 50 亿元。

（四）进出口总额

2013—2017 年，常州市进出口总额在泛长三角所占比重分别为 2.127%、2.008%、2.012%、2.083% 和 2.095%，2017 年强势反弹，2017 年较 2013 年下跌了 0.04 个百分点。2017 年常州市进出口总额在泛长三角地区 41 个市中排名第 10 位，较上年上升一位。

2017 年实现外贸进出口总值 2117.6 亿元人民币，同比增长 16.4%，实现外贸进出口总额突破 2000 亿元人民币、300 亿美元，同时刷新了外贸进出口额年度纪录高点。

2017 年外贸进出口增长的原因一是外部需求有所回暖，拉动出口增长，特别是欧盟、美国经济复苏加速，外需有所回暖。二是国内需求回升带动进口增长，生产经营的好转促使对工业原材料需求回升，2017 年铁矿砂、初级形状的塑料、乙二醇和铝材等原材料进口增幅较大。

2017 年外贸进出口运行呈现五大特点：一是一般贸易增长较快，结构进一步优化。二是进出口市场趋向多元化，除对主要贸易伙伴欧盟、美国、东盟、日本和韩国进出口均有增长，对“一带一路”国家和对印度、俄罗斯和伊朗的进出口也都有增长。三是外商投资企业进出口比重上升，2017 年进出口值达 1082.8 亿元，增长 19%，占全市外贸总值的 51.1%，同比上升 1.1 个百分点。四是机电产品、劳动密集型产品仍为出口主力。五是机电产品和能源类商品进口也大幅增长,其中 2017 年常州市机电产品进口 269.6 亿元,增长 36.6%,比全市进口平均水平高 10.2 个百分点,占全市进口的 47.9%。

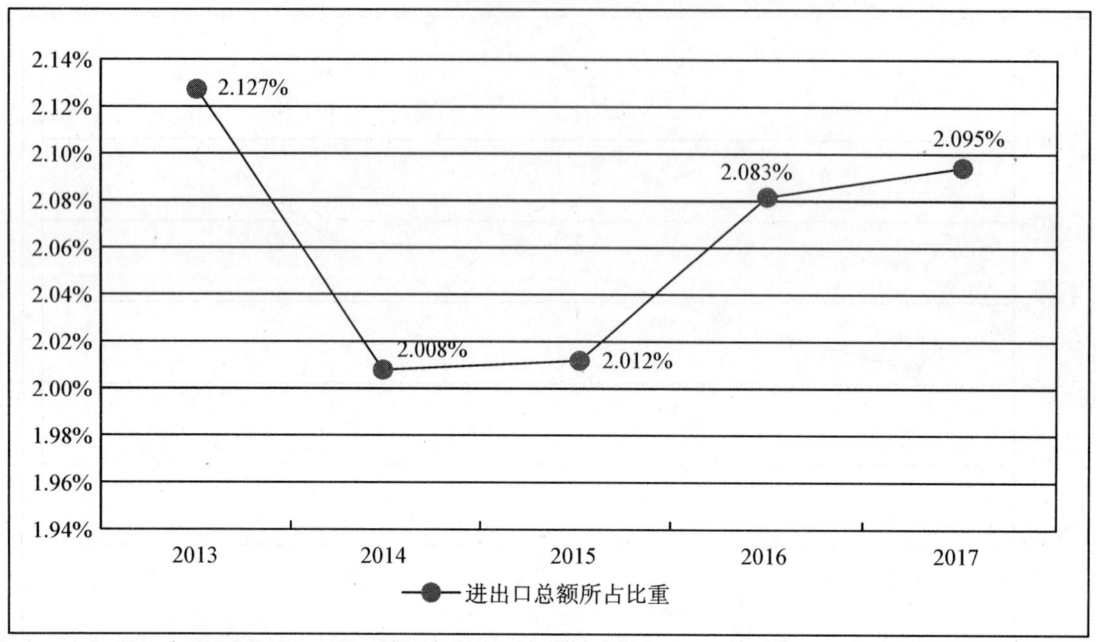

图 7　2013—2017 年常州市进出口总额在泛长三角所占比重的变化趋势

(五) 实际外商直接投资金额

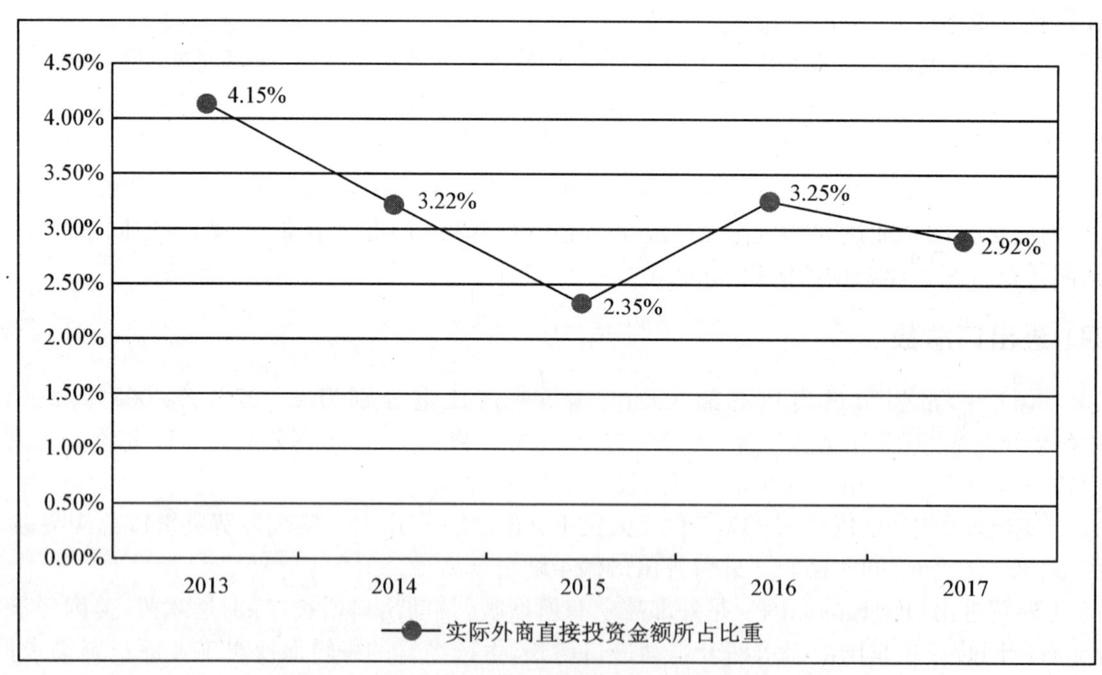

图 8　2013—2017 年常州市实际外商直接投资金额在泛长三角所占比重的变化趋势

2013—2017 年,常州市实际外商直接投资金额在泛长三角所占比重分别为 4.15%、3.22%、2.35%、3.25%和 2.92%,2017 年轻微下跌,2017 年较 2016 年减少了 0.33 个百分点,较 2013 年下跌了 1.23 个百分点。2017 年常州市实际外商直接投资金额在泛长三角地区 41 个市中排名第 12 位,较去年

下降了两位。

常州是一座历史悠久的文化名城，也是一座充满活力的先进制造业城市。近年来，常州始终秉承开放发展理念，大力推进企业、产业、园区、城市、人才“五个国际化”建设，经济国际竞争力、城市对外影响力、重大战略融入力达到新的水平。特别是连续12年举办“9.28”科技经贸洽谈会，持续推进重大项目，推动产业转型升级，洽谈会已成为常州市与国内外科技、经贸、产业、项目对接合作的重要平台和特色品牌。近五年来，全市共吸引外资127亿美元，签约项目1409个；实现外贸出口总额1427亿美元，其中出口1038亿美元，省级跨境电商产业园、华贸通等外贸新模式、新业态加快发展。截至目前，全市共有世界500强企业65家，投资项目105个，省级跨国公司地区总部7家、功能性机构5家。瑞声科技、天合光能、华利达、金昇集团等一批优势企业相继“走出去”，并购境外优质资产，设立境外研发中心，打造境外产业园区，建立境外生产基地，形成了常州企业海外军团。中以常州创新园、中德创新园区成为国家间合作项目，苏澳合作园区落户，常州机场实现一类口岸开放，开放合作的道路越走越宽。

2017年，全年协议注册外资项目共372个，其中3000万美元以上项目57个，累计新签协议注册外资46.1亿美元，实际到账注册外资25.5亿美元。2017年外资外贸工作进一步提质增效，产业类外资占比超过50%，新兴产业外资同比提升10个百分点；新增总投资超亿美元和世界500强项目27个、6个。外贸进出口总额首次突破300亿美元大关，高新技术产品出口份额持续增加，新增2个新兴产业出口基地和11个省级品牌，建成国内首家专利产品出口平台。预计各开发区实际到账外资、规上工业主营业务收入、公共财政预算收入占全市比重分别超过80%、70%、50%，形成300亿元以上、100—300亿元销售规模主导产业5个、12个以上，开发区总体排位稳步上升。总投资1亿美元的天合光能越南项目顺利实施，对“一带一路”出口同比增幅明显。电子口岸平台初步实现了国际贸易“单一窗口”平台功能。

六　苏州市 2017 年经济社会发展报告

2017 年，面对严峻复杂的宏观经济形势，全市上下以习近平新时代中国特色社会主义思想为指导，以供给侧结构性改革为主线，坚持稳中求进工作总基调，围绕“两聚一高”发展目标，全面做好稳定增长、创新驱动、民生改善、生态优化、改革开放、城乡建设等各项工作。全市经济社会发展稳中有进，呈现基础更稳、结构更优、动能更强、质态更好的发展态势，生态优化取得新进步，民生改善取得新成效，社会事业取得新发展。

一、苏州市 2017 年经济发展概况

（一）综合经济

1. 经济总量

全市实现地区生产总值 17319.51 亿元，按可比价计算比上年增长 7.1%。其中，第一产业增加值 221.98 亿元；第二产业增加值 8235.88 亿元，其中工业增加值 7606.45 亿元；第三产业增加值 8861.65 亿元。按常住人口计算的人均地区生产总值为 162388 元。结构调整扎实推进，三次产业结构调整为 1.3∶47.6∶51.2。

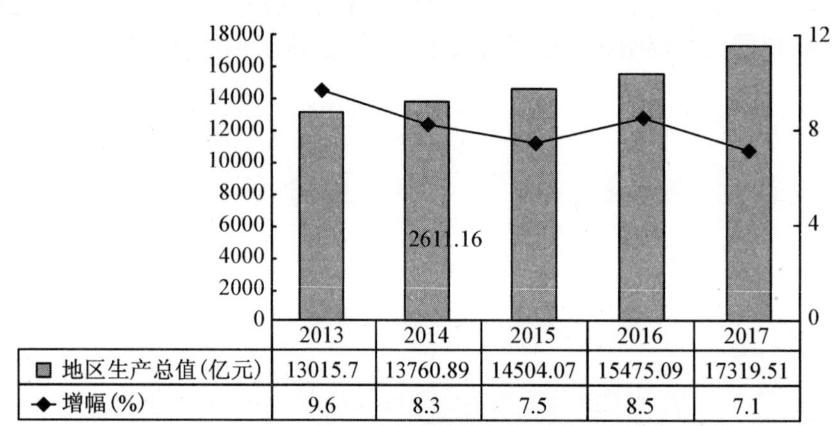

	2013	2014	2015	2016	2017
地区生产总值(亿元)	13015.7	13760.89	14504.07	15475.09	17319.51
增幅(%)	9.6	8.3	7.5	8.5	7.1

图 1　2013—2017 年苏州市地区生产总值及增长速度

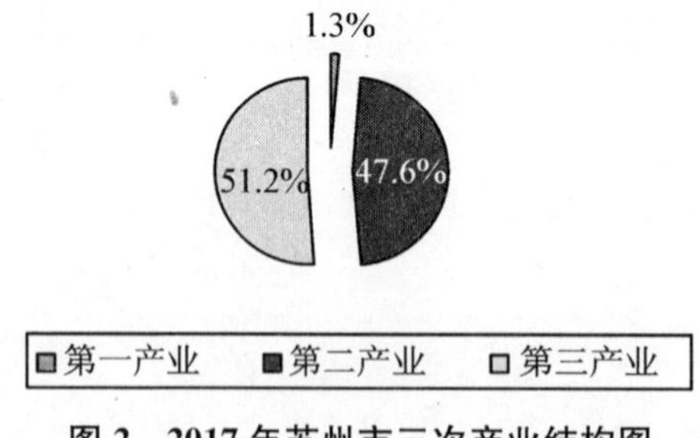

图 2　2017 年苏州市三次产业结构图

2. 财政收支

全年实现一般公共预算收入 1908.1 亿元，比上年增长 10.3%。其中税收收入 1672.9 亿元，增长 11.1%，税收收入占一般公共预算收入的比重达 87.7%，比上年提高 0.7 个百分点，一般公共预算收入总量、增量和税收占比保持全省首位。财政支出更多投向民生领域。全年一般公共预算支出 1771.5 亿

元，比上年增长9.5%。其中城乡公共服务支出1350.2亿元，比上年增长10.5%，城乡公共服务支出占一般公共预算支出的比重达76.2%。

3. 物价水平

物价水平保持稳定。市区居民消费价格总水平比上年上涨1.7%。八大类商品及服务价格项目“七升一降”。其中食品烟酒类价格比上年下降0.5%；衣着类价格上涨3.7%；居住类价格上涨4.3%；生活用品及服务价格上涨4.0%；交通和通信类价格上涨0.9%；教育文化和娱乐价格上涨0.4%；医疗保健价格上涨1.2%；其他用品和服务价格上涨3.4%。

4. 固定资产投资

投资需求缓中趋稳。全市完成全社会固定资产投资5629.6亿元，比上年下降0.3%，全年投资降幅逐步收窄。分产业看，第一产业完成投资1.5亿元，比上年增长65.4%；第二产业完成投资1990亿元，比上年增长0.1%，其中工业投资1983亿元，增长0.1%；第三产业完成投资3638亿元，比上年下降0.6%。

投资结构调整优化。民间投资主体地位稳固。全年完成民间投资3469亿元，比上年增长7.1%；民间投资占全社会固定资产投资的比重达61.6%，比上年提高4.3个百分点。新兴产业投资比重提升。全年新兴产业投资项目2784个，计划总投资3425亿元，同比增长17.7%；新兴产业完成投资1406亿元，占全社会固定资产投资的25.0%。其中工业新兴产业投资1305亿元，占工业投资的65.8%。

房地产市场在调整中平稳发展。全年完成房地产开发投资2306亿元，比上年增长6.6%。全市房屋新开工面积2565万平方米，比上年下降13.5%；房屋施工面积11892万平方米，比上年下降1.9%；房屋竣工面积2146万平方米，比上年增长14.0%；商品房销售面积1936万平方米，比上年下降22.3%，其中住宅销售面积1688万平方米，比上年下降25.3%。

（二）农业和农村建设

农业生产保持稳定。全市实现农林牧渔业总产值424.7亿元，按可比价计算比上年增长0.1%。全年粮食总产量92.3万吨，比上年下降5.5%，其中夏粮产量27.1万吨，下降6.4%；秋粮产量65.2万吨，下降5.2%。全年猪牛羊禽肉产量7.7万吨，比上年下降21.1%；禽蛋产量2.2万吨，下降40.9%；水产品产量23.4万吨，下降8.2%。

农业质量效益不断提升。全年新增高效设施农（渔）业面积1万亩，新增高标准农田6.2万亩，新增现代农业园区面积7万亩。年末全市农业机械化水平达到88.8%。全市农业龙头企业实现销售收入1310亿元，比上年增长8.4%。

城乡一体化改革稳步推进。年末全市各类农民合作社3947家，持股农户比例超过96%。集体合作农场208家，自主经营面积占全市土地规模经营总面积的16%。农村集体经济总资产1840亿元，村均年稳定性收入815万元，分别比上年增长7.0%和1.8%。基本完成全市农村土地承包经营权确权登记颁证工作。

（三）工业和建筑业

工业经济增量提质。全市规模以上工业总产值3.2万亿元，比上年增长10.4%。分注册类型看，民营企业产值1.07万亿元，增长10.0%；外商及港澳台工业企业产值2.07万亿元，增长10.6%。分轻重工业看，重工业产值2.41万亿元，轻工业产值0.78万亿元，分别比上年增长12.3%和4.7%。工业效益稳步改善。全市规模以上工业企业主营业务收入比上年增长12.4%，实现利润比上年增长23.7%。规模以上工业企业亏损面18.5%，比上年收窄3.8个百分点。规模以上工业全员劳动生产率24.3万元/人，比上年增长12%；销售利润率6.4%，比上年提高0.6个百分点。

主导行业稳定发展。规模以上工业中，计算机、通信和其他电子设备制造业，电气机械及器材制造业，黑色金属冶炼和压延加工业，化学原料和化学制品制造业，通用设备制造业，汽车制造业六大行业共实现产值 2.12 万亿元，比上年增长 10.7%，高于规模以上工业总产值平均增速 0.3 个百分点。

新兴动能持续壮大。全市制造业新兴产业产值 1.62 万亿元，占规模以上工业总产值的比重达 50.8%，比上年提高 1 个百分点。六大工业新产业中，工业机器人产业产值 227 亿元，增长 39.3%；集成电路产业产值 718 亿元，增长 17.2%。高端产品产量快速增长。工业机器人产量比上年增长 117.1%，3D 打印设备产量增长 77.8%，集成电路产量增长 11.1%。

建筑业基本稳定。全市完成建筑业总产值 1955 亿元，比上年增长 5.3%，其中建筑、安装工程产值 1928 亿元，增长 4.7%。竣工产值 1544 亿元，比上年下降 9.3%，竣工率为 79.0%。全市资质以上建筑业企业房屋施工面积 9340 万平方米，比上年下降 3.5%，其中新开工面积 3411 万平方米，比上年增长 25.0%。年末拥有总承包和专业承包资质建筑企业 1359 家，实现利税 142.9 亿元，比上年提高 0.2%。建筑业全员劳动生产率 33 万元/人，比上年下降 2.9%。建筑业企业在外省完成建筑业产值 561 亿元，比上年增长 9.4%。

（四）服务业

1. 国内贸易

消费市场稳步提升。全年实现社会消费品零售总额 5442.82 亿元，比上年增长 10.3%。其中，批发和零售业零售额 4749.85 亿元，比上年增长 10.1%；住宿和餐饮业零售额 692.97 亿元，比上年增长 10.9%。基本生活类商品增势较好。限额以上批发和零售业粮油、食品类，服装、鞋帽、针纺织品类，化妆品类商品零售额分别比上年增长 27.7%、18.2%和 21.2%。新型商业模式迅猛发展。全年电子商务交易额 1.1 万亿元。限额以上批发和零售业实现互联网零售额比上年增长 60.8%。年末全市拥有国家级特色商业街 18 条。

2. 交通运输、邮电业

交通运输稳步发展。年末全市公路总里程 12658 公里，其中高速公路 598.26 公里。全市完成公路、水路客运量 3.19 亿人次，旅客周转量 126.21 亿人公里。公路、水路完成货运量 1.49 亿吨，货物周转量 249.61 亿吨公里，分别比上年增长 10.6%和 11.2%。全年铁路旅客发送量 4485.10 万人次，比上年增长 10.5%。铁路货物发送量 77.66 万吨，货物到达量 110.78 万吨。苏州港港口货物吞吐量 6.05 亿吨，其中外贸货物吞吐量 1.54 亿吨，分别比上年增长 4.4%和 1.9%。苏州港集装箱吞吐量 587.52 万标箱，比上年增长 7.2%。

汽车保有量稳步增长。年末拥有汽车 355.7 万辆，其中私家汽车 302.6 万辆，分别比上年增长 13.6% 和 12.7%。

邮电业务快速发展。全年邮政业务收入 158.30 亿元，比上年增长 18.0%。全年发送快递 10.41 亿件，增长 22.3%；实现快递业务收入 132.65 亿元，增长 16.2%。全年电信业务收入 197.19 亿元，比上年增长 2.4%。年末固定电话用户 242.33 万户；移动电话用户 1859.8 万户，其中 4G 用户 1338.89 万户。年末互联网宽带用户达 527.87 万户，比上年末净增 81.15 万户。

3. 金融、证券和保险

金融运行保持稳定。年末全市金融机构总数 838 家，金融总资产 5 万亿元。年末全市金融机构人民币存款余额 26467.6 亿元，比年初增加 603.3 亿元，比年初增长 2.3%；金融机构人民币贷款余额 23986.6 亿元，比年初增加 2062.2 亿元，比年初增长 9.4%。

资本市场稳步发展。全年新增上市公司 14 家，年末上市公司总数达 127 家，累计募集资金 1910 亿元。新增“新三板”挂牌企业 70 家，累计达 459 家。全年新增债券融资 854 亿元。年末全市证券机构托

管市值总额6594亿元，各类证券交易额4.91万亿元，期货市场交易额2.83万亿元。

保险业务增势良好。全年新增保险机构1家，年末全市保险机构共82家，各类分支机构933家。全年保费收入648亿元，比上年增长23.4%；保险赔款和给付支出163.55亿元，比上年增长4.6%。保险深度、保险密度分别达到3.7%和5900元/人。

4. 旅游业

旅游市场健康发展。全市实现旅游总收入2328亿元，比上年增长11.8%，其中旅游外汇收入23.04亿美元。全年接待入境过夜游客175.63万人次，比上年增长8.9%，接待国内游客12046万人次，比上年增长6.6%。年末全市共有5A级景区6家(11个点)、4A级景区35家，五星级饭店28家。高等级景区、星级酒店、旅游度假区、乡村旅游点数量继续保持全省领先。旅游业发展量级稳步提高。苏州获评首批中国休闲旅游示范城市。

5. 房地产业

房地产市场平稳发展。全年完成房地产开发投资2163.24亿元，比上年增长16.0%。商品房新开工面积2966.51万平方米，比上年增长37.8%；商品房施工面积12124.1万平方米，比上年增长7.4%；商品房竣工面积1882.07万平方米，比上年增长13.8%；商品房销售面积2494.05万平方米，比上年增长16.9%，其中住宅销售面积2258.6万平方米，比上年增长16.4%。

（五）开放型经济

1. 对外贸易

对外贸易稳定增长。全年实现进出口3160.79亿美元，比上年增长15.5%。其中出口1871.61亿美元，增长14.2%；进口1289.18亿美元，增长17.4%。分注册类型看，各类企业全面增长。外商投资企业进出口2373.12亿美元，增长15.3%，占全市进出口额比重达75.1%；私营企业和国有企业进出口分别增长13.0%和31.7%。从贸易市场看，对第一大出口市场美国出口534.07亿美元，增长21.6%；对欧盟、东盟出口分别增长12.8%和13.8%；对“一带一路”沿线国家和地区出口382.8亿美元，增长15.0%，占全市出口额比重提升至20.5%。发展方式积极转变。全市一般贸易出口606.18亿美元，增长14.4%，占全市出口比重提升至32.4%。

服务贸易发展良好。全市服务贸易进出口总额162.3亿美元，比上年增长15%。新兴业态加快发展。全年跨境电子商务、市场采购贸易、外贸综合服务等新业态出口超过22亿美元。服务外包平稳发展。全年服务外包接包合同额117.06亿美元，服务外包离岸执行额52.58亿美元。苏州荣获2017年“中国服务外包最具特色城市”，在服务外包示范城市综合评价中跻身全国前四。

2. 利用外资

使用外资结构优化。全年新设外商投资项目985个，实际使用外资45.04亿美元，其中服务业实际使用外资占比达34%，战略性新兴产业和高技术项目实际使用外资占比达51.2%。区域性外资总部集聚区建设取得新成效。全市新增具有地区总部特征或共享功能的外资企业30家。

3. 对外经济合作

对外投资稳步推进。全年新批境外投资项目中方协议投资额23.18亿美元，保持全省第一。空间布局持续向好。在“一带一路”沿线国家和地区新增对外投资企业42个，中方境外协议投资额10.29亿美元，比上年增长72%。产业结构不断优化。新设境外投资非贸易型项目95个，中方协议投资额21.3亿美元，占总投资额的89.5%。新增参股并购类项目38个，中方协议投资额13亿美元，占总投资额的55%，比上年增长42%。载体建设有序推进。年末埃塞俄比亚东方工业园累计完成基础设施投资1.02亿美元，吸引入园企业82家，入园企业实际投资总额3.77亿美元，实现总产值8.14亿美元。创新试点扎实开展。跨境电商、服务贸易、市场采购贸易、一般纳税人资格等四项国家级试点工作稳步推进。跨境电商综试区线上综合服务平台在全国率先上线运营，平台备案登记企业达到 296 家，货值超过 10 亿美元。园区、昆山两地共有 29 家综合保税区企业参与“增值税一般纳税人资格试点”，共开具专票金额 25.87 亿元，税额 4.15 亿元。

二、苏州市 2017 年社会发展概况

（一）人口、人民生活

人口总量基本稳定。年末全市常住人口 1068.4 万人，其中城镇人口 810 万人。全市户籍人口 691 万人，户籍人口出生率 12.01‰，比上年下降 0.81 个千分点；户籍人口自然增长率 4.81‰，比上年下降 0.04 个千分点。

居民收入稳步提高。根据抽样调查，全市常住居民人均可支配收入 50603 元，比上年增长 8.6%。其中城镇常住居民人均可支配收入 58806 元，比上年增长 8.2%；农村常住居民人均可支配收入 29977 元，比上年增长 8.3%。

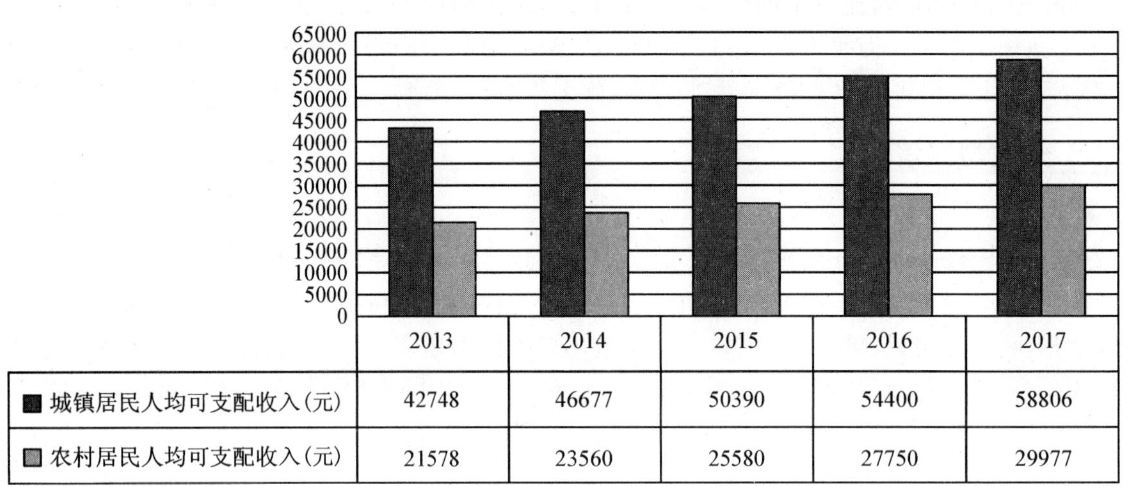

	2013	2014	2015	2016	2017
城镇居民人均可支配收入(元)	42748	46677	50390	54400	58806
农村居民人均可支配收入(元)	21578	23560	25580	27750	29977

图 3　2013—2017 年苏州市城乡居民收入对比一览

（二）就业与社会保障

就业创业形势良好。全市新增就业 17.2 万人，开发公益性岗位 9249 个，城镇就业困难人员实现就业 1.75 万人。城镇登记失业率 1.82%。苏州籍应届高校毕业生就业率达到 98.7%。全年政府补贴培训职业技能劳动者 4.3 万人。大力推进创业孵化基地建设。年末全市创业孵化载体达 237 家，其中省级示范基地 31 家。全力推进大众创业。全年支持成功自主创业人数 18400 人，其中引领大学生创业 2408 人，扶持农村劳动力自主创业 2670 人。

社会保障水平进一步提高。全市最低工资标准上调至 1940 元/月。年末全市企业职工养老保险缴费人数 505.98 万人，比上年增加 27.52 万人；企业养老保险享受人数 154.42 万人。城乡居民社会养老保险参保人数 44.88 万人，领取基础养老金人数 41.97 万人，城乡居民基础养老金继续提高。城镇职工基本医疗保险参保人数 688.31 万人，失业保险参保人数 464.58 万人，工伤保险参保人数 469.13 万人，生育保险参保人数 486.21 万人，分别比上年增加 53.22、17.94、29.82 和 35.45 万人。居民医保财政补贴提高到每人每年 480 元。全市发放社会保障卡 1160 万张，持卡公共服务项目开通率达 100%，网上服务提供率达 80%。

全市城乡最低生活保障标准提高到每人每月 875 元。年末全市 1.6 万户、共计 2.5 万人享受低保，

全年发放低保金2.23亿元。全市新增养老机构床位1043张、日间照料中心115个、助浴点22个。年末拥有各类养老机构224个，养老机构床位总数67323张。开工建设保障性住房24430套，基本建成27719套，新增租赁补贴发放837户。全年新增缴存公积金职工81.1万人，年末缴存住房公积金职工数达288.9万人，全年职工提取公积金282.3亿元。

强化食品药品安全监管。全年累计抽检各类食品7.21万批次，每千人抽检率6.77批次，动态合格率为98.42%。立案查处食品安全案件1753起，药品（含保健品、化妆品、医疗器械）安全案件488起。在全省率先实现基层食药监警务室全覆盖。张家港、昆山成为全省首批食品安全示范城市。

（三）教育与科技创新

1. 教育事业

教育资源供给持续增加。新建中小学、幼儿园66所，改扩建31所，新增学位5.5万个。全市拥有各级各类学校797所，在校学生139.92万人，毕业生30.03万人，专任教师8.63万人。其中普通高等院校26所，普通高等学校在校学生21.75万人，毕业生6.55万人。高等教育毛入学率68.7%。成人高等学校在校学生2.89万人，毕业生1.19万人。拥有幼儿园（含民办）766所，在园幼儿33.93万人。

2. 科技事业

科技创新加快推进。全市财政性科技投入123.7亿元，占一般公共预算支出的7%。研究与试验发展经费支出占地区生产总值的比重达到2.80%。全市新增高新技术企业1573家，累计达4469家。新增省级以上工程技术研究中心67家，累计达677家；新增省级以上企业技术中心64家，累计达445家；新增省级以上工程中心（实验室）11家，累计达79家；年末省级以上公共技术服务平台60家，其中国家级15家。

创新载体加快培育。中科院上海技术物理所苏州研究院、上海交通大学人工智能研究院、东南大学苏州医疗器械研究院、哈佛大学韦茨创新中心、科大讯飞苏州研究院等相继落户。全年新增19家国家级众创空间，60家省级众创空间，年末共有国家级众创空间51家，省级众创空间148家。年末全市省级以上科技孵化器107家，孵化面积379.8万平方米，在孵企业超6000家。

创新实力不断增强。年末全市各类人才总量259.2万人，其中高层次人才22.3万人。全市拥有各类专业技术人员176.4万人，比上年增长8%。全市拥有高技能人才54.6万人。新增国家"千人计划"人才18人，累计达237人，其中创业类人才127人。新增省"双创计划"人才99人，累计达782人。专利成果质量提升。全年专利申请量11.37万件，其中发明专利申请量4.58万件，占比达40.3%；专利授权量5.32万件，其中发明专利授权量1.16万件，占比达21.8%。年末万人有效发明专利拥有量达46.0件，比上年末增加7.7件。

（四）文化、卫生、体育

1. 文化事业

公共文化服务体系持续完善。苏州被文化部列为全国文化消费试点城市。年末全市共有文化馆12个、文化站85个、公共图书馆11个、博物馆44个。文化创意产业做大做强。全市共有8个国家级、16个省级和51个市级文化产业示范园区（基地），全年文化产业主营业务收入超过5300亿元，比上年增长12%。文化保护与传承进一步加强。完成江南水乡古镇预研究和申遗文本初稿编制工作。出台《苏州市濒危非物质文化遗产代表性项目人才培养与管理办法》，评审首批6项濒危非遗项目，评定首批53位苏州市荣誉传承人。"心艺行——苏州非遗走出去"赴沙特参展。

2. 卫生事业

医疗卫生服务体系加快健全。市广济医院和第五人民医院建成使用，市第九人民医院项目主体工程完工，独墅湖医院项目完成主体结构。年末全市拥有各类卫生机构3160个，其中医院193个、卫生院

93个。年末卫生机构床位数6.66万张,其中医院病床5.61万张;拥有卫生技术人员7.96万人,其中医生3.03万人、注册护士3.45万人,分别比上年增长9.4%和12.6%。学科建设和人才培养成效显著。全市建成国家级医学重点学科2个、临床重点专科16个。拥有中国工程院院士1名、中华医学会专业委员会主委3人、省医学领军人才9名、重点人才23名。获国家科技进步奖1项,国家自然基金128项,位列全国地级市首位。推进医疗资源纵向联合。全市累计建成23家医联体,覆盖137家医疗机构,组建家庭医生团队1036个。基层医疗卫生机构门急诊总量和增速均超过综合医院。

3. 体育事业

体育事业稳步发展。新建成健身步道315公里、多功能运动场14个、笼式球场24个。年末全市共有全民健身站点7124个、健身步道1968公里,人均体育场地设施面积达3.3平方米。环古城河健身步道体育功能进一步提升。体育市场逐步繁荣。阿里体育江苏业务中心正式落户苏州。金陵体育在创业板上市。全年体育彩票销售44.28亿元,比上年增长14.9%。竞技比赛实力提升。在第十三届全运会上,夺得14枚金牌、12枚银牌、18枚铜牌,金牌数占全省的32.6%,奖牌数占全省的32.8%。全年承办省级以上体育赛事87项次,其中国际洲际比赛27项次、全国比赛48项次、省级比赛12项次。

(五)城市建设和公用事业

全年完成基础设施投资756.61亿元。沪通铁路建设进展顺利,苏州段全年完成投资39.4亿元。通苏嘉、沪苏湖、太仓港港口支线等铁路前期工作稳步推进。沪宁高速公路昆山高新区互通、西环快速路南延主线高架桥段和吴淞江大桥建成通车。轨道交通4号线及支线开通运营。完成桑田岛、城北路、澄阳路、太湖新城启动区和太湖新城二期5个地下综合管廊试点项目建设,总里程34.486千米。

全年全社会用电量1503.5亿千瓦时,比上年增长8.7%。其中工业用电量1202亿千瓦时,增长7.7%;城乡居民生活用电量124.5亿千瓦时,增长15%。市区(不含吴江,下同)管道天然气供气总量8.75亿立方米。全市拥有区域供水厂22座,总供水能力717.5万吨/日,其中市区自来水供水能力达到255万吨/日。全市生活污水处理能力达到379万吨/日,城镇生活污水处理率达到95.2%,农村地区生活污水治理率达到80%。实施城、乡生活垃圾分类试点各100个。

年末城市轨道交通(含有轨电车)运营线路总长138.4公里,全年运营总里程1403.6万列公里,线网客流总量24841.3万人次。市区新增和优化调整公交线路55条,年末市区公交线路总数达376条,全年营运里程2.97亿公里,总客运量5.3亿人次。掌上公交APP系统信息逐步完善,实现交通一卡通互联互通。年末市区营运出租汽车4803辆。

(六)环境保护与节能降耗

生态保护得到加强。全市环保投入661亿元,比上年增长3.1%。全市生态红线保护面积3266平方公里。生态文明建设"十大工程"重点项目全年完成投资108亿元。获评首批国家生态文明建设示范市。苏州市区空气质量达标率为71.5%,比上年上升2.5个百分点。市区PM2.5年均浓度比上年下降6.5%。省考断面水质优Ⅲ比例比上年提高10个百分点。市区新增绿地面积400万平方米,年末市区建成区绿化覆盖率42.25%。山水林田湖生态保护带日益完善。全年完成森林抚育5.17万亩,年末全市陆地森林覆盖率29.8%,自然湿地保护率58%。

节能减排稳步推进。劝退、拒批不符合环保要求建设项目75个、涉及投资额8.3亿元。推进环境质量改善。完成大气污染防治工程治理项目956项。扎实推进"减煤""提标""降尘""禁燃"等措施落实,降低大气主要污染物排放总量。启动全市农用地土壤污染状况详查工作。全年新增三星级以上"能效之星"企业32家,累计达436家。

三、苏州市在泛长三角地区经济发展中的地位

2017 年,以迎接党的十九大召开、学习宣传贯彻党的十九大精神为强大动力,在中共苏州市委的领导下,全面落实中央和省委、省政府的决策部署,坚持稳中求进工作总基调,积极开展"两聚一高"新实践,团结依靠全市人民,统筹做好稳定增长、创新驱动、改革开放、城乡建设、生态优化、民生改善等工作,推动经济社会持续发展,较好完成了市十六届人大一次会议确定的主要目标任务。

(一) 地区生产总值

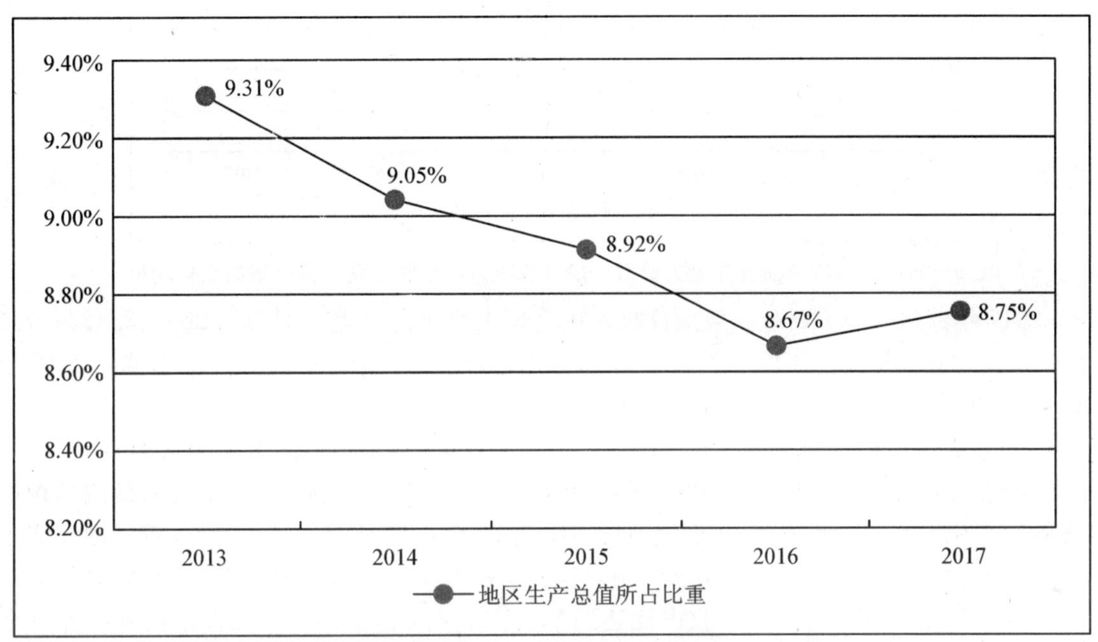

图 4　2013—2017 年苏州市地区生产总值在泛长三角
(苏浙两省 24 个地级市、安徽省 16 个地级市和上海市,下同)所占比重的变化趋势

2013—2017 年苏州市地区生产总值在长三角所占比重分别为 9.31%、9.05%、8.92%、8.67%和 8.75%,2017 年止跌轻微上扬,2017 年较上年增加了 0.08 个百分点,较 2013 年下降了 0.56 个百分点。2017 年苏州市地区生产总值在泛长三角地区 41 个市中排名第 2 位。

2017 年,苏州 GDP 总量为江苏之最,为 17319.51 亿元,同比增长 7.1%。长三角 26 城中仅次于上海、中国最强地级市、经济实力力压杭州与南京、合肥三个长三角副中心城市。在全国城市 GDP 排名中仍然排在第七名(上海、北京、深圳、广州、重庆、天津、苏州、成都、武汉、杭州)。

产业结构持续优化。全市服务业增加值比上年增长 8.2%。全年实现高新技术产业产值 1.53 万亿元,比上年增长 10.5%,占规模以上工业总产值的比重达 47.8%,比上年提高 0.9 个百分点。

市场主体活力增强。深化商事制度改革,激发各类市场主体活力。全年新增私营企业 10.6 万户,新增私营企业注册资本 6071 亿元,分别比上年增长 27.4%和 51.7%;新增个体工商户 16.1 万户,新增个体工商户注册资金 179.7 亿元,分别比上年增长 47.5%和 61%。年末全市市场主体总量达到 135.2 万户,总注册资达 5.5 万亿元。

供给侧结构性改革取得实效。关停淘汰落后低效企业 996 家,压减钢铁产能 83 万吨、平板玻璃产能 330 万重量箱,降低企业成本 480 亿元。规模以上工业企业百元主营业务收入成本比年初下降 1.3 元。全市 114 个"补短板"项目完成投资超 260 亿元。

（二）地方财政一般预算收入

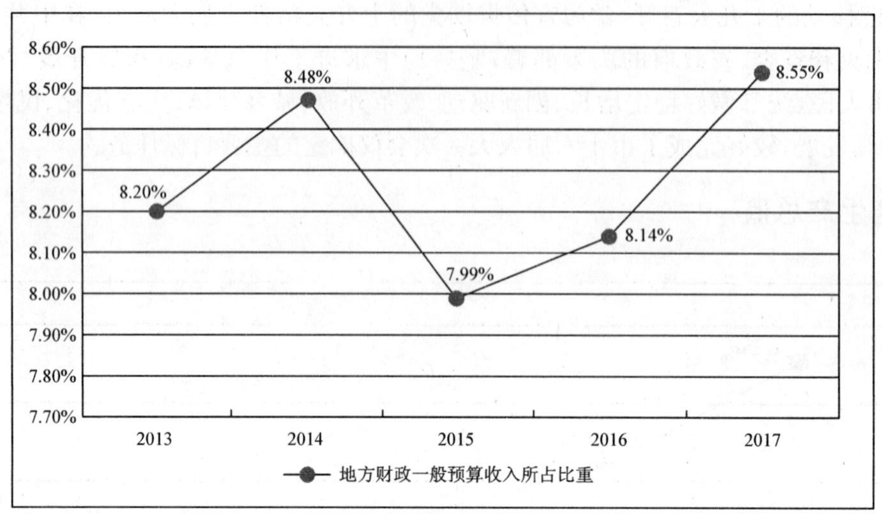

图 5 2013—2017 年苏州市地方财政一般预算收入在泛长三角所占比重的变化趋势

2013—2017 年苏州市地方财政一般预算收入在泛长三角所占比重分别为 8.20%、8.48%、7.99%、8.14%和 8.55%，2017 年比上年增加了 0.41 个百分点，五年累计增加了 0.35 个百分点。2017 年苏州市地方财政一般预算收入在泛长三角地区 41 个市中排名第 2 位。

2017 年，全市各级财税部门在中共苏州市委的正确领导下，在市人大及其常委会监督指导下，认真贯彻党中央、国务院和省委、省政府各项决策部署，坚持稳中求进工作总基调，以推进供给侧结构性改革为主线，有效实施积极的财政政策，深入推进财税体制改革，全面提升财政管理绩效，较好地完成了市十六届人大一次会议确定的目标任务，全年财政预算执行情况良好。全市完成一般公共预算收入 1908.1 亿元，增收 178.1 亿元，增长 10.3%，税收占比达到 87.7%，收入总量、增量、税收占比继续保持全省第一。全市完成一般公共预算支出 1771.5 亿元，增长 9.6%，其中用于民生改善的城乡公共服务支出 1350.2 亿元，占全部支出的 76.2%。

（三）工业生产总值

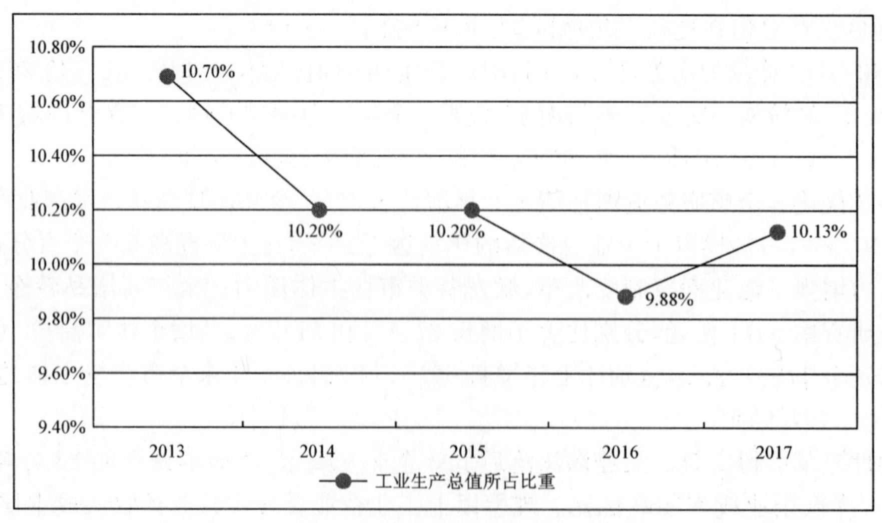

图 6 2013—2017 年苏州市工业生产总值在泛长三角所占比重的变化趋势

2013—2017年苏州市工业生产总值在泛长三角所占比重分别为10.70%、10.20%、10.20%、9.88%和10.13%，2017年较上年增加0.25个百分点，五年累计跌幅达0.57个百分点。2017年苏州市工业生产总值在泛长三角地区41个市中排名第2位。

2017年，工业经济增量提质。全市规模以上工业总产值3.2万亿元，比上年增长10.4%。分注册类型看，民营企业产值1.05万亿元，增长9.5%；外商及港澳台工业企业产值2.07万亿元，增长10.8%。分轻重工业看，重工业产值2.41万亿元，轻工业产值0.78万亿元，分别比上年增长12.3%和4.7%。工业效益稳步改善。全市规模以上工业企业主营业务收入比上年增长12.4%，实现利润比上年增长23.7%。规模以上工业企业亏损面18.5%，比上年收窄3.8个百分点。规模以上工业全员劳动生产率24.3万元/人，比上年增长13.3%；销售利润率6.4%，比上年提高0.6个百分点。

主导行业稳定发展。规模以上工业中，计算机、通信和其他电子设备制造业，电气机械及器材制造业，黑色金属冶炼和压延加工业，化学原料和化学制品制造业，通用设备制造业，汽车制造业六大行业共实现产值2.12万亿元，比上年增长10.7%，高于规模以上工业总产值平均增速0.3个百分点。

新兴动能持续壮大。六大工业新产业中，工业机器人产业产值227亿元，增长39.3%；集成电路产业产值718亿元，增长17.2%。高端产品产量快速增长。工业机器人产量比上年增长117.1%。3D打印设备产量增长77.8%，集成电路产量增长11.1%。

(四) 进出口总额

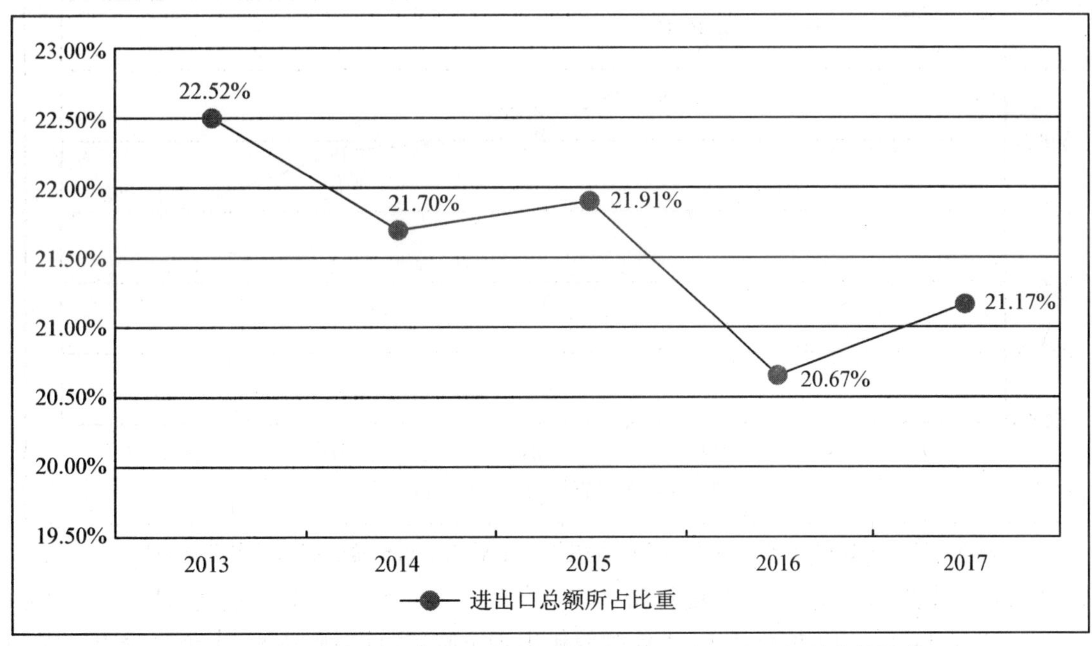

图7　2013—2017年苏州市进出口总额在泛长三角所占比重的变化趋势

2013—2017年苏州市进出口总额在泛长三角所占比重分别为22.52%、21.70%、21.91%、20.67%和21.17%，整体呈下行态势，2017年较上年增加了0.50个百分点，五年累计下降了1.35个百分点。2017年苏州市进出口总额在泛长三角地区41个市中排名第2位。

苏州深入推进外贸供给侧结构性改革，大力开展开放创新系列重大试点，制定完善外贸发展相关政策措施，不断培育壮大外贸发展新动能，2017年全市外贸保持强势增长，预计全年进出口3130亿美元左右，增长14.3%，规模创下了新的历史峰值，为实现全市经济增长目标发挥了重要的支撑作用。

外贸进入高质量发展新阶段。2011年，苏州外贸进出口总额首次突破3000亿美元大关，达到3009亿美元。但2012年以来，全球贸易保护主义抬头，同时苏州部分传统产能向中西部地区及东南亚国家转移，苏州外贸增幅始终在低位徘徊。为此，苏州市委、市政府推出了外贸稳增长、促转型系列政策措施，成功争取到跨境电商综试区、服务贸易创新发展、市场采购贸易、综保区企业增值税一般纳税人资格等国家级试点，指导企业积极抢抓订单、开拓市场，有效应对各种冲击和不利影响，全市外贸呈现出量增质高、优进优出的良好态势。

2017 年，苏州进出口保持全国第四、出口继续位居全国前三，在全国全省位次不移、份额稳定。初步预计，2017 年全市实现进出口 3130 亿美元，增长 14.3%，其中出口 1845.7 亿美元，增长 12.6%，进出口、出口均高于 2014 年的历史峰值(进出口 3113 亿美元，出口 1811.8 亿美元)。这标志着苏州外贸在成功应对产业转移等重大冲击之后，正加快新旧动能转换，进入了高质量发展的新阶段。

宏观结构方面，2017 年 1 月至 11 月，全市进口占进出口总额的 41%，较去年同期提升 1 个百分点，外贸进出口更趋平衡发展。贸易方式方面，全市一般贸易进出口 983.3 亿美元，增长 17.4%，占比提升至 34.3%。市场方面，“一带一路”表现突出，1 月至 11 月，苏州对沿线国家和地区进出口 550.5 亿美元，增长 18.2%，高于全市总体水平 3.1 个百分点。

(五) 实际外商直接投资金额

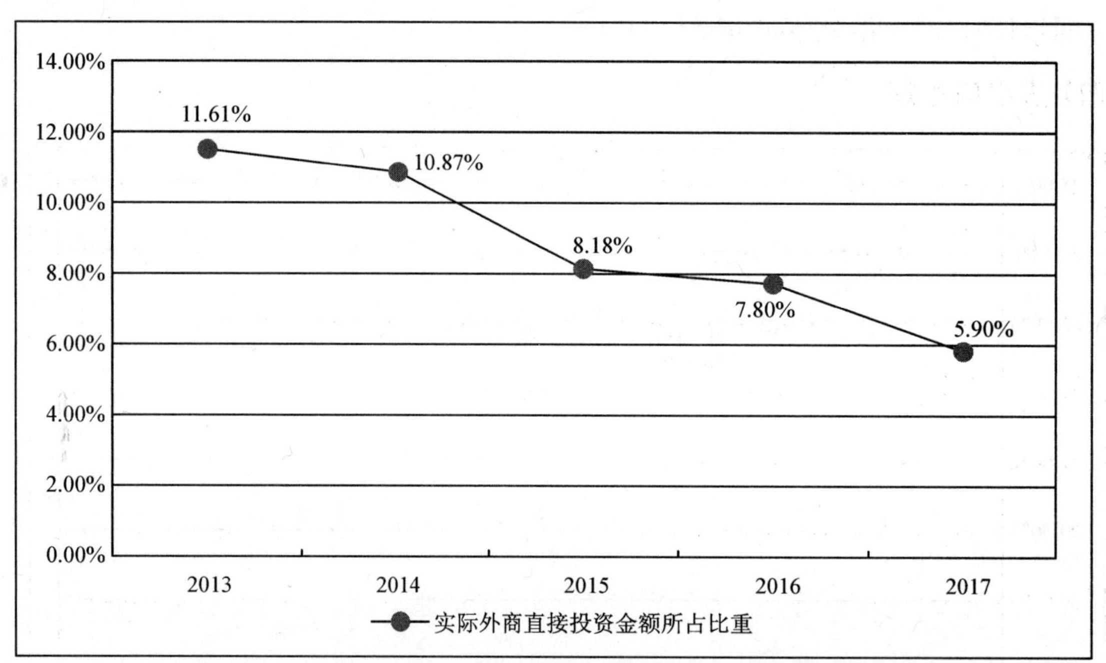

图 8　2013—2017 年苏州市实际外商直接投资金额在泛长三角所占比重的变化趋势

2013—2017 年苏州市实际外商直接投资金额在泛长三角所占比重分别为 11.61%、10.87%、8.18%、7.80%和 5.90%，2013 年至 2017 年连续五年出现下降，累计降幅达 5.71 个百分点。2016 年苏州市规模以上工业总产值在泛长三角地区 41 个市排名第 3 位，较去年保持一致。

2017 年，使用外资结构优化。全年新设外商投资项目 985 个，实际使用外资 45.04 亿美元，其中服务业实际使用外资占比达 34%，战略性新兴产业和高技术项目实际使用外资占比达 51.2%。区域性外资总部集聚区建设取得新成效。全市新增具有地区总部特征或共享功能的外资企业 30 家。

七　南通市2017年经济社会发展报告

2017年，面对严峻复杂的外部环境和困难挑战，全市上下以习近平新时代中国特色社会主义思想为指导，认真贯彻党的十九大精神，坚持稳中求进工作总基调，自觉践行新发展理念、推进“两聚一高”新实践、建设上海“北大门”新定位，坚定不移抓项目促发展，持之以恒惠民生防风险，主要指标符合预期，经济社会发展呈现稳中有进的态势。

一、南通市2017年经济发展概况

（一）综合经济

1. 经济总量

全市实现生产总值7734.64亿元，按可比价格计算，比上年增长7.8%。其中：第一产业增加值382.69亿元，增长2.4%；第二产业增加值3639.81亿元，增长6.8%；第三产业增加值3712.14亿元，增长9.4%。人均GDP达到105903元，增长7.8%。按2017年平均汇率计算，人均GDP为15685美元。

产业结构继续优化。全市三次产业结构演进为4.9∶47.1∶48.0。“两新”产业较快发展，完成高新技术产业产值7564.3亿元，增长14.9%，占规模以上工业比重达到50.3%，同比提高2.8个百分点；六大新兴产业完成产值5083.6亿元，增长11.7%，占规模以上工业的比重达到33.8%，同比下降0.1个百分点。产业项目加快投入，省级重大项目、市级“双百工程”项目分别完成投资230亿元、830亿元；投资结构加快调整，服务业投资占固定资产投资比重达到51.6%，同比提高1.8个百分点。

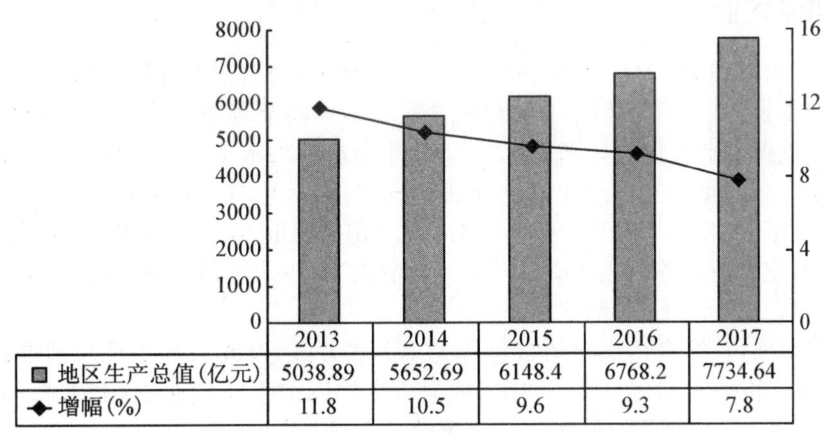

	2013	2014	2015	2016	2017
地区生产总值(亿元)	5038.89	5652.69	6148.4	6768.2	7734.64
增幅(%)	11.8	10.5	9.6	9.3	7.8

图1　2013—2017年南通市地区生产总值及增长速度

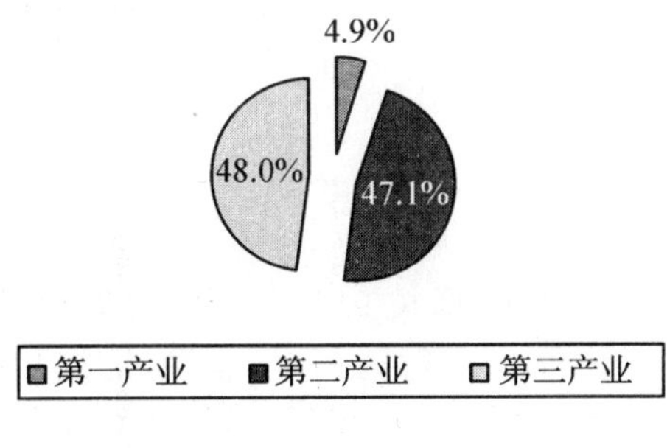

图2　2017年南通市三次产业结构图

2. 财政收支

全年一般公共预算收入 590.6 亿元，增长 0.1%，其中，增值税增长 40.3%，改征增值税增长 116.1%，企业所得税增长 18.6%，个人所得税下降 14.8%，契税增长 27%。全年一般公共预算支出 810.1 亿元，增长 8.1%。一般公共预算支出中民生支出 625 亿元，占一般公共预算支出的比重达到 77%，比上年提高 1.3 个百分点。

3. 物价指数

市区居民消费价格总指数 101.7，物价总水平比上年增长 1.7%，其中，服务项目价格上涨 2.1%，消费品价格上涨 1.4%。

4. 固定资产投资

全市完成固定资产投资额 4959.2 亿元，比上年增长 8.9%，其中，民间投资 3858.3 亿元，增长 13.5%，占固定资产投资的比重达 77.8%，提高 3.2 个百分点；工业投资 2397.8 亿元，增长 6.2%，其中技改投资 1378.2 亿元，下降 9.7%，占工业投资的比重达到 57.5%，比上年下降 10.1 个百分点。全市服务业投资达到 2556.7 亿元，增长 11.8%。完成基础设施投资 674.7 亿元，增长 1.9%。

（二）农林牧渔业

全市农林牧渔业总产值 727.0 亿元，按可比价计算，增长 3.2%。其中，农业产值 307.7 亿元，增长 2.7%；牧业产值 163.4 亿元，增长 0.9%；渔业产值 173.2 亿元，增长 3.2%。

粮食播种面积 772.5 万亩，下降 0.7%；棉花种植面积 16.8 万亩，下降 41.4%；油料种植面积 165.5 万亩，下降 4.1%；蔬菜种植面积 203.8 万亩，下降 0.2%。全年粮食亩产 419.3 公斤，增长 0.4%。

现代农业加快发展。新增设施农业面积 6.8 万亩。年末农业机械总动力 410.6 万千瓦，比上年增长 3.1%。全年新增各类家庭农场 90 家，总数达 4447 家。全市建成农业产业化龙头企业 360 家，其中国家级 8 家。

（三）工业和建筑业

全市规模以上工业增加值 3318.4 亿元，增长 7.8%，其中，轻重工业分别增长 6.8% 和 8.3%。分经济类型看，国有企业增长 12.9%，股份制企业增长 10.3%，外商及港澳台投资企业增长 2.6%。"3＋3"重点产业较快增长，重点产业产值同比增长 9.8%，高于全市平均水平 1.3 个百分点，其中，电子信息、智能装备、新材料产业等三大重点支柱产业同比分别增长 15.6%、15.1% 和 11.3%。工业产值中，装备制造业产值 7787.4 亿元，增长 10.1%，占全市规模以上工业总产值的比重达 51.8%，比上年提高 0.8 个百分点。

全市规模以上工业主营业务收入 14751.1 亿元，增长 8.1%，利润总额 1128.8 亿元，增长 10.1%。亏损企业亏损总额 33.8 亿元，下降 57.6%。

深入实施"263"专项行动，全市煤炭消费量减少 155.4 万吨，万元地区生产总值能耗稳步下降，超额完成全市减煤及节能强度控制目标任务。2017 年全市规模以上工业企业中，七大高耗能行业产值增长 5.4%，占规模以上工业产值比重为 26.9%，同比下降 0.8 个百分点。

全市实现建筑业增加值 600.1 亿元，增长 0.7%。全市建筑企业承建施工面积 7.72 亿平方米，增长 7.7%。全市建筑队伍人数 170 万人，建筑队伍遍及 40 个国家和地区，年末出国人数 0.72 万人；年末全市拥有特级资质建筑企业 20 家，拥有一级建造师 9644 人。全年新入围鲁班奖 9 项，累计获 100 项，居全国地级市之首。

（四）服务业

1. 国内贸易

全年社会消费品零售总额 2873.4 亿元，增长 9.1%。其中，城市消费品零售额 2122.3 亿元，增长 9.3%；农村消费品零售额 751.1 亿元，增长 8.7%。分行业看，批发和零售业消费品零售额 2625.6 亿元，增长 9.6%；住宿和餐饮业消费品零售额 247.8 亿元，增长 9.6%。

限额以上贸易单位商品零售额中，汽车类零售额比上年增长 5.1%，石油及制品类增长 5.7%，粮油

食品饮料烟酒类下降 5.6%，服装鞋帽针织纺品类增长 2.1%，日用品类下降 12.1%，金银珠宝类增长 9.6%，家用电器和音像器材类增长 4.5%。

2. 交通、邮政电信和电力业

全年交通运输、仓储及邮政业增加值 252.2 亿元，比上年增长 9.5%。兴东国际机场年末拥有国际航线 3 条、开通周航班量 9 班；国内航线 29 条，开通周航班量 227 班，完成旅客运输量 200.9 万人次，增长 30.6%；全年民航货邮吞吐量 4.9 万吨，增长 14.6%。年末铁路南通站始发列车 24 对；全年铁路客运量 460.8 万人次，增长 21.0%；货运量 109.5 万吨，增长 4.5%。全年公路货运量 12656 万吨，增长 9.7%；公路客运量 7310 万人次，下降 10.9%。

南通港全年货物吞吐量 23572 万吨，增长 4.2%，其中，进港 14109 万吨，增长 5.1%；外贸吞吐量 5945 万吨，增长 2.3%。集装箱吞吐量 100.7 万标准箱，增长 21.8%，其中，外贸航线 39.2 万标准箱，增长 8.6%。

年末全市机动车保有量 187.3 万辆，比上年末增加 9.6 万辆。其中，载客汽车 142.7 万辆，增加 16.1万辆；载货汽车 8.6 万辆，增加 1 万辆；摩托车 34.6 万辆，减少 7.6 万辆。年末全市个人汽车保有量达 135.7 万辆，比上年末增加 15.3 万辆。

全年实现邮政业务收入 45.8 亿元，增长 22.4%，电信业务收入 70.4 亿元，增长 7.5%。年末全市固定电话用户 177.5 万户，比上年减少 2.2 万户，其中，城市电话用户 107.3 万户，增加 7.1 万户；住宅电话用户 118.5 万户，减少 33.6 万户。年末移动电话用户 841 万户，净增 22 万户。年末互联网用户 924.7 万户，新增 32.9 万户，其中固定宽带互联网用户 258.6 万户，新增 11.1 万户，无线宽带互联网用户666.1 万户，增加 21.8 万户。

全年用电量 400.6 亿千瓦时，增长 6.9%。分产业看，第一产业用电量 8.3 亿千瓦时，增长 6.1%；第二产业用电量 280.4 亿千瓦时，增长 3.9%，其中，工业用电量 275.8 亿千瓦时，增长 3.8%；第三产业用电量 48.9 亿千瓦时，增长 12%。全年城乡居民生活用电量 62.9 亿千瓦时，增长 17.7%。

全市拥有发电装机容量 1085.1 万千瓦，其中燃煤火电厂装机 670.4 万千瓦，占全市总装机容量的 61.8%，风力发电、光伏发电、生物质发电、燃气发电装机容量分别为 207.8 万千瓦、80.3 万千瓦、10.5 万千瓦、116.1 万千瓦，占全市总装机容量的比重分别为 19.2%、7.4%、1%和 10.7%。

3. 金融、保险和证券

全年金融机构新增本外币存款 387.6 亿元，年末存款余额 11718.2 亿元，其中，储蓄存款余额 5469.1 亿元，比年初增加 73.4 亿元；非金融企业存款余额 3855.6 亿元，比年初增加 47.4 亿元。全年金融机构投放贷款 990 亿元，年末各项贷款余额 7886.6 亿元。

全年发放住房公积金贷款 59.1 亿元，比上年下降 20.7%；本年提取公积金 84.3 亿元，增长 2.3%。全年新增公积金开户人数 14 万人，年末开户职工人数达 80.2 万人。

年末全市拥有保险机构 77 家，保险行业从业人员 3.6 万人。全年保费收入 331.3 亿元，比上年增长 22.4%，其中，财产险收入 64 亿元，增长 7.1%；人寿险收入 230.7 亿元，增长 35.1%。全年已决赔款及给付 115.7 亿元，增长 4%。

年末全市上市公司 39 家，其中境内上市公司 32 家，比上年新增 1 家，上市公司通过首发、配股、增发、可转债、公司筹集资金 167 亿元。企业境内上市公司年末总股本 309.45 亿股，市价总值 3742.76 亿元。

4. 旅游业

全年接待海内外旅游者总人数 4247 万人次，比上年增长 12%。其中，国内旅游者 4228.4 万人次，增长 12%，旅游住宿设施和居民家中接待过夜海外旅游者 18.6 万人次，增长 3.1%。全年实现旅游总收入 614.9 亿元，比上年增长 15.2%，其中，外汇收入 1.26 亿美元，增长 0.8%。年末全市拥有旅游星级饭店 80 家，旅行社 172 家，A 级旅游景区(点)48 处，全国农业旅游示范点 2 个，全国工业旅游示范点 11 个。

5. 房地产业

全年房地产开发投资 610 亿元，比上年增长 4.4%。商品房施工面积 5157.5 万平方米，增长 1.1%，其中，普通商品房施工面积 3812.5 万平方米，增长 1.3%。全市商品房竣工面积 1100.9 万平方米，增长 4.9%，其中，普通商品房竣工面积 809 万平方米，增长 7.2%。商品房销售面积 1657.7 万平方米，增长 38.1%，其中普通商品房 1471.1 万平方米，增长 31.9%。

（五）开放型经济

1. 对外贸易

全年进出口总值 2360.2 亿元，增长 15.9%，其中，出口总值 1691.9 亿元，增长 11.5%；进口总值 668.3 亿元，增长 28.9%。年末与该市建立进出口贸易关系的国家和地区 220 个，比上年增加 8 个。全市有进出口业绩的企业 6606 家，增长 13.9%。

2. 外经合作

全年新批外商投资项目 348 个，比上年增长 5.8%，其中，千万美元以上项目 213 个，比上年增长 9.8%；新批协议外资 53.6 亿美元，下降 11.5%；实际到账注册外资 24.2 亿美元，增长 1.5%。

全年新批境外企业 56 家，中方协议投资额 13.6 亿美元，比上年增长 12.5%。

新签对外承包劳务合同额 9.6 亿美元，下降 8.8%；完成对外承包劳务营业额 18.1 亿美元，下降 9.8%；新派劳务人员 0.9 万人次，下降 3.1%；年末在外劳务人员 2.4 万人，增长 0.8%。

二、南通市 2017 年社会发展概况

（一）人口、人民生活

年末全市常住人口 730.5 万人，其中，城镇人口达到 482.4 万人，增长 2.6%，城镇化率 66.03%，比上年提高 1.66 个百分点。年末户籍人口 764.5 万人。全市人口出生率 7.99‰，人口死亡率 10.68‰，人口自然增长率－2.69‰。

城乡居民收入稳步增加。全体居民人均可支配收入 33011 元，比上年增长 9.7%，按常住地分，城镇居民人均可支配收入 42756 元，增长 8.9%；农村居民人均可支配收入 20472 元，增长 9.2%。全体居民人均消费支出 21317 元，增长 7.5%，按常住地分，城镇居民人均消费支出 26510 元，增长 5.1%；农村居民人均消费支出 14637 元，增长 8.9%。

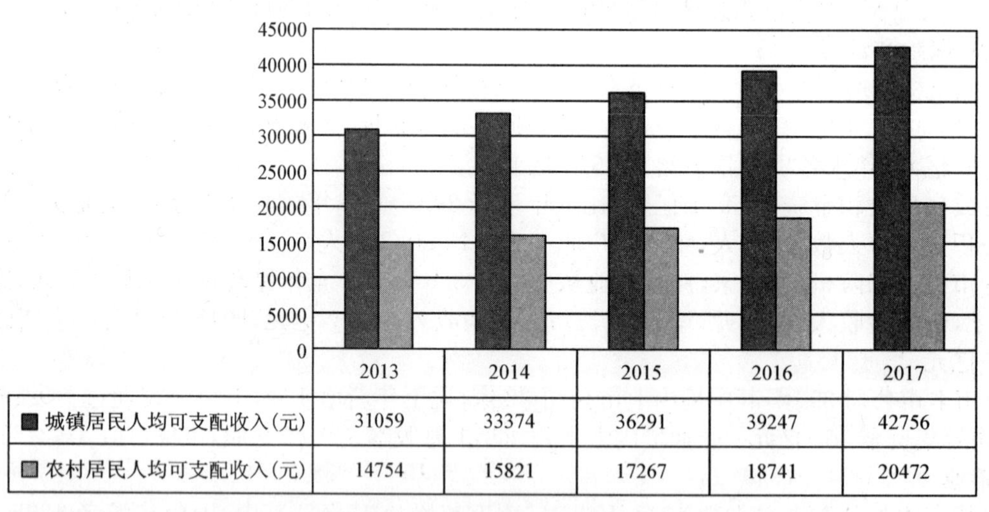

	2013	2014	2015	2016	2017
城镇居民人均可支配收入(元)	31059	33374	36291	39247	42756
农村居民人均可支配收入(元)	14754	15821	17267	18741	20472

图 3　2013—2017 年南通市城乡居民收入对比一览

年末，城镇居民家庭每百户拥有电冰箱 117 台，空调 218 台，移动电话 263 部，家用电脑 107 台，家用汽车 65 辆。农村居民家庭每百户拥有电冰箱 112 台，空调 147 台，移动电话 251 台，家用电脑 58 台，家用汽车 39 辆。

年末全市城镇居民人均住房建筑面积 48.5 平方米，比上年增长 1.5%。农村居民人均住房面积 61.5 平方米，与上年持平。

（二）就业与社会保障

就业持续增加。全年新增就业人数 8.69 万人，新增转移农村劳动力 2.63 万人。全年提供就业岗位 34.6

万个。年末从业人员达456万人，其中，第一产业89.3万人，第二产业212.7万人，第三产业154万人。

年末全市参加城镇企业职工基本养老保险在职人数153.5万人，比上年增加3.7万人。全市城镇职工基本养老保险离退休人数63.8万人，比上年增加3.4万人。城乡居民养老保险参保人数146.1万人；参加失业保险人数106.4万人，比上年末增加3.1万人；参加职工医疗保险人数200.2万人，比上年末增加12.3万人；参加工伤保险人数为130.8万人，比上年末增加1万人。

年末全市拥有各类养老机构243家，总床位数71101张，其中养老机构床位数48249张，农村敬老院92家，床位22985张。年末农村五保对象21104名，集中供养9142人，农村五保集中供养能力达到108.91%。全年结婚登记52925对。

(三) 教育与科技

1. 教育

全市拥有普通高等学校8所，年末在校学生9.95万人；成人高校2所，在校学生1.8万人；中等职业教育学校17所，在校学生5.95万人；普通高中43所，在校学生7.45万人；普通初中159所，在校学生16.18万人；小学325所，在校学生33.29万人；特殊教育学校7所，在校学生0.13万人；各级各类幼儿园486所，在园儿童17.05万人。

2. 科技

年末全市拥有高新技术企业1045家；新增省级高新技术产品927项；新建省级工程技术研究中心18家，省级企业院士工作站3家，省级研究室工作站42家；新建市级公共技术服务平台2家，市级工程技术研究中心65家，企业研究院2家，重点实验室4家。全年有17项科技成果获江苏省科技进步奖，其中，国家级特等奖1项；省级一等奖3项，二等奖7项，三等奖6项。年末，全市共建成科技孵化器47家，其中国家级14家、省级26家。全年专利申请量54742件，比上年增长35.7%；专利授权量19057件，同比减少21.7%；其中，发明专利申请量13386件，增长70.1%，发明专利授权量2630件，下降3.5%，万人发明专利拥有量23.8件，增长30%，PCT专利申请量达988件，增长79%。全社会研发投入占GDP的比重达到2.69%，比上年提高0.05个百分点。

(四) 文化、卫生与体育

1. 文化

年末全市拥有文化馆9个，文化站98个，公共图书馆10个，“农家书屋”1615个。城乡社区综合性文化服务中心建成率80%。全市已备案的各类博物馆(纪念馆)20家。市级以上文物保护单位91处，其中全国重点文物保护单位10处，省级文物保护单位22处。市级以上非物质文化遗产125项，其中国家级10项，省级53项。全市拥有广播电视台7座，年末数字电视用户196.35万户。年末全市共有文化市场经营单位3803家。全市拥有文化产业示范园区(基地)47个，其中国家级2个，省级5个。

2. 卫生

年末全市拥有卫生机构3184个，其中，医院、卫生院325个，妇幼保健院(所、站)7个，疾病预防控制中心(站)9个，专科疾病防治院(所、站)3个，卫生监督所7个。卫生机构床位数4.21万张。拥有卫生技术人员4.47万人，其中，执业医师和执业助理医师1.87万人，注册护师1.91万人。

全市共建成社区卫生服务中心34个，其中市区27个，市区以街道(镇)为单位建成率100%。全市累计建成农村社区卫生服务站、村卫生室1540个，行政村覆盖率100%。

3. 体育

全年成功承办了2项次全国赛事、5项次省级赛事。全市新增晨晚练健身点112个，各级各类全民健身活动参与群众超过260万人次。体育彩票销售创历史新高，全年销售额14.1亿元。

(五) 环境保护

全年市区新增绿地600公顷，城市绿化覆盖率43.7%；日供水能力达到200万立方米，水质综合指标合格率100%;市区燃气普及率、用水普及率、生活垃圾无害化处理率均达到100%。全年市区新增路灯、景观灯19216盏,城市道路亮灯率达到99.4%,农村自来水普及率100%。

全年共新建(改造)燃煤火电、热电机组脱硫设备6套、脱硝设施6套、除尘改造6套,锅炉平均脱硫效率达80%以上、综合脱硝效率达50%以上,烟尘排放基本达到重点区域特别排放限值。全市各地根据实际划定了禁燃区范围。

环境质量保持稳定,环境空气主要污染物年平均值为:二氧化硫21微克/立方米,二氧化氮40微克/立方米,PM1066微克/立方米,PM2.5浓度为39微克/立方米,其中二氧化硫、二氧化氮和PM10年均值符合国家空气质量二级标准,PM2.5年均值超过国家空气质量二级标准;全年空气质量指数达到良好以上的天数达266天,占全年有效监测天数的72.9%。长江南通段主流水质符合国家地表水环境质量Ⅲ类水质标准,饮用水源地水质达标率100%。区域环境噪声平均值为56.6分贝,交通干线噪声平均值为66.9分贝,均符合国家环境噪声质量标准。

(六) 安全生产

全年共发生各类安全生产事故426起,死亡329人,比上年分别下降4.3%和4.1%,其中,工矿商贸企业(含建筑业)发生生产安全亡人事故150起,死亡154人。全年发生较大生产安全事故1起,死亡3人。全市共发生火灾1599起,死亡9人,受灾369户,烧毁建筑面积1.8万平方米,直接经济损失591.8万元。全市共发生一般以上交通事故1246起,死亡423人,伤1051人,直接经济损失303.3万元。

三、南通市在泛长三角地区经济发展中的地位

2017年,在省委省政府和市委的正确领导下,以习近平新时代中国特色社会主义思想为指导,认真贯彻党的十九大精神,围绕推进"两聚一高"新实践、建设上海"北大门"新定位,坚定不移抓项目促发展,持之以恒惠民生防风险,较好完成全年目标任务,实现十五届市政府工作的良好开局。经济运行平稳健康。

(一) 地区生产总值

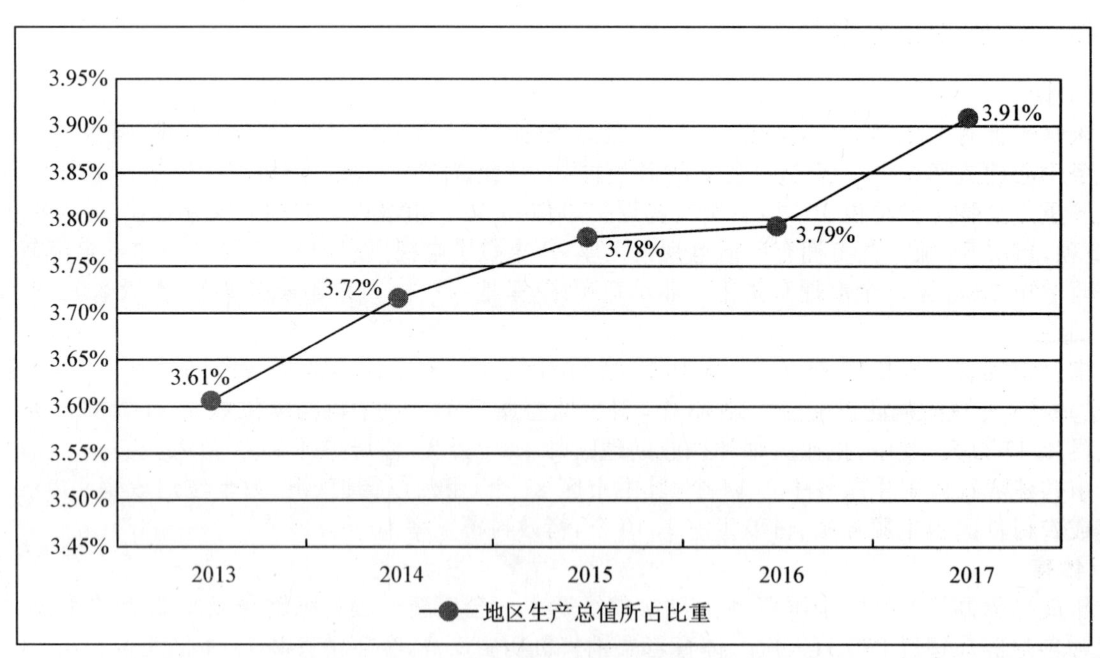

图4　2013—2017年南通市地区生产总值在泛长三角(苏浙两省24个地级市、安徽省16个地级市和上海市,下同)所占比重的变化趋势

2013—2017年南通市地区生产总值在泛长三角所占比重分别为3.61%、3.72%、3.78%、3.79%和

3.91%，呈现持续增加的态势，累计增幅为0.30个百分点，2017年较上年增加了0.12个百分点。2017年南通市地区生产总值在泛长三角地区41个市中排名第7位，在长三角地区中继续保持靠前的位置。

2017年，完成地区生产总值7734.6亿元，增长7.8%；一般公共预算收入590.6亿元(消化“营改增”因素，基本持平)；固定资产投资4959.2亿元，增长8.9%；社会消费品零售总额2873.4亿元，增长9.1%；进出口总额2360.2亿元，增长16%。“三大转型升级”取得重大进展，高新技术产业产值7564.3亿元，占规模以上工业比重50.3%，均居全省第二；标注南通制造新高度的“天鲲号”、“龙源振华3号”和2万标箱超级货轮先后亮相；服务业增加值增长9.4%。

化供给侧结构性改革。依法依规淘汰落后产能，开展化工“四个一批”专项行动和沿江化工园区整治，保持打击“地条钢”高压态势，完成省下达钢铁、水泥去产能任务，关闭化工、印染、钢丝绳等行业低端低效产能企业164家。采取分类调控、增加供给、规范秩序等措施，有效稳定房地产市场。支持企业去杠杆，新增直接融资624亿元；实施政府投融资体制改革，力推国有融资平台市场化转型，规范举债融资行为，制定地方债务化解方案，新增地方政府债券及置换债券330亿元。落实七大类降成本措施，仅减税降费就减轻企业负担70亿元。量质并举抓好项目建设。完善“五个一”推进机制，举行重大项目集中开工等活动，加强定期会办、及时协调、跟踪推动，紧盯实物工作量，省级重大项目、市级“双百工程”项目分别完成投资230亿元、830亿元，新开工亿元以上产业项目增长53.6%。

(二) 地方财政一般预算收入

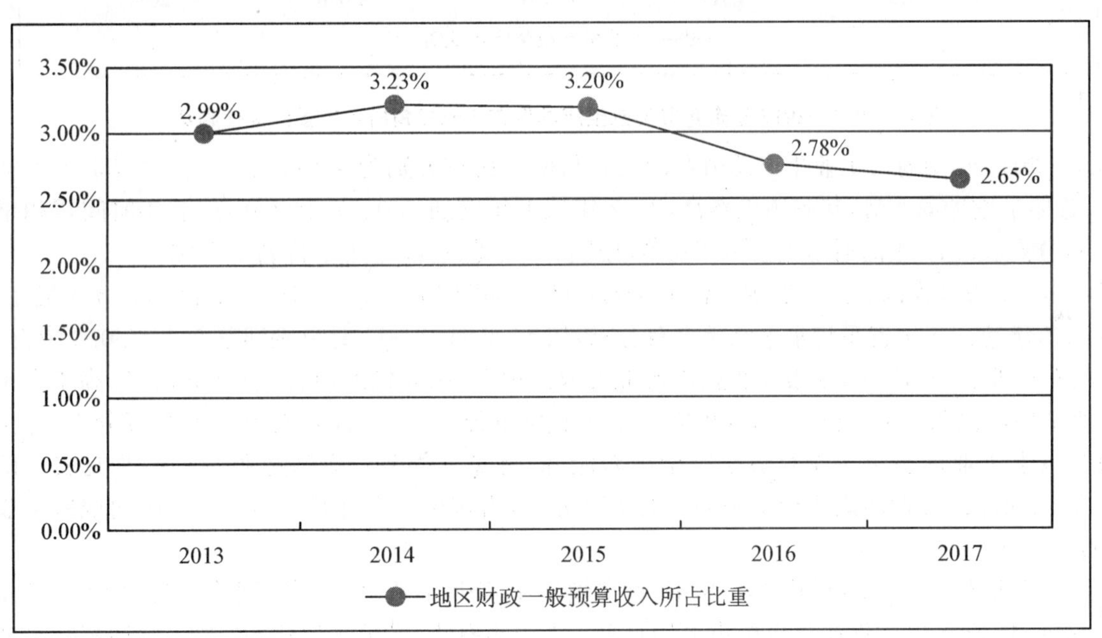

图5　2013—2017年南通市地方财政一般预算收入在泛长三角所占比重的变化趋势

2013—2017年南通市地方财政一般预算收入在泛长三角所占比重分别为2.99%、3.23%、3.20%、2.78%和2.65%，整体呈现下降的态势，累计减少了0.34个百分点，2017年较上年减少了0.13个百分点。2017年南通市地方财政一般预算收入在泛长三角地区41个市中排名第8位，较上年持平。

2017年，全市一般公共预算收入完成590.6亿元，占调整后预算的101%，增长0.1%，同口径增长6%。各地财政决算草案编制正在进行，全市财政在与省办理财政体制结算后，实现收支平衡。2017年，市级(含市本级、经济技术开发区、苏通科技产业园区、通州湾江海联动开发示范区)一般公共预算收入完成78.1亿元，占预算的101.1%，同口径下降1.5%，剔除2016年按规定清理财政专户结余缴库一次性因素影响，增长9.6%。

（三）工业生产总值

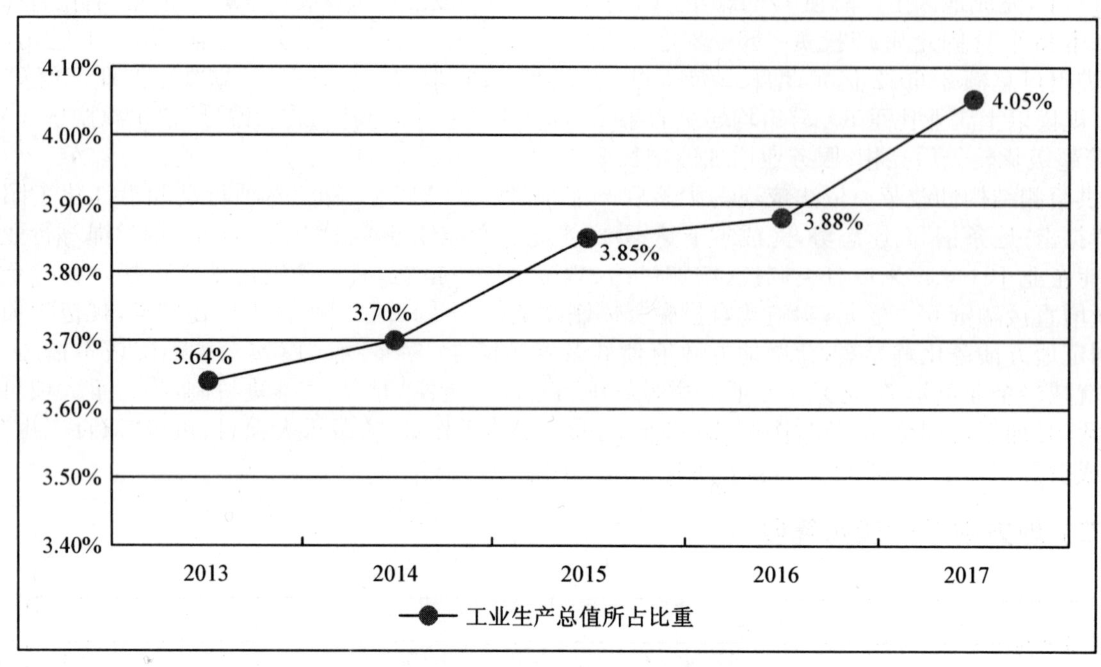

图 6　2013—2017 年南通市工业生产总值在泛长三角所占比重的变化趋势

2013—2017 年南通市工业生产总值在泛长三角所占比重分别为 3.64%、3.70%、3.85%、3.88%和 4.05%，总体呈增加的态势，达到历史新高，2017 年较上年增加了 0.17 个百分点，五年时间累积增加了 0.41 个百分点。2017 年南通市工业生产总值在泛长三角地区 41 个市中排名第 7 位。

2017 年，全市规模以上工业实现产值 15038.6 亿元，同比增长 8.5%，实现增加值 3318.4 亿元，同比增长 7.8%，增速高于全省平均水平 0.3 个百分点，较 1—9 月、1—11 月分别回落 0.7 个、0.6 个百分点。

从两新产业看，2017 年，全市高新技术产业完成产值 7564.3 亿元，同比增长 14.9%，高于全市规模以上工业平均增幅 6.4 个百分点，占规模以上工业的比重为 50.3%，同比提升 2.8 个百分点，直接拉动全市规模以上工业增长 7.1 个百分点。全市新能源、海洋工程等六大制造业新兴产业完成现价产值 5083.6 亿元、增长 11.7%，高于全市平均 3.2 个百分点，占规模工业比重为 33.8%，拉动规模工业增长 3.9 个百分点。

从重点产业看，2017 年，全市“3＋3”产业规模以上工业企业 2362 家（剔除重复部分），完成产值 9095.3 亿元、增长 9.8%，增幅高出全市平均水平 1.3 个百分点，产值占比达 60.4%，拉动规模工业增长 5.9 个百分点。其中，电子信息产业、新能源及新能源汽车产业、智能装备产业和新材料产业增幅高于全市平均水平。

2017 年，全市规模以上工业企业实现利润总额 1128.8 亿元，同比增长 10.1%；亏损面为 8.1%，较年初下降了 2.3 个百分点，其中，亏损企业亏损额 33.7 亿元，同比下降 57.6%。总体来看，亏损企业数量减少，亏损额不断下降，整个规模以上企业的亏损面不断缩小。分行业来看，2017 年全市规模以上工业 34 个行业大类中有 25 个行业主营业务收入保持增长，其中 18 个行业增速超过全市平均水平。有 7 个行业的主营业务收入占全部比重超过 5%，其中电气机械和器材制造业主营业务收入占比高达16.9%；这七大行业类别共实现主营业务收入 9379.7 亿元，占比高达 63.6%，同比增长 10.7%，高于全市平均增速 2.6 个百分点，共拉动全市规模以上工业主营业务收入增长 6.7 个百分点。

（四）进出口总额

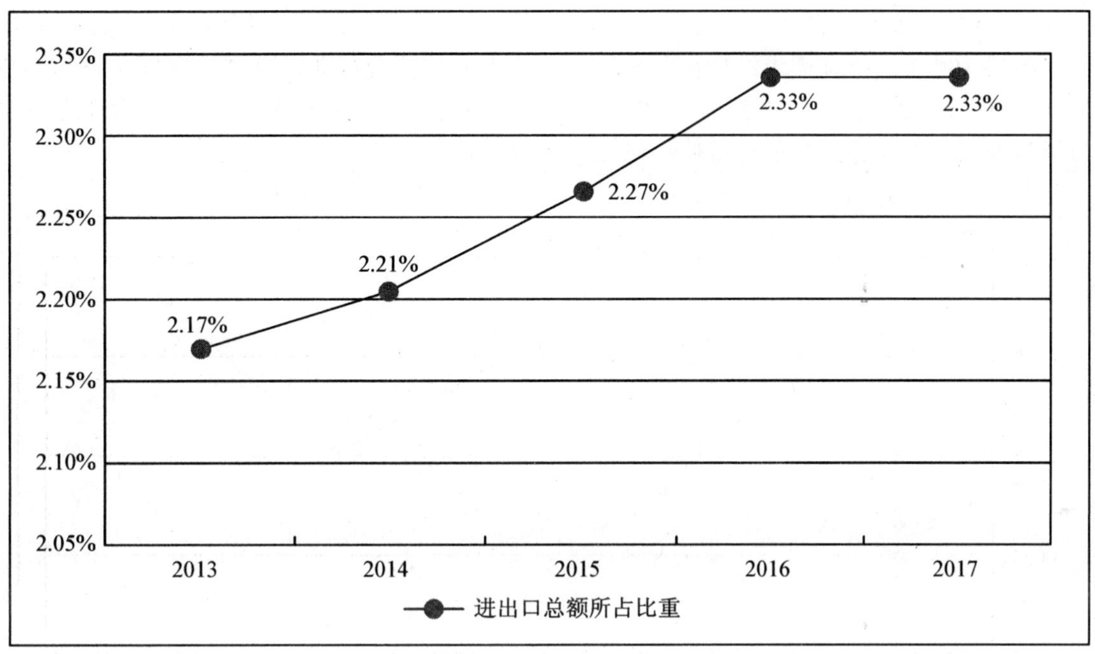

图 7　2013—2017 年南通市进出口总额在泛长三角所占比重的变化趋势

2013—2017 年南通市进出口总额在泛长三角所占比重分别为 2.17%、2.21%、2.27%、2.33%和 2.33%，2017 年与去年持平，2013 年增幅最大，五年时间累积增加了 0.16 个百分点。2017 年南通市进出口总额在泛长三角地区 41 个市中排名第 9 位。

2017 年，南通市实现外贸进出口总值 2360.2 亿元，同比增长 15.9%，再创历史新高。各类贸易方式结构更趋优化，民营企业超过外资企业成为外贸最大主体，外贸产业升级效果明显。2017 年，机电产品、纺织服装、石化产品和农产品四大类商品合计占南通市出口总值的 77.1%。其中，服装增长 7.6%；集装箱增长 38.9%；集成电路增长 13.5%。出口商品价格平均上涨 16.1%，产品附加值明显提升。

从贸易方式来看，2017 年，南通市一般贸易进出口 1530.6 亿元，增长 21.1%；加工贸易进出口 564 亿元，增长 1.9%；市场采购贸易出口 210.6 亿元，增长 22.1%；跨境电商出口 5874.5 万元，占全省跨境电商出口总值的 57.3%。贸易方式结构更趋优化。

从外贸进出口主体来看，2017 年，全市民营企业进出口 1152.5 亿元，增长 21.5%，占比提升至 48.8%，超过外资企业成为南通市外贸最大主体，活力凸显；企业数量上，全市进出口企业达到 6066 家，比 2016 年增加 4.6%。排名前十位的企业进出口值合计占比 22.1%，比上年提升 2.5 个百分点，企业集中度明显提升。

（五）实际外商直接投资金额

2013—2017 年南通市实际外商直接投资金额在泛长三角所占比重分别为 3.05%、3.08%、3.16%、3.10%和 3.19%，2016 年首次出现下跌，2017 年继续上涨，2017 年较上年增加了 0.09 个百分数，五年累计上升了 0.14 个百分点。2017 年南通市实际外商直接投资金额在泛长三角地区 41 个市排名第 10 位，较上年上升了一位。

2017 年，累计实际利用外资 115.4 亿美元，进出口总额居全省第四，外经合作保持全省领先。实有外商投资企业 5161 户，外方认缴总额 388.03 亿美元，均居全省第 4 位，分别占全省的 8.81%和 8.89%。其中 2017 年新增外商投资企业 507 户，外方认缴总额 44.03 亿美元，同比分别增长 24.26%和 3.1%。举办江海国际博览会暨首届通商大会、海外通商峰会和台商产业转型升级峰会等活动，在谈、签约、新开工 50 亿元以上重特大工业项目 29 个，注册外资实际到账 24.2 亿美元，新引进超亿美元项目 38 个、超亿元市外民资项目 160 个。推动需求结构优化升级。实施十大扩消费行动，培育“互联网＋商贸”，电子商务交易额增长 33%。制定落实外贸稳增长政策，市场采购贸易方式、跨境电商、外贸综合服务等新业态贡献出口增量 60 亿元，飞机部件航空维修再制造加工贸易业务展开。

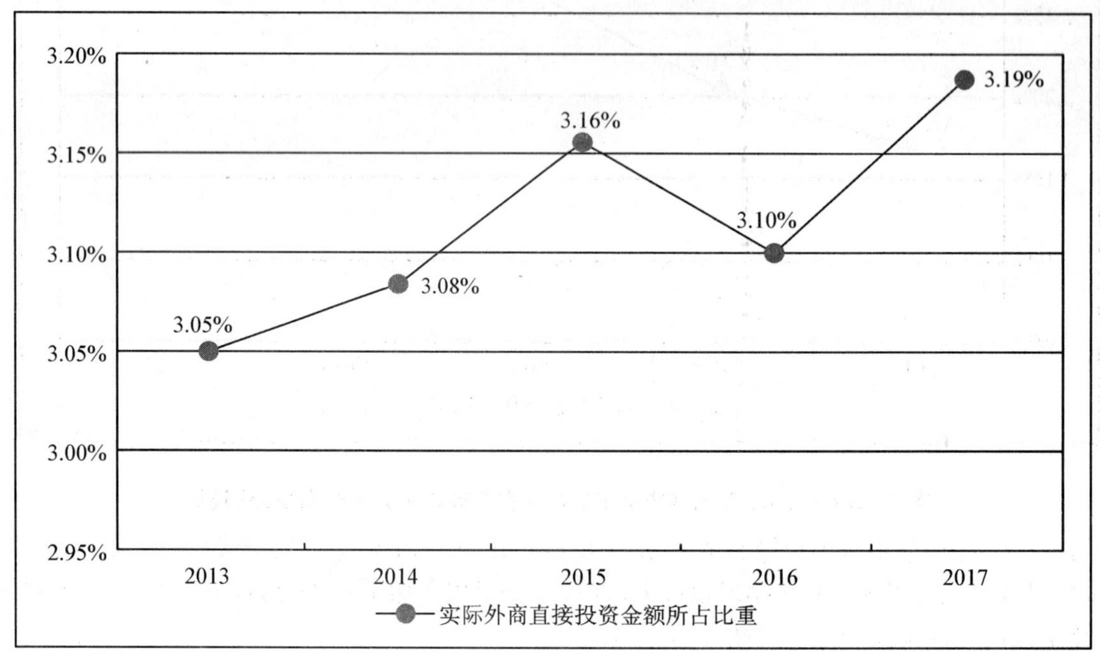

图 8　2013—2017 年南通市实际外商直接投资金额在泛长三角所占比重的变化趋势

八　连云港市 2017 年经济社会发展报告

2017 年，党的十九大胜利召开，中国特色社会主义进入了新时代。站在新时代的新起点，全市上下主动融入国家“一带一路”建设，深入推进以港兴市、产业强市、创新驱动、绿色发展、协调共进五大战略，统筹做好稳增长、促改革、调结构、惠民生、优生态、防风险各项工作，产业发展、城乡面貌、人民生活发生显著变化，经济社会实现了更高质量发展。

一、连云港市 2017 年经济发展概况

（一）综合经济

1. 经济总量

实现地区生产总值 2640.31 亿元，比上年增加 235.15 亿元，增长 7.4%。其中，第一产业增加值 313.42 亿元，增长 2.7%；第二产业增加值 1179.86 亿元，增长 7.2%；第三产业增加值 1147.03 亿元，增长 8.9%。人均地区生产总值 58577 元，增长 6.8%。

产业结构继续优化。全市三次产业结构调整为 11.9：44.7：43.4。第二、三产业增加值占 GDP 的比重进一步提高，比上年上升 0.6 个百分点。

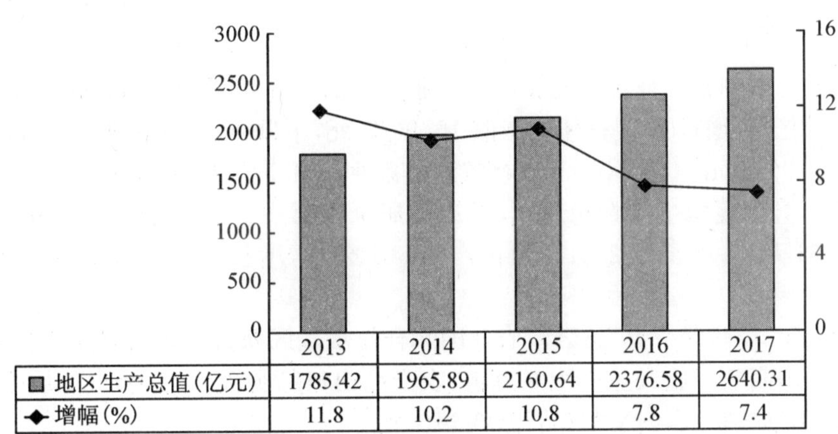

图 1　2013—2017 年连云港市地区生产总值及增长速度

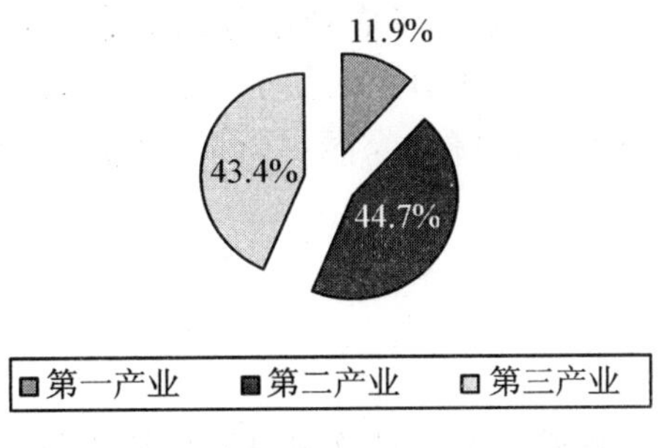

图 2　2017 年连云港市三次产业结构图

2. 财政收支

财政收入稳定增长。全年实现一般公共预算收入 214.85 亿元，同口径增长 8.4%。其中，税收收入 159.37 亿元，增长 2.3%，占一般公共预算收入的 74.2%。

3. 物价水平

物价温和上涨。全年城市居民消费价格上涨 1.8%，八大类商品和服务项目价格指数均有所上涨。其中，居住类价格上涨 3.3%，涨幅最大；其他依次为生活用品及服务、衣着、医疗保健、交通和通信、教育文化和娱乐、食品烟酒、其他用品和服务，分别上涨 2.4%、2.0%、1.7%、1.6%、1.1%、1.0%、0.9%。工业生产者价格涨幅较大。全年工业生产者出厂价格上涨 13.4%，其中生产资料上涨 18.8%，生活资料下降 1.4%；工业生产者购进价格上涨 5.4%。

4. 固定资产投资

投资总量不断扩大。全年完成固定资产投资 2603.63 亿元，增长 9.2%，居全省第七位。其中，工业投资 1645.52 亿元，增长 10.5%；服务业投资 912.17 亿元，增长 7.3%；房地产开发投资 274.93 亿元，增长 16.8%。

重点项目建设加快。全市 403 个重点项目完成投资 1024.5 亿元，其中 270 个重点产业项目完成投资 621.2 亿元。中复神鹰 T800 碳纤维生产线顺利投产，盛虹炼化项目取得实质性突破，高铁、新机场等重大基础设施项目有序推进。

工业技改投资快速增长。全市工业投资完成 1645.52 亿元，增长 10.6%。其中，工业技改投资 794.58 亿元，增长 45.9%，高出工业投资增速 35.3 个百分点，对全市投资增长贡献率达 114.4%。

民间投资占比提升。全年完成民间投资 1648.40 亿元，增长 18.3%，占全市投资比重 63.3%，比上年提高 4.9 个百分点。民间投资中，居于首要地位的制造业完成投资 1332.65 亿元，增长 19.0%。

（二）农林牧渔业

农业生产结构进一步调整。全年实现农林牧渔业总产值 615.41 亿元，可比价计算增长 3.4%。其中，农业产值 287.75 亿元，增长 3.1%；林业产值 15.96 亿元，下降 5.3%；牧业产值 118.63 亿元，增长 0.5%；渔业产值 152.96 亿元，增长 5.2%；农林牧渔服务业产值 40.12 亿元，增长 11.6%。

粮食生产稳中有升。夏粮生产量稳质优，单产位居全省第一。全市夏粮亩产为 396.3 公斤，增长 0.6%，总产为 143.31 万吨，增长 0.2%；秋粮亩产为 561 公斤，增长 0.3%，总产为 219.05 万吨，增长 0.6%。

现代农业加速集聚。“一带一路”连云港农业国际合作示范区获批全国首批十大国家农业对外开放合作试验区。全年新增高效设施农业面积 8 万亩，农产品出口额突破 5 亿美元，位居全省前列。“连天下”农产品品牌影响力继续扩大，新增“三品”品牌 110 个。

龙头带动作用增强。全市省级以上农业龙头企业带动农户 88.5 万户，实现销售收入 276 亿元，增长 11.4%。新增市级龙头企业 50 家，新增全国农村创业创新园区 7 个，居全省第四位。

生态农业加快发展。全年建成市级生态循环农业示范区 8 家，赣榆区获批省级现代生态循环农业试点县。畜禽粪污综合利用率稳步提高，新建沼气工程 35 处，东海、灌云两县入选全国畜禽粪污资源化利用重点县；东海县获批全国第一批畜牧业绿色发展示范县。全市禁养区的 607 家畜禽养殖场完成搬迁工作。

（三）工业和建筑业

1. 工业经济

工业生产总体平稳。年末，全市规模以上工业企业 1831 家，比上年末净增 137 家。全年规模以上工业增加值增长 8.4%。

企业亏损额下降。全年规模以上工业企业实现产品销售收入 5484.25 亿元，增长 7.2%；利润总额 440.48 亿元，增长 7.8%。136 家亏损企业亏损额 7.50 亿元，下降 21.7%。

重点行业快速增长。全市 36 个工业行业大类中有 31 个行业产值实现增长，行业增长面达到

86.1%。其中，化学原料和化学制品制造业完成产值1097.92亿元，增长25.4%；非金属矿物制品业完成产值714.28亿元，增长19.7%；医药制造业完成产值666.60亿元，增长17.5%；黑色金属冶炼和压延加工业完成产值504.19亿元，增长12.6%；农副食品加工业完成产值407.46亿元，增长15.6%。

2. 建筑业

建筑业平稳发展。全年资质以上建筑业企业完成总产值712.18亿元，增长9.8%。其中，房屋建筑工程产值691.32亿元，增长9.6%；安装工程产值14.21亿元，增长26.8%。资质以上建筑业企业房屋施工面积5980.62万平方米，增长12.7%；房屋竣工面积2380.42万平方米，与上年基本持平。

（四）服务业

1. 国内贸易

消费品市场运行良好。全年实现社会消费品零售总额1038.31亿元，增长11.3%。其中，批发业实现零售额130.57亿元，增长55.6%；零售业768.37亿元，增长3.0%；住宿业18.29亿元，增长31.9%；餐饮业121.08亿元，增长34.8%。

农村市场增速加快。农村消费品市场零售额188.73亿元，增长21.3%，比城镇消费品市场高12.1个百分点。城镇消费品市场零售额849.58亿元，增长9.2%。

成规模商贸稳中有升。商贸设施规模不断壮大，利群商业综合体营业，民主路二期、苍梧春晓商业综合体基本竣工。全年实现限额以上社会消费品零售总额426.95亿元，增长17.3%。

2. 港口、交通运输与邮电

口岸保障能力全面增强。2017年，港口30万吨航道二期正式开工建设，连云港港口总吞吐能力达1.6亿吨。物流平台发展壮大，海关多式联运监管中心挂牌运行，公路货运交易中心上线运作，“点点通”等综合服务平台加快发展。口岸便利化水平进一步提高，赣榆、灌河两翼港区新一轮临时开放获批，空港开放通过国家验收，港口综合枢纽能力不断提升。全年港口货物吞吐量2.28亿吨，增长3.2%。

铁路建设全面提速。连盐铁路建成调试，连淮扬镇、连青铁路加快推进，连徐高铁全面开工，“高铁时代”即将到来。连云港境内铁路货运总量较快增长，全年完成4928.24万吨，增长8.8%。受连云港站升级改造影响，境内铁路客运总量完成396.37万人次，下降1.7%。

民航旅客吞吐量突破百万。民航航线已达到27条，通达城市达25个大中城市，其中新增重庆、博鳌、长沙等多条国内航线，并开通首条曼谷国际航线。机场全年飞机起降首次过万达1.12万架次，增长20.5%；旅客吞吐量首次突破百万达109.29万人次，增长28.4%。

邮政通讯业务较快增长。全年邮政通讯总收入47.57亿元，增长15.8%。其中，邮政速递业务收入13.94亿元，增长24.7%；通讯业务总收入33.63亿元，增长12.5%。年末，全市电话用户512.54万户，增长5.3%。其中，移动电话用户450.49万户，增长7.7%。互联网用户468.66万户，增长15.6%。其中，固定宽带用户142.18万户，增长18.3%。

3. 旅游业

旅游经济持续增长。大花果山景区规划建设启动，连云、东海国家级全域旅游示范区建设加快，潮河湾、伊甸园等乡村旅游蓬勃发展，灌云县石佛寺万佛宫、连岛冰雪大世界等旅游项目建成投产。全年实现旅游总收入458.82亿元，增长16.0%。接待国内旅游人数3384.18万人次，增长12.4%。

4. 金融和保险业

金融信贷较快增长。全年实现金融业增加值120.16亿元，增长12.1%，占GDP比重4.6%。年末，全市金融机构存款余额为2976.98亿元，比年初增加421.50亿元，同比增长16.5%。贷款余额为2476.09亿元，比年初增加382.19亿元，同比增长18.3%。

保险市场快速发展。全市保险费总收入达到91.89亿元，增长21.7%。其中，寿险收入实现55.99亿元，占全部保险收入比重达60.9%。

（五）对外经济

进出口总额较快增长。全年完成进出口总额 82.14 亿美元，增长 16.6%。其中，进口 42.92 亿元，增长 27.7%，拉动全市进出口增长 13.2 个百分点；出口 39.22 亿美元，增长 6.4%。

实际利用外资增速居首。全年实际利用外资 6.78 亿美元，增长 23.2%，居全省第一位，比全省平均水平高 20.8 个百分点。

两基地建设加快推进。上合物流园专用铁路、铁路装卸场站、大宗商品交易中心、智慧物流信息中心等一批重点项目加快建设，成功获批国家级示范物流园区。中哈物流合作基地效益提高，散粮筒仓建成运营，成功开行哈国过境小麦和乌国通用汽车东行过境班列，进出货物和集装箱量分别增长 37% 和 85%。

二、连云港市 2017 年社会发展概况

（一）人口、人民生活

人口总量保持稳定。全市年末户籍人口 532.53 万人，比上年末减少 1.43 万人，下降 0.3%。其中，市区 222.61 万人。常住人口 451.84 万人，比上年末增加 2.20 万人，增长 0.5%。其中，城镇常住人口 278.78 万人，比上年增加 8.1 万人，增长 2.99%。常住人口城镇化率 61.7%，比上年提高 1.5 个百分点。

居民收入较快增长。根据城乡一体化住户抽样调查，全年全市居民人均可支配收入为 23302 元，增长 9.8%，增速居全省第一位。其中，城镇居民人均可支配收入 30293 元，增长 8.8%；农村居民人均可支配收入 15273 元，增长 9.6%。

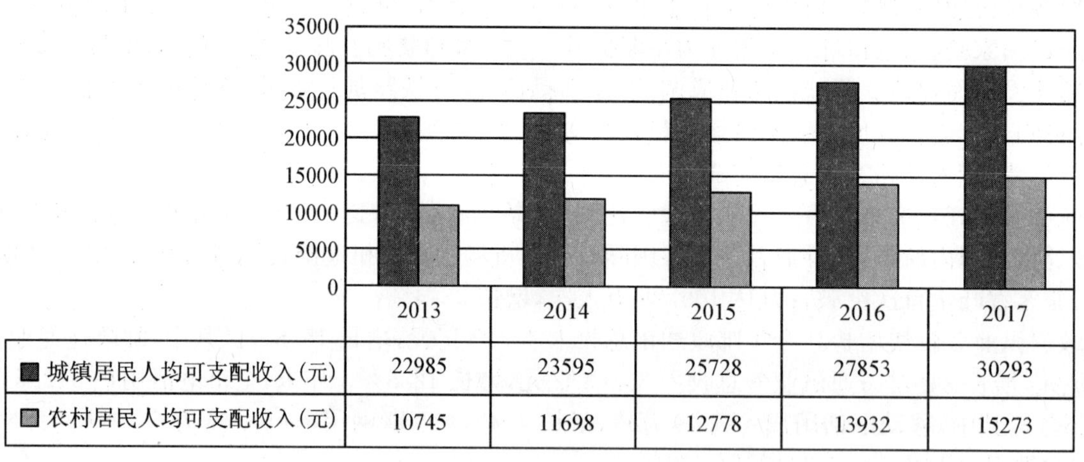

	2013	2014	2015	2016	2017
城镇居民人均可支配收入(元)	22985	23595	25728	27853	30293
农村居民人均可支配收入(元)	10745	11698	12778	13932	15273

图 3　2013—2017 年连云港市城乡居民收入对比一览

（二）就业、社会保障

就业形势稳中向好。全年新增城镇就业 6.25 万人，高校毕业生就业率稳定在 92%以上，"双零"家庭实现动态清零。年末城镇登记失业率 1.86%。全年举办各类招聘活动 498 场，提供岗位 22 万个，完成各类培训 24.3 万人次，高技能人才总量达到 14.9 万人。

保障体系不断完善。社保扩面征缴深入推进，全民参保登记基本完成，市区五项保险净增参保人数 2.5 万人。医保覆盖面进一步扩大，城乡居民医保住院合规医疗费用报销达到 70%，全市所有定点医疗机构全部开通省内异地就医联网结算。养老保险提标扩面，企业退休人员月养老金水平实现 13 连调，全市企业养老保险基金征缴额同比增长 18.6%。兜底保障水平显著提高，全市城乡低保平均标准分别

提高到 497 元、435 元，增长 5.3%、10.1%。

（三）教育与科技创新

1. 教育事业

教育事业加快发展。全市教育现代化建设水平苏北领先，“云海在线”上线运行，全年新建中小学、幼儿园 33 所，改造中小学校舍 49 万平方米，淮海工学院创建江苏海洋大学列入国家“十三五”高校设置规划。

2. 科学技术

创新平台建设力度加大。国家知识产权试点城市通过验收，国家创新型城市建设成功通过首轮评估。中科院能动中心大型燃气轮机项目获批建设国家重大科技基础设施，市科技创业中心、淮海工学院大学科技园获批国家级孵化器。国家级连云港高新区、国家级农业科技园区正常运行。

创新驱动战略加快实施。万人发明专利拥有量、PCT（专利合作协定）申请量苏北领先。企业创新能力不断提升，恒瑞医药入选福布斯全球百家最具创新力公司，中复神鹰获评国家科技进步一等奖，正大天晴入围国家科技进步二等奖。正大天晴、豪森和恒瑞在“2017 年中国医药研发产品线最佳工业企业”排名中分列第 1、第 2 和第 4 位。全市 R&D 占 GDP 比重提高 0.07 个百分点。

高新技术产业积聚壮大。全年新增国家高新技术企业 49 家，高新技术产业实现产值 2157.97 亿元，增长 16.0%，占规模以上工业总产值比重为 35.1%。全年实现新产品产值 703.99 亿元，增长 14.5%，占规模以上工业 11.5%。

（四）文化、卫生与体育

1. 文化事业

文化服务水平提升。完成市文化馆、美术馆改造，市档案馆新馆启用，新建市图书馆分馆 30 个，建成基层综合文化服务中心 680 个，开展文化惠民活动 2 万场次。《辣妈犟爸》等 3 件作品获省“五个一工程”奖，4 件作品获省文化奖。成功举办连云港之夏、西游记文化节、徐圩国际马拉松等活动。

2. 卫生事业

卫生服务能力增强。医疗卫生投入不断加大，第一人民医院新院区投入使用，市妇幼保健中心、市二院西院区病房楼等项目加快推进。医疗卫生体制改革强势推进，基层首诊率达 72.4%，家庭医生签约率 33.4%，居民电子健康卡全国首发。卫生创建工作取得突破，成功跻身国家卫生城市。

3. 体育事业

全民健身活动蓬勃开展，城市“10 分钟体育健身圈”进一步完善。全年举办龙舟、自行车、健身气功等比赛 34 项，市级体育协会组织中国连云港体育舞蹈公开赛、市职工足球等比赛 247 项。竞技体育训练布局科学优化，组建市体育局训练中心，建立教练员年度岗位考评机制，全面推进训练工作规范化、系统化。

（五）城市建设

城市建设不断提升。新一轮城市总规修编快速推进，城市公共服务能力进一步提高。建成区取缔占道经营，推行垃圾分类处理，餐厨废弃物规范处置。全年新改建主次干道 40 条，新辟优化公交线路 29 条。新增停车泊位 2200 个。改造老旧小区 68 个，棚户区改造新开工 21500 套。新改建城市公园、街头游园 14 个。新改建市政管网 61 公里，增加管道燃气用户 6500 户。

（六）环境治理和节能减排

环境治理不断加强。成功获批“三线一单”试点城市，战略环评成果基本落地。深入推进化工园区环境整治，环境质量明显改善，国省断面水体优三类比例同比提升 4.5 个百分点，空气质量优良率达

77%，稳居全省首位。全面落实“河长制”，21 条入海河流纳入环境监测，大浦等 5 个污水处理厂提标改造，东盐河等 5 条黑臭水体整治完成。“三大生态廊道”建设有序推进，完成秦山岛等一批生态修复工程，省级以上生态县区实现全覆盖。

节能减排扎实推进。积极推进生产方式绿色化转型，加强重点领域节能减排，深入开展“263”专项行动，全年整治燃煤小锅炉 1580 台，减少煤炭消费 24 万吨，有效控制重点行业挥发性有机物。

三、连云港市在泛长三角地区经济发展中的地位

2017 年是本届政府的开局之年。一年来，在市委坚强领导下，认真学习贯彻以习近平同志为核心的党中央治国理政新理念新思想新战略，抢抓国家“一带一路”建设和江苏沿海开发重大机遇，深化供给侧结构性改革，深入推进以港兴市、产业强市、创新驱动、绿色发展、协调共进五大战略，统筹做好改革发展稳定各项工作，较好完成了市十四届人大一次会议确定的目标任务。

（一）地区生产总值

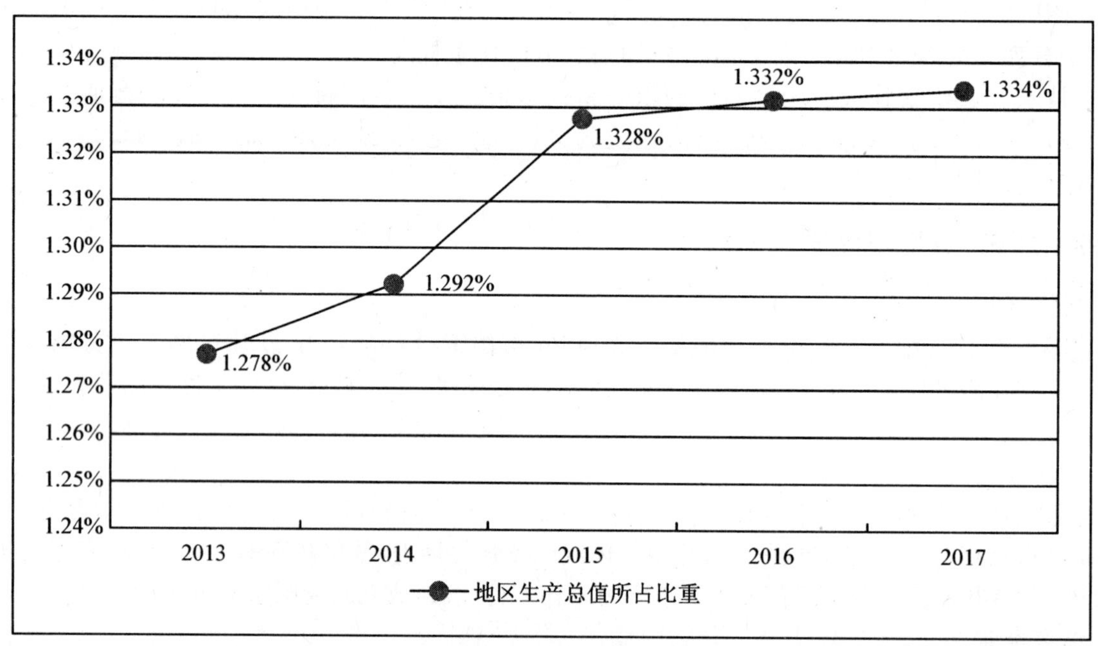

图 4　2013—2017 年连云港市地区生产总值在泛长三角
（苏浙两省 24 个地级市、安徽省 16 个地级市和上海市，下同）所占比重的变化趋势

2013—2017 年连云港市地区生产总值在长三角所占比重分别为 1.278%、1.292%、1.328%、1.332%、1.334%，五年累计增幅为 0.05 个百分点，2017 年较上年基本保持一致。2017 年连云港市地区生产总值在泛长三角地区 41 个市排名第 20 位，较上年上升两位。

2017 年连云港实现地区生产总值 2640.31 亿元，增长 7.4%，人均地区生产总值 58577 元，生产总值全江苏省排名第 12 位。第一产业增加值 313.42 亿元，增长 2.7%；第二产业增加值 1179.86 亿元，增长 7.2%；第三产业增加值 1147.03 亿元，增长 8.9%。

从数据来看，赣榆区以 586.02 亿元的成绩排在连云港市第一位，赣榆区是连云港唯一生产总值过五百亿的市辖区，东海县、灌云县、海州区紧随其后排在第二、第三、第四位，其中东海县生产总值 483.82 亿元成绩也相当不错，最低的连云区交出 141.57 亿元的成绩；人均 GDP 方面，只有连云区、赣榆区高于全市人均水平，其中连云区人均 GDP 高达 9.48 万元，赣榆区以 6.06 万元排在第二位，剩下的县市区人均 GDP 均低于全市水平，其中最低的灌云县人均 GDP 4.54 万元。

（二）地方财政一般预算收入

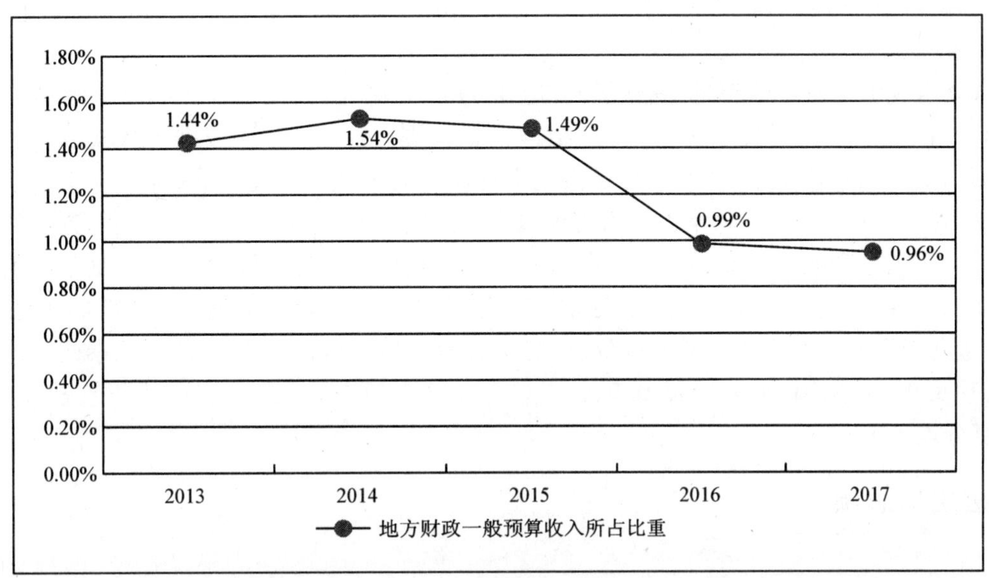

图 5　2013—2017 年连云港市地方财政一般预算收入在泛长三角所占比重的变化趋势

2013—2017 年连云港市地方财政一般预算收入在泛长三角所占比重分别为 1.44%、1.54%、1.49%、0.99%和 0.96%，2017 年较上年减少了 0.03 个百分点。2017 年连云港市地方财政一般预算收入在泛长三角地区 41 个市中的排名达到第 23 位，较上年保持一致。

2017 年，收入组织"高质量"。积极应对减税降费各项政策兑现、多年累积的税收结构性矛盾化解等叠加困难因素，每月调度全市财税和重点税源企业运行，加强对收入的预测研判，进一步严格征管、依法组织各类财税收入，解决了财税收入中长期存在的结构性矛盾，做实了政府家底。全市完成一般公共预算收入 214.8 亿元，同口径增长 8.4%，收入增幅在全省排名第 4 位，在苏北五市位列第一。

（三）工业生产总值

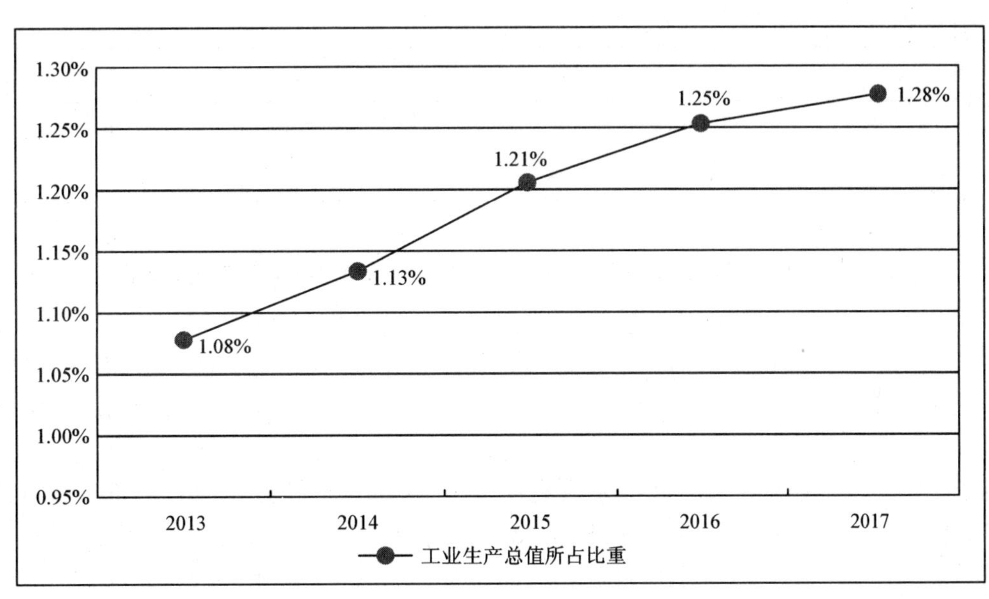

图 6　2012—2016 年连云港市工业生产总值在泛长三角所占比重的变化趋势

2013—2017 年连云港市工业生产总值在泛长三角所占比重分别为 1.08%、1.13%、1.21%、1.25%和 1.28%，保持持续增长的态势，五年累计增幅为 0.20 个百分点，2017 年较上年增加了 0.03 个百分点。2017 年连云港市工业生产总值在泛长三角地区 41 个市中排在第 24 位。

2017 年，全市规上工业产值超过 6000 亿元，达到 6150.2 亿元，同比增长 16.3%。实现规模以上工业增加值 1350.4 亿元，同比增长 8.4%。工业结构日趋合理。2017 年，连云港市规模以上轻工业实现总产值 2249.77 亿元，同比增长 21.9%，总量占全市规模以上工业总产值的 36.6%；重工业实现总产值 3900.40 亿元，同比增长 13.3%，总量占全市规模以上工业总产值的 63.4%。2017 年，连云港市轻工业生产增长较快，增速高于重工业 8.6 个百分点，轻工业实现产值占全市规模以上工业总产值的比重比 2016 年提高 4.7 个百分点。2017 年 1—12 月，全市规模以上工业累计完成增加值 1350.41 亿元，同比增长 8.4%，增速高于全省平均水平 0.9 个百分点，居全省第五位，苏北第三位，分别比泰州(9.3%)、徐州(9.0%)、宿迁(8.9%)、无锡(8.6%)低 0.9、0.6、0.5、0.2 个百分点，比淮安(7.8%)、盐城(3.6%)高 0.6、4.8 个百分点。

(四) 进出口总额

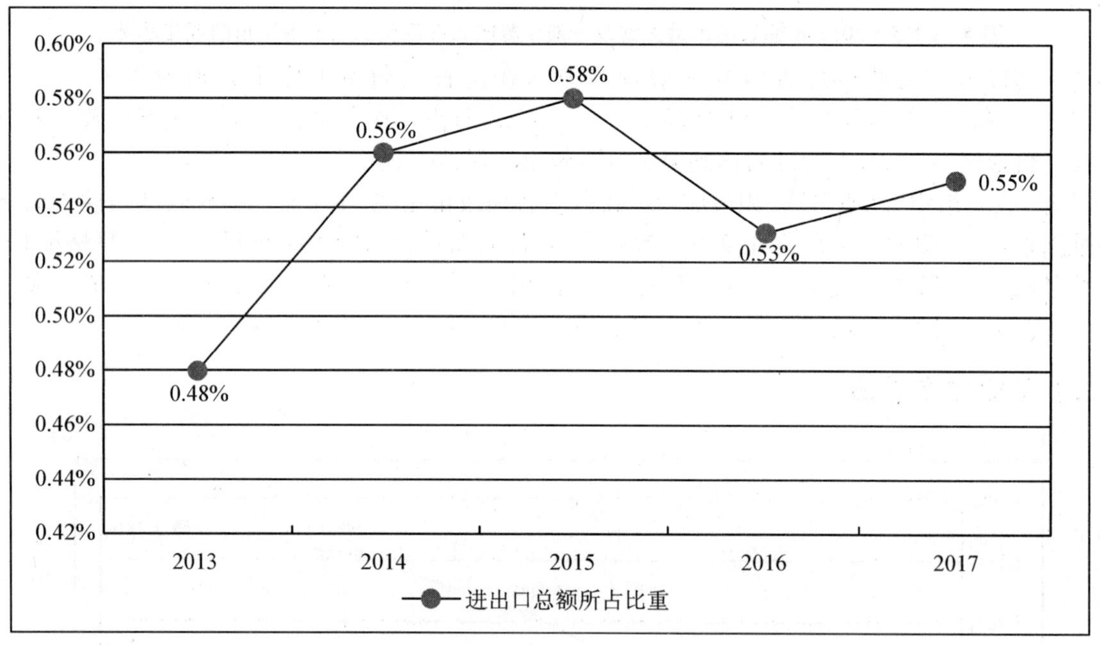

图 7 2013—2017 年连云港市进出口总额在泛长三角所占比重的变化趋势

2013—2017 年连云港市进出口总额在泛长三角所占比重分别为 0.48%、0.56%、0.58%、0.53% 和 0.55%，整体呈振荡发展的态势，2017 年比上年增加了 0.02 个百分点，五年时间累积增加了 0.07 个百分点。2017 年连云港市进出口总额在泛长三角地区 41 个市中排在第 21 位，较上年保持一致。

2017 年，进出口总额较快增长。全年完成进出口总额 82.14 亿美元，增长 16.6%。其中，进口 42.92 亿元，增长 27.7%，拉动全市进出口增长 13.2 个百分点；出口 39.22 亿美元，增长 6.4%。2017 年中国外贸百强城市江苏省共有 11 市上榜，依次为：苏州、南京、无锡、常州、南通、镇江、泰州、连云港、盐城、扬州、淮安。连云港排名 73 名。

（五）实际外商直接投资金额

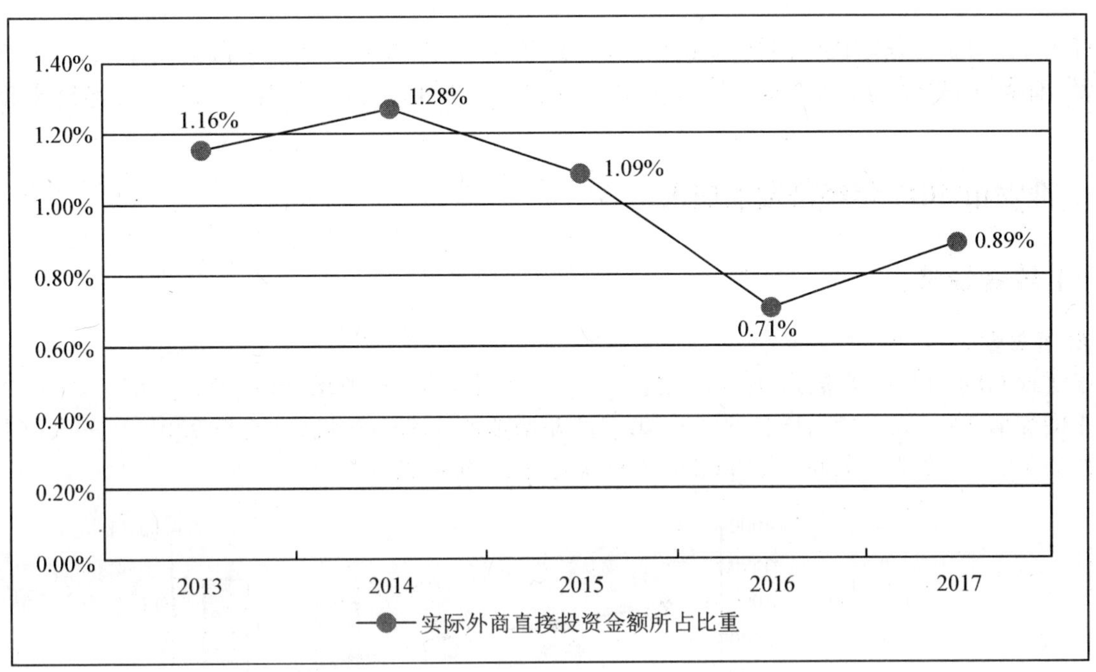

图 8　2013—2017 年连云港市实际外商直接投资金额在泛长三角所占比重的变化趋势

2013—2017 年连云港市实际外商直接投资金额在泛长三角所占比重分别为 1.16%、1.28%、1.09%、0.71%和 0.89%，2017 年止跌上扬，2017 年较上年减增加 0.18 个百分点，较 2013 年减少了 0.27 个百分点。2017 年连云港市实际外商直接投资金额在泛长三角地区 41 个市中排在第 26 位，较上年上升了一位。

2017 年，实际利用外资增速居首。全年实际利用外资 6.78 亿美元，增长 23.2%，居全省第一位，比全省平均水平高 20.8 个百分点。

2017 年度连云港市新登记注册外商投资企业 86 户，新增投资额 11.6 亿美元，新增注册资本 8.3 亿美元。与 2016 年度相比，分别下降 22.5%，38.3%，33.4%。截至 2017 年 12 月 31 日，连云港市实有外商投资企业 1167 户，投资总额 179.7 亿美元，注册资本 115.1 亿美元。

从行业看，租赁和商务服务业、制造业批发和零售业、信息传输、软件和信息技术服务业、建筑业位于连云港市 2017 年度连云港市新增外商投资企业前五位，分别为 15 户、14 户、12 户、11 户、9 户。

从注册资本看，2017 年度连云港市新增注册资本 1 亿美元以上外商投资企业 1 户，1000 万美元—1 亿美元的外商投资 25 户，100 万美元以下的外商投资企业 6 户。

九　淮安市 2017 年经济社会发展报告

2017 年，在习近平新时代中国特色社会主义思想指引下，全市上下全面贯彻落实中央、省委省政府决策部署，围绕“两聚一高”、“两大目标”，统筹做好改革发展稳定各项工作，经济社会保持平稳健康发展。

一、淮安市 2017 年经济发展概况

（一）综合经济

1. 经济总量

全年实现 GDP 3328.88 亿元，比上年增长 7.4%。其中，第一产业增加值 339.44 亿元，增长 3.1%；第二产业增加值 1406.39 亿元，增长 6.4%；第三产业增加值 1583.05 亿元，增长 9.2%。三次产业结构比例调整为 10.2∶42.2∶47.6。人均 GDP 67909 元，比上年增长 6.9%。

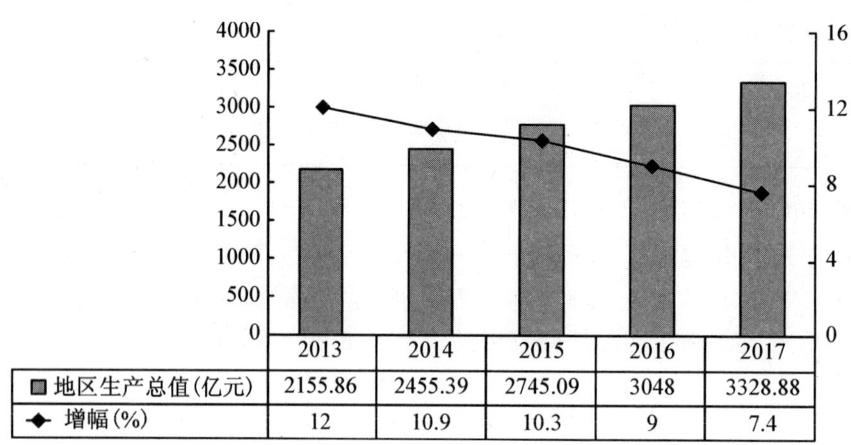

	2013	2014	2015	2016	2017
地区生产总值(亿元)	2155.86	2455.39	2745.09	3048	3328.88
增幅(%)	12	10.9	10.3	9	7.4

图 1　2013—2017 年淮安市地区生产总值及增长速度

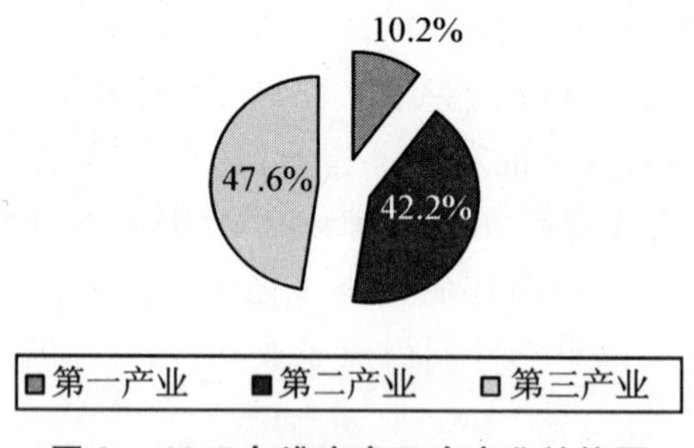

图 2　2017 年淮安市三次产业结构图

2. 财政收支

全年实现一般公共预算收入 230.61 亿元，其中税收收入 177.06 亿元，税收收入占一般公共预算收入比重 76.8%，比上年提升 2.3 个百分点。一般公共预算支出 452.51 亿元，其中民生类支出 334.20 亿元，占一般公共预算支出比重 73.9%，比上年提升 0.7 个百分点。

3. 物价指数

全年市区居民消费价格指数比上年上涨 1.9%。八大类商品价格“七涨一跌”，其中衣着类上涨 3.1%、居住类上涨 3.4%、生活用品及服务类上涨 3.0%、交通和通信类上涨 2.6%、教育文化和娱乐类

上涨1.9%、医疗保健类上涨0.9%、其他用品和服务类上涨5.0%、食品烟酒类下跌0.2%。占食品权重较大的鲜菜、畜肉、蛋类等价格分别下跌3.8%、3.4%、7.5%，受此影响，食品价格指数出现2002年以来首次下降。

4. 固定资产投资

全年完成规模以上固定资产投资2839.55亿元，比上年增长12.0%。其中，工业投资1715.68亿元，增长13.0%；房地产开发投资303.06亿元，下降5.7%。民间投资2045.15亿元，增长14.8%，占全部规模以上固定资产投资比重72.0%，比上年提升1.7个百分点。完成基础设施投资359.01亿元，增长23.6%。其中，城市建设投资165.23亿元，增长83.2%，内环高架快速路一期工程投资37.22亿元，高铁商务区投资近20亿元。

（二）农林牧渔和水利业

农业生产稳定发展。全年粮食总产量467.56万吨，比上年增产9.01万吨，增长2.0%。其中，夏粮173.96万吨，增产3.39万吨，增长2.0%；秋粮293.60万吨，增产5.62万吨，增长2.0%。全年粮食种植面积990.57万亩，增加0.59万亩。油料种植面积41.55万亩，减少2.16万亩。蔬菜种植面积143.72万亩，减少1.93万亩。完成成片造林2.83万亩。全年水产品总产量25.95万吨，下降0.6%。年末农业机械总动力629.2万千瓦，增长1.1%。

水利建设成效显著。全年完成水利建设投资31.98亿元，连续7年超30亿元。城市水利建设质态提升，渠北运西片水系连通、古盐河水环境综合整治等15项中心城市建设项目有力推进，一批城区闸站得到除险加固和改造出新，城南、韩侯、清隆桥等一批泵站得到全面拆建提升。农村水利建设不断加强，重点实施大中型灌区节水改造、农村河道疏浚及河塘整治、小农水重点县、农村桥梁、农村饮水安全巩固提升等工程，新增有效灌溉面积6.89万亩、旱涝保收田13.97万亩、节水灌溉面积28.1万亩，新增区域供水受益人口156万人。涟水五岛湖公园顺利创成国家级水利风景区，白马湖创成省级水利风景区，境内省级以上水利风景区增加至14家，其中国家级9家。创新施行"双总河长"领导机制，市县（区）乡村四级7000余名河长到岗履职。

（三）工业和建筑业

工业经济平稳运行。全市有规模以上工业企业2657户，规模以上工业增加值比上年增长7.8%，其中，轻工业增长7.9%，重工业增长7.7%。分经济类型看，国有工业下降0.3%、集体工业增长4.0%；股份制工业增长7.4%；外商港澳台投资工业增长10.0%。规模以上工业企业主营业务收入增长10.2%；利润总额增长11.3%。

特色产业集聚发展。"4+2"优势特色产业产值增长11.2%，其中电子信息、食品、特钢与装备制造、盐化新材料、生物技术与新医药产业产值增长超过10%。时代芯存、比亚迪智能制造等重大项目相继落户淮安，德淮半导体、澳洋顺昌、敏安电动汽车等一批高新技术项目加快建设，特色产业加速集聚，发展后劲持续增强。

建筑业稳步增长。全市有具有资质等级的总承包和专业承包建筑业企业531户，完成建筑业总产值1396.60亿元，比上年增长4.4%，其中建筑工程产值1350.77亿元，增长5.4%。实现建筑业增加值219.5亿元，增长11.6%。

（四）服务业

1. 国内贸易

全年实现社会消费品零售总额1197.09亿元，比上年增长10.5%。按经营单位所在地分，城镇实现消费品零售额1070.07亿元，增长10.9%，农村实现消费品零售额127.02亿元，增长6.4%。按消费类型分，批发和零售业实现零售额1083.65亿元，增长10.8%，住宿和餐饮业实现零售额113.44亿元，增长7.5%。

全年限额以上单位实现社会消费品零售额584.66亿元，比上年增长10.7%。吃穿用类消费增长平稳，食品类消费增长1.6%、服装类增长2.1%、日用品类增长6.1%。消费升级类商品增长较快，化妆品类、金银珠宝类、家用电器和音像器材类分别增长19.3%、17.6%、13.5%。汽车类实现零售额166.4亿元，增长21.5%。

2. 交通运输与邮电

交通建设投资加大。全年完成交通基础建设投资122.01亿元，比上年增长30.1%，投资总量创历史新高。宿扬高速淮安段在沿线率先建成，503省道淮安机场连接线建成通车，235及346省道涟水绕城段、235国道盱眙明蛤段、348省道洪泽南环段等项目建成通车。连淮扬镇、徐宿淮盐两条高铁桩基、墩身基本完成。淮安东站4.5万平方米高架站房方案得到铁总认可，东站综合客运枢纽完成项目核准和工可审查，新港二期建成投入试运行。全市公路总里程达1.32万公里，其中高速公路里程407公里，一级公路里程731公里。新改建农村公路475公里、桥梁88座。

运输业发展较快。全年完成公路水路货运量1.27亿吨、周转量389.80亿吨公里，分别比上年增长3.5%、4.8%。集装箱吞吐量17.50万标箱，增长16.4%；完成港口货物吞吐量1.00亿吨，增长10.8%。淮安机场迈入中型机场行列，通航城市增至25个，完成旅客吞吐量128.64万人次，增长49.3%。新增24个乡镇开通镇村公交，镇村公交开通率84.5%。新增4个国家3A级物流企业，全市3A级以上物流企业总数达26个，省重点物流基地增至10家。

邮电通讯业平稳发展。全年完成电信业务收入26.63亿元，比上年增长2.0%；邮政业务收入29.61亿元，增长40.8%。年末固定电话用户43万户，下降14.7%。移动电话用户445万户，增长3.9%。年末互联网固定宽带用户84.01万户。

3. 旅游业

旅游业快速发展。全年实现旅游业总收入357.33亿元，比上年增长15.8%。其中，国内旅游收入353.66亿元，增长15.7%。旅游外汇收入1704.53万美元，增长9.4%。全年接待境内外游客2934.14万人次，比上年增长12.3%；接待入境过夜游客2.40万人次，增长31.6%。全市共有国家A级旅游景区42家，其中5A级1家，4A级14家；省星级乡村旅游区52家，省级自驾游基地3家，省级旅游度假区2家，省级生态旅游示范区2家。星级旅游饭店37家，其中五星级旅游饭店1家。旅行社110家，其中四星级旅行社2家、出境旅行社4家。持有电子导游证导游3912人。

4. 金融

金融市场稳健运行。年末全市金融机构人民币存款余额3432.67亿元，增长12.0%，其中住户存款1483.10亿元，增长9.0%。年末全市金融机构人民币贷款余额2789.29亿元，增长21.1%，其中：大型企业贷款132.88亿元，增长27.3%；中型企业贷款755.44亿元，增长24.2%；小微企业贷款611.12亿元，增长21.9%，小微企业贷款占企业贷款总额40.8%。

（五）开放型经济

1. 对外贸易

全年实现进出口总额46.36亿美元，比上年增长34.5%。其中，出口30.03亿美元，增长13.6%；进口16.33亿美元，增长103.2%。外资企业进出口额31.7亿美元，增长46.4%。全市有进出口实绩企业863户，比去年同期增加54户，进出口超亿美元企业9户。全年组织企业参加广交会、日本大阪展等境内外展会260余家次，引导20多户企业与Google体验中心达成合作，创成理士电池、共创草坪等7个省级国际知名品牌。

2. 利用外资

全年实际到账注册外资11.78亿美元，比上年增长1.5%，制造业和生产性服务业实际到账注册外资占比56.5%。新设立总投资3000万美元以上项目57个，其中总投资1亿美元以上项目20个。总投资17.5亿美元德淮半导体增资、3.9亿美元敏安电动汽车增资等重大产业项目及融盛融资租赁等新业态项目落户。完成外经营业额1.56亿美元，比上年增长19.6%。

二、淮安市2017年社会发展概况

(一) 人口、人民生活

人口规模小幅变动。年末户籍人口560.90万人，比上年下降6.66万人，其中男性287.92万人，女性272.98万人。年末常住人口491.40万人，比上年增加2.4万人，其中城镇人口300.98万人。常住人口城镇化率61.25%。人口出生率10.97‰，死亡率7.45‰，人口自然增长率3.52‰。

居民收入稳步增长。全体常住居民人均可支配收入24934元，比上年增长9.5%。城镇居民人均可支配收入32976元，增长8.7%；人均生活消费支出17788元，增长5.2%。农村居民人均可支配收入15601元，增长9.0%；人均生活消费支出10526元，增长9.3%。城镇常住居民人均住房面积44.9平方米，农村常住居民人均住房面积53.7平方米。

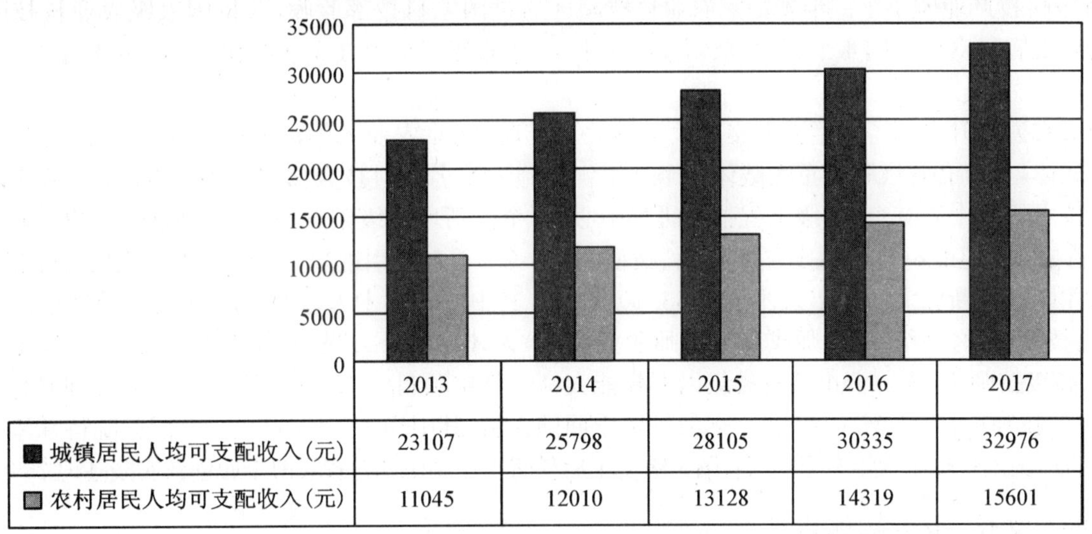

	2013	2014	2015	2016	2017
■城镇居民人均可支配收入(元)	23107	25798	28105	30335	32976
■农村居民人均可支配收入(元)	11045	12010	13128	14319	15601

图3　2013—2017年淮安市城乡居民收入对比一览

(二) 就业与社会保障

全年城镇新增就业9.12万人；下岗失业人员再就业5.75万人，其中困难群体再就业9345人。年末城镇登记失业率1.82%，保持在较低水平。新增转移农村劳动力2.22万人，城乡劳动者职业技能培训3.39万人，创业培训3.08万人。大力实施“创响淮安”主题行动，成功获批省级创业型街道(乡镇)13个、创业型社区(村)120个、创业型园区1个。

社会保障体系不断完善。全市企业职工养老保险参保人数90.80万人，比上年增加0.53万人；城镇职工基本医疗保险参保人数84.13万人，增加2.71万人；工伤保险参保人数53.66万人，增加2.00万人；生育保险参保人数52.00万人，增加2.00万人；失业保险参保人数65.99万人，增加1.68万人。个体灵活就业人员企业职工养老保险参保人数37万人。城乡居民基本医疗保险参保人数430.42万人；城乡居民基本养老保险参保人数196.28万人；机关事业单位养老保险参保人数11.10万人。养老金按时足额 100%社会化发放，全年共为 29.95 万名企业离退休人员支付养老金 67.97 亿元。企业退休人员社区管理率 100%。

（三）教育与科技创新

1. 教育

全市有各级各类学校、成规模幼儿园 893 所，在校生 88.46 万人，专任教师 5.55 万人。其中：成规模幼儿园 433 所，在园幼儿 17.56 万人，幼儿教师 0.91 万人；小学 246 所，小学生 35.17 万人，小学教师 1.95 万人；初中 160 所（含 37 所九年制学校），初中生 15.48 万人，初中教师 1.32 万人；高中 31 所（含 5 所完全中学），高中生 7.21 万人，高中教师 0.63 万人；中等职业学校 16 所，中等职业学校学生 5.99 万人，中等职业学校教师 0.31 万人；高校 7 所，大学生 6.96 万人，高校教师 0.41 万人；特殊教育学校 7 所，特殊教育学校学生 0.09 万人，特殊教育学校教师 0.02 万人。

2. 科技创新

科技创新能力增强。全市新增省级高新技术企业 63 家，新开发省级高新技术产品 96 个，实现高新技术产业产值 1834.35 亿元。全年专利申请 16782 件，其中企业专利申请 10820 件，比上年增长38.3%；专利授权 7331 件，其中企业专利授权 4913 件，比上年增长 14.2%；发明专利申请 4547 件，其中企业发明专利申请 3249 件，比上年增长 289.1%。新获批国家级高新技术开发区 1 个、国家火炬特色产业基地 2 个、省级科技产业园 1 个。淮安国家农业科技园区通过国家科技部验收，获得国家级农业科技园区授牌。新获批省级众创空间 4 个、省级众创社区 1 个，全市省级以上科技企业孵化器孵化面积超过 89 万平方米。

科研实力提升显著。新增上海交通大学苏北研究院、南京农业大学淮安研究院 2 个省级产学研联合重大载体，全市有省级联合重大载体 9 个。组织实施大院名校科技合作交流项目 59 项。新获认定省级工程技术研究中心 8 个，市级工程技术研究中心 66 个。新增市级重点企业研发机构 36 户。新获批省级农村科技服务超市 8 个，新认定省级农业科技型企业 3 个。全年新引进“淮上英才计划”创新创业团队 6 个。

人才队伍不断壮大。全市人才总量 53.10 万人。其中专业技术人才 28.51 万人，当年新增 1.82 万人；有高技能（具有高级工、技师或高级技师职业资格）人才 12.03 万人，当年新增 1.26 万人，其中技师 841 人、高级技师 27 人。全市共有省级以上技能大师工作室项目 4 个，高技能人才公共实训基地项目 3 个，省首席技师项目 25 个。共有 359 名海外留学回国人员，其中当年新增 60 人。有国务院特殊津贴专家 113 名，省级突出贡献中青年专家 52 名，国家级博士后科研工作站 10 家，省级博士后创新实践基地 25 家。

（四）文化、卫生和体育

1. 文化

新增公共文化设施面积近 4.2 万平方米，人均拥有公共文化设施面积 0.17 平方米。全年提档升级 330 个基层综合性文化中心，建成张纯如纪念馆。全市有市级、县（区）级文化馆 8 个，公共图书馆 9 个（含少儿），美术馆 2 个，乡镇街道文化站 128 个，村（社区）基层综合性文化服务中心 690 个（符合“八个一”标准）。其中 4 个文化馆、7 个公共图书馆被评为国家一级馆，24 个乡镇综合文化站被评为国家一级站。全市有线数字电视总户数 62.73 万户，有线数字电视村民小组接通率 100%。

2. 卫生

全市有各类卫生机构（不含村卫生室）754 个，其中疾病预防控制机构 8 个、卫生监督机构 8 个、综合医院 38 个、专科医院 14 个、中医院 6 个、妇幼保健机构 8 个、卫生院 125 个、社区卫生服务中心（站）84 个。各类卫生机构实有病床 28647 张，其中医院 17876 张、卫生院 8359 张。卫生技术人员 3.23 万人，其中执业（助理）医师 12684 人，注册护士 14518 人，疾病预防控制机构卫生技术人员 407 人，卫生监督机构卫生技术人员 163 人，妇幼卫生保健机构卫生技术人员 1725 人。建成全国百佳乡镇卫生院 2 个、全国百

强社区卫生服务中心1个。成功创成“全国创建幸福家庭活动示范市”。

3. 体育

成功举行第二届国际智力运动联盟智力运动精英赛、国际篮球3×3挑战赛、全国田径大奖赛、2017中国·淮安“一带一路”户外运动挑战赛等9项国际级赛事、5项省级赛事。组队参加省第十九届运动会，获金牌53枚。组队参加24个大项496个小项省级青少年比赛的金牌角逐，取得金牌63枚。投资280万元，在恩来干部学院建成体育主题公园，促进体育健身与生态相融合。投资500万元，新建健身步道75公里，笼式足球场4片，拆装式游泳池1个；为主城区20个街道配置健身设施；建成乡镇多功能运动场42个，5个重点中心镇建成全民健身中心，实现全市110个乡镇多功能运动场地的全覆盖。全年销售体育彩票7.4亿元。

（五）环境保护

环境保护能力提高。淮安市和淮安区、淮阴区、洪泽区、盱眙县获得环保部正式复函，建成国家生态市、县(区)。启动新一轮生态示范创建，金湖县建成国家第一批生态文明建设示范县。全市设立自然保护区5个，其中省级自然保护区2个，自然保护区面积7.09万公顷。市区空气质量优良天数248天，优良率67.9%；城市水域功能区水质优良率81.5%，集中式饮用水源地水质达标率100%；市区区域环境噪声平均等效声级55.0分贝，市区交通噪声平均等效声级66.9分贝，声环境质量等级为较好。化学需氧量、氨氮、二氧化硫和氮氧化物排放量分别比上年削减1960吨、298吨、3205吨和2267吨。节能降耗成效明显，单位GDP能耗下降率完成省定目标。

三、淮安市在泛长三角地区经济发展中的地位

2017年，全市上下认真贯彻落实中央、省委省政府的决策部署，围绕“两聚一高”、推进“两大目标”，统筹做好改革发展稳定各项工作，经济社会保持平稳健康发展，主要指标增幅继续保持在合理区间。

（一）地区生产总值

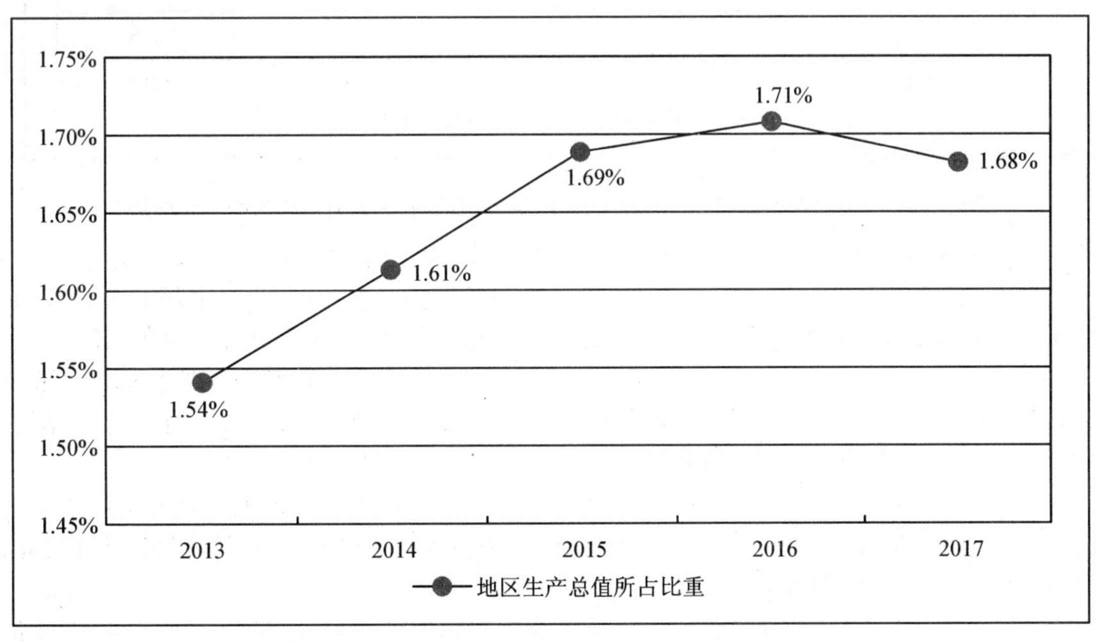

图4 2013—2017年淮安市地区生产总值在泛长三角
（苏浙两省24个地级市、安徽省16个地级市和上海市，下同）所占比重的变化趋势

2013—2017 年，淮安市地区生产总值在泛长三角所占比重分别为 1.54%、1.61%、1.69%、1.71% 和 1.68%，2017 年出现轻微下跌，五年累计增幅为 0.14 个百分点，2017 年较 2016 年下降 0.03 个百分点。2017 年淮安市地区生产总值在泛长三角地区 41 个市中排名第 20 位。

2017 年全市实现地区生产总值(GDP)3387.43 亿元，按可比价格计算，比上年同比增长 7.4%，高于全国 0.5 个百分点。人均 GDP 达 69103 元，同比增长 6.9%，按当年平均汇率折算约为 10235 美元，首次突破 1 万美元大关。从经济总量上看，淮安位居全省 13 个省辖市中的第 11 位。

从全市各县区(含四个市辖区、三个县)GDP 总量的情况来看，经济总量排名第一的是市辖淮安区，2017 年预计该区完成 GDP 495 亿元；处在第二、第三名的县区是 467 亿元的淮阴区以及 431 亿元的涟水县，而在涟水之后的清江浦区 GDP 为 430 亿元，与涟水县基本上差不多，接下来则是 GDP 总量在 400 亿元以下的三县区，分别为盱眙县 391 亿元、洪泽区 280 亿元、金湖县 264.86 亿元。淮安各县区 GDP 总量尚无突破 500 亿元的县域，淮安区今年可以突破 500 亿元大关，淮阴区也有可能有所突破。

(二) 地方财政一般预算收入

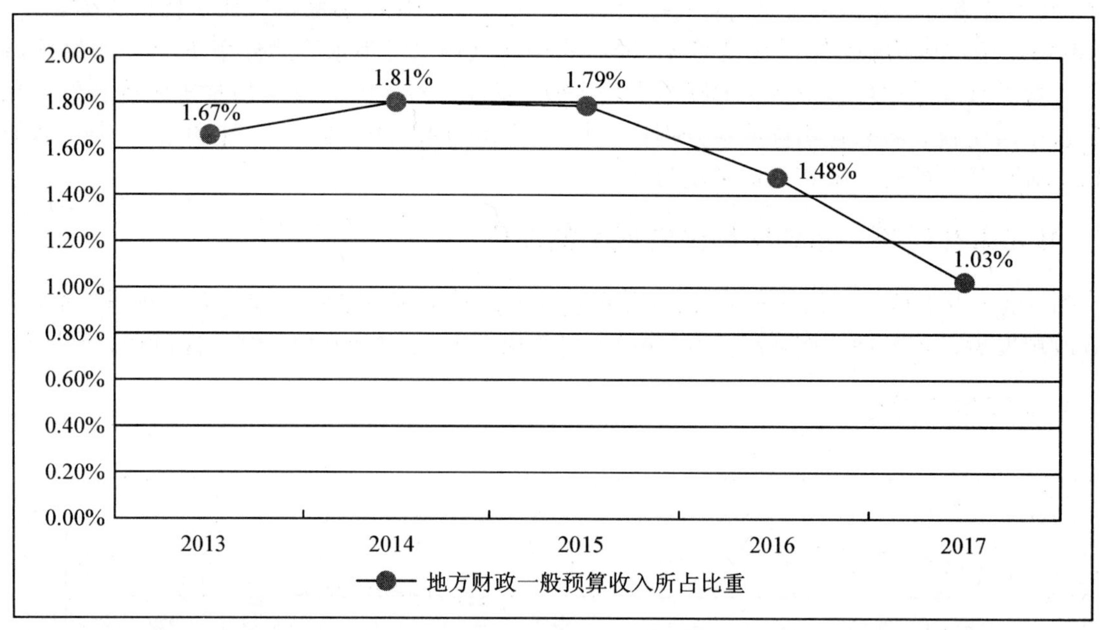

图 5　2013—2017 年淮安市地方财政一般预算收入在泛长三角所占比重的变化趋势

2013—2017 年，淮安市地方财政一般预算收入在泛长三角所占比重分别为 1.67%、1.81%、1.79%、1.48% 和 1.03%，整体呈现下降的态势，累计减少了 0.64 个百分点，2017 年较上年下降了 0.45 个百分比。2017 年淮安市地方财政一般预算收入在泛长三角地区 41 个市排名第 22 位，较上年下降了三位。

2017 年全市一般公共预算收入实现 230.6 亿元，完成市人大常委会调整后预期目标。一般公共预算收入加上上级补助收入 207.3 亿元、债务转贷收入 29.2 亿元、债务收入 0.3 亿元、上年结余结转 44. 5 亿元、调入预算稳定调节基金 19.7 亿元、调入资金 61.6 亿元，收入方合计 593.2 亿元。

2017 年市本级一般公共预算收入实现 42.2 亿元。一般公共预算收入加上上级补助收入 122.1 亿元、下级上解收入 48.8 亿元、债务转贷收入 23.9 亿元、债务收入 0.3 亿元、上年结余结转 7.4 亿元、调入预算稳定调节基金 8.3 亿元、调入资金 9 亿元，收入方合计 262 亿元。

清江浦区以 32.4 亿元的公共预算收入位居全市该项指标的第一名，也是唯一一个突破 30 亿元的县域，处于 20—30 亿元区间的县区有：淮阴区 25.6 亿元、淮安区 21.09 亿元、金湖县 20.18 亿元；低于 20 亿元的县域有：涟水县 19.2 亿元、盱眙县 18.3 亿元、洪泽区 16.5 亿元。

（三）工业生产总值

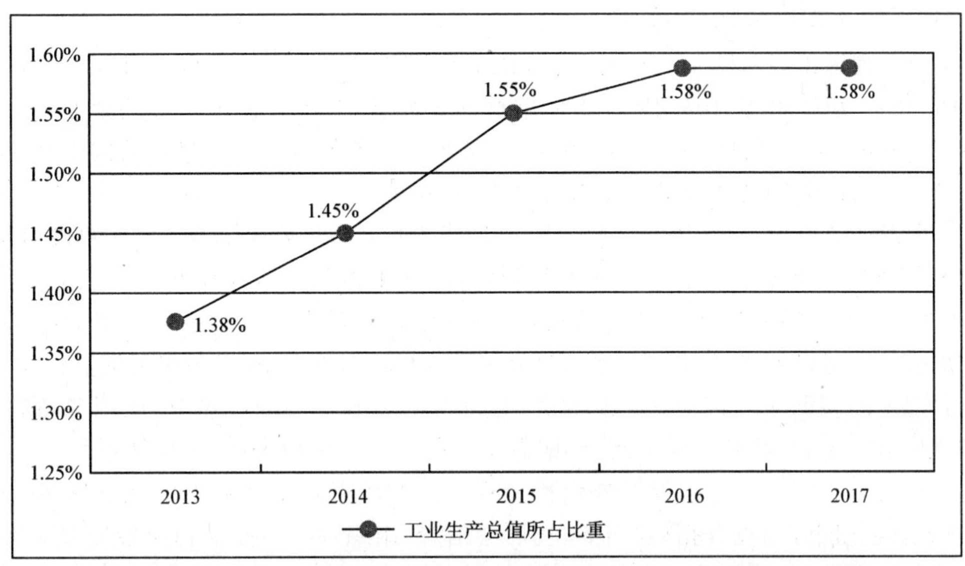

图 6　2013—2017 年淮安市工业生产总值在泛长三角所占比重的变化趋势

2013—2017 年，淮安市工业生产总值在泛长三角所占比重分别为 1.38%、1.45%、1.55%、1.58% 和 1.58%，总体呈现逐年增加的趋势，累计增幅为 0.20 个百分点，2017 年较上年基本持平。2017 年淮安市工业生产总值在泛长三角地区 41 个市排名第 21 位。

2017 年，全市有规模以上工业企业 2657 户，规模以上工业增加值比上年增长 7.8%，其中，轻工业增长 7.9%，重工业增长 7.7%。全市规模以上工业增加值增长 7.8%，增速高于全省平均水平 0.3 个百分点。其中，轻工业增加值增长 7.9%，重工业增加值增长 7.7%，轻工业比重较上年提升 0.9 个百分点。规模以上工业企业实现主营业务收入 6337.5 亿元，增长 10.2%；实现利润总额 377.6 亿元，增长 11.3%。2017 年全市完成规模以上工业投资 1715.68 亿元，同比增长 13%，位列全省第三、苏北第一。

（四）进出口总额

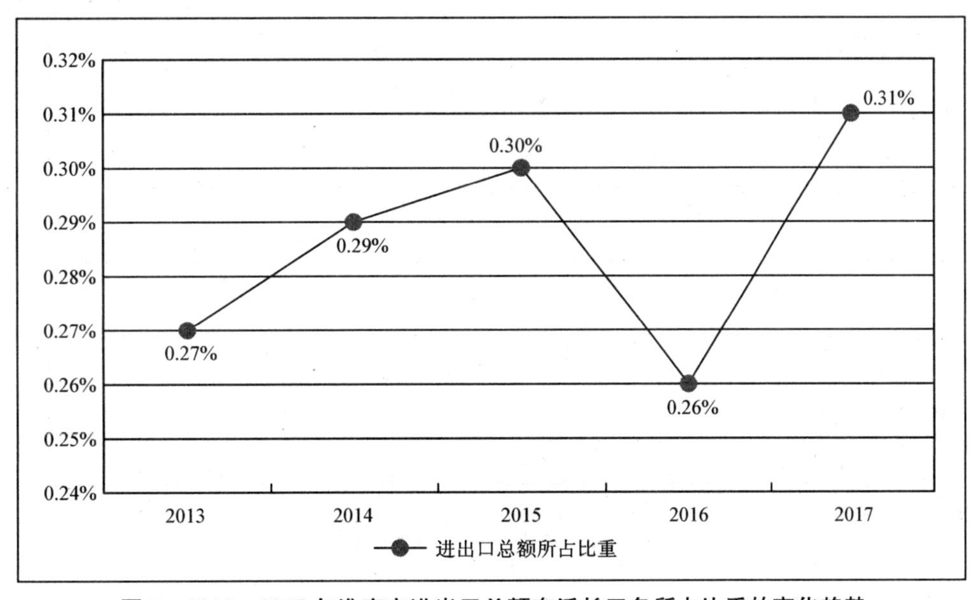

图 7　2013—2017 年淮安市进出口总额在泛长三角所占比重的变化趋势

2013—2017 年，淮安市进出口总额在泛长三角所占比重分别为 0.27%、0.29%、0.30%、0.26%和 0.31%，2017 年大幅上扬，2017 年出口较上年上升了 0.05 个百分点。2017 年淮安市规模以上工业总产值在泛长三角地区 41 个市排名第 26 位，较上年保持一致。

2017 年，全市实现进出口总额 46.36 亿美元，比上年增长 34.5%。其中，出口 30.03 亿美元，增长 13.6%；进口 16.33 亿美元，增长 103.2%。主体培育成效显著，全市有进出口实绩企业 863 户，较去年同期增加 54 户。外资企业支撑明显，进出口额 31.7 亿美元，增长 46.4%。贸易结构不断优化，一般贸易进出口占比 49.9%，机电和高新技术产品出口占比 39.6%。

1—9 月份，全市外贸进出口 32.43 亿美元，同比增长 29.3%，增幅全省第二，其中进口增幅全省第一。务实推进利用外资。淮安市制定出台全市利用外资"淮十条"意见，在规费、用地、融资等方面提出优惠政策；组织第十二届台商论坛项目签约活动，新签约台资项目 35 个，其中总投资 3000 万美元以上项目 12 个；开展德国小分队经贸招商及专题招商 20 场次，与境内外 25 家知名投资促进机构开展委托招商；对外资项目实施全过程、全覆盖动态跟踪服务，参加"101%服务流动红旗"优质服务竞赛活动，为挂钩企业协调解决问题 149 件；构建外资质态、到账总量、项目进度"三位一体"考核体系。

为促进进出口，进行了以下举措：促进外贸扩量提质。对重点骨干企业上门调研服务，争取外贸扶持资金 1470 万元；强化国际市场开拓，发布 50 场展会信息，组织 300 多家次企业参加大阪展、广交会等境内外展会，新增成交额超 1.5 亿美元；组织 300 多家企业参加跨境电商、互联网营销培训，引导 20 多户企业与 Google 体验中心达成合作意向；创成理士电池、康乃馨织造等 7 个省级国际知名品牌。

推动园区创新发展。召开全市开发园区改革创新工作会议，提出"321"要求，制定重点领域改革实施方案；推动淮安高新区获批国家级高新区，创成一批省级知识产权示范园区、特色产业园；促进争先进位，在上年度国家和省综合考评中，淮安市参评的 7 个省级以上开发区全面进位，平均上升 4.29 位，6 家共建园区获省表彰奖励，获省支持资金 5500 万元；引导各园区在产业招商、项目推进、体制机制等领域探索改革创新。

大力发展电子商务。深化与淘宝、京东、苏宁等电商平台的合作，开设地方特色馆，建设县级运营服务中心，引导农业龙头企业、家庭农场等开展网货供应和网络营销；依托电商学院、电商孵化中心等平台，组织跨境电商、农村电商等沙龙和培训 40 场、共 2000 多人；拓展淮安电商现代物流园等示范平台功能，招引知名电商企业落户。

（五）实际外商直接投资金额

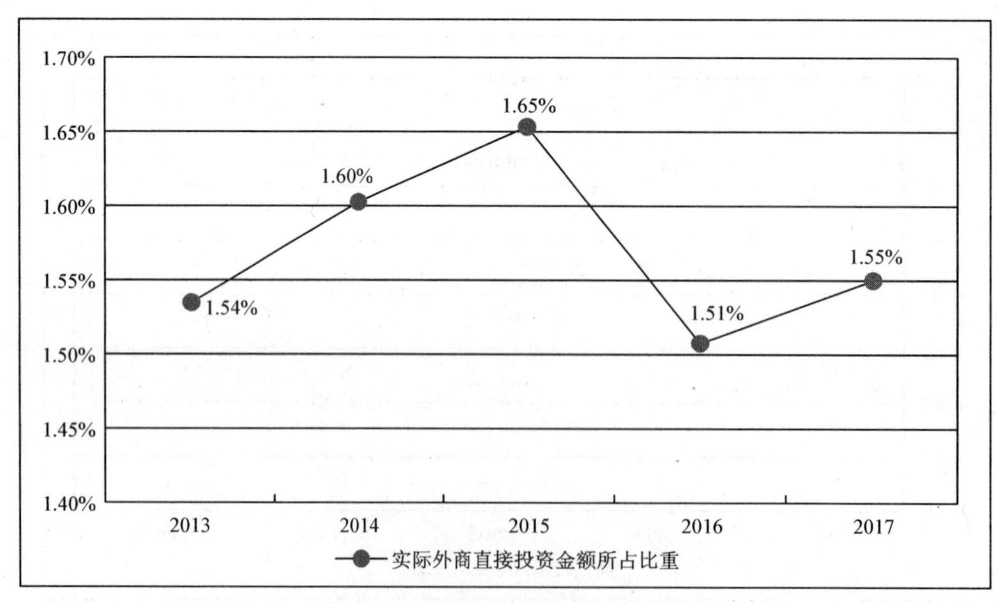

图 8 2013—2017 年淮安市实际外商直接投资金额在泛长三角所占比重的变化趋势

2013—2017 年，淮安市实际外商直接投资金额在泛长三角所占比重分别为 1.54%、1.60%、1.65%、1.51%和 1.55%，2017 年呈现上升的态势，2017 较上年增加了 0.04 个百分点，5 年增加了 0.01 个百分点。2017 年淮安市实际外商直接投资金额在泛长三角地区 41 个市排名第 19 位，较上年下降了一位。

2017 年，全年实际到账注册外资 11.78 亿美元，比上年增长 1.5%。利用外资质态提升，新设总投资 3000 万美元以上项目 57 个，其中总投资 1 亿美元以上项目 20 个；制造业和生产性服务业实际到账注册外资占比达 56.5%。

淮安市加快台资企业产业转移集聚服务示范区建设，成功举办第十二届台商论坛和台湾·淮安周、淮安经贸文化交流合作周等活动，建立淮安昆山台资经济协同发展常态化合作机制，连续第六年获评台商投资“极力推荐城市”，协议台资增长 150%，到账台资增长 50%。开展日韩、港澳、央企等专题招商活动，新引进亿元以上内资项目 210 个，其中 10 亿元以上项目 15 个；新设立总投资 3000 万美元以上外资项目 40 个，其中 1 亿美元以上项目 10 个，到账外资 11.7 亿美元。举办“伟人故里淮安行”系列城市对外交流活动，拓展了对外开放新空间。

十　盐城市 2017 年经济社会发展报告

2017 年，面对错综复杂的宏观经济形势，在市委、市政府的正确领导下，全市上下坚持稳中有进总基调，紧紧围绕“产业强市、生态立市、富民兴市”的战略目标，深入推进“五个一”战略工程，全市经济总体呈现“结构持续优化，动能转换加快，生态彰显特色，民生不断改善”的良好发展态势，实体经济稳中向好，重大项目加快推进，经济发展的稳定性、协调性、可持续性进一步增强，生态优先、绿色发展取得明显成效。

一、盐城市 2017 年经济发展概况

（一）综合经济

1. 经济总量

2017 年，全市实现地区生产总值突破 5000 亿元，达到 5082.69 亿元，总量稳居全省第七位，按可比价计算，比上年增长 6.8%。其中，第一产业实现增加值 564.18 亿元，比上年增长 2.7%；第二产业实现增加值 2256.72 亿元，比上年增长 4.8%；第三产业实现增加值 2261.78 亿元，比上年增长 10.1%。产业结构持续优化，三次产业比重为 11.1 ∶ 44.4 ∶ 44.5，第三产业比重首次超过第二产业，实现了从“二三一”到“三二一”的重大转变。人均地区生产总值首次超过 1 万美元，比上年增长 6.7%。

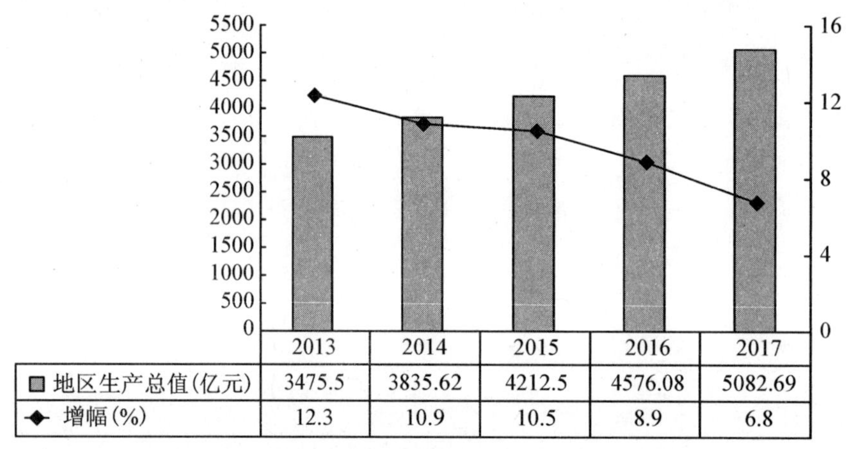

	2013	2014	2015	2016	2017
地区生产总值(亿元)	3475.5	3835.62	4212.5	4576.08	5082.69
增幅(%)	12.3	10.9	10.5	8.9	6.8

图 1　2013—2017 年盐城市地区生产总值及增长速度

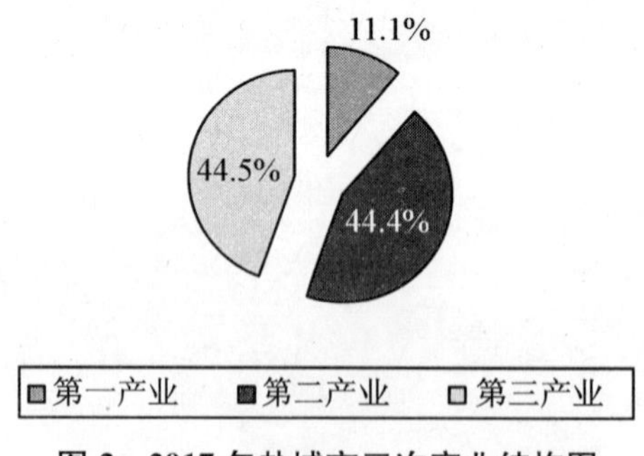

图 2　2017 年盐城市三次产业结构图

2. 财政收支

财政收支总体平稳。2017 年，全市实现一般公共预算收入 360 亿元，比上年下降 3.4%，其中税收收入 271.9 亿元，比上年下降 3.7%，税收占一般公共预算收入的比重为 75.5%。主体税种保持稳定，实

现国内增值税 68.6 亿元、改征增值税(含营业税)40.8 亿元、企业所得税 25.2 亿元、个人所得税 9.8 亿元。财政惠民力度不断加大，2017 年全市用于民生保障支出 578 亿元，占一般公共预算支出的 77%。

3. 物价指数

物价水平温和上涨。2017 年，市区居民消费价格总指数(CPI)同比上涨 1.7%。其中：食品烟酒类上涨 0.3%，衣着类上涨 2.0%，居住类上涨 2.2%，生活用品及服务类上涨 3.8%，交通和通信类上涨 2.2%，教育文化和娱乐类上涨 1.5%，医疗保健类上涨 2.9%，其他用品和服务类上涨 2.8%。全市工业生产者出厂价格指数(PPI)同比上涨 5.5%，工业生产者购进价格指数(IPI)同比上涨 3.1%。

4. 固定资产投资

投资结构更加优化。2017 年，全市完成固定资产投资 4278.5 亿元，比上年增长 10.2%，其中工业投资 2441.1 亿元，比上年增长 6.5%。投资结构进一步优化，全市第一产业完成投资 45.7 亿元，比上年增长 10.7%；第二产业完成投资 2456.2 亿元，比上年增长 6.6%；第三产业完成投资 1776.6 亿元，比上年增长 15.6%。民间投资 3112.6 亿元，比上年增长 8.4%，低于投资增速 1.8 个百分点。

重点领域投资较快。2017 年，全市民生行业投资保持较快增长。全市卫生和社会工作业实现投资 33.3 亿元，比上年增长 15.6%；水利、环境和公共设施管理业实现投资 388 亿元，比上年增长 15.5%；教育实现投资 43.8 亿元，比上年増长 20%；居民服务、修理和其他服务业实现投资 16.1 亿元，比上年增长 39.6%。全市基础设施投资 915.8 亿元，比上年增长 28%，比全市固定资产投资增速高 17.8 个百分点，占全市固定资产投资的比重为 21.4%，比上年提高 3 个百分点，拉动全部投资增长 5.2 个百分点，对全部投资增长的贡献率达 50.7%。

新开工项目稳定增长。2017 年，全市新开工项目 5980 个，比上年增加 1198 个；新开工项目计划总投资 3407.2 亿元，比上年增长 18.2%。亿元及以上新开工项目 375 个，其中 5 亿元以上 74 个、10 亿元以上 34 个。新开工项目多数集中在制造业行业，其中通用设备制造业、纺织业、专用设备制造业等行业新开工项目数均在 200 个以上。

(二) 农林牧渔业

农业生产稳中趋缓。2017 年，全市实现农林牧渔业总产值 1139.2 亿元，可比价增长 2.2%。全市粮食总产量达 685.8 万吨，比上年减少 1.5 万吨，下降 0.22%；粮食播种面积 1435.9 万亩，比上年减少 36.5 万亩。粮食亩产 477.6 公斤，比上年增加 10.8 公斤。棉花播种面积 5.5 万亩，比上年减少 8.5 万亩，总产 0.4 万吨。全市油料作物播种面积 110.6 万亩，比上年减少 9.4 万亩，油料总产量 22.4 万吨。

农业机械化规模扩大。2017 年，全市农机总动力 689.1 万千瓦。大中型拖拉机、联合收割机、水稻插秧机保有量分别达到 27201 台、25830 台和 25531 台。全市秸秆机械化还田面积 1000.6 万亩，还田率 78.6%，较上年增加 1.4 个百分点。2017 年农机化作业收入 50.3 亿元。

农业现代化进程加快。2017 年，全市累计新增设施农业 15.7 万亩，总规模达 221.4 万亩，占全省设施农业总面积 16.6%。全市拥有有效“三品”(无公害农产品、绿色食品、有机农产品)总数 2640 个，年内新增 706 个。农民专业合作组织 11064 个，比上年增加 662 个。全市拥有家庭农场 4585 家，年内新增 888 家。

(三) 工业和建筑业

工业生产总体平稳。2017 年，全市规模以上工业企业实现总产值 8518 亿元，比上年增长 6.3%，实现增加值 1792 亿元，比上年增长 3.6%。其中轻工业比上年增长 5.7%，重工业比上年下降 1.4%。民营工业持续向好。2017 年，全市民营企业实现增加值 1363 亿元，比上年增长 9%，占规模以上工业比重 76%。全市工业用电量 190.2 亿千瓦时，比上年下降 5.6%。

支柱产业稳定发展。2017 年，全市工业企业实现全口径开票销售 4759.6 亿元，比上年增长 4.4%，其中汽车、机械、纺织、化工四大传统支柱产业实现工业开票销售 3189 亿元，占工业总量的 67%，其中汽车产业实现开票 690.4 亿元。DYK 连续推出 5 款新车型，扭转销售下行局面，全年产销达 37 万辆，累计突破480万辆。非车产业实现开票销售4069亿元，比上年增长19.9%。

高新技术产业加快发展。2017年，全市规模以上高新技术产业企业870家，实现产值3168亿元，占全市规模以上工业产值的比重35%以上。2017年，高新技术产业产值对全市规模以上工业增长贡献率达92.8%，比上年提高9个百分点。

建筑业稳步增长。2017年，全市完成建筑业总产值1673亿元，比上年增长17.6%，全市建筑企业房屋施工总面积11687.3万平方米，比上年下降8.5%；房屋建筑竣工面积5143.1万平方米，比上年增长3.8%，其中住宅竣工面积3446.5万平方米，比上年增长1%。

（四）服务业

1. 国内贸易

2017年，全市社会消费品零售总额完成1806.2亿元，比上年增长10.8%。分城乡看，乡村消费增速领先城镇，全年城乡分别实现社会消费品零售总额1708.3亿元和97.9亿元，比上年增长10.6%和14.3%。分行业看，批发、零售、住宿、餐饮业分别实现零售额217.4亿元、1405.1亿元、18.7亿元和165亿元，比上年分别增长9.3%、11%、10.1%和11%。分规模看，限额以上零售额814.8亿元，比上年增长7.2%；限额以下零售额991.4亿元，比上年增长13.9%。

消费升级步伐加快。在限额以上批发和零售业主要经营类别中，生活类消费平稳增长。粮油类消费22.1亿元，比上年增长6.3%，饮料类8.79亿元，比上年增长0.8%；服装、鞋帽、针纺织品类53.1亿元，比上年增长7.7%；日用品类28亿元，比上年增长9.6%。品质类消费增长较快。文化办公用品类商品销售有所提高，计算机及配套产品类实现零售额1.02亿元，比上年增长19.8%；奢侈品消费增长较快，化妆品和金银珠宝类分别实现零售额7.9亿元和15.3亿元，比上年增长11.2%和10.2%。

2. 交通运输和邮电业

运输能力逐步增强。截至2017年底，全市共有公路总里程19681.8公里，其中国道993.6公里，省道1038.3公里；拥有等级公路19421.6公里，其中高速公路395.5公里、一级公路1403.7公里、二级公路2629.5公里、三级公路1467.6公里、四级公路13525.4公里，等外公路260公里。2017年，全社会客运量7241万人，比上年下降12.6%，客运周转量73.9亿人公里，比上年下降9%；全社会货运量17174万吨，比上年增长7.8%，货运周转量455亿吨公里，比上年增长6%。全年保障航班1.31万架次，年旅客吞吐量130.31万人次，分别比上年增长5.8%、7.8%，货邮吞吐量5540吨，比上年增长8.2%。沿海港口货物吞吐量9013万吨，比上年增长13.2%，其中外贸2454万吨，比上年增长20.7%。

邮电业务平稳发展。2017年，全市完成邮电业务总量80.2亿元，比上年增长13.4%。邮政业务收入17.71亿元，比上年增长16.6%，其中规模以上快递企业业务量完成1.06万件，比上年增长23.9%，实现业务收入9.37亿元，比上年增长28%。电信业务收入51.2亿元，比上年增长6.8%。

3. 旅游业

2017年，全市共接待海内外游客2933万人次，比上年增长13.7%，实现旅游总收入320亿元，比上年增长17.9%，两项指标增速连续三年位于全省第一，旅游总收入实现五年翻一番，旅游外汇收入7831万美元，比上年增长22%。景区建设进一步加快。荷兰花海和千鹤湾被省政府列为首批全省旅游风情小镇创建和培育单位，东台黄海森林公园风景道创建为2017年省旅游风景道，大丰梅花湾获评国家4A级旅游景区。乡村旅游集聚发展。大丰恒北、东台甘港、盐都三官等获评省首批五星级乡村旅游区，新增省四星级乡村旅游区4家。旅游品牌渐已打响。盐城市荣膺"2017最美中国·国际知名旅游度假城市"称号。

4. 金融和保险

信贷规模持续扩大。2017年，全市共有银行业金融机构41家，年内净增2家，分别为上海银行盐城分行和平安银行盐城分行。金融机构年末本外币存款余额6214.2亿元，比年初增长13.6%，其中储蓄存款2744亿元，比年初增长5.2%。金融机构年末本外币贷款余额4287.5亿元，比年初增长15.3%，其中中长期贷款2294.5亿元，比年初增长28.8%。

保险业健康发展。2017年，全市拥有各类保险机构74家，其中市级产险公司21家，寿险公司36家，保险专业中介一级法人机构12家，保险经纪分支机构3家，保险公估分支机构2家。保险分支机构及营销网点650个，保险从业人员4.64万人。全市实现保费收入179.2亿元，比上年增长29.9%，其中财产险39.4亿元，比上年增长9.9%；人身险139.8亿元，比上年增长36.9%。全市各项赔偿和给付54.4亿元，比上年增长21%。

5. 房地产业

房地产库存周期缩短。2017年，全市房地产开发投资426.7亿元，比上年增长19%，增速同比回升21.5个百分点，其中住宅投资完成345.2亿元，比上年增长26.4%，增速同比回升26.9个百分点。商品房销售增势明显。2017年，全市实现商品房销售面积974.8万平方米，比上年增长15.7%，其中住宅878.8万平方米，比上年增长17%；商品房销售额557.5亿元，比上年增长28.5%，其中住宅销售额476.2亿元，比上年增长33.8%。全市商品住房库存去化周期为7.7个月。

（五）对外经济

2017年，全市实现进出口总额86.5亿美元，比上年增长8.8%，其中出口58.4亿美元，比上年增长23.3%，进口28.1亿美元，比上年下降12.5%。新批利用外资项目157个，比上年增长4.7%，其中5000万美元以上项目27个，比上年增长28.6%。注册外资实际到账7.9亿美元，比上年增长11.6%。今年新设韩资服务业项目有17个，同比增长26.15%。目前新设总投资3000万美元以上的大项目产业结构层次明显提升，实体制造业项目由去年占比的46%提升到66%，其中智能终端、新能源、数据软件等战略性新兴产业比重占比增强。

二、盐城市2017年社会发展概况

（一）人口、人民生活

人口总量保持稳定。2017年末，全市户籍人口826.15万人，比上年末减少4.38万人，其中城镇人口489.19万人，乡村人口336.96万人。全年人口出生率为12.83‰，死亡率为12.70‰，自然增长率为0.13‰。年末常住人口724.22万人，城镇化率62.9%，比上年提高1.3个百分点。

生活水平不断提高。2017年，全体居民人均可支配收入26740元，比上年增长9.3%。城镇常住居民人均可支配收入33115元，比上年增长8.6%；人均消费支出18434元，比上年增长5.1%。农村常住居民人均可支配收入18711元，比上年增长9.0%；人均生活消费支出14153元，比上年增长7.7%。

城镇就业基本稳定。2017年末，全市从业人员441.6万人，比上年减少4.4万人，其中第一产业从业人员101.6万人，第二产业从业人员162.6万人，第三产业从业人员177.4万人。新增城镇就业人员12.1万人。城镇登记失业率保持1.82%的较低水平。

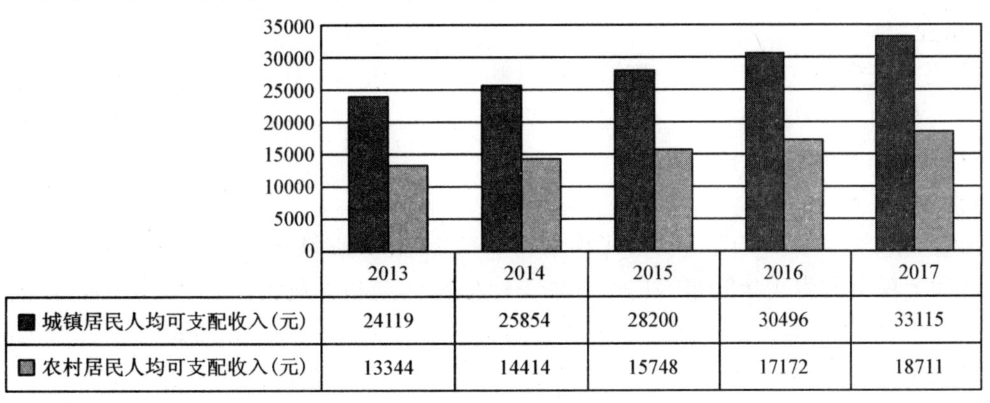

	2013	2014	2015	2016	2017
■ 城镇居民人均可支配收入（元）	24119	25854	28200	30496	33115
■ 农村居民人均可支配收入（元）	13344	14414	15748	17172	18711

图3　2013—2017年盐城市城乡居民收入对比一览

（二）社会保障

2017年，全市共保障城乡低保对象10.5万户、18.4万人，发放最低生活保障金6亿元，实施医疗救助100多万人次，累计支出医疗救助资金4.2亿元，对全市4.8万名困难群众实施托底救助，支出托底救助资金8187万元。自然灾害保险覆盖全民，重大疾病保险、五保（三无）老人护理险惠及全市71.8万因病、因残、因灾、因祸、因学等导致支出型困难的低保及低保边缘群体。全市建有公办养老机构135家，民办养老机构62家，城乡居家养老服务中心2353家。每千名老人拥有养老床位数34.7张，农村敬老院改造全部达到省定标准。

（三）教育与科学技术

1. 教育

教育事业协调发展。2017年，全市共有普通高校6所，招生1.9万人，在校生6.24万人，毕业生1.73万人；普通中专10所，在校生2.86万人；职业高中10所，在校生2.38万人；普通中学278所，在校生28.18万人；小学336所，在校生45.36万人。全市初中毕业生升学率99.46%，在校生年巩固率99.58%；小学毕业生升学率98.34%，在校生年巩固率99.81%。学龄儿童入学率100%。幼儿园在园幼儿23.23万人，学前三年幼儿入园率为98.97%。全市共有教职工数9万人，其中专任教师7.56万人。

2. 科技

创新能力不断增强。2017年，全市科技研发投入占地区生产总值的比重为2.05%，科技进步贡献率55.1%，全市战略性新兴产业产值增长19%。智能终端产业产值突破200亿元，增长40%，智能终端整机出货量突破2000万台，大数据产业营业收入22.5亿元，增长26%。全市国家高新技术企业613家，净增81家。2017年，全年申请发明专利9137件，比上年增长62.5%；授权发明专利1390件，上年增长65.1%；有效发明专利量3992件，比上年增长53.4%，三个指标增幅居全省第一。

（四）文化、卫生与体育

1. 文化事业

文化建设成果丰硕。文化惠民工程扎实推进。全市新建基层综合性文化服务中心567个，建成县级图书馆分馆340个，文化馆分馆28个，提升农家书屋1000个。深入开展文化“三送”工程，全年完成送戏下乡1000场次、送书15万册、送电影22000场次。盐城荣获江苏省首批“书香城市建设先进市”称号，全民阅读“天天悦读1+X”获国家公共文化服务体系示范项目创建资格，系苏北唯一。盐城群文代表团建市30多年来首次走进央视3套《群英汇》参加专场演出，淮剧《小镇》在央视11套“空中剧场”专栏播出。艺术创作生产持续保持在全省领先位次，一批精品力作获省“五个一工程奖”和省文华奖，居苏北首位。

2. 卫生事业

卫生体系更加健全。2017年，全市拥有卫生计生机构3192个，其中医院、卫生院288个，疾病预防控制机构10个，妇幼卫生机构11个。各类卫生机构拥有床位3.92万张，卫生技术人员4.04万人，其中执业（助理）医师1.9万人，注册护士1.58万人。

3. 体育事业

体育事业健康发展。2017年，盐城市成功承办了第31届亚洲城市保龄球锦标赛等3项国际赛事，7项全国赛事和7项全省青少年赛事。广泛开展全民健身活动和群众体育活动，组织参加全国性群众健身赛事获得6个一等奖。至2017年底，全市建成各类健身步道730公里，建成10个省级国民体质测定和运动健身指导站。继续加大社会体育指导员培训力度，2017年全市拥有社会体育指导员26797人。青少年体育活动蓬勃开展，成功创建3所全国青少年校园篮球特色学校。

(五) 城乡建设

城乡建设成效显著。2017 年,全市交通基础设施建设完成投资 161 亿元,比上年增长 11%,再创历史新高。高铁高速高架全面推进。连盐铁路实现全线贯通,盐通铁路列入国家规划,设计时速提升至 350 公里/小时。规划新增的盐宁高速等五条高速公路全部列入新一轮高速公路网规划,新增里程约 218 公里。全面建成全长 57 公里的市区"一环五射"内环高架快速路网,内环高架三期工程如期开工建设。2017 年,区域供水通达全市所有乡镇,建成城镇污水处理厂 95 座,城市(县城)污水处理率超 89%,建制镇污水处理设施覆盖率 98%,城乡垃圾无害化处理率达 88%。

(六) 生态环境建设

生态环境持续改善。2017 年,全市始终坚持生态优先、绿色发展新理念,转型发展取得新成效。"一片林"工程加快推进,投资 15 亿元新造成片林 12.4 万亩,改造提升 15.9 万亩,新增城镇绿地面积 3650 公顷,造林总量保持全省第一,林木覆盖率达 26.7%。深入开展"263"专项行动,扎实做好中央环保督察反馈问题整改,单位 GDP 能耗降幅全省第二,主要污染物削减量完成省定减排任务,新能源新增装机 108 万千瓦,总量达 518.8 万千瓦,占全省新能源装机容量 30.4%,列全省第一。绿色发展成效明显。2017 年,全市空气质量持续保持全省第一、全国前列,优良率达 80.3%,创江苏历史新高,PM2.5 平均浓度 43 微克/立方米。

三、盐城市在泛长三角地区经济发展中的地位

2017 年,在省委、省政府和市委的正确领导下,认真贯彻落实党的十八大和十九大精神,坚持稳中求进工作总基调,坚定不移贯彻新发展理念,扎实推进产业强市、生态立市、富民兴市和"五个一"战略工程,全面做好稳增长、促改革、调结构、惠民生、防风险各项工作,较好地完成了市八届人大一次会议确定的主要目标任务。全市经济总体呈现"结构持续优化,动能转换加快,生态彰显特色,民生不断改善"的良好发展态势,实体经济稳中向好,重大项目加快推进,经济发展的稳定性、协调性、可持续性进一步增强,生态优先、绿色发展取得明显成效。

(一) 地区生产总值

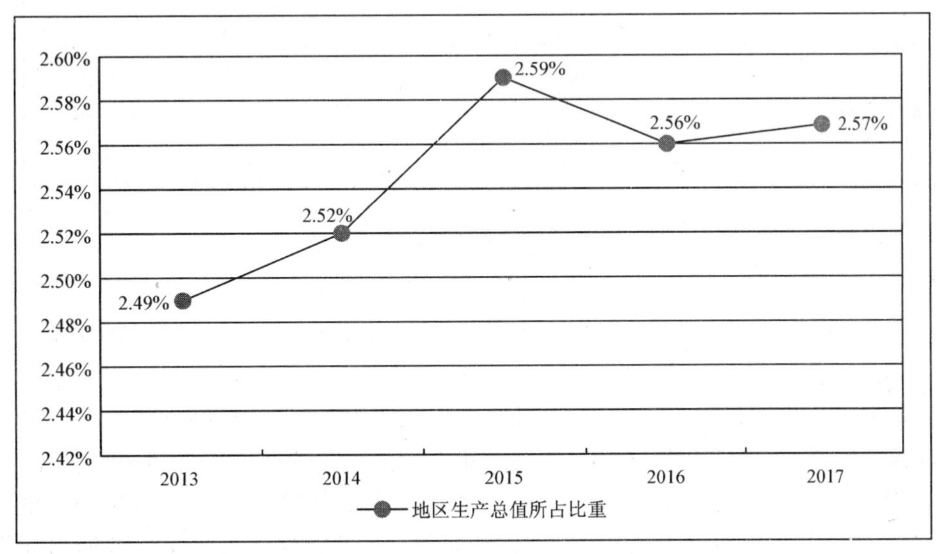

图 4　2013—2017 年盐城市地区生产总值在泛长三角
(苏浙两省 24 个地级市、安徽 16 个地级市和上海市,下同)所占比重的变化趋势

2013—2017 年盐城市地区生产总值在泛长三角所占比重分别为 2.49%、2.52%、2.59%、2.56%和 2.57%，整体呈增长趋势，五年累计增加了 0.08 个百分点，2017 年比上年增加了 0.01 个百分点。2017 年盐城市地区生产总值在泛长三角地区 41 个市位居第 12 位，较上年上升一位。

2017 年全市经济稳定增长。经济总量首次突破 5000 亿元，地区生产总值达 5050 亿元，比上年增长 6.8%，人均地区生产总值首次突破 1 万美元。盐城市排在全省第七位。九县域中，经济总量最高的是东台市，2017 年度该市实现 GDP 为 790 亿元，东台也是盐城唯一的一座县级市。GDP 排名第二至第三的县域是大丰区和建湖县，两地 2017 年完成 GDP 分别是 628 亿元、510 亿元。位居全市第四到第八的县域 GDP 总量均在 400 多亿元的水平，分别为：盐都区 488 亿元（第四名）、射阳县 486 亿元（第五名）、滨海县 432 亿元（第六名）、亭湖区 430 亿元（第七名）、阜宁县 428 亿元（第八名），滨海、亭湖和阜宁三县域总量的排名格局是很不稳定的。全市 GDP 总量最低的是响水县，只有 295 亿元，但是其 2017 年的增速却最高，达到 9.5%，是全市县域第一的位次。

从数据来看，东台市以 812.82 亿元的成绩领先其他县市区大半个身位，毫无悬念的排在盐城市第一位，大丰区、建湖县、盐都区、射阳县四县区生产总值均超过五百亿元关口，可归为盐城市第二梯队，剩下的县区归为盐城市第三梯队，其中响水县 319.91 亿元排在末位。人均 GDP 方面，大丰区、东台市、盐都区、建湖县等县市区人均 GDP 均高于全市人均水平，其中大丰区人均 GDP 9.22 万元排在盐城市第一位，东台市紧随其后排在第二位，剩下的县市区人均 GDP 均低于全市人均 7.03 万元水平，其中最低的滨海县人均 GDP 4.74 万元。

（二）地方财政一般预算收入

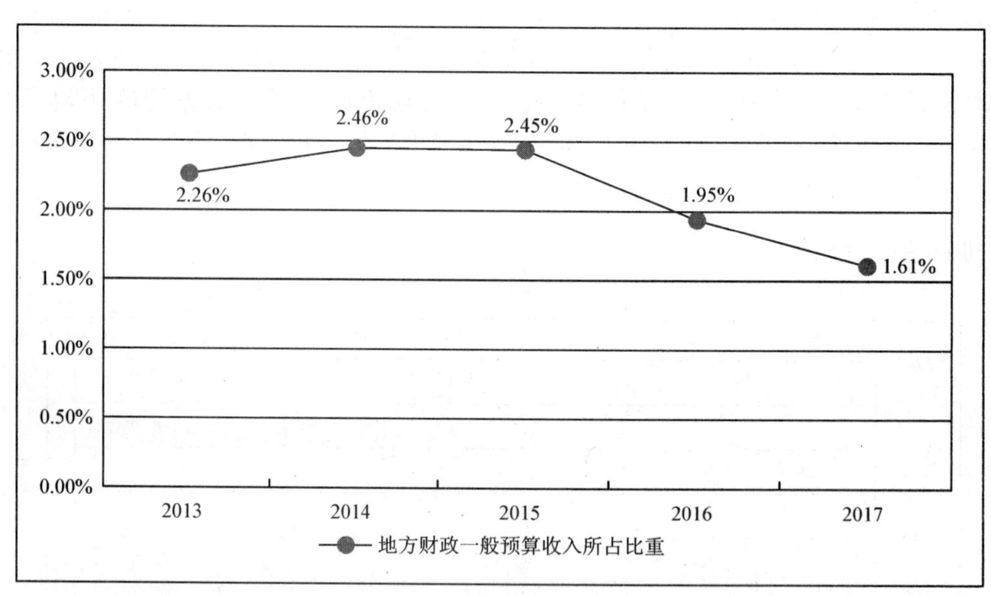

图 5　2013—2017 年盐城市地方财政一般预算收入在泛长三角所占比重的变化趋势

2013—2017 年盐城市地方财政一般预算收入在泛长三角所占比重分别为 2.26%、2.46%、2.45%、1.95%和 1.61%，整体下降的态势，累计跌幅为 0.65 个百分点，2017 年较上年减少了 0.34 个百分点。2017 年盐城市地方财政一般预算收入在泛长三角地区 41 个市中的排名达到第 15 位，较上年下降了三位。

2017 年，实现一般公共预算收入为 360 亿元，与省内最强县域之一——苏州昆山市的总量（352.5）相当。九县域中一般公共预算收入方面东台市为 54 亿元，无论是经济总量还是政府可用财力，东台市均居全市县域的第一名。一般公共预算收入则分别是：52.5 亿元、26.32 亿元，建湖县政府可用财力占 GDP 总量的比例较低。全市一般公共预算收入超过 50 亿元的就两个县域，分别是东台市和大丰区。

（三）工业生产总值

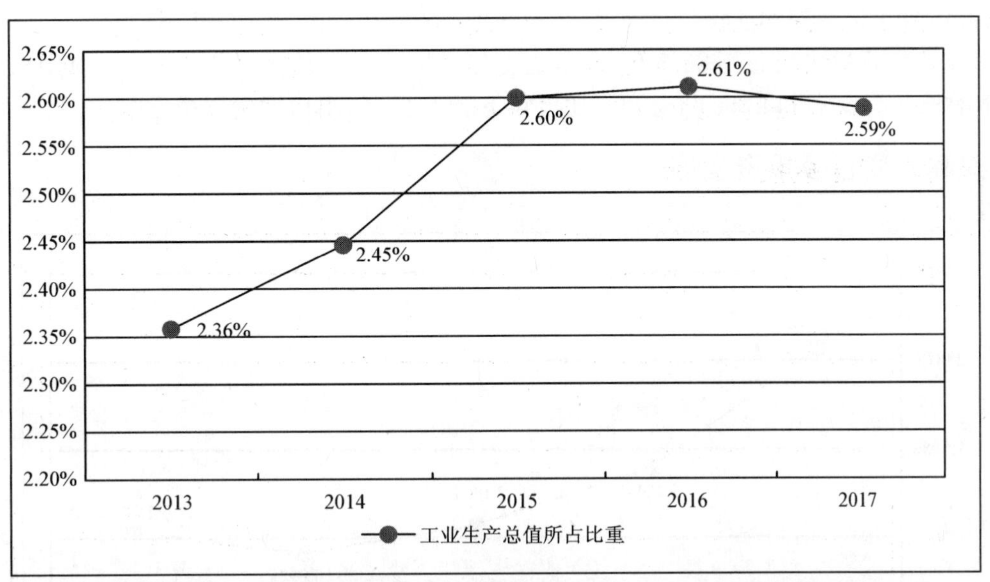

图 6　2013—2017 年盐城市工业生产总值在泛长三角所占比重的变化趋势

2013—2017 年盐城市工业生产总值在泛长三角所占比重分别为 2.36%、2.45%、2.60%、2.61%和 2.59%，整体呈增长的态势，2017 年较上年减少 0.02 个百分点。2017 年盐城市工业生产总值在泛长三角地区 41 个市中排在第 15 位。

2017 年，全市规模以上工业企业实现总产值 8518 亿元，增长 6.3%；实现增加值 1792.3 亿元，增长 3.6%。增长面持续向好，规上工业企业增长面达 61.6%，较上年提升 11.5 个百分点，创近三年来新高。全市工业企业实现全口径开票销售 4759.6 亿元，增长 4.4%，其中汽车、机械、纺织、化工四大传统支柱产业实现工业开票销售 3189 亿元，占工业总量的 67%。全市开票销售超亿元企业达 691 户，较上年新增 108 户。

（四）进出口总额

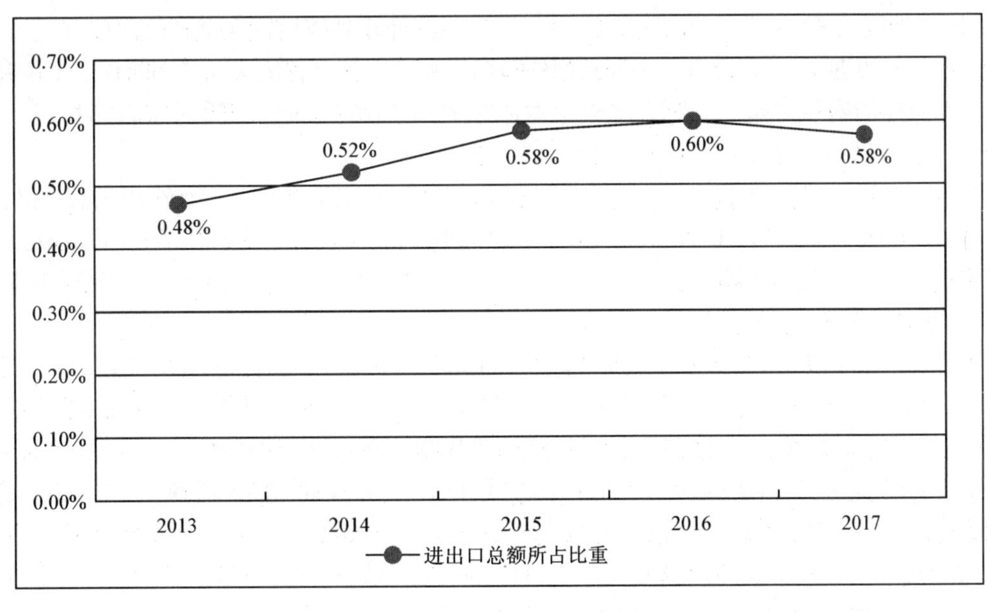

图 7　2013—2017 年盐城市进出口总额在泛长三角所占比重的变化趋势

2013—2017年盐城市进出口总额在长三角所占比重分别为0.48%、0.52%、0.58%、0.60%和0.58%，整体呈现增长的态势，累计增幅为0.10个百分点，其中，2017年较上年减少了0.02个百分点。2017年连云港市进出口总额在泛长三角地区41个市中排在第20位，较上年上升一位。

2017年，全市实现进出口总额86.5亿美元，比上年增长8.8%，总额居苏北第一。其中出口58.4亿美元，比上年增长23.3%，进口28.1亿美元，比上年下降12.5%，出口增速居全省第一。

（五）实际外商直接投资金额

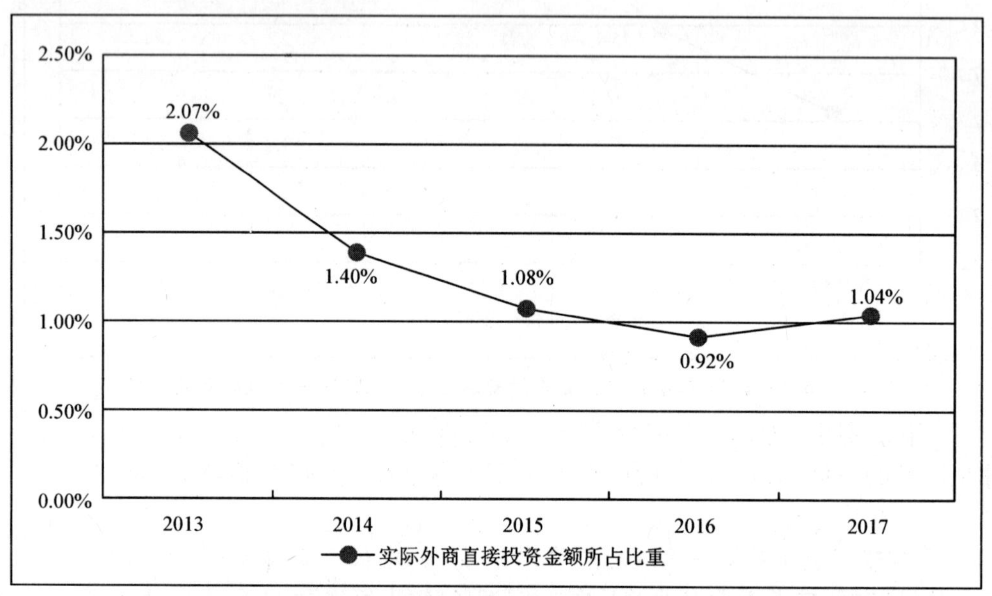

图8　2013—2017年盐城市实际外商直接投资金额在泛长三角所占比重的变化趋势

2013—2017年盐城市进出口总额在泛长三角所占比重分别为2.07%、1.40%、1.08%、0.92%和1.04%，整体呈下跌态势，五年跌幅为1.03个百分点，2017年较2016年增加了0.12个百分点。2017年盐城市进出口总额在泛长三角地区41个市中排在第23位，较上年上升了两位。

2017年，全市新设外商投资项目157个，同比增长4.67%；协议利用外资30.43亿美元，同比增长71.59%；实际使用外资7.89亿美元，同比增长11.59%。实际使用外资增幅在全省位次前移了8位，居全省第三，高于全省平均增幅近10个百分点。协议利用外资总量和增幅在全省位次也分别前移了1位和2位。

在外部形势低迷的宏观环境下，外资条线紧紧围绕“产业强市”战略，牢固树立赶超目标，创新思路，补齐短板，提升效能，全市实际使用外资止跌回升、逆势上扬。

项目备案形势明显向好。随着中韩（盐城）产业园正式获国务院批复，全市外资项目备案呈现良好态势：新设3000万美元以上的项目平均协议利用外资5227万美元，是上年的2倍；新设超亿美元的项目15个，是上年的5倍；新设韩资项目41个，同比增长36.7%；协议利用韩资3.05亿美元，同比增长175.8%，主要投资领域为汽车配件制造业。

项目产业层次显著提升。全市新设先进制造业项目23个，协议利用外资8.24亿美元，分别同比增长130%和493%。现代服务业项目协议利用外资5.5亿美元，同比增长24.1%。新设新能源汽车、环保科技、海洋经济、清洁能源、大数据、智能终端、新材料产业等战略性新兴产业项目76个，同比增长58.3%。

外商投资环境更加优化。在全省率先推进外资“登记备案一表制”准入新模式，实现“一窗受理、一次填报、内部流转、统一发照备案”，大幅提升外商投资企业的准入效率。同时，市政府还专门出台《关于积极利用外资的意见》，在外资项目落户、建设运营、融资上市、科技创新以及人才引进等方面制定了16条有操作性、有突破性、有吸引力的激励政策，营造了良好的外商投资环境。

十一 扬州市2017年经济社会发展报告

2017年是党的十九大胜利召开的喜庆之年，也是高水平全面建成小康社会的攻坚之年。一年来，全市深入贯彻新发展理念，紧扣“两聚一高”，办好“十件大事”，统筹做好改革发展稳定工作。全市经济运行实现了高质量增长，台阶更高、步伐更稳；社会事业全面进步，普惠均衡、协调发展；民生福址日益改善，城乡统筹、生态宜居。

一、扬州市2017年经济发展概况

（一）综合经济

1. 经济总量

全市实现地区生产总值5064.92亿元，可比价增长8.0%。其中，第一产业增加值262.06亿元，增长1.9%；第二产业增加值2475.86亿元，增长6.7%；第三产业增加值2327.00亿元，增长10.1%。三次产业结构由上年的5.6∶49.4∶45.0调整为5.2∶48.9∶45.9。人均地区生产总值112559元，增长7.7%。

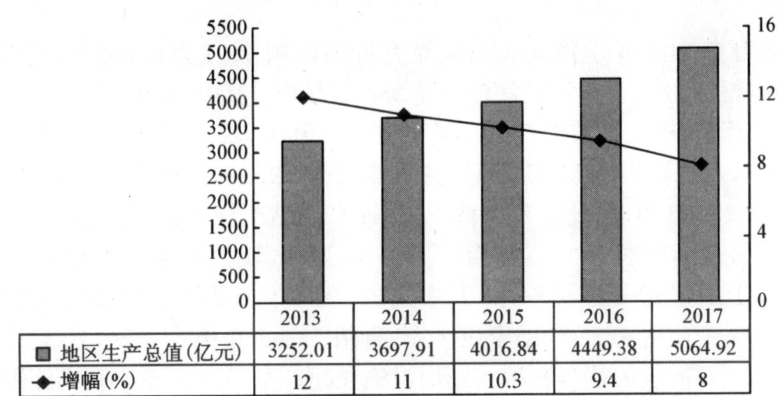

图1 2013—2017年扬州市地区生产总值及增长速度

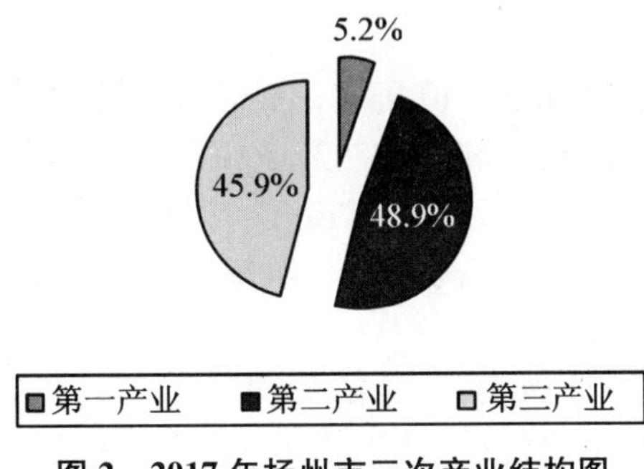

图2 2017年扬州市三次产业结构图

2. 财政收支

全市一般公共预算收入320.18亿元，下降7.3%，其中，税收收入241.44亿元，下降9.6%。主体税种中，增值税113.36亿元，增长41.8；企业所得税29.98亿元，增长7.7%；个人所得税10.59亿元，增长3.9%；契税21.78亿元，增长50.6%。

全市一般公共预算支出500.59亿元，增长3.4%，其中一般公共服务支出69.11亿元，增长16.5%；教育支出90.71亿元，增长6.8%；科学技术支出19.95亿元，增长52.8%；社会保障和就业支出55.48亿元，增长41.2%；医疗卫生与计划生育支出45.72亿元，增长18.7%；交通运输支出14.98亿元，增长25.0%。

3. 物价指数

市场物价温和上涨，全年居民消费品价格指数为101.7。其中，消费品价格上涨1.4%，服务项目价格上涨2.1%。构成居民消费品价格指数的八大类指数分别是：食品烟酒类100.1、衣着类102.6、居住类103.2、生活用品及服务类102.2、交通和通信类101.9、教育文化和娱乐类102.8、医疗保健类99.6、其他用品和服务类102.4。商品零售价格总指数为102.2。

4. 固定资产投资

全市完成固定资产投资3690.09亿元，增长12.2%，其中，工业投资完成2029.83亿元，增长18.4%，工业投资占比达55%；服务业投资完成1643.15亿元，增长5.5%；房地产投资完成443.58亿元，增长8.1%。

市级重大项目建设有序推进，435个市级重大项目完成投资1327.4亿元。新开工重大产业项目158个，其中，工业项目104个、服务业项目45个、农业项目9个。

交通、水利等一批重大基础设施工程相继启动或建成。S611沿湖大道、宿扬高速建成通车，连淮扬镇铁路扬州段、城市南部快速通道、金湾路等快速推进，五峰山过江通道公路接线、扬州泰州国际机场一期扩建、真州路北延、扬子津大桥等开工建设。淮河入江水道整治基本完成。长江堤防防洪能力提升工程、瓜洲外排泵站工程加快实施。

（二）农业

粮食种植面积588万亩，比上年下降6.5%；油菜籽种植面积32.4万亩，比上年下降6.3%；蔬菜播种面积86.4万亩，较上年增长6.2%。全年粮食总产量285.4万吨。其中，夏粮96.2万吨；秋粮189.2万吨。

全年生猪出栏128万头，较上年减少0.4%，存栏60.9万头，较上年减少13.6%；家禽出栏4217.5万只，较上年减少2.3%，家禽存栏1258.6万只，较上年减少12.8%。猪牛羊禽肉产量17.4万吨，比上年下降2.0%；禽蛋产量13.23万吨，比上年下降3.7%；水产品产量40.4万吨，较上年增长0.88%，其中养殖产量37.5万吨，较去年增长1.1%，捕捞产量2.96万吨，较去年减少2.1%。

年末全市100亩以上的家庭农场3053个，其中列入2017年名录的家庭农场654个，经营面积12.44万亩。全市各级农业龙头企业达423家，国家级5家，省级53家，市级155家，县级210家。新建高标准农田20.5万亩，划定373万亩永久基本农田。新增设施农(渔)业11.3万亩。新实施国家级农业科技重大专项2项。新增省级农产品品牌45个。农业机械化水平达86%。顺利完成第三次全国农业普查任务。

（三）工业和建筑业

全市2693家规模以上工业企业完成总产值9371.10亿元，增长13.9%，工业增加值增长8.0%。产值过千亿元的行业有三个，分别为电气机械和器材制造业(1691亿元，同比增长16.2%)、化学原料和化学制品制造业(1061亿元，同比增长17.7%)、汽车制造业(1090.4亿元，同比增长8.16%)，三个行业合计完成产值3842.4亿元，同比增长14.2%，高出全市增幅0.3个百分点，对全市产值增长的贡献率为41.9%，拉动全市产值增幅5.7个百分点。

全市战略性新兴产业完成工业总产值4045.9亿元，增长16.5%，高于规上工业平均增速2.6个百分点，比上年提升6.2个百分点。其中新材料、新光源、高端装备制造、智能电网、节能环保、生物技术和新医药6个行业达到2位数增幅，分别增长28.7%、17.3%、15.3%、13.8%、12.9%和10.7%。

五大重点产业累计完成产值6274.2亿元，增长13.4%，占规上工业总产值的比重达67%。其中机械装备产业产值3307.2亿元，同比增长15.1%；汽车产业产值1280.2亿元，同比增长9%；石化产业产值1058.7亿元，同比增长16.6%；新能源和新光源产业产值519.7亿元，同比增长10%；船舶产业产值212亿元，同比增长0.9%。

规模以上工业企业实现主营业务收入8876.94亿元，增长11.9%；实现利润507.25亿元，增长2.5%。

全社会用电量237.05亿千瓦时，增长5.2%。第一产业用电量4.83亿千瓦时，增长2.2%；第二产业164.70亿千瓦时，增长3.5%，其中，工业用电162.21亿千瓦时，增长3.6%；第三产业30.17亿千瓦

时，增长 11.1%；城乡居民生活用电 37.34 亿千瓦时，增长 8.5%。

全市实现建筑业总产值 3635.7 亿元，增长 8.6%；建筑业增加值 306 亿元，增长 12.4%。房屋建筑施工面积 27495.2 万平方米，增长 2.6%，其中新开工面积 12289.1 万平方米，增长 13.2%；竣工产值 3090.8 亿元，增长 7.8%；竣工面积 10740.4 万平方米，增长 6.4%。

（四）服务业

1. 国内贸易

全市社会消费品零售总额 1494.01 亿元，增长 10%，其中，批发业 187.18 亿元，增长 8.8%；零售业 1134.90 亿元，增长 10.3%；住宿业 23.69 亿元，增长 7.6%；餐饮业 148.23 亿元，增长 9.5%。城镇消费品零售额 1386.54 亿元，增长 10%；乡村消费品零售额 107.47 亿元，增长 9.8%。

全市限额以上批发和零售业实现零售额 474.03 亿元，同比增长 6.2%。在 23 个大类商品的零售额统计中，有 18 个类别同比实现正增长。增幅居前 5 位的是文化办公用品类、家具类、饮料类、电子出版物及音像制品类、烟酒类，分别增长 23.2%、19.1%、13.9%、11.9%、9.3%。

2. 交通运输和邮电

全市货运总量和货物周转量分别完成 1.34 亿吨和 390.48 亿吨公里，分别增长 8.9%、9.1%。客运量和旅客周转量完成 3427 万人和 29.93 亿人公里，分别下降 11%、7.1%。港口货物吞吐量 13223 万吨，增长 8.7%；集装箱吞吐量 50.9 万标箱，下降 1%。扬州泰州国际机场新开辟国内航线 7 条，国际航线 1 条，累计开通航线 42 条，其中国内 31 条，国际/地区 11 条，全年旅客吞吐量 183.7 万人次，增长35.4%，货邮吞吐量 9377.9 吨，增长 17.2%。年末全市公路里程 9610.43 公里，年末高速公路里程293.68 公里。

全市邮政通讯业务收入 67.04 亿元，增长 9.5%。其中，通讯业务收入 43.68 亿元，增长 4%；邮政业务收入 23.36 亿元，增长 21.4%。年末电话用户 608.3 万户，下降 1.1%，其中移动电话用户 508.6 万户，增长 0.1%。互联网宽带接入用户 153.9 万户，增长 8.2%。

3. 金融、保险和证券

年末人民币存款余额 5700.87 亿元，比年初增加 339.32 亿元，增长 6.3%，其中，住户存款余额 2664.64 亿元，比年初增加 103.53 亿元。人民币贷款余额 4007.76 亿元，比年初增加 499.62 亿元，增长 14.2%。其中，个人消费贷款 1121.49 亿元，比年初增加 270.44 亿元。住房消费贷款 978.43 亿元，比年初增加 220.36 亿元。

全市各类保险机构实现保费收入 158.15 亿元，增长 6.1%。其中，财产险保费收入 35.02 亿元，增长 4.8%；人身险保费收入 123.12 亿元，增长 6.5%。保险赔款总支出 24.62 亿元，增长 5.6%，其中财产险支出 21.08 亿元，增长 3.2%；人身险支出 3.54 亿元，增长 22.7%。

全市证券资金账户数 62.65 万户，比上年增加 6.98 万户，增长 12.5%。证券交易额 11731.03 亿元，比上年增加 6.21 亿元，增长 0.1%。其中股票交易额 8510.68 亿元，比上年减少 814.67 亿元，下降 8.7%，占交易额的 72.55%；基金交易额 444.35 亿元，比上年增加 132.03 亿元，增长 42.3%，占交易额的 1.13%。新引进银行、保险、证券机构 10 家，新增境内外上市公司 4 家、“新三板”挂牌公司 15 家。

4. 旅游业

全市旅游实现总收入 796.72 亿元，同比增长 15.2%，接待国内外游客 6297.38 万人次，同比增长 11.9%；实现旅游外汇收入 7505.62 万美元，同比增长 19.5%；过夜游客同比增长 17.6%。全市拥有国家 A 级景区 37 家，其中 5A 级 1 家、4A 级 10 家、3A 级 13 家。省星级乡村旅游区（点）48 家，其中四星级 16 家。共有星级饭店 48 家，其中五星级 4 家、四星级 13 家。星级饭店客房出租率 67.55%。旅行社 138 家，其中出境游组团社 7 家。马可波罗花世界创成国家 4A 级旅游景区。创成省三星级乡村旅游区 8 家，润德菲尔庄园创成首批省五星级乡村旅游区；出台全省首部旅游风情小镇地方标准，推出首批市级创建单位 3 家；新增民宿客栈床位超 800 张，全市四星级以上乡村旅游区全部建有专用停车场。

5. 房地产业

全市房地产开发投资 443.58 亿元，增长 8.1%，其中，住宅投资 280.15 亿元，下降 3.2%；商业营业用房投资 89.04 亿元，增长 17.5%；办公楼投资 32.68 亿元，增长 151.69%；其他用房投资 41.72 亿元，增长 29.9%。商品房施工面积 2958.6 万平方米，增长 7.5%，其中，新开工面积 988.2 万平方米，增长 39.3%；商品房竣工面积 671.4 万平方米，下降 8.3%；商品房销售面积 879.71 万平方米，增长 19.7%。

（五）开放型经济

1. 对外贸易

全市进出口总额 108.0 亿美元，增长 13.2%，其中，出口 78.7 亿美元，增长 9.7%；进口 29.3 亿美元，增长 23.9%。从贸易方式看，一般贸易出口 56.18 亿美元，增长 9.8%；加工贸易出口 20.53 亿美元，增长 10.2%。从贸易市场看，欧盟累计出口 18.7 亿美元，同比增长 18.6%；美国出口 18.6 亿美元，同比增长 5.6%；东盟出口 6.40 亿美元，增长 0.1%；香港出口 6.58 亿美元，下降 1%；拉丁美洲出口 5.83 亿美元，增长 23.5%。

2. 利用外资

全市外资实际到账 12.08 亿美元，增长 0.35%。新批准项目 122 个，新增协议外资 23.69 亿美元。全市完成外经营业额 9.11 亿美元，同比增长 11%；累计境外投资项目 16 个，中方协议投资额 6239 万美元。

二、扬州市 2017 年社会发展概况

（一）人口、人民生活

年末全市常住人口 450.82 万人，常住人口城镇化率为 66.05%，比上年提高 1.65 个百分点。年末全市户籍总人口 459.98 万人，比上年末减少 16851 人。全市登记出生人口 4.54 万人，出生率 9.87‰；死亡人口 5.28 万人，死亡率 11.48‰。人口自然增长率为－1.61‰。年末市区户籍总人口为 233.00 万人，增长 0.23%。

全体居民人均可支配收入 31370 元，增长 9.6%，其中，城镇居民人均可支配收入 38828 元，增长 8.9%；农村居民人均可支配收入 19694 元，增长 9.1%。全体居民人均生活消费支出 19237 元，增长 6.6%，其中，城镇居民人均生活消费支出 22093 元，增长 4.9%；农村居民人均生活消费支出 14766 元，增长 7.6%。市区、县（市）最低工资月标准分别提高至 1890 元、1720 元。

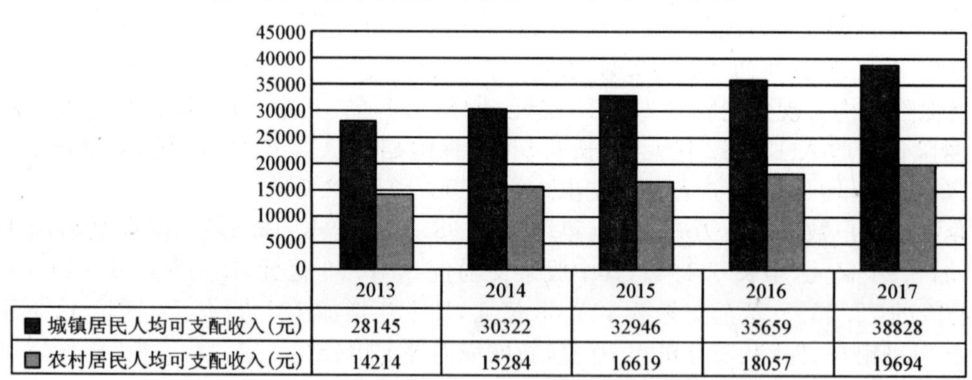

	2013	2014	2015	2016	2017
■ 城镇居民人均可支配收入（元）	28145	30322	32946	35659	38828
■ 农村居民人均可支配收入（元）	14214	15284	16619	18057	19694

图 3　2013—2017 年扬州市城乡居民收入对比一览

（二）就业、社会保障与福利

1. 就业

全市城镇新增就业 75339 人，新增转移农村劳动力 14300 人，期末城镇登记失业率 1.84%。城镇失业人员再就业 75186 人，就业困难人员再就业 5779 人。高校毕业生年末总体就业率 97.3%，扶持农村劳动力自主创业 5678 人。

2. 社会保障

年末企业职工基本养老保险、城镇职工基本医疗保险、失业保险参保人数分别达 107.9 万人、

133.71 万人和 66.57 万人。年末城乡居民养老保险参保人数 88.39 万人，基础养老金发放率达 100%。年末城镇基本医疗保险参保人数为 214.35 万人。城乡居民基础养老金月最低标准调至 125 元。2017 年出台全市统一的城乡居民医保实施细则，城乡居民医保人均财政补助提高至 470 元。

3. 社会福利

社会福利事业不断提升，城乡居民最低生活保障对象 52874 人，累计资金支出 20903.11 万元；临时救助 31171 户，支出 2251.61 万元；城乡医疗救助 89382 人次，累计支出 1440.28 万元。市区城乡低保标准统一提高至每月 630 元。

（三）教育与科技创新

1. 教育

新(迁)建中小学 8 所，新(改、扩)建幼儿园 11 所，创成省优质园 3 所，新创省义务教育现代化学校 51 所。全市共有幼儿园 298 所，小学 206 所，普通中学 164 所，普通高校 8 所。在园幼儿 112867 人，小学在校生人数 210467 人，普通中学在校生人数 174956 人，普通高校在校生人数 82755 人。全市幼儿园毛入学率为 99.40%，义务教育入学率和高中阶段毛入学率达 100%，高等教育毛入学率达 60.06%。全市高考本二以上上线人数达 18235 人。

2. 科技创新

全市新增国家高新技术企业 213 家，总数达 745 家。实现高新技术产业产值 4219.5 亿元，同比增长 12%。全年专利申请量和授权量达 32638 件和 14214 件，分别同比增长 20.7%和 7.3%，其中企业申请量和授权量达 16653 件和 6493 件，同比增长 55.9%和 17.54%；万人发明专利拥有量达 9.87 件，较 2016 年同比增长 32.7%，3 项专利荣获中国专利奖优秀奖。

首次一年有 4 人获批国家“万人计划”；首次有 3 项扬州市主持的科研项目跻身全国科技最高奖项名单，其中 2 项获国家科技进步二等奖、1 项国家自然科学二等奖，实现扬州在自然科学奖项目上零的突破。

（四）文化、卫生和体育

1. 文化

年末全市共有文化馆、群众艺术馆 7 个，公共图书馆 7 个。新增影院 8 家，全市 40 家影院实现全年总票房 2.42 亿元。共有广播电台 6 座，中短波广播发射台和转播台 13 座，广播综合人口覆盖率和电视综合人口覆盖率均达 100%。新建 11 家 24 小时“城市书房”、331 家村(社区)综合文化服务中心，新增 300 余家农家书屋实现通借通还。开展公益文化活动 720 场，书场演出 1208 场，播放公益电影 12232 场。

2. 卫生

年末全市共有各类卫生机构 1756 个，其中医院、卫生院 140 个。各类卫生机构拥有病床 22765 张，其中医院、卫生院病床 19864 张。共有卫生技术人员 26784 人，其中执业(助理)医师 10868 人，注册护士 11337 人。18 家农村区域性医疗卫生中心全面建成使用，115 家基层医疗卫生机构全部参与医联体。迁建宝应、江都人民医院，新建高邮人民医院东院。

3. 体育

扬州体育健儿在第十三届全国运动会取得优异成绩，获金牌 3 人次，获银牌 2 人次，获铜牌 5 人次。积极开展省运会筹备工作，建成游泳健身中心、射击运动中心。成功举办鉴真国际半程马拉松赛、女子佩剑世界杯、深潜赛艇海上丝路公开赛。

（五）城乡建设

深入推进公园体系建设，全市新建改造 8 个综合公园、84 个社区公园、29 个口袋公园，三湾公园、蜀冈文化公园建成开放，明月湖体育休闲公园提档升级。启动东南片区更新改造，推进南河下街区整治。市区新辟调整公交线路 21 条，出新城市家具 577 处；新建污水管网 160 公里、污水集中处理率 90%；建成生活垃圾分类试点社区 10 个、示范小区 36 个。加快首批 10 个市级特色小镇建设，头桥镇入选省级特色小镇创建单位，杭集镇入选全国特色小镇，仪征枣林湾入选国家首批运动休闲特色小镇试点。启动实施特色田园乡村“111”行动，沙头镇沙头村和月塘镇四庄村入选省级试点，方巷镇沿湖村获评国家级“最美渔村”。建成 51 个省级绿化示范村。新改建农村公路 180 公里，改造危桥 50 座。镇村公交开通率 84%。执行《扬州市河道管理条例》，全市四级河长体系全面建立。清淤县乡河道 740 万方、村庄河塘 970 万方，创成省级水美乡镇 3 个、水美村庄 10 个。

（六）生态环境

扎实推进“263”专项行动，关闭搬迁禁养区内畜禽养殖场 844 家，超额完成省定 32 万吨减煤任务，关停化工企业 103 家，砖瓦行业专项整治取得进展，完成市区 27 条、县（市）9 条黑臭水体整治。江淮生态大走廊建设纳入国家《长江经济带生态环境保护规划》，27 项年度重点工程扎实推进，制定宝应、高邮江淮生态经济区建设“四个清单”。圆满完成省环保督察迎检任务，按期落实 839 份环保信访件。全年 PM2.5 均值 54 微克/立方米，较基准年 2013 年下降 22.9%，完成国家“大气十条”考核目标。创成国家水生态文明城市。32 个省考以上断面水质达标率 93.8%。仪征滨江水源地取水口整治到位。凤凰岛创成国家湿地公园。顺利通过国家节水型城市、国家森林城市复查。全市新增植树 569 万株、成片造林 3.05 万亩、永久性保护绿地 4 块。新增绿色建筑面积 191 万平方米。扬州环保产业园成为国家循环经济标准化试点。广陵获得全国首批国土资源节约集约“四个创新”示范点称号。

三、扬州市在泛长三角地区经济发展中的地位

2017 年是本届政府履职的开局之年。在中共扬州市委正确领导下，深入贯彻新发展理念，紧扣“两聚一高”，办好“十件大事”，统筹做好改革发展稳定工作，全面完成年度各项目标任务。面对复杂多变的宏观经济环境，全市上下坚持稳中求进的工作总基调，统筹推进“五位一体”总体布局，协调推进“四个全面”战略布局，紧扣“两聚一高”，办好“十件大事”，改革发展推进有力，各项事业取得新的进步。全市经济运行实现了高质量增长，台阶更高、步伐更稳；社会事业全面进步，普惠均衡、协调发展；民生福祉日益改善，城乡统筹、生态宜居。

（一）地区生产总值

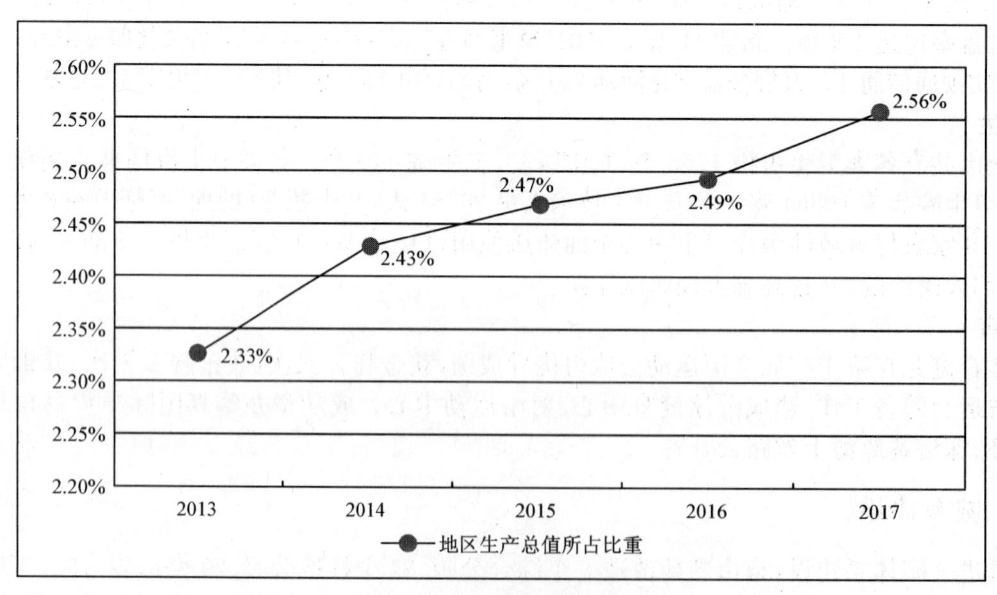

图 4 2013—2017 年扬州市地区生产总值在泛长三角
（苏浙两省 24 个地级市、安徽省 16 个地级市和上海市，下同）所占比重的变化趋势

2013—2017 年扬州市地区生产总值在泛长三角所占比重分别为 2.33%、2.43%、2.47%、2.49%和 2.56%，保持持续增长的态势，累计增幅为 0.23 个百分点，其中 2017 年较上年增长了 0.07 个百分点。2017 年扬州市地区生产总值在泛长三角地区 41 个市中排名第 14 位。

2017 年全市实现地区生产总值5064.92 亿元，跃上 5000 亿元新台阶，按可比价计算增长 8%。人均地区生产总值达 112559 元，首次突破 10 万元大关。12 月末，全市金融机构人民币存款余额 5700.87 亿元，增长 6.3%，其中住户存款 2664.64 亿元，增长 4.0%；贷款余额 4007.76 亿元，增长 14.2%。生产总值全江苏省排第 7 位。

从数据来看，江都区以 1055.12 亿元的成绩排在扬州第一位，邗江区 859.46 亿元紧随其后，剩下的县市区差距都不大均超五百亿关口。人均 GDP 方面，广陵区、邗江区两区相差不大，广陵区以微少的领先成绩排第一，仪征市紧随其后排第三，其中宝应县人均 GDP 7.59 万元排在末位。

（二）地方财政一般预算收入

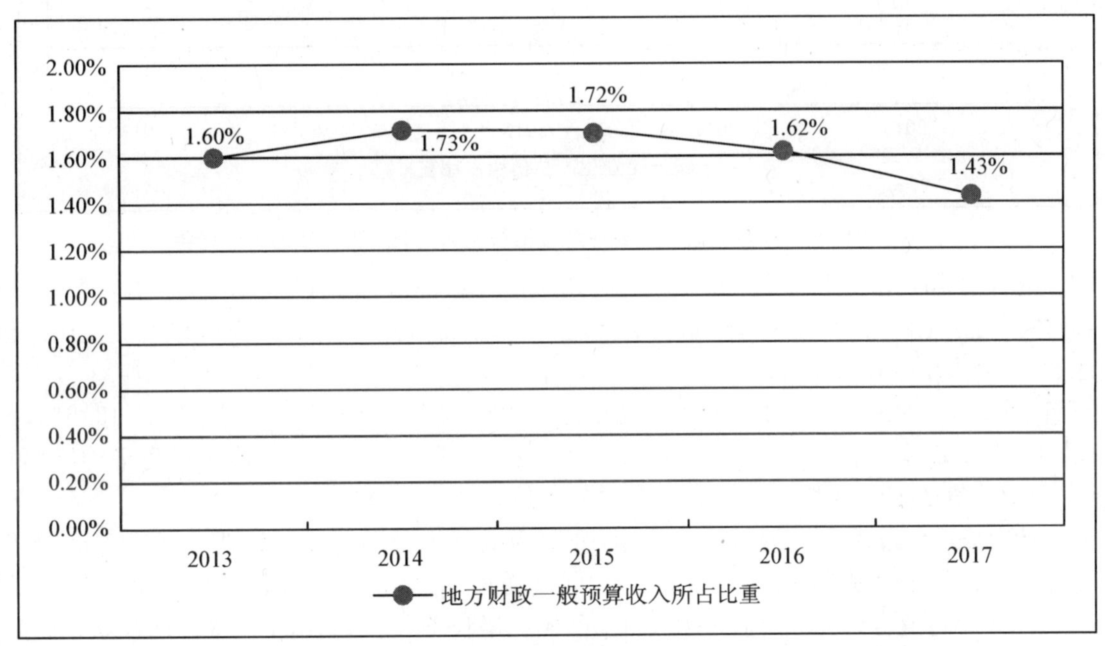

图 5　2013—2017 年扬州市地方财政一般预算收入在泛长三角所占比重的变化趋势

2013—2017 年扬州市地方财政一般预算收入在泛长三角所占比重分别为 1.60%、1.73%、1.72%、1.62%和 1.43%，2017 年较上年减少了 0.19 个百分点。2017 年扬州市地方财政一般预算收入在泛长三角地区 41 个市中的排名达到第 18 位，较上年下降了三位。

2017 年扬州市一般公共预算收入 320.18 亿元，下降 7.3%，其中，税收收入 241.44 亿元，下降 9.6%。主体税种中，增值税 113.36 亿元，增长 41.8；企业所得税 29.98 亿元，增长 7.7%；个人所得税 10.59 亿元，增长 3.9%；契税 21.78 亿元，增长 50.6%。

2017 年，各部门、各单位在市委、市政府的坚强领导下，认真落实市八届人大一次会议有关决议，贯彻落实新发展理念，践行“两聚一高”，办好“十件大事”，积极应对复杂的经济形势，克服多重困难，努力推进各方面工作，保持了经济社会的健康平稳发展。从审计情况看，市级预算执行情况总体较好。财政收入实现平稳运行。市财政、税务等有关部门认真落实市委、市政府决策部署，全面落实国家税制改革、税费优惠政策，加大依法组织收入力度，财政收入实现平稳运行。民生保障能力持续增强。围绕发展高质量民生，加大财政民生保障力度。2017 年，市级一般公共预算支出完成 128.03 亿元，其中用于教育、社会保障、医疗卫生、住房保障方面的支出占比分别达 15.61%、7.66%、9.21%、4.46%。

（三）工业生产总值

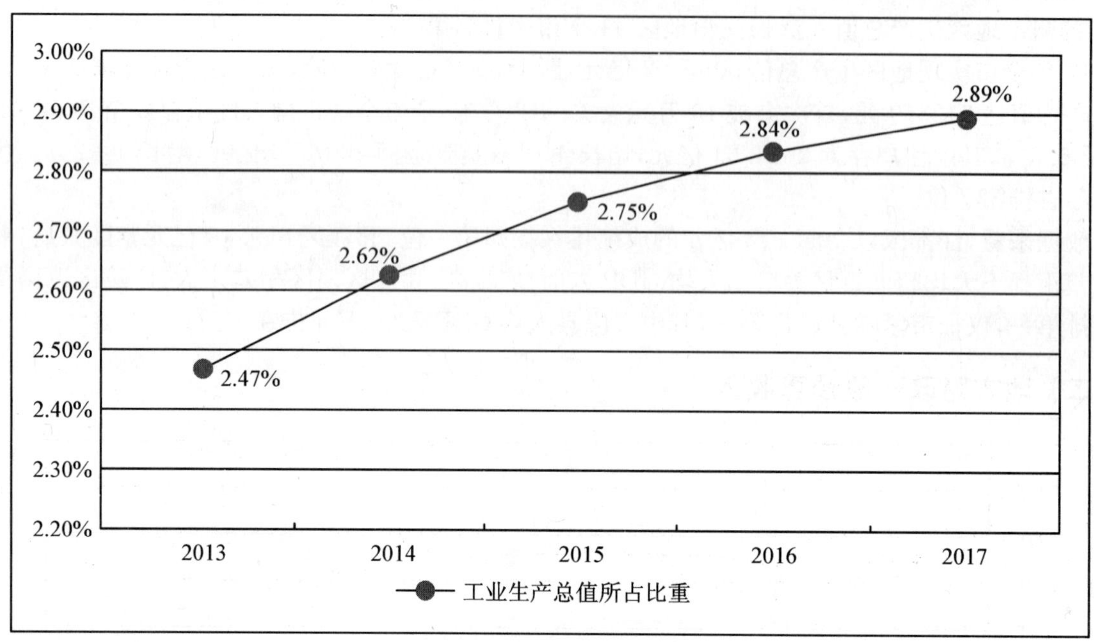

图 6　2013—2017 年扬州市工业生产总值在泛长三角所占比重的变化趋势

2013—2017 年扬州市工业生产总值在泛长三角所占比重分别为 2.47%、2.62%、2.75%、2.84%和 2.89%，总体呈持续上涨态势，五年时间累积增幅达 0.42 个百分点。2017 年扬州市工业生产总值在泛长三角地区 41 个市中排在第 11 位。

2017 年，全市 2693 家规上工业企业合计完成工业总产值 9371.10 亿元，同比增长 13.9%，产值增幅为 2014 年 8 月以来新高，完成工业增加值 2084.66 亿元，同比增长 8.0%，高出全省平均增幅 0.5 个百分点，工业增加值增幅列全省第 6 位，比上年提升 3 位。

全市累计完成产值过千亿元的行业有三个，分别为电气机械和器材制造业（1691 亿元，同比增长 16.2%）、化学原料和化学制品制造业（1061 亿元，同比增长 17.7%）、汽车制造业（1090.4 亿元，同比增长 8.16%），这 3 个行业合计完成产值 3842.4 亿元，同比增长 14.2%，高出全市平均增幅 0.3 个百分点，对全市产值增长的贡献率为 41.9%，拉动全市产值增幅 5.7 个百分点。2017 年全市五大重点产业完成工业总产值 6274.2 亿元，增长 13.4%，比上年提升 6.6 个百分点，占规上工业总产值的比重达 67%。其中机械装备产业产值 3307.2 亿元，同比增长 15.1%；汽车产业产值 1280.2 亿元，同比增长 9%；石化产业产值 1058.7 亿元，同比增长 16.6%；新能源和新光源产业产值 519.7 亿元，同比增长 10%；船舶产业产值 212 亿元，同比增长 0.9%。

（四）进出口总额

2013—2017 年扬州市进出口总额在长三角所占比重分别为 0.69%、0.70%、0.74%、0.73%和 0.72%，整体呈倒 U 形态势，五年时间整体增加了 0.03 个百分点。2017 年扬州市进出口总额在泛长三角地区 41 个市中排在第 18 位，较上年上升了一位。

2017 年，实现进出口 108.0 亿美元，同比增长 13.2%，其中，出口 78.7 亿美元，同比增长 9.7%，进口 29.3 亿美元，同比增长 23.9%。

重点行业出口占比提高。船舶、机电等行业增长明显。2017 年，十大出口行业累计出口 45.4 亿美元，占全市出口总额的 57.7%，占比较去年同期高出 5.4 个百分点。十大出口行业八类同比上升，船舶

出口同比增长 74.6%、机动车辆与零配件、电动工具与机床等加工设备出口同比分别达 23.9%和 19.6%，化学化工出口占全市 11.8%，出口增幅达 17.5%。

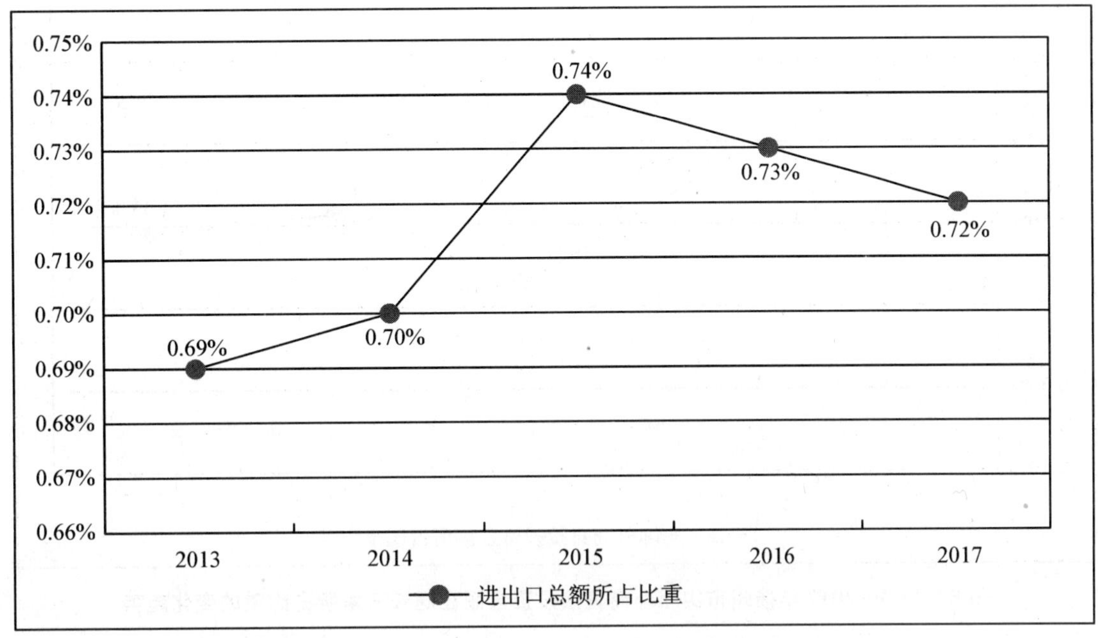

图 7　2013—2017 年扬州市进出口总额在泛长三角所占比重的变化趋势

一般贸易保持主导地位，其他贸易进口下降。2017 年，一般贸易出口额 56.2 亿美元，同比增长 9.8%，占全市出口比重的 71.4%，占比较去年基本持平，继续保持主导地位；加工贸易出口额 20.5 亿美元，同比增长 10.2%。受外投设备进口下降等因素影响，其他贸易进口下降 26.6%。

龙头企业拉动作用增强，前十强企业均正增长。2017 年，出口前 30 强企业累计出口 35.2 亿美元，占全市出口比重 44.7%，较去年同期增长 3.4 个百分点。前 30 强企业中 22 家同比正增长，前 10 强企业全部实现正增长，其中 7 家企业增幅在 10%以上。中海工业出口 6.2 亿美元位居全市第一，比去年同期净增长 4.1 亿美元，拉动全市出口增长 5.8 个百分点。化学化工企业和高新技术出口企业增势明显。长青农化出口增幅达 33.8%，优士化学同比增长 16.8%。高新技术企业中川岳科技出口增长 19.3%，荣德新能源、佳明航电科技、德奇电子出口增幅均在 15%以上。

欧美市场出口稳中有升，新兴市场增速较快。2017 年，前十出口国家（地区）累计出口额 71.2 亿美元，占全市出口 90.5%。对欧盟出口 18.7 亿美元，同比增长 18.6%，超过美国位跃居第一。对大洋洲、拉丁美洲等新兴市场出口增速较快。在船舶出口增幅近 200%的拉动下，对大洋洲出口增长 35.2%。在有机化学品和船舶出口带动下对拉丁美洲出口增长 23.5%。2017 年，对“一带一路”沿线国家地区累计出口额 16.1 亿美元，同比增长 8.7%，增幅较去年增长 1.3 个点，占全市出口比重 20.5%。

（五）实际外商直接投资金额

2013—2017 年扬州市实际外商直接投资金额在泛长三角所占比重分别为：2.44%、1.86%、1.16%、1.56%和 1.43%，比 2017 年轻微下降，2017 年比上年下降了 0.13 个百分点，五年时间下降了 1.01 个百分点。2017 年扬州市实际外商直接投资金额在泛长三角地区 41 个市中排在第 20 位，下降了三位。

2017 年，实际使用外资 12.08 亿美元（含手工统计），同比与去年基本持平，顺利完成市政府下达的目标任务，总量和增幅在全省排名分列第 10 和第 12 位。新设立外商投资企业 122 家，合同外资金额 23.69 亿美元（含增资），同比增长 79.32%。

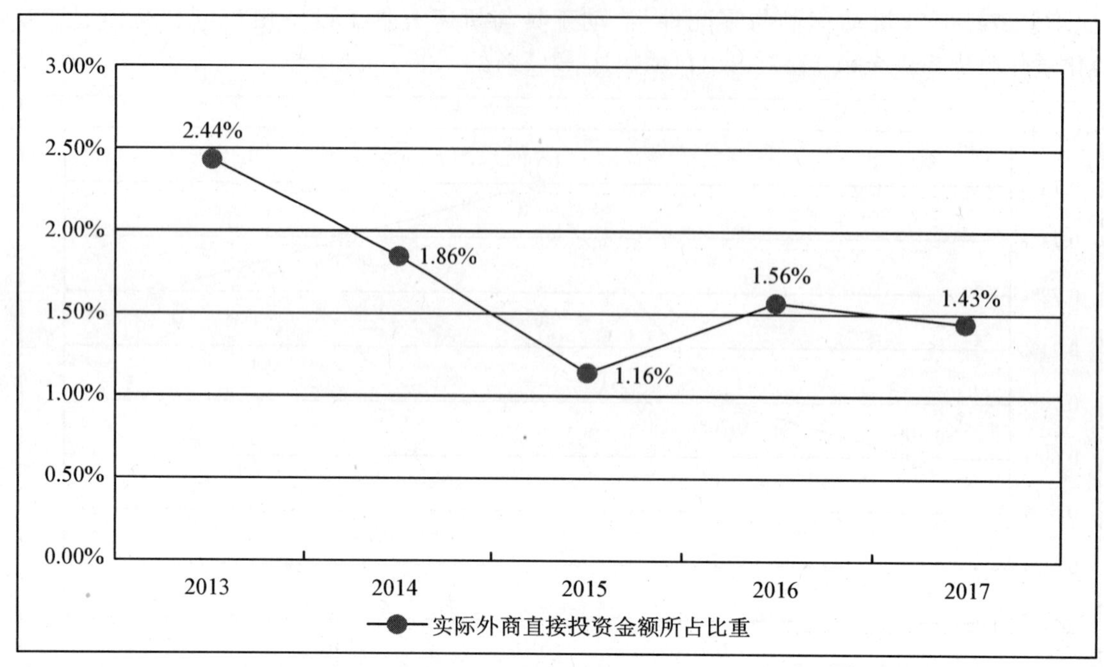

图 8 2013—2017 年扬州市实际外商直接投资金额在泛长三角所占比重的变化趋势

主要运行特点：1. 外资产业结构进一步优化。1—12 月，三次产业实际使用外资比为 0.78%：54.27%：44.95%，制造业实际使用外资 5.89 亿美元，同比增长 100.07%，占全市比重 54.27%；服务业实际使用外资 4.88 亿美元，同比下降 45.53%。占全市总量的 44.95%。其中，房地产业到资 2.9 亿美元，占全市比重 26.69%，占三产服务业比重 59.42%。2. 各地完成全年目标喜忧参半。按照考核办法折算，全市十个列统单位中，高邮、瘦西湖风景区、宝应、邗江、江都、生态科技新城 6 家完成全年任务。开发区完成 80%，广陵、仪征完成目标任务的一半，化工园区完成 35.83%。3. 外资来源地仍以亚洲为主。1—12 月，全市来自亚洲的到账外资 8.52 亿美元，是外资的主要来源地，占全市的 73.2%，其中香港 7.95 亿美元；来自南美洲外资保持较高增幅，实际利用外资 7529 万美元，增长 580.74%。4. 大项目拉动作用显著。全年新批项目 122 个，新增协议外资 23.69 亿美元，同比分别增长 74.3%、79.3%。其中，新批(增资)1000 万美元以上企业 81 个，比去年同期多出 39 个，增长 92.85%；新批及增资总投资过亿美元大项目 15 个，合同外资 7.9 亿美元，增长 64.58%，占比达到 33.34%。5. 外企贡献度有所提升。1—12 月，外商投资企业实现涉外税收 91.09 亿元，位列全省第六；外资企业实现进口 19.4 亿美元，同比增长 22.8%，占本地进口总额的 66.2%；实现出口 29.65 亿美元，同比增长 0.6%，占本地出口总额的 37.7%。

十二　镇江市 2017 年经济社会发展报告

2017 年，全市上下在市委、市政府的正确领导下，坚持稳中求进总基调，深度对标苏南，推进产业强市，突出项目引领强推先进制造业发展，下大力稳增长促转型、抓改革增动力、优生态惠民生，经济结构继续优化，动能转换稳步加快，创新活力不断增强，绿色发展深入推进，社会事业全面进步，人民生活改善提高，较好地完成了各项目标任务。

一、镇江市 2017 年经济发展概况

（一）综合经济

1. 经济总量

全年实现地区生产总值 4010.36 亿元，按可比价计算增长 7.2%，其中第一产业增加值 142.43 亿元，增长 1.4%；第二产业增加值 1978.01 亿元，增长 6.0%；第三产业增加值 1889.92 亿元，增长 8.8%。人均地区生产总值 12.88 万元，增长 7.1%。产业结构继续优化，三次产业增加值比例调整为 3.6∶49.3∶47.1，服务业增加值占 GDP 比重提高 0.1 个百分点。

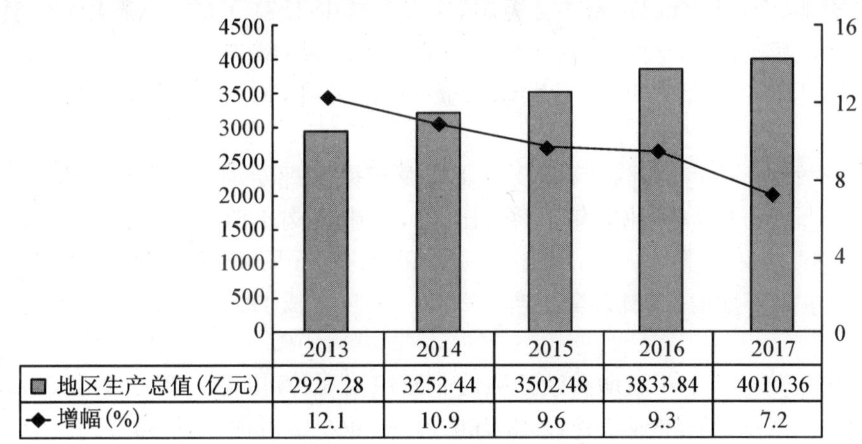

	2013	2014	2015	2016	2017
地区生产总值(亿元)	2927.28	3252.44	3502.48	3833.84	4010.36
增幅(%)	12.1	10.9	9.6	9.3	7.2

图 1　2013—2017 年镇江市地区生产总值及增长速度

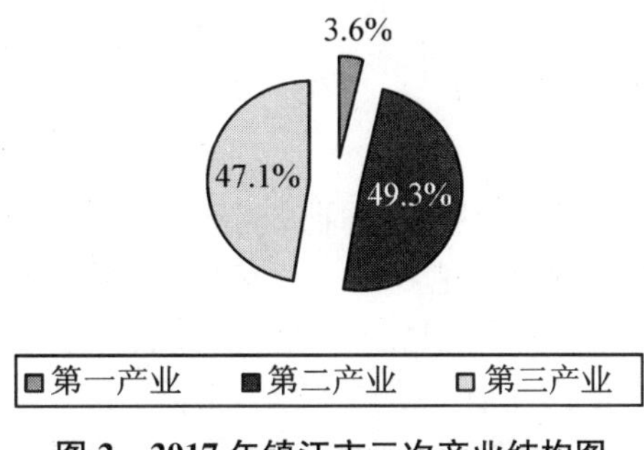

图 2　2017 年镇江市三次产业结构图

2. 财政收支

财政收支状况调整改善。全年实现一般公共预算收入 284.34 亿元，同口径比上年增长 3.3%，其中税收收入 217.85 亿元，增长 1.9%；非税收入 66.48 亿元，增长 7.9%。从主要税种看，增值税下降 14.0%，企业所得税增长 18.0%，个人所得税下降 6.2%。全年一般公共预算支出 386.59 亿元，增长

7.4%,其中教育支出74.26亿元,社会保障和就业支出41.58亿元,医疗卫生支出24.91亿元,环境保护支出14.21亿元。

3. 物价指数

消费物价温和上涨。全年居民消费价格(CPI)总指数为102.0,比上年上涨2.0%。其中消费品价格同比上涨1.5%,服务项目价格同比上涨2.8%。居民消费价格八大类呈普遍上涨:食品烟酒类上涨0.3%,衣着类上涨0.9%,居住类上涨3.7%,生活用品及服务类上涨4.1%,医疗保健类上涨2.6%,交通和通信类上涨2.8%,教育文化和娱乐类上涨1.7%,其他用品及服务类上涨1.7%。

4. 固定资产投资

投资保持平稳增长。全年完成固定资产投资2694.36亿元,增长3.8%,其中国有及国有经济控股投资487.94亿元,下降23.1%;港澳台及外商投资200.01亿元,下降28.7%;民间投资2077.19亿元,增长4.9%。分三次产业看,第一产业投资7.79亿元;第二产业投资1522.03亿元,增长5.9%,其中:工业投资1494.52亿元,增长6.2%;第三产业投资1164.55亿元,增长2.0%。在全部固定资产投资中,工业技改投入增长较快,完成投资824.88亿元,增长11.6%,占比重55.2%,比上年提高2.7个百分点。

(二)农林牧渔业

农业生产形势稳定。全年粮食播种面积247.55万亩,比上年减少13.49万亩,下降5.2 %。受播种面积减少等因素影响,全市粮食总产量114万吨,比上年减少4.71万吨,下降4.0%,其中夏粮总产量33.92万吨,减少1.05万吨,下降3.0%;秋粮总产量80.08万吨,减少3.70万吨,下降4.4%。全年油料总产量5.37万吨,比上年下降7.9%。蔬菜总产量96.64万吨,比上年增长0.8%;瓜果类产量12.24万吨,增长14.6%。

牧渔业生产持续放缓。受畜禽养殖污染及农业面源污染治理专项行动推进影响,畜牧业产量有所下降。全年肉类总产量7.03万吨,比上年下降11.5%,其中猪肉下降10.3%,禽肉产量下降13.9%。全年生猪出栏量52.87万头,下降9.4%;家禽出栏量1663.87万只,下降0.7%。禽蛋产量2.70万吨,比上年下降2.9%。牛奶产量增长较快,全年产量2.03万吨,增长12.3%。水产品产量9.88万吨,比上年增长0.3%。

农业结构继续优化调整。全年新增高效设施农业面积1.55万亩,共48.23万亩,占比20.5%,比上年提高0.6个百分点。新增高标准农田建设13万亩,高标准农田占比达到56.7%。6家园区(基地)入选全国农村创业创新园区(基地)。成功申报无公害农产品137个,绿色食品22个,"丁庄葡萄"获批国家地理标志保护产品。全市拥有"三品"总量达到1031个。年末农机总动力148万千瓦,比上年增加2万千瓦。

(三)工业、建筑业

工业生产基本平稳。年末拥有规模以上工业企业2640家。全市规模以上工业总产值7392.64亿元,比上年增长10.5%,其中大中型企业总产值5004.35亿元,增长12.1%。分轻重工业看,轻工业总产值1260.25亿元,增长13.1%;重工业总产值6132.39亿元,增长10.0%。分经济类型看,国有企业总产值93.76亿元,增长22.0%;集体企业总产值22.43亿元,下降18.0%;股份制企业总产值4464.07亿元,增长9.7%;三资企业总产值2433.27亿元,增长11.4%。在规模以上工业企业中,民营企业总产值4448.90亿元,增长9.4%,其中私营企业总产值3088.03亿元,增长6.9%。

企业效益逐步改善。全年规模以上工业主营业务收入7265.27亿元,比上年增长9.7%;利税总额698.0亿元,增长7.3%;利润总额468.81亿元,增长9.7%。亏损企业数下降1.3%,亏损企业亏损面11.14%,比上年下降0.2个百分点;亏损企业亏损额增长3.8%,增幅回落5个百分点。

重点产业发展态势良好。全年两大支柱产业高端装备制造、新材料产业销售收入分别增长12.2%、

10.6%；三大战略性新兴产业：新能源、新一代信息技术、生物技术与新医药销售收入分别增长13.9%、15.7%和12.2%。2个项目跻身国家智能制造示范专项，3个项目入围国家"工业强基"工程。6家企业获评国家首批绿色工厂，新增4个省级高端装备制造特色示范基地，成为中国制造2025示范城市。

建筑业发展放缓。年末全市拥有资质以上建筑业企业366家。全年实现建筑业总产值494.61亿元，比上年下降6.8%，其中工程产值443.58亿元，下降7.0%。建筑业全员劳动生产率为31.11万元/人，增长6.2%。建筑业企业房屋建筑施工面积2077.88万平方米，下降13.7%；竣工面积377.32万平方米，下降57.0%，其中住宅竣工面积236.52万平方米，下降52.7%。

（四）服务业

1. 国内贸易

消费品市场运行平稳。全年实现社会消费品零售总额1366.03亿元，比上年增长10.5%。按经营单位所在地分，城镇市场零售额1292.64亿元，增长10.7%；乡村市场零售额73.38亿元，增长6.2%。按消费形态分，批发业零售额222.11亿元，增长13.9%；零售业零售额971.00亿元，增长8.9%；餐饮业零售额155.84亿元，增长14.7%；住宿业零售额17.08亿元，增长22.3%。

从限额以上批发和零售业分类商品零售情况看，汽车类零售额97.05亿元，比上年增长3.1%；石油及制品类零售额103.66亿元，增长9.5%；通讯器材类零售额6.52亿元，增长3.4%；日用品类零售额18.77亿元，增长7.9%；家用电器和音像器材类零售额34.99亿元，增长10.0%；化妆品类零售额4.43亿元，增长12.8%；金银珠宝类零售额15.10亿元，增长2.1%；文化办公用品类零售额10.78亿元，增长12.0%；建筑及装潢材料类零售额41.13亿元，增长13.3%；粮油食品、饮料烟酒类零售额75.52亿元，增长6.4%。

2. 交通、邮电

交通运输增长持续加快。全年公路客运量3184万人，比上年下降10.9%；铁路客运量1127万人，增长6.9%。公路旅客周转量20.89亿人公里，下降7.1%。公路货运量7551万吨，增长8.6%；水路货运量1557万吨，增长6.8%；铁路货运量206.02万吨，下降8.4%。公路货物周转量85.17亿吨公里，增长9.7%；水路货物周转量42.33亿吨公里，增长7.3%。全年完成港口货物吞吐量15965万吨，比上年增长7.2%，其中长江港口吞吐量14203万吨，增长8.1%；港口集装箱吞吐量40.53万标箱，增长8.7%。年末全市民用汽车拥有量49.56万辆，其中个人载客汽车47.45万辆，分别比上年增长13.5%和13.7%。

邮政电信业较快发展。全年邮政电信业务总量91.90亿元，比上年增长58.6%，其中：邮政业务总量21.69亿元，增长30.5%；电信业务总量70.21亿元，增长69.9%。邮政电信业务收入46.09亿元，比上年增长11.0%，其中：邮政业务收入14.74亿元，增长18.8%；电信业务收入31.34亿元，增长7.6%。年末固定电话用户67.63万户，下降10.8%。移动电话用户325.45万户，增长6.4%。年末互联网宽带接入用户137.16万户，增长17.6%。

3. 旅游业

旅游业加快发展。年末全市拥有A级景区40个，其中5A级景区2家，4A级景区7家，3A级景区12家。拥有省级旅游度假区3家，省星级乡村旅游区94家。拥有星级旅游饭店35家，其中五星级宾馆3家；拥有旅行社109家，其中星级旅行社33家。全年接待境内外游客5971.6万人次，比上年增长11.5%；实现旅游业总收入822.37亿元，增长15.1%。接待国内游客5964.6万人次，增长11.5%，实现国内旅游收入812.87亿元，增长15.1%。接待入境过夜游客6.96万人次，增长26.7%。其中，外国人5.4万人次，增长29.7%；港澳台同胞1.56万人次，增长17.4%。旅游外汇收入0.85亿美元，增长31.8%。

4. 金融、保险和证券

金融存贷规模稳步扩大。年末全市金融机构人民币存款余额4877.50亿元，比年初增加171.50亿元，其中：住户存款1982.67亿元，比年初增加103.42亿元；非金融企业存款1916.32亿元，比年初增加

205.44亿元。年末金融机构人民币贷款余额3864.02亿元,比年初增加419.66亿元,其中:短期贷款1407.98亿元,比年初减少13.35亿元;中长期贷款2310.09亿元,比年初增加464.64亿元。

保险业稳定较快发展。全年保费收入117.24亿元,比上年增长16.1%。其中,财产险收入26.91亿元,增长6.2%;寿险收入90.33亿元,增长19.5%;健康险和意外伤害险收入4.1亿元,下降4.3%。全年赔付额38.66亿元,比上年增长12.0%。其中,财产险赔付16.68亿元,增长21.4%;寿险赔付21.98亿元,增长5.7%;健康险和意外伤害险赔付1.8亿元,下降13.9%。

企业上市步伐继续加快。全年新增上市挂牌企业31家,其中,2家在上交所主板上市企业,6家"新三板"挂牌企业,23家区域股权市场挂牌企业,上市挂牌企业新增股票融资19.69亿元。截至年末,累计上市挂牌企业156家,其中主板上市18家(境内12家,境外6家),"新三板"挂牌企业43家,区域股权市场挂牌企业95家。

5. 房地产业

房地产市场稳定发展。全年完成房地产开发投资343.52亿元,比上年下降23.4%,其中住宅投资262.49亿元,下降23.1%。房地产开发企业房屋施工面积3226.03万平方米,比上年增长1.5%,其中住宅施工面积2467.75万平方米,增长1.1%。商品房竣工面积341.97万平方米,比上年下降23.4%,其中住宅竣工面积274.04万平方米,下降23.7%。商品房销售面积705.27万平方米,比上年下降29.2%,其中住宅销售面积650.12万平方米,下降31.4%。商品房销售额601.75亿元,比上年下降4.6%,其中住宅销售额541.38亿元,下降7.4%。

(五)开放型经济

1. 对外贸易

对外贸易恢复性增长。全年实现进出口总额105.36亿美元,比上年增长2.1%,其中出口总额69.85亿美元,增长0.5%;进口总额35.51亿美元,增长5.5%。从出口方式上看,一般贸易出口53.92亿美元,增长5.1%;加工贸易出口15.36亿美元,下降12.5%。分企业类型看,国有企业出口2.00亿美元,增长11.1%;外商投资企业出口32.53亿美元,增长5.5%;民营企业出口34.51亿美元,下降4.5%。从主要出口产品看,机电产品出口26.63亿美元,下降14.3%;纸及纸制品出口7.58亿美元,下降0.9%。高新技术产品出口6.79亿美元,下降46.3%。从出口市场看,对东盟组织出口9.68亿美元,增长25.0%;对韩国出口3.55亿美元,增长1.5%;对日本出口4.86亿美元,增长12.8%;对印度出口4.05亿美元,增长14.6%;对欧盟出口8.70亿美元,增长2.3%;对美国出口13.42亿美元,增长4.6%。

2. 利用外资

利用外资规模保持稳定。全年新批外商投资企业102家,新批协议外资27.78亿美元,比上年增长16.2%;实际利用外资13.53亿美元,增长0.2%。新批及净增资1000万美元以上项目43个,其中新批及净增资3000万美元以上项目1个。

3. 对外投资

走出去步伐不断加快。全年新批境外投资项目28个,总投资2.63亿美元,增长34.8%。新签订对外承包工程合同额2.05亿美元,增长4.1倍;完成营业额3.3亿美元,增长0.7%;截至年末,全市累计批准205家企业在65个国家和地区,投资293境外项目,中方协议投资13.4亿美元。

二、镇江市2017年社会发展概况

(一)人口、人民生活

人口总量结构总体稳定。年末常住人口318.63万人,比上年增加0.50万人,其中城镇人口224.63万人,城镇化率70.5%。全年常住人口出生率8.01‰,死亡率7.01‰,自然增长率为0.16‰。在常住人

口中 65 岁及以上人口占比达到 13.6%，比上年提高 0.5 个百分点。年末户籍人口 270.9 万人，比上年减少 1.08 万人，其中男性 133.86 万人，减少 0.67 万人；女性 137.05 万人，减少 0.40 万人。

居民生活不断改善。居民收入与经济同步增长，全年常住居民人均可支配收入 37169 元，增长 9.1%，其中，工资性收入 24165 元，增长 8.9%；经营净收入 5462 元，增长 6.7%；财产净收入 3016 元，增长 11.9%；转移净收入 4526 元，增长 11.3%。常住居民人均消费支出 22551 元，增长 6.5%。按常住地分，城镇常住居民人均可支配收入 45386 元，增长 8.6%，城镇常住居民人均消费支出 25637 元，增长 5.1%。农村常住居民人均可支配收入 22724 元，增长 8.6%，农村常住居民人均消费支出 17127 元，增长 7.5%。人民生活条件持续改善，年末城镇居民现住房人均建筑面积 45 平方米，百户家庭拥有汽车 56 辆、电脑 112 台、手机 267 部；年末农村居民现住房人均建筑面积 58.4 平方米，百户家庭拥有汽车 38 辆、电脑 66 台、手机 261 部。

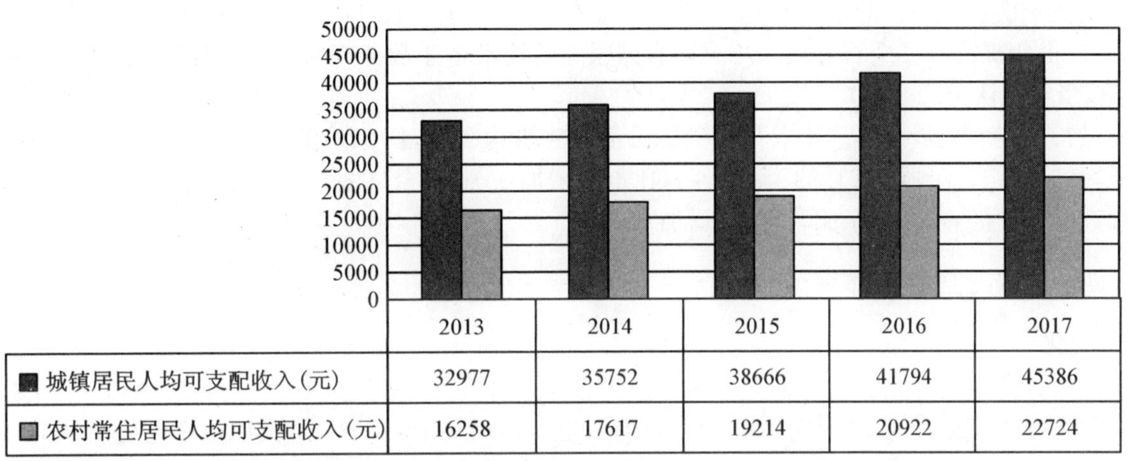

	2013	2014	2015	2016	2017
城镇居民人均可支配收入(元)	32977	35752	38666	41794	45386
农村常住居民人均可支配收入(元)	16258	17617	19214	20922	22724

图 3　2013—2017 年镇江市城乡居民收入对比一览

(二) 就业与社会保障

1. 就业

就业形势总体稳定向好。年末从业人员 194.50 万人，比上年增加 0.18 万人，其中第一产业 22.10 万人、第二产业 85.90 万人、第三产业 86.50 万人。全年新增城镇就业 8.26 万人，增长 3.3%，城镇失业人员再就业人数 3.43 万人，新增转移农村劳动力 1.02 万人，城镇登记失业率 1.82%。全年新增登记注册私营个体从业人员 21.24 万人，其中私营企业 12.10 万人、个体工商户 9.14 万人。

2. 社会保障

民生保障水平持续提高。各类保险保持较高水平，主要险种参保率稳定在 98%以上，企业职工养老保险、医疗保险、失业保险参保人数分别为 89.80 万人、92.87 万人、53.47 万人。一般公共预算民生类支出 279.16 亿元，占比重 71.1%。全市人均养老金比上年增加 147 元/月，实现“十三连增”。全市最低工资标准提高到 1890 元/月，增加 120 元。城乡低保标准统一提高到 655 元/月，全年共发放低保金 1.57 亿元。社区居家养老服务提档升级，新建 7 个老年人日间照料中心和 114 个老年人助餐点。养老服务设施布局进一步优化，新增护理型床位 518 张，全市护理型床位占养老机构总床位比例达 52%。

(三) 教育与科技创新

1. 教育

教育事业全面发展。全市共有普通高校 8 所，本专科招生 2.34 万人，在校学生 8.04 万人，毕业生 2.02 万人；研究生教育招生 2756 人，在校生 10732 人，毕业生 3945 人。全市中等职业学校(不含技工学校)11所,在校学生1.91万人。普通中学110所,在校学生9.84万人,毕业生3.02万人。小学108所,在校学生14.72万人,毕业生2.35万人。九年义务教育巩固率100%,高中阶段教育毛入学率100%。全市共有幼儿园244所,比上年增加13所;在园幼儿7.68万人,比上年增加0.31万人。

2. 科技

科技创新能力增强。全年研究与试验发展(R&D)经费支出占GDP比重2.65%。全市规模以上及高新技术企业拥有研发机构占比超过44%,提高0.7个百分点。每万劳动力中研发人员数155人年,比上年提高15人年。全年专利申请量33539件,其中发明专利申请量14671件;专利授权量14825件,其中发明专利授权量2693件。万人发明专利拥有量30.3件,比上年增加2.2件。大力推进创新载体建设,年末全市拥有国家火炬特色产业基地7个,国家级孵化器11家,省孵化器36家,省众创空间28家。大力培育科技型企业,全年新增省级民营科技企业121家,总数超1600家。

高新技术产业发展良好。全年高新技术产业产值比上年增长11.8%,占规模以上工业产值比重49.3%,比上年提高0.2个百分点。年末拥有国家高新技术企业数630家,拥有省级以上高新技术产品3267项,当年新认定298项。

质量检验能力稳步提升。年末共有产品质量检验机构4个,国家检测中心2个。法定计量技术机构5个,强制检定计量器具21.82万台(件),比上年增加0.76万台(件)。全年监督抽查产品39种,完成强制性产品认证的企业1027家,比上年增加310家。

(四)文化、卫生与体育

1. 文化

文化服务体系提升完善。年末全市共有艺术表演团体4个,文化馆8个,公共图书馆9个,文化站57个,博物(纪念)馆14个,美术馆2个。年末有线电视总用户78.31万户,其中数字电视用户75.49万户。年末拥有省级以上重点保护文物单位55处,其中全国重点保护文物单位13处。大力推进群众性文化建设,全年新建20个生态文化广场,开展全民艺术普及“六进”活动516场、文心系列公益文化活动530场、“节日展风采”广场主题文化活动26场。文艺创作取得新佳绩,扬剧青年演员龚莉莉凭借《花旦当家》,摘取第28届中国戏剧梅花奖,是镇江戏剧届历史上第一个梅花奖。“孙家村吴国铸铜遗址”作为江苏省唯一项目入围2016年全国十大考古新发现。

2. 卫生

卫生服务能力提升。年末全市拥有各类卫生机构984个,其中医院50个、卫生院50个,社区卫生服务中心35个,卫生防疫防治机构7个,妇幼保健机构7个,村卫生室305个。卫生机构床位15169张,其中医院、卫生院12734张,社区卫生服务中心1484张。年末拥有卫生技术人员20368人,其中执业医师及执业助理医师8074人,注册护士8688人。全市医疗机构全年总诊疗2437.42万人次。公立医院改革不断深化。组织开展以全市公立医疗机构为主体的药品集中采购,推进“两票制”改革,减少药品流通环节,降低药品价格。“三位一体”医疗损害赔偿救助机制不断完善,全市一级以上公立医疗机构参加医疗责任保险或风险互助金达100%。。

3. 体育

体育事业稳定发展。加大公共体育设施建设力度,全年共建成30公里健身步道、28个多功能运动场、8个笼式足球场、两个拆装式泳池,安装健身路径316套、乒乓球桌222张、篮球架131副。承办全国赛艇冠军赛、2017中国国际飞行器设计挑战赛总决赛、第二届江苏航空体育旅游季、中国足球乙级联赛文旅华萨足球俱乐部主场赛事、首届“江苏电竞活动周”暨全国电子竞技菁英赛等取得圆满成功。镇江市运动员在全运会上取得“两金两银五铜”的历史佳绩。参加省级以上竞赛共获得45枚金牌、27枚银牌、48枚铜牌。21所学校被命名为新一轮省级体育传统项目学校,4家俱乐部成为全省首批青少年奥林匹克示范性俱乐部。

（五）城乡建设

城乡基础设施持续完善。312 国道城区段改线南移工程通过交工验收，镇澄路中段工程建成通车，镇丹高速公路路基桥梁施工全部完成。市区完成棚户区改造 93.5 万平方米、建成基本保障性住房 4405 套，改造老旧小区 32 万平方米，完成 10 个老旧小区物业提升。海绵城市建设三年试点任务基本完成，建成海绵项目 104 个。市区建成区面积 141.3 平方公里，比上年增加 2 平方公里。开工建设村庄生活污水处理设施项目 271 个，完工 213 个。完成 210 公里农路升级改造项目，改造农路危桥 13 座。新辟优化公交线路 36 条，开通定制公交线 7 条。新购置 258 辆新能源公交车，配套建设充电桩 31 根，镇村公交保持 100%覆盖。市区居民公共交通出行分担率 24.3%，提高 0.3 个百分点。

（六）生态建设

生态环境整治取得新成效。全年新增绿化造林面积 1.12 万亩，林木覆盖率达 25%。实施大气污染防治项目 330 项，整治黑臭水体 4 条。全面实施“263”专项行动，淘汰小燃煤锅炉 109 台，完成 7 台煤电机组的节能升级改造、8 台煤电机组的环保升级改造，减少化工企业 53 家。全面完成省下达的主要污染物减排目标，单位 GDP 能耗下降 6.6%。全年空气优良天数比例为 71.5%，省考断面Ⅲ类水以上比例为 80%，PM2.5 浓度为 52 $\mu g/m^3$，12 个镇、8 个村创成省首批生态文明示范镇、村。

三、镇江市在泛长三角地区经济发展中的地位

2017 年是本届政府履职的第一年。面对宏观环境复杂多变、困难挑战显著增多的形势，在省委、省政府和市委的坚强领导下，我们团结和依靠全市人民，自觉践行新发展理念，扎实推进“两聚一高”，统筹抓好改革发展稳定各项工作，较好完成了市八届人大一次会议确定的目标任务。

（一）地区生产总值

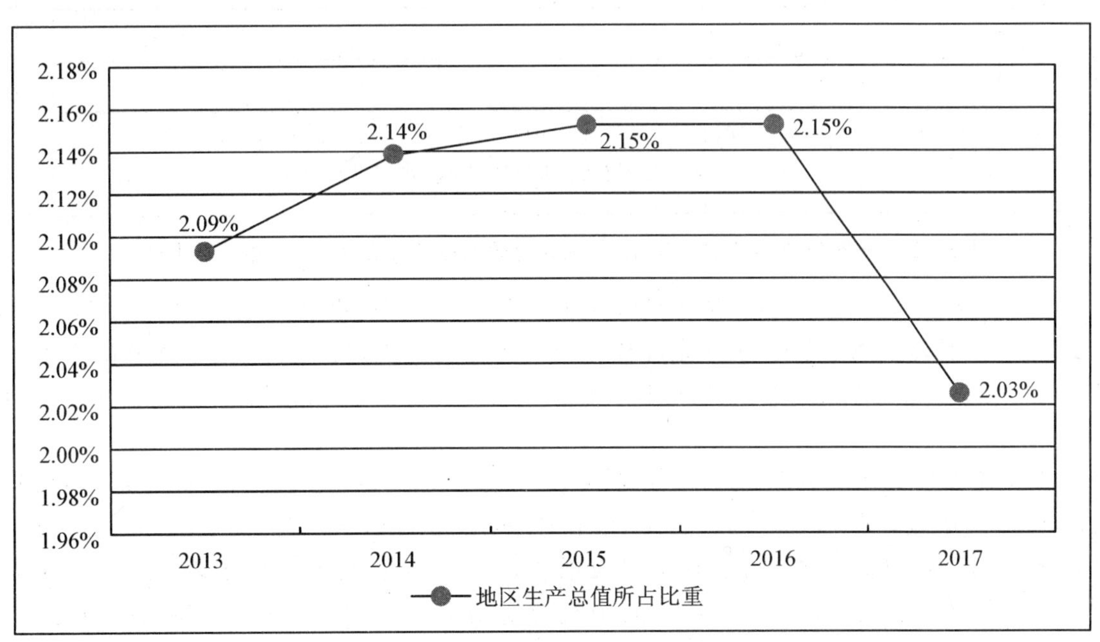

图 4　2013—2017 年镇江市地区生产总值在泛长三角

（苏浙两省 24 个地级市、安徽省 16 个地级市和上海市，下同）所占比重的变化趋势

2013—2017 年镇江市地区生产总值在泛长三角所占比重分别为 2.09%、2.14%、2.15%、2.15%和 2.03%，2017 年出现下跌，较 2013 年减少了 0.06 个百分点。2017 年镇江市地区生产总值在泛长三角地区 41 个市排名第 18 位，与上年保持一致。

2017 年，全市实现地区生产总值 546.2 亿元，可比增长 7.6%，增幅列镇江各辖市区第 2 位。其中，第一产业增加值 13.91 亿元，增长 1.5%，第二产业增加值 281.04 亿元，增长 7.8%，第三产业增加值 251.25 亿元，增长 7.7%。三次产业占比由去年同期的 2.6∶51.8∶45.6 优化至 2.5∶51.5∶46。

从产业基础看，农业生产形势良好，实现农业增加值（含农业服务业）16.46 亿元，增长 1.68%，较去年同期提高 0.69 个百分点。工业生产稳中趋缓，全市规模以上工业产、销、利税增速分别为 12.11%、11.28%、10.94%，均高于去年同期水平 1 个百分点左右。规模工业增加值 260.25 亿元，可比增长 7.7%，全年增幅始终稳居镇江首位。服务业增长保持平稳，第三产业增加值占 GDP 比重达 46%，较去年上升 0.4 个百分点。

（二）地方财政一般预算收入

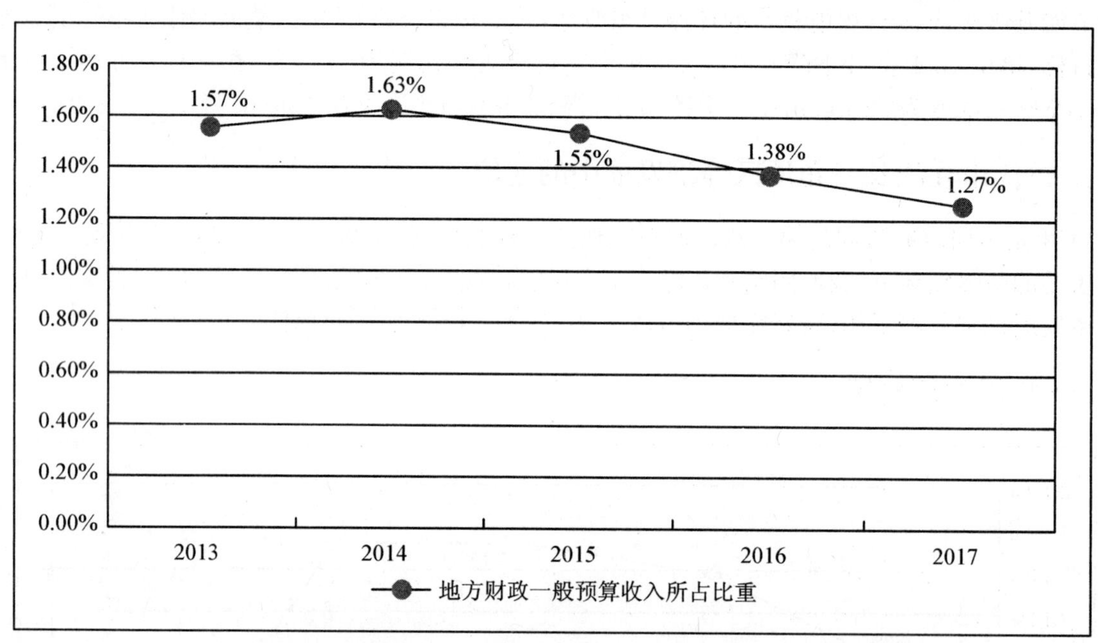

图 5 2013—2017 年镇江市地方财政一般预算收入在泛长三角所占比重的变化趋势

2013—2017 年镇江市地方财政一般预算收入在泛长三角所占比重分别为 1.57%、1.63%、1.55%、1.38%和 1.27%，整体呈减小态势，五年累计减小了 0.30 个百分点，其中 2017 年较上年减少了 0.11 个百分点。2017 年镇江市地方财政一般预算收入在泛长三角地区 41 个市排名第 20 位，较上年上升了一位。

2017 年，财政收支状况调整改善。全年实现一般公共预算收入 284.34 亿元，同口径比上年增长3.3%，其中税收收入 217.85 亿元，增长 1.9%；非税收入 66.48 亿元，增长 7.9%。从主要税种看，增值税下降 14.0%，企业所得税增长 18.0%，个人所得税下降 6.2%。全年一般公共预算支出 386.59 亿元，增长 7.4%，其中教育支出 74.26 亿元，社会保障和就业支出41.58 亿元，医疗卫生支出 24.91 亿元，环境保护支出 14.21 亿元。

（三）工业生产总值

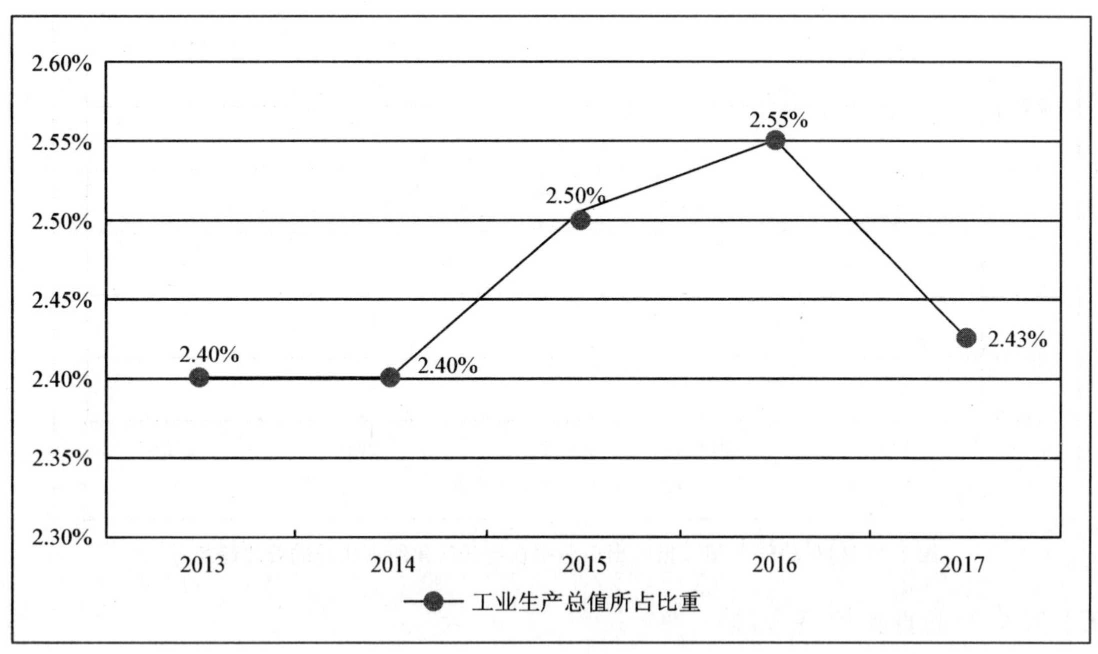

图 6 2013—2017 年镇江市工业生产总值在泛长三角所占比重的变化趋势

2013—2017 年镇江市工业生产总值在泛长三角所占比重分别为 2.40%、2.40%、2.50%、2.55%和 2.43%，五年累计增幅为 0.03 个百分点，其中 2017 年较上年减小 0.12 个百分点。2017 年镇江市工业生产总值在泛长三角地区 41 个市排名较上年下降一位，排名第 16 位。

2017 年年末拥有规模以上工业企业 2640 家。全市规模以上工业总产值 7392.64 亿元，比上年增长 10.5%，其中大中型企业总产值 5004.35 亿元，增长 12.1%。分轻重工业看，轻工业总产值 1260.25 亿元，增长 13.1%；重工业总产值 6132.39 亿元，增长 10.0%。分经济类型看，国有企业总产值 93.76 亿元，增长 22.0%；集体企业总产值 22.43 亿元，下降 18.0%；股份制企业总产值 4464.07 亿元，增长 9.7%；三资企业总产值 2433.27 亿元，增长 11.4%。在规模以上工业企业中，民营企业总产值 4448.90 亿元，增长 9.4%，其中私营企业总产值 3088.03 亿元，增长 6.9%。1—11 月，工业应税销售百强企业销售增长 16.3%，利润增长 14%，部分行业和企业盈利持续下滑态势被遏制。同时，全年签约引进 102 个制造业项目，同比增长 160%，初步扭转重大项目长期匮乏、后劲不足状态。

（四）进出口总额

2012—2016 年镇江市进出口总额在泛长三角所占比重分别为 0.85%、0.724%、0.718%、0.722%和 0.779%，2017 年出现下跌，2017 年较 2013 年下跌了 0.07 个百分点。2016 年镇江市进出口总额在泛长三角地区 41 个市排名第 19 位，较去年下跌了两位。

2017 年对外贸易恢复性增长。全年实现进出口总额 105.36 亿美元，比上年增长 2.1%，其中出口总额 69.85 亿美元，增长 0.5%；进口总额 35.51 亿美元，增长 5.5%。增幅列全省第 2 位。创成国家级服务外包示范城市。

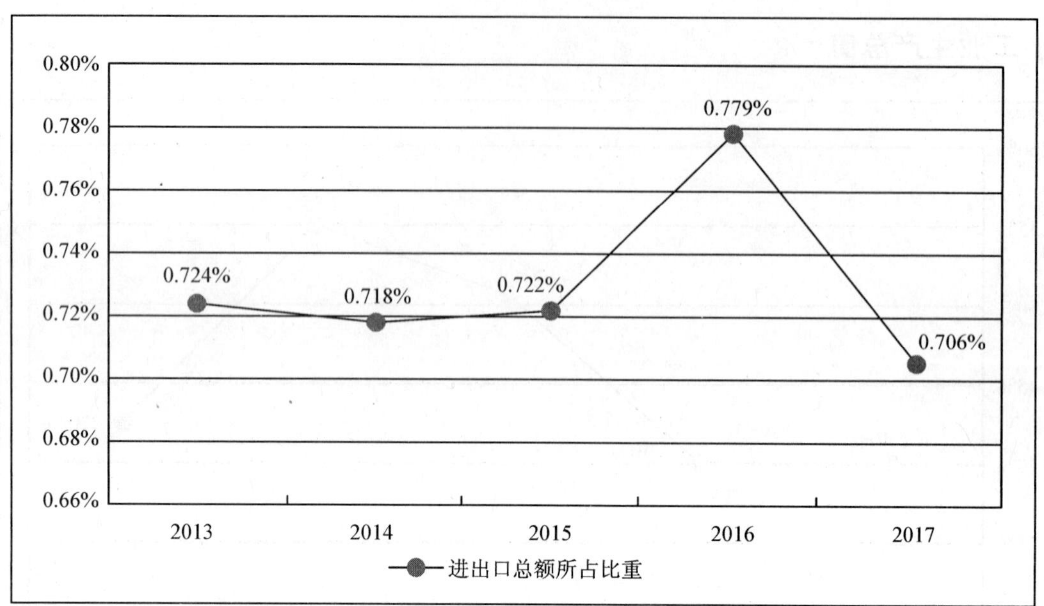

图 7 2013—2017 年镇江市进出口总额在泛长三角所占比重的变化趋势

(五) 实际外商直接投资金额

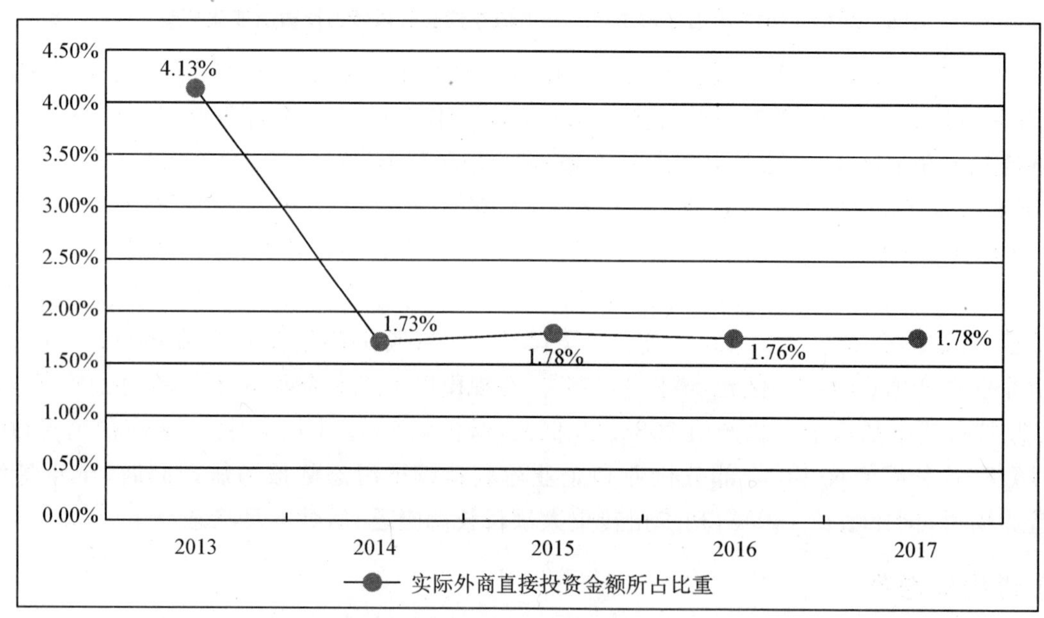

图 8 2013—2017 年镇江市实际外商直接投资金额在泛长三角所占比重的变化趋势

2013—2017 年镇江市实际外商直接投资金额在泛长三角所占比重 4.13%、1.73%、1.78%、1.76%和 1.78%，五年整体下跌了 2.35 个百分点，其中 2017 年较上年增加了 0.02 个百分点。2017 年镇江市进出口总额在泛长三角地区 41 个市排名第 16 位，较上年下降一位。

2017 年，全市完成实到外资 13.53 亿美元，顺利完成年度目标；其中，制造业实到外资 6.23 亿美元，同比增长 50.3%，完成年计划 103.8%，占全市外资总量 46.1%。

2017 年，全市新签约、新注册的内资 1 亿元以上、外资 1000 万美元以上项目 155 个，总投资约 1685.45 亿元，制造业项目 107 个，占比达 69%。其中，“海陆空”、新材料、新能源、智能制造、健康医疗类重点发展的产业项目 64 个，占制造业项目的 59.8%，占新签项目总数的 41.3%。

十三　泰州市 2017 年经济社会发展报告

2017 年，全市上下以习近平新时代中国特色社会主义思想为指引，自觉践行新发展理念，坚持稳中求进工作总基调，推进“两聚一高”新实践，致力“四个关键突破”，抓重点、强弱项、补短板，全市经济运行稳中有进，发展质量稳步提升，社会事业加快发展，民生福祉持续改善，经济社会发展取得巨大成就。

一、泰州市 2017 年经济发展概况

（一）综合经济

1. 经济总量

经济运行向高质量发展迈进。全年实现地区生产总值 4744.53 亿元，增长 8.2%，增速居全省首位。其中第一产业增加值 264.08 亿元，增长 2.8%；第二产业增加值 2238.13 亿元，增长 7.3%；第三产业增加值 2242.32 亿元，增长 10.0%。按常住人口计算，全市人均地区生产总值为 102058 元，增长 8.1%。服务业实现历史性突破，服务业增加值占 GDP 比重首次超过第二产业增加值占比。全年服务业增加值占 GDP 比重为 47.3%，比上年提高 0.6 个百分点，高于第二产业增加值占比 0.2 个百分点，三次产业结构调整为 5.6∶47.1∶47.3，泰州现代化经济体系建设进入新时代。先进制造业加快发展。全年高新技术产业产值增长 19.8%，快于规模以上工业产值增速 1.9 个百分点；高新技术产业产值占规模以上工业产值比重为 43.0%，比上年提升 0.6 个百分点。支柱产业加快发展。全年三大战略性主导产业产值增长 16.1%，其中生物制药及高性能医疗器械产值增长 18.4%，高端船舶及海工装备产值增长 3.9%，新能源和节能环保产值增长 25.5%。

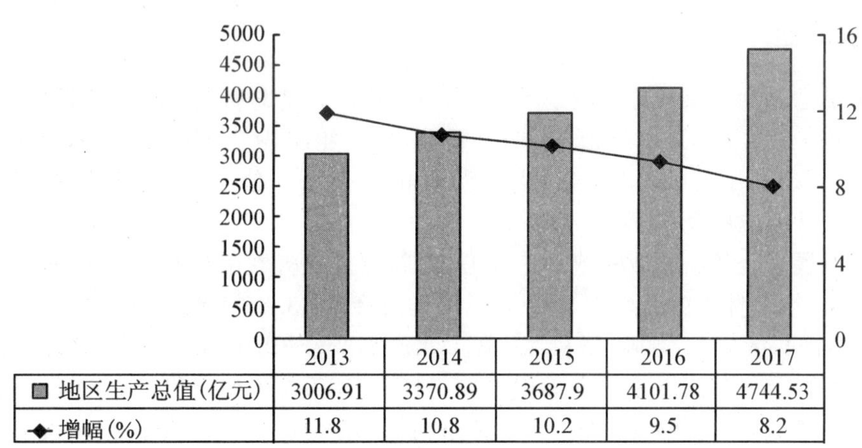

	2013	2014	2015	2016	2017
地区生产总值(亿元)	3006.91	3370.89	3687.9	4101.78	4744.53
增幅(%)	11.8	10.8	10.2	9.5	8.2

图 1　2013—2017 年泰州市地区生产总值及增长速度

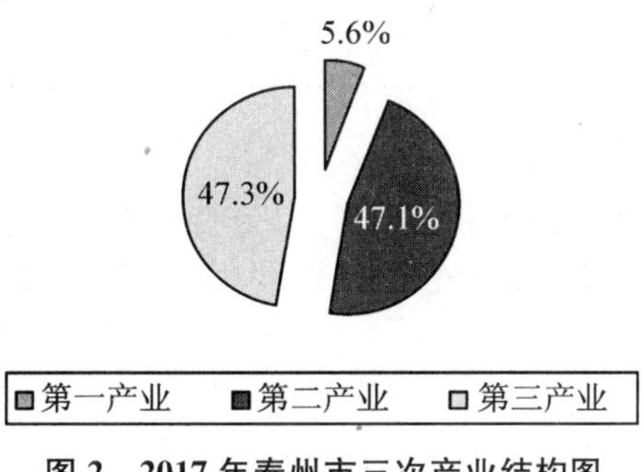

图 2　2017 年泰州市三次产业结构图

2. 财政收支

财政收支平稳增长。全年完成一般公共预算收入 343.97 亿元，增长 5.0%（同口径增长 10.0%），其中税收收入 265.03 亿元，增长 0.5%。一般公共预算支出 477.05 亿元，增长 6.3%，其中一般公共服务支出增长 7.4%，教育支出增长 4.6%，科学技术支出增长 10.8%，社会保障和就业支出增长 14.0%，节能环保支出增长 10.4%，城乡社区事务支出增长 26.6%，交通运输支出增长 40.2%，住房保障支出增长 14.1%。

3. 物价水平

价格指数保持在合理区间。消费价格指数温和上涨。全年居民消费价格指数（CPI）上涨 1.9%，涨幅较上年回落 0.2 个百分点。从调查项目看，服务项目价格指数上涨 1.9%，消费品价格指数上涨 2.2%。从调查类别看，食品烟酒类上涨 1.5%、衣着类上涨 2.3%、居住类上涨 2.4%、生活用品及服务类上涨 2.2%、交通和通信类上涨 1.3%、教育文化和娱乐类上涨 2.3%、医疗保健上涨 1.6%、其他用品和服务类上涨 1.5%。工业价格指数重回涨势。全年工业生产者购进价格指数（IPI）上涨 10.5%，工业生产者出厂价格指数上涨 1.8%。

4. 固定资产投资

固定资产投资快速增长。全年完成固定资产投资 3623.33 亿元，增长 14.5%。其中一产投资 5.50 亿元，下降 19.6%；二产投资 2310.71 亿元，增长 17.7%；三产投资 1307.12 亿元，增长 9.4%。在二产投资中，工业投资 2309.89 亿元，增长 18.0%，其中食品行业投资 108.30 亿元，下降 17.9%；纺织业投资 93.85 亿元，增长 21.3%；石化投资 328.95 亿元，增长 76.0%；医药制造业投资 105.14 亿元，增长 10.1%；建材投资 85.51 亿元，增长 62.7%；冶金投资 64.95 亿元，增长 0.8%；装备制造业投资 1284.51 亿元，增长 15.8%。在三产投资中，卫生和社会工作投资 33.78 亿元，增长 40.3%；租赁和商务服务业投资 165.30 亿元，增长 38.5%；居民服务、修理和其他服务业投资 40.97 亿元，增长 37.3%；批发和零售业投资 180.36 亿元，增长 33.4%；信息传输、软件和信息技术服务业投资 26.79 亿元，增长 17.4%。

（二）农林牧渔业

粮食生产总体平稳。全年粮食总产量 306.68 万吨，比上年减少 6.35 万吨，下降 2.0%。其中夏粮 113.77 万吨，比上年减少 0.22 万吨；秋粮 192.91 万吨，比上年减少 6.13 万吨。粮食播种面积 416.48 千公顷，比上年减少 18.57 千公顷，下降 3.8%。粮食亩产 490.9 公斤，比上年增加 11.27 公斤，增长 2.3%，粮食综合亩产继续位居全省第一。

林牧渔业平稳发展。全年新增成片造林 1.3 万亩，新建及完善农田林网 8 万亩，四旁植树 300 万株，完成森林抚育 5 万亩，年末林木覆盖率为 23.8%。肉类总产量 23.85 万吨，下降 10.5%；禽蛋产量 11.5 万吨，下降 7.6%；牛奶产量 4.31 万吨，增长 2.3%。水产品产量 39.95 万吨，增长 27.8%。

现代农业稳步推进。全年新增设施农业面积 4333 公顷，新增设施渔业面积 411 公顷，新增有效灌溉面积 1.36 千公顷，新增节水灌溉面积 4.28 千公顷。年末农业机械总动力达 279.39 万千瓦，增长 1.4%。

（三）工业和建筑业

工业生产平稳运行。全年规模以上工业增加值增长 9.3%，规模以上工业总产值增长 17.9%。分轻重工业看，轻工业产值增长 19.1%，重工业产值增长 17.5%。分经济类型看，国有企业产值下降 1.0%，集体、股份制、外商和港澳台投资企业产值分别增长 15.1%、18.3%、17.5%。分企业规模看，大中型企业产值增长 18.2%，小微企业产值增长 17.6%。分行业看，食品行业产值增长 28.7%，纺织业产值增长 9.7%，石化产值增长 20.7%，医药产值增长 17.5%，建材产值增长 12.6%，冶金行业产值增长 22.6%，装备制造业产值增长 16.5%。

工业效益稳中向好。全年规模以上工业主营业务收入增长 17.5%，比上年提升 4.5 个百分点；实现利润增长 13.3%，比上年提升 2.1 个百分点。年末规模以上工业亏损企业亏损额下降 2.3%。规模以上

工业企业资产负债率为51.2%，比上年下降0.4个百分点。

建筑业平稳发展。全年完成建筑业总产值3173.02亿元，增长8.5%。年末具有资质等级的总承包和专业承包建筑企业632家，其中具有特级、一级和二级资质企业276家，比上年增加14家。年末从业人员达113.24万人，增长6.5%，其中一级建造师2423人。

（四）服务业

1. 国内贸易

消费品市场发展形势较好。全年实现社会消费品零售总额1254.22亿元，增长12.2%，增速居全省首位。按经营单位所在地分，城镇消费品零售额1161.97亿元，增长12.2%；乡村消费品零售额92.25亿元，增长11.7%。从消费形态看，批发和零售业1085.90亿元，增长12.5%；住宿和餐饮业168.32亿元，增长9.7%。从限额以上单位看，全年限额以上社会消费品零售额535.06亿元，增长15.1%，其中批发和零售业零售额508.12亿元，增长15.2%；住宿和餐饮业零售额26.94亿元，增长13.0%。限额以上单位实现网络零售额11.41亿元，占限额以上零售额的2.1%。

消费市场呈现多样化发展态势。限额以上零售额中，基本生活类商品消费平稳增长，实现零售额104.51亿元，增长10.8%；发展享受型消费持续升温，汽车消费实现零售额165.10亿元，增长14.1%，家用电器和音响器材、建筑及装潢材料零售额分别增长17.4%、22.9%。城市综合体加快发展。全年5家城市商业综合体实现销售收入21.41亿元，增长26.5%。

2. 交通运输和邮电

交通运输基本平稳。全年公路客运量6705万人，公路客运周转量431675万人公里。公路货运量2800万吨，增长10.0%；公路货运周转量727511万吨公里，增长1.5%。水路货运量18136万吨，增长19.2%；水路货运周转8135640万吨公里，增长1.9%。港口货物吞吐量21663万吨，增长11.8%，其中外贸吞吐量1790万吨，增长14.7%。

居民汽车保有量稳步增长。年末民用汽车拥有量69.79万辆，本年新增7.87万辆；私人轿车拥有量43.92万辆，本年新增4.47万辆。

邮电业快速发展。全年邮政业务总量23.53亿元，增长28.9%；邮政业务收入16.98亿元，增长17.6%。电信业务总量85.30亿元，增长70.8%；电信业务收入39.95亿元，增长13.2%。年末移动电话用户432.10万户，增长6.8%。年末互联网用户588.32万户，增长16.0%。

3. 旅游业

旅游市场发展良好。全年接待国内游客2558.32万人次，增长12.1%。接待入境过夜游客4.08万人次，增长13.1%。全年实现旅游总收入325.94亿元，增长15.3%。实现旅游外汇收入4161.45万美元，增长14.6%。

4. 金融、保险和证券

金融信贷规模不断扩大。年末金融机构本外币存款余额5732.30亿元，增长8.7%，其中住户存款余额2636.50亿元，增长6.5%。金融机构人民币贷款余额4173.85亿元，增长14.1%，其中短期贷款余额1640.78亿元，增长6.3%；中长期贷款余额2377.43亿元，增长25.3%。年末制造业贷款余额682.51亿元，新增12.38亿元；批发和零售业贷款余额299.67亿元，新增17.65亿元。

保险业发展势头加快。全年保费收入179.44亿元，增长45.5%，其中人身险142.91亿元，增长58.0%；财产险36.53亿元，增长11.1%。全年赔付金额51.01亿元，下降0.7%，其中人身险29.64亿元，下降5.6%；财产险21.37亿元，增长7.0%。

证券期货市场逐步回归理性。全年证券交易额6549.34亿元，下降17.6%，其中股票交易额4870.72亿元，下降28.7%；基金交易额351.42亿元，增长125.9%；债券交易额3.49亿元，下降10.8%。全年期货交易额367.89亿元，下降39.3%。

5. 房地产业

房地产市场健康发展。全年房地产开发投资 291.54 亿元，增长 16.3%，其中住宅投资 235.43 亿元，增长 20.8%。商品房施工面积 2256.50 万平方米，下降 2.4%。商品房新开工面积 610.11 万平方米，增长 9.9%。商品房竣工面积 346.46 万平方米，下降 34.1%。商品房销售面积 883.33 万平方米，增长 26.4%。商品房待售面积 317.72 万平方米，下降 27.0%。

（五）开放型经济

1. 对外贸易

对外贸易稳中向好。全年完成进出口总额 129.48 亿美元，增长 24.8%，其中出口 82.16 亿美元，增长 23.2%，进口 47.32 亿美元，增长 27.7%。按贸易方式分，一般贸易出口 49.25 亿美元，增长 22.9%；加工贸易出口 32.76 亿美元，增长 24.4%；一般贸易进口 30.85 亿美元，增长 18.5%；加工贸易进口 11.88 亿美元，增长 49.1%。按企业性质分，外商投资企业出口 43.76 亿美元，增长 20.4%；民营企业出口 36.40 亿美元，增长 27.2%；外商投资企业进口 33.06 亿美元，增长 23.8%；民营企业进口 13.36 亿美元，增长 39.0%。按商品类别分，机电产品出口 43.70 亿元，增长 23.7%；农产品出口 3.56 亿元，增长 8.8%；机电产品进口 8.47 亿美元，增长 39.8%；农产品进口 13.23 亿美元，增长 38.2%。按出口地区分，对亚洲出口 30.71 亿美元，增长 23.7%；对欧洲出口 17.23 亿美元，增长 34.8%；对拉丁美洲出口4.92 亿美元，下降 11.8%；对北美洲出口 17.03 亿美元，增长 22.4%，对大洋洲出口 10.91 亿美元，增长 27.6%。

2. 利用外资

利用外资水平进一步提升。全年新批协议注册外资 47.01 亿美元，增长 86.8%；实际到账注册外资 16.18 亿美元，增长 20.3%。

二、泰州市 2017 年社会发展概况

（一）人口、人民生活

人口基本稳定。年末户籍总人口 505.19 万人，其中市区 163.92 万人。当年出生人口 5.22 万人，人口出生率 10.28‰；死亡人口 6.71 万人，人口死亡率 13.24‰；人口自然增长率−2.93‰。年末全市常住人口 465.19 万人，其中市区 163.08 万人。年末常住人口城镇化率为 64.93%，比上年提高 1.73 个百分点。

居民收入稳定增长。全体居民人均可支配收入 30944 元，增长 9.5%。其中城镇常住居民人均可支配收入 40059 元，增长 8.8%；农村常住居民人均可支配收入 19494 元，增长 9.1%。

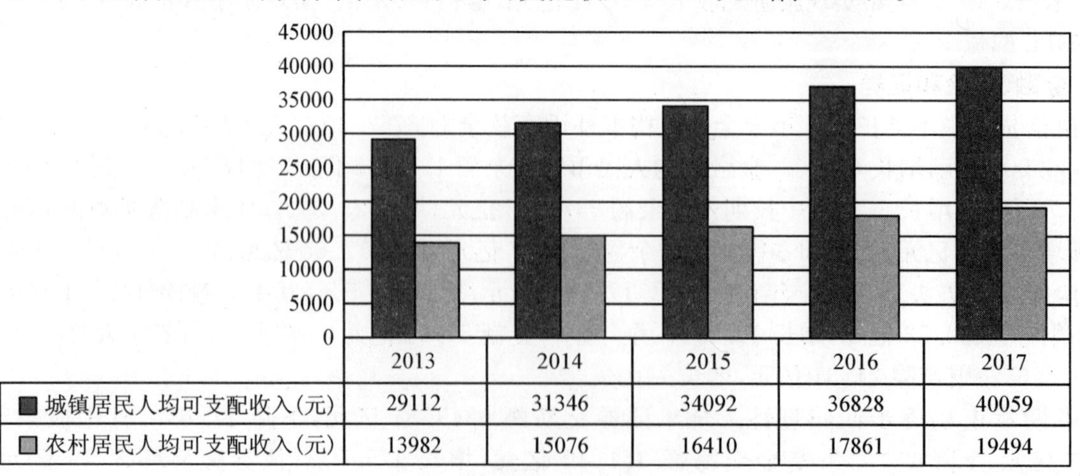

	2013	2014	2015	2016	2017
城镇居民人均可支配收入(元)	29112	31346	34092	36828	40059
农村居民人均可支配收入(元)	13982	15076	16410	17861	19494

图 3　2013—2017 年泰州市城乡居民收入对比一览

（二）就业与社会保障

就业保持良好态势。年末全市就业人员 278.7 万人，其中第一产业就业人员 57.4 万人，第二产业就业人员 113.6 万人，第三产业就业人员 107.7 万人。全年城镇新增就业人员 10.08 万人，年末城镇登记失业率为 1.82%，比上年下降 0.05 个百分点。

社会保障水平不断提升。全市基本养老保险参保人数、基本医疗保险参保人数分别达 347.30、459.46 万人。民生保障取得新进展，城市低保标准提高到 610 元，靖江市和市区继续实行城乡一体化，泰兴市、兴化市农村低保标准调整到不低于 520 元。全年累计发放资金 2.22 亿元，保障城市低保对象 0.58 万户、0.88 万人，农村 3.88 万户、5.84 万人。养老服务体系获得新突破，建成城乡标准化社区居家养老服务中心 146 个、街道老年人日间照料中心 4 个、老年人助餐点 186 个、老年人助浴点 5 个。

（三）教育和科学技术

1. 教育事业

“泰州卓越教育体系”加快构建。学前教育优势扩大，全年创成 15 所优质园，省优比例达到 81.55%，继续保持全省第一。城乡义务教育一体化改革成果显著，成功申报“义务教育城乡一体化改革发展全国试点”，义务教育学校达省定建设标准比例为 58%，列全省第五，开展义务教育现代化学校创建工作，全市义务教育现代化学校比例达 90%。高中教育品质全省领先，高考成绩处于全省第一方阵，高考状元连续三年花落泰州，三星以上高中占比 97.06%，位列全省第二。年末全市拥有小学 146 所，在校学生 22.15 万人；初中 149 所，在校学生 11.09 万人；高中 35 所，在校学生 6.19 万人；普通高等学校 7 所，在校学生 6.17 万人。

2. 科技创新

科技创新能力不断增强。全市科技进步贡献率达到 62%，比上年提高 1.5 个百分点。全社会 R&D 经费支出占 GDP 比重 2.55%，比上年提高 0.08 个百分点。全年专利申请 31352 件，其中发明专利申请 10893 件；专利授权 9849 件，其中发明专利授权 944 件；年末万人发明专利拥有量 10.39 件。集聚大院大所创新资源，开展“企业院校行”、“科技洽谈会”等系列活动，共签订产学研合作项目 420 个。全年获批高新技术企业 170 家，198 家企业入选省高企后备库，开发省确认高新技术产品 650 个，年末大中型工业企业和规模以上高新技术企业研发机构建有率达 96%。

（四）文化、卫生和体育

1. 文化事业

文化事业蓬勃发展。文化产业不断壮大，启动首批市文化产业“1133”工程名单推荐认定工作，确定泰州文化创意产业园等 6 个重点文化产业园区、泰州稻河古街区等 8 个特色产业街区、泰兴凤灵乐器有限公司等 24 个重点文化企业、广播全媒体内容汇聚分发平台等 17 个重点文化产业项目。文化设施加快建设，全年建成 372 基层综合性文化服务中心，全市基层综合性文化服务中心达 800 家以上，建成率达 40%。文化服务体系不断完善，年末全市拥有文化馆 7 个、公共图书馆 7 个、博物馆 19 个、美术馆 3 个，公共图书馆总藏量 288.37 万册；有线电视入户率 77.69%，电视综合人口覆盖率 100%。

2. 卫生事业

卫生事业加快发展。年末全市拥有各类卫生机构 1981 家，其中医院、卫生院 189 家，卫生防疫防治机构 11 家，妇幼保健机构 6 家。各类卫生机构拥有床位 25521 张，其中医院、卫生院拥有床位 24049 张。拥有卫生技术人员 27307 人，其中执业医师、执业助理医师 11628 人，注册护士 10883 人。年末农村无害化卫生户厕普及率为 89.3%，新型农村合作医疗人口覆盖率为 100%。

3. 体育事业

体育事业迈上新台阶。完善体育场地和设施，为 25 个乡镇（街道）建成多功能运动场，建设标准为面积 2000 平米以上；更新主城区室外健身设施 50 套；兴建健身步道 48.4 公里，选址建设 3 个笼式足球和 1 个拆装式游泳池。开展全民体育，举办广场舞排舞、气功项目等体育指导员培训班共 6 期 850 人参加；全年为各类人群 12048 人开展健康评估测试，建立健身档案 9000 多份。竞技体育综合实力提升，在省锦标赛上，获得 53.5 块金牌；在第十三届全国运动会上，26 名泰州籍运动员代表江苏省参加 7 个项目的决赛，获得金牌 2 枚、银牌 1 枚、铜牌 4 枚。

（五）生态环境与节能减排

生态环境建设取得成效。大力开展“263”专项行动。全年关停 205 家化工企业，其中设备拆除 149 家。禁养区内的 2593 家养殖场全部关停到位，非禁养区内的 1284 家规模化养殖场，目前已治理 1108 家，治理率 86.3%。环境治理成效显著。全市 PM2.5 浓度降为 45 微克/立方米，同比下降 8.2%；空气优良天数比例为 74.2%。

节能降耗取得进展。全年煤炭消费总量同比削减 129.28 万吨；规上工业累计综合能耗 896.3 万吨标准煤，下降 3.3%；万元产值能耗 0.0722 吨标准煤/万元，下降 17.9%。

（六）安全生产

安全生产形势稳定。全年各类安全生产事故死亡人数 239 人，亿元 GDP 生产安全事故死亡 0.054 人。

三、泰州市在泛长三角地区经济发展中的地位

2017 年，全市上下以习近平新时代中国特色社会主义思想为指导，在市委、市政府的坚强领导下，贯彻新发展理念，推进“两聚一高”新实践，致力“四个关键突破”，抓重点、强弱项、补短板，经济运行稳中向好，主要指标增速位居全省前列，经济增长“快”与发展质量“高”齐头并进。

（一）地区生产总值

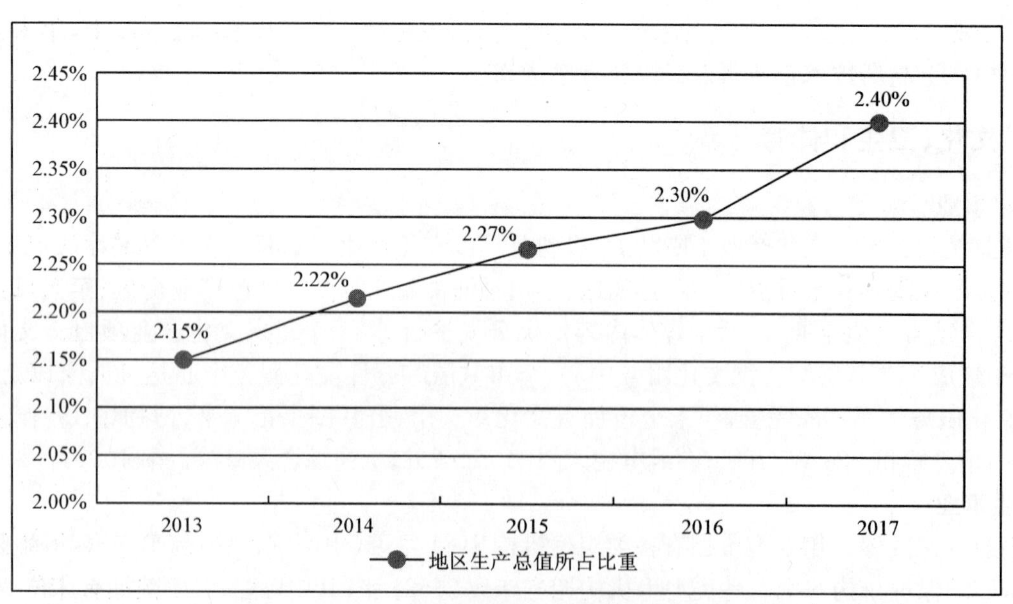

图 4　2013—2017 年泰州市地区生产总值在泛长三角（苏浙两省 24 个地级市、安徽省 16 个地级市和上海市，下同）所占比重的变化趋势

2013—2017年泰州市地区生产总值在长三角所占比重为2.15%、2.22%、2.27%、2.30%和2.40%，继续保持增长态势，其中，2017年比上年增加0.10个百分点，五年时间累积增加了0.25个百分点。2017年泰州市地区生产总值在泛长三角地区41个市排名第15位，与上年保持一致。

2017年，全市完成地区生产总值4744.53亿元，同比增长8.2%。泰州市地区生产总值、规模以上工业增加值、固定资产投资、社会消费品零售总额、工业用电量五项指标增速位居江苏省首位；工业投资、进出口总额、出口总额、实际到账注册外资四项指标增速分别位居全省第2位、第3位、第2位、第2位；商品房销售面积增长26.4%，增速居全省第2位。泰州市三大主导产业：生物医药及高性能医疗器械、节能环保与新能源产值同比分别增长18.4%、25.5%，分别高于规上工业产值平均增幅0.5、7.6个百分点；高性能船舶及海工装备在国际需求低迷下增长3.9%，比上年提升3.7个百分点。

（二）地方财政一般预算收入

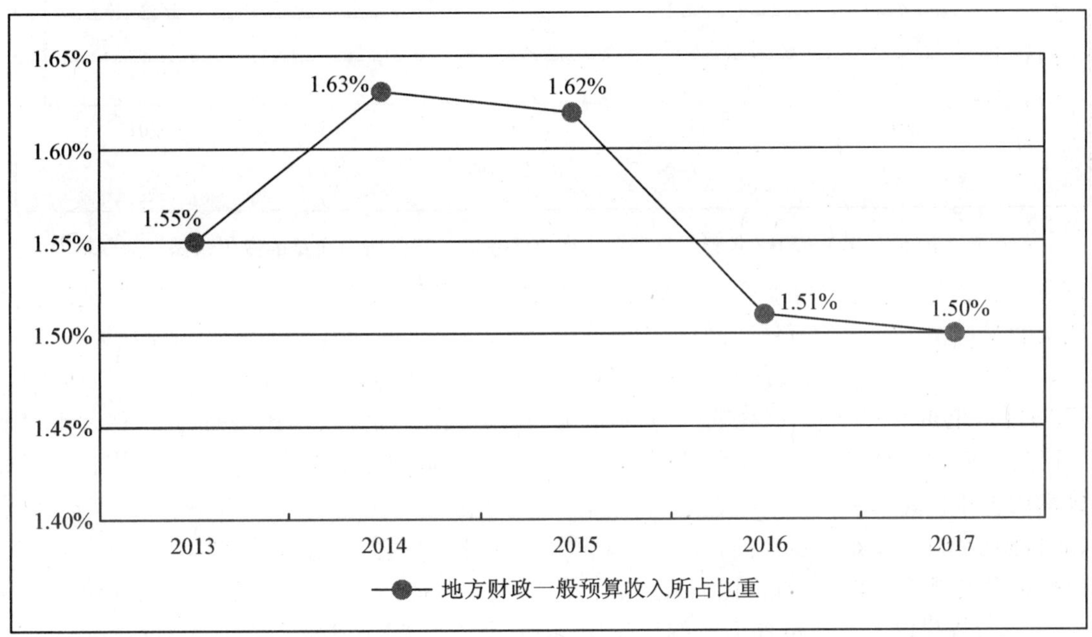

图5　2013—2017年泰州市地方财政一般预算收入在泛长三角所占比重的变化趋势

2013—2017年泰州市地方财政一般预算收入在泛长三角所占比重为1.55%、1.63%、1.62%、1.51%和1.50%，2016年较去年减少了0.01个百分点，五年下降了0.05个百分点。泰州市地方财政一般预算收入在泛长三角地区41个市排名第17位，较上年上升一位。

2017年全市完成一般公共预算收入343.97亿元，同比增长5.0%(同口径增长10.0%)，比2016年提升3.3个百分点，增速居全省第5位、苏中苏北地区第1位。全市2017年一般公共收入预算数为329.2亿元，其中：税收收入263.7亿元、非税收入65.5亿元。预计全市一般公共预算收入完成343.97亿元，占年初预算的104.5%，比2016年实绩增长5%。其中：税收收入265.03亿元，非税收入78.94亿元。市本级2017年一般公共收入预算数为18.3亿元，其中：税收收入9.9亿元、非税收入8.4亿元。预计完成30.38亿元，占年初预算的166%，比2016年实绩增长66.1%。其中：税收收入9.78亿元，非税收入20.6亿元。

（三）工业生产总值

2013—2017年泰州市工业生产总值在泛长三角所占比重为2.29%、2.35%、2.46%、2.47%和2.60%，保持明显增长的态势，累计增幅为0.31个百分点，2017年与上年比增加了0.13个百分点。

2017 年工业生产总值在泛长三角地区 41 个市排名第 14 位。

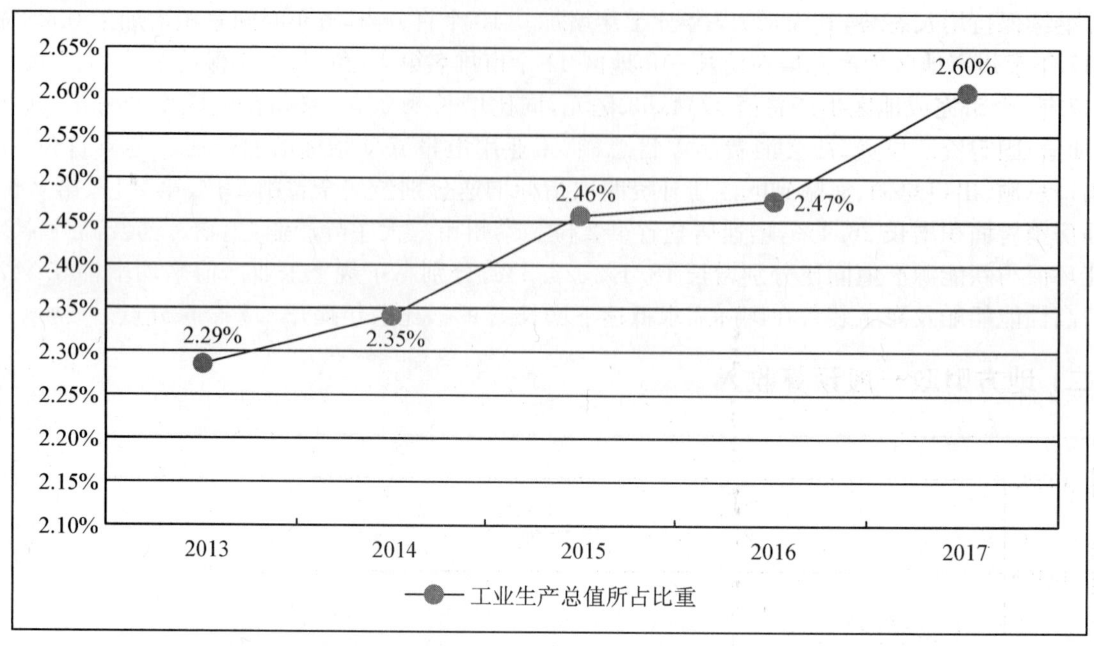

图 6　2013—2017 年泰州市工业生产总值在泛长三角所占比重的变化趋势

2017 年，工业经济在去年增幅较高的基础上，继续保持高位增长。1—12 月份，全市规模以上工业累计实现工业总产值 12593.46 亿元，同比增长 17.91%。累计实现工业增加值 2755.53 亿元，同比增长 9.3%。

1—12 月份，全市规模以上工业实现主营业务收入 12184.29 亿元，同比增长 17.54%；实现利润总额 883.95 亿元，同比增长 13.29%。实现利税 1467.09 亿元，同比增长 11.54%。总产值和主营业务收入增幅分别比去年提高 5.05、4.55 个百分点，利润、利税增幅分别比去年提高 2.09、1.26 个百分点。工业生产、效益同步增长，增幅同步提高，各主要指标增幅均超过 10%，工业经济整体运行质态良好。

主要指标全省排位居首，全省占比继续提高。2017 年，全国、全省规模以上工业增加值同比分别增长 6.6%、7.5%，规模以上工业增加值增幅比全国、全省平均水平分别高 2.7、1.8 个百分点。1—12 月份，工业增加值累计增幅在全省十三个省辖市中列第 1 位。2011—2015 年规模以上工业增加值增幅全省排位分别为：9、6、8、6、5 位。2016 年，工业增加值增幅排位首次进入前 2 位，2017 年历史性的首次列第 1 位。增加值增幅排位比 2015 年前移 4 位。从增加值总量上看，2011—2016 年规模以上工业增加值占全省的比重分别为：6.00%、6.53%、6.80%、6.88%、7.37%、7.81%。2017 年增加值全省占比攀升到 7.90%。

轻、重工业协调发展，大部分行业生产、效益增长较好。2017 年，轻工业累计完成现价产值 3427.93 亿元，同比增长 19.14%，重工业累计完成现价产值 9165.54 亿元，同比增长17.46%。轻、重工业累计产值增幅均在 17%以上。从总量占比角度看，轻工业产值占全市规模以上工业的 27.21%，重工业占 72.78%，重工业占比仍远高于轻工业。与去年相比，轻工业占比上升0.18 个百分点，重工业占比相应下降 0.18 个百分点。2017 年，全市 34 个行业大类中，有 31 个行业累计产值同比增长。总量较大的行业中，石油加工炼焦工业、酒饮料和精制茶制造业、橡胶和塑料制品业、农副食品加工业、计算机通信和其他电子设备制造业、黑色金属冶炼和压延加工业、电气机械和器材制造业、仪器仪表制造业等行业产值增幅超过 20%。化学纤维制造业、金属制品机械和设备修理业等三个行业产值同比下降。2017 年，全市 34 个行业大类，有 25 个行业实现利润正增长。其中，黑色金属冶炼和压延加工业、皮革毛皮羽毛及其制品和制鞋业、燃气生产和供应业、橡胶和塑料制品业、计算机通信和其他电子设备制造业、文教工美

体育和娱乐用品制造业、医药制造业、仪器仪表制造业、其他制造业、印刷和记录媒介复制业、汽车制造业、农副食品加工业等12个行业利润增幅在20%以上。石油加工炼焦加工业、有色金属冶炼和压延加工业、化学纤维制造业、铁路船舶航空航天和其他运输设备制造业、酒饮料和精制茶制造业、水的生产和供应业、电力热力生产和供应业等9个行业利润同比负增长。

(四) 进出口总额

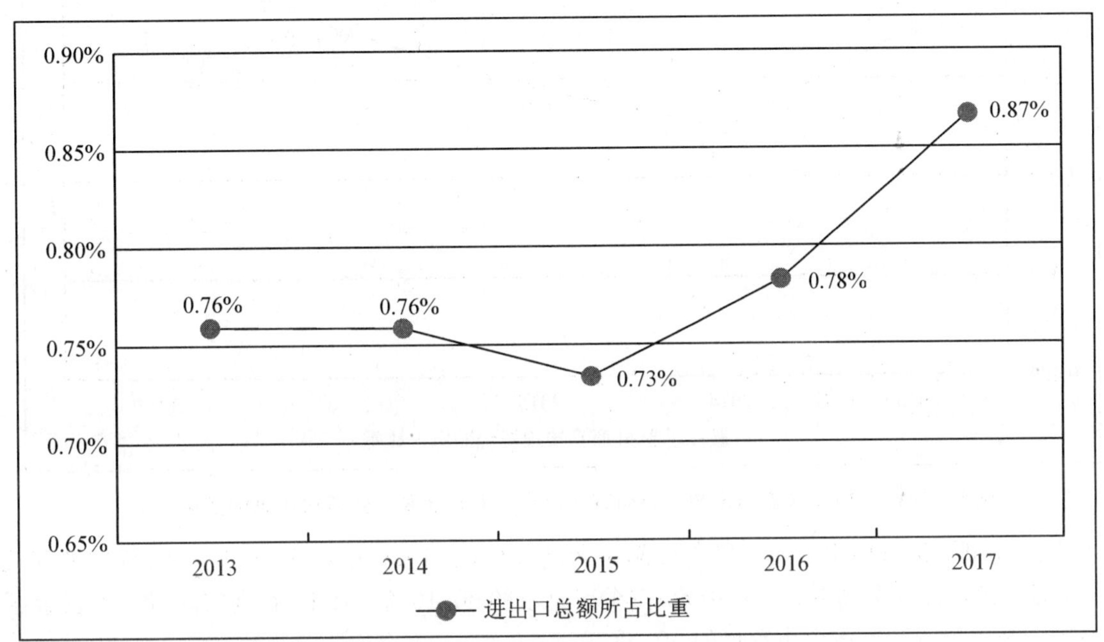

图7　2013—2017年泰州市进出口总额在泛长三角所占比重的变化趋势

2013—2017年泰州市进出口总额在泛长三角所占比重为0.76%、0.76%、0.73%、0.78%和0.87%，2016年以来逆势上扬，2017年较2013年增加了0.11个百分点。2017年泰州市进出口总额在泛长三角地区41个市排名第15位，较上年上升一位。

2017年全年泰州市进出口贸易(经营单位)总值达129.48亿美元，同比增长24.8%，增幅较去年同期提升23.3个百分点，增速分别高于全国、全省、苏中平均13.4、8.7、9.5个百分点，位居全省第三、苏中第一。其中：出口总额82.16亿美元，同比增长23.2%，增幅较去年同期提升18.5个百分点，位居全省第二，苏中第一；进口总额47.32亿美元，同比增长27.6%，增幅较去年同期提升31.4个百分点，位居全省第五，苏中第二。全年实现贸易顺差34.84亿美元。

(五) 实际外商直接投资金额

2013—2017年泰州市实际外商直接投资金额在泛长三角所占比重为1.77%、1.26%、1.45%、1.75%和2.14%，五年时间增加了0.37个百分点。2017年泰州市实际外商直接投资金额在泛长三角地区41个市排名第14位，较上年上升两位。

2017年，全市新设外商投资企业141家；合同外资金额47.01亿美元，同比增长86.83%；实际使用外资16.18亿美元，同比增长20.33%，总量排名全省第七，增幅排名全省第二。

重大项目推进成果显著。新增总投资3000万美元以上项目66个，较上年增加9个；其中，总投资1亿美元以上项目22个，较上年增加7个。单体到资1000万美元以上的项目46个，实际使用外资金额14.44亿美元，占全市总量的89.2%。

服务业外资进一步提速。服务业实际使用外资金额7.46亿美元，是去年的1.7倍，占全市总量的比重由上年的 33.1%提升至 47.6%。服务业中，融资租赁、商业保理、投资等类金融业实际使用外资金额 3 亿美元，占比 40.2%；商贸及物流业实际使用外资金额 1.81 亿美元，占比 24.2%。

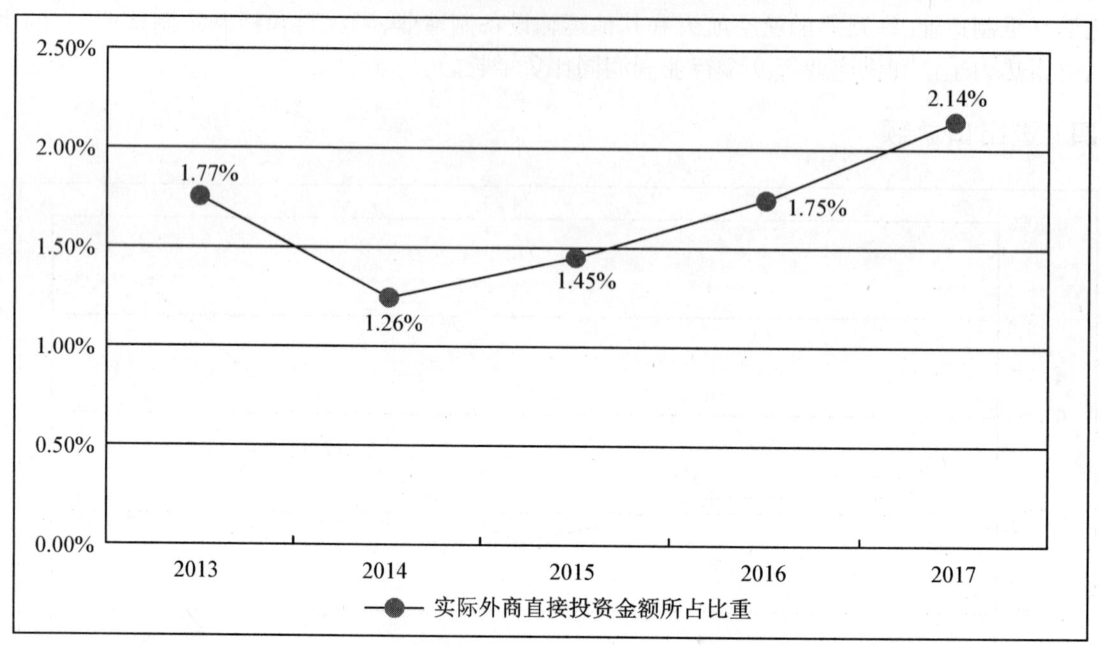

图 8　2013—2017 年泰州市实际外商直接投资金额在泛长三角所占比重的变化趋势

主要来源地投资保持稳定。实际投资金额排名前三位的国家(地区)分别是香港、新加坡和英属维尔京群岛，实际投入外资金额 12.57 亿美元，占全市总量的 80.16%。其中，香港实际投入外资金额 7.99 亿美元，同比增长 12.28%，占全市总量的 50.98%。

投资方式更趋多样化。增资项目 59 个，实际使用外资 7.52 亿美元，占全市总量的 46%。投资性公司再投资项目 8 个，实际使用外资 1.7 亿美元，分别是去年的 4 倍和 5 倍。外资并购项目 12 个，并购合同交易额 1.05 亿美元，分别是去年的 2.4 倍和 5.8 倍。人民币利润再投资 2.33 亿美元，同比增长 17%，占全市总量的 14.4%。跨境人民币投资 2.22 亿美元，占全市总量的 13.7%。

企业运行质态稳中有升。外商投资企业进出口总额 77.7 亿美元，同比增长 21.3%，占全市进出口总额的 60%。其中，进口 32.9 亿美元，同比增长 23.2%；出口 44.8 亿美元，同比增长 20.0%。缴纳涉外税收 66.6 亿元，同比增长 14.1%。

十四 宿迁市 2017 年经济社会发展报告

2017 年，全市上下紧紧围绕全面建成小康社会奋斗目标，坚持稳中求进的工作总基调，深入落实新发展理念，扎实推进供给侧结构性改革和“两聚一高”新实践，统筹做好稳增长、促改革、调结构、惠民生、防风险各项工作，经济社会保持平稳健康发展态势，运行质量明显提升，综合实力迈上新台阶，社会事业实现新进步，民生福祉获得新改善。

一、宿迁市 2017 年经济发展概况

（一）综合经济

1. 经济总量

2017 年全市实现地区生产总值 2610.94 亿元，比上年增长 7.5%，比全省增速快 0.3 个百分点。其中第一产业增加值 292.14 亿元，增长 2.7%；第二产业增加值 1253.48 亿元，增长 7.8%；第三产业增加值 1065.32 亿元，增长 8.5%。人均 GDP 达 53317 元，按平均汇率达 7893 美元。三次产业结构调整为 11.2∶48.0∶40.8，服务业增加值增速比 GDP 快 1.0 个百分点，服务业对全市 GDP 增长的贡献率为 44.8%，拉动全市经济增长 3.4 个百分点。

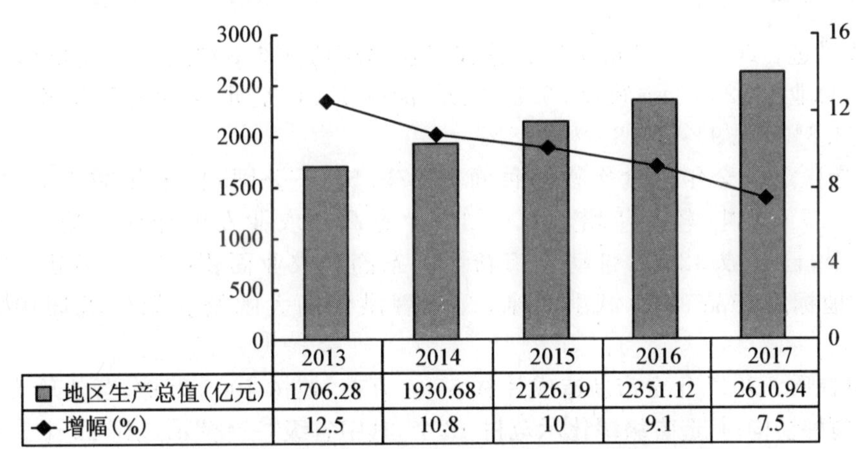

	2013	2014	2015	2016	2017
地区生产总值(亿元)	1706.28	1930.68	2126.19	2351.12	2610.94
增幅(%)	12.5	10.8	10	9.1	7.5

图 1 2013—2017 年宿迁市地区生产总值及增长速度

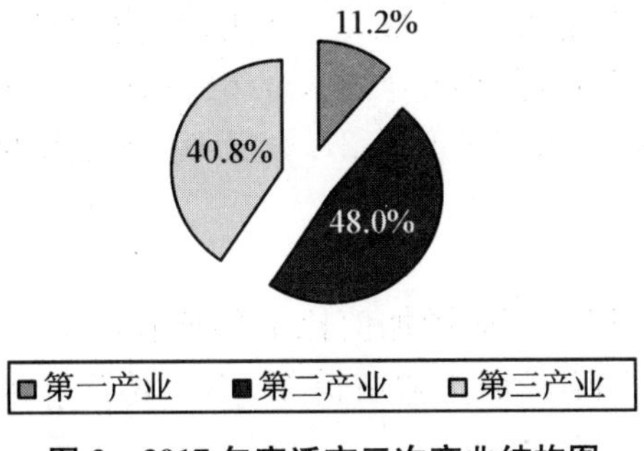

图 2 2017 年宿迁市三次产业结构图

2. 财政收支

财政收支总体平稳。2017 年，全市实现财政总收入 439.9 亿元，其中一般公共预算收入 200.58 亿元。一般公共预算收入中税收占比 77.1%。完成工业入库地方税收 50.3 亿元，同口径增长 10.8%；房

地产业入库地方税收39.1亿元，增长−28.3%。完成财政总支出595.8亿元，比上年增长8.7%。其中一般公共预算支出424.48亿元。财政支出继续优化，民生支出保障有力。2017年全市民生支出341.7亿元，占一般公共预算支出的80.5%。

3. 物价水平

消费价格涨幅平稳。全年居民消费价格总水平(CPI)比上年上涨1.9%，比上年涨幅降低0.1个百分点。八大类消费价格均有所上涨。其中食品烟酒上涨0.7%，衣着上涨1.7%，居住上涨2.3%，生活用品及服务上涨2.0%、交通和通信上涨2.1%、教育文化和娱乐上涨4.8%、医疗保健上涨0.7%、其他用品和服务上涨2.0%。

4. 固定资产投资

投资总体较为平稳。全市在建施工项目共3633个，比上年增加507个。其中新开工项目2974个，比上年增加440个。全市固定资产投资完成2194.23亿元，比上年增长8.5%。一、二、三产业投资分别完成56.56亿元、1359.82亿元和777.85亿元，比上年分别增长1.1倍、8.4%和7.5%。三次产业投资分别占投资总量的2.6%、62.0%和35.4%。民间投资仍是主力，完成投资1662.71亿元，比上年增长3.9%，占全部投资的75.8%。

工业投资平稳增长。全市工业投资完成1352.43亿元，比上年增长8.8%。工业投资占全部投资的61.6%，占比居全省第三，比全省平均水平高12.2个百分点。

(二)农林牧渔业

农业经济稳步推进。2017年，全市实现农林牧渔业总产值536.30亿元，可比价增长3.0%。其中农业315.83亿元，林业19.25亿元，牧业95.77亿元，渔业90.35亿元，农林牧渔服务业15.10亿元，占比分别为58.9%、3.6%、17.9%、16.8%和2.8%。

粮食产量保持稳定。全年粮食作物播种面积575.56千公顷，比上年减少3.85千公顷。完成粮食总产量384.76万吨，较上年增长0.1%。生态高效农业发展加快。规划2000亩左右高效农业基地136个，已建成32个，带动全市新增生态高效农业面积26.64万亩。“三品”农产品总数达1320个、地标农产品9个，泗洪大米、绿康牌洪泽湖大闸蟹获第十五届中国国际农产品交易会金奖。

森林资源增量提质。2017年全市新造成片林5.04万亩，植树1003万株，营建珍贵用材树种1.42万亩，调整优化了树种结构；打造省级绿化示范村42个，其中省级“三化”示范村25个。目前，全市林木覆盖率达28.2%，建成国家级森林公园1个，省级森林公园3个，国家级湿地自然保护区1个，省级湿地公园3个，自然湿地保护率达48.5%。

畜牧业、渔业稳步发展。全年生猪出栏262.71万头，家禽出栏7920.29万只，分别比上年增长1.7%和4.3%。肉类总产量34.37万吨，比上年增长4.6%；禽蛋产量14.55万吨，比上年下降2.2%；奶产量3.17万吨，比上年下降6.9%；水产品产量27.78万吨，比上年增长2.5%。

(三)工业和建筑业

工业生产运行平稳。全年规模以上工业增加值比上年增长8.9%，其中轻工业增长8.7%，重工业增长15.1%。在规模以上工业中，国有控股工业增长17.2%，私营工业增长5.6%。大中型工业企业增长17.8%。

企业营利能力向好。全市规模以上工业利润总额增速分别快于主营收入和主营成本6.9和7.6个百分点；每百元主营业务收入中的成本82.09元，同比下降2.71元。主营业务收入利润率11.8%，同比提升2.0个百分点，居全省首位。

新特产业发展平稳。2017年，全市四大特色产业产值增长7.3%。其中，食品饮料业增长2.4%，纺

织服装业增长7.6%,机电装备业增长27.7%,家具制造业下降11.1%。新兴产业增速较快,产值增长12.0%,比全市工业平均增速高1.2个百分点。其中,智能家电增长10.6%,绿色建材增长18.8%,功能材料增长9.6%,智能电网增长20.5%。

主要产品产量有增有降。列入全市统计范围的工业产品共167个,其中70.7%的产品产量增长,增幅在30%以上的有24个,占14.3%。

建筑业发展稳中趋缓。2017年,全市共有列统总承包和专业承包建筑企业368家,完成建筑业总产值692.41亿元。全年房屋建筑施工面积5770万平方米,房屋建筑竣工面积2449万平方米,其中住宅竣工面积1641万平方米。签订建筑合同额1115.38亿元,其中本年新签合同额665.30亿元。

(四)服务业

1. 国内贸易

国内消费稳步增长。2017年,全市实现社会消费品零售总额781.39亿元,比上年增长10.8%。按消费形态分,批发和零售业实现674.37亿元,增长9.7%;住宿和餐饮业实现107.02亿元,增长17.6%。

全年限额以上批发和零售业实现社会消费品零售额277.20亿元,比上年增长11.6%。其中汽车类和石油及制品类分别实现88.45亿元和47.13亿元,分别增长6.6%和3.0%;化妆品类实现2.82亿元,增长12.6%;书报杂志类实现48.87亿元,增长59.3%;中西药品类实现5.31亿元,增长15.7%;家用电器和音像器材类实现20.23亿元,增长4.3%。限额以上住宿和餐饮业实现零售额12.67亿元,比上年增长6.4%。

2. 交通运输和邮电

交通运输业基本平稳。2017年,全市完成货运量6584万吨,比上年增长10.3%。其中公路货运4194万吨,增长10.8%;水路货运2390万吨,增长6.8%。实现货物运输周转量223.65亿吨公里,比上年增长11.5%。其中公路货物周转量149.46亿吨公里,增长11.8%;水路货物周转量74.19亿吨公里,增长7.3%。完成港口货物运输吞吐量1492万吨,比上年下降6.8%。完成客运量5265万人,比上年下降10.9%;实现旅客运输周转量39.19亿人公里,比上年下降7.1%。

邮政通信业快速发展。2017年,全市邮政业实现业务收入14.88亿元,比上年增长29.6%;实现邮政业务总量37.66亿元,比上年增长52.9%;实现电信业务收入32.77亿元,比上年增长9.8%。年末全市有各类电话用户495.63万户,比上年末增加17.45万户。其中移动电话用户457.28万户,增加24.58万户;固定电话用户38.35万户,减少7.12万户。年末全市互联网宽带接入用户134.09万户,比上年末净增22.26万户。

3. 旅游业

旅游业发展态势良好。2017年,全市接待国内外游客2220万人次,比上年增长15.3%;实现旅游总收入255.60亿元,增长18.2%。其中旅游外汇收入1044万美元,增长44.8%。2017年末,全市有等级旅游景区49个,比上年末增加2个。其中4A级景区数量达10家,比上年末增加1家。4A级旅游景区数量占全省4A级及以上旅游景区总数的比重达4.7%,为历史最高水平。全年4A级景区接待人数951.48万人次,增长10.9%。年末旅行社数量达到82家,比上年末增加5家。

4. 金融和保险业

金融业发展较快。全年金融业实现增加值128.27亿元,比上年增长13.6%,快于服务业增速5.1个百分点。金融机构人民币各项存款余额2514.96亿元,比年初增加307.53亿元,增长13.9%。其中住户存款余额1209.5亿元，比年初增加123.14亿元，增长11.3%。金融机构人民币各项贷款余额2223.45亿元，比年初增加263.07亿元，增长13.4%。新增直接融资225.8亿元，直接融资占社会融资比重达20.3%。

保险体系逐步健全。全市市级专业保险机构35家。其中人寿保险14家，财产保险21家。全市共实现保费收入67.8亿元，较上年增长11.2%。其中财险保费收入22.56亿元，增长18.9%；人身险保费收入38.45亿元，增长2.4%。

5. 房地产业

房地产市场总体稳定。全年房地产开发投资完成243.00亿元，其中住宅投资完成189.74亿元。全市商品房施工面积3631.28万平方米，其中商品住宅施工面积2745.38万平方米。网签数据显示，全市商品房销售面积936.96万平方米，比上年增长12.1%。其中住宅销售面积764.12万平方米，增长7.0%。

（五）开放型经济

1. 对外贸易

对外贸易增长较快。2017年，全市实现进出口总额29.48亿美元，比上年增长21.7%。其中出口21.72亿美元，增长16.1%；进口7.76亿美元，增长40.9%。全年出入境检验检疫23904批次，比上年增长7.5%；出入境检验检疫金额达11.50亿美元，比上年增长20.7%。全年新批外商投资企业43个，比上年下降6.5%；完成协议注册外资6.46亿元，比上年下降20.0%。全市实际使用外资3.64亿美元，比上年下降19.1%。

2. 园区建设

工业经济保持增长。2017年，全市开发区实现规上工业总产值比上年增长17.0%，实现主营业务收入比上年增长4.8%。

高新技术产业发展良好。2017年，全市开发区规上工业企业中高新技术产业完成产值比上年增长23.8%。分行业看，新材料制造业体量最大，占开发区高新技术产业产值的29.0%；计算机及办公设备制造业、电子及通讯设备制造业、智能装备制造业分别占21.2%、16.3%和14.4%。

财政收入进一步增强。2017年，全市开发区公共财政预算收入实现95.61亿元，占全市总量的47.7%，比上年同口径增长10.8%。

外贸总体形势良好。2017年，全市开发区本地企业进出总额实现24.51亿美元，比上年增长13.2%。

二、宿迁市2017年社会发展概况

（一）人口、人民生活

2017年末，全市户籍总户数150.36万户，户籍总人口591.01万人。全市常住人口为491.46万人，比上年增加3.52万人，增长0.7%，增速分别比2016年、2015年提高0.2个和0.5个百分点，是近三年人口增长最快的一年。分年龄结构看，少儿(0—14岁)99.17万人，占比20.2%，比上年占比提高0.7个百分点；劳动力人口(15—64岁)338.48万人，占比68.9%，比上年占比回落0.8个百分点；老年人口(65岁及以上)53.81万人，占比11.0%，比上年占比提高0.2个百分点。常住人口出生率14.2‰，死亡率7.1‰，人口自然增长率7.1‰。全市城镇化率58.5%，比上年提高1.0个百分点。

居民生活水平持续改善。2017年，全市居民人均可支配收入20756元，比上年增长9.5%。按收入来源分，工资性收入11014元，增长8.4%；经营净收入5655元，增长10.1%；财产净收入862元，增长15.4%；转移净收入3225元，增长10.8%。按常住地分，城镇居民人均可支配收入26118元，增长

8.4%；农村居民人均可支配收入 15268 元，增长 9.6%。全市居民人均消费支出 13281 元，比上年增长 7.8%，恩格尔系数为 34.4%。

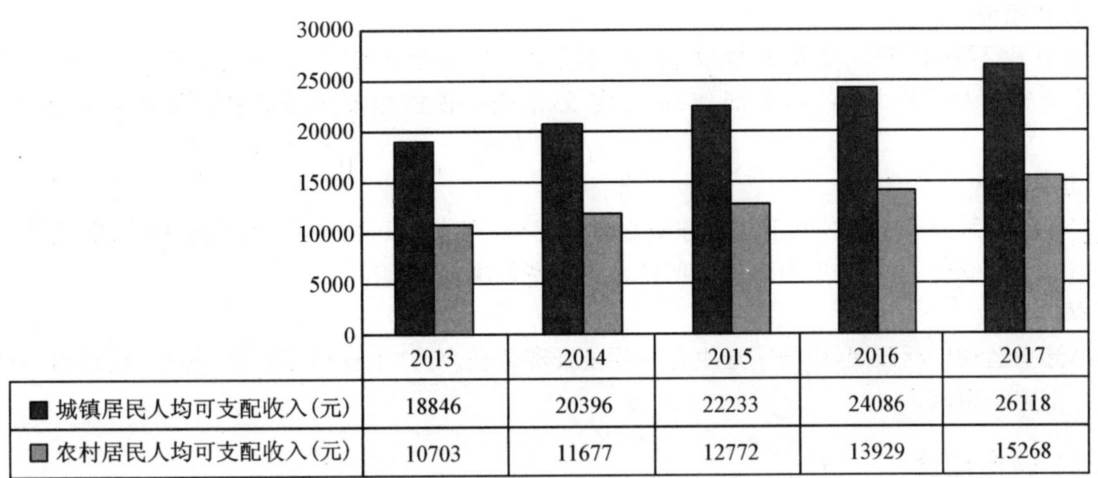

	2013	2014	2015	2016	2017
城镇居民人均可支配收入(元)	18846	20396	22233	24086	26118
农村居民人均可支配收入(元)	10703	11677	12772	13929	15268

图 3　2013—2017 年宿迁市城乡居民收入对比一览

(二) 就业、社会保障

就业形势总体平稳。年末全市从业人员 285.0 万人，比上年增加 1.8 万人，增长 0.6%。其中，一产 86.9 万人，比上年下降 2.7%；二产 106.5 万人，比上年下降 0.3%；三产 91.6 万人，比上年增长 5.2%。

社会保障体系更加完善。全面落实社保惠民政策，积极构建更加公平可持续社会保障体系。开展社会保险"幸福行动"，全市职工"五险"基金总收入 43.5 亿元，"五险"扩面新增 31.2 万人次，增长 10.6%，增幅全省领先。城镇居民医保补偿率达 70%。持续提升兜底保障能力。全市共保障城乡低保对象 10.8 万户、24.5 万人，发放低保金 8.66 亿元，农村低保标准从每人每月 370 元提高至 390 元，城市低保标准继续保持每人每月 490 元。推进城乡社区居家养老服务中心、农村老年关爱之家等载体建设，全市居家养老床位 1.1 万张，居家养老服务中心(站)1352 个，建成城市社区小型托老所 39 个，农村老年人"关爱之家"102 个，全市城市社区居家养老服务中心基本实现全覆盖，农村社区居家养老服务中心覆盖率达到 87.0%。

(三) 教育和科学技术

1. 教育事业

教育事业加快发展。中小学 BC 级校舍加固工程、"八校"建设有序推进，"暖心工程"全面实施，南外仙林分校启动建设，北大附属实验学校顺利完工，新增省优质幼儿园 26 所、三星级高中 2 所、四星级高中 1 所。宿迁高师升专列入省"十三五"高等教育布局规划。高考本科达线率 73.86%，超过全省本科招生计划率 3.71 个百分点。

2. 科学技术

科技创新成绩显著。全年专利申请数 11126 件，比上年增长 53.4%，增幅位居全省第一。其中，发明专利 1986 件，增长 112.9%。有效发明专利数 962 件，比上年末增长 31.1%。全市国家高新技术企业总数累计达 215 家，高新技术产业产值占规模以上工业总产值比重达 24%，宿迁高新技术产业开发区成功升格为国家级高新技术产业开发区。共落实科技政策减免税2.45 亿元，比上年增长 38.4%；企业获"苏科贷"贷款 2.47 亿元，比上年增长 81.6%。新增省级企业研发机构 57 家，总数达 317 家。

（四）文化和卫生

1. 文化事业

文体事业不断繁荣。全年开展文化惠民活动 1000 余场次，5 部作品获省“五个一工程”奖，位居全省第四、苏北第一，6 部作品获省文华奖；书画摄影作品在省级以上赛展中获奖 41 次。

2. 卫生事业

医疗保障继续提升。市公共卫生服务中心投入运行，完成 571 家村居卫生室提档升级，建立医学检验检查结果互认制度，基本公共卫生服务项目人均经费标准提高 20%。

3. 体育事业

全民健身运动广泛开展，中国宿迁生态四项公开赛荣获全国“十佳精品赛事”称号，宿迁籍运动员实现全运会金牌零突破。

（五）城市建设

城市建设再上台阶。深入实施“道路通达”工程，整改断头路、斑马线不通等问题 379 处，新增公共停车位 3800 个，建成 7 个生态立体停车场和便民方舟区域智慧停车系统；新增新能源公交车 120 辆，万人公交车拥有量超过省平均水平。环古黄河绿道工程全线贯通，建成 28 片小型体育设施，“十分钟健身圈”更加完善。完成中心城区 70 个居民小区二次供水设施改造，惠及群众 5.8 万户、20 余万人。整治提升 80 个老旧小区，改造棚户区 2.9 万户、货币化安置率达 91%，群众居住条件进一步改善。完成农村道路安全生命防护工程 818 公里，升级改造农村公路 480 公里。

（六）环境保护和节能减排

生态环境持续良好。全市空气质量优良天数达 227 天，空气质量达标率为 62.2%，PM2.5 年均浓度为 55 微克/立方米，比上年下降 1.8%，PM2.5 浓度减降率达到国家“大气十条”考核目标和 2017 年环保约束性指标考核要求。国考断面、饮用水源地水质达标率均为 100%，在全省率先通过河长制验收，省考以上断面达标率同比上升 3.8 个百分点，世纪河等 20 余条黑臭水体得到有效治理。

环保基础进一步夯实。新建污水收集管网 375.5 公里，新铺设尾水压力管道 50 公里，中心城区雨污分流面积达 170 平方公里。启动 205 个村庄生活污水处理设施建设，新（扩）建城镇污水处理厂 61 座。引导农业废弃物收集处置，综合利用率提高到 96%。启动 100 万亩生态经济林建设，新建成片林 5 万余亩；完成杨树更新改造 23.96 万亩，新增受保护自然湿地 9.7 万亩。

节能减排效果显著。全市能耗总量 823.45 万吨标准煤，比上年下降 3.5%，能源利用率和节能降耗向好发展。全市单位 GDP 能耗 0.33 吨标准煤/万元，比上年下降 10.2%；单位工业增加值能耗为 0.46 吨标准煤/万元，比上年下降 14.2%；单位 GDP 电耗 0.07 万千瓦时/万元，比上年下降 5.5%。

三、宿迁市在泛长三角地区经济发展中的地位

2017 年，宿迁全市上下紧紧围绕“全面建成小康社会”总目标，坚持稳中求进的工作基调，进一步深化供给侧结构性改革，不断提升社会供给体系质量和效率，全市经济运行总体平稳，发展结构不断优化，整体呈现稳步健康发展的良好态势。

（一）地区生产总值

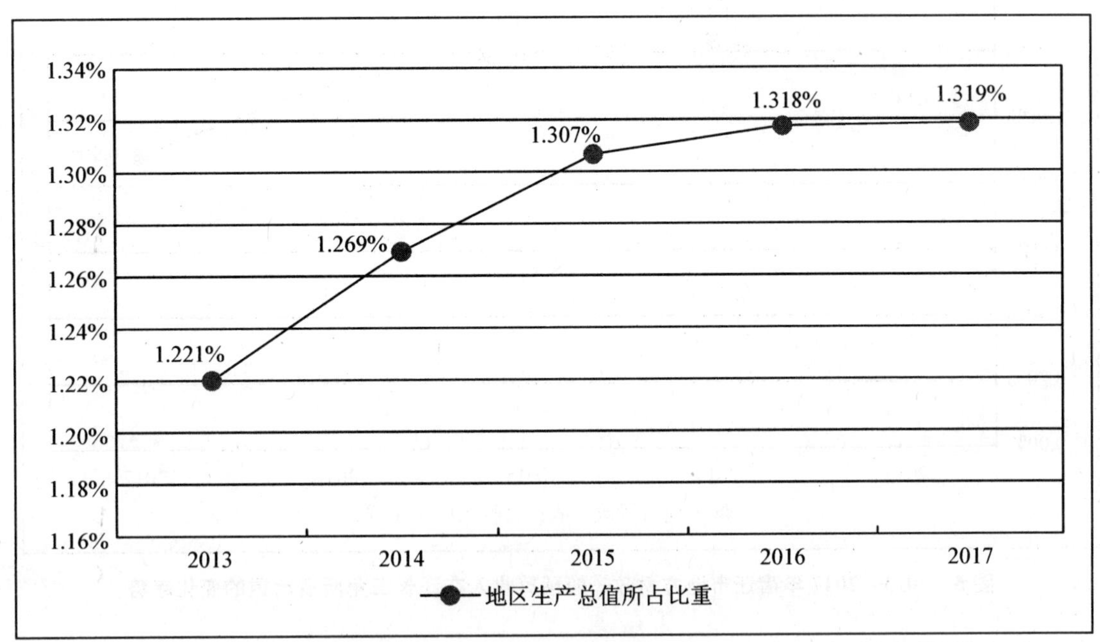

图 4 2013—2017 年宿迁市地区生产总值在泛长三角
（苏浙两省 24 个地级市、安徽省 16 个地级市和上海市，下同）所占比重的变化趋势

2013—2017 年宿迁市地区生产总值在长三角所占比重为 1.221%、1.269%、1.307%、1.318%和 1.319%，连续多年比重增加，累计增幅为 0.10 个百分点，其中 2017 年较上年基本持平。2017 年宿迁市地区生产总值在泛长三角地区 41 个市排名第 23 位，与去年持平。

2017 年，宿迁实现地区生产总值 2610.94 亿元，同比增长 7.5%。一产实现增加值 292.14 亿元，增长 2.7%；二产实现增加值 1253.48 亿元，增长 7.8%；三产实现增加值 1065.32 亿元，增长 8.5%。人均 GDP 达 53317 元，按平均汇率达 7893 美元，全江苏省排第 13 位。从数据来看，沭阳县以 770.14 亿元的成绩领先其他县市区大半个身位，泗阳县、泗洪县无论是 GDP 总量还是人均 GDP 都相差无几，最低的宿豫区 281.57 亿元；人均 GDP 方面，宿豫区以人均 GDP 6.27 万的成绩排在第一位，也是全市唯一一个跑赢市人均 GDP 的区，剩下的县市区人均 GDP 差距不大，均在 5 万左右。

（二）地方财政一般预算收入

2013—2017 年宿迁市地方财政一般预算收入在泛长三角所占比重为 1.14%、1.23%、1.21%、1.12% 和 0.90%，2017 年持续下探。五年减小了 0.24 个百分点，其中 2017 年较上年减少了 0.22 个百分点。2017 年宿迁市地方财政一般预算收入在泛长三角地区 41 个市排名第 24 位，较上年下滑两位。

2017 年，全市完成一般公共预算收入 200.6 亿元，较上年同期下降 15.8%，同口径（剔除营改增收入分成比例调整因素影响，下同）下降 9.6%。其中，税收收入 154.6 亿元，下降 17%，同口径下降9.1%，税收占比77.1%；非税收入 46 亿元，下降 11.2%。支出方面，2017 年，全市完成一般公共预算支出 424.5 亿元，与上年持平；政府性基金支出 171.3 亿元，增长 38.5%，主要是当年新增专项债券 67.6 亿元（较上年多增 37.3 亿元），剔除债券因素，政府性基金支出增长 11.1%。1—11 月，全市完成一般公共预算收入 189.7 亿元，较上年同期下降 14.6%，同口径（剔除营改增收入分成比例调整因素影响，下同）下降 7.9%。一般公共预算收入中，税收收入 149.3 亿元，下降 15.3%，同口径下降 6.7%，税收占比 78.7%；非税收入 40.4 亿元，下降 12.1%。

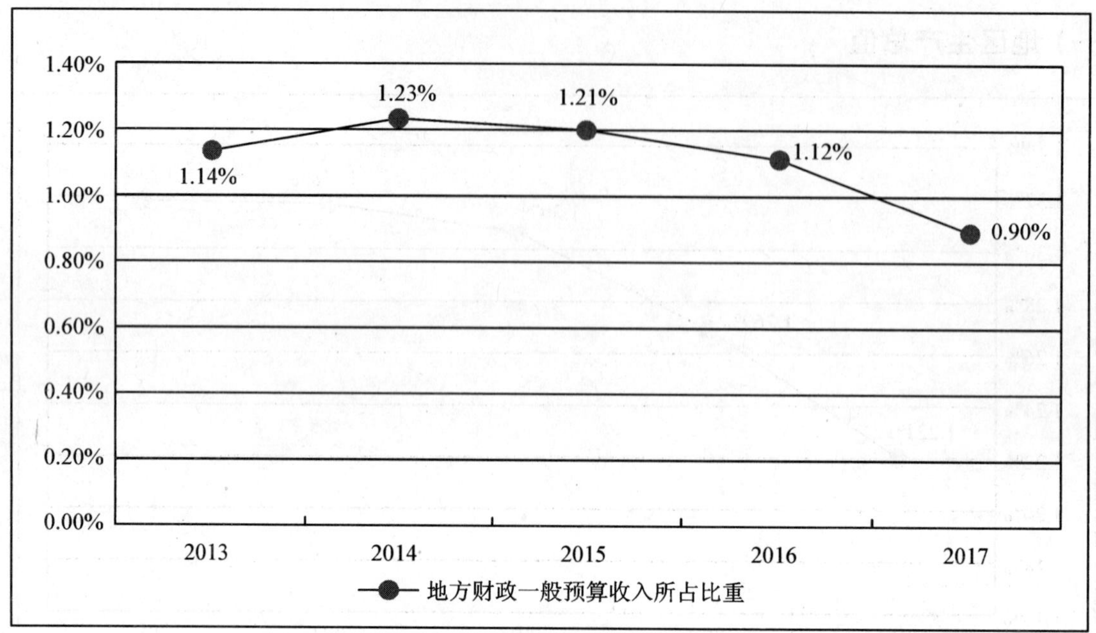

图 5　2013—2017 年宿迁市地方财政一般预算收入在泛长三角所占比重的变化趋势

（三）工业生产总值

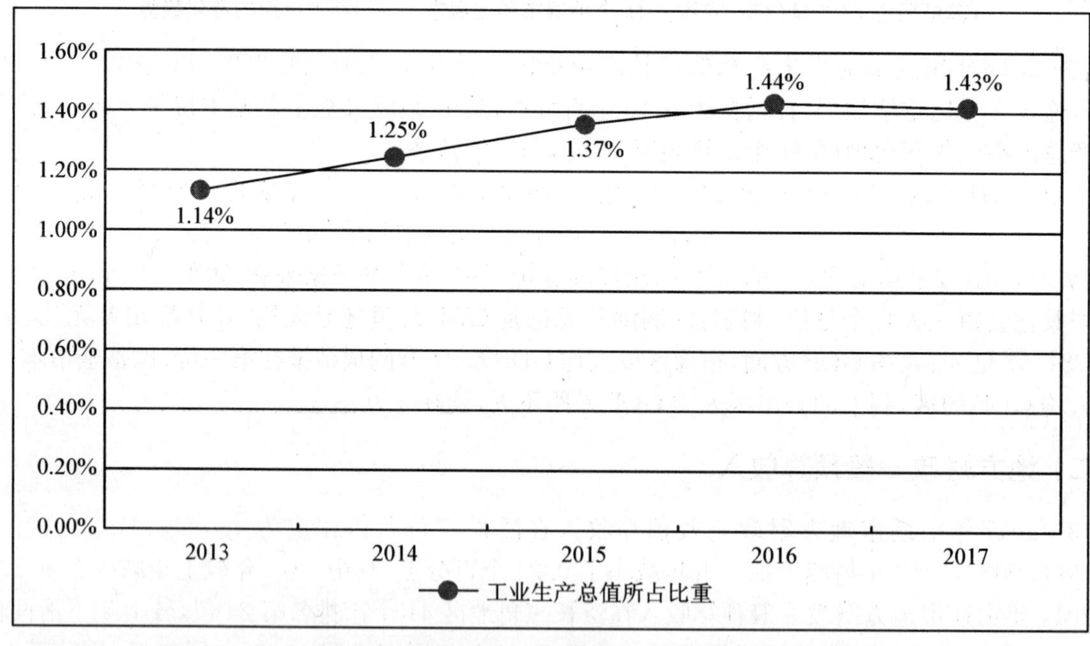

图 6　2013—2017 年宿迁市工业生产总值在泛长三角所占比重的变化趋势

2013—2017 年宿迁市工业生产总值在泛长三角所占比重为 1.14%、1.25%、1.37%、1.44%和 1.43%，五年累计增幅为 0.29 个百分点，其中 2017 年较上年减少 0.01 个百分点。2017 年宿迁工业生产总值在泛长三角地区 41 个市排名第 22 位。

2017 年全年规模以上工业增加值比上年增长 8.9%，其中轻工业增长 8.7%，重工业增长 15.1%。在规模以上工业中，国有控股工业增长 17.2%，私营工业增长 5.6%。大中型工业企业增长 17.8%。全市规模以上工业企业增加值同比增长 8.9%，比全省增速高 1.4 个百分点，比全国增速高 2.3 个百分点，增速位居全省前列。

（四）进出口总额

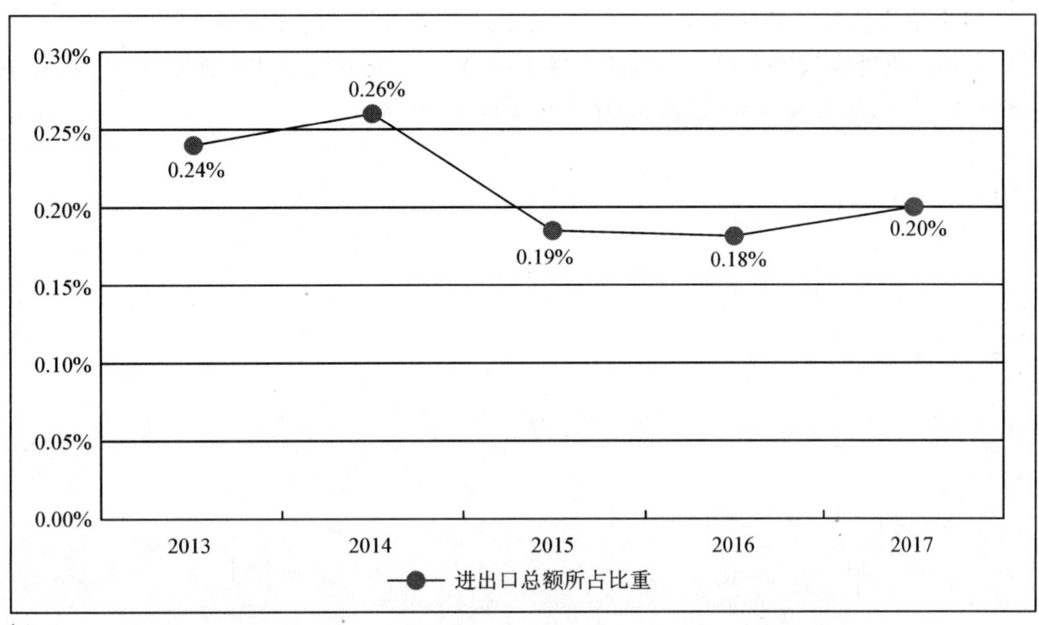

图 7　2013—2017 年宿迁市进出口总额在泛长三角所占比重的变化趋势

2013—2017 年宿迁市进出口总额在泛长三角所占比重为 0.24%、0.26%、0.19%、0.18%和0.20%，五年整体上减少了 0.04 个百分点。2017 年宿迁进出口总额在泛长三角地区 41 个市排名第 29 位，与去年持平。

2017 年，全市实现进出口总额 29.48 亿美元，比上年增长 21.7%。其中出口 21.72 亿美元，增长 16.1%；进口 7.76 亿美元，增长 40.9%。全年出入境检验检疫 23904 批次，比上年增长 7.5%；出入境检验检疫金额达 11.50 亿美元，比上年增长 20.7%。上半年，宿迁市实现了进出口总额 89.9 亿元，其中民营企业进出口额 61.1 亿元，占比达到 68%，成为了一支主力军。

（五）实际外商直接投资金额

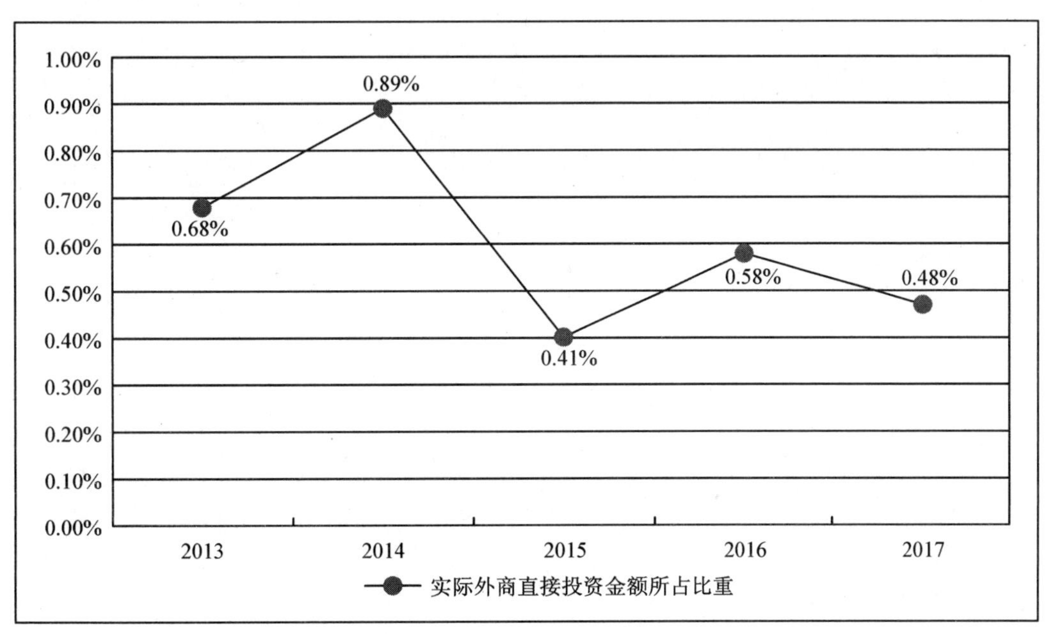

图 8　2013—2017 年宿迁市实际外商直接投资金额在泛长三角所占比重的变化趋势

2013—2017 年宿迁市实际外商直接投资金额在泛长三角所占比重为 0.68%、0.89%、0.41%、0.58% 和 0.48%，2017 年较上年减少 0.10 个百分点，五年累计减小达 0.20 个百分点。2017 年宿迁实际外商直接投资金额在泛长三角地区 41 个市排名第 33 位，较去年下降了五位。

2017 年，全年新批外商投资企业 43 个，比上年下降 6.5%；完成协议注册外资 6.46 亿元，比上年下降 20.0%。全市实际使用外资 3.64 亿美元，比上年下降 19.1%。

第三章　浙江省及各市 2017 年经济社会发展报告

一　浙江省 2017 年经济社会发展报告

2017 年，浙江深入学习贯彻习近平新时代中国特色社会主义思想，全面贯彻落实党的十九大精神，认真落实省第十四次党代会精神，坚定不移贯彻落实新发展理念，坚持稳中求进工作总基调，以供给侧结构性改革为主线，按照“秉持浙江精神，干在实处、走在前列、勇立潮头”的要求，统筹抓好改革、发展、民生各项工作，经济社会持续健康发展，圆满完成了年初确定的各项目标任务。

一、浙江省 2017 年经济发展概况

（一）综合经济

1. 经济总量

全年地区生产总值（GDP）51768.26 亿元，比上年增长 7.8%。其中，第一产业增加值 1933.92 亿元，第二产业增加值 22232.08 亿元，第三产业增加值 27602.26 亿元，分别增长 2.7%、6.6%和 9.2%，第三产业对 GDP 增长的贡献率为 57.0%。三次产业增加值结构由上年的 4.2∶44.8∶51.0 调整为 3.7∶43.0∶53.3。人均 GDP 为 92057 元（按年平均汇率折算为 13634 美元），增长 6.6%。全年全员劳动生产率为 13.7 万元/人，按可比价计算比上年提高 6.9%。

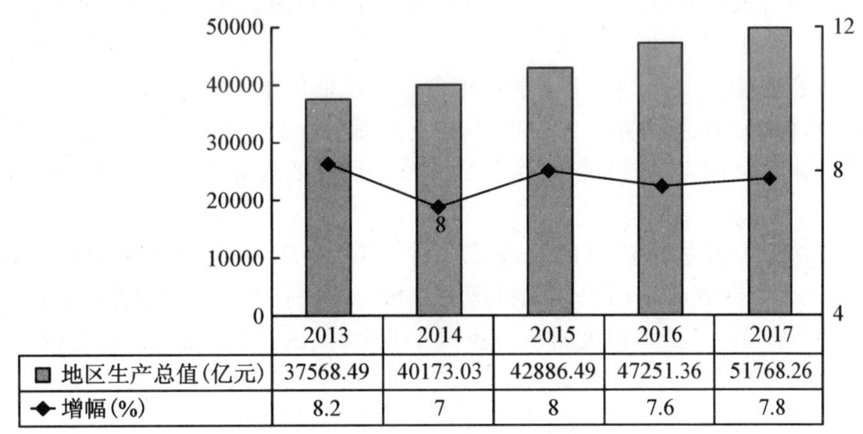

	2013	2014	2015	2016	2017
地区生产总值（亿元）	37568.49	40173.03	42886.49	47251.36	51768.26
增幅（%）	8.2	7	8	7.6	7.8

图 1　2013—2017 年浙江省地区生产总值及增长速度

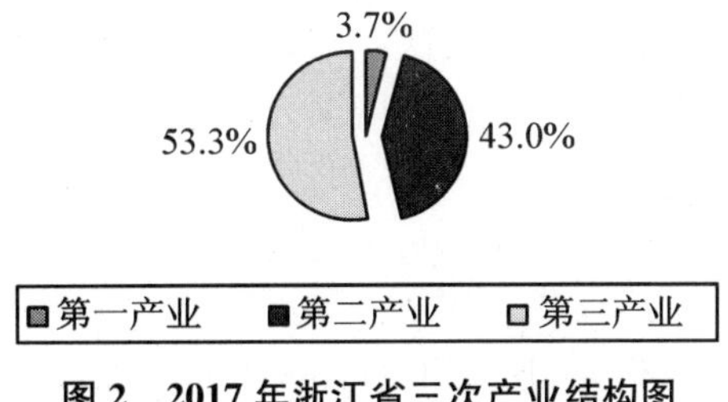

图 2　2017 年浙江省三次产业结构图

全年以新产业、新业态、新模式为主要特征的“三新”经济增加值占 GDP 的 24.1%。信息经济核心

产业增加值4853亿元,按现价计算增长16.7%,占GDP的9.4%。规模以上服务业企业营业收入13288亿元,比上年增长25.5%;利润总额2202亿元,增长21.4%。

2. 财政收入

全年财政总收入10300亿元,比上年增长10.6%;一般公共预算收入5803亿元,同口径增长10.3%。

3. 物价水平

全年居民消费价格(CPI)比上年上涨2.1%,其中食品类价格下降0.9%。商品零售价格上涨1.4%。农业生产资料价格上涨1.8%。工业生产者出厂价格(PPI)上涨4.8%,工业生产者购进价格上涨9.6%。固定资产投资价格上涨5.8%。

4. 固定资产投资

全年固定资产投资31126亿元,比上年增长8.6%。非国有投资19586亿元,占62.9%,其中民间投资18152亿元,占58.3%。

在固定资产投资中,第一产业投资265亿元,比上年增长0.1%;第二产业投资9308亿元,增长6.2%;第三产业投资21553亿元,增长9.8%。施工项目50136个,增长0.3%,其中新开工项目34086个,下降6.3%。

(二)农业和农村建设

全年粮食总产量768.6万吨,比上年增长2.2%。油菜籽播种面积113.8千公顷,下降3.2%;蔬菜644.1千公顷,增长1.7%;花卉苗木161千公顷,增长0.8%;中药材48.6千公顷,增长13.0%;果用瓜102.1千公顷,增长0.3%。

生猪年末存栏548万头,年内出栏1033万头,分别比上年下降4.5%和11.7%;全年肉类总产量104.4万吨,下降11.6%;水产品总产量642.9万吨,增长1.9%,其中,海水产品产量520.8万吨,增长0.8%;淡水产品产量122.1万吨,增长6.8%。

全年新建粮食生产功能区1041个,累计建成粮食生产功能区10172个,总面积819万亩。累计建成现代农业园区818个,面积516.5万亩。省级骨干农业龙头企业494家,产值10亿元以上的示范性农业全产业链55条;全国休闲农业与乡村旅游示范县24个;中国重要农业文化遗产8个;中国美丽休闲乡村28个。

全年新增开展生活垃圾减量化资源化处理试点村6675个,生活垃圾集中收集处理建制村覆盖率100%;新建公厕3397个。在建省级历史文化村落重点村、一般村705个。新创建美丽乡村示范县6个,建成美丽乡村风景线136条、整乡整镇美丽乡村乡镇142个、美丽乡村精品村(特色村)795个。

培育农家乐休闲旅游特色村1155个、特色点2328个,农家乐经营户20463户,从业人员16.8万人,带动就业45.4万人。接待游客3.4亿人次,增长21.6%;营业总收入353.8亿元,增长20.5%,其中,直接营业收入281.3亿元、销售农产品等收入72.5亿元,分别增长20.6%和19.9%。

"千万农民素质提升工程"培训46.6万人次,其中,农村实用人才和新型职业农民培训19.7万人次,农村富余劳动力转移就业技能培训6.5万人次;实现转移就业5.2万人;普及性培训(农业实用技术、科普知识)20.4万人次;农民大学各校区全年共培训5522人。

(三)工业和建筑业

1. 工业增加值

全年规模以上工业增加值14440亿元,比上年增长8.3%。规模以上工业销售产值67857亿元,增长14.6%,其中出口交货值11585亿元,增长9.4%。

规模以上制造业中,高技术、高新技术、装备制造、战略性新兴产业增加值分别比上年增长16.4%、

11.2%、12.8%、12.2%，占规模以上工业的12.2%、42.3%、39.1%、26.5%。在规模以上工业中，信息经济核心产业、文化产业、节能环保、健康产品制造、高端装备、时尚制造业增加值分别增长14.1%、5.7%、11.4%、13.3%、8.1%和2.4%。在战略性新兴产业中，新一代信息技术和物联网、海洋新兴产业、生物产业增加值分别增长21.5%、11.2%和12.5%。规模以上工业新产品产值率为35.4%，比上年提高1.5个百分点。10大传统制造业产业增加值增长4.5%。

全年规模以上工业企业实现利润4570亿元，比上年增长16.6%。高新技术、装备制造和战略性新兴产业利润总额分别增长20.3%、19.5%和25.6%；10大传统制造业产业利润增长23.2%。劳动生产率为21.6万元/人，按可比价计算比上年提高7.7%。

2. 建筑业

全年建筑业增加值2845亿元，占GDP的比重为5.5%。具有资质等级的总承包和专业承包建筑业企业建筑业总产值27236亿元，增长9.0%；实现利税总额1305亿元，增长6.5%。

（四）服务业

1. 国内贸易

全年社会消费品零售总额24308亿元，比上年增长10.6%。按经营地统计，城镇消费品零售额20168亿元，增长10.3%；乡村消费品零售额4140亿元，增长12.2%。按消费类型统计，商品零售额21750亿元，增长10.3%；餐饮收入额2558亿元，增长13.8%。网络零售额13337亿元，增长29.4%；省内居民网络消费6777亿元，增长29.0%。

在限额以上批发零售业商品零售额中，粮油、食品类增长9.5%，服装、鞋帽、针纺织品类增长14.8%，金银珠宝类增长8.7%，日用品类增长10.4%，五金、电料类增长31.6%，中西药品类增长8.8%，家具类增长25.5%，通讯器材类增长25.0%，建筑及装潢材料类增长16.6%，汽车类零售额比上年增长8.3%，石油及制品类增长12.8%。

年末已登记商品交易实体市场3824个，交易额为2.15万亿元，比上年增长5.0%。其中，10亿元级市场284个，100亿元级市场35个，1000亿元级市场2个。

2. 交通运输、邮电

全年交通运输、仓储和邮政业增加值1939亿元，比上年增长7.2%。

全省公路总里程12万公里，其中高速公路4154公里。共有民航机场7个，旅客吞吐量5759万人，其中发送量3040万人。铁路、公路和水运完成货物周转量10106亿吨公里，比上年增长3.2%；旅客周转量1096亿人公里，增长2.0%。港口完成货物吞吐量16亿吨，增长12.8%，其中，沿海港口完成13亿吨，增长10.1%。宁波—舟山港完成货物吞吐量10.1亿吨，增长9.5%，集装箱吞吐量跃居全球第四，达2461万标箱，增长14.1%。

年末全省民用汽车保有量1397万辆，比上年末增长11.0%，其中个人汽车1228万辆，增长11.1%。民用轿车保有量887万辆，增长9.5%，其中个人轿车823万辆，增长9.7%。

全年完成邮电业务总量3518亿元，其中，邮政业务总量1728亿元，比上年增长38.2%，电信业务总量1790亿元，增长62.1%。年末移动电话用户7590万户，比上年增加365万户，其中使用3G、4G移动电话用户6248万户。固定互联网宽带接入用户2465万户，增加305万户，其中固定互联网光纤宽带接入用户2111万户，增加326万户。移动互联网用户7456万户，增加1090万户。全省快递业务量79亿件，比上年增长32.5%。

3. 旅游业

全年旅游产业增加值3913亿元，比上年增长12.6%，占GDP的7.6%；实现旅游总收入9323亿元，增长15.1%，接待游客6.4亿人次，增长9.6%，其中接待入境旅游者1212万人次，增长8.3%。

4. 金融、证券和保险

年末全部金融机构本外币各项存款余额 107321 亿元，比上年末增长 7.8%，其中人民币存款余额增长 7.8%。年末住户本外币存款余额 40804 亿元，增长 5.3%。全部金融机构本外币各项贷款余额 90233 亿元，增长 10.3%，其中人民币贷款余额增长 10.9%。年末主要农村金融机构（农村信用社、农村合作银行、农村商业银行）人民币贷款余额 12124 亿元，比年初增加 1143 亿元。

年末境内上市公司 415 家，累计融资 9077 亿元；其中，中小板上市公司 138 家，占全国中小板上市公司的 15.3%；创业板上市公司 80 家，占全国创业板上市公司的 11.3%。

全年保险业实现保费收入 2147 亿元，比上年增长 20.3%。其中，财产险保费收入 761 亿元，增长 9.2%；人身险保费收入 1386 亿元，增长 27.4%。支付各类赔款及给付 653 亿元，增长 3.2%。其中，财产险赔付支出 431 亿元，人身险赔付支出 223 亿元。

5. 房地产业

全年房地产开发投资 8227 亿元，比上年增长 10.1%，其中住宅投资 5646 亿元，增长17.5%。商品房销售面积 9600 万平方米，增长 11.1%；商品房销售额 12340 亿元，增长 28.5%。

（五）对外经济

1. 对外贸易

全年货物进出口总额 25604 亿元，比上年增长 15.3%。其中，出口 19446 亿元，增长 10.1%，出口占全国的 12.7%；进口 6158 亿元，增长 35.6%。民营企业出口 14956 亿元，增长 11.8%，占出口总额的 76.9%，比上年提高 1.2 个百分点。机电产品出口 8412 亿元，增长 12.3%；高新技术产品出口 1260 亿元，增长 13.6%。对“一带一路”沿线国家合计出口 6303 亿元，增长 9.2%。

全年服务贸易进出口额 3663 亿元，比上年增长 15.5%，服务贸易进出口额占货物和服务贸易总额的 12.5%。其中，出口 2429 亿元，增长 17.1%；进口 1234 亿元，增长 12.3%。

2017 年进出口主要分类情况

指　　标	金额(亿元)	比上年增长(%)
货物进出口总额	25604	15.3
货物出口额	19446	10.1
其中:一般贸易	15508	11.3
加工贸易	1701	8.9
市场采购贸易	1910	2.0
其中:机电产品	8412	12.3
高新技术产品	1260	13.6
货物进口额	6158	35.6
其中:一般贸易	4789	37.3
加工贸易	642	19.7
其中:机电产品	1067	25.2

2. 外资状况

新批外商直接投资项目 3030 个，比上年增加 885 个；合同外资 346.9 亿美元，实际利用外资 179.0 亿美元，分别增长 23.5%和 1.8%。第二产业中，建筑业实际利用外资增长 3.3 倍。第三产业投资项目

2438个，比上年增加720个，占外商直接投资项目总数的80.5%，合同外资238.8亿元，实际利用外资116.8亿元，分别增长32.5%和13.5%，占外资总额的比重分别为68.9%和65.2%。

3. 对外承包

国外经济合作完成营业额476.0亿元，比上年增长0.4%。其中，对外承包工程完成营业额466.5亿元，增长0.8%；新签合同额331.2亿元，下降12.4%；共派出各类劳务人员16233人次，外派劳务人员实际收入9.5亿元。

二、浙江省2017年社会发展概况

(一) 人口、人民生活

据2017年全省5‰人口变动抽样调查，年末全省常住人口5657万人，比上年末增加67万人。其中，男性人口2897万人，女性人口2760万人，分别占总人口的51.2%和48.8%。全年出生人口67万人，出生率为11.92‰；死亡人口31.3万人，死亡率为5.56‰；自然增长率为6.36‰。城镇化率为68.0%。

根据城乡一体化住户调查，全年全省居民人均可支配收入为42046元，比上年增长9.1%，扣除价格因素增长6.9%。按常住地分，城镇居民和农村居民人均可支配收入分别为51261和24956元，增长8.5% 和9.1%，扣除价格因素分别增长6.3%和7.0%。全省居民人均可支配收入中位数为37338元，比上年增加3145元，增长9.2%。

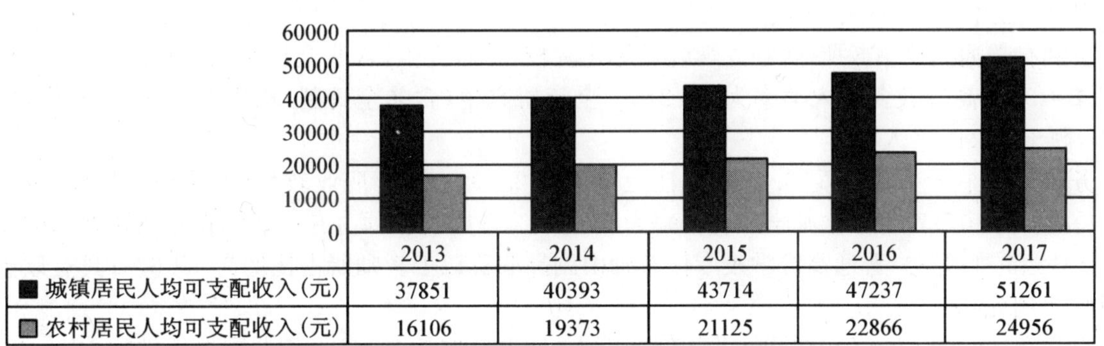

	2013	2014	2015	2016	2017
■ 城镇居民人均可支配收入(元)	37851	40393	43714	47237	51261
■ 农村居民人均可支配收入(元)	16106	19373	21125	22866	24956

图3　2013—2017年浙江省城乡居民收入对比一览

全省居民人均生活消费支出27079元，比上年增长6.1%，扣除价格因素增长3.9%。城镇常住居民和农村常住居民人均生活消费支出分别为31924和18093元，增长6.2%和4.2%，扣除价格因素分别增长4.0%和2.2%。

年末每百户居民家庭拥有家用汽车47.9辆，比上年末增加2.7辆；拥有计算机80.7台，其中接入互联网的计算机71.7台，分别增加2.9和2.3台；拥有移动电话239.9部，其中接入互联网的移动电话153.6部，分别增加6.8和15.0部；拥有彩色电视机178.2台、电冰箱101.1台、洗衣机88.9台、空调176.1台、热水器95.3台，分别增加5.5、2.2、2.5、6.9和3.3台。

(二) 就业、社会保障与社会福利

1. 就业

全年新增城镇就业127.2万人，其中45.1万名城镇失业人员实现再就业，12.9万名就业困难人员实现就业。年末城镇登记失业率为2.73%，比上年下降0.14个百分点。

2. 社会保障和社会福利

全省参加基本养老保险人数3913万人，参加基本医疗保险人数5252万人，参加失业保险、工伤保

险、生育保险人数分别为1381、1977和1392万人。正常缴费企业退休人员基本养老金月均水平达到3085元。城乡居民养老保险基础养老金月人均最低标准提高到135元，因工死亡职工供养亲属抚恤金月人均提高95元。

年末在册低保对象81.5万人（不含五保），其中，城镇22.3万人，农村59.2万人。低保资金（含各类补贴）支出6.7亿元，比上年增长31.4%；城乡低保平均标准分别为每人每月739和730元，分别增长9.0%和15.7%。

全年支出医疗救助资金18.4亿元，比上年增长46.0%。中央和省财政投入补助资金58.8亿元，新增各类机构养老床位数2.13万张，新建成社区居家养老服务照料中心2150个。

全年发行各类福利彩票156.4亿元，比上年增加5.1亿元，筹集公益金45.0亿元。

（三）教育和科学技术

1. 教育事业

年末全省共有小学3286所，招生61.3万人；在校生354万人，比上年减少0.3%，小学学龄儿童入学率为99.99%。小学生均校舍建筑面积9.13平方米；生均图书29.9册；每百名学生拥有计算机19.7台；小学体育运动场（馆）面积达标的学校比例为99.5%。共有初中1735所，招生55.7万人；在校生155.9万人，比上年增加3.7%，初中入学率为99.99%。初中生均校舍建筑面积19.3平方米；生均图书48.6册；每百名学生拥有计算机30.6台；初中体育运动场（馆）面积达标的学校比例为99.2%。全省各类中等职业教育学校251所（不含技工学校），招生18.5万人，在校生53.2万人；普通高中580所，招生25.9万人，在校生77.3万人，毕业生24.6万人。

全省共有普通高校108所（含独立学院及筹建院校）。研究生（含非全日制）、本科、专科招生比例为1.0∶5.8∶5.0；高等教育毛入学率为58.2%。全年研究生（含非全日制）招生27368人，其中，博士生2830人，硕士生24538人。

义务教育中小学专任教师33.0万人，比上年增长2.5%。中等职业教育（不含技工学校）专任教师3.4万人，生师比15.7；专任教师学历合格率为97.2%。双师型教师占专任教师和专业课教师的比例分别为44.2%和81.7%。普通高等学校专任教师中副高职称以上教师所占比例为45.6%；具有硕士以上学位教师比例为82.2%。

全省共有幼儿园8645所，在园幼儿195.8万人，比上年增长2.1%。幼儿园专任教师12.5万人，比上年增加0.5万人；幼儿教师学历合格率为99.9%。

2. 科学技术

全年全社会研究和发展（R&D）经费支出1260亿元，与生产总值之比为2.43%，比上年提高0.04个百分点。财政一般公共预算支出中科技支出303.5亿元，比上年增长13.6%。

全省有国家认定的企业技术中心115家（含分中心）。新认定高新技术企业2010家，累计11462家。新培育科技型中小企业8856家，累计40440家。全年专利申请量37.7万件；授权量21.4万件，其中发明专利授权量2.87万件，增长8.2%。科技进步贡献率为60.1%。新增“浙江制造”标准129个。

（四）文化、卫生和体育

1. 文化事业

年末全省共有公共图书馆101个，文化馆101个，文化站1371个，博物馆307个，隶属文化部门艺术表演团体65个。有线广播电视用户数1475万户，比上年下降3.3%；广播、电视人口综合覆盖率分别为99.68%和99.75%。全年制作电视剧53部2197集，制作影片107部，制作动画片50部18780分钟。图书出版社14家。影视制作机构2833家，其中上市公司38家。公开发行报纸68种，出版期刊229种。

新闻出版广播影视业营业收入 2012 亿元，比上年增长 0.25%。

2. 卫生事业

年末全省卫生机构 3.2 万个（含村卫生室），其中，医院 1208 个，卫生院 1161 个，社区卫生服务中心（站）5687 个，诊所（卫生室、医务室）10201 个，村卫生室 11535 个，疾病预防控制中心 100 个，卫生监督所（中心）102 个。卫生技术人员 46.1 万人，比上年末增长 6.7%，其中，执业（助理）医师 17.9 万人，注册护士 18.8 万人，分别增长 6.5%和 7.8%。医疗卫生机构床位数 31.4 万张，增长 8.2%，其中，医院 27.8 万张，卫生院 1.8 万张。医院年诊疗 27655 万人次，增长 9.1%。

全省预约诊疗服务平台预约请求量 890 万人次，预约成功量 720 万次，比上年分别增长 12.5%和 9.9%，日均预约成功量 2.1 万次，新增注册用户 209 万人，增长 9.5%，日均注册量为 5.5 万人次。全年完成新接入医院 12 家，累计接入医院 283 家。

3. 体育事业

全年浙江运动员在各类国际性、洲际性、全国性比赛中共获得世界锦标赛、世界杯总决赛冠军 10 个，世界杯分站赛、系列赛冠军 28 个，世界青年锦标赛冠军 9 个，亚洲锦标赛、亚洲杯赛冠军 10 个，亚洲青年锦标赛冠军 12 个，全运会冠军 53 个，全国一类比赛冠军 78 个、二类比赛冠军 70 个、青少年比赛冠军 231 个。

年末全省人均体育场地面积达到 1.97 平方米，经常参加体育锻炼人数占总人口 38.1%，城乡居民国民体质合格率保持在 92.2%以上。有省级全民健身中心 18 个、中心村全民健身广场（体育休闲公园）498 个、社区多功能运动场 384 个。国家级体育后备人才基地 18 个，省级体育后备人才基地 50 个。国家级体育传统项目学校 17 个。省级青少年体育俱乐部 413 所。国家体育产业示范基地（运动休闲示范区）5 个、体育旅游示范基地 1 个、国家级运动休闲特色小镇 3 个。省级运动休闲基地 13 个、运动休闲旅游示范基地 20 个。

全年销售体育彩票 137.0 亿元，比上年增加 12.7 亿元，增长 10.2%。

（五）城乡建设

扎实推进以人为核心的新型城市化，城市面貌日新月异，小城镇环境综合整治全面展开，美丽乡村建设全面推进。2236 个村庄完成景区化改造，200 多万农业转移人口成为城镇居民，城市化水平达到 68%。新增高速公路 535 公里、高铁 824 公里、城市轨道交通 133 公里、农村公路 5016 公里。四大都市区主体地位进一步凸显，山区和海岛绿色发展步伐不断加快，城乡居民收入差距从 2.14∶1 缩小至 2.05∶1。

（六）资源、环境保护和生态建设

全年平均降水量为 1556 毫米（折合降水总量 1615 亿立方米），全省总水资源量为 903 亿立方米，人均水资源量为 1596 立方米。

全年完成造林更新面积 19.1 千公顷，比上年减少 27.7%，其中，人工造林 8.86 千公顷，无林地和疏林地封育 1.15 千公顷，迹地更新 9.1 千公顷。森林抚育面积 105.4 千公顷，完成义务植树 6104 万株。新植珍贵树木 2445 万株，重点建设珍贵彩色森林 20.4 万亩。根据 2017 年浙江省森林资源公告，全省森林覆盖率为 61%（含灌木林）。完成水土流失治理面积 500.5 平方公里。

年末有气象雷达观测站点 10 个，卫星云图接收站点 25 个，区域自动气象观测站 2645 个。全省霾平均日数 34 天，比上年减少 2 天。11 个设区城市环境空气 PM2.5 年均浓度平均为 39 微克/立方米，比上年下降 4.9%。日空气质量优良天数比例为 68.5%—94.2%，平均为 82.7%，比上年下降 0.4 个百分点。69 个县级以上城市日空气质量优良天数比例为 68.5%—99.7%，平均为 90.0%，提高 1.6 个百分点。

221个省控断面中，Ⅲ类及以上水质断面占82.4%，比上年提高5.0个百分点；无劣Ⅴ类水质断面；满足水环境功能区目标水质要求断面占86.0%，提高5.0个百分点。按达标水量计，11个设区城市的主要集中式饮用水水源地水质达标率为97.4%，提高1.2个百分点；县级以上城市集中式饮用水水源地水质达标率为96.4%，提高3.4个百分点。按个数计，11个设区城市的主要集中式饮用水水源地水质达标率为90.5%，与上年持平；县级以上城市集中式饮用水水源地水质达标率为93.4%，提高2.3个百分点。145个跨行政区域河流交接断面水质达标率为90.3%，比上年提高2.8个百分点。近岸海域发现赤潮33次，累计面积约2068平方千米，其中有毒有害赤潮12次，面积1276平方千米。与上年相比，赤潮发现次数增加6次，累计面积减少546.7平方千米。

城市污水排放量27.7亿立方米，比上年增长0.04%，城市污水处理量为26.1亿立方米，增长0.3%，城市污水处理率94.2%，比上年提高0.3个百分点。城市生活垃圾无害化处理率99.99%，城市用水普及率99.98%，城市燃气普及率99.97%。人均公园绿地面积13.2平方米。

全年建成国家生态文明建设示范市1个，国家生态文明建设示范县（市、区）4个，国家"绿水青山就是金山银山"实践创新基地3个。累计建成国家级生态市2个，国家级生态县（市、区）39个，国家环境保护模范城市7个，国家级生态乡镇691个，省级生态市5个，省级生态县（市、区）67个，省级环保模范城市15个。

全年规模以上工业企业能源消费量比上年增长3.0%，单位工业增加值能耗下降5.0%。其中，千吨以上和重点监测用能企业能源消费量分别增长0.8%和1.0%，单位工业增加值能耗分别下降5.9%和5.8%。

（七）社会安全

全年发生各类生产安全事故（包括工矿商贸企业、道路运输、水上交通、渔业船舶、铁路交通、海上交通事故）3383起、死亡2715人、受伤1435人，比上年分别下降26.3%、19.2%和34.5%。其中，较大生产安全事故15起、死亡51人，比上年减少4起、22人；重大生产安全事故1起、死亡18人，比上年增加1起、18人。道路运输共发生事故2722起，死亡2026人，受伤1282人，比上年分别下降26.4%、17.1%和37.6%。

三、浙江省在泛长三角地区经济发展中的地位

2017年是实施"十三五"规划的重要一年，也是本届省政府收官之年。在党中央、国务院和中共浙江省委的坚强领导下，省政府深入学习贯彻习近平新时代中国特色社会主义思想，全面贯彻落实党的十八大、十八届历次全会和十九大精神，统筹推进"五位一体"总体布局，协调推进"四个全面"战略布局，认真落实省第十四次党代会精神，认真执行省十二届人大历次会议作出的各项决议，坚定不移贯彻落实新发展理念，坚持稳中求进工作总基调，以供给侧结构性改革为主线，按照"秉持浙江精神，干在实处、走在前列、勇立潮头"的要求，统筹抓好改革、发展、民生和政府自身建设各项工作，圆满完成了本届省政府和年初确定的各项目标任务。

2017年，生产总值总量列广东、江苏、山东之后，连续22年居全国第4位，人均生产总值列北京、上海、天津、江苏之后，居全国第5位、省区第2位，一般公共预算收入列广东、江苏、上海、山东之后居全国第5位，社会消费品零售总额居全国第4位，进出口总值列广东、江苏、上海之后居全国第4位，出口总额列广东、江苏之后居全国第3位，网络零售额仅次于广东居全国第2位。全省居民人均可支配收入居全国省区第1位。城镇常住居民人均可支配收入连续17年居全国第3位、省区第1位；农村常住居民人均可支配收入2014年首次超过北京，列上海之后居全国第2位，连续33年居省区第1位。

（一）地区生产总值

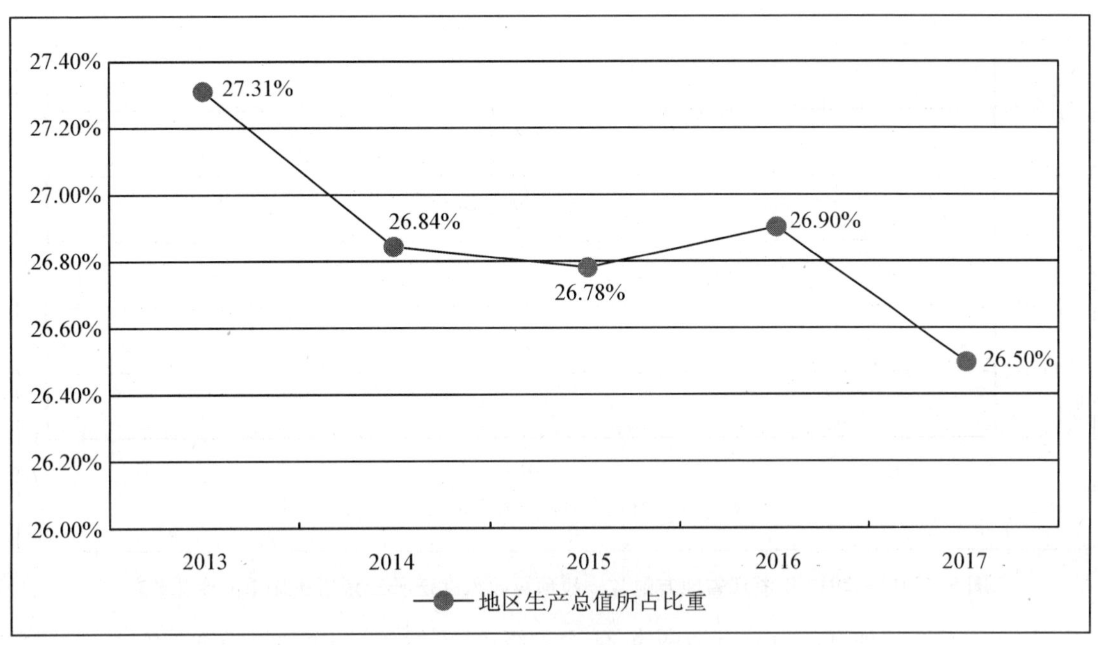

图 4　2013—2017 年浙江省地区生产总值在泛长三角（江苏省、浙江省、安徽省和上海市）所占比重的变化趋势

按总量来讲，多年来浙江省地区生产总值在泛长三角地区位居第二位。2013—2017 年浙江省地区生产总值在泛长三角所占比重分别为 27.31%、26.84%、26.78%、26.90%和26.50%。浙江省地区生产总值在泛长三角占比整体呈现下降态势，2017 年与 2013 年比下降了 0.61 个百分点。

2017 年，在泛长三角地区 41 市（苏浙两省 24 个地级市、安徽省 16 个地级市和上海市，下同）地区生产总值所占比重排名的前十位中，浙江省 11 个地级市仅占据 2 席。

全省生产总值（当年价）从 2012 年的 3.5 万亿元、2014 年的 4 万亿元跃升至 2017 年的 51768 亿元，约合 7667 亿美元，与 2016 年居全球经济总量第 18 位的荷兰大体相当。按可比价计算，比上年增长 7.8%，比 2012 年增长 45.8%，年均增长 7.8%，高于 7.1%的全国年均增幅。2017 年，人均生产总值为 92057 元，按可比价计算，五年年均增长 7.2%。按当年平均汇率折算，2012 年人均生产总值突破 1 万美元，2017 年达 13634 美元。

2017 年，全面推进供给侧结构性改革，质量效益进一步提高。经济总量站上 5 万亿元级台阶。2017 年，全省生产总值 51768 亿元，按可比价格计算，比上年增长 7.8%，增速快于上年年报核实数 0.2 个百分点，快于全国 0.9 个百分点。人均生产总值达 92057 元（合 13634 美元）。分产业看，第一产业增加值 2017 亿元，增长 2.8%；第二产业增加值 22472 亿元，增长 7.0%；第三产业增加值 27279 亿元，增长 8.8%。三次产业占生产总值的比重分别为3.9%、43.4%和 52.7%。从其他主要经济指标看，工业、农业、消费增速加快，投资结构优化，服务业、进出口、财政收支增速较快，用电量、货运量、贷款、信心和景气指数等先行指标继续向好。

（二）地方财政一般预算收入

2013—2017 年浙江省地方财政一般预算收入在泛长三角所占比重分别为 22.94%、22.70%、23.11%、23.56%和 24.77%，整体呈现上升态势，2017 年较 2013 年上升了 1.83 个百分点。

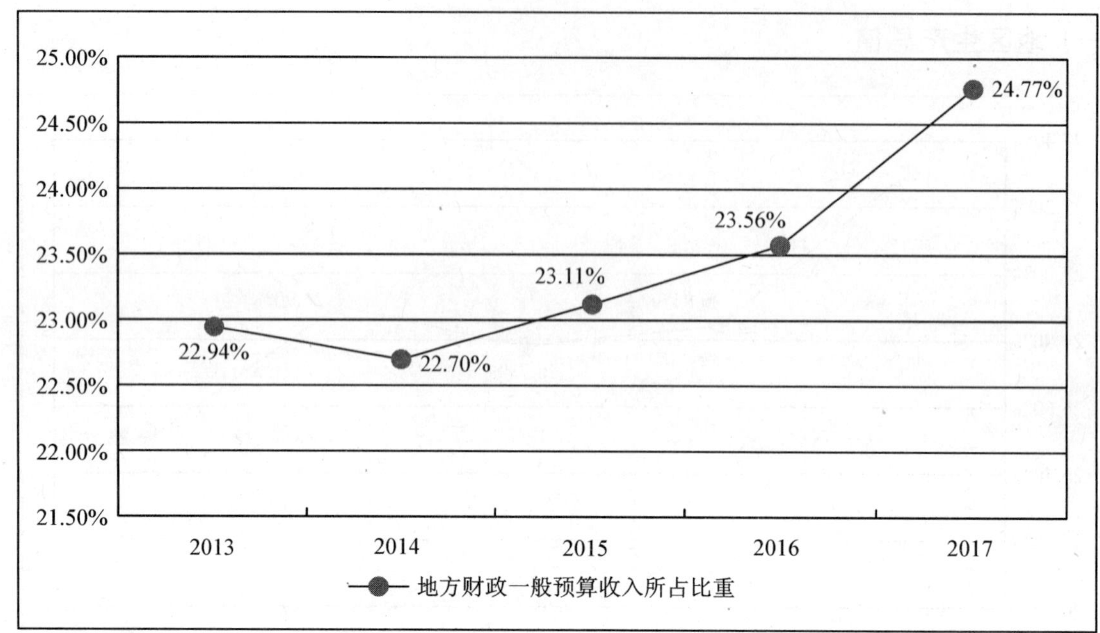

图 5　2013—2017 年浙江省地方财政一般预算收入在泛长三角所占比重的变化趋势

2017 年，在泛长三角地区 41 市（苏浙两省 24 个地级市、安徽省 16 个地级市和上海市，下同）地方财政一般预算收入所占比重排名的前十位中，浙江省 11 个地级市占据 2 席，与 2016 年持平。

2017 年，全省一般公共预算收入 5803.38 亿元，完成年度预算的 114.5%，增长 10.3%，其中税收收入 4939.74 亿元，增长 11.5%；非税收入 863.64 亿元，增长 3.7%。

全省财政收入较快增长的动力主要来自于三方面，一是经济向好拉动，2017 年浙江省经济运行持续稳走向好，转型升级步伐加快，新动能不断发展壮大，实体经济活力增强，带动增值税、企业所得税、个人所得税合计增收 347.38 亿元，对税收的增收贡献率为 68.7%；二是新兴产业带动，通用设备制造业、软件和信息技术服务业、租赁和商务服务业、科学研究和技术服务业税收分别增长 22.0%、36.9%、25.0%、60.5%，合计对税收的增收贡献率达 32.8%，有力拉动经济增长；三是房地产市场活跃推动，拉动土地增值税、契税、土地两项计提资金（教育资金收入和农田水利建设资金收入）分别增长 23.2%、25.2%、52.3%，合计增收 178.35 亿元。

（三）工业生产总值

2013—2017 年浙江省工业生产总值在泛长三角所占比重分别为 27.23%、27.30%、27.49%、28.05% 和 26.75%，总体上呈现下降趋势，累计降幅达 1.7 个百分点。

2017 年，浙江省工业生产总值在泛长三角地区三省一市的排名中，为第 2 位；在泛长三角地区 41 市工业生产总值所占比重排名的前十位中，浙江省 11 个地级市占据 2 席。

2017 年，全年规模以上工业增加值 14440 亿元，比上年增长 8.3%。规模以上工业销售产值 67857 亿元，增长 14.6%，其中出口交货值 11585 亿元，增长 9.4%。规模以上制造业中，高技术、高新技术、装备制造、战略性新兴产业增加值分别比上年增长 16.4%、11.2%、12.8%、12.2%，占规模以上工业的 12.2%、42.3%、39.1%、26.5%。在规模以上工业中，信息经济核心产业、文化产业、节能环保、健康产品制造、高端装备、时尚制造业增加值分别增长 14.1%、5.7%、11.4%、13.3%、8.1%和 2.4%。在战略性新兴产业中，新一代信息技术和物联网、海洋新兴产业、生物产业增加值分别增长 21.5%、11.2%和 12.5%。规模以上工业新产品产值率为35.4%，比上年提高 1.5 个百分点。10 大传统制造业产业增加值增长 4.5%。

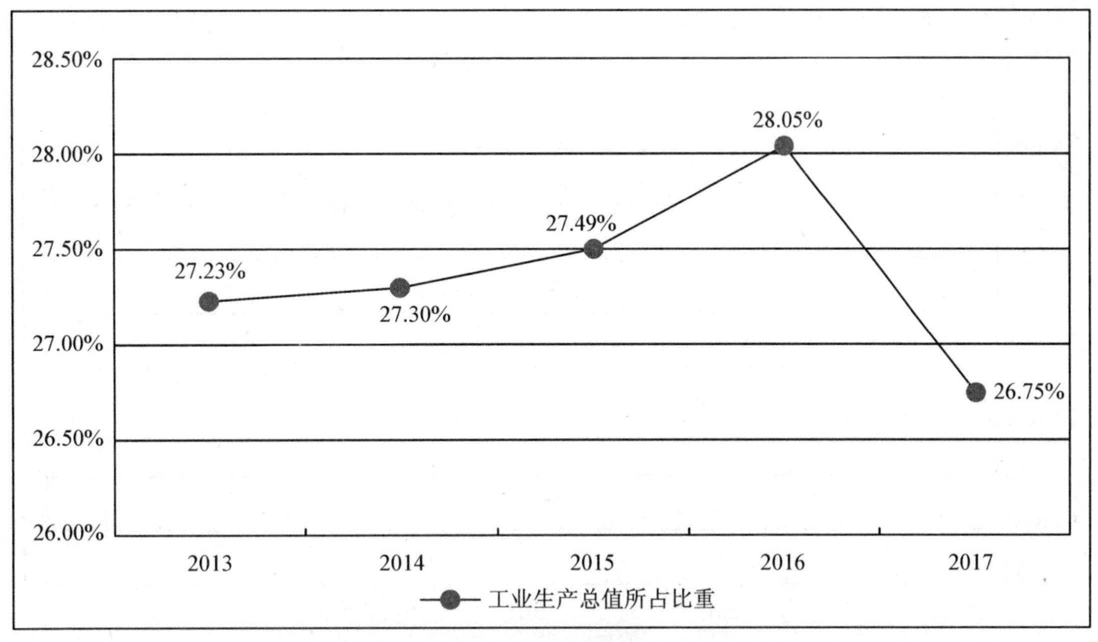

图6　2013—2017年浙江省工业生产总值在泛长三角所占比重的变化趋势

2017年前11个月，浙江规模以上工业增加值增速累计同比增长8.4%，高出全国平均1.8个百分点，增速在东部沿海地区排名第一。不仅如此，8.4%的增速还实现了两个重要扭转。一方面，2017年以来，全省工业增加值增速持续高于全国平均水平，且增速差逐月扩大，扭转了自2011年以来浙江工业增速低于江苏、山东、广东等工业大省的态势，率先进入回升通道，再次走在全国前列。另一方面，扭转了2012年以来工业增速低于全省GDP增速的态势，成为浙江经济稳走向好的主引擎。数据显示，浙江工业增长自2010年达到阶段性顶点后，于2015年触底，经历了长达5年的回调下降，在2015年工业与GDP增速差达到了3.1个百分点。2016年工业增速实现触底反弹，并快速拉近与GDP的增速差，最终在2017年前三季度，实现全部工业增加值增速超过GDP增速0.04个百分点，而2017年全年有望继续拉大增速差。2017年浙江工业经济稳中向好的背后，是工业经济加速从要素驱动为主向创新驱动为主转变。从改造提升传统制造业入手，推动浙江传统动能高质量式修复。2017年前11个月，规模以上工业企业利润总额同比增长15.6%，连续20个月保持两位数增长；规模以上工业产销率达到97.2%，达到2014年以来最高；全省规上工业企业劳动生产率按可比价增长8.1%。企业利润、产销率、劳动生产率的提高，足见质量增长的基础较为扎实。

（四）进出口总额

2013—2017年浙江省进出口总额在泛长三角所占比重分别为24.44%、24.75%、24.90%、25.41%和25.21%，总体上呈现增长态势，2017年出现轻微下跌，五年间增加了0.77个百分点，其中2017年较上年下跌了了0.20个百分点。

2017年，浙江省进出口总额在泛长三角地区三省一市的排名为第3位；在泛长三角地区41市地方财政一般预算收入所占比重排名的前十位中，浙江省11个地级市占据4席，较上年减少一席。

2017年，在世界经济温和复苏的大环境下，浙江省外贸进出口稳中向好，年度全省进出口、进口、出口规模均创历史新高。在2016年进出口总值逆势增长3.0%领跑全国的基础上，2017年进出口总值保持两位数增长，保持了稳定增长、走在前列的良好发展态势。

2017年浙江省实现进出口总值2.56万亿元，同比增长15.3%，规模稳居全国第4位，增速在沿海主要外贸省市中居第2位。其中，出口1.94万亿元，同比增长10.1%，出口总值居全国第3位，出口增速与山东省并列沿海主要外贸省市第二位;进口 0.62 万亿元,增长 35.6%,增速在沿海主要外贸省市中居首位。

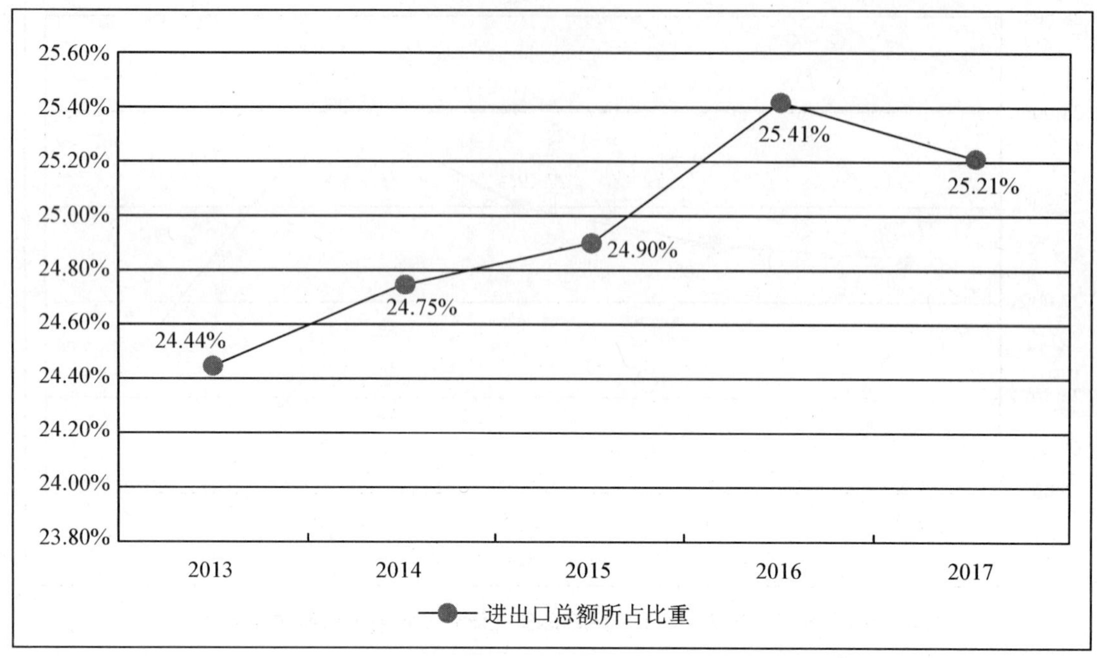

图 7　2013—2017 年浙江省进出口总额在泛长三角所占比重的变化趋势

2017 年浙江外贸主要呈现以下特点:一、进出口总值稳中有升,增速前高后低,逐季趋缓。2017 年各季度进出口总值分别为 0.56 万亿元、0.66 万亿元、0.65 万亿元、0.68 万亿元,同比增速分别为 23.0%、19.5%、15.9%、15.3%。二、一般贸易进出口增长较快,比重提升。2017 年,全省一般贸易进出口 2.03 万亿元,增长 16.5%,高于全省总体 15.3%的增速,占全省进出口总值的 79.3%,比 2016 年提升 0.8 个百分点。三、民营企业进出口规模进一步扩大,增长较快,比重进一步提升。2017 年全省民营企业进出口 1.81 万亿元,增长 15.5%,占全省进出口总值的 70.8%,比重提升 0.1 个百分点。四、对前三大贸易伙伴进出口较快增长,与"一带一路"沿线国家前三大贸易国进出口增长更快。2017 年,全省对欧盟、美国和东盟进出口分别为 5092.8 亿元、4197.6 亿元和 2576.6 亿元,同比分别增长 12.4%、15.6% 和 17.0%,三者合计占全省进出口总值的 46.3%。与"一带一路"沿线国家前三大贸易国印度、俄罗斯、印度尼西亚的进出口值分别为 834.9 亿元、653.4 亿元和 546.7 亿元,进出口增长均超过 20%。五、机电产品、传统劳动密集型产品仍为出口主要商品,出口商品结构进一步优化。2017 年,全省出口机电产品 0.84 万亿元、高新技术产品 0.13 万亿元,分别增长 12.3%和 13.6%,出口增速均高于全省出口增速。通过"机器换人"、技术引进,纺织品等传统劳密产业转型升级趋势初显,全省传统劳动密集型产品出口 0.70 万亿元,增长 6.4%。六、进口总值大幅增长,大宗商品进口拉动作用明显。塑料、铁矿砂、废金属、成品油等大宗商品进口量、价大幅提升。2017 年,全省 20 种大宗商品进口值增长 42.4%,占全省进口 52.2%。20 种大宗商品价格同比均呈增长态势,平均价格增幅 24.1%,进口量增长 14.7%。七、全省外贸区域集中度高。进出口规模前三为宁波、杭州、金华,三个地区进出口值占全省 62.8%,占比提高 0.1 个百分点。出口方面,宁波、杭州、金华居全省前三,占比 60.4%;进口方面,宁波、杭州、嘉兴居全省前三,占比 80.2%。

(五) 实际外商直接投资金额

2013—2017 年浙江省实际外商直接投资金额在泛长三角所占比重分别为 18.91%、21.21%、23.13%、23.31%和 23.57%,呈持续上涨态势,2017 年较 2013 年增加了 4.66 个百分点。

2017 年,浙江省实际外商直接投资金额在泛长三角地区三省一市的排名为第 2 位,较上年上升一

位;在泛长三角地区 41 市地方财政一般预算收入所占比重排名的前十位中,浙江省 11 个地级市占据 3 席。

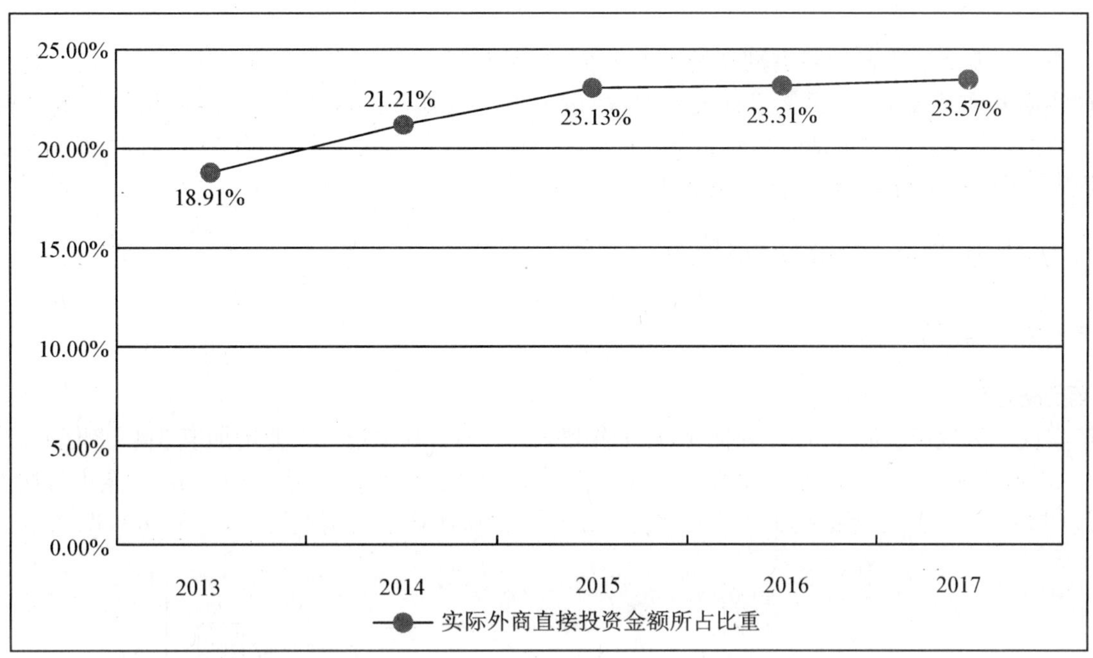

图 8　2013—2017 年浙江省实际外商直接投资金额在泛长三角所占比重的变化趋势

2017 年引进外资稳步提升。新批外商投资企业 3030 家,实际利用外商直接投资 1207 亿元,增长 2.7%,五年累计 5292 亿元,超额完成"五年五千亿"目标。世界 500 强企业不断落户浙江,2017 年新设世界 500 强投资企业 34 家,比上年增加 13 家。

2017 年外资大项目继续保持增长态势,新设投资总额 1 亿美元以上企业 89 家,比 2016 年增加 21 家;其投资总额 277.5 亿美元,合同外资 105.8 亿美元,分别增长 51.6%和 21.0%,主要涉及生物医药、新材料、新能源、物流、汽车、环保等浙江省战略新兴性产业。

外资传统来源地出现恢复性增长。香港地区仍为第一大投资来源地,2017 年实际外资为 121.7 亿美元,同比增长 7.5%,占总数的 68.0%。来自日本的实际外资 4.8 亿美元,同比增长 18.7%,列来源国家(地区)中第三位,外资来源国家中第一位。韩国实际外资 2.7 亿美元,同比增长 61.6%。欧盟国家中英国、瑞典、西班牙、瑞士、奥地利等国家增长均超过 1 倍。

第三产业和高新技术投资增长迅速。2017 年第三产业实际外资 116.8 亿美元,同比增长 13.5%,占总数比重为 65.2%,提高 6.6 个百分点,其中住宿和零售业、文化体育娱乐业增长超过 1 倍。高新技术产业实际投资 53.9 亿美元,同比增长 42.6%,占总数比重为 30.1%,提高 8.6 个百分点,其中高新技术服务业增长 82.2%,高新技术制造业增长 3.0%。

世界 500 强投资项目不断增加。2017 年全年新批世界 500 强投资企业 34 家,同比增加 13 家,投资总额 30.5 亿美元,合同外资 9.1 亿美元。其中新引入世界 500 强企业 5 家,如法国圣戈班集团、美国黑石集团、台湾仁宝电脑集团、荷兰亮锐国际有限公司等。

二 杭州市 2017 年经济社会发展报告

2017 年，全市上下认真学习贯彻党的十九大精神，深入领会把握习近平新时代中国特色社会主义思想的精神实质和实践要求，全面落实省第十四次、市第十二次党代会决策部署，以强化供给侧结构性改革为主线，加快建设独特韵味别样精彩世界名城，全面推进拥江发展。全市经济结构持续优化，发展质量不断提高，民生福祉持续增进，社会事业实现新进步。

一、杭州市 2017 年经济发展概况

（一）综合经济

1. 经济总量

全年实现地区生产总值 12603.36 亿元，比上年增长 8.1%。其中第一产业增加值 311.08 亿元，第二产业增加值 4362.48 亿元，第三产业增加值 7929.80 亿元，分别增长 1.8%、4.8%和 10.5%。全市常住人口人均 GDP 为 135113 元，比上年提高 10827 元，增长 5.5%。三次产业结构调整为 2.5∶34.6∶62.9。

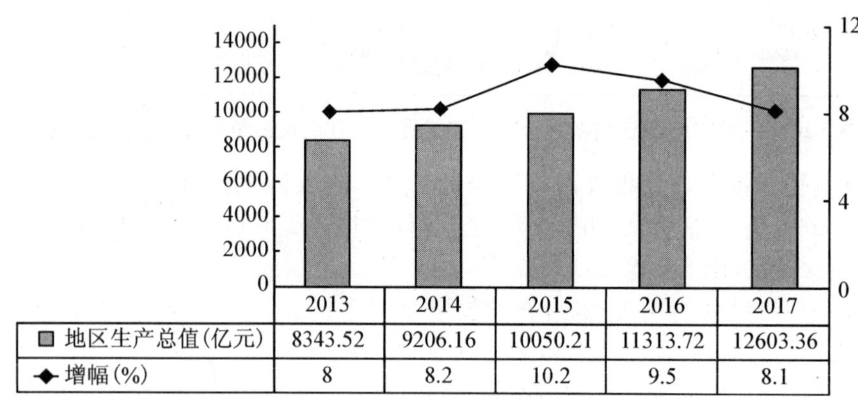

	2013	2014	2015	2016	2017
地区生产总值(亿元)	8343.52	9206.16	10050.21	11313.72	12603.36
增幅(%)	8	8.2	10.2	9.5	8.1

图 1 2013—2017 年杭州市地区生产总值及增长速度

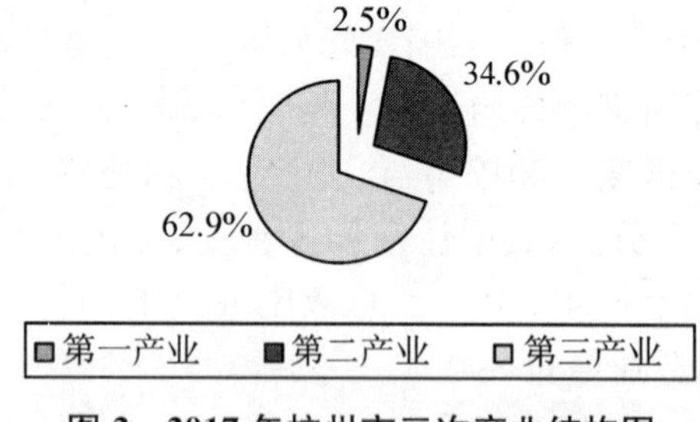

图 2 2017 年杭州市三次产业结构图

全年以新产业、新业态和新模式为主要特征的“三新”经济实现增加值 4251 亿元，增长 20.4%，占 GDP 的 33.9%。

2. 非公经济

全年民营经济实现增加值 7561 亿元，占 GDP 的 60.2%。年末，全市私营企业 48.10 万户，比上年末增长 20.1%；个体工商户 47.14 万户，增长 10.6%。全年新设个体工商户 9.38 万户，增长 8.4%。私营企业和个体工商户从业人员分别为 312.25 万人和 92.41 万人，增长 10.9%和 16.3%。

全年信息经济实现增加值 3216 亿元，增长 21.8%，占 GDP 的 25.6%，同比提高 1.3 个百分点。其

中电子商务产业增加值 1316 亿元，增长 36.6%，连续七年增速保持在 30%以上。六大产业群中的文化创意产业增加值 3041 亿元，增长 19.0%，占 GDP 的 24.2%。

3. 财政收支

全年财政总收入 2921.30 亿元，一般公共预算收入 1567.42 亿元，分别增长 14.2%和 17.4%。其中企业所得税 270.22 亿元，个人所得税 146.20 亿元，分别增长 22.0%和 26.6%。全市一般公共预算支出 1540.92 亿元，增长 9.7%。其中民生类支出 1213.09 亿元，增长 11.9%，民生支出占比 78.7%，比上年提高 1.5 个百分点。

4. 市场价格

全年市区居民消费价格比上年上涨 2.5%。其中居住类价格上涨 5.7%、教育文化和娱乐类价格上涨 4.1%、食品烟酒类价格上涨 0.9%。

全年工业生产者出厂价格上涨 4.4%，工业生产者购进价格上涨 8.4%。

5. 固定资产投资

全年完成固定资产投资 5857 亿元，增长 1.4%，其中民间投资 3301 亿元，增长 10.4%，占 56.4%。从投资产业结构看，农林牧渔业投资 40 亿元，增长 2.4%；工业投资 861 亿元，增长 0.5%；服务业投资 4956 亿元，增长 1.5%。

全年基础设施投资 1597 亿元，占全市固定资产投资的 27.3%。快速路网建设完成 182 公里。全年境内公路总里程达到 16424 公里，其中高速公路 632 公里。

（二）农业

全年农林牧渔业增加值 317 亿元，增长 2.0%。其中农业 202 亿元，林业 43 亿元，渔业 29 亿元，农林牧渔服务业 5.70 亿元，分别增长 3.2%、2.5%、2.0%、9.9%；牧业 38 亿元，下降 4.8%。粮食总产量 64.72 万吨，增长 1.8%；蔬菜产量 338.34 万吨，增长 0.9%；水果产量 81.99 万吨，增长 7.3%；水产品产量 20.10 万吨，增长3.2%；肉类产量 24.58 万吨，下降 6.4%。市级“菜篮子”基地 502 个，其中新建 42 个；创建省级现代农业园区 3 个，特色农业强镇 4 个，全年新建粮食功能区 9.6 万亩。新建美丽乡村精品示范线 12 条，村庄生态修复 850 个；农家乐（民宿）共接待游客 4964 万人次，实现经营收入 52 亿元，分别增长 27.9%和 18.2%。

（三）工业和建筑业

1. 工业生产

全年工业增加值 3982 亿元，增长 6.5%，其中规模以上工业增加值 3205 亿元，增长 7.0%。规模以上工业企业中高新技术产业、战略性新兴产业、装备制造业增加值分别增长 13.6%、15.0%和 11.0%，占规模以上工业的 50.1%、30.6%和 43.2%，比上年提高 4.1、3.4 和 1.3 个百分点；八大高耗能行业增加值占比 24.6%，下降 1.5 个百分点。新产品产值率为 37.7%。工业产品产销率为 98.5%。

2. 工业效益

全年规模以上工业企业实现利税 1709 亿元，增长 8.5%，其中利润 969 亿元，增长 7.7%，分别比上年提高 1.7 和 1.0 个百分点。全员劳动生产率为 30.1 万元/人，提高 2.7 万元/人；亩产增加值为 150 万元、增加 13.2 万元。规模以上信息传输、软件和信息技术服务业企业实现利税 1381 亿元，增长 34.3%，其中利润 1244 亿元，增长 35.4%。

3. 建筑业

全年建筑业增加值 407 亿元，占 GDP 的 3.2%。具有总承包和专业承包资格的建筑企业 1410 家，完成施工产值 4324 亿元，增长 5.3%。新签合同额 5037 亿元，增长 23.2%。实现利税总额 198 亿元，增长 3.7%。

(四)服务业

1. 国内贸易

全年批发和零售业增加值967亿元,增长7.9%;住宿餐饮业增加值191亿元,增长5.7%。

社会消费品零售总额5717亿元,增长10.5%。其中限额以上批发和零售企业实现网上零售656亿元,增长24.9%,占社会消费品零售额11.5%。按经营地分,城镇消费品零售额5421亿元,增长10.4%;乡村消费品零售额297亿元,增长11.4%。全市商品交易市场684个,交易额4289亿元,增长11.5%。

2. 交通运输与邮电

全年交通运输、仓储和邮政业增加值355亿元,增长8.0%。全社会货物运输总量3.48亿吨,增长14.3%。旅客运输量2.23亿人次,增长8.5%。年末萧山国际机场已开通航线286条,其中国际航线49条,港澳台航线8条。航空客运吞吐量达3557万人次,货物吞吐量58.95万吨,分别增长12.6%和20.8%。其中出入境旅客452.9万人次、货邮6.53万吨,分别增长8.3%和34.4%。

全年地铁客运量3.40亿人次,增长26.5%。主城区公共交通日均客运量430.2万人次。

年末社会机动车辆保有量279.36万辆,增长6.1%。民用汽车保有量245.12万辆,增长4.7%,其中私人汽车199.85万辆,增长9.4%。

城区新建成停车泊位56916个,其中公共泊位6222个。

全年邮政企业和规模以上快递服务企业实现业务收入275.09亿元,增长27.9%,其中快递业务收入251.05亿元,增长28.3%。

电信行业实现业务收入230.81亿元,增长8.9%。年末固定电话用户246.70万户,下降2.5%;移动电话用户1724.2万户,下降0.6%;宽带用户505万户,增长14.0%。光网络覆盖率达99.5%。

3. 旅游业

全年旅游休闲产业增加值928亿元,增长12.6%,占GDP的7.4%。

旅游总收入3041.34亿元,增长18.3%,其中旅游外汇收入35.43亿美元,增长12.5%。旅游总人数16286.63万人,增长15.8%。接待国内游客15884.4万人次,增长16.0%;接待入境旅游者402.23万人次,增长10.7%。

年末各类旅行社767家,增长7.0%;星级宾馆143家,其中五星级23家,四星级42家;A级景区91个,其中5A级3个,4A级34个。

4. 金融、证券和保险

全年金融业增加值1055亿元,增长6.8%,年末全市金融机构499家,当年新增37家。全市金融机构本外币存款余额36483.24亿元,增长9.3%;贷款余额29270.94亿元,增长11.9%,其中住户贷款9653.68亿元,增长23.8%,非金融企业及机关团体贷款19325.94亿元,增长6.6%。

年末上市公司163家,其中境内上市128家。境内上市公司总市值19955.22亿元。全年新增上市公司28家,融资187.7亿元。新三版挂牌企业381家。

全年保费收入633.7亿元,增长22.2%。其中,财产险保费收入194亿元,增长12.5%;人身险保费收入439.71亿元,增长27.1%。支付各类保险赔款169.61亿元,增长6.8%。其中财产险105.96亿元,增长5.9%;人身险63.64亿元,增长8.2%。

5. 房地产业

全年房地产开发投资2734亿元,增长4.9%,其中住宅投资1713亿元,增长9.8%。房屋施工面积11523万平方米,下降0.3%;新开工面积2177万平方米,增长1.9%;竣工面积2086万平方米,增长8.5%。商品房销售面积2054万平方米,下降11.7%。

(五)对外经济

1. 对外贸易

全年货物进出口总额5085亿元,增长13.3%,其中出口3456亿元,增长4.3%,进口1629亿元,增长 38.8%。高新技术产品出口 478 亿元，增长 12.8%，机电产品出口 1456 亿元，增长 7.3%。民营企业出口 2325 亿元，增长 6.8%。对"一带一路"沿线国家出口 1049 亿元，占出口总额 30.4%。

全年服务进出口总额 1619 亿元，增长 15.7%，占货物和服务贸易进出口比重为 24.1%，其中出口 1088 亿元，增长 15%；进口 531 亿元，增长 17%。

2. 对外合作

年末全市设立各类境外投资企业（机构）1781 个，增长 12.3%。全年对外承包工程和劳务合作营业额 23.50 亿美元，增长 22.0%。离岸服务外包合同执行额 64.65 亿美元，增长 10.1%。

3. 利用外资

全年新引进外商投资企业 575 家，增长 24.5%。实际利用外资 66.1 亿美元，下降 8.3%。其中服务业实际利用外资 57.1 亿美元，增长 1.0%，占实际利用外资的 86.4%。年末 120 家世界 500 强企业来杭投资 208 个项目，其中当年新进企业 8 家，项目 10 个。

4. 浙商回归

全年引进浙商回归项目 985 个，到位资金 761.8 亿元，增长 7.3%，其中服务业项目 829 个，到位资金 666.7 亿元。

5. 跨境电子商务

跨境电商交易额 99.36 亿美元，增长 22.5%，其中出口 70.22 亿美元，进口 29.14 亿美元，分别增长 15.9%和 42.0%。

二、杭州市 2017 年社会发展概况

（一）人口、人民生活

2017 年末全市常住人口 946.80 万人，比上年末增加 28.00 万人，其中城镇人口 727.14 万人，占常住人口的 76.8%，比 2016 年提高 0.6 个百分点；人口出生率为 12.5‰，自然增长率为 7.4‰。全市户籍人口 753.88 万人，人口出生率为 14.70‰，自然增长率为 6.19‰。

全年居民人均可支配收入 49832 元，增长 8.1%，扣除价格因素实际增长 5.5%。其中城镇居民人均可支配收入 56276 元、增长 7.8%，扣除价格因素实际增长 5.2%；农村居民人均可支配收入 30397 元、增长 8.9%，扣除价格因素实际增长 6.2%。

全年居民人均生活消费支出 34146 元，增长 7.0%，扣除价格因素实际增长 4.4%。其中城镇居民人均生活消费支出 38179 元，农村居民人均生活消费支出 21983 元，分别增长 7.0%和 6.9%，扣除价格因素分别增长 4.4%和 4.3%。

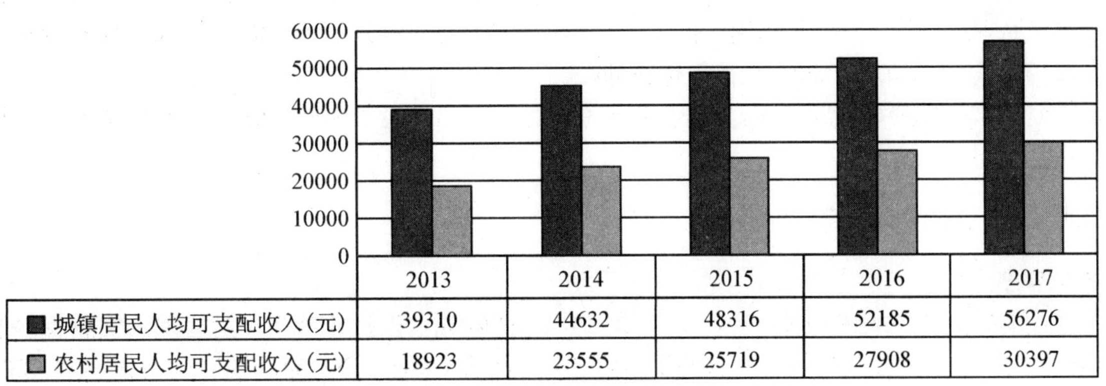

	2013	2014	2015	2016	2017
■ 城镇居民人均可支配收入（元）	39310	44632	48316	52185	56276
■ 农村居民人均可支配收入（元）	18923	23555	25719	27908	30397

图 3　2013—2017 年杭州市城乡居民收入对比一览

年末城镇居民人均现住房建筑面积36.4平方米。每百户居民家庭拥有家用汽车55.8辆、空调235.3台、家用电脑115.1台,分别增长6.7%、3.8%和2.8%;农村居民人均现住房建筑面积70.9平方米。每百户农村居民家庭拥有家用汽车46.5辆、空调186.7台、家用电脑76.4台,分别增长9.7%、11%和1.9%。

(二)就业、社会保障与社会福利

1. 就业

全市新增城镇就业人员29.71万人,安置失业人员再就业11.04万人。年末城镇登记失业率1.70%。

2. 社会保障和社会福利

年末职工基本养老保险参保人数、职工基本医疗保险参保人数分别为628.32万人和580.50万人,比上年末增加52.34万人和51.18万人;年末失业、生育保险参保人数分别为416万人和390.73万人,增加42万人和41.4万人。全年推出公共租赁住房配租房源8514套,新增货币补贴保障家庭1691户。主城区居民最低生活保障标准调整至每人每月917元,增长12%,其余区、县(市)最低生活保障标准同步提高。年末全市最低生活保障对象12.27万人,全年发放低保金7.49亿元。

年末全市拥有社区老年食堂(含社区助餐服务点)1176家。城乡社区居家养老服务照料中心2815个,社区级居家养老照料中心实现全覆盖,城区15分钟、农村20分钟的养老服务步行圈基本形成。拥有各类福利院、敬老院302所,床位6.98万张,收养人员2.21万人。全年发行各类福利彩票28.17亿元,增长7.1%。开展第十七次"春风行动",市本级募集帮扶资金8538万元。

(三)教育和科学技术

1. 教育事业

年末共有小学458所,在校学生56.04万人;初中251所,在校学生22.48万人;普通高中80所,在校学生11.31万人;普通高等学校39所,在校学生(含研究生)48.95万人。学前三年幼儿入园率为98.95%;初中毕业生升入各类高中比例为99.69%;高等教育毛入学率63.26%。全市累计解决义务教育阶段外来务工人员子女入学28.20万人。全市各级各类中外合作办学项目72个,其中市属高校项目8个,高中段学校项目7个。

2. 科技

全年发明专利申请25578件、发明专利授权9872件,分别增长2.5%、14.2%。发明专利授权量中企业专利占比达47.4%。新认定国家重点扶持高新技术企业589家,累计达2844家。年末培育认定研发中心2189家,其中省级研发中心835家。省科技型中小企业9238家。省级以上企业研发机构1203家。新增省级企业研究院76家。科技企业孵化器113家,其中国家级32家,省级60家。拥有省级众创空间101家,23家入选2017年省级优秀众创空间。

全年研究与试验发展(R&D)经费支出与生产总值之比为3.2%。财政一般公共预算支出中科技支出92.32亿元,增长23.2%。

(四)文化、卫生和体育

1. 文化事业

年末有各类专业艺术表演团体11个,文化馆14个,博物馆、纪念馆88个,全国重点文物保护单位39处,档案馆16个,公共图书馆14个,图书馆藏书1590万册(不含省)。全市有线电视接入户353.02万户,其中数字电视313.09万户,分别增长1.9%和4.8%。全年拍摄电视剧44部,共1331集。生产原创动画片36036分钟。摄制完成17部电影。全市拥有非物质文化遗产保护项目335个,比上年增加

4个。

2. 卫生事业

年末拥有各类医疗卫生机构4933个，其中医院302个，比上年末分别增长5.2%和9.0%。社区卫生服务中心(站)1275个，疾病预防控制中心15个。拥有床位7.59万张，其中医院床位7.02万张，分别增长9.3%和9.7%。各类专业卫生技术人员11.04万人，其中执业(助理)医师4.18万人，注册护士4.63万人，分别增长9.1%、9.5%和10.2%。全市医疗机构完成诊疗人数12924.98万人次，增长6.2%。全市婴儿死亡率和5岁以下儿童死亡率分别为1.73‰和2.27‰。每十万孕产妇死亡率为6.5人。

3. 体育事业

全年运动员共获得国际性比赛奖牌47枚，其中金牌22枚，银牌15枚，获得全国性奖牌318枚，其中金牌148枚，银牌90枚。成功举办第十三届全国学生运动会、杭州马拉松、杭州西湖国际名校赛艇挑战赛、国际冲浪挑战赛、国际(杭州)毅行大会等大型体育赛事。创建4所国家高水平体育后备人才基地、8所省高水平体育后备人才基地(其中重点4所)、5所省体育传统项目学校阳光后备要才基地。

(五) 城乡统筹

全面推进城中村改造、小城镇环境综合整治，深入推进“三改一拆”。完成“三改”3077.1万平方米，拆除违法建筑2516.9万平方米，拆后利用率79.3%。坚决打好劣Ⅴ类水剿灭战，深入推进工业污染、农业面源污染等专项治理，完成截污纳管项目356个、雨污分流项目349个，河道清淤1254万方、综合整治281.9公里。钱塘江杭州段全面禁止采砂。持续开展大气治理，启动全市域“清洁排放区”建设，组织实施减排项目124个，全面完成热电锅炉、工业锅炉清洁化改造；淘汰老旧汽车23119辆，新增清洁能源和新能源公交车879辆；削减挥发性有机物排放量9974吨。深化垃圾分类、清洁直运、末端处置工作，制定实施源头分类减量、处置能力建设两个三年行动计划。市区全年新增绿地487万平方米。推进新一轮区县(市)协作、联乡结村工程，实施协作项目84个，投入4亿元。成为首批国家历史建筑保护利用试点城市。继续实施古村落保护工程，启动第二批“杭派民居”示范村创建工作，创建美丽乡村精品示范线12条。加强农房建设管理，规范农村宅基地管理。农村土地综合整治试点为乡村振兴找到一条好的路子。

(六) 环境保护

全年环境空气日优良天数累计271天，比上年增加11天，优良率74.2%。市区PM2.5平均浓度44.6微克/立方米，下降8.6%。全市9个县控以上劣Ⅴ类水断面、1256个劣Ⅴ类水体完成“剿劣”任务。52个市控以上断面中，满足功能要求的断面48个，达标率为92.3%。组织减排项目124个，淘汰老旧汽车23119辆，新增清洁能源和新能源公交车879辆。淘汰落后和过剩产能170家(项)，实施“低小散”块状行业整治提升3753家。削减挥发性有机物排放量9974吨。全年规模以上工业单位增加值能耗下降4.1%。

生态环境质量综合指数(EI)继续位于全国、全省前列。获得国家生态园林城市、省级生态文明建设示范市称号。累计建成国家级生态县(市、区)8个，国家级生态乡镇119个，省级生态县(市、区)9个。

(七) 安全生产

全年共发生各类生产安全事故462起、死亡449人、受伤91人，分别下降17.8%、19.4%和15.7%。

三、杭州市在泛长三角地区经济发展中的地位

2017年是新一届市政府开局之年，也是实施市"十三五"规划重要一年。市政府认真学习贯彻习近平新时代中国特色社会主义思想，在省委省政府和市委的正确领导下，紧紧依靠全市人民，按照"秉持浙江精神，干在实处、走在前列、勇立潮头"的要求，统筹谋划抓开局，求真务实抓落实，较好完成了市十三届人大一次会议确定的年度目标任务，全市经济社会保持了健康发展的好势头。杭州市经济持续稳走向好、质量向优，发展的韧性和获得感明显增强，经济增长呈现质优速稳的新气质，为确保在全省率先实现"两个高水平"目标奠定了坚实基础。

（一）地区生产总值

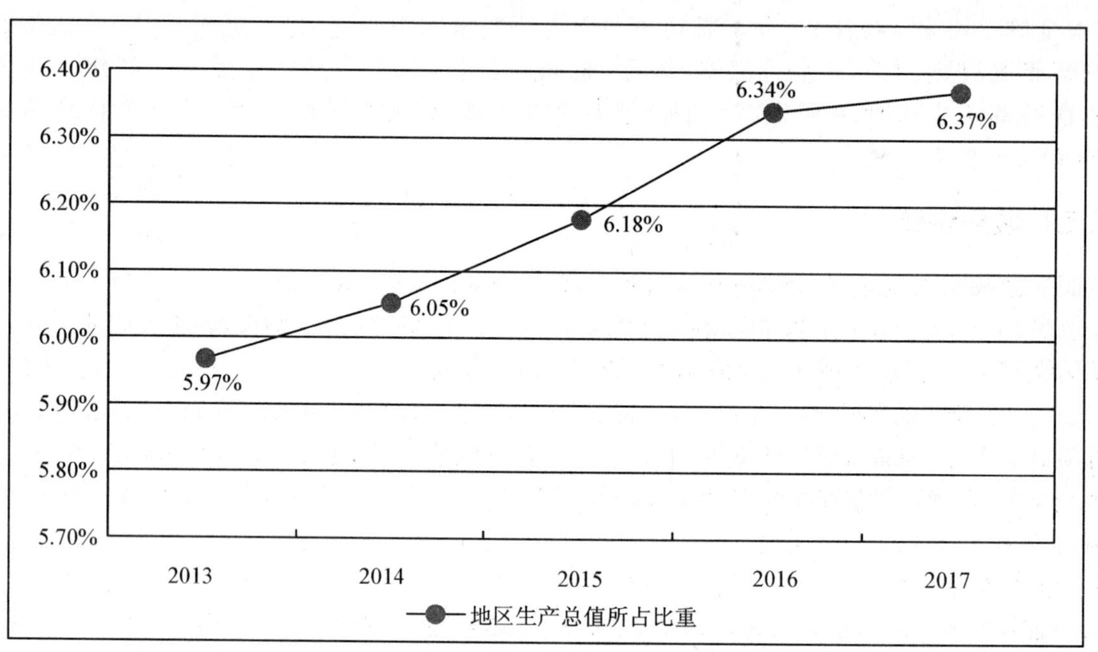

图4 2013—2017年杭州市地区生产总值在泛长三角
（苏浙两省24个地级市、安徽省16个地级市和上海市，下同）所占比重的变化趋势

2013—2017年杭州市地区生产总值在长三角所占比重分别为5.97%、6.05%、6.18%、6.34%和6.37%，2017年较2016年增加了0.03个百分点，较2013年增加了0.40个百分点。2017年杭州市地区生产总值在泛长三角地区41个市排名第3位，继上海、苏州之后。

2017年，杭州实现地区生产总值（GDP）12556亿元，增长8.0%，排名进入全国前10。第一产业增加值312亿元，增长1.9%；第二产业增加值4387亿元，增长5.3%；第三产业增加值7857亿元，增长10%；三次产业结构调整为2.5∶34.9∶62.6。

2017年杭州GDP增速高于全国1.1个百分点，信息经济的主引擎作用不得不提，2017年杭州信息经济实现增加值3216亿元，增长21.8%，高于GDP增速13.8个百分点，对经济增长贡献率超过50%；占GDP比重为25.6%，同比提高1.3个百分点。作为电商之都，2017年杭州电子商务产业增加值增长36.6%，增速连续7年保持30%以上；云计算与大数据产业增加值增长31.9%；数字内容、软件与信息服务、信息安全产业增加值分别增长28.5%、27.8%和24.9%。

（二）地方财政一般预算收入

2013—2017年杭州市地方财政一般预算收入在泛长三角所占比重分别为5.27%、6.03%、6.32%、

6.60%和7.02%，2013年以来持续增长，五年累积增幅达1.75个百分点。2017年杭州市地方财政一般预算收入在泛长三角地区41个市排名第3位，位居上海和苏州之后。

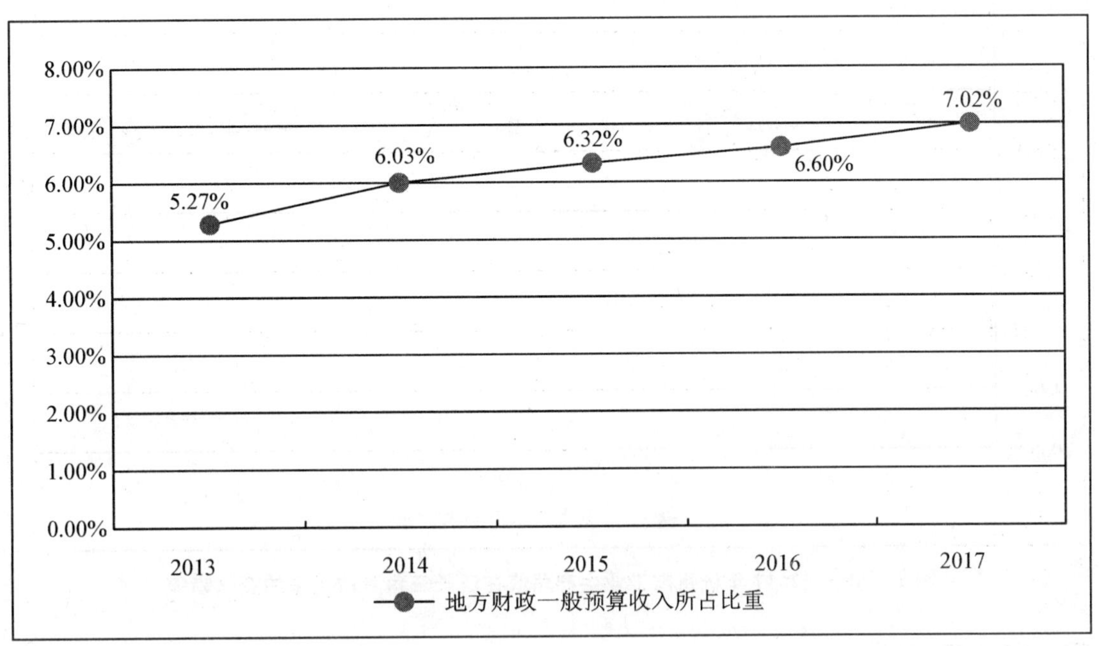

图5　2013—2017年杭州市地方财政一般预算收入在泛长三角所占比重的变化趋势

2017年全市一般公共预算收入1567.42亿元，比上年(下同)同比(2016年5月1日营改增试点全面推开后，增值税中央与地方分享比例从75∶25调整为50∶50，改征增值税从地方100%调整为中央与地方按50∶50分享。为同口径比较，对2016年1—4月按营改增收入划分过渡方案作同口径调整。增长17.4%。全市一般公共预算收入中的税收收入1417.16亿元、非税收入150.26亿元，税收收入占一般公共预算收入的比重为90.4%，继续位居全国前列。全市一般公共预算支出1540.92亿元，增长9.7%。全市一般公共预算收入增长较快，主要是在G20杭州峰会效应带动下，全市经济增长稳中向好，转型升级步伐加快，以信息经济引领、服务业主导、先进制造业支撑的产业格局不断巩固，为财政收入可持续增长增添强劲动能。全市一般公共预算支出增长较快，主要是积极财政政策持续加力，稳增长、调结构、惠民生的投入不断增强。

(三) 工业生产总值

2013—2017年杭州市工业生产总值在泛长三角所占比重分别为7.42%、5.48%、5.49%、5.49%和5.29%，整体呈现下降态势，五年累计降幅为2.13个百分点，2017年较上年减少了0.20个百分点。2017年杭州市工业生产总值在泛长三角地区41个市排名第5位。

2017年，工业实现增加值3982亿元，增长6.5%，拉动GDP增长2.2个百分点，贡献率27.8%。其中规上工业增加值增长7.0%、同比提高1.4个百分点；利润增长7.7%，提高1.0个百分点。

新兴产业占比提高。规上工业中高新技术产业、战略性新兴产业、装备制造业增加值分别增长13.6%、15.0%和11.0%，占比为50.1%、30.6%和43.2%，比上年提高4.1、3.4和1.3个百分点；八大高耗能行业增加值占比24.6%，下降1.5个百分点。

高新行业增长加快。计算机通信和其他电子设备制造业、医药制造业增加值分别增长24.9%和21.2%，合计拉动规上工业增加值增长4.9个百分点，贡献率达69.7%。列入“三新经济”统计的工业产品中，光纤1105万千米、增长41.4%，集成电路38.2亿块、增长14.5%。

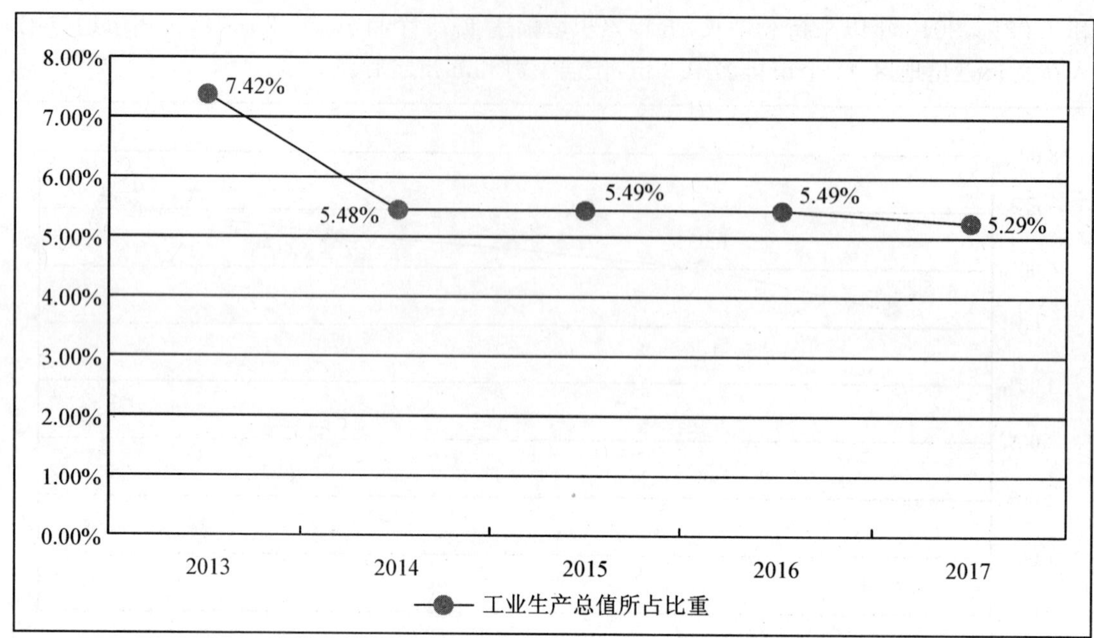

图 6 2013—2017 年杭州市工业生产总值在泛长三角所占比重的变化趋势

（四）进出口总额

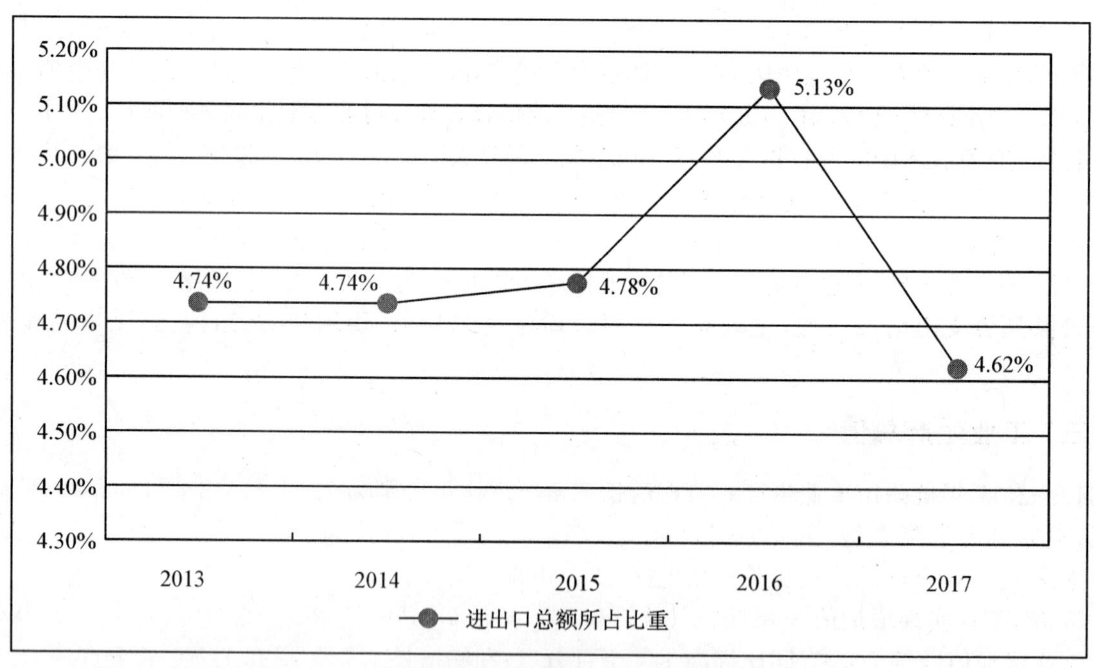

图 7 2013—2017 年杭州市进出口总额在泛长三角所占比重的变化趋势

2013—2017 年杭州市进出口总额在泛长三角所占比重分别为 4.74%、4.74%、4.78%、5.13%和 4.62%，2017 出现下跌，2013—2017 年累计下跌量为 0.12 个百分点，2017 年杭州市进出口总额在泛长三角地区 41 个市排名第 5 位，位居上海、苏州、宁波、无锡之后。

杭州外贸在此前连续多年逆势上扬的良好态势下，2017 年增长动能依旧强劲。杭州市实现进出口总值 5085.1 亿元，较 2016 年增长 13.3%，占同期全省进出口总值的 19.9%。其中，进口 1629.5 亿元、出口 3455.6 亿元，分别增长 38.8%和 4.3%，占全省进口、出口的 26.5%和 17.8%，进口涨幅高于全省水平。

（五）实际外商直接投资金额

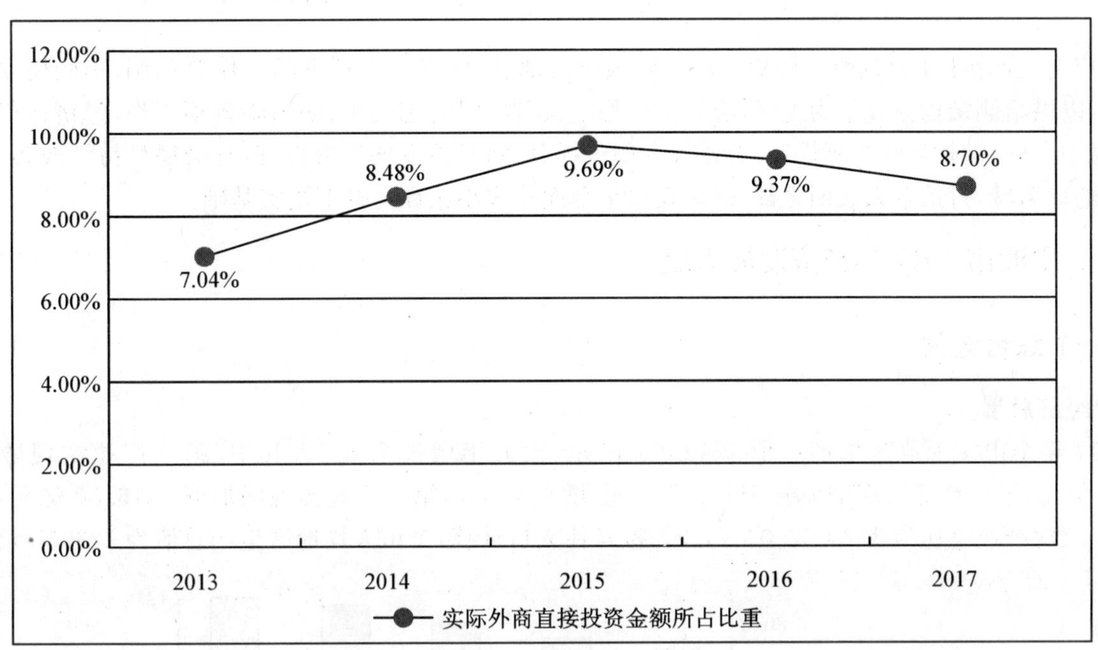

图 8　2013—2017 年杭州市实际外商直接投资金额在泛长三角所占比重的变化趋势

2013—2017 年杭州市实际外商直接投资金额在泛长三角所占比重分别为 7.04％、8.48％、9.69％、9.37％和 8.70％，2017 年较上年减少了 0.67 个百分点，五年增加了 1.66 个百分点。2017 年杭州市实际外商直接投资金额在泛长三角地区 41 个市排名第 2 位，位居上海之后。

2017 年，全年新引进外商投资企业 575 家，增长 24.5％。实际利用外资 66.1 亿美元，下降 8.3％。其中服务业实际利用外资 57.1 亿美元，增长 1.0％，占实际利用外资的 86.4％。年末 120 家世界 500 强企业来杭投资 208 个项目，其中当年新进企业 8 家，项目 10 个。全年引进浙商回归项目 985 个，到位资金 761.8 亿元，增长 7.3％，其中服务业项目 829 个，到位资金 666.7 亿元。

三　宁波市 2017 年经济社会发展报告

2017 年，全市上下贯彻落实中央、省、市各项决策部署，坚持稳中求进的工作总基调，牢固树立新发展理念，以供给侧结构性改革为主线，统筹推进稳增长、调结构、惠民生、防风险各项工作，经济运行总体平稳、稳中向好，结构调整积极推进，效益效率稳步提升，新经济发展态势良好，社会民生持续改善，为建设国际港口名城，打造东方文明之都，确保高水平全面建成小康社会打下坚实基础。

一、宁波市 2017 年经济发展概况

（一）综合经济

1. 经济总量

2017 年全市实现地区生产总值 9842.06 亿元，比上年增长 7.8%。其中，第一产业实现增加值 305.81 亿元；第二产业实现增加值 5119.45 亿元，增长 7.5%；第三产业实现增加值 4416.80 亿元，增长 8.7%。三次产业之比为 3.2∶52.0∶44.9。按常住人口计算，全市人均地区生产总值为 123955 元。

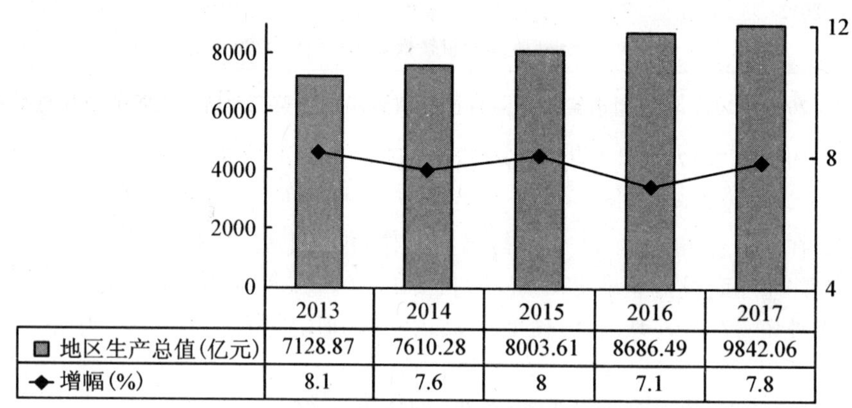

	2013	2014	2015	2016	2017
地区生产总值(亿元)	7128.87	7610.28	8003.61	8686.49	9842.06
增幅(%)	8.1	7.6	8	7.1	7.8

图 1　2013—2017 年宁波市地区生产总值及增长速度

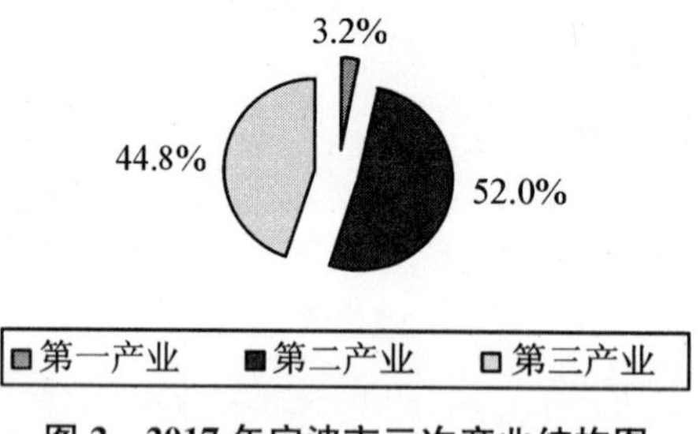

图 2　2017 年宁波市三次产业结构图

2. 财政收支

2017 年，全市完成财政总收入 2415.8 亿元，比上年增长 12.4%。完成一般公共预算收入 1245.3 亿元，增长 10.9%，其中税收收入 1044.0 亿元，增长 12.4%。全市完成一般公共预算支出 1410.6 亿元，增长 9.4%，其中与民生密切相关的教育、文化体育与传媒、社会保障和就业、医疗卫生、节能环保、城乡社区事务、农林水、交通运输、住房保障 9 大类支出共 931.5 亿元，合计占一般公共预算支出的 66.0%。

3. 物价水平

2017 年宁波市区居民消费价格同比上涨 1.8%，涨幅高于全国平均水平 0.2 个百分点、低于全省平

均水平 0.3 个百分点，在全国 36 个大中城市中列第 17 位。八大类商品和服务项目价格呈“七升一平”格局：居住上涨 4.6%，医疗保健上涨 3.5%，教育文化和娱乐上涨 2.5%，交通和通信、其他用品和服务、食品烟酒、衣着分别上涨 1.0%、0.7%、0.3%和 0.2%；生活用品及服务价格持平。

2017 年工业生产者出厂价格同比上涨 6.7%，购进价格同比上涨 13.0%，结束了自 2012 年以来连续 5 年的下降态势。12 月宁波新建住宅销售价格环比上涨 0.3%，同比上涨 5.0%，同比涨幅在全国 70 个大中城市中排第 47 位。

4. 固定资产投资

2017 年全市完成固定资产投资 5009.6 亿元，比上年增长 3.5%。其中，完成民间投资 2298.2 亿元，增长 11.9%。分领域看，基础设施投资 1720.5 亿元，增长 10.6%；工业投资 1356.5 亿元，下降 6.5%，其中工业技改投资 965.7 亿元，下降 13.1%；房地产开发投资 1374.5 亿元，增长 8.2%。全年商品房销售面积 1543.6 万平方米，增长 15.5%，其中住宅销售面积 1283.7 万平方米，增长 14.0%。

（二）农业和农村建设

1. 农业生产

2017 年全市完成农林牧渔业总产值 493.3 亿元，比上年增长 2.2%。全年粮食播种面积 199.6 万亩；粮食总产量 82.4 万吨，增长 2.4%。油菜籽播种面积 11.9 万亩，增长 0.3%；蔬菜 123.9 万亩，增长 4.3%；花卉苗木 38.0 万亩，增长 2.2%；中药材 3.1 万亩，增长 15.8%。全年肉类总产量 10.8 万吨，下降 18.2%；水产品总产量 106.6 万吨，增长 1.5%。全年新增市级农业龙头企业 16 家，累计达 267 家，其中农业产业化国家重点龙头企业 9 家。

2. 新农村建设

继续实施“提升农村品质，建设美丽乡村”三年行动计划，2017 年创建国家级美丽宜居示范村 3 个。创建省级美丽乡村示范县 1 个、美丽乡村示范乡镇 11 个、特色精品村 31 个，省级历史文化村落保护利用重点村 3 个。创建市级美丽乡村合格村 263 个、示范村 49 个、示范镇 15 个，风景线 15 条。全年全市共投入“百千工程”资金 15.5 亿元，村庄整治建设已覆盖全部 2447 个行政村。年末农村生活垃圾分类处理行政村覆盖率达到 40%。

（三）工业和建筑业

1. 工业经济

2017 年全市规模以上工业实现增加值 3266.7 亿元，比上年增长 9.6%。分行业看，在规模以上工业 35 个行业大类中，有 12 个行业增加值超过 100 亿元，其中汽车制造业实现增加值 493.5 亿元，增长 18.3%；计算机、通信和其他电子设备制造业增长 15.6%，专用设备制造业增长 13.8%。分企业类型看，规模以上大、中、小型企业工业增加值分别增长 12.6%、6.6%和 9.3%。分经济类型看，有限责任公司、国有企业增加值分别增长 11.2%和 0.6%；私营企业增长 8.6%；港澳台投资企业增长 8.1%，外商投资企业增长 8.5%。全年规模以上工业企业实现销售产值 15493.5 亿元，增长 18.4%，其中出口交货值 2980.3 亿元，增长 10.1%。全年规模以上工业企业实现利税总额 2097.9 亿元，增长 22.5%；其中，利润总额 1264.1 亿元，增长 30.9%。利税、利润两项指标的总量均居全省各市首位，增速均列全省各市第二位，分别高出全省平均水平 8.0 和 14.3 个百分点。

2. 工业创新转型

2017 年全市规模以上工业科技活动经费支出 248.1 亿元，比上年增长 21.7%。规模以上工业新产品产值 5144.1 亿元，增长 19.7%，新产品产值率提高到 32.4%，再创历史新高。结构调整积极推进，规模以上工业中，全年战略性新兴产业、高新技术产业、装备制造业增加值分别为 872.2 亿元、1337.5 亿元和 1585.5 亿元，分别增长 15.7%、10.4%和 14.1%。

3. 建筑业

2017 年全市完成建筑业总产值 4612.4 亿元，比上年增长 9.0%。房屋建筑施工面积 2.8 亿平方米，增长 4.1%。全年建筑业从业人员平均人数 134.2 万人，比上年增加 4.6 万人。

（四）服务业

1. 国内贸易

2017 年全市批发和零售业完成商品销售总额 2.35 万亿元，比上年增长 19.2%。全年完成社会消费品零售总额 4047.8 亿元，增长 10.4%，继 2015 年突破 3 千亿以后又一次迈上新台阶。分城乡看，城镇消费品市场实现零售额 3277.7 亿元，增长 9.5%；农村消费品市场实现零售额 770.2 亿元，增长 14.0%。完成限额以上社会消费品零售总额 1660.3 亿元，增长 7.3%。在限额以上企业销售的商品类值中，粮油、食品类零售额增长 0.7%，服装、鞋帽及纺织品类增长 8.7%，家用电器类增长 21.9%，汽车类增长 5.5%。年末全市限额以上贸易企业达 3934 家，全年实现营业收入 14159.4 亿元，实现利润总额 184.6 亿元。

2. 港口、交通运输

2017 年宁波舟山港货物吞吐量 10.1 亿吨，比上年增长 9.5%，成为全球首个“10 亿吨”大港，连续 9 年位居世界第一。其中，宁波港域完成吞吐量 5.5 亿吨，增长 11.1%。宁波港域全年完成铁矿石吞吐量 8388.5 万吨，增长 9.9%，煤炭吞吐量 5985.7 万吨，增长 10.9%，原油吞吐量 6578.3 万吨，增长 4.6%。全年宁波舟山港集装箱吞吐量 2460.7 万标箱，增长 14.1%，吞吐量居全球第四位、全国第三位，其中宁波港域完成集装箱吞吐量 2356.6 万标箱，增长 13.9%。年末宁波舟山港集装箱航线总数达 243 条，其中远洋干线 117 条，近洋支线 74 条，内支线 20 条，内贸线 32 条。全年完成海铁联运 40 万标箱，增长 60%。

2017 年全市完成交通基本建设投资 260.7 亿元，比上年增长 7.6%。其中公路建设投资 194.7 亿元，增长 7.9%。新建公路里程 199.7 公里，年末全市公路总里程达到 11217.4 公里，其中高速公路 495.8 公里。全年宁波港域新建成泊位 6 个，其中万吨级以上泊位 2 个，年末万吨级以上生产泊位 106 个。

2017 年全社会完成货运量 5.3 亿吨，比上年增长 13.5%，货物周转量 2713.5 亿吨公里，增长 18.1%。其中，水路货运量 2.1 亿吨，货物周转量 2281.8 亿吨公里，分别增长 15.5%和 19.9%；公路货运量 2.9 亿吨，货物周转量 431.7 亿吨公里，分别增长 14.3%和 12.1%；铁路货物运输量 2446.3 万吨，增长 2.8%；民航货物吞吐量 17.0 万吨，增长 12.1%。全年完成全社会客运量 1.1 亿人次，增长 1.5%。其中，公路客运量 4302 万人次，下降 10.6%；水路客运量 185.2 万人次，增长 8.9%；铁路客运量 5366 万人次，增长 14.2%；民航客运量 939.1 万人次，增长 20.5%。

2017 年末全市共有公交标准运营车辆 9914 标台，比上年增长 6.7%；运营线路 1213 条，增长5.4%。轨道交通流量快速增长，全年轨道交通完成客运量 11233.4 万人次，增长 12.7%。年内新增公共自行车网点 284 个，新投放公共自行车 4922 辆，年末全市共有公共自行车网点 1866 个，公共自行车 45165 辆；全年租车总量 3702.9 万辆次。年末全市共有出租车 6407 辆。

3. 电子商务

2017 年全市完成网络零售额 1380.6 亿元，比上年增长 34.8%。全年完成跨境电商进出口额 636.4 亿元，增长 135.6%，进口和出口额分别为 80.3 亿元和 556.1 亿元，分别增长 49.7%和 156.9%。

4. 旅游业和会展

2017 年全市实现旅游总收入 1715.9 亿元，比上年增长 18.6%。接待国内游客 1.1 亿人次，增长

18.6%；实现国内旅游收入1649.1亿元，增长19.0%。接待入境游客186.9万人次，增长7.7%；实现入境旅游收入9.9亿美元，增长7.9%。年末全市共有星级酒店120家，其中五星级22家；共有4A级以上风景区31处，其中5A级1处。全年新增市级农家乐特色村(点)14个，累计达190个。

2017年全市举办各类会展项目312个，比上年增加2个。其中，举办展览会190个，增加2个，展览总面积210万平方米，增长0.5%。展览面积2万平方米以上的大型展会20个。县级以上举办商务会议(论坛)75个，特色节庆活动47个。年度获2017年度中国十佳会展名城、2017年度金五星优秀会展城市奖等荣誉。

5. 银行、证券和保险业

2017年末全市金融机构本外币存款余额18149.1亿元，比上年增长6.8%；金融机构本外币贷款余额17762.5亿元，增长6.9%。年末全市银行业金融机构达63家，其中政策性银行3家，大型银行5家，股份制商业银行11家，城市商业银行12家，邮储银行1家，外资银行5家，农村合作金融机构9家，新型农村金融机构13家，非银行金融机构4家。

2017年全市证券成交总额5.6万亿元，比上年增长4.9%，其中股票和基金成交额3.3万亿元，下降17.6%。年末证券客户交易结算资金余额110.7亿元，下降40.4%。期货代理交易量7549万手，下降23.1%；代理交易额4.0万亿元，下降4.6%。年末证券投资者开户数187.6万户，增长10.2%。年内新增证券分公司5家，证券营业部20家，期货营业部4家。年末全市共有17家证券分公司，141家证券营业部，1家证券投资咨询公司，1家期货公司，3家期货分公司和39家期货营业部。启动实施“凤凰行动”宁波计划，年内新增境内上市公司18家，实现首发(iPO)融资82.5亿元，年末境内上市公司总数达73家；年内新增“新三板”挂牌公司33家，挂牌公司总数达157家。全年各类公司通过定向增发、公司债券等工具再融资513.9亿元。

2017年末全市共有市级及以上产险机构31家、寿险机构24家、专业中介机构77家。全年全市实现保费收入302.9亿元，比上年增长17.6%。其中，财产险保费收入138.9亿元，增长9.2%；人身险保费收入164.0亿元，增长25.5%。全年累计提供风险保障17.2万亿元，增长8.3%。全年赔付支出113.3亿元，其中，财产险赔付支出80.7亿元，人身险赔付支出32.6亿元。年内新推出首台(套)重大技术装备保险、新材料首批次应用保险、司法援助保险等创新项目37个，巩固深化小贷险、巨灾险、城房险等原有创新项目99个。

(五) 对外经济

1. 对外贸易

2017年全市完成口岸进出口总额13839.5亿元，比上年增长18.5%。全年完成外贸自营进出口总额7600.1亿元，增长21.3%，其中出口4984.2亿元，增长14.3%；进口2616.0亿元，增长37.3%。外贸出口占全国比重为3.25%，比上年提高0.1个百分点。全年新增对外贸易经营备案登记企业4604家，累计达37682家；全年有进出口实绩企业18923家。民营企业(包括私营企业和集体企业)出口额占全市出口总额的69.0%，出口额增长16.5%，拉动全市出口增长11.2个百分点；进口额占全市进口总额的52.3%，进口额增长43.5%，拉动全市进口增长21.7个百分点。从产品结构看，机电产品出口额占全市出口总额的55.5%，比上年提高1.0个百分点；高新技术产品出口额占全市出口总额的6.7%，比上年提高0.1个百分点。从贸易伙伴看，直接与宁波市开展贸易往来的国家和地区达223个，其中欧盟、美国和东盟分别完成进出口额1564.3亿元、1378.9亿元和634.8亿元，分别增长15.9%、20.8%和18.3%，三者合计占同期进出口总额的47.1%。全年完成对一带一路沿线64国进出口额1984.2亿元，增长21.0%，其中对中东欧16国进出口额197.9亿元，增长26.8%。

2. 利用外资

全市累计批准外商投资项目数 555 个，比上年增加 97 个；合同利用外资 62.1 亿美元，下降 22.3%；实际利用外资 40.3 亿美元，下降 10.7%，全市累计实际利用外资达到 500.1 亿美元。第三产业新批项目 411 个，实际利用外资 21.4 亿美元，增长 2.8%。

3. 对外合作

2017 年全市新批境外投资企业和机构 220 家；核准中方投资额 39.1 亿美元，比上年增长 11.3%。全年完成境外承包工程劳务合作营业额 20.7 亿美元，增长 1.7%。全年承接服务外包执行额 290.8 亿元，其中承接离岸服务外包执行额 135.6 亿元。年末全市服务外包企业 1407 家，从业人员 5.4 万人。

4. 国内合作

2017 年国内招商引资实际到位资金首次突破千亿元，达到 1040.7 亿元，比上年增长 13.9%，其中浙商回归实到资金 825.6 亿元，增长 34.9%。全年山海协作产业合作到位资金 26.6 亿元。

二、宁波市 2017 年社会发展概况

（一）人口、人民生活

2017 年末全市拥有户籍人口 596.9 万人，其中市区 289.6 万人。全年出生 61258 人，其中男性 31873 人，男女性别比为 108∶100。人口出生率为 10.31‰；自然增长率为 3.04‰；比上年提高 0.19 个千分点，连续 20 年低于 5‰。年末全市常住人口为 800.5 万人，城镇人口占总人口的比重（即城镇化率）为 72.4%。

2017 年宁波市居民人均可支配收入 48233 元，比上年增长 8.0%。按城乡分，城镇居民人均可支配收入 55656 元，增长 7.9%，扣除价格指数，实际增长 6.0%；农村居民人均可支配收入 30871 元，增长 8.0%，扣除价格指数，实际增长 6.1%。城乡居民人均收入倍差为 1.80。2017 年宁波市居民人均生活消费支出 29316 元，增长 5.1%。按城乡分，城镇居民人均生活消费支出 33197 元，增长 5.1%，农村居民人均生活消费支出 20239 元，增长 4.8%。

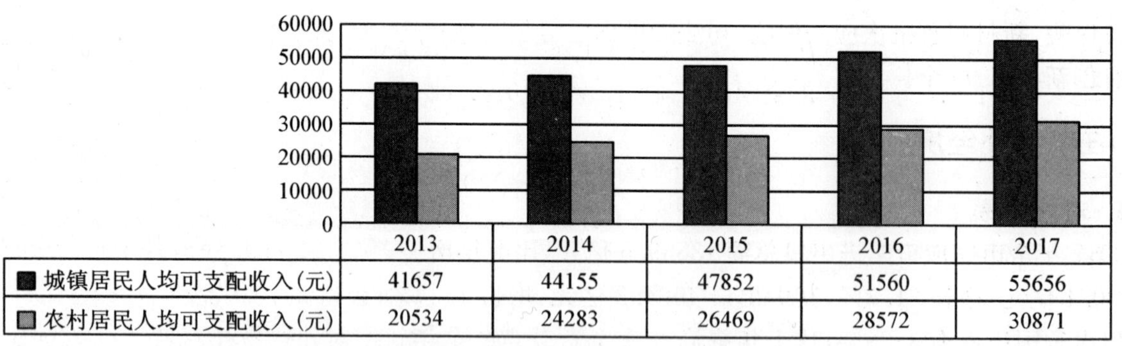

	2013	2014	2015	2016	2017
城镇居民人均可支配收入（元）	41657	44155	47852	51560	55656
农村居民人均可支配收入（元）	20534	24283	26469	28572	30871

图 3　2013—2017 年宁波市城乡居民收入对比一览

（二）就业、社会保障

1. 就业

2017 年全市新增城镇就业人员 19.5 万，7.2 万名城镇失业人员实现再就业，其中困难人员 1.8 万人。年末城镇登记失业率为 2.0%。全年完成技能人才培训 25.9 万人；完成各类农民培训 6.8 万人次，其中农村实用人才培训 1.5 万人次，全市农村实用人才总数达到 17.9 万人。

2. 社会保障

2017年末全市职工基本养老、基本医疗、失业、工伤和生育保险参保人数分别为429.6万人、380.8万人、269.3万人、330.9万人和266.2万人，城乡居民基本养老保险、被征地人员养老保障、城乡居民医保分别为123.0万人、34.4万人和329.4万人。年末全市累计发行社保卡806.5万张，社保卡金融账户激活率达到70.6%。

2017年末全市拥有养老机构266个，床位数5.6万张。年末全市共有最低生活保障对象7.0万人，低保资金实际支出4.6亿元。城区居民最低生活保障标准为月人均804元。企业职工最低工资标准为2010元、1800元和1660元三档。年末累计有5.8万名困难残疾人享受生活补贴，7.5万名重度残疾人享受护理补贴。全面落实国务院《残疾预防和残疾人康复条例》，全市11.7万名有康复服务需求的残疾人全部得到康复服务。年末全市农村五保对象集中供养3364人，集中供养率为87.9%，城镇“三无”对象集中供养451人，集中供养率为86.3%。

2017年市县两级慈善机构募集善款5.3亿元，比上年增长20.2%。救助支出4.1亿元，受助的困难群众达38.9万人次。年末全市慈善机构累计募集已达60.4亿元，累计救助支出46.3亿元，受助377.5万人次。

(三) 教育和科学技术

1. 教育事业

2017年末全市共有各级各类学校2043所，在校学生总数131.7万人。其中，在甬高校16所，在校学生19.6万人；普通高中84所，在校学生8.7万人；中职学校39所，在校学生6.8万人；初中215所，在校学生19.9万人；小学440所，在校学生47.8万人。年末全市共有全日制民办中小学(幼儿园)1025所，在校(园)生30.0万人，占全市全日制中小学(幼儿园)在校(园)生数的26.8%。义务段有27.6万名外来务工子女就学问题得到妥善解决。积极落实《残疾人教育条例》，残疾人接受学前教育比例达99.4%，接受“十五年”教育比例达94.1%，残疾人教育比例居全省前列。

2. 人才与科技创新

2017年全市新增各类人才18.2万人，年末全市人才总量达219.6万人，比上年增长9.1%。其中，新引进海外人才1796人，总量达1.1万人；新增博士、博士后612人，总量达5952人；新增高技能人才4.2万人，累计达37.5万人；新评审出市“3315计划”人才23人、高端创业创新团队30个。新建院士工作站16家，累计113家；新引进全职两院院士2名，新增博士后科研工作(流动)站21家，累计148家；新建技能大师工作室10家，累计70家。

2017年全市专利申请量62104件，其中发明专利18497件；专利授权36993件，其中发明专利5382件。全年有179项科技创新获得国家自然科学基金项目支持，1项获得国家重大专项支持，5项入选国家重点研发计划，4项入选国家科技支撑计划，4项入选国家国际合作项目，共计获得国拨经费7092.9万元。全年全市新认定省级企业研究院22家，省级高新技术企业研究开发中心46家，累计390家；新增国家认定企业技术中心1家，累计20家；新增省级以上众创空间13家，其中国家级4家，国家级众创空间累计达23家；新增国家级科技企业孵化器1家。新增省级军民融合产业示范基地1家。全年全市共认定登记技术合同2080项，比上年增长21%，合同成交总金额42.8亿元，增长95%；全市吸纳全国各地技术3073项，增长12%，合同成交总金额75.7亿元，增长62%。

(四) 文化、卫生和体育

1. 文化事业

2017年宁波市广播剧《呦呦青蒿》入选全国“五个一工程”，10部文艺精品入选省“五个一工程”，“一人一艺”全民艺术普及、全民阅读推广工程深入开展，建成农村文化礼堂125家。成功举办亚洲艺术节、中国合唱节、阳明文化周、第三届浙江全民阅读节暨2017宁波书展、全国“书香社区”论坛、2017年全国少儿阅读峰会等100余项活动。上林湖后司岙窑址成功入选2016年度“全国十大考古新发现”，并获批国家考古遗址公园。

2. 卫生事业

2017年末全市共有卫生事业医疗机构4157家，医院154家，其中三级甲等医院8家，三级乙等医院11家。年末全市实有病床3.7万张，拥有各类专业卫生人员7.5万人，卫生技术人员6.2万人，其中执业医师(含助理)2.4万人，注册护士2.5万人。按户籍人口统计，每千人床位数、卫技人员数、执业医师(含助理)数和注册护士数分别达到6.3张、10.4人、4.1人和4.2人。在高龄、高危孕产妇大幅增加的严峻形势下，全市户籍人口孕产妇死亡率为0，婴儿死亡率2.31‰；5岁以下儿童死亡率3.02‰。全市适龄儿童免疫规划疫苗接种率98.1%。

3. 体育事业

2017年全市共举办57项全国性以上赛事和活动。组队参加第十三届全国运动会，获得11金13银12铜。组队参加省青少年比赛，共获得金牌219枚、银牌149枚，铜牌147枚，团体总分5093分，奖牌数和总分双双位居全省第二。全年新建村落健身路径311条，总数达511条，建成各类球场142个。全年体育彩票销售额达21.2亿元，创历史新高。

（五）城乡建设

优化区域开发布局。启动编制新一轮城市总体规划，开展东钱湖区域和“三江六岸”优化发展研究，推进四明山、象山港等区域保护开发。加快沪嘉甬铁路等项目前期工作。提高城市建设品质。启动实施国家城市设计、“城市双修”试点，开工建设海绵城市项目166个、地下综合管廊10.1公里。东鼓道地铁商业街等项目建成开业。新改建和整治城区主干道156公里，整治城市河道205条、316.6公里，新增城市公园23个、公共绿地336万平方米，中心城区生活垃圾分类覆盖率达到82%。改造棚户区446万平方米，三年目标任务圆满完成。完善城乡基础设施。梅山红桥、世纪大道一期高架主线通车，金甬铁路、轨道交通、三官堂大桥加快建设，杭甬高速复线宁波段一期、沈海高速石浦连接线动工。宁波至杭州湾新区引水工程启动，水库群联网联调(西线)一期工程贯通。新增污水管网1300多公里。改善城乡发展面貌。改造旧住宅区、旧厂区、城中村3695万平方米，拆除违法建筑2227万平方米，城镇危旧房屋三年治理改造任务全面完成。小城镇环境综合整治扎实开展，慈城镇、梁弄镇、西店镇成为全国特色小镇，9个镇入选省小城市培育试点三年行动计划名单，创建国家级美丽宜居示范村3个、省级美丽乡村示范镇(乡)11个、精品特色村31个。宁海县成为省级美丽乡村示范县，鄞州区、象山县成为省级“四好农村路”示范县，余姚市成为全国文明城市。

（六）生态建设

2017年全市中心城区空气质量优良天数比率为85.2%，比上年提高0.5个百分点；PM2.5浓度为37微克/立方米，下降5.1%。全年新增排污权交易89笔，交易金额2635.7万元，新增有偿使用535笔，金额2.2亿元。继续深入推进大气污染防治，全年累计淘汰改造高污染燃料锅炉1146台；淘汰老旧车1.9万辆。全市地表水环境质量优良率达到71.3%，新划定生态保护红线面积1687.4平方公里，县控以上劣Ⅴ类水质断面全面消除，劣Ⅴ类小微水体基本消除，34个乡镇建成“污水零直排区”。推进生态文明建设示范创建工作，全市成功创建国家生态文明建设示范县1个，省级生态文明建设示范县(区)3个。

（七）平安宁波

2017年全市共发生各类生产安全事故591起，死亡312人，比上年分别下降16.8%和20.8%。其

中，较大生产安全事故2起，死亡6人。全年共立案查处食品安全各类违法案件2713件，其中大要案42件，罚没款4978.7万元，移送公安机关涉嫌犯罪案件54件。全年人民调解组织共调处各类民事纠纷9.8万件，调解成功9.7万件，成功率达99.0%，防止民间纠纷引起的自杀5件、5人次；防止民间纠纷转化为刑事案件67件、175人次。

三、宁波市在泛长三角地区经济发展中的地位

2017年是本届政府的开局之年。一年来，面对错综复杂的国内外形势和艰巨繁重的改革发展稳定任务，在省委、省政府和中共宁波市委的正确领导下，认真学习贯彻习近平新时代中国特色社会主义思想，深入贯彻落实党的十八大、十八届历次全会和十九大精神，坚定不移实施"八八战略"，按照省市党代会的决策部署，牢牢把握稳中求进工作总基调，牢固树立新发展理念，坚持以供给侧结构性改革为主线，凝心聚力，攻坚克难，统筹推进各项工作，实现了"名城名都"建设的良好开局。

（一）地区生产总值

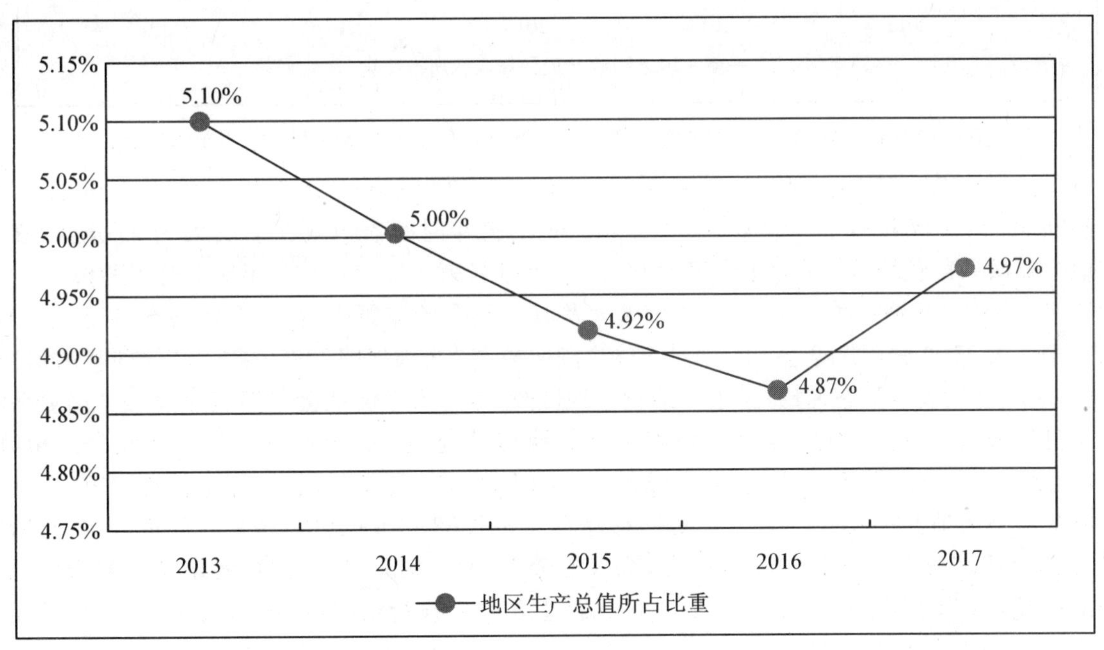

图4　2013—2017年宁波市地区生产总值在泛长三角
（苏浙两省24个地级市、安徽省16个地级市和上海市，下同）所占比重的变化趋势

2013—2017年宁波市地区生产总值在长三角所占比重分别5.10%、5.00%、4.92%、4.87%和4.97%，2017年逆势上扬，较上年增加了0.10个百分点，较2013年减少了0.13个百分点。2017年宁波市地区生产总值在泛长三角地区41个市排名第6位，与上年持平。

2017年全市实现地区生产总值9846.9亿元，按可比价格计算，同比增长7.8%，增速快于全国0.9个百分点。分产业看，第一产业实现增加值314.1亿元，增长2.4%；第二产业实现增加值5105.5亿元，增长7.9%；第三产业实现增加值4427.3亿元，增长8.1%。三次产业之比为3.2∶51.8∶45.0，一、二、三产业对GDP增长的贡献率分别为1.0%、52.8%和46.2%。增速为二线以上城市最快；GDP全国排名超过佛山，跃居全国第15名；新增上市公司20家，数量仅次于北上广深等少数几个城市；工业增加值超3000亿元，利税超3000亿元。

（二）地方财政一般预算收入

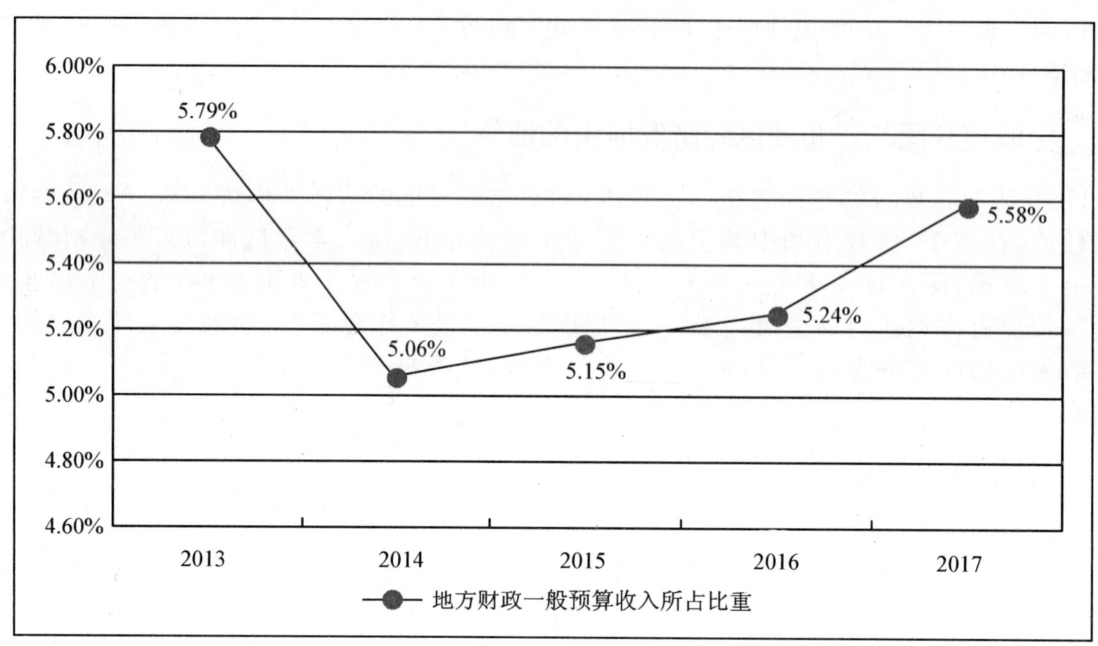

图5 2013—2017年宁波市地方财政一般预算收入在泛长三角所占比重的变化趋势

2013—2017年宁波市地方财政一般预算收入在泛长三角所占比重分别为5.79%、5.06%、5.15%、5.24%和5.58%，2017年较上年增加了0.34个百分比，五年时间累积减少了0.21个百分点。2017年宁波市地方财政一般预算收入在泛长三角地区41个市排名第3位，与2016年比上升了两位。

2017年，在中共宁波市委的领导下，在市人大及其常委会的监督支持下，全市各级各部门认真贯彻落实党的十八大、十八届历次全会和十九大精神，按照省委“八八战略”和市委“六化协同”战略决策部署，主动适应经济发展新常态，着力推进供给侧结构性改革，全市经济社会平稳健康发展，“名城名都”建设取得了良好开局。在此基础上，全市和市级预算执行情况良好。2017年，全市一般公共预算收入1245.07亿元，完成调整预算（以下简称“完成预算”）的104.9%，比上年增长（以下简称“增长”）10.9%；加上地方政府一般债券收入271.04亿元和转移性收入367.33亿元（其中：中央税收返还等返还性收入47.04亿元，上级转移支付收入107.44亿元，调入资金105.04亿元，调入预算稳定调节基金107.81亿元），全市一般公共预算可用资金为1883.44亿元。主要收入执行情况：国内增值税377.27亿元，完成预算的104%；改征增值税129.77亿元，完成预算的92.9%；企业所得税179.05亿元，完成预算的115.5%；个人所得税81.03亿元，完成预算的119.9%；城市维护建设税82.21亿元，完成预算的101.1%；契税及耕地占用税75.98亿元，完成预算的116.5%。非税收入201.33亿元，完成预算的104.9%。

（三）工业生产总值

2013—2017年宁波市工业生产总值在泛长三角所占比重分别为5.22%、5.67%、5.71%、5.86%和6.16%，整体呈上升趋势，五年涨幅达0.94个百分点，2017年较上年增加了0.30个百分点。2017年宁波市工业生产总值在泛长三角地区41个市排名第3位，位居上海、苏州之后，拥有领先优势。

2017年全年全市实现规模以上工业增加值3266.7亿元，同比增长9.6%，增速比上年提高2.3个百分点。分行业看，在35个行业大类中，26个行业增加值同比正增长；增加值占比前十大行业中，除烟草制品业外，其余行业均实现不同程度增长，其中汽车制造业增长18.3%，计算机、通信和其他电子设备制造业增长15.6%，专用设备制造业增长13.8%。分经济类型看，国有企业增加值增长0.6%，股份制企

业增长17.6%，有限责任公司增长11.2%，私营企业增长8.6%，外商投资企业增长8.5%，港澳台投资企业增长8.1%。从主要产品生产情况看，全市列入产品目录的213种产品中，137种产品产量实现增长，在35种主要工业产品中，29种产品产量增长，其中房间空气调节器、民用钢质船舶和气动元件增长最快，同比分别增长57.4%、44.1%和39.9%。全年规模以上工业企业实现销售产值15493.5亿元，增长18.4%，实现出口交货值2980.3亿元，增长10.1%。

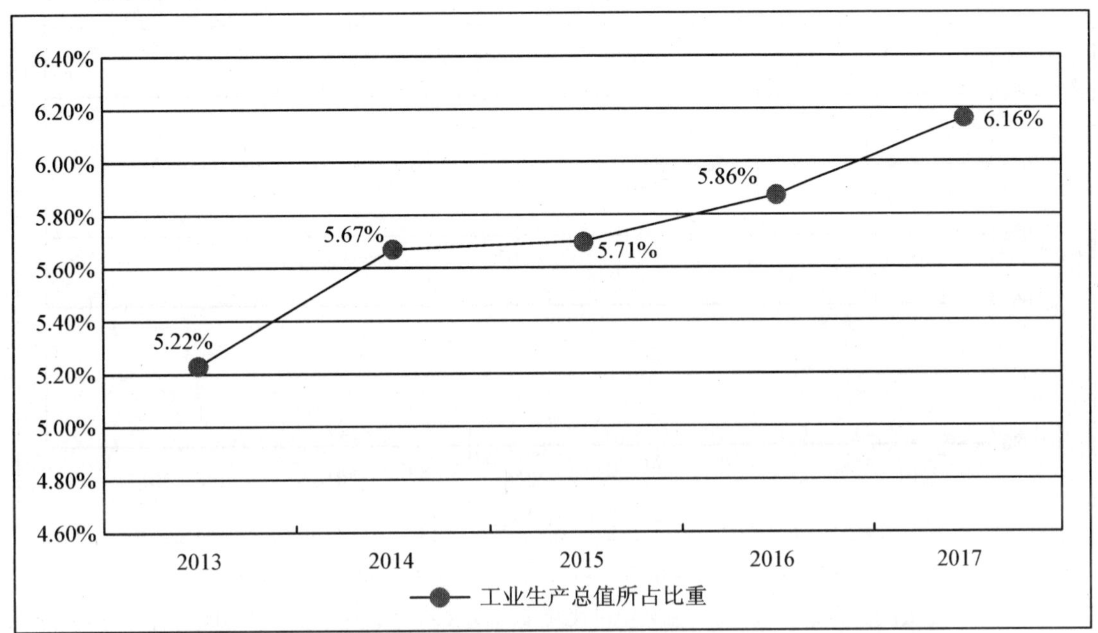

图6　2013—2017年宁波市工业生产总值在泛长三角所占比重的变化趋势

全年全市完成规模以上工业企业利润总额1264.1亿元，同比增长30.9%，利税总额2097.9亿元，增长22.5%。规模以上工业企业百元主营业务收入成本81.7元。规上工业企业主营业务收入利润率8.3%，比上年提高0.7个百分点；成本费用利润率9.2%，比上年提高0.8个百分点。

结构调整积极推进。规模以上工业中，全年战略性新兴产业、高新技术产业、装备制造业增加值分别为872.2亿元、1337.5亿元和1585.5亿元，同比分别增长15.7%、10.4%和14.1%，增速分别高于规模以上工业6.1、0.8和4.5个百分点。在战略性新兴产业中，新能源汽车、新一代信息技术、海洋新兴产业和高端装备制造业增加值分别增长24.8%、20.4%、17.8%和17.0%，增速均高于全市规上工业平均水平。

（四）进出口总额

2013—2017年宁波市进出口总额在泛长三角所占比重分别为7.30%、7.30%、7.20%、7.17%和7.52%。2017年大幅上扬，宁波市进出口总额占比在五年时间整体增加了0.35个百分点。2017年宁波市进出口总额在泛长三角地区41个市排名第3位，位居上海、苏州之后，始终保持着领先优势。

2017年，宁波市外贸进出口保持两位数增长，增速领先全国全省，进口规模全国排名取得新进位。数据显示，2017年，全市进出口总额为7600.1亿元，与2016年同比（下同）增长21.3%；其中，出口4984.1亿元，增长14.3%，进口2616.0亿元，增长37.3%，增幅显著。增速比全国分别高7.1、3.5、18.6个百分点，比全省高6.0、4.2、1.7个百分点。从全国主要省市规模排名来看，进出口、出口、进口分别居36个省市第10位、第8位、第11位，其中进口排名上升1位。总体上2017年全市外贸保持回稳向好态势，规模实现两位数增长，进出口、出口增速创近6年新高。

从数据上看，欧美日传统出口市场持续分化，对中东欧16国出口增长较快。2017年，全市对欧盟、自贸区、金砖国家、中东出口同比分别增长12.7%、14.4%、23.6%、3.0%，其中对东盟出口增长12.4%，占全市出口 7.3%。对美国、德国、英国、日本出口同比分别增长 18.3%、12.0%、5.1%、4.0%，分别占全市出口 23.3%、5.2%、4.6%、4.1%，除了美国占比提高 0.8 个百分点，德国、英国、日本占比分别下降 0.1、0.4、0.4 个百分点。

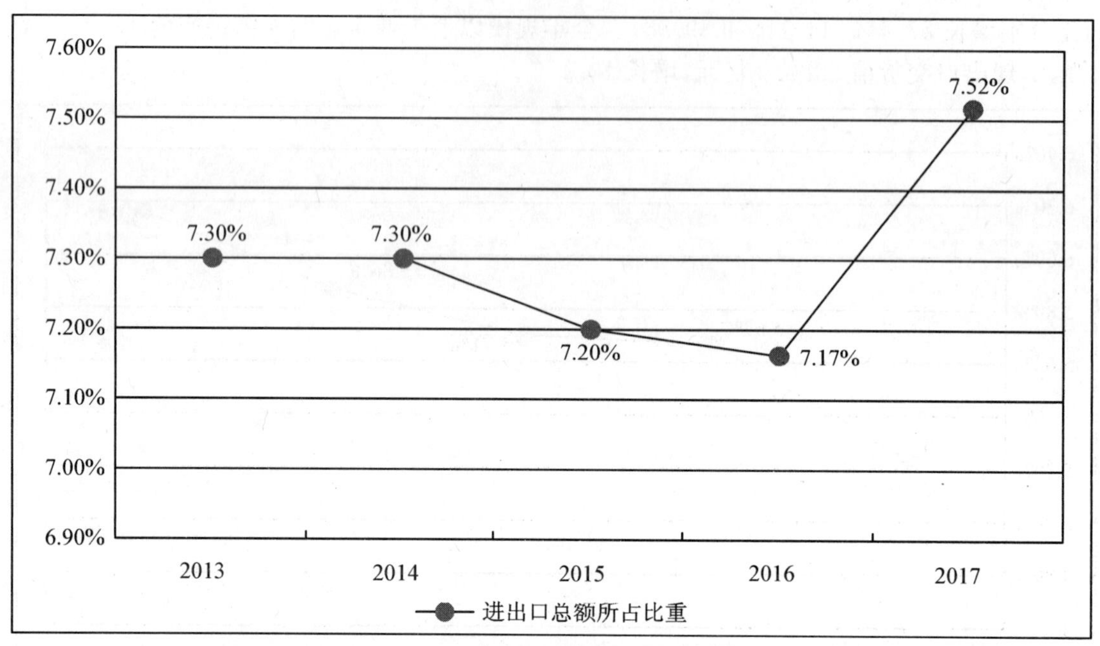

图 7　2013—2017 年宁波市进出口总额在泛长三角所占比重的变化趋势

对"一带一路"沿线国家出口 1273.0 亿元，同比增长 13.4%，增速低于全市出口 0.9 个百分点，占全市出口比重 25.5%，下降 0.2 个百分点。全市对中东欧 16 国出口 172.5 亿元，同比增长 21.6%，增速高出全市出口7.3 个 百分点。其中，向中东欧出口前三位国家分别为波兰、斯洛文尼亚和捷克，分别出口 73.6 亿元、15.8 亿元、15.2 亿元，分别增长 21.9%、25.1%、19.0%，三者合计占全市向中东欧国家出口总额的 60.6%。

日用消费品出口持续分化，机电高新技术产品出口增长较快。2017 年，服装、纺织、灯具、塑料制品、家具、鞋类、箱包七大类日用消费品出口增长 7.9%，低于全市出口增幅 6.4 个百分点。日用消费品出口增速持续分化，鞋类、灯具照明类出口增长较慢，分别增长 0.4%、0.5%；箱包类、家具、塑料制品增长较快，分别增长 14.4%、15.1%、15.1%，高出全市 0.1、0.8、0.8 个百分点。机电产品出口 2765.7 亿元，同比增长16.5%，高于全市出口 2.2 个百分点，占全市出口总额 55.5%，比重提高 1.0 个百分点，其中汽车零配件、通断保护电路装置及零件、电线电缆出口同比分别增长 15.4%、17.1%、17.7%。高新技术产品出口 332.3 亿元，同比增长 16.5%，高出全市出口 2.2 个百分点，占全市出口总额 6.7%，比重提高 0.1 个百分点。

大宗商品进口量价齐升，从中东欧国家进口增长迅猛。2017 年，全市进口前 20 位商品进口量增长 19.1%，价格上涨 19.2%。大宗商品涨幅较大，其中煤、未锻轧铜及铜材进口量分别增长 44.7%、96.0%，价格分别上涨 45.4%、28.1%，在量价齐升的拉动下，煤、未锻轧铜及铜材进口额同比分别增长 1.1 倍和 1.5 倍。

全市从"一带一路"沿线国家进口 711.2 亿元，同比增长 37.5%，占全市进口总额 27.2%。自中东欧国家进口增长迅猛，同比增长 78.4%，高出全市进口 41.1 个百分点，占全市进口 1.0%，比重提高 0.2 个百分点。从欧盟、自贸区、金砖国家、中东进口同比分别增长 37.5%、35.2%、46.2%、37.0%，从台湾地区、日本、美国进口同比分别增长 17.2%、36.3%、35.9%。

（五）实际外商直接投资金额

2013—2017 年宁波市实际外商直接投资金额在泛长三角所占比重分别为 4.37%、5.39%、5.77%、

5.86%和5.30%，五年增幅达0.93个百分点。2017年较上年减少了0.56个百分点。2017年宁波市实际外商直接投资金额在泛长三角地区41个市排名第4位。

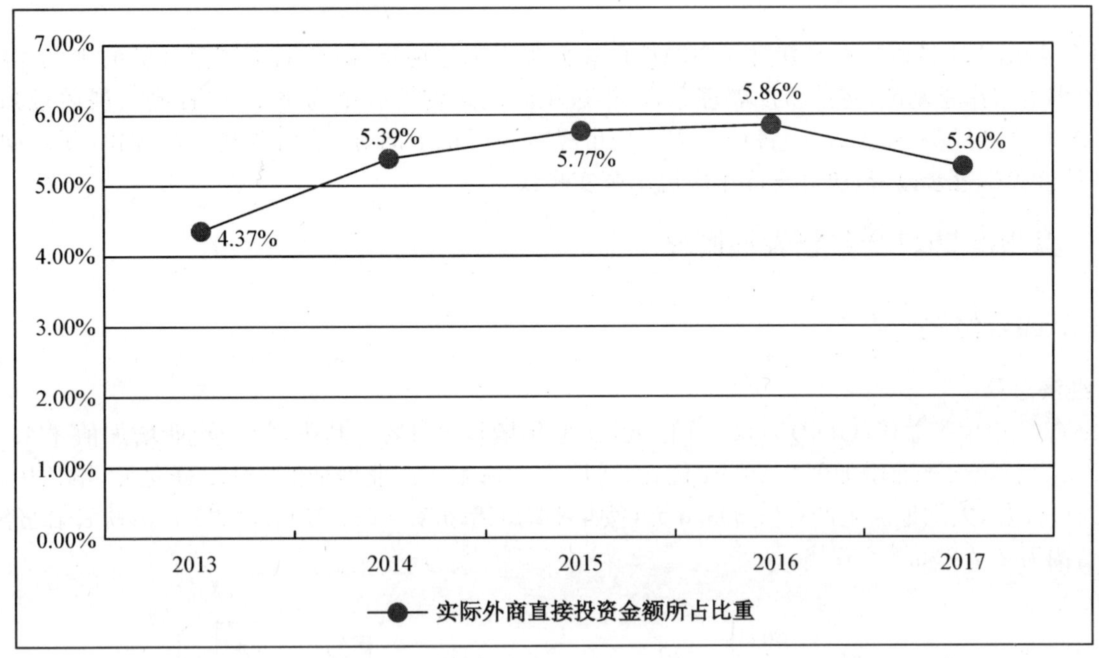

图8　2013—2017年宁波市实际外商直接投资金额在泛长三角所占比重的变化趋势

2017年，全年宁波市新批外商投资项目555个，比上年增加97个；合同利用外资62.1亿美元，同比下降22.3%；实际利用外资40.3亿美元，下降10.7%。宁波市新批境外投资企业和机构220家；备案（核准）中方投资额39.1亿美元，增长11.3%。完成境外承包工程劳务合作营业额20.71亿美元，增长1.7%。

四　温州市 2017 年经济社会发展报告

2017 年，温州坚持以习近平新时代中国特色社会主义思想为指导，全面贯彻落实党的十九大精神，坚持稳中求进工作总基调，坚持新发展理念，以推进供给侧结构性改革为主线，以提高发展质量和效益为中心，统筹推进经济、社会、民生各项工作。全市经济运行稳中向好，结构调整不断优化，新旧动能持续转换，社会民生逐步改善，决胜全面小康迈出坚实步伐。

一、温州市 2017 年经济发展概况

（一）综合经济

1. 经济总量

2017 年全市生产总值（GDP）5411.59 亿元，比上年增长 8.4%。其中，第一产业增加值 144.35 亿元，增长 3.5%；第二产业增加值 2149.91 亿元，增长 5.4%；第三产业增加值 3117.34 亿元，增长10.9%。按常住人口计算，人均地区生产总值 59306 元（按年平均汇率折算 8784 美元），增长 7.9%。国民经济三次产业结构为 2.7∶39.7∶57.6。

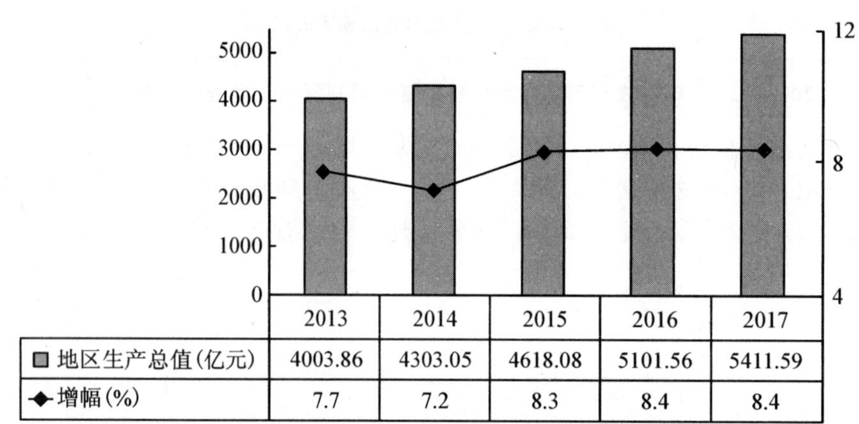

	2013	2014	2015	2016	2017
地区生产总值(亿元)	4003.86	4303.05	4618.08	5101.56	5411.59
增幅(%)	7.7	7.2	8.3	8.4	8.4

图 1　2013—2017 年温州市地区生产总值及增长速度

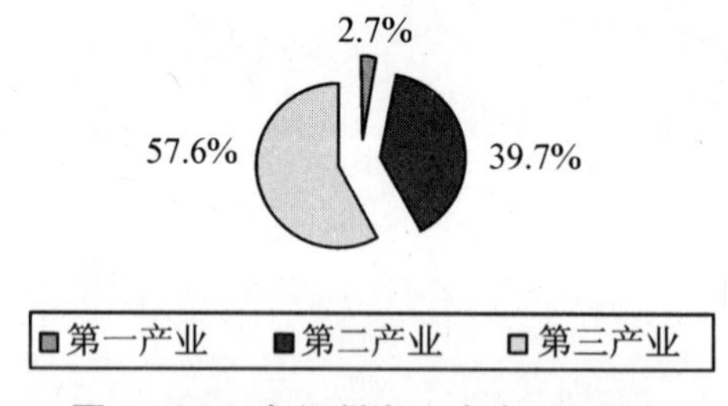

图 2　2017 年温州市三次产业结构图

2. 财政收支

全年实现财政总收入 778.3 亿元，比上年增长 7.5%，其中一般公共预算收入 465.4 亿元，同口径增长 7.2%。

3. 物价水平

全年市区居民消费价格（CPI）比上年上涨 2.4%。其中：居住、医疗保健、衣着、交通通信、教育文化与娱乐、其他用品和服务、食品烟酒类同比分别上涨 6.6%、2.4%、1.8%、1.5%、1.3%、0.8%、0.4%；生

活用品及服务类同比下降 0.1%。工业生产者出厂价格(PPI)上涨 2.2%,工业生产者购进价格上涨 6.2%。

4. 固定资产投资

全年固定资产投资 4178.5 亿元,比上年增长 11.9%。其中国有投资 1613.4 亿元,增长 12.5%;民间投资 2545.9 亿元,增长 11.7%。

在固定资产投资中,第一产业投资 73.7 亿元,比上年下降 15%;第二产业投资 965.3 亿元,增长 7.2%,其中工业投资 963.8 亿元,增长 7.0%;第三产业投资 3139.5 亿元,增长 14.2%。

在重点领域投资中,重大基础设施投资 550.4 亿元,比上年增长 15.2%;重大产业项目投资 1269.1 亿元,增长 25.0%;高新技术产业投资 332.7 亿元,增长 33.9%;生态环保投资 33.4 亿元,增长 15.9%。

(二) 农业和农村建设

全市粮食播种面积 187.8 万亩,比上年增长 0.7%;粮食总产量 78.6 万吨,增长 3.6%;粮食亩产 419 公斤,增长 2.8%。在经济作物中,蔬菜播种面积 98.0 万亩,增长 4.9%;油菜籽 12.9 万亩,增长 0.2%;中草药材 12.5 万亩,增长 15.7%;果用瓜 17.2 万亩,增长 7.4%;花卉苗木 5.0 万亩,增长 15.5%。

全年肉类总产量 11.5 万吨,比上年下降 3.5%。其中,猪肉产量 7.6 万吨,下降 6.9%;牛肉产量0.5 万吨,增长 15.2%;禽肉产量 2.8 万吨,增长 3.1%;兔肉产量 0.2 万吨,下降 6.3%。全年水产品总产量 65.4 万吨,比上年增长 1.7%。其中,海洋捕捞 49.1 万吨,下降 4.7%;淡水捕捞 0.5 万吨,增长 11.3%;海水养殖 13.9 万吨,增长 29.5%;淡水养殖 2.0 万吨,增长 15.4%。

全市累计建成粮食生产功能区 76.5 万亩;建设 2 个省级现代农业园区和 4 个特色农业强镇,1 个省级田园综合体;拥有市级以上示范家庭农场 133 家、示范农民合作社 323 家、农业龙头企业 265 家;实现土地流转率 63.23%,累计流转面积 126.08 万亩;投入美丽乡村建设资金 13.26 亿元,农村生活污水提标改造 106 个村;开展农村生活垃圾分类处理村 1575 个。全市在建省历史文化村落保护利用重点村 11 个、保护利用一般村 44 个,农家乐特色村 52 个、示范点(各类农庄、山庄、渔庄)350 个,创建美丽乡村标杆乡镇 10 个、特色精品村 102 个。全年异地搬迁 1.7 万人(不包括地质灾害避让点搬迁),“千万农民素质提升工程”培训总人数为 2.12 万人。

(三) 工业和建筑业

1. 工业增加值

全年实现工业增加值 1744.0 亿元,比上年增长 7.6%。规模以上工业企业 4900 家,实现工业增加值 1087.1 亿元,增长 7.9%,其中轻、重工业增加值分别为 404.1 和 682.9 亿元,增长 6.7%和 8.5%。规模以上工业销售产值 4946.8 亿元,增长 12.0%,其中出口交货值 701.3 亿元,增长 6.0%。全年工业产值超亿元企业达 995 家。

规模以上工业中,高新技术产业、装备制造业、战略性新兴产业增加值分别比上年增长 10.1%、10.7%、9.6%,占规模以上工业的 41.4%、45.4%、12.7%。信息经济核心产业、高端装备、环保、健康、时尚制造业增加值分别增长 12.5%、10.2%、14.2%、5.2%、6.1%。新产品产值率为 28.5%,比上年提高 4.2 个百分点。

全年规模以上工业企业实现利润 258.9 亿元,同比增长 8.9%。其中,高新技术产业、装备制造业和战略性新兴产业利润总额分别增长 24.9%、20.5%和 29.3%。全年规上工业全员劳动生产率达 15.2 万元/人,比上年增长 9.8%。

2. 建筑业

全年建筑业增加值 405.9 亿元,占 GDP 的比重为 7.4%。具有总承包和专业承包资质的建筑企业

763 家，完成建筑业总产值 1838.9 亿元，增长 19.8%；实现利润总额 42.1 亿元，增长 35.1%；税金总额 51.4 亿元，增长 16.7%。

（四）服务业

1. 国内贸易

全年社会消费品零售总额 3324.3 亿元，比上年增长 10.6%。从城乡消费情况看，城镇消费品零售额 2824.0 亿元，增长 10.4%；乡村消费品零售额 500.4 亿元，增长 11.6%。按行业分，批发零售贸易业零售额 2893.9 亿元，增长 9.9%；住宿餐饮业零售额 430.4 亿元，增长 15.2%。全市网络零售额 1568.5 亿元，增长 28.0%；居民网络消费额 906.6 亿元，增长 26.4%。

在限额以上批发零售业商品零售额中，粮油、食品类增长 17.7%；服装、鞋帽、针纺织品类增长 16.2%；日用品类增长 11.4%；中西药品类增长 23.1%；通讯器材类增长 26.5%，文化办公用品类增长 14.0%；体育娱乐用品类增长 38.5%，建筑及装潢材料类增长 33.5%；家具类增长 27.7%；汽车类增长 6.3%；石油及制品类增长 14.0%。

2. 交通运输、邮电

年末公路总里程 14733 公里，其中高速公路 297 公里，一级公路 534 公里，二、三级公路 1911 公里。客运班车通村率 100%，年末实有公共汽（电）车营运车辆 3610 辆，年载客量 3.93 亿人次。

年末机动车保有量 233.4 万辆，比上年末增加 28.6 万辆，其中载客汽车 181.9 万辆，载货汽车 16.3 万辆。私人汽车 183.2 万辆，增加 19.3 万辆。全年公路和水路完成货物周转量 396.3 亿吨公里，比上年增长 5.2%；旅客周转量 102.8 亿人公里，下降 9.4%。铁路客运量 2457.2 万人次，增长 12.9%，货运量 467.8 万吨，下降 6.8%。航空旅客吞吐量 928.6 万人次，增长 13.4%，货邮吞吐量 7.6 万吨，下降 2.9%。港口货物吞吐量 8926 万吨，增长 6.2%。

全年邮电业务总量 414.2 亿元，其中电信业务总量 260.8 亿元，增长 61.3%。年末固定电话用户数 146.8 万户，移动电话用户数 1164.5 万户；固定互联网宽带接入用户 365.2 万户，移动互联网用户 983.7 万户。

全市邮政业务总量（含快递）153.4 亿元，比上年增长 28.1%。全年函件 2400.4 万件，包裹 12.7 万件，汇兑 18 万笔，订销报纸 13941 万份，订销杂志 523.3 万份。全市快递业务量 7.23 亿件，居全国城市第 11 位，增长 23.3%。

全市电力系统最高负荷 824.4 万千瓦，增长 8.0%。全年用电量 399.1 亿千瓦时，增长 5.5%。其中工业用电量 240 亿千瓦时，增长 5.8%；建筑业用电量 8.7 亿千瓦时，增长 0.6%；服务业用电量 57 亿千瓦时，增长 10.2%；居民生活用电量 91.8 亿千瓦时，增长 2.3%。

3. 旅游业

全年接待海内外游客 10376 万人次，比上年增长 16.0%；实现旅游总收入 1150 亿元，比上年增长 19.8%。其中，接待国内游客 10237 万人次，实现收入 1103.7 亿元，分别比上年增长 16.0%和 20.0%；接待海外游客 139 万人次，实现海外创汇 6.9 亿美元，分别比上年增长 17.2%和 14.5%。

4. 金融、证券和保险

年末金融机构本外币存款余额 11218 亿元，比上年末增长 5.6%，其中人民币存款余额 10875 亿元，增长 6.5%。年末住户人民币存款余额 5618 亿元，增长 9.4%。年末金融机构本外币贷款余额 8658 亿元，增长 7.3%，其中人民币贷款余额 8604 亿元，增长 7.4%。

全年全市新增境内外上市公司 4 家，累计达 23 家；新增新三板挂牌企业 17 家，累计挂牌和报股转达 81 家；新增区域性资本市场挂牌企业 43 家，累计达 1020 家；新增股份制改造企业 213 家，累计达 1034 家。

全年保险业保费收入 241.9 亿元，比上年增长 18.8%。其中人身险保费收入 160.6 亿元，增长 26.0%；财产险保费收入 81.3 亿元，增长 6.7%。支付各类赔款及给付 64.1 亿元，比上年增长 0.9%，其中人身险赔付 21.2 亿元，增长 8.2%；财产险赔款 42.9 亿元，下降 2.3%。

5. 房地产业

全年房地产开发投资 1024.2 亿元，比上年增长 13.5%；房屋施工面积 4720.6 万平方米，下降 0.1%，竣工面积 680.8 万平方米，下降 11.7%；商品房销售面积 1070.3 万平方米，增长 38.3%。

（五）对外经济

1. 对外贸易

全年货物进出口总额 1327.1 亿元，比上年增长 11.2%。其中进口 169.2 亿元，增长 27.3%；出口 1157.9 亿元，增长 9.2%。民营企业出口 1039.8 亿元，增长 9.7%，占全市货物出口总额的 89.8%，比上年提高 0.4 个百分点。对“一带一路”沿线国家出口 420.2 亿元，同比增长 13.2%，从“一带一路”沿线国家进口 62.3 亿元，同比增长 73.1%。全市累计获自营进出口权企业达 1.5 万家，比上年末增长 11.7%，其中年度自营出口超千万美元企业达 353 家，比上年末增加 4 家，出口超 5000 万美元企业 30 家。服务贸易加快发展。2017 年，全市国际服务贸易进出口额 279.5 亿元，同比增长 10.7%；其中服务贸易出口额 112.1 亿元，增长 23.3%。

2. 外资状况

全年新批外商直接投资项目 66 个，比上年增加 5 个；合同外资 21.5 亿美元，增长 292.5%；全市实际利用外资总额 3.58 亿美元，增长 47.2%。在国家“一带一路”战略布局的沿线建成俄罗斯、越南、乌兹别克斯坦 3 个国家级境外经贸合作区，塞尔维亚 1 个省级境外经贸合作区。2017 年温州市境外投资总额达 6.89 亿美元，新批境外投资项目 25 个，其中对“一带一路”沿线国家投资 5.46 亿美元，占全部境外投资比重达 79.2%。

二、温州市 2017 年社会发展概况

（一）人口、人民生活

年末全市户籍总人口 824.5 万人，其中市区人口 170.4 万人。从性别看，男性人口 427.1 万人，女性人口 397.4 万人，分别占总人口的 51.8%和 48.2%。年末全市常住人口为 921.5 万人，比上年增加 4 万人；城镇化率为 69.7%，比上年提高 0.7 个百分点。

全年全市居民人均可支配收入 43185 元，比上年增长 9.1%，扣除价格因素增长 6.5%。按常住地分，城镇居民和农村居民人均可支配收入分别为 51866 元和 25154 元，增长 8.5%和 9.4%，扣除价格因素分别增长 6.0%和 6.8%。全市居民人均消费支出 28627 元，比上年增长 9.1%，扣除价格因素增长 6.5%。其中，城镇居民和农村居民人均消费支出分别为 33663 元和 18169 元，增长 8.7%和 9.3%，扣除价格因素分别增长 6.2%和 6.7%。城乡居民恩格尔系数分别为 31.8%和 37.3%。年末全市居民人均住房建筑面积 44.0 平方米，其中，城镇居民人均住房建筑面积 43.3 平方米，农村居民人均住房建筑面积 45.4 平方米。年末每百户城镇居民家用汽车拥有量 56.1 辆，每百户农村居民家用汽车拥有量 32.8 辆。

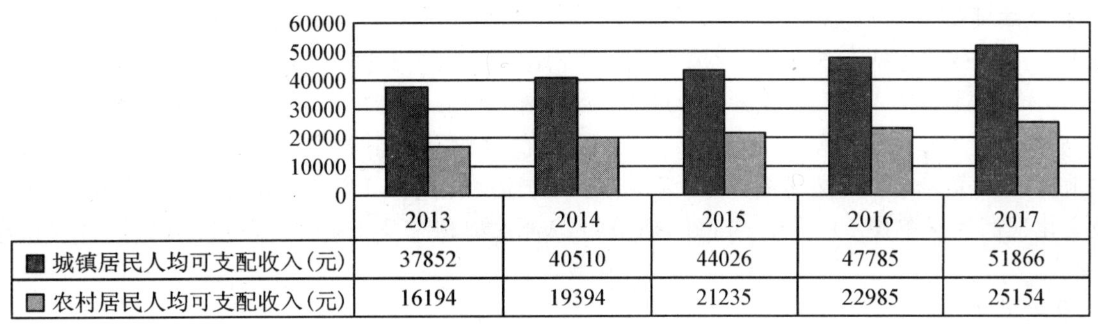

	2013	2014	2015	2016	2017
城镇居民人均可支配收入(元)	37852	40510	44026	47785	51866
农村居民人均可支配收入(元)	16194	19394	21235	22985	25154

图 3　2013—2017 年温州市城乡居民收入对比一览

（二）就业与社会保障

1. 就业

全年新增城镇就业人数 13.3 万人，城镇失业人员再就业人数 1.98 万人，困难人员实现就业 0.7 万人；年末城镇登记失业人数 3.15 万人，城镇登记失业率为 1.83%。

2. 社会保障

全年全市参加企业职工基本养老保险人数 272.2 万人，参加城镇职工基本医疗保险 179 万人，参加失业保险 114.5 万人，参加工伤保险 250.3 万人，参加生育保险 112.4 万人。全市企业退休人员基本养老金月人均水平为 2515 元；全市城乡居民养老保险基础养老金最低月标准 135 元。

年末全市在册低保对象 16.75 万人，其中城镇 1.45 万人，农村 15.3 万人，低保资金支出 8.32 亿元。新增各类机构养老床位数 0.66 万张，新建成社区（含村级）居家养老服务照料中心 728 个。全市全年共办理结婚登记 62030 对、离婚登记 18143 对；办理收养登记 292 件、解除收养登记 3 件。

（三）教育和科学技术

1. 教育事业

年末全市共有小学 564 所，招生 10.6 万人，在校生 62.3 万人，小学学龄儿童入学率为 99.99%。小学生均校舍建筑面积 7.3 平方米。共有初中 347 所，招生 9.3 万人，在校生 26.1 万人，初中入学率为 99.95%。初中生均校舍建筑面积 17.9 平方米。全市各类中等职业教育学校 37 所，招生 2.8 万人，在校生 7.6 万人；普通高中 102 所，招生 3.9 万人，在校生 11.91 万人，毕业生 4.1 万人。全市共有普通高校 11 所（其中本科独立学院 2 所），在校生 8.87 万人。义务教育中小学专任教师 5.7 万人，比上年增长 1.4%。中等职业教育（不含技工学校）专任教师 0.44 万人。全市共有幼儿园 1435 所，在园幼儿 32.1 万人。

2. 科技与创新

年末全市拥有国家高新区 1 家、省级高新区 1 家；国家级火炬计划特色产业基地 5 个、省级高新技术特色产业基地 7 个；国家级科技创业服务中心（国家级孵化器）4 个、国家级大学科技园 1 家、国家级众创空间 20 个（其中星创天地 5 个），省级科技创业服务中心（孵化器）6 个、省级众创空间 39 个（其中星创天地 5 个）、市级科技企业孵化器 12 家；省级产业创新服务综合体创建 1 家、培育 1 家；国家级企业技术中心 6 家，省级企业研究院 85 家（其中省级企业重点研究院 15 家）、省级高新技术企业研发中心 311 家、市级企业研发中心 631 家。全年新增高新技术企业 179 家，有效高新技术企业 959 家，新培育省级科技型中小企业 1092 家，累计 4414 家。全年专利申请量、授权量分别为 4.6 万件和 2.95 万件，其中发明专利授权量为 2758 件，增长 12.0%。全年评出温州市技术发明奖 8 项，温州市科技进步奖 79 项。

（四）文化、卫生和体育

1. 文化事业

年末全市共有文化站 185 个，文化馆 12 个，博物馆 47 个，公共图书馆 13 个，电影放映单位 78 个，城市书房 48 家，百姓书屋 22 家，文化驿站 40 家。公共图书馆藏书 11202 千册，比上年增加 1078 千册。全年院线电影放映 104.6 万场次，观众 1254.8 万人次；农村数字电影放映 5.14 万场次，观众 700.1 万人次。年末拥有国家级非物质文化遗产 34 个，省级非物质文化遗产 145 个，市级非物质文化遗产 747 个、非物质文化遗产保护单位 913 个。全市广播节目综合人口覆盖率 98.66%，电视节目综合人口覆盖率 98.96%。

2. 卫生事业

全市共有医疗卫生机构 5579 家，其中医院 142 家，卫生院（社区卫生服务中心）249 家，村卫生室

2360家，各类诊所（卫生所、医务室）2090家。年末医疗卫生机构床位数39947张，增长11.9%；卫生技术人员63306人，增长6.9%；其中，执业（助理）医师26384人，注册护士25938人，分别增长5.6%和10%。医院年诊疗3455.3万人次，增长6.4%。孕产妇死亡率6.57/10万，5岁以下儿童死亡率2.76‰，婴儿死亡率1.95‰。

3. 体育事业

全市共有公共体育场馆36个，独立设置的业余体校9所，各类公共体育场所18405个。全年全市运动员在全国以上比赛获得奖牌134枚，其中世界冠军6个、亚洲冠军3个、全国冠军36个。全年新增省级体育强镇5个，累计135个；省级体育强县11个。全年发行体育彩票19.6亿元。

（五）城乡建设

2017年，全市联动推进"大拆大整""大建大美"，城乡环境面貌持续改善。完成城中村改造签约9.8万户、拆除8.6万户，其中整村签约85个、拆除83个。关停取缔"四无"生产经营单位5.3万家，整治旧市场140家，搬迁改造市区工业企业1249家，获评省"腾笼换鸟"先进市。5784幢城镇危旧房、3.8万户农村危旧房全面完成治理改造，城中村改造、危旧房治理和拆违工作考核均列全省第一。高起点谋划、实质性启动"大建大美"，开工建设学校、卫生、养老、道路等功能性项目195个，建成56个，"两线三片"开发建设兴起热潮，乐清、瑞安、平阳、苍南等城市新区建设提速。完成69条城市道路综合整治。开展城市管理治乱专项行动，城市视觉空间进一步美化。文成、永嘉、泰顺获评小城镇环境综合整治省级优秀县。建成美丽乡村风景线13条，创建3A级景区村25个，洞头创成省美丽乡村示范县，永嘉成为全国休闲农业和乡村旅游示范县。积极配合中央环保督察、国家海洋督察，集中解决了一批突出环境问题。全力打好劣Ⅴ类水剿灭战，20个县控以上劣Ⅴ类水质断面、2947个小微水体全部实现验收销号，基本实现农村生活污水治理设施长效运维管理。

（六）水资源、生态建设和环境保护

全年全市平均降水量为1604.8毫米（折合降水总量189.1亿立方米），全市水资源总量为104.7亿立方米，人均水资源量为1138.5立方米。全市完成营造林面积7028公顷，其中人工造林1376公顷；森林抚育面积13733公顷。

全市已建成省级生态文明建设示范县（市、区）2个，省级以上生态乡镇（街道）147个。

市区环境空气质量达到Ⅰ级标准的有73天，Ⅱ级标准的有256天，全年温州市区空气质量优良率为90.1%，城市环境空气PM2.5年均浓度平均为38微克/立方米。全市地表水市控及市控以上站位76个，水质在Ⅰ至Ⅲ类的站位42个；劣Ⅴ类水质断面为1个，比上年减少14个。市区区域环境噪声昼间等效声级平均值54.8分贝；交通噪声等效声级平均值67.5分贝。

全市单位GDP能耗比上年下降3.9%，其中规模以上工业单位增加值能耗下降4.1%。

（七）平安温州

全市共发生各类事故313起、死亡270人，同比分别下降31.4%和29.7%，无发生较大以上生产安全事故。道路运输共发生事故197起、死亡164人，同比分别下降39.6%和37.2%。

三、温州市在泛长三角地区经济发展中的地位

2017年是本届政府的开局之年。认真学习贯彻习近平新时代中国特色社会主义思想，在中共温州市委的坚强领导下，围绕系统构建五大发展生态、建设国际时尚智城、打造坚实"铁三角"，立足全局、谋划开局、力创新局，较好地完成了市十三届人大一次会议确定的主要目标任务。

（一）地区生产总值

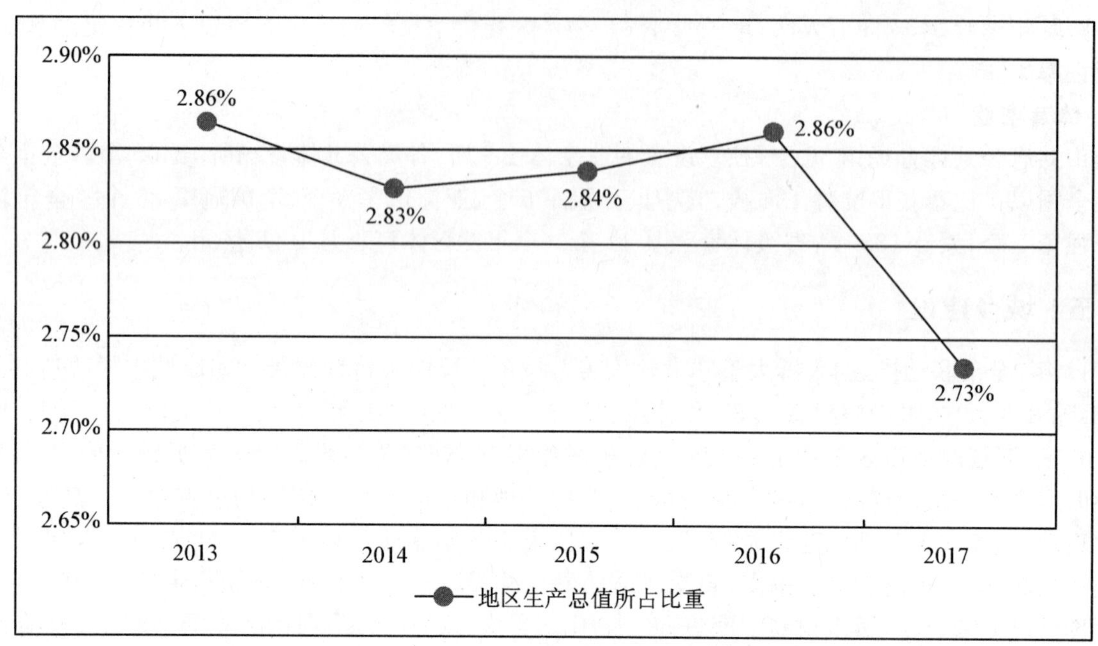

图 4　2013—2017 年温州市地区生产总值在泛长三角
（苏浙两省 24 个地级市、安徽省 16 个地级市和上海市，下同）所占比重的变化趋势

2013—2017 年温州市地区生产总值在泛长三角所占比重分别为 2.86%、2.83%、2.84%、2.86%和 2.73%，2017 年出现下滑，五年时间降幅为 0.13 个百分点。2017 年温州市地区生产总值在泛长三角地区 41 个市排名第 11 位，与 2016 年持平。

2017 年实现 GDP 5453.2 亿元，比上年增长 8.4%，全市经济增速与上年持平，总量和增速均居全省第三位。第一产业增加值 144.1 亿元，比上年增长 3.5%；第二产业增加值 2149.2 亿元，增长 7.1%；第三产业增加值 3159.9 亿元，增长 9.7%，三产比重比上年提高 1.8 个百分点。全市经济运行总体平稳、稳中向好，结构调整不断优化。

2017 年，全市经济增速与 2016 年持平。值得注意的是，三次产业结构中，已经从过去的主要依靠工业拉动转为工业、服务业共同拉动，尤其是从 2015—2017 年，服务业发展快于工业发展，服务业增加值占 GDP 比重提高到 58.0%，对经济贡献率为 63%，成为经济增长的主要拉动力。

（二）地方财政一般预算收入

2013—2017 年温州市地方财政一般预算收入在泛长三角所占比重分别为 2.70%、2.07%、2.06%、2.07%和 2.08%，近 5 年减少了 0.62 个百分点，其中 2017 年较上年增加了 0.01 个百分点。2017 年温州市地方财政一般预算收入在泛长三角地区 41 个市排名第 11 位，与 2016 年持平。

2017 年是实施“十三五”规划的重要一年，是供给侧结构性改革的深化之年，也是财税工作服务中心大局、取得显著成绩的一年。一年来，全市财税系统圆满完成全年收入计划目标，预算执行情况较好。2017 年全市一般公共预算收入 465.4 亿元，完成预算的 101.5%，同口径增长 7.2%（按年初预算口径，可比增长 8.5%）。全市一般公共预算收入 465.4 亿元，加上转移性收入 560.9 亿元（包括中央四税返还收入 36.1 亿元、省转移支付收入 228.9 亿元、一般债务转贷收入 70.8 亿元、动用预算稳定调节基金76.5 亿元、调入资金和上年结转项目 148.6 亿元），收入合计 1026.3 亿元。全市一般公共预算支出 761.6 亿元，加上转移性支出 264.7 亿元（包括上解省支出 114.1 亿元、一般债务还本支出 36.8 亿元、设立预算稳

定调节基金 42.1 亿元、结转下年项目支出 71.7 亿元），支出合计 1026.3 亿元。

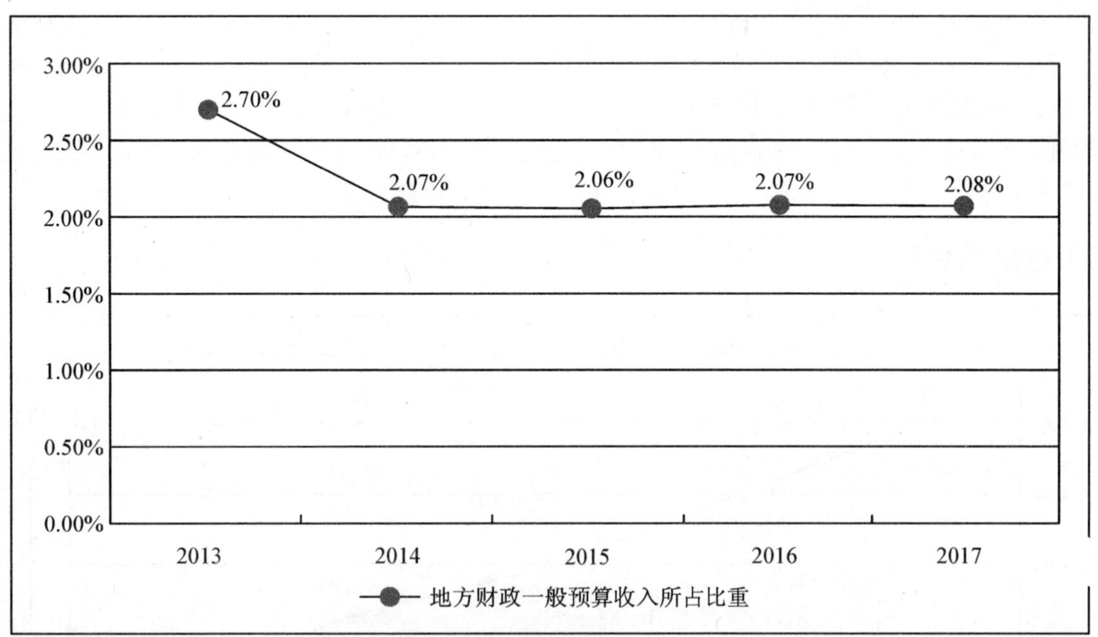

图 5　2013—2017 年温州市地方财政一般预算收入在泛长三角所占比重的变化趋势

（三）工业生产总值

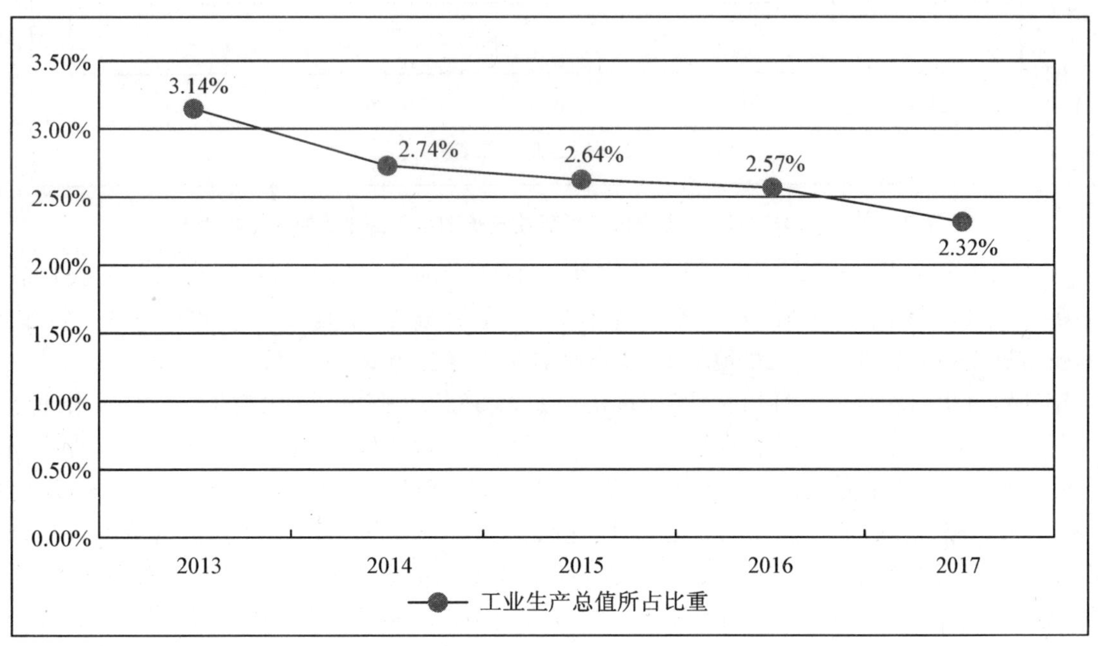

图 6　2013—2017 年温州市工业生产总值在泛长三角所占比重的变化趋势

2013—2017 年温州市工业生产总值在长三角所占比重分别为 3.14%、2.74%、2.64%、2.57%和 2.32%，总体呈下降的态势，近 5 年累计降幅为 0.82 个百分点，其中 2017 年比上年减少了 0.25 个百分点。2017 年温州市工业生产总值泛长三角地区 41 个市排名第 17 位。

2017 年，全年实现工业增加值 1744.0 亿元，比上年增长 7.6%。规模以上工业企业 4900 家，实现工业增加值 1087.1 亿元，增长 7.9%，其中轻、重工业增加值分别为 404.1 和 682.9 亿元，增长 6.7%和 8.5%。规模以上工业销售产值 4946.8 亿元，增长 12.0%，其中出口交货值 701.3 亿元，增长 6.0%。全年工业产值超亿元企业达995家。规模以上工业中，高新技术产业、装备制造业、战略性新兴产业增加值分别比上年增长10.1%、10.7%、9.6%，占规模以上工业的41.4%、45.4%、12.7%。信息经济核心产业、高端装备、环保、健康、时尚制造业增加值分别增长12.5%、10.2%、14.2%、5.2%、6.1%。新产品产值率为28.5%，比上年提高4.2个百分点。全年规模以上工业企业实现利润258.9亿元，同比增长8.9%。其中，高新技术产业、装备制造业和战略性新兴产业利润总额分别增长24.9%、20.5%和29.3%。全年规上工业全员劳动生产率达15.2万元/人，比上年增长9.8%。

（四）进出口总额

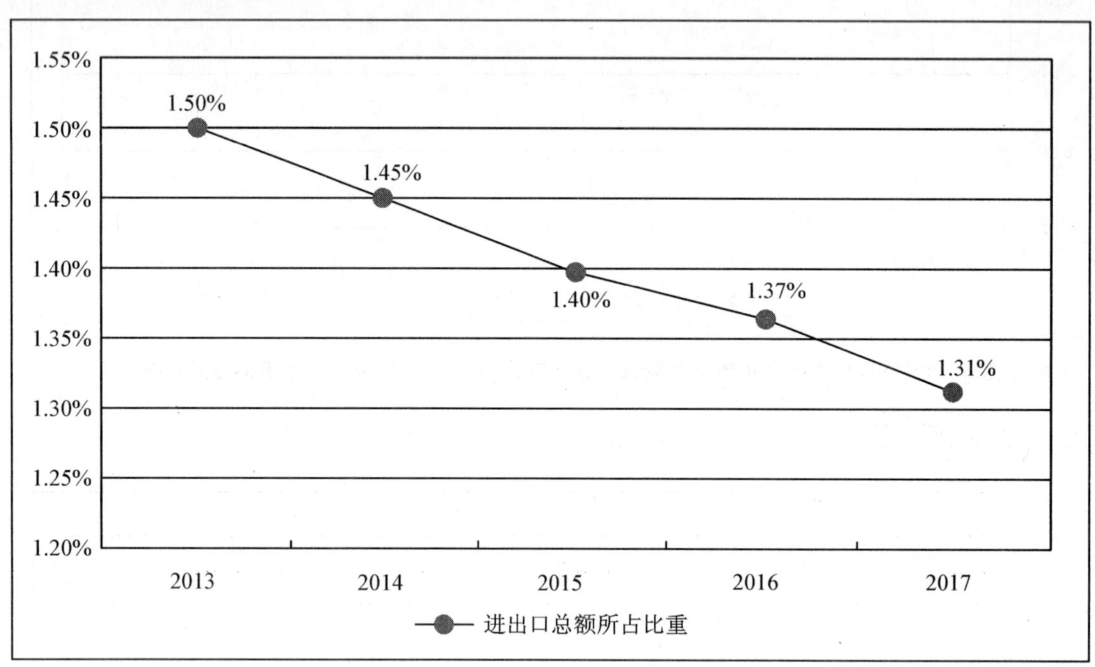

图7　2013—2017年温州市进出口总额在泛长三角所占比重的变化趋势

2013—2017年温州市进出口总额在泛长三角所占比重分别为1.50%、1.45%、1.40%、1.37%和1.31%，2017年延续以往继续下降，较上年下降了0.04个百分点，五年累计跌幅达0.19个百分点。2017年温州市进出口总额在泛长三角地区41个市排名第14位，与2016年持平。

2017年外贸进出口实现恢复性增长，实现进出口总额1327.1亿元，同比增长11.2%，增速比上年提高12.5个百分点，扭转了近2年来的下降态势。民营企业出口1039.8亿元，增长9.7%，占温州市货物出口总额的89.8%，比上年提高0.4个百分点。对“一带一路”沿线国家出口420.2亿元，同比增长13.2%，从“一带一路”沿线国家进口62.3亿元，同比增长73.1%。温州市累计获自营进出口权企业达1.5万家，比上年末增长11.7%，其中年度自营出口超千万美元企业达353家，比上年末增加4家，出口超5000万美元企业30家。服务贸易加快发展。2017年，温州市国际服务贸易进出口额279.5亿元，同比增长10.7%；其中服务贸易出口额112.1亿元，增长23.3%。

（五）实际外商直接投资金额

2013—2017年温州市实际外商直接投资金额在泛长三角所占比重分别为0.67%、0.71%、0.41%、0.32%和0.47%，2017年出现上扬，2017年较2016年降幅达0.15个百分点，五年累计减少了0.20个百分点。2017年温州市实际外商直接投资金额在泛长三角地区41个市排名第34位，较上年下降了一位，排位相当靠后。

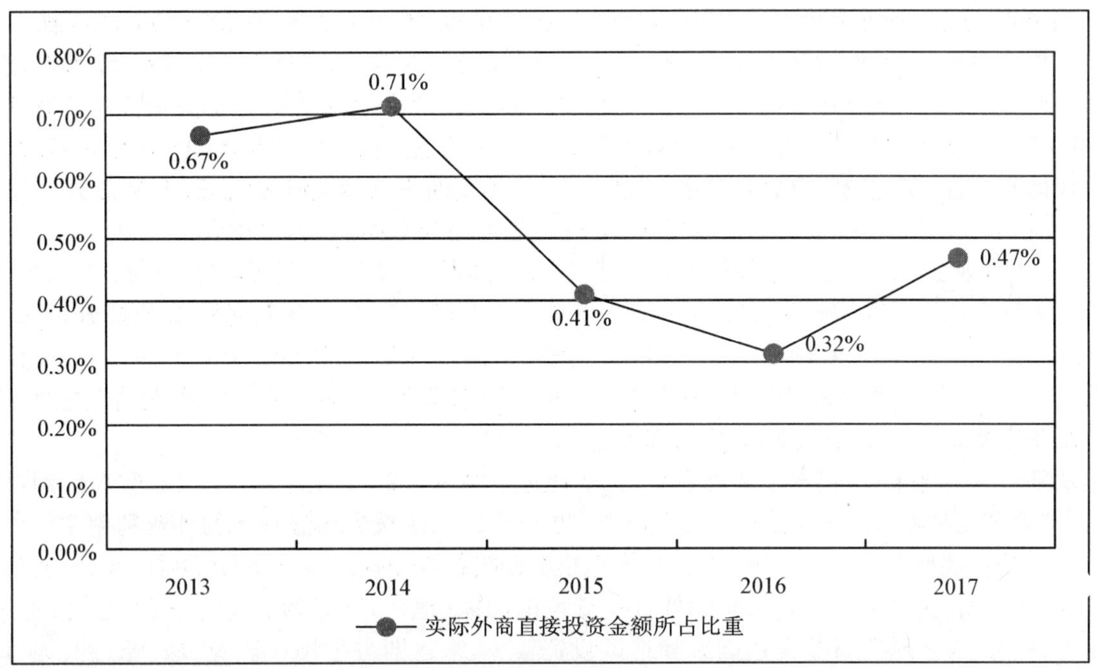

图 8　2013—2017 年温州市实际外商直接投资金额在泛长三角所占比重的变化趋势

2017 年，面对利用外资平稳较快发展压力加大的严峻挑战，全市新批项目、合同外资和实际外资均实现了较大幅度的增长，呈现结构优化、质量提升的发展态势。全市新批外资项目 66 个，同比增长 8.2%，合同利用外资 21.50 亿美元，同比增长 292.5%；实际利用外资 3.58 亿美元，同比增长 47.2%，实际利用外资完成市定目标的 119.4%，省定目标的 143.3%，预计实际利用外资总量位居全省第八，增幅位居全省第三。总体来讲，利用外资水平较上年有了较大提升，呈现以下特点：

一是从利用外资的区域来看，各地区均实现不同程度的增长。各县(市、区)和市级功能区除鹿城、洞头、文成、泰顺外，全部超额完成了全年实到外资的目标任务；其中，浙南产业集聚区、瓯江口产业集聚区、乐清市实到外资分别为 6551 万美元、4500 万美元和 4043 万美元，位列温州市实到外资的前三名。各地利用外资工作各有特色：浙南产业集聚区以制造业企业为主，大项目支撑作用明显，其中最大的丰帆实业项目实到外资 2574.4 万美元，占全区总量的 39.3%；瓯江口产业集聚区新批项目 2 个，其中仅瓯茂置业 1 个项目就到资 4500 万美元，打破了五年来零实到外资局面，实际外资完成市定目标的 450.0%，为全市目标任务的完成作出积极贡献；乐清市利用外资的主要来源是增资项目，约占乐清全市总量的 82.7%；龙湾区今年以分公司出资的实到外资 1923 万美元，约占全区总量的 56.6%；苍南县、瓯海区、平阳县 2017 年境外股东借款分别为 2271 万美元、1968 万美元和 1444 万美元，各占三地总量的 91.0%、55.6%和 71.9%。

二是从产业结构来看，制造业相对低迷，服务业呈爆发式增长，技术服务类项目成亮点。全市一、二、三产实际利用外资比例为 6%、43.0%和 56.9%。第二产业中制造业实到外资比例从 2016 年的 57.7% 下降到了 38.95%。新批三产项目实到外资 2.04 亿美元，同比增长 155.7%；新批三产项目中，以技术服务、租赁和商务服务业以及批发零售业为主，其中新批技术服务类项目 7 个，实到外资 7550 万美元，新批发零售类项目 11 个，实到外资 4958 万美元，新批租赁和商务服务类项目 7 个，实到外资 983 万美元；2017 年新批房地产项目 5 个，其中投资总额 3000 万美元以上项目 3 个，分别为华鸿佳信房地产、瓯贸置业、波中置业项目，实到外资 4500 万美元。

三是从引资主平台来看，各级功能区在招商引资过程中主力军主战场作用有效发挥。两大省级产业集聚区、浙南科技城和 5 个省级开发区实际利用外资 1.62 亿美元，占全市总数的 45.2%，较 2016 年提高 17.5 个百分点，充分发挥了招商引资主平台主战场作用，为年度目标任务超额完成作出应有的贡献。

四是从出资方式看，境外股东借款成为趋势，PPP 模式利用外资项目增多。近年来，温州市境外股东借款增长明显。近年来，温州市境外股东借款增长明显，为全市年度外资任务的完成发挥了极其重要的作用；据统计，2012 至 2017 年 11 月，全市境外股东借款 3.87 亿美元，占同期全市外资总量 17.7%，总量和占比仅低于外商直接投资，位居全市第二，其中 2017 年境外股东借款恢复增长，实现实到外资 6729 万美元，同比增长 40.7%，占比 18.8%左右。PPP 模式利用外资取得突破，中建国际通过 PPP 方式，在温州成立了 2 家企业参与市政建设，总投资 9038.5 万美元，合同外资 3012.8 万美元，实到外资 2259.1 万美元。

五是从大项目引进来看，重大项目占比提升，世界 500 强投资活跃。项目规模大幅提升，平均投资总额 6278.5 万美元，是 2016 年同期的 2.6 倍，其中投资总额 1 亿美元以上项目 6 个，是 2016 年同期的 1.5 倍，支撑作用显著，主要涉及制造业、房地产等行业。中建国际、华润集团、中国中化等 5 家世界 500 强企业在温州市新设项目 6 个，实际外资 1.27 亿美元。

六是从外资来源地来看，仍然以港资为主，来源地过于单一。2017 年有 24 个国家和地区到温州投资，其中香港地区实到外资 2.25 亿美元，占全市总量的 62.8%，继续支撑温州市的外资利用主江山。温州市第二大外资来源地为投资性公司，2017 年外商投资的投资性公司在温州市投资项目 6 个，实到外资 1.06 亿美元，占全市总量的 29.6%。实到外资前五位的国家（地区）分别为香港、投资性公司、德国、英属维尔京群岛和美国。欧美日等发达国家和地区投资较少，来自西方七国（美、英、法、德、意、加、日）的实到外资合计仅 2198 万美元，占全市总量的 6.1%，新市场开拓工作有待进一步加强。

五　嘉兴市 2017 年经济社会发展报告

2017 年，面对国内外发展环境的深刻变化，在市委、市政府的正确领导下，全市上下以习近平新时代中国特色社会主义思想为指导，牢固树立新发展理念，统筹推进“五位一体”总体布局和协调推进“四个全面”战略布局，坚持稳中求进工作总基调，以提高发展质量和效益为中心，坚定不移地推进供给侧结构性改革，打好转型升级系列组合拳，全力做好稳增长、促改革、调结构、惠民生、防风险各项工作，全年经济运行总体稳健、好于预期，决胜全面建成小康社会迈出坚实步伐。

一、嘉兴市 2017 年经济发展概况

（一）综合经济

1. 经济总量

全市生产总值(GDP)4380.52 亿元，比上年增长 7.8%。其中，第一产业增加值 135.55 亿元，增长 1.3%；第二产业增加值 2317.92 亿元，增长 8.6%；第三产业增加值 1927.05 亿元，增长 7.5%。三次产业结构调整为 3.1∶52.9∶44.0。按常住人口计算，全年人均生产总值 94510 元，增长 7.0%。

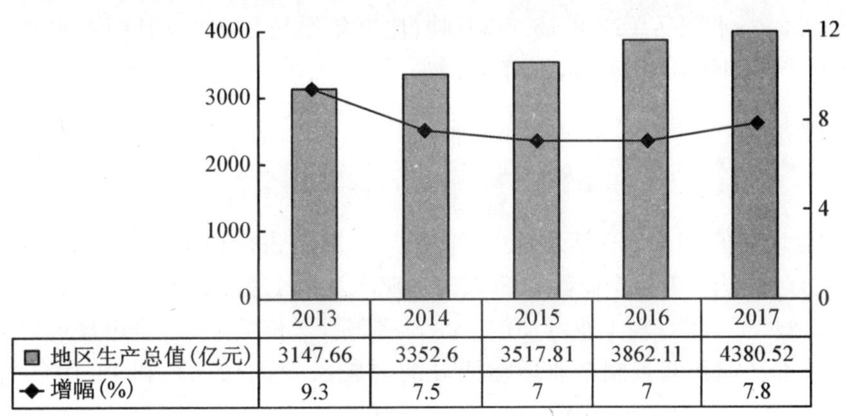

	2013	2014	2015	2016	2017
地区生产总值(亿元)	3147.66	3352.6	3517.81	3862.11	4380.52
增幅(%)	9.3	7.5	7	7	7.8

图 1　2013—2017 年嘉兴市地区生产总值及增长速度

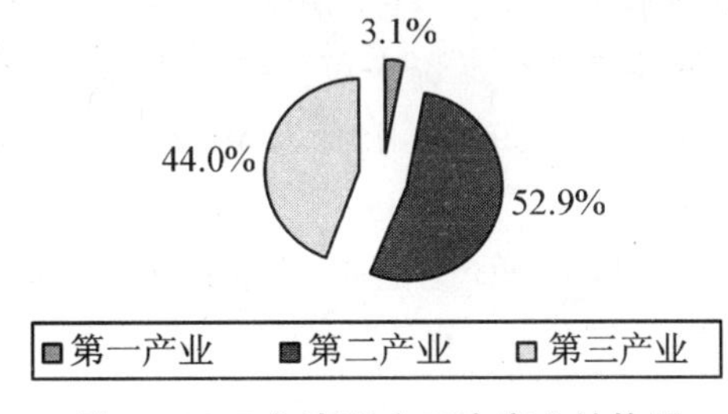

图 2　2017 年嘉兴市三次产业结构图

2. 财政收支

全市财政总收入 769.31 亿元，比上年增长 14.2%，其中一般公共预算收入 443.79 亿元，增长 13.2%。各级财政用于民生支出 393.71 亿元，占一般公共预算支出的 79.6%。

3. 物价水平

2017 年，市区居民消费价格同比累计上涨 2.2%，涨幅高于全省平均水平 0.1 个百分点。其中，食品烟酒类价格同比上涨 0.5%，工业品价格上涨 1.4%，服务项目价格上涨 4.1%。八大类商品和服务呈

现“七涨一跌”态势。2017年，全市工业生产者出厂价格累计上涨7.1%；购进价格累计上涨13.4%，同比分别提高9.5个和16.5个百分点。

4. 固定资产投资

2017年，全市固定资产投资比上年增长11.2%。非国有控股固定资产投资增长19.4%，占全部固定资产投资额比重75.9%，其中民间投资1999.47亿元，占66.4%。

在固定资产投资中，第一产业投资增长151.8%；第二产业投资额增长10.2%；第三产业投资增长11.1%。投资项目6904个，增长0.48%，其中新开工项目4431个，下降3.1%。重点领域投资加快。2017年，全市生态保护和环境治理项目投资、重大基础设施投资、高新技术产业投资、重大产业项目投资分别增长61.8%、38.9%、23.6%和21.8%。

（二）农业

全年粮食种植面积273.45万亩，比上年增长6.3%；油菜籽种植面积12.31万亩，比上年下降24.0%；蔬菜种植面积132.71万亩，比上年增长1.2%；果用瓜种植面积13.32万亩，比上年下降9.1%；花卉苗木种植面积26.63万亩，比上年增长4.7%。全年粮食总产量122.91万吨，增长5.9%；蔬菜总产量276.00万吨，增长1.3%。

年末全市生猪存栏18.59万头，比上年增长1.3%；生猪出栏数35.96万头，下降31.5%；肉类总产量9.49万吨，下降10.2%；水产品总产量15.66万吨，比上年增长3.25%，其中淡水产品产量15.49万吨，增长3.45%，海水产品产量0.17万吨，下降12.0%。

（三）工业和建筑业

1. 工业

2017年，全市工业增加值2101.79亿元，比上年增长9.2%，占全市生产总值的48.3%。规模以上（主营业务收入2000万元以上）工业企业数5280家，实现增加值1727.29亿元，增长9.5%；其中重工业增加值988.49亿元，增长11.5%；轻工业增加值738.80亿元，增长7.1%。全市规模以上工业战略性新兴产业（省标）、高新技术产业和装备制造业增加值分别增长8.5%、10.8%和16.0%，占规模以上工业增加值比重分别为36.0%、47.1%和28.4%。

全市规模以上工业企业全年主营业务收入8259.39亿元，增长17.7%；利税总额844.05亿元，增长16.0%，其中利润总额550.63亿元，增长17.5%。工业产品销售率97.91%，总资产贡献率11.0%，资本保值增值率114.0%，成本费用利润率7.1%。资产负债率由上年54.6%下降为52.5%，亏损率由上年6.9%下降为6.7%，新产品产值率由上年39.6%上升为40.8%。

2. 建筑业

2017年，全社会建筑业增加值208.54亿元，比上年增长2.9%。全市资质内建筑业企业完成建筑业总产值1056.38亿元，较上年增长16.7%。

（四）服务业

1. 国内贸易

2017年，全市社会消费品零售总额1806.62亿元，比上年增长10.3%，扣除价格因素增长9.1%。从行业看，批发零售业零售额1615.27亿元，增长9.8%，住宿餐饮业零售额191.35亿元，增长14.4%。按经营地分，城镇消费品零售额1530.38亿元，增长10.2%；乡村消费品零售额276.24亿元，增长10.8%。全市电子商务网络零售额1454.2亿元，比上年增长30.6%。2017年末，全市拥有各类实体交易市场289个，全年成交额2000.94亿元，比上年增长9.0%。

2. 交通运输、邮电

2017 年，全市公路通车里程 8147 公里，增长 0.4%，其中四级以上公路（不含准四级公路）8147 公里，增长 19.0%。各种运输方式（不包括铁路，下同）货物周转量 311.38 亿吨公里，增长 11.8%，其中公路 135.26 亿吨公里，增长 13.1%；全年旅客周转量（营业性车辆）21.61 亿人公里，增长 2.7%。全年嘉兴港货物吞吐总量 8093.78 万吨，增长 28.4%，其中，外贸货物吞吐量 1135.94 万吨，增长 7.19%，集装箱 144.24 万标箱，增长 7.5%。

全市机动车总量达 163.31 万辆，其中汽车 119.51 万辆，增长 13.5%，私人汽车 102.30 万辆，增长 13.8%。

全年邮电业务总量 133.69 亿元，增长 3.7%。其中，邮政业务总量 49.14 亿元，增长 19.9%；电信业务总量 84.55 亿元，下降 3.8%。年末城乡固定电话用户 101.37 万户，比上年末下降 8.2%。移动电话用户 631.68 万户，增长 3.8%。固定互联网用户 175.29 万户，增长 6.8%。全市快递业务量 4.11 亿件，比上年增长 23.7%。

3. 旅游业

全市接待海内外游客 9214.81 万人次，旅游总收入 1026.09 亿元，分别增长 16.7%和 20.6%。其中，接待外国、港澳台游客 71.52 万人次，增长 1.12%，旅游外汇收入 2.26 亿美元，增长 4.29%；接待国内游客 9143.29 万人次，增长 16.9%，国内旅游收入 1010.84 亿元，增长 20.8%。

4. 金融、证券和保险

2017 年末，全部金融机构本外币存款余额 7568.79 亿元，比上年末增长 10.5%，其中人民币存款余额 7344.71 亿元，比上年末增长 10.8%；金融机构本外币贷款余额 6067.05 亿元，比上年末增长 14.8%，其中人民币贷款余额 5973.90 亿元，比上年末增长 15.2%。住户存款余额 3406.35 亿元，增长 5.0%。

2017 年末，全市境内上市公司 53 家，累计融资 957.4 亿元；其中，中小板上市公司 13 家，占全省中小板上市公司的 9.63%；创业板上市公司 4 家，占全省创业板上市公司的 5.00%。

全市保险业保费收入 166.14 亿元，比上年增长 20.6%。其中，财产险保费收入 59.21 亿元，增长 7.22%；人寿险保费收入 106.93 亿元，增长 29.6%。全年赔付额 38.94 亿元，增长 10.1%。其中，财产险赔付金额 33.36 亿元，增长 9.3%；人寿险赔付金额（剔除期满给付）5.58 亿元，增长 14.79%。

5. 房地产业

全年房地产开发投资额 723.80 亿元，增长 51.3%。房屋施工面积 4337.24 万平方米，下降 1.5%；房屋竣工面积 712.58 万平方米，下降 33.9%，商品房销售面积 1058.77 万平方米，下降 7.5%。

（五）对外经济

1. 对外贸易

2017 年，全市进出口总值 2469.71 亿元，比上年增长 19.4%，其中出口总值 1775.97 亿元，增长 14.6%，进口总值 693.74 亿元，增长 33.8%。机电、服装及纺织类产品等居出口主导地位，机电产品出口 649.57 亿元，增长 20.4%，占全市出口比重 36.6%；服装产品出口 246.53 亿元，增长 1.9%；纺织品出口 314.45 亿元，增长 11.3%，占比 17.7%。高新技术产品出口 122.53 亿元，增长 26.9%。

2. 外资状况

全市新批外商投资项目 360 个；合同利用外资 56.92 亿美元，比上年增长 24.6%；实际利用外资 29.95 亿美元，增长 11.2%。全市实到内资亿元及以上项目 145 项，实到内资总额 353.43 亿元，其中接轨上海项目 52 项，实到内资总额 81.0 亿元。

二、嘉兴市 2017 年社会发展概况

（一）人口、人民生活

2017 年末，全市户籍人口 356.37 万人，比上年末增加 4.25 万人。全市户籍人口出生率 10.83‰，死亡

率 7.19‰，自然增长率 3.65‰。全年迁入人口 4.29 万人，迁出人口 1.33 万人，人口机械增长率 8.35‰。

据省统计局 5‰人口抽样调查结果审定，2017 年末，全市常住人口总量 465.60 万人，其中城镇人口达到 300.31 万人，人口城镇化率达到 64.5%，比上年提高 1.6 个百分点。

2017 年，全市城镇居民人均可支配收入 53057 元，比上年增长 8.4%，剔除价格上涨因素实际增长 6.1%；农村居民人均可支配收入 31436 元，比上年增长 8.4%，剔除价格上涨因素，实际增长 6.1%。城镇居民人均生活消费支出 29875 元，增长 5.5%；农村居民人均生活消费支出 20240 元，增长 7.3%。城乡居民家庭恩格尔系数（即居民家庭食品消费支出占家庭消费总支出的比重）分别为 28.25%和28.91%。年末城镇常住居民人均住房建筑面积 39.62 平方米；农村居民人均住房建筑面积 69.35 平方米。

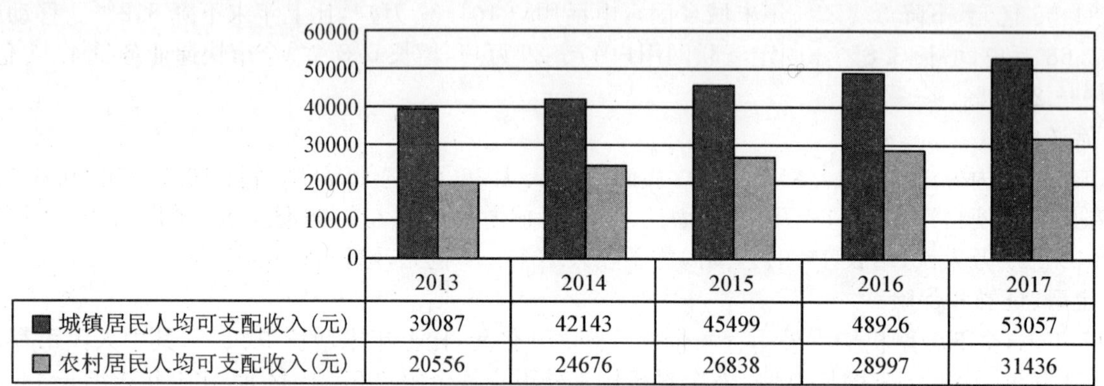

	2013	2014	2015	2016	2017
城镇居民人均可支配收入(元)	39087	42143	45499	48926	53057
农村居民人均可支配收入(元)	20556	24676	26838	28997	31436

图 3　2013—2017 年嘉兴市城乡居民收入对比一览

（二）就业与社会保障

1. 就业工作

全市城镇新增就业人数 11.53 万人，比上年增加 1.11 万人。城镇登记失业率 2.82%。年末全市共有职业介绍机构 65 家，全年举办各类劳动力招聘活动 499 次。

2. 社会保障

全市城乡享受最低生活保障家庭 1.73 万户，比上年增加 0.3 万户；保障人数 2.73 万人。全市投入城乡最低生活保障资金 1.52 亿元，上升 17.83%，提供城乡各种社会救济 28.77 万人次。全市基本养老、基本医疗保险参保人数分别达到 238 万人和 217 万人，城乡低保标准 796 元，最低月工资标准 1800 元。失业保险参保人数达 122.10 万人，增长 2.8%；领取失业保险金的人数 2.51 万人。作为国家医养结合改革试点，居家养老服务照料中心实现城乡社区全覆盖。

（三）教育和科学技术

1. 教育事业

2017 年，全市拥有各类学校（含幼儿园）683 所，在校生 68.74 万人。各类高等教育学校 10 所，在校生 9.22 万余人，其中全日制普通高校 6 所，在校生 6.92 万人；普通高中 37 所，在校生 5.42 万人；初级中学 135 所，在校生 10.66 万人；小学 146 所，在校学生 25.11 万人。初中、小学入学率和巩固率均达到 100%。初中毕业生升高中段各类学校比例达 99.07%。普通高校招生 2.4 万人，毕业学生 1.63 万人，分别比上年增长 17.93%，下降 2.1%。高等自学考试报考人数 1.62 万人，获得大专以上文凭人数 1670 人。农村各类文化技术培训 104 万人次，比上年增长 27.8%。全市各类民办学校 55 所，在校学生 12.39 万人，比上年下降 3.0%。

2. 科技与创新

2017 年，全市发明专利申请量和发明专利授权量分别为 9493 件和 1850 件，全年获得市级以上各类

科技成果114项，技术市场发展平稳，全年经认定登记技术交易金额25.04亿元，交易合同数121项。全市年末国家级高新技术企业达889家，省级科技型中小企业2791家，比上年增加638家，国家级科技企业孵化器县(市、区)全覆盖。全市规模以上工业新产品产值3546.32亿元，增长21.1%。科技创新投入力度加大，全年全市规上工业企业科技活动经费支出增长23.1%，占主营业务收入比重达2.2%。

(四) 文化、卫生和体育

1. 文化事业

2017年末，全市拥有文化艺术表演团体11个，艺术表演场所16个，文化馆8个，文化站73个，公共图书馆6个，图书总藏量830万册，图书馆总流通量1524万人次。全市电影院50家，广播电台6座，电视台6座，全市行政村有线电视联网率达到100%，广播和电视人口覆盖率均达100%。全年组织开展"文化有约"共公益性文化服务项目(活动)1902个、16071场次，网站总访问量突破704万次，直接受益群众达150万人次。

2. 卫生事业

2017年末，全市共有医疗卫生机构1510个，各类卫生工作人员33217人，其中医生11392人，注册护士13946人，医疗床位26453张。平均每千人拥有医生3.20名，每千人拥有医院床位7.42张。全年急门诊病人4789万人次，住院80.7万人次。

全市已建成79个社区卫生服务中心，其中省级规范社区服务中心78个，社区卫生服务站757个。全市无偿献血50617人次，献血量1595万毫升；无偿献血占临床用血比例达100%。

全市镇、村合作医疗覆盖率均达100%，镇初保达标率100%。全市农村自来水受益率100%，农村农户改厕率99.6%。

3. 体育事业

继续推进公共体育设施、学校体育场地设施、企事业单位体育场地设施向社会开放工作，全市符合开放条件的中小学校已和其他公共体育设施实现100%向社会开放。加强"体育强市"建设，推进公共体育设施免费开放。2017年，全市规划建成专项体育场地40个，新建(含更新)公共室外健身器材2059件；推进农村基层场地设施建设提档升级，推动实施市级小康体育村提升工程100个，新增体育场地面积13.1万平方米，新建篮球场、足球场46块。创新举办嘉兴市第五届市民运动会，累计近2.5万人次直接参与；持续办好"7.16"全民游泳健身周全国重点会场公开水域游泳赛、端午民俗文化节龙舟竞渡、第十一届"生辉杯"中美篮球对抗赛等传统品牌赛事；积极引进2017全国重阳登高健身大会浙江嘉兴(海盐南北湖)中心主会场活动、中国围棋甲级联赛、全国女排元老队气排球比赛、嘉兴"国际瑜珈日"等一系列全国群体赛事。全年市本级依托各体育协会共同承办了国家级以上赛事活动27项，省级赛事活动7项。

(五) 资源、生态环境与节能减排

2017年，全市建设用地供应总量3208.27公顷，比上年下降3%。其中，工矿仓储用地1374.02公顷，比上年增长45%；房地产用地913.79公顷，比上年增长9%；基础设施等用地920.46公顷，比上年下降40%。

城市污水年排放量2.33亿立方米，比上年减少2.05%，城市污水处理量为2.14亿立方米，减少2.00%，城市污水处理率91.78%，比上年提高0.05个百分点。城市生活垃圾无害化处理率96%，城市用水普及率98.43%，城市燃气普及率96.82%。人均公园绿地面积14.19平方米。

2017年末，全市水资源总量27.31亿立方米，减少32.7%；人均水资源量586.6立方米(按当年常住人口计算)，减少33.4%；全市平均降水深1334.1毫米，减少18.4%。73个市控断面中，Ⅰ—Ⅲ类水质断面占38.4%，比上年提高19.2个百分点；Ⅳ类水质断面占58.9%，下降15.1个百分点；Ⅴ类水质断面占2.74%，下降2.7个百分点。

市区城市环境空气PM2.5年平均浓度42微克/立方米，比上年下降4.5%；日空气质量(AQI)优良天数比例 72.6%，比上年下降 1.7 个百分点。

2017 年，全市规模以上工业能源消费总量(等价热值，下同)1423.25 万吨标煤，较上年增长 1.5%，全市规模以上工业单位工业增加值能耗下降 7.27%。八大高耗能行业能耗总量 1099.8 万吨标煤，增长 0.58%，八大高耗能行业单耗下降 7.03%。

(六) 社会安全

建设"平安嘉兴"取得新成效。2017 年，全市人民群众安全感满意率达到 95.69%。全市累计发生各类生产安全事故 316 起，死亡 210 人，同比分别下降 35.6%和 22.8%。其中：工矿商贸企业生产安全事故 49 起、死亡 53 人，发生较大生产安全事故 1 起、死亡 5 人。道路运输安全事故 266 起、死亡 156 人；水上交通事故 1 起、死亡 1 人；渔业船舶未发生安全事故，未发生生产经营性火灾亡人事故。

三、嘉兴市在泛长三角地区经济发展中的地位

2017 年是本届政府任期的第一年。市政府以迎接党的十九大召开、学习贯彻党的十九大精神为强大动力，在中共嘉兴市委的正确领导下，全面落实中央和省委、省政府的决策部署，统筹抓好稳增长、促转型、抓改革、强创新、治环境、惠民生、防风险等各项工作，较好地完成了市八届人大一次会议确定的目标任务。

(一) 地区生产总值

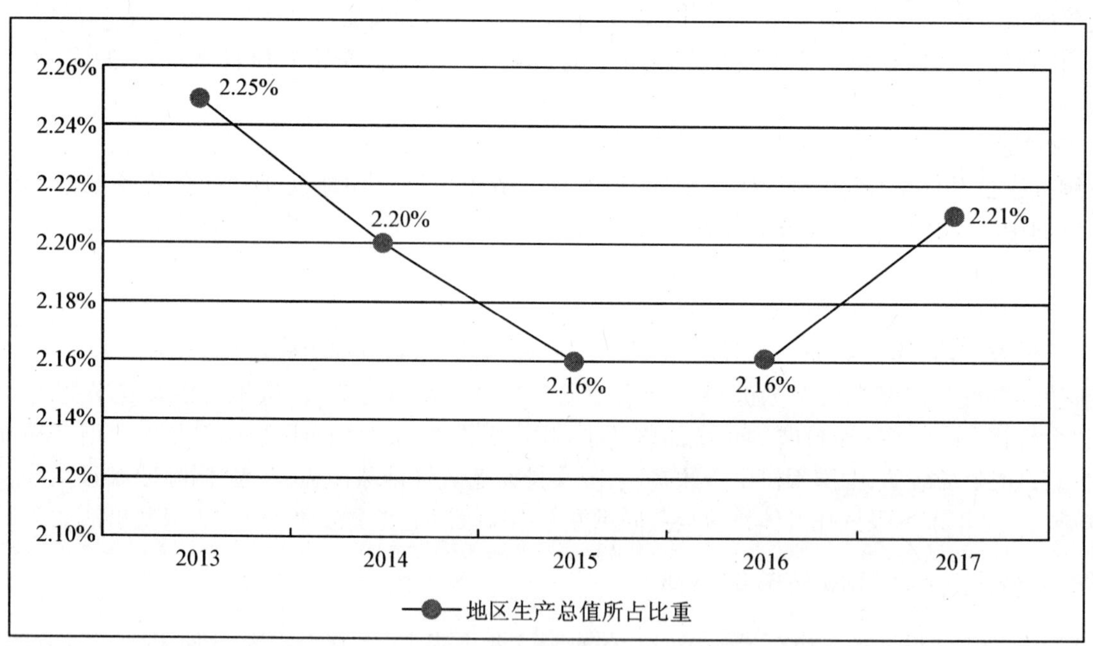

图 4 2013—2017 年嘉兴市地区生产总值在泛长三角
(苏浙两省 24 个地级市、安徽省 16 个地级市和上海市，下同)所占比重的变化趋势

2013—2017 年嘉兴市地区生产总值在泛长三角所占比重分别为 2.25%、2.20%、2.16%、2.16%和 2.21%，2017 年逆势上扬，2017 年较上年基增加了 0.05 个百分点，较 2013 年减少了 0.04 个百分点。2017 年嘉兴市地区生产总值在泛长三角地区 41 个市排名第 17 位，与 2016 年持平。

2017 年，经济实力再跃新高。全市地区生产总值突破 4000 亿元，达到 4355.2 亿元，增长 7.8%，人均 GDP 达到 13917 美元。城镇居民人均可支配收入 53057 元，同比增长 8.4%。全市农村居民人均可支配收入 31436 元，同比增长 8.4%。全年嘉兴城乡居民收入比 1.69：1。全市规模以上装备制造业、信息制造业、高端装备制造业和高新技术产业增加值同比分别增长 16.0%、13.7%、12.6%和 10.8%；规模以上工业

新产品产值增长 21.1%。总体来看,全市实体经济持续向好,新动能加快成长,质量效益进一步提升。

嘉兴现辖有七个县市区,从 GDP 的情况来看,全市最高的县域是海宁市,2016 年的经济总量达到 866 亿元,位居全市的第一名,之后的就是桐乡市,其 GDP 为 802 亿元,与海宁间的差距不是太大;那么除这两个县级市之外,其余县域的 GDP 均不超过 610 亿元,具体是:平湖市 605 亿元、嘉善县 521 亿元、南湖区 512 亿元、海盐县 460 亿元、秀洲区 356 亿元,由此可见,嘉兴是一个县域经济强市,其市辖区的经济体量不大,市辖两区的 GDP 之和也就与海宁市相当。从增速上看,平湖市最高,达到 9.5%;而海盐县和桐乡市则并列为全市最底,仅为 7.1%。

(二) 地方财政一般预算收入

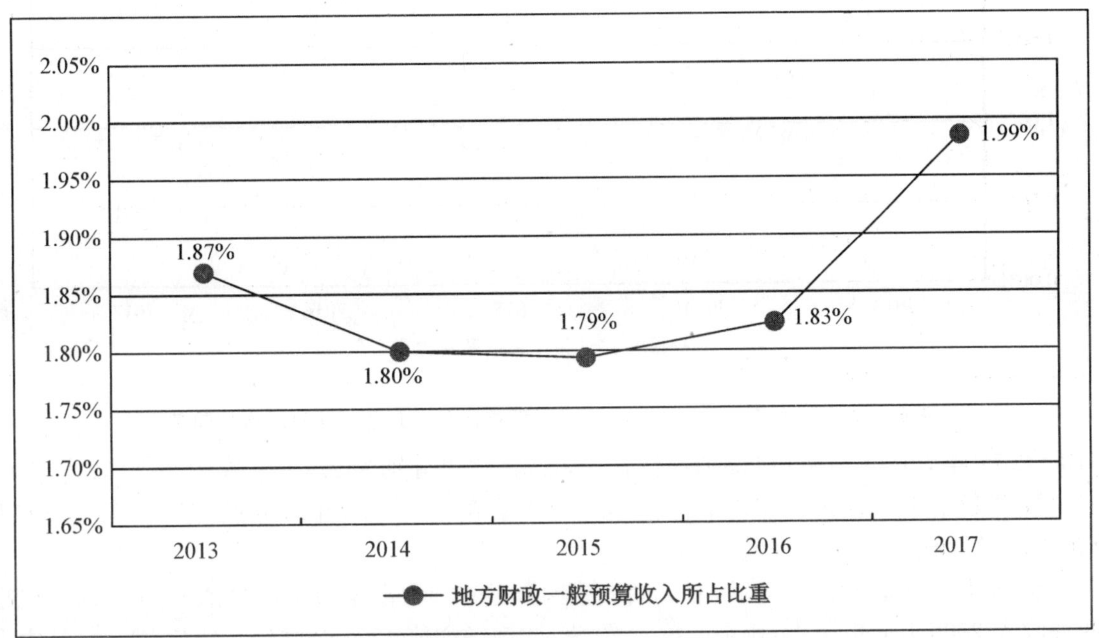

图 5　2013—2017 年嘉兴市地方财政一般预算收入在泛长三角所占比重的变化趋势

2013—2017 年嘉兴市地方财政一般预算收入在泛长三角所占比重分别为 1.87%、1.80%、1.79%、1.83%和 1.99%,五年累积增加了 0.12 个百分点,2017 年较上年增加了 0.16 个百分点。2017 年嘉兴市地方财政一般预算收入在泛长三角地区 41 个市排名第 12 位,较上年上升了两位。

2017 年,嘉兴全年财政总收入和地方财政收入,分别以 14.2%和 13.2%的增速圆满收官,多项指标获全省第一,经济发展实现了“量质并举”。2017 年,全市累计实现财政总收入 769.31 亿元,同比增长 14.2%,增幅居全省第一。财政总收入和地方财政收入,均列全省第四位,较 2016 年前移一位,仅次于杭州、宁波、温州。其中,地方财政收入中的税收收入占比为 92.8%,全省排名第一,凸显地方财政收入结构良好。从省内 11 个地市的总量排名来看,嘉兴全市财政总收入和一般公共预算收入均列第四位,较 2016 年前移一位,与进入杭宁温第一集团军的温州不断缩小差距。

2017 年,制造业税收每月累计增速较快,除 5 月份为 8.4%以外,其余月份均保持两位数增长,增速整体平稳上扬,制造业利润增速高于全部规上工业。1 至 12 月,全市制造业税收增收 65.78 亿元,贡献了总增收额的 56.8%,是增收贡献最大的行业。年内四个季度全市制造业累计税收占比依次为44.5%、44.9%、46.1%和 47.8%,呈逐步走高态势。新兴产业税收总量虽不大但增速较快,已成为增收亮点。涉房地产收入依然对财政收入形成重要支撑。2017 年 1 至 12 月,全市房地产业税收完成 101.82 亿元,税收占比为 12.8%,较 2016 年上半年降低 1.9 个百分点;其中,市本级房地产业税收完成 41.47 亿元,税收占比 15.8%,较 2016 年上半年降低 3.3 个百分点。无论全市还是市本级,房地产业税收占比逐月下降且降幅加大，说明全市税收高速增长对房地产业的依赖有所降低。

（三）工业生产总值

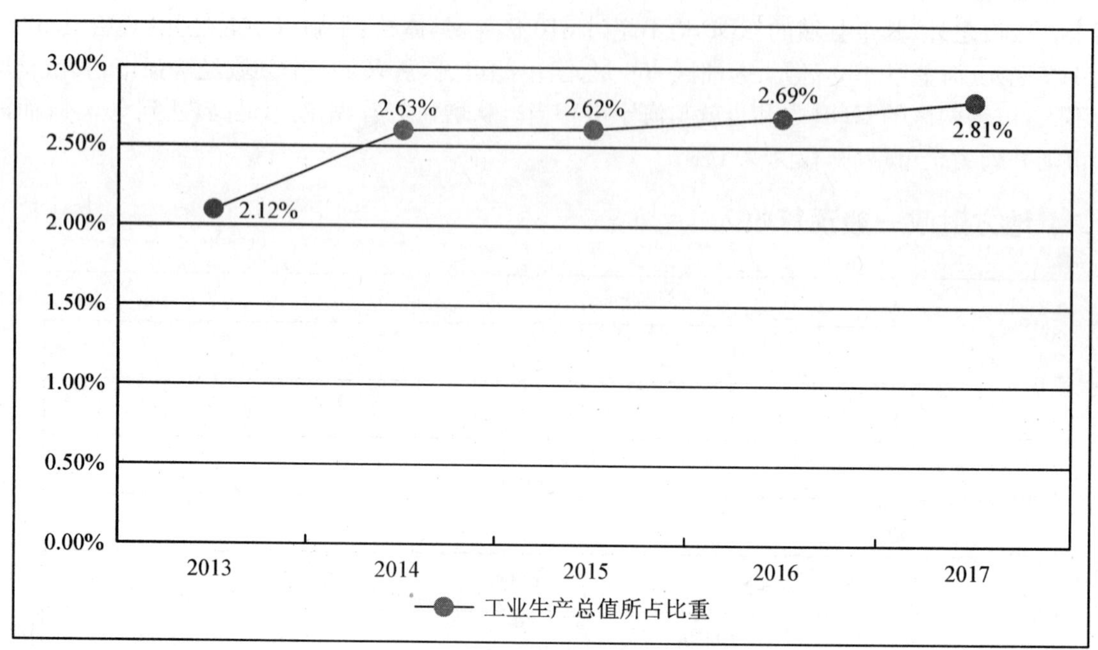

图 6　2013—2017 年嘉兴市工业生产总值在泛长三角所占比重的变化趋势

2013—2017 年嘉兴市工业生产总值在泛长三角所占比重分别为 2.12%、2.63%、2.62%、2.69%和 2.81%，2017 年较上年增加了 0.12 个百分点，较 2013 年增加了 0.69 个百分点。2017 年嘉兴市工业生产总值在泛长三角地区 41 个市排名第 13 位。

2017 年，全市工业增加值 2101.79 亿元，比上年增长 9.2%，占全市生产总值的 48.3%。规模以上（主营业务收入 2000 万元以上）工业企业数 5280 家，实现增加值 1727.29 亿元，增长 9.5%；其中重工业增加值 988.49 亿元，增长 11.5%；轻工业增加值 738.80 亿元，增长 7.1%。全市规模以上工业战略性新兴产业（省标）、高新技术产业和装备制造业增加值分别增长 8.5%、10.8%和 16.0%，占规模以上工业增加值比重分别为 36.0%、47.1%和 28.4%。

（四）进出口总额

2013—2017 年嘉兴市进出口总额在泛长三角所占比重分别为 2.31%、2.35%、2.23%、2.37%和 2.44%，总体呈上升趋势，2017 年较上年增加了 0.07 个百分点，五年累计增加了 0.13 个百分点。2017 年嘉兴市进出口总额在泛长三角地区 41 个市排名第 8 位，与 2016 年持平。

2017 年嘉兴市全年进出口 2469.7 亿元人民币，同比增长 19.4%，高于全省平均增速 4.1 个百分点，增速列全省第 4 位；其中，出口 1776.0 亿元，同比增长 14.6%，高于全省平均增速 4.5 个百分点，增速列全省第 4 位；进口 693.7 亿元，同比增长 33.8%，增速列全省第 5 位。嘉兴市进出口、出口和进口总值继续分居全省 11 个地市的第 4 位、第 5 位和第 3 位。

进口持续增长，出口回稳向好。进口方面，全年各月均实现同比增长，1 月、2 月、5 月和 9 月表现亮眼，分别增长 40.2%、63.9%、41.1%和 49.9%，进口增长强劲态势。出口方面，除 2 月外，其余各月月度出口值均在 137 亿以上，呈“W”形稳定波动。

加工贸易进口、出口实现双增长。2017 年，嘉兴市加工贸易进口 128.8 亿元，增长 32.3%，占全市进口总值的 18.6%。加工贸易出口 311.5 亿元，增长 15.1%，占全市出口总值的 17.5%。传统劳动密

集型产品保持平稳增长，机电产品和高新技术产品增长较快。2017 年，嘉兴市出口纺织品、服装、家具、箱包 4 大类传统劳动密集型产品 783.3 亿元，增长 9.3%，占同期全市出口总值的 44.1%。同期，机电产品和高新技术产品分别出口 649.6 亿元和 122.5 亿元，分别增长 20.4%和 26.9%。

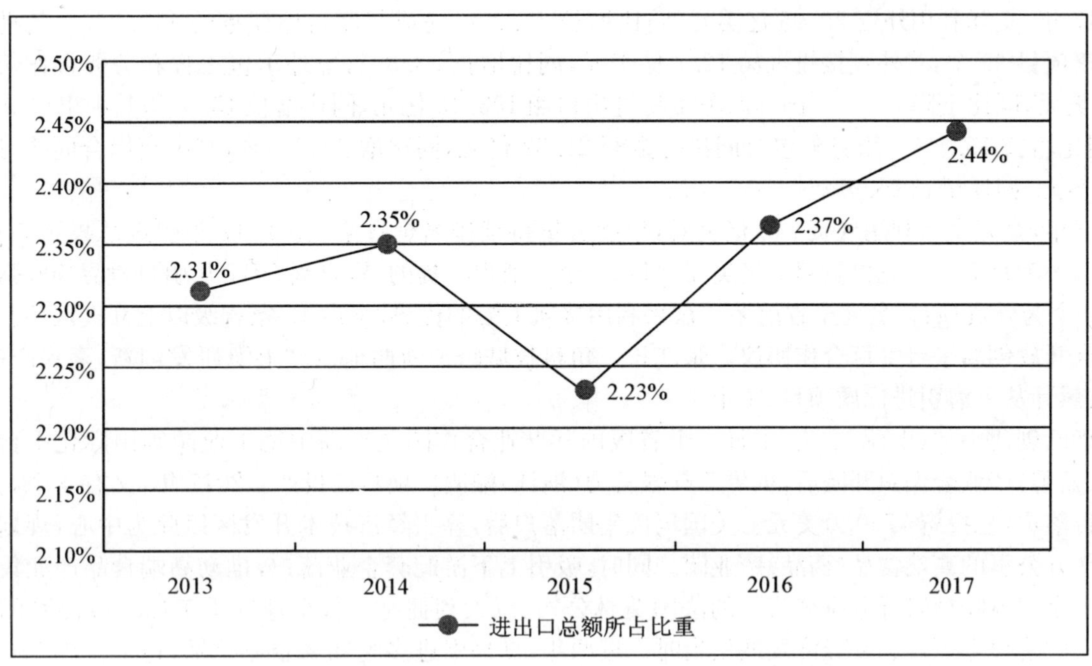

图 7　2013—2017 年嘉兴市进出口总额在泛长三角所占比重的变化趋势

嘉兴市本级及各县市外贸出口均保持增长态势。2017 年，嘉兴市本级及各县市外贸出口均保持增长。其中市本级出口总值列全市第一，出口 509.9 亿，增长 15.3%；海盐出口增速列全市第一，出口 114.2 亿，增长 17.9%。

（五）实际外商直接投资金额

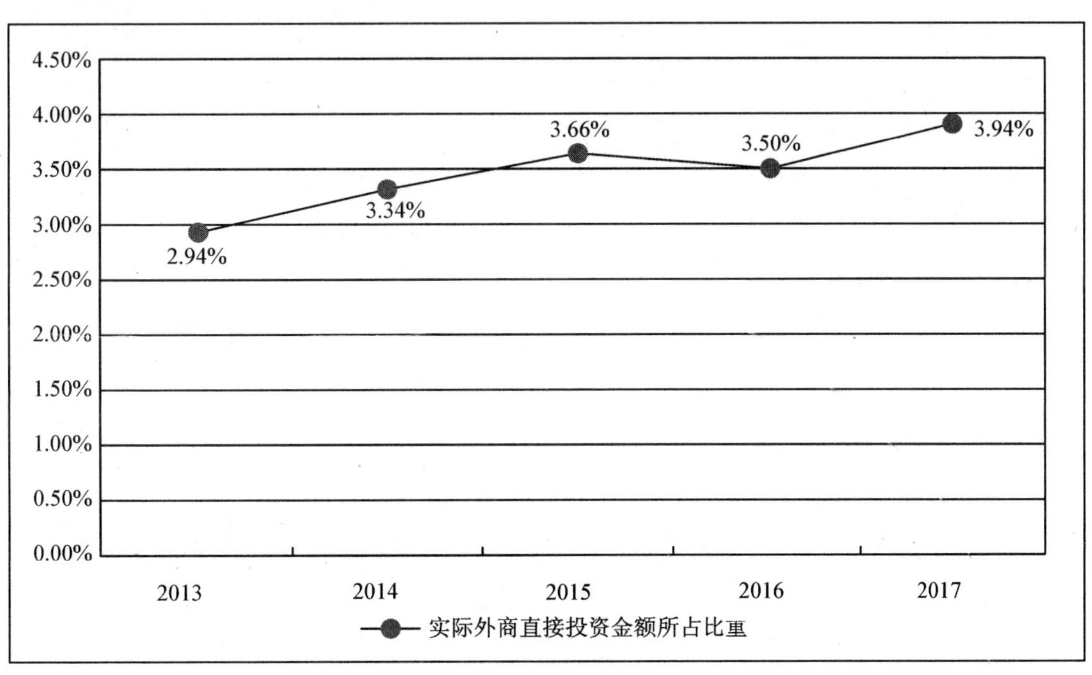

图 8　2013—2017 年嘉兴市实际外商直接投资金额在泛长三角所占比重的变化趋势

2013—2017年嘉兴市实际外商直接投资金额在泛长三角所占比重分别为2.94%、3.34%、3.66%、3.50%和3.94%，2017年较上年增加了0.44个百分点，较2013年增加了1.00个百分点。2017年嘉兴市实际外商直接投资金额在泛长三角地区41个市排名第8位，与2016年持平。

2017年，实际利用外资29.95亿美元，同比增长11.2%，完成年度目标任务的119.8%。新批境外投(增)资项目39个，对外直接投资额12.7亿美元，同比增长83.8%；境外承包工程和劳务合作营业额1.48亿美元，同比下降0.2%。国际服务贸易进出口额193.45亿元，同比增长15.9%，其中出口102.30亿元，同比增长15.7%。服务外包合同执行金额21.82亿元，同比增长17.4%，其中离岸合同执行金额2.34亿美元，同比增长26.9%。

近五年，嘉兴全市利用外资118亿美元，年度总量持续排名全省第三。2017年引进总投资5000万美元以上大项目54个，总投资超1亿美元项目21个。值得一提的是，嘉兴2017年引进世界500强项目10个，9个为外资项目，名列全省前茅。嘉兴利用接轨上海的优势，全市15家省级以上开发区(园区)与上海重点开放创新平台签订合作协议。张江长三角科技城跨沪浙两地，让“上海研发创新，嘉兴产业化”落地，已累计从上海引进优质项目31个。

嘉兴已创建中德、中荷、中法、中日4个省级国际产业合作园及平湖中德工业园等国际化平台。浙江中荷(嘉善)产业合作园开园后，世界500强喜力(浙江)酿酒厂项目已投产。2017年，又有4个高科技外资项目落户，总投资7750万美元。美国玛氏集团落户后，嘉兴经济技术开发区以此为中心，规划建设面积3平方公里的高端食品(药品)产业园。同时，吸引上下游配套企业落户，推动高端食品产业集群加速发展。全球风味糖浆行业排名第一的法国莫林公司、意大利拥有享誉全球纯手工冰激凌品牌的米开朗公司先后落户嘉兴。总部经济发展正当时。近两年，嘉兴引进多家知名企业总部，包括世界500强美国荷美尔中国区总部、住友理工中国区总部等。

外资已成为拉动嘉兴经济转型升级的强劲动力。占嘉兴五分之一的规模以上外资工业企业，创造着全市三分之一以上的规模以上工业增加值、出口总额和利税。

六　湖州市 2017 年经济社会发展报告

2017 年，在市委市政府的坚强领导下，全市上下认真学习贯彻党的十九大精神，认真践行“两山”理念，持续深化供给侧结构性改革，全力投入“四新”主题实践，认真落实“六重”工作，全年经济稳中有进，民生持续改善，各项社会事业全面发展，朝着加快赶超、实现“两高”的宏伟目标迈出了坚实步伐。

一、湖州市 2017 年经济发展概况

（一）综合经济

1. 经济总量

初步核算，全年实现地区生产总值(GDP)2476.13 亿元，比上年增长 8.5%。分产业看，第一产业增加值 129.12 亿元，增长 2.2%；第二产业增加值 1171.75 亿元，增长 7.8%，其中工业增加值 1058.03 亿元，增长 8.3%；第三产业增加值 1175.26 亿元，增长 10.0%。三次产业结构比例为 5.2∶47.3∶47.5。按户籍人口计算的人均 GDP 为 93265 元，增长 8.0%，折合 13813 美元；按常住人口计算的人均 GDP 为 82952 元，增长 7.7%，折合 12286 美元。

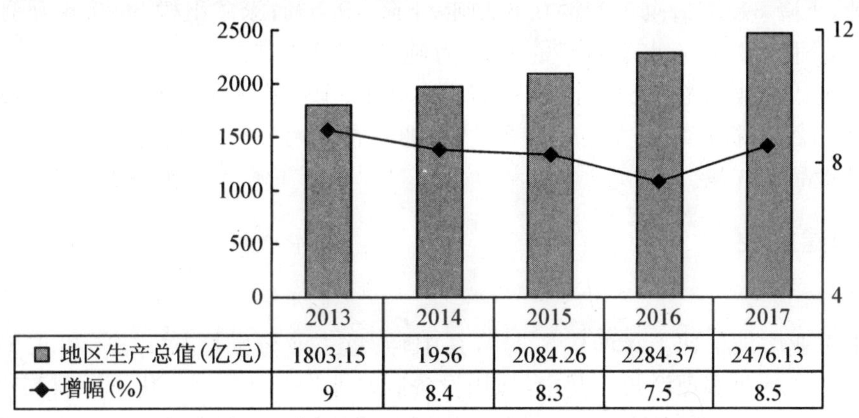

	2013	2014	2015	2016	2017
地区生产总值(亿元)	1803.15	1956	2084.26	2284.37	2476.13
增幅(%)	9	8.4	8.3	7.5	8.5

图 1　2013—2017 年湖州市地区生产总值及增长速度

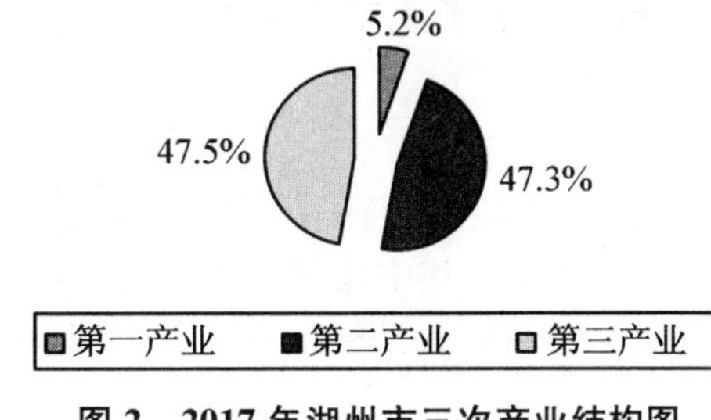

图 2　2017 年湖州市三次产业结构图

2. 财政收支

全年实现财政总收入 408.9 亿元，其中地方财政收入 237.4 亿元，分别比上年增长 13.3%和 15.2%。财政总收入占 GDP 的比重为 16.5%。地方财政收入中，税收收入 202.5 亿元，增长 14.0%，占比为 85.3%；从主要税种看，增值税、企业所得税、个人所得税分别为 62.8 亿元、39.7 亿元和 28.9 亿元，分别增长 15.9%、26.4%和 7.1%。全年财政支出 325.0 亿元，增长 12.6%，其中民生改善支出 241.1 亿元，增长 11.3%。

3. 物价水平

全年城市居民消费价格总水平比上年上涨1.8%，其中服务项目价格上涨3.0%，消费品价格上涨1.0%。从八大类商品和服务价格看，居住上涨5.1%，医疗保健上涨2.8%，教育文化和娱乐上涨1.8%，衣着上涨1.1%，其他用品和服务上涨0.6%，生活用品和服务上涨0.5%，食品烟酒上涨0.3%，交通和通信上涨0.1%。

4. 固定资产投资

全年固定资产投资1731.0亿元，比上年增长13.7%。其中，基础设施投资576.2亿元，增长30.5%；非国有投资1287.5亿元，增长20.0%。按产业划分，第一产业投资10.2亿元，增长7.2%；第二产业投资717.7亿元，增长11.9%，其中工业投资716.6亿元，增长12.2%；第三产业投资1003.1亿元，增长15.1%。

(二) 农业和农村建设

全年实现农林牧渔业总产值220.1亿元，比上年增长1.0%。其中，农业产值98.5亿元，增长2.7%；林业产值22.7亿元，增长1.7%；牧业产值26.7亿元，下降22.2%；渔业产值60.6亿元，增长11.7%。全年粮食播种面积133.0万亩；经济作物播种面积116.1万亩，其中蔬菜面积56.8万亩，花卉苗木面积34.6万亩。全年粮食产量62.5万吨；油菜籽产量1.9万吨；生猪出栏47.9万头，下降49.6%；肉类产量8.8万吨，下降34.3%；蚕茧产量0.6万吨，下降19.5%；家禽出栏2690.6万羽，下降26.9%；禽蛋产量3.4万吨，下降18.4%；水产品产量42.2万吨，增长10.1%。

全市年末拥有现代农业示范园312个，其中省级109个；全年新建现代农业示范园18个。年末拥有无公害水产品基地112个；拥有农业龙头企业238家；拥有省级无公害农产品基地122.7万亩，无公害农产品1134只，绿色食品183只。

(三) 工业和建筑业

1. 工业增加值

全年规模以上工业增加值比上年增长8.7%，其中轻、重工业分别增长7.3%和9.6%。分行业看，33个行业大类中，30个行业实现增长。其中，通用设备制造业增长19.6%，化学原料和化学制品制造业增长15.3%，橡胶和塑料制品业增长14.1%，电气机械和器材制造业增长12.9%，化学纤维制造业增长11.0%，家具制造业增长10.9%。从重点产业看，高新技术产业增长10.4%，战略性新兴产业增长9.5%，装备制造业增长14.5%。全年规模以上工业主营业务收入比上年增长17.5%，利税、利润分别增长22.1%、27.3%。

2. 建筑业

全市年末拥有建筑企业279家，其中一级资质企业45家、二级资质企业67家。全年建筑企业完成建筑业总产值781.5亿元，比上年增长16.2%，其中建筑工程产值689.4亿元，安装工程产值56.3亿元，分别增长18.4%和1.4%；房屋建筑施工面积4268.0万平方米，增长6.4%；竣工面积1945.7万平方米，下降10.9%。

(四) 服务业

1. 国内贸易

全年实现社会消费品零售总额比上年增长11.2%。其中，批发零售业增长9.9%；住宿餐饮业增长21.0%。限额以上批发零售贸易企业零售额增长13.9%。其中，石油及制品类增长20.1%；服装类下降5.1%；粮油食品类增长13.8%；汽车类增长4.8%；家用电器和音像器材类增长43.0%；金银珠宝类增长1.0%。

2. 交通运输、邮电

全市年末公路通车里程达到7958公里，其中高速公路319公里、一级公路521公里、二级公路635公里。全年完成客运量5261万人，比上年增长5.1%；客运周转量17.2亿人公里，下降3.9%。完成货运量16756万吨，增长15.2%，其中公路9817万吨，增长13.6%，水路6939万吨，增长17.4%；货运周转量176.3亿吨公里，增长15.3%，其中公路77.4亿吨公里，增长17.2%，水路99.0亿吨公里，增长13.8%。全年内河港口货物吞吐量10540万吨，增长21.7%，内河集装箱吞吐量35.4万标箱，增长71.5%。

全市年末汽车保有量达到73.4万辆，比上年增加9.1万辆，增长14.2%；私人汽车保有量66.9万辆，增加8.0万辆，增长13.6%，其中轿车66.4万辆，增加24.6万辆，增长58.7%。全年小型汽车上牌量10.3万辆，下降0.8%。

全年邮政业务收入22.2亿元，其中快递业务收入17.8亿元，增长25.8%。全年电信业务收入36.0亿元，增长5.6%；全市年末固定电话用户80.3万户，比上年减少3.2万户；移动电话用户443.1万户，增加2.7万户，其中4G用户266.1万户；年末国际互联网宽带用户157.8万户，增加40.1万户。

3. 旅游业

全年接待国内外旅游人数10658.3万人次，比上年增长20.5%。其中，国内旅游人数10552.6万人次，增长20.6%；入境旅游人数105.7万人次，增长15.3%。全年实现旅游总收入1104.9亿元，增长25.2%。其中，国内旅游收入1075.9亿元，增长25.1%；旅游外汇收入4.1亿美元，增长16.3%。全年旅游景区门票收入10.4亿元，增长22.7%。

4. 金融、证券和保险

全市金融机构年末本外币存款余额4045.3亿元，比上年增长13.9%，其中住户存款1914.8亿元，增长9.0%；本外币贷款余额3281.0亿元，增长19.0%，比年初增加523.5亿元；年末金融机构不良贷款余额为31.2亿元，比年初减少3.4亿元，不良贷款率为0.95%，比年初下降0.3个百分点。

全年证券营业机构股票成交额5524.2亿元，比上年下降12.3%。全年新增上市公司7家，实现首发融资49.1亿元；全市年末已拥有上市公司30家，其中境外8家，境内22家；全年11家上市公司通过资本市场平台实现再融资104.6亿元。全年保险公司保费收入90.5亿元，增长15.1%。其中，财产险35.0亿元，增长7.1%；人身险55.5亿元，增长20.8%。各项保险赔款和给付支出29.9亿元，增长0.6%。其中，财险赔款19.8亿元，与上年持平；人身险赔款和给付支出10.1亿元，增长1.8%。

5. 房地产业

全年完成房地产开发投资301.2亿元，比上年增长9.8%。全年房屋施工面积2193.6万平方米，增长3.2%；房屋竣工面积342.1万平方米，下降22.8%；商品房销售面积743.9万平方米，增长33.6%，其中住宅639.2万平方米，增长30.5%；商品房销售额621.4亿元，增长60.6%，其中住宅540.6亿元，增长62.8%。

（五）对外经济

1. 对外贸易

全年实现外贸进出口总额778.0亿元，比上年增长14.5%。其中，出口687.3亿元，增长14.6%；进口90.7亿元，增长13.7%。按主要产品分，机电产品出口230.9亿元，增长15.0%，纺织原料及纺织制品出口196.8亿元，增长9.6%。按主要市场分，非洲出口增长较快，达到20.4%；北美洲、大洋洲、拉丁美洲、亚洲和欧洲分别增长17.9%、16.5%、14.2%、12.8%和12.1%。

2. 利用外资情况

全年新批准及增减资利用外资项目182个。其中，外商投资企业115家，增资项目50个；总投资千万美元以上项目 82 个。全年合同外资 23.6 亿美元,比上年增长 10.7%。全年实到外资 10.5 亿美元,比上年增长 5.2%。其中,第一产业 0.05 亿美元,下降 94.4%;第二产业 4.3 亿美元,下降 2.6%;第三产业 6.2 亿美元,增长 30.3%。

二、湖州市 2017 年社会发展概况

(一)人口、人民生活

全市年末户籍人口 266.14 万人,其中男性 131.54 万人、女性 134.60 万人;城镇人口 108.02 万人;60 岁以上人口 66.06 万人,占总人口的 24.8%,占比提高 0.8 个百分点。全年出生人口 2.91 万人,出生率为 10.95‰;死亡人口 2.19 万人,死亡率为 8.24‰;人口自然增长率为 2.71‰。

据 616 户城镇居民家庭抽样调查,全年城镇居民人均可支配收入达到 49934 元,比上年名义增长 9.0%。其中,工资性收入增长 8.8%,经营净收入增长 7.7%,财产净收入增长 9.6%,转移净收入增长 11.4%。人均生活消费支出 28962 元,增长 4.4%。据 575 户农村居民家庭抽样调查,全年农村居民人均可支配收入达到 28999 元,比上年名义增长 9.4%。其中,工资性收入增长 9.2%,经营净收入增长 7.5%,财产净收入增长 7.5%,转移净收入增长 22.4%。人均生活消费支出 18665 元,增长 6.0%。按户籍人口计算的人均本外币住户存款余额达 72123 元。

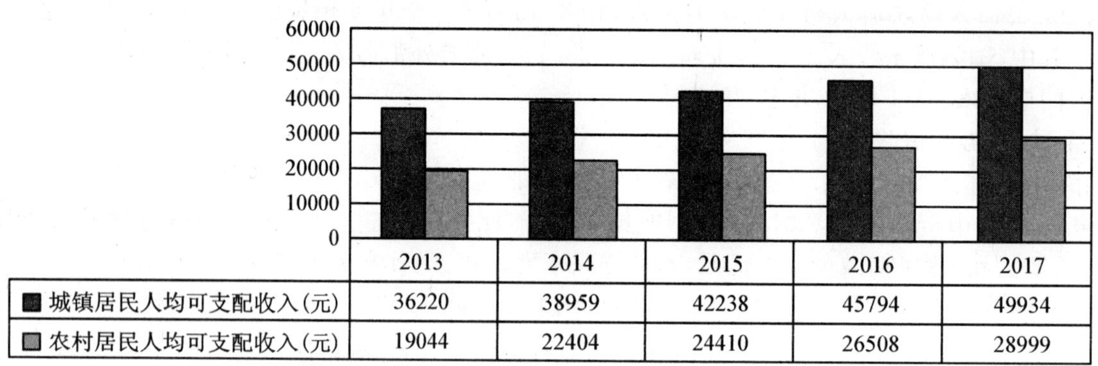

	2013	2014	2015	2016	2017
城镇居民人均可支配收入(元)	36220	38959	42238	45794	49934
农村居民人均可支配收入(元)	19044	22404	24410	26508	28999

图 3 2013—2017 年湖州市城乡居民收入对比一览

(二)就业与社会保障

1. 就业

全年新增城镇就业 10.65 万人,帮扶下岗失业人员再就业 3.95 万人;年末城镇登记失业率为 2.22%。

2. 社会保障

全市年末参加城镇基本养老保险人数达到 143.84 万人,比上年增加 8.29 万人;参加城镇职工基本医疗保险人数 124.78 万人,增加 7.83 万人;参加失业保险人数 72.32 万人,增加 6.71 万人;参加工伤保险人数 83.57 万人,增加 5.24 万人;参加生育保险人数 71.64 万人,增加 5.30 万人;参加生活保障和生活补助制度的被征地农民 7.33 万人,减少 0.79 万人。全市年末住房公积金正常缴存人数达到 33.76 万人,比上年增加 3.29 万人;全年归集住房公积金 48.22 亿元,增长 11.6%;当年发放个人住房贷款 35.43 亿元,下降 38.7%。

全市年末农村特困对象人数为 1394 人;全年最低生活保障家庭 24665 户,人数 39333 人,其中农村 32884 人、城镇 6449 人;全市城镇和农村低保标准均为每人每月 738 元。全年销售社会福利彩票 10.6 亿元,筹集社会福利资金 2.1 亿元。

（三）教育和科学技术

1. 教育事业

全市年末拥有各级各类学校480所，全年招收学生12.36万人，在校学生43.24万人，毕业生11.17万人。高等教育毛入学率60.6%，比上年提高1.29个百分点；初中毕业升高中段比例99.15%，提高0.04个百分点；初中、小学入学率均为100%；十五年教育毛入学率99.49%，提高0.07个百分点。全市各类学校拥有专任教师2.95万人，其中中小学专任教师2.14万人；每百名中小学生拥有专任教师7人。

2. 科技与创新

全年专利申请量28808项，比上年增长23.8%；专利授权量12025项，其中发明专利2190项，比上年减少354项，下降13.9%。全年经认定登记的技术成交项目877项，比上年增长3.5倍；技术成交金额41.8亿元，增长1.3倍。全市年末拥有省级高新技术研究开发中心297家，比上年增加39家；拥有国家级高新技术企业969家，增加286家。全年获市级以上政府奖的科技成果79项，其中国家级2项、省级27项。

（四）文化、卫生和体育

1. 文化事业

全市年末拥有影剧院35个，文化馆、艺术馆6个，全年举办展览262个，组织文艺活动1443次；公共图书馆5个，总藏量290.10万册件；乡镇街道文化站67个；博物馆（纪念馆）25个；文物保护单位406个，其中国家级25个，省级58个。

公共文化服务体系不断完善，全年新建文化礼堂60个、年末达468个，运行综合性公共数字文化服务平台“湖上云”。持续深化“文化走亲”等活动，全年共引进高雅艺术演出307场，举办大型广场文化活动267场，组织基层文化活动1205场，开展电影下乡放映1.3万场次。全年出版各类报纸4042万份，其中湖州日报1639万份，湖州晚报2247万份，湖州广播电视报156万份。

2. 卫生事业

全市年末拥有医疗卫生机构1393个，其中医院58家、卫生院91家、妇幼保健院4家、社区卫生服务站649个；等级医院24家，其中三级医院8家；拥有医疗床位15669张，其中医院（含妇保院、卫生院）床位15216张；卫生技术人员22762人，其中执业医师6979人、执业助理医师1101人、注册护士9405人。全年婴儿死亡率、5岁以下儿童死亡率分别为22.2‰、2.94‰，分别比上年上升0.26和0.21个千分点。

3. 体育事业

第十六届省运会筹备工作全面推进，群众体育蓬勃开展，环太湖国际公路自行车赛等重大赛事成功举办，省级体育强县区实现全覆盖。全年向上输送优秀体育人才14名，共派出2182名运动员参加了省级以上体育赛事60个大项260个小项的比赛，取得210金、121银、179铜的好成绩。完成体育彩票销售8.97亿元。

（五）城乡建设

全面完成建设项目遗留问题清零，在此基础上城中村改造攻坚拆除2.6万户、1042万平方米。市级美丽乡村覆盖率达到89.6%，创建56个精品村和11个示范乡镇，农村生活垃圾分类处理基本实现全覆盖，创建美丽乡村路355.8公里。

（六）环境保护

成功创建全国文明城市，入选首批国家生态文明建设示范市和“绿水青山就是金山银山”实践创新基地，成为全国水生态文明城市。在全省率先剿灭劣Ⅴ类水，1752个挂号小微水体完成整治销号，完成河道清淤 1200 万方，温室龟鳖养殖实现全域清零，77 个县控以上断面水质全部达到Ⅲ类以上。市区空气质量优良率 68.5%，比上年提高 2.9 个百分点，PM2.5 平均浓度每立方米 42 微克，下降 10.6%，降幅居全省第一。

三、湖州市在泛长三角地区经济发展中的地位

2017 年，在省委、省政府和市委的坚强领导下，在市人大、市政协等各方面的监督和支持下，我们紧紧依靠全市人民，以迎接党的十九大胜利召开、学习贯彻党的十九大精神为动力，按照市第八次党代会作出的决策部署，自觉践行新发展理念，持续深化供给侧结构性改革，全力投入“四新”主题实践，认真落实“六重”工作，紧盯 26 件重大事项，统筹推进经济社会发展。全年经济稳中有进，民生持续改善，各项社会事业全面发展，朝着加快赶超、实现“两高”的宏伟目标迈出了坚实步伐。

（一）地区生产总值

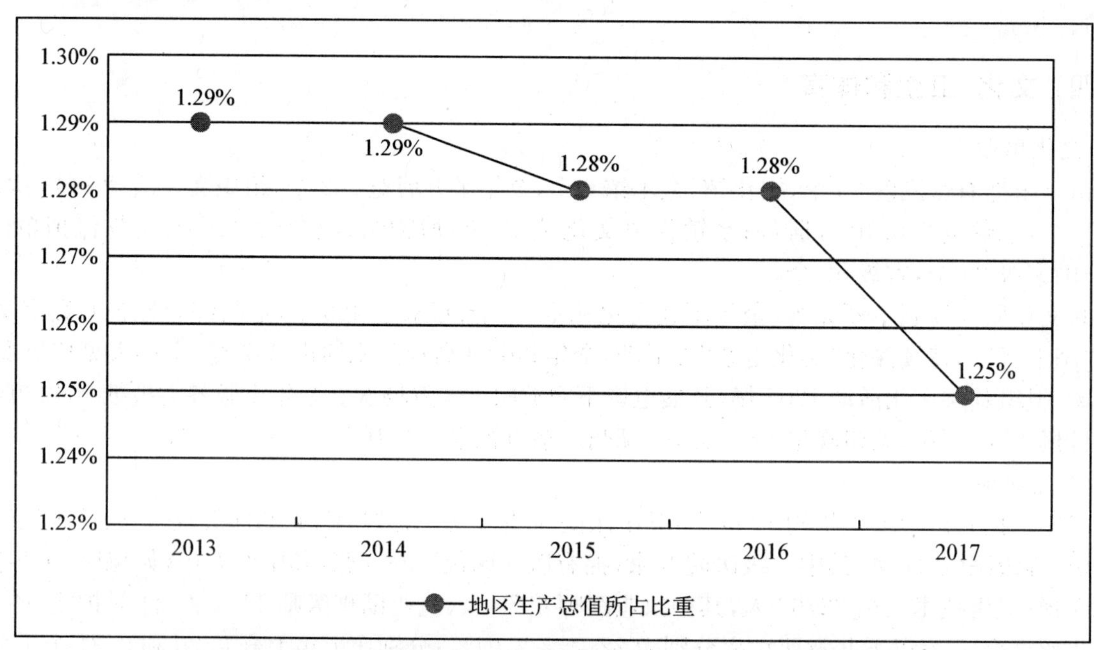

图 4　2013—2017 年湖州市地区生产总值在泛长三角
（苏浙两省 24 个地级市、安徽省 16 个地级市和上海市，下同）所占比重的变化趋势

2013—2017 年湖州市地区生产总值在泛长三角所占比重分别为 1.29%、1.29%、1.28%、1.28%和 1.25%，最近 5 年所占比重持续下降，五年时间累计下跌了 0.04 个百分点。2017 年湖州市地区生产总值在泛长三角地区 41 个市排名第 24 位，与 2016 年持平。

2017 年地区生产总值达到 2476.1 亿元，增长 8.5%，增幅居全省第二位。产业转型升级迈出新步伐。全面推进“中国制造 2025”试点示范城市建设，规上工业增加值增长 8.7%，其中战略性新兴产业、高新技术产业、装备制造业分别增长 9.5%、10.4%和 14.5%，淘汰和整治“低小散”企业及作坊 3058 家。

市区经济总量为 1088 亿元，而三县则为 1383 亿元，是一个县域经济强市。全市总量最高的是长兴县，达到 553 亿元，长兴是一个工业经济强县，如今随着一批特大项目的迅速推进，三产也正呈现出飞速的增长态势；长兴之后的是市辖吴兴区，其 2016 年的 GDP 为 515 亿元，吴兴作为中心城区，其纺织、童装以及印染等等也都是其工业方面的强项。其余三县区的 GDP 分别是：德清县 470 亿元、南浔区 384 亿元、安吉县 360 亿元，湖州各县区产业集群特色极为明星，比如长兴的动力电池产业、南浔的地板产业、安吉的竹产业等等，都是各地的优势块状经济集群。

（二）地方财政一般预算收入

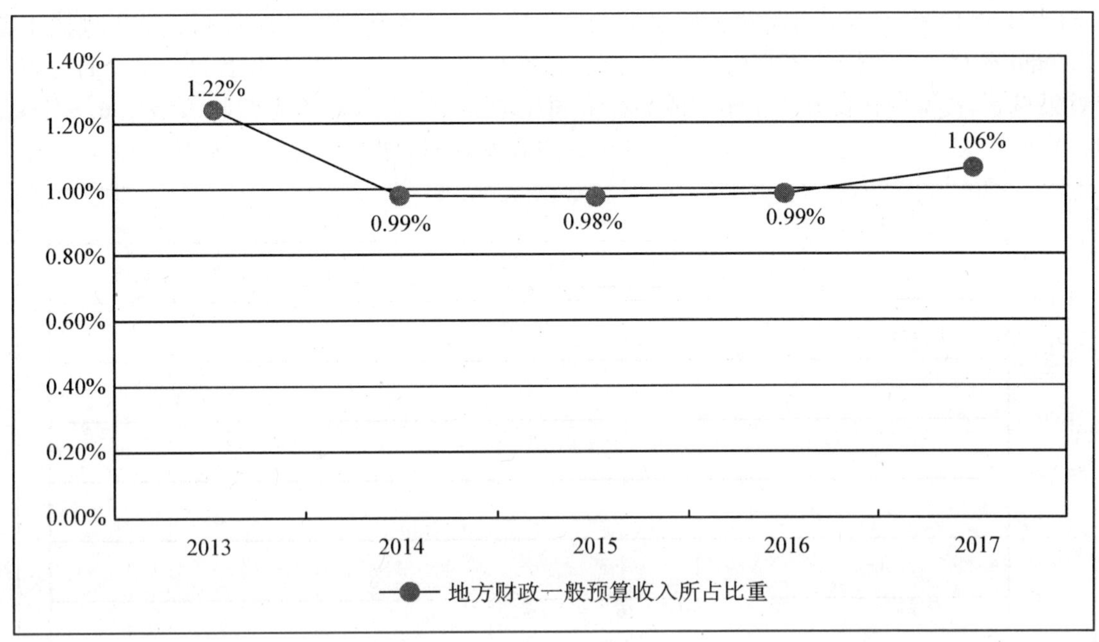

图5 2013—2017年湖州市地方财政一般预算收入在长三角所占比重的变化趋势

2013—2017年湖州市地方财政一般预算收入在泛长三角所占比重1.22%、0.99%、0.98%、0.99%和1.06%，2017年出现上升，较2016年增加了0.07个百分点。2017年湖州市地方财政一般预算收入在泛长三角地区41个市中排名第21位，较2016年上升了三位。

2017年全市财政总收入408.89亿元，完成预算的107.0%，比上年增长13.3%，增幅位列全省第二。全市一般公共预算收入（即地方财政收入）237.43亿元，完成预算的109.4%，增长15.2%，增幅位列全省第一。

在地方财政收入方面，长兴县依然是全市县域中最高的，达到49.5亿元，而德清县的经济总量虽然比长兴要低出80个亿，但地方财政收入却相差不大，其数据为48.6亿元；其余县区分别是：安吉县39.5亿元、吴兴区31.1亿元、南浔区28.9亿元，增速上看，南浔区高居全市首位，达到32.6%；而长兴县则最低，仅为8.9%。

（三）工业生产总值

2013—2017年湖州市工业生产总值所占比重分别为1.22%、1.45%、1.45%、1.47%和1.41%，2017年较上年减少了0.06个百分点，五年时间累计增加了0.19个百分点。2017年湖州市工业生产总值在泛长三角地区41个市中排名第23位。

2017年，湖州市深入贯彻落实工业强市战略，抢抓新一轮科技革命和产业变革的发展机遇期，全市工业经济稳中求进，发展态势总体良好。一是增加值增长速度快于全省。2017年，全市规模工业增加值增长8.7%，快于全省平均水平0.3个百分点，比上年增速加快2.3个百分点。二是高新技术产业占比较高。2017年，全市高新技术产业增加值增长10.4%，高于面上工业1.7个百分点，高新技术产业增加值占规模工业比重为45.2%，高于全省平均2.9个百分点，占比列全省第4位。三是省主导产业发展普遍较好。2017年，全市信息经济核心产业制造、节能环保制造、健康产品制造和高端装备制造和时尚制造等产业增加值分别增长15.2%、10.7%、19.4%、9.3%和9.0%，增幅分别高于规模工业平均水平7.5、2.0、10.7、0.6和0.3个百分点。

规上工业主要效益指标增幅居全省前列。规模以上工业利税、利润分别增长22.1%、27.3%，增幅均列全省第 3 位。主要表现为：一是行业利润增长面广。2017 年，全市 33 个工业行业大类中，有 25 个行业利润实现增长，其中 13 个行业利润增速高于全市平均增速。二是亏损企业减少。全市亏损企业 216 家，同比减少 10%，亏损企业亏损额同比减少 2.5%。三是盈利能力不断提高。全市规模工业主营业务收入利润率为 7.2%，同比提高 0.5 个百分点；总资产贡献率 13.7%，同比提高 1.2 个百分点。四是去库存效果显著，资金周转良好。全市产成品存货同比增加 10.8%，低于主营收入增速 6.8 个百分点；产成品存货周转天数为 18.2 天，同比减少 1.5 天。应收账款回收期为 50.7 天，同比减少 4.1 天。

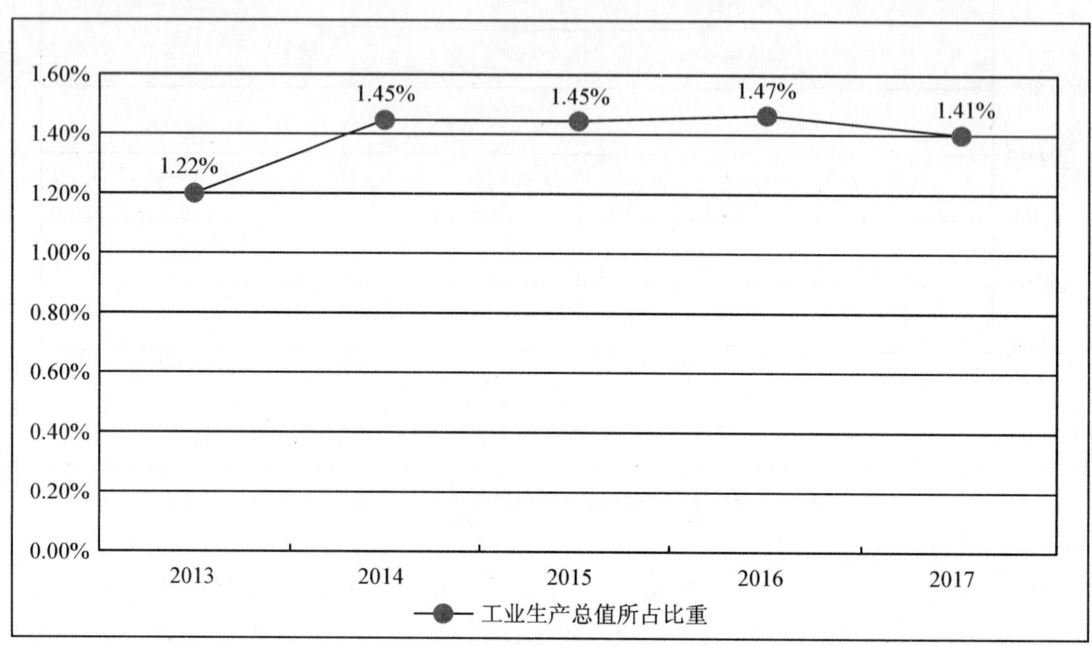

图 6　2013—2017 年湖州市工业生产总值在泛长三角所占比重的变化趋势

（四）进出口总额

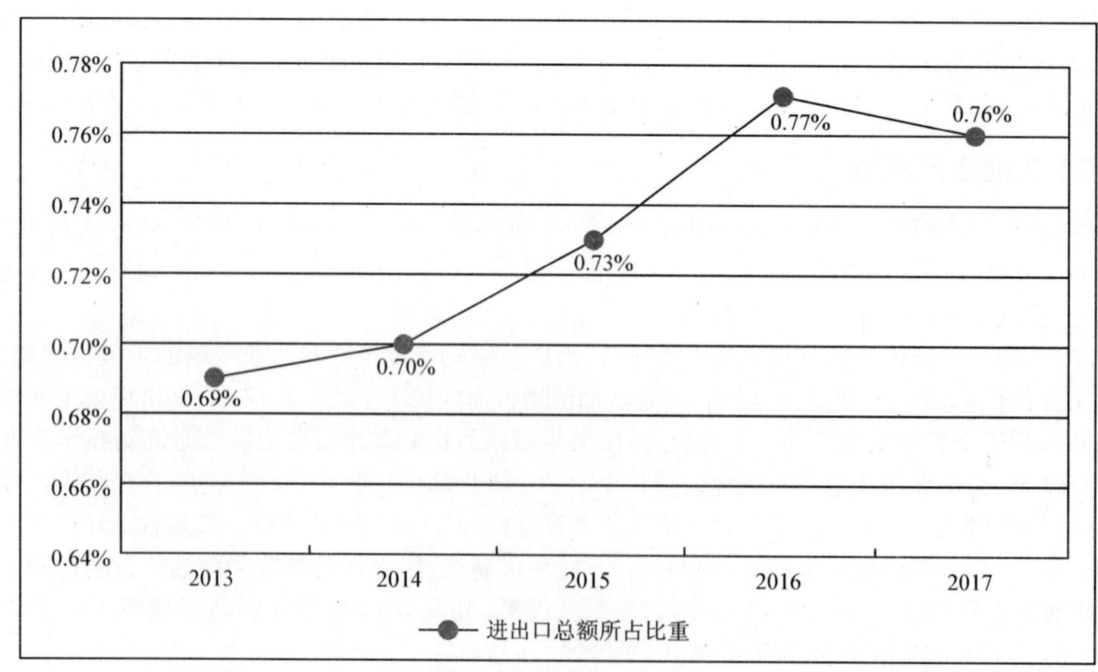

图 7　2013—2017 年湖州市进出口总额在泛长三角所占比重的变化趋势

2013—2017年湖州市进出口总额在泛长三角所占比重分别为0.69%、0.70%、0.73%、0.77%和0.76%，2017年出现轻微下跌，五年累计涨幅为0.07个百分点，2017年所占比重较上年减少了0.01个百分点。2017年湖州市进出口总额在泛长三角地区41个市中排名第17位，较上年上升一位。

2017年，全年实现外贸进出口总额778.0亿元，比上年增长14.5%。其中，出口687.3亿元，增长14.6%；进口90.7亿元，增长13.7%。按主要产品分，机电产品出口230.9亿元，增长15.0%，纺织原料及纺织制品出口196.8亿元，增长9.6%。按主要市场分，非洲出口增长较快，达到20.4%；北美洲、大洋洲、拉丁美洲、亚洲和欧洲分别增长17.9%、16.5%、14.2%、12.8%和12.1%。

（五）实际外商直接投资金额

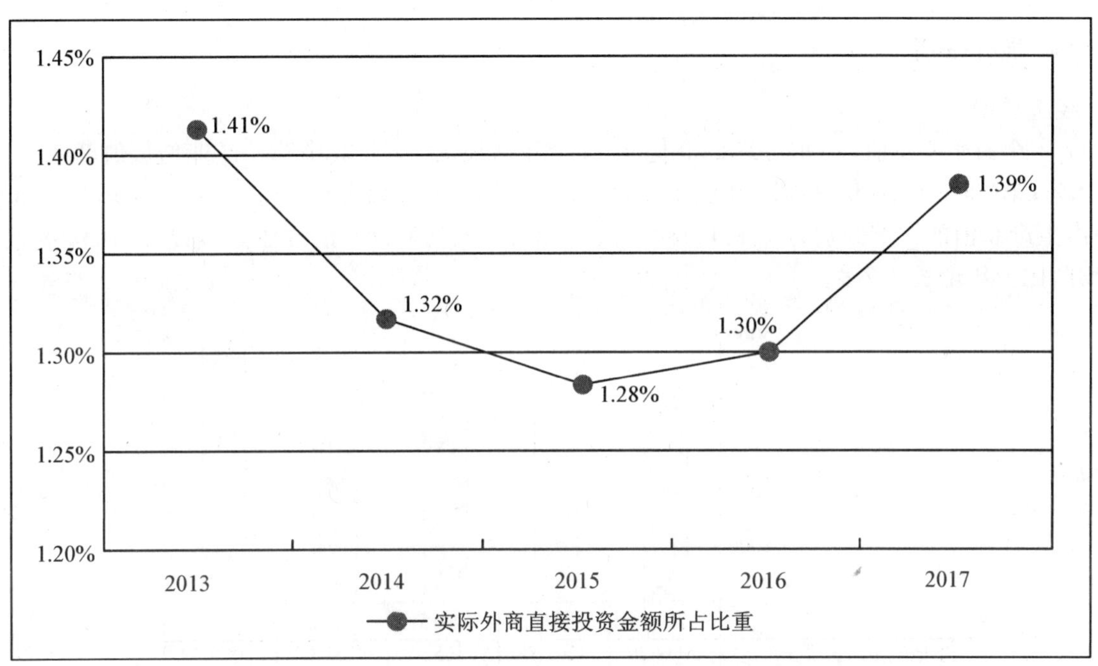

图8 2013—2017年湖州市实际外商直接投资金额在泛长三角所占比重的变化趋势

2013—2017年湖州市实际外商直接投资金额在泛长三角所占比重分别为1.41%、1.32%、1.28%、1.30%和1.39%，整体呈U形发展态势，2017年较上年增加了0.09个百分点，较2013年减少了0.02个百分点。2017年湖州市实际外商直接投资金额在泛长三角地区41个市中排名第21位，较2016年下滑一位。

2017年，全年新批准及增减资利用外资项目182个。其中，外商投资企业115家，增资项目50个；总投资千万美元以上项目82个。全年合同外资23.6亿美元，比上年增长10.7%。全年实到外资10.5亿美元，比上年增长5.2%。其中，第一产业0.05亿美元，下降94.4%；第二产业4.3亿美元，下降2.6%；第三产业6.2亿美元，增长30.3%。上半年全市完成实到外资6.59亿美元，同比增长36.5%，完成年度计划的69.5%；合同外资14.9亿美元，完成年度计划的91.7%。引进总投资5000万美元以上项目13个，其中超亿美元项目7个。上半年全市新引进外资"大好高"项目21个。外资招引工作以"五大发展理念"为引领，以"4+3+N"产业为导向，狠抓"产业链"招引、"客户网"招引、"孵化器"招引、"大平台"招引、"国别园"招引"五大招"，实现了赶超发展。

七　绍兴市 2017 年经济社会发展报告

2017 年，面对错综复杂的国内外形势和艰巨的结构调整任务，全市上下在市委、市政府的正确领导下，认真贯彻习近平总书记系列重要讲话精神，以“八八战略”为总纲，以生态文明建设为统领，全力打好“八大战役”、努力补齐“八块短板”，着力提升绍兴品质，经济社会实现了平稳健康发展，为高水平全面建成小康社会奠定了坚实基础。

一、绍兴市 2017 年经济发展概况

（一）综合经济

1. 经济总量

2017 年全市生产总值(GDP)5078.39 亿元，比上年增长 7.1%。其中第一产业增加值 207.54 亿元，增长 1.8%；第二产业增加值 2472.50 亿元，增长 6.7%；第三产业增加值 2398.33 亿元，增长 8.0%。三次产业占生产总值的比重分别为 4.1%、48.7%、47.2%。人均 GDP(按常住人口计算)101588 元，按可比价计算，比上年增长 6.7%。

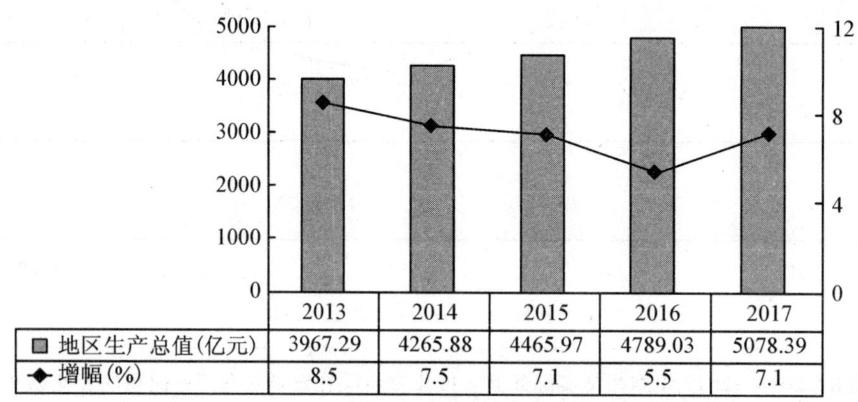

图 1　2013—2017 年绍兴市地区生产总值及增长速度

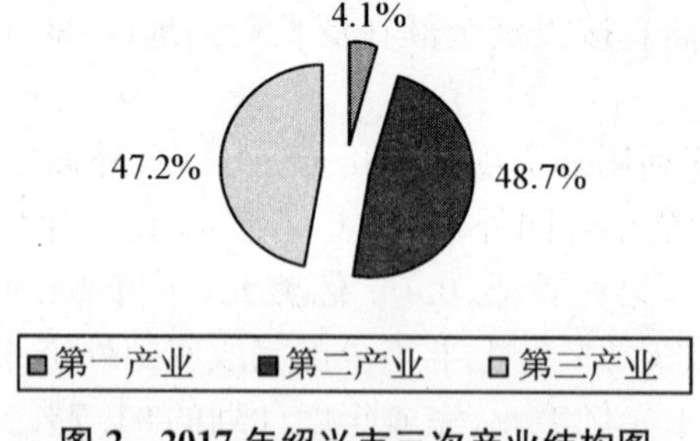

图 2　2017 年绍兴市三次产业结构图

2. 财政收支

全年财政总收入 706 亿元，比上年增长 12.0%，其中一般公共预算收入 431 亿元，增长 11.9%。一般公共预算支出 470 亿元，比上年增长 3.0%。

3. 物价水平

全年居民消费价格比上年上涨 1.8%。调查的八大类商品价格“七涨一跌”。工业生产者出厂价格和购进价格分别上涨 5.6%和 9.6%。

4. 固定资产投资

全年固定资产投资3116亿元，比上年增长11.1%。其中，国有投资979亿元、非国有投资2136亿元，分别增长17.6%、8.4%，占固定资产投资比重分别为31.4%、68.6%。非国有投资中，民间投资2034亿元，增长7.3%。

全年施工项目4119个，比上年下降18.7%，其中新开工项目3037个，下降27.1%。

（二）农业和农村建设

全年农林牧渔业总产值316亿元，比上年增长2.3%。农林牧渔业增加值209亿元，比上年增长2.1%。其中，农业增加值144亿元，增长3.5%；林业增加值22亿元，增长3.8%；牧业增加值18亿元，下降9.4%；渔业增加值23亿元，增长2.0%；农林牧渔服务业增加值2亿元，增长12.1%。

粮食作物播种面积147.87千公顷，比上年增长1.1%，顺利完成省下达的全年目标任务。粮食总产量95.87万吨，增长0.4%。茶叶总产量4.79万吨，增长1.3%。果园、蔬菜、中草药材种植面积分别增长0.2%、0.6%、4.8%。生猪存栏、出栏分别下降11.8%、17.3%。肉类总产量12.69万吨，比上年下降16.9%，其中猪肉产量10.53万吨，下降16.6%；禽蛋产量2.53万吨，下降30.1%。水产品总产量11.28万吨，增长2.6%。

新建成粮食生产功能区5.52千公顷。建成粮食高产创建万亩片11个、7.94千公顷，千亩片28个、2.29千公顷，百亩片398个、4.05千公顷。拥有省级以上农业龙头企业43家，市级农业龙头企业194家。有工商登记注册的家庭农场2169家，农民专业合作社4908家。基本完成农村土地承包经营权确权登记颁证，行政村审核公示率99.4%，承包合同签订(完善)率92.6%。

加快美丽乡村景观带建设，新建成11条242公里美丽乡村景观带。深化美丽乡村“四级联创”，新创建成省级美丽乡村示范乡镇9个、特色精品村28个；市级示范乡镇31个、特色精品村61个。新培育美丽庭院1.86万户。高质量实现生活污水治理行政村全覆盖。加强农村历史文化村落保护利用，完成顶瓦修补面积4.60万平方米，墙体加强2.63万平方米，立面改造面积17.44万平方米，构件修复3426个，古道修复21公里；完成农村历史建筑普查，公布市区第一批历史建筑保护名录。率先实施“闲置农房激活计划”试点，探索增加农民收入和村级集体经济新路子。继续推进农村生活垃圾分类处理，实施分类行政村达1580个，分类覆盖率73.3%。启动实施第四轮经济薄弱村和低收入农户奔小康结对帮扶活动，提前一年和二年全面完成消除村集体经济年收入10万元以下和经营性收入5万元以下薄弱村的省定考核任务。完成新一轮低收入农户认定，共认定低收入农户3.85万户、5.87万人，新认定标准提高到12500元，居全省第四位。低收入农户人均可支配收入12028元，比上年增长13.4%。推进农民培训转型升级，共完成培训8.3万人，其中农村实用人才培训1.4万人。全市十大农家乐提升发展项目完成投资6.31亿元，在全市农家乐菜肴大赛上获得16个奖项，全年农家乐直接营业收入23亿元。

（三）工业和建筑业

1. 工业增加值增长

全年全部工业增加值2157亿元，比上年增长7.6%。规模以上工业增加值增长7.9%。规模以上工业销售产值增长13.7%，其中出口交货值增长6.5%。

规模以上工业中，高新技术产业增加值、战略性新兴产业增加值、装备制造业增加值分别增长8.2%、9.4%、12.8%，占规模以上工业的36.1%、33.3%、28.9%。信息经济核心产业制造业增加值增长9.6%，占规模以上工业的5.5%。健康制造业增加值增长18.8%，占规模以上工业的5.2%。新产品产值率40.3%，提高3.8个百分点。

规模以上工业中，纺织、服装、化工等十大传统制造业增加值增长5.6%，增幅高于全省平均1.1个百分点。

规模以上工业企业实现利润总额519亿元，增长16.5%。按登记注册类型分，国有企业1亿元，增长24.5%；有限责任公司83亿元，增长23.7%；股份制企业100亿元，增长17.9%；私营企业218亿元，增长18.3%；港澳台投资企业78亿元，增长17.6%；外商投资企业39亿元，下降7.6%。国有及国有控股企业11亿元，增长10.7%。按规模分，大型企业96亿元，下降1.4%；中型企业199亿元，增长21.8%；小型企业216亿元，增长21.4%；微型企业8亿元，增长15.9%。主营业务利润率6.6%，提高0.3个百分点。

2. 建筑业

全年建筑业增加值338亿元，比上年增长0.6%。年末，有资质的建筑企业740家，完成建筑业总产值7448亿元，比上年增长7.4%；利润总额158亿元，增长10.6%；税金总额235亿元，增长21.8%。

（四）服务业

1. 国内贸易

全年社会消费品零售总额1978亿元，比上年增长10.9%。其中，城镇市场1672亿元，增长10.3%；乡村市场306亿元，增长14.3%。限额以上社会消费品零售总额786亿元，增长13.7%。从27种限额以上批发零售单位商品分类看，占零售额比重前八位的商品增长情况分别为：汽车类增长10.4%，石油及制品类增长11.8%，服装、鞋帽、针纺织品类增长12.3%，粮油、食品类增长11.2%，家用电器和音像器材类增长13.7%，中西药品类增长2.7%，金银珠宝类增长24.9%，通讯器材类增长367.6%。

全年网络零售额426亿元，比上年增长33.9%，居民网络消费475亿元，增长28.8%。

全年批发和零售业销售额11697亿元，比上年增长15.7%。住宿和餐饮业营业额278亿元，比上年增长17.1%。

年末，纳入统计的商品交易市场有399个，其中，成交额超亿元市场70个，超十亿元市场23个，超百亿元市场7个。商品市场成交额3372亿元，比上年增长1.7%，其中消费品市场成交额2052亿元，增长2.9%；生产资料市场成交额1320亿元，下降0.1%。中国轻纺城、钱清轻纺原料市场成交额分别为1081亿元、562亿元，分别增长11.4%和5.2%。

2. 交通运输、邮电

全年货物运输总量13427万吨，比上年增长13.4%，其中公路货物运输总量12056万吨，增长14.5%；水运货物运输总量1371万吨，增长4.4%。货物运输周转量124亿吨公里，增长8.9%，其中公路货物运输周转量91亿吨公里，增长11.5%；水运货物运输周转量32亿吨公里，增长2.1%。旅客运输总量2926万人，比上年下降5.0%，其中公路旅客运输总量2805万人，下降5.1%；水运旅客运输总量121万人，下降2.0%。旅客运输周转量29.52亿人公里，下降4.3%，其中，公路旅客运输周转量29.46亿人公里，下降4.3%；水运旅客运输周转量514万人公里，下降11.2%。年末公路通车里程10136公里，比上年增长0.7%。

杭绍台铁路建设签订PPP项目投资合同，成为全国首条民营控股的高铁项目，控制性工程“一桥一隧”开工；城市轨道交通1号线一期工程试验段开工建设。开行绍兴北站至北京南站的始发高铁，实现绍兴历史上始发高铁零突破。打造美丽乡村公路。启动环会稽山国家森林公园美丽公路等项目建设。新昌、嵊州完成城乡客运一体化改革，实现全市行政村“村村通客车”。新增（更新）公交车503辆，新增29条线路、280辆公交车支持移动支付。加快水运网和枢纽站场建设。上虞客运中心、浙能电厂二期配套码头建成投用。完成杭甬运河绍兴段竣工验收。

年末，民用车辆拥有量（车管所数据）149.52万辆，比上年末增长15.0%。其中汽车124.00万辆，增长12.3%。

全年邮电业务收入59.49亿元，比上年下降0.8%。年末电话用户数（含小灵通）116.93万户，下降8.3%；移动电话用户数（通话用户）635.45万户，增长13.6%。固定电话普及率26.19号线/百人，下降8.7%；移动电话普及率142.32部/百人，增长13.1%。互联网用户数（不含手机上网用户）200.92万户，增长11.1%。

3. 旅游业

全年旅游总收入1028亿元，比上年增长15.4%。其中，国内旅游收入1007亿元，增长15.6%；旅游外汇收入3.19亿美元，增长6.6%。接待游客9630万人次，增长15.1%。其中，接待国内游客9541万人次，增长15.1%；接待入境游客89万人次，增长7.7%。

当年有234个村被评为首批省A级景区村庄。其中省AAA级景区村庄42家，省AA级景区村庄82家，省A级景区村庄110家。

年末有A级景区78处。其中5A级、4A级、3A级、2A级景区各为1处、16处、31处、30处。

4. 金融、证券和保险

年末，金融机构本外币存款余额7837亿元，比上年末增长6.1%；贷款余额6703亿元，增长9.8%。

年末，有上市公司71家，其中当年新增9家，创历史最高。新三板挂牌85家，其中当年新增29家。当年有20家上市公司实施并购，交易金额112亿元。"绍兴市上市公司引领产业发展示范区建设实施方案"获省政府批复同意。

35家小额贷款公司全年累计发放贷款5506笔，共163.54亿元。全市证券交易40254亿元、期货交易10882亿元。

年末，有保险市场主体58家，其中财产险28家，人身险30家。全年保费收入156.37亿元，比上年增长21.0%，总赔付金额44.01亿元，增长5.0%。其中财产险公司保费收入59.13亿元，增长8.6%，赔款金额33.53亿元，增长5.8%；人身险公司保费收入97.24亿元，比上年增长30.1%，赔付金额10.48亿元，增长2.7%。

5. 房地产业

年末，有房地产开发企业739家。全年房地产开发投资678亿元，比上年增长5.8%。其中，住宅投资503亿元，增长16.7%。90平方米以下住宅投资下降9.6%，144平方米以上住宅投资和别墅、高档公寓投资分别增长17.4%和7.5%；办公楼和商业营业用房投资分别下降27.0%和17.6%。商品房销售面积1039万平方米，销售额935亿元，比上年分别增长34.4%和52.2%。房屋施工面积3200万平方米，下降11.3%；房屋竣工面积589万平方米，下降48.7%；年末商品房待售面积524万平方米，下降27.0%。

（五）对外经济

1. 对外贸易

全年货物进出口总额1997亿元，比上年增长9.7%，其中出口1852亿元，增长9.8%，进口145亿元，增长7.9%。从贸易方式看，一般贸易进出口1868亿元，加工贸易进出口118亿元，其他贸易进出口11亿元。从国家和地区看，有进出口国家和地区217个，其中出口超6500万元的115个。出口额前三位国家和地区分别为美国、印度、越南，分别出口287亿元、76亿元、75亿元。对"一带一路"沿线国家进出口798亿元，比上年增长8.9%。其中出口756亿元，增长8.5%。从产业结构看，纺织服装出口1121亿元，增长5.0%；机电产品出口378亿元，增长16.5%；化工产品出口141亿元，增长11.9%；高新技术产品出口37亿元，下降10.1%。从企业类型看，有出口实绩企业9185家(包括三资企业)，比上年增加396家，其中出口超6500万元企业633家。

全年服务贸易进出口总额165亿元，比上年增长9.9%，其中出口115亿元，增长12.4%；进口50亿元，增长4.7%。对"一带一路"沿线国家和地区服务贸易出口总额22亿元。服务贸易主要集中在运输、建筑和服务外包领域。服务外包离岸合同额16811万美元，离岸执行额16062万美元，比上年分别增长30.2%和33.5%。跨境网络零售出口6.8亿元，比上年增长39.3%。

2. 利用外资

全年新批外资项目407只，比上年增长46.9%。合同利用外资27.89亿美元，比上年增长117.0%；实到外资12.87亿美元，增长60.8%。其中，新批三产项目359只，合同外资20.89亿美元，实到外资10.44亿美元。外资来源仍以港资为主。

3. 外经合作

全年新批境外投资企业 29 家，企业增资 16 家。总投资额 13.17 亿美元。其中，中方投资额 10.54 亿美元，比上年增长 5.9%。境外工程营业额 2.46 亿美元，比上年增长 1.5%。我市境外工程主要分布在香港、阿尔及利亚、赞比亚、日本、巴基斯坦、印度等 15 个国家和地区。

二、绍兴市 2017 年社会发展概况

（一）人口、人民生活

据市统计局 5‰人口变动抽样调查，年末常住人口 501.0 万人，比上年末增加 2.2 万人，其中城镇人口 328.2 万人。城镇化率 65.5%，比上年提高 1.2 个百分点。

据市公安局人口（户籍）年报统计，年末总户数 161.29 万户，比上年末的 161.53 万户略有减少。户籍人口 446.48 万人，比上年末增加 1.95 万人。其中，男性 222.60 万人，女性 223.88 万人。出生人数 47982 人，出生率 10.77‰。死亡人数 35135 人，死亡率 7.89‰。人口自然增长率 2.88‰，比上年提高 1.53 个千分点。

据城乡一体化住户调查，全年全体居民人均可支配收入 45306 元，比上年增长 9.2%。其中，城镇常住居民人均可支配收入 54445 元，增长 8.2%，农村常住居民人均可支配收入 30331 元，增长 9.3%。

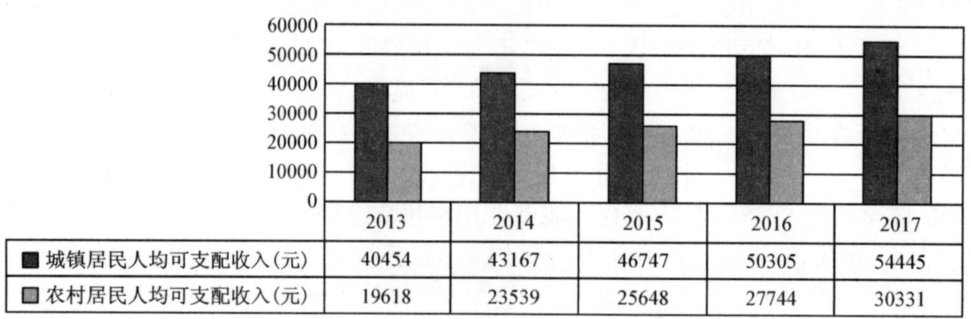

	2013	2014	2015	2016	2017
城镇居民人均可支配收入(元)	40454	43167	46747	50305	54445
农村居民人均可支配收入(元)	19618	23539	25648	27744	30331

图 3　2013—2017 年绍兴市城乡居民收入对比一览

全年全体居民人均生活消费支出 26459 元，比上年增长 7.8%。其中，城镇常住居民和农村常住居民人均生活消费支出分别为 30879 元和 19216 元，增长 7.0%和 8.0%。

年末全体居民人均住房建筑面积 52.6 平方米。其中，城镇常住居民人均住房建筑面积 47.3 平方米，农村常住居民人均住房建筑面积 62.8 平方米。

年末，每百户居民家庭拥有家用汽车 49.13 辆，比上年末增加 1.39 辆。拥有计算机 78.69 台，增加 0.52 台；拥有移动电话 238.93 部，增加 9.61 部；拥有洗衣机 94.04 台、电冰箱（柜）104.24 台、彩色电视机 197.69 台、空调 182.60 台、热水器 95.29 台，分别增加 1.51、1.66、2.98、8.02 和 3.86 台。城镇常住居民恩格尔系数 27.4%，比上年下降 0.8 个百分点，农村常住居民恩格尔系数 30.1%，比上年下降 2.6 个百分点，城乡居民生活水平进一步提高。

（二）就业与社会保障

1. 就业

当年新增城镇就业人员 12.5 万人。城镇失业人员实现再就业 5.2 万人，就业困难人员实现再就业 1.03 万人。年末城镇登记失业人员 37498 人，比上年下降 2.5%，城镇登记失业率 2.25%，比上年下降 0.11 个百分点。

2. 社会保障

年末，基本养老保险和基本医疗保险参保人数分别为 328.96 万人和 461.84 万人，比上年分别增长 3.0%和 1.3%；城镇失业保险参保人数 131.81 万人，比上年增长 3.8%。

成功争创全国唯一智慧居家养老标准化试点。发放养老服务补贴5.23万人，发放资金3006万元。新增养老机构床位4015张，其中护理型床位914张，新增社区居家养老服务照料中心56家，实现全市城乡社区居家养老服务照料中心全覆盖。

年末，在册低保对象49528人，其中，城镇7315人，农村42213人。低保资金(含各类补贴)支出3.05亿元。城乡低保平均标准分别为每人每月687元和665元。从12月1日起实现低保标准城乡统筹，越城、柯桥、上虞、诸暨为每人每月693元，嵊州、新昌为每人每月673元。获得生活补助的城乡低收入家庭持证重度残疾人8271名。开展农村留守儿童"合力监护、相伴成长"关爱保护专项行动，使农村留守儿童总人数由上年末的4185人下降到2906人，并将所有农村留守儿童纳入有效监护范围。提高孤儿基本生活费标准，其他困境儿童随散居孤儿同步调整发放标准。新建避灾安置场所80个，累计建成1526个，避灾面积61.22万平方米，可容纳17.46万人。救助临时困难群众5448户，9858人次，支出临时救助金1556.41万元。医疗救助113.48万人次，支出救助金1.22亿元。支出善款1.14亿元，救助42.3万人次。福利彩票销售13.25亿元。

当年保障性安居工程住房基本建成36929套，完成省定目标的222.8%；竣工36582套，完成省定目标的251.8%。棚户区改造住房新开工33466套，完成省定目标的213.2%，其中货币化安置28822套。2015—2017年城镇危旧房治理改造457幢，完成省定目标的219.7%。

(三)教育和科学技术

1. 教育事业

年末，有普通高校11所，普通本专科招生3.18万人，在校生9.73万人，毕业生2.57万人。中等职业教育学校(含技工学校)20所，招生1.71万人，在校生4.93万人，毕业生1.59万人。其中，14所中职学校17个专业开设3+2职业教育，16所中职学校34个专业开设"五年一贯制"职业教育。普通高中49所，招生3.22万人，在校生9.45万人，毕业生2.98万人。初中138所，招生4.77万人，在校生13.91万人，毕业生4.74万人；初中毕业生升学率99.3%。小学335所，招生4.14万人，在校生25.58万人，毕业生4.95万人。小学毕业生升学率100%。幼儿园610所，在园幼儿13.58万人。专任教师5.45万人，其中，普通高校0.44万人，中等职业教育0.31万人，普通高中0.79万人，初中1.15万人，小学1.59万人，幼儿园0.84万人。

年末，有民办高校7所。民办普通高中16所，在校生3.54万人。民办中等职业学校3所，在校生3000余人。民办普通初中6所，在校生1.75万人。民办普通小学11所，在校生2.1万人。民办幼儿园246所，在园学生5.32万人。

越城区、诸暨市成功创建教育基本现代化县(区、市)。全面启动绍兴市现代化学校创建工作。率先在全省出台《第三轮学前教育行动计划》。全市25所幼儿园新争创为"绍兴市标准化幼儿园"，标准化幼儿园占比达到81.8%。当年创建成功4所标准化学校，累计创建率达到97.5%。创建浙江省名牌职校6所。绍兴文理学院成功列入浙江省"十三五"高等学校设置规划，硕士学位点建设取得重大突破，首批3个硕士点顺利通过验收。当年高考成绩继续走在全省前列，第一段上线率22.1%，比上年提高3.4个百分点，高出全省平均2.1个百分点。

2. 科技与创新

全市一般公共预算支出中用于科学技术支出26.07亿元，比上年增长14.0%，高于一般公共预算支出增速11.0个百分点。编制《绍兴科创大走廊发展规划》，绍兴科技大市场建成开业。技术交易总额15.72亿元，比上年增长86.0%。设立绍兴和丰科技基金和绍兴浙商创投科技基金。成立中纺院纤维基复合材料国家工程中心绍兴分中心。新增省级众创空间11家，市级众创空间31家。新增省领军型创新创业团队3个，国家、省"万人计划"7人，均列全省第二。新增高新技术企业220家、省科技型中小企业1097家，均列全省第四；新增省"创新型领军企业"2家，列全省第二。18项成果荣获浙江省科学技术奖。"黄酒绿色酿造关键技术与智能化装备的创制及应用"项目荣获2017年国家技术发明二等奖。3

项专利获中国专利奖。全市申请发明专利11228件，授权发明专利2118件。

（四）文化、卫生和体育

1. 文化事业

年末，有国有艺术表演团体7个，全年演出895场次，观众149万人次。国有剧院6个，全年演出853场次，观众48万人次。群艺馆、文化馆（站）125个，举办展览培训活动3826次。公共图书馆7个，公共图书馆总藏量476万册，借阅227万人次。新建图书分馆15家、文化分馆54家。广播电台1座，电视台1座，广播电视台5座。广播、电视综合覆盖率均达到100%。组织送书下乡13万余册，送戏下乡1300余场，送电影下乡2.6万余场。

绍兴市文化馆"文艺专家门诊"被文化部评为"文化志愿服务项目最佳创意奖"。绍兴市喜获"第四批浙江省传统戏剧之乡"称号。专业演员中，1人荣获第28届"中国戏剧梅花奖"，5人荣获第27届上海戏剧"白玉兰"奖。

加快推进非遗场馆建设，已建成开放5个非遗馆。11个项目成功入选第五批浙江省非物质文化遗产代表性项目名录，省级非遗项目共有86个。6家基地被命名为浙江省级非物质文化遗产生产性保护基地。嵊州竹编作品组荣获第6届中国成都国际非物质文化遗产节金奖。

2. 卫生事业

年末，有卫生机构2502个（含村卫生室963个），比上年末减少29个。其中医院76个，增加6个；卫生院及分院（社区卫生服务中心、站）849个，减少34个。卫生机构床位数27061张，增长6.3%，其中医院床位21242张，增长6.9%。医生数15196人，注册护士数15054人，分别增长7.2%、8.5%。每万人拥有医疗床位60.61张，比上年增加3.34张。每万人拥有医生34.04人，比上年增加2.16人。

健康绍兴建设率先推进，出台《健康绍兴2030行动计划》。探索全市药品集中招标新机制，年减少药品支出2.2亿元。有效落实"双下沉、两提升"，实现市（县）级优质医疗资源下沉全覆盖。运行国内首个"云问诊"平台。全科医生规范签约154万人，65岁以上老年人健康管理率达到71.6%，9个医养结合健康服务试点深入推进，"菜单式"健康教育促进活动延伸到各区、县（市）。计生管理服务转型升级，计划生育率98.4%。实现国家卫生城市（县城）全覆盖，新创建23个省级卫生镇。

3. 体育事业

成功举办首届绍兴国际马拉松赛和中国·绍兴皮划艇马拉松世界杯赛。在第十三届全运会上，我市共有65名运动员入选浙江体育代表团，夺得13枚金牌、9枚银牌和12枚铜牌，创造了绍兴体育在全运会上的最好成绩。以绍兴市首届市民运动会为载体，举办各类群体活动2000多场。通过引进中国足球甲级联赛浙江毅腾主场、中美篮球对抗赛、国际摩托艇公开赛等一系列品牌赛事，扩大绍兴影响，促进赛会经济发展。

全年体育彩票销售12.89亿元，比上年增长50.13%。为绍兴地区筹集公益金亿元以上。

（五）资源和环境保护

年末，有气象雷达观测站点3个，卫星云图接收站点5个，区域自动气象观测站235个。

全年平均降水量1447.7毫米，较多年平均降水量偏少1.1%，较上年降水量偏少13.2%。总水资源量62.0亿立方米，较多年平均偏少2.8%，较上年偏少22.5%。其中地表水资源量60.0亿立方米。人均水资源量1237立方米。

年末，实有耕地面积198.94千公顷，比上年末增长0.2%。其中，水田137.71千公顷，增长0.5%；旱地61.23千公顷，下降0.4%。

全年完成造林更新2.96万亩，其中平原绿化1.78万亩。新建省级森林城镇6个、森林村庄18个，市级森林城镇7个、森林村庄52个。建成森林廊道130.1公里。新种植珍贵树185.1万株，建成珍贵树种示范林13片、示范点15个、示范单位13个。森林覆盖率54.03%。

全年完成水利建设投资91.5亿元，比上年增长39.5%。水利工程年供水量18.52亿立方米，增长

0.9%。已建成水库557座,比上年增加1座。水库总容量14.21亿立方米,比上年增长8.2%。20座病险水库除险加固。全省在建最大水库项目钦寸水库顺利实现下闸蓄水。完成万方以上山塘整治102座。实施农村饮用水安全巩固提升工程100个,改善农村饮用水条件6.2万人口。柯桥区平原排涝快速通道实现全线贯通。新增旱涝保收面积4.3万亩,新增改善灌溉面积4.1万亩,新增高效节水灌溉面积2.21万亩。河湖库塘清污(淤)量1272万方,河道综合整治365公里。

16站点AQI优良天数比例83.0%,比上年提高2.7个百分点,PM 2.5均值浓度41微克/立方米,比上年下降8.9%。全市未发生严重污染天气。

在全省率先剿灭劣Ⅴ类水,7个国家考核断面均达到年度目标要求。24个省对市"五水共治"考核断面均为Ⅰ—Ⅲ类水。128个市考断面全部达到或优于Ⅳ类水,Ⅰ—Ⅲ类水断面占96.9%,比上年提高20.3个百分点;功能区达标断面占98.4%,比上年提高15.6个百分点,交接断面水质考核为优秀,水质改善幅度前所未有。4个县级以上饮用水源地和41个乡镇饮用水源地水质达标率为100%。

大力推进生态文明建设,制定全省首个《生态文明体制改革实施方案》。新昌县创建成为全国首批国家级生态文明建设示范县,诸暨市通过国家级生态县验收,并启动国家级生态文明建设示范县。柯桥区、上虞区、嵊州市成为省级生态县。

当年单位GDP能耗下降1.6%。规模以上工业增加值能耗同比下降3.4%,规模以上工业八大高耗能行业单位增加值能耗同比下降0.3%。

(六)社会安全

全年共发生各类生产安全经营性事故191起、死亡178人,比上年分别下降38.4%、26.7%。其中,发生生产经营性较大事故1起、死亡3人,比上年分别增加1起、3人。

三、绍兴市在泛长三角地区经济发展中的地位

2017年是深入实施"十三五"规划的重要一年,也是本届政府的开局之年。在中共绍兴市委的坚强领导下,市政府认真学习贯彻党的十九大精神,坚持以"八八战略"为总纲,全面落实省、市党代会决策部署,以打好"八大战役"为抓手,稳中求进、砥砺前行。

(一)地区生产总值

2013—2017年绍兴市地区生产总值在泛长三角所占比重分别为2.84%、2.80%、2.75%、2.68%和2.57%,五年持续下降,减少了0.27个百分点,2017年较上年下跌了0.11个百分点。2017年绍兴市地区生产总值在泛长三角地区41个市排名第13位,较上年下降一位。

2017年全市完成GDP总量为5108亿元,位居全省各市的第四名。比上年增长7.1%。其中第一产业增加值207亿元,增长2.0%;第二产业增加值2491亿元,增长6.7%;第三产业增加值2410亿元,增长8.0%。三次产业占生产总值的比重分别为4.0%、48.8%、47.2%。人均GDP(按常住人口计算)10.22万元(按年平均汇率6.7518折算为1.51万美元),列全省第四位。1—9月,实现地区生产总值3714.17亿元,增长7.1%,高于去年同期2.3个百分点。

从各县域(含市辖区,下同)的情况来看,超过千亿级GDP的有两个,分别是柯桥区1351(省去小数点后的数字,下同)亿元、诸暨市1180亿元,总共就六个县市区,有两个是超千亿级的,可见其综合经济实力是非常之强的,这其中,柯桥区的经济总量更是位居全省城市市辖区的第四位,强区之一。位居全市GDP第三名上虞区,其经济总量达到841亿元,上虞区的人均GDP约为10.7万元。其余三县域的GDP分别是:越城区575亿元、嵊州市532亿元、新昌县408亿元(测算数据),按其户籍人口数,其人均GDP依次分别为:7.6万元、7.28万元、9.36万元,全市人均最高的是柯桥区,而最低的是则是嵊州市。

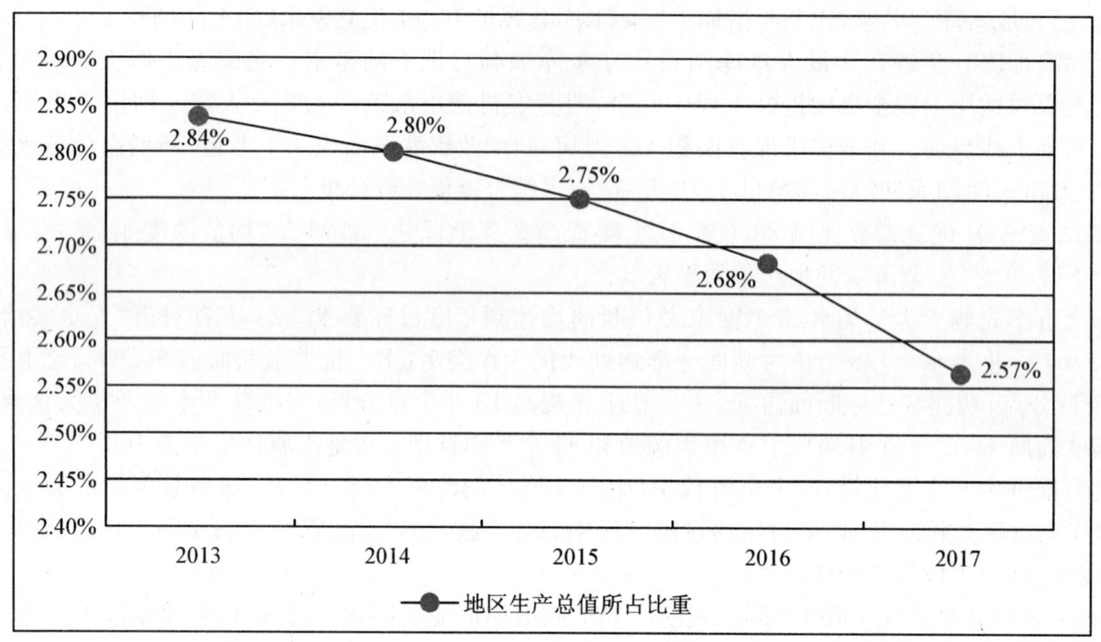

图 4　2013—2017 年绍兴市地区生产总值在泛长三角
（苏浙两省 24 个地级市、安徽省 16 个地级市和上海市，下同）所占比重的变化趋势

（二）地方财政一般预算收入

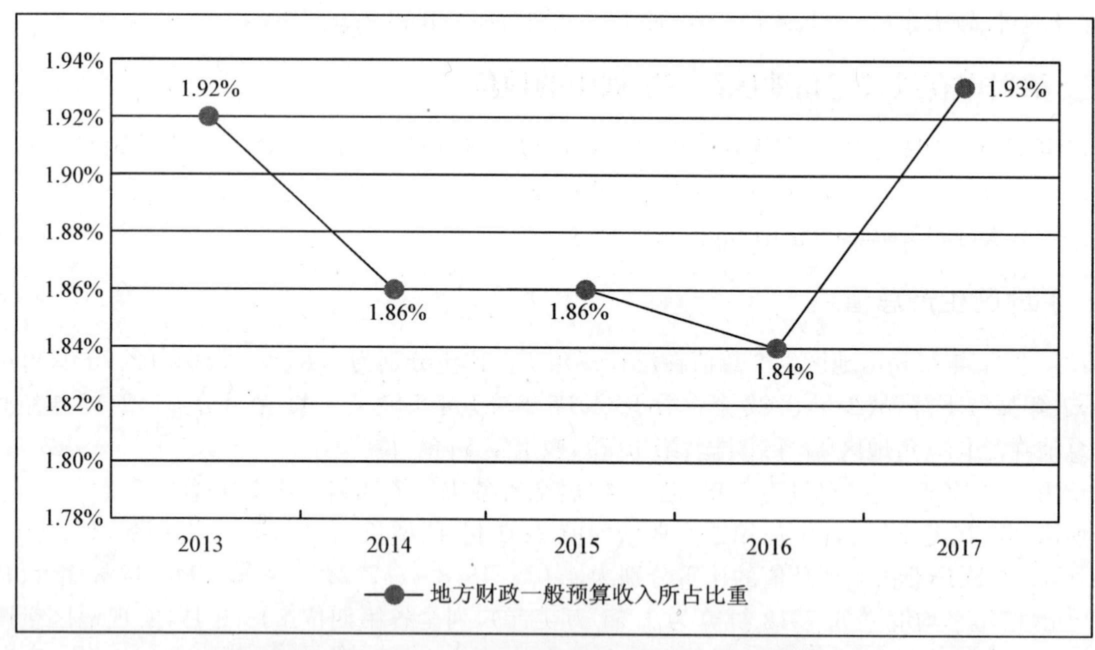

图 5　2013—2017 年绍兴市地方财政一般预算收入在泛长三角所占比重的变化趋势

2013—2017 年绍兴市地方财政一般预算收入在泛长三角所占比重分别为 1.92%、1.86%、1.86%、1.84%和 1.93%，2017 年较上年增加了 0.09 个百分点，较 2013 年增加了 0.01 个百分点。2017 年绍兴市地方财政一般预算收入在泛长三角地区 41 个市排名第 13 位，与去年持平。

2017 年，全市一般公共预算收入年度汇总预算 416.1 亿元，实际执行数 431.4 亿元，完成预算的 103.7%，同比增长 11.9%。市区（包括市级、越城区、柯桥区、上虞区，下同）一般公共预算收入年度汇总预算 268.9 亿元，实际执行数 280.0 亿元，完成预算的 104.1%，同比增长 10.9%。1—9 月，完成财政总收入 552.3 亿元，增长 12.6%，较去年同期提高 5.7 个百分点；其中一般公共预算收入完成 337.5 亿元，增长 11.6%，较去年同期提高 2.9 个百分点。从区域看，各区、县(市)增速均在两位数以上，尤其是嵊州市(21.0%)、越城区(高新区)(19.7%)增速超过或接近 20%。

全年新增回归税源 15 亿元，全市向上争取补助资金 71.3 亿元，支持重点项目和重点工作开展。制定实施 2017 年重大工程、重点项目、重点工作筹资专项行动，全力保障建设发展资金需求。安排资金 1740.3 亿元，推进实施 2017 年全市政府投资项目资金计划。安排资金 200 亿元，支持打好综合交通建设大会战。安排资金 600 亿元，支持打好城中村围剿战、整治市容市貌和小城镇环境阵地战，统筹推进生态文明建设和国家生态文明建设示范市创建。落实资金 14 亿元，支持打好劣五类水和五类水“剿灭战”。创新基础设施投融资机制，全市 PPP 基金规模达到 20 亿元，争取省级基金 7 亿元，均位居全省第一。

(三) 工业生产总值

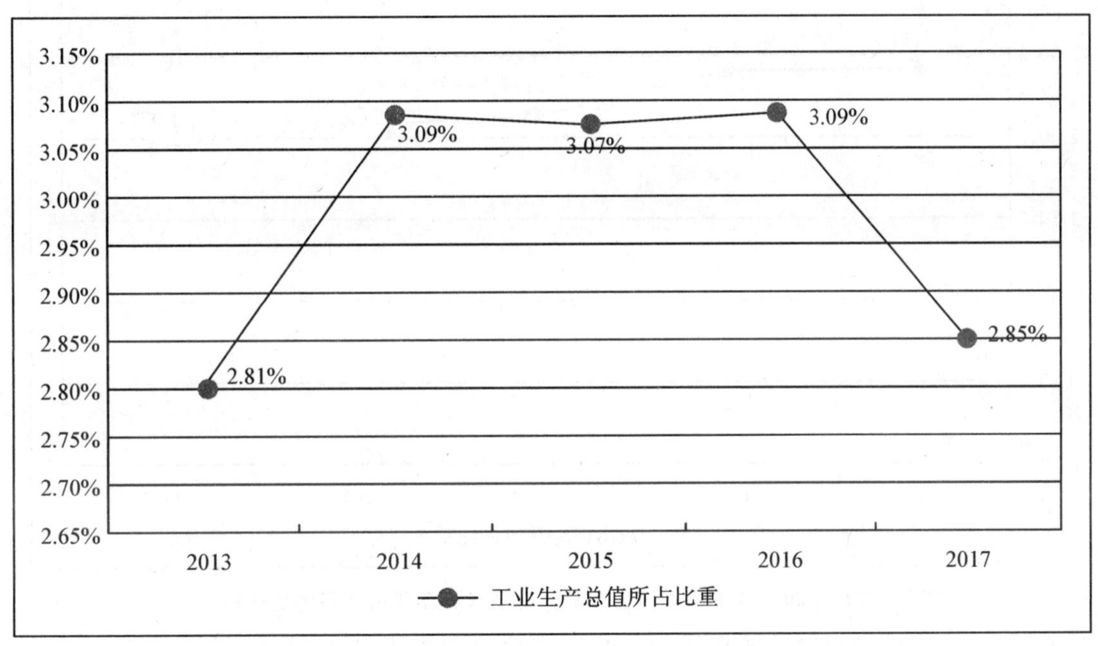

图 6　2013—2017 年绍兴市工业生产总值在泛长三角所占比重的变化趋势

2013—2017 年绍兴市工业生产总值在泛长三角所占比重分别为 2.81%、3.09%、3.07%、3.09%和 2.85%，总体呈倒 U 形态势，2017 年较去年减少了 0.24 个百分点，五年增加了 0.04 个百分点。2017 年绍兴市工业生产总值在泛长三角地区 41 个市排名第 12 位。

2017 年，全年全部工业增加值 2157 亿元，比上年增长 7.6%。规模以上工业增加值增长 7.9%。规模以上工业销售产值增长 13.7%，其中出口交货值增长 6.5%。

规模以上工业中，高新技术产业增加值、战略性新兴产业增加值、装备制造业增加值分别增长 8.2%、9.4%、12.8%，占规模以上工业的 36.1%、33.3%、28.9%。信息经济核心产业制造业增加值增长 9.6%，占规模以上工业的 5.5%。健康制造业增加值增长 18.8%，占规模以上工业的 5.2%。新产品产值率 40.3%，提高 3.8 个百分点。规模以上工业中，纺织、服装、化工等十大传统制造业增加值增长 5.6%，增幅高于全省平均 1.1 个百分点。

2017 年绍兴规下工业企业运行状况良好，实现总产值 1100 亿元，按可比价计算同比增长 9.6%，增速比上年同期提高 5.3 个百分点。主要有以下三方面表现：一、综合经营状况平稳向好。2017 年以来，认为综合经营状况“良好”和“一般”的企业占比在样本数量的九成左右。其中，前四季度选择“良好”的企业比重分别为 19.5%、24.1%、24.6%和 26.7%，逐季提高。二、产品订货量增长，设备利用率提高。

前四季度,反映产品订货量“高于”和“处于”正常水平的企业比重分别为82.3%、85.6%、82.8%和86.5%;反映生产能力(设备)利用率“高于”和“处于”正常水平的企业比重分别为83.7%、87.5%、83.3%和88.3%,较去年同期均有不同程度的提高。三、逾八成企业资金状况正常。从资金情况来看,四季度,样本企业中认为流动资金“基本正常”的企业占86.7%,比上年同期上升3.3个百分点;“资金宽裕”的企业占1.6%;资金缺口在20%以上和20%以内的企业分别占1.8%和9.9%,比上年同期下降1.5和1.4个百分点。2017年以来,四个季度企业选择流动资金属于“基本正常”和“资金宽裕”的占比均达87%以上,资金总体状况比2016年趋好。

(四)进出口总额

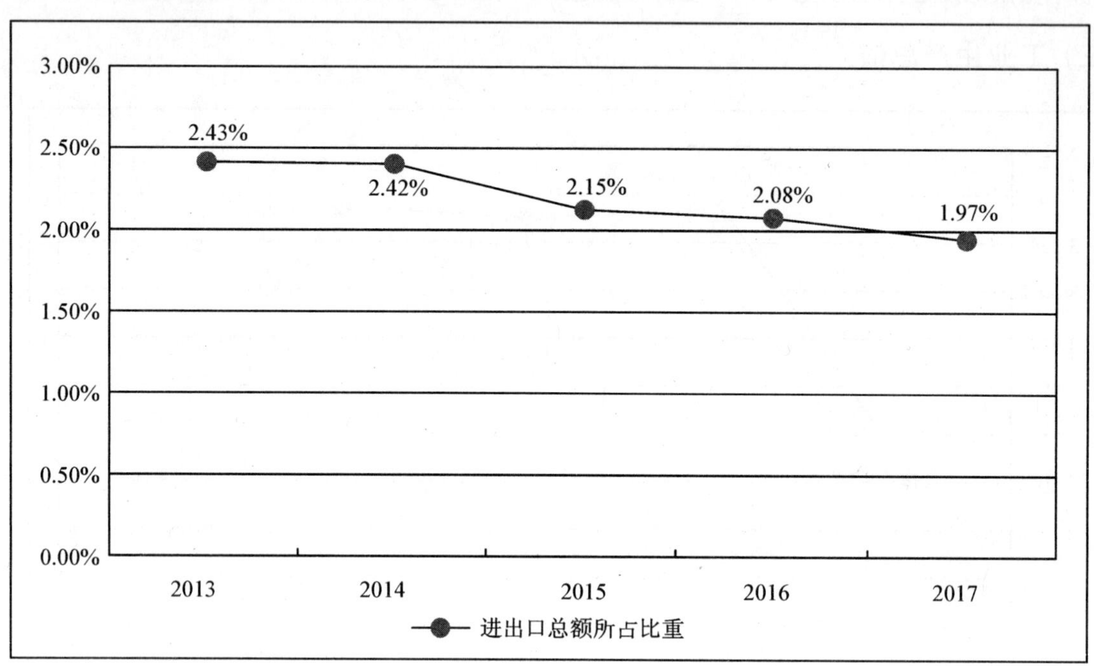

图7　2013—2017年绍兴市进出口总额在泛长三角所占比重的变化趋势

2013—2017年绍兴市进出口总额在泛长三角所占比重分别为2.43%、2.42%、2.15%、2.08%和1.97%。2017年,较上年减少了0.11个百分点,较2013年减少了0.45个百分比。2017年绍兴市进出口总额在泛长三角地区41个市排名第11位,较上年下降一位。

2017年全年货物进出口总额1997亿元,比上年增长9.7%,其中出口1852亿元,增长9.8%,进口145亿元,增长7.9%。1—9月,进出口总值1472.6亿元人民币,增长10.5%,较去年同期提高14.8个百分点。其中,出口1369.2亿元,增长11.0%,较去年同期提高13.5个百分点。各区块中,嵊州市(28.1%)和诸暨市(20.6%)增势较为强劲。绍兴市加快发展服务贸易,培育文化服务贸易重点企业50家、年出口额千万元服务外包企业20家以上。大力发展跨境电商,建成3—5个海外公共仓。推动国际贸易“单一窗口”建设,完善对外贸易预警信息服务平台。

(五)实际外商直接投资金额

2013—2017年绍兴市实际外商直接投资金额在泛长三角所占比重分别为1.08%、0.90%、1.28%、1.04%和1.69%,整体呈振荡上升,2017年较上年增加了0.65个百分点,五年时间所占比例增加了0.61个百分点。2017年绍兴市实际外商直接投资金额在泛长三角地区41个市排名第17位,较去年上升了五位。

2017年,全年新批外资项目407只,比上年增长46.9%。合同利用外资27.89亿美元,比上年增长

117.0%；实到外资 12.87 亿美元，增长 60.8%。其中，新批三产项目 359 只，合同外资 20.89 亿美元，实到外资 10.44 亿美元。外资来源仍以港资为主。1—9 月，全市累计招引内资到位资金 410.23 亿元，其中产业项目 574 个，到位资金 358.39 亿元，占比 87.4%。新引进亿元以上重大项目 83 个（均为产业项目），完成年度目标任务的 276.7%。如落户上虞的投资 30 亿元的康龙化成医药研发中试基地项目和投资 15 亿元的金属合金材料项目，落户滨海新城的投资 51 亿元的智能净水饮水器生产基地项目和投资 55 亿元的新能源汽车整车生产项目等。投资 100 亿元的绍兴人工智能岛、投资 80 亿元的中芯国际绍兴项目以及投资 20 亿元的武汉导航院浙江院产业园等项目也正在谋划盯引中。实际利用外资 11.06 亿美元，完成市定年度目标任务的 110.3%，增长 104.2%。新批（含增资）千万美元以上大项目 140 个，其中 3000 万美元以上大项目 16 个，完成市定目标任务的 170.7%。如落户上虞区的总投资 9000 万美元的浙江瑞华染料加工项目、落户柯桥区的总投资 8000 万美元的梁朝针纺纺织品研发生产项目、落户诸暨市的总投资 8704 万美元的嘉杭国际健康养老产业项目。

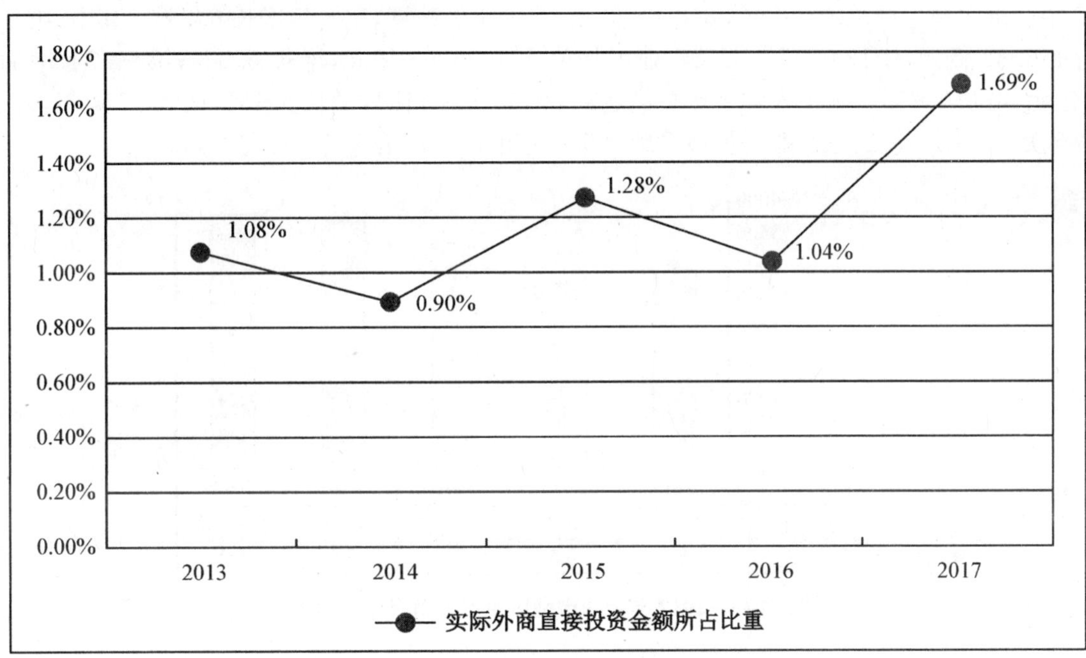

图 8　2013—2017 年绍兴市实际外商直接投资金额在泛长三角所占比重的变化趋势

八　金华市 2017 年经济社会发展报告

2017 年，面对复杂多变的宏观经济形势，市委、市政府带领全市上下全面贯彻落实中央、省委省政府的各项决策部署，坚持稳中求进总基调，积极推动供给侧结构性改革，努力抓好“三去一降一补”等重点任务，凝心聚力，攻坚克难，全市经济运行呈平稳向好的发展态势。

一、金华市 2017 年经济发展概况

（一）综合经济

1. 经济总量

2017 年全市实现生产总值(GDP)3848.62 亿元，按可比价计算，比上年增长 6.2%。其中：第一产业增加值为 145.62 亿元，增长 0.3%；第二产业增加值为 1626.63 亿元，增长 5.3%；第三产业增加值为 2076.37 亿元，增长 7.3%。全市人均生产总值达到 69445 元(常住)，增长 5.1%，按 2017 年年均汇率折算为 10285 美元。第一、二、三产业增加值占地区生产总值的比重为 3.8∶42.3∶53.9。

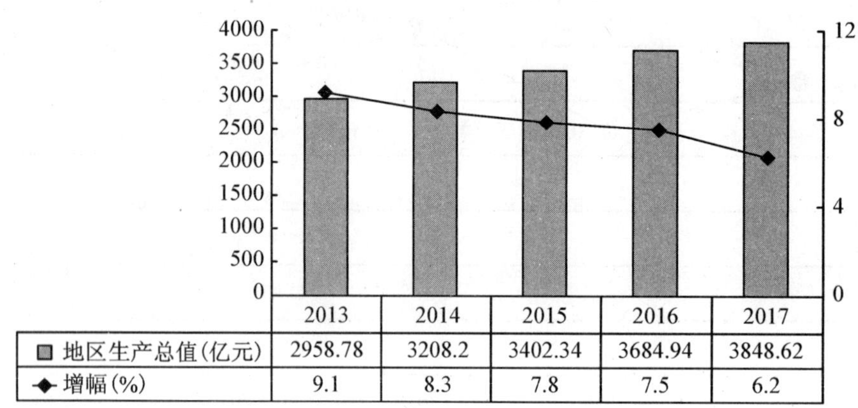

	2013	2014	2015	2016	2017
地区生产总值(亿元)	2958.78	3208.2	3402.34	3684.94	3848.62
增幅(%)	9.1	8.3	7.8	7.5	6.2

图 1　2013—2017 年金华市地区生产总值及增长速度

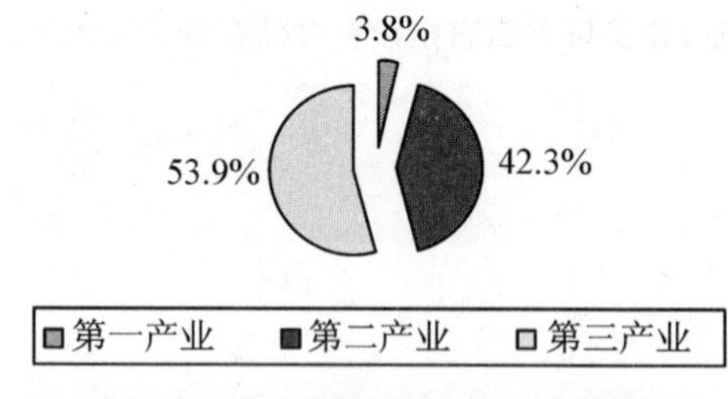

图 2　2017 年金华市三次产业结构图

2. 财政收支

2017 年全市完成财政总收入 601.2 亿元，比上年增长 8.3%，其中：上划中央财政收入 243.5 亿元，增长 8.3%；一般公共预算收入 357.7 亿元，增长 8.3%。全市一般公共预算支出 536.7 亿元，下降 1.0%。财政更加关注民生，一般公共预算支出的 77.8%用于保障和改善民生。

3. 物价水平

市区居民消费价格总水平比上年同期上涨 1.9%，涨幅较上年扩大 0.4 个百分点。所调查的八大类消费品及服务项目价格“七涨一跌”，食品烟酒价格上涨 0.2%；衣着价格上涨 2.4%；居住价格上涨

3.0%；生活用品及服务价格上涨1.7%；交通和通信价格上涨1.5%；教育文化和娱乐价格上涨3.6%；医疗保健价格上涨3.4%；其他用品和服务价格下降0.3%。商品零售价格指数上涨2.1%。全市工业生产者出厂价格上涨4.4%，工业生产者购进价格上涨11.0%，购销逆差达6.6个百分点。

4. 固定资产投资

2017年全市完成固定资产投资2200.52亿元，比上年增长11.2%。其中，房地产开发投资371.64亿元，下降9.1%；投资项目(单位)投资1828.88亿元，增长16.5%。民间投资较快增长，全年实现民间投资1455.49亿元，增长15.0%，占固定资产投资的66.1%。

投资结构进一步优化。在固定资产投资中：第一产业完成投资8.94亿元，下降21.9%。第二产业完成投资759.00亿元，增长5.5%。第三产业完成投资1432.58亿元，增长14.8%。第二、第三产业投资比重分别下降和上升0.1和1.8个百分点，三次产业投资结构调整为0.4∶34.5∶65.1。

全市省重点建设项目176项，年计划投资326.20亿元，其中新增省重点项目51项，全年完成投资412.80亿元，为年度计划127%，开工率为100%，竣工投产项目40项。列入市重点建设实施类项目共计286项，年计划投资551.15亿元，其中新增项目58项，全年完成投资698.05亿元，为年度计划127%，开工项目284项，开工率99%。

(二) 农业建设

2017年全市农林牧渔业增加值150.06亿元，比上年增长2.0%。

2017年，全市农作物播种面积223.18千公顷，下降0.2%。其中粮食播种面积为98.40千公顷，总产量为60.06万吨，分别下降1.0%和0.6%；棉花播种面积2.92千公顷，下降17.2%，产量为0.47万吨，下降18.5%；油料播种面积为22.0千公顷，下降2.5%，产量为4.35万吨，增长0.3%；蔬菜播种面积为49.16千公顷，下降1.4%，产量为112.69万吨，下降1.6%；药材播种面积10.73千公顷，增长5.7%，产量为3.63万吨，增长8.9%；果用瓜种植面积10.93千公顷，增长1.9%，产量为24.26万吨，增长0.1%；花卉苗木种植面积19.85千公顷，增长12.8%。

全市完成新造林9088亩、迹地更新1.47万亩、森林抚育13.99万亩、平原绿化2.19万亩(全市平原林木覆盖率达到20.7%)；新植珍贵树310.38万株；完成森林通道建设382公里，折合绿化面积3230亩，完成通道沿线林相改造面积2.67万亩。

全市肉类总产量为16.0万吨，比上年下降12.4%，其中猪肉13.42万吨，下降12.7%；全年生猪出栏171.77万头，下降17.3%；家禽出栏1441.73万只，下降13.5%；全年牛奶产量4.83万吨，下降17.1%。

全年化肥施用量(折纯)9.12万吨，下降9.2%；农村用电量58.8亿千瓦时，增长7.9%。

(三) 工业和建筑业

1. 工业增加值

2017年全市完成工业增加值1396.38亿元，比上年增长6.5%，工业增加值占GDP的比重为36.3%。全市实现规模以上工业总产值3713.72亿元，销售产值3593.85亿元，产销率96.8%，产销衔接良好。规模以上工业企业完成出口交货值888.81亿元，占销售产值的比重为24.7%。

全市规模以上工业企业研发经费支出60.35亿元。规模以上工业企业完成新产品产值1187.86亿元，新产品产值率达到32.0%。

全年规模以上工业企业实现利税331.88亿元，其中利润180.30亿元，利润占利税比重54.3%。金属制品，纺织，医药制造，电气机械和器材制造，纺织服装、服饰，汽车制造等六大行业实现利润占全市规模以上工业利润总额的46.9%。

2017年，全市五大千亿产业增加值1839.6亿元，现价增长7.0%，占GDP的47.5%。其中制造业增加值1102.1亿元，增长5.6%；服务业增加值757.4亿元，增长12.0%。分产业看，信息经济增加值377.7亿元，增长10.2%；先进装备制造增加值537.1亿元，增长6.3%；健康生物医药增加值226.0亿元，增长10.5%；文化影视时尚增加值918.2亿元，增长6.5%；休闲旅游服务增加值298.0亿元，增长9.7%。

2. 建筑业

全市建筑业总产值达3472.16亿元，增长6.4%；建筑施工面积42367.01万平方米，完成房屋竣工面积10716.84万平方米。省外市场发展良好，2017年建筑业企业在省外完成产值2208.75亿元，占全省省外完成产值的15.8%，占全市建筑业总产值的63.6%。

（四）服务业

1. 国内贸易

2017年，全市社会消费品零售总额2191.19亿元，比上年增长10.8%。按城乡消费结构分，城镇社会消费品零售总额1855.45亿元，增长10.5%；乡村社会消费品零售总额335.74亿元，增长12.2%。按消费类型分，餐饮收入174.27亿元，增长9.8%；商品零售2016.93亿元，增长10.9%。

在限额以上批发零售业零售额中，汽车、石油及制品、中西药品、服装、粮油食品是五大主要消费品，占限额以上批发零售业商品零售额的83.8%，其中汽车类零售额比上年增长7.3%，石油及制品类增长14.8%，服装类增长28.2%，中西药品类增长20.6%，粮油食品类增长3.6%。

全年实现网络零售额2346.70亿元，同比增长28.0%，占全省网络零售额的17.6%，网络零售额居全省第二。其中居民网络消费额687亿元，同比增长30.2%，实现顺差1659.70亿元。跨境网络零售出口241.40亿元，占全省跨境网络零售出口的55.1%，位列全省第一。金华"跨境通"全年出境邮件总量共计205万件。

全市共有各类市场342个，市场总成交额为3138.51亿元，增长8.3%。其中年成交额超亿元的市场有89个，总成交额为3069.02亿元，增长8.6%；实体市场337个，年成交额为2924.91亿元，增长了10.4%；5家网上市场成交213.60亿，下降10.8%。

2. 交通运输、邮电

2017年全市共完成交通建设投资281.8亿元，占年度计划的108.6%；其中：铁路建设完成投资72.84亿元，公路建设完成投资130.46亿元，水运工程建设完成投资10.56亿元，物流站场建设完成投资66.04亿元，民航建设完成投资1.90亿元。全市境内公路总里程达到12823.22公里。年内旅客周转量45.34亿人公里，货物周转量66.39亿吨公里。

邮电业务收入92.84亿元，比上年减少0.5%。其中，邮政业务收入19.10亿元，比上年增长18.3%；电信业务收入73.74亿元，下降4.4%。年末城乡固定电话用户99.67万户，比上年末增长1.1%。其中住宅电话46.88万户，下降1.3%；公用电话11.18万户，下降11.9%。年末移动电话用户达1029.60万户，增长8.8%；其中3G及以上移动电话用户700.04万户，增长28.3%。电话普及率233.64部/百人，其中：移动电话普及率213.02部/百人，固定电话普及率20.62部/百人。互联网宽带接入用户达253.51万户，比上年末增长22.7%。全市完成快递业务量25.55亿件，增长51.2%；实现快递业务收入157.79亿元，增长31.9%。快递业务量增速和快递业务收入增速分别比全省快18.7和8.4个百分点，双双居全省首位。

3. 旅游业

全市共接待游客10409.66万人次，同比增长19.0%，实现旅游收入1147.38亿元，同比增长20.1%，其中接待国内旅游者10299.39万人次，同比增长19.3%，实现国内旅游收入1107.14亿元，同比增长21.1%；接待入境旅游者110.27万人次，同比下降2.2%，实现旅游外汇收入59611.89万美元，同比下降3.75%。

4. 金融和保险

2017年末，全市金融机构本外币各项存款余额7947.57亿元，增长4.3%。其中住户存款余额4120.62亿元，增长3.5%；非金融机构企业存款1917.11亿元，增长3.8%；广义政府存款1484.62亿元，增长16.4%。金融机构本外币各项贷款余额6696.39亿元，增长8.3%。其中住户贷款2770.01亿元，增长19.8%；非金融企业及机关团体贷款3922.87亿元，增长1.3%。

全市保险机构全年保费收入227.78亿元，比上年增长18.0%。其中财产险保费收入78.87亿元，人身险保费收入148.91亿元，分别比上年增长6.7%和25.1%。全年支付各类赔偿及给付65.59亿元，比上年增长9.3%。其中财产险赔款43.76亿元，比上年增长10.5%；人身险赔款及给付21.83亿元，同比增长6.3%。

5. 房地产业

全市房地产开发房屋施工面积为2341.56万平方米，比上年下降9.5%。当年新开工面积382.42万平方米，下降16.2%；竣工面积337.21万平方米，增长24.3%。全市商品房销售面积为489.67万平方米，增长15.0%；其中住宅销售面积428.41万平方米，增长13.5%。

（五）对外经济

1. 对外贸易

2017年全市完成货物贸易进出口总额3461.0亿元(含一达通，下同)，同比增长6.6%，其中，出口总额3367.2亿元，同比增长6.2%；进口总额93.8亿元，同比增长24.3%。全年新增备案企业2950家，全年有进出口实绩企业7275家，比上年净增402家。全市与226个国家和地区建立了贸易关系，其中出口超10亿元的国家和地区68个。

2. 外资状况

全市新批外商投资企业793家；合同利用外资17.4亿美元，同比增长175.6%；实际利用外资4.3亿美元，同比增长22.4%。二产实际利用外资金额2.18亿美元，同比增长198.8%，占全市实际利用外资总额的50.7%；三产实际利用外资金额1.77亿美元，同比下降36.6%，占全市实际利用外资总额的41.1%。全市省级及以上开发区实际利用外资2.15亿美元，占全市总数的49.9%，同比增长2.4%。

3. 对外合作

2017年全市新批核准境外投资项目31个，境外投资总额11.65亿美元，其中中方投资11.43亿美元，同比增长37.23%，完成市政府年度工作指标的163.33%。全市完成对外承包工程劳务合作营业额3.20亿美元。全年设立境外营销网络项目28个，涉及纺织、化工、五金机械、五金产品、车业、建材等行业企业。跨国并购成为金华对外直接投资的重要形式，全年金华市以并购形式实现的境外投资项目共有2个，并购交易额8.66亿美元，比上年同期增长2.16倍。

二、金华市2017年社会发展概况

（一）人口、人民生活

2017年全市出生人口72293人，出生率14.96‰；死亡人口36755人，死亡率7.60‰；人口自然增长率7.35‰。年末总人口485.52万人，其中市区97.91万人；城镇人口203.14万人，其中市区39.49万人。平均每户家庭人口2.55人。

2017年，金华市全体居民人均可支配收入40629元，同比增长9.3%。分城乡看，城镇常住居民人均可支配收入为50653元，增长8.8%；农村常住居民人均可支配收入为23922元，增长9.3%。全体居民从收入来源看，人均工资性收入22728元，增长8.7%；人均经营净收入7166元，增长7.7%；人均财产净收入5426元，增长10.2%；人均转移净收入5309元，增长13.6%。全体居民人均生活消费26661元，增长 6.8%，其中城镇常住居民人均生活消费支出 32368 元，增长 6.8%；农村常住居民人均生活消费支出 17149 元，增长 5.4%。

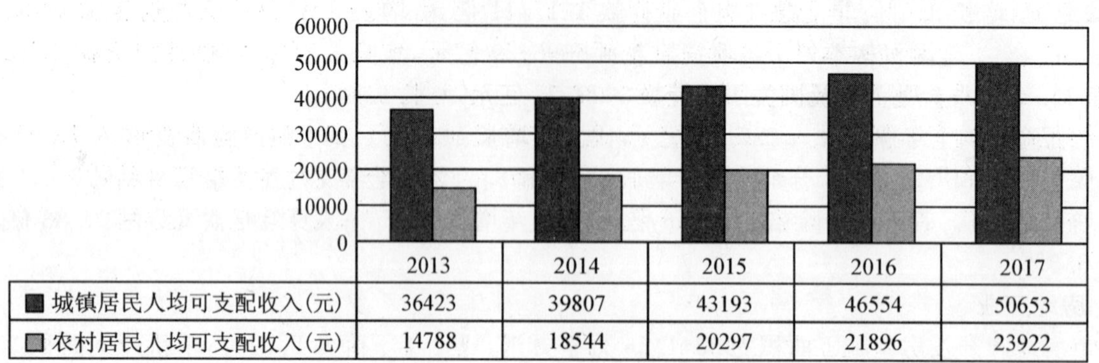

图 3　2013—2017 年金华市城乡居民收入对比一览

（二）就业与社会保障

1. 就业

2017 年，全市城镇新增就业 103823 人，城镇失业人员实现再就业 36733 人，年末城镇登记失业率 2.49%，低于 3.5%的控制目标。

2. 社会保障

2017 年全市拥有各类社会福利单位 173 个，社会福利床位数 37565 张，收养各类人员 16354 人。农村五保对象集中供养率为 97.5%。全市共有低保对象 6.32 万人，发放最低生活保障金 2.7 亿元；筹集医疗救助资金 8606 万元，救助医疗困难群众 11 万人次；发放救灾款 2192 万元，救济灾民 10.5 万人次，改扩新建避灾场所 210 个。社区服务功能日趋完善，建立乡镇（街道）社区服务中心 152 个、城市社区服务中心（站）310 个、村级社区服务中心（站）3817 个、捐赠接收站（慈善超市）74 个。全市共有社会组织 4990 家，其中社会团体 2142 家，民办非企业单位 2848 家。全市共有抚恤优待对象 38690 人，发放抚恤金 4.97 亿元、义务优待金 0.83 亿元、困难补助经费 1042 万元，退役义务士兵自主就业率达到 100%，发放自主就业一次性经济补助金 5088 万元。

年末全市城镇职工养老保险参保人数 199.10 万人，职工基本医疗保险参保人数 149.78 万人，失业保险参保人数 85.01 万人，工伤保险参保人数 140.58 万人，生育保险参保人数 88.83 万人；城乡居民养老保险参保人数 139.20 万人，城乡居民医疗保险参保人数 341.50 万人，被征地农民基本生活保障参保人数 25.77 万人。

（三）教育和科学技术

1. 教育事业

2017 年，金华市共有各级各类全日制学校 2158 所（不含技工学校，下同），在校生 106.99 万人，教职工 8.40 万人。其中小学 393 所，在校学生 41.40 万人；初中 175 所，在校学生 17.27 万人；普通高中 67 所，在校学生 8.69 万人；中等职业学校 24 所，在校生 5.08 万人；特殊教育学校 9 所，在校学生 962 人；全日制高校 8 所，在校生 8.09 万人；成人高校 2 所，在校生 4236 人；全日制在校研究生 4346 人；博士生 69 人。全市幼儿园 1480 所，在园幼儿 25.94 万人，学前三年幼儿入园率 99.4%；省等级幼儿园 1314 所，省等级幼儿园招生覆盖面 94%；全市 112 个乡镇都建有中心幼儿园，乡镇中心幼儿园建园率 100%。十五年教育普及率 99.6%。小学入学率、巩固率 100%；初中入学率、巩固率 100%；初中毕业生升入高中段学校比例 98.6%，初中毕业生升入普通高中与中等职业学校的比例为 1∶0.85，普通高中教育与中等职业教育协调发展。高等教育规模不断扩大，结构更趋合理，高等教育毛入学率58.6%。

2. 科技与创新

2017年全市列入市级以上科技项目500项，其中省级299项，新到位上级科技资金8564.60万元。新立市级科技计划项目201项，其中工业类52项，农业类22项，社会发展类26项，公益类101项，农业科技成果转化项目6项。申请专利28852项，其中发明专利4698件；获专利授权17444件，其中发明专利1285件。新认定国家级高新技术企业156家，累计达到541家。新认定省科技型中小企业679家，累计达到2211家。新认定省级重点企业研究院15家，省级高新技术研发中心43家、市级166家，市级以上各类企业研发机构累计达到1056家。全市共发放创新券3383.86万元，实际使用2056.53万元，发放使用率60.77%。

全市新增浙江名牌产品37只，累计313只。新认定金华名牌产品69只，累计452只。新增"浙江制造"标准30项，累计已有45项"浙江制造"标准立项成功。参与制修订国际、国家或行业标准95项，累计454项，规上企业采标率56.78%。获国家和省级农业标准化示范项目和服务业试点项目2个。5家企业获得市政府质量奖，5家企业获得提名奖，1个个人获质量贡献奖，6家企业获得县市区政府质量奖。累计2家企业获得省政府质量奖，1家企业获得提名奖；38家企业获得市政府质量奖，147家企业获得县（市、区）政府质量奖，全年导入卓越绩效管理模式企业数138家，累计导入543家。产品质量监督抽查合格率96.3%，特种设备定检率、登记率和操作人员持证上岗率达98%以上，万台特种设备事故率为0，计量器具强制检定18.09万台件。查处质量违法案件641起。

（四）文化、卫生和体育

1. 文化事业

2017年全市拥有文化馆10个，公共图书馆10个。配合市委宣传部建成农村文化礼堂200家，制定全市文化系统农村文化礼堂建设服务菜单，提供点单式服务近1000场次。创建省级文化强镇1个，省级文化示范村（社区）16个。积极实施文化惠民工程，完成送戏下乡2546场，送电影下乡43468场，"非遗文化礼堂百村行"活动110场，送书296140册、送展览讲座608场、文化走亲（县级以上）153场。全市文化市场健康平稳有序，出动检查4933次，出动检查14988人次，检查文化经营单位28342家次，全市广播综合覆盖人口478.92万人，覆盖率99.5%。电视综合覆盖人口480.39万人，覆盖率99.8%。

2. 卫生事业

全市共有医疗卫生机构4109家，其中医院131家；卫生院（含社区服务中心）156家；门诊部118家；专业公共卫生机构40家，其中妇保院（所、站）10家、疾病预防控制机构10家，卫生监督检验机构10家，专科疾病防治院（所、站）4家；其他卫生机构18家；诊所、医务室、社区卫生服务站、村卫生室3646个。全市共有实际开放床位数30403张，其中：医院和卫生院床位（含社区服务中心，不含妇保院）29052张。全市共有卫生技术人员42498人，其中执业医师和执业助理医师16367人，注册护士16713人。全市共有艾滋病实验室62个、其中初筛实验室58个，中心实验室2个、确诊实验室2个。

3. 体育事业

全市创建省级体育强镇2个，复评体育强镇6个，创建先进街道1个，复评先进街道1个。建设小康体育村提升工程110个、社区多功能公共运动场18个、笼式足球场15个、拆装式游泳池14个、中心村体育休闲公园1个、中心村全民健身广场1个、乡镇（街道）全民健身中心1个、老年体育活动中心俱乐部18个、体育示范幼儿园9个、健身气功活动站点138个。建成休闲健身场所44处，其中体育休闲健身运动场地23处、主题公园6处、休闲健身主体公园13处、全民健身中心2处；增设休闲健身设施98处；创建省级运动休闲旅游示范基地1处、精品线路1条、优秀项目6处。市本级举办赛事活动超360场，参与运动员30余万人次，观赛群众340多万人次。其中，国际级赛事3场，国家级赛事23场，省级赛事活动50余场。着力培育步行健身品牌活动，全年开展3场，平均每场参加人数达2000人；重点培育了具有自主知识产权的中国山水四项品牌赛事，全年安排系列赛事16场。市体育中心在全年开放、室外场地设施全免费的基础上，实现所有场馆在全民健身日和其他国家法定节假日全部免费开放，接待健身休闲市民248万人次，同比增长7.8%。市体育馆和市体育俱乐部也坚持免费低收费开放。全年全市销售体育彩票12.6亿元，销量位列全省第五。

（五）城乡建设

深化智慧城市、海绵城市、公交都市试点，推进古子城、多湖中央商务区等重点区块建设，基本实现重点区块城市设计全覆盖。加大城市有机更新力度，超额完成"三改一拆"任务，完成城中村拆迁238个、整治203个。小城市培育试点和小城镇环境综合整治工作扎实推进，磐安启动撤镇建街工作，全市城镇化率达到66.7%。金兰城际公交、BRT5号线开通运行，实现建制村"村村通客车"，市区公交分担率提高到21.4%。"三个标配"引领美丽乡村升级，金东农村生活垃圾分类、浦江美丽乡村建设经验入选"砥砺奋进的五年"大型成就展，新增省A级以上景区村庄205个。农村改革深入推进，消除集体经济薄弱村1198个。

（六）环境保护和生态建设

2017年，全市以绿色发展理念为指引，以改善环境质量为核心，扎实推进"五水共治"、"气尘合治"、治土治废、治污减排、执法监管等各项工作。全市43个地表水断面、11个"水十条"国家考核断面、17个省控断面、10个市界出境断面和20个县市交接断面，Ⅲ类以上水质达标率均达到100%，8个县级以上集中式饮用水源地水质全部达到Ⅱ类以上，省流域考核结果为优秀。金华市区PM2.5浓度为42 $\mu g/m^3$，同比下降8.7%，比2013年（"气十条"考核基准年）下降40%，降幅排名全省第2位；PM10、SO_2、NO_2和CO四项指标达到国家空气质量二级标准以上；AQI优良率为78%，同比下降2.6个百分点，比2013年同期上升21个百分点；空气质量改善幅度居全省前列。据省考核，上一年度金华市化学需氧量、氨氮、二氧化硫、氮氧化物等四项指标排放量同比分别下降4.6%、6.4%、8.2%和6.0%，分别完成省下达目标任务的115%、154%、205%和150%。2017年，全市实施完成减排项目186个，其中涉水项目14个、涉气项目个165、农业项目7个。

全市生态公益林建设面积为487.8万亩，生态公益林达到优质林分面积381万亩，全市森林覆盖率61%。全市林业部门积极推进浙中生态廊道林业建设和金义都市区森林城市群创建工作，编制实施《浙中生态廊道林业建设专项规划》，启动《金义都市区森林城市群建设规划》编制，永康市、东阳市《国家森林城市建设规划》通过专家评审，国家林业局批复同意东阳、永康、武义创建国家森林城市；浦江县虞宅乡新光村被授予"全国生态文化示范村"称号，兰溪市黄店镇上包村等8个单位被授予"浙江省生态文化基地"称号；兰溪市游埠镇等13个乡镇被授予"浙江省森林城镇"称号，蒋堂镇许里村等21个行政村被授予"浙江省森林村庄"称号，白龙桥镇马海地村等183个行政村被授予""金华市森林村庄"称号；婺城莘畈溪、永康南溪湾、武义熟溪、十里荷花和磐安夹溪等5处湿地列入省级重要湿地名录；新增浙江兰溪兰江和永康石柱等2处省级湿地公园；新增义乌市大寒尖等4处金华市森林公园。金华市现有国家级自然保护1个，省级以上森林公园14个（其中国家级森林公园2个），金华市森林公园6个。全市市级以上绿色学校增至536所，绿色社区152个，绿色家庭1259户，绿色医院18家，绿色企业89家，绿色饭店24家，生态文明教育基地15个。

（七）安全生产

2017年，全市共发生各类生产安全事故（不含火灾事故）389起、死亡290人，受伤184人，与2016年同比分别下降27.3%、21.4%和33.3%。

三、金华市在泛长三角地区经济发展中的地位

2017 年是本届政府的开局之年。在省委、省政府和中共金华市委的坚强领导下，市政府深入学习贯彻习近平新时代中国特色社会主义思想，全面贯彻落实党的十九大精神，认真落实省第十四次党代会、市第七次党代会和市委七届二次全会决策部署，认真执行市人大及其常委会作出的各项决议，和全市人民一道，迎难而上、砥砺前行。全市经济运行呈平稳向好的发展态势。

(一) 地区生产总值

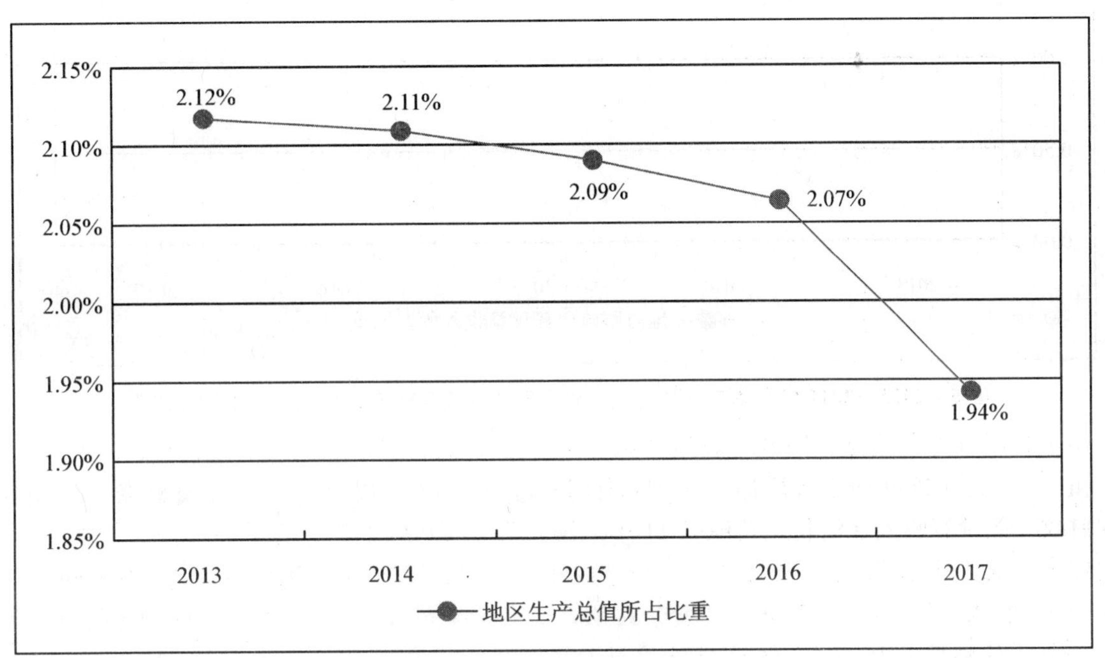

图 4　2013—2017 年金华市地区生产总值在泛长三角
(苏浙两省 24 个地级市、安徽省 16 个地级市和上海市，下同)所占比重的变化趋势

2013—2017 年金华市地区生产总值在泛长三角所占比重分别为 2.12%、2.11%、2.09%、2.07%和 1.94%，总体上呈下跌趋势，2017 年比上年减少了 0.13 个百分点，较 2013 年减少了 0.18 个百分点。2017 年金华市地区生产总值在泛长三角地区 41 个市排名第 19 位，与 2016 年持平。

2017 年，地区生产总值 3870.2 亿元，增长 6.5%，三次产业结构调整为 3.8∶42.8∶53.4。全市九县域(含市辖区，下同)中，经济总量最高的是义乌市，其 GDP 高达 1158 亿元，也是金华县域中唯一经济总量超过千亿级的区域，更是多年来的全国县域经济十强县之一，在浙江省，更是长期占据着综合实力第一县的位置，按其 129 万常住人口的数量来计算，其人均 GDP 约为 8.93 万元，人均经济总量位居全市县域的首位。义乌一地占据了全市总量的近 30%，义乌之后的是东阳市，其 GDP 为 553 亿元，东阳人均 GDP 约为 6.59 万元；制造业名县的永康市，以 545 亿元(测算数据)的 GDP 位居全市县域的第三名，其人均 GDP 约为 7.19 万元。金华各县域间的 GDP 差距得可谓是十分巨大，最高的达千亿，最低的不足百亿元，东阳之后的各县域其 GDP 均不超过 320 亿元。具体来看，其余六县域的 GDP 分别是：兰溪市 315 亿元、婺城区 280 亿元、武义县 237 亿元、浦江县 223 亿元(与永康一样为测算数据)、金东区 183 亿元、磐安县 89 亿元，金华中心城市的经济首位度低，两市辖区的 GDP 总量不足五百亿元，占全市总量的份额也就 12%。其人均 GDP 按前述顺序依次分别为：5.56 万元、3.56 万元、6.59 万元、5.31 万元、5.06 万元、4.96 万元。

（二）地方财政一般预算收入

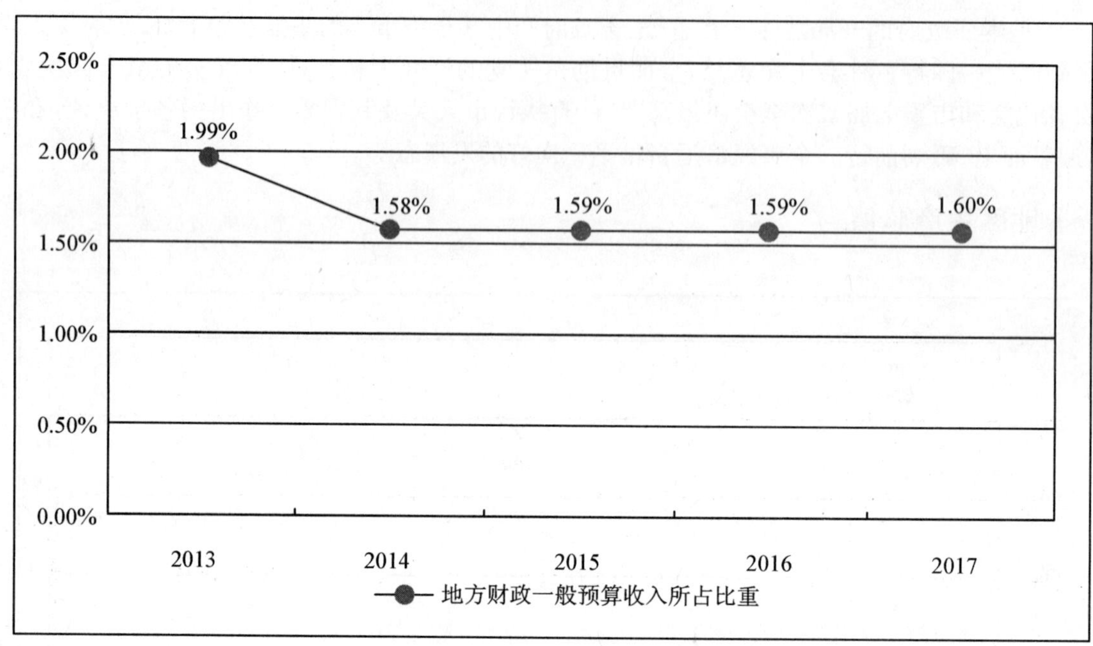

图5　2013—2017年金华市地方财政一般预算收入在泛长三角所占比重的变化趋势

2013—2017年金华市地方财政一般预算收入在泛长三角所占比重分别为1.99%、1.58%、1.59%、1.59%和1.60%，2017年较上年增加了0.01个百分点，较2013年减少了0.39个百分点。2017年金华市地方财政一般预算收入在泛长三角地区41个市排名第16位，较上年上升了一位。

2017年一般公共预算收入357.71亿元，完成年初预算的102.1%，增长8.3%；加上转移性收入246.85亿元，收入合计604.56亿元。一般公共预算支出536.69亿元，预计完成调整预算的99.3%，增长5.2%；加上转移性支出67.87亿元，支出合计604.56亿元。

市直一般公共预算收入完成47.90亿元；加上转移性收入44.96亿元，收入合计92.86亿元。金华开发区一般公共预算收入14.97亿元，完成年初预算的106.5%，增长15.0%；加上转移性收入5.75亿元，收入合计20.72亿元。金义都市新区。一般公共预算收入7.50亿元，完成年初预算的112.2%，增长24.3%；加上转移性收入0.75亿元，收入合计8.25亿元。金华山旅游经济区一般公共预算收入1.57亿元，完成年初预算的113.4%，增长22.5%；加上转移性收入1.43亿元，收入合计3.0亿元。

（三）工业生产总值

2013—2017年金华市工业生产总值在长三角所占比重分别为0.71%、2.09%、2.10%、2.10%和1.86%，2017年较上年减少了0.24个百分点，较2013年增加了1.15个百分点。2017年金华市工业生产总值在泛长三角地区41个市排名第20位。

2017年全市完成工业增加值1396.38亿元，比上年增长6.5%，工业增加值占GDP的比重为36.3%。全市实现规模以上工业总产值3713.72亿元，销售产值3593.85亿元，产销率96.8%，产销衔接良好。规模以上工业企业完成出口交货值888.81亿元，占销售产值的比重为24.7%。全市规模以上工业企业研发经费支出60.35亿元。规模以上工业企业完成新产品产值1187.86亿元，新产品产值率达到32.0%。

全年规模以上工业企业实现利税331.88亿元，其中利润180.30亿元，利润占利税比重54.3%。金属制品，纺织，医药制造，电气机械和器材制造，纺织服装、服饰，汽车制造等六大行业实现利润占全市规模以上工业利润总额的 46.9%。

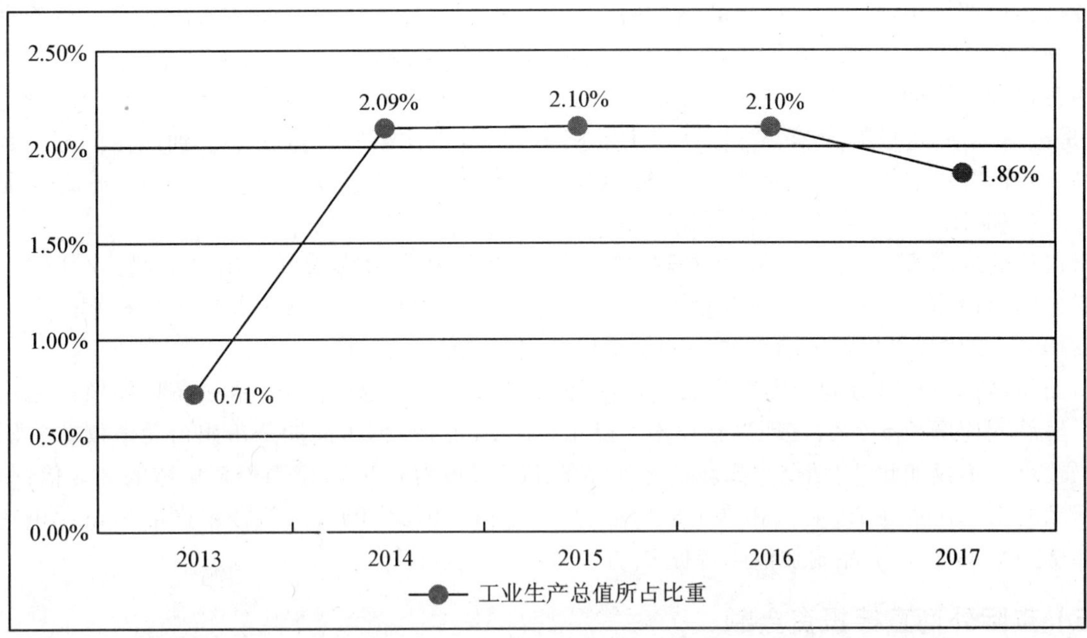

图 6　2013—2017 年金华市工业生产总值在泛长三角所占比重的变化趋势

（四）进出口总额

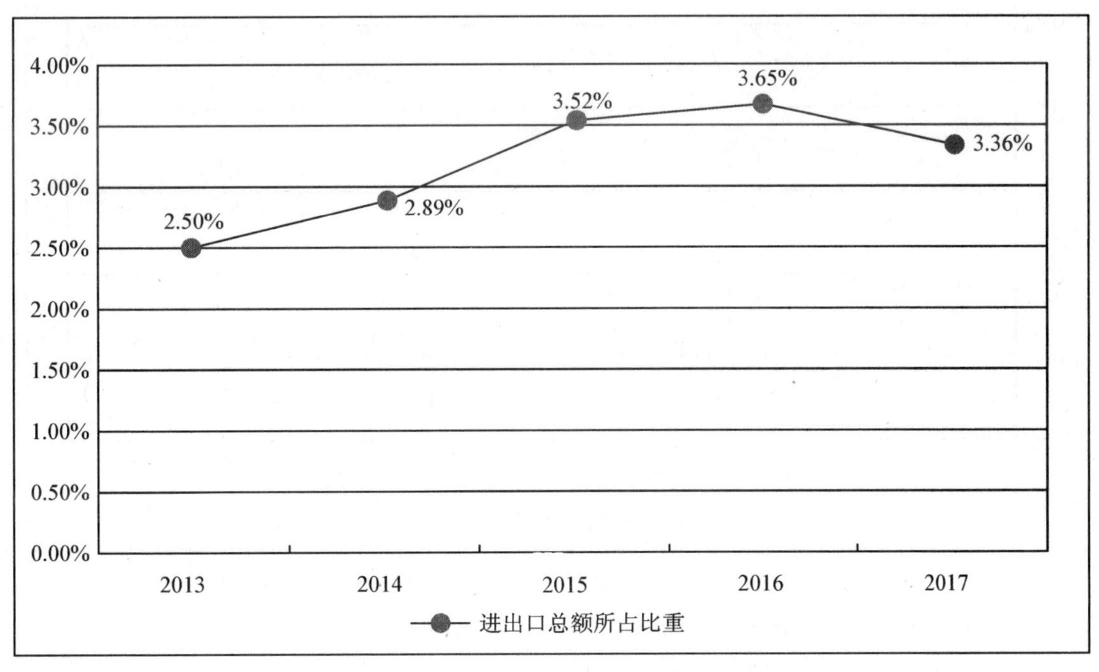

图 7　2013—2017 年金华市进出口总额在泛长三角所占比重的变化趋势

2013—2017 年金华市进出口总额在泛长三角所占比重分别为 2.50%、2.89%、3.52%、3.65%和 3.36%，2017 年出现下跌，2017 年较上年减少了 0.29 个百分点，5 年累计增幅为 0.86 个百分点。2017 年金华市进出口总额在泛长三角地区 41 个市排名第 7 位，保持着相对领先的位置。

2017 年，共实现进出口总值 3404.9 亿元，较 2016 年增长（下同）6.9 %，占同期全省进出口总值的 13.3%，居全省第三。其中出口 3311.1 亿元、进口 93.8 亿元，分别增长 6.4%和 24.3%，实现贸易顺差

3217.3 亿元。

在各类出口产品中，机电产品、服装、塑料制品和纺织制品仍为主要出口商品。2017 年，分别出口 1300.1 亿元、372.3 亿元、228.8 亿元和 218.3 亿元，同比分别增长 6.1%、下降 0.2%、增长 0.9%和 8.3%，四者合计占同期全市外贸出口总值的 64%。相比出口，进口增长更为明显。机电产品既是出口大户，也是进口大户，进口额为 25.7 亿元，同比增长 74.1%，占比第一。排在第二到四位的分别是高新技术产品、废金属和初级形状的塑料，分别进口 17.6 亿元、14.1 亿元和 12.2 亿元，同比分别增长 60.1%、9.2%和 21.6%。四者合计占同期全市外贸进口总值的 74.2%。

在出口目的地国家和地区中，非洲、欧盟、拉丁美洲、美国和东盟为前五大出口市场。2017 年，金华市对五者分别出口 580.6 亿元、479.3 亿元、380.7 亿元、345.2 亿元和 286.8 亿元，分别增长 4.6%、6.9%、12.9%、12.2%和 2.4%，合计占同期全市外贸出口总值的 62.6%。

出口商品结构一直以劳动密集型产品和低附加值产品为主，高新技术产品和高附加值产品出口比重较小。虽然同比增长 1.2%，实现高新技术产品出口 76.1 亿元，但占同期全市出口总值仅有 2.3%，总体体量仍较小。不仅如此，同期全省高新技术产品的出口比重为 6.5%，相当于金华市的 2.8 倍；全国高新技术产品的出口比重为 29.4%，相当于金华市的 12.8 倍。由此可见，高新技术产品出口比重远远低于全省和全国水平，出口产品附加值亟待提升。

（五）实际外商直接投资金额

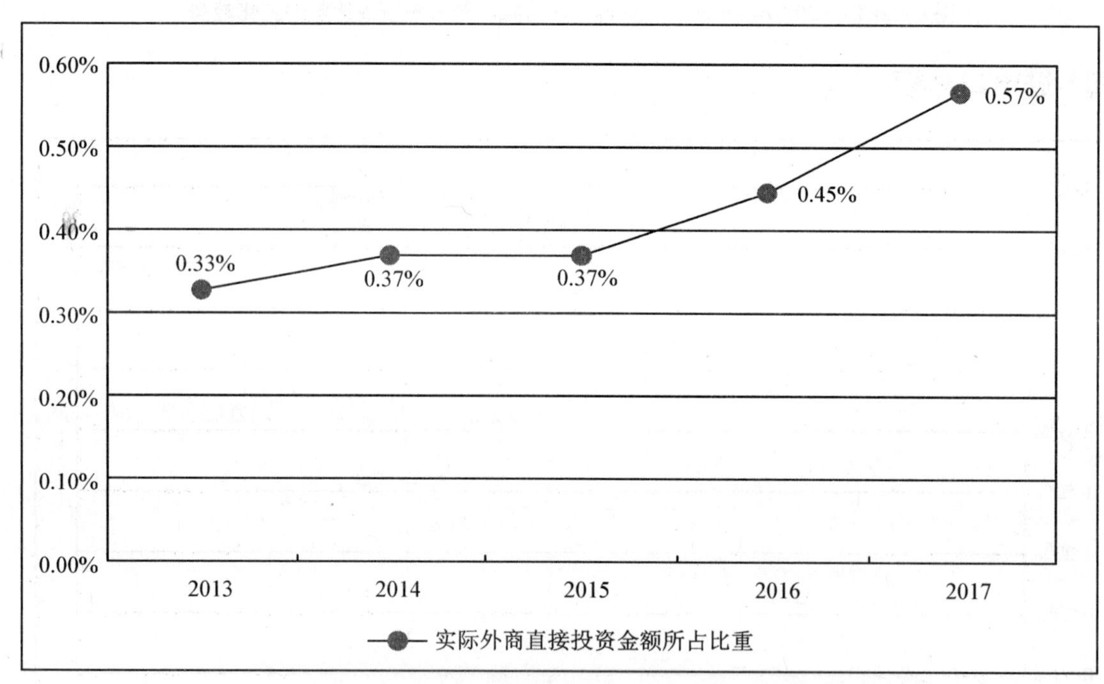

图 8 2013—2017 年金华市实际外商直接投资金额在泛长三角所占比重的变化趋势

2013—2017 年金华市实际外商直接投资金额在泛长三角所占比重分别为 0.33%、0.37%、0.37%、0.45%和 0.57%，2017 年较上年增加了 0.12 个百分点，较 2013 年增加了 0.24 个百分点。2017 年金华市实际外商直接投资金额在泛长三角地区 41 个市排名第 30 位，较 2016 年上升了一位。

2017 年，全市新批外商投资企业 793 家；合同利用外资 17.4 亿美元，同比增长 175.6%；实际利用外资 4.3 亿美元，同比增长 22.4%。二产实际利用外资金额 2.18 亿美元，同比增长 198.8%，占全市实际利用外资总额的 50.7%；三产实际利用外资金额 1.77 亿美元，同比下降 36.6%，占全市实际利用外资总额的 41.1%。全市省级及以上开发区实际利用外资 2.15 亿美元，占全市总数的 49.9%，同比增长 2.4%。

九　衢州市2017年经济社会发展报告

2017年，市委、市政府高举习近平新时代中国特色社会主义思想伟大旗帜，全面贯彻党的十九大精神，带领全市上下践行“绿水青山就是金山银山”的发展理念，加快建设浙江生态屏障、现代田园城市、美丽幸福家园，全年全市经济运行稳健，质量效益提升，社会民生和谐稳定。

一、衢州市2017年经济发展概况

（一）综合经济

1. 经济总量

全年全市生产总值1331.27亿元，按可比价格计算，比上年增长7.3%。其中：第一产业增加值87.40亿元，增长2.2%；第二产业增加值587.02亿元，增长7.1%；第三产业增加值656.84亿元，增长8.2%。在第三产业中：交通运输、仓储及邮政业增加值增长8.3%，批发和零售业增加值增长5.4%，住宿和餐饮业增加值增长4.2%，金融业增加值增长8.5%，房地产业增加值增长15.2%。三次产业增加值结构为6.6∶44.1∶49.3。全市人均生产总值按户籍人口计算为51602元；全市人均生产总值按常住人口计算为61250元。

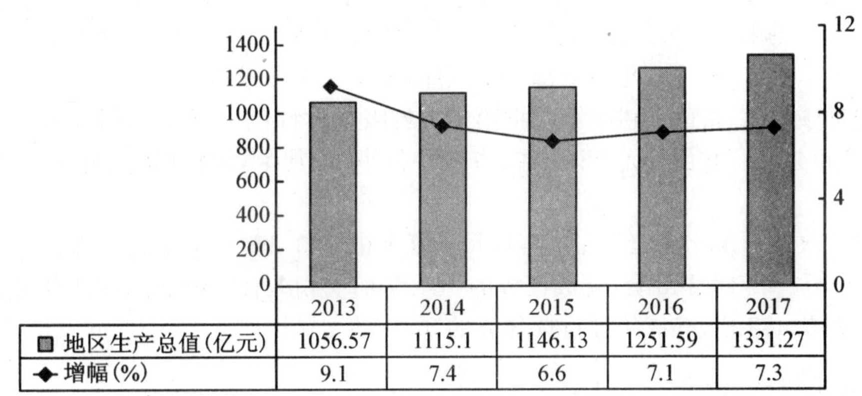

图1　2013—2017年衢州市地区生产总值及增长速度

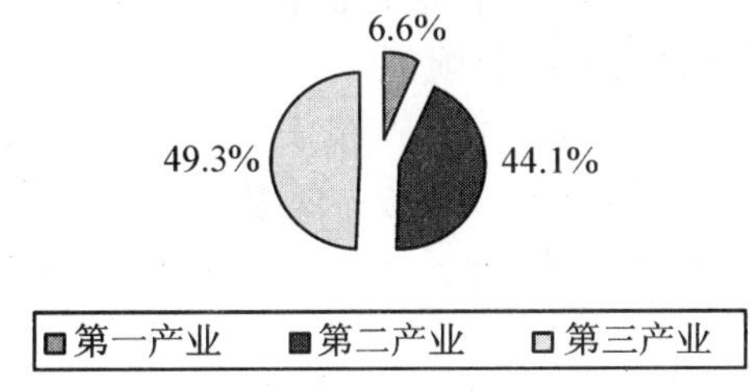

图2　2017年衢州市三次产业结构图

2. 财政收入

全年实现财政总收入174.48亿元，比上年增长13.8%，其中一般公共预算收入111.28亿元，增长13.2%。在一般公共预算收入中实现税收收入89.09亿元，增长11.0%，其中增值税23.47亿元，增长21.6%；营业税及改征增值税14.09亿元，增长8.0%；企业所得税10.03亿元，增长13.7%，个人所得税4.50亿元，增长39.4%。

3. 物价水平

市区居民消费价格一季度比上年同期上涨1.8%，上半年上涨1.9%，前三季度上涨1.8%，全年上涨1.9%，其中食品烟酒下跌0.3%，衣着上涨1.5%，居住上涨4.7%。

工业生产者出厂价格比上年上涨13.1%，其中：重工业产品出厂价格上涨17.9%，轻工业产品出厂价格上涨3.2%。工业生产者购进价格上涨16.3%，其中：黑色金属材料类上涨20.2%，有色金属材料电线类上涨28.3%，燃料、动力类上涨28.2%，化工原料类上涨10.8%。

4. 固定资产投资

全年完成固定资产投资1047.78亿元，比上年增长10.1%。其中：第一产业投资30.39亿元，增长14.0%；第二产业投资363.75亿元，增长5.4%；第三产业投资653.64亿元，增长12.8%。

全年完成工业投资363.75亿元，比上年增长5.2%，其中制造业投资301.30亿元，增长5.6%。木材加工业、橡胶和塑料制品业等9个行业的投资增长20%以上，通用设备制造业、电气机械及器材制造业等20个行业比上年下降；有13个行业年投资额超10亿元，其中7个行业年投资额超20亿元：电力热力的生产和供应业54.85亿元、化学原料及化学制品制造业43.24亿元、非金属矿物制品业25.96亿元、木材加工业23.46亿元、电气机械及器材制造业23.32亿元、造纸及纸制品业23.08亿元、通用设备制造业21.70亿元。

全年完成基础设施投资434.17亿元，比上年增长5.5%。其中：水利、环境和公共设施管理投资254.01亿元，增长12.3%；电力、燃气及水的生产供应业投资58.70亿元，增长8.7%；交通运输、仓储和邮政业投资81.77亿元，下降18.3%；教育设施投资18.53亿元，增长91.2%；文化艺术业投资7.55亿元，增长70.6%；卫生设施投资9.38亿元，下降11.7%；体育设施1.50亿元，下降24.5%。

全市有省集中开工项目108个，年内全部开工入库，至年末完成投资199.7亿元。

年内柯城航埠低碳小镇、常山云耕小镇获批第三批省级创建特色小镇，江山木艺时尚小镇获省级培育小镇。至年末，全市共培育和创建了28个省、市级特色小镇，其中省级创建类特色小镇7个，省级培育类特色小镇2个。

年内全市棚户区改造开工6335套，完成年度目标任务的103.4%。基本建成保障性安居工程4977套，完成任务的101.4%；竣工4108套，完成任务的104.5%；交付入住4597套，完成任务的101.0%；新增低收入家庭租赁补贴489户，完成年度目标任务的370.5%。

（二）农业和农村建设

全年实现农林牧渔业增加值89.02亿元，按可比价比上年增长2.2%。

全年农作物播种面积213553公顷，其中：粮食播种面积107149公顷，油料播种面积38916公顷，蔬菜种植面积41152公顷，果用瓜种植面积6167公顷。

全年粮食总产量70.65万吨，下降0.5%。油料产量7.16万吨，增长2.7%，其中油菜籽产量6.59万吨，增长3.2%。蔬菜产量111.07万吨，增长2.6%。食用菌产量12.70万吨，下降5.6%。果用瓜产量17.81万吨，增长1.9%。茶叶产量8257吨，增长10.0%。水果产量84.71万吨，增长1.4%，其中柑橘产量59.33万吨，增长0.2%。

全年肉类总产量22.41万吨，比上年下降4.3%，其中猪肉17.27万吨，下降6.6%。全年生猪出栏211.92万头，下降12.8%。家禽出栏3652.83万只，增长1.8%；禽蛋产量3.73万吨，增长8.4%。蜂蜜产量2.10万吨，下降11.0%；蜂皇浆产量68.75吨，下降7.9%。牛奶产量181.00吨，下降17.0%。水产品产量6.86万吨，增长3.8%。

全年开展农村生活污水治理村355个，受益农户4.97万户；开展省级农村垃圾减量化资源化处理试点村70个。至年末，建制村已全部实现生活垃圾集中收集有效处理；开展垃圾减量化资源化无害化处理村1403个，占建制村总数的94%。在建历史文化村落保护利用重点村20个，保护利用一般村106

个;创建省级美丽乡村示范县1个、示范乡镇9个、特色精品村28个。农家乐特色村161个,特色点(各类农庄、山庄、渔庄)221个,经营农户2803户,直接从业人员1.21万人,接待游客3921.45万人次,全年营业收入21.17亿元。全年“千万农民素质提升工程”培训5.19万人,其中,各类农村实用人才2.11万人,农村富余劳动力2.58万人,实现转移就业0.5万人,转移就业率为97%。

(三)工业和建筑业

1. 工业增加值

全市年末共有规模以上工业企业单位979家,其中:主营业务收入亿元以上的企业286家;大中型企业92家。

全年全部工业增加值524.30亿元,按可比价格计算比上年增长7.4%。规模以上工业企业全年完成产值1724.72亿元,增长19.9%,其中:重工业1244.53亿元,增长23.2%;轻工业480.19亿元,增长12.1%。规上工业销售产值1662.44亿元,增长18.7%,产销率96.39%,比上年下降0.94个百分点。全年完成工业出口交货值131.60亿元,增长19.2%。

在规模以上工业中:机械行业实现产值359.42亿元,比上年增长17.9%;化工行业324.21亿元,增长24.4%;黑色金属冶压业198.80亿元,增长44.4%;造纸行业181.73亿元,增长18.5%;电力生产供应业129.97亿元,增长7.8%;建材行业87.72亿元,增长23.6%;有色金属冶压业80.47亿元,增长91.0%;食品加工业41.92亿元,增长5.4%;食品制造业24.01亿元,增长5.1%;纺织业40.02亿元,增长7.7%;通信设备制造业25.97亿元,下降44.3%;木材加工业56.56亿元,增长9.5%;饮料制造业32.70亿元,增长9.4%。在规模以上工业中,高新技术产业增加值149.35亿元,增长5.9%,占规上工业的38.9%;装备制造业增加值78.35亿元,增长5.4%,占规模以上工业的20.4%;战略性新兴产业增加值58.06亿元,增长13.4%,占规模以上工业的15.1%。

全年规模以上工业企业实现利税148.71亿元,增长44.3%,其中利润98.89亿元,增长56.8%。分行业看,机械行业实现利润11.73亿元,下降8.3%;饮料行业7.93亿元,下降23.5%;化工行业17.84亿元,增长246.6%;造纸行业14.32亿元,增长66.3%;建材行业9.07亿元,增长109.0%;竹木加工业2.43亿元,下降15.4%;农副食品加工业1.48亿元,增长74.3%;黑色金属冶压业9.68亿元,增长405.3%。

2. 建筑业

全年建筑业实现增加值98.53亿元,按可比价格计算比上年增长1.0%。全市建筑业企业313家,其中:具有一级资质企业28家,二级资质企业96家。全年建筑业实现总产值461.03亿元,增长8.0%,超亿元产值的企业92家。

(四)服务业

1. 国内贸易

全年实现社会消费品零售总额677.89亿元,比上年增长11.3%。

全市限额以上批发零售业实现零售额171.78亿元,增长14.9%。按消费形态分:餐饮收入6.46亿元,增长11.0%;商品零售165.32亿元,增长15.1%。按类值分:粮油、食品类增长14.5%,服装、鞋帽、针、纺织品类增长47.1%,家用电器和音像器材类增长6.4%,汽车类增长7.8%,石油及制品类增长15.4%。

全市共培育电子商务产业基地32个,入驻电商企业1120家,其中限上电商企业数51家。全年共实现网络零售额194亿元,增长62.2%;居民网络消费131.1亿元,增长30.4%。跨境网络零售出口额2.8亿元。

2. 交通运输与邮电

全年完成交通运输、仓储和邮政业增加值47.48亿元，按可比价格计算，比上年增长8.4%。

全年各种运输方式完成货物运输量11569.36万吨，比上年增长13.4%，其中：铁路301.40万吨，增长33.8%；公路11263万吨，增长14.6%；水运4.9万吨，增长11.4%；民航601.8吨，下降5.9%。全年各种运输方式完成旅客运输量5782.75万人，比上年增长7.2%，其中：铁路546.67万人，增长19.2%；公路5210万人，增长6.0%；水运5.82万人，增长35.4%；民航20.26万人，下降2.7%。

年末民用汽车拥有量38.53万辆，比上年增长16.4%，其中：载客汽车34.00万辆，增长17.5%；载货汽车4.04万辆，增长11.6%。私人汽车34.51万辆，增长15.4%。全市摩托车拥有量16.03万辆，增长27.7%。年末共有城乡公共汽车营运车辆1425辆，运送乘客10208.07万人次，其中城市公共汽车621辆，运送乘客6358.7万人次。行政村客运班车通达率100%。年末共有出租汽车848辆。

年末各类公路里程8403.03公里，其中高速公路422.37公里，一级公路362.35公里，二级公路739.73公里，村道3909.93公里。

全年邮电业务收入(含快递)22.73亿元，与上年同期持平，其中邮政业务收入(含快递)6.16亿元，增长3.5%；通信业务收入16.57亿元，下降1.0%。全年邮政传送函件421.3万件，包裹2.7万件，订销报纸累计3989万份，订销杂志累计180万份。年末全市共有快递企业65家，全年实现业务收入4.05亿元，下降2.1%；快递收件5681.1万件，增长1.7%，其中国际收件18.1万件，增长74.5%；快递派件5107.2万件，增长21.0%。年末城乡固定电话用户38.64万户，比上年增长4.3%。年末移动电话用户(办卡数)336.73万户，比上年增长14.5%。电话普及率(固定电话用户和移动办卡用户)146部/百人。互联网用户(不含手机)83.85万户，互联网普及率达到89.78%。

3. 旅游业

全年旅游总收入449.40亿元，比上年增长25.5%，其中：接待国内旅游6479.11万人次，增长21.4%，国内旅游收入449.03亿元，增长25.6%。住宿设施接待入境旅游者人数13480人，增长100.7%，住宿设施接待入境游客收入551.60万美元，增长49.4%。全市拥有星级饭店25家，星级饭店客房间数3439间。至年末，全市共有A级旅游景点59个，名胜风景区4个。

4. 金融、证券和保险

全年完成金融业增加值89.41亿元，按可比价格计算，比上年增长10.1%。

年末金融机构本外币存款余额2135.04亿元，比上年末增长10.1%，其中人民币存款余额2112.33亿元，增长11.4%。年末金融机构本外币贷款余额1926.50亿元，增长16.3%，其中人民币贷款余额1921.98亿元，增长16.3%。年末住户本外币存款余额1058.12亿元，增长5.9%。

年末共有证券营业部22家，与上年持平，全年证券交易量4644.16亿元，比上年下降12.5%；实现佣金收入1.69亿元，下降22.2%；期末保证金余额12.28亿元，下降28.0%；托管市值310.73亿元，增长9.9%；实现利润0.68亿元，下降48.7%；新开证券帐户37175个，下降42.8%。全市与券商签约企业91家，挂牌上市企业42家，其中，主板上市企业5家，新三板挂牌企业37家。

年末共有保险机构38家，全年保费收入58.41亿元，比上年增长19.9%，其中：寿险保费收入37.68亿元，增长27.4%；财产险保费收入20.73亿元，增长8.3%。支付各类赔付额18.32亿元，增长7.4%，其中：寿险业务赔付额6.51亿元，增长6.1%；财险业务赔付额11.81亿元，增长8.2%。

5. 房地产

全年完成房地产开发投资158.54亿元，比上年增长27.6%，其中住宅投资114.06亿元，增长35.7%。本年房屋施工面积870.40万平方米，增长5.8%；竣工面积243.37万平方米，下降3.3%。商品房销售面积287.47万平方米，增长17.8%，其中：住宅销售220.36万平方米，增长12.3%，商业营业用房销售21.31万平方米，增长34.7%。商品房销售额276.06亿元，增长49.4%，其中住宅销售额232.22亿元，增长52.6%，商业营业用房销售额21.99亿元，增长8.4%。

（五）对外经济

1. 对外贸易

全年实现进出口总额366.54亿元，比上年增长29.3%。其中：出口261.64亿元，增长28.9%；进口104.90亿元，增长30.4%。

全市有出口实绩的企业797家，比上年增加24家，其中当年新启动出口业务企业153家，增加13家。出口额在100万元以上企业591家，其中1000万元以上的企业283家，比2016年增加32家。

全市出口排前三位的市场依次是：东盟、欧盟、美国。对东盟出口36.70亿元，增长29.6%；对欧盟出口35.48亿元，增长26.2%；对美国出口33.04亿元，增长21.7%。对这三大主要市场出口额合计占全市出口总额的40.2%。

在主要商品出口中：机电产品出口75.91亿元，增长27.6%；高新技术产品出口11.31亿元，下降1.8%；化工医药产品出口67.12亿元，增长29.3%；服装、纺织品出口24.04亿元，增长17.6%。

2. 外资状况

全年新批外商投资企业25家，合同利用外资5.77亿美元，比上年增长306.6%；实际利用外资0.74亿美元，增长21.1%。

二、衢州市2017年社会发展概况

（一）人口、人民生活

年末户籍总人口257.81万人，其中男性人口131.58万人、女性人口126.22万人，分别占总人口的51.0%和49.0%。全年出生人口3.41万人，出生率为13.21‰；死亡人口2.47万人，死亡率为9.59‰；全年净增人口0.94万人，自然增长率为3.62‰。根据全市5‰人口抽样调查结果推算，全市常住人口为218.5万人，城市人口占总人口比重为55.7%。

全体居民人均可支配收入29378元，增长9.8%，扣除价格因素增长7.8%。其中：城镇居民人均可支配收入39577元，增长9.4%，扣除价格因素增长7.4%；农村居民人均可支配收入20225元，增长9.8%，扣除价格因素增长7.8%。全体居民生活消费支出16794元，增长5.8%，扣除价格因素增长3.8%。其中，城镇居民和农村居民人均生活消费支出分别为21934元和12181元，增长5.1%和6.4%，扣除价格因素分别增长3.1%和4.4%。

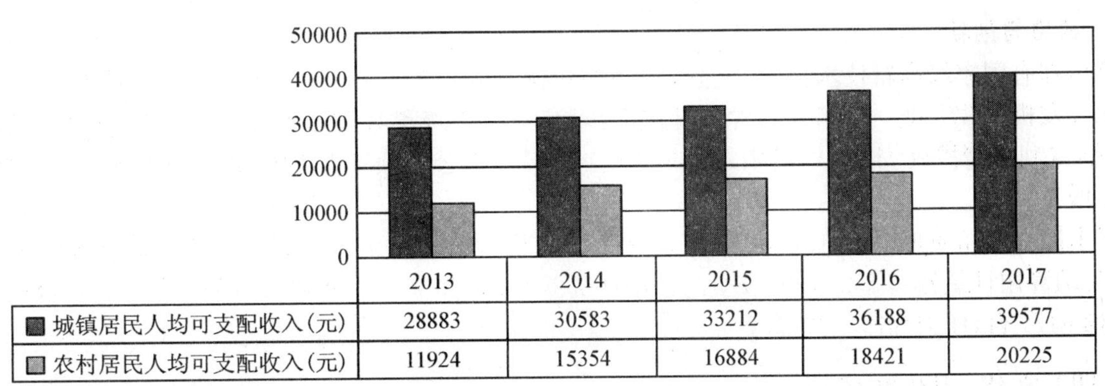

	2013	2014	2015	2016	2017
城镇居民人均可支配收入(元)	28883	30583	33212	36188	39577
农村居民人均可支配收入(元)	11924	15354	16884	18421	20225

图3　2013—2017年衢州市城乡居民收入对比一览

全市城镇居民人均住房建筑面积48.1平方米，农村居民人均住房建筑面积78.8平方米。

（二）就业与社会保障

1. 就业

全市新增就业人数 3.98 万人，有 1.79 万城镇下岗失业人员实现再就业，年末城镇登记失业率为 2.67%，比上年末下降 0.12 个百分点。

2. 社会保障

年末全市参加基本养老保险的人数 180.43 万人，比上年末增长 1.9%，其中：企业职工参保人数 68.99 万人，增长 6.9%；机关事业参保人数 8.55 万人，增长 1.7%；城乡居民社会养老保险参保人数 102.88 万人，下降 1.1%。参加基本医疗保险的人数 238.01 万人，下降 0.8%，其中：城镇职工基本医疗保险参保人数 64.33 万人，增长 1.9%；城乡居民基本医疗保险参保人数 173.68 万人，下降 1.7%。参加失业保险的人数 28.79 万人，增长 8.3%；全年享受失业保险待遇人数 9328 人，下降 6.3%。参加工伤、生育保险的职工分别 37.65 万人和 32.40 万人，分别增长 0.9%和 10.1%。正常缴费企业退休人员基本养老金月均水平超过 3600 元；城乡居民养老保险基础养老金最低标准提高到 135 元。

年末拥有各类收养性社会福利单位 124 个，床位 19892 张，在院人数 5870 人。农村五保人员集中供养率 98.55%，城镇“三无”对象集中供养率 100%。

年末在册低保对象 84399 人，其中，城镇 4992 人，农村 79407 人，最低生活保障标准分别为每人每月 612 元和 459 元。低保资金（含各类补贴）支出 2.87 亿元，比上年增长 20.9%。全年支出医疗救助资金 1.44 亿元，比上年增长 18.0%。

（三）教育和科学技术

1. 教育事业

全市拥有普通高校 2 所，其中本科 1 所、专科 1 所，在校生 13576 人。中等职业教育学校 13 所，在校生 2.83 万人。普通高中 29 所，在校生 3.90 万人。普通初中 67 所，在校生 7.35 万人。小学 200 所，在校生 13.34 万人。特殊教育 7 所，在校生 514 人。全市拥有幼儿园 538 所，在园幼儿 7.27 万人。

全市学前教育入园率 97.34%，小学入学率 100%，初中入学率 100%，初中毕业升高中段的比例 97.87%，高中段毛入学率 96.83%，高等教育毛入学率 54.41%。15 年教育普及率 98.46%，“三残”儿童入学率 95%。

全市有普通高校专任教师 723 人；普通高中专任教师 3492 人，学历合格率 99.46%；初中专任教师 5600 人，学历合格率 100%；小学专任教师 8880 人，学历合格率 100%；幼儿园专任教师 4221 人，学历合格率 99.48%；中等职业教育专任教师 1636 人，学历合格率 95.05%；特殊教育专任教师 167 人，学历合格率 98.80%。

2. 科技与创新

全市拥有国家级高新技术企业 236 家，市级高新技术企业 252 家。国有独立研究开发机构 16 个，企业技术开发机构 375 个。全年获得省级科技进步奖 1 项、市级科技进步奖 40 项。当年专利申请受理 8241 项，专利申请授权 4146 项，其中发明 493 项。财政一般公共预算支出中，科学技术支出 9.05 亿元，比上年增长 19.3%。

年末拥有产品质量检验机构 81 家，法定计量技术机构 5 个。全年强制检定计量器具 84727 件，其中：贸易结算用计量器具 57253 件，安全防护用计量器具 21376 件。全年检验特种设备 17390 台（件），其中：电梯 6471 台，压力容器 4509 台。

（四）文化、卫生和体育

1. 文化事业

年末共有专业艺术表演团体 2 个，艺术表演场所建筑面积 11500 平方米。公共图书馆 7 个，面积

26158平方米，藏书量2648.73千册。博物馆5个，面积29967平方米。文化馆7个，面积20592平方米。文化站102个，面积96943平方米。有广播电台6座，广播节目综合人口覆盖率99.1%。电视台6座，电视节目综合人口覆盖率99.1%。数字电视用户数74.96万户。全年城市影院观看电影观众264.23万人次，票房收入7992.92万元。全市日均发行《衢州日报》5.2万份，《衢州晚报》5.5万份。年有综合档案馆7个和国家专门档案馆1个，面积36918.75平方米，馆藏档案全宗1151个。全年查阅档案、资料2.51万人次，44648卷/件次。

2. 卫生事业

年末共有卫生机构(含村卫生室)1838家，共有病床床位13019张，卫生技术人员16973人，其中医生6780人。年末共有疾病控制中心7个，公共卫生人员241人。孕产妇和5岁以下儿童死亡率分别为4.61/10万和3.65‰。农村自来水受益率92.98%，农村卫生厕所普及率97.48%。

年末共有卫生机构(含村卫生室)1792家，共有病床床位13968张，卫生技术人员17406人，其中医生6784人。年末共有疾病控制中心7个，公共卫生人员242人。孕产妇和5岁以下儿童死亡率分别为3.77/10万和3.69‰。农村卫生厕所普及率95.12%。

3. 体育事业

全年举办市、县运动会354次，参加人次14.17万人。在全国及全省各类体育比赛中，全市共获金牌230枚、银牌188枚、铜牌189枚。年内成功承办世界青年暨女子小金属球锦标赛、2017年全国健美操锦标赛、2017年全国中小学国际跳棋锦标赛等重大赛事。

(五) 城乡规划

强化规划赋能，按照产城人文融合发展思路，打造市区核心圈层，启动高铁新城开发，谋划了由高铁小镇、教育小镇、医养小镇、快乐运动小镇、科创金融小镇、文创文旅小镇和儒学文化小镇组成的特色小镇群落，每个小镇突出一个主题功能，统筹“主题、配套、生态、商住、运动休闲”五大空间，致力打造新型城镇化的新样板。因为相信、所以看见，衢城百姓心气大增，衢商回归步伐加快，外地客商纷至沓来，20多个国家驻沪总领事带队来衢考察洽谈。强化项目赋能，统筹市区重大公建项目布局，启动四省边际中心医院、体育中心、便民服务和文化艺术中心等重大项目。全面推进城市建设“新十大专项”，信安湖景观桥、书院大桥、衢化西路、衢化东路、火车站片区路网等建成通行，信安湖喷泉投入使用，九华路过江隧道开工建设，盈川东路全线开工、市区内环线将形成闭环；礼贤片区基础设施、西安门大桥拓宽改造、三衢路绿化美化、城东污水厂扩容提升和海绵城市建设等加快推进，新城吾悦、万达广场、常山东方、开化金佰汇等一批城市综合体建成运营。强化人气赋能，开展国家运动健康城市创建试点，组织“畅想信安、寻美绿道”健步走等全民健身活动，举办第五届市运会、衢州全程马拉松、中国滑水巡回大奖赛等赛事，运动休闲成为衢州城市新标签。水亭门历史文化街区获中国人居环境范例奖和浙江文化创意街区称号，灯光秀让古城再成“网红”。城市创建捷报频传，入选联合国首批可持续发展示范城市，获得全国文明城市提名，柯城区、开化县成为全省示范文明区(县)，国家卫生城市创建实现市县“满堂红”。

(六) 资源、环境保护和生态建设

全年完成造林更新面积1.972千公顷，比上年下降30.1%，其中，人工造林0.525千公顷，迹地更新1.447千公顷。森林抚育面积8.456千公顷，完成义务植树331万株。新植珍贵树木259.6万株，重点建设珍贵彩色森林1.48万亩。全市森林覆盖率为71.5%(2009年普查数据)。

全市地表水环境功能区达标率为100%，县级以上城市集中式饮用水水源地水质达标率为100%，全市跨行政区域河流交接断面水质达标率为100%。全市区空气质量(AQI)优良天数比例86.8%；PM2.5浓度平均值为每立方米42微克。市区区域环境噪声52.2分贝，符合功能区要求。

全年全市万元GDP综合能耗比上年同期下降3.5%以上，五项减排指标年度计划目标(化学需氧量

削减 3.8%，氨氮削减 3.6%，二氧化硫削减 4%，氮氧化物削减 4%，VOCs 重点工程减排量 0.1 万吨）可全面完成。

全市共新增省级绿色家庭 23 户、省级生态文明教育基地 3 个。建成公益林优质林分面积 370 万亩，完成平原绿化扩面 17921 亩。

（七）社会安全

全年自然灾害受灾人口 34.53 万人次，倒塌房屋 341 间，无因灾死亡人口。农作物受灾面积 34.98 千公顷，其中绝收面积 2.06 千公顷。因灾害造成的直接经济损失 6.64 亿元，其中农业经济直接损失 3.74 亿元。

全年共发生各类事故（包括工矿商贸企业、道路运输、水上运输、渔业船舶、铁路运输事故）332 起，死亡 206 人，受伤 265 人。其中，较大事故 2 起（工矿商贸领域）、死亡 7 人，分别与上年持平、增加 1 人。从行业领域来看，工矿商贸领域共发生事故 42 起、死亡 44 人；道路交通领域共发生事故 290 起、死亡 162 人。未发生造成人员伤亡或经济损失大于 100 万的生产经营性火灾事故。水上运输、渔业船舶、铁路运输等行业领域未发生事故。据调查，全市群众安全感满意率 97.16%，列全省第 4 位。

三、衢州市在泛长三角地区经济发展中的地位

2017 年是七届政府的开局之年，是奔跑、战斗的一年，也是收获、振奋的一年。在省委省政府和市委的正确领导下，深入学习贯彻习近平新时代中国特色社会主义思想，全面贯彻党的十九大精神，认真落实省第十四次党代会和市第七次党代会精神，重谋划、强执行、求实效，圆满完成了市七届人大一次会议确定的各项目标任务，为开创衢州发展新局面奠定了扎实基础。全年全市经济运行稳健，质量效益提升，社会民生和谐稳定。

（一）地区生产总值

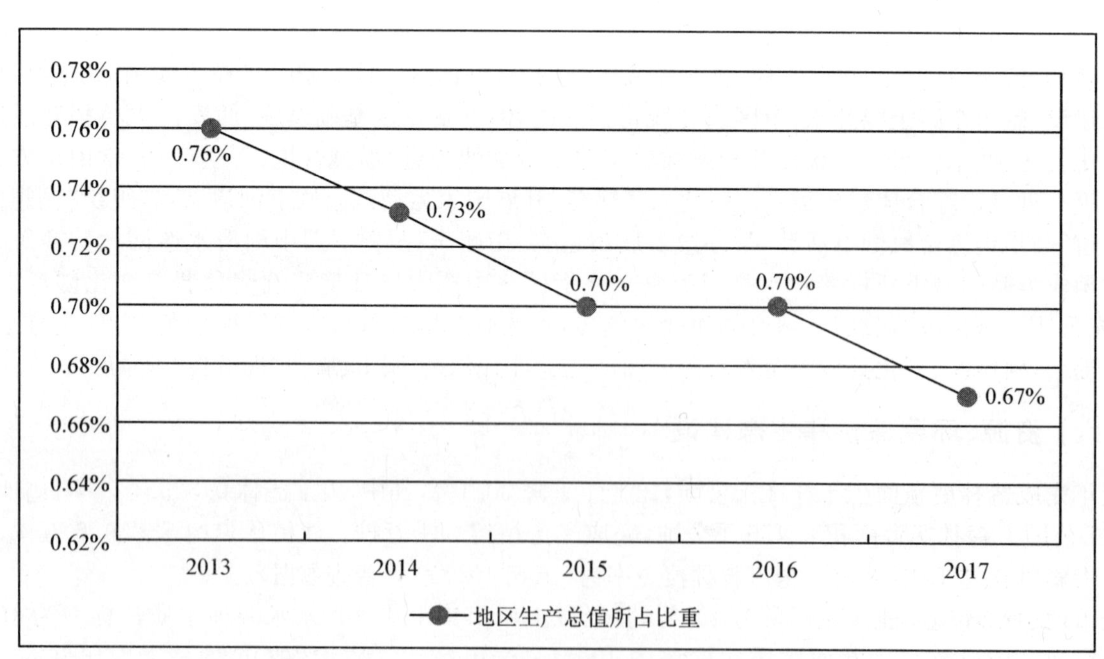

图 4　2013—2017 年衢州市地区生产总值在泛长三角
（苏浙两省 24 个地级市、安徽省 16 个地级市和上海市，下同）所占比重的变化趋势

2013—2017 年衢州市地区生产总值在泛长三角所占比重分别为 0.76%、0.73%、0.70%、0.70%和 0.67%，整体呈下降趋势，2017 年较上年减少了 0.03 个百分点，较 2013 年减少了 0.09 个百分点。2017 年衢州市地区生产总值在泛长三角地区 41 个市中排名第 31 位，与 2016 年持平。

2017 年，地区生产总值为 1380 亿元，按可比价格计算增长 7.3%，列全省第 8 位。从分三次产业看，第一产业增加值 87.4 亿元，同比增长 2.1%；第二产业增加值 622.74 亿元，同比增长 6.5%，其中工业增加值为 524.30 亿元，同比增长 7.4%；第三产业增加值 669.86 亿元，同比增长 8.9%。衢州市全体居民人均可支配收入 29378 元，同比增长 9.8%，收入增长连续 4 年跑赢经济发展。

全市总量最高的县域(含市辖区，下同)是江山市，为 301 亿元，其余五县域的 GDP 分别是：龙游县 233 亿元、柯城区 185 亿元、衢江区 162 亿元、常山县 129 亿元、开化县 123 亿元。

(二) 地方财政一般预算收入

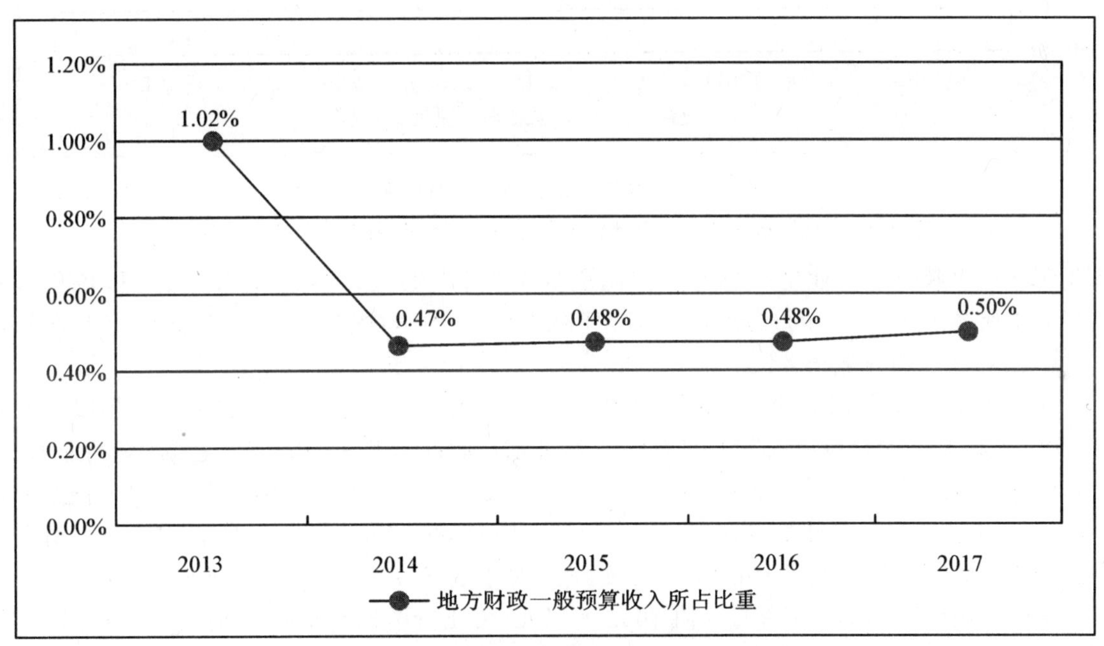

图 5　2013—2017 年衢州市地方财政一般预算收入在泛长三角所占比重的变化趋势

2013—2017 年衢州市地方财政一般预算收入在泛长三角所占比重 1.02%、0.47%、0.48%、0.48%和 0.50%，2017 年较上年增加 0.02 个百分点，较 2013 年减少 0.52 个百分点。2017 年衢州市地方财政一般预算收入在泛长三角地区 41 个市中排名第 34 位，位置靠后，亟需有所突破。

2017 年，全市一般公共预算收入 1112838 万元，比上年增长(以下简称“增长”)11.3%；加上预计转移性收入 2337000 万元，收入合计 3449838 万元。全市一般公共预算支出 3004654 万元，增长 11.9%；加上预计转移性支出 445184 万元，支出合计 3449838 万元。其中：市级一般公共预算收入 382775 万元，增长 14.9%；加上预计转移性收入 456884 万元，收入合计 839659 万元。市级一般公共预算支出 637355 万元，增长 21.9%；加上预计转移性支出 202304 万元，支出合计 839659 万元。收支相抵，全市和市级一般公共预算收支平衡。

全市完成的 111 亿元的一般公共预算收入中，各县域的成绩分别是：江山市 16 亿元、龙游县 14 亿元、衢江区 13 亿元、常山县 9.8 亿元、柯城区 9.5 亿元、开化县 8.4 亿元。

（三）工业生产总值

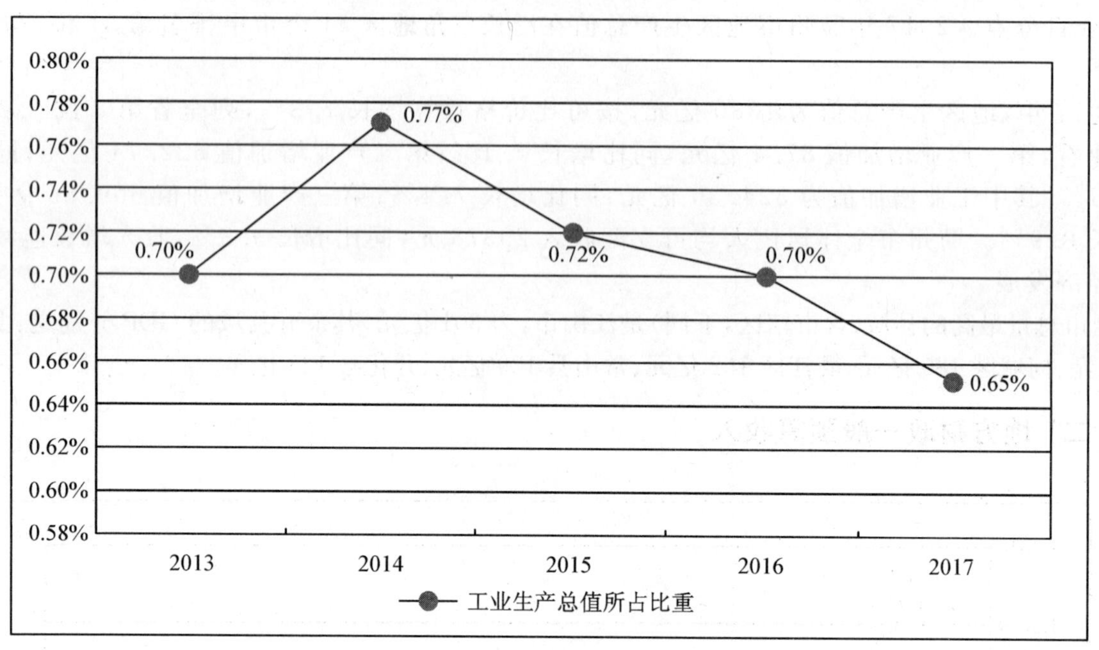

图 6 2013—2017 年衢州市工业生产总值在泛长三角
（江浙 24 个地级市、安徽 16 个地级市和上海市，下同）所占比重的变化趋势

2013—2017 年衢州市工业生产总值所占比重分别为 0.70%、0.77%、0.72%、0.70%和 0.65%，2017 年与上年比减少了 0.05 个百分点，较 2013 年减少了 0.05 个百分点。2017 年湖州市工业生产总值在泛长三角地区 41 个市排名第 32 位。

2017 年，全市全年规模以上工业总产值同比增长 19.9%，比上年提高 15.7 个百分点；规模以上工业增加值增长 7.6%，提高 1.5 个百分点。主要特点有：一是行业增长面近 9 成。全市 33 个主要工业行业大类中，有 29 个行业增加值同比增长，行业增长面为 87.9%。二是大企业增势好。全年大型企业增加值同比增长 17.1%，高于平均增速 9.5 个百分点，贡献率达 45.7%。三是主要依靠传统产业拉动。全年规上工业十大传统制造业增加值同比增长 8.6%，高于全市平均 1 个百分点，高于全省 4.1 个百分点，增速列全省第一位。

2017 年衢州规模以下工业实现总产值 360.68 亿元，可比价增长 6.9%，分别比一季度、上半年、1—3 季度上升 2.2、1.9 和 1.6 个百分点，呈逐季上升态势。企业营业收入呈逐季回升态势。受市场需求回暖等因素影响，2017 年全市规模以下工业企业生产经营形势良好，营业收入增速保持稳定增长，呈现逐季上升的态势。据抽样推算，2017 年全市规模以下工业企业主营业务收入 185.62 亿元，同比增长 17.0%，增速较上年提高了 12.9 个百分点，较 1—3 季度提高了 6.6 个百分点。企业综合经营状况良好。问卷调查显示，四季度，企业景气度达 115，整体发展运营情况较为良好。具体来看，有 26.7%的企业表示四季度综合经营状况“良好”，环比上升了 3 个百分点，同比上升了 4.8 个百分点。从企业订货量看，当前企业订单充足，84.8%的企业表示当前订货量处于正常水平或高于正常水平，比三季度高出 2.3 个百分点，比上年同期高出 4.9 个百分点，表明市场需求有所回暖。从企业流动资金情况看，77.1%的企业表示当前流动资金正常或宽裕，与上年同期基本持平，并有 70.9%的企业本季度没有贷款需求，比上年同期增加了 9.3 个百分点，表明 2017 年四季度企业资金状态基本稳定。主要行业营业收入增多降少。据评估测算，十大主要行业主营业务收入呈“七增三减”特点，且部分行业企业主营业务收入保持快速增长。如农副食品加工业、通用设备制造业、纺织服装服饰业和橡胶塑料制品业企业主营业务收入保持快速增长，增幅分别为 27.9%、27.7%、21.9%和 21.3%；同时随着环保力度不断加大，受部分建材

厂、化工企业等关停影响，金属制品业、非金属矿物制品业和化学原料和化学制品制造业生产经营情况不佳，主营业务收入分别下降3.7%、3.3%和1.9%。

（四）进出口总额

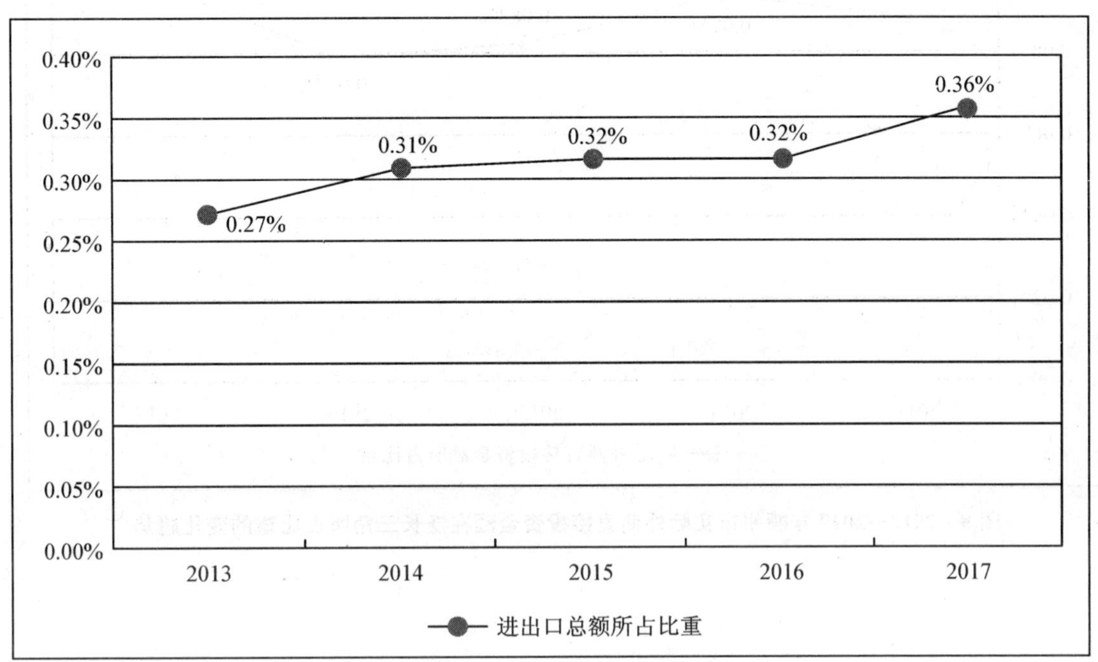

图7　2013—2017年衢州市进出口总额在泛长三角所占比重的变化趋势

2013—2017年衢州市进出口总额在泛长三角所占比重分别为0.27%、0.31%、0.32%、0.32%和0.36%，五年间稳中有升，2017年较上年增加了0.04个百分点，五年累计增幅达0.09个百分点。2017年衢州市进出口总额在泛长三角地区41个市排名第25位，较上年持平。

2017年衢州外贸进出口总值同比增长29.3%，增幅居全省第一；衢州市外贸进出口总值为363.9亿元，首次突破350亿元，创历史新高。在对传统三大贸易伙伴欧盟、东盟和美国进出口贸易增长的基础上，衢州市对非洲、韩国贸易实现大幅增长，对非洲、韩国进出口总值分别为32.9亿元、25.4亿元，分别大幅增长73.7%和72.8%，两者合计对全市进出口值增长的贡献率高达70.8%。衢州市出口机电产品75.9亿元，增长27.6%，占全市出口近三成(29.3%)；其中出口钢材70亿元，大幅增长2.4倍。

（五）实际外商直接投资金额

2013—2017年衢州市实际外商直接投资金额在泛长三角所占比重分别为0.09%、0.09%、0.08%、0.08%和0.10%，呈现些许摆动，2017年较2016年增加了0.02个百分点，较2013年增加了0.01个百分点。2017年衢州市实际外商直接投资金额在泛长三角地区41个市中排名第41位，位置靠后。

2017年，全年实现进出口总额366.54亿元，比上年增长29.3%。其中：出口261.64亿元，增长28.9%；进口104.90亿元，增长30.4%。全市有出口实绩的企业797家，比上年增加24家，其中当年新启动出口业务企业153家，增加13家。出口额在100万元以上企业591家，其中1000万元以上的企业283家，比2016年增加32家。全市出口排前三位的市场依次是：东盟、欧盟、美国。对东盟出口36.70亿元，增长29.6%；对欧盟出口35.48亿元，增长26.2%；对美国出口33.04亿元，增长21.7%。对这三大主要市场出口额合计占全市出口总额的40.2%。

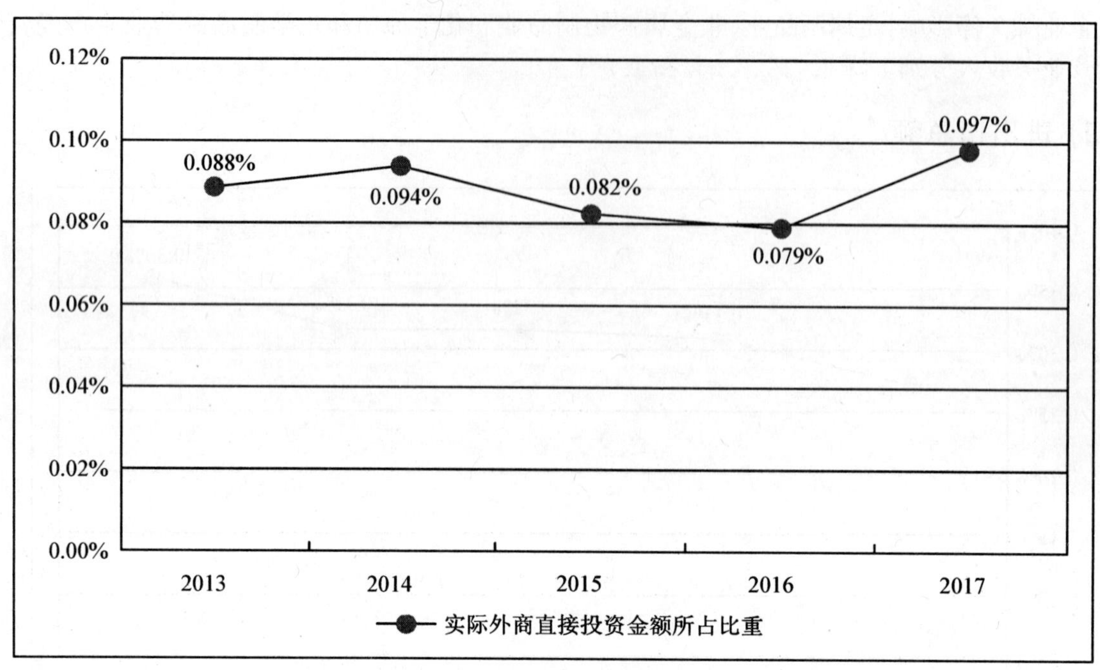

图 8　2013—2017 年衢州市实际外商直接投资金额在泛长三角所占比重的变化趋势

十　舟山市 2017 年经济社会发展报告

2017 年,全市上下以习近平新时代中国特色社会主义思想为指导,深入贯彻落实市委市政府决策部署,全力打好“五大会战”,加快建设“四个舟山”,主动把握和引领经济发展新常态,积极推进供给侧结构性改革,新区和自贸区建设加快推进,经济运行持续稳定较快增长,社会发展和谐稳定。

一、舟山市 2017 年经济发展概况

(一) 综合经济

1. 经济总量

全年地区生产总值(GDP)1219.78 亿元,按可比价格计算,比上年增长 8.8%。其中,第一产业增加值 140.48 亿元,第二产业增加值 402.85 亿元,第三产业增加值 676.44 亿元,分别增长 5.2%、9.6%和 9.1%。第一产业增加值占地区生产总值的比重为 11.5%,第二产业增加值比重为 33.0%,第三产业增加值比重为 55.5%。按常住人口计算,人均地区生产总值 104882 元,增长 8.0%。

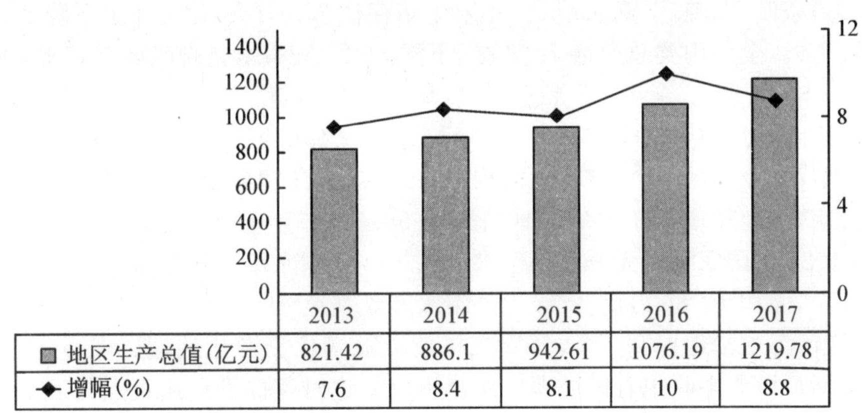

	2013	2014	2015	2016	2017
地区生产总值(亿元)	821.42	886.1	942.61	1076.19	1219.78
增幅(%)	7.6	8.4	8.1	10	8.8

图 1　2013—2017 年舟山市地区生产总值及增长速度

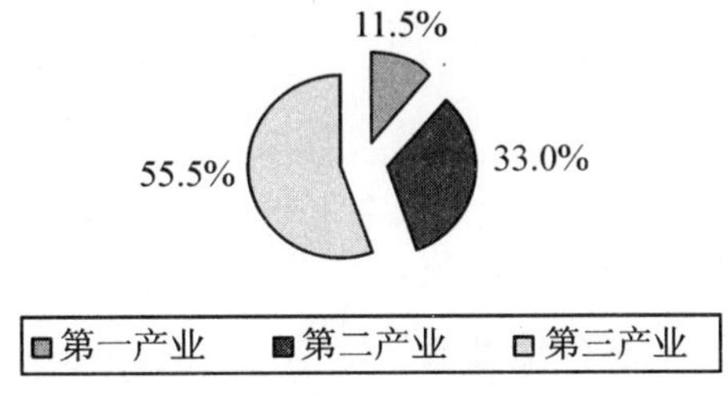

图 2　2017 年舟山市三次产业结构图

2. 财政收支

全年财政总收入 187.2 亿元,比上年增长 8.0%;财政一般公共预算收入 125.8 亿元,同口径增长 10.6%。在一般公共预算收入中,国内增值税 19.4 亿元,增长 4.6%;改征增值税 17.3 亿元,下降 3.6%;企业所得税 9.9 亿元,增长 3.7%;个人所得税 5.2 亿元,增长 24.9%。一般公共预算支出 258.6 亿元,增长 3.2%。其中,社会保障与就业支出增长 20.8%,一般公共服务支出增长 20.5%,公共安全支出增长 16.2%,教育支出增长 13.7%。

3. 物价水平

全年居民消费价格比上年上涨1.7%,其中食品类价格下降0.3%。商品零售价格上涨1.7%。工业生产者出厂价格上涨3.1%。12月份新建住宅销售价格同比上涨7.3%,全年新建住宅销售价格比上年上涨5.0%。

4. 固定资产投资

全年固定资产投资1450.3亿元,比上年增长15.0%。其中,民间投资673.1亿元,增长23.0%,占固定资产投资的46.4%。

在固定资产投资中,第一产业投资10.2亿元,比上年增长20.5%;第二产业投资455.9亿元,增长33.8%;第三产业投资984.2亿元,增长7.9%。其中,交运仓储邮政业259.5亿元,增长18.7%;文教卫体娱乐业44.7亿元,增长2.0%;住宿餐饮业15.1亿元,增长31.9%;批发与零售业12.5亿元,增长33.6%;信息传输业1.4亿元,增长18.1%。

(二)农林牧渔业

全年农作物播种面积18.0千公顷,比上年下降0.6%;其中,粮食播种面积6.6千公顷,下降0.6%。粮食总产量3.6万吨,下降0.7%。油菜籽产量2487吨,增长5.6%;蔬菜13.4万吨,增长2.5%;水果7.6万吨,增长5.5%;茶叶77吨,下降9.4%。年末生猪存栏3.5万头,比上年末下降28.4%;家禽存栏26.8万只,下降45.7%。全年肉类总产量7993吨,下降41.2%;其中,猪肉产量6145吨,下降43.9%。鸡鸭鹅蛋产量2274吨,下降43.5%。全年水产品总产量200.8万吨,增长5.5%。其中,远洋渔业产量63.2万吨,增长17.2%。全市年末海水养殖面积5752公顷,增长2.3%;海水养殖产量27.9万吨,增长53.9%。

全年新建省级现代农业园区1个,核心区面积2.5万亩,累计建成粮食生产功能区3万亩。累计土地流转面积7.75万亩,比上年增长3.1%,农地流转率56.0%。年末全市有市级以上农业龙头企业85家。无公害农产品102个(国家级)、无公害养殖水产品35个(国家级)、绿色食品28个。全市有省级无公害农产品产地79个,面积10.86万亩;省级无公害水产品基地34个,面积1.27万亩。

全年开展农村生活污水治理村296个,开展农村垃圾减量化资源化处理试点村49个。截至年底,100%建制村实现生活垃圾集中收集有效处理。在建历史文化村落保护利用重点村6个;创建省级美丽乡村示范乡镇10个、特色精品村28个。渔农家乐特色村37个,经营农户2861户,直接从业人员7322人,接待游客10.6万人次,全年营业收入26.2亿元。

(三)工业、盐业和建筑业

1. 工业增加值

全年规模以上工业增加值比上年增长11.0%。全市规模以上工业企业资产总计1653.2亿元,实现利税总额27.5亿元;其中利润总额6.9亿元。规模以上工业中,高新技术产业总产值增长15.8%,产值占规模以上工业的32.1%;装备制造业总产值增长12.6%,产值占规模以上工业的45.4%;战略性新兴产业总产值增长20.7%,产值占规模以上工业的37.7%。规模以上工业新产品产值率18.6%,比上年提高2.3个百分点。

2. 盐业

全年盐田生产面积765.9公顷。全年生产原盐3.2万吨,比上年下降8.1%;销售原盐3.3万吨,下降15.5%。

3. 建筑业

全年全社会建筑业增加值135.3亿元,按可比价计算,比上年增长6.0%。年末全市具有资质等级的总承包和专业承包建筑业企业157家,比上年增加4家,实现总产值311.2亿元,增长16.3%;建筑(房屋)施工面积1301.1万平方米,下降6.6%,其中新开工面积323.8万平方米,下降19.1%。

（四）服务业

1. 国内贸易

全年社会消费品零售总额 505.7 亿元，比上年增长 10.6%。按经营地统计，城镇消费品零售额 404.0 亿元，增长 11.3%；乡村消费品零售额 101.7 亿元，增长 7.6%。按消费类型统计，全年全市实现零售业销售额 511.8 亿元，增长 14.5%；批发业销售额 2490.4 亿元，增长 23.6%；住宿餐饮业营业额 116.3 亿元，增长 14.5%，其中，住宿业实现营业额 32.2 亿元，增长 11.0%，餐饮业实现营业额 84.1 亿元，增长 15.9%。网络零售额 35.2 亿元，增长 68.2%；市内居民实现网上消费 131.0 亿元，增长 30.4%。

在限额以上批发零售贸易业零售额中，日用品比上年增长 31.3%，化妆品增长 25.8%，装潢材料增长 22.4%，家具零售额增长 20.8%。年末已登记商品交易实体市场 125 家，其中，消费品市场 118 个，生产资料市场 7 个；全年商品交易市场交易额为 373.3 亿元，增长 45.7%。

自 2017 年 4 月 1 日中国（浙江）自由贸易试验区挂牌以来截至年底，自贸试验区新设立企业 4167 家，注册资本 2173 亿元；其中油品企业 812 家，注册资本 706.9 亿元；外商投资企业 59 家，合同外资 88873 万美元，实际利用外资 30488 万美元，固定资产投资 256 亿元。人民币贷款余额 591.5 亿元，跨境人民币结算金额 17.4 亿元。全年保税油供应量达到 182.8 万吨，比上年增长 71.8%；保税油结算量 480.8 万吨，达到全国 45%左右。自贸试验区新增专利申请 269 件；专利授权 145 件。新增高新技术企业 8 家，营业收入 25.0 亿元。

2. 交通运输、邮电

全年全市水路货运量 23245 万吨，比上年增长 11.0%，水路货运周转量 2972.7 亿吨公里，增长 11.0%；水路客运量 2806 万人，增长 8.4%，水路客运周转量 4.9 亿人公里，增长 8.7%。公路货运量 8460 万吨，增长 9.8%，公路货运周转量 150.1 亿吨公里，增长 10.0%；公路客运量 2629 万人，增长 6.7%，公路客运周转量 10.5 亿人公里，下降 2.8%。普陀山机场全年完成客运量 102 万人次，增长 27.7%；货邮运量（不包括行李）197 吨，下降 38.3%。年末全社会民用车辆拥有量 20.1 万辆，比上年末增长 16.3%，其中，小型客车拥有量 15.1 万辆，增长 15.3%；摩托车拥有量 3.8 万辆，增长 24.8%。

年末全市有海上运输船舶 1528 艘，运力 608.4 万载重吨，比上年末增长 9.7%。其中，万吨级以上船舶 150 艘，比上年末增加 13 艘，运力 343.1 万载重吨，占全市总运力的 56.4%。年末全市有舟山户籍运输船海员 4.0 万人，比上年末增长 1.8%。

全年舟山港域港口货物吞吐量 45782 万吨，比上年增长 7.5%；其中，外贸货物吞吐量 14327 万吨，增长 8.8%。从主要品种看，石油及天然气吞吐量 6994 万吨，增长 9.3%；金属矿石吞吐量 15852 万吨，增长 10.4%；粮油类吞吐量 828 万吨，下降 4.5%；煤炭及制品吞吐量 2485 万吨，下降 4.5%。全年集装箱吞吐量 104.1 万标箱，增长 19.8%；其中出口 53.0 万标箱，增长 19.7%。年末全市有生产性泊位 291 个，其中万吨以上深水泊位 65 个。

全年邮电业务收入 15.0 亿元，比上年下降 0.5%。年末全市固定电话用户 26.8 万户，比上年末下降 17.5%；移动电话用户 178.5 万户，增长 10.6%；年末邮路长度 1789 公里，增长 56.1%；宽带网用户 52.0 万户，增长 18.1%。

3. 旅游业

全年实现旅游总收入 806.7 亿元，比上年增长 21.9%。旅游接待人数 5507.2 万人次，增长 19.4%，其中，接待国际游客 34.4 万人次，增长 1.5%，实现旅游外汇收入 17631 万美元，增长 1.7%。从主要景区看，普陀山景区接待游客 857.9 万人次，增长 14.4%；朱家尖景区接待游客 764.9 万人次，增长 18.1%；桃花岛景区接待游客 280.9 万人次，增长 10.6%。

年末全市有旅行社 153 家，比上年末增加 5 家。全市有星级宾馆 27 家，客房 2796 间，床位 4879 张，星级宾馆客房入住率为 51.5%。全市有 A 级景区 31 个；其中，5A 级景区 1 个，4A 级景区 3 个。

4. 金融和保险

年末全市有各类金融机构 69 家。其中，银行业机构 27 家，保险业机构 23 家，证券业营业部 9 家，小额贷款公司 10 家。年末全部金融机构本外币各项存款余额 2008.5 亿元，比上年末增长 4.8%。全部金融机构本外币各项贷款余额 1721.6 亿元，增长 13.1%。金融机构融资总量余额 3048.5 亿元，比年初增加 354.8 亿元。其中，市内银行融资总量余额 1935.0 亿元，比年初增加 182.3 亿元；市外金融机构融资余额 1113.6 亿元，比年初增加 172.5 亿元。

全年保险业实现保费收入 32.1 亿元，比上年增长 9.8%。其中，财产险保费收入 13.1 亿元，增长 7.3%；人身险保费收入 19.0 亿元，增长 11.5%。保险公司赔款支出 9.9 亿元，增长 5.7%；保险公司给付支出 2.5 亿元，下降 14.0%。

5. 房地产业

全年房地产开发投资 209.4 亿元，比上年增长 21.8%。其中，住宅投资 142.9 亿元，增长 16.9%；商业营业用房投资 31.0 亿元，增长 1.3 倍；办公楼投资 10.7 亿元，增长 1.1 倍。全年房屋竣工面积 179.7 万平方米，下降 10.4%。商品房销售面积 218.3 万平方米，增长 43.1%。其中，住宅销售 203.5 万平方米，增长 49.1%；商业营业用房 8.0 万平方米，下降 31.7%；办公楼 4.9 万平方米，增长 54.3%。年末商品房待售面积 108.5 万平方米，下降 9.1%。

（五）对外经济

1. 对外贸易

全年货物进出口总额 783.0 亿元，比上年增长 12.4%。其中，出口 384.2 亿元，下降 7.2%；进口 398.9 亿元，增长 41.0%。规模以上工业出口交货值 233.7 亿元，增长 11.4%。全市国际经济合作营业额 49166 万美元，增长 15.2%；国际服务贸易进出口 145.7 亿元，增长 18.9%，其中出口 109.8 亿元，增长 13.3%，进口 35.9 亿元，增长 40.3%。

2. 外资状况

全年全市引进外资合同项目 56 个，比上年增长 124.0%；实际利用外资 40518 万美元，增长 92.8%；实际利用市外资金 636.6 亿元，增长 24.7%；浙商回归到位资金 234.9 亿元，增长 15.0%。

国外经济合作完成营业额 4.9 亿美元，比上年增长 15.2%。其中，对外承包工程完成营业额 4.1 亿美元，增长 16.6%，占全市外经合作营业额的 83.5%，较上年提升 1 个百分点；共派出各类劳务人员 10266 人次，期末在外人数 14104 人，期末在外各类人数较上年同期增加 2501 人。

3. 口岸经济

全年舟山口岸进出口货运量 13119 万吨，比上年增长 10.3%。其中，进口货运量 12561 万吨，增长 11.4%；出口货运量 558 万吨，下降 10.1%。年末舟山口岸对外开放陆海域面积 1344.8 平方公里，与上年持平。

二、舟山市 2017 年社会发展概况

（一）人口、人民生活

据 2017 年全市 5‰人口抽样调查推算，年末全市常住人口 116.8 万人，比上年末增加约 1 万人，城镇化率为 67.9%，比上年提高 0.4 个百分点。全市家庭总户数 36.9 万户，户籍人口 97.1 万人，其中，男性人口为 47.9 万人，女性人口为 49.3 万人，分别占总人口的 49.3%和 50.7%。全年出生人口 7285 人，出生率为 7.5‰；死亡人口 8790 人，死亡率为 9.0‰；自然增长率为－1.55‰。

全年全体常住居民人均可支配收入 45195 元，比上年增长 8.7%。城镇常住居民人均可支配收入 52516 元，增长 8.5%；城镇常住居民人均生活消费支出 32218 元，增长 4.7%。渔农村常住居民人均可支配收入 30791 元，增长 8.8%；渔农村常住居民人均生活消费支出 20472 元，增长 5.2%。城镇、渔农村

居民收入比为 1.71∶1。城镇居民恩格尔系数为 30.8%，比上年下降 0.3 个百分点；渔农村居民恩格尔系数为 33.5%，比上年下降 0.5 个百分点。年末城镇居民人均现住房建筑面积 35.34 平方米，渔农村居民人均现住房建筑面积 52.18 平方米。

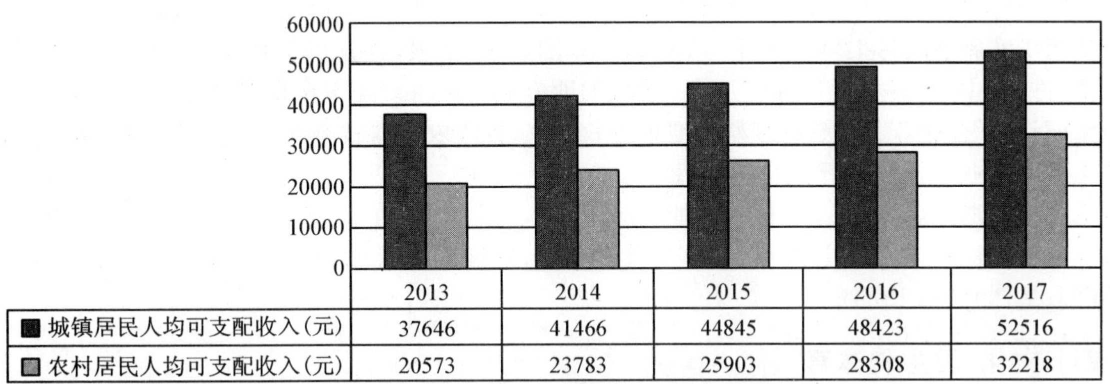

	2013	2014	2015	2016	2017
城镇居民人均可支配收入(元)	37646	41466	44845	48423	52516
农村居民人均可支配收入(元)	20573	23783	25903	28308	32218

图 3　2013—2017 年舟山市城乡居民收入对比一览

(二) 就业与社会保障

1. 就业

全年新增城镇就业 1.65 万人，年末城镇登记失业率为 2.62%，比上年下降 0.36 个百分点。

全年新设企业 6518 户，比上年增长 39.7%；新设个体工商户 11346 户，增长 21.3%。年末在册市场主体 9.9 万户，增长 9.9%，其中企业 3.2 万户，增长 16.7%。

2. 社会保障

年末全市参加基本养老保险人数(包括职工和城乡居民)83.1 万人，基本医疗保险参保人数(包括职工和城乡居民)96.7 万人，失业保险参保人数 22.3 万人，工伤保险参保人数 35.8 万人，生育保险参保人数 22.0 万人。

年末全市有敬老院 31 所，社会福利院 10 所，共有床位数 4704 张。城镇"三无"对象集中供养率 100%，渔农村"五保"老人集中供养率 98.74%，比上年提升 0.66 个百分点。城乡居民得到政府最低生活保障人数 13144 人，比上年增长 1.4%；其中，城镇低保对象 1912 人，渔农村低保对象 11232 人。城乡低保对象最低生活补助标准每人每月 664 元(其中，普陀山镇低保对象最低生活补贴标准为每人每月 700 元)。

(三) 教育和科学技术

1. 教育事业

年末全市共有小学 57 所，招生 8202 人，在校生 48222 人，比上年增长 0.2%，小学学龄儿童入学率为 100%。小学生均校舍建筑面积 11.2 平方米；生均图书 41.9 册；每百名学生拥有计算机 24 台；小学体育运动场(馆)面积达标的学校比例为 98.25%，比上年提高 1.82 个百分点。共有初中 27 所，招生 7412 人，在校生 20607 人，比上年增长 1.5%，小学毕业生升学率为 100%。初中生均校舍建筑面积 14.6 平方米；生均图书 47 册；每百名学生拥有计算机 28 台；初中体育运动场(馆)面积达标的学校比例为 100%，比上年提高 3.57 个百分点。

全市各类中等职业教育学校 4 所，招生 2291 人，在校生 7964 人，毕业生 2098 人；普通高中 15 所，招生 3811 人，在校生 11281 人。全市共有普通高等院校 4 所，招生 8108 人，在校生 25285 人，毕业生 7183 人；成人高校 1 所，招生 587 人，在校生 1534 人，毕业生 789 人；高等教育毛入学率为 78.25%。义务教育中小学专任教师 5494 人，比上年下降 1.1%。中等职业教育专任教师 583 人，增长 3.2%。普通高等学校专任教师中副高职称以上教师所占比例为 48.1%；具有硕士以上学位教师比例为 73.1%。

全市共有幼儿园 130 所，全年招生 9002 人，在园幼儿 27243 人；3—5 周岁幼儿入园率 99.97%，比上年提升0.22个百分点。

2. 科技与品牌

全年财政一般公共预算支出中科技支出5.6亿元，比当年预算多支出3.2%。2016年全社会研究和发展（R&D）经费支出19.0亿元，相当于地区生产总值的比例为1.54%，比上年提高0.13个百分点。

全年组织实施各级各类科技项目543项；其中，国家级54项，省级260项。申请专利3649件，授权专利1920件；其中，申请发明专利1778件，授权发明专利501件。年末全市有高新技术企业101家，省级创新型试点、示范企业13家，省级科技型企业626家，省级农业科技企业90家，省级高新技术研发中心49家，省级农业科技企业研发中心38家。

年末全市有浙江名牌34个；其中，工业名牌15个，农业名牌11个，服务名牌7个。截至年末，全市拥有各类注册商标6280件；其中，中国驰名商标11件，省著名商标93件，市著名商标138件，地理标志（包括证明、集体）商标19件。

（四）文化、卫生和体育

1. 文化事业

年末全市有文化艺术表演团体933个，艺术表演场所7处，文化馆5个，文化站35个，公共图书馆5个，藏书192.7万册。年末全市有线电视用户数33.4万户，其中数字电视用户数33.3万户。广播人口综合覆盖率100%，电视人口综合覆盖率100%。

2. 卫生事业

年末全市共有卫生机构700个（含村卫生室），其中，医院30个，社区卫生服务中心（卫生院）39个，社区卫生服务站138个。卫生技术人员9232人，比上年末增长4.1%，其中，执业医师3581人，注册护士3512人，分别增长4.6%和4.9%。医疗卫生机构开放床位5723张，增长3.9%。全年累计报告传染病（甲乙丙类）7179例，报告发病率619.95/10万。5岁以下儿童死亡率2.25‰，同比下降0.62个千分点，婴儿死亡率1.20‰，同比下降0.55个千分点，均低于全省平均水平。免费婚检率87.13%，孕产妇住院分娩率100%，一孩率64.81%，二孩率34.42%。

3. 体育事业

全年全市新建全民健身路径55条，各类体育健身场所22个；开展群众体育活动482次，参加体育活动14.95万人次。在省级以上比赛获得奖牌49枚，其中金牌16枚，银牌17枚，铜牌16枚。

（五）城市建设和新渔农村建设

年末全市城市建成区面积74.4平方公里，实有城市道路面积1408.9万平方米，建成区绿地率36.5%，人均公园绿地面积13.8平方米。城市生活垃圾无害化处理率100%，全年新建污水管网102.6公里，河湖库塘清污（淤）量178.3万方，城市污水处理率95.2%。全年城区排水管道长度1201公里，供水总量6038万立方米，液化石油气供气总量3.4万吨，天然气供气总量3860万立方米。全年完成治理改造C级危房95幢，9.5万方；D级危房40幢，4.8万方。

实施美丽海岛"五个一批"项目，完成定海区天籁路美丽风景示范线等5条美丽示范线、普陀区虾峙镇河泥漕村等5个美丽渔农村、10个美丽村口、5000户美丽家庭创建工作。嵊泗县成功创建舟山市首个省美丽乡村示范县。新创建省美丽乡村示范乡镇4个、特色精品村14个。全年全市完成渔农村生活垃圾分类处理村69个、生活垃圾有效集中处理提升改造村31个。

基本完成全市土地承包经营权确权登记颁证工作，进度位居全省前列。完成全市528家村集体经济组织换届工作。21个试点村社开展股权质押贷款工作，全年发放贷款1183万元。定海区成立农民资金互助会并实质运行；完成小沙—马岙等5个乡镇（街道）级渔农合联示范典型建设。完成新一轮低收入渔农户认定，开展十大帮扶救助活动。

（六）能源和环境

全年规模以上工业单位工业增加值能耗降低率为10.4%。全社会用电量52.5亿千瓦时，比上年增长7.4%。其中，工业用电24.4亿千瓦时，增长3.9%；城乡居民生活用电9.6亿千瓦时，增长4.5%。

全年PM2.5年平均浓度为25 g/m³，日空气质量(AQI)优良天数比例92.1%，列全国各大城市第三位。全市县级以上集中式饮用水源水质达标率100%，水环境功能区水质达标率95%。区域环境噪声平均等效声级51.9分贝。全年有效灌溉面积15.6千公顷，节水灌溉面积7.9千公顷。全市新植珍贵树41.84万株，建设珍贵彩色健康森林2.32万亩，实施平原绿化1695亩、人工造林1589亩；创建嵊泗县省级森林城市，定海区金塘镇、岱山县长涂镇省级森林城镇和6个省级森林村庄。

全市达到一、二类海水水质标准的海域面积占34.0%，比上年下降4.4个百分点；四类和劣四类海水海域面积占57.2%，与上年持平；近岸海域环境功能区达标率14.6%，比上年提升4.6个百分点。全年舟山海域共发生赤潮15次，累计赤潮面积605平方公里。

（七）社会安全

全年全市共发生各类生产安全事故67起，比上年下降37.4%，亿元GDP生产安全事故死亡率0.059，比上年降低0.015。全年共发生道路交通事故459起，死亡人数120人，交通事故损失额178.3万元。全年共发生火灾事故41起，损失额835.5万元。

根据2017年度“平安浙江”建设人民群众安全感调查结果显示，舟山市人民群众安全感满意率为97.38%，知晓率为85.50%，参与率为50.56%。

三、舟山市在泛长三角地区经济发展中的地位

2017年，市政府以习近平新时代中国特色社会主义思想为指引，深入贯彻党的十九大精神，全面落实省委、省政府决策部署，在市委的坚强领导下，在市人大、市政协的监督支持下，紧紧团结和依靠全市人民，激情创业，拼搏赶超，打好“五大会战”，建设“四个舟山”，实现经济社会平稳健康发展。

（一）地区生产总值

2013—2017年舟山市地区生产总值在泛长三角地区占比分别为0.67%、0.67%、0.67%、0.70%和0.62%，2017年出现下跌，较2016年减少了0.08个百分点。2017年舟山市地区生产总值在泛长三角地区41个市排名第33位，较2016年下降了一位。

2017年，全年地区生产总值(GDP)1219亿元，按可比价格计算，比上年增长8.8%。其中，第一产业增加值143亿元，第二产业增加值444亿元，第三产业增加值632亿元，分别增长5.1%、9.7%和8.7%。第一产业增加值占地区生产总值的比重为11.7%，第二产业增加值比重为36.5%，第三产业增加值比重为51.8%。按常住人口计算，人均地区生产总值104811元，增长8.0%。前三季度舟山市生产总值(GDP)为968.63亿元，按可比价格计算，同比增长9.4%，增速快于上半年0.1个百分点，位列全省各市第一位。其中，第一产业增加值74.87亿元，增长6.3%；第二产业增加值431.04亿元，增长9.7%；第三产业增加值462.72亿元，增长9.5%。

舟山2016年的GDP为1228.5亿元，而2017年的GDP为1218.95亿元，倒退了9.55亿元，是2017年浙江唯一的一个经济出现负增长的城市，这也是舟山第一次出现了经济负增长。舟山2016年的GDP排名浙江全省倒数第二，而2017年则倒退到倒数第一。舟山虽然2017年的GDP出现了小幅度的负增长，但是人均GDP还是超过10万，稳居浙江第三，仅次于杭州和宁波。

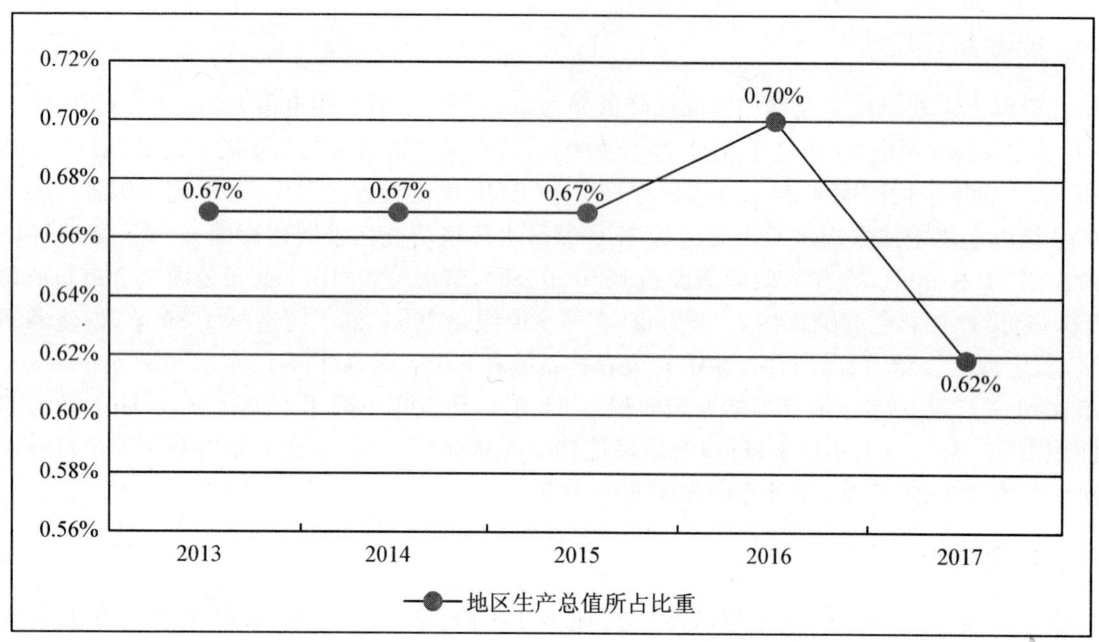

图 4　2013—2017 年舟山市地区生产总值在泛长三角

（苏浙两省 24 个地级市、安徽省 16 个地级市和上海市，下同）所占比重的变化趋势

（二）地方财政一般预算收入

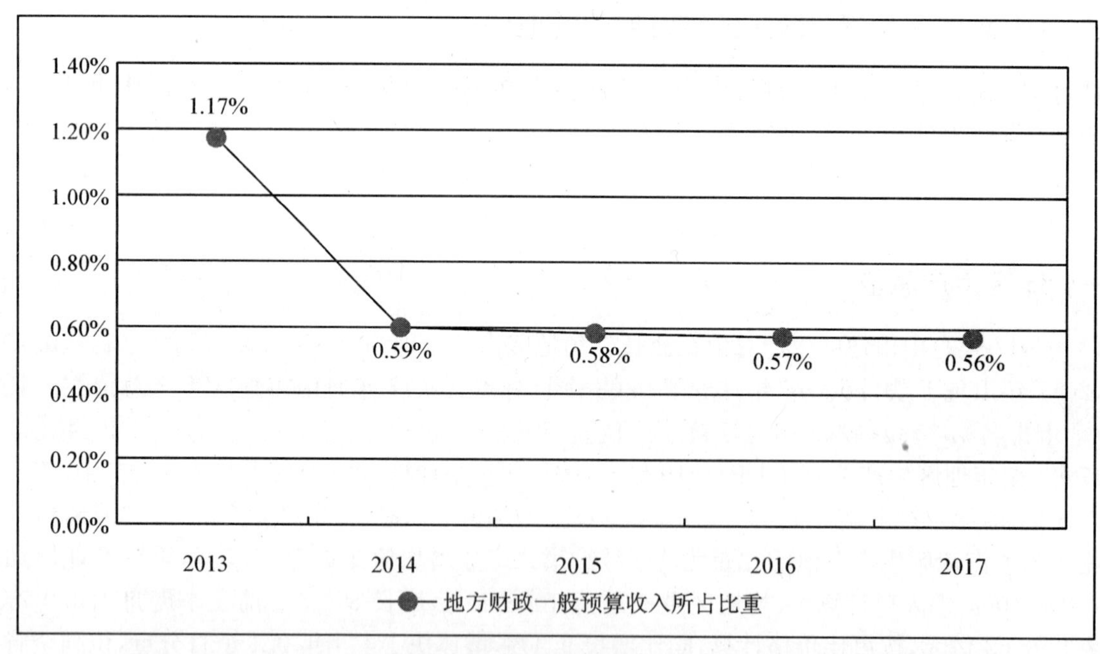

图 5　2013—2017 年舟山市地方财政一般预算收入在泛长三角所占比重的变化趋势

2013—2017 年舟山市地方财政一般预算收入在泛长三角地区占比分别为 1.17%、0.59%、0.58%、0.57%和 0.56%，2017 年较上年减少了 0.01 个百分点，较 2013 年减少了0.61 个百分点。2017 年舟山市地方财政一般预算收入在泛长三角地区 41 个市排名第 30 位，较上年上升一位。

2017 年全年财政总收入 187.2 亿元，比上年增长 8.0%；财政一般公共预算收入 125.8 亿元，同口径增长 10.6%。在一般公共预算收入中，国内增值税 19.4 亿元，增长 4.6%；改征增值税 17.3 亿元，下降

3.6%；企业所得税 9.9 亿元，增长 3.7%；个人所得税 5.2 亿元，增长24.9%。前三季度，舟山市财政总收入 147.33 亿元，增长 7.7%；其中一般公共预算收入100.86 亿元，增长 9.0%。

（三）工业生产总值

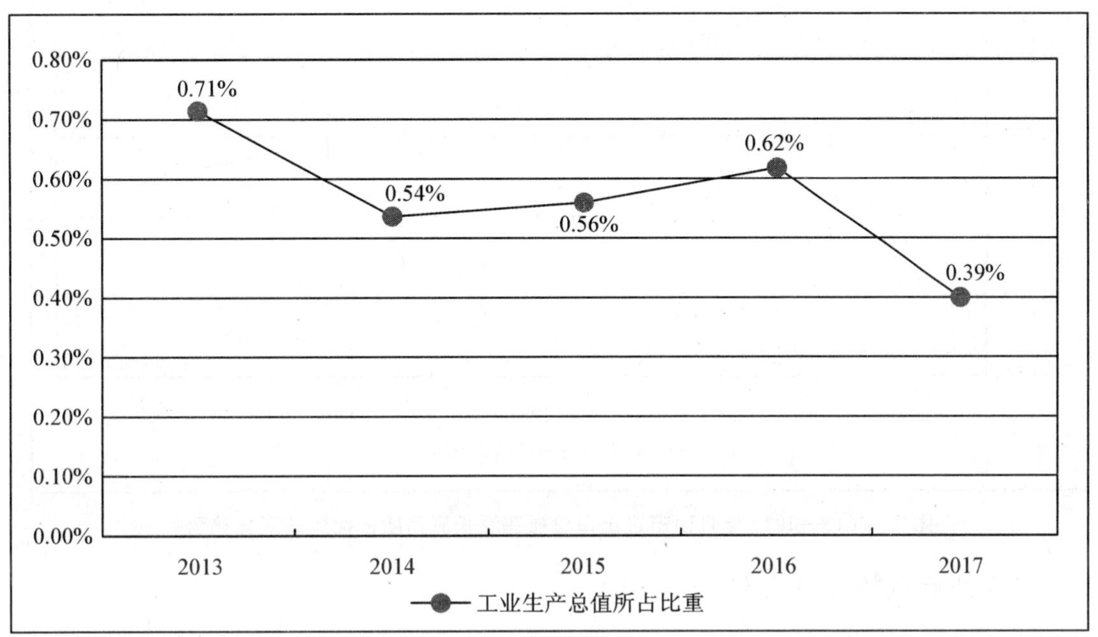

图 6　2013—2017 年舟山市工业生产总值在泛长三角所占比重的变化趋势

2013—2017 年舟山市工业生产总值在泛长三角地区占比分别为 0.71%、0.54%、0.56%、0.62%和 0.39%，2017 年较上年下降了 0.23 个百分点，较 2013 年下降了 0.15 个百分点。2017 年舟山市工业生产总值在泛长三角地区 41 个市排名第 39 位。

2017 年，全年规模以上工业增加值比上年增长 11.0%。全市规模以上工业企业资产总计 1653.2 亿元，实现利税总额 27.5 亿元；其中利润总额 6.9 亿元。规模以上工业中，高新技术产业总产值增长 15.8%，产值占规模以上工业的 32.1%；装备制造业总产值增长 12.6%，产值占规模以上工业的 45.4%；战略性新兴产业总产值增长 20.7%，产值占规模以上工业的 37.7%。规模以上工业新产品产值率 18.6%，比上年提高 2.3 个百分点。

（四）进出口总额

2013—2017 年舟山市进出口总额在泛长三角地区占比分别为 0.92%、0.86%、0.84%、0.80%和 0.77%，2017 年较上年减少了 0.03 个百分点，较 2013 年减少了 0.15 个百分点。2017 年舟山市进出口总额在泛长三角地区 41 个市排名第 16 位，较上年下降一位。

2017 年，全年货物进出口总额 783.0 亿元，比上年增长 12.4%。其中，出口 384.2 亿元，下降7.2%；进口 398.9 亿元，增长 41.0%。规模以上工业出口交货值 233.7 亿元，增长 11.4%。全市国际经济合作营业额 49166 万美元，增长 15.2%；国际服务贸易进出口 145.7 亿元，增长 18.9%，其中出口 109.8 亿元，增长 13.3%，进口 35.9 亿元，增长 40.3%。前三季度，舟山市外贸进出口总额 582.08 亿元，同比增长 12.4 %。其中，进口总额 286.09 亿元，增长 26.6%；外贸出口额 276.00 亿元，增长 0.8%，比上半年回落 6.2 个百分点。1—8 月，国际服务贸易进出口 97.84 亿元，同比增长 27.5%，其中出口 76.93 亿元，增长 25.2%；进口 20.90 亿元，增长 36.6%。

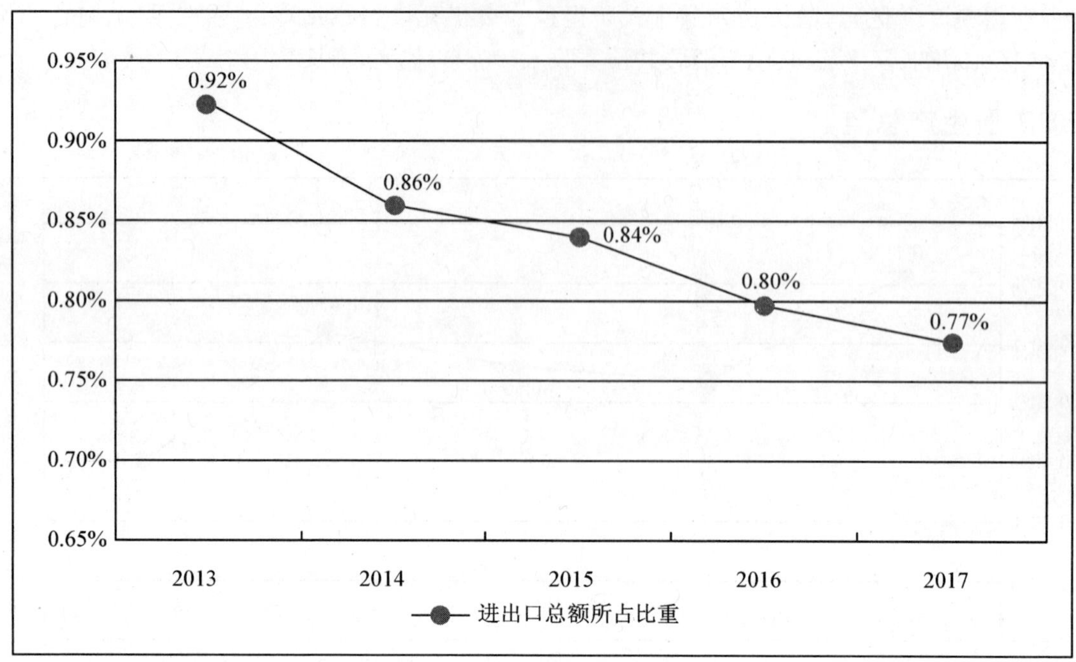

图 7　2013—2017 年舟山市进出口总额在泛长三角所占比重的变化趋势

（五）实际外商直接投资金额

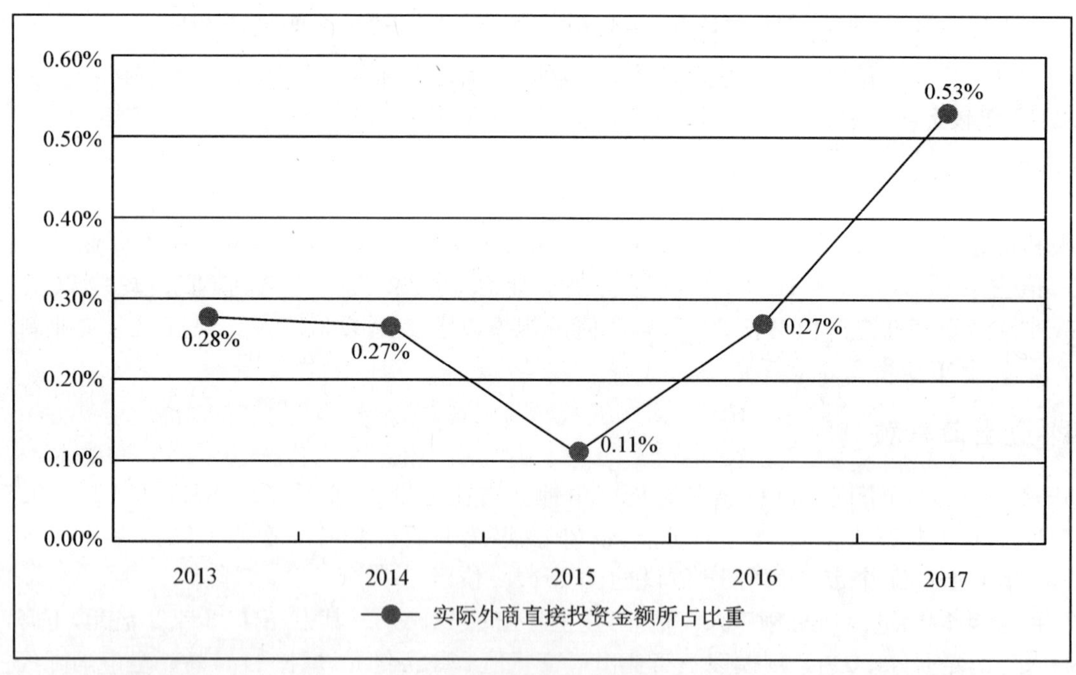

图 8　2013—2017 年舟山市实际外商直接投资金额在泛长三角所占比重的变化趋势

2013—2017 年舟山市实际外商直接投资金额在泛长三角地区占比分别为 0.28%、0.27%、0.11%、0.27% 和 0.53%，2016 年以来持续大幅上扬，2017 年较上年增加了 0.26 个百分点，较 2013 年增加了0.25 个百分数。2017 年舟山市实际外商直接投资金额在泛长三角地区 41 个市的排名第 31 位，较上年上升了六位。

2017 年，全年全市引进外资合同项目 56 个，比上年增长 124.0%；实际利用外资 40518 万美元，增长 92.8%；实际利用市外资金 636.6 亿元，增长 24.7%；浙商回归到位资金 234.9 亿元，增长 15.0%。

十一　台州市2017年经济社会发展报告

2017年，全市人民在市委、市政府的正确领导下，以习近平新时代中国特色社会主义思想为指导，深入贯彻落实党的十九大和省委省政府各项决策部署，紧紧围绕建设独具魅力的“山海水城、和合圣地、制造之都”目标，拉高标杆，争先进位，着力深化供给侧结构性改革，奋力推进“三大历史任务”，全市经济实现了高质量增长，转型升级取得了新进展，社会事业呈现了新气象，民生保障得到了新提升，圆满完成了年初制定的各项目标任务。

一、台州市2017年经济发展概况

（一）综合经济

1. 经济总量

全市实现生产总值4407.37亿元，按可比价格计算，比上年增长8.1%。其中，第一产业增加值266.59亿元，增长2.9%；第二产业增加值1953.37亿元，增长9.6%；第三产业增加值2187.41亿元，增长7.4%；三次产业结构为6.05 ：44.32：49.63。全市人均生产总值(按户籍人口计算)为73230元，比上年增长7.6%。

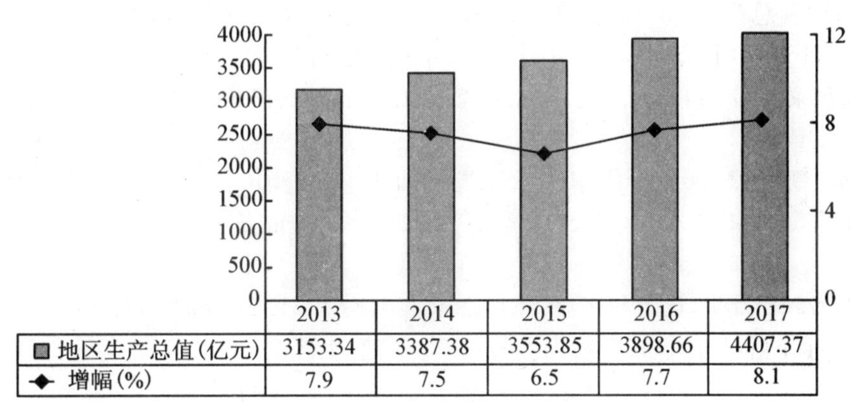

图1　2013—2017年台州市地区生产总值及增长速度

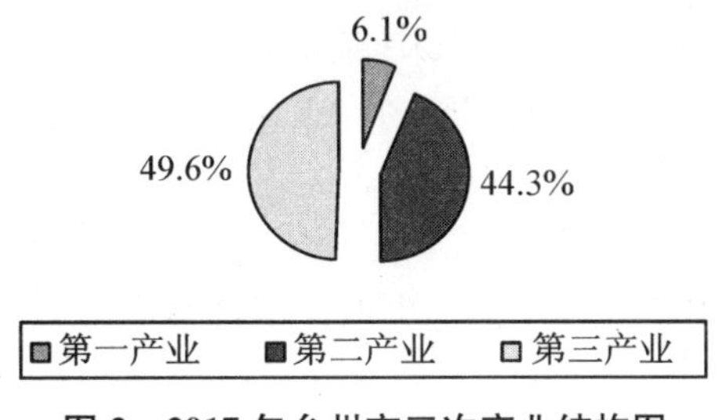

图2　2017年台州市三次产业结构图

2. 财政收入

全年公共财政一般预算总收入656.97亿元，比上年增长12.5%；其中地方财政一般预算收入382.25亿元，增长11.1%。

3. 物价水平

全市居民消费价格总水平比上年上涨2.1%，其中消费品价格上涨1.2%，服务价格上涨3.7%。工业生产者出厂价格比上年上涨 3.2%，工业生产者购进价格比上年上涨 8.2%。

4. 固定资产投资

全市固定资产投资施工项目 5250 个，其中本年新开工项目 3145 个。全年固定资产投资总额 2518.26 亿元，比上年增长 15.5%。其中第一产业完成投资 19.32 亿元，增长 20.9%；第二产业完成投资 915.36 亿元，增长 9.3%；第三产业完成投资 1583.58 亿元，增长 19.4%。固定资产投资中，工业性投资 912.65 亿元，比上年增长 9.2%；基础设施投资 989.50 亿元，增长 33.5%；民间投资 1511.87 亿元，增长 12.3%。

市区内环线建成通车，乐清湾大桥及接线工程基本建成，北航无人机项目首架飞机下线，吉利集团"领克"汽车量产上市；杭绍台高铁全线开工，台州机场改扩建、现代有轨电车、台州市地下综合管廊、吉利临海基地汽车整车生产线扩建、新吉奥新能源汽车、巨科高韧铝合金轮毂等项目开工建设；朱溪水库、杭绍台高速、沿海高速、金台铁路、市域铁路 S1 线等项目加快建设。

（二）农业建设

全市实现农林牧渔业总产值 475.49 亿元，按可比价格计算，比上年增长 2.4%。其中，农业产值 154.27 亿元，增长 5.9%；林业产值 6.80 亿元，增长 6.7%；牧业产值 30.04 亿元，下降 3.8%；渔业产值 279.81 亿元，增长 1.2%；农林牧渔服务业产值 4.58 亿元，增长 6.2%。

全年农作物总播种面积 215.47 千公顷，比上年增长 2.1%。全年粮食作物播种面积 98.99 千公顷，比上年增长 1.8%；粮食总产量 63.75 万吨，增长 1.1%，每公顷单产为 6440 公斤，下降 0.7%。全年非粮食作物播种面积 116.48 千公顷，比上年增长 2.4%。粮食作物与非粮食作物播种面积的比例为 45.9∶54.1。全年蔬菜产量 214.17 万吨，比上年增长 4.7%；油料产量 1.41 万吨，下降 2.3%；水果产量 144.78 万吨，增长 6.4%。

全年完成造林更新面积 1055 公顷，其中人工造林面积 440 公顷。年末实有封山育林面积 31.4 千公顷。全市有林地面积 586.59 千公顷，森林覆盖率为 61.6%。全市有自然保护区（含小区）35 个，面积 9.84 千公顷。

全年生猪出栏 87.12 万头，比上年下降 6.4%；家禽出栏 1731.07 万只，增长 5.9%。全年肉类总产量 11.80 万吨，比上年下降 2.4%，其中猪肉产量 8.93 万吨，下降 3.8%。禽蛋产量 2.78 万吨，比上年下降 19.4%。

全年水产品产量 163.32 万吨，比上年下降 1.3%，其中海洋捕捞产量 103.87 万吨，下降 9.0%；海水养殖产量 49.93 万吨，增长 13.1%。

全市注册登记的农民专业合作社 8011 家，其中省级示范性专业合作社 109 家。全市共认证有机食品 45 个，绿色食品 198 个，国家无公害农产品 258 个，浙江省无公害农产品产（基）地 258 个。市级农业龙头企业共有 244 家，省级农业龙头企业 47 家。

全市完成河道疏浚清淤 534 公里，其中市区 213 公里。治理水土流失面积 35.83 平方公里，新增防渗渠道 188 公里，新增节水灌溉面积 2886 公顷。年末全市拥有农业机械总动力 295.20 万千瓦，全年农村用电量 115.66 亿千瓦时。

（三）工业和建筑业

1. 工业经济

全市实现工业增加值 1684.41 亿元，按可比价格计算，比上年增长 10.8%。全市规模以上工业企业（年主营业务收入 2000 万元及以上工业企业）家数为 3706 家，实现工业增加值 1007.62 亿元，比上年增长 11.6%。

全市规模以上轻工业实现工业增加值 331.49 亿元，比上年增长 6.9%；重工业实现工业增加值

624.40 亿元，增长 14.6%。轻重工业比例为 32.9∶67.1。

全市规模以上工业增加值总量排在前五位的行业中，汽车制造业、通用设备制造业、电力热力生产供应业、医药制造业、橡胶和塑料制品业分别完成工业增加值 142.78 亿元、134.40 亿元、126.14 亿元、84.51 亿元和 82.03 亿元，分别比上年增长 38.6%、13.0%、13.2%、2.4%和 8.3%。

全年规模以上装备制造业实现增加值 487.53 亿元，比上年增长 17.3%；规模以上战略性新兴产业实现增加值 126.30 亿元，增长 12.2%。

全市规模以上工业企业产品产销率为 96.2%；新产品产值 1543.14 亿元，比上年增长 26.0%；新产品产值率为 33.4%，比上年提高 1.7 个百分点。

全市规模以上工业企业实现利税总额（不含台州电业局）445.56 亿元，比上年增长 16.3%，其中利润总额 266.20 亿元，增长 12.7%。

2. 建筑业

全市实现建筑业增加值 256.54 亿元，按可比价格计算，比上年增长 2.5%。资质以上建筑企业完成房屋建筑施工面积 18814.85 万平方米，比上年增长 7.0%；房屋竣工面积 7513.79 万平方米，增长 17.4%。

（四）服务业

1. 国内贸易

全市实现社会消费品零售总额 2235.73 亿元，比上年增长 11.1%，扣除价格因素，实际增长 9.7%。按消费类型分，商品零售额 1986.68 亿元，增长 10.7%；餐饮收入 249.05 亿元，增长 14.1%。按经营地分，城镇零售额 1799.87 亿元，增长 11.2%；乡村零售额 435.86 亿元，增长 10.3%。限额以上批发零售企业中，服装鞋帽针纺织品类、石油及制品类、汽车类、家用电器和音像器材类、粮油食品类零售额分别比上年增长 59.7%、16.0%、11.8%、11.1%和 7.4%。

市场主体活力有效激发。全年新设市场主体 11.16 万家，其中新设企业 2.97 万家，新设个体工商户 8.10 万家。年末在册市场主体 54.12 万家，其中企业 15.55 万家，个体工商户 37.27 万家。

年末全市拥有各类商品交易市场 496 家，成交额 1392 亿元，年成交额超亿元的市场有 137 家。全年网络零售额 945.5 亿元，比上年增长 33.0%。全市已创设淘宝村 143 个，电商产业园 32 个，活跃网络零售网店 6.34 万家，其中活跃天猫网店 2305 家。

2. 交通运输、邮电

全年交通运输、仓储和邮政业增加值为 171.14 亿元，比上年增长 8.0%。

全年完成货物周转量 1814.32 亿吨公里，比上年增长 11.0%；旅客周转量为 75.28 亿人公里，增长 3.4%。全年台州港完成货物吞吐量 7057 万吨，比上年增长 4.2%，其中外贸吞吐量 753 万吨，下降 6.2%；完成集装箱吞吐量 21.3 万标箱，增长 33.0%。民航完成旅客吞吐量 82.20 万人次，货邮吞吐量 6842 吨，分别比上年增长 18.9%和 1.8%。全年铁路发送旅客 1306 万人次，比上年增长 37.8%。

年末全市公路总里程（含村道）12780 公里，其中等级公路 12753 公里，占公路总里程的 99.8%；高速公路 298 公里。年末全市汽车保有量达 148.30 万辆，比上年增加 15.51 万辆；其中私人汽车 135.19 万辆，比上年增加 14.31 万辆。

全年邮电业务收入 74.66 亿元，比上年下降 2.3%。年末国际互联网宽带接入用户 226.26 万户，移动互联网用户 688.85 万户，分别比上年增加 18.80 万户和 82.49 万户。年末移动电话用户为 826.46 万户，比上年增加 55.62 万户；城乡固定电话用户为 92.26 万户，比上年减少 14.56 万户。

全年快递服务企业完成业务量 5.39 亿件，比上年增长 9.3%；完成业务收入 33.19 亿元，下降 3.0%。

3. 旅游业

黄岩柔川、天台南屏景区成功创建国家 4A 级景区，临海桃渚景区列入国家级风景名胜区。全年共接待旅游总人数 10326.13 万人次，比上年增长 15.2%，其中接待国内游客 10275.57 万人次，增长

15.3%;实现旅游总收入 1133.34 亿元,增长 18.3%,其中国内旅游收入 1109.98 亿元,增长 18.3%。全市共有 5A 级旅游区 2 个,4A 级旅游区 13 个,3A 级旅游区 44 个,2A 级旅游区 13 个。共有星级饭店 54 家,客房 8041 间,床位 13166 张。旅行社 157 家,其中星级旅行社 56 家。

4. 金融和保险

年末全市金融机构本外币存款余额 7618.41 亿元,比上年末增长 7.8%,当年新增存款 549.78 亿元。年末本外币住户存款余额 4062.66 亿元,比上年末增长 9.0%,当年新增 333.98 亿元。年末金融机构本外币贷款余额 6412.48 亿元,比上年末增长 10.1%,当年新增贷款 586.45 亿元。年末金融机构本外币存贷款比率为 84.2%,不良贷款率为 0.97%。

全年新增上市公司 11 家,年末已有上市公司 52 家,其中中小板上市公司 24 家,累计融资总额达到 940.77 亿元。当年新三板挂牌企业数 10 家。年末有小额贷款公司 31 家,注册资本金总额 42.4 亿元,全年发放贷款 57.79 亿元。

年末有证券营业部 96 家,全年股票交易额 2.11 万亿元,比上年下降 19.3%。

全年保费总收入 170.30 亿元,其中财产险保费收入 64.10 亿元,人身险保费收入 106.21 亿元。全年各类赔款、给付支出 53.04 亿元,其中财产险支出 35.10 亿元,人身险支出 17.94 亿元。

5. 房地产业

全年房地产开发完成投资 461.03 亿元,比上年增长 8.7%。房屋施工面积 3323.14 万平方米,比上年下降 0.7%;房屋竣工面积 448.78 万平方米,下降 20.1%。全年商品房销售面积 829.39 万平方米,比上年增长 25.3%,其中住宅销售面积 622.76 万平方米,增长 17.2%。

(五) 对外经济

1. 对外贸易

全年外贸进出口总额 1577.89 亿元,比上年增长 20.4%,增速比上年提高 20.6 个百分点。其中出口总额 1379.47 亿元,增长 18.0%;进口总额 198.42 亿元,增长 40.3%。全年外贸企业出口 240.48 亿元,比上年增长 47.5%;三资企业出口 129.13 亿元,增长 16.0%;生产企业出口 1009.87 亿元,增长 12.8%。在出口总额中,一般贸易出口 1276.16 亿元,比上年增长 18.1%;加工贸易出口 103.0 亿元,增长 17.0%。全年高新技术产品出口增长 9.3%,机电产品出口增长 19.1%。全市对"一带一路"沿线国家出口 484.76 亿元,比上年增长 18.7%。全年有进出口实绩企业 5558 家,比上年增加 325 家。出口国家和地区为 227 个,比上年增加 15 个。

2. 对外经济

全年新批外商投资项目 48 个,总投资 15.95 亿美元,合同利用外资 7.78 亿美元,实际利用外资 4.43 亿美元。

全年新批境外投资企业 31 家,中方投资额 5.01 亿美元。全市境外投资项目 625 个,中方累计投资额 14.45 亿美元。

3. 服务外包

全年服务贸易进出口总额 110.0 亿元,比上年增长 10.2%,其中出口额 63.7 亿元,增长 28.4%。全年服务外包离岸合同执行额 5681 万美元,增长 17.0%。

二、台州市 2017 年社会发展概况

(一) 人口、人民生活

全市户籍总人口 603.53 万人,其中男性人口 308.28 万人,女性人口 295.26 万人,男女性别比为 104.4∶100。全年共出生 7.67 万人,死亡 4.03 万人,人口出生率为 12.74‰,死亡率为 6.70‰,人口自然增长率 6.04‰。市区户籍人口 161.42 万人。据 2017 年 5‰人口变动抽样调查,年末全市常住人口

611.8 万人，城镇人口比重为 62.2%。

全市全体居民人均可支配收入 40439 元，比上年增长 9.5%，扣除价格因素实际增长 7.3%。城镇常住居民人均可支配收入 51374 元，增长 8.9%，扣除价格因素实际增长 6.7%；农村常住居民人均可支配收入 25369 元，增长 9.5%，扣除价格因素实际增长 7.3%。城乡居民收入差距倍数为 2.03。全体居民人均生活消费支出 27222 元，比上年增长 8.3%。城镇常住居民和农村常住居民人均生活消费支出分别为 32514 和 19929 元，增长 8.3%和 7.2%，扣除价格因素实际增长 6.1%和 5.0%。

年末城镇常住居民和农村常住居民人均现住房建筑面积分别为 49.05 平方米和 57.75 平方米。城乡居民每百户家庭家用汽车、空调、家用电脑等高档耐用消费品拥有量继续增加。

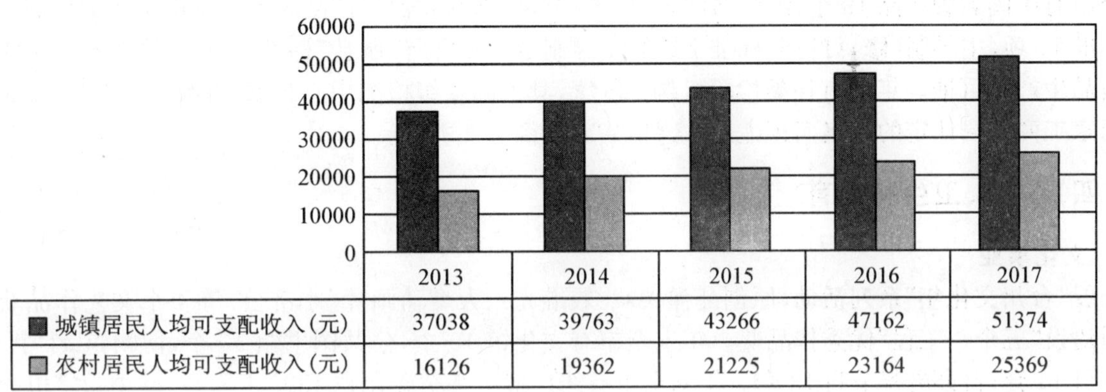

	2013	2014	2015	2016	2017
城镇居民人均可支配收入(元)	37038	39763	43266	47162	51374
农村居民人均可支配收入(元)	16126	19362	21225	23164	25369

图 3　2013—2017 年台州市城乡居民收入对比一览

（二）就业与社会保障

1. 就业

全年城镇新增就业人数 12.15 万人，帮助 3.68 万名城镇失业人员实现再就业。全年创业培训 4071 人。年末城镇登记失业率为 2.05%。

2. 社会保障

异地就医结算实现全国联网，统一椒江、黄岩、路桥和临海、温岭“三区两市”城乡医保待遇，社保一体化有序推进。年末全市城镇职工基本养老保险(含被征地农民)、基本医疗保险、工伤保险、生育保险和失业保险参保人数分别达到 227.09 万人、135.81 万人、181.95 万人、87.23 万人和 97.59 万人。全市有 208.75 万人参加城乡居民社会养老保险，有 465.53 万人参加城乡居民医疗保险。全年收缴各类保险基金 426.60 亿元，支出 334.18 亿元。

市儿童福利院开院运行。全市城乡居民最低生活保障人数为 10.16 万人，全年共投入低保资金 4.71 亿元。低保对象月人均补助为 388 元。全市农村“五保”对象集中供养率 99.6%，城镇“三无”人员供养率 100%。全市共有各类养老机构 316 个，床位 49051 张，年末在院老人 22878 人。全市有城乡社区居家养老服务照料中心 3960 家。全年共支出医疗救助资金 1.37 亿元，医疗救助 33.18 万人次。全年发行各类福利彩票 14.22 亿元。

（三）教育和科学技术

1. 教育事业

加快引进优质教育资源，成功引进北京大学、北京师范大学、北京航空航天大学等优质教育资源。市区普通高中一体化改革取得实质性成果。全市有幼儿园 1234 所，在园幼儿 21.65 万人；普通小学 352 所，在校生 45.34 万人；初中 207 所，在校生 21.28 万人；高中 70 所，中等职业学校 22 所，高中段在校生

16.02 万人，初升高比例 99.02%。全市特殊教育学校招生（不含随班就读）198 人，在校生 1161 人。全市全日制普通高校招生 10715 人，在校生 34728 人，成人高校在校学生 32070 人。

2. 科技与创新

北大科技园、台州耶大基因与细胞治疗研究院正式运行。全市实现规模以上高新技术产业增加值 458.15 亿元，比上年增长 16.7%。全市共有省级企业研究院 86 家，省级高新技术研发中心 335 家，国家重点扶持的高新技术企业 586 家，省级科技型中小企业 3047 家。众创平台建设成效明显，建成市级以上众创空间 14 个，其中国家级 2 个，省级 5 个。全年申请专利 28071 件，专利授权 19143 件，其中发明 1844 件。全年共签订各类技术合同 1675 项，技术交易额 104.28 亿元。

全市有中国名牌产品 19 个，浙江名牌产品 286 个，地理标志保护产品 3 个。全市企业主导制（修）订国家标准 11 项，主导制（修）订行业标准 10 项，主导制定发布“浙江制造”标准 17 项。全市有 547 家单位取得食品生产许可证。年末有各类检验机构 128 家，其中国家级检测中心 2 家，省级质检中心 12 家。全市被国家工商总局认定的驰名商标达到 57 件，省着名商标 360 件。

（四）文化、卫生和体育

1. 文化事业

开展“台州文化年”系列活动，原创乱弹大戏《戚继光》、大型动画片《小济公》等 4 个文艺作品获省精神文明建设“五个一工程”优秀作品奖。年末全市有文化馆 10 个，公共图书馆 10 个，博物馆 41 个，自办广播节目 15 套，自办电视节目 13 套。年末全市有线广播电视覆盖用户 189.06 万户，其中数字电视实际用户 138.45 万户。全年广播节目播出时间 68381 小时，电视节目播出时间 40781 小时。广播人口综合覆盖率和电视人口综合覆盖率分别为 100%和 99.83%。全市共建成农村文化礼堂 1206 家，其中当年新建 273 家。年末全市拥有国家级非物质文化遗产项目 15 项，省级 106 项，市级 325 项。

2. 卫生事业

推进“健康台州”建设，创新实施“健康一卡通”项目，深化医疗资源“双下沉、两提升”和分级诊疗制度，探索实施按疾病分组医保支付方式。年末全市有各类医疗卫生机构 3601 家，其中社区卫生服务机构 384 家。大力推动社会办医，全市共有民营医院 70 家。全市医疗卫生机构床位 28289 张，各类卫生技术人员 42582 人，其中执业医生和执业助理医生 17235 人，注册护士 17150 人。每千人拥有卫生技术人员 7.06 人，其中医生 2.86 人。全市甲乙类传染病发病率为 212.12/10 万。全市五岁以下儿童死亡率 3.19‰，其中婴儿死亡率 2.19‰，户籍孕产妇死亡率 7.67/10 万。全年有 4.78 万人次参加无偿献血。农村自来水普及率 99.2%，卫生户厕普及率 97.96%。

3. 体育事业

成功举办第三届台州国际马拉松比赛，“2017 台马”被中国田径协会评为金牌赛事。承办了全国跳绳锦标赛、“中国杯”国际软式网球锦标赛、2017 全国竞技空手道冠军赛等赛事。全市运动员参加国际国内各项赛事取得了较好成绩，共夺得国际比赛金牌 4 枚、银牌 3 枚、铜牌 7 枚，全国、全省比赛金牌 338.5 枚、银牌 334 枚、铜牌 394 枚。全市共建有市、县级体育社团 250 个。全年销售各类体育彩票 10.34 亿元。

（五）环境保护

全市万元生产总值综合能耗预计比上年下降 1.1%。主要污染物化学需氧量、氨氮、二氧化硫、氮氧化物排放量预计分别比上年下降 9.5%、9.3%、8.78%和 6.9%。全市省控以上断面Ⅰ—Ⅲ水质断面占比 61.5%，地表水满足水域功能达标率为 70%，城市空气综合污染指数 3.37，比上年下降 0.28。城镇生活污水集中处理率为 93.53%，城镇生活垃圾无害化处理率为 99.92%。市区 PM2.5 年均浓度为 33 微克/立方米，比上年下降 3 微克/立方米；市区环境空气质量达到二级标准以上的天数有 344 天，占全年总天数的 94.2%。

（六）社会安全

全市共发生各类生产经营性安全事故282起，死亡264人，受伤86人。

三、台州市在泛长三角地区经济发展中的地位

2017年是本届政府任期的第一年。市政府认真贯彻落实省委省政府和市委的决策部署，坚定不移沿着“八八战略”指引的路子走下去，围绕建设独具魅力的“山海水城、和合圣地、制造之都”目标，拉高标杆、争先进位，勇当排头兵、再创新辉煌，奋力推进“三大历史任务”，圆满完成了市五届人大一次会议确定的目标任务，取得了新世纪以来最好的成绩单，多项主要指标增速全省领先。

（一）地区生产总值

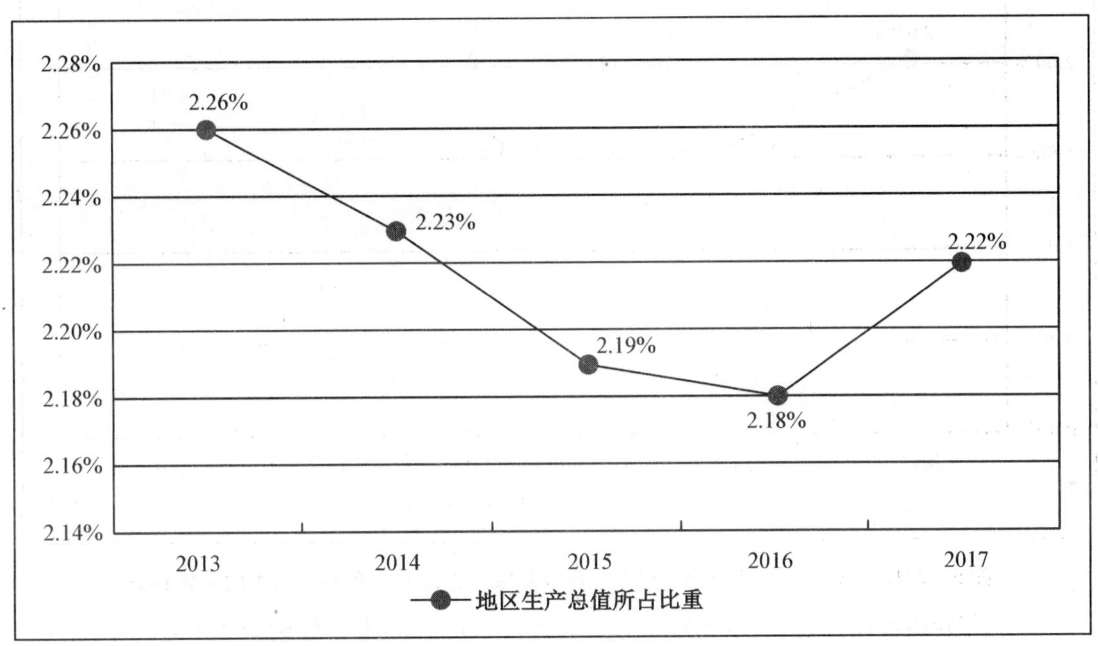

图4　2013—2017年台州市地区生产总值在泛长三角
（苏浙两省24个地级市、安徽省16个地级市和上海市，下同）所占比重的变化趋势

2013—2017年，台州市地区生产总值在泛长三角所占比重分别为2.26%、2.23%、2.19%、2.18%和2.22%，2017年逆势上扬，2017年较上年上升了0.04个百分点，五年累计下降了0.04个百分点。2017年台州市地区生产总值在泛长三角地区41个市中排名第16位，与2016年持平。

2017年，全市实现生产总值4388.22亿元，首次突破4000亿元大关，按可比价格计算，比上年增长8.1%。GDP增速排名虽然与2016年持平，居全省第四位，但增速比2016年同期提高了0.4个百分点。其中，第一产业实现增加值268.26亿元，增长2.8%；第二产业实现增加值1938.37亿元，增长9.6%；第三产业实现增加值2181.59亿元，增长7.5%。

各县域的GDP总量情况来看，地区间的差距也是挺大的，温岭市的GDP当属全市最高，达到了990.36亿元，增速为7.9%。处在第二、第三位次的两县域在总量上差距极小，分别是：路桥区601.54亿元、临海市600.25亿元，路桥区的经济GDP增速达到10.4%，增速上居全市县域首位，临海市则为8.0%。在五到六百亿区间内的也有两个县域，分别是：椒江区551.18亿元、玉环县529.83亿元，这两地的GDP位居全市县域的第四和第五位。黄岩区的GDP为450.12亿元，位居全市县域的第六位，继黄岩区之后的三县，其GDP总量均在三百亿元以下，属于一个梯队，具体是：天台县227.71亿元、仙居

县211.13亿元、三门县210.49亿元。

从各县(市、区)情况看,人均GDP超1万美元的县(市、区)共有5个,比2016年增加1个。2017年,台州全体居民人均可支配收入为40439元,比上年增长9.5%,首次突破四万元大关。扣除物价因素影响,实际增长7.3%。其中,城镇常住居民人均可支配收入为51374元,比上年增长8.9%,首次跃上五万元,扣除物价因素影响,实际增长6.7%;农村常住居民人均可支配收入为25369元,比上年增长9.5%,扣除物价因素影响,实际增长7.3%。全省比较,台州城乡居民收入水平居于中间,分别比全省平均水平高113元和413元;增长速度处于前列,均居设区市第三位。

(二)地方财政一般预算收入

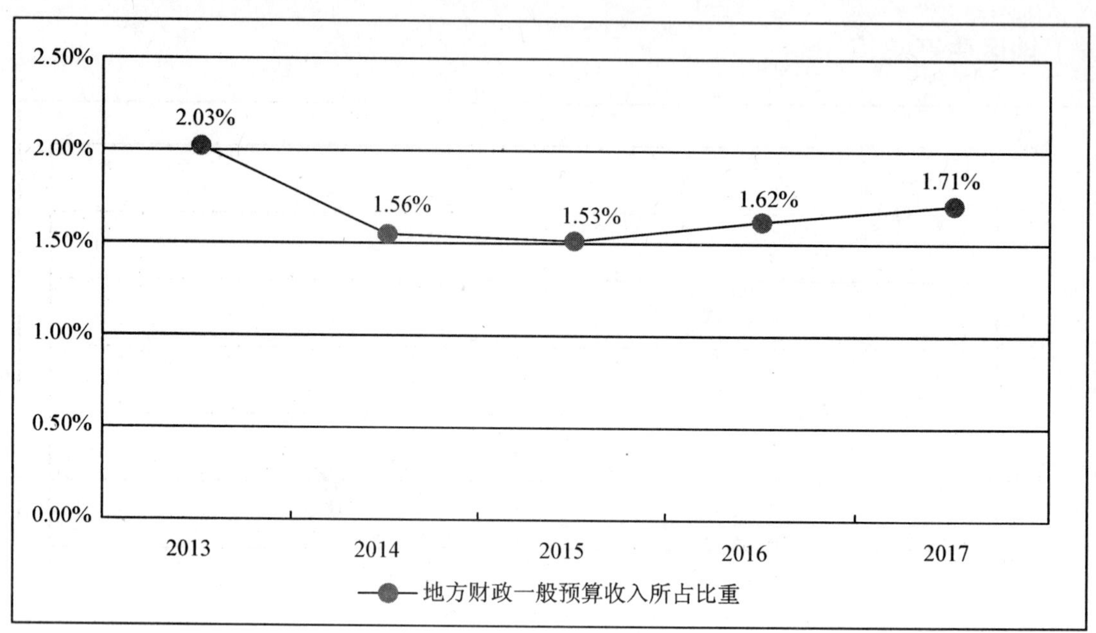

图5 2013—2017年台州市地方财政一般预算收入在泛长三角所占比重的变化趋势

2013—2017年台州市地方财政一般预算收入在泛长三角所占比重分别为2.03%、1.56%、1.53%、1.62%和1.71%,2017年轻微上扬,2017年较2013年减少了0.32个百分点,较上年增加了0.09个百分点。2017年台州市地方财政一般预算收入在泛长三角地区41个市中排名第14位,较上年上升了两位。

2017年,全市实现财政总收入656.97亿元,首次突破600亿元大关,比2016年增长12.5%。全年公共财政一般预算总收入656.97亿元,比上年增长12.5%;其中地方财政一般预算收入382.25亿元,增长11.1%。

(三)工业生产总值

2013—2017年台州市工业生产总值在泛长三角所占比重分别为2.392%、2.205%、2.104%、2.164%和2.244%。2017年较2013年减少了0.15个百分比。2017年台州市工业生产总值在泛长三角地区41个市中的排名第18位。

工业生产稳中有进。全市实现工业增加值1684.41亿元,按可比价格计算,比上年增长10.8%。全市规模以上工业企业(年主营业务收入2000万元及以上工业企业)家数为3706家,实现工业增加值1007.62亿元,比上年增长11.6%。

全市规模以上轻工业实现工业增加值331.49亿元,比上年增长6.9%;重工业实现工业增加值624.40亿元,增长14.6%。轻重工业比例为32.9∶67.1。全市规模以上工业增加值总量排在前五位的行业中,汽车制造业、通用设备制造业、电力热力生产供应业、医药制造业、橡胶和塑料制品业分别完成

工业增加值142.78亿元、134.40亿元、126.14亿元、84.51亿元和82.03亿元，分别比上年增长38.6%、13.0%、13.2%、2.4%和8.3%。全年规模以上装备制造业实现增加值487.53亿元，比上年增长17.3%；规模以上战略性新兴产业实现增加值126.30亿元，增长12.2%。全市规模以上工业企业产品产销率为96.2%；新产品产值1543.14亿元，比上年增长26.0%；新产品产值率为33.4%，比上年提高1.7个百分点。全市规模以上工业企业实现利税总额（不含台州电业局）445.56亿元，比上年增长16.3%，其中利润总额266.20亿元，增长12.7%。

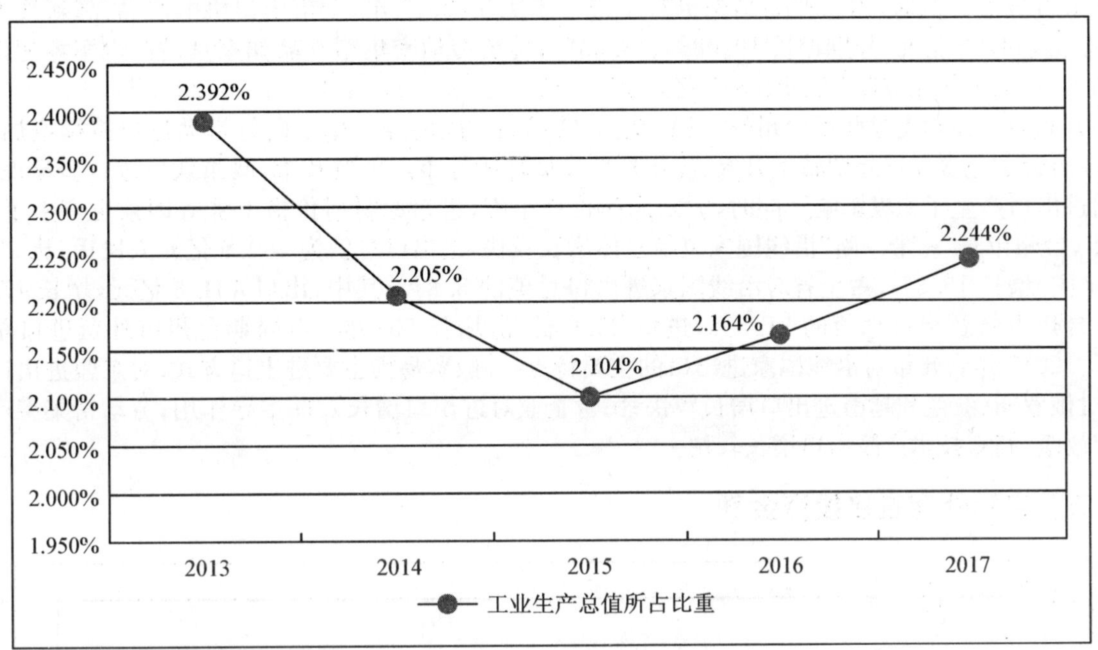

图6　2013—2017年台州市工业生产总值在泛长三角所占比重的变化趋势

（四）进出口总额

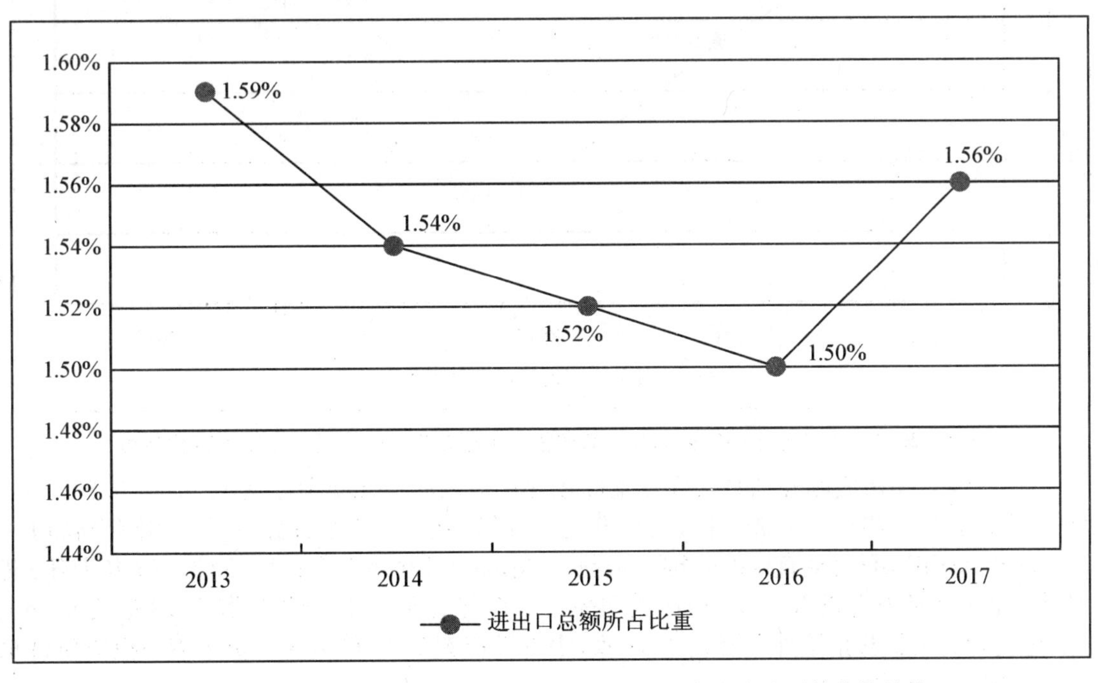

图7　2013—2017年台州市进出口总额在泛长三角所占比重的变化趋势

2013—2017 年台州市进出口总额在泛长三角所占比重分别为 1.59%、1.54%、1.52%、1.50%和 1.56%，2017 年较上年增加了 0.06 个百分点，较 2013 年减少了 0.03 个百分数。2017 年台州市进出口总额在泛长三角地区 41 个市中排名第 13 位，与 2016 年比下降一位。

2017 年，台州市实现进出口总额 1577.9 亿元人民币，比 2016 年同期(下同)增长 20.4%，进出口增速快于全省 5.1 个百分点，位列全省第三。其中，出口额达到 1379.5 亿元，增长 18.0%；进口 198.4 亿元，增长 40.3%。全市外贸出口体量大，占全市总进出口值的 87.4%，出口增速达 18%，高于全省平均水平 8 个百分点。同时，出口产品结构也有了进一步优化，2017 年，全市出口机电产品、高新技术产品 770.5 亿元、147.2 亿元，分别增长 19.08%、18.33%；传统劳动密集型产品如家具、鞋、汽车零配件等产品分别出口 77.8 亿元、77.2 亿元、68.7 亿元，增长 11.41%、9.92%和 14.11%。2017 年，

多方面因素共同支撑此番台州外贸稳步增长的局面。国内经济稳中向好带动进口持续增加，与此同时，还出台了包含促进外贸转型升级、优化外贸发展环境等重点外贸政策，政策效应进一步显现，对扩大台州进出口产生了积极影响。同时，大宗商品价格上涨、进口原材料价格上涨等因素也产生了影响。2017 年，台州市对"一带一路"沿线国家贸易总体增长较快，进出口总值为 459.9 亿元人民币，比 2016 年同期(下同)增长 19.3%，占全省对沿线国家进出口总值的 5.8%；其中，出口 434.3 亿元，增长 17.7%，占同期台州市外贸出口总值的 31.5%，进口 25.6 亿元，增长 55.9%，占同期台州市外贸进口总值的 12.9%。2017 年台州市对沿线国家进出口的主要特点：一般贸易为主要进出口方式；对东盟进出口占比最大，对俄罗斯、波兰和越南进出口增长较快；民营企业对进出口增长发挥主导作用；劳动密集型产品出口增速放缓，高新技术产品出口增长较快。

(五) 实际外商直接投资金额

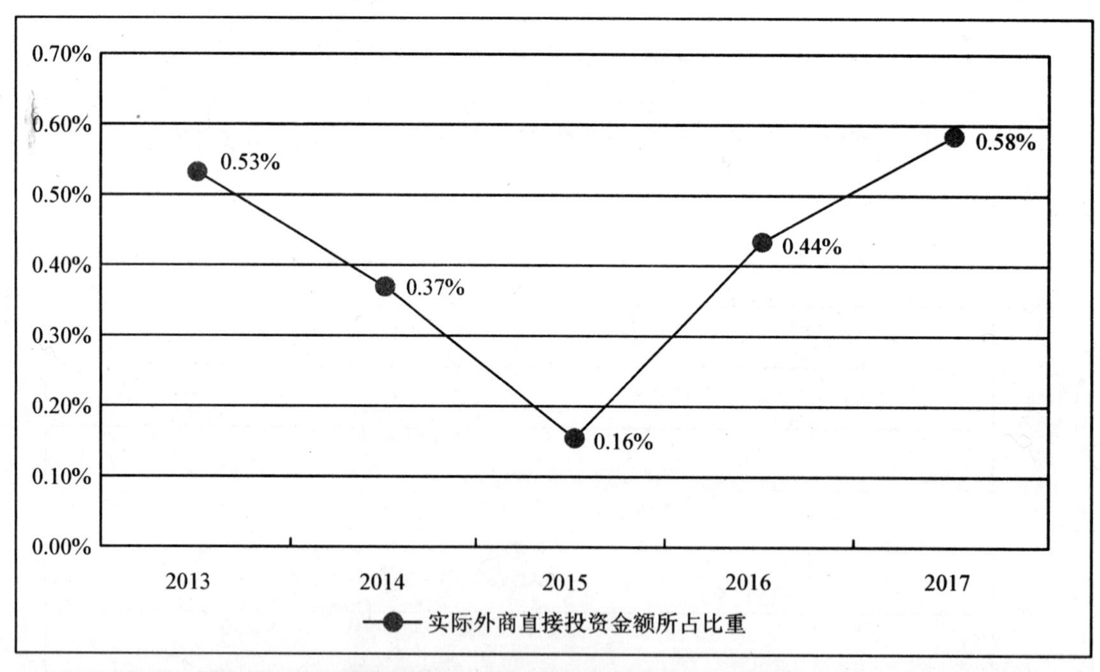

图 8　2013—2017 年台州市实际外商直接投资金额在泛长三角所占比重的变化趋势

2013—2017 年台州市实际外商直接投资金额在泛长三角所占比重分别为 0.53%、0.37%、0.16%、0.44%和 0.58%，2016 年以来逆势上扬，2017 年比上年增加了 0.14 个百分点，较 2013 年增加了 0.05 个百分点。2017 年台州市实际外商直接投资金额在泛长三角地区 41 个市中排名第 28 位，较上年上升了四位。

2017 年，全年新批外商投资项目 48 个，总投资 15.95 亿美元，合同利用外资 7.78 亿美元，实际利用外资 4.43 亿美元。全年新批境外投资企业 31 家，中方投资额 5.01 亿美元。全市境外投资项目 625 个，中方累计投资额 14.45 亿美元。

十二　丽水市2017年经济社会发展报告

2017年,全市上下认真贯彻落实党的十九大精神,以习近平新时代中国特色社会主义思想为引领,围绕"打好五张牌、培育新引擎、建设大花园"的新定位新要求,全面推进"绿色发展、科学赶超、生态惠民",大力实施生态保护、绿色发展、美丽丽水、民生改善、改革创新五大行动,全市经济稳中向好,社会和谐稳定,较好完成年初确定的各项目标和任务。

一、丽水市2017年经济发展概况

(一)综合经济

1. 经济总量

2017年地区生产总值(GDP)1298.20亿元,比上年增长6.8%。其中,第一产业增加值99.45亿元,第二产业增加值556.96亿元、第三产业增加值641.79亿元,分别增长3.7%、6.3%和7.7%,第三产业对GDP的增长贡献率为53.0%。三次产业结构由上年的7.9∶44.9∶47.2调整为7.7∶42.9∶49.4。人均GDP(按常住人口计算)为59674元(按年平均汇率折算为8838美元),增长5.6%。

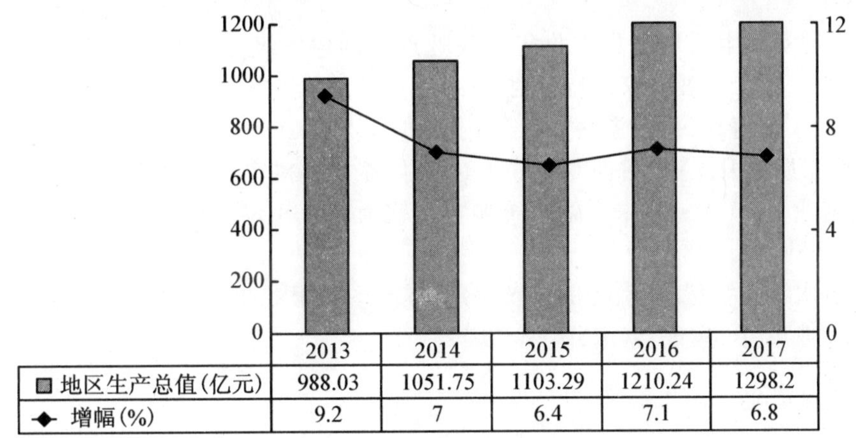

图1　2013—2017年丽水市地区生产总值及增长速度

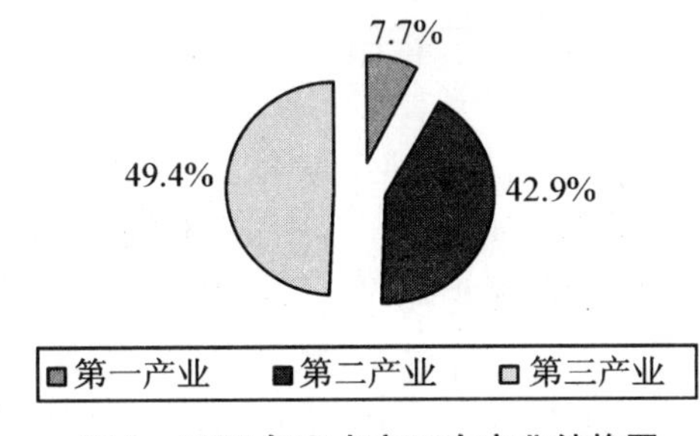

图2　2017年丽水市三次产业结构图

2. 财政收支

2017年财政总收入180.46亿元,比上年增长9.5%;财政一般公共预算收入112.91亿元,同口径增长11.5%。民生保障水平进一步提高,一般公共预算民生类支出299.37亿元,增长12.9%。

3. 物价水平

2017年市区居民消费价格总水平比上年上涨1.5%,其中:消费品价格同比上涨1.2%,服务价格同比上涨2.1%,工业品价格上涨2.4%。商品零售价格上涨1.7%。

4. 固定资产投资

2017年固定资产投资903.84亿元,比上年增长11.5%。其中,民间投资499.36亿元,占比55.2%。

在固定资产投资中,第一产业投资19.53亿元,比上年增长1.5%;第二产业投资213.38亿元,增长7.3%;第三产业投资670.93亿元,增长13.2%。投资项目2857个,比上年增长18.7%,其中新开工项目1940个,增长16.6%。

(二)农业和农村建设

2017年粮食播种面积82.97千公顷,比上年下降1.8%;粮食总产量45.67万吨,比上年下降0.4%。油菜籽播种面积7.93千公顷,下降1.4%;蔬菜47.51千公顷,增长0.6%;花卉苗木1.28千公顷,增长6.3%;中药材4.77千公顷,增长3.4%;果用瓜3.09千公顷,增长1.4%。

2017年新建粮食生产功能区70个,累计建成粮食生产功能区511个,总面积45万亩。累计建成现代农业园区89个,总面积76.87万亩。其中,现代农业综合区13个,主导产业示范区28个,特色农业精品园48个。

新培育农产品旅游地商品生产经营主体234家、农产品旅游地商品292个,实现营销额32.3亿元。新增绿色、有机和无公害认证农产品132个,新增地理标志农产品2个。"丽水山耕"区域公用品牌背书农产品累计达695个。

年末,建制村全部实现生活垃圾集中收集有效处理。创建省级美丽乡村示范县1个、示范乡镇10个、特色精品村29个。累计发展农家乐特色村193个,特色点(各类农庄、山庄、渔庄)297个,经营农户3881户。全年农家乐(民宿)共接待游客2787.8万人次,增长25.6%;实现营业收入31.2亿元,增长34.0%。"千万农民素质提升工程"培训67206人,其中,各类农村实用人才16579人,农村富余劳动力8428人,实现转移就业6785人。年末金融系统涉农贷款余额868.87亿元,增长7.1%。林权抵押贷款余额达60.79亿元,增长11.1%。

2017年,新增丽水绿谷智慧小镇、青田千峡小镇、遂昌汤显祖戏曲小镇、云和木玩童话小镇等4个省级创建小镇,累计达到12个,实现县(市、区)全覆盖。

(三)工业和建筑业

1. 工业及工业建设

2017年规模以上工业增加值增长5.7%。销售产值增长9.5%,其中出口交货值增长19.7%。

规模以上工业中,高技术、高新技术产业、装备制造业、战略性新兴产业增加值分别增长20.7%、13.7%、12.8%、4.2%,占规模以上工业的4.1%、25.7%、27.0%、10.5%,规模以上工业新产品产值率36.6%,比上年提高2.5个百分点。十大传统制造业产业增加值增长5.9%。

规模以上工业企业实现利润比上年下降4.8%。其中,高新技术、装备制造和战略性新兴产业利润总额分别增长14.9%、0.9%和4.7%。劳动生产率20.17万元/人,比上年提高8.3%。

2. 建筑业

2017年建筑业增加值95.27亿元,比上年增长4.5%。具有资质的总承包和专业承包建筑业企业总产值360.7亿元,增长13.7%。

(四)服务业

1. 国内贸易

2017年社会消费品零售总额635.96亿元,比上年增长11.3%。按经营地统计,城镇消费品零售额506.15亿元,增长11.9%;乡村消费品零售额129.82亿元,增长8.7%。按消费类型统计,商品零售额

544.14 亿元，增长 8.9%；餐饮收入额 91.82 亿元，增长 27.4%。网络零售额 259.8 亿元，增长 39.4%；居民网络消费 162.5 亿元，增长 31.9%。

年末已登记商品交易实体市场 100 个，交易额为 336.35 亿元，比上年下降 5.3%。其中，1 亿元以上市场 43 个，成交额 306.20 亿元；10 亿元以上市场 10 个，成交额 212.63 亿元。

2. 交通运输、邮电

2017 年交通运输、仓储和邮政业增加值 41.89 亿元，比上年增长 4.9%。

年末，全市公路总里程 15538 公里，其中高速公路 419 公里。公路和水运完成货物周转量 78.44 亿吨公里，比上年增长 5.4%；公路和水运旅客周转量 12.28 亿人公里，下降 18.0%。铁路客运量 578.03 万人，增长 21.1%；货运量 188.80 万吨，增长 27.2%。

年末，全市民用汽车保有量 35.89 万辆，比上年末增长 11.8%，其中个人汽车 32.96 万辆，增长 12.3%。民用轿车保有量 31.39 万辆，增长 12.6%，其中个人轿车 29.72 万辆，增长 12.9%。

2017 年全市邮政企业和规模以上快递服务企业业务收入累计完成 10.03 亿元，增长 13.9%；业务总量 22.34 亿元，同比增长 22.0%。

年末，移动电话用户 267.95 万户，其中使用 3G、4G 移动电话用户 233.41 万户。固定互联网宽带接入用户 76.60 万户，增加 10.34 万户。移动互联网用户 214.89 万户，增加 38.61 万户。全市快递业务量 8502.79 万件，比上年增长 13.6%。

3. 旅游业

2017 年实现旅游总收入 644.37 亿元，增长 20.3%。其中国内旅游收入 572.67 亿元，增长 20.7%；旅游外汇收入 10.62 亿美元，增长 15.3%。2017 年成功创建龙泉宝溪景区 1 家 4A 级景区，累计创建 20 家 4A 级景区。

4. 金融和保险

年末，全市金融机构本外币各项存款余额 2309.08 亿元，比上年末增长 7.4%，其中人民币存款余额增长 8.6%。年末住户本外币存款余额 1392.75 亿元，增长 9.8%。全部金融机构本外币各项贷款余额 1734.07 亿元，增长 11.5%，其中人民币贷款余额增长 11.6%。年末主要农村金融机构人民币贷款余额 382.66 亿元，比年初增加 46.26 亿元。

年末境内上市公司 3 家，累计融资 40 亿元。其中，主板上市公司 1 家，占全省主板上市公司的 0.2%；中小板上市公司 2 家，占全省中小板上市公司的 1.6%。

2017 年保险业实现保费收入 48.51 亿元，比上年增长 11.9%。其中，财产险保费收入 17.98 亿元，增长 4.6%；人身险保费收入 30.53 亿元，增长 16.7%。支付各类赔款及给付 16.51 亿元，下降 2.8%。其中，财产险赔付支出 10.89 亿元，人身险赔付支出 5.62 亿元。

5. 房地产业

2017 年房地产开发投资 190.46 亿元，比上年增长 13.6%，其中住宅投资 127.12 亿元，增长14.5%。商品房销售面积 265.75 万平方米，增长 10.4%；商品房销售额 244.15 亿元，增长 17.5%。

（五）对外经济

1. 对外贸易

2017 年全市货物进出口总额 222.84 亿元，比上年下降 1.4%。其中，出口 205.00 亿元，下降1.8%；进口 17.84 亿元，增长 3.9%。对“一带一路”沿线主要国家出口 77.75 亿元，增长 4.5%。

2017 年服务贸易进出口额 93.95 亿元，比上年增长 12.7%，其中，出口 78.50 亿元，增长 16.1%。服务贸易进出口额占货物和服务贸易总额的 29.7%，比重比上年提高 2.7 个百分点。

2. 外资状况

新设外商直接投资项目 25 个，比上年减少 11 个；合同外资 3.68 亿美元，实际利用外资 2.17 亿美元，分别增长 11.8%和下降 2.1%。

二、丽水市 2017 年社会发展概况

（一）人口、人民生活

2017 年末，全市户籍人口 269.27 万人，其中，城镇人口 80.11 万人，乡村人口 189.17 万人；男性人口 138.41 万人，女性人口 130.86 万人，分别占总人口的 51.4%和 48.6%。全年出生人口 39205 人，出生率为 14.59‰；死亡人口 24649 人，死亡率为 9.18‰；自然增长率为 5.42‰。

2017 年全市居民人均可支配收入 29329 元，比上年增长 9.6%，扣除价格因素增长 8.0%。按常住地分，城镇常住居民和农村常住居民人均可支配收入分别为 38996 元和 18072 元，分别名义增长 8.4%和 9.8%，扣除价格因素分别增长 6.8%和 8.2%。

全市居民人均生活消费支出 21568 元，比上年名义增长 8.2%。其中，城镇常住居民和农村常住居民人均生活消费支出分别为 27017 元和 15222 元，增长 6.8%和 9.2%。

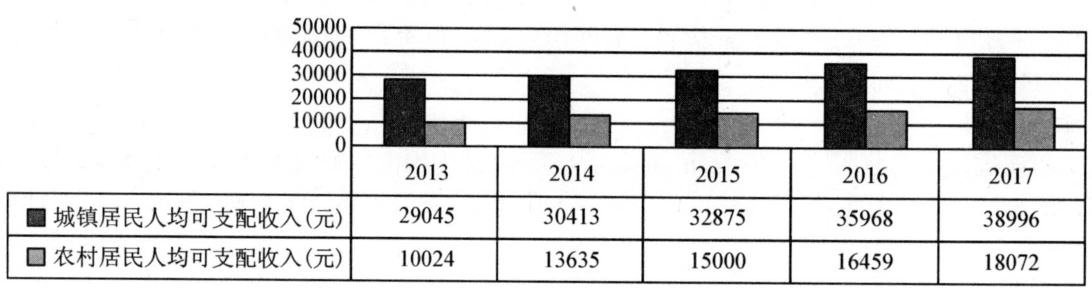

	2013	2014	2015	2016	2017
城镇居民人均可支配收入(元)	29045	30413	32875	35968	38996
农村居民人均可支配收入(元)	10024	13635	15000	16459	18072

图 3　2013—2017 年丽水市城乡居民收入对比一览

年末城镇常住居民人均住房建筑面积 45.5 平方米，比上年末增加 1.3 平方米；农村常住居民人均住房建筑面积 60.7 平方米，增加 2.5 平方米。年末每百户城镇居民家用汽车拥有量 35.2 辆，比上年末增加 1.2 辆；每百户农村居民家用汽车拥有量 17.7 辆，增加 3.4 辆。

（二）就业与社会保障

1. 就业

2017 年新增城镇就业 18386 人，其中 7795 名城镇失业人员实现再就业，2605 名就业困难人员实现就业。年末城镇登记失业率为 2.66%，比上年下降 0.21 个百分点。

2. 社会保障

年末全市参加企业基本养老保险人数 68.60 万人，比上年末增加 5.75 万人；参加城镇职工基本医疗保险人数 42.04 万人，比上年末增加 1.95 万人；参加失业保险人数 23.13 万人，比上年末增加 0.3 万人；参加工伤保险人数 78.16 万人，比上年末增加 11.5 万人；参加生育保险人数 26.79 万人，比上年末增加 1.38 万人。被征地农民基本生活保障累计参保人数 3.02 万人。正常缴费企业职工基本养老保险退休人员月人均养老金 2123 元；城乡居民养老保险基础养老金最低标准 135 元。

年末在册低保对象 8.56 万人，其中，城镇 0.73 万人，农村 7.83 万人。城乡低保平均标准分别为每人每月 378.17 元和 302.37 元，分别增长 2.9%和 14.2%。新增各类机构养老床位数 1362 张，新建成社区居家养老服务照料中心 246 个。

2017 年发行各类福利彩票 5.24 亿元，筹集公益金 1.44 亿元。

2017 年新开工保障性安居工程住房 5374 套，竣工保障性安居工程住房 5489 套。

（三）教育和科学技术

1. 教育事业

年末，全市小学 214 所，招生 2.53 万人；在校生 16.24 万人，比上年减少 2.5%。初中 74 所，招生 2.82 万人；在校生 7.82 万人，比上年增加 4.5%。全市各类中等职业教育学校 17 所，招生 0.96 万人，在校生 2.93 万人。普通高中 22 所，招生 1.16 万人，在校生 3.38 万人，毕业生 1.07 万人。

全市共有普通高校 3 所（含独立学院及筹建院校）。本科、专科招生比例为 54.4%、45.6%；高考录取率为 93.33%，高等教育毛入学率为 50.89%。

义务教育中小学专任教师 1.57 万人，比上年增长 1.2%。双师型教师占专任教师和专业课教师的比例分别为 45.9%和 81.3%。普通高等学校专任教师中具有硕士以上学位教师比例为 36.5%。

全市幼儿园 487 所，比上年减少 6.6%。在园幼儿 7.95 万人，比上年增长 2.1%。幼儿园专任教师 0.51 万人，比上年增加 146 人；幼儿教师学历合格率为 99.78%。

2. 科技与创新

新认定高新技术企业 45 家，累计 289 家。新培育科技型中小企业 195 家，累计 690 家。全年专利申请量 1.09 万件，比上年增长 37.0%；授权量 0.57 万件，增长 15.2%，其中发明专利授权量 333 件，增长 2.2%。财政一般公共预算支出中科技支出 7.27 亿元，比上年增长 14.3%。新增“浙江制造”标准 6 个。有效期内年末累计省名牌产品 96 个，比上年增加 1 个。

全年有 44 家企业获得 205 张 3C 证书。法定计量技术机构 9 个，全年强制检定计量器具 22.2 万台件。157 家企业获得了管理体系认证。

（四）文化、卫生和体育

1. 文化事业

全市公共图书馆 10 个，文化馆 10 个，文化站 173 个，博物馆 18 个。有线广播电视用户数 46.2 万户，比上年下降 8.6%。

全市综合档案馆 10 个。馆藏各类档案 1728 个全宗，共计 139 万卷 118.9 万件，其中已开放全宗 1257 个，共计 80.1 万卷。

2. 卫生事业

年末，全市卫生机构 1699 个（含村卫生室、诊所），其中，医院 54 个，乡镇卫生院 187 个，社区卫生服务中心（站）38 个，诊所（卫生所、门诊部、医务室）542 个，村卫生室 835 个。卫生技术人员 19067 人，比上年末增长 3.6%，其中，执业（助理）医师 7913 人，注册护士 7676 人，分别增长 8.8%和 4.0%。医疗卫生机构床位数 13256 张，增长 3.9%。医院年诊疗 1011.67 万人次，增长 5.3%。孕产妇死亡率 7.03/10 万，5 岁以下儿童死亡率 3.72‰，婴儿死亡率 2.85‰。

3. 体育事业

2017 年丽水运动员在各类国际性、洲际性、全国性比赛中共获得世界青年锦标赛冠军 3 个，全国各类比赛冠军 27 个。全年销售体育彩票 4.16 亿元，增长 3.7%。

（五）资源、环境保护和生态建设

2017 年全市平均降水量为 1512.3 毫米，比上年减少 23.0%。水资源总量 171.74 亿立方米，比多年平均减少 7.0%；人均水资源量为 7856.42 立方米，比上年减少 32.1%。

2017 年完成更新造林面积 5576.3 公顷。其中，人工造林 1280 公顷，无林地和疏林地封育 252 公顷，迹地更新 4043 公顷。森林抚育面积 30831 公顷，完成义务植树 422.37 万株。全市森林覆盖率为 80.79%（含灌木林）。

全市年平均气温 18.8 度。市区 PM2.5 浓度平均为 33 微克/立方米,日空气质量(AQI)优良天数比例为 93.2%。

全市 96 个地表水断面Ⅰ—Ⅲ类水质断面占 99%,无劣Ⅴ类水质断面。县级以上城市集中式饮用水水源地水质达标率为 100%。跨行政区域河流交接断面中,满足水环境功能区目标水质要求断面占 100%。

全市城市污水处理率 95.75%,比上年提高 2.67 个百分点。城市生活垃圾无害化处理率 100%,城市用水普及率 100%,城市燃气普及率 99.46%。

年末,累计建成省级生态文明建设示范县 2 个,国家级生态县(市、区)6 个,省级生态县(市、区)9 个,省级环保模范城市 2 个。国家级生态乡镇 92 个,省级生态乡镇 165 个,国家级、省级生态乡镇占比分别达到 53.2%、95.4%。

全市建成区绿地面积 3808.74 公顷,其中公园绿地面积 1253.99 公顷,建成区绿地率 35.77%,人均公园绿地面积 12.70 平方米。

2017 年规模以上工业企业能源消费比上年下降 11.8%,单位工业增加值能耗下降 16.6%。

(六) 社会安全

2017 年因山洪爆发等自然灾害倒塌房屋 490 间,损坏房屋 1680 间。发生各类生产安全事故 185 起、死亡 147 人、受伤 88 人,同比分别下降 25.4%、26.9%和 40.9%。未发生各类较大及以上生产安全事故。

三、丽水市在泛长三角地区经济发展中的地位

2017 年,着眼全省"两个高水平"建设大局,在省委、省政府和市委坚强领导下,切实推动"打好五张牌、培育新引擎、建设大花园"新定位、新要求及各项决策部署落地见效。生态环境状况指数连续 14 年全省第一,县级以上集中式饮用水源地、跨行政区域河流交接断面水质达标率均为 100%,空气质量在全国 74 个排名城市中列第 8 位,市区空气质量指数(AQI)优良率达 93.2%,PM2.5 平均浓度 33 微克/立方米。经济运行稳中向好。"五水共治"满意度、群众安全感满意率连续 4 年全省第一,食品安全满意度连续 9 年第一,生态环境质量公众满意度连续 10 年第一。

(一) 地区生产总值

2013—2017 年丽水市地区生产总值在长三角所占比重分别为 0.70%、0.69%、0.68%、0.68%和 0.63%,2017 年较上年减少了 0.05 个百分点,较 2013 年减少了 0.07 个百分点。2017 年丽水市地区生产总值在泛长三角地区 41 个市中排名第 33 位,较上年上升一位。

2017 年地区生产总值(GDP)1298.20 亿元,比上年增长 6.8%。其中,第一产业增加值 99.45 亿元,第二产业增加值 556.96 亿元,第三产业增加值 641.79 亿元,分别增长 3.7%、6.3%和 7.7%,第三产业对 GDP 的增长贡献率为 53.0%。三次产业结构由上年的 7.9∶44.9∶47.2 调整为 7.7∶42.9∶49.4。人均 GDP 为 59674 元(按年平均汇率折算为 8838 美元),增长 5.6%。

从各县域的 GDP 来看,总量最高的是市辖莲都区,达到 332 亿元,在九县域中,超过 300 亿元的仅此一个,按常住人口(下同)来计算的话,其人均 GDP 为 6.97 万元,这个数据也是全市县域中最高的。其余八县市的 GDP 分别(注:括号内是人均 GDP 数据)是:青田县 222 亿元(6.32 万元)、缙云县 215 亿元(5.87 万元)、龙泉市 128 亿元(5.4 万元)、遂昌县 107 亿元(5.61 万元)、松阳县 101 亿元(5.34 万元)、庆元县 69 亿元(5.03 万元)、云和县 63 亿元(5.58 万元)、景宁县 54 亿元(5.02 万元)。全市的总量 1300 亿元左右,所具体到九个县域,总量数据很低,还有三个县的 GDP 不到百亿元,不过也该看到,各县域的人口也都是比较少的,像青田县的户籍人口属县域中最多的,但也就只有 56 万人左右,而景宁、云和两县的人口均不足 20 万,龙泉、松阳、遂昌、庆元等四县市的人口也都在 30 万人以下。

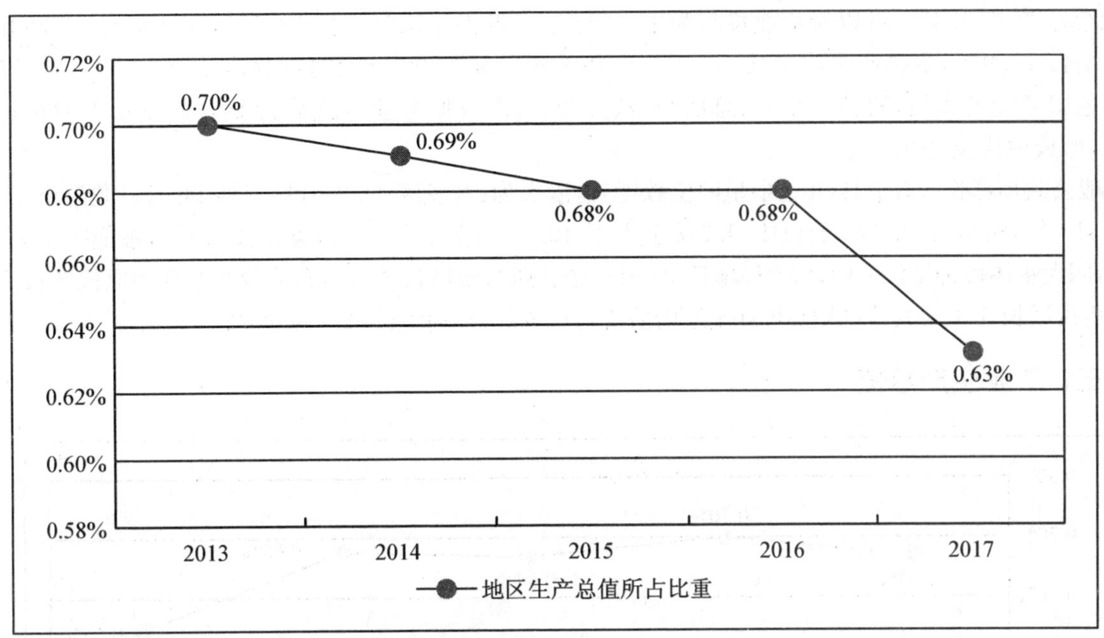

图 4　2013—2017 年丽水市地区生产总值在泛长三角
(苏浙两省 24 个地级市、安徽省 16 个地级市和上海市，下同)所占比重的变化趋势

(二) 地方财政一般预算收入

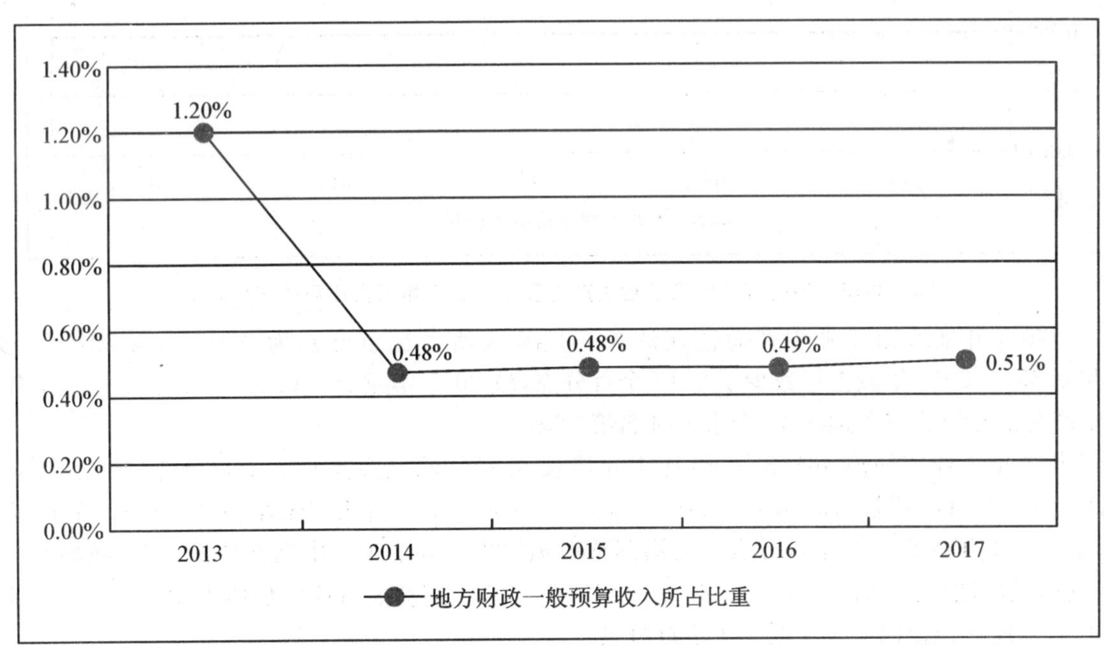

图 5　2013—2017 年丽水市地方财政一般预算收入在泛长三角所占比重的变化趋势

2013—2017 年丽水市地方财政一般预算收入在泛长三角所占比重分别为 1.20%、0.48%、0.48%、0.49%和 0.51%，2014 年大幅减少，2017 年较上年增加了 0.02 个百分点，较 2013 年减少了 0.69 个百分点。2017 年丽水市地方财政一般预算收入在泛长三角地区 41 个市中排名第 32 位，与 2016 年持平。

2017 年丽水市财政总收入达 180.46 亿元，可比增长 9.5%。总收入规模首次突破 180 亿元。一般公共预算收入 112.91 亿元，占财政总收入的 62.6%，同比提高 1.2 个百分点，增加了地方可用财力；实体经济税收实现稳定增长。全市构成财政总收入的总税收 156.54 亿元，增长 7.7%。其中，工业税收

50.40 亿元，增长 9.3%，且以制造业税收为主。三产中，零售业税收增长 18.5%，交通运输、仓储和邮政业税收增长 17.9%，金融业税收增长 19.5%，全年纳税额超 5000 万元的企业达 30 户。随着绿色经济、生态特色服务业的发展，科技型企业、总部经济、金融业、商务服务业等优势行业对财政收入的贡献率稳步增长，形成较强支撑力。

一般公共预算收入有 7 县(市、区)呈两位数增长，依次为：开发区 14.3%，景宁县 14.1%，龙泉市 11.7%，庆元县 11.6%，松阳县 11.2%，云和县 11.2%，遂昌县 10.1%，缙云县 8.3%，青田县 7.1%，莲都区 1.7%。从税种看，四大主体税种增长平稳，增值税增长 10.6%，企业所得税增长 8.4%，营业税及改征增值税增长 7.0%，个人所得税增长 5.3%；其他税中契税和土地增值税增长较好，分别增长 42.0%和 48.7%。

(三) 工业生产总值

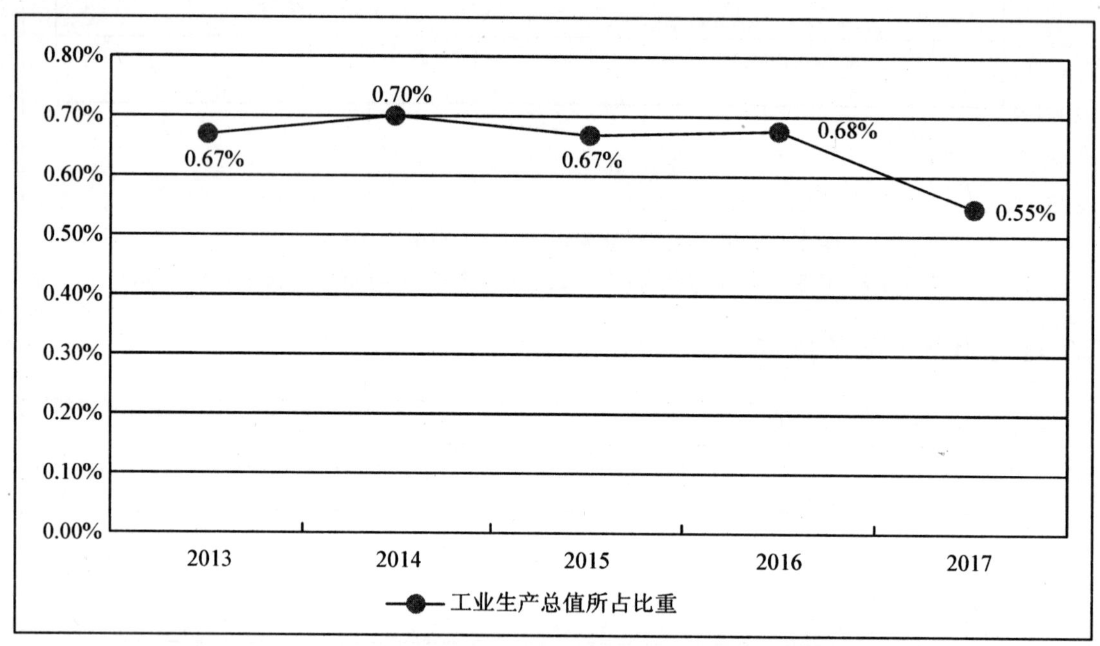

图 6 2013—2017 年丽水市工业生产总值在泛长三角所占比重的变化趋势

2013—2017 年丽水市工业生产总值在泛长三角地区所占比重分别为 0.67%、0.70%、0.67%、0.68%和 0.55%，2017 年较上年减少了 0.13 个百分点，较 2013 年减少了 0.12 个百分点。2017 年丽水市工业生产总值在泛长三角地区 41 个市中排名第 36 位。

2017 年全年工业增加值 461.8 亿元，比上年增长 6.7%，同比提高 0.9 个百分点，拉动 GDP 增长 2.6 个百分点，对 GDP 增长贡献率为 38.0%。新产品快速增长。全年规模以上工业新产品产值增长 21.1%，增速比上年提高 7.3 个百分点。结构调整稳步推进。规上工业中高新技术产业、战略性新兴产业、装备制造业增加值分别增长 13.7%、4.2%和 12.8%，八大高耗能行业增加值占比 40.7%，增速同比下降 3.4%，增速比规模以上工业低 9.1 个百分点。

(四) 进出口总额

2013—2017 年丽水市进出口总额在泛长三角所占比重分别为 0.19%、0.20%、0.24%、0.26%和 0.22%，总体呈上升趋势，累计增幅达 0.03 个百分比，2017 年较上年减少了 0.04 个百分比。2017 年丽水市进出口总额在泛长三角地区 41 个市中排名第 28 位，较上年下降一位。

2017 年全市货物进出口总额 222.84 亿元，比上年下降 1.4%。其中，出口 205.00 亿元，下降 1.8%；进口 17.84 亿元，增长 3.9%。对“一带一路”沿线主要国家出口 77.75 亿元，增长 4.5%。2017

年服务贸易进出口额93.95亿元，比上年增长12.7%，其中，出口78.50亿元，增长16.1%。服务贸易进出口额占货物和服务贸易总额的29.7%，比重比上年提高2.7个百分点。

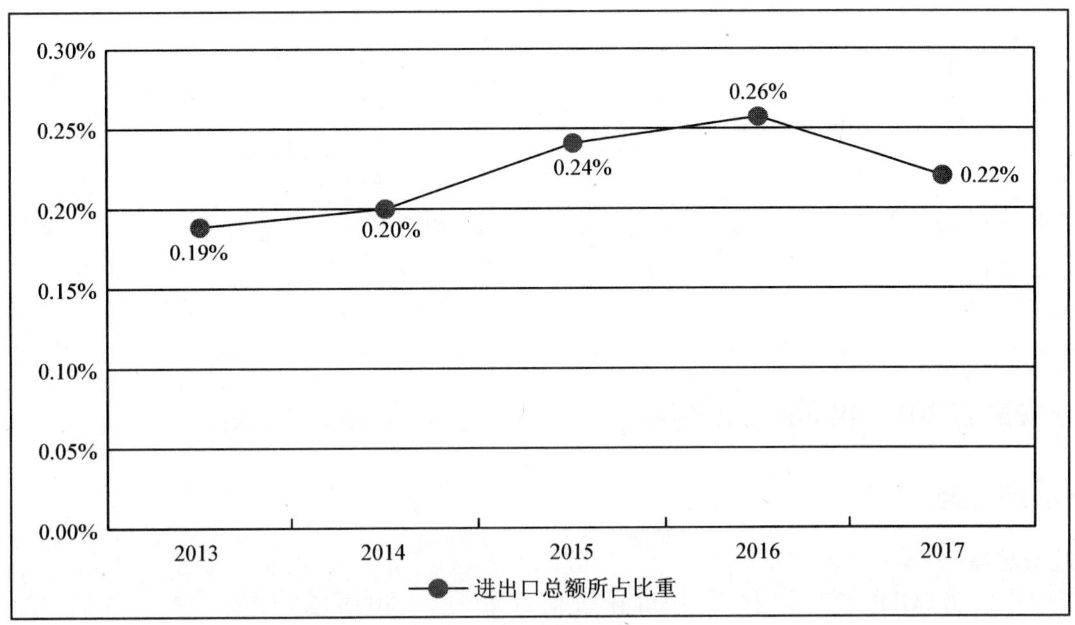

图7　2013—2017年丽水市进出口总额在泛长三角所占比重的变化趋势

(五) 实际外商直接投资金额

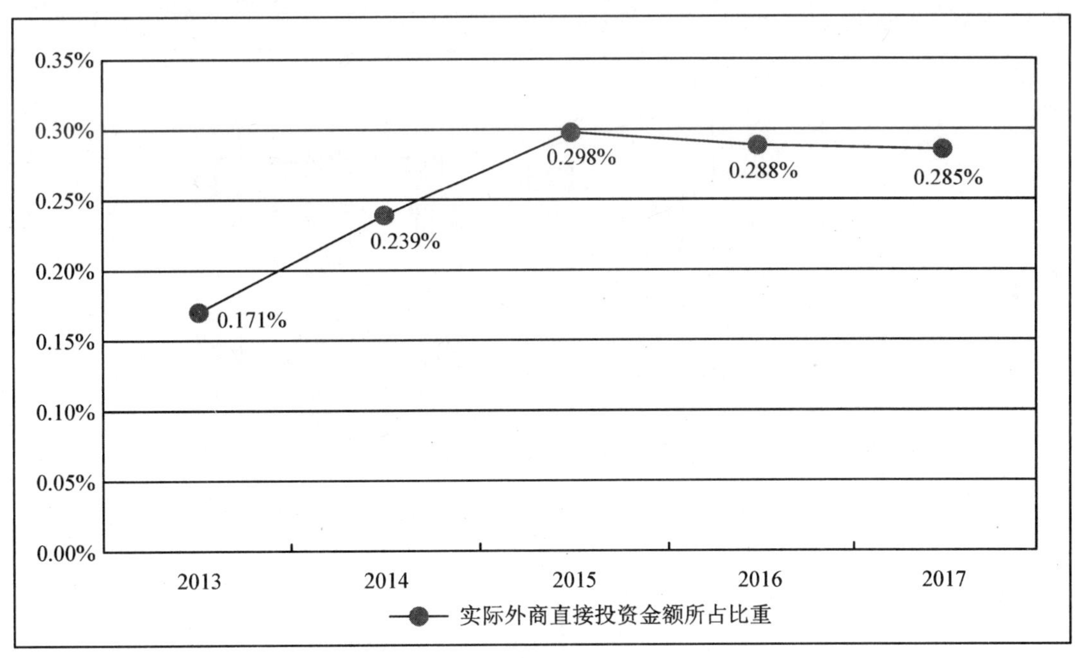

图8　2013—2017年丽水市实际外商直接投资金额在泛长三角所占比重的变化趋势

2013—2017年丽水市实际外商直接投资金额在泛长三角所占比重分别为0.171%、0.239%、0.298%、0.288%和0.285%，2017年较上年基本持平，较2013年增加了0.12个百分比。2017年丽水市实际外商直接投资金额在泛长三角地区41个市中排名第38位，较上年下降两位。

2017年，新设外商直接投资项目25个，比上年减少11个；合同外资3.68亿美元，实际利用外资2.17亿美元，分别增长11.8%和下降2.1%。

第四章　安徽省及各市 2017 年经济社会发展报告

一　安徽省 2017 年经济社会发展报告

2017 年，全省人民在省委、省政府坚强领导下，以习近平新时代中国特色社会主义思想为指导，全面贯彻落实党的十八大、十九大精神，坚持稳中求进工作总基调，自觉践行新发展理念，全面实施五大发展行动计划，攻坚克难，开拓进取，保持了经济平稳健康发展和社会和谐稳定，现代化五大发展美好安徽建设迈出坚实步伐。

一、安徽省 2017 年经济发展概况

（一）综合经济

1. 经济总量

全年生产总值（GDP）27018 亿元，按可比价格计算，比上年增长 8.5%。分产业看，第一产业增加值 2582.27 亿元，增长 4%；第二产业增加值 12838.28 亿元，增长 8.2%；第三产业增加值 11597.45 亿元，增长 9.9%。三次产业结构由上年的 10.5∶48.4∶41.1 调整为 9.5∶47.5∶43，其中工业增加值占 GDP 比重为 41.8%。全员劳动生产率 62975 元/人，比上年增加 6889 元/人。人均 GDP 43401.36 元。

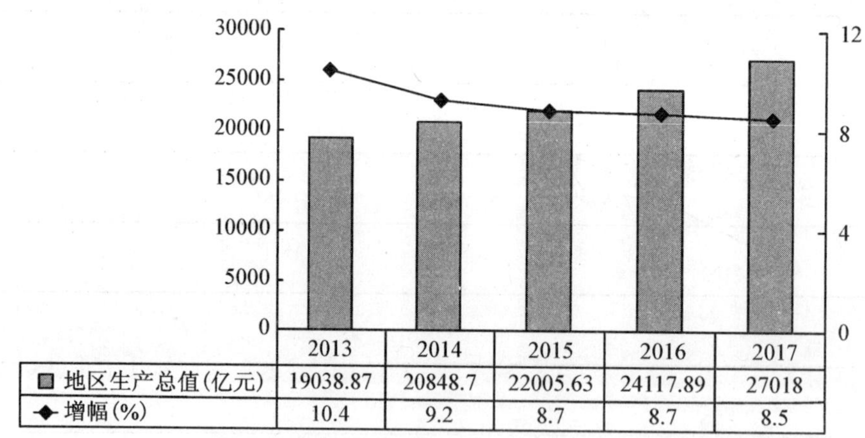

	2013	2014	2015	2016	2017
地区生产总值（亿元）	19038.87	20848.7	22005.63	24117.89	27018
增幅（%）	10.4	9.2	8.7	8.7	8.5

图 1　2013—2017 年安徽省地区生产总值及增长速度

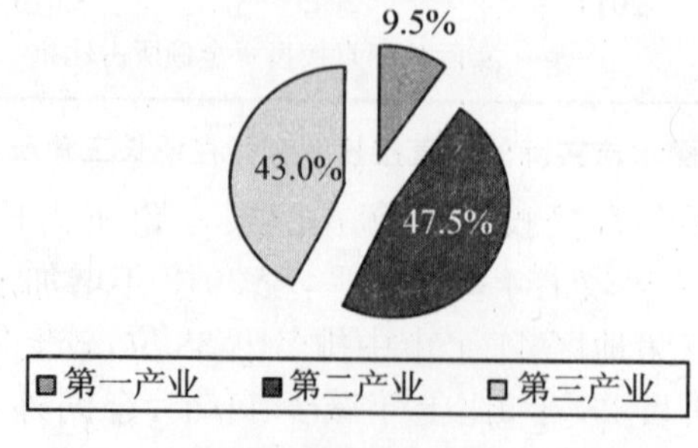

图 2　2017 年安徽省三次产业结构图

2. 财政收支

全年财政收入4858亿元，比上年增长11.1%，其中地方财政收入2812亿元、增长7.9%。全部财政收入中，税收收入3949亿元，增长12.9%。其中，增值税和营业税增长9.5%，企业所得税增长18.4%。财政支出6204亿元，增长12.3%，其中民生支出5280亿元，占财政支出的85.1%。从重点支出项目看，社会保障与就业支出增长13.3%，城乡社区事务支出增长51.5%，科学技术支出增长0.4%，教育支出增长11.4%。全年33项民生工程累计投入940.6亿元。全年社会融资规模7038.3亿元，比上年增加755亿元，增长12%。年末全省金融机构人民币各项存款余额45608.9亿元，比上年末增加4752.7亿元，增长11.6%。其中，非金融企业存款余额14202.2亿元，增长9.9%；住户存款余额20538.2亿元，增长8.9%。年末金融机构人民币各项贷款余额34481.2亿元，比上年末增加4300.5亿元，增长14.3%。其中，境内短期贷款9913.5亿元，增长8.2%；境内中长期贷款22431.7亿元，增长21.5%，中长期贷款中住户贷款10356亿元，增长24.3%。

3. 物价水平

全年居民消费价格比上年上涨1.2%，其中食品烟酒价格下降1.1%。商品零售价格上涨1.7%。工业生产者出厂价格上涨8%，工业生产者购进价格上涨9.2%。固定资产投资价格上涨7.4%，农业生产资料价格上涨1.3%。

4. 固定资产投资

全年固定资产投资29186亿元，按可比口径计算，比上年增长11%。其中，工业技术改造投资7352.9亿元，增长18%；基础设施投资6534.9亿元，增长24.2%；民间投资19233.4亿元，增长7.1%。分区域看，皖江示范区投资19689.4亿元，增长9.5%；皖北六市投资8092.9亿元，增长15.4%。分产业看，第一产业投资下降4.6%，第二产业增长12%，第三产业增长11%。分行业看，工业投资增长12.7%，其中制造业增长11.5%，制造业中装备制造业增长13.8%。六大高耗能行业投资增长14.4%。

全年共安排亿元以上项目5516个，当年完成投资14318.2亿元。开工建设合肥长鑫12吋存储晶圆、合肥量子信息与量子科技创新研究院核心区、江淮大众新能源汽车、安庆至九江客运专线安徽段等2691个项目；建成投产合肥惠而浦工业园一期、芜湖三山区格力精密铸件、合肥轨道交通2号线、芜湖长江公路二桥等1698个项目。年末煤炭产能14301万吨。发电装机容量6468.4万千瓦，其中燃煤火电4759.7万千瓦，新能源和再生能源1534万千瓦。

（二）农业

全年粮食种植面积6642.5千公顷，比上年减少2.1千公顷。油料种植面积698.3千公顷，减少32.8千公顷。棉花种植面积147千公顷，减少36.4千公顷。蔬菜种植面积945.1千公顷，扩大24.9千公顷。全年粮食产量3476万吨，比上年增产58.6万吨，增长1.7%。其中，夏粮1395.3万吨，增产7.6万吨，增长0.55%；秋粮1984.1万吨，增产52万吨，增长2.69%。油料产量208.4万吨，下降3%。棉花产量14.3万吨，下降22.7%。

年末全省生猪存栏1417.2万头，比上年下降3.5%；全年生猪出栏2828.9万头，下降1.6%。肉类总产量396.3万吨，下降1.6%，其中猪牛羊肉产量267.3万吨、下降1.1%。禽蛋产量146.2万吨，增长4.8%。牛奶产量31.9万吨，下降2.3%。水产品产量240万吨，增长1.8%。年末全省农业机械总动力6312.9万千瓦，比上年减少8.1%。农用拖拉机233.1万台，减少0.4%。全年化肥施用量（折纯）318.7万吨，下降2.5%。农村用电量171.3亿千瓦时，增长6%。有效灌溉面积4483.8千公顷，新增46.3千公顷；新增节水灌溉面积40.2千公顷。

（三）工业和建筑业

1. 工业经济

年末全省规模以上工业企业20449户，比上年净增1067户。全年规模以上工业增加值比上年增长9%，其中国有及国有控股企业增长9.1%、股份制企业增长9.1%、外商及港澳台商投资企业增长8.5%。

分门类看，采矿业增长0.5%，制造业增长9.5%，电力、热力、燃气及水生产和供应业增长9.2%。

规模以上工业中，40个工业大类行业有34个增加值保持增长，其中计算机、通信和其他电子设备制造业增长15.1%，黑色金属矿采选业下降10.1%，有色金属冶炼和压延加工业增长3%，汽车制造业增长9.8%，通用设备制造业增长9.2%，黑色金属冶炼和压延加工业下降1%，纺织服装、服饰业增长2.3%，化学原料和化学制品制造业增长10.4%，非金属矿物制品业增长6.7%，电气机械和器材制造业增长13.5%，电力、热力生产和供应业增长9.2%，农副食品加工业增长4.8%，煤炭开采和洗选业增长5%。六大工业主导产业增加值增长9.5%，装备制造业增长13.4%，高技术产业增长16.3%；战略性新兴产业产值增长21.4%，24个战略性新兴产业集聚发展基地工业总产值增长23.1%。规模以上工业统计的主要产品产量中，原煤下降4.4%，发电量增长8.8%，粗钢、钢材分别增长5.6%和2.4%，水泥增长7.3%，彩色电视机增长34.3%，家用洗衣机、家用电冰箱、房间空调器分别增长2.3%、10.4%和21.8%，汽车下降28%。新产品中，新能源汽车增长38.5%，运动型多用途乘用车(SUV)下降15.5%，锂电池增长129%，工业机器人增长33.2%，光纤增长34.3%。

全年规模以上工业企业实现利润2285.3亿元，增长19.7%。其中，国有企业下降9.2%，股份制企业增长22.5%，外商及港澳台企业增长7.9%；中小企业增长8.8%；民营企业增长10.9%。非金属矿物制品业、黑色金属冶炼和压延加工业、煤炭开采和洗选业、计算机通信和其他电子设备制造业、化学原料和化学制品制造业、电气机械和器材制造业、专用设备制造业、橡胶和塑料制品业、医药制造业、酒饮料和精制茶制造业、金属制品业、汽车制造业、农副食品加工业、通用设备制造业、电力热力生产和供应业等15个行业利润超50亿元，合计实现利润1829.3亿元，增长21.1%，利润额占全部规模以上工业的80%。

2. 建筑业

年末具有资质等级的总承包和专业承包建筑业企业3216家，比上年增加179家。全年房屋建筑施工面积42711.3万平方米，比上年增加2584.9万平方米；房屋竣工面积14981.2万平方米，增加390.6万平方米。

(四)服务业

1. 国内贸易

全年社会消费品零售总额11192.6亿元，比上年增长11.9%，扣除价格因素，实际增长10%。按经营地统计，城镇消费品零售额9009.4亿元，增长11.7%；乡村消费品零售额2183.2亿元，增长13%。按消费类型统计，商品零售额9967.4亿元，增长11.8%；餐饮收入1225.2亿元，增长12.6%。全省纳入统计的569家开展网络零售业务的限额以上企业，实现网上零售额314亿元，增长39.4%。

限额以上企业商品零售额中，吃、穿、用类商品零售额分别比上年增长14.4%、9.6%和11.7%，粮油类增长10.7%，肉禽蛋类增长12.9%，服装类增长10.9%，日用品类增长12.5%，中西药品类增长8.8%，家用电器和音像器材类增长13.6%，家具类增长23.1%，通讯器材类增长7.9%，建筑及装潢材料类增长9.9%，汽车类增长7.8%，石油及制品类增长17.1%。

2. 交通运输、邮电

全年旅客运输量6.9亿人，比上年下降14.8%；货物运输量40.3亿吨，增长10%。旅客运输周转量1196.5亿人公里，下降3%；货物运输周转量11414.5亿吨公里，增长4.9%。全年港口货物吞吐量5.1亿吨，下降1.3%。全省民航机场旅客吞吐量1141.7万人次，增长25.1%，其中合肥新桥机场旅客吞吐量914.7万人次，增长23.7%。

年末全省民用汽车拥有量716.1万辆，比上年增长19.7%，其中私人汽车617.8万辆、增长21.7%。民用轿车拥有量403万辆，增长18.2%，其中私人轿车379.1万辆，增长19.1%。全年新增高速公路130公里、一级公路318公里、铁路营业里程22.4公里。到2017年末，全省高速公路达4673公里、一级公路达4151公里、铁路营业里程达4146.8公里，其中高速铁路营业里程1379.1公里。全年电信业务总量832.3亿元，比上年增长70.5%；邮政业务总量83.05亿元，增长54%。快递业务量8.63亿件，快递业务收入 89.57 亿元，比上年分别增长 25.3%和 26.9%。年末本地固定电话用户 551.4 万户，比上年减少 62.5 万户；移动电话用户 4999.4 万户，增加 572.9 万户。每百人拥有电话(含移动)89.6 部，增加 7.6 部。年末基础电信运营企业计算机互联网宽带接入用户 1323.7 万户，增加 248.6 万户。

3. 旅游业

全年入境旅游人数 549.2 万人次，比上年增长 13.1%。其中，外国人 321 万人次，增长 13.4%；港澳台同胞 228.2 万人次，增长 12.6%。国内游客 6.26 亿人次，增长 19.9%。旅游总收入 6196.9 亿元，增长 25.6%。其中，旅游外汇收入 28.8 亿美元，增长 13.3%；国内旅游收入 6002.4 亿元，增长 26%。年末全省有 A 级及以上旅游景点(区)566 处。皖南国际旅游文化示范区旅游收入 3252.4 亿元，增长 25.4%。

4. 金融、证券和保险

全年上市公司通过境内市场累计筹资 539.6 亿元，比上年减少 496.2 亿元。其中，首次公开发行 A 股 9 只，筹资 50 亿元；A 股再筹资(包括配股、公开增发、非公开增发、认股权证)422.4 亿元；上市公司通过发行可转债、可分离债、公司债筹资 67.2 亿元。

到 2017 年末，全省有上市公司 102 家，上市公司市价总值 13504.2 亿元，比上年增长 27.5%。全年企业发行短期融资券 581.9 亿元。全年全省境内证券经营机构证券代理成交额 50305.7 亿元，期货经营机构代理交易量 153100 亿元。

全年保险业原保险保费收入 1107.2 亿元，比上年增长 26.4%。其中，财产险业务原保险保费收入 366.3 亿元，增长 17.1%；人身险业务原保险保费收入 740.9 亿元，增长 31.5%。赔款和给付 397.7 亿元，增长 11.2%。其中，财产险业务赔款支出 187 亿元，增长 6.8%；人身险业务赔款和支出 210.7 亿元，增长 15.5%。

5. 房地产业

全年房地产开发投资 5612.5 亿元，比上年增长 21.9%。商品房销售面积 9200.7 万平方米，增长 8.2%；商品房销售额 5865.8 亿元，增长 16.5%；年末商品房待售面积 2021.3 万平方米，下降 15.8%。

(五) 对外经济

1. 对外贸易

全年进出口总额 536.4 亿美元，比上年增长 20.8%。其中，出口 304.8 亿美元，增长 7.2%；进口 231.6 亿美元，增长 45%。从出口经营主体看，生产型企业出口增长 8.8%，贸易型企业出口下降 8.5%。从出口商品看，机电产品、高新技术产品出口分别增长 10.1%和 27.1%。

2017 年全省出口主要分类及地区分布

指标	绝对数(亿美元)	比上年增长(%)
出口额	304.8	7.2
其中：机电产品	169.4	10.1
其中：高新技术产品	75.4	27.1
其中：一般贸易	213.7	4.9
加工贸易	83.9	16.7
其中：对亚洲	132.6	8.4
对欧洲	59.7	3.4
对北美洲	61.8	5.9
对非洲	17.6	2.3
对拉丁美洲	26.4	13.4
对大洋洲	6.7	20.3

2. 外资状况

全省亿元以上在建省外投资项目 5482 个，当年实际到位资金 10954.8 亿元、比上年增长 10.6%。全年新备案外商投资项目 338 个，增长 26.6%；合同利用外资 90.6 亿美元，增长 120.1%；实际利用外商直接投资 159 亿美元，增长 7.6%。到 2017 年末，来皖投资的境外世界 500 强企业增加到 80 家，其中当年新引进 7 家。

3. 对外合作

全年对外承包工程新签合同金额 52.5 亿美元，比上年增长 70.8%；完成营业额 34.8 亿美元，增长 12.5%；当年外派劳务人员 11648 人，增长 16%。全年新批境外企业(机构)75 个，实际对外投资 9.3 亿美元，下降 25%，其中对“一带一路”沿线国家和地区投资 8961 万美元，增长 21.9%。

二、安徽省 2017 年社会发展概况

(一) 人口、人民生活

年末全省户籍人口 7059.2 万人，比上年增加 32.2 万人；常住人口 6254.8 万人，增加 59.3 万人。城镇化率 53.5%，比上年提高 1.5 个百分点。全年人口出生率 14.07‰，比上年上升 1.05 个千分点；死亡率 5.9‰，下降 0.06 个千分点；自然增长率 8.17‰，上升 1.11 个千分点。

全年全省常住居民人均可支配收入 21863 元，比上年增长 9.3%，扣除价格因素，实际增长 8%。城镇常住居民人均可支配收入 31640 元，增长 8.5%，扣除价格因素，实际增长 7.1%；人均消费支出 20740 元，增长 5.8%。其中，食品烟酒支出增长 4.4%，衣着增长 3.6%，居住增长 7.7%，生活用品及服务增长 8.6%，交通和通信增长 6%，教育文化娱乐增长 6.2%，医疗保健增长 0.4%。城镇常住居民恩格尔系数为 32.1%，比上年下降 0.4 个百分点。年末城镇常住居民人均住房建筑面积 37.4 平方米，比上年增加 0.5 平方米。全年农村常住居民人均可支配收入 12758 元，比上年增长 8.9%，扣除价格因素，实际增长 7.7%。人均消费支出 11106 元，增长 8%。其中，食品烟酒支出增长 5.8%，衣着增长 5%，居住增长 16.5%，生活用品及服务下降 8.4%，交通和通信增长 5.5%，教育文化娱乐增长 13.3%，医疗保健增长 8%。农村常住居民恩格尔系数为 33.5%，比上年下降 0.7 个百分点。年末农村常住居民人均住房建筑面积 50.7 平方米，比上年增加 1.4 平方米。

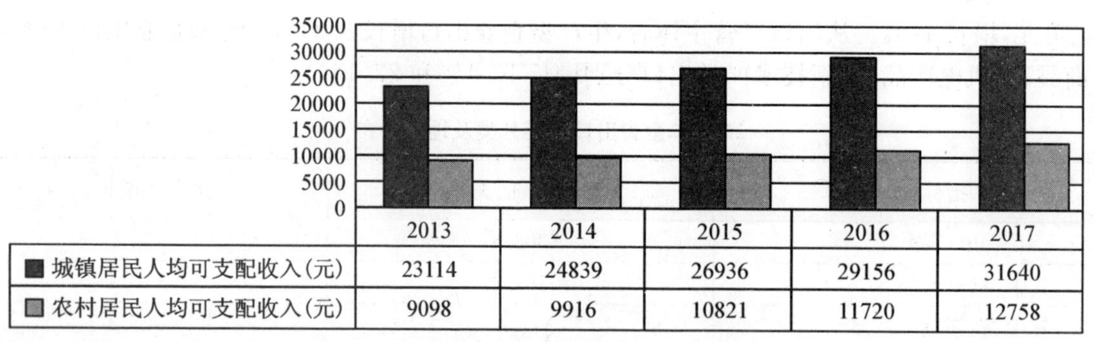

	2013	2014	2015	2016	2017
城镇居民人均可支配收入(元)	23114	24839	26936	29156	31640
农村居民人均可支配收入(元)	9098	9916	10821	11720	12758

图 3　2013—2017 年安徽省城乡居民收入对比一览

(二) 就业和社会保障

1. 就业

年末全省从业人员 4377.9 万人，比上年增加 16.3 万人。其中，第一产业 1363.3 万人，减少 20.2 万人；第二产业 1259.5 万人，增加 14 万人；第三产业 1755.1 万人，增加 22.5 万人。城乡私营企业从业人员和个体劳动者 1232.7 万人，增加 176.5 万人。全年城镇实名制新增就业 68.2 万人，下岗失业人员再就业 21.4 万人。年末城镇登记失业率 2.88%，比上年下降 0.32 个百分点。全省农民工总量 1918.1 万

人，其中外出农民工 1415.4 万人。

2. 社会保障及福利

年末全省参加城镇基本养老、基本医疗保险人数分别为 1078.39 万人和 2107.49 万人。参加失业保险人数为 472.41 万人，全年为 15.9 万名失业人员发放了不同期限的失业保险金。全省参加工伤、生育保险人数分别为 565.55 万人和 553.73 万人。城乡居民养老保险参保人数 3429.46 万人。参加新型农村合作医疗的农业人口 4653.7 万人，参合率为 103.07%。年末 47.9 万人享受城市居民最低生活保障，155.5 万人享受农村居民最低生活保障，农村五保供养 39.8 万人。全年民政部门直接救助 193 万人次，资助参加基本医疗保险 485 万人次。

（三）教育和科学技术

1. 教育事业

年末全省有研究生培养单位 21 个，在学研究生 57761 人。普通高校 109 所，普通本专科在校生 114.7 万人。高等教育毛入学率 47.7%。各类中等职业教育（不含技工学校）359 所，在校生 76.1 万人。普通高中 662 所，在校生 108.5 万人。高中阶段毛入学率 90.5%。初中 2810 所，在校生 202.2 万人，初中阶段适龄人口入学率 99.96%。小学 8108 所，在校生 440.5 万人，小学学龄儿童入学率 99.99%。各级各类成人学校毕业生 40 万人。

2. 科技与创新

年末全省有各类专业技术人员 228.4 万人，比上年增长 1.7%。科研机构 5360 个，其中大中型工业企业办机构 1348 个。从事研发活动人员 22 万人。全年用于研究与试验发展（R&D）经费支出 542 亿元，增长 14.1%；相当于全省生产总值的 1.97%。

全省有国家大科学工程 5 个；有国家重点（工程）实验室 25 个，省级（含重点）实验室 133 个；有省级以上工程（技术）研究中心 739 家，其中国家级 39 家。有省级高新技术产业开发区 20 个，其中国家级 5 个。有高新技术企业 4310 家，其中当年新认定 924 家。

全年登记科技成果 377 项。主要科技成果有：有机化合物结构性质关系及反应规律性、聚合物/层状无机物纳米复合材料的火灾安全设计与阻燃机理、重型压力容器轻量化设计制造关键技术及工程应用等。全年受理申请专利 175871 件、增长 1.9%，授权专利 58213 件、下降 4.5%。年末全省有效发明专利 47734 件。全年输出技术合同成交额 249.6 亿元，增长 14.8%；吸纳技术合同成交额 270.7 亿元，增长 34.2%。

年末全省有获得资质认定的检验检测机构 1179 个，国家质量监督检验中心 25 个；有产品质量、体系认证机构 32 个（包含在皖分部、分公司），累计完成强制性产品认证的企业 1776 个；法定计量技术机构 91 个，全年强制检定计量器具 305.94 万台（件）。截至 2017 年末，累计制定国际标准 12 项、国家标准 2038 项，制定、修订地方标准 2326 项。有国家地理标志产品 72 个、安徽名牌产品 1579 个。

全年省测绘档案资料馆为社会各界提供各种比例尺地形图 27223 幅、测绘基准成果 1949 点（次），航空航天遥感 57.6 万平方千米、数据量 14006GB；完成国家基本比例尺地形图生产与更新 33977 幅、地理国情动态监测 153639 平方千米、“天地图・安徽”地图网站数据更新 1846GB。

（四）文化、卫生和体育

1. 文化事业

年末全省拥有文化馆 121 个，公共图书馆 123 个，博物馆 171 个（含民营博物馆），乡镇街道综合文化站 1438 个。全国重点文物保护单位 130 处、合并国保项目 2 处，省级重点文物保护单位 708 处。国家级非物质文化遗产名录 72 项，省级名录 478 项。年末全省广播电视台 79 座。中波发射台和转播台 24 座，广播节目综合人口覆盖率 99.04%。电视节目综合人口覆盖率 99.19%。有线电视用户 809.89 万户。

全年出版报纸 98 种，总印数 7.21 亿份；期刊（杂志）180 种，总印数 0.45 亿册；图书 10604 种，总印数 2.82 亿册。有各级国家档案馆 139 个，馆藏档案资料 2858.55 万卷（件、册），库馆总建筑面积 39.94 万平方米。

2. 卫生事业

年末全省有医疗卫生机构 24484 个，其中医院 1095 个、基层医疗卫生机构 22626 个、专业公共卫生机构 668 个，其他卫生机构 95 个。基层医疗卫生机构中，卫生院 1368 个，社区卫生服务中心（站）1882 个，村卫生室 15331 个；专业公共卫生机构中，疾病预防控制中心 121 个，专科疾病防治院（所、站）48 个，妇幼保健院（所、站）118 个，卫生监督所（中心）113 个。全省卫生技术人员 31.3 万人，其中执业（助理）医师 12 万人，注册护士 13.8 万人。乡村医生和卫生员 4.1 万人。医疗卫生机构床位 30.5 万张，其中医院、卫生院床位 29 万张。全年医疗卫生机构共诊疗 2.8 亿人次。

3. 体育事业

全年在国际国内重大比赛中，安徽省运动健儿共获得 38 枚金牌、38 枚银牌、51 枚铜牌。其中，在第十三届全国运动会上共获得 7 枚金牌、15 枚银牌、11 枚铜牌，参赛成绩全面超上届。“全民健身、健康安徽”系列主题活动蓬勃开展，全年共举办百人以上的群众体育健身活动 2508 次，参加活动总人数 305 万人次。人均体育场地面积约为 1.47 平方米。全年体育彩票销售 60.37 亿元。年末全省有各类提供住宿的社会服务机构 1531 个，床位 19.7 万张，收养各类人员 9.9 万人。不提供住宿的社会服务机构 7999 个，其中社区服务中心 1173 个，社区服务站 3023 个。全年销售社会福利彩票 74.06 亿元，筹集社会福利资金 20.85 亿元。

（五）资源和环境保护

全省已发现的矿种为 128 种（计算到亚矿种为 161 种）。查明资源储量的矿种 124 种（含亚矿种），其中能源矿种 6 种，金属矿种 23 种，非金属矿种 93 种，水气矿种 2 种。全年地质勘查部门开展各类地质（科研）项目（省级）8 项。新增查明资源储量的大中型矿产地 8 处。年末全省有省、市、县级环境监测站 87 个。全省 16 个省辖市空气质量平均优良天数比例为 66.7%，比上年下降 7.6 个百分点；有 1 个市空气质量达到二级标准。全省 PM10 年均浓度为 88 微克/立方米，顺利完成《大气污染防治行动计划》第一阶段目标任务。已建成国家级自然保护区 8 个，省级自然保护区 30 个，市县级自然保护区 66 个。当年人工造林面积 56.9 千公顷。年末森林面积 3958.5 千公顷，活立木总蓄积量 26145.1 万立方米，森林蓄积量 22186.6 万立方米。

全年能源消费量 13051.9 万吨标准煤，比上年增长 2.8%。电力消费量增长 7.1%。单位 GDP 能耗下降 5.3%。

淮河干流安徽段水质以Ⅲ类为主，总体水质优，主要支流总体水质轻度污染。长江干流安徽段以Ⅱ类水质为主，总体水质优；主要支流总体水质良好。巢湖湖区整体水质中度污染，9 条主要环湖支流整体水质中度污染。新安江干、支流水质优。全省城市集中式饮用水水源地水质达标率为 95.5%。

（六）安全生产

全年亿元 GDP 生产安全事故死亡人数为 0.06 人，比上年下降 12.5%；工矿商贸从业人员十万人生产安全事故死亡人数为 0.982 人，下降 0.5%；煤矿百万吨死亡人数为 0.051 人，下降 30%。全年发生道路交通事故 11454 起，发生火灾事故 9467 起。

三、安徽省在泛长三角地区经济发展中的地位

2017 年，经济发展取得重大成就。坚定不移贯彻新发展理念，深入推进供给侧结构性改革，发展质量和效益不断提升。过去的五年，是安徽发展进程中很不平凡的五年。全省人民在党中央、国务院及中

共安徽省委的坚强领导下，坚持以习近平新时代中国特色社会主义思想为指导，全面贯彻落实党的十八大、十九大精神和习近平总书记视察安徽时的重要讲话精神，积极面对经济发展进入新常态等一系列深刻变化，坚持稳中求进工作总基调，攻坚克难，开拓进取，扎实推进省第九次、第十次党代会各项决策部署，胜利完成"十二五"规划，顺利实施"十三五"规划，现代化五大发展美好安徽建设迈出坚实步伐。

（一）地区生产总值

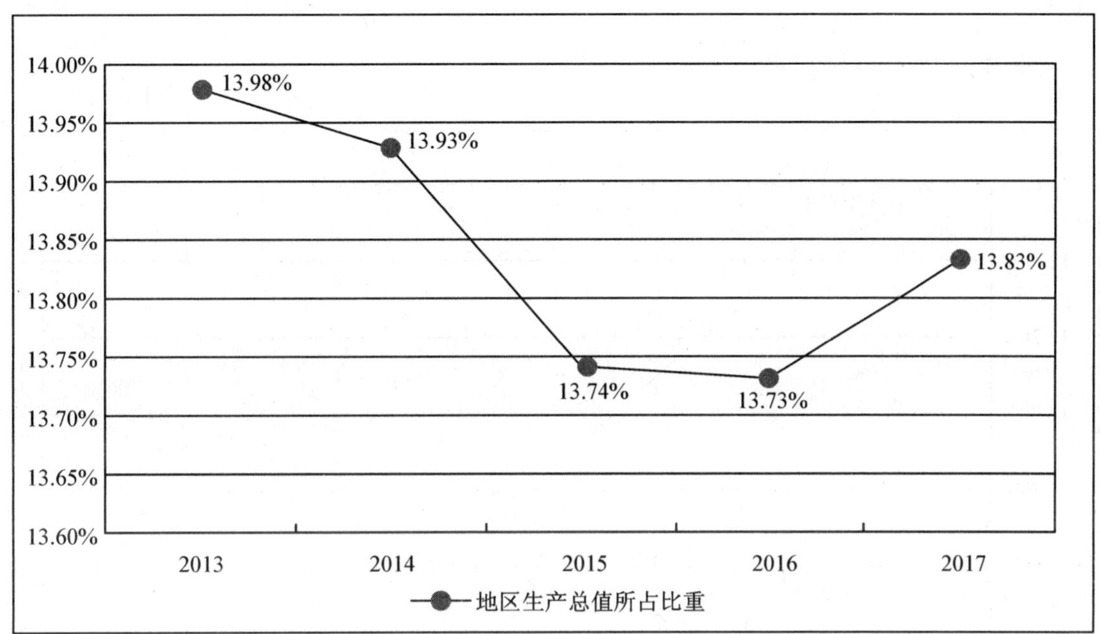

图 4　2013—2017 年安徽省地区生产总值在泛长三角（江苏、上海、浙江和安徽三省一市）所占比重的变化趋势

按总量来讲，多年来安徽省地区生产总值在泛长三角（江苏、上海、浙江和安徽三省一市）地区一直位居第四位。2013—2017 年安徽省地区生产总值在长三角所占比重分别为 13.98%、13.93%、13.74%、13.73%和 13.83%。安徽省地区生产总值在泛长三角（江苏、上海、浙江和安徽三省一市）占比整体呈现"U"形，2017 年与 2013 年比下降了 0.15 个百分点，较上年增加了 0.10 个百分点。

2017 年，在泛长三角地区 41 市（苏浙两省 24 个地级市、上海市和安徽省的 16 个市，下同）地区生产总值所占比重排名的前十位中，安徽省 16 个地级市占据 1 席。

2017 年，经济发展取得重大成就。坚定不移贯彻新发展理念，深入推进供给侧结构性改革，发展质量和效益不断提升。全省生产总值从 1.72 万亿元增加到 2.75 万亿元，年均增长 9.1%。2017 年安徽省 GDP 的全国排名将超过北京，跃居全国第 11 位，达到建国以来最好名次。城镇、农村常住居民人均可支配收入分别达 31640 元和 12758 元，年均增长 8.8%和 10.3%。经济结构不断优化。近两年化解煤炭、生铁粗钢产能 1672 万吨、631 万吨，商品房去化周期从 19 个月减少到 12.7 个月，降低企业成本 1700 亿元以上。新兴产业重大基地、重大工程、重大专项建设全面展开，创新型现代化产业体系加快构建，战略性新兴产业产值、高新技术产业增加值年均增长 20.2%和 14.5%。金融机构存贷款余额、社会融资规模实现翻番。旅游总收入年均增长 18.8%。基于"互联网＋"的新业态发展迅速，快递业务量从 1.4 亿件增加到 9 亿件。现代农业建设扎实推进，粮食最高产量突破 700 亿斤，农产品加工业产值年均增长 10.5%。加快与沪苏浙一体化发展，皖江 8 市整体纳入长三角世界级城市群。区域发展国家级战略平台覆盖"五大板块"，常住人口城镇化率从 46.5%提高到 53.5%。

2017届安徽省城市综合竞争力排名中，合肥稳居第一，芜湖、滁州、阜阳和蚌埠次之。总体来说，与上届并没有太大差别。从经济发展活力竞争力评价可以看出，合肥、蚌埠、芜湖等市经济发展活力较强，尤其合肥各三级指标值均居全省前列，综合竞争力排名第一；淮北、铜陵、池州等市排名靠后。从城市辐射力排名来看，合肥、芜湖、马鞍山作为安徽省经济发展水平最高的三座城市，仍稳居前列。合肥、芜湖、马鞍山在经济、政治、文化等领域有较好的基础，所以长期处于领先地位发挥较强的辐射作用。宣城、黄山、安庆排名均有较大程度提升，相应的，亳州、淮北、滁州排名下降较多，其余城市在上年排名基础上上下稍有波动。

（二）地方财政一般预算收入

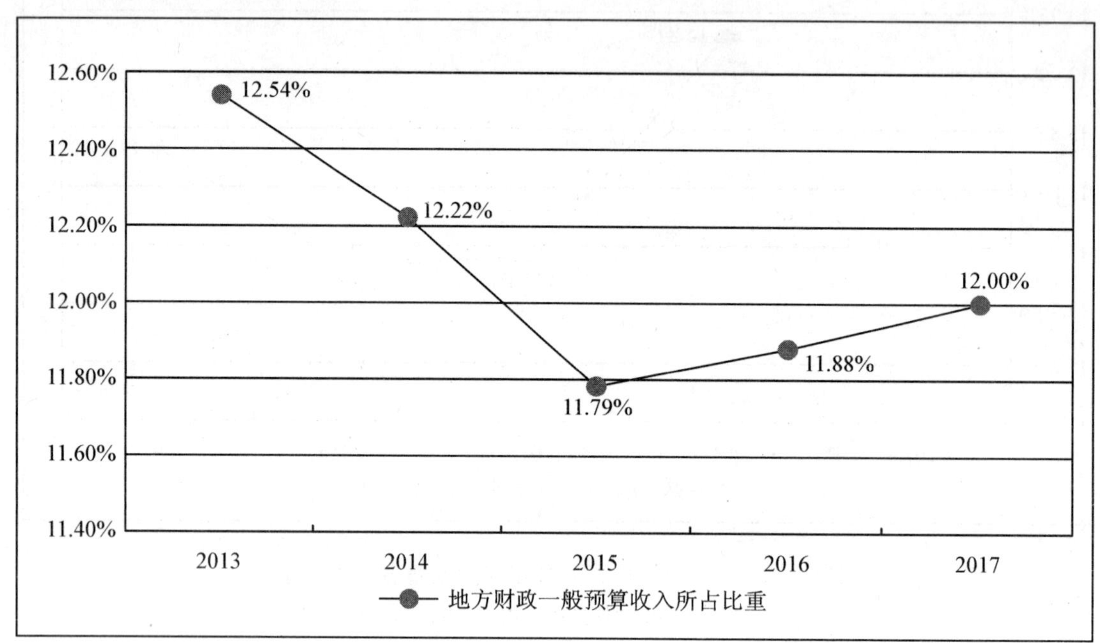

图5 2013—2017年安徽省地方财政一般预算收入在泛长三角（江苏、上海、浙江和安徽三省一市）所占比重的变化趋势

2013—2017年安徽省地方财政一般预算收入在泛长三角（江苏、上海、浙江和安徽三省一市）所占比重分别为12.54%、12.22%、11.79%、11.88%和12.00%，2017年较2013年减少了0.54个百分点。

2017年，安徽省地方财政一般预算收入在泛长三角（江苏、上海、浙江和安徽三省一市）地区的排名中，与上年保持一致，仍为第四位，未能有所改善；在泛长三角地区41市地方财政一般预算收入所占比重排名的前十位中，安徽省16个地级市占据1席。

2017年，面对严峻复杂的财政经济形势，在省委、省政府的坚强领导下，在省人大和省政协的监督支持下，全省财政系统坚持以习近平新时代中国特色社会主义思想为指导，全面贯彻党的十八大、十九大精神和习近平总书记视察安徽重要讲话精神，认真落实省第十次党代会、省委十届六次全会精神以及省十二届人大七次会议决议，积极践行新发展理念，全面落实积极财政政策，倾力保障改善民生，有力保障经济持续健康发展和社会和谐稳定，财政运行稳中有进、好于预期，预算执行情况总体良好。财政收入稳定增长。坚持依法理财治税，加强预期管理，规范收入征管。经过努力，2017年，全省财政收入完成4858亿元，增长11.1%，完成省十二届人大七次会议确定的9%预期增长目标。其中：地方财政收入2812亿元，同口径增长7.9%。地方财政收入中税收占比70.1%，较上年提高0.6个百分点，连续多年位居中部前列，体现了经济运行的质量和效益。

（三）工业生产总值

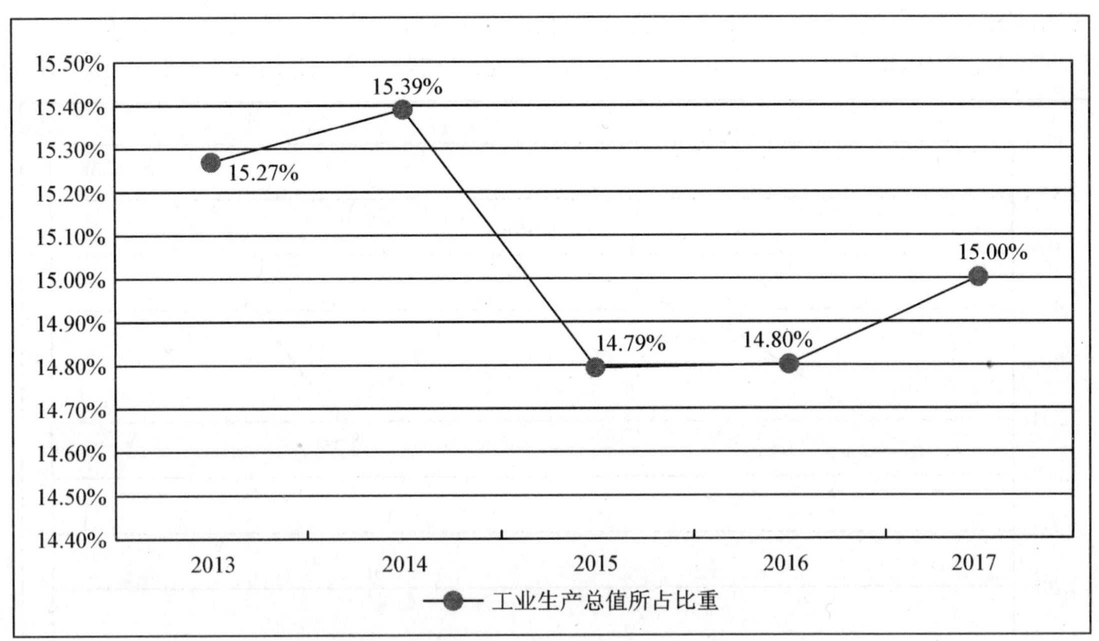

图 6　2013—2017 年安徽省工业总产值在泛长三角（江苏、上海、浙江和安徽三省一市）所占比重的变化趋势

2013—2017 年安徽省工业生产总值在泛长三角（江苏、上海、浙江和安徽三省一市）所占比重分别为 15.27%、15.39%、14.79%、14.80%和 15.00%，五年累计降幅达 0.27 个百分点，2017 年较上年增加了 0.20 个百分点。

2017 年，安徽省工业生产总值在泛长三角（江苏、上海、浙江和安徽三省一市）的排名中为第三位；在泛长三角地区 41 市工业生产总值所占比重排名的前十位中，安徽省 16 个地级市数量为 1。

2017 年，安徽省规模以上工业增加值同比增长 9%，是近三年以来最高水平，居全国第 6、中部第 2 位。其中，12 月份当月增长 10.5%，也是 2015 年以来单月最好水平，也是近三年月度增速首次超过 10%，居全国第 4、中部首位。全省工业累计增速持续保持平稳提升且未出现过回落，是全国仅有的 2 个省份之一，由前 2 个月的 7.9%逐步提升到全年 9%。

2017 年末，全省规模以上企业数达 20449 户，较 2016 年净增 1067 户，净增数居全国第三位。全年新增 2252 户企业，实现工业增加值占全省规模以上工业的 3.4%，对全省工业增长的贡献率达 22.4%。新增产值超千亿元企业 1 户（铜陵有色集团），全年产值超百亿元企业 34 户，比 2016 年净增 2 户，企业规模的连续上台阶，引领安徽工业持续走稳。

（四）进出口总额

2013—2017 年安徽省进出口总额在泛长三角（江苏、上海、浙江和安徽三省一市）所占比重分别为 3.32%、3.43%、3.50%、3.35%和 3.58%，2017 年逆势大幅度上扬，五年间增加了 0.26 个百分点，其中 2017 年较上年增加了 0.23 个百分点。

2017 年，安徽省进出口总额在泛长三角（江苏、上海、浙江和安徽三省一市）的排名中，与上年保持一致，仍为第四位，稳定不变；在进出口总额所占比重排名的前十位中，安徽省所占席位数量为零。

安徽省积极践行新发展理念，扎实推进开放发展行动计划，加快打造内陆开放新高地，对外开放发展成效显著。五年来，全省货物贸易进出口累计实现 2406 亿美元，年均增长 6.4%，高于全国平均水平

5.4个百分点。2017年,全省外贸进出口总量实现了历史性突破,一举超过500亿美元,达到了536.4亿美元,同比增长20.8%,总量和增幅均居中部第2位。2017年,安徽省进出口总值3631.6亿元人民币,较上年增长23.7%。其中,出口2065.2亿元,增长9.8%;进口1566.4亿元,增长48.3%。以美元计价,进出口536.4亿美元,增长20.8%。其中,出口304.8亿美元,增长7.2%;进口231.6亿美元,增长45%。

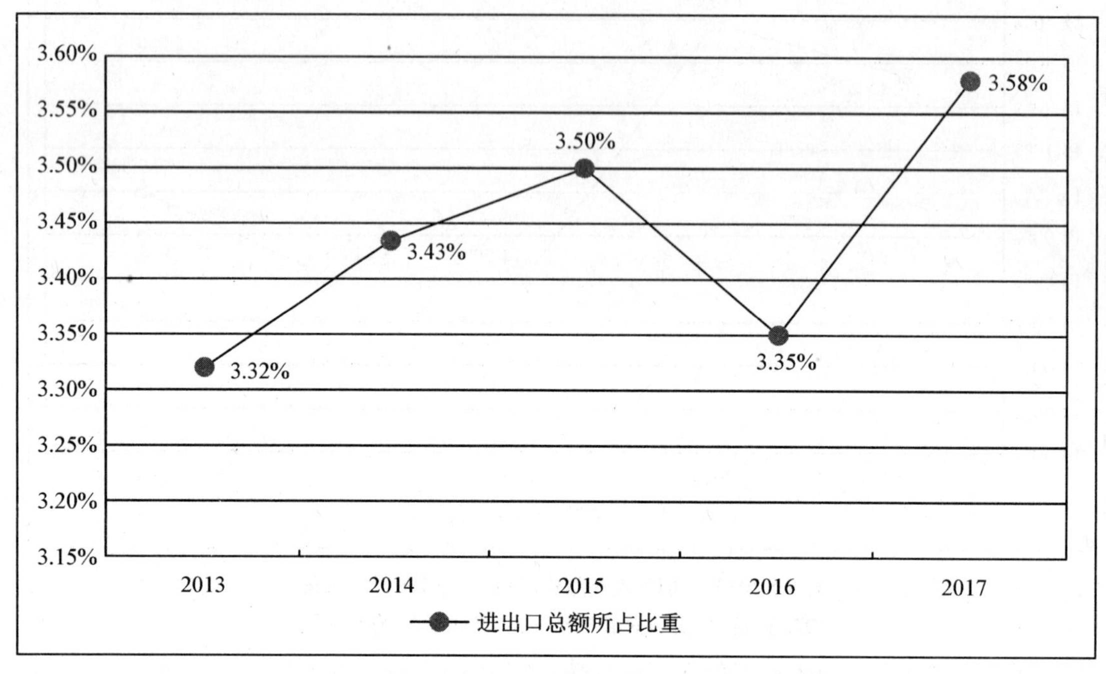

图7　2013—2017年安徽省进出口总额在泛长三角（江苏、上海、浙江和安徽三省一市）所占比重的变化趋势

安徽省进出口在2014年达3000亿元后,连续两年呈下行趋势。2017年首破3500亿元大关,三个“向好”态势明显。一是发展“向好”。增速全国第6,中部第2,中西部第6。分别比全国、中部、中西部快9.5个、5.7个和3.6个百分点;外贸值占全国1.3%,占中部地区19.5%,占中西部地区9%,分别比上年提高0.1个、0.9个和0.2个百分点。二是赶超“向好”。外贸排名回归全国第14位,比上年提高1位,超河北。在中部地区继续排名第2,体量接近河南7成,比上年提高1成,差距缩小。在中西部地区排名第5,与重庆、广西差距缩小。三是主体“向好”。外贸实绩企业7071家,比上年增加超3成。进出口超10亿元企业51家,增加15家;超百亿元企业5家,增加2家。其中,联宝公司(含海晨、新宁)成为全省首家超300亿元企业;新项目京东方10.5代线当年进出口超100亿元。

主要亮点:(一)园区带动作用明显。18个国家级园区(含4个海关特殊监管区)进出口1266.7亿元,增长35.3%,快于全省11.6个百分点,占比34.9%,提高3.3个百分点。海关特殊监管区进出口413.1亿元,增长32.3%,快于全省8.6个百分点,占比11.4%,提高0.8个百分点。其中,合肥综合保税区进出口42亿元,增长14.3倍。(二)皖江示范区引领增长。合肥市进出口1689.1亿元,增长36.9%,快于全省13.2个百分点,占全省46.5%,提高4.5个百分点。在合肥市的带动下,皖江示范区进出口3241亿元,增长25.8%,快于全省2.1个百分点,占全省89.2%,比上年提高1.4个百分点。(三)国企、外企增势较好。国有、外资企业分别进出口1062.6亿和1149.2亿元,分别增长36.9%和32%,分别占比29.3%和31.6%,比重分别提高2.9个和2个百分点。(四)加工贸易比重提升。加工贸易进出口808.5亿元,增长27%,占全省22.3%,提高0.6个百分点;一般贸易进出口2575.1亿元,增长22.5%,占比70.9%;海关特殊监管方式进出口212.9亿元,增长24.1%,占比5.9%。(五)空运、铁运发展较快。航空运输进出口584.2亿元,增长65.5%,占比16.1%,提高4.1个百分点;铁路运输进出口16.8亿元,增长30.4%,占比0.5%,提高0.1个百分点;水路运输进出口2912.9亿元,增长19.6%,

占比 80.2%。(六) 主要市场保持增长。对“一带一路”国家(地区)进出口 939.2 亿元,增长 18.5%。其中,出口 706.9 亿元,增长 13.5%,比全省出口增速快 3.7 个百分点。同期,对前四大贸易伙伴美国、欧盟、东盟、日本分别进出口 531.6 亿元、507.3 亿元、403 亿元和 301.5 亿元,分别增长 15%、12.6%、20.5% 和 91.3%。(七) 商品结构持续优化。(八) 骨干企业增势良好。前 10 强企业合计进出口 1149.8 亿元,增长 38.8%,占同期全省外贸总值 31.7%,提高 3.5 个百分点。

面临以下值得关注的形势和问题:一是整体发展尚不充分。在中西部,安徽省与河南省尚有较大差距,四川外贸值和增幅均高于安徽省。此外,安徽省出口排名比上年下降 1 位,出口增速低于全国 1 个百分点,在中部仅快于山西。据合肥海关编制的 12 月份外贸出口先导指数,安徽省外贸企业出口经理人指数较上月下滑 8.9%,新增订单指数下滑 18.2%,综合成本指数上涨 22%,显示未来 2—3 月安徽省企业出口仍面临一定压力。二是区域发展不够均衡。从全省 16 个地市看,合肥一枝独秀,对全省外贸增长贡献率高达 65.5%;传统外贸 4 强地市中,芜湖、铜陵、马鞍山增幅分别低于全省 7.9、3.1、1.9 个百分点;皖北 6 市合计进出口 340.5 亿元,增幅低于全省 15.8 个百分点,比重不及 1 成。16 市首尾差距达 83 倍,南北差距进一步拉大。三是增长动力有待巩固。从外贸结构看,机械设备进口、铜铁矿砂价格上涨合力带动全省增长 9.8 个百分点,剔除上述因素,安徽省外贸增速与全国基本持平。从外贸主体看,民营企业进出口 1419.8 亿元,增长 10.1%,低于全省增速 13.6 个百分点,低于全国民企增速 5.2 个百分点,显示外贸内生动力不足。四是绿色发展值得关注。全年进口固体废物 36.6 亿元,增长 62.9%;出口“两高一资”产品 105.7 亿元,增长 31.7%,均高于整体增速。

(五) 实际外商直接投资金额

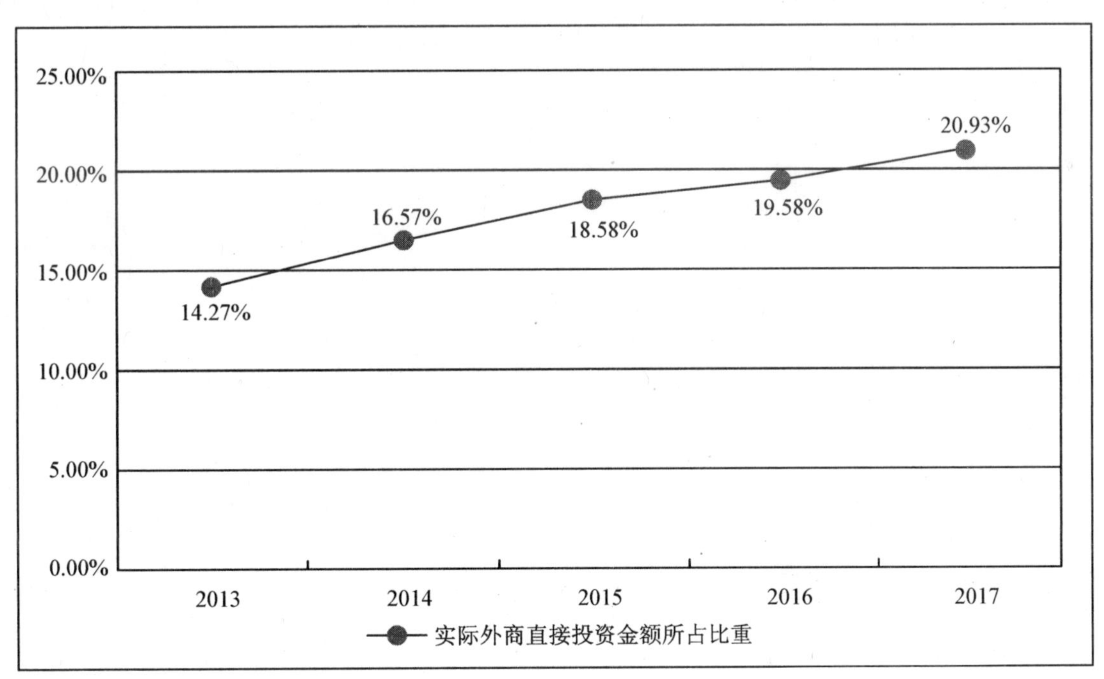

图 8　2013—2017 年安徽省实际外商直接投资金额在泛长三角(江苏、上海、浙江和安徽三省一市)所占比重的变化趋势

2013—2017 年安徽省实际外商直接投资金额在泛长三角(江苏、上海、浙江和安徽三省一市)所占比重分别为 14.27%、16.57%、18.58%、19.58%和 20.93%,呈现连续上扬姿态,2017 年较 2013 年增加了 6.66 个百分点。

2017 年,安徽省实际外商直接投资金额在泛长三角(江苏、上海、浙江和安徽三省一市)的排名中,与上年保持一致,为第 4 位;在实际外商直接投资金额所占比重排名的前十位中,安徽省 16 个地级市占据

2 席。

2017 年，全省利用外资保持平稳增长，实际使用外资金额 158.97 亿美元(含再投资、留存收益等到资)，同比增长 7.6%，完成年初任务目标。主要特点：

一、过亿美元大项目贡献明显。全年全省新设及增资过亿美元以上项目 32 家、同比增长 52.4%，合同外资额 63.9 亿美元、同比增长 1.4 倍，占全省合同外资总额的 71.3%、占比同比提高 7.6 个百分点。重大项目包括已来安徽省投资的台湾力晶、法国圣戈班、爱尔兰现代牧业、美国嘉吉、香港嘉美等企业增资，以及德国大众、美国康宁等世界 500 强企业新设外资企业。

二、招大引强取得新突破。2017 年，全省新增德国大众、美国普莱克斯、英国联合食品集团等 7 家境外世界 500 强来皖投资，卡特彼勒、意大利马瑞利等 500 强及跨国公司来安徽省新设项目，共有 80 家境外世界 500 强在安徽省投资设立 152 家外资企业。12 月当月，商务部正式批复德国大众与江淮汽车合资设立江淮大众汽车纯电动车项目，是安徽省初始投资额最大的外资项目，也是当前新能源领域体量最大的外资项目。行业引资取得新突破，省首家外资对冲基金孵化基地、首家外资医疗机构、首家世界级网球培训机构相继设立，京东、唯品会等两大电商落户安徽。

三、服务业引资快速增长。2017 年，全省服务业实际使用外资 57.7 亿美元，同比增长 31.8%，拉动全省利用外资增长 9.4 个百分点。其中，金融、仓储物流、房地产、社会公共服务等行业实际使用外资同比分别增长 1.9 倍、1.3 倍、48.0%、21.5%。战略性新兴产业项目到资 33.1 亿美元，同比增长 7.5%，占全省吸收外资总额 20.8%。

四、主要引资载体发展不平衡。全省利用外资主要集中在皖江地区，皖北利用外资发展相对薄弱。2017 年，皖江城市带实际使用外资 111.6 亿美元，占 70.2%，同比增长 7.7%；皖北地区利用外资 43.0 亿美元，占 27.1%，同比增长 6.7%，低于全省平均增幅 0.9 个百分点。

二　合肥市2017年经济社会发展报告

2017年，面对复杂多变的宏观经济环境，全市人民在市委、市政府坚强领导下，全面落实党的十八大、十九大精神，认真学习贯彻习近平新时代中国特色社会主义思想，以新理念引领新发展，坚持稳中求进工作总基调，大力实施五大发展行动计划，主动作为，砥砺奋进，保持了国民经济平稳健康较快发展和社会和谐稳定，在建设长三角世界级城市群副中心、"大湖名城、创新高地"的征程上阔步前行。

一、合肥市2017年经济发展概况

（一）综合经济

1. 经济总量

全年生产总值（GDP）7003.05亿元，按可比价格计算，比上年增长8.5%。其中，第一产业增加值272.75亿元，增长3.7%；第二产业增加值3432.67亿元，增长8.6%；第三产业增加值3297.63亿元，增长8.9%。三次产业结构由上年的4.3∶50.7∶45.0调整为3.8∶50.5∶45.7，其中三产占GDP比重比上年上升0.7个百分点。按常住人口计算，人均GDP为88456元。

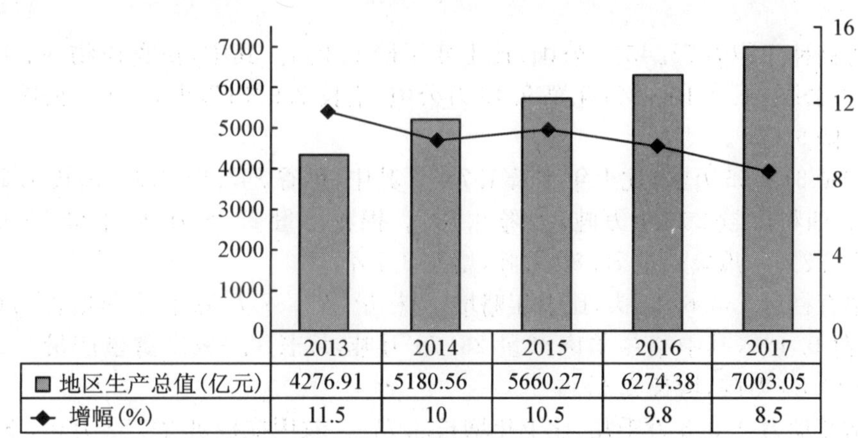

	2013	2014	2015	2016	2017
地区生产总值(亿元)	4276.91	5180.56	5660.27	6274.38	7003.05
增幅(%)	11.5	10	10.5	9.8	8.5

图1　2013—2017年合肥市地区生产总值及增长速度

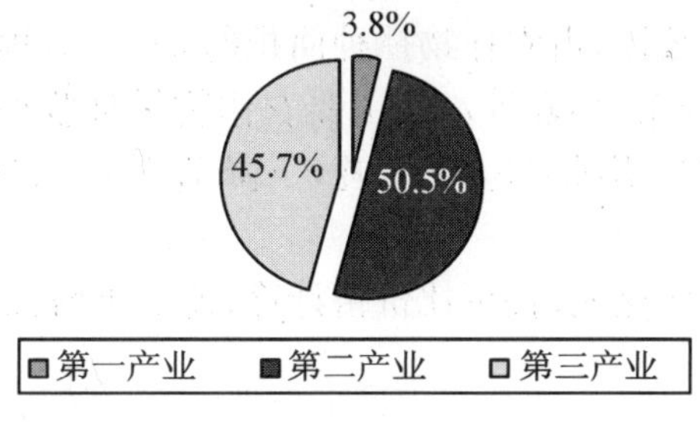

图2　2017年合肥市三次产业结构图

2. 财政收支

全年财政收入1251.15亿元，增长12.3%，比上年提高0.9个百分点，其中地方财政收入655.90亿元，增长6.7%（扣除营改增因素，同口径增长12.8%）。财政支出965.34亿元，比上年增长12.3%。其中，民生支出818.42亿元，占全部支出的84.9%，比上年提高2.8个百分点。从重点支出项目看，节能环保支出增长1.41倍，医疗卫生与计划生育支出增长44.5%，城乡社区服务支出增长42.5%，教育支出增长19.1%。

3. 物价水平

全年居民消费价格比上年上涨1.4%,其中食品价格下降1.0%。工业生产者出厂价格上涨2.0%,工业生产者购进价格上涨9.7%。

4. 固定资产投资

全年固定资产投资6351.43亿元,按可比口径计算,增长5.0%。其中,基础设施投资1213.47亿元,增长25.0%;工业技术改造投资1372.09亿元,增长8.6%;民间投资3704.19亿元,下降8.0%。分产业看,第一产业投资64.33亿元,下降40.4%;第二产业投资2379.03亿元,增长11.8%;第三产业投资3908.08亿元,增长2.5%。分行业看,工业投资2356.48亿元,增长12.6%,其中六大主导产业投资1255.29亿元,增长13.7%;现代服务业投资3154.56亿元,增长5.8%。

全年计划总投资亿元以上施工项目1073个,比上年增加297个。其中,本年新开工项目615个,比上年减少202个;竣工项目370个,增加154个。全球首条最高世代线京东方10.5代线、康宁玻璃顺利投产,晶合晶圆一期成功量产,实现了"合肥芯合肥造"。轨道交通1号线平稳运行,2号线正式通车,3、4、5号线加速推进,合肥迎来地铁"换乘时代",绕城高速、合宁、合安、合芜高速扩容进展顺利,引江济淮、量子信息与量子科技创新研究院等"一号工程"全面施工建设。

(二) 农业

全年农作物总播种面积为75.45万公顷,比上年下降0.2%。其中,粮食作物50.93万公顷,增长1.5%;棉花2.49万公顷,下降10.4%;蔬菜9.46万公顷,增长2.9%;瓜果2.71万公顷,增长2.3%;油料9.25万公顷,下降9.0%。

全年粮食总产量315.65万吨,比上年增长1.7%。其中,稻谷245.81万吨,增长1.2%;小麦50.38万吨,增长3.6%。油料产量26.71万吨,下降9.8%。棉花产量2.38万吨,下降10.0%。蔬菜产量230.00万吨,增长5.2%。瓜果产量70.80万吨,增长3.7%。

年末全市生猪存栏量135.62万头,比上年略增,出栏量277.87万头,比上年增长0.6%。肉类总产量47.41万吨,下降0.4%,其中猪牛羊肉产量23.79万吨,增长0.6%。禽蛋产量20.03万吨,下降1.7%。牛奶产量10.89万吨,增长2.4%。

年末农业机械总动力470.5万千瓦,比上年增长3.7%。农用拖拉机21.52万台,下降0.2%,其中大、中型拖拉机1.42万台,增长7.5%;联合收割机1.32万台,增长6.4%;排灌动力机械14.5万台,增长2.4%。全市实现机耕作业面积69.4万公顷,占农作物播种面积的比重为92.0%,比上年提高0.3个百分点;机械播种面积28.14万公顷,占农作物播种面积的37.3%,提高2.3个百分点;机械收割面积51.12万公顷,增长3.2%,水稻、油菜、小麦等八大主要农作物耕种收综合机械化水平达到78.01%,比上年提高2个百分点。化肥施用量(折纯)25.77万吨,下降7.5%。农村用电量16.73亿千瓦时,增长5.0%。

全年农林牧渔业总产值485.91亿元,按可比价格计算,比上年增长3.7%。

(三) 工业和建筑业

1. 工业经济

年末全市规模以上工业企业2561户,比上年增加95户。其中,产值超亿元企业1137户,增加40户;超50亿元企业34户,增加4户;超百亿元企业12户,与上年持平,联宝电子成为合肥市首个年产值超500亿元企业。全年规模以上工业增加值比上年增长9.4%。其中,轻、重工业分别增长4.6%和12.2%;国有控股企业增长11.6%,集体企业下降23.5%,股份制企业增长8.4%,外商及港澳台商投资企业增长10.4%。

规模以上工业中，37个工业大类行业有22个增加值保持增长。六大主导产业增加值比上年增长11.6%，占规模以上工业的64.0%，比上年提高0.8个百分点；其中平板显示及电子信息产业增长28.5%，装备制造产业增长15.1%。规模以上工业出口交货值1114.47亿元，比上年增长13.1%。

规模以上工业统计的主要产品产量中，彩色电视机、房间空气调节器和家用电冰箱分别比上年增长61.3%、22.0%和8.0%，太阳能电池增长35.8%，微型计算机设备增长13.1%，液晶显示屏增长8.8%，挖掘机和叉车分别增长98.9%和36.8%，新能源汽车增长37.6%。

2. 建筑业

全年建筑业增加值693.73亿元，按可比价计算，比上年增长5.6%。纳入统计范围的具有建筑业资质等级的总承包和专业承包建筑施工企业953户，比上年净增52户。房屋建筑施工面积22364.52万平方米，比上年增长12.4%。房屋竣工面积5981.60万平方米，增长9.8%。年末建筑业从业人员71.74万人，比上年下降0.4%。企业劳动生产率45.77万元/人，增长7.4%。

（四）服务业

1. 国内贸易

全年社会消费品零售总额2728.51亿元，比上年增长11.6%。按经营地统计，城镇消费品零售额2636.83亿元，增长11.5%；乡村消费品零售额91.68亿元，增长14.5%。按消费形态统计，商品零售额2432.62亿元，增长10.9%；餐饮收入295.89亿元，增长17.8%。

年末全市限额以上批发零售和住宿餐饮企业(单位)2166户，比上年增加262户。全年累计零售额超亿元企业(单位)313户，增加9户。限额以上企业商品零售额中，粮油、食品类增长13.7%，烟酒类增长9.4%，日用品类增长16.8%，家具类增长28.4%，家用电器及音响器材类增长17.4%，石油及制品类增长15.3%，体育、娱乐用品类增长11.7%，化妆品类增长11.0%，汽车类增长3.0%。

2. 交通运输、邮电

全年交通运输、仓储和邮政业增加值241.98亿元，比上年增长6.6%。旅客运输量1.28亿人，下降10.0%；货物运输量3.90亿吨，增长13.7%。全年港口货物吞吐量3545.38万吨，增长26.1%，其中外贸货物吞吐量27.11万吨，增长37.8%。合肥新桥机场旅客吞吐量914.71万人次，增长23.7%。

年末民用汽车拥有量169.74万辆，比上年增长18.7%，其中私人汽车144.86万辆，增长19.5%。民用轿车拥有量109.86万辆，增长17.4%，其中私人轿车102.09万辆，增长17.5%。

全年邮政业务总量86.34亿元，比上年增长40.7%；电信业务总量188.20亿元。年末本地固定电话用户127.34万户，比上年减少12.49万户。其中，城市105.84万户，减少2.41万户；农村21.50万户，减少10.08万户。移动电话用户877.01万户，增加78.08万户。基础电信运营企业计算机互联网接入用户258.16万户，增加40.69万户。

3. 旅游业

全年入境旅游人数45.90万人次，比上年增长10.1%；旅游外汇收入3.31亿美元，下降5.0%。国内游客11105.49万人次，增长20.2%；国内旅游收入1468.31亿元，增长27.0%。年末全市有星级酒店55家，其中五星级11家、四星级19家；A级及以上旅游景点(区)57处。

4. 金融、证券和保险

全年社会融资规模19648.42亿元，比上年增加2876.73亿元。年末全市金融机构本外币各项存款余额14235.41亿元，比上年末增加755.72亿元，增长5.6%。其中，住户存款3535.20亿元，增长6.1%；非金融企业存款6359.35亿元，增长7.2%；广义政府存款3833.57亿元，增长6.5%；非银行业金融机构存款497.45亿元，减少17.8%。年末金融机构本外币各项贷款余额13401.22亿元，比上年末增加1337.04亿元，增长11.1%。其中，住户贷款4636.75亿元，增长15.5%；非金融企业及机关团体贷款8531.70亿元，增长8.5%。

全年新增上市公司7家，融资43.36亿元，至年末全市共有境内外上市公司46家（其中境外上市2家）。全年债券融资3337.08亿元。年末证券营业部110个，比上年增加33个，全年证券交易量5596.75亿元。年末期货营业部22个，全年期货交易量23062.23亿元，从业人员471人。

全年保险公司保费收入314.19亿元，比上年增长47.2%。其中，财产险保费收入93.24亿元，增长16.8%；人身险保费收入220.95亿元，增长65.3%。赔款和给付85.33亿元，比上年增长17.3%。其中，财产险赔款与给付48.63亿元，增长8.4%；人身险赔款与给付36.69亿元，增长31.7%。

5. 房地产业

全年房地产开发投资1557.41亿元，比上年增长15.1%，其中住宅投资1095.45亿元，增长27.2%。新建商品房施工面积8283.56万平方米，比上年增长5.9%；竣工面积1179.34万平方米，下降0.1%。新建商品房销售面积1283.40万平方米，下降38.8%；商品房销售额1379.75亿元，下降29.8%。

（五）对外经济

1. 对外贸易

全年进出口总额249.59亿美元，比上年增长33.6%。其中，出口145.66亿美元，增长15.3%；进口103.93亿美元，增长71.8%。从出口商品看，机电产品出口额100.41亿美元，增长17.9%；高新技术产品出口额57.78亿美元，增长21.9%。

2. 利用外资

全年新备案外商投资企业128户，比上年增长34.1%。实际利用外商直接投资30.20亿美元，增长7.5%，其中工业投资10.1亿美元，下降14.3%，服务业投资19.7亿美元，增长13.2%。新增总投资（含增减资）38.4亿美元，同比下降11.5%。

3. 对外合作

对外经济合作新签合同额30.6亿美元，同比增长81.0%；实现营业额24.7亿美元，增长9.0%。劳务合作年末在外人员6438人。年末境外世界500强企业共43家，在合肥投资设立60家外资企业，新增5家。

二、合肥市2017年社会发展概况

（一）人口、人民生活

年末全市常住人口796.50万人，比上年增加9.60万人。常住人口城镇化率73.75%，比上年末提高1.7个百分点。年末户籍人口742.76万人，比上年增加12.93万人，其中市区户籍人口270.11万人，增加10.95万人。全年人口出生率19.76‰，比上年上升3.49个千分点；死亡率9.87‰，上升5.14个千分点；自然增长率9.90‰，下降1.64个千分点。

全年常住居民人均可支配收入31950元，比上年增长9.7%；人均消费性支出19693元，比上年增长8.0%。

城镇常住居民人均可支配收入37972元，比上年增长9.0%；人均消费性支出23311元，增长6.9%，其中食品烟酒支出增长2.7%、衣着增长1.0%、居住增长10.0%、生活用品及服务增长14.5%、医疗保健增长3.7%、交通通信增长9.4%、教育文化娱乐增长13.6%。城镇居民恩格尔系数为31.7%，比上年下降1.3个百分点。年末城镇居民人均住房建筑面积35.9平方米，比上年增加0.1平方米。

农村常住居民人均可支配收入18594元，比上年增长9.0%；人均生活消费支出11667元，增长8.6%，其中食品烟酒支出增长8.1%、衣着下降6.7%、居住增长10.3%、生活用品及服务与上年持平、医疗保健增长8.5%、交通通信增长14.9%、教育文化娱乐增长15.3%。农村居民恩格尔系数为36.2%，比上年下降0.1个百分点。年末农村居民人均住房建筑面积41.9平方米，比上年增加2.0平方米。

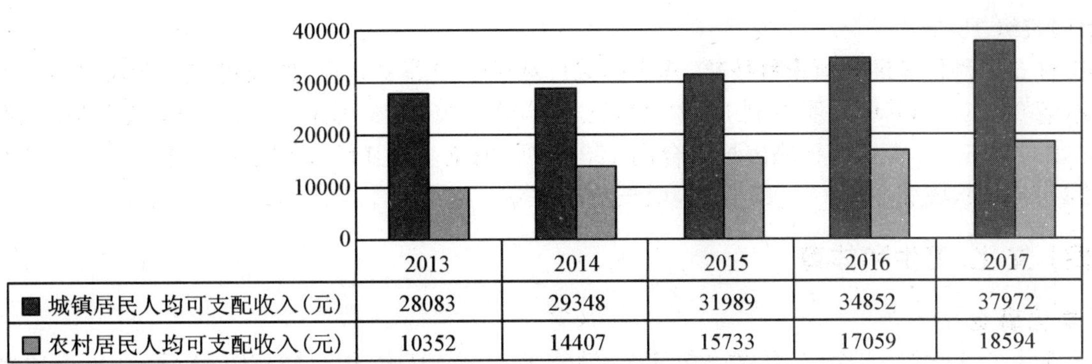

	2013	2014	2015	2016	2017
■ 城镇居民人均可支配收入(元)	28083	29348	31989	34852	37972
■ 农村居民人均可支配收入(元)	10352	14407	15733	17059	18594

图 3　2013—2017 年合肥市城乡居民收入对比一览

（二）就业与社会保障

1. 就业

年末全市就业人员 538.1 万人，比上年增加 7.8 万人。其中，第一产业 77.9 万人，减少 4.0 万人；第二产业 187.3 万人，增加 2.2 万人；第三产业 272.9 万人，增加 9.6 万人。城乡私营企业就业人员和个体劳动者 197.6 万人，增加 28.7 万人。全年城镇实名制新增就业 23.97 万人，下岗失业人员再就业 3.37 万人，转移农村劳动力 7.12 万人。年末城镇登记失业率为 2.86%，比上年下降 0.17 个百分点。

2. 社会保障和福利

市区最低月工资标准为 1520 元。年末参加城镇职工养老、医疗、失业、工伤、生育保险人数分别为 228.28 万人、183.41 万人、141.36 万人、151.27 万人和 149.46 万人。城镇居民基本医疗保险参保人数 172.07 万人，城乡居民养老保险参(续)保人数 300.76 万人。城乡居民新农合参合率达 105.43%。

年末 228.10 万人次城乡居民享受政府最低生活保障，其中城市 41.80 万人次，农村 186.30 万人次；累计发放低保金 7.60 亿元，其中城市 2.23 亿元，农村 5.37 亿元。农村五保户集中供养能力为 53%，城市“三无”人员全部纳入社会救助。全年实施城乡医疗救助 50.61 万人次，支出医疗救助金 2.60 亿元。

年末拥有各类收养性社会福利机构 187 个，床位 3.36 万张，收养各类人员 1.51 万人。城镇建立各种社区服务中心(站)1888 个，其中乡镇、街道及县(市、区)级社区服务中心 159 个。全年销售社会福利彩票 20.29 亿元，筹集公益金 5.68 亿元，慈善组织募集各类善款善物 602.14 万元。

（三）教育和科学技术

1. 教育事业

全市各类高等院校 60 所，在校学生 62.58 万人；其中普通高校 50 所，在校学生 54.61 万人；成人高校 4 所，在校学生 7.97 万人。中等职业教育学校(不含技工学校)54 所，在校生 9.95 万人；特殊教育学校 6 所，在校生 1303 人。普通高中 108 所，在校生 15.32 万人，高中阶段毛入学率 125.26%。普通初中 245 所，在校生 22.72 万人，初中阶段毛入学率 107.87%。小学 542 所，在校生 50.15 万人，小学毛入学率 106.83%。幼儿园 994 所，在园幼儿 27.09 万人。各类专任教师 9.99 万人，其中普通高校 2.75 万人、中等职业学校 0.37 万人、普通中学 2.97 万人、小学 2.64 万人，幼儿园 1.24 万人。全市义务教育经费保障机制改革惠及学生 72.87 万人，其中城市 33.39 万人，农村 39.48 万人。

2. 科技与创新

全市有院士工作站 47 个；省部级以上重点实验室和工程实验室 200 个，其中国家重点(工程)实验室 16 个；省级以上工程技术研究中心 139 个，其中国家级(含分中心)7 个；省级以上工程研究中心 62 个，其中国家级 15 个；省级以上企业技术中心 286 个，其中国家级 41 个。省级以上创新型(试点)企业 218 个，其中国家级 14 个。市级以上科技企业孵化器 49 个，其中国家级 12 个。市级以上众创空间 62

个，其中国家级 18 个。

全年有 6 项科技成果获国家科技奖，其中国家自然科学二等奖 3 项，科技进步二等奖 3 项。全年受理专利申请 61340 件，其中发明专利 32828 件，比上年增长 26.8%；授权专利 21469 件，其中发明专利 4917 件，增长 2.5%。全年签订输出技术合同 15301 项，成交金额 142.70 亿元，增长 18.5%；签订吸纳技术合同 8553 项，成交金额 144.17 亿元，增长 68.7%。

（四）文化、卫生和体育

1. 文化事业

年末全市有文化馆 11 个，公共图书馆 9 个，博物馆 31 个(其中：国有博物馆 18 个，非国有博物馆 13 个)，各级国家综合档案馆 10 个，乡镇街道综合文化站 121 个。全国重点文物保护单位 6 处，省级重点文物保护单位 36 处，市级重点文物保护单位 54 处。国家级非物质文化遗产项目 4 项，省级非物质文化遗产项目 28 项，市级非物质文化遗产项目 98 项。图书馆总藏量 594.66 万册(件)(不含电子图书)，其中图书 481.32 万册，比上年增长 10.6%。各级国家档案馆馆藏档案资料 441.12 万卷，增长 19.2%。电影院 83 家，全年票房收入 5.59 亿元。各类动漫企业 107 家，具有原创能力和代表作品的企业 37 家。全年共举办各类展览活动 192 场，比上年增长 2.6%。年末广播综合人口覆盖率 99.5%，电视综合人口覆盖率达 99%。

2. 卫生事业

年末拥有医疗卫生机构(含村卫生室)2199 个，其中医院、卫生院 270 个，妇幼保健院(所、站)12 个，疾控中心和专科疾病防治机构 18 个，社区卫生服务机构 196 个。卫生机构床位数 4.93 万张，其中医院、卫生院床位 4.69 万张。专业卫生技术人员 5.64 万人，其中执业(助理)医师 2.10 万人，注册护士 2.71 万人。每千人常住人口拥有床位数 6.20 张，拥有医院卫生院床位数 5.89 张；每千人常住人口拥有卫生技术人员 7.09 人，拥有医生 2.63 人，拥有注册护士 3.40 人。婴儿死亡率 4.09‰，孕产妇死亡率 16.75/10 万。城市社区卫生机构覆盖率达 98%以上。

3. 体育事业

全年成功组织 118 项大型赛事和 49 项市级体育赛事。在各种省级以上体育赛事中，合肥市运动健儿共获得 12 枚金牌、22 枚银牌和 13 枚铜牌。成功举办 2017 合肥国际马拉松赛，吸引来自 15 个国家和港澳台地区以及 31 个省市自治区的 2.8 万名选手参赛。成功举办 2017 环巢湖全国自行车公开赛、全国青年帆船帆板精英赛暨 OP 锦标赛、中国热气球挑战赛(半汤站)、全国速度轮滑公开赛、全国击剑冠军赛(第一站)等高水平体育赛事。全市完成 100 个全民健身苑工程和 6 个笼式多功能健身场建设。全年共举办全民健身活动 341 次，参加活动总人数 91.3 万人次。全年销售体育彩票 15.9 亿元，比上年增长 12.0%。

（五）环境保护和生态建设

2017 年末，全市共有市、县(区)级环境监测站 6 个。区域噪声等效声级 54 分贝，道路交通噪声等效声级 67.6 分贝，保持稳定。可吸入颗粒物(PM10)、细颗粒物(PM2.5)年均浓度分别为 80 微克/立方米和 56 微克/立方米，分别比上年下降 3.6%和 1.8%，均完成年度目标任务。二氧化硫、二氧化氮、一氧化碳、臭氧年均浓度分别为 12 微克/立方米、52 微克/立方米、0.9 毫克/立方米和 100 微克/立方米，均达到空气环境质量日均值二级标准要求。全年空气质量优良天数 222 天，优良率 61.7%。巢湖湖区整体水质保持稳定。饮用水源地水质达标率 100%。辐射环境质量良好。

全市森林资源面积 269 万亩，森林覆盖率 27.4%。新增城区绿化面积 536.48 万平方米，绿化覆盖率 46 %。建成区绿地率达 40.4%。生活垃圾无害化处理率 100%。

全年能源消费量 2216.60 万吨标准煤，比上年增长 2.8%。电力消费量增长 10.8%。单位 GDP 能

耗下降5.22%。

(六) 安全生产

全年亿元GDP生产安全事故死亡人数为0.053人,比上年下降15.9%;道路交通万车死亡人数为2.182人,下降7.6%;工矿商贸企业就业人员十万人生产安全事故死亡人数为1.847人。全年发生一般程序道路交通事故1678起,造成466人死亡、1784人受伤。

三、合肥市在泛长三角地区经济发展中的地位

2017年,在省委省政府和市委的坚强领导下,全面贯彻落实党的十八大、十九大和省市党代会精神,深入学习习近平新时代中国特色社会主义思想,以新理念引领新发展,坚持稳中求进工作总基调,大力实施五大发展行动计划,主动作为,砥砺奋进,在建设长三角世界级城市群副中心、"大湖名城、创新高地"的征程上阔步前行。

(一) 地区生产总值

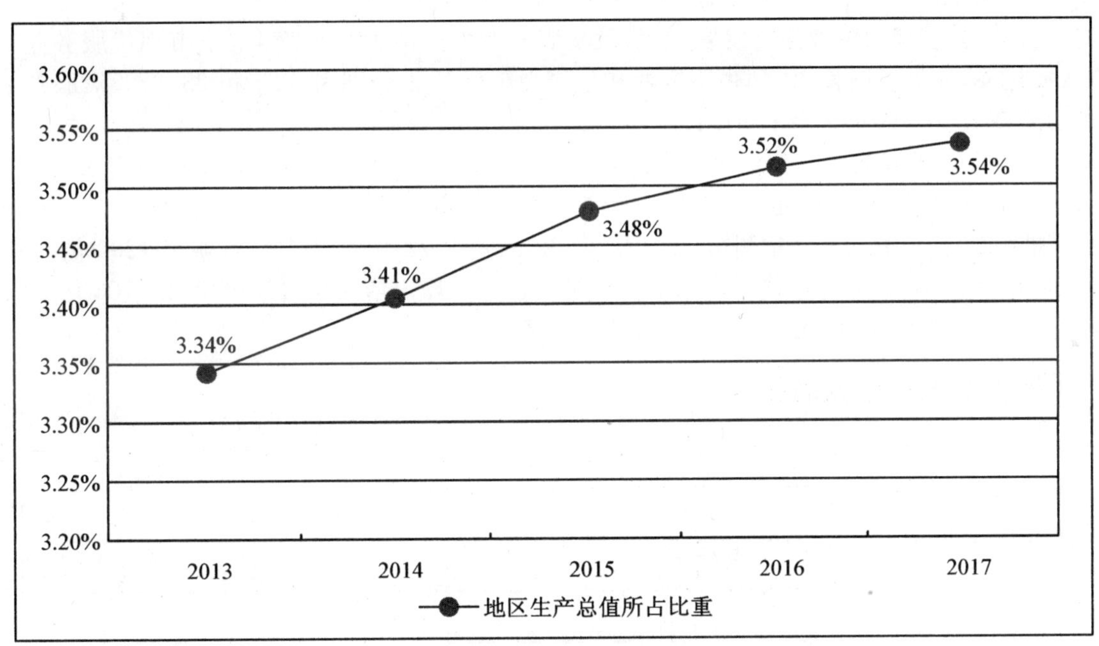

图4　2013—2017年合肥市地区生产总值在泛长三角地区41市
(苏浙两省24个地级市、上海市和安徽省16个地级市,下同)所占比重的变化趋势

2013—2017年合肥市地区生产总值在泛长三角地区41市所占比重分别为3.34%、3.41%、3.48%、3.52%和3.54%。合肥市地区生产总值在泛长三角41市占比整体呈现上扬态势,2017年与2013年比增加了0.20个百分点,2017年较上年增加了0.02个百分点。2017年,合肥市在泛长三角地区41市地区生产总值所占比重排名第8位,与2016年持平。

2017年合肥生产总值达到7213.4亿元,比上年增长8.5%。全市人均生产总值9.11万元,折合1.35万美元。2017年,全市经济运行总体平稳,向好势头不断巩固,产业结构继续优化,经济发展质效不断提高。分析报告显示,合肥生产总值总量位居省会城市前十强,增速稳居长三角副中心城市之首,同时第三产业比重上升,经济结构更加优化有活力。合肥首位度稳步提高,全省经济发展"排头兵"之势越发强劲。2017年,全市生产总值总量占全省的比重达到26.2%,比上年上升0.2个百分点。2017年,

合肥经济总量在全国 26 个省会城市中，继续稳居前十行列。同时，合肥与同为长三角副中心城市的南京和杭州总量差距缩小。2017 年，合肥生产总值总量相当于南京市 11715.1 亿元的 61.6%，比上年提高 1.9 个百分点；相当于杭州市 12556.2 亿元的 57.4%，比上年提高 0.6 个百分点。合肥生产总值增速比全国 6.9%的增速高 1.6 个百分点，与全省 8.5%的增速持平；位列全国 26 个省会城市第 7 位，属于省会城市上游水平。合肥生产总值增速居长三角副中心城市之首，比南京市的 8.1%快 0.4 个百分点，比杭州市的 8.0%快 0.5 个百分点，继续居长三角城市群副中心城市第一位。不仅如此，合肥经济增速还略高于中部省会城市平均水平。2017 年，合肥经济增速比中部省会城市平均增速 8.4%略高 0.1 个百分点，居第 3 位，分别比武汉市的 8.0%快 0.5 个百分点、比郑州市的 8.2%快 0.3 个百分点、比太原市的 7.5%快 1 个百分点，比长沙市和南昌市的 9%低 0.5 个百分点。

纵观合肥的产业结构，三次产业均保持稳定增长。2017 年合肥第一产业增加值 272.8 亿元，增长 3.7%；第二产业增加值 3643.1 亿元，增长 8.6%；第三产业增加值 3297.6 亿元，增长 8.9%。

从三次产业的数据中不难看出，第三产业增速领跑，结构质量继续优化。全市三次产业结构比为 3.8∶50.5∶45.7，与上年相比，第三产业增加值占比提高 0.7 个百分点。从各产业对生产总值增长的贡献率看，全市一、二、三产业依次为 1.9%、52.8%、45.3%，其中第三产业贡献率快速提升，为 2005 年以来的次新高，为全市经济平稳健康发展增添重要力量。

值得一提的是，现代服务业快速发展，不断激发服务业发展活力。2017 年，全市现代服务业实现增加值 2078.6 亿元，比上年增长 10%，占服务业和生产总值的比重分别为 63%和 28.8%，对服务业和生产总值的贡献率分别达到 69.4%和 31.4%。

安徽 2017 年 GDP 排名前六位的城市依次是：1. 合肥市 7000 亿元；2. 芜湖市 3100 亿元；3. 马鞍山市 1720 亿元；4. 安庆市 1650 亿元；5. 滁州市 1620 亿元；6. 阜阳市 1600 亿元。第七到第十二位的城市依次是：7. 蚌埠市 1550 亿元；8. 宿州市 1473 亿元；9. 六安市 1240 亿元；10. 宣城市 1200 亿元；11. 亳州市 1195 亿元；12. 铜陵市 1150 亿元。第十三到第十六位的城市依次是：13. 淮南市 1100 亿元；14. 淮北市 859 亿元；15. 池州市 660 亿元；16. 黄山市 645 亿元。

（二）地方财政一般预算收入

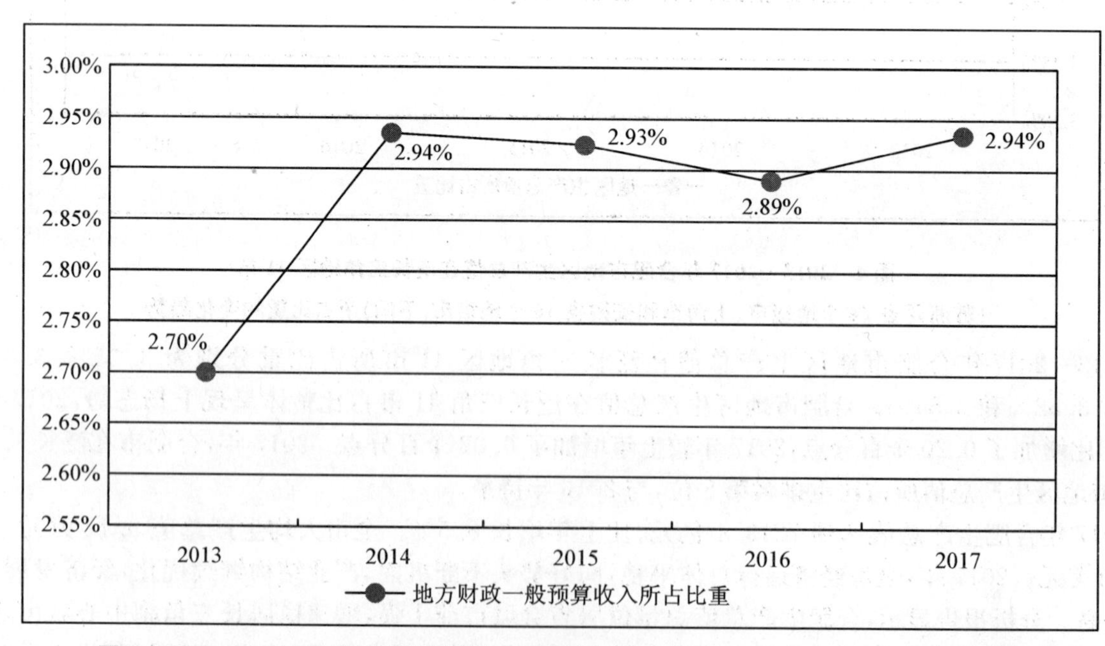

图 5　2013—2017 年合肥市地方财政一般预算收入在泛长三角 41 市所占比重的变化趋势

2013—2017 年合肥市地方财政一般预算收入在泛长三角 41 市所占比重分别为 2.70%、

2.94%、2.93%、2.89%和2.94%，2017年较2013年增加了0.24个百分点，2017年较上年增加了0.05个百分点。2017年，合肥市地方财政一般预算收入在泛长三角41市中排第7位，与2016年持平。

2017年，合肥市完成财政收入1251.15亿元，其中，地方收入总量在中部省会城市中居第4位，在全国省会城市中居第10位，位次较2016年前进一位。财政收入比上年增长12.3%，占全省财政收入的比重为25.8%，比上年提高0.3个百分点。其中，地方收入655.9亿元，比上年增长6.7%，扣除营改增收入级次调整因素影响，同口径增长12.8%。2017年，市本级财政收入771.93亿元，一般公共预算支出382.18亿元；政府性基金收入977.5亿元，支出731.57亿元；社会保险基金收入269.01亿元，支出178.57亿元；国有资本经营收入2.68亿元，支出2.09亿元。

（三）工业生产总值

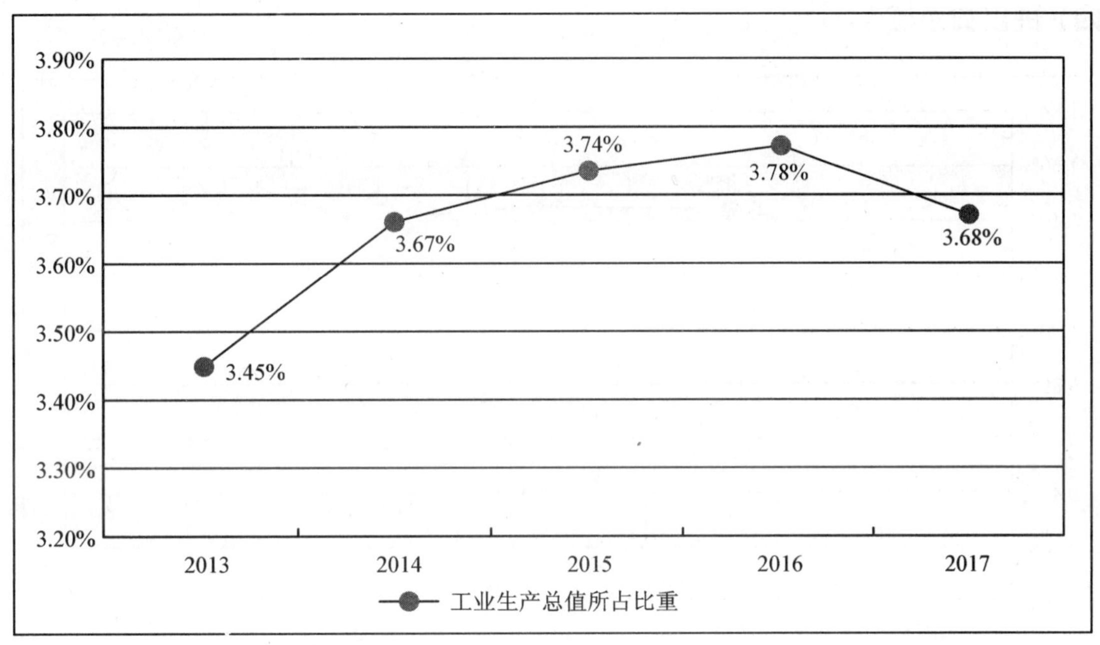

图6　2013—2017年合肥市工业生产总值在泛长三角41市所占比重的变化趋势

2013—2017年合肥市工业生产总值在泛长三角41市所占比重分别为3.45%、3.67%、3.74%、3.78%和3.68%，2017年较2013年增加了0.23个百分点，较上年减少了0.10个百分点。2017年，合肥市工业生产总值在泛长三角41市所占比重排第9位。

2017年，安徽省规模以上工业增加值同比增长9%，是近三年以来最高水平，居全国第6位、中部第2位。其中，12月份当月增长10.5%，也是2015年以来单月最好水平，也是近三年月度增速首次超过10%，居全国第4位、中部首位。全省工业累计增速持续保持平稳提升且未出现过回落，是全国仅有的2个省份之一，由前2个月的7.9%逐步提升到全年9%。

2017年，为加快规模工业企业的培育，安徽省出台了稳定发展规模以上工业企业的政策，大力实施制造强省建设，积极推动企业上规模、上台阶，有力促进了全省工业经济的发展。2017年末，全省规模以上企业数达20449户，较2016年净增1067户，净增数居全国第3位。全年新增2252户企业，实现工业增加值占全省规模以上工业的3.4%，对全省工业增长的贡献率达22.4%。新增产值超千亿元企业1户（铜陵有色集团），全年产值超百亿元企业34户，比2016年净增2户，企业规模的连续上台阶，引领安徽工业持续走稳。

新兴产业贡献度高，新产品蓬勃发展。随着安徽省供给侧结构性改革的深入推进，在能源、原材料工业增速回落，消费品工业平稳的同时，装备工业、电子信息工业两大新兴产业支撑起安徽工业增长的脊梁，成为拉动增长主动力。2017 年，装备工业、电子信息工业分别增长 13.1%、15.1%，增速分别高于全省平均水平 4.1 个和 6.1 个百分点，贡献率分别达到 34.9%、10.8%。

2017 年，全省工业用电量继 2013、2014 年分别突破 1000 亿千瓦时和 1100 亿千瓦时后，再度突破 1200 亿千瓦时，达到 1268.3 亿千瓦时，同比增长 5.8%，与 2016 年持平。工业用电量的持续突破，有力地反映了安徽工业基本面。

2017 年，全省工业投资完成 12943.5 亿元，同比增长 12.7%；技改投资总量超年度预期目标，突破 7000 亿元，达 7352.9 亿元，同比增长 18%，增速创新高，也是 2013 年以来年度新高，为全省工业后续发展奠定了基础。制造业税收增长 17.3%、工业增值税增长 17.8%，12 月份制造业 PMI 达到 53%，继续保持荣枯线上方，反映企业信心提升，预期良好。

（四）进出口总额

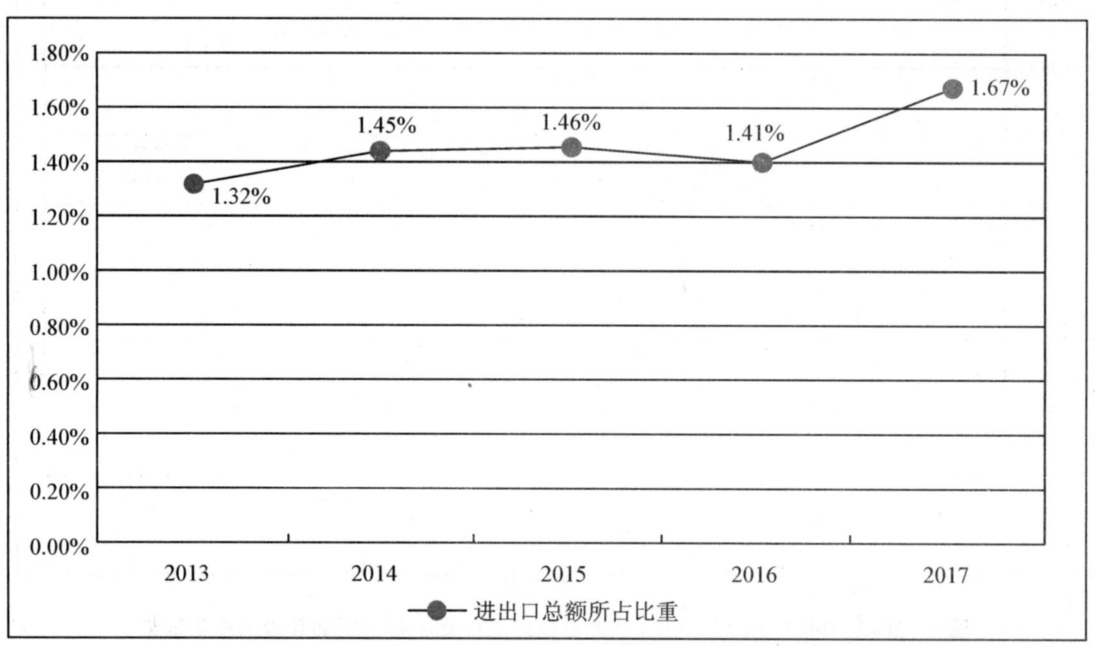

图 7　2013—2017 年合肥市进出口总额在泛长三角 41 市所占比重的变化趋势

2013—2017 年合肥市进出口总额在泛长三角 41 市所占比重分别为 1.32%、1.45%、1.46%、1.41% 和 1.67%，总体上呈现增长态势，五年间增加了 0.35 个百分点，其中 2017 年较上年增加了 0.26 个百分点。2017 年，合肥市进出口总额在泛长三角 41 市排 12 位，较上年上升 1 位。

2017 年，安徽省外贸进出口总量实现了历史性突破，一举超过 500 亿美元，达到了 536.4 亿美元，同比增长 20.8%，总量和增幅均居中部第 2 名。五年来，安徽省货物贸易进出口累计实现 2406 亿美元，年均增长 6.4%，高于全国平均水平 5.4 个百分点；跨境电商贸易额年均增长 30%以上，累计已有 80 家境外世界 500 强在皖设立企业 152 家；各类开放平台和主体加快成长，新增国家级经开区 5 家，新获批建设 3 家综合保税区、4 家保税物流中心（B 型）、11 个进境指定口岸、中国（合肥）跨境电商综合试验区。

（五）实际外商直接投资金额

2013—2017 年合肥市实际外商直接投资金额在泛长三角 41 市所占比重分别为 2.52%、3.02%、3.42%、3.65%和 3.97%，整体呈现上扬态势，2017 年较 2013 年增加了 1.45 个百分点，2017 年较上年

增加了 0.32 个百分点。2017 年,合肥市实际外商直接投资金额在泛长三角 41 市排第 7 位,较上年保持一致。

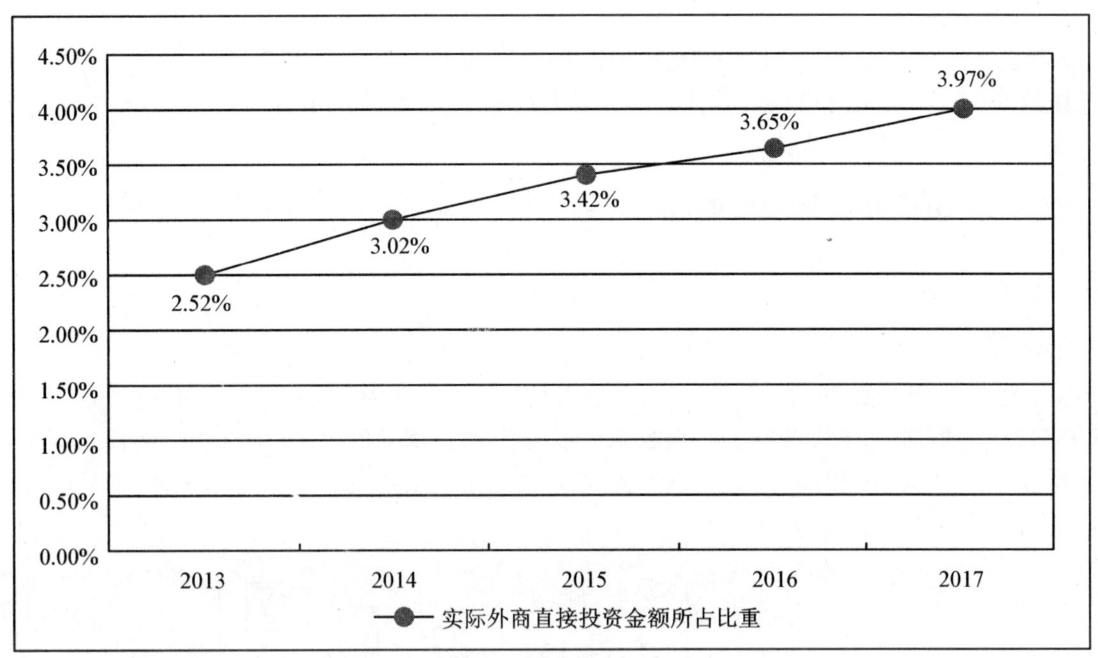

图 8　2013—2017 年合肥市实际外商直接投资金额在泛长三角 41 市所占比重的变化趋势

2017 年,全年新备案外商投资企业 128 户,比上年增长 34.1%。实际利用外商直接投资 30.20 亿美元,增长 7.5%,其中工业投资 10.1 亿美元,下降 14.3%,服务业投资 19.7 亿美元,增长 13.2%。新增总投资(含增减资)38.4 亿美元,同比下降 11.5%。对外经济合作新签合同额 30.6 亿美元,同比增长 8.1%;实现营业额 24.7 亿美元,增长 9.0%。劳务合作年末在外人员 6438 人。年末境外世界 500 强企业共 43 家,在合肥投资设立 60 家外资企业,新增 5 家。

三　芜湖市2017年经济社会发展报告

2017年，全市人民在市委、市政府的坚强领导下，认真贯彻党中央和省委、省政府决策部署，坚持稳中求进工作总基调，聚焦深化供给侧结构性改革，着力打造经济、城市两个升级版，全市经济保持了持续平稳较快发展。

一、芜湖市2017年经济发展概况

（一）综合经济

1. 经济总量

全年实现地区生产总值2963.26亿元，比上年增长8.9%。其中，第一产业增加值129.67亿元，增长4.3%；第二产业增加值1623.40亿元，增长8.6%；第三产业增加值1210.19亿元，增长9.7%。按常住人口计算，人均生产总值80458元。三次产业增加值比例由上年的4.6∶56.1∶39.3调整为4.4∶54.8∶40.8。

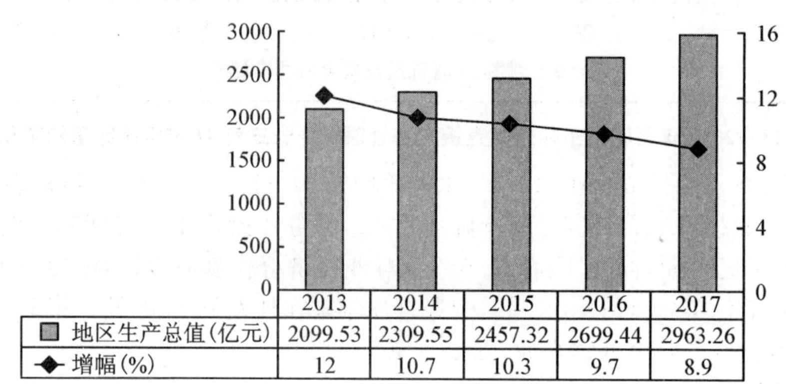

	2013	2014	2015	2016	2017
地区生产总值(亿元)	2099.53	2309.55	2457.32	2699.44	2963.26
增幅(%)	12	10.7	10.3	9.7	8.9

图1　2013—2017年芜湖市地区生产总值及增长速度

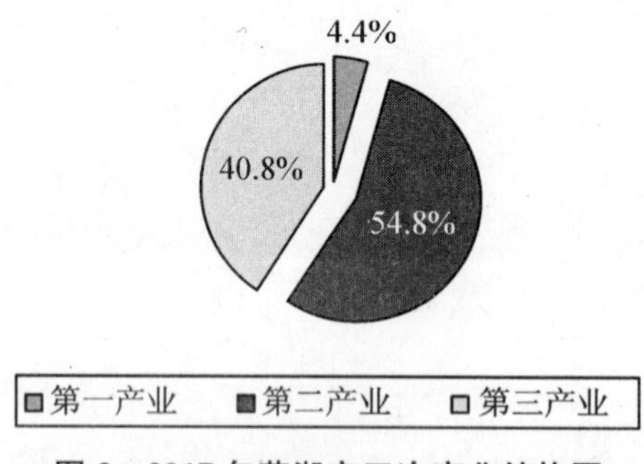

图2　2017年芜湖市三次产业结构图

2. 财政收支

全年实现财政收入558.41亿元，比上年增长9.0%，其中，地方财政收入311.23亿元，增长4.2%。在地方财政收入中，增值税102.10亿元，增长37.9%；营业税1.37亿元，下降94.4%；企业所得税20.47亿元，增长18.7%；城市建设维护税16.73亿元，增长9.2%；契税16.60亿元，增长15.2%。全年完成财政支出463.30亿元，比上年增长13.2%，其中，教育支出73.17亿元，增长25.0%；社会保障和就业支出48.15亿元，增长12.7%；医疗卫生支出40.19亿元，增长23.8%；城乡社区事务支出103.57亿元，增长38.7%；科学技术支出57.42亿元，增长10.9%。

3. 物价水平

2017年，城市居民消费价格(CPI)比上年上涨1.3%，其中，消费品价格下降0.2%，服务价格上涨3.7%；非食品价格上涨2.5%，食品价格下降3.9%。工业生产者出厂价格比上年上涨9.2%，工业生产者购进价格比上年上涨11.0%。

4. 固定资产投资

全年完成固定资产投资3342.24亿元，比上年增长11.2%；新增固定资产2928.87亿元。本年项目建成投产率65.4%，固定资产交付使用率87.6%。固定资产投资中，第一产业投资111.14亿元，下降11.2%；第二产业投资1871.25亿元，增长17.8%，其中工业投资1867.53亿元，增长19.1%；第三产业投资1359.85亿元，增长5.1%，其中房地产开发投资457.37亿元，增长12.1%。

(二) 农业

1. 农业生产

全年粮食种植面积212455公顷，油料种植面积35454公顷，棉花种植面积27405公顷。粮食产量139.87万吨，比上年增产1.90%；油料产量9.74万吨，比上年减产18.84%；棉花产量3.41万吨，减产0.98%；蔬菜产量161.23万吨，增产0.78%。肉类产量16.93万吨，增长1.74%；水产品产量17.53万吨，增长1.22%(参见附表)。当年完成造林面积4593公顷。年末，全市拥有无公害农产品认证44个，绿色食品认证76个，有机食品认证17个。超级杂交水稻推广面积79.90万亩。年末拥有省级及以上农业产业化龙头企业56家。

2. 农业生产条件和基础设施

年末，拥有农业机械总动力211.39万千瓦，农用拖拉机53631台。全年农用化肥施用量(折纯)17.86万吨，农村用电量15.05亿千瓦时。2017年，农村人口饮水安全工程惠及0.82万农村居民，农村自来水普及率达到95.3%，农村饮水安全集中供水率达到97%。

(三) 工业和建筑业

1. 工业生产

全年年主营业务收入2000万元及以上工业企业(以下简称规模以上工业)实现增加值比上年增长9.0%。其中，国有及国有控股企业占规模以上工业比重为19.3%(以下简称占比)，增加值增长4.0%；股份制企业占比63.7%，增加值增长9.0%；外商及港澳台商投资企业占比17.0%，增加值增长11.0%。工业产品销售率达到98.6%。

规模以上工业主要工业产品产量：平板玻璃1947.44万重量箱，增长6.2%；塑料制品33.58万吨，增长11.6%；水泥1679.25万吨，增长22.8%；钢材552.13万吨，增长8.3%；铜材38.62万吨，下降3.6%；汽车63.64万辆，下降2.6%；船舶45.94万载重吨，下降12.6%；电力电缆141.84万千米，增长10.6%；空调2224.54万台，增长22.9%；汽车仪表489.24万台，下降10.8%；发电量175.89亿千瓦时，增长6.1%。

2. 工业效益

全年规模以上工业实现主营业务收入6166.39亿元，比上年增长12.9%；利润总额296.33亿元，利税总额526.23亿元，分别比上年增长3.2%和8.3%。工业经济效益综合指数达到347.81%。

3. 建筑业

年末具有资质等级的总承包和专业承包建筑业企业290家。全年完成总产值514.81亿元，比上年增长13.2%。全年房屋建筑施工面积2535.67万平方米，比上年增加207.65万平方米；房屋建筑竣工面积1106.54万平方米，比上年减少87.77万平方米。

（四）服务业

1. 国内贸易

全年实现社会消费品零售总额930.86亿元，比上年增长12.4%。分区域看，城镇零售额841.62亿元，增长12.4%；乡村零售额89.25亿元，增长12.7%。分行业看，批发和零售业零售额825.60亿元，增长12.5%；住宿和餐饮业零售额105.27亿元，增长11.9%。

2. 交通运输、邮电

全年交通运输、仓储和邮政业实现增加值108.27亿元，比上年增长5.1%。

全年公路客运量2781万人；公路货运量7902万吨。铁路旅客发送量997.52万人，增长15.0%；铁路货运发送量147.82万吨，增长51.6%。水路货运量2.04亿吨，增长12.3%。港口货物吞吐量1.28亿吨，下降2.3%，其中，外贸货物吞吐量315.18万吨，增长6.2%；港口集装箱吞吐量70.40万标准箱，增长16.9%。年末，民用汽车拥有量47.68万辆，比上年增长6.8%，其中私人汽车拥有量44.56万辆，增长11.9%。民用船舶拥有量3940艘。公路里程11258公里，其中等级公路11042公里。在等级公路中，高速公路292公里，一级公路331公里，二级公路515公里。

全年邮电业务总量62.75亿元，比上年下降2.6%，其中，邮政业务总量26.06亿元，比上年增长34.9%；电信业务总量36.69亿元，比上年下降18.7%。全年全市规模以上快递服务业完成业务量1.03亿件，增长20.4%。年末本地固定电话用户41.01万户，比上年减少3.67万户；移动电话347.61万户，新增37.31万户。年末计算机互联网用户达到93.59万户，新增7.46万户。

3. 旅游业

全年接待国内外各类游客4879.43万人次，其中接待国内游客4839.04万人次。实现旅游业总收入606.12亿元，其中旅游外汇收入24609.68万美元。年末共有旅行社79家；星级酒店29家，其中三星级及以上24家；A级及以上旅游景点（区）32处，其中4A级及以上9处，5A级景区1处。成功举办各类会展71个。

4. 金融和保险

年末金融机构本外币存款余额3254.57亿元，比年初增加338.78亿元，其中，非金融企业存款1297.81亿元，比年初增加162.71亿元；住户存款1575.22亿元，比年初增加111.74亿元。金融机构本外币贷款余额3211.46亿元，比年初增加358.87亿元，其中，短期贷款794.84亿元，比年初增加95.50亿元；中长期贷款1834.44亿元，比年初增加290.39亿元。年末外汇存款余额9.11亿美元，比年初增加5.83亿美元；外汇贷款余额1.44亿美元，比年初增加0.20亿美元。全市完成直接融资384.43亿元。

全年，实现保费收入61.39亿元，比上年增长11.0%。其中，人身险36.90亿元，增长7.8%；财产险24.49亿元，增长18.9%。赔款及给付支出22.37亿元。其中，人身险9.71亿元，财产险12.66亿元。

（五）对外经济

1. 对外贸易

全年实现进出口总额63.77亿美元，比上年增长12.3%。其中，进口总额22.33亿美元，增长37.1%；出口总额41.44亿美元，增长2.4%。从出口产品类别看，机电产品出口额32.80亿美元，占出口总额的79.2%。从产品出口地区看，对欧洲出口6.56亿美元，占出口总额的15.8%；对亚洲出口18.70亿美元，占出口总额的45.1%；对北美洲出口11.15亿美元，占出口总额的26.9%。

2. 招商引资

当年新批外商投资企业28家，合同利用外资2.60亿美元。全年实际利用外资26.87亿美元，比上

年增长 7.0%，其中外商直接投资 26.87 亿美元，增长 7.0%。实际利用亿元以上省外资金 1259.02 亿元，增长 0.2%。截止 2017 年底，全市共有 43 家境外世界 500 强企业在芜投资项目 51 个。

3. 园区建设

全年省级及以上开发区完成固定资产投资 2006.38 亿元，其中基础设施投资 91.29 亿元；实际利用亿元以上省外资金 906.09 亿元，实际利用外商直接投资 21.81 亿美元；区内规模以上工业实现总产值 5412.26 亿元，比上年增长 17.4%。

4. 利用外资

芜湖经济技术开发区全年实际利用省外境内资金 256.14 亿元，实际利用外商直接投资 7.04 亿美元；进出口总额 39.35 亿美元。

二、芜湖市 2017 年社会发展概况

（一）人口、人民生活

年末，全市常住人口 369.6 万人，比上年增加 2.6 万人。城镇化率 65.05%，比上年提高 1.59 个百分点。公安户籍人口 387.65 万人，比上年增加 0.07 万人。人口中，男性人口 199.94 万人，女性人口 187.71 万人。全年人口出生率 12.7‰，死亡率 12.5‰，自然增长率 0.2‰。

据抽样调查，全年城镇常住居民人均可支配收入 35175 元，增长 8.9%；人均消费支出 21444 元，增长 9.7%；人均住房建筑面积 36 平方米。农村常住居民人均可支配收入 18830 元，增长 8.8%；人均消费支出 11633 元，增长 8.6%；人均住房建筑面积 42 平方米。城镇居民的恩格尔系数为 33.5%，比上年下降 1.7 个百分点；农村居民的恩格尔系数为 37.8%，比上年下降 0.7 个百分点。

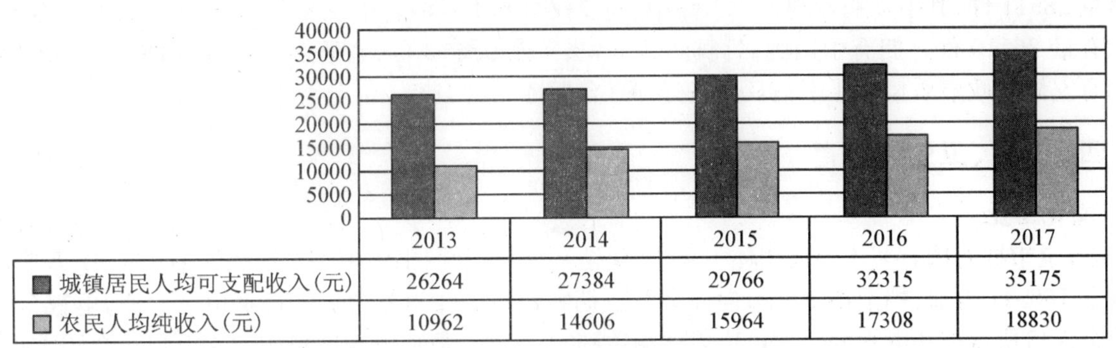

	2013	2014	2015	2016	2017
城镇居民人均可支配收入(元)	26264	27384	29766	32315	35175
农民人均纯收入(元)	10962	14606	15964	17308	18830

图 3　2013—2017 年芜湖市城乡居民收入对比一览

（二）就业与社会保障

1. 就业工作

2017 年末，共有人力资源服务机构 52 个。全年新增城镇就业人员 8.5 万人，其中安置下岗失业人员 1.42 万人。企业新录用员工岗前培训 1.54 万人。城镇登记失业率 3.05%。

2. 社会保障和福利

年末，企业职工基本养老保险（含离退休）参保人数 83.80 万人，比上年增加 3.17 万人；城镇职工基本医疗保险参保人数 74.71 万人，增加 2.83 万人；失业保险参保人数 42.90 万人，增加 1.75 万人；工伤保险参保人数 42.27 万人，增加 1.1 万人；生育保险参保人数 43.60 万人，增加 1.72 万人。城镇居民参加基本医疗保险参保人数 104.51 万人。城乡居民养老保险参保人数 158.31 万人；农民参加新型农村合作医疗 207.16 万人，参合率达 121.1%。有 5.2 万城镇居民、6.8 万农村居民享受最低生活保障。市区最低工资标准达到 1350 元/月，失业保险金标准达到 1215 元/月，企业离退休人员人均养老金水平提

高125元/月。

全市拥有各类福利机构100个，床位1.5万张，收养各类人员0.6万人。全年销售社会福利彩票5.4亿元，筹集市级公益金5725.8万元。直接接收慈善捐款322.8万元。

（三）教育和科学技术

1. 教育事业

年末，拥有普通高等院校10所，专任教师0.69万人，在校学生16.67万人，招生5.21万人，毕业生4.96万人；普通中学210所，专任教师1.32万人，在校学生15.85万人；中等职业学校24所，在校学生5.16万人；小学298所，专任教师1.19万人，在校学生18.54万人；幼儿园500所，在园儿童9.59万人。小学学龄儿童入学率100%，初中阶段适龄人口入学率100%。

2. 科学技术

年末全市拥有省级及以上工程（技术）研究中心98个，其中国家级7个，新增省级3个；省级及以上企业技术中心166个，其中国家级12个，新增省级10个。省级及以上重点（工程）实验室15个；省级及以上质检中心2个，其中国家级2个。院士工作站31个，新增4个。拥有高新技术企业520家，其中当年新认定63家；拥有省级高新技术产品1207个，其中当年新认定413个。省级以上创新型（试点）企业119家，国家创新型（试点）企业4家。国家知识产权示范企业4家、优势企业17家，省级知识产权示范培育企业8家、优势企业16家。全市有省级以上科技企业孵化器17家，孵化面积38.7万平方米，其中国家级孵化器2家；省级以上众创空间20家，其中国家级5家。芜湖高新技术创业服务中心三次蝉联全国百强科技企业孵化器；芜湖高新技术开发区获批国务院第二批大众创业万众创新示范基地。全年组织实施各类科技计划项目336项，其中国家项目3个；全年获各类科技奖21项，其中省级以上21项。专利申请量28911件，其中发明专利18601件；专利授权量8910件，其中发明专利2507件。万人有效发明专利拥有量26.10件。拥有中国驰名商标37件，当年新认定3件；省著名商标304件，当年新认定45件。拥有安徽省政府质量奖1家；省级名牌产品（含服务名牌）185个，当年新增21个。

（四）文化、卫生和体育

1. 文化事业

年末，全市拥有国有艺术表演团体1个，文化馆8个；公共图书馆10个，馆藏图书232.81万册，其中市区藏书108.41万册；档案馆13个，向社会开放档案数16.74万卷（件）。广播电台5座，电视台5座，广播综合人口覆盖率和电视综合人口覆盖率均达到99.87%，数字电视用户46.54万户。全国重点文物保护单位9处，省级重点文物保护单位29处。列入国家级非物质文化遗产名录2项，省级名录22项。全年举办大型文化活动15场次；大型群众性文化活动15场次；文艺团体演出369场次，其中送文化下乡（含送戏进万村）1350场次。《芜湖日报》《大江晚报》《金周刊》全年总印数2509.31万份，其中《芜湖日报》946.88万份、《大江晚报》1362.24万份、《金周刊》200.19万份。

2. 卫生事业

2017年末，全市拥有各类卫生机构715个（不含村卫生室），其中，医院83所，基层医疗卫生机构588所，专业公共卫生机构36所。基层医疗卫生机构中，社区卫生服务中心（站）126所，乡镇卫生院58所，门诊部43所，诊所、卫生所和医务室361所。专业公共卫生机构中，疾病预防控制中心9所，卫生监督机构9所，妇幼保健机构8所，专科防治机构7所，急救中心1所，采供血机构1所。卫生机构拥有床位20342张，其中医院17226张。卫生技术人员21694人，其中执业（助理）医生8291人，注册护士9944人。

3. 体育事业

全年，芜湖市运动员在省级以上国内外重要赛事中共获得奖牌260枚，其中金牌95枚。向省级及以上专业队和体育院校输送运动员66人，审批二级运动员155名、二级社会体育指导员109名。全市举

办全民健身活动234次，参加活动人员20万人次。销售体育彩票3.94亿元。成功举办了芜湖市第十三届运动会暨首届市民运动会和首届残疾人运动会，承办2017年全国射箭重点学校锦标赛等6项省级以上大赛，出台了《芜湖市人民政府办公室关于加快发展健身休闲产业的实施意见》。

(五) 城市建设

年末，全市公交运营线路网长度3356公里，拥有公交车2102辆；拥有出租车5149辆，其中市区3700辆；公共自行车投放1.2万辆。全年居民用电量21.63亿千瓦时。全年市区城市日供水综合能力90万吨；天燃气供气总量35904万立方米，液化气家庭用量24000万吨，城市气化率100%；新增绿地323万平方米；拆迁改造市区棚户区252万平方米，改造老旧小区21个。

(六) 环境保护

年末，拥有国家三级及以上环境监测站5个，其中二级站1个。市区环境空气质量达优良天数为249天，空气质量优良率为68.8%。饮用水源水质符合国家Ⅲ类标准。长江和青弋江干流芜湖段水质分别以Ⅱ类和Ⅲ类水质为主。森林覆盖率达到25.05%。

三、芜湖市在泛长三角地区经济发展中的地位

2017年是实施“十三五”规划承前启后的重要一年，也是供给侧结构性改革的深化之年，面对复杂的宏观经济环境，全市上下认真贯彻市委、市政府决策部署，以新发展理念统领发展全局，紧紧抓住系统推进全面创新改革试验、国家自主创新示范区建设机遇，稳中求进、开拓创新，大力实施五大发展行动计划，保持了经济平稳向好、社会和谐稳定的良好局面。

(一) 地区生产总值

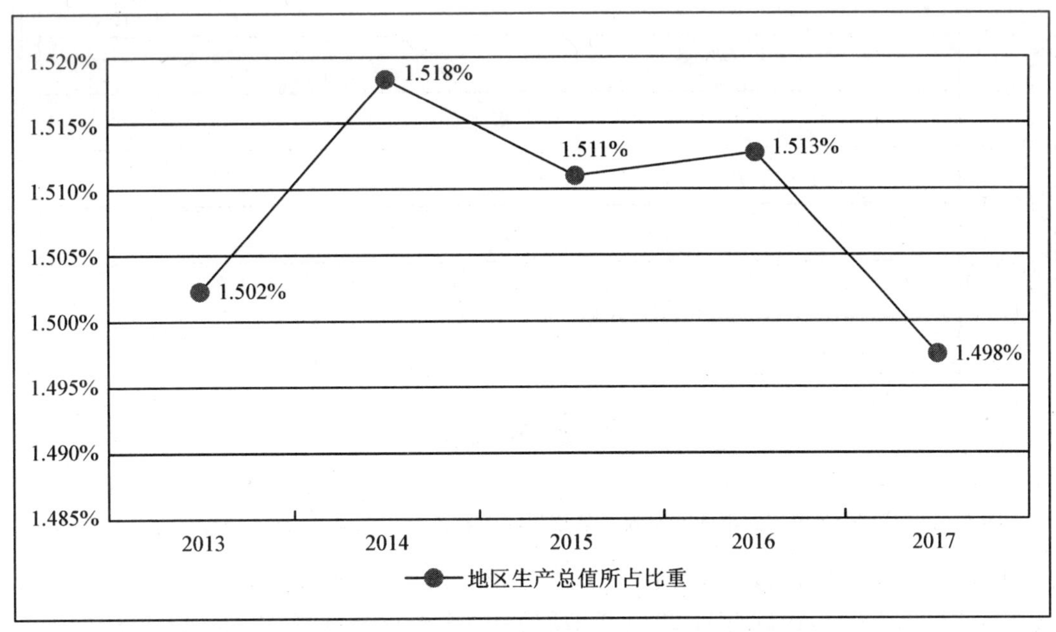

图4　2013—2017年芜湖市地区生产总值在泛长三角地区41市
(苏浙两省24个地级市、上海市和安徽省16市，下同)所占比重的变化趋势

2013—2017年芜湖市地区生产总值在泛长三角地区41市所占比重分别为1.502%、1.518%、1.511%、1.513%和1.498%。地区生产总值在泛长三角41市占比2017年出现下跌，2017年与2013年

比基本持平，2017 年较上年减少约 0.01 个百分点。

2017 年，芜湖市在泛长三角地区 41 市（苏浙两省 24 个地级市、上海市和安徽省 16 市，下同）地区生产总值所占比重排名第 21 位，与 2016 年持平。

2017 年，芜湖全市实现地区生产总值 3065.52 亿元，比上年增长 8.9%；分产业看：第一产业实现增加值 129.67 亿元，增长 4.3%；第二产业实现增加值 1716.4 亿元，增长 8.6%；第三产业实现增加值 1219.45 亿元，增长 9.7%。芜湖的经济总量首次超越 3000 亿元，城市和产业发展步入了新的阶段。产业结构持续优化。落实“一企一组一策”帮扶机制，出台促进经济平稳健康发展 32 条意见、扶持产业发展“1＋5＋6”政策体系等一揽子政策，充分发挥出产业扶持政策“组合拳”效应，有力推动了产业结构优化。三次产业结构调整为 4.2∶56∶39.8，服务业增加值占 GDP 比重进一步提高。

经济运行稳中有升，指标优于上半年。全年芜湖市地区生产总值同比增长 8.9%，比上半年加快0.2 个百分点，位居全省第 6 位，较上半年提升 1 位；规模工业增加值同比增长 9.0%，比上半年加快 0.4 个百分点；固定资产投资同比增长 11.2%，比上半年提高 1.4 个百分点，位居全省第 9 位，较上半年提升 3 位；城镇常住居民人均可支配收入同比增长 8.9%，比上半年提高 0.4 个百分点，位居全省第 2 位，较上半年提高 3 位；农村常住居民人均可支配收入同比增长 8.8%，比上半年提高 0.9 个百分点。2017 年，增幅前三位分别是镜湖区、长江大桥三山片区和弋江区。除经开区、弋江区外，其他县区增速较 2016 年都有不同程度回落。

（二）地方财政一般预算收入

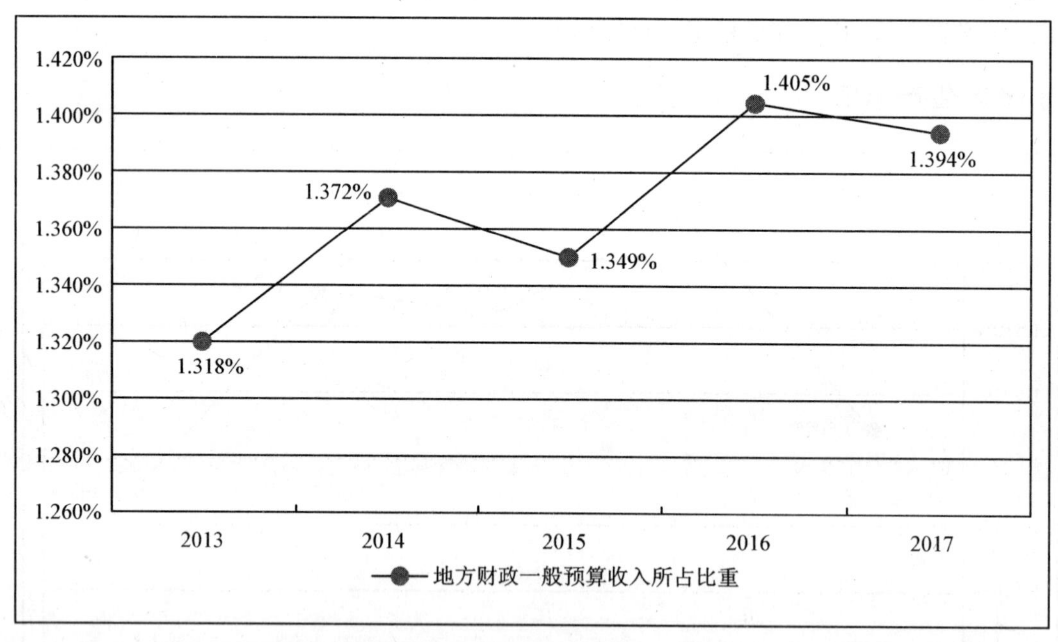

图 5　2013—2017 年芜湖市地方财政一般预算收入在泛长三角 41 市所占比重的变化趋势

2013—2017 年芜湖市地方财政一般预算收入在泛长三角 41 市所占比重分别为 1.318%、1.372%、1.349%、1.405%和 1.394%，2017 年较 2013 年增加了 0.07 个百分点，2017 年较上年减少了0.02 个百分点。2017 年，芜湖市地方财政一般预算收入在泛长三角 41 市地区的排第 21 位，2017 年较上年下降了一位。

2017 年，全市财政总收入完成 558.4 亿元，增长 9%。其中：地方一般公共财政预算收入 311.2 亿元，增长 4.2%，完成汇编预算的 99.5%，加上级税收返还及补助收入 148.5 亿元、调入预算稳定调节基金和其他资金 24.8 亿元、上年结余收入 1.2 亿元、一般债券转贷收入 89 亿元，收入合计 574.7 亿元。市

级(含市本级、江北产业集中区、经济技术开发区,下同。具体详见附表)财政总收入完成254.9亿元,增长6.5%。其中:地方一般公共预算收入122.3亿元,增长15.1%,为预算的104.3%,加上级税收返还、补助及区级上解收入174.9亿元、上年结余收入0.9亿元、一般债券转贷收入43.6亿元、调入预算稳定调节基金及其他资金13.5亿元,收入合计355.2亿元。

2017年,增幅前三位分别是弋江区、三山区、鸠江区。除弋江区和经开区外,其他县区财政收入增速高于全市平均水平。

(三)工业生产总值

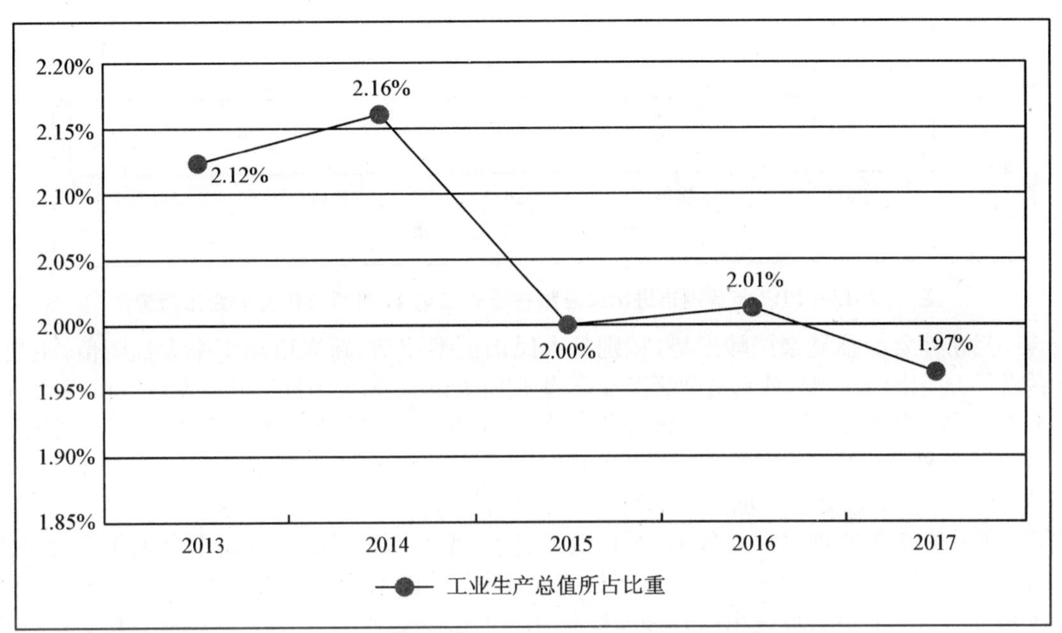

图6 2013—2017年芜湖市工业生产总值在泛长三角41市所占比重的变化趋势

2013—2017年芜湖市工业生产总值在泛长三角41市所占比重分别为2.12%、2.16%、2.00%、2.01%和1.97%,2017年较2013年减少了0.15个百分点,较上年增加了0.07个百分点。2016年,芜湖市工业生产总值在泛长三角41市所占比重排第19位。

2017年,全年主营业务收入2000万元及以上工业企业(以下简称规模以上工业)实现增加值比上年增长9.0%。其中,国有及国有控股企业占规模以上工业比重为19.3%(以下简称占比),增加值增长4.0%;股份制企业占比76.1%,增加值增长9.0%;外商及港澳台商投资企业占比17.0%,增加值增长11.0%。工业产品销售率达到98.6%。

规模以上工业主要工业产品产量:平板玻璃1947.44万重量箱,增长6.2%;塑料制品33.58万吨,增长11.6%;水泥1679.25万吨,增长22.8%;钢材552.13万吨,增长8.3%;铜材38.62万吨,下降3.6%;汽车63.64万辆,下降2.6%;船舶45.94万载重吨,下降12.6%;电力电缆141.84万千米,增长10.6%;空调2224.54万台,增长22.9%;汽车仪表489.24万台,下降10.8%;发电量175.89亿千瓦时,增长6.1%。

(四)进出口总额

2013—2017年芜湖市进出口总额在泛长三角41市所占比重分别为0.396%、0.449%、0.489%、0.431%和0.427%,五年间增加了0.03个百分点,其中2017年较上年基本持平。2017年,芜湖市进出口总额在泛长三角41市排23位,与2016年持平。

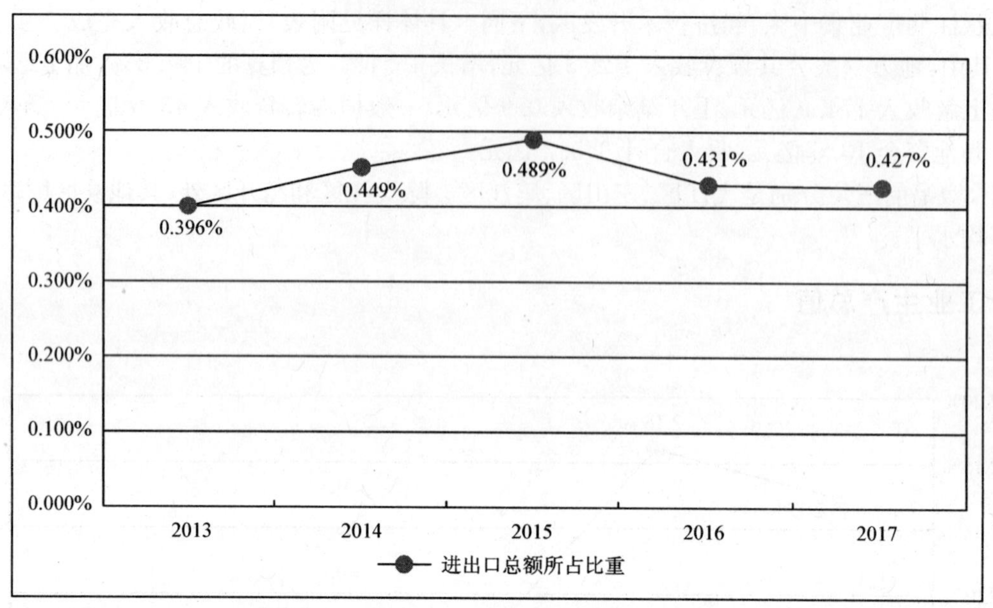

图 7　2013—2017 年芜湖市进出口总额在泛长三角 41 市所占比重的变化趋势

2017 年，芜湖外贸面临复杂严峻形势，特别是人民币汇率波动、新兴市场汇率大幅贬值、主要目标市场社会动荡等不确定因素影响，认真贯彻落实省委、省政府决策部署，大力推进开放发展工作，紧紧围绕全年外贸目标任务，坚持多措并举，多管齐下，扩大外贸规模，提升外贸发展质量，加大政策扶持力度，落实包保服务责任制，确保了全年外贸持续稳定增长。2017 年实现进出口总额 63.8 亿美元，超额完成外贸目标任务 6.8 亿美元(2017 年目标任务 57 亿美元)，进出口总值和出口值均居全省第二位，有力促进了芜湖外向型经济发展。

以美元计算，2017 年实现进出口额 63.8 亿美元、同比增长 12.3%，增幅高于全国 1 个百分点；其中出口 41.5 亿美元、同比增长 2.4%，进口 22.3 亿美元、同比增长 37.1%，实现贸易顺差 19.2 亿美元。

以人民币计算，2017 年实现进出口总额 433 亿元、同比增长 15.8% 、高于全国 1.6 个百分点；其中出口 281.5 亿元、同比增长 5.8% ，进口 151.5 亿元 、同比增长 40.8%，实现贸易顺差 130 亿元。

(五) 实际外商直接投资金额

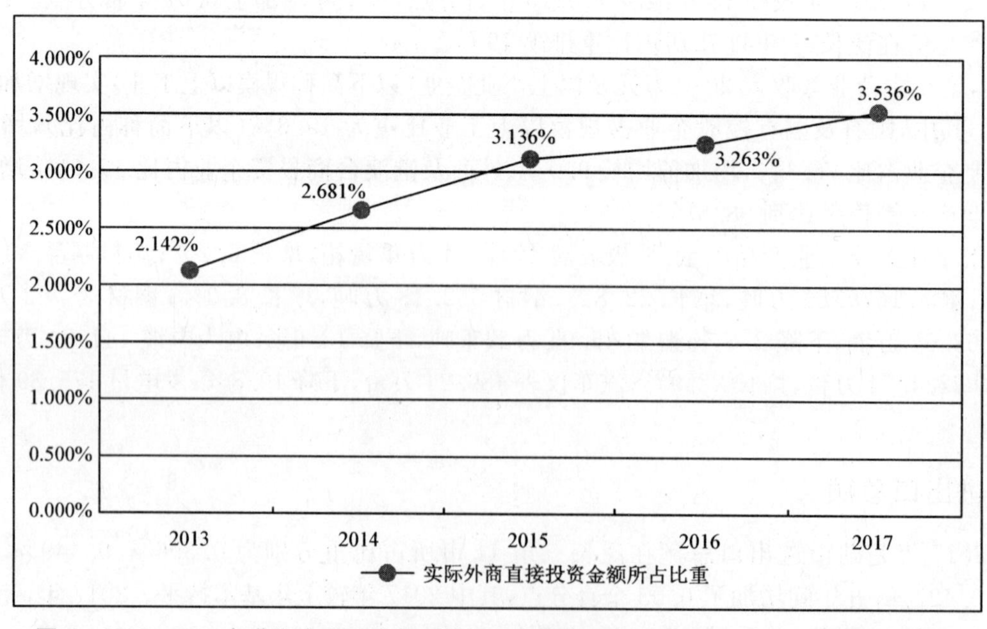

图 8　2013—2017 年芜湖市实际外商直接投资金额在泛长三角 41 市所占比重的变化趋势

2013—2017 年芜湖市实际外商直接投资金额在泛长三角 41 市所占比重分别为 2.142％、2.681％、3.136％、3.263％和 3.536％，整体呈现上扬姿态，2017 年较 2013 年增加了约 1.40 个百分点，2017 年较上年增加了约 0.28 个百分点。2017 年，芜湖市实际外商直接投资金额在泛长三角 41 市排第 9 位，排名相对靠前。

2017 年，实际利用外商直接投资 26.87 亿美元，增长 7％。实际利用亿元以上省外资金 1259.02 亿元，增长 0.2％。截至 2017 年年底，全市共有 43 家境外世界 500 强企业在芜投资项目 51 个。

四　蚌埠市 2017 年经济社会发展报告

2017 年，在市委、市政府的坚强领导下，全市上下以习近平新时代中国特色社会主义思想为指导，全面贯彻落实党的十八大、十九大精神，坚持稳中求进工作总基调，自觉践行新发展理念，全面实施五大发展行动计划，稳增长、调结构、促改革、惠民生、防风险，全市经济运行稳中有进、稳中提质。

一、蚌埠市 2017 年经济发展概况

（一）综合经济

1. 经济总量

全年地区生产总值（GDP）1550.66 亿元，按可比价格计算，比上年增长 9.1%。分产业看，第一产业增加值 205.33 亿元，增长 4.2%；第二产业增加值 681.3 亿元，增长 9.6%；第三产业增加值 664.03 亿元，增长 10.1%。三次产业结构由上年的 14.2 ∶ 44.3 ∶ 41.5 调整为 13.2 ∶ 43.9 ∶ 42.9。人均 GDP 46233 元（折合 6847 美元），比上年增加 4378 元。

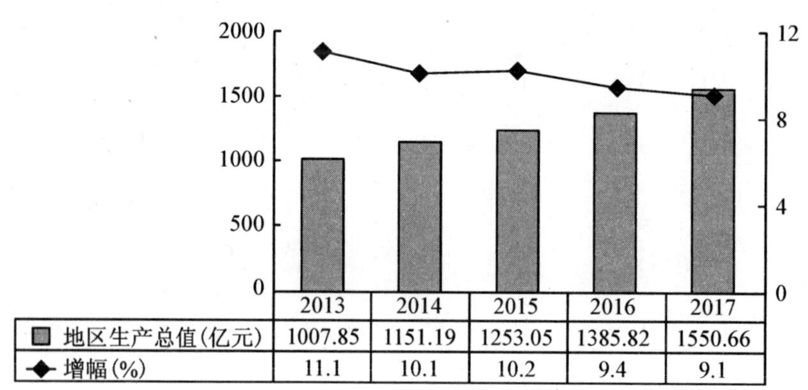

图 1　2013—2017 年蚌埠市地区生产总值及增长速度

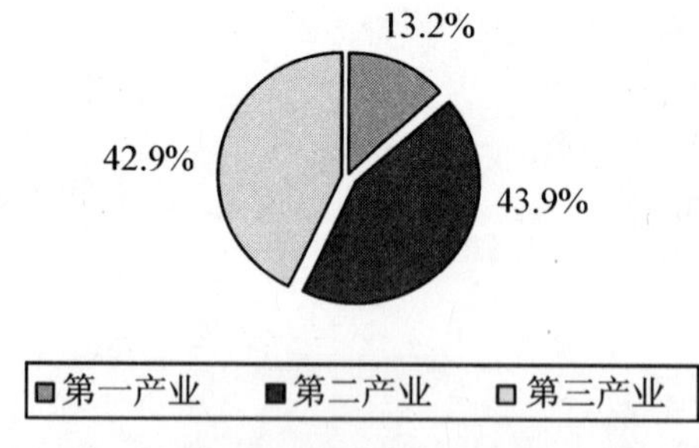

图 2　2017 年蚌埠市三次产业结构图

2. 财政收支

全年财政收入 274.51 亿元，比上年增长 9.3%，其中地方财政收入 141.07 亿元，增长 5.4%。在地方财政收入中，增值税增长 29.2%，营业税下降 98.7%，企业所得税增长 28.8%。财政支出 298.32 亿元，增长 11.3%。全年 33 项民生工程累计投入 65 亿元，惠及 100%城乡居民。

3. 物价水平

居民消费价格上涨 1%，涨幅较上年回落 0.6 个百分点；商品零售价格上涨 1.1%。

4. 固定资产投资

全年完成固定资产投资1912.55亿元，比上年增长14.8%，其中，技术改造投资480.3亿元、增长36.5%，民间投资1164.3亿元、增长9.4%。分产业看，第一产业投资下降10.4%，第二产业投资增长7.5%，第三产业投资增长21.8%。分行业看，工业投资增长7.3%，其中制造业投资增长1.9%。三产中的教育业增长46.2%，水利、环境和公共设施增长22.8%，卫生和社会工作增长15.4%。

全年完成省亿元以上项目投资1100亿元，总量居全省第4位，完成率居全省第1位。铜铟镓硒薄膜太阳能电池一期、G206蚌埠南段等77个项目建成投用，比亚迪安徽云轨制造中心、安徽日丰科技电气电缆工业园等162个项目开工建设。

（二）农业

全年粮食作物种植面积49.05万公顷，其中，小麦面积24.8万公顷，稻谷面积11.19万公顷。油料种植面积5.94万公顷，棉花种植面积0.18万公顷，蔬菜种植面积7.12万公顷。

全年粮食产量285.86万吨，增长1.9%。油料产量38.25万吨，增长0.1%。棉花产量0.27万吨，下降57.5%。蔬菜产量300.42万吨，增长3.9%。水果产量105.94万吨，下降2.6%。

年末全市生猪存栏102.83万头，比上年增长2.3%；全年生猪出栏207.86万头，增长1.1%。肉类总产量37.24万吨，增长1.8%。禽蛋产量8.76万吨，下降0.2%。水产品产量13.13万吨，增长2.7%。

全年化肥施用量（折纯）30.52万吨，下降0.6%。农用薄膜使用量0.94万吨，增长2.6%。农药使用量0.6万吨，下降0.9%。

（三）工业和建筑业

1. 工业经济

年末全市规模以上工业企业达1215户，比上年净增117户。全年规模以上工业增加值增长9.8%，其中轻、重工业分别增长8.7%和10.6%。

全市多数工业行业增加值保持增长，其中：农副食品加工业增长7.2%，食品制造业增长7.9%，酒、饮料和精制茶制造业增长9.8%，烟草制品业增长6.8%，医药制造业增长25.3%，非金属矿物制品业增长11.5%，汽车制造业增长17.4%。高新技术产业增加值增长16.6%，战略性新兴产业产值增长18.3%。

主要工业产品产量中，罐头、卷烟、日用玻璃制品、气体压缩机分别增长11.9%、2.4%、3.4%、17.4%，水泥、钢材分别下降19.6%和37.8%。

全市规模以上工业经济效益综合指数比上年提高19.4个百分点。规模以上工业实现主营业务收入2722.63亿元，增长12.1%；实现利税总额164.12亿元，下降2.7%，其中利润总额77.85亿元，下降6%。

2. 建筑业

全年全社会建筑业增加值99.43亿元，比上年增长9.2%。具有资质等级建筑企业完成产值497.8亿元，增长14%。房屋建筑施工面积3610.4万平方米，增长11.2%；房屋竣工面积543.38万平方米，增长28.1%。

（四）服务业

1. 国内贸易

全年社会消费品零售总额725.13亿元，比上年增长12.6%。按经营单位所在地分，城镇消费品零售额665.13亿元，增长12.5%；乡村消费品零售额60亿元，增长13.4%。按消费形态分，商品零售额641.95亿元，增长12.6%；餐饮收入83.18亿元，增长12.9%。按单位规模分，限额以上企业（单位）零售额293.6亿元，增长15.7%；限额以下企业（单位）零售额431.53亿元，增长11%。

在限额以上企业（单位）零售额中，批发、零售、住宿、餐饮四大行业零售额比上年分别增长10.5%、

16.9%、4.3%、13.3%。体育娱乐用品类、文化办公用品类、电子出版物及音像制品类商品零售额分别增长53.2%、43.8%和49.8%。化妆品类、金银珠宝类商品零售额分别增长35.9%和18.7%。家具类和建筑及装潢材料类分别增长42.8%和22.4%。

2. 交通运输、邮电

全年交通运输、仓储和邮政业增加值53.98亿元,比上年增长6.6%。

全年公路客运量2343万人,比上年下降21.3%;公路货运量23559万吨,增长13.3%。

年末全市汽车拥有量33.27万辆,比上年增长20.4%,其中个人汽车26.56万辆,增长23.9%。小型、微型载客汽车拥有量25.69万辆,增长23.5%,其中个人小型、微型载客汽车24.16万辆,增长25.5%。

全年邮政营业收入3.44亿元,增长36.5%。电信业务总量(收入)21.38亿元,比上年增长1.9%。年末全市固定电话用户数30.65万户,比上年下降13.5%;移动电话用户数270.86万户,比上年增长10.1%。

3. 旅游业

全年实现旅游总收入249.63亿元,比上年增长26.5%,接待国内游客3800.52万人次,接待入境游客8.35万人次。全市星级饭店(宾馆)13个。旅行社58家,其中分社7家。A级旅游景区28个,其中,4A级旅游景区5个,3A级旅游景区10个,2A级旅游景区13个。

4. 金融和保险

年末全市金融机构各项存款余额(人民币口径,下同)1952.95亿元,比年初增加97.82亿元,增长5.3%,其中住户存款余额为934.55亿元,增长7.8%。金融机构各项贷款余额1565.59亿元,比年初增加165.45亿元,增长11.8%。其中,短期贷款余额537.41亿元,增长2.9%;中长期贷款余额982.47亿元,增长20%。

全年实现保费收入49.14亿元,比上年增长2.3%。其中,财险保费收入21.20亿元,增长16.8%;寿险保费收入27.94亿元,下降6.5%。年末,全市保险公司已达43家。

5. 房地产业

全年房地产开发投资536.88亿元,比上年增长38.2%;房屋销售面积829.89万平方米,增长22.7%;房屋销售额425.61亿元,增长32.8%。

(五)对外经济

1. 对外贸易

全年进出口总额17.71亿美元,比上年增长0.5%。其中,出口9.4亿美元,下降21.1%;进口8.32亿美元,增长45.7%。

2. 利用外资

全年外商直接投资16.1亿美元,增长7%。实际到位内资909.79亿元,增长10.9%,其中省外资金877.98亿元,增长16.1%。

二、蚌埠市2017年社会发展概况

(一)人口、人民生活

全年人口出生率为16.94‰,死亡率10.69‰,自然增长率为6.2‰。年末户籍人口381.25万人,比上年增加1.73万人;其中男性197.54万人,占总人口的51.8%,女性183.71万人,占总人口的48.2%。性别比(以女性人口为100)为100∶107.5。常住人口337.67万人,比上年增加4.57万人。城镇化率55.31%,比上年提高1.57个百分点。

全年城镇居民人均可支配收入31160元,比上年增长8.8%。人均消费支出16891元,增长8.3%。其中,食品支出增长6.1%,医疗保健支出下降9.5%,交通和通信支出下降3%,教育文化娱乐服务支出

增长 11.3%。城镇居民家庭恩格尔系数为 36%。城镇居民人均住房建筑面积 33 平方米。

全年农民人均可支配收入 13769 元，比上年增长 9.4%。农民人均消费支出 7254 元，增长 9.5%。其中，食品支出增长 12%，居住支出增长 11%，医疗保健支出增长 20%。农村居民家庭恩格尔系数为 36%。农村居民人均住房面积 50 平方米。

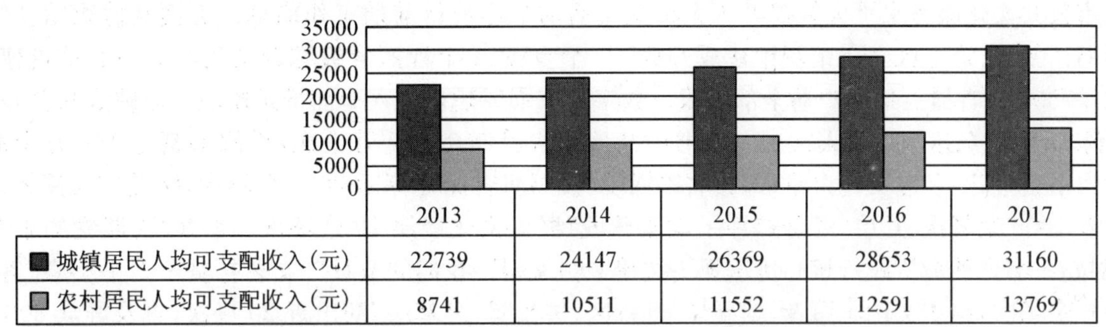

	2013	2014	2015	2016	2017
城镇居民人均可支配收入(元)	22739	24147	26369	28653	31160
农村居民人均可支配收入(元)	8741	10511	11552	12591	13769

图 3　2013—2017 年蚌埠市城乡居民收入对比一览

（二）就业与社会保障

1. 就业工作

全年城镇新增就业 7.19 万人，失业人员再就业 1.95 万人，新增农村劳动力转移 3.01 万人。年末城镇登记失业率 3.1%。

2. 社会保障

年末全市职工基本养老、失业、医疗、工伤、生育五项社会保险参保人数分别为 39.5 万人、22.94 万人、47.85 万人、25.13 万人、25.77 万人，城镇居民医疗保险参保 38.7 万人，城乡居民养老保险参保缴费 118 万人。企业退休人员养老金和失业人员失业金 100%按时足额发放。

（三）教育和科学技术

1. 教育事业

全市共有普通高等教育学校 6 所；全市共有中等职业教育学校 24 所，其中普通中专 11 所，职业高中 10 所，成人中等专业学校 3 所；普通教育学校 1266 所，其中，普通中学 171 所（高中 38 所，初中 133 所），小学 653 所，幼儿园 436 所，特殊教育学校 5 所，工读学校 1 所。

全市普通高等学校专任教师 3741 人，在校学生 6.48 万人，招生学生数 1.75 万人，毕业生数 1.63 万人。

全市中等职业学校专任教师 1801 人，普通中学专任教师 12363 人，其中，高中 3974 人，初中 8389 人。

全市中等职业教育学校在校学生 5.37 万人；普通教育学校在校学生 58.41 万人，其中，普通中学在校学生 16.22 万人（高中在校学生 5.68 万人，初中在校学生 10.55 万人）；小学在校学生 28.81 万人。幼儿园在园幼儿 13.32 万人，特殊教育学生 1631 人（特殊教育学校在校生 548 人，普通中小学送教上门 159 人，普通中小学随班就读 924 人）。

全市小学适龄儿童入学率 100%，初中学龄人口入学率 100%，高中阶段毛入学率 100.79%。

2. 科技与创新

全年新认定高新技术企业 51 家，高新技术企业总数达 236 家。新认定高新技术产品 159 个。高新技术产业增加值同比增加 16.6%。全市有国家重点（工程）实验室 4 个，省级重点（工程）实验室 15 个。有省级以上工程（技术）研究中心 60 家，其中国家级 2 家。有国家级高新技术产业开发区 1 个。

全年发明专利申请量 4671 件，发明专利授权量 548 件。共签订各类技术合同 840 项。技术市场合同交易 20.8 亿元，比上年增长 7.4%。万人发明专利拥有量达 8.5 件/万人。全年共新建省级以上研发平台12家。

(四) 文化、卫生和体育

1. 文化事业

全市公共文化服务水平大幅提升。大禹文化活动中心项目前期工作启动。五河县博物馆新馆、固镇县图书馆新馆、淮上区文化馆新馆建成开放。1个乡镇、4个社区省级综合文化服务中心试点建设全面完成。7500户直播卫星户户通全部完成。数字农家书屋建设进入全面推进阶段。放映农村公益电影11231场，吸引观众达161万人次。农家书屋共接待农民群众742万人次，借阅书籍达158万余册次。举办优秀书目推荐、名家文化讲堂、经典名篇诵读、读书演讲比赛等活动30余场次，深受广大读者喜爱。送戏下乡1000余场次、开展"温馨蚌埠·欢乐珠城"群众文化展演70余场次。举办"喜迎党的十九大""不忘初心·牢记使命""践行核心价值观·共建文明家园""我们的节日""文艺扶贫·携手小康"等主题演出300余场次，组织文化志愿者、辅导员"进社区、进校园、进基层"演出近20场次，惠及群众300余万人次。

2. 卫生事业

年末全市有医疗卫生机构1386个，其中医院79个、基层医疗卫生机构1232个、专业公共卫生机构71个，其他卫生机构4个。全市卫生技术人员24815人，其中执业(助理)医师6839人，注册护士9058人。医疗卫生机构床位1.83万张，其中医院床位1.54万张。每万人拥有床位数48.11张，每万人拥有卫生技术人员数65.24人。

3. 体育事业

省运会各项筹备工作稳步推进。市体育中心、游泳跳水馆等重点工程即将全面建成。举办大规模唱响省运惠民主题系列健身活动17场(次)。体育社团举办各类比赛200多场次。以"全民健身·拥抱省运"为主题，组织中国·蚌埠国际龙舟邀请赛、中美篮球争霸赛、全国乒乓球甲A联赛、全国健身气功展演活动安徽省闭幕式、全国中等城市广场舞邀请赛、环江淮万人骑行大赛等省级以上赛事12次。成功承办全国中等城市体育协作会第三十届年会。新建5个街头体育公园。全面提升淮滨体育公园、浍河体育公园、涡河体育公园。培训社会体育指导员384人，注册运动员2413人。全员全项参加23项全省青少年比赛，取得了130块金牌。承办全省青少年拳击、武术散打、中国式摔跤锦标赛。

(五) 城市建设

全年实施建设项目218项，完成投资346亿元。《淮河流域和国家区域中心城市建设规划》《区域性中心城市综合交通发展规划》等编制完成。G206蚌埠南段、S306淮上区段建成通车，城市云轨制造工程试验段等项目开工建设。蚌埠民用机场、水蚌线外迁前期工作取得重大进展。新建智能立体停车场2个。新建街头绿地、游园24个，新增园林绿化395万平方米。开工建设各类保障性安居工程2万套。回迁安置棚改居民1.5万户。成功入选全国城市设计试点城市。

(六) 环境保护

全年环境空气质量达二级标准以上天数62.2%，区域噪声平均值小于58分贝。

(七) 社会安全

全市共发生各类生产安全事故114起，死亡97人。其中：道路运输事故100起、死亡82人(包括较大道路交通事故)，工矿商贸事故12起、死亡13人，水上交通事故2起、死亡2人。发生较大交通事故1起，未发生重大以上生产安全事故。农机、铁路等领域没有发生生产安全死亡事故。

三、蚌埠市在泛长三角地区经济发展中的地位

2017 年，全市人民在市委的坚强领导下，认真学习宣传贯彻习近平新时代中国特色社会主义思想和党的十九大精神，全面推进淮河流域和皖北地区中心城市建设，经济社会持续健康快速发展。面对错综复杂的宏观形势和持续较大的经济下行压力，在市委的坚强领导和市人大及其常委会的监督支持下，全市上下认真学习宣传贯彻习近平新时代中国特色社会主义思想和党的十九大精神，坚持稳中求进工作总基调，坚持落实新发展理念，围绕建成"两个中心"、实现"两个全面"的目标，以深化供给侧结构性改革为主线，以实施五大发展行动计划为总抓手，经济运行继续保持平稳健康发展的良好势头。

(一) 地区生产总值

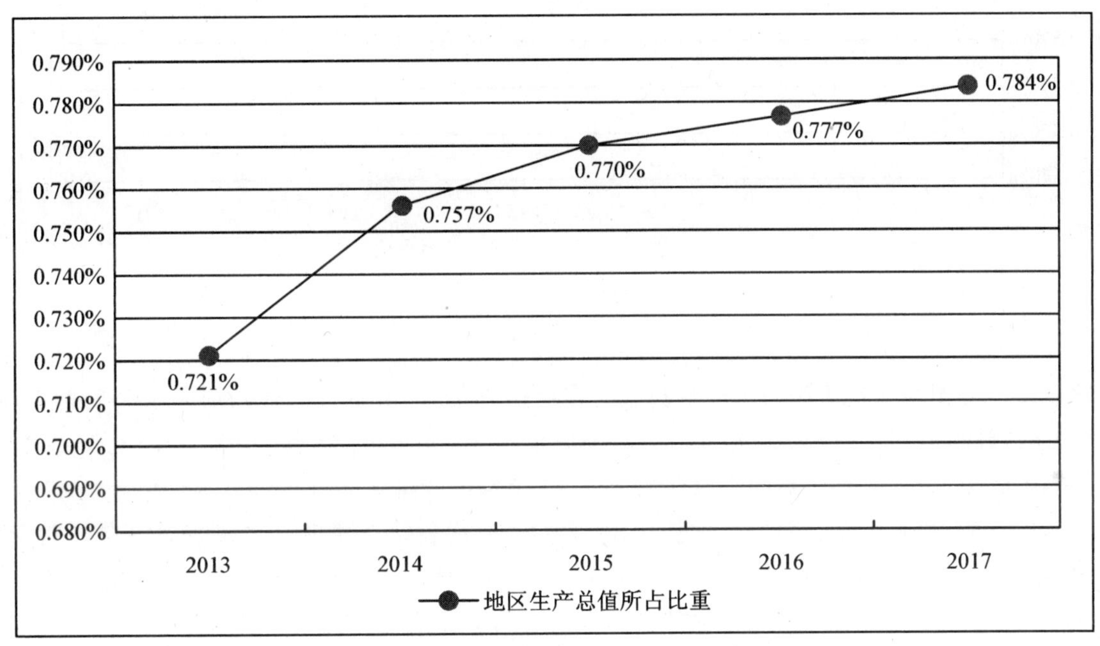

图 4　2013—2017 年蚌埠市地区生产总值在泛长三角地区 41 市（苏浙两省 24 个地级市、上海市和安徽省 16 市，下同）所占比重的变化趋势

2013—2017 年蚌埠市地区生产总值在泛长三角地区 41 市所占比重分别为 0.721%、0.757%、0.770%、0.777%和 0.784%。地区生产总值在泛长三角 41 市占比整体呈现上扬态势，2017 年与 2013 年比增加了 0.06 个百分点，2017 年较上年基本持平。2017 年，蚌埠市在泛长三角地区 41 市地区生产总值所占比重排名第 29 位，与 2016 年持平。

2017 年，全市实现地区生产总值 1550 亿元，总量上位居全省省辖市的第 7 位，与前面的滁州、阜阳等市不到百亿元的差距。增长 9.3%，连续 26 个季度高于全省平均水平；其中，一、二、三产业增加值分别增长 3.5%、9.8%和 10.6%。实现财政收入 274.5 亿元，增长 9.3%。城乡常住居民人均可支配收入分别达到 31145 元和 13737 元。

从 GDP 总量来看，怀远县是全市最高的县域，完成 GDP 为 291.81 亿元，接近 300 亿元的水平，怀远的 GDP 将位居全省县域（不含市辖区）的第 8 名，是皖北经济第一强县了。除怀远之外的其他县区的数据依次是：禹会区 220.29 亿元、固镇县 215.19 亿元、五河县 199.04 亿元、淮上区 133.11 亿元、龙子湖区 92.18 亿元、蚌山区 71.04 亿元，增速方面，除怀远和五河两县分别为：8.4%、8.0%之外，其他县域的增速均在 9%以上。

(二) 地方财政一般预算收入

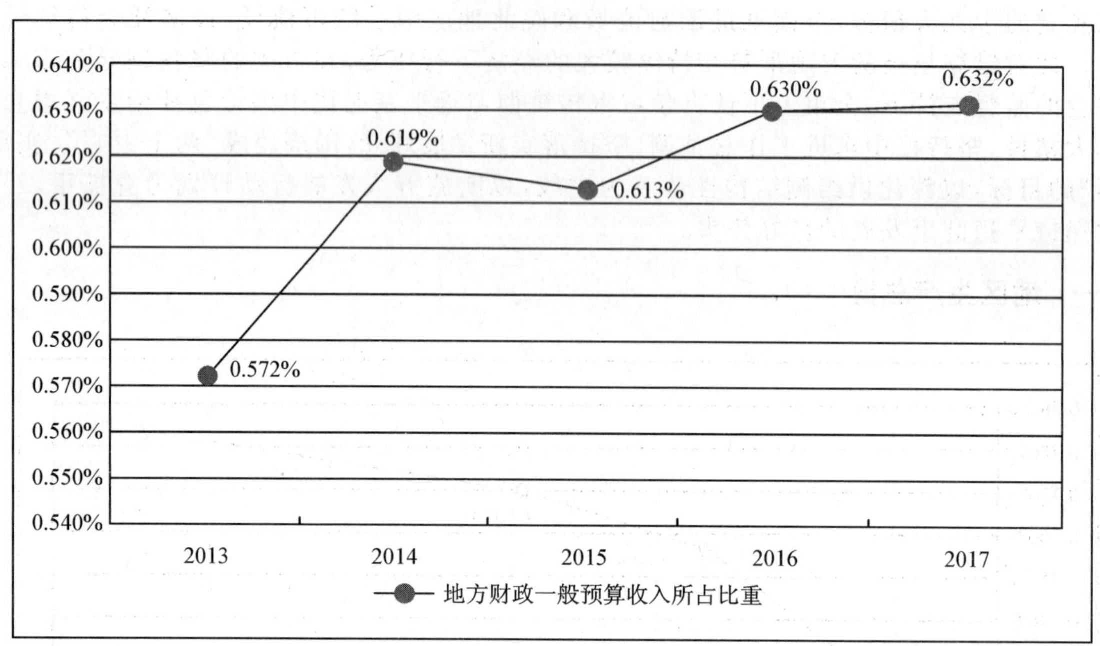

图 5 2013—2017 年蚌埠市地方财政一般预算收入在泛长三角 41 市所占比重的变化趋势

2013—2017 年蚌埠市地方财政一般预算收入在泛长三角 41 市所占比重分别为 0.572%、0.619%、0.613%、0.630%和 0.632%，2017 年较 2013 年增加了 0.06 个百分点，2017 年较上年基本持平。2017 年，蚌埠市地方财政一般预算收入在泛长三角 41 市地区的排第 28 位，较上年持平。

2017 年全市财政收入 274.5 亿元，增长 9.3%，与 GDP 增长保持同步，其中地方收入 141 亿元，按可比口径增长 12.8%。市本级财政收入 114.5 亿元，增长 6.3%，其中地方收入 37.7 亿元，增长 6.7%。五年来，全市财政收入从 164.7 亿元增加到 274.5 亿元，年均增长 10.8%。

七县区中，完成地方财政收入最高的依然是怀远县，达到 16.61 亿元，其次是禹会区，达到 12.27 亿元；五河和固镇两县分别为 11.55 亿元、11.42 亿元，淮上区完成了 10 亿元的地方财政收入；而蚌山区和龙子湖区均在 10 亿元以下，具体是：8.57 亿元、7.59 亿元。

(三) 工业生产总值

2013—2017 年蚌埠市工业生产总值在泛长三角 41 市所占比重分别为 0.77%、0.83%、0.82%、0.77% 和 0.78%，2017 年较 2013 年增加了 0.01 个百分点，2017 年较上年增加了 0.01 个百分点。2017 年，蚌埠市工业生产总值在泛长三角 41 市所占比重排第 29 位。

2017 年年末蚌埠规模以上工业企业达 1215 户，比上年净增 117 户。全年规模以上工业增加值增长 9.8%，其中轻、重工业分别增长 8.7%和 10.6%。

蚌埠多数工业行业增加值保持增长，其中：农副食品加工业增长 7.2%，食品制造业增长 7.9%，酒、饮料和精制茶制造业增长 9.8%，烟草制品业增长 6.8%，医药制造业增长 25.3%，非金属矿物制品业增长 11.5%，汽车制造业增长 17.4%。高新技术产业增加值增长 16.6%，战略性新兴产业产值增长 18.3%。

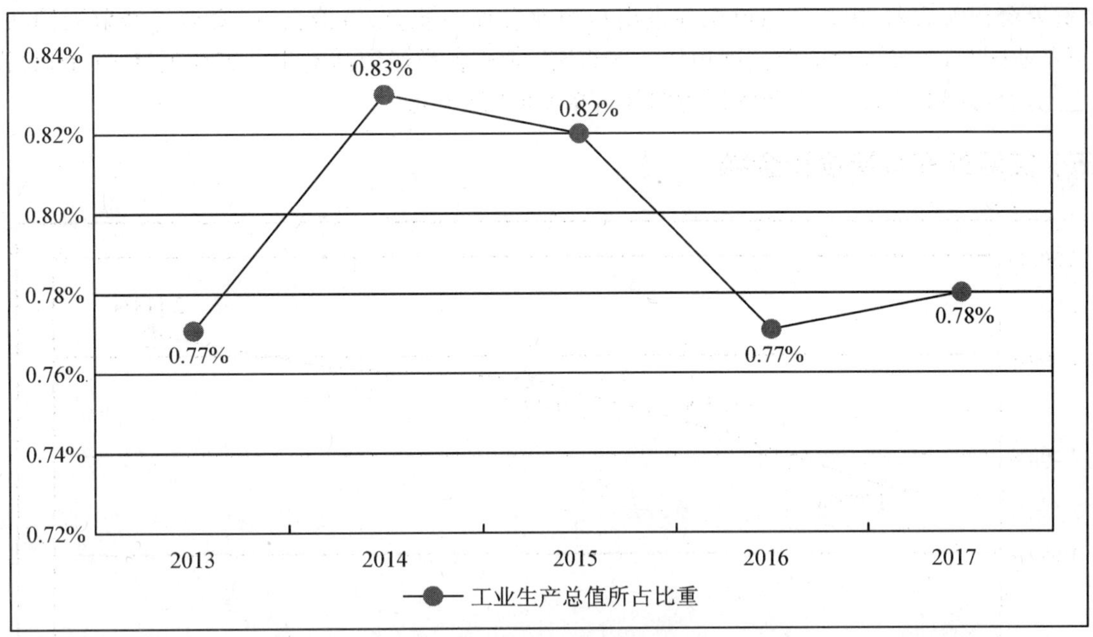

图 6　2013—2017 年蚌埠市工业生产总值在泛长三角 41 市所占比重的变化趋势

(四) 进出口总额

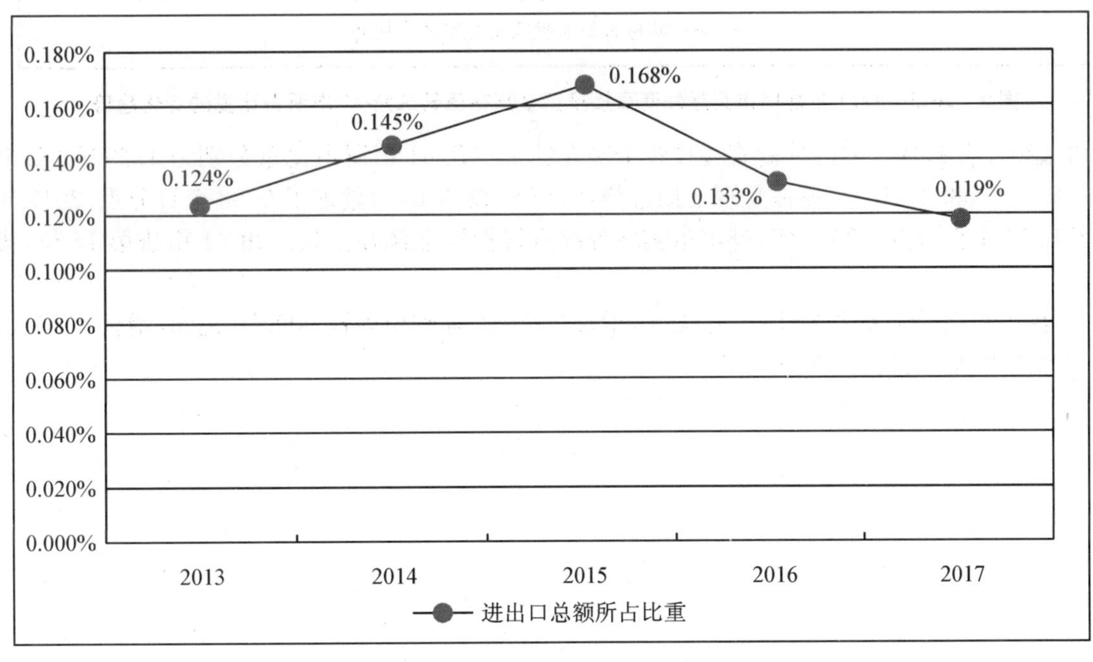

图 7　2013—2017 年蚌埠市进出口总额在泛长三角 41 市所占比重的变化趋势

2013—2017 年蚌埠市进出口总额在泛长三角 41 市所占比重分别为 0.124%、0.145%、0.168%、0.133% 和 0.119%，2016 年出现下跌，五年间占比基本持平，其中 2017 年较上年减少了 0.01 个百分点。2017 年，蚌埠市进出口总额在泛长三角 41 市排 31 位，与 2016 年持平。

2017 年，实现进出口 17.71 亿美元，总量居全省第 6 位，同比增长 0.53%，增速居全省第 13 位，较 2016 年同期前移一个位次；其中进口额 8.32 亿美元，同比增长 45.74%。2017 年，蚌埠口岸进出口货量累计 96.54 万吨，进出口标准集装箱 9102TEU；蚌埠(皖北)保税中心报关总额 4.34 亿美元，实现翻番。

其次，经贸展会积蓄后劲，相关部门组织各进出口企业参加中博会、厦洽会、广交会等经贸展销活动，引进外向型企业同时，引导本地企业拓展市场。2017 年，全市各类经贸活动累计签约项目 39 个，总投资额约 400 亿元，通过展会平台，各企业签订意向性订单 9369 万美元。

（五）实际外商直接投资金额

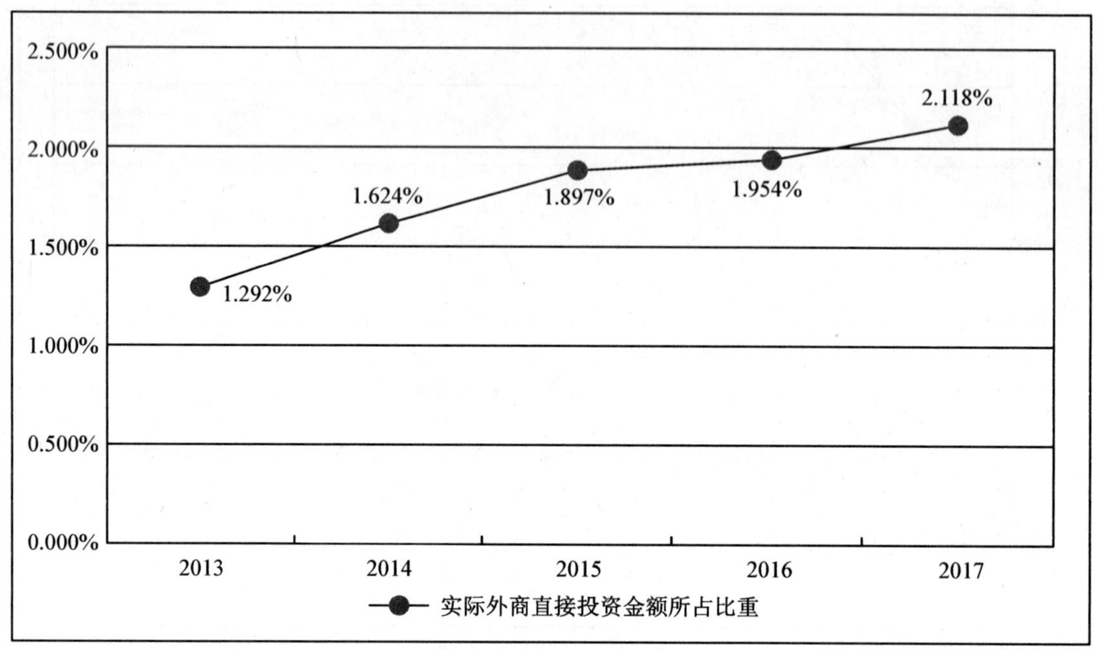

图 8　2013—2017 年蚌埠市实际外商直接投资金额在泛长三角 41 市所占比重的变化趋势

2013—2017 年蚌埠市实际外商直接投资金额在泛长三角 41 市所占比重分别为 1.292%、1.624%、1.897%、1.954%和 2.118%，整体呈现上扬态势，2017 年较 2013 年增加了 0.83 个百分点，2017 年较上年增加了 0.17 个百分点。2017 年，蚌埠市实际外商直接投资金额在泛长三角 41 市排第 15 位，排名相对靠前。

2017 年，全年外商直接投资 16.1 亿美元，增长 7%。实际到位内资 909.79 亿元，增长 10.9%，其中省外资金 877.98 亿元，增长 16.1%。

五　淮南市 2017 年经济社会发展报告

2017 年，面对综错复杂的宏观形势和经济下行的压力，全市人民在市委、市政府的坚强领导下，认真贯彻党中央和省委、省政府的决策部署，坚定不移贯彻新发展理念，坚持稳中求进的工作总基调，围绕建设五大发展美好淮南，聚集深化供给侧结构性改革，统筹推进稳增长、促改革、调结构、惠民生、防风险各项工作，经济社会保持了持续平稳健康发展。

一、淮南市 2017 年经济发展概况

（一）综合经济

1. 经济总量

全年地区生产总值 1060.18 亿元，按可比价格计算，比上年增长 6.9%。其中，第一产业增加值 121.2 亿元，增长 4.0%；第二产业增加值 501.64 亿元，增长 6.8%；第三产业增加值 437.33 亿元，增长 7.9%。按常住人口计算，人均地区生产总值达 30540 元比上年增长 6.1%。三次产业结构由上年的 12.3∶47.2∶40.5 调整为 11.4∶47.3∶41.3，其中工业增加值占 GDP 的比重为 42.7%。全社会劳动生产率 49389 元/人，比上年增加 6246 元/人。

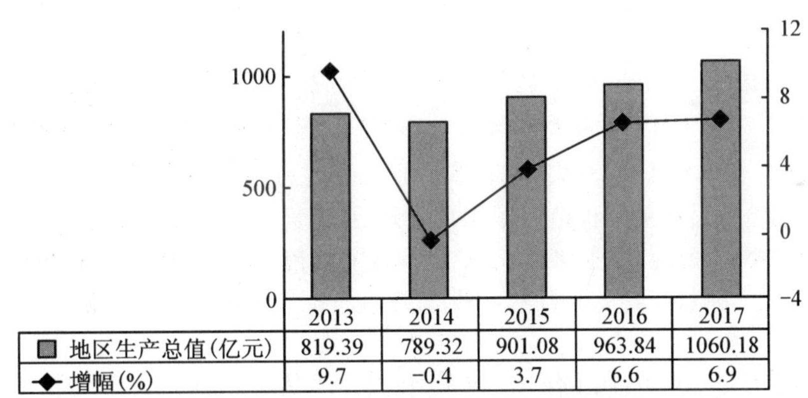

	2013	2014	2015	2016	2017
地区生产总值(亿元)	819.39	789.32	901.08	963.84	1060.18
增幅(%)	9.7	-0.4	3.7	6.6	6.9

图 1　2013—2017 年淮南市地区生产总值及增长速度

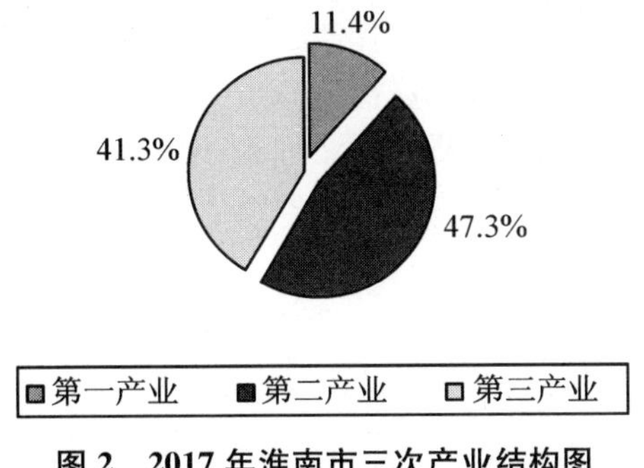

图 2　2017 年淮南市三次产业结构图

2. 财政收支

全年财政收入 162.3 亿元，比上年增长 7.5%，其中地方财政收入 101.3 亿元，增长 4.0%。全部财政收入中，税收收入 131.2 亿元，增长 24.6%，其中，增值税增长 49.1%，营业税下降 13.7%，企业所得

税增长13.0%。财政支出233.3亿元,增长7.0%,其中13大类民生支出195.2亿元,占全市财政支出83.7%,同比增长8.1%。从财政支出的项目看,教育支出44.7亿元,增长19.7%;城乡社区事务支出24.0亿元,增长37.2%;医疗卫生支出27亿元,增长0.1%;科学技术支出增长21.2%;文化体育与传媒支出增长19.8%;交通运输支出下降0.1%。全市33项民生工程实际拨付资金45.1亿元,同比增长4.3%。

3. 物价水平

全市居民消费价格指数同比上涨1.0%,其中,食品烟酒价格下降0.8%,工业品价格上涨2.1%,服务项目价格上涨1.6%。商品零售价格上涨1.8%。工业生产者出厂价格上涨15.3%。工业生产者购进价格上涨17.9%。

4. 固定资产投资

全年固定资产投资1021.8亿元,比上年增长7.0%。其中:工业技术改造投资226.6亿元,增长40.8%;民间投资603.5亿元,增长24.2%。分产业看,第一产业投资增长1.0%;第二产业增长29.1%;第三产业投资下降3.7%。分行业看,工业投资增长29.3%。其中煤炭开采和洗选业投资下降8.6%;电力、热力生产和供应业投资增长90.9%;制造业投资增长12.1%。

全市260个亿元以上在建省重点项目累计完成投资489.7亿元,完成年度投资计划135.8%;寿县生活垃圾焚烧发电厂、国家一类抗肿瘤新药紫杉肽原料药生产、毛集工业城等一批重点项目先后竣工,中安煤化一体化、商合杭高铁淮南段、中国三峡两淮光伏领跑150MW光伏电站等一批项目加快推进。政府性投资稳步推进。淮舜南路人行道维修、农村道路畅通工程、农村饮水安全巩固工程、食品检测实验楼扩建、粮食物流中心等一批项目建成投用。合淮路与青桐大道连接线、春申大街地下综合管廊工程、淮凤路、亚行贷款城市水系综合治理、世行贷款采煤塌陷区综合治理项目、市气象灾害监测预警服务中心工程等项目进展顺利。

(二)农业

全年粮食种植面积43.5万公顷,比上年下降1.1%;棉花种植面积1341公顷,下降32.1%;油料种植面积9618公顷,下降0.8 %;蔬菜种植面积4.0万公顷,增长1.4%。

全年粮食总产量289.7万吨,比上年增长1.7%,其中夏粮产量120.7万吨,下降3.4%;秋粮产量169.0万吨,增长5.7%。油料产量2.8万吨,下降11.9%;棉花产量2095.8吨,下降35.5%;蔬菜产量126.7万吨,增长2.3%。

年末全市生猪存栏77.7万头,比上年增长0.7%;全年生猪出栏160万头,增长1.2%。肉类总产量24.8万吨,增长1.8%,其中猪牛羊肉产量16.1万吨,增长1.4%。禽蛋产量11.0万吨,增长2.0%。牛奶产量4.2万吨,下降6.3%。水产品产量18.8万吨,增长1.7%。

年末全市农业机械总动力446万千瓦,比上年增长0.5%。各式拖拉机22.6万台,下降0.8%;联合收割机18246台,增长8.9%。全年化肥施用量(折纯)28.4万吨,下降2.4%;农村用电量13.5亿千瓦时,增长4.4%。有效灌溉面积283千公顷;节水灌溉面积114.3千公顷。

年末市级以上农业产业化龙头企业246家,其中省级农业产业化龙头企业28家;国家级农业产业化龙头企业1家。

全年共安排各级各类扶贫资金3.3亿元,其中,省级以上资金2.0亿元,市级扶贫专项资金0.4亿元,县级扶贫资金0.8亿元。当年贫困人口脱贫3.0万人,贫困村出列57个;年末,全市贫困人口6.2万人,贫困村55个。

(三)工业和建筑业

1. 工业经济

年末全市规模以上工业企业637户。全年实现规模以上工业增加值364.6亿元,比上年增长

7.3%，轻、重工业增加值比例由上年13.9:86.1变化为13.1∶86.9。

全市重点监测的33个工业行业中，煤炭行业实现增加值173.7亿元，增长3.9%；电力行业94.8亿元，增长10.6%；化学原料和化学制品制造业8.8亿元，增长7.8%；装备制造业19.3亿元，增长23.3%。高新技术工业增加值23.5亿元，增长21.9%。战略性新兴产业产值59.9亿元，增长18.4%。

主要工业产品产量中，原煤下降4.4%，洗煤下降2.2%，发电量增长7.3%，合成氨下降15.9%，化肥增长8.0%，水泥增长7.3%，矿山专用设备增长12.8%。

年末全市规模以上工业发电装机容量1482.9万千瓦，其中燃煤火电1428.6万千瓦，新能源和可再生能源37.0万千瓦。当年新增发电装机容量17万千瓦，其中，新增光伏发电装机容量17万千瓦。

全年规模以上工业企业实现主营业务收入1106.9亿元，增长24.6%；利润总额52.7亿元，增长57.9%；税金总额74.1亿元，增长26.2%。工业综合经济效益指数达到232.0%，较上年提高26.8个百分点。

2. 建筑业

年末资质内建筑企业108户，比上年减少1户，其中大型企业1户，中型企业21户，小型企业66户。房屋建筑施工面积475.6万平方米，比上年增加70.9万平方米；房屋竣工面积191.3万平方米，减少30.6万平方米。全年实现利润总额4.8亿元，增长45.5%。

(四)服务业

1. 国内贸易

全年实现社会消费品零售总额573.4亿元，比上年增长11.9%。按经营地统计，城镇实现零售额476.6亿元，增长11.0%；乡村实现零售额96.8亿元，增长16.8%。按消费类型统计，商品零售额494.9亿元，增长11.5%；餐饮收入78.5亿元，增长14.6%。

限额以上单位实现消费品零售额172.6亿元，增长11.7%。全市纳入统计的19家开展网络零售业务的限额以上企业，实现网上零售额1.8亿元，增长34.5%。

从限额以上单位商品零售类值看，吃、穿、用类消费品零售额分别比上年增长11.9%、5.1%和16.3%，粮油食品类增长5.2%，服装、鞋帽、纺织品类增长2.8%，家用电器和音像器材类增长2.2%，中西药类增长8.1%，石油及制品类增长51.8%，汽车类增长2.4%。

2. 交通运输、邮电

全年旅客运输量3699万人，比上年下降17.2%；货物运输量23512万吨，增长23.6%。公路客运周转量22.3亿人公里，下降22.2%；公路货运周转量53.8亿吨公里，增长6.6%；水路货运周转量379.2亿吨公里，增长67.6%；港口吞吐量1798.3万吨，下降23.7%。

年末全市拥有民用汽车29.6万辆，增长13.8%；其中：载客车25.6万辆，增长16.4%；载货车3.8万辆，持平；私人汽车25.4万辆，增长16.5%。年末，全市公共汽车1047辆，下降0.6%；出租汽车3633辆，较上年持平。

年末，全市公路里程达8533.6公里，其中，高速公路达211.3公里、一级公路达156.5公里、二级公路461.1公里。

全年完成邮电业务总量31.8亿元，比上年下降11.7%。其中，邮政业务总量6.0亿元，增长29.5%；电信业务总量25.8亿元，下降17.5%。当年获得《快递业务经营许可证》的法人企业3家。年末，全市有《快递业务经营许可证》的法人企业22家。全年全市完成快递与邮政快递包裹业务量1506.9万件，同比增长43.0%；快递与邮政快递包裹业务收入2.0亿元，同比增长38.2%。年末固定电话用户25.0万户，下降14.2%；移动电话用户243.8万户，增长12.8%，其中3G移动电话用户27.4万户，4G移动电话用户181.0万户。城镇家庭每百户拥有固定电话33部，同比下降13.4%；拥有移动电话237部，同比增长2.4%；农村家庭每百户拥有固定电话28部，同比下降16.9%；拥有移动电话219部，同比下降4.5%。年末计算机互联网用户67.5万户，增长14.7%。

3. 旅游业

全年接待国内游客2478.5万人次，增长17.3%。接待入境旅游人数5.0万人次，增长26.3%。旅游总收入164.1亿元，增长20.3%。其中，国际旅游收入3660.9万美元，与上年持平。全市星级酒店30家，与上年持平；客房2572间，比上年增长2.8%。年末全市共有8个4A级旅游景区。

4. 金融、保险和证券

年末全市金融机构人民币各项存款余额2052.9亿元，比年初增加281.1亿元，增长15.9%。其中，非金融企业存款599.9亿元，比年初增加175.5亿元，增长41.3%；住户存款余额1057.4亿元，比年初增加63.9亿元，增长6.4%。金融机构人民币各项贷款余额为1292.8亿元，比年初增加119.8亿元，增长10.2%。其中，境内短期贷款441.4亿元，比年初增加39.4亿元，增长9.8%；境内中长期贷款792.0亿元，比年初增加99.8亿元，增长14.4%，中长期贷款中住户贷款272.8亿元，增长35.5%。

全年直接融资总额达334.5亿元，同比增长60.4%。淮南白蓝企业集团有限公司、寿县天和羽绒制品有限公司、安徽维东建材股份有限公司等51家企业在省股权托管交易中心成功挂牌。年末，全市有1家公司在主板上市，1家公司在创业板上市，4家公司在新三板挂牌，111家公司在省股权托管交易中心挂牌。

全年保险业原保费收入49.1亿元，比上年增长25.7%，其中财产险业务原保险保费收入14.9亿元，增长17.6%；人身险业务原保险保费收入34.2亿元，增长29.6%。赔款和给付支出17.8亿元，下降4.7%，其中财产险业务赔款支出8.3亿元，增长22.6%；人身险业务赔款和给付支出9.5亿元，下降20.1%。

年末债券市场融资余额432.5亿元，同比增长12.9%，其中中期票据余额58亿元，短期融资券余额30亿元，企业债余额94亿元。

全年证券交易额2393.2亿元，同比下降10.3%。

5. 房地产业

全年房地产开发投资193.5亿元，比上年增长58.7%。全年商品房销售面积333.7万平方米，增长40.0%。商品房销售额177.0亿元，增长69.3%。全年新开工建设城镇保障性安居工程住房2868套，基本建成城镇保障性安居工程住房2311套。

（五）对外经济

1. 对外贸易

全年外贸进出口总额29925万美元，比上年增长8.7%。其中出口27294万美元，增长14.1%；进口2631万美元，下降27.4%。

2. 利用外资

全年新批外商投资企业8家，比上年增长33.3%；合同利用外资6627万美元，下降29.8%；实际吸收外商直接投资23859万美元，增长7.0%。全年对外工程承包新签合同额63848万美元，增长1.9倍；完成营业额29475万美元，增长52.4%。当年外派劳务人员3736人，增长2.2倍。引进内资实际到位外资金总额为786.9亿元，增长9.8%；利用亿元以上省外资金项目到位资金457.5亿元，增长12.1%。

二、淮南市2017年社会发展概况

（一）人口、人民生活

年末全市常住人口348.7万人，比上年增加3.1万人；常住人口城镇化率63.46%，比上年末提高1.41个百分点。全市人口出生率13.23‰，比上年末提高0.51个千分点；死亡率6.12‰，提高0.22个千分点；自然增长率7.11‰，提高0.29个千分点。年末户籍人口389.6万人，比上年增加0.5万人，其

中：男性 204.4 万人；女性 185.2 万人。

全年城镇常住居民人均可支配收入 30405 元，比上年增长 8.2%，扣除价格因素，实际增长 7.1%。人均消费性支出 18525.9 元，增长 9.8%。其中，食品烟酒支出增长 3.5%，居住支出增长 4.8%。城镇常住居民恩格尔系数为 33.6%，比上年下降 2.0 个百分点。城镇居民人均住房面积 40.7 平方米，比上年增加 4.1 平方米。

全年农村常住居民人均可支配收入 11841 元，比上年增长 9.2%，扣除价格因素，实际增长 8.1%。农村居民人均消费性支出 9370.4 元，增长 9.5%。农村常住居民恩格尔系数为 35.7%，比上年下降 2.7 个百分点。农村居民人均住房面积 42.8 平方米，比上年增加 1.1 平方米。

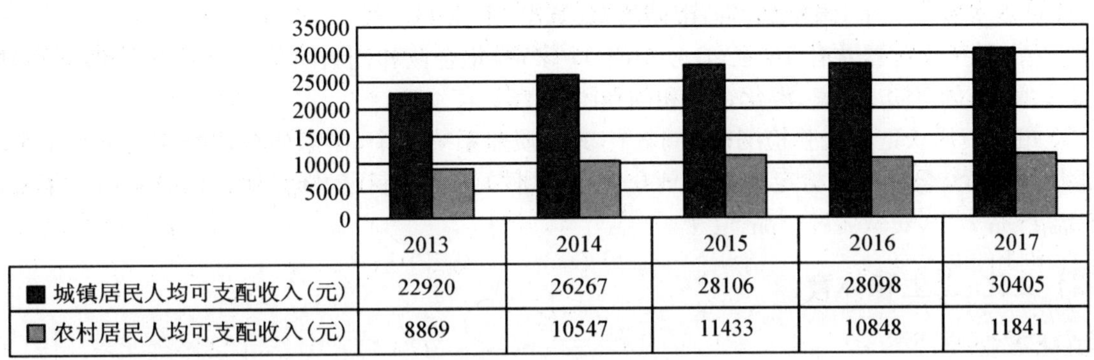

	2013	2014	2015	2016	2017
城镇居民人均可支配收入(元)	22920	26267	28106	28098	30405
农村居民人均可支配收入(元)	8869	10547	11433	10848	11841

图 3　2013—2017 年淮南市城乡居民收入对比一览

（二）就业与社会保障

1. 就业工作

年末全市从业人员 223.7 万人，比上年减少 2.7 万人。其中，第一产业 61.4 万人；第二产业 71.7 万人；第三产业 90.6 万人。

全年城镇实名制新增就业 6.2 万人，下岗失业人员再就业 1.4 万人，农村转移劳动力 4.9 万人。年末城镇登记失业率为 3.1%，较上年末下降 0.9 个百分点。

全年新增各类市场主体 2.7 万户，其中新增民营企业 0.7 万户。年末各类市场主体总数达 16.7 万户，同比增长 19.1%。其中民营企业 3.2 万户，同比增长 29.4%。

2. 社会保障和福利

年末全市参加城镇企业职工基本养老保险人数 36.2 万人，同比增长 1.4%；城乡居民养老保险人数 151 万人，与上年持平。参加城镇职工基本医疗保险人数 57.5 万人，同比下降 0.1%；城镇居民基本医疗保险人数 69.0 万人，下降 1.5%。参加失业保险人数为 31.2 万人，增长 1.2%。全市参加工伤保险人数 33.6 万人，下降 2.8%；生育保险人数 27.6 万人，增长 0.4%。参加新型农村合作医疗的农业人口 234.8 万人，同比增长 0.2%，参合率为 104.3%。

年末 2.9 万人享受城市居民最低生活保障，7.5 万人享受农村居民最低生活保障，农村五保供养 2.6 万人。全年医疗救助 29.3 万人次，抚恤补助各类优抚对象 1.9 万人。

年末全市有各类提供住宿的社会服务机构 48 个，床位 3537 张，收养各类人员 2964 人。不提供住宿的社会服务机构 460 个，其中社区服务中心 142 个，社区服务站 227 个，社区日间照料床位 152 张。全年销售社会福利彩票 22005 万元，筹集社会福利资金 2380 万元。

（三）教育和科学技术

1. 教育事业

年末共有普通高校 6 所，在校学生 77528 人，招收学生 22181 人，毕业生 24642 人。各类中等职业教育(不含技工学校)在校学生39436人;普通高中在校学生52985人;义务教育在校学生352134人,其中初中107770人,小学244364人;幼儿园在校学生102809人。成人高校在校学生10475人。

2. 科技与创新

年末共有高新技术企业85家,全年高新技术企业实现总收入119.1亿元。科研机构110个。科技人员18060人。全年专利申请量5381件,比上年下降2.8%;专利授权量2358件,比上年增长3.9%。全年共取得省部级以上科技成果9项;其中:获得省科技进步奖一等奖1项,二等奖1项,三等奖7项。

年末拥有国家级研究院1家,国家级工程技术中心1家,国家级重点实验室1个,国家级工程实验室1家,国家级企业技术中心2家;省级工程技术研究中心30个,省级实验室3家;市级工程技术研究中心90个,市级重点实验室2个;国家级、省、市创新型(试点)企业118家。

年末,全市科技孵化器共有16家,众创空间17家,孵化企业和创新团队467家。当年,全市新增科技孵化器6家,众创空间10家,孵化企业和创新团队261家。

年末全市有资质认定的检验检测机构43个,其中质监系统5个,国家质量监督检验中心1个;法定计量技术机构3个,全年强制检定计量器具6.4万台(件)。全年制定、修订地方标准4项。年末,有国家地理标志产品2个、安徽名牌产品50个。

(四)文化、卫生和体育

1. 文化事业

年末全市有文化馆9个,博物馆2个,公共图书馆10个,图书馆藏书66.3万册。各级综合档案馆7个,档案馆藏档案、资料120.6万卷(册),增长0.6%。广播、电视覆盖率均为100%。《淮南日报》《淮河早报》全年共发行1500万份。

2. 卫生事业

年末全市有医疗卫生机构1436个,其中医院72个、基层医疗卫生机构1324个、专业公共卫生机构38个,其他卫生机构2个。基层医疗卫生机构中,卫生院79个,社区卫生服务中心(站)185个,村卫生室812个;专业公共卫生机构中,疾病预防控制中心9个,专科疾病防治院(所、站)2个,妇幼保健院(所、站)10个,卫生监督所(中心)8个。全市卫生技术人员17298人,其中执业(助理)医师6184人,注册护士8104人。乡村医生和卫生员1819人。医疗卫生机构床位1.7万张,其中医院、卫生院床位1.6万张。中心血站1个,全年共有2.3万人次参加了无偿献血。全年医疗卫生机构共诊疗1396万人次。

3. 体育事业

全年在省级各项比赛中,全市市运动健儿获金牌50.5枚,银牌37枚,铜牌56枚。举办了"2017年淮南市国际半程马拉松赛"、"淮南市第八届运动会"等百余项次重大活动。

(五)资源、环境保护

全年全市国有建设用地供应总量1319.1公顷,比上年增长30.8%。其中,工矿仓储用地355.5公顷,增长80.1%;房地产用地380.7公顷,增长18.5%;基础设施等其他用地582.9公顷,增长19.0%。

全年全市供水总量21.59亿立方米,其中地表水供水量19.9亿立方米,地下水供水量0.8亿立方米。全年总用水量21.59亿立方米,其中,农业用水量11.82亿立方米,工业用水量7.1亿立方米,生活用水量2.09亿立方米。

年末全市城市污水处理厂日处理能力达24.0万立方米,比上年提高9.0%;污水处理率达到97.48%,提高0.01个百分点;建成区绿地率达到42.05%,提高3.91个百分点。

当年全市人工造林面积668.7公顷。年末全市森林面积84.9千公顷,森林覆盖率

15.34%，较上年提高0.67个百分点。活立木总蓄积量541.9万立方米，森林蓄积量442.4万立方米。

年末全市有市、县级环境监测站3个。全市空气质量平均优良天数为209天，占全年比例为57.7%；全市PM10年均浓度为107微克/立方米，比上年提高26.4%。

全市化学需氧量（COD）、氨氮、二氧化硫、氮氧化物四项主要污染物排放总量分别较上年削减44.7%、16.4%、33.6%和33.3%。初步核算，全市单位GDP能耗下降10.29%。

（六）社会安全

全年亿元GDP生产安全事故死亡人数为0.087人，比上年下降20.2%；工矿商贸从业人员十万人事故死亡人数为0.575人，下降49.1%；煤矿百万吨死亡人数为0.058人，提高123.1%。全年发生火灾事故916起。全年发生交通事故933起。

三、淮南市在泛长三角地区经济发展中的地位

2017年，面对资源型城市转型、经济运行下行、化解过剩产能等巨大压力，全市人民在省委、省政府和市委、市政府的坚强领导下，坚持以习近平新时代中国特色社会主义思想为指导，积极践行新发展理念，牢牢把握稳中求进工作总基调，攻坚克难、奋力进取，顺利完成"十二五"规划，稳步实施"十三五"规划，全市改革开放和现代化建设取得了新的成就。

（一）地区生产总值

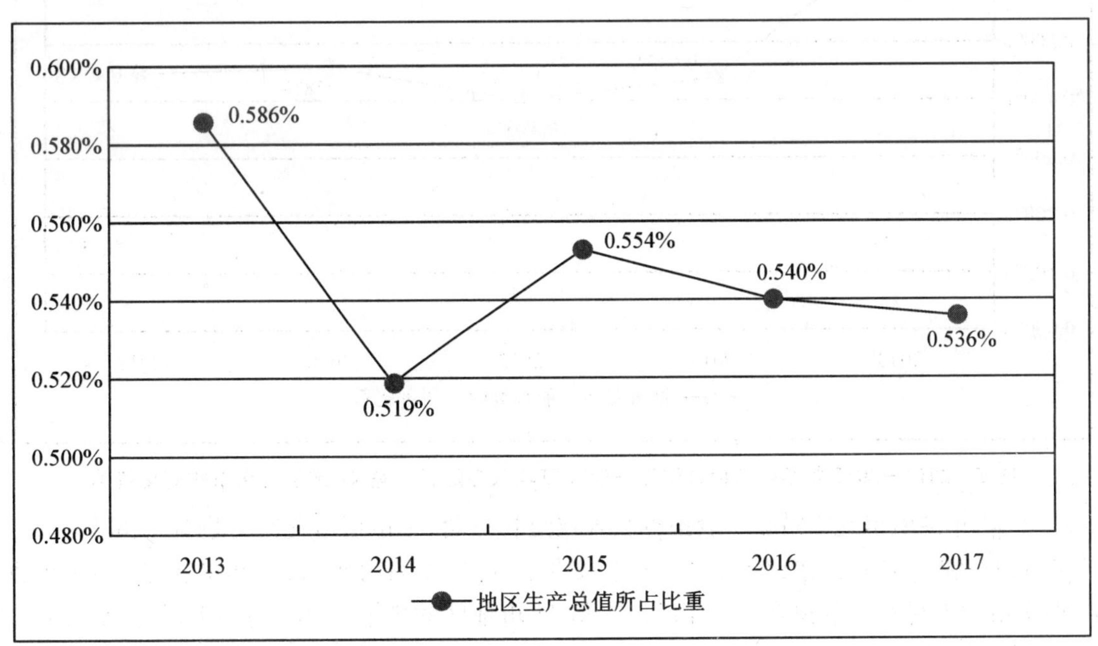

图4 2013—2017年淮南市地区生产总值在泛长三角地区41市
（苏浙两省24个地级市、上海市和安徽省16市，下同）所占比重的变化趋势

2013—2017年淮南市地区生产总值在泛长三角地区41市所占比重分别为0.586%、0.519%、0.554%、0.540%和0.536%。2017年与2013年比减少了0.05个百分点，2017年较上年基本持平。2017年，淮南市在泛长三角地区41市地区生产总值所占比重排名第38位，较上年下降一位。

2017 年，全市实现地区生产总值 1111.5 亿元，居全省第 13 位，同比后移 1 位；同比增长 6.9%，比前三季度提高 0.7 个百分点，低于全省平均水平 1.6 个百分点，居全省第 15 位，同比持平。该指标增速分县区看，高于全市平均水平的有：寿县 9.1%、大通区 8.8%、潘集区7.0%；低于全市平均水平的有：凤台县 6.7%、田家庵区 6.7%、谢家集区 6.0%、毛集实验区 6.0%、八公山区 2.0%。

2017 年淮南市经济总量跃升至 1111.5 亿元，突破千亿大关，较 1978 年增长了 141.5 倍。在农村经济上，淮南市 2017 年农业生产总值达 209 亿元，是 1978 年的 171.4 倍。40 年来农业现代化水平不断提高，迎来农业稳定快速发展局面。城乡建设上，40 年，淮南城乡建设投资累计突破 1000 亿元。其中，建成区面积达 130 平方公里，实现常住人口城镇化率 63%；新增城区道路 380 万平方米，全市公路里程达 8533 公里。城乡建设取得显著成果。第二、三产业快速发展，工业总产值从 1978 年的 11.6 亿元增长至 2017 年的 1096.5 亿元，实现近百倍增长。第三产业，尤其商贸的发展，仅 2017 年淮南市全年实现社会消费品零售总额 573.4 亿元，比 1978 年增长 230.8 倍。

（二）地方财政一般预算收入

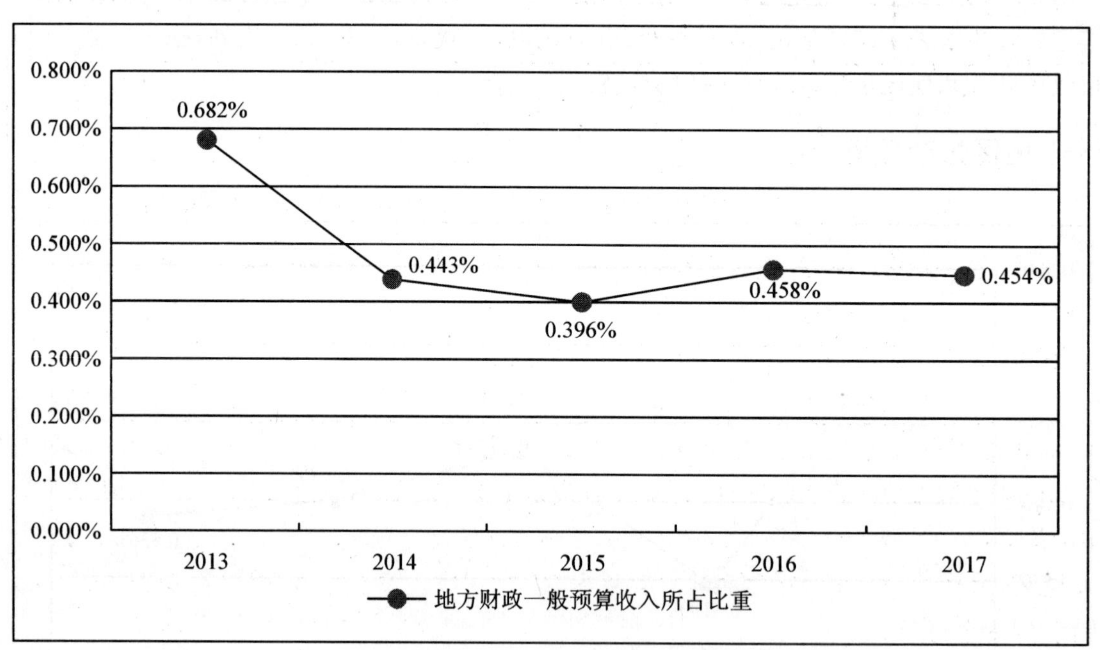

图 5　2013—2017 年淮南市地方财政一般预算收入在泛长三角 41 市所占比重的变化趋势

2013—2017 年淮南市地方财政一般预算收入在泛长三角 41 市所占比重分别为 0.682%、0.443%、0.396%、0.458%和 0.454%，2017 年较 2013 年减少了 0.23 个百分点，较上年减少了 0.01 个百分点。2017 年，淮南市地方财政一般预算收入在泛长三角 41 市地区的排第 35 位，与 2016 年持平。

2017 年全市财政收入汇编预算为 160.4 亿元。全市财政支出汇编预算为 182.1 亿元，加上上年结转及上级转移支付收入等因素，财政支出预算变动为 247 亿元。2017 年财政预算执行情况是：全市财政收入完成 162.3 亿元，完成预算的 101.2%，增长 7.5%。其中：地方财政收入完成 101.3 亿元，完成预算的 100.6%，增长 4%。2017 年 1—12 月份，全市完成财政收入 162.3 亿元，居全省第 12 位；同比增长 7.5%，比 1—11 月份提高 0.1 个百分点，低于全省平均水平 3.6 个百分点，居全省第 14 位。该指标增速分县区、园区看，高于全市平均水平的有：寿县 29.1%、毛集实验区 24.9%、八公山区 18.3%、市高新区

15.6%、田家庵区13.6%;低于全市平均水平的有:凤台县7.0%、大通区6.1%、市经开区-1.2%、谢家集区-4.8%、潘集区-19.2%。

(三)工业生产总值

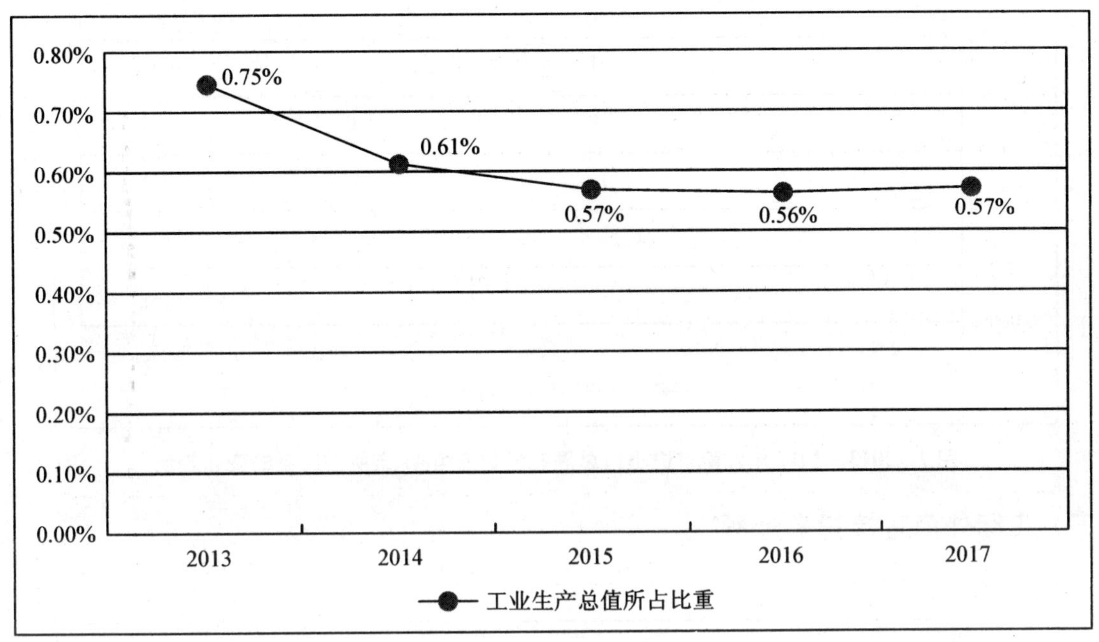

图6 2013—2017年淮南市工业生产总值在泛长三角41市所占比重的变化趋势

2013—2017年淮南市工业生产总值在泛长三角41市所占比重分别为0.75%、0.61%、0.57%、0.56%和0.57%,2017年较2013年减少了0.18个百分点,2017年较上年增加了0.01个百分点。2017年,淮南市工业生产总值在泛长三角41市所占比重排第35位。

2017年年末全市规模以上工业企业637户。全年实现规模以上工业增加值364.6亿元,比上年增长7.3%,轻、重工业增加值比例由上年13.9∶86.1变化为13.1∶86.9。主要工业产品产量中,原煤下降4.4%,洗煤下降2.2%,发电量增长7.3%,合成氨下降15.9%,化肥增长8.0%,水泥增长7.3%,矿山专用设备增长12.8%。全年规模以上工业企业实现主营业务收入1106.9亿元,增长24.6%;利润总额52.7亿元,增长57.9%;税金总额74.1亿元,增长26.2%。工业综合经济效益指数达到232.0%,较上年提高26.8个百分点。

(四)进出口总额

2013—2017年淮南市进出口总额在泛长三角41市所占比重分别为0.037%、0.031%、0.024%、0.021%和0.020%,五年间减少了0.02个百分点,其中2017年较上年基本保持一致。2017年,淮南市进出口总额在泛长三角41市排41位,位置较靠后。

2017年,全市外贸进出口总额29924.5万美元,居全省第16位,同比持平;增长8.7%,低于全省平均水平15.0个百分点,居全省第11位,同比前移2位。

该指标增速分县区、园区看,高于全市平均水平的有:市高新区860.3%、寿县150.5%、大通区42.6%、田家庵区31.2%;低于全市平均水平的有:市经开区1.2%、凤台县-11.8%、谢家集区-30.4%、毛集实验区-37.1%、潘集区-45.3%、八公山区-95.9%。

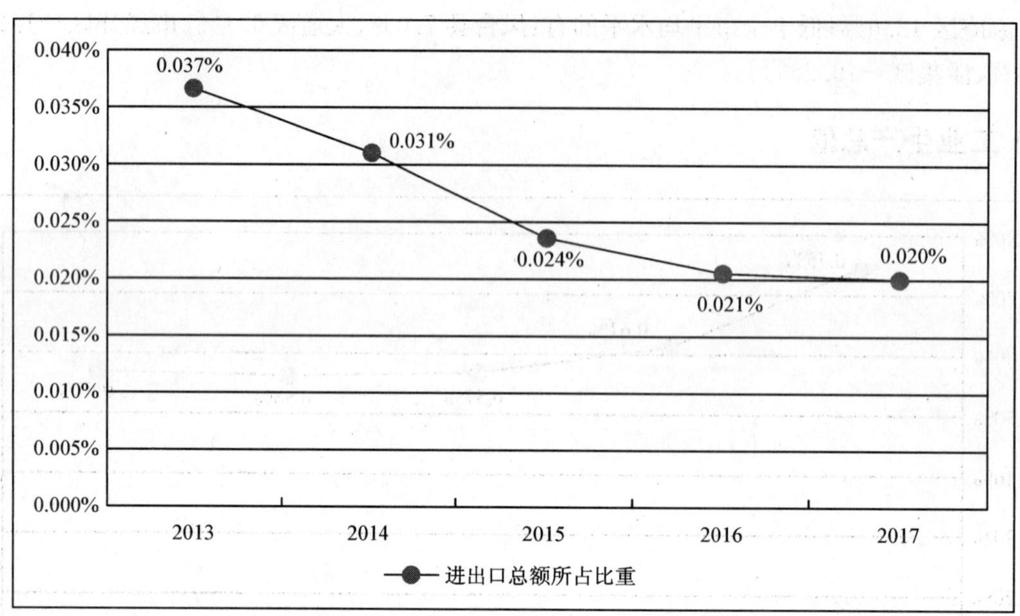

图 7　2013—2017 年淮南市进出口总额在泛长三角 41 市所占比重的变化趋势

（五）实际外商直接投资金额

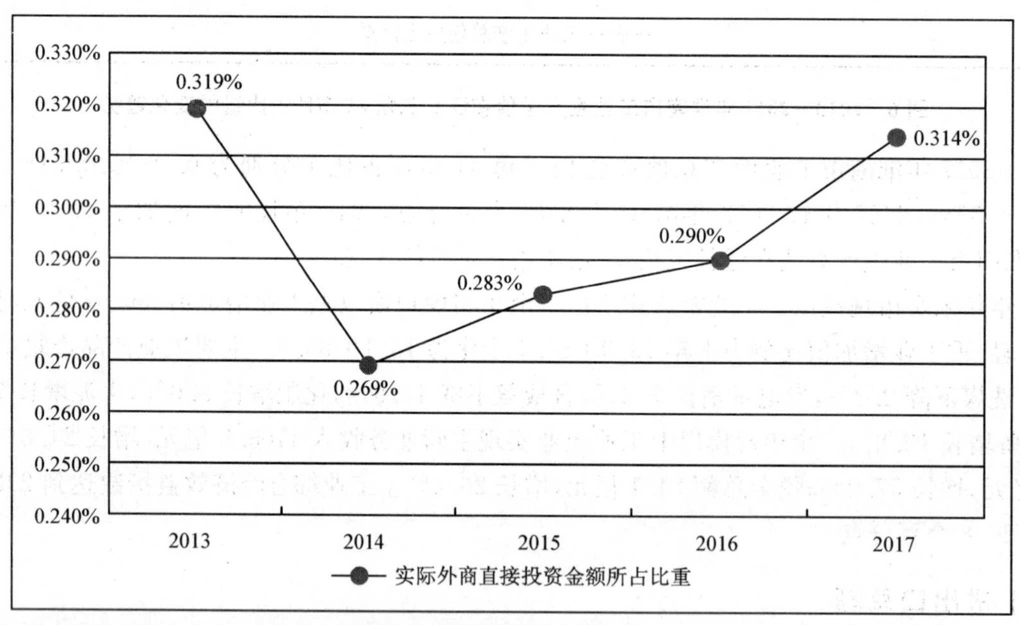

图 8　2013—2017 年淮南市实际外商直接投资金额在泛长三角 41 市所占比重的变化趋势

2013—2017 年淮南市实际外商直接投资金额在泛长三角 41 市所占比重分别为 0.319％、0.269％、0.283％、0.290％和 0.314％，2017 年较 2013 年减少了 0.01 个百分点，2017 年较上年增加了 0.02 个百分点。2017 年，淮南市实际外商直接投资金额在泛长三角 41 市排第 36 位，排名相对靠后。

2017 年，全市外商直接投资完成 23859 万美元，居全省第 13 位，同比持平；增长 7.0％，低于全省平均水平 0.6 个百分点，居全省第 7 位，同比前移 7 位。

该指标增速分县区、园区看，高于全市平均水平的有：潘集区 180.0％、谢家集 79.8％、市高新区 55.8％、毛集实验区 33.3％；低于全市平均水平的有：凤台县 6.3％、寿县 3.2％、市经开区－51.7％、八公山区－100％。田家庵区 605 万美元、大通区 50 万美元，2016 年同期均为 0。

六　马鞍山市2017年经济社会发展报告

2017年，面对复杂多变的宏观经济环境和艰巨繁重的发展改革任务，在市委、市政府的坚强领导下，全市上下认真贯彻习近平新时代中国特色社会主义思想，坚持稳中求进工作总基调，坚持新发展理念，审时度势、开拓创新、真抓实干、砥砺奋进，全市经济社会发展取得新成效。经济运行呈现总体平稳、稳中有进、结构优化、效益提升的发展态势。

一、马鞍山市2017年经济发展概况

(一) 综合经济

1. 经济总量

全年实现地区生产总值(GDP)1710.09亿元，按可比价格计算，比上年增长8.7%。其中，第一产业增加值85.16亿元，增长3.8%；第二产业增加值961.42亿元，增长8.6%；第三产业增加值663.51亿元，增长9.5%。三次产业增加值比重为5.0∶56.2∶38.8。

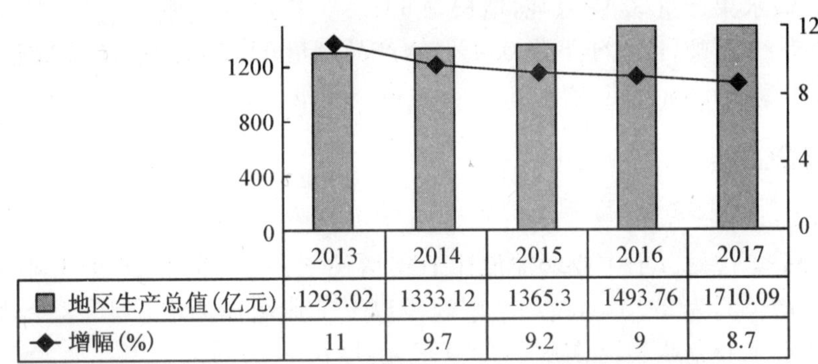

	2013	2014	2015	2016	2017
地区生产总值(亿元)	1293.02	1333.12	1365.3	1493.76	1710.09
增幅(%)	11	9.7	9.2	9	8.7

图1　2013—2017年马鞍山市地区生产总值及增长速度

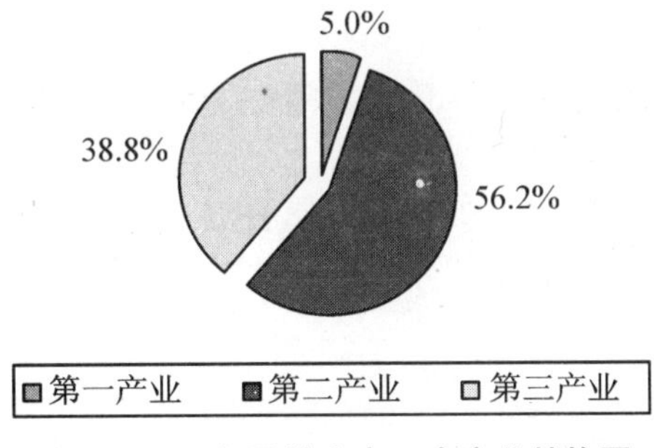

图2　2017年马鞍山市三次产业结构图

2. 财政收支

全年实现财政收入245.29亿元，比上年增长10.1%。税收收入207.83亿元，增长20%；税收收入占财政收入比重为84.7%，比上年提升7个百分点。财政支出227.94亿元，增长6.7%；其中，民生支出189.08亿元，增长6.2%；社会保障和就业支出28.34亿元，增长33.6%。

3. 物价指数

全年居民消费价格(CPI)比上年上涨1.2%。八大类消费品及服务价格呈“七涨一跌”态势；其中，涨幅靠前的是医疗保健类和居住类，分别上涨5.0%和3.2%；教育文化和娱乐类(1.7%)、生活用品及服

务类(1.3%)、衣着类(1.1%)、其他用品和服务类(0.6%)、交通和通信类(0.4%)价格均有不同程度上涨;食品烟酒类(-1.1%)价格下跌。工业生产者出厂价格(PPI)比上年上涨19.9%。

4. 固定资产投资

全年完成固定资产投资2255.72亿元,比上年增长9.3%;其中,房地产开发投资259.02亿元,增长18.3%。

全年第一产业完成投资52.61亿元,比上年增长14.8%。第二产业投资1213.42亿元,增长11.6%;其中,工业投资1206.69亿元,增长11.3%;工业投资占全市投资的比重为53.5%,比上年提升1个百分点。第三产业投资989.69亿元,增长6.3%。

全年实施重点项目800个,完成投资1101.07亿元。省亿元以上重点项目完成投资737.2亿元,省亿元以上新开工重点项目投资323.53亿元。康佳新型节能环保技术产业化、惊天液压破拆属具及装备生产等155个重点项目竣工投产,马钢埃斯科特钢、欢颜机器人等220个续建重点项目加快建设,新能源汽车动力电池零部件基地、聚亿太阳能智能跟踪系统等248个重点项目开工建设。

(二)农业

全年粮食作物种植面积16.07万公顷,增长1.5%;粮食产量107.28万吨,增长1.7%;蔬菜产量73.97万吨,增长3.1%;水果产量3.57万吨,增长2.6%。

全年肉类总产量8.22万吨,比上年下降0.2%;水产品产量11.68万吨,增长2.1%;蛋类产量2.34万吨,增长1.9%;牛奶产量4.88万吨,增长3.3%;生猪饲养量57.33万头,下降0.4%。

(三)工业和建筑业

1. 工业经济

按可比价格计算,全年规模以上工业增加值比上年增长9.0%。全市36个工业大类行业中,有30个行业实现增长,行业增长面为83.3%,拉动全市规模以上工业增加值增长10.2个百分点。企业效益明显提升,全市规模以上工业企业利税总额261.09亿元,增长76.5%。

全年战略性新兴产业产值比上年增长27.3%;其中,节能环保产业增长35.7%,生物产业增长27.3%,高端装备制造产业增长8.9%,新能源产业增长78.3%,新材料产业增长31.2%,新能源汽车产业增长13.7%。

全年规模以上工业企业产品销售率为98.3%。多数主要工业产品产量保持增长。

2. 建筑业

全年实现建筑业增加值103.01亿元,按可比价格计算,比上年增长6.7%。房屋建筑施工面积1564.24万平方米,房屋竣工面积478.04万平方米。

(四)服务业

1. 国内贸易

全年实现社会消费品零售总额529.45亿元,比上年增长12.5%。分区域看,城镇实现社会消费品零售总额484.25亿元,增长12.5%;农村实现社会消费品零售总额45.2亿元,增长12.7%。分行业看,商品零售总额460.91亿元,增长12.6%;餐饮收入总额68.54亿元,增长11.8%。

2. 交通运输、邮电

全年铁路客运量649.05万人,铁路货运量283.59万吨;公路客运量2178万人,公路货运量7292万吨;港口货物吞吐量11014万吨,比上年增长4.1%;集装箱吞吐量25.2万标箱,增长13.2%。国道367马鞍山段、国道206和县段全线开工建设。宁波舟山直达马鞍山2万吨级江海联运特种船成功下水试航,慈湖综合码头、海辰仓储码头竣工验收并投入运营。

全年邮电业务收入 20.63 亿元，比上年增长 7.7%。年末固定电话用户 25.89 万户；其中，城市电话用户 10.36 万户，乡村电话用户 15.53 万户。年末移动电话用户 197.76 万户；其中，3G、4G 用户 149.16 万户。年末宽带用户 57.6 万户。

3. 旅游业

全年旅游业总收入 262.6 亿元，比上年增长 25.0%；其中，国际旅游外汇收入 1.2 亿美元，增长 30.4%。全年接待海外旅游者 16.34 万人次，增长 18.0%。星级酒店 18 家；其中，五星级 2 家，四星级 6 家，三星级 8 家。现有 A 级景区 29 处；其中，4A 级景区 7 处。

4. 金融和保险

年末全市金融机构本外币存款余额 1994.05 亿元，比年初增加 122.08 亿元；其中，单位存款 904.58 亿元，比年初增加 43.73 亿元。金融机构本外币贷款余额 1501.85 亿元，比年初增加 151.35 亿元；其中，短期贷款 416.55 亿元，比年初增加 70.91 亿元；中长期贷款 924.20 亿元，比年初增加 119.77 亿元。

全市各类保险机构 26 家。全年保费总收入 38.7 亿元，比上年增长 18.0%；其中，财产险保费收入 14.6 亿元，增长 13.4%；人身险保费收入 24.1 亿元，增长 20.9%。

（五）开放型经济

1. 对外贸易

全年实现进出口总额 38.05 亿美元，比上年增长 19.3%；其中，进口总额 22.16 亿美元，增长 31.9%；出口总额 15.89 亿美元，增长 5.3%。中小企业进出口总额 19 亿美元，增长 13.6%。

2. 利用外资

全年实际利用外商直接投资 22.76 亿美元，比上年增长 8.6%。

二、马鞍山市 2017 年社会发展概况

（一）人口、人民生活

年末全市户籍人口 229.35 万人，其中，城镇人口 111.14 万人，乡村人口 118.21 万人。据抽样调查，全市常住人口 230.2 万人。城镇化率 67.89%，比上年提高 1.4 个百分点。全年人口出生率 11.03‰，死亡率 5.33‰，自然增长率 5.7‰。

全年城乡居民人均可支配收入 33260 元，比上年增长 9.3%；其中，城镇居民人均可支配收入 41403 元，增长 8.6%；农村居民人均可支配收入 19358 元，增长 9.3%。

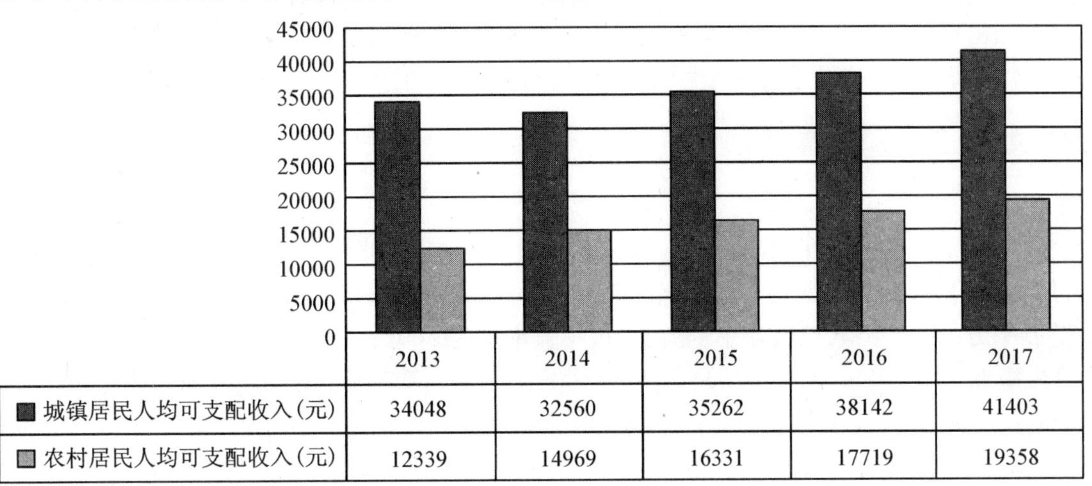

	2013	2014	2015	2016	2017
■城镇居民人均可支配收入（元）	34048	32560	35262	38142	41403
■农村居民人均可支配收入（元）	12339	14969	16331	17719	19358

图 3　2013—2017 年马鞍山市城乡居民收入对比一览

年末全市金融机构个人存款余额1038.06亿元，比上年增长6.8%；其中，活期存款278.07亿元，增长6.7%；定期及其他存款759.99亿元，增长6.8%。

（二）就业与社会保障

1. 就业

全年新增就业5.78万人，下岗失业人员再就业1.31万人，"4050"人员等困难群体再就业4879人，城镇登记失业率2.98%。

2. 社会保障和福利

城镇职工养老保险参保人数59.42万人，失业保险参保人数26.33万人，医疗保险参保人数99.78万人，工伤保险参保人数30.83万人，生育保险参保人数59.44万人。新型农村社会养老保险参保人数94.97万人，参保率94.2%。被征地农民养老保障实现即征即保，参保人数15.97万人。

全年城乡最低生活保障救助95万人次，支付低保金3.4亿元。城市、农村社区养老服务设施覆盖率均为100%，城市社区助老服务站覆盖率100%，农村社区居家养老服务站联网率100%。新增社会办养老机构14家，养老床位1095张。社会收养性福利床位数1.8万张；抚恤、补助各类优抚对象1.53万人；接受社会捐赠886万元；城镇拥有各种社区服务设施419处；便民利民服务网点769个。福利彩票销售2.56亿元，筹集福利彩票公益金7548万元。

（三）教育和科学技术

1. 教育事业

全年财政用于教育的支出33.34亿元。全市高等院校6所；中小学及其他各类学校633所；其中，幼儿园290所，小学227所，特殊教育学校3所，普通中学104所。省一类幼儿园10所，省示范高中11所，省特色初中1所，省特色小学2所，国家重点职业学校5所。中小学及其他各类学校在校学生30.24万人、教职工2.42万人。高中阶段在校学生7.17万人，高中阶段教育毛入学率117.9%。

2. 科技创新与人才

全年新认定科技小巨人企业50家。专利申请量10116件，比上年增长16.3%。承担实施省级以上科技计划项目33项。

全年高新技术产业产值比上年增长44.9%。新认定高新技术企业68家、高新技术产品372个、民营科技企业21家。新认定市级工程技术研究中心49家，培育认定市级农业科技园区3家。

全年实施引智项目9个，引进外国专家16人，办理外国人来华工作许可证申请96项。新增博士后工作站3家。16人入围省学术和技术带头人，20人获批省战略性新兴产业技术领军人才，2家企业入选省高层次人才创新项目。成功承办1项"万名专家服务基层行动计划"。培养高技能人才6597人。

（四）文化、卫生和体育

1. 文化事业

成功举办2017年中国文化馆年会、第29届马鞍山中国李白诗歌节。年末拥有公共图书馆7家，藏书223万册；专业艺术表演团体28个；文化馆7家；综合档案馆7家，档案资料172.04万卷（件），总建筑面积2.57万平方米。广播人口覆盖率、电视人口覆盖率均为100%。

2. 卫生事业

全市卫生机构989个；其中，医院、卫生院102个，社区卫生服务机构108家，标准化村卫生室429所。病床9322张，卫生技术人员1.25万人。全市以乡镇为单位四苗、五苗接种率99.54%，乙肝疫苗首针接种率99.99%。

3. 体育事业

全年参加省常规项目比赛获得奖牌 319 枚；其中，金牌 88 枚、银牌 96 枚、铜牌 135 枚。第十三届全运会上，马鞍山市培养输送的运动员取得 1 金 1 银 1 铜的好成绩。成功举办中国·马鞍山第六届体育舞蹈公开赛等大型体育赛事 20 多项。

(五) 城乡建设

城市建成区面积 98.2 平方公里。新开工建设城乡基础设施项目 184 个，完成投资 238.63 亿元。慈湖河路改造工程、江东大道四期、保税区“一纵五横一环”基本建成通车。秀山医院、市体育会展中心、综合客运中心枢纽站等一批公益性项目加快推进。完成棚户区改造 1.37 万套。

全年新增绿地面积 158.6 公顷，城区人均公园绿地面积 15.14 平方米，建成区绿化覆盖率 44.37%。

(六) 资源和环境

全市已发现 40 种矿种。其中，金属矿产 10 种，非金属矿产 29 种，水汽矿产 1 种。查明资源储量的矿种共计 27 种。其中，金属矿产 3 种，非金属矿产 24 种。

四度蝉联“全国文明城市”桂冠；当涂县以全省第 1 的名次成功当选全国文明城市(县级市和县)。新增全国文明村镇 4 个，全省文明村镇 4 个；全国文明单位 4 家。非煤矿山、沿江化工企业等重点领域问题整治成效明显。完成黑臭水体整治 25 个；新建地下综合管廊 5 公里、排水管渠 234.2 公里。空气质量优良率 65.6%，城市饮用水水质达标率 100%。

(七) 安全生产

全年亿元 GDP 生产安全事故死亡人数 0.03 人，没有较大及以上生产安全事故发生。

三、马鞍山市在泛长三角地区经济发展中的地位

2017 年以来，在市委的坚强领导下，在市人大、市政协的监督和支持下，全市上下认真贯彻党的十八大、十九大精神和习近平总书记视察安徽时的重要讲话精神，紧紧围绕“五位一体”总体布局和“四个全面”战略布局，坚持新发展理念，直面“转变发展方式、优化经济结构、转换增长动力”三大关口，坚持以供给侧结构性改革为主线，统筹推进稳增长、促改革、调结构、惠民生、防风险各项工作，创新开放、锐意进取，全市经济保持平稳较快增长。

(一) 地区生产总值

2013—2017 年马鞍山市地区生产总值在泛长三角地区 41 市所占比重分别为 0.925%、0.876%、0.839%、0.837%和 0.864%。马鞍山市地区生产总值在泛长三角 41 市占比 2017 年止跌上扬，与 2013 年比减少了 0.07 个百分点，2017 年较上年增加了 0.02 个百分点。2017 年，马鞍山市在泛长三角地区 41 市地区生产总值所占比重排名第 25 位，较上年上升了一位。

2017 年马鞍山全年 GDP 总量跃居安徽省第 3。2017 年，马鞍山市经济运行呈现稳中有进、结构优化、效益提升的健康发展态势。全马鞍山市实现 GDP 1738.09 亿元，总量跃居安徽省第 3；比上年增长 8.7%，比安徽省高 0.2 个百分点。2017 上半年马鞍山人均 GDP 排名安徽第 3，2017 年城乡居民人均可支配收入排名安徽省第 1，马鞍山 2017 年全年城乡居民人均可支配收入 33260 元，在安徽省排名第 1，比上年增长 9.3%。其中，城镇居民人均可支配收入 41403 元，增长 8.6%；农村居民人均可支配收入 19358 元，增长 9.3%。

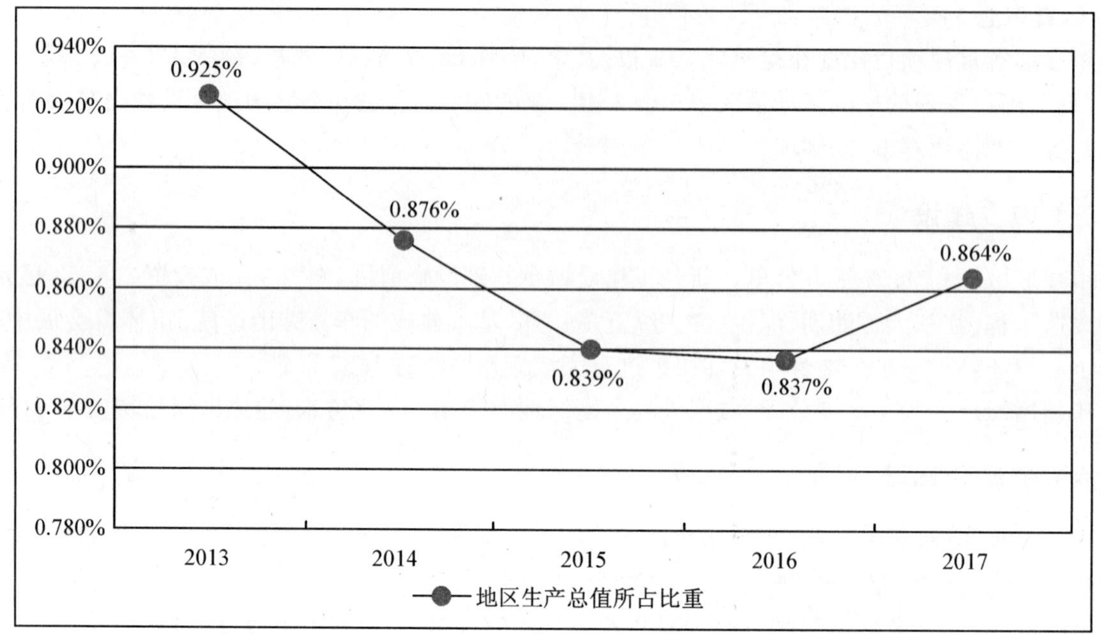

图4 2013—2017年马鞍山市地区生产总值在泛长三角地区41市（苏浙两省24个地级市、上海市和安徽省16个地级市，下同）所占比重的变化趋势

（二）地方财政一般预算收入

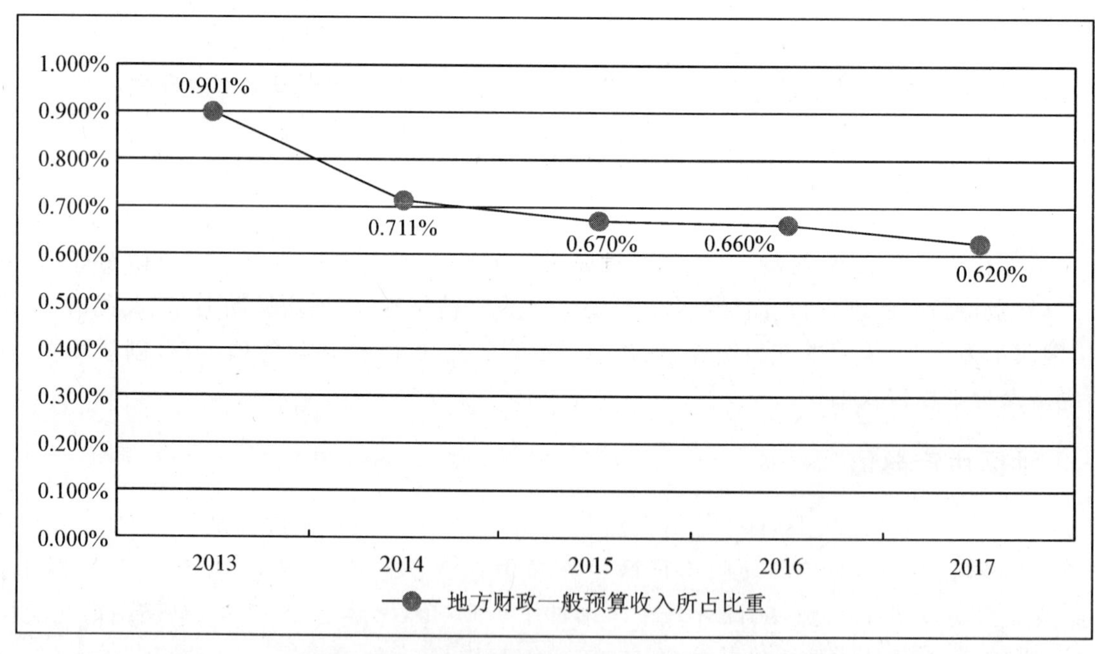

图5 2013—2017年马鞍山市地方财政一般预算收入在泛长三角41市所占比重的变化趋势

2013—2017年马鞍山市地方财政一般预算收入在泛长三角41市所占比重分别为0.901%、0.711%、0.670%、0.660%和0.620%，2017年较2013年减少了0.28个百分点，2017年较上年减少了0.04个百分点。2017年，马鞍山市地方财政一般预算收入在泛长三角41市地区的排第29位，较上年下降了3位。

2017年，全市财政收入245.29亿元，比上年增长10.12%，完成预期目标的103.89%，增幅创5年来新高。财政收入中税收收入占比84.73%，比上年提高6.99个百分点。全市地方一般公共预算收入

138.36 亿元，加：上级税收返还和转移支付收入 79.34 亿元、一般债券转贷收入 43.62 亿元、调入预算稳定调节基金和其他资金等 26.39 亿元，收入总计 287.71 亿元。

市本级一般公共预算收入 81.72 亿元，完成预算的 109.25%。其中：地方一般公共预算收入 36.86 亿元，加：上级税收返还和转移支付收入 79.34 亿元、县区上解收入 12.79 亿元、一般债券转贷收入 43.62 亿元、调入预算稳定调节基金 8.33 亿元、调入资金 6.19 亿元、上年结转收入 0.36 亿元，预算收入总计 187.49 亿元。

（三）工业生产总值

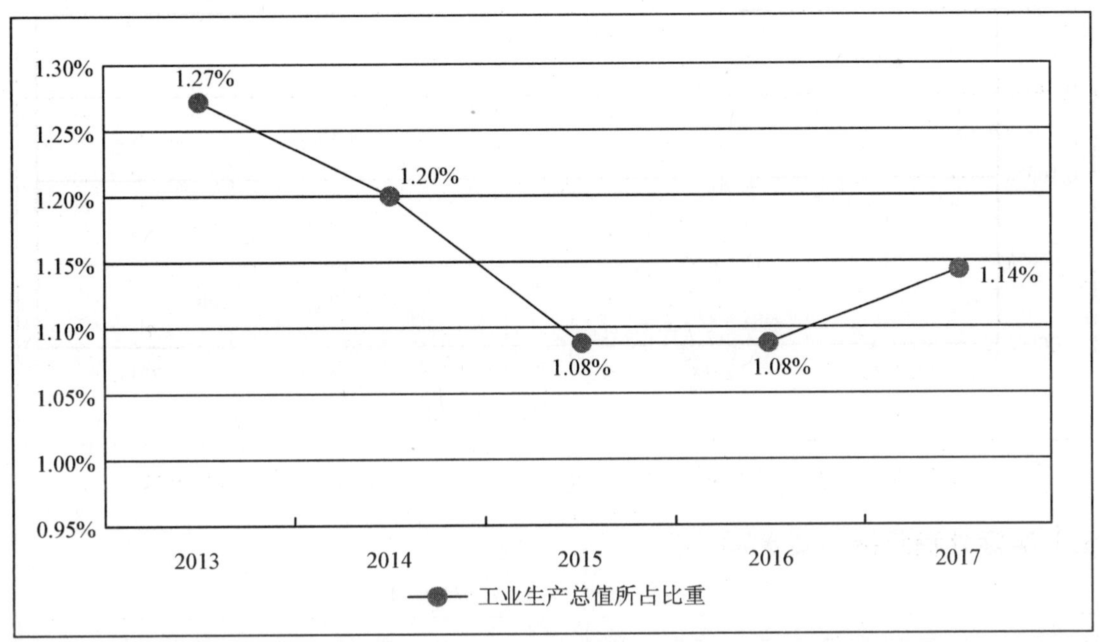

图 6　2013—2017 年马鞍山市工业生产总值在泛长三角 41 市所占比重的变化趋势

2013—2017 年马鞍山市工业生产总值在泛长三角 41 市所占比重分别为 1.27%、1.20%、1.08%、1.08%和 1.14%，2017 年较 2013 年减少了 0.13 个百分点，2017 年较上年增加了 0.06 个百分点。2017 年，马鞍山市工业生产总值在泛长三角 41 市所占比重排第 25 位。

2017 年，工业经济较快增长。全年完成规模以上工业增加值比上年增长 9.0%。超八成行业保持增长。全市 36 个工业大类行业中，有 30 个行业实现增长，行业增长面为 83.3%，拉动全市规模以上工业增加值增长 10.2 个百分点。新兴产业快速增长。全市战略性新兴产业产值增长 27.3%，高新技术产业产值增长 44.9%。企业效益明显改善。2017 年，全市 36 个工业大类行业中，有 30 个行业实现增长，行业增长面为 83.3% ，比 2016 年提升 2.7 个百分点。2017 年，全市 1228 户规模以上工业企业增长面达 70.2%，比上年同期减少 5.2 个百分点。1—11 月份，全市规模以上工业企业实现利润 150.49 亿元，增长 1.3 倍，增幅居全省第 1。

（四）进出口总额

2013—2017 年马鞍山市进出口总额在泛长三角 41 市所占比重分别为 0.264%、0.207%、0.212%、0.240% 和 0.255%，2014 年以来逆势上扬，五年间基本持平，其中 2017 年较上年增加了 0.02 个百分点。2017 年，马鞍山市进出口总额在泛长三角 41 市的排 27 位，较上年上升 1 位。

2017 年，外贸进出口增幅较高。全年完成进出口总额 38.05 亿美元，比上年增长 19.3%。其中，出口 15.89 亿美元，增长 5.3%；进口 22.16 亿美元，增长 31.9%。马钢进出口总额 19.05 亿美元，增长

25.6%。全市充分发挥综合保税区和指定口岸平台对外开放功能，构建“口岸＋产业＋市场”一体化的口岸经济区。与欧洲 5 家使领馆、3 家商协会建立长期合作机制。成功举办第六届海峡两岸（马鞍山）电子信息博览会、第四届海峡两岸节能环保产业论坛，对外开放水平全面提升。

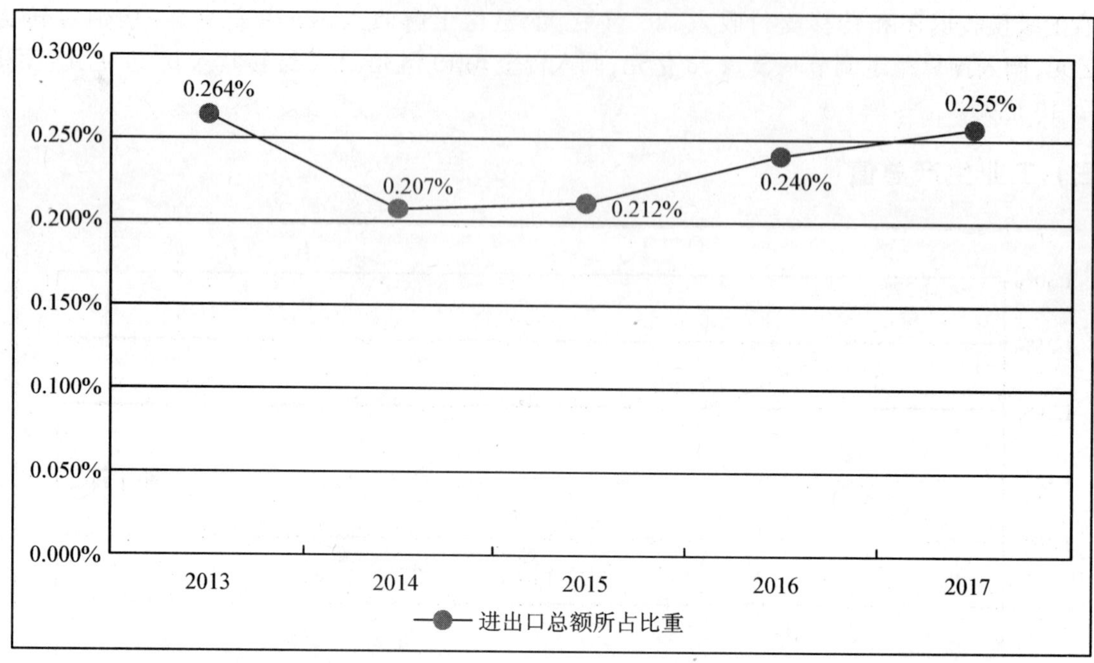

图 7　2013—2017 年马鞍山市进出口总额在泛长三角 41 市所占比重的变化趋势

（五）实际外商直接投资金额

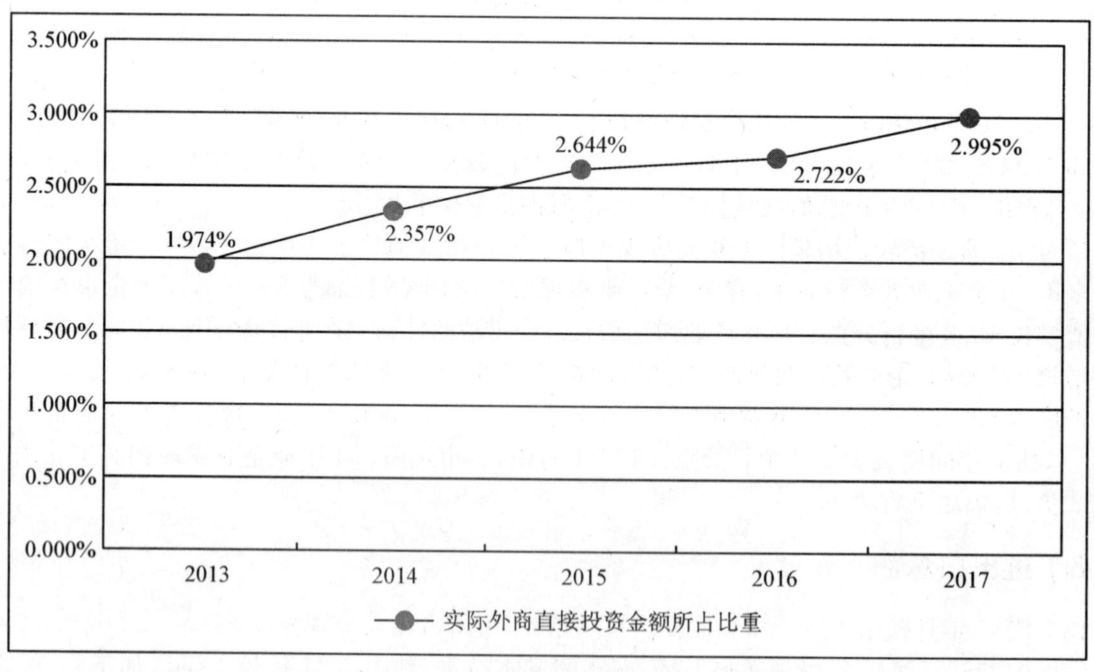

图 8　2013—2017 年马鞍山市实际外商直接投资金额在泛长三角 41 市所占比重的变化趋势

2013—2017 年马鞍山市实际外商直接投资金额在泛长三角 41 市所占比重分别为 1.974%、2.357%、2.644%、2.722%和 2.995%，整体呈现上扬态势，2017 年较 2013 年增加了 1.03 个百分点，

2017 年较上年增加了 0.28 个百分点。2017 年，马鞍山市实际外商直接投资金额在泛长三角 41 市排第 11 位，较上年上升 1 位。

2017 年，实际利用外商直接投资增长较快。全年实际利用外商直接投资 22.76 亿美元，比上年增长 8.6%。全市新签约工业项目 706 个，其中，亿元以上工业项目 565 个。全市持续推进重大项目和新兴产业项目的招商引资力度，完善招商考核办法，在推动重大项目、主导产业占比和开竣工转化率等方面做文章，全市招商引资工作取得较好成绩。顺丰创新产业园、摩利纳轨道交通、奥克斯空调、沈阳机床等一批重大项目签约落地。

七　淮北市 2017 年经济社会发展报告

2017 年，全市上下在市委、市政府的正确领导下，以习近平新时代中国特色社会主义思想为指导，全面贯彻落实党的十九大精神，坚持稳中求进工作总基调，紧紧围绕中国碳谷 · 绿金淮北战略和“一二三四五”总体发展思路，以供给侧结构性改革为主线，统筹推进稳增长、促改革、调结构、惠民生、防风险各项工作，全市经济呈现稳中有进、进中向好的运行态势，质量效益明显提升，发展动能加快转换，人民生活持续改善，各项事业全面发展，经济社会发展进入提质提效、转型崛起的新阶段。

一、淮北市 2017 年经济发展概况

（一）综合经济

1. 经济总量

全年全市实现地区生产总值(GDP)924.01 亿元，按可比价格计算，比上年增长 7.6%。其中第一产业增加值 64.02 亿元，增长 3.8%；第二产业增加值 523.18 亿元，增长 8.6%，第三产业增加值 336.81 亿元，增长 6.9%。三次产业结构 6.9 ∶ 58.9 ∶ 34.2，与上年相比，第一产业比重下降 0.8 个百分点，第三产业比重下降 1.4 个百分点，第二产业比重提高 2.2 个百分点。人均生产总值 41660 元，按可比价格计算，增长 6.4%。

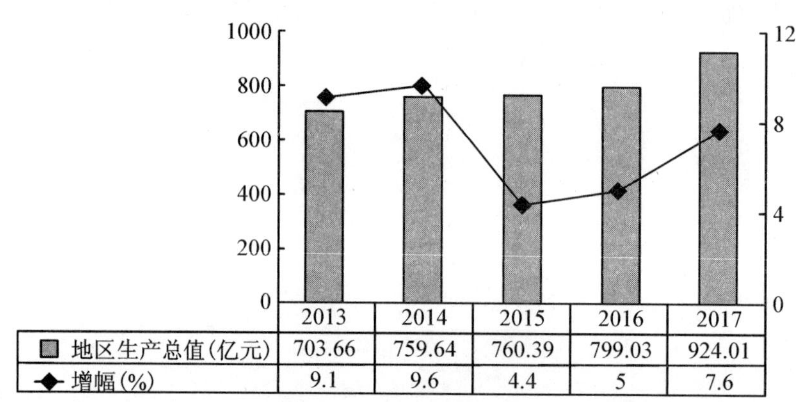

	2013	2014	2015	2016	2017
地区生产总值(亿元)	703.66	759.64	760.39	799.03	924.01
增幅(%)	9.1	9.6	4.4	5	7.6

图 1　2013—2017 年淮北市地区生产总值及增长速度

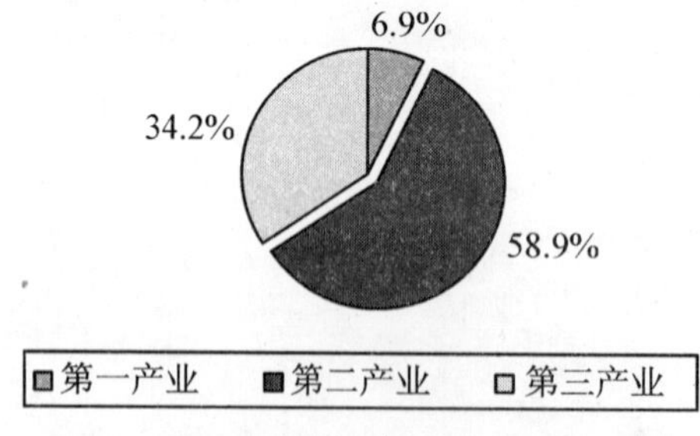

图 2　2017 年淮北市三次产业结构图

2. 财政收支

全年完成财政总收入 107.6 亿元，比上年增长 15.3%。其中地方一般预算收入 60.5 亿元，比上年增收 1.4 亿元，增长 2.3%；上划中央收入 43.4 亿元，比上年增收 1.1 亿元，增长 33.7%；出口货物退增值税 1.9 亿元，增长 22.9%。分级次看，市级财政收入 74.0 亿元，增长 17.5%；濉溪县财政收入 33.6 亿

元，增长 10.8%。全市完成财政支出 152.8 亿元，增长 7.1%。其中一般公共服务支出 12.4 亿元，下降 2.5%；社会保障和就业支出 20.1 亿元，增长 30.2%；医疗卫生与计划生育支出 15.3 亿元，增长 21.4%；农林水利事务支出 14.8 亿元，增长 17.1%；教育支出 25.3 亿元，下降 1.6%；节能环保支出 5.1 亿元，下降 23.8%；文化体育与传媒支出 1.2 亿元，下降 46.3%；交通运输支出 2.8 亿元，下降 76.2%。

3. 物价水平

全年居民消费价格上涨 1.0%，构成居民消费的八大类商品价格“六涨两降”。其中食品烟酒类价格下降 1.3%，交通和通信类下降 0.1%，衣着类上涨 1.7%，居住类上涨 2.3%，生活用品及服务类上涨 2.3%，教育文化和娱乐类上涨 3.2%，医疗保健类上涨 3.4%，其他用品和服务类上涨 1.2%。工业生产者出厂价格上涨 16.6%；工业生产者购进价格上涨 9.9%，其中燃料动力类价格上涨 24.4%。

4. 固定资产投资

全年累计完成固定资产投资 1055.8 亿元，增长 10.1%。其中，房地产投资 112.2 亿元，增长 21.8%；项目投资 943.7 亿元，增长 8.9%。从三次产业看，第一产业投资 32.3 亿元，增长 48.3%；第二产业投资 548.1 亿元，增长 1.5%；第三产业投资 475.4 亿元，增长 19.7%。从工业投资看，全市工业完成投资 537.4 亿元，增长 10.4%。其中，采矿业投资 17.2 亿元，增长 74.6%；电力、燃气和水的生产供应业投资 47.9 亿元，增长 62.5%；制造业投资 472.3 亿元，增长 5.5%。全市累计完成工业技改投资216.4 亿元，增长 13.1%，技改投资占工业投资比重达到 40.3%，比上年提高 1 个百分点。

全年安排 537 个市重点项目，金龙电子、卓泰化工、麦能电器等项目建成投产；东山口子产业园、文创科教城等重大项目加速推进；平山电厂二期、年产 100 万吨碳基新材料、华孚绿尚小镇、市一中东校区、市人民医院新院区等项目开工建设。

（二）农业

全年实现农林牧渔业总产值（现价）110.6 亿元，按可比价格计算，比上年增长 3.9%。其中农业总产值 58.8 亿元，增长 5.2%；林业总产值 4.6 亿元，增长 10.2%；牧业总产值 37.7 亿元，增长 1.8%；渔业总产值 4.7 亿元，下降 1.3%；农林牧渔服务业总产值 4.8 亿元，增长 5.4%。全年粮食播种面积369.9 万亩；粮食生产实现“十四连丰”，全年粮食总产量达到 129.5 万吨，其中夏粮 95.1 万吨，增长 0.4%，秋粮 34.4 万吨，增长 7.2%；小麦单产稳定在千斤以上，每亩产量达到 505 公斤。油料产量 3748 吨，下降 14.2%；棉花产量 213 吨，下降 68.7%；水果产量 16.4 万吨，增长 9.3%，蔬菜产量 49.8 万吨，增长 2.0%。全市增绿增效工程建设累计造林 6.2 万亩，完成森林长廊示范段 33.9 公里，折合面积 2597 亩。义务植树 405.6 万株。年末林木蓄积量 356 万立方米，森林覆盖率达到 25.7%。全年出栏肉猪 70.1 万头，增长 1.5%；出栏牛 12396 头，增长 6.7%；出栏羊 41.1 万只，下降 4.4%；出栏家禽 1967.3 万只，下降 6.3%；肉类总产量 9.9 万吨，增长 1.7%；禽蛋产量 62864 吨，增长 2.8%；奶类产量 30997 吨，增长 2.6%。水产品产量 28769 吨，下降 3.1%。年末全市生猪存栏 42.5 万头、牛存栏 1.6 万头、羊存栏 20.2 万只、家禽存栏 806.4 万只。

年末全市农业机械总动力 262.1 万千瓦，比上年下降 11.5%；农用排灌动力机械 13404 台，与上年基本持平；农用拖拉机 11.8 万台，下降 0.8%。全年完成机耕作业面积 199.5 千公顷，机播面积 236.2 千公顷，机收面积 227.8 千公顷。全年农药使用量 2609 吨，化肥使用量（折纯量）106405 吨，农村用电量 34817 万千瓦时。

（三）工业和建筑业

1. 工业经济

全年完成全部工业增加值 503.4 亿元，比上年增长 8.8%，工业占 GDP 的比重（工业化率）为 54.2%，对全市经济增长的贡献为 60.9%，拉动全市 GDP 增长 4.6 个百分点。年末全市规模以上工业企业达到 820 家，规模以上工业增加值增长 8.9%；全市 37 个工业行业中有 31 个行业增加值实现增长，其中煤炭行业增加值增长 8.6%，电力行业增长 5.4%，煤化工行业增长 26.8%，机械制造、食品工业和纺织服装分别增长 14.6%、9.1%、10.1%，建材行业增加值下降 2.8%。非煤工业占全市工业增加值比重为 62%，比上年降低 5.2 个百分点。全年战略性新兴产业产值比上年增长 20.8%，占规模以上工业比重达到 16%，比上年提高 0.6 个百分点；高新技术产业增加值增长 15.2%，占规模以上工业比重达到 21.1%，比上年降低 3.5 个百分点。

在重点统计的 13 种工业产品中，有 10 种产量实现增长。其中，洗精煤产量 1532 万吨，增长 6.8%；焦炭 339.2 万吨，增长 33.6%；发电量 203.5 亿千瓦时，增长 3.2%；白酒 40589 升，增长 1.1%；纱 7.2 万吨，增长 22.5%；布 12329.6 万米，增长 19.3%；日用玻璃制品 81135 吨，增长 13.6%；小麦粉 141 万吨，增长 8.3%；服装 6365.7 万件，增长 8.2%；水泥 1003.5 万吨，增长 7.9%；饲料 86.8 万吨，增长 6.9%。原煤产量 4316.3 万吨，下降 4.6%。

全年规模以上工业企业实现主营业务收入 2506.5 亿元，比上年增长 13.2%；实现利税 202.0 亿元，增长 38.2%，其中利润 100.6 亿元，增长 44.3%。工业经济效益综合指数 263.9%，比上年提高 42.1 个百分点；产品产销率 98.9%，比上年提高 1 个百分点。

2. 建筑业

年末全市资质内总承包和专业承包建筑业企业 46 家，从业人员 24518 人；全年完成建筑业总产值 41.0 亿元，增长 20.6%；竣工产值 17.6 亿元，下降 29.3%；建筑业劳动生产率 16.7 万元/人。全年房屋建筑施工面积 171.6 万平方米，竣工房屋面积 49.6 万平方米。

（四）服务业

1. 国内贸易

全年实现社会消费品零售总额 353.1 亿元，比上年增长 11.8%。按经营地统计，城镇消费品零售额 269.3 亿元，增长 11.7%；乡村消费品零售额 83.8 亿元，增长 12.0%。按消费类型统计，商品零售额 337.5 亿元，增长 11.8%；餐饮收入 15.7 亿元，增长 12.2%。从限额以上单位商品零售类值看，全市粮油、食品类商品零售额 24.4 亿元，增长 9.1%；饮料类商品零售额 4.6 亿元，增长 2.9%；烟酒类商品零售额 10.6 亿元，增长 12.9%；服装鞋帽、针、纺织品类商品零售额 8.8 亿元，增长 4.8%；日用品类商品零售额 7.9 亿元，增长 13.0%；家用电器和音像器材类商品零售额 7.7 亿元，增长 4.5%；中西药品类商品零售额 3.0 亿元，增长 26.5%；石油及制品类商品零售额 17.7 亿元，增长 16.9%；汽车类商品零售额 34.9 亿元，增长 11.3%。全市纳入统计的 15 家开展网络零售业务的限额以上批发零售企业，实现网上零售额 2.6 亿元，增长 47.8%。传化智联城市物流中心、智汇电商产业园正式运营；中农批淮北大市场、青龙山现代物流基地加快建设；获批省级服务业集聚区 4 家；濉溪县电商产业园获评省级示范园区。

2. 交通运输、邮电

全年公路客运量 1507 万人，旅客周转量 133987 万人公里，公路货运量 14130 万吨，货运周转量 2085749 万吨公里。年末全市公路里程 4244.3 公里(包括村道)。其中高速公路 95.0 公里，国道 155.0 公里，省道 123.5 公里，县道 545.9 公里，乡道 622.0 公里，村道 2715.3 公里。年末全市民用汽车拥有量 24.2 万辆，比上年增长 17.5%，其中私人汽车拥有量 21.5 万辆，增长 18.9%。淮萧客车联络线建成运营，淮北市正式进入高铁时代，融入京沪“四小时经济圈”。

全年邮政行业完成业务总量 4.5 亿元，比上年增长 47.6%；实现业务收入 3.1 亿元，比上年增长 27.7%。其中快递业务量达到 1198.1 万件，比上年增长 51.9%；快递业务收入 1.1 亿元，比上年增长 29.0%。年末全市邮政营业网点 56 个，机要通信网点 2 个，村邮站 13 个，信箱(筒)59 处。全市共有快递企业 26 家，其中邮政速递物流公司(EMS)1 家，民营快递企业 25 家，快递网点 160 个，各类车辆 561 辆，从业人员 1379 人。

全年电信业务收入12.4亿元,比上年下降1.7%。年末固定电话用户20.5万户,比上年减少1.7万户。年末移动电话用户179.5万户,比上年增加17.6万户。全市电话普及率达到92.2部/百人。年末国际互联网宽带接入用户51.8万户,比上年增加9.4万户。

3. 旅游业

全市有相山风景区、隋唐大运河博物馆、龙脊山风景区、南湖风景区、双堆集烈士陵园、临涣文昌宫淮海战役总前委旧址及东湖风景区等12处A级景区,其中4A级景区3处,3A级景区6处,2A级景区3处。有口子国际大酒店及相王府宾馆等星级宾馆4家,其中五星级1家,3星级3家。旅行社32家,省级旅游农家乐18家,旅游商品定点企业13家,旅游从业人员5000多人。全年共接待海外游客19931人次,比上年增长10.4%;接待国内游客1477.4万人次,增长17.6%。旅游外汇收入937.0万美元,下降0.4%;国内旅游收入95.8亿元,增长19.9%。成功举办葡萄采摘节、黄里杏花节、石榴文化旅游节等节庆活动。

4. 金融、保险和证券

年末全市金融机构人民币各项存款余额1400.6亿元,比年初增加78.8亿元,比上年增长6.0%;其中住户存款余额718.8亿元,比年初增加63.9亿元,增长9.8%;金融机构人民币各项贷款余额868.3亿元,比年初增加72.8亿元,增长9.2%。金融存贷比62.0%,比上年提高1.8个百分点。

全年保险公司保费收入32.5亿元,比上年增长18.0%。其中,人身保险保费收入20.8亿元,增长23.0%;财产保险保费收入11.8亿元,增长10.2%。支付各类赔款及给付14.0亿元,增长2.4%。其中人身保险业务给付8.8亿元,增长4.7%,综合赔付率42.4%;财产险业务赔款5.2亿元,下降1.4%,赔付率44.0%。

全市5家证券机构证券账户(沪深合计)数量14.1万户,比上年增长9.1%;证券代理交易额1791.0亿元,比上年增长22.4%。2家企业在“新三板”挂牌,31家企业在省区域四板挂牌。淮北矿业股份公司重组上市取得重大突破;全省首单市场化债转股资金落地淮北,累计投放债转股资金76.2亿元。

5. 房地产业

全年房地产开发完成投资112.2亿元,比上年增长21.8%,其中住宅投资78.8亿元,增长29.6%。商品房销售建筑面积148.6万平方米,增长24.8%,其中住宅销售建筑面积135.3万平方米,增长20.6%;房屋施工面积1512.4万平方米,增长6.0%;房屋竣工面积120.3万平方米,下降31.8%。

(五)对外经济

1. 对外贸易

全年实现外贸进出口总额60809万美元,比上年下降0.9%。其中出口55761万美元,下降2.3%;进口5048万美元,增长17.9%。

2. 利用外资

全年新批外商投资企业10家,实际利用外商直接投资68128万美元,比上年增长5.2%。全年引进并开工规模以上项目184个,其中,5000万—1亿元项目71个,1—3亿元项目71个,3—5亿元项目11个,5亿元以上项目31个。

二、淮北市2017年社会发展概况

(一)人口、人民生活

年末全市户籍人口216.9万人,比上年末增加4080人,增长0.2%;常住人口222.8万人,比上年增加2万人,增长0.9%。户籍人口城镇化率51.9%,比上年提高1.8个百分点;常住人口城镇化率63.6%,比上年提高1.5个百分点。全年人口出生率13.43‰,比上年上升0.6个千分点;人口死亡率

4.62‰，比上年上升 0.18 个千分点；人口自然增长率 8.81‰，比上年上升 0.42 个千分点。

全年居民人均可支配收入 22128 元，比上年增加 1890 元，增长 9.3%。全年城镇居民人均可支配收入 29578 元，比上年增加 2330 元，增长 8.6%。城镇居民人均消费支出 18146 元，增长 8.4%。其中食品烟酒支出 5335 元，增长 1.4%；衣着支出 1286 元，增长 8.8%；居住支出 3095 元，增长 4.3%；生活用品及服务支出 883 元，下降 2.1%；交通通信支出 4562 元，增长 103.9%；教育文化娱乐支出 1609 元，下降 21.8%；医疗保健支出 1075 元，下降 41.5%。年末城镇居民人均住房建筑面积 44 平方米，比上年增加 3 平方米。每百户城镇家庭拥有家用汽车 23 部，电冰箱 103 台，洗衣机 104 台，热水器 101 台，空调 142 台，彩色电视机 120 台，计算机 68 台，移动电话 224 部。

农村居民人均可支配收入 11611 元，比上年增加 958 元，增长 9.0%。全年农村居民人均消费支出 8329 元，增长 8.0%。其中教育文化娱乐支出 1368 元，增长 44.2%；交通通信支出 1068 元，增长 24.8%；居住支出 1749 元，增长 7.5%；衣着支出 535 元，增长 3.3%；医疗保健支出 706 元，下降 2.9%；食品烟酒支出 2340 元，下降 4.3%；生活用品及服务支出 452 元，下降 8.2%。年末农村居民人均住房建筑面积 48 平方米，比上年减少 3 平方米。每百户农村家庭拥有家用汽车 20 部，电冰箱 99 台，洗衣机 97 台，热水器 95 台，空调 92 台，彩色电视机 137 台，计算机 27 台，移动电话 269 部。

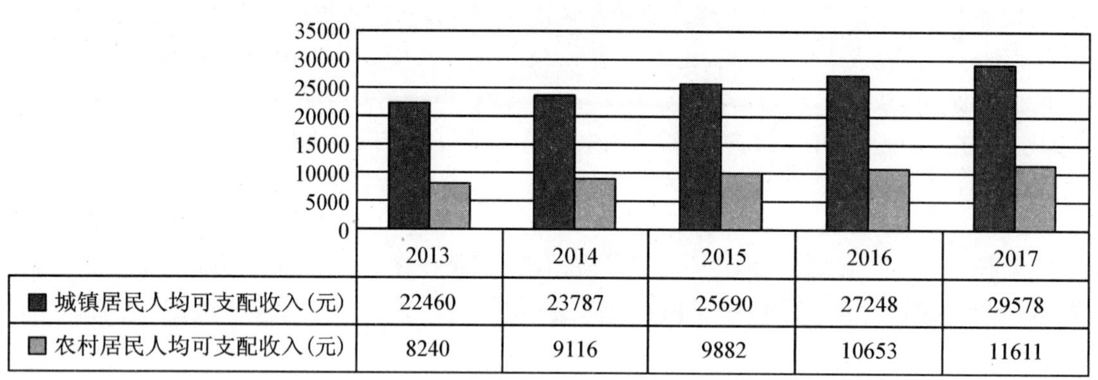

	2013	2014	2015	2016	2017
城镇居民人均可支配收入(元)	22460	23787	25690	27248	29578
农村居民人均可支配收入(元)	8240	9116	9882	10653	11611

图 3　2013—2017 年淮北市城乡居民收入对比一览

（二）就业与社会保障

1. 就业工作

全年新增城镇就业岗位 4.8 万个，10126 名下岗失业人员实现再就业，全年城镇登记失业率控制在 2.6%。年末全市从业人员 120 万人，比上年增加 1.5 万人。其中，第一产业从业人员 38 万人，比上年减少 0.1 万人；第二产业从业人员 37.5 万人，比上年增加 0.5 万人；第三产业从业人员 44.5 万人，比上年增加 1.1 万人。全年新增私营企业 4931 户，新增注册资金 376.6 亿元；新增个体工商户 16231 户，新增个体从业人员 36359 人。年末全市实有个体工商户 111262 户，个体从业人员 33.5 万人；实有私营企业 21599 家，注册资金 1387.1 亿元。

2. 社会保障和福利

年末全市参加城镇职工基本养老保险人数 43.9 万人，比上年增加 1.3 万人；因政策调整，市直城镇居民医保和新农合不能重复参保和濉溪县城镇居民移交农合，参加基本医疗保险人数为 75.4 万人，比上年减少 17.7 万人；参加失业和生育保险人数分别为 25.7 万人和 23.4 万人，分别比上年末增加 3328 人和 4618 人；参加工伤保险人数 31.1 万人，比上年末减少 1.6 万人。年末参加城乡居民养老保险人数 75.2 万人，其中农村居民参保人数 63.2 万人，参加城乡居民养老保险人数比上年末减少 5235 人。

全市享受城市居民最低生活保障人数 24879 人，享受农村居民最低生活保障人数 24215 人。发放家庭经济困难学生补助金 15 万元。年末各类收养性单位 2 家，床位 260 张，收养各类人员 104 人。建立

各种社会服务机构1675个，其中社区服务中心165个，网点1510个。全年销售社会福利彩票17800万元，筹集社会福利资金5045万元。

推动棚户区改造与老旧小区整治、公共设施完善相结合，实施棚改项目67个、开工棚户区改造41300套，棚户区改造和保障房基本建成27407套。加大货币化安置力度，货币化安置39019套，货币化安置率94.5%，实物安置2281套。货币化安置率、基本建成率和开工建设率分别位列全省第三、第四和第五位。

全年培训残疾人1225人次，739名残疾人实现就业再就业。投入88万元，帮扶救助22734名贫困重度残疾人和423名贫困残疾学生、贫困残疾人家庭子女。为残疾人免费配发辅助器具3571件；2000多人次残疾人得到康复服务。

(三) 教育和科学技术

1. 教育事业

年末全市共有普通高等院校3所，当年招生9131人，在校学生32974人，当年毕业学生8689人。全市共有各类中等职业技术学校8所，其中普通中专学校4所，成人中专学校1所，职业高中3所；当年招生6676人，在校学生18013人，当年毕业学生7123人。普通中学121所，当年招生35951人，在校学生103811人。其中高中20所，当年招生13557人，在校学生39406人；初中101所，当年招生22394人，在校学生64405人。小学313所，当年招生27583人，在校学生150354人；幼儿园293所，入园儿童29355人。小学适龄儿童入学率100%，初中学龄人口入学率99.62%；小学毕业生升学率99.71%，初中毕业生升学率96.26%。年末全市中小学共有教职工17865人，其中专任教师16545人。全市各级各类学校(不包括高校)校舍建筑总面积363.2万平方米；普通高中生均占有校舍建筑面积18.0平方米，普通初中生均占有校舍建筑面积17.2平方米，小学生均占有校舍建筑面积5.7平方米，中职生均占有校舍建筑面积31.6平方米。

2. 科技与创新

扎实推进科技创新六大工程，相山区获批国家知识产权强县工程试点区，上海交大安徽陶铝新材料研究院挂牌建设，新增省级工程研究中心2个、省重点实验室1个、省级铝制品质量监督检测中心1个，新认定国家高新技术企业22家、省级“专精特新”中小企业15家。全市规模以上高新技术企业达到67家，占规模以上工业企业的比重为12%；全年高新技术企业实现总产值550.1亿元，增长15.1%。获批省级科技项目19项；获省科技进步二等奖1项、三等奖2项。全年共签订各类技术合同253项，增长62.1%，完成技术交易额1.3亿元。全年专利申请量与授权量分别为3181件和970件，其中发明专利申请量与授权量分别为1670件和192件，拥有有效发明专利694件，每万人有效发明专利拥有量3.1件。

全年全市产品质量监督抽查169家企业21类397种493个批次产品，完成强制检定计量器具32473台(件、组)。强制检定计量器具受检率达到96.0%。年末全市共有省名牌产品67个，国家地理标志保护产品3个。

全市有气象台站2个，开展96121电话天气自动答询的台站1个；开展人工影响天气业务的单位2个；防雹、增雨累计收益面积2220平方公里，增雨量5840万立方米。全市有天气预报服务网站3个，卫星云图接受站2个。全年降水量918.4毫米，年平均气温16.1摄氏度，无霜期228天。

(四) 文化、卫生和体育

1. 文化事业

年末全市共有各级档案馆6个，其中国家综合档案馆5个，国家专门档案馆1个，馆藏档案资料47.5万卷，档案馆总建筑面积7810平方米。年末全市有广播电视台2座，广播电台1座，中波发射台1座，电视转播台5座，有线电视和有线数字电视户数分别达到29.56万户和13.79万户；全市广播综合人口覆盖率100%，电视综合人口覆盖率98.5%。全市共有7家数字影院，51块影幕。全市有文艺表演团体39家，其中国有艺术院团2家。国有博物馆5家，公共图书馆和文化馆各5家；歌舞娱乐场所79家，网吧226家，电子游戏室134家。全年共举办大型文化活动4场，群众性文化活动120次，专业文艺团体演出760场，各类表演团体送文化下乡788场，创作剧（节）目12个。全年全市出版物发行单位142家，销售总额19831.5万元。

2. 卫生事业

年末全市共有卫生机构749个（含村卫生室），床位12521张，卫生技术人员11396人。其中医院69个，床位9241张，卫生技术人员7368人，执业医师及助理医师2650人；乡镇及街道卫生院28个，床位1392张，卫生技术人员1324人，执业医师及助理医师652人；妇幼保健院（所、站）5所，床位220张，卫生技术人员323人，执业医师及助理医师168人；疾病预防控制中心5所，卫生技术人员151人，执业医师及助理医师97人；诊所、卫生所、医务室117个，执业医师及助理医师206人；村卫生室306所，执业医师及助理医师100人。

3. 体育事业

全年举办全民健身活动50次，其中1000人以上活动16次，参加活动总人数30万人次。组织开展全市元旦长跑、淮北市纪念毛主席“6.10”题词暨百城千村健身气功展示活动、淮北市庆祝第九个全民健身日暨世界健身气功日活动等大型群体活动。淮北市运动员在省级以上比赛中获金牌40枚、银牌36枚、铜牌21枚。

（五）城乡建设

加大城乡建设投入，城市形象大幅提升。“十大城建工程”全面推进，其中，棚户区改造、东湖景区、京台高速出入口景观提升工程全面完成，市规划展示馆和档案馆开工建设，骨干路网、中湖景区、黑臭水体治理加快推进。完善城乡规划体系，编制完成《淮北市空间规划》《东部新城城市设计》，稳步推进《淮北市城市总体规划（2016—2035年）》修编工作。淮北市被列为国家第三批城市“双修”试点市、省级生态网络规划试点市。

全年完成城乡基础设施投资161亿元，同比增长53.5%。新建交通干线、城市道路111.7公里，煤化工快速通道、梧桐中路、创新大道、龙山南路等一批主干道路建成通车，S101合相路二期、S254古毛路二期、S235濉唐路二期开工建设，东部新城、高铁新区路网加快推进，符夹铁路立交桥基本建成。梅苑中路、桂苑中路等断头路顺利打通，迎宾路、梧桐路等交通路口渠化改造完成，道路拥堵逐步缓解。推进老城区雨污分流，完善污水主干管网12公里。新增供水管网37公里、燃气管网51公里，建成烈山、杜集片区污水转输管网42公里。建设公共自行车三期工程，改造提升老旧公厕59座，首批新能源公交车投入使用、首条旅游公交专线开通运行。新型智慧城市在政务服务、城市管理等方面实现深度融合，无线城市建设初见成效。建成凤凰公园等18个公园和重要绿化节点，烈山、卧牛山山体治理加快推进，市一中东校区、市人民医院新院区开工建设，东部新城开发进一步提速。

美丽乡村建设由点到面全面铺开，农村环境“三大革命”一体化推进，5个镇政府驻地建成区、28个中心村和230个自然村环境整治成效明显。完成农村公路畅通工程415公里、改造农村危房1000户，农村电网改造升级工程全部竣工。石榴小镇、芳香小镇（试验）入选第一批省级特色小镇。全年完成棚改41300套，基本建成保障性安居工程27407套，货币化安置率达94.5%。该市棚改工作入选全省年度最具影响力十件大事，棚改模式成为全国社会治理典型案例。

（六）环境保护

全年新增城建绿地251.41万平方米，改造提升绿地153.1万平方米，新增街头绿地（游园）18个，建

成城市绿道 39.5 公里。年末城市人均道路面积 17.32 平方米，建成区绿化覆盖率 44.37%，人均公园绿地面积 16.71 平方米，城市用水普及率 99.19%，燃气普及率 98.62%。

全市 PM10 平均浓度 104 微克/立方米；全年空气质量优良天数 190 天，优良率 52.1%；集中式饮用水源地水质达标率 100%；声环境质量符合功能区划标准，昼间年平均值 51.1 分贝，夜间平均值 43.6 分贝；危险废弃物安全处置率 100%。全年二氧化碳减排 3540 吨、氮氧化物减排 2970 吨、化学需氧量减排 1180 吨、氨氮减排 98 吨，污染物排放削减率分别为二氧化硫 7.52%、氮氧化物 7%、化学需氧量 4.43%，氨氮 3.13%。

（七）社会安全

全年全市共发生各类安全生产事故 60 起，死亡 38 人，与上年相比，事故起数减少 31 起，下降 34.1%；死亡人数减少 43 人，下降 53.1%；没有发生 3 人以上较大事故。其中，工矿商贸行业发生安全生产死亡事故 15 起，死亡 16 人；建筑行业发生事故 10 起，死亡 11 人。道路交通发生事故 39 起，死亡 16 人，与上年相比，事故起数减少 30 起，下降 43.5%，死亡人数减少 41 人，下降 71.9%。亿元 GDP 生产安全事故死亡人数 0.041 人，下降 59%。

三、淮北市在泛长三角地区经济发展中的地位

2017 年，全市上下坚持以习近平新时代中国特色社会主义思想为指导，以实施五大发展行动计划为总抓手，深入推进供给侧结构性改革，大力实施“中国碳谷·绿金淮北”发展战略，全市经济总体呈现稳中有进、进中向好的发展态势，主要指标增速持续提高，在全省位次前移，产业结构调整优化，新兴动能加快成长，较好地完成了全年经济发展预期目标。

（一）地区生产总值

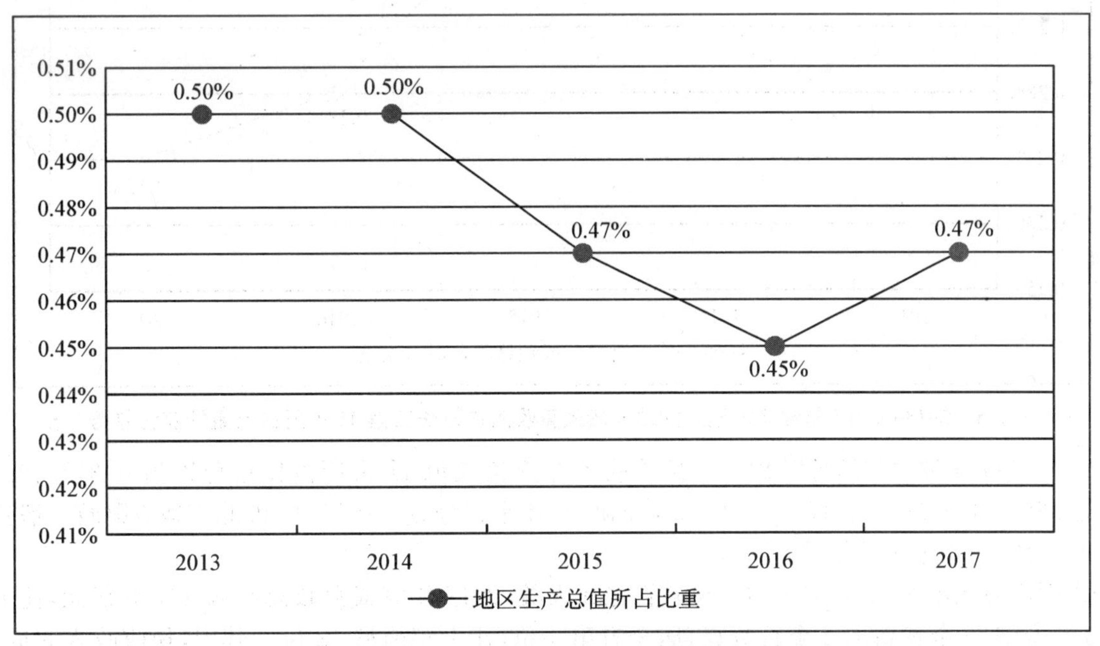

图 4　2013—2017 年淮北市地区生产总值在泛长三角地区 41 市（苏浙两省 24 个地级市、上海市和安徽省 16 市，下同）所占比重的变化趋势

2013—2017 年淮北市地区生产总值在泛长三角地区 41 市所占比重分别为 0.50%、0.50%、0.47%、0.45%和 0.47%。地区生产总值在泛长三角 41 市占比于 2017 年逆势上扬，2017 年与 2013 年

比减少了 0.03 个百分点，2017 年与上年比增加了 0.02 个百分点。2017 年，淮北市在泛长三角地区 41 市地区生产总值所占比重排名第 39 位，位置靠后。

2017 年，全市完成地区生产总值 929 亿元，按可比价格计算，比上年增长 7.6%。其中第一产业增加值 64 亿元，增长 3.8%；第二产业增加值 547.3 亿元，增长 8.6%，第三产业增加值 317.7 亿元，增长 6.9%。年末全市规模以上工业企业达到 820 家，规模以上工业增加值比上年增长 8.9%。完成财政总收入 107.6 亿元，增长 15.3%。固定资产投资 1055.8 亿元，增长 10.1%。其中，工业投资 537.4 亿元，增长 10.4%。房地产投资 112.2 亿元，增长 21.8%；社会消费品零售总额 353.1 亿元，增长 11.8%；外贸进出口总额 6.1 亿美元，下降 0.9%；城镇居民可支配收入 29578 元，增长 8.6%；农村居民可支配收入 11611 元，增长 9%。纵向比较，主要指标增速持续提高。全年 GDP 增速分别比一季度、上半年和前三季度提高 1.9 个、1.8 个和 0.8 个百分点。规模以上工业增加值增速分别比一季度、上半年和前三季度提高 5.9 个、3.9 个和 1.5 个百分点。财政收入增速分别比一季度和上半年提高 12.3 个和 1.8 个百分点。

2017 年濉溪县 GDP 达到 300 亿元，增速在 9%，经济总量 2017 年度能跻身全省县域前 8 了，位居淮北四县区的第 1 位。相山区完成 GDP 211.9 亿元，实现增速 7.6%，总量位居全市县区第 2 名。杜集区完成 GDP 109 亿元，实现增速 7.5%，总量顺利突破百亿元大关，位居县区第 3 名。烈山区实现 GDP 85.38 亿元，增速为 7%，位居全市县区末位即第 4 名。

（二）地方财政一般预算收入

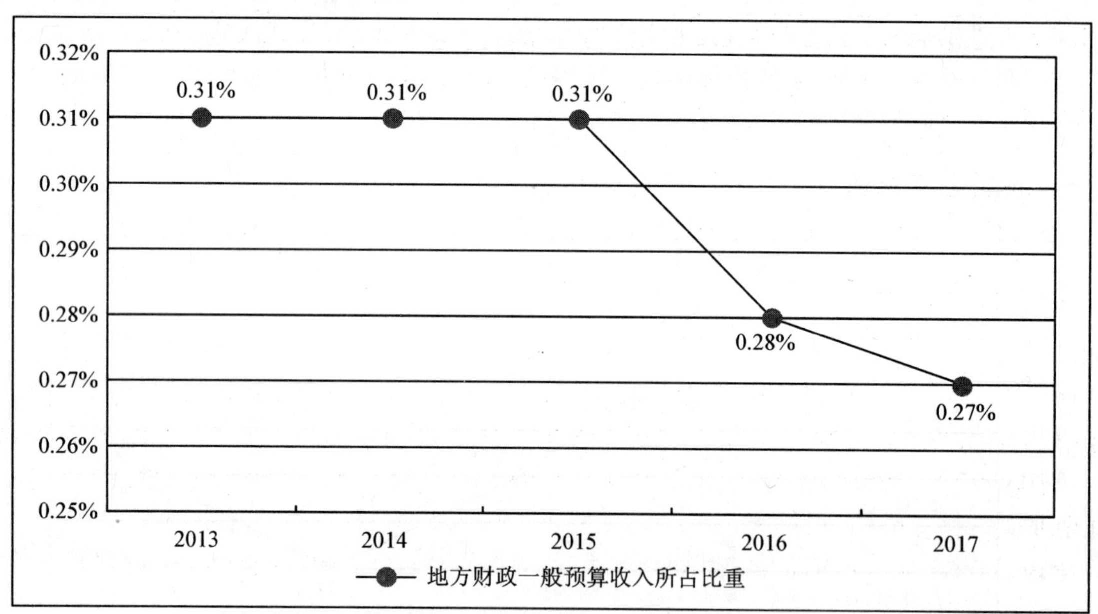

图 5　2013—2017 年淮北市地方财政一般预算收入在泛长三角 41 市所占比重的变化趋势

2013—2017 年淮北市地方财政一般预算收入在泛长三角 41 市所占比重分别为 0.31%、0.31%、0.31%、0.28%和 0.27%，2017 年较 2013 年下降 0.04 个百分点。2017 年，淮北市地方财政一般预算收入在泛长三角 41 市地区的排最后一位。

全市财政收入继 2012 年以来再次突破百亿元大关，2017 年完成财政总收入 107.6 亿元，比上年增长 15.3%，增速比全省高 4.2 个百分点，居全省第 4 位，比上年前移 12 位。其中，税收收入完成 94 亿元，比上年增长 28.1%，占财政总收入比重 87.4%。

（三）工业生产总值

2013—2017 年淮北市工业生产总值在泛长三角 41 市所占比重分别为 0.73%、0.71%、0.63%、

0.61%和0.65%，2017年较2013年减少了0.08个百分点，2017年较上年增加了0.04个百分点。2017年，淮北市工业生产总值在泛长三角41市工业生产总值所占比重排第33位。

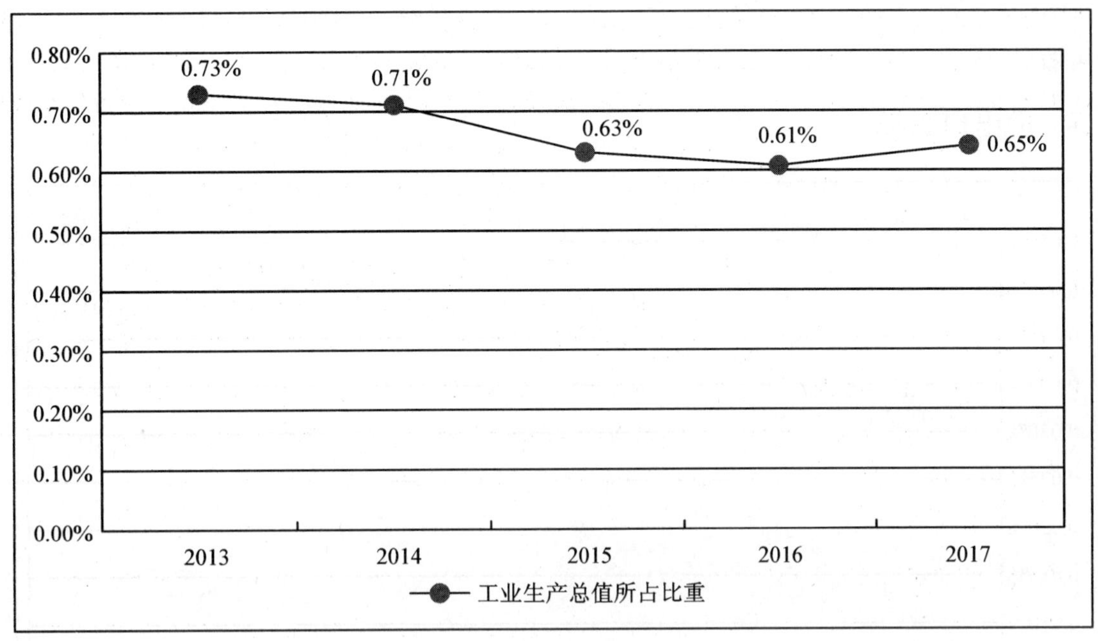

图6　2013—2017年淮北市工业生产总值在泛长三角41市所占比重的变化趋势

2017年，随着供给侧结构性改革不断深入，工业经济发展势头良好，生产稳步增长，企业经营状况不断向好，经济效益持续改善，利润保持快速增长。据市统计局数字，2017年，全市规模以上工业企业实现主营业务收入2506.5亿元，同比增长13.2%，增幅高于全省平均水平0.8个百分点；实现利润总额100.6亿元，增长44.3%，高于全省24.6个百分点，增速居全省第4位。实现利税总额202亿元，增长38.2%煤炭行业和酒、饮料制造业效益增长较快，其中煤炭行业实现主营业务收入929.8亿元，同比增长17.6%，利润总额33.7亿元，同比增长506.7%；酒、饮料制造业实现主营业务收入55.4亿元，同比增长7.7%，利润总额14.7亿元，增长25.6%。两个行业对全市规模以上工业企业利润总额的增长贡献率合计达到100.9%。从企业属性看，民营企业贡献提升，大中型工业企业拉动作用明显。在全市规模以上工业中，民营企业实现利润64.8亿元，新增利润6.3亿元，对全市规模以上工业利润增长的贡献率为20.3%，同比增长10.7%，拉动全市规模以上工业利润增长9个百分点。在全市规模以上工业中，大中型工业企业实现利润57.6亿元，占全市规模以上工业利润的比重由上年同期41.7%上升到57.3%，同比增长98.1%，高于全市规模以上工业利润增速53.8个百分点，对全市规模以上工业利润增长的贡献率为92.4%，拉动全市规模以上工业利润增长40.9个百分点。

不过，值得注意的是，企业利润增势明显趋缓。2017年，规模以上工业企业实现利润100.6亿元，同比增长44.3%，与一季度、上半年和前三季度相比，增幅分别回落27.6个、7.1个和2.2个百分点。同时，亏损企业亏损额增幅较高，部分行业利润下滑较大。在全市820家规上工业企业中，有37家企业出现亏损，比2016年减少7家，但亏损企业亏损总额为5.5亿元，比2016年增加3亿元，同比增长123.2%，增幅高于全省113.1个百分点。全市规模以上工业企业36个行业大类中，部分行业利润下滑较大。其中，电力、热力生产和供应业利润由2016年盈利2亿元转为净亏损3.6亿元；纺织业实现利润1.8亿元，比2016年减少0.96亿元，同比下降34.1%；家具制造业实现利润1.2亿元，下降13.2%。

从县区效益看，濉溪县和杜集区主要效益指标实现增长，相山区、烈山区和市开发区主要效益指标同比下降，企业经营状况相对较差。濉溪县主营业务收入566亿元，同比增长17.6%；利税52.7亿元，同比增长21.4%。其中，利润33.9亿元，同比增长21.9%。杜集区主营业务收入293.1亿元，同比增长

11.8%；利税21.5亿元，同比增长0.2%。其中，利润14.6亿元，同比增长14.7%。相山区主营业务收入193.3亿元，同比增长2.9%；利税11.9亿元，同比下降10.7%。其中，利润8.3亿元，同比下降2.4%。烈山区主营业务收入165.9亿元，同比增长10.3%；利税1.8亿元，同比下降78.2%。市开发区主营业务收入256.7亿元，同比增长5.6%；利税18.9亿元，同比下降6.1%。

（四）进出口总额

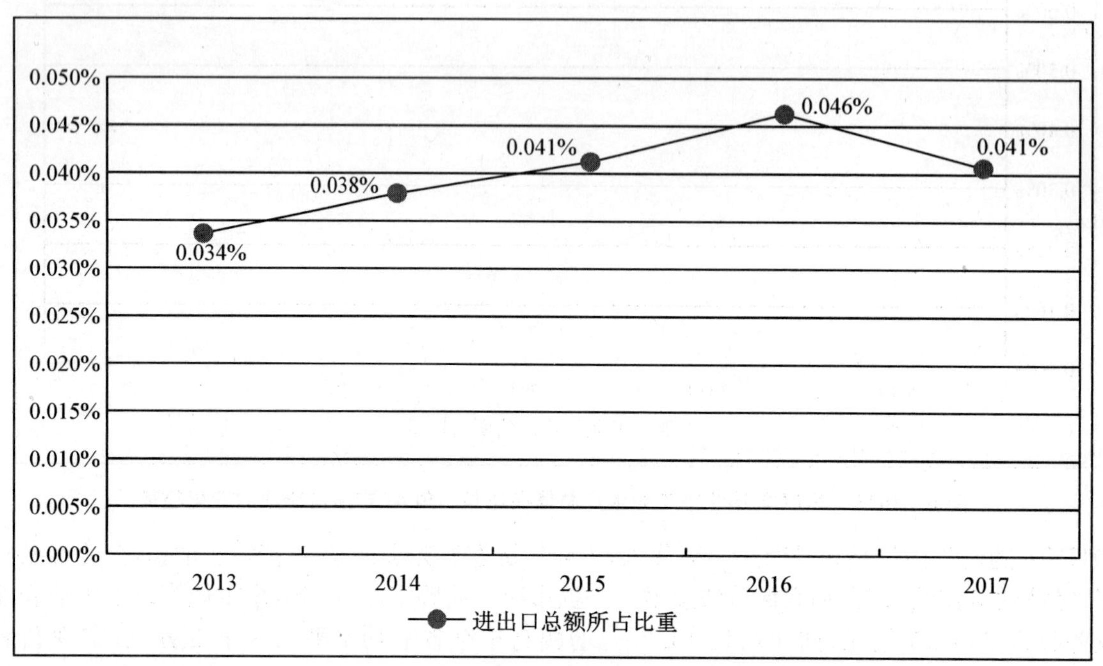

图7　2013—2017年淮北市进出口总额在泛长三角41市所占比重的变化趋势

2013—2017年淮北市进出口总额在泛长三角41市所占比重分别为0.034%、0.038%、0.041%、0.046%和0.041%，2017年出现下跌，较上年减少了0.01个百分点，五年间增加了0.01个百分点。2017年，淮北市进出口总额在泛长三角41市排39位，较上年下降两位。

2017年，全年实现外贸进出口总额60809万美元，比上年下降0.9%。其中出口55761万美元，下降2.3%；进口5048万美元，增长17.9%。

（五）实际外商直接投资金额

2013—2017年淮北市实际外商直接投资金额在泛长三角41市所占比重分别为0.61%、0.73%、0.82%、0.84%和0.88%，整体呈现上扬姿态，2017年较2013年增加了0.27个百分点，较上年增加了0.04个百分点。2017年，淮北市实际外商直接投资金额在泛长三角41市排第27位，较上年下降一位。

2017年全年新批外商投资企业10家，实际利用外商直接投资68128万美元，比上年增长5.2%。全年引进并开工规模以上项目184个，其中，5000万—1亿元项目71个，1—3亿元项目71个，3—5亿元项目11个，5亿元以上项目31个。1—10月份，全市实际利用外资61462万美元，同比增长9.9%，完成市下达的外商直接投资年度目标任务的90.4%；利用外商直接投资总量居全省第8位，增幅居全省第9位。新批项目7个，合同外资额4324万美元。从区县利用外资情况来看，濉溪县（含濉溪经济开发区）实际利用外资23428万美元，增长26.4%，居全省县域第3位；市经济开发区实际利用外资10399万美元，下降4.8%；相山区实际利用外资9120万美元，增长0.5%；烈山区实际利用外资9367万美元，增长8.8%；杜集区实际利用外资9148万美元，增长4.3%。

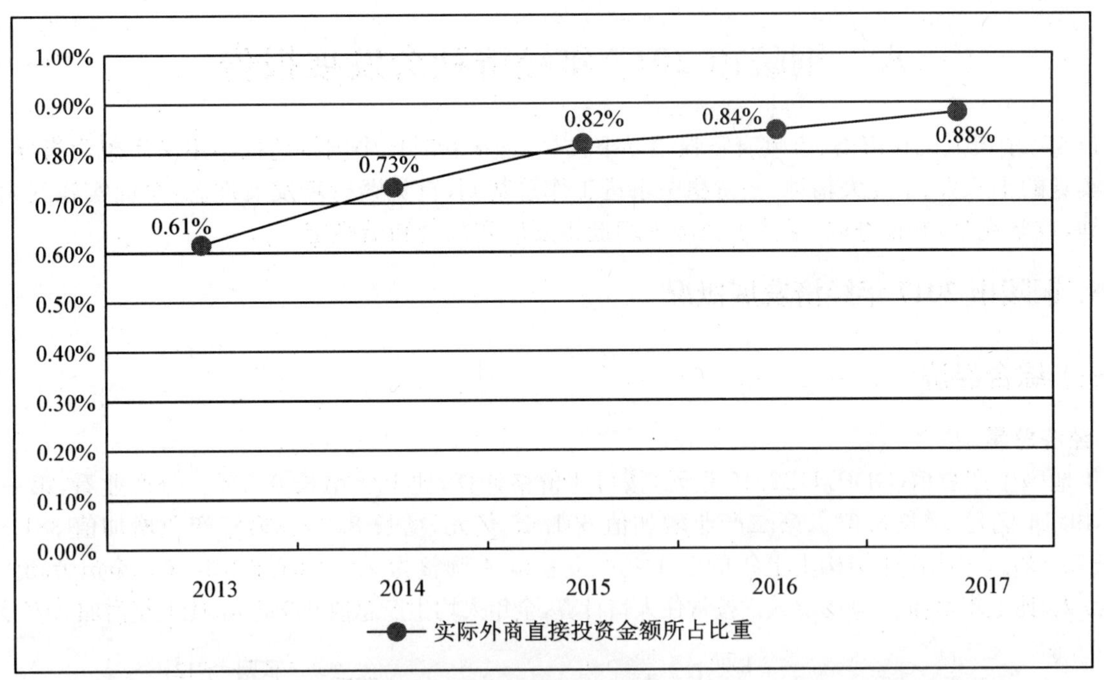

图 8　2013—2017 年淮北市实际外商直接投资金额在泛长三角 41 市所占比重的变化趋势

八　铜陵市 2017 年经济社会发展报告

2017 年，全市人民在市委、市政府坚强领导下，以习近平新时代中国特色社会主义思想为指导，全面贯彻落实党的十八大、十九大精神，坚持稳中求进工作总基调，自觉践行新发展理念，全面实施五大发展行动计划，攻坚克难，开拓进取，保持了经济平稳健康发展和社会和谐稳定。

一、铜陵市 2017 年经济发展概况

（一）综合经济

1. 经济总量

全年地区生产总值（GDP）1122.10 亿元，按可比价格计算，比上年增长 8.2%。分产业看，第一产业增加值 49.14 亿元，增长 3.3%；第二产业增加值 691.45 亿元，增长 8.5%；第三产业增加值 381.51 亿元，增长 8.2%。三次产业结构由上年的 5.1：59.5：35.4 调整为 4.4：61.6：34.0。全员劳动生产率 95757 元/人，比上年增加 15009 元/人。按常住人口计算，全年人均生产总值 69935 元，比上年增加 9975 元。

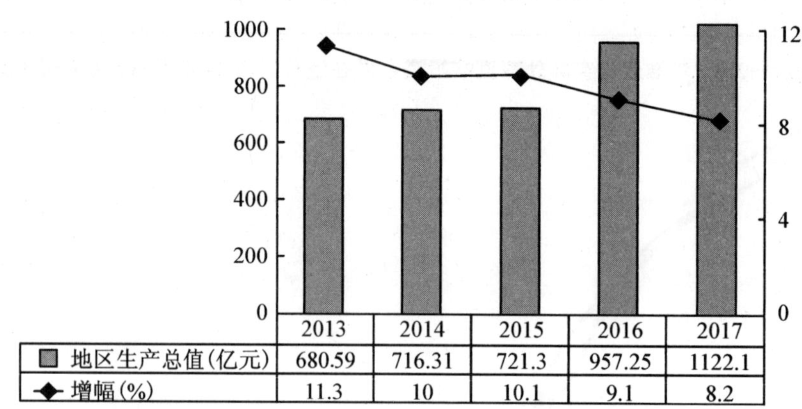

	2013	2014	2015	2016	2017
地区生产总值(亿元)	680.59	716.31	721.3	957.25	1122.1
增幅(%)	11.3	10	10.1	9.1	8.2

图 1　2013—2017 年铜陵市地区生产总值及增长速度

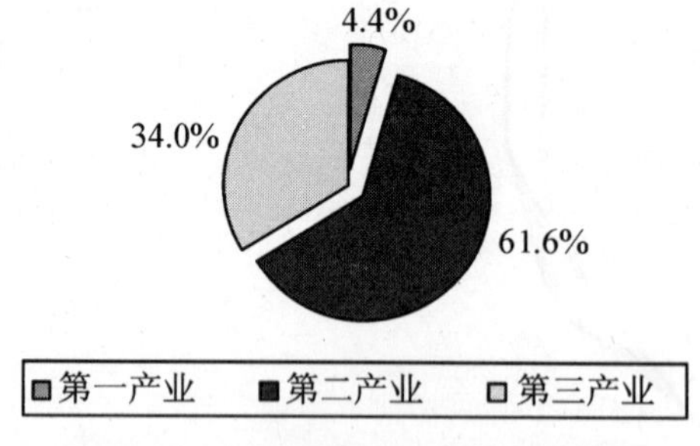

图 2　2017 年铜陵市三次产业结构图

2. 财政收支

全年全部财政收入 167.8 亿元，比上年增长 9.1%。其中，上划中央财政收入 88.7 亿元，增长 24.8%；地方财政收入 77.3 亿元，下降 4.2%。地方财政收入中，契税下降 4.4%，国内增值税增长 37.3%，营业税下降 98.2%，企业所得税增长 20.7%。财政支出 160.1 亿元，增长 6.0%，其中民生类支出 136.1 亿元，占财政总支出比重达 84.9%。从重点支出项目看，节能环保支出增长 14.7%，社会保障与就业支出增长 10.9%，医疗卫生支出增长 9.5%，公共安全支出增长 7.8%，科学技术支出增长 33.9%。

3. 物价水平

全年居民消费价格比上年上涨 0.9%，其中食品烟酒价格下降 1.9%。工业生产者出厂价格上涨 18.5%。工业生产者购进价格上涨 16.3%。

4. 固定资产投资

全年固定资产投资 1341.3 亿元，比上年增长 12.1%。其中，工业技改投资 535.4 亿元，增长 28.1%；民间投资 988.2 亿元，增长 11.6%。分产业看，第一产业投资增长 12%；第二产业投资增长 11.8%，其中，工业投资增长 12.5%；第三产业投资增长 12.4%。

全年亿元以上投资项目 252 个。其中，新开工建设项目 109 个，全年建成投产项目 116 个。

（二）农业

全年农、林、牧、渔业总产值 82.97 亿元，按可比价格计算，比上年增长 3.5%。其中，农业产值 33.68 亿元，增长 3.8%；林业产值 6.95 亿元，增长 11.0%；牧业产值 16.77 亿元，增长 1.2%；渔业产值 22.03 亿元，增长 1.9%；农林牧渔服务业产值 3.54 亿元，增长 7.3%。

全年农作物种植面积 17.55 万公顷，比上年减少 0.43 万公顷。其中，粮食作物种植面积 12.53 万公顷，减少 0.25 万公顷；棉花种植面积 0.66 万公顷，减少 0.24 万公顷；油料作物种植面积 2.78 万公顷，增加 0.01 万公顷；蔬菜种植播种面积 1.15 万公顷，增加 0.008 万公顷。

全年粮食产量 65.13 万吨，比上年增产 1.6%。油料产量 6.03 万吨，增产 2.3%。棉花产量 1.14 万吨，减产 15.6%。蔬菜产量 26.59 万吨，增产 1.1%。

全年肉类总产量 6.37 万吨，比上年增长 0.2%。禽蛋产量 4.37 万吨，增长 2.8%。水产品产量 11.38 万吨，增长 1.2%。

年末全市农业机械总动力 86.86 万千瓦。全年化肥施用量（折纯）5.55 万吨，下降 0.7%。农村用电量 6.78 亿千瓦时，增长 8.5%。有效灌溉面积 88.94 千公顷，增长 8.5%。

（三）工业和建筑业

1. 工业经济

全年全部工业增加值 675.3 亿元，比上年增长 8.8%，其中规模以上工业增加值增长 8.9%。在规模以上工业中，分经济类型看，国有控股企业增长 7.6%；股份制企业增长 10.6%；外商及港澳台商投资企业增长 0.1%。分门类看，采矿业下降 7.6%，制造业增长 9.5%，电力、热力、燃气及水生产和供应业增长 15.2%。

规模以上工业中，35 个工业大类行业中有 26 个增加值保持增长。六大主导行业中，有色金属冶炼和压延加工业增加值增长 2.7%；电气机械和器材制造业增加值增长 34.8%；非金属矿物制品业增加值增长 12.0%；化学原料和化学制品制造业增加值增长 13.9%；电力生产和供应业增加值增长 25.2%；黑色金属冶炼和压延加工业增加值增长 36.0%。战略性新兴产业产值增长 30.1%。

规模以上工业统计的主要产品产量中，精炼铜（电解铜）比上年下降 1.2%；铜材增长 11.6%；硫酸（折 100%）下降 10.6%；化学肥料总计（折纯）下降 2.6%；水泥增长 17.9%；火力发电量增长 19.7%。

全年规模以上工业企业实现主营业务收入 3363.3 亿元，比上年增长 13%。实现利润总额 67.8 亿元，增长 62.2%。

2. 建筑业

全年全社会建筑业增加值 61.5 亿元，比上年增长 5.1%。全年房屋建筑施工面积 872.1 万平方米，下降 2.4%；房屋竣工面积 303.3 万平方米，下降 16.3%。

（四）服务业

1. 国内贸易

全年社会消费品零售总额 343.3 亿元，比上年增长 12.3%。按经营地统计，城镇消费品零售额

295.1亿元，增长12.1%；乡村消费品零售额48.2亿元，增长13.5%。按消费类型统计，商品零售额270.4亿元，增长13.9%；餐饮收入72.9亿元，增长6.7%。

限额以上企业（单位）商品零售额中，粮油食品类增长10.2%，饮料类增长40.7%，烟酒类下降4.3%，服装、鞋帽、针纺织品类增长7.7%，日用品类增长94.2%，家用电器和音像器材类增长4.3%，金银珠宝类增长3.8%，中西药品类增长21.5%，石油及制品类增长14.3%，汽车类增长15.5%。

2. 交通运输、邮电

全年铁路旅客运输量295.3万人次，比上年增长16.4%，货物运输量83.86万吨，增长110.9%。公路旅客运输量1730万人，下降19.2%；货物运输量3722万吨，增长20.5%。全年港口货物吞吐量11094万吨，增长0.8%。

年末机动车拥有量21.9万辆，比上年增长4.4%，其中汽车拥有量16.2万辆，增长15.9%。

全年邮政电信业务收入11.4亿元，比上年增长3.88%。其中，邮政业务收入增长20.97%；电信（含电信公司、移动公司、联通公司）业务收入增长16.56%。年末城乡固定电话用户17.98万户，比上年减少1.53万户；移动电话用户126.76万户，增加18.49万户；国际互联网用户82.33万户。

3. 旅游业

全年入境旅游人数3.71万人次，比上年增长18.6%；国内游客1984.91万人次，增长18.1%。旅游总收入157.36亿元，增长23.7%，其中国内旅游收入156.57亿元，增长23.5%。年末全市有A级及以上旅游景点（区）22处，其中4A级景区7处；星级旅游饭店10个，房间数823间；旅行社32家，其中国际旅行社2家。

4. 金融、证券和保险

年末金融机构人民币各项存款余额1387.7亿元，比上年增长13.8%。其中，住户存款余额711.5亿元，增长5.9%；非金融企业存款362.0亿元，下降1.1%。年末金融机构人民币各项贷款余额971.7亿元，增长2.9%。其中，住户贷款195.2亿元，增长19.9%；非金融企业及机关团体贷款776.4亿元，下降0.7%。

年末全市上市公司6家，流通股市价总值510.4亿元。

全年保险业保费收入25.06亿元，比上年增长38.5%。全年赔款与给付6.03亿元。

5. 房地产业

全年房地产开发投资124.4亿元，比上年增长6%。商品房销售面积204.3万平方米，增长18.6%。

（五）对外经济

1. 对外贸易

全年进出口总额55.5亿美元，比上年增长17.6%。其中，出口5.7亿美元，下降14.5%；进口49.7亿美元，增长22.9%。

2. 利用外资

全年实际利用外商直接投资2.7亿美元，比上年增长11.2%。实际到位亿元以上省外投资项目内资548亿元，增长16.1%。

二、铜陵市2017年社会发展概况

（一）人口、人民生活

年末全市户籍人口171.1万人，比上年增加0.24万人。常住人口160.8万人，增加0.7万人。城镇化率55.79%，比上年提高1.65个百分点。全年人口出生率12.75‰，上升1.85个千分点；死亡率6.59‰，上升1.21个千分点；人口自然增长率6.16‰，上升0.64个千分点。

全年常住居民人均可支配收入23292元，比上年增长9.5%。按常住地分，城镇常住居民人均可支配收入33283元，增长8.7%；农村常住居民人均可支配收入13145元，增长9.1%。

全年常住居民人均消费支出 15124 元，比上年增长 3.4%。按常住地分，城镇常住居民人均消费支出 21612 元，增长 1.8%；恩格尔系数为 32.5%。农村常住居民人均消费支出 8533 元，增长 5.2%；恩格尔系数为 34.6%。

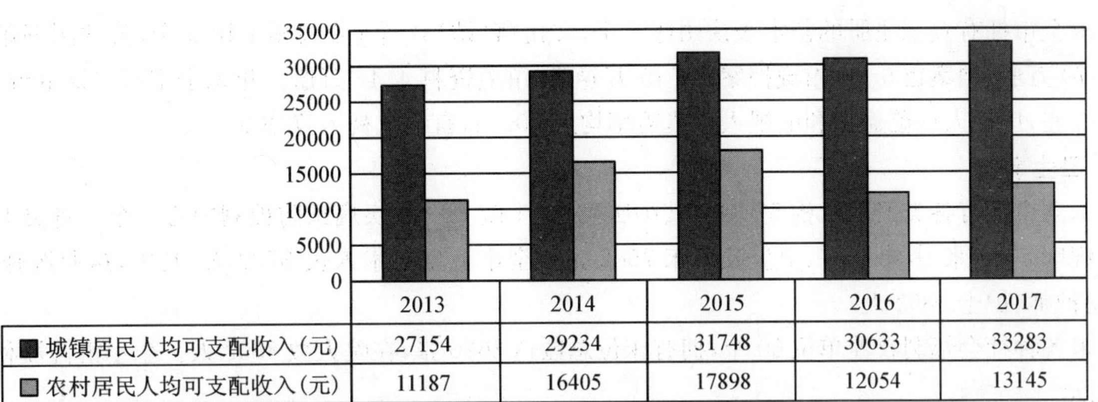

	2013	2014	2015	2016	2017
城镇居民人均可支配收入(元)	27154	29234	31748	30633	33283
农村居民人均可支配收入(元)	11187	16405	17898	12054	13145

图 3　2013—2017 年铜陵市城乡居民收入对比一览

(二) 就业与社会保障

1. 就业工作

年末全市从业人员 116.55 万人，比上年减少 0.83 万人。其中，第一产业 34.28 万人，增加 0.13 万人；第二产业 31.67 万人，减少 0.55 万人；第三产业 50.60 万人，减少 0.41 万人。全年城镇新增就业人数 3.83 万人；年末城镇登记失业率 2.86%，比上年下降 0.23 个百分点。

2. 社会保障和福利

年末城镇职工基本养老保险人数 29.74 万人。城乡居民养老保险参保人数 75.42 万人。失业保险参保人数 18.87 万人。工伤保险参保人数 24.25 万人。城镇职工基本医疗保险参保人数 33.82 万人，城乡居民医疗保险参保人数 54 万人。生育保险参保人数 20.71 万人。年末，全市共有 2.8 万人享受城镇居民最低生活保障，2.5 万人享受农村居民最低生活保障。

(三) 教育和科学技术

1. 教育事业

年末全市普通高校在校生 36074 人，比上年减少 177 人；中等职业教育学校在校生 14778 人，增加 952 人；普通中学在校生 72714 人，减少 2189 人，其中高中在校生 29240 人，减少 1842 人；小学在校生 70430 人，减少 2916 人。全年普通高校毕业生 10233 人，比上年增加 22 人；中等职业教育学校毕业生 8480 人，增加 416 人；普通中学毕业生 25458 人，减少 626 人；小学毕业生 13702 人，减少 853 人。成人高等学校在校生和毕业生分别为 7417 人和 2671 人。全年社会考生报名参加高等教育自学考试 3243 人次，其中本科 3055 人次；全年自学考试毕业生数 233 人，其中本科 230 人。

2. 科技与创新

年末全市拥有国家高新技术企业 144 家，其中当年新认定 63 家。

年末拥有国家级创新型企业 2 家、省级创新型企业 11 家、省级创新型试点企业 22 家，拥有 31 个省级工程技术研究中心、3 个省级实验室、5 个院士工作站、7 个省级以上科技孵化器、7 个省级以上众创空间、2 个省级生产力促进中心。全年获批省级以上科技计划项目 115 项，获得上级资助资金 4929.75 万元。全年有 3 项科技成果获安徽省科学技术进步奖(其中一等奖 1 项、三等奖 2 项)。

全市申请专利 2721 件，其中申请发明专利 1432 件、实用新型 1168 件、外观设计 121 件；授权专利 1040 件，其中授权发明专利 213 件、实用新型 727 件、外观设计 100 件。

（四）文化、卫生和体育

1. 文化事业

年末全市拥有登记注册的艺术表演团体 7 个；文化馆（站）42 个；公共图书馆 6 个，公共图书馆藏书量 209.79 万册；档案馆 6 个，馆藏档案 49.49 万卷册，馆藏资料 4.46 万册。年末全市有广播电台 2 座，电视台 3 座，广播人口覆盖率和电视人口覆盖率均达 100%，有线电视入户率 65%。

2. 卫生事业

年末全市拥有各类卫生机构 576 个，其中医院、卫生院 62 个、疾病预防控制中心 3 个。各类卫生机构拥有病床 8348 张，其中医院、卫生院病床 7502 张。全市卫生技术人员 8702 人，其中，执业医师 3337 人，注册护师、护士 3862 人。

年末各种社会福利收养单位 60 个，拥有床位总数达 8620 张，在院人数 3802 人。全年销售福利彩票 1.55 亿元。

3. 体育事业

全市新建 1 个社区多功能运动场、3 个全民健身广场、28 条健身路径、3 个社区俱乐部、30 个示范晨晚练点。成功举办市第十二届运动会、第四届全民健身运动会暨第八届残疾人运动会，参与人数达到 6000 人。组队参加省青少年年度锦标赛，夺得金牌 52.5 枚、银牌 37 枚、铜牌 35 枚。年末拥有青少年体育俱乐部国家级 9 家，国家级体育传统项目学校 1 所，省级青少年体育俱乐部 9 所，省级体育传统项目学校、体育专项特色学校 15 所。

（五）城乡建设

交通建设加快推进，庐铜铁路基本建成，池州长江公路大桥及连接线建设进展顺利，G3 长江公铁大桥项目前期提速推进，国道 347 进入路面施工，国道 236 与省道 221、335 路基成形，农村道路畅通工程三年计划提前完成。新建改造市政道路 10 条，新投放清洁能源公交车 119 辆，建成一批电动汽车充电桩，完成新一轮出租车更新；市档案馆、党史馆、非遗展示馆、数字文化体验馆等全面竣工，市一中西湖校区二期工程、儿童医院主体建成，大铜官山公园建设持续推进。滨江生态岸线北延工程全面完工，大通、横港段岸线整治快速推进。镇村建设成果丰硕，农村环境“三大革命”取得阶段性成效，钟鸣镇成为第二批全国特色小镇，胥坝乡群心村、东联镇合兴村人居环境建设获得全国表彰。水利完成投资 14 亿元，水利水毁工程全面修复，6 个中小河流治理项目完工，21 座病险水库除险加固，新建和改造提升排涝泵站 7 座，城乡防洪排涝能力不断增强。

（六）环境保护

年末全市拥有环境空气监测站点 12 个。全市城区空气质量优良率 71.2%。全市 PM10 平均浓度为 88 微克/立方米。空气主要污染物二氧化硫、二氧化氮、可吸入颗粒物（PM10）、细颗粒物（PM2.5）、臭氧 8 小时平均浓度分别为 27、50、88.4、58.2、84 微克/立方米，一氧化碳平均浓度为 1.1 毫克/立方米。

全市城市集中式饮用水水源地水质达标率 100%。天井湖、枞阳县境内的菜子湖、白荡湖水质良好。

全年能源消费总量 773.65 万吨标准煤，单位 GDP 能耗下降 5.42%。

（七）社会安全

全年生产安全事故死亡人数 45 人，亿元 GDP 生产安全事故死亡人数为 0.0387 人，比上年下降

11.8%。全年发生道路交通事故12758起，发生火灾事故86起。

三、铜陵市在泛长三角地区经济发展中的地位

2017年，面对经济发展新常态、城市转型新关口，全市人民深入贯彻落实党的十八大、十九大精神，坚持以习近平新时代中国特色社会主义思想为指导，在省委、省政府和中共铜陵市委的坚强领导下，坚持稳中求进工作总基调，迎难而上、砥砺奋进，较好地完成了市十五届人大历次会议确定的目标任务，经济社会发展取得了令人鼓舞的成就。

(一) 地区生产总值

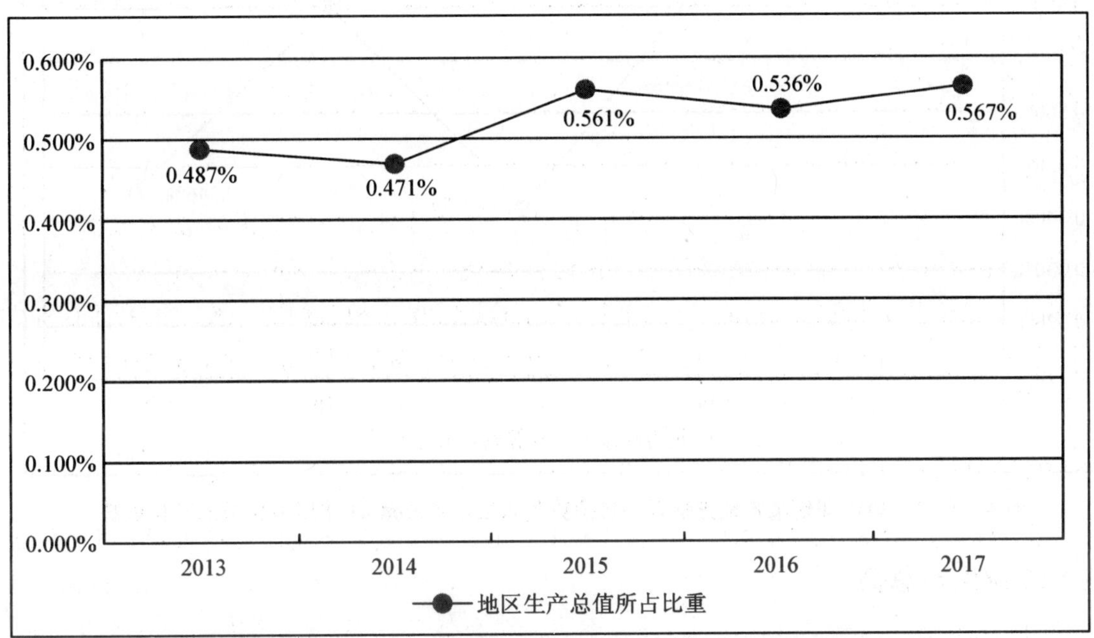

图4　2013—2017年铜陵市地区生产总值在泛长三角地区41市（苏浙两省24个地级市、上海市和安徽省16市，下同）所占比重的变化趋势

2013—2017年铜陵市地区生产总值在泛长三角地区41市所占比重分别为0.487%、0.471%、0.561%、0.536%和0.567%。2017年较2013年增加了0.08个百分点，较上年增加了0.03个百分点。2017年，铜陵市在泛长三角地区41市生产总值所占比重排名第37位，较上年上升一位。

2017年，持续深入调整产业结构。统筹推进"三重一创"、制造强市建设，铜基新材料产业基地产值、投资、税收保持较快增长，4个市级产业基地产值增长20%以上，大气环境综合立体监测产业化项目入列省重大新兴产业工程。战略性新兴产业产值增长31%，居全省第2位。传统产业改造升级持续发力，抓技改促转型典型经验受到省政府通报表扬。服务业发展提速提质，铜官区国家服务业综合改革试点稳步实施，枞阳县国家全域旅游示范区创建全面启动，电子商务进农村实现"三个全覆盖"，限额以上网上商品零售额增长120%，进境水果指定口岸正式运营，皖中南B型保税物流中心申报建设积极推进。培育新型农业经营主体546个，增长44.4%，农业全产业链开发成为全国创新示范区。

(二) 地方财政一般预算收入

2013—2017年铜陵市地方财政一般预算收入在泛长三角41市所占比重分别为0.395%、0.389%、0.342%、0.380%和0.346%，2017年较2013年减少了0.05个百分点，较上年减少了0.03个百分点。2017年，铜陵市地方财政一般预算收入在泛长三角地区41市排第38位，与2016年持平。

2017 年，全市财政收入完成 167.6 亿元，增长 9%，全市主要财政收入项目执行情况：2017 年，增值税（全额）39.5 亿元，增长 4.9%；进口货物增值税和关税 51.2 亿元，增长 29.8%；企业所得税（85%部分）12.3 亿元，增长 23.9%；个人所得税（85%部分）4.9 亿元，增长 54.6%。1—10 月份，全市全部财政收入 158.6 亿元，增长 12.2%，高于全省 0.8 个百分点。其中，地方财政收入 64.3 亿元，下降 1.4%。全市财政支出 138.3 亿元，下降 0.2%。其中，一般公共服务支出 12.1 亿元，下降 4.5%。

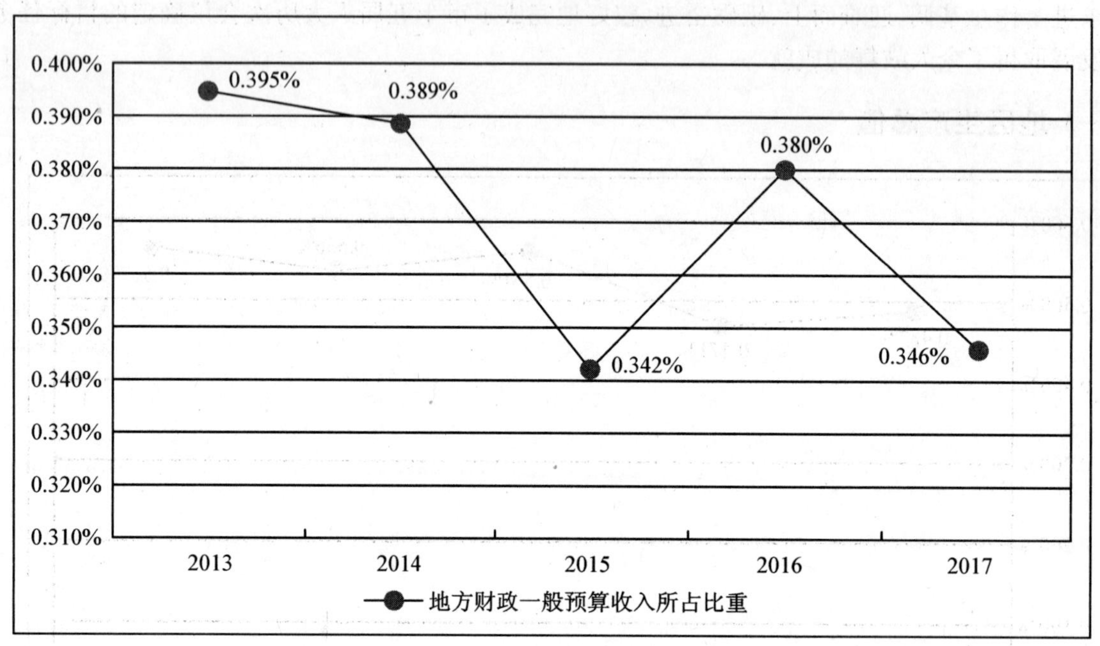

图 5　2013—2017 年铜陵市地方财政一般预算收入在泛长三角 41 市所占比重的变化趋势

（三）工业生产总值

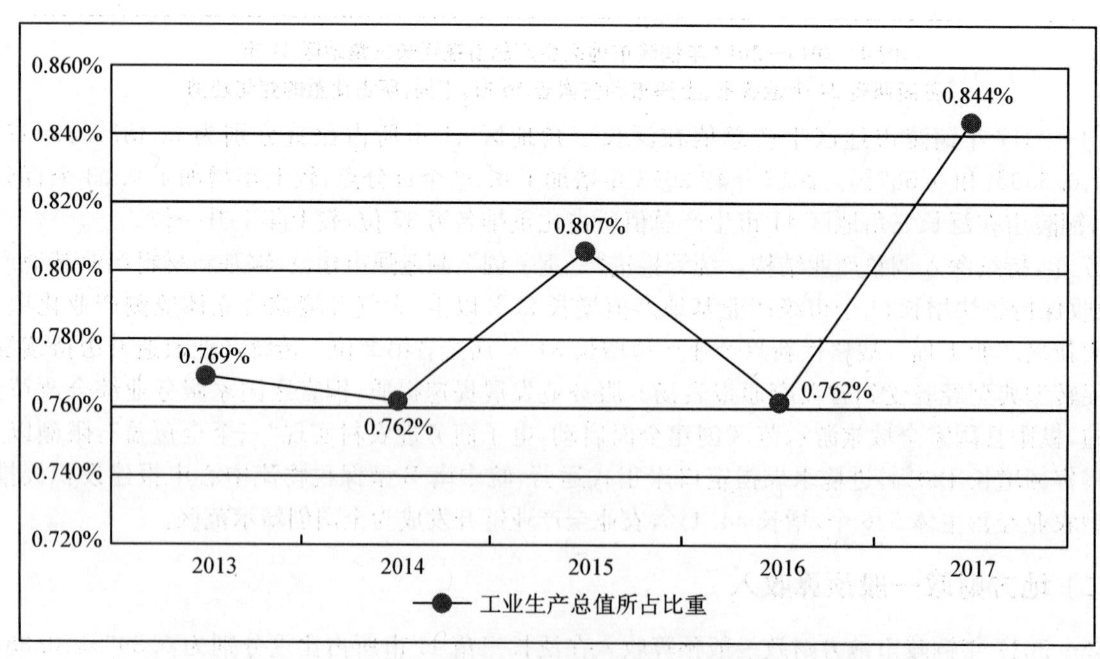

图 6　2013—2017 年铜陵市工业生产总值在泛长三角 41 市所占比重的变化趋势

2013—2017 年铜陵市工业生产总值在泛长三角 41 市所占比重分别为 0.769%、0.762%、0.807%、

0.762%和0.844%，2017年较2013年增加了0.075个百分点，较上年增加了0.08个百分点。2017年，铜陵市工业生产总值在泛长三角41市所占比重排第28位。

2017年，全年全部工业增加值675.3亿元，比上年增长8.8%，其中规模以上工业增加值增长8.9%。在规模以上工业中，分经济类型看，国有控股企业增长7.6%；股份制企业增长10.6%；外商及港澳台商投资企业增长0.1%。分门类看，采矿业下降7.6%，制造业增长9.5%，电力、热力、燃气及水生产和供应业增长15.2%。

（四）进出口总额

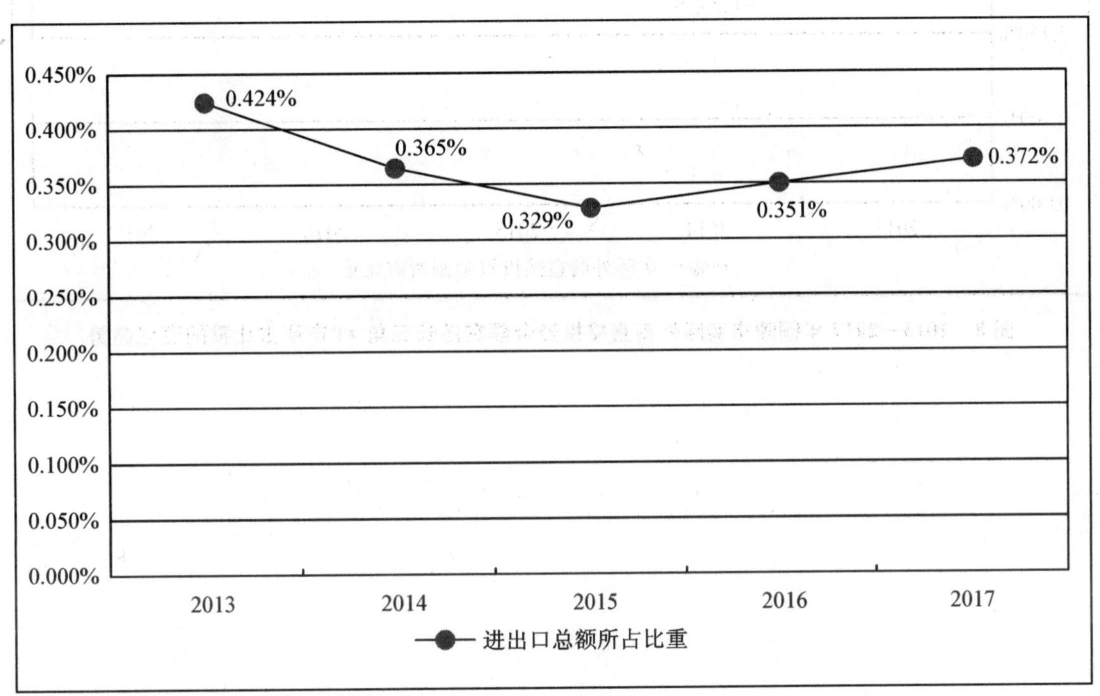

图7　2013—2017年铜陵市进出口总额在泛长三角41市所占比重的变化趋势

2013—2017年铜陵市进出口总额在泛长三角41市所占比重分别为0.424%、0.365%、0.329%、0.351%和0.372%，五年间减少了0.05个百分点，其中2017年较上年增加了0.02个百分点。2017年，铜陵市进出口总额在泛长三角41市排第24位，位置相对靠前。

2017年外贸进出口总值375.2亿元，同比增长20.6%，总值列合肥、芜湖之后居全省第三位，增速高于宣城、芜湖、阜阳、安庆、黄山等地市，位于全省中列。其中，进口总值336.5亿元，同比增长25.9%；出口总值38.7亿元，同比下降11.7%。2017安徽进出口50强排行榜，铜陵有色金属集团股份有限公司、金隆铜业有限公司2家企业跻身其中，在50强企业中分别位居第3位和第4位。

（五）实际外商直接投资金额

2013—2017年铜陵市实际外商直接投资金额在泛长三角41市所占比重分别为0.538%、0.262%、0.304%、0.316%和0.356%，2017年较2013年减少了0.18个百分点，较上年增加了0.04个百分点。2017年，铜陵市实际外商直接投资金额在泛长三角41市排第35位，较上年下降一位。

2017年，全年实际利用外商直接投资2.7亿美元，比上年增长11.2%。实际到位亿元以上省外投资项目内资548亿元，增长16.1%。

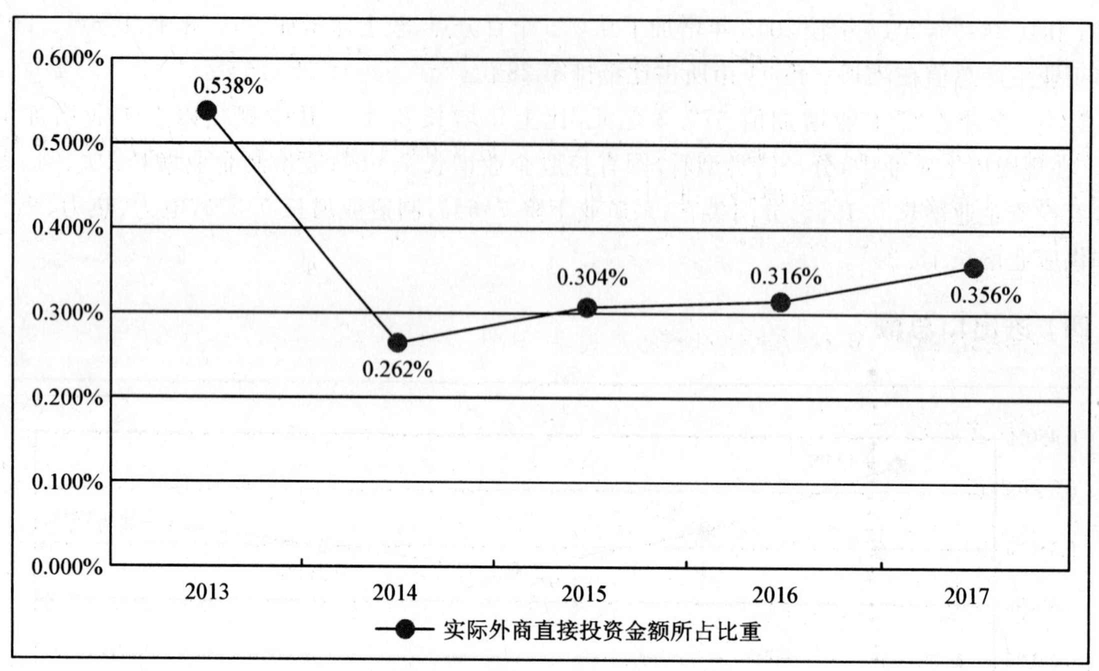

图 8　2013—2017 年铜陵市实际外商直接投资金额在泛长三角 41 市所占比重的变化趋势

九　安庆市 2017 年经济社会发展报告

2017 年，全市人民在市委、市政府坚强领导下，以习近平新时代中国特色社会主义思想为指导，全面贯彻落实党的十八大、十九大精神，坚持稳中求进工作总基调，坚定践行新发展理念，大力实施五大发展行动计划，千方百计稳增长、促改革、调结构、惠民生、防风险，攻坚克难，开拓进取，保持了经济平稳健康发展和社会和谐稳定。

一、安庆市 2017 年经济发展概况

（一）综合经济

1. 经济总量

全年地区生产总值(GDP)1708.83 亿元，按可比价格计算，比上年增长 8.2%。其中，第一产业增加值 193.99 亿元，增长 3.7%；第二产业增加值 828.47 亿元，增长 9.2%；第三产业增加值 686.37 亿元，增长 8.4%。第二、第三产业对地区生产总值增长的贡献 54.7%和 39.7%，分别比上年提高 5.9 个百分点和 0.9 个百分点。地区生产总值中三次产业比例为 11.3∶48.5∶40.2，人均生产总值 36928 元。

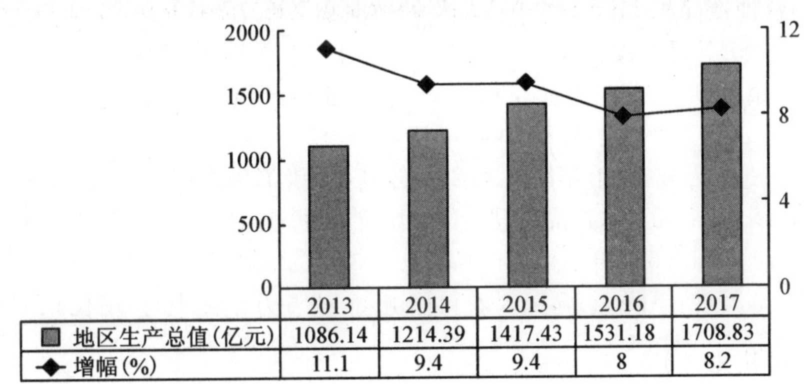

	2013	2014	2015	2016	2017
地区生产总值(亿元)	1086.14	1214.39	1417.43	1531.18	1708.83
增幅(%)	11.1	9.4	9.4	8	8.2

图 1　2013—2017 年安庆市地区生产总值及增长速度

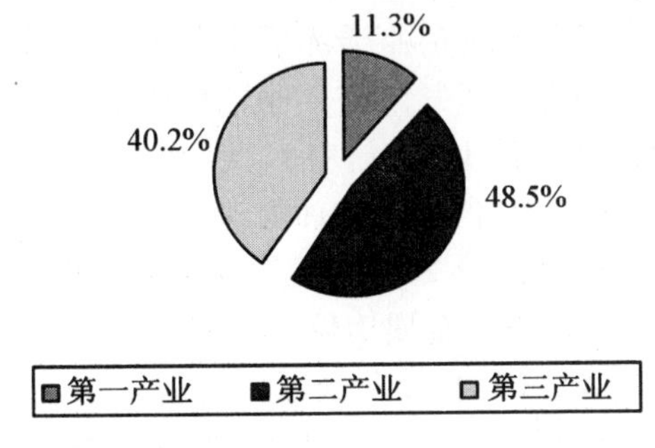

图 2　2017 年安庆市三次产业结构图

2. 财政收支

全年全市财政一般预算收入为 290.86 亿元，比上年增收 23.30 亿元，增长 8.7%。地方财政一般预算收入 121.02 亿元，下降 5.5%。全年地方财政一般预算支出 373.02 亿元，增长 10.6%。其中，一般公共服务支出增长 15.0%，文教科卫事业费支出增长 19.2%，交通运输支出下降 33.4%，城乡社区事务支出增长 53.9%，社会保障补助和就业支出增长 14.8%。

3. 物价水平

全年居民消费价格比上年上涨1.8%，涨幅与上年持平，保持温和上涨态势。其中，食品烟酒类价格下跌0.4%，比上年涨幅降低4.4个百分点；衣着类价格上涨2.0%；居住类价格上涨5.4%；生活用品及服务类价格上涨1.4%；交通和通信类价格指数为100；教育文化和娱乐类价格上涨0.7%；医疗保健类价格上涨6.2%；其他用品和服务类价格上涨1.5%；全年商品零售价格上涨2.6%。

工业生产者出厂价格比上年上涨4.8%。其中，生产资料价格同比上涨5.9%；生活资料价格同比上涨2.3%。

4. 固定资产投资

全年全社会固定资产投资1731.2亿元，比上年增长13.8%。全年第一产业投资87.1亿元，比上年增长5.3%。第二产业投资901.3亿元，增长8.5%，其中，工业完成投资899.4亿元，增长8.6%，制造业投资804.8亿元，增长6.7%。第三产业投资742.8亿元，增长22.1%。

全市5000万及以上重点项目建设扎实推进，全年计划总投资5000万及以上项目1027个，当年完成投资额907.9亿元。

（二）农业

全年粮食种植面积36.6万公顷。其中稻谷面积27.5万公顷，小麦种植面积4.5万公顷，棉花种植面积4.8万公顷，油料种植面积11.3万公顷，蔬菜种植面积7.2万公顷。

全年粮食总产量209.7万吨，产量增长0.57%。其中，夏粮15.5万吨，增长5.15%。早稻8.8万吨，下降51.59%。秋粮185.4万吨，增长5.60%。全年油料产量25.0万吨，增长1.68%。棉花产量6.5万吨，下降6.89%。蔬菜产量157.4万吨，增长0.74%。

全年肉类总产量30.8万吨，比上年增长1.26%，其中，猪羊牛肉产量22.3万吨，增长0.84%。禽蛋产量16.3万吨，下降2.54%。水产品产量31.4万吨，增长1.18%。

全市农业机械总动力315.6万千瓦，比上年增长0.33%；农用拖拉机9.8万台，增长2.79%；全年化肥施用量(折纯)20.0万吨，下降1.95%。农村用电量14.6万千瓦小时，增长0.77%。

（三）工业和建筑业

1. 工业经济

年末全市规模以上工业企业数1793户，比上年净增117户。全年规模以上工业实现增加值增长9.2%。在规模以上工业中，国有及国有控股企业增加值下降4.6%；集体企业增长5.2%；股份制企业增长9.2%；外商及港澳台投资企业增长9.9%。重工业增加值增长13.2%；轻工业增加值增长3.9%。分门类看，采矿业下降22.3%，制造业增长10.0%，电力、热力、燃气及水生产和供应业增长9.2%。

规模以上工业中，38个工业大类行业有27个增加值保持增长，其中计算机、通信和其他电子设备制造业增长12.9%，黑色金属矿采选业下降42.2%，有色金属冶炼和压延加工业下降15.4%，汽车制造业增长10.0%，通用设备制造业增长0%，黑色金属冶炼和压延加工业下降12.2%，纺织服装、服饰业增长4.6%，化学原料和化学制品制造业增长21.4%，非金属矿物制品业增长2.6%，电气机械和器材制造业增长8.4%，电力、热力生产和供应业增长9.4%，农副食品加工业增长10.3%，煤炭开采和洗选业增长0%。三大工业主导产业增加值增长14.7%，装备制造业增长8.9%，纺织服装业增长5.2%，石油化工业增长28.3%，高技术产业增长9.3%；战略性新兴产业产值增长8.9%，战略性新兴产业集聚发展基地工业总产值增长28.9%。

规模以上工业统计的主要产品产量中，发电量增长10.5%，原油加工量、汽油、柴油、液化石油气分别增长39.4%、38.0%、27.6%和40.3%，水泥增长8.4%，大米增长9.8%，印染布增长12.7%，电力电缆增长197.4%，汽车增长661.5%。

全市规模以上工业经济效益综合指数达到331.02%，比上年提高22.54个百分点。实现主营业务收入2919.43亿元，增长14.6%；实现利税361.22亿元，增长15.2%，其中利润185.03亿元，增长8.5%。

2. 建筑业

全社会实现建筑业增加值101.87亿元(按现行价格计算)，比上年增长16.4%。

(四) 服务业

1. 国内贸易

全年社会消费品零售总额764.2亿元，增长12.1%。分城乡看，全年城镇消费品零售额610.5亿元，增长11.9%；乡村消费品零售额153.7亿元，增长12.7%。分行业看，批发零售业零售额650.8亿元，增长12.0%；餐饮业零售额103.6亿元，增长12.8%；住宿业零售额9.8亿元，增长11.0%。

全年全市限额以上大类商品普遍旺销，居民消费结构的升级速度明显加快。从限额以上单位商品零售类别看，粮油、食品、饮料、烟酒类增长12.5%；服装、鞋帽、针纺织品类增长18.1%；日用品类增长6.7%；家用电器和音像器材类增长15.3%；文化办公用品类增长13.0%；家具类增长18.4%。反映居民消费结构升级的建筑及装潢材料类、化妆品、金银珠宝、汽车等商品继续热销，分别增长14.4%、11.9%、27.9 %和10.3%。

2. 交通运输、邮电

全年公路运输客运量为3974万人次，同比下降6.44%；完成旅客周转量为34.4亿人千米，同比下降5.07%。完成公路货运量13775万吨，同比上涨16.37%；完成货物周转量为203.0亿吨千米，同比上涨5.33%。全年水路共完成旅客运输50万人次，同比下降1.96%；完成旅客周转量1188万人千米，同比下降2.62%。完成货运量4020万吨，同比增长6.80%；货物周转量255.7亿吨千米，同比增长14.47%。安庆港2017年完成货物吞吐量2401万吨，同比增长5%。全市民航机场旅客吞吐量45.9万人次，同比增长41%。

到2017年末，全市高速公路达374千米，一级公路达107千米。

全年邮电业务总量41.80亿元，增长19.8%。其中，邮政业务总量16.86亿元，增长59.99%；电信业务总量24.94亿元，增长2.4%。年末本地固定电话用户37.17万户；移动电话用户356.61万户；年末计算机互联网用户81.79万户。

年末民用汽车43.74万辆，增长17.30%。民用轿车40.92万辆，增长19.75%。

3. 旅游业

全年接待海外游客25.8万人次，增长10.33%；接待国内游客6089.03万人次，增长18.87%。旅游总收入610.77亿元，增长24.08 %。其中，旅游外汇收入17018.5万美元，下降13.41%；国内旅游收入599.28亿元，增长25.06%。

4. 金融和保险

全市金融机构存款年末余额为2942.1亿元，比上年末增加291.6亿元，增长11.0%。其中，住户存款余额1757.0亿元，增长9.9%。全市金融机构贷款年末余额为1707.5亿元，比上年末增加225.4亿元，增长15.2%。

全年全市实现保费收入74.99亿元，同比增长4.84%。其中财产保险21.87亿元，同比增长15.32%，人寿保险53.12亿元，同比增长1.1%。行业累计支付赔(给)付款25.68亿元，同比增长7.09 %：其中财险业赔付12.28亿元，同比减少了8%；寿险业给付15.78亿元，同比增长26.75%。

5. 房地产业

全年房地产开发投资162.5亿元，增长15.6%。全年商品房销售面积457.3万平方米，增长7.3%；销售额251.6亿元，增长24.3%。房屋施工面积1653.7万平方米，增长7.8%；房屋竣工面积241.2万平方米，增长23.7%。

（五）对外经济

1. 对外贸易

全年进出口总额 13.90 亿美元，比上年下降 21.17%。其中，出口 10.55 亿美元，下降 27.32%；进口 3.34 亿美元，增长 7.62%。在出口中，机电产品、高新技术产品出口占全部出口的比重由上年的 21%提高到 24%。

2. 利用外资

全年利用实际外资 19339 万美元，增长 7.0%；新增项目 15 个，合同外资 9070 万美元。

3. 对外劳务

当年外派劳务人员 73 人，下降 9.9%。

二、安庆市 2017 年社会发展概况

（一）人口、人民生活

年末全市户籍人口 530.5 万人，比上年增加 1.2 万人；常住人口 464.3 万人，增加 3.1 万人。城镇化率 48.57%，比上年提高 1.38 个百分点。人口出生率为 13.13‰；死亡率为 5.01‰；自然增长率为 8.12‰。

全年城镇常住居民人均可支配收入 28675 元，比上年增长 8.2 %，扣除价格因素，实际增长 6.3 %；城镇常住居民人均消费性支出 16126 元，增长 7.3%，其中，食品支出增长 6.5%，交通与通信支出增长 8.8%，衣着支出增长 6.4%，娱乐教育文化支出增长 10.5%；城镇居民恩格尔系数为 35.3%，比上年下降 0.3 个百分点。

全年农村常住居民人均可支配收入 11814 元，比上年增长 9.3%。农村常住居民人均生活消费 10701 元，增长 18.7%，其中，食品支出增长 8.3%，交通和通信支出增长 13.3%。

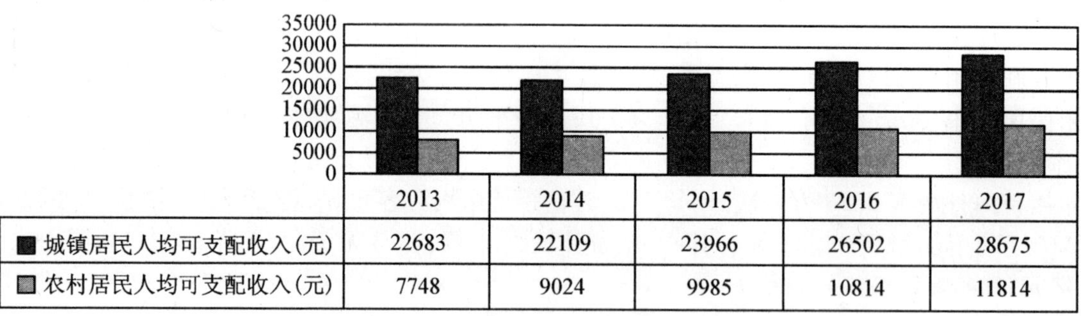

	2013	2014	2015	2016	2017
■ 城镇居民人均可支配收入（元）	22683	22109	23966	26502	28675
■ 农村居民人均可支配收入（元）	7748	9024	9985	10814	11814

图 3　2013—2017 年安庆市城乡居民收入对比一览

（二）就业与社会保障

1. 就业工作

全年城镇新增就业 8.51 万人，比预期目标多 4.31 万人。全年有 1.28 万人实现了再就业。年末城镇人口登记失业率为 2.62%。

2. 社会保障和福利

年末全市参加城镇职工基本养老保险人数为 57.67 万人，比 2016 年增加 2.01 万人，其中，参保职工 40.21 万人；参保的离退休人员 17.47 万人；参加城乡居民社会养老保险人数为 280.50 万人，其中，领取养老金人数 76.67 万人；参加失业保险的人数为 26.65 万人，领取失业保险金人数为 0.53 万人；参加城

镇职工基本医疗保险人数为 44.32 万人，比上年增加 0.70 万人，其中，参保职工 29.43 万人，参保的离退休人员 14.89 万人；参加城镇居民基本医疗保险人数 60.47 万人，领取待遇 6.71 万人次；参加工伤保险人数 39.95 万人，领取待遇 0.40 万人次；参加生育保险人数 28.52 万人，领取待遇 0.84 万人次。全市年末享受城市居民最低生活保障的人数为 3.54 万人，享受农村最低生活保障的人数为 15.07 万人。

年末全市有各类收养性单位 192 个，拥有床位数 37260 张，收养各类人员 8488 人。其中：农村五保供养服务机构 148 个，拥有床位数 28043 张，收养 5372 人。全市建立各类社区服务设施 298 个，其中：社区服务中心 45 个，社区服务站 250 个。全年销售社会福利彩票 5.42 亿元，筹集社会福利资金 1.46 亿元。

（三）教育和科学技术

1. 教育事业

年末全市有普通高校 5 所，当年招生 11634 人，在校学生 39617 人，毕业生 12803 人，其中，硕士研究生：当年招生 188 人，在校生 455 人，毕业生 99 人。各类中等职业教育（含技工学校）当年招生 1.34 万人，在校生 4.38 万人，毕业生 2.01 万人。普通高中招生 2.77 万人，在校生 9.16 万人，毕业生 3.42 万人。初中招生 4.45 万人，在校生 13.38 万人，毕业生 4.41 万人。普通小学招生 4.32 万人，在校生25.82 万人，毕业生 4.36 万人。初中阶段适龄人口入学率为 100%，小学学龄儿童入学率为 100%。

2. 科技与创新

全年获国家级科技项目 10 项，省级科技项目 52 项，市级科技项目 30 项。全年认定高新技术企业 70 家，认定高新技术产品 54 项。全年受理专利申请量 8163 件，专利授权量 2499 件，已实施的专利授权量 1609 件，全年签订各类技术合同 81 项，技术合同成交金额 12614 万元。

全市共有县以上产品质量检验机构 79 个，其中系统内 11 个，国家检测中心 2 个。法定计量技术机构 8 个，强制检定计量器具 16.5 万台件，报省级修订地方标准数 7 项。

（四）文化、卫生和体育

1. 文化事业

年末，全市共有艺术表演团体 116 个，文化馆 11 个，文化站 148 个，公共图书馆 12 个，博物馆 14 个。全市广播电视台 8 座，中短波转播发射台 1 座，调频电视转播发射台 14 座。全市有线电视用户 98.99 万户，其中：数字电视用户 80.63 万户，全市广播电视农村直播卫星用户 10.34 万户。年末广播综合人口覆盖率为 99.04%，电视综合人口覆盖率为 99.24%。全年出版报纸 4 种，总印数 2192.66 万份；期刊（杂志）4 种，总印数 3.52 万册；年末全市共有各级档案馆 11 个，馆藏档案资料 14.6 万册，库馆总建筑面积 44442 平方米。

2. 卫生事业

年末全市共有卫生机构（含诊所、卫生室）2093 个。其中医院、卫生院 199 个，卫生防疫机构 9 个，妇幼保健院（所、站）9 个。医院、卫生院床位 19780 张。全市卫生人员数 28787 人，其中卫生技术人员 21612 人，执业医师和执业助理医师 8638 人，注册护士 8822 人。乡村卫生院 130 个，医生和卫生员 3378 人。全市农村有医疗点的村占总村数的比重达 100%。

3. 体育事业

全市运动健儿在国际和国内的重大比赛中，共获得金牌 1 枚，铜牌 1 枚。全年一级运动员发展数 7 人，二级运动员发展数 50 人，发展社会体育指导员 705 人。全民健身运动蓬勃发展，全年共举办百人以上的体育健身活动 82 次，参加体育健身活动人数 59770 人。

（五）环境保护

2017 年，全市加大了对资源与环境保护的投入力度，资源的有效利用与环境保护工作取得一定进展。

年末，全市省、市、县环境监测站 8 个。全市当年审批的建设项目投资总额 685.3 亿元，累计建成和在建环保项目 423 个，自年初累计建成和在建环保项目完成投资 25.9 亿元。全年环境监测站检测到的县(市)、区中，空气质量达二级以上的天数为 268 天。

全市已建成自然保护区 5 个，其中国家级 2 个、省级 3 个。

(六) 社会安全

全市发生火灾事故 444 起，造成直接经济损失 1764.3 万元；交通事故 1449 起，死亡 223 人，造成直接经济损失 644.2 万元。

三、安庆市在泛长三角地区经济发展中的地位

2017 年，在省委、省政府和市委的坚强领导下，安庆市认真学习贯彻习近平总书记系列重要讲话精神，主动适应和把握经济发展新常态，深入贯彻创新、协调、绿色、开放、共享的发展理念，坚持稳中求进工作总基调，迎难而上，开拓进取，较好落实了“十二五”规划，顺利实施了“十三五”规划，各项工作取得了全面进步。

(一) 地区生产总值

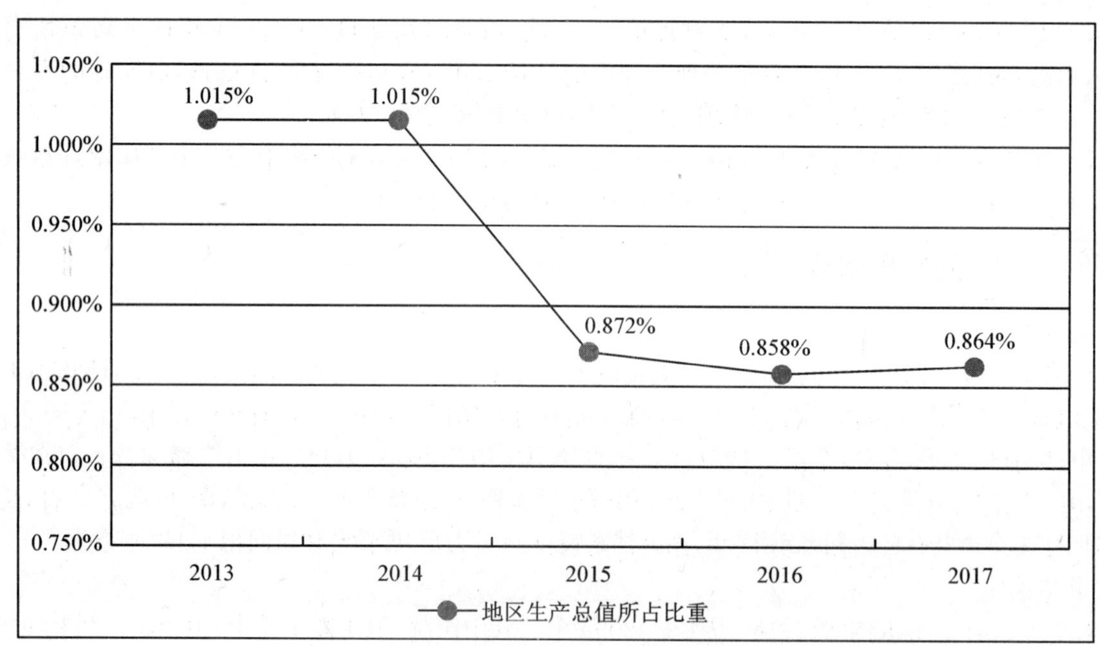

图 4　2013—2017 年安庆市地区生产总值在泛长三角地区 41 市
(苏浙两省 24 个地级市、上海市和安徽省 16 市，下同)所占比重的变化趋势

2013—2017 年安庆市地区生产总值在泛长三角地区 41 市所占比重分别为 1.015%、1.015%、0.872%、0.858%和 0.864%。2017 年与 2013 年比减少了 0.15 个百分点，较上年基本持平。2017 年，安庆市在泛长三角地区 41 市生产总值所占比重排第 26 位，较上年下降一位。

2017 年全市经济运行保持稳中有进的总基调，总体符合预期。地区生产总值稳步增长。全年全市实现生产总值(GDP)1708.6 亿元，总量居全省第 4 位。按可比价格计算，同比增长 8.2%，增速比上年同期提高 0.2 个百分点。其中：第一产业增加值 193.7 亿元，增长 3.7%，高于上年同期 0.9 个百分点；第二产业增加值 828.5 亿元，增长 9.2%，高于上年同期 0.8 个百分点；第三产业增加值 686.4 亿元，增长 8.4%，高于 GDP 增速 0.2 个百分点。全市地区生产总值中，一、二、三产比重为 11.3∶48.5∶40.2，

一产比重继续降低。二产、三产比重有所提升。2017 年，全市农业科技发展，农业产业结构得到调整，一产增速比上年同期提高 0.9 个百分点。二、三产业比重得到同步提升，"四送一服"政策落实到位，产业扶持政策效果显现，产业优化升级加快，工业基础进一步稳固，服务业进一步发展。

（二）地方财政一般预算收入

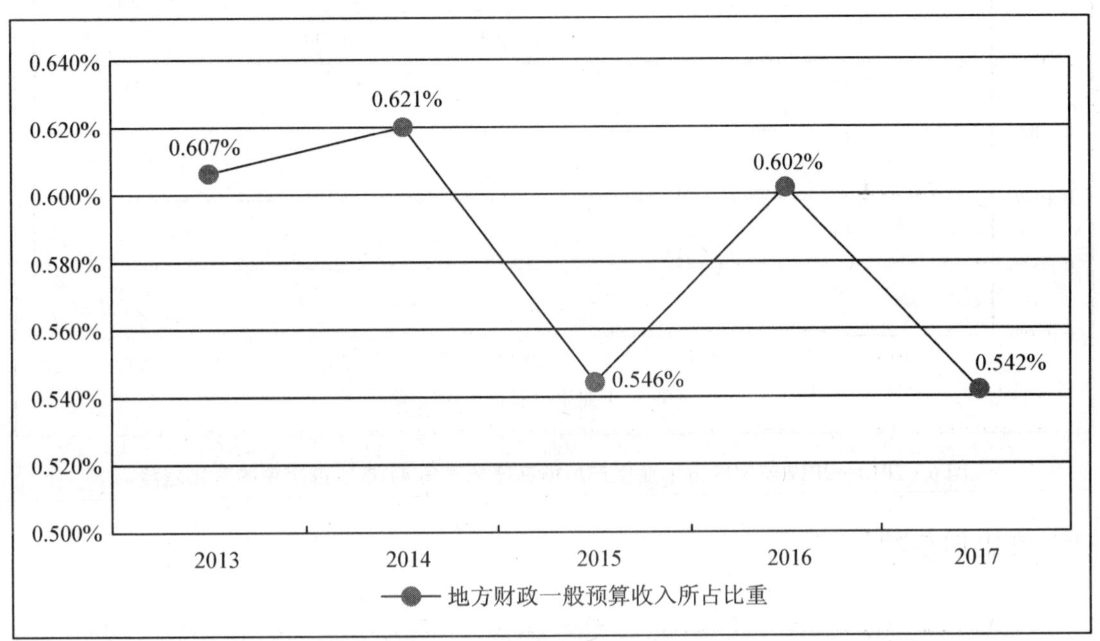

图 5　2013—2017 年安庆市地方财政一般预算收入在泛长三角 41 市所占比重的变化趋势

2013—2017 年安庆市地方财政一般预算收入在泛长三角 41 市所占比重分别为 0.607%、0.621%、0.546%、0.602%和 0.542%，2017 年较 2013 年减少了 0.06 个百分点，较上年减少了 0.06 个百分点。2017 年，安庆市地方财政一般预算收入在泛长三角地区 41 市排第 31 位，较上年下降了一位。

2017 年，全市财政收入 290.9 亿元，为预算的 100.4%，增长 8.7%。其中，地方财政收入 121 亿元，为预算的 106.9%。加省补助、上年结转等收入 288.1 亿元，预算总收入 409.1 亿元。全市公共财政支出 373 亿元，加体制上解、年终结转等支出 36.1 亿元，预算总支出 409.1 亿元。

市本级财政收入 153.1 亿元，为预算的 100%，增长 8%。其中，地方财政收入 40.8 亿元，为预算的 123.6%。加省补助、上年结转等收入 69.8 亿元，预算总收入 110.6 亿元。市本级公共财政支出 85.9 亿元，加体制上解、年终结转等支出 24.7 亿元，预算总支出 110.6 亿元。

（三）工业生产总值

2013—2017 年安庆市工业生产总值在泛长三角地区 41 市所占比重分别为 1.111%、1.159%、0.949%、0.944% 和 0.969%，2017 年较 2013 年减少了 0.14 个百分点，较上年增加了 0.025 个百分点。2017 年，安庆市工业生产总值在泛长三角地区 41 市所占比重排第 26 位。

工业是全市经济的主要支撑力量，2017 年年末全市规模以上工业企业数 1793 户，比上年净增 117 户。全年规模以上工业实现增加值增长 9.2%。全市规模以上工业增加值同比增长 9.2%，比上年同期提速 0.5 个百分点，高于全省水平 0.2 个百分点。其中：轻工业同比增长 3.9%，重工业同比增长 13.2%。从企业经济类型来看，股份合作企业增长速度最快，达22.8%，外商港澳台企业增长 9.9%，集体企业增长 5.2%，其他经济类型增长 9.6%。

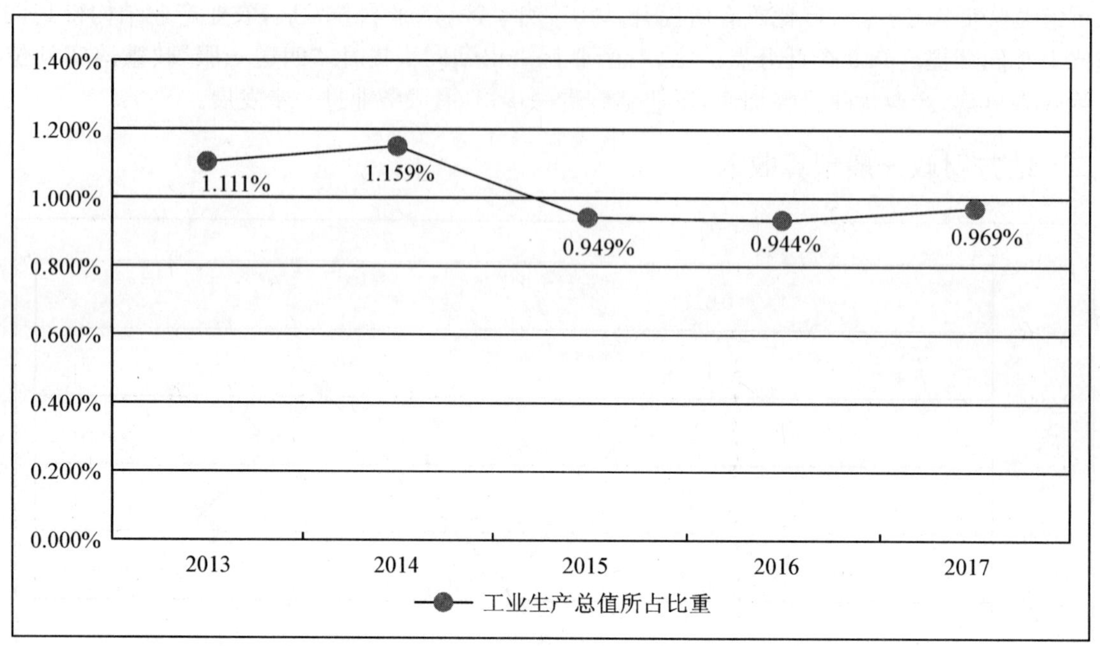

图 6　2013—2017 年安庆市工业生产总值在泛长三角 41 市所占比重的变化趋势

（四）进出口总额

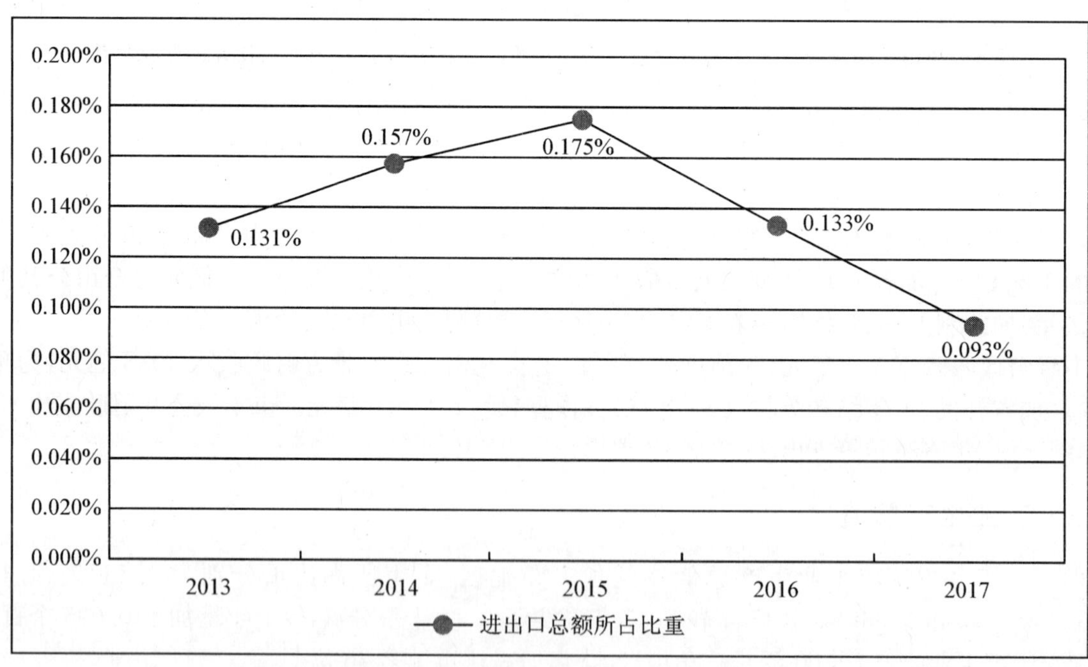

图 7　2013—2017 年安庆市进出口总额在泛长三角 41 市所占比重的变化趋势

2013—2017 年芜湖市进出口总额在泛长三角 41 市所占比重分别为 0.131%、0.157%、0.175%、0.133%和 0.093%，总体上呈下降态势，2016 年以来出现下跌，五年间减少了 0.04 个百分点，其中 2016 年较上年减少了 0.04 个百分点。2017 年，安庆市进出口总额在泛长三角 41 市排第 33 位，较上年下降了一位，位置相对靠后。

2017 年，全市实现进出口总额 13.9 亿美元，同比下降 21.2%，其中，进口 3.3 亿美元，同比增长 7.6%；出口 10.6 亿美元，同比下降 27.3%。在出口中，机电产品、高新技术产品出口占全部出口的比重由上年的 21%提高到 24%。上年同期基数较大，2017 年末进出口形势严峻，全市开放性经济发展潜力有待进一步挖掘提升。

（五）实际外商直接投资金额

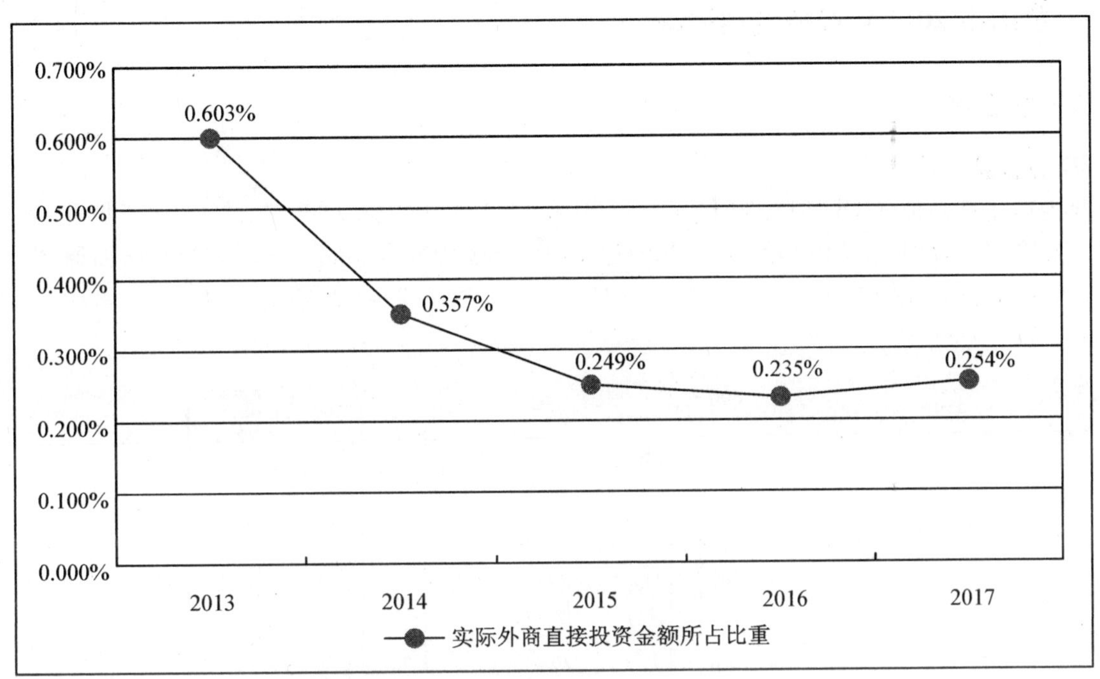

图 8　2013—2017 年安庆市实际外商直接投资金额在泛长三角 41 市所占比重的变化趋势

2013—2017 年安庆市实际外商直接投资金额在泛长三角 41 市所占比重分别为 0.603%、0.357%、0.249%、0.235%和 0.254%，2017 年较 2013 年减少了 0.35 个百分点，较上年增加了 0.02 个百分点。2017 年，安庆市实际外商直接投资金额在泛长三角 41 市排第 39 位，排名相对靠后。

2017 年，全年利用实际外资 19339 万美元，增长 7.0%；新增项目 15 个，合同外资 9070 万美元。

十　黄山市 2017 年经济社会发展报告

2017 年，全市上下深入学习贯彻党的十八大、十九大精神，以习近平新时代中国特色社会主义思想为指导，全面贯彻落实中央和省委、市委决策部署，牢固树立新发展理念，坚持稳中求进工作总基调，深化供给侧结构性改革，扎实有序推进各项工作，实现了经济平稳健康发展与社会和谐稳定。

一、黄山市 2017 年经济发展概况

（一）综合经济

1. 经济总量

全年地区生产总值(GDP)611.32 亿元，按可比价格计算，比上年增长 7.8%。分产业看，第一产业增加值 57.43 亿元，增长 2.8%；第二产业增加值 221.79 亿元，增长 8.5%；第三产业增加值 332.19 亿元，增长 8.3%。人均 GDP 44251 元，比上年增加 2080 元。三次产业结构由上年的 9.7∶39.2∶51.1 调整为 9.4∶36.3∶54.3。

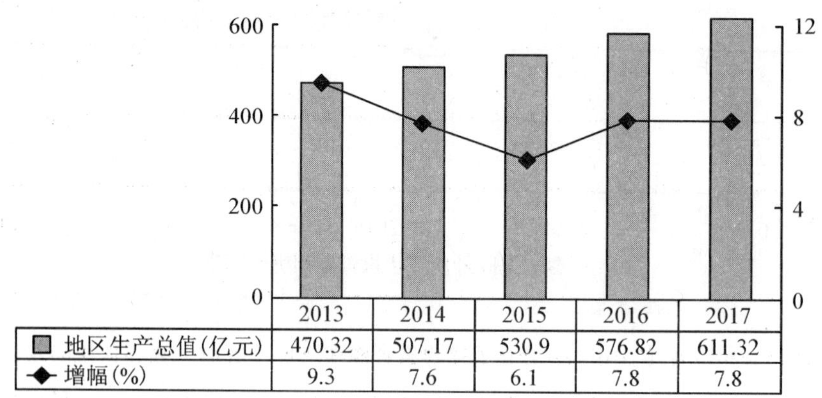

	2013	2014	2015	2016	2017
地区生产总值(亿元)	470.32	507.17	530.9	576.82	611.32
增幅(%)	9.3	7.6	6.1	7.8	7.8

图 1　2013—2017 年黄山市地区生产总值及增长速度

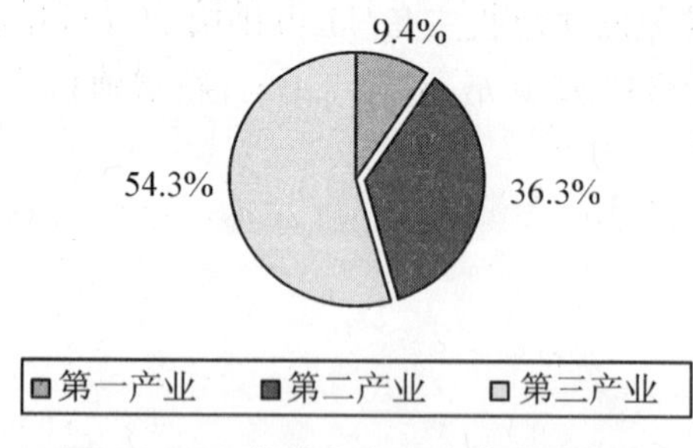

图 2　2017 年黄山市三次产业结构图

2. 财政收支

全年财政收入 105.9 亿元，比上年增长 7%，其中地方财政收入 75.2 亿元，下降 0.8%。从地方财政收入来源看，税收收入 37.1 亿元，下降 7.1%，其中增值税和营业税下降 9.4%、企业所得税增长26.6%；非税收入 38.1 亿元，增长 6.2%，其中国有资源(资产)有偿使用收入增长 2.5%。

全年财政支出 185.9 亿元，增长 8.7%，其中民生支出 152.5 亿元，增长 10%，占财政支出的比重为 82%，同比提高 0.9 个百分点。从重点支出项目看，社会保障与就业支出增长 4.1%，城乡社区事务支出增长 24.8%，科学技术支出增长 38.1%，教育支出增长 5.7%。全市 34 项民生工程累计投入 73.7 亿

元，比上年增长67.8%。

3. 物价水平

全年居民消费价格（CPI）比上年上涨1.4%，其中服务项目价格上涨2.7%，消费品价格上涨0.6%；八大类消费品及服务价格呈“七升一降”态势。商品零售价格上涨1.4%。工业生产者出厂价格上涨7.1%，工业生产者购进价格上涨9.5%。

4. 固定资产投资

全年固定资产投资646.9亿元，比上年增长8.2%。其中，工业技术改造投资75.5亿元，增长17.4%；基础设施投资267.1亿元，增长13.8%；民间投资289.8亿元，增长1.4%。分产业看，第一产业投资35亿元，增长16.1%；第二产业投资124.2亿元，增长17.6%；第三产业投资487.7亿元，增长5.6%。分行业看，工业投资123.9亿元，增长17.4%，其中：制造业投资96.7亿元，增长9.1%。

（二）农业

全年农林牧渔业总产值99.2亿元，按可比价格计算，比上年增长2.6%，其中，农业产值49.99亿元，增长2.5%；林业产值18.06亿元，增长6.8%；牧业产值26.16亿元，增长0.3%；渔业产值2.23亿元，增长1.4%；农林牧渔服务业产值2.76亿元，增长3.6%。

全年农作物总播种面积122.3千公顷，比上年下降3%，其中：粮食作物种植面积59.4千公顷，下降3.6%；经济作物播种面积62.9千公顷，下降2.5%。油料种植面积24.4千公顷，下降6.2%。中草药材种植面积6.4千公顷，增长1.5%。蔬菜种植面积23.5千公顷，与上年持平。

全年粮食产量32.9万吨，比上年下降1.8%；油料产量3.8万吨，增长2.9%；茶叶产量3.43万吨，增长3.3%（农委提供）；中草药材产量9259吨，增长5%；棉花产量449吨，下降6.8%；园林水果产量5.5万吨，增长9.5%；蔬菜产量40.7万吨，下降0.2%。

年末全市生猪存栏65.9万头，比上年下降9.2%；全年生猪出栏91.1万头，下降3.7%。家禽出栏454.6万只，下降1.6%。肉类总产量8.7万吨，下降2.8%。禽蛋产量2.1万吨，下降0.7%。蚕茧产量2550吨，下降8.8%。水产品产量14575吨，增长1.4%。

年末全市农业机械总动力80.8万千瓦，比上年下降3.1%。农用拖拉机16430台，下降1.9%。机耕作业面积83.56千公顷，增长40.8%；机播作业面积20.13千公顷，增长287%；机收作业面积63.05千公顷，增长56.4%。全年农用化肥施用量（折纯）3.6万吨，下降2.1%；农药使用量0.3万吨，下降3.7%。农村用电量2.7亿千瓦时，增长3.5%。耕地有效灌溉面积45.46千公顷，节水灌溉面积17.35千公顷。

年末全市规模以上农产品加工企业234家，全年农产品加工产值增长18.7%。市级以上龙头企业190家，其中国家级2家、省级41家。全国茶叶百强企业9家，数量居全国地级市首位。年末全市特色产业基地245万亩，其中茶园面积76.1万亩。建成国家级、省级农业标准基地28个。拥有农产品中国驰名商标10个，新增1个。农民合作社1905家，新注册84家。

（三）工业和建筑业

1. 工业经济

年末全市规模以上工业企业577户，比上年净增24户。全年规模以上工业增加值比上年增长10.3%，其中轻工业增长10.7%，重工业增长10%。分经济类型看，国有企业增长13.3%，集体企业增长2.9%，股份合作企业增长9.1%，股份制企业增长10.2%，外商和港澳台商投资企业增长11.3%，其他经济类型企业增长14.1%。

全市33个工业行业大类中，有26个行业产值实现增长，其中印刷和记录媒介复制业、废弃资源综合利用业、汽车制造业、纺织业、计算机通信和其他电子设备制造业、酒饮料和精制茶制造业、化学纤维制造业等 7 个行业增长 20%以上。四大主导产业(绿色食品、绿色软包装、汽车电子、精细化工)产值增长 19.3%,拉动规模以上工业产值增长 9.2 个百分点。装备制造业增加值增长 13.5%。全市规模以上高新技术产业产值比上年增长 26%,增加值增长 18.8%。战略性新兴产业产值增长 21.4%。

规模以上工业统计的主要产品产量中,罐头增长 11.2%,精制茶增长 15.9%,服装增长 7.5%,丝织品下降 2.5%,初级形态塑料增长 13.4%,水泥增长 15.6%,铜材、钢丝分别增长 3.6%、9.3%,阀门、金属切削机床分别增长 5.1%、26.4%,通信电缆下降 18.6%。

全市规模以上工业企业累计完成主营业务收入 608.4 亿元,比上年增长 14.2%;实现利润 28.6 亿元,增长 35.7%。33 个工业大类行业 32 个行业盈利,其中 26 个行业利润增长。酒饮料和精制茶制造业、印刷和记录媒介复制业、化学原料和化学制品制造业、仪器仪表制造业、纺织业、电气机械和器材制造业、通用设备制造业、汽车制造业、计算机通信和其他电子设备制造业等 9 个利润超亿元的行业,合计实现利润 21.1 亿元,增长 46.3%,利润额占全部规模以上工业的 73.9%。

2. 建筑业

全年全社会建筑业增加值 53.9 亿元,比上年增长 11.5%;资质内建筑企业完成总产值 52.8 亿元,增长 5.6%。建筑业劳动生产率为 17.1 万元/人,增长 7%。房屋建筑施工面积 455.9 万平方米,下降 6.5%;房屋建筑竣工面积 216 万平方米,下降 8.1%。

(四) 服务业

1. 国内贸易

全年社会消费品零售总额 348.8 亿元,比上年增长 11.4%。按经营地统计,城镇消费品零售额 291.9 亿元,增长 11.3%;乡村消费品零售额 56.9 亿元,增长 11.7%。按消费类型统计,商品零售额 279.3 亿元,增长 11.2%;餐饮收入额 69.5 亿元,增长 12.1%。按单位规模统计,限额以上单位零售额 96.5 亿元,增长 11.3%;限额以下单位零售额 252.3 亿元,增长 10.7%。全市纳入统计的 30 家开展网络零售业务的限额以上批发零售企业实现网上零售额 5.2 亿元,增长 15.9%。

限额以上企业商品零售额中,六类商品全面增长。基本生活类增长 12.9%,其中:吃、穿、用类商品零售额分别比上年增长 12%、17.7%和 3.3%;居住类增长 5.8%;文化娱乐体育健康类增长 8%;交通电器设备类增长 5.6%;燃料类增长 22.9%;其他类增长 4.9%。

2. 交通运输、邮电

全年各类运输方式完成货运总量 5489.9 万吨,比上年增长 14.2%。其中,公路 5467 万吨,增长 14.5%;水运 10 万吨,下降 37.5%;铁路 12.7 万吨,下降 27.3%;民航货邮吞吐量 0.23 万吨,增长 11.2%。完成旅客运输总量 3522.8 万人,比上年下降 12.3%。其中,公路 3050 万人,下降 14.9%;水运 112 万人,增长 2.8%;铁路(含高铁)288.2 万人,增长 9.3%;民航旅客吞吐量 72.6 万人,增长 20%。年末,全市公路线路里程 7079 千米,其中:高速公路 353 千米。

年末全市民用汽车拥有量 18.48 万辆,比上年增长 13.9%,其中私人汽车 15.9 万辆,增长 16.6%。民用轿车拥有量 10.81 万辆,增长 16.5%,其中私人轿车 10.16 万辆,增长 16.6%。

全年邮政业务总量 6.22 亿元,增长 38.3%。快递业务量 2052 万件,快递业务收入 1.91 亿元,比上年分别增长 19.3%和 29.6%。全年电信业务总量 13.8 亿元,比上年下降 22%。年末本地固定电话用户 23.14 万户,比上年减少 3.07 万户;移动电话用户 120.57 万户,比上年末增加 12.42 万户,其中:4G 移动电话用户 84.16 万户,增加 21.75 万户,3G 移动电话用户 21.21 万户,减少 4.42 万户。年末基础电信运营企业计算机互联网宽带接入用户 33.8 万户,增加 6.11 万户。

3. 旅游业

全年入境旅游人数 237.59 万人次,比上年增长 10.4%,其中,外国人 145.64 万人次,增长 8.1%,港

澳台同胞91.96万人次，增长14.4%。国内游客5539.59万人次，增长11.4%。旅游总收入506.11亿元，增长12.4%。其中，旅游外汇收入7.5亿美元，增长11.6%；国内旅游收入455.46亿元，增长11.5%。年末全市有A级及以上旅游景点(区)47家52处，其中5A级景区3家8处；星级饭店41家，其中四星级及以上饭店27家；旅行社176家。

4. 金融和保险

年末全市金融机构人民币各项存款余额1155.64亿元，比上年增长12.7%，余额比年初增加129.83亿元，同比多增20.28亿元；其中：住户存款余额676.82亿元，增长7.5%，余额比年初增加47.33亿元，同比少增7.86亿元。金融机构人民币各项贷款余额716.38亿元，增长17.6%，余额比年初增加107.24亿元，同比多增64.41亿元。其中：短期贷款余额264.82亿元，增长7.4%；中长期贷款余额439.59亿元，增长32.7%，中长期贷款中个人贷款余额188.75亿元，增长36.3%。

年末银行业金融机构不良贷款余额17.48亿元，比年初增加1.22亿元；不良贷款率2.44%，比年初下降0.23个百分点。

全年保险业保费收入26.59亿元，比上年增长19.2%。其中，财产险业务保费收入9.56亿元，增长15.6%；人身险业务保费收入17.02亿元，增长21.4%。赔款和给付10.51亿元，下降16.2%。其中，财产险业务赔款支出4.32亿元，增长11.4%；人身险业务赔款和给付支出6.19亿元，下降28.6%。

5. 房地产业

全年房地产开发投资123.5亿元，比上年增长11.1%，其中：住宅86.7亿元，增长31.3%。商品房销售面积185.11万平方米，增长38.8%，其中住宅162.07万平方米，增长43.9%。商品房销售额104.1亿元，增长63.6%，其中住宅90.6亿元，增长75.3%。年末商品房待售面积113.07万平方米，下降23%，其中住宅53.45万平方米，下降37.6%。

(五) 对外经济

1. 对外贸易

全年进出口总额73740万美元，比上年增长12.9%。其中，出口61011万美元，增长11.1%；进口12729万美元，增长22.1%。从贸易方式看，一般贸易进出口69503万美元，增长11.6%，加工贸易4215万美元，增长39.6%，其他贸易22万美元，下降20%。

从出口商品类别看：农产品23047万美元，增长2.1%；化工产品14768万美元，增长25.6%；机电产品8132万美元，增长27.2%；纺织服装4769万美元，下降19.9%。从出口区域看：对亚洲出口20522万美元，增长12%；非洲18642万美元，增长2.9%；欧洲10402万美元，增长19.9%；北美洲7621万美元，增长11.2%；拉丁美洲3182万美元，增长37.8%；大洋洲639万美元，下降1%。

2. 利用外资

全年新签内资项目566个，协议投资额676.7亿元，实际到位资金210.3亿元，增长23.5%。新签亿元以上项目136个，其中北京城建、北京二商、康美药业、国药集团等国内500强企业和深圳益田集团、北京广安控股、杭州蓝城集团等一批知名企业相继签约落户。

二、黄山市2017年社会发展概况

(一) 人口、人民生活

年末全市户籍人口148.46万人，比上年增加0.05万人；常住人口138.4万人，增加0.5万人。城镇化率50.9%，比上年提高1.34个百分点。全年人口出生率10.56‰，比上年上升1.38个千分点；死亡率6.32‰，下降0.22个千分点；自然增长率4.24‰，上升1.6个千分点。

全年常住居民人均可支配收入 21724 元，比上年增长 9.3%。

城镇常住居民人均可支配收入 30821 元，增长 8.6%，从城镇居民收入结构来看，人均工资性收入 17872 元，增长 9.3%；经营净收入 4804 元，增长 8.9%；财产净收入 2125 元，增长 13%；转移净收入 6020 元，增长 4.8%。城镇常住居民人均消费支出 17852 元，增长 6.6%，其中食品烟酒支出增长 1.4%，衣着增长 5.6%，居住增长 13.3%，生活用品及服务增长 12.9%，交通和通信增长 9.4%，教育文化娱乐服务增长 13%，医疗保健下降 4.7%。城镇常住居民恩格尔系数为 32.4%，比上年下降 1.6 个百分点。年末城镇常住居民人均住房建筑面积 49 平方米，比上年增加 0.6 平方米。

全年农村常住居民人均可支配收入 14034 元，比上年增长 9.1%，从农村常住居民收入结构来看，人均工资性收入 5536 元，增长 7.3%；经营净收入 5481 元，增长 9.4%；财产净收入 210 元，增长 8.6%；转移净收入 2807 元，增长 12%。农村居民人均消费支出 11460 元，增长 8.2%，其中食品烟酒支出增长 3.4%，衣着增长 13.2%，居住增长 10.4%，生活用品及服务增长 21.3%，交通和通信增长 11.4%，教育文化娱乐服务增长 8.9%，医疗保健增长 4.1%。农村常住居民恩格尔系数为 32.7%，比上年下降 1.5 个百分点。年末农村常住居民人均住房建筑面积 63.6 平方米，比上年增加 2.1 平方米。

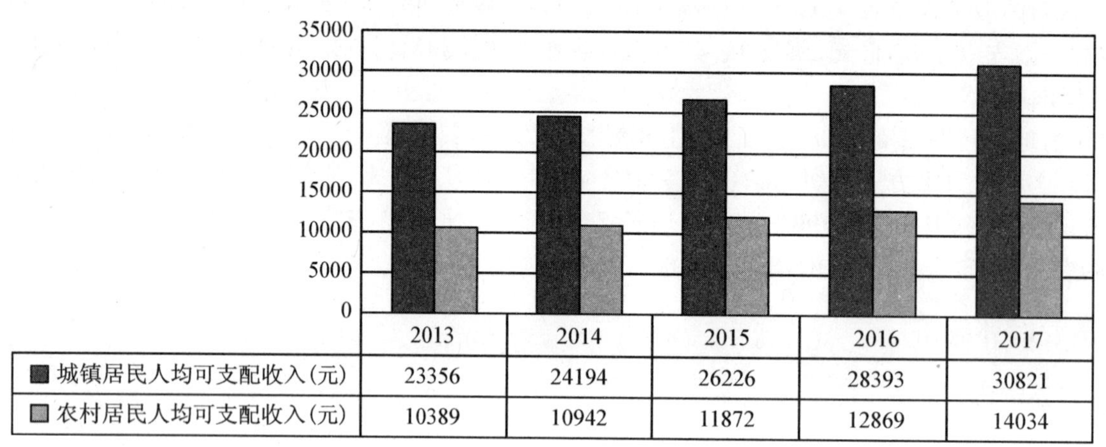

	2013	2014	2015	2016	2017
城镇居民人均可支配收入(元)	23356	24194	26226	28393	30821
农村居民人均可支配收入(元)	10389	10942	11872	12869	14034

图 3　2013—2017 年黄山市城乡居民收入对比一览

（二）就业与社会保障

1. 就业工作

全市城镇新增就业 2.2 万人，其中下岗职工再就业 0.81 万人，年末城镇登记失业率 3.57%。

2. 社会保障和福利

年末全市参加城镇基本养老保险人数 20.61 万人，比上年增长 0.3%，其中：参保职工 14.53 万人，下降 1.5%，参保离退休人员 6.08 万人，增长 4.7%。参加城镇医疗保险人数 39.68 万人，比上年增长 0.5%，其中：职工参保 20.24 万人，增长 3.7%。参加失业保险人数 10.08 万人，比上年增长 2.4%。参加工伤保险人数 12.31 万人，比上年增长 1.6%，其中农民工 2.88 万人。参加生育保险人数 12.08 万人，增长 3.9%。五项社会保险参保 94.76 万人次，征缴五项社会保险金额 18.66 亿元，增长 12%。

年末全市有各类提供住宿的社会服务机构 27 个，增加 3 个，床位数 2623 张，增长 13.5%，收养各类人员 715 人，增长 12.8%。不提供住宿的社会服务机构 817 个，其中社区服务中心 367 个，社区服务站 85 个。年末 1.31 万城镇居民得到政府最低生活保障，发放最低生活保障金 6522 万元；3.53 万农村居民得到政府最低生活保障，发放最低生活保障金 11472 万元；农村居民得到政府五保救济 7358 人，农村低保覆盖率 3.34%。全年销售社会福利彩票 16506 万元，筹集社会福利资金 1854 万元。

(三) 教育和科学技术

1. 教育事业

年末全市普通高校2所,普通本专科(不含成人)在校生22959人。高考文理本科达线率53%。各类中等职业教育(不含技工学校)17所,在校生15666人。普通高中19所,在校生19930人,高中阶段毛入学率105.92%。普通初中99所,在校生34736人,初中阶段适龄人口入学率100%。小学129所,在校生68695人,小学学龄儿童入学率100%。幼儿园181所,在校生37625人,学前三年毛入园率103.43%。特殊教育学校2所,在校生115人。

2. 科技与创新

全市共拥有国家、省和市创新型(试点)企业85户,新认定10户;有省、市工程技术研究中心93家,新组建市工程技术研究中心10家;有省级院士工作站7家,新组建黄山徽梦高分子科技有限公司安徽省院士工作站及黄山博蓝特半导体科技有限公司安徽省院士工作站;拥有省民营科技企业273家,新认定20户。年末拥有高新技术企业92家。

全年共申请专利1303件,获授权专利829件,其中发明专利申请372件,授权173件。企业专利申请965件,授权550件。截至年底,拥有有效发明专利662件,万人拥有有效发明专利4.8件。全年共签订技术合同52项,技术合同成交金额3065.7万元。取得各类科技成果88项,比上年增加3项。

年末拥有国家地理标志产品13个;完成强制性产品认证的企业27个;法定计量技术机构6个(不含授权检定机构),强制检定计量器具1.04万台(件),新制定、修订地方标准13项。

(四) 文化、卫生和体育

1. 文化事业

年末全市拥有文化馆8个,纪念馆7个,公共图书馆11个,博物馆53个(含民办博物馆34个),乡镇综合文化站101个。全国重点文物保护单位31处,省级重点文物保护单位93处。国家级非物质文化遗产名录20项,省级名录87项。广播电台5座,中、短波发射台和转播台6座,广播节目综合人口覆盖率97.58%。电视台5座,有线电视用户30.2万户,电视节目综合人口覆盖率98.84%。安徽中国徽州文化博物馆在全省地级市首家获评国家一级馆。黄山市被授予“中国文房四宝文化名城”称号。

故宫博物院驻安徽黄山市徽派传统工艺工作站、故宫学院徽州分院、故宫博物院博士后工作站设立,成功举办徽派传统工艺故宫特展、第三届中国非遗大展、故宫藏新安八家书画展。大型音乐黄梅戏《曙光曲》、歌曲《那古道》获省“五个一”工程奖,《徽州姑娘》等5个项目获2017年国家艺术基金资助,新编现代黄梅戏《远去的差距》入选全省戏曲创作孵化计划。

2. 卫生事业

年末全市共有各类卫生机构1074(含村卫生室)个,其中:医院、卫生院133个,妇幼保健院(所、站)7个,专科疾病防治院2个。全市卫生技术人员8972人,比上年增加250人,其中执业(助理)医师3398人,增加125人,注册护士4013人,增加130人。医院和卫生院拥有病床7804张,比上年增加440张。全年医疗卫生机构共诊疗592.1万人次,比上年增长7.5%。村卫生室624个,乡村医生和卫生员610人。新型农村合作医疗覆盖农村人口107.83万人,实际参加农村合作医疗农民107.83万人,平均参合率达100%。

3. 体育事业

年末全市拥有体育场地25个,其中:体育场9个、体育馆6座、运动场(田径场)10个。广泛组织开展全民健身活动,全年举办各级各类全民健身项目173项次,参与健身群众人数达36万人次。在市级以上竞赛中,黄山市运动健儿共夺得金牌12枚、银牌8枚、铜牌17枚。圆满承办安徽省第一届健身休闲大会,直接参与人数近万人。成功举办中国黄山(黟县)国际山地车赛、黄山论剑国际武术大赛等。其中，中国黄山(黟县)山地车节成为全国首批“国家体育旅游精品赛事”。全年电脑体育彩票销售额达 1.42 亿元，比上年增长 13.3%。

(五) 环境保护

全年空气质量平均优良天数比例为 98.1%，比上年提高 0.8 个百分点，达到国家二级标准。全市 PM10 年均浓度 51 微克/立方米，PM2.5 平均浓度 26 微克/立方米。已建成自然保护区 69 个，其中国家级 2 个，省级 7 个。当年造林面积 6913 公顷，其中：人工造林面积 1611 公顷，封山育林面积 5302 公顷。年末森林面积 740.7 千公顷，森林覆盖率 82.9%，活立木总蓄积量 4490 万立方米。

全市地表水总体水质状况优。其中新安江流域河流总体水质状况优，8 个监测断面水质均达到Ⅱ类；长江流域河流总体水质优，7 个监测断面水质为Ⅰ—Ⅲ类。太平湖、丰乐湖、奇墅湖水质状况优，水质类别均为Ⅱ类。全市城镇集中式饮用水源地全年水质达标率为 100%。城区环境噪声昼间平均等效声级 52.4 分贝，城区道路交通噪声昼间平均等效声级为 66 分贝。

(六) 社会安全

全年各类安全生产事故死亡人数 42 人，比上年下降 2.3%，亿元 GDP 生产安全事故死亡人数为 0.065 人，下降 12.8%。全年发生道路运输事故 60 起，发生火灾事故 358 起。

三、黄山市在泛长三角地区经济发展中的地位

2017 年，面对复杂多变的宏观环境和艰巨繁重的改革发展任务，全市上下在省委、省政府和市委的坚强领导下，全面贯彻落实党的十八大和十九大精神，坚持以新发展理念为引领，坚持稳中求进工作总基调，扎实推进供给侧结构性改革，全力实施五大发展行动计划，统筹推进稳增长、促改革、调结构、惠民生、防风险各项工作，迎难而上，开拓进取，全市经济持续健康发展，人民生活显著改善，社会大局和谐稳定，较好地完成了市六届人大历次会议确定的目标任务，为全面建成小康社会奠定了坚实基础。

(一) 地区生产总值

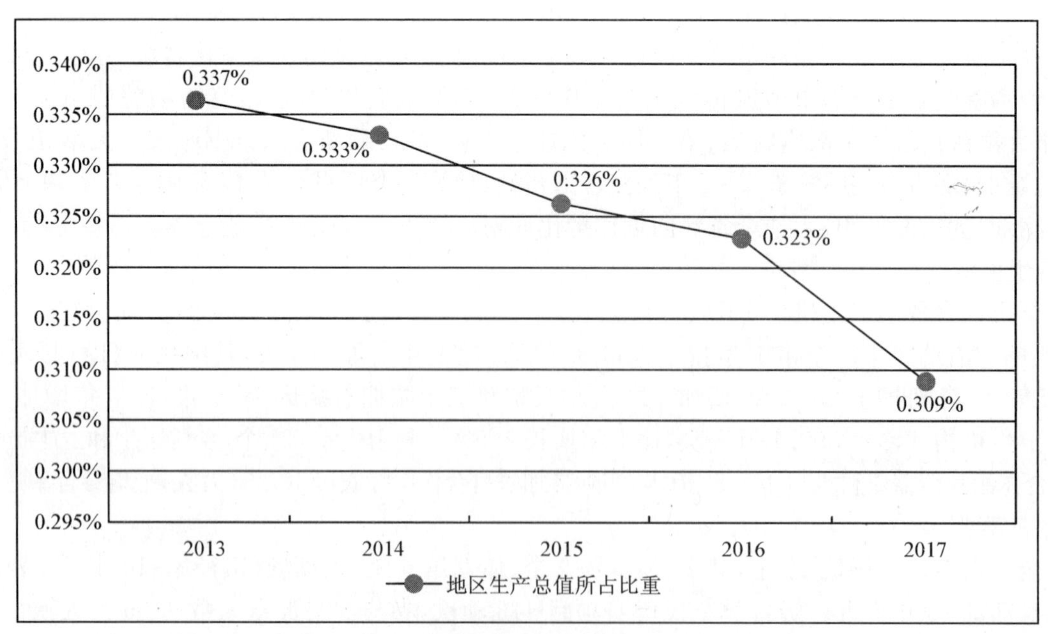

图 4　2013—2017 年黄山市地区生产总值在泛长三角地区 41 市(苏浙两省 24 个地级市、上海市和安徽省 16 市，下同)所占比重的变化趋势

2013—2017 年黄山市地区生产总值在泛长三角地区 41 市所占比重分别为 0.337%、0.333%、0.326%、0.323%和 0.309%。2017 年与 2013 年比减少了 0.03 个百分点，较上年比减少了 0.01 个百分点。2017 年，黄山市在泛长三角地区 41 市生产总值所占比重排最后一位。

2017 年，全年地区生产总值(GDP)645.7 亿元，按可比价格计算，比上年增长 7.8%。分产业看，第一产业增加值 57.3 亿元，增长 2.8%；第二产业增加值 256.2 亿元，增长 8.8%；第三产业增加值 332.2 亿元，增长 8.0%。人均 GDP 46742 元(折合 6923 美元)，比上年增加 4571 元。三次产业结构由上年的 9.7∶39.2∶51.1 调整为 8.9∶39.7∶51.4，其中工业增加值占 GDP 比重为 31.4%，比上年提高 0.4 个百分点。三次产业对经济增长的贡献率分别为 3.5%、45.5%和 51%，其中：工业对经济增长的贡献率为 39.7%。

七个县域歙县是全市最高的县域，达到 158.92 亿元；其次是屯溪区，作为中心城区的屯溪，完成 GDP 132 亿元。从 GDP 排名第三的县域开始，其总量就下降到百亿元以下了，依次分别是：黄山区 88.34 亿元、休宁县 84 亿元、祁门县 64.5 亿元、徽州区 60 亿元、黟县 30 亿元左右。

(二) 地方财政一般预算收入

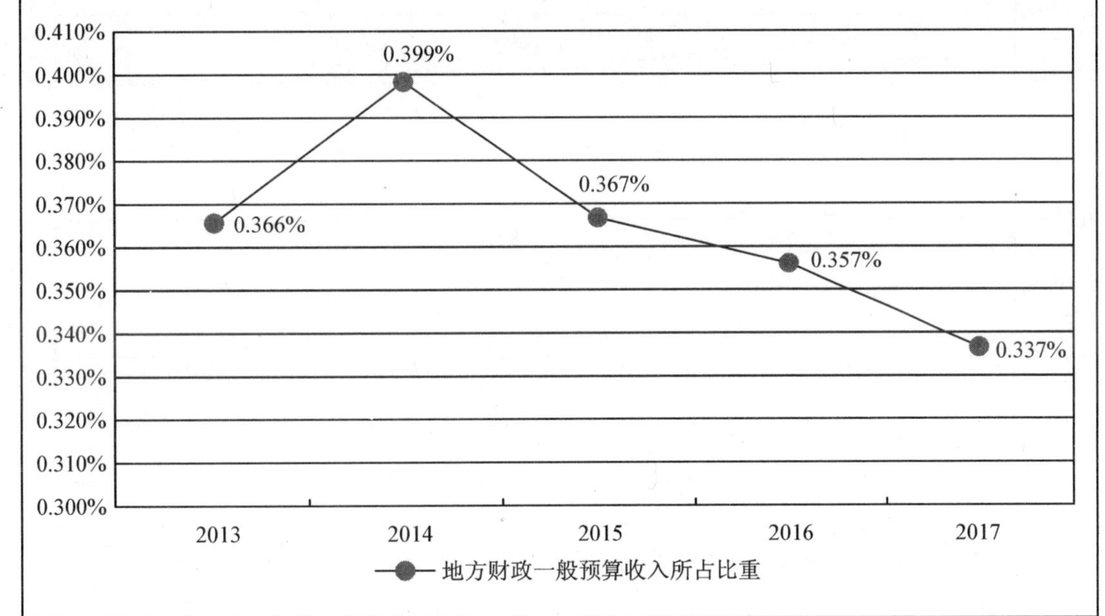

图 5　2013—2017 年黄山市地方财政一般预算收入在泛长三角 41 市所占比重的变化趋势

2013—2017 年黄山市地方财政一般预算收入在泛长三角 41 市所占比重分别为 0.366%、0.399%、0.367%、0.357%和 0.337%，2017 年较 2013 年减少了 0.03 个百分点，较上年减少了0.02 个百分点。2017 年，黄山市地方财政一般预算收入在泛长三角地区 41 市排第 39 位，与 2016 年持平。

2017 年，全市完成一般公共预算财政收入 106 亿元，增长 7%，占预算的 100%；地方一般公共预算收入完成 75.2 亿元，下降 0.8%；市级公共财政收入完成 32.1 亿元，增长 6.6%，占预算任务的 100%。其中：地方税收收入 10.6 亿元，与上年基本持平。

(三) 工业生产总值

2013—2017 年黄山市工业生产总值在泛长三角 41 市所占比重分别为 0.288%、0.275%、0.259%、0.260% 和 0.235%，2017 年较 2013 年减少了 0.05 个百分点，较上年减少了 0.025 个百分点。

2017 年，黄山市工业生产总值在泛长三角 41 市所占比重排最后一位。

2017 年，全市工业经济呈现“稳中有进、稳中向好”的发展态势，实现全社会工业增加值 202.6 亿元，工业对经济增长的贡献率达 39.7%，较上年提高 3.1 个百分点，直接拉动 GDP 增长 3.1 个百分点，较上年提高 0.3 个百分点。从经济运行特点看，主要体现在“三快、三强”：一是工业增速快。规模以上工业增加值同比增长 10.3%，圆满完成市政府下达的年度目标任务（10%），增速居全省第 2 位。二是企业发展快。54 户“市级队”企业产值同比增长 29.3%，增幅比全市规模以上工业高 12.6 个百分点；新增规模以上工业企业 55 户，总户数达 577 户。三是投资增长快。完成工业投资 123.9 亿元，同比增长 17.4%，居全省第 4 位。四是税收贡献强。工业入库税收 18.04 亿元，较上年净增 3.56 亿元；同比增长 25.4%，较上年提高 21.4 个百分点；工业税收占全市税收的比重达 24.9%，较上年提高 3.2 个百分点。五是产业拉动强。绿色食品、汽车电子、绿色软包装、精细化工四大主导产业产值同比增长 19.3%，拉动规模以上工业增长9.2个百分点。六是用电支撑强。工业用电 14.7 亿千瓦时，同比增长 11.2%，居全省第 2 位。

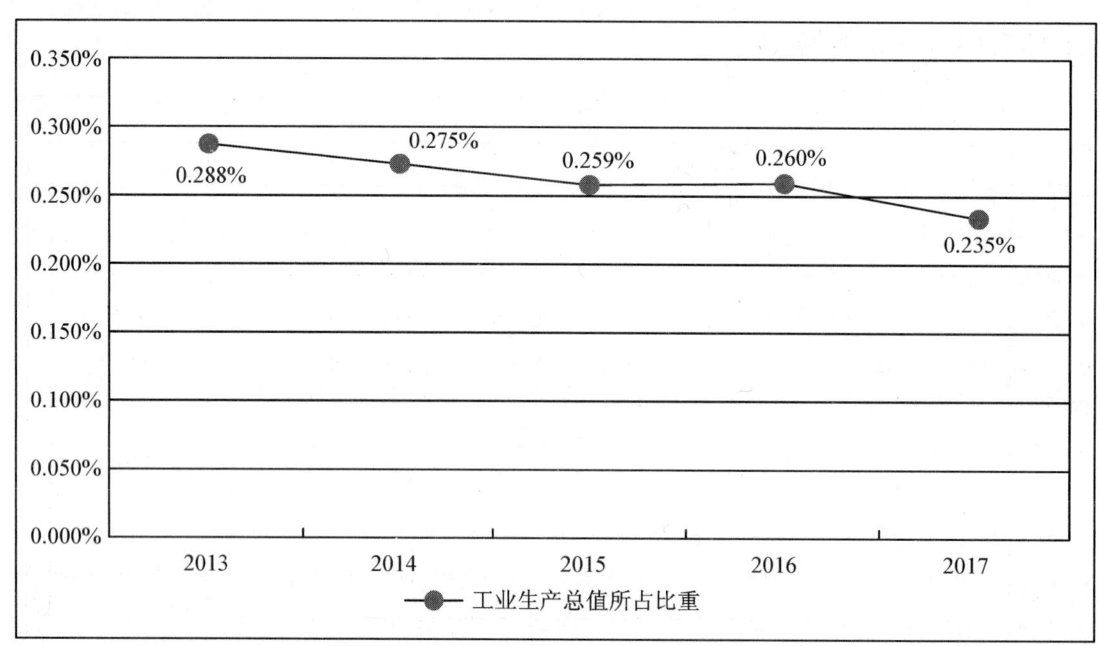

图 6 2013—2017 年黄山市工业生产总值在泛长三角 41 市所占比重的变化趋势

（四）进出口总额

2013—2017 年黄山市进出口总额在泛长三角 41 市所占比重分别为 0.058%、0.064%、0.046%、0.049% 和 0.049%，五年间减少 0.01 个百分点，其中 2017 年较上年基本持平。2017 年，黄山市进出口总额在泛长三角 41 市排第 36 位，较 2016 年下降一位。

2017 年，全年进出口总额 73740 万美元，比上年增长 12.9%。其中，出口 61011 万美元，增长 11.1%；进口 12729 万美元，增长 22.1%。从贸易方式看，一般贸易进出口 69503 万美元，增长 11.6%；加工贸易 4215 万美元，增长 39.6%；其他贸易 22 万美元，下降 20%。从出口商品类别看：农产品 23047 万美元，增长 2.1%；化工产品 14768 万美元，增长 25.6%；机电产品 8132 万美元，增长 27.2%；纺织服装 4769 万美元，下降 19.9%。从出口区域看：对亚洲出口 20522 万美元，增长 12%；非洲 18642 万美元，增长 2.9%，欧洲 10402 万美元，增长 19.9%；北美洲 7621 万美元，增长 11.2%；拉丁美洲 3182 万美元，增长 37.8%；大洋洲 639 万美元，下降 1%。

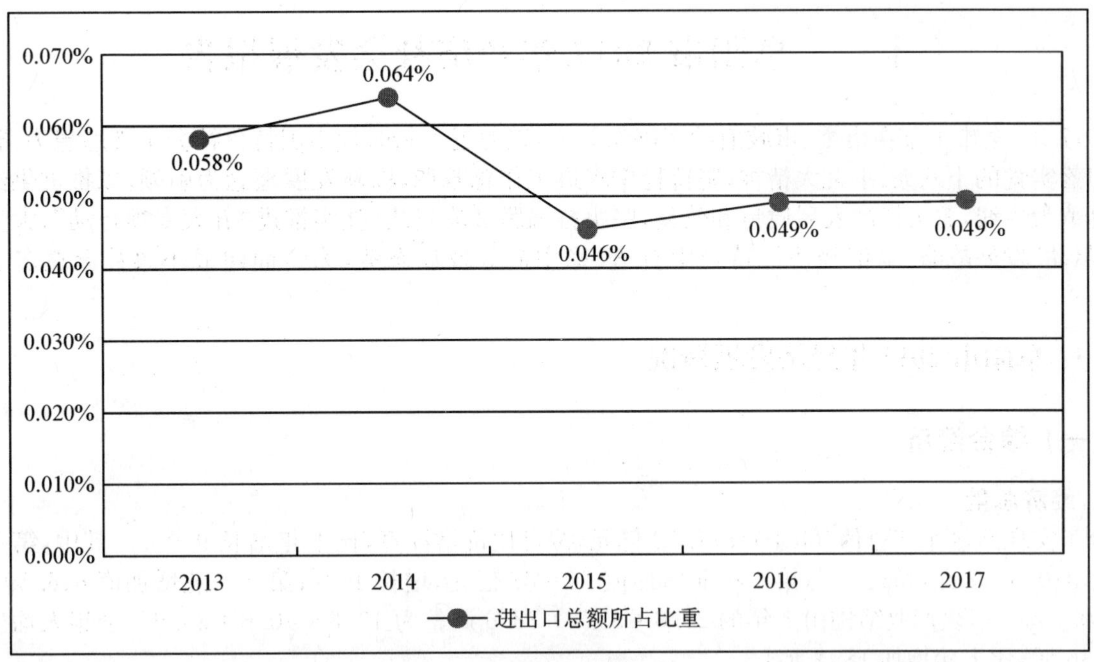

图 7 2013—2017 年黄山市进出口总额在泛长三角 41 市所占比重的变化趋势

(五) 实际外商直接投资金额

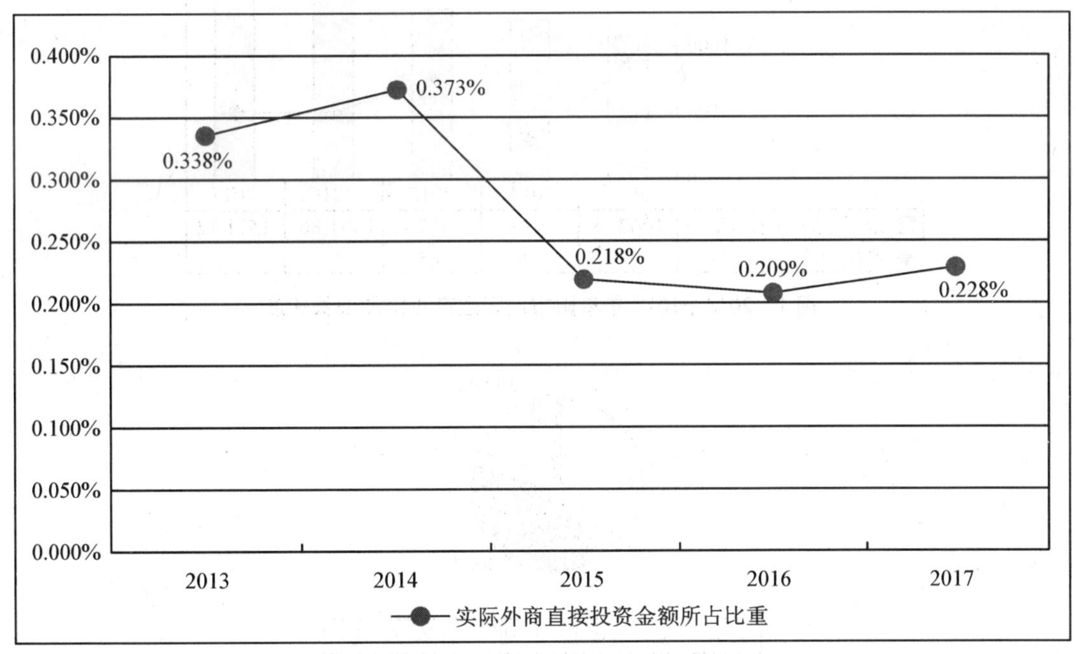

图 8 2013—2017 年黄山市实际外商直接投资金额在泛长三角 41 市所占比重的变化趋势

2013—2017 年黄山市实际外商直接投资金额在泛长三角 41 市所占比重分别为 0.338%、0.373%、0.218%、0.209%和 0.228%，整体呈下跌姿态，2017 年较 2013 年减少了 0.11 个百分点，较上年增加了 0.02 个百分点。2017 年，黄山市实际外商直接投资金额在泛长三角 41 市排第 40 位，与 2016 年持平。

十一　阜阳市 2017 年经济社会发展报告

2017 年，全市上下在市委、市政府的正确领导下，以习近平新时代中国特色社会主义思想为指导，全面贯彻落实党的十八大、十九大精神，坚持稳中求进工作总基调，以新发展理念为引领，以推进供给侧结构性改革为主线，着力提高发展质量和效益，坚决打赢脱贫攻坚战，扎实推进“五大专项行动”，大力助推“双轮驱动”发展战略，全市经济保持稳中有进、稳中向好发展态势，为全面建成小康社会奠定了坚实基础。

一、阜阳市 2017 年经济发展概况

（一）综合经济

1. 经济总量

全年实现地区生产总值(GDP)1571.12 亿元，按可比价格计算，比上年增长 9.0%。其中，第一产业增加值 310.67 亿元，增长 4%；第二产业增加值 643.87 亿元，增长 10%；第三产业增加值 616.59 亿元，增长 10.7%。三次产业结构由上年的 21.6∶39.8∶38.6 调整为 19.8∶40.6∶39.6。全年人均生产总值 19536 元，比上年增加 1894 元。

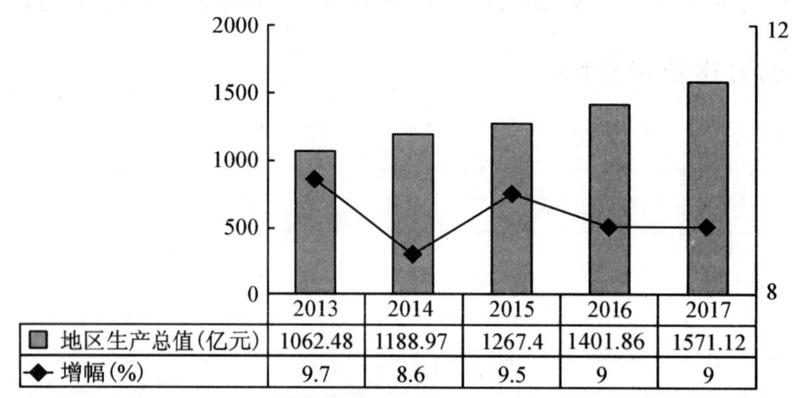

	2013	2014	2015	2016	2017
地区生产总值(亿元)	1062.48	1188.97	1267.4	1401.86	1571.12
增幅(%)	9.7	8.6	9.5	9	9

图 1　2013—2017 年阜阳市地区生产总值及增长速度

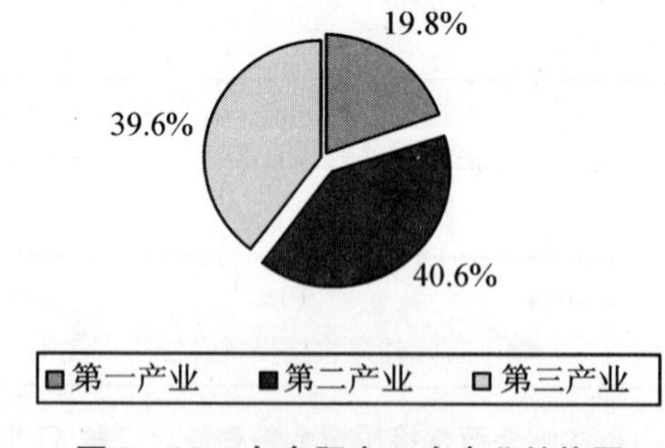

图 2　2017 年阜阳市三次产业结构图

2. 财政收支

全年财政收入 277.1 亿元，比上年增长 22.6%。其中，地方财政收入 157.6 亿元，增长 18.1%。全部财政收入中，税收收入 238.9 亿元，增长 26.0%；非税收入 38.2 亿元，增长 4.9%。全年财政支出 515.2 亿元，比上年增长 18.2%。其中，民生类支出 443.5 亿元，增长 18.9%。重点支出项目中，城乡社区事务支出 54.3 亿元，增长 79.7%；教育支出 99.1 亿元，增长 7.1%；科学技术支出 5.3 亿元，增长

7.4%；社会保障和就业支出77.6亿元，增长15.5%；节能环保支出11.4亿元，增长26.4%。全年33项民生工程累计投入159.2亿元。“三公”经费支出1.8亿元，下降3.3%。

3. 物价水平

全年居民消费价格比上年上涨1.4%。其中，衣着价格上涨1.1%，居住价格上涨3.6%。商品零售价格上涨1.3%。

4. 固定资产投资

全年固定资产投资1632.5亿元，比上年增长26.3%。其中，工业技术改造投资185.0亿元，增长15.4%；基础设施投资430.7亿元，增长29.9%；民间投资841.8亿元，增长22.6%。分产业看，第一产业投资38.0亿元，下降10.9%；第二产业投资435.0亿元，增长11.3%；第三产业投资1159.5亿元，增长35.0%。分行业看，工业投资435.0亿元，增长11.3%，其中高新技术产业投资63.9亿元，增长28.0%，占工业投资的14.7%。

全年516个亿元以上项目累计完成投资1485.7亿元，增长41.1%，其中新开工项目173个、竣工项目198个。商阜杭、郑阜高铁和铁路北站扩能工程加快建设，淮河阜阳港、引江济淮工程和阜阳机场改扩建工程前期工作进展顺利。开工建设国省干线公路277千米，完成农村道路畅通工程1991千米，农村电网改造完成投资12.8亿元。

（二）农业

全年粮食作物种植面积1005.6千公顷，比上年扩大1.6千公顷。油料种植面积33.0千公顷，减少3.7千公顷。棉花种植面积6.0千公顷，减少0.8千公顷。蔬菜种植面积173.7千公顷，扩大8.3千公顷。粮食经济作物面积由上年的80.3∶19.7调整为79.9∶20.1。

全年粮食产量567.8万吨，比上年增加10.6万吨，增长1.9%。其中，夏粮产量346.8万吨，增长1.7%；秋粮产量221.0万吨，增长2.1%。油料产量7.0万吨，下降4.3%。棉花产量0.8万吨，下降14.0%。蔬菜产量665.8万吨，增长5.9%。

全年肉类总产量67.7万吨，增长1.7%。禽蛋产量16.5万吨，增长2.7%。水产品产量11.0万吨，增长2.1%。

年末全市农业机械总动力(不含农用运输车)624.9万千瓦，增长0.3%。农用拖拉机15.1万台，增长0.8%。其中，大中型拖拉机4.0万台，增长6.5%。全年化肥施用量(折纯)35.7万吨，下降3.3%。农村用电量18.3亿千瓦时，增长9.8%。

（三）工业和建筑业

1. 工业经济

年末全市规模以上工业企业1798户，比上年净增80户。规模以上工业增加值增长10.3%，其中轻工业增长13.7%，重工业增长6.2%。分经济类型看，国有企业增长7.7%，集体企业下降1.0%，股份制企业增长11.1%，外商及港澳台投资企业增长1.7%。分门类看，采矿业下降7.9%，制造业增长11.1%，电力、热力、燃气及水生产和供应业增长14.9%。

规模以上工业中，36个工业行业大类有31个行业增加值保持增长。其中，电气机械和器材制造业增长47.6%，有色金属冶炼和压延加工业增长30.1%，橡胶和塑料制品业增长28.3%，医药制造业增长16.8%，家具制造业增长16.6%，酒、饮料和精制茶制造业增长10.1%，电力、热力生产和供应业增长9.8%，烟草制品业增长6.9%，纺织业增长6.6%，非金属矿物制品业增长6.5%，农副食品加工业增长6.1%，化学原料和化学制品制造业增长4.9%。高新技术产业增加值增长19.1%，战略性新兴产业产值增长29.0%。战略性新兴产业集聚发展基地工业总产值增长41.9%，其中，太和医药基地工业总产值增长28.6%。

规模以上工业统计的主要产品产量中，饲料、卷烟、家具、精甲醇、塑料制品、滚动轴承、电力电缆分别比上年增长3.6%、2.4%、0.2%、25.3 %、40.7%、1.5%、8.7%，啤酒、白酒、服装、水泥、复合木地板、多色印刷品分别下降1.5%、1.4%、4.4%、17.4%、1.1%、41.6%。

全年规模以上工业企业实现利润117.4亿元，增长15.0%。其中，国有企业基本持平，集体企业下降22.9%，股份制企业增长20.7%，外商及港澳台商投资企业下降51.0%。主营业务收入2322.3亿元，增长18.9%；实现利税223.3亿元，增长15.4%。规模以上工业经济效益综合指数325.0%，比上年提高3.9个百分点。

2. 建筑业

全年全社会建筑业增加值86.4亿元，按可比价格计算，比上年增长8.6%。房屋建筑施工面积1978.1万平方米，下降8.1%；房屋竣工面积634.6万平方米，下降11.6%。

(四)服务业

1. 国内贸易

全年社会消费品零售总额852.0亿元，比上年增长12.2%。按经营地统计，城镇消费品零售额622.7亿元，增长12.5%；乡村消费品零售额229.4亿元，增长11.4%。按消费类型统计，商品零售额705.1亿元，增长12.5%；餐饮收入146.9亿元，增长10.8%。

限额以上企业商品零售额中，粮油、食品类71.9亿元，增长18.2%；烟酒类19.1亿元，增长19.7%；服装、鞋帽、针纺织品类42.1亿元，增长18.0%；化妆品类5.2亿元，增长37.2%；日用品类16.1亿元，下降3.1%；金银珠宝类11.5亿元，增长32.8%；五金电料类4.6亿元，增长20.2%；家用电器和音像器材类25.2亿元，增长21.1%；书报杂志类1.7亿元，增长0.5%；中西药品类102.4亿元，增长9.4%；石油及制品类50.9亿元，增长17.0%；汽车类88.2亿元，增长12.2%；机电产品及设备类5.4亿元，增长9.8%。

2. 交通运输、邮电

全年公路货物运输总量4.9亿吨，比上年增长13.1%；旅客运输总量0.7亿人次，下降16.5%。公路货物运输周转量1194.4亿吨千米，增长5.2%；旅客运输周转量46.3亿人千米，下降14.9%。港口货物吞吐量640.6万吨，下降46.4%。阜阳机场航线9条，覆盖13个城市，民航旅客吞吐量61.9万人次，增长35.4%。

年末民用汽车拥有量72.6万辆，比上年增长21.9%。其中，私人汽车60.9万辆，增长22.8%。

全年邮电业务总量76.7亿元，比上年增长16.6%。其中，电信业务总量60.4亿元，增长11.7%；邮政业务总量16.3亿元，增长40.0%。快递服务企业业务量3530.6万件，增长15.9%；快递业务收入3.8亿元，增长25.2%。年末全市固定电话用户46.7万户，比上年减少4.1万户；移动电话用户632.5万户，比上年增加140.8万户。年末全市计算机互联网宽带接入用户141.4万户，比上年增加42.6万户。

3. 旅游业

全年旅游总收入170.6亿元，比上年增长26.4%。其中，旅游外汇收入0.9亿美元，增长2.2%；国内旅游收入170.0亿元，增长26.8%。全年接待游客2375.8万人，增长20.2%。其中，入境游客1.7万人，增长21.0%。

4. 金融和保险

年末全市金融机构人民币各项存款余额3501.3亿元，比年初增加502.3亿元，增长16.7%。其中，住户存款余额2135.1亿元，增长12.2%；非金融企业存款余额624.1亿元，增长17.1%。金融机构人民币各项贷款余额2055.4亿元，比年初增加485.6亿元，增长30.9%。其中，住户贷款余额1060.7亿元，增长38.3%；非金融企业及机关团体贷款余额994.7亿元，增长23.9%。

全年保险业保费收入115.5亿元，比上年增长30.7%。其中，财产险38.8亿元，增长20.6%；寿险62.4亿元，增长36.5%；意外伤害险1.9亿元，增长28.9%；健康险12.4亿元，增长37.5%。

5. 房地产业

全年房地产开发投资516.3亿元，比上年增长47.3%。商品房销售面积859.7万平方米，增长

29.7%；商品房销售额571.6亿元，增长53.7%；年末商品房待售面积51.9万平方米，下降40.8%；商品房施工面积3674.6万平方米，增长23.6%；竣工面积143.3万平方米，下降54.3%。

（五）对外经济

1. 对外贸易

全年货物进出口总额11.1亿美元，比上年下降1.3%。其中，出口9.6亿美元，下降4.1%；进口1.5亿美元，增长23.1%。从出口贸易方式看，一般贸易出口8.4亿美元，下降5.8%；加工贸易出口1.3亿 美元，增长8.0%。

2. 利用外资

全年新批外商投资企业9家，比上年增长80.0%。合同外资8.8亿美元，增长730.6%。实际利用外商直接投资2.2亿美元，比上年增长8.0%。

二、阜阳市2017年社会发展概况

（一）人口、人民生活

年末全市户籍人口1070.1万人，比上年末增加8.6万人。据抽样调查，年末全市常住人口809.3万人，比上年末增加10.2万人；城镇化率41.75%，比上年末提高1.51个百分点；常住人口出生率18.30‰，死亡率6.24‰，自然增长率12.06‰。

全年城镇常住居民人均可支配收入27713元，增长8.8%，扣除价格因素，实际增长7.3%；城镇居民人均消费支出17735元，同比增长9.5%，扣除价格因素，实际增长8.0%。农村常住居民人均可支配收入10748元，增长10.0%，扣除价格因素，实际增长8.5%；农村居民人均消费支出8538元，同比增长10.6%，扣除价格因素，实际增长9.1%。

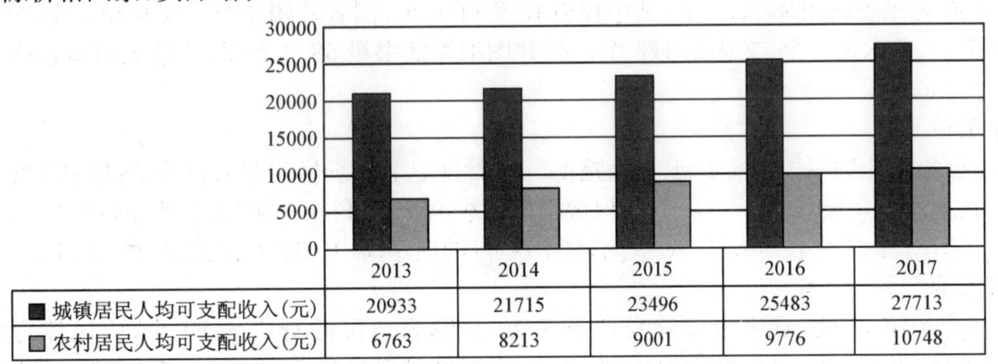

	2013	2014	2015	2016	2017
■ 城镇居民人均可支配收入（元）	20933	21715	23496	25483	27713
■ 农村居民人均可支配收入（元）	6763	8213	9001	9776	10748

图3　2013—2017年阜阳市城乡居民收入对比一览

（二）就业与社会保障

1. 就业工作

年末全市就业人员681.2万人，比上年增加21.0万人。其中，第一产业226.8万人，增加2.7万人；第二产业211.9万人，增加12.2万人；第三产业242.5万人，增加6.1万人。全年城镇新增就业6.7万人，下岗失业人员再就业2.4万人。年末城镇登记失业率1.9%。

2. 社会保障和福利

全年城镇常住居民人均可支配收入27713元，增长8.8%，扣除价格因素，实际增长7.3%；城镇居民人均消费支出17735元，同比增长9.5%，扣除价格因素，实际增长8.0%。农村常住居民人均可支配收入10748元，增长10.0%，扣除价格因素，实际增长8.5%；农村居民人均消费支出8538元，同比增长10.6%，扣除价格因素，实际增长9.1%。

年末全市城镇职工养老保险参保人数40.7万人，失业保险参保人数25.7万人，医疗保险参保人数

42.7 万人，工伤保险参保人数 32.2 万人，生育保险参保人数 29.2 万人。新型农村合作医疗保险参保人数 909.5 万人，比上年增加 8.8 万人。

年末 5.0 万人享受城市居民最低生活保障，23.8 万人享受农村居民最低生活保障，农村五保供养 6.3 万人。全年民政部门直接救助 42.5 万人次，资助参加基本医疗保险 81.2 万人次。

（三）教育和科学技术

1. 教育事业

年末有普通高校 4 所，当年招生 1.0 万人，在校生 3.6 万人，毕业生 1.0 万人。各类中等职业教育学校 41 所，在校生 11.0 万人。普通中学 425 所，在校生 51.0 万人。其中，高中 48 所，在校生 14.5 万人；初中 377 所，在校生 36.5 万人。小学 1361 所，在校生 76.7 万人。幼儿园 1148 所，在园儿童 31.8 万人。初中学龄人口入学率 100.0%，初中毕业生升学率 84.3%，小学适龄儿童入学率 100.0%，小学毕业生升学率 101.4%。

2. 科技与创新

年末有高新技术企业 148 家，增长 24.4%；全年高新技术产业产值增长 37.5%。全年专利申请量 10336 件，增长 21.5%。其中，发明专利 5783 件，实用新型专利 3560 件，外观设计 993 件。全年专利授权量 2396 件，其中，发明专利 243 件，实用新型专利 1451 件，外观设计专利 702 件。有效发明专利拥有量 1468 件，万人发明专利拥有量 1.83 件；组织实施省级以上科技计划项目 181 项，有 6 项科技成果获省科学技术奖，其中二等奖 3 项，三等奖 3 项。

（四）文化、卫生和体育

1. 文化事业

年末全市有艺术表演团体 1144 个，其中民营院团 1140 个，国有院团 4 个。文化馆 9 个、公共图书馆 8 个、博物馆 7 个、美术馆 1 个、文化站 173 个。公共图书馆藏书量 58.3 万册，广播人口覆盖率 100%，电视人口覆盖率 100%。

2. 卫生事业

年末全市有各类卫生机构 2788 个，其中医院 115 个、社区卫生服务中心（站）174 个、基层卫生院 164 个、村卫生室 1762 个、疾病预防控制中心 9 个、妇幼保健院（所、站）9 个、专科疾病防治院（所、站）3 个。年末全市有医疗机构床位 39789 张，卫生技术人员 50999 人，其中执业（助理）医师 13913 人、注册护士 15725 人。

3. 体育事业

全市有体育场馆 11 处，县级全民健身广场 7 个，乡镇级全民健身广场 94 个，农民体育健身工程 1746 个，全民健身苑 455 个，社区体育俱乐部 88 个，全民健身晨晚练点 793 个。全年举办大型全民健身活动 106 次，其中千人以上活动 15 次，参加活动人数 79842 万人。全年获得国际赛事金牌 1 枚；国家级体育赛事金牌 3 枚、铜牌 2 枚；省级体育赛事金牌 62 枚、银牌 69 枚、铜牌 70 枚。全市批准通过二级运动员 141 人，一级运动员 31 人。今年发展二级社会体育指导员 860 名，三级社会体育指导员 790 名。全年福利彩票销售额 4.3 亿元，公益金 1.3 亿元；全年体育彩票销售额 3.7 亿元，公益金 0.3 亿元。

（五）环境保护

年末全市查明资源储量矿种 6 种。其中，查明煤矿储量 48.8 亿吨，铁矿 0.2 亿吨。

年末全市有环境监测站 6 个。其中，市级站 1 个，县级站 5 个。阜阳城区空气质量达到国家Ⅱ级标准 226 天，空气质量优良率 62.1%。自然保护区 2 个，面积 2.6 万公顷。当年造林面积 8000 公顷，比上年增长 1.0%。其中，用材林 690 公顷，经济林 5765 公顷，防护林 1545 公顷。

（六）社会安全

全年发生火灾事故 307 起，直接经济损失 1770.0 万元。发生交通事故 686 起，造成 165 人死亡，受

伤 786 人，经济损失 686.7 万元。

三、阜阳市在泛长三角地区经济发展中的地位

2017 年，在省委、省政府和市委的坚强领导下，全市上下坚持以习近平新时代中国特色社会主义思想为指导，全面学习贯彻党的十八大和十九大精神，认真贯彻落实省委、省政府和市委决策部署，大力实施“双轮驱动”战略，扎实推进“五大专项行动”，主动作为，攻坚克难，开拓奋进，全市经济社会继续保持了平稳较快发展的良好态势。

（一）地区生产总值

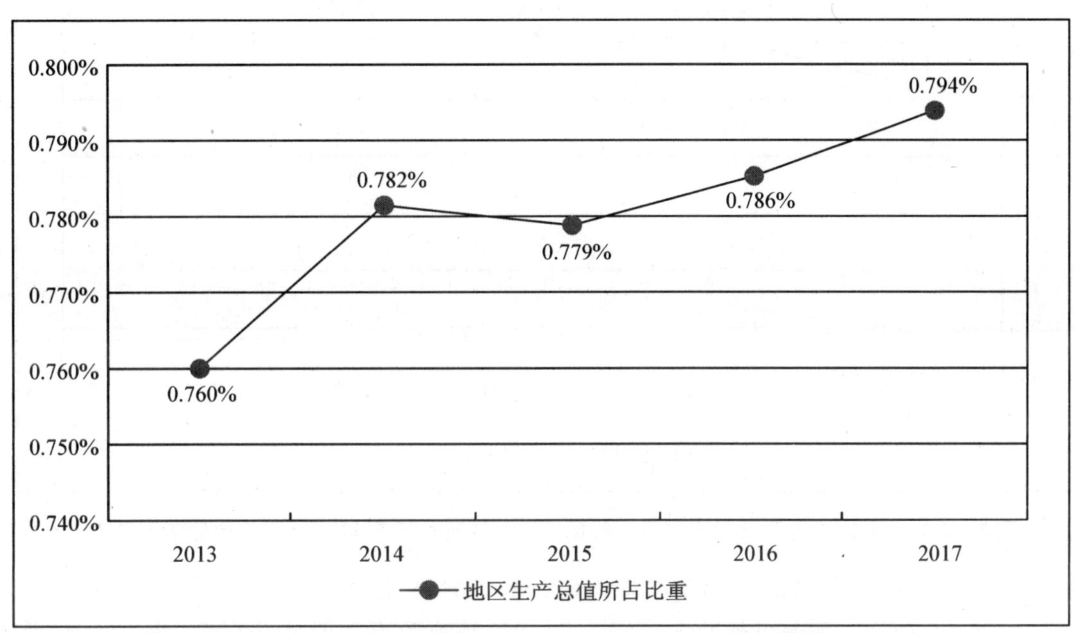

图 4　2013—2017 年阜阳市地区生产总值在泛长三角地区 41 市（苏浙两省 24 个地级市、上海市和安徽省 16 市，下同）所占比重的变化趋势

2013—2017 年阜阳市地区生产总值在泛长三角地区 41 市所占比重分别为 0.760%、0.782%、0.779%、0.786%、和 0.794%。地区生产总值在泛长三角 41 市占比整体呈上扬态势，2017 年与 2013 年比增加了 0.03 个百分点，较上年略有增长。2017 年，阜阳市在泛长三角地区 41 市生产总值所占比重排第 28 位，与 2016 年持平。

2017 年，全年全市生产总值 1571.1 亿元，按可比价格计算，比上年同期增长 9.0%。其中，第一产业增加值 310.7 亿元，增长 4.1%；第二产业增加值 637.3 亿元，增长 9.8%；第三产业增加值 623.1 亿元，增长 10.8%。全市生产总值同比增长 9.0%，居全省第 3 位，较上年提升 4 个位次；农村居民人均可支配收入增长 10.0%，居全省第 1，较上年提升 4 个位次；城镇居民人均可支配收入增长 8.8%，居全省第 4，较上年提升 2 个位次。

所辖五县市第一名颍上县实现 GDP262 亿元，增速达到 11.2%，无论是总量还是增速都是阜阳县域的（不含市辖区，下同）第一名，即使放在全省，这个增速在县域中也是名列前茅的。第二名太和县实现 GDP232 亿元，增速为 10%，位居阜阳县域第二名。第三名临泉县实现 GDP190 亿元，增速为 8.5%。第四名阜南县实现 GDP 为 160 亿元，增速为 8%，总量位居阜阳五县市的第四位，增速处在第五位。第五名界首市实现 GDP180 亿元，增速为 10.5%，总量位居全市县域最末位即第五名，但增速是亮点，保持了 10%以上的高速增长。

（二）地方财政一般预算收入

2013—2017年阜阳市地方财政一般预算收入在泛长三角41市所占比重分别为0.527%、0.608%、0.615%、0.628%和0.706%，2017年较2013年增加了0.18个百分点，较上年增加了0.08个百分点。2017年，阜阳市地方财政一般预算收入在泛长三角地区41市排第26位，较上年上升了两位。

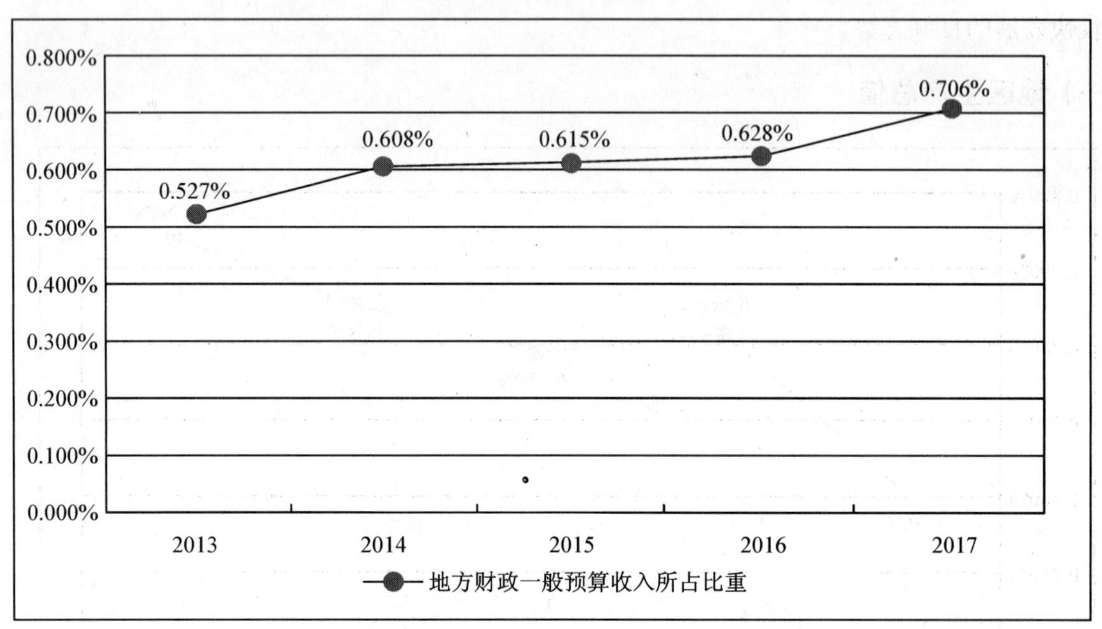

图5 2013—2017年阜阳市地方财政一般预算收入在泛长三角41市所占比重的变化趋势

2017年，全市财政收入完成277.1亿元，增长22.6%，超目标任务28亿元。全市一般公共预算收入完成157亿元，增长17.7%，加上级补助收入311.4亿元、地方政府一般债券收入40.8亿元、调入资金等57.1亿元，收入合计566.3亿元。2017年，市本级财政收入完成70.5亿元，增长17.5%。市本级一般公共预算收入完成35.1亿元，增长27.9%，加上级补助收入32.5亿元、地方政府一般债券收入5.4亿元、调入资金等21.1亿元，收入合计94.1亿元。

2017年，全市财政运行主要呈现以下特点：一是财政收入双进位。全市财政收入完成277.1亿元，居全省第5位，较上年提高1个位次；增幅22.6%，居全省第1位，较上年提高1个位次。二是主体税种全增长。全市增值税、消费税、企业所得税、个人所得税全部实现增收，共入库税收159.8亿元，增长42.6%，拉动财政收入增长21.2个百分点。

（三）工业生产总值

2013—2017年阜阳市工业生产总值在泛长三角41市所占比重分别为0.64%、0.70%、0.69%、0.71%和0.74%，总体呈增加态势，2017年较2013年增加了0.10个百分点，较上年增加了0.03个百分点。2017年，阜阳市工业生产总值在泛长三角41市所占比重排第30位。

2017年，盘点2017年阜阳工业转型升级专项行动，在经济下行压力增大等不利情况下，全市工业经济实现总量争先进位、增速保持领先。全省第2位。规模工业增加值同比增长10.2%。2017年1月至11月，全市实现规模工业增加值573.7亿元，同比增长10.2%，高于全省1.4个百分点，居全省第2位。2017年1月至11月，全市高新技术产业产值同比增长53.4%，高于全省33.8个百分点；战略性新兴产业产值同比增长32.6%，高于全省11.6个百分点，两新产业增速持续居全省第1位。

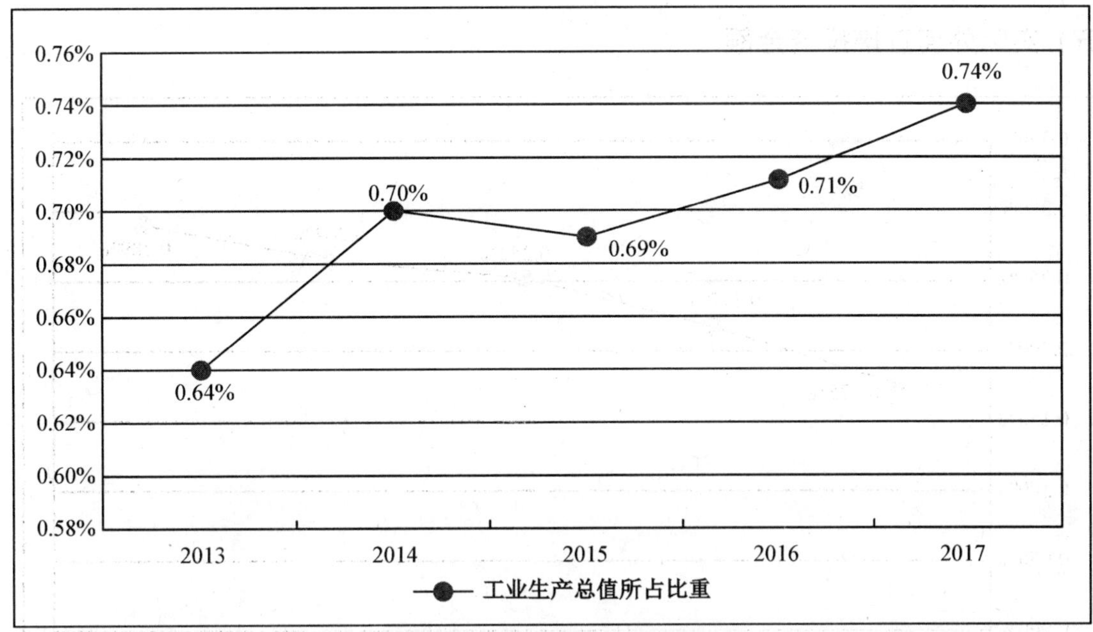

图 6　2013—2017 年阜阳市工业生产总值在泛长三角 41 市所占比重的变化趋势

（四）进出口总额

2013—2017 年阜阳市进出口总额在泛长三角 41 市所占比重分别为 0.099%、0.112%、0.107%、0.085% 和 0.074%，总体上呈下滑态势，2017 年较 2013 年减少了 0.03 个百分点。2017 年，阜阳市进出口总额在泛长三角 41 市排第 34 位，与 2016 年持平。

2017 年全年进出口总额 11.1 亿美元，比上年下降 1.3%。降幅比上年收窄 23.6 个百分点。其中，出口额 9.6 亿美元，下降 4.1%，降幅比上年收窄 21.6 个百分点，出口额居全省第 7 位。从出口贸易方式看，一般贸易出口 8.4 亿美元，下降 5.8%；加工贸易出口 1.3 亿美元，增长 8.0%。

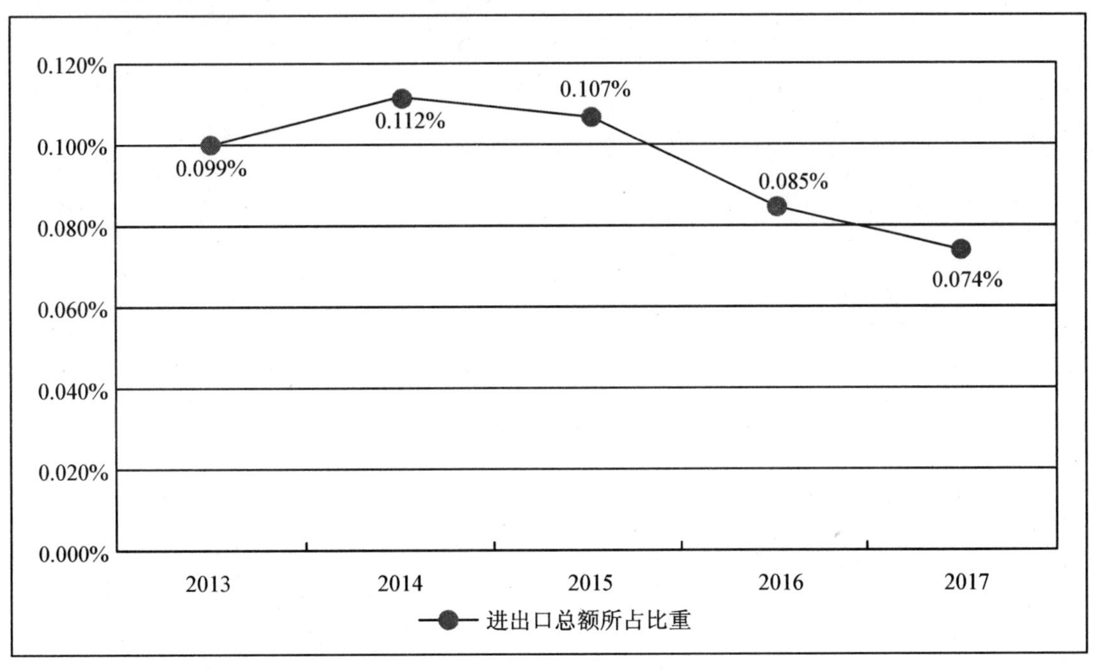

图 7　2013—2017 年阜阳市进出口总额在泛长三角 41 市所占比重的变化趋势

（五）实际外商直接投资金额

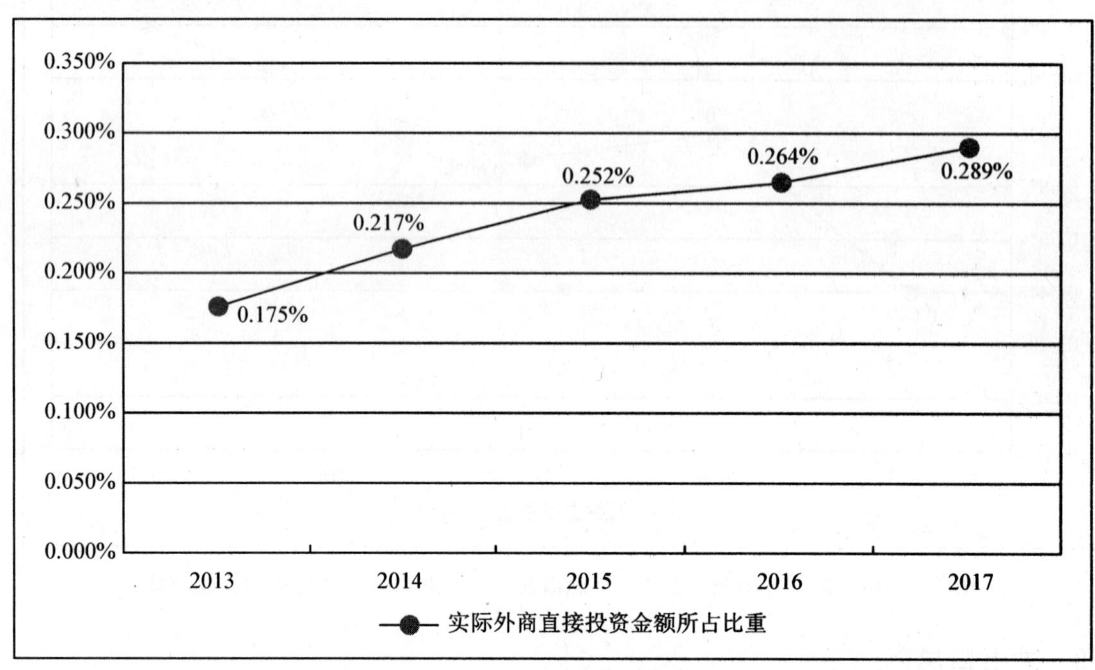

图8 2013—2017年阜阳市实际外商直接投资金额在泛长三角41市所占比重的变化趋势

2013—2017年阜阳市实际外商直接投资金额在泛长三角41市所占比重分别为0.175%、0.217%、0.252%、0.264%和0.289%，2017年较2013年增加了0.11个百分点，较上年增加了0.025个百分点。2017年，阜阳市实际外商直接投资金额在泛长三角41市排第37位，较上年上升一位。

2017年全年新批外商投资企业9家，比上年增长80.0%。合同外资8.8亿美元，增长730.6%。实际利用外商直接投资2.2亿美元，比上年增长8.0%。

十二 宿州市2017年经济社会发展报告

2017年,在省委、省政府和市委、市政府的正确领导下,全市上下以习近平新时代中国特色社会主义思想为指导,自觉践行新发展理念,坚持稳中求进工作总基调,以供给侧结构性改革为主线,统筹推进稳增长、促改革、调结构、惠民生、防风险各项工作,保持了经济平稳健康发展和社会和谐稳定,现代化五大发展美好宿州建设迈出坚实步伐。

一、宿州市2017年经济发展概况

(一)综合经济

1. 经济总量

全年地区生产总值(GDP)1466.45亿元,按可比价格计算,增长9.1%。其中:第一产业增加值258.45亿元,增长3.6%;第二产业增加值538.29亿元,增长9.6%;第三产业增加值669.71亿元,增长11.3%。三次产业结构比为17.6∶36.7∶45.7。人均生产总值26056元(按常住人口计算),比上年增加1786元。

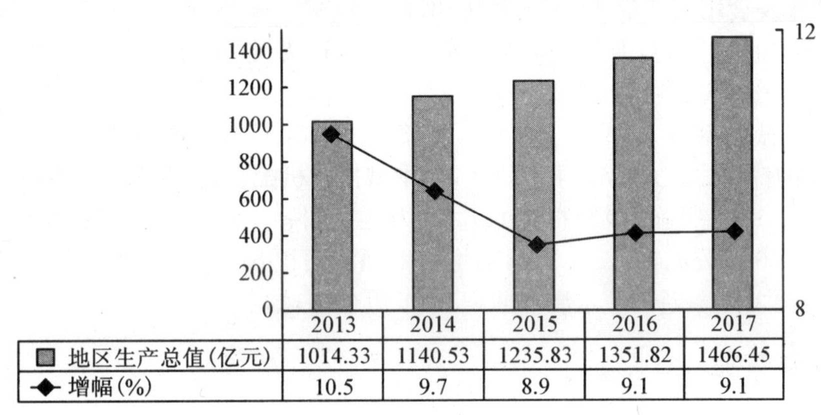

图1 2013—2017年宿州市地区生产总值及增长速度

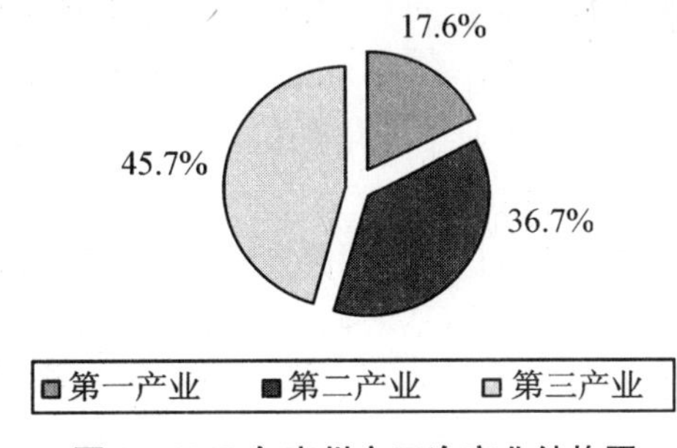

图2 2017年宿州市三次产业结构图

2. 财政收支

全年财政收入156.45亿元,增长11.9%,其中,地方财政收入100.12亿元,增长4.7%。全部财政收入中,税收收入118.39亿元,增长17.5%;非税收入38.06亿元,下降2.5%。财政支出345.92亿元,增长11.1%,其中,民生支出297.86亿元,增长11.9%,占财政支出的86.1%。从重点支出项目看,教育支出增长9.7%,城乡社区事务支出增长79.6%,社会保障和就业支出增长12.7%。

3. 物价水平

全年居民消费价格比上年上涨 1.3%。其中,衣着价格上涨 2.1%,居住价格上涨 2.0%,交通和通信价格上涨 0.4%,教育文化和娱乐价格上涨 3.0%,医疗保健价格上涨 6.4%。

4. 固定资产投资

全年固定资产投资 1402.97 亿元,比上年增长 10.8%。其中一、二、三产投资分别增长 42.9%、11.9% 和 7.6%。全年工业投资 790.51 亿元,增长 13.5%。民间投资 1079.48 亿元,占全市固定资产投资的比重为 76.9%,比上年下降 0.5 个百分点。

全市亿元以上重点项目 463 个,完成投资 709.5 亿元。21 个调结构补短板重点项目全部开工建设。新亚电子、中国电信数据中心等项目加快推进,苏宁广场、绿色家居产业园、宿马中原航空学院等项目开工建设,皖能生活垃圾焚烧发电、高新区电子商务产业园、灵璧立诚包装等项目竣工投运。宿州民航机场项目选址获批,淮北至萧县北客车联络线项目建成通车。徐明高速灵泗段、泗许高速泗县段全线贯通。

(二) 农业

全年粮食作物种植面积 71.36 万公顷,比上年增长 0.9%;油料种植面积 5.45 万公顷,增长 2.2%;棉花种植面积 1.21 万公顷,下降 15.9%;蔬菜及食用菌种植面积 8.66 万公顷,增长 3.6%。

全年粮食产量 350.61 万吨,比上年增长 0.5%;油料产量 24.07 万吨,增长 1.5%;棉花产量 1.67 万吨,下降 20.7%;蔬菜及食用菌产量 337.14 万吨,增长 5.4%。

全年肉类总产量 49.79 万吨,下降 1.1%;牛奶产量 1.54 万吨,下降 6.1%;水产品产量 4.67 万吨,增长 2.0%;禽蛋产量 28.16 万吨,下降 2.0%。

年末全市农业机械总动力 739.67 万千瓦,下降 15.4%,大中型拖拉机保有量 5.56 万台,增长 7.3%,联合收割机保有量 2.72 万台,增长 7.1%,大中型拖拉机配套比 1∶2.55,耕种收综合机械化水平达到 88.21%。全年农用化肥施用量(折纯)31.67 万吨,下降 4.9%。其中复合肥 17.50 万吨,下降 4.6%。灌溉面积 47.50 万公顷,增长 2.1%,新增耕地灌溉面积 0.55 万公顷,下降 38.0%;节水灌溉面积 10.74 万公顷,增长 3.5%,新增节水灌溉面积 0.86 万公顷,增长 13.3%。

(三) 工业和建筑业

1. 工业经济

年末全市规模以上工业企业 1272 家,规模以上工业增加值增长 9.8%。其中,农副食品加工业增长 4.5%,食品制造业增长 21.5%,纺织业下降 10.6%,木材加工和木竹藤棕草制品业增长 6.3%,电力、热力生产和供应业增长 14%;煤炭开采和洗选业增长 8.9%,皮革羽毛制品和制鞋业增长 2.9%。全年战略性新兴产业产值增长 28.8%,高新技术产业工业增加值增长 30.4%,农产品加工业产值增长 10.2%。34 个工业大类行业中有 29 个增加值保持增长。

规模以上工业统计的主要产品产量中,小麦粉下降 4.5%,饲料下降 1%,罐头增长 26.6%,饮料酒下降 4.1%,机制纸及纸板增长 29.7%,塑料制品增长 16.4%,水泥增长 3.4%。

全年规模以上工业企业实现主营业务收入增长 11.2%;实现利润总额增长 27.1%,实现利税增长 20.1%。

2. 建筑业

全年建筑业总产值 308.76 亿元,增长 19.9%。建筑企业房屋建筑施工面积 1134.22 万平方米,增长 2.0%。房屋建筑竣工面积 703 万平方米,增长 28.5%。

(四) 服务业

1. 国内贸易

全年社会消费品零售总额 533.68 亿元,比上年增长 11.9%,其中,限额以上消费品零售额 281.51

亿元，增长15.2%。分城乡看，城镇零售额452.35亿元，增长12.2%；乡村零售额81.33亿元，增长10.1%。

限额以上企业商品零售额中，书报杂志、日用品、文化办公用品、家具、煤炭及制品、汽车等零售额分别增长26.1%、20.1%、19.9%、15.2%、26.4%和10.9%。

2. 交通运输、邮电

全年公路客运量0.37亿人，下降21.6%，旅客周转量21.78亿人千米，下降19.8%。公路货物运输量2.52亿吨，增长14.1%，货物周转量493.34亿吨千米，增长5.3%。

年末汽车保有量44.09万辆，比上年增长20.9%，其中个人汽车保有量38.94万辆，增长22.5%。

全年邮电业务总量39.01亿元，其中，电信业务总量27.25亿元，邮政业务总量11.76亿元。年末固定电话用户29.42万户，移动电话用户448.41万户，移动电话普及率79.27部/百人；互联网宽带用户达到83.16万户。

3. 旅游业

全年入境旅游人数4.50万人次，比上年增长12.7%；国内旅游人数2252.44万人次，增长20.0%。国际旅游外汇收入2051.58万美元，增长2.9%；国内旅游收入150.09亿元，增长26.0%；旅游总收入151.48亿元，增长25.7%。

4. 金融和保险

年末，全市金融机构人民币存款2010.16亿元，增长15.1%。其中，居民住户存款1261.19亿元，增长10.3%。金融机构贷款余额1248.29亿元，增长27.5%。金融机构存贷比62.1%，比上年提高6个百分点。

全年保险业保费收入73.15亿元，增长4.6%。其中，财产险保费收入23.3亿元，增长19.2%；人寿险保费收入49.85亿元，下降1.1%。赔款和给付支出25.25亿元，增长14.6%。其中，财产险赔款12.04亿元，增长21.7%，人寿险赔款和给付13.21亿元，增长8.8%。

5. 房地产业

全年房地产开发投资257.36亿元，增长9.2%。年末商品房销售面积730.89万平方米，增长29.5%；商品房销售额361.57亿元，增长55.4%。全年开工建设城镇保障性安居工程住房4.16万套，基本建成3.86万套。

（五）对外经济

1. 对外贸易

全年进出口总额5.79亿美元，比上年增长23.2%。其中，进口总额0.71亿美元，下降13.5%；出口总额5.07亿美元，增长31.0%。

2. 利用外资

全年引进外资项目10个，比上年减少1个；合同利用外资0.51亿美元，下降31.2%；外商直接投资7.85亿美元，增长7.5%。实际利用内资1170亿元，增长12.5%。

二、宿州市2017年社会发展概况

（一）人口、人民生活

年末全市户籍人口655.47万人，其中：出生人口10.78万人，出生率为16.45‰；死亡人口6.82万人，死亡率为10.41‰；人口自然增长率为6.04‰。年末全市常住人口565.69万人，城镇化率41.56%，比上年提高1.53个百分点。

全年城镇常住居民人均可支配收入27703元，增长8.5%。城镇常住居民恩格尔系数27.6%，城镇居民人均住房建筑面积39.14平方米，比上年增加4.59平方米。

农村常住居民人均可支配收入10859元，增长9.5%。农村常住居民恩格尔系数为30.8%。农村居民人均拥有住房面积51.63平方米，比上年增加10.74平方米。

年末人均住户存款22409元，比上年增加1872元，增长9.1%。

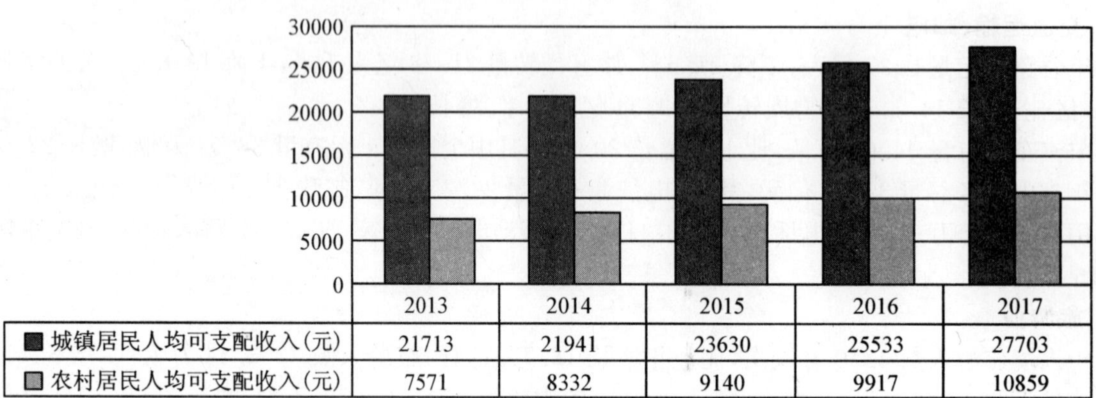

	2013	2014	2015	2016	2017
城镇居民人均可支配收入(元)	21713	21941	23630	25533	27703
农村居民人均可支配收入(元)	7571	8332	9140	9917	10859

图3 2013—2017年宿州市城乡居民收入对比一览

（二）就业与社会保障

1. 就业工作

年末全市从业人员380.4万人。分产业看，第一产业144.2万人，第二产业109.2万人，第三产业127万人。全年城镇新增就业5.5万人，安置下岗失业人员再就业1.7万人，转移农业劳动力6万人。年末城镇登记失业率3.01%。

2. 社会保障和福利

全年参加城乡居民养老保险人数354.85万人。其中，城镇居民参保7.07万人，农村居民参保347.78万人。城乡居民社会养老保险金领取人数92.47万人，增长0.4%。年末城镇基本医疗保险参保人数82.23万人，下降4.4%。其中，城镇职工参保32.69万人，增长4.6%；城镇居民参保49.54万人，下降9.6%。年末参加农村新型合作医疗人数达517.87万人，参合率达104.5%。

全市各类社会福利收养性单位170个，床位1.78万张。社区服务中心24个，城市社区综合服务设施覆盖率达100%。全市共救助困难群众病患者89.04万人次，支出医疗救助金21372.13万元。农村五保供养对象3.28万人。

全年销售社会福利彩票4.09亿元，筹集福利彩票公益金1.13亿元。

（三）教育和科学技术

1. 教育事业

全年普通高等学校招生0.91万人，在校学生2.83万人，毕业生0.84万人。高中阶段招生2.65万人，在校生8.95万人，毕业生3.42万人。高中阶段毛入学率93.7%。中等职业学校招生2.41万人，在校生5.41万人，毕业生2.23万人。初中阶段招生5.97万人，在校生17.16万人，毕业生5.19万人。初中学龄人口入学率100%。小学招生9.01万人，在校生47.20万人，毕业生5.97万人。小学学龄儿童入学率100%。幼儿园在园幼儿22.77万人。特殊教育在校学生0.2万人。各类民办学校在校学生24.66万人。

2. 科技与创新

全年高新技术企业85家，其中当年新增企业8家。全年专利申请量3061件，其中发明专利申请量1704件。市级以上科技计划项目41个。省科技成果登记1项。全市省级以上研发平台61个，其中省

级工程技术研究中心 13 个，省级院士工作站 8 个，国家级创新平台 1 个。

（四）文化、卫生和体育

1. 文化事业

全市共有公共图书馆 6 个，图书馆藏书量 116.04 万册。群众艺术馆、文化馆 109 个。年末有线电视入户率 20.0%，广播节目综合人口覆盖率 99.4%；电视节目综合人口覆盖率 99.6%。全年组织文艺活动 2367 次。

2. 卫生事业

全市拥有卫生机构 1818 个。其中，基层医疗卫生机构 1712 个，专业公共卫生机构 22 个，其他卫生机构 3 个。医院、卫生院 189 个，社区卫生服务中心（站）96 个。全市实有床位 2.30 万张，其中医院 1.54 万张，乡镇卫生院 0.58 万张。全市卫生技术人员 2.28 万人，其中，执业（助理）医师 0.92 万人，注册护士 0.93 万人。

3. 体育事业

年末全市体育社团组织机构数 174 个，青少年体育俱乐部 27 个。全市社会体育指导员 3949 人。全年共开展各项全民健身活动 105 次。省及省以上比赛共获得金牌 38 枚，银牌 37 枚，铜牌 44 枚。

（五）资源和环境保护

全年降水量 975 毫米。全年平均气温 16.3℃。极端气温最高 38.7℃，极端气温最低－6.3℃。全年日照时数 2306.4 小时。

全市当年造林面积 7840 公顷，四旁（零星）植树 34003 公顷。森林覆盖率达 30.9%，林业绿化率达 35.0%，活立木总蓄积量达 1838 万立方米。

城市集中式饮用水源地水质、水量达标率均为 100%。

环境空气质量二级。城区空气质量优良率为 49.86%，空气污染指数 AQI 年均值为 109。

城市区域声环境等效声级均值和城市道路交通噪声等效声级均值分别为 53.2dB(A) 和 69.2dB(A)。

全年废水中化学需氧量排放总量 3.77 万吨，较上年削减 3.8%；废水中氨氮排放总量 0.41 万吨，较上年削减 4.7%；废气中二氧化硫排放总量 2.66 万吨，较上年削减 15.8%；废气中氮氧化物排放总量 3.89 万吨，较上年削减 6.0%。

全市污水处理厂集中处理率达到 97.13%，建成区绿地率达到 31.28%。

初步核算，全年全社会综合能源消费量（等价值）698.96 万吨标准煤，增长 2.95%，单位 GDP 能耗 0.4741 吨标准煤/万元，下降 5.67%。

（六）社会安全

全年工矿商贸企业生产安全事故 11 起，死亡 13 人；各类生产安全事故 115 起，死亡 72 人；道路运输事故 104 起，死亡 59 人。

三、宿州市在泛长三角地区经济发展中的地位

2017 年，宿州全市上下深入贯彻落实新发展理念，立足五大发展行动计划，坚持稳中求进工作总基调，以推进供给侧结构性改革为主线，深化改革创新，振兴实体经济，积极有效应对各种挑战，主要指标增长快于全省、位次靠前，产业结构调整优化，新兴动能加快成长，较好地完成了全年经济发展预期目标。

(一) 地区生产总值

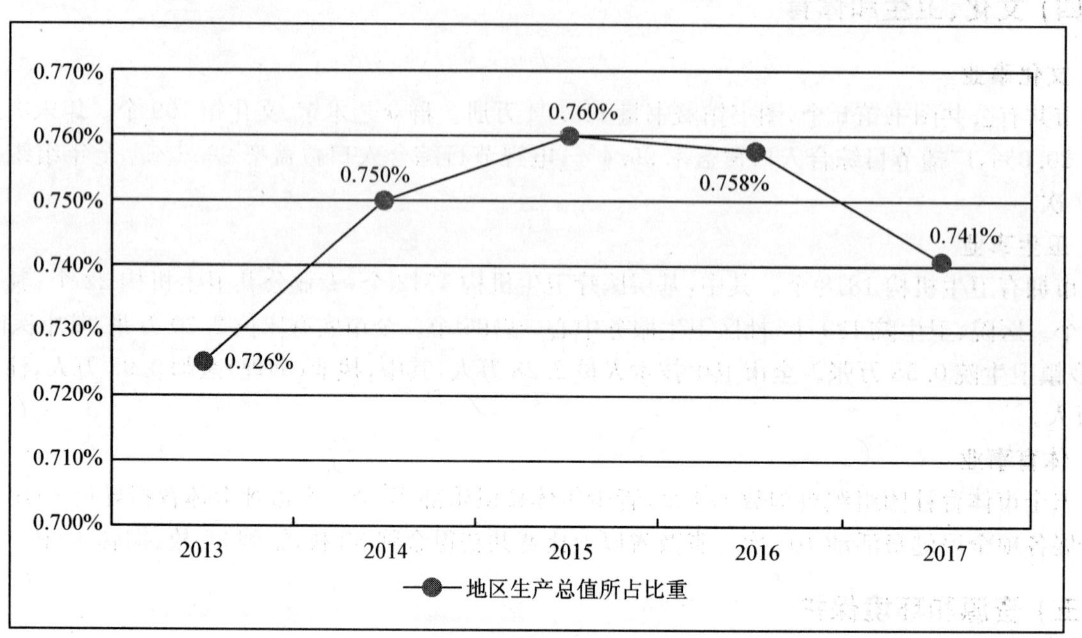

图 4　2013—2017 年宿州市地区生产总值在泛长三角地区 41 市（苏浙两省 24 个地级市、上海市和安徽省 16 市，下同）所占比重的变化趋势

2013—2017 年宿州市地区生产总值在泛长三角地区 41 市所占比重分别为 0.726%、0.750%、0.760%、0.758%和 0.741%。2017 年与 2013 年比增加了 0.01 个百分点，较上年减少了 0.02 个百分点。2017 年，宿州市在泛长三角地区 41 市生产总值所占比重排名第 30 位，与 2016 年持平。

2017 年全市 GDP 实现 1351.8 亿元，按可比价格计算，增长 9.1%，增速比上年提高 0.2 个百分点，比全省高 0.4 个百分点，居全省第 5 位，比上年提高 4 个位次。三次产业增加值分别实现 268.3、512.8 和 578.8 亿元，增长 2.6%、9.2%和 12.3%，拉动 GDP 增长 0.6、3.5 和 5 个百分点。分季度看，全年 4 个季度 GDP 分别增长 8.5%、8.8%、9.0%和 9.1%，除第一季度比全省低 0.1 个百分点外，第 2、3、4 季度分别比全省高 0.2、0.3 和 0.4 个百分点，增速居全省位次分别为第 10、第 6、第 5 和第 5 位，呈逐季回升的良好态势。2016 年全市产业结构由 2016 年同期的 21.7∶37.9∶40.4 调整为 19.2∶38.0∶42.8。第一产业比重首次降至 20%以下，同比回落 2.5 个百分点。第二产业在规模工业企稳回升的有效带动下，增加值增长 9.2%，比上年提高 1.3 个百分点；增速居全省第 6 位，比上年提高 4 个位次；对经济增长贡献率 38.7%，比上年提高 0.8 个百分点。第三产业主导地位继续增强，实现增加值 578.8 亿元，增长 12.3%；增速居全省第一位，比上年提高 1 个位次；对经济增长贡献率达到 55%，比上年提高 14.7 个百分点，是当前经济增长的主动力。

其 5 个县区 2017 年的经济发展均实现了高速增长，从 GDP 增速来看，最低的泗县也达到了 9.1%。而埇桥区和砀山县达到 9.5%的速度。

(二) 地方财政一般预算收入

2013—2017 年宿州市地方财政一般预算收入在泛长三角 41 市所占比重分别为 0.409%、0.452%、0.441%、0.450%和 0.448%，2017 年较 2013 年增加了 0.04 个百分点，较上年基本持平。2017 年，宿州市地方财政一般预算收入在泛长三角地区 41 市排第 36 位，较上年持平。

2017 年，全市财政运行呈现出总体向好、稳中有进的特点，继续保持了增速保八争六、结构更趋优化

的良好态势。全市财政收入完成 156.3 亿元，增长 11.8%，增幅居全省第 7 位。全市一般公共预算总收入 156.3 亿元，完成预算的 102%，比上年（下同）增长 11.8%。其中：地方一般公共预算收入 98.61 亿元，完成预算的 102.9%，增长 3.1%。全市一般公共预算支出 336.84 亿元，完成预算的 98.5%，增长 8.2%。

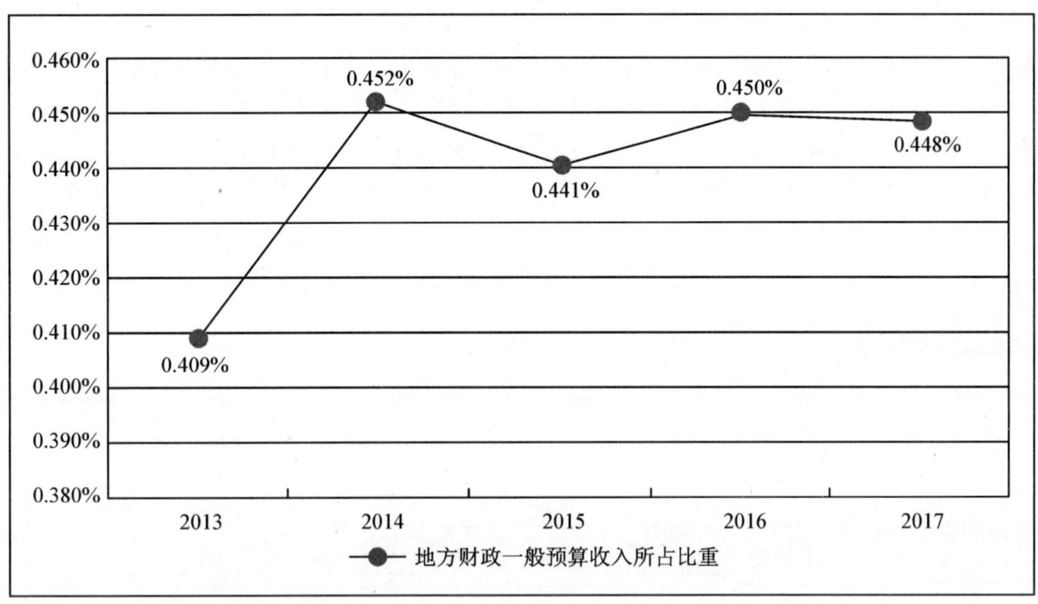

图 5　2013—2017 年宿州市地方财政一般预算收入在泛长三角 41 市所占比重的变化趋势

市级（包括市本级和市经济技术开发区、宿马现代产业园区、高新技术开发区，下同）一般公共预算总收入 55 亿元，完成预算的 96%，增长 4.2%。地方一般公共预算收入 34.13 亿元，完成预算的96.8%，增长 7.3%。市级一般公共预算支出 76.08 亿元，完成预算的 97.6%，下降 8.3%。市本级一般公共预算总收入 28.35 亿元，完成预算的 93%，下降 5.8%。其中：地方一般公共预算收入 16.76 亿元，完成预算的 92.6%，下降 11.6%。市本级一般公共预算支出 55.82 亿元，完成预算的 99%。

（三）工业生产总值

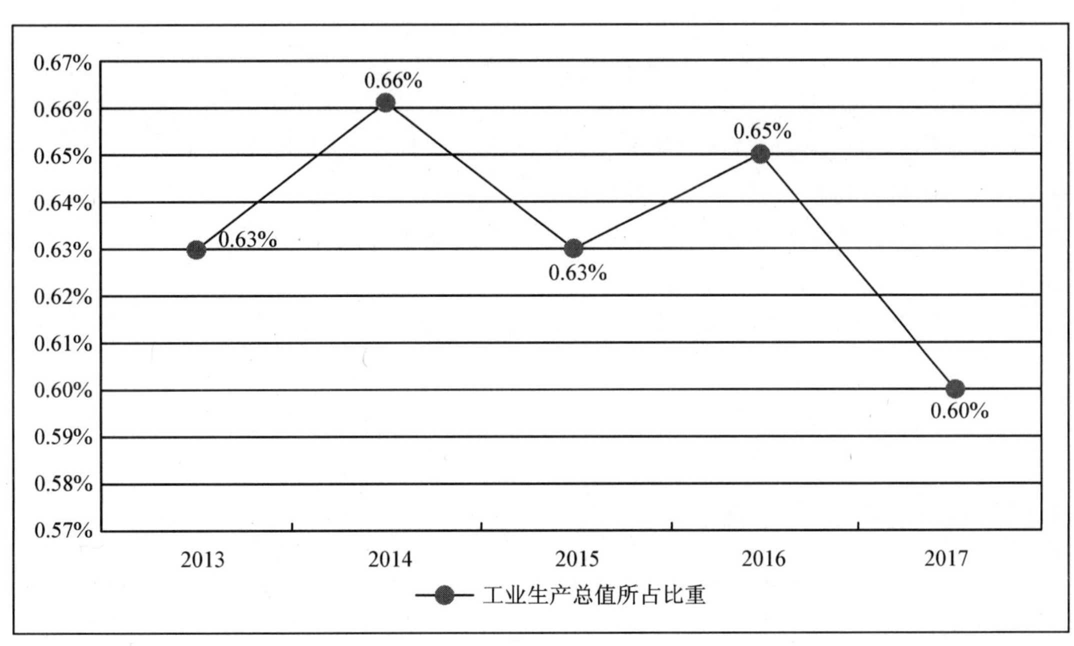

图 6　2013—2017 年宿州市工业生产总值在泛长三角 41 市所占比重的变化趋势

2013—2017年宿州市工业生产总值在泛长三角41市所占比重分别为0.63%、0.66%、0.63%、0.65%和0.60%，2017年较2013年减少了0.03个百分点，较上年减少了0.05个百分点。2017年，宿州市工业生产总值在泛长三角地区41市所占比重排第34位。

2017年，全年规模以上工业增加值增长9.8%，比上年提高0.5个百分点，高于全省0.8个百分点，居全省第5、皖北第3位，为近五年最高水平。34个大类行业中，27个行业增加值保持增长，17个行业保持两位数增长。年末全市规模以上工业企业1272家，规模以上工业增加值增长9.8%。其中，农副食品加工业增长4.5%，食品制造业增长21.5%，纺织业下降10.6%，木材加工和木竹藤棕草制品业增长6.3%，电力、热力生产和供应业增长14%；煤炭开采和洗选业增长8.9%，皮革羽毛制品和制鞋业增长2.9%。全年战略性新兴产业产值增长28.8%，高新技术产业工业增加值增长30.4%，农产品加工业产值增长10.2%。34个工业大类行业中有29个增加值保持增长。

（四）进出口总额

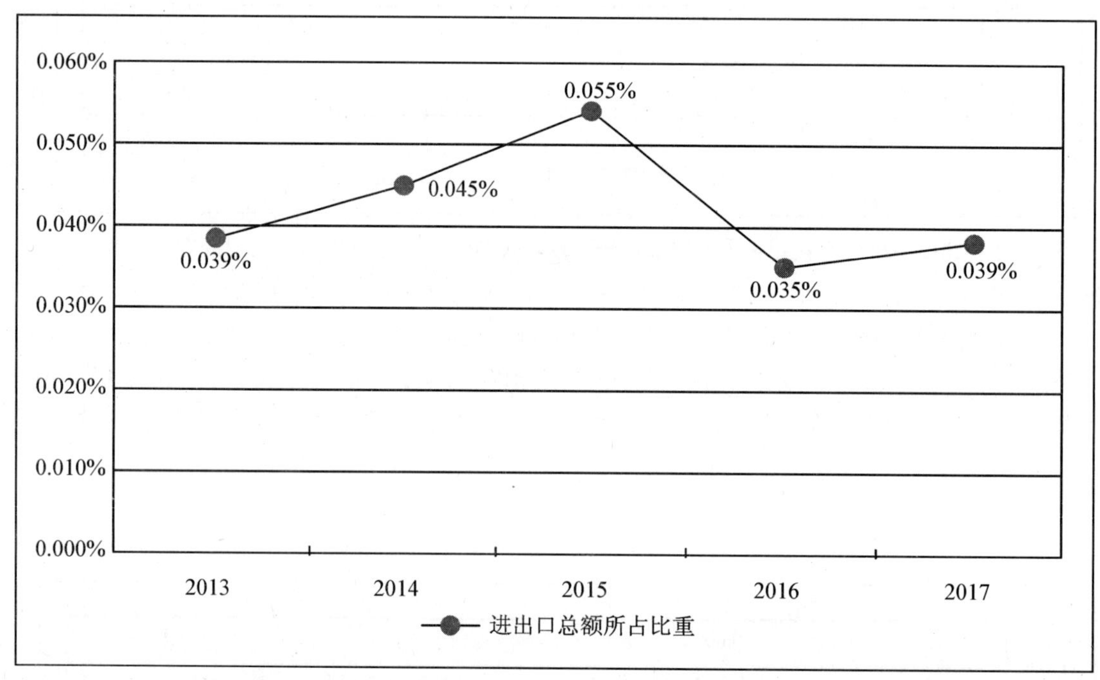

图7　2013—2017年宿州市进出口总额在泛长三角41市所占比重的变化趋势

2013—2017年宿州市进出口总额在泛长三角41市所占比重分别为0.039%、0.045%、0.055%、0.035%和0.039%，五年间占比变化不大，其中2017年较上年略有增长。2017年，宿州市进出口总额在泛长三角41市排第40位，较上年保持一致。

2017年全年进出口总额5.8亿美元，增长23.2%，比上年提高59.9个百分点，高于全省2.4个百分点，居全省第5位。其中，出口额5.1亿美元，增长31.0%，居全省第1位。前三季度，全市进出口总额4.38亿美元，增长36.5%，增幅比上半年回落1.7个百分点，比全省高8.4个百分点，居全省第6位。其中，出口3.82亿美元，增长42.7%；进口0.56亿美元，增长5.2%。

（五）实际外商直接投资金额

2013—2017年宿州市实际外商直接投资金额在泛长三角41市所占比重分别为0.625%、0.789%、0.922%、0.949%和1.033%，整体呈上扬姿态，2017年较2013年增加了0.41个百分点，较上年增加了0.08个百分点。2017年，宿州市实际外商直接投资金额在泛长三角41市排第24位，较上年下降一位。

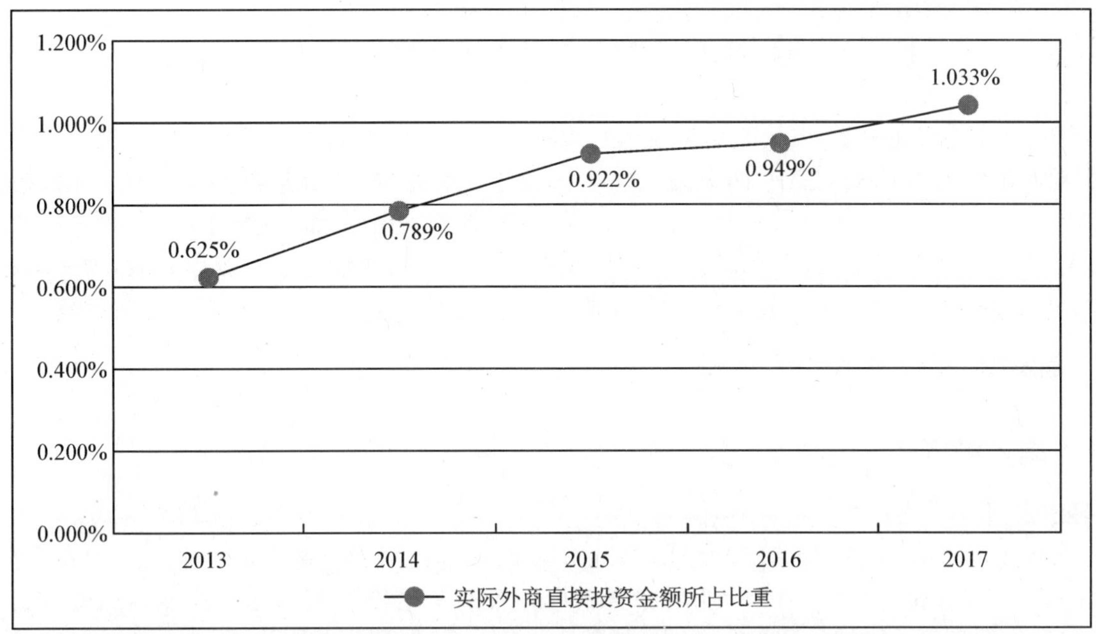

图 8　2013—2017 年宿州市实际外商直接投资金额在泛长三角 41 市所占比重的变化趋势

2017 年，实际利用外商直接投资 7.9 亿美元，增长 7.5%，居全省第 8 位。前三季度实际利用外商直接投资 6.33 亿美元，增长 12.2%。

十三 滁州市 2017 年经济社会发展报告

2017 年，全市人民在市委、市政府坚强领导下，以习近平新时代中国特色社会主义思想为指导，深入贯彻落实党的十八大和十八届三中、四中、五中、六中、七中全会精神，认真学习贯彻党的十九大精神，以新发展理念为引领，统筹推进“五位一体”总体布局和协调推进“四个全面”战略布局，全面做好稳增长、促改革、调结构、惠民生、优生态、防风险各项工作，滁州市经济社会实现了平稳健康发展，为冲刺总量全省第三、全面建成小康社会奠定了更加坚实的基础。

一、滁州市 2017 年经济发展概况

（一）综合经济

1. 经济总量

全年实现生产总值（GDP）1604.39 亿元，比上年增长 9.0%，高于全省 0.5 个百分点，总量居全省第 5 位，增速居全省第 4 位。其中，第一产业增加值 226.79 亿元，增长 4.3%；第二产业增加值 815.91 亿元，增长 9.6%；第三产业增加值 561.69 亿元，增长 10.2%。三次产业结构为 14.1：51.0：34.9，其中工业增加值占 GDP 的比重为 44.5%。人均 GDP 达 39517 元。

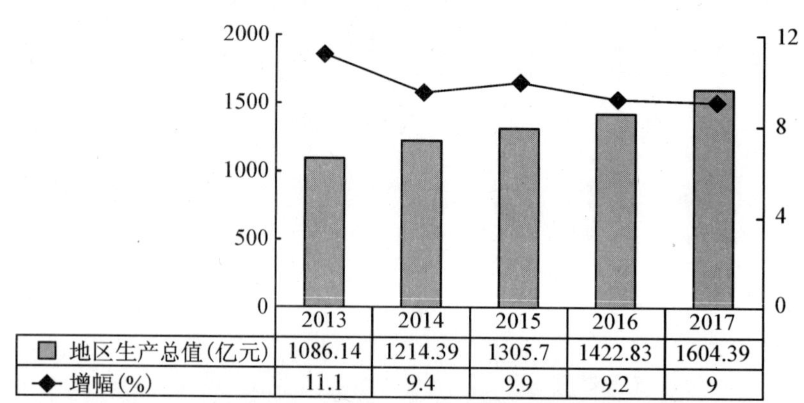

图 1 2013—2017 年滁州市地区生产总值及增长速度

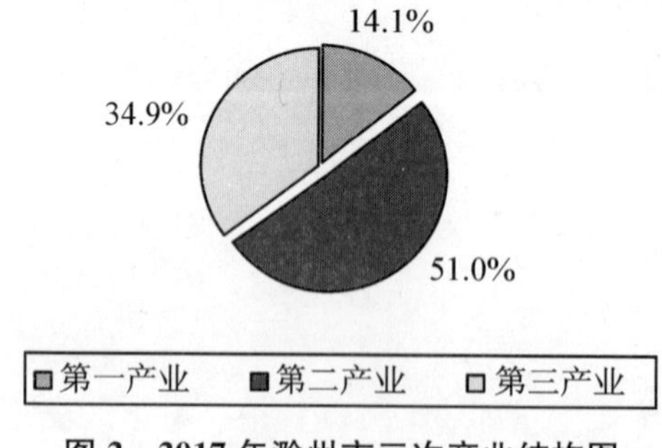

图 2 2017 年滁州市三次产业结构图

2. 财政收支

全年实现财政总收入 289.3 亿元，比上年增长 12.8%。其中，地方财政收入 182.5 亿元，增长 9.1%。从收入来源结构看，各项税收完成 220.6 亿元，比上年增长 10.8%，占财政总收入的 76.3%，占比下降 1.4 个百分点。从实现主体看，市本级财政收入 94 亿元，增长 11.1%；县级财政收入 195.3 亿

元，增长13.7%。全年财政支出381.1亿元，比上年增长13.8%。其中，教育支出62亿元，增长10.1%；城乡社区事务支出74.1亿元，增长73.7%；农林水事务支出53亿元，下降10.4%；社会保障和就业支出45亿元，增长16.4%；医疗卫生和计划生育支出44.8亿元，增长22.4%；交通运输支出12.1亿元，下降37.7%；住房保障支出10.3亿元，下降8.5%。用于民生方面支出332.1亿元，比上年增长14.3%，占总支出的87.1%，比上年提高0.4个百分点。其中33项省级民生工程投入100.1亿元，比上年增长14.5%。

3. 物价水平

全年居民消费价格累计上涨1.2%，涨幅低于上年0.5个百分点。从构成类别看，八大类商品和服务价格同比呈"六涨一平一跌"态势。按涨幅由高到低排列，教育文化和娱乐价格上涨4.3%，医疗保健价格上涨3.9%，其他用品及服务价格上涨2.7%，生活用品及服务价格上涨1.4%，居住价格上涨1.1%，衣着价格上涨0.3%，食品烟酒价格和上年持平，交通和通信价格下降0.2%。

全年全市工业生产者出厂价格同比上升4.7%，上年同期下降0.4%；工业生产者购进价格同比上升8.3%，上年同期下降1.2%。

4. 固定资产投资

全年完成固定资产投资1929.1亿元，比上年增长13.5%。其中，项目投资1502.1亿元，比上年增长10.2%；按产业分，第一产业投资46.8亿元，下降19.1%；第二产业投资884.6亿元，增长4.2%；第三产业投资997.7亿元，增长25.9%。分行业看，制造业投资799.7亿元，增长4.1%；批发零售业投资17.2亿元，增长22.8%；房地产业投资484.4亿元，增长22.7%；水利、环境和公共设施管理业投资307.2亿元，增长44%；居民服务、修理和其他服务业投资1.5亿元，下降66.2%；教育投资22.1亿元，增长7.2%。

全年500万元以上固定资产投资施工项目2980个，比上年增长8.7%。其中，当年新开工项目1986个，下降6.6%。其中，亿元以上项目503个，同比增长11.0%。当年已投产项目2312个。

重大项目建设进展顺利。全年共安排省亿元以上重点项目606个，比上年增加109个，当年完成投资903.5亿元，比上年增长5.3%，完成投资居全省第5位。其中：续建项目220个，实际完成投资539.37亿元；新开工项目191个，开工数居全省第4位，实际完成投资239.68亿元；储备项目195个，提前开工58个，完成投资124.46亿元。当年竣工项目161个，占年度计划的149.1%，竣工数居全省第3位。计划总投资58.2亿元的年产100万吨联碱项目、32亿元的江巷水库、30亿元的德轮橡胶轮胎、26亿元的立讯电子、20亿元的铜城至冶山一级公路改建等一批项目加快建设。计划总投资26亿元的长久轿运车、13亿元的台湾达亮电子、11.25亿元的滁州大道、10.5亿元的新蓝天钢构等项目如期开工建设。

(二) 农业

全年农作物播种面积89.8万公顷，比上年增加1621公顷，增长0.2%。其中，粮食作物播种面积74.1万公顷，比上年增长0.3%；油料作物播种面积6.6万公顷，比上年减少4.2%；蔬菜播种面积4.9万公顷，比上年增长2.0%。

全年粮食总产量435.5万吨，比上年增产2.0%。经济作物有增有减，其中，全年棉花产量8960吨，比上年减产1.8%；蔬菜产量151.8万吨，比上年增产2.0%；水果产量62.2万吨，比上年增产1.2%；油料产量18.8万吨，比上年减产2.9%。

全年肉类总产量41.0万吨，比上年增长1.8%；禽蛋产量12.1万吨，比上年增长1.3%；牛奶产量10712吨，与上年持平；水产品产量37.6万吨，比上年增长3.9%。

年末，全市农业机械总动力690.5万千瓦（不包括农用运输机械动力），比上年增长3.2%；农用拖拉机42.7万台，比上年减少0.7%；排灌动力机械9.3万台，比上年增长3.3%；全年化肥施用量（折纯）35.3万吨，比上年下降0.8%。农村用电量10.9亿千瓦时，比上年增长3.3%。年末农田有效灌溉面积达 491.2 千公顷，比上年净增 0.1 千公顷。全年完成重点水利工程 57 项，完成投资 40.0 亿元。

（三）工业和建筑业

1. 工业经济

全年全部工业实现增加值 715.5 亿元，比上年增长 9.7%。其中，规模以上工业比上年增长 9.9%。在规模以上工业中，重工业、股份制企业、外商及港澳台商投资企业、大中型工业企业增长较快。

规模以上工业中，36 个工业行业大类中的 30 个行业增加值实现增长。其中：化学纤维制造业增长 54.6%，非金属矿采选业增长 37.8%，造纸和纸制品业增长 25.8%，燃气生产和供应业增长 22.0%，皮革、毛皮、羽毛及其制品和制鞋业增长 20.0%，汽车制造业增长 19.3%，石油加工业增长 17.1%，电气机械和器材制造业增长 14.7%，仪器仪表制造业增长 11.2%，电力、热力生产和供应业增长 10.5%，印刷和记录媒介复制业增长 8.2%。

年末，全市共有 640 家企业列入高新技术产业行业目录，占全市规模以上工业企业单位数的 39.5%，增加值占全市规模以上工业的 53.6%；年末，战略性新兴产业的企业数为 220 家，产值占全市规模以上工业的 25.7%，累计增长 27.8%。

年末，亿元以上工业企业达到 530 家，比 2016 年同期增加 28 家，工业总产值累计增长 26.3%，比全市平均增速高 8.4 个百分点，对规模工业的贡献率为 116.5%，拉动全市规模工业增长 20.9 个百分点。

年末，全市六大支柱产业规模以上工业企业 1412 家，企业数占全市规模以上工业的 87.1%，增加值占全市规模以上工业的 89.5%，增加值同比增长 8.2%，对规模以上工业增长的贡献率达到 72.7%，拉动规模工业增长 7.2 个百分点。

主要工业产品产量和上年相比，七成产品保持增长，其中，光缆 381999 芯千米，增长 25.3%；房间空调器 149.5 万台，增长 6.1%；家用电冰箱 409.3 万台，增长 31.5%；人造板 58.0 万立方米，增长 23.9%。

全年规模以上工业企业经济效益综合指数为 318.8%，规模以上工业实现主营业务收入 3163.5 亿元，比上年增长 18.3%；实现利税总额 454.7 亿元，比上年增长 25.5%，其中利润 329.2 亿元，比上年增长 29.8%。

2. 建筑业

全年建筑业完成增加值 103.7 亿元，比上年增长 15.6%。年末，资质以上建筑企业 196 户，全年共完成建筑业总产值 360.2 亿元，比上年增长 26.5%；实现利润总额 11.4 亿元，比上年增长 10.9%；完成房屋建筑施工面积 2073.9 万平方米，比上年增长 6.1%，其中当年新开工面积 1293.4 万平方米，比上年增长 3.4%；房屋竣工面积 1180.5 万平方米，比上年增长 11.4%。

（四）服务业

1. 国内贸易

全年实现社会消费品零售总额 574.4 亿元，比上年增长 11.5%。分区域看，城镇实现消费品零售额 483.7 亿元，乡村实现消费品零售额 90.7 亿元，分别比上年增长 11.3%、12.4%。分行业看，批发零售贸易业实现零售额 499.4 亿元，增长 11.4%；住宿和餐饮业实现零售额 75.0 亿元，增长 12.2%。分构成看，商品零售额 499.8 亿元，增长 11.4%；餐饮收入 74.6 亿元，增长 12.1%。分经营规模看，限上单位零售额 300.4 亿元，增长 12.3%；限下单位零售额 274.0 亿元，增长 12.2%。

从限额以上单位商品零售分类完成情况看，吃类商品零售额 51.5 亿元，增长 7.8%；穿类商品零售额 19.9 亿元，增长 8.9%；用类商品零售额 203.3 亿元，增长 13.5%，其中，金银珠宝类增长 14.0%，五金电料类增长 18.5%，家用电器和音像器材类增长 19.8%，中西药品类增长 17.2%，家具类增长 20.7%，建筑及装潢材料类增长 16.1%。

2. 交通运输、邮电

全年交通运输、仓储和邮政业增加值 55.9 亿元，比上年增长 6.6%。全年货物运输周转量 434.78 亿吨千米。其中公路货物运输周转量 372.62 亿吨千米；水运货物运输周转量 62.16 亿吨千米。全年旅客周转量 21.81 亿人千米。

年末全市民用汽车拥有量 35.8 万辆，比上年增长 20.5%，其中私人汽车拥有量 30.3 万辆，增长 23.2%。民用轿车拥有量 29.2 万辆，增长 23.74%，其中，私人轿车拥有量 27.3 万辆，增长 25.8%。

全年电信业务总量 54.0 亿元。邮政业务总量 12.2 亿元，增长 49.5%，业务收入累计完成 7.2 亿元，同比增长 37.4%。邮政寄递业务服务量为 6491.3 万件，同比增长 12.3%；快递收派业务总量累计完成 10768.3 万件，同比增长 34.4%，其中快递揽件量 3622.6 万件，同比增长 18.9%；快递派件量 7145.7 万件，同比增长 44.0%。年末，全市拥有电话 394.5 万户，比上年末增加 8.8%，其中固定电话用户数 38.6 万户，减少 5.8%；移动电话用户数 355.9 万户，增长 11.7%。年末国际互联网用户 87.1 万户，比上年增长 21.0%。

3. 旅游业

全年接待旅游人数 2387.7 万人次，比上年增长 18.8%，其中接待入境游客 12.96 万人次。全年旅游总收入 206.1 亿元，比上年增长 24.15%，其中，旅游外汇收入 3568.5 万美元。年末，全市共有旅行社 62 家、星级旅游饭店 15 个、A 级旅游景区 32 个、国家全域旅游示范区创建单位 2 个、省级旅游度假区 1 个、省级研学旅行基地 4 个、省级中医药健康旅游基地 3 个、省级旅游小镇 1 个、省级乡村旅游创客示范基地 3 个。

4. 金融、证券和保险

金融业务快速发展。年末，全市金融机构人民币各项存款余额 2272.3 亿元，比年初增加 297.0 亿元，增长 15.0%。其中，境内单位存款余额 1017.4 亿元，比年初增加 205.8 亿元；境内个人存款余额 1176.2 亿元，比年初增加 76.7 亿元。年末，全市金融机构人民币各项贷款余额 1699.2 亿元，比年初增加 271.2 亿元，增长 19.0%。从贷款期限看，短期贷款余额 699.6 亿元，比年初增加 43.3 亿元；中长期贷款余额 946.9 亿元，比年初增加 243.0 亿元。

全年新三板挂牌企业数 9 家，省区域股权交易中心挂牌企业数 28 家。至 2017 年末，全市有上市公司 4 家，新三板挂牌企业数 23 家，省区域股权交易中心挂牌企业数 53 家。

年末，全市共有产、寿险保险公司 37 家，比 2016 年新增了 4 家，其中寿险 19 家，财产险 18 家。全年保费收入 51.66 亿元，同比增长了 11.09%。其中，财产保险公司保费收入 21.60 亿元，同比增长 7.67%；人身保险公司保费收入 30.06 亿元，同比增长 11.58 %。财产险中，机动车辆保费收入 16.19 亿元，增长 28.49%；农业险保费收入 2.50 亿元，增长 10.13%；健康险及意外伤害险保费收入 1.47 亿元，同比下降 8.16%。人身险中，个人代理保费收入 6.55 亿元，增长 36.17%；银邮代理保费收入 8.62 亿元，同比下降 23.90%；续期业务保费收入 13.74 亿元，同比增长 31.36%。全年支付保险赔款(满期给付)18.11 亿元，同比增长 5.78%。其中，财产险赔款 11.71 亿元，同比增长 10.89%；人身险赔款和满期给付 6.40 亿元，同比减少 2.44%。2017 年缴纳各项税款 1.18 亿元，同比增长 10.04%，代扣代缴各项税款 1.55 亿元，同比增长 26.66%。保单借款 7.09 亿元。

5. 房地产业

全年完成房地产开发投资 426.9 亿元，增长 27.0%；房屋施工面积 3135.9 万平方米，增长 24.6%，其中新开工面积 1210.0 万平方米，增长 102.1%；房屋竣工面积 252.1 万平方米，下降 34.5%。商品房销售面积 909.3 万平方米，比上年增长 37.3%；商品房销售额 523.0 亿元，比上年增长 72.3%。

（五）对外经济

1. 对外贸易

全年进出口总额 277479 万美元，比上年增长 19.8%，其中出口总额 189408 万美元，增长 13.3%，进口总额 88070 万美元，增长 36.4%。从进出口经营主体看，内资生产企业完成 226512 万美元，增长 32.8%，外商投资企业完成 50967 万美元，下降 16.6%。出口国别及地区达 183 个。

2. 利用外资

全年招商引资市外亿元以上项目到位资金 900 亿元。其中境内省外 844.7 亿元，增长 13.9%。来自长三角区域资金 513.6 亿元，占境内省外引资总量的 57.1%，同比增长 10.4%。

二、滁州市 2017 年社会发展概况

（一）人口、人民生活

年末，全市户籍人口 454.2 万人，常住人口 407.6 万人，比上年增加 3.2 万人。城镇化率 51.9%，比上年提高 1.5 个百分点。按常住人口计算，全年人口出生率 12.55‰，比上年上升 1.23 个千分点；死亡率 5.33‰，上升 0.27 个千分点；自然增长率 7.22‰，上升 0.96 个千分点。

全年城镇居民人均可支配收入 28612 元，比上年增长 8.9%；人均消费性支出 19046 元，比上年增长 9.0%。其中：食品支出 6320 元，增长 13.6%；衣着支出 1464 元，增长 22.5%；居住支出 4347 元，增长 2.6%；生活用品及服务支出 1387 元，增长 5.8%；交通通信支出 1991 元，增长 11.8%；教育文化娱乐支出 2113 元，增长 5.1%；医疗保健支出 1026 元，增长 1.5%；其他用品和服务支出 398 元，增长 8.2%。城镇居民恩格尔系数为 33.2%。

年末，每百户城市居民家庭拥有家用汽车 16.5 辆，摩托车 37.4 辆，电冰箱 108.3 台，洗衣机 96.1 台，热水器 99.6 台；空调 138.5 台，彩电 139.8 台，摄像机 13 台，照相机 14.1 台，计算机 60.2 台，中高档乐器 8.2 架，固定电话 53.6 部，移动电话 235 部。人均住房建筑面积 39.2 平方米。

全年农村居民人均可支配收入 11947 元，比上年增长 9.1%；农村居民人均生活消费支出 9262 元，比上年增长 18.5%。其中：食品烟酒支出 3469 元，增长 13.7%；衣着支出 357 元，下降 7.4%；居住支出 1677 元，增长 2.7%；生活用品及服务支出 564 元，增长 8.1%；交通通信支出 1221 元，增长 58.7%；教育文化娱乐支出 717 元，下降 9.7%；医疗保健支出 1145 元，增长 106.6%；其他用品和服务支出 111 元，增长 3.2%。农村居民恩格尔系数为 37.5%。

年末，每百户农村居民家庭拥有家用汽车 7.2 辆，摩托车 43.1 辆，电冰箱 93.4 台，洗衣机 88.6 台，热水器 66.1 台，空调 86.7 台，彩电 113.3 台，摄像机 0.1 台，照相机 0.7 台，计算机 9.9 台，固定电话 16.1 部，移动电话 205.3 部。人均住房面积为 44.8 平方米。

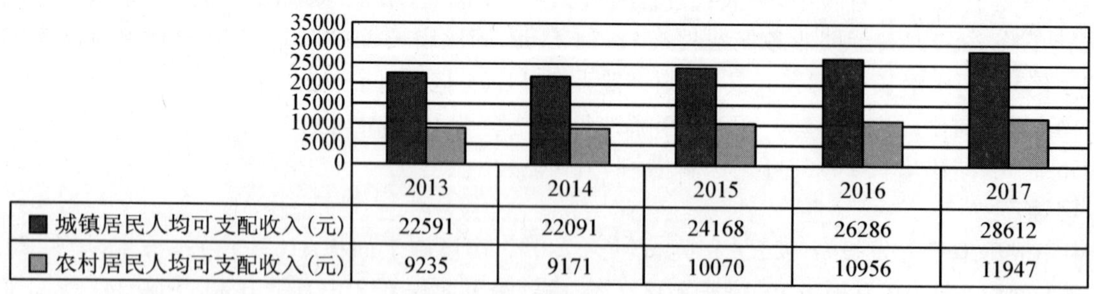

	2013	2014	2015	2016	2017
城镇居民人均可支配收入(元)	22591	22091	24168	26286	28612
农村居民人均可支配收入(元)	9235	9171	10070	10956	11947

图 3　2013—2017 年滁州市城乡居民收入对比一览

（二）就业与社会保障

城镇登记失业率为 3.0%，比上年下降 0.2 个百分点。

全市保障房建设完成投资 28.4 亿元，比上年增长 6.3%；全年保障房施工面积 175.6 万平方米，比

上年增长31.5%，其中，公租房(含廉租房)施工面积为1.3万平方米；全年保障房竣工面积101.9万平方米，比上年增长7.6%，其中公租房(含廉租房)竣工1.3万平方米。

2017年末，全市城乡基本养老保险(含城镇职工养老保险、城乡居民养老保险)参保人数208.73万人。其中，城乡居民养老保险参保人数161.01万人，城镇基本医疗保险参保人数88.85万人，失业保险参保人数为23.10万人，工伤保险参保人数为31.16万人，生育保险参保人数为27.00万人。

农村最低生活参保人数11.56万人，比上年末增加1.2%。城乡低保人均月补差分别为423元、252元，退休人员养老金标准进一步提高。

2017年末，全市已建工会组织数7267个，覆盖职工51.12万，发展会员近50万人。"两节"期间，筹集送温暖资金574.1万元，共帮扶慰问困难职工7229户，发放款物547.3万元。其中帮扶慰问困难农民工1830户，发放款物106.1万元；慰问一线职工2118人。坚持送温暖活动常态化、长效化，市、县困难职工帮扶中心开展医疗帮扶活动，帮扶困难职工611人次，帮扶金额225.6万元。开展助学帮扶活动，共筹集资金235.4万元，资助675名困难职工和农民工子女上学。年末，县级及以上妇联组织9个，县级以上春蕾工程全年筹资126.25万元，资助大学、大专和中小学生700余人。

年末，全市共有养老服务机构149个，床位21710张。农村五保供养人数2.62万人，比上年末下降2.6%。年末，城镇社区各种服务设施1076个，比上年增长1.2%。全年福利彩票累计销量5.06亿元，比上年增长11.9%。

(三) 教育和科学技术

1. 教育事业

年末，全市共有幼儿园510所，比上年减少78所，在园幼儿数10.9万人，比上年增加1.3%；小学232所，比上年减少6所，专任教师1.4万人，比上年减少1.0%，在校生23.7万人，增加0.4%；普通中学267所，增加3所，专任教师1.59万人，减少0.06%，在校生18.98万人，减少1.7%；中等职业教育学校17所，专任教师1894人，在校生4.9万人。

2. 科技与创新

年末，全市共有民营科技企业547家，比上年末增加79家；省级工程技术研究中心26家；规模以上企业建立企业技术中心246家，其中国家级2家，省级83家，技术中心比上年增加25家；国家高新技术企业230家，比上年增加55家。全年获省部级以上科技成果24项、科技进步奖3项；专利申请数12628件，比上年增加4057件，全年授权专利数3600件，比上年增加251件，其中发明专利1190件，增加418件；全年高新技术产业产值1424.9亿元，占规模以上工业总产值50.3%。

(四) 文化、卫生和体育

1. 文化事业

2017年末，全市公共图书馆藏书量136.2万册，电子图书381.7万册，全市广播电视台8个，网络分公司7家。全市广播综合覆盖率98.76%，电视综合覆盖率99.08%。广播全年播放时间4.7万小时，其中自办栏目播放时间3.1万小时；电视全年播放时间5.35万小时，其中自办栏目播放时间1.97万小时。广播电视综合覆盖人口449.93万。

2. 卫生事业

年末，全市共有卫生机构1638个。其中医院、卫生院164个，疾病控制中心8个，妇幼保健机构7个。全市卫生机构拥有床位18279张，比上年增长5.6%，其中医院、卫生院拥有床位17514张，比上年增加916张。卫生机构从业人员2.3万人。其中医院、卫生院技术人员1.6万人，执业医生6625人，注册护士7602人，卫生防疫人员199人，全市参加新型农村合作医疗人数达到339.9万人，参合率100.56%。

3. 体育事业

年末，全市体育场地5296个，平均每万人拥有体育场地13.59个；总面积是690万平方米，人均场地面积1.77平方米。全市足球场总数371个，万人拥有足球场数0.95个。健身步道规划建设了309公里。

新成立体育社团19个，体育协会138个、俱乐部31个，总数169个。全市开展千人以上大型赛事18个，百人以上健身活动和赛事480多场，农村体育健身民生工程专项赛事活动1031场。成功举办了第一届全民健身运动会和残疾人运动会。开展了天长茉莉花体育文化旅游节、全椒县正月十六走太平健身走、滁州市农民篮球大赛、明光市柳巷镇钱杆子操等11个省、市级品牌活动。承办国家级、省级赛事5个。

年末，全市共有国家级体育传统学校2所，省级体育传统项目学校10所；国家级特色学校25所，省级体育特色学校5所，市级特色学校78所；国家级青少年体育俱乐部12所，省级青少年体育俱乐部24所。全年输送后备人才56人。举办中小学体育比赛6个项目9次比赛。全年获省级比赛金牌72枚、银牌32枚、铜牌44枚。体育彩票销售2.4亿元。

（五）城市建设

重点工程建设方面，全年开工建设重点项目195个，完成投资92.7亿元。其中，续建项目69个，包括道路桥梁项目、景观环境项目、房建项目，总投资80.0亿元，完成投资57.1亿元；新建项目126个，包括道路桥梁项目、景观环境项目、公共服务配套设施项目、“两治三改”项目，总投资134.6亿元，完成投资35.7亿元。

在市政基础建设方面，2017年，完成明湖一期工程，已下闸蓄水；开工建设市第三自来水厂二期，建设规模为新增供水能力5万立方米/天；完成第三污水处理厂工程，新增污水集中处理能力5万立方米/天；基本完成第二污水处理厂二期5万立方米/天扩建工程，基本完成第一、第二污水处理厂提标改造工程；完成了清流河二期改造、一期提升项目，同时完成清流河三期、四期施工图设计；完成琅琊山北大门改造项目，按序推进10项创建5A项目；完成龙池街环境综合改造、城南湿地公园等项目，开工建设了北湖景观改造省级示范项目；完成了琅琊路、凤凰路等4条城市主干道“白改黑”提质改造工程；积极推进城市充电设施、停车场项目建设，新建新能源汽车充电站4个，其中建成汽车充电站2个。

年末，全市建成区面积252.42平方公里，比上年末增加9.98平方公里，其中市辖区86.94平方公里，增加1.60平方公里；年末建成区绿化覆盖面积98.68平方公里，比上年末增加4.36平方公里，其中市辖区36.03平方公里，增加0.62平方公里；当年新增城市道路149.86公里，其中市辖区32.10公里；年末城区绿地总面积105.62平方公里，比上年末增加4.98平方公里，其中市辖区44.26平方公里，增加1.33平方公里；年末全市排水管总长度5318.67公里，比上年末增加454.14公里，其中市辖区2014.79公里，增加200.35公里。年末自来水日生产能力达67.12万立方米，用水人口153.74万人，比上年增加7.22万人；全年天然气供气总量32809.93万立方米，比上年增加4668.61万立方米，用气人口131.04万人，比上年增加13.13万人，其中市辖区用气人口45.48万人，增加4.54万人。

年末，全市公路通车里程17092公里。

全市公交运营线路104条，比上年增加3条。实有公交车辆1281辆，比上年增加99辆，全年公共汽车客运量12611万人次。全市出租汽车3252辆，比上年增加10辆。

（六）环境保护

年末，全市共有自然保护区2个，自然保护区面积24533公顷。当年人工造林面积14067公顷。年末森林面积24.5万公顷，活立木总蓄积量1785万立方米，森林覆盖率18.0%。全市共有环境监测和监察大(支)队17个。全市环境污染治理投资5.8亿元。年末，共有污水处理厂17座。城市污水处理率96.8%。全市年单位生产总值耗能比上年下降5.4%。

2017 年滁州市市区环境空气质量总体上属于良好水平，全市环境空气质量符合《环境空气质量标准》(GB3095－2012)一级标准的天数为 44 天，符合二级标准的天数为 183 天，一、二级标准的天数总计为 227 天，占 62.2%。全年轻度污染 116 天，中度污染 16 天，重度污染 6 天。

(七) 社会安全

全年发生火灾事故 1078 起，直接经济损失 662.8 万元；发生立案道路交通事故 302 起，交通事故死亡人数 171 人。

三、滁州市在泛长三角地区经济发展中的地位

2017 年，面对复杂多变的宏观环境和艰巨繁重的改革发展稳定任务，在市委市政府坚强领导下，全市上下深入学习贯彻习近平新时代中国特色社会主义思想，以新发展理念为引领，全面做好稳增长、促改革、调结构、惠民生、优生态、防风险各项工作，经济发展实现稳中有进、稳中向好，为冲刺总量全省第三、全面建成小康社会奠定了更加坚实基础。

(一) 地区生产总值

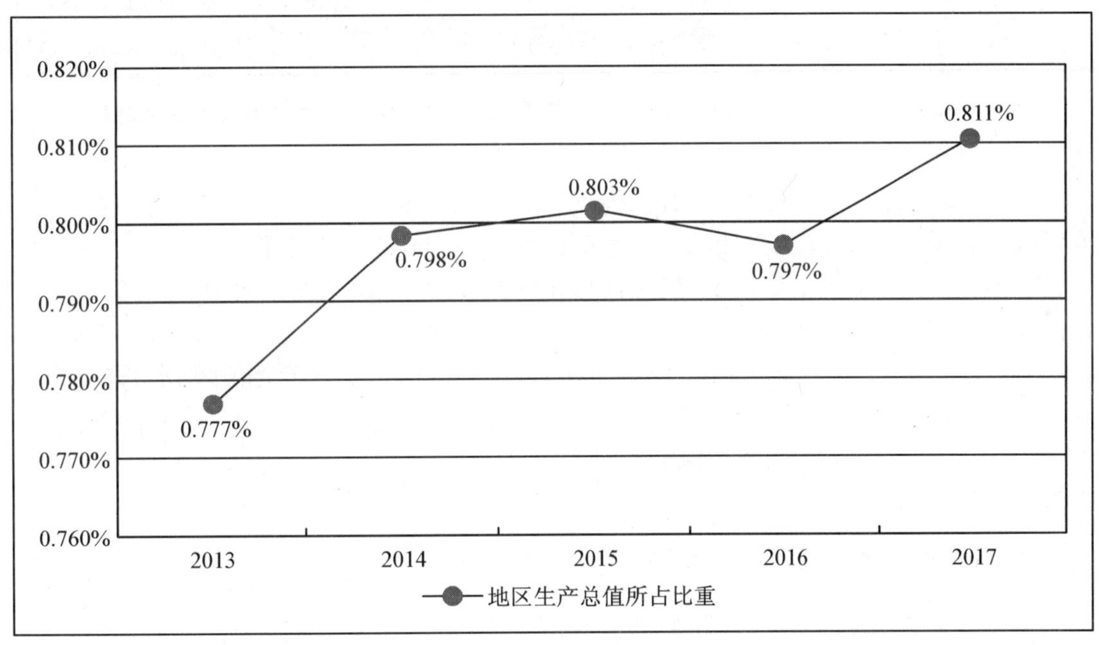

图 4　2013—2017 年滁州市地区生产总值在泛长三角地区 41 市
(苏浙两省 24 个地级市、上海市和安徽省 16 个地级市，下同)所占比重的变化趋势

2013—2017 年滁州市地区生产总值在泛长三角地区 41 市所占比重分别为 0.777%、0.798%、0.803%、0.797%和 0.811%。滁州市地区生产总值在泛长三角 41 市占比整体呈现上扬态势，2017 年与 2013 年比增加了 0.03 个百分点，较上年增加了 0.01 个百分点。2017 年，在泛长三角地区 41 市地区生产总值所占比重排名第 27 位，与 2016 年持平。

2017 年，全年全市完成生产总值(GDP)1607.7 亿元，按可比价格计算，同比增长 9.0%，高于全省 0.5 个百分点，总量居全省第 5 位，增速居全省第 4 位。从产业看，第一产业 226.8 亿元，同比增长 4.3%，高于全省 0.3 个百分点；第二产业 819.2 亿元，同比增长 9.6%，高于全省 1.0 个百分点；第三产业 561.7 亿元，同比增长 10.2%，高于全省 0.5 个百分点。2017 年度多项主要指标总量和增速继续保持全省第一方阵。GDP 总量和增速继续保持全省第 5 位和第 4 位。

（二）地方财政一般预算收入

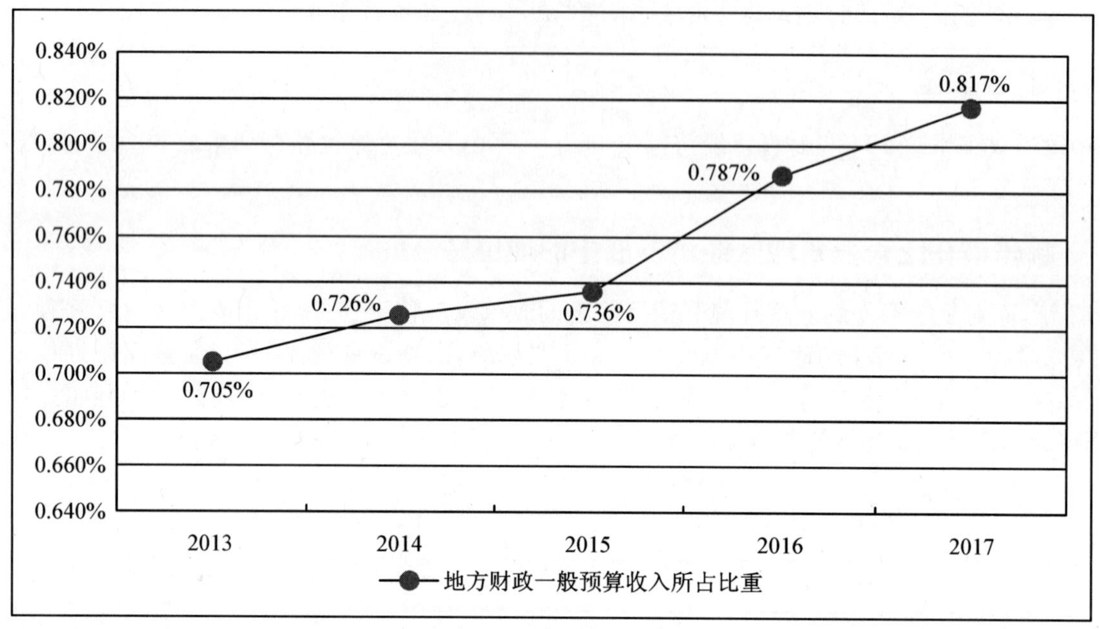

图 5　2013—2017 年滁州市地方财政一般预算收入在泛长三角 41 市所占比重的变化趋势

2013—2017 年滁州市地方财政一般预算收入在泛长三角 41 市所占比重分别为 0.705%、0.726%、0.736%、0.787%和 0.817%，整体处于上升态势，2017 年较 2013 年增加了 0.12 个百分点。2017 年，滁州市地方财政一般预算收入在泛长三角 41 市地区排第 25 位，与 2016 年持平。

2017 年，全年全市财政总收入 289.3 亿元，同比增长 12.8%，总量、增速分别居全省第 4 位、第 5 位。税收收入占全部财政收入比重达 76.3%。全年完成地方财政收入 182.5 亿元，同比增长 9.1%。县域财政总体增长较快，全年县(市、区)财政总收入 195.3 亿元，同比增长 13.7%，快于全市平均水平 0.9 个百分点。

从收入行业看，第三产业税收增收贡献突出。2017 年，全市一产、二产、三产税收分别完成 0.3 亿元、116 亿元、111 亿元，三次产业税收结构由上年的 0.2∶51.6∶48.2 转变为 0.1∶51.0∶48.9，一产、二产比重下降，三产税收比重提升，三产对税收增长贡献率达 55%。

（三）工业生产总值

2013—2017 年滁州市工业生产总值在泛长三角 41 市所占比重分别为 0.85%、0.92%、0.90%、0.91% 和 0.95%，总体上呈现上升趋势，五年累计增幅达 0.10 个百分点。2017 年，滁州市工业生产总值在泛长三角 41 市所占比重排第 27 位。

2017 年，全年全部工业实现增加值 715.5 亿元，比上年增长 9.7%。其中，规模以上工业比上年增长 9.9%。在规模以上工业中，重工业、股份制企业、外商及港澳台商投资企业、大中型工业企业增长较快。

全年全市规模以上工业增加值同比增长 9.9%，高于全省 0.9 个百分点，增速列全省第 4 位。分经济类型看，国有企业增加值增长 7.6%，集体企业增长 1.5%，股份制企业增长 9.5%，外商及港澳台企业增长 15.4%。分行业看，36 个大类行业中，30 个行业增加值实现增长。增长贡献率居前的 4 个大类行业，分别是计算机通信和其他电子设备制造业、化学原料和化学制品制造业、金属制品业、电气机械和器材制造业，四个行业增加值同比分别增长 21.7%、15.8%、38.0%、5.0%；贡献率分别为 17.6%、13.0%、12.5%、11.0%。四大行业增加值累计增长 12.9%，贡献率达 54.1%，拉动全市规模工业增长

5.4 个百分点。分产品看，全市纳入统计的 134 种主要工业产品中，有 95 种产品产量同比增长，其中橡胶轮胎外胎增长 69.8%，平板玻璃增长 42.3%，汽车增长 35.2%，电工仪器仪表增长 33.8%，工业仪表增长 32.8%，家用电冰箱增长 31.5%，电力电缆增长 25.7%，电子元件增长 25.2%，水泥增长 15.7%。

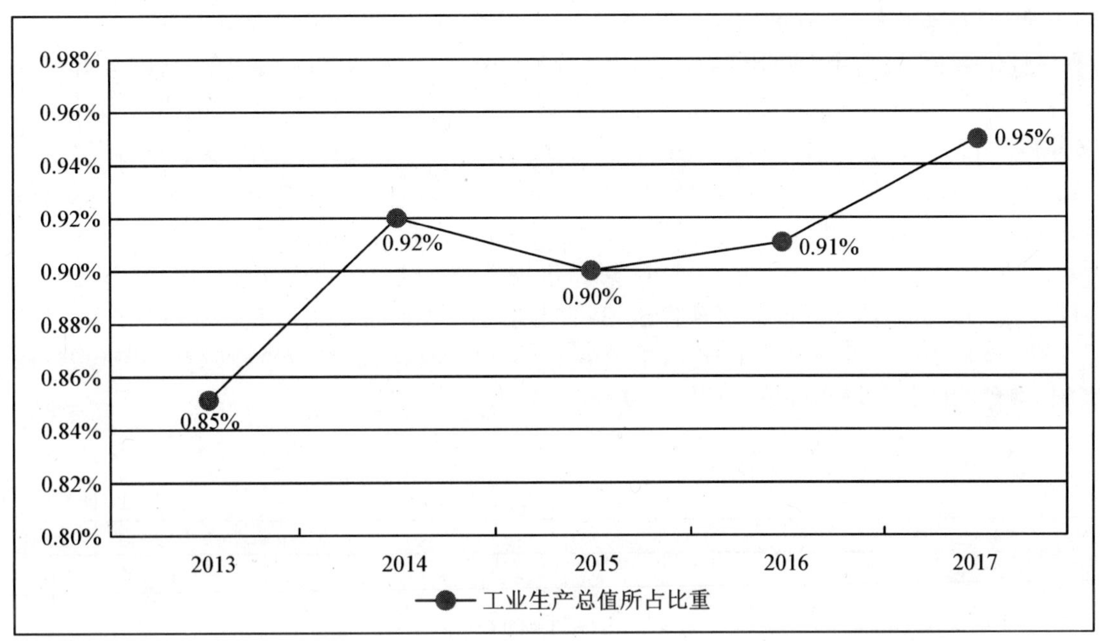

图 6 2013—2017 年滁州市工业生产总值在泛长三角 41 市所占比重的变化趋势

(四) 进出口总额

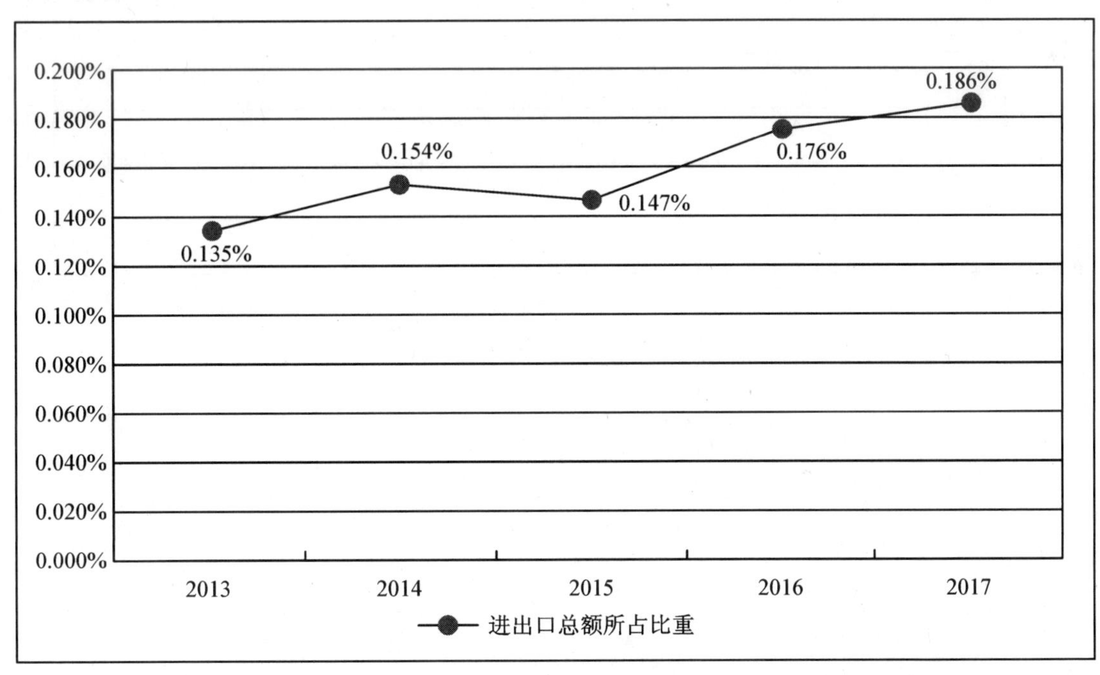

图 7 2013—2017 年滁州市进出口总额在泛长三角 41 市所占比重的变化趋势

2013—2017 年滁州市进出口总额在泛长三角 41 市所占比重分别为 0.135%、0.154%、0.147%、0.176% 和 0.186%，总体上呈现增长态势，五年间增加了 0.05 个百分点，其中 2017 年较上年增加了 0.01 个百分点。2017 年，滁州市进出口总额在泛长三角 41 市排第 30 位，与 2016 年持平。

2017 年滁州市外贸进出口总值 187.7 亿元人民币，比上一年同期（下同）增长 22%，位居全省第 5 位。其中出口 128.2 亿元，增长 15.7%；进口 59.5 亿元，增长 38.3%。2017 年，滁州市进出口总值增长 22%，增幅位居全省第 6 位；出口增长 15.7%，增幅高于全省 5.9 个百分点。2017 年，滁州市进出口总值的省内排名稳定，稳居第 5 位。2017 年滁州市外贸进出口主要呈现四大特点：以一般贸易方式为主，加工贸易较快增长；民营企业进出口占主体地位，外资企业同比下降；日本为滁州市最大贸易伙伴，欧盟超美国成为第二大贸易伙伴；进口值最大商品持续增长，主要进出口商品结构稳定。

2017 年以来，在鼓励出口政策的推动下，滁州市出口值持续增长，在全省连续数月排名靠前。出口方面，机电产品出口占据半壁江山，其中电器及电子产品为主要出口产品。滁州市将继续加强对此类生产型企业的政策扶持力度，帮助企业解决融资等问题，鼓励企业引进先进技术，加大高新技术产品研发，提高产品科技含量，提高市场竞争力。2017 年，滁州市加工贸易进出口增长较快，占同期进出口总值超 2 成。2017 年滁州市进口值最大商品接插件进口占同期进口总值近 5 成。因此，滁州市还将持续关注进口商品变化，鼓励企业引进先进技术、进口重要装备；与此同时，采取有效措施应对外贸顺差可能带来的不良影响，避免因国际市场和外贸环境发生变化引起出口“萧条”。

（五）实际外商直接投资金额

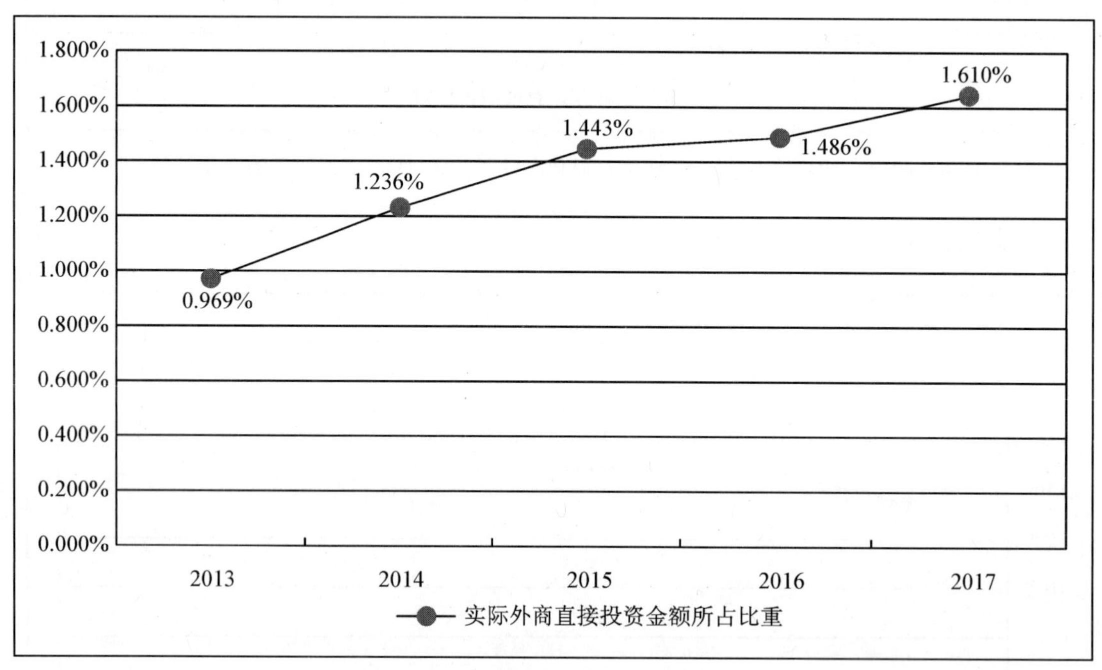

图 8　2013—2017 年滁州市实际外商直接投资金额在泛长三角 41 市所占比重的变化趋势

2013—2017 年滁州市实际外商直接投资金额在泛长三角 41 市所占比重分别为 0.969%、1.236%、1.443%、1.486%和 1.610%，呈现连续上扬姿态，2017 年较 2013 年增加了 0.64 个百分点。2017 年，滁州市实际外商直接投资金额在泛长三角 41 市排第 18 位，较上年上升一位。

2017 年全市完成外商直接投资 12.24 亿美元，同比增长 7%。全年招商引资市外亿元以上项目到位资金 900 亿元。其中境内省外 844.7 亿元，增长 13.9%。来自长三角区域资金 513.6 亿元，占境内省外引资总量的 57.1%，同比增长 10.4%。

十四　六安市2017年经济社会发展报告

2017年，在市委市政府坚强领导下，全市上下以习近平新时代中国特色社会主义思想为指导，深入学习贯彻党的十八大、十九大精神和习近平总书记视察安徽特别是视察六安重要讲话精神，牢牢把握稳中求进工作总基调，坚持绿色振兴和高质量发展，着力推进现代化经济体系建设，加快推进供给侧结构性改革，全面实施五大发展行动计划，经济社会实现平稳健康发展。

一、六安市2017年经济发展概况

(一) 综合经济

1. 经济总量

2017年实现地区生产总值(GDP)1168.05亿元，按可比价格计算，增长7.9%。分产业看，第一产业增加值190.61亿元，增长3.7%；第二产业增加值493.06亿元，增长8.2%；第三产业增加值484.38亿元，增长9.3%。三次产业结构比为16.3∶42.2∶41.5。按常住人口计算，人均生产总值24406元，同比增加1108元。

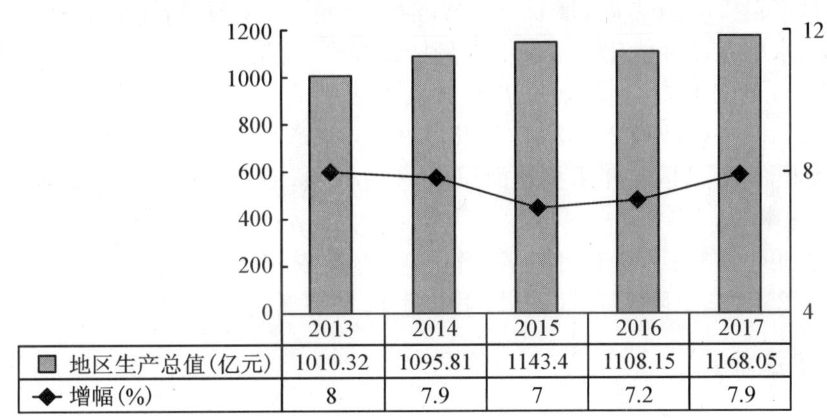

	2013	2014	2015	2016	2017
地区生产总值(亿元)	1010.32	1095.81	1143.4	1108.15	1168.05
增幅(%)	8	7.9	7	7.2	7.9

图1　2013—2017年六安市地区生产总值及增长速度

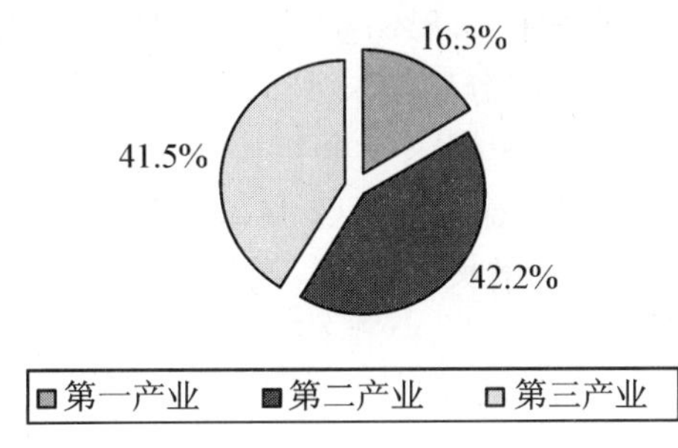

图2　2017年六安市三次产业结构图

2. 财政收支

2017年，全市实现财政收入184.1亿元，增长20.1%。其中：地方财政收入112.8亿元，增长14.8%；中央级收入65.5亿元，增长28.8%。在地方税收收入中，国内增值税38.8亿元，增长85.4%；营业税0.8亿元，下降94.9%；企业所得税5.8亿元，增长35.6%；个人所得税1.8亿元，增长27.4%。全年财政支出375.2亿元，增长9.7%。其中，教育支出增长3.6%，科学技术支出增长105.2%，交通运输支出下降40.3%，农林水事务支出增长9.9%，社会保障和就业支出增长16%。全年民生工程累计投入财政资金314.8亿元，同比增长14.3%。民生支出占财政支出比重为83.9%。

3. 物价水平

居民消费价格指数为101.5%，居民消费价格同比上涨1.5%。其中，食品烟酒类价格下降1.3%，居住类价格上涨4.0%，医疗保健类价格上涨4.9%。工业生产者购进价格指数107.3%；工业生产者出厂价格指数103.8%。

4. 固定资产投资

2017年，完成固定资产投资1200亿元，同比增长11.6%。分产业看，第一产业投资36.6亿元，下降7.7%；第二产业投资428.8亿元，增长10.7%；第三产业投资734.6亿元，增长13.4%。

全年工业项目投资额428.3亿元，同比增长11.3%。其中制造业投资增长4.7%；水利、环境和公共设施管理业投资增长24%；交通运输、仓储和邮政业增长23.1%；居民服务业投资增长117.1%。

全年新开工项目1256个，比上年减少221个。亿元以上重点项目完成投资537.4亿元，同比增长28.9%。

（二）农业

2017年，全市粮食种植面积510193公顷，比上年减少5500公顷；油料种植面积65504公顷，比上年减少4396公顷；棉花种植面积8418公顷，比上年减少229公顷；蔬菜种植面积60295公顷，比上年增加3908公顷。全年粮食产量315.8万吨，增长0.5%；油料产量14.7万吨，下降4.7%；棉花产量14153吨，下降0.9%；蔬菜、水果在品种优化的基础上产量持续提升，蔬菜、水果产量分别增长8.9%、38.7%。

全年肉类总产量41.6万吨，比上年增长1.4%，其中猪牛羊肉产量27.8万吨，增长1.8%。禽蛋产量9.6万吨，下降1.6%。牛奶产量22342吨，增长0.9%。水产品产量22.5万吨，增长1.4%。

全年人工造林面积3792公顷。年末林地面积68.4万公顷，活立木总蓄积量3373.9万立方米，森林覆盖率45%，林木绿化率50.3%。

全市农业机械总动力563.6万千瓦，比上年增长0.8%。农用拖拉机17.5万台，下降0.2%。全年化肥施用量(折纯)18.2万吨，下降4.7%。农村用电量11.6亿千瓦小时，增长7.4%。

（三）工业和建筑业

1. 工业经济

2017年，全市规模以上工业企业数达到968户，比上年增加10户。全年规模以上工业增加值同比增长8.4%。其中：轻工业增加值比上年增长3.8%；重工业增加值比上年增长12.8%。分经济类型看：集体企业、股份制企业和国有企业增长较快，分别增长13.3%、9.0%和8.6%。分行业看：统计的35个行业大类中有25个行业增加值实现增长。规模工业全年实现主营业务收入1290.4亿元，增长5.4%，实现利税101.0亿元，增长15.0%。经济效益综合指数为279.15%，比上年提高8.54个百分点。规模以上工业统计的产品产量中，铁矿石原矿量增长27.5%，商品混凝土增长29.1%，服装增长12.0%，钢材增长3.8倍，塑料制品增长27.1%，精制茶增长1.7%，白酒下降25.5%，水泥下降8.0%，发电量下降2.4%。

2. 建筑业

2017年，实现建筑业增加值93.6亿元，同比增长13.6%。建筑业企业实现总产值173.1亿元，同比增长12.1%。建筑企业当年房屋建筑施工面积1228.9万平方米，与上年基本持平；房屋竣工面积631.2万平方米，同比下降8.6%。

（四）服务业

1. 国内贸易

2017年，实现社会消费品零售总额604.8亿元，同比增长11.7%。按经营地统计，城镇消费品零售额333.6亿元，增长11.2%；乡村消费品零售额271.2亿元，增长12.3%。按销售类型统计，批发零售业零售额531.7亿元，增长11.7%；住宿餐饮业零售额73.1亿元，增长11.6%。粮油、食品、饮料、烟酒类限上法人企业实现零售额42亿元，增长23.1%；服装、鞋帽、针纺织品类零售法人企业实现零售额10.2亿元，下降0.9%；日用品类、化妆品类、书报杂志类分别实现零售额3.2亿元、2.1亿元、3.9亿元，分别增长5.5%、6.3%和18.2%；金银珠宝类法人企业实现零售额2.4亿元，增长5.6%。按规模分，限额以上商业实现零售额211.3亿元，增长11.5%；限额以下商业实现零售额393.5亿元，增长12.7%。

全市限额以上商业单位453家，比上年增加36家。

2. 交通运输、邮电

2017年，交通运输、仓储及邮政业平稳增长，实现增加值43亿元，同比增长5.2%。完成公路货运量23532万吨，增长13.4%，货运周转量411.5亿吨公里，增长5.4%；客运量4920万人次，下降20.7%，客运周转量39.7亿人公里，下降19.2%。水上货运量9515万吨，同比下降21.9%，水上货运周转量592.6亿吨公里，下降21%；水上客运量52万人次，增长1倍，水上客运周转量491万人公里，增长61%。

2017年末，全市各种机动车辆(不含拖拉机)73.1万辆，同比增长4.4%。汽车拥有量48万辆，增长16.8%。其中，载客汽车38.7万辆，增长18.7%；载货汽车9万辆，增长9.8%。载客汽车中，小型载客汽车37.9万辆，增长18.1%。

全年邮政电信部门完成邮电业务总量31.69亿元。其中：邮政部门完成邮政业务收入6.94亿元，电信部门完成业务量24.75亿元。全市快递业务量完成3041.96万件，同比增长22.8%；业务收入完成2.83亿元，同比增长22.5%。

年末电信部门拥有本地固定电话用户28.6万户，同比减少7.6万户；移动电话用户345.3万户，同比增加47.1万户。互联网用户69.6万户，同比增加14.2万户。

3. 旅游业

2017年，接待海外游客12.7万人次，同比增长9.9%；接待国内游客4489.2万人次，增长25.4%。旅游总收入350.3亿元，同比增长37.1%。其中，旅游外汇收入8617.8万美元，增长8.8%；国内旅游收入344.6亿元，增长37.9%。年末全市共有4A级以上旅游景区26处，其中5A级旅游景区2处。

4. 金融、证券和保险

年末全市金融机构人民币各项存款余额2428.6亿元，同比增长17.1%；余额比年初增加354.7亿元，增加额同比增长5.5%。其中，住户存款余额1313.5亿元，增长12.2%。金融机构人民币各项贷款余额1537.4亿元，同比增长28.9%；余额比年初增加344.6亿元，增加额同比增长70.2%。

2017年末，全市证券营业机构10家。其中，1家分公司，9个营业部。全市证券交易额达973.4亿元，证券开户数10.4万户。年末保险公司分支机构38家。其中，财险公司16家，寿险公司20家，财险中介1家，已批在筹财险1家。2017年，全市保费收入65亿元，同比增长2.2%。其中，财产险保费收入24.8亿元，增长14.8%，年赔付14.6亿元；人身险保费收入40.2亿元，同比下降4.5%，赔付11.7亿元。

5. 房地产业

全年房地产企业开发投资额293.8亿元，增长24.2%；当年商品房屋新开工面积933.6万平方米，增长66.7%；施工面积2634.8万平方米，增长30.2%；竣工面积203.7万平方米，下降36.5%；商品房屋销售面积711万平方米，增长7.1%；销售额406.4亿元，增长31.6%。

(五) 对外经济

1. 对外贸易

2017年度，全市实现进出口71890万美元，同比增长35.3%。其中，出口60647万美元，增长20.4%；进口11243万美元，增长308.4%。

2. 利用外资

全市利用外商直接投资 43786 万美元，同比增长 15.2%；新备案外资项目 13 个，比上年增加 3 个；合同外资 17541 万美元，同比增长 9.2%。

二、六安市 2017 年社会发展概况

（一）人口、人民生活

2017 年末，全市户籍人口 588.2 万人，比上年增加 0.8 万人。

据全省人口变动抽样调查统计，2017 年全市常住人口 480 万人，城镇化率 45.41%，城镇化率比上年提高 1.42 个百分点。常住人口出生率 12.84‰，死亡率 6.42‰，自然增长率 6.42‰。

2017 年，全市城镇常住居民人均可支配收入 26731 元，同比增长 8.1%。城镇居民人均消费性支出 17452 元，增长 7.7%。其中，食品支出 6094 元，增长 4.1%，衣着支出增长 4.0%，交通与通讯支出增长 7.9%，教育文化娱乐服务支出增长 12.8%。城镇居民恩格尔系数为 34.9%，同比下降 1.2 个百分点。城镇居民人均居住面积 38 平方米，同比增加 0.1 平方米。

农村常住居民人均可支配收入 10857 元，同比增长 9.0%。农村居民人均生活消费支出 9125 元，增长 8.2%。其中，食品支出增长 5.3%，交通和通讯支出增长 8.1%，居住支出增长 13.7%。农村居民人均住房面积 43 平方米，同比增加 2.1 平方米。

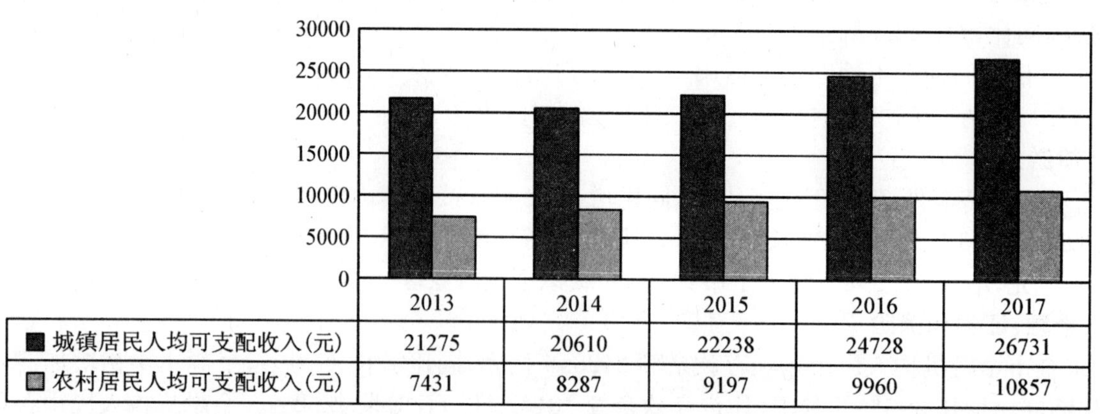

	2013	2014	2015	2016	2017
城镇居民人均可支配收入(元)	21275	20610	22238	24728	26731
农村居民人均可支配收入(元)	7431	8287	9197	9960	10857

图 3 2013—2017 年六安市城乡居民收入对比一览

（二）社会保障

2017 年末，全市城镇职工基本养老、医疗、失业、工伤、生育保险参保人数分别达 32.83 万人、34.72 万人、19.18 万人、27.6 万人、22.34 万人，完成目标任务的 110.1%、109.35%、110.23%、101.47%、112.54%；合计征缴五项保险基金 33.29 亿元，完成目标任务的 125%。城乡居民养老保险缴费 202.83 万人，累计缴费 4.73 亿元，人均缴费 233 元，位居全省第一。全年培训建档立卡贫困劳动者 9553 人，发放就业技能培训补贴 754 万元。全年开展创业培训 2182 人次。2017 年，全市新登记私营企业 1.15 万户、个体工商户 2.42 万户，同比分别增长 21.7%、10.3 %。

（三）教育和科学技术

1. 教育事业

2017 年，全市普通高校 4 所，当年招生 12553 人，增长 8%；在校生 42326 人，增长 2.5%；毕业生

13156人，增长4.4%。各类中等职业教育学校33所(不含技工学校)，当年招生22461人。普通高中51所，招生29982人，高中阶段毛入学率115.66%。普通初中284所，招生54946人，初中学龄人口入学率为99.98%。小学638所，招生51225人，小学入学率为100%。

2. 科技与创新

2017年末，全市有省级工程技术研究中心21家。全年申请专利10768件，比上年增长22.7%，授权专利2645件，下降17.6%。全年选派科技特派员100名，创建专家大院7家。

2017年完成市级以上监督抽查643组，不合格21组，合格率96.7%，比2016年提高2.3个百分点。2017年末，全市法定计量技术机构(含授权)19家，强制检定计量器具14.4万台件。全年各类认证证书1885张，获证组织805家，分别比上年增长28.4%、18.6%。2017年，全市共参加制、修订国家标准6项，行业标准7项，地方标准18项，团体标准1项，企业自我公开企业标准195项。国家黄茶生产标准化示范区成功落户六安。安徽省面冲茶叶标准化示范区项目获批立项。霍山石斛综合农业标准化和天堂寨风景区服务标准化2个国家级项目通过现场验收。新认定六安名牌24个。

(四) 文化、卫生和体育

1. 文化事业

2017年末，全市有文化馆7个，乡镇(街道)综合文化站140个，公共图书馆6个，年末馆藏书籍总藏量70.44万册(件)，电子图书208.14万册，文物保护管理机构6个，博物馆(纪念馆)10个(含民办1家)，年末馆藏文物10773件。广播电视台5家，中波发射台1座，调频、电视转播发射台10座，有线广播电视用户20.90万户，广播综合人口覆盖率96.69%；电视综合人口覆盖率96.13%。

2. 卫生事业

年末，全市共有卫生机构(含诊所、卫生所室)2308个，其中医院29个，乡镇卫生院133个，疾控中心(防疫站)8个，妇幼保健院(所、站)8个，社区卫生服务中心(站)125个。卫生机构年末床位数19327张，各类专业卫生技术人员19930人，其中执业医师和执业助理医师8976人，注册护士7731人。

3. 体育事业

2017年，着力打造迎春长跑、端午龙舟赛、“8·8”全民健身日等“毅行六安”群众品牌系列活动，承办国际网球公开赛、全国库钓大赛、全国登山大赛、全国山地自行车赛公开赛(金寨站)、大别山马拉松比赛和江淮万人骑行(裕安站)、江淮万人骑行(霍山站)、省直机关万佛湖健身走、鄂豫皖苏区体育协作篮球邀请赛等一批国家级、省级比赛，被授予2017中国体育旅游目的地。

(五) 城乡建设

大力实施新型城镇化带动战略，城乡规划体系不断完善，在全省率先完成各县总规修编。常住人口城镇化率由40.4%提高到45%。中心城市建设步伐加快，累计实施重点工程130个、完成政府性投资180亿元，建成区面积扩展到76平方公里，荣获国家园林城市、国家森林城市、国家节水型城市、中国人居环境奖、“魅力中国城”十佳城市。各县县城建设框架全面拉开，基础设施进一步改善；特色小镇建设亮点纷呈，裕安区独山镇、金安区毛坦厂镇荣膺全国特色小镇，10个镇人选全国重点镇；349个省级美丽乡村中心村建成，“三线三边”城乡环境整治成效显著。交通实现跨越式发展，阜六铁路、宁西铁路复线等建成通车，成为横贯东西、纵达南北的节点城市；大别山旅游扶贫快速通道全线贯通，312国道六安段、六舒三路升级改造完成，新改建国省干线1000公里，建设里程是前12年的总和；农村公路加快建设，市县快速通达工程全面建成，全市公路总里程居全省首位，被确定为国家公路运输枢纽城市。淠河、史河治理等重大水利工程基本建成。高压输变电工程和农村电网改造快速推进，完成投资26亿元。

（六）环境保护

2017 年末，全市共有通过标准化认证环境监测站 5 个，监测的城区空气质量优良率为 81%。全市集中式饮用水源地水质达标率 100%。全市有 3 个县（霍山县、金寨县、舒城县）被命名为国家级生态示范区。成功创建国家级生态县 2 个（霍山县、舒城县），成功创建国家级生态文明建设示范县 1 个（金寨县），国家级生态乡镇 19 个，国家级生态村 3 个。

已建成自然保护区 4 个，其中国家级自然保护区 1 个（安徽金寨天马国家级自然保护区），省级自然保护区 3 个（安徽舒城万佛山省级自然保护区、安徽霍山佛子岭省级自然保护区、安徽霍邱东西湖省级自然保护区）。

（七）社会安全

全市共发生生产安全事故 242 起、死亡 146 人，同比分别上升 2.9%、50.5%（较大事故 2 起、死亡 9 人，同比起数持平、增加 3 人）。其中，发生生产经营性道路交通事故 192 起、死亡 86 人，同比下降 13.1%、下降 6%；发生工矿商贸生产安全事故 50 起、死亡 60 人，同比增加 36 起、44 人。

三、六安市在泛长三角地区经济发展中的地位

2017 年，全市人民在省委、省政府和市委的坚强领导下，全面贯彻党的十八大、十九大精神和习近平总书记视察六安重要讲话精神，以习近平新时代中国特色社会主义思想为指导，全面落实市第三次、第四次党代会决策部署，攻坚克难，真抓实干，胜利完成“十二五”规划，顺利实施“十三五”规划，保持了经济平稳较快健康发展和社会和谐稳定。

（一）地区生产总值

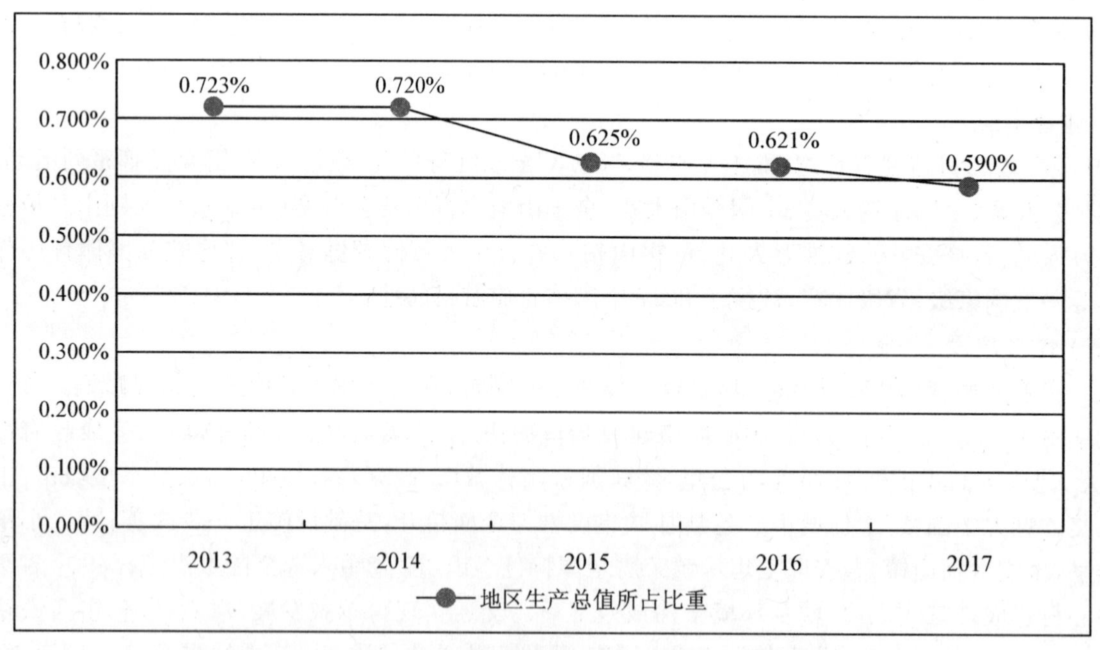

图 4　2013—2017 年六安市地区生产总值在泛长三角地区 41 市（苏浙两省 24 个地级市、上海市和安徽省 16 市，下同）所占比重的变化趋势

2013—2017 年六安市地区生产总值在泛长三角地区 41 市所占比重分别为 0.723%、0.720%、0.625%、0.621%和 0.590%。2017 年与 2013 年比减少了 0.13 个百分点，较上年比减少了 0.03 个百分

点。2017 年，六安市在泛长三角地区 41 市地区生产总值所占比重排名第 35 位，较上年下降一位。

2017 年实现地区生产总值（GDP）1218.7 亿元，按可比价格计算，增长 7.9%。分产业看，第一产业增加值 190.6 亿元，增长 3.8%；第二产业增加值 543.8 亿元，增长 8.2%；第三产业增加值 484.4 亿元，增长 9.3%。第三产业比重由上年 38.5%提高到 39.8%。

七个县区霍邱县实现 GDP228.1 亿元，增速 6%，总量位居六安全市七县区第一位。金安区完成 GDP200 亿元，同比增长 9%，经济总量位居全市县区第二，其增速也是市辖三区首位。舒城县完成地区生产总值为 190 亿元，增速为 9%，总量位居全市县区第三位，增速位居五县第一名。度裕安区实现 GDP188.7 亿元，增长 8%，总量位居全市县区第四名。霍山县实现 GDP177.6 亿元，增速为 7.5%。金寨县实现 GDP108 亿元，增速为 9%，总量位居全市第六，增速与舒城并列第一。叶集区完成 GDP 约为 60 亿元，增速在 8%左右，总量位居全市县区末位。

（二）地方财政一般预算收入

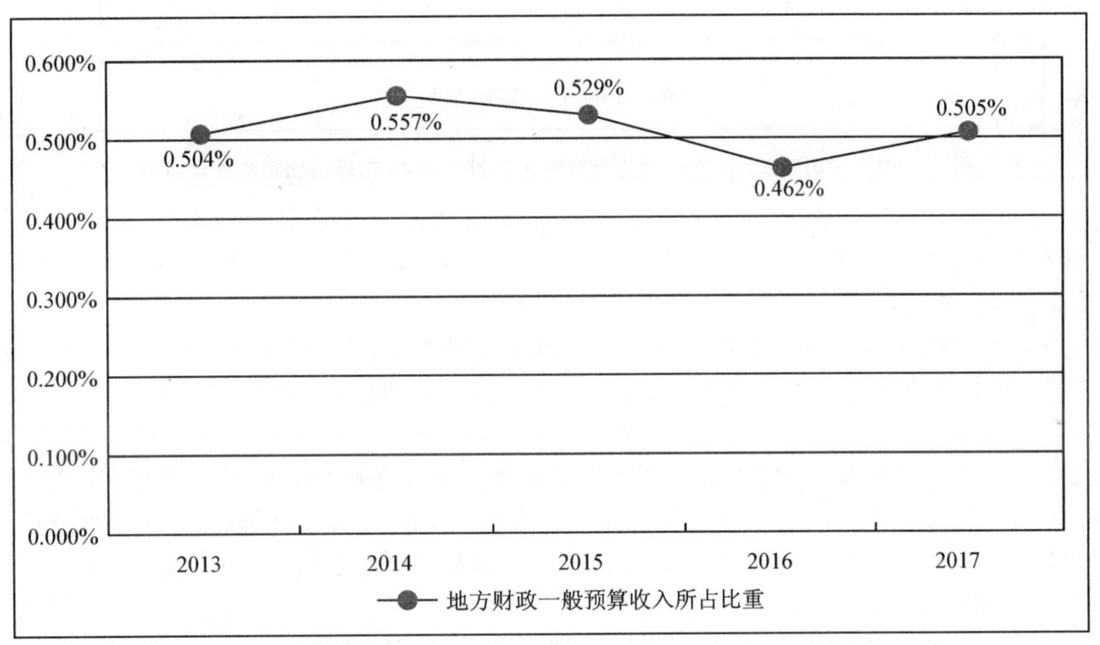

图 5　2013—2017 年六安市地方财政一般预算收入在泛长三角 41 市所占比重的变化趋势

2013—2017 年六安市地方财政一般预算收入在泛长三角 41 市所占比重分别为 0.504%、0.557%、0.529%、0.462%和 0.505%，2017 年较 2013 年增加了 0.01 个百分点，较上年增加了0.05 个百分点。2017 年，六安市地方财政一般预算收入在泛长三角 41 市地区排第 33 位，较上年上升了一位。

2017 年，全市财政收入累计完成 184.11 亿元，为预算的 110.71%，同比增长 22.12%。其中税收收入 152.65 亿元，增长 22.31%，非税收入 31.46 亿元，占财政收入的比重为 17.09%。分级次情况为：地方级收入完成 113.76 亿元，增长 15.18%；中央级收入完成 65.54 亿元，增长28.8%；出口货物退增值税 4.81 亿元，增长 32.91%。分部门情况为：国税部门完成 90.86 亿元，增长 49.76%；地税部门完成 66.56 亿元，下降 2.39%；财政部门完成 26.69 亿元，增长 9.35%。分税种情况为：国内增值税 60.81 亿元，增长 77.53%；企业所得税 20.38 亿元，增长 32.88%；个人所得税 6.08 亿元，增长 27.38%；城市维护建设税 4.51 亿元，增长 13.57%；车辆购置税8.16 亿元，增长 24.47%；契税 15.29 亿元，增长 22%；土地增值税 9.19 亿元，增长 93.92%；房产税 2.26 亿元，增长 44.52%；耕地占用税 1.9 亿元，增长2.04%；城镇土地使用税 4.93 亿元，增长 12.27%。

（三）工业生产总值

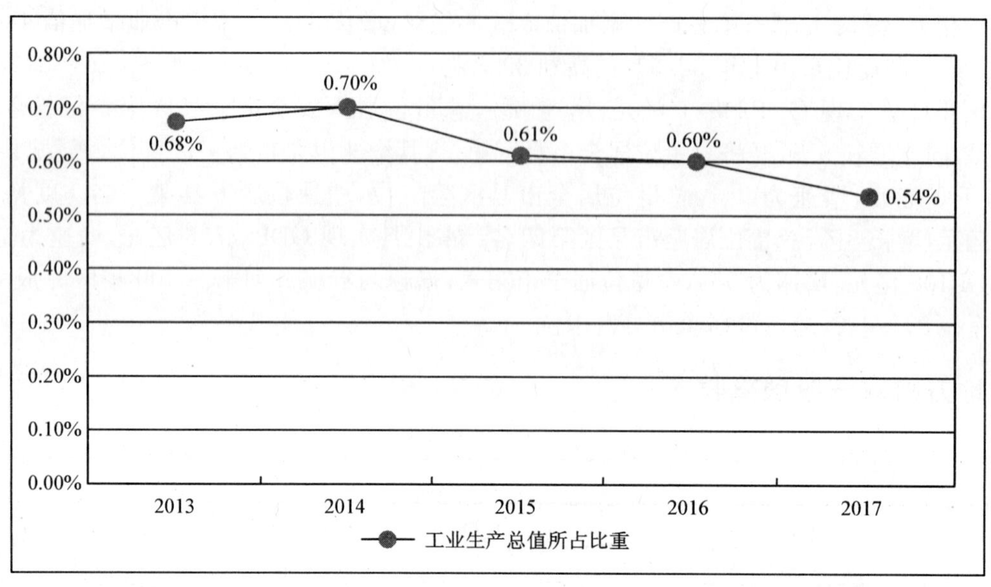

图 6 2013—2017 年六安市工业生产总值在泛长三角 41 市所占比重的变化趋势

2013—2017 年六安市工业生产总值在泛长三角 41 市所占比重分别为 0.68%、0.70%、0.61%、0.60% 和 0.54%，2017 年较 2013 年减少了 0.14 个百分点，较上年减少了 0.06 个百分点。2017 年，六安市工业生产总值在泛长三角 41 市所占比重排第 37 位。

2017 年，全市规模以上工业企业数达到 968 户，比上年增加 10 户。全年规模以上工业增加值同比增长 8.4%。其中：轻工业增加值比上年增长 3.8%；重工业增加值比上年增长 12.8%。分经济类型看：集体企业、股份制企业和国有企业增长较快，分别增长 13.3%、9.0%和 8.6%。分行业看：统计的 35 个行业大类中有 25 个行业增加值实现增长。规模工业全年实现主营业务收入 1290.4 亿元，增长 5.4%，实现利税 101.0 亿元，增长 15.0%。经济效益综合指数为279.15%，比上年提高 8.54 个百分点。规模以上工业统计的产品产量中，铁矿石原矿量增长 27.5%，商品混凝土增长 29.1%，服装增长 12.0%，钢材增长 3.8 倍，塑料制品增长 27.1%，精制茶增长 1.7%，白酒下降 25.5%，水泥下降 8.0%，发电量下降 2.4%。上半年，全市 956 家规模工业企业累计实现增加值 188.9 亿元，增长 8.1%，增幅较 2016 年同期提高 4.2 个百分点，超过年初目标 0.6 个百分点；统计的 35 个工业行业中，铁矿采选、农副产品加工、电气机械制造等 20 个行业实现增长；完成工业用电量 16.8 亿千瓦时，增长 25.8%，增幅居全省首位；完成工业投资 162.9 亿元，增长 10.4%，其中完成技改投资 84.9 亿元，增长 29.9%，工业投资和技改投资增幅分别居全省第 10 位和第 6 位；工业实现税收 20.2 亿元，增长 11.5%，高于 2016 年同期 2.5 个百分点；完成工业出口交货值 76.9 亿元，增长 9.5%，高于 2016 年同期 29.7 个百分点。上半年工业经济主要呈现出四个特点：一是骨干企业发力，支撑作用进一步提升；二是新兴产业蓬勃发展，工业结构进一步优化；三是投资结构不断优化，发展后劲进一步夯实；四是合六叶工业走廊建设加快，“磁场效应”进一步夯实进一步显现。

（四）进出口总额

2013—2017 年六安市进出口总额在泛长三角 41 市所占比重分别为 0.058%、0.048%、0.044%、0.040% 和 0.048%，五年间减少了 0.01 个百分点，其中 2017 年较上年增加了近 0.01 个百分点。2017 年，六安市进出口总额在泛长三角 41 市中排 37 位，较上年上升了一位。

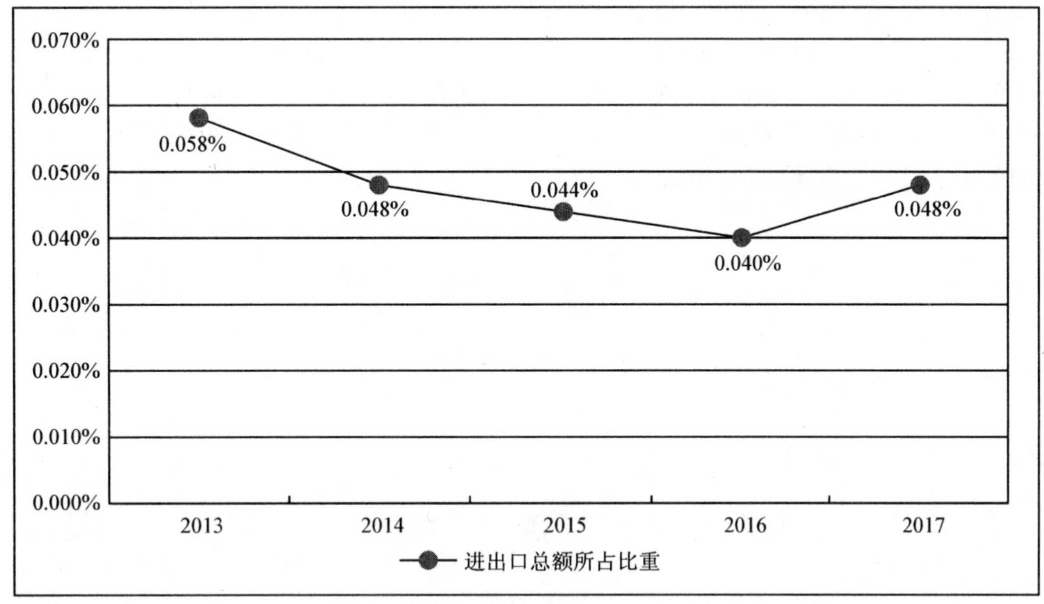

图7　2013—2017年六安市进出口总额在泛长三角41市所占比重的变化趋势

2017年，全市累计实现进出口71890万美元，同比增长35.3%，增幅高出全省14.5个百分点，增幅位居全省第二。全年累计实现进口11243万美元，进口首次破亿美元，同比增长308.4%。从主要产品看，六安市机电产品进出口20081万美元，同比增长78.2%；农产品进出口17377万美元，同比增长20.7%；纺织品原料及制品进出口13083万美元，同比增长19.3%；箱包鞋帽进出口4053万美元，同比增长55.6%。从重点市场看，对亚洲进出口26581万美元，增长37.1%；对欧洲进出口21820万美元，增长51.5%；对北美洲进出口13705万美元，增长11.3%；对拉丁美洲进出口5625万美元，增长44.3%；对非洲进出口2539万美元，增长60.4%；对大洋洲进出口1619万美元，增长4.6%。

（五）实际外商直接投资金额

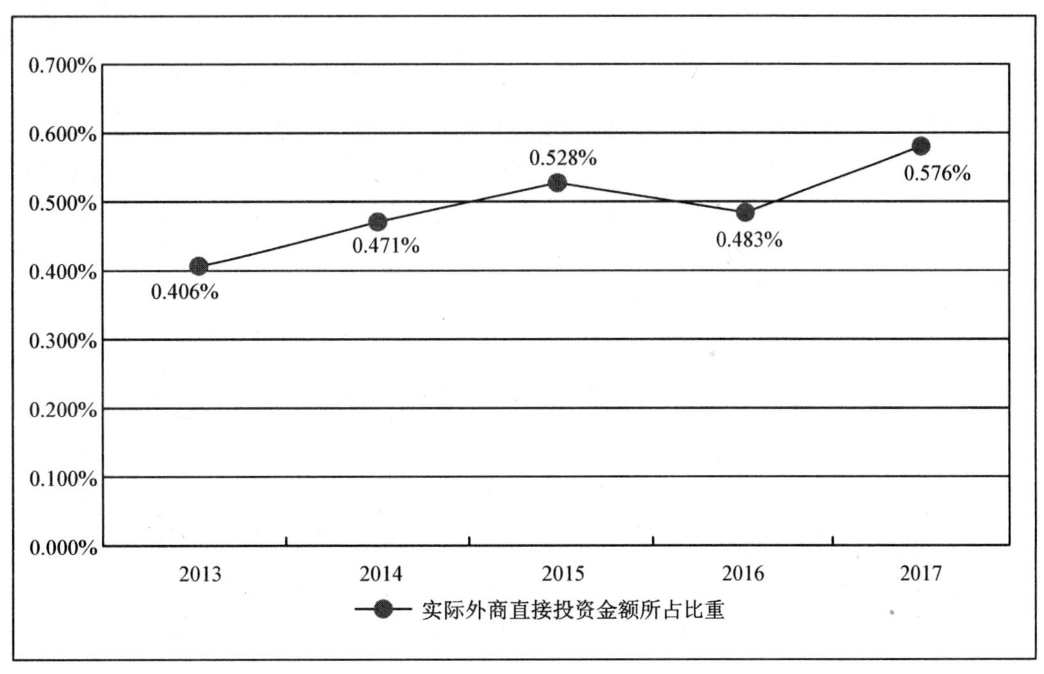

图8　2013—2017年六安市实际外商直接投资金额在泛长三角41市所占比重的变化趋势

2013—2017 年六安市实际外商直接投资金额在泛长三角 41 市所占比重分别为 0.406%、0.471%、0.528%、0.483%和 0.576%，整体呈现上扬姿态，2017 年较 2013 年增加了 0.17 个百分点，较上年增加了 0.10 个百分点。2017 年，六安市实际外商直接投资金额在泛长三角 41 市排第 29 位，排名相对靠前。

2017 年，全市利用外商直接投资 43786 万美元，同比增长 15.2%；新备案外资项目 13 个，比上年增加 3 个；合同外资 17541 万美元，同比增长 9.2%。

十五　宣城市 2017 年经济社会发展报告

2017 年，在市委市政府的坚强领导下，全市上下深入学习贯彻党的十九大精神，以习近平新时代中国特色社会主义思想为统领，紧紧围绕“235”工作总体布局和“向苏浙对齐、在全省争先”工作总体要求，坚持稳中求进工作总基调，自觉践行新发展理念，以供给侧结构性改革为主线，牢牢把握推进高质量发展的根本要求，全面做好稳增长、促改革、调结构、惠民生、防风险各项工作，国民经济稳中向好，转型升级成效明显，人民生活持续改善，社会事业全面发展。

一、宣城市 2017 年经济发展概况

（一）综合经济

1. 经济总量

全年生产总值（GDP）1185.56 亿元，按可比价格计算（下同），比上年增长 8.5%。分产业看，第一产业增加值 130.99 亿元，增长 4%；第二产业增加值 568.45 亿元，增长 8.7%；第三产业增加值 486.11 亿元，增长 9.7%。三次产业结构由上年的 12.1∶47.4∶40.5 调整为 11.1∶47.9∶41.0。按照年均常住人口计算，人均生产总值 45467 元（按常住人口计算），比上年增加 4727 元。

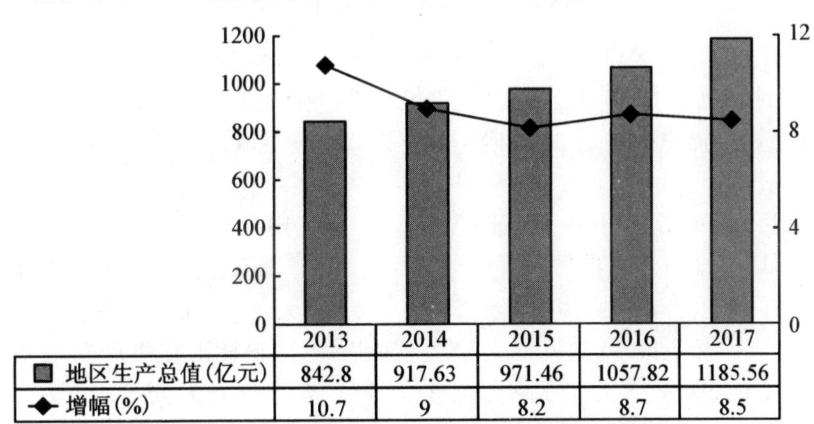

	2013	2014	2015	2016	2017
地区生产总值（亿元）	842.8	917.63	971.46	1057.82	1185.56
增幅（%）	10.7	9	8.2	8.7	8.5

图 1　2013—2017 年宣城市地区生产总值及增长速度

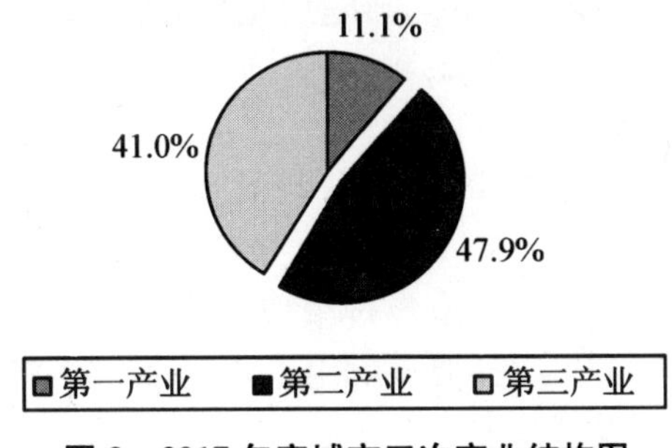

图 2　2017 年宣城市三次产业结构图

2. 财政收支

全年财政总收入 220.2 亿元，比上年增收 17.8 亿元，增长 8.8%，其中地方财政收入 143 亿元，比上年增收 3.6 亿元，增长 2.6%，其中税收收入中增值税完成 43.5 亿元，增长 41.6%；企业所得税完成 5.6 亿元，增长 9.7%；个人所得税完成 2.2 亿元，增长 42.6%。全市财政支出 273.3 亿元，比上年增加

18.6亿元，增长7.3%，其中，科学技术支出增长24.1%，教育支出增长7.7%，医疗卫生支出增长18.4%，农林水利事务支出下降31.8%，节能环保支出增长23.7%。全年民生工程投入资金68.7亿元，其中财政资金42.3亿元，分别增长21.2%和9.9%，33项民生工程全部完成年度目标任务，群众获得感持续增强。

3. 物价水平

全年居民消费价格比上年上涨1.1%，其中食品烟酒价格下降1.8%。商品零售价格上涨1.1%。工业生产者出厂价格上涨6.5%，工业生产者购进价格上涨9.7%。

4. 固定资产投资

全年固定资产投资完成1580.5亿元，同比增长11.8%。工业及信息化产业技术改造投资464.2亿元，比上年增长26.2%。民间投资1096.3亿元，增长10%。从三次产业看，全市第一产业投资下降24%，第二产业投资增长17.5%，第三产业投资增长8.4%。分行业看，工业投资增长16.3%，其中制造业增长16%，制造业中装备制造业增长9.4%。六大高耗能行业投资增长24.2%。三产中的水利、环境和公共设施管理业投资增长27%，交通运输业、仓储和邮政业投资增长9.9%。

全年计划总投资亿元及以上在建项目429个，亿元及以上项目投资额同比增长34.3%。其中华威铜箔科技年产5万吨锂电铜箔和3万吨覆铜板标准铜箔生产项目、宣城市生活垃圾焚烧发电二期工程项目和燕青宣纸文创小镇建设项目等计划总投资5亿元以上的项目开工建设。

（二）农业

全年粮食种植面积231.1千公顷，小麦种植面积41.9千公顷，油料种植面积41.6千公顷，棉花种植面积2.9千公顷，蔬菜种植面积37.9千公顷。全年粮食总产量123.13万吨，同比增长0.43%。油料产量10.1万吨，下降1.9%。棉花产量0.36万吨，下降29.5%。烟叶产量1.68万吨，增长14.3%。茶叶产量3.39万吨，增长0.1%。

年末全市生猪存栏53.09万头，比上年下降3.3%；全年生猪出栏104.79万头，增长0.8%。全年肉类总产量24.38万吨，增长1.8%。蛋禽产量5.18万吨，下降1.3%。全年水产品产量12.6万吨，增长3%。

全年省级龙头企业92家，国家级龙头企业6家，全国绿色原料标准化生产基地6个，省级以上标准化畜禽养殖小区46个，无公害农产品有效论证企业81家。全市现有无公害农产品、绿色食品、有机食品认证产品数分别为126个、149个和129个。

年末全市农业机械总动力229.81万千瓦，比上年增长2.1%，农用拖拉机达到5.84万台，增长0.3%，联合收割机4938台，增长8.2%。全年化肥施用量（折纯）12.3万吨，下降3.2%。农村用电量13.8亿千瓦时，增长6.4%。有效灌溉面积201.99千公顷。

（三）工业和建筑业

1. 工业经济

年末全市规模以上工业企业达1518户。全年规模以上工业增加值比上年增长9.2%。其中轻、重工业分别增长2.1%和11.1%，轻重工业增加值比例由上年的22.9∶77.1变化为18.8∶81.2。全市共有11个行业的增加值过10亿元，占规模以上工业增加值总量的78.8%，其中橡胶和塑料制品业最大。规模以上工业中，分所有制类型看，股份制企业工业增加值比上年增长9.1%；外商及港澳台投资企业工业增加值增长10.3%；国有企业工业增加值增长7.6%。分轻重工业看，重工业增加值同比增长11.1%，轻工业增加值增长2.1%。35个大类行业中29个同比实现增长，其中13个行业增加值增速超过全市平均水平，装备制造业增长14.2%，高新技术产业增长17.1%；战略性新兴产业产值增长25%。

全年规模以上工业主营业务收入1859.9亿元，比上年增长16%；实现利润总额121.1亿元，比上年增长 21.6%，其中，化学原料和化学制品制造业增长 18.7%，橡胶和塑料制品业增长 19.6%，非金属矿物制品业增长 123.1%，汽车制造业增长 21.1%。全市规模以上工业经济综合效益指数达到 265.67，比上年下降了 2.36 个点。

2. 建筑业

年末全市资质内建筑企业 164 家，全年建筑企业利税总额 7.9 亿元，房屋建筑施工面积 1084.2 万平方米，比上年增长 5.2%；竣工面积 472.5 万平方米，比上年增长 13.8%。

（四）服务业

1. 国内贸易

年末全市限额以上单位共 491 家。全年实现社会消费品零售总额为 531.5 亿元，比上年增长 11.7%。分销售地区看，城镇消费品市场实现消费品零售额 327.2 亿元，比上年增长 11.6%，乡村消费品市场实现消费品零售额 204.3 亿元，增长 11.9%。销售额按行业分，实现批发业销售额 418.8 亿元，增长 11.2%；实现零售业销售额 668.3 亿元，增长 13.7%；实现住宿业营业额 16.9 亿元，增长 13.7%；实现餐饮业营业额 110.7 亿元，增长 17.8%。限额以上企业（单位）经营状况良好，全年实现商品零售额 241.4 亿元，增长 12.7%，其中，汽车类增长 14.7%，石油及制品类增长 11.2%，家用电器和音像器材类增长 12.5%，中西药品类增长 20.6%，日用品类增长 15.4%，服装、鞋帽类增长 3.9%，粮油、食品类增长 14.5%。

2. 交通运输、邮电

全年完成公路货物周转量 126.9 亿吨公里，增长 5.4%，公路客运周转量 13 亿人公里。全年内河港口货物吞吐量 176 万吨，下降 19.9%。

年末全市民用汽车保有量 35.1 万辆，增长 18%，其中 2017 年新注册 5.5 万辆。年末私人汽车保有量 31.6 万辆，增长 19.6%，其中私人轿车 19.3 万辆。

全年完成邮电业务总量 43.1 亿元。年末固定电话 26.7 万户，移动电话用户 225.9 万户，其中 3G、4G 移动电话用户分别为 21.8 万户和 157.7 万户，年末基础电信运营企业计算机互联网宽带接入用户 63.1 万户，增加 11.9 万户。

3. 旅游业

全年接待旅游入境者 20.5 万人次，增长 32%，其中接待外国人 12.7 万人次，增长 32%；接待国内旅游者 3115.4 万人次，增长 30.5%，实现旅游业总收入 270 亿元，增长 31.4%，其中国际旅游外汇收入 1.1 亿美元，增长 75.7%。全市拥有国家 5A 级景区 1 家，全年新增 4A 级景区 3 家，4A 级景区达 24 家，全市 A 级景区数达到 60 家。

4. 金融和保险

年末全市金融机构人民币各项存款余额为 1675.4 亿元，增长 14.1%，余额比年初增加 207.2 亿元。其中，住户存款余额为 905.6 亿元，比年初增加 90 亿元。人民币各项贷款余额为 1226.2 亿元，同比增长 17.8%，余额比年初增加 184.9 亿元。短期贷款余额为 376.5 亿元，中长期贷款余额为 805.1 亿元。

全年保险业保费收入 41.6 亿元。其中，财产险业务保费收入 17.7 亿元；人身险业务保费收入 23.9 亿元，人身险中意外伤害险收入 0.7 亿元，健康险收入 4.1 亿元。赔款和给付支出 17.1 亿元，其中财产险支出 9 亿元，人身险 8.1 亿元。

5. 房地产业

全年房地产开发完成投资 185.6 亿元，同比增长 3.6%。全年商品房屋销售面积 493.5 万平方米，同比增长 27.7%；商品房屋销售额 256.9 亿元，同比增长 52.2%。全年新开工建设各类保障性安居工程 11334 套，基本建成 12256 套。

（五）对外经济

1. 对外贸易

全年实现进出口总额15.3亿美元，比上年增长1.7%，其中，出口14亿美元，增长1.7%；进口1.3亿美元，增长1.4%。从出口经营主体看，生产型、非生产型企业出口分别为增长29%和下降69.6%。从出口商品看，机电产品出口下降2.4%，汽车零部件出口增长12.4%，塑料及橡胶件出口增长17.2%，纺织品出口增长67.2%，广义农产品出口增长61.3%，卫浴产品出口增长18.9%。

2. 利用外资

全年新批外商投资企业16家，合同利用外资1.2亿美元，实际使用外资金额9.2亿美元，增长7.5%。新增境外投资企业4家，实际对外投资133万美元。

二、宣城市2017年社会发展概况

（一）人口、人民生活

年末全市户籍人口280.4万人，常住人口261.4万人，比上年增加1.3万人。全年人口出生率10.16‰，死亡率6.86‰，自然增长率3.3‰，城镇化率53.69%，比上年提高1.55个百分点。

全年城镇常住居民人均可支配收入33547.8元，比上年增长8.7%，扣除价格因素，实际增长7.5%。人均消费性支出18156.4元，下降3.8%，其中食品支出下降2.2%，衣着支出下降3.1%，居住支出增长8.7%，交通通讯支出下降4.2%。城镇居民恩格尔系数为33.2%，城镇居民人均住房建筑面积37.9平方米。

全年农村常住居民人均可支配收入14590.3元，增长9.1%，扣除价格因素，实际增长7.9%。人均生活消费支出10927.2元，增长4.2%。其中，食品支出增长4.9%，衣着支出增长7.6%，居住支出增长4.3%，教育文化娱乐增长13.8%。农村居民恩格尔系数为35.2%，农村居民人均住房建筑面积42.3平方米。

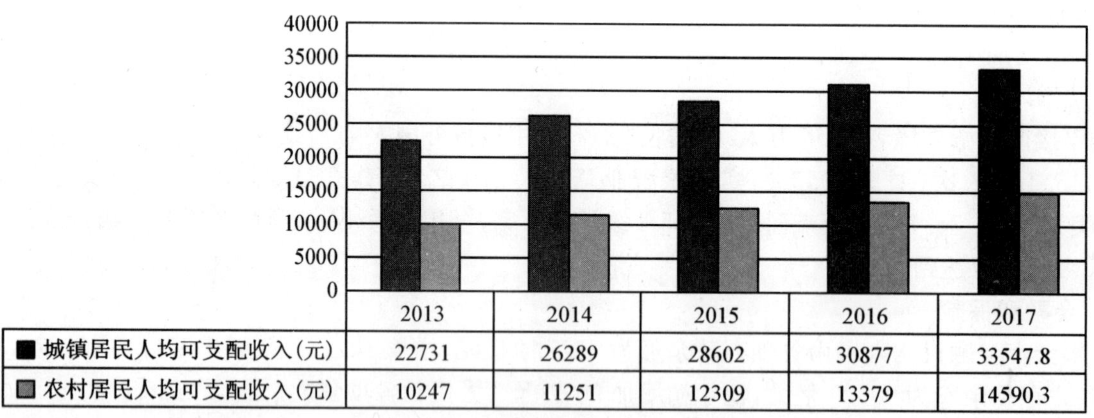

	2013	2014	2015	2016	2017
■城镇居民人均可支配收入(元)	22731	26289	28602	30877	33547.8
■农村居民人均可支配收入(元)	10247	11251	12309	13379	14590.3

图3　2013—2017年宣城市城乡居民收入对比一览

（二）就业与社会保障

1. 就业工作

全年城镇新增就业岗位5.95万人，失业人员再就业1.3万人，困难人员再就业0.14万人。年末城镇登记失业率3.03%。

2. 社会保障和福利

年末全市参加城镇职工基本养老、基本医疗、失业、工伤和生育保险的参保人数分别为48.8万、

33.3万、15.5万、27万和20.9万，分别比上年增长6.7%、2.9%、10.6%、5%和3.4%。年末城镇登记失业8841人。

年末全市社会福利收养单位床位1.69万张，收养各类人员8307人，全市敬老院95所。年末有1.7万城镇居民享受最低生活保障，7.5万农村居民享受最低生活保障。全年销售社会福利彩票5.4亿元。

（三）教育和科学技术

1. 教育事业

年末全市共有各类学校759所，在校学生33.2万人，专任教师2.3万人。中职学校13所，在校学生3.1万人；普通中学152所，在校学生10.1万人；小学169所，在校学生13.2万人；幼儿园419所，在校儿童数6.8万人。2017年，全市小学学龄儿童入学率达100%，初中适龄少年入学率达99.8%，初中毕业生升学率94.3%，高中毛入学率达96.1%。2017年，高等教育稳步发展，合肥工业大学宣城校区招生人数2300人，在校学生数10246人，毕业生数2788人，专任教师123人（落地宣城的）。宣城市职业技术学院招生人数2652人，在校学生数7246人，毕业生数2342人，专任教师358人。

2. 科技与创新

全年高新技术产业总产值增长25%，全市共申请发明专利4857件，获授权发明专利1973件，其中发明专利511件。新认定高新技术企业86家，获国家专利优秀奖1项、省科学技术奖3项，获批国家和省科技计划项目129项。

年末全市共有县以上产品质量检验机构48个，其中系统内5个，累计完成强制性产品认证的企业102个；法定计量技术机构7个，全年强制检定计量器具7.9万台(件)；制定、修订地方标准157项。截止到2017年底，全市共有中国驰名商标17件、国家地理标志产品6个、安徽省著名商标262件。

（四）文化、卫生和体育

1. 文化事业

全年共有全国重点文物保护单位17个，省级重点文物保护单位57个。国家非物质文化遗产6项、省级非物质文化遗产名录67项。广播电台6座，广播综合人口覆盖率98%，电视台7座，有线电视用户35.8万户，数字电视用户28.1万户，电视人口覆盖率98.6%。全市共有8个文化馆，8所公共图书馆，11个博物馆和87个乡镇综合文化站实现免费开放。年末全市共有国家综合档案馆8个，向社会开放档案19.6万卷。

2. 卫生事业

年末全市共有卫生机构436个（不含村卫生室），其中医院46个，卫生院83个，社区卫生服务中心(站)69个，妇幼保健院(所、站)8个，疾病预防控制中心8个。专业卫生技术人员12751人，其中执业医生4416人、执业助理医生928人，注册护士5857人。卫生机构共有床位12751张。新型农村合作医疗参合人数227.3万人，参合率为102.3%。

3. 体育事业

全年组织845名运动员、教练员，分别组队参加了田径、举重、足球、击剑等19个大项的全省青少年体育锦标赛，获得19金、32银、38铜的优异成绩。在全国第十三届运动会上获金牌、铜牌各1枚。输送46名运动员进入省体校，1名运动员转为省优秀运动队试训。新增一级运动员4名，二级运动员91名。新增省级青少年体育俱乐部2所，创成安徽省重点高水平体育后备人才基地1所，创成全国校园足球特色学校8所。

（五）城乡建设

众志成城、全民参与，首创首成第五届全国文明城市，荣获全省唯一的首批国家生态文明建设示范市和全省第三个国家卫生城市，一年内同时获得三个国家级城市品牌是安徽唯一。宣城经开区主要经济指标增幅保持全市前列，以锂电池为主导的新能源新材料产业加快集聚，产业链逐步完善，落户企业41家，总投资90亿元的汉能移动能源一期、华威铜箔、益佳通等重点项目开工建设或投产。宣城现代服务业产业园区发展提速，农批市场交易额突破百亿，引进电商等新经济项目18个，建材(钢材)物流交易中心、冷链物流等项目加快建设。敬亭山旅游度假区5A景区创建工作扎实开展，石涛纪念馆建成开放。《宣城市城市总体规划(2016—2030年)》获省政府批复，中心城区"双百"规模和芜马宣城市组群发展正式确立。在全省率先完成城市空间特色规划，编制完成《宣城市空间规划(2016—2030年)》《芜马宣城市组群宣城部分城镇体系规划》。续建和新建城建项目213个，完成投资195.6亿元。水阳江大道闭合段东段等10条市政道路建成通车，城市备用水源工程建成，历史文化街区等8个项目竣工交付，阳德路、创业路等重点项目开工建设，宛陵湖东湖、全民健身中心等项目进展加快。以大拆迁推动城市大建设，全市征迁拆违180万平方米，其中市区开展25次"清零"行动，完成征迁拆违近100万平方米，是上年的1.8倍。北门棚户区改造、中国茶府等历史遗留问题依法有效化解。宁国、宣州、广德分别跻身2017年全国中小城市综合实力、投资潜力百强县(市、区)。宁国经开区成为工信部首批绿色园区。广德经开区列入国家级经开区培育名单。特色小镇建设加快，宁国港口镇跻身第二批全国特色小镇；入选省级特色小镇3个，居全省第1位；入选省级特色小镇(试验)1个。4个乡镇跻身2017年全国综合实力千强镇。县县通高铁、县县通高速迈出实质性步伐。宣绩高铁项目进行了可研审查，芜宣机场即将开工，巷口桥铁路二级物流基地获批。商合杭高铁、皖赣铁路扩能改造、杭黄高铁、芜湖至广德铁路电气化改造等工程进展顺利，杭临绩高铁、宣镇高铁前期工作快速推进。交通建设完成投资63亿元，国省干线好路率连续三年居全省首位。宣狸高速建成通车，广宁高速进展顺利，芜黄高速宣城段在旌德率先开工建设，宣泾高速完成行业审查。宣城客运总站、宣州综合码头工程一期完成主体工程。水阳江航道整治、绩谭旅游快速通道工程有序推进。建成S214定十路和S215绩溪至歙县段一级公路。完成农村道路畅通工程1558公里。双桥联圩、城东联圩堤防除险加固工程基本完工，敬亭圩排涝泵站和水系整治工程开工建设，城区防洪标准由10年一遇提高到50年一遇。青弋江治理、扬溪源水库等工程加快推进，水毁修复和薄弱环节建设治理任务超额完成。郎溪第一联合圩除险加固工程全面完工。重点水利工程投资完成率全省第二。新建、续建输变电工程12项、投产9项，完成农网改造升级"两年攻坚战"任务，新建和改造高低压线路2840多公里，惠及低压用户4.8万户。安徽电信首批建设的宣城省级云计算中心投入使用。

(六) 环境保护

全年环境污染治理项目606个，总投资25.5亿元。建成区中噪声达标区108个，面积45.6平方公里。全市16个国省控地表水断面中Ⅰ—Ⅲ类水质断面占81.3%，其中国控断面水质断面比例为57.1%，县级及以上城市饮用水水源地水质达标率为100%，环境空气质量优良率为78.6%(其中优为76天)。全年空气质量达标(API≤100)天数为287天。境内国家级自然保护区2个、省级自然保护区2个，国家森林公园5个，森林覆盖率59.3%。全年能源消费量614万吨标准煤，比上年增长2.3%。单位GDP能耗下降5.8%。宣城市创成第五届全国文明城市，新创省级生态村5个。

(七) 社会安全

全年发生各类安全生产事故205起，死亡94人，各类安全事故损失额为2447.6万元。全年亿元GDP生产安全事故死亡人数为0.079人。全年共发生道路交通事故390起，交通事故损失额136.8万元，同比下降62.4%；火灾事故666起，火灾事故损失额310.1万元，分别下降24.3%和40.5%。

三、宣州市在泛长三角地区经济发展中的地位

2017 年，全市上下在市委的坚强领导下，深入学习贯彻党的十九大精神，以习近平新时代中国特色社会主义思想为指导，认真落实省委、省政府和市委决策部署，围绕"235"工作总体布局和"向苏浙对齐、在全省争先"工作总要求，统筹推进各项工作，圆满完成市四届人大一次会议确定的目标任务。全市经济运行态势良好，主要指标保持稳定增长，经济总量跨上新台阶，质量效益有了新提升，动能转换实现新突破，经济活力有了新增强。

(一) 地区生产总值

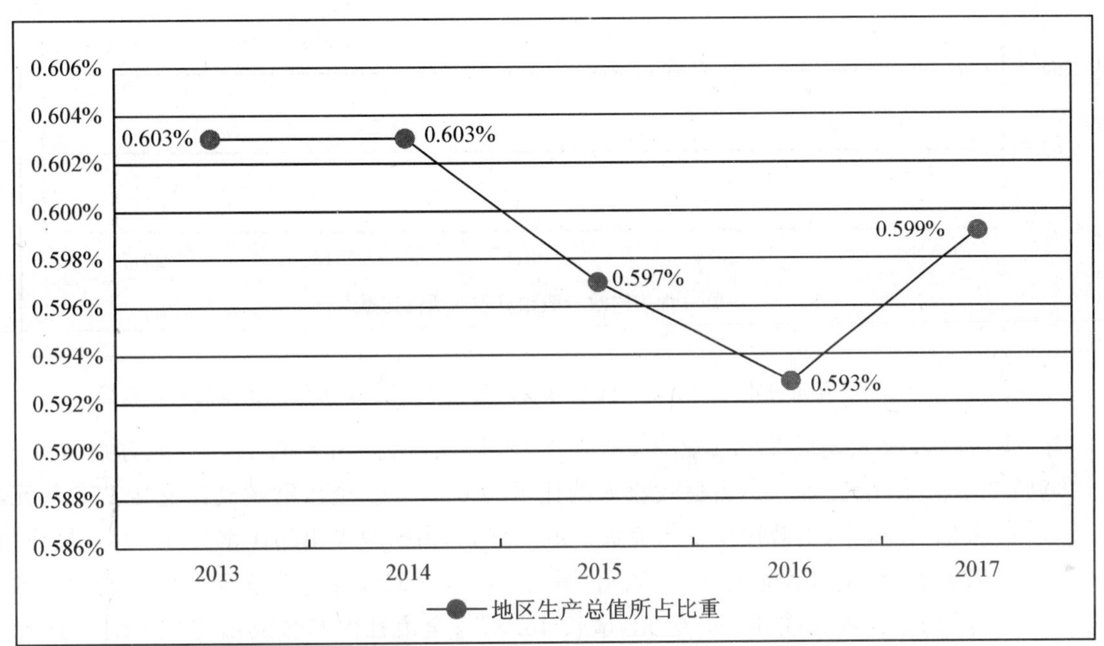

图 4　2013—2017 年宣城市地区生产总值在泛长三角地区 41 市
(苏浙两省 24 个地级市、上海市和安徽省 16 市，下同)所占比重的变化趋势

2013—2017 年宣城市地区生产总值在泛长三角地区 41 市所占比重分别为 0.603%、0.603%、0.597%、0.593%和 0.599%。地区生产总值在泛长三角 41 市占比整体呈"U"态势，2017 年与 2013 年比基本持平，较上年增加 0.01 个百分点。2017 年，宣城市在泛长三角地区 41 市地区生产总值所占比重排名第 34 位，较上年上升一位。

2017 年，全年全市生产总值(GDP)1188.6 亿元，当年净增 120.6 亿元，比上年增长 8.5%，增幅与全省持平，完成年初预期目标。总量继续保持全省第 10 位，增幅第 8 位，比上年前移 2 位。其中：一季度增长 8.3%，上半年增长 8.3%，前三季度增长 8.1%，全年增长 8.5%。分产业看，第一产业增加值 131 亿元，增长 4%；第二产业增加值 571.5 亿元，增长 8.7%；第三产业增加值 486.1 亿元，增长 9.7%。三次产业结构由上年的 11.9：47.9：40.2 调整为 11：48.1：40.9。人均 GDP45584 元(折合 6751 美元)。全年城镇常住居民人均可支配收入 33548 元，居全省第四位，增长 8.7%，增幅居全省第 7 位；农村常住居民人均可支配收入 14590 元，居全省第四位，增长 9.1%，增幅居全省第 8 位。

(二) 地方财政一般预算收入

2013—2017 年宣城市地方财政一般预算收入在泛长三角 41 市所占比重分别为 0.663%、0.706%、

0.674%、0.655%和 0.640%，2017 年较 2013 年减少了 0.02 个百分点，较上年减少了 0.02 个百分点。2017 年，宣城市地方财政一般预算收入在泛长三角 41 市地区排第 27 位，与 2016 年持平。

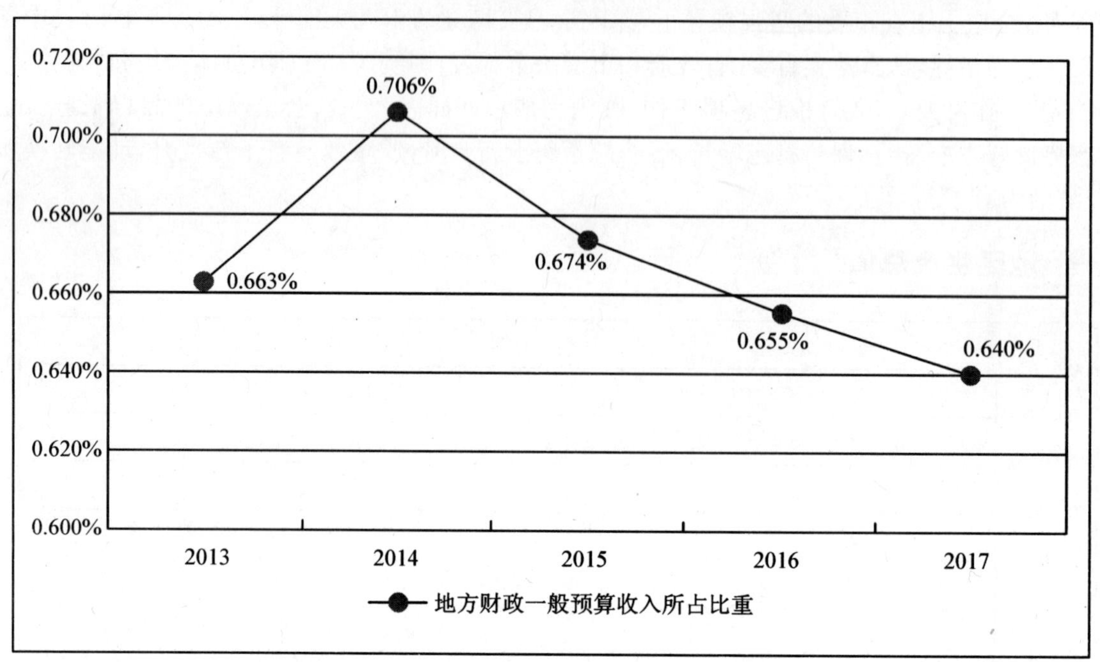

图 5　2013—2017 年宣城市地方财政一般预算收入在泛长三角 41 市所占比重的变化趋势

2017 年，全市财政收入完成 220.2 亿元，增收 17.8 亿元，增长 8.8%。其中，地方财政收入完成 143 亿元，增收 3.7 亿元，增长 2.7%，占财政收入的比重为 64.9%。全市财政支出完成 272 亿元，增支 17.2 亿元，增长 6.8%。其中，财政民生支出完成 239.1 亿元，占财政支出的比重达 87.9%(最终数以决算数为准)。全市政府性基金收入完成 95.6 亿元，增长 69.5%；全市政府性基金支出完成 103.8 亿元，增长 60.9%。社保基金收入完成 68.98 亿元，增长 13.8%；全市社保基金支出完成 62.88 亿元，增长 16.8%。全市国有资本经营预算收入完成 1.5 亿元；全市国有资本经营预算支出完成 1.3 亿元，调出资金 0.2 亿元。

（三）工业生产总值

2013—2017 年宣城市工业生产总值在泛长三角 41 市所占比重分别为 0.632%、0.652%、0.636%、0.636% 和 0.654%，2017 年较 2013 年增加了 0.02 个百分点，较上年增加了 0.01 个百分点。2017 年，宣城市工业生产总值在泛长三角 41 市所占比重排第 31 位。

2017 年，年末全市规模以上工业企业达 1518 户。全年规模以上工业增加值比上年增长9.2%。其中轻、重工业分别增长 2.1%和 11.1%，轻重工业增加值比例由上年的 22.9∶77.1 变化为 18.8∶81.2。全市共有 11 个行业的增加值过 10 亿元，占规模以上工业增加值总量的 78.8%，其中橡胶和塑料制品业最大。规模以上工业中，分所有制类型看，股份制企业工业增加值比上年增长 9.1%；外商及港澳台投资企业工业增加值增长 10.3%；国有企业工业增加值增长 7.6%。分轻重工业看，重工业增加值同比增长 11.1%，轻工业增加值增长 2.1%。35 个大类行业中 29 个同比实现增长，其中 13 个行业增加值增速超过全市平均水平，装备制造业增长 14.2%，高新技术产业增长 17.1%；战略性新兴产业产值增长 25%。

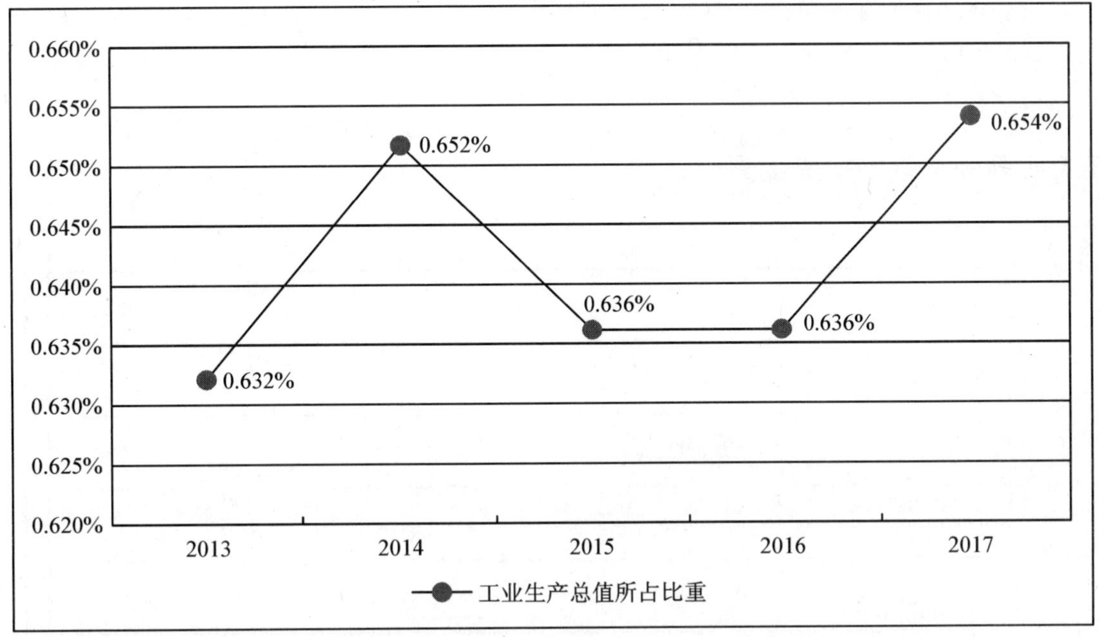

图6　2013—2017 年宣城市工业生产总值在泛长三角 41 市所占比重的变化趋势

(四) 进出口总额

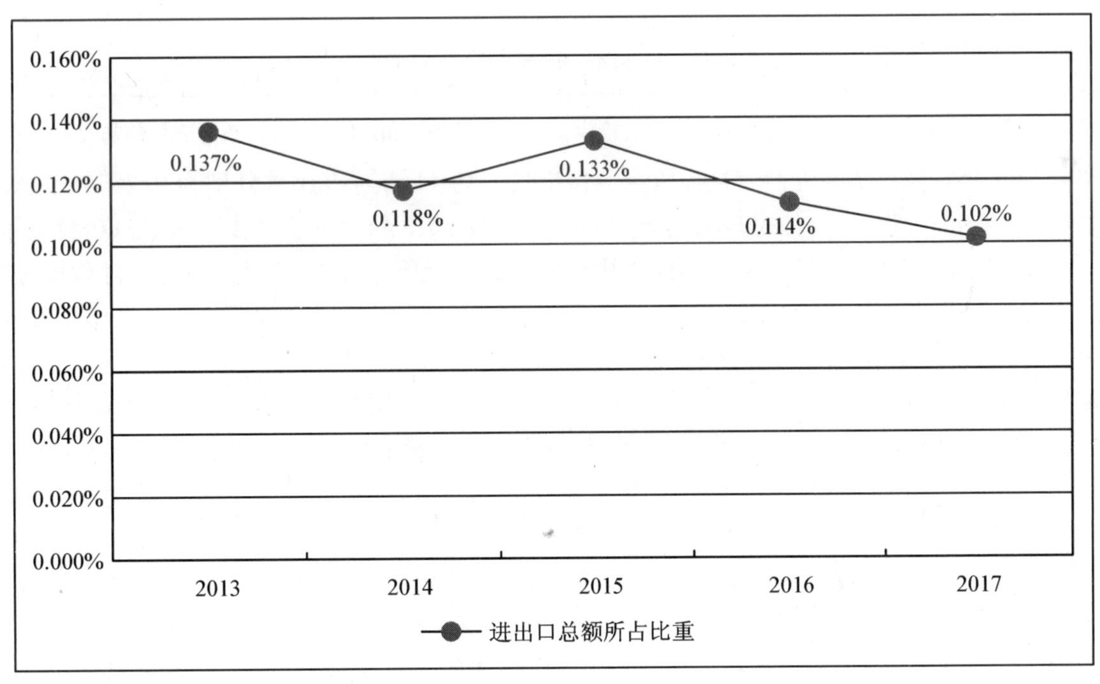

图7　2013—2017 年宣城市进出口总额在泛长三角 41 市所占比重的变化趋势

2013—2017 年宣城市进出口总额在泛长三角 41 市所占比重分别为 0.137%、0.118%、0.133%、0.114% 和 0.102%，总体上呈现下降态势，五年间减少了 0.04 个百分点，其中 2017 年较上年减少了 0.01 个百分点。2017 年，宣城市进出口总额在泛长三角 41 市排第 32 位，较上年上升一位。

2017 年，进出口由负转正，全年进出口总额 15.3 亿美元，增长 1.7%，高于年初预期目标 1.7 个百分点。其中，出口 14 亿美元，增长 1.7%；进口 1.3 亿美元，增长 1.4%。从出口经营主体看，生产型、非生产型企业出口分别为增长 29%和下降 69.6%。从出口商品看，机电产品出口下降 2.4%，汽车零部件出口增长 12.4%，塑料及橡胶件出口增长 17.2%，纺织品出口增长 67.2%，广义农产品出口增长 61.3%，卫浴产品出口增长 18.9%。

（五）实际外商直接投资金额

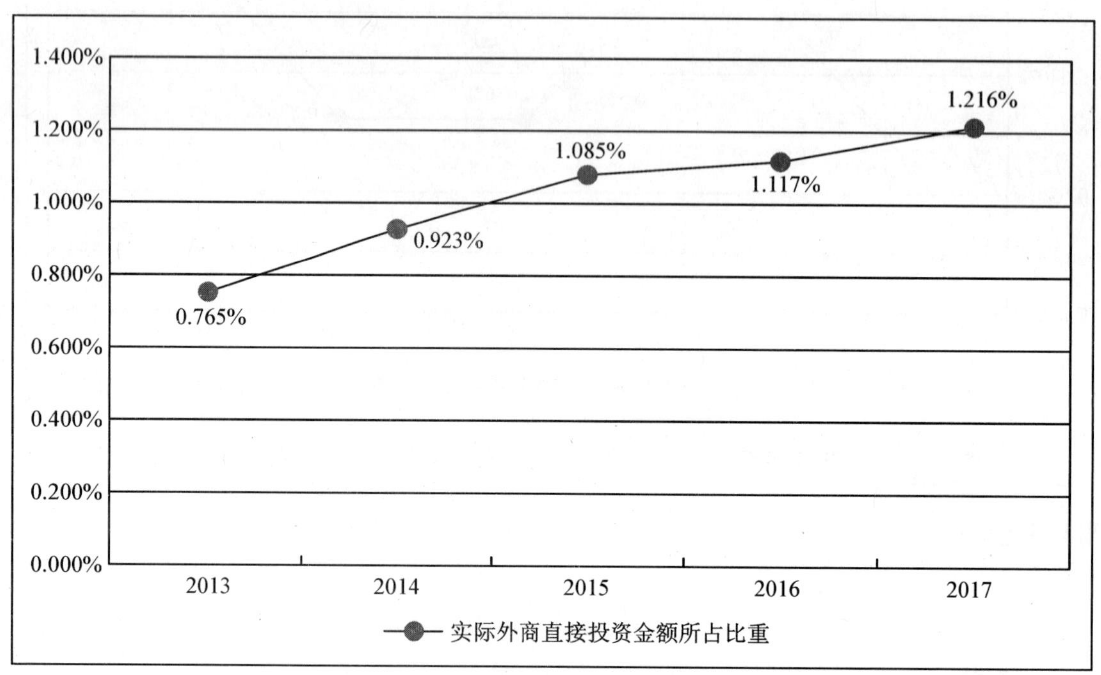

图 8　2013—2017 年宣城市实际外商直接投资金额在泛长三角 41 市所占比重的变化趋势

2013—2017 年宣城市实际外商直接投资金额在泛长三角 41 市所占比重分别为 0.765%、0.923%、1.085%、1.117%和 1.216%，整体呈现上扬态势，2017 年较 2013 年增加了 0.46 个百分点，较上年增加了 0.10 个百分点。2017 年，宣城市实际外商直接投资金额在泛长三角 41 市排第 22 位，排名相对靠前。

2017 年全年实际利用外商直接投资 9.2 亿美元，增长 7.5%，增幅居全省第 8 位。全年新批外商投资企业 16 家，合同利用外资 1.2 亿美元。

主要特点如下：一、从外资投向的行业看，制造业是宣城市利用外资主导产业，服务业保持高速增长。1—12 月份，制造业吸引外资 5 亿美元，占全市利用外资总量的 54.1%；服务业吸引外资 4.2 亿美元，占总量的 45.9%，较 2016 年同期增长 23.5%，保持高速增长态势。二、从新批企业情况看，新批企业数较 2016 年有所增加，达到历史最高水平。1—12 月份，全市新批 16 个外资项目，2016 年同期新批 13 个外资项目，新批项目数较 2016 年增加 3 户。其中，宣州区新增 5 户、郎溪县 2 户、广德县 3 户、宁国市 3 户、泾县 2 户、市开发区 1 户。16 个项目的合同外资总额 12447 万美元。三、从到资项目情况看，到资 5000 万美元以上的大项目有新突破。全市 1—12 月份到资 5000 万美元以上的大项目 7 个，其中有 1 个项目到资金额超过 1 亿美元。四、从外资投向看，省级以上开发区是宣城市外商投资的主战场。1—12 月份，广德县和宁国市分别吸引外商投资 26073 万美元和 25764 万美元，分列全省县级单位利用外资第 4 位和第 5 位，宁国市开发区和广德县开发区外商投资分别列全省纳入统计的 88 个省级以上开发区的第 9 位和第 10 位，双双进入前 10；市开发区和宣州开发区也分别列第 29 位和第 32 位，全市开发区共吸引外商投资 74144 万美元，占总量的 80.3%，是全市外商投资的主战场。

十六　池州市 2017 年经济社会发展报告

2017 年，全市人民在市委、市政府的坚强领导下，以习近平新时代中国特色社会主义思想为指导，深入贯彻落实党的十八大、十九大精神和习近平总书记视察安徽重要讲话精神，坚持稳中求进工作总基调，坚定不移贯彻新发展理念，全面实施五大发展行动计划，扎实推进“经济发展三年提升计划”，负重爬坡，奋力转型，保持了经济平稳健康发展和社会和谐稳定，现代化绿色池州创新池州幸福池州建设迈出坚实步伐。

一、池州市 2017 年经济发展概况

（一）综合经济

1. 经济总量

全年地区生产总值 624.35 亿元，按可比价格计算，比上年增长 5.5%。分产业看，第一产业增加值 72.73 亿元，增长 3.4%；第二产业增加值 267.5 亿元，增长 5.7%，其中全部工业增加值 219.85 亿元，增长 6.2%；第三产业增加值 284.12 亿元，增长 5.8%。三次产业结构比例由上年的 12.1∶43.8∶44.1 调整为 11.1∶45.5∶43.4，其中工业增加值占 GDP 比重为 37.6%。全员劳动生产率 57133 元/人，比上年增加 5777 元/人。人均 GDP 为 43178 元。

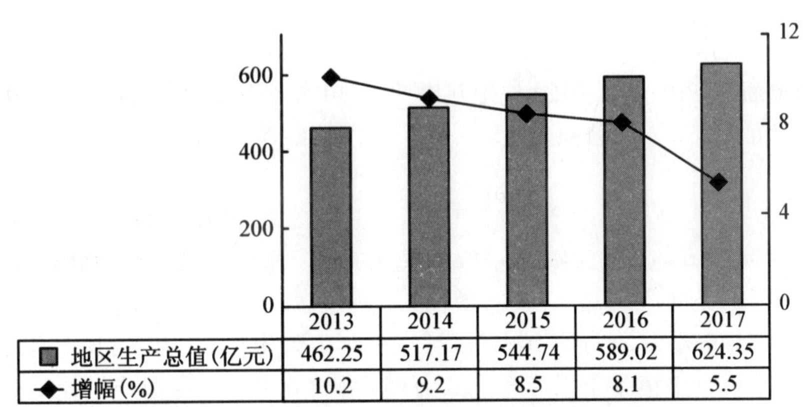

	2013	2014	2015	2016	2017
地区生产总值(亿元)	462.25	517.17	544.74	589.02	624.35
增幅(%)	10.2	9.2	8.5	8.1	5.5

图 1　2013—2017 年池州市地区生产总值及增长速度

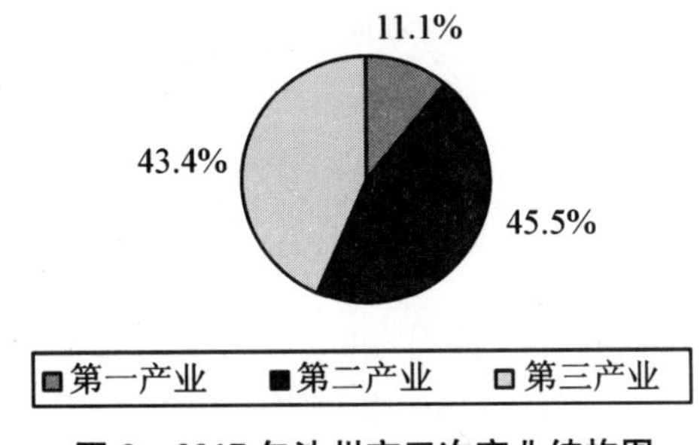

图 2　2017 年池州市三次产业结构图

2. 财政收支

全年财政收入 102.1 亿元，比上年增长 2.0%，其中地方财政收入 65.2 亿元，下降 8.8%。全部财政收入中，税收收入 70.9 亿元，增长 6.0%。其中，增值税和营业税 38.5 亿元，增长 7.7%；企业所得税 7.8 亿元，增长 30.4%；个人所得税 2.1 亿元，增长 19.7%；消费税 2.1 亿元，增长 1.2%。财政支出 144.9

亿元，下降2.7%，其中民生类支出125.4亿元，占财政总支出的86.5%。从重点支出项目看，社会保障与就业支出增长11.4%，医疗卫生与计划生育支出增长4.3%，城乡社区事务支出增长19.6%，教育支出增长4.6%。全年33项民生工程投入资金34.5亿元。

3. 物价水平

全年居民消费价格比上年上涨1.3%。其中，居住、生活用品及服务、交通和通信、教育文化和娱乐、医疗保健、其他用品和服务等价格分别上涨3.8%、1.1%、0.6%、2.3%、1.7%、1.0%；食品烟酒、衣着等价格分别下降0.1%、0.6%。工业生产者出厂价格比上年上涨13.2%，工业生产者购进价格上涨5.5%。

4. 固定资产投资

全年固定资产投资714.6亿元，比上年增长9.5%。其中，工业技改投资248.1亿元，增长8.7%；基础设施投资145.8亿元，增长7.2%；民间投资519.6亿元，增长15.2%。分产业看，第一产业投资增长68.2%，第二产业增长9.3%，第三产业增长6.3%。分行业看，工业投资增长8.7%，其中制造业增长9.1%；水利、环境和公共设施管理业投资增长26.5%。

全年省亿元以上重点项目完成投资318.8亿元，比上年增长8.9%。长九（神山）灰岩矿物流廊道、池州港牛头山港区中电建安徽长九公司专用码头一期、青阳九华佛国温泉综合开发、开发区电子铜箔三期等项目开工建设；贵池贵航特钢余热发电二期、东至年产1000吨聚乙烯亚胺、青阳泫氏铸造、开发区年产200万片高可靠性汽车电子芯片、江南集中区年产4万台套不锈钢橱柜等项目建成投产。

（二）农业

全年粮食作物种植面积119.3千公顷，比上年减少0.14千公顷。油料种植面积30.9千公顷，减少2.9千公顷。棉花种植面积13.4千公顷，减少6.6千公顷。蔬菜种植面积15.4千公顷，扩大0.03千公顷。

全年粮食产量68.8万吨，比上年增产1.18万吨，增长1.8%，其中，夏收谷物2.0万吨，增产0.07万吨，增长3.7%；秋粮54.0万吨，增产1.9万吨，增长3.6%。油料产量7.2万吨，下降4.6%。棉花产量2.1万吨，下降23.8%。茶叶产量0.9万吨，增长5.5%。

年末全市生猪存栏35.6万头，比上年增长1.8%；全年生猪出栏74万头，比上年下降0.3%。肉类总产量9万吨，增长1.5%，其中猪牛羊肉产量6.3万吨，增长0.8%。禽蛋产量4.3万吨，增长3.5%。水产品产量14.5万吨，增长2.0%。

年末全市农业机械总动力128万千瓦，比上年下降1.25%。农用拖拉机4.22万台，比上年减少0.03万台。全年化肥施用量（折纯）6.0万吨，下降0.4%。农村用电量4.0亿千瓦时，增长3.8%。有效灌溉面积110.74千公顷，节水灌溉面积3.94千公顷。

（三）工业和建筑业

1. 工业经济

年末全市规模以上工业企业645户，比上年净增42户。全年规模以上工业增加值比上年增长6%，其中国有企业增长10.7%，股份制企业增长5.3%，外商及港澳台商投资企业增长15.0%。分门类看，采矿业增长8.2%，制造业增长5.5%，电力、热力、燃气及水生产和供应业增长9.7%。

规模以上工业中，33个工业大类行业中有26个行业增加值保持增长。其中，非金属矿物制品业增长7.6%，有色金属冶炼和压延加工业增长12.7%，电力热力生产和供应业增长9.7%，化学原料和化学制品制造业增长1.2%，电气机械和器材制造业下降16.2%，通用设备制造业增长5.0%，计算机通信和其他电子设备制造业增长25.2%，专用设备制造业增长32.7%，纺织服装服饰业增长6.1%，农副食品加工业增长15.4%，装备制造业增长6.1%。战略性新兴产业产值增长21.4%，电子信息产业产值增长9.2%。

规模以上工业统计的主要产品产量中，粗钢、铜合金分别增长7.1%、2.4%，水泥熟料、水泥分别增长2.9%、9.6%，钢材、硫酸、合成氨分别下降0.9%、4.7%、2.0%。

全年规模以上工业企业实现利润41.4亿元，增长3.8%。其中，非金属矿物制品业、黑色金属冶炼和压延加工业、化学原料和化学制品制造业、电气机械和器材制造业、非金属矿采选业、通用设备制造业、农副食品加工业、纺织服装服饰业、仪器仪表制造业等9个利润超亿元的行业，合计实现利润32.2亿元，增长12.6%，占全部工业的77.9%。

2. 建筑业

全年全社会建筑业增加值51.6亿元，按可比价格计算，比上年增长4.0%。年末资质内建筑企业131个，比上年末增加11个。全年资质内建筑企业主营业务收入83.4亿元，比上年下降4.1%；主营业务成本68.8亿元，增长1.0%；实现利润3.7亿元，下降17.5%。

（四）服务业

1. 国内贸易

全年社会消费品零售总额248.7亿元，比上年增长12.0%。按经营地统计，城镇消费品零售额194.1亿元，增长12.1%；乡村消费品零售额54.6亿元，增长11.8%。按消费类型统计，商品零售额213.8亿元，增长11.9%；餐饮收入34.9亿元，增长12.5%。

全年限额以上消费品零售额101.2亿元，比上年增长8.8%。其中，吃、穿、用类商品零售额分别增长11.8%、4.9%、8.2%，粮油类增长19.1%，肉禽蛋类增长8.5%，服装类增长6.2%，日用品类增长5.5%，文化办公用品类增长8%，中西药品类增长18.2%，建筑及装潢材料类增长15.1%，汽车类增长3.9%，石油及制品类增长16.2%。

全年限额以上批发零售业实现网上商品零售额2.0亿元，比上年增长48.3%。

2. 交通运输、邮电

全年旅客运输量1555万人，比上年下降18%；货物运输量10350.2万吨，增长3.6%。旅客运输周转量(不包括铁路)122702万人公里，下降21.5%；货物运输周转量(不包括铁路)2729430万吨公里，增长4.3%。全年港口货物吞吐量4783万吨，增长5.2%，其中外贸货物吞吐量28.9万吨，增长3.6%。港口集装箱吞吐量15380标准箱(TEU)，增长58.7%。全年九华山机场旅客吞吐量47.5万人次，增长33.5%；货邮吞吐量408吨，增长11.1%。

年末全市机动车辆拥有量28.0万辆，比上年增长24%，其中汽车15.0万辆，增长17.9%。轿车拥有量8.9万辆，增长18.7%，其中私人轿车8.5万辆，增长19.7%。

年末全市公路里程8785.2公里，比上年增加63.6公里，其中高速公路248.7公里。铁路营业里程196.1公里，其中高铁营业里程57.1公里。

全年电信业务收入8.8亿元，比上年增长2.9%；邮政行业业务收入1.2亿元，增长50.4%。快递业务量(含进、出港)3415万件，快递业务收入1.0亿元，比上年分别增长60.6%和57.0%。

年末本地固定电话用户17.6万户，比上年减少1.1万户；移动电话用户120.7万户，增加15.5万户；基础电信运营企业计算机互联网宽带接入用户34.8万户，增加7.1万户。

3. 旅游业

全年共接待国内外游客5766万人次，比上年增长11.5%，其中入境游客104万人次，增长9.1%。旅游总收入615.1亿元，增长12.8%，其中外汇收入7.0亿美元，增长33.6%。年末全市共有A级及以上旅游景点(区)39个,其中5A级景区1个,4A级景区16个,3A级景区16个。九华山风景区共接待国内外游客1011万人次,增长2.1%;旅游总收入120亿元,增长5.6%。

4. 金融、证券和保险

年末全市金融机构人民币各项存款余额950.1亿元,比上年增长8.5%,比年初增加74.6亿元。其中,非金融企业存款余额177.3亿元,下降3.1%;住户存款余额595.2亿元,增长9.2%。金融机构人民币各项贷款余额560.5亿元,增长10.9%,比年初增加55.1亿元。其中,短期贷款190.6亿元,增长14.7%;中长期贷款345.7亿元,增长10.4%,中长期贷款中住户贷款186.4亿元,增长25.3%。

年末全市金融机构外汇存款余额2700万美元,比上年增长20.5%,比年初增加459万美元;外汇贷款余额3703万美元,比上年增长4.2%,比年初增加149万美元。

全年直接融资额54.4亿元,比上年增加20.9亿元,增长62.4%。其中,股权融资36.6亿元,占62.3%。年末全市共有主板上市企业1家(九华股份),上市辅导备案企业2家(艾可蓝、安芯电子);"新三板"挂牌企业7家,其中当年新增2家(方兴实业、龙华化工);省区域性股权市场挂牌企业24家,其中当年新增9家。

全年保险业原保险保费收入23.7亿元,比上年增长24.3%。其中,财产险业务原保险保费收入7.9亿元,增长16.6%;人身险业务原保险保费收入15.9亿元,增长28.4%。

5. 房地产业

全年房地产开发投资84.1亿元,比上年增长1.8%。商品房销售面积161.8万平方米,增长4.1%;商品房销售额80亿元,增长16%。年末商品房待售面积96.8万平方米,比上年下降13.9%。全年保障性安居工程开工1023套、基本建成1785套。

(五)对外经济

1. 对外贸易

全年进出口总额7.7亿美元,比上年增长23.4%。其中,出口2.0亿美元,增长8.8%;进口5.7亿美元,增长29.6%。从主要商品看,铜精矿进口3.6亿美元,增长30.2%;铅锌精矿进口1.4亿美元,增长70.8%;化工产品进出口0.5亿美元,增长50.4%;农副产品进出口0.8亿美元,下降28.4%;机电产品进出口0.5亿美元,增长4.7%。年末全市进出口超千万美元企业8个,比上年增加1个,累计实现进出口6.1亿美元,占全市进出口总额的79.1%。

2. 利用外资

全市亿元以上在建省外投资项目440个,比上年增加37个;当年实际到位资金432.7亿元,增长14.7%。全年新批外商直接投资企业8个,利用外商直接投资3.9亿美元,增长8.0%。

二、池州市2017年社会发展概况

(一)人口、人民生活

年末全市户籍人口162.4万人,与上年末基本持平。其中,男性83万人,占51.1%;女性79.4万人,占48.9%。常住人口144.9万人,比上年增加0.6万人。全年人口出生率10.29‰,比上年上升0.78个千分点;死亡率5.60‰,下降0.06个千分点;自然增长率4.69‰,上升0.84个千分点。全市常住人口城镇化率53.7%,比上年提高1.4个百分点。

全年常住居民人均可支配收入20718元,比上年增长8.7%。其中,城镇居民人均可支配收入28394元,增长8.1%;农村居民人均可支配收入13476元,增长8.6%。

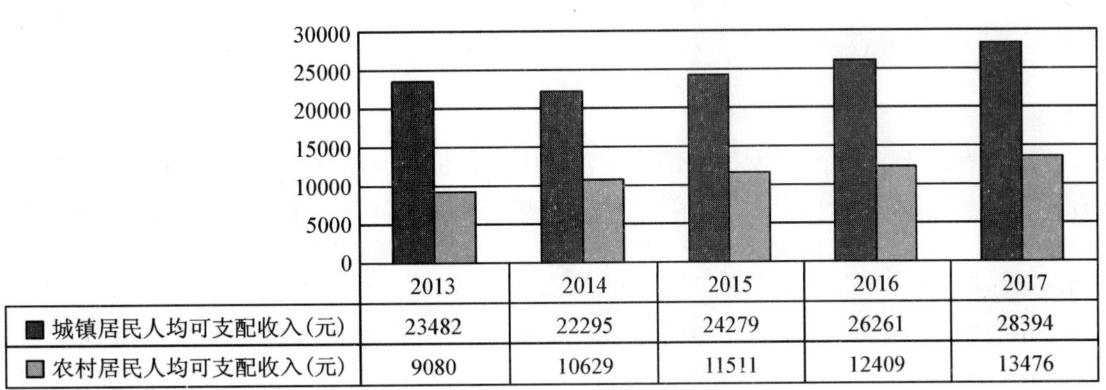

	2013	2014	2015	2016	2017
■ 城镇居民人均可支配收入(元)	23482	22295	24279	26261	28394
■ 农村居民人均可支配收入(元)	9080	10629	11511	12409	13476

图 3　2013—2017 年池州市城乡居民收入对比一览

(二) 就业与社会保障

1. 就业工作

年末全市从业人员 114.47 万人,比上年减少 0.06 万人。其中,第一产业 43.01 万人, 减少 1.79 万人;第二产业 28.09 万人, 减少 0.72 万人;第三产业 43.36 万人,增加 2.45 万人。城乡私营企业就业人员和个体劳动者 30.41 万人,比上年增加 3.21 万人。全年城镇实名制新增就业 1.88 万人,下岗失业人员再就业 0.30 万人。年末城镇登记失业率 3.14%,比上年下降 0.15 个百分点。

2. 社会保障和福利

年末全市参加城镇职工基本养老、基本医疗保险人数分别为 11.67、14.37 万人,比上年增加 0.21、0.47 万人;参加失业保险、工伤保险、生育保险人数分别为 8.06、10.54、8.8 万人;城乡居民养老保险参保 85.7 万人,比上年减少 0.77 万人;新型农村合作医疗参保 133.18 万人,参合率为 101.8%。

年末全市共有 1.29 万人享受城市居民最低生活保障;4.93 万人享受农村最低生活保障。全年抚恤补助各类优抚对象 0.92 万人次。

年末全市共有各类养老服务机构 65 个,床位数 0.97 万张,在院 0.69 万人。各类社区服务机构 86 个,其中服务中心 10 个、服务站 64 个、其他服务机构 11 个。社会福利院 2 个,光荣院 1 个,儿童福利机构 2 个。全年销售社会福利彩票 1.9 亿元。

(三) 教育和科学技术

1. 教育事业

全市共有普通高等教育学校 3 所,普通本专科在校学生 25629 人,成人在校学生 2341 人。中等职业教育学校 7 所,在校学生 14160 人。普通中学 98 所,在校学生 76441 人。其中,高中在校学生 31860 人,高中阶段毛入学率 96.64%;初中在校学生数 44581 人,初中学龄人口入学率 99.97%。小学 208 所,在校学生 83716 人,小学入学率 100%。

2. 科技与创新

全年高新技术产业产值和增加值分别比上年增长 19.8%、10.4%。年末全市高新技术企业达 63 家,其中当年认定 23 家。

全市新认定省级以上研发平台 11 家,其中省级重点实验室 1 家、被省备案院士工作站 1 家。2 项科技成果分别获省科技进步二等奖和三等奖。池州高新区科技孵化器成功申报国家科技孵化器,池州高端数控机床特色产业基地被列为 2017 年第二批国家火炬特色产业基地。全年申请专利 4286 件,比上年增长 4.6%,其中发明专利 2202 件;授权专利 1562 件,比上年增长 19.6%,其中发明专利授权 98 件。技术市场成交项目 64 个,成交额 0.64 亿元,比上年增长 12.3%。

（四）文化、卫生和体育

1. 文化事业

年末全市共有文化馆 6 个，公共图书馆 5 个，国有博物馆 4 个，乡镇街道综合文化站 53 个。全国重点文物保护单位 9 处，省级重点文物保护单位 45 处。国家级非物质文化遗产名录 4 项，省级非物质文化遗产名录 27 项。广播综合人口覆盖率 98.72%，电视综合人口覆盖率 98.84%。

2. 卫生事业

年末全市有医疗卫生机构 1015 个，其中医院 30 个、基层医疗卫生机构 927 个、专业公共卫生机构 55 个，其他卫生机构 3 个。基层医疗卫生机构中，卫生院 59 个，社区卫生服务中心（站）28 个，村卫生室 605 个；专业公共卫生机构中，疾病预防控制中心 6 个，专科疾病防治院（所、站）3 个，妇幼保健院（所、站）3 个，卫生监督所（中心）6 个。全市卫生技术人员 7480 人，其中执业（助理）医师 2923 人，注册护士 3137 人。医疗卫生机构实有床位 6333 张，其中医院、卫生院床位 6109 张。

3. 体育事业

第七届绿色运动健身大赛和池州国际马拉松圆满举办，全民健身活动广泛开展。

（五）资源和环境保护

年末全市实有自然保护区 6 个。其中，国家级 2 个，省级 4 个。自然保护区面积 61.4 千公顷，占国土面积的 7.4%，其中国家级保护区面积 36.7 千公顷。野生动植物就地保护点 2 个，保护点面积 6.7 千公顷。当年人工造林面积 2.9 千公顷，年末实有封山育林面积 87 千公顷。活立木蓄积量 2928 万立方米，比上年增加 47 万立方米；森林覆盖率 59.8%，比上年提高 0.3 个百分点。

全年平均降水量 1746.8 毫米，平均气温为 17.1℃。

全年能源消费总量 489.1 万吨标准煤，比上年增长 1.8%，全社会电力消费量 61.2 亿千瓦时，增长 6.2%，其中工业用电量 47.3 亿千瓦时，增长 6.5%。万元 GDP 能耗下降 3.51%。

年末全市共有环境监测站 6 个，其中市级 1 个。全年城区环境空气质量优良天数 249 天，占有效监测天数的 68.8%，全市 PM10 年均浓度为 89 微克/立方米，空气质量继续保持优良。城区环境噪声平均为 51.5 分贝，达到二级标准（较好）。尧渡河、黄盆河、秋浦河、白洋河、九华河、青通河、长江池州段水质均达到Ⅱ—Ⅲ类，总体水质优良。

年末城市污水处理厂处理能力达 15 万立方米/日，污水处理总量达 4245 万立方米，集中处理率 94.1%。生活垃圾无害化处理率 95.2%。建成区绿化覆盖率 42.4%。

（六）社会安全

全年各类安全事故 277 起，死亡 83 人。在各类安全事故中，工矿商贸事故 13 起，死亡 14 人；道路运输事故 117 起，死亡人数 67 人；铁路交通事故 2 起，死亡 2 人；生产性火灾事故 145 起，无人员死亡。

三、池州市在泛长三角地区经济发展中的地位

2017 年，全市人民在省委、省政府和市委的坚强领导下，坚持以习近平新时代中国特色社会主义思想为指导，全面贯彻落实党的十八大、十九大精神和习近平总书记视察安徽重要讲话精神，扎实推进市第三次、第四次党代会各项决策部署，主动适应新常态，践行发展新理念，负重爬坡，奋力转型，保持了经济平稳健康较快发展，开创了建设现代化绿色池州、创新池州、幸福池州的新局面。

（一）地区生产总值

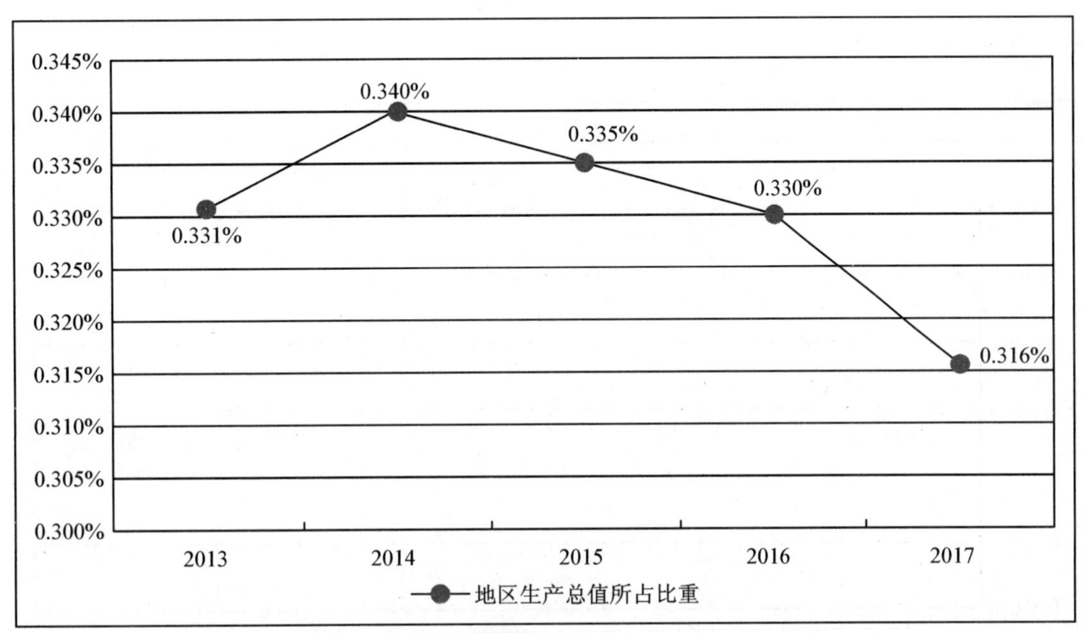

图 4　2013—2017 年池州市地区生产总值在泛长三角地区 41 市（苏浙两省 24 个地级市、上海市和安徽省 16 市，下同）所占比重的变化趋势

2013—2017 年池州市地区生产总值在泛长三角地区 41 市所占比重分别为 0.331%、0.340%、0.335%、0.330% 和 0.316%。地区生产总值在泛长三角 41 市占比整体呈现下降态势，2017 年与 2013 年和上年比下降了 0.01 个百分点。2017 年，在泛长三角地区 41 市地区生产总值所占比重排名第 40 位，位置靠后。

（二）地方财政一般预算收入

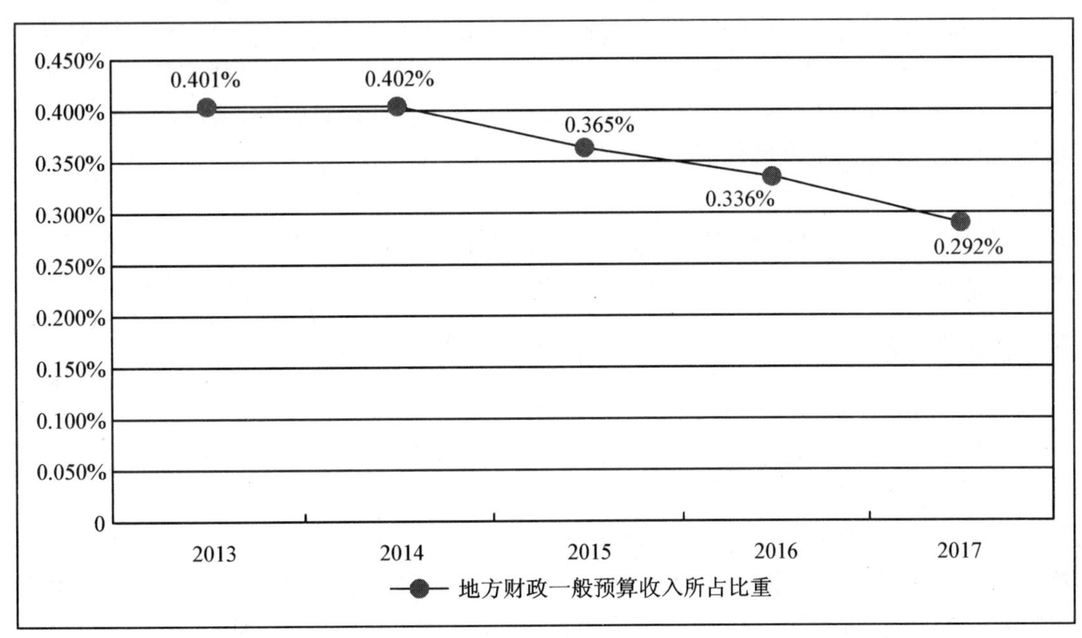

图 5　2013—2017 年池州市地方财政一般预算收入在泛长三角 41 市所占比重的变化趋势

2013—2017 年池州市地方财政一般预算收入在泛长三角 41 市所占比重分别为 0.401%、0.402%、

0.365%、0.336%和 0.292%，呈现持续下滑态势，2017 年较 2013 年减少了 0.11 个百分点。2017 年，池州市地方财政一般预算收入在泛长三角 41 市地区排第 40 位，位置靠后。

（三）工业生产总值

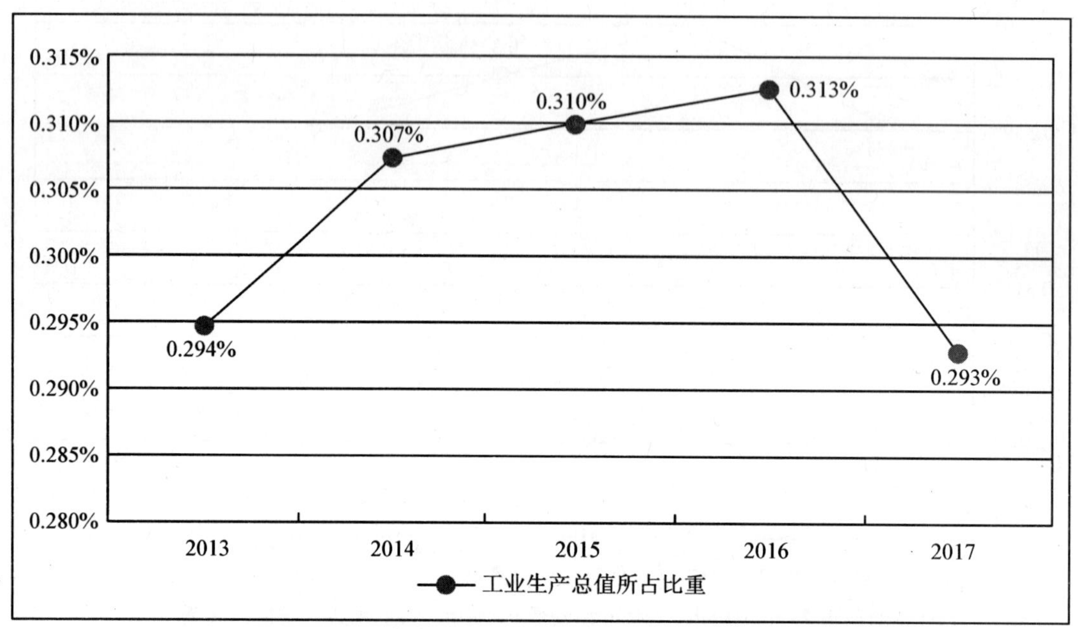

图 6　2013—2017 年池州市工业生产总值在泛长三角 41 市所占比重的变化趋势

2013—2017 年池州市工业生产总值在泛长三角 41 市所占比重分别为 0.294%、0.307%、0.310%、0.313%和 0.293%，2017 年较 2013 年基本持平，较上年减少了 0.02 个百分点。2017 年，池州市工业生产总值在泛长三角 41 市所占比重排第 40 位，位置靠后。

2017 年，全年规模以上工业增加值比上年增长 6.0%，比前三季度提高 1.6 个百分点，自 7 月份以来持续小幅回升。从行业看，33 个行业中 26 个行业增加值保持增长，增长面为 78.8%，比前三季度提高 9.1 个百分点。其中，化工、水泥行业分别增长 1.2%、7.6%，扭转了上半年下降态势；钢铁、电力行业分别增长 6.0%、9.7%，比前三季度提高 1.6、6.4 个百分点；有色行业增长较快，增速达 12.7%。主要工业产品中，粗钢、水泥、浓硝酸、发电量分别增长 7.1%、9.6%、7.9%、2.3%；集成电路、电子元件分别增长 222.3%、13.3%。

1—11 月份，规模以上工业企业实现利润 40 亿元，同比增长 22.8%，增幅比上年同期提高 22.2 百分点；主营业务收入利润率为 5.5%，提高 0.5 个百分点；亏损企业亏损额 4.1 亿元，下降 3.7%。

（四）进出口总额

2013—2017 年池州市进出口总额在泛长三角 41 市所占比重分别为 0.030%、0.029%、0.037%、0.047% 和 0.051%，五年间增加了 0.02 个百分点，其中 2017 年与上年比基本持平。2017 年，池州市进出口总额在泛长三角 41 市排第 35 位，较上年上升了一位。

2017 年，池州市实现货物贸易进出口总值 52.1 亿元人民币，与 2016 年同期相比（下同）增长 26.8%，增速高出全省 3.1 个百分点，高出全国 12.6 个百分点，外贸总值居全省第 10 位，比 2016 年前进 2 位。其中，出口 13.6 亿元，增长 11.9%；进口 38.5 亿元，增长 33%。

数据显示，2015 年以来，池州市外贸连续三年保持两位数增长。其中，民营企业是支撑池州市外贸发展提质增效的重要力量。2017 年，池州市民营企业进出口 40.4 亿元，增长 24%，占池州市外贸总值

的78%；国有企业进出口9.3亿元，增长71.9%；外商投资企业进出口2.4亿元，下降21.5%。2017年，池州市以海关特殊监管方式进出口28.7亿元，增长56.3%，比2016年提升11.2个百分点；一般贸易进出口22.9亿元，增长4.4%；加工贸易进出口0.5亿元，下降37%。

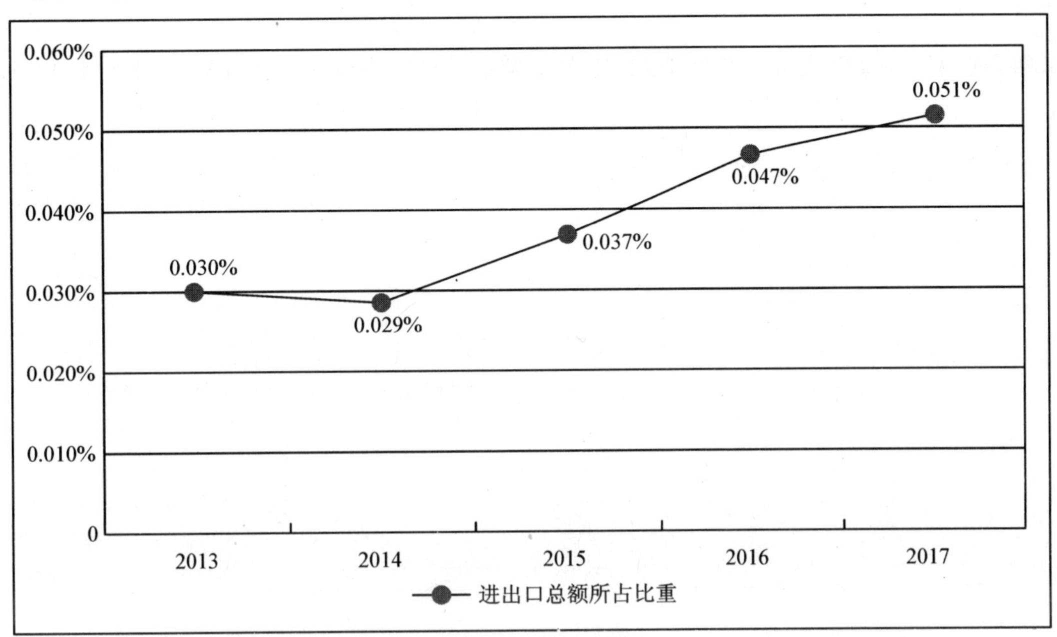

图7 2013—2017年池州市进出口总额在泛长三角41市所占比重的变化趋势

此外，高新技术产品成最大出口增长点。2017年，纺织品、服装、箱包、鞋类、玩具、家具、塑料制品等7大类劳动密集型产品合计出口2.5亿元，增长9%。机电产品出口2.4亿元，增长11.2%。高新技术产品出口2亿元，增长71.4%。同期，池州市进口铜精矿24.7亿元，增长34.5%；进口铅矿砂5.2亿元，下降2.1%；进口锌精矿4.2亿元，激增121倍；进口芝麻1.6亿元，下降48.8%；进口铁矿砂1.2亿元，增长31.9%。

（五）实际外商直接投资金额

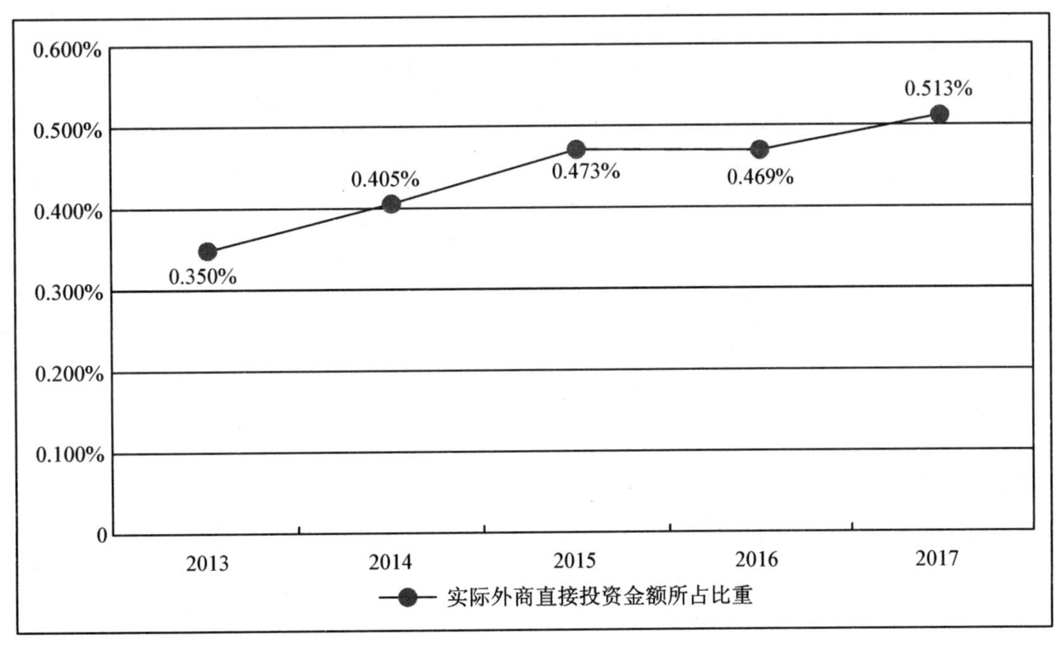

图8 2013—2017年池州市实际外商直接投资金额在泛长三角41市所占比重的变化趋势

2013—2017 年池州市实际外商直接投资金额在泛长三角 41 市所占比重分别为 0.350%、0.405%、0.473%、0.469%和 0.513%，整体呈现上扬姿态，2017 年较 2013 年增加了 0.16 个百分点，较上年增加了 0.04 个百分点。2017 年，池州市实际外商直接投资金额在泛长三角 41 市排第 32 位，较上年下滑两位。

2017 年，利用外商直接投资 3.9 亿美元，比上年增长 8.0%，增幅比上年提高 3.9 个百分点，居全省第 4 位。

十七　亳州市 2017 年经济社会发展报告

2017 年，全市上下在市委、市政府的坚强领导下，认真贯彻党中央和省委、省政府决策部署，紧紧围绕“深入践行五大发展理念，奋力走在皖北振兴前列”工作总要求，全面实施五大发展行动计划，着力加强供给侧结构性改革，主动作为，精准发力，保持了经济社会平稳健康发展。

一、亳州市 2017 年经济发展概况

（一）综合经济

1. 经济总量

全年生产总值(GDP)1149.79 亿元，按可比价格计算，比上年增长 9.2%。分产业看，第一产业增加值 209.41 亿元，增长 4.5%；第二产业增加值 440.11 亿元，增长 8.5%；第三产业增加值 500.27 亿元，增长 12.2%。三次产业结构由上年的 19.7∶38.7∶41.6 调整为 17.7∶40.1∶42.2，其中工业增加值占 GDP 比重为 33.3%。人均 GDP 22385 元。

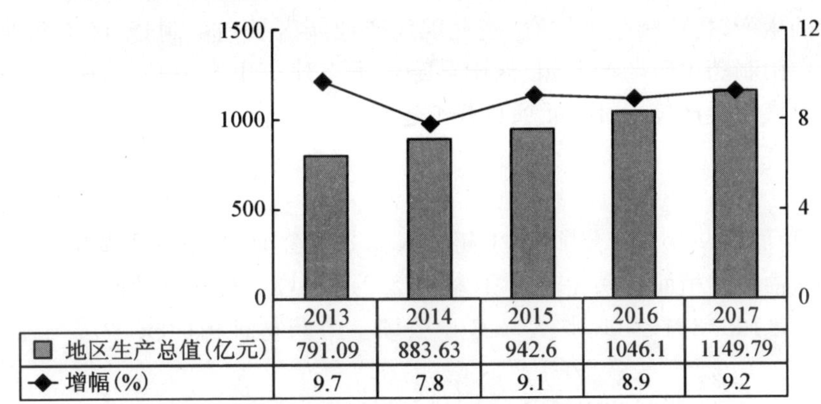

图 1　2013—2017 年亳州市地区生产总值及增长速度

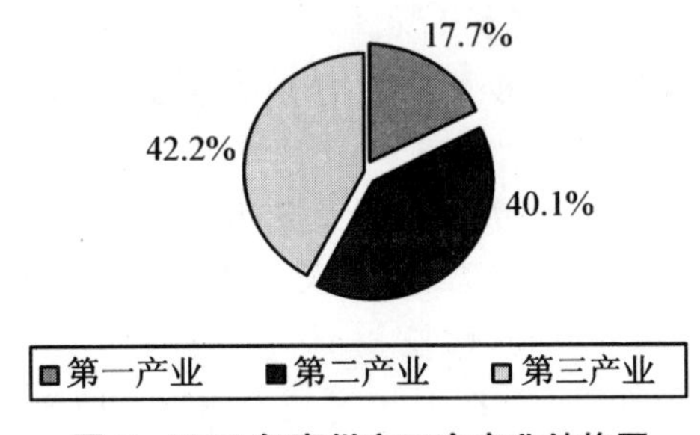

图 2　2017 年亳州市三次产业结构图

2. 财政收支

全年财政收入 171 亿元，比上年增长 16%，其中地方财政收入 94.6 亿元，增长 8.6%。全部财政收入中，增值税增长 41.8%，营业税下降 93%，企业所得税增长 39.9%。财政支出 325 亿元，增长 16.7%，民生支出完成 282.1 亿元，同比增长 16.3%，较上年提高 14.3 个百分点，占财政支出的比重 86.8%。其中，科学技术支出增长 100%，教育支出增长 14.5%，医疗卫生支出增长 29.2%，农林水支出下降 1.9%，社会保障与就业支出增长 6%，城市社区事务支出增长 138%。全年民生工程累计投入 144.2 亿元，增长 14.6%。

3. 物价水平

全年居民消费价格比上年上涨1.5%，其中食品价格下降1.5%。商品零售价格上涨2%。工业生产者出厂价格上涨4.3%，工业生产者购进价格上涨6.2%。

4. 固定资产投资

全年固定资产投资1067.2亿元，比上年增长22%。其中，工业技术改造投资136.3亿元，增长19.2%；民间投资724.2亿元，增长28.5%。分产业看，第一产业投资下降2.3%，第二产业投资增长18.4%，第三产业投资增长25.4%。分行业看，工业投资增长18.3%，其中制造业投资增长32.8%。

全年共实施重点项目542个、完成投资780亿元，其中亿元以上项目382个，比上年增加87个。新开工亿元以上项目204个，增加77个；亿元以上在建工业项目153个，增加24个，其中新开工亿元以上工业项目82个，增加27个。亳州学院附属学校、市养老服务中心、市安置还原小区F区、市经开区如金现代服装产业基地、保和堂道地中药材加工、亳芜现代产业园区国祯生物质热电联产、谯城区九洲方圆制药、华佗国药新厂、司尔特水溶性复合肥生产、蒙城县和利辛县强英鸭屠宰加工、上海电气蒙城生物质发电等一批亿元项目建成投产、投用；市体育馆、汤王大道和建安路涡河隧道工程、亳州新发地农产品批发市场及冷链物流、市经开区外经钻石广场、神农谷中药电商物流城、蒙城职教园区等一批亿元项目加快建设；市特教学校新校区、亳州地下综合管廊工程、亳药花海大世界、亳州广电中心、市经开区景龙药业、桂林中南药业中药生产、碧桂园·平侯府、亳芜现代产业园区长白山制药、民生药业产业园、汉盛中成药生产、谯城区长白山制药中医药产业园、涡阳县绿色生态建筑生产中心、蒙城县民和杭萧钢结构住宅、利辛县莱科手机触摸屏生产等一批亿元项目开工建设。

（二）农业

全年粮食作物种植面积900.1千公顷，比上年扩大9.8千公顷，其中优质专用小麦面积415.1千公顷，扩大3.1千公顷。油料种植面积9.6千公顷，减少2.2千公顷。棉花种植面积4.6千公顷，减少1.4千公顷。蔬菜种植面积105.2千公顷，扩大2.3千公顷。中药材种植面积57.2千公顷，扩大0.7千公顷。

全年粮食产量483.4万吨，比上年增产9.5万吨，增长2%。其中，夏粮331.6万吨，增产2.8万吨，增长0.9%；秋粮151.8万吨，增产6.7万吨，增长4.6%。油料产量5万吨，下降1.7%。棉花产量0.7万吨，下降22.2%。蔬菜产量326.7万吨，增长5%。

全年共完成育苗面积1.9万亩，四旁植树785.3万株，人工造林面积8.8万亩，林木绿化率达23%，较上年提升0.4个百分点。

年末全市生猪存栏162.1万头，比上年增长2.7%；全年生猪出栏309.6万头，增长1.4%。肉类总产量33万吨，增长1%，其中猪牛羊肉产量29万吨，增长1.1%。禽蛋产量7.3万吨，增长2.8%。牛奶产量2万吨，增长2.2%。水产品产量6万吨，增长3.4%。

年末全市农业机械总动力993.3万千瓦，比上年增长0.8%。加强农产品质量安全监管体系建设，新增省级蔬菜标准园5个，畜禽养殖示范场3个、水产养殖健康示范场1个，新增无公害农产品、绿色食品原料基地46个、农业“三品一标”认证企业50家、获证产品90个，亳丹皮、涡阳大豆获批农业部农产品地理标志等级保护。农田有效灌溉面积486.7千公顷，新增22千公顷；新增节水灌溉面积4.3千公顷。

年末市级以上农业龙头企业达543家，较上年新增30家，其中国家级4家，省级50家。全市新建农民专业合作社省级示范点(社)10个，年末拥有农民专业合作组织16597个，合作组织成员103.2万人。创建现代农业产业化联合体80家，其中省级32家

全市改造县乡公路456公里，建成农村饮水安全工程规模水厂241处，解决了542.3万农村居民饮水安全问题。

（三）工业和建筑业

1. 工业经济

年末全市规模以上工业企业达 1032 户，比上年净增 101 户。全年规模以上工业企业实现增加值比上年增长 10.4%，其中轻、重工业分别增长 8.8%和 13.2%。股份制企业和外商及港澳台商投资企业生产增长较快，增幅分别比规模工业高了 0.3 个和 0.4 个百分点。

全市 33 个工业行业中，23 个保持增长，其中增速超过全市平均水平的 13 个。煤炭开采和洗选业增长 10.6%，农副食品加工业增长 1.4%，酒、饮料和精制茶制造业增长 8.2%，医药制造业增长 15.9%，制造业增长 7.7%，五大主导行业对全市规模以上工业增长贡献率达 89.3%。高新技术产业增长 15.3%，高新技术企业增长 14.5%。战略性新兴产业产值增长 27.1%；农产品加工产值增长 15.2%；高新技术产业产值增长 15.3%。

规模以上工业统计的主要产品产量中，精制食用植物油增长 14.3%，鲜、冷藏肉增长 6.4%，商品混凝土增长 27.2%，服装增长 5.1%，改装汽车增长 28.6%。

全市规模以上工业企业经济效益综合指数 286.5%，比上年提高 15.6 个百分点。企业主营业务收入增长 11.5%；利税增长 27.5%，其中利润增长 28.7%。农副食品加工业，食品制造业，酒、饮料和精茶制造业，化学原料及化学制品制造业，医药制造业，金属制品业，非金属矿物制品业，木材加工和木、竹、藤、棕、草制品业，计算机、通信和其他电子设备制造，电力、热力生产和供应业，煤炭开采和洗选业，汽车制造业，纺织服装、服饰业等 13 个行业利润均超亿元。

2. 建筑业

全年全社会建筑业增加值 80.5 亿元，比上年增长 16.6%。房屋建筑施工面积 767.6 万平方米，比上年增加 380.7 万平方米；房屋竣工面积 337.8 万平方米，比上年增加 99.6 万平方米。

（四）服务业

1. 国内贸易

全年社会消费品零售总额 550.7 亿元，比上年增长 11.9%。按经营地统计，城镇消费品零售额 412.3 亿元，增长 11.8%；乡村消费品零售额 138.4 亿元，增长 12.2%。按消费形态统计，商品零售额 488.6 亿元，增长 11.9%；餐饮收入 62.1 亿元，增长 12.3%。按单位规模分，限额以上单位零售额 217.7 亿元，增长 16.9%；限额以下单位零售额 333 亿元，增长 8.2%。

限额以上企业商品零售额中，吃、穿、用类商品零售额分别比上年增长 18.4%、15.1%和 17.4%。其中，粮油类增长 15.3%，肉禽蛋类增长 17.8%，服装类增长 15%，化妆品类增长 13.2%，日用品类增长 25.6%，中西药品类增长 6.2%，家用电器和音像器材类增长 16%，石油及制品类增长 17.9%，汽车类增长 19.2%。

2. 交通运输、邮电

全年交通运输、仓储和邮政业增加值 38.5 亿元，比上年增长 3.8%。

全年公路旅客运输量 4034 万人，下降 23.3%，公路和水运货物运输量 34000 万吨，增长 11.2%；公路旅客运输周转量 33.1 亿人公里，下降 20.8%，公路和水运货物运输周转量 932 亿吨公里，增长 6.8%。全年港口货物吞吐量 1067 万吨，下降 19.6%。

年末全市民用汽车拥有量 50.8 万辆，比上年增长 18.7%，其中私人汽车 43.7 万辆，增长 19.5%。轿车拥有量 21 万辆，增长 21.7%，其中私人轿车 20.6 万辆，增长 21.9%。全市城区年末公交营运车辆 919 辆，出租车营运车辆 3005 辆。

全年邮电业务总量 45.8 亿元。其中，电信业务总量 37.3 亿元；邮政业务总量 8.5 亿元。年末本地固定电话交换机总容量 16.3 万门，比上年减少 2.9 万门。本地固定电话用户 21.6 万户；移动电话用户

387.9万户。年末基础电信运营企业计算机互联网宽带接入用户89.4万户，增加35.8万户。

3. 旅游业

全年入境旅游人数7.9万人次，比上年增长89%；国内游客2278.7万人次，增长28.3%。旅游总收入171.6亿元，增长30.2%。其中，旅游外汇收入1762.8万美元，下降22.8%；国内旅游收入170.5亿元，增长30.8%。年末全市共有4A级旅游景点(区)7处，星级酒店16家，旅行社22家。

4. 金融和保险

年末全市金融机构各项存款余额(人民币口径，下同)1843.4亿元，比上年末增加123.3亿元，增长15.9%。其中，单位存款余额696.1亿元，增长21.5%；住户存款余额1122.3亿元，增长11.5%。金融机构各项贷款余额1337.2亿元，比上年末增加300.7亿元，增长29%。其中，短期贷款655.6亿元，增长19%；中长期贷款673.1亿元，增长40.3%，中长期贷款中个人消费贷款296.2亿元，增长41%。

年末全市共有8家证券公司营业部，开户股民(含基金)总数6.6万个，比上年增长22.6%。全市共有保险公司35家，其中，财产保险公司18家，人寿保险公司17家。全年保险业保费总收入71.5亿元，增长31.6%。其中，财产险业务保费收入27.8亿元，增长39%；人身险业务保费收入43.7亿元，增长21.4%。赔款和给付26.3亿元，增长23%。其中，财产险业务赔款和给付支出13.9亿元，增长34.8%；人身险业务赔款和给付支出12.4亿元，增长12%。

5. 房地产业

全年房地产开发投资321.6亿元，比上年增长39%。商品房销售面积580.3万平方米，增长40.7%；商品房销售额336.2亿元，增长74.2%。全年开工建设城镇保障性安居工程住房28926套(户)，基本建成29662套(户)。

(五) 对外经济

1. 对外贸易

全年进出口总额6.6亿美元，比上年增长27.8%。其中，出口6亿美元，增长30.5%；进口0.6亿美元，增长6.3%。从出口经营主体看，生产型企业出口增长30.1%，贸易型企业出口增长33.5%。从出口商品看，中药材、机电产品和高新技术产品出口分别增长28.9%、30.8%和14.2%。

2. 利用外资

全年新批外商投资企业13家，比上年增加9家；合同利用外商直接投资7.5亿美元，增长768.8%；实际利用外商直接投资7.8亿美元，增长8%。

二、亳州市2017年社会发展概况

(一) 人口、人民生活

年末全市户籍人口650.8万人，比上年增加3.9万人；常住人口为516.9万人，城镇化率39.8%，较上年提高了1.5个百分点；全年出生人口12.4万人，人口出生率为19.1‰；死亡人口8.1万人，死亡率为12.4‰；人口自然增长率6.7‰。

全年城镇常住居民人均可支配收入27246元，比上年增长8.8%。人均消费性支出18093元，增长8.7%。其中，食品烟酒支出增长10.4%，衣着下降9.1%，居住增长9.2%，教育文化娱乐服务增长22%。城镇常住居民恩格尔系数为30.8%，比上年提升0.5个百分点。年末城镇常住居民人均住房建筑面积51平方米，比上年增加1平方米。

全年农村常住居民人均可支配收入11591元，比上年增长9.6%。人均生活消费支出9841元，增长9.2%。其中，食品烟酒支出增长10.2%，衣着下降16.2%，居住下降0.5%，交通通信增长81%。农村常住居民恩格尔系数为35.1%，比上年提升0.3个百分点。年末农村常住居民人均住房建筑面积53平

方米，比上年增加 3 平方米。

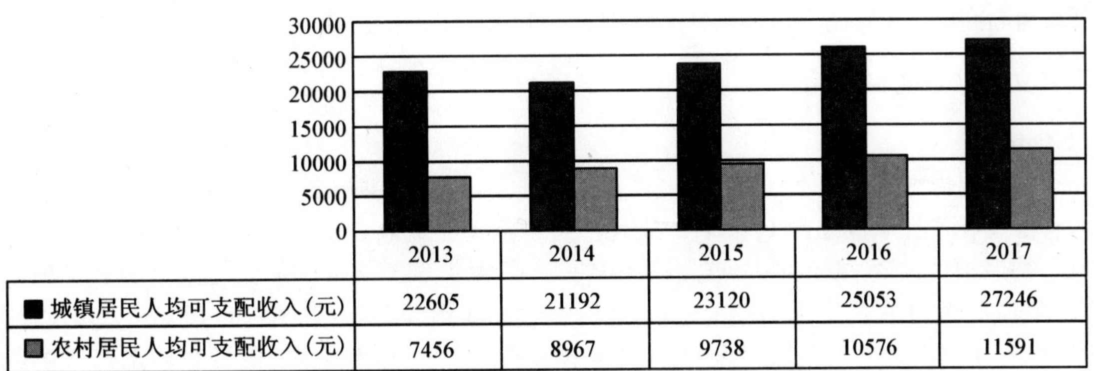

	2013	2014	2015	2016	2017
城镇居民人均可支配收入(元)	22605	21192	23120	25053	27246
农村居民人均可支配收入(元)	7456	8967	9738	10576	11591

图 3　2013—2017 年亳州市城乡居民收入对比一览

(二) 就业与社会保障

1. 就业工作

全年城镇新增就业 6.3 万人，比上年增长 1.1%，下岗失业人员再就业 5973 人。年末城镇登记失业率 2.88%，开发各类公共服务岗位 26105 个。

2. 社会保障和福利

年末全市参加城镇职工基本养老保险 24.3 万人、城镇职工基本医疗保险 24.5 万人，参加失业保险人数为 15.7 万人。全市参加工伤、生育保险人数分别为 23 万人和 18.7 万人。社保征缴全面超额完成，全民参保登记计划全覆盖。被征地农民养老保险制度全面推进，年末被征地农民参保人数 15.2 万人。全市城乡低保水平进一步提升，全年发放低保金 2.9 亿元，城镇低保年末保障 0.7 万人，农村低保年末保障 8.6 万人。

年末全市有各类收养性社会福利单位床位 2.8 万张，收养各类人员 1.5 万人。城镇建立各种社区服务设施 626 个，乡镇、街道及县(市、区)级社区服务中心 89 个，综合性社区服务站 79 个。全年销售社会福利彩票 3.3 亿元，筹集公益金 3390 万元。

(三) 教育和科学技术

1. 教育事业

年末全市普通高校 2 所，在校学生 1.1 万人。各类中等职业学校(不含技工学校)26 所，在校生 7.3 万人。普通高中 24 所，在校生 8.3 万人，高中阶段毛入学率 93.3%，比上年上升 0.3 个百分点。普通初中 264 所，在校生 21.9 万人，初中阶段适龄人口入学率 100%。小学 1100 所，在校生 51.4 万人，小学学龄儿童入学率 100%。各级各类成人学校毕业生 1.3 万人。全面实施免费义务教育，受益学生 73.4 万人。

2. 科技与创新

年末全市有各类专业技术人员 5.2 万人，比上年增长 1.1%。有省级以上工程研究中心 20 家，新增省级博士后科研工作站 1 家，全市新认定高新技术企业 20 家，全社会研发经费增长 20%。全年受理专利申请 3750 件，授权专利 1310 件。全年共取得省部级以上科技成果 7 项。全年主要科技成果有：市公路管理局牵头制定安徽省地方标准“沥青砂处治水泥路面裂缝技术实施指南”、安徽瑞福祥食品有限公司牵头完成的“小麦蛋白组织化关键技术研究与产业化示范”项目等。

全年开展食品质量监督抽检 3355 批次，工业产品质量监督定期抽查 549 批次，工业产品抽查合格率 93.3%。年末全市共有系统内县以上产品质量检验机构 43 个，法定计量技术机构 8 个。全年强制检定计量器具 67100 台(件)。制定、修订地方标准 8 项。年末全市有国家地理标志产品 4 个,中国驰名商标 8 个,安徽省著名商标 169 个,新增安徽名牌产品 8 个。年末全市有各类气象台站 4 个,自动观测点 133 个。

(四) 文化、卫生和体育

1. 文化事业

年末全市共有专业艺术表演团体 197 个,文化馆 5 个,公共图书馆 5 个,博物馆 5 个,乡镇综合文化站 89 个,省级文化产业示范园区 1 个,省级文化产业示范基地基地 3 个。全国重点文物保护单位 7 处,省级重点文物保护单位 38 处,市级重点文物保护单位 45 处。国家级非物质文化遗产名录 3 项,省级名录 38 项,市级名录 111 项。广播电台 1 座,中波发射台和转播台 1 座,广播人口覆盖率 100%。电视台 4 座,有线电视用户 8 万户,电视综合人口覆盖率 100%。全年出版报纸 2 种,各级档案馆 5 个,馆藏档案资料 67.2 万卷(件、册),库馆总建筑面积 3.4 万平方米。

2. 卫生事业

年末全市共有卫生机构 1722 个,其中医院 62 个,卫生院 92 个,社区卫生服务中心(站)107 个,妇幼保健院(所、站)5 个,疾病预防控制中心 5 个。卫生技术人员 17193 人,其中执业(助理)医师 6397 人,注册护士 7068 人。医院、卫生院实有床位数 19246 张。全年诊疗 2028.6 万人次。村卫生室 1274 个,乡村医生和卫生员 5495 人,农村有医疗点的村占总村数的 100%。参加新型农村合作医疗的农业人口 550.7 万人,参合率达 106.8%。

3. 体育事业

年末全市共有体育场地 1238 个,其中体育场 14 个,体育馆 1 座。全年在国际和国内的重大比赛中,运动健儿获 33 枚金牌、22 枚银牌和 42 枚铜牌。“全民健身”系列主题活动蓬勃开展,共开展全民健身项目 151 项次,全民健身运动参加人数 148 万人,全年共举办百人以上群众体育活动 139 次。国民体质监测工作共完成监测样本 3900 个;市本级成立体育社会组织 83 个;社会体育指导员队共有 9769 人。

(五) 城乡建设

实施城建重点项目 236 个、完工 110 个,完成投资 65 亿元;其中,市中心城区实施 112 个、完工 72 个,完成投资 26 亿元。建成高铁片区地下综合管廊 3 公里,完成海绵城市试点项目 3 个、黑臭水体治理项目 22 处。建成棚户区改造住房 30043 套,改造老城区主次干道雨污分流管网 13.2 公里、老旧小区 22.4 万平方米,新建、改建市中心城区环保公厕 76 个。城市日供水综合能力 15.2 万吨,自来水普及率达 99%。液化气年家庭用量 0.2 万吨,用气人口 42 万人,城市气化率达 96.5 %。年末园林绿地面积 1697 公顷,建成区绿化覆盖率为 27.2 %,人均公共绿地面积 8.5 平方米。

全年全市新农村建设规划 31 处,规划面积 586.9 万平方米,竣工面积 365.1 万平方米,搬迁农户 4665 户。全年市级美丽乡村财政专项投入 33425 万元,省级中心村编制建设项目 416 个,乡镇政府驻地建成区编制建设项目 841 个。深入推进农村环境“三大革命”、农村清洁工程、农村垃圾分类处理、集镇集市管理,清理生活垃圾 26 万吨,集中清理陈年垃圾 5.8 万吨,完成改厕任务 10.3 万户,建成污水处理设施 95 个。

(六) 资源、环境保护

全年批准建设用地 2615.8 公顷,建设占用耕地 1576.4 公顷,出让国有土地使用权 1798.2 公顷。补充耕地 2231.2 公顷,基本农田保护面积 51.3 万公顷。

全市已发现各类矿产 9 种,已探明储量的矿产 6 种,煤炭储量达 50.6 亿吨。

全市人均水资源 558 立方米。总用水量 10.3 亿立方米,人均用水量 199.7 立方米。年平均气温 16.2℃;年日照总时数 2098.7 小时。年平均降水量 1016.4 毫米。

年末全市共有市、县级环境监测站5个。监测的5个城区中，城市空气质量全部达到二级标准。全市有1个国家级生态示范区、4个国家级生态乡镇、13个省级生态镇、30个省级生态村、12个市级生态镇、94个市级生态村。

在涡河共设置的3个监测断面监测到涡河亳州、义门大桥、岳坊大桥水质类别为Ⅳ类，水质较2016年明显改善。境内西淝河断面水质为Ⅲ类，水质较2016年有明显改善。

全年市区环境空气质量优良天数为206天。市区空气质量达标率56.5%，集中式饮用水水源地水质达标率100%。区域环境噪声平均值为55分贝，交通噪声平均值为67.4分贝。建成烟尘控制区1个，面积为169平方公里。建成环境噪声污染达标区面积41.3平方公里。

（七）社会安全

全年共发生各类生产安全伤亡事故140起，死亡94人，按可比口径，分别同比下降53.8%和29.3%。其中，道路交通安全事故死亡71人，建筑事故死亡13人，工商贸其他事故死亡3人，燃油零售业事故死亡3人，信息传输和信息技术服务业事故死亡2人，危险化学品事故死亡1人。全市亿元GDP生产安全事故死亡人数为0.08人。

三、亳州市在泛长三角地区经济发展中的地位

2017年是本届政府任期的第一年。我们在省委、省政府和市委的坚强领导下，紧紧依靠全市人民，全面贯彻落实党的十八大和十九大精神，以习近平新时代中国特色社会主义思想为指导，坚持稳中求进、优中求快、奋发有为工作总基调，按照“深入践行五大发展理念，奋力走在皖北振兴前列”工作总要求，坚持“四个导向”，紧盯“四个点问题”，深入实施五大发展行动计划，着力提高发展质量和效益，全面做好改革发展稳定各项工作，较好地完成了市四届人大一次会议确定的各项目标任务。全面实施五大发展行动计划，着力加强供给侧结构性改革，主动作为，精准发力，保持了经济社会平稳健康发展。

（一）地区生产总值

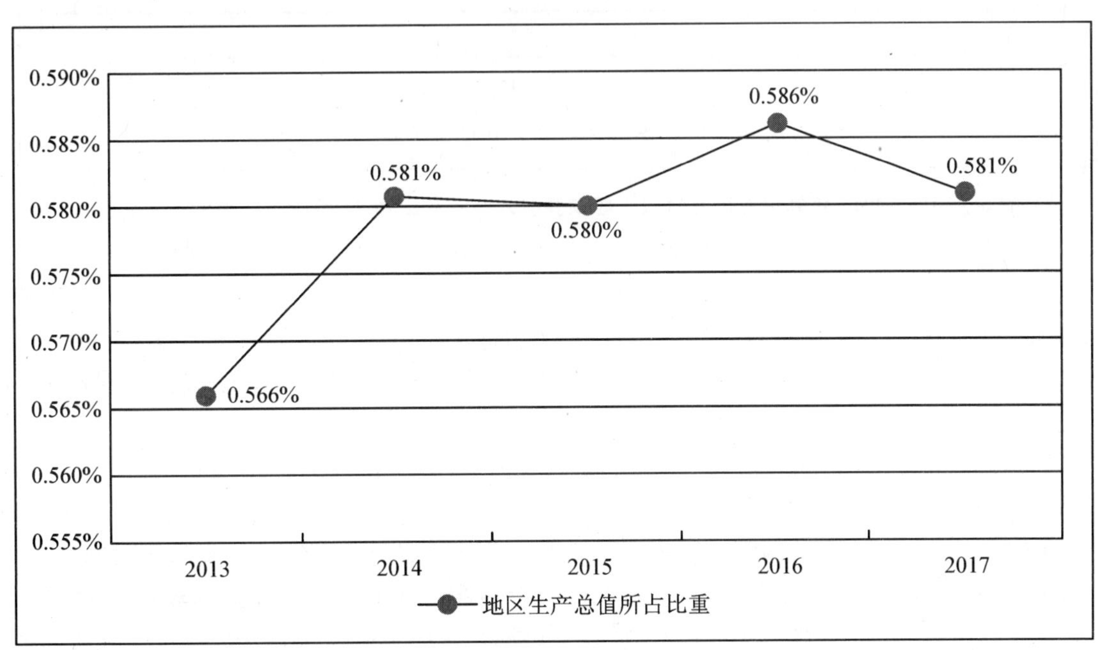

图4　2013—2017年亳州市地区生产总值在泛长三角地区41市（苏浙两省24个地级市、上海市和安徽省16市，下同）所占比重的变化趋势

2013—2017 年亳州市地区生产总值在泛长三角地区 41 市所占比重分别为 0.566%、0.581%、0.580%、0.586%和 0.581%。2017 年出现下跌，2017 年与 2013 年比减少了 0.01 个百分点。2017 年，亳州市在泛长三角地区 41 市地区生产总值所占比重排名第 36 位，与 2016 年持平。

2017 年，亳州市地区生产总值实现 1184 亿元，跨入“千亿”行列，与宣城市的差距由上年的 11.7 亿元缩小到 4.6 亿元。2017 年，亳州市 GDP 同比增长 9.2%，增幅居安徽省第 1 位，为建市以来最好位次。2017 年，亳州经济结构不断优化，发展势头良好，延续了稳中有进、稳中向好的发展态势。三次产业结构比由上年的 19.7∶38.7∶41.6 调整为 17.7∶40.1∶42.2，一产占比下降 2 个百分点，二产、三产占比分别提升了 1.4 和 0.6 个百分点。民营经济增加值占 GDP 比重由 59.7%提高至 60.4%，综合考核居全省第 3 位。民间投资占固定资产投资比重由 64.4%提高至 67.9%。工业技改投资同比增长 19.2%，增幅居全省 7 位。在省统计局公布的 24 项经济指标中，位居第一位的有 3 项，前三位的有 15 项，增速居全省前八位的有 19 项。省政府通报考核的 10 项指标中，位居第一位的有 2 项，前三位的有 6 项，增速居前八位的有 9 项。

（二）地方财政一般预算收入

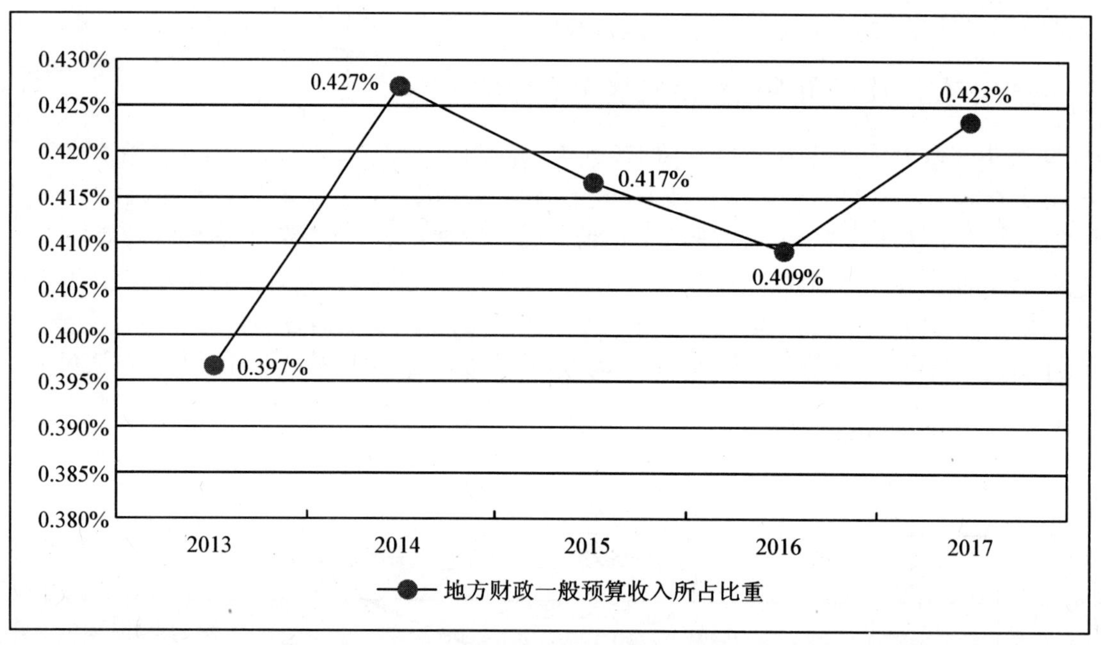

图 5　2013—2017 年亳州市地方财政一般预算收入在泛长三角 41 市所占比重的变化趋势

2013—2017 年亳州市地方财政一般预算收入在泛长三角 41 市所占比重分别为 0.397%、0.427%、0.417%、0.409%和 0.423%，2017 年较 2013 年增加了 0.02 个百分点，较上年增加了 0.01 个百分点。2017 年，亳州市地方财政一般预算收入在泛长三角 41 市地区排第 37 位，与 2016 年保持一致。

2017 年，全年财政收入 171 亿元，比上年增长 16%，其中地方财政收入 94.6 亿元，增长 8.6%。全部财政收入中，增值税增长 41.8%，营业税下降 93%，企业所得税增长 39.9%。

分部门看，国税部门完成 98.9 亿元，为预算的 104.8%，同比增长 36.4%；地税部门完成 53.6 亿元（含非税收入 4.7 亿元），为预算的 106.2%，同比下降 8.1%；财政部门完成 18.5 亿元，为预算的 105.7%，同比增长 11.7%（剔除营改增因素，国税部门同口径增幅为 22.9%，地税部门同口径增幅为 14.5%）。分级次看，涡阳县完成 20.9 亿元，为预算的 105.3%，增长 15.7%；蒙城县完成 28.3 亿元，为预算的 105.9%，增长 16.5%；利辛县完成 20 亿元，为预算的 103.7%，增长 16.3%；谯城区完成 36 亿元，为预算的 104.9%，增长 15.2%；亳芜产业园完成 2.2 亿元，为预算的 110.4%，增长 10.4%；开发区完成 14.1 亿元，为预算的 121.8%，增长 33.7%；市本级完成 49.5 亿元，为预算的 101.9%，增长 12.4%。

(三) 工业生产总值

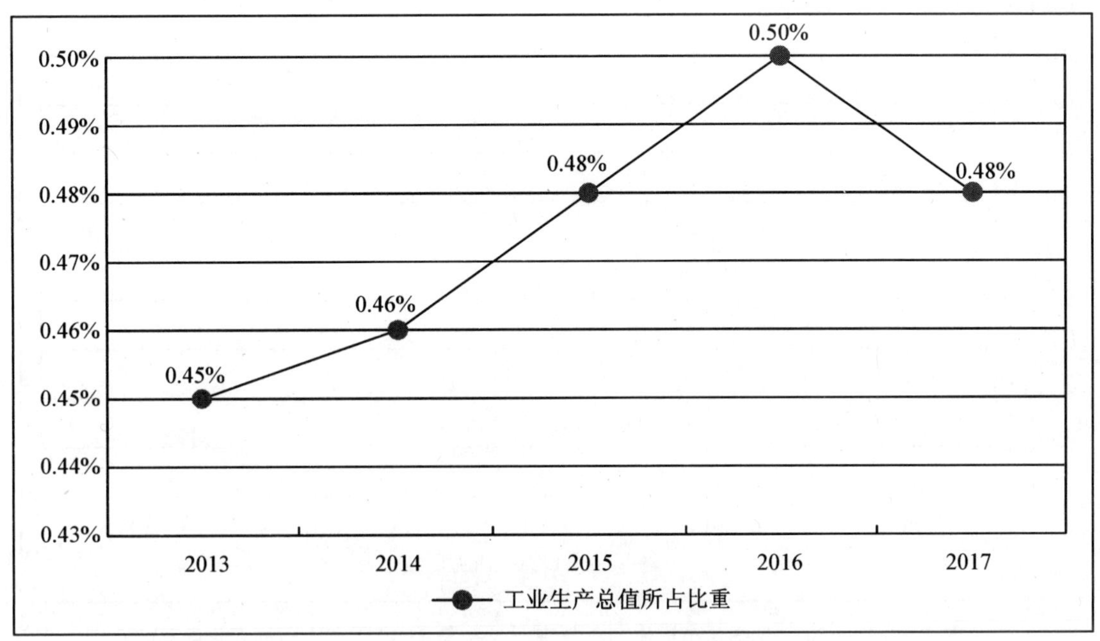

图 6　2013—2017 年亳州市工业生产总值在泛长三角 41 市所占比重的变化趋势

2013—2017 年亳州市工业生产总值在泛长三角 41 市所占比重分别为 0.45%、0.46%、0.48%、0.50% 和 0.48%，2017 年较 2013 年增加了 0.03 个百分点，较上年减少了 0.02 个百分点。2017 年，亳州市工业生产总值在泛长三角 41 市所占比重排第 38 位。

2017 年，市经信委在市委、市政府的坚强领导下和省经信委的精心指导下，紧紧围绕"深入践行五大发展理念，奋力走在皖北振兴前列"的目标，加快新兴工业强市建设，工业经济呈现良好发展态势。12 月份，亳州市规模以上工业增加值同比增长 10.8%，比全省高 0.3 个百分点；1—12 月份，全市累计实现规模工业增加值增速 10.4%，连续三个月居全省第 1 位领跑全省，创 24 个月以来新高。分别比上半年和三季度提高 0.3 和 0.1 个百分点，比全国、全省平均水平分别高 3.8 和 1.4 个百分点。

经济效益全面提高。1—11 月份，全市规模以上工业企业累计实现利润 71.2 亿元，同比增长 28.2%，增幅居全省第 4 位；实现利税合计 109.2 亿元，同比增长 28.7%，增幅居全省第 4 位；全市工业产品产销率达 96.9%。

重点行业发展稳定。1—12 月份，在全市规模工业 33 个行业中，有 24 个行业产值保持增长势头。其中，医药制造业实现产值 342.1 亿元，同比增长 29.6%；农副食品加工业和食品制造业实现产值 148.9 亿元，同比增长 3.3%；酒、饮料和精制茶制造业实现产值 118.1 亿元，同比增长 12.6%；煤炭开采业实现产值 92.0 亿元，同比增长 56.8%。

(四) 进出口总额

2013—2017 年亳州市进出口总额在泛长三角 41 市所占比重分别为 0.031%、0.026%、0.036%、0.039% 和 0.045%，2017 年与 2013 年比增加了 0.01 个百分点。2017 年，亳州市进出口总额在泛长三角 41 市排第 38 位，较上年上升了一位。

2017 年，全年进出口总额 6.6 亿美元，比上年增长 27.8%，增幅比全省高 7 个百分点，居全省第 3 位。其中，出口 6 亿美元，增长 30.5%，比全省高 23.3 个百分点为，居全省第 2 位。从出口经营主体看，生产型企业出口增长 30.1%，贸易型企业出口增长 33.5%。从出口商品看，中药材、机电产品和高新技术产品出口分别增长 28.9%、30.8%和 14.2%。

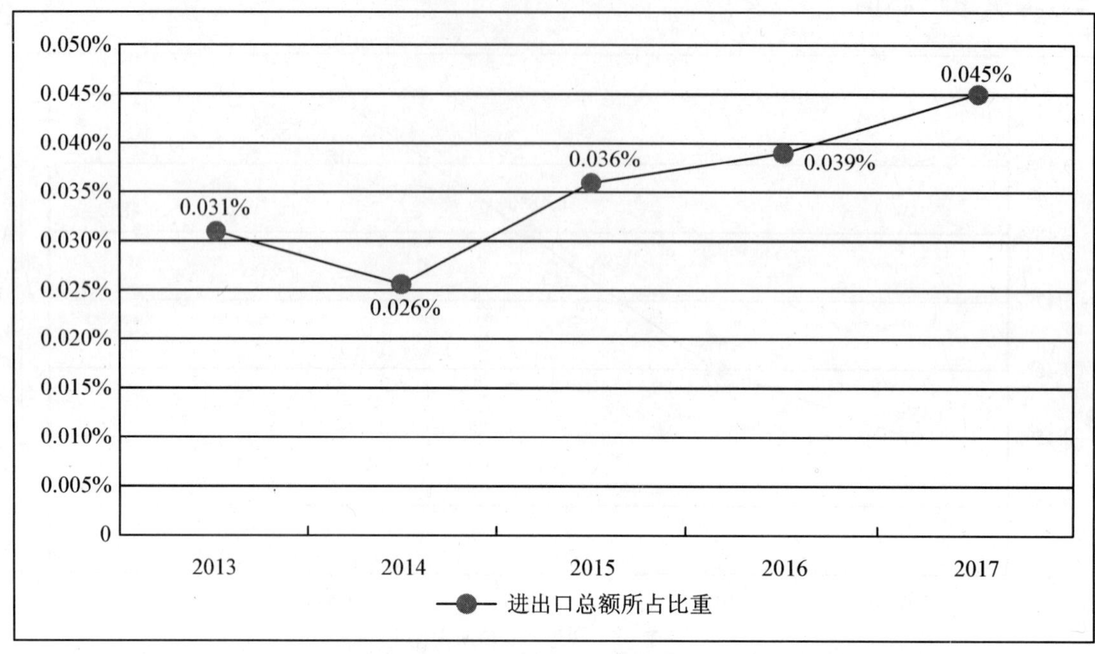

图 7　2013—2017 年亳州市进出口总额在泛长三角 41 市所占比重的变化趋势

(五) 实际外商直接投资金额

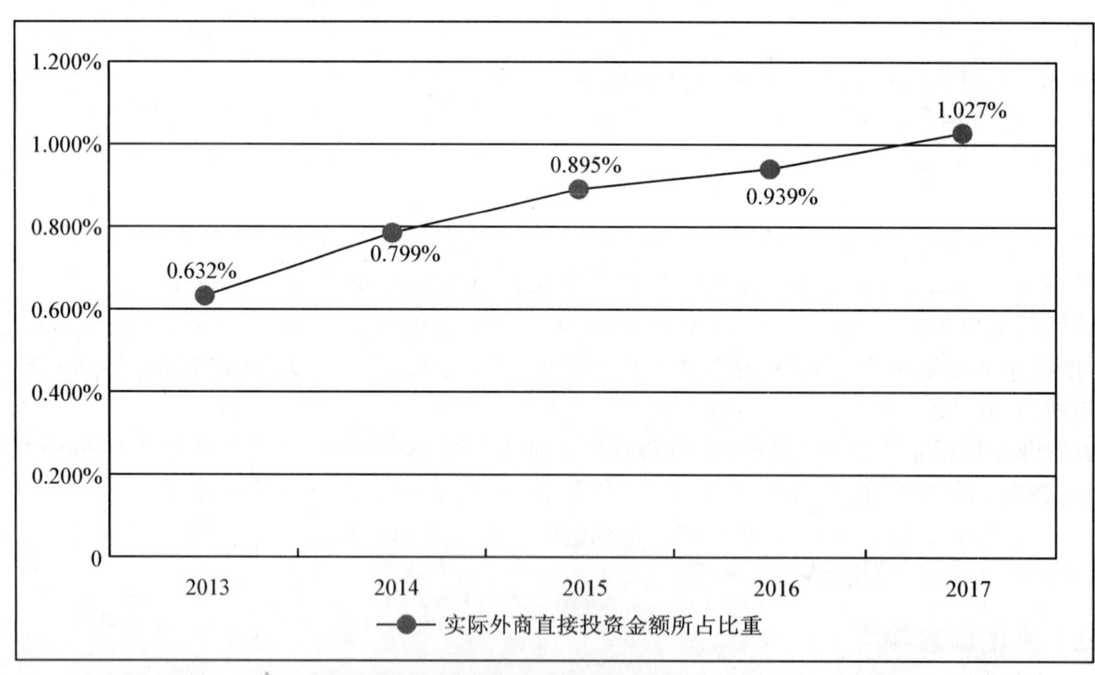

图 8　2013—2017 年亳州市实际外商直接投资金额在泛长三角 41 市所占比重的变化趋势

2013—2017 年亳州市实际外商直接投资金额在泛长三角 41 市所占比重分别为 0.632%、0.799%、0.895%、0.939%和 1.027%,整体呈现上扬姿态,2017 年较 2013 年增加了 0.40 个百分点,较上年增加了 0.09 个百分点。2017 年,亳州市实际外商直接投资金额在泛长三角 41 市排第 25 位,较上年下降一位。

2017 年,全年实际利用外商直接投资 7.8 亿美元,增长 8%,增幅比全省高 0.4 个百分点,居全省第 4 位。全年新批外商投资企业 13 家,比上年增加 9 家;合同利用外商直接投资 7.5 亿美元,增长 768.8%。

第四篇

长三角地区经济社会发展专题报告

第一章　长三角地区经济发展专题报告

一　长三角产业结构

一、长三角产业结构总体情况

2017 年，长三角实现地区生产总值 195320.19 亿元，按当年价计算，比上年增长 11.2%；占国内生产总值的比重为 23.6%，与上年持平。从三次产业情况看，第一产业实现增加值 8703.62 亿元，比上年下降 0.2%；第二产业实现增加值 83055.88 亿元，增长 11.1%；第三产业实现增加值 103560.69 亿元，增长 12.4%。

2017 年，长三角产业结构得到了进一步调整优化，三次产业结构调整为 4.5∶42.5∶53.0。第一产业所占的比重比上年下降 0.5 个百分点，第二产业下降 0.1 个百分点，第三产业上升 0.5 个百分点。近几年，长三角地区第二产业比重在稳步下降，第三产业比重稳步上升。2017 年，全国三次产业结构调整为 7.9∶40.5∶51.6，长三角第一产业比重比全国平均水平低 3.4 个百分点，而长三角第二、三产业比重比全国平均水平分别高 2.0 个百分点和 1.4 个百分点。

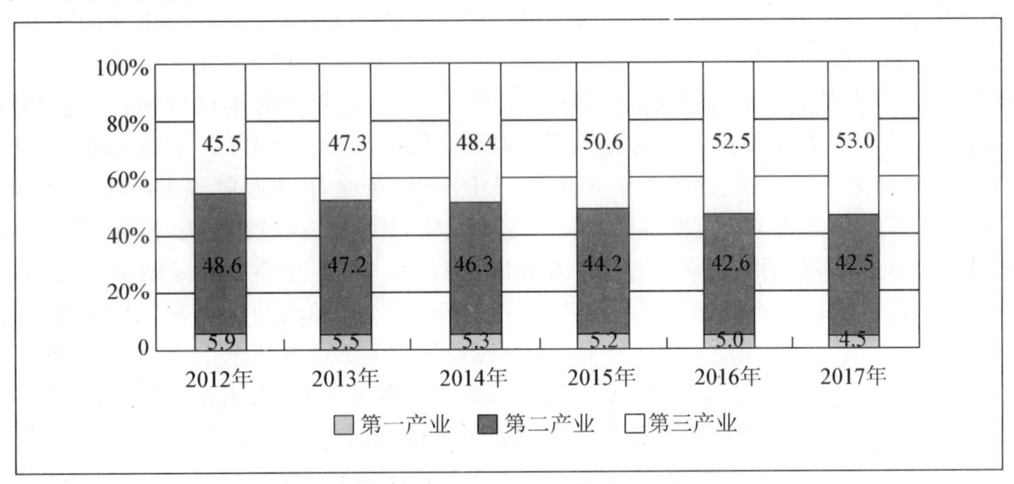

图 1　2012—2017 年长三角地区产业结构情况

从与上海市比较来看，2017 年上海市三次产业结构由上年的 0.4∶29.8∶69.8 调整为 0.3∶30.5∶69.2。第一产业所占的比重低于长三角 4.2 个百分点，第二产业低于长三角 12.0 个百分点，第三产业高于长三角 16.2 个百分点。

从与江苏省比较来看，2017 年江苏省三次产业结构由上年的 5.3∶44.7∶50.0 调整为 4.7∶45.0∶50.3。第一产业所占的比重高于长三角 0.2 个百分点，第二产业高于长三角 2.5 个百分点，第三产业低于长三角 2.7 个百分点。

从与浙江省比较来看，2017 年浙江省三次产业结构由上年的 4.2∶44.8∶51.0 调整为 3.7∶43.0∶53.3。第一产业所占的比重低于长三角 0.8 个百分点，第二产业高于长三角 0.5 个百分点，第三产业高于长三角 0.3 个百分点。

从与安徽省比较来看，2017 年安徽省三次产业结构由上年的 10.6∶48.1∶41.3 调整为 9.6∶47.5∶42.9。第一产业所占的比重高于长三角 5.1 个百分点，第二产业高于长三角 5.0 个百分点，第三产业低于长三角 10.1 个百分点。

二、上海市产业结构发展现状分析

2017 年，上海市实现生产总值 30632.99 亿元，按可比价格计算，比上年增长 6.9%。其中，第一产业增加值 110.78 亿元，同比下降 0.8%；第二产业增加值 9330.67 亿元，增长 5.8%；第三产业增加值 21191.54 亿元，增长 7.5%。

第三产业引领发展。至 2017 年末，上海市各类金融单位达到 1491 家。其中，货币金融服务单位 623 家；资本市场服务单位 403 家；保险业单位 389 家。至年末，全市各类金融单位中，在沪经营性外资金融单位达到 251 家。全市中外资金融机构本外币各项存款余额 112461.74 亿元，比年初增加 1950.76 亿元；贷款余额 67182.01 亿元，比年初增加 7199.76 亿元。金融市场交易总额达到 1428.44 万亿元，比上年增长 5.3%。上海证券交易所总成交金额 306.39 万亿元，增长 7.9%，其中债券成交额 247.34 万亿元，增长 10.1%；股票成交金额 51.12 万亿元，增长 1.9%。全年通过上海证券市场股票筹资 7578.06 亿元，比上年减少 5.9%；发行公司债 14937.99 亿元，减少 41.5%。至年末，上海证券市场上市证券 12219 只，比上年末增加 2572 只。其中，股票 1440 只，增加 214 只。期货交易所总成交金额 89.93 万亿元，增长 5.8%。中国金融期货交易所总成交金额 24.59 万亿元，增长 35.0%。银行间市场总成交金额997.77 万亿元，增长 3.9%。上海黄金交易所总成交金额 9.76 万亿元，增长 11.9%。全年保险公司原保险保费收入 1587.10 亿元，比上年增长 3.8%。其中，财产险公司原保险保费收入 482.67 亿元，增长 17.5%；人身险公司原保险保费收入 1104.43 亿元，下降 1.3%。全年保险赔付支出 548.93 亿元，增长 3.8%。其中，财产险赔款支出 233.81 亿元，增长 5.1%；寿险给付 237.08 亿元，减少 3.6%；健康险赔款给付62.86 亿元，增长 25.8%；意外险赔款支出 15.17 亿元，增长 45.8%。全年各种运输方式完成货物运输量 9.73 亿吨，比上年增长 9.7%；旅客发送量 2.09 亿人次，增长 6.6%。全年上海港口货物吞吐量达到 7.51 亿吨，比上年增长 6.9%；集装箱吞吐量 4023.31 万国际标准箱，增长 8.3%。集装箱水水中转比例为 46.7%，国际中转比例为 7.7%。上海浦东、虹桥两大国际机场全年共起降航班 76.04 万架次，增长 2.5%；进出港旅客达到 11188.52 万人次，增长 5.1%。其中，国内航线进出港旅客 7394.18 万人次，增长 5.7%；国际及地区航线进出港旅客 3794.34 万人次，增长 4.0%。全年完成邮政业务总量 711.87 亿元，比上年增长 26.2%；电信业务总量 694.71 亿元，增长 40.3%。邮政业全年完成邮政函件业务 6.74 亿件、包裹业务 245.92 万件、快递业务 31.15 亿件；快递业务收入 868.89 亿元。全年实现旅游产业增加值 1888.24 亿元，比上年增长 9.1%。全年接待国际旅游入境者 873.01 万人次，比上年增长 2.2%。其中，入境外国人 671.21 万人次，同比增长 1.7%；港、澳、台同胞 201.80 万人次，增长 3.7%。在国际旅游入境者中，过夜旅游者 719.33 万人次，增长 4.2%。全年接待国内旅游者 31845.27 万人次，增长 7.5%。其中，外省市来沪旅游者 15523.29 万人次，增长 5.7%。全年入境旅游外汇收入 68.10 亿美元，增长 4.3%；国内旅游收入 4025.13 亿元，增长 16.9%。

工业结构调整加快。2017 年，上海市实现工业增加值 8303.54 亿元，比上年增长 6.4%。全年完成工业总产值 36094.36 亿元，增长 6.5%。其中，规模以上工业总产值 33989.36 亿元，增长 6.8%。在规模以上工业总产值中，国有控股企业总产值 12902.80 亿元，增长 8.7%。全年节能环保、新一代信息技术、生物医药、高端装备、新能源、新能源汽车、新材料等战略性新兴产业制造业完成工业总产值 10465.92 亿元，比上年增长 5.7%，占全市规模以上工业总产值比重达到 30.8%。全年六个重点工业行业完成工业总产值 23405.50 亿元，比上年增长 9.0%，占全市规模以上工业总产值的比重为 68.9%。全年规模以上工业产品销售率为 99.9%。全年原油加工量 2489.49 万吨，比上年增长 0.8%；工业机器人产量 5.88 万套，增长 89.7%；智能手机产量 4508.20 万台，增长 2.1%；汽车产量 291.32 万辆，增长 11.2%。全年规模以上工业企业实现利润总额 3200.10 亿元，比上年增长 10.5%，实现税金总额 2087.36 亿元，增长 6.7%。规模以上工业企业亏损面为 20.9%。

农产品产量下降，现代农业加快推进。2017 年，上海市实现农业总产值 260.02 亿元，比上年下降 9.1%。其中，种植业 140.42 亿元，下降 3.7%；林业 15.02 亿元，增长 13.2%；牧业 39.87 亿元，下降 26.2%；渔业 53.53 亿元，下降 10.2%；农林牧渔服务业 11.18 亿元，增长 4.7%。上海域外市属农场实现农业总产值 30.08 亿元，下降 6.5%。全年全市农作物播种面积 28.09 万公顷，比上年减少 5.2%。其中，粮食播种面积 11.87 万公顷，减少 15.3%。粮食产量 89.16 万吨，比上年下降 9.5%；生牛奶产量 21.30 万吨，下降 18.2%；水产品产量 25.74 万吨，下降 1.3%。至年末，全市有 1680 家企业、6743 个产品获得"三品一标"农产品认证。其中，绿色食品证书使用企业 207 家，绿色食品 299 个；无公害农产品证书使用企业 1463 家，无公害农产品 6420 个。至年末，全市累计建成设施粮田面积 86.53 千公顷，市级蔬菜标准园 150 家，标准化畜禽养殖场 279 家，标准化水产养殖场 317 家。至年末，全市有农业产业化龙头企业 380 家，农民专业合作社 2813 家，经农业主管部门认定的家庭农场 4516 个。

三、江苏省产业结构发展现状分析

2017 年，江苏省实现生产总值 85900.94 亿元，按可比价格计算，比上年增长 7.2%。其中，第一产业增加值 4076.65 亿元，比上年增长 2.2%；第二产业增加值 38654.85 亿元，增长 6.6%；第三产业增加值 43169.44 亿元，增长 8.2%。

工业生产平稳运行，企业效益较快增长，先进制造业加快发展。全年规模以上工业增加值比上年增长 7.5%，其中轻工业增长 8.6%，重工业增长 6.9%。分经济类型看，国有工业增长 7.8%，集体工业增长 2.0%，股份制工业增长 8.0%，外商及港澳台投资工业增长 6.6%。在规模以上工业中，国有控股工业增长 6.7%，私营工业增长 8.0%。全年规模以上工业企业实现主营业务收入 15.5 万亿元，比上年增长 10.9%；利润总额 10359.7 亿元，比上年增长 12.4%。企业亏损面 11.6%，比上年下降 0.7 个百分点。规模以上工业企业总资产贡献率、主营业务收入利润率和成本费用利润率分别为 15.0%、6.7%和 7.2%。全年规模以上工业中，医药制造业增加值比上年增长 12.9%，专用设备制造业增加值增长 15.1%，电气机械及器材制造业增加值增长 11.7%，通用设备制造业增加值增长 11.4%，计算机、通信和其他电子设备制造业增加值增长 11.9%。代表智能制造、新型材料、新型交通运输设备和高端电子信息产品的新产品产量实现较快增长。全年工业机器人产量增长 99.6%，3D 打印设备增长 77.8%，新能源汽车增长 56.6%，服务器增长 54.2%，光纤增长 42.4%，智能手机增长 26.4%，太阳能电池增长 25.9%。

服务业发展平稳。全年旅客运输量比上年下降 4.9%，货物运输量增长 9.4%，旅客周转量、货物周转量分别增长 4.2%和 24.4%。全省机场飞机起降 46.3 万架次，比上年增长 18.1%；旅客吞吐量 4446.3 万人次，增长 19.6%；货邮吞吐量 57.1 万吨，增长 10.6%。完成规模以上港口货物吞吐量 25.7 亿吨，比上年增长 6.4%，其中外贸货物吞吐量 4.9 亿吨，增长 8.7%；集装箱吞吐量 1724 万标准集装箱，增长 5.9%。全年邮政行业业务总量 880.9 亿元，比上年增长 32.7%；电信业务总量 2067.7 亿元，增长 73.0%。邮政行业业务收入 560.7 亿元，比上年增长 21.0%；电信业务收入 915.2 亿元，增长 8.6%。年末移动电话用户 8807.7 万户，比上年末增加 608.9 万户。年末互联网宽带接入用户 3106.2 万户，新增 420.9 万户。年末金融机构人民币存款余额 129942.9 亿元，比年初增加 8836.3 亿元。境内上市公司 382 家，省内上市公司通过首发、配股、增发、可转债、公司债在上海、深圳证券交易所筹集资金 2115.8 亿元。江苏企业境内上市公司总股本 3258.1 亿股，比上年增长 14.8%；市价总值 40676 亿元，比上年增长 9.4%。年末全省共有证券公司 6 家，证券营业部 887 家；期货公司 9 家，期货营业部 157 家；证券投资咨询机构 3 家。全年证券市场完成交易额 30 万亿元。全年保费收入 3449.5 亿元，比上年增长 28.2%。全年赔付额 983.6 亿元，比上年增长 7.5%。全年接待境内外游客 74657.4 万人次，比上年增长 9.6%；实现旅游业总收入 11662.2 亿元，增长 13.6%。接待入境过夜游客 370.1 万人次，增长 12.2%。旅游外汇收入 42 亿美元，增长 10.3%。接待国内游客 74287.3 万人次，增长 9.6%，实现国内旅游收入11307.5 亿元，增长 13.6%。

种植业结构继续调整，农林牧渔业总体稳定，现代农业加快推进。全年粮食播种面积 540.6 万公顷，比上年减少 2.6 万公顷；棉花种植面积 4.2 万公顷，减少 2.2 万公顷；油料种植面积 41.2 万公顷，减少 2.7 万公顷；蔬菜种植面积 140.8 万公顷，减少 2.2 万公顷。全年粮食总产量 3539.8 万吨，比上年增产 73.8 万吨，增长 2.1%。其中，夏粮 1260.6 万吨，增长 3.6%；秋粮 2279.2 万吨，增长 1.3%。全年造林面积 3.6 万公顷，比上年增长 33.5%。全年猪牛羊禽肉产量 335.4 万吨，比上年下降 3.0%；禽蛋产量 186.1 万吨，下降 6.3%；牛奶总产量 59.9 万吨，增长 1.6%。水产品总产量 520.1 万吨，下降 0.6%，其中淡水产品 370.6 万吨，海水产品 149.5 万吨，分别下降 0.8%和 0.1%。绿色农业、智慧农业、订单农业等现代农业加快发展。全省有效灌溉面积达 413.2 万公顷，新增有效灌溉面积 6.4 万公顷，新增节水灌溉面积 17.7 万公顷；新增设施农业面积 3.4 万公顷；年末农业机械总动力 4991.4 万千瓦，比上年增长 1.7%。

四、浙江省产业结构发展现状分析

2017 年，浙江省实现生产总值为 51768.26 亿元，按可比价格计算，比上年增长 7.8%。其中，第一产业增加值 1933.92 亿元，比上年增长 2.7%；第二产业增加值 22232.08 亿元，增长 6.6%；第三产业增加值 27602.26 亿元，增长 9.2%。

工业生产和利润保持平稳增长。全年规模以上工业增加值 14440 亿元，比上年增长 8.3%。规模以上工业销售产值 67857 亿元，增长 14.6%，其中出口交货值 11585 亿元，增长 9.4%。规模以上制造业中，高技术、高新技术、装备制造、战略性新兴产业增加值分别比上年增长 16.4%、11.2%、12.8%、12.2%，占规模以上工业的 12.2%、42.3%、39.1%、26.5%。在规模以上工业中，信息经济核心产业、文化产业、节能环保、健康产品制造、高端装备、时尚制造业增加值分别增长 14.1%、5.7%、11.4%、13.3%、8.1%和 2.4%。在战略性新兴产业中，新一代信息技术和物联网、海洋新兴产业、生物产业增加值分别增长 21.5%、11.2%和 12.5%。规模以上工业新产品产值率为 35.4%，比上年提高 1.5 个百分点。10 大传统制造业产业增加值增长 4.5%。全年规模以上工业企业实现利润 4570 亿元，比上年增长 16.6%。高新技术、装备制造和战略性新兴产业利润总额分别增长 20.3%、19.5%和 25.6%；10 大传统制造业产业利润增长 23.2%。劳动生产率为 21.6 万元/人，按可比价计算比上年提高 7.7%。

服务业增长较快。全省共有民航机场 7 个，旅客吞吐量 5759 万人，其中发送量 3040 万人。铁路、公路和水运完成货物周转量 10106 亿吨千米，比上年增长 3.2%；旅客周转量 1096 亿人千米，增长 2.0%。港口完成货物吞吐量 16 亿吨，增长 12.8%，其中，沿海港口完成 13 亿吨，增长 10.1%。宁波—舟山港完成货物吞吐量 10.1 亿吨，增长 9.5%，集装箱吞吐量跃居全球第四，达 2461 万标箱，增长 14.1%。全年完成邮电业务总量 3518 亿元，其中，邮政业务总量 1728 亿元，比上年增长 38.2%，电信业务总量 1790 亿元，增长 62.1%。年末移动电话用户 7590 万户，比上年增加 365 万户，其中使用 3G、4G 移动电话用户 6248 万户。固定互联网宽带接入用户 2465 万户，增加 305 万户，其中固定互联网光纤宽带接入用户 2111 万户，增加 326 万户。移动互联网用户 7456 万户，增加 1090 万户。全省快递业务量 79 亿件，比上年增长 32.5%。全年旅游产业增加值 3913 亿元，比上年增长 12.6%，占 GDP 的 7.6%；实现旅游总收入 9323 亿元，增长 15.1%，接待游客 6.4 亿人次，增长 9.6%，其中接待入境旅游者 1212 万人次，增长 8.3%。年末全部金融机构本外币各项存款余额 107321 亿元，比上年末增长 7.8%，其中人民币存款余额增长 7.8%。年末住户本外币存款余额 40804 亿元，增长 5.3%。全部金融机构本外币各项贷款余额 90233 亿元，增长 10.3%，其中人民币贷款余额增长 10.9%。年末主要农村金融机构（农村信用社、农村合作银行、农村商业银行）人民币贷款余额 12124 亿元，比年初增加 1143 亿元。年末境内上市公司 415 家，累计融资 9077 亿元；其中，中小板上市公司 138 家，占全国中小板上市公司的 15.3%；创业板上市公司 80 家，占全国创业板上市公司的 11.3%。全年保险业实现保费收入 2147 亿元，比上年增长 20.3%。其中，财产险保费收入 761 亿元，增长 9.2%；人身险保费收入 1386 亿元，增长 27.4%。支付各类赔款及给付 653 亿元，增长 3.2%。其中，财产险赔付支出 431 亿元，人身险赔付支出 223 亿元。

农业平稳发展。全年粮食总产量768.6万吨，比上年增长2.2%。油菜籽播种面积113.8千公顷，下降3.2%；蔬菜644.1千公顷，增长1.7%；花卉苗木161千公顷，增长0.8%；中药材48.6千公顷，增长13.0%；果用瓜102.1千公顷，增长0.3%。生猪年末存栏548万头，年内出栏1033万头，分别比上年下降4.5%和11.7%；全年肉类总产量104.4万吨，下降11.6%；水产品总产量642.9万吨，增长1.9%，其中，海水产品产量520.8万吨，增长0.8%；淡水产品产量122.1万吨，增长6.8%。全年新建粮食生产功能区1041个，累计建成粮食生产功能区10172个，总面积54.6万公顷。累计建成现代农业园区818个，面积34.4万公顷。省级骨干农业龙头企业494家，产值10亿元以上的示范性农业全产业链55条；全国休闲农业与乡村旅游示范县24个；中国重要农业文化遗产8个；中国美丽休闲乡村28个。培育农家乐休闲旅游特色村1155个、特色点2328个，农家乐经营户20463户，从业人员16.8万人，带动就业45.4万人。接待游客3.4亿人次，增长21.6%；营业总收入353.8亿元，增长20.5%，其中，直接营业收入281.3亿元、销售农产品等收入72.5亿元，分别增长20.6%和19.9%。

五、安徽省产业结构发展现状分析

2017年，安徽省实现生产总值27018.00亿元，按可比价格计算，比上年增长8.5%。其中，第一产业增加值2582.27亿元，比上年增长4.1%；第二产业增加值12838.28亿元，增长8.2%；第三产业增加值11597.45亿元，增长9.9%。

工业生产和利润保持平稳增长。2017年，安徽省规模以上工业企业20449户，比上年净增1067户。全年规模以上工业增加值比上年增长9.0%。规模以上工业中，40个工业大类行业有34个增加值保持增长，其中计算机、通信和其他电子设备制造业增长15.1%，黑色金属矿采选业下降10.1%，有色金属冶炼和压延加工业增长3.0%，汽车制造业增长9.8%，通用设备制造业增长9.2%，黑色金属冶炼和压延加工业下降1.0%，纺织服装、服饰业增长2.3%，化学原料和化学制品制造业增长10.4%，非金属矿物制品业增长6.7%，电气机械和器材制造业增长13.5%，电力、热力生产和供应业增长9.2%，农副食品加工业增长4.8%，煤炭开采和洗选业增长5.0%。六大工业主导产业增加值增长9.5%，装备制造业增长13.4%，高技术产业增长16.3%；战略性新兴产业产值增长21.4%，24个战略性新兴产业集聚发展基地工业总产值增长23.1%。规模以上工业统计的主要产品产量中，原煤下降4.4%，发电量增长8.8%，粗钢、钢材分别增长5.6%和2.4%，水泥增长7.3%，彩色电视机增长34.3%，家用洗衣机、家用电冰箱、房间空调器分别增长2.3%、10.4%和21.8%，汽车下降28.0%。新产品中，新能源汽车增长38.5%，运动型多用途乘用车（SUV）下降15.5%，锂电池增长129.0%，工业机器人增长33.2%，光纤增长34.3%。全年规模以上工业企业实现利润2285.3亿元，增长19.7%。非金属矿物制品业、黑色金属冶炼和压延加工业、煤炭开采和洗选业、计算机通信和其他电子设备制造业、化学原料和化学制品制造业、电气机械和器材制造业、专用设备制造业、橡胶和塑料制品业、医药制造业、酒饮料和精制茶制造业、金属制品业、汽车制造业、农副食品加工业、通用设备制造业、电力热力生产和供应业等15个行业利润超50亿元，合计实现利润1829.3亿元，增长21.1%，利润额占全部规模以上工业的80.0%。

服务业发展势头日趋增强。2017年，安徽省完成旅客运输量6.9亿人，比上年下降14.8%；货物运输量40.3亿吨，增长10.0%。旅客运输周转量1196.5亿人千米，下降3.0%；货物运输周转量11414.5亿吨千米，增长4.9%。全年港口货物吞吐量5.1亿吨，下降1.3%。全省民航机场旅客吞吐量1141.7万人次，增长25.1%，其中合肥新桥机场旅客吞吐量914.7万人次，增长23.7%。全年电信业务总量832.3亿元，比上年增长70.5%；邮政业务总量83.1亿元，增长54.0%。快递业务量8.6亿件，快递业务收入89.6亿元，比上年分别增长25.3%和26.9%。年末基础电信运营企业计算机互联网宽带接入用户1323.7万户，增加248.6万户。全年入境旅游人数549.2万人次，比上年增长13.1%。其中，外国人321.0万人次，增长13.4%；港澳台同胞228.2万人次，增长12.6%。国内游客6.3亿人次，增长19.9%。旅游总收入6196.9亿元，增长25.6%。其中，旅游外汇收入28.8亿美元，增长13.3%；国内旅游收入6002.4亿元，增长26.0%。年末全省金融机构人民币各项存款余额45608.9亿元，比上年末增加4752.7亿元，增长11.6%。年末金融机构人民币各项贷款余额34481.2亿元，比上年末增加4300.5亿元，增长14.3%。全年全省境内证券经营机构证券代理成交额50305.7亿元，期货经营机构代理交易量153100.0亿元。全年保险业原保险保费收入1107.2亿元，比上年增长26.4%。其中，财产险业务原保险保费收入366.3亿元，增长17.1%；人身险业务原保险保费收入740.9亿元，增长31.5%。赔款和给付397.7亿元，增长11.2%。其中，财产险业务赔款支出187亿元，增长6.8%；人身险业务赔款和支出210.7亿元，增长15.5%。

农业平稳发展。2017年，安徽省粮食种植面积6642.5千公顷，比上年减少2.1千公顷。油料种植面积698.3千公顷，减少32.8千公顷。棉花种植面积147千公顷，减少36.4千公顷。蔬菜种植面积945.1千公顷，扩大24.9千公顷。全年粮食产量3476万吨，比上年增产58.6万吨，增长1.7%。其中，夏粮1395.3万吨，增产7.6万吨，增长0.6%；秋粮1984.1万吨，增产52万吨，增长2.7%。油料产量208.4万吨，下降3.0%。棉花产量14.3万吨，下降22.7%。年末全省生猪存栏1417.2万头，比上年下降3.5%；全年生猪出栏2828.9万头，下降1.6%。肉类总产量396.3万吨，下降1.6%，其中猪牛羊肉产量267.3万吨、下降1.1%。禽蛋产量146.2万吨，增长4.8%。牛奶产量31.9万吨，下降2.3%。水产品产量240万吨，增长1.8%。年末全省农业机械总动力6312.9万千瓦，比上年减少8.1%。农用拖拉机233.1万台，减少0.4%。全年化肥施用量(折纯)318.7万吨，下降2.5%。农村用电量171.3亿千瓦时，增长6.0%。有效灌溉面积4483.8千公顷，新增46.3千公顷；新增节水灌溉面积40.2千公顷。

二　长三角财政

一、长三角财政总体情况

近几年，长三角一般预算收入稳步提升。2017 年，长三角地区一般预算收入为 25475.72 亿元，比上年增长 9.1%，增幅比上年上升 0.9 个百分点。江苏省一般预算收入在长三角中占比最高，为 32.1%，比上年下降 1.9 个百分点；上海市所占比重为 26.1%，同比上升 0.6 个百分点；浙江省所占比重为 22.8%，同比上升 0.6 个百分点；安徽省所占比重为 19.1%，同比上升 0.8 个百分点。

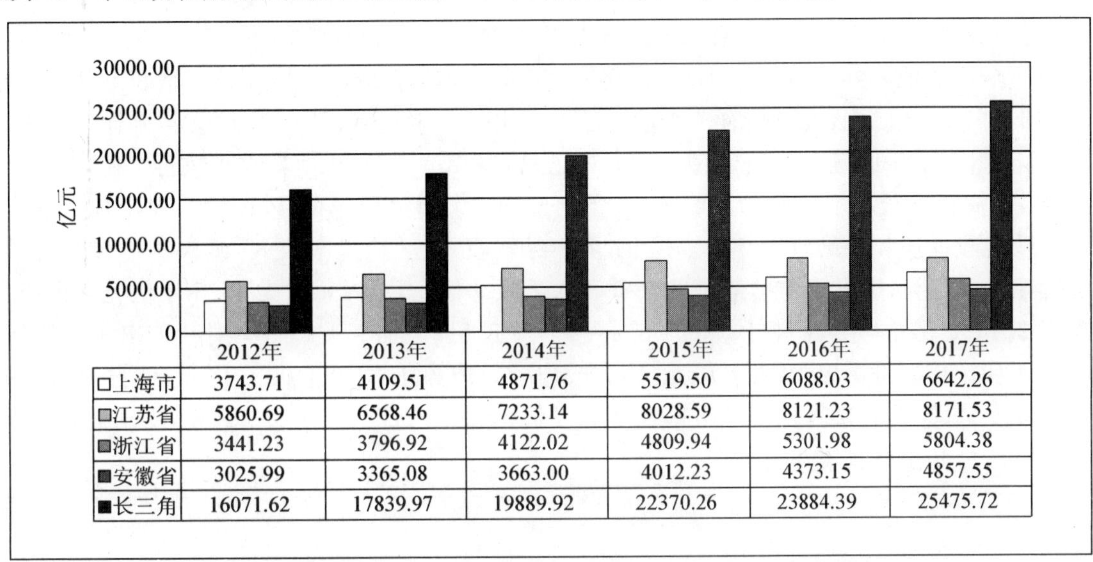

	2012年	2013年	2014年	2015年	2016年	2017年
□上海市	3743.71	4109.51	4871.76	5519.50	6088.03	6642.26
▨江苏省	5860.69	6568.46	7233.14	8028.59	8121.23	8171.53
▨浙江省	3441.23	3796.92	4122.02	4809.94	5301.98	5804.38
■安徽省	3025.99	3365.08	3663.00	4012.23	4373.15	4857.55
■长三角	16071.62	17839.97	19889.92	22370.26	23884.39	25475.72

图 1　2012—2017 年长三角地方一般预算收入图及附表（单位：亿元）

近几年，长三角一般预算支出稳步增长。2017 年，长三角地区一般预算支出为 31903.14 亿元，比上年增长 8.5%，增幅比上年上升 2.6 个百分点。江苏省一般预算支出在长三角中占比最高，为 33.3%，比上年下降 0.7 个百分点；浙江省所占比重为 23.6%，同比下降 0.1 个百分点；上海市所占比重为 23.7%，同比上升 0.2 个百分点；安徽省所占比重为 19.4%，同比上升 0.7 个百分点。

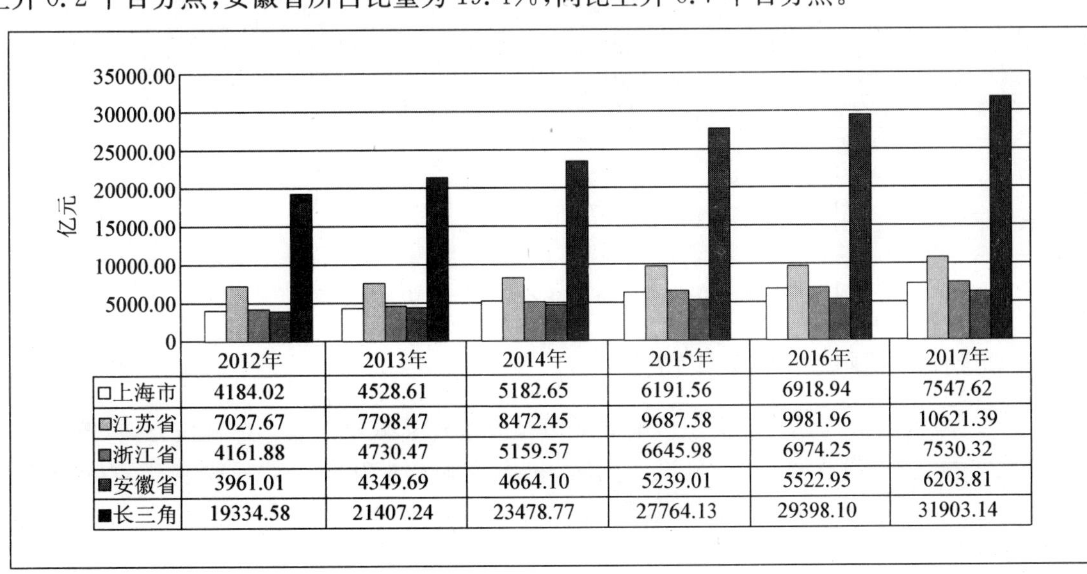

	2012年	2013年	2014年	2015年	2016年	2017年
□上海市	4184.02	4528.61	5182.65	6191.56	6918.94	7547.62
▨江苏省	7027.67	7798.47	8472.45	9687.58	9981.96	10621.39
▨浙江省	4161.88	4730.47	5159.57	6645.98	6974.25	7530.32
■安徽省	3961.01	4349.69	4664.10	5239.01	5522.95	6203.81
■长三角	19334.58	21407.24	23478.77	27764.13	29398.10	31903.14

图 2　2012—2017 年长三角地方一般预算支出图及附表（单位：亿元）

二、上海市财政

（一）上海市地方一般预算收入收支执行情况

2017 年，上海全市一般公共预算收入 6642.3 亿元，为调整预算的 102.6%，比上年增长9.1%（需要说明的是，全市财政收入继续实现较快增长，主要得益于供给侧结构性改革深入推进，创新驱动发展战略有效实施，科技和实体经济的支撑作用不断增强。特别是，工业、商业财政收入贡献全市收入增量逾九成；税费结构较为合理，非税占比全国最低；财政收入对房地产业依赖度逐步降低；区级收入增幅高于市级，郊区收入增长快于中心城区）。加上中央财政税收返还和补助收入 779.5 亿元，上年结转收入、调入资金、动用预算稳定调节基金等 981.3 亿元，以及地方政府一般债务收入 273.9 亿元，收入总量为 8677.0 亿元。全市一般公共预算支出 7547.6 亿元，完成调整预算的 99.9%，同比增长 9.1%。加上上解中央财政支出 195.3 亿元、地方政府一般债务还本支出 128.1 亿元、补充预算稳定调节基金 653.6 亿元、结转下年支出 152.4 亿元，支出总量为 8677.0 亿元。全市一般公共预算收支执行平衡。

2017 年，上海市本级一般公共预算收入 3156.8 亿元，为调整预算的 101.4%，比上年增长 7.1%。加上中央财政税收返还和补助收入 779.5 亿元，上年结转收入、区级上解收入、调入资金、动用预算稳定调节基金等 415.2 亿元，以及地方政府一般债务收入 273.9 亿元，收入总量为 4625.4 亿元。市级一般公共预算支出 2211.8 亿元，完成调整预算的 98.4%，下降 7.1%。加上上解中央财政支出 195.3 亿元、市对区税收返还和转移支付支出 1645.5 亿元、地方政府一般债务还本支出 14.5 亿元、地方政府一般债务转贷支出 273.9 亿元、补充预算稳定调节基金 245.5 亿元、结转下年支出 38.9 亿元，支出总量为 4625.4 亿元。市级一般公共预算收支执行平衡。

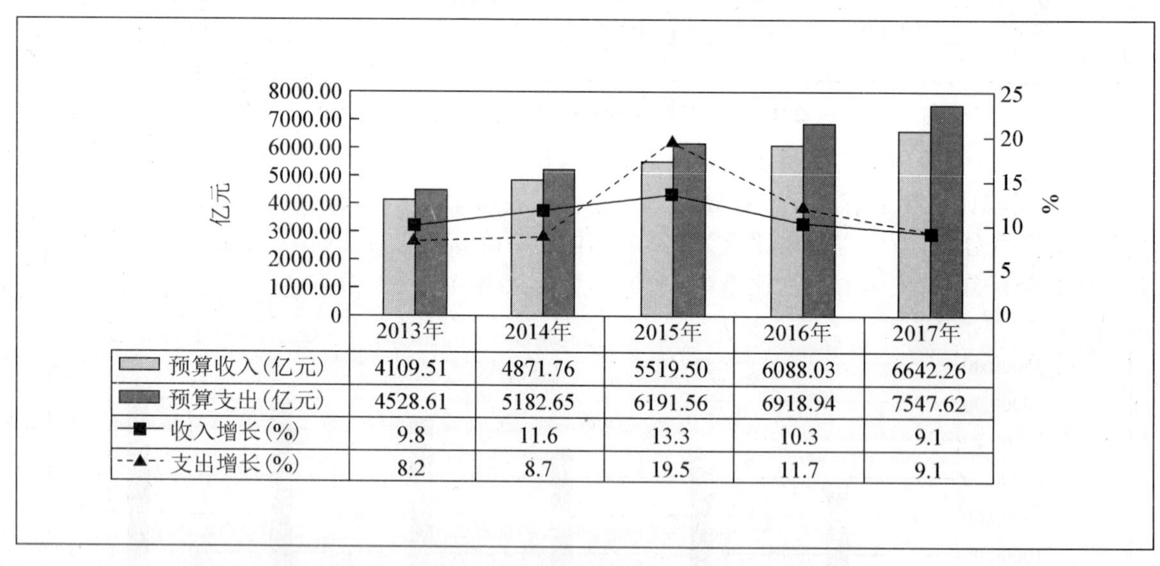

	2013年	2014年	2015年	2016年	2017年
预算收入（亿元）	4109.51	4871.76	5519.50	6088.03	6642.26
预算支出（亿元）	4528.61	5182.65	6191.56	6918.94	7547.62
收入增长(%)	9.8	11.6	13.3	10.3	9.1
支出增长(%)	8.2	8.7	19.5	11.7	9.1

图 3　2013—2017 年上海市地方财政一般预算收支趋势图

（二）上海财政预算执行与工作特点

1. 着力加大“减税降费”力度，确保积极财政政策及时落地并有效实施。在减税方面，按照国家统一部署，在继续落实并完善“营改增”试点政策的同时，扩大享受减半征收企业所得税优惠的小微企业范围，放宽创业投资税收优惠条件、扩大优惠享受主体，并将科技型中小企业研发费用税前加计扣除比例由 50%提高到 75%，减税效应进一步放大。在降低政府性基金和行政事业性收费方面，取消城市公用事业附加等 2 项政府性基金，取消或停征 16 项中央设立的行政事业性收费，清理取消本市 5 项地方设立

的涉企收费，并将本市残疾人就业保障金计费比例从1.6%下调至1.5%。在降低社保缴费方面，制度性将职工基本医疗保险的单位缴费费率由10.0%降至9.5%，阶段性将失业保险的单位缴费费率由1.0%降至0.5%。在降低中小微企业融资成本方面，实施政策性的贷款信用担保费率，将本市中小微企业政策性融资担保基金的担保期限由1年延长到3年，并实现与各重点商业银行的银担合作全覆盖，政策性融资担保网络逐步完善，担保基金的增信服务功能进一步增强。在降低境外旅客购物成本方面，从2017年4月19日起，将本市境外旅客购物离境退税政策的实施范围由航空口岸扩大到水运、陆路口岸，实现离境退税政策在全市离境口岸全覆盖，国际化的购物消费环境进一步优化和完善。

2. 着力创新财税支持方式，推进实施上海自贸区和科创中心建设两大国家战略。围绕贯彻落实党的十九大有关"探索建设自由贸易港"的重大战略部署，在有效发挥自贸区专项资金示范引导作用的同时，对标国际最高开放标准，加强相关配套税收政策的超前研究，着力推进贸易和投资便利化；聚焦支持张江综合性国家科学中心、共性技术研发转化平台、重要承载体建设，着力促进科创中心建设与深化自贸区改革统筹联动；进一步营造有利于企业创新发展的财税政策环境，支持外资研发中心参与上海科创中心建设；把推进科创中心、自贸区建设与增强城市综合服务功能、服务国家"一带一路"建设紧密地结合起来，着力支持综合性对外投资促进机构和境外投资公共信息服务平台加快建设；对纳入本市创新产品年度推荐目录中的32件创新产品实行政府首购政策，聚焦支持创新产品的研发和应用；扩大科技创新券覆盖范围，切实优化高新技术企业特别是科技型中小微企业的创新创业环境；修订完善《上海市战略性新兴产业专项资金管理办法》，聚焦支持和促进制造业向智能化、绿色化和服务型转变。

3. 着力支持加大力度补短板、惠民生，确保民生福祉持续增进。继续稳步提高城乡居民基础养老金、城乡居民最低生活保障等民生保障标准，调整完善本市被征地人员的基本社会保险制度，聚焦支持低收入困难家庭、零就业家庭等特殊困难群体就业；支持长期护理保险制度在徐汇、普陀、金山三个区先行试点；进一步完善财政补助和非营利性养老机构"以奖代补"扶持政策，大力支持养老设施和服务体系建设；支持推进医药分开、取消公立医院药品加成改革；扩大普惠性学前教育资源，完善义务教育经费保障机制；推动跨区域的重大公共文化体育设施建设，支持重点区域风貌保护、优秀历史建筑修缮，积极推进城市有机更新；聚焦支持重大工程和重点区域加快建设，确保黄浦江两岸45公里岸线公共空间年底全线贯通开放；聚焦支持"五违四必"区域环境、交通违法行为、城乡中小河道和食品安全突出问题综合整治，促进加强社会治理和城市精细化管理；聚焦支持长三角区域大气污染联防联控，着力加强环境保护，不断增加绿色生态空间。

4. 着力深化财税改革攻坚，加快构建与现代财政制度相适应的财税体制机制。出台《关于推进市与区财政事权和支出责任划分改革的指导意见(试行)》，通过明确改革的基本原则、主要任务和职责分工，为下一步深化市区两级政府财政体制改革奠定了制度基础；结合推进司法体制改革，建立和形成与深化本市司法体制改革试点相适应的预算管理体制和经费保障机制。加强"四本预算"统筹联动，取消一般公共预算中排污费、水资源费的以收定支、专款专用规定，将新增建设用地土地有偿使用费转列一般公共预算，并将市级国有资本经营收入调入一般公共预算的比例从2016年的19.0%提高到22.0%；出台《上海市地方政府性债务风险应急处置预案》，建立健全债务风险应急处置机制，着力防范债务风险(截至2017年底，本市地方政府债务余额为4694亿元，其中市级837亿元、区级3857亿元。按审计口径计算的2017年末债务率为41.2%)；贯彻落实国家有关清理规范重点支出同财政收支增幅或生产总值挂钩机制的要求，结合重点领域发展规划和中期财政规划，根据项目轻重缓急和实际财力情况，统筹安排重点支出；制定政府购买服务管理平台管理办法，逐步将政府购买服务公共管理平台试点范围推广到市级符合条件的预算主管部门和全部16个区；全面完成2016年度政府财务报告试点编制工作，为全国深化权责发生制政府财务报告制度改革积累了经验；完成市级行政事业单位房屋资产管理使用情况核查工作，为深化行政事业单位资产"公物仓"管理打下了比较扎实的基础；按照国家统一部署，认真做好2018年《环境保护税法》实施前的各项准备工作。

5. 着力完善财政法治保障，切实提高财政管理的科学化、精细化、规范化水平。制定《上海市法治财政建设实施意见》，细化明确法治财政建设目标任务和责任落实保障机制，深入推进依法理财和依法行政；修订完善政府集中采购机构监督考核、供应商登记及诚信等管理办法，促进政府采购提质增效；修订完善市级部门预算管理和财政支出执行进度考核办法，全面完成市区两级财政专户清理规范工作；加强财政、税务等政府职能部门与同级人大财经委、人大常委会预算工委信息共享，积极配合市人大推进实施预算联网监督；将部门预算的公开范围从预算主管部门进一步延伸扩大到预算主管部门所属各预算单位，推动预算公开向乡镇一级的预算单位延伸，全面公开预算主管部门和预算单位预算绩效目标管理工作的整体推进情况，将部分市级重点支出项目的绩效评价报告作为市级决算参阅材料提交市人大常委会，并将预算公开情况纳入市政府对各区和各市级部门的年度绩效考核范围，有效调动各区和各市级部门推进预算公开的积极性和主动性，财政运行的公开性和透明度进一步提高（在 2017 年财政部发布的全国地方预决算公开度排行榜中，本市排名全国第一）。

2017 年，上海市财政运行总体平稳，财政改革发展取得了新进展，预算完成情况总体较好。但在财政运行和财政改革发展方面仍面临一些突出问题与困难。主要表现在：一是财政收入增长的新动能有待进一步培育和壮大，预算支出执行的时效性和均衡性有待进一步提高；二是政府间事权和支出责任划分尚处于起步阶段，市与区的财政体制改革有待进一步深化推进；三是政府资金、资产、资源管理有机结合的“三资”统筹调剂配置机制改革尚处于试点阶段，中期财政规划对预算执行的指导和约束作用有待进一步强化；四是财政专项资金的公共性有待进一步增强，政府投资基金、融资信用担保、科技创新券等新型政策工具的运用领域有待进一步拓展，与推动高质量发展相适应的财政政策体系、支出标准体系和绩效评价指标体系有待进一步创新完善；五是绩效管理的覆盖面有待进一步扩大，财政支出项目的预算公开力度有待进一步加大。对此，应采取更加有效的措施，努力加以解决。

三、江苏省财政

（一）江苏省地方财政一般预算收支执行情况

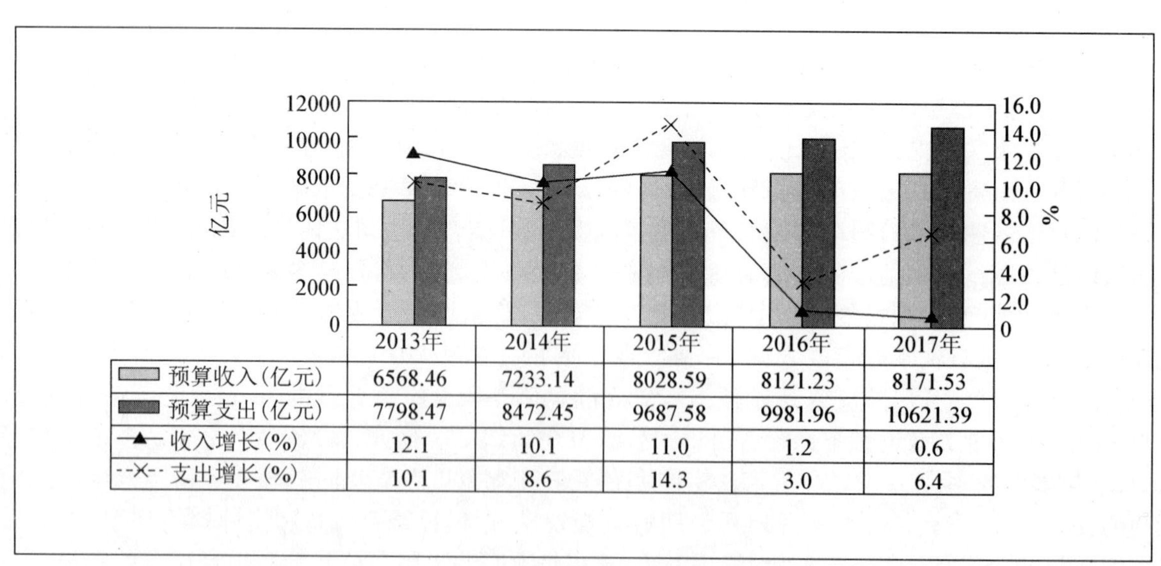

	2013年	2014年	2015年	2016年	2017年
预算收入（亿元）	6568.46	7233.14	8028.59	8121.23	8171.53
预算支出（亿元）	7798.47	8472.45	9687.58	9981.96	10621.39
收入增长(%)	12.1	10.1	11.0	1.2	0.6
支出增长(%)	10.1	8.6	14.3	3.0	6.4

图 4　2013—2017 年江苏省地方财政一般预算收支趋势图

2017 年，江苏省一般公共预算收入 8171.5 亿元，同口径增长 4.6%。其中，税收收入 6484.3 亿元，同口径增长 4.7%，占一般公共预算收入的 79.4%。全省一般公共预算支出 10621.4 亿元，同口径增加 639.4 亿元，同口径增长 6.4%。全省一般公共预算收入，加中央税收返还及转移支付收入、地方政府一般债务收入及上年结转收入等，收入共计 13116.7 亿元。一般公共预算支出，加上解中央支出、地方政府一般债务还本支出、补充预算稳定调节基金等，当年支出共计 12381.9 亿元。收支相抵，预计结转下年支出 734.9 亿元。

2017 年，江苏省级一般公共预算收入 504.4 亿元，同口径增长 2.4%。省级一般公共预算支出 933.8 亿元，同口径下降 3.3%。省级一般公共预算收入，加中央税收返还和转移支付收入、地方政府一般债务收入、下级上解收入及上年结转收入等，收入共计 5138.6 亿元。省级一般公共预算支出，加上解中央支出、对市县税收返还及转移支付支出、地方政府一般债务转贷支出、地方政府一般债务还本支出、补充预算稳定调节基金等，当年支出共计 5044.2 亿元。收支相抵，预计结转下年支出 94.3 亿元。

（二）江苏省财政预算执行与工作特点

1. 统筹运用财政政策工具，促进经济平稳发展。一是推动供给侧结构性改革。对承担化解过剩产能任务的钢铁、煤炭等行业企业给予奖补。全面落实国家和省降低实体经济企业成本的政策措施，多措并举为企业降低成本超过 1100 亿元。取消、停征 45 项涉企和 18 项涉及个人等事项的行政事业性收费，取消城市公用事业附加，出台船舶过闸费和车辆通行费优惠政策。加大财政资金投入力度，大力支持补齐民生保障、生态建设和基础设施薄弱环节等短板。发行地方政府债券 2878 亿元，其中 1646 亿元用于置换政府存量债务，有效降低了政府融资成本。二是支持科技创新和产业转型升级。深入落实“创新 40 条”，支持“一中心”、“一基地”建设。加大对苏南国家自主创新示范区、省产业技术研究院、省技术产权交易市场等创新平台扶持力度。建立企业研发和工业企业技改普惠制奖补政策体系。三是深化政府投融资改革。用好政府投资基金工具，省政府投资基金累计对外认缴出资 200.7 亿元，已投资 126 个项目。规范推广运用 PPP 模式，已落地项目 249 个，吸引社会资本 4370 亿元。完善政银合作融资支持政策，全省科技贷款资金池累计撬动贷款超过 500 亿元，“小微创业贷”和“苏微贷”累计投放贷款 512 亿元。

2. 切实增进民生福祉，促进区域协调发展。一是积极落实“富民 33 条”。全省公共财政支出 75% 以上用于民生，省级财政民生支出比重达 80%。突出财政资金的公共性，聚焦人民日益增长的美好生活需要，加大对教育、医疗、社保、养老、就业等民生投入，全面落实普惠性支出提标提档提补政策。二是大力支持生态文明建设。完善财税扶持政策，全力支持“两减六治三提升”专项行动和实施大气、水、土壤污染防治行动计划。继续实施生态补偿转移支付，强化生态补偿激励机制。水环境区域补偿机制实现跨界水体类型全覆盖。全面实施与污染物排放总量挂钩的财政政策。三是促进区域与城乡统筹协调发展。主动对接“一带一路”、长江经济带等国家战略，积极争取相关财税支持政策。完善农业转移人口市民化财政政策体系。支持特色小镇和旅游风情小镇创建。推进实施田园综合体和特色田园乡村建设试点工作。

3. 全面深化财税改革，提升财政管理效能。一是加快建立现代预算制度。清理规范重点支出同财政收支增幅或生产总值挂钩事项。加大存量资金盘活和统筹使用力度，全年全省累计盘活近 2000 亿元。加大预决算公开力度，建成横向连通、纵向贯通的省市县一体化预决算公开平台。完善全过程预算绩效管理机制，省级纳入绩效目标管理的资金达 1200 亿元。《江苏省财政监督条例》正式颁布实施。县级以上预算联网监督系统初步建成。二是有序推进税制改革。营改增平稳运行，减税超过 790 亿元。做好江苏省环境保护税开征工作，污染物适用税额经省人大常委会审议通过。三是调整完善财政管理体制。实施新一轮省以下财政管理体制，进一步理顺财政分配关系，促进财力向市县倾斜。省级一般性转移支付和专项转移支付比例达到 1∶1，约 50%省级专项转移支付实行因素法分配。

2017 年，江苏省各项财政改革稳步推进，财政运行规范有序，预算完成情况总体较好。但财政运行和预算执行中还存在一些亟待进一步研究解决的问题，主要是：财政收入增长动力不强，区域收入走势分化，收支矛盾较为突出；预算执行刚性约束有待增强，财政资源配置效率有待提升；一些项目推进力度不强，实施进度偏慢，造成资金沉淀；个别地方政府债务风险不容忽视等。对此，应通过深化改革与加强管理，努力加以解决。

四、浙江省财政

（一）浙江省地方一般预算收入收支执行情况

2017 年，浙江省一般公共预算收入 5804.4 亿元，比向省十二届人大五次会议报告的执行数（以下简称“执行数”）增加 1.0 亿元，主要是清理期财政部增加分配的跨地区企业所得税，为调整后预算的 114.5%，比上年同期增长 10.3%；加上转移性收入 3192.0 亿元，收入合 8996.4 亿元。全省一般公共预算支出 7530.3 亿元，比执行数增加 0.04 亿元，主要是清理期宁海县一般公共服务支出数据调整，完成调整后预算的 107.0%，增长 8.6%；加上转移性支出 1466.1 亿元，支出合计 8996.4 亿元。收支相抵，全省一般公共预算收支平衡。

2017 年，浙江省级一般公共预算收入 323.8 亿元，比执行数增加 0.8 亿元，主要是清理期财政部增加分配的跨地区企业所得税，为调整后预算的 100.4%，增长 5.5%。加上转移性收入 2740.0 亿元，收入合计 3063.9 亿元。省级一般公共预算支出 490.1 亿元，与执行数一致，完成调整后预算的 100.4%，增长 5.4%。加上转移性支出 2573.7 亿元，支出合计 3063.9 亿元。收支相抵，省级一般公共预算收支平衡。

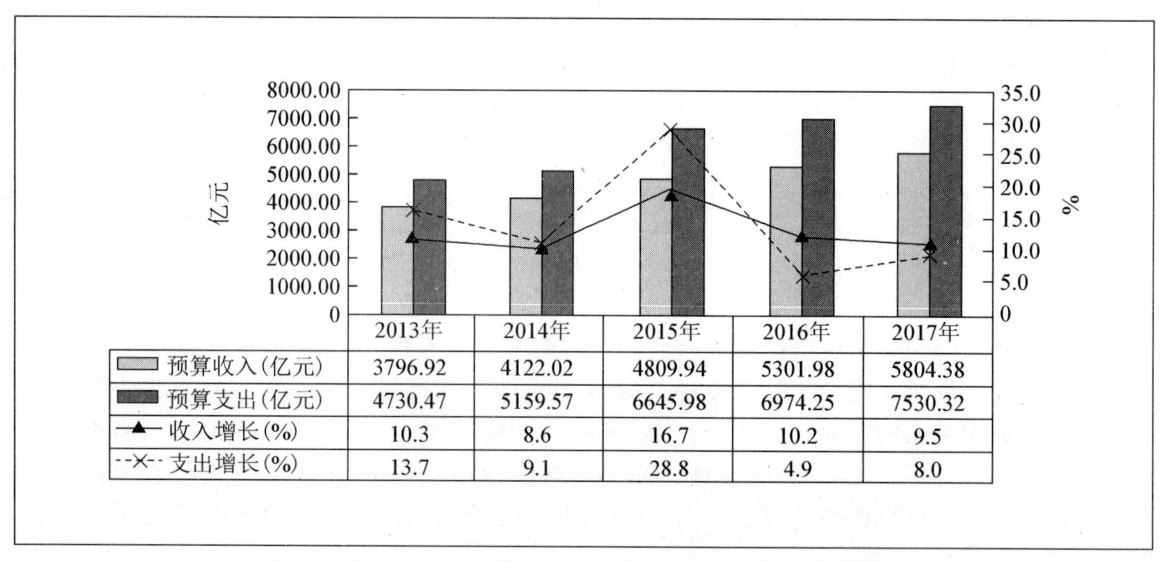

	2013年	2014年	2015年	2016年	2017年
预算收入(亿元)	3796.92	4122.02	4809.94	5301.98	5804.38
预算支出(亿元)	4730.47	5159.57	6645.98	6974.25	7530.32
收入增长(%)	10.3	8.6	16.7	10.2	9.5
支出增长(%)	13.7	9.1	28.8	4.9	8.0

图 5　2013—2017 年浙江省地方财政一般预算收支趋势图

（二）浙江省财政预算执行与工作特点

1. 着力稳增长、调结构，创新和开放发展水平进一步提高。以提高发展质量和效益为中心，深入推进供给侧结构性改革，实施积极有效的财政政策，提高政策精准性有效性。争取新增债券 803.00 亿元、中央基建投资资金 42.99 亿元，筹措落实省级财政性资金 204.8 亿元，支持重大项目建设。实施第三轮小城市培育试点政策，助推新型城镇化战略取得实质性突破。支持海洋经济发展 17 亿元。省财政每年安排 4.5 亿元支持杭州城西科创大走廊建设，以高水平创新驱动高质量发展。出台《关于实施促进实体经济更好更快发展若干财政政策的通知》，通过“一揽子”政策，支持实体经济加快发展。设立振兴实体经济（传统产业改造）财政专项激励资金，2017—2019 年省财政连续三年每年统筹安排 18 亿元，择优选择 18 个工业大县（市、区）实施激励政策，推动地方加快形成有利于实体经济振兴发展的体制机制环境，

激发企业投资实体经济的信心和决心。规范有序推广运用PPP模式，共入库PPP项目354个，总投资5858亿元，其中127个项目已落地，落地率位居全国前列。2017年，全省政府产业基金总规模1331亿元，实际到位759亿元，投资实体项目3692个，撬动社会资本9102亿元。积极参与义甬舟开放大通道和中国（浙江）自贸试验区建设，继续支持义乌国际贸易综合改革和杭州市跨境电子商务试验区建设，提高对外开放水平，在更高层次上融入“一带一路”。

2. 着力减负担、惠民生，共享发展水平进一步提高。落实好各项减税降费政策。取消城市公用事业附加和新型墙体材料专项基金，扩大残疾人就业保障金免征范围，取消或停征一批行政事业性收费，省定项目实现涉企“零收费”。阶段性下调社保费缴费比例，从2017年5月1日至2018年12月31日，将失业保险单位费率由1.0%降为0.5%。认真贯彻落实中央和省委关于厉行节约的各项规定，2017年省级财政拨款安排的“三公”经费支出2.62亿元，比2016年下降5.0%。其中：因公出国（境）费0.97亿元，增长13.3%，主要是根据《关于加强和改进教学科研人员因公临时出国管理工作的指导意见》，教学科研人员学术交流性质因公出国任务相应增加；公务接待费0.43亿元，增长18.4%，主要是2016年为全力保障峰会召开，暂停其他公务活动，2017年比2015年公务接待费下降8.5%；公务用车购置及运行维护费1.22亿元，下降20.7%。其中公务用车运行维护费用0.88亿元，下降27.9%，公务用车购置费0.34亿元，增长6.4%。坚持以人民为中心的发展思想，突出公共财政导向，为省政府办好十方面民生实事提供财力保障，促进各项民生事业发展。2017年全省财政民生支出增长10.3%。将城乡居民基本医保财政补助标准、城乡居民基本公共卫生服务财政补助标准分别提高至年人均470元、50元。提高全省城乡居民基本养老保险基础养老金标准至每人每月135元。加大扶贫开发投入，支持实施低收入农户收入倍增计划、全面推进精准扶贫。实施光伏小康工程，推动加快发展地区民生水平提升、农民收入增长和内生功能增强。积极落实中央有关脱贫攻坚决策部署，聚焦精准脱贫，助推帮扶地区脱贫攻坚，着力改善帮扶地区民生环境，助推帮扶地区产业提升。2017年全省安排对口支援和东西部扶贫资金27.10亿元，比2016年增长17.0%。其中，省级财政安排对口支援和东西部扶贫资金7.77亿元，比2016年增长19.0%。支持高校“双一流”建设，统筹推进省重点高校、一流学科和优势特色专业建设，提高高校办学质量。研究制定筹建西湖大学的财政支持方案。落实城乡义务教育“两免一补”政策，健全城乡义务教育经费保障机制。实施“十百千”工程，推进现代公共文化服务体系建设。继续支持农村文化礼堂建设，推动形成长效机制。保障浙江小百花艺术中心顺利完工，支持之江文化中心、浙江自然博物园等重点文化项目建设。

3. 着力补短板、促发展，绿色和协调发展水平进一步提高。深入贯彻“两山”理念，省财政积极统筹财力，实施“两山（一类）”“两山（二类）”建设财政专项激励政策。省财政安排143.62亿元，支持治水、治气、治土。出台《关于建立健全绿色发展财政奖补机制的若干意见》，建立与“绿色指数”挂钩的生态环保财力转移支付制度，体现绿色发展的鲜明导向，根据文件规定的标准，兑现绿色发展财政奖补资金120亿元，有力地促进了浙江省经济社会高质量发展。探索建立省内流域上下游横向生态保护补偿机制。进一步完善森林生态效益补偿制度，将全省主要干流和重要支流源头县及国家级和省级自然保护区等重要区域省级以上公益林的最低补偿标准提高到600元/公顷。研究制定财政支持绿色金融改革试点的政策，助推湖州市、衢州市绿色金融改革创新试验区建设。出台《关于支持农业转移人口市民化若干财政政策的实施意见》，建立财政转移支付与农业转移人口市民化挂钩机制以及省对下农业转移人口市民化奖补机制。创新财政体制机制，加大重点地区投入，实施区域统筹发展激励奖补政策、转移支付分类分档以及均衡性转移支付、县级基本财力保障转移支付等一系列政策措施，不断缩小地区间财力差距，提高全省基本公共服务均等化水平。2017年，全省发达及较发达县（市）与加快发展县（市）人均财政支出的比率为1∶1.03，连续多年保持较高的均衡水平。

4. 着力防风险、促改革，财政服务保障重大决策部署能力进一步增强。认真贯彻党的十九大和省第十四次党代会精神，服务保障“三大攻坚战”“四个强省”“富民强省十大行动计划”等党中央、国务院和省委、省政府重大决策部署落实。按照预算法和中央有关规定，出台《关于地方政府性债务风险管控与化解的意见》《关于严控地方政府性债务的意见》，实行"三个不得立项"和"六必问责"，坚决控制增量、消化存量，切实防范债务风险。加强社保基金运行情况的分析研究，强化地方政府主体责任，严格基金征缴和支出管理，积极拓宽筹资渠道，有效防范社保基金风险。深化"最多跑一次"改革，开展"上门服务至少一次"活动，累计上门服务省级预算单位 572 个，集中辅导 105 次，服务人数 7529 人。组织 11 个宣讲团，对市县政府和部门、乡镇领导进行预算法宣讲活动，举办 217 场，共计服务 28308 人次。加强预算绩效管理，探索建立"全过程、全融合、全覆盖"的绩效管理机制，强化结果应用。积极推进国库集中支付改革和公务卡改革。加大对市县库款考核通报力度，建立转移支付资金调度与库款管理挂钩机制。健全预算动态监控机制，实现省、市、县（区）三级动态监控全覆盖。加快支出进度，建立按月约谈通报、与年度预算和转移支付挂钩等机制。完善综合性开支标准制度体系，出台进一步规范公务支出费用报销管理规定，优化审批流程。推进全省财政内控制度建设。深化政府采购制度改革。推进资产管理与预算管理相结合，监管贯穿资产配置、使用、处置、收益上缴全过程。首次全面编制全省政府部门财务报告和政府综合财务报告。研究推进省以下财政事权和支出责任划分改革。对教育、科技、文化、农业等领域的重点支出挂钩事项进行清理规范，根据项目轻重缓急和实际财力状况，统筹安排重点支出。

2017 年，浙江省财政运行不断规范，预算完成情况总体较好。但财政运行和预算执行中还存在一些亟待解决的问题。在财政管理过程中还存在个别部门专项资金二次分配，一些部门预算执行进度不快、专项资金使用绩效不高，一些地方和部门离规定的预算公开要求还有差距，部分市县违法违规担保和举债等问题。对此，应高度重视，应通过深化改革、完善制度、严格管理等一系列扎实有效的举措切实加以解决。

五、安徽省财政

（一）安徽省地方一般预算收入收支执行情况

2017 年，安徽省财政收入完成 4857.6 亿元，为年初汇编预算数的 103%，比上年增长11.1%。其中地方一般公共预算收入完成 2812.4 亿元，为预算的 101.3%，同口径增长7.9%；加中央补助收入 2921 亿元，债务等收入 1529.5 亿元，收入总量为 7262.9 亿元。全省一般公共预算支出完成 6203.8 亿元，为预算的 98.6%，增长 12.3%；加债务还本等支出 970.6 亿元，支出总量为 7174.6 亿元。收支总量相抵，结转下年 88.3 亿元，结转资金占全省财政支出的 1.4%，低于财政部规定的上限 7.6 个百分点。

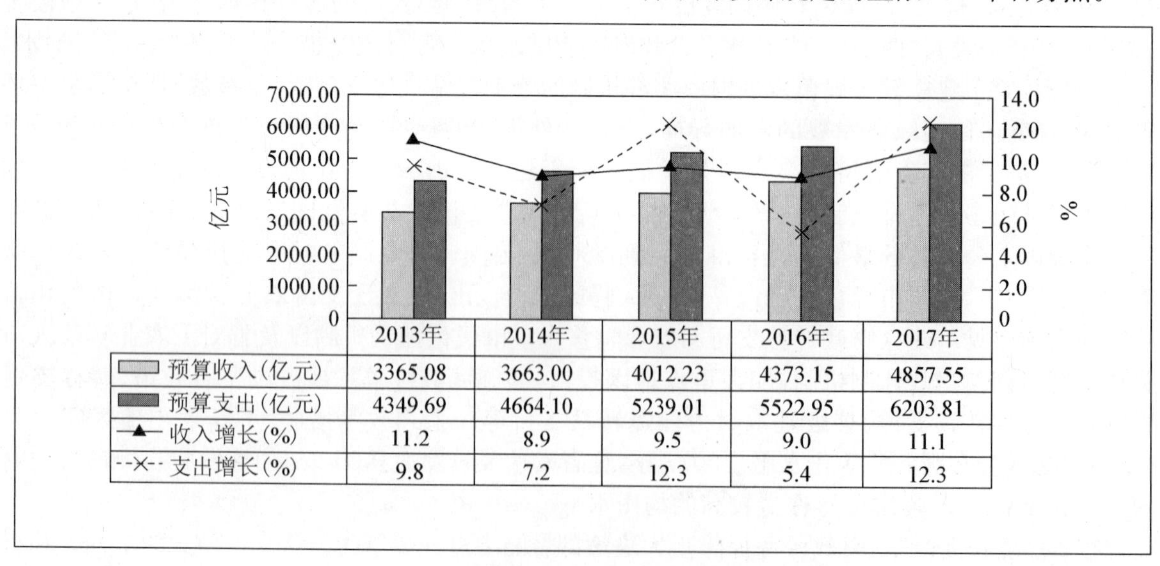

	2013年	2014年	2015年	2016年	2017年
预算收入（亿元）	3365.08	3663.00	4012.23	4373.15	4857.55
预算支出（亿元）	4349.69	4664.10	5239.01	5522.95	6203.81
收入增长（%）	11.2	8.9	9.5	9.0	11.1
支出增长（%）	9.8	7.2	12.3	5.4	12.3

图 6　2013—2017 年安徽省地方财政一般预算收支趋势图

2017年，安徽省级地方一般公共预算收入完成274.7亿元，为预算的104%，比上年增长9.3%；加中央补助收入2921.0亿元，债务等收入1043.6亿元，收入总量为4239.3亿元。省级一般公共预算支出完成784.9亿元，为预算的95.1%，同比增长21.6%；加补助市县支出2547.0亿元，债务还本等支出866.7亿元，支出总量为4198.6亿元。收支总量相抵，结转下年40.7亿元。省级一般公共预算收支决算数与执行数持平。

（二）安徽省财政预算执行与工作特点

1. 聚焦积极财政政策落实，促进经济平稳健康发展。全面落实减税降费政策，省级设立的涉企行政事业性收费全部取消，全省全年减免税费987.1亿元，其中减税920.3亿元，比上年增长38.9%。通过省级预算安排、争取中央支持，累计下达444.6亿元，支持水利、公路、地方铁路、水运、民航及引江济淮、海绵城市、地下管廊等基础设施建设。发行地方政府债券1462.1亿元，保障在建和新建重点项目资金需求。依法依规积极推广PPP模式，截至2017年底，纳入财政部PPP综合信息平台管理库项目259个，总投资2706亿元，项目落地率74.5%，居全国第2位；国家级贫困县PPP项目覆盖率达到100%，居全国第1位。积极缓解中小微企业融资难、融资贵，持续推进政策性融资担保体系建设，为11.2万户中小微企业提供融资担保1822.6亿元，帮助1.5万户企业周转资金749.3亿元。落实促进经济高质量发展要求，积极筹措资金，支持"中国声谷"建设和农村电商发展，引导云计算、大数据、互联网等新兴产业发展，促进军民融合发展，推动产业结构优化升级。

2. 聚焦供给侧结构性改革，推动构建现代化经济体系。完善化解过剩产能省级专项奖补资金政策，强化去产能职工分流安置资金监管，推进化解煤炭、生铁、粗钢过剩产能。着力增加农业产业化投入，推进高标准农田、国家现代农业产业园、灾后水利薄弱环节和农业基础设施建设。聚焦促进乡村振兴发展，支持村级集体经济试点、农村综合性改革试点、农村公共服务和村级组织建设。创新财政支持方式，省级统筹资金支持"三重一创""四个一"创新主平台建设等，塑造更多依靠创新驱动的引领型发展。推动大通道大平台大通关建设，合肥、芜湖综合保税区和蚌埠保税物流中心顺利运行，马鞍山综合保税区、安庆保税物流中心加快建设，皖东南（广德）保税物流中心获批建设，外贸发展环境不断优化。

3. 聚焦基本民生保障，提升人民群众获得感。坚持以人民为中心的发展思想，落实33项民生工程牵头责任，邀请人大代表、政协委员视察，强化资金管理，加强项目调度，全省各级财政投入民生工程资金940.6亿元，增长13.9%，解决了一批群众关心关注的切身利益问题。大幅增加专项扶贫资金投入，全省财政专项扶贫资金达118.6亿元，增长22.8%。建立扶贫资金按月通报、季度约谈和绩效挂钩三项机制，加快财政扶贫资金拨付，全面下放资金项目审批权。支持贫困县公益性项目建设，对中央预算内投资原由县级承担的配套资金由省级全额予以保障。统筹推进教育、科技、文化、医疗卫生和养老等社会事业发展，全省退休人员基本养老金月人均增加143元，基本公共卫生服务经费提高到年人均50元，城乡居民医保财政补助提高到年人均450元，省市县乡基本公共文化设施实现全覆盖。全省惠农"一卡通"发放各类涉农补贴285.7亿元，农村低保标准和扶贫标准实现"两线合一"。贯彻落实就业优先战略和积极就业政策，通过购买公益性岗位、支持实施技能培训和现代技工教育等，保障重点群体稳定就业创业。

4. 聚焦生态环境改善，支持打造生态文明建设安徽样板。多渠道筹措资金支持美丽乡村建设，一体化推进农村环境专项整治"三大革命"，改善农村人居环境。推进秸秆禁烧和综合利用奖补，落实提前淘汰黄标车补助政策，支持全省绿色建筑示范项目、绿色生态城市建设。支持重点生态功能区和"三河一湖一园一区"建设，加快推进长江、巢湖、淮河等重点流域水污染防治，加大退耕还林还湖力度，支持山水林田湖生态保护修复工程试点。健全大别山水环境生态补偿机制，实施生态补偿项目184个，带动社会投入40亿元。健全新安江流域综合治理和生态补偿机制，带动试点项目投资120.6亿元，跨省生态补偿机制试点政策取得阶段性成效。支持全面推行河长制、林长制，建立林业增绿增效行动综合奖补机制，有力推动生态强省建设。

5. 聚焦财政作风责任，促进财政政策落实到位。落实全面从严治党，深入推进“两学一做”学习教育常态化制度化、“讲重作”专题教育和专题警示教育，持续加强财政思想政治建设、党风廉政建设和作风效能建设。落实创优“四最”营商环境要求，深化财政“放管服”改革，简化政府采购计划申报和资金支付流程，规范政府采购管理，积极参与“四送一服”双千工程。组织开展财政扶贫资金集中检查等专项工作，深入开展会计监督，进一步严肃财经纪律。建立“马上就办”财政工作制度，强化省市县财政工作“一盘棋”，加强与预算部门会商联动，一体化提升财政财务管理水平。

2017 年，安徽省财政运行不断规范，预算完成情况总体较好。但财政运行和预算执行中还存在一些亟待解决的问题：财政收入增速趋缓与支出刚性矛盾加大；部分财政支出项目存在只增不减的格局，部分预算部门的政府采购项目支出进度不快，财政支出绩效有待进一步提高；部分省级专项资金执行期限不明确，财政资金管理制度需进一步健全；个别部门的决算意识有待进一步增强，决算编制质量有待进一步提升；一些地方存在违规担保和变相举债问题，局部地区债务风险不容忽视，等等。对此，应坚持问题导向，切实采取有效措施，努力加以改进。

三　长三角金融业

一、长三角金融运行总体情况

2017 年末，长三角金融机构本外币存款总额为 400167.29 亿元，同比增长 6.2%，比年初增加 23224.77 亿元，比上年少增 13499.45 亿元。

分地区看，各地区本外币存款稳定上升。2017 年，上海市金融机构本外币存款为 112461.74 亿元，比上年增长 1.8%；占长三角金融机构本外币存款总额的比重为 28.1%，比上年下降 1.2 个百分点。江苏省金融机构本外币存款为 134776.17 亿元，同比增长 7.3%；所占比重为 33.7%，上升 0.4 个百分点。浙江省金融机构本外币存款为 107320.53 亿元，同比增长 7.8%；所占比重为 26.8%，上升 0.4 个百分点。安徽省金融机构本外币存款为 45608.85 亿元，同比增长 10.4%；所占比重为 11.4%，上升 0.4 个百分点。

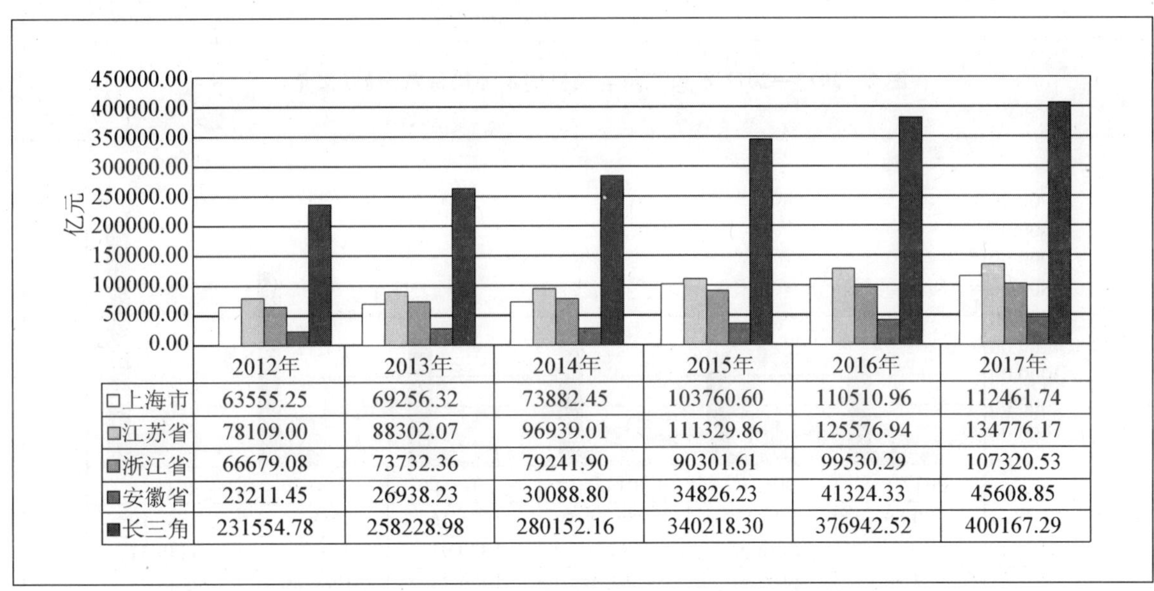

	2012年	2013年	2014年	2015年	2016年	2017年
□上海市	63555.25	69256.32	73882.45	103760.60	110510.96	112461.74
■江苏省	78109.00	88302.07	96939.01	111329.86	125576.94	134776.17
■浙江省	66679.08	73732.36	79241.90	90301.61	99530.29	107320.53
■安徽省	23211.45	26938.23	30088.80	34826.23	41324.33	45608.85
■长三角	231554.78	258228.98	280152.16	340218.30	376942.52	400167.29

图 1　2012—2017 年长三角金融机构本外币存款余额(亿元)

2017 年末，长三角金融机构本外币贷款总额为 295903.85 亿元，比上年增长 11.4%，比年初增加 30385.57 亿元，比上年多增 2034.58 亿元。

分地区看，各地区本外币贷款稳定增长。2017 年，上海市金融机构本外币贷款为 67182.01 亿元，比上年增长 12.0%；占长三角金融机构本外币贷款总额的比重为 22.7%，比上年上升 0.1 个百分点。江苏省金融机构本外币贷款为 104007.34 亿元，同比增长 11.9%；所占比重为 35.1%，同比上升 0.1 个百分点。浙江省金融机构本外币贷款为 90233.30 亿元，同比增长 10.3%；所占比重为 30.5%，下降 0.3 个百分点。安徽省金融机构本外币贷款为 34481.20 亿元，同比增长 12.0%；所占比重为 11.7%，同比上升 0.1 个百分点。

2017 年，长三角地区保险业平稳发展。保费收入总额 8290.65 亿元，比上年增长 20.5%。分地区看，2017 年，上海市保费收入为 1587.10 亿元，比上年增长 3.8%；占长三角保费收入总额的比重为 19.1%，比上年下降 3.1 个百分点。江苏省保费收入为 3449.51 亿元，同比增长 28.2%；所占比重为 41.6%，同比上升 2.5 个百分点。浙江省保费收入为 2146.88 亿元，同比增长 20.3%；所占比重为 25.9%，与去年持平。安徽省保费收入为 1107.16 亿元，同比增长 26.6%；所占比重为 13.4%，同比上升 0.6 个百分点。

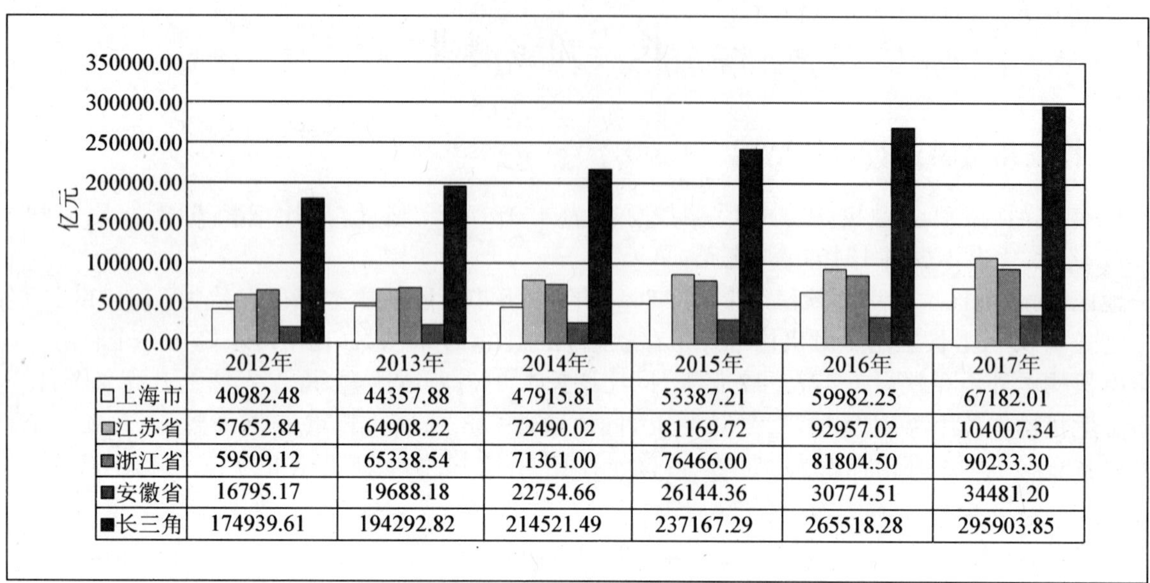

	2012年	2013年	2014年	2015年	2016年	2017年
□上海市	40982.48	44357.88	47915.81	53387.21	59982.25	67182.01
■江苏省	57652.84	64908.22	72490.02	81169.72	92957.02	104007.34
■浙江省	59509.12	65338.54	71361.00	76466.00	81804.50	90233.30
■安徽省	16795.17	19688.18	22754.66	26144.36	30774.51	34481.20
■长三角	174939.61	194292.82	214521.49	237167.29	265518.28	295903.85

图 2　2012—2017 年长三角金融机构本外币贷款余额(亿元)

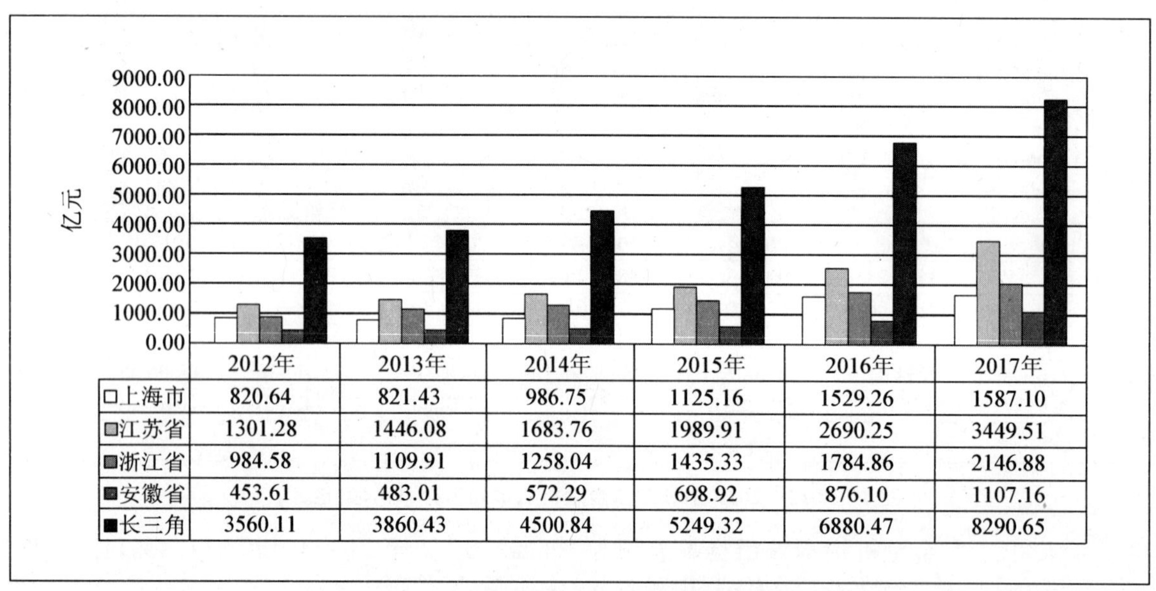

	2012年	2013年	2014年	2015年	2016年	2017年
□上海市	820.64	821.43	986.75	1125.16	1529.26	1587.10
■江苏省	1301.28	1446.08	1683.76	1989.91	2690.25	3449.51
■浙江省	984.58	1109.91	1258.04	1435.33	1784.86	2146.88
■安徽省	453.61	483.01	572.29	698.92	876.10	1107.16
■长三角	3560.11	3860.43	4500.84	5249.32	6880.47	8290.65

图 3　2012—2017 年长三角保险机构保费收入(亿元)

二、上海市金融运行情况

2017 年,上海市金融机构认真抓好各项重点难点金融改革任务,综合运用多种货币政策工具,保持货币信贷及社会融资规模合理增长,维护流动性合理稳定。全年各项存款同比少增,信贷增长较好,证券期货业平稳发展,保险业继续发挥保障民生功能,金融市场规范稳健运行,上海国际金融中心建设和自贸区金融改革取得新进展。

(一)存贷款增长分化,金融支持经济力度加大

1. 银行业金融机构平稳发展。2017 年末,上海市共有中资银行法人 4 家,外资银行法人 20 家,新型农村机构 136 家,从业人员 11.8 万人。2017 年末,上海市中外资金融机构本外币资产总额 14.8 万亿

元,同比增长 2.3%;各项存、贷款余额分别为 11.3 万亿元和 6.7 万亿元,同比分别增长 1.8%和12.0%,增速比上年末分别下降 4.7 个和 0.4 个百分点。2017 年,上海市金融机构实现净利润 1739.5 亿元,同比增长 15.5%。

表 1 2017 年上海市银行业金融机构情况

机构类别	营业网点			法人机构(个)
	机构个数(个)	从业人数(人)	资产总额(亿元)	
一、大型商业银行	1690	48289	50365	1
二、国家开发银行和政策性银行	14	589	4816	
三、股份制商业银行	723	22641	32376	1
四、城市商业银行	394	13611	20211	1
五、小型农村金融机构	377	6198	7720	1
六、财务公司	22	1535	5112	20
七、信托公司	7	1904	766	7
八、邮政储蓄银行	485	3045	1881	
九、外资银行	213	12543	15626	20
十、新型农村机构	154	2297	273	136
十一、其他	20	4947	7928	20
合　　计	4099	117599	147074	207

注:大型商业银行包括中国工商银行、中国农业银行、中国银行、中国建设银行和交通银行;小型农村金融机构包括农村信用社、农村合作银行和农村商业银行;新型农村机构包括村镇银行、贷款公司和农村资金互助社;“其他”包含金融租赁公司、汽车金融公司、货币金融公司、消费金融公司等。

数据来源:中国人民银行上海总部。

2. 各项存款同比少增。2017 年,上海市各项存款累计增加 1950.8 亿元,同比少增 4799.6 亿元。其中,非银行金融机构存款累计减少 4550.4 亿元,同比多减 922.3 亿元。剔除该项存款后其他各项存款实际累计增加 6501.2 亿元,同比少增 3877.3 亿元。同时,2016 年上半年非金融企业存款和住户存款大幅增加,导致基数较高,2017 年以来各项存款同比增速明显下滑。各项存款中,境内存款累计增加 865.9 亿元,同比少增 5510.4 亿元;境外存款累计增加 1084.9 亿元,同比多增 710.8 亿元。外汇存款同比少增。2017 年,全市外汇存款累计增加 67.7 亿美元,同比少增 145.3 亿美元。

3. 各项贷款同比多增,结构进一步优化。2017 年,上海市本外币贷款累计增加 7199.8 亿元,同比多增 604.7 亿元。从投放节奏看,一季度各项贷款新增 2959 亿元,同比多增 474.8 亿元;二季度各项贷款新增 2004.2 亿元,同比多增 981.5 亿元;三季度各项贷款新增 1144.2 亿元,同比多增 247.9 亿元;四季度各项贷款新增 1092.3 亿元,同比少增 1099.6 亿元。从贷款投向看,信贷结构继续向第三产业倾斜,第二产业贷款投放好于去年,小微企业信贷支持力度进一步增强。2017 年,上海市新增的本外币企业贷款(不含票据融资)中,投向第三产业的贷款累计增加 4632.2 亿元,占全部境内企业贷款(不含票据融资)增量的 96.4%;投向第二产业的贷款累计增加 181 亿元,同比多增 716 亿元。其中,制造业贷款累计增加 128.7 亿元,同比多增 332.1 亿元;建筑业贷款累计增加 4.1 亿元,同比多增 207.5 亿元。2017 年末,小微企业贷款余额同比增长 15.6%,高于企业贷款平均增速 2.6 个百分点;占全部企业贷款的 29.9%,同比上升 0.7 个百分点。

（二）证券期货业平稳发展，机构数量保持增长

1. 证券公司平稳运行，机构数量保持增长。2017年末，上海辖区证券公司合计总资产14059.7亿元、净资产4451.8亿元、净资本3928.9亿元。全年累计实现营业收入708.8亿元、净利润294.1亿元。从机构数量看，2017年末，上海市资本市场各类市场主体共计2614家。其中，上市公司279家，占全国的8.0%；新三板挂牌公司991家，占全国的8.5%；证券期货法人经营机构240家，约占全国的30.3%；证券期货各类分支机构1091家；从事证券业务的会计、资产评估事务所等其他证券类持牌机构12家。

表2　2017年上海市证券业基本情况

项　目	数　量
总部设在辖内的证券公司数(家)	20
总部设在辖内的基金公司数(家)	44
总部设在辖内的期货公司数(家)	28
年末国内上市公司数(家)	204
当年国内股票(A股)筹资(亿元)	1145
当年发行H股筹资(亿元)	13
当年国内债券筹资(亿元)	352
其中：短期融资券筹资额(亿元)	−733
中期票据筹资额(亿元)	108

数据来源：上海市证监局。

2. 基金公司资产管理规模增长较快。2017年末，上海辖区基金公司管理资产总规模合计55515.4亿元，较上年同期增长22.3%，其中有8家基金公司规模突破2000亿。51家基金公司管理公募基金产品1772只，较上年同期增长26.1%；总净值35214.8亿元，较上年同期增长26.1%。49家基金公司开展专户业务，4家开展社保基金管理业务，3家开展企业年金管理业务。辖区基金公司共设立专业子公司37家，海外子公司8家。

3. 期货公司盈利水平上升。2017年末，上海辖区期货公司客户权益达1172.5亿元，占全国的29.3%；全年实现代理交易额145.1万亿元，占全国的38.7%，市场份额较上年有所提高。2017年，累计实现营业收入76.5亿元，较上年同期减少25.4%；实现净利润21.8亿元，较上年同期增加18.8%。

4. 证券市场融资较快增长。2017年，上海辖区公司累计直接融资1496.0亿元(不含H股融资，下同)，同比下降46.2%。其中：企业债券融资351.5亿元，同比减少81.7%；非金融企业境内股票融资1144.5亿元，同比增加33.0%。

（三）保险业增长良好，继续发挥保障民生功能

1. 保险市场主体稳中有升。截至2017年末，上海市共有55家法人保险机构。其中，保险集团公司1家，财产险公司20家，人身险公司24家，再保险公司3家，保险资产管理公司7家。全市共有101家省级保险分支机构，较上年末新增2家。上海市共有225家保险专业中介机构法人。其中保险代理机构110家，保险经纪机构73家，保险公估机构42家。上海市保险专业中介分支机构共212家，其中保险代理机构95家，保险经纪机构91家，保险公估机构26家。

2. 保险业务稳步增长，其中财产险公司保费收入增长加快。2017年，上海市原保险保费收入累计1587.1亿元，同比增长3.8%。其中，财产险公司原保险保费收入482.7亿元，同比增长17.5%，增速较

上年同期上升 11.1 个百分点；人身险公司原保险保费收入 1104.4 亿元，同比下降 1.3%。产、寿险原保险保费收入比例为 30∶70，中、外资保险公司原保险保费收入比例为 85∶15。

3. 保险赔付支出增长总体平稳，充分发挥保障民生的能力。2017 年，上海市保险业赔付支出累计 548.9 亿元，同比增长 3.8%。其中，财产险赔款支出 233.8 亿元，同比增长 5.1%；寿险给付 237.1 亿元，同比下降 3.6%；健康险赔款给付 62.9 亿元，同比增长 25.8%；意外险赔款支出 15.2 亿元，同比增长 45.8%。

表 3　2017 年上海市保险业基本情况

项　　目	数　　量
总部设在辖内的保险公司数(家)	55
其中：财产险经营主体(家)	20
人身险经营主体(家)	24
保险公司分支机构(家)	101
其中：财产险公司分支机构(家)	50
人身险公司分支机构(家)	49
保费收入(中外资，亿元)	1587.1
其中：财产险保费收入(中外资，亿元)	482.7
人身险保费收入(中外资，亿元)	1104.4
各类赔款给付(中外资，亿元)	548.9
保险密度(元/人)	6562.8
保险深度(%)	5.3

数据来源：上海市保监局。

三、江苏省金融运行情况

2017 年，江苏省金融业保持平稳运行，社会融资规模增长适度，金融市场交易活跃。金融基础设施建设不断完善，金融生态环境持续优化。证券业实力持续增强，多层次资本市场建设稳步推进。保险业发展平稳，保险服务创新取得突破。

(一) 银行业平稳运行，存贷款增长趋缓

1. 金融机构规模稳步增长，组织体系更趋完备。2017 年末，江苏省金融机构资产总额 16.7 万亿元，同比增长 6.7%。机构数量稳步增加，年末地方法人金融机构数量达 171 家，比年初新增 2 家。盈利水平有所上升，全年银行业金融机构实现税后净利润 1702.8 亿元，同比增加 183.4 亿元。金融对实体经济支撑作用进一步增强，全年实现金融业增加值 6786.4 亿元，同比增长 9.2%。

表 4　2017 年江苏省银行业金融机构基本情况

机 构 类 别	营 业 网 点			法人机构(个)
	机构个数(个)	从业人员(人)	资产总额(亿元)	
一、大型商业银行	5073	109137	57505	0
二、国家开发银行和政策性银行	93	2446	8444	0

续表

机构类别	营业网点			法人机构（个）
	机构个数(个)	从业人员(人)	资产总额(亿元)	
三、股份制商业银行	1389	42177	29539	0
四、城市商业银行	938	29827	33404	4
五、城市信用社	0	0	0	0
六、小型农村金融机构	3331	50331	25989	63
七、财务公司	16	437	1113	14
八、信托公司	4	538	276	4
九、邮政储蓄银行	2524	9421	6849	0
十、外资银行	76	2229	1493	6
十一、新型农村机构	867	10346	951	704
十二、其他	6	854	1140	6
合　　计	14317	257743	166703	801

注:营业网点不包括国家开发银行和政策性银行和政策性银行、大型商业银行、股份制商业银行等金融机构总部数据;大型商业银行包括中国工商银行、中国农业银行、中国银行、中国建设银行和交通银行;小型农村金融机构包括农村信用社和农村商业银行、农村合作银行;新型农村金融机构包括村镇银行、贷款公司和农村资金互助社;"其他"包含金融租赁公司、汽车金融公司、货币经纪公司、消费金融公司等。

数据来源:中国人民银行南京分行,江苏省银监局、江苏省金融办。

2. 各项存款增长趋缓,高成本负债同比增多。在去杠杆、存款脱媒、派生存款减少等因素的共同影响下,全省存款增长继续放缓。2017 年末,江苏省金融机构本外币存款余额为 13.0 万亿元,同比增长 7.3%,增速同比下降 5.0 个百分点。其中,住户存款新增 2184 亿元,同比少增 1154 亿元;企业存款新增 1954 亿元,同比少增 4391 亿元。从存款品类看,在存款总量同比少增的情况下,高成本负债反而同比多增。2017 年,全省协议存款、协定存款、结构性存款共计新增 3861 亿元,同比多增 928 亿元;非银行金融机构存款新增 366 亿元,同比多增 1068 亿元。

3. 贷款保持适度增长,信贷资源进一步流向实体经济。2017 年末,江苏省本外币贷款余额为 10.4 万亿元,同比增长 11.9%,增速同比回落 2.9 个百分点。全年新增本外币贷款 1.1 万亿元,同比少增 1010 亿元。从贷款币种看,人民币贷款增速回落,全年新增人民币贷款 1.1 万亿元,同比少增 1233 亿元。受 2017 年进出口贸易回暖,贸易融资需求增加影响,全省外币贷款同比回升,至 2017 年末,全省外币贷款余额 289.9 亿美元,同比增长 8.7%。从贷款投向看,制造业贷款呈恢复性增长,涉农及小微企业贷款同比多增。2017 年末,全省制造业本外币贷款余额 1.6 万亿,同比增长 3.9%,增速同比提升 7.5 个百分点;比年初新增 594 亿元,同比多增 1167 亿元。其中,《中国制造 2025 江苏行动纲要》确定的 15 个重点领域贷款同比增长 18.1%。2017 年,全省金融机构本外币小微企业贷款(不含票据融资)余额为2.5 万亿元,同比增长 15.4%;本外币涉农贷款余额为 3.1 万亿元,同比增长 9.9%。

(二)证券业实力持续增强,多层次资本市场建设稳步推进

1. 证券行业平稳发展。2017 年末,江苏省共有法人证券公司 6 家,总资产 4279.5 亿元,证券营业部 887 家,同比增长 17.9%。行业利润实现较快增长,2017 年,江苏省证券行业实现营业收入 227.7 亿元,同比增长 17.2%;实现利润总额 134.6 亿元,同比增长 34.9%。从收入结构看,自营业务收入增长较

快,同比增长 147.8%。

2. 资本市场总体规模继续位居全国前列。截至 2017 年末,江苏省境内上市公司总数为 382 家,较上年新增 65 家,上市公司总数位居全国第三。拟上市公司 238 家,后备上市企业资源充足。IPO 融资在全国位居前列,2017 年江苏省上市公司首发融资 304 亿元,同比增长 20.6%,配股、增发融资 1850 亿元,同比增长 27.3%。

表 5　2017 年江苏省证券业基本情况

项　　目	数　　量
总部设在辖内的证券公司数(家)	6
总部设在辖内的基金公司数(家)	0
总部设在辖内的期货公司数(家)	9
年末国内上市公司数(家)	382
当年国内股票(A 股)筹资(亿元)	762
当年发行 H 股筹资(亿元)	162
当年国内债券筹资(亿元)	1000
其中:短期融资券筹资额(亿元)	−72
中期票据筹资额(亿元)	1058

注:当年国内股票(A 股)筹资额指非金融企业境内股票融资。
数据来源:江苏省证监局、江苏省金融办、中国人民银行南京分行。

3. 多层次资本市场建设稳步推进。截至 2017 年末,江苏省新三板挂牌公司 1390 家,总量位列全国前列,江苏企业境内上市公司总股本 3258.1 亿股,比上年增长 14.8%;总市值 40676 亿元,比上年增长 9.4%。截至 2017 年底,江苏区域股权交易中心已有 2220 家挂牌企业,累计通过各种方式为企业融资 360.9 亿元。

4. 期货和私募基金等行业稳步发展。截至 2017 年末,全省共有法人期货公司 9 家,1124 家证券期货分支机构,3 家投资咨询公司和 57 家基金销售机构。此外,江苏登记私募基金管理人 1024 家,管理基金 2601 只,管理规模 4771 亿元,位列全国第六。

(三) 保险业发展平稳,服务能力再上新台阶

1. 市场体系不断完善,各项业务较快增长。截至 2017 年末,江苏省共有省级以上保险公司 5 家,资产总额 6527.8 亿元,同比增长 10.8%。全年实现保费收入 3449.5 亿元,同比增长 28.2%,各类赔款给付 983.6 亿元,同比增长 7.5%。分险种看,财产险保费收入 856.2 亿元,同比增长 11.7%,人身险保费收入 2593.3 亿元,同比增长 34.8%。

2. 保险资金投资力度进一步加大,资金运用配置更趋优化。2017 年,江苏省保险资金投资保持较快速度增长,并以多种形式参与江苏产业科技创新中心和先进制造业基地、苏南国家自主创新示范区和南京江北新区等重大平台、战略新兴展业建设。

3. 服务“三农”取得新成效。2017 年,江苏保监局制定大病保险业务监管实施细则、建立农村建档立卡低收入人口重疾兜底保障机制。全省统颁的政策性农业保险险种达 55 种,保险产品不断丰富。涉农贷款保证保险收入突破 1 亿元,为破解农业企业融资难融资贵问题提供了新动力。

表6 2017年江苏省保险业基本情况

项　目	数　量
总部设在辖内的保险公司数(家)	5
其中:财产险经营主体(家)	2
人身险经营主体(家)	3
保险公司分支机构(家)	502
其中:财产险公司分支机构(家)	301
人身险公司分支机构(家)	201
保费收入(中外资,亿元)	3450
其中:财产险保费收入(中外资,亿元)	856
人身险保费收入(中外资,亿元)	2593
各类赔款给付(中外资,亿元)	984
保险密度(元/人)	4312
保险深度(%)	4

数据来源:江苏省保监局。

四、浙江省金融运行情况

2017年,浙江省金融业认真贯彻落实货币政策和宏观审慎政策双支柱调控,全力服务供给侧结构性改革和经济转型升级,货币信贷和社会融资规模平稳增长,融资结构优化,证券业和保险业稳健发展,金融改革持续深化。

(一)银行业稳健运行,货币信贷平稳增长

1. 银行业资产负债扩张放缓,盈利能力恢复性增长。2017年末,浙江省银行业金融机构本外币资产和负债总额分别同比增长6.0%和5.3%,增幅同比分别回落5.7和6.4个百分点;全年实现净利润1134.4亿元。

2. 存款同比少增,政府存款多增。2017年末,浙江省金融机构本外币各项存款余额107320.5亿元,同比增长7.8%,增速同比回落2.4个百分点;全年新增存款7790.2亿元,同比少增1438.4亿元。分类型看,住户存款较年初新增2058.1亿元,同比少增1909.7亿元;企业存款新增2711.6亿元,同比少增527.6亿元;政府存款新增3318.6亿元,同比多增1145.4亿元;非银行业金融机构存款较年初减少392.3亿元,同比多减185.9亿元。

3. 贷款同比多增,信贷结构不断优化。2017年末,浙江省本外币贷款余额90233.3亿元,同比增长10.3%;全年新增贷款8428.8亿元,同比多增3090.6亿元。信贷投向持续优化:年末全省小微企业贷款余额2.2万亿,同比增长9.5%;农村"两权"抵押贷款试点地区的农房抵押贷款和农地抵押贷款余额分别为132.1亿元和21.1亿元,分别同比增长43.3%和169.9%;个人住房贷款新增3380.7亿元,占各项贷款新增额的40.1%,同比下降27.9个百分点。

表 7　2017 年浙江省银行业金融机构基本情况

机构类别	营业网点		
	机构个数(个)	从业人员(人)	资产总额(亿元)
一、大型商业银行	3760	93494	47528
二、国家开发银行和政策性银行	45	1950	7613
三、股份制商业银行	1058	34363	23445
四、城市商业银行	1549	45976	29514
五、城市信用社			
六、小型农村金融机构	4183	51337	23391
七、财务公司	0	337	1180
八、信托公司	0	1263	335
九、邮政储蓄	1726	9169	3845
十、外资银行	10	762	604
十一、新型农村机构	250	5961	930
十二、其他	0	1496	2642
合　　计	12581	246108	141027

注:营业网点不包括国家开发银行和政策性银行、大型商业银行、股份制银行金融机构总部数据;大型商业银行包括中国工商银行、中国农业银行、中国银行、中国建设银行和交通银行;小型农村金融机构包括农村商业银行、农村合作银行、农村信用社;新型农村机构包括村镇银行、贷款公司和农村资金互助社;“其他”包括金融租赁公司、汽车金融公司、货币经纪公司、消费金融公司等。

数据来源:浙江省银监局。

(二)证券业平稳发展,企业上市稳步推进

1. 多层次资本市场建设持续推进。2017 年末,浙江省股权交易中心挂牌企业 5311 家,比上年增加 1452 家;新三板挂牌企业 1032 家,比上年增加 129 家。公司并购重组在经历 2016 年的高峰后有所回落,2017 年共有 189 家上市公司实施并购重组,数量和金额分别达到 337 次和 1138.5 亿元,分别比上年减少 38 次和 447.4 亿元。

2. 企业上市稳步推进。2017 年末,浙江省共有境内上市公司 415 家,比上年新增 86 家,位居全国第二。其中:中小板上市公司、创业板上市公司分别为 138 家、80 家,分别占全国同类上市公司家数的 15.3%、11.3%。2017 年,浙江省境内上市公司在资本市场合计融资 9077.3 亿元,同比增长 2.9 倍。

3. 证券经营机构业务规模有所下降。2017 年末,浙江省共有法人证券公司 5 家,证券公司分公司 77 家,证券营业部 925 家;期货公司 12 家,期货营业部 208 家。2017 年,全省法人证券公司营业收入 94.2 亿元,同比下降 23.6%。证券经营机构代理交易额 37.9 万亿元,同比下降 9.9%。

表 8　2017 年浙江省证券业基本情况

项　目	数　量
总部设在辖内的证券公司数(家)	5
总部设在辖内的基金公司数(家)	2
总部设在辖内的期货公司数(家)	12
年末境内上市公司数(家)	415
当年国内股票(A 股)筹资(亿元)	1519
当年发行 H 股筹资(亿元)	—
当年国内债券筹资(亿元)	1718
其中:短期融资券筹资额(亿元)	—
中期票据筹资额(亿元)	—

注:当年国内股票(A 股)筹资额指非金融企业境内股票融资,债券筹资额为扣除到期兑付额的余额增量。
数据来源:中国人民银行杭州中心支行、浙江省证监局。

(三)保险业稳步增长,服务民生功能增强

1. 市场体系不断完善。2017 年浙江省各类保险机构(不含宁波,下同)3243 家,专业中介机构 191 家,保险销售从业人员 37.7 万人。全年新增各类保险机构 102 家。保险公司资产总额 4303.9 亿元,较年初增加 314.0 亿元。

2. 各项保险业务平稳增长。2017 年,浙江省保险业共实现原保险保费收入 1844.4 亿元,同比增长 20.8%,其中:财产险保费收入和人身险保费收入同比分别增长 9.2% 和 27.6%。保险业赔付支出 540.1 亿元,同比增长 4.3%。

3. 保险服务领域稳步拓宽。2017 年,浙江省保险业积极落实国家金融战略,服务实体经济发展,全年省内财产险公司责任险保费收入 26.4 亿元,同比增长 26.2%,共提供风险保障金 191.5 万亿元,同比增长 15.4 亿元。

表 9　2017 年浙江省保险业基本情况

项　目	数　量
总部设在辖内的保险公司数(家)	3
其中:财产险经营主体(家)	1
人身险经营主体(家)	2
保险公司分支机构(家)	80
其中:财产险公司分支机构(家)	36
人身险公司分支机构(家)	44
保费收入(中外资,亿元)	1844
其中:财产险保费收入(中外资,亿元)	622
人身险保费收入(中外资,亿元)	1222
各类赔款给付(中外资,亿元)	540
保险密度(元/人)	3260
保险深度(%)	4

数据来源:浙江省保监局。

五、安徽省金融运行情况

2017年，安徽省金融业运行总体健康平稳，银行业稳健经营，证券业规模扩大，保险市场体系不断完善。

（一）银行业经营稳健，货币信贷适度增长

1. 银行业机构规模不断扩大，利润水平稳步上升。2017年末，安徽省银行业资产和负债规模分别为59853.6亿元、57622.7亿元，较年初分别增长10.3%和10.1%。全年实现利润总额636.8亿元，同比增长17.0%。营业网点和从业人员较上年均有所增加。

表10　2017年安徽省银行业金融机构基本情况

机构类别	营业网点			法人机构（个）
	机构个数（个）	从业人员（人）	资产总额（亿元）	
一、大型商业银行	2368	48613	19061.5	0
二、国家开发银行和政策性银行	91	2318	7590.1	0
三、股份制商业银行	343	7897	5483.9	0
四、城市商业银行	465	9174	8907.8	2
五、小型农村金融机构	3128	33322	11889.3	83
六、财务公司	6	197	530.8	6
七、信托公司	2	155	71.9	2
八、邮政储蓄	1778	15856	4276.3	0
九、外资银行	5	163	140.4	0
十、新型农村机构	278	3948	627.4	67
十一、其他	9	1368	1274.2	5
合　　计	8473	123011	59853.6	165

注：营业网点不包括国家开发银行和政策性银行、大型商业银行、股份制银行等金融机构总部数据；大型商业银行包括中国工商银行、中国农业银行、中国银行、中国建设银行和交通银行；小型农村金融机构包括农村商业银行、农村合作银行、农村信用社；新型农村机构包括村镇银行、农村资金互助社、贷款公司和小额贷款公司；"其他"包括金融租赁公司、汽车金融公司、货币经纪公司、消费金融公司等。

数据来源：安徽省银监局。

2. 各项存款增速回落，企业存款同比少增较多。2017年末，安徽省本外币各项存款余额46146.9亿元，同比增长11.7%，增幅较上年回落7个百分点；全年存款增加4822.5亿元，同比少增1675.6亿元。分结构看，非金融企业存款下降明显，全年增加1337.6亿元，同比少增1398.9亿元。分币种看，人民币存款余额45608.8亿元，同比增长11.6%；外币存款余额82.3亿美元，同比增长22.0%。

3. 各项贷款适度增长。2017年末，安徽省本外币贷款余额35162亿元，同比增长14.3%；比年初增加4387.5亿元，同比少增242.6亿元。外币贷款增速明显回升。2017年末，外币贷款余额104.2亿美元，同比增速由上一年－15.2%回升至21.7%；人民币贷款余额34481.2亿元，同比增长14.2%。中长期贷款新增较多。2017年末，全省本外币中长期贷款余额比上年初增加3986.6亿元，同比多增690.3亿元；全年企业中长期贷款增加1965.2亿元，同比多增727.7亿元。2017年末，全省交通、水利等基础设施行业贷款增速高于各项贷款增速13.6个百分点，全年贷款同比多增511.7亿元；支农支小力度增强，小微企业、涉农贷款余额同比分别增长21.2%和15.0%；金融精准扶贫贷款大幅增长，2017年末余

额 1752.6 亿元，同比增长 152.9%。

（二）证券业健康发展，企业融资渠道拓宽

1. 证券经营机构数量稳步增长。截至 2017 年末，安徽省共有 2 家证券公司、34 家证券分公司、299 家证券营业部（含 5 家筹建中）、2 家证券投资咨询公司、1 家基金分公司、3 家期货公司、1 家期货分公司、34 家期货经营部，机构数量较上年有所增加。

2. 多层次资本市场稳步发展。2017 年新增境外上市公司 10 家、新三板挂牌企业 82 家、省区域性股权市场挂牌企业 677 家。至 2017 年末，全省上市公司 102 家，上市公司市价总值 13504.2 亿元，比上年增长 27.5%。

表 11　2017 年安徽省证券业基本情况

项　　目	数　　量
总部设在辖内的证券公司数（家）	2
总部设在辖内的基金公司数（家）	0
总部设在辖内的期货公司数（家）	3
年末境内上市公司数（家）	102
当年国内股票（A 股）筹资（亿元）	262
当年发行 H 股筹资（亿元）	0
当年国内债券筹资（亿元）	1476
其中：短期融资券筹资额（亿元）	582
中期票据筹资额（亿元）	347

注：当年国内股票（A 股）筹资额指非金融企业境内股票融资。
数据来源：安徽省证监局。

（三）保险业稳步发展，服务实体经济力度加大

1. 保险市场体系逐步完善，社会贡献不断扩大。2017 年末，安徽省共有保险法人机构 1 家，各级保险机构 2819 家；外资保险公司 8 家，农险、信用险、责任险专业公司各 1 家，养老专业公司 4 家、健康险专业公司 2 家；各类专业中介机构 636 家。为社会新增就业岗位 6.4 万个，全省保险从业人员约 35 万人，上缴税收约 35 亿元。

2. 保险行业平稳快速发展，保障能力持续增强。2017 年，安徽省实现原保费收入 1107.2 亿元，同比增长 26.4%，增速高于全国 8.2 个百分点。全省保险业累计提供风险保障约 38 万亿元，同比增长 23.7%；累计赔付支出 397.7 亿元，同比增长 11.3%。

3. 大力服务实体经济，促进地方经济发展。2017 年，安徽打造农业保险 2.0，建立农险转型升级；助推科技创新，科技保险全年为全省高新技术企业提供 1300 多亿元风险保障，是 2016 年的 1.5 倍；政策性小额贷款保证保险全年为全省 1858 家中小微企业提供贷款融资总额 6.8 亿元；大病保险制度实现全覆盖，2017 年累计赔付 50.6 万人次，赔付金额 12.8 亿元；特色农险、光伏保险为贫困户提供风险保障 58.8 亿元，帮扶贫困村 105 个，累计实现脱贫 1914 户、5921 人。

表 12　2017 年安徽省保险业基本情况

项　　目	数　　量
总部设在辖内的保险公司数(家)	1
其中:财产险经营主体(家)	1
人身险经营主体(家)	0
保险公司分支机构(家)	72
其中:财产险公司分支机构(家)	34
人身险公司分支机构(家)	38
保费收入(中外资,亿元)	1107.2
其中:财产险保费收入(中外资,亿元)	366.3
人身险保费收入(中外资,亿元)	740.9
各类赔款给付(中外资,亿元)	397.7
保险密度(元/人)	1757.4
保险深度(%)	4.0

数据来源:安徽省保监局。

四 长三角外资

一、长三角利用外资总体情况

2017年,长三角实际利用外资总额达759.42亿美元,比上年增长0.7%;占全国实际利用外资总额的比重为58.0%,比上年下降1.8个百分点。其中,江苏省仍然是长三角的引资主力,实际利用外资251.35亿美元,比上年增长2.4%;占长三角实际利用外资总额的33.1%,所占比重比上年上升0.6个百分点。浙江省实际利用外资179.02亿美元,比上年增长1.8%;占长三角实际利用外资总额的23.6%,所占比重上升0.3个百分点。上海市实际利用外资170.08亿美元,比上年下降8.1%;占长三角实际利用外资总额的22.4%,所占比重下降2.2个百分点。安徽省实际利用外资158.97亿美元,比上年增长7.7%;占长三角实际利用外资总额的20.9%,所占比重上升1.3个百分点。

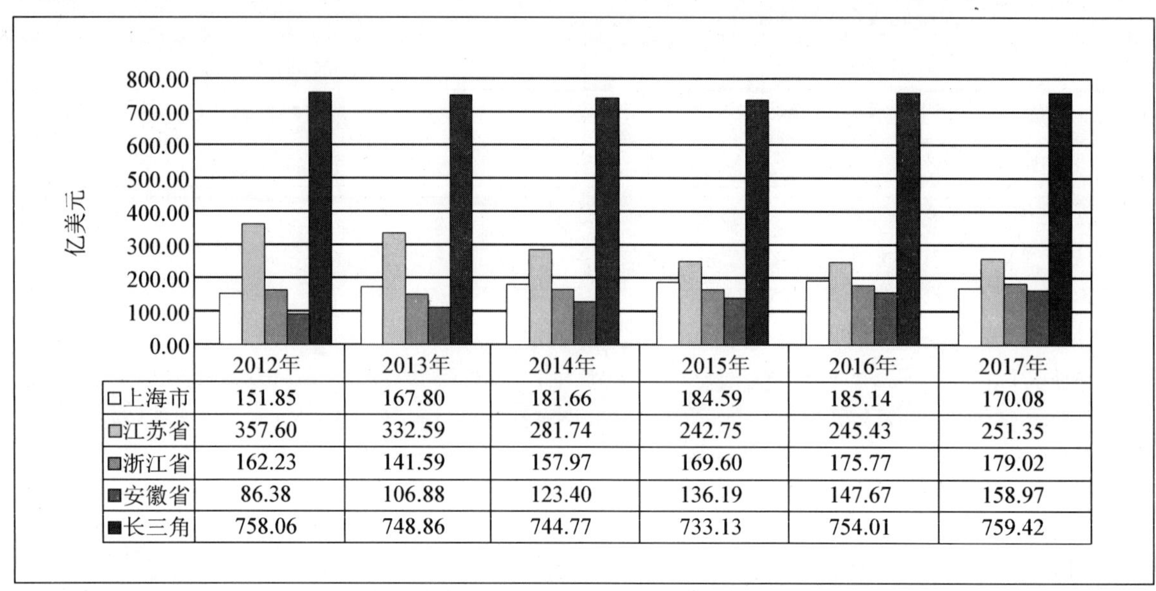

	2012年	2013年	2014年	2015年	2016年	2017年
□上海市	151.85	167.80	181.66	184.59	185.14	170.08
□江苏省	357.60	332.59	281.74	242.75	245.43	251.35
■浙江省	162.23	141.59	157.97	169.60	175.77	179.02
■安徽省	86.38	106.88	123.40	136.19	147.67	158.97
■长三角	758.06	748.86	744.77	733.13	754.01	759.42

图1 2012—2017年长三角实际利用外资情况

数据来源:历年上海市、江苏省、浙江省、安徽省统计年鉴。

二、上海市利用外资情况

2017年,上海市新设外商直接投资合同项目3950项,比上年减少1203个;合同金额401.94亿美元,下降21.2%;直接投资实际到位金额170.08亿美元,下降8.1%。全年第三产业实际到位金额161.53亿美元,比上年下降1.1%;占全市实际利用外资的比重达到95.0%,所占比重上升6.8个百分点。至2017年末,在上海投资的国家和地区达175个。在上海落户的跨国公司地区总部达到625家。其中,亚太区总部70家;投资性公司345家;外资研发中心426家。年内新增跨国公司地区总部45家。其中,亚太区总部14家;投资性公司15家;外资研发中心15家。与"一带一路"沿线国家和重要节点城市建立经贸合作伙伴关系,货物贸易额占全市比重达到五分之一。

表1 2013—2017年上海市按外商投资方式吸收外资情况 亿美元

指 标	2013年	2014年	2015年	2016年	2017年
签订合同项目(个)	3842	4697	6007	5153	3938

续表

指　标	2013年	2014年	2015年	2016年	2017年
#合资经营	656	887	1391	989	847
合作经营	5	7	6	6	7
独资经营	3075	3796	4600	4148	3084
签订合同金额(亿美元)	246.30	316.09	589.43	509.78	394.91
#合资经营	36.09	70.13	101.76	68.73	63.67
合作经营	5.31	1.91	2.71	3.41	－2.04
独资经营	203.95	230.19	457.41	425.27	333.28
实际吸收外资金额(亿美元)	167.80	181.66	184.59	185.14	161
#合资经营	26.64	21.92	39.27	29.48	29.65
合作经营	5.96	8.29	5.37	0.28	1.58
独资经营	133.08	151.15	138.34	152.32	129.77

资料来源:历年上海市统计年鉴。

表2　2013—2017年上海市按外商分产业投资情况　　亿美元

指　标	2013年	2014年	2015年	2016年	2017年
签订合同项目(个)	3842	4697	6007	5153	3950
#第一产业	5	5	4	0	3
第二产业	144	110	89	95	99
第三产业	3693	4582	5914	5058	3848
合同外商直接投资金额	249.36	316.09	589.43	509.78	401.94
#第一产业	0.33	0.66	0.61	－0.07	0.42
第二产业	23.95	25.19	19.59	36.13	17.56
第三产业	225.08	278.50	545.00	473.72	383.96
实际外商直接投资金额	167.80	181.66	184.59	185.14	170.08
#第一产业	0.03	0.03	0.21	0.25	0.06
第二产业	32.10	17.78	25.00	21.54	8.49
第三产业	135.67	163.85	159.38	163.35	161.53

资料来源:历年上海市统计年鉴。

三、江苏省利用外资情况

2017年,江苏省吸引外资规模继续保持全国领先。新批外商投资企业3254家,比上年增加395家;新批协议外资554.26亿美元,比上年增长28.5%;实际到账外资251.35亿美元,比上年增长2.4%。新批及净增资9000万美元以上的外商投资大项目347个,比上年增加57个。

表3　2013—2017年江苏省外商投资状况　　万美元

指　标	2013年	2014年	2015年	2016年	2017年
签订合同项目(个)	3453	3031	2580	2859	3254
#合资经营	632	709	606	776	1128
合作经营	14	2	3	15	15
独资经营	2806	2316	1963	2062	2094
外商投资股份制企业	1	4	8	6	14
合同外商直接投资金额	4726816	4318685	3936089	4313941	5542587
#合资经营	561458	661894	610010	851874	1383933
合作经营	26282	9808	19050	95114	24854
独资经营	4128148	3512530	3222822	3315933	4086719
外商投资股份制企业	10928	134453	84207	51020	47081
实际外商直接投资金额	3325922	2817416	2427469	2454296	2513541
#合资经营	590073	429339	460420	545032	791142
合作经营	20102	9508	14383	22837	13448
独资经营	2692125	2322693	1856173	1825448	1659310
外商投资股份制企业	23622	55876	96493	60979	49641

资料来源:历年江苏省统计年鉴。

2017年江苏省各市利用外资情况:

南京市新批外商投资企业395家,比上年增长14.2%。新批外商投资地区总部等功能性机构17家。新增合同利用外资60.87亿美元,比上年增长7.6%。全年实际使用外资36.73亿美元,比上年增长5.6%。分产业看,第一产业使用外资0.01亿美元,下降98.4%;第二产业使用外资17.40亿美元,增长49.3%,其中制造业使用外资增长15.4%,占全市28.1%;第三产业使用外资19.32亿美元,下降15.3%。全年开发区合同利用外资43.80亿美元,占全市比重72%;开发区实际使用外资28.54亿美元,比上年增长14.2%,占全市比重77.7%。

无锡市批准外资项目408个,协议注册外资68.03亿美元,增长38.0%。到位注册外资36.75亿美元,增长7.7%。制造业利用外资占到位注册外资比重达到65.6%,全年完成协议注册外资超3000万美元的重大外资项目55个。至年底全球财富500强企业中有100家在我市投资兴办了192家外资企业。

徐州市实际使用外资16.6亿美元,比上年增长10.2%。新批外商投资企业188个,增加22个;新批协议外资42.58亿美元,增长21.2%;新批及净增资3000万美元以上的项目97个,增加42个,其中1亿美元以上的项目14个,增加3个。

常州市利用外资提质增效。全年协议注册外资项目372个,累计新增协议注册外资46.1亿美元。其中,3000万美元以上项目57个,比上年增加14个,超亿美元项目36个,比上年增加12个。十大产业链全年新增项目137个,新增协议注册外资18.6亿美元,增长84.8%。全市实际到账注册外资25.5亿美元。新增6家世界500强投资项目;新增跨国公司地区总部和功能性机构4家。

苏州市使用外资结构优化。全年新设外商投资项目985个,实际使用外资45.04亿美元,其中服务业实际使用外资占比达34%,战略性新兴产业和高技术项目实际使用外资占比达51.2%。区域性外资总部集聚区建设取得新成效。全市新增具有地区总部特征或共享功能的外资企业30家。

南通市新批外商投资项目348个,比上年增长5.8%,其中,千万美元以上项目213个,比上年增长

9.8%;新批协议外资53.6亿美元,下降11.5%;实际到账注册外资24.2亿美元,增长1.5%。

镇江市利用外资保持稳定。全年新批外商投资企业102家,新批协议外资27.78亿美元,比上年增长16.2%;实际利用外资13.53亿美元,增长0.2%。新批及净增资1000万美元以上项目43个,其中新批及净增资3000万美元以上项目1个。

淮安市实际到账注册外资11.78亿美元,比上年增长1.5%,制造业和生产性服务业实际到账注册外资占比56.5%。新设立总投资3000万美元以上项目57个,其中总投资1亿美元以上项目20个。总投资17.5亿美元德淮半导体增资、3.9亿美元敏安电动汽车增资等重大产业项目及融盛融资租赁等新业态项目落户。完成外经营业额1.56亿美元,比上年增长19.6%。

宿迁市新批外商投资企业43个,比上年下降6.5%;完成协议注册外资6.46亿元,比上年下降20.0%。全市实际使用外资3.64亿美元,比上年下降19.1%。

泰州市利用外资形势良好。全年新批协议注册外资47.01亿美元,增长86.8%;实际到账注册外资16.18亿美元,增长20.3%。

盐城市新批利用外资项目157个,比上年增长4.7%,其中5000万美元以上项目27个,比上年增长28.6%。注册外资实际到账7.9亿美元,比上年增长11.6%。今年新设韩资服务业项目有17个,同比增长26.15%。目前新设总投资3000万美元以上的大项目产业结构层次明显提升,实体制造业项目由去年占比的46.0%提升到66.0%,其中智能终端、新能源、数据软件等战略性新兴产业比重占比增强。

连云港市实际利用外资增速居首。全年实际利用外资6.78亿美元,增长23.2%,居全省第一位,比全省平均水平高20.8个百分点。

扬州市外资实际到账10.87亿美元,增长0.35%。新批准项目122个,新增协议外资23.69亿美元。

表4　2013—2017年江苏省各市实际利用外资情况　　亿美元

指　标	2013年	2014年	2015年	2016年	2017年
南京市	40.33	32.91	33.35	34.79	36.73
无锡市	33.39	29.04	32.02	34.13	36.65
徐州市	15.00	16.58	14.28	15.06	16.60
常州市	31.11	24.09	17.21	25.00	22.16
苏州市	86.98	81.20	60.00	60.03	44.83
南通市	22.87	23.05	23.16	23.87	24.23
连云港市	8.70	9.54	8.01	5.50	6.78
淮安市	11.51	11.99	12.14	11.61	11.78
盐城市	15.50	10.47	7.95	7.07	7.89
扬州市	18.28	13.88	8.48	12.04	10.87
镇江市	30.97	12.95	13.05	13.51	13.53
泰州市	13.23	9.39	10.66	13.44	16.18
宿迁市	5.09	6.65	2.98	4.50	3.64

数据来源:历年江苏省统计年鉴。

四、浙江省利用外资情况

2017年,浙江省新批外商直接投资项目3030个,比上年增加885个;合同外资346.87亿美元,比上年增长 23.5%；实际到位外资 179.02 亿美元，比上年增长 1.8%。第三产业合同利用外资 238.85 亿美元，比上年增长 32.5%，占合同外资总额的 68.9%，比上年上升 4.7 个百分点；实际利用外资 116.81 亿美元，比上年增长 13.5%，占实际利用外资总额的 65.2%，比上年上升 6.6 个百分点。第二产业合同利用外资 100.57 亿美元，实际利用外资 61.40 亿美元，分别比上年增长 4.4%和－14.2%。其中制造业实际利用外资 56.64 亿美元，比上年下降 16.6%，占实际利用外资总额的 30.5%，比重比上年下降 8.1 个百分点。

表 5　2013—2017 年浙江省外商投资状况　　万美元

指　标	2013 年	2014 年	2015 年	2016 年	2017 年
签订合同项目(个)	1572	1550	1778	2145	3030
#第一产业	21	36	13	26	23
第二产业	550	461	399	401	569
第三产业	1001	1053	1366	1718	2438
合同外商直接投资金额	2438359	2441203	2781872	2808140	3468697
#第一产业	13685	34570	10657	41703	74577
第二产业	914802	953204	1025283	963426	1005653
第三产业	1509872	1453429	1745932	1803011	2388467
实际外商直接投资金额	1415898	1579725	1696024	1757748	1790210
#第一产业	8094	8146	9002	12886	8114
第二产业	620096	592423	719328	715602	614032
第三产业	787708	979156	967694	1029260	1168064

资料来源：历年浙江省统计年鉴。

2017 年浙江省各市利用外资情况：

杭州市批准外商直接投资 575 家，增长 24.5%。实际利用外资 66.1 亿美元，下降 8.3%。其中服务业实际利用外资 57.1 亿美元，增长 1.0%，占实际利用外资的 86.4%。年末 120 家世界 500 强企业来杭投资 208 个项目，其中当年新进企业 8 家，项目 10 个。

宁波市新批外商投资项目 555 个，比上年增加 97 个；合同利用外资 62.1 亿美元，下降 22.3%；实际利用外资 40.3 亿美元，下降 10.7%，全市累计实际利用外资达到 500.1 亿美元。第三产业新批项目 411 个，实际利用外资 21.4 亿美元，增长 2.8%。

嘉兴市新批外商投资项目 360 个；合同利用外资 56.92 亿美元，比上年增长 24.6%；实际利用外资 29.95 亿美元，增长 11.2%。

湖州市新批准及增减资利用外资项目 182 个。其中，外商投资企业 115 家，增资项目 50 个；总投资千万美元以上项目 82 个。全年合同外资 23.6 亿美元，比上年增长 10.7%。全年实到外资 10.5 亿美元，比上年增长 5.2%。其中，第一产业 0.05 亿美元，下降 94.4%；第二产业 4.3 亿美元，下降 2.6%；第三产业 6.2 亿美元，增长 30.3%。

绍兴市新批外资项目 407 个，比上年增长 46.9%。合同利用外资 27.89 亿美元，比上年增长 117.0%；实到外资 12.87 亿美元，增长 60.8%。其中，新批三产项目 359 个，合同外资 20.89 亿美元，实

到外资10.44亿美元。外资来源仍以港资为主。

舟山市引进外资合同项目56个，比上年增长124.0%；实际利用外资40518万美元，增长92.8%。

温州市新批外商直接投资项目66个，比上年增加5个；合同外资21.5亿美元，增长292.5%；全市实际利用外资总额3.6亿美元，增长47.2%。在国家"一带一路"战略布局的沿线建成俄罗斯、越南、乌兹别克斯坦3个国家级境外经贸合作区，塞尔维亚1个省级境外经贸合作区。

金华市新批外商投资企业793家；合同利用外资17.40亿美元，同比增长175.6%；实际利用外资4.3亿美元，同比增长22.4%。二产实际利用外资金额2.18亿美元，同比增长198.8%，占全市实际利用外资总额的50.7%；三产实际利用外资金额1.77亿美元，同比下降36.6%，占全市实际利用外资总额的41.1%。全市省级及以上开发区实际利用外资2.15亿美元，占全市总数的49.9%，同比增长2.4%。

衢州市新批外商投资企业25家，合同利用外资5.77亿美元，比上年增长306.6%；实际利用外资0.74亿美元，增长21.1%。

台州市新批外商投资项目48个，总投资15.95亿美元，合同利用外资7.78亿美元，实际利用外资4.43亿美元。

丽水市新批准设立外商直接投资企业25个，比上年减少11个；合同外资3.68亿美元，实际利用外资2.17亿美元，分别增长11.8%和下降2.1%。

表6　2013—2017年浙江省各市实际利用外资情况　　万美元

指　标	2013年	2014年	2015年	2016年	2017年
浙东北	1283364	1471062	1599187	1642667	1637952
杭州市	527633	633460	711253	720915	661001
宁波市	327483	402514	423375	451333	402995
嘉兴市	220676	249577	268427	269240	299452
湖州市	105860	98419	94188	100131	105320
绍兴市	80782	67130	94152	80031	128666
舟山市	20930	19962	7792	21017	40518
浙西南	134456	133659	97081	120581	152259
温州市	50150	53267	30123	24330	35822
金华市	24905	27840	27431	34329	43044
衢州市	6616	7009	6006	6109	7396
台州市	40001	27705	11635	33683	44332
丽水市	12784	17838	21886	22130	21665

数据来源：历年浙江省统计年鉴。

五、安徽省利用外资情况

2017年，安徽省新批外商投资项目338个，比上年增加71个；合同利用外资90.55亿美元，增长120.1%；实际利用外商直接投资158.97亿美元，增长7.7%。到2017年末，来皖投资的境外世界500强企业增加到80家，其中当年新引进7家。

表 7　2013—2017 年安徽省外商投资状况

万美元

指　标	2013 年	2014 年	2015 年	2016 年	2017 年
新批项目(个)	245	256	289	267	338
＃合资经营	108	103	131	129	166
合作经营	5	3	5	2	2
独资经营	131	147	151	134	165
外商投资股份制	1	3	2	2	5
合同外资额	267850	310969	393800	411413	905549
＃合资经营	110209	107022	165755	122632	594278
合作经营	18279	8020	10827	5986	700
独资经营	136011	188572	215805	285241	287915
外商投资股份制	3351	7355	1414	－2446	22655
实际利用外商直接投资额	1068772	1233978	1361945	1476712	1589652
＃合资经营	327720	428324	433218	492113	509571
合作经营	4414	4407	7181	5169	7074
独资经营	708629	771762	864674	970700	1019302
外商投资股份制	28009	29485	56871	8730	53404

资料来源:历年安徽省统计年鉴。

2017 年安徽省各市利用外资情况:

合肥市全年新备案外商投资企业 128 户,比上年增长 34.1%。实际利用外商直接投资 30.20 亿美元,增长 7.5%,其中工业投资 10.1 亿美元,下降 14.3%,服务业投资 19.7 亿美元,增长 13.2%。新增总投资(含增减资)38.4 亿美元,同比下降 11.5%。年末境外世界 500 强企业共 43 家,在合肥投资设立 60 家外资企业,新增 5 家。

芜湖市新批外商投资企业 28 家,合同利用外资 2.60 亿美元。全年实际利用外资 26.87 亿美元,比上年增长 7.0%,其中外商直接投资 26.87 亿美元,增长 7.0%。实际利用亿元以上省外资金 1259.02 亿元,增长 0.2%。截至 2017 年底,全市共有 43 家境外世界 500 强企业在芜投资项目 51 个。

淮北市新批外商投资企业 10 家,实际利用外商直接投资 68128 万美元,比上年增长 5.2%。全年引进并开工规模以上项目 184 个,其中,5000 万—1 亿元项目 71 个,1 亿—3 亿元项目 71 个,3 亿—5 亿元项目 11 个,5 亿元以上项目 31 个。

亳州市新批外商投资企业 13 家,比上年增加 9 家;合同利用外商直接投资 7.5 亿美元,增长 768.8%;实际利用外商直接投资 7.8 亿美元,增长 8.0%。

宿州市引进外资项目 10 个,比上年减少 1 个;合同利用外资 0.51 亿美元,下降 31.2%;外商直接投资 7.85 亿美元,增长 7.5%。

阜阳市新批外商投资企业 9 家,比上年增长 80.0%。合同外资 8.8 亿美元,增长 730.6%。实际利用外商直接投资 2.2 亿美元,比上年增长 8.0%。

淮南市新批外商投资企业 8 家,比上年增长 33.3%;合同利用外资 6627 万美元,下降 29.8%;实际吸收外商直接投资 23859 万美元,增长 7.0%。

六安市利用外商直接投资 43786 万美元,同比增长 15.2%;新备案外资项目 13 个,比上年增加 3 个;合同外资 17541 万美元,同比增长 9.2%。

马鞍山市实际利用外商直接投资 22.76 亿美元，比上年增长 8.6%。

宣城市新批外商投资企业 16 家，合同利用外资 1.2 亿美元，实际使用外资金额 9.2 亿美元，比上年增长 7.5%。

蚌埠市全年实现外商直接投资 16.1 亿美元，比上年增长 7.0%。

表 8　2013—2017 年安徽省各市利用外资情况　　万美元

指　标	2013 年	2014 年	2015 年	2016 年	2017 年
合肥市	189021	225877	250678	280843	302037
淮北市	45934	54431	59979	64780	66695
亳州市	47383	59687	65656	72279	78064
宿州市	46813	58966	67623	73033	78510
蚌埠市	96830	121357	139197	150383	160963
阜阳市	13134	16207	18463	20309	21934
淮南市	23914	20095	20797	22298	23859
滁州市	72596	92353	105886	114366	122355
六安市	30403	35191	38720	37209	43786
马鞍山市	147895	176131	194002	209531	227642
芜湖市	160548	200340	230062	251145	268730
宣城市	57303	69002	79606	85975	92386
铜陵市	40310	19577	22324	24303	27025
池州市	26208	30260	34703	36132	39006
安庆市	45178	26666	18253	18074	19339
黄山市	25302	27838	15996	16052	17321

数据来源：历年安徽省统计年鉴。

五　长三角对外经济

一、长三角对外经济总体情况

随着全国经济国际化的深化，长三角对外经济迅猛发展，规模继续居于全国前列，2017 年，长三角对外承包工程及对外劳务合作完成营业额 301.97 亿美元，比上年增长 17.5%；占到全国总量的 17.9%，比上年上升 1.8 个百分点。

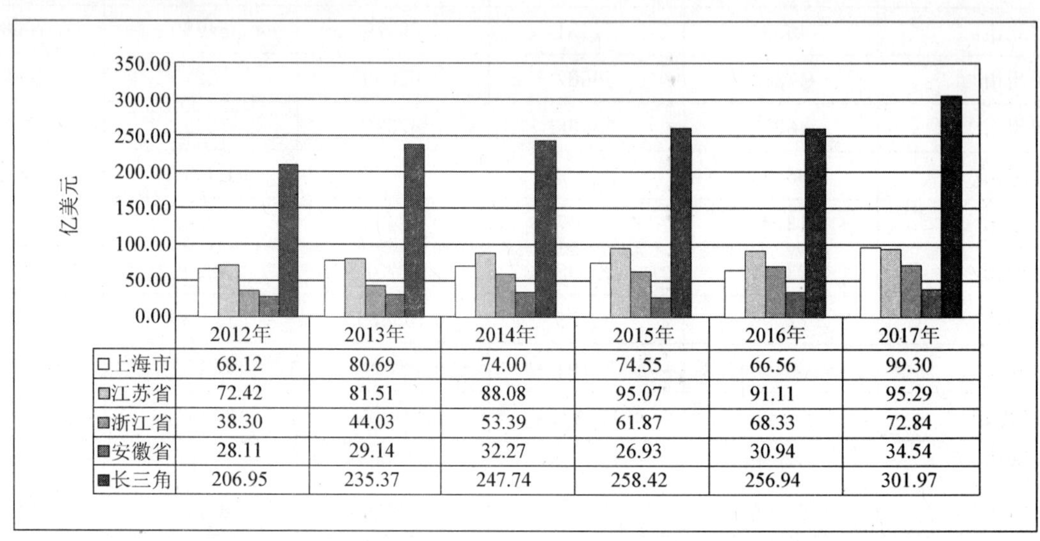

	2012年	2013年	2014年	2015年	2016年	2017年
□上海市	68.12	80.69	74.00	74.55	66.56	99.30
■江苏省	72.42	81.51	88.08	95.07	91.11	95.29
■浙江省	38.30	44.03	53.39	61.87	68.33	72.84
■安徽省	28.11	29.14	32.27	26.93	30.94	34.54
■长三角	206.95	235.37	247.74	258.42	256.94	301.97

图 1　2012—2017 年长三角地区对外承包工程与劳务合作完成营业额(单位:亿美元)

2017 年，上海市对外承包工程及对外劳务合作完成营业额 99.30 亿美元，比上年增长49.2%；占长三角总量的 32.9%，所占比重上升 7.0 个百分点。江苏省对外承包工程及对外劳务合作完成营业额 95.29 亿美元，比上年增长 4.6%；占长三角对外承包工程及对外劳务合作完成营业额总量的 31.6%，所占比重下降 3.9 个百分点。浙江省对外承包工程及对外劳务合作完成营业额 72.84 亿美元，比上年增长 6.6%；占长三角总量的 24.1%，所占比重下降 2.5 个百分点。安徽省对外承包工程及对外劳务合作完成营业额 34.54 亿美元，比上年增长 11.6%；占长三角总量的 11.4%，所占比重下降 0.6 个百分点。

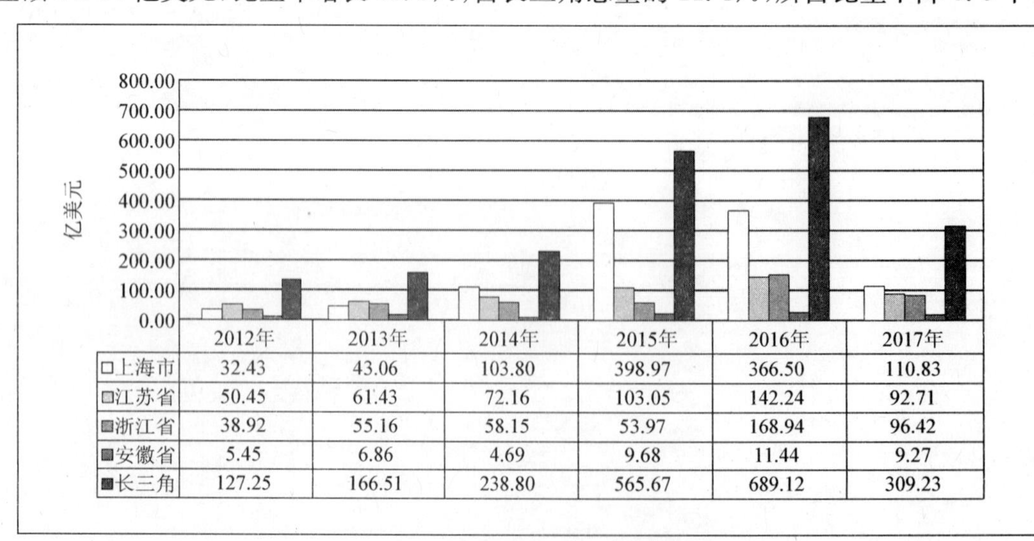

	2012年	2013年	2014年	2015年	2016年	2017年
□上海市	32.43	43.06	103.80	398.97	366.50	110.83
■江苏省	50.45	61.43	72.16	103.05	142.24	92.71
■浙江省	38.92	55.16	58.15	53.97	168.94	96.42
■安徽省	5.45	6.86	4.69	9.68	11.44	9.27
■长三角	127.25	166.51	238.80	565.67	689.12	309.23

图 2　2012—2017 年长三角地区中方对外投资额(单位:亿美元)

2017年，长三角对外投资额为309.23亿美元，比上年下降55.1%；占全国对外直接投资额的19.5%，所占比重比上年下降15.6个百分点。上海市中方对外投资额为110.83亿美元，比上年下降69.8%；占长三角投资总量的35.8%，所占比重下降17.3个百分点。江苏省中方对外投资额为92.71亿美元，比上年减少34.8%；占长三角投资总量的30.0%，所占比重上升9.3个百分点。浙江省中方对外投资额为96.42亿美元，比上年减少42.9%；占长三角投资总量的31.2%，所占比重上升6.7个百分点。安徽省中方对外投资额为9.27亿美元，比上年减少19.0%；占长三角投资总量的3.0%，所占比重上升1.3个百分点。

二、上海市对外经济总体情况

2017年，上海市备案和核准对外直接投资项目608项，比上年下降57.3%；对外直接投资中方投资额110.83亿美元，下降69.8%。签订对外承包工程合同金额108.50亿美元，下降8.4%；实际完成营业额99.30亿美元，增长49.2%；派出人员13902人次，增长114.0%。对外劳务合作派出人员18935人次，增长23.8%。

表1　2013—2017年上海市对外经济合作情况

指　标	2013年	2014年	2015年	2016年	2017年
对外承包工程					
签订合同金额(亿美元)	108.16	108.90	111.00	118.45	108.50
实际营业额(亿美元)	80.69	74.00	74.55	66.56	99.30
派出人员(人次)	4337	8532	5866	6497	13902
对外劳务合作					
派出人员(人次)	13695	18163	14369	15290	18935

资料来源：历年上海市统计年鉴。

表2　2012—2017年上海市对外直接投资情况

指　标	2012年	2013年	2014年	2015年	2016年	2017年
企业数(个)	249	347	594	1338	1425	608
投资额(亿美元)	32.43	43.06	103.80	398.87	366.50	110.83

资料来源：历年上海市统计年鉴。

三、江苏省对外经济总体情况

2017年，江苏省新批境外投资项目631个，比上年减少436个；中方协议投资92.71亿美元，同比下降34.8%。新签对外承包工程合同额108.21亿美元，比上年增长48.5%；实际完成营业额95.29亿美元，增长4.6%；年末在外人数31944人，减少459人。新签劳务人员合同工资总额4.40亿美元，比上年下降2.8%；劳务人员实际收入总额7.22亿美元，增长3.7%；年末在外人数59506人，增加4135人。协议投资第三产业仍占主导地位，2017年江苏省对外第三产业协议投资43.17亿美元，比上年下降48.9%，占协议投资的比重为46.6%，比上年下降12.8个百分点。

表3　2013—2017年江苏省对外经济合作情况

指　标		合同数(份)	合同金额(万美元)	实际额(万美元)	年末在外人数(人)
对外承包工程	2013年	1021	865653	726299	36266
	2014年	1067	966108	795426	36552
	2015年	875	779596	876128	37907
	2016年	1543	728708	911122	32403
	2017年	548	1082087	952857	31944
对外劳务合作(工资额)	2013年	—	75680	88826	51748
	2014年	—	120789	85351	59850
	2015年		51941	74550	63911
	2016年		45319	69634	55371
	2017年		44034	72179	59506

资料来源:历年江苏省统计年鉴。

表4　2013—2017年江苏省境外投资情况

指　标	2013年	2014年	2015年	2016年	2017年
新批项目数(个)	605	736	880	1067	631
＃企业	550	698	851	1049	584
＃子公司	522	685	806	990	570
独资子公司	414	517	621	759	429
合资子公司	108	168	184	231	141
联营公司	28	13	45	59	14
机构	55	38	29	18	47
＃国有及国有控股企业	58	58	52	95	83
集体企业	3	1	3	6	6
民营企业	426	554	693	814	432
外资企业	118	123	132	152	110
＃参股并购类项目	80	110	170	220	137
风险投资类项目	10	7	7	2	1
＃贸易型项目	210	277	315	286	213
非贸易型项目	395	459	565	781	418
＃境外加工贸易项目	38	61	65	76	44
境外资源开发项目	9	10	18	7	2
中方协议金额(万美元)	614272	721571	1030460	1422365	927073
＃企业	611917	721154	1030123	1422194	904664
＃子公司	579871	712482	996893	1373375	885165

续表

指　标	2013 年	2014 年	2015 年	2016 年	2017 年
独资子公司	488365	543147	798599	1137147	689252
合资子公司	91506	169335	198294	236228	195913
联营公司	32046	8672	33230	48820	19499
机构	2356	417	337	171	22409
#国有及国有控股企业	46418	65224	59895	180317	138680
集体企业	974	9998	38164	4641	27705
民营企业	434218	547679	795137	999928	631619
外资企业	132663	98669	137264	237479	129070
#参股并购类项目	126803	110347	199902	306426	493901
风险投资类项目	28342	17973	7753	897	2655
#贸易型项目	128831	167014	225716	242426	106254
非贸易型项目	485441	554557	804744	1179940	820819
#境外加工贸易项目	34307	57923	112433	150458	157283
境外资源开发项目	24100	22658	73734	30808	10000

资料来源：历年江苏省统计年鉴。

2017 年江苏省各市对外经济情况：

南京市新增境外投资项目 112 个，中方协议投资额 18.1 亿美元（含增资）。境外投资中方实际投资额 15.8 亿美元。全年对外承包工程完成营业额 39.8 亿美元，增长 7.3%；新签合同额 61.5 亿美元，增长 100.0%。全市企业赴“一带一路”沿线 27 个国家或地区新签合同额 36.4 亿美元，同比增长 188%；完成营业额 26.3 亿美元，增长 39.0%。

无锡市备案投资项目 84 个，中方协议投资额 12.05 亿美元，比上年下降 42.5%，其中 1000 万美元以上项目 14 个。

徐州市对外投资增势良好，新签对外承包工程合同额、新签对外承包工程完成营业额分别为 3.4 亿美元和 1.0 亿美元；新批境外投资项目 22 个，境外投资中方协议外资 3.9 亿美元。

常州市“走出去”发展稳步推进，全年新增境外投资项目 67 个，中方协议投资额 8.3 亿美元，大力推进境外产业园区和重点项目建设，总投资 1.0 亿美元的天合光能越南项目顺利实施。

苏州市对外投资稳步推进。全年新批境外投资项目中方协议投资额 23.2 亿美元，保持全省第一。空间布局持续向好。在“一带一路”沿线国家和地区新增对外投资企业 42 个，中方境外协议投资额 10.3 亿美元，比上年增长 72%。产业结构不断优化。新设境外投资非贸易型项目 95 个，中方协议投资额 21.3 亿美元，占总投资额的 89.5%。新增参股并购类项目 38 个，中方协议投资额 13.0 亿美元，比上年增长 42.0%，占总投资额的 55.0%。载体建设有序推进。截至 2017 年，埃塞俄比亚东方工业园完成基础设施投资 1.0 亿美元，吸引入园企业 82 家，入园企业实际投资总额 3.8 亿美元，实现总产值 8.1 亿美元。

南通市新批境外投资项目 56 家，中方协议投资额 13.6 亿美元，比上年增长 12.5%。新签对外承包劳务合同额 9.6 亿美元，下降 8.8%；完成对外承包劳务营业额 18.1 亿美元，下降 9.8%；新派劳务人员 0.9 万人次，下降 3.1%；年末在外劳务人员 2.4 万人，增长 0.8%。

镇江市对外经济稳定增长。全年新批境外投资项目 28 个，总投资 2.63 亿美元，增长 34.8%。新签订对外承包工程合同额 2.05 亿美元，增长 4.1 倍；完成营业额 3.30 亿美元，增长 0.7%；截至年末，全市累计批准 205 家企业在 65 个国家和地区，投资 293 个境外项目，中方协议投资 13.40 亿美元。

扬州市完成外经营业额 9.11 亿美元，同比增长 11.0%；累计境外投资项目 16 个，中方协议投资额 6239 万美元。

四、浙江省对外经济总体情况

2017 年，浙江省经审批和核准的境外投资企业和机构共计 527 家，比上年减少 276 家；其中中方投资 96.42 亿美元，比上年下降 42.9%。对外承包工程和劳务合作完成营业额 72.84 亿美元，比上年增长 6.6%；新签对外承包工程和劳务合作合同额 51.61 亿美元，下降 6.8%；对外承包工程和劳务合作年底在外人数为 27873 人，减少 6048 人。

表 5　2013—2017 年浙江省对外经济合作情况

项　　目	2013 年	2014 年	2015 年	2016 年	2017 年
新签对外承包工程和劳务合作合同额(万美元)	464707	423539	587412	553693	516116
对外承包工程和劳务合作营业额(万美元)	440266	533922	618719	683295	728427
对外承包工程和劳务合作年底在外人数(人)	27923	31279	32234	33921	27873
新批境外投资企业数(个)	568	577	760	803	527
境外企业中方投资额(万美元)	551648	581489	539701	1689363	964207

资料来源：历年浙江省统计年鉴。

2017 年浙江省各市对外经济情况：

杭州市设立各类境外投资企业(机构)1781 个，增长 12.3%。全年对外承包工程和劳务合作营业额 23.50 亿美元，增长 22.0%。离岸服务外包合同执行额 64.65 亿美元，增长 10.1%。

宁波市新批境外投资企业和机构 220 家；核准中方投资额 39.1 亿美元，比上年增长 11.3%。全年完成境外承包工程劳务合作营业额 20.7 亿美元，增长 1.7%。全年承接服务外包执行额 290.8 亿元，其中承接离岸服务外包执行额 135.6 亿元。年末全市服务外包企业 1407 家，从业人员 5.4 万人。

绍兴市新批境外投资企业 29 家，企业增资 16 家。总投资额 13.17 亿美元。其中，中方投资额10.54 亿美元，比上年增长 5.9%。境外工程营业额 2.46 亿美元，比上年增长 1.5%。我市境外工程主要分布在香港、阿尔及利亚、赞比亚、日本、巴基斯坦、印度等 15 个国家和地区。

舟山市国外经济合作完成营业额 4.9 亿美元，比上年增长 15.2%。其中，对外承包工程完成营业额 4.1 亿美元，增长 16.6%，占全市外经合作营业额的 83.5%，较上年提升 1 个百分点；共派出各类劳务人员 10266 人次，期末在外人数 14104 人，期末在外各类人数较上年同期增加 2501 人。

温州市境外投资总额达 6.89 亿美元，新批境外投资项目 25 个，其中对“一带一路”沿线国家投资 5.46 亿美元，占全部境外投资比重达 79.2%。

金华市新批核准境外投资项目 31 个，境外投资总额 11.65 亿美元，其中中方投资 11.43 亿美元，同比增长 37.2%，完成市政府年度工作指标的 163.3%。全市完成对外承包工程劳务合作营业额 3.20 亿美元。全年设立境外营销网络项目 28 个，涉及纺织、化工、五金机械、五金产品、车业、建材等行业企业。跨国并购成为金华对外直接投资的重要形式，全年我市以并购形式实现的境外投资项目共有 2 个，并购交易额 8.66 亿美元，比上年同期增长 2.16 倍。

台州市新批境外投资企业 31 家，中方投资额 5.01 亿美元。全市境外投资项目 625 个，中方累计投资额 14.45 亿美元。

五、安徽省对外经济总体情况

2017年，安徽省新批境外企业（机构）75个，比上年减少46个；协议对外投资10.60亿美元，比上年下降72.3%；实际对外投资9.27亿美元，下降19.0%，其中对“一带一路”沿线国家和地区投资0.90亿美元，同比增长21.9%。新签对外承包工程和劳务合作合同额52.52亿美元，比上年增长70.7%；完成营业额34.54亿美元，增长11.6%；当年外派劳务人员11574人，增加1530人；年末在外人数为20027人，增加830人。

表6　2013—2017年安徽省对外经济合作情况

项　　目	2013年	2014年	2015年	2016年	2017年
新签对外承包工程和劳务合作合同额（亿美元）	27.50	26.68	30.70	30.76	52.52
对外承包工程和劳务合作营业额（亿美元）	29.14	32.27	26.93	30.94	34.54
对外承包工程和劳务合作年底在外人数（人）	21655	24709	23691	19197	20027
新批境外投资企业数（个）	59	100	133	121	75
境外企业中方实际投资额（亿美元）	6.86	4.69	9.68	11.44	9.27

资料来源：历年安徽省统计年鉴。

2017年安徽省主要城市对外经济情况：

合肥市对外经济合作新签合同额30.6亿美元，同比增长81.0%；实现营业额24.7亿美元，增长9.0%。劳务合作年末在外人员6438人。

淮南市全年对外工程承包新签合同额63848万美元，增长1.9倍；完成营业额29475万美元，增长52.4%。当年外派劳务人员3736人，增长2.2倍。

宣城市新增境外投资企业4家，实际对外投资133万美元。

六　长三角外贸

一、长三角对外贸易总体情况

2017 年，长三角对外贸易进出口总值达 99505.98 亿元，比上年增长 13.8%；占全国外贸比重 35.8%，比上年下降 0.1 个百分点。其中，出口额 58112.54 亿元，比上年增长 10.2%；占全国出口比重 37.9%，下降 0.2 个百分点。

2017 年，上海市货物进出口总额 32237.82 亿元，比上年增长 12.5%；出口额 13120.31 亿元，增长 8.4%。江苏省货物进出口总额 38031.24 亿元，比上年增长 13.1%；出口额 23487.27 亿元，增长 11.5%。浙江省货物进出口总额 25605.32 亿元，比上年增长 15.3%；出口额 19439.76 亿元，增长 10.0%。安徽货物进出口总额 3631.60 亿元，比上年增长 23.8%；出口额 2065.20 亿元，增长 9.7%。

2017 年，上海市进出口总额占长三角进出口总额的比重为 32.4%，比上年下降 0.4 个百分点；出口额占长三角出口总额的比重为 22.6%，下降 0.4 个百分点。江苏省进出口总额占长三角进出口总额的比重为 38.2%，比上年下降 0.3 个百分点；出口额占长三角出口总额的比重为 40.4%，上升 0.4 个百分点。浙江省进出口总额占长三角进出口总额的比重为 25.7%，比上年上升 0.3 个百分点；出口额占长三角出口总额的比重为 33.5%，与去年持平。安徽省进出口总额占长三角进出口总额的比重为 3.6%，比上年上升 0.2 个百分点；出口额占长三角出口总额的比重为 3.6%，与去年持平。

表 1　2013—2017 年长三角地区对外贸易情况　　亿美元、亿元

指　标	2013 年		2014 年		2015 年		2016 年		2017 年	
	进出口额	出口额	进出口额	出口额	进出口额	出口额	进出口额	出口额	进出口额	出口额
上海市	4413.98	2042.44	4666.22	2102.77	4517.33	1969.69	28664.37	12105.45	32237.82	13120.31
江苏省	5508.44	3288.57	5637.62	3418.69	5456.14	3386.68	33634.80	21063.20	38031.24	23487.27
浙江省	3357.89	2487.46	3550.49	2733.29	3467.84	2763.32	22202.08	17666.48	25605.32	19439.76
安徽省	456.34	282.56	492.73	314.93	488.08	331.14	2933.80	1882.50	3631.60	2065.20
长三角	13736.65	8101.03	14347.06	8569.68	13929.39	8450.83	87435.05	52717.63	99505.98	58112.54

注：2016 年后(含)货币统计单位为人民币。

资料来源：历年上海市、江苏省、浙江省、安徽省统计年鉴。

二、上海市对外贸易情况

2017 年，上海市关区货物进出口总额 8423.64 亿美元，比上年增长 14.0%。其中，进口 3256.88 亿美元，增长 19.3%；出口 5166.76 亿美元，增长 10.6%。

2017 年，上海市完成进出口总额 4761.23 亿美元，比上年增长 12.5%。其中，进口总额 2824.42 亿美元，增长 15.4%；出口总额 1936.81 亿美元，增长 8.4%。上海市进出口总额相当于生产总值的比例为 105.2%，比上年上升 2.9 个百分点；出口总额相当于生产总值的比例为 42.8%，比去年下降 0.4 个百分点。

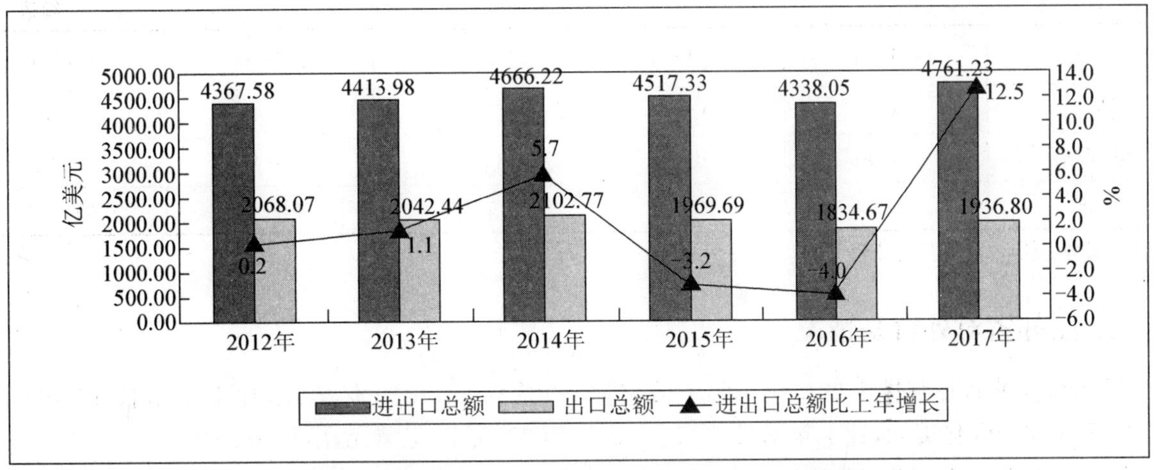

图 1　2012—2017 年上海市进出口总额与增长速度

按企业性质分，2017 年，上海市国有企业出口 228.10 亿美元，比上年增长 1.6%；外商投资企业出口 1292.95 亿美元，增长 4.6%。按产品分类，高新技术产品出口 841.70 亿美元，比上年增长 6.52%；机电产品出口 1371.58 亿美元，增长 6.4%。按贸易方式分，一般贸易出口 852.48 亿美元，增长 6.9%；加工贸易出口 791.46 亿美元，增长 7.8%。

表 2　2013—2017 年上海市出口情况

亿美元

指　标	2013 年	2014 年	2015 年	2016 年	2017 年
出口总额	2042.44	2102.77	1969.69	1834.67	1936.81
按企业性质分					
＃国有企业	296.98	279.17	254.26	224.49	228.10
外商投资企业	1367.75	1415.62	1320.55	1236.16	1292.95
按贸易方式分					
＃一般贸易	817.25	879.73	838.98	797.25	852.48
加工贸易	943.80	919.88	842.59	734.31	791.46
按产品类别分					
＃机电产品	1433.95	1456.08	1380.30	1289.16	1371.58
＃高新技术产品	887.13	890.63	861.55	790.60	841.70

数据来源：历年上海市统计年鉴。

2017 年，上海市对香港特别行政区、台湾省出口 179.64 亿美元、69.24 亿美元，比上年分别增长 −1.0% 和 7.5%。对美国、俄罗斯出口 464.57 亿美元、23.98 亿美元，分别增长 3.4%和 45.6%。对日本、韩国出口 193.49 亿美元、63.41 亿美元，分别增长 0.7%和−13.7%。

表 3　2013—2017 年上海市对主要国家和地区出口情况

亿美元

指　标	2013 年	2014 年	2015 年	2016 年	2017 年
中国香港	167.70	184.65	193.43	181.40	179.64
中国台湾	57.91	66.82	61.23	64.41	69.24
日本	249.09	233.13	213.22	192.07	193.49

续表

指　标	2013 年	2014 年	2015 年	2016 年	2017 年
韩国	62.12	71.62	84.80	73.45	63.41
俄罗斯	29.90	30.17	17.08	16.47	23.98
美国	506.50	498.45	455.79	449.16	464.57

数据来源：历年上海市统计年鉴。

三、江苏省对外贸易情况

2017 年，江苏省外贸进出口总额小幅下降，进出口总额 5911.39 亿美元，比上年增长 16.0%。其中，出口额 3632.98 亿美元，比上年增长 13.8%；进口额 2278.40 亿美元，增长 19.7%。

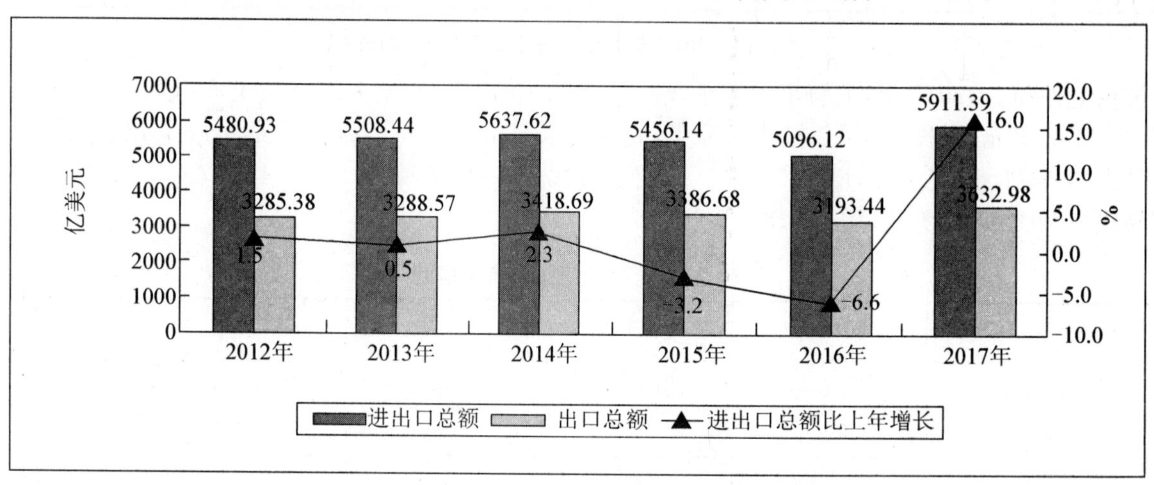

图 2　2012—2017 年江苏省进出口总额、出口额与增长速度

按贸易方式分。一般贸易出口额 1756.40 亿美元，比上年增长 13.0%；加工贸易出口额 1389.30 亿美元，增长 8.9%。机电产品出口额为 2393.00 亿美元，比上年增长 15.0%，占出口总额比重为 65.9%；高新技术产品出口额为 1380.00 亿美元，比上年增长 18.0%，占出口总额比重为 38.0%。

按经济类型分。外商投资企业出口额 2114.43 亿美元，比上年增长 13.3%，占出口总额比重为 58.2%，占比较上年下降 0.2 个百分点；私营企业出口额 1084.09 亿美元，增长 10.5%，占出口总额比重为 29.8%，占比较上年下降 0.9 个百分点；国有企业出口额 374.92 亿美元，增长 30.6%，占出口总额比重为 10.3%，占比较上年上升 1.3 个百分点。

对俄罗斯出口额为 43.18 亿美元，比上年增长 11.8%；对美国、日本、韩国出口额分别为 855.85 亿美元、273.01 亿美元和 184.46 亿美元，分别增长 19.3%、5.1%和 10.5%；对香港特别行政区、台湾省出口额分别为 304.77 亿美元、104.47 亿美元，分别增长 11.8%和 4.6%；对欧盟、东盟、非洲、拉丁美洲出口额分别为 687.25 亿美元、391.39 亿美元、86.47 亿美元和 190.87 亿美元，分别增长 15.5%、11.5%、12.2%和 12.9%。

表 4　2014—2017 年江苏省进出口商品主要国家和地区　　亿美元

指　标	2014 年		2015 年		2016 年		2017 年	
	进出口额	出口额	进出口额	出口额	进出口额	出口额	进出口额	出口额
中国香港	353.92	348.46	352.45	347.90	278.99	272.69	311.25	304.77

续表

指 标	2014年		2015年		2016年		2017年	
	进出口额	出口额	进出口额	出口额	进出口额	出口额	进出口额	出口额
中国台湾	462.43	142.06	434.41	137.83	375.68	99.84	400.59	104.47
韩国	593.27	166.37	585.00	166.78	542.12	166.86	641.67	184.46
日本	593.96	308.63	528.19	280.82	500.67	259.80	560.89	273.01
俄罗斯	56.27	48.94	41.08	34.74	46.71	38.62	53.53	43.18
美国	860.52	701.72	867.63	727.97	840.07	717.29	1007.19	855.85
东盟	593.16	342.22	596.54	351.07	586.74	351.06	681.60	391.39
欧盟	893.61	635.05	847.35	607.86	821.08	594.80	966.15	687.25
非洲	110.73	92.97	102.55	87.01	92.65	77.06	107.14	86.47
拉丁美洲	272.21	191.93	280.03	189.33	263.86	169.04	299.92	190.87

数据来源：历年江苏省统计年鉴。

2017年江苏省各市对外贸易情况：

南京市货物进出口总额611.87亿美元，比上年增长21.7%。其中，出口总额344.15亿美元，增长16.1%；进口总额267.73亿美元，增长29.8%。从进出口商品市场看，全年对欧盟、美国、日本、韩国和东盟等传统市场进出口额413.69亿美元，增长21.7%，占全市进出口总额比重为67.6%。其中出口223.82亿美元，增长17.8%，占全市65.0%；进口189.86亿美元，增长26.7%，占全市70.9%。从进出口商品构成看，全年高新技术产品出口101.88亿美元，增长39.5%，进口95.65亿美元，增长40.7%。机电产品出口186.51亿美元，增长22.2%，进口164.31亿美元，增长33.7%。

无锡市实现对外贸易进出口总额812.53亿美元，比上年增长16.4%。其中，进口总额317.34亿美元，比上年增长18.0%；出口总额495.19亿美元，比上年增长15.4%。一般贸易实现出口额253.02亿美元，总量占比达51.1%。按人民币计，全年实现对外贸易进出口总额5502.46亿元，比上年增长19.4%。其中，进口总额2147.84亿元，比上年增长20.8%；出口总额3354.62亿元，比上年增长18.4%。

徐州市实现进出口总额527.15亿元，比上年增长27.4%；其中出口总额428.14亿元，增长23.0%。按美元计价的进出口总额实现78.01亿美元，增长24.8%。服务贸易进出口总额4.71亿美元，占对外贸易比重为5.7%。出口结构有所优化，一般贸易出口额382.60亿元，增长26.1%，占出口总额比重为89.4%，比上年提高2.2个百分点；加工贸易出口额44.40亿元，增长0.7%。机电产品出口额171.70亿元，增长26.6%，高新技术产品出口额15.80亿元，增长4.0%。分出口市场看，对东南亚国家联盟出口76.80亿元，下降0.5%；对欧盟出口57.30亿元，增长23.2%；对美国出口74.20亿元，增长31.6%；对拉丁美洲出口27.90亿元，增长25.6%；对日本出口14.50亿元，增长9.4%；对非洲出口29.80亿元，增长8.6%。

常州市外贸易稳中转型。全年完成外贸进出口2117.6亿元，增长16.4%。其中出口1554.8亿元，增长13.1%，进口562.8亿元，增长26.4%。大力开拓新兴市场，全年对“一带一路”国家和地区出口513.1亿元，增长14.3%，占全市出口总额的33.0%。外贸结构不断优化，全年一般贸易出口1243.6亿元，占比80.0%；高新技术产品出口308.2亿元，占比19.8%。

苏州市对外贸易稳定增长。全年实现进出口总额3160.79亿美元，比上年增长15.5%。其中出口1871.61亿美元，增长14.2%；进口1289.18亿美元，增长17.4%。分注册类型看，各类企业全面增长。外商投资企业进出口2373.12亿美元，增长15.3%，占全市进出口额比重达75.1%；私营企业和国有企业进出口分别增长 13.0%和 31.7%。从贸易市场看,对第一大出口市场美国出口 534.07 亿美元,增长 21.6%;对欧盟、东盟出口分别增长 12.8%和 13.8%;对"一带一路"沿线国家和地区出口 382.8 亿美元,增长 15.0%,占全市出口额比重提升至 20.5%。发展方式积极转变。全市一般贸易出口 606.18 亿美元,增长 14.4%,占全市出口比重提升至 32.4%。

南通市按人民币计价实现进出口总值 2360.2 亿元,增长 15.9%,其中,出口总值 1691.9 亿元,增长 11.5%;进口总值 668.3 亿元,增长 28.9%。年末与我市建立进出口贸易关系的国家和地区 220 个,比上年增加 8 个。全市有进出口业绩的企业 6606 家,增长 13.9%。

镇江市对外贸易恢复性增长。全年实现进出口总额 105.36 亿美元,比上年增长 2.1%,其中出口总额 69.85 亿美元,增长 0.5%;进口总额 35.51 亿美元,增长 5.5%。从出口方式上看,一般贸易出口 53.92 亿美元,增长 5.1%;加工贸易出口 15.36 亿美元,下降 12.5%。分企业类型看,国有企业出口 2.00 亿美元,增长 11.1%;外商投资企业出口 32.53 亿美元,增长 5.5%;民营企业出口 34.51 亿美元,下降 4.5%。从主要出口产品看,机电产品出口 26.63 亿美元,下降 14.3%;纸及纸制品出口 7.58 亿美元,下降 0.9%。高新技术产品出口 6.79 亿美元,下降 46.3%。从出口市场看,对东盟组织出口 9.68 亿美元,增长 25.0%;对韩国出口 3.55 亿美元,增长 1.5%;对日本出口 4.86 亿美元,增长 12.8%;对印度出口 4.05 亿美元,增长 14.6%;对欧盟出口 8.70 亿美元,增长 2.3%;对美国出口 13.42 亿美元,增长 4.6%。

淮安市完成进出口总额 46.36 亿美元,比上年增长 34.5%。其中,出口 30.03 亿美元,增长 13.6%;进口 16.33 亿美元,增长 103.2%。外资企业进出口额 31.7 亿美元,增长 46.4%。全市有进出口实绩企业 863 户,比去年同期增加 54 户,进出口超亿美元企业 9 户。

宿迁市实现进出口总额 29.48 亿美元,比上年增长 21.7%。其中出口 21.72 亿美元,增长 16.1%;进口 7.76 亿美元,增长 40.9%。全年出入境检验检疫 23904 批次,比上年增长 7.5%;出入境检验检疫金额达 11.50 亿美元,比上年增长 20.7%。

泰州市完成进出口总额 129.48 亿美元,增长 24.8%,其中出口 82.16 亿美元,增长 23.2%,进口 47.32 亿美元,增长 27.7%。按贸易方式分,一般贸易出口 49.25 亿美元,增长 22.9%;加工贸易出口 32.76 亿美元,增长 24.4%;一般贸易进口 30.85 亿美元,增长 18.5%;加工贸易进口 11.88 亿美元,增长 49.1%。按企业性质分,外商投资企业出口 43.76 亿美元,增长 20.4%;民营企业出口 36.40 亿美元,增长 27.2%;外商投资企业进口 33.06 亿美元,增长 23.8%;民营企业进口 13.36 亿美元,增长 39.0%。

盐城市实现进出口总额 86.53 亿美元,比上年增长 8.8%,其中出口 58.41 亿美元,比上年增长 23.3%,进口 28.12 亿美元,比上年下降 12.5%。

连云港市进出口总额较快增长。全年完成进出口总额 82.14 亿美元,增长 16.6%。其中,进口 42.92 亿元,增长 27.7%,拉动全市进出口增长 13.2 个百分点;出口 39.22 亿美元,增长 6.4%。

扬州市进出口总额 108.0 亿美元,增长 13.2%,其中,出口 78.68 亿美元,增长 9.7%;进口 29.32 亿美元,增长 23.9%。从贸易方式看,一般贸易出口 56.2 亿美元,增长 9.8%;加工贸易出口 20.5 亿美元,增长 10.2%。从贸易市场看,欧盟累计出口 18.7 亿美元,同比增长 18.6%;美国出口 18.6 亿美元,同比增长 5.6%;东盟出口 6.4 亿美元,增长 0.1%;香港出口 6.6 亿美元,下降 1.0%;拉丁美洲出口 5.8 亿美元,增长 23.5%。

表 5　2014—2017 年江苏省各市进、出口情况

亿美元

指　标	2014 年		2015 年		2016 年		2017 年	
	出口额	进口额	出口额	进口额	出口额	进口额	出口额	进口额
南京市	326.28	245.93	315.03	217.38	295.94	206.20	344.15	267.73

续表

指　标	2014 年		2015 年		2016 年		2017 年	
	出口额	进口额	出口额	进口额	出口额	进口额	出口额	进口额
无锡市	442.31	299.39	422.32	262.35	429.10	268.95	495.19	317.34
徐州市	46.77	13.12	43.89	10.23	52.48	9.94	63.34	14.66
常州市	213.64	74.46	212.56	67.85	208.60	67.25	229.39	83.27
苏州市	1811.78	1301.28	1814.59	1238.90	1639.41	1098.18	1871.61	1289.18
南通市	224.8	91.67	228.26	87.53	230.11	78.48	249.38	98.82
连云港市	43.55	36.75	40.60	39.85	36.84	33.56	39.07	43.03
淮安市	31.61	9.45	30.09	11.21	26.98	8.06	30.03	16.33
盐城市	43.94	31.23	51.24	29.95	47.38	32.12	58.41	28.12
扬州市	76.82	23.30	77.11	26.27	72.59	23.66	78.68	29.32
镇江市	66.02	37.05	68.73	31.90	69.52	33.65	69.85	35.51
泰州市	61.78	47.15	63.77	38.52	66.74	37.07	82.16	47.32
宿迁市	29.40	8.15	18.50	7.49	18.71	5.51	21.72	7.76

数据来源：历年江苏省统计年鉴。

四、浙江省对外贸易情况

2017 年，浙江省完成进出口总额 25605.32 亿元，比上年增长 15.3%。其中，进口额 6165.55 亿元，增长 35.9%；出口额 19439.76 亿元，增长 10.0%。

按贸易方式分。一般贸易出口额 15502.31 亿元，比上年增长 11.2%；加工贸易出口 1834.40 亿元，增长 8.3%。机电产品出口额为 8404.39 亿元，比上年增长 12.2%，占出口总额比重为 43.2%；高新技术产品出口额为 1263.13 亿元，比上年增长 13.6%，占出口总额比重为 6.5%。

按经济类型分。三资企业出口额 3435.36 亿元，比上年增长 3.4%，占出口总额比重为 17.7%，占比较上年下降 1.1 个百分点；私营企业出口额 14403.80 亿元，增长 12.1%，占出口总额比重为 74.1%，占比较上年提升 1.4 个百分点；国有企业出口额 1052.77 亿元，增长 9.2%，占出口总额比重为 5.4%，占比较上年下降 0.1 个百分点。

对香港特别行政区、台湾省出口额分别为 239.18 亿元、192.97 亿元，分别比上年增长 −9.9%和 9.0%；对美国、日本、韩国和俄罗斯出口额分别为 3698.07 亿元、804.44 亿元、502.18 亿元和 544.47 亿元，分别比上年增长 13.8%、7.6%、12.7%和 22.4%；对亚太经济组织、东盟和欧盟出口额分别为 9099.50 亿元、1741.96 亿元和 4326.26 亿元，分别比上年增长 11.7%、7.9%和 9.6%。

表 6　2014—2017 年浙江省对主要市场进出口情况　　万美元、万元

国别(地区)	2014 年		2015 年		2016 年		2017 年	
	进出口总额	出口额	进出口总额	出口额	进出口总额	出口额	进出口总额	出口额
总值	35504894	27332897	215621649	171701752	222020808	176664804	256053153	194397631
亚太经济合作组织	17987187	12400727	107671513	78388958	112250288	81498822	131947291	90994986
中国香港	603906	582427	3614998	3488489	2751601	2653602	2480158	2391753
日本	2200307	1270734	12304996	7373559	12442110	7473988	14629957	8044405

续表

国别(地区)	2014年		2015年		2016年		2017年	
	进出口总额	出口额	进出口总额	出口额	进出口总额	出口额	进出口总额	出口额
中国台湾	1267074	282431	6892649	1949866	6218619	1770005	7214608	1929673
韩国	1360522	626939	7544586	4002403	8503766	4454419	10352997	5021827
东南亚联盟	3319568	2269887	20572293	15018877	22007830	16144464	25790770	17419598
欧洲联盟	7232818	6267058	43005483	37614491	45316755	39473095	50927782	43262570
俄罗斯	1049804	932948	4785578	4184868	5427461	4450017	6531019	5444714
美国	5235657	4615276	34206979	30415245	36309550	32496267	41959444	36980691

注:2015年起以人民币为计价单位。
资料来源:历年浙江省统计年鉴。

2017年浙江省各市对外贸易情况:

杭州市完成货物进出口总额5085亿元,增长13.3%,其中出口3456亿元,增长4.3%,进口1629亿元,增长38.8%。高新技术产品出口478亿元,增长12.8%,机电产品出口1456亿元,增长7.3%。民营企业出口2325亿元,增长6.8%。对"一带一路"沿线国家出口1049亿元,占出口总额30.4%。全年服务进出口总额1619亿元,增长15.7%,占货物和服务贸易进出口比重为24.1%,其中出口1088亿元,增长15%;进口531亿元,增长17%。跨境电商交易额99.36亿美元,增长22.5%,其中出口70.22亿美元,进口29.14亿美元,分别增长15.9%和42.0%。

宁波市实现口岸进出口总额13839.5亿元,比上年增长18.5%。全年完成外贸自营进出口总额7600.1亿元,增长21.3%,其中出口4984.2亿元,增长14.3%;进口2616.0亿元,增长37.3%。外贸出口占全国比重为3.3%,比上年提高0.1个百分点。全年新增对外贸易经营备案登记企业4604家,累计达37682家;全年有进出口实绩企业18923家。从产品结构看,机电产品出口额占全市出口总额的55.5%,比上年提高1.0个百分点;高新技术产品出口额占全市出口总额的6.7%,比上年提高0.1个百分点。从贸易伙伴看,直接开展贸易往来的国家和地区达223个,其中欧盟、美国和东盟分别完成进出口额1564.3亿元、1378.9亿元和634.8亿元,分别增长15.9%、20.8%和18.3%,三者合计占同期进出口总额的47.1%。全年完成对"一带一路"沿线64国进出口额1984.2亿元,增长21.0%,其中对中东欧16国进出口额197.9亿元,增长26.8%。

嘉兴市完成进出口总值2469.71亿元,比上年增长19.4%,其中出口总值1775.97亿元,增长14.6%,进口总值693.74亿元,增长33.8%。机电、服装及纺织类产品等居出口主导地位,机电产品出口649.57亿元,增长20.4%,占全市出口比重36.6%;服装产品出口246.53亿元,增长1.9%;纺织品出口314.45亿元,增长11.3%,占比17.7%。高新技术产品出口122.53亿元,增长26.9%。

湖州市实现外贸进出口总额778.0亿元,比上年增长14.5%。其中,出口687.3亿元,增长14.6%;进口90.7亿元,增长13.7%。按主要产品分,机电产品出口230.9亿元,增长15.0%,纺织原料及纺织制品出口196.8亿元,增长9.6%。按主要市场分,非洲出口增长较快,达到20.4%;北美洲、大洋洲、拉丁美洲、亚洲和欧洲分别增长17.9%、16.5%、14.2%、12.8%和12.1%。

绍兴市完成货物进出口总额1997亿元,比上年增长9.7%,其中出口1852亿元,增长9.8%,进口145亿元,增长7.9%。从贸易方式看,一般贸易进出口1868亿元,加工贸易进出口118亿元,其他贸易进出口11亿元。从国家和地区看,有进出口国家和地区217个,其中出口超6500万元的115个。出口额前三位国家和地区分别为美国、印度、越南,分别出口287亿元、76亿元、75亿元。对"一带一路"沿线国家进出口798亿元,比上年增长8.9%。其中出口756亿元,增长8.5%。从产业结构看,纺织服装出

口 1121 亿元，增长 5.0%；机电产品出口 378 亿元，增长 16.5%；化工产品出口 141 亿元，增长 11.9%；高新技术产品出口 37 亿元，下降 10.1%。从企业类型看，有出口实绩企业 9185 家(包括三资企业)，比上年增加 396 家，其中出口超 6500 万元企业 633 家。

舟山市完成外贸进出口总额 783.0 亿元，比上年增长 12.4%。其中，出口 384.2 亿元，下降 7.2%；进口 398.9 亿元，增长 41.0%。规模以上工业出口交货值 233.7 亿元，增长 11.4%。全市国际经济合作营业额 49166 万美元，增长 15.2%；国际服务贸易进出口 145.7 亿元，增长 18.9%，其中出口 109.8 亿元，增长 13.3%，进口 35.9 亿元，增长 40.3%。

温州市完成进出口总额 1327.1 亿元，比上年增长 11.2%。其中进口 169.2 亿元，增长 27.3%；出口 1157.9 亿元，增长 9.2%。民营企业出口 1039.8 亿元，增长 9.7%，占全市货物出口总额的 89.8%，比上年提高 0.4 个百分点。对“一带一路”沿线国家出口 420.2 亿元，同比增长 13.2%，从“一带一路”沿线国家进口 62.3 亿元，同比增长 73.1%。全市累计获自营进出口权企业达 1.5 万家，比上年末增长 11.7%，其中年度自营出口超千万美元企业达 353 家，比上年末增加 4 家，出口超 5000 万美元企业 30 家。

金华市完成进出口总额 3461.0 亿元(含一达通，下同)，同比增长 6.6%，其中，出口总额 3367.2 亿元，同比增长 6.2%；进口总额 93.8 亿元，同比增长 24.3%。全年新增备案企业 2950 家，全年有进出口实绩企业 7275 家，比上年净增 402 家。全市与 226 个国家和地区建立了贸易关系，其中出口超 10 亿元的国家和地区 68 个。

衢州市实现进出口总额 366.54 亿元，比上年增长 29.3%。其中：出口 261.64 亿元，增长 28.9%；进口 104.90 亿元，增长 30.4%。全市有出口实绩的企业 797 家，比上年增加 24 家，其中当年新启动出口业务企业 153 家，增加 13 家。出口额在 100 万元以上企业 591 家，其中 1000 万元以上的企业 283 家，比去年增加 32 家。全市出口排前三位的市场依次是：东盟、欧盟、美国。对东盟出口 36.70 亿元，增长 29.6%；对欧盟出口 35.48 亿元，增长 26.2%；对美国出口 33.04 亿元，增长 21.7%。对这三大主要市场出口额合计占全市出口总额的 40.2%。在主要商品出口中：机电产品出口 75.91 亿元，增长 27.6%；高新技术产品出口 11.31 亿元，下降 1.8%；化工医药产品出口 67.12 亿元，增长 29.3%；服装、纺织品出口 24.04 亿元，增长 17.6%。

台州市实现外贸进出口总额 1577.89 亿元，比上年增长 20.4%，增速比上年提高 20.6 个百分点。其中出口总额 1379.47 亿元，增长 18.0%；进口总额 198.42 亿元，增长 40.3%。全年外贸企业出口 240.48 亿元，比上年增长 47.5%；三资企业出口 129.13 亿元，增长 16.0%；生产企业出口 1009.87 亿元，增长 12.8%。在出口总额中，一般贸易出口 1276.16 亿元，比上年增长 18.1%；加工贸易出口 103.0 亿元，增长 17.0%。全年高新技术产品出口增长 9.3%，机电产品出口增长 19.1%。全市对“一带一路”沿线国家出口 484.76 亿元，比上年增长 18.7%。全年有进出口实绩企业 5558 家，比上年增加 325 家。出口国家和地区为 227 个，比上年增加 15 个。

丽水市实现进出口总额 222.84 亿元，比上年下降 1.4%。其中，出口 205.00 亿元，下降 1.8%；进口 17.84 亿元，增长 3.9%。对“一带一路”沿线主要国家出口 77.75 亿元，增长 4.5%。

表 7　2013—2017 年浙江省各市进、出口情况　　亿美元

指　标	2013 年		2014 年		2015 年		2016 年		2017 年	
	进口额	出口额	进口额	出口额	出口额	出口额	进口额	出口额	进口额	出口额
浙东北	780.97	1746.41	731.85	1902.59	632.85	1865.5	619.38	1807.05	805.29	1895.54
杭州市	203.05	447.66	188.32	491.66	165.00	500.67	177.34	502.59	222.32	467.81
宁波市	346.19	657.10	315.95	731.09	290.00	713.73	288.27	660.97	386.63	735.34
嘉兴市	102.51	215.12	100.83	236.51	81.58	229.27	78.41	235.07	102.55	262.03

续表

指　标	2013 年		2014 年		2015 年		2016 年		2017 年	
	进口额	出口额	进口额	出口额	出口额	出口额	进口额	出口额	进口额	出口额
湖州市	14.45	80.88	11.83	88.06	13.52	88.55	12.07	90.16	13.39	100.56
绍兴市	54.53	279.16	49.32	297.51	27.60	271.42	20.41	255.64	21.50	273.15
舟山市	60.23	66.49	65.59	57.76	55.16	61.85	42.89	62.63	58.9	56.65
浙西南	89.57	741.63	86.09	830.95	74.26	900.54	67.43	871.69	86.39	931.23
温州市	24.56	181.46	22.31	185.51	23.63	171.15	20.05	160.77	25.04	170.81
金华市	17.42	325.32	18.16	396.71	13.85	476.73	11.39	471.75	13.86	488.27
衢州市	13.86	23.90	15.63	28.85	11.21	32.92	12.09	30.26	15.49	38.23
台州市	31.57	187.21	27.28	193.51	23.37	188.29	21.36	177.33	29.36	203.62
丽水市	2.16	23.73	2.71	26.37	2.20	31.44	2.53	31.58	2.64	30.30

数据来源：历年浙江省统计年鉴。

五、安徽省对外贸易情况

2017 年，安徽省完成进出口总额 536.36 亿美元，比上年增长 20.9%。其中，出口 304.82 亿美元，增长 7.0%；进口 231.54 亿美元，增长 45.7%。

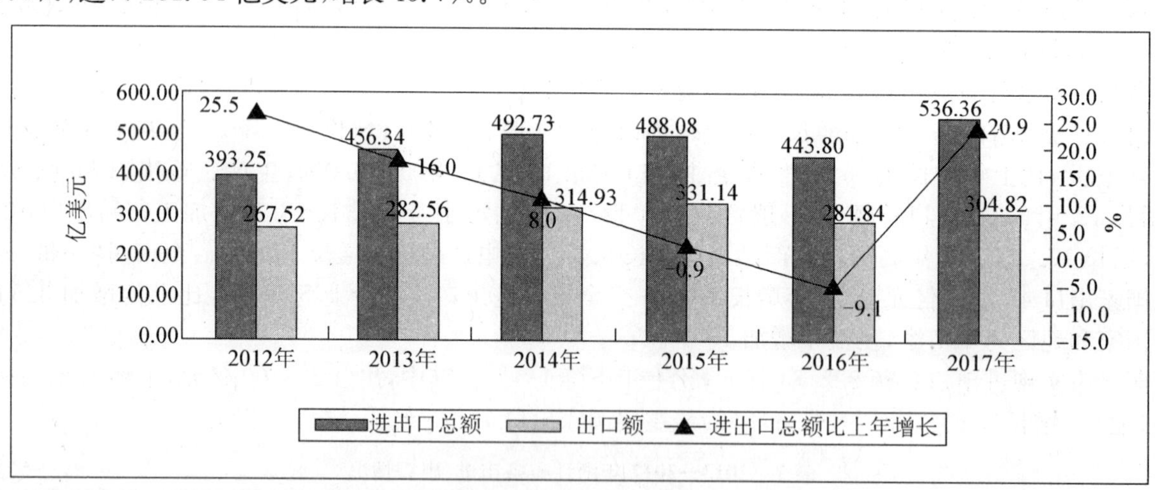

图 3　2012—2017 年安徽省进出口总额、出口额与增长速度

从出口经营主体看，生产型企业出口下降 8.8%，贸易型企业出口下降 8.5%。从出口商品看，机电产品、高新技术产品出口分别下降 10.1%和 27.1%。按贸易方式分，一般贸易出口额 213.73 亿美元，比上年增长 4.8%；加工贸易出口额 83.95 亿美元，增长 16.7%。

对香港特别行政区、台湾省出口 15.11 亿美元、4.56 亿美元，分别比上年增长－13.8%和 19.1%。对美国、日本、韩国分别出口 56.45 亿美元、14.51 亿美元、10.12 亿美元，分别增长 5.2%、7.2%和 25.7%。对德国、俄罗斯出口 8.96 亿美元、4.71 亿美元，分别增长 0.9%和 31.7%。

表 8　2013—2017 年安徽省进出口商品主要国家和地区　　万美元

指　标	2013 年		2014 年		2015 年		2016 年		2017 年	
	进出口额	出口额	进出口额	出口额	进出口额	出口额	进出口额	出口额	进出口额	出口额
美国	555744	422477	651757	514345	710737	570066	699442	536757	784552	564478
香港	134344	132334	150425	148053	201320	198195	179423	175418	158064	151137
日本	266259	125889	295476	153541	221474	141709	238587	135355	446329	145084
德国	174301	92137	180940	106751	163148	106672	151487	88859	179382	89643
韩国	209458	81129	244989	101917	207652	100588	167961	80532	277268	101201
台湾	146774	47021	209029	60275	173549	43441	162028	38285	217427	45613
俄罗斯	72271	61550	80937	72524	52480	43999	46327	35779	57304	47107

数据来源：历年安徽省统计年鉴。

2017 年安徽省各市对外贸易情况：

合肥市实现进出口总额 249.59 亿美元，比上年增长 33.6%。其中，出口 145.66 亿美元，增长 15.3%；进口 103.93 亿美元，增长 71.8%。从出口商品看，机电产品出口额 100.41 亿美元，增长 17.9%；高新技术产品出口额 57.78 亿美元，增长 21.9%。

芜湖市实现进出口总额 63.77 亿美元，比上年增长 12.3%。其中，进口总额 22.33 亿美元，增长 37.1%；出口总额 41.44 亿美元，增长 2.4%。从出口产品类别看，机电产品出口额 32.80 亿美元，占出口总额的 79.2%。从产品出口地区看，对欧洲出口 6.56 亿美元，占出口总额的 15.8%；对亚洲出口 18.70 亿美元，占出口总额的 45.1%；对北美洲出口 11.15 亿美元，占出口总额的 26.9%。

淮北市实现进出口总额 60809 万美元，比上年下降 0.9%。其中出口 55761 万美元，下降 2.3%；进口 5048 万美元，增长 17.9%。

亳州市完成进出口总额 6.6 亿美元，比上年增长 27.8%。其中，出口 6.0 亿美元，比上年增长 30.5%；进口 0.6 亿美元，增长 6.3%。从出口经营主体看，生产型企业出口增长 30.1%，贸易型企业出口增长 33.5%。从出口商品看，中药材、机电产品和高新技术产品出口分别增长 28.9%、30.8%和 14.2%。

宿州市完成进出口总额 5.79 亿美元，比上年增长 23.2%。其中，进口总额 0.71 亿美元，比上年下降 13.5%；出口总额 5.07 亿美元，增长 31.0%。

蚌埠市完成进出口总额 17.71 亿美元，比上年增长 0.5%。其中，出口 9.4 亿美元，比上年下降 21.1%；进口 8.32 亿美元，增长 45.7%。

阜阳市完成货物进出口总额 11.1 亿美元，比上年下降 1.3%。其中，出口 9.6 亿美元，比上年下降 4.1%；进口 1.5 亿美元，增长 23.1%。从出口贸易方式看，一般贸易出口 8.4 亿美元，比上年下降 5.8%；加工贸易出口 1.3 亿美元，增长 8.0%。

淮南市完成外贸进出口总额 29925 万美元，比上年增长 8.7%。其中出口 27294 万美元，比上年增长 14.1%；进口 2631 万美元，下降 27.4%。

滁州市完成进出口总额 277479 万美元，比上年增长 19.8%。其中，出口总额 189408 万美元，比上年增长 13.3%；进口总额 88070 万美元，增长 36.4%。从进出口经营主体看，内资生产企业完成 226512 万美元，比上年增长 32.8%；外商投资企业完成 50967 万美元，下降 16.6%。出口国别及地区达 183 个。

六安市完成实现进出口总额 71890 万美元，同比增长 35.3%。其中，出口 60647 万美元，同比增长 20.4%；进口 11243 万美元，增长 308.4%。

马鞍山市实现进出口总额 38.05 亿美元，比上年增长 19.3%；其中，进口总额 22.16 亿美元，比上年增长 31.9%；出口总额 15.89 亿美元，增长 5.3%。中小企业进出口总额 19.0 亿美元，增长 13.6%。

宣城市实现进出口总额 15.3 亿美元，比上年增长 1.7%，其中，出口 14.0 亿美元，比上年增长 1.7%；进口 1.3 亿美元，增长 1.4%。从出口经营主体看，生产型、非生产型企业出口分别为增长 29%和下降 69.6%。从出口商品看，机电产品出口下降 2.4%，汽车零部件出口增长 12.4%，塑料及橡胶件出口增长 17.2%，纺织品出口增长 67.2%，广义农产品出口增长 61.3%，卫浴产品出口增长 18.9%。

表 9　2013—2017 年安徽省各市进、出口情况

万美元

指　标	2013 年		2014 年		2015 年		2016 年		2017 年	
	进出口额	出口额	进出口额	出口额	进出口额	出口额	进出口额	出口额	进出口额	出口额
合肥市	1819000	1189889	2074136	1277371	2033125	1371202	1868699	1263549	2495869	1456590
淮北市	46841	43828	54808	51958	57687	54587	61321	57038	60809	55761
亳州市	42630	37773	36920	32313	50164	45022	51990	46149	66444	60233
宿州市	53463	47192	65123	57419	75945	66303	46971	38744	57859	50745
蚌埠市	170950	124423	208032	162280	234111	165171	176006	118961	177126	93974
阜阳市	136558	111401	161012	145277	149578	135248	112334	100508	110960	96399
淮南市	50487	40634	44695	35663	33219	28573	27537	23916	29925	27294
滁州市	185545	138270	220430	151523	204621	144243	233376	168804	277479	189408
六安市	80064	77720	68682	66311	61718	53033	52716	49966	71890	60647
马鞍山市	362511	138631	297185	124558	295522	162653	318297	151267	380465	158896
芜湖市	543322	393136	644665	497428	681891	554223	570917	406746	637683	414397
宣城市	187883	175152	169018	158754	185163	175423	150710	138063	152958	140137
铜陵市	582335	62213	523873	85658	458106	64353	464299	66774	554566	57098
池州市	41018	25751	41193	25982	51979	20777	61879	18400	76844	20024
安庆市	180426	149469	225699	194864	244463	217731	175604	144566	138991	105549
黄山市	80340	70154	91808	81950	63516	52881	65332	54921	73740	61011

数据来源：历年安徽省统计年鉴。

七　长三角固定资产投资

一、长三角地区固定资产投资基本情况

2017 年，长三角固定资产投资总额为 120558.76 亿元，比上年增长 7.2%，高于全国增速 1.5 个百分点；占全国固定资产投资总额的比重为 18.8%，所占比重比上年上升 0.3 个百分点。

2017 年，上海市固定资产投资总额 7246.60 亿元，比上年增长 7.3%；占长三角固定资产投资总额的 6.0%，所占比重与去年持平。江苏省固定资产投资总额 53000.21 亿元，比上年增长 7.4%；占长三角固定资产投资总额的 44.0%，所占比重上升 0.1 个百分点。浙江省固定资产投资总额 31125.99 亿元，比上年增长 5.3%；占长三角固定资产投资总额的 25.8%，所占比重下降 0.5 个百分点。安徽省固定资产投资总额 29185.96 亿元，比上年增长 9.1%；占长三角固定资产投资总额的 24.2%，所占比重上升 0.4 个百分点。

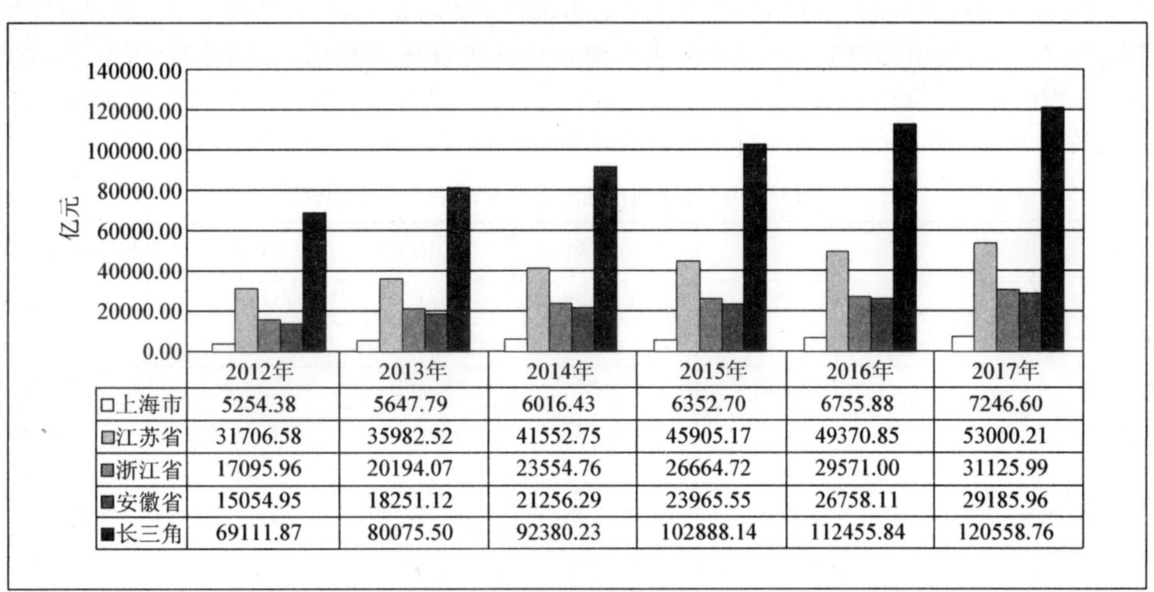

	2012年	2013年	2014年	2015年	2016年	2017年
□上海市	5254.38	5647.79	6016.43	6352.70	6755.88	7246.60
■江苏省	31706.58	35982.52	41552.75	45905.17	49370.85	53000.21
■浙江省	17095.96	20194.07	23554.76	26664.72	29571.00	31125.99
■安徽省	15054.95	18251.12	21256.29	23965.55	26758.11	29185.96
■长三角	69111.87	80075.50	92380.23	102888.14	112455.84	120558.76

图 1　2012—2017 年长三角地区固定资产投资（亿元）

注：固定资产投资口径范围为计划总投资 500 万元及以上的投资项目和房地产开发投资。

数据来源：历年上海市、江苏省、浙江省、安徽省统计年鉴。

二、上海市固定资产投资基本情况

（一）上海市固定资产投资总体情况

2017 年，上海市固定资产投资总额 7246.60 亿元，比上年增长 7.3%，固定资产投资仍保持“三、二、一”的产业结构特征。第三产业投资 6211.42 亿元，比上年增长 7.7%，占投资总额的 85.7%；第二产业投资 1033.58 亿元，增长 5.2%，占投资总额的 14.6%；第一产业投资 1.60 亿元，减少 60.9%，占投资总额的 0.02%。

表 1 2013—2017 年上海市固定资产投资总体情况 亿元

指 标	2013 年	2014 年	2015 年	2016 年	2017 年
投资总额	5647.79	6016.43	6352.70	6755.89	7246.60
第一产业	18.45	11.86	3.95	4.09	1.60
第二产业	1242.02	1157.27	958.84	982.69	1033.58
第三产业	4387.32	4847.30	5389.91	5769.11	6211.42
三次产业构成(100%)					
第一产业	0.33	0.20	0.06	0.06	0.02
第二产业	21.99	19.23	15.09	14.55	14.26
第三产业	77.68	80.57	84.84	85.39	85.71

数据来源:历年上海市统计年鉴。

(二)上海市固定资产投资的经济类型

2017 年,上海市固定资产投资中的国有经济投资 2192.32 亿元,比上年增长 18.8%,占投资总额的 30.3%;非国有经济投资 5054.28 亿元,增长 2.9%,占投资总额的 69.7%,比重比上年下降 3.0 个百分点。非国有经济中,股份制经济、私营经济和港澳台经济投资比重靠前,分别投资 2830.73 亿元、1141.86 亿元和 643.71 亿元,分别增长 8.4%、6.3%和-2.9%,分别占投资总额的 39.1%、15.8%和 8.9%。外商经济投资 367.03 亿元,比上年下降 25.2%,占投资总额的 5.1%,比重比上年下降 2.2 个百分点。

表 2 2013—2017 年上海市固定资产投资(按经济类型分) 亿元

指 标	2013 年	2014 年	2015 年	2016 年	2017 年
国有经济	1926.89	1796.22	1974.08	1844.66	2192.32
非国有经济	3720.90	4220.21	4378.62	4911.22	5054.28
集体经济	102.81	55.07	53.62	33.85	61.25
私营经济	1070.65	1219.43	1017.10	1074.30	1141.86
联营经济	13.99	6.11	5.55	1.03	0.71
股份制经济	1601.33	1812.77	2124.52	2611.71	2830.73
港澳台经济	291.96	465.14	630.61	663.10	643.71
外商经济	602.50	637.90	534.11	490.38	367.03
其他经济	37.66	23.79	13.11	36.85	8.90
构成(100%)					
国有经济	34.12	29.86	31.07	27.30	30.25
非国有经济	65.88	70.14	68.93	72.70	69.75
集体经济	1.82	0.92	0.84	0.50	0.85
私营经济	18.96	20.27	16.01	15.90	15.76
联营经济	0.25	0.10	0.09	0.02	0.01
股份制经济	28.35	30.13	33.44	38.66	39.06
港澳台经济	5.17	7.73	9.93	9.82	8.88
外商经济	10.67	10.60	8.41	7.26	5.06
其他经济	0.67	0.40	0.21	0.55	0.12

数据来源:历年上海市统计年鉴。

(三) 上海市固定资产投资的资金来源

2017年,上海市固定资产投资资金来源合计8182.34亿元,比上年下降11.1%。资金来源主要依靠其他资金,其他资金总额为自筹资金34.65亿元,比上年减少5.3%;占资金来源的比重为34.6%,所占比重比去年上升2.1个百分点。利用外资投资金额为18.76亿元,比上年增长0.5%,所占比重基本与去年持平。

表3　2013—2017年上海市固定资产投资(按资金来源分)　亿元

指　标	2013年	2014年	2015年	2016年	2017年
资金来源合计	7828.22	7961.62	8179.97	9198.91	8182.34
国家预算内资金	368.25	417.89	501.61	564.74	811.59
国内贷款	1782.39	2068.08	2050.79	2104.13	2013.01
债券			0.50		18.72
利用外资	172.52	205.05	130.13	18.67	18.76
自筹资金	3284.39	3243.55	3010.99	2993.26	2834.87
其他资金	2220.67	2027.05	2485.96	3518.11	2485.39
构成(100%)					
国家预算内资金	4.70	5.25	6.13	6.14	9.92
国内贷款	22.77	25.98	25.07	22.87	24.60
债券			0.01	0	0.23
利用外资	2.20	2.58	1.59	0.20	0.23
自筹资金	41.96	40.74	36.81	32.54	34.65
其他资金	28.37	25.46	30.39	38.24	30.38

数据来源:历年上海市统计年鉴。

(四) 上海市六大重点发展工业行业固定资产投资分布

2017年,上海市六大重点发展工业行业固定资产投资总额555.99亿元,比上年增长0.6%;占投资总额的7.7%,所占比重比上年下降0.5个百分点。电子信息产品制造业、汽车制造业和成套设备制造业投资比重靠前,分别投资183.25亿元、154.50亿元和82.27亿元,比上年分别增长-5.1%、18.4%和18.5%,分别占投资总额的2.5%、2.1%和1.1%。

表4　2013—2017年上海市六大重点发展工业行业固定资产投资分布　亿元

行　业	2013年	2014年	2015年	2016年	2017年
工业六大重点行业	741.73	690.16	556.33	552.60	555.99
电子信息产品制造业	208.88	163.08	173.28	193.10	183.25
汽车制造业	143.85	142.67	118.10	130.44	154.50
石油化工及精细化工制造业	94.56	120.58	67.09	70.90	52.15
精品钢材制造业	53.97	55.94	40.35	38.40	44.92
成套设备制造业	168.39	132.31	98.30	69.43	82.27
生物医药制造业	74.82	75.59	59.21	50.33	38.91

数据来源:历年上海市统计年鉴。

（五）上海市固定资产投资的主要特点

（1）从产业投向看，第三产业仍是重中之重。

2017年，上海市第三产业投资6211.42亿元，比上年增长7.7%，增幅较去年上升0.7个百分点；所占比重为85.7%，比上年上升0.3个百分点。第一产业投资1.60亿元，比上年减少60.9%，占全社会固定资产投资总额的比重为0.02%；第二产业投资1033.58亿元，比上年增长5.2%，所占比重为14.6%，所占比重比上年下降0.3个百分点。

（2）从三大投资领域来看，所占比重呈现"一升两降"的趋势。

"一升"是城市基础设施投资所占比重有所上升。2017年，上海市城市基础设施投资1705.22亿元，比上年增长9.9%；占全社会固定资产投资总额的比重为23.5%，所占比重比上年上升0.5个百分点。其中，电力建设投资137.85亿元，比上年下降5.0%；运输邮电投资996.10亿元，增长0.6%；共用设施投资571.27亿元，增长37.1%。

"两降"是工业投资、房地产开发投资所占比重下降。2017年，上海市工业固定资产投资1031.69亿元，比上年增长5.3%；占全社会固定资产投资总额的比重为14.2%，所占比重比上年下降0.3个百分点。六大重点发展工业行业固定资产投资总额555.99亿元，比上年增长0.6%；占投资总额的7.7%，所占比重比上年下降0.5个百分点。具体来看，六大行业呈"三升三降"的格局。汽车制造业、精品钢材制造业和成套设备制造业分别投资154.50亿元、44.92亿美元和82.27亿美元，比上年分别增长18.4%、17.0%和18.5%；电子信息产品制造业、石油化工及精细化工制造业和生物医药制造业分别投资183.25亿美元、52.15亿美元和38.91亿美元，比上年分别下降5.1%、26.4%和22.7%。2017年，上海市房地产开发投资3856.53亿元，比上年增长4.0%；占投资总额的53.2%，所占比重比上年下降1.7个百分点。其中，住宅开发投资占据半壁江山，住宅投资2152.40亿元，比上年增长9.5%，占全部房地产开发投资的55.8%，比重提高2.8个百分点；办公楼和商业营业用房完成投资1148.91亿元，下降5.5%，占29.8%。

三、江苏省固定资产投资基本情况

（一）江苏省固定资产投资总体情况

2017年，江苏省固定资产投资总额53000.21亿元，比上年增长7.4%，增幅低于去年0.1个百分点。第二产业投资总额26412.41亿元，比上年增长7.0%，占江苏省固定资产投资总额的比重为49.8%；第三产业投资总额26244.28亿元，比上年增长7.5%，占江苏省固定资产投资总额的比重为49.5%；第一产业投资总额343.42亿元，比上年增长17.2%，占江苏省固定资产投资总额的比重为0.7%。

表5　2013—2017年江苏省固定资产投资(按产业分)　　亿元

指　标	2013年	2014年	2015年	2016年	2017年
投资总额	35982.51	41552.75	45905.17	49370.85	53000.21
第一产业	195.71	206.97	232.24	293.11	343.42
第二产业	18412.48	20298.45	22890.96	24673.81	26412.41
第三产业	17374.32	21047.33	22781.97	24403.93	26244.38
构成(100%)					
第一产业	0.54	0.50	0.51	0.59	0.65
第二产业	51.17	48.85	49.87	49.98	49.83
第三产业	48.29	50.65	49.63	49.43	49.52

数据来源：历年江苏省统计年鉴。

（二）江苏省固定资产投资的经济类型

2017 年，江苏省固定资产投资中的国有经济投资总额为 8811.26 亿元，比上年增长 7.0%；占固定资产投资总额的 16.6%，所占比重下降 0.1 个百分点。非国有经济投资总额为 44188.95 亿元，比上年增长 7.4%。其中，私营个体经济投资比重最大，投资总额为 26992.16 亿元，比上年增长 15.3%，占固定资产投资总额的 50.9%；其次是有限责任公司，投资总额为 10079.59 亿元，比上年下降 3.8%，占固定资产投资总额的 19.0%；再次是外商投资经济，投资总额为 2234.05 亿元，比上年下降 6.4%，占固定资产投资总额的 4.2%。

表 6　2013—2017 年江苏省固定资产投资（按经济类型分）　亿元

指　标	2013 年	2014 年	2015 年	2016 年	2017 年
投资总额	35982.52	41552.75	45905.17	49370.85	53000.21
国有经济	6865.27	8308.13	8901.58	8236.65	8811.26
集体经济	1639.37	1835.30	1872.50	806.51	742.24
私营个体经济	14955.56	18185.36	21252.12	23417.12	26992.16
联营经济	82.69	66.04	52.32	42.52	22.64
股份制经济	1567.00	1376.93	1210.16	1176.19	1144.20
有限责任公司	5924.45	6792.92	7752.74	10481.14	10079.59
港澳台投资经济	1597.74	1679.36	1648.71	2306.36	2250.40
外商投资经济	2315.26	2476.57	2253.73	2386.47	2234.05
其他经济	1035.18	832.16	961.31	517.88	723.67
构成（100%）					
国有经济	19.08	19.99	19.39	16.68	16.62
集体经济	4.56	4.42	4.08	1.63	1.40
私营个体经济	41.56	43.76	46.30	47.43	50.93
联营经济	0.23	0.16	0.11	0.09	0.04
股份制经济	4.35	3.31	2.64	2.38	2.16
有限责任公司	16.46	16.35	16.89	21.23	19.02
港澳台投资经济	4.44	4.04	3.59	4.67	4.25
外商投资经济	6.43	5.96	4.91	4.83	4.22
其他经济	2.88	2.00	2.09	1.05	1.37

数据来源：历年江苏省统计年鉴。

（三）江苏省固定资产投资的资金来源

2017 年，江苏省固定资产投资资金来源合计 56994.22 亿元，比上年增长 4.7%。资金来源主要依靠自筹，自筹资金总额为 37667.86 亿元，比上年增长 3.9%，占资金来源的比重为 66.1%，占比比去年下降了 0.5 个百分点。

表 7　2013—2017 年江苏省固定资产投资(按资金来源分)

亿元

指　标	2013 年	2014 年	2015 年	2016 年	2017 年
资金来源	43014.99	46697.64	50055.53	54457.02	56994.22
国家预算内资金	529.19	627.26	806.89	990.43	1044.76
国内贷款	5091.04	5360.60	4810.95	5778.54	6386.98
利用外资	1127.55	1152.05	926.17	599.88	376.11
自筹资金	29444.25	33325.52	36305.15	36257.99	37667.86
其他资金来源	6822.96	6232.21	7206.37	10830.18	11518.51
资金来源构成(100%)					
国家预算内资金	1.2	1.3	1.6	1.8	1.8
国内贷款	11.8	11.4	9.6	10.6	11.2
利用外资	2.6	2.5	1.9	1.1	0.7
自筹资金	68.5	70.9	72.5	66.6	66.1
其他资金来源	15.9	13.3	14.4	19.9	20.2

数据来源:历年江苏省统计年鉴。

(四)江苏省固定资产投资的行业分布

从江苏省固定资产投资的行业分布来看,制造业和房地产业仍是投资的重中之重。2017 年,制造业固定资产投资 24418.11 亿元,比上年增长 6.8%;占江苏省固定资产投资的 46.1%,比上年下降 0.2 个百分点。房地产业投资 10810.85 亿元,比上年上升 5.2%;占江苏省固定资产投资的 20.4%,比上年下降 0.4 个百分点。

表 8　2014—2017 年江苏省固定资产投资(按行业分)

亿元

指　标	2014 年		2015 年		2016 年		2017 年	
	投资额	构成(%)	投资额	构成(%)	投资额	构成(%)	投资额	构成(%)
总　　计	41552.75	100.00	45905.17	100	49370.85	100	53000.21	100
农、林、牧、渔业	253.44	0.61	296.1	0.65	410.46	0.83	471.80	0.89
采矿业	106.47	0.26	103.18	0.22	72.94	0.15	108.83	0.21
制造业	19134.50	46.05	21228.03	46.24	22869.69	46.32	24418.11	46.07
电力、热力、燃气及水的生产和供应业	1018.08	2.45	1444.68	3.15	1619.65	3.28	1674.40	3.16
建筑业	58.11	0.14	133.51	0.29	129.41	0.26	231.6	0.44
批发和零售业	985.52	2.37	1447.45	3.15	1640.53	3.32	1649.48	3.11
交通运输、仓储和邮政业	2168.98	5.22	2428.95	5.29	2542.29	5.15	2883.21	5.44
住宿和餐饮业	424.41	1.02	541.48	1.18	455.91	0.92	418.79	0.79
信息传输、软件和信息技术服务业	504.89	1.22	662.86	1.44	635.48	1.29	611.16	1.15
金融业	173.25	0.42	150.83	0.33	141.65	0.29	121.66	0.23
房地产业	9853.12	23.71	9687.54	21.10	10277.09	20.81	10810.85	20.40

续表

指　标	2014 年		2015 年		2016 年		2017 年	
	投资额	构成(%)	投资额	构成(%)	投资额	构成(%)	投资额	构成(%)
租赁和商务服务业	879.34	2.12	1131.53	2.46	1545.71	3.13	1595.91	3.01
科学研究和技术服务业	606.63	1.46	592.31	1.29	639.21	1.29	768.48	1.45
水利、环境和公共设施管理业	3541.34	8.52	3868.82	8.43	3965.38	8.03	4692.76	8.85
居民服务、修理和其他服务业	152.61	0.37	263.49	0.57	260.86	0.53	307.13	0.58
教育	479.78	1.15	543.29	1.18	590.09	1.19	677.40	1.28
卫生和社会工作	271.44	0.65	450.55	0.98	446.43	0.90	534.39	1.01
文化、体育和娱乐业	578.86	1.39	560.11	1.22	642.24	1.30	546.77	1.03
公共管理、社会保障和社会组织	361.99	0.87	370.47	0.81	485.82	0.98	477.49	0.90

资料来源：历年江苏省统计年鉴。

(五) 江苏省各市固定资产投资情况

2017 年，江苏省固定资产投资区域不平衡现象依然很显著。投资额最多的前三位城市分别是：南京市(6362.21 亿元)、苏州市(5629.59 亿元)和徐州市(5277.03 亿元)，分别比上年增长 15.0%、－0.3% 和 10.0%。固定资产投资增速排在前列的是：南京市(15.0%)、泰州市(14.4%)和扬州市(12.2%)。

表 9　2013—2017 年江苏省各市固定资产投资　　亿元

地　区	2013 年	2014 年	2015 年	2016 年	2017 年
南京市	5093.78	5430.77	5425.98	5533.56	6362.21
无锡市	3973.52	4610.77	4888.55	4793.69	4966.06
徐州市	3090.13	3671.56	4266.12	4797.33	5277.03
常州市	2850.12	3310.05	3398.97	3605.08	3896.30
苏州市	5822.14	6054.00	5965.44	5648.49	5629.59
南通市	3298.73	3896.39	4376.03	4811.95	4959.20
连云港市	1350.12	1716.57	2077.35	2385.16	2603.63
淮安市	1453.05	1795.73	2203.24	2535.19	2839.55
盐城市	2217.69	2751.35	3372.89	3882.83	4278.49
扬州市	2025.18	2416.66	2856.82	3288.68	3690.09
镇江市	1753.15	2142.34	2541.07	2873.43	2694.36
泰州市	1764.17	2197.34	2693.75	3155.87	3609.47
宿迁市	1290.75	1559.22	1838.97	2059.58	2194.23

数据来源：历年江苏省统计年鉴。

四、浙江省固定资产投资基本情况

(一) 浙江省固定资产投资总体情况

2017 年，浙江省固定资产投资总额 31125.99 亿元，比上年增长 5.3%。从投资的产业结构来看，依然保持"三、二、一"的特征。其中,第三产业投资21553.17亿元,比上年增长7.4%,占固定资产投资总额的比重为69.2%;第二产业投资9307.92亿元,比上年增长2.2%,占固定资产投资总额的比重为29.9%;第一产业投资264.90亿元,比上年减少31.4%,占固定资产投资总额的比重为0.9%。第三产业的投资比重稳步上升,所占比重比上年上升1.4个百分点;第二产业的投资比重持续下降,所占比重比上年下降0.9个百分点;第一产业的投资比重比上年下降0.5个百分点。

表10　2013—2017年浙江省固定资产投资(按产业分)　　亿元

指　标	2013年	2014年	2015年	2016年	2017年
投资总额	20194.08	23554.76	26664.72	29571.01	31125.99
第一产业	200.98	263.51	339.18	386.25	264.90
第二产业	7061.54	7929.04	8802.62	9109.14	9307.92
第三产业	12931.56	15362.21	17522.92	20075.62	21553.17
三次产业构成(100%)					
第一产业	1.00	1.12	1.27	1.31	0.85
第二产业	34.97	33.66	33.01	30.80	29.90
第三产业	64.04	65.22	65.72	67.89	69.24

注:固定资产投资口径范围为计划总投资500万元及以上的投资项目和全部房地产开发投资。
数据来源:历年浙江省统计年鉴。

(二)浙江省固定资产投资的经济类型

从内外资来看,内资投资29275.49亿元,比上年增长7.0%;占固定资产投资总额的94.1%,比上年上升1.6个百分点。港澳台商投资1159.16亿元,比上年下降14.2%;占固定资产投资总额的3.7%,比上年下降0.9个百分点。外商投资621.74亿元,比上年下降20.6%;占固定资产投资总额的2.0%,下降0.6个百分点。个体经营投资69.60亿元,比上年下降11.3%;占固定资产投资总额的0.2%,比上年下降0.1个百分点。

从国有及非国有情况来看,国有及国有控股企业投资11540.06亿元,比上年增长1.0%;占固定资产投资总额的37.1%,所占比重比上年下降1.5个百分点。非国有投资19585.93亿元,比上年增长7.9%。其中,民间投资18152.12亿元,同比增长10.4%,占固定资产投资总额的58.3%,所占比重比上年上升2.7个百分点。

表11　2013—2017年浙江省固定资产投资(按经济类型分)　　亿元

指　标	2013年	2014年	2015年	2016年	2017年
投资额	20194.07	23554.76	26664.72	29571.00	31125.99
内资	18258.69	21557.78	24619.71	27358.92	29275.49
国有	4628.76	5225.64	6289.19	5358.82	5315.11
集体	695.39	945.49	886.87	601.84	508.73
股份合作	48.77	71.03	72.33	41.57	43.12
国有联营	10.39	22.08	26.05	18.04	22.51
集体联营	1.13	4.75	4.25	7.43	3.55

续表

指　标	2013 年	2014 年	2015 年	2016 年	2017 年
国有与集体联营	8.72	6.82	21.37	4.83	4.41
其他联营	0.65	1.89	2.07	5.35	1.26
国有独资公司	782.25	973.00	1271.25	2999.18	3214.53
其他有限责任公司	5628.67	6456.80	6873.01	7620.07	7402.70
股份有限公司	673.73	684.13	669.49	679.86	749.89
私营	5513.15	6841.46	7714.47	9201.28	11321.62
其他	267.07	324.68	789.36	820.65	688.07
港澳台商投资	1126.59	1200.62	1186.05	1350.56	1159.16
外商投资	757.64	741.43	800.72	783.09	621.74
个体经营	51.15	54.80	58.24	78.44	69.60
按国有及非国有情况分					
国有及国有控股企业投资	6365.90	7250.86	9002.37	11425.04	11540.06
非国有投资	13828.17	16303.90	17662.35	18145.96	19585.93
民间投资	12307.72	14757.84	16109.06	16441.16	18152.12

注：固定资产投资口径范围为计划总投资 500 万元及以上的投资项目和全部房地产开发投资。
数据来源：历年浙江省统计年鉴。

（三）浙江省固定资产投资的资金来源

2017 年，浙江省固定资产投资本年资金来源 34167.49 亿元，比上年增长 8.8%。资金来源主要依靠自筹，自筹资金总额为 18657.81 亿元，比上年增长 1.4%；占当年资金来源总额的 54.6%，比重比上年下降 4.0 个百分点。其次为其他资金，其他资金总额为 8490.33 亿元，比上年增长 12.6%；占当年资金来源总额的 24.9%，比重比上年上升 0.9 个百分点。

表 12　2013—2017 年浙江省固定资产投资(按资金来源分)　　亿元

指　标	2013 年	2014 年	2015 年	2016 年	2017 年
资金来源	23393.15	25975.49	28099.19	31406.97	34167.49
国家预算内资金	1188.62	1407.59	1660.40	1702.34	2736.25
国内贷款	3190.02	3615.22	3038.89	3527.22	4172.44
债券	10.65	9.05	9.84	59.13	36.86
利用外资	244.21	214.59	160.39	172.05	73.81
自筹资金	13728.10	16231.41	17877.62	18406.25	18657.81
其他资金	5031.54	4497.64	5352.04	7539.98	8490.33
资金来源构成(100%)					
国家预算内资金	5.08	5.42	5.91	5.42	8.01
国内贷款	13.64	13.92	10.81	11.23	12.21

续表

指　标	2013 年	2014 年	2015 年	2016 年	2017 年
债券	0.05	0.03	0.04	0.19	0.11
利用外资	1.04	0.83	0.57	0.55	0.22
自筹资金	58.68	62.49	63.62	58.61	54.61
其他资金	21.51	17.31	19.05	24.01	24.85

数据来源：历年浙江省统计年鉴。

（四）浙江省固定资产投资的产业分布

从浙江省固定资产投资的行业分布来看，房地产业和制造业仍是投资重点，制造业投资所占比重逐年下降，但房地产业投资比重开始反弹上升。2017 年，浙江省固定资产投资中，房地产业投资 10468.60 亿元，比上年增长 8.1%；占投资总额的 33.6%，比上年上升 0.8 个百分点。制造业投资 7988.80 亿元，比上年增长 2.1%；占投资总额的 25.7%，比上年下降 0.8 个百分点。

制造业固定资产投资额中，汽车制造业、电器机械及器材制造业和通用设备制造业投资比重居前。2017 年，汽车制造业固定资产投资 890.15 亿元，比上年增长 9.0%；占制造业投资比重的 11.1%，比上年上升 0.7 个百分点。电器机械及器材制造业固定资产投资 845.66 亿元，比上年增长 5.2%；占制造业投资比重的 10.6%，比上年上升 0.3 个百分点。通用设备制造业固定资产投资 720.68 亿元，比上年减少 4.6%；占制造业投资比重的 9.0%，比上年下降 0.7 个百分点。

表 13　2014—2017 年浙江省固定资产投资（按行业分）　　亿元、%

指　标	2014 年		2015 年		2016 年		2017 年	
	投资额	构成	投资额	构成	投资额	构成	投资额	构成
总　计	23554.76	100.00	26664.72	100.00	29571.00	100.00	31125.99	100.00
农林牧渔业	263.51	1.12	339.18	1.27	386.25	1.31	353.90	1.14
采矿业	45.10	0.19	59.31	0.22	58.62	0.20	32.46	0.10
制造业	6821.48	28.96	7579.14	28.42	7822.10	26.45	7988.80	25.67
电力、热力、燃气及水生产和供应业	1012.27	4.30	1108.87	4.16	1216.37	4.11	1280.68	4.11
建筑业	50.20	0.21	55.29	0.21	12.04	0.04	18.70	0.06
批发和零售业	427.53	1.82	410.71	1.54	370.27	1.25	276.08	0.89
交通运输、仓储和邮政业	1729.24	7.34	2311.40	8.67	2577.43	8.72	2966.00	9.53
住宿和餐饮业	253.98	1.08	232.27	0.87	295.11	1.00	331.35	1.06
信息传输、软件和信息技术服务业	210.35	0.89	275.18	1.03	318.79	1.08	336.91	1.08
金融业	92.51	0.39	102.16	0.38	88.94	0.30	57.66	0.19
房地产业	8802.71	37.37	9107.54	34.16	9683.81	32.75	10468.60	33.63
租赁和商务服务业	446.85	1.90	571.70	2.14	645.94	2.18	668.28	2.15
科学研究和技术服务	91.49	0.39	99.90	0.37	141.29	0.48	131.85	0.42
水利、环境和公共设施管理业	2229.35	9.46	3092.03	11.60	4361.45	14.75	4702.54	15.11
居民服务、修理和其他服务业	49.54	0.21	67.61	0.25	119.80	0.41	85.50	0.27

续表

指　标	2014 年		2015 年		2016 年		2017 年	
	投资额	构成	投资额	构成	投资额	构成	投资额	构成
教育	340.63	1.45	400.91	1.50	506.79	1.71	517.47	1.66
卫生和社会工作	175.39	0.74	219.45	0.82	273.08	0.92	275.81	0.89
文化、体育和娱乐业	284.62	1.21	311.45	1.17	390.02	1.32	484.59	1.56
公共管理、社会保障和社会组织	228.02	0.97	320.61	1.20	302.89	1.02	148.83	0.48

注：固定资产投资口径范围为计划总投资 500 万元及以上的投资项目和全部房地产开发投资。
数据来源：历年浙江省统计年鉴。

(五) 浙江省各市固定资产投资情况

2017 年，浙江省 11 个省辖市中固定资产投资数额前三位的是杭州市(5856.65 亿元)、宁波市(5009.58 亿元)和温州市(4178.49 亿元)，分别比去年增长 0.2%、1.0%和 100.5%。固定资产投资增幅靠前的是金华市(124.1%)、温州市(100.5%)和绍兴市(95.7%)。

表 14　2013—2017 年浙江省各市固定资产投资　　亿元

地　区	2013 年	2014 年	2015 年	2016 年	2017 年
杭州市	4263.87	4952.70	5556.32	5842.42	5856.65
宁波市	3422.95	3989.46	4506.58	4961.39	5009.58
嘉兴市	1910.15	2221.21	2513.82	3905.74	3009.64
湖州市	1070.05	1242.92	1402.64	2790.16	1730.98
绍兴市	2001.99	2304.68	2582.84	1592.18	3115.67
舟山市	750.02	960.88	1134.76	2882.48	1450.31
温州市	2618.16	3052.81	3456.39	2084.01	4178.49
金华市	1364.36	1594.79	1836.16	981.74	2200.52
衢州市	670.72	782.10	882.04	1311.14	1047.78
台州市	1507.87	1765.93	1996.03	2272.63	2518.26
丽水市	570.42	665.08	751.52	841.65	903.84

注：固定资产投资口径范围为计划总投资 500 万元及以上的投资项目和全部房地产开发投资。
数据来源：历年浙江省统计年鉴。

(六) 浙江省固定资产投资的主要特点

投资结构优化改善。一是信息技术和物联网产业、新能源汽车等战略性新兴产业投资增长较快，高污染、高耗能行业投资下降。2016 年，浙江省战略性新兴产业投资 2745 亿元，增长 7.9%。其中，新一代信息技术和物联网产业、新能源汽车、海洋新兴产业、核电关联产业等投资分别增长 32.0%、29.9%、16.4%和 12.1%。高污染、高耗能行业投资明显下降，化纤、造纸、有色金属等行业投资分别下降 21.6%、11.2%、8.0%。二是民间资本进入基础设施投资项目比重提高。近年来，积极鼓励推动民间资本进入基础设施和公共服务领域，取得一定成效，民间资本进入水利环境和公共设施管理业等基础设施和公共服务领域投资的比重有所提高。2016 年，基础设施民间投资 1644 亿元，占民间投资的比重为

10%，分别比前三季度、上年提高 0.4、0.3 个百分点。

水利、体育设施等公共服务领域补短板投资快速增长。2016 年，浙江省基础设施投资 9365 亿元，增长 26.3%，占固定资产投资的比重为 31.7%。基础设施项目对全部投资增长贡献率达到 67.0%，拉动投资增长 7.3 个百分点。基础设施投资中，体育设施、水利环境和公共设施管理、教育设施、卫生设施等公共服务领域补短板投资快速增长，增速分别达到 79.7%、41.1%、26.4%和 24.1%，交通运输仓储和邮政业投资增长 11.5%。

重点领域投资增长较快。2016 年，投资聚焦重点领域，四大重点领域投资较快增长。重大产业项目、重大基础设施、高新技术产业、生态保护和环境治理业分别增长 17.6%、35.3%、14.3%和 51.9%，分别比全部投资增幅高出 6.7、24.4、3.4 和 41.0 个百分点。

民间资本积极投入重点领域投资。2016 年，浙江省重大基础设施、高新技术产业、生态保护和环境治理民间投资分别增长 20.9%、19.1%、59.3%，重大产业项目民间投资从上半年的负增长转为前三季度的正增长且增幅逐步回升，全年增长 1.8%，比前三季度加快 1.5 个百分点，体现了民间资本投资意愿的增强和对产业发展的信心。

新开工项目投资增势良好。2016 年，浙江省积极推进新投资项目的落地开工，先后于 1 月 4 日、7 月22 日分别对 614 个和 668 个重大建设项目举行了集中开工仪式，两次集中开工项目分别完成投资 1689 亿元和 1349 亿元，分别占计划总投资的 26.4%和 18.5%。全年新开工项目投资 12615 亿元，比上年增长 22.1%，增幅分别比全部投资、项目投资高出 11.2 和 9.1 个百分点。新开工项目 36732 个，比上年增长 22.0%。其中，10 亿元及以上项目 311 个，投资 1474 亿元，分别增长 86.2%和 69.7%；1 亿—10 亿元项目 2915 个，投资 3833 亿元，分别增长 35.5%和 32.1%；亿元以下项目 33506 个，投资 7308 亿元，分别增长 20.6%和 11.4%。

五、安徽省固定资产投资基本情况

（一）安徽省固定资产投资总体情况

2017 年，安徽省固定资产投资总额 29185.96 亿元，比上年增长 11.0%。从投资的产业结构来看，依然保持“三、二、一”的特征。其中，第三产业投资 15393.79 亿元，比上年增长 11.0%；占固定资产投资总额的比重为 52.7%，比上年下降 0.4 个百分点。第二产业投资 13016.38 亿元，比上年增长 12.0%；占固定资产投资总额的比重为 44.6%，比上年上升 0.7 个百分点。第一产业投资 775.79 亿元，比上年下降 4.6%；占固定资产投资总额的比重为 2.7%，比上年下降 0.3 个百分点。

表 15　2013—2017 年安徽省固定资产投资(按产业分)　　亿元

指　标	2013 年	2014 年	2015 年	2016 年	2017 年
投资总额	18251.13	21256.30	23965.55	26758.11	29185.96
第一产业	389.34	541.99	763.32	813.63	775.79
第二产业	8265.60	9417.78	10699.37	11742.08	13016.38
第三产业	9596.19	11296.53	12502.86	14202.40	15393.79
三次产业构成(100%)					
第一产业	2.13	2.55	3.19	3.04	2.66
第二产业	45.29	44.31	44.64	43.88	44.60
第三产业	52.58	53.14	52.17	53.08	52.74

注：固定资产投资口径范围为投资 500 万元及以上的投资项目和房地产开发投资。
数据来源：历年安徽省统计年鉴。

（二）安徽省固定资产投资的经济类型

按注册类型来看，2017 年，安徽省内资投资 28497.68 亿元，比上年增长 9.0%；占固定资产投资总额的 97.6%，比上年下降 0.1 个百分点。港澳台商投资 368.78 亿元，比上年增长 7.3%；占固定资产投资总额的 1.3%，与去年持平。外商投资 297.80 亿元，比上年增长 32.2%；占固定资产投资总额的 1.0%，上升 0.2 个百分点。个体经营投资 21.7 亿元，比上年下降 50.0%；占固定资产投资总额的 0.1%，比上年下降 0.1 个百分点。

表 16　2013—2017 年安徽省固定资产投资（按经济类型分） 亿元

指　标	2013 年	2014 年	2015 年	2016 年	2017 年
投资额	18251.12	21256.29	23965.55	26758.11	29185.96
内资	17602.68	20522.98	23183.48	26145.91	28497.68
国有	4280.27	4661.01	4994.31	5452.81	6434.46
集体	241.55	287.54	294.81	185.14	131.17
股份合作	55.85	57.42	52.39	19.95	33.39
联营	87.13	59.87	37.40	24.95	19.25
有限责任公司	5377.44	5796.42	6010.28	7978.92	8697.01
股份有限公司	1062.95	1011.54	1133.30	808.50	717.62
私营	5755.43	7815.28	9591.50	10772.34	11568.69
其他	742.06	833.89	1069.49	903.30	896.09
港澳台商投资	283.58	378.98	464.51	343.75	368.78
外商投资	301.48	303.07	265.80	225.04	297.80
个体	63.38	51.26	51.76	43.41	21.70

注：固定资产投资口径范围为投资 500 万元及以上的投资项目和房地产开发投资。
数据来源：历年安徽省统计年鉴。

（三）安徽省固定资产投资的资金来源

2017 年，安徽省固定资产投资本年资金来源 28711.45 亿元，比上年增长 11.7%。固定资产投资资金来源主要是自筹，2017 年安徽省固定资产投资自筹资金 19346.76 亿元，比上年增长 4.5%；占当年资金来源总额的比重为 67.4%，比上年下降 3.3 个百分点。国家预算内资金为 1997.72 亿元，比上年增长 33.5%；占当年资金来源总额的比重为 7.0%，比上年上升 1.4 个百分点。国内贷款为 2141.43 亿元，比上年增长 24.3%；所占比重为 7.5%，比上年上升 1.1 个百分点。

表 17　2013—2017 年安徽省固定资产投资（按资金来源分） 亿元

指　标	2013 年	2014 年	2015 年	2016 年	2017 年
资金来源	20092.14	22557.21	24012.65	26823.85	28711.45
国家预算内资金	974.37	1167.55	1219.01	1497.09	1997.72
国内贷款	1512.70	1386.10	1237.13	1723.01	2141.43
债券	8.99	10.37	7.82	7.42	12.35

续表

指　标	2013年	2014年	2015年	2016年	2017年
利用外资	108.27	82.82	62.55	82.37	92.88
自筹资金	14450.92	16778.16	18293.33	18951.62	19346.76
其他资金	3036.90	3132.21	3192.82	4562.35	5120.31
资金来源构成(%)					
国家预算内资金	4.85	5.18	5.08	5.58	6.96
国内贷款	7.53	6.14	5.15	6.42	7.46
债券	0.04	0.05	0.03	0.03	0.04
利用外资	0.54	0.37	0.26	0.31	0.32
自筹资金	71.92	74.38	76.18	70.65	67.38
其他资金	15.11	13.89	13.30	17.01	17.83

注:固定资产投资口径范围为投资500万元及以上的投资项目和房地产开发投资。

数据来源:历年安徽省统计年鉴。

(四)安徽省固定资产投资的产业分布

从安徽省固定资产投资的行业分布来看,房地产业和制造业仍是投资重点。2017年,安徽省固定资产投资中,房地产业投资6551.63亿元,比上年增长13.7%;占投资总额的22.5%,所占比重上升1.0个百分点。制造业投资11434.28亿元,比上年增长10.3%;占投资总额的39.2%,所占比重上升0.5个百分点。

表18　2014—2017年安徽省固定资产投资(按行业分)　　亿元、%

指　标	2014年		2015年		2016年		2017年	
	投资额	构成	投资额	构成	投资额	构成	投资额	构成
总计	21256.29	100.00	23965.55	100.00	26758.11	100.00	29185.96	100.00
农、林、牧、渔业	541.99	2.55	763.32	3.19	813.63	3.04	775.79	2.66
采矿业	319.20	1.50	324.00	1.35	232.95	0.87	231.76	0.79
制造业	8372.92	39.39	9471.44	39.52	10361.93	38.72	11434.28	39.18
电力、热力、燃气及水生产和供应业	573.04	2.70	773.32	3.23	993.24	3.71	1277.42	4.38
建筑业	152.62	0.72	130.61	0.55	153.96	0.58	72.91	0.25
批发和零售业	793.56	3.73	955.12	3.99	926.92	3.46	602.84	2.07
交通运输、仓储和邮政业	1098.69	5.17	1469.77	6.13	1841.42	6.88	2036.46	6.98
住宿和餐饮业	233.70	1.10	255.65	1.07	275.11	1.03	193.48	0.66
信息传输、软件和信息技术服务业	150.48	0.71	258.62	1.08	299.25	1.12	274.03	0.94
金融业	102.39	0.48	72.00	0.30	92.05	0.34	62.11	0.21
房地产业	5405.70	25.43	5635.10	23.51	5763.79	21.54	6551.63	22.45

续表

指　标	2014 年		2015 年		2016 年		2017 年	
	投资额	构成	投资额	构成	投资额	构成	投资额	构成
租赁和商务服务业	335.80	1.58	432.05	1.80	653.59	2.44	612.78	2.10
科学研究和技术服务业	219.48	1.03	260.20	1.09	344.96	1.29	280.63	0.96
水利、环境和公共设施管理业	1905.60	8.96	2028.01	8.46	2589.21	9.68	3297.60	11.30
居民服务、修理和其他服务业	93.12	0.44	95.57	0.40	105.05	0.39	107.88	0.37
教育	235.82	1.11	272.52	1.14	375.05	1.40	443.38	1.52
卫生和社会工作	171.22	0.81	224.31	0.94	231.33	0.86	255.51	0.88
文化、体育和娱乐业	195.06	0.92	201.57	0.84	241.39	0.90	254.29	0.87
公共管理、社会保障和社会组织	355.92	1.67	23965.55	1.43	463.28	1.73	421.15	1.44

注：固定资产投资口径范围为投资 500 万元及以上的投资项目和房地产开发投资。

数据来源：历年安徽省统计年鉴。

（五）安徽省各市固定资产投资情况

2017 年，安徽省 16 个省辖市中固定资产投资数额前三位的是合肥市（6351.43 亿元）、芜湖市（3342.24 亿元）和马鞍山市（2255.72 亿元），分别比去年增长－2.3％、11.2％和 9.3％。固定资产投资增幅前三位是阜阳市（1632.51 亿元）、亳州市（1067.21 亿元）和蚌埠市（1912.55 亿元），分别比去年增长 26.3％、22.0％和 14.8％。

表 19　2013—2017 年安徽省各市固定资产投资　　亿元

指　标	2013 年	2014 年	2015 年	2016 年	2017 年
合肥市	4535.37	5302.64	5851.90	6501.17	6351.43
淮北市	700.53	840.84	925.30	958.88	1055.84
亳州市	541.49	650.90	767.30	874.89	1067.21
宿州市	773.30	945.80	1133.39	1269.98	1402.97
蚌埠市	1060.89	1244.18	1457.97	1666.43	1912.55
阜阳市	645.26	805.13	1004.98	1292.62	1632.51
淮南市	800.53	755.27	919.73	954.95	1021.85
滁州市	1075.78	1248.16	1457.60	1699.21	1929.05
六安市	845.04	1003.82	993.47	1075.00	1199.99
马鞍山市	1431.60	1674.74	1859.84	2064.62	2255.72
芜湖市	2040.65	2392.64	2709.19	3006.90	3342.24
宣城市	978.19	1140.12	1283.36	1414.27	1580.53
铜陵市	650.24	767.60	1062.93	1196.88	1341.33
池州市	461.48	538.04	600.54	652.59	714.59
安庆市	1185.72	1394.75	1385.58	1521.92	1731.25
黄山市	525.07	551.67	552.48	597.71	646.90

注：固定资产投资口径范围为投资 500 万元及以上的投资项目和房地产开发投资。

数据来源：历年安徽省统计年鉴。

（六）安徽省固定资产投资的主要特点

1. 固定资产投资增长支撑有力

投资增长主要支撑来自制造业和水利环境公共设施管理业。2016年，安徽省制造业投资10361.9亿元，增长9.4%，拉动投资增长3.7个百分点；全省水利环境公共设施管理业投资2589.2亿元，增长27.7%，拉动投资增长2.3个百分点。制造业中，计算机通信其他电子设备制造业、电气机械器材制造业、化学原料化学制品制造业、汽车制造业投资分别增长44.8%、26.1%、21.2%和15.9%，对投资的拉动分别为1.0个、0.9个、0.4个和0.4个百分点。

基础设施投资贡献率提高。2016年，安徽省基础设施建设投资5285.9亿元，增长26.0%，高于全部投资增幅6.9个百分点，比上年提高6.4个百分点。基础设施建设投资对全部投资的贡献率为39.1%，比上年提高13.8个百分点。其中铁路运输投资326.5亿元，增长1.5倍，占全部基础设施比重由上年3.1%提高到6.2%；电力、热力生产和供应业投资776.4亿元，增长35.2%，占全部基础设施比重由上年13.7%提高到14.7%；公共设施管理业投资2219.6亿元，增长28.3%，占全部基础设施比重由上年41.2%提高到42.0%。

资金保障情况明显好转。本年安徽省固定资产投资资金来源小计26823.8亿元，增长11.7%，增速比上年提高5.2个百分点。其中，国家预算内到位资金增长22.8%，国内贷款资金增长39.3%，利用外资增长31.7%，其他资金来源增长42.9%，占整个资金来源70.6%的自筹资金增长3.6%。

2. 行业结构出现积极变化

基础产业和基础设施建设力度较大。从统计的19个国民经济行业门类看，2016年投资占比前4位的是制造业、房地产业、水利环境公共设施管理业、交通运输仓储邮政业，分别为38.7%、21.5%、9.7%和6.9%，2016年投资占比提高前4位的行业是水利环境公共设施管理业、交通运输仓储邮政业、租赁商务服务业、电力热力燃气及水生产供应业，分别提高1.2个、0.7个、0.6个和0.5个百分点。基础设施建设投资占比19.8%，比上年提高2.3个百分点。

高能耗行业投资有所下降。2016年，安徽省高能耗行业投资2619.4亿元，增长8.1%，占比较上年下降0.3个百分点。制造业中，非金属矿物制品业、金属制品业、有色金属冶炼压延加工业、黑色金属冶炼压延加工业分别下降0.5个、0.3个、0.3个和0.2个百分点。

3. 投资主体结构有所调整

民间投资增幅回落。2016年，安徽省民间投资18375.4亿元，增长6.5%，增幅比上年回落11.1个百分点，比全部投资低5.2个百分点，占全部投资的比重为68.7%，比上年回落3.3个百分点。增幅回落较多的行业有：教育、信息传输软件信息技术服务业、农林牧渔业、卫生社会工作，分别回落65.9个、53.9个、42.6个和37.9个百分点。从投向看，制造业和房地产业投资占大头，两者分别占民间投资的51.0%、21.7%。

亿元以上项目增长快。2016年，安徽省亿元以上重大项目5726个，增长17.2%；计划总投资29634.9亿元，占全部计划总投资的67.7%，比上年提高2.5个百分点；亿元以上项目完成投资额10347.6亿元，增长27.0%。

4. 房地产去库存见成效

2016年，安徽省房地产开发投资4603.6亿元，增长4.0%，增幅比上年高2个百分点。其中，住宅投资3069.4亿元，增长7.7%，比上年提高7.6个百分点。全年共销售商品房8499.7万平方米，同比增长37.7%，比上年提高38.2个百分点。商品房销售额5035.6亿元，增长49.4%，增幅比上年高48.7个百分点。

全年房地产开发施工面积35645.4万平方米，增长4.1%，增幅比上年高1.8个百分点。其中，新开工面积8586.4万平方米，增长10.7%，增幅提高21.9个百分点。

八　长三角交通运输业

一、长三角基本情况

（一）交通运输基础设施不断完善

在构建现代化综合交通运输体系思想指导下，长三角各种交通运输方式加快发展。2017 年，长三角铁路营业里程 10098 千米，比上年增长 1.3%；占全国铁路营运里程的比重为 8.0%，与去年持平。公路通车总里程达 495183 千米，比上年增长 1.6%；占全国公路通车的 10.4%，与去年持平。其中，高速公路总里程达 14344 千米，比上年增长 1.8%；占全国的 10.5%，下降 0.3 个百分点。长三角水运航道总里程 41884 千米，比上年下降 0.1%；占全国的 33.0%，与去年持平。

表 1　2013—2017 年长三角运输线路情况

指　标	2013 年	2014 年	2015 年	2016 年	2017 年
铁路营业里程（千米）	8554	8947	9831	9970	10098
公路通车里程（千米）	457916	461206	476955	487237	495183
#高速公路	12566	12949	13530	14087	14344
水运通航里程（千米）	41778	41913	41115	41922	41884

数据来源：历年上海市、江苏省、浙江省、安徽省统计年鉴。

（二）交通运输服务能力平稳发展

2017 年，长三角共完成客运量 32.55 亿人次，比上年减少 5.1%；占全国客运量的 17.6%，比上年下降 0.5 个百分点。公路完成客运量 24.54 亿人次，比上年下降 9.3%；占长三角客运量的比重为 75.4%，所占比重下降 3.5 个百分点。铁路完成客运量 6.27 亿人次，比上年增长 11.0%；占长三角客运量的比重为 19.3%，所占比重上升 2.8 个百分点。民用航空完成客运量 1.02 亿人次，比上年增长 8.5%；占长三角客运量的比重为 2.2%，所占比重上升 0.3 个百分点。

2017 年，长三角共完成货运量 97.68 亿吨，比上年增长 10.5%；占全国货运量的 20.3%，比上年上升 0.2 个百分点。公路完成货运量 60.10 亿吨，比上年增长 12.4%；占长三角货运量的比重为 61.5%，所占比重比上年上升 1.0 个百分点。水运完成货运量 34.28 亿吨，比上年增长 8.3%；占长三角货运量的比重为 35.1%，所占比重比上年下降 0.7 个百分点。铁路完成货运量 1.86 亿吨，比上年增长 1.1%；占长三角货运量的比重为 1.9%，所占比重比上年下降 0.2 个百分点。

长三角港口吞吐量为 54.21 亿吨，比上年增长 7.5%。

表 2　2013—2017 年长三角客运量、货运量及构成

指　标	2013 年	2014 年	2015 年	2016 年	2017 年
客运量（亿人次）	43.19	44.49	37.29	34.30	32.54
#铁路	3.92	4.54	4.92	5.65	6.27
公路	37.99	38.53	30.87	27.05	24.54
水运	0.57	0.64	0.65	0.66	0.71

续表

指　标	2013年	2014年	2015年	2016年	2017年
民用航空	0.71	0.78	0.85	0.94	1.02
货运量(亿吨)	86.99	92.82	84.94	88.39	97.68
#铁路	2.31	2.07	1.90	1.84	1.86
公路	53.92	58.96	50.72	53.47	60.10
水运	29.46	30.48	30.99	31.65	34.28
客运量(构成%)	100.0	100.0	100.0	100.0	100.0
#铁路	9.1	10.2	13.2	16.5	19.3
公路	88.0	86.6	82.8	78.9	75.4
水运	1.3	1.4	1.7	1.9	2.2
民用航空	1.6	1.8	2.3	2.7	3.1
货运量(构成%)	100.0	100.0	100.0	100.0	100.0
#铁路	2.7	2.2	2.2	2.1	1.9
公路	62.0	63.5	59.7	60.5	61.5
水运	33.9	32.8	36.5	35.8	35.1
港口吞吐量(亿吨)	46.92	48.45	49.12	50.44	54.21

注:2015年,各省市统计口径有所调整,数据与以前不具可比性。
数据来源:历年上海市、江苏省、浙江省、安徽省统计年鉴。

(三)综合交通运输结构趋于优化

从各种运输方式的特性来看,现代公路由于突出的优越性——机动、灵活、迅速、方便、直达,将是近距离出行首选的交通方式。同时,高速铁路的大力发展,也为人们远距离出行提供了良好的条件。而在货运方面,由于水路交通运载能力大、投资少、能耗低、单位运输成本低等优越性,将成为长距离货物运输的主要方式。长三角在综合交通运输网络逐步完善的同时,交通运输结构也趋于优化。

2017年,长三角完成旅客周转量6082.17亿人千米,比上年增长4.8%;占全国旅客周转量的18.5%,所占比重比上年下降0.1个百分点。公路完成1702.23亿人千米,比上年下降8.1%;占长三角客运周转量的28.0%,所占比重比上年下降3.9个百分点。铁路完成2259.19亿人千米,比上年增长9.2%;占长三角客运周转量的37.1%,所占比重比上年上升1.4个百分点。

2017年,长三角完成货物周转量56304.84亿吨千米,比上年增长16.5%;占全国货物周转量的28.5%,比上年上升2.6个百分点。公路完成5015.08亿吨千米,比上年下降44.1%;占长三角货物周转量的8.9%,所占比重比上年下降9.6个百分点。铁路完成1248.20亿吨千米,比上年增长3.1%;占长三角货物周转量的2.2%,所占比重比上年下降0.3个百分点。水路完成44645.55亿吨千米,比上年增长19.2%;占长三角货物周转量的79.3%,所占比重比上年上升1.8个百分点。

表3　2013—2017年长三角旅客、货物周转量及构成

指　标	2013年	2014年	2015年	2016年	2017年
旅客周转量(亿人千米)	5138.34	5505.62	5578.17	5801.71	6082.17

续表

指　标	2013 年	2014 年	2015 年	2016 年	2017 年
＃铁路	1570.24	1785.07	1887.33	2068.71	2259.19
公路	2272.97	2333.77	2080.09	1851.38	1702.23
水运	10.07	9.96	9.73	9.35	10.72
货物周转量(亿吨千米)	49689.80	52759.97	48712.26	48338.69	56304.84
＃铁路	1535.75	1391.11	1266.51	1210.11	1248.2
公路	9955.80	11091.30	8598.75	8964.80	5015.08
水运	37520.94	39610.95	38166.38	37461.73	44645.55
旅客周转量(构成%)	100.0	100.0	100.0	100.0	100.0
＃铁路	30.6	32.4	33.8	35.7	37.1
公路	44.2	42.4	37.3	31.9	28.0
水运	0.2	0.2	0.2	0.2	0.2
民航	25.0	25.0	28.7	32.2	34.7
货物周转量(构成%)	100.0	100.0	100.0	100.0	100.0
＃铁路	3.1	2.6	2.6	2.5	2.2
公路	20.0	21.0	17.7	18.5	8.9
水运	75.5	75.1	78.4	77.5	79.3

注:2015 年,各省市统计口径有所调整,数据与以前不具可比性。

数据来源:历年上海市、江苏省、浙江省、安徽省统计年鉴。

二、上海市交通运输的基本情况

(一) 上海市交通运输总体情况

2017 年,上海市完成旅客运输量、货物运输量分别为 2.09 亿人次和 9.73 亿吨,分别比上年增长 6.6%和 9.7%。旅客周转量为 2130.55 亿人千米,比上年增长 11.9%;货物周转量为 25058.00 亿吨千米,增长 29.3%。全年港口货物吞吐量达到 7.51 亿吨,比上年增长 6.9%。

2017 年,上海市完成集装箱吞吐量 4023.31 万国际标准箱,增长 8.3%。集装箱水水中转比例为 46.7%,国际中转比例为 7.7%。上海浦东、虹桥两大国际机场全年共起降航班 76.04 万架次,增长 2.5%;进出港旅客达到 11188.52 万人次,增长 5.1%。其中,国内航线进出港旅客 7394.18 万人次,增长 5.7%;国际及地区航线进出港旅客 3794.34 万人次,增长 4.0%。全年上海港接待邮轮靠泊 512 艘次。其中,以上海为母港的邮轮 482 艘次。邮轮旅客吞吐量 297.29 万人次,比上年增长 2.7%。

年内轨道交通 17 号线、9 号线三期开通。至年末,全市轨道交通运营线路达到 16 条。全年优化调整公交线路 264 条,其中新辟 64 条。至年末,公交运营车辆达 1.75 万辆。其中,国Ⅴ及以上标准和零排放车辆 9885 辆,占全部公交运营车辆的 56.6%;运营出租车 4.64 万辆。全年市内公共交通客运量 65.47 亿人次,比上年下降 2.4%。其中,轨道交通客运量 35.38 亿人次,增长 4.0%;公共汽电车客运量 22.01 亿人次,下降 8.0%。至年末,全市拥有各类民用汽车 361.02 万辆,比上年增长 11.8%。其中,私人汽车 274.41 万辆,增长 13.1%。

表 4　2013—2017 年上海市交通运输业基本情况

指　标	2013 年	2014 年	2015 年	2016 年	2017 年
铁路运营里程(千米)	456	456	456	465	465
公路通车里程(千米)	12633	12945	13195	13292	13322
＃高速公路	815	825	825	825	829
内河航道里程(千米)	2074	2073	2058	2058	2023
客运量总计(万人)	15933	17560	18571	19564	20855
＃铁路	7972	9194	9692	10609	11617
公路	3720	3754	3766	3402	3419
水运	68	90	113	172	176
民用航空	4173	4522	5000	5381	5644
旅客周转量(亿人千米)	1343.73	1427.10	1661.03	1903.39	2130.55
货运量总计(万吨)	91535	90341	91239	88689	97257
＃铁路	694	549	471	461	472
公路	43809	42848	40627	39055	39743
水运	46697	46583	49700	48787	56619
民用航空	335	361	371	387	423
货物周转量(亿吨千米)	17868	18691	19553	19376	25058
港口货物吞吐量(万吨)	77575	75529	71740	70177	75051

数据来源：历年江苏省统计年鉴。

(二)上海市交通运输结构分析

从客运量来分析，2017 年，上海市铁路客运量占主导地位。铁路客运量占客运总量的 55.7%，比上年上升 1.5 个百分点；民用航空客运量占客运总量的 27.51%，下降 0.4 个百分点；公路客运量占客运总量的 16.4%，下降 1.0 个百分点。从旅客周转量来分析，2017 年，上海市民用航空旅客周转量占绝对优势。民用航空旅客周转量占旅客周转总量的 89.4%，所占比重比上年上升 0.7 个百分点。

从货运量来分析，2017 年，上海市公路和水运货运量占主导地位。公路货运量占货运总量的 40.9%，比上年下降 3.1 个百分点；水运货运量占货运总量的 58.2%，上升 3.2 个百分点。从货物周转量来分析，2017 年，上海市水运货物周转量占绝对优势。水运货物周转量占货物周转总量的 98.5%，所占比重比上年上升 0.3 个百分点。

表 5　2013—2017 年上海市交通运输业各项指标构成

指　标	2013 年	2014 年	2015 年	2016 年	2017 年
客运量(100%)					
＃铁路	50.0	52.4	52.2	54.2	55.7
公路	23.3	21.4	20.3	17.4	16.4
水运	0.4	0.5	0.6	0.9	0.8

续表

指　标	2013 年	2014 年	2015 年	2016 年	2017 年
民用航空	26.2	25.8	26.9	27.5	27.1
旅客周转量(100%)					
＃铁路	5.6	5.9	5.4	5.2	5.0
公路	8.1	8.7	7.6	6.0	5.5
水运	0.1	0.1	0.1	0.1	0.1
民用航空	86.2	85.3	87.0	88.7	89.4
货运量(100%)					
＃铁路	0.8	0.6	0.5	0.5	0.5
公路	47.9	47.4	44.5	44.0	40.9
水运	51.0	51.6	54.5	55.0	58.2
民用航空	0.4	0.4	0.4	0.4	0.4
货物周转量(100%)					
＃铁路	0.1	0.1	0.1	0.1	0.1
公路	1.7	1.6	1.5	1.5	1.2
水运	97.9	98.0	98.2	98.2	98.5
民用航空	0.3	0.3	0.3	0.3	0.2

数据来源：历年上海市统计年鉴。

三、江苏省的基本情况

（一）江苏省交通运输总体情况

2017 年，江苏省完成旅客运输量、货物运输量分别为 12.80 亿人次和 23.41 亿吨，分别比上年增长 −4.9%和 8.6%。旅客周转量为 1659.45 亿人千米，比上年增长 4.2%；货物周转量为 9726.15 亿吨千米，增长 17.3%。完成港口货物吞吐量 25.70 亿吨，比上年增长 6.4%，其中外贸吞吐量 4.87 亿吨，增长 8.7%。公路通车里程 15.85 万千米，其中高速公路里程 4688 千米，新增 31 千米。铁路营业里程 2771 千米，铁路正线延展长度 4736 千米。年末民用汽车保有量 1619.5 万辆，净增 1184.9 万辆，比上年末增长 12.9%。年末个人汽车保有量 1408.2 万辆，净增 156.0 万辆，比上年末增长 12.5%。其中，私人轿车保有量 987.6 万辆，增长 10.7%；净增 95.5 万辆。

表 6　2013—2017 年江苏省交通运输业基本情况

指　标	2013 年	2014 年	2015 年	2016 年	2017 年
铁路营业里程(千米)	2554	2632	2679	2722	2771
公路通车里程(千米)	156094	157521	158805	157304	158475
＃高速公路	4443	4488	4539	4657	4688
内河航道里程(千米)	24315	24342	23559	24366	24366
客运量总计(万人)	152172	156016	153943	134605	127952
＃铁路	13435	15374	16116	17814	19786

续表

指　标	2013 年	2014 年	2015 年	2016 年	2017 年
公路	135555	137270	134553	113493	104566
水运	2454	2563	2392	2272	2431
民用航空	728	809	882	1025	1169
旅客周转量(亿人千米)	1451.14	1550.60	1566.40	1591.93	1659.45
货运量总计(万吨)	194048	208623	211648	215651	234092
#铁路	6806	6090	5066	5335	5720
公路	103709	114449	113351	117166	128915
水运	70909	75328	80343	79314	85668
民用航空	6.67	7.10	7.00	7.61	8.19
货物周转量(亿吨千米)	10536.84	11028.47	8887.71	8290.69	9726.15
港口货物吞吐量(万吨)	213987	226049	233289	241487	256976
#外贸	35160	37991	39766	44780	48654

注:1. 公路客运量 2013 年(含)后不包括公交车和出租车的运输量。
2. 公路货运量 2013 年(含)后不包含农用车和拖拉机的运输量。
3. 根据 2015 年度全国公路水路运输量小样本抽样调查结果,对 2015 年公路、内河客货运输量、周转量统计值有所修正,与 2014 年值不具可比性。
资料来源:历年江苏省统计年鉴。

(二)江苏省交通运输结构分析

从客运量来分析,2017 年,江苏省公路客运量占绝对优势。公路客运量占客运总量的 81.7%,比上年下降 2.6 个百分点;铁路客运量占客运总量的 15.5%,上升 2.3 个百分点。从旅客周转量来分析,2017 年,江苏省公路和铁路旅客周转量占主导地位。公路旅客周转量占旅客周转总量的 45.0%,所占比重比上年下降 4.0 个百分点;铁路旅客周转量占旅客周转总量的 45.2%,上升 2.9 个百分点。

从货运量来分析,2017 年,江苏省公路和水运货运量占主导地位。公路货运量占货运总量的 55.1%,比上年上升 0.8 个百分点;水运货运量占货运总量的 36.6%,下降 0.2 个百分点。从货物周转量来分析,2017 年,江苏省水运货物周转量占绝对优势。水运货物周转量占货物周转总量的 65.6%,比上年上升 2.6 个百分点;公路货物周转量占货物周转总量的 24.4%,比上年下降 1.4 个百分点。

表 7　2013—2017 年江苏省交通运输业各项指标构成

指　标	2013 年	2014 年	2015 年	2016 年	2017 年
客运量(100%)					
#铁路	8.8	9.8	10.5	13.2	15.5
公路	89.1	88.0	87.4	84.3	81.7
水运	1.6	1.6	1.6	1.7	1.9
民用航空	0.5	0.5	0.6	0.8	0.9
旅客周转量(100%)					
#铁路	34.9	38.0	39.2	42.3	45.2

续表

指　标	2013 年	2014 年	2015 年	2016 年	2017 年
公路	58.4	54.9	53.3	49.0	45.0
水运	0.3	0.2	0.2	0.2	0.2
民用航空	6.5	6.8	7.4	8.6	9.6
货运量(100%)					
#铁路	3.5	2.9	2.4	2.5	2.4
公路	53.4	54.9	53.6	54.3	55.1
水运	36.5	36.1	38.0	36.8	36.6
输油管道	6.5	6.1	6.1	6.4	5.9
货物周转量(100%)					
#铁路	3.5	3.1	3.4	3.4	3.0
公路	17.0	17.9	23.3	25.8	24.4
水运	73.6	73.3	66.2	63.0	65.6
输油管道	5.9	5.6	7.0	7.7	6.9

数据来源:历年江苏省统计年鉴。

四、浙江省的基本情况

(一)浙江省交通运输总体情况

2017 年,浙江省完成旅客运输量、货物运输量分别为 10.73 亿人次和 24.20 亿吨,分别比上年增长 −0.1%和 12.5%;旅客周转量、货物周转量分别为 1096.04 亿人千米和 10105.80 亿吨千米,分别增长 2.0%和 3.2%。完成港口货物吞吐量 15.88 亿吨,比上年增长 12.8%。其中,沿海港口货物吞吐量 12.57 亿吨,增长 10.1%;内河港口完成 3.31 亿吨,增长 24.1%。至 2017 年末,浙江省公路通车里程12.01 万千米,新增 1048 千米,其中高速公路里程 41542 千米,新增 92 千米。铁路营业里程 2587 千米,铁路复线里程 2072 千米。年末民用汽车保有量 1396.65 万辆,净增 138.30 万辆,增长 11.0%。私人汽车保有量 1227.91 万辆,净增 122.74 万辆,增长 11.1%。其中,私人轿车保有量 822.68 万辆,净增72.64 万辆,增长 9.7%。

表 8　2013—2017 年浙江省交通运输业基本情况

指　标	2013 年	2014 年	2015 年	2016 年	2017 年
铁路营业里程	2031	2310	2527	2540	2587
公路通车里程	115426	116367	118015	119053	120101
#高速公路	3787	3884	3917	4062	4154
内河航道里程	9747	9769	9769	9769	9766
客运量总计(万人)	136790	131486	113315	107377	107293
#铁路	10579	12821	14806	17766	19870
公路	121185	112915	92304	83033	80099
水运	3111	3581	3841	3950	4284

续表

指　标	2013 年	2014 年	2015 年	2016 年	2017 年
民用航空	1915	2169	2364	2628	3040
旅客周转量(亿人千米)	1025.10	1076.76	1092.53	1074.99	1096.04
货运量总计(万吨)	187885	194918	200710	215018	241993
#铁路	4037	3548	3332	3332	3513
公路	107186	117070	122547	133999	151920
水运	76662	74267	74797	77646	86513
货物周转量(亿吨千米)	8949.57	9548.09	9868.98	9788.76	10105.81
港口货物吞吐量(万吨)	138050	139071	138136	140866	158832

注：民用航空客运量指发送量，2013 年起公路、水路按新的口径统计。
数据来源：历年浙江省统计年鉴。

(二) 浙江省交通运输结构分析

从客运量来分析，2017 年，浙江省公路客运量占绝对优势。公路客运量占客运总量的 74.7%，比上年下降 2.6 个百分点；铁路客运量占客运总量的 18.5%，上升 2.0 个百分点。从旅客周转量来分析，2017 年，浙江省公路和铁路旅客周转量占主导地位。公路旅客周转量占旅客周转总量的 39.4%，所占比重比上年下降 3.9 个百分点；铁路旅客周转量占旅客周转总量的 60.0%，上升 3.8 个百分点。

从货运量来分析，2017 年，浙江省公路和水运货运量占主导地位。公路货运量占货运总量的 62.8%，比上年上升 0.5 个百分点；水运货运量占货运总量的 35.8%，下降 0.3 个百分点。从货物周转量来分析，2017 年，浙江省水运货物周转量占绝对优势。水运货物周转量占货物周转总量的 79.8%，比上年下降 1.4 百分点；公路货物周转量占货物周转总量的 18.0%，上升 1.4 个百分点。

表 9　2013—2017 年浙江省交通运输业各项指标构成

指　标	2013 年	2014 年	2015 年	2016 年	2017 年
客运量(100%)					
#铁路	7.7	10.0	11.7	16.5	18.5
公路	88.6	85.6	83.4	77.3	74.7
水运	2.3	2.7	3.0	3.7	4.0
民用航空	1.4	1.6	1.9	2.4	2.8
旅客周转量(100%)					
#铁路	42.6	47.7	49.6	56.2	60.0
公路	56.9	51.8	49.9	43.3	39.4
水运	0.5	0.5	0.5	0.5	0.6
货运量(100%)					
#铁路	2.1	1.8	1.7	1.5	1.5
公路	57.0	60.5	61.1	62.3	62.8

续表

指　标	2013 年	2014 年	2015 年	2016 年	2017 年
水运	40.8	37.6	37.3	36.1	35.8
货物周转量(100%)					
#铁路	3.0	2.3	2.2	2.2	2.1
公路	14.8	14.9	15.3	16.6	18.0
水运	82.2	82.8	82.5	81.2	79.8

数据来源:历年浙江省统计年鉴。

五、安徽省的情况

(一) 安徽省交通运输总体情况

2017 年,安徽省完成旅客运输量、货物运输量分别为 6.94 亿人次和 40.34 亿吨,分别比上年增长 -14.7% 和 10.7%。旅客周转量、货物周转量分别为 1196.13 亿人千米和 11414.52 亿吨千米,分别比上年增长 -2.9%和 4.96%。完成港口货物吞吐量 5.12 亿吨,比上年下降 1.3%;集装箱吞吐量 138.38 万标准箱,增长 20.6%。至 2017 年末,安徽省公路通车里程 20.33 万千米,新增 5697 千米。高速公路里程 4673 千米,新增 1304 千米。铁路营业里程 4275 千米,新增 324 千米。全省民航机场旅客吞吐量 1141.75 万人次,比上年增长 25.1%,其中合肥机场旅客吞吐量 914.71 万人次,同比增长 23.7%。

表 10　2013—2017 年安徽省交通运输业基本情况

指　标	2013 年	2014 年	2015 年	2016 年	2017 年
铁路营业里程	3513	3549	4169	4243	4275
公路通车里程	173763	174373	186940	197588	203285
#高速公路	3521	3752	4249	4543	4673
内河航道里程	5642	5729	5729	5729	5729
客运量总计(万人)	126975	139823	87107	81426	69429
#铁路	7210	7972	8553	10349	11470
公路	119433	131403	78072	70523	57365
水运	68	178	185	213	253
民用航空	264	270	297	341	341
旅客周转量(亿人千米)	1318.37	1451.16	1258.21	1231.40	1196.13
货运量总计(万吨)	396392	434300	345756	364549	403421
#铁路	11566	10488	10158	9244	8932
公路	284534	315223	230649	244526	280471
水运	100290	108587	104947	110776	114015
货物周转量(亿吨千米)	12335.63	13500.89	10402.57	10883.24	11414.52
港口货物吞吐量(万吨)	39617.52	43837.92	48044.32	51917.40	51249.41

注:2013 年交通运输行业专项调查重新确定基数,调整了公路水路客货运输量;2015 年交通运输部组织开展了公路、水路运输量小样本调查工作,重新调整基数,客、货运量及周转量与 2014 年数据不具可比性。

数据来源:历年安徽省统计年鉴。

（二）安徽省交通运输结构分析

从客运量来分析，2017年，安徽省公路客运量占绝对优势。公路客运量占客运总量的82.6%，比上年下降4.0个百分点；铁路客运量占客运总量的16.5%，上升3.8个百分点。从旅客周转量来分析，2017年，安徽省铁路和公路旅客周转量占主导地位。铁路旅客周转量占旅客周转总量的62.2%，比上年上升5.9个百分点；公路旅客周转量占旅客周转总量的34.09%，下降5.9个百分点。

从货运量来分析，2017年，安徽省公路货运量占绝对优势。公路货运量占货运总量的69.5%，所占比重比上年上升2.4个百分点；水运货运量占货运总量的28.3%，下降2.1个百分点。从货物周转量来分析，2017年，安徽省水运和公路货物周转量占主导地位。水运货物周转量占货物周转总量的48.2%，比上年下降0.1个百分点；公路货物周转量占货物周转总量的45.4%，上升0.2个百分点。

表11　2013—2017年安徽省交通运输业各项指标构成

指　标	2013年	2014年	2015年	2016年	2017年
客运量(100%)					
#铁路	5.7	5.7	9.8	12.7	16.5
公路	94.1	94.0	89.6	86.6	82.6
水运	0.1	0.1	0.2	0.3	0.4
民用航空	0.2	0.2	0.3	0.4	0.5
旅客周转量(100%)					
#铁路	26.1	42.6	51.1	56.3	62.2
公路	72.4	55.1	45.7	39.9	34.0
水运	0.0	0.0	0.0	0.0	0.0
民用航空	1.5	2.3	3.2	3.8	3.8
货运量(100%)					
#铁路	2.9	2.4	2.9	2.5	2.2
公路	71.8	72.6	66.7	67.1	69.5
水运	25.3	25.0	30.4	30.4	28.3
货物周转量(100%)					
#铁路	7.9	6.0	7.1	6.5	6.4
公路	75.6	54.8	45.4	45.2	45.4
水运	16.6	39.2	47.5	48.3	48.2

数据来源：历年安徽省统计年鉴。

九　长三角纺织服装、服饰业

一、长三角纺织服装、服饰业发展总体概况

2017年，长三角规模以上纺织服装、服饰企业实现主营业务收入6977.05亿元，比上年下降17.6%；占全国规模以上纺织服装、服饰业主营业务收入的比重为33.4%，同比下降2.3个百分点。年末资产总额为4903.76亿元，比上年下降13.9%；占全国规模以上纺织服装、服饰业资产总额的比重为38.2%，同比下降3.2个百分点。负债合计为2540.28亿元，比上年下降12.9%；占全国规模以上纺织服装、服饰业负债总额的比重为42.0%，同比下降4.0个百分点。创造利润总额366.17亿元，比上年下降26.6%；占全国规模以上纺织服装、服饰业利润总额的比重为30.2%，同比下降4.7个百分点。

表1　2013—2017年长三角地区规模以上纺织服装、服饰业主要经济指标　　亿元

指　标	单位数(个)	工业总产值	资产总计	负债合计	主营业务收入	利润总额
2013年	6668	7367.19	5238.52	2904.05	7355.55	447.70
2014年	6746	7890.06	5491.07	2936.60	7799.75	489.89
2015年	6724	8329.56	5696.57	3001.56	8171.18	507.22
2016年	—	8595.57	5698.15	2915.48	8470.90	498.93
2017年	—	—	4903.76	2540.28	6977.05	366.17

数据来源：历年上海市、江苏省、浙江省、安徽省统计年鉴。

从资产运营情况来看，2017年长三角规模以上纺织服装、服饰业资产总额为4903.76亿元，比上年下降13.9%；负债总额为2540.28亿元，比上年下降12.9%。资产总额下降速度快于负债总额，使得长三角规模以上纺织服装、服饰业资产负债率有所上升。2017年，长三角规模以上纺织服装、服饰业资产负债率为51.80%，比上年上升0.63个百分点；高于全国规模以上纺织服装、服饰业资产负债率4.59个百分点。

分地区来看，安徽省规模以上纺织服装、服饰业资产运营情况最好，2017年，安徽省规模以上纺织服装、服饰业资产负债率为49.11%，比上年上升0.74个百分点；江苏省规模以上纺织服装、服饰业资产负债率为50.29%，同比下降0.19个百分点；浙江省规模以上纺织服装、服饰业资产负债率为52.98%，同比上升0.90个百分点；上海市规模以上纺织服装、服饰业资产负债率最高，为56.47%，同比上升2.55个百分点。

二、上海市纺织服装、服饰业基本情况

(一) 上海市纺织服装、服饰行业经济总量

2017年，上海市纺织服装、服饰企业工业总产值322.87亿元，比上年增长0.1%；年末资产总计303.61亿元，同比下降4.0%；负债合计171.44亿元，同比增长0.5%；实现主营业务收入356.04亿元，同比增长0.6%。

表 2　2013—2017 年上海市规模以上纺织服装、服饰业主要经济指标

亿元

指　标	单位数(个)	工业总产值	资产总计	负债合计	主营业务收入	利润总额	税金总额
2013 年	537	507.97	502.72	260.48	522.06	23.27	19.01
2014 年	428	388.52	388.16	223.87	405.37	3.94	8.79
2015 年	357	347.87	347.13	195.38	373.90	6.76	6.23
2016 年	—	322.50	316.31	170.54	353.89	4.79	5.87
2017 年	—	322.87	303.61	171.44	356.04	0.00	5.05

数据来源:历年上海市统计年鉴。

(二) 上海市纺织服装、服饰行业经济效益

2017 年,上海市规模以上纺织服装、服饰企业实现税金总额 5.05 亿元,比上年下降 14.0%。2017 年,上海市规模以上纺织服装、服饰企业产值利税率为 1.56%,比上年下降 1.75 个百分点。

三、江苏省纺织服装、服饰业基本情况

(一) 江苏省纺织服装、服饰行业经济总量

2017 年,江苏省拥有规模以上纺织服装、服饰企业 2102 家,比上年减少 291 家;年末资产总额 2021.04 亿元,同比下降 25.6%;负债合计 1016.36 亿元,同比下降 25.9%;主营业务收入为 3416.63 亿元,同比下降 26.4%;实现利润总额 219.81 亿元,同比下降 29.7%。

表 3　2013—2017 年江苏省规模以上纺织服装、服饰业主要经济指标

亿元

指　标	单位数(个)	工业总产值	资产总计	负债合计	主营业务收入	利润总额
2013 年	2651	3780.82	2229.63	1229.41	3839.06	257.94
2014 年	2572	4099.73	2514.22	1283.57	4127.25	300.65
2015 年	2495	4404.38	2651.39	1340.33	4386.08	310.85
2016 年	2393	4619.83	2716.30	1371.32	4641.92	312.58
2017 年	2102	—	2021.04	1016.36	3416.63	219.81

数据来源:历年江苏省统计年鉴。

(二) 江苏省纺织服装、服饰行业经济效益

2017 年,江苏省规模以上纺织服装、服饰行业企业亏损面为 10.99%,比上年上升 1.09 个百分点;资产负债率为 50.29%,同比下降 0.19 个百分点;产品销售率为 99.63%,同比上升 0.64 个百分点;成本费用利润率为 6.53%,同比下降 0.48 个百分点;流动资产周转次数为 3.13 次/年,同比下降 0.16 次/年;总资产贡献率为 18.41%,同比下降 0.79 个百分点。

表 4　2013—2017 年江苏省规模以上纺织服装、服饰业主要经济效益指标

指　标	2013 年	2014 年	2015 年	2016 年	2017 年
企业亏损面(%)	11.96	11.51	10.74	9.90	10.99

续表

指　标	2013 年	2014 年	2015 年	2016 年	2017 年
资产负债率(%)	55.14	51.05	50.55	50.48	50.29
流动资产周转次数(次/年)	3.07	3.11	3.14	3.29	3.13
成本费用利润率(%)	7.17	7.78	7.42	7.01	6.53
产品销售率(%)	98.98	98.78	98.69	98.99	99.63
总资产贡献率(%)	19.90	19.86	19.37	19.2	18.41

数据来源:历年江苏省统计年鉴。

(三)江苏省纺织服装、服饰行业不同所有制企业经营情况

1. 私营企业

从企业所有制来看,江苏省私营纺织服装、服饰企业占据支柱地位。2017 年,江苏省规模以上私营纺织服装、服饰企业数为 1282 家,比上年减少 175 家。资产总计 1093.54 亿元,比上年下降 14.7%;占全省规模以上纺织服装、服饰企业总资产的比重为 54.1%,上升 6.9 个百分点。主营业务收入为 1944.39 亿元,比上年下降 16.1%;占全省规模以上纺织服装、服饰企业主营业务收入的比重为 49.9%,上升 7.0 个百分点。创造利润总额为 130.62 亿元,比上年下降 19.9%;占全省规模以上纺织服装、服饰企业利润总额的比重为 59.4%,上升 7.2 个百分点。

2. 外商投资、港澳台投资企业

2017 年,江苏省拥有规模以上外商投资和港澳台投资纺织服装、服饰企业 530 家,比上年减少 84 家。资产总计 551.15 亿元,比上年下降 0.1%;占全省规模以上纺织服装、服饰企业总资产的比重为 27.3%,上升 7.0 个百分点。实现主营业务收入 975.38 亿元,比上年下降 23.1%;占全省规模以上纺织服装、服饰企业主营业务收入的比重为 28.5%,上升 1.2 个百分点。实现利润总额 52.49 亿元,比上年下降 27.7%;占全省规模以上纺织服装、服饰企业利润总额的比重为 23.9%,上升 0.7 个百分点。

表 5　2015—2017 年江苏省规模以上纺织服装、服饰不同所有制企业主要经济指标

指　标	国有及国有控股企业			私营企业			外商投资和港澳台投资企业		
	2015 年	2016 年	2017 年	2015 年	2016 年	2017 年	2015 年	2016 年	2017 年
企业单位数(个)	29	33	34	1489	1457	1282	688	614	530
资产总计(亿元)	49.77	55.95	62.63	1244.43	1282.51	1093.54	609.54	551.76	551.15
主营业务收入(亿元)	32.41	36.67	39.58	2156.19	2316.60	1944.39	1231.89	1267.58	975.33
利润总额(亿元)	2.86	1.89	3.14	161.51	163.08	130.62	75.74	72.56	52.49

数据来源:历年江苏省统计年鉴。

3. 行业经济效益

2017 年,江苏省规模以上私营纺织服装、服饰企业亏损面仅为 8.19%,分别低于同期国有及国有控股企业、外商投资和港澳台投资企业 6.52 个和 10.30 个百分点。规模以上私营纺织服装、服饰企业成本费用利润率有所降低,为 7.13%,低于同期国有及国有控股企业 1.82 个百分点,高于同期外商投资和港澳台投资企业 0.99 个百分点。

2017 年,江苏省规模以纺织服装、服饰私营企业流动资产周转次数为 3.49 次/年,分别高于同期国有及国有控股企业、外商投资和港澳台投资企业 2.51 次/年和 0.50 次/年;总资产贡献率为 20.10%,分别高于同期国有及国有控股企业、私营企业 10.70 个和 3.27 个百分点。

与其他企业相比，国有及国有控股纺织服装、服饰企业资产负债率相对较低。2017 年，江苏省规模以上国有及国有控股纺织服装、服饰企业资产负债率为 38.09%，分别低于同期私营企业、外商投资和港澳台投资企业 16.62 个和 5.69 个百分点。

表 6 2015—2017 年江苏省规模以上纺织服装、服饰不同所有制企业经济效益指标

指标	国有及国有控股企业			私营企业			外商投资和港澳台投资企业		
	2015 年	2016 年	2017 年	2015 年	2016 年	2017 年	2015 年	2016 年	2017 年
企业亏损面(%)	13.79	18.18	14.71	7.52	6.86	8.19	17.73	15.31	18.49
资产负债率(%)	35.43	37.31	38.09	54.35	51.85	54.71	46.26	43.72	43.78
流动资产周转次数(次/年)	0.99	1.06	0.98	3.18	3.46	3.49	3.85	4.42	2.99
成本费用利润率(%)	9.5	5.32	8.47	7.62	7.13	6.65	6.58	6.10	5.66
产品销售率(%)	98.2	99.24	97.95	98.59	98.69	99.66	98.74	99.39	99.75
总资产贡献率(%)	9.65	7.37	9.40	21.06	21.03	20.1	21.9	23.01	16.83

数据来源：历年江苏省统计年鉴。

四、浙江省纺织服装业基本情况

（一）浙江省纺织服装、服饰行业经济总量

2017 年，浙江省拥有规模以上纺织服装、服饰企业 2472 家，比上年减少 96 家；完成工业总产值 2248.21 亿元，同比下降 9.9%；年末资产总额达到 2217.52 亿元，同比下降 2.5%；负债合计 1174.90 亿元，同比下降 0.8%；主营业务收入 2174.73 亿元，同比下降 8.3%；创造利润总额为 106.74 亿元，同比下降 21.0%；实现利税总额为 195.70 亿元，同比下降 14.8%。

表 7 2013—2017 年浙江省规模以上纺织服装、服饰业主要经济指标 亿元

指标	单位数(个)	工业总产值	资产总计	负债合计	主营业务收入	利润总额	利税总额
2013 年	2555	2348.78	2218.60	1267.20	2276.39	124.80	215.84
2014 年	2706	2499.31	2252.89	1258.12	2392.72	139.97	236.96
2015 年	2748	2532.90	2327.94	1280.17	2410.90	142.35	240.19
2016 年	2568	2495.64	2273.81	1184.15	2372.74	135.12	229.58
2017 年	2472	2248.21	2217.52	1174.90	2174.73	106.74	195.70

数据来源：历年浙江省统计年鉴。

（二）浙江省纺织服装、服饰行业经济效益

2017 年，浙江省规模以上纺织服装、服饰企业成本费用利润率为 5.10%，比上年下降 0.86 个百分点；每百元固定资产原值实现利税 28.22 元，同比下降 4.36 元/百元；每百元主营业务收入实现利税 9.00 元，同比下降 0.68 元/百元；产品销售率为 96.03%；同比下降 0.11 个百分点；出口交货值占工业销售 38.57%，同比下降 0.36 个百分点；新产品产值率为 32.09%，同比下降 1.61 个百分点。

表8　2013—2017年浙江省规模以上纺织服装、服饰业主要经济效益指标

指　标	2013年	2014年	2015年	2016年	2017年
成本费用利润率(%)	—	—	—	5.96	5.10
每百元固定资产原值实现利税(元)	32.82	34.92	34.11	32.58	28.22
每百元主营业务收入实现利税(元)	9.48	9.90	9.96	9.68	9.00
产品销售率(%)	97.70	96.67	96.39	96.14	96.03
出口交货值占工业销售产值比重(%)	43.44	42.82	40.04	38.93	38.57
新产品产值率(%)	20.61	28.62	32.35	33.70	32.09

数据来源:历年浙江省统计年鉴。

(三)浙江省纺织服装、服饰行业不同所有制企业经营情况

1. 私营企业

从企业所有制来看,浙江省私营纺织服装、服饰企业占据支柱地位。2017年,浙江省规模以上私营纺织服装、服饰企业数为1763家,比上年减少32家。资产总计818.24亿元,比上年下降4.2%;占全省规模以上纺织服装、服饰企业资产总计的比重为36.9%,下降0.7个百分点。完成工业总产值1094.82亿元,比上年下降9.7%;占全省规模以上纺织服装、服饰企业总产值的比重为48.7%,上升0.1个百分点。主营业务收入为1057.89亿元,比上年下降7.9%;占全省规模以上纺织服装、服饰企业主营业务收入的比重为48.6%,上升0.2个百分点。创造利润总额为37.53亿元,比上年下降21.3%;占全省规模以上纺织服装、服饰企业利润总额的比重为35.2%,下降0.1个百分点。

2. 外商投资、港澳台投资企业

2017年,浙江省拥有规模以上外商投资和港澳台投资纺织服装、服饰企业523家,比上年减少60家。完成工业总产值785.36亿元,比上年下降5.1%;占全省规模以上纺织服装、服饰企业总产值的比重为34.9%,上升1.8个百分点。资产总计800.07亿元,比上年下降2.3%;占全省规模以上纺织服装、服饰企业资产总计的比重为36.1%,上升0.1个百分点。实现主营业务收入766.14亿元,比上年下降5.7%;占全省规模以上纺织服装、服饰企业主营业务收入的比重为35.2%,上升1.0个百分点。实现利润总额32.13亿元,比上年下降26.7%;占全省规模以上纺织服装、服饰企业利润总额的比重为30.1%,下降2.4个百分点。

表9　2015—2017年浙江省规模以上纺织服装、服饰不同所有制企业经济指标

指　标	国有及国有控股企业			私营企业			外商投资和港澳台投资企业		
	2015年	2016年	2017年	2015年	2016年	2017年	2015年	2016年	2017年
企业单位数(个)	16	14	16	1891	1795	1763	664	583	523
工业总产值(亿元)	15.85	14.31	15.85	1317.88	1212.94	1094.82	846.72	827.18	785.36
资产总计(亿元)	46.86	48.73	48.23	1050.47	854.46	818.24	823.26	819.11	800.07
负债合计(亿元)	14.71	12.34	11.66	634.31	537.80	532.58	413.82	407.41	405.15
主营业务收入(亿元)	15.83	14.44	15.65	1249.26	1149.04	1057.89	821.57	812.32	766.14
利润总额(亿元)	1.71	1.63	2.95	77.37	47.69	37.53	35.86	43.86	32.13

数据来源:历年浙江省统计年鉴。

3. 行业经济效益

从行业经济效益指标来看，规模以上私营纺织服装、服饰企业“每百元固定资产原值实现利税”高于同期国有及国有控股企业、外商投资和港澳台投资企业。2017 年，浙江省规模以上私营纺织服装、服饰企业每百元固定资产原值实现利税 25.72 元，高出同期国有及国有控股企业 2.78 元/百元；高出同期外商投资和港澳台投资企业 3.23 元/百元。私营纺织服装、服饰企业资产负债率为 65.09%，高出同期国有及国有控股企业 40.92 个百分点；高出同期外商投资和港澳台投资企业 14.45 个百分点。

与其他企业相比，外商投资和港澳台投资纺织服装、服饰企业的出口比重相对较高。2017 年，浙江省规模以上外商投资和港澳台投资纺织服装、服饰企业出口交货值占销售产值的比重为 48.22%，分别高出同期私营企业和国有及国有控股企业 13.33 个和 26.45 个百分点。外商投资和港澳台投资纺织服装、服饰企业的新产品产值率也处于较高值。2017 年，浙江省规模以上外商投资和港澳台投资纺织服装、服饰企业新产品产值率为 35.45%，分别高出国有及国有控股企业及私营企业 31.83 个和 9.40 个百分点。

2017 年，国有及国有控股纺织服装、服饰企业每百元主营业务收入实现利税 32.96 元，高出同期私营企业 25.74 元/百元，高出同期外商投资和港澳台投资企业 24.56 元/百元。2017 年，国有及国有控股纺织服装、服饰企业成本费用利润率为 18.28%，高出私营企业 14.61 个百分点，高出外商投资和港澳台投资企业 13.92 个百分点。

表 10 2015—2017 年浙江省规模以上纺织服装、服饰企业不同所有制企业经济效益指标

指标	国有及国有控股企业			私营企业			外商投资和港澳台投资企业		
	2015 年	2016 年	2017 年	2015 年	2016 年	2017 年	2015 年	2016 年	2017 年
资产负债率(%)	—	25.32	24.17	—	62.94	65.09	—	49.74	50.64
成本费用利润率(%)	—	10.15	18.28	—	4.30	3.67	—	5.68	4.36
每百元固定资产原值实现利税(元)	24.09	18.20	22.94	40.34	29.67	25.72	24.31	26.70	22.49
每百元主营业务收入实现利税(元)	24.39	25.45	32.96	10.06	7.81	7.22	8.47	9.53	8.40
产品销售率(%)	98.21	98.48	97.90	96.24	96.25	96.87	97.33	96.82	95.69
出口交货值占工业销售(%)	24.16	20.03	21.77	33.58	35.94	34.89	51.97	50.73	48.22
新产品产值率(%)	0.54	1.54	3.62	28.30	29.44	26.05	35.77	35.80	35.45

数据来源：历年浙江省统计年鉴。

五、安徽省纺织服装业基本情况

(一) 安徽省纺织服装、服饰行业经济总量

2017 年，安徽省拥有规模以上纺织服装、服饰企业 1036 家，比上年减少 103 家；主营业务收入 1029.65 亿元，同比下降 6.6%；年末资产总额达到 361.59 亿元，同比下降 7.7%；负债合计 177.58 亿元，同比下降 6.3%；创造利润总额为 39.62 亿元，同比下降 14.7%。

表 11　2013—2017 年安徽省规模以上纺织服装、服饰业主要经济指标

亿元

指　标	单位数(个)	工业总产值	资产总计	负债合计	主营业务收入	利润总额
2013 年	925	729.62	287.57	146.96	718.04	41.69
2014 年	1040	902.50	335.80	171.04	874.41	45.33
2015 年	1124	1044.41	370.11	185.68	1000.30	47.26
2016 年	1139	1157.60	391.73	189.47	1102.35	46.44
2017 年	1036	—	361.59	177.58	1029.65	39.62

数据来源：历年安徽省统计年鉴。

(二) 安徽省纺织服装、服饰行业经济效益

2017 年，安徽省规模以上纺织服装、服饰企业总资产贡献率为 17.51%，比上年下降 1.66 个百分点；资产负债率为 49.11%，同比上升 0.74 个百分点；流动资产周转次数为 5.06 次/年，同比下降 0.17 次/年；工业成本费用利润率为 4.01%，同比下降 0.41 个百分点；产品销售率为 98.30%，同比上升 0.11 个百分点。

表 12　2013—2017 年安徽省规模以上纺织服装、服饰业主要经济效益指标

指　标	2013 年	2014 年	2015 年	2016 年	2017 年
总资产贡献率(%)	23.14	21.98	20.92	19.17	17.51
资产负债率(%)	51.10	50.94	50.17	48.37	49.11
流动资产周转次数(次/年)	4.74	4.92	5.02	5.23	5.06
工业成本费用利润率(%)	6.27	5.51	4.99	4.42	4.01
产品销售率(%)	98.55	98.33	98.45	98.19	98.30

数据来源：历年安徽省统计年鉴。

(三) 安徽省纺织服装、服饰行业不同所有制企业经营情况

1. 私营企业

从企业所有制来看，安徽省私营纺织服装、服饰企业占据支柱地位。2017 年，安徽省规模以上私营纺织服装、服饰企业数为 762 家，比上年减少 81 家。资产总计 223.80 亿元，比上年下降 10.6%；占全省规模以上纺织服装、服饰企业资产总计的比重为 61.9%，下降 2.0 个百分点。主营业务收入为 687.93 亿元，比上年下降 7.8%；占全省规模以上纺织服装、服饰企业主营业务收入的比重为 66.8%，下降 0.9 个百分点。创造利润总额为 28.53 亿元，比上年下降 15.8%；占全省规模以上纺织服装、服饰企业利润总额的比重为 72.0%，下降 1.0 个百分点。

2. 外商投资、港澳台投资企业

2017 年，安徽省拥有规模以上外商投资和港澳台投资纺织服装、服饰企业 50 家，比上年减少 7 家。资产总计 44.59 亿元，比上年下降 10.3%；占全省规模以上纺织服装、服饰企业资产总计的比重为 12.3%，下降 0.4 个百分点。实现主营业务收入 142.83 亿元，比上年下降 10.6%；占全省规模以上纺织服装、服饰企业主营业务收入的比重为 13.9%，下降 0.6 个百分点。实现利润总额 3.38 亿元，比上年增长 7.3%；占全省规模以上纺织服装、服饰企业利润总额的比重为 8.5%，上升 1.7 个百分点。

表 13　2015—2017 年安徽省规模以上纺织服装、服饰不同所有制企业主要经济指标

指　标	国有及国有控股企业			私营企业			外商和港澳台投资企业		
	2015 年	2016 年	2017 年	2015 年	2016 年	2017 年	2015 年	2016 年	2017 年
企业单位数(个)	9	9	9	837	843	762	64	57	50
资产总计(亿元)	11.82	11.57	13.15	244.63	250.21	223.80	42.76	49.70	44.59
负债合计(亿元)	4.61	3.84	4.48	121.98	119.93	106.96	26.25	27.84	25.55
主营业务收入(亿元)	7.75	6.61	7.82	612.23	745.87	687.93	156.75	159.75	142.83
利润总额(亿元)	1.05	1.10	0.89	34.36	33.89	28.53	3.74	3.15	3.38

数据来源:历年安徽省统计年鉴。

3. 行业经济效益

从行业经济效益指标来看,2017 年,安徽省规模以上私营纺织服装、服饰企业总资产贡献率为 20.07%,分别高于同期国有及国有控股企业、外商投资和港澳台投资企业 8.64 个和 8.91 个百分点;流动资产周转次数为 5.70 次/年,高出同期国有及国有控股企业 4.86 次/年,高出外商投资和港澳台投资企业 0.36 次/年。

2017 年,安徽省规模以上国有及国有控股纺织服装、服饰企业资产负债率为 34.05%,分别低于同期私营企业、外商投资和港澳台投资企业 13.74 个和 23.26 个百分点;工业成本费用利润率为 12.41%,分别高于私营企业、外商投资和港澳台投资企业 8.07 个和 9.98 个百分点;产品销售率为 101.16%,分别高于私营企业、外商投资和港澳台投资企业 2.69 个和 2.03 个百分点。

表 14　2015—2017 年安徽省规模以上纺织服装、服饰不同所有制企业主要经济效益指标

指　标	国有及国有控股企业			私营企业			外商和港澳台投资企业		
	2015 年	2016 年	2017 年	2015 年	2016 年	2017 年	2015 年	2016 年	2017 年
总资产贡献率(%)	13.57	14.95	11.43	22.81	21.82	20.07	17.43	11.93	11.16
资产负债率(%)	39.06	33.21	34.05	49.86	47.93	47.79	55.53	56.01	57.31
流动资产周转次数(次/年)	0.91	0.81	0.84	5.35	5.64	5.70	6.18	5.97	5.34
工业成本费用利润率(%)	15.58	19.66	12.41	5.29	4.78	4.34	2.47	2.02	2.43
产品销售率(%)	98.87	101.81	101.16	98.48	98.09	98.47	98.35	98.06	99.13

数据来源:历年安徽省统计年鉴。

十 长三角钢铁产业

一、长三角钢铁产业总体情况

2017年,长三角规模以上钢铁企业资产总计为25986.08亿元,比上年增长1.0%;占全国规模以上钢铁企业资产总计的比重为19.7%,基本与去年持平。负债合计14561.53亿元,比上年增长0.7%;占全国的比重为17.9%,基本与去年持平。主营业务收入为36503.20亿元,比上年增长2.5%;占全国的比重为23.6%,同比上升0.7个百分点。利润总额为1801.09亿元,比上年增长11.6%;占全国的比重为24.2%,同比回落2.0个百分点。

表1 2013—2017年长三角规模以上钢铁企业主要经济指标 亿元

指 标	企业单位数(个)	工业总产值	资产总计	负债合计	主营业务收入	利润总额
2013年	12607	34978.09	24533.39	15053.08	36075.77	1504.33
2014年	12671	36077.48	25434.50	15065.97	37022.59	1512.45
2015年	12299	34626.45	24843.10	14315.76	35245.29	1303.86
2016年	—	34643.70	25726.48	14460.77	35595.79	1613.37
2017年	—	—	25986.08	14561.53	36503.20	1801.09

数据来源:历年上海市、江苏省、浙江省、安徽省统计年鉴。

(一)主要产品产量

2017年,长三角规模以上钢铁行业生产生铁11700.66万吨,比上年减少1.3%;占全国规模以上钢铁行业生铁产量的比重为16.4%,同比回落0.5个百分点。生产粗钢15919.48万吨,比上年下降5.4%;占全国的比重为19.1%,同比回落1.7个百分点。生产钢材20643.58万吨,比上年下降8.4%;占全国的比重为19.7%,同比回落0.2个百分点。

表2 2013—2017年长三角钢铁企业主要产品产量

产 品	2013年	2014年	2015年	2016年	2017年
生铁(万吨)	11405.29	11862.29	11896.47	11851.97	11700.66
粗钢(万吨)	15617.89	15440.70	16879.86	16820.52	15919.48
钢材(万吨)	21682.80	23001.04	23145.95	22536.56	20643.58

数据来源:历年上海市、江苏省、浙江省、安徽省统计年鉴。

(二)资产运营情况

从资产运营情况来看,2017年,长三角地区规模以上钢铁企业年末资产总额为25986.08亿元,比上年增长1.0%;负债合计为14561.53亿元,比上年增长0.7%。长三角地区规模以上钢铁企业资产的增长速度快于负债的增长速度,使得2017年长三角地区规模以上钢铁企业资产负债率有所下降,达到56.04%,较上年下降0.17个百分点;低于同期全国规模以上钢铁企业资产负债率5.52个百分点。

分地区来看,上海市规模以上钢铁企业资产运营情况最好,2017年,上海市资产负债率为47.07%,比上年下降2.16个百分点;江苏省规模以上钢铁企业资产负债率为56.97%,同比上升0.39个百分点;浙江省规模以上钢铁企业资产负债率为59.47%,同比上升0.75个百分点;安徽省规模以上钢铁企业资产负债率为60.51%,同比下降0.61个百分点。

二、上海市钢铁产业

(一)上海市钢铁行业经济总量

2017年,上海市规模以上钢铁企业工业总产值2617.87亿元,比上年增长11.8%;资产总计4172.18亿元,同比增长7.2%;负债合计1873.65亿元,同比增长2.3%;主营业务收入3211.88亿元,同比增长18.0%;利润总额143.24亿元,同比下降1.4%;税金总额78.63亿元,同比增长27.8%。

表3 2013—2017年上海市规模以上钢铁企业主要经济指标

亿元

指 标	单位数(个)	工业总产值	资产总计	负债合计	主营业务收入	利润总额	税金总额
2013年	1087	2968.81	3496.18	1684.65	3399.61	136.32	60.13
2014年	1050	2886.61	3624.62	1721.90	3260.91	133.54	60.40
2015年	970	2470.52	3523.81	1616.98	2748.41	78.63	57.35
2016年	—	2341.35	3892.13	1832.10	2720.82	145.31	61.53
2017年	—	2617.87	4172.18	1873.65	3211.88	143.24	78.63

数据来源:历年上海市统计年鉴。

(二)上海市精品钢材制造业基本情况

2017年,上海市精品钢材制造企业工业总产值1279.47亿元,比上年增长20.5%;资产总计2803.27亿元,同比增长13.5%;主营业务收入1770.53亿元,同比增长31.0%;利润总额74.71亿元,同比下降10.4%;税金总额49.69亿元,同比增长46.8%。

2017年,上海市精品钢材制造业工业总产值占规模以上钢铁行业工业总产值的比重为48.9%,所占比重比上年上升3.5个百分点;年末资产总计占比为67.2%,同比上升3.8个百分点;主营业务收入占比为55.1%,上升5.4个百分点;利润总额占比为52.2%,同比下降5.2个百分点;税金总额占比为63.2%,同比上升8.2个百分点。

表4 2013—2017年上海市精品钢材制造业主要经济指标

亿元

指 标	单位数(个)	工业总产值	资产总计	主营业务收入	利润总额	税金总额
2013年	98	1517.07	2196.75	1938.62	68.42	27.53
2014年	97	1441.44	2270.62	1773.78	63.61	25.00
2015年	82	1152.91	2189.90	1391.77	14.87	26.15
2016年	—	1061.92	2469.38	1351.27	83.34	33.86
2017年	—	1279.47	2803.27	1770.53	74.71	49.69

数据来源:历年上海市统计年鉴。

(三)上海市钢铁行业主要产品产、销量

2017年,上海市各种钢铁产品产量下滑,生铁和粗钢滞销,精品钢材供不应求。钢铁行业生产生铁1447.72万吨,比上年下降8.8%;生产粗钢1607.70万吨,同比下降5.9%;生产钢材2056.04万吨,同比下降1.2%。2017年,上海市精品钢材销售量为2062.09万吨,比上年下降1.8%。

表 5　2013—2017 年上海市钢铁企业主要产品产、销量　　万吨

指标		2013 年	2014 年	2015 年	2016 年	2017 年
生铁	生产量	1637.58	1643.29	1686.66	1587.21	1447.72
	销售量	0.87	1.04	0.95	0.51	1.00
粗钢	生产量	1811.08	1774.55	1783.77	1709.14	1607.70
	销售量	32.40	29.78	29.35	32.92	31.40
钢材	生产量	2322.76	2309.14	2202.72	2080.14	2056.04
	销售量	2313.55	2304.91	2176.99	2100.95	2062.09

数据来源:历年上海市统计年鉴。

三、江苏省钢铁产业

(一) 江苏省钢铁行业经济总量

2017 年,江苏省规模以上钢铁企业 5131 家,比上年减少 242 家;资产总计 12992.60 亿元,基本与去年持平;负债合计 7402.45 亿元,同比增长 0.7%;主营业务收入 19859.72 亿元,同比下降 0.5%;利润总额 1112.66 亿元,同比增长 14.4%。

表 6　2013—2017 年江苏省规模以上钢铁企业主要经济指标　　亿元

指标	单位数(个)	工业总产值	资产总计	负债合计	主营业务收入	利润总额
2013 年	5919	19594.05	12045.33	7509.68	19840.86	861.68
2014 年	5822	19853.84	12389.44	7455.14	20126.01	915.11
2015 年	5579	19573.32	12467.28	7234.86	19689.16	894.66
2016 年	5373	19581.76	12991.78	7350.54	19951.97	972.83
2017 年	5131	—	12992.60	7402.45	19859.72	1112.66

数据来源:历年江苏省统计年鉴。

(二) 江苏省钢铁行业经济效益

1. 黑色金属冶炼和压延加工业

2017 年,江苏省黑色金属冶炼和压延加工业企业亏损面为 11.15%,比上年下降 2.22 个百分点;资产负债率为 57.84%,下降 2.64 个百分点;流动资产周转次数为 3.37 次/年,下降 0.06 次/年;成本费用利润率为 6.01%,上升 1.85 个百分点;产品销售率为 99.88%,上升 0.99 个百分点;总资产贡献率为 13.96%,上升 2.80 个百分点。

2. 有色金属冶炼和压延加工业

2017 年,江苏省有色金属冶炼和压延加工业企业亏损面为 11.76%,比上年下降 2.25 个百分点;资产负债率为 62.25%,上升 5.57 个百分点;流动资产周转次数为 3.38 次/年,下降 0.19 次/年;成本费用利润率为 4.38%,下降 0.04 个百分点;产品销售率为 98.28%,下降 0.97 个百分点;总资产贡献率为 14.01%,下降 0.55 个百分点。

3. 金属制品业

2017 年,江苏省金属制品业企业亏损面为 11.78%,比上年上升 0.77 个百分点;资产负债率为 53.12%,上升 2.59 个百分点;流动资产周转次数为 2.5 次/年,下降 0.24 次/年;成本费用利润率为5.99%,下

降0.41个百分点;产品销售率为99.15%,上升0.60个百分点;总资产贡献率为14.31%,下降1.32个百分点。

表7 2013—2017年江苏省规模以上钢铁企业主要经济效益指标

指标		2013年	2014年	2015年	2016年	2017年
黑色金属冶炼和压延加工业	企业亏损面(%)	15.95	16.91	20.48	13.37	11.15
	资产负债率(%)	65.71	63.20	61.32	60.48	57.84
	流动资产周转次数(次/年)	3.42	3.62	3.57	3.43	3.37
	成本费用利润率(%)	3.46	3.79	3.41	4.16	6.01
	产品销售率(%)	98.79	98.64	98.82	98.89	99.88
	总资产贡献率	11.45	12.29	10.33	11.16	13.96
有色金属冶炼和压延加工业	企业亏损面(%)	18.60	17.14	18.40	14.01	11.76
	资产负债率(%)	63.37	61.73	59.54	56.68	62.25
	流动资产周转次数(次/年)	3.28	3.39	3.46	3.57	3.38
	成本费用利润率(%)	3.83	3.84	4.34	4.42	4.38
	产品销售率(%)	99.18	98.82	98.12	99.25	98.28
	总资产贡献率	14.47	14.44	15.28	14.56	14.01
金属制品业	企业亏损面(%)	10.30	11.08	12.59	11.01	11.78
	资产负债率(%)	55.14	54.20	52.10	50.53	53.12
	流动资产周转次数(次/年)	2.59	2.62	2.73	2.74	2.50
	成本费用利润率(%)	6.65	6.52	6.72	6.4	5.99
	产品销售率(%)	98.34	98.87	98.36	98.55	99.15
	总资产贡献率	17.38	16.71	16.43	15.63	14.31

数据来源:历年江苏省统计年鉴。

(三)江苏省钢铁行业主要产品产、销量

江苏省是全国钢铁大省,钢铁行业总量规模和发展水平均居于全国前列,具有较强的影响力。2017年,江苏省生产生铁7132.00万吨,比上年下降0.6%;生产粗钢10427.70万吨,同比下降5.9%;生产钢材12295.40万吨,同比下降8.7%。2017年,江苏省钢材销售量为11996.40万吨,比上年下降9.0%。

表8 2013—2017年江苏省规模以上钢铁企业主要产品产、销量 万吨

指标		2013年	2014年	2015年	2016年	2017年
生铁	生产量	6690.62	7080.12	7044.82	7174.08	7132.00
	销售量	2652.50	2487.35	2397.11	2517.71	2393.40
粗钢	生产量	9286.16	10195.51	10995.17	11080.49	10427.70
	销售量	3245.59	2994.29	3279.42	3201.59	3023.80
钢材	生产量	12398.00	13255.21	13560.81	13469.72	12295.40
	销售量	11793.17	13255.21	12968.06	13180.97	11996.40

数据来源:历年江苏省统计年鉴。

四、浙江省钢铁产业

(一)浙江省钢铁行业经济总量

2017 年，浙江省规模以上钢铁企业 3960 家，比上年减少 19 家；工业总产值 6688.32 亿元，同比下降 5.7%；资产总计 5041.43 亿元，同比下降 4.3%；负债合计 2998.21 亿元，同比下降 3.1%；主营业务收入 6634.73 亿元，同比下降 1.2%；利润总额 284.97 亿元，同比下降 4.6%；利税总额 467.09 亿元，同比增长 0.6%。

表 9　2013—2017 年浙江省规模以上钢铁企业主要经济指标　　亿元

指　标	单位数(个)	工业总产值	资产总计	负债合计	主营业务收入	利润总额	利税总额
2013 年	4179	7453.94	5691.44	3756.98	7223.97	274.13	429.18
2014 年	4269	7795.62	5790.05	3690.02	7493.50	280.69	447.30
2015 年	4177	7218.31	5297.82	3292.73	6820.41	228.87	394.12
2016 年	3979	7092.15	5270.53	3094.91	6713.09	298.81	464.46
2017 年	3960	6688.32	5041.43	2998.21	6634.73	284.97	467.09

数据来源：历年浙江省统计年鉴。

(二)浙江省钢铁行业经济效益

1. 黑色金属冶炼和压延加工业

2017 年，浙江省黑色金属冶炼和压延加工业每百元固定资产原值实现利税 18.75 元，比上年提高 0.62 元/百元；每百元主营业务收入实现利税 7.19 元，提高 0.54 元/百元；产品销售率 98.71%，上升 2.37 个百分点；出口交货值占工业销售值的 2.83%，下降 1.05 个百分点；新产品产值率为 30.74%，上升 3.10 个百分点。

2. 有色金属冶炼和压延加工业

2017 年，浙江省有色金属冶炼和压延加工业每百元固定资产原值实现利税 36.97 元，比上年提高 6.49 元/百元；每百元主营业务收入实现利税 5.67 元，提高 0.51 元/百元；产品销售率 98.14%，上升 0.56 个百分点；出口交货值占工业销售值的 6.12%，上升 0.88 个百分点；新产品产值率为 26.23%，下降 2.39 个百分点。

3. 金属制品业

2017 年，浙江省金属制品业每百元固定资产原值实现利税 24.17 元，比上年下降 2.57 元/百元；每百元主营业务收入实现利税 8.15 元，下降 0.76 元/百元；产品销售率 97.23%，上升1.61 个百分点；出口交货值占工业销售值的 27.82%，上升 1.33 个百分点；新产品产值率为 26.40%，下降 4.19 个百分点。

表 10　2013—2017 年浙江省规模以上钢铁企业主要经济效益指标

指　标		2013 年	2014 年	2015 年	2016 年	2017 年
黑色金属冶炼和压延加工业	每百元固定资产原值实现利税(元)	15.11	16.48	12.38	18.13	18.75
	每百元主营业务收入实现利税(元)	4.87	5.65	4.78	6.65	7.19
	产品销售率(%)	97.26	95.47	94.92	96.34	98.71
	出口交货值占工业销售值(%)	3.56	4.50	4.50	3.88	2.83
	新产品产值率(%)	23.64	24.50	28.49	27.64	30.74

续表

指　标		2013 年	2014 年	2015 年	2016 年	2017 年
有色金属冶炼和压延加工业	每百元固定资产原值实现利税(元)	33.23	29.56	26.22	30.48	36.97
	每百元主营业务收入实现利税(元)	4.68	4.30	4.13	5.16	5.67
	产品销售率(%)	96.13	97.49	97.88	97.58	98.14
	出口交货值占工业销售值(%)	6.00	4.59	5.04	5.24	6.12
	新产品产值率(%)	21.41	26.65	26.49	28.62	26.23
金属制品业	每百元固定资产原值实现利税(元)	28.19	26.48	25.64	26.74	24.17
	每百元主营业务收入实现利税(元)	8.43	7.99	8.38	8.91	8.15
	产品销售率(%)	96.62	96.16	95.76	95.62	97.23
	出口交货值占工业销售值(%)	26.86	26.44	27.05	26.49	27.82
	新产品产值率(%)	20.04	25.74	29.83	30.59	26.40

数据来源:历年浙江省统计年鉴。

(三)浙江省钢铁行业主要产品产量

2017 年,浙江省钢铁行业生产生铁 855.54 万吨,比上年增长 0.9%;生产粗钢 1090.68 万吨,同比下降 16.1%;生产钢材 3148.24 万吨,同比下降 16.3%。

表 11　2013—2017 年浙江省钢铁企业主要产品产量　万吨

指　标	2013 年	2014 年	2015 年	2016 年	2017 年
生　铁	1059.79	1140.28	1072.49	847.98	855.54
粗　钢	1733.15	1748.30	1594.92	1299.59	1090.68
钢　材	3823.44	4170.99	4047.72	3760.90	3148.24

数据来源:历年浙江省统计年鉴。

五、安徽省钢铁产业

(一)安徽省钢铁行业经济总量

2017 年,安徽省规模以上钢铁企业 1420 家,比上年减少 131 家;资产总计 3779.87 亿元,同比增长 5.8%;负债总额 2287.22 亿元,同比增长 4.8%;主营业务收入 6796.87 亿元,同比增长 9.5%;利润总额 260.22 亿元,同比增长 32.5%。

表 12　2013—2017 年安徽省规模以上钢铁企业主要经济指标　亿元

指　标	单位数(个)	工业总产值	资产总计	负债合计	主营业务收入	利润总额
2013 年	1422	4961.29	3300.44	2101.77	5611.33	232.20
2014 年	1530	5541.41	3630.39	2198.91	6142.17	183.11
2015 年	1573	5364.30	3554.19	2171.19	5987.31	101.70
2016 年	1551	5628.44	3572.04	2183.22	6209.91	196.42
2017 年	1420	—	3779.87	2287.22	6796.87	260.22

数据来源:历年安徽省统计年鉴。

（二）安徽省钢铁行业经济效益

1. 黑色金属冶炼和压延加工业

2017 年，安徽省黑色金属冶炼和压延加工业总资产贡献率为 15.63%，比上年上升 5.55 个百分点；资产负债率为 57.96%，下降 1.71 个百分点；流动资产周转次数为 3.42 次/年，下降 0.02 次/年；工业成本费用利润率为 6.72%，上升 2.50 个百分点；产品销售率为 99.69%，上升 0.96 个百分点。

2. 有色金属冶炼和压延加工业

2017 年，安徽省有色金属冶炼和压延加工业总资产贡献率为 6.54%，比上年上升 0.04 个百分点；资产负债率为 70.58%，上升 0.40 个百分点；流动资产周转次数为 4.08 次/年，下降 0.12 次/年；工业成本费用利润率为 1.33%，上升 0.02 个百分点；产品销售率为 99.12%，上升 0.68 个百分点。

3. 金属制品业

2017 年，安徽省金属制品业总资产贡献率为 15.01%，比上年下降 0.40 个百分点；资产负债率为 49.38%，上升 0.62 个百分点；流动资产周转次数为 2.61 次/年，下降 0.24 次/年；工业成本费用利润率为 6.24%，下降 0.22 个百分点；产品销售率为 97.50%，下降 0.03 个百分点。

表 13　2013—2017 年安徽省规模以上钢铁企业主要经济效益指标

指　标		2013 年	2014 年	2015 年	2016 年	2017 年
黑色金属冶炼和压延加工业	总资产贡献率(%)	14.24	11.59	5.50	10.08	15.63
	资产负债率(%)	62.23	58.91	57.79	59.67	57.96
	流动资产周转次数(次/年)	3.43	3.30	3.38	3.44	3.42
	工业成本费用利润率(%)	5.24	3.84	0.69	4.22	6.72
	产品销售率(%)	98.43	98.43	98.73	98.73	99.69
有色金属冶炼和压延加工业	总资产贡献率(%)	8.91	6.36	4.63	6.50	6.54
	资产负债率(%)	71.61	67.88	71.30	70.18	70.58
	流动资产周转次数(次/年)	3.94	3.85	4.70	4.20	4.08
	工业成本费用利润率(%)	2.21	0.95	0.66	1.31	1.33
	产品销售率(%)	99.08	98.68	97.66	98.44	99.12
金属制品业	总资产贡献率(%)	16.74	16.88	15.48	15.41	15.01
	资产负债率(%)	54.38	51.75	50.54	48.76	49.38
	流动资产周转次数(次/年)	2.68	2.79	2.81	2.85	2.61
	工业成本费用利润率(%)	6.71	6.66	6.15	6.46	6.24
	产品销售率(%)	96.07	96.48	96.88	97.53	97.50

数据来源：历年安徽省统计年鉴。

（三）安徽省钢铁行业主要产品产量

2017 年，安徽省钢铁行业生产生铁 2265.40 万吨，比上年增长 1.0%；生产粗钢 2793.40 万吨，同比增长 2.3%；生产钢材 3143.90 万吨，同比下降 2.5%。

表 14　2013—2017 年安徽省钢铁企业主要产品产量　　万吨

产　品	2013 年	2014 年	2015 年	2016 年	2017 年
生　铁	2017.30	1998.60	2092.50	2242.70	2265.40
粗　钢	2787.50	2451.40	2506.00	2731.30	2793.40
钢　材	3138.60	3265.70	3334.70	3225.80	3143.90

数据来源:历年安徽省统计年鉴。

十一　长三角房地产业

一、长三角房地产业发展情况

2017年，长三角完成房地产开发投资额25936.00亿元，比上年增长4.8%；占全国房地产开发投资的23.6%，所占比重比上年下降0.5个百分点。房屋施工面积153405.45万平方米，比上年增长1.5%；占全国房屋施工面积的19.6%，下降0.3个百分点。房屋竣工面积24639.92万平方米，比上年下降5.0%；占全国房屋竣工面积的24.3%，下降0.1个百分点。商品房销售面积30338.82万平方米，比上年下降10.3%；占全国商品房销售面的17.9%，下降3.6个百分点。

表1　2012—2017年长三角房地产业发展情况　　亿元，万平方米，%

指　标	房地产开发投资		房屋施工面积		房屋竣工面积		商品房销售面积	
	绝对额	增速	绝对额	增速	绝对额	增速	绝对额	增速
2012年	16965.34	14.4	116606.50	11.9	20411.79	8.3	19751.74	10.5
2013年	20223.52	19.2	133973.20	14.9	21838.73	7.0	24989.31	26.5
2014年	23048.04	14.0	147951.40	10.4	23520.30	7.7	22810.51	−8.7
2015年	23159.41	0.5	149145.80	0.8	24374.74	3.6	26004.80	14.0
2016年	24738.33	6.8	151128.21	1.3	25932.95	6.4	33804.23	30.0
2017年	25936.00	4.8	153405.45	1.5	24639.92	−5.0	30338.82	−10.3

数据来源：历年上海市、江苏省、浙江省、安徽省统计年鉴。

2017年，长三角房地产开发实际到位资金为42619.31亿元，比上年增长9.3%；占全国房地产开发实际到位资金的比重为27.3%，所占比重比上年上升0.3个百分点。

从房地产开发企业融资渠道来看，2017年，长三角其他资金为24128.93亿元，比上年增长1.7%；占长三角房地产开发资金的比重为56.6%，所占比重比上年下降4.3个百分点。自筹资金为11000.447亿元，比上年增长19.0%；占房地产开发资金的比重为25.8%，所占比重比上年上升2.1个百分点。国内贷款7441.12亿元，比上年增长25.2%；占房地产开发资金的比重为17.5%，所占比重比上年上升2.2个百分点。

表2　2012—2017年长三角房地产开发企业资金来源　　亿元，%

指　标	实际到位资金	国内贷款		利用外资		自筹资金		其他资金	
		数额	比重	数额	比重	数额	比重	数额	比重
2012年	24191.59	4398.20	18.2	105.08	0.4	8338.85	34.5	11349.47	46.9
2013年	31710.12	5723.85	18.1	195.58	0.6	10411.61	32.8	15379.06	48.5
2014年	31557.54	6274.22	19.9	224.86	0.7	11121.85	35.2	13936.60	44.2
2015年	31238.21	5233.54	16.8	95.50	0.3	9456.36	30.3	16452.82	52.7
2016年	38978.70	5944.35	15.3	56.62	0.1	9241.27	23.7	23736.46	60.9
2017年	42619.31	7441.12	17.5	48.80	0.1	11000.44	25.8	24128.93	56.6

数据来源：历年上海市、江苏省、浙江省、安徽省统计年鉴。

二、上海市房地产业发展情况

（一）房地产开发投资增速回落，占固定资产投资比重开始下行

2017年，上海市房地产开发投资3856.53亿元，比上年增长4.0%，增幅较上年回落2.9个百分点；

房地产开发投资占全社会固定资产投资比重走低，所占比重为53.2%，比上年下降1.7个百分点。2017年的1～2月份上海市房地产开发投资以10.0%的增速为全年最高点，之后逐月回落，上半年降至4.1%，下半年在3%～5%的区间低位波动。

从房屋类型看，住宅投资占比提高。2017年，上海市住宅投资2152.40亿元，比上年增长9.5%；占全部房地产开发投资的55.8%，比重提高2.8个百分点。办公楼投资642.20亿元，下降7.7%；商业营业用房投资506.71亿元，下降2.4%。

表3 2013—2017年上海市房地产业发展情况 亿元，万平方米，%

指　标	房地产开发投资		商品房施工面积		新开工面积		商品房竣工面积		商品房销售面积	
	绝对额	增速	绝对额	增速	绝对额	增速	绝对额	增速	绝对额	增速
2013年	2819.59	18.4	13516.58	2.0	2705.95	−0.7	2254.44	−2.2	2382.20	25.5
2014年	3206.48	13.7	14690.18	8.7	2782.02	2.8	2313.29	2.6	2084.66	−12.5
2015年	3468.94	8.2	15095.33	2.8	2605.08	−6.4	2647.18	14.4	2431.36	16.6
2016年	3709.03	6.9	15111.24	0.1	2840.95	9.1	2550.64	−3.6	2705.69	11.3
2017年	3856.53	4.0	15362.25	1.7	2618.00	−7.8	3387.56	32.8	1691.60	−37.5

数据来源：历年上海市统计年鉴。

（二）商品房建规模基本稳定，施工面积小幅增长

2017年，上海市商品房施工面积15362.25万平方米，比上年增长1.7%。其中，住宅8013.80万平方米，下降0.7%。受土地供应减少影响，2017年上海市商品房新开工面积2618.00万平方米，比上年下降7.8%。其中，住宅新开工面积1402.91万平方米，下降2.3%。2017年，上海市商品房竣工面积3387.56万平方米，比上年增长32.8%。其中，住宅竣工面积1862.74万平方米，增长21.5%。

（三）房地产企业到位资金出现下降

2017年，上海市房地产开发企业本年到位资金5384.65亿元，比上年减少16.0%。受房地产信贷额度控制影响，国内贷款下降3.6%；受新建商品房销售面积减少影响，定金预付款及个人按揭贷款大幅下降35.5%。

表4 2013—2017年上海市房地产资金到位情况 亿元

指　标	2013年	2014年	2015年	2016年	2017年
本年实际到位资金小计	5092.67	5269.90	5531.86	6408.78	5384.65
国内贷款	1292.36	1638.84	1516.59	1446.18	1393.78
利用外资	38.14	69.61	33.92	2.31	5.22
# 外商直接投资	37.32	67.73	32.36	2.31	
自筹资金	1569.91	1560.83	1519.99	1490.78	1549.20
其他资金	2192.26	2000.62	2461.36	3469.51	2436.45

数据来源：历年上海市统计年鉴。

（四）楼市交易大幅萎缩

1. 新建商品房销售面积下降

2017年，上海市新建商品房销售面积1691.60万平方米，比上年下降37.5%。其中，住宅销售面积

1341.62 万平方米，下降 33.6%。从结构分析，由于市场化新建住宅供应大幅减少，导致销售面积 575.04 万平方米，下降 51.9%，占全部新建住宅销售面积的 42.9%，比重回落 16.3 个百分点；保障性新建住宅销售面积 766.58 万平方米，下降 7.0%。

2017 年，上海市不断规范"类住宅"销售市场，与 2016 年火爆的销售情况相比，商办楼销售形势急转直下。2017 年，上海市办公楼销售面积 124.10 万平方米，比上年下降 59.5%；商业营业用房销售面积 79.33 万平方米，下降 61.5%。

2. 存量住宅交易低迷

2017 年，上海市存量房网签面积 1509.82 万平方米，比上年下降 57.6%。其中，存量住宅网签面积 1179.18 万平方米，下降 62.7%。从月度成交量看，1 月份、2 月份适逢春节假期，成交量均低于 80 万平方米；3 月份市场迎来"小阳春"，成交量反弹至年内最高的 153 万平方米；随着全国各地调控政策出台，上海市楼市成交量出现萎缩，4 月份、5 月份分别为 121 万平方米和 114 万平方米；之后市场观望气氛更加浓厚，传统的"金九银十"行情并未出现，月度成交量持续在 90 万平方米左右的规模低位波动。

3. 市场化新建住宅可售面积下降

2017 年，上海市房地产市场交易冷清，市场化新建住宅交易量大幅萎缩，新增供应大幅下降，上海市市场化新建住宅网上可售面积继续减少，年底可售面积为 487 万平方米。

（五）新建住宅销售均价有所回落

2017 年，上海市新建住宅平均销售价格 24866 元/平方米。从区域分布看，内环线以内 95502 元/平方米，内外环线之间 43733 元/平方米，外环线以外 18541 元/平方米。

剔除征收安置住房和共有产权保障住房等保障性住房后，市场化新建住宅平均销售价格分别为：内环线以内 103411 元/平方米，内外环线之间 72293 元/平方米，外环线以外 36003 元/平方米。

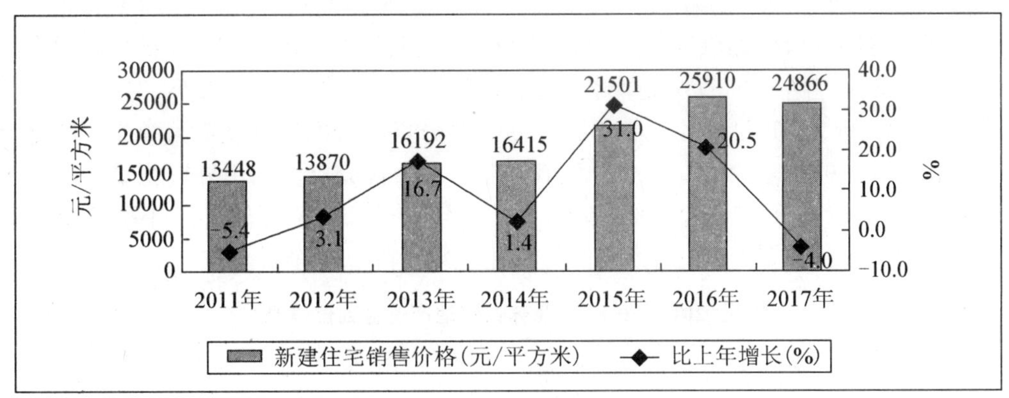

图 1　2011—2017 年上海市新建商品住宅销售价格及增长情况

三、江苏省房地产业发展情况

（一）房地产开发投资平稳增长，占固定资产投资比重回升

2017 年，江苏省房地产开发投资额为 9629.11 亿元，比上年增长 7.5%。房地产开发投资占固定资产投资总额的 18.2%，所占比重比上年上升 0.1 个百分点。

从商品房类型看，商品住宅投资 7315.28 亿元，比上年增长 10.4%；占房地产开发投资总额的 76.0%，所占比重比上年上升 2.0 个百分点。办公楼投资 423.70 亿元，比上年增长 16.7%；占开发投资总额的 4.4%，上升 0.3 个百分点。商业营业用房投资 1209.62 亿元，比上年下降 2.9%；占开发投资总额的 12.6%，下降 1.3 个百分点。

表5　2013—2017年江苏省房地产业发展情况　　亿元，万平方米，%

指　标	房地产开发投资		商品房施工面积		新开工面积		商品房竣工面积		商品房销售面积	
	绝对额	增速	绝对额	增速	绝对额	增速	绝对额	增速	绝对额	增速
2013年	7241.45	16.7	52574.17	16.6	16358.18	17.6	9711.60	—1.4	11454.77	27.0
2014年	8240.22	13.8	57637.72	9.6	14220.35	—13.1	9620.47	—0.9	9846.84	—14.0
2015年	8153.68	—1.1	58118.44	0.8	11542.56	—18.8	10296.96	7.0	11414.05	15.9
2016年	8956.37	9.8	58761.73	1.1	13670.83	18.4	10073.96	2.2	13962.09	22.3
2017年	9629.11	7.5	59464.23	1.2	13739.10	0.5	9581.73	—4.9	14211.12	1.8

数据来源：历年江苏省统计年鉴。

（二）房地产在建规模基本稳定，商品房新开工面积及销售面积增幅回落

2017年，江苏省房屋施工面积59464.23万平方米，比上年增长1.2%；住宅施工面积43554.54万平方米，增长1.3%。房屋新开工面积13739.10万平方米，比上年增长0.5%；住宅新开工面积10263.87万平方米，下降2.6%。商品房竣工面积9581.73万平方米，比上年下降4.9%；住宅竣工面积7089.80万平方米，下降6.8%。商品房销售面积14211.12万平方米，比上年增长1.8%；住宅销售面积12486.66万平方米，比上年下降1.4%。居民对改善性住房需求增多，使得144平方米以上住宅销售保持较高位运行。2017年，上海市144平方米以上住宅销售面积2095.99万平方米，比上年下降2.3%；占住宅销售面积的16.8%，比上年下降0.1个百分点。

（三）房地产项目到位资金较为平稳

2017年，江苏省房地产项目到位资金16563.47亿元，比上年增长6.9%。从资金来源渠道看，四类资金呈现增长趋势。2017年，江苏省房地产投资到位资金中其他投资为10226.04亿元，比上年增长2.0%；占到位资金的比重为61.7%，比上年下降2.9个百分点。国内贷款投资为3029.54亿元，比上年增长31.8%；占到位资金的比重为18.3%，比上年上升3.5个百分点。利用外资为29.07亿元，分别比上年增长250.6%；占到位资金的比重为0.2%，分别比上年上升0.1个百分点。自筹资金为3278.81亿元，比上年增长3.4%；占到位资金的比重为19.8%，比上年下降0.7个百分点。

表6　2013—2017年江苏省房地产资金到位情况　　亿元

指　标	2013年	2014年	2015年	2016年	2017年
本年实际到位资金小计	12682.04	12100.16	12039.99	15501.08	16563.47
国内贷款	2373.97	2249.68	1877.93	2299.18	3029.54
利用外资	109.41	80.79	44.91	8.29	29.07
自筹资金	3932.97	4154.86	3416.80	3172.21	3278.81
其他资金	6265.69	5614.83	6700.36	10021.40	10226.04

数据来源：历年江苏统计年鉴。

（四）商品房待售面积连续减少，成交均价小幅上涨

截至2017年末，江苏省商品房待售面积为5590.5万平方米，较上年末净减少928.6万平方米；其中，住宅待售面积为3021.2万平方米，较上年末净减少753.6万平方米；以商业、办公为主的非住宅商

品房待售面积为 2569.3 万平方米，较上年末净减少 175 万平方米。

2017 年，江苏省商品房成交均价为 9195 元/平方米，同比增长 4.4%；其中住宅成交均价为 9070 元/平方米，同比增长 3.9%。

四、浙江省房地产业发展情况

（一）房地产开发投资平稳增长

2017 年，浙江省完成房地产投资额 8226.78 亿元，比上年增长 10.1%，增幅比上年提高 5.1 个百分点；占固定资产投资总额的 26.4%，所占比重比上年上升 1.1 个百分点。

从房屋类型看，住宅投资占比提高。2017 年，浙江省住宅投资 5645.98 亿元，比上年增长 17.5%；占全部房地产开发投资的比重为 68.6%，所占比重比上年上升 4.2 个百分点。办公楼、商业营业用房分别完成投资 439.65 亿元和 942.08 亿元，分别比上年下降 8.6%和 4.3%；占全部房地产开发投资的比重分别为 5.3 %和 11.5%，所占比重分别比上年下降 1.1 个和 1.7 个百分点。

从投资结构看，建安工程、土地购置费平稳增长。2017 年，浙江省房地产开发投资中建安工程投资 4185.80 亿元，比上年增长 0.5%，占全部房地产开发投资的 50.9%；土地购置费 3353.67 亿元，比上年增长 27.3%，占全部房地产开发投资的 40.8%。

表 7　2013—2017 年浙江省房地产业发展情况　　亿元，万平方米，%

指　标	房地产开发投资		商品房施工面积		商品房竣工面积		商品房销售面积	
	绝对额	增速	绝对额	增速	绝对额	增速	绝对额	增速
2013 年	6216.25	18.9	37647.24	12.6	4692.34	9.3	4886.99	22.0
2014 年	7262.38	16.8	42144.35	11.9	6390.17	36.2	4676.83	−4.3
2015 年	7111.93	−2.1	41687.33	−1.1	5892.86	−7.8	5985.30	28.0
2016 年	7469.37	5.0	41609.80	−0.2	7925.40	34.5	8636.80	44.3
2017 年	8226.78	10.1	41236.24	−0.9	6884.18	−13.1	9599.67	11.1

资料来源：历年浙江省统计年鉴。

（二）商品房销售面积平稳增长，销售额大幅上升

2017 年，浙江省商品房销售面积为 9599.67 万平方米，在去年高增长的基础上又增长 11.1%，增幅比上年回落了 33.2 个百分点。其中，商品住宅销售面积为 7669.70 万平方米，比上年增长 6.0%；办公楼销售面积为 493.48 万平方米，比上年增长 20.3%；商用营业用房销售面积为 698.37 万平方米，比上年增长 31.8%。

2017 年，浙江省商品房销售额为 12339.99 亿元，在去年高增长的基础上又增长 28.5%，增幅比上年回落了 24.0 个百分点。其中，商品住宅销售额为 10300.34 亿元，比上年增长 24.4%；办公楼销售额为 674.13 亿元，比上年增长 45.1%；商用营业用房销售额为 971.17 亿元，比上年增长 48.7%。

（三）小户型商品房市场下行，别墅、高档公寓市场需求坚挺

2017 年，浙江省 90 平方米以下住宅销售面积 1277.91 万平方米，比上年下降 22.2%，增幅明显低于 144 平方米以上(8.1%)及别墅高档公寓(17.3%)等户型。90 平方米以下户型也仅占全部住宅销售面积的 16.7%，所占比重比上年回落 6.0 个百分点。

2017 年，浙江省别墅、高档公寓的市场需求仍快速增长，别墅、高档公寓销售面积 412.01 万平方米，

比上年增长17.3%，增幅较上年提高了2.5个百分点。别墅、高档公寓占全部住宅销售面积的5.4%，所占比重比上年提高了0.5个百分点。此外，从别墅、高档公寓以下投资、新开工面积、竣工面积、销售额等几个指标来看，增速均呈上升状态，分别增长41.4%、114.4%、17.9%和25.9%，从侧面反映了别墅、高档公寓市场需求量较大。

（四）房地产开发项目到位资金较为宽松，企业杠杆有所加大

2017年，浙江省房地产开发投资本年实际到位资金13034.21亿元，比上年增长20.0%。分类型来看，国内贷款2052.03亿元，比上年增长33.1%，其中，银行贷款1535.15亿元，同比增长29.9%，非银行金融机构贷款516.89亿元，同比增长43.7%。利用外资13.15亿元，同比下降59.3%；自筹资金3485.93亿元，同比增长30.5%。其他资金来源7483.09亿元，同比增长13.1%，其中，定金及预收款5124.46亿元，同比增长38.9%；个人按揭贷款2071.00亿元，同年下降15.6%。2017年全省非银行金融机构贷款和定金及预收款大幅度增加，沪深上市房地产企业负债总额和负债率走高，表明房地产企业杠杆有所放大。

表8　2013—2017年浙江省房地产开发资金到位情况　亿元

指　标	2013年	2014年	2015年	2016年	2017年
本年资金来源小计	8858.25	8956.31	8675.58	10859.57	13034.21
国内贷款	1590.65	1817.77	1274.79	1541.37	2052.03
利用外资	47.03	71.68	15.65	32.33	13.15
自筹资金	2765.07	3202.31	2659.44	2672.05	3485.93
其他资金	4455.49	3864.55	4725.70	6613.82	7483.09

资料来源：历年浙江省统计年鉴。

五、安徽省房地产业发展情况

（一）房地产开发投资快速增长

2017年，安徽省房地产开发投资5612.47亿元，比上年增长21.9%，比上年提高17.9个百分点，高出全国平均增速14.9个百分点。

从类型看，安徽省住宅投资快速增长。2017年，安徽省住宅投资4007.00亿元，比上年增长30.5%，比上年提高22.8个百分点；住宅投资占全部房地产开发投资的比重为71.4%，比上年上升4.7个百分点。办公楼投资194.59亿元，比上年下降4.1%；占全部房地产开发投资的比重为3.5%。商业营业用房投资1011.06亿元，比上年增长4.2%；占全部房地产开发投资的比重为18.0%。

从构成看，安徽省建安投资4242.48亿元，比上年增长13.2%；设备器具购置投资78.91亿元，下降11.6%；土地购置面积为3776.54万平方米，增长76.3%，土地购置费1120.37亿元，增长80.1%。

表9　2013—2017年安徽省房地产业发展情况　亿元，万平方米，%

指　标	房地产开发投资		商品房施工面积		新开工面积		商品房竣工面积		商品房销售面积	
	绝对额	增速	绝对额	增速	绝对额	增速	绝对额	增速	绝对额	增速
2013年	3946.23	25.2	30235.20	21.7	10077.71	28.0	5180.35	30.6	6265.35	29.7
2014年	4338.96	10.0	33479.11	10.7	8736.77	－13.3	5196.37	0.3	6202.18	－1.0

续表

指　标	房地产开发投资		商品房施工面积		新开工面积		商品房竣工面积		商品房销售面积	
	绝对额	增速	绝对额	增速	绝对额	增速	绝对额	增速	绝对额	增速
2015 年	4424.86	2.0	34244.67	2.3	7759.35	−11.2	5537.74	6.6	6174.09	−0.5
2016 年	4603.56	4.0	35645.44	4.1	8586.37	10.7	5382.95	−2.8	8499.65	37.7
2017 年	5612.47	21.9	39169.24	9.9	11398.66	32.8	4747.71	−11.8	9200.71	8.2

资料来源：历年安徽省统计年鉴。

（二）商品房销售回落较大，去库存成效不断显现

2017 年，安徽省商品房销售面积 9200.71 万平方米，比上年增长 8.2%，增幅比上年回落 29.5 个百分点。其中，商品住宅销售面积 7949.3 万平方米，比上年增长 5.9%；办公楼销售面积 179.5 万平方米，下降 3.2%；商业营业用房销售面积 872.0 万平方米，增长 30.0%。2017 年，安徽省商品房销售额 5865.77 亿元，比上年增长 16.5%，增幅比去年回落 32.9 个百分点。其中，商品住宅销售额 4878.56 亿元、办公楼销售额 144.77 亿元、商业营业用房销售额 765.69 亿元，分别比上年增长 15.3%、−0.6%和 26.2%。

2017 年底，安徽省商品房待售面积 2021.3 万平方米，比上年下降 15.8%。从构成看，住宅待售面积 885.2 万平方米，占 43.8%；办公楼待售面积 108.3 万平方米，占 5.4%；商业营业用房待售面积813.4 万平方米，占 40.2%。

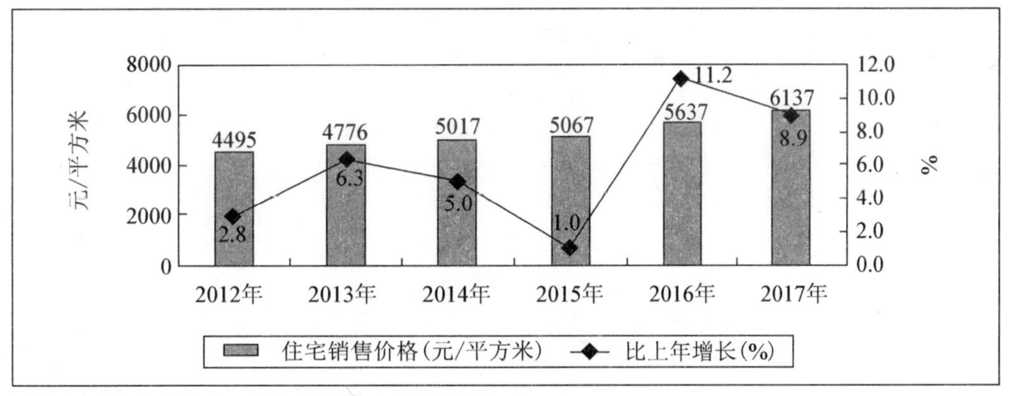

图 2　2012—2017 年安徽省商品住宅销售价格及增长情况

（三）商品房施工面积及新开工面积扩大

2017 年，安徽省房地产开发施工面积 39169.24 万平方米，比上年增长 9.9%，增幅比上年提高 5.8 个百分点；其中住宅施工面积 26859.0 万平方米，比上年增长 11.4%，增幅比上年提高 7.6 个百分点。房地产开发新开工面积 11398.66 万平方米，增长 32.8%，增幅比上年高 22.1 个百分点；住宅新开工面积为 8601.7 万平方米，比上年增长 43.2%，增幅比上年高 28.9 个百分点。

（四）房地产开发资金较为宽松

2017 年，安徽省房地产开发企业到位资金 7636.98 亿元，比上年增长 23.0%，增速比上年回落 1.4 个百分点。其中，自筹资金 2686.50 亿元，比上年增长 40.9%；国内贷款 965.77 亿元，增长 46.9%；其他资金 3983.35 亿元，增长 9.7%。

表 10　2013—2017 年安徽省房地产开发资金到位情况

亿元

指　标	2013 年	2014 年	2015 年	2016 年	2017 年
本年资金来源小计	5077.16	5231.17	4990.78	6209.27	7636.98
国内贷款	466.87	567.93	564.23	657.62	965.77
利用外资	1.00	2.78	1.02	13.69	1.36
自筹资金	2143.66	2203.85	1860.13	1906.23	2686.50
其他资金	2465.62	2456.60	2565.40	3631.73	3983.35

资料来源：历年安徽省统计年鉴。

十二 长三角汽车产业

一、长三角的总体情况

2017年，长三角汽车制造业从业人员140.10万人，比上年增长6.0%；占全国汽车制造业从业人员的比重为28.7%，同比上升1.4个百分点。年末资产总额22830.65亿元，比上年增长17.0%；占全国汽车制造行业资产总额的比重为30.0%，同比上升1.5个百分点。负债合计12939.72亿元，比上年增长16.3%；占全国汽车制造行业负债总额的比重为28.7%，同比上升0.9个百分点。主营业务收入23576.62亿元，比上年增长7.6%；占全国汽车制造行业主营业务收入的比重为27.9%，同比上升1.0个百分点。创造利润总额2360.35亿元，比上年增长6.3%；占全国汽车制造行业利润的比重为34.3%，同比上升1.9个百分点。

表1 2013—2017年长三角汽车制造行业主要经济指标 亿元

指 标	2013年	2014年	2015年	2016年	2017年
单位数(个)	4335	4642	4900	—	—
从业人员(万人)	113.23	117.94	124.60	132.18	140.10
工业总产值	14837.17	16882.76	18338.06	21458.78	—
年末资产总计	13511.83	14680.83	16950.40	19516.06	22830.65
负债合计	7355.43	7920.68	9255.06	11124.81	12939.72
主营业务收入	15551.70	17583.43	18840.71	21903.51	23576.62
利润总额	1671.67	1920.09	2060.85	2219.47	2360.35

数据来源：历年上海市、江苏省、浙江省、安徽省统计年鉴。

(一)长三角汽车生产情况

从总量上看，长三角汽车产业延续了前几年发展态势，汽车产量再上新高，但增速回落。2017年，长三角汽车产量达到634.89万辆，比上年增长1.7%，增速同比回落15.3个百分点，低于全国平均增速1.5个百分点。2017年，长三角汽车产量占全国的21.9%，所占比重比上年回落0.3个百分点。

表2 2013—2017年长三角各省市及全国汽车产量情况 万辆

指 标	2013年	2014年	2015年	2016年	2017年
上海市	226.89	247.45	242.97	260.77	291.32
江苏省	107.2	125.72	121.75	144.89	125.52
浙江省	37.32	32.72	42.87	58.65	84.54
安徽省	103.05	95.5	125.77	159.67	133.51
长三角	474.46	501.39	533.36	623.98	634.89
全国	2212.09	2372.52	2450.35	2811.91	2901.81

数据来源：历年上海市、江苏省、浙江省、安徽省及中国统计年鉴。

分地区看，2017年，上海市、浙江省汽车产量占长三角汽车总产量的比重上升，江苏省、安徽省汽车产量占比下降。上海市汽车产量占长三角汽车总产量的比重为45.9%，比上年上升4.1个百分点；浙江省汽车产量占的比重为 13.3%，同比上升 3.9 个百分点；江苏省汽车产量占的比重为 19.8%，同比下降 3.4 个百分点；安徽省汽车产量占的比重为 21.0%，同比下降 4.6 个百分点。

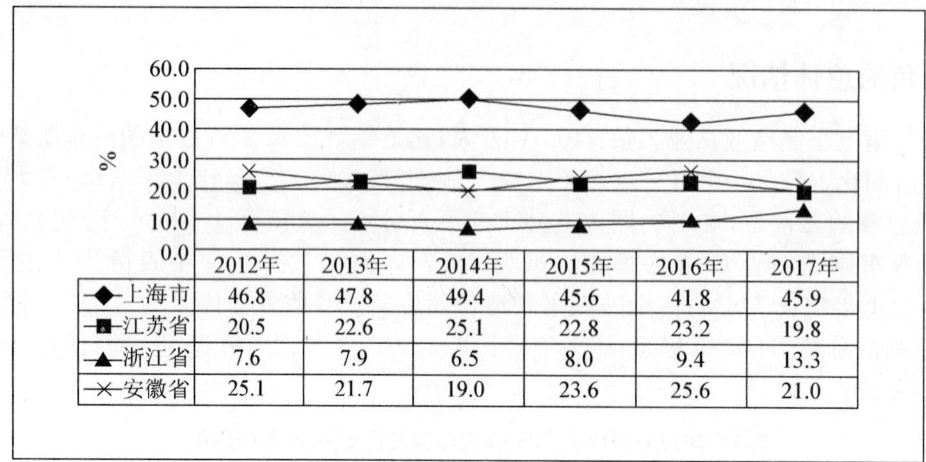

图 1　2012—2017 年三省一市汽车产量占长三角的比重

（二）长三角汽车行业资产运营情况

从资产运营情况来看，2017 年，长三角汽车制造行业年末资产总额为 22830.65 亿元，比上年增长 17.0%；负债合计为 12939.72 亿元，同比增长 16.3%。长三角汽车制造行业资产的增长速度快于负债的增长速度，使得 2017 年长三角汽车制造行业资产负债率有所下降，达到 56.68%，较上年下降了 0.33 个百分点；低于同期全国汽车制造行业资产负债率 2.50 个百分点。

分地区来看，上海市汽车制造行业资产负债率最低，2017 年，上海市资产负债率为 48.33%，比上年上升 0.94 个百分点；江苏省规模以上汽车制造行业资产负债率为 58.98%，同比下降 0.99 个百分点；浙江省规模以上汽车制造行业资产负债率为 61.32%，同比下降 1.14 个百分点；安徽省规模以上汽车制造行业资产负债率最高，2016 年资产负债率为 64.60%，同比下降 0.87 个百分点。

二、上海市汽车产业基本情况

（一）上海市汽车生产与销售情况

2017 年，上海市汽车产、销量分别为 291.32 万辆和 289.12 万辆，比上年分别增长 11.7%和10.7%。其中，轿车的产、销量分别为 195.94 万辆和 196.19 万辆，比上年分别减少 5.5%和 5.6%。

表 3　2013—2017 年上海市汽车产、销量

万辆

指　标		2013 年	2014 年	2015 年	2016 年	2017 年
产量	汽车	226.89	247.45	242.97	260.77	291.32
	#轿车	195.94	201.03	214.22	203.91	207.39
销量	汽车	226.74	247.05	242.87	261.17	289.12
	#轿车	196.19	200.91	213.86	204.19	207.72

数据来源：历年上海市统计年鉴。

（二）上海市汽车行业经济总量

汽车产业是上海市的六大重点发展工业行业之一，也是上海市着力发展的优势产业。2017 年，上海市共有汽车制造业从业人员 25.13 万人，比上年增加 1.09 万人；完成工业生产总值 6831.04 亿元，同比增长 16.8%；实现工业销售产值 6815.25 亿元，同比增长 17.1%；年末资产总计 7750.76 亿元，同比增长 16.3 %；负债合计 3746.14 亿元，同比增长 18.6%；主营业务收入 8246.69 亿元，同比增长 14.3%；实现利润总额 1106.02 亿元，同比增长 2.2%；实现税金总额 453.92 亿元，同比增长 16.6%。

表 4　2013—2017 年上海市汽车行业主要经济指标

指　标	2013 年	2014 年	2015 年	2016 年	2017 年
单位数(个)	550	527	522	—	—
从业人员(万人)	23.36	23.31	22.88	24.04	25.13
工业总产值(亿元)	4884.08	5364.95	5223.80	5849.90	6831.04
工业销售产值(亿元)	4852.23	5322.28	5203.41	5821.11	6815.25
年末资产总计(亿元)	5172.17	5511.02	6033.16	6666.50	7750.76
负债合计(亿元)	2250.67	2397.89	2644.70	3159.10	3746.14
主营业务收入(亿元)	6055.52	6645.70	6574.19	7213.54	8246.69
利润总额(亿元)	913.38	1062.29	1078.11	1081.97	1106.02
税金总额(亿元)	325.52	373.94	365.41	389.22	453.92

数据来源：历年上海市统计年鉴。

(三) 上海市汽车生产企业(集团)情况

上汽集团在 2017 年的销量呈现先抑后扬、曲折上升的走势。上半年销量起伏波动较大，整体呈现下滑的态势。下半年随着“金九银十”的到来，以及受小排量车型购置税在 2018 年恢复 10%征收的刺激，加之各种促销优惠，2017 年“金九银十”的购车热潮战线被拉得很长，上汽集团销量在 2017 年第四季度不断创下新高。根据上汽集团公布的数据，上汽集团 2017 年 12 月销量再创新高，达 73.31 万辆，同比增长 1.4%，环比增长 2.0%。上汽集团 2017 年全年累计销量达到 693 万辆，较上年累计销量同比增长 6.8%。

具体来看，上汽大众 2017 年 12 月销售 19.15 万辆，同比微跌 1.1%，环比下降 6.7%。上汽大众在 2017 年累计销售 206.3 万辆，和 2016 年累计销量相比增长了 3.1%，继续保持国内领先水平。上汽通用在 2017 年 12 月份销售 21.97 万辆，同比增长 3.5%，环比微增 1.2%，创下 2017 年度纪录。在 2017 年全年中，上汽通用累计销售 200 万辆，和 2016 年累计销量相比，增长 6.0%。上汽乘用车在 2017 年 12 月销量达到 54944 辆，同比增长 17.0%，环比增长 1.6%。2017 年上汽乘用车累计销量达到 52.2 万辆，和 2016 年相比增长了 62.3%，整整多出了 20 多万辆。上通五菱在 2017 年 12 月份销量达到 24.63 万辆，同比下跌 3.8%，环比增长 10.5%。整个 2017 年，上通五菱累计销售 215 万辆，相较 2016 年累计销量增长了 0.9%，而这一成绩，距离 2017 年初定下的 230 万辆目标还差 15 万辆。五菱品牌方面，继续领跑日益收缩的微型商用车市场，在 2017 上海车展期间推出的首款 SUV——宏光 S3 也收获了不错的反响，进一步拓宽五菱在乘用车市场的产品布局。上海乘用车良好的品牌优势，确保了上海汽车行业在全国汽车市场的领先地位。

三、江苏省汽车产业基本情况

(一) 江苏省汽车生产与销售情况

2017 年，江苏省汽车产量为 125.52 万辆，比上年下降 13.4%。轿车的产、销量分别为 72.17 万辆和

72.75 万辆，分别比上年增长 13.4%和 14.5%。载货汽车的产、销量分别为 9.59 万辆和 9.75 万辆，分别比上年增长 3.2%和－0.5%。运动型多用途车(SUV)的产、销量分别为 34.70 万辆和 35.40 万辆，分别比上年下降 4.5%和 0.5%。新能源汽车的产、销量分别为 5.10 万辆和 5.00 万辆，分别比上年增长 64.0%和 61.8%。

表 5　2013—2017 年江苏省汽车产、销量　　万辆

指标		2013 年	2014 年	2015 年	2016 年	2017 年
产量	汽车	107.20	125.72	121.75	144.89	125.52
	#轿车	62.50	63.15	74.51	67.56	72.17
	载货汽车	9.90	12.12	14.55	13.90	9.59
销量	汽车	107.94	125.69	121.68	—	—
	#轿车	62.20	63.21	74.82	67.48	72.75
	载货汽车	9.70	12.47	14.50	13.91	9.75

数据来源：历年江苏省统计年鉴。

(二) 江苏省汽车行业经济总量

2017 年，江苏省共有规模以上汽车制造企业 1886 家，比上年增加 144 家；从业人员 48.79 万人，增加 3.10 万人；年末资产总计 6221.17 亿元，同比增长 11.64 %；负债合计 3669.21 亿元，同比增长9.8%；主营业务收入 7504.69 亿元，同比增长 0.5%；实现利润总额 611.83 亿元，同比增长 3.7%。

表 6　2013—2017 年江苏省汽车行业主要经济指标

指标	2013 年	2014 年	2015 年	2016 年	2017 年
单位数(个)	1425	1560	1662	1742	1886
从业人员(万人)	38.66	40.19	43.05	45.69	48.79
工业总产值(亿元)	5662.98	6440.15	6948.74	7910.63	—
工业销售产值(亿元)	5661.42	6364.00	6811.93	7790.50	—
年末资产总计(亿元)	3485.81	3982.57	4749.25	5574.78	6221.17
负债合计(亿元)	2074.26	2318.51	2808.88	3343.00	3669.21
主营业务收入(亿元)	5454.96	6104.48	6487.01	7470.38	7504.69
利润总额(亿元)	486.51	554.15	595.43	589.94	611.83

数据来源：历年江苏省统计年鉴。

(三) 江苏省汽车行业经济效益

2017 年，江苏省规模以上汽车制造行业企业亏损面为 13.73%，比上年上升 1.67 个百分点；资产负债率为 58.98%，同比下降 0.99 个百分点；产品销售率为 99.48%，同比上升 1.00 个百分点；成本费用利润率为 8.79%，同比上升 0.24 个百分点；流动资产周转次数为 2.06 次/年，同比下降 0.24 次/年；总资产贡献率为 15.65%，同比下降 2.59 个百分点。

表7　2013—2017年江苏省汽车行业主要经济效益指标

指　标	2013年	2014年	2015年	2016年	2017年
企业亏损面(%)	12.56	12.12	14.92	12.06	13.73
资产负债率(%)	59.51	58.22	59.14	59.97	58.98
流动资产周转次数(次/年)	2.61	2.65	2.36	2.30	2.06
成本费用利润率(%)	9.75	9.97	10.04	8.55	8.79
产品销售率(%)	99.97	98.82	98.03	98.48	99.48
总资产贡献率(%)	24.19	23.65	20.95	18.24	15.65

数据来源:历年江苏省统计年鉴。

(四)江苏省汽车产业的基本情况

2017年,江苏省汽车产业实现销售收入8301亿元,居全国第一,利税总额1051.5亿元。江苏拥有整车生产资质的25家(含7家分公司)企业共生产汽车193.3万辆(含新能源整车5.1万辆),占全国的6.7%;汇聚东风悦达起亚、南汽集团、徐工汽车、苏州金龙等一批整车生产骨干企业,上汽集团、长安集团、北汽集团、比亚迪以及众泰汽车均在江苏省设立生产基地,形成南京、扬州、盐城三大整车生产基地,产量占全省总量的82.8%。2017年,江苏省汽车零部件实现销售收入4439亿元,居全国第一,产品种类齐全,发动机、传动系、制动系等重点产品已进入国际跨国公司配套体系,车用发动机、汽车车身、汽车电子电器等专利数量居全国第一位。

东风悦达起亚由东风集团、江苏悦达投资股份有限公司、韩国起亚自动车株式会社共同投资成立。2017年上半年,东风悦达起亚仅有12万辆新车售出,终端销量成绩不佳,下半年企业调整了战略部署,推出了多款新品,市场表现稍有回暖。截至2017年12月,东风悦达起亚累计销量达35.95万辆,同比下降45.0%,仅完成40万辆年销目标的89.9%。东风悦达起亚将推进四大措施,到2020年实现销量突破百万辆的目标。一是加强新车的投放,2017—2020年将推出18款新车;二是新能源车型的产品布局,到2020年计划推出6款新能源车,并将强化PHEV/EV车型;三是汽车造型设计加强本土化,贴近中国消费者需求,扩大使用高新IT技术,打造专属中国车型;最后是顾客至上经营战略,强化客户纽带关系,及时应对顾客需求。

长安马自达汽车有限公司前身为长安福特马自达汽车有限公司南京公司,由中国汽车的百年企业重庆长安汽车股份有限公司、马自达汽车株式会社共同出资组建,双方各占50%股份。2012年8月24日,经国家发展改革委核准,长安马自达汽车有限公司成为具有独立法人资格的现代化合资汽车企业,是马自达海外唯一一家集生产、采购、研发、销售于一体的整车制造型企业。2017年,以用户需求为出发点,长安马自达先后推出了新Mazda3 Axela昂克赛拉(以下称新昂克赛拉)、第二代Mazda CX-5(以下称第二代CX-5),以及全进口车型Mazda CX-3,在中级轿车市场、紧凑型SUV市场、跨界SUV市场完成了新一轮的更新布局并取得了出色的销量成绩。根据统计,2017年长安马自达全年终端零售销量突破18万辆,4S店拓展至260家,2S店建成95家,经销商整体盈利面超过80%,成功接力2016、蓄力2018。

四、浙江省汽车产业基本情况

(一)浙江省汽车生产情况

近几年浙江省汽车产业发展突飞猛进,汽车产量快速增长。2017年,浙江省汽车产量为84.54万辆,比上年增长44.1%;其中轿车产量为61.88万辆,比上年增长17.3%。

表8　2013—2017年浙江省汽车产量　万辆

指　标	2013年	2014年	2015年	2016年	2017年
汽车	37.32	32.72	42.87	58.65	84.54
#轿车	27.45	22.13	32.69	52.77	61.88

数据来源：历年浙江省统计年鉴。

(二)浙江省汽车行业经济总量

2017年，浙江省共有汽车制造业单位2025个，比上年增加123家；从业人员45.00万人，增加3.75万人；完成工业生产总值5006.24亿元，同比增长9.1%；年末资产总计6042.08亿元，同比增长29.8%；负债合计3704.91亿元，同比增长27.4%；主营业务收入4951.57亿元，同比增长12.0%；实现利润总额530.86亿元，同比增长25.9%；实现利税总额777.34亿元，同比增长25.7%。

表9　2013—2017年浙江省汽车行业主要经济指标

指　标	2013年	2014年	2015年	2016年	2017年
单位数(个)	1623	1753	1851	1902	2025
从业人员(万人)	33.02	35.80	38.83	41.25	45.00
工业总产值(亿元)	2323.39	2963.96	3681.84	4588.32	5006.24
年末资产总计(亿元)	2948.45	3160.59	3986.48	4654.81	6042.08
负债合计(亿元)	1793.57	1909.45	2375.41	2907.42	3704.91
主营业务收入(亿元)	2231.35	2833.98	3495.68	4420.38	4951.57
利润总额(亿元)	165.57	210.22	282.51	421.66	530.86
利税总额(亿元)	250.84	325.49	430.46	618.36	777.34

数据来源：历年浙江省统计年鉴。

(三)浙江省汽车行业经济效益

2017年，浙江省汽车制造行业每百元固定资产原值实现利税50.49元，比上年上升7.93元/百元；每百元主营业务收入实现利税15.70元，同比上升1.71元/百元；产品销售率为98.02%，同比上升1.08个百分点；出口交货值占工业销售9.43%，同比下降0.47个百分点；新产品产值率为55.64 %，同比下降4.34个百分点。

表10　2013—2017年浙江省汽车行业主要经济效益指标

指　标	2013年	2014年	2015年	2016年	2017年
每百元固定资产原值实现利税(元)	31.60	31.35	30.37	42.56	50.49
每百元主营业务收入实现利税(元)	11.24	11.49	12.31	13.99	15.70
产品销售率(%)	94.91	96.17	96.23	96.94	98.02
出口交货值占工业销售(%)	17.06	15.48	11.70	9.90	9.43
新产品产值率(%)	39.84	49.29	53.96	59.98	55.64

数据来源：历年浙江省统计年鉴。

（四）浙江省汽车产业的基本情况

浙江省已经初步建成杭州、台州、金华、宁波四大整车基地，形成一批以吉利、众泰为代表的知名汽车品牌，新能源汽车发展尤为突出。2017 年 1 月份，广汽吉奥台州新生产基地项目正式开工，规划建设年产 9 万辆新能源城市智慧物流车；3 月份，零跑汽车品牌发布暨制造基地启动仪式在浙江金华举行，这意味着零跑汽车品牌正式落户金华，其金华制造基地也正式启动，计划于 2018 年 6 月前完成所有设备的安装调试，2018 年底实现年产能 5 万辆，目标年产能 25 万辆零跑 S01 电动轿车；4 月份，湖州市吴兴区政府与游侠汽车正式签署合作协议，游侠汽车第一个生产基地将在此建设投产，总投资将达 115 亿元，可实现年产量 20 万台新能源车；10 月份，宝能集团与杭州市富阳区政府签署协议，计划投资 140 亿元建设新能源车项目；11 月份，福特汽车与众泰汽车宣布双方已经达成合资协议，将在金华投资 50 亿元组建一家合资公司——众泰福特汽车有限公司，纯电动汽车成为研发重点，目标年产 10 万辆；12 月份，威马新能源汽车在上海亮相，并推出旗下首款纯电动 SUV，温州正式成为威马汽车的首个制造基地。

众泰汽车总部位于浙江永康，是一家以汽车整车及汽车关键零部件为核心业务的民营企业，旗下拥有众泰汽车、江南汽车两大自主品牌。2017 年，众泰汽车销量再次突破 30 万辆，累计售出新车 317036 辆，同比下降 4.8%。2017 年初，众泰制定了全年 40 万辆的销量目标，受上半年销量下滑影响，全年目标完成率不足 8 成，仅为 79.2%。众泰汽车销量的下滑有两方面的原因，首先，在国内购置税退坡、车企竞争日益激烈的大背景下，2017 年乘用车整体涨势减缓，这对一些企业会产生影响；此外，众泰汽车自身品牌定位也并非主流，竞争力的欠缺也导致销量出现小幅度下降。从自身品牌力出发，众泰汽车较主流车企仍存在较大竞争差距。

浙江吉利控股集团总部设在杭州，旗下拥有沃尔沃汽车、吉利汽车、领克汽车、Polestar、宝腾汽车、路特斯汽车、伦敦电动汽车、远程新能源商用车等汽车品牌。2017 年，作为唯一入选“世界 500 强”（排名 343 位）的一家民营自主品牌汽车企业，吉利控股集团已经是第六次入选，并且排名较去年大幅攀升了 67 位，这也使其成为 2017 年 500 强排名中上升最快的中国车企。截至 2017 年底，吉利汽车总营收 927.61 亿元，同比增长 73.0%；全年净利润 106.34 亿元，同比增长 108.0%。吉利汽车于 2017 年合共售出约 124.71 万辆汽车（包括“领克”品牌销量），较上年增加 63.0%。其中，吉利博越、新帝豪、新远景、帝豪 GS 及远景 SUV 几款车型销售量，约占总销量的 3/4。吉利汽车在 2018 年将为旗下主要车型推出新能源版本；吉利汽车将对汽车质量与安全、新能源汽车、智能汽车、互联网、移动通讯、共享移动与人工智能技术应用等方面进一步投入研发，并且还将在今年内推出更多全新 SUV 车型，进一步升级轿车车型，扩大轿车产品组合；此外，其还计划推出 MPV，打开新市场；与此同时，吉利还将在其产品组合中加入更多新能源车型 EV、PHEV，从而提高新能源汽车的销售占比。

五、安徽省汽车产业基本情况

（一）安徽省汽车生产情况

2017 年，安徽省汽车行业产量快速回落，全年汽车产量为 133.51 万辆，比上年下降 16.4%。其中，载货汽车产量为 22.70 万辆，比上年下降 15.3%；公路汽车产量为 2.15 万辆，同比下降 15.7%。

表 11　2013—2017 年安徽省汽车产量　　万辆

指　标	2013 年	2014 年	2015 年	2016 年	2017 年
汽车	103.05	95.50	125.77	159.67	133.51
＃载货汽车	28.43	23.84	21.08	26.79	22.70

续表

指 标	2013 年	2014 年	2015 年	2016 年	2017 年
公路汽车	4.58	3.96	3.76	2.55	2.15

数据来源：历年安徽省统计年鉴。

（二）安徽省汽车行业经济总量

2017 年，安徽省共有汽车制造业单位 914 个，比上年减少 2 家；从业人员 21.18 万人，同比减少 0.02 万人；年末资产总计 2816.64 亿元，同比增长 7.5%；负债合计 1819.46 亿元，同比增长 6.1%；主营业务收入 2873.67 亿元，同比增长 2.7%；实现利润总额 111.64 亿元，同比减少 11.3%。

表 12 2013—2017 年安徽省汽车行业主要经济指标

指 标	2013 年	2014 年	2015 年	2016 年	2017 年
单位数(个)	737	802	865	916	914
从业人员(万人)	18.19	18.64	19.84	21.20	21.18
工业总产值(亿元)	1966.72	2113.70	2483.68	3109.93	—
工业销售产值(亿元)	1905.55	2085.36	2428.94	3043.20	—
年末资产总计(亿元)	1905.40	2026.65	2181.51	2619.97	2816.64
负债合计(亿元)	1236.93	1294.83	1426.07	1715.29	1819.46
主营业务收入(亿元)	1809.87	1999.27	2283.83	2799.21	2873.67
利润总额(亿元)	106.21	93.43	104.80	125.90	111.64

数据来源：历年安徽省统计年鉴。

（三）安徽省汽车行业经济效益

2017 年，安徽省汽车行业总资产贡献率为 7.72%，比上年下降 1.19 个百分点；资产负债率为 64.60%，同比下降 0.87 个百分点；流动资产周转次数为 1.92 次/年，同比下降 0.08 次/年；工业成本费用利润率为 3.89%，同比下降 0.60 个百分点；产品销售率为 98.97%，同比上升 1.12 个百分点。

表 13 2013—2017 年安徽省汽车行业主要经济效益指标

指 标	2013 年	2014 年	2015 年	2016 年	2017 年
总资产贡献率(%)	9.75	8.63	9.23	8.91	7.72
资产负债率(%)	64.92	63.89	65.37	65.47	64.60
流动资产周转次数(次/年)	1.86	1.96	2.07	2.00	1.92
工业成本费用利润率(%)	5.89	4.71	4.59	4.49	3.89
产品销售率(%)	96.89	98.66	97.80	97.85	98.97

数据来源：历年安徽省统计年鉴。

（四）安徽省汽车制造业的基本情况

经过多年发展，汽车已成为安徽主导产业。不仅拥有奇瑞、江淮、华菱星马等整车生产研发企业，而且拥有环新、国轩高科等汽车核心零部件生产企业，具有乘用车、商用车、工程装备用车、高中档客车等

全方位的产业体系。2017 年，安徽汽车行业受到政策退坡的影响有所回落，未来产量将趋于平稳。自主品牌在质量、性价比、体验等方面已经逐步赶超合资品牌，消费者对于国产汽车，特别是新能源汽车的需求增加也带动了自主品牌汽车销量增长。

2017 年初，奇瑞汽车提出“确保 90 万辆，争取 100 万辆”的销售目标，但是集团全年实现整车销量仅为 68 万辆，较上年的 70.47 万辆下降 3.5%；实现营业收入 1021 亿元，同比增长 15.1%。集团旗下奇瑞（包含奇瑞新能源）、观致、凯翼和奇瑞捷豹路虎等乘用车品牌销量分别为 41.8 万、1.5 万、4.3 万和 8.4 万辆。2017 年，奇瑞新能源车累计销量 36882 辆，同比增长 113%，远超行业整体 40%的增长水平，超额完成了 3 万辆的年度销量目标。这优异成绩的取得，得益于奇瑞在核心技术领域的优势、新能源战略的持续深化，以及国家利好政策的加码，从而使得奇瑞抢得市场领先优势，持续领跑国内新能源市场。在布局海外市场方面，已覆盖全球 80 余个国家和地区，建立了 10 个海外生产基地及 1500 家经销和服务网点。2017 年，出口总量达 107727 辆，同比增长了 22.3%，连续 15 年位居中国乘用车出口量第一位。

安徽江淮汽车集团股份有限公司（简称江淮汽车或 JAC），是一家集全系列商用车、乘用车及动力总成等研产销和服务于一体，“先进节能汽车、新能源汽车、智能网联汽车并举的综合型汽车企业集团”。2017 年，江淮汽车销售各类整车及底盘 51.09 万辆，同比下降 20.6%；乘用车销量为 222174 辆，同比下降接近四成，而江淮汽车 2017 年所定的目标为 40 万辆，只完成了目标的 55.5%；电动乘用车已累计销售 28263 辆，同比增长 53.9%；营业总收入 492.03 亿元，同比下降 6.3%；实现归属于母公司所有者的净利润 4.32 亿元，同比下降 62.8%。公司业绩下降主要是受 SUV 产品销量下滑、新能源补贴退坡和原材料价格上涨等因素的影响。其中，对公司销量下滑影响比较大的 SUV 产品 2017 年实现销售 12.13 万辆，同比减少 15.42 万辆，这主要是由于 SUV 产品里的 S3 产品销量下滑和新品 S7 上市后销量未达预期。

十三　长三角大众传媒产业

一、长三角大众传媒产业基本情况

2017 年，长三角报刊总印数 62.29 亿册，比上年下降 7.7%；总印张数 192.05 亿印张，下降 18.5%。期刊总印数 3.29 亿册，比上年下降 8.4%；总印张数 15.54 亿印张，下降 10.2%。图书总印数 17.65 亿册，比上年增长 4.5%；总印张数 136.03 亿印张，增长 5.7%。

2017 年，长三角报刊总印数占全国报刊总印数的比重为 17.2%，比上年下降 0.1 个百分点；期刊总印数占全国的比重为 13.2%，比上年下降 0.1 个百分点；图书总印数占全国的比重为 19.1%，比上年上升 0.4 个百分点。

表 1　2013—2017 年长三角地区报刊、期刊、图书出版情况

指　标		2013 年	2014 年	2015 年	2016 年	2017 年
报刊	总印数(亿册)	88.91	86.09	76.04	67.51	62.29
	总印张数(亿印张)	406.11	374.61	305.47	235.66	192.05
期刊	总印数(亿册)	4.24	3.97	3.72	3.59	3.29
	总印张数(亿印张)	20.49	19.39	18.28	17.30	15.54
图书	总印数(亿册)	15.46	15.10	16.16	16.89	17.65
	总印张数(亿印张)	115.67	113.78	123.79	128.67	136.03

数据来源：历年上海市、江苏省、浙江省、安徽省统计年鉴。

二、上海市大众传媒产业基本情况

（一）上海市的总体情况

1. 电视台情况

2017 年，上海市电视台共有发射台 22 座，发射功率 72 千瓦，节目 25 套。公共节目播出时间 54741 小时，比上年下降 69.4%。其中，市级电视台 49964 小时，减少 77040 小时；区县级电视台 4795 小时，减少 47201 小时。全年制作节目时间 54741 小时，比上年减少 13.8%。

表 2　2013—2017 年上海市电视台情况

指　标	2013 年	2014 年	2015 年	2016 年	2017 年
节目套数(套)	25	25	25	25	25
公共节目播出时间(小时)	180115	179072	178409	179000	54741
全年制作节目时间(小时)	53122	60664	73455	63521	54741

数据来源：历年上海市统计年鉴。

2. 广播电台情况

2017 年，上海市广播电台共有中、短波发射台 3 座，发射功率 227 千瓦，节目 22 套。公共节目播出时间 82366 小时，比上年减少 43.3%。其中，市级广播电台 67470 小时，减少 21258 小时；区县级广播电台 14896 小时，减少 41540 小时。全年制作节目时间 82366 时，比上年增长 7.4%。

表 3　2013—2017 年上海市广播电台情况

指　标	2013 年	2014 年	2015 年	2016 年	2017 年
节目套数(套)	21	21	21	22	22
公共节目播出时间(小时)	137771	137667	136049	145164	82366
全年制作节目时间(小时)	80707	84673	85966	76685	82366

数据来源：历年上海市统计年鉴。

3. 有线电视情况

2017 年，上海有线电视总用户数为 796.00 万户，比上年增加 24.00 万户，增长 3.1%。其中，数字电视用户 718.00 万户，比上年减少 4.00 万户，下降 0.6%。有线广播电视传输网络干线总长 48219 千米，比上年增加 1090 千米，增长 2.3%。

表 4　2013—2017 年上海市有线电视基本情况

指　标	2013 年	2014 年	2015 年	2016 年	2017 年
有线电视总用户数(万户)	681.80	687.80	745.50	772.00	796.00
有线电视入户率(%)	130.03	130.40	139.98	97.14	—
有线广播电视传输网络干线总长(千米)	43369	44092	55035	47129	48219

数据来源：历年上海市统计年鉴。

4. 报刊出版情况

2017 年，上海市共出版报刊 97 种，其中综合报 12 种，专业报 85 种；报刊期数为 8751 期，比上年减少 468 期；每期平均印数 478.24 万份，比上年下降 7.8%；总印数为 9.13 亿册，下降 9.5%；总印张数为 35.99 亿印张，下降 5.2%。

表 5　2013—2017 年上海市报刊出版情况

指　标		2013 年	2014 年	2015 年	2016 年	2017 年
种类(种)	总计	101	100	98	98	97
	综合报	12	12	12	12	12
	专业报	89	88	86	80	85
期数(期)		11212	10269	9662	9219	8751
每期平均印数(万份)		604.73	537.43	505.10	478.24	441.00
总印数(亿份)		13.16	11.45	10.80	10.09	9.13
总印张数(亿印张)		58.86	48.96	44.59	37.97	35.99

数据来源：历年上海市统计年鉴。

5. 期刊出版情况

2017 年，上海市共出版期刊 630 种，比上年增加 2 种。出版期数 5711 期，比上年减少 171 期。每期平均印数 579 万份，比上年下降 11.3%；总印数为 0.94 亿册，下降 16.1%；总印张数为 5.23 亿印张，下降 17.9%。

表 6　2013—2017 年上海市期刊出版情况

指　标	2013 年	2014 年	2015 年	2016 年	2017 年
种类(种)	625	627	628	628	630
出版期数(期)	6287	6179	6087	5882	5711
每期平均印数(万册、万份)	875	804	715	653	579
总印数(亿册)	1.62	1.45	1.28	1.12	0.94
总印张数(亿印张)	9.00	8.10	7.23	6.37	5.23

数据来源:历年上海市统计年鉴。

6. 图书出版情况

2017 年,上海市共出版图书 27772 种,比上年增加 310 种。其中,新出版 13261 种,比上年减少 644 种。总印数为 4.23 亿册,比上年增长 1.4%;总印张数为 37.56 亿印张,增长 3.6%。

表 7　2013—2017 年上海市图书出版情况

指　标	2013 年	2014 年	2015 年	2016 年	2017 年
种类(种)	24969	24676	25954	27462	27772
总印数(亿册)	3.37	3.26	3.53	4.17	4.23
总印张数(亿印张)	32.09	30.47	33.83	36.26	37.56

数据来源:历年上海市统计年鉴。

(二)上海市报刊、期刊、图书出版占比情况

2017 年,上海报刊总印数、总印张数占长三角的比重为 14.7%和 18.1%,分别比上年下降 0.2 个和上升 2.6 个百分点;期刊总印数、总印张数所占比重为 28.6%和 33.7%,分别下降 2.6 个和 3.1 个百分点;图书总印数、总印张数所占比重为 24.0%和 27.6%,分别下降 0.7 个和 0.6 个百分点。

表 8　2013—2017 年上海市报刊、期刊、图书出版占长三角比重　%

指　标		2013 年	2014 年	2015 年	2016 年	2017 年
报刊	总印数	14.8	13.3	14.2	14.9	14.7
	总印张数	14.5	13.1	14.6	16.1	18.7
期刊	总印数	38.2	36.5	34.4	31.2	28.6
	总印张数	43.9	41.8	39.5	36.8	33.7
图书	总印数	21.8	21.6	21.8	24.7	24.0
	总印张数	27.7	26.8	27.3	28.2	27.6

三、江苏省大众传媒产业基本情况

(一)江苏省的总体情况

1. 电视台情况

2017 年,江苏省共有电视台 8 座;电视发射及转播台 106 座;发射机功率为 536 千瓦;电视人口覆盖率为 100.0%;有线电视用户 1606 万户,比上年减少 22.4%;数字电视用户 1479 万

户，减少 15.7%；有线电视入户率 65.8%，比上年下降 19.0 个百分点；节目制作时间为 195865 小时，比上年增长 0.4%。

表 9　2013—2017 年江苏省电视台情况

指　标	2013 年	2014 年	2015 年	2016 年	2017 年
电视台(座)	14	14	8	8	8
电视发射及转播台(座)	83	83	98	104	106
发射机功率(千瓦)	520	521	510	513	536
电视人口覆盖率(%)	99.9	99.9	100.0	100.0	100.0
有线电视用户数(万户)	2249	2291	2226	2069	1606
数字电视用户数(万户)	1662	1787	1761	1754	1479
有线电视入户率(%)	93.1	94.6	91.4	84.8	65.8
节目制作时间(小时)	217672	193135	189429	195036	195865

数据来源：历年江苏省统计年鉴。

2. 广播电台情况

2017 年，江苏省共有广播电台 8 座，中短波发射台及转播台 21 座；中短波发射机功率为 735 千瓦；广播人口覆盖率为 100.0%；节目制作时间为 577970 小时，比上年下降 5.1%。

表 10　2013—2017 年江苏省广播电台情况

指　标	2013 年	2014 年	2015 年	2016 年	2017 年
广播电台(座)	14	14	14	8	8
中短波发射台及转播台(座)	21	21	21	21	21
中短波发射机功率(千瓦)	718	734	735	735	735
广播人口覆盖率(%)	100.0	100.0	100.0	100.0	100.0
节目制作时间(小时)	600722	603551	589282	608779	577970

数据来源：历年江苏省统计年鉴。

3. 报刊出版情况

2017 年，江苏省共有报纸 142 种；总印数为 229239 万册(万份)，比上年下降 1.6%；总印张数为 643332 万印张，下降 20.9%。

表 11　2013—2017 年江苏省报纸出版情况

指　标	2013 年	2014 年	2015 年	2016 年	2017 年
种类(种)	143	143	143	143	142
总印数(万册、万份)	286494	287810	263924	233072	229239
总印张(万印张)	1340982	1312412	1083799	813521	643332

数据来源：历年江苏省统计年鉴。

4. 期刊出版情况

2017 年，江苏省共出版期刊 445 种，比上年增加 1 种；总印数为 11544 万册(万份)，减少 3.4%；总印张数为 50983 万印张，减少 2.6%。

表 12 2013—2017 年江苏省期刊出版情况

指 标	2013 年	2014 年	2015 年	2016 年	2017 年
种类(种)	442	442	442	444	445
总印数(万册、万份)	11846	11807	11431	11954	11544
总印张(万印张)	47203	50730	50133	52332	50983

数据来源:历年江苏省统计年鉴。

5. 图书出版情况

2017 年,江苏省共出版图书 28790 种,比上年增加 1317 种;总印数为 63600 万册(万份),增长 1.9%;总印张数为 457188 万印张,增长 1.5%。

表 13 2013—2017 年江苏省图书出版情况

指 标	2013 年	2014 年	2015 年	2016 年	2017 年
种类(种)	23353	23819	26359	27473	28790
总印数(万册、万份)	56579	55855	62300	62415	63600
总印张(万印张)	397675	397145	433135	450215	457188

数据来源:历年江苏省统计年鉴。

(二) 江苏省报刊、期刊、图书出版占比情况

2017 年,江苏省报刊总印数、总印张数占长三角比重分别为 36.8%和 33.5%,分别比上年上升2.3 个和下降 1.0 个百分点;期刊总印数、总印张数所占比重分别为 35.1%和 32.8%,分别比上年上升 1.8 个和2.5 个百分点;图书总印数、总印张数所占比重分别为 36.0%和 33.6%,分别比上年下降 1.0 个和 1.4 个百分点。

表 14 2013—2017 年江苏省报刊、期刊、图书出版占长三角比重 %

指 标		2013 年	2014 年	2015 年	2016 年	2017 年
报刊	总印数	32.2	33.4	34.7	34.5	36.8
	总印张数	33.0	35.0	35.5	34.5	33.5
期刊	总印数	27.9	29.7	30.7	33.3	35.1
	总印张数	23.0	26.2	27.4	30.3	32.8
图书	总印数	36.6	37.0	38.6	37.0	36.0
	总印张数	34.4	34.9	35.0	35.0	33.6

数据来源:历年江苏省统计年鉴。

四、浙江省大众传媒产业基本情况

(一) 浙江省的总体情况

1. 电视台情况

2017 年,浙江省共有省市级电视台 12 座;电视节目套数 116 套;电视发射台及转播台 168 座;播出时间为 740705 小时,比上年减少 2.0%;电视人口覆盖率为 99.75%;有线电视实际用户 1419.56 万户,比上年下降 7.0 个百分点。

表 15　2013—2017 年浙江省电视节目制作情况

指　标	2013 年	2014 年	2015 年	2016 年	2017 年
省市级电视台(座)	12	12	12	12	12
电视节目套数(套)	116	117	118	118	116
电视发射台及转播台(座)	100	100	176	164	168
播出时间(小时)	738055	755633	753757	755972	740705
电视人口覆盖率(%)	99.64	99.65	99.69	99.72	99.75
有线电视实际用户(万户)	1449.05	1499.71	1562.57	1526.08	1419.56

数据来源:历年浙江省统计年鉴。

2. 广播电台情况

2017 年,浙江省共有省市级广播电台 12 座;广播节目套数 112 套;中短波广播发射台和转播台 38 座;县级广播电视台 66 个;广播人口综合覆盖率为 99.68%;全年公共广播节目播出时间 770768 小时,比上年减少 1.0%。

表 16　2013—2017 年浙江省广播节目制作情况

指　标	2013 年	2014 年	2015 年	2016 年	2017 年
省市级广播电台(座)	12	12	12	12	12
广播节目套数(套)	110	111	113	113	112
中短波广播发射台和转播台(座)	36	36	37	36	38
县级广播电视台(个)	66	66	66	66	66
广播人口综合覆盖率(%)	99.56	99.57	99.60	99.65	99.68
全年公共广播节目播出时间(小时)	740977	749740	761835	778581	770768

数据来源:历年浙江省统计年鉴。

3. 报纸出版情况

2017 年,浙江省共出版报纸 66 种,其中综合报 42 种,专业报 16 种;总印量为 230830 万册(万份),比上年减少 30828 万册(万份),同比下降 11.8%;总印张为 761657 万印张,比上年减少 200451 万印张,同比下降 20.8%。

表 17　2013—2017 年浙江省报纸出版情况

指　标		2013 年	2014 年	2015 年	2016 年	2017 年
种类(种)	总计	69	69	63	67	66
	综合报	40	40	46	42	42
	专业报	29	29	17	17	16
总印量(万册、万份)		346280	337367	283634	261658	230830
总印张(万印张)		1622465	1479502	1149403	962108	761657

数据来源:历年浙江省统计年鉴。

4. 杂志出版情况

2017 年,浙江省共出版杂志 229 种;总印量为 7534 万册(万份),比上年减少 156 万册(万份),同比下降 2.0%;总印张为 32101 万印张,比上年减少 1517 万印张,同比下降 4.5%。

表 18　2013—2017 年浙江省杂志出版情况

指　标	2013 年	2014 年	2015 年	2016 年	2017 年
种类(种)	223	225	226	226	229
总印量(万册、万份)	8149	7765	7719	7690	7534
总印张(万印张)	41674	37651	35800	33618	32101

数据来源:历年浙江省统计年鉴。

5. 图书出版情况

2017 年,浙江省共出版本版图书 14462 种,比上年增加 297 种;总印量为 39934 万册(万份),比上年增加 40 万册(万份),同比增长 0.1%;总印张为 292182 万印张,比上年增加 1059 万印张,同比增长 0.4%。

表 19　2013—2017 年浙江省图书出版情况

指　标	2013 年	2014 年	2015 年	2016 年	2017 年
本版图书种类(种)	12706	12687	13711	14165	14462
总印量(万册、万份)	38491	36971	36663	39894	39934
总印张(万印张)	237698	243514	258810	291123	292182

数据来源:历年浙江省统计年鉴。

(二)浙江省报刊、期刊、图书出版占比情况

2017 年,浙江省报刊总印数、总印张数占长三角的比重分别为 37.1%和 39.7%,分别比上年下降 1.7 个和 1.1 个百分点;期刊总印数、总印张数所占比重分别为 22.9%和 20.7%,分别上升 1.5 个和 1.3 个百分点;图书总印数、总印张数所占比重分别为 22.6%和 21.5%,分别下降 1.0 个和 1.1 个百分点。

表 20　2013—2017 年浙江省报刊、期刊、图书出版占长三角比重　　%

指　标		2013 年	2014 年	2015 年	2016 年	2017 年
报刊	总印数	38.9	39.2	37.3	38.8	37.1
	总印张数	40.0	39.5	37.6	40.8	39.7
期刊	总印数	19.2	19.6	20.7	21.4	22.9
	总印张数	20.3	19.4	19.6	19.4	20.7
图书	总印数	24.9	24.5	22.7	23.6	22.6
	总印张数	20.6	21.4	20.9	22.6	21.5

数据来源:历年浙江省统计年鉴。

五、安徽省大众传媒产业基本情况

(一)安徽省的总体情况

1. 电视台情况

2017 年,安徽省电视节目套数 109 套;电视发射台及转播台 166 座,比上年减少 54 座;电视人口覆盖率为 99.19%;节目制作时间 76538 小时,比上年减少 5.5%;播出时间为 632992 小时,增长 6.2%。

表 21　2013—2017 年安徽省电视节目制作情况

指　标	2013 年	2014 年	2015 年	2016 年	2017 年
电视台(座)	15	14	14	—	—
电视节目套数(套)	112	112	113	109	109
电视发射台及转播台(座)	142	136	285	220	166
电视人口覆盖率(%)	98.57	98.72	98.93	99.03	99.19
节目制作时间(小时)	76886	76278	77470	72526	76538
节目播出时间(小时)	602604	610264	613867	595885	632992

数据来源:历年安徽省统计年鉴。

2. 广播电台情况

2017 年,安徽省共有广播节目套数 104 套;中短波广播发射台和转播台 25 座;广播人口综合覆盖率为 99.04%;全年公共广播节目制作时间 177955 小时,比上年增长 9.3%;全年公共广播节目播出时间 521135 小时,减少 0.9%。

表 22　2013—2017 年安徽省广播节目制作情况

指　标	2013 年	2014 年	2015 年	2016 年	2017 年
省市级广播电台(座)	15	14	15	—	—
广播节目套数(套)	105	105	106	104	104
中波广播发射台和转播台(座)	23	23	23	24	25
广播人口综合覆盖率(%)	98.3	98.6	98.8	98.9	99.04
全年公共广播节目制作时间(小时)	172742	179638	169776	162808	177955
全年公共广播节目播出时间(小时)	508540	521869	540463	525688	521135

数据来源:历年安徽省统计年鉴。

3. 报纸出版情况

2017 年,安徽省共出版报纸 98 种;每期平均印数 325 万册(万份),比上年减少 38 万册(万份);总印量为 71577 万册(万份),比上年减少 7911 万册(万份),下降 10.0%;总印张为 155571 万印张,比上年减少 45690 万印张,下降 22.7%。

表 23　2013—2017 年安徽省报纸出版情况

指　标	2013 年	2014 年	2015 年	2016 年	2017 年
种类(种)	98	98	98	98	98
每期平均印数(万册、万份)	517	500	480	363	325
总印量(万册、万份)	124700	121176	104830	79488	71577
总印张(万印张)	509100	464623	375622	201261	155571

数据来源:历年安徽省统计年鉴。

4. 杂志出版情况

2017 年,安徽省共出版杂志 180 种;每期平均印数 259 万册(万份),比上年减少 32 万册(万份);总印量为 4399 万册(万份),比上年减少 618 万册(万份),下降 12.3%;总印张为 20008 万印张,比上年减少 3297 万印张，下降 14.1%。

表 24 2013—2017 年安徽省杂志出版情况

指 标	2013 年	2014 年	2015 年	2016 年	2017 年
种类(种)	180	180	180	180	180
每期平均印数(万册、万份)	397	355	313	291	259
总印量(万册、万份)	6227	5627	5251	5017	4399
总印张(万印张)	26000	24474	24574	23305	20008

数据来源：历年安徽省统计年鉴。

5. 图书出版情况

2017 年，安徽省共出版本版图书 9745 种，比上年增加 304 种，其中新出版 4864 种；总印量为 30704 万册(万份)，比上年增加 5812 万册(万份)，增长 23.3%；总印张为 235287 万印张，比上年增加 52519 万印张，增长 28.7%。

表 25 2013—2017 年安徽省图书出版情况

指 标	2013 年	2014 年	2015 年	2016 年	2017 年
图书种类(种)	9440	9934	8902	9441	9745
总印量(万册、万份)	25800	25579	27329	24892	30704
总印张(万印张)	200400	192396	207650	182768	235287

数据来源：历年安徽省统计年鉴。

(二) 安徽省报刊、期刊、图书出版占比情况

2017 年，安徽省报刊总印数、总印张数占长三角的比重分别为 11.5%和 8.1%，分别比上年下降 0.3 个和 0.4 个百分点；期刊总印数、总印张数所占比重分别为 13.3%和 12.9%，双双比上年下降 0.6 个百分点；图书总印数、总印张数所占比重分别为 17.4%和 17.3%，分别比上年上升 2.7 个和 3.16 个百分点。

表 26 2013—2017 年安徽省报刊、期刊、图书出版占长三角比重 %

指 标		2013 年	2014 年	2015 年	2016 年	2017 年
报刊	总印数	14.0	14.1	13.8	11.8	11.5
	总印张数	12.5	12.4	12.3	8.5	8.1
期刊	总印数	14.7	14.2	14.1	14.0	13.4
	总印张数	12.7	12.6	13.4	13.5	12.9
图书	总印数	16.7	16.9	16.9	14.7	17.4
	总印张数	17.3	16.9	16.8	14.2	17.3

数据来源：历年安徽省统计年鉴。

十四　长三角旅游业

一、长三角旅游业基本情况

国际旅游方面，2017 年，长三角地区共接待入境游客 3033.99 万人次，比上年增长 8.8%；占全国人境游客量的 21.8%，所占比重比上年上升 1.6 百分点。其中，外国游客 2035.44 万人次，比上年增长 7.6%；占全国外国游客量的 69.7%，所占比重比上年上升 2.5 百分点。长三角旅游创汇 221.62 亿美元，比上年增长 9.1%；占全国国际旅游外汇收入的比重为 18.0%，所占比重比上年上升 1.1 个百分点。

国内旅游方面，2017 年，长三角地区共接待国内游客 23.16 亿人次，比上年增长 11.9%；占全国国内游客量的 46.3%，所占比重比上年下降 0.3 个百分点。长三角实现国内旅游收入 30099.04 亿元，比上年增长 16.8%；占全国国内旅游外汇收入的比重为 65.9%，比上年下降 0.5 个百分点。

表 1　2013—2017 年长三角地区旅游业基本情况

指　标	国际旅游业			国内旅游业	
	接待入境旅游人数（万人次）	其中：外国人	国际旅游外汇收入（亿美元）	接待国内旅游人数（亿人次）	国内旅游收入（亿元）
2013 年	2297.21	1568.12	148.41	15.45	18013.25
2014 年	2424.49	1655.53	164.51	16.97	20070.44
2015 年	2561.84	1746.92	185.38	18.64	22474.54
2016 年	2789.79	1892.36	203.07	20.69	25760.00
2017 年	3033.99	2035.44	221.62	23.16	30099.04

数据来源：历年上海市、浙江省、江苏省、安徽省统计年鉴。

分地区看，2017 年，上海市国际旅游外汇收入占长三角国际旅游外汇收入的比重为 30.7%，比上年下降 1.5 个百分点；国内旅游收入占长三角国内旅游收入的比重为 13.4%，所占比重均与去年持平。江苏省国际旅游外汇收入占长三角国际旅游外汇收入的比重为 18.9%，比上年上升 0.2 个百分点；国内旅游收入占长三角国内旅游收入的比重为 37.6%，同比下降 1.0 个百分点。浙江省国际旅游外汇收入占长三角国际旅游外汇收入的比重为 37.3%，所占比重比上年上升 0.7 个百分点；国内旅游收入占长三角国内旅游收入的比重为 29.1%，同比下降 0.4 个百分点。安徽省国际旅游外汇收入占长三角国际旅游外汇收入的比重为 13.0%，比上年上升 0.5 个百分点；国内旅游收入占长三角国内旅游收入的比重为 19.9%，同比上升 1.4 个百分点。

二、上海市旅游业的基本情况

（一）台港澳地区及国外旅游情况

2017 年，上海市接待国际旅游入境者 873.01 万人次，比去年增长 2.2%。其中接待入境外国人 671.21 万人次，比上年增长 1.7%。接待港、澳、台同胞 201.80 万人次，比上年增长 3.7%。国际旅游入境游客平均逗留时间 3.30 天/人，比去年略降 0.09 天/人；平均每天来沪旅游人数 23918 人次/天，比上年增加 575 人次/天；旅游创汇 68.10 亿美元，比上年增长 4.3%。2017 年，上海市共有 A 级旅游景点 99 家，其中，5A 级景点 3 家，4A 级景点 50 家；共有红色旅游基地 34 个，其中，全国红色旅游基地 9 个。

从外国游客的国别来看，日本仍是上海市的第一大客源国，2017 年接待日本游客 116.68 万人次，比上年增长8.5%，占外国人总数的17.4%，比上年上升1.1个百分点。第二大客源国是美国，2017年接待美国游客95.88万人次，比上年增长1.6%，占外国人总数的14.3%，所占比重与去年持平。

表2　2013—2017年上海市台港澳地区及国外旅游入境人数

指　标	2013年	2014年	2015年	2016年	2017年
国际旅游入境人数(万人次)	757.40	791.30	800.16	854.37	873.01
＃外国人	597.59	611.14	614.64	659.83	671.21
＃日本	106.63	101.28	92.93	107.49	116.68
新加坡	20.26	21.72	19.85	22.59	23.36
德国	30.67	31.93	29.97	32.48	33.65
法国	22.17	21.81	20.42	22.45	22.17
英国	22.06	22.77	21.70	24.53	24.33
意大利	11.77	12.20	11.92	11.77	12.35
加拿大	17.43	17.19	18.90	22.55	25.08
美国	77.16	77.42	77.08	94.36	95.88
澳大利亚	20.86	20.59	19.05	23.06	25.34
中国港澳同胞	59.84	66.94	67.53	70.54	73.64
中国台湾同胞	99.97	113.22	117.99	124.00	128.16
平均每天来沪旅游人数(人次/天)	20751	21679	21922	23343	23918
来沪旅游者平均逗留天数(天/人)	3.29	3.24	3.30	3.21	3.30
国际旅游(外汇)收入(亿美元)	53.37	57.05	59.60	65.30	68.10

数据来源：历年上海市统计年鉴。

（二）国内旅游情况

2017年，上海市共接待国内游客3.18亿人次，比上年增长7.5%。其中，接待外省市来沪旅游者1.55亿人次，比上年增长5.7%。全年实现国内旅游收入4025.13亿元，比上年增长16.9%。国内旅游者的人均旅游消费总支出为1264元，比上年人均增加101元，同比增长8.7%；其中人均购物费为411元，占人均旅游消费总支出的比重为32.5%，比上年下降0.3个百分点。

表3　2013—2017年上海市国内旅游人数、人均消费支出及国内旅游收入

指　标	2013年	2014年	2015年	2016年	2017年
国内旅游者来沪人数(万人次)	25991	26818	27569	29621	31845
外省市来沪旅游人数	11369	13041	13924	14680	15523
本市市民在本地旅游人数	14622	13777	13645	14941	16322
国内旅游者人均消费支出(元)	1164	1099	1087	1163	1264
＃长途交通费	122	132	143	154	201
住宿费	139	148	152	170	158
餐饮费	145	148	154	164	193

续表

指　标	2013 年	2014 年	2015 年	2016 年	2017 年
购物费	508	406	383	382	411
门票费	129	131	125	144	154
娱乐费	39	39	34	35	27
市内交通费	45	47	48	52	50
邮电通信费	8	7	6	5	4
国内旅游收入(亿元)	2968.00	2950.13	3004.73	3443.93	4025.13

数据来源：历年上海市统计年鉴。

(三)旅行社接待经营情况

2017 年，上海市旅行社共接待境内外来沪旅游者 831.14 万人次，比上年增长 2.9%。其中，接待境外旅游者 71.85 万人次，比上年增长 24.9%；接待境内旅游者 759.29 万人次，增长 1.2%。组织出境游 547.07 万人次，比上年下降 3.3%。旅行社实现营业收入 1396.37 亿元，比上年增长 19.8%；实现利润总额 8.17 亿元。

表 4　2013—2017 年上海市旅行社接待经营情况

指　标	2013 年	2014 年	2015 年	2016 年	2017 年
接待境内外来沪旅游者(万人次)	868.80	763.08	816.00	807.62	831.14
境外旅游者	83.98	78.51	64.16	57.51	71.85
#外国人	70.40	68.27	56.15	52.37	65.29
中国香港	4.61	3.62	3.23	1.62	1.7
中国澳门	2.90	2.68	1.79	0.33	0.29
中国台湾	6.07	3.95	2.98	3.19	4.57
境内旅游者	784.82	684.57	751.85	750.10	759.29
出境旅游者(万人次)	233.44	242.30	393.34	565.62	547.07
经营和财务状况	—	—	—	—	—
营业收入(亿元)	612.43	723.73	826.72	1165.81	1396.37
利润总额(亿元)	12.44	6.89	0.31	−5.51	8.17

数据来源：历年上海市统计年鉴。

(四)住宿业接待经营情况

2017 年，上海市共有旅游星级饭店 229 家，其中，五星级饭店 72 家；客房 5.88 万间，减少 0.15 万间；床位 8.85 万张，减少 0.17 万张；客房平均出租率为 68.8%，上升 0.7 个百分点；营业收入 212.85 亿元，增长 5.1%；平均房价 713 元/间天，比上年增长 3.0%。

表 5　2013—2017 年上海市旅游星级饭店基本情况

指　标	2013 年	2014 年	2015 年	2016 年	2017 年
饭店数（个）	271	255	247	238	229
客房数（万间）	6.47	6.17	6.12	6.03	5.88
床位数（万张）	9.87	9.40	9.23	9.02	8.85
客房平均出租率（%）	59.2	63.5	65.5	68.1	68.8
营业收入（亿元）	183.94	193.92	198.15	202.61	212.85
平均房价（元/间天）	629	648	686	692	713

数据来源：历年上海市统计年鉴。

三、江苏省旅游业的基本情况

（一）台港澳地区及国外旅游情况

2017 年，江苏省年接待海外旅游者 370.10 万人次，比上年增长 12.2%。其中接待外国人 241.75 万人次，比上年增长 10.9%。接待港澳台同胞 128.35 万人次，比上年增长 14.8%。旅游创汇 41.95 亿美元，比上年增长 10.3%。

从外国游客的国别来看，日本、韩国、美国仍是江苏省的三大主要客源国。2017 年，江苏省接待日本旅游者 46.19 万人次，比上年增长 11.3%；接待韩国旅游者 40.33 万人次，同比下降 1.1%；接待美国旅游者 24.91 万人次，同比增长 10.5%。美、日、韩三国旅游者合计共占外国游客市场的 46.1%，比上年下降 2.0 个百分点。

表 6　2013—2017 年江苏省接待台港澳地区及国外旅游者人数和收入

指　标	2013 年	2014 年	2015 年	2016 年	2017 年
接待人数(万人次)	288.03	297.10	305.01	329.77	370.10
＃外国人	193.44	197.04	200.84	218.00	241.75
＃日本	43.94	41.93	39.71	41.49	46.19
韩国	32.75	34.87	35.82	40.77	40.33
美国	18.47	19.69	20.99	22.54	24.91
马来西亚	9.42	9.87	9.36	9.11	9.87
德国	9.21	9.86	9.90	10.32	10.82
新加坡	6.74	6.86	6.65	6.85	7.29
加拿大	6.34	6.63	7.60	7.88	8.32
＃中国香港同胞	12.91	14.42	14.04	15.38	18.23
中国澳门同胞	0.51	0.62	0.71	0.82	1.07
中国台湾同胞	81.18	85.02	89.42	95.58	109.05
旅游外汇收入(亿美元)	23.80	30.33	35.27	38.04	41.95

数据来源：历年江苏省统计年鉴。

（二）国内旅游情况

2017 年，江苏省接待国内游客 7.43 亿人次，比上年增长 9.6%；实现国内旅游收入 11307.51 亿元，同比增长 13.6%。

2017 年，江苏省接待国内旅游者最多的三个市分别是：苏州市 12046.42 万人次，比上年增长6.6%；南京市 11383.32 万人次，增长 6.8%；无锡市 9179.34 万人次，增长 6.9%。三市合计接待国内旅游者占全省的比重为 43.9%，比上年下降 1.2 个百分点。

2017 年，江苏省国内旅游收入超千亿元的分别是苏州市 2161.32 亿元，比上年增长 11.8%；南京市 2020.43 亿元，增长 13.6%；无锡市 1702.64 亿元，增长 12.1%。三市合计国内旅游收入占全省的比重为 52.0%，比上年下降 0.8 个百分点。

表 7　2013—2017 年江苏省各市国内旅游业发展情况　　万人次，亿元

指　标	2013 年		2014 年		2015 年		2016 年		2017 年	
	接待人数	旅游收入	接待人数	旅游收入	接待人数	旅游收入	接待人数	旅游收入	接待人数	旅游收入
合计	51539.20	6940.05	57113.32	7863.51	61933.65	8769.31	67779.99	9952.47	74287.31	11307.51
南京市	8674.01	1317.48	9419.31	1470.00	9992.66	1612.15	10657.32	1803.45	11383.32	2020.43
无锡市	6993.57	1100.40	7573.72	1229.85	8043.33	1356.25	8586.03	1518.91	9179.34	1702.64
徐州市	3087.15	360.47	3566.61	423.46	4005.31	485.99	4515.48	565.90	5097.77	658.92
常州市	4425.71	557.39	4989.34	639.98	5443.00	718.35	5989.56	820.04	6582.71	936.79
苏州市	9416.33	1419.09	10028.84	1574.81	10605.45	1728.79	11300.37	1932.50	12046.42	2161.32
南通市	2716.00	348.16	3066.34	400.60	3387.24	453.04	3792.11	521.98	4247.00	601.43
连云港市	2136.03	257.25	2415.03	297.42	2682.74	338.70	3011.08	391.58	3384.18	454.12
淮安市	1833.20	200.12	2089.60	231.63	2323.79	264.02	2610.54	305.64	2931.74	353.66
盐城市	1754.36	166.09	2014.67	195.21	2266.34	226.27	2573.70	265.56	2926.83	311.75
扬州市	3965.36	454.42	4545.88	525.21	5027.21	592.00	5622.02	681.91	6290.60	785.29
镇江市	3895.00	474.53	4385.48	543.93	4802.68	614.12	5348.34	706.19	5964.56	812.87
泰州市	1640.46	186.19	1848.68	213.63	2037.34	241.54	2282.32	278.22	2558.32	321.39
宿迁市	1002.02	98.47	1169.82	117.79	1316.56	138.08	1491.12	160.60	1694.52	186.90

数据来源：历年江苏省统计年鉴。

（三）各市国际旅游发展情况

2017 年，江苏省接待海外旅游者最多的三个市分别是：苏州市 175.63 万人次，比上年增长 8.9%；南京市 74.51 万人次，增长 16.8%；无锡市 49.54 万人次，增长 12.8%。三市合计接待海外旅游者占全省的比重为 81.0%，比上年下降 0.6 个百分点。

2017 年，江苏省有 5 个市旅游创汇超亿美元，其中旅游创汇最多的三个市是：苏州市 23.04 亿美元，比上年增长 6.3%；南京市 7.92 亿美元，增长 17.2%；无锡市 4.25 亿美元，增长 9.1%。三市合计旅游创汇占全省的比重为 84.0%，比上年下降 1.0 个百分点。

表 8　2013—2017 年江苏省各市国际旅游业发展情况　　人次，万美元

指　标	2013 年		2014 年		2015 年		2016 年		2017 年	
	接待人数	外汇收入	接待人数	外汇收入	接待人数	外汇收入	接待人数	外汇收入	接待人数	外汇收入
南京市	518568	40063	566202	55293	588100	63999	637846	67617	745117	79227
无锡市	391185	26985	403116	32994	391343	35783	439185	38954	495425	42482
徐州市	25849	2193	29485	2975	33776	3861	34105	3938	39884	4963
常州市	109958	7590	120423	10160	126952	12066	145896	13147	177143	15468
苏州市	1442138	135687	1453273	170463	1512029	200183	1612849	216708	1756298	230448
南通市	216943	11196	187185	10792	172999	11668	180156	12482	185745	12581
连云港市	24228	1668	22972	1876	20345	2064	22624	2281	26140	2716
淮安市	10565	888	13607	1313	14675	1558	18223	1705	23977	2125
盐城市	26048	2533	42164	4511	49110	5866	53059	6419	64635	8212
扬州市	47783	3711	53539	4919	51229	5588	58561	6280	67818	7506
镇江市	36675	3130	44986	4640	52956	5992	54934	6479	69615	8539
泰州市	26644	1990	29979	2791	31891	3255	36068	3631	40808	4161
宿迁市	3703	355	4025	546	4699	846	4229	721	8433	1044

数据来源：历年江苏省统计年鉴。

四、浙江省旅游业的基本情况

（一）台港澳地区及国外旅游情况

2017 年，浙江省接待入境旅游者 1211.73 万人次，比上年增长 8.2%。其中，接待外国人 801.50 万人次，比上年增长 9.6%；接待港澳台同胞 410.24 万人次，同比增长 5.5%。旅游创汇 82.76 亿美元，比上年增长 11.4%。

从外国旅游者的国别来看，排前三名的入境客源国分别为韩国、日本和美国。2017 年，浙江省接待韩国旅游者 102.82 万人次，比上年下降 12.0%；接待日本旅游者 72.82 万人次，同比增长 31.8%；接待美国旅游者 63.65 万人次，同比增长 14.5%。美、日、韩三国旅游者合计共占外国游客市场的 29.9%，比上年下降 0.2 个百分点。

表 9　2013—2017 年浙江省台港澳地区及国外旅游业发展情况

指　标	2013 年	2014 年	2015 年	2016 年	2017 年
入境旅游人数合计(万人次)	866.28	931.03	1012.04	1120.30	1211.73
外国人	576.57	614.45	672.26	731.62	801.50
＃韩国	85.71	95.60	110.33	116.82	102.82
美国	44.16	45.07	48.50	55.57	63.65
日本	56.71	51.51	53.13	55.26	72.82
意大利	22.74	25.00	28.15	30.02	28.47
马来西亚	26.75	25.70	25.52	26.90	33.24

续表

指　标	2013 年	2014 年	2015 年	2016 年	2017 年
德国	20.53	22.10	22.63	24.69	27.37
法国	17.10	18.45	20.36	23.28	24.06
港澳台同胞	289.71	316.58	339.78	388.68	410.24
中国香港	102.21	109.77	114.35	132.67	137.41
中国台湾	153.33	168.04	182.71	201.50	217.95
中国澳门	34.17	38.77	42.73	54.51	54.88
创汇收入(亿美元)	53.93	57.53	67.88	74.31	82.76

数据来源:历年浙江省统计年鉴。

(二) 国内旅游情况

2017 年,浙江省接待国内旅游者 6.29 亿人次,比上年增长 9.8%;实现国内旅游收入 8764.00 亿元,同比增长 15.3%。

表 10　2013—2017 年浙江省国内旅游业发展情况

指　标	2013 年	2014 年	2015 年	2016 年	2017 年
国内旅游人数(亿人次)	4.34	4.79	5.25	5.73	6.29
国内旅游收入(亿元)	5202	5947	6720	7600	8764

数据来源:历年浙江省统计年鉴。

(三) 各市国际旅游发展情况

2017 年,杭州市接待入境旅游者数仍遥遥领先其他各市,达到 402.23 万人次,比上年增长 10.7%;其次是宁波市,接待人数为 186.91 万人次,增长 7.7%;再次是温州市,接待人数为 139.08 万人次,增长 14.9%。三市合计接待入境旅游者占全省的比重为 60.1%,所占比重比上年上升 1.4 个百分点。

2017 年,国际旅游收入最高的是杭州市,为 35.43 亿美元,比上年增长 12.5%;其次是丽水市,国际旅游收入 10.62 亿美元,增长 15.3%;再次是宁波市,国际旅游收入 9.90 亿美元,增长 7.9%。三市合计创汇收入占全省的比重为 67.6%,比上年上升 0.5 个百分点。

表 11　2013—2017 年浙江省及各市国际旅游业发展情况　　人次,万美元

指　标	2013 年		2014 年		2015 年		2016 年		2017 年	
	接待人数	外汇收入	接待人数	外汇收入	接待人数	外汇收入	接待人数	外汇收入	接待人数	外汇收入
杭州市	3160058	216048	3261337	231811	3415619	293065	3632300	314944	4022300	354286
宁波市	1273439	79656	1396802	77832	1575224	80019	1734926	91745	1869109	98980
嘉兴市	657800	24389	706642	22728	726430	25349	707318	21657	715222	22587
湖州市	532938	20022	602847	22511	702900	29073	916233	35758	1116602	43799
绍兴市	696310	24386	702142	24971	734785	26327	824744	29825	891332	31934
舟山市	315375	16084	315835	16227	322371	18759	339247	17341	344313	17631

续表

指 标	2013年		2014年		2015年		2016年		2017年	
	接待人数	外汇收入	接待人数	外汇收入	接待人数	外汇收入	接待人数	外汇收入	接待人数	外汇收入
温州市	742099	42064	910803	48132	1058136	54918	1210288	60378	1390820	68549
金华市	796998	45417	841864	47974	979042	57991	1127404	64802	1102661	59612
衢州市	121019	5724	116046	5696	119914	4929	131968	5958	13480	552
台州市	108927	4265	155286	4909	168560	5876	192350	6478	198827	6750
丽水市	257902	61239	298334	72576	313381	81956	345198	92097	379148	106188

数据来源:历年浙江省统计年鉴。

五、安徽省旅游业的基本情况

(一) 台港澳地区及国外旅游情况

2017年,安徽省接待入境旅游者549.15人次,比上年增长13.1%。其中,接待外国人320.98万人次,比上年增长13.52%;接待港澳台同胞228.17万人次,同比增长13.3%。

2017年,安徽省旅游创汇28.81亿美元,比上年增长13.3%,增速较上年上升1.0个百分点。在国际旅游外汇收入项目中,长途交通费用数额最高、增长最快。2017年,长途交通费用10.28亿美元,比上年增长145.2%;占国际旅游外汇收入的比重为35.7%,比上年上升19.2个百分点。去年占国际旅游外汇收入比重最大的商品销售项目,今年所占比重大幅降低,由去年的37.5%,下降到今年的21.5%,所占比重下降16.0个百分点。

从外国旅游者的国别来看,排前三名的入境客源国分别为韩国、美国和日本。2017年,安徽省接待韩国旅游者93.50万人次,比上年增长0.5%;接待美国旅游者28.84万人次,增长15.5%;接待日本旅游者20.88万人次,增长5.1%。美、日、韩三国旅游者合计共占外国游客市场的44.6%,比上年下降4.1个百分点。

表12 2013—2017年安徽省台港澳地区及国外旅游业发展情况

指 标	2013年	2014年	2015年	2016年	2017年
入境旅游人数(万人次)	385.50	405.06	444.63	485.35	549.15
外国人	200.52	232.90	259.18	282.91	320.98
#日本	15.18	16.51	17.35	19.86	20.88
韩国	70.23	88.05	84.11	93.06	93.50
新加坡	9.33	10.44	14.38	14.09	15.03
美国	22.47	23.61	21.48	24.96	28.84
英国	7.54	8.11	8.56	9.82	11.85
法国	8.48	9.08	8.48	9.25	11.08
德国	7.18	7.69	9.55	9.85	11.67
俄罗斯	4.87	4.91	5.39	4.93	7.22
中国台港澳同胞	184.98	172.16	185.44	202.48	228.17
创汇收入(亿美元)	17.31	19.60	22.63	25.42	28.81

数据来源:历年安徽省统计年鉴。

（二）国内旅游情况

2017 年，安徽省接待国内旅游者 6.26 亿人次，比上年增长 19.9%；实现国内旅游收入 6002.40 亿元，同比增长 26.0%。国内旅游者人均花费 958.40 元，比上年增长 5.1%。其中，购物花费 251.90 元，比上年增长 6.3%；占人均消费的比重为 26.3%，同比上升 0.3 个百分点。

表 13　2013—2017 年安徽省国内旅游业发展情况

指　标	2013 年	2014 年	2015 年	2016 年	2017 年
国内旅游人数（万人次）	33601	37899	44404	52241	62627
国内旅游收入（亿元）	2903.20	3309.80	3980.50	4763.60	6002.40

数据来源：历年安徽省统计年鉴。

（三）各市国内旅游发展情况

2017 年，合肥市接待国内旅游者数仍遥遥领先其他各市，达到 11105.50 万人次，比上年增长 20.2%；其次是黄山市，接待人数为 6377.90 万人次，增长 18.0%；再次是安庆市，接待人数为 6089.00 万人次，增长 18.9%。三市合计接待国内旅游者占全省的比重为 37.6%，比上年下降 0.2 个百分点。

2017 年，安徽省国内旅游收入最高的市是合肥市，为 1468.30 亿元，比上年增长 27.0%；其次是黄山市，旅游收入 631.80 亿元，增长 24.8%；再次是池州市，旅游收入 602.80 亿元，增长 23.2%。三市合计国内旅游收入占全省的比重为 45.0 %，比上年下降 0.2 个百分点。

表 14　2013—2017 年安徽省各市接待国内旅游者人数和收入　　万人次，亿元

指　标	2013 年		2014 年		2015 年		2016 年		2017 年	
	接待人数	旅游收入	接待人数	旅游收入	接待人数	旅游收入	接待人数	旅游收入	接待人数	旅游收入
合计	33601.1	2903.2	37898.8	3309.7	44403.7	3980.5	52241.2	4763.6	62627.0	6002.4
合肥市	5752.5	676.4	6534.8	774.3	7784.2	953.2	9236.6	1156.3	11105.5	1468.3
淮北市	809.9	48.5	922.2	56.1	1078.1	67.3	1256.8	79.9	1477.4	95.8
亳州市	1094.8	76.0	1257.8	87.8	1504.7	108.4	1775.7	130.4	2278.6	170.5
宿州市	1149.4	68.3	1326.4	79.0	1587.8	98.3	1877.6	119.1	2252.4	150.1
蚌埠市	1975.3	113.0	2200.0	128.8	2628.9	159.8	3139.1	194.0	3800.5	246.1
阜阳市	1230.0	78.2	1414.5	90.4	1670.7	111.8	1975.3	135.1	2374.1	170
淮南市	1187.3	65.7	1297.4	74.1	1518.1	89.4	2109.5	134.0	2473.5	161.7
滁州市	1263.4	97.5	1437.8	111.3	1687.2	135.7	1998.1	163.3	2374.8	203.7
六安市	1658.0	113.2	1887.0	130.7	2241.7	161.0	2529.9	185.8	3090.4	239.1
马鞍山市	1810.8	120.0	2016.8	138.5	2389.6	170.2	2804.0	204.1	3363.3	254.7
芜湖市	2382.5	259.8	2785.3	303.9	3339.4	377.7	3974.6	458.6	4839.1	589.5
宣城市	1581.9	118.2	1800.1	135.8	2144.8	165.6	2558.1	201.3	3115.3	262.6
铜陵市	813.7	52.8	921.1	60.2	1084.9	72.2	1680.5	126.8	1984.9	156.6
池州市	3066.4	295.2	3471.5	336.9	4096.4	408.5	4799.2	489.3	5630.1	602.8
安庆市	3403.1	296.0	3793.2	337.8	4470.4	409.4	5122.3	479.2	6089	599.3
黄山市	4422.0	424.4	4832.7	464.0	5176.7	491.9	5403.8	506.3	6377.9	631.8

数据来源：历年安徽省统计年鉴。

十五　长三角海洋经济

一、长三角海洋经济的发展情况

据初步核算，2017年，全国海洋生产总值为77611亿元，比上年增长6.9%，海洋生产总值占国内生产总值的9.4%。其中，海洋产业增加值48234亿元，海洋相关产业增加值29377亿元。海洋第一产业增加值3600亿元，第二产业增加值30092亿元，第三产业增加值43919亿元，海洋第一、第二、第三产业增加值占海洋生产总值的比例分别为4.6%、38.8%和56.6%。从区域上看，环渤海地区海洋生产总值为24638亿元，占全国海洋生产总值的比例为31.7%，比上年回落2.8个百分点；长江三角洲地区海洋生产总值为22952亿元，占全国海洋生产总值的比例为29.6%，同比上升1.4个百分点；珠江三角洲地区海洋生产总值为18156亿元，占全国海洋生产总值的比例为23.4%，同比上升1.1个百分点。

表1　2014—2017年全国区域海洋经济发展情况一览表

指　标	海洋生产总值(亿元)				占全国海洋生产总值的比重(%)			
	2014年	2015年	2016年	2017年	2014年	2015年	2016年	2017年
全国	59936	64669	70507	77611	100.0	100.0	100.0	100.0
长江三角洲经济区	17739	18439	19912	22952	29.6	28.5	28.2	29.6
环渤海经济区	22152	23437	24323	24638	37.0	36.2	34.5	31.7
珠江三角洲经济区	12484	13796	15895	18156	20.8	21.3	22.5	23.4

数据来源：历年中国海洋经济统计公报。

表2　2013—2017年长三角两省一市海洋生产总值情况　亿元

指　标	2013年	2014年	2015年	2016年	2017年
上海市	5745	6217	6513	7311	8534
江苏省	5180	5960	6406	7000	7217
浙江省	5560	—	6180	6700	7540
长三角	16485	—	19099	21011	23291

数据来源：上海市水务海洋局、江苏省海洋与渔业局、浙江省海洋与渔业局。

二、上海市海洋经济发展的情况

上海市位于我国大陆海岸线中部，长江入海口和东海交汇处，海域面积约10 000平方千米，岸线总长约518千米(不含无居民岛)，其中大陆岸线总长211千米。共有崇明岛、长兴岛、横沙岛3个有居民岛屿，大金山岛、佘山岛、九段沙等23个无居民岛屿(沙洲)。拥有港口航道、滩涂湿地、渔业、滨海旅游、风能和潮汐能等多种海洋资源。临港地处长江经济带和海上丝绸之路经济带交汇处，是中国(上海)自由贸易试验区的直接腹地，北邻浦东国际航空港、南接洋山国际枢纽港，是目前世界上少有的集海运、空运、铁路、公路、内河、轨道交通六种综合交通优势的区域。

2017年，上海海洋产业生产总值达8534亿元，占全市地区生产总值(GDP)的28.3%，成为上海市经济重要组成部分。上海市初步形成了以海洋交通运输业、海洋工程装备制造业、海洋旅游业为代表的现代海洋产业体系。临港海洋高新园区已吸引2639家企业注册，累计实现工业总产值46亿元，成为上海发展海洋经济及创新示范引领的核心区域。尤其在临港地区，目前已形成以海洋园区为代表、以高端

海洋装备为引领、以智能制造为特色的产业集聚区，已吸引数百家涉海高新技术企业入驻，并贯通海洋领域全产业链，成为上海市海洋经济发展的桥头堡。

三、江苏省海洋经济的发展情况

据核算，2017 年，江苏省海洋生产总值为 7217 亿元，比上年增长 9.2%，海洋生产总值占地区生产总值的 8.4%。在海洋生产总值的构成中，海洋产业增加值 4119.8 亿元，海洋相关产业增加值 3097.2 亿元。海洋第一产业增加值 291.8 亿元，第二产业增加值 3402.4 亿元，第三产业增加值 3522.8 亿元，三者占海洋生产总值的比重分别为 4.1%、47.1%和 48.8%。

从主要海洋产业发展情况看，2017 年，江苏省海洋产业总体保持稳步增长。其中，主要海洋产业增加值 2764.8 亿元，比上年增长 8.5%；海洋科研教育管理服务业增加值 1355.0 亿元，比上年增长 11.9%。

从区域海洋经济发展情况看，2017 年，江苏省沿海 3 市中，南通市海洋生产总值为 1947.2 亿元，比上年增长 9.3%，占全市地区生产总值的比重为 25.2%；盐城市海洋生产总值为 1040.1 亿元，比上年增长 8.9%，占全市地区生产总值的比重为 20.5%；连云港市海洋生产总值为 728.7 亿元，比上年增长 8.8%，占全市地区生产总值的比重为 27.6%。

四、浙江省海洋经济的发展情况

浙江省积极推动海洋与渔业供给侧结构性改革，保障服务能力提升，有效促进了海洋经济的发展。据海洋经济调查监测，2017 年前三季度，浙江涉海企业营业收入同比增长 11.3%，增速比上年同期增长 7.9%。其中：海洋化工、海洋设备制造、海洋生物医药等涉海企业销售额、出口额同比增长 24.4%和 16.5%，增速比上年同期上升 14.0 个百分点；海洋交通运输业、海洋矿业、海产品加工业等企业成本费用利润率由负转正，同比增长 12.4%。据统计，2017 年，预计浙江省海洋生产总值为 7540 亿元，比上年增长 11.8%。在推进渔业转型升级上，浙江以培育创建“渔业转型发展先行区”为载体，加快推动渔业“提质增效，减量增收，绿色发展，富裕渔民”。浙江省渔业经济总产出 2071 亿元，同比增长 1.5%，水产品总产量 643 万吨，增长 1.9%。

五、长三角海洋经济的发展对策

（一）上海市海洋经济的发展对策

上海市启动了“参与海丝建设专项研究”，内容主要包括：海洋经济投融资、海洋产业“走出去”和“引进来”、海洋科技创新国际合作、海洋文化交流与教育、海洋公共服务产品提供等 5 个方面，引领海洋经济在更广范围、更深层次参与“一带一路”建设。上海市已从三方面明确了上海海洋经济发展思路：

1. 建立现代海洋产业体系。巩固提升船舶工业、海洋交通运输等传统优势产业。大力发展海洋工程装备、海洋生物医药、海洋新能源等先进制造业。积极培育现代航运服务、海洋金融服务、海洋科技服务等现代服务业。加快推进远洋渔业转型升级。做大做强邮轮等海洋旅游业。

2. 打造“两核三带多点”空间布局。“两核”为临港和长兴岛。临港聚焦海洋装备制造和海洋高新技术产业，重点发展海洋高新技术产业集群；长兴岛聚焦船舶制造和海洋工程装备等产业，打造世界一流的海洋装备岛。

3. 提升海洋经济开放水平。抓住自贸区扩大开放机遇，推动船舶和海工设计制造等领域扩大开放，积极争取海洋国际组织、跨国公司和企业总部落户上海，支持海洋产业投资和输出，打造蓝色总部高地。

（二）江苏省海洋经济的发展对策

大力推动海洋与渔业质量变革、效率变革、动力变革，实现海洋管理能力新提升、海洋经济质量新提升和渔业增效、渔民增收，建设“强富美高”新江苏。一是以海洋督察意见整改为契机，实施最严格的围填海管控措施，强化海岸线修复整治，强化海域有偿使用管理，提高精准用海水平。二是抢抓沿海经济带建设机遇，着力提升政策支撑能力、创新引领能力和金融服务能力等，推动海洋经济高质量发展。三是以生态红线管控为关键，落实最严格的海洋生态红线管控制度，严格海洋工程全过程监管，严格监督陆源污染物入海排放，强化海洋环境监测和海洋生态环境修复，推进海洋生态文明建设。四是以新一轮养殖规划修编为总抓手，科学调整生产布局，促进渔业集约集聚发展。五是突出生态养殖和捕捞减量，在苏南地区率先实施全国最严的《太湖流域池塘养殖水达标排放要求》，推进生态养殖行动，加大海洋减船转产力度，启动长江退捕和长江流域重点水域禁捕，开展水生生态系统保护与修复，促进渔业可持续发展。六是聚焦质量强品牌，坚持按标生产，把优质产品养出来，建立长效机制，让安全监管严起来，实施提升行动，将品牌形象树起来，进一步提高“江苏生态健康渔业”品牌的影响力，促进渔业增效渔民增收。七是启动实施现代渔业建设八项计划，扎实推进渔业转型升级。

（三）浙江省海洋经济的发展对策

1. 加速海洋产业升级与空间组织优化。实现海洋经济的可持续发展，加速浙江传统海洋产业改造进程，提高海洋高新技术产业化效率，同时积极培育新兴海洋产业，为发展未来产业创造条件，促进海洋产业整体结构优化、规模扩大和海洋经济—资源环境系统的运行效率的提升。具体来看，一是发挥特色优势，推进海洋新兴产业、海洋服务业、临港先进制造业和现代海洋渔业发展，建设现代海洋产业基地，健全现代海洋产业体系，增强海洋经济国际竞争力；二是坚持以海引陆、以陆促海、海陆联动、协调发展，注重发挥不同区域的比较优势，优化形成重要海域基本功能区，推进构建“一核两翼三圈九区多岛”的海洋经济总体发展格局。

2. 采取有效措施保障海洋资源持续利用。坚持合理开发、集约利用海洋资源，加快建立科学的资源开发利用与保护机制。一是集约开发利用海洋资源。树立集约开发利用的理念，有偿、有度、有序利用海洋资源，加强海域、海岛、岸线和海洋地质等基础调查与测绘工作。实行海岛、岸线等资源分类指导和管理，依法有序开展围填海工程，合理开发利用海洋资源。二是加强资源利用监管。加强涉海项目的区域规划论证和环境影响评价工作，规范海洋产业、海域围填、海洋工程的规划审批、建设监管和监测评估。加强无居民海岛管理，严格控制无居民海岛开发利用。健全公众参与机制，形成海洋科学开发长效机制。

3. 统筹陆海治理稳定海洋生态环境支撑能力。科学利用海洋资源，加强陆海污染综合防治和海洋环境保护，推进海洋生态文明建设，切实提高海洋生态环境对海洋经济可持续发展的支撑能力。一是加强陆海污染综合防治，即坚持海陆并举、区域联动、防治结合，切实做好陆源污染物入海排放控制和近岸海域污染整治工作。重点实施海陆污染同步监管防治、推动跨区域海洋污染防治。二是推进海洋生态建设和修复。建设象山港海洋综合保护与利用示范区，推进全省“海洋牧场”建设；加强红树林和湿地保护与修复工程建设；优化禁渔休渔制度；实施海洋生态保护区建设计划，加强海洋特别保护区建设。建立海洋渔业种质资源与濒危物种特别保护区、滨海湿地保护区，维护重点港湾、湿地的水动力和生态环境。

十六　长三角服务业

一、长三角服务业发展情况

2017 年，长三角实现地区生产总值 195320.19 亿元，按当年价计算，比上年增长 11.2%；第三产业实现增加值 103560.69 亿元，增长 12.4%。长三角产业结构得到了进一步调整优化，三次产业结构调整为 4.5∶42.5∶53.0，第三产业比重比上年提高 0.5 个百分点。与全国相比较，第三产业构成高于全国 1.4 个百分点。

分地区看，2017 年上海市实现服务业增加值 21191.54 亿元，按可比价计算，比上年增长 7.5%；第三产业增加值占生产总值的比重达到 69.2%，比上年下降 0.6 个百分点。江苏省实现服务业增加值 43169.44 亿元，按可比价计算，比上年增长 8.2%；第三产业增加值占生产总值的比重达到 50.3%，比上年提高 0.3 个百分点。浙江省实现服务业增加值 27602.26 亿元，按可比价计算，比上年增长 9.2%；第三产业增加值占生产总值的比重达到 53.3%，比上年提高 2.3 个百分点。安徽省实现服务业增加值 11597.45 亿元，按可比价计算，比上年增长 9.9%；第三产业增加值占生产总值的比重达到 42.9%，比上年提高 1.6 个百分点。

表 1　2013—2017 年长三角服务业发展情况

指标		2013 年	2014 年	2015 年	2016 年	2017 年
上海市	地区生产总值(亿元)	21818.15	23567.70	25123.45	28178.65	30632.99
	服务业增加值(亿元)	13785.45	15275.73	17022.63	19662.90	21191.54
	服务业比重(%)	63.2	64.8	67.8	69.8	69.2
	服务业增速(%)	9.0	8.8	10.6	9.6	7.5
江苏省	地区生产总值(亿元)	59753.37	65088.32	70116.38	77388.28	85900.94
	服务业增加值(亿元)	27197.43	30599.49	34085.88	38691.60	43169.44
	服务业比重(%)	45.5	47.0	48.6	50.0	50.3
	服务业增速(%)	9.8	10.0	9.4	9.8	8.2
浙江省	地区生产总值(亿元)	37756.58	40173.03	42886.49	47251.36	51768.26
	服务业增加值(亿元)	17948.72	19220.79	21341.91	24091.57	27602.26
	服务业比重(%)	47.5	47.9	49.8	51.0	53.3
	服务业增速(%)	8.9	8.6	11.3	9.7	9.2
安徽省	地区生产总值(亿元)	19229.34	20848.75	22005.63	24117.89	27018.00
	服务业增加值(亿元)	6572.15	7378.69	8602.11	9959.92	11597.45
	服务业比重(%)	34.2	35.4	39.1	41.3	42.9
	服务业增速(%)	11.2	9.5	10.8	11.3	9.9
长三角	地区生产总值(亿元)	138557.44	149677.80	160131.95	176936.18	195320.19
	服务业增加值(亿元)	65503.75	72474.70	81052.53	92405.99	103560.69
	服务业比重(%)	47.3	48.4	50.6	52.2	53.0
	服务业增速(%)	14.1	10.6	11.8	14.0	12.4

注：上海市、江苏省、浙江省和安徽省服务业增长率按可比价计算，长三角服务业增长率按当年价计算。2013 年及以后数据行业分类采用《国民经济行业分类》(GB/T 4754 - 2011)，产业分类按照国家统计局 2012 年制定的三次产业划分规定。

数据来源：历年上海市、江苏省、浙江省和安徽省统计年鉴。

二、上海市服务业发展特点

(一) 金融、保险业平稳发展

2017年末，上海市中外资金融机构本外币各项存款余额112461.74亿元，比年初增加1950.76亿元；贷款余额67182.01亿元，比年初增加7199.76亿元。各类金融单位达到1491家。其中，货币金融服务单位623家；资本市场服务单位403家；保险业单位389家。至年末，全市各类金融单位中，在沪经营性外资金融单位达到251家。全年金融市场交易总额达到1428.44万亿元，比上年增长5.3%。上海证券交易所总成交金额306.39万亿元，增长7.9%。其中，债券成交额247.34万亿元，增长10.1%；股票成交金额51.12万亿元，增长1.9%。全年通过上海证券市场股票筹资7578.06亿元，比上年减少5.9%；发行公司债14937.99亿元，减少41.5%。至年末，上海证券市场上市证券12219只，比上年末增加2572只。其中，股票1440只，增加214只。全年上海期货交易所总成交金额89.93万亿元，增长5.8%。中国金融期货交易所总成交金额24.59万亿元，增长35.0%。银行间市场总成交金额997.77万亿元，增长3.9%。上海黄金交易所总成交金额9.76万亿元，增长11.9%。

2017年，上海市保险公司原保险保费收入1587.10亿元，比上年增长3.8%。其中，财产险公司原保险保费收入482.67亿元，增长17.5%；人身险公司原保险保费收入1104.43亿元，下降1.3%。全年保险赔付支出548.93亿元，增长3.8%。其中，财产险赔款支出233.81亿元，增长5.1%；寿险给付237.08亿元，减少3.6%；健康险赔款给付62.86亿元，增长25.8%；意外险赔款支出15.17亿元，增长45.8%。

(二) 旅游业平稳发展

2017年，上海市实现旅游产业增加值11888.24亿元，比上年增长9.1%。全年接待国际旅游入境者873.01万人次，比上年增长2.2%。其中，入境外国人671.21万人次，增长1.7%；港澳台同胞201.80万人次，增长3.7%。在国际旅游入境者中，过夜旅游者719.33万人次，增长4.2%。全年接待国内旅游者31845.27万人次，增长7.5%。其中，外省市来沪旅游者15523.29万人次，增长5.7%。全年入境旅游外汇收入68.10亿美元，增长4.3%；国内旅游收入4025.13亿元，增长16.9%。至年末，全市已有星级宾馆229家，旅行社1578家，A级旅游景区(点)99个，红色旅游基地34个。

(三) 商贸流通业平稳增长

2017年，上海市实现批发和零售业增加值4393.36亿元，比上年增长6.7%。全年实现商品销售总额11.31万亿元，比上年增长12.0%。其中，批发销售额10.24万亿元，增长12.4%。全年实现社会消费品零售总额11830.27亿元，比上年增长8.1%。其中，无店铺零售额1814.29亿元，增长9.4%。网上商店零售额1437.49亿元，增长9.6%，占社会消费品零售总额的比重为12.2%，比上年提高0.8个百分点。至年末，全市已开业城市商业综合体达225家。其中，商场商业建筑面积10万平方米以上的有53家。全年全市城市商业综合体实现营业额达1516.00亿元，比上年增长11.5%。

(四) 交通运输业和通讯服务业增长较快

2017年，上海市各种运输方式完成货物运输量97257.26万吨，比上年增长9.7%。旅客发送量20855.61万人次，增长6.6%。全年上海港口货物吞吐量达到75050.79万吨，比上年增长6.9%；集装箱吞吐量4023.31万国际标准箱，增长8.3%。集装箱水水中转比例为46.7%，国际中转比例为7.7%。上海浦东、虹桥两大国际机场全年共起降航班76.04万架次，增长2.5%；进出港旅客达到11188.52万人次，增长5.1%。其中，国内航线进出港旅客7394.18万人次，增长5.7%；国际及地区航线进出港旅客

3794.34万人次，增长4.0%。全年上海港接待邮轮靠泊512艘次。其中，以上海为母港的邮轮482艘次。邮轮旅客吞吐量297.29万人次，比上年增长2.7%。年内轨道交通17号线、9号线三期开通。至年末，全市轨道交通运营线路达到16条。全年优化调整公交线路264条，其中新辟64条。至年末，公交运营车辆达1.75万辆。其中，国Ⅴ及以上标准和零排放车辆9885辆，占全部公交运营车辆的56.6%；运营出租车4.64万辆。全年市内公共交通客运量65.47亿人次，比上年下降2.4%。其中，轨道交通客运量35.38亿人次，增长4.0%；公共汽电车客运量22.01亿人次，下降8.0%。

2017年，上海市完成邮政业务总量711.87亿元，比上年增长26.2%；电信业务总量694.71亿元，增长40.3%。邮政业全年完成邮政函件业务6.74亿件、包裹业务245.92万件、快递业务31.15亿件；快递业务收入868.89亿元。

三、江苏省服务业发展特点

（一）金融、保险业市场规模进一步扩大

2017年末，江苏省金融机构人民币存款余额129942.9亿元，比年初增加8836.3亿元。其中，住户存款比年初增加2183.9亿元，非金融企业存款比年初增加1953.7亿元。年末金融机构人民币贷款余额102113.3亿元，比年初增加11005.7亿元。其中，中长期贷款比年初增加10230.9亿元，短期贷款比年初增加2265.3亿元。

2017年，江苏省境内上市公司382家，省内上市公司通过首发、配股、增发、可转债、公司债在上海、深圳证券交易所筹集资金2115.8亿元。江苏企业境内上市公司总股本3258.1亿股，比上年增长14.8%；市价总值40676亿元，比上年增长9.4%。年末全省共有证券公司6家，证券营业部887家；期货公司9家，期货营业部157家；证券投资咨询机构3家。全年证券市场完成交易额30万亿元。分类型看，证券经营机构股票交易额17.3万亿元，比上年下降12.1%；期货经营机构代理交易额12.7万亿元，下降14.9%。

2017年，江苏省保费收入3449.5亿元，比上年增长28.2%。分类型看，财产险收入814亿元，增长11.0%；寿险收入2211.3亿元，增长46.7%；健康险和意外伤害险收入424.2亿元，下降5.7%。全年赔付额983.6亿元，比上年增长7.5%。其中，财产险赔付455.6亿元，增长4.1%；寿险赔付433.2亿元，增长7.2%；健康险和意外伤害险赔付94.8亿元，增长29.0%。

（二）旅游业持续平稳发展

2017年，江苏省接待境内外游客74657.4万人次，比上年增长9.6%；实现旅游业总收入11662.2亿元，增长13.6%。接待入境过夜游客370.1万人次，增长12.2%。其中，外国人241.8万人次，增长10.9%；港澳台同胞128.4万人次，增长14.8%。旅游外汇收入42亿美元，增长10.3%。接待国内游客74287.3万人次，增长9.6%，实现国内旅游收入11307.5亿元，增长13.6%。

（三）消费品市场增长平稳

2017年，江苏省实现社会消费品零售总额31737.4亿元，比上年增长10.6%。按经营单位所在地分，城镇消费品零售额28385.3亿元，增长10.2%；乡村消费品零售额3352.1亿元，增长14.1%。按消费类型分，商品零售额28660.8亿元，增长10.5%；餐饮收入额3076.6亿元，增长11.4%。在限额以上企业商品零售额中，粮油、食品类增长10.4%，饮料类增长9.2%，烟酒类增长6.5%，服装、鞋帽、针纺织品类增长10.2%，金银珠宝类增长12.9%，日用品类增长8.7%，五金、电料类增长7.7%，书报杂志类增长17.4%，家用电器和音像器材类增长14.9%，中西药品类增长14.4%，通讯器材类增长18.6%，文化办公用品类增长7.3%，家具类增长12.8%，石油及制品类增长8.3%，建筑及装潢材料类增长9.9%，汽

车类增长 6.7%。网上零售保持较快增长，限额以上批发和零售业网上零售额增长 49.8%。

（四）交通运输基本平稳、通讯服务业快速发展

2017 年，江苏省旅客运输量比上年下降 4.9%，货物运输量增长 9.4%，旅客周转量、货物周转量分别增长 4.2%和 24.4%。全省机场飞机起降 46.3 万架次，比上年增长 18.1%；旅客吞吐量 4446.3 万人次，增长 19.6%；货邮吞吐量 57.1 万吨，增长 10.6%。完成规模以上港口货物吞吐量 25.7 亿吨，比上年增长 6.4%，其中外贸货物吞吐量 4.9 亿吨，增长 8.7%；集装箱吞吐量 1724 万标准集装箱，增长 5.9%。年末全省公路里程 15.8 万公里。其中，高速公路里程 4692 公里，新增 35 公里。铁路营业里程 2770.9 公里，铁路正线延展长度 4735.9 公里。

2017 年，江苏省邮政行业业务总量 880.9 亿元，比上年增长 32.7%；电信业务总量 2067.7 亿元，增长 73.0%。邮政行业业务收入 560.7 亿元，比上年增长 21.0%；电信业务收入 915.2 亿元，增长 8.6%。年末局用交换机总容量 168.2 万门。年末固定电话用户 1512.1 万户；其中城市固定电话用户 1003.2 万户，乡村固定电话用户 508.9 万户。年末移动电话用户 8807.7 万户，比上年末增加 608.9 万户。年末电话普及率达 129 部/百人。长途光缆线路总长度 4.3 万公里，新增 4027.3 公里。年末互联网宽带接入用户 3106.2 万户，新增 420.9 万户。

四、浙江省服务业发展特点

（一）金融服务业发展势头良好

2017 年末，浙江省金融机构本外币各项存款余额 107320.53 亿元，比上年末增长 7.8%，其中人民币存款余额增长 7.8%。年末住户本外币存款余额 40804.33 亿元，增长 5.3%。全部金融机构本外币各项贷款余额 90233.30 亿元，增长 10.3%，其中人民币贷款余额增长 10.9%。年末主要农村金融机构（农村信用社、农村合作银行、农村商业银行）人民币贷款余额 12124.00 亿元，比年初增加 1143.00 亿元。

至 2017 年末，浙江省境内上市公司 415 家，累计融资 9077 亿元；其中，中小板上市公司 138 家，占全国中小板上市公司的 15.3%；创业板上市公司 80 家，占全国创业板上市公司的 11.3%。

2017 年，浙江省保险业实现保费收入 2146.88 亿元，比上年增长 20.3%。其中，财产险保费收入 760.76 亿元，增长 9.2%；人身险保费收入 1386.12 亿元，增长 27.4%。支付各类赔款及给付 653.37 亿元，增长 3.2%。其中，财产险赔付支出 430.77 亿元，人身险赔付支出 222.61 亿元。

（二）旅游业平稳增长

2017 年，浙江省接待国内旅游者 6.29 亿人次，比上年增长 9.7%；实现国内旅游收入 8764.00 亿元，增长 15.3%。浙江省接待入境旅游者 1211.73 万人次，比上年增长 8.2%。其中，接待外国人 801.50 万人次，比上年增长 9.6%；接待港澳台同胞 410.24 万人次，增长 5.5%。旅游创汇 82.76 亿美元，增长 11.4%。

（三）商贸流通业较快增长，消费热点突出

2017 年，浙江省社会消费品零售总额 24308.48 亿元，比上年增长 10.6%。按经营地统计，城镇消费品零售额 20168.11 亿元，增长 10.3%；乡村消费品零售额 4140.37 亿元，增长 12.2%。按消费类型统计，商品零售额 21750 亿元，增长 10.3%；餐饮收入额 2558 亿元，增长 13.8%。网络零售额 13337 亿元，增长 29.4%；省内居民网络消费 6777 亿元，增长 29.0%。

在限额以上批发零售业商品零售额中，粮油、食品类增长 9.5%，服装、鞋帽、针纺织品类增长

14.8%，金银珠宝类增长 8.7%，日用品类增长 10.4%，五金、电料类增长 31.6%，中西药品类增长 8.8%，家具类增长 25.5%，通讯器材类增长 25.0%，建筑及装潢材料类增长 16.6%，汽车类零售额比上年增长 8.3%，石油及制品类增长 12.8%。年末已登记商品交易实体市场 3824 个，交易额为 2.15 万亿元，比上年增长 5.0%。其中，10 亿元级市场 284 个，100 亿元级市场 35 个，1000 亿元级市场 2 个。

（四）交通运输业增速回落、通讯服务业增长较快

2017 年，浙江省完成旅客运输量为 10.73 亿人，与去年基本持平；货物运输量为 24.20 亿吨，比上年增长 12.5%。旅客周转量、货物周转量分别为 1096.04 亿人/千米和 10105.81 亿吨/千米，分别增长 2.0%和 3.2%。完成港口货物吞吐量 15.88 亿吨，增长 12.7%。至 2017 年末，浙江省公路通车里程 12.01 万千米，新增 1048 千米，其中高速公路里程 4154 千米，新增 92 千米。铁路营业里程 2587 千米，新增 47 千米；铁路复线里程 2072 千米，新增 89 千米。民用航空航线 586 条，新增 105 条；国内航线 482 条，新增 93 条。

2017 年，浙江省实现邮电业务总量 3518.01 亿元，比上年下降 5.3%。电话用户 1211.07 万户，比上年减少 76.16 万户。移动电话用户 7590 万户，新增 365 万户；移动互联网用户数为 7456 万户，新增 1090 万户；固定互联网宽带接入用户数为 2464 万户，新增 304 万户。长途光缆线路 27714 千米，比上年增加 3674 千米。人均邮政、电信费用支出 2745 元，比上年增加 226 元；固定电话普及率为 21.7 部/百人，下降 1.5 部/百人；移动电话普及率 135.8 部/百人，上升 5.4 部/百人。

五、安徽省服务业发展特点

（一）金融、保险业发展势头良好

2017 年，安徽省金融机构本外币各项存款余额 45608.85 亿元，比年初增加 4284.52 亿元，增长 10.4%。其中，住户存款 20538.24 亿元，比上年增长 8.3%；非金融企业存款 14202.18 亿元，增长 7.1%。金融机构本外币各项贷款余额 34481.20 亿元，比上年增加 3706.69 亿元，比上年增长 12.0%。其中，住户贷款 13004.71 亿元，比上年增长 24.1%；非金融企业贷款 21449.04 亿元，增长 6.7%。

2017 年，安徽省上市公司通过境内市场累计筹资 539.6 亿元，比上年减少 496.2 亿元。其中，首次公开发行 A 股 9 只，筹资 50.0 亿元；A 股再筹资（包括配股、公开增发、非公开增发、认股权证）422.4 亿元；上市公司通过发行可转债、可分离债、公司债筹资 67.2 亿元。到 2017 年末，全省有上市公司 101 家，上市公司市价总值 13504.2 亿元，比上年增长 27.5%。全年企业发行短期融资券 581.9 亿元。全年全省境内证券经营机构证券代理成交额 50305.7 亿元，期货经营机构代理交易量 153100.0 亿元。

2017 年，安徽省保险业保费收入 1107.16 亿元，比上年增长 26.4%。其中，财产险业务保费收入 366.28 亿元，比上年增长 17.1%；寿险保费收入 607.53 亿元，增长 38.0%。赔款和给付 397.68 亿元，增长 11.2%。其中，财产险业务赔付 187.03 亿元，比上年增长 6.8%；寿险业务赔付 163.27 亿元，增长 11.9%。

（二）旅游业平稳增长

2017 年，安徽省接待国内旅游者 6.26 亿人次，比上年增长 19.9%；实现国内旅游总收入 6002.40 亿元，增长 26.0%。接待入境旅游者 549.15 万人次，比上年增长 13.1%。其中，接待外国人 320.98 万人次，比上年增长 13.52%；接待港澳台同胞 228.17 万人次，增长 12.7%。旅游创汇 28.81 亿美元，比上年增长 13.3%。2017 年，安徽省旅游星级宾馆 331 个，比上年增加 17 个。其中，五星宾馆 38 个。全省有 A 级及以上旅游景点（区）566 处，皖南国际旅游文化示范区旅游收入 3252.4 亿元，增长 25.4%。

（三）消费品市场增长平稳

2017 年，安徽省全社会消费品零售总额 11192.60 亿元，比上年增长 11.9%，扣除价格因素，实际增长 10.0%。按经营地统计，城镇消费品零售额 9009.4 亿元，增长 11.7%；乡村消费品零售额 2183.2 亿元，增长 13%。按消费类型统计，商品零售额 9967.4 亿元，增长 11.8%；餐饮收入 1225.2 亿元，增长 12.6%。全省纳入统计的 569 家开展网络零售业务的限额以上企业，实现网上零售额 314.0 亿元，增长 39.4%。

限额以上企业商品零售额中，吃、穿、用类商品零售额分别比上年增长 14.4%、9.6%和 11.7%，粮油类增长 10.7%，肉禽蛋类增长 12.9%，服装类增长 10.9%，日用品类增长 12.5%，中西药品类增长 8.8%，家用电器和音像器材类增长 13.6%，家具类增长 23.1%，通讯器材类增长 7.9%，建筑及装潢材料类增长 9.9%，汽车类增长 7.8%，石油及制品类增长 17.1%。

（四）交通运输业和通讯服务业增长较快

2017 年，安徽省完成旅客运输量、货物运输量分别为 6.94 亿人和 40.34 亿吨，分别比上年增长 −14.7% 和 10.7%；旅客周转量、货物周转量分别为 1196.13 亿人/千米和 11414.52 亿吨/千米，分别比上年增长−2.9%和增长 4.9%。完成港口货物吞吐量 5.12 亿吨，比上年下降 1.3%；集装箱吞吐量 138.38 万标准箱，增长 20.6%。至 2017 年末，安徽省公路通车里程 20.33 万千米，新增 5697 千米，其中高速公路里程 4673 千米，新增 130 千米。铁路营业里程 4275 千米，新增 32 千米。全省民航机场旅客吞吐量 1141.75 万人次，比上年增长 25.1%，其中合肥新桥机场旅客吞吐量 914.71 万人次，增长 23.7%。

2017 年，安徽省实现邮电业务总量 915.34 亿元，比上年下降 20.6%。其中，邮政业务总量 83.06 亿元，比上年增长 55.1%；电信业务总量 832.28 亿元，下降 24.3%。固定电话用户 551.40 万户，比上年减少 62.40 万户。移动电话用户 4884.30 万户，新增 541.32 万户，4G 移动电话用户 3485.50 万户，比上年增加 937.7 万户。固定互联网宽带接入用户数为 1323.70 万户，新增 248.66 万户。邮路总长度 18.52 万千米，新增 123815 千米；农村投递路线 14.61 万千米，减少 4277 千米。

十七　长三角化学工业

一、长三角化学工业总体情况

2017 年，长三角规模以上化学行业企业年末资产总计为 44118.65 亿元，比上年增长 2.2%；占全国的比重为 25.0%，所占比重比上年下降 1.8 个百分点。规模以上化学行业企业负债合计为 20893.95 亿元，比上年增长 0.6%；占全国的比重为 23.7%，所占比重比上年下降 0.5 个百分点。规模以上化学行业企业主营业务收入为 53307.02 亿元，比上年下降 0.2%；占全国的比重为 28.4%，所占比重比上年上升 0.3 个百分点。规模以上化学行业企业实现利润总额 4330.54 亿元，比上年增长 7.9%；占全国的比重为 31.8%，所占比重比上年上升 0.1 个百分点。

表 1　2013—2017 年长三角规模以上化学工业经济指标　亿元

指　标	企业数(个)	工业总产值	资产总计	负债合计	主营业务收入	利润总额
2013 年	16593	48606.66	35403.06	19401.66	48488.36	2841.90
2014 年	16908	51739.53	38155.04	20286.16	50959.67	2878.28
2015 年	16980	51978.26	40042.03	20216.42	50628.73	3305.09
2016 年	—	54158.28	43174.55	20759.65	53413.50	4012.55
2017 年	—	—	44118.65	20893.95	53307.02	4330.54

数据来源：历年上海市、江苏省、浙江省、安徽省统计年鉴。

(一) 主要产品产量

2017 年，长三角化学工业生产化学纤维 3563.47 万吨，比上年下降 2.2%；占全国生产总量的比重为 73.1%，比上年下降 1.5 个百分点。生产汽油 1843.69 万吨，比上年增长 7.3%；占全国生产总量的比重为 13.9%，比上年上升 0.6 个百分点。生产轮胎外胎 23829.65 万条，比上年增长 5.0%；占全国生产总量的比重为 25.7%，比上年上升 1.8 个百分点。

表 2　2014—2017 年长三角分地区化学产品产量对比

地　区	产　　品	产　　量			
		2014 年	2015 年	2016 年	2017 年
上海市	化学纤维(万吨)	45.35	45.85	43.34	43.44
	汽油(万吨)	471.59	537.31	536.12	570.01
	轮胎外胎(万条)	1045.49	971.00	894.75	806.03
江苏省	化学纤维(万吨)	1312.17	1430.62	1458.19	1425.33
	汽油(万吨)	564.26	657.52	698.65	678.20
	轮胎外胎(万条)	11078.47	9508.04	9440.30	10098.00
浙江省	化学纤维(万吨)	1987.97	2186.42	2106.42	2055.70
	汽油(万吨)	308.46	333.27	307.69	352.08
	轮胎外胎(万条)	8925.94	6684.14	7577.77	7967.32

续表

地区	产品	产量			
		2014年	2015年	2016年	2017年
安徽省	化学纤维(万吨)	23.10	27.00	35.30	39.00
	汽油(万吨)	230.90	216.60	176.40	243.40
	轮胎外胎(万条)	3308.90	2829.60	4792.00	4958.30
长三角	化学纤维(万吨)	3368.59	3689.89	3643.25	3563.47
	汽油(万吨)	1575.21	1744.70	1718.86	1843.69
	轮胎外胎(万条)	24358.80	19992.78	22704.82	23829.65

数据来源:历年上海市、江苏省、浙江省、安徽省统计年鉴。

(二)资产运营情况

2017年,长三角规模以上化学工业年末资产总额为44118.65亿元,比上年增长2.2%;负债总额为20893.95亿元,增长0.6%。由于资产总额增速较快,使得长三角规模以上化学工业的资产负债率下降为47.36%,比上年下降0.72个百分点;低于同期全国规模以上化学工业资产负债率2.60个百分点。

分地区看,2017年,上海市化学工业资产负债率最低,为40.97%,比上年下降0.49个百分点;江苏省资产负债率为47.64%,同比上升0.35个百分点;浙江省化学工业资产负债率为48.54%,同比下降2.31个百分点;安徽省资产负债率最高,为51.34%,同比下降1.02个百分点。

二、上海市化学工业基本情况

2017年,上海市规模以上化学工业企业总产值为5837.68亿元,比上年增长14.5%;年末资产总计为6139.72亿元,同比增长6.2%;负债合计为2515.37亿元,同比增长4.9%;主营业务收入为6158.57亿元,同比增长14.2%;实现利润总额721.40亿元,同比增长40.3%;税金总额为479.38亿元,同比增长6.1%。

表3 2013—2017年上海市规模以上化学工业经济指标 亿元

指标	企业数(个)	工业总产值	资产总计	负债合计	主营业务收入	利润总额	税金总额
2013年	1763	5890.13	4758.54	2388.62	6043.98	294.15	368.10
2014年	1789	5673.94	5023.67	2421.81	5847.58	253.21	330.50
2015年	1714	5171.82	5345.95	2286.70	5390.77	398.62	464.82
2016年	—	5096.52	5783.18	2397.55	5391.13	514.24	451.94
2017年	—	5837.68	6139.72	2515.37	6158.57	721.40	479.38

数据来源:历年上海市统计年鉴。

(一)行业经济总量

1. 工业总产值

2017年,上海市规模以上化学工业企业总产值为5837.68亿元,比上年增长14.5%。其中,石油加工、炼焦和核燃料加工业总产值1209.58亿元,比上年增长16.7%;化学原料和化学制品制造业总产值2908.48亿元,同比增长18.1%;医药制造业总产值769.88亿元,同比增长12.2%;化学纤维制造业总

产值 29.04 亿元，同比下降 18.2%；橡胶和塑料制品业总产值 920.70 亿元，同比增长 5.2%。

2. 主营业务收入

2017 年，上海市规模以上化学工业完成主营业务收入 6158.57 亿元，比上年增长 14.2%。其中，石油加工、炼焦和核燃料加工业主营业务收入 1215.24 亿元，同比增长 16.7%；化学原料和化学制品制造业主营业务收入 3188.73 亿元，同比增长 18.9%；医药制造业主营业务收入 734.20 亿元，同比增长 2.5%；化学纤维制造业主营业务收入 36.86 亿元，同比下降 1.9%；橡胶和塑料制品业主营业务收入 983.54 亿元，同比增长 7.5%。

3. 资产总额

截至 2017 年底，上海市规模以上化学工业资产总额为 6139.72 亿元，比上年增长 6.2%。其中，石油加工、炼焦和核燃料加工业年末资产总额为 681.35 亿元，同比增长 7.3%；化学原料和化学制品制造业年末资产总额为 2926.13 亿元，同比增长 5.2%；医药制造业年末资产总额为 1344.09 亿元，同比增长 10.5%；化学纤维制造业年末资产总额为 64.44 亿元，同比增长 9.2%；橡胶和塑料制品业年末资产总额为 1123.71 亿元，同比增长 3.1%。

表 4　2017 年上海市规模以上化学工业主要经济指标　　亿元

行　业	工业总产值	资产总计	负债合计	主营业务收入	利润总额	税金总额
石油加工、炼焦和核燃料加工业	1209.58	681.35	254	1215.24	120.25	288.02
化学原料和化学制品制造业	2908.48	2926.13	1263.46	3188.73	407.92	114.15
医药制造业	769.88	1344.09	466.40	734.20	118.10	48.93
化学纤维制造业	29.04	64.44	31.31	36.86	2.22	0.34
橡胶和塑料制品业	920.70	1123.71	500.20	983.54	72.91	27.94
合计	5837.68	6139.72	2515.37	6158.57	721.40	479.38

数据来源：《上海市统计年鉴》(2018)。

（二）行业经济效益

1. 利润总额

2017 年，上海市规模以上化学工业完成利润总额 721.40 亿元，比上年增长 40.3%。其中，石油加工、炼焦和核燃料加工业利润总额 120.25 亿元，比上年增长 25.0%；化学原料和化学制品制造业利润总额 407.92 亿元，同比增长 82.2%；医药制造业利润总额 118.10 亿元，同比下降 0.5%；化学纤维制造业利润总额 2.22 亿元，同比下降 46.8%；橡胶和塑料制品业利润总额 72.91 亿元，同比增长 2.3%。

2. 税金总额

2017 年，上海市规模以上化学工业完成税金总额 479.38 亿元，比上年增长 6.1%。其中，石油加工、炼焦和核燃料加工业税金总额 288.02 亿元，比上年增长 1.9%；化学原料和化学制品制造业税金总额 114.15 亿元，同比增长 20.7%；医药制造业税金总额 48.93 亿元，同比增长 8.1%；化学纤维制造业税金总额 0.34 亿元，同比下降 2.9%；橡胶和塑料制品业税金总额 27.94 亿元，同比下降 4.0%。

三、江苏省化学工业基本情况

2017 年，江苏省规模以上化学工业企业 6929 家，比上年减少 413 家；年末资产总计为 19841.05 亿元，比上年下降 1.0%；负债合计为 9452.22 亿元，同比下降 0.2%；主营业务收入为 28031.23 亿元，同比下降 6.2%；实现利润总额 2122.31 亿元，同比下降 2.4%；平均用工人数 135.37 万人，同比下降 9.7%。

表 5 2013—2017 年江苏省规模以上化学工业经济指标

亿元，万人

指　标	企业数(个)	工业总产值	资产总计	负债合计	主营业务收入	利润总额	用工人数
2013 年	7590	24949.94	16278.05	8758.45	24965.34	1501.15	145.76
2014 年	7542	26898.68	17761.36	9274.65	26770.33	1590.74	146.46
2015 年	7484	28182.40	18553.46	9243.75	27767.01	1841.19	148.17
2016 年	7342	29905.60	20034.44	9474.96	29889.35	2174.84	149.96
2017 年	6929		19841.05	9452.22	28031.23	2122.31	135.37

数据来源：历年江苏省统计年鉴。

(一) 行业经济总量

1. 主营业务收入

2017 年，江苏省规模以上化学工业完成主营业务收入 28031.23 亿元，比上年下降 6.2%。其中，石油加工、炼焦和核燃料加工业主营业务收入 2209.69 亿元，比上年增长 4.6%；化学原料和化学制品制造业主营业务收入 15640.58 亿元，同比下降 12.9%；医药制造业主营业务收入 3925.19 亿元，同比增长 1.4%；化学纤维制造业主营业务收入 2842.08 亿元，同比增长 2.3%；橡胶和塑料制品业主营业务收入 3413.70 亿元，同比增长 7.7%。

2. 资产总额

截至 2017 年底，江苏省规模以上化学工业资产总额为 19841.05 亿元，比上年下降 1.0%。其中，石油加工、炼焦和核燃料加工业资产总额为 1003.92 亿元，比上年增长 1.4%；化学原料和化学制品制造业资产总额为 11036.35 亿元，同比下降 4.7%；医药制造业资产总额为 2937.94 亿元，同比增长 4.0%；化学纤维制造业资产总额为 2299.79 亿元，同比下降 0.6%；橡胶和塑料制品业资产总额为 2563.05 亿元，同比增长 10.2%。

3. 利润总额

2017 年，江苏省规模以上化学工业实现利润总额 2122.31 亿元，比上年下降 2.4%。其中，石油加工、炼焦和核燃料加工业利润总额 127.93 亿元，同比增长 14.9%；化学原料和化学制品制造业利润总额 1183.24 亿元，同比下降 9.2%；医药制造业利润总额 438.65 亿元，同比增长 4.6%；化学纤维制造业利润总额 149.82 亿元，同比增长 20.4%；橡胶和塑料制品业利润总额 222.67 亿元，同比增长 2.8%。

表 6 2017 年江苏省规模以上化学工业主要经济指标

亿元

行　业	单位数(个)	资产总计	负债合计	主营业务	利润总额	用工人数
石油加工、炼焦和核燃料加工业	146	990.34	570.53	2113.41	111.32	3.53
化学原料和化学制品制造业	3657	11579.04	5586.44	17957.37	1303.15	57.49
医药制造业	703	2826.06	1024.38	3870.28	419.34	21.80
化学纤维制造业	737	2313.85	1304.03	2778.87	124.40	15.95
橡胶和塑料制品业	2099	2325.15	989.58	3169.42	216.63	36.60
合计	7342	20034.44	9474.96	29889.35	2174.84	135.37

数据来源：《江苏省统计年鉴》(2018)。

(二) 行业经济效益

1. 石油加工、炼焦和核燃料加工业

2017 年，江苏省石油加工、炼焦和核燃料加工业主要经济效益指标呈现如下特点：(1) 企业亏损面

和资产负债率上升。2017 年，企业亏损面为 13.43%，比上年上升 2.47 个百分点；资产负债率为 59.86%，上升 2.25 个百分点。（2）产品销售率和成本费用利润率上升，分别比上年上升 0.49 个和 0.59 个百分点。（3）总资产贡献率有所回升。2017 年，企业总资产贡献率为 40.47%，比上年上升 0.05 个百分点。（4）企业流动资产周转次数为 4.50 次/年，比上年下降 0.38 次/年。

2. 化学原料和化学制品制造业

2017 年，江苏省化学原料和化学制品制造业主要经济效益指标呈现如下特点：（1）企业亏损面下降、资产负债率有所上升。2017 年，企业亏损面为 10.32%，比上年下降 0.18 个百分点；资产负债率为 48.88%，下降 0.63 个百分点。（2）产品销售率和总资产贡献率下降，分别比上年下降 0.46 个和 1.31 个百分点。（3）成本费用利润率有所上升。2017 年企业成本费用利润率为 8.14%，比上年上升 0.36 个百分点。（4）企业流动资产周转次数为 2.95 次/年，比上年下降 0.44 次/年。

3. 医药制造业

2017 年，江苏省医药制造业经济效益指标具有如下特点：（1）企业亏损面和资产负债率下降。2017 年，企业亏损面为 8.69%，比上年下降 0.27 个百分点；资产负债率为 36.19%，下降 0.06 个百分点。（2）企业流动资产周转次数有所回落。2017 年，企业流动资产周转次数为 2.34 次/年，比上年回落 0.25 次/年。（3）产品销售率有所下降。2017 年，企业产品销售率为 97.50%，下降 0.08 个百分点。（4）成本费用利润率和总资产贡献率有所上升。2017 年企业成本费用利润率为 12.56%，比上年上升 0.40 个百分点；总资产贡献率为 23.95%，上升 0.23 个百分点。

4. 化学纤维制造业

2017 年，江苏省化学纤维制造业经济效益指标具有如下特点：（1）企业亏损面下降、资产负债率上升。2017 年，企业亏损面为 15.93%，比上年下降 3.61 个百分点；资产负债率为 57.23%，上升 0.87 个百分点。（2）成本费用利润率和总资产贡献率有所上升。2017 年，成本费用利润率为 5.34%，上升0.78 个百分点；总资产贡献率为 10.71%，上升 0.61 个百分点。（3）产品销售率上升。2017 年产品销售率为 98.33%，比上年上升 0.79 个百分点。（4）企业流动资产周转次数为 2.67 次/年，比上年上升 0.11 次/年。

5. 橡胶和塑料制品业

2017 年，江苏省橡胶和塑料制品业经济效益指标具有如下特点：（1）企业亏损面上升、资产负债率下降。2017 年，企业亏损面为 11.65%，比上年上升 0.5 个百分点；资产负债率为 42.05%，下降 0.51 个百分点。（2）成本费用利润率和总资产贡献率有所下降。2017 年，成本费用利润率为 6.93%，下降0.40 个百分点；总资产贡献率为 14.00%，下降 0.99 个百分点。（3）产品销售率下降。2017 年产品销售率为 98.74%，比上年下降 0.09 个百分点。（4）企业流动资产周转次数为 2.37 次/年，比上年下降 0.13 次/年。

表 7　2017 年江苏省规模以上化学工业主要经济效益指标　　%

指　标	企业亏损面	资产负债率	流动资产周转次数（次/年）	成本费用利润率	产品销售率	总资产贡献率
石油加工、炼焦和核燃料加工业	13.43	59.86	4.50	6.72	99.63	40.47
化学原料和化学制品制造业	10.32	48.88	2.95	8.14	98.74	17.07
医药制造业	8.69	36.19	2.34	12.56	97.50	23.95
化学纤维制造业	15.93	57.23	2.67	5.34	98.55	10.71
橡胶和塑料制品业	11.65	42.05	2.37	6.93	98.74	14.00

数据来源：《江苏省统计年鉴》(2018)。

四、浙江省化学工业基本情况

(一) 行业经济总量

2017年,浙江省规模以上化学工业企业5037家,比上年减少44家;工业总产值为13120.01亿元,同比下降3.5%;年末资产总计为13793.20亿元,同比增长3.7%;负债合计为6695.72亿元,同比下降1.0%;主营业务收入为13560.20亿元,同比增长4.7%;实现利润总额1125.58亿元,同比增长14.2%;利税总额为1788.25亿元,同比增长11.0%。

表8 2013—2017年浙江省规模以上化学工业经济指标

亿元

指 标	企业数(个)	工业总产值	资产总计	负债合计	主营业务收入	利润总额	利税总额
2013年	5026	13598.55	11446.22	6656.39	13456.63	784.78	1343.32
2014年	5170	14380.16	12146.51	6857.52	13808.41	763.92	1320.41
2015年	5196	13563.56	12617.73	6841.70	12706.57	770.30	1395.81
2016年	5081	13591.44	13305.81	6765.82	12956.32	985.88	1611.41
2017年	5037	13120.01	13793.20	6695.72	13560.20	1125.58	1788.25

数据来源:历年浙江省统计年鉴。

1. 工业总产值

2017年,浙江省规模以上化学工业实现工业总产值13120.01亿元,比上年下降3.5%。其中,石油加工、炼焦和核燃料加工业总产值1475.63亿元,比上年下降0.5%;化学原料和化学制品制造业总产值5523.97亿元,增长2.6%;医药制造业总产值1343.13亿元,下降3.7%;化学纤维制造业总产值2231.54亿元,下降9.5%;橡胶和塑料制品业总产值2545.74亿元,下降8.9%。

2. 主营业务收入

2017年,浙江省规模以上化学工业完成主营业务收入13560.20亿元,比上年增长4.7%。其中,石油加工、炼焦和核燃料加工业主营业务收入1681.08亿元,比上年增长38.7%;化学原料和化学制品制造业主营业务收入5927.67亿元,增长8.8%;医药制造业主营业务收入1231.51亿元,下降1.4%;化学纤维制造业主营业务收入2219.84亿元,下降6.6%;橡胶和塑料制品业主营业务收入2500.10亿元,下降6.3%。

3. 资产总额

截至2017年底,浙江省规模以上化学工业资产总额为13793.20亿元,比上年增长3.7%。其中,石油加工、炼焦和核燃料加工业年末资产总额为896.78亿元,比上年增长8.8%;化学原料和化学制品制造业年末资产总额为5976.16亿元,增长4.2%;医药制造业年末资产总额为2184.89亿元,增长10.6%;化学纤维制造业年末资产总额为2331.38亿元,增长3.5%;橡胶和塑料制品业年末资产总额为2403.99亿元,下降4.4%。

4. 利润总额

2017年,浙江省规模以上化学工业实现利润总额1125.58亿元,比上年增长14.2%。其中,石油加工、炼焦和核燃料加工业利润总额194.54亿元,比上年增长16.7%;化学原料和化学制品制造业利润总额478.26亿元,增长33.5%;医药制造业利润总额203.27亿元,增长6.7%;化学纤维制造业利润总额121.35亿元,增长2.3%;橡胶和塑料制品业利润总额128.16亿元,下降15.6%。

表 9　2017 年浙江省规模以上化学工业主要经济指标　亿元

行　　业	单位数（个）	工业总产值	资产总计	负债合计	主营业务收入	利润总额	利税总额
石油加工、炼焦和核燃料加工业	60	1475.63	896.78	433.10	1681.08	194.54	457.91
化学原料和化学制品制造业	1543	5523.97	5976.16	2823.50	5927.67	478.26	663.34
医药制造业	425	1343.13	2184.89	793.33	1231.51	203.27	290.92
化学纤维制造业	570	2231.54	2331.38	1309.64	2219.84	121.35	163.74
橡胶和塑料制品业	2439	2545.74	2403.99	1336.15	2500.10	128.16	212.34
合　　计	5037	13120.01	13793.20	6695.72	13560.20	1125.58	1788.25

数据来源：《浙江省统计年鉴》(2018)。

（二）行业经济效益

1. 石油加工、炼焦和核燃料加工业

2017 年，浙江省石油加工、炼焦和核燃料加工业每百元固定资产原值实现利税 74.56 元，比上年上升 6.20 元/百元；每百元主营业务收入实现利税 27.24 元，下降 7.06 元/百元；产品销售率 100.35%，上升 8.85 个百分点；出口交货值占工业销售值的 0.12%，上升 0.03 个百分点；新产品产值率为 14.61%，上升 7.24 个百分点。

2. 化学原料和化学制品制造业

2017 年，浙江省化学原料和化学制品制造业每百元固定资产原值实现利税 25.78 元，比上年上升 5.66 元/百元；每百元主营业务收入实现利税 11.19 元，上升 1.70 元/百元；产品销售率 98.44%，上升 1.70 个百分点；出口交货值占工业销售值的 8.52%，下降 0.34 个百分点；新产品产值率为 31.35%，下降 1.24 个百分点。

3. 医药制造业

2017 年，浙江省医药制造业每百元固定资产原值实现利税 41.62 元，比上年上升 1.13 元/百元；每百元主营业务收入实现利税 23.62 元，上升 1.30 元/百元；产品销售率 92.65%，下降 0.36 个百分点；出口交货值占工业销售值的 21.43%，上升 2.08 个百分点；新产品产值率为 38.73%，下降 2.07 个百分点。

4. 化学纤维制造业

2017 年，浙江省化学纤维制造业每百元固定资产原值实现利税 16.15 元，比上年上升 0.35 元/百元；每百元主营业务收入实现利税 7.38 元，上升 0.61 元/百元；产品销售率 97.40%，下降 0.62 个百分点；出口交货值占工业销售值的 7.51%，上升 1.38 个百分点；新产品产值率为 38.59%，上升 1.50 个百分点。

5. 橡胶和塑料制品业

2017 年，浙江省橡胶和塑料制品业每百元固定资产原值实现利税 19.36 元，比上年下降 2.20 元/百元；每百元主营业务收入实现利税 8.49 元，下降 0.46 元/百元；产品销售率 98.23%，上升 1.47 个百分点；出口交货值占工业销售值的 20.47%，上升 1.07 个百分点；新产品产值率为 26.79%，下降 6.48 个百分点。

表 10　2017 年浙江省规模以上化学工业主要经济效益指标

指　标	每百元固定资产原值实现利税(元)	每百元主营业务收入实现利税(元)	产品销售率(%)	出口交货值占工业销售(%)	新产品产值率(%)
石油加工、炼焦和核燃料加工业	74.56	27.24	100.35	0.12	14.61
化学原料和化学制品制造业	25.78	11.19	98.44	8.52	31.35
医药制造业	41.62	23.62	92.65	21.43	38.73
化学纤维制造业	16.15	7.38	97.40	7.51	38.59
橡胶和塑料制品业	19.36	8.49	98.23	20.47	26.79

数据来源:《浙江省统计年鉴》(2018)。

五、安徽省化学工业基本情况

(一) 行业经济总量

2017 年,安徽省规模以上化学工业企业 2646 家,比上年减少 92 家;年末资产总计为 4344.68 亿元,同比增长 7.2%;负债合计为 2230.64 亿元,同比增长 5.2%;主营业务收入为 5557.02 亿元,同比增长 7.3%;实现利润总额 361.25 亿元,同比增长 7.0%。

表 11　2013—2017 年安徽省规模以上化学工业经济指标　　亿元

指　标	企业数(个)	工业总产值	资产总计	负债合计	主营业务收入	利润总额
2013 年	2214	4168.04	2920.25	1598.20	4022.41	261.82
2014 年	2407	4786.75	3223.50	1732.18	4533.35	270.41
2015 年	2586	5060.48	3524.89	1844.27	4764.38	294.98
2016 年	2738	5564.72	4051.12	2121.32	5176.70	337.59
2017 年	2646	—	4344.68	2230.64	5557.02	361.25

数据来源:历年安徽省统计年鉴。

1. 主营业务收入

2017 年,安徽省规模以上化学工业完成主营业务收入 5557.02 亿元,比上年增长 7.3%。其中,石油加工、炼焦和核燃料加工业主营业务收入 555.52 亿元,比上年增长 49.7%;化学原料和化学制品制造业主营业务收入 2349.00 亿元,增长 4.2%;医药制造业主营业务收入 933.61 亿元,增长 13.3%;化学纤维制造业主营业务收入 100.44 亿元,增长 4.1%;橡胶和塑料制品业主营业务收入 1618.45 亿元,下降 0.7%。

2. 资产总额

截至 2017 年底,安徽省规模以上化学工业资产总额为 4344.68 亿元,比上年增长 7.2%。其中,石油加工、炼焦和核燃料加工业年末资产总额为 222.38 亿元,比上年增长 12.1%;化学原料和化学制品制造业年末资产总额为 1976.37 亿元,增长 3.6%;医药制造业年末资产总额为 859.92 亿元,增长 19.4%;化学纤维制造业年末资产总额为 135.27 亿元,下降 1.1%;橡胶和塑料制品业年末资产总额为 1150.74 亿元,增长 5.7%。

3. 利润总额

2017 年,安徽省规模以上化学工业实现利润总额 361.25 亿元,比上年增长 7.0%。其中,石油加工、炼焦和核燃料加工业利润总额 21.79 亿元,比上年增长 100.8%;化学原料和化学制品制造业利润总额 151.58 亿元,增长 2.9%;医药制造业利润总额 73.08 亿元,增长 9.7%;化学纤维制造业利润总额

4.90 亿元，下降 16.8%；橡胶和塑料制品业利润总额 109.90 亿元，增长 2.8%。

表 12　2017 年安徽省规模以上化学工业主要经济指标　亿元

行　业	单位数（个）	资产总计	年末负债合计	主营业务收入	利润总额
石油加工、炼焦和核燃料加工业	34	222.38	116.37	555.52	21.79
化学原料和化学制品制造业	981	1976.37	1070.53	2349.00	151.58
医药制造业	489	859.92	428.71	933.61	73.08
化学纤维制造业	36	135.27	75.42	100.44	4.90
橡胶和塑料制品业	1106	1150.74	539.61	1618.45	109.90
合　计	2646	4344.68	2230.64	5557.02	361.25

数据来源：《安徽省统计年鉴》(2018)。

（二）行业经济效益

1. 石油加工、炼焦和核燃料加工业

2017 年，安徽省石油加工、炼焦和核燃料加工业经济效益指标呈以下特点：(1) 流动资产周转次数上升。2017 年，企业流动资产周转次数为 7.95 次/年，比上年上升 2.48 次/年。(2) 工业成本费用利润率和总资产贡献率上升。2017 年，企业工业成本费用利润率为 4.85%，比上年上升 1.10 个百分点；总资产贡献率为 65.39%，上升 13.2 个百分点。(3) 资产负债率大幅下降，2017 年企业资产负债率为 52.33%，比上年下降 10.23 个百分点。(4) 产品销售率上升。2017 年，企业产品销售率为 99.35%，上升 1.56 个百分点。

2. 化学原料和化学制品制造业

2017 年，安徽省化学原料和化学制品制造业经济效益指标呈以下特点：(1) 流动资产周转次数下降。2017 年，企业流动资产周转次数为 2.55 次/年，比上年下降 0.10 次/年。(2) 资产负债率和工业成本费用利润率下降。2017 年，企业资产负债率为 54.17%，比上年下降 1.92 个百分点；工业成本费用利润率为 6.81%，下降 0.10 个百分点。(3) 总资产贡献率上升。2017 年，企业总资产贡献率为 11.67%，比上年上升 0.01 个百分点；(4) 产品销售率上升。2017 年，企业产品销售率为 95.39%，比上年上升 0.20 个 百分点。

3. 医药制造业

2017 年，安徽省医药制造业经济效益指标呈以下特点：(1) 流动资产周转次数下降。2017 年，企业流动资产周转次数为 1.82 次/年，比上年下降 0.16 次/年。(2) 资产负债率和产品销售率上升。2017 年，企业资产负债率为 49.86%，比上年上升 0.07 个百分点；产品销售率为 95.92%，上升 0.14 个百分点。(3) 总资产贡献率和工业成本费用利润率下降。2017 年，企业总资产贡献率为 12.89%，比上年下降 0.31 个百分点；工业成本费用利润率为 8.48%，下降 0.30 个百分点。

4. 化学纤维制造业

2017 年，安徽省化学纤维制造业经济效益指标呈以下特点：(1) 资产负债率下降。2017 年，企业资产负债率为 55.75%，比上年下降 6.55 个百分点。(2) 流动资产周转次数下降。2017 年，企业流动资产周转次数为2.52 次/年，比上年下降 0.12 次/年。(3) 总资产贡献率、工业成本费用利润率和产品销售率下降。2017 年，企业总资产贡献率为 6.69%，比上年下降 0.12 个百分点；工业成本费用利润率为 5.14%，比上年下降 1.36 个百分点；产品销售率为 96.73%，下降 0.04 个百分点。

5. 橡胶和塑料制品业

2017 年，安徽省橡胶和塑料制品业经济效益指标呈以下特点：(1) 流动资产周转次数下降。

2017年,企业流动资产周转次数为2.63次/年,比上年下降0.23次/年。(2)资产负债率和工业成本费用利润率上升。2017年,企业资产负债率为46.89%,比上年上升2.45个百分点;工业成本费用利润率为7.18%,上升0.22个百分点。(3)产品销售率和总资产贡献率下降。2017年,企业总资产贡献率为14.06%,比上年下降0.57个百分点;产品销售率为97.63%,下降0.01个百分点。

表13 2017年安徽省规模以上化学工业主要经济效益指标

指 标	总资产贡献率(%)	资产负债率(%)	流动资产周转次数(次/年)	工业成本费用利润率(%)	产品销售率(%)
石油加工、炼焦和核燃料加工业	65.39	52.33	7.95	4.85	99.35
化学原料和化学制品制造业	11.67	54.17	2.55	6.81	95.39
医药制造业	12.89	49.86	1.82	8.48	95.92
化学纤维制造业	6.69	55.75	2.52	5.14	96.73
橡胶和塑料制品业	14.06	46.89	2.63	7.18	97.63

数据来源:《安徽省统计年鉴》(2018)。

十八　长三角农副食品加工业

一、长三角农副食品加工业总体情况

2017年，长三角地区规模以上农副食品加工企业资产总计为3754.14亿元，比上年下降10.0%；占全国的比重为11.6%，同比下降0.7个百分点。负债合计1978.04亿元，比上年下降8.3%；占全国的比重为12.1%，同比下降0.8个百分点。主营业务收入为8263.98亿元，比上年下降14.9%；占全国的比重为13.8%，同比下降0.3个百分点。利润总额为377.02亿元，比上年下降26.4%；占全国的比重为12.2%，同比下降1.9个百分点。

表1　2013—2017年长三角规模以上农副食品加工业主要经济指标　　亿元

指　标	单位数(个)	工业总产值	资产总计	负债合计	主营业务收入	利润总额
2013年	4037	7750.94	3551.96	2042.62	7745.62	442.35
2014年	4132	8468.42	3763.55	2055.40	8414.22	433.17
2015年	4286	9084.27	3882.88	2027.01	8898.06	469.64
2016年	—	9754.18	4170.60	2156.68	9712.58	512.08
2017年	—	—	3754.14	1978.04	8263.98	377.02

数据来源：历年上海市、江苏省、浙江省、安徽省统计年鉴。

(一) 主要产品产量

1. 食用植物油

2017年，长三角地区食用植物油产量为762.63万吨，比上年下降26.9%；占全国食用植物油产量的比重为12.6%，比上年下降2.5个百分点。分地区来看，2017年，上海市生产食用植物油90.91万吨，比上年下降7.9%；占长三角地区食用植物油产量的比重为11.9%，同比上升2.4个百分点。江苏省精制食用植物油产量为513.10万吨，比上年减少31.5%；占长三角地区食用植物油产量的比重为67.3%，同比下降4.5个百分点。浙江省食用植物油的产量为46.32万吨，比上年下降11.2%；占长三角地区食用植物油产量的比重为6.1%，同比上升1.1个百分点。安徽省食用植物油产量为112.30万吨，比上年下降21.7%；占长三角地区食用植物油产量的比重为14.7%，同比上升1.0个百分点。

表2　2013—2017年长三角三省一市食用植物油产量　　万吨

指　标	2013年	2014年	2015年	2016年	2017年
上海市	104.24	109.85	111.45	98.76	90.91
江苏省	519.08	566.03	603.16	749.06	513.10
浙江省	37.44	46.48	58.73	52.18	46.32
安徽省	115.30	122.40	127.70	143.40	112.30
长三角	776.06	844.76	901.04	1043.40	762.63

数据来源：历年上海市、江苏省、浙江省、安徽省统计年鉴。

2. 配混合饲料

2017年，由于上海市、江苏省未对配混合饲料产量进行统计，仅对浙江省和安徽省的配混合饲料进行分析。2017 年，浙江省配混合饲料产量为 360.74 万吨，比上年下降 9.6%；安徽省混合饲料产量为 92.90 万吨，下降 21.6%。

（二）资产运营情况

从资产运营情况来看，2017 年，长三角地区规模以上农副食品加工业年末资产总额为 3754.14 亿元，比上年下降 10.0%；负债总额为 1978.04 亿元，比上年下降 8.3%。由于资产总额下降较快，使得 2017 年长三角地区农副食品加工业资产负债率有所上升，达到 52.69%，比上年上升了 0.98 个百分点；高于同期全国规模以上农副食品加工业 2.05 个百分点。

分地区来看，安徽省规模以上农副食品加工业资产运营情况最好，2017 年，安徽省规模以上农副食品加工业资产负债率为 46.98%，比上年上升 1.62 个百分点；上海市资产负债率为 48.10%，同比下降 1.63 个百分点；江苏省规模以上农副食品加工业资产负债率为 53.69%，同比上升 1.17 个百分点；浙江省规模以上农副食品加工业资产负债率最高，为 58.03%，同比下降 1.28 个百分点。

二、上海市农副食品加工业基本情况

（一）行业经济总量

2017 年，上海市拥有规模以上农副食品加工企业实现工业总产值 319.94 亿元，比上年下降 1.3%；完成主营业务收入 420.24 元，同比增长 3.7%；年末资产总额 294.46 亿元，同比增长 5.6%；负债合计 141.64 亿元，同比增长 2.1%。

表 3　2013—2017 年上海市规模以上农副食品加工业主要经济指标　　亿元

指　标	单位数（个）	工业总产值	资产总计	负债合计	主营业务收入	利润总额	税金总额
2013 年	137	341.32	261.68	145.72	407.78	12.41	4.48
2014 年	144	351.33	257.01	139.53	421.85	13.16	5.18
2015 年	142	333.82	263.44	135.12	378.42	12.41	6.87
2016 年	—	324.29	278.96	138.72	405.44	14.38	6.65
2017 年	—	319.94	294.46	141.64	420.24	13.56	7.85

数据来源：历年上海市统计年鉴。

（二）行业经济效益

2017 年，上海市规模以上农副食品加工业实现利润总额 13.56 亿元，比上年下降 5.7%；实现税金总额 7.85 亿元，同比增长 18.0%。

2017 年，上海市规模以上农副食品加工业资产负债率为 48.10%，比上年上升 0.99 个百分点；产值利税率为 6.69%，同比上升 0.21 个百分点；成本费用利润率为 3.33%，同比下降 0.32 个百分点。

三、江苏省农副食品加工业基本情况

（一）行业经济总量

2017 年，江苏省拥有规模以上农副食品加工企业 1439 家，比上年减少 240 家；年末资产总额 1816.79 亿元，同比下降 4.8%；负债合计 975.39 亿元，同比下降 2.7%；完成主营业务收入 4475.32 亿元，同比下降 12.3%；实现利润总额 234.70 亿元，同比下降 27.8%。

表 4　2013—2017 年江苏省规模以上农副食品加工业主要经济指标　　亿元

指　标	单位数(个)	工业总产值	资产总计	负债总计	主营业务收入	利润总额
2013 年	1563	3808.39	1582.21	956.90	3794.13	259.84
2014 年	1571	4202.20	1673.68	938.07	4190.02	253.56
2015 年	1660	4680.26	1713.83	885.13	4615.55	290.93
2016 年	1679	5076.24	1908.19	1002.25	5100.74	325.18
2017 年	1439	—	1816.79	975.39	4475.32	234.70

数据来源：历年江苏省统计年鉴。

(二) 行业经济效益

2017 年，江苏省规模以上农副食品加工业企业亏损面为 6.81%，比上年上升 1.03 个百分点；资产负债率为 53.68%，同比上升 1.16 个百分点；产品销售率为 99.09%，同比下降 0.85 个百分点；成本费用利润率为 5.54%，同比下降 1.29 个百分点；流动资产周转次数为 4.64 次/年，同比回落 1.09 次/年；总资产贡献率为 20.55%，同比回落 6.04 个百分点。

表 5　2013—2017 年江苏省规模以上农副食品加工业主要经济效益指标

指　标	2013 年	2014 年	2015 年	2016 年	2017 年
企业亏损面(%)	5.95	7.07	6.63	5.78	6.81
资产负债率(%)	60.48	56.05	51.65	52.52	53.68
产品销售率(%)	99.46	99.26	98.59	99.94	99.09
成本费用利润率(%)	7.28	6.44	6.74	6.83	5.54
流动资产周转次数(次/年)	4.49	4.99	5.74	5.73	4.64
总资产贡献率(%)	26.04	25.14	27.81	26.59	20.55

数据来源：历年江苏省统计年鉴。

(三) 不同所有制企业经营情况

1. 私营企业

从企业所有制来看，江苏省私营农副食品加工企业占据支柱地位。2017 年，江苏省规模以上私营农副食品加工企业数为 1041 家，比上年减少 199 家。资产总计 820.57 亿元，比上年下降 7.8%；占全省规模以上农副食品加工业资产的比重为 45.2%，下降 1.4 个百分点。主营业务收入为 2395.76 亿元，比上年下降 14.6%；占全省规模以上农副食品加工业主营业务收入的比重为 53.5%，下降 1.5 个百分点。创造利润总额为 138.40 亿元，比上年下降 23.0%；占全省规模以上农副食品加工业利润总额的比重为 59.0%，上升 3.7 个百分点。

2. 国有及国有控股企业

2017 年，江苏省拥有规模以上国有及国有控股农副食品加工企业 32 家，比上年减少 5 家；资产总计 78.61 亿元，比上年增长 2.1%；实现主营业务收入 162.66 亿元，增长 4.1%；实现利润总额 3.58 亿元，下降 22.7%。

3. 外商投资、港澳台投资企业

2017 年，江苏省拥有规模以上外商投资和港澳台投资农副食品加工企业 159 家，比上年减少 2 家。

资产总计581.75亿元，比上年增长1.8%；占全省规模以上农副食品加工业资产的比重为32.0%，上升2.1个百分点。现主营业务收入1004.44亿元，比上年下降3.2%；占全省规模以上农副食品加工业主营业务收入的比重为22.4%，下降0.9个百分点。实现利润总额44.15亿元，比上年下降45.6%；占全省规模以上农副食品加工业利润总额的比重为18.8%，下降6.2个百分点。

表6 2015—2017年江苏省规模以上农副食品加工业不同所有制企业主要经济指标

指 标	国有及国有控股企业			私营企业			外商投资和港澳台投资企业		
	2015年	2016年	2017年	2015年	2016年	2017年	2015年	2016年	2017年
企业单位数(个)	40	37	32	1224	1240	1041	163	161	159
资产总计(亿元)	78.42	77.00	78.61	792.58	889.84	820.57	494.07	571.33	581.75
负债合计(亿元)	62.55	55.67	57.39	344.68	388.48	376.00	276.68	341.96	330.85
主营业务收入(亿元)	142.21	156.18	162.66	2458.14	2804.12	2395.76	1120.13	1188.47	1004.44
利润总额(亿元)	3.86	4.63	3.58	162.74	179.81	138.40	68.94	81.15	44.15

数据来源：历年江苏省统计年鉴。

4. 行业经济效益

从行业经济效益指标来看，江苏省私营农副食品加工企业各项指标均处于前列。2017年，江苏省规模以上农副食品加工私营企业企业亏损面为4.51%，低于同期国有及国有控股企业20.49个百分点，低于同期外商投资和港澳台投资企业10.58个百分点。此外，江苏省私营农副食品加工企业资产负债率也处于低位。2017年，江苏省规模以上私营农副食品加工企业资产负债率为45.82%，低于同期国有及国有控股农副食品加工企业27.18个百分点，低于同期外商投资和港澳台投资农副食品加工企业11.05个百分点。

与其他企业相比，江苏省私营农副食品加工企业的流动资产周转次数和总资产贡献率也处于较高位置。2017年，江苏省私营农副食品加工企业的流动资产周转次数为6.25次/年，分别高于同期国有及国有控股企业、外商投资和港澳台投资企业2.75次/年、3.56次/年；总资产贡献率为27.37%，分别高于同期国有及国有控股企业、外商投资和港澳台投资企业18.62个、16.91个百分点。

表7 2015—2017年江苏省规模以上农副食品加工业不同所有制企业主要经济效益指标

指 标	国有及国有控股企业			私营企业			外商投资和港澳台投资企业		
	2015年	2016年	2017年	2015年	2016年	2017年	2015年	2016年	2017年
企业亏损面(%)	17.50	27.03	25.00	4.82	3.95	4.51	14.11	11.80	15.09
资产负债率(%)	79.76	72.30	73.00	43.49	43.66	45.82	56.00	59.85	56.87
流动资产周转次数(次/年)	3.47	3.78	3.50	7.29	7.50	6.25	4.17	3.76	2.69
成本费用利润率(%)	2.70	3.13	2.22	7.14	6.90	6.16	6.52	7.28	4.58
产品销售率(%)	95.76	101.59	100.88	98.58	99.80	98.61	99.18	99.65	100.35
总资产贡献率(%)	8.26	9.97	8.75	33.45	32.40	27.37	22.04	20.67	10.46

数据来源：历年江苏省统计年鉴。

四、浙江省农副食品加工业基本情况

（一）行业经济总量

2017年，浙江省拥有规模以上农副食品加工企业690家，比上年减少72家；实现工业总产值947.67

亿元，比上年下降14.3%；年末资产总额836.93亿元，同比增长0.6%；负债合计485.63亿元，同比下降1.6%；完成主营业务收入956.46亿元，同比下降10.0%；实现利润总额32.42亿元，同比下降26.2%；实现利税总额46.97亿元，同比下降23.9%。

表8　2013—2017年浙江省规模以上农副食品加工业主要经济指标　亿元

指　标	单位数(个)	工业总产值	资产总计	负债总计	主营业务收入	利润总额	利税总额
2013年	784	1045.48	737.77	459.95	1041.74	38.77	55.61
2014年	776	1070.19	772.28	473.64	1049.01	34.97	53.17
2015年	768	1061.65	799.91	499.09	1004.88	37.03	53.96
2016年	762	1105.47	831.75	493.29	1063.10	43.90	61.69
2017年	690	947.67	836.93	485.63	956.46	32.42	46.97

数据来源：历年浙江省统计年鉴。

（二）行业经济效益

2017年，浙江省规模以上农副食品加工业企业亏损面为15.36%，比上年上升3.55个百分点；成本费用利润率为3.46%，下降0.61个百分点；每百元固定资产原值实现利税17.50元，下降5.54元/百元；每百元主营业务收入实现利税4.91元，下降0.89元/百元；产品销售率为95.59%，下降0.56个百分点；出口交货值占工业销售17.96%，上升2.48个百分点；新产品产值率为12.61%，下降1.42个百分点。

表9　2013—2017年浙江省规模以上农副食品加工业主要经济效益指标

指　标	2013年	2014年	2015年	2016年	2017年
企业亏损面(%)	12.37	12.24	14.45	11.81	15.36
成本费用利润率(%)	—	—	—	4.07	3.46
每百元固定资产原值实现利税(元)	23.38	20.79	19.94	23.04	17.50
每百元主营业务收入实现利税(元)	5.34	5.07	5.37	5.80	4.91
产品销售率(%)	97.37	96.93	95.99	96.15	95.59
出口交货值占工业销售(%)	15.89	15.82	15.28	15.48	17.96
新产品产值率(%)	11.85	11.96	13.49	14.03	12.61

数据来源：历年浙江省统计年鉴。

（三）不同所有制企业经营情况

1. 私营企业

从企业所有制来看，浙江省私营农副食品加工企业占据支柱地位。2017年，浙江省规模以上私营农副食品加工企业数为497家，比上年减少52家。完成工业总产值531.68亿元，比上年下降14.9%；占全省规模以上农副食品加工业总产值的比重为56.1%，下降0.4个百分点。资产总计为382.87亿元，比上年下降4.3%；占全省规模以上农副食品加工业资产总计的比重为45.7%，下降2.4个百分点。主营业务收入为507.17亿元，比上年下降13.5%；占全省规模以上农副食品加工业主营业务收入的比重为53.0%，下降2.2个百分点。创造利润总额为16.52亿元，比上年下降23.1%；占全省规模以上农副食品加工业利润总额的比重为51.0%，上升2.0个百分点。

2. 国有及国有控股企业

2017年，浙江省拥有规模以上国有及国有控股农副食品加工企业20家，比上年减少1家；完成工业总产值39.29亿元，下降14.4%；资产总计为46.92亿元，增长0.4%；实现主营业务收入48.99亿元，增长3.4%；实现利润总额2.36亿元，增长23.6%。

3. 外商投资、港澳台投资企业

2017年，浙江省拥有规模以上外商投资和港澳台投资农副食品加工企业51家，比上年减少2家。完成工业总产值149.43亿元，比上年下降9.8%；占全省规模以上农副食品加工业总产值的比重为15.8%，上升0.8个百分点。资产总计为138.64亿元，比上年增长7.0%；占全省规模以上农副食品加工业资产总计的比重为16.6%，上升1.0个百分点。实现主营业务收入144.17亿元，比上年下降11.1%；占全省规模以上农副食品加工业主营业务收入的比重为15.1%，下降0.2个百分点。实现利润总额3.55亿元，比上年下降50.0%；占全省规模以上农副食品加工业利润总额的比重为11.0%，下降5.2个百分点。

表10　2015—2017年浙江省规模以上农副食品加工业不同所有制企业主要经济指标

指　标	国有及国有控股企业			私营企业			外商投资和港澳台投资企业		
	2015年	2016年	2017年	2015年	2016年	2017年	2015年	2016年	2017年
企业单位数(个)	16	21	20	551	549	497	55	53	51
工业总产值(亿元)	39.27	45.90	39.29	579.45	624.53	531.68	170.77	165.60	149.43
资产总计(亿元)	35.61	46.71	46.92	417.24	400.20	382.87	129.70	129.61	138.64
负债合计(亿元)	22.01	27.08	28.00	247.59	231.95	231.81	69.32	68.01	69.03
主营业务收入(亿元)	36.44	47.39	48.99	547.85	586.36	507.17	157.94	162.24	144.17
利润总额(亿元)	0.83	1.91	2.36	20.29	21.49	16.52	6.69	7.10	3.55

资料来源：历年浙江省统计年鉴。

4. 行业经济效益

从行业经济效益指标来看，私营农副食品加工企业“每百元固定资产原值实现利税”远高于同期国有及国有控股企业、外商投资和港澳台投资企业。2017年，浙江省规模以上农副食品加工私营企业每百元固定资产原值实现利税19.18元，高于同期国有及国有控股企业5.17元/百元，高于同期外商投资和港澳台投资企业8.68元/百元。此外，私营农副食品加工企业新产品产值率较去年下降，但高于同期国有及国有控股企业、外商投资和港澳台投资企业。2017年，浙江省规模以上私营农副食品加工企业新产品产值率达到12.43%，高于国有及国有控股农副食品加工企业1.40个百分点，高于外商投资和港澳台投资农副食品加工企业0.12个百分点。

与其他企业相比，外商投资和港澳台投资农副食品加工企业的出口比重相对较高，但优势已不明显，国有及国有控股企业有赶超趋势。2017年，浙江省外商投资和港澳台投资农副食品加工企业出口交货值占销售产值的比重为22.18%，比上年下降3.49个百分点。国有及国有控股企业出口交货值占销售产值的比重为22.74%，高于外商投资和港澳台投资企业0.56个百分点。同期私营企业出口交货值占销售产值的比重为19.47%，所占比重值与外商投资和港澳台投资企业进一步缩小。

表 11 2015—2017 年浙江省规模以上农副食品加工业不同所有制企业主要经济效益指标

指 标	国有及国有控股企业			私营企业			外商投资和港澳台投资企业		
	2015 年	2016 年	2017 年	2015 年	2016 年	2017 年	2015 年	2016 年	2017 年
资产负债率(%)	—	57.97	59.67	—	57.96	60.55	—	52.47	49.79
成本费用利润率(%)	—	4.08	4.92	—	3.78	3.34	—	4.26	2.46
每百元固定资产原值实现利税(元)	7.18	11.07	14.01	20.24	22.73	19.18	20.14	22.15	10.50
每百元主营业务收入实现利税(元)	3.02	4.77	6.15	5.49	5.33	4.98	6.48	6.84	4.01
出口交货值占工业销售(%)	13.15	17.29	22.74	15.32	15.68	19.47	27.04	25.67	22.18
新产品产值率(%)	10.80	7.35	11.03	13.58	13.99	12.43	10.82	11.85	12.31

数据来源:历年浙江省统计年鉴。

五、安徽省农副食品加工业基本情况

(一)行业经济总量

2017 年,安徽省拥有规模以上农副食品加工企业 1786 家,比上年增加 70 家;实现工业总产值 3248.18 亿元,比上年增长 8.0%;年末资产总额 1151.70 亿元,同比增长 4.2%;负债合计 522.42 亿元,同比增长 2.9%;完成主营业务收入 3143.30 亿元,同比增长 8.4%;实现利润总额 128.62 亿元,同比下降 0.5%。

表 12 2013—2017 年安徽省规模以上农副食品加工业主要经济指标 亿元

指 标	单位数(个)	工业总产值	资产总计	负债总计	主营业务收入	利润总额
2013 年	1553	2555.75	970.30	480.05	2501.97	131.33
2014 年	1641	2844.70	1060.58	504.16	2753.34	131.48
2015 年	1716	3008.54	1105.70	507.67	2899.21	129.27
2016 年	1786	3248.18	1151.70	522.42	3143.30	128.62
2017 年	1687	—	1100.42	517.02	2832.20	109.90

数据来源:历年安徽省统计年鉴。

(二)行业经济效益

2017 年,安徽省规模以上农副食品加工业总资产贡献率为 14.13%,比上年下降 1.59 个百分点;资产负债率为 46.98%,同比上升 1.62 个百分点;流动资产周转次数为 4.84 次/年,同比下降 0.26 次/年;工业成本费用利润率为 4.02%,同比下降 0.24 个百分点;产品销售率为 98.39%,同比下降 0.03 个百分点。

表 13 2013—2017 年安徽省规模以上农副食品加工业主要经济效益指标

指 标	2013 年	2014 年	2015 年	2016 年	2017 年
总资产贡献率(%)	19.86	18.30	16.74	15.72	14.13

续表

指 标	2013年	2014年	2015年	2016年	2017年
资产负债率(%)	49.47	47.54	45.91	45.36	46.98
流动资产周转次数(次/年)	4.81	4.82	4.95	5.10	4.84
工业成本费用利润率(%)	5.50	5.00	4.64	4.26	4.02
产品销售率(%)	98.37	98.48	98.37	98.42	98.39

数据来源:历年安徽省统计年鉴。

(三)不同所有制企业经营情况

1. 私营企业

从企业所有制来看,安徽省私营农副食品加工企业占据支柱地位。2017年,安徽省规模以上农副食品加工私营工业企业数为1301家,比上年减少77家。资产总计640.26亿元,比上年下降10.3%;占全省规模以上农副食品加工业资产总计的比重为58.2%,下降3.8个百分点。主营业务收入为1955.70亿元,比上年下降10.7%;占全省规模以上农副食品加工业主营业务收入的比重为69.1%,下降0.6个百分点。创造利润总额为80.93亿元,比上年下降12.3%;占全省规模以上农副食品加工业利润总额的比重为73.6%,下降1.9个百分点。

2. 国有及国有控股企业

2017年,安徽省拥有规模以上国有及国有控股农副食品加工企业29家;资产总计为42.04亿元,比上年增长41.8%;实现主营业务收入95.60亿元,增长20.8%;实现利润总额1.31亿元,下降28.4%。

3. 外商投资、港澳台投资企业

2017年,安徽省拥有规模以上外商投资和港澳台投资农副食品加工企业27家。资产总计为197.83亿元,比上年增长97.4%;占全省规模以上农副食品加工业资产总计的比重为18.0%,比上年上升9.3个百分点。实现主营业务收入192.13亿元,比上年下降1.5%;占全省规模以上农副食品加工业主营业务收入的比重为6.8%,上升0.6个百分点。实现利润总额5.18亿元,比上年下降6.5%;占全省规模以上农副食品加工业利润总额的比重为4.7%,上升0.4个百分点。

表14 2015—2017年安徽省规模以上农副食品加工业不同所有制企业主要经济指标

指 标	国有及国有控股企业			私营企业			外商投资和港澳台投资企业		
	2015年	2016年	2017年	2015年	2016年	2017年	2015年	2016年	2017年
企业单位数(个)	28	26	29	1336	1378	1301	26	27	27
工业总产值(亿元)	79.12	83.87	—	2141.22	2265.20	—	162.23	191.08	—
资产总计(亿元)	32.51	29.64	42.04	693.01	713.43	640.26	87.66	100.22	197.83
负债合计(亿元)	18.65	16.73	24.15	291.06	292.50	270.50	53.85	66.72	72.74
主营业务收入(亿元)	77.32	79.12	95.60	2074.79	2189.67	1955.70	149.20	195.06	192.13
利润总额(亿元)	1.58	1.83	1.31	95.04	92.25	80.93	3.95	5.54	5.18

资料来源:历年安徽省统计年鉴。

4. 行业经济效益

从行业经济效益指标来看,私营农副食品加工企业各项指标均处于前列。2017年,安徽省规模以上农副食品加工私营企业总资产贡献率为17.28%,高于同期国有及国有控股企业9.52个百分点,高于同期外商投资和港澳台投资企业9.11个百分点;工业成本费用利润率为4.32%,分别高于国有及国有控

股企业、外商投资和港澳台投资企业2.94个和1.54个百分点；流动资产周转次数为7.75次/年，分别高于国有及国有控股企业、外商投资和港澳台投资企业3.91次/年和4.49次/年；资产负债率为42.25%，分别低于国有及国有控股企业、外商投资和港澳台投资企业15.21个和25.21个百分点。

表15　2015—2017年安徽省规模以上农副食品加工业不同所有制企业主要经济指标

指　标	国有及国有控股企业			私营企业			外商投资和港澳台投资企业		
	2015年	2016年	2017年	2015年	2016年	2017年	2015年	2016年	2017年
总资产贡献率(%)	9.72	10.79	7.76	19.27	17.99	17.28	7.86	8.43	8.17
资产负债率(%)	57.37	56.43	57.46	42.00	41.00	42.25	61.44	66.57	67.46
流动资产周转次数(次/年)	4.87	4.91	3.84	5.76	5.84	7.75	3.69	3.54	3.26
工业成本费用利润率(%)	1.93	2.40	1.38	4.80	4.41	4.32	2.67	2.93	2.78
产品销售率(%)	95.39	91.80	93.59	98.24	98.43	98.21	98.92	100.58	99.54

数据来源：历年安徽省统计年鉴。

十九　长三角通讯服务业

一、长三角通讯服务业总体情况

2017年，长三角邮电业务总量为8788.56亿元，占全国邮电业务总量的比重为23.5%。函件13.14亿件，比上年下降15.7%；占全国函件的比重为41.7%，同比下降1.3个百分点。快递155.06亿件，比上年增长28.0%；占全国快递总量的比重为38.7%，与去年持平。年末固定电话用户为3965.48万户，比上年下降8.7%；占全国固定电话用户的比重为20.5%，同比下降0.5个百分点。年末移动电话用户为24580.69万户，比上年增长7.2%；占全国移动电话用户的比重为17.3%，与去年持平。移动互联网用户24753.75万户，比上年增长19.9%；占全国移动互联网用户的比重为19.5%，同比上升0.6个百分点。固定宽带接入用户为7750.00万户，比上年增长15.3%；占全国固定宽带接入用户的比重为22.2%，同比下降0.4个百分点。

表1　2013—2017年长三角邮电业基本情况

指　标	2013年	2014年	2015年	2016年	2017年
邮电业务总量(亿元)	3690.27	4858.79	6578.81	7802.72	8788.56
#邮政业务总量	893.07	1245.11	1754.01	2532.23	3404.26
电信业务总量	2797.19	3613.67	4824.82	5270.49	5384.30
函件(亿件)	26.89	24.39	19.31	15.58	13.14
快递(亿件)	33.74	52.48	78.59	121.18	155.06
年末固定电话用户(万户)	5917.13	5455.53	5009.47	4340.98	3965.48
年末移动电话用户(万户)	22173.47	22950.06	23185.87	22922.87	24580.69
固定宽带接入用户(万户)	3828.09	4197.06	5082.30	6724.48	7750.00
移动互联网用户(万户)	12838.60	13973.06	18400.00	20645.10	24753.75

注：移动互联网用户2014(含)年前不含安徽省数据；2017年，长三角各地区电信业统计口径有变化，部分数据不可比。
数据来源：历年上海市、江苏省、浙江省、安徽省统计年鉴。

分地区看，2017年，浙江省邮电业务总量占长三角邮电业务总量的比重最高，为40.0%，所占比重比上年上升0.4个百分点；江苏省邮电业务总量占长三角邮电业务总量的比重为33.6%，同比下降3.0个百分点；安徽省邮电业务总量占长三角邮电业务总量的比重为10.4%，同比下降1.9个百分点；上海市邮电业务总量占长三角邮电业务总量的比重为16.0%，同比上升4.5个百分点。

二、上海市通讯服务业基本情况

2017年，上海市邮政电信业务总量1406.58亿元，比上年增长30.9%。其中，邮政业务总量711.87亿元，电信业务总量694.71亿元，比上年分别增长26.2%和26.2%。函件6.74亿件，比上年下降18.4%；快递31.15亿件，同比增长19.7%。邮路及农村投递路线总长度4.91万千米，比上年下降17.6%。年末固定电话用户690.95万户，比上年下降5.6%；移动电话用户3298.71万户，同比增长4.5%；3G及4G移动电话用户2807.31万户，同比增长17.5%。移动互联网用户3393.1万户，比上年增长27.4%；固定宽带接入用户856.2万户，同比增长6.5%；家庭宽带接入用户745万户，同比增长3.5%。移动电话交换机容量5044万户；信息通信管线长度10741沟千米，比上年增长2.7%。固定电话普及率为28.6%，比上年下降1.6个百分点；移动电话普及率为136.4%，同比上升6.0个百分点。

表2　2013—2017年上海市邮电业基本情况

指　　标	2013年	2014年	2015年	2016年	2017年
邮电业务总量(亿元)	746.09	907.52	1166.07	1074.22	1406.58
#邮政业务总量	258.70	310.53	385.75	564.25	711.87
电信业务总量	487.39	596.99	780.32	509.97	694.71
函件(亿件)	11.38	11.03	9.07	8.26	6.74
快递(亿件)	9.50	12.84	17.08	26.03	31.15
邮路及农村投递路线总长度(万千米)	9.37	9.45	6.12	5.96	4.91
固定电话用户(万户)	869.24	840.18	797.29	731.62	690.95
固定电话普及率(%)	36.0	34.6	33.0	30.2	28.6
移动电话用户(万户)	3200.65	3292.74	3259.93	3156.14	3298.71
#3G、4G移动电话用户	1147.40	1664.15	2211.28	2390.09	2807.31
移动电话普及率(%)	132.5	135.7	135.0	130.4	136.4
移动电话交换机容量(万户)	3923	4228	4424	4424	5044
固定宽带接入用户(万户)	511.1	672.3	695.3	804.2	856.2
#家庭宽带接入用户(万户)	494.03	600	620	720	745
移动互联网用户(万户)	2329.1	2562.7	2569.3	2662.3	3393.1
信息通信管线长度(沟千米)	7866	8860	9975	10459	10741

注：2016年起电信业务总量调整为按照2015年不变单价计算。
数据来源：历年上海市统计年鉴。

三、江苏省通讯服务业基本情况

2017年，江苏省邮政电信业务总量2948.63亿元，比上年增长58.5%。其中，邮政业务总量880.93亿元，电信业务总量2067.70亿元，比上年分别增长32.7%和72.8%。邮政电信业务收入1475.92亿元，比上年增长9.7%。其中，邮政业务收入560.72亿元，电信业务收入915.20亿元，比上年分别增长21.0%和3.8%。函件2.86亿件，比上年下降14.1%；快递35.96亿件，同比增长26.7%。邮路及农村投递路线总长度40.2万千米，比上年增长8.2%。年末固定电话用户1512.08万户，比上年下降11.5%；移动电话用户8807.69万户，同比增长7.4%；固定宽带接入用户3106.15万户，同比增长15.7%；移动互联网用户9257.65万户，同比增长24.5%。移动电话交换机容量10644万户，比上年下降2.0%。固定电话普及率为18.83%，比上年下降2.59个百分点；移动电话普及率为109.69%，同比上升6.90个百分点。

表3　2013—2017年江苏省邮电业基本情况

指　　标	2013年	2014年	2015年	2016年	2017年
邮电业务总量(亿元)	1252.18	1680.80	2280.60	1860.33	2948.63
#邮政业务总量	269.60	359.00	516.02	663.69	880.93
电信业务总量	982.58	1321.80	1764.60	1196.64	2067.70

续表

指　　标	2013 年	2014 年	2015 年	2016 年	2017 年
邮电业务收入(亿元)	1107.62	1153.40	1244.30	1345.35	1475.92
#邮政行业业务收入	233.10	299.50	407.22	463.33	560.72
电信业务收入	874.52	853.90	837.08	882.02	915.20
函件(亿件)	7.61	6.26	4.88	3.33	2.86
快递(亿件)	9.84	14.84	22.90	28.38	35.96
邮路及农村投递路线总长度(万千米)	32.98	34.90	35.15	37.17	40.2
年末固定电话用户(万户)	2289.81	2133.61	1972.99	1708.33	1512.08
年末移动电话用户(万户)	7941.95	8070.35	8227.33	8198.75	8807.69
固定宽带接入用户(万户)	1431.35	1523.35	2183.06	2685.24	3106.15
移动互联网用户(万户)	5790.50	6345.36	6728.90	7436.90	9257.65
移动电话交换机容量(万户)	10357	10473	10633	10863	10644
长途光缆线路长度(千米)	35864	36249	38841	2939498	3248412
人均邮电业务量(元/人)	1577.15	2111.56	2859.22	579.26	698.34
电话普及率(部/百人)	128.87	128.52	128.50	124.21	128.53
#固定电话普及率	28.84	26.87	24.80	21.42	18.83
移动电话普及率	100.03	101.65	103.40	102.79	109.69

注:2017 年开始,工信部调整电信不变单价,电信业务总量口径发生变化。
数据来源:历年江苏省统计年鉴。

四、浙江省通讯服务业基本情况

2017 年,浙江省实现邮电业务总量 3518.01 亿元,比上年下降 5.3%。其中,邮政行业业务总量为 1728.40 亿元,比上年增长 38.2%;电信业务总量为 1789.61 亿元,同比下降 27.4%。函件 3.05 亿件,比上年下降 9.8%;快递 79.32 亿件,同比增长 32.5%。邮路及农村投递路线总长度 409.47 万千米,比上年增长 50.5%。年末固定电话用户 1211.07 万户,比上年下降 5.9%;移动电话用户 7590 万户,同比增长 5.1%;固定宽带接入用户 2464 万户,同比增长 14.1%;移动互联网用户 7456 万户,同比增长 17.1%。移动电话交换机容量 12269 万户,比上年增长 4.9%;长途光缆线路长度 27714 千米,同比增长 15.3%。人均邮电业务量 2745 元,比上年增长 9.0%;固定电话普及率为 21.7 线/百人,同比下降 1.5 线/百人;移动电话普及率 135.8 部/百人,同比上升 5.4 部/百人;固定互联网宽带普及率为 44.1 户/百人,同比上升 5.1 户/百人。

表 4　2013—2017 年浙江省邮电业基本情况

指　　标	2013 年	2014 年	2015 年	2016 年	2017 年
邮电业务总量(亿元)	1178.60	1684.46	2392.11	3715.39	3518.01
#邮政业务总量	327.94	538.75	811.01	1250.75	1728.40
电信业务总量	850.66	1145.70	1581.10	2464.64	1789.61
函件(亿件)	6.57	5.92	4.52	3.38	3.05

续表

指　　标	2013 年	2014 年	2015 年	2016 年	2017 年
快递(亿件)	14.20	24.57	38.31	59.88	79.32
邮路及农村投递路线总长度(万千米)	213.54	275.33	243.98	271.99	409.47
年末固定电话用户(万户)	1781.35	1641.91	1499.76	1287.23	1211.07
年末移动电话用户(万户)	7072	7371	7466	7225	7590
固定宽带接入用户(万户)	1243	1276	1316	2160	2464
移动互联网用户(万户)	4719	5065	5430	6366	7456
移动电话交换机容量(万户)	10807	11141	11423	11699	12269
长途光缆线路长度(千米)	25801	25744	26299	24040	27714
人均邮电业务量(元/人)	1836	1987	2168	2519	2745
固定电话普及率(线/百人)	32.4	30.0	27.2	23.2	21.7
移动电话普及率(部/百人)	128.7	134.6	135.6	130.4	135.8
固定互联网宽带普及率(户/百人)	22.6	23.3	23.9	39.0	44.1

注:电信业务总量 2017 年起按 2015 年不变价格计算。
数据来源:历年浙江省统计年鉴。

五、安徽省通讯服务业基本情况

2017 年,安徽省实现邮电业务总量 915.34 亿元。其中,邮政行业业务总量为 83.06 亿元,比上年增长 55.1%;电信业务总量为 832.28 亿元。函件 0.49 亿件,比上年下降 19.7%;快递 8.63 亿件,同比增长 25.3。邮路及农村投递路线总长度 33.13 万千米,比上年增长 63.0%。年末固定电话用户 551.38 万户,比上年下降 10.2%;移动电话用户 4884.29 万户,同比增长 12.5%,其中 3G、4G 移动用户 3928.00 万人,同比增长 27.0%。移动互联网用户 4647.0 万户,比上年增长 11.2%;固定宽带接入用户 1323.65 万户,同比增长 23.1%。本地固定电话局用交换机容量 185.44 万门,比上年下降 16.9%。

表 5　2013—2017 年安徽省邮电业基本情况

指　　标	2013 年	2014 年	2015 年	2016 年	2017 年
邮电业务总量(亿元)	513.40	586.01	740.03	1152.78	915.34
#邮政业务总量	36.83	36.83	41.23	53.54	83.06
电信业务总量	476.56	549.18	698.80	1099.24	832.28
函件(亿件)	1.33	1.18	0.84	0.61	0.49
快递(亿件)	0.20	0.23	0.30	6.89	8.63
邮路及农村投递路线总长度(万千米)	19.34	19.78	19.42	20.32	33.13
年末固定电话用户(万户)	976.73	839.83	739.43	613.80	551.38
年末移动电话用户(万户)	3958.87	4215.97	4232.61	4342.98	4884.29
#3G、4G 移动电话用户	1394.14	1678.52	2465.25	3093.46	3928.00
移动互联网用户(万户)			3671.8	4179.9	4647.0
固定宽带接入用户(万户)	642.64	725.41	887.94	1075.04	1323.65
本地固定电话局用交换机容量(万门)	1041.00	917.05	633.98	223.26	185.44

注:2017 年电信数据使用新的不变单价。
数据来源:历年安徽省统计年鉴。

六、长三角地区通讯服务业发展措施

（一）上海市通讯服务业发展措施

1. 加快推进法治建设。加快信息通信业重点领域立法进程。推动《电信法》、《网络安全法》等法律法规立法工作。建立健全信息通信业相关法律制度，进一步规范关键基础设施保护、网络安全、数据跨境流动、个人信息保护、新技术新业务开展、电信业务经营许可和互联网基础资源管理。鼓励地方通信管理局结合各地实际加快推进地方性法规立法进程，并推动健全法制监管体系。提高依法行政意识，强化执法各环节的制度化、规范化、程序化，加强市场秩序监管执法与司法的衔接，提升信息通信业法制化水平。

2. 营造多方参与环境。加强政府引导，以企业为主体，调动全社会力量建设信息通信基础设施和发展信息通信技术应用。在政策、标准制定和规划编制中广泛吸取各方意见，提高透明度和社会参与度。鼓励各地加强互联网监测分析，加大对互联网发展的支持力度。鼓励组建产学研用联盟，加强战略、技术、标准、市场等沟通协作，协同创新攻关。引导行业协会等社会组织与企业共同制订互联网行规，鼓励企业积极履行社会责任，推动行业自律。充分发挥政府、企业、社会等各方力量，形成诚信、透明、开放、公正的行业发展环境。

3. 加大政策支持力度。加强财税、金融方面的行业支持力度，鼓励民间资本及创业与私募股权投资，培育中小型创新企业发展，鼓励具备实力的大企业实现全球范围内的资源优化配置，保障信息通信业转型升级发展。加大投入，完善面向宽带的普遍服务长效机制和普遍服务补偿机制。完善和落实支持创新的政府采购政策，推动行业创新产品和服务的研发应用。继续落实研发费用加计扣除和固定资产加速折旧政策，推动新技术应用，加快高耗能老旧设备有序退网。加强安全相关建设投资政策牵引，探索建立政府引导下的安全投入机制，引导社会加大在基础通信网络和重要信息系统方面的安全产品和服务投入。推动环评审批流程优化，多渠道宣传信息通信基础设施相关环保知识，形成社会各界广泛支持的良好发展局面。壮大信息通信行业管理队伍，争取管理机构向地市一级延伸，多途径扩充队伍力量。

4. 加强专业人才培养。鼓励引导政府部门、重点企业完善信息通信业人才培养机制，改革人才引进各项配套制度，优化人才使用和激励机制，提高专业技术人才自主创新和参与科研成果产业化的积极性和主动性，支持优秀人才创新创业。加强教育学科配置的优化，推动建立多方联合培养机制，鼓励企业、高校、科研院所、协会、学会等联合培养通信、互联网、物联网、网络与信息安全相关专业紧缺人才。充分利用学历教育、非学历教育、短期培训等多种途径和方式，加快培育跨领域、国际化、高层次、创新型、实用型信息技术人才和服务团队。利用各类引才引智计划，吸引海外留学人才和各国高精尖缺人才来中国发展，带动国内人才的培养，促进国内科研水平的提升和科研成果转化。

5. 做好规划落地实施。统筹实施网络强国战略、“宽带中国”专项行动和网络与信息安全、应急通信、无线电管理等专项规划。各地方通信管理局负责的规划及企业规划应与本规划充分衔接，细化落实本规划提出的主要目标和发展重点，组织编制实施信息基础设施专项规划，并与各地城市综合规划及各专项规划实现有效衔接。规划实施中出现的新情况和新问题要及时报送行业主管部门。行业主管部门加强对企业落实本规划中重点任务和重大工程的督导，负责组织对本规划实施情况进行中期评估，并根据评估结果调整目标和任务，优化政策保障措施。

（二）江苏省通讯服务业发展措施

1. 推进行业法治建设

推动地方法规尽快出台。在全面落实国家有关信息通信法律法规的基础上，推动《江苏省电信条例》尽快出台，进一步规范网络建设、关键信息通信基础设施保护、网络与信息安全、新技术新业务开展、

电信业务经营许可和互联网基础资源管理等工作。

完善市场监管制度。继续推进电信和互联网市场竞争、互联网信息服务与业务经营、移动转售、驻地网市场等领域的监管制度建设，不断完善行业系统体系，规范各市场主体经营活动，维护市场秩序。

2. 加快行业监管转型

加快构建以互联网为核心，以提升信息经济竞争力为优先目标，以促进产业发展为主线，以保障网络安全为前提，以服务社会管理、维护市场秩序、保护消费者权益为要务的行业监管新体系。进一步简政放权，放管结合、优化服务，着力实现管理模式由事前监管为主向事前、事中、事后有机联动的全周期管理转变，由行政协调管理为主向法律、行政、技术、经济综合管理转变，由被动应急式管理向主动协同管理转变，由政府行政管理为主向政府统筹下多方参与的行业治理转变，探索建立政府、企业、社会、公民等各方力量共同参与、相互协作的行业治理机制。加强行业监管部门与政府各部门之间的沟通协作，在规划制定、设施建设、市场监管等方面共同开展政策研究，形成管理合力。引导企业公平竞争、自我管理、推动行业自律，推进行业监管体系和治理能力现代化建设。

3. 加强行业安全管理

完善网络安全管理机制。严格落实实名制。加快出台电话用户实名制操作细则规范，落实网站实名备案制度，完善政府核查与企业自查相结合，部门协同核验机制，提高实名制率。落实企业网络安全主体责任，加大企业网络安全责任考核和事中、事后监管力度。推动关键信息通信基础设施和网络安全设施“同步规划、同步建设、同步运行”，完善网络安全日常监测和防护体系。加快实施关键网络设备的国产化替代。建立新技术新业务安全评估工作机制，加强互联网新技术新业务安全管理。

提升网络安全管理能力和水平。加快网络安全与技术手段建设应用。建设覆盖全省的网络安全管理系统和 IDC 网络安全监测系统，提升网络安全数据关联分析能力，及时发现和有效识别各类网络安全威胁。积极开展新型网络安全威胁应对技术研究和手段建设，提升针对 APT、新型漏洞等攻击的发现和防御能力；完善基于 CDN 的重要信息系统安全防护手段。

持续整治信息网络诈骗。全面规范省内基础电信企业、互联网企业对用户信息采集、存储、使用等行为，防范信息滥用，强化网络数据和用户信息保护。加快推进诈骗电话（含骚扰电话）全网智能拦截平台建设，深入开展打击诈骗电话、非法 VoIP 电话专项行动以及打击治理电信网络新型违法犯罪工作。建立健全政府、企业联合开展防骗宣传工作机制，加大防止电话诈骗、网络诈骗科普知识宣传，提高全民防范电信诈骗意识。

加快网络安全队伍建设。常态化组织开展全省“网络安全竞赛”、“网络安全技能大赛”和“网络安全状元赛”，不断提升网络安全人才技能水平，探索新型安全人才队伍培养模式，选拔和吸纳高层次网络安全优秀专业人才。组建全省信息通信行业网络安全防护大队。

强化行业安全生产监管。严格执行工程建设强制性标准，加大对通信建设工程项目的事中事后检查力度。落实企业安全生产主体责任，强化隐患排查治理，有效防范和坚决遏制生产安全事故的发生，构建安全生产管理工作的长效机制，确保企业安全防护能力切实提升，实现安全运营，安全生产形势持续平稳。

4. 完善应急通信保障

强化应急通信保障协调，实现全省应急通信的统一规划、领导和指挥，进一步加强企业间的信息共享、资源统筹、指挥调度、协同联动、支援保障等协调机制，提升区域应急通信处置效能。健全应急通信预案体系，组织编修各类信息通信保障预案，形成衔接有序、切实可行、动态更新的预案体系。

强化骨干队伍建设。健全专业人员职业发展机制，进一步提升应急通信人员应对极端、复杂和特殊情形的能力。开展应急通信演练和技能竞赛，打造政治过硬、业务精湛、作风顽强、保障有力的专业应急通信保障队伍。

（三）浙江省通讯服务业发展措施

1. 建设优质的网络基础设施

建设高速带宽，强化战略保障

持续推进“网络强国”战略有效实施。全面实现全光网，打造“网络强省”；适度超前引入10GPON等高速大容量光通信有线接入技术，推进下一代宽带网络核心技术的应用，加快部署400Gbps超高速传输、超大容量OTN交换等，大幅提升网络设备吞吐能力；落实电信普遍服务补偿机制要求，进一步消除城乡信息差距。

强化对“互联网＋”战略支撑保障。全面支撑“互联网＋”战略和“智造强国”战略。超前布局下一代互联网，提高网络智能化水平、能力开放水平以及协同程度，全面支撑新业务、新应用的灵活快速部署；全面支撑智慧城市、智慧园区、智慧小镇的建设；协助推动物联网感知设施建设、统筹规划和科学布局绿色互联网数据中心，充分满足工业互联网对基础设施的需求。

统筹网络优化，推动5G试点

持续加强移动宽带建设。优化网络布局和参数，统筹推动网络演进及LTE-A网络部署；持续推动低频段网络退网和频率重耕，提高移动宽带速率和网络质量，增强用户体验；积极推动融合通信业务发展，进一步推广VoLTE、RCS等业务，为实现网络全IP化奠定基础。

积极推进5G试点。积极争取和推动5G试验网建设；以业务应用为先导，用户感知和体验为抓手，充分考虑现有无线通信技术和5G网络的协同使用，定义5G网络的典型业务应用场景；积极配合推进在车联网、物联网等领域的5G试点应用，并有效支撑大型活动通信服务。

优化互联互通，助力信息交互

完成新型互联网交换中心建设，增强浙江省互联网交换能力、有效解决互联网疏导不畅；优化基础电信运营企业互联网骨干网络结构，大幅增加网间互联带宽；创新适合互联网新兴业务的互联互通结算模式，逐步降低互联网企业带宽成本，提升全省的互联互通质量；建设国际通信专用通道，提升国际业务质量，支撑跨境贸易发展，助力跨境电子商务综合试验区的先行先试和率先发展，打造引领全国的“网上丝绸之路”，推动形成“一带一路”线上线下协同共进新格局。

2. 全面提升行业服务的水平

加强网络安全，提升应急保障

深化网络和业务安全防护，优化网络空间治理。持续推进国家网络信息安全技术手段属地化能力建设，建立DDOS等网络攻击的预防、发现、溯源、通报、处置联动机制，全面提升网络基础设施安全防护和网络安全威胁监测处置水平；统筹指导基础电信运营企业和互联网企业加强技术手段建设，深入推进省级信息安全管理平台建设，强化部省平台对接联动和规范使用；加大网络安全监督检查和考核力度，深化互联网新技术新业务安全评估；加强数据安全和用户信息保护，坚决治理垃圾短信、通信信息诈骗、个人信息泄露等社会反映突出的热点问题；加大对党政专用通信基础设施、专用通信网建设的支持力度。

完善重大活动信息通信保障机制，提升应急响应能力。建立健全重大活动等级保障机制，加强部门、地区间协调联动，升级应急通信指挥平台，切实推动应急通信关键装备配备到位和队伍建设，着力提升重大活动、自然灾害、重大突发事件等的应急通信保障能力；继续探索政企联动的投资新机制，多渠道加大应急通信投入，加速宽带卫星、宽带集群应急通信船、无人机等新技术的应用，逐步构建天空地一体的应急通信保障体系。

推动集约共享，践行绿色发展

持续推动资源集约共享。严格贯彻执行工业和信息化部关于通信基础设施共建共享的总体要求，加强对全省通信基础设施共建共享工作的监督管理；深化铁塔公司与基础电信运营企业合作，充分发挥

体制机制创新优势，加快集中统一建设和专业化运营，加强基站安全保障，推动绿色节能环保；推进小区宽带网络建设和改造，严格执行光纤到户国家标准，满足多家电信业务经营者平等接入；深化传输资源共享，推动开展深度合作；大力推动信息通信基础设施与城镇化建设的协调同步发展。

践行绿色发展理念。积极推动供电系统的配置优化、减少冗余设备，积极跟踪研究新型节能技术并大力推广应用，加快推进老旧高耗能设备退网；优化完善行业节能减排管理体系，积极探索节能量交易、碳交易等新型节能减排市场机制；推进传统数据中心升级，持续优化 IDC 的 PUE 值。根据需要推动分布式小型 IDC 发展，节约骨干资源，优化网络架构，提升安全保障；积极通过信息技术手段改变传统生产生活习惯，降低各行各业能源消耗，助力全社会节能减排。

优化行业管理，提升服务水平

建立健全适应行业改革和面向互联网的监管机制。适应互联网业务跨界融合发展、管理边界模糊特点，全方位加强与相关部门、企业平台以及中介组织的协同管理，建立健全以互联网为核心的监管机制；在电信业务分类管理、互联网基础资源和移动通信转售、引入民营资本、Wi-Fi、云计算、大数据等新的管理领域，加大市场监管力度，加强对网络内容应用服务质量的监管，切实维护用户合法权益；积极探索、推动新型互联网交换中心服务互联网行业的新机制、新模式，促进网间互联互通，完善网间互联价格形成机制。

鼓励民间资本进入，激发行业活力。扩大试点范围，鼓励民间资本以多种模式进入宽带接入市场，参与宽带网络基础设施建设和业务运营；支持移动通信转售企业创新业务提供方式，继续保持移动通信转售业务在全国领先水平；进一步丰富业务内容，促进有序经营，形成优势互补、共同发展的市场格局。

促进市场有序竞争，有效提升行业服务水平。促进基础电信运营企业全业务竞争，鼓励基础电信运营企业与民营企业加强合作，通过市场竞争，推动资费水平持续下降；鼓励基础电信运营企业制定推广普惠面大的资费套餐方案，增强用户获得感；加强市场行为监管，营造公平有序的市场环境，维护消费者合法权益；加强对“提速降费”各项举措落实情况的监督检查，提高用户服务体验；加快推动行业服务互联网化转型，完善业务与服务流程的事前预防、事中管控和事后溯源机制，全面提升行业服务水平。

3. 有力支撑业务的繁荣创新

加速行业融合创新。推动基础电信运营企业由提供基础电信服务为主向全面服务信息社会转型。扩展电信服务边界，丰富电信服务内容，加大向数字化、移动互联网化、融合创新等方面的转型力度；推动电信服务价值延伸，聚焦大数据、物联网等核心资源优势领域，创新业务模式、合作模式和商业模式，驱动行业持续发展；支持互联网企业的创新发展，提供高质量、低成本的基础资源保障，推动互联网技术应用，提升网站服务能力；全面推广三网融合，进一步扩大广电、电信业务双向进入范围。加快融合业务发展，提高产品、内容和服务供给能力。

全面深化业务应用。大力推进“互联网＋”信息应用服务，积极探索互联网与工业的深度创新融合，聚焦制造、商贸、金融、农业、物流、文化创意、城市运行等领域，积极推进移动互联网、物联网、云计算等新技术新业务新应用与传统产业的融合渗透，在浙江智造、两化融合、打造现代服务业新引擎过程中发挥更大作用；积极建立公共信息服务平台，推进教育、医疗资源共享，提升公共服务水平，大力推动电子商务、物联网、云计算、大数据、互联网金融、智慧物流、数字内容等领域的业务和应用，全面提升政务和民生服务水平。

（四）安徽省通讯服务业发展措施

加强战略规划指导

加强下一代国家信息基础设施发展的国家战略指导，明确国家信息基础设施顶层架构，制订发布“宽带中国”战略、下一代互联网战略行动计划和物联网发展指导意见。统筹实施宽带网络基础设施、互联网、物联网、网络与信息安全、应急通信和无线电管理等专项规划。建立跨行业的信息基础设施统筹规划机制，将信息基础设施规划纳入城乡规划，加强土地利用、水电配套等方面对基础网络设施和应用服务设施的支持。加强技术标准规范建设，将用户驻地网建设纳入住宅建筑规范，在市政、建筑物新建或改扩建时，预留光纤、无线宽带等配套设施建设条件。研究出台节能减排、低效无效资产有序退出等相关配套政策和支持互联网、增值电信业务发展的指导意见。

完善普遍服务机制

积极推动综合利用财政资金、国有资本收益金等多种资金来源，扩大普遍服务政策实施范围和服务内容，研究设立普遍服务基金。推动制订普遍服务成本补偿办法，探索建立与之相适应的部省联动补偿机制。争取基础网络和应用服务设施建设在产业布局、设施配套等方面予以优先保障。

加大对行业发展支持力度

进一步加强财税、金融支持力度，鼓励民间资本投资电信业。加快安徽省与各基础电信企业集团公司战略合作进程，积极争取工业和信息化部等国家部委、各基础电信企业集团公司的政策、项目、资金支持。各部门在支持通信业转型发展过程中，应注重与精准扶贫工作紧密衔接，加大政策扶持和资源倾斜力度。加强安全建设投资政策引导作用，探索建立政府指导下的安全投入机制，引导社会加大在基础通信网络和重要信息系统方面的安全产品和服务投入。

加强专业人才队伍建设

鼓励引导有关部门、企业完善通信业人才培养和引进机制，优化人才使用和激励机制，提高专业技术人才自主创新和参与科研成果产业化的积极性和主动性，支持优秀人才创新创业。推动教育学科配置优化，鼓励企业和高校、科研院所、职业教育等机构联合培养通信、互联网、物联网、网络与信息安全相关专业紧缺人才。加快培育跨领域、高层次、创新型、实用型信息技术人才和服务团队。

第二章　长三角地区社会发展专题报告

一　城镇化发展

近年来，随着工业化进程的加快，长三角地区城市化进程也在不断加快，但三省市的具体情况也不完全相同。

（一）一市三省城市化发展基本情况

表 1　2013—2017 年长三角地区一市三省城镇人口比重　%

	2013 年	2014 年	2015 年	2016 年	2017 年
上海市	90.0	90.3	90.4	87.9	87.7
江苏省	64.1	65.2	66.5	67.7	68.8
浙江省	64.0	64.9	65.8	67.0	68.0
安徽省	47.9	49.2	50.5	52.0	53.5

（二）省辖市城市化发展

长三角地区三省一市各设区市的城市化进程差异更大，特色也更加明显。

表 2　2013—2017 年长三角地区各省辖市城镇人口比重　%

	2013 年	2014 年	2015 年	2016 年	2017 年
一、江苏省					
南京市	80.5	80.9	81.4	82.0	82.29
无锡市	73.7	74.5	75.4	75.8	76.00
徐州市	58.1	59.5	61.1	62.4	63.76
常州市	67.5	68.7	70.0	71.0	71.80
苏州市	73.2	74.0	74.9	75.5	75.80
南通市	59.9	61.2	62.8	64.4	66.03
连云港市	55.7	57.1	58.7	60.2	61.70
淮安市	55.1	56.5	58.2	59.7	61.25
盐城市	57.2	58.5	60.1	61.6	62.90
扬州市	60.0	61.2	62.8	64.4	66.05
镇江市	65.4	66.6	67.9	69.2	70.50
泰州市	59.0	60.2	61.6	63.2	64.93
宿迁市	52.4	53.7	55.5	57.5	58.53

续表

	2013 年	2014 年	2015 年	2016 年	2017 年
二、浙江省					
杭州市	74.9	75.1	75.3	76.2	76.8
宁波市	69.8	70.3	71.1	71.9	72.4
温州市	67.0	67.2	68.0	69.0	69.7
嘉兴市	57.1	59.2	60.9	62.9	64.5
湖州市	56.0	57.4	59.2	60.5	62.0
绍兴市	61.0	62.1	63.2	64.3	65.5
金华市	62.2	63.3	64.5	65.7	66.7
衢州市	47.7	49.0	50.2	53.7	55.7
舟山市	65.8	66.3	66.9	67.5	67.9
台州市	58.1	59.5	60.3	61.3	62.2
丽水市	53.8	55.2	56.4	58.0	59.7
三、安徽省					
合肥市	67.8	69.1	70.40	72.05	73.75
淮北市	58.5	59.8	60.76	62.13	63.61
亳州市	34.4	35.7	36.96	38.28	39.77
宿州市	36.2	37.4	38.73	40.03	41.56
蚌埠市	49.7	50.9	52.22	53.74	55.31
阜阳市	36.2	37.5	38.81	40.24	41.75
淮南市	66.7	67.9	60.67	62.05	63.46
滁州市	46.5	47.8	49.02	50.40	51.89
六安市	40.2	41.4	42.81	43.99	45.41
马鞍山市	62.6	63.9	65.15	66.49	67.89
芜湖市	59.4	60.7	61.96	63.46	65.05
宣城市	48.1	49.3	50.64	52.14	53.69
铜陵市	77.6	78.7	52.73	54.14	55.79
池州市	48.8	50.1	51.11	52.30	53.67
安庆市	41.0	42.2	45.87	47.19	48.57
黄山市	45.7	47.0	48.28	49.56	50.90

(三) 三省一市促进城镇化发展的措施与进展

1. 上海市城镇化和城镇现代化进程与措施

(1) 明确 3200 平方公里为上海建设用地的天花板

《上海市城市总体规划(2017—2035 年)》提出以规划转型引领城市发展转型,以土地利用方式转变倒逼经济社会发展转型。通过五个方面的举措来落实规划建设用地负增长的目标。

第一，优化国土开发格局，更加注重城市的立体开发和地下空间分层利用，促进土地集约利用。按照市域空间结构形成四条底线为基本框架的土地分区管制体系。三大空间，即生态空间、农业空间、城镇空间；四条底线，即生态保护红线、永久基本农田保护红线、城市开发边界、文化保护控制线。以三大空间统筹各类规划的空间要求。

第二，优化土地利用结构。第一个方面，突出生态用地规模，同时增加建设用地中的绿化广场用地。大家可以在建设用地的表当中看到，从221平方公里增加到480平方公里，确保生态用地占市域陆域面积比例在60%以上，以符合生态之城的要求。第二个方面，增加公共服务设施的用地，占全市建设用地比例不低于15%。

第三，切实保障先进制造业用地的需求，提高工业用地的绩效水平。到2035年上海将保留10%—15%的工业用地，并按照产业基地、产业社区、零星工业用地的体系在各个层次规划中进行布局引导和深化。其中产业基地是承载国家战略功能，具有一定规模或对周边地区具有一定影响力的先进制造业基地，产业基地内用于先进制造业发展的工业用地面积不少于150平方公里，规划上严格限制工业用地的退出，要像保护基本农田一样，通过锁定底线规模，保障国家战略性产业和先进制造业发展空间。同时提高土地利用绩效，盘活存量的工业用地。

第四，提高土地利用效率，鼓励用地的功能复合。探索商业、办公、居住、公共设施和市政基础设施的复合开发，引导大学校区产业园区与周边居住社区的融合发展，加强农用地的复合利用引导。强化土地利用全生命周期管理，综合利用市场、财税、技术等手段实现对工业用地全过程全要素的动态监管，不断提高土地利用的经济效益、社会效益和生态效益。

第五，有序调节土地供应，积极推进低效建设用地的减量。按照建设用地“以拆定增”的要求供应新增建设用地，优先保障公益类项目、民生类项目和基础设施建设，适度向新城、重点新市镇及重点地区重点产业项目倾斜。

(2) 提高城市综合管理精细化水平

2017年，上海市住房城乡建设管理系统的目标是进一步提升城市综合管理和城乡建设水平，完善住房保障和市场监管体系，推动行业改革和创新发展，为建设“卓越的全球城市”作出贡献。其中的首要任务是坚持管理引领，进一步提高城市综合管理精细化水平。聚焦“五违四必”区域环境综合治理、住宅小区综合治理、中小河道整治等热点、难点，持续发力补齐短板。推进第三轮占地共约105平方公里的22个市级重点区块生态环境综合治理，推进河道两岸各1公里范围环境治理。

违法建筑是城市化过程中的普遍现象。但随着时间的推移，已经严重影响了城市的和谐发展，拖了上海“面向2040建设卓越的全球城市”目标的后腿。2017年是上海集中拆违工作的第三年，继前年拆除1000多万平方米，去年拆除5000多万平方米，今年力度依然不减。上海市住房和城乡建设管理委员会主任顾金山表示，2017年全年力争违法建筑拆除量不低于5000万平方米，实现新增违法建筑“零增长”。

除了拆违，市住房城乡建设管理系统还将坚持民生为本，多渠道改善旧区、旧住房、住宅小区中居民的居住环境和质量，力争完成48万平方米中心城区二级旧里以下房屋改造、4.4万平方米郊区城镇旧区改造，并实施300万平方米旧住房综合改造。

多渠道改善城市居住环境的同时，乡村的建设也不能落下。上海将通过发挥重大工程的带动作用，推进重点区域建设，努力改善农村基础设施和农民居住条件，以高质量的新型城镇化推动高水平的城乡发展一体化。据介绍，2017年上海共安排市重大工程正式项目120项，其中开工14项，基本建成10项，总投资不低于1300亿元。黄浦江两岸45公里公共空间贯通开放，新型城镇化和美丽宜居乡村，海绵城市和地下综合管廊建设等都将重点推进。

在精细化城市管理的过程中，信息化管理与风险管控将为其保驾护航。2017年，市住房城乡建设管理系统将以自贸试验区建设为突破口，以科技创新中心建设为载体，落实各项创新举措，推动信息化在城市建设和管理领域的深度应用。同时坚持稳中求进，不断提高风险管控能力和水平。充分调动社会第三方力量参与，提高工作的预判、预估、预警和应对能力，防范和遏制重特大事故发生，确保城市安全有序运行。

(3) 城乡发展一体化深入推进

2017年，新一轮城市总体规划获国家批准，镇村规划体系逐步完善，推进闵行国家产城融合示范区建设，新场、吴泾、东平、安亭、罗泾和庄行6个镇入选第二批中国特色小镇。制定实施农业供给侧结构性改革实施意见，推动整建制创建国家现代农业示范区，家庭农场累计达到4516户。制定新形势下促进农村集体经济转型发展指导意见，基本完成村级集体产权制度改革。大力推进美丽乡村建设，完成涉及5万户的村庄改造，建设生态公益林4.3万亩、生态廊道2.2万亩。截至2017年底，廊下、嘉北、青西、长兴岛、浦江、广富林6座郊野公园建成开园。实施离土农民就业促进专项计划，编制农民集中居住专项规划，有序推进农民集中居住项目建设。

(4) 上海新型城镇化试点任务取得阶段性成果

上海松江区于2016年6月28日召开国家新型城镇化综合试点推进大会。这次会上，松江区提出将通过完成30项试点任务全面推进国家新型城镇化综合试点工作，比如建设用地减量15平方公里，耕地和林地增加10平方公里，两年内全部拆除850万平方米存量违建，老城区旧改危房解困"五年任务、三年全面完成"等。

而作为首批国家新型城镇化综合试点地区之一，金山区正通过开展九大方面34项具体试点内容。围绕"人""地""钱""权""体制"等问题，突破发展瓶颈制约，创新体制机制，力争到2020年建成充分体现上海国际大都市实力和水平的现代化新郊区。

城镇化有一句很形象的比喻：听得见乡音，摸得到乡趣。这几年，金山区正在规划建设特色小镇，将其打造成特定产业基础、独特资源禀赋、鲜明旅游特色、特有社区功能融合为一体的发展空间平台。眼下，金山区第一批特色小镇呼之欲出，包括"科创小镇"枫泾、"巧克力小镇"亭林、"田园小镇"廊下、"海渔小镇"山阳、"水果小镇"吕巷等。这些小镇的特色初显端倪，具有较好的产业基础，在百姓中也得到一定认可。

浦东临港地区的试点工作，也在快马加鞭。按计划，到2017年，外来农业转移人口成本分担、城镇化投融资、行政管理、"多规合一"等制度改革将全面启动，公共服务机制、创业创新环境、社会治理体系和"智荟"城市建设也将取得初步成效。该区将建成国家级低碳实践示范区，实现常住人口规模45万人，同时引进各类创新创业人才和配套服务人群6万人，形成接待游客达600万人次的集聚规模。农业转移人口养老、医疗、失业、生育、工伤保险参保覆盖率达到70%以上，城镇失业率控制在0.2%以内。

(5) 加快科技创新中心建设，持续推进创新发展

全力建设张江综合性国家科学中心。依托重大科技基础设施群筹划国家实验室，集聚创新单元、研究机构和研发平台，构建协调创新网络，研究部署若干大科学计划。全力推进上海光源二期、超强超短激光实验装置、活细胞结构与功能成像平台等大科学设施建设，推动硬X射线自由电子激光装置项目开工建设。加快制订重大科技基础设施建设管理和开放共享制度，探索建立与国际接轨的大科学设施管理运行新模式。高标准推进张江科学城规划建设，加快重大配套设施建设。加快建设微技术工研院、材料基因组工研院，在智能制造、集成电路、生物医药等领域建设一批共性技术研发与转化的功能型平台，进一步提升国家技术转移东部中心、上海产业技术研究院等专业化服务平台能级。

加快推进国家全面创新改革试验。进一步落实国家授权上海先行先试的10个方面改革举措，在海外人才出入境便利、药品上市许可持有人制度、股权托管交易中心科技创新板等方面进一步扩大试点成果，加快推动投贷联动试点和民营张江科技银行筹建，积极争取天使投资税收政策落地，加快探索外资创投项目管理新模式。健全市场导向的科技成果转化机制，完善企业技术创新鼓励政策，进一步扩大高校、科研院所的科研和成果转化自主权，大力促进科技服务业加快发展。

着力优化创新创业环境。全面落实“人才 30 条”政策，加快张江国际人才试验区建设，完善领军人才管理办法，着力营造鼓励创新、宽容失败的社会氛围。完善人才激励机制，支持行业企业自主开展职称评审，深化知识产权综合管理改革，构建多元化知识产权保护体系，激发各类人才创新创造创业活力。进一步完善创新创业服务体系，深入推进杨浦区和上海交通大学国家“双创”示范基地建设，加快建设一批各具特色的科技创新集聚区，推动众创空间提升综合服务能力和专业化水平。

2. 江苏省城镇和城镇现代化进程与措施

(1) 加快推进农业转移人口市民化

大幅降低进城落户门槛。江苏省政府部署户籍制度改革，完善相关政策措施，明确各有关部门任务分工。13 个设区市均已出台户籍制度改革意见，户口迁移政策比国家要求放得更宽，设区市范围内户口通迁，为农业转移人口进城落户创造条件。全面放开对高校毕业生、技术工人、留学归国人员等特定群体的落户限制，降低农业转移人口和其他常住人口在城镇落户门槛，放宽亲属投靠户口迁移范围和大学生户口迁移条件，在全省建立规范统一的户口登记制度。目前，城区常住人口超过 500 万的南京、苏州两市，采用“准入＋积分”的落户政策，其余各市实施准入制放宽户口迁移政策。

大幅提升居住证制度含金量。全省全面实施居住证制度，流动人口居住证制度全覆盖，累计制发居住证 2600 多万张。开发了全省统一的居住证信息管理系统，实现居住证在全省范围“一证通用”。13 个设区市政府均出台居住证实施办法，居住证持有人依法享有子女入学、计生服务、卫生保健、职业技能培训、公共租赁住房、机动车牌照、护照申领等 20 多项公共服务。

切实保障农业转移人口市民化待遇。省级出台“十三五”时期基本公共服务清单和基层公共服务功能配置标准，以常住人口为基准全面推进基本公共服务均等化和标准化。把进城务工人员随迁子女教育工作纳入各地社会事业发展规划，绝大部分城市外来务工人员随迁子女基本都在公办中小学就读；将流动人口及随迁家属纳入基层卫生计生服务体系，对进城落户的农业转移人口按照规定参加城镇职工或城镇居民基本医疗保险；完善覆盖城乡的社会保障制度，全省五大社会保险制度均已覆盖进城务工人员，农业转移人口跨地区、跨制度流动的社会保险关系转移接续机制进一步完善；将具有稳定职业、参加当地社会保障并居住达到一定年限的农业转移人口、外来务工人员等“新市民”纳入住房保障范围，全省公租房总体分配进度全国领先。

(2) 不断拓宽城镇化投融资渠道

建立财政转移支付同农业转移人口市民化挂钩机制。省政府出台支持农业转移人口市民化的财政政策，制定实施农业转移人口市民化奖励资金管理办法，基本公共卫生服务转移支付按常住人口分配，教育转移支付以实有学籍数作为分配依据。2017 年省财政下达农业转移人口市民化奖励资金 14.12 亿元。

加快形成多元化融资渠道。编制发布全省新型城镇化试点融资规划，推动各地编制城市基础设施建设规划和融资规划，建立新型城镇化重大项目储备库。积极推动银企对接，加强与国开行、农发行等政策性金融机构和农行等商业金融机构合作，通过银团贷款等方式加大对城市基础设施项目的信贷支持，支持建设银行、中江公司开展新型城镇化建设投贷联合业务。成立由财政发起、社会资本参与的 100 亿元 PPP 融资支持基金，推动江苏银行与平台公司出资成立 PPP 城市发展基金，设立总规模 1000 亿元的棚户区改造基金。省政府投资基金与社会资本合作分别建立智慧城市、城镇养老、环境改善基金，支持城镇化建设。

(3) 持续深化农村土地制度改革

全面推进农村土地“三权分置”改革。全面完成承包土地确权登记颁证，在全国率先实现所有设区市建立确权信息应用平台，并实现各设区市互联互通，整体进度位居全国前列。引导农村土地经营权有序流转，62 个县(市、区)建立流转交易市场，流转面积和流转比例均居全国前列。深化农村集体产权制度改革，南京、苏州、无锡、常州等地已基本完成农村社区股份合作制改革，苏州市吴中区完成首批国家农村集体资产股份权能改革试点任务。

稳妥推进农村土地制度三项改革试点。常州武进区稳步推进土地征收制度改革、农村集体经营性建设用地入市改革和农村宅基地制度改革三项改革试点。制定宅基地有偿退出的补偿标准和收回程序,建立政府回购机制。出台集体经营性建设用地入市管理办法、入市土地收益调节金征收和使用管理暂行办法、集体经营性建设用地入市增值收益分配管理制度等,支持使用集体经营性建设用地的企业股改上市和办理银行抵押贷款。缩小并明确土地征收范围,坚持先补偿安置、后征收报批,建立补偿安置标准动态调整机制,通过培训就业、劳务合作、农房入股分红、集体留用物业等途径让农民分享改革红利。

稳妥推进城乡建设用地增减挂钩。制定全省增减挂钩节余指标流转使用管理办法,明确国家扶贫改革试验区、省重点帮扶县(区)和扶贫开发重点片区节余指标省域内流转使用,为实现省内资源互补和精准扶贫、精准脱贫发挥了积极作用。宿迁市结合国家扶贫试验改革,推进城乡建设用地增减挂钩节余指标在全省范围内流转使用,累计转让指标 7040 亩,总成交 47.79 亿元。

(4) 创新城镇行政管理模式

培育发展中小城市和特色镇。开展新沂、海安全国中小城市综合改革,推进太仓、如皋、阜宁国家深化县城基础设施投融资体制改革试点,推动溧水白马、吴江震泽、张家港乐余、如皋白蒲、泰兴黄桥 5 个全国建制镇示范试点工作,探索中小城市综合改革路径,激发城镇发展活力,努力建成“发展实力强、创新创业广、生态环境美、依法治理好、体制机制优”的现代新型小城市。制定出台特色小镇发展指导意见,完善支持特色小镇发展的财政奖补政策和金融支持政策。

推动城镇行政管理模式创新。深入推进经济发达镇行政管理体制改革,苏州市吴江区盛泽镇将原镇属的 30 多个行政、事业机构整合为“三办八局”,机构总数减少 2/3 以上。昆山市张浦镇整合为“一办六局一中心”,承接 970 项行政管理权限,审批服务提速 63%。江阴市徐霞客镇将 26 个专业窗口整合成 14 个“一窗通办”窗口,启用网上办事大厅和 APP 移动政务终端,形成了“便民服务一窗口、综合执法一队伍、管理服务一中心、镇村治理一张网”的基层行政管理新范式。

启动江阴县级综合集成改革。除法律法规明确规定必须由设区市行使的职权外,赋予江阴市与设区市同等的经济社会和行政管理权限,赋予镇、街道部分县级经济社会管理权限,实现市县同权。市行政审批局、城市综合管理局、大数据中心正式挂牌运行,所有镇(街道)综合管理服务指挥中心、政务服务中心和综合执法局“三大平台”全部启用,政务服务、综合执法、社会救助、便民服务“四位一体”县域治理新体系初步形成。

(5) 稳妥改革城镇化体制机制

建立健全城乡发展一体化体制机制。促进城乡在规划布局、要素配置、产业发展、公共服务、社会保障、生态保护等方面相互融合、共同发展。全省将有创业意愿和培训需求的城乡劳动者全部纳入培训范围,实施全民创业工程;大力促进教育公平,积极推进义务教育学校标准化,在全国率先实现所有学段教育经费保障机制和生均财政拨款标准全覆盖,义务教育阶段学生学费、课本费和作业本费全面免除,中等职业学校实行全体学生免学费政策,高中阶段残疾学生实行免费教育。健全城乡社会保障体系,城乡低保标准一体化全国领先。健全城乡医疗服务体系,免费向全体居民提供 12 类 45 项基本公共卫生服务。健全城乡社会养老体系,老年人居家呼叫系统和应急救援服务网络基本实现城乡全覆盖,全面完成农村五保供养服务机构“三有三能六达标”升级改造。

深化“多规合一”试点。围绕“三区三线”划定、规划功能定位重构、系统平台搭建、项目审批流程再造、组织沟通衔接等,探索形成了淮安市“五个一”、镇江句容市“六个一”、南京溧水区“一蓝图、一平台、三变革”等各具特色的“多规合一”试点改革新思路、新模式。

健全生态环境保护制度。健全完善省生态空间管控体系和生态补偿财政转移支付制度,确保生态红线区域占国土面积不低于 20%,所有的市、县(市、区)编制完成辖区红线规划,出台管控办法、补偿政策。出台与污染物排放总量直接挂钩的财政政策，深化水环境“双向”补偿制度，对全省生态红线区域转移支付生态补偿资金。推行资源有偿使用制度，健全市场化资源交易机制。严格落实生态文明建设党政同责、一岗双责制度，健全考核机制。

3. 浙江省城镇和城镇现代化进程与措施

(1) 促进农业转移人口市民化

2017 年，浙江省出台了《关于支持农业转移人口市民化若干财政政策的实施意见》，明确省财政在安排各项与民生相关的转移支付时，加大对吸纳农业转移人口较多且民生支出需求较大县(市)的财力保障，以进一步加快浙江省农业转移人口市民化，推进以人为核心的新型城市化。

全面放宽重点群体落户限制。以农村学生升学和参军进入城镇的人口、在城镇就业居住 5 年以上和举家迁徙的农业转移人口以及新生代农民工为重点，促进有能力在城镇就业和生活的农业转移人口举家进城落户。全面放开对高校毕业生、技术工人、职业院校毕业生、留学归国人员的落户限制。杭州市要区分主城区、郊区、新区等区域，分类制定落户政策，通过流动人口积分落户方式重点解决符合条件的普通劳动者落户问题。大中城市均不得采取购买房屋、投资纳税等方式设置落户限制，城区常住人口 300 万以下的城市不得采取积分落户方式。

全面落实城镇建设用地增加规模与吸纳农业转移人口落户数量挂钩政策。结合上年度农业转移人口落户情况，调整完善土地利用计划指标分配办法。研究出台城镇建设用地增加规模与吸纳农业转移人口落户数量挂钩的实施细则，保障农业转移人口在城镇落户的合理用地需求。

建立进城落户农民农村“三权”维护和自愿有偿退出机制。维护进城落户农民农村土地承包权、宅基地使用权、集体收益分配权等合法权益，鼓励引导其依法自愿有偿退出。稳妥推进农村承包土地的经营权、农村集体资产股权和农民住房财产权抵押贷款试点。

(2) 培育发展城市群和新生中小城市

推进都市区一体化发展。深入实施《城镇化地区综合交通规划》，完善城市群之间快速交通网络，建设以高速铁路、城际铁路和高速公路为骨干的城市群内交通网络。增强中心城市对周边城市辐射带动作用，把去库存和促进人口城镇化结合起来，提高中小城市和特大城市间基础设施的互联互通，提高中小城市教育、医疗等公共服务水平，增强对农业转移人口的吸引力。加快建立城市群生态环境联防联控联治机制。

构建大中小城市协调发展格局。加强对杭州、宁波建设国家中心城市的支持和引导，积极培育新的经济增长点。推动建设地区中心城市，重点支持各设区市市本级城市功能提升，支持县域经济向都市区经济转型。结合全省“大花园”建设，加快打造省际中心城市。

加快培育新生中小城市。继续加强中小城市培育工作，提高小城市培育的质量和水平，推进第三批小城市培育工作。优化行政区划设置，探索非县级政府驻地的特大镇设县级市。强化城市社区综合服务设施建设，增强社区服务功能。

推进特大镇扩权赋能。出台《关于完善基层治理体系推进经济发达镇管理体制改革加快服务型乡镇政府建设的意见》，推动经济发达镇扩大经济社会管理权限，构建简约精干的组织框架，按照“最多跑一次”改革和基层治理体系“四个平台”建设要求，深化集中审批服务和综合行政执法，提升经济发达镇政务服务能力。建立务实高效的用编用人制度，探索适应经济发达镇实际的财政管理模式，创新基层服务管理方式。推动公共服务从按行政等级配置向按常住人口规模配置转变，允许特大镇比照相同人口规模的城市市政设施、公共服务标准建设发展。

(3) 提升城市功能和宜居水平

推动城市集约紧凑发展。严格控制新增城镇建设用地规模，实行增量供给与存量挖潜相结合的供地、用地政策，落实鼓励盘活城镇存量建设用地的政策意见。开展城市开发边界划定工作。全面落实永久基本农田特殊保护政策措施和相关管理办法。

加快棚户区改造。加大棚户区、城中村、旧住宅小区等的改造力度，继续因地制宜推进货币化安置，加大财政、金融、用地等政策支持力度，完成棚户区改造 18 万套。

加强城市基础设施建设。新建和改造一批综合客运枢纽和货运枢纽(物流园区)，争取城市轨道交通项目新开工 196 公里、通车试运行 34 公里。加快建设大城市市域(郊)铁路，有效衔接大中小城市、新城新区和小城镇。落实地下综合管廊有偿使用制度，支持地下综合管廊建设。

强化城市污染治理。以提高水环境质量为核心，以河长制为抓手，全面推进“六大工程”，持续改善水环境质量，全省消除劣Ⅴ类水质断面。推进海绵城市建设。实施“十三五”全国城镇污水处理及再生利用设施建设规划、城镇生活垃圾无害化处理设施建设规划。持续治理大气污染，督促各地开展城市大气环境质量期限达标规划管理，推进重点镇“煤改气(电)”工程。

加快美丽城市建设。开展城市生态修复试点示范，加快建设城市生态园林，在“国家园林城市”基础上积极创建“国家生态园林城市”。支持义乌、海盐开展“韧性城市”建设试点，增强城市抵御各类灾害的能力。支持嘉兴市南湖区开展国际城市可持续发展试点城市建设。推动城镇新建建筑执行绿色建筑标准，提高建筑节能标准。推动空气热能、太阳能、地热能供暖(制冷)在燃煤替代和城市建设中的应用。实施循环发展引领行动，探索建设资源循环利用示范基地。实施近零碳排放区示范工程。

加快新型智慧城市建设。推动城市管理数字化、精细化、智慧化，力争所有市县整合形成数字化城市管理平台。

(4) 深化重点领域改革

完善城乡土地制度。全面实行城镇建设用地增加与农村建设用地减少相挂钩政策，扩大城乡建设用地增减挂钩节余指标在省域内流转的适用范围。统筹推进农村土地征收、集体经营性用地入市、宅基地制度改革三项试点工作，落实宅基地集体所有权，维护农户依法取得的宅基地占用和使用权，探索农村集体组织以出租、合作等方式盘活利用空闲农房及宅基地。加快农村土地承包经营权确权登记颁证，落实承包土地“三权分置”办法。开展土地经营权入股发展农业产业化经营试点。促进低丘缓坡荒滩等未利用地规范有序开发利用。

健全城镇化投融资机制。大力推广政府和社会资本合作(PPP)模式，充分吸引社会资本参与新型城镇化建设，提升新型城镇化项目融资能力，改善公共产品和公共服务供给能力和效率。强化财政资金引导，鼓励地方推进资金有效整合，优化政府融资结构，防范地方政府债务风险。用好开发性、政策性和商业性金融对城镇化重点领域的支持政策。创新保险资金运用方式，加大对基础设施和公共事业的支持力度。

深化新型城镇化综合试点。全面总结推广第一批国家新型城镇化综合试点地区成功经验，推动第二批、第三批试点地区加快改革创新，支持试点地区开展自我评估和第三方评估，确保顺利推进各项试点任务。

完善城镇化统计制度。健全常住人口城镇化率和户籍人口城镇化率统计指标，准确快捷反映两个指标变动状况，并纳入省、设区市统计公报。

(5) 政策支持和引导助推特色小镇发展

浙江省各地的 78 个特色小镇，截至 2016 年底共计入驻企业 1.9 万余户，2016 年入库税收 160.7 亿元(含国、地税)，同比增长 13.5%，平均纳税额超过 1 亿元；其中税收收入 132.2 亿元，同比增长 14.5%，远高于同期全省税收总体增幅，展现了强劲的发展势头。

在 78 个特色小镇中，第三产业企业户数占全部企业户数的 86.7%；第二产业企业户数占比 11.9%；第一产业企业户数占比仅 1.4%。2016 年，制造业、租赁和商务服务业、批发零售业入库税收最多，分别占据全部小镇企业入库税收的 44.8%、16.4%和 12.7%，且后两者税收增幅在 30%以上。制造业税收中 32.5%来自高技术制造业，其增幅为 13.0%，高出制造业总体增幅 11.6 个百分点。

税收总量排名浙江前十的多为信息类、金融类小镇，税收增速排名前十的多为休闲生活、文化创意类小镇，均以新兴经济为主导，而以传统产业为主导的小镇表现不尽如人意。目前众多特色小镇中的入驻企业，往往前期创新投入多、见效慢，更多地依赖政策支持和引导。各级税务部门将立足税收职能，更充分地运用亩产税收等政策，倒逼企业转型升级，助推优质企业健康发展，特色产业集聚发展。此外，以"一镇一业"融合发展为导向，做大产业税源。以"最多跑一次"为抓手，不断优化服务环境，加强企业用工、用电、用地、纳税、融资等方面信息共享，完善公共服务体系，为转型升级企业提供包括信息、融资、担保、人才、市场开拓、管理咨询等专业服务，增强企业创新能力和市场竞争力。

嘉善归谷智造小镇于去年被列入浙江省特色小镇培育名单；小镇以归国留学人才为创业主体，入驻前先经过一番"健康体检"。当地地税部门专门成立了一支税务服务团队，负责为入驻小镇的企业在"机器换人"过程中提供事前目标筹划、事中涉税事项辅导、事后税收效益监控和评价，针对不同的涉税问题给出解决方案；制作税收优惠政策备忘录，包括科技型企业享受研发费用税前扣除政策的说明等。目前，小镇已集聚130多家科技型企业，园区的亩均投资、亩均产值、亩均税收分别达到800万元、500万元、50万元，远远高出全县平均水平。

玉皇山南基金小镇坐落于杭州上城南宋皇城遗址核心区，依托长三角高度的资本财富集聚和深厚浓郁的金融历史文化底蕴，以美国格林威治小镇为标杆，重点打造私募股权投资基金产业链，是浙江省推进供给侧结构性改革、促进经济转型的重要平台。结合"便民办税春风"行动，杭州市上城区地税部门专门为该基金小镇举办了多场"税收政策直通车进小镇"活动，组织专家现场为企业答疑解惑，帮助企业了解并用好用足财税优惠政策，并将"税收政策直通车活动"作为企业与税务分局"一对一"的政策服务对接平台予以制度化。

4. 安徽省城镇和城镇现代化进程与措施

(1) 出台新型城镇化发展规划

安徽省政府于2017年6月正式印发《安徽省新型城镇化发展规划(2016—2025年)》。规划提出到2020年，全省常住人口城镇化率达到56%，户籍人口城镇化率达到35%。到2025年，常住人口城镇化率达到62%，户籍人口城镇化率达到45%，户籍人口城镇化率与常住人口城镇化率差距逐步缩小。

安徽省将坚持以人为本、公平共享，协同联动、多元统筹，生态优先、绿色集约，改革创新、先行先试的基本原则，坚持主体功能区规划布局，以人的城镇化为核心，以提高质量为关键，以体制机制改革为动力，以城市群为主体形态，着力推进农业转移人口市民化，着力优化城镇化空间布局，着力提升城镇综合吸引力、承载力和可持续发展能力，着力推进"四创一建"，着力增强城镇居民文明素质，努力走出一条体现时代特征、具有安徽特色的新型城镇化道路。

规划提出，扎实推进农业转移人口市民化，推进符合条件农业转移人口落户城镇，增强农业转移人口进城落户能力和保障。优化城镇化布局和形态，构建"一圈一群两带"的城镇化空间格局，建立大中小协调发展的城镇体系，促进城镇开放发展，建立互通便捷的区域交通网络。

到2020年，把合肥率先培育成市区常住人口超过500万的特大城市。到2025年，选择160个左右产业基础较好、生态环境优良、文化积淀深厚的小城镇进行重点培育，形成一批具有徽风皖韵、凸显专精美活的生态宜居型特色小城镇或特色小镇。

根据规划，安徽省将着力提升城镇宜居宜业支撑能力，改善城镇就业吸纳能力，完善城市功能布局，增强城镇公共服务和安全保障能力。大力推进新型城市建设，高标准建设紧凑城市，全方位建设绿色城市，高规格打造智慧城市，高品质培育人文城市。到2020年，城市(县城)生活污水处理率达到95%以上，设区城市全部实现雨污分流。安徽省还将着力推进城乡发展一体化，构建城乡一体新机制，提升村庄规划建设水平，塑造美丽乡村特色风貌。同时，不断完善城镇化发展体制机制，创新规划编制和管理机制，健全人口管理制度，推进土地市场化配置改革，构建多元可持续的城镇化投融资机制，创新城镇管理体制和模式。

(2) 安徽省放开合肥以外其他城市落户限制

根据安徽省政府2017年6月印发的《安徽省新型城镇化发展规划(2016—2025年)》,安徽省将扎实推进农业转移人口市民化,加强农业转移人口职业技能培训,落实政府补贴政策,鼓励参加各类短期、中期和长期培训,每年培训农业转移人口100万人次以上。

农业转移人口市民化,主要包括三方面内容。一是推进符合条件的农业转移人口落户城镇,合理放宽合肥城区落户条件,全面放开其他城镇落户限制,引导人口向重点开发区域和城镇有序迁移。二是增强农业转移人口进城落户能力和保障,着力在教育保障、职业培训、医疗卫生、住房保障和社会保障五个方面,加大对农业转移人口的公共服务力度。三是建立健全农业转移人口市民化推进机制,即健全农村土地"三权分置"机制,合理确定农业转移人口成本分担机制,完善农业转移人口社会参与机制。

随着"人钱挂钩""人地挂钩"机制的建立及落实,农村宅基地制度改革的推进,各类城镇化基金的设立,PPP模式的完善和推广,安徽城镇化发展将聚集大量的要素,能够有力支撑城镇化的持续发展。未来一段时间,安徽省还将探索建设用地规模控制性指标跨地区有偿调剂,探索基础设施和租赁房资产证券化,以及探索运用类股权投资参与城镇化项目建设,这些举措也将进一步强化城镇化的要素保障,为城镇化健康有序发展提供坚强支撑。

(3) 力争合芜蚌三城纳入国家区域中心城市

高层建筑不能"想建就建",而要考虑城市轮廓线而进行布点;城市重大项目的建设要征集市民意见;将开展专项行动,解决停车难、游园不足、垃圾乱堆放等问题……2017年2月,安徽省印发《城市工作"五统筹"实施方案》(以下简称《实施方案》),并明确,力争合肥、芜湖、蚌埠市纳入国家区域中心城市,争取黄山市纳入全国特色中心城市。

根据《实施方案》,到2020年,城市综合承载能力显著增强,特色风貌初步彰显,环境质量明显改善,"城市病"有效缓解,城市管理服务水平有较大提升。2017年底前,设区城市编制完成特色风貌规划,至少形成1个特色区域或街区;合肥、芜湖、蚌埠等大中城市完成高层建筑布点研究,优化城市轮廓线。

还将加强乡土特色和民俗文化传承,强化城市特色要素表达,并将用3年左右时间,完成所有城市历史文化街区划定和历史建筑确定工作。

"十三五"期间,安徽省城市排水防涝能力将大幅提升。根据《实施方案》,将加快城市河道水系综合整治和排涝泵站建设改造,完善城市排水防涝体系。2019年汛期前,基本消除城市内涝隐患。

同时,城市管理执法有望打破现有模式,将小区也纳入城市管理范畴。根据《实施方案》,安徽省将推动城市管理执法进小区,完善小区治安监控设施。

(4) 优先安排用地建设特色小镇

2017年6月份,安徽省国土资源厅出台《关于支持和促进特色小镇建设的意见》,提出在安排新增建设用地计划、城乡建设用地增减挂钩指标时,要围绕培育新经济增长点,重点保障特色小镇旅游、健康及其他产业用地。对符合省级预留指标使用条件的特色小镇用地,由省按照规定程序优先安排用地计划指标。

对于特色小镇建设,安徽省将实施差别化用地政策,支持国家鼓励的新产业、新业态发展。支持乡村旅游和文化产业发展,在符合规划和用途管制的前提下,鼓励农村集体经济组织依法利用集体建设用地自办或以土地使用权入股、联营等方式与其他单位和个人共同举办乡村酒店、特色民宿以及其他乡村旅游项目。镇和乡村居民可以利用自有住宅依法从事旅游、文化项目经营。支持养老服务业发展,专门为老年人提供生活照料、康复护理、医疗、托管等服务,经有关部门确定属于非营利性的,其房屋和场地设施占用的土地可以划拨方式供地。

为推进农村土地整治和发展设施农业,《意见》还明确支持特色小镇开展土地综合整治,土地整治区内涉及建设用地整理的,优先安排城乡建设用地增减挂钩指标给予配套。通过整理农村建设用地和宅基地所节约的土地,在优先复垦耕地、满足农村发展用地的前提下,可依法办理用地手续,用于特色小镇建设。

(5) 安徽出台小城镇风貌设计导则

为提升安徽省小城镇建设品质，规范全省小城镇风貌设计，安徽出台了《安徽省小城镇风貌设计导则(试行)》。文件要求，必须充分尊重地形地貌，严格控制城镇及周边风貌区各类生态空间开发强度。

文件要求，小城镇风貌总体应结合自身所处地区的特色自然资源、历史文化内涵、城镇发展定位，在风貌资源评价的基础上，合理确定小城镇风貌设计的总体定位，并提出城镇风貌建设目标。

其中，山、水、林、田是小城镇风貌构成的环境资源，必须充分尊重地形地貌，严格控制城镇及周边风貌区各类生态空间开发强度，严格禁止生态底线区的开发，划定城镇增长边界和风貌控制区有利于保护小城镇生态山水格局及特色自然景观。

在自然环境风貌保护方面，小城镇应与地形地貌有机结合，融入山水林田湖等自然要素。严禁挖山填湖、破坏水系、破坏生态环境。而对山水型、旅游型等城镇因采矿、开山、采砂、填河等人为因素破坏的自然地貌应限期由责任方修复、恢复，并提出保护措施建议，并进行风貌修复设计。

在传统风貌格局保护方面，则要求尊重小城镇现有路网、空间格局和生产生活方式，重点解决老街区功能不完善、环境脏乱差等风貌特色缺乏问题。严禁盲目拉直道路，严禁对老街区进行大拆大建或简单粗暴地推倒重建，避免采取将现有居民整体迁出的开发模式。

在街道设计方面，要求小城镇道路应尽量采用较密的路网、较窄的断面。建设小尺度开放式街坊住区。应以开放式街坊住区为主，尺度宜为 100—150 米，延续小镇居民原有的邻里关系，避免照搬城市居住小区模式。

文件要求，新建建筑应重视本土的传统建筑技术和形式，应用新技术新材料进行创新设计。尤其在建筑细部，包括屋顶、门窗、腰线、地脚线、墙角等的设计中，加强传统建筑手法、技艺、材质及符号的应用，传承传统文化，体现本土建筑特色与风貌。

此外，商业建筑层数不宜高于 3 层。沿街店面以较低高度、较小面宽为宜，面宽以不超过 8 米为宜。而居住建筑尽量选择低层或是多层板式建筑，建筑高度一般不宜超过 20 米，单体建筑面宽不宜超过 40 米，避免建设与整体环境不协调的高层或大体量建筑。

(6) 四举措推进“村改社区”统筹城乡发展

安徽省亳州市谯城区发挥民政部门业务指导作用，把“村改社区”工作作为统筹城乡发展、构建和谐社会的重要战略措施多举措推进，提高城市化建设水平，提升基层社会管理和服务水平。

一是以为民服务为宗旨，明确指导思想。以构建规范化新型社区为目标，以为民服务为宗旨，以科学规划、稳步推进为原则，以街道为主导，开展“村改社区”工作，实现规范化社区建设，改善居民生活质量，使广大人民群众共享谯城城市化建设发展成果。全区目前设置 254 个农村村民委员会，34 个城市社区居民委员会。

二是分步骤有重点，做好规划布局。按照有序推进、全面覆盖的原则，分步骤、有重点地进行社区建设规划布局，2017 年以来已经完成 4 个村民委员会转为社区居民委员会，合并 2 个村民委员会。新改社区全面加强社会管理创新，全力推进北部新城主城区开发建设。

三是发挥基层党组织作用，坚持统筹推进。重视社区党组织建设，根据《村民委员会组织法》《城市居民委员会组织法》等规定，结合第十届村民委员会和第六届居民委员会换届准备工作，充分发挥党组织在社区自治组织和各项工作的领导核心作用，协调处理好与居民委员会之间的关系，增强党组织的战斗力和凝聚力，促进社区的建设和发展。

四是做好政策对接，强化工作要求。统一思想，提高认识，把“村改社区”工作当作民心工程、实事工程来抓，认真研究村改社区涉及的政策对接问题，落实集体资产管理责任，推进社区一站式服务大厅建设，提升服务功能和质量，实现由村向社区的成功转型。2018 年计划再推进 3—5 个城郊居民委员会改为城市居民委员会，进一步统筹城乡经济社会和谐发展。

二　居民收入情况

（一）一市三省居民收入情况

表 1　2013—2017 年长三角地区一市三省城镇居民人均可支配收入　　元

	2013 年	2014 年	2015 年	2016 年	2017 年
上海市	43851	47710	52962	57692	62596
江苏省	31585	34346	37173	40152	43622
浙江省	37080	40393	43714	47237	51261
安徽省	23114	24839	26936	29156	31640
上海市	19208	21192	23205	25520	27825
江苏省	13521	14958	16257	17606	19158
浙江省	17494	19373	21125	22866	24956
安徽省	8098	9916	10821	11721	12758

（二）省辖市居民收入情况

表 3　2013—2017 年长三角地区各省辖市城镇居民人均可支配收入　　元

	2013 年	2014 年	2015 年	2016 年	2017 年
一、江苏省					
南京市	39115	42568	46104	49997	54538
无锡市	38420	41731	45129	48628	52659
徐州市	22015	24080	26219	28421	30987
常州市	36288	39483	42710	46058	49955
苏州市	42964	46677	50390	54400	58806
南通市	30641	33374	36291	39247	42756
连云港市	21470	23595	25728	27853	30293
淮安市	23582	25798	28105	30335	32976
盐城市	23669	25854	28200	30496	33115
扬州市	27770	30322	32946	35659	38828
镇江市	32748	35752	38666	41794	45386
泰州市	28705	31346	34092	36828	40059
宿迁市	18480	20396	22233	24086	26118
二、浙江省					
杭州市	40925	44632	48316	52185	56276
宁波市	40426	44155	47852	51560	55656

续表

	2013 年	2014 年	2015 年	2016 年	2017 年
温州市	37266	40510	44026	47785	51866
嘉兴市	38671	42143	45499	48926	53057
湖州市	35750	38959	42238	45794	49934
绍兴市	39567	43167	46747	50305	54445
金华市	36386	39807	43193	46554	50653
衢州市	27981	30583	33212	36188	39577
舟山市	37799	41466	44845	48423	52516
台州市	36480	39763	43266	47162	51374
丽水市	28005	30413	32875	35968	38996
三、安徽省					
合肥市	28083	29348	31989	34852	37972
淮北市	22460	23787	25690	27248	29578
亳州市	22605	21192	23120	25053	27246
宿州市	21713	21941	23630	25533	27703
蚌埠市	22739	24147	26369	28653	31160
阜阳市	20933	21715	23496	25483	27713
淮南市	22920	26267	28106	28098	30405
滁州市	22591	22091	24168	26286	28612
六安市	21275	20610	22238	24728	26731
马鞍山市	34048	32560	35262	38142	41403
芜湖市	26264	27384	29766	32315	35175
宣城市	22731	26289	28602	30877	33548
铜陵市	27154	29234	31748	30633	33283
池州市	23482	22295	24278	26261	28394
安庆市	22683	22109	23966	26502	28675
黄山市	23356	24194	26226	28393	30821

表 4　2013—2017 年长三角地区各省辖市农村居民人均可支配收入　　元

	2013 年	2014 年	2015 年	2016 年	2017 年
一、江苏省					
南京市	16011	17661	19483	21156	23133
无锡市	20223	22266	24155	26158	28358
徐州市	11513	12811	13982	15274	16697

续表

	2013 年	2014 年	2015 年	2016 年	2017 年
常州市	18169	20133	21912	23780	25835
苏州市	21410	23560	25580	27750	29977
南通市	14268	15821	17267	18741	20472
连云港市	10463	11698	12778	13932	15273
淮安市	10762	12010	13128	14319	15601
盐城市	12913	14414	15748	17172	18711
扬州市	13775	15284	16619	18057	19694
镇江市	15876	17617	19214	20922	22724
泰州市	13609	15076	16410	17861	19494
宿迁市	10418	11677	12772	13929	15268
二、浙江省					
杭州市	21208	23555	25719	27908	30397
宁波市	21879	24283	26469	28572	30871
温州市	17549	19394	21235	22985	25154
嘉兴市	22396	24676	26838	28997	31436
湖州市	20257	22404	24410	26508	28999
绍兴市	21307	23539	25648	27744	30331
金华市	16661	18544	20297	21896	23922
衢州市	13811	15354	16884	18421	20225
舟山市	21401	23783	25903	28308	30791
台州市	17523	19362	21225	23164	25369
丽水市	12171	13635	15000	16459	18072
三、安徽省					
合肥市	10352	14407	15733	17059	18594
淮北市	8240	9116	9882	10653	11611
亳州市	7456	8967	9738	10576	11591
宿州市	7571	8332	9140	9917	10859
蚌埠市	8741	10511	11552	12591	13769
阜阳市	6763	8213	9001	9776	10748
淮南市	8869	10547	10139	10848	11841
滁州市	9183	9171	10070	10956	11947
六安市	7431	8287	9197	9960	10857
马鞍山市	12340	14969	16331	17719	19358

续表

	2013 年	2014 年	2015 年	2016 年	2017 年
芜湖市	10962	14606	15964	17307	18830
宣城市	10247	11251	12309	13379	14590
铜陵市	11187	16405	11169	12054	13145
池州市	9080	10629	11511	12409	13476
安庆市	7748	9024	9985	10814	11814
黄山市	10389	10942	11872	12869	14034

(三) 促进居民收入的措施与进展

1. 上海市居民收入基本情况与措施

(1) 上海市城乡居民收入基本情况

2017 年上海市城乡居民收入稳步增长,农村居民收入增长快于城镇。全年全市居民人均可支配收入 58988 元,比上年名义增长 8.6%;扣除价格因素实际增长 6.8%,实际增速比上年加快 1.3 个百分点。

其中,工资性收入 34365 元,名义增长 5.0%;经营净收入 1533 元,名义增长 9.6%;财产净收入 9030 元,名义增长 17.5%;转移净收入 14060 元,名义增长 12.4%。全年城镇常住居民人均可支配收入 62596 元,名义增长 8.5%,扣除价格因素实际增长 6.7%;农村常住居民人均可支配收入 27825 元,名义增长 9.0%,扣除价格因素实际增长 7.2%。

常住人口总量略有减少,就业形势保持稳定。年末全市常住人口为 2418.33 万人,比上年末减少 1.37 万人。全年出生人口为 19.70 万人,人口出生率为 8.1‰;死亡人口为 12.90 万人,人口死亡率为 5.3‰;人口自然增长率为 2.8‰,比上年下降 1.2 个千分点。从性别结构看,男性人口为 1232.38 万人,女性人口为 1185.95 万人,性别比为 103.9(以女性为 100)。从城乡结构看,城镇常住人口 2120.88 万人,乡村常住人口 297.45 万人。

全年全市新增就业岗位 57.90 万个。截至 12 月底,全市城镇登记失业人数 22.06 万人,比上年末减少 2.20 万人。

(2) 八类重点群体精准激励措施

2017 年上海市出台了《上海市关于激发重点群体活力带动城乡居民增收实施方案》,该方案瞄准技能人才、科研人员、小微创业者等增收潜力大、带动能力强的八类群体,分类有序深化收入分配制度改革,完善与上海市经济社会发展水平及功能定位相适应、符合不同行业特点与发展规律的分配机制。

——技能人才。提高技能劳动者收入水平。引导企业合理确定技能劳动者薪酬水平,建立技能劳动者工资增长机制。加大对技能要素参与分配的激励力度,鼓励企业建立基于岗位价值、能力素质、业绩贡献的激励制度。进一步推动"首席技师"制度,引导企业培养选拔首席技师,积极发挥首席技师带头作用。鼓励企业采取协议薪酬、持股分红等方式,试行协议工资、项目工资、年薪制等分配形式。拓展技能劳动者成长空间。营造崇尚技能的社会氛围。

——新型职业农民。提高新型职业农民增收能力。将新型职业农民培育纳入现代农业发展相关规划,建立完善教育培训、认定管理和政策扶持"三位一体"的制度体系,实施现代青年农场主培育计划。强化新型职业农民技能培训,加大对农业类高技能人才培养基地的扶持力度,设立支持新型农业经营主体发展的职业技能培训项目。大力构建"技能+学历+职称"全方位的新型职业农民职业成长渠道。挖掘现代农业增收潜力。推进农业产业融合发展,支持互联网、大数据在农业领域应用,加快探索农产品电子商务模式，发展集约化冷链物流，打造休闲农业和乡村旅游集聚区，促进农业与旅游业深度融合发展，健全产业链利益联结机制，让更多农民分享产业增值收益。

——科研人员。进一步突出知识价值分配导向，注重兼顾基础研究、应用研究、技术开发、成果转化等创新链不同环节各类人员的创造性，强调分类指导、分类施策，扩大科研单位在收入分配上的自主权，发挥科研项目资金的激励引导作用，加强科技成果产权对科技人员的长期激励作用，构建体现知识价值、符合创新规律、匹配实际贡献的科研人员薪酬体系。

——小微创业者。加强鼓励支持小微创业者的制度安排，优化创新创业政策机制，提升创业服务水平和效率，努力为小微创业者营造良好的发展环境。清除创业壁垒。加大创业扶持力度。完善创业成果利益分配机制。加强小微企业知识产权保护，进一步完善知识产权侵权查处反应、知识产权信用管理、司法确认等机制，探索知识产权质押融资新模式，探索建立专利保险维权联盟。

——企业经营管理人员。完善国有企业经营管理人员薪酬制度。指导市管国有企业进一步完善内部薪酬体系，继续推进各区和市有关部门做好领导人员薪酬制度改革方案的贯彻落实。完善对组织任命的国有企业领导人员的薪酬激励机制，不断优化考核分配机制。稳妥推进职业经理人薪酬制度改革试点，采取多种方式探索完善中长期激励机制，完善职业经理人选聘、签约、激励、退出等机制。有序推进混合所有制企业员工持股试点。强化民营企业家创业激励。充分发挥政府、企业和社会多方力量，从观念、制度、政策和服务等方面形成合力，消除阻碍民营企业发展的隐性壁垒，为民营经济发展营造良好环境。

——干部队伍。完善工资制度。按照国家部署，提高基本工资在工资性收入中的比重，落实基本工资正常调整机制。根据国家规定，结合上海市实际，探索实施不同类别公务员的差别化工资管理政策。积极开展公务员和企业相当人员工资水平调查比较，探索建立与经济社会发展水平相适应的公务员收入增长机制。

——其他公共服务人员。以制度创新为引领，以分类调控为手段，以提高收入为目标，努力推动形成与本市地位相适应的各类公共服务人员薪酬确定和正常调整机制。形成社区工作者薪酬动态调整办法。根据本市职工平均工资水平增长情况，建立社区工作者薪酬水平动态调整机制，促进社区工作者队伍职业化、专业化和规范化发展。

——有劳动能力的困难群体。鼓励和引导低保对象、残疾人等困难群体中具备劳动能力和劳动条件者提升人力资本，主动参加生产劳动。进一步强化困难群体的登记认定和动态管理工作，开展跟踪服务，实施针对性培训计划，增强困难群体技能水平和就业能力。

(3) 增收七大支撑行动

——就业促进行动。全面提升就业岗位创造能力。发展现代服务业，拓展发展广度和深度。积极发展“四新”经济，支持发展共享经济下的新型就业模式。鼓励发展家政护理、社区服务、养老服务等生活性服务业，提高就业容量。

加强就业帮扶。切实做好高校毕业生就业工作，加大青年就业见习工作力度，完善就业服务，拓展就业领域。加强公共就业服务。完善失业登记办法，建立健全公共就业服务提供机制，探索构建分类服务机制，提升职业介绍服务的针对性和有效性。推进“互联网＋就业创业服务”建设，加快公共就业服务信息化建设，打造线上线下一体的服务体系。加强劳动用工监管。健全人力资源市场体系，规范招用工制度，消除影响平等就业的制度障碍，促进劳动力的自由流动。严格执行《企业工资支付办法》，进一步强化工资支付保障机制，完善企业欠薪保障金垫付工作机制，加大对恶意欠薪行为的惩处力度，依法规范劳动用工。

——降成本行动。加大降本减负力度。坚持以供给侧结构性改革为主线，坚持用改革的办法深入推进“三去一降一补”。持续深入推进“营改增”，贯彻小微企业税收优惠政策，全面实施国家各项减税措施。降低制度性交易成本。深化行政审批制度改革，持续推进简政放权，进一步清理各种行业准入证、

上岗证。推进行政审批中介服务改革。强化评估评审标准管理，积极推行分类评估评审、区域评估评审和同步评估评审改革，巩固深化评估评审机构与政府部门的脱钩改制工作。缩小政府定价管理的经营服务性收费范围，加快完善由市场决定价格的机制。

——职业技能提升行动。加强职业技能实训基地建设。分类指导建设布局合理、功能突出、高效实用的多层次职业技能实训体系。加大政府支持力度，鼓励社会投资，积极引进国外优质职业技能培训资源。加强技能劳动者培养培训力度。建立技能劳动者终身职业技能培训制度，大力开展就业技能培训、岗位技能提升培训和创业培训，完善职业培训补贴或职业技能鉴定补贴政策。实施高技能人才振兴计划，重点实施高技能人才培训基地、技能大师工作室和技师培训项目，加大高技能人才研修力度。

——托底保障行动。完善基本生活保障制度。完善最低工资保障制度，建立健全最低工资标准和低保标准动态调整机制，形成合理的构建关系，保障家庭基本生活，兼顾就业激励。进一步完善低保对象认定办法，强化居民经济状况核对机制。

提升精准兜底保障能力。完善医疗、教育、住房、就业等专项救助和临时救助政策，提升精准兜底、分类救助能力水平。落实特困人员救助供养制度。完善和优化医疗救助"一站式"服务工作和流程。研究完善廉租房准入和退出机制，探索建立动态调整机制。

——财产性收入开源清障行动。拓宽居民财产投资渠道。帮助创新创业和中小微企业对接新三板、区域性股权交易市场、发行"双创债"，为中小微企业、科技创新企业提供融资服务、推荐挂牌服务。加强产品金融工具创新，提供多元化理财产品。加强对财产性收入的法治保障。加强资本市场诚信建设和透明度建设，推动上海地区行业自律组织诚信平台建设，探索推动辖区基金同业公会、证券同业公会、期货同业公会之间的诚信信息共享。完善上市公司信息披露，加大对信息披露违法违规行为的打击力度，加强对相关中介机构的执业检查。继续引导上市公司通过现金分红回报投资者，强化市场长期投资理念，对有能力但长期不分红的公司加强监管约束，对不分红、少分红、违规减持、内部交易的行为依法严查严办。

——收入分配秩序规范行动。堵塞非正规收入渠道。持续加大行政审批取消、调整力度，继续严格行政审批评估评审目录管理。从制度层面规范电信、电力、公用事业等垄断行业管理，通过采取公开招标等方式，打破垄断，引入竞争。进一步规范各级政府和预算单位资金存放管理，防范资金存放安全风险和廉政风险，提高资金存放综合效益。

进一步发挥税收调节收入分配的作用。配合国家部委，开展完善政策和优化征管的工作。以重点项目、重点人群、重点行业、重点政策为抓手，加强对高收入者个人所得税的风险管理。

——大数据监测行动。建立个人收入和财产信息系统。在确保信息安全和规范利用的前提下，多渠道、多层级归集居民和非居民个人的收入、财产等相关信息，利用"市民云"信息服务平台，收集和汇总全市居民收入相关统计指标数据，形成本市居民个人收入信息系统的部分数据源。运用大数据、云计算等技术，依托经济信息化、税务、人力资源社会保障、公安、金融等部门和单位相关数据资源，探索建立个人收入统计监测信息系统。建立收入分配政策评估体系。建立宏观经济、相关政策和微观数据的综合评估机制，对有关政策的执行情况和效果进行评估。借鉴国际经验，引入收入分配微观模拟模型。

(4) 居民增收四大保障措施

——加强综合协调。充分发挥联席会议的统筹协调作用，适时研究促进居民增收的重大问题和重大政策。各部门各司其职，完善配套措施，形成政策合力。各区强化责任落实，确保政策落地。

——鼓励先行先试。选择嘉定、黄浦等区开展技能人才激励计划试点，金山、奉贤、崇明等区开展新型职业农民激励计划试点，黄浦、宝山、嘉定等区开展小微创业者激励计划试点，青浦、金山等区开展有劳动能力的困难群体激励计划试点，定期总结试点经验，积极探索促进居民增收的有效路径和措施办法。

——强化督查考核。加强对实施方案执行情况的监督检查和跟踪分析，建立评估评价机制，对各区推进落实情况开展专项督查和阶段性评估。各部门、各区适时将推进落实中的重要情况报联席会议，促进各项政策措施落到实处。

——加强舆论引导。大力弘扬勤劳致富精神，加强依法保护产权、弘扬企业家精神、改善民生等方面的舆论引导，对投身创业、诚信经营、践行社会主义核心价值观的致富带头人的事迹加强宣传报道，营造鼓励增收致富的良好氛围。搞好政策解读和宣传，合理引导社会预期，不断激发全体劳动者的积极性、主动性、创造性。

2. 江苏省居民收入基本情况与措施

(1) 全省居民人均收入增速加快

2017 年，江苏省居民人均可支配收入 35024 元，比上年增长 9.2%。其中，工资性收入 20399 元，增长 9.3%；经营净收入 4994 元，增长 5.7%；财产净收入 3239 元，增长 12.4%；转移净收入 6392 元，增长 10.2%。按常住地分，城镇居民人均可支配收入 43622 元，增长 8.6%；农村居民人均可支配收入 19158 元，增长 8.8%。全省居民人均可支配收入中位数 30182 元，增长 10%。扣除物价上涨因素，2017 年江苏全体居民收入实际增长 7.4%，高出 GDP 增速 0.2 个百分点，是近年来首次出现收入增幅跑赢 GDP 的情况。

按全省居民五等份收入分组，低收入组人均可支配收入 9975 元，中等偏下收入组人均可支配收入 19928 元，中等收入组人均可支配收入 30169 元，中等偏上收入组人均可支配收入 44122 元，高收入组人均可支配收入 79953 元。城乡居民收入差距进一步缩小，城乡居民收入比由上年的 2.281∶1 缩小为 2.277∶1。2017 年，全省农民工月收入 4091 元，同比增长 7.1%，江苏省继续坚持打赢扶贫攻坚战，全省 12 个扶贫重点县农民收入增速都高于全省平均水平。

(2) 转型发展促就业创业增收

经济发展与就业增收呈显著的正相关关系，经济发展好，则就业空间大；百姓口袋鼓，则经济动力强。只有推进产业转型升级，转化经济发展动能，才能促进高质量就业，并在经济增长与收入增长之间构建起生生不息的良性循环关系。

2017 年底，江苏省“一二三”产就业比重为 16.8∶42.9∶40.3，与“三二一”产业增长还存在偏差。江苏省继续坚持把稳定和扩大就业作为区间调控的下限，促进经济中高速增长，增强对就业的拉动能力。加强财税、金融、产业、贸易、投资等经济政策与就业政策的衔接，促进经济发展和扩大就业良性互动。大力发展先进制造业、战略性新兴产业，积极推动产业从生产制造型向生产服务型转变，开发更多高质量就业岗位，提高服务业就业比重，实现就业结构从“二三一”向“三二一”转变。

2017 年，支持有劳动能力的困难群体增收脱困。鼓励和引导低保对象、建档立卡贫困人口以及残疾人等困难群体中具备劳动能力和劳动条件者提升人力资本，主动参加生产劳动，通过自身努力增加收入。建立健全低保与就业的联动机制，对参与扶贫开发项目、外出务工就业、残疾人辅助性就业等需要一定工作成本的农村低保对象，在核算其家庭收入时酌情扣减必要的就业成本。对因就业创业使家庭人均收入达到或者高于当地低保标准、但低于低保标准 2 倍且主动申报退保的，采取缓退方式退出低保，自收入发生变动起的 3 个月内保留原低保待遇，鼓励劳动自立。畅通高校毕业生到基层、中小企业就业和自主创业的渠道，鼓励高校毕业生到服务外包企业就业。

农民增收是重点。成功创业对于农民增收具有乘数效应。江苏省坚持营造创业带动就业，营造大众创业、万众创新浓厚氛围，激发农民自主创业、返乡创业。鼓励农民依托互联网创业，引导有条件的农民发展乡村旅游业，让农民从新产业、新技术、新业态中获得更多收入。

江苏省积极支持 12 个省重点帮扶县发展农业产业富民项目，为低收入农户开辟就业创业渠道，目前 75 个项目，已有 58 个项目完工。2017 年，省级农业产业富民专项资金比上年增加一倍。

(3) 健全增收保障机制

工资性收入处于主体地位。2017 年，江苏省居民人均可支配收入 35024 元，其中工资性收入 20399

元，占 58.2%。所以，要推动形成合理有序的工资收入分配格局，建立健全工资正常增长机制，使劳动者有更加满意的工资收入。

健全职工工资正常增长机制。完善最低工资标准动态调整机制，逐步提高最低工资标准。健全企业薪酬调查制度，指导各设区市适时发布企业工资指导线、人力资源市场工资指导价位、人工成本信息。以非公有制企业为重点，大力推进企业工资集体协商，全省建有工会的企业工资集体协商制度覆盖面达95%以上。加快建立区域性、行业性工资集体协商制度，探索发布行业性最低工资指导标准，指导企业形成以一线职工为重点的工资正常增长机制，逐步缩小一线职工工资与经营管理者收入差距，一线职工工资增幅不低于本企业职工平均工资增幅。对不开展工资集体协商的企业和经营者，在各类评先评优中不予列入。合理调整高温津贴等劳动标准。畅通欠薪举报投诉渠道，建立企业欠薪报告制度，对企业欠薪失信行为记入各地公共信用信息平台并实施联动惩戒。严厉打击恶意欠薪违法犯罪行为，对困难群众、农民工欠薪案件给予法律援助，依法维护劳动者工资权益，重点解决建设领域农民工工资支付保障问题。健全欠薪应急周转金制度，扩大工资保证金实施范围。

(4) 落实创业财税优惠政策

完善一次性创业、带动就业、创业基地运营经费、场地租金等补贴政策，由首次成功创业的登记失业人员、就业困难人员、高校毕业生(含在校生)扩大到复员转业退役军人、从事非农产业创业的返乡农民工。按照国家统一部署，继续实施支持登记失业半年以上人员、零就业家庭和享受城镇低保家庭登记失业人员、毕业年度高校毕业生等重点群体创业就业的税收政策。对在工商部门首次注册登记起 3 年内的创业者，企业注销后登记失业并以个人身份缴纳社会保险费 6 个月(不含领取失业保险金时间)以上的，可按照纳税总额的 50%、最高不超过 1 万元的标准从就业资金中给予一次性补贴，用于个人缴纳的社会保险费。大力支持电子商务创业，对已进行工商登记注册并办理《就业创业证》的网络商户从业人员，同等享受各项就业创业扶持政策。自主就业退役士兵从事个体经营的，3 年内免收登记类、证照类等有关行政事业性收费，限额依次扣减当年实际应缴纳的增值税、城市维护建设税、教育费附加和地方教育附加、个人所得税。

(5) 多渠道增加居民财产性收入

支持居民财产向资本转变，着力提高居民股权红利收入，引导居民参股创办企业，或出资入股、联合投资建设一批经营风险小、预期回报好的经营项目。大力发展房屋租赁市场，支持有条件的居民提高租金收入水平，支持利用已建成住房或新建住房开展租赁业务，允许将商业用房等按规定改建为租赁住房。加强金融产品和金融工具创新，大力发展普惠金融，加大金融消费者合法权益保护力度，满足居民日益增长的财富管理需求。积极培育专业理财机构，引导资产管理、融资、代理等中介服务组织健康有序发展。创新发展产权市场，支持居民经营性产权自由流动、交易。规范发展债券市场，积极发展小微企业私募债。大力开拓保险市场，引导居民利用保险防范化解生产生活风险。鼓励社会资本进入基础设施、市政公用事业、社会事业、金融服务等领域，通过特许经营、公建民营、民办公助等形式获得相应投资收益。普及金融知识，引导居民拒绝高利诱惑，远离非法集资、非法证券、非法传销，有效防范金融电信诈骗，增强居民投资风险防范能力。深入推进互联网金融风险专项整治，支持依法合规经营的互联网金融平台做大做强。在拆迁、征地、征用公民财产过程中，依法保护公民财产权利不受侵犯。

2017 年，在江苏城镇居民可支配收入中，经营净收入 4656 元，财产净收入 4625 元，逊于浙江；在农民人均可支配收入中，经营净收入 5620 元，财产净收入 680 元，也低于浙江。江苏省要花力气、补短板，切实改善居民收入结构不合理、来源相对单一的局面，提升江苏民营经济的活跃度、民众创新创业的积极性以及居民的投资意识。

优化产业结构，完善劳动力市场，改善劳动者技能，推动实现更高质量的就业；要把创业作为群众致富的最大潜力，优化创业环境，以产业带动就业，实现经营性收入的大幅提高；要通过解决教育、医疗等领域的公共服务供给规模不足、水平不高不够均衡等问题，切实增加居民的“隐性收入”。

（6）合理提高社会保险待遇水平

完善职工基本养老保险个人账户制度，健全多缴多得激励机制。按照中央统一部署调整机关事业单位和企业退休人员基本养老金，城乡居民基本养老保险基础养老金省定最低标准以每年不低于8%的增幅进行调整。建立城乡统一的居民基本医疗保险制度，完善城乡居民大病保险制度，健全医疗保险稳定可持续筹资和报销比例调整机制，改进职工基本医疗保险个人账户，开展门诊费用统筹，到2020年城镇职工基本医疗保险、城乡居民基本医疗保险政策范围内住院医疗费用报销比例分别稳定在80%、75%左右。加强基本医疗保险、城乡居民大病保险、医疗救助等有效衔接，完善医疗保险关系转移接续、异地就医结算机制。深化医疗保险付费方式综合改革，严格控制医保目录外费用占总医疗费用的比例，有效控制医疗费用不合理增长。对符合条件的成年无固定收入残疾人和重度残疾人参加城乡居民基本养老保险和城乡居民基本医疗保险的个人参保费用，分别实行补贴和全额资助政策。增强失业保险保生活、防失业、促就业功能。健全预防、补偿、康复相结合的工伤保险制度。大力发展补充保险，全面实施职业年金制度，扩大企业年金覆盖面。积极发展商业养老保险，促进个人储蓄性养老保险发展，鼓励发展补充医疗保险和商业健康保险。

3. 浙江省居民收入基本情况与措施

（1）全省居民人均可支配收入突破4万元

2017年浙江省居民人均可支配收入42046元，首次突破4万元大关，比上年增长9.1%，扣除价格因素实际增长6.9%，比上年分别快0.7和0.5个百分点。从收入结构看，人均工资性收入24137元，增长8.7%；人均经营净收入7123元，增长8.1%；人均财产净收入4742元，增长9.3%；人均转移净收入6043元，增长12.0%。

城镇常住居民人均可支配收入51261元，首次突破5万元大关，比上年增长8.5%，扣除价格因素实际增长6.3%，比上年分别快0.4和0.3个百分点。从收入结构看，人均工资性收入28818元，增长8.1%；人均经营净收入7669元，增长7.6%；人均财产净收入6911元，增长8.3%；人均转移净收入7863元，增长11.2%。

农村常住居民人均可支配收入24956元，比上年增长9.1%，扣除价格因素实际增长7.0%，比上年分别快0.9和0.7个百分点，且快于城镇居民收入增速0.6和0.7个百分点。从收入结构看，人均工资性收入15457元，增长8.8%；人均经营净收入6112元，增长8.7%；人均财产净收入718元，增长8.5%；人均转移净收入2669元，增长12.2%。

2017年浙江城乡居民人均可支配收入比为2.054：1（以农村常住居民人均可支配收入为1），分别比2015年、2016年缩小0.015倍和0.012倍，城乡居民收入比延续上年走势继续缩小。与全国比较，2017年浙江省城乡居民收入比仅高于天津市，为全国各省区最低，也是自1999年以来的最小城乡收入倍差。

（2）经济增长为增收保驾护航

2017年以来，浙江省始终坚持以“八八战略”为总纲：一是进一步发挥浙江的体制机制优势，大力推动以公有制为主体的多种所有制经济共同发展，不断完善社会主义市场经济体制；二是进一步发挥浙江的区位优势，主动接轨上海、积极参与长江三角洲地区合作与交流，不断提高对内对外开放水平；三是进一步发挥浙江的块状特色产业优势，加快先进制造业基地建设，走新型工业化道路；四是进一步发挥浙江的城乡协调发展优势，加快推进城乡一体化；五是进一步发挥浙江的生态优势，创建生态省，打造“绿色浙江”；六是进一步发挥浙江的山海资源优势，大力发展海洋经济，推动欠发达地区跨越式发展，努力使海洋经济和欠发达地区的发展成为浙江省经济新的增长点；七是进一步发挥浙江的环境优势，积极推进以“五大百亿”工程为主要内容的重点建设，切实加强法治建设、信用建设和机关效能建设；八是进一步发挥浙江的人文优势，积极推进科教兴省、人才强省，加快建设文化大省。充分发挥“八个优势”，深入实施“八项举措”，进一步夯实新经济的先发优势，积极推动供给侧结构性改革，创新驱动成效显著，质量效益持续提高，实体经济活力持续增强，经济发展踏上了一个新台阶，很好地发挥了为居民增收的保驾护航作用。2017年，全省生产总值为51768亿元，比上年增长7.8%。

(3) 工资性收入为第一拉动力

完善科研人员工资水平决定机制。探索建立体现行业特点的高校、科研机构薪酬调查比较制度。开展公立医院薪酬制度改革试点，建立符合医疗行业特点、体现以知识价值为导向的公立医院薪酬制度，缩小不同层级医疗卫生机构之间实际收入差距。省属科研院所绩效工资水平在继续按照现行有关规定执行的基础上，新增绩效奖励工资可不纳入核定的单位绩效工资总量。高校、科研院所、公立医院可以设立特设岗位，引进顶尖人才和急需紧缺人才，不受岗位总量、岗位等级、结构比例限制，鼓励科研事业单位聘用高端科研人员实行协议薪酬。构建符合科研院所特点的内部分配激励机制，制定以实际贡献为评价标准的内部分配激励办法。

落实国家调整机关事业单位工作人员基本工资政策，完善基本工资正常调整机制，逐步提高基本工资在工资性收入中的比重。完善作为激励手段和收入补充的津贴补贴制度，进一步规范完善特殊岗位津贴、乡镇工作补贴制度。研究出台地区附加津贴制度，根据地区经济社会发展、物价消费水平等差异，适当参考企业相当人员工资水平，建立符合地方实际的津贴补贴水平决定机制和正常增长机制。推进公务员工资调整制度化，定期开展公务员和企业相当人员工资水平的调查比较。

2017 年，浙江省居民人均工资性收入增长 8.7%，其中城乡分别增长 8.1%和 8.8%。占总收入近六成的工资性收入是收入增长的第一拉动力，对可支配收入增长的贡献率高达 54.9%。随着经济发展稳中有进，转型升级持续推进，企业效益快速改善，就业结构不断优化等推动，工资性收入总体呈现较快增长态势。截至 2017 年底，浙江省最低工资标准最高档与最低档分别上调至 2010 元和 1500 元，促进了低工资水平职工收入的增长。

(4) 转移净收入增长优势明显

2017 年，浙江省居民人均转移净收入增长 12.0%，增速居四大项收入首位，对可支配收入增长的贡献率达 18.4%，仅次于工资性收入，其中城乡分别增长 11.2%和 12.2%，增收优势明显。年内省委省政府继续以谋民生之利、解民生之忧为政策导向，积极出台并落实了一系列增收惠民政策，更加注重和保障基本民生，投入力度不断加大，社会保障提标扩面，居民养老、医疗等社保水平有了较大提升，真正实现了财政转移支付向民生转移，推动居民共享社会发展之红利。《关于调整城乡居民基本养老保险基础养老金标准的通知》《关于 2017 年调整退休人员基本养老金的通知》等文件的相继出台，进一步推动了养老金和离退休金收入的快速增长。2017 年居民人均养老金或离退休金收入 6949 元，增长 8.7%。

在坚定不移沿着“八八战略”的路子走下去的过程中，浙江省不断完善社会保障体系，让人民群众有更多获得感。过去 5 年，浙江省坚持把全省财政支出增量的三分之二以上用于民生，通过加快社会保险制度城乡统筹，建立大病保险制度，基本实现社会保障从制度全覆盖提升到人的全覆盖。

浙江省无论城乡居民还是退休人员，今年的养老待遇均创新高。3 月，全省再次调整城乡居民基础养老金，最低标准由每人每月 120 元调整为每人每月 135 元。此后，根据国家部署，浙江省企业退休人员基本养老金实现“十三连涨”；今年再次同步调整企业和机关事业单位退休人员养老金，并首次统一了调整办法，惠及全省 668 万退休人员，其中包括 612 万企业退休人员和 56 万机关事业单位退休人员。在机关事业单位养老保险制度改革方面，截至 7 月底，全省参保人数达 190 万，已基本实现人员全覆盖，参保进度位居全国前列。

(5) 经营和财产净收入增速加快

民富，是浙江发展的一大传统特色。2017 年 7 月 4 日，浙江省政府出台了增加重点群体收入的措施，瞄准了劳动者中的大多数和关键少数，带动全民共富。其中，财产性收入开源清障行动中明确：拓宽居民财产投资渠道。在风险可控的前提下，加快发展直接融资，积极发展地方资本市场，支持和鼓励更多的企业到浙江股权交易中心挂牌和进行股权、债券融资，实现民间小资本与大企业、大项目的对接。加强金融产品创新和监管，改善金融服务，满足居民日益增长的财富管理需求。规范民间金融运行，探索发展民间融资服务中心、民间资金管理企业，严堵非法集资渠道。优化完善普惠金融服务和保障体系，增强人民群众对金融服务的获得感。

加强对财产性收入的法治保障。加强资本市场诚信和透明度建设，完善上市公司信息披露、财务管理和分红制度，切实维护中小投资者利益。健全金融消费者权益保护机制，培育公平竞争和诚信的市场环境。推动出台《浙江省地方金融监管条例》，形成市场准入、日常监管、违规认定、风险处置的完整监管体系。在拆迁、征地、征用公民财产过程中，依法保护公民财产权利不受侵犯。合理调节财产性收入。

2017 年，浙江省居民人均经营净收入增长 8.1%，增速比上年提高 1.5 个百分点，对可支配收入增长的贡献率达 15.2%，其中城乡分别增长 7.6%和 8.7%。从经营净收入来源看，一、二、三产业经营净收入分别增长 9.6%、8.3%和 7.8%，其中第三产业经营净收入中，交通运输仓储和邮政业、居民服务修理和其他服务业两类的人均经营净收入分别是 552 元和 446 元，增长 23.1%和 20.0%，有力助推了居民经营收入的提高。

2017 年，浙江省农村居民人均经营净收入占可支配收入的 24.5%，对收入增长的贡献率为 23.4%，占比和贡献率仅次于工资性收入，成为农村居民增收重要来源。

浙江坚定不移推进供给侧结构性改革、打好转型升级系列组合拳的效果正日渐彰显，居民收入结构在渐渐优化，收入来源更加多元，仅仅依靠工薪增收的局面正加快转变，经营性收入的增长速度加快了。

2017 年，浙江省居民人均财产净收入增长 9.3%，增速比上年提高 3 个百分点，对可支配收入增长的贡献率达 11.5%，其中城乡分别增长 8.3%和 8.5%。当下，多样化的理财产品、多元化的理财渠道及便民化的理财方式，不断满足着人们在投资理财方面日益迫切的需求，"全民理财"时代也随之到来，居民投资理财收益稳步提升，利息红利、房租等财产收入较快增长。2017 年居民人均利息净收入、出租房屋收入分别为 274 元和 1329 元，比上年增长 1.07 倍和 12.6%。

2 月 5 日，2017 年中央"一号文件"发布，明确提出要增加农民财产性收入。文件把深入推进农业供给侧结构性改革作为新的历史阶段农业农村工作的主线，要求在充分保障农户宅基地用益物权、防止外部资本侵占控制的前提下，落实宅基地集体所有权，维护农户依法取得的宅基地占有和使用权，探索农村集体组织以出租、合作等方式盘活利用空闲农房及宅基地，增加农民财产性收入。

增加农民财产性收入这一方针和具体举措，不仅能够有效盘活农村土地，避免土地资源的闲置和浪费，实现土地价值，而且可以充分调动农民的积极性，促进经济健康发展和人民生活水平稳步提高。

4. 安徽省居民收入基本情况与措施

(1) 安徽省城乡居民收入基本情况

2017 年，安徽省城镇常住居民人均可支配收入首次突破 3 万，达到 31640 元，同比名义增长 8.5%，与全国平均水平相比高出 0.2 个百分点，增速居全国第 9 位，扣除价格因素实际增长 7.1%，高出全国平均水平 0.6 个百分点。

2017 年，安徽农村居民人均可支配收入 12758 元，居全国 16 位，较上年提高 1 位；同比增长 8.9%，比上年增速高 0.6 个百分点，居全国 13 位，较上年提高 3 位。扣除价格因素，实际增长 7.7%。

按收入来源分，2017 年安徽农村居民人均工资性收入 4624 元，同比增长 7.8%，占可支配收入的比重为 36.2%；经营性收入 5026 元，同比增长 9.4%，占可支配收入的比重为 39.4%；财产性净收入 219 元，同比增长 17.2%，占可支配收入的比重为 1.7%；转移性收入 2889 元，同比增长 10.8%，占可支配收入的比重为 22.6%。

2017 年安徽城镇居民收入增长的主要因素：一是 2017 年安徽省各级政府提高最低工资标准，调整劳动力市场工资指导价，落实各项政策，促进工资性收入稳步增长；二是安徽各级政府出台政策积极推进大众创业、万众创新，带动居民增收；三是提高离退休人员养老金标准和社会保障补助标准，拉动了转移净收入持续增长；四是全省就业人口持续上升，劳动力参与率和就业人口比达到 2016 年以来的新高。

(2) 推进收入分配次序规范行动，增加城镇居民工资性收入

积极完善各类工资政策。深化机关、事业单位工资收入分配制度改革，完善基本工资正常调整机制

和绩效工资制度，推进法官、检察官工资制度改革试点、人民警察值勤岗位等三项津贴待遇调整、公立医院薪酬制度改革、高校院所工资分配激励机制落地见效。加快国有企业工资决定机制改革步伐，积极稳妥开展薪酬分配差异化改革试点，推进工资总额分类调控和分级管理。巩固国有企业负责人薪酬制度改革成果，实行工资增长向关键岗位、高技能人才和一线职工倾斜的政策。及时发布企业工资指导线，调整最低工资标准。完善工资决定机制、正常增长机制和支付保障机制，提高初次分配效率。

着力激发重点群体增收活力。实施技能人才激励计划，完善职业资格与职业教育学历"双证书"制度，贯通职业资格、学历等认证评价渠道。实施科研人员激励计划，落实科技成果转化、股权激励、技术入股个人所得税优惠政策。允许科研人员和教师依法依规适度兼职兼薪，支持事业单位科研人员离岗创业。实施企业经营管理人员激励计划，完善国有企业经营管理人员激励方式，强化民营企业家创业激励，激发企业家创业热情。实施基层干部队伍激励计划，落实公务员奖励政策，提高基本工资在工资性收入中的比重，完善公务员职级并行制度、乡镇工作补贴制度，调动基层干部队伍积极性。

努力缩小工资收入分配差距。完善机关事业单位、国有企业、民营企业、小微企业工资收入水平统计调查与比较分析，加快研究建立公务员与企业相当人员工资调整比较制度。完善多劳多得、技高者多得的技能人才收入分配政策，提高技能人才待遇水平和社会地位。引导企业合理确定技术工人薪酬水平，促进高等级技术工人薪酬水平合理增长。加强人力资源市场价格监测。加强人力资源市场建设，健全统一规范灵活的人力资源市场。完善就业失业统计指标体系，建立人力资源市场价格监测工作协调机制，合理确定人力资源市场监测定点单位，及时分析人力资源市场价格变动情况，定期发布行业工资市场指导价。

（3）推动"创业江淮"行动计划，增加城镇居民经营性收入

全面落实创业优惠政策。进一步降低创业成本，健全创新创业成果利益分配机制。全面落实税收、金融、信贷、水电、场地等各种支持创业的优惠政策，营造创业环境和氛围，激发广大城镇居民创业热情，充分发挥创业服务云平台和电子创业券的作用，整合资源助力各类创业主体发展。提升创业成功率，实现创业带动就业、带动城镇居民工资性和经营性收入增长。

大力支持民营企业发展。消除各种隐性壁垒，解决政策执行中存在的"玻璃门"、"弹簧门"、"旋转门"等问题，鼓励民营企业家扩大投资。实施公平竞争审查制度，平等对待各类投资主体，除法律法规有明确规定以外，政府推进的重点事项和重大建设任务一律向民间资本开放。大力发展混合所有制经济，鼓励民间资本参与国有企业改革，鼓励国有资本以多种方式对发展潜力大、成长性强的非国有企业进行股权投资。

加大小微企业扶持力度。实施小微创业者激励计划，落实促进小微企业发展各项税收优惠政策，引导和支持小微创业者在"双创"中实现增收致富。每年培育认定一批省级小微企业创业基地，建设一批高水平的"双创"示范基地。对国家级、省级科技企业孵化器，给予一定绩效补助。指导支持各地根据产业特点，培育一批技术创新型、产业集群型创业基地。引导并扶持企业做专做精做强，每年培育一批"专精特新"中小企业。加强小微企业名录建设，提供政策查询服务，助力小微企业发展。对创业失败的失业登记人员按规定给予社会保险补贴，及时提供各种就业服务。

深化商事制度改革，积极推进"多证合一"，简化住所登记手续，加快市场主体全程电子化登记工作进程，优化审批流程，推行"一表申请、一窗受理、一次告知"，全方位地为城镇居民提供快捷、便利、高效的市场准入服务，降低创业经营成本，促进"愉快创业"。

（4）落实托底保障行动，增加城镇居民转移性收入

完善基本生活保障制度。全面实施机关事业单位养老保险制度，健全职工基本养老保险制度，完善城乡居民基本养老保险与城镇职工基本养老保险转移接续机制。根据国家安排，推进生育保险与城镇职工基本医疗保险合并试点、城镇职工长期护理试点，健全大病保险、失业保险、工伤保险制度体系。提高社会保险统筹层次，推动年金和补充保险发展，探索开展长期护理保险制度试点，完善最低生活保障

制度，加大城乡低保统筹力度，建立健全低保标准动态调整机制，逐步建立健全多层次的社会保障制度，加大转移支付力度。

扩大社会保险覆盖范围。强化市县社会保险扩面征缴责任，全面推动实施全民参保计划，基本实现法定人群全覆盖。大力推进新业态从业人员、服务业从业人员、中小微企业职工、灵活就业人员、农民工等群体参加社会保险。鼓励在城乡流动就业的居民持续参加社会保险。提高社会保险待遇水平。全面落实社会保险待遇调整政策，着力提高养老保险待遇水平、失业保险金发放标准，增强医疗、生育工伤保险保障能力，科学合理调整最低生活保障标准，及时调整低保补助水平，按照不低于当地上年度人均消费性支出的60%落实特困人员基本生活标准，其中，实际补助水平不低于当地最低生活保障标准的1.3倍。增加城镇居民的转移性收入。鼓励具备条件的商业保险机构参与基本医保的经办服务。支持商业保险机构参与全省职业年金市场化投资运营，提高养老保障水平。试点划转部分国有资本充实社保基金，稳妥推进国有资本收益补贴社会保障工作，化解社会保险基金缺口等长期风险。

精准加强困难群体保障。实施有劳动能力的困难群体激励计划，精准识别城镇生活困难群体，因人因情进行施策帮扶，支持其增收脱贫。全面落实社会保险扶贫政策，完善多层次的救助体系，积极发展医疗、教育、住房、就业等专项救助和临时救助，对因患病、残疾、灾祸等原因造成的贫困家庭，在居家养老、劳动就业、创业支持、就医看病等方面给予政策帮扶，确保面临特定困难的人员获得相应救助。探索将支出型贫困家庭纳入救助范围。

(5) 大力实施就业促进行动，夯实城镇居民增收基础

深入实施高校毕业生就业促进计划，多渠道促进毕业生就业。实施就业新起点计划，稳妥安置化解过剩产能分流失业职工。实施"就业起航"计划，促进退役士兵就业创业。完善就业援助长效机制，强化分类帮扶和实名制动态管理，组织开展充分就业社区创建活动，确保就业困难人员家庭动态清零。推进户籍、住房、教育、社会保障等制度改革，消除制约劳动力流动就业的体制机制障碍。

健全覆盖城乡的公共就业创业服务体系，全面提升公共就业创业服务水平。完善重大招商企业用工服务联动机制，深化区域性劳务对接机制，吸纳劳动力流动就业。实施"智慧就业"项目，加快"安徽公共招聘网""阳光就业网"和"安徽创业服务云平台"建设，完善"四进四扶"工作机制，搭建就业帮扶"一站式"服务周转中心，提供全方位公共就业服务。实施人力资源服务业发展推进计划，推进人力资源服务业集聚发展。在产业集聚、创业创新集中地区，支持建设一批包括招聘、培训、薪酬、咨询、健康服务等多位一体、一站式管理、订单式服务的人力资源产业园。

深化供给侧结构性改革，推动经济向中高端水平迈进、生产制造向生产服务延伸，鼓励新型劳动密集产业发展。鼓励发展家政、养老、护理等生活性服务业和手工制作等特色产业，吸纳更多中低技能劳动者就业。加快培育就业新形态，推动新技术、新产品、新业态、新模式蓬勃发展，拓展就业创业新领域，增强产业吸纳就业功能。深入实施"中国制造2025安徽篇"和制造强省建设若干政策，推动中小企业专精特新发展。

深入开展职业技能提升行动。加快推进技工大省建设，健全职业技能培训体系，落实培训补贴等激励政策，加大对就业援助对象、高校毕业生等重点群体的培训力度，着力解决结构性就业矛盾。围绕产业布局，实施省级示范性高技能人才培训基地建设。实施高技能人才培养工程，统筹推进企业新型学徒制和现代学徒制，加快培养急需紧缺高技能人才。鼓励行业、企业广泛开展岗位练兵和技术比武活动，落实优胜选手待遇。定期开展江淮杰出工匠、安徽省技能大奖和安徽省技术能手评选并给予奖励。

构建和谐劳动关系促进稳定就业。以扩大非公有制企业工资集体协商覆盖面为重点，推动企业在劳动生产率提高的同时，同步提高职工劳动报酬。大力开展和谐劳动关系创建活动，努力建立规范有序、公正合理、互利共赢、和谐稳定的劳动关系，提升就业技能，增强就业稳定性，保障企业职工工资性收入随着劳动生产率的提高而合理增长。组织开展清欠保支系列专项行动，确保企业职工工资按时足额发放。落实阶段性降低社会保险费率政策，推进失业保险援企稳岗工作。

三　劳动就业情况

(一) 一市三省劳动就业情况

表 1　2013—2017 年长三角地区一市三省从业人员数　万人

	2013 年	2014 年	2015 年	2016 年	2017 年
上海市	1315.09	1365.63	1361.51	1365.24	1372.65
江苏省	4759.89	4760.83	4758.5	4756.22	4757.80
浙江省	3708.73	3714.15	3733.65	3760.00	3796.00
安徽省	4275.90	4311.00	4342.10	4361.60	4377.90

(二) 省辖市劳动就业情况

表 2　2013—2017 年长三角地区各省辖市就业人员数　万人

	2013 年	2014 年	2015 年	2016 年	2017 年
一、江苏省					
南京市	452.4	453.0	455.0	456.0	457.6
无锡市	389.2	389.5	390.0	387.0	388.3
徐州市	478.7	480.9	482.1	483.4	482.7
常州市	280.9	281.0	281.0	281.4	281.7
苏州市	695.2	693.4	691.4	691.3	691.6
南通市	467.2	462.0	460.0	458.0	456.0
连云港市	250.2	251.1	250.3	250.5	250.6
淮安市	281.3	281.9	282.5	283.6	284.5
盐城市	446.4	445.5	445.7	446.0	441.6
扬州市	265.7	265.6	264.5	263.4	265.0
镇江市	192.1	192.7	193.1	194.3	194.5
泰州市	284.2	285.0	281.3	278.1	278.7
宿迁市	276.4	279.2	281.6	283.2	285.0
二、浙江省					
杭州市	650.51	654.92	663.03	676.95	681.06
宁波市	503.36	511.50	509.50	520.00	532.00
温州市	573.96	567.57	573.98	574.00	575.26
嘉兴市	327.70	332.29	328.91	329.73	332.45
湖州市	180.90	182.97	184.48	187.11	188.93
绍兴市	344.39	345.67	346.80	348.07	348.00

续表

	2013 年	2014 年	2015 年	2016 年	2017 年
金华市	345.29	345.51	346.01	347.31	349.30
衢州市	133.60	134.16	130.58	132.02	133.42
舟山市	72.65	74.32	74.50	74.70	75.00
台州市	397.15	402.15	407.32	404.36	406.65
丽水市	140.07	140.63	141.15	142.69	144.02
三、安徽省					
合肥市	504.4	513.9	523.8	530.3	538.1
淮北市	114.1	114.8	116.3	118.5	120.8
亳州市	339.1	353.4	361.3	355.7	360.9
宿州市	362.1	369.9	375.9	377.6	380.4
蚌埠市	199.4	218.5	226.6	231.8	236.1
阜阳市	629.3	610.1	632.9	660.2	673.6
淮南市	140.2	138.0	220.7	226.4	223.7
滁州市	280.4	282.6	288.7	298.1	291.6
六安市	404.9	433.2	385.3	395.8	403.7
马鞍山市	131.7	136.9	140.0	140.4	141.2
芜湖市	197.8	200.8	207.1	219.1	221.2
宣城市	202.7	203.0	202.9	203.1	203.7
铜陵市	46.3	47.7	119.0	117.4	117.0
池州市	113.1	114.1	114.8	114.5	114.5
安庆市	434.6	436.7	346.0	339.8	334.1
黄山市	97.3	98.0	98.0	98.1	98.4

（三）促进劳动就业的措施与进展

1. 上海市劳动就业基本情况与措施

（1）上海市劳动就业基本情况

2017 年，上海市新增就业岗位 57.90 万个。全年新安置就业困难人员 50503 人，新消除零就业家庭 289 户。全年帮扶引领成功创业 12628 人，其中，青年大学生 7440 人；帮助 8684 名长期失业青年实现就业创业。全年共完成职业培训 106.84 万人。其中，农民工职业培训 49.56 万人。至年末，累计有 1011 人入选国家“千人计划”，798 人入选上海“千人计划”。高技能人才占技能劳动者比例达到 32%。成功申办 2021 年第 46 届世界技能大赛，在第 44 届世界技能大赛中取得优异成绩。至年末，全市城镇登记失业人员 22.06 万人，城镇登记失业率为 3.9%。

促进就业方面：推进落实各类创业扶持政策，探索多层次创业培训新模式。推行创业专家志愿服务星级制度，开展创业新秀评选、创客体验日、创业训练营等主题活动。拓展社会化职业培训补贴目录，适当提高紧缺技能人才培训项目补贴标准。扩大企业新型学徒制试点范围，继续推进“直通车式”双证融

通试点。开展养老护理人员等紧缺急需人员技能培训。探索"互联网＋远程培训"新模式，引进国际知名的职业培训机构和技能认证证书。公共就业服务提前介入在校大学生。制定并落实青年见习新政，探索建设青年(大学生)职业训练营。实施分梯次、有衔接的就业援助新政。

(2) 推进职业见习，促进青年就业

进入2017年，上海针对在校学生、失业青年、在职青年的不同特点，分类施策，着力打造政策服务支持链。数据显示，在过去的5年间，上海长期登记失业青年人数减少了39.9%。

以见习促进就业：上海是全国最早针对青年劳动者这一群体出台相应就业政策的城市。以往，与各地类似，上海就业促进工作的重心也是帮助大龄失业人员实现再就业的"4050"工程，随着时代发展，上海开始在实践中对促进青年就业的政策服务体系不断进行探索完善。青年就业，和原来的"4050"区别很大。他们生活压力没有那么大，就业也没有那么难，更突出的是要找到心仪的工作。就像谈恋爱，以前招工像先结婚再谈，现在企业招工也要先恋爱再结婚，见习就是基于这一理念推出的促进青年就业的有效举措。

为此，上海推进实施青年职业见习计划，让缺乏工作经验的失业青年到实际岗位锻炼一段时间，提升青年的岗位实践能力和职场适应能力。这是一项"三赢"的计划：企业有了人才储备，青年解决了自己最为薄弱的动手能力问题，政府也缓解了青年就业工作的矛盾……能够加入青年职业见习计划的企业，大部分是符合上海产业发展方向的信息产业、金融、汽车、航运等企业，岗位也是经过挑选、适应青年人职业发展定位、具有一定技术含量和通用性的岗位等。

此外，上海还探索设立一批职业训练营，为青年大学生搭建融合课堂培训、实地模拟和岗位实践等功能于一体的综合性服务平台，并于2014年出台了小微企业招用高校毕业生社会保险费补贴政策和高校毕业生灵活就业社会保险费补贴政策，引导大学生到岗位需求量大的小微企业就业，或通过形式更为丰富的灵活就业方式实现就业。

以创业带动就业：在"大众创业、万众创新"成为社会共识的当下，对于政府来讲，最重要的是构建好覆盖不同创业群体、创业不同阶段的完整创业服务体系，从创业启蒙、企业初创到企业发展，都能得到政府的服务，建立一套制度，告诉你在不同的阶段能得到怎样的支持和帮助。

2009年以来，上海连续实施了3轮"鼓励创业带动就业三年行动计划"，全面鼓励支持青年创新创业。针对融资难的问题，上海出台了创业担保贷款和利息补贴政策，为缺乏资金、融资困难的青年提供贷款支持。针对成本高的问题，出台了青年大学生初创期社会保险费补贴、创业场地房租补贴和个体经营税收优惠等政策。解决青年大学生创业之初的突出硬件问题。

软件问题也没有放松。针对能力弱的问题，上海探索构建了"能力测评＋创业培训＋创业见习"相结合的创业者能力提升体系。而针对载体少的问题，通过积极建设中国(上海)创业者公共实训基地，发挥示范引领作用，并逐步将社会上功能完善的各类创业孵化基地纳入创业带动就业的工作体系，先后共认定了89家市级创业孵化示范基地，会同教育部门在上海28所高校建立了大学生创业指导站。

创业导师指点迷津：以创业导师为例。早在2000年，上海就在全国首创了创业指导专家志愿团，由企业家、职业经理人、专业技术人才等600多位专家组成，10多年来累计提供咨询指导40余万人次。

数据显示，上海此前结束的两轮创业带动就业三年行动计划，收到了实实在在的成效：第一轮鼓励创业带动就业三年行动计划(2009—2011年)，三年帮助成功创业3.9万人，带动就业31.7万人；第二轮鼓励创业带动就业三年行动计划(2012—2014年)，三年帮助成功创业3.2万人，带动就业29.1万人。

2015—2017年，全市帮扶引领创业3万人，其中青年大学生不少于2万人，实施创业教育培训10万人，创业带动就业20万人；到2017年末，培育市级创业孵化示范基地80家。

(3) 80后就业满意度最高

《上海市居民就业满意度调查报告(2017)》显示：2017年度上海市居民就业满意度指数为144.0，与上年度调查结果相比上升了1.7点，处于"比较满意"区间，总体就业满意度较高。调查对象中，表示对当前就业岗位“非常满意”的约占 22.9%，表示“比较满意”的约占 66.9%，两者合计约占 89.8%，与上年度相比提高 1.5 个百分点；对当前就业岗位“不太满意”或“非常不满意”的约占 2.5%，与上年度相比下降 1.4 个百分点。

从影响就业满意度的不同因素看，上海市居民对于工作单位的人际关系满意度最高，为 149.8，与上年度调查结果相比上升了 3.4 点；上海市居民对于工作内容、工作环境、工作时间等因素的满意度也相对较高，均高于总体就业满意度。

从满意度较低的因素来看，上海市居民对于晋升空间的满意度最低，仅为 133.6，虽然与上年度调查结果相比上升了 3.0 点，但仍然大大低于总体就业满意度；薪资收入的满意度为 135.3，与上年度调查结果相比上升了 0.7 点，低于总体就业满意度 8.7 点。

调查数据显示，上海市居民就业满意度最高的行业是文化、体育和娱乐业，就业满意度为 149.4，高于其他各类行业，与上年度调查结果相比上升 3.3 点；其次是金融业，就业满意度为 148.6，与上年度调查结果相比上升 1.0 点。

同时显示，交通运输、仓储和邮政业从业人员的就业满意度较低，为 141.0，与上年度调查结果相比下降了 0.1 点。

从不同劳动者群体之间就业满意度的比较情况来看，创业者的就业满意度为 152.6，高于其他各类劳动者；单位就业人员的就业满意度为 144.2，与总体情况基本持平；灵活就业人员的就业满意度为 136.5，相对较低。

调查数据表明，创业者按月获取的薪资收入，平均值约为 1.1 万元，是全市职工社会平均工资的 1.7 倍。考虑到创业者还可能存在股权收入、分红以及企业利润等非薪资性收入，因此，创业者的实际收入要比社会平均工资高出更多。

从不同学历的情况来看，高中及以下学历的上海市居民就业满意度为 141.2，与上年度调查结果相比上升 3.8 点；大专及以上学历的上海市居民就业满意度为 146.2，与上年度调查结果相比下降 0.8 点。

从上海市居民的学历与就业满意度的关系来看，学历越高就业满意度越高的特征非常明显，但低学历群体与高学历群体之间的差距有所缩小。

从不同年龄分组的情况来看，80 后的就业满意度最高，为 145.1，与上年度调查结果相比基本持平；其次是 70 后，就业满意度为 144.5，与上年度调查结果相比上升 2.9 点；90 后的就业满意度为 144.1，与上年度调查结果相比上升 3.9 点。50 后、60 后的就业满意度相对较低，分别为 138.5 和 143.1，均低于上海市居民就业满意度的总体水平。

从不同户籍的上海市居民的就业满意度来看，上海户籍居民的就业满意度为 143.9，与上年度调查结果相比上升了 1.7 点；其他省市来沪人员的就业满意度为 145.0，与上年度调查结果相比上升了 2.0 点。与上海户籍居民的就业满意度相比，其他省市来沪人员的就业满意度相对较高，上升幅度也相对较大。

从职业技能对就业满意度的影响来看，具有初级职业技能的上海市居民的就业满意度仅为 140.6，与上年度调查结果相比上升了 1.2 点；具有中级职业技能的上海市居民的就业满意度为 145.2，与上年度调查结果相比上升了 0.9 点。就业满意度最高的是高级技师劳动者群体，就业满意度高达 152.3，虽与上年度调查结果相比略有下降，但仍显著高于其他职业技能等级的劳动者群体。

调查结果表明，自从上班以来就一直在同一家工作单位就业、没有过跳槽经历的上海市居民约占 30.5%，就业满意度为 145.5；曾经有过 1 次跳槽经历的约占 33.4%，就业满意度为 144.4；跳槽次数为 5 次及以上的仅占 1.6%，就业满意度为 141.6。

从就业满意度与跳槽次数之间的相关程度来看，两者之间的相关系数为－0.92。这意味着，劳动者的就业满意度与其跳槽次数之间具有非常密切的关联性，跳槽次数是影响就业满意度的重要因素；也就是说，跳槽越频繁的劳动者，就业满意度越低。

(4) 浦东高桥镇"双区联动"促进创业服务

借助自贸区发展的契机，推进社区、校区创业服务。浦东新区高桥镇推行"双区联动"机制，着力打造"服务自贸创业社区"。由浦东新区高桥镇人民政府、浦东新区就业促进中心联合举办的"高桥镇'双区联动'促进创业服务战略合作签约仪式"，2017 年 3 月 11 日上午，在高桥镇社区事务受理服务中心举行。高桥镇社区事务受理服务中心分别与上海海事大学附属职业技术学校、浦东新区就业促进中心外高桥分中心签订合作协议，正式启动"双区联动"机制，助力社区与校区创业服务。

此次由高桥镇人民政府发起，浦东新区就业促进中心助推的"双区联动"机制，旨在参与浦东新区开展的特色创业服务社区创建工作，该项创建工作要求相关参与创建的单位，需要根据本区域、本社区的实际情况，围绕组织领导体系、政策支持体系、创业培训体系、创业服务体系和创业宣传体系的建立，组织开展具有个性特色的创业服务工作。为了响应这一工作要求，高桥镇结合地处中国(上海)自贸区的独特区位优势，根据社区创业的需求，导入校区创业的做法，彼此进行服务资源对接，形成联动互补效应。

在社区与校区签订的协议书中强调，社区为了贯彻落实《浦东新区鼓励创业带动就业三年行动计划》，创建特色创业服务社区；校区为了积极响应上海教育"十三五"规划和上海职业教育"十三五"规划突出创新创业与社会服务能力提升引领的精神，创建特色创业校区，彼此通过"社区助校区教学，校区助社区创业"的方式，建立"双区联动"机制，有力提升社区和校区创业服务功能和创业服务水平，使社区创业服务工作精细化、精准化和精品化；使校区创业服务更加有效化，生动化、形象化，从而营造积极向上的创业氛围，力求使社区"创业带动就业"和校区促进创业教育工作有新的发展和新的变化，从而进一步优化社校创业服务平台，形成更加有效的操作机制。

协议书中还进一步明确参与方的合作事项，在建立合作机制的前提下，充分发挥各自的资源优势，围绕"双区联动"推进创业服务，共同制订年度行动计划和工作目标；针对参与方的创业需求，共同拟定组织活动方案，并根据方案要求，分别完成各自承担的创业服务内容，同时进行必要的信息反馈；在合作过程中，彼此提供各自有利的资源，共同商定服务对象范围、服务人员要求和具体服务项目，其中重点要围绕创建特色创业服务社区和特色创业校区工作，提出有针对性且彼此可以互动的方式、互动的内容和互动机制的形成。

社区和校区将通过多种形式的主题活动，使"双区联动"服务机制，在帮助创业人群成功创业过程中发挥积极的作用。

签约仪式结束后，该镇举办了来自自贸区等 60 多家招聘单位参加的"春风行动"主题服务活动暨春季招聘会，提供就业和见习岗位上千个。

2. 江苏省劳动就业基本情况与措施

(1) 江苏省劳动就业基本情况

就业形势保持平稳。2017 年末江苏省就业人口 4757.8 万人，比上年末增加 1.6 万人，其中，第一产业就业人口 799.3 万人，第二产业就业人口 2041.1 万人，第三产业就业人口 1917.4 万人，分别占全省总数的 16.8%、42.9%、40.3%。城镇新增就业 148.56 万人，年末城镇登记失业人数 34.69 万人，城镇登记失业率 2.98%。"去产能"企业职工得到妥善分流安置。大力推进全民创业。支持 29.1 万人成功自主创业并带动就业 122.93 万人，其中，引领大学生创业 3.76 万人，扶持农村劳动力创业 9.39 万人。

大力促进重点群体就业。帮助城镇失业人员再就业 80.55 万人，就业困难人员就业 14.41 万人，城镇零就业家庭动态为零。新增转移农村劳动力 26.27 万人，累计转移 1927.86 万人，转移率 74.3%。全面完成国家和省下达钢铁、煤炭职工分流安置任务，为 1340 名去产能企业职工提供政府补贴培训，妥善安置 2318 名钢铁煤炭行业去产能职工，安置率达到 100%。帮助 11.56 万建档立卡低收入农户劳动力实现稳定转移就业。

实施高校毕业生就业创业计划。开发就业见习岗位 4.22 万个，安排 3.1 万未就业高校毕业生参加见习，2.96万人通过见习实现就业，2.35万人见习期满留岗就业。扎实做好离校未就业高校毕业生实名制登记管理，离校未就业毕业生实名登记率和服务率均为100%。招录“三支一扶”高校毕业生388名，其中支教96名、支农64名、支医26名、扶贫188名、水利14名。高校毕业生年末总体就业率97.2%。

推行终身职业技能培训制度。在全国率先启动实施重点群体免费接受职业培训行动，18.28万人接受免费职业培训。组织147.47万人参加企业职工岗位技能提升培训、64.48万人参加城乡劳动者就业技能培训、31.78万人参加创业培训，为25.15万新生代农民工提供具有针对性的岗前、提升和转岗培训。

（2）高校毕业生自主创业政策“组合拳”

创业前重在“帮”。对具有创业意愿和培训愿望并具备一定创业条件的高校毕业生和毕业前2年的在校大学生，参加经人力资源社会保障、财政部门认定的创业培训并取得合格证书的，按规定给予创业培训补贴。具体补贴对象和标准由市县确定。有创业意愿的高校毕业生，可以到公共就业人才服务机构，免费接受政策咨询、信息服务、项目开发、风险评估、开业指导、融资服务、跟踪扶持等公共创业服务。

创业初重在“扶”。毕业5年内的高校毕业生（含留学回国）或在校生在江苏省行政区域范围内已经实施的创业项目，可以参加省和地方每年举办的大学生优秀创业项目遴选，经自主申报、县区初审、市级复核、省级评审入选为江苏省大学生优秀创业项目的，省给予10万元的一次性奖励，有条件的地方配套给予奖励；创业的在校大学生和高校毕业生，可在创业地申请最长3年、最高不低于30万元的创业担保贷款，合伙经营或创办企业还可适当提高贷款额度。其中高校毕业生（含大学生村官和留学归国学生）由财政据实全额贴息；在校大学生可给予50%贴息。开办“网店”的高校毕业生，可同等享受高校毕业生自主创业担保贷款和贴息政策。

创业中重在“补”。首次成功创业的高校毕业生（含在校生），在工商部门登记注册正常经营6个月以上，带动其他劳动者就业且正常申报纳税的，给予一次性创业补贴。初创企业吸纳劳动者就业并与之签订1年以上期限劳动合同、按规定缴纳社会保险费的，可按实际带动就业人数给予创业带动就业补贴，对吸纳符合条件人员就业的，按规定给予社会保险补贴。利用自有住房创业且生产或服务运营正常的，可给予用水、用电、宽带接入等创业基本运营经费补贴。租用合法经营场地创业的，可享受最长3年的租金补贴。对在工商部门首次注册登记起3年内的创业者，企业注销后登记失业并以个人身份缴纳社会保险费6个月（不含领取失业保险费金时间）以上的，可按照纳税总额的50%、最高不超过1万元的标准从就业资金给予一次性补贴，用于个人缴纳的社会保险费。

创业后重在“减”。2017年12月31日前，对月销售额3万元以内的增值税小规模纳税人，免收增值税；对年应纳税所得额低于30万元（含30万元）的小型微利企业，其所得减按50%计入应纳税所得额，按20%的税率缴纳企业所得税；对按月纳税的月销售额或营业额不超过3万元（含3万元），以及按季纳税的季度销售额或营业额不超过9万元（含9万元）的缴纳义务人，免征教育费附加、地方教育附加、水利建设基金、文化事业建设费。高校毕业生直接从事种植业、养殖业、林业、牧业、水产业生产的，其销售自产的初级农产品免征增值税；从事农、林、牧、渔业项目的所得税免征或减半征收企业所得税。

（3）高校毕业生去基层就业政策措施

给予补贴。对到农村基层和城市社区从事社会管理和公共服务工作的高校毕业生，符合公益性岗位就业条件的，给予社会保险补贴和公益性岗位补贴；对到农村基层和城市社区其他社会管理和公共服务岗位就业的，给予薪酬或生活补贴，同时按规定参加有关社会保险。对乡镇机关事业单位工作人员实行工作补贴政策，当前补贴水平不低于月人均200元，并向条件艰苦的偏远乡镇和长期在乡镇工作的人员倾斜。

扶贫支持。高校毕业生到贫困村创业并带领建档立卡贫困人口脱贫致富的，可按规定申报扶贫项目支持、享受扶贫贴息贷款等扶贫开发政策。到农业生产经营主体就业的高校毕业生，可按规定享受就

业培训、继续教育、项目申报、成果审定等政策，符合条件的可优先评聘相应专业技术资格。

学费补偿。对到中西部地区和苏北指定的县以下(不含县级人民政府驻地)基层单位就业，服务期达3年以上(含3年)的高校毕业生，以及应征入伍服义务兵役的高校毕业生，可享受相应的学费补偿和国家助学贷款代偿政策。本专科学生每人每年最高不超过8000元、研究生每人每年最高不超过12000元。

考研加分。各基层就业项目(主要包括："一村一社区一名大学生工程"、"三支一扶"计划、"大学生志愿服务西部计划"、"大学生志愿服务苏北计划"、"选派优秀大学毕业生到农村学校任教计划")服务期满后3年内报考硕士研究生初试总分加10分，并在同等条件下优先录取；高职(高专)学生可免试入读成人本科。

工资提档。对到中西部地区、东北地区或艰苦边远地区、国家扶贫开发工作重点县以下机关事业单位工作的高校毕业生，新录用为公务员的，试用期工资可直接按试用期满后工资确定，试用期满考核合格后的级别工资，在未列入艰苦边远地区或国家扶贫开发工作重点县的中西部地区和东北地区的高定一档，在三类及以下艰苦边远地区或国家扶贫开发工作重点县的高定两档，在四类及以上艰苦边远地区的高定三档；招聘为事业单位正式工作人员的，可提前转正定级，转正定级时的薪级工资，在未列入艰苦边远地区或国家扶贫开发工作重点县的中西部地区和东北地区的高定一级，在三类及以下艰苦边远地区或国家扶贫开发工作重点县的高定两级，在四类及以上艰苦边远地区的高定三级。

优先招聘。省级以上机关录用公务员，除特殊职位外，一律从具有2年以上基层工作经历的人员中考录。市地级以上机关新录用高校毕业生没有基层工作经历的，可安排到县乡机关锻炼1年。省、市级所属事业单位面向社会公开招聘时，应拿出一定数量岗位公开招聘有基层事业单位工作经历的人员。

工龄延续。高校毕业生从非公有制经济组织和社会组织考录或招聘到机关事业单位或其他用人单位工作时，其社会保险缴费年限合并计算。基层服务项目人员服务满1年且考核合格后，可按规定参加职称评定。参加基层服务项目前无工作经历的人员服务期满且考核合格后2年内，在参加机关事业单位考录(招聘)、各类企业吸纳就业、自主创业、落户、升学等方面可同等享受应届高校毕业生的相关政策。

(4) 当前和今后一段时期就业创业工作实施意见

为贯彻落实国家和省委、省政府促进就业创业的新决策新部署，2017年10月10日江苏省政府印发《关于做好当前和今后一段时期就业创业工作的实施意见》，要求各地各部门适应经济发展新常态，践行新发展理念，坚决打好稳定和扩大就业的硬仗，全力稳住就业基本盘，在经济转型中实现就业转型，以就业转型支撑经济转型。

《实施意见》从坚持实施就业优先战略等七个方面提出24条政策措施：一是深入实施就业优先战略，促进经济增长和扩大就业联动、结构调整与就业转型协同、小微企业创新发展与就业提质同步、稳定就业与防范失业风险并举，促进经济发展和扩大就业良性互动。二是积极支持新就业形态发展，将鼓励创业创新发展的优惠政策向新兴业态企业全面开放，完善适应新就业形态特点的用工和社保等制度，培育就业新的增长点。三是大力推进全民创业，优化创新创业环境，推进创业载体建设，加大政策支持力度，拓宽投资融资渠道，全面推行"不见面审批(服务)"，推进创业型城市创建向街道(乡镇)、社区(村)、园区延伸，建立县级以上创业示范基地评估认定制度，完善优秀创业项目遴选制度，促进以创业带动就业。四是突出分类指导和精准施策，鼓励高校毕业生多渠道就业，稳妥安置化解过剩产能企业职工，健全城乡劳动者平等就业制度，完善就业援助长效机制，促进退役军人就业创业，保障重点群体稳定就业。五是进一步加强教育培训，扩大政府购买高技能人才培训成果范围，对符合条件的企业职工从失业保险基金中给予技能提升补贴，提高劳动者就业能力。六是加快推进标准化建设，健全就业创业服务体系，创新就业创业服务方式，推进人力资源市场建设，加快建设"互联网+"公共就业创业服务平台，实现就业创业服务和管理全程信息化，打造线上线下一体的服务体系，提升就业创业服务水平。七是切实加强组织实施，政府主要负责同志为本地区就业工作第一责任人，把就业创业工作纳入各级政府年度重点工作、富民增收重要内容和考核指标，健全激励机制和容错纠错机制，健全促进就业创业长效机制。

(5) 拓展创就业空间，夯实民生之基

就业是民生之基，直接关系到百姓的幸福感、安全感。2017 年，江苏省继续实施更加积极的就业政策，让劳动者就业有路、创业有助；更有力地保障重点群体就业，抓好高校毕业生、去产能企业分流职工、低收入农户劳动力就业工作，织密就业"经纬线"，兜牢就业"底线"；更深入推进创业带动就业，实施全民创业行动计划，推进"创响江苏"系列活动，持续激发全社会创新创业活力；更广泛开展职业技能培训，实施职业技能提升行动计划，构建终身职业培训制度，使人人都有通过辛勤劳动实现自身发展和致富的机会。

无锡市坚持就业优先战略和积极就业政策，抓牢就业创业主线。下半年着重做好三项工作，首先大力推进创业大学建设。目前，江阴创业大学已运行两年，无锡创业大学也完成方案设计；同时营造更为浓厚的创业氛围，还将加大创业扶持力度。

2017 年，南京市实施了青年大学生"宁聚计划"，来宁大学生就业和创业态势"两旺"，全市新增就业参保大学生 9.5 万人，同比增长 31.4%；成功创业大学生超过 3000 人，同比增长 62%，创历史新高。下一步，将集中力量强化落实毕业高峰期大学生落地后就业服务，取消应届高校毕业生就业协议书鉴证手续、市内就业调整手续、就业报到手续，优化应届高校毕业生档案转移手续，加强就业市场供需衔接，为高校毕业生提供更加便捷、高效的就业创业服务。

新型城镇化和城乡一体化，为开发更多就业岗位、实现更充分就业提供了更大空间。目前江苏省农村劳动力转移比重超过 74%，与发达国家 80%—90%的非农就业比重相比，仍有潜力可挖。下一步，将加快研究制定促进劳动力和人才社会性流动等政策措施，完善新业态劳动用工管理制度和政策支持体系，持续扩大农村劳动力向城镇转移规模，特别是帮扶建档立卡低收入农户劳动力就近转移就业创业；还将大力开展农民工市民化培训，让更多转移就业的劳动者安居乐业。

3. 浙江省劳动就业基本情况与措施

(1) 浙江省劳动就业基本情况

就业创业工作成效显著。2017 年，浙江省新增城镇就业 127.2 万人，其中 45.1 万名城镇失业人员实现再就业，12.9 万名就业困难人员实现就业。年末城镇登记失业率为 2.73%，比上年下降 0.14 个百分点。建立残疾人创业基地 34 家，组织残疾人电商培训 1 万余人次，帮扶 1.4 万名残疾人实现就业创业。

人才工作进一步加强。2017 年，浙江省引进各类国(境)外专家 5.1 万人次，入选国家"外专千人计划"14 名，连续 4 年居全国首位。新选拔省 151 人才 400 名，新授牌省级博士后工作站 98 家，招收培养博士后研究人员 1100 名，新增高技能人才 25 万人。浙江省选手在第 44 届世界技能大赛上获得 2 枚金牌、3 个优胜奖，居全国第二，创历史最好成绩。

(2) 出台支持就业创业新政

浙江省政府 2017 年 10 月决定强化政府责任，将城镇新增就业、失业率和创业担保贷款发放情况等纳入党政领导班子工作实绩考核。

浙江省政府在其印发的《关于做好当前和今后一段时期就业创业工作的实施意见》中指出，重点人群初次创业可获一次性创业补贴，即在校大学生和毕业 5 年以内的高校毕业生、登记失业半年以上人员、就业困难人员、持证残疾人、自主择业军转干部和自主就业退役士兵初次创业的，经认定可获一次性创业补贴，具体条件和标准由各地结合实际确定。

同时，拓宽创业融资渠道。浙江省政府要求，有条件的地区可通过财政出资、产业基金投入等方式，设立大学生创业引导基金，引导社会资本共同设立创业投资子基金，为大学生创业提供支持。科学评估创业者贷款申请条件和还款能力，对个人信用记录良好的重点人群，优先满足其创业担保贷款需求。

今年初，浙江省政府提出要重点解决好高校毕业生、就业困难人员、农村转移劳动力等群体的就业

问题，全年新增城镇就业127.2万人。

(3) 杭州市全面开启公共就业服务“互联网＋”模式

2017年3月3日，杭州智慧就业信息系统全新上线。该系统全面应用开源软件、云计算技术、互联网、移动终端、大数据、电子影像、工作流管理等信息化技术，在技术手段提升、业务流程再造、精准服务提供、四级经办联动、数据共享开放等方面均实现了突破性进展，为杭州市公共就业服务工作从传统模式向新模式转变，提升业务管理服务水平提供了有力的技术支撑。在公共就业领域，该系统率先基本完成了人社部下达的“互联网＋人社”行动主题任务部分内容，用实际行动落实人社部《“互联网＋人社”2020行动计划》精神。该系统主要有以下六个特点。

——云平台＋就业，应用云计算，提升开放度。杭州智慧就业信息系统运行于浙江政务云资源平台，数据库采用了开源软件，应用服务器和存储均采用了虚拟化技术，摆脱了对传统数据库和数据存储的依赖，不仅节省了费用，而且为信息共享、业务协同等应用等提供了强有力的保障，为大数据分析、对接互联网应用等奠定了坚实基础，有力推进了杭州信息惠民、智慧城市建设。

——工作流＋就业，权力阳光化，经办规范化。将首次应用“工作流”模式应用于287个就业业务事项，涉及1131个业务环节，包含失业管理、就业管理、就业援助、创业管理、大学生就创管理等所有核心业务。

——一体化＋就业，实现“基本不要跑，最多跑一次”。打造“多位一体”的智慧服务平台，将杭州就业网、“杭州就业”APP、“杭州就业”微信公众号、人力资源市场、短信平台、各级公共就业服务平台等有机整合，提供全面高效便捷的智慧就业服务，进一步提升杭州公共就业服务的质量。除政策规定的需进行失业登记报到等情形外，多数业务实现了网上办理，努力实现“基本不要跑，最多跑一次”的服务经办目标。

——精准化＋就业，围绕“人”圆心，做足“精”文章。本系统紧紧围绕“人”这个根本，梳理“人”这个主体在就业领域的相关属性，以及与其他公共服务之间的关系，创建以“人”为中心的精准的网络型数字化公共就业信息体系。始终坚持以人为本，强化数据信息的关联和搜索，从业务线、时间线、空间线等不同维度和节点创建个人画像，通过公共就业服务网络，提供精准化服务。

——无纸化＋就业，多让数跑路，少让人跑路。为适应就业业务涉及市、区、街道、社区四级经办网点，业务联动要求高，材料流转频繁的特点，本系统全面采用无纸化技术，并实现档案电子化、认证电子化。

——大数据＋就业，共享加开放，电脑助人脑。杭州智慧就业信息系统基于“互联网＋”思维设计和开发，充分落实融合开放的思想，建立了与工商、公安、民政、财政、联合征信等外部政府部门以及社保、劳动保障监察、培训等内部业务部门的数据共享机制。通过开发统一接口，分别与支付宝、微信，以及部分区就业部门应用系统进行对接，服务对象可以及时查询本人的就业信息、参保信息。大数据平台的建立，实现了初步的失业预警预测、人员一站式查询、业务即席查询等功能。

(4) 德清县鼓励大学生创业，带动就业成效明显

近年来，德清县深入实施“大学生创业引领计划”，以提升高校毕业生就业创业能力，鼓励大学生创业为目标，不断强化政策引导，搭建创新平台，优化创业服务，积极助推高校毕业生创业。

一是突出引导，狠抓政策落地。出台《关于支持大众创业促进就业的实施意见》，对符合相关要求的高校毕业生投身自主创业的，按规定给予税费优惠；对在定点培训机关参加创业培训的，给予创业培训补贴。尤其是针对大学生创业启动阶段资金匮乏的现状，可申请不超过30万元的创业担保贷款，合伙经营或创办企业的可申请不超过60万元的创业担保贷款，并给予全额贴息。带动3人及以上就业的，还可以享受总额不超过2万元的带动就业补贴。在经认定的创业园(创业孵化基地) 创业的，每年按年租金的20%且最高不超过3000元的标准给予租金补贴，补贴期限不超过3年。还可享受一次性5000元的创业社保补贴。

二是紧跟潮流，聚焦网络创业。随着电子商务的不断完善和发展，网络创业已经成为大学生创业的一个新趋势。积极开展电商创业培训活动，2017 年培训人数为 1276。同时，对经过认定从事网络创业的大学生，一次性创业补贴和带动就业补贴标准还可上浮 20%。目前该县电商产业园实行两年内房租全免；保证大学生拎包入驻"零投入"创业，目前已经有 114 名大学生入驻创业就业。

三是加强宣传，扩大政策影响。加大政策宣传力度，通过"线上＋线下"两种手段，有效地扩大各项创业扶持大学生政策知晓面。2017 年德清县青年就业创业政策发布暨"5.28"青年创业贷款的咨询活动现场，通过现场政策宣讲，发放宣传页等形式，向大学生宣传大学生创业各项政策，引导大学生自主创业，同时，针对大学生群体特点，大学生创业园要优化升级网站、公众微信号，提供全方位、多元化线上求职招聘服务，向公众特别是大学生宣传湖州就业创业政策。

四是培训助力，提升大学生创业能力。对有创业需求的大学生开展创业培训，开设电子商务、创新创业等多种培训课程，以场景模拟的形式进行创业意识和创业计划体验培训，增强大学生创业创新意识，提高创业能力。2017 年，针对毕业生有创业意向或已经创业的高校毕业生开展 SYB 培训 183 人，一大批大学生通过培训走上了创业道路。

五是平台发力，加快大学生创业园建设。积极申报省、市级高校毕业生（青年）创业示范园。目前有 2 家创业园被认定为市级大学生创业示范园，1 家入围省级创业示范园的评选，同时创业园对大学生创业者入驻给予房租减免、导师帮扶、融资对接等优惠政策，并帮助大学生申报享受一次性创业补贴、创业培训补贴、创业贷款和贴息等扶持政策，通过政府引导、企业参与，为大学生创业搭建起孵化平台。全县各创业园中，新办大学生自主创业实体 100 家，实现带动就业 1585 人。

六是导师借力，优化大学生创业服务。组织高校毕业生网上实名登记，开展大学生创业动态跟踪，及时掌握创业方向。建立大学生"就业创业导师制"，成立以知名企业家、高校教授为主体的创业导师服务团，采取结对帮扶、上门指导、在线咨询、经验交流会等方式，加速大学生创业项目的孵化发展。

（5）松阳县巧借"四个经济"带动就业

一是巧借民宿经济，以精品旅游带动就业。随着生态休闲养生游得兴起，民宿渐渐成为旅游新宠，该县结合传统古村落的保护与开发，鼓励广大青年加入到民宿的就业创业中。民宿经济的发展有效地刺激了餐饮服务业人才的需求，2017 年春季大型人力资源交流大会现场提供餐饮服务员岗位 489 个，管理人员岗位 456 个。目前松阳县农家乐民宿累计达 317 家，床位 2870 张；全县民宿直接从业人员 800 余人，带动群众近 4000 人。

二是巧借茶经济，以特色产业带动就业。茶产业作为该县特色产业，全县 40%的人口从事茶产业，50%的农民的收入来自茶产业，60%的农业产值来源茶产业。该县深入挖掘茶叶经济，融合茶叶种植、加工、休闲、消费、旅游于一体，不仅带动了当地老百姓就业致富，同时也吸引了河南、贵州等地一大批外来务工人员。据不完全统计，十年间，来该县淘金的采茶工有 30 余万人次。

三是巧借民俗经济，以传统工艺带动就业。当地深入挖掘特色民俗文化活动，借助传统古街的开发与利用。保留铁匠铺、金银铺、制秤店、草药店等地方特色的古老业态，发展水牵面、清明粿、粽子、手工月饼、冬至果等特色小吃，并引进文创产业，吸引了国内外游客前来观光体验，经营特色手工艺也成为当地老百姓就业创业致富的新渠道。

四是巧借电商经济，以互联网＋带动就业。该县深入实施"电商换市"发展战略，充分整合资源，推行互联网＋民宿、互联网＋农业，精心组织电商创业培训，培养电商创业精英。截至目前，该县拥有农村电子商务企业（网店）600 多家，从业青年 3000 余人；"赶街""淘实惠""京东帮""邮掌柜"等基层农村电子商务服务站（点）600 余个，组织 50 余名城乡劳动力参加电商创业培训。

4. 安徽省劳动就业基本情况与措施

（1）安徽省劳动就业基本情况

2017 年末安徽省从业人员 4377.9 万人，比去年增加 16.3 万人。其中，第一产业 1363.3 万人，减少

20.2 万人；第二产业 1259.5 万人，增加 14 万人；第三产业 1755.1 万人，增加 22.5 万人；城乡私营企业从业人员和个体劳动者 1232.7 万人，增加 176.5 万人。全年城镇实名制新增就业 68.2 万人，下岗失业人员再就业 21.4 万人。年末城镇登记失业率 2.88%，比去年下降 0.32 个百分点。全省农民工总量 1918.1 万人，其中外出农民工 1415.4 万人。

(2) 启动实施高校毕业生就业创业五大行动

2017 年 3 月，安徽省人社厅等三部门印发《安徽省高校毕业生就业创业促进计划实施方案》(以下简称《实施方案》)，全面贯彻落实中央和省关于促进高校毕业生就业创业的决策部署，着力建立健全促进高校毕业生就业创业长效机制，确保高校毕业生就业局势总体稳定。

《实施方案》紧紧围绕人才强省战略实施和发展美好安徽建设，着力实施能力提升、创业引领、校园精准服务、就业帮扶、权益保护五大行动，建立覆盖校内外各阶段、求职就业各环节、就业创业全过程的服务体系。

《实施方案》明确提出，使每个毕业班都能得到群体性就业指导，为每名有就业意愿的毕业生进行 1 次职业能力测评，精准推送 10 个以上岗位信息，每名就业困难毕业生都能得到个性化就业咨询辅导和精准就业帮扶；为每名毕业生至少进行 1 次在线创业意识培训，为每名有创业意愿的毕业生进行 1 次创业能力测评；为每名离校未就业高校毕业生至少提供 1 次精准职业指导、1 次精准技能培训和 3 个适合的岗位信息，力争使每名有就业意愿的离校未就业的高校毕业生在毕业半年内实现就业或参加到就业准备活动中。

(3) 多措并举化解就业难题

3 月 12 日，全国人大代表、安徽省委组织部副部长、安徽省人力资源和社会保障厅厅长白金明在接受《中国企业报》记者采访时表示，在扩大就业上，安徽省正在采取多种措施化解就业难题。

安徽省就业面临的困难和挑战是：一、高校毕业生人数创历史新高，达 34.3 万人。二、在产业结构转型升级中，技能人才和普通工人双短缺、劳动者素质和岗位要求不匹配的矛盾更为凸显。三、做好化解钢铁、煤炭行业过剩产能职工安置任务依然较重。四、全球经济发展的不确定因素增多，对就业的传导效应将进一步显现，就业形势依然复杂，促进就业任务依然繁重。

2017 年，安徽省政府确定了城镇新增就业 60 万人、城镇登记失业率 4.5%以内的约束性目标。为了响应政府工作报告更加重视就业的导向，安徽省人力资源社会保障系统自我加压，确定了城镇新增就业预期性目标 65 万人，力争实现 70 万人。

在推动大众就业方面，安徽省采取分类施策、项目推动、精准帮扶的方法。针对化解过剩产能职工，实施就业新起点计划，落实“六个一批”措施，做到化解产能无情、人员安置有爱，确保分得出、安得好、稳得住。针对城镇就业困难人员，实施“就业扶持民生”工程，开发 5 万个公益性岗位，确保零就业家庭至少有 1 人稳定就业，兜牢就业底线。针对农民工，实施返乡创业行动计划，深化皖北皖江劳务对接机制，促进农民工就地就近就业创业。

在促进大众创业方面，安徽省以实施“创业江淮”行动计划为统领，全面推进“八大工程”。2017 年，我们重点建设“创业服务云平台”，通过政府搭建平台、平台聚集资源、资源服务创业，创新发行 2000 万元电子创业券，打造面向人人的创业服务平台。同时，为解决创业者贷款难的问题，推行创业担保贷款“整贷直发”2.0 版，探索“互联网＋贷款”、“信用＋贷款”模式；认定一批创业大学、创业学院，建设一批青年创业园，让更多劳动者在创业中实现人生价值。

在解决用工矛盾方面，安徽省将采取“双管齐下”的办法。对于企业，一方面通过落实援企稳岗政策、降低失业保险费率，为企业减负；另一方面通过强化企业用工服务，引导企业优化用工环境、合理确定薪酬、加强人文关怀，使职工招得进、留得住、有发展。

(4) 出台促进就业创业新政

2017 年 9 月，安徽省政府发布《关于进一步促进当前和今后一段时期就业创业工作的通知》，明确了安徽省将深入实施就业优先战略，支持新就业形态发展，继续抓好各类重点群体就业创业，推进以创业带动就业。

通知提出，在稳增长调结构中扩大就业，巩固小微企业就业主渠道地位；培育新兴业态，完善适应新兴业态特点的用工和社保等制度。对小微企业新招用的毕业年度高校毕业生，支持地方给予稳定就业12个月以上的高校毕业生一次性就业补贴，补贴标准可参照高校毕业生1个月社会保险月平均缴费基数确定。新兴业态企业招用就业困难人员、毕业年度高校毕业生的，按规定给予企业5项社会保险补贴（不含劳动者个人缴纳部分）；开展岗前培训的，给予职业培训补贴；其他新兴业态从业者，属于就业困难人员或离校1年内未就业的高校毕业生，每人每月给予250元职工养老保险补贴和60元职工医疗保险补贴，其中享受最低生活保障的职工养老保险补贴为每人每月300元。

此外，通知还对推进以创业带动就业、拓宽高校毕业生就业创业渠道、抓好其他重点群体就业创业等方面的政策进行了归纳、提升和创新。具体包括：对毕业2年以内的高校毕业生、就业困难人员首次创办小微企业并正常经营6个月以上的，给予不少于5000元的一次性创业扶持补贴；全面放开对高校毕业生、技术工人、职业院校毕业生、留学回国人员的落户限制等。

（5）七项出入境政策吸引国外优秀人才

2017年10月，安徽省在全省范围内正式实施支持地方创新改革发展的七项出入境政策措施。该七项出入境政策措施有助于进一步便利海外高层次人才来华发展，激发外籍华人创新创业热情。

这七项出入境政策措施包括：1. 对符合安徽省外籍高层次人才认定标准的外籍人才及其配偶、未成年子女，由各市人才办及省人才办受理推荐，可直接申请在华永久居留。2. 外籍人员已在皖连续工作满4年、每年在我国境内实际居留累计不少于6个月，有稳定生活保障和住所，工资年收入达到40万和年缴纳个人所得税达到7万（2017年标准），经工作单位推荐，可以申请在华永久居留，并允许其配偶和未成年子女随同申请。3. 外籍华人具有博士研究生以上学历并在皖工作，或外籍华人在皖连续工作满4年、每年在我国境内实际居住累计不少于6个月，可直接申请在华永久居留。4. 对来皖探望亲属、洽谈商务、开展科教文卫交流活动及处理私人事务的外籍华人，可以签发5年以内多次入出境有效签证；对在皖工作、学习、探亲以及从事私人事务需长期居留的，可以按规定签发有效期5年以内的居留许可。5. 对具有创新创业意愿的外国留学生，可以凭我国高校毕业证书申请2至5年有效的私人事务类居留许可（加注“创业”），进行毕业实习及创新创业活动。6. 在皖工作的外国人，如其已连续两次申请办理工作类居留许可，且无违法违规问题的，第三次申请工作类居留许可，可以按规定签发有效期5年以内的工作类居留许可。7. 有关企业选聘的外籍技术人才和高级管理人才，办妥工作许可证明的，可在入境口岸申请工作签证入境；来不及办理工作许可证明的，可凭企业出具的邀请函件申请人才签证入境。

（6）首家市场化运作就业创业一站式服务中心开业

2017年9月9日上午，合肥市瑶海区就业创业一站式服务中心隆重开业，标志着安徽省就业创业一站式服务中心设立运营序幕拉开。

该中心由安徽远创人力资源管理集团有限公司自建，地处瑶海区胜利路与临泉路交叉口繁华地段，总面积约180平方米。一楼为接待大厅，为就业创业者和企业提供就业创业政策咨询、职业介绍、职（创）业培训与指导、素质测评、社保政策咨询、招聘信息发布、员工培训、社保办理、人力资源外包等一站式服务。二楼为“创吧梦工厂”，为创业者提供创业指导、创业洽谈、创业培训、创业沙龙等服务。

近年来，安徽省人社厅着眼于深化人力资源市场“放管服”改革，全面完成县级公共就业人才市场整合、人力资源机构设立先证后照、取消流动档案管理及集体户挂靠收费等一系列改革，省、市、县、乡、村五位一体的公共就业创业服务体系进一步健全，人力资源市场主体活力进一步释放，营造出公共服务与市场化服务优势互补、融合发展的良好局面。

设立就业创业一站式服务中心，构建全时段、多元化、广覆盖的就业创业服务体系，是充分发挥市场在人力资源配置中的决定性作用和更好发挥政府作用的又一创新举措，也是安徽省政府最新出台的关

于进一步促进当前和今后一段时期就业创业工作文件提出的明确要求。合肥市明文规定，对认定为市级一站式服务示范机构的就业创业一站式服务中心，给予50万元一次性奖补。

当前，安徽省人社厅正就一站式服务中心的名称、标识等进行明确规范。下一步将研究制定一站式服务中心规范化建设管理办法，细化鼓励支持政策，统筹推进多元化建站模式，为城乡劳动者提供更多更优质的便捷、精准、高效的就业创业一站式服务。

四　社会保障情况

（一）一市三省社会保障情况

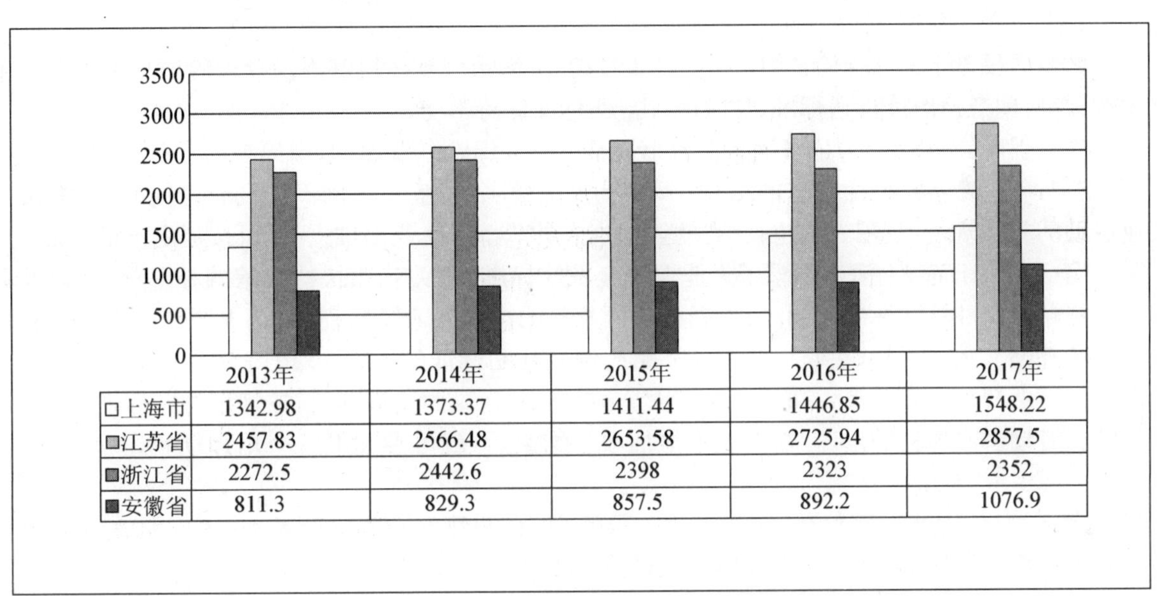

	2013年	2014年	2015年	2016年	2017年
□上海市	1342.98	1373.37	1411.44	1446.85	1548.22
■江苏省	2457.83	2566.48	2653.58	2725.94	2857.5
■浙江省	2272.5	2442.6	2398	2323	2352
■安徽省	811.3	829.3	857.5	892.2	1076.9

图1　2013—2017年城镇职工基本养老参保人数（万人）

（二）促进社会保障的措施与进展

1. 上海市社会保障情况与措施

（1）上海市社会保障基本情况

2017年末，上海市共有1548.22万人（包括离退休人员）参加城镇职工基本养老保险，有78.83万人参加城乡居民基本养老保险。最低生活保障标准从去年的每人每月880元提高到970元，增长10.2%。月最低工资标准从2190元提高到2300元，小时最低工资标准从19元提高到20元。

2017年末，上海市共有1496.78万人（包括离退休人员）参加职工基本医疗保险，有344.63万人参加城乡居民基本医疗保险。

2017年末，上海市民政部门共有各类提供住宿的收养性社会服务机构781个，床位14.41万张。其中养老机构703家，床位13.83万张。在全市养老机构中，由社会投资开办的有363家，床位7万张。全市建有社区老年人日间服务中心560家，社区老年人助餐服务点707家。

全年各级政府支出城镇居民最低生活保障金16.30亿元、农村居民最低生活保障金2.72亿元、特困供养金0.42亿元、粮油帮困0.83亿元、医疗救助金3.83亿元。

（2）各有关保险的政策动态

——企业职工基本养老保险：2017年4月1日起，上海市原参加小城镇社会保险的被征地人员统一纳入职工基本养老保险，其中原镇保养老人员保持现有养老待遇水平，并按照职工基本养老保险规定调整待遇。征地单位为被征地人员一次性缴纳职工基本养老、医疗保险。

——城乡居民基本养老保险：2017 年 1 月 1 日起，上海市对 2016 年底前已按本市城乡居民基本养老保险办法规定办理按月领取养老金手续的人员，增加基础养老金，每人每月增加 100 元。调整后，本市城乡居民基本养老保险基础养老金标准统一为每人每月 850 元。

——职工基本医疗保险：2017 年 1 月 1 日起，上海市职工基本医疗保险缴费比例，由原来的 12%调整为 11.5%。其中，单位缴纳基本医疗保险费的比例由原来的 8%调整为 7.5%，单位缴纳地方附加医疗保险费的比例及个人缴费比例不作调整。职工基本医疗保险统筹基金最高支付限额从 42 万提高到 46 万，上海市职工基本医疗保险单位缴纳的基本医疗保险费计入个人医疗账户的标准调高，其他的门急诊自负段标准、统筹基金起付标准维持不变。2017 年 4 月 1 日起，原镇保征地人员全部纳入职保医保，按照职工医保享受医保待遇。

——城乡居民基本医疗保险：2017 年 1 月 1 日起，上海市城乡居民基本医疗保险调高了筹资标准和个人缴费标准，门急诊医疗待遇标准、住院医疗待遇标准保持不变。

——失业保险：2017 年 1 月 1 日起，上海市调整了失业保险缴费比例，由原来的 1.5%阶段性调整为 1.0%。其中：单位缴费比例由原来的 1.0%调整为 0.5%，个人缴费比例不作调整。同时，上海市出台了就业援助的相关规定，对用人单位吸纳“就业困难人员”“特定就业困难人员”可按规定申请补贴。

2017 年 4 月 1 日起，上海市调整了失业保险金发放标准、相关就业扶持政策的补贴标准，以及职业技能培训补贴目录和补贴标准。同时，根据相关行业领域技能人才紧缺程度，调整了劳动者参加补贴培训的比例和补贴次数。另外，在职从业人员补贴比例从补贴标准的 50%提高到 60%或 80%(紧缺急需的培训项目)；上海市户籍残疾人和就业困难人员参加补贴目录内培训项目，按规定补贴标准享受 100%培训补贴。劳动者参加补贴培训，在上一个培训项目结束后，就可参加下一个培训项目，不受一年一次的限制。

2017 年 5 月 4 日起，对年龄在 16 至 35 岁、具有上海市户籍的未就业青年和本市应届离校未就业高等学校及中等职业学校毕业生参加见习的给予见习补贴。

工伤保险：2017 年 4 月 1 日起，根据国家和上海市的相关规定，上海市调整了因工死亡人员供养亲属抚恤金标准、因工致残 1—4 级工伤人员的伤残津贴标准和生活不能自理工伤人员的生活护理费标准。

(3) 社会保险基金监督管理

2017 年，上海市通过社会保险专项审计、稽核及专项检查等方式，开展了社会保险参保、职工工资申报、定点医药机构违规费用以及促进就业项目投入资金管理等情况的检查。

一是稽核工作平稳有序开展。截至年底，共受理稽核投诉、举报件 2205 件，办结 1949 件，结案率为 88.39%，累计追缴社会保险费 3154 万元，追回社会保险待遇 65 万元。落实专项审计整改工作，完成整改 13209 户，追缴社会保险费 11.82 亿元。二是依法征收力度不断加大。全年共将 442 户欠费单位移送行政处罚、对 121 户欠费单位实施了银行划拨，通过上述措施共清理回收欠费、滞纳金 2041.55 万元。三是全面推进社保诚信建设。依托本市政务诚信体系建设，全年累计将 10878 户次欠费单位失信信息纳入社会征信平台。同时，加大了对欠费单位的社会公开告示力度，全年通过社会媒体对 151 户社会保险欠费单位进行了失信曝光，促使单位依法履行缴费义务，保障了参保职工的合法权益。四是对违规定点医疗机构 1413 家，实施追款合计 10333.14 万元。

(4) 社会保险提升管理服务效能

上海市社保部门进一步提升管理服务效能。一是“三个社保”经办格局基本确立。“前台一窗式受理、后台全科式审核”经办服务方式全面实现，“四个网上”全面推行，实现了参保登记的网上办理、办事表的网上填写、办事材料的网上初检、办事时间的网上预约；220 个街镇(社区)事务受理服务中心实现受

理(经办)个人社会保险业务全覆盖,个人常规缴费类业务和退休人员感受度最高的养老金卡折变更业务可全市通办。二是社保标准化建设取得阶段性成效。标准化试点项目(国家级)高分通过国家标准委组织的终期评估验收,基本形成覆盖全业务、全流程、全方位的标准体系,共纳入标准304项;持续创建"上海社保123、服务民生365"服务品牌,不断提升服务形象;分步落实社保经办服务大厅视觉识别系统建设,打造规范统一、井然有序、便捷舒心的服务环境。

上海市医保部门为了方便参保人员就医配药,逐步增加医保定点医疗机构和定点零售药店的数量。截至2017年末,上海市医保定点医疗机构1057家,定点零售药店885家。同时,上海市在与浙江、江苏、安徽、河南、贵州和青海省的16个城市、地区建立医疗保险异地就医委托报销服务协作关系的基础上,积极落实人社部开展异地就医直接结算工作的要求,8月底提前超额完成国家人社部"百日攻坚战"任务目标。截至2017年末,上海市共有493家定点医院完成平台接入工作,所有具备住院条件的医院均已接入国家平台,实现了"应通尽通"。

(5) 启动长期护理保险试点工作

2016年6月,国家人社部办公厅正式印发了《人力资源社会保障部办公厅关于开展长期护理保险制度试点的指导意见》(人社厅发〔2016〕80号),明确上海市作为全国首批开展长护险试点的15个城市之一。根据国家和人社部要求,结合《上海市老年人权益保障条例》的有关规定,上海市政府制定发布了《上海市长期护理保险试点办法》(沪府发〔2016〕110号),于2017年1月起,在徐汇、普陀、金山三个区先行开展长期护理保险试点工作;在加快培育护理需求评估队伍和护理服务队伍的基础上,择机再扩大到全市。

《上海市长期护理保险试点办法》明确,60周岁及以上的职保退休人员或居保人员,本人自愿申请老年照护统一需求评估,经评估护理需求等级为二至六级的,可以由定点护理服务机构为其提供相应的护理服务,并按规定报销护理费用。

护理服务有以下三类:第一类是社区居家照护,由护理人员为居家老人上门提供照护服务,或者在社区日间中心等场所集中提供照护服务。第二类是养老机构照护,由养老机构为其住养的参保老人提供照护服务。护理服务内容有40余项,涵盖了基本生活照料和常用临床护理两类,都是失能老人亟需的,又适宜在居家和养老机构开展的服务。今后,随着长期护理保险基金支付能力逐步增加、定点护理服务机构服务能力不断提升,还会继续增加相应的护理服务内容,为长期失能的参保人员提供更好的护理保障。第三类是住院医疗护理,仍按照现行的基本医保制度规定进行执行报销,即职工医保参保人员按职工医保规定执行,居民医保参保人员按居民医保规定执行。

2. 江苏省社会保障情况与措施

(1) 江苏省社会保障基本情况

2017年,江苏省稳步实施全民参保计划,参保覆盖面持续扩大,社会保障体系加快完善。2017年末全省企业职工基本养老,城镇职工基本医疗、失业、工伤、生育保险参保人数分别为2097.5万、2600.7万、1583万、1689.4万和1521.3万,分别比去年年末增加51万、110.2万、44.7万、55.5万和70.1万。城乡居民基本养老保险参保人数1268.4万,领取基础养老金人数1051.7万。城乡居民基本医疗保险参保人数5019.6万。调整退休人员基本养老金,全省人均增幅不低于5.5%,惠及760多万退休人员。城乡居民基本养老保险基础养老金最低标准由每人每月115元提高到125元。城乡居民医保人均财政补助最低标准提高到每人每年470元。

企业职工基本养老、城镇职工基本医疗、失业、工伤和生育保险基金总收入3719.86亿元,比去年增加361.68亿元,增长10.8%;基金总支出3257.07亿元,比去年增加289.98亿元,增长9.8%。

(2) 出台社会保险扶贫工作实施意见

10月31日,江苏省人力资源社会保障厅、省财政厅、省扶贫办出台《关于切实做好社会保险扶贫工作的实施意见》。《实施意见》从城乡居民养老保险、城乡居民医疗保险、工伤保险、失业保险、生育保险

5个方面，明确了16条社会保险扶贫政策、3条保障措施，要求各地各有关部门认真落实党中央、国务院和省委、省政府实施脱贫攻坚的决策部署，充分发挥现行社会保险政策作用，完善并落实社会保险扶贫政策，逐步提高社会保险待遇水平，有效提升社会保险经办服务水平，支持帮助建档立卡低收入人口、低保对象、特困人员等困难群体及其他社会成员参加社会保险，助力参保困难群体精准脱贫，为打赢脱贫攻坚战和推进“两聚一高”发展方略作出应有的贡献，为全面建成更高水平小康社会奠定坚实基础。

切实减轻困难群体参加城乡居民基本养老保险负担。对建档立卡未标注脱贫的低收入人口、低保对象、特困人员等困难群体，参加城乡居民基本养老保险的，地方人民政府为其代缴部分或全部最低标准养老保险费，并在提高最低缴费档次时，阶段性保留现行面向低收入人口的100元最低缴费档次，同时强化执行对重度残疾等缴费困难群体的代缴费政策。

逐步提高城乡居民基本养老保险基础养老金待遇标准，建立与经济发展水平、居民收入、物价水平、财政能力等因素相关联的城乡居民基本养老保险待遇确定与基础养老金最低标准正常调整机制，按照每年不低于8%的调整增幅，逐步提高城乡居民基本养老保险省定最低基础养老金标准。探索建立健全参保缴费激励机制、完善城乡居民基本养老保险筹资和保障机制、确保困难群体在享受相关待遇时给予适当优惠。

进一步提高困难群体大病保险待遇。扎实推进城乡居民基本医疗保险制度整合，做好制度平稳并轨，确保困难群体基本医疗保障待遇不降低。完善城乡居民大病保险，通过降低起付线和提高报销比例的方式实行精准支付，即将7类重点医疗救助对象和建档立卡低收入人口等困难群体大病保险起付线比普通参保患者降低50%，各报销段报销比例比普通参保患者提高5到10个百分点。

深入推进困难群体劳动力按项目参加工伤保险。在巩固建筑领域前期参保成果的基础上，贯彻落实省人社、交通、水利、住建、安监、工会六部门《关于深入推进建筑交通运输水利建设项目参加工伤保险工作的通知》，对用工方式灵活、流动性大等困难群体相对集中的建筑、交通运输、水利等行业从业人员，由建设单位或总承包单位按工程项目总造价一定比例缴纳工伤保险费，推动“同舟计划”专项扩面行动落实，进一步织密织牢建筑等行业困难群体劳动力的工商保障网。

（3）召开整合城乡居民医保制度推进会

6月9日，江苏省人社厅在南京召开了整合城乡居民医保制度推进会，来自尚未整合的8个设区市和江阴市人社局，省市医保处、基金监督处等相关部门相关人员，共70余人参加会议。各地交流了整合工作进展情况，分析了矛盾问题，汇报了下步打算。相伯伟副厅长出席会议并讲话，肯定了上半年各地整合工作取得的成果，并就下半年整合工作进行了部署。

相伯伟副厅长总结了上半年整合工作的特点：一是在组织领导上高位推动。各地贯彻国家和省整合部署要求，加强组织领导，政府主要领导亲自过问、作出指示，均成立了领导小组，建立了协调机制。二是在整合路径上规范有序。各地对城镇居民医保基金和新农合基金进行了清算核查，提早做好信息系统的维护、改造和升级工作，确保移交后系统稳定运行。三是在部门协调上积极主动。各地人社部门主动协调卫计、编制、审计、财政等部门研究制定配套政策文件，协同推进整合工作落实。四是在政策设计上注重创新。各地以整合工作为契机，强化医保管理服务的创新。

最后，相伯伟副厅长提出了下半年整合工作需要把握的几个问题：一是按照“三个确保”要求，实现平稳移交。要将卫计部门新农合管理和经办的职能、编制、机构、人员、资产、档案、信息数据等整体划转到人社部门，建立统一的城乡居民医保管理和经办机构，并做到“三个确保”，即确保基金安全，确保人员不散、工作不断、秩序不乱，确保参保人员就医、结算不受影响。要加紧制定职能调整配套文件，成立专门的接收工作领导小组，明确具体的接收事项和内容。要加强医保管理和经办队伍建设，科学设置机构，合理配置人员，加强业务培训，提高经办人员的业务水平。二是加快合并成立城乡居民医保基金。重点抓好“三个环节”：做好审计发现问题的整改工作，主动与财政、卫计、民政等部门联系，尽快将未结清的往来资金处理完毕。继续实行“收支两条线”管理，执行国家统一的基金财务制度、会计制度和预决算管理制度，确保基金安全完整、平稳运行。稳步推进设区市统筹，落实基金分级管理责任，调动区县政

府及经办管理机构积极性，逐步实行设区市基金统收统支。三是依托金保工程，着力推进信息系统整合。落实好“四大任务”，统一整合开发。年底前，整合开发设区市集中的城乡居民医保信息系统，实现城乡居民基本医保与大病保险、医疗救助等一体化实时结算，做好信息系统之间的对接工作，实现基层就医刷卡即时结算。支持共享协同，加强跨地区信息共享和业务协同，以设区市为单位，按省统一的异地就医接口规范，做好平台改造工作。加快社保卡发放，重点面向未领卡人员，加快社会保障卡发放步伐；加强公共服务建设，利用公共服务渠道，实现参保人员缴费事前提醒，待遇享受透明，方便查询办理。四是坚持循序渐进，逐步统一政策待遇。抓好“三个重点”：合理确定筹资水平，城乡居民缴费差异不大的设区市可统一个人缴费档次，暂不能统一的可采取“一制两档”缴费方式，用2至3年时间过渡到“一制一档”。稳步提高待遇水平，按照保障适度、收支平衡，整合后个人医疗费用负担不增加的原则做好政策调整衔接。加强定点机构协议管理，按照“先纳入、后规范”的思路，将新农合定点医疗机构整体纳入城乡居民医保定点协议管理范围，并加强监督管理。

会议期间，与会人员还就省人社厅《关于认真做好整合城乡居民基本医疗保险工作的指导意见》等三个文件初稿展开了讨论。

(4)“互联网＋社保征缴、服务”推进会在无锡召开

2017年8月24日下午，江苏省财政厅、省人力资源和社会保障厅、省地方税务局在无锡联合召开全省“互联网＋社保征缴、服务”工作。其主要目的是全面深化落实“互联网＋政务服务”建设总体要求，研究探讨在新形势下，利用互联网和信息技术推动社会保险费征缴工作再上新台阶。中共无锡市委常委、常务副市长黄钦出席会议并致辞，江苏省人力资源和社会保障厅相伯伟副厅长出席会议并作讲话。

相伯伟副厅长指出，全省社会保险扩面征缴工作取得了比较显著的成绩，主要表现在以数据为核心的全民参保登记成效明显、以标准化为引领的服务体系进一步健全、以部门协作为抓手的联动征缴取得新突破，各地需认真总结并从“互联网＋社保征缴、服务”有利于深入推进扩面征缴工作、有利于发现扩面征缴中的难点、有利于建立扩面征缴长效机制这“三个有利于”方面进一步深化认识。

相伯伟副厅长强调，实施好“互联网＋社保征缴、服务”，必须在“三个立足于”上下功夫。一要立足于当前群众对维护自身权益的新期盼，二要立足于当前基金缺口预期，三要立足于各地经办业务实际。各级人社部门要以此次会议为契机，进一步加强组织机制保障，进一步强化部门协同配合，进一步注重数据互联应用。切实防范和化解基金运行中的各种风险，进一步完善更加稳定、更可持续的社会保障体系，为“两聚一高”新江苏作出新的更大贡献，为党的十九大胜利召开献礼。

全省财政、人社、地税分管局长和相关处室主要负责同志参加了会议。省财政厅沈益峰副厅长、省地税局陈筠副局长也在各自阵线作了相关工作部署。

(5) 企业失业保险费率再降0.5个百分点

2017年3月31日，江苏省人社厅、省财政厅和省地方税务局联合发布《关于阶段性降低失业保险费率有关问题的通知》，经省政府同意，江苏省从2017年1月1日起至2018年12月31日，将失业保险费率暂由现在的1.5%降至1%。其中用人单位缴费比例从1%降至0.5%，个人缴费比例不变，仍为0.5%。各地失业保险经办机构从4月份起按照新费率核定参保单位应缴失业保险费。参保单位按原费率多缴纳的失业保险费，由各地失业保险经办机构在核定应缴费额时予以核减。

这是江苏省在2013年失业保险费率从3%降至2%、2016年由2%降至1.5%的基础上，再次降低企业缴费费率，以进一步降低实体经济企业成本、增强企业活力、预防失业、稳定就业。据测算，阶段性降低失业保险费率两年预计可为企业减负180亿元。

降低失业保险费率，也意味着失业保险基金收入减少，《通知》要求各地稳步扩大失业保险覆盖面，加快推进失业保险制度全面覆盖。平衡好降费率与保险发放之间的关系，严格落实失业保险扩大支出范围条件和稳岗补贴发放条件，加强基金运行的监测和评估，确保基金平稳运行。对基金征缴管理规范、因降低费率使基金当期出现缺口的统筹地区，以及化解过剩产能任务重的统筹地区，江苏省将加大

失业保险调剂补助力度。

3. 浙江省社会保障情况与措施

(1) 浙江省社会保障基本情况

2017年浙江省社会保障体系建设有力推进，全省参加基本养老保险人数3913万，浙江省户籍法定人员参保率达到88.6%。医保改革“三突破”任务高质量完成，参加基本医疗保险人数5252万，浙江省户籍基本医疗保险参保率达到98%以上。社会保险基金累计结余5938亿元，运行总体平稳。参加失业保险、工伤保险、生育保险人数分别为1381万、1977万和1392万。正常缴费企业退休人员基本养老金月均水平超过3085元。城乡居民养老保险基础养老金月人均最低标准提高到135元，因工死亡职工供养亲属抚恤金月人均提高95元。

2017年末在册低保对象81.5万人(不含五保)，其中，城镇22.3万人，农村59.2万人。低保资金(含各类补贴)支出6.7亿元，比去年增长31.4%；城乡低保平均标准分别为每人每月739和730元，分别增长9.0%和15.7%。

全年支出医疗救助资金18.4亿元，比去年增长46.0%。中央和省财政投入补助资金58.8亿元，新增各类机构养老床位数2.13万，新建成社区居家养老服务照料中心2150个。

全年发行各类福利彩票156.4亿元，比上年增加5.1亿元，筹集公益金45.0亿元。

(2) 召开医保支付方式改革现场推进会

2017年9月28日至29日，浙江省医保支付方式改革现场推进会在金华市召开，会议贯彻落实全国医疗(生育)保险工作座谈会暨深化医保支付方式改革部署会和全省深化医药卫生体制改革工作电视电话会议精神，科学研判改革形势，总结推广金华等地先行先试经验，深入推进浙江省医保支付方式改革，确保各项改革任务及时落地。

浙江省人力社保厅副厅长蔡国春出席会议并讲话，金华市副市长陶叶萍出席会议并致辞。

蔡国春副厅长指出，随着医改进入矛盾突显期、改革攻坚期、利益调整期，必须对新时期医保支付方式改革面临的新形势保持清醒头脑。各地要深刻领会中央和省委省政府对医保支付改革作出的部署要求，充分认识医保支付方式改革的重要性，切实把这项改革抓深抓实抓好。各级人力社保部门要按照人社部要求，结合自身实际，抓紧推进医保支付方式改革。

蔡国春副厅长强调，医保支付方式改革下一步工作重心是“抓落实”，主要任务是：“一个重点”即年底前完成不少于100个病种的按病种付费支付；“两项试点”即推进金华“病组点数法”支付方式改革试点和基层门诊按人头付费和家庭医生签约服务相结合改革试点；“三个基础”即夯实深化医保总额预算管理、加强医保基金和医疗行为监管、协同推进相关配套改革基础。

蔡国春副厅长要求，各地要倒排时间、拉清单、对对表，集中力量，积极推进医保改革“三突破”、跨省异地就医结算、国家医保目录落地、长期护理保险试点等工作。

浙江省医保改革“三突破”领导小组成员单位、厅医保处、省医保中心、部分省级医院等相关负责人，各市人力社保局分管领导，医保行政、经办机构相关负责人以及当地部分三级医院相关负责同志参加了会议。会议期间，与会人员现场观摩了金华市付费改革实施情况，金华、杭州、台州、衢州、舟山5市作了经验交流发言。

(3) 吴兴区社保大厅标准化建设初显成效

为切实做好社会保险标准化创建工作，着力打造社会保险标准化建设“样板间”，吴兴区社保中心按照“整体推进、全员参与、注重结合、追求实效”的原则，围绕标准化创建五大指标，着力在组织实施体系建设、夯实经办平台、拓展信息运用、强化人才多元建设及健全长效机制等方面全面开展8大标准化建设实践工程。至2017年底，社保标准化建设初步取得了实质性的成效。

——以标准化建设为抓手，提档升级业务大厅功能。一是改造经办场所工程。按照标准化创建要求，完成对经办服务场所基础建设、设施设备的统一改造。经办大厅全面增加了社保标识，按标准化要求进行建设并投入使用。分设柜台受理、接待洽谈、自助查询、等候休息、综合服务及咨询服务 6 大功能区。中心入口处设置咨询引导台、自助终端机、电子触摸屏方便群众取号、咨询；按照《社会保险视觉识别系统》要求，制作应用了各类标准化标志，并对网页版头、屏保背景标识、办公物品摆放等做了统一设置，形成独有的视觉识别形象。二是完善档案管理工程。为立足实现档案管理“集中化”，专门设置档案专用室，严格执行《社会保险业务档案管理规范》要求，对各种门类和载体的档案按标准化要求进行了科学的类别划分，对历史档案做好了系统的整理、归档及现有档案的标准化整理工作。接下来将进一步完善社保档案“电子影像化”工作，由专职档案员根据业务类别建立电子检索和档案信息综合利用目录，逐步实现电子文档一体化管理，提高档案管理水平和应用效率，逐步打造成为档案标准化管理示范点。

——以群众满意为目标，提供全方位优质服务。一是深化阳光政务工程。所有经办事项在浙江省政务服务网予以公开；以宣传栏、电子触摸屏、LED 电子显示屏等方式，公开社会保险法律法规、政策以及社会保险业务流程；定期发送手机短信、通过声讯查询系统查询、网上自助查询打印等形式，及时告知参保人缴费情况、账户结余、待遇调整等个人参保信息；严格执行经办服务一次性告知制、大厅经理制、首问责任制、限时办结制等服务制度。健全人大、政协、纪检、行政、社会、司法社保监管体系和监督电话、意见箱、网站、咨询室群众举报监管机制。二是优化业务流程工程。制定下发《推进医保社保“一窗受理、一站办结”改革工作实施细则的通知》，按照“一窗受理、集成服务”要求，本着优化、统一、便捷原则，合并参保登记、养老待遇审核支付、医疗待遇审核支付、社保关系转移、特病药审批、大病审批 6 大类平行服务窗口，构建“分段把关、分人负责、相互制衡”的经办管理机制，准确把握服务事项的范围内涵，甄别业务类型，精简程序，优化流程，对业务流程进行再造，通过内部系统流转至业务科室，将业务经办从科室内部制约转为科室之间的制衡。三是推进智慧社保工程。逐步建立完善“社会保险网上办事服务大厅”，健全社会保险网上自助服务功能，实现社保关系转移、参保证明等网上自助打印、认证等服务，提高经办事项网上运用和“线上业务”占比。目前，机关事业养老保险网上服务系统已添加了电子签章功能，实现了单位及个人的参保证明自助打印。参保单位无需再跑到窗口，可随时进入网报系统进行查询打印，真正实现“跑零次”，逐步实现社保经办服务“电子化”。

——以创新管理为载体，提升工作人员整体素质。一是推广标准术语和提升人员素质工程。以业务标准化建设为契机，依托日常学习日、社保大讲堂等载体，加大社会保险术语知识培训宣传力度，逐步推进经办人员间、经办人员与服务对象间在日常业务经办交流中推广运用社会保险术语，制定专门的培训计划，对所有干部职工进行轮训，确保标准术语全覆盖，提升标准化建设知识普及率。二是夯实基层平台工程。按照标准化建设要求，扎实推进乡镇(街道)、村(社区)基层平台建设，进一步拓展基层平台社保经办服务内容，加大社保业务系统基层延伸专网建设和业务办理能力建设。2017 年底，城乡居民养老保险中参保登记、待遇核定、信息变更及城乡医疗保险中参保登记、社保卡补换卡等 17 项事务受理权限，已下沉至村社一级平台，实现老百姓不出村即可办理业务。开发电子影像技术和电子档案管理系统，实现乡镇街道经办平台即时扫描资料、即时上传审核备份的方式，审核完成时效比原来提高了 30 倍。在乡镇(街道)人社服务中心配置社保自助服务终端 21 台，实现参保信息、参保证明等业务就近查询和打印，让老百姓在自家“家门口”即可办成业务。

(4) 嘉兴医保综合施策　五项举措助力精准扶贫

近年来，嘉兴市社保局通过五项举措使医保保基本、防大病、兜底线能力进一步增强，缓解了群众因病致贫、因病返贫问题，收到良好的效果。

——全民参保，动态管理“大数据”巩固参保覆盖面。巩固全民参保登记信息比对和入户调查工作成果，2016 年 7 月正式接入省全民参保登记数据管理系统，初步建立了全市统一的包含 14 大项、152 小项数据的人力社保信息资源数据库，基本实现全民参保登记数据与社保业务系统、人口户籍数据及就业状态数据的实时对接与更新。通过系统，对民政救助对象、低保及低保边缘户、残疾人、计生困难户等特殊人群实行动态管理，在社保系统中及时更新，使困难群体既能免缴居民医保费，又能得到基本医疗和医疗救助待遇，防止出现中断参保，影响待遇享受。

——待遇提升，持续提高报销比例及降低起付线。通过放宽用药范围、降低起付线、提高支付比例等，实施更有效、更精准的医疗保险政策。2016 年政策对基本医保与居民医保待遇进行调整，参保人员在基层医疗机构住院治疗的，在降低起付线的同时比三级医疗机构提高 10%报销比例；在实施基本药物制度的基层医疗机构，门诊统筹段报销在其他医疗机构报销比例基础上增加 30%，并取消基本药物目录中的乙类药品自负比例。同时，提高大病保险报销比例，在年度内发生的住院医疗费用按居民医保政策规定报销后，大病保险对其个人累计自负医疗费用超 1.5 万元以上部分，按上不封顶的累进比例进行补偿。

——精准施救，全力托举重大疾病患者疾病负担。对需长期依靠门诊及药物治疗的规定病种，可视作住院费用，按三级医院同档次比例支付且不设起付标准，并不断简化申请门诊规定病种手续，至 2017 年已扩大到恶性肿瘤放化疗、尿毒症、器官移植抗排异治疗、重性精神病等 15 种病症纳入规定病种范围。同时，2017 年首次将戈谢病、渐冻症、苯丙酮尿症 3 种罕见病纳入医疗保障范围，由基本医保、大病保险、医疗救助逐层分担化解其诊疗费用和特殊药品费用。

——便捷服务，"上网下乡"保障医疗费即时结算。巩固扩大"服务下乡"成果，市本级已实现居民医保报销、转院就诊备案等多项医保业务在镇(街道)受理或直接办理。实现市本级三级医院市民卡"诊间结算"，大大缩短患者挂号、付费排队等候时间。"市民之家"APP 具备医保账户查询、就医报销查询、医学知识、网上购药等自助服务功能。2017 年实现在线办理医保账户"家庭共济"业务，减少参保群众看病现金支出，提高职工医保基金使用效率，活化个人历年账户。

——部门协作，一站式联网结算开创合作新模式。市本级建成全省首个医保—民政医疗救助实时结算系统，通过与民政、残联数据实时对接，将优抚、救助对象的信息同步录入，实现了民政救助一类、二类人员及残疾人等特殊人员医疗救助待遇的跨部门、一站式结算，基本解决了医药费垫支和二次报销往返奔波问题。

(5) 嘉兴成为浙江首家试点医保移动支付的城市

2017 年，嘉兴市社保局与阿里巴巴公司开展合作，试点医保移动支付，使嘉兴成为省内第一个可以使用医保移动支付的城市，这也是继深圳、镇江之后全国第三个实现该功能的城市。今后，嘉兴市民去医院看病，完全可以在手机上完成挂号、缴费、查看报告等全过程，无需携带现金和社保卡。首次使用时，嘉兴市民可以通过支付宝绑定社保卡，在挂号和诊间缴费的时候，用手机就能一键完成医保＋自费金额在线移动支付。此前，包括嘉兴市第一医院、嘉兴市第二医院、嘉兴市中医院、浙江省荣军医院在内的几家三甲重点医院，已经实现了在支付宝上挂号、缴费查报告的移动就诊服务，但只支持自费部分的手机支付。

2016 年底，市社保局就已经和支付宝启动了合作对接，目前初步确定首家医保移动支付试点医院为嘉兴市中医院，4 月中旬上线试运行。上线后，将大大缩短排队时间，提升就医体验，有助于缓解医院"三长一短"的老难题。实现医保移动支付，使市本级 64 万基本医疗保险参保人员受益，并将切实推动居民生活便捷化、公共服务高效化，提升群众幸福感。

4. 安徽省社会保障情况与措施

(1) 安徽省社会保障基本情况

2017 年末安徽省参加城镇基本养老、基本医疗保险人数分别为 1078.39 万和 2107.49 万。参加失业保险人数为 472.41 万，全年为 15.9 万名失业人员发放了不同期限的失业保险金。全省参加工伤、生育保险人数分别为 565.55 万和 553.73 万。城乡居民养老保险参保人数 3429.46 万。参加新型农村合作医疗的农业人口 4653.7 万人，参合率为 103.07%。

2017 年末安徽省 47.9 万人享受城市居民最低生活保障，155.5 万人享受农村居民最低生活保障，农村五保供养 39.8 万人。全年民政部门直接救助 193 万人次，资助参加基本医疗保险 485 万人次。

(2) "全民参保计划"取得积极进展

根据安徽省"社会保险三项重点工作百日攻坚行动"部署要求，在省人社厅党组的高度重视、有关处

室单位大力支持下，省社保局职工养老保险中心多措并举、精准发力，深入推进“全民参保计划”，取得了积极进展。截至 2017 年 11 月初，全省全民参保登记数据内部、跨部门、跨地市和跨省比对全面完成；省级全民参保登记库按期建成，实现部、省、市三级联网，入库人数 6800.07 万。根据人社部社保中心10 月 31 日通报，安徽省“全民参保计划”各节点任务完成了部里确定的目标，主要指标达到或超过了全国平均水平，人社部《社会保险工作信息》专刊向全国介绍了安徽省实施部门联动推进全民参保登记工作的做法。

全省采取了一系列积极有效的措施，不断推动全民参保登记工作加快进程。一是制订方案，强化组织实施。省厅全民参保登记工作领导小组不断加强对全民参保计划工作的组织领导，联合省公安、教育、民政、卫生计生部门印发《全面实施全民参保登记工作方案》（皖人社秘[2017]368 号），确定了 2017 年和 2018 年的工作任务。各地也成立相应机构，不断加大对这项工作的组织领导。二是抓好共享，强化协同配合。积极争取公安等部门重视和支持，形成“信息共享、协同联动”的长期合作格局。全省累计投入 943 万元财政预算资金，为工作顺利开展创造了有利条件。三是做好比对，强化入户调查。全省通过市、省、部三轮数据比对，基本摸清已参保和未参保人员情况。将未参保人员作为入户调查登记对象，按县区、街道（乡镇）、村（居）分解，通过多种途径开展调查登记。同时还有针对性地宣传社会保险政策，引导他们积极参保。四是加强培训，强化宣传引导。各地分级分批开展多形式的培训活动，提高经办人员操作能力和调查质量。省社保局印发加强“全民参保计划”宣传工作的通知。通过广播电视、报纸网络，运用新媒体等手段，制作公益广告，播放公益片、宣传片，集中开展宣传活动，营造了家喻户晓、人人皆知的良好工作氛围。五是实行通报，强化工作督导。省社保局建立全民参保登记工作定期通报制度，促进工作落后的地方加快进度。开展专项督导和调研，实地查看进展情况，有针对性地开展指导。不少地方还派出工作小组参与入户调查，现场纠正操作不规范、数据质量不高等问题。

党的十九大报告提出要“全面实施全民参保计划”。这对深入推进全民参保登记工作提出了新要求、新期望、新目标。为贯彻落实好这一重大决策部署，下一步省社保局城镇职工养老保险中心将着重加强分类指导，促进形成全省“一盘棋”、步调一致的工作格局；提升数据质量，形成最准、最全、最新的数据库资源；强化动态管理，推进全民参保登记数据库与业务库实现动态对接、登记工作动态更新；加快信息建设，拓展数据分析、统计汇总、问题数据分发与清理等功能；抓好成果应用，促进工作成果及早服务于扶贫、就业以及政策完善。

（3）实现贫困人口“351”省内异地就医“一站式”结算

2017 年 7 月 11 日，六安市建档立卡农村贫困人口王某某在安徽医科大学第一附属医院出院结算，总医疗费用 201049.95 元，统筹基金支付 123866.68 元，大病保险支付 56725.36 元，民政救助支付 20101.82 元，财政兜底支付 324.34 元，个人账户支付 31.75 元，个人现金支付 0 元，综合保障率近 100%。

自 2017 年 7 月 1 日以来，安徽省贫困人口通过省异地就医结算系统，实现“351”省内异地就医“一站式”结算 1327 人次，总医疗费用 2946.5 万元，统筹基金支付 1731.2 万元，大病保险支付 587.6 万元，民政救助支付 291.2 万元，财政兜底支付 35.5 万元，个人现金支付 301 万元，贫困人口综合保障率接近 90%。省会合肥市的 23 家医院均成功实现贫困人口“351”省内异地就医“一站式”结算，覆盖合肥市主要的三级综合医院和专科医院。

习近平总书记视察安徽时指出：“因病致贫、因残致贫问题时有发生，扶贫机制要进一步完善兜底措施，在医保、新农合方面给予更多扶持。”为此，安徽省专门出台健康脱贫工程实施意见，对建档立卡农村贫困人口实施“三保障一兜底一补充”政策，即健康脱贫兜底“351”和慢性病补充医疗保障“180”工程，并要求实行综合医保“一站式”结算。此项工作列入 2017 年全省 33 项民生工程之一。

安徽省社保局结算支付中心在做好基本医保全国联网和跨省异地就医直接结算工作的同时，勇于担当，主动作为，经过半年努力，全面推进贫困人口“351”省内异地就医“一站式”结算并取得初步成效。

（4）工伤保险省级统筹工作顺利启动

《安徽省工伤保险省级统筹暂行办法》于 2017 年 7 月 1 日正式实施。《暂行办法》结合安徽省实际，提出统一缴费基数和费率，统一待遇计发标准，统一经办管理和信息系统，统一基金预算管理，统一基金调剂使用“五统一”的工作目标。为进一步提高安徽省工伤保险基金的抗风险能力，发挥共济功能，在统一基金预算管理的基础上，建立工伤保险基金省级调剂金制度，弥补解决各地工伤保险基金支付缺口。

省级统筹后，安徽省工伤保险扩面征缴、基金管理、待遇支付以及工伤预防、工伤康复等各项工作都将得到进一步加强，管理服务水平将进一步提升，工伤职工待遇保障水平也将得到进一步提高。

下一步，安徽省将尽快完善相关配套政策，加快全省统一的信息系统建设，强化经办能力建设，进一步保障工伤职工的合法权益，推动安徽省工伤保险制度更加公平、更可持续发展。

(5) 全省机关事业单位养老保险参保登记工作进展顺利

根据安徽省人社厅党组部署，在厅相关处室的全力配合下，省社保局城镇职工养老保险中心将机关事业单位养老保险经办工作作为首要攻坚任务，采取强力措施，全力推进。一是全面动员部署，连续组织召开全省和省直机关事业单位养老保险经办动员会，对推进机关事业单位养老保险经办工作作出周密安排。二是典型示范引路，将工作措施得力、工作效果明显的市、县经验做法加以总结提炼，编印《安徽人社工作简报》进行宣传推广，力求以点带面、推动全局。三是强化督促指导，将机关事业单位养老保险参保率纳入省政府对各市绩效考核核心指标，明确省对各市调待补助资金按参保登记的人数核拨，不断压实责任。

经全省上下共同努力，安徽省机关事业单位养老保险参保登记工作取得积极进展。截至2017年9月27日，全省参保登记人数由“百日攻坚行动”前的5.9万上升到81.9万，其中，在职参保登记人数由4万上升到53.8万，退休参保登记人数由1.9万上升到28.1万。

五　教育事业发展情况

(一) 一市三省教育发展情况

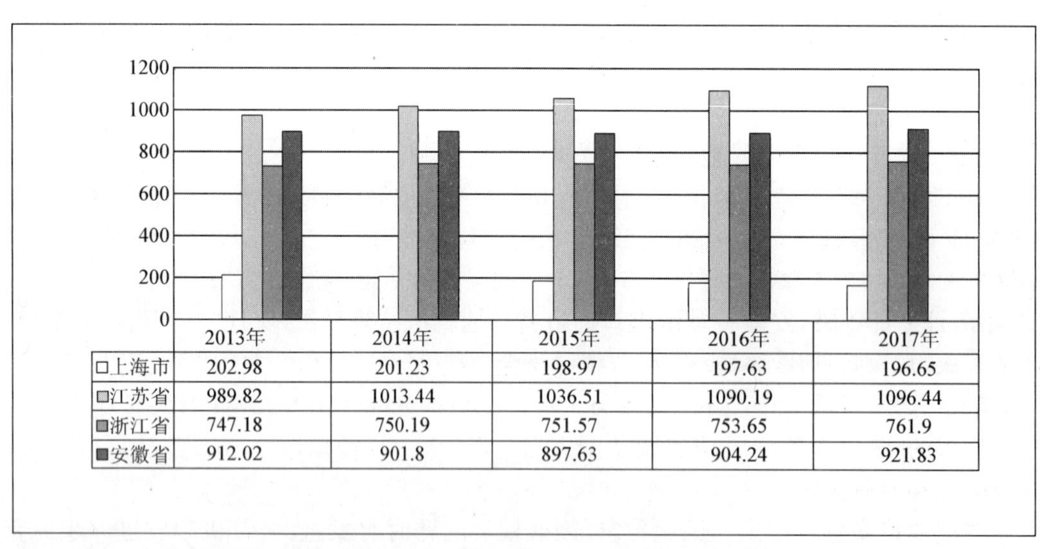

图1　2013—2017年长三角地区三省一市在校学生数(万人)

(二) 促进教育事业发展的措施与进展

1. 上海市教育事业发展情况与措施

(1) 学区化集团化办学覆盖50%义务教育学校

上海市教委公布了《上海市教育委员会关于促进优质均衡发展推进学区化集团化办学的实施意见》和《上海市新优质学校集群发展三年行动计划》两份文件，到2017年底，学区化、集团化办学将覆盖全市

50%的义务教育阶段学校，加入新优质学校集群发展的学校数量扩大至250所左右，覆盖全市义务教育阶段约25%的学校。

上海市教委结合本市实际制订了《上海市教育委员会关于促进优质均衡发展推进学区化集团化办学的实施意见》，到2017年底，学区化、集团化办学覆盖全市50%的义务教育阶段学校，参加学区化、集团化办学的学校要成为达到上海市义务教育学校办学基本标准，学生、家长、社区的满意度平均在85%以上，办学特色基本形成的"家门口的好学校"。为推进落实上述目标，上海市教委要求所有区县推进落实三项举措：

一是激发学校内生动力，采用学校自主组合、行政主导组合等多种方式，实施纵向衔接、横向贯通等多种优质辐射办法。

二是复制推广多元模式，综合采取委托管理、多法人组合、九年一贯制、同学段联盟、跨学段联合等多样化联合办学形式。

三是健全开放联动机制，主要包括：推动课程共享，形成具有学区、集团特点和地域特色的优质课程开发、共享、配送机制；促进师资交流，建立起"骨干教师流动蓄水池"；推进管理变革，创新保障学区化集团化办学运行的理事会制度、章程管理制度、项目责任制、联体评价制等制度；强化校社互动，形成家长、社区参与学区、集团办学的治理机制。

"新优质学校集群发展"主要是指：一批积极探索实践"新优质教育"、有不断变革发展内生动力的公办学校，组成不同形式的实践团队，针对内涵发展的瓶颈问题，深入开展项目研究和实践，不断提升学校的办学水平。

上海市于2011年启动"新优质学校"推进项目，根据文件，预计到2017年，新优质学校集群发展的学校数量扩大至250所左右，覆盖全市义务教育阶段学校总数约25%。这些学校学业质量"绿色指标"达到全市良好水平，学生、家长、社区满意度达90%以上，形成学校的办学特色，成为"家门口的好学校"。

目前，上海市已汇聚近100所项目学校参与"新优质教育"实践，区县层面的新优质项目学校也扩大至120余所。推进新优质学校集群发展主要采取三方面措施：

一是按需集群，开展实践。市级层面重点指导和推进100所市项目学校，各区县教育部门负责组织一批区级项目学校，聚焦课程与教学、管理与文化、评价与改进等领域的瓶颈问题，组成不同项目实践探索团队，因地制宜破解难题。

二是培育经验，推广辐射。对项目学校逐一深度调研，开展个案实证分析，构建问题解决的行动模型，建立"发现—培育—改进—提升"的学校发展机制，形成学校优质发展的基本路径，据此转化为新优质教育实践培训课程，扩大共享辐射范围。

三是培养队伍，打造中坚。在实践探索中，着力培育一支具有新优质教育理念、聚精会神办好"家门口好学校"的高素质校长队伍，建设一支认同和践行新优质教育理念的高水平师资队伍。

为推进学区化集团化办学和新优质学校集群发展，上海市教委在组织领导、经费保障、制度建设、专业支撑等方面提出了明确要求，并将推进工作列入区县教育质量评估指标、年度教育工作评价指标予以考核。同时，上海市教委强调区县不得以"新优质学校"名称对学校命名、挂牌。

上海市教委表示，学区化集团化办学和新优质学校集群发展的核心和目的在于促进优质教育资源的辐射，打造更优质均衡的义务教育，努力实现"教好每一个学生，成就每一名教师，办好每一所学校"，让老百姓共享教育综合改革的成果。

(2) 深化职业教育和高等教育内涵发展

加快应用型本科专业改革。改革存量应用型本科专业，扩大应用型本科专业改革试点，以试点专业带动市属高校自主推动一批专业转型，使其人才培养更加契合经济社会和行业对人才结构质量的需求，据此逐步促进部分市属高校实现整体转型。试点设置新的应用型本科专业，聚焦区域八大重点发展产业，设置现有教育部本科专业目录之外的部分应用型本科专业，逐个形成并实施高质量的人才培养方案，促使人才培养质量与结构契合行业需求。

优化职业教育升学"立交桥"。深化职业教育改革，培养高素质职业人才。出台"专科高职——应用型本科"人才贯通培养试点意见，启动高本贯通培养改革试点。适度扩大中高职贯通、中本贯通改革试点。扩大高职专业"双证融通"改革试点范围，开展第二轮22个高职"双证融通"专业试点。深化实施中职"双证融通"培养模式改革，扩大中职国际水平专业教学标准试点范围。推进新进教师规范化培训和教师每5年赴企业实践1年工作。完善技术技能型人才需求发布制度。积极支持做好申办第46届世界技能大赛。

推动本科教学激励计划向现代大学制度转化。全覆盖实施市属公办本科院校教师教学励志计划。逐步推动高校聚焦保障教学中心地位、保障专业结构与布局合理、保障以骨干教师为主授课、保障教学质量内部监控等方面，建立一流本科教学质量保障制度，作为学校现代大学制度建设的组成部分。

(3) 构建完善终身教育"立交桥"

办好上海开放大学。贯彻落实《教育部关于办好开放大学的意见》，明确上海开放大学及其办学系统的发展定位，着眼基层、着眼行业、着眼社区，广泛开展职工教育、社区教育、老年教育和各类培训，发挥开放教育优势。营造数字化学习环境，建设远程学习服务中心、"云教室"、虚拟实验室和实训室，满足学习者在线学习需求。提升线下支持能力，完善上海开放大学及其办学系统，确保为学习者提供线下教学、学习讨论、考试测评、评价反馈等服务，形成遍布全市的开放教育网络。丰富优质课程资源，充分吸收高校、研究咨询机构、行业企业、用人单位参与课程建设，保证内容的科学性和专业性，提高课程的实用性和针对性。创新学习组织形式，完善注册学习制度，深化学分制改革，保障学习者自主灵活安排学习时间，形成以学习者为中心、基于网络自主学习、远程支持服务与面授相结合的教学模式。强化质量保障，加强对教学全过程和学生学习效果的监测与评价，完善课程学习考试制度，严格课程、学历、学位等证书获得的标准和程序，形成"宽进严出"的制度安排。

优化终身教育"学分银行"运行机制。完善个人终身学习电子档案，确保一人一档、终身有效。加快打通学习者在正规教育和非正规教育中获得的学分、证书、工作和生活经验及技能等进行互认通道，实现学习成果转换。探索推进高校、行业、企业和用人单位通过协议或联盟等方式，推进相互之间学习成果互认。探索建立"学分银行"，将学习者的各类学习成果转换成学分进行存储，实现不同类型学习成果的转换，为学习者申请相关学历证书、学位证书、毕业证书、资格证书等提供依据。

(4) 鼓励社会力量多元参与办学

创新政府支持社会力量办学机制。按照新修订的《民办教育促进法》规定，出台上海市鼓励社会力量兴办教育的若干规定，进一步支持社会力量办学，优化民办学校改革发展政策环境。

支持民办学校加快改革发展步伐。深化非营利民办学校示范校建设，引导民办学校向公益性、特色化方向发展。完善民办学校财务管理制度，探索融资新机制，完善上海民办教育基金会运作机制，支持民办学校设立教育发展基金会等组织。探索民办教育第三方独立评价机制。支持部分民办高校试点建设应用型特色高职，促进特色办学。

(5) 提升教育国际化服务力

支持推进中外合作办学。积极稳妥探索高质量中外合作办学模式，总结借鉴上海纽约大学本科教学成功经验。在教育部支持下，稳步推进理工农医类专业中外合作办学项目审批权下放至高校试点，支持高校稳步推进国际化办学。支持高校与国际组织合作举办二级学院，创新中外合作办学二级机构管理体制机制和人才培养模式。主动为中国(上海)自由贸易试验区经营性合作办学培训机构设立与发展提供各种便利服务。

主动参与全球教育服务。推进联合国教科文组织二类机构"上海国际教师教育中心"立项与建设，积极提供国际教育公共服务。进一步参与教师教学国际调查(TALIS)，推进构建中国特色、上海试点的教师专业发展指数和教师发展质量监测机制。

(6) 提升教育信息化支撑力

构建支撑教育改革的信息化环境。完善教育信息化标准规范体系。推进上海大规模智慧学习平台

(微校)建设,完善市场运行机制,进一步扩展服务规模。加快建设上海教育综合管理与决策支持平台,启动试运行,为上海市教育系统各单位提供数据资源服务。建设上海教育数据中心,满足业务增长需求。加强上海教育资源中心建设,初步建成资源配送服务体系。推进上海教育认证中心建设,完成上海市教育身份认证体系标准规范,实现信任子域和应用加盟示范。

增强信息化服务教学管理变革的能力。以数字教材为抓手,加快建设基础教育教师备课和学生学习数字化支持系统。完善上海市高中名校慕课平台。加快职业教育和高等教育虚拟实训环境建设,丰富教育教学数字资源,搭建优质课程资源共建共享数字平台。

2. 江苏省教育事业发展情况与措施

(1) 着力做好五大教育民生实事

2017 年,江苏教育紧紧围绕省十三次党代会对教育提出的新要求,聚焦重点难点,夯实高水平全面小康社会的教育和人力资本根基。为此,江苏省教育厅切合实际,出台了五项教育民生实事。

一是推动基础教育优质发展。加大统筹推进县域内城乡义务教育一体化发展,推进义务教育学校标准化建设、改造薄弱学校,推动教师校长交流轮岗制度化、常态化,教师培养培训补充向乡村倾斜,新建乡村骨干教师、校长培育站 200 个,为乡村学校培养 2000 名学科带头人和 4000 名后备骨干教师。新建、改扩建幼儿园 300 所。

二是推动职业教育创新发展。进一步深化校企合作与产教融合,构建"中职—高职—本科"更加通畅的技术技能人才培养立交桥。

三是推动高等教育内涵发展。持续推进高水平大学建设,制定高校分类发展意见,引导一批本科高校向应用型转变,制订有利于激发科技人员创新活力的政策举措,推动高校科技创新和成果转移转化。

四是推动社会教育加快发展。继续推进社区教育机构标准化建设,建设一批社区教育示范区。完善终身教育学分银行建设,实施农民工求学圆梦行动计划。

五是进一步推动教育惠民。实现残疾儿童义务教育全覆盖并向两头延伸。持续完善扶困助学体系,重点落实普通高中和普通高校建档立卡家庭经济困难学生免学费政策。继续做好外来务工人员随迁子女和留守儿童教育工作。推进大学生精准就业服务与指导,确保初次就业率不低于 70%、年终总就业率不低于 90%。

(2) 优质均衡,微调体制,义务教育体制机制稳中求改

江苏省巩固义务教育均衡的成果就必须实现从"基本均衡"到"优质均衡"的转变,义务教育不仅要求均衡,更要"优质""特色""个性"。任何一个人均 GDP 达到 1 万美金的市、县(市、区),都应从义务教育基本均衡进入义务教育优质均衡发展阶段,将义务教育优质均衡作为未来义务教育发展的战略目标。

从"低重心"到"高重心"的体制安排,一是建立"省级统筹、市县为主、社会参与"的义务教育办学体制,加大省、市两级政府的责任担当与投入力度。明确义务教育作为公共产品的属性,保障社会、市场参与的权利,有效扩充义务教育经费渠道,构建多样化办学格局,增强义务教育发展活力。

二是建立各级政府经费分担机制。可以有以下三种机制:1. 以"生均公用经费"为主线的分担机制。目前已经开始实施,中央按生均公用经费国家标准承担 50%,建议省级政府按公用经费省级标准承担 80%,在设区市范围内统一生均公用经费标准,按市级标准设区市承担所有剩余的公用经费,其余经费仍然"以县为主"。2. 以"生均成本"为主线的分担机制。建立全国统一的生均成本基数,中央、省、市、县级政府承担相应比例。3. 以"教师工资"为主线的分担机制。原则上,中央负责教师国家标准工资基本部分,省或市县出台的地方补贴和津贴分别由省级或市县级政府承担。县级政府承担生均公用经费和学校建设费用。

三是进一步明确学校办学自主权。政府应给予学校更多的自主权,尤其是在教育专业范围内的所有权力应全权交给校长,如依法办学的自主权、学校管理的自主权、课程教学的自主权等。改变完全由县区政府任命义务教育学校校长的体制,由上级教育行政部门与县区政府共同任命校长。

(3)"促减负,保平等"南京两大教育措施彰显人性

2017年年底,江苏教育报刊社公布了"2017年江苏教育十大新闻",其中,"弹性离校"和"均衡分班办学"这两大创新举措是南京教育民生实事中最值得称赞的。

"弹性离校",就是指过去所谓"小课桌"服务的延伸,这一举措的好处在于方便了因"孩子放学早家长下班晚"而导致的"时间差"上的不协调,这一举措深受广大教师和家长的喜爱,因为这既有利于小学生在校与教师共同完成探索教育,学习书本之外更多靠实践获得的真知,也有利于家长自主安排接送,避免了城市交通不便的压力。2017年春季学期开始,南京市所有公办、民办小学从每学期开学第二周起实行"弹性离校"制度,为全市小学生免费提供延时照顾服务。目前在全市300多所公办、民办小学报名参加"弹性离校"的小学生达7万多人,约占全市小学生总数的18.4%。学生家长对学校"弹性离校"工作总体满意度超过85%。据测算,"弹性离校"大大节约了家长的交通成本和课外教育成本,共计节省费用约3.6亿元,切实维护了校园教育资源的合理利用。

"均衡分班办学",是根治"中学教育滥分班"的一把"尚方宝剑"。2017年6月,《关于做好全市义务教育阶段学校均衡分班工作的通知》文件出台,滥分班的非理性现象一去不复返了。通知要求,全市所有义务教育阶段学校不论公办民办,一律均衡分班,确保教学工作的公平与公正。严禁以实验班、特长班、双拥班、摇号生班、住校班等名义变相分设重点班和非重点班,有力地从根源上避免了教育歧视和教育资源的不平等,获得学生家长的一致好评。据了解,自2017年秋季学期起,每所学校都实施了均衡分班。为了使教育在阳光下进行,学校还在分班过程中邀请家长代表、学校责任督导员、教育部门纪检监察人员参与监督,教育机关也对24所热点学校均衡分班工作进行了现场巡视。

(4)"五措施""四坚决"综合整治校外培训办学

2017年,江苏省教育厅明确表态,将联合民政部、人力资源和社会保障部、国家工商行政管理总局、公安部和法制办等部门通过"五措施"和"四坚决",开展校外培训机构专项治理行动。

一是深化招生考试改革。要实行招考分离,即"学什么与考什么分离",不能"一考定终身",考试制度不改革,减负就不可能有实质性的改观。建立科学的教育成绩评价体系,注重平时成绩的考查,让学生通过各种教育途径,都能学到所需要的知识技能,都能获得成功。

二是大力推进教育公平。目前江苏省在促进教育均衡发展上,仍以名校带弱校或"集团化"管理为主要模式,并没有真正意义上实现名校与弱校的互动和一体化,要在师资、经费、器材等逐步实现共享,逐步缩小薄弱学校与名校、重点学校的办学差距。

三是大力整顿教育培训市场。教育培训市场必须整顿、必须净化。为此,江苏省相关职能部门牵头成立"整治"工作领导小组,建立起跨部门统筹协调、协同推进的工作机制,发挥教育、人社、工商等部门联合整治的作用,进一步明确对教育培训机构的监管责任主体,对违规办学的严肃清理,对破坏教育生态的坚决打击,对虚假宣传、利益勾结的重拳严惩,以好制度编织多元监管红线。为此,江苏省教育厅厅长葛道凯创设性地提出了"四坚决"方案,标清了教育培训市场不可触碰的红线:坚决关停一批条件不具备、安全环境存在巨大隐患的校外培训机构;坚决严格落实校外培训机构办学准入证制度管理,规范校外培训机构办学,不具备准入条件的坚决终止教学活动;严格要求校外培训机构坚决在营业范围内开展教学活动,营业范围内如有涉及学科教育的内容,必须要向当地教育部门报备,得到许可才可以落实实施;坚决打击一批违反国家的法律法规,损害学生利益的校外培训。

四是切实减轻学生课业负担。开展中小学校"减负增效"行动计划,规范民办学校办学和招生、增强家校协同共育等方面进行"减负"的精准措施。鼓励、支持教育志愿者在社区义务为留守学生开展各类兴趣培训活动,填补学校放学后的监管空白。

五是大力查处在职中小学教师有偿家教。严禁校外培训机构聘用在职的中小学教师,一经发现,取消该机构的办学或培训资质,并规定五年内不得办理相关的从业执照。严格教学质量管理,对每个教师的教学水平、质量、效果进行评估,让教师的精力和责任回归校内课堂,把工作业绩与工资绩效、职务、职

称等挂钩。

(5) 智慧教育峰会在无锡召开

9 月 11 日,2017 世界物联网博览会智慧教育峰会在无锡举行,本次峰会以“科技改变学习”为主题,来自全国各地的教育届、科技界等相关领域的负责人、专家围绕物联网技术与教育融合发展进行深入研讨,交流分享在探索与实践应用中取得的丰硕成果。

峰会期间,与会嘉宾、代表围绕“物联网背景下的教与学方式变革”“物联网时代,技术与教育如何深度融合”进行对话,深入探讨推进教育信息化,发展智慧教育,创新解决教育、教学、管理等方面的问题。另外,智慧教育峰会 VIP 代表团还来到了无锡教育信息化管理服务中心、无锡教育电视台进行了考察参观,一流的信息化教育设备给考察团留下了深刻印象。来自国内外的 300 多名教师和专家还走进锡师附小,近距离地感受 OKAY 智慧课堂中,老师和学生“教”与“学”方式的变革。

无锡教育信息化充分利用物联网、移动互联网等信息技术,为教师、家长和学生的互动提供支撑,形成便捷通畅的家校互动机制,实现“学生—教师—家长—学校”多元互动,以信息化促进教学变革与创新,稳步走进“物联网+智慧教育”时代。无锡将继续按照“统筹规划、顶层设计、试点先行、示范带动、分步实施”的策略,分级分类推进智慧课堂试点、智慧校园建设。到 2020 年,全市将建成 100 所智慧校园示范校,100%的高校和职业学校,60%以上中小学达到省定智慧校园建设标准。坚持创新、协调、绿色、开放、共享的发展理念,聚焦课堂、融合创新,以“智慧课堂”试点学校建设为契机,促进各学科教学内容和教学模式的改革,增强师生信息素养和创新能力,切实提升教育教学的现代化水平。

3. 浙江省教育事业发展情况与措施

(1) 高考改革平稳落地,走完新高考“最后一公里”

2017 年是浙江省高考改革国家试点的“落地年”,各地各高校把平稳推进高考改革试点作为教育工作的重中之重。全省教育系统统一思想,认真细致做好考试招生各个环节工作,研究新情况新问题,对高考改革试点进行总结评估。

新高考招生录取方案制订工作历时两年,在广泛调研征求各方面意见和分析基础上,1 月 6 日,新高考招生录取方案公布。按照改革方案的要求,录取不分批次,实行专业平行投档,填报志愿与投档按考生成绩分段进行。

6 月 8 日,浙江 29 万余名首届新高考学生迈出考场,自信地迎接人生的新阶段。对于 2017 年的浙江新高考改革,众多目光聚焦,无论是参与考试的学生还是关注的其他人,都普遍感觉:选择多元了,出路更多了,大家都淡定了。

首次新高考招生,通过多种选拔模式,拓宽升学路径;实现“普通高考录取率高于以往”的目标,体现了改革红利。据统计,今年普通高校和单独考试招生共录取新生 27.2 万人。其中,三位一体招生省内外 51 所高校共录取 0.78 万人。

在整个高考招生工作的服务中,浙江省全方位运用各类信息技术,建立学生选考、志愿填报和高校录取的网络平台,还建立了严密的监管平台。在 2017 年高考中,全省 9924 个考场全部实现了“网上巡考”。

为进一步深化高考综合改革,11 月 28 日,《关于进一步深化高考综合改革试点的若干意见》出台。浙江以综合评价克服唯分数论弊端,以学考纳入高考、提供多次机会尝试改变“一考定终身”状况,以扩大选择释放学生的个性特长和学习动力。

为更好地适应高考招生制度改革,积极贯彻深化普通高中课程改革精神,浙江省教育厅出台《关于适应高考招生改革进一步做好普通高中学校教学工作的意见》。

而在中考招生制度改革上,浙江省积极探索建立多元的高中招生制度。12 月 27 日,省教育厅正式发布《关于进一步推进高中阶段学校考试招生制度改革的实施意见》。这次中考改革的目标是到 2020 年左右初步形成新的基于初中学业水平考试成绩、结合综合素质评价的高中阶段学生考试招生录取模式和规范有序、监督有力的管理机制，从2017年秋季初一新生入学开始施行。

(2) 推进教育放管服改革，提高教育评估科学性

深化教育领域简政放权放管结合优化服务改革，落实省政府“最多跑一次”的改革要求，深入推进教育管办评分离改革，提高教育评估的独立性、科学性、权威性。2017年，浙江省教育系统加强改革经验的总结推广，推进教育放管服改革。

根据2017年教育部发布的《关于确定教育管办评分离改革试点单位和试点任务的通知》，浙江省作为两个省级教育管办评分离改革综合试点单位之一，积极推进改革。随着教育领域的开放性逐步增强，第三方评估的需求也日益凸显。浙江省积极推进宁波教育评估院、金华教育评估院、浙江省教育评估院等第三方教育评估机构建设。

3月28日下午，浙江省教育厅厅长郭华巍在杭州师范大学仓前校区为“浙江省教育现代化研究与评价中心”揭牌。浙江省首个教育现代化监测评价机构正式成立。

浙江省成立教育现代化研究与评价中心是深入推进“管办评”分离、“放管服”改革重要举措，同时也是高水平推进教育现代化，以科学的指标体系衡量教育现代化发展状况和引领教育现代化建设的现实需求。

(3) 全方位多领域直击教育痛点，深化课程改革不动摇

在课程改革方面，全方位多领域的改革实践正在大刀阔斧地进行中。这场改革覆盖学前教育、义务教育、中等职业教育、普通高中教育等各个阶段，涉及课程设计、招生考试制度、教师管理、学生综合素质评价、教育行政管理等各个领域，直抵教育本源，直击教育痛点，直面重重阻碍，被业内称为“不回头的革命”。

12月20日，浙江省发展学前教育第三轮行动计划和幼儿园课程改革部署培训会在宁波市海曙区召开。浙江提高普惠性幼儿园比例，建立幼儿园保育教育质量评估监管体系，开发、实施与评价园本化课程方案，努力保障浙江省每一位幼儿从“有园上”迈向“上好园”。

2017年开始的浙江义务教育课程改革首次把义务教育课程分成基础性课程和拓展型课程两大类。全省中小学从试点推广到全面推行，基于自身特色重新搭建课程结构、培训教师和重构评价体系，开展可供学生选择的拓展性课程。

当前，浙江省教育科学研究院的调查数据显示：教学改革后，大部分学生成绩同比有一定程度的提升，高达95.5%的学生认为课业负担减轻了，有63.9%的学生认为自己的课余生活丰富多彩，高于同期浙江省小学生课余生活指标近20个百分点。

在普通高中方面，改革的重心是减少必修课、增加选修课。迄今，全省学校已全面建立知识拓展、技术技能、兴趣爱好、实践研究四大类选修课程体系，选课走班已从选修课扩大到必修课。平均每所学校开发开设了102门选修课，约有70%的教师参与了选修课程开发，64.4%的教师兼任了选修课教学。

另外，普通高中课程改革中，教育信息化理念不断深化。在深化普通高中课改中，浙江省汇总开发了千余门包括知识拓展、技术技能、兴趣爱好、实践研究四大类普通高中选修网络课程，为学生提供“课程共享、分校组班、自主选课、学分获取”一站式服务。

在中等职业教育课程改革领域，“弘扬工匠精神，打造技能强国”已经渗透到中职学校课程改革进程中，目前全省已有242所中职学校参与课改，占学校总数的93.8%。浙江职业教育课改紧紧与“努力让每个人都有人生出彩的机会”的目标相契合。省教育厅长郭华巍在2017年浙江省暨杭州市职业教育活动周启动仪式上指出，“当前我省实施创新驱动发展战略对职业教育提出了新的定位，产业转型升级对职业教育提出了新的需求，我们要发扬‘干在实处、走在前列、勇立潮头’的浙江精神，加快推进职业教育现代化建设，把职业教育融入浙江现代化建设大局，努力为全国创造职业教育的‘浙江样板’”。

(4) “促进”“规范”两手抓，深入推进民办教育综合改革

为推动民办教育健康发展，进一步规范民办中小学的管理体制和办学行为，完善招生办法，维护公

办民办协调健康发展的教育生态。2017年,浙江省教育系统深入推进民办教育综合改革"促进""规范"两手抓,各地多措并举,推进民办教育改革,激发民办教育发展活力。

为贯彻落实新修订的《民办教育促进法》和国家相关政策要求,全省教育系统纷纷着力加大民办教育改革力度,推进多元化发展,寻求公办民办协调发展的健康生态。

6月,温州市平阳县出台《平阳县民办中小学"三项工程"建设活动实施方案》,积极引导具有潜力的民办学校制订特色建设计划,实现"一校一品牌、一校多特色",为社会提供多元化的教育产品。

8月,丽水市青田县"多措并举",落实《青田县关于加快民办教育发展的实施意见》,完善幼儿园考核机制,把等级幼儿园标准内容作为考核的基础性指标,建立县政府领导兼任教育特邀督学制度。

12月,衢州市为激发民办教育的发展活力,将民办教育经费纳入到公共财政体系当中,以民办职校、幼儿园为重点,采取强力措施促进民办学校转型升级;同月,湖州市吴兴区对2017年新设立的10家和涉及变更的14家民办学校严格流程要求,通过年检、诚信办学先进集体等检查评比和各项专题培训活动规范办学行为。

(5) 做好新时期教育对外开放工作,深入推进国际化建设

新时期教育对外开放工作以"一带一路"为契机,深入推进国际化特色高校和示范性中外合作办学项目建设,着力优化来华留学生的结构和来源,注重特色,深化中小学"千校结好"活动。2017年,浙江省教育系统积极加强境外教育交流与合作,打造良好留学环境,推进教育国际化。

10月31日至11月2日,由浙江省教育厅、省商务厅共同举办的浙江(捷克)国际教育展在捷克布尔诺举行。浙江省组织34所高校来到捷克,除了宣传浙江的高等教育,更创造与捷克教育机构寻求合作的机会。

12月8日,浙江省第十一届"梦行浙江"外国留学生中华才艺展演在浙江旅游职业学院体育馆举行。"梦行浙江"是浙江省外国留学生教育的品牌项目,旨在更好地宣传浙江改革开放的成就,营造浙江良好的留学环境,培养留学生们"知浙、友浙、亲浙、爱浙"的情感。2017年,活动吸引了来自50多个国家的600余名外国留学生踊跃参加。

近年来,浙江省高等教育国际化快速发展,高校外国留学生规模不断扩大,留学生教育质量不断提高。2017年浙江省高校国际学生共计34550人,比去年增加13.5%,其中长期生28019人,同比增长12.2%,占总人数的81%。攻读学位的国际学生17389人,同比增长19.1%,占总人数的50.3%。

2017年,全省中小学"千校结好"活动继续展开。杭州市西湖区"千校结好""百校结对"成果颇丰,区中小学校新增海外友好结对学校25所,出访团组31个,因公出访师生871人,着力"外延""内炼"双线并行推进教育国际化发展。

4. 安徽省教育事业发展情况与措施

(1) 对标看齐,稳中求进,推进职业教育内涵发展

4月21至22日,安徽省教育厅在蚌埠召开2017年度全省职成教工作推进会。各市、直管县教育局、淮北市职教办分管同志,厅属中专学校校长和厅相关处室负责人以及省职成教学会负责人参加会议。省教育厅副厅长解平出席会议并讲话。会议要求,全省职成教战线要紧紧围绕迎接、学习、宣传、贯彻十九大这一主线,按照围绕中心、服务大局,稳中求进、内涵发展,问题导向、创新推动,真抓实干、注重实效的基本思路,着力推进安徽省职业教育朝着现代化目标奋进。

解平指出,"2017年安徽省职成教工作要坚持稳中求进,强化内涵发展,做到'三稳''三进',切实'抓好三个重点''补齐三个短板''攻克三个难点'"。"三稳",即方向要稳,坚持服务发展、促进就业,培养工匠和技能人才的办学方向;目标要稳,必须加快构建从中职到高职再到应用型本科的职业教育的体系,必须做强中职、做优高职、做大培训和做好职业启蒙教育;阵地要稳,要下力气打好中职教育这个基础,毫不动摇地坚持职普比大体相当的原则。"三进",即服务要进,职业教育服务供给侧改革要跟进;内涵要进,职业教育体制机制改革、模式创新和产教融合等要跟进;队伍要进,高水平的职教师资队伍建设要

跟进。“抓好三个重点”，就是进一步做好整合资源、优化结构，进一步加强师资队伍建设，进一步提高职业教育教学质量。“补齐三个短板”，就是补齐办学条件短板、补齐人才成长通道不畅短板和补齐终身教育体系短板。“攻克三个难点”，就是要全力攻克中职招生、校企合作和民办职业教育发展等难题。

(2) 多措并举，促高校招生计划管理科学规范

8月2日安徽省教育厅召开了新闻发布会，针对高校招生计划审批成为违纪违法案件易发多发领域这一问题，省委教育工委、省教育厅明确，坚持问题导向、刀刃向内，将高等教育招生计划管理纳入巡视整改、“两学一做”学习教育、“讲政治、重规矩、作表率”专题教育活动，以及委厅“讲看齐、转作风、树形象”专项行动等内容，采取迅速行动、立行立改。通过立规矩、建机制、严监管，确保招生计划安排权力不被滥用，促高校招生计划管理科学规范。

创新测算模型，压缩招生计划编制“弹性空间”。为改变过去招生计划寻租空间大、廉政风险大的问题，安徽省委教育工委、省教育厅研究制订了招生计划测算模型。该模型以“十三五”规划核定的高校规模为基数，依据公办高校年度综合考核情况、民办高校年检情况、高职院校分类考试改革推进情况、基本办学条件、高水平师资队伍建设情况、计划完成率、就业率、教学水平评估情况、专业结构调整和评估情况、校内资助政策执行情况10项具体指标，按相应比例增减招生指标。减少主观随意性，使招生计划编制由“无序”转变为“有据”。该模型已在今年本专科招生计划管理中试行，有11所本科、21所专科高校调增计划，有9所本科、19所专科高校调减计划，最大调减比例本科高校为22%，专科学校为25%。通过模型测算来安排招生计划，受到高校的一致好评。过去高校登门公关跑计划、要指标的情况也随之消失。

从严科学限权，规范招生计划管理权力运行。2017年以来，安徽省委教育工委、省教育厅将高校招生计划管理纳入“三重一大”事项，坚持集体决策，坚决防止少数人、个别人说了算。在操作层面，牵头处室建立AB岗制度、来人来访双人接待制度、处务会制度。在处室层面，强调处室联动，11个相关业务处室都要根据职能，依据招生计划测算模型提出意见。在领导层面，强调集体领导集体决策。在编制招生计划时，按照测算模型的要求，牵头处室提前征求相关处室意见、处务会议研究、及时汇总高校年度数据，提出调增或调减的初步建议，经分管领导、主要领导审批后，提请省委教育工委会议集体研究决定。未经工委会议集体研究决定的“三重一大”事项，不得发布，不得执行。

主动公开公示，招生计划管理过程阳光透明。阳光是最好的防腐剂。省委教育工委、省教育厅坚持招生计划“四公开”，防止权力被滥用。一是程序公开。凡是与招生计划相关的决策程序、编制依据、监督执行等相关的制度规定，如《“三重一大”事项决策实施办法》《招生计划管理规程》《高职(专科)计划管理办法》《招生计划测算模型》等，均向高校和社会公开。二是过程公开。招生计划编制坚持“三上三下”程序：“一上一下”即安徽省向教育部申报招生计划总盘子，教育部下达；“二上二下”即学校申报，省教育厅根据模型确定下达分校计划；“三上三下”即各校上报分专业计划，省教育厅审核后会同省发改委下达年度招生计划。三是结果公开。按照政府信息公开要求，每年编制的分校分专业招生计划在向高校下达之前，向社会公示一周，接受社会监督。四是执纪公开。驻厅纪检组在第一时间介入年度招生计划形成过程，全程受理投诉、信访举报，并根据需要随时开展专项执纪检查。通过抓早抓小，及时纠偏，彻底杜绝招生计划寻租空间。

(3) 安徽省高校教师职称评审权全部下放

为贯彻落实好国务院关于简政放权、放管结合、优化服务要求，扩大高校办学自主权，不断深化职称制度改革，7月28日，安徽省教育厅、省人社厅联合印发了《安徽省高校教师职称评审权下放工作实施方案(试行)》，将全省高校教师职称评审权全部下放至各高校。目前，各高校按照文件要求，正积极组织开展2017年高校职称评审工作。主要做法是：

做到应放尽放。将本科高校和高等职业院校教师系列和实验系列专业技术职务任职资格评审权工作，一次性全部下放至各高校。

树立正确导向。坚持以品德、能力、业绩为导向,计算机和外语不再作为职称申报必备条件,克服唯学历、唯资历、唯论文的倾向,科学客观公正评价各类教师,为不同类型的教师提供适合其职业晋升的发展通道。

注重过程管理。《方案》要求各高校科学制定本校教师职称评审工作实施方案,并成立年度评审专家委员会(下设若干学科评议组),上报省教育厅审核备案后方可实施。省教育厅建立省级高校职称评审专家库,为各高校提供指导帮助等服务工作。公办高校应在省人社厅核定的各校岗位设置结构比例范围内,开展评审工作。

做好结果备案。各高校严格按照评审实施方案开展各项工作,做到评审政策公开、标准公开、程序公开、结果公开。并于每年 12 月 15 日前,以书面形式将评审结果报省教育厅、省人社厅备案。

坚持放管结合。省教育厅、省人社厅将依照职称评审的相关法规和政策,加强对高校教师职称评审工作的监督管理。对违反评审程序和规定,或无故不开展职称评审工作的学校,将追究学校领导班子及相关人员的责任;对违反评审纪律或利用职权徇私舞弊,打击压制专业技术人员的评委会及其专业(学科)评议组人员,取消其评委资格,并追究其责任。

(4) 出台意见统筹推进县域内城乡义务教育一体化改革发展

3 月 27 日,安徽省政府印发《关于统筹推进县域内城乡义务教育一体化改革发展的实施意见》,提出实现城乡义务教育学校建设标准、教师编制标准、生均公用经费基准定额、基本装备配置标准的统一,实现"两免一补"政策城乡全覆盖。预计到 2020 年,安徽省将基本消除城乡二元结构壁垒。

安徽省要求各地结合实际制定控制和消除大班额专项规划和实施方案,力争到 2018 年全面消除 66 人以上超大班额,到 2020 年基本消除 56 人以上大班额。安徽省将以消除城镇学校和乡镇中心学校大班额、控制起始年级班额为重点,统筹"十三五"期间义务教育学校建设项目,均衡配置师资并推进常态化交流,实施学区集团化办学或学校联盟,统筹学区划分,合理分流生源,加快消除大班额。

未来几年,安徽省将加快建设城镇学校。针对老城区改造配套学校建设不足和未达到配建学校标准的小规模居住区,由当地政府统筹新建或改扩建配套学校,确保足够的学位供给。各地还将实施"交钥匙"工程,确保配套学校建设与住宅建设首期项目同步规划、同步建设、同步交付使用。

安徽省在示范高中招生到校指标分配方面,未来将向乡村初中倾斜,引导学生就近入学。全省将统筹城乡师资配置。乡村中小学教职工编制将按照城市标准统一核定,其中村小学、教学点编制按照生师比和班师比相结合的方式核定。

全面推进教师"县管校聘"改革,推进"无校籍"管理,按照教师职业特点和岗位要求,完善教师招聘机制,统筹调配编内教师资源,解决乡村教师结构性缺员和城镇师资不足问题。严禁在有合格教师来源的情况下"有编不补"、长期聘用编外教师,严禁任何部门和单位以任何理由、任何形式挤占挪用义务教育学校教职工编制,严禁各种形式"吃空饷"。各地将实行乡村教师收入分配倾斜政策,使乡村教师实际工资收入水平不低于同职级县镇教师工资收入水平。在核定义务教育学校绩效工资总量时,安徽省还将统筹考虑当地公务员实际收入水平,确保县域内义务教育教师平均工资收入水平不低于当地公务员的平均工资收入水平。

(5) 儿童受教育水平稳步提高

安徽省儿童学前教育快速发展。2017 年,全省共有公办幼儿园 3172 所,比 2010 年增加 2073 所,乡镇公办幼儿园覆盖率首次达到 100%全覆盖。学前三年幼儿入园率由 2010 年 48.5%增加到 2017 年的 85.9%,提高 37.4 个百分点;学前一年毛入园率达到 100%。在园幼儿总数 200.9 万人,其中女童 93.4 万人,占 46.5%,比 2010 年提高 2.6 个百分点。

在义务教育均衡发展方面,2017 年,全省九年义务教育巩固率达 93.8%,比 2010 年提高 5 个百分点。流动人口中适龄儿童全部接受九年义务教育。全省义务教育阶段在校学生 642.7 万人,其中女生 292.8 万人,占 45.6%。残疾儿童随班就读保障体系逐步完善,全省特殊教育在校学生达 2.7 万人,比 2010 年增加 1.3 万人。

六　文化事业发展情况

（一）一市三省文化发展

表 1　2013—2017 年长三角地区一市三省报纸、期刊发行种数

	2013 年	2014 年	2015 年	2016 年	2017 年
上海市	726	727	726	726	727
江苏省	594	596	585	587	587
浙江省	292	294	289	293	295
安徽省	278	278	278	278	278

（二）促进文化发展的措施与进展

1. 上海市文化发展情况与措施

（1）上海市公共文化设施建设成效显著

“十二五”以来，上海市文化设施建设成效显著，多项指标全国领先；构建全球卓越城市文化软实力成效显著。随着上海剧场布局的进一步扩散辐射，到 2019 年，广大市民有望真正在家门口欣赏到第十二届中国艺术节优秀节目。

业余去“三馆”成为市民生活方式。5 年来，上海公共文化基础网络设施基本布局建设到位。截至 2017 年 9 月，上海共有市区两级群艺馆、文化馆 24 个，开放运营的标准化社区文化活动中心 216 个，农家书屋 1514 个，居委活动室 3952 个，村委活动室 1265 个。部分社区文化活动中心、部分热门时段实现了“满载运行”，由财政资金投入建设的公共文化服务设施效能逐步体现。“文化上海云”APP 于 2016 年 3 月上线，成为全国第一个实现省级区域全覆盖的文化数字化服务平台，目前注册用户近 170 万，服务人次超过 2200 万。时下，业余时间去“三馆”即参观美术展、博物展，去图书馆阅读、参加各类活动已成为不少市民的生活方式。截至 2017 年 9 月，全市共有美术馆 77 家，其中国有 18 家、民营 59 家，均已全部实现免费开放。每年举办展览数量比五年前翻了一倍，达到每年近 500 场展览，接待观众人次比五年前翻了三倍，每年超过 500 万。全市博物馆共有 125 家，其中免费开放 102 家，80％以上实现了免费开放，全市每 20 万市民拥有 1 座博物馆。每年共举办陈列展览数量超过 800 个，年观众接待量超过 2100 万人次。全市共有图书馆 240 家，其中市级图书馆 2 家，区级图书馆 23 家，街镇图书馆 216 家，每 10 万市民拥有 1.2 家图书馆，人均藏书 3.27 册，均处于国内领先地位。

电影院作为市场竞争比较充分、产业发展指标较明显的文化设施，其逆势上涨的态势十分明显。从 2016 年底开始，上海的影院和银幕数量首次位列全国单列市第一。截至 2017 年 8 月底，全市共有影院 293 家，银幕 1672 块，座位数 241739 个，与五年前相比，分别增长 40％、52％、42％。

（2）关注城市更新与历史文化保护

“2017 上海文化发展系列蓝皮书”5 月 13 日上午发布。由上海社会科学院文学研究所所长荣跃明任主编的该系列蓝皮书，汇集了《上海文化发展报告（2017）》《上海文化产业发展报告（2017）》《上海公共文化服务发展报告（2017）》《上海非物质文化遗产发展报告（2017）》等多项文化发展成果，权威发布上海各文化领域的热点和重要问题，被列为国家高端智库建设的重要成果之一。

一是多元保护历史建筑。蓝皮书特别关注了城市更新与历史文化保护的问题。经历了 20 世纪 80 年代和 90 年代城市大规模的快速建设阶段之后，上海的城市空间已经彻底改变，开始理性地思考建筑文化遗产的保护。上海的历史建筑保护经过近 30 年的探索，已经初步建立了分级保护制度，对不同的

建筑类型和保护性质进行区分，同时也建立了保护机构，如上海石库门里弄保护对象已扩大至约 260 处保护街坊，350 个保护地块。承认历史的变迁，并根据建筑的类型、质量和上海的实际情况，上海市采取多元方式保护历史建筑，例如修缮、加建、移位、扩建、复建等，包括保护建筑的立面，拆除搭建，内部重新改造等，形成了基本符合上海历史建筑特点的现实的建筑文化遗产保护机制和方法。

二是文化服务倾斜基层。精细化治理超大城市，自然也包括了对公共文化服务的精细化治理。如今上海的公共文化服务正在迎来多主体、多力量、多协调的"精细化治理"新时代。做好存量和增量文化公共空间(包括社文中心、文娱场馆、线上线下平台载体等)的"效能提升治理"就是其中一个重要方面。"十三五"期间，上海继续加大公共文化服务向基层倾斜的力度，全市 111 个乡镇中有 107 个乡镇文化活动中心达到了国家和上海市的相关标准。每个中心年均组织文艺活动、展览和培训的次数达到 504 次，年均参加活动人次达到 105609 人；有 97 个乡镇文化活动中心配有文体广场；各中心每周正常开放不少于 56 小时，每天不间断开放 8 小时。

三是文教结合惠及孩子。2017 年初，中央发布了《关于实施中华优秀传统文化传承发展工程的意见》，要求要将传统文化传承发展与国民教育有机结合起来。为此，上海已启动十余年的"文教结合"行动恰巧顺应了国家的号召。2016 年上海全年安排预算经费 2.5 亿元，并形成了跨越文化教育两大系统的专门议事协调机制和工作推进评估机制，共同搭建起了"文教结合"发展平台。在"非遗进校园"活动中，近 30 万上海市中小学生走进"非遗"展馆参观体验，涌现出一批校园"非遗小传人"。上海市专业院团纷纷设立学生艺术教育实践基地，艺术专业人士指导学生社团，为学生上艺术拓展课；上海市博物馆、美术馆等还积极开办跨界艺术教育课程。"文教结合"已经让全市青少年成为公共文化服务的最大受益者。

(3) 上海推出文创"50 条"政策措施

上海市加快文化创意产业创新发展大会于 2017 年 12 月 14 日上午举行。市委副书记、市长应勇强调，文创产业是上海重要的支柱性产业，加快文创产业创新发展，是事关上海长远发展的一项重大战略任务。要深入贯彻落实党的十九大精神和习近平新时代中国特色社会主义思想，坚定文化自信，在市委的坚强领导下，牢固树立抓文创就是抓发展、抓文创就是抓民生的意识，全面落实上海文创"50 条"政策措施，不断提升文创产业竞争力和影响力，切实增强企业和群众获得感，全力打响"上海文化"品牌，为建设国际文化大都市和社会主义文化强国作出应有贡献。

应勇指出，要实现文创产业发展目标，加快建设具有国际影响力的文化创意产业中心城市，必须坚持中国特色社会主义文化发展道路，把牢导向、抓住关键，着力提升文创产业竞争力影响力。要处理好社会效益和经济效益的关系，文化产品必须把社会效益放在首位、实现社会效益和经济效益相统一。无论文创产业怎么发展，都要坚持正确的文化立场，导向不能变、阵地不能丢。要努力追求社会效益和经济效益双丰收，在文化原创力和产品质量上多下功夫，把群众喜欢不喜欢、满意不满意、接受不接受、认可不认可作为最终评判标准，创作生产更具思想性、艺术性、观赏性的产品。要处理好传统产业和新兴产业的关系，两者都是未来文创产业创新发展的主战场，既要加快推动传统产业与新技术、新业态、新商业模式结合，创新发展、转型升级、焕发活力，又要继续培育壮大新兴产业，扩大领先优势，重点是深入推进"互联网＋"行动，推动更多新型文化业态发展壮大，抢占产业制高点。要大力拓展"文化＋"思维，推动文化与旅游、体育等产业跨界深度融合，培育发展一批文化内涵丰富、附加值高的融合型产业。要处理好文化产业和文化事业的关系，两者要相互支撑、相互促进。文化事业繁荣是文化产业兴盛的基础，要继续加强文化事业建设，为文化产业发展创造更好条件。文化产业发达是文化事业发展的保障，要引导文化产业探索更多惠民服务模式，更好地满足群众基本文化需求，体现文化惠民，反哺文化事业。要处理好政府推动和市场驱动的关系，政府要支持文创产业发展，积极营造良好环境，同时也要深化"放管服"改革，把市场能够发挥作用的领域范围让出来，把该放的权放足、放到位。着力解决当前文创企业关切的融资、专业服务、知识产权保护等问题。

应勇强调，文创“50 条”是政策措施的系统集成，要进一步细化分解任务，明确职责分工，协调推进落实。要加强工作统筹，形成服务企业的合力。要大力宣传，深入解读，不仅要让更多企业知晓政策，还要会用政策、用好政策。

2017 年以来，上海市委、市政府深入开展调研，借鉴国际经验，对标兄弟省市发展文创产业的先进做法，并结合上海实际，形成了《关于加快本市文化创意产业创新发展的若干意见》。

上海市委常委、宣传部部长董云虎在会上介绍了《若干意见》的起草背景和主要内容。徐汇区、市文广影视局、东方国际集团、阅文集团、上海张江文化控股有限公司分别作交流发言。

(4) 国际博物馆日，上海 104 家博物馆免费开放

5 月 18 日是第 40 个国际博物馆日。5 月 18 日当天，上海市有 104 家博物馆免费开放，4 家博物馆半价开放。

由国际博协确定的 2017 年“5・18 国际博物馆日”的主题为“博物馆与有争议的历史：博物馆讲述难以言说的历史”。上海市国际博物馆日系列活动将围绕“讲中国好故事，让文物活起来”主题，以全市 125 家博物馆为主要活动阵地，充分联动学校、社区文化活动中心、广场等城市文化空间，大力拓展网络空间，打造“零距离”“零门槛”“零时差”的博物馆。

2017 年 5 月 18 日，“国际博物馆日”主会场活动在五里桥文化活动中心举行，通过中国好故事展演社区行的形式，从青铜器中的创世时代讲到郑和下西洋，从中国共产党诞生讲到航天梦的实现。在讲解员的口中，文物成为与听众“零距离”的故事主角。

以全市博物馆为主阵地，100 余场面向社会的免费文化活动相继展开。临时展览既可以服务本馆参观观众，还可以在结束后配送至各社区文化活动中心方便市民就近参观；互动活动以交互式体验为手段，拉近文物藏品与普通观众的距离；学术讲座通过深入浅出的讲演，加深公众对历史的理解和对博物馆的认同。普陀区的“淮上风物留翰墨——淮安市博物馆藏明清书画展”，松江区的“巧夺天工——良渚玉器展”，上海博物馆“哈有劲——行走上海”活动，金山区博物馆举办的“海上丝绸之路的新发现——上海青龙镇遗址”讲座以及上海中国航海博物馆“DIY 寻宝小潜艇”等活动，都旨在让市民亲近博物馆，与博物馆“零距离”接触。

国际博物馆日，上海市开展“无障・爱”特殊群体进博物馆活动，帮助残疾人和孤独症儿童等走进博物馆，满足特殊人群文化需求，真正做到博物馆参观人群全覆盖。世博会博物馆、上海电影博物馆和上海艺术礼品博物馆推出残疾人走进博物馆专场教育活动，聋哑人、智力障碍者等特殊群体，可以在博物馆中体验活字印刷、画画、泥塑等丰富有趣的文化活动。

当天，全市 40 家博物馆延长开放至 9 点，在“博物馆之夜”里，为白天紧张忙碌的市民或匆忙观光的游客提供独特的夜间参观体验。夜间开放的博物馆还配套开展特色文化活动，上海昆虫博物馆的“庄周梦蝶”让观众在夜间体验蝶翅画创意的乐趣；上海元代水闸遗址博物馆将在夜间开启博物馆蓝色景观灯，通过拼图游戏，让参观者自己动手，拼出古人的智慧结晶，揭开水闸馆的神秘面纱。

为有效整合全市博物馆教育资源，积极推动各场馆之间的联络与交流，搭建有影响力的教育资源共享平台，历经 8 个月筹备的上海市博物馆教育联盟将在 5 月 18 日正式成立。联盟由上海博物馆牵头，目前已有上海中国航海博物馆、嘉定区博物馆、青浦区博物馆等 11 家博物馆加入。

(5) 设立两个“15 亿元”文化基金，撬动千亿级文化市场

2017 年 11 月 1 日，浦东新区人民政府与上海市文广局签订市区战略合作协议，双方通过 7 个方面的 16 项合作，致力于把浦东打造成为主流文化引领、创新文化承载、高雅文化涵养、多元文化融合的高地，这将持续增强浦东的文化活力和影响力，促进浦东文化繁荣兴盛。浦东宣布在未来 5 年累计投入 15 亿元财政资金，创设“浦东新区宣传文化发展基金”和“浦东新区文化创意(影视)产业专项资金”，并将浦东科创集团与人民网签约成立的 15 亿元“人民浦东文化产业基金”，用于投资新区优质文创企业。

依托两个“15 亿元”，浦东将按需求导向、目标导向，助推“上海文创 50 条”政策落地，并撬动千亿级

文化市场。

2. 江苏省文化发展情况与措施

(1) 公共文化服务体系建设整体推进

城乡公共文化服务体系不断完善。2017 年末江苏省共有文化馆、群众艺术馆 113 个，公共图书馆 114 个，博物馆 317 个，美术馆 27 个，综合档案馆 113 个，向社会开放档案 69.1 万件。共有广播电台 8 座，中短波广播发射台和转播台 21 座，电视台 8 座，广播综合人口覆盖率和电视综合人口覆盖率均达 100%。有线电视用户 1997.7 万户。生产故事影剧片 41 部。报纸出版 22.7 亿份，杂志出版 1.3 亿册，图书出版 6 亿册。

公共文化服务水平提升。国家公共文化服务体系示范区、示范项目创建取得新突破，镇江市以优异成绩成功获得第四批国家公共文化服务体系示范区创建资格，盐城市“天天悦读 1+X”全民阅读服务新模式和昆山市“深化昆曲普及—带动公共文化服务效能全面提升”工程获得示范项目创建资格。南京市江宁区第三批国家示范区创建和扬州市、淮安市示范项目创建中期督查成绩优异，获文化部督查组高度评价。组织开展公共文化机构法人治理结构试点，江苏省文化馆等 3 家单位被推荐列入国家试点，13 家单位被列为省试点。分类分批组织县级文化馆图书馆总分馆制建设，率先推进 20 家县级文化馆、32 家县级图书馆开展建设。深入推进基层综合性文化服务中心建设，2017 年共具体落实了 5000 多个村(社区)文化服务中心建设任务。

(2) 成功举办多场文化艺术节

2017 年 5 月 11 日至 5 月 29 日，第八届中国京剧艺术节在江苏成功举办。来自全国的 34 个京剧院团先后在南京、无锡 11 个剧场演出 62 场，上座率达 95 %，观众 6 万余人次。29 台参演剧目、5 台武戏折子戏专场和 2 台祝贺演出剧目集中展现了近三年来我国京剧艺术传承与创新发展的最新成果，是自 1995 年京剧节创办以来规模最大、持续时间最长的一次京剧艺术盛会。省文化厅和省演艺集团联合出品的现代京剧《向农》作为闭幕式演出精彩亮相。

2017 年 12 月 16 日至 2018 年 1 月 10 日，第三届中国歌剧节在主会场南京及无锡、常州、徐州 3 个分会场举办。本届歌剧节共有 23 台优秀剧目参加展演，数量为历届之最，其中中国题材歌剧 14 部，经典民族歌剧 5 部，外国歌剧 1 部，特邀参演剧目 3 部。歌剧节期间，还开展一剧一评、下基层演出、歌剧公益讲座等系列活动，多层次满足人民群众的文化需求，促进歌剧事业的繁荣兴盛。省文化厅和无锡市人民政府联合出品的民族歌剧《二泉》成功参演，受到好评。

2017 年 9 月 8 日至 10 月 9 日，第三届精彩江苏艺术展演月在主会场南京及徐州、常州、镇江 3 个分会场举办。展演月期间共有 27 台我省优秀剧节目、6 台祝贺剧目、6 台文化惠民采购国内外剧目和 12 个美术展览参加展演和展览，同时组织评选第三届江苏省“文华奖”，举办江苏舞台艺术成果展(2012—2017)、“精彩江苏——第三届江苏省艺术品博览会”、第八届江苏省廉洁文化周等文化艺术活动。

(3) 改革创新文化市场综合执法监管模式

以城市为中心设立同城一支队伍，设区市整合市、区两级文化市场综合执法队伍，组建市级文化市场综合执法机构，各城区不再单独设置文化市场综合执法队伍。科学配置内设机构，将原先以行业管理内容来设置的内设机构调整为按区域划片监管。增设网络文化执法和技术监管与服务指挥中心等内设机构，同时运用网络技术对执法队伍和经营主体进行有效的技术监管。评价机制创新，用文化市场基础数据库，完善市场主体信用记录，建立健全警示名单和黑名单制度。利用文化市场技术监管与服务平台，对经营单位实施“一户一档”经营全过程管理，对执法人员巡查、检查、处罚等实行全过程留痕。连云港市“同城一支队伍”改革经验代表江苏走向全国。

改革创新后，江苏省人均办案数全国第一，获奖案件数全国第一。南通某彩印有限公司擅自兼营从事出版物印刷经营活动案，入选文化部 2017 年度全国文化市场十大案件。文化部部长雒树刚高度肯定江苏的改革，文化部出三期简报，介绍江苏经验，并在南京召开改革现场会，推广江苏做法。

此项改革创新项目被评为2015—2017年江苏省政府法制“创新奖”。

(4) 宿迁市多举措推进2017年度文化惠民活动

为贯彻落实“三项任务”、“两聚一高”大讨论活动要求，2017年度宿迁市文广新局提出“文化惠民活动1000场”的工作目标，积极谋划开展各项文化惠民活动，切实满足人民群众的文化需求。

一是围绕“我们的节日”开展惠民活动。以“我们的节日”为主题，围绕春节、元宵，开展了“文化进社区 欢乐送万家”惠民活动、“非遗进百家”文艺展演、民俗文化展演、“琴鼓村村行”等文化惠民活动200余场；今后，还将围绕“端午”“中秋”“重阳”等传统节日，开展系列文化活动，弘扬和传承中华民族传统美德。

二是积极组织开展“文化三送”工作。各县区一季度纷纷启动了送戏、送电影下乡活动，组织各地传统戏剧、曲艺节目送到基层农村，组织优秀电影展演，让农村老百姓享受到文化繁荣的成果。今年，全市将完成送戏500场、送电影1万场，流转配送图书10万册任务，真正让基层群众获得文化实惠。

三是积极开展传统戏曲传承活动。结合国家、省、市关于传统戏曲保护传承的工作要求，宿迁市文广新局将在全市范围内组织传统戏剧项目淮海戏、泗州戏、柳琴戏等，传统曲艺项目苏北琴书、苏北大鼓、工鼓锣等开展“传统戏曲月月进校园”展演、优秀戏曲惠民演出“一村一场”等活动，弘扬和传承我市优秀的传统文化。

四是围绕重大活动开展惠民活动。实施“主题文化活动”，围绕党的十九大召开、香港回归20周年等重大节庆，围绕“五一”“国庆”“文化遗产日”等纪念日开展形式多样文艺演出、艺术展览、民俗展演等文化惠民活动，不断丰富基层文化生活。

(5) 南京浦口区建成公共文化服务数字化平台

2017年2月，浦口区文广局为推进公共文化数字化建设，打通公共文化服务与市民之间的“最后一公里”，依托互联网，打造了浦口公共文化服务数字化平台，该平台由网站平台(文化浦口云)、手机APP、微信公众号(文化浦口)组成，基于“全天候、全人群、全品种、全自助、全覆盖”特点，将文化馆、图书馆、博物馆、美术馆，以及街道社区综合文化服务中心的文化资源和服务信息聚合于网络共享平台之上，通过电脑终端、移动终端及时推送，为公众提供文化活动预约、场馆预定、网上书房、资源展示、场馆虚拟等数字文化服务。

该平台主要有以下功能：一是发布文化活动预告。平台一网收罗区域内所有文化活动，市民只需通过“网上点击预约”便可参与观演出、听讲座、看展览等文化活动。二是场馆预定。平台整合区、街、社区三级公共文化设施资源，将排练厅、多功能教室、活动室等场所“晒”在网上，供文化团队预定，获得专属舞台空间。三是文化人才预约。平台将文化志愿者、文艺团队服务特长、服务区域、服务时间在网上展示，企事业单位、团队根据需求进行预约提供文化辅导等服务。四是网上书房。市民网上随时随地轻松享用文献资料、中外电子图书、电子期刊查阅阅读，为公众打造融图书借阅、文献阅览、资料检索等服务为一体的“网上书房”。五是数字展馆。零距离线上体验公共文化场馆，求雨山文化名人纪念馆、知青故里纪念馆等，虚拟参观漫游，随时随地欣赏珍贵藏品。六是精品资源。用数字化手段聚合区内文化服务资源，收罗地方文献、展览演出、讲座培训、原创纪录片资料，形成具有区域特色的公共文化服务资源数据库。

该平台解决了市民服务信息渠道不畅问题，缓解供需双方信息不对称，准确地了解群众需要什么、喜欢什么，打破以往各文化单位各自为战的壁垒，打通区、街道两级公共文化机构服务资源，倒逼文化部门形成公共文化服务标准化流程，提供更高效的公共文化服务，有力促进公共文化服务标准化、便捷化、均等化。

3. 浙江省文化发展情况与措施

(1) 加快推进现代公共文化服务体系建设

2017年末浙江省共有公共图书馆101个，文化馆101个，文化站1371个，博物馆307个，隶属文化部门艺术表演团体 65 个。有线广播电视用户数 1475 万，比上年下降 3.3%；广播、电视人口综合覆盖率分别为 99.68%和 99.75%。全年制作电视剧 53 部 2197 集，制作影片 107 部，制作动画片 50 部 18780 分钟。图书出版社 14 家。影视制作机构 2833 家，其中上市公司 38 家。公开发行报纸 68 种，出版期刊 229 种。新闻出版广播影视业营业收入 2012 亿元，比上年增长 0.25%。

加快公共文化服务现代化建设步伐，为浙江省率先建成现代公共文化服务体系打好基础。完善浙江省基本公共文化服务标准体系、公共文化绩效评估"公共文化尺"。新建 1000 个农村文化礼堂。实施公共文化服务重点市县及薄弱乡村文化建设"十百千"工程，协同做好第一轮 10 个重点市县的考核验收，开展第二轮 10 个重点市县的筛选和建设；确定 100 个薄弱乡镇(街道)、1000 个薄弱村(社区)，予以重点推进和提升。发挥省文化馆、浙江图书馆龙头作用，推动全省文化馆、图书馆公共文化服务能力建设。推进全民阅读，推广城市书房建设工程，培育"阅读推广人"。推广全民艺术普及工程，完善全省数字文化服务网络。着力提升乡镇综合文化站服务效能，制定实施《浙江省乡镇综合文化站服务规范》，推广乡镇文化管理员下派制度。指导做好第三批国家公共文化服务体系示范区(项目)创建工作，做好第三批省级示范项目验收和第四批创建工作。创建 30 个浙江省文化强镇、100 个浙江省文化示范村(社区)。制定《关于推进县级文化馆、图书馆总分馆制建设的实施意见》，推进向社会购买公共文化服务，鼓励各种社会力量提供公共文化服务，重点引导参与乡镇综合文化站的运营管理，拓宽社会力量"办文化"路径。学习宣传贯彻《公共文化服务保障法》，配合出台《浙江省公共文化服务保障条例》。

(2) 繁荣文艺精品创作生产

2017 年抓好舞台剧《此心光明》、交响乐《鲁迅》、婺剧《郑义门》等重点项目的创作排演。精心策划浙江省申报参评全国第 14 届精神文明建设"五个一工程"奖和参加文化部第 3 届中国歌剧节的重点项目。精心组织浙江省庆祝党的十九大召开优秀作品展演、浙江省庆祝中国人民解放军建军 90 周年专场文艺演出、第 4 届世界互联网大会乌镇峰会文艺演出，组织浙江省优秀美术作品参加庆祝中国人民解放军建军 90 周年全国优秀美术作品展览暨全军美术作品展览。办好浙江省第十届音乐舞蹈节。支持各地加快地方戏曲剧种原生地保护区建设，完成全省地方戏曲剧种普查，着力推进传统戏曲进校园、进社区、进农村文化礼堂。开展第二批面向社会力量购买戏曲剧本工作，扶持基层院团剧本创作。精心做好国家艺术基金申报工作。建设全省美术馆藏品数据库，推动和加强全省公共美术馆建设和全省国有画院美术创作、研究工作。

(3) 省非遗保护中心五项举措推进传承人记录工作

为贯彻落实中共中央办公厅、国务院办公厅印发的《关于实施中华优秀传统文化传承发展工程的意见》，切实做好传统文化保护发展工作，浙江省非遗保护中心"五项举措"扎实推进非物质文化遗产代表性传承人的抢救性记录工作。

一是统一共识，召开"对接会"。组织召开浙江省第二批国家级、第一批省级非遗代表性传承人抢救性记录工作对接会，明确学术专员、摄制团队、市县非遗中心或项目保护单位负责人的各自分工，确定责任。要求记录工作进入传承人语境，充分采集传承人重要信息，并利用科技手段保存保护好相关资料，确保真实性、体现完整性、达到传承性。

二是积极抢救，抓好"时令节"。2017 年春节前后，派出 3 支摄制团队共 30 多人分头前往绍兴、乐清、浦江等地，拍摄绍兴黄酒传统酿制技艺、乐清细纹刻纸、浦江剪纸等项目在各个时间节点的重要活动。

三是精心谋划，研磨"访谈录"。充分发挥学术专员、当地非遗保护中心、项目保护单位的作用，以严谨的学术态度研磨访谈提纲，确保框架完整、内容丰富、条理清晰。

四是转化成果，编撰"丛书集"。梳理非遗传承人抢救性记录的资源，进行成果转化，着手编撰《浙江省国家级非物质文化遗产代表性传承人口述史丛书》，以传承人为分卷，一人一书，形成系列。举办调研报告征集评选活动，鼓励各地文化部门、高校非遗传承基地走访传承人，撰写调研报告，评选后结集出版。

五是信息共享，建设“数据库”。建设浙江省国家级非遗传承人抢救性记录数据库，保存传承人掌握的知识和技艺的图片、文字、视频数据，为开展非遗保护研究等提供数据支撑。设立浙江省国家级非遗传承人抢救性记录门户网站，力求内容全面、设计精美、功能优良，宣传抢救性记录工作，让民众共享成果。截至目前，非遗传承人抢救性记录工作采集了上百个小时包括口述访谈、项目实践、传承教学等方面的影像数据，文字资料 60 多万字，图片 4 千多张。

(4) 开枝散叶　人才培养形成“浙江模式”

在文化人才队伍的建设和培养上，浙江省的“新松计划”是一个成功的尝试，已成为国内文艺人才培养的生动样本。4 月至 6 月，2017 年“新松计划”全省青年戏曲演员大赛如期举办。在近 2 个月时间里，来自浙江全省各地 77 家单位的 292 名青年戏曲演员、学子报名参赛，不仅引发了一波戏曲热潮，更使一批优秀人才脱颖而出。“新松计划”还带动和形成了一系列覆盖完整、各具特色的人才培养品牌。“新松计划”之后，浙江相继打造了青年视觉艺术人才培养“新峰计划”、青年文学人才培养“新荷计划”、青年影视人才培养“新光计划”等系列品牌，形成了青年文化艺术人才培养的“浙江模式”。

三年滚动培养的省属舞台艺术拔尖人才培养计划，旨在发现和推出浙江舞台艺术的未来领军人才，是培养更高层次人才、抢占未来人才高地的全新探索。全省中青年编剧扶持计划则着力破解编剧人才青黄不接的难题，从全省各行业中发现和汇集一批中青年编剧人才，扶持资助他们的剧本创作实践，定期组织开展多种形式的学习观摩和深入生活活动，努力锻造一支年轻的本土编剧人才队伍。

2017 年浙江省出品的多部大戏中，都可以看到新一代艺术人才活跃的身影。浙江交响乐团大型交响诗《鲁迅》，浙江话剧团大型话剧《此心光明》，浙江昆剧团、浙江婺剧艺术研究院新编昆剧《钟楼记》等一批思想精深、艺术精湛、制作精良的新剧目，每一个都有新生代艺术人才的付出，甚至有些戏中，年轻人撑起了半壁江山。

浙江省第 10 届音乐舞蹈节同样发现了一批崭露头角的“小荷”。此次音乐节全省共上报声乐、舞蹈、器乐作品 398 件，涌现出一批富有活力、朝气蓬勃的年轻艺术人才，他们的创造力让人震惊——最终进入决赛的 100 件作品全部是原创作品。这得益于浙江省对艺术主创人才和拔尖人才的大力培养。

(5)“文化＋互联网”产业推进工程启动

1 月 13 日上午，浙江省“文化＋互联网”产业推进工程启动仪式暨文化产业促进会年会活动在杭州举行。本次活动主题为“文化自信、创新驱动，推进文化产业与互联网深度融合”。

发展“文化＋互联网”产业是实现省委、省政府提出的文化产业发展目标的重要举措。我省明确提出，要把文化产业培育成万亿级产业，并已将其列入重点发展的“八大万亿产业”。在此基础上，通过结合实施“互联网＋”行动计划，建设特色明显、全国领先的数字内容产业中心，发展“文化＋互联网”产业将是下一阶段我省文化产业发展的重点内容。

活动中，浙江出版联合集团、阿里巴巴、网易、华策影视、掌维科技、二更网络、天格信息、云朵网络等企业发布了互联网文化产业体验展示与新成果。“影视浙军新力量”计划也在当天发布。现场还为凤凰御元艺术基地等 20 个浙江省重点文化产业园区以及浙江诗语影视传媒等 2017 年浙江省成长型文化企业授牌。

4. 安徽省文化发展情况与措施

(1) 坚持创新推动　完善公共文化服务体系

建设施，补短板。在合肥滨湖新区规划了省级文化中心十大场馆，省美术馆、省文化馆正在抓紧建设。市级“三馆一院”、县级“两馆一场”基本实现全覆盖。推进马鞍山、安庆、铜陵等市开展国家公共文化服务体系示范区创建，12 个县(市)开展首批省级示范区创建。全省建成乡镇文化站 1410 个，实现全覆盖。着力打通公共文化服务“最后一公里”，制定了《农民文化乐园操作手册》，按照“一场、两堂、三室、四墙”的标准推进村农民文化乐园建设，建成省级示范点 500 多个、市县示范点 1000 多个，央视《焦点访谈》称农民文化乐园“就像许多村口都有的那棵大树，正在成为村庄的标识、村民的纽带”。安徽作为全

国两个基层综合文化服务中心试点省之一，为全国贡献了安徽经验。

2017年末安徽省拥有文化馆121个，公共图书馆123个，博物馆171个（含民营博物馆），乡镇街道综合文化站1438个。全国重点文物保护单位130处、合并国保项目2处，省级重点文物保护单位708处。国家级非物质文化遗产名录72项，省级名录478项。年末全省广播电视台79座。中波发射台和转播台24座，广播节目综合人口覆盖率99.04%。电视节目综合人口覆盖率99.19%。有线电视用户809.89万户。全年出版报纸98种，总印数7.21亿份；期刊（杂志）180种，总印数0.45亿册；图书10604种，总印数2.82亿册。有各级国家档案馆139个，馆藏档案资料2858.55万卷（件、册），库馆总建筑面积39.94万平方米。

转机制，提效能。通过政府集中采购，积极开展“送戏进万村”活动，将每年每村4400元看戏经费集中起来，以县为单位统一采购，全省每年送戏两万多场，确保每村每年看到一场有质量的戏，成为最受农民欢迎的民生工程之一。全省2000家公共文化场馆全部免费开放，全年接待服务对象超过4000万人次。为促进公共文化资源向基层、向贫困地区倾斜，组织全省107家图书馆、120家文化馆、100家博物馆、27家书画院，创新成立全省“三馆一院”联盟；以县图书馆为总馆、乡镇文化站为分馆，在全省推进县域公共图书服务一体化建设。为满足群众多样化文化需求，积极引入社会力量，开展乡镇综合文化站社会化运营试点。

建队伍，强基层。政府购买服务，招募村级文化协管员、文物保护员。开展“百馆（站）千村文化结对”活动，组织全省100家文化馆（站）与1000多个村结对，发展文化辅导员1.1万多名。

（2）全省文化产业快速发展

2017年，安徽省紧紧围绕创新型文化强省建设，不断优化发展环境，加大重大项目投入力度，促进了全省文化产业快速发展。据统计，安徽省2354家规模以上文化企业实现营业收入2631亿元，比上年增长12.7%（名义增长，未扣除价格因素），比全国、中部分别高1.9个和1.6个百分点。呈现出两方面特点。

一是规模以上文化制造业主导地位突出、贡献率高，文化服务业发展较快。2017年，全省规模以上文化制造业、文化批零业和文化服务业企业分别为1138家、465家和751家，实现营业收入1625.4亿元、583.7亿元和421.9亿元，产业结构由上年的62.9∶22.1∶15调整为61.8∶22.2∶16，文化制造业居于主导地位。营业收入分别比去年增长10.7%、13.1%和20.6%，增长贡献率分别为52.9%、22.8%和24.3%，文化制造业增长贡献率最高，文化服务业增幅最快。其中，文化创意和设计服务业发展势头迅猛，增长25.4%，比全省高12.7个百分点。

二是人均教育娱乐文化消费支出快于居民消费支出。2017年，全省居民人均教育娱乐文化消费支出1701元，增长9.1%，比人均消费支出增幅高2个百分点；占人均消费支出的10.8%，比去年提高0.2个百分点。其中，城镇、农村居民人均教育娱乐文化消费支出分别为2372元和1075元，增长6.2%和13.3%，比人均消费支出增幅高0.4个和5.3个百分点；占人均消费支出的11.4%和9.7%，与上年持平和提高0.3个百分点。在教育娱乐文化消费支出增长带动下，全省实现限额以上文体娱乐类商品零售额675.6亿元，增长13.2%，比全部限额以上企业（单位）商品零售额增幅快1.1个百分点。

三是部分市增长较快。2017年，安徽省有9个市规模以上文化企业营业收入增幅超全省平均水平，其中铜陵、芜湖、宿州、马鞍山和阜阳5个市增幅超过20%。合肥、滁州、芜湖、阜阳、蚌埠、马鞍山和宿州7个市规模以上文化企业营业收入过百亿，合计占全省的81.1%。

（3）传承优秀文化　加强文化遗产保护利用

安徽大别山红色革命老区，通过科学规划、增加投入，进一步保护和利用好红色文物，红色旅游日渐火热。全省各地努力让收藏在禁宫里的文物、陈列在广阔大地上的遗产、书写在古籍里的文字都“活”起来。摸清家底，系统梳理全省文化遗产现状，开展了文物、非遗、戏曲、古籍等普查工作，对2.5万多处不可移动文物、115万件（套）可移动文物、4500多项非遗、28个戏曲剧种、7万多部古籍进行了登记建档。出台《安徽省非物质文化遗产条例》，非遗保护法制化水平明显提升。编制了古村落、大遗址等专项保护规划。积极推进省市县文物项目评审工作，建立项目库，加强文物分级保护。“十二五”以来，全省实施了 600 多个重点项目。历时 8 年的大运河申遗工作圆满成功，安徽省世界文化遗产总数达到 3 处。

加快推进各类博物馆、纪念馆、民俗馆的建设，鼓励支持社会力量建设行业、专题博物馆。联合教育、科技、旅游等部门，推进戏曲、非遗展演展示进校园、进社区、进乡村，开展红色旅游等。结合皖南国际文化旅游示范区、新型城镇化、传统古村落、历史文化名城(名镇、名村、街区)建设。颁布实施《安徽省凌家滩遗址保护条例》，含山县凌家滩、凤阳县明中都皇故城两项国家大遗址公园项目开工建设，实现安徽省大遗址公园“零”的突破。

(4) 盘活文化资源　发展文化产业

2017 年 5 月，“徽匠神韵——安徽徽派传统工艺故宫特展”在北京举行，生动展示了安徽坚持项目带动、品牌引领、培育特色，把丰厚的文化资源优势转化为文化产业优势的努力成果。

一是振兴传统工艺。与文化部、故宫博物院开展合作，利用故宫强大的文创研发力量和安徽省丰厚的文化资源，建立了故宫博物院驻黄山徽派传统工艺工作站、故宫学院黄山分院和故宫博物院博士后工作站，在创意设计、产品营销、人才培养等方面进行全面合作，举办了“徽匠神韵——安徽徽派传统工艺故宫特展”，设立了故宫文创馆徽派传统工艺馆，举办了“徽匠进故宫”研修班等系列活动。

二是引导文化消费。推进城乡居民文化消费试点工作，合肥市、芜湖市入选国家文化消费试点城市。连续 3 年开展安徽“文化惠民消费季・好戏大家看”活动，每年举办 1000 多场惠民演出，全部实行低票价，培育居民消费习惯，扩大文化消费。

三是培育市场主体。蚌埠市大禹文化产业园创建国家文化产业示范园区(全国共 10 个)，实现安徽省国家级文化产业示范园区“零”的突破。全省建立 80 个省级文化产业示范基地，大力发展动漫产业。国家认定的动漫企业总数名列全国第 7，产品产量居全国前列。建立省文化企业直接融资项目库，128 家企业 145 个项目入库。实施民营院团“四个十”工程，对民营院团给政策、给市场、给荣誉，扶持民营院团发展，全省民营院团数量 1500 多家，占全国总数的 1/10，从业人员近 5 万人。

(5) 对地方戏曲实行分类保护

2017 年初，安徽省文化厅印发《安徽地方戏曲剧种分类保护计划(试行)》的通知，对安徽地方戏曲分类指导，科学保护，讲求实效，要求各地和演艺单位自 2017 年开始实行。

安徽省是戏曲大省，黄梅戏、徽剧、庐剧、泗州戏、梆子戏等 20 个本土剧种在全省最具代表性，群众基础广泛；现有 33 个国有戏曲院团，273 个民营戏曲院团。根据 2016 年戏曲资源普查结果，结合戏曲院团当前创作生产演出条件情况，分类计划将全省戏曲种群分为三类，分类指导：

第一类为黄梅戏。黄梅戏是安徽省最具艺术活力、最有影响的戏曲剧种。经典剧目《天仙配》《女驸马》广为流传，家喻户晓。《红楼梦》《徽州女人》《雷雨》《风雨丽人行》等获得国家级大奖或入选国家舞台艺术精品工程。该剧种涌现出 11 位中国戏曲“梅花奖”演员，构成安徽戏曲半壁江山。计划要求各地对辖区内黄梅戏院团在创作生产、设施建设、人才培养等方面重点扶持，鼓励多创作多演出，培育基础，做大做强，形成安徽戏曲品牌。

第二类为徽剧、庐剧、泗州戏、梆子戏、皖南花鼓戏、坠子戏、推剧、嗨子戏、文南词等。这类剧种在安徽省有戏曲院团支撑，有代表性演员和剧目，影响区域比较广泛，基层群众喜闻乐见，经常在省内外展演并获得优秀成绩，使安徽戏曲呈现百花齐放局面。对于此类剧种，要求各地鼓励院团加强创作生产，增加演出场次，增强剧种活力，成为当地丰富群众文化生活的主要艺术载体。

第三类为目连戏、含弓戏、四平调、洪山戏、太湖曲子戏、怀腔、弹腔等。这类剧种曾是安徽省地方戏曲的重要组成部分，有的还为其它剧种的形成作出过贡献。但随着社会发展和需求变化，市场萎缩明显，影响力日渐式微，有的剧种无剧团支撑，有的剧种虽有个别剧团，但基础薄弱，原创能力差，演员老化现象突出。对于此类濒危和稀有剧种，各地可在文化馆、艺研所等文化机构设立研究小组，确保会唱、会演，并与戏曲院团配合，复排一批传统经典剧目，保住优质戏曲基因和文化根脉。

七　体育事业发展情况

（一）上海市体育发展情况与措施

1. 上海体育发展总体情况

2017年，上海体育紧紧围绕建设全球著名体育城市和健康上海的目标，全民健身、竞技体育、体育产业等各项工作进一步协调发展，开创了新局面，取得了新成绩。创新落实全民健身国家战略。超额完成市政府体育实事项目建设任务，共新建、改建市民益智健身苑点210个、市民健身步道75条、市民球场65个。创办首届城市业余联赛，丰富市民身边的赛事活动，其中20岁至60岁参赛人群超70%。坚持融合发展，推进体医结合，做好市民身边的健身指导服务。全力决战第十三届全运会，上海代表团共获得29枚金牌、33枚银牌、24枚铜牌，两人两次打破两项全国纪录，部分项目取得历史性突破，竞技体育综合实力稳固保持在第一集团。深化足球改革，制定印发了《上海市人民政府办公厅关于贯彻落实〈中国足球改革发展总体方案〉的实施意见》等文件。选举产生了新一届市足球协会领导班子。加强体教结合，青少年体育公共服务体系不断完善，竞技体育后备人才培养不断强化，体教结合工作进一步融合。完善体育竞赛管理服务机制，全年举办国际国内重大体育比赛共41个项目162次，其中国际性赛事61次。推动重大体育设施建设，体育产业进一步健康发展。徐家汇体育公园、浦东专业足球场、崇明体育训练基地等重大体育设施建设扎实推进。

2. 上海体育产业发展情况及措施

上海体育产业的发展状况可以概括成以下五个方面：一是规模持续扩大。根据统计数据2017年上海全市体育产业的总规模达到1266.93亿元，比上一年增长21.1%。去年增长速度是15%，一直保持高速增长。2017年实现增加值470.26亿元。二是结构持续优化。2017年体育服务业实现总规模229.45亿元，实现增加值384.23亿元，分别占全市体育产业总规模65.5%，增加值的81.7%。因此从体育服务业占整个体育产业的比例来看，远远超过了全国平均水平，已经接近发达国家和地区的水平。三是经营主体数量快速增加。2017年上海主营从事体育类经济活动的单位数量达到11489个，同比增加28.9%，一系列较大规模有较高创新能力的体育企业开始崭露头角，引领带动作用不断增强。四是盈利水平不断提升。2017年上海体育产业主营机构盈利91.06亿元，同比增长21.4%。五是上海体育消费等级在快速提升。调查数据表明，2017年上海市居民的人均体育消费2460元，占当年人均消费支出比例的6.2%，比之前有比较快的增长。

要落实好体育产业的30条，从政府工作角度来说，主要举措：一是抓政策，优化体育产业发展的政策环境，尽快形成完备的政策体系。二是抓规划，切实做好体育产业空间布局和项目引领，推动形成一批体育产业的集聚区。三是抓服务，通过放管服改革切实提高政府的管理和服务水平。四是抓机制，尽快完善推动体育产业发展方面的部门之间联动机制。五是抓基础，要高质量的做好体育产业的统计，体育产业的标准，体育产业的平台建设，与产业相关的研究，体育产业区域协作等方面的基础工作。

3. 上海全民健身工作亮点

2017年上海推进全民健身工作的三大特色和亮点是：

一是设施更完善。截至2017年11月，上海市共建成社区健身苑点11869个、市民球场446处、市民健身房152家、市民健身步道507条、农民体育健身工程1214处、市民游泳池35个。按照今年上海市政府实事工程项目的规划，升级后的"益智健身苑点"将建成200处。加上不久要贯通的黄浦江滨江步道、自行车道和改建的徐家汇体育公园，沪上市民不但"处处可健身"，通过围绕社区建点的科学健身指导站，还将"人人会健身"。

二是指导更有力。上海市民经常参加体育锻炼的人数逐年递增，越来越多市民更需要的是根据自身身体状况进行科学锻炼的指导。“运动健康JIA”服务站因此成为社区体育指导员、社区体育配送服务后上海提升公共体育服务能力的新举措，这个加速推广的服务站点创新地把体育和卫生两方资源整合，将科学健身指导送到市民身边的同时，引导市民树立健康生活方式。

三是赛事更丰富。有了健身的习惯，掌握了锻炼的正确方法，广大市民更渴望一个合适的运动平台来保持体育健身的生活方式。吸收过去两届市民运动会的成果和经验，上海2017年推出的首届城市业余联赛，通过联赛、项目系列赛和特色品牌赛事三大平台的搭建，涵盖社会参与度高和针对特定人群的项目，让体育真正进入市民的日常生活。而办赛采取政府、市场和社会“三轮驱动”模式，从市民的需求出发，真正激发出广大市民的参与热情，助市民从体育健身中增加幸福感和获得感。

4. 2017年体博会登陆申城

5月23日，2017(第35届)中国国际体育用品博览会在上海开幕。本届体博会展区面积达到18万平方米，报名参展企业规模再创行业新高峰。为顺应行业发展趋势，满足展商参展需求，与往届相比，体博会展区划分有微调，本届体博会打造五大展区，分别为：商用、家用健身器材以及配件展区；全民健身路径器材以及运动康复按摩展区；体育场馆设施及营造展区；球类运动产品展区；综合运动产品展区。根据各行业特点，五大展区再分别进行细分并配合室内外活动专区，以方便观众观展。

体博会不仅是企业推广产品、提升销量的契机，这里也成为行业新产品、新科技的最佳展示品台。VR跑步机、“环保免插电”健身产品、“终身免换刹车片”的动感单车、“终身免维护”的跑步机、云技术应用的全民健身二代器材、仿真冰地板、高科技足球等新品将在各个展区炫亮登场，科技发烧友和运动达人早已跃跃欲试，准备“尝鲜”。

除了展品吸引人，体博会活动也备受瞩目。经过近几年的摸索发展，体博会的活动越来越丰富，但用“丰富多彩”一词已不能诠释本届体博会活动的精髓。2017体博会在打造传统贸易功能的基础上，比往届更加突出新的交易属性，每一个活动都有精准定位，或是服务于全行业，或是为国内外之间、行业内部之间、跨行业之间、行业政府之间、展商之间、展商与观众之间，搭建全方位的沟通机制，实现行业上中下游共赢。

体博会重磅活动——论坛板块内容也比往届更加丰富，继续聚焦细分领域。近几年体博会论坛板块一直采用“1+2”模式，即一个高峰论坛加健身、场馆两个专业分论坛。本届体博会论坛在原有的三大论坛基础上，拓展产业细分领域，进展为“3+N”形式。职业健身教练论坛、运动员创业创新论坛、青少年体育发展论坛等分论坛用接地气的主题吸引业内关注，也为展位拓展一大波专业观众群。

5. 上海召开十项系列赛表彰大会

2018年1月12日下午，2017年上海市青少年体育十项系列赛总结表彰大会在东方体育中心举行。市体育局局长徐彬讲话，市体育局巡视员郭蓓、体职院党委书记苏清明出席大会。

市体育系统各项目中心、单项协会、直属场馆、体校、科研单位，16个区体育局及其办训单位代表悉数出席，上海市业余训练领域的一二三线单位济济一堂，共同见证这场青少年体育领域的年度盛典。

2017年十项系列赛从3月开赛，历时半年，设足球、篮球、排球、乒乓球、羽毛球、田径、网球、游泳、水上(赛艇、皮划艇、帆船、帆板)、棋牌(围棋、象棋、国际象棋、国际跳棋、五子棋、桥牌)，共10个大项18个分项。全年共举办58站比赛，参赛总人数为10038人，参赛总人次为24861人次，产生金牌498枚。表彰会上，9个代表团荣获“优秀组队奖”，19个单项取得“最快进步奖”，179名运动员、49名教练员分别被评为“最佳运动员”“最佳教练员”，足篮排三大球男女共6支队伍获评“最佳运动队”。

为进一步加强青少年体育后备人才培养，上海市自2011年创办市青少年体育十项系列赛，是“十二五”时期推出的青少年体育方面的重要举措。如今的十项系列赛已经成为继四年一届市运会、学运会后的年度最重要的青少年综合性赛事，对全市各区业余训练、学校体育、体教结合年度工作进行全面检阅。

十项系列赛从诞生之初就受到了市、区体育局的高度重视，在政策、经费和人力物力上给予了充分保障，彰显了上海市加强青少年体育后备人才培养的决心。七年来，上海市坚持围绕青少年特点办赛，

发挥竞赛杠杆作用，采取分站累计赛制，与青少年选材相结合，运用信息化手段，多方宣传，赛事影响力逐步扩大。通过不断调整、创新、优化，十项系列赛在组织运行、竞赛办法等方面已形成固定机制，推动了各区项目布局和发展，扩大了全市青少年运动员规模，发掘和选拔了后续人才，推动了教练员和裁判员队伍建设，促进了单项协会的自我完善和发展。

（二）江苏省体育发展情况与措施

1. 江苏体育群体项目大放异彩

第十三届全运会于2017年8月27日至9月8日在天津举行。江苏省共有732名运动员参加了竞技项目28个大项、33个分项、272个小项的决赛，获得35枚金牌、26枚银牌、45枚铜牌，江苏代表团获得"体育道德风尚奖"，实现竞技成绩与精神文明双丰收，确保竞技体育成绩处于全国第一方阵位置的既定目标。在群众比赛项目上，江苏省共有400余名群众运动员成功晋级15个大项的决赛，获得8金、7银、13铜，共28枚奖牌。

2017年5月，省体育局在扬州召开全省体育公园建设现场推进会，提出在"十三五"期间，江苏将建成1000个体育公园，其中20个省级示范体育公园、100个省级社区示范体育公园，鼓励在有条件的市和县域建设奥林匹克体育公园，努力实现健身小公园城乡社区全覆盖。2017年，省体育局面向全省健身群众发放了5000万元体育消费券。体育消费券结合国家体育总局在江苏的全民健身公共积分试点工作，采用"体育＋互联网＋金融"的模式，通过江苏全民健身卡和全民健身公共积分卡两个渠道发放，引导和鼓励群众参与健身消费，扩大健身消费规模。统计数据显示，2017年体育消费券拉动健身消费比例系数达1∶16。

3月18日，2016—2017全国女排联赛总决赛第四场比赛在浙江嘉善落下帷幕。江苏女排以总比分3比1战胜对手夺得冠军，这是江苏女排首次获得全国女排联赛冠军。8月28日晚，在天津举行的第十三届全运会女子排球成年组决赛中，江苏女排以3∶0战胜对手，首次夺得全运会冠军。惠若琪、张常宁、龚翔宇等一批优秀运动员历经大赛磨炼，已经成为江苏女排乃至中国女排的中流砥柱。

2. 召开体育产业大会

12月11日，2017江苏体育产业大会在南京举行。本次大会共设主旨演讲、政策发布、品牌引领、长三角巡礼、精品发布五个板块。会议得到了全国范围内体育产业相关领域的积极响应，来自国家体育总局、全省体育系统、相关企事业单位和社会组织，以及部分外省市体育局、省有关部门、高等学校及专家学者代表共千余人参加会议。

会上，省体育局局长陈刚作了题为《体育产业是新时代体育强省建设的新引擎》的主旨演讲，并给宿迁市时尚体育城市、江苏省特色运动项目基地授牌，陈刚和省人大教科文委副主任委员孙晋芳联合颁发"一带一路"体育旅游资源联盟证书。

陈刚在主旨演讲中阐述了新时代体育强省建设应遵循的发展理念、发展方式和要用新发展成果回报新时代的原则，提出从产业的角度来建设体育强省应重点抓好六个方面，即让体育需求得到充分保障，让职业体育得到充分发展，让社会力量得到充分运用，让行业融合得到充分彰显，让精神力量得到充分增强和让信息技术得到充分提升。

国家体育总局体育器材装备中心体育标准部主任候力波应邀出席会议并发表题为《强体育标准基础　促体育产业发展》的主旨演讲。

苏宁体育、上海久事体育产业发展集团、IMG中国、新浪体育等省内外相关知名企业负责人发表了主旨演讲。体育总局体育文化发展中心副主任吉伟东发布了全国（长三角地区）体育旅游精品项目，上海体育学院体育产业发展研究院相关专家发布了《长三角体育产业蓝皮书（2016—2017）》。

体育产业相关政策的集中发布，是本次体育产业大会的一大特色。在此次大会上，江苏省接连发布了体育公园建设标准指导、体育健康特色小镇共建政策、体育竞赛改革意见、健身俱乐部促进计划、体育服务综合体指导意见等相关政策。

会上，苏沪浙皖签署了《长三角地区体育产业协作协议》，长三角地区10家省市级体育产业集团签署了《长三角体育产业集团联盟协议》，江苏省体育产业集团和江苏苏豪健康产业有限公司签署了战略合作协议。

省体育产业集团、扬州市政府、南京万驰赛车场进行了资源发布与推介。江苏省体育旅游精品项目、江苏省十佳体育公园、"魅力江苏"2017马拉松赛事也在会上发布。

2017江苏体育产业大会是党的十九大之后体育产业界的一大盛事，是江苏贯彻落实加快推进体育强国建设的一个重大举措。

3. 江苏多措并举贯彻"大健康"理念

著名的美国库珀有氧中心正式落户南京，并建立了"库珀有氧运动基地"。老山库珀有氧运动中心是集研发、培训及体验为一体的世界一流大健康管理中心。2017年11月，库珀有氧运动中心的美国专家，在省体育局五台山全民健身中心现场向3000名江苏市民推广"大健康"理念。

苏州推出了全国首个"运动云医院"互联网服务平台，是全国首个运动医疗主题的手机软件，向市民提供运动健康信息服务。

常州体育医院是江苏省首家体育医院。目前，该医院门诊覆盖范围已经延伸到社区一级，为当地市民提供运动健康指导、运动处方制定和实施指导、慢性病防治等服务。

2017年，江苏打造职工健身指导员队伍，补缺职工体育健身指导的"短板"。11月，省总工会、省委省级机关工委、省人力资源和社会保障厅、省国资委、省体育局、中国工商银行江苏省分行、省体育产业集团联合主办江苏省职工健身指导员技能大赛。

省体育局还在常州举行了国内首个《国家体育锻炼标准》达标赛，推动该标准在全省范围内实行。《国家体育锻炼标准》是经国务院批准推行的一项重要体育制度，适用于6岁至69周岁的健康公民。

4. 江苏体育社团改革取得实效

江苏深入推进体育社团组织社会化、实体化、专业化、市场化建设，充分发挥其在服务全民健身中的重要作用。作为江苏体育改革的突破口，省体育总会继续探索体制脱钩、管办分离、实体化、功能优化、综合体制等改革举措。2017年，省体育总会先后两次，拿出7个省属体育协会面向社会公开招聘会长候选人。目前，省属协会中已有22家协会会长是企业家，占到全部省属协会的35%。这些协会在体育项目推广、赛事活动、服务群众健身等方面发挥了积极的作用。

5. 江苏体彩年销量首破200亿元

截至2017年12月31日，江苏体彩全年实现销售201.30亿元，增幅12.63%，总销量位列全国体彩业界第一，并成为全国体彩首个年销量突破200亿元的省份。全年已上缴公益金51.21亿元、中奖偶得税1.74亿元。

2017年，江苏体彩全年共中出139个百万以上大奖，其中89个为500万及以上大奖。这一年，各大玩法全线开花，体彩大乐透奖池连创中国彩市新高，全年共为江苏彩民送出51个百万大奖；江苏本土玩法7位数经典依旧，全年送出38个百万大奖；小盘玩法排列3和排列5携手送出28个百万大奖；足彩和竞彩共送出19个百万奖，顶呱刮送出2个，11选5送出1个。

2017年，江苏体彩秉持责任彩票理念，持续助力体育事业以及社会保障事业的发展，各项暖心公益举措不断：帮扶困难家庭、支持教育助学，"暖冬季""助学季""关爱季"系列活动贯穿全年；连续第十年支持省儿基会创办"江苏体彩春蕾班"；第三季"体彩爱行走"汇聚4.8万人次的6.4亿步爱心脚步，共圆为困难学校建设电脑教室的梦想……这一年，在社会需要的各个领域，都有江苏体彩人跃动的身影，"公益体彩 乐善人生"的品牌理念，伴随着一项项公益活动，让越来越多的人耳熟能详。

（三）浙江省体育发展情况与措施

1. 浙江体育发展情况

2017年浙江运动员在各类国际性、洲际性、全国性比赛中共获得世界锦标赛、世界杯总决赛冠军

10个，世界杯分站赛、系列赛冠军28个，世界青年锦标赛冠军9个，亚洲锦标赛、亚洲杯赛冠军10个，亚洲青年锦标赛冠军12个，全运会冠军53个，全国一类比赛冠军78个、二类比赛冠军70个、青少年比赛冠军231个。

在8月27日—9月8日举行的天津全运会上，浙江体育健儿在竞技项目上获得53金、34银、38铜；第一次亮相全运会赛场的群众体育项目，浙江也斩获9金、9银、8铜。金牌榜名列全国各省（市、自治区）第2位，创造浙江全运会史上最好成绩，“赛出孙杨速度、汇聚智勇力量、使出洪荒之力”，浙江体育健儿出色、高质量地完成了省委、省政府交给的光荣任务。

2017年末全省人均体育场地面积达到1.97平方米，经常参加体育锻炼人数占总人口38.1%，城乡居民国民体质合格率保持在92.2%以上。有省级全民健身中心18个、中心村全民健身广场（体育休闲公园）498个、社区多功能运动场384个。国家级体育后备人才基地18个，省级体育后备人才基地50个。国家级体育传统项目学校17个。省级青少年体育俱乐部413所。国家体育产业示范基地（运动休闲示范区）5个、体育旅游示范基地1个、国家级运动休闲特色小镇3个。省级运动休闲基地13个、运动休闲旅游示范基地20个。

全年销售体育彩票137.0亿元，比去年增加12.7亿元，增长10.2%。

2. 充分发挥体育智库作用，助力浙江体育改革创新发展

7月19日下午，浙江省体育改革发展研究会一届二次常务理事会在杭州召开。

省体育局副局长、浙江省体育改革发展研究会会长胡国平对研究会今后的发展提出了四个方面的要求：一是凝聚向心合力，打造一支能征善战的体育研究队伍；二是坚持制度规范，推动研究会各项建设平稳有序发展；三是提升服务标准，在推动体育改革发展中发挥积极作用；四是扩大互动交流，充分利用各种渠道实现信息资源共享。参加会议的其他常务理事们，也围绕研究会工作报告及相关文件进行了认真讨论，发表了意见建议。

当体育产业逐步走上正轨，与体育有关的调查和研究也愈发被重视。2016年4月25日，浙江省体育改革发展研究会正式成立，不仅参与了《浙江省体育发展“十三五”规划》编制论证，还配合健康浙江大战略，参与了《健康浙江2030行动纲要》等文件的起草和征求意见工作，以智库的身份为浙江体育事业做出了重要谋划。

杭州师范大学体育与健康学院教授、浙江体育改革发展研究会副会长凌平介绍，2017年研究会有多项重点工作，包括以接受委托、购买服务等为主要方式，参与开展重点课题研究，并以优秀调研成果评选活动为载体，推动体育研究工作研用结合，让研究会为体育事业发挥更多的作用。省体育局政策法规处处长卢旺忠提出，研究会一方面动员体育人参与体育研究，但也为更多缺乏平台和路径的人提供参与研究的机会。他希望，能有更多的青年学者参与到体育研究的工作中来。

在传统的体育行业中，就体育论体育的现象比较突出，为了打开体育部门的思路，浙江体育改革发展研究会特地扩充了其他行业的学者和专家作为智囊，希望借他人的智慧群策群力，将体育行业做得更好。浙江大学管理学院企业管理系教授霍宝锋提出，体育作为一个产业，和体育器材供应商、土地供应商、体育部门等多个方面是个很长的产业链，要管理整个产业链是非常复杂的，体育部门可能要加强和其他产业的合作，做一些融合性的工作，提高整个产业链的管理效率。温州大学体育学院教授布特则认为，体育研究需要更多的实践参与，只有研究者亲身体验了体育项目，才能将理论和实践更好地结合。

3. 温州试点社会力量办体育

从年初的全国体育局长会议，到春节假期后国家体育总局副局长赵勇来温调研，再到写入温州市党代会和“两会”工作报告，经过了半年多时间的努力，社会力量办体育全国试点正式落户温州。作为全国唯一一个试点城市，9月5日上午，国家体育总局副局长赵勇与浙江省政府副省长成岳冲在温州签订框架协议，浙江省委常委、温州市委书记周江勇出席了签约仪式，浙江省体育局局长孙光明主持了签约仪式。

在签约仪式上，温州市社会力量办体育专题片吸引了来宾的注意。温州社会资本投资竞技体育，涌现出了温州体校心桥体操艺术俱乐部和苍南兴华羽毛球俱乐部等典型代表；社会各界共建体育社团，全市 1477 个各类体育社团已成为推进全民健身事业的重要力量；社会力量经营体育产业，每年超过500 万元的专项引导资金助推体育产业发展；全社会举办全民健身的热情空前高涨，两届全民运动休闲大会打造全民参与、狂欢的运动休闲大舞台。一幅幅画面拼凑出温州体育发展的全景图，给在场的观众带来最直观的感受。

随后，国家体育总局副局长赵勇与浙江省政府副省长成岳冲签署了《国家体育总局 浙江省人民政府联合在温州市开展社会力量办体育试点的框架协议》，协议的签订代表着这项国家级试点正式落户温州。

试点的目标是树立创新、协调、绿色、开放、共享的发展理念，坚持以人民为中心的根本宗旨，着眼于全面落实全民健身国家战略、推动全民健身与全民健康深度融合，着力破除阻碍社会力量办体育的体制机制障碍，积极引导社会力量举办体育事业和体育产业。

协议中，加快推进体育类社会组织培育和政社脱钩、推动社会力量全民参与全民健身事业、支持社会力量参与竞技体育、激发社会资本投资体育产业的积极性、健全社会力量办体育的体制机制和政策体系及支持温州市创建国家运动健康城市等六方面确定为试点内容。试点工作期限计划三年。

签约仪式的成功举行，让改革试点正式落户温州，也让市民对温州体育发展的明天充满了期待。温州市体育局局长张志宏表示，“强大的民营资本是温州的优势，温州体育人一直在整合社会资源来完善体制、搞活机制，这次以‘社会力量办体育’为试点，下好这盘民间资本参与体育的大棋，从而实现‘体育让生活更美好’的目标。”

4. 杭州亚运会筹备工作全面展开

4 月 17 日，位于杭州体育场路 270 号的亚组委办公大楼正式挂牌，这标志着杭州 2022 年第 19 届亚运会各项筹备工作全面展开。挂牌仪式后，杭州亚组委专门向亚奥理事会汇报了筹备情况。

第 19 届亚运会将以“绿色、智能、节俭、文明”为办赛理念，以“控制成本、充分利用、注重实用、高效运作、科学办赛、彰显特色”为办赛原则。在获得亚运会举办权之后，杭州市及时谋划和部署亚运会筹办工作，全力推进各项筹备工作落实。

目前，亚组委已成立“一办九部”，包括亚组委办公室以及杭外工作部、竞赛部、宣传部、外联部、财务部、组织和人力资源部、纪检监察和审计部、市场开发部、场馆建设部。从 4 月 17 日开始，这“一办九部”将集中在亚组委办公大楼办公。

亚运会竞赛场馆项目建设也在有条不紊推进中。据悉，奥体博览城 8 万座主体育场主体结构已完成，正在进行设备安装，计划于今年底前建成使用；网球中心、体育游泳馆等项目正在按计划建设；国际博览中心项目已全部完成施工并投入使用。杭州奥体博览城其他相关基础设施配套项目和环境工程正在同步实施。

除加快奥体中心建设外，杭州亚组委今年还将基本确定比赛项目设置和场馆布局方案，做好亚组委官网开通、会徽征集、主办城市形象宣传等六项工作，并将抓紧开展亚运村的规划选址和启动建设。

5. 中国(浙江)国家游泳队启程

9 月 24 日，国家体育总局和浙江省人民政府在杭州举行共建中国(浙江)国家游泳队签约仪式。这是国家体育总局深化竞技体育改革的重要举措，也是第一次由总局与地方政府联合组建国家运动队。接下来将出台政策、改善训练硬件设施、建立高效的运作机制，探索“国家队＋省队”联合培养中国高水平游泳人才路径。

(四) 安徽省体育发展情况与措施

1. 安徽体育发展情况

2017 年，在国际国内各重大比赛中，安徽省运动健儿共获得 38 枚金牌、38 枚银牌、51 枚铜牌。“全

民健身、健康安徽”系列主题活动蓬勃开展，全年共举办百人以上的群众体育健身活动2508次，参加活动总人数305万人次。人均体育场地面积约为1.47平方米。全年体育彩票销售60.37亿元。

在第十三届全运会上，安徽体育健儿不畏强手，顽强拼搏，共斩获7枚金牌、15枚银牌、11枚铜牌（其中群众体育项目获得1枚金牌、3枚银牌），荣获“体育道德风尚奖”，圆满完成了赛前制定的“全面超上届”的任务，实现了安徽省竞技体育新“三步走”发展战略“提升”阶段的目标。

2. 体育强省建设动员大会召开

2017年7月12日上午，安徽省体育强省建设动员大会在合肥召开。省体育局领导班子成员，省发改委、教育厅、财政厅、文化厅、卫计委、统计局、新闻出版广电局、旅游局等厅局的相关部门负责人，体育创强示范市、示范县政府分管领导，各市、县（市、区）体育行政部门主要负责人，省体育局机关各处室和直属单位主要负责人，各有关新闻单位的记者近200人参加会议。省体育局党组书记、局长高维岭作动员讲话，局党组成员、副局长陈海军主持会议并作总结讲话。

高维岭局长在动员讲话中指出，建设体育强省是全面贯彻习近平总书记关于体育工作重要指示批示精神的战略选择，是深入落实省委省政府部署要求的具体行动，是主动服务健康安徽建设的必然要求，是加速推进安徽省体育事业改革发展的迫切需要，要站在战略和全局的高度充分认识建设体育强省的重大意义，切实增强建设体育强省的使命担当。

高维岭局长强调，要明确重点，着力突破，确保完成建设体育强省的目标任务。要紧紧围绕《安徽省体育强省建设实施方案》《安徽省体育强省、强市、强县（市、区）指标体系（2016—2025年）》等文件中确定的目标任务，重点抓好五个方面的工作，以重点突破带动整体推进，即全民健身要抓普及、竞技体育要创佳绩、体育产业要大发展、青少年体育要增后劲、党建保障要上水平。在推进体育强省建设的过程中，既要苦干实干，又要巧干会干，注重方式方法，扭住关键环节，要做到“四个坚持”，即坚持科学规划，确保有的放矢；坚持问题导向，着力补齐短板；坚持因地制宜，发挥特色优势；坚持清单作业，有序有效推进，以期取得事半功倍的效果。

高维岭局长要求，全省体育战线要保持咬定目标不放松的精神，树立打持久战、打攻坚战的意识，紧紧依靠各级党委政府的高度重视，依靠各有关部门的大力支持，依靠全社会的广泛参与，加强领导、完善机制、久久为功，努力形成推进体育强省建设的强大合力。

陈海军副局长就贯彻本次会议精神强调，全省体育战线要牢固树立“一盘棋”的大局观念，上下联动、整体推进，形成一级抓一级、层层抓落实的工作格局。要加大宣传力度，努力为体育强省建设营造良好的环境和浓厚的氛围。要迅速传达学习、细化目标任务、注重经验推广。要推动改革创新、加大督查力度、狠抓考核评估、强化协同配合，全力保障各项工作部署落到实处。

会上，省体育局党组成员、副局长甄国栋、王大军分别宣读了《安徽省体育强省建设实施方案》和《安徽省体育局关于命名创建体育强市示范市、强县示范县的决定》。

3. 第一届健身休闲大会闭幕

2017年11月12日晚7:00，安徽省第一届健身休闲大会闭幕式在黄山市体育馆举行。省体育局局长高维岭出席闭幕式并主持会旗交接仪式，省体育局副局长陈海军致闭幕辞。黄山市人大常委会副主任叶长荫、六安市副市长王安义、黄山市政协副主席张俊杰及省体育局相关处室负责人参加闭幕式。闭幕式由黄山市副市长程红主持。

由省体育局、省体育总会、黄山市政府主办的“安徽省第一届健身休闲大会”自9月17日在黄山开幕以来，历经两个月的精彩角逐，通过户外举办13项群众喜闻乐见的日常健身项目，广泛吸引各行业健身爱好者参赛，直接参与比赛甲组人数1205人，乙组近万人，进一步普及推广了健身休闲运动。竞赛项目包括龙舟、登山、徒步、钓鱼、越野行走、定向越野、户外拓展、自行车骑行、健身气功、健身瑜伽、广场操舞共11项，其中登山、徒步、龙舟结合黄山市品牌赛事中国黄山国际登山大会、齐云山万人徒步大会、中国黄山国际龙舟公开赛三个项目进行。体验类活动为峡谷漂流和动力滑翔伞，赛事地点分布在全市范围。

陈海军副局长在致辞中指出，大会以“健身融入生活、运动促进健康”为主题，充分展示了健身运动的活力和魅力，对引领健身新风尚、倡导文明健康生活方式、促进全民健身与全民健康深度融合、落实全民健身国家战略、促进民生、改善人民幸福生活具有重要意义。本次大会是一次改革创新的运动会，是一次体育与旅游、体育与文化深度融合的运动会，是一次促进体育产业发展的运动会，是一次集健身、休闲、地域、山水、人文特色于一体的全民健身嘉年华，是一次喜庆、热烈、欢乐、祥和的人民盛会。

闭幕式上，大会组委会对评选出的优秀组织奖、体育道德风尚奖和突出贡献奖单位进行了表彰颁牌。授予合肥市、淮北市、亳州市、蚌埠市、阜阳市、滁州市、马鞍山市、安庆市、黄山市9个代表团“优秀组织奖”荣誉称号；授予合肥市、淮北市、亳州市、宿州市、蚌埠市、阜阳市、淮南市、滁州市、六安市、马鞍山市、芜湖市、宣城市、铜陵市、池州市、安庆市、黄山市、省直机关17个代表团“体育道德风尚奖”荣誉称号。同时，决定授予屯溪区体育局、黄山区体育局、休宁县体育局、祁门县体委、黟县体委、黄山学院、黄山途居奇瑞房车营地、山越应急救援队、黄山风景区、齐云山风景区10个单位“突出贡献奖”。

4. “体教结合”工作取得新进展

2017年8月12日，安徽省体教结合工作联席会议在石关国家体育训练基地召开。会上，安徽省体育局与安徽省教育厅签订了《体教结合工作备忘录》，对合作宗旨、双方职责和合作机制作了进一步明确。《体教结合工作备忘录》的签署，开创了安徽体教结合工作育人方式的创新、合作模式的创新、解决问题机制的创新。

谢广祥副省长在会上强调，一是教育体育，核心在育，要围绕育人目标协同发力。体育、教育两家要通过体教结合协同育人，树立“大体育”“大教育”观念，自觉打破部门所有、行业界限、地区类别的影响，强化协调配合，科学分工定位，实现生源、师资、场地、器材、资金等方面的共享共用，做到问题共同解决、计划共同制定、政策共同研究、成果共同享受。二是体教结合，合则两利，要围绕双赢路径协同发力。要协同构建立体网络，完善学校、家庭与社会密切结合的学校体育网络，完善从小学、中学、高中到大学以及业余体校、体育俱乐部到高水平运动队的“一条龙”体育后备人才培养网络，完善学校体育、社会体育和竞技体育相互贯通的交流网络。要协同振兴校园足球，在普及、提升和成长通道上下功夫。要协同推动体育设施建设利用，加快学校体育设施建设，推进体育场馆设施共建共享，推进学校体育场馆向社会开放。要协同完善体育竞赛体系，增强赛事吸引力，提高市场化运作水平。要协同创新育人模式，积极支持学校办运动队，加强青少年运动员文化教育，加强体育教师教练队伍建设。三是落实见效，制度保障，要围绕长效机制协同发力。要健全长效的高层推动机制，完善稳定的经费投入机制，打造科学的督导评估机制。

5. 亳州市被授予“国际健身气功五禽戏之都”

2017年9月5日，第三届中国(亳州)国际健身气功博览会暨2017年国际健身气功五禽戏交流比赛开幕式在亳州恒大城体育馆拉开帷幕。开幕式现场，国际健身气功联合会授予亳州市“国际健身气功五禽戏之都”匾牌，标志着药都亳州成为国际化健身气功之都。

八　医疗卫生发展情况

(一) 上海市医疗卫生发展情况与措施

1. “分级诊疗”效果初显，就医重心进一步下沉

上海市卫生计生委2017年度统计数据显示，本市门急诊人次达25728.22万人次，同比增长3.16%。其中三级医院门急诊量占全市门急诊总量的37.39%，二级医院及其他医院等门急诊量占比29.61%，社区卫生服务中心门急诊量占比33%。三、二、一级医院门急诊量呈现“三足鼎立”之势，表明

上海推进分级诊疗效果初显，尤其社区门急诊量已接近三级医院——政策"接地气"、举措"得民心"，"首诊社区"逐渐成为上海市居民就医的共识。

近年来，上海做好顶层设计，深入探索分级诊疗模式，通过医联体建设、"1＋1＋1"签约等重磅举措，大力推动居民就诊下沉，让"社区首诊、双向转诊"逐步成为趋势。上海16个区共组建区域医联体40余个，家庭医生制度覆盖所有社区并着力打造"2.0版"，进一步提升家庭医生的分诊与健康管理能力。

截至2017年底，上海"1＋1＋1"已签约居民超过340万人。签约居民门诊在"1＋1＋1"签约医疗机构组合内就诊占74％，在签约社区卫生服务中心就诊占53％。已签约的社区卫生服务中心同步开展"延伸处方"政策，形成"基本＋补充"的药品使用联动机制。截至2017年底，"延伸处方"共开出94万余张。据测算，全年在上海二级、三级医院中，单纯为配药的门诊量占门诊总量的25％—30％。如今，这部分配药需求可以在社区得到解决。未来，延伸处方将不断扩大药品范围。

"1＋1＋1"签约居民通过家庭医生还可优先预约全市各市级医院专家与专科门诊号源，享受便捷的转诊服务。上海不断加大三级、二级医院优质医疗资源对社区的支撑，推出"两个50％"，即统一将各市级医院门诊预约号源的50％在预约开放前50％时段内，优先向家庭医生和签约居民开放。目前，医联平台可预约专家7700名，每月可优先预约的号源量达13.8万个。

同时，上海以大数据支撑社区诊断，开发和应用慢病高危人群筛查系统，让健康管理实现连续、动态、个性化，推动社区与市、区、医疗机构、医保之间的信息同步，减少重复检查，支持预约转诊等。依托大数据，还可实时监测家庭医生对基本服务项目的实施及目标任务完成情况等，并作为绩效考核和分配的依据。

截至2017年底，全市在岗的全科医师8291名，其中社区卫生服务中心有7454名。这些全科医师，一般都是正规医学院校本科甚至研究生毕业，再经过三级医院全科医师规范化培训的医生。他们不断充实到社区，起到了分级诊疗"托底"的作用。

通过延伸处方、双向转诊、健康管理等一系列"接地气"与"得民心"的政策和举措，社区居民充分感受到签约的好处，对医改的获得感明显提高，就医理念不断改变，"首诊社区"逐渐成为上海市居民就医的共识。

2. 推广10项改善医疗服务"新模式"

在8月16日召开的上海市卫生计生系统持续改善医疗服务交流推进会上，本着"以患者为中心，以问题为导向"的原则，市卫生计生委向沪上卫生计生系统倡导推广改善医疗服务十大系列举措，号召全市医务人员为患者营造更加温馨、舒适、便捷的医疗环境。

上海市卫生计生系统文明办于2015年9月起在全市开展"医疗服务品牌"推选活动，共有162家单位，165个品牌服务项目脱颖而出，有59家单位，80个品牌服务项目最终入选，并从中归纳、提练出改善医疗服务十大系列举措，包括就医流程更便捷、就医质量更提高、资源整合更优化、医患沟通更充分、人文关怀更温馨、志愿服务更广泛、健康教育更多样、特殊人群更关爱、细节服务更创新、后勤服务更保障。

其中，借鉴"新媒体无边界医疗服务平台""门诊预约诊疗服务""互联网＋精准就诊""O2O线上线下共预约""出入院一站式服务中心"等创新理念与方法，以现代流程管理为抓手、以移动互联技术为依托，根据医疗机构级别的不同分层施策，因地制宜地持续优化就医流程，解决患者就医环节中遇到的问题，不断改善患者就医体验。

与此同时，注重充分发挥医疗联合体、三级医疗体系的积极作用，通过双向转诊、分级诊疗、设立社区工作室等途径，整合各类优质医疗资源，提高医疗资源利用率和医疗服务整体水平，倡导"名中医工作室联动社区服务""3＋2＋1静安医疗联合体""医院－社区－家庭三位一体慢性病延续护理""儿科医疗联合体"等项目，促进优质医疗资源合理配置，引导市民就医重心下沉，实现双向有序转诊，持续提升居民健康水平。

3. 四省一市综合医改联席会议在沪召开

5月25日，“沪苏浙皖闽”四省一市综合医改联席会议在上海召开。此次会议是继去年11月四省一市医改办签署《“沪苏浙皖闽”四省一市综合医改联席会议制度协议》以来召开的第一次联席会议。国家卫生计生委副主任、国务院医改办主任王贺胜出席会议并讲话。上海市副市长翁铁慧、江苏省副省长蓝绍敏、浙江省副省长成岳冲、安徽省副省长谢广祥、福建省政协副主席李红以及四省一市相关部门负责人参加会议。

会议对联席会议2017年度工作安排、药品联合采购工作方案、高值医用耗材联合采购工作方案、中医药供给改革试点工作方案等进行了研讨。王贺胜同志充分肯定了四省一市在综合医改中发挥的示范引领作用，希望四省一市抓住综合医改试点的有利时机，以联席会议为纽带，深入开展合作。一是以构建责权利共同体为核心，加快推进医联体建设；二是以满足群众需求为导向，做细做实家庭医生签约服务；三是以建立运行新机制为关键，深化公立医院综合改革；四是以降低虚高价格为目标，推进药品耗材联合采购；五是以推进健康中国建设为契机，加快发展中医药健康产业；六是以开展健康医疗大数据发展应用研究为抓手，推动卫生信息化建设。

会上，还成立了专家指导组；上海仁济医院与宁波市第二人民医院、杭州湾医院签署合作办院协议；中山医院、瑞金医院与淮安市第一人民医院签署医疗技术协作协议。

4. “上海市‘健康孩’协同创新中心”正式挂牌成立

2017年6月1日，上海市妇幼保健中心正式挂牌成立“上海市‘健康孩’协同创新中心”，市政府翁铁慧副市长、市妇儿工委、市卫生计生委有关领导出席见证挂牌仪式。

健康儿童是健康中国的重要基础，儿童期是人生发展的重要时期。出生缺陷和残疾已日益成为影响中国出生人口素质的重要问题。每年约有90万出生缺陷儿出生，其中25%的出生缺陷是由于遗传因素所致，10%左右是由环境因素导致，65%则是有遗传因素和环境因素共同作用的结果。全面“二孩”政策实施后，高龄孕妇增加，出生缺陷的风险也将随之增高，因此，控制和降低出生缺陷发生刻不容缓。

为贯彻落实健康中国、健康上海战略目标，努力控制威胁儿童健康的出生缺陷因素，促进儿童健康成长。上海市妇幼保健中心联合中国科学院院士、著名遗传生物学家贺林团队，依托“上海市‘健康孩’协同创新中心”，围绕“控制出生缺陷、促进健康发展”两大主线，以开展遗传咨询、遗传检测、加强三级预防管理为抓手，以促进儿童早期发展、提供全程保健服务为目标，提高出生人口质量，进一步促使三大卫生健康核心指标（平均期望寿命、婴儿死亡率、孕产妇死亡率）持续保持发达国家和地区水平。

该协同创新平台的成立，契合上海卫生与健康大会以预防为主的方针，坚持改革创新，聚焦重点领域，抓住关键环节，用好科创中心建设机遇要求。通过汇众智、聚合力，强化“医教研企协同”，吸引国内外优质资源，搭建多学科交叉的协同创新平台，聚焦医疗保健科技创新和成果转化，全方位整链条地打造“健康孩”示范服务系统，为政府对该领域基于大数据支撑的技术规范提供依据，并力争建设成与卓越的全球城市发展定位相匹配的“共建共享”的协同创新平台。积极发挥上海市在医学领域的标杆作用，促进上海市科创中心的内涵建设，进一步体现上海妇幼保健工作，尤其是母婴安全管理在全国的先进性，促进遗传咨询领域的示范引领、出生缺陷检测领域的技术领先、人才队伍储备的专才培育、数据化的协同支撑、技术标准化建设的补空树标等作用，推动国孩健康，树立国家典范，努力为习总书记提出的“实现中华民族伟大复兴的中国梦”谱写新的篇章。

5. 上海“社会共治”破控烟执法难

被称为上海市史上最严“控烟令”的《上海市公共场所控制吸烟条例》修正案实施半年来，上海市各类场所违规吸烟发生率显著下降。监测结果显示，所有场所违规吸烟发生率由修正案实施前的21.5%下降为14.9%，其中法定禁烟场所由8.5%下降为4.7%，非法定禁烟场所由35.8%下降为21.0%。

针对公共场所吸烟举报投诉时有发生、执法无法全时段覆盖和执法职责交叉、处罚尺度不一等问题，上海推行多方联动的“社会共治”模式，加强部门协作，构建社会监督、行业管理、重点执法的沟通—

反馈—监督工作机制，着力解决控烟执法难点问题。

上海各监管执法部门依据行业特点，对重点商圈、楼宇、人流密集型场所进行有针对性的执法检查。卫生监督部门根据管辖区域特点，集中力量检查商业办公区域；文化执法部门采取“兵分多路”“错时执法”，对宾馆、娱乐场所及电影院、艺术馆等进行分时分批的执法检查；市场监管部门通过专项整治，以错时检查、突击检查、“回头看”等方式，确保行动有效、到位；公安部门对所有网吧进行全面排查、突击检查，加大对网吧重点时段的检查力度；机场和铁路管理部门做好对来往旅客控烟劝导，加强对内部工作人员和各类驻场单位的控烟管理和教育。2017 年上半年，共执法检查各类场所 11.5 万户(次)，立案处罚并处罚款的场所 732 户次、291 人，罚款 168 多万元。

(二) 江苏省医疗卫生发展情况与措施

1. 健康江苏建设开启新的征程

主动作为，统筹谋划，推动把人民健康放到优先发展的战略位置。一方面，目标任务得以明确。江苏省委省政府召开全省卫生与健康大会，出台《“健康江苏 2030”规划纲要》，明确了今后一个时期健康江苏建设的目标任务和重点实施的“十大行动”。南京等 8 个设区市相继召开会议，出台相关政策或中长期规划。另一方面，工作机制逐步建立。省委省政府成立健康江苏建设领导小组，省有关部门建立联络员工作制度，各地也成立相应领导组织和工作网络。省政府办公厅印发《“健康江苏 2030”规划纲要重点任务分工方案》，明确了各相关部门在“十大行动”中的责任。

2. 省级综合医改试点持续深化

发挥牵头部门作用，抓任务分解和督查推进，2017 年度医改重点任务圆满完成。一是公立医院综合改革步伐加快。省、13 个设区市和 59 个县(市、区)成立公立医院管理委员会，130 家二、三级公立医院探索建立法人治理结构，166 家公立医院对 8 万多名医务人员实行备案管理。出台《江苏省新增医疗服务项目价格管理办法》等文件，常州、泰州和徐州 3 市纳入国家深化薪酬制度改革试点。2017 年全省公立医院门诊和住院患者次均费用同比分别增长 3.24%和 1.67%，低于 5%的控制目标。二是分级诊疗制度建设有力推进。全省所有三级公立医院均参与医联体建设，建成医联体 314 个。推进胸痛、卒中等“五大救治中心”建设，开展高血压、糖尿病分级诊疗试点。全面推行家庭医生签约服务，一般人群和重点人群覆盖率分别达 36.7%和 67.7%。全省城乡基层医疗卫生机构诊疗量占总诊疗人次的比例接近 60%，县域内就诊率接近 90%。三是药品供应保障机制不断完善。建立短缺药品信息零报告和分级储备制度，保障基层用药和短缺药品供应。开展以市为单位医用耗材和检验检测试剂集中采购，出台《公立医疗机构药品采购“两票制”实施方案》。新一轮药品集中采购竞价、议价产品省级入围价格比现采购价格平均下降 18.04%。全年累计网上采购药品 631.47 亿元，药品配送率达 96.85%。

3. 医疗卫生服务能力进一步提升

坚持以基层为重点，以科技和人才为支撑，不断改善医疗服务。一是基层服务水平不断提高。省扶持 756 个基层机构基础设施建设和设备更新。开展基层卫生十强县(市、区)建设，建成 69 个省示范乡镇卫生院和 682 个省示范村卫生室，启动基层卫生人员实训基地建设，新增 59 个省级基层特色科室。二是医疗服务能力明显增强。三级医院总数增加到 160 个，新增民营医院床位 2.22 万张。二级以上医院门诊和住院抗菌药物使用率分别下降 2.8 和 3.2 个百分点，三级医院实现“优质护理服务”全覆盖，医疗质量安全和改善医疗服务行动取得实效。三是科技创新和人才队伍建设取得新进展。获国家自然科学基金重大项目 28 项，总数位列全国第三。大力实施高层次人才“六个一”工程和科教强卫工程，选拔培养 12 名医学杰出人才和一批重点人才，遴选建设 16 个临床医学中心和 50 个重点学科，累计引进 71 名特聘医学专家和 15 个卫生创新团队。选拔 200 名优秀中青年人才赴海外研修。新招录住院医师规范化培训学员 4817 名、全科医生 956 名、农村订单定向医学生 1058 名，组织 900 名乡镇卫生院骨干医师到上级医院进修，培训乡村医生近万人。

4. 公共卫生服务成效显著

坚持预防为主，加强重大疾病防控，全力保障公共卫生安全。一是健康城市建设扎实开展。3个国家级和19个省级健康城市试点建设进展顺利，实现全国卫生城市全覆盖。二是公共卫生服务项目全面实施。基本公共卫生服务项目增至14类55项，7大类重大项目实施进一步规范。三是传染病防控和应急处置能力不断提升。免疫规划疫苗接种率保持在95%以上，建成国家级慢病综合防控示范区31个，新增30个县（市、区）达到血吸虫病消除标准。获全国卫生应急技能竞赛团体一等奖，圆满完成国家公祭日等重大活动医疗卫生保障和重大事故灾害伤员救治任务。四是妇幼健康服务得到加强。建成23个省级、52个市级和159个县级孕产妇和新生儿危急重症救治中心。加强出生缺陷综合防治，优生优育各项指标持续好转。五是食品安全体系更加完善。开展食品安全风险监测重点实验室和安全标准咨询服务平台建设，发布2项食品安全地方标准，备案企业标准3456份。

5. 全面两孩政策平稳实施

着力改进计划生育服务管理，保障全面两孩政策顺利实施。一是生育服务管理不断加强。深入开展"新国优"创建和省人口协调发展先进县（市、区）创建，推进公共场所和用人单位母婴设施建设，办理生育登记66.9万件、再生育审批14046件，全省出生人口数总体平稳，二孩占比达50%，出生人口性别比平稳下降。二是家庭发展水平持续提升。落实计划生育奖励扶助政策，发放扶助金24.2亿元、183.9万群众受益。率先开展计生特殊家庭心理健康服务，深入推进幸福家庭创建，遴选10个省级医养结合试点单位，新增医养结合机构89家。三是流动人口工作深入开展。大力推进流动人口基本公共卫生计生服务均等化、农村留守儿童健康关爱工作，圆满完成流动人口动态监测任务。

6. 中医药特色优势进一步发挥

强化传承创新，中医药服务可及性不断增强。一是综合服务能力显著提升。新增三级中医医疗机构5家，新建基层中医馆247个，4个单位获得全国综合医院中医药工作示范单位称号。二是人才培养和传承创新取得新成效。5位中医名家荣获"国医大师"和"全国名中医"称号，数量居全国第一。33人入选第四批全国优秀中医人才研修项目，53人成为第六批全国老中医药专家学术经验继承指导老师，新增全国基层名中医传承工作室19个。国家中医临床研究基地建设顺利通过验收。三是中医药文化建设扎实推进。新增省级中医药文化宣传教育基地3家，组织开展中医药健康巡讲2000多场次，受益人群23万多人次。

7. 全国电子健康卡首发式在江苏举行

12月20日，全国电子健康卡首发式在江苏举行，国家卫生计生委统计信息中心主任张学高、副主任周恭伟，江苏省卫生计生委副主任兰青，连云港市人民政府副市长黄远征出席首发仪式。国家卫生计生委相关司局以及各省、自治区、直辖市卫生计生委代表近200人参加。

首发式上，张学高受国家卫生计生委领导委托做了讲话。他指出，电子健康卡是丰富健康便民服务应用的"金钥匙"，是全民健康信息化和健康医疗大数据应用的重要基础设施，要加快医院就诊卡向统一规范的居民健康卡迁移融合，重点推动健康卡在实名制就医、家庭医生签约、电子健康档案及电子病历合法调阅、居民获取国家基本公卫服务有效凭证等与广大群众健康息息相关的重点服务应用。

兰青指出，江苏省作为国家健康医疗大数据中心建设首批试点省，近年来全力推进全民健康信息化建设，省电子健康卡管理平台已建成，建立了以电子健康卡为核心的居民就医统一身份认证体系和基于国密算法的健康卡安全服务网络，连云港市、张家港市、江苏省人民医院、无锡市第三人民医院等地区和单位已完成电子健康卡应用环境搭建。电子健康卡的上线应用，将向居民提供更加便捷安全的就医体验，让广大人民群众切实感受到医改和信息化的发展成果。

首发仪式上，连云港市主会场，张家港市、江苏省人民医院、无锡市第三人民医院三个分会场首发单位负责同志作了介绍发言。会议还组织了主会场参会代表参观连云港市第一人民医院、浦西社区卫生服务中心，相关媒体进行了专题采访。

（三）浙江省医疗卫生发展情况与措施

1. 浙江医疗卫生发展取得新进展

浙江省综合救治能力进入国内第一方阵；县域就诊率达 85.8%；2017 年全省医疗机构诊疗人次 5.95 亿。“十二五”期间浙江省有 51 个专科列入国家临床重点专科建设项目。人体器官移植、重大传染病救治、心血管疾病介入治疗、严重创伤和重症患者综合救治技术、肿瘤诊治技术等一批关键技术取得突破性发展，综合救治能力进入国内第一方阵，部分技术处于国际领先水平。

浙大一院已拥有肝、肾、心、肺、胰腺、小肠等器官移植学科群，移植数量和整体移植存活率全国领先。在心血管疾病介入治疗方面，浙大二院开展的经导管主动脉瓣置换术被誉为“杭州经验”。在外科微创方面，邵逸夫医院成为国内领跑者，微创技术覆盖所有外科领域。

同时，随着“双下沉、两提升”工作不断推进，全省 54 家城市三甲医院共与 122 家县级医院开展合作办医。仅浙江省人民医院就先后全托管 5 家县级医院，有效提升基层医院医疗技术和服务能力。

同时，浙江省从 1986 年开始建立第一个医疗质量控制中心，目前省级层面已建立 36 个质控中心、26 个技术指导中心，制定了相应的诊疗规范、技术标准。数据显示，全省医疗卫生服务机构患者门急诊死亡率、住院病人死亡率显著低于全国平均水平，急性心肌梗死、脑梗死、脑出血抢救成功率、康复率和恶性肿瘤治疗有效率显著高于全国平均水平，部分指标达到发达国家水平。

2. “双下沉两提升”着力提升基层医疗“龙头”实力

近年来，温州市龙湾区紧紧围绕“健康浙江”战略部署，合理利用医疗卫生资源，加强社区卫生服务机构能力建设，通过城市医院下沉、医学人才下沉，着力提升基层医疗“龙头”实力，提升群众满意度，加快形成“小病在社区、大病进医院、康复回社区”的就医新格局，有效缓解群众看病难、看病贵问题。

一是在“联”字上下功夫，加强区域紧密合作。以两所人民医院为龙头，上联三甲，下联乡村，做到省市级、区级两级“双下沉”，区级、街道基层级两级“两提升”。积极对接温州市中西结合医院，签订紧密合作协议，就医院管理、专科建设及人才培养等方面展开全面合作。市中西医结合医院下派 2 名执行院长、12 名学科带头人或专家到两所人民医院开展业务指导并坐诊。区第一人民医院与永中、海滨、永兴、瑶溪 4 家街道社区卫生服务中心，区人民医院与蒲州街道社区卫生服务中心签订“医联体”合作协议。区级医院 15 名专家到街道社区卫生服务中心开设联合门诊，促进人才下沉、资源下沉。同时，开通24 小时绿色救治通道，实现优先“双向转诊”。

二是在“特”字上下功夫，优化基层中医服务。以全国基层中医药先进单位创建为契机，全面提升中医药服务能力。积极开展市、区两级医师中医师承结对签约，培养年轻中医师，首批 10 对师徒进行签约，每周安排学生跟随老师在市区坐诊，已创成 4 个特色中医工作室。积极筹建区人民医院转型区中西医结合医院，打破温州市三区无中医医院的格局。全区所有社区卫生服务中心均设有中医科和中药房，其中 3 家街道社区卫生服务中心建成特色中医馆，并通过了市级中医特色社区卫生服务中心验收。定期开展中医药适宜技术培训，并创成市首个中医适宜技术体验馆暨永中街道社区卫生服务中心中医适宜技术体验馆，并于 2017 年 10 月正式开馆，开展中医 10 项适宜技术。

三是在“享”字上下功夫，推进智慧医疗建设。全面升级医院信息系统（HIS），完善区级公立医院网络、现场、电话等预约挂号项目。推出“掌上医院”，实现手机 APP 挂号、预存、查询等服务，截至 2017 年 10 月，全区公立医院门诊预约率同比增长 10%以上。积极开发社区卫生服务中心体检系统、化验系统、处方点评、材料管理、注射管理等业务软件，增加电脑取单网点。启动区域医学影像诊断（pacs）中心建设。已完成软件安装和系统调试，预计年底前投入使用。充分发挥公立医院的龙头作用，建立区域专业共享中心，现已有区域消毒供应中心和区域医学影像诊断中心。

四是在“强”字上下功夫，提升医疗服务水平。在各医疗单位推进“5S”精细化管理，进一步改善病人的就医感受，提升满意度，同时有序推进龙一医新院迁建工程，目前已完成新院主体工程。瑶溪街道社区卫生服务中心新院，建筑面积6000平方米，即将投入使用。全区6家基层医疗卫生事业单位全面提升服务能力，其中状元、永中2家创成省级示范社区卫生服务中心，状元、海滨、永兴3家创成“二乙社区卫生服务中心”。

3. 瑞安市医共体建设细化措施

一是改革医保支付方式。启动“医共体”内支付方式改革试点，推行医保费用“节余留用、超支分担”机制，统筹考虑医疗服务费用水平和医保基金支付能力，合理确定结算总额，打包给“医共体”。结余部分，可用于“医共体”内部医疗服务质量提升和提高医务人员待遇等支出，推动“医共体”内部形成利益共同体。同步推进“医共体”内差别化支付制度，拉大报销比例差距，充分发挥医保政策杠杆作用，科学引导居民合理有序就医。

二是完善人事薪酬制度。在“医共体”内建立人才柔性流动机制，明确医务人员到“医共体”内下级医疗机构工作时间，计入职称晋升前服务基层工作时间。同时，在“医共体”医务人员双向流动的，不需办理执业地点变更和执业机构备案手续。实施薪酬改革，“允许医疗卫生机构突破现行事业单位工资调控水平，允许医疗服务收入扣除成本并按规定提取各项基金后主要用于人员奖励”，完善与“医共体”相适应的绩效工资政策。扩大卫生计生系统人事管理自主权，实行按需设岗、按岗聘用，建立能上能下、能进能出的灵活用人机制，完善与“医共体”相适应的职称晋升办法，实行科学评价，拓展医务人员职业发展空间。

三是完善医疗机构用药政策。“医共体”内部统一制定常见病、多发病、慢性病以及与双向转诊相关的用药目录，加强“医共体”内上下级医疗机构的用药衔接，实行为慢性病签约患者提供12周用药量的长处方服务，探索实行药品、耗材等统一采购配送以及统一的社会化后勤服务。

4. 国家级儿童早期发展示范基地再落绍兴

2017年3月，浙江省绍兴市妇幼保健院荣获国家第二批“国家级儿童早期发展示范基地”，这是继浙江大学附属儿童医院之后浙江省第二家获此殊荣的医院。根据国家统一部署，2015年9月启动儿童早期发展示范基地评审。浙江省浙江大学附属儿童医院、绍兴市妇幼保健院成功获得了全国首批和第二批儿童早期发展示范基地。目前，国家级儿童早期发展示范基地共有30家，浙江就占了2家。

儿童早期发展工作是新时期儿童保健的重要内容和发展方向，是保障儿童优先、促进社会公平的具体体现。为积极推进全生命周期的健康理念，浙江省在全国首批启动了省级儿童早期发展示范基地的创建工作，绍兴市妇幼保健院等10家医疗机构被评选为“浙江省儿童早期发展示范基地”。一年来，这批医疗机构充分发挥专业优势，积极营造社会关注生命1000天(孕早期到2周)的良好氛围，做好儿童早期健康服务工作，在全省起到了很好的引领示范作用。

浙江省将儿童早期发展示范基地的创建工作作为新时期儿童保健工作的重要内容和发展方向。省政府出台的《浙江省儿童发展规划(2016—2020年)》中明确提出“建好1—3个国家级儿童早期发展示范基地，30家省级儿童早期发展示范基地”。为进一步做好儿童早期发展示范基地的创建工作，树立优秀典型，以示范促发展，浙江省在完善巩固全省第一批10家省级儿童早期发展示范基地的基础上，将于2017年2月启动第二批省级儿童早期发展示范基地创建工作。

5. 省中医院两项成果获年度科学技术奖

4月11日上午，2017年度全省科学技术奖励大会在浙江省人民大会堂举行。省委书记车俊、省长袁家军等领导出席并为获奖单位和个人颁奖。会上，共有286项科技项目成果获颁2017年度省科学技术奖。其中浙江省中医院院长毛威教授主持的“痰瘀同治防治冠状动脉粥样硬化性心脏病的机制和临床应用”荣获浙江省科学技术奖二等奖；范一宏教授主持的“健脾益气养血法对慢传输型便秘肠壁神经网络改变及临床应用”，荣获2017年度浙江省科学技术奖三等奖。

“痰瘀同治防治冠状动脉粥样硬化性心脏病的机制和临床应用”项目研究历时十余年，其成果先后荣获省医药卫生科技一等奖和省中医药科学技术一等奖等5项奖励，发表相关论文77篇，总被引频次

超300次，其中，在《Heart》等杂志上发表SCI收录论文37篇，累计影响因子超100分，申报专利5项，培养研究生30余名。项目成果惠及冠心病患者约30000人次。

(四) 安徽省医疗卫生发展情况与措施

1. 深化医改取得突出成效

2017年，安徽66个县域医共体试点县的县外住院人次同比下降4.88%，分级诊疗和县乡之间双向转诊机制初见成效。积极探索医联体建设，目前全省共建医联体279个，1476个医疗机构参与。探索社区卫生服务新模式，选派78名高年资护士下沉22个社区，打通医疗服务与老百姓就医的"最后一公里"。

同时，积极推进临床路径管理，全省228家二级以上医院全面推行"临床路径＋病种付费"模式。探索符合中医药特点的支付方式。全省县以上中医院门诊和住院次均医疗费用分别比综合性医院低15%和20%。

实施耗材、试剂等网上采购和"两票制"。持续推进医疗服务价格改革，动态调整3780个药品医保支付参考价，联动调整8大类1271项医疗服务价格，实施"腾笼换鸟"。放开54项市场调节价服务项目，累计放开137项。扩大按病种收费改革试点，基本实现每个市按病种收费不少于100个，实现新农合跨省就医异地及时结算。开展医保管理体制改革创新，在三市启动试点工作，统筹推进"三医联动"。

安徽省综合医改向整合资源要效率，加速构建分级诊疗制度，着力打造合理就医格局。在城市，发挥三级医院技术和资源作用，组建形式多样的医联体，精准帮扶基层；在农村，以县级医院为龙头，与乡镇卫生院、村卫生室建立"医共体"，推动优质医疗卫生资源下沉基层；同时跨越城乡，鼓励三级综合医院结合自身专业特色、专病诊治能力和患者就医来源组建医联体。

2. 公共卫生服务能力不断加强

2017年国家基本公共卫生服务考核，安徽省取得第六名佳绩。安徽省加强重点传染病监测，前三季度全省共报告法定传染病28.5万例，较上年同期下降5.96%。全年未出现重大疫情。救治艾滋病患者7257人、结核病患者9901人。在全国率先开展预防接种网上预约服务，省内预防接种点达2000家。开展慢性病监测工作，完成近2.5万例农村和淮河流域消化道癌症筛查任务。

建成国家突发急性传染病防控队，国家卫生应急移动医疗救治中心和省紧急医疗救护基地建设加快推进，探索空中医学救援。

据统计，每千人口卫生技术人员数、床位数分别增加至2017年的4.56人、4.89张。基本公共卫生服务项目扩大到14类54项，补助经费标准达到50元。加强12320卫生服务热线和全省便民医疗服务平台建设，网上预约挂号等便民服务164.3万人次，远程影像诊断8.53万人次。深化"放管服"改革，推出多项改革便民措施。

另外，全省家庭医生签约服务人数达2000万，其中，10类重点人群签约1732万。全省卫生总费用2015年增加到1460.42亿元，个人卫生支出占比下降到29.82%，新农合筹资标准提高到600元。人均预期寿命达到76岁，高于全国平均水平，婴儿死亡率、五岁以下儿童死亡率、孕产妇死亡率分别下降至4.09‰、5.46‰、16.42/10万，均低于全国平均水平。

3. 聚力健康脱贫呈现新亮点

安徽省围绕"保、治、防、提"推出一系列创新举措，全面实施健康脱贫工程，着力解决因病致贫、因病返贫问题。建立"三保障一兜底一补充"("351"＋"180")综合保障体系，贫困群众看病就医负担大幅减轻。

全省贫困人口住院综合医保补偿54.69亿元，平均实际补偿比例高达92.5%，较普通参保患者提高近30个百分点。全省贫困人口住院救治112万人次，慢病门诊160多万人次，完成15种大病专项救治3.8万多例，慢病门诊实际报销比例超过95%。实行分类健康干预，加强慢病管理、健康教育和健康促进，实现贫困人口家庭医生签约服务全覆盖。争取省财政 2000 万元，支持省属医院“组团式”对口帮扶国家和省级贫困县县级医院能力建设，加强医疗卫生人才培养。

健康脱贫工作经验多次在全国和国际会议上交流分享，健康脱贫工作在国家组织的 2016 年度专项考核中名列全国第一，健康脱贫成为安徽省脱贫攻坚工作新亮点。

4. 放大中医中药传承新效应

2017 年，安徽将发展中医药列入全省深化医改重点任务，出台了《安徽省中医药健康服务发展规划（2015—2020 年）》《安徽省中药产业发展“十三五”规划》等，明确提出打造中医药强省目标。中医药医疗、保健、科研、教育、产业、文化“六位一体”整体推进，发展环境进一步优化，特色优势更加突显。中医医疗服务体系日益完善，服务能力持续提升，实现了政府办中医医院全覆盖。

至 2017 年底，县以上中医医院床位比 2012 年增加 48.7%，门诊人次增长 41.7%，出院人次增长 49.3%，县级中医医院总诊疗人次占县级医院总诊疗人次的比例提高到目前的 37%。通过调整中医服务价格、提高报销比例等措施，鼓励中医药服务的提供和利用。

在 2017 年末公布的第五批省级“非遗”名录中，新安王氏医学、祁门蛇伤疗法等 10 项传统医学项目入选。至此，全省已有 1 个传统医学项目列入国家级“非遗”名录，21 个传统医学项目列入省级“非遗”名录。

安徽省 84 个公立中医院全部参加公立医院改革，改革措施中专门增加了“发展中医药”的“自选动作”，出台了多项促进中医药发展的倾斜性政策，如针灸、推拿等非药物疗法纳入基本医保，提高中医医疗服务价格等。2017 年 5 月，安徽省在全国率先开设民间特色诊疗中心，对民间中医的合法执业进行有益探索。

5. 推进“三医联动”，不断拓展医保作用空间

合肥、蚌埠、滁州 3 地作为安徽省首批“三保合一”试点城市，3 市将成立由市长挂帅的医改委，医保基金经办机构将进驻各地政务服务中心窗口。

“在深化医改中，医保处于核心位置，不仅调控着医院医疗服务行为，也调控着患者就医行为。”省卫计委主任于德志表示，在持续深化医改过程中，安徽省着力建立医疗、医药、医保“三医联动”机制，以解决制度“碎片化”为切入点，推进管理体制和经办机制改革，不断拓展医保作用空间。新农合在全省范围内实现筹资标准、补偿方案、报销目录、信息系统、基金管理、定点医疗机构评审标准“六统一”管理。在支付方式改革上，推进“临床路径＋按病种付费”，全省二级以上医疗机构全面开展临床路径工作，新农合住院按病种付费执行率达到 50%以上，医保管理更加精细化、科学化、信息化，从而有效控制了医疗费用过快上涨。

2017 年，安徽省全面实现双向跨省即时结报，全省新农合患者经规范转诊的，在省外 139 家医疗机构可享受即时结报，出院时只需支付自付部分。1 月至 9 月，全省新农合共有 2.6 万人次实现跨省异地即时结报，总医药费 3.07 亿元、补偿金额 1.42 亿元。

为解决贫困人口因病致贫、因病返贫问题，安徽省强化政策倾斜，建立基本医保、大病保险、医疗救助、兜底保障等“一站式”信息交换和即时结算。2017 年起，全省 300 多万建档立卡贫困人口全部由政府代缴参合费。全省所有五保户的参合金将由政府代缴，低保户、重点优抚对象、残疾人、农村特困户、计生特殊家庭等人群也可享受参合金减免政策。

九 环境保护情况

（一）上海市环境保护的情况与措施

1. 主要污染物浓度进一步下降

环境空气质量稳中向好，但臭氧污染愈加显著。2017 年，上海市环境空气质量指数（AQI）优良率为 75.3%，与 2016 年基本持平（下降 0.1 个百分点）。上海市细颗粒物（PM2.5）年均浓度为 39 微克/立方

米，较2016年下降了13.3%(6微克/立方米)，较基准年2013年下降了37.1%(23微克/立方米)；可吸入颗粒物(PM10)和二氧化硫(SO_2)年均浓度分别为55和12微克/立方米，较2016年分别下降6.8%和20.0%；二氧化氮(NO_2)年均浓度为44微克/立方米，较2016年上升2.3%。其中，PM2.5、PM10和SO_2年均浓度均为历年最低；SO_2已连续四年达到国家环境空气质量年均一级标准，PM10已连续三年达到国家环境空气质量年均二级标准。但是，PM2.5和NO_2均未达到国家环境空气质量年均二级标准；臭氧在污染日首要污染物中占比达57.8%。

在空间分布上，由于上海市主导风向为东南风，PM2.5和PM10受区域输送和二次生成影响，总体呈西高东低的分布态势；SO_2全面达标，浓度总体较低；NO_2总体呈市中心向周边区域递减的趋势，浦西地区浓度总体高于浦东地区，与机动车聚集度基本一致。

水环境质量进一步改善，氮磷污染问题有所缓解，但仍为主要污染指标。2017年，全市地表水环境质量较2016年进一步改善。全市主要河流断面中，水质达到Ⅱ～Ⅲ类的断面占23.2%，Ⅳ～Ⅴ类断面占58.7%，劣Ⅴ类断面占18.1%，主要污染指标为氨氮和总磷。与2016年相比，全市主要河流劣Ⅴ类断面比例下降了15.9个百分点，氨氮、总磷平均浓度分别下降了28.0%和22.0%。上海市近年来不断加大截污治污力度，地表水环境质量持续改善，但氮磷仍为影响上海市水环境质量状况的主要污染指标。

声环境质量基本保持稳定。2017年，上海市区域环境噪声为一般水平；道路交通噪声昼间时段和夜间时段均保持稳定。

辐射环境质量总体情况良好。2017年，上海市辐射环境背景值和辐射设施周边的辐射强度均处于正常水平。

2. 顺利完成各项年度环境保护目标任务

2017年，上海市对第六轮环保三年行动计划进行项目增补和优化调整，并顺利完成各项任务目标，环境保护和环境建设取得重大进展；排污许可与总量减排工作持续推进，超额完成年度污染减排目标；金山地区环境综合整治取得阶段性成效，恶臭污染明显改善，河道消除黑臭，环境信访投诉显著下降，社会舆情总体平稳；区域生态环境综合整治工作成效显著，区域内的污染排放显著减少，环境面貌彻底改观；长三角区域各成员共同协作，大气污染防治超额完成“大气十条”明确的目标任务，水污染防治完成年度工作目标，区域各省市全面完成国家考核目标；狠抓落实中央环保督察整改，年度整改任务全面完成，并举一反三建立健全长效机制，试点市级环保督察工作，生态环境保护和绿色发展转型得到有力推动，一批群众关心的突出环境问题加快破解。

3. 强化部门协作和行刑衔接，加大环境执法力度

2017年，上海市深入贯彻实施《上海市环境保护条例》，出台了一系列配套文件，积极运用环保条例赋予的法律武器推进生态建设和污染治理，有力保障了上海市大气、水等环境质量取得明显改善。

2017年9月，市环保局与市经济信息化委联合发布《关于应用中止供电措施确保环保行政执法决定有效执行的通知》，明确环保执行领域实施强制停电措施的相关要求，推动环保行政处罚的有效执行。2017年12月，市环保局、市公安局和市检察院联合印发了《上海市环境保护行政执法与刑事司法衔接工作规定》，指导全市各级环保部门、公安机关和检察院加强协作，统一法律适用，建立健全线索通报、案件移送、资源共享和信息发布等工作机制。

在完善法律法规的同时，环境执法力度不断加大。2017年全市环保系统查处案件达4477件，处罚金额逾4.76亿元，同比分别增长34.97%和90.23%。其中作出按日计罚61件，处罚金额共9552.3万元，实施查封扣押179件，限制生产、停产整治30件，移交公安行政拘留18件，涉嫌环境犯罪移交公安部门68件。

4. 2017年底上海所有单位要实施垃圾强制分类

上海“十三五”期间将着力完善生活垃圾全程分类体系。7月22日上海市绿化市容局在召开的发布会上公布，到2017年底，上海所有单位要实施垃圾强制分类；到“十三五”末，要基本实现居住区垃圾分类、绿色账户全覆盖。届时，上海将基本实现原生生活垃圾零填埋，生活垃圾资源回收利用率达到38%。

“十三五”期间，上海将以湿垃圾资源化利用为重点，实施原生化处理厂原址改建，并根据需求规划新建一批湿垃圾集中处理设施。同时，上海将从政策法规角度，进一步推动生活垃圾分类。目前，《上海市生活垃圾管理条例》立法正在推进，力争列入本届人大常委会2017年度立法正式项目。“十三五”期间，上海要采取有效措施，在实行分类的居住区严格实施垃圾“定时定点”投放。同时，落实单位垃圾分类责任主体的义务，逐步实现单位垃圾“不分类、不收运”和“分类实效与收费挂钩”的管理模式。

上海已采取了一系列措施加强建筑垃圾全程管理，如加强源头申报管理、建立中转分拣体系、加强物流监管、落实属地消纳原则、推广卸点付费机制等。目前，上海已全面停止建筑垃圾外运处置。

据悉，上海市2015年的建筑垃圾申报处置量达1亿吨，主要通过标高回填、圈围造地、绿化造景等方式消纳。市绿化市容局相关负责人表示，上海将以“中心城区统筹消纳，郊区自行处理”为原则，重构建筑垃圾分类收运处体系。比如，拓展工程渣土消纳方式，打通滩涂造地、郊野公园建设等消纳渠道；提升拆房垃圾和装修垃圾集中资源化利用能力，达到750万吨/年。

5. 奉贤区环保局多措并举淘汰环境劣势企业

2017年，奉贤区环保局采取多种措施，淘汰环境劣势企业，不断提升区域环境质量。一是关口前置，严把准入，源头控制环保劣势企业。从园区定位上，严格要求企业必须符合园区产业导向；从企业入驻环评上，坚持做到“三个一律不批”，严禁小化工及涉重金属排放等环境劣势企业落户；从项目审批上，落实总量控制补充规定，对化学需氧量、氨氮等6项主要污染物的排放量及总量来源进行核实；从验收上，仔细核查企业环保设施落实情况，监测污染物排放情况，充分发挥环保“一票否决”的作用。上半年，共审批环保许可数量244项，其中环评审批数量145项，竣工验收99项，否决61项。

二是全力治污，落实减排，严格监管工业污染源头。以结构调整和土地减量化为抓手，推动重点行业落后产能淘汰，制定了印染、电镀行业深度治理实施方案，加快产业结构调整，共淘汰涉重企业14家；通过核发排污许可证进一步明确企业排污要求，明确总量削减计划，推进减排工作。“十三五”全市320家重点大气污染物减排任务中涉及奉贤区24家，要求完成年度减排7%，十三五减排30%。目前，2016年减排任务已全部完成，有16家提前完成“十三五”削减30%的减排总任务。

三是铁腕执法，保障民生，专项治理环保劣势企业。开展金山地区（奉贤区域）环境综合整治、违法违规企业整治、淘汰调整类企业执法检查、超标泵站纳管企业排查等专项整治行动18项，共出动执法人员检查3268人次，检查1426批次，检查单位1552户次，监理污染防治措施2139台（套）次，立案查处280起，已做出行政处罚213件，金额2693.8万元，同比增长107.3%。同时，积极探索创新信访调处工作机制，落实巡查中队开展24小时不间断的白加黑工作模式，健全环境信访工作周三领导接访群众制度，累计受理各类环境信访1619件，对人民群众反映强烈的环境问题开展重点监察，督促企业整改达标或关停，提升群众环境获得感。

（二）江苏省环境保护的情况与措施

1. 江苏环境质量基本情况

2017年，江苏省环境空气质量达标率为68.0%，较2016年下降2.2个百分点，主要污染物中颗粒物、二氧化硫和一氧化碳浓度同比有所下降，但臭氧和二氧化氮浓度同比上升。PM2.5年均浓度较2013年下降32.9%，超额完成国家“大气十条”中“较2013年下降20%”的目标要求。受颗粒物、臭氧及二氧化氮超标影响，13个设区市环境空气质量均未达二级标准。

2017年，江苏省水环境质量总体平稳。纳入国家《水污染防治行动计划》地表水环境质量考核的104个断面中，年均水质符合《地表水环境质量标准》（GB3838-2002）Ⅲ类的断面比例为71.2%，Ⅳ—Ⅴ类水质断面比例为27.8%，劣Ⅴ类断面比例为1.0%。与2016年相比，符合Ⅲ类断面比例上升2.9个百分点，劣Ⅴ类断面比例下降0.9个百分点。纳入江苏省“十三五”水环境质量目标考核的380个地表

水断面中，年均水质符合Ⅲ类的断面比例为70.3%，Ⅳ—Ⅴ类水质断面比例为28.9%，劣Ⅴ类断面比例为0.8%。与2016年相比，符合Ⅲ类断面比例上升7.4个百分点，劣Ⅴ类断面比例下降3.7个百分点。

2017年，根据国家要求，全省对已布设土壤监测基础点和背景点中的历史点位开展了监测，共监测758个土壤环境质量国控点位(基础点位690个、背景点位68个)。

758个点位中，有684个达到《土壤环境质量标准》(GB15618－1995)二级标准，达标率为90.2%。超标点位中，处于轻微污染、轻度污染、中度污染和重度污染的点位分别占8.5%、0.5%、0.4%和0.4%。无机超标项目主要为镍、镉、汞、铅和砷，有机超标项目主要为多环芳烃总量和滴滴涕。

2017年，全省声环境质量总体较好，与2016年相比基本保持稳定。

2017年全省太湖、长江、京杭大运河等主要水体水生生物监测结果显示，水环境生物多样性状况总体保持稳定。与2016年相比，2017年主要河流生物多样性状况有所改善，底栖动物物种多样性为“较丰富”“丰富”的断面比例增加了6.6个百分点，“极贫乏”“贫乏”的断面比例减少了8.0个百分点。主要湖泊底栖动物物种多样性“较丰富”“丰富”的测点比例减少了1.5个百分点，“极贫乏”“贫乏”的测点比例增加5.1个百分点。

生态遥感监测结果显示，2017年全省生态环境状况指数为66.4，各设区市生态环境状况指数处于61.4—70.2之间，生态环境状况均处于良好状态。与2016年相比，全省生态环境状况指数下降0.4，生态环境状况无明显变化。

2017年全省辐射环境59个国控点和233个省控点监测结果表明，太湖、淮河、长江等重点流域水体及近岸海域海水、海洋生物中放射性核素浓度与1989年江苏省环境天然放射性水平调查测量结果处于同一水平；重点饮用水水源地取水口水中放射性指标符合《生活饮用水卫生标准》(GB5749－2006)要求。环境中电磁辐射监测结果均低于《电磁环境控制限值》(GB8702－2014)中公众曝露控制限值的要求。

2. “263”行动引领铁腕治污

“263”行动就是“两减六治三提升”专项行动，是江苏省抓住2016年末中央环保督察整改的机遇和要求，对老百姓反映比较集中的突出环境问题的整治行动。2016年12月初以来，江苏做到了“两个到位、两个展开”。组织到位、方案到位，针对11个专项制定了方案，正在全面推进。整治已全面展开，3个月全省关闭小化工企业92家，关闭、搬迁畜禽养殖场1911个；关闭小作坊110个；集中整治电镀及酸洗集中区10个；环境执法力度加大，2月份案件数同比上升13%。监督检查也全面展开，通过一系列举措，特别是从省到市开辟专栏主动曝光问题，使“263”行动在全省上下得到普遍重视，基层反映积极，百姓普遍认可。2017年“263”行动在四方面集中发力。一是果断减排，结合供给侧结构性改革，下决心减煤炭消费总量，今年的目标是减少1000万吨；减化工，进行“四个一批”整治，淘汰小化工落后产能，推进能源结构、产业结构的绿色转型。二是针对太湖水体氮磷含量偏高以及长江沿线危化品储运、城市黑臭河道及老百姓身边的突出环境问题，加大治理力度。三是要科学保护，着力推进苏北生态保护网建设，守好生态保护红线。四是要从严监管。江苏是国家工业污染源全面达标排放计划重点省份，2017年将加强对污染源排放的严格监管督察，同时实行省以下环保督察制度和环境执法监测监察垂直管理制度，把党政同责、一岗双责的环保责任压严压实。实施“263”行动的第一年，要使突出环境问题特别是老大难问题得到有效解决，使环境质量改善的成果好于预期、惠及全民。

3. “退钢减化”壮士断腕主动转型

2017年初，江苏省以壮士断腕的气魄主动“割肉”转型，对产值居全国第二位的钢铁和化工两大支柱性行业，以高于国家要求的标准分别实施退出过剩产能和减少落后产能行动。

江苏省委主要领导表示，钢铁、化工两大产业尽管为江苏乃至全国发展作出了巨大贡献，但安全隐患多、环境承载重、群众有意见。对照中央关于长江经济带“共抓大保护、不搞大开发”的要求和建设高水平全面小康社会的需要，“退钢减化”是必然选择。

江苏出台了《关于钢铁行业化解过剩产能实现脱困发展的实施意见》。从2017年起，江苏将用2年时间压减钢铁(粗钢)产能1170万吨;全面关停并拆除相对落后的设备;支持和引导钢铁企业逐步退出500立方米及以下炼铁高炉、45吨及以下炼钢转炉和电炉。

从严控新增过剩产能、坚决淘汰落后产能,到全面清理违法违规项目、强化执法监管防"地条钢"死灰复燃,再到及时拆除退出产能装备、推进钢铁企业兼并重组,每项举措均有责任部门,一旦出现问题立即问责。确保到"十三五"末,全省钢铁产能利用率达到合理水平,"僵尸企业"基本退出。

与此同时,一个新组建的联席会议办公室的多位成员,已分赴全省13个市督查调研,拉开江苏化工企业关停一批、转移一批、升级一批和重组一批的帷幕。江苏将对不符合要求的6大类化工企业,2017年底前关闭一半,明年底前全部关停。按照控污、节能、绿色标准,分别实施搬迁转移、改造升级和重组转型,到2020年前,全省化工企业数量和主要污染物排放总量大幅减少,50%以上的化工企业进入化工园区。

在苏南做引领、苏中创特色、苏北闯新路的布局下,当地着力构建江淮、淮河、宁杭、沿江四大生态经济带,聚力创新、聚焦富民,逐步实现从"数量追赶期"向"质量提升期"的深度转变。

4. 出台保护太湖生态新举措

江苏省出台保护太湖生态新举措,到2020年底前,太湖湖岸3公里缓冲区范围内投饲性常规鱼养殖全部退出。

为深入推进渔业供给侧结构性改革,促进太湖流域渔业转方式调结构,江苏省出台《关于加快推进太湖流域生态渔业建设的意见》,要求太湖流域地区着力加强面源污染治理,改善太湖流域生态环境,太湖流域要率先成为全国生态渔业发展示范区和样板区。

江苏省将加快推进环太湖地区(沿湖岸5公里区域、15条主要入湖河道上溯10公里以及沿岸两侧各1公里)渔业养殖综合治理。推进环太湖湖岸3公里缓冲区范围内渔业养殖集约化管理,加大品种结构调整力度,到2020年底前,缓冲区范围内以虾蟹生态养殖为主,投饲性常规鱼养殖全部退出。环太湖地区将实施"主体小循环、片区中循环、区域大循环"养殖尾水处理模式,2020年该地区全部实现无公害水产养殖标准生产,实现养殖尾水达标排放。

到2018年底前,太湖流域设区市、县(市、区)级养殖水域滩涂规划全部修编出台,对未达标的百亩以上连片养殖池塘全面实行一次标准化改造,实现渔业生产由传统模式向生态健康、循环养殖模式转变。

《意见》要求太湖流域渔业主管部门与发展改革、财政、环保、水利、太湖办等相关部门通力协作,齐抓共管,加快推进太湖流域生态建设。

5. 南京雨污分流写进法规

持续多年,起起伏伏,几经波折和争议之后,曾一度引起全国关注的南京雨污分流,终于写入了地方性法规。

南京市人大常委会已于2017年8月下旬初次审议了《南京市排水管理条例(草案)》,并将于10月二次审议该条例草案。9月6日起,就该条例草案征询公众意见。

该条例规定,南京市实行雨水、污水分流排放制度。新建、改建、扩建排水设施应当按照排水专项规划建设雨水、污水分流排放设施。尚未实行雨水、污水分流排放的区域,排水行政主管部门应当编制有关改造计划,组织开展雨水、污水分流改造,并对相关工作进行指导、督促。

海绵城市这一先进的城市建设理念,也落到了这一条例中。南京市拟规定,新建、改建、扩建道路、广场、公园绿地以及规划用地面积二万平方米以上的新建项目工程应因地制宜设置雨水收集利用设施,增强对雨水的吸纳、缓释能力,提高城市内涝防治能力。这次条例规定,南京市鼓励污水处理再生水利用,鼓励成立再生水经营企业,再生水实行有偿使用。工业生产、城市绿化、道路清扫、车辆冲洗、建筑施工以及生态景观等,应当优先使用再生水。

（三）浙江省环境保护的情况与措施

1. 浙江环境质量持续改善

一是Ⅲ类以上水超八成，劣Ⅴ类断面全面消除

浙江省地表水环境质量显著提升，水质达到或优于地表水环境质量三类标准的省控断面占82.4%，同比上升5.0个百分点；劣五类断面全面消除。在八大水系、运河和河网中，江河干流总体水质基本良好，部分支流和流经城镇的局部河段仍存在不同程度的污染，平原河网水质相对较差，达到或优于三类水质断面占38.1%，但同比上升了7.1个百分点。

全省145个跨行政区域河流交接断面中，达到或优于三类水质断面占90.3%，同比又上升3.4个百分点。

全省县级以上城市集中式饮用水水源地92个，个数达标率为93.4%，同比上升2.3个百分点。11个设区城市主要集中式饮用水水源个数达标率为90.5%，同比持平。

浙江省列入整治计划的58个县控以上劣Ⅴ类水质断面和16455个劣Ⅴ类小微水体完成销号，提前3年完成了国家"水十条"下达的消劣任务；列入"水十条"考核的103个断面均达到年度水质考核要求，5条入海河流水质消除劣Ⅴ类。

二是城市空气质量明显改善，PM2.5平均浓度同比下降

2017年，浙江省环境空气中PM2.5浓度持续下降，全省城市空气质量总体好于上年。浙江省11个设区城市日空气质量（AQI）优良天数比例平均为82.7%，基本持平；PM2.5年均浓度平均为39微克/立方米，同比下降4.9%，舟山、台州和丽水环境空气质量达到国家二级标准。

全省69个县级以上城市日空气质量（AQI）优良天数比例平均为90.0%，同比上升1.6个百分点。PM2.5年均浓度平均为35微克/立方米，同比下降5.4%，有35个县级以上城市空气质量达到国家二级标准。

三是酸雨污染有所改善，近岸海域水质保持稳定

近岸海域水体富营养化程度稳定，总体呈中度富营养化状态。一、二类海水占32.1%，三类海水占16.8%，四类和劣四类海水占51.1%。主要超标指标为无机氮、活性磷酸盐。与上年同比，全省近岸海域水质保持稳定。

全省酸雨污染比往年有所改善。降水pH年均值为4.91，同比上升0.03%（改善）；酸雨率平均为62.6%，同比下降7.3个百分点。

全省城市声环境质量总体较好，11个设区城市区域环境噪声平均为55.2分贝，同比上升0.1分贝。在影响城市声环境的各类噪声源中，生活和交通噪声源仍是主要噪声源。

2017年，全省辐射环境质量总体良好。

2. 推进"大气十条"任务收官

2017年，浙江省深化治气七项行动，完成高污染燃料锅炉清洁能源替代及燃煤锅炉淘汰8686台；完成8台409万千瓦大型煤电机组和178台燃煤热电锅炉超低排放改造，全省大型煤电机组全部完成改造；完成钢铁、水泥、玻璃等重点行业清洁排放改造项目110余个；完成石化、化工、印染、涂装、印刷等重点行业VOCs治理项目800余个，VOCs减排量超5万吨；淘汰老旧车9.3万辆；港口船舶岸电建设加快推进；城乡烟尘污染控制不断加强。

3. 统筹土壤和固废污染治理

建立土壤污染防治部门分工和省市目标责任体系。开展土壤污染状况详查，基本完成农产品协调采样作业。在全国率先出台《污染地块治理修复规划编制指南》，实施土壤污染修复示范项目。加强危险废物处置监管，完成13.9万吨超期贮存危险废物清理任务，新增危险废物年利用处置能力108万吨。开展进口废物加工利用企业专项执法行动，行业监管水平全国领先。完成重点重金属污染物排放削减

4%的年度任务。

4. 三大举措助力环保执法 让企业自觉守法成为常态

举措一：春季剿劣拉开四季“铁拳”行动序幕

2017 年 2 月 6 日，浙江省召开剿灭劣Ⅴ类水工作会议，省委、省政府明确提出，到 2017 年底将全面剿灭劣Ⅴ类水。各地倒排时间表、挂图作战，以铁军精神涤荡一切污泥浊水。对浙江而言，这是深入推进“五水共治”巩固提升的关键一役，也是取得“五水共治”全面胜利的升级之战。在剿劣大军中，有战斗在治水一线的党员干部，有巾帼治水“娘子军”，也有与各级“河长”“无缝对接”的“河道警长”，更有展现青春力量的“河小二”。

据悉，2017 年浙江省环保厅将陆续开展春季剿劣护水、夏季治废、秋季截污、冬季治霾等专项工作。而剿劣护水作为 2017 年省环保厅开展的四季“铁拳”系列专项执法行动之一，为全年度环保工作吹响了冲锋号。根据春季开展的剿劣工作情况，执法力度与去年同期相比进一步加大，2017 年一季度共立案查处涉水案件 1156 件，占立案总量的 55%，其中移送公安案件 106 件。

举措二：“十百千计划”为全省生态环境安全“保驾护航”

自 2013 年“两高”司法解释出台以来，至 2016 年 12 月，浙江省各级环保部门共向公安机关移送涉嫌环境污染犯罪案件 3817 件，行政、刑事拘留 5000 余人，查处了新安化工、金帆达非法倾倒废液、汇德隆偷排危险废物等一批大案要案，打击力度居全国首位。

2017 年，浙江省将以新“两高”司法解释正式实施为契机，加强宣贯执行，加大移送公安的力度，全面实施打击环境违法“十百千计划”，确保全省生态环境安全。

据悉，今年一季度浙江省移送公安的环境违法案件共 176 件，其中行政拘留案件 100 件，刑事拘留案件 76 件，拘留人数 241 人。

举措三：“黑名单”制度 法律与市场的双重惩戒

2017 年 4 月，浙江省环保厅正式对外公布首批环境违法“黑名单”企业，包括杭州萧山永盛五金配件厂、杭州余杭超纺织机械有限公司等在内的 26 家企事业单位和其他生产经营者上榜，今后，这样的“黑名单”，每季度都将公布一次。

一次违法，受限三年。上榜企业不仅面临处罚整改，其违法失信行为还会被纳入社会信用体系，今后企业在行政审批、融资授信、资质评定、政府采购等多方面都将受限。

5. 普陀区强化饮用水源保护三措施

普陀区环保局针对辖区内岛屿众多、饮用水源分布较为分散、水环境安全隐患无法及时发现等特点，结合“互联网+”、“智慧环保”建设，积极构建饮用水源环境信息化监管体系。

一是推进“互联网+”：应用物联网（IoT）技术，完成 14 个重点集中式饮用水源地视频监控点位建设，并在前端设置大功率扩音器，对发现的游泳、垂钓等较轻的污染水源行为及时在监控中心终端进行远程喊话驱赶；若发现较重的污染水源行为则马上锁定污染源，委派环境执法大队赴现场查处。

二是“增点扩面”：继续新增 8 个集中式饮用水源地视频监控系统，基本实现县级、乡镇级重点饮用水源地远程监管全覆盖。

三是短信提示：率全市之先全面推行乡镇级饮用水源保护区短信提示，对凡是进入 9 个乡镇级集中式饮用水源保护区范围内的手机用户，推送一条警示信息，短信提醒用户已进入水源保护区，在保护区范围内禁止游泳、垂钓、非法捕捞等任何污染水源行为。

（四）安徽省环境保护的情况与措施

1. 安徽省环境质量治理基本情况

2017 年，安徽省生态环境整体良好，平均空气质量优良天数比例为 66.7%，较 2016 年下降 7.6 个百分点。PM2.5 高值区主要位于皖北，低值区位于黄山市。2017 年全省 PM10 年均浓度为 88 微克/立方

米，比2013年下降11.1%；全省106个国家考核断面水质优良比例为77.3%，较2016年提高8.4个百分点。五年来，安徽主要污染物排放总量持续削减，全省环境质量总体保持稳定，局部领域有所好转。

大气污染防治方面，安徽省全面实施“大气十条”和2017年蓝天行动计划，对火电、钢铁、平板玻璃等重点行业企业全面实施脱硫、脱硝和除尘设施建设与升级改造；累计淘汰黄标车、老旧车81.38万辆，实施国五标准车用汽柴油升级；同时狠抓秸秆禁烧和综合利用，省级投入秸秆禁烧和综合利用资金达20.8亿元，秸秆焚烧现象得到有效遏制。

水污染防治方面，安徽省全面实施“水十条”，加快城镇污水处理设施建设，全省共建成投运137座污水处理厂，日处理污水能力626.74万吨。截至2017年9月，省、市、县、乡四级河长组织体系已建立。全省25个不达标水体全部完成达标方案编制。

城市建成区黑臭水体严重影响了市民生活，经过治理，安徽全省217个黑臭水体已有137个达到“不黑不臭”的目标，黑臭水体消除比例63.1%，值得一提的是，合肥市4个黑臭水体全部消除。

数据显示，安徽省水体水质逐年好转，地表水水质优良断面比例逐年增加，劣Ⅴ类水质断面比例逐年下降。其中巢湖湖体水质基本保持稳定，西半湖富营养状态由中度改善至轻度，巢湖蓝藻密度总体呈下降趋势。省辖淮河流域总体水质状况由中度污染减轻为轻度污染，省辖长江流域总体水质状况保持良好，新安江流域总体水质连续多年保持为优。

在落实推动环保督察方面，截至2017年底，安徽全省问题清单中的144个问题已完成整改86个，达到序时进度要求；组织开展了三批省级环保督察，并在全国率先实现省级环保督察全覆盖，有效解决了一批突出环境问题，有力促进了环保工作从督企到督政与督企并举的转变。

环境执法方面，2015年环保法颁布实施后，安徽省适用环保法配套办法实施按日连续处罚、查封扣押、限产停产、移送行政拘留的案件数量逐年大幅增加，保持了严厉打击环境违法行为的高压态势。其中，2017年全省适用环保法配套办法查处案件3013件，同比增长61.1%，位居全国第四位。

2. 扎实推进落实“土十条”进展良好

2017年，安徽省有力有序推进落实《土壤污染防治行动计划》(简称“土十条”)，多个相关方案、规划等相继编制印发实施，全省农用地土壤污染详查全面启动，“土壤污染治理与修复技术应用试点项目”符合工作进度要求。

一是强化高位推动，压实各级责任。省政府去年底印发实施《安徽省土壤污染防治工作方案》，并报国务院备案；成立了分管副省长任组长、35个部门分管负责同志为成员的省土壤污染防治工作领导小组，统筹推进全省“土防”工作。同时，安徽省与环保部签订了《土壤污染防治目标责任书》，各市目标责任书待省政府审定。并对省级方案中工作任务详细分解，落实部门责任。

二是开展污染状况详查，加强土壤环境监管。编制并印发实施《安徽省土壤污染状况详查实施方案》；完成农用地土壤污染状况详查点位布设与核实工作，通过国家相关部门审核；落实了采样制备流转质控等工作承担单位，培训技术人员、配备详查设备，10月下旬全面启动安徽省农用地土壤污染详查。同时，公布2017年土壤环境重点监管企业名单，将市县政府与重点行业企业签订的土壤污染防治责任书纳入今年省政府对各市政府目标责任考核指标。印发《关于进一步加强危险废物环境监督管理的通知》，制定危险废物规范化管理考核办法，督促产废与利用处置单位提高规范化管理水平。

三是编制专项规划，推进治理修复试点。编制省级《土壤污染治理与修复规划编制大纲》，指导推动各市的规划编制，省市两级规划编制工作正在同步进行；编制印发《安徽省重点行业重点重金属污染防治“十三五”规划》《安徽省“十三五”危险废物污染防治规划》。列入全国重金属污染土壤修复治理示范项目的“阜阳市临泉县耕地土壤污染治理与修复项目”实施方案2017年1月完成施工招标开始实施，目前治理与修复符合工作进度要求。

3. 淮南市对发电企业环保问题“重拳”整治

淮南市针对中央环保督察组交办的环境信访问题，不回避、不护短、不推诿，坚持立行立改、快查快办，切实把督察的过程作为整改解决突出环境问题的过程。

市环保部门对凤台、田集、平圩、洛河电厂进行多次现场核查。淮南市所有燃煤发电厂均安装有脱硫、脱硝、除尘设施，并安装有烟气在线自动监测系统，各电厂均在进行烟气超低排放技改工程。在燃煤废气排放方面，经调阅自动监测系统历史数据，未发现不正常运行污染防治设施、非法超标排污的环境违法行为。田集电厂现有4台燃煤发电机组，2、3、4号机组已完成超低排放技改，1号机组正在进行超低排放技改。洛河电厂6台燃煤发电机组，除1号机组外，其它5台机组均已完成超低排放技改。凤台电厂现有4台燃煤发电机组全部完成超低排放技改。平圩电厂现有6台燃煤发电机组，1、5、6号机组已完成超低排放技改。

在核查中发现，凤台电厂灰场露天堆场未覆盖，存在扬尘污染隐患；凤台电厂粉煤灰、煤渣、脱硫石膏在车辆运输过程中存在遮盖措施不到位、车轮碾压起灰产生扬尘的问题；平圩电厂渣场正在使用防尘网进行覆盖，尚未全面覆盖，附近运输车辆运输路面存在扬尘污染；洛河电厂在大通上窑镇境内租赁有三角湾小三角灰场，用来贮存少量炉渣，虽然对灰场实行了覆土、平整等大气污染防治措施，但裸露的覆土在大风天气仍存在扬尘污染隐患。

5月5日淮南市政府对上述电厂及所在地政府负责人进行了警示约谈，要求按时序进度完成整改。

2017年5月凤台电厂已对临时堆灰场内存放的灰、渣全部清运，并对堆场地面全部覆土，覆盖抑尘网，完成了整改；对现有灰场使用防尘网全覆盖管理；灰场喷淋设施建成投用。平圩电厂已加强粉煤灰装车管理，控制装灰过程中扬尘污染，并通过监控实时监督，完善灰罐车冲洗设备。洛河电厂上窑三角湾灰场覆土已进行压实，并全部覆盖抑尘网，完成整改。

4. 黄山市强力推进秸秆综合利用提升工程

为进一步推进秸秆综合利用规模化、专业化、产业化发展，稳定和持续改善全市空气质量。近日，黄山市环保局、市农业委员会和市财政局三家联合出台了《黄山市秸秆综合利用提升工程实施办法》。

《办法》以“创新、协调、绿色、开放、共享”五大发展理念为指导，以提高秸秆综合利用率和耕地质量提升率为目标，坚持“政府引导、市场导向、企业主体、农民参与、布局合理、因地制宜、高效利用”的原则，加强政策支持，加快技术推广，完善产业体系。

《办法》明确了2017年秸秆综合利用提升目标。2017年，黄山市秸秆综合利用率达到84%以上；实施秸秆还田40万亩；建设大中型秸秆沼气工程1处、秸秆固化成型燃料生产点7个；每个生产点配套推广生物质户用气化炉100台；每百万亩农作物种植面积秸秆焚烧火点数低于8个。

《办法》围绕推进秸秆综合利用、强化秸秆禁烧监管、落实秸秆禁烧和综合利用奖补资金使用管理四个方面，细化各项任务分解，落实地方政府职责，坚持疏堵结合，加大秸秆禁烧力度，不断提高禁烧监管水平，倒逼秸秆综合利用提升。

5. 省政府出台地表水断面生态补偿暂行办法

2017年12月30日，省政府办公厅印发了《安徽省地表水断面生态补偿暂行办法》(以下简称《补偿办法》)，这是安徽省全面贯彻落实十九大精神、加快生态文明体制改革和建立健全生态保护补偿机制的具体举措，在全省范围内建立地表水断面生态补偿机制，将会促进安徽省河流、湖泊水质的进一步改善。

新出台的《补偿办法》遵循“谁超标、谁赔付，谁受益、谁补偿”的原则。《补偿办法》规定：如果河流、湖泊断面水质监测不达标，根据超标者赔付的原则，造成污染的上游地区政府要支付下游被影响地区政府一定的污染赔付金；对水质提升、水环境质量改善的地区，根据受益者负担、保护者得到补偿的原则，下游受益方政府要支付一定的生态补偿金给上游地方，充分体现了水环境是有价值的理念。有关部门将每月计算污染赔付金和生态补偿金，结果通报各市人民政府，同时向社会公布。

《补偿办法》明确在全省河流、湖泊共设立121个生态补偿断面，开展“双向补偿”。当断面水质超标时，根据断面三个污染赔付因子超标程度计算，每个超标因子单月需缴纳50万—300万不等的污染赔付金，每个断面单月污染赔付金为三因子赔付金之和；当断面水质有所提升，生态补偿金根据水质提升程

度计算，每个断面单月可获得50万—100万不等的补偿金。

安徽省地表水断面生态补偿机制的建立，可落实各市对水环境质量负总责的主体责任，将“党政同责、一岗双责”进一步落到实处，督促各市不断加大水污染防治力度、切实改善水环境质量。

十　社会稳定情况

（一）上海市促进社会稳定工作情况与措施

1. 全力保障社会和谐稳定运行

2017年上海社会建设要改善民生，确保高质量的社会包容与共享发展；深化改革，确保社会发展活力与动力的持续激发，确保社会和谐平安稳定。

强化就业服务与社会保障的托底作用。完善鼓励创业带动就业各项政策措施，加大政策措施力度扶持就业困难人员就业。进一步扩展高龄老人医疗护理计划试点覆盖面，开展长期护理保险制度试点。适当扩大医保支付项目范围，适时启动个人账户资金购买商业保险试点。继续调整最低生活保障等社会救助标准，进一步完善与物价上涨挂钩联动机制。着力完善住房保障，进一步放宽廉租住房准入标准，依规开展共有产权保障住房分配供应，探索公共租赁住房市场化机制。

加强城市公共安全与风险管理。落实人员密集重点场所的属地管理责任，加强对城市交通干线、城市生命线管廊等的隐患排查。加强邮件、快件寄递和物流运输安全管理。坚持防范和治理金融诈骗和电信网络诈骗等活动。强化综合治理和部门联动，减少人口无序流动引发的社会治安和公共安全隐患。加强食品安全等重点突出问题治理，聚焦网络销售、网络订餐和第三方交易平台的规范和监管。

积极预防和化解社会矛盾。深化社会稳定风险分析评估机制建设，推动重大决策风险评估纳入行政决策和审批程序。健全民意表达机制，增强公共决策的公众参与度。完善矛盾纠纷多元化解和调解机制，发挥社会力量参与矛盾纠纷化解调解的独特作用。以基层物业纠纷、医患纠纷、交通事故纠纷等领域为重点，加强专业化调解工作平台建设。更好地发挥信访工作的社会减压阀功能。

2. 巩固和深化社会治理创新

不断完善基层治理体制机制。加强对市区职能部门事务下沉街镇准入机制执行情况的监督检查，进一步做实条块联席会议制度和约请制度。加强居村委阵地建设，固化完善错时工作、日常走访等制度，鼓励有条件的居村委会实行“首问接待、一口负责”制度。更好地引导“两代表一委员”等社区代表人士和广大群众参与社区公共事务。推进社区代表会议、社区委员会及居村层面联席会议等制度化建设和落地实施。深化网格化综合管理。

促进社会组织参与社会治理。加强重点社会组织扶持，进一步优化财税等扶持保障政策，发展公益性、服务性社会组织和基层社会组织。健全政府购买社会组织服务机制，建立完善市、区一体化的政府购买服务公共管理平台运作。加大各级社会组织服务中心扶持保障力度，发挥社区基金会资金支持能力。探索建立社会组织的资金监管机制、联合执法制度。建立健全法人治理结构和运行机制，完善理事会、监事会等内部管理制度。

着力解决社区治理突出问题。结合住宅物业监管平台建设及上海物业APP推广应用，持续加强物业行业监管。扶持培育专业社会中介组织参与小区物业管理相关事务。改善小区停车管理、“群租”整治等工作效果。加强居民区层面住宅小区综合管理联席会议运作，促进居委会、业委会交叉任职试点和业委会自身运作规范化。加大供电设施改造、二次供水改造、社区公共空间营造等小区实事项目推进力度。

3. 上海率先启动司法体制综合配套改革

2017年9月28日，上海市委专门召开了上海司法体制综合配套改革工作推进会，市委副书记尹弘代表市委、市政府对上海司法体制综合配套改革进行了动员部署，此举标志着上海司法体制综合配套改革正式启动，预期到2019年基本完成各项改革任务，实现司法质量、司法效率和司法公信力全面提升。

作为全国司法体制改革第一批试点省市之一，2017年2月6日，中共中央政治局委员、中央政法委书记孟建柱到上海调研司法体制改革工作，要求上海研究探索司法体制综合配套改革任务。

为了进一步优化完善司法工作相关配套制度，根据中央和上海市委部署要求，上海市委政法委会同市高院、市检察院等组建工作小组，在中央司改办的指导下，全面分析上海司法体制改革推进落实情况，深入走访调研全市多家法院、检察院，多次召开法学理论专家和实务部门领导座谈会，在此基础上研究起草了推进司法体制综合配套改革的框架意见稿。

8月29日，习近平总书记主持召开中央全面深化改革领导小组第三十八次会议审议通过了《关于上海市开展司法体制综合配套改革试点的框架意见》。

这次司法体制综合配套改革主要从规范权力运行、深化科技应用、完善分类管理、维护司法权威4个方面提出了25项改革举措，并把25项改革举措细化分解为117项具体改革任务。

司法体制综合配套改革是一个系统工程，涉及上百个单位，面广量大、点多线长，为此，上海市委常委、政法委书记陈寅强调，在推进改革的过程中，要着重把握好“四个结合”，一要把贯彻落实框架意见及分工方案部署与探索创新、发挥能动作用紧密结合起来；二要把全面落实政法部门主体责任与充分发挥相关地区和部门协同配合作用紧密结合起来；三要把遵循司法规律与兼顾国情市情紧密结合起来；四要把建立完善体制机制与科技手段深度应用紧密结合起来。

《框架意见》指明此次司法体制综合配套改革的总体目标是，到2019年基本完成司法体制综合配套改革任务，实现司法质量、司法效率和司法公信力全面提升，做到案件审理繁简平衡、打击犯罪与保护人权平衡、司法公正与司法效率平衡，为将上海打造成为中国法治环境最好地区之一提供最优司法保障，努力让人民群众在每一个司法案件中都感受到公平正义，形成更多可复制、可推广的经验做法，为进一步完善和发展中国特色社会主义司法制度奠定坚实基础。

4. 上海率先宣布基本解决执行难问题

2017年12月28日上午，上海市高级人民法院召开新闻发布会，通报了上海法院两年基本解决“执行难”所取得的成效，以及为破解“执行难”打造的十大工作机制。

2016年年初，最高法将上海确定为两年基本解决执行难工作重点推进地区之一。数据显示，2016年至2017年11月，上海法院共受理执行案件29.43万件，执结28.67万件，同比分别上升21%和19.5%。2017年，全市法院实际执行率从2015年的57.45%上升至71.58%，剔除无财产可供执行案件后实际执行率为98.5%。

截至2017年1—10月，最高法执行质效分析系统给上海法院质效指标综合评分为85分，排名全国第一。

两年来，为破解执行难问题，上海打造了十大工作机制。其中，执行工作“三统一”管理机制是指通过推进“管案、管事、管人”相结合的管理模式，进一步完善高院对基层法院执行工作的“统一管理、统一指挥、统一协调”，从而增强执行内部合力；执行指挥中心实体化运行机制是指通过执行指挥中心定岗定员和集约化管理，推动执行联动和执行协助，优化执行资源配置；执行裁判权对执行实施权的监督制约机制是指通过裁执分离，确保执行权规范运行；无财产可供执行案件的认定和恢复机制是指通过严格规范无财产可供执行案件的认定和恢复执行机制，努力提高执行质效，切实保障当事人合法权益；打击拒执犯罪自诉机制是指通过拒执犯罪自诉，突出执行的强制性，进一步彰显司法权威；司法拘留矛盾化解机制是指法院加强与公安的合作，对司法拘留人员进行教育引导，从而成功化解执行难案；执行转破产机制是指通过严格规范执行转破产程序，保障执行程序与破产程序的有序衔接，有效弥补执行程序的不足；网络司法拍卖机制是指通过网拍工作的集约化和专业化管理，规范财产处置；立审执衔接协调机制是指强化立案、审判、执行各环节的财产查控、诉前保全、诉讼保全的责任和各部门之间的协调配合，从

源头上部分消除执行难的问题；失信惩戒联动机制是指全市46家相关部门单位签订备忘录，共同推进失信被执行人信用监督、警示和惩戒。

5. 上海社会治理创新最佳案例揭晓

3月27日，2017中国(上海)社会治理创新实践案例评选揭晓，"五违四必"区域环境综合整治、禁止燃放烟花爆竹、道路交通违法行为大整治等获评十佳案例。评选充分展现了过去五年上海在社会治理创新领域取得的成就，系统总结了上海社会治理创新的典型经验。

党建引领是上海社会治理最主要的特征。在近120件申报案例中，八成以上都把党建引领作为基本经验。浦东新区陆家嘴"金领驿站"党建阵地、徐汇区"滨江建设者之家"综合服务平台等案例，更是以党建为抓手，在金融白领建设者集中的区域内搭建群众服务平台，凝聚起建设发展的坚实力量。

肯下"绣花工夫"，推动精细化治理，是上海社会治理取得实效的重要经验。"五违四必"区域环境综合整治、烟花爆竹"禁燃令"、交通违法行为大整治、黄浦区"重塑老城厢"等案例，覆盖区域广、牵涉人员多，稍有不慎就会产生风险。上海在社会治理中"像绣花一样精细"，把矛盾阻力降到最低，取得了持续胜利。

法治化、智能化水平不断提高，社会治理才能事半功倍。黄浦区半淞园路街道耀江社区《住户守则》把社区自治经验和智慧总结为"八项规定"，一目了然，简单易行，很快治理了乱停车、不文明养宠等社区生活顽疾。宝山区"社区通"服务平台把互联网+引入社会治理领域，35万居村民动动手指，就能解决诸如物业、警务、家庭医生等日常生活问题。

下沉资源，注重基层，社会治理才能真正固本强基。浦东新区"家门口"服务体系把分散的服务资源集中起来，居民在自家门口就能"一站式"享受七类基本服务，获得感和幸福感不断增强。闵行区上海康城是上海面积和人口规模最大的小区之一，过去治安状况堪忧，居民叫苦不迭。2015年起，闵行区用了一年多时间，通过充分发挥居民区党组织、居委会、业委会和物业公司的合力，就实现康城小区由乱到治的根本转变，小区面貌焕然一新。

(二) 江苏省促进社会稳定工作情况与措施

1. 夯实基础筑堡垒

2017年，江苏政法系统坚持以习近平新时代中国特色社会主义思想为指导，认真学习贯彻党的十九大精神，按照中央政法委和省委省政府决策部署，以十九大安保维稳为主线，一手抓从严从实从细做好保安全、护稳定工作，一手抓深入解决源头性、基础性问题，各项工作取得新的成效，人民群众安全感提高到96.52%、对法治建设满意度提高到96.88%、对政法机关和政法队伍满意率提高到90.91%，均创历史新高。

2017年，江苏4个设区市、7个县(市、区)、5个地区、5个单位、5名同志获得全国社会治安综合治理优秀市、先进县、长安杯、先进集体、先进工作者荣誉称号，平安江苏建设站上新的起点。

历经14年平安创建，江苏社会持续和谐稳定，全省八类主要刑事案件逐年下降，社会治安综合治理绩效和群众安全感满意率持续位居全国前列，江苏被公认为全国最安全的省份之一。走进新时代，踏上新征程，江苏人不忘初心，2017年又交出了一份沉甸甸的"平安成绩单"。

以"硬指标"落实"硬任务"。省"两办"出台《江苏省健全落实社会治安综合治理领导责任制实施办法》。省委省政府主要领导与设区市党政"一把手"签订综治和平安建设责任状，定期研究解决群众安全感建设中的重点难点问题，真正担负起维护一方稳定、确保一方平安的重大政治责任。省委书记娄勤俭、省长吴政隆先后多次对创新社会治理、深化平安建设、维护社会稳定提出明确要求。省委常委、政法委书记王立科多次就做好党的十九大、国家公祭日、"一带一路"高峰论坛、江苏发展大会等重大活动安保、重要敏感期维稳工作到基层一线督查指导。

一分部署，九分落实。全省各级党委政府始终把平安建设纳入经济社会发展全局来谋划和推进，各地各部门按照"目标阶段化、任务项目化、项目责任化"的要求，制定重点项目责任分工方案，以项目化推进方式保证平安建设任务落地落实。

责任明确，奖惩分明。建立平安建设动态考评和命名机制，对两个县(市、区)实施了社会治安综合治理"一票否决"；对综治工作推进力度不大、基层基础工作薄弱的5个县(市、区)取消"平安县(市、区)"命名，并进行挂牌督办；对综治绩效考评和群众安全感排名靠后的10个县(市、区)专门发出整改通知书。

平安江苏，已成为"强富美高"新江苏建设的有力保障。

2. 源头治理树屏障

网上在逃人员达某在苏州火车站刚一露面，就被人脸识别系统"认"出。刚刚过去的2017年，无锡、徐州、苏州、泰州等地警方利用大数据，将9名潜逃20年上下的命案逃犯"挖"了出来。

狠抓大数据战略，积极适应云计算、物联网、人工智能等新科技发展趋势，着力打造智慧警务，抢占社会治安高地，时刻跑在犯罪分子前面，不断增强人民群众的获得感、幸福感和安全感。大数据，正为江苏"智慧警务"开启"惠警利民"的强大引擎。"来能报警、动知轨迹、走明去向、全程掌控"，成为江苏"智慧警务"建设的新目标。

近年来，江苏省升级治安防控体系建设，深入推进"雪亮工程"建设，推动立体化信息化社会治安防控体系创新升级，在全省部署开展了升级版技防城建设，按照"全域覆盖、全网共享、全时可用、全程可控"的要求，形成"两道电子防线""三个实战应用平台""四大应用机制""五张技防网"于一体的技防网络体系。目前全省累计建成332万个智能监控点位，一级110接警区"升级版"技防城建成率达38.8%，技防乡镇(街道)、技防小区、技防村(社区)建成率分别达97.6%、92.9%和95%。

与此同时，创新完善打击犯罪新机制，深入开展命案积案攻坚、打黑除恶、打击"盗抢骗""猎狐2017"、保护环境"清水蓝天"等专项行动，主动打击网络贩枪、雇凶等新型犯罪，始终保持严打高压态势，有力维护了社会治安大局稳定。

此外，不断强化治安重点整治，健全完善层层挂牌督办制度，2017年全省挂牌整治重点地区370个，90%以上的方面性突出治安问题得到了有效解决；着力加强公共安全监管，组织开展安全生产大检查、深化"打非治违"专项整治行动，各类事故死亡人数持续下降，未发生重特大事故，重点行业领域和重点时段安全生产形势平稳；深入开展群防群治活动，目前，全省平安志愿者总人数已达300万人，形成"建设平安人人有责、平安成果人人共享"的良好局面。

3. 化解矛盾解民忧

近年来，洪泽区积极开展"无讼村居"创建，探索建立矛盾纠纷多元化解新模式，走出了一条发展与稳定并重、富民与安民共举的社会治理创新之路。

江苏是大调解的发源地。随着形势的变化，全省各地积极创新发展社会矛盾纠纷大调解工作机制，探索建立集中、分类、依法、就地"四位一体"多元化解机制，切实做到将矛盾化解在基层、化解在单位内部、化解在萌芽状态，有力维护了全省社会大局和谐稳定。2017年，全省县级矛盾纠纷调处中心进驻同级综治中心的有95家，占95%；已成立事业单位的有55家，占55%。全省各类行业性专业性调解组织达1579个。全省共建立调解微信群、微博号4387个，开设调解类电视节目300余个。全省265个人民法庭与828个公安派出所、661个司法所、795个社区村委签订了共建协议。在全省法院诉讼服务中心建立起107个人民调解工作室和111个律师工作站，努力实现"无讼少讼、无讼少执、无访少访"目标。

4. 守护安宁促和谐

在江苏的城乡社区，每300户左右的居民，被划分成为一个虚拟的网格，在每一个网格内，都有一个专职或者兼职的"网格员"，负责搜集本网格范围内居民的社情民意，方便居民办事。

这是江苏正在全省推行的"全要素网格化"社会治理新模式。与过去居民办事要自己跑到职能部门相比，22个职能部门的82项办事职能被逐项分解，落实到了基层的全要素网格员身上，网格员身兼信息

采集、政策宣传、矛盾调处、便民服务等多种职能，真正成了说话管用的人。群众的诉求，网格员能现场解决的，就现场解决，不能现场解决的，就通过联通省、市、县、乡、村五级平台的江苏省网格化社会治理信息系统，即时上传到上级联动指挥平台。

打破部门之间的权力壁垒，把政府办事职能下沉到网格，首要目标就是解决过去群众办事难、职能部门效率低的问题。现在，不管是个人养老、医疗、办证等事项，还是涉及社区的大事小情，群众第一时间想到的就是“全要素网格员”。

从网格到全要素网格，推动了社会治理工作的重心下移，在南京市江宁区，目前70％的问题在网格内就能得到解决，20％的问题在推送到上级部门后通过联动得到解决，10％的问题则通过执法得到了解决。

江苏省委要求“把网格打造成基层社会治理的第一道屏障和江苏社会治理工作的一个名片”，省委政法委提请省“两办”印发了《关于创新网格化社会治理机制的意见》。全省各地坚持系统化思维、全局性站位，推动社会治理重心向基层下移，形成“一网（多元融合共治网）、一台（大数据智能平台）、一终端（全要素网格采集终端）、一中心（网格化服务管理中心）”的江苏模式。

坚持试点先行、典型引路，在全省范围内根据各地特色，精心培育2批17个县（市、区）试点样板，形成了南京市江宁区“全要素网格”、苏州市吴中区“综合治理大联勤”、淮安市清江浦区“1＋4”协同联动等一批可复制可推广的经验做法。中央政法委、中央综治办对江苏省做法给予充分肯定，人民网、新华网、中央电视台、法制日报等媒体进行了宣传推广。

按照“一张网”“五个统一”要求，坚持党委领导，统筹政府、市场、社会力量，推动形成“各方协同、联动融合、多元共治”的网格治理新局面。目前全省共规范设立网格14万余个，配备专兼职网格员近30万名；2017年网格员源头排查各类安全隐患5.5万起，化解矛盾纠纷9.1万件，服务群众事项129万人次。

同时，把大数据应用作为最大特色亮点，积极搭建智能化应用服务平台，推动实现各部门网格及数据资源互联互通、协同共享。目前，江苏社会治理大数据智能应用服务一期平台基本建成，汇聚14个省级部门7260亿条、试点县区5625万条基础数据；通过联勤联动及时解决群众诉求，非警务类警情下降40％左右。

5. 全省矛盾纠纷排查调处“百日会战”成果显著

2017年，江苏省矛盾纠纷排查调处“百日会战”专项活动开展以来，各地根据部署要求，以化解纠纷积案为重点，强化源头预防，落实防控举措，着力攻坚克难，有效化解多起影响社会稳定的重大疑难复杂纠纷和风险隐患。据统计，6至9月份，司法行政机关和各类人民调解组织共调处矛盾纠纷335107件，调解成功334117件，成功率达99.7％。下一阶段，各地将集中开展全覆盖、无盲区死角的大排查行动，确保不因调解不及时或调解不当引发矛盾激化事件、群体性事件、非法滋事事件和个人极端事件，努力为党的十九大胜利召开营造和谐稳定的社会环境。

（三）浙江省促进社会稳定工作情况与措施

1. 召开全省社会治安综合治理创新工作会

2017年5月11日至12日，浙江省社会治安综合治理创新工作会议在宁波召开。

省委书记车俊作批示，省委副书记、宁波市委书记唐一军出席会议并讲话。省委常委、政法委副书记、省公安厅厅长徐加爱部署全省社会治理创新和党的十九大、省第十四次党代会维稳安保工作任务。厉志海、王建满参加会议。

车俊在批示中希望全省政法综治战线深入学习贯彻习近平总书记系列重要讲话精神，坚定不移地沿着“八八战略”指引的路子走下去，紧紧围绕打造“枫桥经验”升级版、建设平安中国示范区的目标，用足用好G20杭州峰会维稳安保工作成果，重基层抓基础，重预防抓整治，重共建抓创新，全面提升社会治理社会化、法治化、智能化、精细化、专业化水平，加快构建全方位、立体化的平安网，牢牢守住平安底线，努力为党的十九大和省第十四次党代会召开营造和谐稳定的社会环境。各级党委、政府要接好平安"接力棒"，严格落实平安综治领导责任制，切实承担起保一方平安、促一方发展的政治责任。

唐一军指出，推进社会治安综合治理创新，是贯彻落实习近平总书记提出的"秉持浙江精神，干在实处、走在前列、勇立潮头"新要求，在新起点上建设更高水平平安浙江的重要举措。我们要以新发展理念为引领，以"八八战略"为总纲，实干实干再实干，落实落实再落实，大力推进社会治安综合治理机制创新、路径创新、方法创新，完善"大平安"布局，强化"大服务"导向，创新"大网格"体系，构筑"大协同"格局，积极探索社会治理体系和治理能力现代化建设新路子。

会议要求，各地各部门要按照中央和省委关于创新社会治理的一系列决策部署，准确把握新形势新挑战，积极推动理念创新，进一步明确创新社会治理的总体要求，不断增强人民群众安全感、幸福感、获得感；以乡镇"四个平台"建设为契机，推动体制机制创新，积极打造"智慧大脑"，规范综治平台，建设"全科网格"，进一步夯实社会治理的基层基础；以全省政法数字化协同工程为引领，积极整合资源，强化风险预测预警预防，注重线上线下融合，推动方法手段创新，进一步提升社会治理智能化水平；以固化运用G20维稳安保工作机制为抓手，启动平安护航大会战，坚决打赢党的十九大和省第十四次党代会维稳安保硬仗。

与会代表实地考察了宁波市有关基层单位。会议以视频形式召开，各市、县(市、区)、乡镇(街道)相关负责人2万余人在分会场参加会议。

2. 公安情指联勤工作取得好成绩

2017年，浙江省公安厅情指联勤中心以深化公安改革为契机，以"云上公安、智能防控"第一战略为指引，积极推进情指行合成作战体系建设，夯实情指联勤基础工作，全面落实公安部"四中心"(情报中心、指挥中心、网安监控中心、办公厅新闻中心)一体化运作模式，打造"公安大脑"，不断提升服务领导决策能力和警务实战水平，有力支撑各项重大活动安保，有效维护全省社会治安大局稳定。全省公安机关全年共接各类报警1003.6万起，与2016年相比下降33.2%；接报治安、刑事警情91.8万起，与2016年相比下降5.0%。

截至2017年底，全省11个市级、88个县级公安机关完成了"联勤联动、合成作战"机制建设和职能整合工作，445个设区市主城区、县(市、区)主要城镇所在地派出所建成综合指挥室。一年中，全省公安机关通过快速反应，现场抓获5.6万名违法犯罪嫌疑人，救助45.4万名报警求助群众。

省公安厅情指联勤中心牵头开展研判会商120次，编发研判产品309余份，及时研判发现社会面治安风险隐患，为相关责任部门开展治理处置工作提供支撑，得到上级领导批示69人次。通过信息服务，协助抓获在逃人员7424人，打处违法犯罪人员1.8万余人，协助发现犯罪嫌疑人3464人；通过与外省市开展警务信息合作，发布协作请求2278条，协破案件259起，抓获在逃人员112人，抓获违法犯罪嫌疑人143人，为加强案件侦办和治安防控工作提供了有力支撑。

部署开展了全省公安机关"树权威、畅通道"110专项整治行动，重点整治恶意骚扰、谎报警情、恶意举报等干扰110接处警正常工作的违法犯罪行为。一年来，共查处恶意报警、扰警类案件737起，其中刑事拘留5人、行政拘留478人、批评教育7217人，全省此类警情同比下降20.5%。

完善快速反应机制建设，建立"135"快速反应控制圈，由厅领导带队督察，及时发现和整改存在问题。全省公安机关共建成1分钟处置圈46个、3分钟控制圈209个、5分钟控制圈330个，设置了697处武装巡逻车分布点。

规范110接处警信息采录工作，对系统采录信息情况进行检查通报，开展信息如实录入专项督察，确保系统数据及时、全面、准确，确保每起群众报警求助都能得到及时回应。

建立情报综合研判教官库、专家库，全省有1人入选公安部情报专家库，11人入选公安部情报专业人才库。推进指挥长岗位任职制度的落实，全省公安机关指挥长配备率达69.3%。

3. 高水平公共法律服务体系建设加快推进

2017年9月，浙江公共法律服务网完成升级改造，并正式更名为“12348浙江法网”。功能更强、项目更多、服务更优，“互联网＋法律服务”已经成为浙江省加快推进高水平公共法律服务体系建设的重要载体。

一年来，浙江省司法厅先后组织召开公共法律服务工作推进会、座谈会，从实体平台、网络平台、热线平台三方面着手，三位一体推进公共法律服务体系建设，取得了全方位成效。制定《关于进一步推进公共法律服务平台建设的实施意见》，市县乡村四级公共法律服务实体平台建设进一步规范；推动53家公证机构、65家司法鉴定机构进驻公共法律服务中心，服务群众的广度进一步拓展；发布7大类44项公共法律服务产品指导目录，法律服务产品进一步丰富。全省公共法律服务中心接受法律咨询47.8万人次，调处矛盾纠纷7.9万件。

4. “惠企便民”法律服务实现新突破

2017年12月，《浙江日报》以“身在异国他乡 同享改革红利 文成在意大利米兰设立‘最多跑一次’服务站”为题，专题报道文成县设立公证海外服务站，为海外华侨提供“最多跑一次”公证服务，实现公证手续办理时限由原来的20天、跨国跑两趟，缩短为1个小时、无须跨国跑。

一年来，浙江省司法行政系统立足“贴近基层、贴近企业、贴近群众”，总结推广“法律服务八法”，为企业发展、百姓民生提供了更好的集成服务、专业服务、主动服务、精准服务、高效服务、优质服务。据统计，全省司法行政干警和法律服务工作者共走访企业12.1万家，帮助企业解决法律问题6万余个；成立“一带一路”法律服务团179个，设立“一带一路”公证专窗53个，推送“一带一路”沿线国家和地区法律环境评估报告51期，办理涉外法律业务9.1万件；办理企业上市业务法律业务566件；办理企业债券发行法律业务119件；参与处置“僵尸企业”786家。

5. 杭州市公证行业多举措做实“惠企便民”法律服务

2017年，杭州市司法局大力推进公证行业融入公共法律服务体系建设工作，通过机构进驻设点、优化服务举措、建强工作队伍，进一步激发公证服务活力，提升服务效能。

——力量下沉，延伸服务半径。一是进驻中心。杭州市国立、东方、西湖、钱塘四家杭州市局直属公证机构轮流进驻杭州市公共法律服务中心，提供窗口服务，截至目前，提供公证服务5693件。县(市)公证机构均选派公证员进驻当地行政服务中心或公共法律服务中心。二是便民服务。为便于城区周边群众办证，禹航、东方、西湖、湘湖、钱塘、临安公证处在闲林、蒋村、转塘、下沙、大江东、临安昌化等地开展便民服务，常年定期值班，提供办证(咨询)服务。三是巡回办证。县(市)公证机构定期开展巡回办证服务，走进偏远乡村开展公证法治宣传，为当地村民办理林地确权、继承析产、遗嘱公证等相关公证法律服务，减免公证费用。

——配强人员，提升服务质量。一是提高驻点人员门槛。明确杭州市公共法律服务中心驻点公证员具有涉外资格，能够熟练办理涉外类公证业务，解答涉外类公证咨询。二是建好信息员队伍。各县(市)公证机构聘用当地法律人士，了解当地公证法律服务需求，做好对接服务，形成联动机制。三是加大人员引进。全市公证机构加大人员引进招聘力度。今年，全市公证机构新进人员近30名，大部分通过司法考试，其中市属公证机构新进人员中，法学硕士研究生比例超过50%。

——优化服务，深化惠企便民。一是优化便民惠民举措。杭州市司法局相继推出80岁以上老人全年免费预约办理遗嘱公证，70岁以上老人在法治惠民月活动期间免费预约办理遗嘱公证，5000元以下小额继承免费办理公证等惠民举措。深化公证法律援助，全年减免群众公证费用20余万元。加快推行网上办证、网上预约、网上咨询等“互联网＋公证”服务。二是全面落实“最多跑一次”改革。推进公证信息归集，服务全市“最多跑一次”改革，杭州市国立公证处编制“9＋9”“跑改”清单，拓展网上办证平台，优化办证流程，在省厅要求的9小项的基础上增加9项公证事项，实现群众办证“最多跑一次”目标。三是加大服务惠企力度。国立、钱塘、东方、之江等公证机构常年为阿里巴巴、网易、华三、海康威视、大华、娃哈哈、九阳、苏泊尔、顾家家居等大型企业提供优质公证服务，利用电子存证等方式，办理知识产权保护、证据保全等领域的公证业务，维护企业合法权益。今年来，杭州市司法局大力推进公证行业融入公共法律服务体系建设工作，通过机构进驻设点、优化服务举措、建强工作队伍，进一步激发公证服务活力，提升服务效能。

（四）安徽省促进社会稳定工作情况与措施

1. 安徽平安建设连续8年获全国先进

党的十八大以来，安徽不断创新社会治安综合治理、深化平安安徽建设，有效维护了全省社会稳定和治安安定。全省群体性事件连续11年下降，十万人命案发案数连续7年保持全国最低水平，八类暴力犯罪连续7年下降，连续13年没有发生特大案（事）件，群众安全感和满意度连续6年和5年上升，2017年上半年分别达96.43%和91.13%，综治工作（平安建设）考核连续8年进入全国先进行列，为经济社会发展营造了良好社会环境。

安徽省委、省政府高度重视平安安徽建设，切实加强对社会治安综合治理的领导，将有关工作纳入《安徽省国民经济和社会发展第十三个五年规划纲要》和省委常委会年度工作要点。围绕落实省第十次党代会精神，省委、省政府出台《安徽省五大发展行动计划》，省综治办牵头组织9个单位开展平安安徽建设工程；省政府制定《关于坚持平安为基推进安全发展实施方案》，有力推动了全省综治工作和平安安徽建设。

省两办印发《安徽省立体化、信息化社会治安防控体系建设（2017—2020）工作方案》，明确了“雪亮工程”任务措施及重点项目建设；省综治办、省发展改革委、省公安厅印发《安徽省公共安全视频监控建设联网应用工作实施方案（2016—2020年）》，对全省十三五期间的“雪亮工程”建设进行了总体规划。目前，省及16个市的视频图像资源交换共享平台基本建成。建立完善视频巡查防控机制，以信息资源整合共享促进群防群治力量整合、工作机制创新和工作效能优化，着力增强群防群治工作的精准性、实效性。同时，牵头协调将高速公路视频监控纳入全省“雪亮工程”建设。

2. 矛盾纠纷多元化解机制建设取得新经验

安徽省委、省政府高度重视矛盾纠纷预防化解，各地党委、政府切实履行平安建设第一责任人职责，各职能部门强化协调配合、通力协作，推动了矛盾纠纷多元化解机制建设。各地充分发挥“乡贤”“两代表一委员”等人员作用，鼓励支持企事业单位和各类社会组织依法提供矛盾纠纷多元化解服务，积极搭建矛盾纠纷多元化解工作平台，形成了社会协同、多方参与的工作格局。

大力推进行业性专业性人民调解组织建设，建立人民调解化解矛盾研判预警工作机制，推进人民调解、司法调解和行政调解“三调”衔接联动，成立人民调解法学、医学、劳动就业、环境保护等咨询专家库698个，建立行业性专业性人民调解组织1182个，实现县级以上行政区域医疗调解组织全覆盖。全省三级法院诉调对接中心覆盖率达100%，全省“警民联调室”全覆盖，大量矛盾纠纷通过先行调解得以及时化解。

积极推进工作机制和方式创新。桐城市“六尺巷”调解法通过弘扬优秀传统文化，引导人们合法、理性地解决纠纷；宣城“七大调解法”等行之有效的做法，落实矛盾纠纷排查调处各项制度；“一村（社区）一法律顾问”制度，及时为群众提供法律咨询与服务；“零命案”县（市、区）“零刑事案件”社区（村）创建等经验不断积累，命案预防工作不断取得新成效。

3. 社会治理信息化水平取得新提升

社会服务管理信息化建设，被孟建柱书记誉为“安徽一张靓丽的名片”。安徽省委将其列入经济社会发展十三五规划，省综治委坚持将社会服务管理信息化建设纳入年度综治目标管理考评。2017年，全省16个市均已建成市级数据中心，为社会服务管理以及社会治安综合治理奠定信息化、智能化基础。

结合实际推动综治信息化与社会服务管理信息化融合发展。各市着力加强综治信息系统标准化建设，并注重结合自身实际探索“9+X”系统功能的拓展应用。全省综治视联网建设成果丰硕，2017年6月底前实现全省16个市、105个县（市、区）100%联通应用，提前完成年度建设任务，提高平安建设的扁平化指挥和可视化管理的能力和水平。

坚持以信息化建设支撑网格化管理，以市为单位整合地理框架信息系统，实现了基层社会治理“一网清”。按照“任务相当、方便管理、界定清晰”的原则，整合公安、民政、计生、人社、城管等多个部门信息采集员，实现“一格一员”。依托社会服务管理信息平台的支撑，实现网格员利用“社管通”手机APP采集、核查、上报网格内“人、地、物、事、组织”等信息要素，实现网格日常巡查，引导群众参与社区共治，有力促进了基层平安建设。

4. 综治基层基础工作取得新进展

多年来，安徽持续推进各级综治中心规范化、实战化建设，特别是在习近平同志视察安徽作出“推进县乡村三级综治中心建设”重要指示后，进一步加强统筹谋划和分类指导，推进各级综治中心建设规范升级、提质增效，形成了一体化运作、实体化运行、信息化与网格化深度融合的安徽特色。2017年，全省县乡村三级综治中心全部建成，基层综合服务管理工作全覆盖。

稳妥推进社区管理体制改革，全面推行新型城乡社区网格化服务管理模式，建立健全配套制度，形成科学、高效的社区工作机制，实现网格化服务管理全覆盖，提高网格化服务管理效能，提升社工队伍的整体素质。充分发挥传统乡规民约的道德教化、约束功能，进一步完善基层社会治理。

积极落实安徽省委、省政府有关加强综治组织建设的政策、规定，根据《安徽省健全落实社会治安综合治理领导责任制实施办法》，将“社会治安综合治理机构不健全”作为责任督导和追究的情形之一，推进全省综治组织自身建设，乡镇(街道)综治办全部明确为常设机构，普遍设一名副科职(级)专职副主任。

5. 特殊人群服务管理取得新突破

切实加强严重精神障碍患者服务管理。全面摸清底数，逐一依法确认监护人，逐一签订监护协议，采取“以奖代补”措施，督促落实监护责任，有效预防和降低了肇事肇祸案件的发生，提升了人民群众安全感。2017年8月初，中央部委联合督查组来皖督查时，对安徽工作给予高度评价。

切实促进社区矫正和刑释人员回归社会。加强社区矫正监管，强化省、市、县、乡四级监管安全研判机制，矫正期间再违法犯罪率为0.11%，远低于全国平均水平。全省建立过渡性安置基地64个，依托企业建立的安置基地472个，多渠道解决好刑满释放人员的临时安置、思想教育、帮扶救助等问题，帮助他们顺利融入社会。

切实抓好预防减少青少年违法犯罪工作。重点加强对闲散青少年、有不良行为青少年、服刑人员未成年子女等的教育、关爱、帮扶、管理，取得良好成效，多年来，全省十万人青少年涉命案数维持在全国最低水平。持续推进县级地区重点青少年群体服务管理和预防犯罪工作，中央综治委预青专项组办公室评估合格率达99%，位列全国第一方阵。

6. 社会治安综合治理领导责任制取得新影响

创新理念思路，突出民意导向。着力健全以民意为导向的工作机制，广泛运用民意调查结果推动落实综治领导责任制。群众安全感调查由每年一次调整为两次，提升了调查结果的客观性、准确性，并将群众安全感调查情况通报全省，对后进县(区)开展社会治安专项调查，促进了全省群众安全感和满意度连续6年和5年上升。

创新责任督导，坚持标本兼治。坚持把社会治安重点地区排查整治工作摆在重要位置，推动全省各级各部门制度化、常态化开展排查整治工作，一大批人民群众反映强烈的突出治安问题得到有效解决，部分地区治安状况明显改善。

创新考评方法，强化工作推动。坚持与时俱进优化考评工作，推动省委、省政府每年检查、考评省辖市党委、政府综治工作并通报结果。2014年起，省综治委逐一将考评具体情况通报给全省16个市，引起各市党委、政府特别是党政主要负责同志重视，促进综治工作重点突破和难题解决。

创新奖惩措施，提升综治影响。安徽省委、省政府每年对综治考评靠前的市和综治委成员单位，授予全省综治工作(平安建设)先进市(进步市)和优秀单位荣誉称号，全省有13个市相应落实了综治考评奖励政策。对后进地区，加大责任督导力度。截至2017年9月，全省已先后八批对34个县(市、区)实行了重点管理，通过以点带面，辐射全省，进一步推动了各级、各部门全面履行综治领导责任。

第五篇

经济社会发展重要指标

第一章　长三角地区重要经济发展指标

表 1　长三角地区国民经济和社会发展总量与速度指标(2017 年)

指　　标	长三角	上海市	江苏省	浙江省	安徽省
人口与就业					
人口(万人)					
年末常住人口	22359.63	2418.33	8029.30	5657.00	6255.00
就业(万人)					
从业人数	14304.35	1372.65	4757.80	3796.00	4377.90
宏观经济					
国民核算(亿元)					
地区生产总值	195320.20	30632.99	85900.94	51768.26	27018.00
第一产业	8703.62	110.78	4076.65	1933.92	2582.27
第二产业	83055.88	9330.67	38654.85	22232.08	12838.28
第三产业	103560.70	21191.54	43169.44	27602.26	11597.45
地区生产总值比上年增长(%)		6.9	7.2	7.8	8.5
固定资产投资(亿元)					
全社会固定资产投资总额	120835.60	7246.60	53277.03	31125.99	29186.0
财政(亿元)					
地方财政收入	23430.57	6642.26	8171.53	5804.38	2812.4
地方财政支出	31903.13	7547.62	10621.39	7530.32	6203.8
物价(上年=100)					
居民消费价格指数		101.7	101.7	102.1	101.2
国内商业					
社会消费品零售总额(亿元)	78984.45	11745.96	31737.41	24308.48	11192.6
对外经济贸易和旅游					
进出口总额(亿美元)	14987.98	4761.23	5911.39	3779.00	536.36
出口	8743.51	1936.81	3632.98	2868.90	304.82
教育、科技、文化					
教育					
高等学校本专科在校学生(万人)	450.72	51.49	176.79	107.7	114.74
普通中学在校学生(万人)	903.96	57.06	303.03	233.2	310.67
小学在校学生(万人)	1413.22	78.49	540.21	354.0	440.52
文化					

续表

指　标	长三角	上海市	江苏省	浙江省	安徽省
图书出版量(亿册)	17.65	4.23	6.36	3.99	3.07
杂志出版量(万册)	32877	9400	11544	7534	4399
报纸出版量(亿份)	62.28	9.13	22.91	23.08	7.16
家庭、生活、环境					
全体居民人均可支配收入(元)		58988	35024	42046	21863
城镇常住居民人均可支配收入(元)		62596	43622	51261	31640
农村常住居民人均可支配收入(元)		27825	19158	24956	12758
全体居民人均消费支出(元)		39792	23469	27079	
城镇常住居民人均消费支出(元)		42304	27726	31924	20740
农村常住居民人均消费支出(元)		18090	15612	18093	11106

表 2　长三角地区国民经济和社会发展结构指标(2017 年)

指　　标	上海市	江苏省	浙江省	安徽省
人口与就业				
人口				
城乡结构				
城镇	87.7	68.8	68.0	53.5
乡村	12.3	31.2	32.0	46.5
性别结构				
男	49.6	50.30	51.2	51.9
女	50.4	49.70	48.8	48.1
就业				
产业结构				
第一产业	3.1	16.80	11.8	31.1
第二产业	31.4	42.90	46.2	28.8
第三产业	65.5	40.30	42.0	40.1
宏观经济				
国民核算				
地区生产总值产业结构				
第一产业	0.3	4.70	3.7	9.6
第二产业	30.5	45.00	43.0	47.5
第三产业	69.2	50.30	53.3	42.9
产业经济				

续表

指　　标	上海市	江苏省	浙江省	安徽省
工业				
工业产值按轻重分				
轻工业		27.90	37.8	
重工业		72.10	62.2	
运输业				
货运量结构				
铁路	0.5	2.40	1.5	2.2
公路	40.9	55.10	62.8	69.5
水运	58.2	36.60	35.7	28.3
民用航空	0.4			0.001
对外经济贸易和国际旅游				
海外及我国港澳台旅游人数结构				
外国人	76.9	65.30	66.10	58.4
港澳台同胞	23.1	34.70	33.90	41.6
教育、科技、文化				
教育				
在校学生结构				
大学生	27.5	17.80	15.5	10.2
中学生	30.5	32.80	33.6	29.4
小学生	42.0	49.40	50.9	39.2
专任教师结构				
大学生	26.4	15.5	13.5	9.3
中学生	39.8	43.4	42.1	37.6
小学生	33.8	41.1	44.4	37.7
生活、环境				
生活				
城镇居民消费结构				
食品	24.7	27.50	27.9	32.1
衣着	4.3	6.60	6.0	7.4
居住	34.9	24.40	26.4	20.4
其他	36.1	41.50	2.2	2.5
农村居民消费结构				
食品	33.8	28.90	31.0	33.5
衣着	5.1	5.70	5.3	5.1
居住	26.1	21.70	24.1	23.6
其他	35.0	43.60	1.5	1.6

表3　长三角地区主要年份地区生产总值　单位:亿元(按当年价格计算)

年　份	长三角	上海市	江苏省	浙江省	安徽省
1989	3484.08	696.54	1321.85	849.44	616.25
1990	3760.85	781.66	1416.50	904.69	658.00
1991	4247.98	893.77	1601.38	1089.33	663.50
1992	5427.24	1114.32	2136.02	1375.70	801.20
1993	7480.44	1519.23	2998.16	1925.91	1037.14
1994	10057.96	1990.86	4057.39	2689.28	1320.43
1995	13041.54	2518.08	5155.25	3557.55	1810.66
1996	15266.79	2980.75	6004.21	4188.53	2093.30
1997	17179.05	3465.28	6680.34	4686.11	2347.32
1998	18626.53	3831.00	7199.95	5052.62	2542.96
1999	20076.38	4222.30	7697.82	5443.92	2712.34
2000	22408.96	4812.15	8553.69	6141.03	2902.09
2001	24859.55	5257.66	9456.84	6898.34	3246.71
2002	27925.26	5795.02	10606.85	8003.67	3519.72
2003	32833.38	6762.38	12442.87	9705.02	3923.11
2004	39710.16	8165.38	15136.78	11648.70	4759.30
2005	46902.71	9365.54	18769.32	13417.68	5350.17
2006	54514.62	10718.04	21965.61	15718.47	6112.50
2007	65081.37	12668.89	26297.83	18753.73	7360.92
2008	75951.78	14276.79	31360.64	21462.69	8851.66
2009	83260.62	15287.56	34912.00	22998.24	10062.82
2010	99515.17	17436.85	41971.34	27747.65	12359.33
2011	117004.70	19539.07	49801.59	32363.38	15300.65
2012	127399.00	20558.98	54888.84	34739.13	17212.05
2013	139962.80	22264.06	60712.81	37756.58	19229.34
2014	151240.60	24068.20	66150.64	40173.03	20848.75
2015	161840.80	25659.18	71289.51	42886.49	22005.63
2016	176941.04	28183.51	77388.28	47251.36	24117.89
2017	195320.19	30632.99	85900.94	51768.26	27018.00

表4　长三角地区主要年份第一产业生产总值　单位:亿元(按当年价格计算)

年　份	长三角	上海市	江苏省	浙江省	安徽省
1990		34.24	355.17	255.04	
1991		34.06	345.14	245.22	

续表

年　份	长三角	上海市	江苏省	浙江省	安徽省
1992		34.16	393.82	262.67	
1993		37.82	490.59	315.97	
1994		47.61	683.98	438.65	
1995		59.82	866.24	549.96	
1996		68.72	989.18	594.94	
1997		72.03	1035.8	618.9	
1998		73.84	1047.16	609.3	
1999		74.49	1037.37	606.31	
2000	2497.77	76.68	1048.34	630.98	741.77
2001	2593.03	78.00	1094.48	659.78	760.77
2002	2658.98	79.68	1110.44	685.20	783.66
2003	2710.72	81.02	1162.45	717.85	749.40
2004	3215.63	83.45	1367.58	814.10	950.50
2005	3411.10	90.26	1461.51	892.83	966.50
2006	3574.99	93.81	1545.05	925.10	1011.03
2007	4105.12	102.61	1816.31	986.02	1200.18
2008	4726.95	112.79	2100.11	1095.96	1418.09
2009	5036.19	115.80	2261.86	1163.08	1495.45
2010	5747.47	117.79	2540.10	1360.56	1729.02
2011	6793.30	130.17	3064.78	1583.04	2015.31
2012	7398.16	133.26	3418.29	1667.88	2178.73
2013	7628.64	131.29	3469.86	1760.34	2267.15
2014	7935.49	131.59	3634.33	1777.18	2392.39
2015	8401.18	125.53	3986.05	1832.91	2456.69
2016	8724.42	114.34	4077.18	1965.18	2567.72
2017	8703.62	110.78	4076.65	1933.92	2582.27

表 5　长三角地区主要年份第二产业生产总值　　单位:亿元(按当年价格计算)

年　份	长三角	上海市	江苏省	浙江省	安徽省
1989		466.18	657.06	386.25	
1990		505.60	692.59	408.18	
1991		550.64	793.92	494.11	
1992		677.39	1119.26	653.43	

续表

年 份	长三角	上海市	江苏省	浙江省	安徽省
1993		902.38	1598.05	983.96	
1994		1148.45	2186.77	1398.12	
1995		1430.37	2715.26	1854.52	
1996		1610.47	3074.12	2232.17	
1997		1789.72	3411.86	2554.57	
1998		1889.63	3640.10	2766.95	
1999		2004.55	3920.15	2974.74	
2000	10998.53	2231.93	4435.89	3273.93	1056.78
2001	12166.60	2431.38	4907.46	3572.88	1254.88
2002	13686.46	2654.47	5604.49	4090.48	1337.04
2003	16668.21	3249.43	6787.11	5096.38	1535.29
2004	20579.19	3947.01	8536.90	6250.38	1844.90
2005	24520.16	4451.11	10658.40	7164.75	2245.90
2006	28739.03	5056.43	12459.91	8511.51	2711.18
2007	33896.97	5674.34	14697.42	10154.25	3370.96
2008	39286.41	6207.97	17312.09	11567.42	4198.93
2009	41848.09	6143.59	18939.12	11860.16	4905.22
2010	50202.58	7376.81	22201.79	14187.36	6436.62
2011	58559.30	8128.44	25790.21	16331.27	8309.38
2012	62290.63	8063.93	27821.77	17000.09	9404.84
2013	66473.17	8147.16	29888.45	18047.52	10390.04
2014	70429.74	8434.97	31742.04	19175.06	11077.67
2015	71948.59	8259.03	33031.06	19711.67	10946.83
2016	75810.64	8406.28	34619.50	21194.61	11590.25
2017	83055.88	9330.67	38654.85	22232.08	12838.28

表 6 长三角地区主要年份第三产业生产总值 单位:亿元(按当年价格计算)

年 份	长三角	上海市	江苏省	浙江省	安徽省
1989		200.73	340.61	252.24	
1990		241.82	368.74	271.47	
1991		309.07	462.32	350	
1992		402.77	622.94	459.6	
1993		579.03	909.52	625.99	

续表

年 份	长三角	上海市	江苏省	浙江省	安徽省
1994		794.80	1186.64	852.52	
1995		1027.79	1573.75	1153.07	
1996		1301.56	1940.91	1361.43	
1997		1603.53	2232.68	1512.64	
1998		1867.53	2512.69	1676.38	
1999		2143.26	2740.30	1862.87	
2000	8912.66	2503.54	3069.46	2236.12	1103.54
2001	10099.92	2748.28	3454.90	2665.68	1231.06
2002	11579.80	3060.87	3891.92	3227.99	1399.02
2003	13454.45	3431.93	4493.31	3890.79	1638.42
2004	15915.34	4134.92	5232.30	4584.22	1963.90
2005	18971.45	4824.17	6649.41	5360.10	2137.77
2006	22200.60	5567.80	7960.65	6281.86	2390.29
2007	27079.28	6891.94	9784.10	7613.46	2789.78
2008	31938.42	7956.03	11948.44	8799.31	3234.64
2009	36376.35	9028.17	13711.02	9975.01	3662.15
2010	43565.13	9942.25	17229.45	12199.74	4193.69
2011	51652.10	11280.46	20946.61	14449.07	4975.96
2012	57710.21	12361.79	23648.78	16071.16	5628.48
2013	65860.98	13985.61	27354.50	17948.72	6572.15
2014	72875.39	15501.64	30774.27	19220.79	7378.69
2015	81491.04	17274.62	34272.40	21341.91	8602.11
2016	92405.98	19662.89	38691.60	24091.57	9959.92
2017	103560.69	21191.54	43169.44	27602.26	11597.45

表 7 长三角地区主要年份工业生产总值 单位:亿元(按当年价格计算)

年 份	长三角	上海市	江苏省	浙江省	安徽省
1990		469.83	634.13	363.74	
1991		514.79	725.83	438.36	
1992		636.68	1017.94	581.73	
1993		846.71	1451.97	876.26	
1994		1074.37	2002.22	1243.37	
1995		1318.93	2467.63	1645.51	
1996		1466.12	2754.80	1983.90	

续表

年　份	长三角	上海市	江苏省	浙江省	安徽省
1997		1614.13	3016.44	2285.24	
1998		1687.39	3157.69	2484.97	
1999		1807.29	3387.99	2679.68	
2000	9071.85	2022.53	3848.52	2945.70	885.10
2001	10708.93	2194.09	4270.90	3181.94	1062.00
2002	12035.39	2399.07	4880.09	3640.84	1115.09
2003	14703.25	2980.43	6004.05	4462.97	1255.80
2004	18239.46	3646.47	7612.76	5491.33	1488.90
2005	21859.69	4104.65	9572.97	6344.71	1837.36
2006	25758.87	4659.17	11273.86	7585.47	2240.37
2007	30485.97	5254.57	13330.66	9090.74	2810.00
2008	35119.20	5695.23	15589.58	10328.72	3505.67
2009	36886.38	5546.27	16834.62	10440.77	4064.72
2010	44296.90	6689.90	19722.49	12477.11	5407.40
2011	51699.99	7403.07	22864.42	14370.50	7062.00
2012	54834.34	7301.05	24605.23	14902.22	8025.84
2013	58389.27	7368.20	26303.42	15837.20	8880.45
2014	61694.98	7619.88	27847.72	16771.90	9455.48
2015	62893.85	7431.36	28980.20	17217.47	9264.82
2016	66510.79	7555.34	30455.15	18655.12	9845.18
2017	72797.21	8392.84	34013.58	19474.48	10916.31

表8　长三角地区主要年份建筑业生产总值　　单位:亿元（按当年价格计算）

年　份	长三角	上海市	江苏省	浙江省	安徽省
1990		35.77	58.46	44.44	
1991		35.85	68.09	55.75	
1992		40.71	101.32	71.70	
1993		55.67	146.08	107.70	
1994		74.08	184.55	154.75	
1995		111.54	247.63	209.01	
1996		144.35	319.32	248.27	
1997		175.59	395.42	269.33	
1998		202.24	482.41	281.97	

续表

年　份	长三角	上海市	江苏省	浙江省	安徽省
1999		197.26	532.16	295.06	
2000	1296.68	209.40	587.37	328.23	171.68
2001	1457.67	237.29	636.56	390.94	192.88
2002	1651.39	255.40	724.40	449.64	221.95
2003	1964.37	269.00	782.46	633.42	279.49
2004	2339.73	300.54	924.14	759.05	356.00
2005	2657.25	346.46	1085.44	816.81	408.54
2006	2973.12	397.26	1186.05	919.00	470.81
2007	3400.29	419.77	1366.76	1052.80	560.96
2008	4167.20	512.74	1722.50	1238.70	693.26
2009	4961.70	597.32	2104.50	1419.38	840.50
2010	5905.68	686.91	2479.30	1710.25	1029.22
2011	6859.28	725.37	2925.75	1960.78	1247.38
2012	7456.28	762.88	3216.54	2097.86	1379.00
2013	8162.47	802.13	3593.22	2243.01	1524.11
2014	8850.96	843.02	3902.52	2467.10	1638.32
2015	9171.04	855.22	4058.52	2558.38	1698.92
2016	9427.72	879.81	4173.66	2610.72	1763.53
2017	10411.58	970.79	4651.75	2845.48	1943.56

表 9　长三角地区主要年份地区生产总值中第一产业比重　单位:%(按当年价格计算)

年　份	长三角	上海市	江苏省	浙江省	安徽省
1990		4.4	25.1	24.9	
1991		3.8	21.5	22.5	
1992		3.1	18.4	19.1	
1993		2.5	16.4	16.4	
1994		2.4	16.9	16.3	
1995		2.4	16.8	15.5	
1996		2.3	16.5	14.2	
1997		2.1	15.5	13.2	
1998		1.9	14.5	12.1	
1999		1.8	13.5	11.1	
2000	11.2	1.6	12.2	10.3	25.6

续表

年　份	长三角	上海市	江苏省	浙江省	安徽省
2001	10.5	1.5	11.6	9.6	23.4
2002	9.5	1.4	10.5	8.6	22.3
2003	8.3	1.2	9.3	7.4	19.1
2004	8.1	1.0	9.1	7	20.0
2005	7.3	1.0	7.9	6.7	18.1
2006	6.6	0.9	7.1	5.9	16.6
2007	6.4	0.8	7.0	5.3	16.3
2008	6.3	0.8	6.8	5.1	16.0
2009	6.1	0.7	6.5	5.1	14.9
2010	5.8	0.7	6.1	4.9	14.0
2011	5.9	0.7	6.2	4.9	13.2
2012	5.9	0.6	6.2	4.8	12.7
2013	5.5	0.6	5.7	4.7	11.8
2014	5.3	0.5	5.5	4.4	11.5
2015	5.2	0.5	5.6	4.3	11.1
2016	5.0	0.4	5.3	4.2	10.6
2017	4.5	0.3	4.7	3.7	9.6

表10　长三角地区主要年份地区生产总值中第二产业比重　单位:%(按当年价格计算)

年　份	长三角	上海市	江苏省	浙江省	安徽省
1990		64.7	48.9	45.1	
1991		61.6	49.6	45.4	
1992		60.8	52.4	47.5	
1993		59.4	53.3	51.1	
1994		57.7	53.9	52.0	
1995		56.8	52.7	52.1	
1996		54.0	51.2	53.3	
1997		51.6	51.1	54.5	
1998		49.3	50.6	54.8	
1999		47.5	50.9	54.6	
2000	49.1	46.4	51.9	53.3	36.4
2001	48.9	46.2	51.9	51.8	38.7
2002	49.0	45.8	52.8	51.1	38.0

续表

年　份	长三角	上海市	江苏省	浙江省	安徽省
2003	50.7	48.1	54.6	52.5	39.1
2004	51.7	48.4	56.4	53.6	38.8
2005	52.4	47.5	56.8	53.4	42.0
2006	52.9	47.2	56.7	54.1	44.4
2007	52.4	44.8	55.9	54.1	45.8
2008	52.0	43.5	55.2	53.9	47.4
2009	50.1	40.2	54.2	51.6	48.8
2010	50.3	42.3	52.9	51.1	52.1
2011	49.8	41.6	51.8	50.5	54.3
2012	48.6	39.2	50.7	48.9	54.6
2013	47.2	36.6	49.2	47.8	54.0
2014	46.3	35.1	48.0	47.7	53.1
2015	44.2	32.2	46.3	46.0	49.8
2016	42.5	29.8	44.7	44.8	48.1
2017	42.5	30.5	45.0	43.0	47.5

表 11　长三角地区主要年份地区生产总值中第三产业比重　单位:%(按当年价格计算)

年　份	长三角	上海市	江苏省	浙江省	安徽省
1990		30.9	26.0	30.0	
1991		34.6	28.9	32.1	
1992		36.1	29.2	33.4	
1993		38.1	30.3	32.5	
1994		39.9	29.2	31.7	
1995		40.8	30.5	32.4	
1996		43.7	32.3	32.5	
1997		46.3	33.4	32.3	
1998		48.8	34.9	33.2	
1999		50.7	35.6	34.2	
2000	39.8	52.0	35.9	36.4	38.0
2001	40.6	52.3	36.5	38.6	37.9
2002	41.5	52.8	36.7	40.3	39.8
2003	41.1	50.7	36.1	40.1	41.8
2004	40.1	50.6	34.6	39.4	41.3
2005	40.3	51.5	35.4	40.0	40.0

续表

年　份	长三角	上海市	江苏省	浙江省	安徽省
2006	40.5	51.9	36.2	40.0	39.1
2007	41.3	54.4	37.2	40.6	37.9
2008	41.7	55.7	38.1	41.0	36.5
2009	43.8	59.1	39.3	43.4	36.4
2010	43.9	57.0	41.1	44.0	33.9
2011	44.3	57.7	42.1	44.6	32.5
2012	45.5	60.2	43.1	46.3	32.7
2013	47.3	62.8	45.1	47.5	34.2
2014	48.4	64.4	46.5	47.8	35.4
2015	50.6	67.3	48.1	49.8	39.1
2016	52.5	69.8	50.0	51.0	41.3
2017	53.0	69.2	50.3	53.3	42.9

表 12　长三角地区主要年份地区生产总值构成中工业比重　单位:%(按当年价格计算)

年　份	长三角	上海市	江苏省	浙江省	安徽省
1989		62.1	45.4	40.8	
1990		60.1	44.8	40.2	
1991		57.6	45.3	40.2	
1992		57.1	47.7	42.3	
1993		55.7	48.4	45.5	
1994		54.0	49.3	46.2	
1995		52.4	47.9	46.3	
1996		49.2	45.9	47.4	
1997		46.6	45.2	48.8	
1998		44.0	43.9	49.2	
1999		42.8	44.0	49.2	
2000	45.2	42.0	45.0	48.0	30.5
2001	44.6	41.7	45.2	46.1	32.7
2002	44.7	41.4	46.0	45.5	31.7
2003	46.5	44.1	48.3	46.0	32.0
2004	47.8	44.7	50.3	47.1	31.3
2005	48.4	43.8	51.0	47.2	34.3
2006	48.9	43.5	51.3	48.3	36.7
2007	48.3	41.5	50.7	48.5	38.2

续表

年　份	长三角	上海市	江苏省	浙江省	安徽省
2008	47.7	39.9	49.7	48.2	39.6
2009	44.7	36.3	48.2	45.4	40.4
2010	44.6	38.4	47.0	45.0	43.8
2011	43.9	37.9	45.9	44.4	46.2
2012	42.7	35.5	44.8	42.9	46.6
2013	41.4	33.1	43.3	41.9	46.2
2014	40.5	31.7	42.1	41.7	45.4
2015	38.5	29.0	40.7	40.1	42.1
2016	37.3	26.8	39.4	39.5	40.8
2017	37.3	27.4	39.6	37.6	40.4

表13　长三角地区主要年份地区生产总值中建筑业比重　　单位:%(按当年价格计算)

年　份	长三角	上海市	江苏省	浙江省	安徽省
1989		4.8	4.3	4.7	
1990		4.6	4.1	4.9	
1991		4.0	4.3	5.1	
1992		3.7	4.7	5.2	
1993		3.7	4.9	5.6	
1994		3.7	4.5	5.8	
1995		4.4	4.8	5.9	
1996		4.8	5.3	5.9	
1997		5.1	5.9	5.7	
1998		5.3	6.7	5.6	
1999		4.7	6.9	5.4	
2000	5.8	4.4	6.9	5.3	5.9
2001	5.9	4.5	6.7	5.7	5.9
2002	5.9	4.4	6.8	5.6	6.3
2003	6.0	4.0	6.3	6.5	7.1
2004	5.9	3.7	6.1	6.5	7.5
2005	5.7	3.7	5.8	6.1	7.6
2006	5.4	3.7	5.4	5.8	7.7
2007	5.2	3.3	5.2	5.6	7.6
2008	5.5	3.6	5.5	5.8	7.8
2009	6.0	3.9	6.0	6.2	8.4

续表

年　份	长三角	上海市	江苏省	浙江省	安徽省
2010	6.0	3.9	5.9	6.2	8.3
2011	5.9	3.7	5.9	6.1	8.2
2012	5.9	3.7	5.9	6.0	8.0
2013	5.9	3.6	5.9	5.9	7.9
2014	5.9	3.5	5.9	6.1	7.9
2015	5.7	3.3	5.7	6.0	7.7
2016	5.4	3.1	5.4	5.5	7.3
2017	5.6	3.2	5.4	5.5	7.2

表 14　长三角地区生产总值项目结构(增加值)(2017 年)　　单位:亿元

指　　标	长三角	上海市	江苏省	浙江省	安徽省
地区生产总值	195320.20	30632.99	85900.94	51768.26	27018.00
第一产业	8703.62	110.78	4076.65	1933.92	2582.27
第二产业	83055.88	9330.67	38654.85	22232.08	12838.28
工业	72791.21	8392.84	34013.58	19474.48	10916.31
建筑业	10411.58	970.79	4651.75	2845.48	1943.56
第三产业	103560.70	21191.54	43169.44	27602.26	11597.45
交通运输、仓储和邮政业	7054.56	1344.54	2896.47	1938.17	875.38
信息传输、软件和信息技术服务业	7980.18	1862.27	2692.48	2914.81	510.62
批发和零售业	22626.93	4393.36	10105.81	6217.29	1910.47
住宿和餐饮业	4028.60	412.33	1897.19	1218.51	500.57
金融业	16657.16	5330.54	6129.98	3533.05	1663.59
房地产业	12075.04	1873.05	5588.97	3222.54	1390.48
租赁和商务服务业	7916.23	1787.90	3477.88	1481.53	1168.92
科学研究和技术服务业	3589.24	1124.40	1386.77	795.47	282.60
水利、环境和公共设施管理业	1144.40	140.69	580.95	255.27	167.49
居民服务、修理和其他服务业	3474.69	347.05	1701.29	823.29	603.06
教育	5654.17	963.10	2320.41	1606.60	764.06
卫生和社会福利业	3649.08	681.56	1390.91	1105.54	471.07
文化、体育和娱乐业	1837.49	241.19	836.80	431.10	328.40
公共管理、社会保障和社会组织	6123.11	652.28	2723.86	1932.29	814.68

第二章　长三角地区重要社会发展指标

表 15　长三角地区总人口基本情况　　单位:万人

年　份	长三角	上海市	江苏省	浙江省	安徽省
2000	19708.75	1608.60	7327.24	4679.91	6093.0
2001	18880.05	1668.33	7354.92	4728.80	5128.0
2002	20014.34	1712.97	7380.97	4776.40	6144.0
2003	20191.46	1765.84	7405.82	4856.80	6163.0
2004	20420.68	1834.98	7432.50	4925.20	6228.0
2005	20475.66	1890.26	7474.50	4990.90	6120.0
2006	20695.41	1964.11	7549.50	5071.80	6110.0
2007	20960.98	2063.58	7624.50	5154.90	6118.0
2008	21164.55	2140.65	7676.50	5212.40	6135.0
2009	21341.28	2210.28	7724.50	5275.50	6131.0
2010	21575.51	2302.66	7869.34	5446.51	5957.0
2011	21677.26	2347.46	7898.80	5463.00	5968.0
2012	21765.41	2380.43	7919.98	5477.00	5988.0
2013	21882.64	2415.15	7939.49	5498.00	6030.0
2014	21976.74	2425.68	7960.06	5508.00	6083.0
2015	22074.57	2415.27	7976.30	5539.00	6144.0
2016	22204.30	2419.70	7998.60	5590.00	6196.0
2017	22359.63	2418.33	8029.30	5657.00	6255.0

表 16　长三角地区劳动就业基本情况(2017 年)　　单位:万人

指　　标	长三角	上海市	江苏省	浙江省	安徽省
从业人员合计(万人)	14304.35	1372.65	4757.80	3796.00	4377.9
第一产业	2652.95	42.44	799.31	447.90	1363.3
第二产业	5485.70	430.51	2041.10	1754.59	1259.5
第三产业	6165.70	899.70	1917.39	1593.51	1755.1
年末城镇登记失业人数(万人)		22.06	34.69		29.0
年末城镇登记失业率(%)		3.9	2.98	2.73	2.9

表 17　长三角地区从业人员基本情况　　单位:万人

年　份	长三角	上海市	江苏省	浙江省	安徽省
2000	15778.94	745.24	4418.14	2726.09	7889.47
2004	16677.23	836.87	4537.07	2991.95	8311.34
2005	17017.03	863.32	4578.75	3100.76	8474.2
2006	17309.49	885.51	4628.95	3172.38	8622.65
2007	17924.20	909.08	4677.88	3405.01	8932.23
2008	18429.39	1053.24	4700.96	3486.53	9188.66
2009	18713.98	1064.42	4726.54	3591.98	9331.04
2010	13531.46	1090.76	4754.68	3636.02	4050.0
2011	13657.57	1104.33	4758.23	3674.11	4120.9
2012	13773.07	1115.50	4759.53	3691.24	4206.8
2013	14113.43	1368.91	4759.89	3708.73	4275.9
2014	14151.61	1365.63	4760.83	3714.15	4311.0
2015	14195.76	1361.51	4758.50	3733.65	4342.1
2016	14243.06	1365.24	4756.22	3760.00	4361.6
2017	14304.35	1372.65	4757.80	3796.00	4377.9

表 18　长三角地区年末尚有失业人员　　单位:万人

年　份	长三角	上海市	江苏省	浙江省	安徽省
2000		20.08	30.36	21.82	
2004		27.43	42.90	30.14	
2005		27.50	41.63	28.97	
2006		27.82	40.40	29.1	
2007		26.78	39.26	28.6	
2008		26.60	41.09	31.08	
2009		27.87	40.74	30.68	
2010	128.01	27.73	40.65	31.13	28.5
2011	137.35	27.33	41.45	31.67	36.9
2012	137.33	27.05	40.47	33.41	36.4
2013	138.41	26.37	37.61	34.93	39.5
2014	134.64	25.63	36.57	33.14	39.3
2015	125.41	24.81	36.01	33.69	30.9
2016	123.72	24.26	35.21	33.85	30.4
2017		22.06	34.69		29.0

表 19　长三角地区人民生活水平情况(2017 年)

指　　标	上海市	江苏省	浙江省	安徽省
就业				
城镇居民家庭每户就业人口(人)	1.22	1.65	1.63	1.56
每一城镇就业者负担人数(人)	2.21	1.79	1.80	1.84
城镇登记失业率(%)	3.9	2.98	2.73	2.88
收入与支出				
城镇居民人均可支配收入(元)	62596	43622	51261	31640.3
城镇居民生活消费支出(元)	42304	27726	31924	20740.2
农村居民人均可支配收入(元)	27825	19158	24956	12758
农村居民生活消费支出(元)	18090	15612	18093	11106
职工年平均工资(元)	85582	79741	60665	65150
人均储蓄存款余额(元)	106533		71049	
生活质量				
居民家庭恩格尔系数(%)		27.8		
城镇居民		27.5		32.14
人均住房面积(平方米)		46.5		
农村人均住房面积		57.3	60.43	50.74
城市公用事业				
用水普及率(%)	99.99	100	100.00	99.43
人均公共绿地面积(平方米)	8.10	15.00	13.32	14.32
文化、教育和卫生				
文化				
城镇每百户拥有彩色电视机(台)	188	176.5	179	133.83
农村每百户拥有彩色电视机(台)	169	158.7	176	127.41
农村每百户家用电脑拥有量(台)	53	45.4	52.24	
城镇每百户家用电脑拥有量(台)	140	96.8	95.60	
居民家庭文教娱乐支出比重(%)	11.8	11.70	10.5	
城市	12.0	12.40	11.0	11.44
教育				
每万人口在校学生数(人)				
大学生数	213	242.2	190.34	225
中学生数	236	377.4	527.43	624
小学生数	325	672.8	625.79	711
平均每一教师负担学生(人)				
大学	12	17.7	17.27	18.8

续表

指　　标	上海市	江苏省	浙江省	安徽省
中学	10	11.4	12.62	13.9
小学	14	18.0	17.26	18.0
卫生				
每万人拥有医生数(人)	28	27.1	31.7	19.41
居民家庭医疗保健支出比重(%)	6.5	6.44	6.26	
城市	6.5	5.68	5.90	6.15

表 20　长三角地区农村居民人均可支配收入基本情况　　单位:元

年　份	上海市	江苏省	浙江省	安徽省
2000	5565	3595	4254	1935
2001	5850	3785	4582	2020
2002	6212	3996	4940	2118
2003	6658	4239	5431	2127
2004	7337	4754	6096	2499
2005	8342	5276	6660	2641
2006	9213	5813	7335	2969
2007	10222	6561	8265	3556
2008	11385	7357	9258	4202
2009	12324	8004	10007	4504
2010	13746	9118	11303	5285
2011	15644	10805	13071	6232
2012	17401	12202	14552	7160
2013	19208	13598	17494	8098
2014	21192	14958	19373	9916
2015	23205	16257	21125	10821
2016	25520	17606	22866	11720
2017	27825	19158	24956	12758

表 21　长三角地区城镇居民家庭人均可支配收入基本情况　　单位:元

年　份	上海市	江苏省	浙江省	安徽省
2000	11718	6800	9279	5294
2001	12883	7375	10465	5669
2002	13250	8178	11716	6032

续表

年　份	上海市	江苏省	浙江省	安徽省
2003	14867	9263	13180	6778
2004	16683	10482	14546	7511
2005	18645	12319	16294	8471
2006	20668	14084	18265	9771
2007	23623	16378	20574	11474
2008	26675	18680	22727	12990
2009	28838	20552	24611	14086
2010	31838	22944	27359	15788
2011	36230	26341	30971	18606
2012	40188	29677	34550	21024
2013	43851	32538	37080	23114
2014	47710	34346	40393	24839
2015	52962	37173	43714	26936
2016	57692	40152	47237	29156
2017	62596	43622	51261	31640

表 22　长三角地区城镇居民家庭恩格尔系数

单位：%

年　份	上海市	江苏省	浙江省	安徽省
2000	44.5	41.1	39.2	45.7
2001	43.4	39.7	36.3	44.2
2002	39.4	40.4	37.9	43.2
2003	37.2	38.3	36.6	44.2
2004	36.4	40.0	36.2	43.9
2005	35.9	37.2	33.8	43.7
2006	35.6	36.0	32.9	42.4
2007	35.5	36.7	34.7	39.7
2008	36.6	37.9	36.4	41.0
2009	35.0	36.3	33.6	39.6
2010	33.5	36.5	34.3	38.0
2011	35.5	36.1	34.6	39.8
2012	36.8	35.4	35.1	38.7
2013	34.9	34.7	34.4	39.1
2014	35.0	28.5		33.3
2015		28.1		33.7

续表

年　份	上海市	江苏省	浙江省	安徽省
2016		28.0		32.5
2017		27.5		32.14

表 23　长三角地区城镇居民家庭基本情况(2017 年)

指　　标	上海市	江苏省	浙江省	安徽省
基本情况				
调查户数(户)		4200		
平均每户家庭人口(人)	2.69	2.96	2.93	2.87
平均每户就业人口(人)	1.22	1.65	1.63	1.56
平均每一就业人口负担人数(人)	2.21	1.79	1.80	1.39
平均每户就业面(%)		55.78	55.60	54.32
人均家庭总收入				
人均可支配收入(元)	62596	43622	51261	31640
人均家庭总支出				
人均消费性支出	42304	27726	31924	20740
#食品	10456	7616	8906	6665
衣着	1827	1838	1926	1544
家庭设备用品及服务	1928	1709	1617	1215
医疗保健	2735	1574	1872	1275
交通通讯	4253	3972	4956	2914
娱乐教育文化服务	5087	3450	3521	2372
居住	14749	6773	8413	4235

表 24　长三角地区农村居民家庭基本情况(2017 年)

指　　标	上海市	江苏省	浙江省	安徽省
基本情况				
调查户数(户)		2400		
平均每户家庭人口(人)	2.69	2.97	3.03	2.96
平均每户就业人口(人)	1.48	1.93	1.92	1.99
平均每一就业人口负担人数(人)	1.82	1.53	1.58	1.50
人均家庭总收入				
人均可支配收入(元)	27825	19158	24956	12758
人均家庭总支出				
人均消费性支出	18090	15612	18093	11106
#食品	6114	4511	5608	3726

续表

指　　标	上海市	江苏省	浙江省	安徽省
衣着	925	892	956	566
家庭设备用品及服务	935	954	842	589
医疗保健	1457	1395	1370	1007
交通通讯	2366	2620	3102	1346
娱乐教育文化服务	1220	1450	1591	1075
居住	4723	3395	4358	2618

表 25　长三角地区房地产投资主要指标(2017 年)

指　　标	上海市	江苏省	浙江省	安徽省
房屋建筑面积(万平方米)				
施工面积	15362.25	59464.23	41236.24	39169.24
＃住宅	8013.80	43554.54	24760.01	26859.0
竣工面积	3387.56	9581.73	6884.18	4747.7
＃住宅	1862.74	7089.80	4338.91	3425.0
商品房销售情况				
房屋销售面积(万平方米)	1691.60	14211.12	9599.67	9200.7
商品房销售额(亿元)	4026.67			5865.77

表 26　长三角地区商品零售价格指数　　(上年＝100)

年　份	上海市	江苏省	浙江省	安徽省
2000	96.4	98.6	99.0	98.0
2001	98.6	98.9	98.1	99.6
2002	98.7	98.4	98.7	99.2
2003	99.0	99.8	99.6	101.3
2004	100.9	102.2	102.7	102.7
2005	99.4	100.3	100.9	100.6
2006	100.2	100.8	100.8	100.8
2007	102.4	102.9	103.8	104.5
2008	105.3	104.9	106.3	106.3
2009	99.4	98.9	98.8	99.0
2010	101.7	103.2	103.9	103.2
2011	104.1	104.6	105.5	105.3
2012	101.2	102.1	101.9	102.1

续表

年　份	上海市	江苏省	浙江省	安徽省
2013	100.2	101.4	101.0	101.2
2014	100.9	101.6	100.9	100.4
2015	101.1	100.6	99.9	99.7
2016	100.8	100.8	101.0	100.8
2017	100.9	101.9	101.4	101.7

表 27　长三角地区居民消费价格指数　（上年＝100）

年　份	上海市	江苏省	浙江省	安徽省
2000	102.5	100.1	101.0	100.7
2001	100.0	100.8	99.8	100.5
2002	100.5	99.2	99.1	99.0
2003	100.1	101.0	101.9	101.7
2004	102.2	104.1	103.9	104.5
2005	101.0	102.1	101.3	101.4
2006	101.2	101.6	101.1	101.2
2007	103.2	104.1	104.2	105.3
2008	105.8	105.2	105.0	106.2
2009	99.6	99.6	98.5	99.1
2010	103.1	103.8	103.8	103.1
2011	105.2	105.1	105.4	105.6
2012	102.8	102.6	102.2	102.3
2013	102.3	102.3	102.3	102.4
2014	102.7	102.2	102.1	101.6
2015	102.4	101.7	101.4	101.3
2016	103.2	102.3	101.9	101.8
2017	101.7	101.7	102.1	101.2

表 28　长三角地区主要年份农业总产值　单位：当年价格亿元

年　份	长三角	上海市	江苏省	浙江省	安徽省
2000		89.81	1096.02	521.31	
2001		95.53	1142.66	488.59	
2002		97.21	1165.49	511.42	
2003		98.17	981.25	529.44	

续表

年　份	长三角	上海市	江苏省	浙江省	安徽省
2004		109.32	1242.41	592.59	
2005	2875.60	111.25	1291.06	654.81	818.48
2006	3128.43	119.99	1416.91	684.00	907.53
2007	3459.20	126.74	1542.53	735.92	1054.01
2008	3895.34	137.52	1746.83	813.10	1197.89
2009	4278.42	147.53	1948.20	879.05	1303.64
2010	5010.56	155.27	2269.56	1041.30	1544.43
2011	5672.90	165.07	2640.95	1152.04	1714.84
2012	6235.20	171.48	2966.72	1229.36	1867.64
2013	6680.11	172.28	3167.78	1336.79	2003.26
2014	7037.49	169.51	3362.81	1385.96	2119.21
2015	7493.46	162.04	3722.10	1434.71	2174.61
2016	7552.60	148.53	3714.64	1455.29	2234.14
2017	7774.25	141.18	3804.95	1494.49	2333.63

表 29　长三角地区主要年份林业总产值　　单位：当年价格亿元

年　份	长三角	上海市	江苏省	浙江省	安徽省
2000		1.41	30.17	54.48	
2001		3.52	30.76	60.20	
2002		7.75	36.29	60.84	
2003		13.05	31.49	65.67	
2004		13.14	40.16	78.36	
2005	218.31	11.11	45.27	83.51	78.42
2006	239.11	10.43	54.26	86.04	88.38
2007	264.90	10.05	58.88	95.47	100.50
2008	295.45	9.12	64.92	106.95	114.46
2009	308.67	8.99	70.79	117.64	111.25
2010	340.28	7.53	78.12	119.35	135.28
2011	416.57	7.62	92.81	134.07	182.07
2012	460.93	9.55	99.74	142.14	209.50
2013	491.56	9.65	107.30	141.54	233.07
2014	557.03	8.78	118.18	147.00	283.07
2015	582.98	12.15	129.09	151.63	290.11
2016	591.76	13.20	129.33	158.15	291.08
2017	640.91	14.94	136.73	170.16	319.08

表30　长三角地区主要年份渔业总产值　　单位:当年价格亿元

年　份	长三角	上海市	江苏省	浙江省	安徽省
2000		37.92	313.01	297.36	
2001		40.13	334.17	308.84	
2002		45.13	353.68	324.51	
2003		49.21	371.56	337.11	
2004		49.90	449.47	361.99	
2005	1109.93	51.64	511.86	380.81	165.62
2006	1120.67	55.25	543.39	347.53	174.50
2007	1198.11	54.19	579.00	369.90	195.02
2008	1363.01	57.11	665.75	407.82	232.33
2009	1465.85	53.53	719.25	435.48	257.59
2010	1674.87	52.62	805.25	522.18	294.82
2011	2117.14	54.72	1060.44	655.75	346.23
2012	2364.33	57.45	1235.40	687.05	384.43
2013	2608.04	59.89	1351.11	757.97	439.07
2014	2728.30	62.50	1426.74	779.36	459.70
2015	2900.23	51.79	1517.51	855.86	475.07
2016	3084.26	50.16	1621.88	899.07	513.15
2017	3180.25	53.27	1623.43	979.28	524.27

表31　长三角地区主要年份畜牧业总产值　　单位:当年价格亿元

年　份	长三角	上海市	江苏省	浙江省	安徽省
2000		87.35	430.53	183.94	
2001		88.43	448.51	195.94	
2002		83.48	456.02	205.09	
2003		81.13	458.87	233.01	
2004		70.77	563.44	277.89	
2005	1492.99	54.34	599.14	285.95	553.56
2006	1360.94	46.29	544.48	279.01	491.16
2007	1767.34	58.00	704.38	367.60	637.36
2008	2210.61	68.40	916.46	418.86	806.89
2009	2139.28	64.61	873.97	404.88	795.82
2010	2299.55	62.90	923.25	448.42	864.98

续表

年　份	长三角	上海市	江苏省	浙江省	安徽省
2011	2897.81	77.44	1190.50	546.33	1083.54
2012	2967.54	72.59	1226.18	549.04	1119.73
2013	3009.73	69.97	1222.22	546.18	1171.36
2014	2906.92	69.93	1182.69	472.23	1182.07
2015	3012.86	65.61	1262.09	426.18	1258.98
2016	3225.45	62.62	1331.55	455.60	1375.68
2017	2864.78	40.86	1166.97	371.29	1285.66

表 32　长三角地区粮食产量

单位：万吨

年　份	长三角	上海市	江苏省	浙江省	安徽省
2000	6969.64	174.00	3106.63	1217.00	2472.01
2001	6669.38	151.42	2942.05	1075.61	2500.30
2002	6761.92	130.46	2907.05	959.41	2765.00
2003	5594.63	98.75	2471.85	809.23	2214.80
2004	6528.52	106.29	2829.06	850.17	2743.00
2005	6375.68	105.36	2834.59	830.42	2605.31
2006	6798.99	111.30	3041.44	785.50	2860.75
2007	6866.32	109.20	3132.24	723.48	2901.40
2008	7046.05	115.67	3175.49	731.54	3023.35
2009	7144.74	121.68	3230.10	723.09	3069.87
2010	7120.24	118.40	3235.10	686.24	3080.50
2011	7241.62	121.95	3307.76	676.41	3135.50
2012	7432.19	122.39	3372.48	648.22	3289.10
2013	7417.90	114.15	3422.98	601.17	3279.60
2014	7622.95	112.89	3490.62	603.61	3415.83
2015	7795.51	112.08	3561.34	583.97	3538.12
2016	7547.80	99.55	3466.01	564.84	3417.40
2017	7685.13	89.16	3539.83	580.14	3476.00

表 33　长三角地区棉花产量

单位：万吨

年　份	长三角	上海市	江苏省	浙江省	安徽省
1980		7.62	41.81	8.29	
1990		1.22	46.42	6.42	
2000	62.99	0.12	31.45	2.92	28.50

续表

年 份	长三角	上海市	江苏省	浙江省	安徽省
2001	86.36	0.14	46.05	3.16	37.01
2002	73.91	0.09	36.28	2.24	35.30
2003	60.83	0.11	29.10	2.10	29.52
2004	91.97	0.18	50.28	2.28	39.23
2005	65.71	0.18	32.27	2.16	31.10
2006	77.84	0.20	38.14	2.38	37.12
2007	74.79	0.25	34.75	2.37	37.42
2008	72.25	0.32	32.60	2.45	36.88
2009	62.65	0.26	25.55	2.28	34.56
2010	60.26	0.35	26.08	2.23	31.60
2011	65.05	0.48	24.68	2.29	37.60
2012	53.79	0.38	22.04	1.97	29.40
2013	48.15	0.39	20.93	1.72	25.11
2014	43.83	0.12	15.95	1.43	26.33
2015	36.17	0.04	11.69	1.07	23.37
2016	26.70	0.03	7.38	0.83	18.46
2017	19.99	0.02	5.10	0.60	14.27

表 34 长三角地区油料产量 单位:万吨

年 份	长三角	上海市	江苏省	浙江省	安徽省
1980		9.60	38.64	28.86	
1990		18.20	112.39	48.35	
2000	584.96	16.37	225.65	57.88	285.06
2001	602.37	12.81	232.53	58.22	298.81
2002	555.60	9.28	217.03	46.97	282.32
2003	480.58	5.92	199.45	43.77	231.44
2004	594.20	7.39	238.38	48.77	299.66
2005	543.74	6.94	215.99	50.14	270.67
2006	479.04	5.31	176.47	35.61	261.65
2007	380.85	3.62	145.08	32.95	199.20
2008	423.19	3.60	150.29	41.27	228.03
2009	449.21	3.39	162.23	43.24	240.35
2010	421.33	2.29	151.97	39.47	227.60
2011	399.51	1.86	144.05	39.85	213.75

续表

年 份	长三角	上海市	江苏省	浙江省	安徽省
2012	414.67	1.73	146.95	38.30	227.69
2013	415.08	1.50	150.37	37.78	225.43
2014	407.34	1.28	146.60	30.66	228.80
2015	403.49	1.18	143.11	31.35	227.85
2016	373.64	0.90	131.93	25.98	214.83
2017	362.26	0.64	126.35	26.90	208.37

表 35 长三角地区农业现代化情况(2017 年)

指 标	长三角	上海市	江苏省	浙江省	安徽省
农业机械化情况					
机耕面积(千公顷)	14640.44	280.7	5828.96	933.45	7597.33
机械收获面积(千公顷)	12999.03	118.2	5107.99	844.85	6927.99
农村电气化情况					
农村用电量(亿千瓦小时)			1887.99	976.65	171.31
农用物资使用情况					
化肥施用量(折纯量)(万吨)	714.10	8.9	303.85	82.63	318.72
农用塑料薄膜使用量(万吨)	29.63	1.57	11.51	6.79	9.76
农药使用量(万吨)	22.24	0.35	7.32	4.63	9.94

表 36 长三角地区规模以上工业企业单位数(2017 年)

单位:个

项 目	长三角	上海市	江苏省	浙江省	安徽省
总 计			45414	39933	18883
按轻重工业分					
轻工业			16408	20407	8493
重工业			29006	19526	10390
按行业分					
制造业			44742	39171	18233
农副食品加工业			1439	690	1687
食品制造业			411	330	485
酒、饮料和精制茶制造业			164	217	396
烟草制品业			6	3	6
纺织业			4171	4573	677
纺织服装、服饰业			2102	2472	1036
皮革、毛皮、羽毛及其制品和制鞋业			528	1546	332

续表

项　目	长三角	上海市	江苏省	浙江省	安徽省
木材加工和木、竹、藤、棕、草制品业			1046	475	607
家具制造业			294	840	329
造纸和纸制品业			542	904	247
印刷和记录媒介复制业			601	566	324
文教、工美、体育和娱乐用品制造业			1223	1184	524
石油加工、炼焦和核燃料加工业			134	60	34
化学原料和化学制品制造业			3285	1543	981
医药制造业			679	425	489
化学纤维制造业			703	570	36
橡胶和塑料制品业			2128	2439	1106
非金属矿物制品业			2570	1589	2073
黑色金属冶炼和压延加工业			1166	530	134
有色金属冶炼和压延加工业			995	730	202
金属制品业			2970	2700	1084
通用设备制造业			4063	4127	1168
专用设备制造业			3082	1717	905
汽车制造业			1886	2025	914
铁路、船舶、航空航天和其他运输设备制造业			812	526	163
电气机械和器材制造业			4050	3975	1256
计算机、通信和其他电子设备制造业			2516	1325	608
仪器仪表制造业			899	550	139
其他制造业			141	356	111
废弃资源综合利用业			125	140	171
金属制品、机械和设备修理业			11	44	9
电力、燃气及水的生产和供应业			616	637	321
电力、热力的生产和供应业			362	394	192
燃气生产和供应			112	85	67
水的生产和供应业			142	158	62

表 37　长三角地区规模以上工业企业主营业务收入(2017 年)　　单位:亿元

项　目	长三角	上海市	江苏省	浙江省	安徽省
总　计	295776.66	37910.50	148996.61	65760.08	43109.47
按登记注册类型分					
内资企业	203817.75	14940.77	99936.65	50759.62	38180.71

续表

项　　目	长三角	上海市	江苏省	浙江省	安徽省
港、澳、台商投资企业	33537.29	5102.00	17980.96	7861.02	2593.31
外商投资企业	58421.62	17867.73	31079.00	7139.44	2335.45
按行业分					
制造业	278569.59	36255.11	142942.11	60160.34	39212.03
农副食品加工业	8684.22	420.24	4475.32	956.46	2832.20
食品制造业	2992.73	697.15	1065.76	497.98	731.84
酒、饮料和精制茶制造业	2444.98	142.04	1252.61	444.68	605.65
烟草制品业	2250.34	895.00	562.17	479.98	313.19
纺织业	12304.38	203.79	6432.81	4716.14	951.64
纺织服装、服饰业	6977.05	356.04	3416.63	2174.73	1029.65
皮革、毛皮、羽毛及其制品和制鞋业	2567.46	185.81	865.20	1048.48	467.97
木材加工和木、竹、藤、棕、草制品业	3193.11	58.90	2081.00	424.45	628.76
家具制造业	2072.86	332.77	376.38	962.45	401.26
造纸和纸制品业	3676.95	291.43	1545.21	1435.56	404.75
印刷和记录媒介复制业	1805.01	192.37	791.42	430.12	391.10
文教、工美、体育和娱乐用品制造业	4268.51	533.13	2054.52	1201.16	479.70
石油加工、炼焦和核燃料加工业	5661.52	1215.24	2209.68	1681.08	555.52
化学原料和化学制品制造业	27105.98	3188.73	15640.58	5927.67	2349.00
医药制造业	6824.51	734.20	3925.19	1231.51	933.61
化学纤维制造业	5199.22	36.86	2842.08	2219.84	100.44
橡胶和塑料制品业	8515.79	983.54	3413.70	2500.10	1618.45
非金属矿物制品业	10036.36	620.98	4790.82	1962.78	2661.78
黑色金属冶炼和压延加工业	15133.30	1808.26	9560.36	1759.67	2005.01
有色金属冶炼和压延加工业	10062.81	455.26	4134.89	2294.47	3178.19
金属制品业	11307.09	948.36	6164.47	2580.59	1613.67
通用设备制造业	17982.87	2758.03	8732.77	4375.88	2116.19
专用设备制造业	11334.14	1354.23	6918.26	1657.53	1404.12
汽车制造业	23576.62	8246.69	7504.69	4951.57	2873.67
铁路、船舶、航空航天和其他运输设备制造业	4907.75	682.58	3278.27	749.83	197.07
电气机械和器材制造业	30076.75	2269.23	16301.92	6418.68	5086.92
计算机、通信和其他电子设备制造业	30737.94	5945.83	18530.61	3687.40	2574.10
仪器仪表制造业	5030.71	428.13	3608.62	795.84	198.12
其他制造业	651.17	52.21	227.48	263.37	108.11
废弃资源综合利用业	895.92	37.25	223.95	270.07	364.65

续表

项目	长三角	上海市	江苏省	浙江省	安徽省
金属制品、机械和设备修理业	291.50	180.81	14.72	60.27	35.70
电力、燃气及水的生产和供应业	14587.93	1649.31	5591.09	5461.05	1886.48
电力、热力的生产和供应业	12640.84	1199.35	4905.40	4859.01	1677.08
燃气生产和供应	1410.38	348.64	504.40	407.64	149.70
水的生产和供应业	536.71	101.32	181.29	194.40	59.70

表38 长三角地区规模以上工业企业利润总额(2017年)

单位:亿元

项目	长三角	上海市	江苏省	浙江省	安徽省
总计	20254.18	3243.79	10052.54	4605.41	2352.44
按登记注册类型分					
内资企业	13316.31	1265.64	6575.07	3400.10	2075.50
港、澳、台商投资企业	2404.93	355.82	1293.40	635.07	120.64
外商投资企业	4532.94	1622.33	2184.07	570.24	156.30
按行业分					
制造业	19282.63	3150.80	9696.04	4263.37	2172.42
农副食品加工业	390.58	13.56	234.70	32.42	109.90
食品制造业	242.10	65.92	97.53	43.57	35.08
酒、饮料和精制茶制造业	329.02	9.42	202.91	37.95	78.74
烟草制品业	369.64	241.91	82.45	37.00	8.28
纺织业	627.54	10.97	329.56	243.37	43.64
纺织服装、服饰业	366.17	0	219.81	106.74	39.62
皮革、毛皮、羽毛及其制品和制鞋业	129.49	12.94	46.21	39.15	31.19
木材加工和木、竹、藤、棕、草制品业	200.43	0.97	140.28	27.69	31.49
家具制造业	128.15	38.16	20.75	49.74	19.50
造纸和纸制品业	262.83	13.81	121.52	100.67	26.83
印刷和记录媒介复制业	124.61	13.37	63.08	23.56	24.60
文教、工美、体育和娱乐用品制造业	252.41	32.28	132.30	62.30	25.53
石油加工、炼焦和核燃料加工业	464.51	120.25	127.93	194.54	21.79
化学原料和化学制品制造业	2221.00	407.92	1183.24	478.26	151.58
医药制造业	833.10	118.10	438.65	203.27	73.08
化学纤维制造业	278.29	2.22	149.82	121.35	4.90

续表

项　　目	长三角	上海市	江苏省	浙江省	安徽省
橡胶和塑料制品业	533.64	72.91	222.67	128.16	109.90
非金属矿物制品业	759.66	41.63	328.86	147.10	242.07
黑色金属冶炼和压延加工业	860.05	76.50	573.81	83.82	125.92
有色金属冶炼和压延加工业	315.47	14.99	178.85	82.36	39.27
金属制品业	625.57	51.75	360.00	118.79	95.03
通用设备制造业	1345.50	173.69	715.79	352.56	103.46
专用设备制造业	876.90	121.64	539.58	135.02	80.66
汽车制造业	2360.35	1106.02	611.83	530.86	111.64
铁路、船舶、航空航天和其他运输设备制造业	233.07	−33.90	256.90	2.60	7.47
电气机械和器材制造业	1933.51	165.57	1032.28	415.38	320.28
计算机、通信和其他电子设备制造业	1614.87	189.68	922.85	335.75	166.59
仪器仪表制造业	506.85	52.87	333.99	101.95	18.04
其他制造业	39.74	4.77	12.83	13.96	8.18
废弃资源综合利用业	45.62	5.05	13.88	12.17	14.52
金属制品、机械和设备修理业	11.93	5.81	1.17	1.31	3.64
电力、燃气及水的生产和供应业	908.85	92.79	407.87	329.08	79.11
电力、热力的生产和供应业	706.22	59.23	294.28	299.17	53.54
燃气生产和供应	141.58	21.84	81.64	20.39	17.71
水的生产和供应业	61.05	11.72	31.95	9.52	7.86

表39　长三角地区规模以上工业企业利税总额(2017年)　　单位:亿元

项　　目	长三角	上海市	江苏省	浙江省	安徽省
总　　计		5341.43		7637.42	
按登记注册类型分					
内资企业		2488.10		5905.94	
港、澳、台商投资企业		586.01		913.87	
外商投资企业		2267.32		817.61	
按行业分					
制造业		5167.86		7053.20	
农副食品加工业		21.41		46.97	
食品制造业		103.10		67.12	
酒、饮料和精制茶制造业		19.29		68.94	
烟草制品业		938.47		413.21	
纺织业		14.80		412.34	

续表

项　目	长三角	上海市	江苏省	浙江省	安徽省
纺织服装、服饰业		5.05		195.70	
皮革、毛皮、羽毛及其制品和制鞋业		13.74		83.98	
木材加工和木、竹、藤、棕、草制品业		2.90		44.85	
家具制造业		49.85		95.75	
造纸和纸制品业		25.29		182.14	
印刷和记录媒介复制业		21.45		40.44	
文教、工美、体育和娱乐用品制造业		40.25		104.12	
石油加工、炼焦和核燃料加工业		408.27		457.91	
化学原料和化学制品制造业		522.07		663.34	
医药制造业		167.03		290.92	
化学纤维制造业		2.56		163.74	
橡胶和塑料制品业		100.85		212.34	
非金属矿物制品业		58.67		232.38	
黑色金属冶炼和压延加工业		127.13		126.58	
有色金属冶炼和压延加工业		18.74		130.18	
金属制品业		76.00		210.33	
通用设备制造业		233.49		527.88	
专用设备制造业		155.56		204.78	
汽车制造业		1559.94		777.34	
铁路、船舶、航空航天和其他运输设备制造业		−28.84		25.32	
电气机械和器材制造业		216.93		634.60	
计算机、通信和其他电子设备制造业		203.64		452.05	
仪器仪表制造业		63.72		137.62	
其他制造业		7.20		24.47	
废弃资源综合利用业		6.96		21.69	
金属制品、机械和设备修理业		12.31		4.17	
电力、燃气及水的生产和供应业		172.40		561.77	
电力、热力的生产和供应业		128.65		514.90	
燃气生产和供应		26.43		27.78	
水的生产和供应业		17.31		19.09	

表 40　长三角地区建筑业总产值

单位：亿元

年　份	长三角	上海市	江苏省	浙江省	安徽省
2000	3864.43	631.64	1546.17	1383.80	302.82

续表

年　份	长三角	上海市	江苏省	浙江省	安徽省
2001	4779.79	730.33	1859.41	1768.50	421.55
2002	5833.01	822.27	2199.52	2283.00	528.22
2003	7741.08	1195.80	2794.94	3127.30	623.04
2004	10080.92	1724.40	3656.66	3911.30	788.56
2005	11924.58	1889.25	4368.95	4743.30	923.08
2006	14579.47	2285.38	5424.85	5701.00	1168.24
2007	18088.53	2524.18	7010.57	7036.80	1516.98
2008	21506.71	3071.76	8308.46	8268.60	1857.89
2009	26081.58	3830.53	10264.92	9746.20	2239.93
2010	31781.95	4300.19	12405.90	12210.90	2864.96
2011	38480.44	4586.28	15122.74	15171.80	3599.62
2012	45153.43	4843.44	18423.55	17656.00	4230.44
2013	52716.03	5102.84	21990.84	20658.80	4963.55
2014	58746.70	5499.94	24592.93	23170.90	5482.93
2015	60675.62	5652.47	24785.81	24541.40	5695.94
2016	63538.96	6046.19	25791.76	25653.90	6047.11
2017	69211.97	6426.42	27956.71	27999.17	6829.67

表 41　长三角地区交通运输基本情况(2017 年)

指　　标	长三角	上海市	江苏省	浙江省	安徽省
运输线路长度(公里)					
铁路营业里程	10097.90	465	2770.90	2587	4275
公路通车里程	495183	13322	158475	120101	203285
#高速公路	14344	829	4688	4154	4673
内河航道里程	41884	2023	24366	9766	5729
客运量总计(万人)	325530	20856	127952	107293	69429
铁路	62743	11617	19786	19870	11470
公路	245449	3419	104566	80099	57365
水运	7144	176	2431	4284	253
民用航空	10194	5644	1169	3040	341
旅客周转量(亿人公里)	6082.17	2130.55	1659.45	1096.04	1196.13
货物运输量总计(万吨)	976763	97257	234092	241993	403421
铁路	18637	472	5720	3513	8932
公路	601049	39743	128915	151920	280471

续表

指　标	长三角	上海市	江苏省	浙江省	安徽省
水运	342815	56619	85668	86513	114015
货物周转量(亿吨公里)	56304.84	25058	9726.51	10105.81	11414.52
民用车辆拥有量(万辆)	5205.63	392.36	1884.23	1700.76	1228.28
#民用汽车拥有量	4093.22	361.02	1619.46	1396.65	716.09
#载客汽车	3700.48	328.17	1499.72	1266.80	605.79
载货汽车	360.75	30.81	105.65	124.50	99.79
#私人汽车	3528.35	274.41	1408.20	1227.91	617.83
港口货物吞吐量(万吨)	542108	75051	256976	158832	51249

表 42　长三角地区客运量基本情况

单位:万人

年　份	长三角	上海市	江苏省	浙江省	安徽省
1980		2369	34002	28454	
1990		3835	48339	60347	
2000	300303	6893	107244	124133	62033
2001	311791	6324	110713	132881	61873
2002	324933	7326	115889	135995	65723
2003	334115	7212	123462	140699	62742
2004	356981	8968	128516	150254	69243
2005	388231	9487	145204	160669	72871
2006	424815	9619	161425	174626	79145
2007	474421	10371	187241	189658	87151
2008	565861	10927	208237	217209	129488
2009	576022	11136	201262	222130	141494
2010	627697	13456	226627	228017	159597
2011	678613	13519	247405	231900	185789
2012	730955	14547	268371	234366	213671
2013	431870	15933	152172	136790	126975
2014	444885	17560	156016	131486	139823
2015	372936	18571	153943	113315	87107
2016	342972	19564	134605	107377	81426
2017	325529	20855	127952	107293	69429

表 43　长三角地区铁路客运量基本情况

单位:万人

年　份	长三角	上海市	江苏省	浙江省	安徽省
1980		1692	3364	2421	
1990		2476	4788	3018	
2000	14774	2980	4891	3909	2994
2001	15469	3231	5029	4193	3016
2002	16383	3518	5297	4511	3057
2003	15706	3391	5104	4338	2873
2004	18891	4076	5997	5195	3623
2005	19731	4313	6658	5274	3486
2006	21339	4458	7293	5588	4000
2007	22626	4795	7658	5931	4242
2008	25299	5343	8846	6448	4662
2009	25967	5161	9167	6508	5131
2010	28992	6095	9711	7634	5552
2011	31215	6198	10598	8439	5980
2012	33625	6758	11757	8725	6385
2013	39196	7972	13435	10579	7210
2014	45361	9194	15374	12821	7972
2015	49167	9692	16116	14806	8553
2016	56538	10609	17814	17766	10349
2017	62743	11617	19786	19870	11470

表 44　长三角地区公路客运量基本情况

单位:万人

年　份	长三角	上海市	江苏省	浙江省	安徽省
1980		200	26463	19326	
1990		605	41850	51083	
2000	279217	2482	101713	116996	58026
2001	290866	1508	105105	126008	58245
2002	303252	2046	110139	128980	62087
2003	313610	2052	118046	133968	59544
2004	331935	2465	122218	142177	65075
2005	361904	2468	138287	152222	68927
2006	396717	2784	153824	165441	74668
2007	443826	2872	179206	179501	82247
2008	532479	2934	199008	206111	124426

续表

年　份	长三角	上海市	江苏省	浙江省	安徽省
2009	540564	2995	191001	210584	135984
2010	588889	3634	215850	215708	153697
2011	637005	3477	235673	218415	179440
2012	686511	3748	255358	220517	206888
2013	379893	3720	135555	121185	119433
2014	385342	3754	137270	112915	131403
2015	308695	3766	134553	92304	78072
2016	270451	3402	113493	83033	70523
2017	245449	3419	104566	80099	57365

表 45　长三角地区水运客运量基本情况　　单位:万人

年　份	长三角	上海市	江苏省	浙江省	安徽省
1980		446	4175	6702	
1990		555	1701	6214	
2000	4851	539	514	2938	860
2005	3417	626	37	2510	244
2006		68	27	2792	
2007		95	27	3164	
2008		89	32	3494	
2009		90	686	3680	
2010	3969	85	590	3155	139
2011	4278	78	579	3466	155
2012	4273	66	594	3454	159
2013	5701	68	2454	3111	68
2014	6412	90	2563	3581	178
2015	6531	113	2392	3841	185
2016	6607	172	2272	3950	213
2017	7144	176	2431	4284	253

表 46　长三角地区民用航空客运量基本情况　　单位:万人

年　份	长三角	上海市	江苏省	浙江省	安徽省
1995		567	48	235	
2000	1461	892	126	290	153
2005	3179	2080	222	663	214

续表

年　份	长三角	上海市	江苏省	浙江省	安徽省
2006		2309	280	805	
2007		2609	350	1062	
2008		2565	351	1156	
2009		2890	408	1358	
2010	5846	3642	476	1520	208
2011	6115	3766	555	1580	214
2012	6545	3974	662	1670	239
2013	7080	4173	728	1915	264
2014	7770	4522	809	2169	270
2015	8543	5000	882	2364	297
2016	9375	5381	1025	2628	341
2017	10194	5644	1169	3040	341

表 47　长三角地区货运量基本情况

单位:万吨

年　份	长三角	上海市	江苏省	浙江省	安徽省
1980		20037	16527	9577	
1990		22848	49399	33474	
2000	257810	47954	90436	74884	44536
2005	374970	68741	112909	126192	67128
2006		72617	125114	140110	
2007		78108	143805	153334	
2008		84347	166322	146654	
2009		76967	160967	151258	
2010	668250	81023	188558	170563	228106
2011	760045	93318	212594	185717	268416
2012	829197	94376	231295	191084	312442
2013	869890	91535	194048	187915	396392
2014	928182	90341	208623	194918	434300
2015	849354	91239	211648	200711	345756
2016	883907	88689	215651	215018	364549
2017	976763	97257	234092	241993	403421

表 48　长三角地区铁路货运量基本情况

单位:万吨

年　份	长三角	上海市	江苏省	浙江省	安徽省
1980		4484	3420	1523	
1990		1257	4235	1691	
2000	13560	1055	4077	1955	6473
2005	19714	1278	5090	2960	10386
2006		1223	5169	3231	
2007		1143	5177	3447	
2008		1012	5118	3398	
2009		941	6137	3435	
2010	23312	959	6374	3888	12091
2011	24843	888	7282	4166	12507
2012	24158	825	7223	3847	12263
2013	23103	694	6806	4037	11566
2014	20675	549	6090	3548	10488
2015	19027	471	5066	3332	10158
2016	18372	461	5335	3332	9244
2017	18637	472	5720	3513	8932

表 49　长三角地区公路货运量基本情况

单位:万吨

年　份	长三角	上海市	江苏省	浙江省	安徽省
1980		7284	4427	3012	
1990		8714	27904	22879	
2000	175173	28369	59056	55008	32740
2005	240047	32684	76301	81448	49614
2006		33799	84319	89342	
2007		35634	97473	98742	
2008		40328	110302	91625	
2009		37745	104002	95802	
2010	451442	40890	123500	103394	183658
2011	511609	42685	140803	108654	219467
2012	569461	42911	153696	113393	259461
2013	554797	43809	103709	107186	300093
2014	589530	42848	114449	117010	315223
2015	507174	40627	113351	122547	230649
2016	534746	39055	117166	133999	244526
2017	601049	39743	128915	151920	280471

表 50　长三角地区水运货运量基本情况　　单位：万吨

年　份	长三角	上海市	江苏省	浙江省	安徽省
1980		8267	6482	5042	
1990		12864	15908	8904	
2000	67585	18442	25902	17921	5320
2005	112727	34557	29277	41768	7125
2006		37342	32862	47522	
2007		41041	37858	51129	
2008		42729	42799	51614	
2009		37983	42016	52002	
2010	183118	38803	48702	63258	32355
2011	212712	49389	54012	72872	36439
2012	223474	50302	58639	73817	40716
2013	239318	46697	70909	76662	45050
2014	304765	46583	75328	74267	108587
2015	309857	49770	80343	74797	104947
2016	316523	48787	79314	77646	110776
2017	342815	56619	85668	86513	114015

表 51　长三角地区民用车辆拥有量(2017 年)　　单位：万辆

指　标	长三角	上海市	江苏省	浙江省	安徽省
合　计	5205.63	392.36	1884.23	1700.76	1228.28
汽车	4093.21	361.02	1619.46	1396.65	716.08
载客汽车	3700.52	328.17	1499.72	1266.84	605.79
#轿车		196.14	1070.48	887.3	
载货汽车	360.78	30.81	105.65	124.53	99.79
摩托车	815.75	22.80	251.22	275.96	265.77
拖拉机	344.62	1.00	89.24	21.26	233.12

表 52　长三角地区私人车辆拥有量(2017 年)　　单位：万辆

指　标	长三角	上海市	江苏省	浙江省	安徽省
民用汽车	3815.05	296.53	1408.20	1227.91	882.41
载客汽车	3334.14	273.63	1349.10	1149.89	561.52
轿车		196.14	987.60	822.68	
载货汽车	176.47	0.53	50.21	76.19	49.54
摩托车	808.68	22.09	247.78	273.04	265.77

表 53　长三角地区邮电业务基本情况(2017 年)

指　　标	长三角	上海市	江苏省	浙江省	安徽省
邮电业务总量(亿元)	8788.56	1406.58	2948.63	3518.01	915.34
函件(亿件)	13.14	6.74	2.86	3.05	0.49
特快专递(亿件)	155.06	31.15	35.96	79.32	8.63
报刊期发数(万份)			1094.68		509
年末固定电话(万户)	3965.5	690.95	1512.08	1211.07	551.4
年末移动电话用户(万户)	24580.7	3298.71	8807.69	7590	4884.30
固定互联网用户(万户)	7750.05	856.2	3106.15	2464	1323.70
邮路及农村投递路线总长度(万公里)	506.52	4.91	40.20	428.28	33.13
邮电通信工具拥有量					
长途光缆线路长度(公里)			3248412	27714	

表 54　长三角地区社会消费品零售总额　　单位:亿元

年　份	长三角	上海市	江苏省	浙江省	安徽省
1980		80.43	122.56	74.87	
1990		333.86	515.43	353.75	
1995		1050.96	1741.92	1472.66	
2000		1865.28	2908.46	2553.59	
2005	15137.55	2979.50	5735.50	4645.85	1776.70
2006		3375.20	6706.19	5357.97	
2007		3873.30	7985.90	6271.32	
2008		4577.23	9905.10	7533.30	
2009		5213.11	11487.72	8666.19	
2010	34480.44	6186.58	13606.34	10387.02	4300.50
2011	40677.54	7185.83	16058.31	12532.80	4900.60
2012	46136.70	7840.40	18411.11	14199.59	5685.60
2013	52450.70	8556.96	20878.20	15970.84	7044.70
2014	58553.90	9303.49	23458.07	17835.34	7957.00
2015	64701.01	10131.5	25876.77	19784.74	8908.00
2016	71624.69	10946.57	28707.12	21970.80	10000.20
2017	78984.45	11745.96	31737.41	24308.48	11192.60

表 55　长三角地区批发和零售总额

单位:亿元

年　份	长三角	上海市	江苏省	浙江省	安徽省
1980		70.28	114.35	69.62	
1990		265.67	472.72	321.45	
1995		864.01	1573.01	1360.01	
2000		1493.13	2583.19	2235.01	
2005		2637.29	5051.70	4033.32	
2006		2987.54	5898.79	4687.61	
2007		3428.43	7023.48	5488.43	
2008		4051.51	8890.30	6678.37	
2009		4610.76	10312.81	7708.05	
2010	30705.69	5494.69	12207.18	9231.22	3772.60
2011		6446.61	14320.87		4321.40
2012		7039.16	16448.83		5005.50
2013		7714.96	18694.85		6225.50
2014		8414.81	21229.55		7032.90
2015		9116.93	23414.30		7912.10
2016		9874.15	25899.14		8914.20
2017		10596.67	28610.25		9781.75

表 56　长三角地区餐饮业总额

单位:亿元

年　份	长三角	上海市	江苏省	浙江省	安徽省
1980		3.41	4.72	2.86	
1990		17.08	24.17	15.90	
2000		134.12	269.59	237.67	
2005		342.21	583.09	534.85	
2006		387.66	678.83	613.63	
2007		444.87	810.56	724.04	
2008		525.72	826.10	804.09	
2009		602.35	957.23	905.75	
2010	3440.24	691.89	1147.99	1072.46	527.90
2011		739.22	1359.27		579.20
2012		801.24	1588.08		680.10
2013		842.00	1788.44		819.20
2014		888.68	2040.85		924.10
2015		1014.57	2263.56		995.87

续表

年　份	长三角	上海市	江苏省	浙江省	安徽省
2016		1072.42	2591.25		1086.06
2017		1149.29	2891.36		1410.87

表57　长三角地区限额以上批发和零售业法人企业数(2017年)　　单位:个

项　目	长三角	上海市	江苏省	浙江省	安徽省
总　计	51818	6453	19634	18522	7209
♯国有及国有控股			876	909	392
批发业	30806	4583	11209	12684	2330
♯国有及国有控股			575	467	246
按登记注册类型分					
内资企业	28508	2987	10814	12396	2311
国有企业	316	32	211	34	39
集体企业	67	5	43	12	7
股份制企业	21	3	2	13	3
私营企业	21188	1920	8013	9914	1341
港、澳、台商投资企业	832	510	176	140	6
外商投资企业	1464	1086	219	146	13
按行业分					
农、林、牧产品批发		71	604	178	
食品、饮料及烟草制品批发		359	837	697	
纺织、服装及日用品批发		620	1687	3898	
文化、体育用品及器材批发		152	297	529	
医药及医疗器材批发		229	440	437	
矿产品、建材及化工产品批发		1817	5235	4848	
机械设备、五金交电及电子产品批发		1126	1624	1808	
贸易经纪与代理		87	150	70	
其他批发		122	335	219	
零售业	21012	1870	8425	5838	4879
♯国有及国有控股			301	442	146
按登记注册类型分					
内资企业	20226	1569	8193	5644	4820
国有企业	124	36	49	29	10

续表

项　　目	长三角	上海市	江苏省	浙江省	安徽省
集体企业	172	18	100	33	21
股份制企业	69	10	12	40	7
私营企业	13567	761	5723	3871	3212
港、澳、台商投资企业	482	183	139	113	47
外商投资企业	302	118	93	79	12
按行业分					
综合零售		236	797	475	
食品、饮料及烟草制品专门零售		119	1013	384	
纺织、服装及日用品专门零售		300	543	309	
文化、体育用品及器材专门零售		112	586	227	
医药及医疗器材专门零售		119	421	309	
汽车、摩托车、燃料及零配件专门零售		723	2975	2501	
家用电器及电子产品专门零售		96	966	576	
五金、家具及室内装修材料专门零售		72	603	215	
货摊、无店铺及其他零售		93	521	831	

表 58　长三角地区限额以上批发和零售业产业活动单位(2017 年)

单位:个

项　　目	长三角	上海市	江苏省	浙江省	安徽省
总　　计		19576	32919		
#国有及国有控股			4284		
批发业		7767	12724		
#国有及国有控股			1199		
按登记注册类型分					
内资企业		4165	12193		
国有企业		43	284		
集体企业		5	60		
股份制企业		3	2		
私营企业		2088	8433		
港、澳、台商投资企业		1065	281		
外商投资企业		2537	250		
按行业分					
农、林、牧产品批发		85	662		
食品、饮料及烟草制品批发		1119	972		
纺织、服装及日用品批发		1610	1815		

续表

项　　目	长三角	上海市	江苏省	浙江省	安徽省
文化、体育用品及器材批发		203	314		
医药及医疗器材批发		396	515		
矿产品、建材及化工产品批发		2401	6228		
机械设备、五金交电及电子产品批发		1667	1703		
贸易经纪与代理		106	150		
其他批发		180	365		
零售业		11809	20195		
#国有及国有控股			3085		
按登记注册类型分					
内资企业		8294	18443		
国有企业		66	119		
集体企业		82	183		
股份制企业		59	13		
私营企业		2685	8955		
港、澳、台商投资企业		1618	494		
外商投资企业		1897	1258		
按行业分					
综合零售		4038	3628		
食品、饮料及烟草制品专门零售		1932	3020		
纺织、服装及日用品专门零售		2720	938		
文化、体育用品及器材专门零售		374	932		
医药及医疗器材专门零售		1143	3798		
汽车、摩托车、燃料及零配件专门零售		960	5075		
家用电器及电子产品专门零售		378	1569		
五金、家具及室内装修材料专门零售		101	653		
货摊、无店铺及其他零售		163	582		

表 59　长三角地区限额以上批发和零售业从业人员(2017 年)　　单位:人

项　　目	长三角	上海市	江苏省	浙江省	安徽省
总　　计	2937535	823003	957524	783540	373468
#国有及国有控股			97955	84564	65219
批发业	1413229	466146	421163	403563	122357
#国有及国有控股			58538	48132	47336
按登记注册类型分					

续表

项　　目	长三角	上海市	江苏省	浙江省	安徽省
内资企业	1026763	169768	359438	382822	114735
国有企业	40944	1629	19553	9490	10272
集体企业	2347	133	1272	514	428
股份制企业	734	58	183	270	223
私营企业	528499	75308	175649	234169	43373
港、澳、台商投资企业	141282	107723	21605	11637	317
外商投资企业	245184	188655	40120	9104	7305
按行业分					
农、林、牧产品批发		2418	22404	4819	
食品、饮料及烟草制品批发		63476	62118	61907	
纺织、服装及日用品批发		126067	103814	132490	
文化、体育用品及器材批发		17758	14946	14980	
医药及医疗器材批发		61002	58709	36104	
矿产品、建材及化工产品批发		60302	95507	90241	
机械设备、五金交电及电子产品批发		121829	52859	57201	
贸易经纪与代理		3203	2783	1086	
其他批发		10091	8023	4735	
零售业	1524306	356857	536361	379977	251111
#国有及国有控股			39417	36432	26921
按登记注册类型分					
内资企业	1182689	190317	423746	336145	232481
国有企业	8253	1747	3504	1225	1777
集体企业	6293	1274	3136	1303	580
股份制企业	1599	193	214	982	210
私营企业	588426	70547	223064	180581	114234
港、澳、台商投资企业	192289	83038	68219	25995	15037
外商投资企业	149315	83502	44396	17824	3593
按行业分					
综合零售		106205	180886	102511	
食品、饮料及烟草制品专门零售		20255	42122	13614	
纺织、服装及日用品专门零售		124747	37946	33184	
文化、体育用品及器材专门零售		13192	22185	12185	
医药及医疗器材专门零售		12948	38756	28728	
汽车、摩托车、燃料及零配件专门零售		44403	133152	124125	

续表

项　　目	长三角	上海市	江苏省	浙江省	安徽省
家用电器及电子产品专门零售		12145	43357	25713	
五金、家具及室内装修材料专门零售		5959	13350	5087	
货摊、无店铺及其他零售		17003	24607	34091	

表 60　长三角地区对外经济主要指标(2017 年)　　单位:亿美元

指　　标	长三角	上海市	江苏省	浙江省	安徽省
进出口总额		4761.23	5911.39	25605.31(亿元)	536.36
进口总额		2824.42	2278.40	6165.55(亿元)	231.54
初级产品			299.86	2293.38(亿元)	110.04
工业制成品			1849.92	3872.17(亿元)	121.51
出口总额		1936.81	3632.98	19439.76(亿元)	304.82
初级产品			55.26	572.96(亿元)	19.76
工业制成品			3411.89	18866.80(亿元)	285.06
合同外商直接投资项目(个)	10572	3950	3254	3030	338
合同外商直接投资	1393.62	401.94	554.26	346.87	90.55
实际外商直接投资	759.42	170.08	251.35	179.02	158.97
接待海外旅游者(万人次)	3003.99	873.01	370.10	1211.73	549.15
外国人	2035.43	671.21	241.75	801.49	320.98
港澳台同胞	968.56	201.80	128.35	410.24	228.17
旅游外汇收入(亿美元)	221.62	68.10	41.95	82.76	28.81

表 61　长三角地区合同外商直接投资项目(2017 年)　　单位:个

指　　标	长三角	上海市	江苏省	浙江省	安徽省
合　　计	10572	3950	3254	3030	338
合资经营企业	2947	847	1128	806	166
合作经营企业		7	15		2
独资经营企业	7547	3084	2097	2201	165

表 62　长三角地区合同外商直接投资金额(2017 年)　　单位:亿美元

指　　标	长三角	上海市	江苏省	浙江省	安徽省
合　　计	1393.62	401.94	554.26	346.87	90.55
合资经营企业	356.69	63.67	138.39	95.2	59.43
合作经营企业		−2.04	2.49		0.07
独资经营企业	1005.24	333.28	408.67	234.50	28.79

表 63　长三角地区实际外商直接投资金额(2017 年)　单位:亿美元

指　标	长三角	上海市	江苏省	浙江省	安徽省
合　计	759.42	170.08	251.35	179.02	158.97
合资经营企业	199.72	29.65	79.11	40.00	50.96
合作经营企业		1.58	1.34		0.71
独资经营企业	527.92	129.77	165.93	130.29	101.93

表 64　长三角地区接待海外旅游者人数和收入(2017 年)

项　目	长三角	上海市	江苏省	浙江省	安徽省
接待人数(人次)	30039995	8730100	3701038	12117339	5491518
外国人	20354382	6712100	2417538	8014956	3209788
日本	2565758	1166800	461922	728221	208815
新加坡	696310	233600	72914	239499	150297
美国	2132817	958800	249059	636518	288440
加拿大		250800	83217	183323	
英国	685052	243300	60294	262943	118515
法国	623070	221700	50003	240555	110812
德国	835079	336500	108208	273711	116660
意大利		123500	39906	284715	
澳大利亚		253400	77192	160630	
港澳台同胞	9685613	2018000	1283500	4102383	2281730
旅游外汇收入(亿美元)	221.6179	68.10	41.95	82.76	28.8079

表 65　长三角地区国内旅游者人数　单位:万人次

年　份	长三角	上海市	江苏省	浙江省	安徽省
2003		7603.00	11423.82	8429.00	
2005	43688.26	9012.00	17234.26	12758.00	4684.0
2007	60357.60	10210.00	23198.60	19100.00	7849.0
2009	78765.60	12361.00	29726.60	24410.00	12268.0
2010	101830.60	21463.00	35518.60	29500.00	15349.0
2011	121058.81	23079.00	41150.01	34295.00	22534.8
2012	139884.51	25094.00	46437.41	39124.00	29229.1
2013	154570.30	25991.00	51539.20	43439.00	33601.1
2014	169705.12	26818.00	57113.32	47875.00	37898.8

续表

年　份	长三角	上海市	江苏省	浙江省	安徽省
2015	186438.35	27569.00	61933.65	52532.00	44403.7
2016	206942.19	29621.00	67779.99	57300.00	52241.2
2017	231627.31	31845.00	74287.31	62868.00	62627.0

表 66　长三角地区保险业务主要指标(2017 年)　单位:亿元

指　标	长三角	上海市	江苏省	浙江省	安徽省
保费收入	8290.65	1587.10	3449.51	2146.88	1107.16
财产险	2369.65	428.61	814.00	760.76	366.28
＃机动车辆保险			639.44	590.88	303.27
人身险	5921.00	1158.49	2635.51	1386.12	740.88
人身意外伤害险			69.65	59.19	20.59
健康险			354.60	237.91	112.75
寿险			2211.26	1089.02	607.53
各项赔款和给付	2583.60	548.93	983.62	653.37	397.68
财产险	1307.22	233.81	455.61	430.77	187.03
＃机动车辆保险			375.88	344.85	153.68
人身险	1276.38	315.11	528.00	222.61	210.66
人身意外伤害险			21.25	14.19	4.27
健康险			73.54	49.42	43.12
寿险			433.21	159.00	163.27

表 67　长三角地区科研机构数(2017 年)　单位:个

指　标	长三角	上海市	江苏省	浙江省	安徽省
科技机构数(个)	44848	2808	24112	11910	6018
＃科研单位	437	111	133	93	100
大中型工业企业	18168	2441	7204	3174	5349
高等院校	2581	117	1133	823	508

表 68　长三角地区三种专利申请受理量(2017 年)　单位:件

项　目	长三角	上海市	江苏省	浙江省	安徽省
申请受理量合计	1199134	131746	514402	377115	175871
＃发明	434140	54633	187005	98975	93527
实用新型			219503	191372	72332
外观设计			107894	86768	10012

表 69　长三角地区三种专利授权量(2017 年)

单位:件

项　　目	长三角	上海市	江苏省	浙江省	安徽省
授权量合计	572011	72806	227187	213805	58213
＃发明	103381	20681	41518	28742	12440
实用新型			126482	114311	38304
外观设计			59187	70752	7469

表 70　长三角地区文化艺术和文物事业机构情况(2017 年)

单位:个

项　　目	长三角	上海市	江苏省	浙江省	安徽省
艺术业		263	962		2730
＃艺术表演团体	4886	199	628	1420	2639
图书馆业	364	24	115	101	124
群众文化服务业		238	1394		1561
文化馆、站	4517	213	1394	1472	1438
文化馆	363	24	115	101	123
艺术教育业	24	1	13	6	4
文艺科研	27	2	7	7	11
文物业	1344	135	432	476	301
博物馆	951	125	322	308	196

表 71　长三角地区教育事业基本情况(2017 年)

指　　标	长三角	上海市	江苏省	浙江省	安徽省
学校数(所)					
普通高等学校	423	64	142	108	109
普通中学	9317	818	2712	2315	3472
小学	16224	741	4075	3300	8108
特殊教育	289	30	101	86	72
专任教师(万人)					
普通高等学校	27.92	4.35	11.29	6.24	6.04
普通中学	76.16	5.72	27.66	19.43	23.35
小学	80.50	5.47	30.02	20.51	24.50
特殊教育	0.89	0.13	0.34	0.26	0.16
招生数(万人)					
普通高等教育	147.60	20.17	59.83	32.11	35.49
研究生	17.31	5.89	6.45	2.74	2.23

续表

指　　标	长三角	上海市	江苏省	浙江省	安徽省
本专科生	130.30	14.28	53.39	29.37	33.26
普通中学	302.62	17.38	107.23	72.52	105.49
小学	249.98	16.37	95.32	61.31	76.98
特殊教育	1.31	0.07	0.43	0.31	0.50
在校学生(万人)					
普通高等教育	489.29	66.64	194.46	107.67	120.52
研究生	46.04	15.15	17.67	7.44	5.78
本专科生	443.25	51.49	176.79	100.23	114.74
普通中学	903.94	57.06	303.03	233.18	310.67
小学	1413.23	78.49	540.21	354.01	440.52
特殊教育	7.77	0.43	2.75	1.85	2.74
毕业生数(万人)					
普通高等教育	134.46	17.46	53.53	29.53	33.94
研究生	12.15	4.04	4.58	1.87	1.66
本专科生	122.31	13.42	48.95	27.66	32.28
普通中学	288.12	14.12	93.01	81.62	99.37
小学	219.37	14.31	77.37	58.56	69.13
特殊教育	0.89	0.08	0.36	0.29	0.16

表 72　长三角地区卫生事业机构数(2017 年)

单位:个

项　　目	长三角	上海市	江苏省	浙江省	安徽省
总　　计	93646	5144	32037	31981	24484
医院	4389	363	1727	1204	1095
综合医院	2425	180	1015	529	701
中医院	409	19	121	162	107
中西结合医院	99	9	32	34	24
专科医院	1227	118	420	438	251
疗养院	36	4	14	14	4
社区卫生服务中心	11358	1009	2780	5687	1882
卫生院	4774	1187	1058	1161	1368
门诊部	4223	831	1481	1605	306
专科疾病防治院(所、站)	127	20	43	16	48

续表

项　　目	长三角	上海市	江苏省	浙江省	安徽省
疾病预防控制中心（防疫站）	356	19	116	100	121
卫生监督所	336	17	104	102	113
医学科学研究机构	36	9	9	7	11

第六篇

重要文献

第一章　上海市政府相关文件

上海市鼓励跨国公司设立地区总部的规定

第一章　总则

第一条(目的和依据)

为贯彻落实《中共中央国务院关于构建开放型经济新体制的若干意见》,进一步扩大对外开放,营造更加开放的符合国际通行规则的投资环境、更加便利化的贸易环境、更加完善的法治环境、更加良好的生产生活环境、更加宽松的人才发展环境,鼓励跨国公司在本市设立地区总部和总部型机构,支持在沪地区总部和总部型机构集聚业务、拓展功能、提升能级,积极参与上海"四个中心"和具有全球影响力的科技创新中心的建设,根据有关法律、法规,结合本市实际,制定本规定。

第二条(定义)

跨国公司地区总部(以下简称"地区总部"),是指在境外注册的母公司在本市设立,以投资或授权形式对在一个国家以上区域内的企业履行管理和服务职能的唯一总机构。跨国公司须以外商独资的投资性公司、管理性公司等具有独立法人资格的企业组织形式在本市设立地区总部。

跨国公司总部型机构(以下简称"总部型机构"),是指虽未达到跨国公司地区总部标准,但实际承担境外注册的母公司在一个国家以上区域内的管理决策、资金管理、采购、销售、物流、结算、研发、培训等支持服务中多项职能的外商独资企业(含分支机构)。

第三条(适用范围)

在本市范围内设立的地区总部和总部型机构,适用本规定。

第四条(管理部门)

市商务委负责地区总部和总部型机构的认定工作,协调有关部门开展对跨国公司地区总部和总部型机构的管理服务。

工商、财政、税务、外事、人力资源社会保障、出入境管理、外汇管理、人民银行、海关、出入境检验检疫等部门在各自职责范围内,做好对地区总部和总部型机构的管理服务工作。

第五条(地区总部认定条件)

申请认定地区总部,应当符合下列条件:

(一) 须为具有独立法人资格的外商独资企业。

(二) 母公司的资产总额不低于 4 亿美元;服务业领域企业设立地区总部的,母公司资产总额不低于 3 亿美元。

(三) 母公司已在中国境内投资累计缴付的注册资本总额不低于 1000 万美元,且母公司授权管理的中国境内外企业不少于 3 个;或母公司授权管理的中国境内外企业不少于 6 个。基本符合前述条件,并为所在地区经济发展做出突出贡献的,可酌情考虑认定。

(四) 注册资本不低于 200 万美元。

第六条(总部型机构认定条件)

申请认定总部型机构,应当符合下列条件:

(一) 须为具有独立法人资格的外商独资企业或其分支机构。

(二) 母公司的资产总额不低于 2 亿美元,在中国境内已投资设立不少于 2 家外商投资企业,其中至少1家注册在上海。

（三）注册资本不低于200万美元，如以分支机构形式设立的，总公司拨付的运营资金应不低于200万美元。

第七条（申请材料）

申请认定地区总部和总部型机构，应当向市商务委提交下列材料：

（一）公司法定代表人签署的申请书。

（二）母公司授权签字人签署的跨国公司地区总部或总部型机构基本职能的授权文件。

（三）公司的批准证书（或备案回执）、营业执照（均为复印件）。总部型机构为分支机构的，还需提供上海分公司营业执照（复印件）及总公司拨付运营资金的证明文件。

（四）母公司近一年度审计报告。

（五）母公司在中国境内所投资企业的批准证书（或备案回执）及营业执照（均为复印件）。

（六）法律、法规和规章要求提供的其他材料。

前款规定未列明提供复印件的，应当提供文件的正本。

第八条（审核）

市商务委应当在收到申请书等材料之日起8个工作日内完成审核，并作出认定或不予认定的决定。予以认定的，颁发认定证书。

第九条（资助和奖励）

地区总部按照有关规定，可以获得开办和租房的资助。

地区总部具有经营管理、资金管理、研发、采购、销售、物流及支持服务等综合性的营运职能，且对经济发展有突出贡献，取得良好效益的，按照有关规定，可以获得奖励。

跨国公司设立亚洲区、亚太区或更大区域总部，符合相关条件的，可以按照有关规定获得资助。

资助和奖励的具体实施办法，由有关部门另行制定。

第十条（资金管理）

地区总部、总部型机构可以建立统一的内部资金管理体制，对自有资金实行统一管理。涉及外汇资金运作的，应当按照有关外汇管理规定执行。符合条件的地区总部、总部型机构可以按照国家外汇管理局发布的《跨国公司外汇资金集中运营管理规定》（汇发〔2015〕36号）等有关规定，开展包括经常项目集中收付汇和轧差净额结算、境内和境外外汇资金集中管理集中结售汇、外债和对外放款额度集中调配等在内的多项跨国公司外汇资金集中运营管理业务。

投资性公司可以按照《企业集团财务公司管理办法》，设立财务公司，为其在中国境内的投资企业提供集中财务管理服务。

鼓励地区总部、总部型机构根据自身经营和管理需要，开展各类跨境人民币业务。地区总部、总部型机构可以通过跨境人民币双向资金池和经常项下跨境人民币集中收付等通道，完成集团的资金集中运营管理，提高资金使用效率。

优化非贸易项下付汇流程手续，加强对地区总部、总部型机构的纳税辅导与服务，为地区总部、总部型机构非贸易项下付汇合同备案、纳税判定提供绿色通道。

设在自贸试验区内的地区总部、总部型机构，可以按照规定，开立自由贸易账户，并按照可兑换原则，办理本外币跨境收支和境内人民币收支。

第十一条（简化出入境手续）

地区总部、总部型机构符合条件的中国籍人员可以申办亚太经合组织商务旅行卡。对因商务需要赴香港、澳门、台湾地区或者国外的，由有关部门提供出境便利。

地区总部、总部型机构需要多次临时入境的外籍人员，可以申请办理入境有效期不超过1年，停留期不超过180日的多次签证；需要临时来本市的外籍人员，应当在中国驻外使领馆申请入境签证，时间

紧迫的，可以按照国家有关规定，向公安部门申请口岸签证入境。

对需要在本市长期居留的地区总部、总部型机构外籍人员，可以申请办理3至5年有效的外国人居留许可。

地区总部、总部型机构的法定代表人等高级管理人员可以按照《外国人在中国永久居留审批管理办法》，被优先推荐申办《外国人永久居留证》。

出入境检验检疫部门为地区总部、总部型机构法定代表人及其与总部职能相关的高级管理人员办理健康证明提供绿色通道。

第十二条(人才引进)

人力资源社会保障部门对地区总部、总部型机构引进的外籍人才在本市工作和申请相关证件提供便利。

地区总部、总部型机构引进国内优秀人才的，符合相关条件，可以办理本市户籍。

被地区总部、总部型机构聘用的具有本科(学士)及以上学历(学位)或者特殊才能的入外籍的留学人员、持中国护照并拥有国外永久(长期)居留权且国内无户籍的留学人员和其他专业人才、香港、澳门特别行政区专业人才及台湾地区专业人才可按照规定，申办《上海市居住证》(B证)。以上人员的配偶和未满18周岁或高中在读的子女，可以办理随员证。

地区总部、总部型机构所在区对地区总部引进的人才在子女入学、医疗保障、申请人才公寓等方面提供便利。

第十三条(通关便利)

海关和出入境检验检疫部门对符合条件的地区总部、总部型机构以贸易便利化为重点，创新监管制度和监管模式，着力提升地区总部、总部型机构的通关效率，为其进出口货物提供通关便利。

地区总部、总部型机构设立保税物流中心和分拨中心，进行物流整合的，海关、外汇、出入境检验检疫等部门对其采取便利化的监管措施。

第十四条(区级政府支持)

各区政府可以结合本地区实际情况，制定支持地区总部、总部型机构发展的政策措施，营造有利于地区总部发展的营商环境。

第十五条(参照适用)

香港、澳门、台湾地区的投资者在本市设立地区总部、总部型机构，参照本规定执行。

第十六条(施行日期和有效期)

本规定自2017年2月1日起施行，有效期至2022年1月31日。

上海市人民政府办公厅转发的《关于〈上海市鼓励跨国公司设立地区总部的规定〉的实施意见》(沪府办发〔2012〕51号)，上海市商务委员会、上海市人力资源和社会保障局、上海市公安局出入境管理局、上海出入境检验检疫局发布的《关于鼓励跨国公司设立地区总部规定实施意见的补充规定》(沪商外资〔2014〕348号)同时废止。

关于进一步鼓励软件产业和集成电路产业发展的若干政策

第一章 总则

第一条 为贯彻落实市委、市政府《关于加快建设具有全球影响力的科技创新中心的意见》(沪委发〔2015〕7号)，进一步优化完善本市软件产业和集成电路产业发展环境，根据《国务院关于印发进一步鼓励软件产业和集成电路产业发展若干政策的通知》(国发〔2011〕4号)、《国务院关于印发国家集成电路产业发展推进纲要的通知》(国发〔2014〕4号)等,制定本政策。

第二条 将软件产业、集成电路产业作为上海具有全球影响力的科技创新中心建设和战略性新兴产业发展的核心领域,加快软件产业向高端发展,推动集成电路全产业链自主创新发展,提升产业规模和能级,打造具有国际影响力的软件和集成电路产业集群和创新源。

第三条 本政策适用于在本市注册登记,并符合有关条件的以软件开发和集成电路设计、制造等为主营业务的企业及机构。

第二章 投融资政策

第四条 本市继续安排软件和集成电路产业发展专项资金。(责任部门:市财政局、市经济信息化委)

第五条 鼓励投资新建12英寸及以上先进技术集成电路芯片生产线项目、集成电路重大装备研发和产业化项目,对符合条件的项目,由市、区两级财政根据相关规定,给予一定支持。鼓励8英寸特色集成电路芯片生产线改造升级。积极落实相关项目土地、规划、水电气供应等基础设施配套。(责任部门:市发展改革委、市经济信息化委、市科委、市财政局)

第六条 充分发挥国家产业基金和引导基金对本市软件和集成电路产业发展的促进作用。设立市集成电路产业基金。依托基金,重点支持集成电路先进生产线建设,以市场化方式做大本市集成电路设计产业规模,支持装备材料业进一步发展。积极支持符合条件的软件企业和集成电路企业通过上海股权托管交易中心科技创新板挂牌、首次公开发行股票、发行债券等多种方式筹集资金,拓宽直接融资渠道;鼓励市场主体通过并购、融资租赁等方式发展壮大。(责任部门:市经济信息化委、市发展改革委、市金融办)

第三章 企业培育政策

第七条 对经核定的年度营业收入首次突破200亿元、100亿元、50亿元、10亿元的软件和集成电路企业,由市、区两级政府给予企业核心团队分级奖励;鼓励企业落户上海,对实际到位投资超过100亿元、50亿元、10亿元的新入沪的软件和集成电路企业,由相关区或园区分级给予企业研发资助。(责任部门:市经济信息化委、市财政局、有关区政府及园区管委会)

第八条 实施重点产业方向领军企业培育计划,建立企业培育库,对于成长性突出的领军企业,本市给予企业一定支持。(责任部门:市经济信息化委)

第四章 研发政策

第九条 对软件和集成电路企业向境外企业购买技术使用权或所有权,所购技术符合当年国家规定的《鼓励进口先进技术和产品目录》的,积极争取国家进口贴息支持。同时,本市制定相应的鼓励支持目录,对符合条件的给予支持。(责任部门:市商务委、市经济信息化委、市财政局)

第十条 对本市软件和集成电路企业承担和参与国家科技重大专项等国家项目的,地方资金配套比例按照本市有关规定执行。(责任部门:市科委、市财政局、市发展改革委)

第十一条 对本市集成电路设计企业利用本市集成电路生产线开展符合一定条件工程产品首轮流片的,市、区两级政府对设计企业给予一定支持,用于企业研发投入。(责任部门:市经济信息化委)

第十二条 企业新研制成功并交付用户使用的首版次软件产品或核心IP可给予一定奖励;企业新研制成功并交付用户使用的首批次高端集成电路产品,本市探索给予一定支持。(责任部门:市经济信息化委)

第十三条 鼓励本市软件企业和集成电路企业强化产学研用合作,促进产业链协调发展。支持本市高校进一步优化软件和集成电路专业课程设置,促进人才培养和市场需求紧密对接。鼓励本市软件

和集成电路企业与本市高校、科研院所联合培养高技能人才，提升人才培养质量。鼓励本市软件和集成电路企业与本市高校、科研院所共建产学研用联合实验室、研发中心，破解企业的核心技术难题。鼓励软件和集成电路高技能人才实训基地建设，开展工程型人才培训，符合条件的给予一定支持。（责任部门：市教委、市经济信息化委、市人力资源社会保障局、市科委）

第十四条　对于企业自主开发全球领先技术，形成核心知识产权，并向国内外龙头企业授权使用的，或主导国际及国内相关技术标准制订的，本市给予企业一定资助。（责任部门：市经济信息化委）

第五章　人才政策

第十五条　对在软件产业、集成电路产业领域做出杰出贡献的高端人才，根据本市人才政策，给予一定资助，或按照国家和本市评比达标表彰有关规定，给予表彰、奖励。（责任部门：市人力资源社会保障局、市经济信息化委、市发展改革委、市财政局等）

第十六条　对符合国家有关规定的国家规划布局内重点软件、集成电路设计企业，承担国家重大科技项目及市战略性新兴产业重大项目的企业，其需引进紧缺、急需且有特殊才能的人才，按照特殊人才引进政策给予支持。（责任部门：市人力资源社会保障局、市经济信息化委）

第十七条　完善并继续实施对开发出具有自主知识产权的软件设计人员、集成电路行业设计人员差别化的奖励政策。（责任部门：市经济信息化委、市财政局）

第十八条　对符合国家和本市有关规定的软件和集成电路企业人才，按照本市人才引进政策有关规定，在居住证、户籍等政策上予以支持。（责任部门：市人力资源社会保障局）

第十九条　对引进的软件和集成电路领域海外高端人才，根据本市有关政策，保障其在子女教育等方面的福利待遇。（责任部门：市教委、市人力资源社会保障局、市公安局）

第二十条　鼓励相关产业园区支持软件和集成电路企业自建人才公寓，通过贷款贴息、房租补贴等形式，实施人才安居计划；鼓励有关区或园区对引进的高校应届毕业生给予一次性的安家补贴，对软件和集成电路亟需人才申请公共租赁房、人才公寓给予一定倾斜。（责任部门：有关区政府，张江高新区等产业园区）

第六章　知识产权政策

第二十一条　继续鼓励软件和集成电路企业申请发明专利或商标、国内外软件著作权、集成电路布图设计专有权，本市按照有关规定对申请费及维护费给予一定资助。依托知识产权交易中心，大力发展知识产权服务业。（责任部门：市知识产权局、市版权局、市工商局）

第二十二条　进一步完善知识产权、工商（市场监管）、版权部门的联合执法机制，加强工商（市场监管）执法、文化执法力度，建立软件和集成电路产业知识产权侵权查处快速反应机制。依托上海市公共信用信息服务平台，强化对侵犯知识产权等失信行为的信息归集和联动惩戒。企业享受本市相关扶持政策时，原则上企业及其法定代表人信用状况应当良好。（责任部门：市知识产权局、市版权局、市工商局、市信息中心）

第七章　进出口政策

第二十三条　积极争取国家授权，进一步探索完善以集成电路设计为龙头的全产业链监管体系。继续实施海关、检验检疫企业分类管理制度，扩大一般贸易进出口，持续完善高资信企业通关便利措施。完善企业外汇分类管理制度，给予诚信企业更宽松灵活的管理模式。（责任部门：上海海关、市商务委、外汇管理局上海分局）

第二十四条　落实国家“一带一路”战略，鼓励本市软件和集成电路企业加速“一带一路”沿线国家（地区）的战略布局。进一步转变政府职能，完善行政审批机制，支持企业设立海外研发中心或以股权并

购等方式,整合境外产业技术,提高软件和集成电路产业技术能级,带动企业“走出去”。(责任部门:市发展改革委、市商务委)

第二十五条 研究探索本市鼓励自主知识产权软件和集成电路产品出口的相关政策。鼓励软件和集成电路等领域的技术出口,相关领域技术出口在享受国家技术出口贴息的基础上,出口占比达到一定规模的,由本市给予一定支持。(责任部门:市商务委、市财政局)

第八章 政府管理

第二十六条 对本市财政专项资金支持的软件和集成电路设计领域项目,支持项目单位自行安排投资结构,加大项目研发投入比例。探索形成软件、集成电路领域重大项目并联审批机制,对列入市重大工程的项目,按照市重大工程前期工作推进要求,进一步优化、简化软件产业项目和集成电路产业项目备案(或核准)、环评、规划、土地、能评等办理程序。加大软件产业基地和集成电路产业基地建设力度,继续设立一批市级软件产业和集成电路产业园区,提升各相关产业基地服务能级。(责任部门:市经济信息化委、市重大办,各有关部门、区政府及园区管委会)

第二十七条 企业在申请本政策支持时,应遵循诚实信用原则。对违反国家及本市专项资金管理等有关规定,弄虚作假骗取、截留、挤占或挪用专项资金等行为,列入本市企业信用记录,追究项目承担单位和负责人的相关责任,并由专项资金主管部门收回已拨付的专项资金,取消该单位3年相关专项资金的申请资格。(责任部门:市经济信息化委、市发展改革委、市财政局)

第九章 附则

第二十八条 各相关责任部门要抓紧制订实施细则,确保政策落地、取得实效。

本政策自2017年4月15日起实施,有效期至2020年12月31日。2017年1月1日起至本政策实施前,对相关企业及机构符合政策规定条件的,参照本政策予以支持。

上海市关于进一步扩大开放加快构建开放型经济新体制的若干意见

各区人民政府,市政府各委、办、局:

为贯彻落实《国务院关于扩大对外开放积极利用外资若干措施的通知》(国发〔2017〕5号),全面深化中国(上海)自由贸易试验区(以下简称“上海自贸试验区”)改革,率先建立同国际投资和贸易通行规则相衔接的制度体系,形成法治化、国际化、便利化的营商环境和公平、统一、高效的市场环境,加快构建本市开放型经济新体制,提出如下意见:

一、进一步扩大对外开放

(一)加快发展更高水平的开放型经济。上海自贸试验区的先行先试作用在更大范围、更广领域、更高层次上进一步扩大开放,紧紧围绕上海自贸试验区和具有全球影响力的科技创新中心建设两项国家战略,鼓励和支持外商投资先进制造业和现代服务业,在本市设立地区总部、研发中心、创新中心等功能性机构,鼓励和支持海外高层次人才在本市创业发展。(市发展改革委、市商务委牵头)

(二)争取更多扩大开放措施先行先试。服务业领域放开会计审计、建筑设计、评级服务等领域外资准入限制,放宽银行类的金融机构、证券公司、证券投资基金管理公司、期货公司、保险机构、保险中介机构外资准入限制,推进电信、互联网、文化、教育、交通运输等领域有序开放。制造业领域取消轨道交通设备制造、摩托车制造、燃料乙醇生产、油脂加工等领域外资准入限制。在自贸试验区外商投资准入特别管理措施(负面清单)基础上,在金融、电信、互联网、文化、文物、维修、航运服务等专业服务业和先进制造业领域争取更多的扩大开放措施先行先试。对符合条件的外资创业投资企业和股权投资企业开展境内投资项目，探索实施管理新模式。积极推进上海自贸试验区扩大开放措施在全市其他区域复制推广。（市商务委、市发展改革委牵头，市经济信息化委、市教委、市住房城乡建设管理委、市交通委、市金融办、市财政局、市规划国土资源局、市文广影视局、市通信管理局、人民银行上海总部、上海银监局、上海证监局、上海保监局等按照职责分工负责）

（三）鼓励外商投资先进制造业。鼓励和支持外商投资新一代信息技术、智能制造装备、生物医药与高性能医疗器械、新能源与智能网联汽车、航空航天、海洋工程装备、高端能源装备、新材料、节能环保等战略性新兴产业和研发设计、总集成总承包、检验检测认证、供应链管理、电子商务等生产性服务业重点领域，支持外资参与改造提升汽车、钢铁、化工、船舶等本市传统优势制造业，鼓励外商投资企业实施产业转型升级和技术改造。符合条件的外商投资企业可享受《“中国制造 2025”上海行动纲要》（沪府发〔2016〕69 号）有关支持政策。（市经济信息化委牵头）

（四）支持外商投资参与基础设施建设。支持外资依法依规以特许经营方式参与城市基础设施建设，包括能源、交通、水利、环保、市政公用工程等，在市场准入和扶持政策方面对各类投资主体同等对待。符合条件的外商投资企业可享受《本市推广政府和社会资本合作模式的实施意见》（沪府办发〔2016〕37 号）有关支持政策。（市发展改革委、市交通委、市住房城乡建设管理委、市财政局、市环保局、市水务局等按照职责分工负责）

（五）鼓励跨国公司设立地区总部和采购中心、营运中心、结算中心等功能性机构。贯彻实施《上海市鼓励跨国公司设立地区总部的规定》（沪府发〔2017〕9 号），落实跨国公司地区总部和总部型机构在资金管理、境外融资、人才引进、人员出入境、通关便利等方面的优惠政策，支持在沪地区总部和总部型机构集聚业务、拓展功能、提升能级。（市商务委、市公安局、市人力资源社会保障局、人民银行上海总部、上海海关、上海出入境检验检疫局等按照职责分工负责）

（六）鼓励外商投资企业在沪开展研发活动。支持外商投资企业设立各种形式的研发中心、创新中心、企业技术中心和博士后科研工作站，鼓励外资研发中心转型升级成为全球性研发中心。破除各类创新要素跨境流动的瓶颈障碍。优化生物医药全球协同研发的试验用特殊物品的准入许可，完善准入许可的内容和方式。支持外商投资企业设立开放式联合创新平台，协同本土中小微企业开展创新成果产业化项目推进。支持外资研发中心参与本市研发公共服务平台建设，与本市单位联合开展产业链核心攻关。鼓励外资研发中心具有自主知识产权的技术和成果进入上海的技术交易平台等进行交易，加速技术成果转化。加强政策培训和辅导，确保符合条件的外商投资企业可享受研发费用加计扣除、研发中心进口和采购设备退免税、高新技术企业、技术先进型企业等税收优惠政策。（市商务委、市科委、市发展改革委牵头）

（七）支持外商投资企业参与政府科技计划项目。按照对等原则和国家、本市有关规定，鼓励和支持外商投资企业和外资研发中心参与政府科技计划项目，并与本市高校、科研机构和企业合作参与市政府重大科研和工程项目、联合申报各级各类科技发展计划项目。（市科委牵头）

（八）支持海外高层次人才创业发展。落实《关于进一步深化人才发展体制机制改革加快推进具有全球影响力的科技创新中心建设的实施意见》（沪委发〔2016〕19 号），鼓励和支持海外高层次人才在上海创新创业和参与上海科创中心建设。深入推进中央和本市“千人计划”，完善上海地方“外专千人计划”，加强上海“千人计划”创业园建设，充分利用驻海外各类机构、社会组织的网络优势，加大对本市紧缺急需的海外高层次人才尤其是外籍专家的引进力度。（市公安局、市人力资源社会保障局牵头）

（九）便利外籍人士来沪工作。全面实施外国人来华工作许可制度，建立一口受理机制，为外籍人才来沪工作提供更大便利。对经认定的外籍高层次人才、上海科技创新职业清单所属单位聘雇并担保的行业高级人才，可不受 60 周岁年龄限制，申请 5 年有效期的工作类居留许可（加注“人才”）。（市人力资源社会保障局牵头）

（十）便利外籍人士申办在华永久居留。符合条件的外籍人才或经认定的外籍高层次人才，可申请在华永久居留。外籍人才以自然人身份或通过本人以自然人身份作为控股股东的公司、企业,在上海直接投资、连续3年投资情况稳定、投资数额合计达100万美元或者《外商投资产业指导目录》鼓励类产业投资合计达50万美元以上且纳税记录良好的,可直接申请永久居留。(市公安局牵头)

(十一)便利外籍应届毕业生来沪工作。允许在上海地区高校取得本科及以上学历且在上海自贸试验区、张江国家自主创新示范区就业的外国留学生,可申请办理外国人来华工作手续和工作类居留许可。在国内高校毕业的具有本科及以上学历的外国留学生在上海创业,可申请有效期2年以内的私人事务类居留许可(加注“创业”),其间被有关单位聘雇的,可按照规定办理工作类居留许可。允许注册在上海自贸试验区、张江国家自主创新示范区的跨国公司地区总部、投资性公司、研发中心聘用世界知名高校外籍应届毕业生来沪工作。探索将来沪外籍博士后纳入外国人来华工作许可申办范围,为境外高校在读外籍研究生受邀来沪实习提供出入境便利。(市人力资源社会保障局、市公安局牵头)

(十二)便利外籍人士配偶、子女等申办居留许可。符合条件的外籍人才在申请永久居留时,其配偶和18岁以下子女均可同时提出申请。持有永久居留证的外籍人才的直系亲属,可按照规定办理团聚类居留许可。对已获得永久居留资格或者持有工作类居留许可的外籍高层次人才和创新创业人才,为其聘雇的外籍家政服务人员签发相应期限的私人事务类居留许可。(市公安局牵头)

二、进一步创造公平竞争环境

(十三)落实公平竞争审查制度。各部门制定外资政策,要按照《上海市人民政府关于贯彻〈国务院关于在市场体系建设中建立公平竞争审查制度的意见〉的实施意见》(沪府发〔2017〕11号)规定进行公平竞争审查,清理和取消资质资格获取、招投标、权益保护等方面存在的差别化待遇。制定、修订有关外商投资重大政策时,应听取外商投资企业的意见和建议,保持各项政策的稳定性和连续性。严格执行国家政策法规,不得擅自增加对外商投资企业的限制。(各区政府、市政府各相关部门按照职责分工负责)

(十四)营造更加公平的市场准入环境。按照“内外资一致”的原则,除法律法规有明确规定或确需境外投资者提供信息外,有关部门应统一内外资企业业务牌照和资质申请的标准和时限,促进内外资企业公平竞争。对市场准入负面清单和外商投资准入特别管理措施以外的行业、领域、业务等,各类市场主体皆可依法平等进入。(各区政府、市政府各相关部门按照职责分工负责)

(十五)促进内外资企业公平参与标准化工作。进一步深化标准化工作改革,提高标准制修订透明度和开放度。创新标准供给新模式,大力支持标准服务业、检验检测认证产业发展,扩大标准服务、检验检测认证产业领域开放,引导和鼓励外商投资企业参与。符合条件的外商投资企业可享受相关产业支持政策。(市质量技监局牵头)

(十六)深化政府采购改革。坚持公开透明、公平竞争原则,营造外商投资企业参与政府采购的公平市场环境,依法依规对外商投资企业在我国境内生产的产品一视同仁、平等对待,促进内外资企业公平参与政府采购招投标。(市财政局牵头)

(十七)依法严格保护外商投资企业知识产权。加强知识产权保护,探索商业模式等新形态创新成果知识产权保护办法,创新知识产权保险机制,加大侵权损害赔偿力度。完善知识产权纠纷多元解决机制和知识产权侵权查处快速反应机制。加强知识产权合作与交流,推动相关国际组织在上海设立知识产权仲裁和调解分支机构。(市知识产权局牵头)

(十八)拓宽外商投资企业融资渠道。发挥多层次资本市场融资作用,支持符合条件的外商投资企业改制上市、发债、资产证券化以及在“新三板”、上海股权托管交易中心挂牌。鼓励外商投资企业优化融资结构和方式,综合运用普通股、优先股、可转债、公司债等方式,改善企业资本结构,降低财务成本。鼓励金融机构开展差别化信贷和投贷联动等融资服务。支持符合条件的外商投资企业通过贷款、发行债券等形式从境外融入本外币资金,允许内保外贷资金以外债等方式调入境内使用,外债资金实行意愿结汇。(市金融办、人民银行上海总部、上海银监局、上海证监局等按照职责分工负责)

（十九）深化“证照分离”改革。扩大“证照分离”改革涉及的市场准入许可审批事项范围。在完善风险防范措施的基础上，进一步改革许可管理方式，扩大实行告知承诺准入管理的领域。加强许可管理与企业设立登记管理的衔接，实现统一社会信用代码在各许可管理环节的“一码贯通”。（市审改办牵头）

（二十）建立本市外商投资权益保护工作机制。建立由商务、发展改革、工商、食品药品监管、知识产权、环保等部门参与的外商投资权益保护工作机制；强化外商投资投诉处理机制，优化外商投资投诉服务流程；积极引进国际知名商事争议解决机构常驻上海代表机构，依法保护外商投资企业及其投资者合法权益。（市商务委牵头，市发展改革委、市政府新闻办、市工商局、市食品药品监管局、市知识产权局、市环保局等按照职责分工负责）

（二十一）营造更加便利化的贸易环境。建设具有国际先进水平的国际贸易“单一窗口”。最大限度实现覆盖船舶抵离、港口作业、货物通关等口岸作业各环节的全程无纸化，推进贸易领域证书证明的电子化管理。推进企业信用等级的跨部门共享，对高信用等级企业降低查验率。推进上海自由贸易港区建设，进一步适应全球供应链管理的要求，实施更高标准的“一线放开”“二线安全高效管住”贸易监管制度。支持外商投资企业开展面向全球的国际物流分拨、维修中心业务。创新跨境服务贸易管理模式，加快推进金融保险、文化旅游、教育卫生等高端服务领域的贸易便利化。（市商务委牵头）

三、进一步加强吸引外资工作

（二十二）举全市之力做好利用外资工作。加强组织领导，充分发挥上海市外资工作领导小组的统筹协调作用，定期研究本市利用外资重大政策，加大问题协调解决力度。各区、各部门要按照创新、协调、绿色、开放、共享的发展理念，着眼于提高利用外资的质量和效益，建立完善市、区两级服务外商投资企业工作机制，加大支持和服务外商投资企业的力度，形成工作合力，营造“亲商、安商、留商、富商”的良好氛围。（各区政府、市政府各相关部门按职责分工负责）

（二十三）加大吸引外资的政策支持力度。支持各区、各开发区在法定权限范围内制定出台招商引资优惠政策，对就业、经济发展、技术创新贡献大的项目予以支持。外商投资企业可同等享受本市出台的各项产业发展支持政策。（各区政府、各开发区管委会按照职责分工负责）

（二十四）积极构建面向全球的投资促进网络。着力构建境内外联动、政府、企业、社会组织共同参与的全方位、多层次投资促进体系。推进与全球重要城市、友好城市相关经贸及投促机构、商协会的合作，加快构建境外经贸合作伙伴网络。在全球重要城市增设上海市外国投资促进中心办事处，拓展海外投资促进工作网络。发挥上海投资促进机构联席会议的作用，加强与驻沪外国领馆、外国商会、投资促进机构的合作，积极宣传上海投资环境。办好上海市市长国际企业家咨询会议，汲取国际智慧，借鉴国际经验，促进国际一流企业来沪投资。每年在海外举办高层次投资促进、文化合作交流等活动。鼓励各区赴境外开展投资促进活动，各区应加强统筹，优先安排。（市商务委、市政府外办牵头）

（二十五）加大重点领域招商引资力度。全面实施亚太运营商等“十大投资促进计划”，着力推进“总部经济提质专项行动计划”，制定实施“制造业利用外资三年行动计划”。编制外商投资重点领域和重点产业招商目录，鼓励各区、各开发区根据本地区重点行业加强战略招商、精准招商。（市商务委、市经济信息化委牵头，各区政府按照职责分工负责）

（二十六）着力促进项目落地。坚持市区联动、委办联手；建立由产业部门牵头，规划国土资源、住房城乡建设管理、环保、绿化市容等部门共同参与的重大外资项目推进机制，促进项目落地。（市商务委、市经济信息化委、市发展改革委牵头，市规划国土资源局、市住房城乡建设管理委、市环保局、市绿化市容局等按照职责分工负责）

（二十七）促进各类开发区开放型经济发展。支持符合条件的国家级开发区扩区，推动综合发展水平较高的市级开发区升级为国家级开发区。支持符合条件的出口加工区转型为综合保税区。鼓励各开发区发挥各自优势，通过品牌共用、资源共享、信息互通、收益分成等方式，开展跨区域招商合作。优化

开发区配套服务，以合理的价格供应水电气，切实降低企业运营成本。（市商务委、市发展改革委牵头）

（二十八）加大支持和服务外商投资企业的力度。完善“问题清单”“重点企业首问联络员”等制度，加大企业反映问题的协调解决力度。加大电子政务建设力度，完善网上政务大厅建设，推进外商投资企业设立、变更协同应用，提升外商投资管理信息化水平。加强政府部门间信息共享，减少企业各类信息重复申报。鼓励外商投资企业积极履行企业社会责任。（市商务委、市政府办公厅牵头）

（二十九）服务西部大开发、东北振兴、中部崛起的国家战略。结合上海合作交流和对口支援工作，发挥产业转移促进中心（商务部上海基地）及各开发区的作用，加强合作对接，做好外商投资企业产业转移的对口服务工作。鼓励有条件的开发区在对口支援地区建立产业园区，实现优势资源互补。（市商务委牵头）

（三十）支持产业项目用地。对集约用地的鼓励类工业项目优先供应土地。对战略性新兴产业等重点项目，由市级统筹新增建设用地指标；对符合产业导向的项目，经产业准入审核认定后，工业用地产业项目类和研发总部产业项目类用地，采用“带产业项目”挂牌方式供应土地。按照最高20年出让年期出让的工业用地，可在出让合同中约定土地使用权到期申请续期条件和续期出让价格；承担国家及上海重大战略的产业类或功能性项目，经认定后，可按最高50年出让年期出让。各区政府可以根据产业类型和土地利用绩效等情况，对经规划批准提高建筑容积率的项目用地，按照一定比例收取土地出让价款，鼓励外商投资企业产业转型升级和扩大生产。（市规划国土资源局牵头，市经济信息化委、市发展改革委、市科委、市环保局等按照职责分工负责）

（三十一）深化外商投资管理体制改革。全面实施外商投资准入前国民待遇加负面清单管理模式，进一步简化外商投资项目管理程序和外商投资企业设立、变更管理程序。探索住所登记改革，进一步放宽住所登记证明标准；继续探索集中登记、一址多照试点改革。全面实施企业名称网上自主申报。加快推进外商投资企业登记注册全程电子化进程，进一步简化外商投资企业登记注册流程。优化营业执照的经营范围等登记方式。建立便捷的市场主体退出机制，对符合条件的外商投资企业实行简易注销。（市商务委、市发展改革委、市工商局牵头）

（三十二）创新国际合作模式，服务国家“一带一路”建设。坚持“引进来”和“走出去”有机结合，创新经贸投资合作、产业核心技术研发、国际化融资模式。搭建“一带一路”开放合作新平台，建立综合性对外投资促进机构和境外投资公共信息服务平台，打造“一带一路”产权交易中心与技术转移平台。加强与“一带一路”沿线主要节点城市的经贸合作关系。增强“一带一路”金融服务功能，为重大项目和重大工程提供融资服务和综合保险服务。探索具有国际竞争力的离岸税制安排。推进亚太示范电子口岸网络建设，形成亚太经济合作组织经济体之间、金砖国家之间电子口岸合作机制，率先探索互联互通监管合作新模式，在认证认可、标准计量等方面开展多双边合作试点，推进口岸间信息互换和服务共享。（市商务委、市发展改革委、市财政局牵头）

（三十三）扎实推进上海自贸试验区建设。完善工作机制，系统推进各项改革试点任务，把上海自贸试验区建设成为投资贸易自由、规则开放透明、监管公平高效、营商环境便利的国际高标准自由贸易园区，形成更多可复制可推广的经验。各部门、各区、各开发区主动对接上海自贸试验区，切实做好上海自贸试验区试点经验的复制推广。（市发展改革委、市商务委、上海自贸试验区管委会牵头，各区政府、市政府各相关部门按照职责分工负责）

各区、各部门要充分认识新形势下进一步扩大开放、加快构建开放型经济新体制的重要意义，高度重视，主动作为，强化责任，密切合作，坚持扩大开放的方向不动摇，紧抓招商引资不放松，营造良好环境的努力不减弱；要研究制定具体的实施细则和配套措施，创新工作方法，确保各项政策落到实处，为各类市场主体创造更大的发展空间，不断开创高水平对外开放新局面。

上海市人民政府
2017年4月26日

关于创新驱动发展巩固提升实体经济能级的若干意见

实体经济是经济发展的根基。巩固提升实体经济能级，是上海贯彻落实党中央、国务院决策部署，发挥中国（上海）自由贸易试验区（以下简称"自贸试验区"）改革开放和建设具有全球影响力的科技创新中心创新引领作用的重要实践，对上海建设"四个中心"和卓越全球城市具有重要战略意义。为此，现就创新驱动发展，巩固提升实体经济能级提出以下若干意见：

一、明确指导思想和目标任务

（一）指导思想

全面贯彻党的十八大和十八届三中、四中、五中、六中全会精神，深入贯彻习近平总书记关于不断巩固提升实体经济能级的重要讲话精神，牢固树立新发展理念，适应和把握经济发展新常态，以供给侧结构性改革为主线，坚持创新驱动、提质增效，着力加强服务、优化环境，促进二三产业共同发展、融合发展，防止资源、资金、资产脱实转虚，防止产业结构形态虚高，在振兴实体经济发展中体现上海新作为，进一步增强城市的吸引力、创造力和竞争力，继续当好全国改革开放排头兵和创新发展先行者。

（二）目标任务

未来五年，适应上海城市功能定位的实体经济能级大幅提升，战略性新兴产业增加值占全市生产总值比重达到20%以上，制造业保持合理比重和规模，战略性新兴产业制造业产值占全市工业总产值比重达到35%左右，现代服务业优质高效发展，生产性服务业增加值占服务业增加值比重达到三分之二左右，新经济成为增长新动能，龙头企业和创新型企业持续涌现，基本形成法治化、国际化、便利化的营商环境和公平、统一、高效的市场环境，成为全国创新引领实体经济发展的新高地。

二、提升实体经济质量和核心竞争力

服务服从国家战略，坚持高端化、智能化、绿色化、服务化，加快转变经济发展方式，坚定不移推动产业结构调整，加强区域经济统筹发展，推动军民融合发展，做优存量、做大增量，坚持标准引领、品牌发展、质量为先，加快向产业链高端迈进，形成一批千亿级的产业集群，增强在全球产业链和价值链的竞争力。

（一）持续推进新型产业体系建设

1. 加快发展先进制造业。落实"中国制造2025"战略，聚焦发展新一代信息技术、智能制造装备、生物医药与高端医疗器械、新能源与智能网联汽车、航空航天、海洋工程装备、高端能源装备、新材料、节能环保等战略性新兴产业，成为世界级新兴产业创新发展策源地之一。加快推动汽车、船舶、都市工业等传统优势产业技术升级改造，加快生产方式向数字化、网络化、智能化、柔性化转变。

2. 提升发展现代服务业。推动研发设计、文化创意、信息技术、总集成总承包、检验检测认证、供应链管理、人力资源等生产性服务业向专业化和高端化拓展。推进实体零售、文化服务、家庭服务、体育服务、旅游服务、健康服务等生活性服务业向精细化和高品质提升，实施新消费引领计划。

3. 积极培育新技术新产业新业态新模式。强化数字技术、信息技术、智能技术向各行业各领域覆盖融合，大力推动大数据、人工智能、虚拟现实、增强现实、微机电系统、卫星导航、增材制造等加快发展，积极培育"制造＋互联网＋服务"新模式新业态，着力打造创新型、网络型平台，促进产业融合发展。

4. 实现农业现代化。转变农业发展方式，提升农业科技和信息化水平，大力发展生产、生态、生活多功能融合、高附加值都市现代农业，建成国家现代农业示范区。

（二）促进区域经济统筹协同

5. 推动全市经济协同一体、集约高效发展。郊区集聚发展先进制造业，加快发展生产性服务业和特色生活性服务业，中心城区优先发展高端服务业和都市型产业，促进产城融合。制订本市产业统筹招商实施意见，市级层面加强产业规划和空间布局统筹，区级层面加强项目准入统筹，促进产业集群发展。

6. 建立重大科技成果跨区域转化的市级协调机制。促进科创中心重要承载区创新成果在本市产业基地和园区实现产业化。依托产业园区、集聚区、功能性载体，搭建产业项目及资源的信息集成和供需对接平台。

（三）构建开放型经济新优势

7. 拓展"走出去"新空间。发挥"一带一路"战略桥头堡作用，积极推进高端装备制造、能源、港口、通信等领域的国际产能合作和建设能力合作，推动装备、技术、管理、标准、服务"走出去"，探索建立上海国际产能合作服务平台。鼓励企业通过并购投资等多种方式增强国际化经营能力，提高境外投资质量和效益，逐步形成若干具有国际知名度和影响力的本土跨国公司。

8. 深化国内区域经济合作交流。贯彻"长江经济带"国家战略，深入推进长三角地区协同，促进产业合理布局和集群发展。加强产业升级、科技创新合作，加快形成共建共享的公共服务和统一开放的市场体系，打造区域创新网络和科技交流合作平台。探索跨区产业园区共建，共同打造若干规模和水平位居国际前列的产业集群。

（四）加大重大项目推进力度

9. 加快重点产业项目建设和储备。积极引进一批引领性强、成长性好、带动性大的产业项目，统筹推进全市10亿元以上重大产业项目，加快项目落地、开工和竣工投产，提升项目数量和质量，确保产业投资规模适度增长。瞄准国家战略和产业发展制高点，加快推进集成电路、民用航空发动机及燃气轮机、大飞机、智能制造、先进传感器及物联网、新型显示、北斗导航及空间信息、创新药物与高端医疗装备等领域重大项目组织实施。加快推进国际旅游度假区、世博园地区、虹桥商务区等标志性区域和服务业集聚区的重大项目建设，深化"互联网＋生活性服务业"创新试验区建设。

10. 推动军民融合发展。出台促进军民融合有关办法。协调保障涉军重大专项和军工科研生产任务顺利实施，组织一批军民融合重大项目落户，全面完成国家赋予上海的国防科研生产任务。组织实施"国防强基工程"，主动承担国家重大科技专项，形成一批国内领先、填补空白的民口配套产品和技术。鼓励军工单位采用先进适用的民用技术，启动军民融合产业示范基地建设，促进军民技术双向转移转化。

（五）全面提升经济质量水平

11. 加快提升质量和标准。推进产业提升品质、提高效益、强化绿色、增强辐射和迈向高端。实施千项工业精品创造计划，加强产品质量攻关。开展仿制药质量和疗效一致性评价。组织攻克一批关键共性质量技术，建设重点产品全生命周期质量追溯体系，以及检验检测、质量和标准化等公共服务平台。组织开展"上海品质"建设试点工作，培育一批质量标杆企业。大力发展标准化服务体系，推出上海制造、上海服务、上海设计等系列评价标准。

12. 支持自主品牌振兴和发展。实施以增品种、提品质、创品牌为核心的"三品"战略，以市场为导向、以创新为动力、以企业为主体，大力发扬工匠精神，扶持品牌培育、运营和评估专业服务机构，创新提升老字号品牌，加大商标保护力度，有力推进品牌建设。

13. 深入推进产业结构调整。坚决调整淘汰低效落后产能，建立"压减"与"新增"引导对接机制，完善产业结构调整负面清单，鼓励支持资源要素盘活再利用，打造产业结构调整盘活信息服务平台。

三、创新引领实体经济发展

牢牢把握世界科技进步大方向、全球产业变革大趋势，立足科技创新中心建设，大力实施创新驱动发展战略，围绕产业链部署创新链，着力构建适应科技创新的体制机制，激发市场主体活力，促进创新成果转化，形成一批全国乃至全球创新百强的创新型标杆企业。

（一）加强科技创新供给

14. 建设张江综合性国家科学中心。加快硬X射线自由电子激光装置、超强超短激光等重大科技基础设施群建设，开展生命、材料、环境、能源、物质等多学科交叉前沿研究，建设有国际影响力的大学、科研机构和国家实验室，为实体经济提供创新支撑。

15. 布局重大科技专项。加快推进航空发动机及燃气轮机等国家重大专项，积极争取量子通信和量子计算机、脑科学与类脑研究等国家科技创新2030重大项目落户。围绕国家战略和产业需求，在信息技术、生物医药、高端装备等领域加快布局一批市级重大科技专项。面向创新需求，建设一批研发与转化功能型平台。

16. 推进产业创新工程。深化智能网联汽车“创新链突破、产业链培育、资源链开放”创新行动，推进工业互联网“互联互通改造、服务平台建设、试点示范引导”重点项目，布局一批重点创新工程。实施工业强基工程，推动一批核心元器件/零部件、先进工艺和关键材料实现工程化、产业化突破。建设一批有影响力的国家级和市级企业技术中心。在集成电路、智能制造等领域，形成5—10家具有较强影响力的制造业创新中心。

17. 创新智能制造应用模式。支持市场导向、多方协同开展智能制造应用“十百千”工程，推广融资租赁、效益分享、生产能力共享、产融结合、应用与产业联动等智能制造应用新机制，建设国家机器人监测与评定中心等重大项目。

（二）激发市场主体创新活力

18. 健全企业主体创新投入激励机制。扩大高新技术企业数量和规模，推广张江国家自主创新示范区企业股权和分红激励办法。完善国有企业以创新为导向的考核评价体系，加大科技创新指标权重。深化落实“三个视同于和一个单列”政策，对本市国有企业符合条件的研发投入、创新转型费用、境外投资项目费用，在考核业绩时视同于利润；境外投资合作项目，经认定可在一定期限内单列考核。对竞争类国有企业集团，实施任期创新转型专项评价。

19. 优化企业创新支持方式。加大政府首购、订购创新产品的力度，发挥高端智能装备首台突破、新材料首批次、软件首版次专项作用，促进创新产品市场化应用。鼓励行业领军企业联合中小企业和科研单位共建高水平研发机构。引导中小企业向“专精特新”方向发展，培育一批国内及国际细分行业“隐形冠军”，打造一批卓越创新企业。

20. 促进科技成果转移转化。实施本市促进科技成果转化条例，完善科技成果转化收益分配制度，畅通科研院所和高校技术转移通道。加快建设专业化、市场化技术转移机构，发挥技术转移交易平台功能作用，促进各类科技中介服务机构发展。健全科技成果向技术标准转化的工作机制，加大对技术标准科研项目的支持力度。实行严格的知识产权保护，加强知识产权运用。

（三）大力推动创新创业蓬勃发展

21. 完善“四新”经济发展环境。以宽广的视野、宽松的管制、宽容的氛围、宽心的体制机制，严密周到的服务和严密透明的监管，依托“四新”发展“2＋X＋16”服务体系，健全问题发现、梳理、化解、突破的机制，破除体制机制障碍。围绕大数据、工业设计、卫星导航、互联网教育等重点领域，加快建设一批“四新”经济示范引领区。

22. 健全包容和支持创新发展的管理机制。创新对新兴经济领域市场主体的准入服务，及时将新兴企业纳入新兴行业名称、经营范围表述及行业分类管理等目录和政策支持范围。适应技术更迭和产业变革要求，建立相关标准动态调整和快速响应机制。积极开展新经济领域的统计研究，创新统计方式方法，与时俱进完善统计制度。

23. 提升“双创”服务能力和水平。建设国家“双创”示范基地，搭建全要素、全创新链资源集聚的“双创”服务平台，鼓励和支持有条件的大型企业发展“双创”平台，形成产业创新生态群落。促进众创空间服务实体经济转型升级，加强众创空间国际合作。

四、构建有利于实体经济发展营商环境

发挥自贸试验区改革开放的示范引领作用，坚持以制度创新为核心，进一步扩大对外开放，提升“引进来”能级和水平，深化“放管服”改革，加快政府职能转变，加强事中事后监管，构建“亲”“清”新型政商关系，优化企业服务，增强企业获得感。

（一）创新政府管理方式

24. 建立更加开放透明的市场准入管理模式。最大限度缩减自贸试验区外商投资负面清单，推进电信、维修、航运服务等领域对外开放。对市场准入负面清单和外商投资准入特别管理措施以外的行业、领域、业务等，各类市场主体皆可依法平等进入。深化“证照分离”改革，扩大实行告知承诺的领域。

25. 全面深化商事制度改革。加快推进“多证合一”，放宽新兴行业企业登记条件，探索企业登记住所、名称、经营范围登记改革，推行全程电子化登记和电子营业执照改革试点，建立普通注销登记制度和简易注销登记制度相互配套的市场主体退出制度。

26. 构建具有国际竞争力的创新产业监管模式。进一步提升行业管理水平，完善有利于提升集成电路全产业链国际竞争力的监管模式，优化生物医药全球协同研发的试验用特殊物品的准入许可，试点数控机床、工程设备、通信设备等进口再制造。创新口岸监管服务，深入实施货物状态分类监管，扩大海关自主报税、自助通关、自动审放、重点稽核试点范围，推广第三方检验结果采信。

27. 强化事中事后监管。全面建成事中事后综合监管平台，加强信息互联共享，健全跨部门监管协调机制。完善市公共信用信息服务平台功能，对守信者实行减少检查频次、绿色通道等激励政策，对严重失信主体加强联合惩戒。

（二）提升服务企业能力

28. 建设全市企业服务平台。形成集聚政府政策和服务的“一门式”窗口，构建面向全所有制、全规模、全生命周期的普惠制企业精准服务体系，完善企业诉求汇总、跨部门协作与跟踪督办机制，研究解决各类企业发展中遇到的难点和突出问题。

29. 完善企业服务工作协调机制。制订企业服务清单，提供更有效政府服务，开展企业服务机构、政策实施效果第三方评估。鼓励基层服务企业创新，加大街镇、园区安商稳商力度。充分发挥行业协会、商会等社会组织在行业自律、企业服务、政策协调等方面的作用。

（三）促进各类所有制企业发展

30. 推动民营企业创新升级。加大普惠性政策力度，进一步消除制约非公有经济发展的制度性障碍，放宽非公有制经济市场准入，激发企业家精神，支持民营资本进入医疗、养老、教育等民生领域，支持民营企业设立总部和功能性机构，鼓励非公有资本更深层次参与国有企业混合所有制改制。

31. 提高利用外资的质量和效益。积极构建面向全球的投资促进网络，鼓励外商投资投向先进制造业和现代服务业，实施产业转型升级和技术改造。鼓励跨国公司设立地区总部和采购中心、营运中心、结算中心等。

32. 推动国有企业做优做大。支持央企加大投资、开展合作，在本市布局地区总部、金融总部、研发中心和重大产业项目。以市场为导向，深化国资国企改革，创新发展一批、重组整合一批、清理退出一批，推动国有资本重点投向实体经济。

（四）加大财政支持力度

33. 完善财政投入机制。深化市与区收入分配机制改革，着力从财政体制上调动各区加快产业转型升级、发展实体经济的积极性。研究鼓励企业实施技术改造政策，加大技术改造支持力度。进一步发挥产业转型升级、战略性新兴产业发展、服务业发展引导资金等专项资金作用，扩大“科技创新券”“四新券”覆盖范围。建立跨部门的财政科技项目统筹决策和联动管理制度，加大对产业化项目、应用研究、基础研究的投入。完善政府采购支持政策，落实对中小企业、创新产品和服务的采购规定。

五、引导资源要素向实体经济集聚

主动适应特大城市资源要素紧约束新常态，进一步提高要素保障水平和资源利用效率，破除瓶颈制约，改革创新举措，有效促进资金、人才、土地、信息等资源要素向实体经济集聚，为实体经济发展提供有力支撑。

（一）强化金融要素支持

34. 发挥自贸区金融开放创新试点制度优势。加强自贸区金融改革与国际金融中心建设联动，加快建设面向国际的金融市场平台，进一步拓展自由贸易账户功能，拓宽企业跨境投融资渠道。

35. 大力促进产融结合。推动银行业金融机构建立差异化信贷管理体制，开展投贷联动、产业链金融、并购贷款、无形资产质押贷款等融资服务模式创新。支持有条件的大型企业设立财务公司，推动金融机构和制造业企业发起设立金融租赁公司，鼓励符合条件的民营企业发起设立民营银行。鼓励保险公司发展企业财产保险、责任保险、保证保险等业务，推进首台（套）重大技术装备保险试点工作，推动保险资金通过债权、股权、基金、资产支持计划等多种形式为实体经济提供资金融通。建立产融信息对接合作平台，推动浦东、嘉定建设国家产融合作试点城市（区）。完善金融综合监管联席会议机制，推动信用信息共建共享，切实防范金融风险。

36. 充分利用多层次资本市场。支持企业开展上市、发债、资产证券化以及在“新三板”、上海股权托管交易中心挂牌。发挥产业转型升级、集成电路等产业基金作用，引导和鼓励社会资本设立若干个百亿级产业投资基金。发挥本市中小企业政策性融资担保基金功能，不断完善多元化融资担保体系，为企业融资提供信用增进服务。

（二）促进人才集聚培育

37. 大力集聚海内外优秀人才。落实“上海人才 30 条”，选拔推荐和培养国家级人才和上海领军人才等，发挥户籍政策的激励导向作用，积极支持实体经济引进紧缺急需的高层次人才。注重培养技能型人才，建立一批高技能人才培养基地，建设一批技能大师工作室，打造实体经济高技能人才队伍。

38. 创新优化人才服务管理。完善实体经济专业技术人才职称评审体系，对高层次人才建立高级职称评审的便利通道，优化科技成果转化类、应用开发类科技人员分类评价标准。引导高校、科研院所与企业科研人才双向流动，支持科研人员到企业兼职和离岗、在岗创业。鼓励实体经济企业独立开展博士后科研创新。强化人才激励机制，鼓励各类企业通过股权、期权、分红等方式加大对优秀人才的激励力度。

39. 着力破解人才住房难题。增加公租房分配供应，鼓励单位整体租赁公租房并相应放宽入住人才准入条件。鼓励人才集聚的大型企事业单位、产业园区平台利用自有土地建设人才公寓（单位租赁房）等配套服务设施，产业类工业用地配套的租赁住房等服务设施建筑面积占项目总建筑面积的比例不超过 15%。鼓励各区、产业园区和用人单位向人才提供多样化的住房资助。

（三）优化土地资源供给

40. 加强对先进制造业的空间保障。推进工业用地转型升级，到 2020 年，全市工业用地规模保持在 550 平方公里左右，对规划工业用地予以严格管控，为制造业长远发展留足空间。统筹安排用地计划指标，重大战略性新兴产业项目由市统筹予以保障。各区加强对重点项目用地保障，每年工业用地减量化腾挪出的土地指标，按照不低于 1/3 的比例用于重点工业项目。实行工业用地弹性年期出让，承担国家及上海重大战略的产业类或功能性项目，经认定后，可按照最高 50 年出让年期出让。

41. 提高产业空间资源供给能力。探索设立产业园区转型升级投资基金，积极推动园区平台主体参与园区转型升级。加大存量土地二次开发力度，鼓励符合产业导向及规划要求的现状优质企业开展技术改造，存量工业和研发用地按规划提高容积率的，各区政府可根据产业类型和土地利用绩效情况，确定增容土地价款的收取比例。

（四）加强信息资源支撑

42．全面提升信息基础设施能级。落实网络强国战略，加快5G、千兆宽带网络、物联网等新一代信息基础设施建设，加强网络信息技术自主创新，推动云计算、大数据、移动互联网等新兴业态发展，促进信息技术、产品、业务与实体经济的深度融合，打造世界级信息基础设施能级标杆城市。

43．着力推动互联网和实体经济深度融合发展。实施工业互联网行动计划，建设工业大数据和工业互联网等功能型平台，创新综合性解决方案推广应用模式，创建国家级工业互联网示范城市，促进信息化和工业化深度融合。推进公共信息资源开放共享和社会化开发利用，鼓励开展多样化、专业化的信息增值服务。全面推广智慧应用，激发"互联网＋"创新创业活力，推动传统业态和服务模式创新发展，最大限度释放信息生产力。

六、降低实体经济企业成本

按照"高度透明、高效服务，少审批、少收费，尊重市场规律、尊重群众创造"的总体要求，突出问题导向，坚持标本兼治、精准施策，千方百计帮助企业降本减负，着力降低制度性交易成本，切实降低要素成本，合理减轻税费负担。

（一）着力降低制度性交易成本

44．完善优化产业项目审批流程。围绕产业投资、生产经营领域，再取消和下放一批市场能够自主调节、行业能够自律管理、基层能够有效实施的行政审批等事项。进一步清理各种行业准入证、上岗证。按照"强化基础、提前介入、告知承诺、同步审批、会议协调、限时办结"的要求，推进开工项目和开业项目的审批期限在法定时间的基础上压缩1/3。

45．深化行政审批中介服务改革。严格评估评审目录管理，规范评估评审行为，优化简化评估评审的形式和内容，推行分类评估评审、区域评估评审和同步评估评审改革，继续推进中介机构与政府部门脱钩改制工作，清理规范行政审批中介服务收费。

（二）切实降低要素成本

46．降低企业用地成本。按照最高20年出让年期出让的工业用地，出让价格按照基准地价对应的最高年限进行年期修正，并可在出让合同中，约定土地使用权到期申请续期条件和续期出让价格。鼓励企业采用先租后让、租让结合方式使用土地，鼓励园区平台采用先租后售方式供应产业用房。

47．降低企业用工用能成本。平稳适度调整最低工资标准，适当降低企业社保缴费比例。建立天然气价格上下游市场化谈判机制，努力降低天然气采购成本，推进输配电价改革，开展电力用户与发电企业直接交易试点。

48．降低企业物流通信成本。继续完善交通基础设施体系，提高通行效率和服务能力，鼓励铁路部门对大运量物资给予优惠便利措施，大力发展多式联运，规范机场铁路港口等经营性收费。鼓励电信运营商针对各类企业推出更优惠的产品和套餐，降低中小企业互联网接入资费，为企业提供具有竞争力的上网资费与服务。

（三）合理减轻税费负担

49．积极落实各项减税政策措施。按照国家要求，深入推进"营改增"试点工作，积极落实支持科技成果转移转化的税收政策。贯彻小微企业税收优惠政策，落实提高科技型中小企业研发费用加计扣除比例、股权激励递延纳税和技术成果投资入股选择性税收优惠等政策。落实创业投资企业、天使投资人采取股权投资方式直接投资于种子期、初创期科技型企业满2年的，可以按照投资额的70％，抵扣应纳税所得额政策。

50．清理规范政府性基金和行政事业性收费。落实取消本市电价、水价中包含的城市公用事业附加等2项政府性基金，落实取消或停征环境监测服务费等16项中央设立行政事业性收费，取消内河货物港务费等5项地方设立涉企收费项目。进一步规范涉企经营服务性收费管理，加大监管力度。清理规

范涉企保证金，建立常态化公示制度。

各区、各有关部门要切实把思想和行动统一到中央对振兴实体经济的决策部署和市委、市政府的工作要求上来，注重运用创新思维和改革办法，着力破解实体经济发展中存在的难题。要建立常态化的组织协调和督查落实工作机制，研究制定相关配套政策文件，系统梳理现有政策，形成可操作的实施计划和工作方案，加快落实推进目标任务，切实巩固提升实体经济能级。

关于深化城市有机更新促进历史风貌保护工作的若干意见

为深化城市有机更新，更好地传承城市历史文脉，强化城市历史风貌保护工作，进一步改善居民生活环境，根据《中共中央国务院关于进一步加强城市规划建设管理工作的若干意见》、国务院发布的《历史文化名城名镇名村保护条例》以及《上海市历史文化风貌区和优秀历史建筑保护条例》《上海市文物保护条例》，现就深化城市有机更新、促进历史风貌保护工作提出如下意见：

一、明确适用范围和指导思想

（一）适用范围。本意见适用于按照《历史文化名城名镇名村保护条例》《上海市历史文化风貌区和优秀历史建筑保护条例》《上海市文物保护条例》等确定的历史文化风貌区、风貌保护街坊、风貌保护道路（街巷）、保护建筑（包括不可移动文物和优秀历史建筑）以及经法定程序认定的其他保护保留对象的保护管理工作。

（二）指导思想。坚持“以保护保留为原则、拆除为例外”的总体工作要求，遵循“规划引领、严格保护，区域统筹、分类施策，政府引导、多方参与”的原则，按照整体保护的理念，积极推进历史风貌保护工作，改善居民生活环境。

二、加强组织领导

（一）完善上海市历史风貌保护工作机制。工作机制由市领导及市相关部门负责人组成，统一领导和统筹协调本市历史文化名城名镇名村及历史文化风貌区、风貌保护街坊、风貌保护道路（街巷）、保护建筑以及经法定程序认定的其他保护保留对象的保护工作。日常工作由市规划国土资源部门承担。

（二）明确市级部门分工。市规划国土资源部门负责协调全市历史风貌保护规划和土地管理工作，会同相关部门指导历史风貌保护项目的实施。

市住房城乡建设管理部门负责全市各类保护保留历史建筑的保护修缮及征收、置换等相关工作，协调各区按照历史风貌保护要求，推进各类保护保留历史建筑的分类实施工作。

市文物部门负责全市不可移动文物的管理工作。

市财政部门会同相关部门制定本市历史风貌保护及城市更新专项资金管理办法，统筹安排相应资金，指导区财政贯彻落实相关政策。

市相关部门依法履行相应的指导、管理和监督职责，制定专业标准和配套政策。

（三）落实区政府职责。区政府是推进本行政区域内历史风貌保护工作的实施主体，应当对历史风貌保护相关实施项目开展风貌评估并制定年度实施计划，提出并落实历史风貌保护范围内居住困难的居民生活条件的改善措施。区政府应当指定相应部门作为专门的推进机构，具体负责组织、落实、督促和管理历史风貌保护工作。

三、建立促进历史风貌保护管理制度

对本市历史风貌保护实施项目，实行风貌评估、实施计划和实施监管相结合的管理制度。

（一）风貌评估和实施计划。风貌评估应当对历史风貌保护实施项目明确保护保留对象、保护更新模式、适用政策的范围和要求。实施计划应当对历史风貌保护相关实施项目的建设内容和时间节点做出具体安排。区政府应当将风貌评估和年度实施计划报送至市规划国土资源部门认定。

（二）实施监管。实施监管包括土地全生命周期管理及评估考核。市规划国土资源部门应当组织市相关部门，对各区政府申报的风貌评估和年度实施计划进行项目认定，经综合平衡，形成本市风貌保护项目年度实施计划，并通过土地全生命周期管理和评估考核，对经认定的历史风貌保护实施项目的推进情况和配套政策的落实情况实施监管。

四、完善历史风貌保护支持政策

（一）设立历史风貌保护及城市更新专项资金。市、区两级政府统筹土地出让收入、公有住房出售净归集资金及其增值收益、直管公房征收（拆迁）补偿款和财政预算安排资金，分别设立市、区历史风貌保护及城市更新专项资金。市级专项资金主要用于支持经认定的历史风貌保护相关支出及重点旧改地块改造、配套基础设施建设完善以及旧住房和保护建筑修缮改造补助等。

（二）加快出台规划和土地支持政策。研究建立历史风貌保护开发权转移机制。允许历史风貌保护相关用地因功能优化再次利用，进行用地性质和功能调整。为鼓励更多的保护保留历史建筑，除原法定保护保留对象外，经认定为确需保护保留的新增历史建筑，可以给予开发建筑面积的奖励。

经认定的历史风貌保护实施项目，所用土地可以按照保护更新模式，采取带方案招拍挂、定向挂牌、存量补地价等差别化土地供应方式，带保护保留建筑出让。

（三）进一步完善保护修缮和安置支持政策。进一步加大保护保留历史建筑修缮力度，提高修缮标准，积极推进厨卫设施成套使用，不断改善居住环境，以保护修缮改造为主的项目纳入旧改任务和计划。在居民安置等方面给予支持政策，研究并采取“协议置换”“居民抽稀”“征而不拆”等多种方式实施。

（四）逐步健全其他支持政策。市发展改革、绿化市容、消防、抗震、水务等相关部门根据各自职责分工，从积极推进历史风貌保护工作的角度出发，分别研究制定配套支持政策和技术标准。

五、明确保护更新模式

各区政府在风貌评估阶段，可以按照本市相关管理规定，根据“历史毛地出让”、旧区改造等不同情形，合理确定保护更新模式，鼓励多方共同参与历史风貌保护项目的实施。

六、强化土地全生命周期管理和评估考核

（一）实行土地全生命周期管理。市规划国土资源部门会同市住房城乡建设管理、发展改革、财政、文物等相关部门，将保护保留对象、保护更新方式、日常保护修缮维护、物业持有、持有年限、项目的开发时序和进度安排等要求，一并纳入土地出让合同、划拨决定书等，实行历史风貌保护实施项目的土地全生命周期管理。

（二）强化评估考核。市规划国土资源部门根据年度实施计划，对经认定的历史风貌保护实施项目进行监管，对相关规划调整、土地房屋征收、置换、土地供应、保护修缮等工作要求的落实情况，相关配套政策实施和资金使用情况等，进行评估考核。评估考核结果作为后续项目申请认定的有关依据。

本意见自 2017 年 8 月 1 日起施行，有效期至 2022 年 7 月 31 日。

第二章　江苏省政府相关文件

江苏省港口岸线管理办法

第一条　为了加强港口岸线管理，有效保护和合理利用港口岸线，提高港口岸线利用的综合效益，保障经济和社会可持续发展，根据《中华人民共和国港口法》《江苏省港口条例》等法律、法规，结合本省实际，制定本办法。

第二条　本省行政区域内港口岸线的管理，适用本办法。

本办法所称港口岸线，是指港口总体规划范围内的岸线，包括维持港口设施正常运营所需的相关水域与陆域。

本办法所称港口总体规划，是指依法经国务院交通运输主管部门、省人民政府或者设区的市人民政府批准的港口总体规划。

第三条　港口岸线的利用坚持统筹规划、合理利用、节约高效的原则。

港口岸线应当优先用于专业化公用码头建设。

第四条　省交通运输主管部门主管全省的港口岸线工作。设区的市、县（市、区）人民政府确定的港口行政管理部门（以下简称市县港口管理部门）负责本行政区域内的港口岸线管理工作。省交通运输主管部门和市县港口管理部门统称港口管理部门。

发展改革、海洋与渔业、国土资源、城乡规划、水利、环境保护、海事、航道等有关部门，按照各自职责做好港口岸线管理的相关工作。

第五条　港口岸线的范围、功能等由港口总体规划确定。需要调整的，应当先按照国家有关规定修订港口总体规划。

对港区内需要同时占用土地、港口岸线和水域的港口设施项目，市县港口管理部门应当会同有关国土资源、海洋与渔业、水利、海事、航道部门，根据设施的性质和功能，明确其所需占用的土地、港口岸线、水域的配置要求及其使用期限、期限届满后设施的处理等事项。

第六条　市县港口管理部门应当依据港口总体规划，并结合港口发展实际和经济发展需求，制定港口岸线整合利用5年规划，报港口所在地设区的市人民政府批准，并向社会公布。

第七条　需要使用港口岸线的，应当按照《中华人民共和国港口法》《江苏省港口条例》等法律、法规的规定报经批准。

第八条　申请使用港口深水岸线的，具体按照国家有关港口岸线使用许可规定办理相关手续。

申请使用沿海及内河四级以上航道内港口非深水岸线的，应当向有关港口管理部门提出港口岸线使用申请，并提供下列申请材料：

（一）港口岸线使用申请表；

（二）申请人情况及相关证明材料；

（三）港口岸线使用范围、功能、岸线用于建设码头、泊位的规模等情况说明材料；

（四）法律、法规、规章规定的其他材料。

建设军事、水利、航道等工程设施依照相关规定执行。

第九条　港口管理部门应当按照有关法律、法规、规章的规定，在法定期限内完成港口岸线使用许可有关现场核查、初审等工作，在办理转报、许可手续前应当征求发展改革部门意见。

第十条　港口管理部门批准港口岸线使用人使用港口岸线的，应当依法核发港口岸线使用许可文件。

第十一条　港口总体规划区内的建设项目，应当符合港口总体规划，依法办理有关行政许可手续，不得影响港口总体规划实施、港口功能发挥和港口岸线使用。

港口岸线开发利用活动不得威胁饮用水水源地安全、影响生态红线区域主导生态功能。

第十二条　经批准使用港口岸线的建设项目，应当自取得港口岸线使用许可文件之日起2年内开工建设。未开工建设的，应当在期限届满30日前向原许可机关申请办理延期手续。港口岸线使用许可文件限延期一次，延期不超过2年。

逾期未开工建设且未办理延期手续的，港口岸线使用许可文件失效。

港口岸线使用许可文件失效后，需要继续使用港口岸线的，或者申请使用的港口岸线范围、功能等发生改变的，应当按照本办法规定的程序重新申请办理港口岸线使用许可手续。

第十三条　港口岸线使用许可的有效期限应当按照港口岸线涉及的水域、陆域使用年限确定，最长不得超过50年。超过期限需要继续使用港口岸线的，港口岸线使用人应当在期限届满3个月前向原许可机关提出续期申请。

第十四条　经批准使用港口岸线的，因企业更名或者实际使用人发生改变的，应当报港口岸线原许可机关依法办理港口岸线使用许可变更手续。

第十五条　因工程建设等需要建设临时港口设施使用港口岸线的，港口岸线使用人或者建设单位应当向港口管理部门提出书面申请，明确港口岸线临时使用的期限、范围、功能、恢复措施等事项。港口管理部门应当按照《江苏省港口条例》的规定办理有关许可手续。

建设单位应当按照临时使用港口岸线许可文件规定的使用期限、范围、功能等要求使用港口岸线，并应当自使用期限届满后3个月内自行拆除临时设施，恢复岸线原貌。

第十六条　港口管理部门应当建立港口资源管理信息系统，根据岸线使用许可情况动态更新，实行港口岸线动态信息化管理。

第十七条　省交通运输主管部门应当建立港口岸线利用监管指标体系。港口管理部门应当加强对港口岸线使用的事中事后监管，定期对港口岸线使用进行评估并发布港口岸线利用监管指标。

第十八条　有关港口管理部门应当依据港口岸线利用监管指标，实施港口岸线管理。对不符合监管指标但需要使用港口岸线新建港口项目的，应当组织专家论证其港口岸线使用的必要性。

第十九条　县级以上地方人民政府及其有关部门应当对不符合所在地港口岸线利用监管指标的码头进行整合。

鼓励和支持通过产权重组等方式对利用效率连续3年达不到港口岸线利用监管指标的码头进行整合。

第二十条　港口建设项目开工建设时，所在地市县港口管理部门应当进行现场监督，根据港口岸线使用许可文件核定港口岸线的具体坐标位置。

港口管理部门应当及时将港口岸线坐标位置信息录入港口资源管理信息系统。

第二十一条　港口岸线有关行政管理部门应当建立健全监督检查制度，对港口岸线的使用及管理活动进行监督检查，依法查处港口岸线使用及管理活动中的违法行为。

任何单位和个人有权举报港口岸线管理和使用中的违法行为。

第二十二条　违反港口总体规划占用港口岸线相关水域、陆域建设设施的，或者占用港口岸线超过实际使用需求的，港口岸线有关行政管理部门应当责令其限期整改，并依法予以处罚。

第二十三条　港口岸线使用申请人应当对提供的材料真实性负责，隐瞒有关情况或者提供虚假材料申请使用港口岸线的，港口管理部门应当不予受理或者不予许可。港口岸线使用人以欺骗、贿赂等不正当手段取得港口岸线使用许可的，港口管理部门应当依法撤销其许可。

第二十四条　有下列情形之一的，依法办理港口岸线使用许可的注销手续：

（一）有效期届满未申请续期，或者申请续期未获批准的；

（二）因港口建设项目法人依法终止等，港口岸线使用人不再使用港口岸线的；

（三）因港口总体规划调整，建设项目所使用的岸线不再作为港口岸线的；

（四）法律、法规规定应当注销的其他情形。

第二十五条 港口岸线使用许可被注销的，可能造成环境污染的设施以及影响岸线再利用的设施，应当依法及时拆除。

第二十六条 未经批准使用港口岸线，或者未经批准改变港口岸线使用范围、功能的，由港口管理部门责令限期改正，可以处1万元以上5万元以下罚款；逾期不改正的，申请人民法院强制拆除违法建设的设施。

使用港口岸线涉及违反国家、省产业政策和投资项目管理规定的，按照国家和省有关规定处理。

第二十七条 未经批准建设临时港口设施使用港口岸线的，由港口管理部门责令改正，可以处5千元以上3万元以下罚款；所建的临时性设施未按照规定拆除的，由港口管理部门责令限期拆除；逾期未拆除的，由港口管理部门申请人民法院强制拆除，可以处5千元以上2万元以下罚款。

第二十八条 非法转让港口岸线使用许可的，由港口管理部门责令限期改正，可以处1万元以上3万元以下罚款；情节严重的，可以处3万元以上5万元以下罚款；构成犯罪的，依法追究刑事责任。

第二十九条 交通运输主管部门、港口管理部门和其他港口岸线有关行政管理部门及其工作人员，有下列行为之一的，对直接负责的主管人员和其他直接责任人员，依法给予处分；构成犯罪的，移送司法机关依法追究刑事责任：

（一）超越权限批准使用港口岸线的；

（二）违反港口总体规划办理有关行政许可的；

（三）违反港口总体规划改变港口岸线相关水域、陆域用途，造成港口岸线浪费或者影响港口功能发挥和港口总体规划实施的；

（四）未依法履行监督检查职责，造成严重后果的；

（五）其他滥用职权、玩忽职守、徇私舞弊的行为。

第三十条 本办法自2017年11月1日起施行。

江苏省传统村落保护办法

第一章 总则

第一条 为了加强传统村落的保护，维护传统村落的历史风貌，促进传统村落的发展，传承优秀的历史文化遗产，根据有关法律、法规，结合本省实际，制定本办法。

第二条 本省行政区域内传统村落的认定、管理、保护和利用，适用本办法。

本办法所称传统村落，是指村庄主体形成时间较早，乡土文化特征明显，拥有丰富的传统资源或者传统乡村布局的形态、肌理，具有一定的历史、文化、科学、艺术、社会、经济价值，经省人民政府认定予以保护的自然村庄。

第三条 传统村落的保护和发展遵循保护优先、兼顾发展、合理利用、活态传承的原则。

第四条 县级以上地方人民政府应当将传统村落的保护和发展纳入国民经济和社会发展规划，加大财政投入力度，建立协调机制，推动传统村落保护和发展工作健康发展。

第五条 传统村落所在地县（市、区）人民政府负责组织编制、实施传统村落保护发展规划，改善传统村落基础设施、公共服务设施和人居环境。

传统村落所在地乡镇人民政府(街道办事处)负责制定传统村落保护和发展实施方案,组织实施保护发展项目;指导村(居)民委员会订立传统村落保护和发展的村规民约;指导在传统村落内适度有序地开展旅游、休闲度假、传统手工艺和传统技艺加工制作等生产经营活动。

第六条 县级以上地方人民政府住房城乡建设主管部门负责本行政区域内传统村落保护和发展的监督管理工作。传统村落所在地县(市、区)人民政府住房城乡建设主管部门应当建立传统村落及其各类保护对象的档案,制作并设置传统村落保护标识标牌。

县级以上地方人民政府城乡规划、财政、国土资源、文化、旅游、文物等主管部门在各自职责范围内做好传统村落保护和发展的相关工作。

第七条 传统村落所在地的村(居)民委员会应当参与传统村落保护发展规划的编制和实施,做好传统村落保护发展和宣传工作;组织订立传统村落保护和发展的村规民约,并督促实施;组织开展生产经营活动,维持生产经营秩序;对违反传统村落保护规定和要求的行为予以劝阻制止,及时向相关部门报告。

第八条 对在传统村落保护和发展工作中作出突出贡献的单位和个人,县级以上地方人民政府按照规定给予奖励。

第二章 申报和认定

第九条 符合下列条件之一的村落可以认定为传统村落:

(一) 选址、布局保留着传统格局和历史风貌,与自然有机融合,环境自然,尺度宜人,体现人和自然共生的建造智慧;

(二) 历史建筑、传统建筑保存良好,体现一定历史时期或者特定地域的建造传统和建筑风格;

(三) 能够承载乡愁记忆和归属感,具有地域影响的祠堂、牌坊、古桥、戏台、古井、老树等历史遗存保存较好;

(四) 具有传统特色和区域代表性,能够体现农耕文明时期的地域特点和生产生活方式的种植、养殖、捕捞、手工制作技艺和加工制造工艺等;

(五) 具有较为鲜明的地域乡土文化特征的民俗活动、传统技艺等非物质文化遗产仍保有活态。

第十条 申报传统村落,由所在地县(市、区)人民政府向设区的市人民政府住房城乡建设主管部门提出。

设区的市人民政府住房城乡建设主管部门会同本级城乡规划、财政、文化、文物等部门进行初审,认为符合条件的,向省人民政府住房城乡建设主管部门推荐。

省人民政府住房城乡建设主管部门会同本级财政、文化、文物等部门根据推荐情况提出审查意见后报省人民政府。符合条件的,由省人民政府予以认定,列入江苏省传统村落名录并公布。

第十一条 申报传统村落,应当提交下列材料:

(一) 历史沿革、地方特色和历史文化价值的说明;

(二) 传统格局和历史风貌的现状;

(三) 不可移动文物、传统建筑、传统特色制作技艺或者制造工艺、其他非物质文化遗产等的清单和相应图文资料;

(四) 保护工作情况、保护目标和保护要求;

(五) 听取村(居)民意见的相关材料;

(六) 其他应当提交的材料。

第十二条 符合本办法第九条规定的条件而没有提出申报的,省人民政府住房城乡建设主管部门会同省文化、文物等主管部门可以向该村落所在地的县(市、区)人民政府提出申报建议,仍不申报的,相关主管部门可以直接向省人民政府提出认定为传统村落的建议。

第十三条 省人民政府住房城乡建设主管部门会同省文化、文物等主管部门在已经认定的江苏省传统村落名录中，按照国家有关评价标准，选择具有重大历史、艺术、文化、科学、社会、经济价值的传统村落，向住房城乡建设部申报中国传统村落。

第三章 规划管理

第十四条 传统村落名录公布之日起1年内，传统村落所在地县（市、区）人民政府应当组织编制完成传统村落保护发展规划，并报上一级人民政府批准。

第十五条 传统村落未编制村庄规划的，其保护发展规划应当与村庄规划同步编制；已经编制村庄规划的，应当单独编制保护发展规划。

传统村落保护发展规划应当与村庄规划的规划范围、基本内容等相衔接。

第十六条 传统村落保护发展规划应当明确下列内容：

（一）保护原则、保护内容、保护范围；

（二）保护措施、开发强度和建设控制要求；

（三）传统格局、历史风貌保护要求；

（四）各类保护对象的名录及其保护、传承要求；

（五）基础设施、公共服务设施和人居环境改善的措施；

（六）分期实施方案。

第十七条 编制传统村落保护发展规划，应当进行历史研究、现状调查与评估，充分听取村（居）民的意见。

规划草案应当公示，公示期不应少于30日，并广泛征求专家、学者、社会公众以及有关部门的意见，必要时应当举行听证。

第十八条 传统村落保护发展规划应当报设区的市人民政府城乡规划主管部门进行技术审查。县（市、区）人民政府应当根据技术审查意见对传统村落保护发展规划进行修改完善后报所在地设区的市人民政府审批。报送审批的文件中应当附具对上述审查意见的采纳情况及理由，经听证的，还应当附具听证笔录。

第十九条 县（市、区）人民政府应当在传统村落保护发展规划经批准之日起30日内向社会公布，并报省人民政府住房城乡建设主管部门备案。

第二十条 经批准的传统村落保护发展规划不得擅自修改。确需修改的，县（市、区）人民政府应当向设区的市人民政府提出专题报告，经设区的市人民政府组织论证后作出是否同意修改的决定。

第二十一条 县级以上地方人民政府应当加强对本行政区域内传统村落保护发展规划实施情况的监督检查，定期组织有关部门和专家对保护情况进行评估，对发现的问题应当及时处理。

第四章 保护和利用

第二十二条 传统村落保护发展工作应当能够体现出传统村落特点的关键性因素，保持和延续其传统格局和历史风貌，维护其地形地貌、街巷走势等空间尺度，不得改变与其相互依存的山、水、田、林、路等自然景观环境的空间关系和形态。

第二十三条 地方各级人民政府应当将传统村落作为特色田园乡村建设的优先支持对象，改善传统村落的基础设施、公共服务设施和人居环境，丰富和发展传统村落的内涵。

第二十四条 传统村落较为集中的区域，应当作为整体予以保护和利用。

传统建筑相对集中、形成建筑组群的区域，应当整体予以保护。

第二十五条 传统村落内需要保护的不可移动文物、传统建筑，应当区分不同情况，采取相应措施，实行分类保护，并保持原有的高度、体量、外形及色彩等。

第二十六条 传统村落内的消防设施、消防通道，应当按照有关的消防技术标准和规范设置。确因传统村落的保护需要，无法按照标准和规范设置的，由县(市、区)人民政府公安机关消防机构会同本级住房城乡建设主管部门制定相应的防火安全保障方案。

第二十七条　传统村落内的不可移动文物、传统建筑的所有权人应当按照传统村落保护的要求，负责维护和修缮。

县级以上地方人民政府应当对传统村落内传统建筑的维护和修缮给予补助。

传统村落内的传统建筑有损毁危险，所有权人不具备维护和修缮能力的，乡镇人民政府(街道办事处)应当采取措施进行保护。

任何单位或者个人不得损坏或者擅自迁移、拆除传统村落内的传统建筑。

第二十八条　传统村落内传统建筑的修缮应当采用传统建造技艺，提倡采用地方传统材料。

县级以上地方人民政府应当加强传统村落保护队伍的建设和专业人才的培养，传承和发展传统建造技艺。

第二十九条　任何单位和个人不得擅自移动、涂改或者损毁传统村落内设置的传统村落保护标识标牌。

第三十条　省、设区的市人民政府住房城乡建设主管部门应当建立传统村落保护发展专家库，传统村落所在地县(市、区)人民政府应当从专家库中聘请专家，在档案建立、规划编制、项目实施等方面提供技术支持和现场指导。

第三十一条　鼓励在传统村落内有序开展旅游、休闲度假、传统手工艺和传统技艺加工制作等生产经营活动，促进传统村落与当地经济社会同步发展。

对非物质文化遗产的利用应当保护其相关实物和场所，注重对非物质文化遗产的挖掘和活态传承，防止滥用和过度开发。

第三十二条　鼓励传统村落原住居民参与传统村落的保护和利用，保障原住居民的合法权益。

鼓励企业事业单位、社会团体和个人以捐赠、出资、设立基金、提供技术服务或者租用传统建筑等方式支持传统村落的保护和利用。

第三十三条　鼓励建立传统村落保护志愿者服务队伍，引导社会公众参与传统村落保护和宣传工作。

第三十四条　已认定公布的传统村落因保护不力致使其历史、文化等价值受到严重影响的，省人民政府将其列入濒危名单，予以公布，并责成所在地设区的市人民政府限期采取补救措施，防止情况继续恶化，并完善保护制度，加强保护工作。

第三十五条　已认定公布的传统村落因保护不力或者意外突发事件造成严重破坏，导致其历史、文化等价值丧失，不再具备传统村落条件的，省人民政府将其从已公布的保护名录中予以删除。

第五章　法律责任

第三十六条　违反本办法规定的行为，法律、法规已有处罚规定的，从其规定。

第三十七条　地方各级人民政府及其有关主管部门的工作人员在传统村落保护工作中，玩忽职守、滥用职权、徇私舞弊，导致传统村落遭到严重破坏的，依法给予处分；构成犯罪的，依法追究刑事责任。

第三十八条　违反本办法第二十七条第四款规定，损坏或者擅自迁移、拆除传统村落内的传统建筑的，由县(市、区)人民政府住房城乡建设主管部门责令停止违法行为、恢复原状或者采取其他补救措施，对单位可以处以5000元以上3万元以下的罚款，对个人可以处500元以下的罚款；对传统村落价值造成损失的，依法承担赔偿责任。

第三十九条　违反本办法第二十九条规定，擅自移动、涂改或者损毁传统村落内设置的传统村落保护标识标牌的，由县(市、区)人民政府住房城乡建设主管部门责令限期改正、恢复原状或者采取其他补救措施，逾期不改正或者未采取其他补救措施恢复原状的，对单位可以处2000元以上1万元以下的罚款，对个人可以处200元以下的罚款。

第六章　附则

第四十条　传统村落所在村庄被认定为历史文化名村的，应当遵守历史文化名村保护相关法规、规章的规定。

第四十一条　在传统村落保护范围内涉及文物保护、非物质文化遗产保护的，应当遵守文物保护、非物质文化遗产保护相关法律、法规的规定。

第四十二条　本办法所称传统建筑，是指在传统村落中，在建筑风格、结构样式、建造技艺等方面具有历史、文化、科学、艺术、教育价值，未被公布为不可移动文物的建筑物、构筑物。

第四十三条　本办法自2017年12月1日起施行。

分送：各市、县(市、区)人民政府，省各委办厅局，省各直属单位。省委各部委，省人大常委会办公厅，省政协办公厅，省法院，省检察院，省军区。

江苏省人民政府办公厅

2017年9月30日印发

江苏省内河水上游览经营活动安全管理办法

第一章　总则

第一条　为了加强内河水上游览经营活动的安全管理，保障公民生命与财产安全，依据《中华人民共和国安全生产法》《中华人民共和国旅游法》《中华人民共和国内河交通安全管理条例》等法律、法规，结合本省实际，制定本办法。

第二条　在本省行政区域的内河水域从事水上游览经营活动的有关安全管理，应当遵守本办法。

本办法所称水上游览经营活动，是指利用船舶或者浮具(以下统称船舶)在河道、湖泊、水库、滩涂、湿地、公园、景区等区域从事水上游览观光、休闲竞技等经营活动的总称。

长江江苏段通航水域水上游览经营活动的水上交通安全监督管理按照国家有关规定执行。

第三条　县级以上地方人民政府应当加强领导，督促有关部门依法履行水上游览经营活动安全生产监督管理职责，协调、解决本行政区域水上游览经营活动安全生产监督管理重大问题。

旅游管理部门负责水上旅游安全的综合协调和监督管理，承担旅游景区内水上游览经营活动安全生产的行业监督管理。

交通运输管理部门地方海事管理机构负责本行政区域长江以外的内河通航水域水上游览经营活动的水上交通安全监督管理，承担非通航水域水上游览经营活动的水上交通安全备案管理。

安全生产监督管理部门依法对本行政区域水上游览经营活动安全生产工作实施综合监督管理。

住房城乡建设、园林部门负责指导城市公园、风景名胜区内水上游览经营活动的安全监督管理；发展改革、公安、环保、交通运输、农业、林业、水利、工商、质监、体育、渔政渔港监督等管理部门和机构按照各自职责，做好水上游览经营活动安全生产监督管理工作。

乡、镇人民政府(街道办事处)、开发区(园区)管理机构等应当按照职责，加强对本区域内旅游经营者安全生产状况的监督检查，协助有关部门依法履行水上游览经营活动安全生产监督管理职责。

开展水上游览经营活动区域的管理机构应当建立健全安全保障制度，加强安全管理，保障游览安全，并督促水上游览活动的经营者(以下简称旅游经营者)接受有关部门依据法律、法规进行的安全生产监督检查。

第二章　旅游经营者安全义务

第四条　旅游经营者应当经过工商登记，并依法取得水上游览活动的经营许可或者经营权。

第五条　水上游览经营活动涉及内河通航水域内旅客运输的，旅游经营者应当依法取得交通运输管理部门的水路运输业经营许可。

第六条　非通航水域的水上游览经营活动，旅游经营者应当将水上游览活动项目批准文件、游览活动说明和法定登记、检验的船舶及其船员适任材料等，在开业15日前向所在地地方海事管理机构备案。

地方海事管理机构收到旅游经营者提交的备案材料后，应当查验备案材料、核实其水上游览经营活动所涉及的水上交通安全事项，依据本办法和水上交通安全的有关规定形成《水上交通安全管理建议书》，并自收到备案材料之日起10日内，连同《水上游览经营活动备案材料收存清单》，一并送达旅游经营者；《水上交通安全管理建议书》应当同时送交所在地旅游管理部门、行业管理部门和其他负有水上游览经营活动安全生产监督管理职责的部门和相关管理机构。

旅游经营者应当对《水上交通安全管理建议书》组织研究，并在开业前落实相应安全管理措施。

备案事项发生变化时，旅游经营者应当在15日内重新备案。

第七条　旅游经营者是水上游览经营活动安全生产的责任主体。旅游经营者及其主要负责人应当遵守本办法和其他安全生产法律、法规、规章的有关规定，加强安全生产管理，建立健全安全生产责任制和安全生产规章制度，改善生产条件，推行安全生产标准化建设，落实安全保障措施，提高安全生产水平，确保水上游览经营活动安全。

旅游经营者应当编制安全生产突发事件应急救援预案，与所在地县级以上地方人民政府编制的生产安全事故应急救援预案相衔接，并定期组织演练。

布设的突发事件救助设备和设施应当定期维护，确保处在可以适时启用的应急救助状态。

旅游经营者应当遵守国家环境保护相关规定，避免水上游览经营活动造成环境污染。

第八条　旅游经营者应当依法设置安全管理机构与安全管理人员，履行下列管理职责：

（一）组织或者参与拟订本单位安全生产规章制度、操作规程和生产安全事故应急救援预案；

（二）组织或者参与本单位安全生产教育和培训，如实记录安全生产教育和培训情况；

（三）督促落实本单位安全生产管理措施；

（四）组织或者参与本单位应急救援演练；

（五）检查本单位的安全生产状况，及时排查治理生产安全事故隐患；

（六）制止和纠正违章指挥、强令冒险作业、违反操作规程的行为；

（七）督促落实本单位安全生产隐患的整改措施；

（八）组织安全生产日常检查、岗位检查和专业性检查，并每月至少组织一次安全生产全面检查；

（九）督促各部门、各岗位履行安全生产职责，并组织考核、提出奖惩意见；

（十）参与所在单位事故的应急救援和调查处理。

第九条　旅游经营者应当配备满足相应水上游览项目安全管理需要的专职项目管理员和专职救生员。

第十条　旅游经营者的主要负责人和安全管理人员，应当按照规定参加行业管理部门和其他负有水上游览经营活动安全生产监督管理职责的部门组织的安全知识、业务知识的培训教育。

第十一条　旅游经营者应当建设覆盖游览专属水域与岸线的视频和电子信息管理系统，确保安全管理人员可以通过信息平台实施后台巡视和管理。

视频和电子信息应当按照负有水上游览经营活动安全生产监督管理职责的部门要求向其同步传送。

第十二条　新增水上游览项目时，旅游经营者应当按照国家有关规定组织安全评价，落实相应安全措施。

安全评价意见应当作为旅游经营者、行业管理部门和其他负有水上游览经营活动安全生产监督管理职责的部门对水上游览项目实施安全管理的依据。

第十三条　用于水上游览经营活动的码头，应当依法履行审批手续，按照有关规定通过验收后投入使用；其他靠泊设施应当满足船舶的安全靠离，符合相应水上游览项目游客行走、上下船舶的安全技术条件。

码头和其他靠泊设施不得在饮用水水源保护区内设置。

第十四条　旅游经营者应当兼顾游览专属水域的水深条件、河床平整程度、岸坡型式等客观因素，合理划分游客自行操控船舶活动水域，设置自行操控船舶活动水域边界警示标志。

游客自行操控船舶活动项目使用的码头或者其他靠泊设施应当设置告示牌，标注水上游览项目规程、游客须知和水上游览项目平面图等。

内河通航水域、渔港水域不得规划建设由游客自行操控的体验休闲、趣味竞技等影响通航安全的水上游览项目。

饮用水水源保护区、自然保护区核心区和缓冲区、渔业养殖规划区、湿地公园的湿地保育区和恢复重建区内禁止从事水上游览经营活动。

第十五条　旅游经营者设置游览船舶航线时，应当与河道、湖泊的泄水口门保持足够的安全距离，避免或者减少游览船舶之间的平面交叉相遇，航线不得横穿游客自行操控船舶活动水域。

高速船航线之间、高速船航线和其他船舶航线、高速船航线和游客自行操控船舶活动水域边界线之间，应当留足安全距离。

第十六条　旅游经营者在游览专属水域设置的自用船舶加油（气）设施，应当具备相对独立的、封闭的作业专用码头或者场所，与游客通道或者游客等候游览场所保持不少于 18 米的安全距离。

第十七条　旅游经营者应当加强游览专属水域与岸线等生产经营场所的管理，制止和本单位无关的水上游览经营活动或者影响本单位水上游览经营活动安全生产的行为。

对不听劝阻、其行为扰乱本单位水上游览经营活动安全生产的，旅游经营者应当报请所在地公安机关依法处理。

第十八条　发生游客落水、危及游客人身安全的险情或者人员伤亡事故，旅游经营者应当按照突发事件应急预案立即组织自救和疏导；发生人员伤亡、失踪事故或者危及 5 人以上游客人身安全的险情，旅游经营者应当将遇险或者伤亡事故的时间、位置、原因、现状和救助要求等信息，及时、如实报告负有水上游览经营活动安全生产监督管理职责的部门和所在地水上搜救中心。

第三章　生产安全

第十九条　用于水上游览经营活动的船舶应当依法登记、检验，取得相应证书。

不适用法定登记、检验的船舶，旅游经营者应当定期进行检测与评价，安排维护，消除安全隐患。

第二十条　用于水上游览经营活动的船舶应当按照规定标准配备足够的救生、消防、环保设备和器材，并在船舶显著位置永久性标注水上游览项目和编号、载客数量、救助电话等信息。

第二十一条　湖区、大型库区游览航行时间超过 1 个小时的客船，应当安装电子定位设备、船岸通讯器材等助航设施，保证船舶在规定的航线或者活动水域航行，保持船岸之间有效的通讯联络。

第二十二条　以蓄电池为动力的船舶，蓄电池不得存放在密闭处所，其存放处所应当设置禁止明火、禁止吸烟等警示标志。

第二十三条　船员等船舶操作人员应当具备国家规定的相应资质，遵守水上游览项目操作规程。

第二十四条　项目管理员应当按照岗位职责严格执行有关规定，履行下列管理职责：

（一）维护码头秩序；

（二）提醒水上游览项目注意事项；

（三）提醒老弱病残孕和未成年人的同行人员或者监护人做好安全陪护；

（四）记录出航船舶载客人数，制止船舶超过规定的载客数量载运游客；

（五）制止船员或者船舶操作人员、游客未按照规定穿着救生衣或者救生浮具的船舶出航；

（六）制止不适航的船舶出航；

（七）制止不具备操作资格的人员驾驶船舶出航；

（八）制止船员、船舶操作人员、游客酒后驾驶或者操控船舶；

（九）制止船舶违反规程的加油（气）、充电等作业；

（十）履行突发事件应急预案相应管理事务。

第二十五条　专职救生员应当满足相应项目安全管理需要，按照岗位职责严格执行有关规定履行下列管理职责：

（一）负责水上游览经营活动期间的水域岸线流动巡视；

（二）制止自行操控船舶之间打闹嬉戏、超越水域警示标志航行等行为；

（三）制止未在码头或者靠泊设施上下游客或者船舶之间的过驳游客等行为；

（四）发生突发事件按照应急预案程序报告险情和事故，救助、处置落水遇险游客；

（五）制止与本单位无关的水上游览经营活动或者影响本单位水上游览经营活动安全生产的行为；无法制止或者制止无效的，应当立即上报。

第二十六条　旅游经营者的安全管理人员、船舶操作人员、项目管理员、专职救生员饮酒、使用国家管制的精神药品或者麻醉药品的，不得当班履职。

第二十七条　船舶在内河通航水域、渔港水域从事游览活动，应当按照规定的航线行驶，严格遵守船舶航行规则。

游览船舶横越或者掉头航段，旅游经营者应当根据海事管理机构的要求设置警示标志，提示过往船舶加强瞭望、谨慎驾驶、采取安全航速通过。

第二十八条　禁止下列危及水上游览经营活动安全生产的作业行为：

（一）与顺航线行驶的船舶抢航、强行追越；

（二）在被追越船舶的前方阻拦；

（三）在顺航线行驶船舶的前方突然横越、强行横越或者掉头；

（四）高速船在游览专属水域从事渡运经营；

（五）高速船全速回转、大舵角转向等危及安全的操作行为；

（六）在加油（气）作业专用码头或者场所以外进行船舶加油（气）作业，或者船舶承载游客时从事加油（气）作业或者设备检修作业；

（七）不具备夜航条件的船舶夜航；

（八）在能见度不良以及不适合水上游览经营活动正常开展的其他情形下的作业行为。

第二十九条　船舶应当在规定的码头或者靠泊设施上下游客。遇有紧急情况，需要在其他区域靠泊上下游客的，应当确保游客上下船舶的安全。

第四章　安全监督

第三十条　县级以上地方人民政府应当根据水上游览经营活动的状况，组织有关部门按照职责分工，对本行政区域从事水上游览经营活动的旅游经营者进行安全监督检查。

第三十一条　负有水上游览经营活动安全生产监督管理职责的部门和相关管理机构应当按照安全生产年度监督检查计划进行监督检查，发现事故隐患，应当依法处理。

水上游览经营活动的安全生产事故隐患逾期未整改到位或者发现不再具备安全生产条件的，有关部门应当依法处理，并向社会公布。

第三十二条　海事管理机构、渔政渔港监督管理机构应当依据职责和权限，加强其管辖水域的巡航监督管理，查处游览活动船舶涉及违反水上交通安全、渔港水域交通安全等有关规定的行为。

发现擅自开展水上游览经营活动的，海事管理机构、渔政渔港监督管理机构应当依法履行职责，责令停止航行或者作业；拒不停止的，应当依照有关法律、法规的规定采取相应措施。

第三十三条　河道、湖泊、水库、滩涂、湿地、公园、景区等区域的管理部门、管理机构应当制定计划定期巡查，发现擅自在所属区域从事水上游览经营活动的，应当及时制止并依法予以处理。

对违反本办法第十四条第四款规定的违法行为，相关部门应当及时制止并依法予以处理。

第三十四条　地方海事管理机构应当建立非通航水域水上游览经营活动备案抽查制度，制定检查计划实施监督检查，核查《水上交通安全管理建议书》涉及的水上交通安全管理措施落实情况，核实水上游览经营活动的备案信息。

发现水上游览经营活动船舶和船员的管理存在问题或者安全隐患，海事管理机构应当依法处理，责令限期落实整改措施，并函告所在地旅游管理部门、行业管理部门和其他负有水上游览经营活动安全生产监督管理职责的部门和相关管理机构。

第三十五条　违反本办法规定，负有水上游览经营活动安全生产监督管理职责的部门应当依据各自职责权限，按照有关法律、法规的规定处理。

第三十六条　负有水上游览经营活动安全生产监督管理职责的部门违反本办法，有下列行为之一的，对直接负责的主管人员和其他直接责任人员，依法给予处分；构成犯罪的，依法追究刑事责任：

（一）不按照规定对船舶实施登记、检验的；

（二）不依法实施监督检查或者督促整改安全隐患的；

（三）不按照规定履行组织救助职责的；

（四）其他玩忽职守、滥用职权的行为。

第五章　附则

第三十七条　本办法下列用语的含义：

浮具，是指旅游经营者从事水上游览观光、休闲竞技等活动时，除船舶以外用于搭载游客的器具总称。

高速船，是指依据内河高速船入级与建造规范进行检验，取得相应证书的船舶。

负有水上游览经营活动安全生产监督管理职责的部门，是指《中华人民共和国安全生产法》规定的安全生产监督管理部门和对有关行业、领域的安全生产工作实施监督管理的部门。

第三十八条　经营者不直接从事水上游览经营活动，但其经营活动涉及水上游览活动时，经营者的主管单位、行业管理部门应当将水上游览活动安全纳入经营者安全生产范围统一实施管理。

前款水上游览活动的游艇，按照游艇安全管理的有关规定实施管理；水上游览活动的农用自备船，按照农用自备船的有关规定落实管理责任。

第三十九条　本办法自2017年6月1日起施行

分送：各市、县（市、区）人民政府，省各委办厅局，省各直属单位。省委各部委，省人大常委会办公厅，省政协办公厅，省法院，省检察院，省军区。

江苏省人民政府办公厅
2017年3月1日印发

第三章　浙江省政府相关文件

浙江省关于加快建设海洋强省国际强港的若干意见

各市、县(市、区)人民政府,省政府直属各单位:

海洋是我省的重要资源和发展潜力所在,港口是我省具有比较优势的发展平台和开放窗口。为深入贯彻落实党的十九大和省第十四次党代会精神,全面加快建设海洋强省、打造国际强港,现提出如下意见:

一、总体要求

(一) 指导思想。以习近平新时代中国特色社会主义思想为指导,坚持新发展理念,坚定不移沿着“八八战略”指引的路子走下去,按照省委关于实施“5211”海洋强省行动等决策部署,深化实施涉海涉港领域供给侧结构性改革,深度参与国家“一带一路”、长江经济带战略,有力促进大湾区、大花园、大通道实施,加快建成与高水平全面建成小康社会、高水平推进社会主义现代化建设相适应的海洋强省、国际强港,支撑我省海洋事业干在实处、走在前列、勇立潮头。

(二) 发展目标。到 2022 年,在海洋开发、利用、保护和管控等方面形成居国内前列的综合实力,拥有比较发达的海洋经济、全球一流的海洋港口、较为完善的现代海洋产业体系、可持续的海洋生态环境、先进的海洋科技和较强的海洋综合管控能力,力争全省海洋经济生产总值、沿海港口货物吞吐量、沿海港口集装箱吞吐量、国际航运中心指数评价宁波舟山得分、港口大宗货物交易额、海洋科技贡献率、较清洁海域占比、省海港集团总资产等主要指标位居沿海各省市、国内各主要港口(集团)前列,海洋强省、国际强港建设对全省经济社会发展支撑作用明显增强。

——海洋经济发展实力强。全省海洋经济生产总值力争达到 14000 亿元,年均增幅保持在超全省生产总值增幅 1 个百分点以上,占全省生产总值比重达到 18% 左右,占全国海洋经济生产总值比重达到 12% 左右,海洋经济三次产业结构比重为 5∶37∶58。

——海洋港口引领能力强。基本建成全球一流的现代化枢纽港、航运服务基地、大宗商品储运交易加工基地、港口运营集团,打造世界级的铁矿石分销中心、粮食集散中心和油品储运加工贸易加注中心。沿海港口货物吞吐量达到 15 亿吨,集装箱吞吐量达到 3200 万标箱,其中宁波舟山港分别达到 12.5 亿吨、3000 万标箱,全球第一大港、集装箱主干线港地位更加稳固。省海港集团总资产达到 2200 亿元。

——海洋产业竞争能力强。临港先进制造、绿色石化、港航物流、滨海旅游、现代海洋渔业等优势产业持续做大做强,海水淡化与综合利用、海洋医药与生物制品、海洋环保、海洋清洁能源、海洋勘探开发服务等新兴产业取得重大突破,海洋新兴产业占海洋经济生产总值的比重提高到 37% 左右。

——海洋生态保护能力强。全面落实海洋生态红线管控,在沿海各县(市、区)中建成 10 个以上省级和国家级海洋生态建设示范区,形成各具特色的海洋生态保护模式。较清洁海域比例达到国家对我省考核指标要求,海洋保护区面积占比达到 11% 以上,大陆自然岸线保有率确保不低于 35% ,海岛自然岸线保有率不低于 78% ,美丽海洋建设成效明显,海洋生态文明建设走在全国前列。

——海洋科教创新能力强。涉海“双一流”高等教育跻身全国前列,集聚一批涉海领域院士和学科领军人物。海洋生物资源和生态环境、海洋工程与装备、海洋防灾减灾等重点领域重大科技专项加快实施,海洋共性关键技术取得较大突破。

——海洋综合管控能力强。基本形成完备、高效的海洋综合执法体系和海洋环境风险防范体系。初步建立配套完整、上下顺畅、协调统一的海洋资源科学管控体系。海洋减灾防灾等安全应急体系更趋

完善，海洋灾害预警报准确率明显提升，海洋灾害隐患整治初见成效。

（三）空间布局。

推动形成“一核两带三海”的空间布局。“一核”，即做强由宁波舟山港和宁波、舟山两大港口城市构成的海洋强省建设核心区，争取设立国家级宁波“一带一路”建设综合试验区，不断提高其对海洋强省建设的引领力。“两带”，即依托沿海城市和重大涉海涉港战略平台、重大开放合作平台，构筑环杭州湾和温台两大现代海洋产业发展带。“三海”，即联动发展海港、海湾、海岛，推进全省海洋港口一体化、集群化发展和打造世界级港口集群，推进以杭州湾为引领、全省重要港湾联动的大湾区建设，推进大、小洋山，大、小鱼山，大、小门和黄泽山、双子山、鼠浪湖、衢山、金塘、六横、普陀山、朱家尖、桃花岛、梅山、大榭、头门、大陈、状元岙、灵昆等一批重要海岛开发与保护。

二、着力打造国际强港和世界级港口集群

1. 深化推进港口一体化改革。继续深化港口一体化改革，积极争取和探索建设自由贸易港，强化我省“一带一路”和长江经济带的战略支点地位，确保全省海洋港口发展继续走在全国前列。

优化沿海港口一体化发展格局，以宁波舟山港为“一体”，以浙南温州港、台州港和浙北嘉兴港等为“两翼”，联动发展义乌国际陆港和其他相关内河港口，持续打造“一体两翼多联”港口发展格局。优化全省沿海港口码头功能布局，统筹全省岸线、航道、锚地规划建设，深化沿海港口资源一体化运营管理，提高沿海港口资源科学开发、集约利用水平。理顺船舶引航体制，推进宁波舟山港调度一体化。深度推进省海港集团一体化融合。加强口岸监管一体化，全面开展“单一窗口”建设，推进口岸监管服务信息互换、监管互认、执法互助，提高通关效率，优化口岸通关环境。

2. 集中力量建设“核心层”港口。进一步凸显宁波舟山港作为浙江港口集群的“核心层”港口地位，确保率先建成国际一流现代化枢纽港。落实《宁波—舟山港总体规划(2014—2030 年)》，坚持统一规划、循序渐进、突出重点、分期实施，重点发展大宗商品储运中转和集装箱运输，促进宁波舟山港由传统运输平台向物流平台、信息平台、贸易平台、产业平台、金融平台拓展。适应船舶大型化、特种化要求，统筹建设新一代泊位及其配套航道锚地，集聚建设宁波舟山港大宗商品泊位区、集装箱泊位区。改扩建老旧码头，集中布局建设若干多式联运泊位及分拨平台，在梅山、金塘等港区布局建设一批 10 万吨级以上集装箱泊位，在黄泽山、双子山、鼠浪湖、衢山、岙山、外钓、六横、马迹山等岛屿布局建设一批 20 万吨级以上油品和铁矿石泊位。争取海关总署在宁波舟山港试点开展集装箱沿海捎带业务。加强宁波舟山港信息数据联网和标准化建设，实现港口内部信息横向互联互通，构建集成化、一体化运营管理平台，建设具备全面感知、自主装卸、全程参与、智能决策、持续创新和绿色环保的智慧港。

3. 深度融合“紧密层”和“联动层”港口。围绕发挥宁波舟山港在货源组织、业务流向等方面的辐射带动作用，以“两翼”为“紧密层”，以“多联”为“联动层”，统筹全省港口功能布局，优化调整全省港口及重点港区功能定位。温州港、台州港打造区域性大宗散货中转港、产业配套港、集装箱支线港，以及参与“一带一路”战略、开展对台经贸合作的重要港口。嘉兴港及嘉兴内河港和杭州港、绍兴港、湖州港等内河港口打造我省海河联运重点发展区，谋划建设杭嘉湖地区海河联运经济大通道。义乌国际陆港打造支撑义甬舟开放大通道建设的战略支点。金华市、衢州市、丽水市等地的内河港口打造具有较强喂给功能的内河出海口。完善综合开发模式，推动建设“码头＋ 物流园区”模式的港航物流基地、“储备＋加工＋ 运输”模式的大宗商品交易基地、“码头＋ 保税区”模式的国际中转贸易基地，推动港口功能向涵盖仓储、物流、信息、商贸的综合功能拓展。

4. 积极布局“辐射层”港口。以省海港集团为主体，引导我省企业积极开展省外、境外港口投资运营，加快布局“辐射层”港口。扩大对长江沿线码头的投资，通过自主开发或合作开发等方式拓展长江沿线码头布局。支持沿海港口抓住舟山江海联运服务中心建设的重大机遇，着力发展江海联运，大力促进江海直达运输业务发展，打造大宗散货储存、转运、加工、分拨中心，提升对长江沿线地区的揽货能力。

鼓励省海港集团与招商局集团等大型央企开展深入合作，以东南亚、南亚、大洋洲地区为先导，积极实施“走出去”战略，实现向境外延伸辐射。支持宁波舟山港与“一带一路”、长江经济带沿线港口组建港口联盟。支持省海港集团以港口联盟为平台，以资本为纽带，以产业链物流链为主要领域组建港航联盟。推动跨国跨境“友好港”“姊妹港”建设。发挥宁波舟山港与国际知名航运、物流企业长期合作优势，建立更为紧密的合作机制，建成高效率低成本的对外开放服务与支撑体系，将省海港集团、宁波舟山港集团打造成具有国际竞争力的跨国投资经营集团。

5. 不断完善集疏运和多式联运体系。以义甬舟开放大通道建设为重点，以海港、陆港、空港、信息港“四港”联动为支撑，进一步完善港口集疏运体系。以舟山江海联运服务中心为依托，以浙北内河航运市场为重点，突出江海联运、海河联运，突出全省重要内河港口节点，推进运输方式“弃陆走水”、物流通道“由外（省外）转内（省内）”，加快实施“两翼”港域重大航道项目建设和“多联”港域内河作业区、高等级内河航道建设，完善集装箱和大宗商品江海、海河联运布局。提升海铁联运，大力发展北仑、镇海、穿山及金塘港区海铁联运，推进头门港、乐清湾、独山港区和义乌铁路口岸、湖州铁公水综合物流园区等港域建设海铁联运项目。优化海公联运，完善港区疏港道路、堆场网络，提升调度、配货、集拼、分拨等服务能力。发展海空联运，增加航空货运航线，完善海港和空港的陆路接驳系统。提升陆运服务业水平，完善适应海铁联运、海公联运、海河联运等需要的综合服务体系。

6. 着力提升航运服务能力。依托中国（浙江）自由贸易试验区建设，以宁波东部新城和舟山新区新城为核心，加快建设国际航运服务基地，探索促进油品、矿石、粮食等大宗商品贸易的航运制度和运作模式。加快建设宁波国际航运物流产业集聚区，推进中高端航运服务业发展，建成航运产业核心示范区和重要集聚平台。

加大“海上丝路指数”研发力度，增强指数权威性。加快建设国际海事服务基地，建成东北亚保税燃料油加注中心和国际配矿贸易中心、区域性矿石信息中心。拓展国际船舶管理服务和外轮服务，吸引海事仲裁机构和船级社等入驻，鼓励金融机构增设海洋金融分支机构。加快建设国际油品储运基地和油品交易中心，建立国储、义储、商储、企储相结合的储存体系和运作模式，建设具有国际影响力的原油交易市场。创新推进中国（浙江）大宗商品交易中心和浙江海港大宗商品交易中心建设。

三、大力发展现代海洋产业

7. 做大做强优势产业。重点发展有较好基础和较强实力的优势产业，将其打造成具有国际竞争力的强势产业。把握绿色化、高端化趋势，推动重点领域链式拓展，着力构建环境优化、产品高端、技术先进的海工装备和高端船舶制造产业体系，打造世界级海工装备和高端船舶制造基地。发挥临港区位优势，重点发展绿色石化、液化石油气资源综合利用、新能源汽车、石化及煤化工装备、航空装备、先进发电装备、交通装备、工程施工装备、工业机器人特种装备等临港先进制造业。围绕智慧物流发展和大宗商品交易能力提升，大力发展港航物流与大宗商品贸易，巩固提升港航物流及大宗商品贸易行业在全国的领先位置。按照发展全域旅游要求，着力发展高端旅游、主题旅游、新兴旅游和邮轮、游艇等产业，推动海洋旅游向多元化、跨界化发展，建设长三角区域中高端海洋旅游中心。深入实施浙江渔场修复振兴计划，建设绿色渔业实验基地，鼓励渔业与旅游业融合发展，推进海洋渔业转型升级。建设海洋渔业特色产业区，着力发展优质、生态、高效的水产养殖业，提升海产品精深加工业。建好国家远洋渔业基地，做强远洋渔业。

8. 大力扶持潜力产业。针对有一定基础和较大发展空间的潜力产业，扩大产业规模，提升产业层次。致力发展高端航运服务业，加快江海联运数据交换中心、国际海事综合服务中心等平台建设，加快航运金融保险、航运教育培训、船舶融资租赁、船舶设计检测、航运仲裁、海事法律等服务业发展升级。加强杭州、宁波、温州、舟山、台州等地海洋信息与科创服务基地建设。加快发展海洋科技服务、海洋电子信息服务、海洋电子制造等海洋信息与科创服务业。以结构功能复合化、功能材料智能化、材料器件

集成化、制备技术绿色化为目标，大力发展海洋工程材料、海洋生物材料等海洋新材料业。建设舟山国家级海水淡化应用综合试点示范城市、杭州海水淡化技术与装备制造基地，运用先进的海水淡化、海水化学资源利用等技术，创新发展海水综合利用业。结合海洋生态文明建设，重点发展海洋环保技术研发与设备制造、海洋污染治理、海洋生态修复等海洋环保产业。

9. 积极布局未来产业。找准若干个基础薄弱但符合发展方向、可望成为蓝海的"未来产业"进行专项攻坚和突破。依托杭州生物产业国家高技术产业基地、定海国家海洋科技示范园区、普陀海洋生物高技术产业基地、台州国家级浙江化学原料药基地、绍兴滨海海洋生物医药产业基地，创新海洋医药业发展路径，开发一批具有资源特色的新型海洋生物制药(品)，形成海洋生物制药(品)产业群。集聚发展海上风能、海岛太阳能、沿海核能、海洋能等海洋新能源产业，重点打造秦山核电、三门核电、苍南核电三大核电发展区和岱山潮流能开发试验区，推动出台新能源领域相关法规和行业标准，努力建成全国海洋新能源中心。加强海域矿产资源潜力调查与评价，探索形成海洋资源勘探开发体系，建设世界级海洋勘测平台，努力打造海洋矿业资源勘探开发冶炼全产业链。

10. 培育建成一批现代海洋产业功能区。充分发挥现有25个海洋特色产业基地、5个省级海洋经济试验区等平台的基础性作用，围绕全国领先、省内一流的目标导向和要求，进一步聚焦空间和产业，争取分批创建象山半岛、温州湾、嘉兴滨海、舟山特色海岛、三门东部等国家级海洋经济示范区。着眼于产业链建设、集群化发展和领军企业培育，高水平培育建设海工装备及高端船舶、航空装备、临港先进制造、绿色石化、港航物流、滨海旅游、现代海洋渔业、高端航运服务、海洋信息与科创服务、海水淡化及综合利用、海洋生物制药(品)、海洋清洁能源等一批海洋特色产业功能区块，为浙江海洋产业集聚发展提供空间支撑。

四、全面加强海洋生态建设

11. 加强海洋资源节约集约利用。培育海洋产权交易市场，推进海域资源市场化配置，建立资源开发利用管理机制。落实海域海岛有偿使用制度和海域使用权招拍挂出让制度，严格海域使用金征收标准。探索实施港口岸线资源使用权招拍挂制度。实施自然岸线保有率目标控制，加强围填海管理。落实海洋主体功能区制度，探索建立用海准入制度。严格实施涉海开发利用活动相关管控措施和海洋环境标准，开展涉海涉港相关规划和大规模用海的环境影响评价，优化项目用海布局。

12. 加强海洋保护区建设。在重点海洋生态功能区、生态敏感区、生态脆弱区等区域，新选划一批海洋自然保护区、海洋特别保护区，保护重要生态系统、物种资源和自然文化遗产，建成全省海洋保护区集群。加大海洋生态保护的投入与建设力度，有效推进海洋保护区建设，探索在基础设施、要素资源等领域实行海陆联动。实施重点海域海湾生态修复，组织实施全省海岸线整治修复三年行动计划等一批海洋生态修复示范工程，努力恢复受损海洋生态系统功能。加强岸线生态空间管控，在条件适宜的区域试点开展滨海生态廊道建设，保护岸线空间和滨海湿地。探索建立海洋环境承载能力评价机制，推动海洋环境监测体制改革和海洋空间资源监视监测网建设。推进建立海洋生态补偿机制。

13. 加强海岛保护与管理。明确海岛功能定位，严格按照规划确定功能实施开发利用。制定分区分类保护标准，建立重要海岛负面清单制度。探索开展离岸式滩涂围垦和人工岛建设，促进海岛资源开发多样化、远海化。加强海岛信息化管理及环境监测，提高数据分析评价水平，实现对海岛环境质量状况的有效监测、准确评价和监督管理。实施生态岛礁工程，加强海岛及周边海域生态系统保护。

14. 加强陆域入海排污口监管。健全海陆统筹、区域联动的海洋环境污染防治机制，强化涉海机构协同，加快实现涉海部门间监测数据共享和定期通报。实行污染物排海总量控制，不断削减陆源污染物入海排放量。开展对入海排污口的定期随机抽查，建立年度入海污染源巡查档案。全面清理非法或不合理设置的入海排污口。消灭入海河流劣Ⅴ类水质，实现陆源入海排污口稳定达标排放、省控重点入海污染源在线监测。严格落实源头保护机制、损害赔偿机制和责任追究机制。

15. 加强近岸海域污染防治。实施全省“十三五”近岸海域污染防治专项规划、实施方案和防治船舶及其有关作业活动污染海洋环境应急能力建设规划。强化海洋船舶防污染设备配备、水产养殖污染防治、海洋倾废监管。加快推进绿色港建设,加强船舶污染控制、码头污染源整治、危化品安全作业监管。深入推进杭州湾、三门湾、台州湾、乐清湾等重点区域水质污染治理和环境综合整治,加强温州湾、隘顽湾、漩门湾、大渔湾、渔寮湾、浦坝湾、沿浦湾等重要港湾污染整治和生态环境保护。控制象山港、三门湾、乐清湾等重点区域的海水养殖。

五、努力提高海洋科教文化发展水平

16. 加强海洋科技创新。按照服务海上浙江的定位,开展全省海洋科研平台整合,高水平建设浙江省海洋科学院,打造全国一流的海洋科技研发资源整合平台、省级海洋经济战略支撑平台和省级海洋综合管理创新平台。支持杭州国家自主创新示范区、浙东南自主创新示范区和舟山科学城等科创平台建设,增强海洋科技创新能力。加强与央企、名校的合作,争创涉海类国家级创新平台。规划建设宁波“蓝色硅谷”,加强海洋高新园区、涉海重点实验室、工程技术研究中心建设。加大海洋海港科研投入,开展海洋基础性、开发性、决策支撑性等共性技术研究,加快提升地质调查、环境监测、生态修复、防灾减灾、工程装备、再生能源等领域科研创新水平,提高海洋科研成果转化率。

17. 优化海洋教育。围绕“双一流”建设,做强海洋渔业科学与技术、水产养殖、港口航道与海岸工程、船舶与海洋工程、轮机工程、航海技术、海洋生物技术、油气储运工程等涉海类学科,建成与海洋强省相匹配的学科和专业群。扶持培育海洋环境科学、海洋遥感、海洋地理信息系统、海洋环境动力学等涉海类新兴学科。发挥涉海高校和科研机构对海洋产业发展的支撑作用,依托浙江省海洋科学院、国家海洋二所、省地勘局和浙江大学海洋学院、浙江海洋大学、宁波大学、浙江工业大学、杭州电子科技大学等单位,建立科研院所、高校、重点涉海涉港企业等组成的相关海洋产业发展联盟,推动涉海类学科融合交叉发展,支持涉海涉港科研院所、高校和学科建设走在全国前列。

18. 加大海洋人才引育。深入实施《浙江省海洋科技人才发展规划(2012—2020 年)》,把我省打造成涉海涉港高端人才聚集地。扩充浙江省领军型创新产业团队引进培育体系,谋划实施领军型创新产业团队引进培育工程,创新多元化投入、引进和利用人才机制,在海洋经济、海洋新兴产业、海洋现代服务业、海洋基础研究等重点领域引进和培育一批高精尖领军人才和团队。积极推动符合条件的高层次海洋科技人才申报国家、省“千人计划”。继续组织涉海涉港企业参加海内外引才活动。建立人才引进绿色通道,允许省海港集团等自主决定特殊业务和高端人才的引进,对高端人才实行薪酬预算单列。

19. 大力建设智慧海洋。制订智慧海洋建设规划。加大信息基础设施投入,推进智能船舶、港航、渔业、管理等工程和项目建设,打破信息孤岛,建设覆盖全省船、港、货的海洋港口信息服务综合平台,争取在港口信息化领域率先达到全球一流。扶持海洋信息服务业,培育和引进一批物联网科研机构和企业、一批海洋经济大数据服务提供商,构建港航大数据产业链。建设海洋信息产业基地,培育和做强“互联网+ 海洋商务服务”“互联网+ 海洋金融服务”“互联网+ 临港装备”“互联网+ 渔业管理”“互联网+ 环境监测”“互联网+ 执法管理”等新业态,逐步推动形成智慧海洋产业链。

20. 全面加强海洋意识培育。弘扬海洋文化,大力开展海洋生态文明宣传教育,多形式开发海洋文化旅游产品,形成一批海洋文化精品和海洋旅游精品,提升浙江海洋文化魅力。弘扬港口文化,做好在我省举办的海丝港口国际合作论坛相关工作,加强浙江作为古代陆上丝绸之路重要出发地、海上丝绸之路主要始发港的文化资源挖掘和文化遗存保护,争取申报世界文化遗产。加强对海洋国情、海洋权益、海洋通识、海洋科普的宣传教育,努力营造全社会关心海洋、认识海洋、经略海洋的良好氛围。

六、加强海洋综合管理能力建设

21. 提升海洋综合执法能力。加强规划管控、环境保护、海上综合执法、海上军民融合、海洋权益维

护等方面重大事项的指导、协调和监督，落实部门职责，强化相互协同。推广舟山海洋联动执法试点经验，支持温州、舟山等地开展海域管理改革和跨领域、跨部门海洋综合执法改革。深化涉海多部门联合执法机制，加强行政执法与刑事司法有效衔接，逐步建立权责统一、权威高效的海洋综合执法体系。加强基层执法力量，强化基层一线执法，推动涉海行政执法职能、装备整合。创新涉海群防群治体系，引导社会力量参与，构建全省海洋执法情报网络。

22. 提升海洋和港口安全应急处置能力。高标准谋划布局海洋和港口公共安全突发事件应急处置体系，提高应对海洋灾害、公共安全突发事件的应急反应和快速处置能力。建设应急物资装备储备体系，健全海河联运环境风险和危化品泄露事故应急预案。

完善海洋气象灾害监测，推进海洋、气象监测部门信息共享，增强海洋气象预警预报服务能力。加强港口港区、沿海社区、边远地区和海上作业渔船信息服务能力建设，解决海洋灾害警报信息传输短板。提升省市县三级海洋灾害应急指挥机构协调指挥能力，组织动员社会力量参与海洋公共安全突发事件的防范处置。

23. 提升海洋资源综合管控能力。开展海洋资源调查监测与评价，建设海洋资源数据库和评价应用平台。制定分区分类管控措施和资源用途管控办法，依法对海洋生态脆弱和敏感区域、海洋资源超载区域实施海洋工程限批制度。完善省市县三级海洋资源监测监控体系，开展海域、海岛、海岸线等空间资源动态实时监控和发布。建立完善一级市场政府主导、二级市场市场化配置的涉海涉港资源收储、出让、交易机制，试行涉海涉港资源收储证制度，开展港口岸线资源收储。

七、加大要素保障

24. 加大资金等政策支持。积极争取国家各项财政补助，推动国家和地方各级政府财政性资金整合投入海洋强省和国际强港建设。完善省海洋经济发展专项资金分配使用办法。积极争取调整铁路集装箱运价形成机制和货运价格结构，扶持发展宁波梅山保税港区、舟山马岙港区汽车滚装业务。加大对港航物流、航运服务信息化建设的政策支持力度，研究制订集装箱运输和海铁联运、海河联运相关支持政策。

25. 加强用地用海用水保障。对符合省重大产业项目申报条件的海洋产业项目，优先纳入省重大产业项目库，及时按规定下达用地奖励指标。支持沿海地区加快存量建设用地盘活挖潜，加大批而未供土地消化利用和闲置土地依法处置。完善用海审批目录，优化海域使用权招拍挂出让方案报批程序。实行围填海计划指标差别化管理，建立存量围填海逐步消化制度及围填海指标安排与存量围填海消化挂钩管理机制，对列入国家和省级重大战略的海洋港口项目，优先安排用海指标。制定填海海域使用权证书转化为国有土地使用权证书操作程序，研究凭海域使用权证书办理规划许可、施工许可等的具体办法。推进海岛地区引水工程建设。研究统一供应港口开发项目建设所需岸线及相应土地和海域。

26. 加大涉海金融支持。推动设立专业性海洋金融法人机构，支持和鼓励在浙金融机构设立专门服务海洋经济的专业性分支机构。支持省内金融机构通过组建银团贷款、出资参与设立海洋产业投资基金等方式，支持海洋经济发展。鼓励银行业金融机构推广船舶保函业务、并购贷款、贸易融资、供应链融资等产品，推进凭涉海涉港资源收储证办理金融机构抵押贷款，重点推进海域使用权抵押贷款业务，鼓励发展债券、金融租赁、资产证券化、产业基金等多样化融资，探索政府和社会资本合作(PPP)机制，拓宽海洋港口发展和海洋生态建设资金渠道。支持海洋渔业保险、物流保险等涉海保险产品创新。继续争取国家在涉海涉港国家战略举措领域金融政策、金融产品创新方面在我省先行先试。

27. 强化涉海涉港国家战略举措和重大开放平台的政策支撑。进一步落实浙江海洋经济发展示范区、浙江舟山群岛新区、舟山江海联运服务中心等国家战略举措的各项支持政策，努力形成政策叠加效应。继续跟踪交通运输部、国土资源部、国家海洋局、国家开发银行等单位与我省签署的有关涉海涉港战略合作协议的深化和落地，积极争取更多政策支持。加快推进中国(浙江)自由贸易试验区、义甬舟开放大通道建设，支持发展宁波“一带一路”建设综合试验区。

28. 做强做优做大省海港集团。发挥省海港集团在全省海洋资源开发和相关海洋新兴产业发展中的投融资主平台作用，支持省海港集团打造国际一流的港口运营商、特色航运服务提供商、港口供应链服务提供商和海洋港口资源综合开发商。支持省海港集团对省内优质货主码头、重要临港区块、涉海产业和“一带一路”、长江经济带沿线港口进行战略投资和项目开发。支持省海港集团以资产证券化等方式拓宽直接融资渠道，开展企业上市。支持省海港集团提高国际化水平，开展包括港口咨询、规划、建设、管理、经营、技术、人才培训等国际合作。

八、完善体制机制

29. 完善省内涉海涉港管理体制机制。统筹发挥省海洋港口发展领导小组、浙江海洋经济发展示范区工作领导小组等涉海涉港议事协调机构作用。全面落实省海港委主管全省海洋经济和海洋港口发展工作的各项职责。深化涉海涉港体制机制改革，在更高起点、更宽领域探索建立大海洋、大港口管理体制，加快形成上下顺畅、高效联动的海洋港口工作推进机制。建立健全湾区跨行政区域协调机制、利益共享机制、联合执法机制和湾区保护评价与责任追究制度。探索建立全省沿海、内河、内陆港口协同管理机制，深入推动口岸单位“放管服”改革。创新完善海洋经济统计监测方法，建立海洋经济统计监测季报工作机制。

30. 完善省际涉海涉港合作开放机制。坚持“引进来”和“走出去”并重，遵循共商共建共享原则，加强涉海涉港领域对外开放，形成陆海统筹开放格局。主动融入长三角区域一体化发展，积极建立浙沪常态化专项合作交流机制，加强重大前瞻性问题研究和政策协调，共建共享大、小洋山和大湾区等合作平台，探索设立协同发展基金，开展口岸管理联合执法。加强与其他沿海省市、长江经济带沿线省市在涉海涉港领域的合作，推动建立长三角区域并延伸至整个长江流域的生态环境综合整治与保护协调机制，推动实施长江流域省际界面污染物监测制度，推行入江入海污染排放总量控制。

31. 充分发挥涉海涉港重大项目对海洋强省、国际强港建设的基础支撑作用。定期更新全省海洋港口经济重大建设项目库，统筹推进全省海洋经济和港口经济重大项目建设。建立健全海洋港口重大项目“四个一批”建设推进机制，注重加强重大项目与开发性、政策性金融的融资对接，加快推进重大项目落地。推进海洋港口领域的“最多跑一次”改革，研究建立海洋港口项目审批绿色通道，优化服务环境。严格落实地方责任、部门责任和项目单位责任，积极开展重大项目建设跟踪服务，协调解决海洋港口重大建设项目推进中的突出问题。

浙江省人民政府

2017年11月24日

浙江省新一代人工智能发展规划

为贯彻落实《国务院关于印发新一代人工智能发展规划的通知》(国发〔2017〕35号)，加快人工智能技术攻关和深度应用，催生新兴产业，培育经济发展新动能，抢占发展制高点，促进全省经济社会智能化升级，特制定本规划。规划期限为2017—2022年，展望至2030年。

一、总体要求

(一)指导思想。全面贯彻党的十九大和省第十四次党代会、省委十四届二次全会精神，以习近平新时代中国特色社会主义思想为指导，认真落实党中央、国务院决策部署，充分发挥浙江在信息经济、人工

智能研发和产业化应用领域的先发优势，紧抓人工智能发展的重大战略机遇，加快浙江人工智能产业的前瞻性布局。坚持人工智能基础研究、研发攻关、产品应用、产业培育和人才集聚“五位一体”推进，围绕新一代人工智能技术发展方向和重点任务，以超常规力度集聚一批高端人才，打造一批创新示范平台，培育壮大一批领军企业，联合开展一批关键技术领域的协同攻关，推动一批相关技术的应用示范，构建基础坚实、技术领先、创新活跃、开放协作的人工智能创新生态体系。同时，强化人工智能对科技、经济和社会发展的全面支撑，努力打造具有全球影响力的人工智能创新高地，为推进“两个高水平”建设提供强有力支撑。

（二）基本原则。

政府推动。积极发挥政府在规划引导、环境营造等方面的重要作用，主动谋划重大项目和创新平台，加快优质创新创业资源集聚，推进项目、基地和人才统筹布局。

市场主导。充分发挥市场配置资源的决定性作用，更加突出企业等创新主体的作用，有效拓展领军企业的示范效应和带动能力，加快形成技术和产业的竞争优势。

紧盯前沿。把握人工智能技术的发展趋势，前瞻布局，优化配置创新资源，组织攻关，力争在已有一定基础的人工智能核心技术领域取得突破性进展。

应用引领。突出人工智能技术在经济、社会等各个领域的应用，开源开放，加快人工智能科技成果的转移转化，提升产业进步和社会发展的智能化水平。

优化机制。加快完善人工智能融合标准规范，建立科学有效的市场监管体系，积极营造健康的创新创业生态，加强试点示范，推进人工智能产业健康有序发展。

动态调整。适应人工智能技术快速发展的趋势，根据任务进展、阶段目标完成情况和技术发展新动向等，适时调整规划目标和重点任务，努力让浙江人工智能产业持续处于国内领先水平。

（三）发展目标。

力争到2022年，浙江在人工智能基础前沿理论、核心技术、支撑平台、创新应用和产业发展等方面取得重要进展，人工智能总体技术与产业发展水平全国领先，并与国际先进水平同步。

基础研究取得进展。浙江大学、之江实验室等一批高校和科研院所在大数据智能、跨媒体智能、混合增强智能、群体智能、自主智能系统和高级机器学习等基础理论领域取得重要进展，获得一批标志性科研成果。

研发攻关实现突破。建设若干国际一流的人工智能开放创新平台，在数据智能、自主智能、群体智能等领域取得若干重大突破，开发一批标志性战略产品，获得核心发明专利500项以上，主导或参与制定人工智能技术标准规范10项以上，初步建立开放协同的人工智能科技创新体系。

产业体系初步形成。培育20家国内有影响力的人工智能领军企业，形成人工智能核心产业规模500亿元以上，带动相关产业规模5000亿元以上，为浙江人工智能产业领先全国打下基础。

应用推广形成规模。人工智能技术在制造、交通、金融、医疗、教育和政务等领域率先应用和推广，建设一批有影响的基于人工智能即服务平台技术的重大应用项目，培育100家应用推广服务型企业，10个以上行业应用试点，10个人工智能应用示范县、高新技术园区和特色小镇。

人才集聚成效显著。布局建设5个形式多样、机制灵活、具有较强创新能力的研发平台并推动成为国家级人工智能创新平台，集聚50名人工智能领域全球顶尖科技人才、500名领军型创业人才、1000名高端研发人才、10000名工程技术人才、100000名高技能人才，壮大人工智能高端人才队伍，成为全国重要的人工智能高层次人才创新创业的集聚地。

力争到2030年，形成较为完备的核心技术、产业发展、推广应用的创新创业生态体系，人工智能在生产生活、社会治理等方面应用的广度和深度极大拓展，人工智能产业成为引领浙江经济社会快速发展的主导产业。同时，浙江日益成为全球有影响力的人工智能创新创业高地，在若干领域达到国际领先水平。

二、主要任务

（一）重点突破核心基础理论和技术瓶颈。

1. 人工智能基础理论。围绕增加人工智能创新的源头供给，加快启动人工智能重大基础理论研究专项，加强运算智能、感知智能、认知智能关联的大数据智能、跨媒体感知计算、混合增强智能、群体智能、自主协同控制与优化决策等理论研究，力争率先在大数据智能上实现突破。超前布局高级机器学习、类脑智能计算、新型边缘计算、知识计算引擎、跨媒体分析推理、群智感知知识获取、人机协同感知、自主协同控制、复杂动态场景感知和自主无人系统计算构架等基础研究。加强跨学科探索性研究，推动人工智能与神经科学、认知科学交叉融合，探索人脑感知和认知的可计算模型，支撑类脑计算理论的研究。

2. 核心关键共性技术。新一代人工智能核心关键共性技术的研发要以数据、算法、硬件为核心，以提升感知识别、知识计算、认知推理、人机交互能力为重点，形成开放兼容、稳定成熟的技术体系。研究知识计算引擎与知识服务技术，实现对知识持续增量的自动获取；研究跨媒体计算核心技术，实现跨媒体知识表征、分析、挖掘、推理、演化和利用；研究群体智能关键技术，实现基于群智感知的知识获取和开放动态环境下的群智融合与增强；研究混合增强智能新架构与新技术，构建自主适应环境的混合增强智能系统及支撑环境；研究面向复杂环境的自主无人系统共性技术，支撑无人系统应用和产业发展；研究虚拟现实智能建模技术，实现虚拟现实、增强现实等技术与人工智能的有机结合和高效互动；研究突破类脑计算芯片，实现具有多媒体感知信息理解和智能增长、常识推理能力的类脑智能系统；研究自然语言处理技术，推进人类与机器的有效沟通和自由交互，实现多风格多语言多领域的自然语言智能理解和自动生成。

3. 智能软硬件技术。推动人工智能核心算法的硬件化、系统化和平台化，支持人工智能相关的芯片、硬件、超算系统、开源架构和云平台等技术成体系发展，为壮大智能产业夯实基础。大力支持省内企业开展人工智能领域的芯片、传感器、操作系统、存储系统、高端服务器、关键网络设备、网络安全技术设备等基础硬件技术开发，打造高端智能硬件研发生产基地。积极发展光电子和微电子技术，重点突破人工智能专用芯片设计、封装、测试、制造技术，研制神经网络处理器芯片、图像处理芯片、智能传感芯片等，实现高端智能芯片跨越式发展。研制大数据环境下人工智能新范式统一计算框架平台和超算系统，为人工智能研究提供所需的各种工具集组件。优先支持国产智能操作系统的研发和产业化应用，研究面向人工智能优化的操作系统、中间件、开发工具等软件技术。加快发展以自动控制与感知技术、核心工业软硬件、工业互联网、工业云和智能服务平台为核心的工业自主软件技术体系，提升制造业与互联网融合的有效供给能力。加强研究开发新一代人工智能关键材料，努力建成国内重要的人工智能高端材料生产基地。

（二）加快推进人工智能产业化。

1. 智能安防。依托浙江智能安防产品优势，加强图像与视频精准识别、生物特征识别、智能感知、深度学习等多项关键技术研究，构建人脸精确识别、图像序列智能分析、目标行为理解和描述等多种复杂安防算法模型。加快研究面向社会治安、工业监控以及自然灾害等多种场景智能安防解决方案应用，加快基于人工智能的公共安防区域示范建设，实现重点公共区域安防设备的智能化改造升级。

2. 智能汽车。充分利用浙江在人工智能技术、汽车制造、新能源领域的先发优势，着力突破新能源汽车整车智能化技术、“车网融合”技术、智能汽车芯片和车载智能操作系统、高精度地图及定位、智能感知、智能决策与控制等重点技术，推动智能辅助驾驶、复杂环境感知、车载智能设备等产品的研发与应用，谋划建设智能网联试验场，加快培育智能汽车产品市场。

3. 智能机器人。推动互联网技术以及智能感知、模式识别、智能分析、智能控制等技术在工业机器人领域的深度应用，提升机器人产品在传感、交互、控制、协作、决策等方面的智能化水平。加快实施高

精密减速器、高性能机器人专用伺服电机和驱动器、高速高性能控制器、传感器、末端执行器等五大关键零部件自主研发。

支持浙江企业布局服务机器人蓝海市场，重点突破自然语言理解、解析与交互、复杂环境和生物特征识别等关键技术，开发具备视听、交流、判断和行为能力的服务机器人，推动服务机器人在医疗康复、家庭服务、公共服务等场景应用。

4. 智能家居。依托现有家电产业集群优势，整合和利用创新资源，重点突破智能传感、安全通信、人机交互、数据挖掘等关键技术，研发高性能、高感知、灵敏控制的传感设备和控制系统，实现家居产品的人机对话、行为交互、设备互联和协同控制等功能。加快新型可穿戴家居设备的研发和产业化。推进智能家居大数据平台建设，提升家居产品的个性化、智能化服务能力。

5. 智能硬件及产品。大力发展与人工智能关联的核心元器件、智能硬件和智能终端产品，延伸人工智能产业链。加快发展物联网基础器件，重点支持物联网高灵敏度、高可靠性智能传感器件和芯片开发及产业化，攻克射频识别、近距离机器通信等物联网核心技术和低功耗处理器。加快发展智能终端产品，重点支持发展视频智能终端、车载智能终端等移动智能终端产品和设备，开发智能手表、智能耳机、智能眼镜等可穿戴终端产品，拓展产品形态和应用服务。加快发展虚拟现实/ 增强现实/ 混合现实(VR/ AR/MR)技术，重点支持虚拟显示器件、光学器件、高性能真三维显示器、开发引擎等产品，建立虚拟现实与增强现实的技术、产品、服务标准和评价体系，推动重点行业融合应用。

（三）优化人工智能产业布局。

以杭州城西科创大走廊、国家和省级高新技术园区、高新技术特色小镇等为创新载体，加快人工智能专业园区的战略性、全局性布局，形成以杭州、宁波为核心，各地特色化发展的格局，推动人工智能集聚发展，构筑全球人工智能创新创业高地。

杭州市加快建设杭州未来科技城人工智能小镇、青山湖科技城微纳智造小镇、杭州(滨江)高新区人工智能产业基地、钱江世纪城 ABC 产业集聚区等产业平台，重点发展新型通信及网络设备、智能软硬件、智能机器人、无人机等智能终端及基础产品，积极推进智能安防、智能交通、智能环保、智慧医疗等智慧应用行业，努力打造全国人工智能产业集群引领区。

宁波市重点建设宁波高新区智能硬件园区、余姚智能新业港、宁海智能汽车小镇、北仑智能芯片基地、鄞州智能家电基地等产业平台，发展智能机器人、智能可穿戴设备、智能制造装备、智能家电、智能芯片等智能终端及硬件和智能信息基础材料，加快形成以人工智能高端制造为核心的产业体系。

其他各市要立足各自的基础条件和发展优势，制定人工智能行动方案，注重发挥高新技术园区、特色小镇、“双创”基地等作用，围绕人工智能产业链和创新链，完善创业孵化体系，积极谋划引进培育一批重大项目，加强金融、人才、政策等要素的优化配置，推进人工智能产业集群发展。鼓励并支持有条件的市县争取国家人工智能创新应用试点示范，支持德清加快推进智能生态城建设，争创国家人工智能创新应用试点示范县。

（四）推动人工智能示范应用。

1. 加快推进制造业智能化应用推广。以“中国制造 2025”为方向，面向浙江传统产业、块状经济区域和特定企业群体，启动“智能一代”制造技术应用推广专项，加快工业人工智能即服务平台应用技术、生产装备智能物联技术、生产制造新模式等技术研究和应用，探索基于机器感知和认知的智能制造执行系统，实现生产设备网络化、生产数据可视化、生产过程透明化、生产现场无人化。支持系统解决方案供应商联合装备制造商和软件开发商，推进关键技术装备、工业软件、工业互联网的集成应用，加快智能成套装备(生产线)开发。开展智能制造试点示范，推广离散智能制造、流程智能制造、网络化协同制造、大规模个性化定制、远程运维服务等五种模式，在纺织、服装、印染、皮革、汽车零部件、医药、建材、冶金、食品、包装等传统产业开展试点示范，带动全行业智能制造新模式应用，提升浙江制造业整体智能化水平。

2. 加快推进智能农业示范应用。结合浙江省国家农村信息化示范省建设，加快推进智能技术在精准农业上的推广应用。研制农业智能传感与控制系统、智能化农业装备、农机田间作业自主系统等。建立典型农业大数据智能决策分析系统，开展智能农场、智能化植物工厂、智能牧场、智能渔场、智能果园、农产品加工智能车间、农产品绿色智能供应链等集成应用示范。

3. 开展消费服务领域人工智能应用。围绕市场消费热点，优先在医疗、金融、商务、物流、教育、文创等领域开展人工智能应用试点，全面提升浙江人工智能的集群式创新创业能力，形成万亿级的市场规模。

智能医疗。参与我国智能医疗理论体系与总体技术框架构建，推广应用人工智能治疗新模式新手段，建立快速精准的智能医疗体系。开展智慧医院建设试点，率先在肿瘤疾病等病种建立辅助诊疗、自动诊断、用药推荐、健康预警等服务，实现智能影像识别、病理分型和智能多学科会诊，加快柔性可穿戴生理监测系统应用。

智能金融。充分发挥浙江金融软件企业相对集聚的优势，利用金融大数据平台，提升金融多媒体数据处理与理解能力。创新更多适合银行、证券、基金、保险、信托等金融类人工智能产品，建立以数据驱动为核心的智能风控、智能投顾、智能客服等分析应用系统，发展金融新业态，提升金融业在业务流程、业务开拓和客户服务等方面的智慧化水平。

智能商务。充分发挥浙江电子商务产业先发优势，紧扣消费需求，鼓励龙头企业运用跨媒体分析与推理、知识计算引擎与知识服务等新技术在商务领域应用，推广基于人工智能的新型商务服务与决策系统。鼓励围绕个人需求、企业管理提供定制化商务智能决策服务。

智能文创。利用浙江游戏娱乐、影视动漫等文创产业的发展优势，鼓励省内互联网企业在文化娱乐和工业设计领域率先开展行业应用，加快三维立体化购物、游戏、影视产品的混合现实发展，推动智能设计与产品创新设计的融合应用。加强智能技术在体育健身领域的应用，开发智能运动器材和智能可穿戴装备产品等，加快智能体育场馆建设，推进智能技术与竞技体育、全民健身的深度融合。

智能物流。完善智能物流分运配信息平台和服务系统，加强智能化装卸搬运、分拣包装、加工配送等智能物流装备研发和推广应用，建设深度感知智能仓储系统，提升仓储运营管理水平和效率。

智能教育。利用智能技术加快推动人才培养模式、教学方法创新，构建包含智能学习、交互式学习的新型教育体系。推进智能校园建设，构建以学习者为中心的智能教育基础环境。推动基于教育大数据的人工智能在教育管理、师资培训、课堂应用、教学评价等全流程应用。开展智能教育试点示范学校建设，开展基于数据的精准教学，推动个性化学习，全面推进智慧教育，促进教育教学转型。鼓励市场主体发展基于大数据智能、立体模拟等的在线教育培训平台。

智能健康和养老。加强群体智能健康管理，研发健康管理可穿戴设备和家庭智能健康检测监测设备，推动健康管理实现从点状监测向连续监测、从短流程管理向长流程管理转变。建设智能养老社区和机构，构建安全便捷的智能化养老基础设施体系。开发视听辅助设备、物理辅助设备等智能家居养老设备，推进老年人产品智能化和智能产品适老化。

4. 实现人工智能在公共服务领域的融合应用。围绕行政管理、司法管理、城市管理、环境保护等社会治理的热点难点问题，加快推进人工智能技术应用，提升社会治理现代化水平。

智能政务。加快开发适于政府服务与决策的人工智能平台，探索人工智能技术在政策评估、风险预警、应急处置等战略决策方面的推广应用。加强政务信息资源整合和公共需求精准预测，畅通政府与公众的交互渠道。

智慧法庭。加强人工智能在证据收集、案例分析、法律文件阅读与分析中的应用，建设智慧法庭数据平台，实现法院审判体系和审判能力智能化。

智能交通。基于以人工智能、云计算和大数据为代表的互联网技术，推进“城市大脑”工程的应用开发，通过汇聚城市公共数据、交通管理数据、运营商数据和互联网数据等，加快部门、区域、行业间的数据开放融合、共建共享，实现智能化交通疏导和综合运行协调指挥，提升城市交通系统智能化协同管控

水平。

智能环保。建立水、气、土壤等智能环境监测网络和服务平台，选择重点区域和领域，开展环境保护和突发环境事件智能防控试点。

（五）培育一批人工智能创新型企业。

1. 孵化一批人工智能创业企业。各高新技术园区、科技企业孵化器和众创空间要抢抓发展机遇，将人工智能作为优先支持和服务领域，推进人工智能科技成果转移转化，孵化培育人工智能创业企业。支持人工智能创新资源条件相对较好的市县和高新技术园区搭建人工智能领域新型创业服务机构，形成集聚各类资源的良好创业生态，打造开放式人工智能创新创业基地，建设一批低成本、便利化、全要素、开放式的人工智能众创空间，支持人工智能创新创业。鼓励并支持人工智能企业建设开放式人工智能专业化众创空间，孵化派生一批人工智能创业企业，促进人工智能中小企业发展和各领域应用。力争每年新增人工智能创业企业 200 家以上。

2. 培育一批人工智能领军企业。积极支持有条件的企业建设开放计算平台，提升人工智能的服务能力，打造成为全球有影响力的人工智能基础平台性公司。充分发挥浙江在信息经济领域的产业优势，在语音识别、图像识别、内容识别、智能机器人、智能汽车、可穿戴设备、虚拟现实等新兴领域加快培育一批龙头企业。支持人工智能企业加强专利布局，牵头或参与国际标准制定。

3. 发展一批人工智能服务型企业。支持各类机构和平台面向人工智能企业提供专业化服务，鼓励骨干企业、行业协会、相关研发机构、产业创新联盟等搭建并推广应用人工智能即服务平台，为制造企业在线提供关键工业软件和模型库，开展制造能力外包服务，推动中小企业智能化发展。

（六）培育引进一批人工智能高端人才。

1. 加强人工智能相关学科专业建设。支持高校优化学科专业资源配置，调整和新建一批人工智能相关学科专业，加大紧缺师资引进培养力度，合理安排相关学科研究生招生规模，提高人工智能相关学科专业建设水平。支持有条件的高校争取国家支持建立人工智能学院。积极引导相关学科专业紧盯人工智能产业发展前沿，主动更新教学内容，大力推进课程体系建设，加强人工智能与其他学科专业教育的交互融合，形成人工智能复合专业培养新模式，不断提高人才培养质量。

2. 培育高水平人工智能创新人才和团队。鼓励布局早、基础好的高校、科研院所和企业培养具有发展潜力的人工智能领军人才和团队，加强人工智能基础研究、应用研究、运行维护等方面专业技术人才引进培养。重点培养贯通人工智能理论、方法、技术、产品与应用等的纵向复合型人才和团队，建设具有竞争力的研发团队。充分发挥人工智能领军企业的作用，跟踪人工智能技术发展，加强现有人才的培训和转型，培养一批掌握人工智能应用的复合型人才和团队。鼓励企业与高校联合开展人才培养，加强人工智能人才储备，构建不同层次的人才体系。

3. 加大高端人工智能人才引进力度。统筹利用“千人计划”等现有人才政策，加强人工智能领域优秀人才特别是优秀青年人才引进工作。鼓励并支持有条件的机构和企业，加强与全球顶尖人工智能研究机构和企业合作互动，引进神经认知、机器学习、自动驾驶、智能机器人等领域的国际顶尖科学家、高技能人才和高水平创新团队。鼓励采取项目合作、技术咨询等方式柔性引进人工智能人才。

三、要素支持

（一）加大资金支持力度。加大财政资金支持力度，加强对人工智能基础前沿研究、关键共性技术攻关、成果转移转化、基地和开放平台建设、创新应用示范等支持。运用好浙江省与国家自然科学基金联合基金，重点支持人工智能研究，争取设立人工智能基础科学研究中心。发挥政府产业基金的引导作用，吸引社会资本设立人工智能产业相关子基金。推进省级科技成果转化引导基金与试点市县和特色小镇合作，优先设立人工智能天使投资和创业风险投资基金。积极运用政府和社会资本合作等模式，引导社会资本参与人工智能重大项目实施和科技成果转化应用。

（二）加强重大项目组织实施。加强对人工智能的研发支持，增设人工智能重大基础研究专项，加快实施脑认知与脑机交互应用基础研究专项，增加人工智能技术创新的源头供给。跟踪人工智能技术发展趋势和市场应用需求，对接国家顶层设计，根据技术成熟度和产业影响度，主动布局，分步推进，每年安排不少于50项省级重点研发项目，攻克一批关键核心技术，开发一批战略产品。谋划和建设100个重大产业项目，形成千亿级的投资规模。

（三）加强创新平台布局建设。支持之江实验室引进高层次人才聚焦新一代人工智能前沿基础技术研究，建设人工智能研发共享技术平台和大科学装置，打造成为全国人工智能创新创业高地。积极推进并支持国家数据智能技术创新中心建设，争取国家健康大数据中心落户浙江。优先布局建设一批与人工智能相关的重点实验室、工程技术研究中心等创新平台，引导现有与人工智能相关的国家和省级重点实验室、工程技术研究中心等聚焦新一代人工智能的前沿方向开展研究。鼓励市县优先在人工智能领域建设产业创新服务综合体。充分发挥企业作为市场主体优化资源配置的优势，优先在人工智能龙头骨干企业中布局建设一批省级企业研究院。围绕大数据挖掘、深度学习、机器感知、类脑研究等关键共性技术，以智能可穿戴设备、智能机器人、无人自主系统等应用领域为方向，鼓励高校、科研院所与企业合作建设一批人工智能联合研究中心。

（四）健全专业公共服务平台。积极打造人工智能开放创新平台，支持阿里云“城市大脑”首批国家人工智能开放创新平台建设，支持云服务龙头企业建设具备海量数据计算、深度自主学习、云端智能分析处理、类脑神经系统模拟、智能系统安全认证、多种生物特征识别等功能的基础资源与专业化应用开放平台，鼓励有条件的企业搭建开源服务平台。建设人工智能专业技术服务平台。依托人工智能学会、物联网行业协会等第三方机构，为相关企业提供人工智能研发工具、检验评测、技术评估、人员培训、安全、标准、知识产权、创业咨询等专业化服务。创新公共数据服务管理。制订合理数据交易制度，加快运营商、银行和政府关键部门等的人工智能数据应用，提升政府管理、民生服务等领域的智能化管理水平。推进“云网端”一体化设施建设。研究新型感知、处理、执行终端产品，开发标准化智能终端软硬件接口，实现智能终端间“万物互联”和机器对话。积极构建软件定义网络，在开放环境下实现高效、节能、智能和优化的组网能力。加大下一代网络、量子通信等新兴网络领域的开放式创新、试验验证和产业化力度。

四、保障措施

（一）组织领导。由省促进战略性新兴产业发展工作领导小组牵头，建立人工智能产业发展联络机制，强化统筹、协调、指导和服务。各地区、各部门要明确职责分工，落实相关工作，保障新一代人工智能各项工作顺利实施。成立人工智能发展专家委员会，研究人工智能前瞻性、战略性重大问题，对人工智能重大决策提供咨询评估。支持高校、科研机构、龙头企业联合组建浙江省人工智能产业创新联盟，构建人工智能创新网络，促进技术创新和示范应用的协作机制。推进人工智能智库建设，支持各类智库开展人工智能重大问题研究，为人工智能发展提供强大智力支持。

（二）政策支持。建立高新技术企业用地保障机制，对软投资达到一定额度的高新技术企业和企业新设研发机构，设立有别于传统产业的投资分类标准，优先列入省重大产业项目。贯彻落实国家支持高新技术企业、科技型中小企业、软件行业、科技企业孵化器（众创空间）等主体的税收优惠政策，切实提高扶持政策的精准度和有效性。充分利用科技大市场，加大对通过网上技术市场交易实现产业化的人工智能科技成果项目的补助。完善落实数据开放与保护相关政策，开展公共数据开放利用改革试点，支持公众和企业充分挖掘公共数据的商业价值，促进人工智能应用创新。

（三）创新合作。加强人工智能国际科技和产业合作，鼓励国内人工智能企业“走出去”，为有实力的人工智能企业开展海外并购、股权投资、创业投资和建立海外研发中心等提供便利和服务；积极引进国际人工智能创新资源。鼓励并支持有条件的龙头企业赴国外人工智能相对发达的区域设立离岸科技企

业孵化器，跟踪人工智能创新创业动态，培育孵化并引进高成长人工智能创业企业。依托“一带一路”战略，推动建设人工智能国际科技合作基地、联合研究中心等，加快人工智能技术在“一带一路”沿线国家推广应用。深入贯彻落实军民融合发展战略，积极建设军民融通研发机制、常态化沟通协调机制和通畅的军民技术双向转化机制。

（四）保障支撑。加强人工智能相关法律、伦理、安全和社会问题研究，重点围绕自动驾驶、服务机器人等应用基础较好的细分领域，加快推动制定相关安全管理法规。促进人工智能行业和企业自律，制定人工智能产品研发设计人员的道德规范和行为守则，加强对人工智能潜在危害与收益的评估，构建人工智能复杂场景下突发事件的解决方案。积极参与机器人异化和安全监管等人工智能重大共性问题研究，注重人工智能网络安全技术研发，强化人工智能产品和系统网络安全防护。加强人工智能领域的知识产权保护，健全人工智能领域技术创新、专利保护与标准化互动支撑机制，促进人工智能创新成果的知识产权化。建立人工智能公共专利池，促进人工智能新技术的应用与推广。

第四章　安徽省政府相关文件

安徽省关于建立粮食生产功能区和重要农产品生产保护区的实施意见

各市、县人民政府，省政府各部门、各直属机构：

为贯彻落实《国务院关于建立粮食生产功能区和重要农产品生产保护区的指导意见》(国发〔2017〕24号)精神，优化全省农业生产布局，聚焦主要品种和优势产区，实行精准化管理，现就建立全省粮食生产功能区和重要农产品生产保护区(以下简称“两区”)，提出如下实施意见：

一、总体要求

(一) 指导思想。全面贯彻党的十八大和十八届三中、四中、五中、六中全会精神，深入学习贯彻习近平总书记系列重要讲话和治国理政新理念新思想新战略，深入学习贯彻习近平总书记视察安徽重要讲话精神，认真落实党中央、国务院及省委、省政府决策部署，统筹推进“五位一体”总体布局和协调推进“四个全面”战略布局，牢固树立和贯彻落实创新、协调、绿色、开放、共享的发展理念，实施藏粮于地、藏粮于技战略，以推进粮食产能稳定提升和保障重要农产品有效供给为目标，以深入推进农业供给侧结构性改革为主线，以主体功能区规划和优势农产品布局规划为依托，以永久基本农田为基础，将“两区”细化落实到具体地块，优化区域布局和要素组合，促进农业结构调整，提升农产品质量效益和市场竞争力，为推进农业现代化建设、建设五大发展美好安徽奠定坚实基础。

(二) 基本原则。

——坚持底线思维、科学划定。按照新形势下国家粮食安全战略和保障重要农产品有效供给的要求，结合全省消费需求、生产现状、水土资源条件等因素，科学合理划定水稻、小麦、玉米生产功能区和大豆、棉花、油菜籽生产保护区，落实到田头地块。

——坚持统筹兼顾、持续发展。围绕保核心产能、保产业安全，正确处理当前与长远、生产与生态之间的关系，充分调动各方面积极性，形成建设合力，确保农业可持续发展和生态改善。

——坚持政策引导、农民参与。完善支持政策和制度保障体系，充分尊重农民自主经营的意愿和保护农民土地的承包经营权，引导农民积极参与“两区”划定、建设和管护，鼓励农民发展粮食和重要农产品生产。

——坚持完善机制、建管并重。建立健全激励和约束机制，加强“两区”建设和管护工作，稳定粮食和重要农产品种植面积，保持种植收益在合理水平，确保“两区”建得好、管得住，能够长久发挥作用。

(三) 主要目标。力争用3年时间完成全省“两区”地块划定任务，做到全部建档立卡、上图入库，实现信息化和精准化管理；力争用5年时间基本完成“两区”建设任务，形成布局合理、数量充足、设施完善、产能提升、管护到位、生产现代化的“两区”，确保全省粮食产能稳定提升的基础更加稳固，重要农产品有效供给水平稳定提高，农业产业安全显著增强。

1. 粮食生产功能区。划定粮食生产功能区5200万亩。以沿淮单季稻和长江中下游单双季稻优势区的蚌埠、阜阳、淮南、六安、合肥、滁州、马鞍山、芜湖、宣城、铜陵、池州、安庆、黄山等市为重点，划定水稻生产功能区2800万亩；以淮北地区旱茬麦和沿淮、江淮稻茬麦优势区的阜阳、宿州、亳州、淮北、蚌埠、淮南、六安、合肥、滁州等市为重点，划定小麦生产功能区3500万亩；以淮北和沿淮夏玉米优势区的阜阳、宿州、亳州、淮北、蚌埠、滁州等市为重点，划定玉米生产功能区900万亩。

2. 重要农产品生产保护区。划定重要农产品生产保护区1900万亩。以淮北地区的阜阳、宿州、亳

州、淮北等市为重点，沿淮地区的蚌埠、淮南、六安、滁州等市为补充，划定大豆生产保护区 1100 万亩；以沿江地区的安庆、芜湖、宣城、池州等市为重点，划定棉花生产保护区 100 万亩；以江淮和沿江江南地区的六安、滁州、合肥、淮南、马鞍山、芜湖、宣城、铜陵、安庆、池州、黄山等市为重点，划定油菜籽生产保护区 700 万亩。

二、科学开展“两区”划定

（四）严格执行划定标准。粮食生产功能区和大豆、棉花、油菜籽生产保护区划定应同时具备以下条件：水土资源条件较好，坡度在 15 度以下的永久基本农田；相对集中连片，原则上平原地区连片面积不低于 500 亩，丘陵地区连片面积不低于 50 亩；农田灌排工程等农业基础设施比较完备，生态环境良好，未列入退耕还林还草、还湖还湿、耕地休耕试点等范围；具有粮食和重要农产品的种植传统，近三年播种面积基本稳定。优先选择已建成或规划建设的高标准农田进行“两区”划定。（牵头责任单位：省农委、省国土资源厅；配合单位：省发展改革委、省财政厅、省水利厅、省林业厅、省粮食局等）

（五）自上而下落实任务。根据全省“两区”划定总规模和各市现有永久基本农田保护面积、粮食和重要农产品种植面积等因素，将划定任务分解落实到各市。各市人民政府要按照划定标准和任务，综合考虑当地资源禀赋、发展潜力、产销平衡等情况，将本市“两区”面积细化分解到县（含市、区，下同）。要将 56 个产粮大县作为粮食生产功能区划定的重点县。（牵头责任单位：省农委、省国土资源厅；配合单位：各市人民政府）

（六）以县为基础精准落地。县级人民政府要根据土地利用、农业发展、城乡建设等相关规划，按照全国统一标准和分解下达的“两区”划定任务，结合农村土地承包经营权确权登记颁证和永久基本农田划定工作，明确“两区”具体地块并统一编号，标明“四至”及拐点坐标、面积以及灌排工程条件、作物类型、承包经营主体、土地流转情况等相关信息。依托国土资源遥感监测“一张图”和综合监管平台，建立电子地图和数据库，建档立卡、登记造册。（牵头责任单位：省农委、省国土资源厅；配合单位：各县级人民政府）

（七）审核和汇总划定成果。各市人民政府负责组织开展“两区”划定成果的核查工作，在公告公示无异议后，将有关情况报送省农委、省发展改革委、省国土资源厅，同时抄送省财政厅、省环保厅、省住房城乡建设厅、省水利厅、省林业厅。省统一组织开展验收工作，省农委、省国土资源厅指导各地建立“两区”电子地图和数据库，形成全省“两区”布局“一张图”。省农委、省发展改革委会同省有关部门要及时汇总“两区”划定成果并向省政府报告。（牵头责任单位：省农委、省发展改革委；配合单位：省国土资源厅、省财政厅、省环保厅、省住房城乡建设厅、省水利厅、省林业厅等）

三、积极推进“两区”建设

（八）强化综合生产能力建设。依据高标准农田建设规划和土地整治规划等，按照集中连片、旱涝保收、稳产高产、生态友好的要求，积极推进“两区”范围内的高标准农田建设。加强“两区”范围内的骨干水利工程和中小型农田水利设施建设，系统开展排灌沟渠修复改造和田间工程配套，大力发展节水灌溉，打通农田水利“最后一公里”。（牵头责任单位：省国土资源厅、省水利厅；配合单位：省发展改革委、省财政厅、省农委）

（九）发展适度规模经营。加大“两区”范围内的新型经营主体培育力度，优化支持方向和领域，使其成为“两区”建设的骨干力量。以“两区”为平台，重点发展多种形式的适度规模经营，健全农村经营管理体系，加强对土地经营权流转和适度规模经营的管理服务。引导和支持“两区”范围内的经营主体根据市场需要，优化农业结构，加强粮食品牌建设和粮食产后服务体系建设，推进产销对接，增加绿色优质农产品供给。（牵头责任单位：省农委；配合单位：省财政厅、省国土资源厅、省粮食局等）

（十）提高农业社会化服务水平。适应现代农业发展要求，着力深化“两区”范围内的基层农技推广机构改革，完善新型农业社会化科技服务体系，努力构建覆盖全程、综合配套、便捷高效的农业社会化服务体系，提升农技推广和服务能力。以“两区”为重点，深入开展绿色高产高效创建，加快优良品种、高产栽培技术普及应用，提升农作物生产全程机械化水平，积极推进“互联网＋”，大力推广物联网、云计算、大数据等现代信息技术。（牵头责任单位：省农委；配合单位：省科技厅、省经济和信息化委等）

四、切实加强“两区”监管

（十一）依法保护“两区”。根据农业法、土地管理法、基本农田保护条例、农田水利条例等法律法规要求，落实“两区”保护相关制度，将宝贵的水土资源保护起来。省有关部门制定“两区”管理办法，严格“两区”范围内永久基本农田管理，确保其数量不减少、质量不降低。（牵头责任单位：省农委、省国土资源厅；配合单位：省发展改革委、省财政厅、省水利厅、省林业厅、省粮食局等）

（十二）落实管护责任。按照“谁使用、谁受益、谁管护”的原则，将“两区”地块的农业基础设施管护责任落实到经营主体，督促和指导经营主体加强设施管护。创新农田水利工程建管模式，鼓励农民、农村集体经济组织、农民用水合作组织、新型经营主体等参与建设、管理和运营。（牵头责任单位：省农委；配合单位：省发展改革委、省财政厅、省水利厅等）

（十三）加强动态监测和信息共享。综合运用现代信息技术，建立“两区”监测监管体系，定期对“两区”范围内农作物品种和种植面积等进行动态监测，深入分析相关情况，实行精细化管理。建立“两区”信息报送制度，及时更新“两区”电子地图和数据库。建立健全数据安全保障机制，落实责任主体，在保证信息安全的前提下，开放“两区”电子地图和数据库接口，实现信息互通、资源共享。（牵头责任单位：省农委、省国土资源厅；配合单位：省经济和信息化委、省粮食局等）

（十四）强化监督考核。省农委、省发展改革委、省国土资源厅等部门要结合粮食安全省长责任制，对各市“两区”划定、建设和管护工作进行评价考核，评价考核结果与“两区”扶持政策挂钩。要切实抓好“两区”监督管理和执法检查工作，将相关工作作为地方政府绩效考评的重要内容，并建立绩效考核和责任追究制度。（牵头责任单位：省农委、省发展改革委；配合单位：省国土资源厅、省财政厅、省水利厅、省林业厅、省粮食局等）

五、加大“两区”政策支持

（十五）加大投入力度。把“两区”作为农业固定资产投资安排的重点领域，现有的高标准农田、大中型灌区续建配套及节水改造等农业基础设施建设投资要积极向“两区”倾斜。创新“两区”建设投融资机制，推行政府与社会资本合作模式，吸引社会资本投入，加快建设步伐。（牵头责任单位：省发展改革委、省财政厅；配合单位：省国土资源厅、省农委、省水利厅、省林业厅等）

（十六）完善财政扶持政策。加大一般性转移支付力度，完善均衡性转移支付机制和粮食主产区利益补偿机制，逐步提高产粮大县人均财力保障能力。进一步优化财政支农结构，创新资金投入方式和运行机制，推进“两区”范围内各类涉农资金整合和统筹使用。率先在“两区”范围内建立以绿色生态为导向的农业补贴制度。（牵头责任单位：省财政厅；配合单位：省农委、省粮食局等）

（十七）创新信贷支持政策。鼓励金融机构完善信贷管理机制，创新金融支农产品和服务，拓宽抵质押物范围，在符合条件的“两区”范围内探索开展粮食生产规模经营主体营销贷款试点，加大信贷支持。进一步健全农业信贷担保体系，支持农业信贷担保机构开展信贷担保服务。（牵头责任单位：省政府金融办；配合单位：人行合肥中心支行、安徽银监局等）

（十八）建立健全风险分散机制。完善政府、银行、保险公司、担保机构联动机制，深化小额贷款保证保险试点，健全农业保险险种体系，优先在“两区”范围内探索农产品价格和收入保险试点。推动“两区”农业保险全覆盖，建立健全大灾风险分散机制，不断提高农业风险保障水平。（牵头责任单位：省政府金融办；配合单位：人行合肥中心支行、安徽保监局等）

六、加强组织领导

（十九）明确部门分工。省政府有关部门要加强指导、协调和监督检查，确保各项任务落实到位。省发展改革委要会同有关部门做好统筹协调，配合国家开展第三方评估。省财政厅要会同有关部门加强财政补贴资金的统筹和整合，优化使用方向。省农委、省国土资源厅要会同有关部门确定各市“两区”划定任务，制定相关划定、验收、评价考核操作规程和管理办法，做好上图入库工作。省政府金融办、人行合肥中心支行、安徽银监局、安徽保监局要创新和完善“两区”建设金融支持政策。其他有关部门要按照职责分工做好相关工作。

（二十）落实政府责任。省政府成立由省政府负责同志牵头、各有关部门参加的“两区”划定、建设和管护工作协调机制，逐级签订责任书，层层落实责任。各市、县人民政府要结合各地实际，建立相应协调机制，制定具体实施办法、管理细则，出台相关配套政策，抓好工作落实。

附件：具体任务分解表

安徽省人民政府
2017 年 9 月 6 日
（此件公开发布）

附件

具体任务分解表

序号	工作任务	牵头责任单位	配合单位	时限要求
1	根据全省“两区”划定总规模和各市现有永久基本农田保护面积、粮食和重要农产品种植面积等因素，将划定任务分解落实到各市。各市人民政府要按照划定标准和任务，综合考虑当地资源禀赋、发展潜力、产销平衡等情况，将本市“两区”面积细化分解到县。	省农委、省国土资源厅	各市人民政府	2017 年 12 月
2	县级人民政府按照全国统一标准和分解下达的“两区”划定任务，明确“两区”具体地块并统一编号，标明“四至”及拐点坐标、面积以及灌排工程条件、作物类型、承包经营主体、土地流转情况等相关信息。依托国土资源遥感监测“一张图”和综合监管平台，建立电子地图和数据库，建档立卡、登记造册。	省农委、省国土资源厅	各县级人民政府	2018 年 12 月
3	省统一组织开展验收工作，省农委、省国土资源厅指导各地建立“两区”电子地图和数据库，形成全省“两区”布局“一张图”。省农委、省发展改革委会同省有关部门要及时汇总“两区”划定成果并向省政府报告。	省农委、省发展改革委	省国土资源厅、省财政厅、省环保厅、省住房城乡建设厅、省水利厅、省林业厅等	2019 年 12 月
4	按照集中连片、旱涝保收、稳产高产、生态友好的要求，积极推进“两区”范围内的高标准农田建设。加强“两区”范围内的骨干水利工程和中小型农田水利设施建设，系统开展排灌沟渠修复改造和田间工程配套，大力发展节水灌溉，打通农田水利“最后一公里”。	省国土资源厅、省水利厅	省发展改革委、省财政厅、省农委等	2020 年 12 月

续表

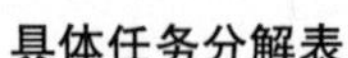
具体任务分解表

序号	工作任务	牵头责任单位	配合单位	时限要求
5	加大“两区”范围内的新型经营主体培育力度，优化支持方向和领域，使其成为“两区”建设的骨干力量。	省农委	省财政厅、 省国土资源厅、 省粮食局等	2020年12月
6	省有关部门制定“两区”管理办法，严格“两区”范围内永久基本农田管理，确保其数量不减少、质量不降低。	省农委、 省国土资源厅	省发展改革委、 省财政厅、 省水利厅、 省林业厅、 省粮食局等	2021年12月
7	按照“谁使用、谁受益、谁管护”的原则，将“两区”地块的农业基础设施管护责任落实到经营主体，督促和指导经营主体加强设施管护。	省农委	省发展改革委、 省财政厅、 省水利厅等	2021年12月

安徽省支持技工大省建设若干政策

为贯彻落实五大发展行动计划，加快实施人才强省战略，充分发挥技工大省建设对制造强省建设的重要支撑作用，促进劳动者高质量就业，实施以下政策。

一、大力推行终身职业培训

实施精准技能培训计划，依托企业、职业院校和培训机构等，面向贫困劳动者、退役士兵、就业援助对象等重点就业群体开展免费技能培训，培训期间给予参训人员生活补助；按照“先垫后补”原则，面向城乡普通劳动者开展订单、定向和定岗培训，按规定给予企业、参训人员培训补贴，促进技能培训与岗位使用精准对接。拓宽终身培训通道，探索建立劳动者个人学习账号和学分累计制度。建立健全职业培训奖补机制，对培训质量好、学员留在省内就业人数多的培训机构给予奖励。力争到2021年，全省技工总量达到550万人，其中具备高级以上技能水平的技工达到180万人。

二、加快发展现代职业教育

推动多元办学，大力发展股份制、混合所有制职业教育办学形式，民办职业院校收费实行自主定价，公办职业院校学费作为行政事业性收费管理。开辟公办职业院校重点专业“一体化”教师引进绿色通道，兼具工程技术类高级专业技术职称和高级技师职业资格且有3年以上企业相应岗位工作经历的人员，可比照高层次人才引进方式办理聘用手续。推动建立安徽职业教育联盟（集团），促进职业院校产教融合、校企合作，实现集约化发展。依法依规设立民办教育发展基金，支持成立相应的基金会，推动民办职业教育发展。鼓励省内企业与学生、职业院校签订紧缺工种技能人才定向培养协议，并按月发给定向培养生在校学习补助，企业所在地政府给予对应补助。对企业举办的职业院校，根据毕业生人数，通过政府购买服务方式给予支持。大力发展技工教育，充分发挥技工院校在技工培养、职业培训方面的主阵地作用，推动建设职业训练院。力争到2021年，职业院校在校生人数达到150万人。

三、实施高技能人才培养工程

围绕战略性新兴产业、高端装备制造、装配式建筑、现代服务等领域，实施技师培训项目，开展以高级工为重点的技能提升培训。到2021年，培养高级技师和技师不少于3万名、高级工不少于37万名，按高级技师5000元/人、技师3500元/人、高级工2000元/人的标准，给予培养单位或职工个人研修提升补助。到2021年，从企事业单位遴选1500位技能名师，开展名师带高徒活动，按2万元标准给予名师一次性带徒津贴，带徒协议期限不少于2年。选择一批大中型企业，推行以“招工即招生、入企即入校、企校双师联合培养”为主要内容的企业新型学徒制，按企业支付给职业院校培训费用的60%给予企业补助，每人每年补助标准最高可达6000元，最长补助期限为2年。坚持高端引领，到2021年，每个设区的市至少建设1所技师学院，高级工以上在校生规模保持在60%以上；认定建设10所省级示范技师学院，并享受高等职业技术学院同等待遇。

四、扩大人才引进与交流合作

企业从省外引进急需紧缺的高级技师、技师，根据引进方式和劳动关系建立形式，按企业支付给个人的工资薪金总额(税后)的20%给予个人补助，补助发放形式和补助期限由各市确定。企业引进外省中华技能大奖获得者、全国技术能手、世界技能大赛中国队选手、全国职业院校技能大赛一等奖选手，与其签订1年以上劳动合同，并安排在关键技能岗位工作的，按支付给个人工资薪金总额(税后)的50%向所在地政府申领引才补助，补助期限由各市确定。实施“海外金蓝领援皖”计划，每年从海外聘请一批技能专家到我省职业院校任教，按每人5000元/月标准给予援皖津贴。支持职业院校骨干教师赴德国、瑞士、澳大利亚等制造强国、职教大国培训。选派高技能人才到“一带一路”沿线国家开展技能交流和帮扶活动，对交流帮扶成效显著的单位和个人给予奖励。

五、推动技能人才多元评价

建立优秀技能人才技能资格越级申报、技能等级直接认定制度。支持企业结合岗位需要开展技能人才自主评价，按规定颁发职业资格证书。引导职业院校根据国家职业标准和企业岗位操作规范开发课程、实施教学和学业水平测试，将职业教育办成就业导向的教育。完善政府购买职业技能鉴定服务机制，推动第三方评价机构建设，培育社会化评审专家队伍，逐步实现教育培训与技能鉴定分离。每年开发5个左右专项职业能力考核标准，按8万元/个给予开发资助，力争催生一批技能评价的“行标”“国标”。逐步将水平评价类职业(工种)技能鉴定工作交由行业协会、学会实施。

六、发挥技能竞赛引领作用

鼓励行业、企业广泛开展职工岗位练兵和技术比武活动，并落实优胜选手待遇。支持各地、各有关部门举办职业技能竞赛，对纳入年度计划的省级竞赛，给予5万—10万元赛事补助。加大对参与国际技能赛事的奖励力度，对在世界技能大赛中获得金牌、银牌、铜牌、优胜奖的选手，分别给予50万元、30万元、15万元、10万元奖励；给予代表中国队参赛选手5万元奖励，并给予受奖励人员的专家团队对应奖励。

七、完善技能人才激励政策

鼓励支持各地和用人单位对优秀的、急需紧缺的技能人才，实行特殊津贴制度或奖补政策。完善高技能人才政府评选奖励制度，省政府每两年评选200名安徽省技术能手、100名安徽省技能大奖获得者、50名“江淮杰出工匠”，颁发荣誉证书，给予每人2万元、5万元、20万元奖励。分别给予全国技术能手、中华技能大奖获得者2万元、10万元追加奖励。打通高技能人才与工程技术人才职业发展通道，支持符合条件的高技能人才申报工程系列专业技术人才职称评审。世界技能大赛获奖选手、江淮杰出工匠、安徽省技能大奖获得者可优先申报省重大人才工程项目和安徽省劳动模范等表彰。

八、强化载体平台支撑作用

对国家认定的每届世界技能大赛主、副集训基地分别给予500万元、300万元支持。到2021年，每年认定6个省级高技能人才培训基地、2个新兴产业省级综合竞赛基地、20个省级技能大师工作室，分别给予每个200万元、200万元、10万元补助。建设5个省级示范性公共实训基地，结合区域规划、产出绩效，给予每个3000万元支持。探索建设安徽职业培训网络大学，开发运用“职业培训包”，推行“互联网＋培训”。加大金融信贷支持力度，对高技能人才培养载体平台建设项目，按相关规定享受政策性贷款。

九、深化人才体制机制改革

整合各类职业教育资源，建立集约高效的现代职业教育管理运行体制机制，促进职业教育与产业发展、就业促进、人才培养紧密衔接，大力推行“技能＋学历”教育，加快培养复合型人才。积极推进企业技能人才收入分配制度改革，鼓励企业对聘用的高技能人才实行年薪制、股权制、期权制等收入分配方式。对取得科技攻关、技术革新成果的高技能人才，可从成果转化收益中，通过奖金、股权等形式给予奖励。

十、优化技能人才配套服务

完善政府人才公共服务体系，健全技能人才的人事代理、社会保险代理、劳动争议调解仲裁、人事档案管理、就业服务等公共服务平台。定期发布技能人才供求信息和工资指导价位信息，引导技能人才合理流动。建立技工“蓝卡”制度，依托社会保障卡加载标记功能，为技能人才在不同所有制、不同性质单位、不同行业和跨地区流动中的社会保险关系接续提供依据。完善技能人才落户政策，具备中级以上技能水平的省内农民工、外来劳动者，可在我省就业地按程序办理落户手续，其配偶、子女可优先享受公共就业、教育、住房等服务。

加大对皖北三市、国家和省扶贫开发工作重点县(区)的支持，对上述区域符合条件的项目，奖补资金补助金额上浮20%。

省人力资源社会保障厅会同省财政厅等部门制定具体实施细则。要严格申报程序，加强审核评估，强化部门会商会签，充分利用信息管理平台，避免多头重复享受，做到简便快捷、公开透明、规范高效。要加快资金拨付，加强资金监管，加大审计监督力度。对弄虚作假骗取的奖补资金，一经发现全部予以收回，并按照有关规定对责任单位、申报单位及相关责任人给予严肃处理。各地要抓紧出台配套政策，形成政策联动，并加强宣传解读，推进政策落地。

本通知由省人力资源社会保障厅负责解释，以前相关文件规定与本通知不一致的以本通知为准。

安徽省支持中国声谷建设若干政策

为贯彻落实五大发展行动计划和《中国制造2025安徽篇》，加快“中国声谷”(合肥高新区智能语音产业集聚发展基地)建设，促进我省智能语音及人工智能产业发展，实施以下政策。

一、加强顶层设计

充分把握产业发展规律、行业发展大势，在现有相关规划基础上，进一步明确目标定位和发展路径，制定完善智能语音及人工智能产业发展规划，引领“中国声谷”建设。到2020年，“中国声谷”企业营业收入达到1000亿元，年均增长40%。(牵头责任单位：省经济和信息化委、合肥市政府，配合单位：省发展改革委、省科技厅)

二、支持原始技术创新

支持“中国声谷”企业加强原始技术创新平台建设和创新团队及人才引进，在重大关键技术攻关、关键研发设备购置、重大项目团队奖励、研发试制投入、工程(技术)中心建设等技术创新项目上，“三重一创”、科技创新、制造强省、技工大省若干政策等资金同等条件下优先给予补助。(牵头责任单位:省经济和信息化委，配合单位:省发展改革委、省科技厅、省人力资源社会保障厅、省财政厅、合肥市政府)

对取得技术创新重大成果，获得国家技术发明、科学技术进步一、二等奖项目的第一完成单位，省一次性分别给予一等奖 200 万元、二等奖 100 万元奖励。(牵头责任单位:省科技厅、省财政厅，配合单位:合肥市政府)

对科研机构或企业牵头在基地新组建并新认定的国家工程(重点)实验室，一次性奖励 300 万元。对国家工程(重点)实验室在国家组织的运行评估中获优秀等次的，一次性奖励 100 万元。(牵头责任单位:省发展改革委、省科技厅，配合单位:省经济和信息化委、省财政厅、合肥市政府)

三、支持龙头企业做大做强

强化龙头企业的基础技术支撑和产业链引擎作用，支持龙头企业持续加强技术创新，不断突破更多关键核心技术，保持技术领先优势，进一步做大做强产业链。(牵头责任单位:省经济和信息化委、合肥市政府，配合单位:省发展改革委、省科技厅、省财政厅)

支持国内外智能语音及人工智能行业龙头企业实施基础技术创新和产业链核心项目，对公共技术开放平台建设、主导软硬件产品开发、产业链培育配套和兼并重组等项目，按照项目投资总额的 30%给予补助，单个项目最高 500 万元，单个企业年度补助总额最高 3000 万元。(牵头责任单位:省经济和信息化委、省财政厅，配合单位:省发展改革委、合肥市政府)

充分发挥龙头企业语音云的技术开放平台作用，服务更多企业和人才在“中国声谷”创新创业；通过“软硬结合”，加强市场开拓，研发制造直接面向消费者的终端产品，实现智能语音与制造业融合发展。积极举办国内外最高水平智能语音大赛、在合肥第一时间发布最新的研发动态和产业信息等，抢占行业发展制高点。(牵头责任单位:省经济和信息化委、合肥市政府，配合单位:部省共同推进安徽语音产业发展领导小组其他成员单位)

四、支持产业集聚发展

支持“中国声谷”建设技术创新服务综合体和产业发展共性服务平台，按其总投资额 30%给予补助，最高 3000 万元。(牵头责任单位:省经济和信息化委，配合单位:省财政厅、合肥市政府)

支持企业产品研发，对上一年度取得的智能语音及人工智能类软件产品著作权，每件奖励 1 万元，单个企业年度累计补助最高 10 万元；对获得中国专利金奖、优秀奖的单位，分别一次性奖励 100 万元和 20 万元。(牵头责任单位:省经济和信息化委，配合单位:省版权局、省科技厅、省财政厅、合肥市政府)

支持研发产品产业化，对智能语音及人工智能类软件、发明专利、软硬一体化等技术创新产品产业化项目，按照其实际完成总投资(经认定的设备购置、委托开发试制投资等，不含厂房、土地投资)的 30%给予补助，单个项目最高 500 万元。(牵头责任单位:省经济和信息化委、省发展改革委，配合单位:省财政厅、合肥市政府)

支持引资引智引技，对引进国内外行业龙头企业在“中国声谷”建立研发中心或成立子公司，一次性给予企业最高 200 万元落户奖励；对科研成果产业化项目，按其设备投资额的 30%给予补助，最高 3000 万元。对符合条件的重大项目，采取“一事一议”方式，由省和合肥市共同支持。(牵头责任单位:合肥市政府，配合单位:省发展改革委、省科技厅、省经济和信息化委、省财政厅)

支持企业做大做强，2017—2020 年“中国声谷”企业年营业收入首次达到 2000 万元、1 亿元、5 亿元、

10亿元的企业，分别一次性奖励50万元、100万元、500万元、1000万元。（牵头责任单位：省经济和信息化委、合肥市政府，配合单位：省财政厅）

五、支持技术和产品推广应用

加快智能语音及人工智能技术在医疗、教育、养老等行业的推广应用，支持智慧医院、智慧学校、智慧养老院等应用示范项目建设，促进语音电子病历及人工智能辅助诊疗系统等技术的落地应用。（牵头责任单位：省卫生计生委、省教育厅、省民政厅，配合单位：合肥市政府）

加强智能语音及人工智能产品在广电、通信、新闻出版、汽车、家电、智慧小区、机关办公等示范推广应用，每年制定年度推广应用计划，具体由省、市相关部门负责组织实施。（牵头责任单位：省经济和信息化委、合肥市政府，配合单位：部省共同推进安徽语音产业发展领导小组其他成员单位、其他市政府）

支持首台（套）创新产品示范应用，对首批次创新智能语音及人工智能系统应用，按照销售价格的30%给予生产企业一次性补助，最高500万元。（牵头责任单位：省经济和信息化委，配合单位：省财政厅、合肥市政府）

六、支持人才培养和引进

落实《关于合肥综合性国家科学中心建设人才工作的意见（试行）》等有关政策，加大"中国声谷"人才培养和引进。（牵头责任单位：省人才办，配合单位：省发展改革委、省科技厅、省人力资源社会保障厅、合肥市政府）

支持省内高校开设人工智能相关专业，加强人才培养。（牵头责任单位：省教育厅，配合单位：省发展改革委、省科技厅、省经济和信息化委、省人力资源社会保障厅）

支持"中国声谷"双创空间发展，对双创空间内落地注册的智能语音及人工智能产业创业团队，每个创业项目给予一次性补助，最高30万元。（牵头责任单位：合肥市政府、省经济和信息化委，配合单位：省财政厅）

七、支持对外宣传推介

支持"中国声谷"举办国际智能语音及人工智能产品创新大赛，每次按会场展位费、租赁费等的50%给予补助，最高100万元。（牵头责任单位：省经济和信息化委、合肥市政府，配合单位：省发展改革委、省科技厅、省财政厅）

支持"中国声谷"举办智能语音及人工智能新产品市场开发大赛，按年度单个产品销售额排名，对前三名分别按其销售额的50%给予最高一次性奖励100万元、50万元、30万元。（牵头责任单位：省经济和信息化委、合肥市政府，配合单位：省财政厅）

支持"中国声谷"主办高水平产业报刊、产业新媒体，举办高层次学术论坛和产业峰会、新技术发布会，每年按其实际支出的50%给予补助，最高100万元。（牵头责任单位：省经济和信息化委、合肥市政府，配合单位：省科技厅、省新闻出版广电局、省财政厅）

支持"中国声谷"在国内外举办大型宣传推介活动，每次按会场展位费、租赁费等的50%给予补助，最高100万元。（牵头责任单位：省经济和信息化委、合肥市政府，配合单位：省财政厅）

八、加强资金支持

从2017年开始，由合肥市、省投资集团共同出资，设立总规模50亿元的智能语音及人工智能产业发展基金，按照"政府引导、市场化运作、专业化管理"的原则，采取阶段参股、直接投资、跟进投资等方式，吸引社会资本参与，支持产业发展中处于初创期、成长期和成熟期的智能语音及人工智能项目。（牵头责任单位：合肥市政府、省投资集团，配合单位：省经济和信息化委、省政府金融办）

加大资金扶持。2017—2020 年，省政府每年安排 2 亿元智能语音及人工智能产业发展和推广应用扶持资金，合肥市每年安排 6 亿元资金，落实“中国声谷”智能语音及人工智能产业发展和推广应用扶持政策。（牵头责任单位：省财政厅、合肥市政府，配合单位：省发展改革委、省科技厅、省经济和信息化委）

九、强化其他要素支持

加强产融合作、投贷保结合，鼓励有关银行创新金融品类，完善新型政银担合作业务风险分担机制，支持“中国声谷”企业融资。（牵头责任单位：省政府金融办，配合单位：省担保集团、合肥市政府）

支持“中国声谷”基地内企业上市融资，全面享受省、市、区有关支持政策。其中，对改制完成并办理上市辅导备案登记、成功上市的企业，省财政分阶段给予最高 100 万元奖励；对成功在全国中小企业股份转让系统挂牌融资的中小企业，省财政按首次股权融资额的 1% 给予最高 70 万元奖励；对在省股权托管交易中心“专精特新”版挂牌的企业每户给予一次性奖补 20 万元。（牵头责任单位：省政府金融办、合肥市政府，配合单位：省财政厅、安徽证监局）

支持“中国声谷”拓展产业发展园区，确保产业园区用地需求。（牵头责任单位：合肥市政府，配合单位：省国土资源厅）

支持“中国声谷”企业和研发服务机构参与电力直接交易，降低企业用电成本。（牵头责任单位：省能源局、省物价局，配合单位：省电力公司）

支持引进国内外各类中介机构为企业服务。（牵头责任单位：合肥市政府，配合单位：省发展改革委、省科技厅、省经济和信息化委、省政府金融办）

十、健全体制机制和监督考核

完善部省共同推进智能语音产业发展合作机制，每年召开部省合作领导小组会议，对年度工作进行研究部署。领导小组办公室会同有关单位负责推动产业发展、政策落实和组织项目审核、目标考核等工作。（牵头责任单位：部省共同推进安徽语音产业发展领导小组办公室，配合单位：领导小组成员单位）

充分发挥合肥市政府及合肥高新区的主体职能，落实其在“中国声谷”规划建设、招商引资和产业集聚等方面的具体责任，确保工作有效落实。（牵头责任单位：合肥市政府，配合单位：省经济和信息化委、省发展改革委、省科技厅、省财政厅）

完善安徽省信息产业投资控股有限公司法人治理结构，充实资本实力，优化资本结构，建立健全激励约束机制，推动其更好发挥投资、孵化和招商引资等公共平台职能。（牵头责任单位：部省共同推进安徽语音产业发展领导小组办公室，配合单位：合肥市政府、省投资集团）

省经济和信息化委会同省发展改革委、省教育厅、省科技厅、省财政厅、省人力资源社会保障厅、省卫生计生委、省民政厅、合肥市政府等单位制定具体实施细则。要严格申报程序，加强审核评估，强化省市和部门会商，充分利用信息管理平台，避免多头重复享受政策。加快资金拨付，加强资金监管、绩效评价和审计监督。对弄虚作假骗取的奖补资金，一经发现全部予以收回，并按照有关规定对责任单位、申报单位及相关责任人给予严肃处理。

本通知由省经济和信息化委负责解释，以前相关文件与本通知不一致的以本通知为准。

第七篇

大事记

大事记(2017年)

一月

1月1日 江苏省发布知识产权密集型产业统计报告:2016年14%就业人口创造31%GDP。
上海市启动第三次农业普查。
2017中国(杭州)新年祈福“走运大会”举行。
中国安徽名优农产品暨农业产业化交易会在上海农业展览馆举行。

1月2日 江苏扬州市与扬州大学合作的现代园艺产业技术研究院成立。
上海边检总站获悉,2016年上海口岸出入境人员达4242万人次。
浙江省扩大有效投资重大项目集中开工活动在杭州举行。
合肥市2017年基础设施大建设计划项目出炉。

1月3日 江苏宿迁黄河故道、中泓全线贯通。
“上海声音”唱响国家大剧院。
杭海城际铁路开工。
合肥公布2017年车船税征税范围。

1月4日 江苏省出台整合城乡居民医保制度实施意见,5100万城乡居民平等参保。
江苏省妇联在南京召开十二届四次执委(扩大)会议。
“上海法院庭审公开网”开通。
浙江省举行扩大有效投资重大项目集中开工仪式。
合肥城管开通手机APP举报平台。

1月5日 南京到昆明开出首趟高铁。
第二届南通国际动漫影视创新峰会暨南通动漫嘉年华开幕。
“2017年上海市慰问高层次人才暨在沪外国专家新年文艺晚会”举行。
浙江省鼓励事业单位科研人员离岗创业。
安徽第三届“文化惠民消费季”拉动消费167.6亿元。

1月6日 江苏省政府在南京召开全省城市民族工作会议。
上海市生态文化协会会员大会举行。
浙江文化礼堂论坛举行。
安徽省食品药品安全城市和农产品质量安全县创建工作现场会在黄山市召开。

1月7日 第十届新华高峰会暨新华日报全球合作伙伴大会在南京启幕。
首届“长征疑难肿瘤论坛暨肿瘤临床新进展大师讲坛”在上海举行。
浙能集团开拓江西能源市场的主平台——赣浙能源有限公司成立。
安徽省林业产业统计:2016年全省林业总产值达3191.6亿元,比上年增长12.7%。

1月8日 江苏省国税局消息:2016年江苏国税部门组织收入7108.9亿元,同比增长15.9%。
上海市商务委员会最新统计显示,截至2016年底已有180余家入驻上海。
浙江省侨商会成立十周年暨换届大会在杭州召开。
安徽省义务教育基本均衡县攻坚推进会在合肥召开。

1月9日 中国亚洲经济发展协会江苏委员会在无锡成立。

上海纳税百强企业名单公布。
浙江省2016年城镇新增就业逾116万人。
安徽12项成果获2016年度国家科学技术奖励。
合肥市政协十三届五次会议开幕。

1月10日 江苏省红十字会第九届理事会第四次会议在南京召开。
上海市住建委和上海市重点工程办获悉,去年重大工程超计划完成。
32家品牌企业和机构联合在杭州成立城市品牌联盟。
国家发展改革委和科技部联合批复了合肥综合性国家科学中心建设方案。

1月11日 南京南瑞集团公司研制世界首套光伏虚拟同步机。
江苏省社科院召开经济分析会。
第二届上海绿色账户微电影大赛评选结果揭晓。
浙江小城镇环境综合整治工作现场会召开。
浙江省第十三届纪律检查委员会第六次全体会议在杭州举行。
安徽省农业工作会议:今年力争全省农村常住居民人均可支配收入增幅达到9%。

1月12日 江苏创新发展恳谈会在宁举行。
上海市知识产权联席会议传出消息,至去年底上海每万人口专利逾34.6件。
浙江省科技创新和知识产权工作会议在杭州召开。
2016年度“风云浙商”在杭州揭晓。
第四届徽商奥斯卡全球年度盛典在合肥举行。

1月13日 江苏省政协召开二轮《江苏省志·政协志(1978—2013)》评审会。
上海知识产权交易中心成立。
民建浙江省第八届委员会第六次全体会议在杭州召开。
安徽省新增一批国家知识产权示范试点园区。

1月14日 中共江苏省第十三届纪律检查委员会第二次全体会议在宁召开。
上海市政协十二届五次会议开幕。
公益音乐会走进浙大。
安徽省政府秘书长和办公室主任会议在合肥举行。

1月15日 江苏省特色小镇高峰论坛在南京举行。
上海市十四届人大五次会议开幕。
浙江省政协十一届五次会议开幕。
安徽省政协十一届五次会议开幕。

1月16日 江苏率先公布省市县标准化权力清单。
“2017走进大剧院——汉唐文化国际音乐年”在上海开幕。
浙江省十二届人大五次会议开幕。
合肥市食品安全委员会第十六次(扩大)会议召开。

1月17日 江苏省政府召开全省科技和知识产权工作座谈会。
上海博物馆向媒体宣布,上海博物馆大修确定于今年启动。
浙江省政府召开全省出入境检验检疫工作会议。
合肥市老干部系统报告会举行。

1月18日 紫光南京半导体产业基地项目在宁签约。
江苏省召开旅游工作推进会。

上海启动国企员工持股试点。
浙江省启动第二届网络文学双年奖。
安徽省政府:2017 年民生工程将增加投入 144.7 亿元。

1 月 19 日 南京苏州知识产权法庭成立。
上海市消费者权益保护委员会快递物流专业办公室成立。
安徽省公安机关举行电信网络诈骗被骗资金返还仪式。

1 月 20 日 江苏省政府在南京召开全省交通运输工作座谈会。
上海市政府公布 2016 年上海市国民经济和社会发展情况。
浙江省举办第三届农村文化礼堂“我们的村晚”文艺演出。
安徽省统计局最新统计数据:2016 年全省规模以上工业实现增加值 10081.2 亿元。

1 月 21 日 南京大屠杀幸存者新春走访慰问行动启动。
第十一届海上年俗风情展在上海市开幕。
浙江省委政法工作会议在杭州召开。
合肥市人民政府关于印发 2017 年重点工作及责任分解的通知。

1 月 22 日 江苏省投 1.1 亿建粮食生产机械化示范县。
上海市办理居住证积分确认进一步简化。
浙江省今年再投 1500 亿元改善交通基础设施。
浙江省监察委员会转隶组建会议在杭召开。
安徽省去年生产总值增长 8.7%,比全国增速高 2 个百分点。

1 月 23 日 2016 年江苏十大新闻揭晓。
上海科普事业“十三五”发展规划发布:公民科学素质达标率提高 3%。
浙江省统计局:2016 年全省生产总值 46485 亿元,比上年增长 7.5%。
合肥市政府通报 2016 年度市亿元以上重点项目推进情况。

1 月 24 日 江苏省政务公开暨“互联网+政务服务”工作会议在宁举行。
上海市商务委与杨浦区政府签署“互联网+”科技服务创新实践区建设合作协议。
浙江省级宣传文化系统党风廉政建设工作会议在杭州召开。
合肥市安全生产电视电话会议召开。

1 月 25 日 未来网络试验设施落户江苏。
上海市商务委获悉,2016 年上海利用外资再次突破 500 亿美元。
第一届全球浙商金奖颁授典礼在杭州召开。
合肥市人社局:2016 年合肥城乡居民养老保险任务完成率、养老待遇发放率均达到 100%。

1 月 26 日 江苏省新增 16 个村资管理示范县。
上海举行老干部迎春茶话会。
金砖国家标准化(浙江)研究中心获批筹建。
合肥经开区启动“城市管理提升年”。

1 月 27 日 上海迪士尼迎客流高峰。
合肥综合性国家科学中心暨量子信息与量子科技创新研究院建设动员大会召开。

1 月 28 日 合肥市“中华瑰宝·经典传承”书画系列作品展开幕。

1 月 29 日 上海迪士尼再次限流,售票关闭。
安徽省合作办:全省去年利用省外资金近万亿元。

1月30日　安徽省高新技术产业统计公报显示，2016年，全省高新产值突破1.8万亿元，同比增长19%。

1月31日　音乐剧《撒娇女王》登上了上海舞台。

安徽省商务工作会议：2016年全省社会消费品零售总额10000.2亿元，同比增长12.3%。

二月

2月1日　上海延续优化地区总部鼓励政策。

安徽省经信委：2016年全省完成工业投资11588亿元，同比增长9.7%。

2月2日　南通整合资源推进港口一体化，注册资本66亿元。

春节黄金周安徽全省居民消费约290亿元。

2月3日　“江苏检察网站集群平台”举行开通仪式。

上海市商务委获悉，2016年上海电子商务交易额首次突破2万亿元，达20049.3亿元。

“浙商甬商创业创新千人大会”在宁波举行。

杭州最大规模地下管廊开建。

安徽省财政厅：去年结构性减税逾660亿元。

2月4日　江苏省发布“十三五”渔业发展规划。

浙江省学校大宗批量物资采购需公开招投标。

安徽全面推动移风易俗树立文明乡风 注重实践养成。

2月5日　江苏省政协十一届五次会议开幕。

杭州市最大的国地税联合办税服务厅——下城区国地税联合办税服务厅开业。

安徽黄山用大数据推动旅游产业升级。

2月6日　江苏省第十二届人大第五次会议开幕。

“上海发布”微信再添新功能。

浙江省开展消防安全大检查。

安徽省经信委：2016年全省完成工业投资11588亿元，同比增长9.7%。

2月7日　江苏省发布“十三五”渔业发展规划。

促转化，百亿元重大专项基金落沪。

浙江省江山集中开工，35个重点项目总投资逾46亿元。

安徽省首批公共信用信息地方标准出台。

2月8日　江苏省6家民企正筹建航空公司。

上海检察工作会议召开。

浙江省人大常委会组织全省全国人大代表开展会前集中视察。

安徽省2016年5000万元以上在建徽商回归项目310个，投资总额1142.8亿元；实际到位资金215.0亿元，同比增长18.7%。

2月9日　南京江宁开发区68亿建空港新城。

民革江苏省十届七次全体会议在南京召开。

上海市商务委员会数据，2016年，上海主要展馆共举办各类展会880个，平均每天2.4个。

致公党浙江省委会五届六次全会在杭召开。

安徽省“质量品牌升级示范年”活动启动。

2月10日　江苏南通“希望6号”开航远行，投入英国北海区域服役。

商务印书馆迎来120岁生日。
浙江省高院首批124名员额法官进行宪法宣誓。
安徽省质量品牌升级工程推进大会在合肥举行。

2月11日 江苏省农机局制定2017年目标，全省新增农业机械7万台套。
上海老中青艺术家新春齐聚。
浙江海外联谊会新春团拜会在深圳举行。
安徽省区域医学影像检查中心已进入试运行阶段。

2月12日 江苏省省委、省政府举行2017年全省首批重大项目集中开工现场推进会。
中国侨联“亲情中华·欢聚上海”文艺晚会举行。
安徽省林业产业统计结果显示，全省林业总产值去年突破3100亿元。

2月13日 我国沿海最大滚装船在江苏大丰首航。
上海全面启动清退浮吊。
全球最大油轮“泰欧”号停靠宁波舟山港。
住皖全国政协委员与省直有关部门提案素材对接会在合肥举行。

2月14日 江苏省政府在南京召开全省外事工作会议。
农发行江苏分行放贷首破千亿元。
上海首批18家研发转化平台已规划。
最高法开放日活动走进浙江。
中科大最新研究成果揭示二叠纪末生命大灭绝原因。

2月15日 江苏省经信委发布全省中小企业2016年度数据。
上海宝山区举行民企公益招聘。
2016年度浙江省体坛十佳颁奖仪式在杭州举行。
安徽省检察长会议在合肥召开。

2月16日 国务院批复江苏泰州市城市总体规划。
江苏省国际商会第二届第一次会员代表大会在南京召开。
上海市首届人民监督员宣誓履职。
浙江省渔业安全生产监管工作会议召开。
浙江省商务信用公众服务平台上线运行。
安徽省贫困地区农村义务教育学生营养改善工作现场推进会在利辛县召开。

2月17日 2017中国南京国际梅花节开幕式举行。
全国政协在沪调研无障碍环境。
浙江省检察院首批员额检察官任职宣誓仪式在杭州举行。
总投资约10亿元的安徽省砀山迪斯特海升酒业项目举行开工仪式。
安徽省侨联六届四次全委会暨省侨联改革动员大会在合肥举行。

2月18日 南京举行精细化建设管理动员会，700亿元提升城市精细化。
上海启动国企员工持股试点。
浙江省建成4家国家生态工业示范园区。
安徽省首个区域能源系统在合肥市正式通过省、市电力公司终审验收。

2月19日 扬州军民融合产业规模突破200亿元。
上海第九批援疆干部启程进疆。
浙江省政府在温州召开全省城中村改造和危旧房治理推进会。

第六届车载信息服务产业年会在合肥工业大学举行。

2月20日 江苏出台“人才新政26条”。

江苏南通建一体化网上政务平台。

上海市面向本市律师和法学专家公开选任法官、检察官。

国务院安委会考核组对浙江省安全生产工作给予肯定。

安徽“劝耕贷”扶持6000多家新型农业经营主体,国内首创。

2月21日 江苏省总工会十三届五次全委(扩大)会召开。

2017年上海市文化科技卫生“三下乡”活动启动。

浙江省舟山、丽水、台州三地位列空气质量排名全国十佳。

中科大一成果登中国科学十大进展榜首。

2月22日 江苏省对台工作会议在南京召开。

上海市2017年度常委会工作全面启动。

浙江省第九批援疆干部人才出发赴新疆阿克苏,开展援疆工作。

安徽10县市列入返乡创业国家级试点。

2月23日 首个教育梦想小镇在江苏海门开建。

《2016年上海市重大文化活动国际影响力评估报告》发布。

2016年浙江省国民经济和社会发展统计公报发布。

安徽省绿色发展行动全面“启航”。

2月24日 江苏省科学技术奖励大会在宁举行。

江苏省政府确定今年十大督查要点。

上海吴淞炮台湾国家湿地公园揭牌。

总投资105.5亿元,浙江临海重大项目集中开工。

安徽省黄金工作会议:2016年,全省生产黄金21.065吨。

2月25日 江苏省政府公布今年立法计划。

“无霾校园”计划在杭州启动。

由安徽省图书馆和美国驻上海总领事馆联合主办的“美国音乐在安徽——爵士音乐会暨图片展”举办。

2月26日 江苏省政法工作会议在南京召开。

浙江宁波市政府门户网站和“宁波公共服务”微信公众号上线。

安徽省农发行获悉,今年将有800亿农发行信贷支持“三农”。

2月27日 中新苏州工业园区联合协调理事会会议召开。

江苏省市公安局长会议暨第一期公安局长工作讲坛在南京举行。

浙商产业投资基金暨浙商产业投资控股集团有限公司发起人会议在杭州举行。

合肥综合性国家科学中心暨量子信息与量子科技创新研究院建设动员大会召开。

2月28日 江苏省武警总队党委三届十三次全体(扩大)会议在宁召开。

全国“法治进校园”巡讲团来沪。

浙江宁夏签署重点领域合作协议。

中央一号文件宣讲报告会在合肥举行。

三月

3月1日 江苏发展大会云平台上线。

江苏省全民阅读智库成立。
第 27 届华交会在上海开幕。
上海联交所“PPP 资产交易中心”揭牌。
浙江药械采购推行全国最低联动价。
国家工商行政管理总局商标局合肥商标受理窗口在合肥市政务服务中心启动。
安徽省启动企业全程电子化网上登记。

3 月 2 日 江苏省与外国驻沪代表机构新春联谊会在上海举行。
2017 年上海交通工作会议召开。
浙江省社科院在杭州召开 2016 年科研成果发布会。
安徽省信访工作会议在合肥召开。

3 月 3 日 江苏省政府专题召开全省义务教育工作座谈会。
上海市人民政府、上海警备区召开 2017 年度上海市人民防空工作会议。
浙江省伏季休渔启用新时间表。
安徽省高速公路 PPP 项目签订投资协议。

3 月 4 日 江苏省暨南京市学雷锋志愿服务大行动在宁举行。
安徽第三批省学雷锋活动示范点和省岗位学雷锋标兵公布。

3 月 5 日 江苏省发布第三批学雷锋活动示范点和岗位学雷锋标兵。
安徽企业科大讯飞和网络直播平台合作，实现十九大开幕会网络直播字幕同步。

3 月 6 日 江苏省“互联网＋政务服务” 推进会召开。
2015—2016 年度上海市三八红旗手标兵公布。
浙江省出台我国首部跨境电商地方性法规。
安徽省人大信访工作座谈会在合肥召开。

3 月 7 日 江苏省“三八”国际妇女节 107 周年纪念会在南京举行。
浙江绍兴市柯桥区举行 2017 总投资 526.9 亿元的 17 个重大项目集中开工仪式。
安徽省暨合肥市“三八”维权服务活动启动。

3 月 8 日 江苏省清理涉审地方性法规。
上海首设华侨学院。
国家质检总局和宁波市政府签署合作备忘录。
安徽公路交通基础设施安全大检查启动。

3 月 9 日 江苏南通召开创建国家森林城市动员大会。
上海股权托管交易中心金山服务中心挂牌成立。
浙江省打响入海排污口整治战。
安徽省五机场建设项目纳入国家规划。

3 月 10 日 江苏省第一次全国可移动文物普查总结表彰会在南京举行。
浙江省对台工作会议在杭州召开。
“春之韵——2017 安徽文艺精品进万家”活动开票仪式在合肥举行。
安徽省安全监管工作会议在合肥举行。

3 月 11 日 中国核能行业协会在江苏镇江召开新产品成果鉴定会。
上海市发布 2017 年度重大咨询研究招标课题指南。
浙江省出台两项标准加强避灾安置场所规范化建设。
安徽段商合杭跨省隧道施工。

3月12日　江苏省暨南京市各界人士在中山陵举行谒陵仪式。
孙中山先生逝世92周年纪念活动在上海孙中山故居内举行。
浙江省公布第二批省重要湿地名录。
安徽省全面推行河长制工作方案。

3月13日　江苏省启动“打铁还需自身硬”行动。
浙江省总工会组织的百名“浙江工匠”选树活动启动申报。
安徽省发改委:全省2016年电子商务交易额超七千亿。

3月14日　《长三角城市群南通行动计划》发布:上海轨道交通加快挺进南通。
江苏省举办农机“四送下乡”活动。
2017上海市青年女性职业飞翔计划暨上海市女性创业大赛启动。
浙江衢州召开涉及诉讼司法鉴定工作会议。
安徽省全面规范行政执法队伍管理。

3月15日　江苏省打造升级版河长制。
上海市总工会十三届九次全委(扩大)会议召开。
浙江省政协举办第32次“浙江政协·民生论坛”。
安徽芜湖“3·15”集中开展17项活动。

3月16日　中国酒店论坛在江苏昆山开幕。
上海虹桥机场一号航站楼新建改造的A楼建成并将启用。
浙江省2017年大学生创新创业大赛启动。
安徽省怀宁投13亿元治理高河大河。

3月17日　镇江与扬州大学全面合作签约仪式举行。
上海市召开养老机构服务标准化建设现场会。
浙江省首个债转股项目落地。
安徽省律师协会“维护律师执业权利中心”“投诉受理查处中心”成立。

3月18日　民盟江苏省十一届二十一次常委(扩大)会议在南京召开。
全国首个纺织生态平台落户无锡。
上海市召开推进《“中国制造2025”上海行动纲要》工作领导小组会议。
“2017浙江—香港现代服务业高端人才招聘会”在香港举行。
安徽省“光彩之星”表彰大会暨纪念省个体民营企业协会成立三十周年座谈会在合肥召开。
华东地区安徽县域医共体现场研讨会在阜南县召开。

3月19日　2017首届“戏韵·中国”主题雕塑大赛启动仪式在南京举行。
南通加快建设长三角北翼中心城市。
上海第七届北外滩财富与文化论坛举行。
浙江绍兴两千机关干部大巡河,实地摸排劣Ⅴ类水体。
安徽省电子商务“十三五”发展规划出台。

3月20日　江苏扬州抛出182个项目全球招商。
上海首单新型城镇化PPP落地。
杭州日引800万吨清水入城。
共享汽车登陆合肥。

3月21日　江苏省社科界第十届学术大会高层论坛在南京举行。

台北市立交响乐团与上海交响乐团同台共演。
浙江已全面完成黑臭水体整治和综合管廊建设任务。
全国导游大赛决赛在黄山开幕。

3 月 22 日 江苏省首届职业经理人创新大赛总结暨第二届创新大赛启动大会在宁举行。
上海市科学技术奖励大会举行。
第二期浙江文化研究工程启动。
安徽省出台健康脱贫综合医保实施细则。
安徽省发改委:我省特色旅游小镇已有 206 个。

3 月 23 日 江苏连云港打造区域性产业科技创新中心。
中澳科技转化平台落定苏州。
上海“虹桥喜来登”改名“虹桥锦江”由本土酒店集团自行管理。
浙江省试点社会办中医。
安徽省巢湖闸迎来首次大修。

3 月 24 日 苏州树山梨花旅游文化节开幕。
新疆克拉玛依项目推介会在上海举行。
浙江省全面启动 2020 年实现天然气“县县通”工程项目。
800 位徽商合肥共议新发展。
全国部分地方国资委负责人座谈会在合肥召开。

3 月 25 日 江苏省中小企业法律服务套餐同步上线。
2017 年上海市民文化节暨文化服务日启动。
浙江省诸暨整合旅游资源,打造农业小镇。
一季度安徽省城市建设重点工作现场调度会在池州召开。

3 月 26 日 民盟中央美术院南京分院成立。
第六届“上海儿童文学好作品”揭晓。
浙江宁波市公布各区县(市)水质提升目标。
合肥市统计局公布:本市 2016 年完成农产品加工产值 1187.77 亿元。

3 月 27 日 南京长江五桥进入全面建设阶段。
上海市简化事业单位公开招聘。
浙江省部署春季农业生产和森林消防工作。
安徽省开展政府资产报告试点工作。

3 月 28 日 香港中华总商会访问团来江苏省考察。
无锡地铁 4 号线开工建设。
全国检察机关首创的“命名检察官办公室”在上海浦东成立。
浙江省首届寻找“浙江制造”大工匠发布典礼在杭州举行。
安徽省政府与中国农业发展银行在合肥签署共创省级政策性金融扶贫实验示范区合作协议。

3 月 29 日 江苏泗阳首届桃花节举行。
G60 科创走廊建设要素对接大会在上海举行。
浙江省工商局与阿里巴巴集团签订深化战略合作协议。
安徽省民营文化企业 100 强出炉。
国家广播影视科技创新实验基地等 45 个重点创意文化项目在合肥集中签约开工。

3 月 30 日　江苏如皋对接服务上海推介会在沪举行。
民建上海市十三大举行。
“浙江制造”品牌建设功能中心落户义乌。
安徽省公平竞争审查制度实施意见出台。

3 月 31 日　江苏省青联十一届三次常委（扩大)会议召开。
上海市委召开专题会议动员部署 2017 年检查工作。
浙江检察专项行动助力剿劣攻坚。
安徽省通过修订地方法规促进旅游业发展条例。

四月

4 月 1 日　以“上海司法体制改革”为主题的第二届长江经济带律协会长年会在上海举行。
中国(浙江)自由贸易试验区挂牌暨建设动员大会在浙江省舟山市举行。
江苏省南京江北新区建千亿级产业集群,集成电路产业投资达 600 亿元,销售额达 4300 亿元;市场规模达 1.2 万亿元。
安徽省萧县举行招商引资重点项目集中签约仪式,总协议资金近 20 亿元。

4 月 2 日　“开天辟地——中华创世神话”文艺创作与文化传播工程推进会在上海举行。
中国新企业服务品牌厂商全国巡展活动在浙江省杭州市举行，标志着中国最大最专业 SaaS 渠道通路成立。

4 月 3 日　上海微技术工业研究院耗资数亿元打造的中试线将进入试运行阶段。
江苏省连云港市灌河治理工程投资约 3.01 亿元,目前已完成投资 1.65 亿元。
安徽省合肥晶合集成电路面板驱动芯片年产值约 35 亿元,成为国产化重点工程。

4 月 4 日　上海金山工业区创新招商引资,已完成签约项目 8 个,总投资达 38.4 亿元。
安徽省全面打造“幸福旅游、美丽旅游、智慧旅游、信用旅游”,冲刺万亿元产业。

4 月 5 日　上海建成具有全球影响力的电子商务中心城市的路径图,交易规模突破 2.4 万亿元,其中网络购物交易达到 7500 亿元。
安徽省涡阳县 12 个重大项目集中开工,总投资达 53.6 亿元。

4 月 6 日　浙江省研究全省重大项目推进工作,聚焦八大万亿产业。
江苏省固定资产投资中房地产开发投资完成 1277 亿元。
安徽省研发的国内首个作物生长调节抗逆免疫剂“液体肥料”，创造了数十亿元经济效益。

4 月 7 日　中国民主同盟上海市第十五次代表大会在上海展览中心举行。
“浙江文化年”的首场活动,“讽刺与幽默——浙江当代漫画作品展”开幕。
安徽省农村电网改造升级工程投资计划 20 亿元,资金规模居全国前列。

4 月 8 日　美国国立卫生研究院的“探索者”与上海新锐企业联盟,美国政府为该项目投入1500 万美元的研发经费。
安徽省文旅项目投资 120 个,总投资 970.23 亿元,年完成投资 11.13 亿元。

4 月 9 日　上海松江南部大型居住社区综合管廊项目正式开工。总投资约 11 亿元。
江苏省镇江召开新产品成果鉴定会,海龙核电站屏蔽防护设备项目成功入选,总投资达 265 亿元。
江苏省沿海地区工业投资达 974.81 亿元,其中南通、盐城工业投资分别为 445.43 亿元、370.74 亿元。

4月10日 上海市静安区共有63幢商务楼宇税收超亿元，总税收达到365.89亿元。

4月11日 上海松江区的科技园二期举行开工奠基仪式，总投资将达到百亿级。

浙江省休闲观光农业总产值达到393.9亿元。

4月12日 上海口岸贸易进出口达68820亿元，项目总投资55亿元。

2017年江苏对口支援新疆伊犁州项目活动在伊宁县家纺服装产业园举行。

4月13日 以“四新”为主题重大项目集中开工仪式在浙江省湖州经济技术开发区举行，总投资为375亿元，年度计划投资123亿元。

安徽省歙县举行招商项目集中签约仪式，集中签约17个项目，总投资达31.1亿元。

4月14日 位于上海青浦区的中国北斗产业技术创新西虹桥基地，大力发展北斗导航产业，产值约9亿元。

浙江华统肉制品股份有限公司与江苏省兴化市签订合作协议，计划总投资20亿元。

中国长三角旅游业联合会和长三角地区环骆马湖旅游产业联盟在江苏省宿迁市湖滨新区召开中国长三角旅游业联合会成立大会。

4月15日 2017中国“物联网＋”高峰论坛在江苏省无锡市举行，基金总规模50亿元。

国际半导体产业高峰论坛在江苏省淮安市举行，总投资分别为150亿元和130亿元的一大批重特大半导体产业项目投产、开工和落户。

4月16日 上海市松江区2017年共安排90项重大工程项目，总投资约418亿元。

主题为“创新合作共赢，引领未来发展”的2017全球未来网络发展峰会在江苏省南京江宁举办。

4月17日 2017中国（宁波）特色文化产业博览会在浙江省宁波市落下帷幕，共达成签约项目18个，总金额128.4亿元。

安徽省1—3月份重点项目建设开局良好，累计完成投资2838.9亿元。

4月18日 浙江省宁波市在“招商引资年、企业服务年”活动上安排项目150个、投入资金50亿元。

江苏省扬州邗江举行2017产业发展推介大会暨项目签约仪式，现场签约32个项目，总投资折合人民币148.4亿元。

4月19日 浙江省进、出口双双大幅增长，进出口总值为5591.5亿元。

2017江苏省扬州国际经贸旅游节在生态公园开幕，总投资438.5亿元的科技项目确定落户。

4月20日 以“活力张江”为主题的第五届中国（上海）国际技术进出口交易会在上海世博展览馆开幕，浙江省为美化人居环境共上马重大拆迁安置项目154个、总投资为1511亿元。

江苏省南京市溧水区举办金融支持实体经济专场银企对接签约会，216家企业（项目）集中授信321.3亿元。

4月21日 获得上海在“一带一路”沿线国家对外直接投资项目中，中方投资额超过36亿美元；新签工程承包项目合同额89亿美元。

第六届中国苏州文化创意设计产业交易博览会在江苏省苏州国际博览中心拉开帷幕，项目涉及金额达1亿美元。

4月22日 九三学社上海市第十二次代表大会在上海展览中心举行，大力弘扬“爱国、民主、科学”的优良传统。

4月23日 由浙江省总投资为2500万元的援疆资金全额投入的阿克苏纺织服装培训中心综合教学楼建设项目落户于新疆阿克苏。

4月24日 文化部在上海市召开2017年全国艺术创作工作会议。

浙江省交通运输交通建设一季度完成投资382亿元，综合交通建设大会战实现开门红。

4月25日 上海长宁区统战工作推进会在上海国际会议中心召开，“新友同盟”平台正式成立。

围绕“资源共享、合作共赢”为主题的浙江省对外传播合作项目对接洽谈会在浙江省杭州举行。

2017安徽省淮北食品工业博览会在淮北市凤凰山经济开发区举办，协议投资总额达112.7亿元。

4月26日 为打造长三角北翼经济中心，江苏南通与上海无缝对接协同发展，引进上海亿元以上工业项目约60个，实际投资额200亿元以上。

4月27日 上海市政府与国家电力投资集团公司在上海签署战略合作框架协议，累计资产逾800亿元。

浙江省杭州以“创新经济”为领跑力量实现了地区生产总值2508亿元。

总投资额达10亿元的百万头生猪产业化全产业链项目，在安徽省蒙城签约落地。

4月28日 上海2017年将有沪苏湖铁路、沪通铁路二期等12项工程开工，总投资近2800亿元。

浙江省杭州市余杭区34个重大项目集中签约，总协议金额达670亿元。

安徽省33项民生工程开局顺利。一季度，全省累计拨付民生工程资金672.5亿元。

4月29日 浙江省台州市经济实现高质量开门红，完成固定资产投资378.3亿元。

江苏省泰州市经济运行延续稳中向好发展态势，地区生产总值首次突破千亿元大关，达1002.81亿元。

安徽省淠史杭灌区工程安排11项续建改造工程，工程估算投资3.7亿元。

4月30日 浙江省浙商回归引进投资10亿元以上项目278个、15亿元以上项目174个、30亿元以上项目69个。

江苏省镇江市新区举行项目活动，签约项目16个，总投资为262亿元。

五月

5月1日 世界上第一座以展示世博会发展史为主要内容的上海世博会博物馆正式对外开放。

5月2日 江苏省无锡市梁溪区总投资3亿美元的粒子放疗产业集群基地签约落户。

安徽省芜湖市及皖北地区临泉县、泗县等公共实训基地项目，中央补助投资4200万元。

5月3日 浙江省乡镇整治项目共涉及开工建设的约8726个，投资额约610.6亿元。

第十四届中国·扬中河豚文化节在江苏省扬州闭幕，共集中签约项目24个，总投资138亿元。

5月4日 “‘一带一路’与上海”研讨会在上海市协举行。

5月5日 围绕“中国经济新方位与浙江发展新路径”为主题的首届之江智库论坛在浙江省杭州举行。

5月6日 上海与“一带一路”沿线国家的贸易额达1555亿元人民币，“一带一路”沿线国家在上海合同外资达到10亿美元，实到外资3亿美元。

5月7日 上海市文化创意产业实现增加值约3310亿元，占全市GDP比重约12.1%。

浙江省实施浙商回归计划，约有200个重点签约项目，总投资2962.39亿元。

5月8日 上海企业在“一带一路”沿线国家的非金融类直接投资达3亿美元，新签工程承包项目合同额为 12 亿美元。

由江苏省社科联主办的"扬子江城市群建设"智库论坛在江苏省南京举行。

安徽省六安市与兴茂集团举行陶文创园签约仪式，总投资 20 亿元。

5 月 9 日 总投资 100 亿元的银隆新能源(南京)产业园项目在江苏省溧水开发区开工建设。

5 月 10 日 浙江省发改委、浙江省交通运输厅将确保完成 1868 亿元年度投资计划，力争达到 2000 亿元。

江苏省常州市发布《"一带一路"经贸投资白皮书》，该市对"一带一路"国家实现出口额 126.7 亿元。

联发科技与安徽省合肥市签署战略合作协议，2017 年一季度，全省实际吸收外商直接投资 39 亿美元。

5 月 11 日 安徽省蒙城县总投资达 22.44 亿元，涉及食品加工、秸秆综合利用、医药加工等领域的 10 个项目集中开工。

5 月 12 日 2017 浙江通航产业发展研讨会在浙江省杭州召开，打造了千亿级通航产业。

5 月 13 日 浙江广东两省文化产业合作共赢发展，浙江省文化产业增加值约 2490 亿元，发展水平位居全国第一方阵。

5 月 14 日 浙江省加快建设"百项千亿"防洪排涝工程，水利完成投资 160.5 亿元，其中"百项千亿"防洪排涝工程完成投资 71.8 亿元。

5 月 15 日 浙江省玉环在改革开放中迅速崛起，集中签约 36 个项目，总投资 700 亿元;集中开工 9 个项目，总投资 73.1 亿元。

5 月 16 日 位于浙江省湖州市吴兴区的总投资 30 亿元的产业园正式开园。

2017 中国国际徽商大会宣城科技创新与产业合作恳谈会暨项目签约仪式在安徽省合肥举行，投资总额 2.85 亿美元;省外内资项目 37 个，投资总额 223.9 亿元人民币。

5 月 17 日 首次中国茶产业联盟成员代表大会在浙江省杭州市召开。

由河南省政府主办的中国(河南)自由贸易试验区推介会暨项目签约仪式在安徽省合肥举行，投资总额 481.3 亿元。

5 月 18 日 第十届中博会和 2017 徽商大会百家知名民企项目合作(PPP)对接会暨泛长三角工商界人士座谈会在安徽省合肥举行，估算投资额 8232 亿元。

5 月 19 日 2017"吉林大米文化节"活动在浙江省 11 个地市全面铺开，各类项目总金额 13.2 亿元。

2017 年世界城市峰会在江苏省苏州举办，探讨城市可持续发展的相关问题。

在安徽省合肥举行的江西省赣江新区投资环境推介会上引进资金 118 亿元。

第十届中国中部投资贸易博览会和 2017 中国国际徽商大会在安徽省合肥市圆满落幕，投资总额 141.4 亿美元。

5 月 20 日 主题为"约在江苏，共筑梦想"的首届江苏发展大会在江苏省南京江苏大剧院开幕。

安徽省黄山市招商引资项目参加 2017 徽商大会集中签约，协议投资额达 62.5 亿元。

5 月 21 日 浙江省德清县与天士力控股集团正式签订项目战略合作协议，引进的投资为 100 亿元。

世界通商总会在江苏省南通市成立，投资项目达到 300 多个，总投资超过 20 亿美元。

在第十届中国中部投资贸易博览会和 2017 中国国际徽商大会期间，安徽省淮南市共有签约项目 48 个，总投资 258.46 亿元。

5 月 22 日 上海市商务委有 6 个对德国投资项目，总计合同外资 7.1 亿美元。

徽商大会开幕式上，安徽省发展改革委推出具有良好投资价值的 PPP 项目，总投资为8232亿元。

5月23日 安徽省砀山县通用航空产业园基础设施建设和国岳航空通用飞机制造项目开工建设,投资总额102亿元。

5月24日 泰禾大型企业集团,将捐赠人民币2亿元,在上海设立"同济大学泰禾医学发展基金"。

浙江省衢州重点项目集中开工仪式举行,全省集中开工活动总投资为382亿元,年度计划投资80.8亿元,计划总投资约5亿元。

5月25日 由中国企业文化研究会和上海市委宣传部联合主办的"第二届中国民营企业文化论坛"在上海举行。

5月26日 第46届世界技能大赛第二次全体会议暨2017年中国国际技能大赛组委会会议在上海举行。

以"创新创业,共赢未来"为主题的第五届中国江苏创新创业大赛在江苏省南京市启动。

5月27日 以"亚洲与世界:新动力、新格局、新秩序"为主题的"上海论坛2017"年会在上海开幕。

安徽省综合性国家科学中心之一的合肥智慧能源创新平台签约仪式在合肥市举行,总投资35亿元。

5月28日 江苏省泰州水生态文明城市建设试点创建目前已累计投入资金52.4亿元。

世界著名的汽车零部件制造商马瑞利集团与安徽省合肥市高新区签署合作协议,投资10亿元建设动力系统零部件研发生产基地。同时5年累计吸收外商直接投资600.6亿美元。

5月29日 江苏省启东江海产业园开工奠基,预计总投资700亿元。

5月30日 江苏省灌云县临港产业区年投入8亿元,用于环保基础设施建设。

5月31日 江苏省2017年重大项目230个,总投资3.1万亿元,年度计划投资5133亿元。

2017年前4个月,安徽省实际吸收外商直接投资52.1亿美元。

六月

6月1日 上海市政府与华为投资控股有限公司在上海签署战略合作框架协议,促进上海信息产业创新发展和智慧城市建设应用。

浙江省《湖州市建设"中国制造2025"试点示范城市实施方案》公布后湖州推进建设专项发展资金15亿元。

6月2日 浙江省提高发展质量和效益,推进供给侧结构性改革,前4个月全省装备制造业增加值4546.77亿元。

6月3日 浙江省省综合交通年度投资计划为1868亿元,1月至4月累计完成投资556亿元。

6月4日 江苏省委党校主办的张太雷与中国革命学术研讨会在江苏省委党校举行。

6月5日 上海将加快向产业链高端迈进,形成一批千亿级的产业集群,擦亮上海制造的金字招牌。

由江苏省政府和环保部共同主办的2017国际环保新技术大会在南京国际博览会议中心开幕。

6月6日 以"一带一路""战略与中国企业国际化"为主题的"机遇与挑战"中国荷兰商贸论坛在上海举行。

浙江省杭州举行新疆生产建设兵团产业合作洽谈会，实施产业合作项目129个，累计到位资金167亿元。

6月7日 “2017国际环保新技术大会”的绿色金融主题论坛在江苏省将设立“263”产业环保基金，初定规模100亿元。

6月8日 上海市举行文化金融合作座谈会，发起设立总规模50亿元的“上海双创文化产业投资母基金”，推动上海文化金融合作取得更大成效。

浙江省参与“一带一路”建设推进会在宁波举行，14个重大项目在推进会上签约，总投资660多亿元。

6月9日 上海市政府与中远海运集团在上海签署战略合作框架协议，该集团在上海资产总额超过2700亿元。

6月10日 浙江省天台县全年共开工9个项目，总投资38亿元，计划年内完成8.78亿元。

6月11日 以“创新・活力”为主题的首届杭州钱塘江国际文化节在浙江省杭州市举行。

6月12日 江苏省建成40家重点物流园区，累计完成投资1773.6亿元。

6月13日 浙江工商出台了八项措施支持自贸试验区建设。其中油品及外贸企业注册资本总额达433.21亿元。

6月14日 总投资305亿元的10个大项目签约落户江苏省南京江宁开发区，为园区培育高端产业集群注入了新动力。

6月15日 览海医疗产业投资股份有限公司在上海与休斯敦卫理公会医院就“览海外滩国际医院”项目正式签署合作协议。

全球制造业合作联盟中国总部启动仪式在浙江省杭州举行。

6月16日 浙江省新增外商投资企业1080家，投资总额180.4亿美元，合同外资118.8亿美元，实际外资69.9亿美元。

6月17日 上海中青年知识分子联谊会六届五次理事大会在上海举行。

2017丝路国际联盟大会在浙江省杭州国际博览中心举行，联盟基金管理规模达千亿元。

6月18日 浙江省建设投资集团与农行浙江省分行签订产业基金框架合作协议，设立规模达100亿元的产业基金。

江苏省南京市江宁开发区总投资102亿元的12个重大项目集中开工。

6月19日 主题为“本来・未来”的2017上海国际民宿大会在上海举行。

浙江省临海市举行重大项目集中开工活动，重大项目集中开工总投资额达到630亿元。

6月20日 主题为“全球视野下的金融改革与稳健发展”2017陆家嘴论坛在上海举行。

安徽省阜阳机场改扩建工程将开工，计划约投资10亿元。

6月21日 安徽省G5011芜合高速林头互通至陇西互通段改扩建工程下达项目开工令，项目概算投资46.58亿元。

6月22日 中共上海市委宣传部、中共上海市党史研究室在上海图书馆联合召开“中国共产党的创建与上海”学术研讨会。

安徽省商务厅最新数据，安徽省实际吸收外商直接投资66.1亿美元。

6月23日 江苏省宿迁(上海)产学研合作对接会在上海成功举行，18项产学研合作协议现场签约。

2017中国・张家港大宗商品年会在江苏省张家港开幕,集聚贸易客户6000多家,年交易额2000亿元。

6月24日 总投资120亿元的碧水桂乡康养小镇项目正式签约浙江省湖州,项目总投资超458亿元。

“江苏硅谷”重大项目启动仪式暨数字产城高峰论坛在江苏省句容举行,总投资超200亿元。

6月25日 浙江省金义建设重点项目开工仪式在浙江省金华举行,签约一批重大项目,总投资额约442亿元。

6月26日 全国首家互联网落户于浙江省杭州市。

安徽省重点项目建设平稳推进,累计完成投资5695.1亿元。

6月27日 台湾青年设计师实践发展基地揭牌仪式在上海长宁区世贸商城举行。

安徽省砀山县黄河故道农业度假区PPP项目在砀山园艺场黄河大桥东侧开工。这是该县首个大型田园综合体项目,该项目总投资为7.86亿元。

6月28日 “2017深圳・宁波周”投资合作推介会暨项目签约仪式,浙江省宁波签下31个合作项目,协议总资金超265亿元。

中政企江苏省PPP合作基金成立,总规模45亿元。

6月29日 价值约52亿元人民币的全球的造船业再度将目光聚焦上海,交给沪东中华造船(集团)有限公司。

安徽淮北市集中开工重点项目41个,总投资326.3亿元,年计划投资98.4亿元。

6月30日 总投资额达197亿元的38个项目集中落户浙江省嘉兴经济技术开发区。

七月

7月1日 中国残疾人联合会与浙江大学在杭州签署战略合作框架协议书。

7月2日 国内首个集装箱野奢酒店项目落户江苏省扬州生态科技新城。

7月3日 第25届国际核工程大会在上海开幕。

“创意上海”展览会在布鲁塞尔中国文化中心揭幕。

浙江省轨道交通运营管理集团有限公司成立。

江苏冶金技术研究院在张家港市揭牌。

7月4日 上海市举办纪念中国人民全面抗战爆发80周年学术研讨会。

江苏省重点保护企业打假保优协作网成立。

7月5日 浙江省树人阅读研究院成立。

中国江苏・大院大所合作对接会暨第六届产学研合作成果展示洽谈会在宁开幕。

7月6日 “1937・南京空中保卫战”展览在南京抗日航空烈士纪念馆开展。

“中国人的抗战・中华民族抗日战争史”学术研讨会在南京开幕。

7月7日 浙江省出台《浙江省参与长江经济带生态环境保护行动计划》。

侵华日军在浙江细菌战罪行展览在浙江省图书馆开展。

“东南大学丘成桐中心”揭牌。

7月8日 浙江省与中国工程院在杭签署科技合作协议。

江苏航空产业发展研究中心在苏交科南京设计中心正式挂牌成立。

7月9日 “未来已来”全球人工智能高峰论坛在杭州举行,中国(杭州)人工智能小镇同时开园。

“情系江南·精彩江苏——两岸文化联谊行”文化交流活动在昆山开幕。

7月10日 香港苏浙沪各界人士在香港会展中心举行晚会庆祝香港回归祖国20周年。
2017年(第九届)苏州国际精英创业周开幕。
浙江省党政代表团来安徽考察并主持召开两省经济社会发展座谈会。

7月11日 “心无邪·爱相随”书画篆刻作品展暨防范邪教宣传月开幕式在嘉兴市图书馆举行。
江苏维州高级行政领导交流项目在南京启动。来自澳大利亚维多利亚州政府的18名行政领导与江苏相关部门负责人出席启动仪式。

7月12日 申城第二届“仁心医者·上海市仁心医师奖”出炉。
浙江党政代表团来沪考察访问,并与上海举行两地经济社会发展座谈会。
浙江安吉小鲵入选国家级自然保护区。
“书香江苏·苏州之夜”文艺展演在苏州举行。
中德人工智能研究院在安徽省芜湖鸠江开发区中德中心揭牌。

7月13日 “中国企业走进金砖国家和新兴经济体”研讨会在上海国际会议中心举办。
第七届江苏书展在苏州国际博览中心开幕。
安徽省《关于推进农业绿色发展五大行动计划的实施方案》出台。

7月14日 海尔签约落户上海,投资100亿元以上,建设青岛以外首个区域总部和六大核心功能板块,打造全国智能制造和工业互联网领域的标杆项目。
“情系江南·精彩江苏——两岸文化联谊行”在南京落幕。
“淮盐”品牌专列首发仪式在上海举行。

7月15日 “向前、向前、向前”——纪念建军90周年专题文艺晚会在上海云峰剧院举行。

7月16日 “寻建军之源,仰将士之光”——纪念建军90周年展览揭幕仪式在上海青少年校外活动营地东方绿舟举行。
浙能集团与长兴县政府、煤山镇政府三方签订了浙能智慧能源科技产业园落户协议。
合肥市新华书店三孝口店率先在全球启动共享书店运营模式。

7月17日 “2017中国社会学话语体系建设”在上海召开。
第二届国际乡村旅游大会在浙江省安吉召开。
江苏省建集团与马来西亚鼎昇集团战略合作签约仪式在宁举行,“江苏省物产展”及“福冈县·江苏省友好交流图片展”等两省县结好25周年系列活动在日本福冈县举行。

7月18日 全球授权展中国站在上海国家会展中心开幕。
张敬华同志任中共江苏省委常委、南京市委书记。
《安徽省现代基础设施体系建设总体规划(2017—2021年)》出台。
芜湖市政府与西安电子科技大学联合共建西电芜湖研究院战略合作协议签约仪式在合肥举行。

7月19日 全国第三批38个生态修复、城市修补试点城市名单,江苏省徐州市、苏州市、南通市、扬州市、镇江市,安徽省黄山市、淮北市入选。

7月20日 浙江省印发《浙江省生态文明体制改革总体方案》。

7月21日 上海市高院将7月21日确定为“上海法院法官权益保障日”。
“一带一路”养老产业高峰论坛在宁举行。

世界低温生物科技与生命资源库大会在安徽省合肥召开。

7月22日 江苏省成立现代农业科技产业研究会。

7月23日 上海市政协召开"发挥世界级城市群核心城市作用,推动长三角一体化发展"课题调研座谈会。

7月24日 中国3D打印文化博物馆在上海市宝山智慧湾科创园区落成。

国务院批复同意将浙江省龙泉市列为国家历史文化名城。

北航—京东方合肥战略合作协议签约暨北航合肥科学城创新研究平台授牌仪式在合肥市政务中心举行。

7月25日 知识产权保护中心在浦东新区政府揭牌。

"锦行天下——中国织锦文化展"在江苏省苏州丝绸博物馆开幕。

《安徽省新型城镇化发展规划(2016—2025年)》出台。

7月26日 上海市卫生系统第十六届"银蛇奖"获得者揭晓。

江苏省新四军研究会纪念建军90周年暨新四军组建80周年书画篆刻巡回展首展仪式在宁举行。

张孝成当选安徽省淮南市市长。张祥安同志任安徽省滁州市委书记。

7月27日 2017年金砖国家税务局长会议在杭州举行。

江苏省银企合作融资推进会在宁举行,20家企业与有关金融机构签约,金额达180亿元。

7月28日 2017上海国际儿童戏剧展演在沪开幕。

中德智能制造企业家大会在南京举行。南京江北新区与中国电子信息产业发展研究院联合成立人工智能产业创新基地,9个智能制造项目签约,总投资41.35亿元。

安徽省邮政业安全中心在合肥成立。

安徽省中安金融资产管理有限公司在合肥揭牌运营,当天与淮北矿业集团签署6亿元的债转股合作项目。

7月29日 第二届金砖国家工业部长会议在杭州开幕。

第十二届中国凹土高层论坛在江苏省盱眙开幕。

7月30日 国际青年歌唱家艺术节开幕式音乐会在江苏省苏州上演。

7月31日 "四海一家·浙港同行"——浙港青年庆祝香港回归祖国20周年主题交流活动在浙江大学紫金港校区启动。

贺懋燮当选安徽省芜湖市市长。

八月

8月1日 江苏新媒体平台"我苏网"上线。

8月2日 上海法院律师服务平台向全国律师开放仪式在上海高院举行。

第五届中国—中亚合作论坛在江苏省连云港举行。

8月3日 杭州、苏州、无锡获首批"中国旅游休闲示范城市"奖牌。

首届"中国城市信用建设高峰论坛"在杭州召开。

8月4日 全国首张具有唯一身份识别条形码的"先证后核"工业产品生产许可证在无锡发出。

8月5日 祖宾·梅塔携以色列爱乐乐团音乐会在江苏大剧院音乐厅上演。

8月6日 "形象之源——上海抽象艺术展"亮相浙江省温州年代美术馆。

8月7日 浙江省《关于在全省沿海实施滩长制的若干意见》实施。

全民健身日·全国老年人体育健身主题示范活动在安徽省池州市开幕。

8月8日 “皖和号”援疆旅游专列首发。

8月9日 2017淮安经贸文化交流合作周在台北开幕。

8月10日 浙江省宁波跻身全国水生态文明城市。

总投资210亿元的“宜兴国际旅游度假区、雅达健康生态产业园”项目签约仪式在南京举行。

第六届中国创新创业大赛安徽赛区总决赛在合肥开赛。

8月11日 《南京市出让地块竞争保障性住房操作管理规则(试行)》发布。

总投资80多亿元的机器人项目在安徽省合肥市政务中心集中签约。

8月12日 2017寻找徽商最佳投资区域活动启动仪式暨媒体推介会在合肥举行。

8月13日 “锦绣中华——当代新徽派版画作品展”在北京中国美术馆启幕。

8月14日 江苏特色小镇第二次创建工作推进会暨银镇对接会在南京召开。总规模1000亿元的江苏特色小镇发展基金落地。5家商业银行与22个小镇签署了556亿元的融资项目。

8月15日 “香港回归祖国二十周年——同心创前路　掌握新机遇”成就展暨“沪港合作成果展”在上海中华艺术宫举行。

“2017年南京国际和平集会”在侵华日军南京大屠杀遇难同胞纪念馆举行。

8月16日 2017首届国际科创园区(上海)博览会在上海世博展览馆开幕。

《江苏省河长制验收办法》出台。

第七届安徽青年创新创业大赛暨第四届“创青春”中国青年创新创业大赛(安徽赛区)综合赛决赛在合肥举行。

8月17日 浙江大学医学院附属邵逸夫医院姚玉峰和东南大学附属中大医院邱海波教授被授予“白求恩奖章”荣誉称号。

8月18日 “一位出版家的理智与情感——纪念张元济诞辰150周年文献展”在解放日报社开幕。

全国首家互联网法院落户杭州。

第九届中国宜兴陶艺节新闻发布会在北京举行。

总投资215亿元的华夏文旅南京国际旅游度假区项目落户江苏省南京市浦口汤泉镇。

安徽亳州市举行老庄思想与协调发展学术论坛。

总投资8亿元的安徽中原航空职业技术学院在安徽省宿州市宿马园区开工奠基。

8月19日 FIDSM动力冲浪板国际赛(中国站)暨首届固城湖滨水湾音乐节在南京高淳固城湖水慢城开幕。

8月20日 2017上海国际儿童戏剧展演闭幕。

安徽省立智慧医院(人工智能辅助诊疗中心)揭牌。

8月21日 《南京大屠杀研究》期刊获批创办。

合肥市数据资源局、大数据资产运营公司成立。

8月22日 东南大学苏州医疗器械研究院在江苏省苏州高新区成立。

中国国际人才市场合肥市场举行首批“外国人来华工作许可证”发证仪式。

8月23日　2017上海民族民俗民间文化博览会在上海图书馆开幕。

总投资20.8亿元的中移软件园在苏州高新区正式开园。

8月24日　“魅力上海”城市形象推广活动在斯里兰卡首都科伦坡开幕。

芜湖市首个电竞产业基地在雨耕山文化创意产业园挂牌。

8月25日　经国务院同意,江苏省南京市建邺区、无锡市滨湖区、徐州市新沂市、常州市天宁区、苏州工业园区、南通市如皋市、宿迁市沭阳县纳入国家试点地区。

8月26日　扬子江药业入选“民族品牌传播工程”。

第四届安徽文化惠民消费季活动在安徽省宿州市灵璧县启动。

8月27日　国际青年歌唱家艺术节闭幕式音乐会在苏州举行。

8月28日　江苏省政府与中国农业银行在宁签署战略合作协议。

2017中国黄山书会开幕式在安徽图书城举行。

8月29日　第十二届台商论坛在淮安市开幕。

南京江北新区发展研究院在南京信息工程大学签约揭牌。

中央编办编制周转池制度经验交流现场会在合肥召开。

8月30日　2017年上海市推进国际金融中心建设领导小组国际咨询委员会会议召开。

合肥知识产权法庭挂牌运行。

8月31日　“上海创新智造高峰论坛”在上海市奉贤区举行。

2017中国·江苏太湖影视文化产业投资峰会在江苏省无锡举行。

江苏省军民融合发展研究院成立。

安徽省财政厅公开招标发行167.1亿元2017年省政府专项置换债券。

九月

9月1日　浙江省新媒体专业委员会在杭州成立。

《2016—2017年中国物联网发展年度报告》在江苏省无锡发布。

安徽省砀山县启动“纪念齐白石逝世六十周年”系列活动。

9月2日　新开发银行总部大楼在上海浦东世博园区破土动工,杭州市西湖区富春江引水工程竣工通水。

西湖高等研究院在浙江省杭州云栖小镇举行开学典礼。

“2017中国黄山世赛园艺项目国际邀请赛”在安徽省黄山润一生态园落幕。

安徽省工商局推介“霍山黄芽、六安瓜片、金寨山茶油、岳西翠兰、太平猴魁、铜陵白姜、宁国山核桃、砀山酥梨、五河螃蟹、枞阳媒鸭”10个运用成效显著的地理标志商标为“安徽省十佳地理标志商标”。

9月3日　第十三届全国学生运动会在浙江省杭州黄龙体育馆开幕。

9月4日　苏浙皖赣沪“讲述质量故事”主题演讲决赛在合肥举行。

江苏省与浙江、安徽、江西、上海共同启动长三角“质量月”活动。

9月5日　中国江苏·现代农业科技大会组委会联络员会议在江苏省政府召开。

9月6日　以网络信息、人工智能为研究方向的之江实验室,在杭州人工智能小镇挂牌成立。

第十三届中国南京软博会在江苏省南京国际博览中心开幕。

江苏、浙江、安徽、江西和上海四省一市质监局在合肥签署质监科技合作备忘录,全面开展质监科技合作。

9月7日 上海音乐学院贺绿汀中国音乐高等研究院揭牌成立中国声乐艺术研究中心，聘任男中音歌唱家廖昌永为主任。

"南京大屠杀与日本战争犯罪"国际学术研讨会在南京召开。

9月8日 苏州教育博物馆开放。

2017世界运河城市论坛在扬州开幕。

第二届全国工业机器人技术应用技能大赛暨"技能中国行2017——走进安徽"活动在安徽省芜湖市开幕。

9月9日 2017世界物联网博览会在江苏省无锡开幕。

"第十六届历史认识与东亚和平论坛"在南京举行，中、日、韩三国110余位史学专家到会研讨。

安徽中国科学技术大学的潘建伟荣获第二届未来科学大奖。

9月10日 中国首条研发中试线在沪投入运营。

9月11日 "亦文亦史七十年，西厢桃花别样红——蒋星煜学术纪念活动"在沪举行。

"中国的和平权理念与实践"理论研讨会，在南京大学举行。

"亲情中华·文化安徽"侨界访谈在合肥举行。

9月12日 上海市已有449家定点医院开通了跨省异地就医住院费用直接结算功能。

"2017上海书展暨'书香中国'"之中国书业馆配年会暨"图书馆与出版社高层论坛"在浙江省嘉定开幕。

"2017南京金秋经贸洽谈会"举行重大项目集中签约仪式，有75个重大项目集中签约，总投资逾4500亿元。

"明月清风——故宫博物院藏新安八家书画展"在安徽省黄山市开展。

9月13日 "新闻记录上海——1949—2017上海城市图片展"在上海虹桥、浦东机场开展。

江苏省消费者权益保护委员会成立大会在南京举行。

合肥市与腾讯公司合作项目签约仪式在合肥市政务中心举行。

9月14日 浙江省政府正式批复设立宁波"一带一路"建设综合试验区。

生物多样性司法保护国际研讨会在南京举行。

江苏省苏州市相城区与京东集团达成战略合作，在苏州高铁新城共建京东智谷项目。

9月15日 上海出台《关于加快培育和发展本市住房租赁市场的实施意见》。

杭州市临安区挂牌成立。

第八届中国(泰州)国际医药博览会开幕。

安徽农业招商项目推介暨签约仪式在安徽省合肥滨湖会展中心举行，本届农交会总投资额470.9亿元。

合肥巢湖经济开发区与北京华熙鑫隆科技产业发展有限公司举行战略合作签约仪式，计划建设总投资约120亿元的大健康产业项目。

9月16日 2017年国家网络安全宣传周开幕式在上海举行。

浙商产融控股有限公司重大项目签约仪式在杭州举行，投资总额931亿元的22个项目签约，同时浙商产融还分别与浙商银行、建银国际签订战略合作协议。

扬子江城市群发展规划国际咨询会在南京举行。

省农产品加工产业技术创新联盟在合肥成立。

9月17日 第29次上海市市长国际企业家咨询会议在上海世博中心举行。

中国(浙江)自由贸易试验区国际咨询委员会成立。

2017江苏(南京)版权贸易博览会落幕。

9月18日　首届世界油商大会在杭州国际博览中心开幕。

第八届中国—东盟知识产权局局长会议在江苏省苏州召开。

第四届中国医药创新与发展高层论坛在合肥举办。

9月19日　“光荣与力量——2017感动上海年度人物”揭晓。

浙江省舟山港综合保税区区块三设立申报获得同意。

新华传媒云智库平台项目启动。

苏拉合作项目协议集中签约仪式在南京举行。

“江淮十大杰出工匠”评选启动。

2017第三届中国海归创业大赛决赛在安徽省芜湖举行。

9月20日　首届中国妇女创业创新大赛总决赛在杭州举行。

中国泰州梅兰芳艺术节开幕。

9月21日　2017年中国经济社会论坛在上海举行。

2017江苏国际养老服务业博览会暨高峰论坛在南京国际博览中心开幕。

9月22日　上海交通大学团队研制的《2017亚太知识竞争力指数》在上海浦江创新论坛上发布。

第三届中国—中东欧国家文化合作部长论坛在杭州开幕。

第十九届江苏农业国际合作洽谈会在江苏省连云港国展中心开幕。

2017中国中部区域经济发展论坛在合肥举行。

9月23日　上海科创中心股权投资基金管理有限公司在2017浦江创新论坛上揭牌成立。

第十五届亚洲艺术节在浙江省宁波开幕。

庆祝南京印社成立三十周年暨《印说》刊发六十期社员篆刻作品展在江苏紫金文创园举行开幕式。

9月24日　浙江省政府与国家体育总局在杭州签署共建中国(浙江)国家游泳队合作协议。

2017中国国际石墨烯创新大会在南京国际展览中心举行。

2017·中国(合肥)智慧城市院士峰会在合肥举行。

9月25日　2017中国森林旅游节在上海开幕。

9月26日　中国科学院微小卫星创新研究院在沪正式成立。

浙江省印发《浙江省实施中华优秀传统文化传承发展工程工作方案》。

江苏省与中国工商银行在宁签署战略合作协议。

9月27日　浙江省人工智能发展专家委员会成立大会在杭州举行。

首届苏港融合发展峰会在香港举行。

位于合肥的国家重大科技基础设施——稳态强磁场实验装置通过国家验收。

9月28日　浙江省农村三产融合发展联合会在杭成立。

2017“亚洲品牌500强”榜单在香港发布，浙报传媒入选并首次获得“亚洲报业10大品牌”称号。

江苏省宿迁绿色产业合作洽谈会引资257亿元。

国家能源局公布了全国“小康用电示范县”名单，我省来安、金寨、和县、界首和固镇5个县市被列入国家小康用电示范县。

2017年安庆“十一”黄梅戏展演周开幕。

9月29日　上海商标审查协作中心运行。

世界首条量子保密通信干线——"京沪干线"正式开通。
浙江省石油股份有限公司成立暨揭牌仪式在杭州举行。
2017 南通江海国际旅游节开幕。
北京汽车集团有限公司与巢湖市人民政府、科大讯飞股份有限公司、南京云海特种金属股份有限公司的战略合作签约仪式在合肥举行。

9 月 30 日 上海市政府举行 2017 年"上海市荣誉市民"称号、"白玉兰荣誉奖"颁授仪式。
第四届世界浙商大会组委会第一次会议在杭州召开。

十月

10 月 1 日 当日全江苏省高速公路出口交通流量高达 340 万辆，再创历史最高峰值。
2017 上海音乐学院国际打击乐节暨第二届 IPEA 国际打击乐比赛开幕。
杭州警方再次推出 8 项便民举措。
安徽国际汽车展在合肥举行。

10 月 2 日 加拿大 Collec-tif9 弦乐九重奏乐团"金曲捞"专场在南京开演。
上海京剧院京剧音乐剧场《月光下的行走》欧洲首演。
安徽省口岸发展"十三五"规划出台。

10 月 3 日 "一带一路与江苏发展"国际研讨会在南京举行。
上海爱乐乐团赴日为亚洲交响周奏响良宵。
安徽省修订安全生产条例。

10 月 4 日 2017 上海简单生活节开幕。
安徽黄山加入"万里茶道"国际旅游联盟。

10 月 5 日 十万人争睹钱江潮。
安徽省大数据产业联盟在合肥成立。

10 月 6 日 第 28 届上海旅游节圆满落下帷幕。
《杭州铁路枢纽规划》(2016—2030 年)获中国铁路总公司和浙江省人民政府联合批复。
安徽芜湖长江公路二桥成功合龙。

10 月 7 日 上海劳力士大师赛拉开序幕。
2017 中国国际马术耐力赛在安徽砀山县开赛。

10 月 8 日 首届江苏佛教素食文化博览会开幕。
国庆长假上海市共接待游客 1059 万人次，实现旅游收入 106 亿元，同比增长 2.6%。
浙江省青少年网络素养教育基地成立。
安徽省旅发委：国庆期间旅游总收入 246.03 亿元，同比增长 12.39%。

10 月 9 日 江苏清江浦 45 个大项目落户开工，总投资超 600 亿元。
上海市就全面提升食品安全保障能力召开专题协商座谈会。
浙江省肿瘤医院阿克苏诊疗中心与核医学李林法专家远程工作站成立。
安徽省生态旅游发展规划出台。

10 月 10 日 江苏省基层专职武装部长在宁集训。
苏南国家科技成果转移转化示范区获批。
上海自由职业艺术家主题艺术展开幕。
上海社会科学院启动国际理论前沿丛书发布活动。

杭州西湖区和浙江工业大学联合成立全省首家社工学院——西湖区社工学院。
安徽省中等职业教育工作会议召开。

10月11日　江苏省五峰山过江通道公路接线工程开工建设。
2017第八届环太湖国际公路自行车赛在无锡开幕。
“2017上海中小企业发展论坛”举行。
2017杭州·云栖大会开幕。
安徽省读书演讲电视大奖赛在合肥举行。
中科大首个量子计算云平台上线。

10月12日　江苏省工商联、新华日报社战略合作签约仪式在南京举行。
上海市深化人才发展体制机制改革推进会举行。
浙江省开展食品安全督查。
安徽淮河特大桥合龙。

10月13日　江苏启动生态河湖行动计划。
上海报业集团旗下英文上海日报(ShanghaiDaily)全新融媒体产品上线。
中美医学论坛在沪举行。
浙江省社科联和衢州市联合举办的“最多跑一次”改革理论研讨会在衢州召开。
安徽省在合肥举行活动纪念第37个世界粮食日。
安徽省脱贫攻坚民主监督工作推进会在合肥召开。

10月14日　2017“同乐江苏”爵士音乐节开幕。
十九大献礼影片《邹碧华》上海首映式举行。
浙江省举办“世界标准日”主题活动。
2017全国集邮巡回展览(安徽站)开幕式在杭州举行。

10月15日　2017海峡两岸(江苏)名优农产品展销会在镇江开幕。
中国英文拼字大赛上海赛区比赛启动。
亚运会杭州市场馆建设全面启动。
2017皖北(蚌埠)人才合作对接会在安徽蚌埠举行。

10月16日　江苏省表彰脱贫致富先进典型。
上海发布16条措施支持外资研发中心参与科创中心建设。
安徽省社会扶贫工作经验交流座谈会在合肥召开。

10月17日　民盟中央美术院全国美术作品展在常州开幕。
2017上海军民两用技术成果展开幕。
浙江省侨界青年联合会成立。
安徽省计生协市级会长座谈会在合肥召开。

10月18日　江苏省第一次地理国情普查成果发布。
上海发布65个非遗保护优秀实践案例。
浙南科技城与上海“世外”签约办学。
国家继续教育项目中药炮制特色技术传承培训班在安徽亳州市举行。

10月19日　第七届江苏——澳门·葡语国家工商峰会在澳门举行。
上海市工商联主办2017外交官与民营企业家交流活动。
第五届乌镇戏剧节举行。
江苏省政府来皖考察科技创新工作。

10 月 20 日 2017 中国陶都(宜兴)金秋经贸洽谈会暨项目集中签约仪式举行。
上海市社联第十一届(2017)学会学术活动月开幕。
第三届上海国际自然保护周举行。
"浙江政协·崇学讲坛"第 49 讲在杭州举行。
安徽出入境检验检疫局:本省进境指定口岸总数居中部第一。

10 月 21 日 江苏省特色田园乡村协同创新研究基地在南农大挂牌。
第十九届中国上海国际艺术节开幕。
上海国际艺术节演出交易会开幕。
浙江省累计发放创新券 10.8 亿元,累计使用 6.5 亿元。
第十五届中国·合肥苗木交易大会拉开帷幕。

10 月 22 日 沪通长江大桥天生港专用航道桥主拱成功合龙。
江苏省金融研究院揭牌。
2017 第三届上海街艺联展开幕。
"长三角"三省一市水污染防治立法协作座谈会在杭州召开。
合肥涉企收费再减 19 个项目。
安徽发行 293.2 亿元置换债券。

10 月 23 日 江苏徐宿淮盐铁路开始架梁施工。
第十九届中国上海国际艺术节宁波分会场开幕。
农业银行嘉兴南湖支行与南湖区水利局签订平湖塘延伸拓浚工程融资合同。
5 家企业获评"安徽省诚信示范"。

10 月 24 日 江苏省农业科技自主创新十周年成果展举行。
浙江省土地整治项目用上移动巡查系统。
科大讯飞人工智能开发者节在合肥举行。

10 月 25 日 中国江苏国际新能源电动车及零部件交易会在南京开幕。
第十九届上海国际艺术节"时代的风采艺术的魅力"好剧论坛举行。
全国单季晚稻技术集成示范现场会在浙江诸暨市召开。
安徽省 5 项目入选中国人居环境范例奖。

10 月 26 日 第九届中国·宜兴国际陶瓷文化艺术节开幕。
上海市"开天辟地——中华创世神话"主题创作成果展开幕。
浙江省表彰先进环卫工作者。
安徽合肥市房屋租赁有限公司揭牌。

10 月 27 日 江苏连云港市赣榆区举办第十届徐福故里海洋文化节。
"上海市第五届创业新秀评选活动"决赛举行。
第十届上海魔术节开幕。
2017"浙江好项目·创新创业大赛"总决赛在杭州举行。
2017 第六届海峡两岸(马鞍山)电子信息博览会暨第七届皖台科技论坛开幕。

10 月 28 日 2017 中国新泰州杯赛艇马拉松赛开幕。
民盟江苏省十二届一次常委会议召开。
上海天马望远镜通过总体验收。
"两岸关系 30 年回顾与展望研讨会"在上海举行。
杭州首宗纯租赁地块成交。

安徽省员额内检察官遴选考试开考。

10月29日 全球最大海上风电施工平台在南通下水。
上海市社会医疗机构协会眼科专委会成立。
浙江援藏网上线。
国土资源科普基地工作研讨会在合肥举行。

10月30日 党的十九大重要文件出版物江苏首发式在南京举行。
全新手机“刷码过闸”方式亮相上海磁浮线。
安徽省第一次地理国情普查公报发布全省总面积为14.01万平方千米。

10月31日 南京第二届十佳出镜律师揭晓。
2017年上海市文化科技卫生“三下乡”科技惠农活动举行。
浙江杭甬温试点刑事辩护全覆盖。
2017中国(合肥)SKA孔径阵列技术国际高峰会议在合肥举行。

十一月

11月1日 第四届中国国际物流发展大会在江苏徐州举行。
第十九届中国上海国际艺术节戏曲论坛举行。
第十届中国义乌国际森林产品博览会开幕。
安徽政务服务网上线试运行。

11月2日 第九届中国(无锡)国际新能源大会暨展览会在无锡开幕。
上海市高级人民法院召开司法体制综合配套改革推进会。
浙江舟山成全国第一大成品油进口口岸。
安徽省政府与中国民生银行签署战略合作协议。

11月3日 江苏省出台保护太湖生态新举措。
中华全国新闻工作者协会前身1937年“青记”会址纪念馆在上海揭牌。
2017杭州湾论坛拉开帷幕。
第三届浙江全民阅读节在宁波开幕。
第十六届全国文学院院长联席会议在合肥举行。

11月4日 辽宁江苏对口交流合作招聘会在宁举行。
上海设立中国“教师教育中心”。
2017年上海科普教育创新奖颁奖典礼举行。
“千万浙江人百日游浙江”活动启动。
教育部马克思主义理论类专业教学指导委员会2017年年会在合肥召开。

11月5日 江苏省政府与中国国际经济交流中心在南京签署战略合作协议。
纪念中日邦交正常化45周年暨中日经济学术研讨会在上海召开。
浙江省第二届网络文学双年奖颁奖典礼在宁波举行。
安徽省启动冬季大气污染防治督导。

11月6日 2017两岸企业家紫金山峰会在南京举行。
第十九届中国国际工业博览会开幕式在上海举行。
杭州三堡排涝工程荣获中国建设工程鲁班奖。
2017浙江·杭州国际人才交流与项目合作大会在杭举行。
皖东地区首次探获一中型金矿,矿床平均品位7.63克/吨。

11 月 7 日 学习贯彻十九大精神，江苏省智库报告会举行。
2017 全球城市信息化论坛在上海举行。
第四届世界互联网大会浙江承办工作领导小组会议暨动员大会在杭州召开。
宁波浙商回归重大项目集中开工。
安徽引江济淮工程引江济巢线开工。

11 月 8 日 江苏镇江赴深圳举行 2017 年现代服务业恳谈会，招商揽金 361 亿。
上海市国企工会改革全面启动。
第四届世界浙商大会 2017 浙江 · 杭州国际人才交流与项目合作大会开幕。
“创业中华—2017 侨界精英创新创业峰会”在杭州开幕。
长江中游新一轮航道整治工程启动。

11 月 9 日 第二届紫金知识产权国际峰会在南京开幕。
上海(国际)赛事文化及体育用品博览会揭幕。
第六届全国道德模范名单揭晓，浙江省共有 3 人入选。
安徽省与英国德比郡在合肥签署建立友好省郡关系协议书。
安徽省政协举办推进乡村旅游创新发展专题协商会。

11 月 10 日 2017 年苏州相城经贸恳谈会暨阳澄湖创客年会开幕。
第十届中国长三角青商论坛在上海举行。
第六届“浙江孝贤”颁奖仪式在杭州举行。
2017 年黄山旅游节开幕式暨第六届安徽国际旅行商大会在安徽黄山举行。

11 月 11 日 中国农村创业创新论坛在苏州市召开。
《2016 年度中国医院排行榜》《2016 年度中国医院专科声誉排行榜》在上海复旦发布。
全球未来出行高层论坛暨国际展览会在杭州举行。
第四届浙江青年电影节在杭州举行。
首届安徽新安江绿色发展论坛举行。

11 月 12 日 江苏省暨南京市各界人士在中山陵举行谒陵仪式。
第二届民盟上海基础教育论坛在黄浦区教育学院举行。
浙江省人大教科文卫工作座谈会在杭州召开。
2017 合肥国际马拉松赛开赛。
第五届安徽文化论坛在宣城举行。

11 月 13 日 全国耕地保护工作会议在南京召开。
中国民主同盟(上海)传统教育基地揭牌仪式举行。
中国国民党前主席洪秀柱访问上海。
国家食品中心医疗器械创新浙江服务站落户杭州。
2017 院士安徽蚌埠行活动在蚌埠启动。

11 月 14 日 纪念南京审判 70 周年座谈会在南京召开。
上海全面实施“AI@SH”。
浙江省爱国卫生工作会议在杭州召开。
全球人工智能杭州峰会暨中国(杭州)人工智能产业发展论坛举行。
2017 年全民终身学习活动周全国总开幕式在合肥市举行。

11 月 15 日 江苏镇江在上海举行创新投资恳谈会，签约项目 17 个、总投资 129.5 亿元。

江苏省召开“水韵江苏”旅游强省建设推进会。
第十五届“挑战杯”全国大学生课外学术科技作品竞赛决赛在上海开幕。
未来医院建设与发展论坛在杭州举办。
浙江省特色小镇信息技术产业联盟成立。
2017 安徽企业百强榜公布。

11 月 16 日 习近平新时代中国特色社会主义思想理论研讨会在宁举行。
上海推出 10 项检验检疫新措施。
浙江省美丽乡村和农村精神文明建设现场会在江山市召开。
安徽省政府召开全省医改工作推进电视电话会议。
第十届中部崛起法治论坛在合肥举行。

11 月 17 日 全国城市管理现场会在江苏徐州举行。
第五届中国上海国际童书展拉开帷幕。
中国国际食品博览会在上海举行。
浙江省赴京招才引智。
安徽省 140 亿元土地储备专项债券在深交所首发。

11 月 18 日 新一代信息技术博览会在江苏南通举行。
民盟江苏民盟省委新一届专委会成立。
第九届陆家嘴法治论坛举行。
社会主义核心价值观协同创新上海峰会在上海召开。
首届全国新闻界马拉松邀请赛在浙江金华鸣枪开赛。
首届合肥国际质子重离子放疗论坛暨第三届合肥国际放射医学物理论坛举行。

11 月 19 日 江苏海安举行投资洽谈会，揽资逾 330 亿元。
上海“沪动起来”体育主题活动启动。
2017 全域旅游发展(千岛湖)高峰论坛举行。
安徽省政府公布第五批省级非物质文化遗产名录，10 个传统医学项目入选。

11 月 20 日 江苏省第十届精神文明建设“五个一工程”表彰仪式在南京举行。
上海首个“外滩金融发展指数”发布。
国家海洋督察组对浙江进行专项督察。
中国外文局主办的 2017 年全国外宣工作协作会在合肥召开。

11 月 21 日 南京大学华智研究中心揭牌。
“2017 中国—巴拿马商务论坛”在上海召开。
浙江省青年联合会第十一届委员会第一次全体会议和省学生联合会第九次代表大会在杭州开幕。
安徽省 6 产品新获生态原产地保护。

11 月 22 日 治理太湖工作督查推进会在无锡举行。
上海新天地 2018 新年亮灯仪式举行。
浙江省表彰见义勇为先进人物。
合肥入选首批国家装配式建筑示范城市。

11 月 23 日 新加坡创新孵化品牌落户苏州。
第六届中国国际石油贸易大会在沪举行。
东方调解中心在上海浦东新区揭牌成立。

铁路运输与现代物流融合发展论坛在杭州举行。
2017 中国义乌国际装备博览会拉开帷幕。
安徽省第四届工业设计大赛颁奖大会暨第十二届中国工业设计活动举行。

11 月 24 日 中国报业十九大融合传播峰会在江苏盐城举行。
2017 第三届上海国际手造博览会拉开帷幕。
第二届自贸区知识产权司法保护研讨会在沪举行。
浙江省政协举行第 40 次“浙江政协·民生论坛”。
2017 年浙江农业博览会在杭州开幕。
第十一届中国(合肥)国际家用电器暨消费电子博览会开幕。

11 月 25 日 首届中国节能环保创新应用大赛在徐州举行颁奖仪式。
2017 上海市民文化节市民合唱大赛拉开序幕。
第 19 届亚运会组委会第二次执行委员会会议在杭州举行。
全国大学生攀岩锦标赛在合肥开幕。

11 月 26 日 江苏著名文学刊物《雨花》创刊 60 周年座谈会在南京举行。
2017 年上海市政府实事项目评议工作启动。
第三届国家级新区发展论坛在浙江舟山举行。
安徽省入围国家“百城万村”家政扶贫试点。

11 月 27 日 江苏省人民医院新门诊大楼启用。
第四届上海青年摄影艺术展览开展。
宁波“16＋1”经贸合作示范区写入《布达佩斯纲要》。
安徽省首届“十大法治人物”暨第二届“十大法治事件”评选结果揭晓。
安徽省农业保险扩大试点现场推进会在黟县召开。

11 月 28 日 第三届人权文博国际研讨会在宁南京举行。
中国科学院公布 2017 年院士增选结果,上海 10 位专家当选中科院院士。
第八届上海文化发展研讨会举行。
杭州三墩打造“都市田园综合体”。
2017 亚太地区科技园发展论坛在合肥举行。

11 月 29 日 2017 年长三角地区合作与发展联席会议在南通召开。
“12348 上海法网”上线。
第四届世界浙商大会在杭州开幕。
安徽省深入推进法律援助改革。

11 月 30 日 2017 江苏省电子商务大会在南京开幕。
全国商务综合行政执法体制改革会在江苏徐州举行。
上海成为“国家公交都市建设示范城市”。
展望上海城市水环境治理研讨会在同济大学举行。
浙江省公安系统功模表彰大会在杭州召开。

11 月 31 日 安徽首家法院驻税务联络办成立。
中国共产党安徽省第十届委员会第六次全体会议在合肥召开。

十二月

12 月 1 日 江苏省推进重大项目建设暨激发民间投资工作会议在南京召开。

中国江苏·现代农业科技大会开幕。
2016年度上海市质量金奖出炉。
"全国交通安全日"主题宣传活动在杭州举行。
第五届中国国际动漫创意产业交易会在安徽芜湖开幕。

12月2日　2017"江苏好青年"百人榜揭榜。
上海剧协新剧本朗读会举行。
第四届世界互联网大会·互联网之光博览会在浙江乌镇开幕。
安徽省暨合肥市举行122宣传活动。

12月3日　南京大屠杀死难者家庭祭告活动在南京举行。
上海市检察机关举行宪法宣誓活动。
第四届世界互联网大会在浙江乌镇开幕。
安徽司法陈列与廉政法治教育基地揭牌。

12月4日　江苏省天主教第十次代表会议开幕。
联合国可持续发展目标科学技术创新高级别研讨会在沪开幕。
由浙商总会主办的2017健康大会在杭州召开。
安徽省检察院举行员额内检察官宪法宣誓仪式。

12月5日　江苏省职工科技创新工作经验交流会在常州召开。
第二届上海志愿服务网络文化节拉开帷幕。
浙江省启动首轮省级环保督察。
安徽省首次拉响重污染天气省级黄色预警。

12月6日　第十三届中国青少年发展论坛在江苏南京举行。
第二届金融中心建设司法论坛在沪举行。
浙江省第二环境保护督察组督察丽水市工作动员会召开。
安徽省首个12英寸晶圆厂实现量产。

12月7日　由工信部、中国工程院、中国科协和江苏省政府共同主办的2017世界智能制造大会在南京举行。
"2017一带一路名品展"在上海展出。
2017(第十届)《浙商》年会在杭州开幕。
海峡两岸半导体产业(合肥)高峰论坛召开。

12月8日　《全面抗战中的南京记忆》史料展在宁开幕。
城市文化遗产保护论坛在沪举行。
第13届"长三角"民族乐团展演在上海杨浦区开幕。
2017中国浙江网上技术市场活动周开幕。
国家统计局公布数据:今年安徽省粮食总产695.2亿斤,比上年增产11.7亿斤。
2017中国(合肥)人工智能国际青年峰会召开。

12月9日　中国法治现代化智库论坛在南京举行。
第六届全国大学生GIS应用技能大赛在南京师范大学举行。
普陀区宣布成立上海科技金融产业园。
首届互联网法治西湖论坛在杭州召开。
首届皖西商品交易博览会在六安市举办。

12月10日　江苏省财政厅:近两年来,全省各级财政累计投入资金逾1000亿元。

第十一届中国如东沿海经济合作洽谈会暨上海投资环境说明会在沪举行。
浙能集团投入20亿参股巴西水电站。
2017“健康安徽”环江淮万人骑行大赛总决赛在亳州市开赛。

12月11日 无锡出台生态环保责任规定。
2017留学人员职业发展公益论坛暨在上海理工大学举行。
“诗画浙江·文明旅游我在行动”在杭州启动。
安徽省委在合肥召开精准扶贫精准脱贫专题协商座谈会。

12月12日 全国首个中医惠侨基地在江苏省中医院揭牌。
上海市医学会100周年纪念大会举行。
第十四届上海知识产权国际论坛在沪开幕。
浙江省人大教科文卫工作座谈会在杭州召开。
安徽省社会治安综合治理表彰大会在合肥召开。

12月13日 南京大屠杀死难者国家公祭仪式在南京隆重举行。
2017年上海领军人才培养计划名单揭晓。
“浙江政协·崇学讲坛”第51讲在杭举行。
安徽省投资集团组建的100亿元安徽量子基金启动运营。
共青团安徽省第十四次代表大会开幕。

12月14日 2017年南京国际和平海报双年展宁开展。
浙江省关心下一代工作会议在杭州举行。
亳州立法保护历史文化名城。

12月15日 南航苏州研究院签约落户。
“推动上海品牌建设”专题研讨会召开。
浙江省政府与中国电子科技集团在杭州签署全面战略合作协议。
闽浙赣皖经济区举行党政联席会议。

12月16日 由文化部、江苏省政府主办的第三届中国歌剧节在南京拉开帷幕。
上海确立全球影视创制中心目标。
首届钱塘江论坛主论坛在杭州举行。
长三角旅游合作第七次联席会议在安徽黄山市召开。
第二届机器人与智能制造高端论坛在合肥工业大学举行。

12月17日 第三届中国歌剧节在南京拉开帷幕。
2017上海市中小学生冰上运动会举行。
杭州“大硅片”填补国内空白。
安徽省农委:省茶叶面积270.21万亩,同比增长1.58%。

12月18日 “智慧法务”发展大会无锡开幕。
2017上海教育年度新闻人物评选活动启动。
上海市深化部校共建新闻学院工作推进会暨签约仪式举行。
第九届“海外学子浙江行”活动在杭州启动。
安徽省食药监局举行“十大皖药”产业示范基地建设单位授牌仪式。

12月19日 民进江苏省十届二次全委会议召开。
“两新”组织党建研讨会在上海举行。
2017金麦奖在杭州揭晓。

中国画作品展暨当代中国名人名家精品展在安徽泾县举行。

12 月 20 日　农工党江苏省十二届二次全委(扩大)会议在宁召开。
2017 上海文学影视创投峰会冬季场举行。
国家海洋局支持创建浙江省海洋科学院。
安徽省发改委:省年度利用省外资金首破万亿元。

12 月 21 日　江苏省大运河文化带建设工作联席会议第一次全体(扩大)会议在宁召开。
申城小学学业质量绿色指标发布。
浙江省成立慈善联合总会。
浙江省政府采购联合会成立暨第一次会员大会在杭州召开。
安徽黄山入选首批历史建筑保护利用试点。

12 月 22 日　淮海经济区技术产权交易中心在江苏徐州成立。
国家音乐产业基地落户上海。
“中华创世神话上海论坛”在上海交通大学举行。
首届浙江川商大会召开。
江淮大众合资公司获商务部批准。

12 月 23 日　新华报业传媒集团常州全媒体中心成立。
民盟上海市委召开十五届二次全委(扩大)会议。
中国科学技术大学生命科学与医学部成立大会在合肥举行。

12 月 24 日　江苏泰州入选年度质量魅力城市。
中国话剧协会 2017 华东大区高峰论坛在沪举办。
浙江省拟立法规范电商发展。
全国第二批制造业单项冠军企业名单公布,安徽省 3 家企业入选。

12 月 25 日　由江苏省财政厅、省社会科学院联合举办的“江苏 PPP 发展高层论坛”在宁举行。
上海市高级人民法院组织百余名初任法官集体宣誓。
浙江省拟立法规范电商发展。
合肥城市轨道交通 2 号线开通运营。

12 月 26 日　中国共产党江苏省第十三届委员会第三次全体会议在南京举行。
上海音乐学院与中国唱片(上海)有限公司签署战略合作协议。
浙江省综合行政执法队伍换新装。
安徽 2018 新年音乐会举行。

12 月 27 日　中国民主建国会江苏省第九届委员会第二次全体(扩大)会议在南京召开。
上海市社会科学界第十五届学术年会举行。
民建上海市委召开十三届二次全体会议。
浙江省政协、省委统战部举行各界人士新年茶话会。
合安高铁跨省道 S228 特大桥箱梁架设顺利完成。

12 月 28 日　江苏新华报业传媒集团再次上榜世界媒体五百强。
教育部公布第四轮全国学科评估结果,沪上高校超过 20 个学科获评 A+。
浙江省表彰“五个一工程”奖作品。
浙江省首届休闲文化节在杭州开幕。
民建安徽省委纪念民建省级组织成立 60 周年大会在合肥举行。

12 月 29 日　江苏教育界药业产学研深度融合发展峰会在中国药科大学举行。

上海国盛资本管理有限公司正式揭牌。
“浙江网上中介超市”平台上线。
民建安徽省九届二次全体(扩大)会议在合肥召开。

12 月 30 日 常州至宜兴高速公路常州段开工。
中国共产党上海市第十一届委员会第三次全体会议召开。
中国首家数据资源开发协会在杭州成立。
安徽名优农产品赴沪展销。

12 月 31 日 2017 江苏教育十大新闻揭晓。
上海公布 2017 年上海十大新闻。
中国安徽名优农产品暨农业产业化交易会举行。

图书在版编目(CIP)数据

长三角年鉴. 2018年/孙克强主编. —南京：
河海大学出版社，2019. 5
ISBN 978-7-5630-5854-9

Ⅰ. ①长… Ⅱ. ①孙… Ⅲ. ①长江三角洲－2018－年鉴
Ⅳ. ①Z525

中国版本图书馆CIP数据核字(2019)第013418号

书　　名 / 长三角年鉴(2018)
书　　号 / ISBN 978-7-5630-5854-9
主　　编 / 孙克强
协　　办 / 长三角与长江经济带研究中心/长三角城市经济协调办公室/长江经济网/长三角智库
责任监制 / 蔡荣治
通讯地址 / 南京市建邺路168号　　邮政编码：210004
编辑部电话 / (025)83734866
网　　址 / www. yangtze. org. cn

出　　版 / 河海大学出版社
地　　址 / 南京市西康路1号(邮编：210098)
电　　话 / (025)83737852(总编室)　(025)83722833(发行部)
网　　址 / http://www. hhup. com
电子信箱 / hhup@hhu. edu. cn
责任编辑 / 毛积孝
装帧设计 / 王东平

总 经 销 / 河海大学出版社发行部
经　　销 / 江苏省新华发行集团有限公司
读者服务 / 邮购部(025)83722833
印　　刷 / 南京文博印刷厂

开　　本 / 880毫米×1230毫米　1/16
印　　张 / 59. 75
插　　页 / 28
字　　数 / 1812千字
版　　次 / 2019年5月第1版
印　　次 / 2019年5月第1次印刷
定　　价 / 520. 00元(精装)